BONNIERS
ENGELSK-
SVENSKA
ORDBOK

·

ENGLISH-
SWEDISH
DICTIONARY

COLLINS · BONNIER

CONTRIBUTORS

The English framework was compiled by LEXUS LTD under the auspices of Collins Publishers, both in Glasgow. CATHERINE E. LOVE was the English editor-in-chief, and BARBARA J. THOMASON and CAROLYN TURNER were the principal editorial assistants.

Dr. GUNNEL TOTTIE, Associate Professor of English Linguistics at the University of Uppsala is responsible for selection of subject matter and the grammatical consistency of the final version of the dictionary, while PETER A. SJÖGREN of Bonniers is editorially responsible. The adaptation of the framework and the translations were made by HANS LINDQUIST, M.A. (UCLA), B.A. (Lund), and Dr. CECILIA THAVENIUS, both at the University of Lund. They were assisted during the final phase of the work by Dr. BENGT ORESTRÖM, Lund.

MEDARBETARE

Den engelska ordboksstommen är utarbetad av LEXUS LTD på uppdrag av Collins Publishers, båda i Glasgow. Engelsk huvudredaktör var CATHERINE E. LOVE, huvudmedarbetare BARBARA J. THOMASON och CAROLYN TURNER.

För ordbokens slutgiltiga utformning har docent GUNNEL TOTTIE, Uppsala universitet, haft det språkvetenskapliga ansvaret och förlagsredaktör PETER A. SJÖGREN det redaktionella. Anpassningen av ordboksstommen och översättningarna har utförts av fil. kand. HANS LINDQUIST och docent CECILIA THAVENIUS, båda vid Lunds universitet. I arbetets slutskede deltog också fil. dr BENGT ORESTRÖM, Lund.

Copyright © 1987 William Collins Sons & Co Ltd, Glasgow,
och/and Bonnier Fakta Bokförlag AB, Stockholm
Första upplaga/First published 1987
Omslag av/Cover by Bo Berling
Computer typeset by Morton Word Processing Ltd,
Scarborough, Great Britain
Printed and bound by BPCC Hazell Books Ltd, Aylesbury, England
ISBN 91-34-50729-9

Konsonanter/Consonants

Tecken/Symbol tonlösa/ voiced	tonande/ unvoiced	Beskriving/Description	Exempel/Examples	Närmaste svenska motsvarighet/ Closest Swedish equivalent
p	b	bilabial klusil/bilabial plosive	*p*uppy; *b*aby	*p*il; *b*il
	m	bilabial nasal/bilabial nasal	mu*mm*y, co*mb*	ma*mm*a
	w	bilabial halvvokal/bilabial semi-vowel	*w*all, be*w*are	*o*as
f	v	labio-dental frikativa/labio-dental fricative	*f*arm; *v*ery	*f*est; *v*äst
θ	ð	dental frikativa/dental fricative	*th*in; *th*at	—
t	d	alveolar klusil/alveolar plosive	*t*ent; *d*addy	*t*all; *d*amm
s	z	alveolar frikativa/alveolar fricative	*s*o; cou*s*in	*s*å; —
	n	alveolar nasal/alveolar nasal	*n*o, ra*n*	*n*ej
	l	alveolar lateral/alveolar lateral	*l*ittle, ba*ll*	*l*iten, b*l*å
	r	retroflex frikativa/halvvokal/post-alveolar fricative/semi-vowel	*r*at, ve*r*y	b*r*a, poj*k*ar
tʃ	dʒ	prepalatal affrikata/palato-alveolar affricate	*ch*urch; *j*udge	la*ttj*o; —
ʃ	ʒ	prepalatal frikativa/palato-alveolar fricative	*sh*eep; plea*s*ure	vin*sch*a; —
	j	palatal halvvokal/palatal semi-vowel	*y*et	*j*u
k	g	velar klusil/velar plosive	*c*ork; *g*ag	*k*ork; glö*gg*
x		velar frikativa (endast i några skotska ord)/velar fricative (only in some Scottish words)	lo*ch*	na*ch*spiel
	ŋ	velar nasal/velar nasal	si*ng*, ba*nk*	sju*ng*a, ba*nk*
h		glottal frikativa/glottal fricative	*h*at, re*h*eat	*h*att, an*h*ålla

Miscellaneous

: denotes vowel length
ˈ denotes main stress; placed *before* the stressed vowel
ˌ denotes secondary stress; placed *before* the stressed vowel
r *British* English: denotes an r-sound pronounced only when the subsequent word begins with a vowel; *American* English: denotes an r-sound which is always pronounced.
˜ above a vowel indicates nasalisation (only in some French loan-words)
Phonetic symbols in *italics* indicate sounds which can be omitted, especially in more colloquial, everyday speech: **precinct** [ˈpriːsɪŋkt] = [ˈpriːsɪŋkt] or [ˈpriːsɪŋt].

Övrigt

: betecknar vokallängd
ˈ betecknar huvudtryck, placeras *före* den betonade vokalen
ˌ betecknar bitryck, placeras *före* den betonade vokalen
r betecknar i *brittisk* engelska ett r-ljud som uttalas endast när följande ord börjar på vokal; betecknar i *amerikansk* engelska ett r-ljud som alltid uttalas.
˜ över en vokal markerar nasalering (endast i en del franska lånord)
Fonetiskt tecken i *kursiv* anger ett ljud som kan utelämnas, i synnerhet i mer vardagligt och ledigt tal: **precinct** [ˈpriːsɪŋkt] = [ˈpriːsɪŋkt] eller [ˈpriːsɪŋt].

The Collins Bonnier English-Swedish Dictionary (henceforth BESD) is intended for everyone who uses or comes into contact with English: schoolchildren and students, professional people, readers, filmgoers and TV viewers. Unlike most other English-Swedish dictionaries on the market, BESD is an entirely new product, not a revised version of some older or more extensive work. BESD is new in other senses, too.

– It is the first bilingual dictionary published in Sweden to have been compiled by lexicographers from both linguistic regions, working in concert. Under Bonnier's aegis, the dictionary publishers Collins of Glasgow prepared the English framework, a lexicon which was virtually complete, except for the Swedish translations. In Sweden, the lexical framework was extensively edited, adapted to Swedish as the target language and supplemented by Swedish translations. This was done in continuous contact with native English speakers, both British and American, residing either (temporarily) in Sweden or in their own countries.

This procedure guarantees (a) that the stock of English words is fully up-to-date and contemporary, and that unusual or obsolete words, expressions and meanings have been discarded in favour of current ones, and (b) that the Swedish translations are as accurate and idiomatic as possible.

– The articles have been edited in a novel manner which gives the user maximum help in finding the right Swedish word or expression.

Traditional dictionaries often attach to a lexical item a large number of possible translations, separated by numbers, letters, semicolons or commas, but without defining any context in which a particular translation is the correct one. The dictionary user is thus expected to know which Swedish word is appropriate in the particular context where he finds the English word.

BESD employs a system of indicators (subject fields, synonyms, typical complementary items, etc.: see the user's guide point 2.2) which clearly and unambiguously define the correct context: **resolution...** **(a)** *(egenskap)* beslutsamhet, fasthet, viljestyrka **(b)** *(till problem)* lösning **(c)** *(dokument)* resolution, uttalande... **(d)** *(handling)* beslut, föresats... **(e)** *(Fys, Foto)* upplösning(sförmåga); *(Kem)* upplösning; *(i allm)* sönderdelning.

– BESD has a considerably larger range of phrases than is usual in dictionaries of this scope. The term 'phrases' includes not only fixed idiomatic expressions such as **to burn one's bridges** or **tongue in cheek** but also typical constructions of which a word forms part. Under **raid** *vt*, for example, both *the boys raided the orchard* and *the police raided the club* are given.

– For the first time in an English-Swedish dictionary, word division is indicated in the lexical items. English word division is complex and general rules hard to give. To show how a word may be divided, we have inserted dots at the permissible points, as in **re·al·ity**. Notice that these word-division points often do not entirely coincide with the syllable boundaries (in the above-mentioned word, **re·al·i·ty**).

– The most important novelty in BESD, however, is that British and American English are put on an equal footing. Thus both specifically British and specifically American words and expressions are characterised as regional variants.

The teaching of English in Sweden has traditionally had standard British English as its model,

Bonniers engelsk-svenska ordbok (i fortsättningen: BESO) är avsedd för alla som använder eller kommer i kontakt med engelska: skolelever och studenter, yrkesfolk, bokläsare, biobesökare, TV-tittare. I motsats till de flesta andra engelsksvenska ordböcker på marknaden är BESO ett helt nyproducerat arbete, inte en bearbetning av något äldre eller mer omfångsrikt verk.

Det är ett nytt verk även i andra avseenden:

– Det är den första tvåspråkiga ordbok, utgiven i Sverige, som gjorts i samarbete mellan lexikografer från de två språkområdena. Det ansedda lexikonförlaget Collins i Glasgow har på uppdrag av Bonniers låtit utarbeta den engelska ordboksstommen, i princip en fullständig lexikontext utom de svenska översättningarna. Ordboksstommen har i Sverige redigerats och bearbetats, anpassats till svenska som målspråk och försetts med svenska översättningar, detta i ständig kontakt med infödda britter och amerikaner, bosatta antingen i Sverige (tillfälligt) eller i sina hemländer.

Detta förfaringssätt garanterar *dels* att den engelska ordstocken är helt modern och aktuell och att ovanliga eller föråldrade ord, uttryck och betydelser är utmönstrade till förmån för det i dag aktuella; *dels* att de svenska översättningarna är så adekvata och idiomatiska som över huvud taget är möjligt.

– Artiklarna är redigerade på ett nytt sätt som ger ordboksanvändaren maximal hjälp att hitta det rätta svenska ordet eller uttrycket.

Traditionella ordböcker ger ofta under ett uppslagsord ett stort antal översättningar, skilda åt med siffror, bokstäver, semikolon eller komma, men utan att ange något sammanhang där en viss översättning är den korrekta. I stället förutsätts att användaren själv skall förstå vilket svenskt ord som passar i just det sammanhang där han stött på det engelska ordet.

I BESO används ett system av indikatorer (ämnesområden, synonymer, typiska komplement m m; se bruksanvisningen, punkt 2.2.) som klart och tydligt pekar ut vilket sammanhang som är det rätta: **resolution...** **(a)** *(egenskap)* beslutsamhet, fasthet, viljestyrka **(b)** *(till problem)* lösning **(c)** *(dokument)* resolution, uttalande... **(d)** *(handling)* beslut, föresats... **(e)** *(Fys, Foto)* upplösning(sförmåga); *(Kem)* upplösning; *(i allm)* sönderdelning.

– BESO har en betydligt större andel fraser än vad som är vanligt i ordböcker av detta omfång. Med 'fraser' avses inte bara fasta, idiomatiska uttryck av typen **to burn one's bridges, tongue in cheek** utan också typiska konstruktioner som ett ord ingår i. Under **raid** *vt* står t ex: **the boys raided the orchard** pojkarna plundrade fruktträdgården; **the police raided the club** polisen gjorde razzia mot klubben.

– För första gången i en engelsk-svensk ordbok anges avstavning i uppslagsorden. Engelsk avstavning är komplicerad och allmänna regler svåra att ge. För att visa hur ett ord får avstavas har vi helt enkelt lagt in punkter i avstavningsgränserna, t ex **re·al·ity**. Lägg märke till att avstavningsgränserna ofta inte helt sammanfaller med stavelsegränserna (som i ordet ovan är **re·al·i·ty**).

– Den viktigaste nyheten i BESO är emellertid att brittisk och amerikansk engelska behandlas som likvärdiga genom att såväl specifikt brittiska som specifikt amerikanska ord och uttryck utmärks som regionala varianter.

for obvious reasons. In the last few decades, a thorough-going change has taken place: American influence has been boosted by mass-media influence, the USA's leading world position in the technological field, closer business contacts and student exchanges at all levels. To some extent, English teaching has followed the trend. Elementary-school textbooks touch on the most important differences between British and American English, and dictionaries include more American words and expressions than before, classifying them as American English. Nevertheless, in existing dictionaries the norm is still purely British, which means that words and expressions which may possibly be understood, but are uncommon, outside the British linguistic region will not be categorised as regional variants. So, for example, lift *n* will be merely translated as 'hiss', whereas elevator will be marked as *Am* before the Swedish equivalent is given. Americanisms will thus consistently be treated as deviations from a generally accepted, British norm.

In BESD, we strive for neutrality: whenever we have ascertained that a word is primarily used or preferred in either British or American English, we have stated this. So we have given lift *(Brit)* 'hiss' as well as elevator *(Am)* 'hiss', sweets *(Brit)* 'godis', 'snask' as well as candy *(Am)* 'godis', 'snask', and so on.

When the disparity in linguistic usage is less pronounced, we indicate this by inserting i sht (i synnerhet – especially), as in frosting *(i sht Am: på kaka etc.)* 'glasyr' and super *(i sht Brit)* 'toppen', 'jättefin'. Since BESD's scope is limited, we include only the two main variants – standard British and American English – and only in exceptional cases is a word denoted as characteristic of Scottish, Australian or some other type of English.

One difficulty in determining what is British or American lies in the fact that living languages are in constant flux. What was regarded as an Americanism in British English twenty or thirty years ago is very often in use, and fully accepted, today. Examples are *cafeteria, cocktail* and *highbrow*. Other words seem to be on the way to gaining a foothold, such as *hardware store*, which appears to be ousting *ironmonger's*, and *reservation* instead of *booking*. In dictionaries published in the 1980s, such words are indicated as *(Am)* or *(i sht Am)*, but according to our British associates they are now fully incorporated into British vocabulary, and they are therefore not designated as regional in BESD. (The reverse trend is rare: few British neologisms find their way into American English.)

In determining what is currently both common and acceptable usage on both sides of the Atlantic, we have consulted native experts throughout, above all Professor Morton D. Paley of the English Department at the University of California, Berkeley, and lecturers Richard Glover and Donald McQueen of the English Department at the University of Uppsala.

It is our belief that, with its up-to-date wordstock of approximately 50,000 words and phrases and the novel characteristics described above, BESD will be recognised as a practical tool for language users, one providing reliable information on when, where and how a word is used and rapidly pointing the way to the best Swedish translation.

Stockholm, January 1987
Gunnel Tottie   Peter A. Sjögren

I Sverige har engelskundervisningen traditionellt haft brittisk standardengelska som modell, av naturliga skäl, främst då närheten till Storbritannien och landets politiska och kulturella dominans. Under de senaste decennierna har en genomgripande förändring skett: det amerikanska inflytandet har blivit allt starkare genom inflytande från massmedia, USAs världsledande ställning på teknikens område, tätare affärskontakter och studerandeutbyte på alla nivåer.

I viss mån har engelskundervisningen följt med i utvecklingen. Grundskolans läroböcker tar upp de viktigaste skillnaderna mellan brittisk och amerikansk engelska. Även ordböckerna tar upp fler amerikanska ord och uttryck än tidigare, med markering att det handlar om amerikansk engelska. Normen i existerande ordböcker är emellertid rent brittisk, vilket medför att ord och vändningar som möjligen förstås men inte är vanliga utanför brittiskt språkområde inte utmärks som regionala varianter. Det betyder att man exempelvis vid uppslagsordet lift bara översätter det med 'hiss', men vid elevator markerar *Am* och därefter ger 'hiss'. Amerikanismer behandlas alltså genomgående som avvikelser från en allmänt accepterad brittisk norm.

I BESO strävar vi efter att vara neutrala: närhelst vi har kunnat belägga att ett ord huvudsakligen används eller föredras i antingen brittisk eller amerikansk engelska har vi markerat detta. Vi anger alltså lift *(Brit)* 'hiss' lika väl som elevator *(Am)* 'hiss', sweets *(Brit)* 'godis, snask' lika väl som candy *(Am)* 'godis, snask' o s v.

När skillnaden i språkbruk är mindre utpräglad, markerar vi detta genom att sätta in i sht (i synnerhet), t ex frosting *(i sht Am: på kaka etc)* glasyr, super *(i sht Brit)* toppen, jättefin.

Eftersom BESOs omfång är begränsat tar vi endast med de två huvudvarianterna brittisk och amerikansk standardengelska och anger endast i undantagsfall att något ord är karakteristiskt för skotsk, australisk eller annan typ av engelska.

En svårighet med att avgöra vad som är brittiskt eller amerikanskt är att levande språk alltid förändras. Vad som för tjugo-trettio år sedan ansågs som en amerikanism i brittisk engelska är i dag ofta helt accepterat språkbruk, t ex *cafeteria, cocktail, highbrow*, medan andra ord tycks vara på väg att få fotfäste, t ex *hardware store* 'järnaffär', som verkar tränga ut *ironmonger's*, och *reservation* i betydelsen 'rums- eller biljettbeställning' i stället för *booking*. Ännu i ordböcker utgivna på 1980-talet anges dessa ord som *(Am)* eller *(i sht Am)*, men enligt våra brittiska partners är de numera helt införlivade med det brittiska ordförrådet och de saknar alltså regional markering i BESO. (Utvecklingen åt andra hållet – få brittiska nydaningar hittar över till den amerikanska engelskan.)

När det gällt att avgöra vad som i dag är både vanligt och acceptabelt språkbruk på båda sidor om Atlanten har vi hela tiden konsulterat infödd expertis, framför allt professor Morton D. Paley vid engelska institutionen University of California, Berkeley och lektorerna Richard Glover och Donald McQueen vid engelska institutionen, Uppsala universitet.

Vi tror att BESO, med sitt omfång på ca 50 000 ord och fraser och med de nya egenskaper som beskrivits ovan, skall vinna uppskattning som ett praktiskt vertyg i språkanvändarnas tjänst, vilket ger pålitliga upplysningar om när, var och hur ett ord används och snabbt vägleder till den bästa svenska översättningen.

Stockholm i januari 1987
Gunnel Tottie   Peter A. Sjögren

USER'S GUIDE TO THE DICTIONARY

In order to enable the user to make the most of the dictionary and find the best translation of a Swedish word or expression in a given context, we have compiled a detailed guide which all users are advised to consult. The guide comprises three sections. The first describes the organisation of the dictionary, beginning with a survey of typography; the second describes the format of the individual dictionary entries; and the third provides information concerning the translations. The guide is supplemented by information on the phonetic transcription and on the abbreviations used in the dictionary.

BRUKSANVISNING

För att ordboken helt skall kunna fylla sitt syfte: att vägleda läsaren till den i sammanhanget bästa översättningen av ett svenskt ord eller uttryck, har vi utarbetat en detaljerad bruksanvisning som vi rekommenderar alla användare att ta del av. Den består av tre huvuddelar: den första, som inleds med en typografisk översikt, berör ordbokens uppställning, den andra beskriver uppbyggnaden av de enskilda artiklarna, och den tredje ger några upplysningar om översättningarna. Under egna rubriker återfinns uttalsbeteckningar och lista över de förkortningar som används i ordboken.

1. The organisation of the dictionary

1.1 Typographical survey

Boldface, large
is used for headwords and separation symbols (letters and numbers subdividing entries).

1. Ordbokens uppställning

1.1. Typografisk översikt

Halvfet, större grad
används för uppslagsord och momentsymboler (bokstäver och siffror som indelar artiklar).

> **ob·ject** |'ɒbdʒɪkt| **1** *s* **(a)** *(konkret)* föremål...

Boldface, small
is used for English phrases and translated examples, inflections and cross-references of various kinds.

Halvfet, mindre grad
används för engelska fraser och översatta exempel, böjningsformer, hänvisningar av olika slag.

> **pack** ... **have you ~ed yet?** har du packat ännu?; **to send sb ~ing** *(vard)* köra iväg ngn
> **put** |pʊt| *imperf, perf part* **put** ...
> **sang** |sæŋ| *imperf av* **sing**
> **P.A.** *förk f* **personal assistant; public-address system**
> **back·drop** |'bækdrɒp| *s* = **backcloth**
> **pea** ... *se äv* **like 1**

Italics
are used for
– parts of speech (word classes)
– other grammatical information
– labels indicating senses or regional and stylistic information, etc.
– explanatory notes which wholly or partly replace translations
– *o, äv, el, etc* when these occur in examples without being an integral part of them
– untranslated examples of English
– English prepositions included in information on constructions.

Kursiv
används för
– ordklass
– andra grammatiska upplysningar
– alla slag av betydelseindikatorer, regionala och stilistiska uppgifter etc
– förklaringar som helt eller delvis ersätter översättningar
– *o, äv, el, etc* när dessa förekommer i språkprov utan att vara del av själva språkprovet
– oöversatta engelska exempel
– engelsk preposition som ingår i en konstruktionsuppgift

> **re·call** |rɪ'kɔːl| **1** *s* ... **2** *vt*
> **ox** |ɒks| *s, pl* **-en**
> **rac·coon** |rə'kuːn| *s (Zool)* tvättbjörn; *(päls)* sjubb
> **red·neck** |'rednek| *s (Am vard: neds: vit fattig syd-statsbonde)* (bond)lurk
> **back·bencher** |'bæk'bentʃəʳ| *s (Brit Pol)* (vanlig) parlamentsledamot *som inte är minister*
> **pass** ... **to ~ sb sth** *el* **sth to sb** räcka/skicka ngn ngt
> **by** ... **2** *prep* **(a)** vid, intill: *the house ~ the river*
> **peep** ... **2** *vi* **(a)** titta, kika *(at på)*

Lean-faced roman
is used for
– Swedish translations
– pronunciation (note that the typefaces in the translations and the phonetic transcriptions are not identical).

Mager rak
används för
– svenska översättningar
– uttal (observera att stilsorterna i översättningar och uttalsangivelser inte är identiska)

> **pane** |peɪn| *s* (fönster)ruta

Tilde ('swung dash'): ~
The tilde replaces the headword in exactly the form given in the dictionary, and is used also
- when inflections are added
- to indicate a switch from upper-case to lower-case initial.

Krok: ~
Krok ersätter uppslagsordet i exakt den form det har i ordboken
- böjningsformer kan tilläggas
- vid växling mellan stor och liten begynnelse-bokstav anges detta

> **pain** ... I have a ~ in my leg
> ... it ~s me to tell you
> **poppy** ['pɒpɪ] s *(Bot)* vallmo; P~ **Day** *(Brit vard)* = **Remembrance Day**

Lozenge: ♦
The lozenge is used to indicate phrasal verbs immediately following the simple headword.

Romb: ♦
Romb sätts ut för att markera sammansatta verb som följer omedelbart efter det enkla uppslags-ordet.

> **pack** ...
> ♦ **pack in** ...
> ♦ **pack off** ...
> ♦ **pack up** ...
> **package** ...

Parentheses: (...)
Parentheses are placed before and after
- all labels serving as sense indicators
- prepositional constructions
- elements which may be omitted from head-words, phrases, translations, explanatory notes, etc.
- a boldface letter serving as a separation symbol
- certain types of information on inflections.

Rund parentes: (...)
Rund parentes sätts
- runt alla betydelseindikatorer
- runt prepositionskonstruktioner
- runt delar som kan utelämnas av uppslagsord, fraser, översättningar, förklaringar etc
- runt halvfet bokstav som momentsymbol
- runt vissa böjningsuppgifter

> **packer** ['pækə'] s *(person)* packare; *(maskin)* för-packningsmaskin
> **peep** ... 2 *vi* **(a)** titta, kika *(at* på*)*
> **ca·vi·ar(e)** = **caviar** *el* **caviar**
> **pool** ... the **(football) pools** (fotbolls)tipset = **the pools** *el* **the football pools** *resp* tipset *el* fot-bollstipset
> **open** ['əʊpən] **1** *adj* **(a)** *(i allm)* ...
> **pale** [peɪl] **1** *adj* (-**r**, -**st**) (anger att adjektivet kom-pareras med ändelser/indicates that the adjec-tive is compared with these endings)
> **run** [rʌn] *(v: imperf* **ran**, *perf part* **run**) **1** *s* ... (anger att ordet, när det används som verb, har oregel-bunden böjning/indicates that the word has irregular inflection when used as a verb)

Square brackets: [...]
Square brackets are used before and after pho-netic transcriptions.

Rak parentes: [...]
Rak parentes används runt uttalsangivelser.

> **right** [raɪt] ...

Slash: /
The slash is used between replaceable parts of translations, phrases, etc.

Snedstreck: /
Snedstreck används mellan utbytbara delar av översättningar, fraser etc.

> **result** ... the ~ **is that** ... resultatet/följden är att...
> = resultatet är att ... *el* följden är att ...
> **realize** ... **to** ~ **one's hopes/ambitions** förverkliga sina förhoppningar/ambitioner = **to** ~ **one's hopes** förverkliga sina förhoppningar; **to** ~ **one's ambitions** förverkliga sina ambitioner

The slash can also be used for replaceable parts of a (Swedish) word, but is then combined with a vertical line: |, and a hyphen: -, to show the word divisions.

Snedstrecket kan även användas för utbytbara delar av ett (svenskt) ord, men kombineras då med lodstreck: |, och divis: -, för att visa var ordet delas.

> **bachelor** ... ~ **flat** ungkarls|våning/-lya = ung-karlsvåning *el* ungkarlslya

Equal sign: =
The equal sign is used for references from a variant to a principal form, where complete information is given.

Likhetstecken: =
Likhetstecken används vid hänvisning från en variant till en huvudform, där fullständig information ges.

dri·ly |'draɪlɪ| *adv* = **dryly**

Centred point: ·
The centred point in a headword shows where the word can be divided.

Centrerad punkt: ·
Centrerad punkt inuti ett uppslagsord visar var ordet kan avstavas.

re·frig·er·ate
re·frig·era·tor

Superscript number: ...¹, ...², etc.
The superscript number is used to distinguish between two or more headwords with the same spelling.

Upphöjd siffra: ...¹, ...² etc
Upphöjd siffra används för att särskilja två eller flera uppslagsord som stavas likadant.

race¹ ... kapplöpning, lopp
race² ... ras ... folkgrupp

Boldface number: **1, 2**, etc.
The boldface number distinguishes between word class functions.

Halvfet siffra: **1, 2** etc
Halvfet siffra särskiljer ordklasser.

open |'əʊpən| **1** *adj* ... öppen ...
2 *s* ... **out in the** ~ utomhus ...
3 *vt* ... öppna ...
4 *vi* ... öppnas ...

Boldface letter: **(a), (b)**, etc.
The boldface letter distinguishes between different senses within the same word class function of a headword.

Halvfet bokstav: **(a), (b)** etc
Halvfet bokstav särskiljer olika huvudbetydelser inom en ordklass.

ob·ject |'ɒbdʒɪkt| **1** *s* **(a)** ... föremål ...
(b) ... syfte, mål ...
(c) hinder ...
(d) *(Språkv)* objekt ...

1.2. Finding a word in the dictionary

1.2. Hur hittar man i ordboken?

The entries are arranged in strict alphabetical order, taking the *whole* headword into account (i.e. everything printed in boldface). Thus, for example, the sequence of compounds with **red** is broken between **redcurrant** and **red-faced** by words such as **redecorate** and **redeem**. Phrasal verbs, which are always placed directly after the simple headword, are exceptions to this rule, e.g.:

Artiklarna är uppställda i strikt alfabetisk ordning med hänsyn till *hela* uppslagsordet (allt som står med halvfet stil). Därför bryts exempelvis följden av samman-sättningar med **red** mellan **redcurrant** och **red-faced** av ord som **redecorate** och **redeem**. Undantag från denna regel är sammansatta verb, som alltid placeras direkt efter det enkla uppslagsordet, t ex:

pack
♦ **pack in**
♦ **pack off**
♦ **pack up**
package

pack
♦ **pack in**
♦ **pack off**
♦ **pack up**
package

The lozenge may be seen as a warning signal that the alphabetical order may be interrupted.

Romben kan ses som en varningssignal: här kan den alfabetiska följden vara bruten.

Each simple word entered in the dictionary is a headword in its own right, with complete information on pronunciation, part of speech, etc. Thus, derivatives such as **happiness, adjustable** and **peaceful** are not entered under **happy, adjust** and **peace**, but appear as separate headwords in the alphabetical list. (Special rules apply to compounds: see below). Abbreviations are also treated as headwords in their own right. Thus **RAC** is entered between **rabies** and **raccoon**, and **P.T.O.** between **ptarmigan** and **pub**.

Varje enkelt ord som är upptaget i ordboken är ett eget uppslagsord med fullständig information om uttal, ordklass etc. Avledningar som **happiness, adjustable, peaceful** etc skall alltså inte sökas under **happy, adjust** resp **peace** utan på sin egen plats i den alfabetiska följden (för sammansättningar gäller särskilda regler, se nedan). Även förkortningar betraktas som egna uppslagsord. **RAC** står således mellan **rabies** och **raccoon**, **P.T.O.** mellan **ptarmigan** och **pub**.

If two headwords have the same spelling, they are separated by a superscript number: **race**¹ (lopp), **race**² (ras).

Om två uppslagsord stavas likadant skils de åt med en upphöjd siffra: **race**¹ (lopp), **race**² (ras).

Compounds

There are three types of compounds in English: solid, e.g. **airline**, hyphenated, e.g. **air-conditioned**, and separated, e.g. **air force**. Words of the first two types may be regarded as the equivalents of *simple* words, and are therefore entered alphabetically as headwords in their own right. The separated compounds are treated like phrases and other fixed expressions and are located under the headword which forms the first element of the compound; thus **air force** is placed under the headword **air**. Compounds of this kind are, as a rule, listed at the end of each main section (i.e. one beginning with a boldface letter). In some cases, when the number of compounds is particularly large, they are listed at the end of the entry, with their own headings, as under **sea**.

Since English lacks established rules determining when each type of compound is to be used, it is not obvious where in the dictionary a particular compound may be found. If a particular word is not given in its alphabetical position, the best course of action is to look under the first element in the compound, and vice versa.

Phrasal verbs

Phrasal verbs are those constructed with an adverb or a proposition. Since simple verbs may be transitive or intransitive, we may distinguish four types of phrasal verbs:

1 *vt* + *adv* (transitivt verb med adverb/transitive verb with adverb)

he **packed up** his belongings	han packade (ihop) sina tillhörigheter
life has **passed** her **by**	livet har gått henne förbi

2 *vi* + *adv* (intransitivt verb med adverb/intransitive verb with adverb)

my watch has **packed up**	min klocka har lagt av
he's just **passed by**	han gick nyss förbi

3 *vt* + *prep* (transitivt verb med preposition/transitive verb with preposition)

to **take** sth **off** sb	ta ifrån ngn ngt
to **put** it/one **across** sb	lura ngn

4 *vi* + *prep* (intransitivt verb med preposition/intransitive verb with preposition)

to **run into** debt	hamna i skuld
the committee decided to **sit on** the report	kommittén beslöt att hålla inne med rapporten

Phrasal verbs are entered as headwords in their own right, immediately after the simple word, and preceded by a lozenge: ◆. The alphabetical order may be broken here. Thus ◆ **pull out** and ◆ **pull over** come before **pulley** and **Pullman**, but the nouns **pull-out** and **pullover** are in their respective alphabetical positions, between **Pullman** and **pulmonary**.

Phrases

Phrases and other expressions consisting of more than one word can normally be found under the word in the phrase or expression which is semantically most important. **By return of post** and **many happy returns of the day** are therefore given under **return**, not under **by** or **many**.

Sammansättningar

Sammansättningar finns i engelskan av tre typer: sammanskrivna, t ex **airline**; med bindestreck, t ex **air-conditioned**; särskrivna, t ex **air force**. De två första typerna kan sägas utgöra *ett* ord och återfinns således som egna uppslagsord på sin alfabetiska plats. De särskrivna sammansättningarna jämställs här med fraser och andra fasta uttryck och har placerats under det ord som utgör sammansättningens första led, **air force** således under uppslagsordet **air**. Sådana sammansättningar står i regel samlade i slutet av varje huvudmoment (avsnitt som inleds med en halvfet bokstav). I vissa fall, när antalet sammansättningar är särskilt stort, har de samlats i slutet av artikeln, under egen rubrik, se t ex **sea**.

Eftersom engelskan saknar vedertagna regler för när den ena eller andra typen av sammansättning skall användas, är det inte självklart var i ordboken man skall söka en viss sammansättning. Hittar man inte det ord man söker på dess alfabetiska plats, gör man klokt i att leta under det ord som är första sammansättningsleden och vice versa.

Sammansatta verb

Sammansatta verb är sådana verb som konstrueras med ett adverb eller en preposition. Eftersom de enkla verben kan vara transitiva eller intransitiva, kan vi urskilja fyra typer av sammansatta verb:

Sammansatta verb placeras som egna uppslagsord i omedelbar anslutning till det enkla ordet och föregås av en romb: ◆. Här kan den alfabetiska ordningen komma att brytas. ◆ **pull out** och ◆ **pull over** kommer sålunda före **pulley** och **Pullman**, men substantiven **pull-out** och **pullover** återfinns på sin alfabetiska plats, mellan **Pullman** och **pulmonary**.

Fraser

Var hittar man fraser och andra uttryck som består av mer än ett ord? Huvudregeln är: under det mest betydelsetunga ordet i frasen eller uttrycket. **By return of post** och **many happy returns of the day** återfinns under **return**, inte under **by** resp **many**. Likaså finner man **to do sb**

Similarly, **to do sb proud** is entered under **proud**, and **to take advantage of sb** under **advantage**. The most significant word may sometimes be hard to identify. Does **to fight a losing battle** appear under **fight, lose** or **battle**? All three would be entirely possible. The reader must look first under **fight**, then under **lose**, etc. (in this case, the expression is given under **battle**). To aid the user, cross-references are sometimes given at the end of an article or main section. Thus, under **time 1d**, the user is referred to **closing** for the expression **closing time**, and under **solitary** to **confinement** for the expression **solitary confinement**.

Irregular forms
Irregular forms of nouns and verbs are entered as headwords in alphabetical order, with references to their basic forms (where the irregular forms are, of course, also given). This applies primarily to strong past tense forms and perfect participles of verbs, such as **sang, sung** (of **sing**) and **got** (of **get**), and irregular plural forms of nouns, such as **feet** (of **foot**) and **children** (of **child**). Comparative and superlative forms of adjectives and adverbs with roots other than the basic forms are, on the other hand, treated as entirely autonomous headwords (although references to the basic words are also given). See, for example, **better, best (good)** and **more, most (much)**.

2. The organisation of individual entries

2.1. Principles of arrangement

All dictionary entries are arranged according to the same basic pattern, which can be illustrated by the headword **lock²** below.

proud under **proud** och **to take advantage of sb** under **advantage**. Vad som är det mest betydelsetunga ordet är naturligtvis ofta svårt att avgöra. Står **to fight a losing battle** under **fight, lose** eller **battle**? Alla tre vore fullt möjliga, och hittar man inte uttrycket under det ord där man först letar, får man gå till nästa (i detta fall finns uttrycket under **battle**). Till hjälp för användaren finns ibland hänvisningar utsatta i slutet av en artikel eller ett huvudmoment. Under **time 1d** hänvisas till **closing** för uttrycket **closing time**, och under **solitary** hänvisas till **confinement** för uttrycket **solitary confinement**.

Oregelbundna former
Oregelbundna fomer av substantiv och verb finns med som egna uppslagsord på alfabetisk plats, med hänvisning till grundformen (där givetvis också de oregelbundna formerna är upptagna). Detta gäller framför allt starka imperfekt- och perfekt participformer av verb, som t ex **sang, sung** (av **sing**), **got** (av **get**) samt oregelbundna pluralformer av substantiv, som t ex **feet** (av **foot**) och **children** (av **child**). Komparativ- och superlativformer av adjektiv och adverb med annan stam än grundformen behandlas däremot som helt självständiga uppslagsord (även om hänvisning till grundordet också ges). Se t ex **better, best (good)** och **more, most (much)**.

2. De enskilda artiklarnas uppställning

2.1. Principerna för uppställningen

Artiklarna är uppställda efter ett visst grundmönster. Här är ett exempel. Betrakta uppslagsordet **lock²**:

> **lock¹** |lɒk| *s (av hår)* lock; **golden** ~s gyllene lockar
> **lock²** |lɒk| **1** *s* **(a)** *(på dörr, låda etc)* lås; **under** ~ **and key** *(föremål)* inlåst; *(brottsling)* inom lås och bom; **steering** ~ *(Motor)* rattlås; ~ **stock and barrel** *(bildl)* rubb och stubb **(b)** *(i kanal)* sluss **(c)** *(Brit Motor: äv:* **steering**~*)* vändradie; **on full** ~ med fullt hjulutslag **2** *vt (dörr, låda etc)* låsa; *(Tekn: mekanism, hjul etc)* låsa; **to** ~ **sb/oneself/sth in a room** låsa i ngn/sig/ngt i ett rum; **they were** ~**ed in each other's arms** de var tätt omslingrade; ~**ed in combat** inbegripen i strid **3** *vi (dörr etc)* gå att låsa; *(hjul etc)* låsa sig
> ◆ **lock away** *vt + adv (värdesaker etc)* låsa in; *(brottsling etc)* spärra in
> ◆ **lock in** *vt + adv (i sht av misstag)* låsa in
> ◆ **lock out** *vt + adv (i allm)* låsa ute; *(vid arbetskonflikt)* lockouta
> ◆ **lock up** **1** *vt + adv (värdesaker)* låsa in, placera i säkert förvar; *(hus)* låsa, bomma igen; *(brottsling)* låsa in, bura in; *(kapital)* binda **2** *vi + adv* låsa

The headword itself is entered first, in large semiboldface type: **lock²**. (If the headword is polysyllabic, points indicate where it can be divided, e.g. **re·frig·era·tor**). Then the pronunciation is given between square brackets: |lɒk|. No phonetic transcription is given for phrasal verbs or for acronyms pronounced one letter at a time. Word class membership is indicated by numbers: **1** *s* (substantiv, i.e. noun), **2** *vt* (transitive verb), **3** *vi* (intransitive verb). If a word can only belong to a single word class no numbers are given; see e.g. **lock¹**. Under each word class heading, senses are grouped under separation symbols whenever necessary: **(a), (b)**, etc.

Först står själva uppslagsordet i större halvfet stil: **lock²**. (Om uppslagsordet är flerstavigt markeras med punkter var ordet kan avstavas, t ex **re·frig·era·tor**). Därefter ges uttalet inom rak parentes: |lɒk| (för sammansatta verb och för initialförkortningar som utläses bokstav för bokstav ges inget uttal). Sedan följer ordklasserna i tur och ordning, markerade med siffror: **1** *s* (substantiv), **2** *vt* (transitivt verb), **3** *vi* (intransitivt verb). (Om ett ord är av endast en ordklass behövs givetvis inga siffror, se t ex **lock¹**.) Inom varje ordklass är betydelserna, om det behövs, grupperade under momentsymboler: **(a), (b)** etc.

ix

The individual translations are in ordinary, roman type: 'lås', 'inlåst', 'under lås och bom', etc. They are virtually always preceded by an italicised indicator label in parentheses illustrating the context in which a particular translation should be used: **(a)** (på dörr, låda etc) lås ... **(b)** (i kanal) sluss.

The only case in which translations regularly lack indicator labels is when derivatives have the same semantic structure as the basic word. The entry will then read as follows: **thought·ful·ly** ... (se **thoughtful**) tankfullt; omtänksamt... Full semantic indications are given under **thoughtful**: (fundersam) tankfull; (vänlig) omtänksam, hänsynsfull.

Two or more translations separated by a comma are normally interchangeable in the given context: **lock up** ... (brottsling) låsa in, bura in. In each section, translations of the simple headword are given first, followed by phrases and expressions in small boldface: **under ~ and key, ~, stock and barrel** (the tilde, ~, replaces the headword in its basic form). Compounds are listed at the end of each section.

Occasionally a translation may be supplemented by an untranslated English example printed in italics after a colon: **back·side** ... ända: he fell on his ~.

De enskilda översättningarna står i vanlig, rak stil: lås, inlåst, under lås och bom etc. De föregås praktiskt taget alltid av en indikator i kursiv inom parentes, som skall visa i vilket sammanhang en viss översättning skall användas: **(a)** (på dörr, låda etc) lås ... **(b)** (i kanal) sluss.

Det enda fall när översättningarna regelmässigt saknar indikator är vid avledningar med samma betydelsestruktur som grundordet. Då kan det se ut så här: **thought·ful·ly** ... (se **thoughtful**) tankfullt; omtänksamt... Vid 'thoughtful' finns den fulla betydelseindikeringen: (fundersam) tankfull; (vänlig) omtänksam, hänsynsfull.

Två eller flera översättningar med komma emellan är i princip fritt utbytbara i det sammanhang som ges: **lock up** ... (brottsling) låsa in, bura in.

Inom varje moment ges först översättningarna av det enkla uppslagsordet. Därefter följer fraser och uttryck i halvfet, mindre grad: **under ~ and key, ~ stock and barrel** (kroken, ~, ersätter uppslagsordet i dess grundform). Eventuella sammansättningar samlas sist i varje moment.

Någon gång kompletteras en översättning av ett engelskt oöversatt exempel, som står med kursiv efter kolon: **back·side** ... ända: he fell on his ~.

2.2. Indicator labels

Labels may be of several different kinds.

Regional labels, chiefly (Brit) and (Am), show when a particular pronunciation, word, form, expression or sense is current only in a particular part of the English-speaking world: **pacifier** ... (Am) (sug)napp ... (i.e. the word is normally not used in Britain).

Subject labels state what field a word belongs to. These are usually abbreviated: (Tekn) for a technical term, (Teat) for words relating to the theatre, etc., but they can also be written out in full: (Handel), i.e. commerce, (Trafik) etc. Regional labels and subject labels always have capital initials.

Stylistic labels explain the ways in which words or expressions are used. The most frequent are (vard) for familiar or colloquial usage and (frm) for formal language. Labels such as (bildl) for figurative expressions and (poet) for poetic language may also be included in this category. (See the complete list at the end of the user's guide.)

To warn the user that certain colloquial expressions, particularly words relating to sex, may be offensive, the label (vard!) is used. In such cases, the translation has also been marked to warn English-speaking users (!): **cunt** ... (vard!) fitta (!). In a few other cases the translations have also been furnished with stylistic labels as when a colloquial translation of a normal English word is given: **kiss** ... kyss, puss (vard). In instances where a translation is only used as a technical term but where the English word is also used in everyday language, the translation is marked (spec) to denote use mainly by specialists: **conjunctivitis** ... bindhinneinflammation, konjunktivit (spec).

Semantic labels refer to the immediate linguistic context. Whenever possible, a typical complement is added, i.e. one or more words often used with the one to be translated and thereby demarcating its meaning.

Such complements belong to five main types:
– To complement a noun, another noun capable of combining with it to form a compound is used: **pack** ... (av varor) förpackning; (av hoprullade

2.2. Indikatorerna

Indikatorerna är av flera olika slag.

Geografiska indikatorer, i huvudsak (Brit) och (Am), talar om var inom det engelska språkområdet ett uttal, ett ord, en form, ett uttryck eller en betydelse är gängse: **pacifier** ... (Am) (sug)napp ... (=ordet används i regel inte i Storbritannien).

Ämnesindikatorer anger inom vilket fack eller ämnesområde ett ord hör hemma. De är vanligtvis förkortade: (Tekn) för teknisk term, (Teat) för ord från teatervärlden etc, men de kan också vara helt utskrivna: (Handel), (Trafik). Geografiska indikatorer och ämnesindikatorer har alltid stor begynnelsebokstav.

Stilindikatorer anger i vilken sorts språkbruk ett ord eller uttryck används. De mest förekommande är (vard) för vardagligt språkbruk och (frm) för mer formellt språk. Hit kan också indikatorer som (bildl) för bildliga uttryck, (poet) för poetiskt språk m fl räknas. Se den fullständiga förteckningen sist i bruksanvisningen.

För att varna användaren att vissa vardagliga uttryck, i synnerhet könsord, kan väcka anstöt, används beteckningen (vard!). I sådana fall har för säkerhets skull, och för att varna engelskpråkiga användare, även översättningen markerats: **cunt** ... (vard!) fitta (!). Även i några andra fall har översättningarna försetts med stilindikatorer, t ex när det ges en vardaglig översättning till ett engelskt normalord: **kiss** ... kyss, puss (vard). Om en översättning är enbart en fackterm medan det engelska ordet även används i allmänspråket, markeras översättningen (spec) = används huvudsakligen av specialister: **conjunctivitis** ... bindhinneinflammation, konjunktivit (spec).

De egentliga betydelseindikatorerna tar fasta på själva det språkliga sammanhanget, kontexten. Om möjligt ges ett typiskt komplement, dvs ett ord som ansluter sig till det ord som skall översättas och på så sätt avgränsar betydelsen.

Det finns fem huvudtyper av sådana komplement:
– Som komplement till substantiv används ett annat substantiv som skulle kunna bilda sammansättningsled: **pack** ... (av varor) för-

kläder etc) bylte ... Here, the translations may be replaced by 'varuförpackning' and 'klädbylte'.
– To complement an *adjective*, a noun which the adjective may modify is used: **sharp** ... *(egg, kniv)* vass, skarp; *(nål, penna)* spetsig, vass; *(sväng, kurva)* skarp, tvär; ... The labels serve as examples pointing to the correct translation: in the phrase 'his sharp sword', it is clear that the right translation must be the one suggested by the indicator *(egg, kniv)*, i.e. 'vass' or 'skarp'.
– To complement an *adverb*, either a verb or an adjective modified by the adverb is used: **sharply** ... *(svänga)* tvärt; *(luta)* brant; *(stiga)* kraftigt; ...
– To complement *transitive verbs*, nouns which may function as *objects* of the verb are used: **sharpen** ... *(kniv)* vässa, bryna; *(yxa, såg)* slipa; *(penna)* vässa; ...
– To complement *intransitive verbs*, nouns which may function as *subjects* of the verb are used: **turn** ... *(hjul)* snurra; *(skruv, nyckel etc)* gå runt, gå att vrida; *(person)* vända sig om ...
Senses may also be indicated by a synonym, a superordinate term or other semantically related words: **packing** ... *(handling)* packning; ... *(material)* emballage. **prick** ... *(handling)* stick; *(känsla)* stick, stickande; *(märke)* prick; ... *(vard!: penis)* kuk *(!),* pitt *(!).*
Two or more indicator labels are frequently combined. There are three different types:
– Labels separated by a *comma: (Hist, Pol)* shows that a word denotes a concept used in both history and politics.
– Labels which are *not* punctuated: *(Am Med)* indicates that the word is a term used in American medicine.
– Labels which are separated by a *colon:* **portfolio** ... *(väska: i sht utan handtag)* (dokument)mapp; *(Pol: ämbete)* portfölj. In such cases, the label following the colon serves as a more accurate indication of the sense. A 'portfolio' is not only a type of briefcase, but usually one without handles. The word also denotes a political concept, i.e. a kind of official position. The indicator also serves to show the Swedish meaning: the word 'portfölj' can also have several meanings.
To save space, a label preceding a colon is omitted in subsequent items: **portray** ... *(Konst: person)* porträttera, måla av; *(: landskap* etc) måla, skildra; *(Teat: person)* framställa; *(: miljö)* skildra. Here, *(: landskap)* should be read as *(Konst: landskap)*, and *(: miljö)* as *(Teat: miljö)*.

packning; *(av hoprullade kläder etc)* bylte ... Översättningarna skulle här kunna bytas ut mot 'varuförpackning' resp 'klädbylte'.
– Som komplement till *adjektiv* används substantiv till vilket adjektivet kan vara bestämning: **sharp** ... *(egg, kniv)* vass, skarp; *(nål, penna)* spetsig, vass; *(sväng, kurva)* skarp, tvär; ... Indikatorerna fungerar som exempel vilka vägleder till rätt översättning: i frasen 'his sharp sword' är det klart att den översättning som ges av indikatorn *(egg, kniv)* måste, vara den rätta, alltså: 'hans vassa svärd'.
– Som komplement till *adverb* används verb eller adjektiv som bestäms av adverbet: **sharply** ... *(svänga)* tvärt; *(luta)* brant; *(stiga)* kraftigt; ...
– Som komplement till *transitiva verb* används substantiv som kan vara *objekt* till verbet: **sharpen** ... *(kniv)* vässa, bryna; *(yxa, såg)* slipa; *(penna)* vässa; ...
– Som komplement till *intransitiva verb* används substantiv som kan vara *subjekt* till verbet: **turn** ... *(hjul)* snurra; *(skruv, nyckel etc)* gå runt, gå att vrida; *(person)* vända sig om ...
Betydelser kan också indikeras med en synonym, ett överordnat begrepp eller dylikt: **packing** ... *(handling)* packning; ... *(material)* emballage. **prick** ... *(handling)* stick; *(känsla)* stick, stickande; *(märke)* prick; ... *(vard!: penis)* kuk *(!),* pitt *(!).*
Mycket ofta kombineras två eller flera indikatorer. Då kan det se ut på tre olika sätt:
Indikatorerna står med *komma* emellan: *(Hist, Pol)* = ordet är det begrepp inom såväl historia som politik.
Indikatorerna står *utan skiljetecken: (Am Med)* = ordet är en term inom amerikansk medicin.
Indikatorerna står med *kolon* emellan: **portfolio** ... *(väska: i sht utan handtag)* (dokument)mapp; *(Pol: ämbete)* portfölj. Här fungerar det som står efter kolon som en noggrannare indikation av betydelsen. En 'portfolio' är inte bara en väska utan vanligen en som saknar handtag. Ordet betecknar också ett politiskt begrepp, närmare bestämt en sorts ämbete. Här fungerar indikatorn också som en markering av den svenska betydelsen: ordet 'portfölj' kan ju betyda många olika saker.
För att spara utrymme utelämnas det som kommer före kolon om det skulle ha upprepats i en följande indikator: **portray** ... *(Konst: person)* porträttera, måla av; *(: landskap etc)* måla, skildra; *(Teat: person)* framställa; *(: miljö)* skildra. Här skall *(: landskap)* utläsas *(Konst: landskap)*, och *(: miljö)* skall tydas *(Teat: miljö)*.

3. Note on the translations

We have endeavoured to give translations that are as accurate as possible. However, restrictions of space preclude completely exhaustive translations. Thus the English 'you' has been rendered as 'du' or 'dig', unless the context clearly demands the polite (or plural) forms 'ni' and 'er'. The English 'it', referring to an undefined object, is translated throughout as 'den', although in certain contexts 'det' would be the only correct rendering. Female forms of words denoting occupation or nationality have normally not been given in the translations: **German** ... *s (person)* tysk... 'Tyska' (German woman) is thus omitted.
For purposes of clarity, English phrases and expressions with verbs in the infinitive always include the infinitive marker 'to', but the Swedish equivalent, 'att', is not given in the translation: **to obey an order** lyda en order.

3. Något om översättningarna

Vår strävan har varit att ge så noggranna och exakta översättningar som möjligt. Men, bl a av utrymmesskäl, är det svårt att uppnå hundraprocentig fullständighet. Sålunda har engelskans 'you' alltid återgivits med 'du' eller 'dig', om inte sammanhanget tydligt krävt de hövliga formerna (eller pluralformerna) 'ni' resp 'er'. Engelskans 'it', syftande på ett icke närmare angivet föremål översätts genomgående med 'den', fast i en given kontext 'det' kanske är det enda rätta. Kvinnliga yrkes- och nationalitetsbeteckningar har normalt inte givits i översättningarna: **German** ... *s (person)* tysk... 'Tyska' ges alltså inte.
Engelska fraser och uttryck med verb i infinitiv har för tydlighetens skull alltid fått infinitivmärket 'to' utsatt, men den svenska motsvarigheten 'att' återges inte i översättningen: **to obey an order** lyda en order.

xi

PRONUNCIATION

The international phonetic alphabet is used to indicate pronunciation. See the table below.

An English word may very often be pronounced in more than one way, but for reasons of space we have chosen to give only the most common pronunciation, or one which may be used throughout the English-speaking world. A separate American pronunciation is given if it differs from British English in a non-predictable manner.

Among the features of American pronunciation which are *not* marked are the articulation of the r-sound before other consonants (*Am* |bɜːʳd|, *Brit* |bɜːd| and the pronunciation |æː| in words like 'after' instead of |ɑː| as in British English. Neither are the different British and American stress patterns in words such as 'momentary' indicated. Thus we give only |'məʊməntəri|, not the American variant |'məʊmən͵tæri| with secondary stress on the penultimate syllable; nor is the American adverb form given, with the main stress on the antepenultimate syllable: **momentarily** |͵məʊmən'tærəli|. Pronunciation differences which do not follow general rules are included, however: **derby** |'dɑːbi|. *(Am)* |'dɜːʳːbi|, **advertisement** |əd'vɜːtismənt, *(Am)* ædvə'taizmənt|, **miscellany** |mi'seləni, *(Am)* 'misə͵leini|. In such cases, the first pronunciation is always the British one, but the label *(Brit)* is omitted due to restrictions of space.

For compound adjectives such as 'red-faced' we indicate the stress patterns which are normally used in a predicative position ('he was red-faced'), with the main stress on the last element in the compound: |͵red'feist|. In an attributive position ('a red-faced man'), the main stress shifts to the first syllable: |'redfeist|.

UTTAL

För uttalsbeteckningarna används det internationella fonetiska alfabetet. Se tabell nedan.

Det är mycket vanligt att ett engelskt ord kan uttalas på mer än ett sätt, men vi har valt att normalt ge endast ett uttal, om möjligt ett som är gångbart i hela den engelskspråkiga världen. Amerikanskt uttal markeras om det skiljer sig från brittiskt på ett icke förutsägbart sätt.

Till de amerikanska uttalsdrag som *inte* markeras hör att r-ljud uttalas före andra konsonanter *(Am* |bɜːʳd|, *Brit* |bɜːd|), och att brittiskt långt bakre a |ɑː|, som i 'after', i amerikansk engelska vanligen uttalas med ä-ljud |æː|. Inte heller markeras de olika tryckförhållandena i ord av typen 'momentary' som i amerikansk engelska har ett bitryck på näst sista stavelsen som saknas i brittisk engelska. Vi ger alltså endast |'məʊməntəri| och inte den amerikanska varianten |'məʊmən͵tæri|, vanligen heller inte den amerikanska adverbformen med huvudtrycket på tredje stavelsen från slutet: **momentarily** |͵məʊmən'tærəli|. Uttalsskillnader som inte följer allmänna regler anges: **derby** |'dɑːbi, *(Am)* 'dɜːʳːbi|, **advertisement** |əd'vɜːtismənt, *(Am)* ædvə'taizmənt|, **miscellany** |mi'seləni, *(Am)* 'misə͵leini|. I detta och liknande fall är det underförstått att det först angivna uttalet är brittiskt.

För sammansatta adjektiv av typen 'red-faced' anges betoningen i predikativ ställning ('he was red-faced') med huvudtryck på sista sammansättningsleden: |͵red'feist|. I attributiv ställning ('a red-faced man') får sådana adjektiv tonvikten flyttad till första stavelsen: |'redfeist|.

Fonetiska tecken/Phonetic symbols

Vokaler/Vowels

Tecken/ Symbol	Beskrivning/Description	Exempel/ Examples	Närmaste svenska motsvarighet/ Closest Swedish equivalent
iː	lång, sluten, främre/ long, closed, front	heel, bead	pil
ɪ	kort, nästan sluten, främre/ short, almost closed, front	hit, pity	vitt
e	kort, halvsluten, främre/ short, half-closed, front	set, tent	sett
ɛ	kort, halvöppen, främre (endast i diftongen ɛə)/ short, half-open, front (only in diphthong ɛə)		relä
æ	kort, nästan öppen, främre/ short, almost open, front	apple, bat	kärra
a	kort, öppen, främre (endast i diftongerna aɪ och aʊ)/ short, open, front (only in diphthongs aɪ and aʊ)		hatt
ɑː	lång, öppen, bakre/ long, open, back	after, car, calm	stad
ʌ	kort, öppen, central, a-liknande/ short, open, central	fun, cousin	—
ə	obetonad, neutral/ unstressed, neutral	over, above	pojke
ɜː	lång, central, ö-liknande/ long, central	urn, fern, work	—
ɒ	kort, öppen, bakre/ short, open, back	wash, pot	potta
ɔː	lång, halvöppen, bakre/ long, half-open, back	born, call	får
ʊ	kort, nästan sluten, bakre/ short, almost closed, back	full, book	bodde
uː	lång, sluten, bakre/ long, closed, back	boon, lewd	bok

xii

Diphthongs

All English diphthongs are falling, i.e. stressed on the first element. The elements correspond roughly to those given in the vowel table.

Diftonger

Alla engelska diftonger är fallande, dvs har tonvikten på sitt första led. De ingående ljuden har i stort sett de värden som anges i vokaltabellen.

Tecken/Symbol	Exempel/Examples	Närmaste svenska motsvarighet/Closest Swedish equivalent
ɪə	beer, tier	lie
ɛə	tear, fair, there	relǟer
eɪ	date, plaice, day	fejd
aɪ	life, buy, cry	haj
aʊ	owl, foul, now	aula
əʊ	low, no	—
ɔɪ	boil, boy, oily	pojke
ʊə	poor, tour	oerhörd

Konsonanter/Consonants

Tecken/Symbol tonlösa/ voiced	tonande/ unvoiced	Beskriving/Description	Exempel/Examples	Närmaste svenska motsvarighet/ Closest Swedish equivalent
p	b	bilabial klusil/bilabial plosive	puppy; baby	pil; bil
	m	bilabial nasal/bilabial nasal	mummy, comb	mamma
	w	bilabial halvvokal/bilabial semi-vowel	wall, beware	oas
f	v	labio-dental frikativa/labio-dental fricative	farm; very	fest; väst
θ	ð	dental frikativa/dental fricative	thin; that	—
t	d	alveolar klusil/alveolar plosive	tent; daddy	tall; damm
s	z	alveolar frikativa/alveolar fricative	so; cousin	så; —
	n	alveolar nasal/alveolar nasal	no, ran	nej
	l	alveolar lateral/alveolar lateral	little, ball	liten, blå
	r	retroflex frikativa/halvvokal/ post-alveolar fricative/semi-vowel	rat, very	bra, pojkar
tʃ	dʒ	prepalatal affrikata/palato-alveolar affricate	church; judge	lattjo; —
ʃ	ʒ	prepalatal frikativa/palato-alveolar fricative	sheep; pleasure	vinscha; —
	j	palatal halvvokal/palatal semi-vowel	yet	ju
k	g	velar klusil/velar plosive	cork; gag	kork; glögg
x		velar frikativa (endast i några skotska ord)/velar fricative (only in some Scottish words)	loch	nachspiel
	ŋ	velar nasal/velar nasal	sing, bank	sjunga, bank
h		glottal frikativa/glottal fricative	hat, reheat	hatt, anhålla

Miscellaneous

ː denotes vowel length

ˈ denotes main stress; placed *before* the stressed vowel

ˌ denotes secondary stress; placed *before* the stressed vowel

r *British* English: denotes an r-sound pronounced only when the subsequent word begins with a vowel; *American* English: denotes an r-sound which is always pronounced.

˜ above a vowel indicates nasalisation (only in some French loan-words)

Phonetic symbols in *italics* indicate sounds which can be omitted, especially in more colloquial, everyday speech: **precinct** |ˈpriːsɪŋkt| = |ˈpriːsɪŋkt| or |ˈpriːsɪŋt|.

Övrigt

ː betecknar vokallängd

ˈ betecknar huvudtryck, placeras *före* den betonade vokalen

ˌ betecknar bitryck, placeras *före* den betonade vokalen

r betecknar i *brittisk* engelska ett r-ljud som uttalas endast när följande ord börjar på vokal; betecknar i *amerikansk* engelska ett r-ljud som alltid uttalas.

˜ över en vokal markerar nasalering (endast i en del franska lånord)

Fonetiskt tecken i *kursiv* anger ett ljud som kan utelämnas, i synnerhet i mer vardagligt och ledigt tal: **precinct** |ˈpriːsɪŋkt| = |ˈpriːsɪŋkt| eller |ˈpriːsɪŋt|.

The following is an alphabetical list of all abbreviations used in the dictionary and a number of other designations, particularly subject labels.

Nedanstående lista upptar i alfabetisk följd samtliga förkortningar som används i ordboken samt en del andra beteckningar, i synnerhet ämnesindikatorer.

first, second, third (person)	1., 2., 3.	första, andra, tredje (person)
abstract sense	abstr	abstrakt betydelse
adjective (adjectival)	adj	adjektiv(isk)
adverb(ial)	adv	adverb(iell), adverbial
American (English)	Am	amerikansk (engelska)
anatomy	Anat	anatomi
archaeology	Arkeol	arkeologi
architecture	Arkit	arkitektur
article	art	artikel
astrology	Astrol	astrologi
astronomy	Astron	astronomi
attributive	attr	attributiv
Australian (English)	Austral	australisk (engelska)
definite	best	bestämd
denotes, means, sense/meaning	bet	betecknar, betyder, betydelse
figurative sense	bildl	bildlig betydelse
biology	Biol	biologi
botany	Bot	botanik
British (English)	Brit	brittisk (engelska)
building trade	Byggn	byggnadsverksamhet
data processing, computers	Data	databehandling, datorer
demonstrative	dem	demonstrativ
dialect(al)	dial	dialekt(al)
direct	dir	direkt
i.e.	dvs	det vill säga
or similar/equiv.	e d	eller dylikt
literal sense	eg	egentlig betydelse
ecology	Ekol	ekologi
economics	Ekon	ekonomi
or	el	eller
electricity, electronics	Elektr	elektricitet(slära), elektronik
only	end	endast
(in) England	Engl	(i) England
et cetera	etc	et cetera
euphemistic use	eufem	eufemistisk användning
professional jargon	Fackspr	fackspråk
cinematic art	Film	filmkonst
philosophy	Filos	filosofi
aviation	Flyg	flygteknik, luftfart
football	Fotboll	
photography	Foto	fotografering
formal usage	frm	formellt språkbruk
physics	Fys	fysik
attributive	fören	förenad
abbreviation, abbreviated	förk	förkortning, förkortas
abbreviation of	förk f	förkortning för
geography	Geogr	geografi
geology	Geol	geologi
geometry	Geom	geometri
mining	Gruv	gruvbrytning
gymnastics	Gymnastik	
trade, commerce	Handel	
heraldry	Her	heraldik
history	Hist	historia
generally	i allm	i allmänhet
sometimes	ibl	ibland
imperative	imperativ	
past tense	imperf	imperfektum
indicative	indik	indikativ
indirect	indir	indirekt
infinitive	inf	infinitiv
interjection	interj	interjektion
interrogative	interrog	interrogativ
Irish (English)	Irl	irländsk (engelska)
ironic use	iron	ironisk användning
especially	i sht	i synnerhet
instead of	i st f	i stället för
compare	jfr	jämför
agriculture	Jordbr	jordbruk

Jewry, Jewish usage	Jud	judendom, judiskt språkbruk
jurisprudence, law	Jur	juridik
railway transport	Järnv	järnvägstrafik
chemistry	Kem	kemi
collective sense	koll	kollektiv betydelse
comparative	komp	komparativ
conditional	kond	konditionalis
conjunction	konj	konjunktion
subjunctive	konjunktiv	
concrete sense	konkr	konkret betydelse
consonant	kons	konsonant
(visual) art, history of art	Konst	(bild)konst, konstvetenskap
card games	Kortsp	kortspel
land-surveying	Lantmät	lantmäteri
literary usage	litt	litterärt språkbruk
literature, literary history	Litt	litteraturvetenskap
drugs, pharmaceuticals	Läkem	läkemedel(slära)
mathematics	Mat	matematik
cookery	Matl	matlagning
medicine, medical science	Med	medicin, läkarvetenskap
meteorology	Meteorologi	
and others, et al	m fl	med flera
military term	Mil	militär term
mineralogy	Miner	mineralogi
very	mkt	mycket
et cetera	m m	med mera
motor sport (cars, road transport)	Motor	motorsport (bilar, biltrafik)
opposite	mots	motsats
music	Mus	musik
mythology	Myt	mytologi
natural sciences	Naturv	naturvetenskap
pejorative use	neds	nedsättande användning
negative connotations	neg	negativ bibetydelse
negative (sense)	nek	nekande (betydelse)
someone	ngn	någon
someone's	ngns	någons
something	ngt	något
and	o	och
indefinite	obest	obestämd
unstressed	obet	obetonad
object	obj	objekt
indeclinable	oböjl	oböjlig
and suchlike	o d	och dylikt
impersonal (construction)	opers	opersonlig (konstruktion)
proverb	ordspr	ordspråk
irregular	oreg	oregelbunden
unusual (sense)	ovanl	ovanlig (betydelse)
passive (sense)	pass	passiv (betydelse)
past participle	perf part	perfekt particip
person, personal (of pronouns)	pers	person, personlig (om pronomen)
plural	pl	pluralis
plural the same as singular	pl lika	pluralis lika med singularis
poetic usage	poet	poetiskt språkbruk
politics	Pol	politik
positive connotations	pos	positiv bibetydelse
possessive	poss	possessiv
predicative	pred	predikativ
prefix	prefix	
preposition	prep	preposition
present (tense)	pres	presens
present participle	pres part	presens particip
pronoun	pron	pronomen
psychology, psychiatry	Psyk	psykologi, psykiatri
registered trademark	®	inregisterat varumärke
radio	Radio	
relative	rel	relativ
religion, religious usage	Rel	religion, religiöst språkbruk
respective(ly)	resp	respektive
space travel	Rymd	rymdfart
numeral	räkn	räkneord
noun	s	substantiv
sentence adverbial	satsadv	satsadverbial
somebody	sb	somebody (=någon)
see	se	
sex	Sex	sexuallivet
singular	sg	singularis

English	Abbr.	Swedish
medical care	Sjukv	sjukvården
independent	självst	självständig
nautical, naval	Sjö	sjöfart, båtsport
taxation	Skatt	skatteväsen
school, scholastic term	Skol	skolan, skolterm
(in) Scotland, Scottish (English)	Skottl	(i) Skottland, skotsk (engelska)
jocular use	skämts	skämtsam användning
compound(s)	sms	sammansättning(ar)
sociology	Sociol	sociologi
used mainly by specialists	spec	används huvudsakligen av specialister
noun in plural	spl	substantiv i pluralis
sport	Sport	
linguistics	Språkv	språkvetenskap
noun in singular	ssg	substantiv i singularis
statistics	Statistik	
something	sth	something (=någonting)
subject	subj	subjekt
suffix	suffix	
superlative	superl	superlativ
sewing	Sömnad	
dentistry	Tandläk	tandläkarvetenskap
theatre, performing arts	Teat	teaterkonst
technology	Tekn	teknik
telecommunications, esp. telephony	Tele	teleteknik, i sht telefoni
for example	t ex	till exempel
textile industry	Textil	textilindustri, vävnad
press, in newspapers	Tidn	(i) tidningar
traffic	Trafik	
television	TV	television
typography	Typogr	typografi
roughly equal to	ung	ungefär
universities	Univ	universiteten
expression, expresses	uttr	uttryck, uttrycker
verb	v	verb
usually	vanl	vanligen
familiar usage	vard	vardagligt språkbruk
veterinary medicine	Veter	veterinärmedicin
auxiliary verb	vhj	hjälpverb
intransitive verb	vi	intransitivt verb
vowel	vok	vokal
transitive verb	vt	transitivt verb
zoology	Zool	zoologi
old-fashioned (usage)	åld	ålderdomlig (betydelse)
also	äv	även
warning (offensive word or expression)	!	varning! (ordet/uttrycket kan uppfattas som stötande)
is/means the same as	=	är/betyder detsamma som

xvi

A

A, a |eɪ| *s* **(a)** *(bokstaven)* A, a; **to know sth from ~ to Z** kunna ngt fram- och baklänges; **~ for Andrew** *(i bokstavering)* A som i Adam **(b)** *(Mus)* a; **a flat** ass; **a sharp** aiss **(c) A level** *(Brit Skol:* = *advanced level: ung)* gymnasie|nivå|- utbildning; **A level certificate** gymnasiebetyg
a |eɪ, ə| *obest art (före vokal el stumt h:* **an)** **(a)** *(i allm)* en, ett; **half an hour** en halvtimme; **I haven't got a car** jag har inte bil; **without saying a word** utan att säga ett ord; **a drink would be nice** det vore gott med en drink/ngt att dricka; **he's a teacher** han är lärare; **as a soldier** i egenskap av soldat; **my uncle, a sailor** min farbror/morbror, som är sjöman; **what a pleasure!** så trevligt; **they are of a size** de är lika stora; **two of a kind** likadana, av samma skrot och korn; **a Mr Smith called to see you** en (viss) Mr Smith sökte dig **(b)** *(uttr fördelning)* per; **2 apples a head** 2 äpplen per man/person; **50 kilometres an hour** 50 km i timmen; **3 times a month** 3 ggr i månaden
AA *s* **(a)** *(Brit) förk f* Automobile Association *(ung)* M **(b)** *förk f* Alcoholics Anonymous
AAA, *(utläses vanl)* **Triple A** |'trɪpl'eɪ| *s (Am) förk f* Automobile Association of America
aback |ə'bæk| *adv:* **to be taken ~** bli förbluffad
aba·cus |'æbəkəs| *s* kulram
aban·don |ə'bændən| **1** *vt* **(a)** *(familj, skepp etc)* överge **(b)** *(hopp, plan etc)* ge upp; **to ~ oneself to sth** hänge sig åt ngt **2** *s:* **with ~, in gay ~** ohämmat
aban·doned |ə'bændənd| *adj* **(a)** *(hus, barn etc)* övergiven **(b)** *(beteende)* ohämmad
abase |ə'beɪs| *vt (person)* förödmjuka; **to ~ oneself (so far as...)** förödmjuka sig (ända därhän att...)
abashed |ə'bæʃt| *adj* generad
abate |ə'beɪt| **1** *vt (ilska, smärta, oväsen)* dämpa **2** *vi (i allm)* avta; *(feber)* gå ner
abate·ment |ə'beɪtmənt| *s (av oväsen etc)* minskning, avtagande
ab·at·toir |'æbətwɑːʳ| *s* slakteri
ab·bey |'æbɪ| *s* kloster; *(kyrka)* klosterkyrka
ab·bot |'æbət| *s* abbot
ab·bre·vi·ate |ə'briːvɪeɪt| *vt* förkorta
ab·bre·via·tion |ə,briːvɪ'eɪʃən| *s* förkortning
ab·di·cate |'æbdɪkeɪt| **1** *vt (ansvar, tronen)* avsäga sig **2** *vi* abdikera
ab·di·ca·tion |,æbdɪ'keɪʃən| *s* abdikation
ab·do·men |'æbdəmen| *s (Anat)* buk; *(insekts)* bakkropp
ab·domi·nal |æb'dɒmɪnl| *adj* buk-; **~ operation** bukoperation
ab·duct |æb'dʌkt| *vt* bortföra
ab·duc·tion |æb'dʌkʃən| *s* bortförande
ab·duc·tor |æb'dʌktəʳ| *s* kidnappare
ab·er·rant |ə'berənt| *adj (Biol)* abnorm
ab·er·ra·tion |,æbə'reɪʃən| *s (Biol)* abnormitet; *(fel)* defekt; *(moralisk)* villfarelse; *(skämts vard)* missfoster: **that ~ of a hat she was wearing; in a moment of mental ~** i ett ögonblick av sinnesförvirring
abet |ə'bet| *vt se* aid 2
abey·ance |ə'beɪəns| *s:* **to be in ~** ligga nere
ab·hor |əb'hɔːʳ| *vt* avsky
ab·hor·rence |əb'hɒrəns| *s* avsky
ab·hor·rent |əb'hɒrənt| *adj* motbjudande *(to* för)

abide |ə'baɪd| *imperf, perf part* **abode** *el* **abided** *vt (isht nekande)* stå ut med, tåla; **I can't ~ him** jag tål honom inte
♦ **abide by** *vi + prep (regler)* hålla sig till; *(löfte)* stå fast vid
abil·ity |ə'bɪlɪtɪ| *s (att lära ngt)* förmåga; *(att uträtta ngt)* skicklighet; **abilities** talanger; **to the best of my ~** så gott jag kan/kunde
ab·ject |'æbdʒekt| *adj (fattigdom etc)* eländig; *(neds)* usel: **an ~ liar**
ablaze |ə'bleɪz| *adv* i brand: **to be ~** stå i lågor; **the house was ~ with light** *(bildl)* huset badade i ljus
able |'eɪbl| *adj (person, arbete)* skicklig; **to be ~ to do sth** kunna/vara i stånd att göra ngt; **he's not ~ to walk** han kan inte gå; **those who are ~ to pay** de som kan betala; *se äv* able-bodied
able-bodied |,eɪbl'bɒdɪd| *adj (i allm)* fysiskt stark, kraftig; *(Mil)* vapenför; **~ seaman** matros
ab·nor·mal |æb'nɔːməl| *adj* onormal, abnorm
ab·nor·mal·ity |,æbnɔː'mælɪtɪ| *s (tillstånd)* abnormitet; *(Med)* missbildning
ab·nor·mal·ly |æb'nɔːməlɪ| *adv (formad)* abnormt; *(lång t ex)* onormalt
aboard |ə'bɔːd| **1** *adv (Sjö)* ombord; **to go ~** gå ombord; **all ~!** *(Sjö)* alle man ombord!; *(Järnv)* (var god) tag plats! **2** *prep:* **~ the train** på tåget; **~ the ship** ombord på fartyget; **the train ~** på tåget
abode |ə'bəud| **1** *imperf, perf part av* **abide**   **2** *s (åld)* boning; *(Jur)* hemvist; **of no fixed ~** utan fast hemvist
abol·ish |ə'bɒlɪʃ| *vt* avskaffa
abo·li·tion |æbəu'lɪʃən| *s* avskaffande
A-bomb |'eɪbɒm| *s* atombomb
abomi·nable |ə'bɒmɪnəbl| *adj* **(a)** *(i allm)* avskyvärd; *se äv* **snowman**   **(b)** *(väder etc)* hemsk, gräslig
abomi·nably |ə'bɒmɪnəblɪ| *adv* avskyvärt; **to be ~ rude to sb** vara fruktansvärt ohövlig mot ngn
abomi·na·tion |ə,bɒmɪ'neɪʃən| *s (känsla)* avsky; *(handling etc)* gräslighet
abo·rigi·nal |,æbə'rɪdʒənl| *adj* ursprunglig
abo·rigi·ne |,æbə'rɪdʒɪnɪ| *s* urinvånare
abort |ə'bɔːt| **1** *vt (Med)* göra abort på; *(bildl)* avbryta **2** *vi (Med)* få missfall; *(bildl)* misslyckas
abor·tion |ə'bɔːʃən| *s (Med: framkallad)* abort; *(: spontan)* missfall; **illegal ~** illegal abort; **to have an ~** göra abort
abor·tive |ə'bɔːtɪv| *adj (bildl)* misslyckad; **an ~ attempt** ett misslyckat försök
abound |ə'baund| *vi* finnas i överflöd; **to ~ in/with** vimla av
about |ə'baut| **1** *adv* **(a)** *(i sht Brit: här och där)* (runt) omkring; **to run ~** springa omkring; **to walk ~** gå omkring; **to look ~** se sig omkring; **to be ~ again** *(efter sjukdom)* vara i gång igen; **we were ~ early** vi var igång tidigt; **is Mr Brown ~?** är herr Brown i närheten?; **there's a lot of measles ~** det går mässling nu; **it's the other way ~** *(eg)* det är åt andra hållet; *(bildl)* det är tvärtom **(b)** *(cirka)* ungefär; **it's just ~ finished** det är så gott som klart; **that's ~ right** det är ungefärligen rätt **(c):** **to be ~ to do sth** just ämna göra ngt, vara på vippen att; **I'm ~ to leave** jag ska just ge mig iväg; **I'm not ~ to do all that for**

1

nothing jag tänker inte göra allt det där utan ersättning
2 *prep* **(a)** *(omkring)* runt (omkring i); *(nära)* i närheten av; **the fields** ~ **the house** fälten runt(omkring) huset; **somewhere** ~ **here** någonstans här i närheten; **to wander** ~ **the town** vandra omkring i stan; **to do jobs** ~ **the house** fixa saker hemma, pyssla med huset; **he looked** ~ **him** han såg sig om(kring); **there's something** ~ **a soldier** det är ngt (särskilt) med en soldat; **I've no money** ~ **me** jag har inga pengar på mig; **while you're** ~ **it**... när du ändå håller på... **(b)** *(angående)* om; **do something** ~ **it!** gör ngt åt det!; **how** ~ **me?** och jag då?; **how** ~ **coming with us?** vad säger du om att följa med oss?; **what** ~ **it?** *(vad säger du om det)* vad tycker du?; *(vad är det med det)* hur så?

above |ə'bʌv| **1** *adv (upptill)* ovan(för): *the clouds* ~ *were almost black; (högre)* (där)över: *all the players are 6 feet or* ~; *(i text)* ovan; **as I said** ~ som jag sade ovan; **seen from** ~ sett från ovan; **orders from** ~ order uppifrån; **the flat** ~ våningen ovanför **2** *prep (ovanför)* över; ~ **the clouds** ovan molnen; **the Thames** ~ **London** Thames/Themsen ovanför London; **2000 m** ~ **sea level** 2000 m över havet; **he's** ~ **that sort of thing** han står över sådant; ~ **all** framför allt; **it's** ~ **me** det går över min fattningsförmåga; **to get** ~ **oneself** få storhetsvansinne; **she can't count** ~ **10** hon kan bara räkna till 10

above·board |ə,bʌv'bɔːd| *adj* hederlig, öppen

abras·ion |ə'breɪʒən| *s (i allm)* avskavning; *(Med)* skrubbsår

abra·sive |ə'breɪsɪv| **1** *adj* som skrapar/slipar av; *(bildl: person, personlighet)* barsk; *(replik)* bitande **2** *s* slipmedel

abreast |ə'brest| *adv* i bredd; **to march 4** ~ marschera 4 i bredd; **to come** ~ **of** komma jämsides med; **to keep** ~ **of the news** följa med nyheterna

abridged |ə'brɪdʒd| *adj (bok etc)* förkortad

abroad |ə'brɔːd| *adv* **(a)** utomlands; **to go** ~ resa utomlands **(b)** *(rykte etc)* i svang, i omlopp; **there is a rumour** ~ **that**... det går ett rykte att... **how did the news get** ~? hur kom nyheten ut?

ab·rupt |ə'brʌpt| *adj (abrupt)* plötslig; *(stil)* korthuggen, kantig; *(sätt)* burdus

ab·rupt·ly |ə'brʌptlɪ| *adv (abrupt)* plötsligt; *(brant)* tvärt; *(bryskt)* burdust

ab·scess |'æbsɪs| *s* böld, bulnad

ab·scond |əb'skɒnd| *vi (från fängelse etc)* avvika

ab·sence |'æbsəns| *s (persons)* frånvaro; *(om föremål)* brist; **in the** ~ **of sb** i ngns frånvaro; **in the** ~ **of sth** i brist på ngt; ~ **of mind** tankspriddhet

ab·sent |'æbsənt| *adj (eg, bildl)* frånvarande

ab·sen·tee |,æbsən'tiː| *s (från arbete, skola)* frånvarande; ~ **ballot** *(i sht Am)* poströst

ab·sen·tee·ism |,æbsən'tiːɪzəm| *s* ogiltig frånvaro, skolk

ab·sent·ly |'æbsəntlɪ| *adv* förstrött, tankspritt

absent-minded |,æbsənt'maɪndɪd| *adj* förströdd, tankspridd

ab·so·lute |'æbsəluːt, *(Am)* 'æbsə'luːt| *adj (i allm)* absolut, fullständig; *(monark)* enväldig; *(makt)* oinskränkt; ~ **prohibition** totalförbud; **the man's an** ~ **idiot** mannen är en komplett idiot; ~ **ruler** enväldshärskare

ab·so·lute·ly |'æbsəluːtlɪ, *(i sht Am)* 'æbsə'luːtlɪ| *adv* **(a)** *(i allm)* fullständigt; **that is** ~ **untrue** det är helt fel/fullkomligt osant **(b)** *(vard)* (ja) absolut

ab·so·lu·tion |,æbsə'luːʃən| *s (Rel)* absolution

ab·solve |əb'zɒlv| *vt (synd etc)* lösa *(from* från)

ab·sorb |əb'sɔːb| *vt (vätska, ljud etc)* absorbera; *(kostnader)* svälja; *(information)* smälta; *(tid,*

energi) sluka; **the business** ~**s most of his energy** affärerna slukar det mesta av hans energi; **she was** ~**ed in a book** hon var försjunken i en bok

ab·sorb·ing |əb'sɔːbɪŋ| *adj* fängslande

ab·stain |əb'steɪn| *vi (inte rösta)* lägga ner sin röst; *(inte dricka)* vara nykter

ab·stain·er |əb'steɪnəʳ| *s (som inte röstar)* röstskolkare; *(som inte dricker)* nykterist; **total** ~ absolutist

ab·ste·mi·ous |əb'stiːmɪəs| *adj (person)* återhållsam, måttlig; *(måltid)* enkel, frugal

ab·sten·tion |əb'stenʃən| *s (vid val)* röstskolkning; *(vid omröstning)* nedlagd röst; **there were 20** ~**s** det var 20 nedlagda röster

ab·sti·nence |'æbstɪnəns| *s (i allm)* avhållsamhet; *(från sprit)* nykterhet, abstinens

ab·stract |'æbstrækt, *(i sht Am)* æb'strækt| **1** *adj* abstrakt; **an** ~ **noun** ett abstrakt substantiv; **an** ~ **painting** en abstrakt målning **2** |'æbstrækt| *s (referat)* sammandrag; **in the** ~ i princip **3** |æb'strækt| *vt* ta bort, avlägsna; *(vard: stjäla)* knycka; *(tal, artikel)* sammanfatta

ab·surd |əb'sɜːd| *adj* absurd; **don't be** ~! var inte löjlig!

ab·surd·ity |əb'sɜːdɪtɪ| *s* absurditet, orimlighet; **the** ~ **of**... det orimliga i...

abun·dance |ə'bʌndəns| *s* överflöd; **in** ~ i överflöd

abun·dant |ə'bʌndənt| *adj* riklig, ymnig

abun·dant·ly |ə'bʌndəntlɪ| *adv*: **he made it** ~ **clear to me that**... han gjorde det helt klart för mig att...

abuse |ə'bjuːs| **1** *s* **(a)** *(skymford)* smädelser; **to heap** ~ **on sb** överösa ngn med smädelser **(b)** *(av ansvar, förtroende etc)* missbruk; ~ **of power** maktmissbruk; **open to** ~ lätt att missbruka **2** |ə'bjuːz| *vt* **(a)** *(skymfa)* smäda; **(b)** *(hälsan etc)* missköta; *(förtroende)* missbruka

abu·sive |əb'juːsɪv| *adj* ovettig, skymfande

abys·mal |ə'bɪzməl| *adj* **(a)** *(okunnighet etc)* bottenlös **(b)** *(mycket dålig)* urusel, botten *(vard)*

abyss |ə'bɪs| *s (eg, bildl)* avgrund

AC *förk f* alternating current

aca·dem·ic |,ækə'demɪk| **1** *adj (Univ, Skol etc)* akademisk; *(skolämne)* teoretisk; ~ **year** *(vid universitet)* läsår; **it's of** ~ **interest only** det är bara av akademiskt intresse **2** *s* akademisk lärare

acad·emy |ə'kædəmɪ| *s (samfund)* akademi; *(läroanstalt)* högskola; **the Royal A**~ *(Brit)* Konstakademin; ~ **of music** musikhögskola; **military** ~ militärhögskola

ac·cede |æk'siːd| *vi*: **to** ~ **to** *(tronen)* bestiga; *(begäran)* gå med på

ac·cel·er·ate |æk'seləreɪt| **1** *vt (process etc)* påskynda **2** *vi (Motor)* öka hastigheten, accelerera

ac·cel·era·tion |æk,selə'reɪʃən| *s (Motor)* acceleration

ac·cel·era·tor |æk'seləreɪtəʳ| *s (Motor)* gaspedal

ac·cent |'æksənt| *s (uttal)* accent; *(tryck)* betoning; *(bildl)* tonvikt; *(tecken)* accent; **to have a German** ~ bryta på tyska

ac·cen·tu·ate |æk'sentjʊeɪt| *vt (stavelse)* betona; *(behov, skillnad etc)* framhäva, accentuera

ac·cept |ək'sept| *vt* **(a)** *(inbjudan, anbud)* anta, tacka ja till; *(gåva)* ta emot; *(förslag, teori, person)* acceptera; *(påstående)* gå med på; *(ursäkt)* godta; **he refused to** ~ **defeat** han vägrade erkänna sitt nederlag; **it is** ~**ed that**... det är allmänt erkänt att...; **the** ~**ed thing** det är allmänt vedertaget **(b)** *(Handel: check etc)* acceptera

ac·cept·able |ək'septəbl| *adj (i allm)* acceptabel; *(gåva etc)* välkommen; **tea is always** ~ det är alltid välkommet med te

ac·cept·ance |ək'septəns| *s (gynnsamt)* mottagande; *(av förslag etc)* erkännande, bifall; **to meet with general** ~ vinna allmänt bifall

ac·cess |'ækses| **1** *s (till hus, lokal etc)* tillträde; *(möjlighet att utnyttja)* tillgång; **to have/gain** ~ **to** sb ha/skaffa sig tillträde till ngn; **to gain** ~ **to sth** skaffa sig tillträde/tillgång till ngt; **he had** ~ **to the family papers** han hade tillgång till familjedokumenten **2** *vt (Data)* ha access till

ac·ces·sible |æk'sesəbl| *adj* lättillgänglig; *(person äv)* lätt att komma i kontakt med

ac·ces·sion |æk'seʃən| *s (till samling)* tillskott, nyförvärv; *(kungs)* trontillträde

ac·ces·so·ry |æk'sesərı| *s* **(a)** *(vanl pl: till bil etc)* tillbehör; *(: till klädsel)* accessoarer; **toilet accessories** toalettsaker **(b)** *(Jur)* medbrottsling

ac·ci·dent |'æksıdənt| *s (i trafik etc)* olyckshändelse; *(oväntad)* tillfällighet, slump; **road** ~ trafikolycka; **by** ~ *(av en slump)* av en händelse; *(utan avsikt)* oavsiktligt; ~**s will happen** en olycka händer så lätt; **to meet with/to have an** ~ råka ut för en olyckshändelse

ac·ci·den·tal |ˌæksı'dentl| *adj (oväntad)* tillfällig; *(utan avsikt)* oavsiktlig; ~ **death** död genom olyckshändelse

ac·ci·den·tal·ly |ˌæksı'dentəlı| *adv (av en slump)* av en händelse; *(utan avsikt)* oavsiktligt

ac·cident-prone |'æksıdənt,prəun| *adj* som lätt/ofta råkar ut för olyckor; **he's** ~ han är en olycksfågel

ac·claim |ə'kleım| **1** *vt (med ord)* lovorda, prisa; *(med applåder)* hylla **2** *s* bifall

ac·cla·ma·tion |ˌæklə'meıʃən| *s* bifall; **by** ~ med acklamation

ac·cli·ma·tize |ə'klaımətaız|, *(Am)* **ac·cli·mate** |ə'klaımət| *vt* acklimatisera, anpassa; **to** ~ **oneself** anpassa sig

ac·com·mo·date |ə'kɒmədeıt| *vt* **(a)** *(person)* hysa, ha plats för; *(föremål)* rymma, ha plats för **(b)** *(önskan etc)* tillgodose **(c)** *(skillnader etc)* förena, sammanjämka: *the Labour Party can no longer* ~ *so many widely differing views*

ac·com·mo·dat·ing |ə'kɒmədeıtıŋ| *adj* tillmötesgående

ac·com·mo·da·tion |əˌkɒmə'deıʃən| *s (logi: Am vanl:* ~**s)** inkvartering; *(för möbler etc)* utrymme; ~ **to let** rum att hyra; **seating** ~ sittplats(er); **there is** ~ **for 20 passengers** det finns plats för 20 passagerare; ~ **bureau** rumsförmedling

ac·com·pa·ni·ment |ə'kʌmpənımənt| *s (Mus)* ackompanjemang; *(tillägg)* bihang

ac·com·pa·nist |ə'kʌmpənıst| *s (Mus)* ackompanjatör

ac·com·pa·ny |ə'kʌmpənı| *vt (i allm)* följa/göra sällskap med; *(Mus)* ackompanjera; **to** ~ **oneself on the piano** ackompanjera sig på piano

ac·com·plice |ə'kʌmplıs| *s* medbrottsling

ac·com·plish |ə'kʌmplıʃ| *vt (framgångsrikt)* fullborda; *(utföra)* genomföra

ac·com·plished |ə'kʌmplıʃt| *adj (person)* (yrkes)skicklig

ac·com·plish·ment |ə'kʌmplıʃmənt| *s (handling)* genomförande; *(uppnått resultat)* prestation; *(färdighet)* talang: *a young artist of many* ~*s*

ac·cord |ə'kɔːd| **1** *s* samstämmighet, överensstämmelse; *(Pol äv)* överenskommelse; **of his/her own** ~ självmant; **with one** ~ enhälligt; **to be in** ~ vara enig **2** *vt (ge)* tilldela **3** *vi* stämma överens *(with* med)

ac·cord·ance |ə'kɔːdəns| *s*: **in** ~ **with** i enlighet med

ac·cord·ing |ə'kɔːdıŋ| *prep:* ~ **to** enligt; ~ **to him**... enligt honom...; **it went** ~ **to plan** det gick planenligt

ac·cord·ing·ly |ə'kɔːdıŋlı| *adv* **(a)** *(motsvarande)* i enlighet därmed; **to act** ~ handla därefter **(b)**

(därför) följaktligen

ac·cor·di·on |ə'kɔːdıən| *s* dragspel

ac·cost |ə'kɒst| *vt (pos)* (gå fram och) tilltala; *(neg)* antasta

ac·count |ə'kaunt| *s* **(a)** *(rapport)* redogörelse; **to keep an** ~ **of** föra bok över; **to bring sb to** ~ ställa ngn till svars; **by all** ~**s** efter (allt) vad som sägs; **to give a good** ~ **of oneself** göra bra ifrån sig **(b)** *(vid planering etc)* beräkning; betydelse: *she is a woman of some* ~*;* **it's of no** ~ det spelar ingen roll; **on no** ~ på inga villkor; **on his** ~ för hans skull; **on** ~ **of** på grund av; **to take** ~ **of sth, take sth into** ~ ta hänsyn till ngt, ta ngt med i beräkningen; **to leave sth out of** ~ bortse från ngt; **to turn sth to good** ~ dra nytta av ngt **(c)** *(i affär)* räkning, konto; *(= bank* ~*)* bankkonto; ~**s** *(bolags)* räkenskaper; **to get £50 on** ~ få 50 pund i förskott/a conto; **to put £50 down on** ~ skriva upp 50 pund (på räkning); **to buy sth on** ~ köpa ngt på kredit; *se äv* **current 1, joint 1**

♦ **account for** *vi + prep (problem, egendomlighet)* förklara; *(handlingar)* svara för; *(utgifter)* redovisa; *(bildl: jaktbyte, fiender)* döda; **that** ~**s for it** det förklarar saken; **all the children were** ~**ed for** inget av barnen saknades; **there's no** ~**ing for tastes** om tycke och smak ska man inte disputera

ac·count·able |ə'kauntəbl| *adj* ansvarig; **to be** ~ **(for sth/to sb)** vara ansvarig (för ngt/inför ngn)

ac·count·an·cy |ə'kauntənsı| *s* bokföring

ac·count·ant |ə'kauntənt| *s* kamrer, revisor; *se äv* **chartered** ~

ac·cred·ited |ə'kredıtıd| *adj (av myndighet)* auktoriserad, godkänd; *(ambassadör)* ackrediterad

ac·crue |ə'kruː| *vi (utgifter, ränta etc)* växa; ~**d interest** upplupen ränta; **to** ~ **to sb** *(bildl: berömmelse etc)* komma ngn till del

ac·cu·mu·late |ə'kjuːmjuleıt| **1** *vt (saker)* samla (på hög); *(förmögenhet)* spara ihop (till), bygga upp **2** *vi (räkningar etc)* hopa sig, samlas

ac·cu·mu·la·tion |əˌkjuːmjuˈleıʃən| *s (av kapital etc)* tillväxt; *(av föremål)* ansamling, anhopning

ac·cu·ra·cy |'ækjʊrəsı| *s (se äv* **accurate)** exakthet, riktighet; noggrannhet

ac·cu·rate |'ækjʊrıt| *adj (i allm)* exakt; *(svar)* riktig, exakt; *(instrument)* precis, exakt; *(arbetare)* noggrann; **is that clock** ~? går den där klockan rätt?

ac·cu·rate·ly |'ækjʊrıtlı| *adv* riktigt, exakt, noggrant

ac·cu·sa·tion |ˌækjuˈzeıʃən| *s* anklagelse

ac·cuse |ə'kjuːz| *vt* anklaga *(sb of sth* ngn för ngt)

ac·cused |ə'kjuːzd| *s: the* ~ *(Jur)* den anklagade

ac·cus·ing·ly |ə'kjuːzıŋlı| *adv* anklagande

ac·cus·tom |ə'kʌstəm| *vt* vänja; **to be** ~**ed to sth** vara van vid ngt; **to** ~ **oneself to sth** vänja sig vid ngt

ace |eıs| *s (på tärning)* etta; *(Kortspel)* ess; *(bildl: tennis etc)* ess; **to be within an** ~ **of** vara en hårsmån från

ache |eık| **1** *s (i kroppen)* värk; **to be full of** ~**s and pains** ha ont överallt **2** *vi (eg, bildl)* värka; *(sakna)* längta efter; **it makes my head** ~ det ger mig huvudvärk; **I'm aching all over** jag har ont överallt; **I** ~**d to help** jag längtade (så) efter att hjälpa (till)

achieve |ə'tʃiːv| *vt (framgång)* vinna; *(resultat)* åstadkomma, prestera; *(syfte)* uppnå

achieve·ment |ə'tʃiːvmənt| *s (se äv* **achieve)** åstadkommande; uppnående; *(ngt uppnått)* prestation; **that's quite an** ~ det var en riktig prestation

acid |'æsıd| **1** *s* syra **2** *adj (Kem)* sur; *(smak)* sur; *(bildl: anmärkning etc)* syrlig

acid·ity |ə'sıdıtı| *s* surhet, syrlighet

ac·knowl·edge |ək'nɒlıdʒ| *vt (i allm)* erkänna,

(brev) erkänna mottagandet av; *(present)* uttrycka sin tacksamhet för; *(person)* visa att man känner igen; *(hälsning)* besvara; **to** ~ **receipt of** *(frm)* bekräfta mottagandet av; **to** ~ **sb as leader** erkänna ngn som ledare; **to** ~ **oneself beaten** erkänna sig besegrad
ac·knowl·edge·ment |ək'nɒlɪdʒmənt| s *(i allm)* erkännande; *(av person)* igenkännande; *(av brev etc)* bekräftelse; **in** ~ **of** som erkänsla för; ~**s** *(i förord i bok)* tack
acme |'ækmɪ| s höjdpunkt
acne |'æknɪ| s *(Med)* akne
acorn |'eɪkɔ:n| s *(Bot)* ekollon
acous·tic |ə'ku:stɪk| adj akustisk
acous·tics |ə'ku:stɪks| s *(sg: Fys)* akustik; *(pl: i konsertsal)* akustik, ljudförhållanden
ac·quaint |ə'kweɪnt| vt **(a)** *(meddela)* underrätta *(sb with sth* ngn om ngt); **to** ~ **oneself with sth** sätta sig in i ngt **(b): to be** ~**ed with** vara bekant med; **we became** ~**ed in Paris** vi blev bekanta i Paris; **I'm not** ~**ed with her** jag känner henne inte; **I'll leave you two to get** ~**ed** jag lämnar er (två) så ni kan lära känna varandra
ac·quaint·ance |ə'kweɪntəns| s **(a)** *(med person)* bekantskap; *(om ämne etc)* kännedom; **to make sb's** ~ göra ngns bekantskap; **it improves on** ~ det blir bättre vid närmare bekantskap **(b)** *(person)* bekant; **we're just** ~**s** vi är bara bekanta; **an** ~ **of mine** en bekant till mig
ac·qui·esce |ˌækwɪ'es| vi samtycka; **to** ~ **in/to** gå med på
ac·qui·es·cence |ˌækwɪ'esns| s samtycke
ac·quire |ə'kwaɪəʳ| vt *(ägodelar etc)* förvärva; *(vana, rykte, kunskaper etc)* skaffa sig; **to** ~ **a name for honesty** bli känd för sin hederlighet; **to** ~ **a taste for** få smak för
ac·quired |ə'kwaɪəd| adj *(Psyk)* förvärvad; ~ **characteristics** förvärvade egenskaper; **an** ~ **taste** ngt man har fått lära sig att tycka om
ac·qui·si·tion |ˌækwɪ'zɪʃən| s *(handling)* förvärvande; *(föremål)* förvärv; *(person)* (fint) tillskott
ac·quisi·tive |ə'kwɪzɪtɪv| adj hagalen; **the** ~ **society** konsumtionssamhället, prylsamhället
ac·quit |ə'kwɪt| vt **(a)** *(Jur)* frikänna *(of* från) **(b): to** ~ **oneself well** sköta sig bra
ac·quit·tal |ə'kwɪtl| s frikännande; **a sentence of** ~ frikännande dom
acre |'eɪkəʳ| s *(ytmått: 4047m²: ung)* tunnland
ac·rid |'ækrɪd| adj *(eg, bildl)* skarp, bitter; **an** ~ **remark** en skarp anmärkning
ac·ri·mo·ni·ous |ˌækrɪ'məʊnɪəs| adj *(anmärkning, argument)* skarp
ac·ro·bat |'ækrəbæt| s akrobat
ac·ro·bat·ics |ˌækrəʊ'bætɪks| spl akrobatik
ac·ro·nym |'ækrənɪm| s initialförkortning, akronym
across |ə'krɒs| **1** adv **(a)** *(riktning)* över; **don't go round, go** ~ gå inte runt, gå rakt över **(b)** *(från en sida till en annan)* tvärsöver; *(i korsord)* vågrätt; **to cut sth** ~ skära ngt tvärsigenom **(c)** *(mått)* på bredden, bred; **the lake is 12 km** ~ sjön är 12 km bred **2** prep **(a)** *(från en sida till annan av)* över; **to go** ~ **a bridge** gå över en bro **(b)** *(på andra sidan av)* tvärsöver; ~ **the street from our house** mittemot vårt hus **(c)** *(i kors)* tvärsöver: *he drew a line* ~ *the sheet of paper*
across-the-board |əˌkrɒsðə'bɔ:d| adj generell
act |ækt| **1** s **(a)** *(i allm)* handling, gärning; ~ **of God** oförutsebar händelse; *(Jur)* force majeure; **an** ~ **of folly** en dåraktig handling; **I was in the** ~ **of writing to him** jag höll just på att skriva till honom; **to catch sb in the** ~ ta ngn på bar gärning **(b)** *(Jur, Pol)* lag; **A**~ **of Parliament** lag **(c)** *(Teat)* akt; *(Cirkus)* nummer; **he's just**

putting on an ~ han gör sig bara till **2** vt *(en roll)* spela; **to** ~ **the fool** *(bildl)* bära sig dumt åt **3** vi **(a)** *(Teat)* uppträda, spela; *(Film)* spela; *(bildl)* låtsas, spela teater; **he's only** ~**ing** han bara låtsas; **to** ~ **ill** spela sjuk **(b)** *(föremål)* fungera; *(drog)* verka; *(person)* tjänstgöra; ~**ing in my capacity as chairman** i min egenskap av ordförande; **it** ~**s as a deterrent** det har en avskräckande verkan; **to** ~ **for sb** *(i allm)* representera ngn; *(Jur)* företräda ngn **(c)** *(bete sig)* uppträda; **he is** ~**ing strangely** han uppträder egendomligt; **she** ~**ed as if she was upset** hon betedde sig som om hon var upprörd **(d)** *(handla snabbt)* ingripa; **now is the time to** ~ nu är det (rätt) tid att göra ngt; **he** ~**ed to stop it** han ingrep för att stoppa det
♦ **act out** vt + adv *(önskningar, fantasier)* leva ut
♦ **act up** vi + adv *(vard: person)* krångla, uppföra sig illa; *(: skada, kroppsdel)* ställa till besvär, krångla; *(: maskin)* krångla
♦ **act (up)on** vi + prep *(råd, order)* följa
act·ing |'æktɪŋ| **1** adj tillförordnad: *he is the* ~ *director whilst Mr Smith is ill* **2** s *(Teat)* spel, sätt att spela
ac·tion |'ækʃən| s **(a)** *(i allm)* handling; *(om häst etc)* rörelser; *(effekt: av drog etc)* (in)verkan; *(Mil)* strid; **to take** ~ vidta åtgärder; **to put a plan into** ~ sätta en plan i verket; **to be out of** ~ *(Tekn)* vara ur funktion; **killed in** ~ *(Mil)* dödad i strid; ~ **replay** *(TV: av mål i fotboll etc)* omedelbar repris **(b)** *(Jur)* laga åtgärder; **to bring an** ~ **against sb** väcka åtal mot någon
ac·ti·vate |'æktɪveɪt| vt *(äv Kem, Tekn)* aktivera
ac·tive |'æktɪv| adj *(i allm)* aktiv; **an** ~ **volcano** en aktiv vulkan; **the** ~ **voice** *(Språkv)* aktiv form; **to be** ~ **in politics** vara politiskt aktiv; **to play an** ~ **part in** spela en aktiv roll i
ac·tive·ly |'æktɪvlɪ| adv aktivt; **to be** ~ **involved in** vara aktivt inblandad i
ac·tiv·ist |'æktɪvɪst| s aktivist
ac·tiv·ity |æk'tɪvɪtɪ| s aktivitet, verksamhet; **social activities** sociala aktiviteter
ac·tor |'æktəʳ| s skådespelare
ac·tress |'æktrɪs| s skådespelerska
ac·tual |'æktjʊəl| adj *(verklig)* faktisk; **in** ~ **fact** i själva verket; **what were his** ~ **words?** vad sade han exakt?
ac·tual·ly |'æktjʊəlɪ| adv *(förstärkande)* faktiskt; **that's not true,** ~ det är faktiskt inte sant; **we** ~ **caught a fish!** vi fick faktiskt en fisk!
ac·tu·ary |'æktjʊərɪ| s försäkringsstatistiker, aktuarie
ac·tu·ate |'æktjʊeɪt| vt sätta igång; ~**d by** *(en önskan etc)* driven av
acu·men |'ækjʊmen, *(i sht Am)* ə'kju:mən| s skarpsinnighet; **political** ~ sinne för politik
acu·punc·ture |'ækjʊpʌŋktʃəʳ| s akupunktur;
acute |ə'kju:t| adj *(syn, hörsel etc)* skarp; *(smärta, glädje etc)* intensiv, stark; *(kris etc)* akut; *(person, anmärkning etc)* skarp(sinnig); *(Med)* akut; *(accent)* akut; *(vinkel)* spetsig
acute·ly |ə'kju:tlɪ| adv *(lida etc)* intensivt; *(observera etc)* klarsynt
A.D. fōrk *(= Anno Domini)* e.Kr.
ad |æd| s fōrk *(vard)* f advertisement.
Ad·am's ap·ple |'ædəmz,æpl| s *(Anat)* adamsäpple
ada·mant |'ædəmənt| adj *(bildl)* benhård, obeveklig
adapt |ə'dæpt| **1** vt *(maskin)* anpassa, adaptera; *(hus)* ändra/bygga om; *(text)* bearbeta; **to** ~ **oneself to sth** anpassa sig till ngt; **a play** ~**ed from the Italian** ett skådespel som översatts och bearbetats från italienska **2** vi anpassa sig
adapt·able |ə'dæptəbl| adj anpassningsbar; *(person äv)* smidig; **he's very** ~ han anpassar sig till

allt
ad·ap·ta·tion [ˌædæp'teɪʃən] s *(Biol etc)* adaptation, anpassning; *(text)* bearbetning
adapt·er, adapt·or [ə'dæptəʳ] s *(Elektr)* adapter
add [æd] **1** *vt (Mat)* addera, lägga ihop; *(till blandning etc)* tillsätta; *(till byggnad)* bygga till; *(säga)* tillägga; **he ~ed that... han la till att...;** **~ed to which...** och dessutom...; **to ~ insult to injury** göra det ännu värre **2** *vi (Mat)* addera
♦ **add to** *vi* + *prep* öka
♦ **add up 1** *vt* + *adv (siffror, fördelar etc)* lägga ihop **2** *vi* + *adv* **(a)** *(siffror o bildl)* stämma; **it's all beginning to ~ up** *(bildl)* allt börjar stämma **(b): to ~ up to** *(eg)* bli sammanlagt, uppgå till; *(bildl)* utmynna i, resultera i; **to ~ up to 25** uppgå till 25; **it doesn't ~ up to much** *(bildl)* det var inget vidare
ad·der ['ædəʳ] s huggorm
ad·dict ['ædɪkt] s missbrukare; **drug ~** narkoman; **television ~** TV-slav
ad·dicted [ə'dɪktɪd] *adj (åt droger)* hemfallen; *(bildl)* begiven; **to become ~ to sth** bli missbrukare av ngt
ad·dic·tion [ə'dɪkʃən] s *(rökning etc)* last; *(av droger)* missbruk
ad·dic·tive [ə'dɪktɪv] *adj* beroendeframkallande
ad·di·tion [ə'dɪʃən] s *(ökning)* tilläggande; *(Mat)* addition; *(i bok t ex)* tillägg; **if my ~ is correct** om jag räknat rätt; **an ~ to the family** tillökning i familjen; **in ~** dessutom; **in ~ to** förutom
ad·di·tion·al [ə'dɪʃənl] *adj (kostnad etc)* extra
ad·di·tive ['ædɪtɪv] s tillsats
ad·dress [ə'dres] **1** s **(a)** *(i allm)* adress **(b)** *(tal)* anförande; **election ~** valtal **(c): form of ~** *(titulering)* tilltalsform **2** *vt* **(a)** *(brev)* adressera; *(anmärkning etc)* rikta; **this letter is wrongly ~ed** detta brev är feladresserat; **please ~ your complaints to the manager** var snäll och vänd er till chefen med era klagomål **(b)** *(person)* titulera; *(församling etc)* tala till; **the judge ~ed the jury** domaren vände sig till juryn
ad·enoids ['ædɪnɔɪdz] spl *(Anat)* polyper
adept ['ædept, *(adj äv: i sht Am)* ə'dept] **1** *adj* skicklig *(in/at i)* **2** s expert; **to be an ~ at** vara expert på
ad·equate ['ædɪkwɪt] *adj (mängd etc)* tillräcklig; *(person)* lämplig; *(framträdande)* tillfredsställande; **to feel ~ to a task** vara vuxen en uppgift
ad·equate·ly ['ædɪkwɪtlɪ] *adv (värma upp etc)* tillräckligt; *(göra ngt)* tillfredsställande
adhere [əd'hɪəʳ] *vi (klibba)* sitta fast
♦ **adhere to** *vi* + *prep (parti etc)* hålla sig till; *(tro)* hålla fast vid; *(löfte)* hålla; *(regel)* hålla sig till
ad·her·ent [əd'hɪərənt] s *(person)* anhängare
ad·he·sive [əd'hi:zɪv] **1** *adj* självhäftande; **~ tape** tejp; *(Am)* plåster **2** s *(i allm)* klister; *(Med)* häftplåster
ad hoc [ˌæd'hɒk] *adj (beslut etc)* för detta särskilda ändamål
ad·ja·cent [ə'dʒeɪsənt] *adj* angränsande; **~ to** nära
ad·jec·tive ['ædʒektɪv] s adjektiv
ad·join [ə'dʒɔɪn] **1** *vt* gränsa till **2** *vi* gränsa till varandra
ad·join·ing [ə'dʒɔɪnɪŋ] *adj* angränsande
ad·journ [ə'dʒɜ:n] **1** *vt (i allm)* skjuta upp; *(sammanträde)* ajournera **2** *vi (möte, parlament, domstol)* ajournera sig; **they ~ed to the pub** *(vard)* de förflyttade sig till puben
ad·journ·ment [ə'dʒɜ:nmənt] s ajournering
ad·ju·di·cate [ə'dʒu:dɪkeɪt] *vt (tävling)* döma; *(skadestånd etc)* tilldöma
ad·junct ['ædʒʌŋkt] s *(i allm)* bihang; *(Språkv)* bestämning
ad·just [ə'dʒʌst] *vt (i allm)* rätta till; *(TV etc)* ställa in; *(klocka)* ställa (om); *(hastighet etc)* anpassa; **to**

~ oneself to anpassa sig till; **this chair can be ~ed** den här stolen är inställbar
ad·just·able [ə'dʒʌstəbl] *adj* reglerbar
ad·just·ment [ə'dʒʌstmənt] s *(till ny miljö etc)* anpassning; *(ändring)* justering; **to make an ~ to one's plans** göra en smärre ändring i sina planer
ad lib [ˌæd'lɪb] **1** *adv (äta etc)* efter behag, så mycket man vill **2** *adj (tal etc)* improviserad **3** *vt (tal, musik)* improvisera **4** *vi (skådespelare etc)* improvisera
ad·min·is·ter [əd'mɪnɪstəʳ] *vt* **(a)** *(i allm)* förvalta, sköta; *(land)* styra **(b)** *(medicin)* ge, utdela; *(rättvisa)* skipa; **to ~ an oath to sb** förestava en ed för ngn
ad·min·is·tra·tion [əd,mɪnɪs'treɪʃən] s **(a)** *(se administer)* förvaltning, skötsel; skipande **(b)** *(lands)* regering
ad·min·is·tra·tive [əd'mɪnɪstrətɪv] *adj* förvaltnings-, förvaltande
ad·min·is·tra·tor [əd'mɪnɪstreɪtəʳ] s administratör
ad·mi·rable ['ædmərəbl] *adj* beundransvärd
ad·mi·ral ['ædmərəl] s amiral
ad·mi·ra·tion [ˌædmə'reɪʃən] s beundran
ad·mire [əd'maɪəʳ] *vt* beundra; **she was admiring herself in the mirror** hon beundrade sig i spegeln
ad·mis·sible [əd'mɪsəbl] *adj* godtagbar
ad·mis·sion [əd'mɪʃən] s **(a)** *(till skola, klubb etc)* tillträde; *(entré)* inträde(savgift); **~ free** fritt inträde **(b)** *(erkännande)* medgivande; **it would be an ~ of defeat** det skulle vara att erkänna sitt nederlag; **by his own ~** som han själv medger
ad·mit [əd'mɪt] **1** *vt* **(a)** *(person, luft, ljus)* låta komma in, släppa in; **children not ~ted** ej tillträde för barn; **this ticket ~s two** den här biljetten gäller för två **(b)** *(erkänna)* medge; **it is hard, I ~** jag medger att det är svårt **2** *vi*: **to ~ of** *(tvivel, förbättringar)* lämna rum för, medge
ad·mit·tance [əd'mɪtəns] s tillträde; **to gain ~** bli insläppt, få komma in; **no ~** tillträde förbjudet
ad·mit·ted·ly [əd'mɪtɪdlɪ] *adv* man måste erkänna, jag erkänner att
ad·mon·ish [əd'mɒnɪʃ] *vt* tillrättavisa, förmana
ad nau·seam [ˌæd'nɔ:sɪæm] *adv* till leda
ado·les·cence [ˌædəʊ'lesns] s ungdomsår, tonår
ado·les·cent [ˌædəʊ'lesnt] **1** *adj* ung, tonårig **2** s tonåring
adopt [ə'dɒpt] *vt (barn)* adoptera; *(rapport, förslag)* anta; *(kandidat, yrke)* välja
adop·tion [ə'dɒpʃən] s adoption; **country of ~** adoptivland
ador·able [ə'dɔ:rəbl] *adj (vard)* gullig, bedårande
ado·ra·tion [ˌædə'reɪʃən] s tillbedjan
adore [ə'dɔ:ʳ] *vt (äv vard)* avguda, älska
adorn [ə'dɔ:n] *vt* pryda
adrena·lin [ə'drenəlɪn] s adrenalin
Adri·at·ic (Sea) [ˌeɪdrɪ'ætɪk('si:)] s Adriatiska havet
adrift [ə'drɪft] *adv (i sht Sjö)* på drift; *(bildl)* vind för våg; **to come ~** *(båt)* komma på drift; *(rep etc)* lossna
adroit [ə'drɔɪt] *adj* skicklig
adu·la·tion [ˌædjʊ'leɪʃən] s smicker
adult ['ædʌlt, *(i sht Am)* ə'dʌlt] **1** *adj* vuxen; **~ education** vuxenutbildning **2** s vuxen (person); **~s only** *(i bioannons etc)* barnförbjudet
adul·te·rate [ə'dʌltəreɪt] *vt (försämra genom att)* utspäda
adul·tery [ə'dʌltərɪ] s äktenskapsbrott
ad·vance [əd'vɑ:ns] **1** s **(a)** *(i allm, Mil)* frammarsch, framryckning; *(bildl)* framsteg; **recent ~s in technology** nya framsteg inom teknologin; **to make ~s to sb** göra några närmanden till ngn; **in ~** i förväg; **to arrive in ~ of sb** anlända före ngn; **to book in ~** beställa/boka i förväg **~ notice** för-

handsbesked; ~ **party** förtrupp (b) *(av pengar)* förskott; **to pay in** ~ betala i förskott **2** *vt* (a) *(tid, datum etc)* flytta fram; *(Mil)* rycka fram med; *(planer, intressen)* gynna; *(ge högre tjänst)* befordra (b) *(idé, förslag, krav)* lägga fram; (c) *(pengar)* förskottera; *(lån)* försträcka **3** *vi (gå framåt)* avancera; *(Mil)* rycka fram; *(vetenskap)* gå framåt; *(elev)* göra framsteg; *(i karriär)* avancera; **to** ~ **on sb** närma sig ngn hotfullt

ad·vanced [əd'vɑːnst] *adj (långt kommen)* avancerad; ~ **studies** högre studier; ~ **in years** ålderstigen; **summer was well** ~ sommaren var långt framskriden

ad·van·tage [əd'vɑːntɪdʒ] *s (i allm, Tennis)* fördel; **he has the** ~ **of youth** han har fördelen att vara ung; **it's to our** ~ det är till vår fördel; **to have an** ~ **over sb** ha ett övertag över ngn; **to take** ~ **of an opportunity** ta tillfället i akt; **to take** ~ **of sb** *(äv sexuellt)* utnyttja

ad·van·ta·geous [ˌædvən'teɪdʒəs] *adj* förmånlig, fördelaktig

ad·vent ['ædvənt] *s* (a) *(i allm)* ankomst; **since the** ~ **of the tractor** sedan traktorn kom till (b) *(Rel)*: **A**~ advent

ad·ven·ture [əd'ventʃəʳ] *s* äventyr, upplevelse; **the spirit of** ~ äventyrsanda; ~ **story** äventyrsberättelse

ad·ven·tur·ous [əd'ventʃərəs] *adj (person)* äventyrslysten; *(resa etc)* äventyrlig

ad·verb ['ædvɜːb] *s* adverb

ad·ver·bial [əd'vɜːbjəl] **1** *adj* adverbiell **2** *s* adverbial

ad·ver·sary ['ædvəsərɪ] *s* motståndare

ad·verse ['ædvɜːs, *(i sht Am)* æd'vɜːs] *adj (beslut, kritik, vind)* mot-; *(förhållanden)* ogynnsam; ~ **to our hopes** tvärtemot vad vi hoppades

ad·vert ['ædvɜːt] *s (Brit vard)* förk f **advertisement**

ad·ver·tise ['ædvətaɪz] **1** *vt (Handel etc)* annonsera, göra reklam för; *(till försäljning)* bjuda ut **2** *vi (i tidning)* annonsera; *(i TV)* göra reklam; **to** ~ **for** annonsera efter

ad·ver·tise·ment [əd'vɜːtɪsmənt, *(Am)* ædvə'taɪzmənt] *s (i tidning)* annons; *(som affisch)* reklam; **an** ~ **for soap** reklam för tvål

ad·ver·tis·er ['ædvətaɪzəʳ] *s* annonsör

ad·ver·tis·ing ['ædvətaɪzɪŋ] *s* reklam, annonsering; **my brother's in** ~ min bror är i reklambranschen; ~ **agency** reklambyrå

ad·vice [əd'vaɪs] *s (ingen pl)* råd; **a piece of** ~ ett råd; **to ask for** ~ be om råd; **to take sb's** ~ följa ngns råd

ad·vis·able [əd'vaɪzəbl] *adj* tillrådligt; **if you think it** ~ om du tror att det är klokt

ad·vise [əd'vaɪz] *vt* tillråda; *(president)* vara rådgivare till; **to** ~ **sb to do sth** råda ngn att göra ngt; **to** ~ **against** sth avråda från ngt; **he** ~**s them on investment** han är investeringsrådgivare åt dem; **you would be well/ill** ~**d to go** det skulle vara klokt/dumt av dig att gå

ad·vis·er [əd'vaɪzəʳ] *s (i allm, Pol)* rådgivare; *(Handel)* konsult

ad·vi·so·ry [əd'vaɪzərɪ] *adj (organ etc)* rådgivande; **in an** ~ **capacity** som/i egenskap av rådgivare

ad·vo·cate ['ædvəkɪt] **1** *s* talesman, förespråkare; *(i sht Skottl)* advokat **2** ['ædvəkeɪt] *vt* förespråka

aeon ['iːən] *s* eon, evighet

aer·ate ['eəreɪt] *vt (vätska)* lufta; *(blod)* syrsätta; ~**d water** kolsyrat vatten

aer·ial ['eərɪəl] **1** *adj* i luften; ~ **photograph** flygfoto; ~ **railway** linbana **2** *s (i sht Brit: Radio, TV)* antenn; **indoor** ~ inomhusantenn

aero- ['eərəʊ] *prefix* luft-, flyg-

aero·bat·ics ['eərəʊ'bætɪks] *spl* luftakrobatik

aero·drome ['eərədrəʊm] *s (i sht Brit)* flygplats

aero·dy·nam·ics ['eərəʊdaɪ'næmɪks] *spl* aerodynamik

aero·naut·ics [ˌeərə'nɔːtɪks] *spl* flygteknik

aero·plane ['eərəpleɪn] *s (i sht Brit)* flygplan

aero·sol ['eərəsɒl] *s* aerosol

aero·space ['eərəʊspeɪs] *adj* rymd-; ~ **industry** rymdindustri

aes·thet·ic [iːs'θetɪk] *adj* estetisk

aes·thet·ics [iːs'θetɪks] *spl* estetik

afar [ə'fɑːʳ] *adv* fjärran; **from** ~ från fjärran

af·fable ['æfəbl] *adj* älskvärd

af·fair [ə'feəʳ] *s (händelse)* affär; (= *love* ~) kärleksaffär; ~**s** affärer; **foreign** ~**s** utrikesaffärer; ~**s of state** statsangelägenheter; **it was an odd** ~ det var en konstig historia; **the Watergate** ~ Watergateaffären; **that's my** ~ det är min sak; **to put one's** ~**s in order** få ordning på sina affärer; **it's a bad state of** ~**s** det är dåligt ställt

af·fect [ə'fekt] *vt* (a) *(inverka på)* påverka; *(angå)* beröra; *(skada)* angripa; *(hälsan)* drabba; **it did not** ~ **my decision** det påverkade inte mitt beslut (b) *(känslomässigt)* röra; **he seemed much** ~**ed** han verkade mycket upprörd (c) *(spela)* låtsas vara

af·fec·ta·tion [ˌæfek'teɪʃən] *s* tillgjordhet

af·fect·ed [ə'fektɪd] *adj (affekterad)* tillgjord; *(av sorg etc)* påverkad

af·fec·tion [ə'fekʃən] *s* tillgivenhet

af·fec·tion·ate [ə'fekʃənɪt] *adj* tillgiven

af·fi·da·vit [ˌæfɪ'deɪvɪt] *s (Jur)* skriftlig försäkran under ed

af·fili·ated [ə'fɪlɪeɪtɪd] *adj* ansluten *(to/with* till); ~ **company** filial, dotterbolag

af·filia·tion [əˌfɪlɪ'eɪʃən] *s* anknytning

af·fin·ity [ə'fɪnɪtɪ] *s (frändskap)* släktskap; *(tycke)* samhörighet

af·firm [ə'fɜːm] *vt (försäkra)* bekräfta

af·firma·tive [ə'fɜːmətɪv] *adj* jakande; **to answer in the** ~ svara ja(kande)

af·fix [ə'fɪks] **1** *vt (namnteckning)* sätta under; *(frimärke)* fästa **2** ['æfɪks] *s (Språkv)* affix

af·flict [ə'flɪkt] *vt* plåga, drabba

af·flic·tion [ə'flɪkʃən] *s (sorg)* lidande; *(kroppslig)* plåga, lidande; **it's a terrible** ~ det är ett fruktansvärt lidande

af·flu·ence ['æfluəns] *s (rikedom)* välstånd; *(mer än tillräckligt)* överflöd

af·flu·ent ['æfluənt] *adj* riklig; **the** ~ **society** överflödssamhället

af·ford [ə'fɔːd] *vt* (a): **can** ~ *(ngt dyrbart)* har råd *(sth med ngt); (ngt onödigt)* kan undvara; *(att missa ett tillfälle)* har råd; **can we** ~ **a car?** har vi råd med bil? **I can't** ~ **the time** jag har inte tid; **I can't** ~ **not to do it** jag har inte råd att låta bli att göra det; **an opportunity you cannot** ~ **to miss** en möjlighet man inte kan missa (b) *(frm: tillfälle, nöje)* bereda; *(resultat)* avkasta; *(utsikt)* skänka

af·fray [ə'freɪ] *s* tumult, slagsmål

af·front [ə'frʌnt] **1** *s* skymf, förolämpning **2** *vt* förolämpa; ~**ed** förolämpad

afield [ə'fiːld] *adv*: **far** ~ långt borta

AFL/CIO *förk* (= *American Federation of Labour/ Congress of Industrial Organisations)* (amerikanska) LO

afloat [ə'fləʊt] *adv* flytande; **to keep** ~ *(eg, bildl)* hålla sig flytande

afoot [ə'fʊt] *adv* på gång; **there is trouble** ~ det är trassel på gång

afore·men·tioned [əˌfɔː'menʃənd] *adj*, **afore·said** [əˌfɔː'sed] *adj* tidigare nämnd

afraid [ə'freɪd] *adj*: **to be** ~ (a) *(frukta)* vara rädd; **to be** ~ **for sb** oroa sig för ngn; **to be** ~ **of sb/sth** vara rädd för ngn/ngt; **I was** ~ **to ask** jag var rädd för att fråga (b) *(beklaga)* vara ledsen; **I'm** ~ **he's out** tyvärr är han ute; **I'm** ~ **I**

have to go now tyvärr måste jag gå nu; **I'm ~ so!** jag är rädd för det!; **I'm ~ not** tyvärr inte
afresh |ə'freʃ| adv på nytt; **to start ~** börja på nytt
Af·ri·ca |'æfrɪkə| s Afrika
Af·ri·can |'æfrɪkən| **1** adj afrikansk **2** s afrikan
Afro-American |æfrəʊə'merɪkən| adj afroamerikansk
aft |ɑːft| adv (Sjö) akter ut; **fore and ~** för och akter; **to go ~** gå akteröver
af·ter |'ɑːftəʳ| **1** adv efter **2** prep efter; **soon ~** eating it strax efter att ha ätit det; **~ all** när allt kommer omkring; **half ~ two** (Am) halv tre; **the day ~ tomorrow** i övermorgon; **one ~ the other** en efter en, den ena efter den andra; **~ you!** efter dig!; **~ you with the salt** varsågod och ta salt först; **he ran ~ me** han sprang efter mig; **the police are ~ him** polisen är efter honom; **what is he ~?** (vard) vad vill han? **3** konj sedan, efter det att; **~ what has happened** efter det som hänt
after·birth |'ɑːftəbɜːθ| s efterbörd
after·care |'ɑːftəkeəʳ| s (Med) eftervård
after-effect |'ɑːftərɪfekt| s efterverkan; **~s** följder, sviter
after·life |'ɑːftəlaɪf| s livet efter detta
after·math |'ɑːftəmæθ| s följder, efterverkningar
after·noon |'ɑːftə'nuːn| s eftermiddag; **in the ~** på eftermiddagen; **good ~!** (som hälsning) goddag!; (som avsked) adjö
after-sales ser·vice |ˌɑːftə'seɪlzˌsɜːvɪs| s (Brit) service efter försäljning
after-shave (lo·tion) |'ɑːftəˌʃeɪv(ˌləʊʃən)| s rakvatten
after·thought |'ɑːftəθɔːt| s (i allm) idé i efterhand; (som yttrande) replik i trappan; **it was as an ~ that I...** det var något jag kom på efteråt att jag...
after·wards |'ɑːftəwədz| adv efteråt, sedan; **soon ~** strax efter
again |ə'gen| adv igen, åter; **try ~** försök igen; **come ~ soon** kom snart tillbaka; **~ and ~** om och om igen; **never ~!** aldrig mer!; **now and ~** då och då; **half as much ~** hälften så mycket till; **then ~... å** andra sidan...; (därtill) dessutom
against |ə'genst| prep **(a)** (stöd etc) mot; **to lean ~ sth** luta sig mot ngt **(b)** (i motsättning till) mot, emot; **he was ~ going** han var emot att vi skulle gå; **what have you got ~ me?** vad har du emot mig?; **it's ~ the law** det är mot lagen; **to run ~ sb** (Pol) ställa upp mot ngn **(c): (as) ~** jämfört med
age |eɪdʒ| **1** s **(a)** (i allm) ålder; (= old ~) ålder(dom); **when I was your ~** när jag var i din ålder; **she doesn't look her ~** hon ser yngre ut än vad hon är; **at the ~ of** 7 vid 7 års ålder; **to come of ~** bli myndig; **to be of the same ~** vara jämnårig(a); **under ~** (officiellt) minderårig; (för ngt) för ung; **~ of consent** (sexuellt) lovlig ålder; **~ group** åldersgrupp; **the 40 to 50 ~ group** åldersgruppen mellan 40 och 50; se äv **middle 1 (b)** (period) tidsålder; se äv **middle 1 (c)** (vard: lång tid) evighet; **we waited (for) ~s** vi väntade i evighet(er); **it's an ~ since I saw him** det är evigheter sedan jag såg honom **2** vt få att åldras: this harsh climate ~s people quickly **3** vi åldras
aged |eɪdʒɪd| adj **(a)** (gammal) ålderstigen; **the ~ de gamla (b)** |eɪdʒd| (i en ålder av) gammal; **~ 15** 15 år gammal
age·less |'eɪdʒlɪs| adj (evig) tidlös; (som ej åldras) evigt ung
agen·cy |'eɪdʒənsɪ| s **(a)** (bolags etc) kontor; **travel ~** resebyrå; **employment ~** arbetsförmedling **(b): through the ~ of sb** genom ngns försorg
agen·da |ə'dʒendə| s (vid sammanträde) föredragningslista, dagordning; (i allm): **what's on the ~**

vad är programmet för i dag?
agent |'eɪdʒənt| s **(a)** (Handel) agent, representant; (= secret ~) hemlig agent; (Teat etc) ombud; **to be sole ~ for** ha (agentur med) ensamrätt; **he is not a free ~** han har inte fria händer **(b)** (Kem) medel: oxidizing ~
ag·gra·vate |'ægrəveɪt| vt (situation etc) förvärra; (person) reta, bringa ur fattningen
ag·gra·vating |'ægrəveɪtɪŋ| adj (person) retsam, odräglig
ag·gre·gate |'ægrɪgɪt| s summa; **in the ~** totalt sett
ag·gres·sion |ə'greʃən| s aggression
ag·gres·sive |ə'gresɪv| adj (ilsken) aggressiv; (försäljare etc) energisk, offensiv
ag·grieved |ə'griːvd| adj sårad, kränkt
aghast |ə'gɑːst| adj förskräckt (at över)
agile |'ædʒaɪl| adj (kropp) vig; (intellekt etc) rörlig
agi·tate |'ædʒɪteɪt| **1** vt (person) uppröra, oroa; (föremål) skaka, röra **2** vi (Pol) agitera (for för)
agi·tated |'ædʒɪteɪtɪd| adj upphetsad, upprörd
agi·ta·tion |ˌædʒɪ'teɪʃən| s (Pol etc) agitation; (mental) upphetsning, upprördhet
agi·ta·tor |'ædʒɪteɪtəʳ| s (Pol) agitator, uppviglare
ag·nos·tic |æg'nɒstɪk| s agnostiker
ag·nos·ti·cism |æg'nɒstɪsɪzəm| s agnosticism
ago |ə'gəʊ| adv: **a week ~** för en vecka sedan; **long ~** för länge sedan; **how long ~ was it?** (för) hur länge sedan var det?
agog |ə'gɒg| adj (förväntansfull) spänd; **to be all ~** vara i spänd förväntan
ago·nize |'ægənaɪz| vi våndas; **to ~ over a decision** våndas över ett beslut
ago·ny |'ægənɪ| s (fysiskt) plågor; (själsligt) ångest; (inför döden) dödskamp; **to be in ~** ha svåra plågor; **to suffer agonies of doubt** plågas av tvivel; **~ column** (i tidning) frågespalt om personliga problem
agree |ə'griː| **1** vi **(a)** (instämma) vara överens (with med); **to ~ on a plan** vara överens om en plan; **don't you ~?** håller du inte med?; **to ~ to differ** vara överens om att man inte är överens **(b)** (säga ja) samtycka (to till); **to ~ to sth/to do sth** gå med på ngt/på att göra ngt **(c)** (personer, föremål) passa ihop; (Språkv): **to ~ with** rätta sig efter: the verb should ~ with the subject; **garlic doesn't ~ with me** jag tål inte vitlök **2** vt: **to ~ (that)** vara överens om (att); **it was ~d that...** man kom överens om att...; **are we all ~d?** är vi alla överens?; **is that ~d?** är vi överens om det?
agree·able |ə'griːəbl| adj **(a)** (klimat etc) behaglig; (person, kväll etc) trevlig **(b): to be ~ to sth** gå med på ngt; **if you are ~** om du går med på det; **is that ~ to everybody?** går alla med på det?
agree·ment |ə'griːmənt| s **(a)** (i allm) överenskommelse; (kontrakt) avtal; (medgivande) samtycke; **by mutual ~** genom en ömsesidig överenskommelse; **to come to an ~** komma till en uppgörelse; se äv **gentleman (b)** (allmän åsikt) samstämmighet; (mellan personer: i åsikter etc) överensstämmelse; **to be in ~ with sb** hålla med ngn; **they are always in ~** de tycker alltid likadant **(c)** (Språkv) kongruens
agri·cul·tur·al |ˌægrɪ'kʌltʃərəl| adj jordbruks-; lantbruks-; **~ college** lantbrukshögskola
agri·cul·ture |'ægrɪkʌltʃəʳ| s jordbruk
aground |ə'graʊnd| adv (Sjö) på grund; **to run ~** gå på grund
ahead |ə'hed| adv **(a)** (i rum) före; **to be ~** vara före; **to go ~** (eg) gå i förväg; (bildl): **go ~!** sätt i gång!; **to get ~ of sb** komma före ngn **(b)** (i tid) före; (boka, planera) i förväg; **to look ~** (bildl) se framåt; **to be ~ of one's time** vara före sin tid
ahoy |ə'hɔɪ| interj ohoj!
aid |eɪd| **1** s (i allm) hjälp, bistånd; (redskap)

hjälpmedel; **economic** ~ ekonomiskt stöd; **with the** ~ **of** med hjälp av; **in** ~ **of** till förmån för; **what's all this in** ~ **of**? *(vard)* vad tjänar allt det här till?; **to come to the** ~ **of sb** komma till ngns undsättning; *se äv* **hearing, visual** **2** *vt (person)* hjälpa; *(framsteg, tillfrisknande)* bidra till; **to** ~ **and abet sb** *(Jur)* vara ngn behjälplig vid brottsligt förfarande
aide |eɪd| *s (Mil:* äv: **aide-de-camp)** adjutant; *(Pol)* medarbetare
aide-de-camp |'eɪddə'kɒŋ| *s* se **aide**
AIDS, aids |eɪdz| *ssg (Med)* aids
ail |eɪl| **1** *vt opers* plåga, besvära; **what's** ~**ing you?** hur är det fatt? **2** *vi* känna sig sjuk
ail·ing |'eɪlɪŋ| *adj* sjuk, krasslig
ail·ment |'eɪlmənt| *s* krämpa
aim |eɪm| **1** *s (på vapen)* sikte; *(bildl: syfte)* mål; **his** ~ **was bad** han siktade dåligt; **to have no** ~ **in life** inte ha något mål i livet; **to take** ~ **(at)** ta sikte (på) **2** *vt:* **to** ~ **(at)** *(pistol, slag, kritik etc)* rikta (mot) **3** *vi* sikta; **to** ~ **at** *(med vapen)* sikta på; *(målsättning)* syfta till; **I** ~ **to finish it today** jag har för avsikt att avsluta det i dag
aim·less |'eɪmlɪs| *adj* utan mål
ain't |eɪnt| *(ej standardspråk)* = am not, is not, are not; has not, have not
air |eəˈ| **1** *s* **(a)** *(i allm)* luft; **to throw sth into the** ~ kasta upp ngt i luften; **in the open** ~ *(ute)* i det fria; **by** ~ med flyg; **to go by** ~ flyga; **to get some fresh** ~ (gå ut och) få lite frisk luft; **to clear the** ~ *(bildl)* rensa luften; **hot** ~ *(bildl)* prat, munväder; **there's something in the** ~ *(bildl)* det ligger ngt i luften; **our plans are up in the** ~ våra planer är vaga; **into thin** ~ *(vard)* i tomma intet **(b)** *(Radio, TV)*: **to be on the** ~ *(station)* sända; *(program)* sändas; **you're on the** ~ **now** du är/ligger i sändning nu; **to go off the** ~ sluta sända **(c)** *(uppsyn)* min; **with a guilty** ~ med skyldig min; **he has an** ~ **of importance** han har en viktig min; **to give oneself** ~**s** spela märkvärdig **(d)** *(Mus)* melodi **2** *vt (kläder, idéer, åsikter)* vädra, lufta **3** *i sms:* ~ **brake** *(på tåg)* tryckluftbroms; *(på flygplan)* luftbroms; ~ **conditioning** luftkonditionering; ~ **gun** luftgevär; ~ **hostess** *(Brit)* flygvärdinna; ~ **lane** luftled, flygtrafikled; ~ **letter** *(Brit)* aerogram; ~ **pocket** luftgrop; ~ **raid** flyganfall; ~ **terminal** flygterminal ~ **traffic control** *(på flygplats)* trafikledning; ~ **traffic controller** trafikledare
air·borne |'eəbɔːn| *adj (Mil)* flygburen; *(flygplan)* uppe i luften; **suddenly we were** ~ plötsligt var vi uppe i luften
air-conditioned |'eəkən,dɪʃnd| *adj* luftkonditionerad
air·craft |'eəkrɑːft| *s (pl lika)* flygplan; ~ **carrier** hangarfartyg
air·drome |'eədrəʊm| *s (Am)* = **aerodrome**
air·field |'eəfiːld| *s* flygfält
air·ing |'eərɪŋ| *s (av rum, kläder etc)* vädring; **to give an idea an** ~ *(bildl)* vädra en idé; ~ **cupboard** *(Brit)* torkskåp
air·less |'eəlɪs| *adj (rum)* instängd, kvav; *(dag)* vindstilla
air·lift |'eəlɪft| *s* luftbro
air·line |'eəlaɪn| *s* flygbolag
air·lock |'eəlɒk| *s (i ledning)* luftblåsa; *(i rymdskepp)* luftsluss
air·mail |'eəmeɪl| *s* flygpost; **by** ~ med flyg(post)
air·plane |'eəpleɪn| *s (Am)* = **aeroplane**
air·port |'eəpɔːt| *s* flygplats, flygfält
air-sea res·cue |,eə,siː'reskjuː| *s* sjöräddningstjänst
air·ship |'eəʃɪp| *s* luftskepp
air·sick |'eəsɪk| *adj* flygsjuk
air·space |'eəspeɪs| *s* luftrum

air·strip |'eəstrɪp| *s (för flygplan)* landningsbana
air·tight |'eətaɪt| *adj* lufttät
air·worthy |'eəwɜːðɪ| *adj* flygduglig
airy |'eərɪ| *adj* (**-ier, -iest**) *(rum etc)* luftig; *(anmärkning)* ytlig; *(sätt)* obekymrad
aisle |aɪl| *s (i kyrka, teater etc)* gång; *(kyrkbyggnad)* sidoskepp; **to lead a girl up the** ~ *(bildl: gifta sig)* föra en flicka till altaret; **it had them rolling in the** ~**s** det fick dem att vrida sig av skratt i bänkarna
aitch |eɪtʃ| *s (bokstaven)* h; **to drop one's** ~**es** *(obildat uttal)* tappa bort h i början av ord
ajar |ə'dʒɑːˈ| *adv* på glänt
akim·bo |ə'kɪmbəʊ| *adv:* **with arms** ~ med händerna i sidan
ala·bas·ter |'æləbɑːstəˈ| *s* alabaster
à la carte |,ɑːlɑː'kɑːt| *adv* à la carte
alac·rity |ə'lækrɪtɪ| *s* iver; **with** ~ ivrigt, beredvilligt
alarm |ə'lɑːm| **1** *s (signal)* larm; *(rädsla)* oro; (= ~ *clock)* väckarklocka; **to raise the** ~ slå larm; **to cause** ~ skapa oro; *se äv* **false** **2** *vt (person, fågel etc)* skrämma; **to be** ~**ed at** oroas av
alarm·ing |ə'lɑːmɪŋ| *adj* oroande, skrämmande
alarm·ist |ə'lɑːmɪst| *s (person)* som sprider oro
alas |ə'læs| *interj* ack, tyvärr
Alas·ka |ə'læskə| *s* Alaska
Alas·kan |ə'læskən| **1** *adj* Alaska-, från Alaska **2** *s* Alaskabo
Al·ba·nia |æl'beɪnɪə| *s* Albanien
Al·ba·nian |æl'beɪnɪən| **1** *adj* albansk **2** *s* **(a)** *(person)* alban **(b)** *(språk)* albanska
al·ba·tross |'ælbətrɒs| *s* albatross
al·bi·no |æl'biːnəʊ| *s (person, djur, växt)* albino
al·bum |'ælbəm| *s (bok)* album; *(skiva)* LP-skiva; **autograph** ~ autografalbum; **photograph** ~ fotoalbum; **stamp** ~ frimärksalbum
al·che·my |'ælkɪmɪ| *s* alkemi
al·co·hol |'ælkəhɒl| *s (Kem, dryck)* alkohol; **I never touch** ~ jag dricker aldrig sprit
al·co·hol·ic |,ælkə'hɒlɪk| **1** *adj* alkohol-, alkoholhaltig **2** *s* alkoholist; **A**~**s Anonymous** *(ung)* Länkarna
al·co·hol·ism |'ælkəhɒlɪzəm| *s* alkoholism
al·cove |'ælkəʊv| *s* alkov
ale |eɪl| *s (öl)* öl; *se äv* **pale, brown**
alert |ə'lɜːt| **1** *adj (i allm)* livlig, vaken; *(vakt etc)* uppmärksam **2** *s* larm; **to be on the** ~ vara vaksam, hålla utkik **3** *vt* varna; *(vakt etc)* larma
al·fal·fa |æl'fælfə| *s* lusern, alfalfa
al·fres·co |æl'freskəʊ| *adj, adv* utomhus
al·gae |'ældʒiː| *spl (Bot)* alger
al·ge·bra |'ældʒɪbrə| *s* algebra
Al·ge·ria |æl'dʒɪərɪə| *s* Algeriet
Al·ge·rian |æl'dʒɪərɪən| **1** *adj* algerisk **2** *s* algerier
alias |'eɪlɪæs| **1** *s* falskt namn **2** *adv* alias: *Bill Smith,* ~ *Brian Stevens*
ali·bi |'ælɪbaɪ| *s* alibi
al·ien |'eɪlɪən| **1** *adj* **(a):** ~ **to** olik **(b)** *(land etc)* främmande **2** *s (utlänning)* främling; *(från annan planet)* rymdvarelse
al·ien·ate |'eɪlɪəneɪt| *vt (person)* stöta bort, göra främmande
al·iena·tion |,eɪlɪə'neɪʃən| *s (främlingskap)* alienation; *(bland vänner etc)* klyfta, ovänskap
alight[1] |ə'laɪt| *adj:* **to be** ~ *(eld)* brinna; *(byggnad etc)* stå i lågor; *(lampa, lykta)* vara tänd
alight[2] |ə'laɪt| *vi (från buss, tåg)* stiga av/ur; *(fågel)* landa
align |ə'laɪn| *vt* ställa på rät linje; **to** ~ **oneself with** liera sig med
align·ment |ə'laɪnmənt| *s (i allm)* uppställning; *(bildl)* gruppering; **out of** ~ **(with)** inte i rät linje med; **a new** ~ **of political forces** en ny politisk

maktgruppering
alike [ə'laɪk] **1** *pred adj* lika; **you're all** ~! ni är
alla likadana! **2** *adv* på samma sätt: *he treats
everybody* ~; **winter and summer** ~ vinter såväl
som sommar
ali·men·ta·ry [ˌælɪ'mentərɪ] *adj* närings-; ~ **canal**
matsmältningskanal
ali·mo·ny ['ælɪmənɪ] *s (Jur)* underhåll
alive [ə'laɪv] *adj (ej död)* levande; *(aktuell)* vid liv;
(tankeverksamhet) livlig; *(om svårighet)* med-
veten; **it's good to be** ~ det är skönt att leva; **he's
the best footballer** ~ han är den bäste nu levande
fotbollsspelaren; **to keep a tradition** ~ hålla en
tradition levande; **to come** ~ *(bildl)* vakna till liv;
to keep the mind ~ hålla tankeverksamheten vid
liv; **to be** ~ **with** myllra av; ~ **to** medveten om;
he's ~ **to the danger** han är medveten om faran;
to be ~ **and kicking** leva och ha hälsan
al·ka·li ['ælkəlaɪ] *s* alkali
all [ɔːl] **1** *adj (odelad)* hel; ~ **my life** hela mitt liv;
~ **day** hela dagen **2** *pron fören o självst (sg: fören)*
all; *(: självst)* allt(ing); *(pl)* alla; ~ **is lost** allt är
förlorat; **he ate it** ~ han åt upp allt; **is that** ~? är
det allt?; ~ **of it** allt, vartenda dugg; ~ **of us want
to go** vi vill alla gå; **above** ~ framför allt; **after** ~
när allt kommer omkring; ~ **three** alla tre; **for** ~
their efforts trots alla deras ansträngningar; **not
at** ~ inte alls; *(svar på tack)* för all del, det var så
lite; ~ **in** ~ allt som allt, på det hela taget; **for** ~ **I
know** vad jag vet; **50 men in** ~ 50 man allt som
allt; **most of** ~ mest av allt **3** *adv* alldeles, helt
och hållet; **dressed** ~ **in black** helt svartklädd;
it's ~ **dirty** det är alldeles smutsigt; ~ **but** näs-
tan; **he was** ~ **but unconscious when we found
him** han var nästan medvetslös när vi fann ho-
nom; ~ **the better** så mycket bättre; **the score is
two** ~ *(i tennis etc)* det står två lika; **to be/feel** ~
in *(vard: utmattad)* vara/känna sig alldeles fär-
dig; ~ **out** för fullt; *se äv* **over**, **right 1 f**, **alone**,
saint
Allah ['ælə] *s* Allah
al·lay [ə'leɪ] *vt (rädsla etc)* dämpa, mildra
al·le·ga·tion [ˌælɪ'geɪʃən] *s* beskyllning, anklagelse
al·lege [ə'ledʒ] *vt (påstå)* göra gällande; *(ursäkta)*
anföra till sitt försvar; **the** ~**d crime** det påstådd-
da brottet
al·le·giance [ə'liːdʒəns] *s (till kung etc)* trohet; **to
swear** ~ **to sb** svära ngn trohetseden
al·le·go·ry ['ælɪɡərɪ] *s* allegori
al·ler·gic [ə'lɜːdʒɪk] *adj* allergisk *(to* mot)
al·ler·gy ['ælədʒɪ] *s* allergi
al·le·vi·ate [ə'liːvɪeɪt] *vt (smärta, sorg)* lindra
al·ley ['ælɪ] *s (liten gata)* gränd; *(i park etc)* gång;
blind ~ återvändsgränd
al·li·ance [ə'laɪəns] *s (Pol)* allians
al·li·ga·tor ['ælɪɡeɪtər] *s* alligator
all-important [ˌɔːlɪm'pɔːtnt] *adj* allt överskug-
gande
all-in [ˌɔːl'ɪn] *adj (pris etc)* allt i ett; ~ **wrestling**
fribrottning
al·lit·era·tion [əˌlɪtə'reɪʃən] *s* allitteration
all-night [ˌɔːl'naɪt] *adj (café, garage)* nattöppen; *(party)* som varar hela natten
al·lo·cate ['æləʊkeɪt] *vt (anvisa)* tilldela *(sth to sb*
ngn ngt); *(pengar etc)* fördela *(among* bland)
al·lot [ə'lɒt] *vt:* **to** ~ **(to)** *(anvisa)* tilldela; *(dela ut)*
fördela
al·lot·ment [ə'lɒtmənt] *s (Brit: jordlott)* koloniträd-
gård
all-out [ˌɔːl'aʊt] *adj* total; **an** ~ **strike** totalstrejk
al·low [ə'laʊ] *vt (i allm)* tillåta; *(tid, krymprmån etc)*
beräkna; *(pengar, ranson)* bevilja; *(anspråk etc)*
gå med på; *(Sport: mål)* släppa in; **to** ~ **sb to do sth**
låta ngn göra ngt; **smoking is not** ~**ed** rökning är
inte tillåten; **we must** ~ **3 days for the journey** vi

måste räkna med 3 dagar för resan;
♦ **allow for** *vi* + *prep* ta hänsyn till, räkna med
al·low·ance [ə'laʊəns] *s (pengar)* bidrag, under-
håll; *(tilldelning)* ranson; *(Brit: på skatt)* avdrag;
(på pris) rabatt; **family** ~ barnbidrag; **to make**
~**(s) for sb** ha överseende med ngn
al·loy ['ælɔɪ] *s (av metall)* legering
all-rounder [ˌɔːl'raʊndər] *s (i allm)* mångsidig per-
son; *(Sport)* allroundidrottsman
al·lude [ə'luːd] *vi* anspela *(to* på)
al·lu·sion [ə'luːʒən] *s (muntlig, skriftlig)* anspelning
al·lu·vial [ə'luːvɪəl] *adj (Geol)* alluvial
ally ['ælaɪ] **1** *s (i allm)* bundsförvant; *(Pol)* allie-
rad **2** [ə'laɪ] *vt:* **to** ~ **oneself with** alliera sig med
al·ma·nac ['ɔːlmənæk] *s* almanacka
al·mighty [ɔːl'maɪtɪ] *adj (Gud)* allsmäktig; *(vard)*
enorm, jätte-: *he is an* ~ *fool if he believes that;*
the A~ den allsmäktige
al·mond ['ɑːmənd] *s (nöt)* mandel; (= ~ *tree)* man-
delträd
al·most ['ɔːlməʊst] *adv* nästan
alms [ɑːmz] *ssg el spl* allmosa, allmosor
aloft [ə'lɒft] *adv (i allm)* högt upp(åt); *(Sjö)* upp i
masten
alone [ə'ləʊn] **1** *adj (utan sällskap)* ensam; **to be** ~
vara ensam; **all** ~ alldeles ensam; **am I** ~ **in
thinking so?** är jag den enda som tycker så?;
leave me ~! låt mig vara (i fred)!; **I advise you to
let that** ~ jag råder dig att inte lägga dig i det
där; **let** ~ för att inte tala om; **he can't read, let** ~
write han kan inte läsa, än mindre skriva **2** *adv*
enbart; **you can't do it** ~ du kan inte göra det på
egen hand; **the travel** ~ **cost £600** bara resan
kostade 600 pund
along [ə'lɒŋ] **1** *adv (iväg)* framåt; *(med andra)*
tillsammans; **move** ~ **there!** skynda på där!; **are
you coming** ~? kommer du med?; ~ **with the
others** tillsammans med de andra; **I knew all** ~
jag visste det hela tiden **2** *prep* längs; **to walk** ~
the street gå längs gatan fram; **the trees** ~ **the path**
träden längs med stigen; **the shop is** ~ **here**
affären ligger åt det här hållet
along·side [ə'lɒŋsaɪd] **1** *adv (Sjö)* långsides **2**
prep (i allm) vid sidan av, längs; *(Sjö)* långsides
med
aloof [ə'luːf] *adj (röst)* långt borta; *(bildl)* reser-
verad; **to stand** ~ **from** hålla sig utanför
aloud [ə'laʊd] *adv (ej tyst)* högt
al·pha·bet ['ælfəbet] *s* alfabet
al·pha·beti·cal [ˌælfə'betɪkəl] *adj* alfabetisk; **in** ~
order i bokstavsordning
al·pine ['ælpaɪn] *adj* alpin
Alps [ælps] *pl:* **the** ~ Alperna
al·ready [ɔːl'redɪ] *adv* redan; **is it finished** ~? är
det redan färdigt?
Al·sa·tian [æl'seɪʃən] *s (Brit: hundras)* schäfer
also [ɔːlsəʊ] *adv (även)* också; *(vidare)* dessutom
also-ran ['ɔːlsəʊræn] *s (Hästsport)* oplacerad häst;
(vard: person) förlorare
al·tar ['ɒltər] *s* altare; **high** ~ högaltare
al·ter ['ɒltər] **1** *vt (göra annorlunda)* förändra;
(planer, åsikt etc) ändra; *(kläder)* ändra **2** *vi
(person, plats)* förändras, ändra sig
al·tera·tion [ˌɒltə'reɪʃən] *s (i allm)* (för)ändring; ~ **s**
(av kläder) ändringar; *(av hus)* ombyggnadsar-
beten; **to make** ~**s in sth** göra (för)ändringar i
ngt
al·ter·nate [ɒl'tɜːnɪt] **1** *adj* omväxlande; ~ **days**
varannan dag **2** *(Am: Sport)* reserv; *(: på kon-
ferens etc)* suppleant **3** ['ɒltəneɪt] *vi* alternera,
växla; **A** ~**s with B** A växlar (om) med B; **to** ~
between A and B växla mellan A och B **4**
['ɒltəneɪt] *vt (gröda)* växla; **to** ~ **crops** idka väx-
elbruk
al·ter·nat·ing cur·rent ['ɔːltəneɪtɪŋ'kʌrənt] *s (förk*

AC) växelström

al·ter·na·tive |ɒl'tɜːnətɪv| **1** adj (plan, väg etc) alternativ **2** s alternativ; **you have no** ~ **but to go** du har inget annat val än att gå; **there are several** ~**s** det finns flera alternativ; **there is no** ~ det finns inget val

al·ter·na·tive·ly |ɒl'tɜːnətɪvlɪ| adv alternativt

al·ter·na·tor |'ɒltɜːneɪtə^r| s (Elektr) växelströmsgenerator

al·though |ɔːl'ðəʊ| konj fastän

al·ti·tude |'æltɪtjuːd| s (över havet etc) höjd; **at these** ~**s** på denna höjd

alto |'æltəʊ| s (saxofon etc) alt-; (röst) alt

al·to·geth·er |ˌɔːltə'geðə^r| adv **(a)** (sammanlagt) allt som allt, på det hela taget; ~ **it was rather unpleasant** på det hela taget var det ganska obehagligt; **how much is that** ~? hur mycket blir/kostar det allt som allt? **(b)** (helt och hållet) alldeles; **I'm not** ~ **sure** jag är inte alldeles säker

al·tru·ism |'æltrʊɪzəm| s altruism

alu·min·ium |ˌæljʊ'mɪnɪəm| s (i sht Brit), **alu·min·um** |ə'luːmɪnəm| s (i sht Am) aluminium

al·ways |'ɔːlweɪz| adv (ständigt) alltid; **as** ~ som alltid; **nearly** ~ nästan alltid; **he's** ~ **late** han är alltid sen/kommer alltid för sent; **you can** ~ **go by train** du kan alltid ta tåget

am |æm| 1. pers sg presens av **be**

a.m. förk (= ante meridiem) fm, på förmiddagen

a·mal·gam·ate |ə'mælgəmeɪt| **1** vt (företag etc) slå samman; (Kem) blanda **2** vi (företag etc) gå samman; (Kem) blandas

amass |ə'mæs| vt (förmögenhet etc) samla ihop

ama·teur |'æmətə^r| **1** s (äv neds) amatör **2** adj amatör; ~ **dramatics** amatörteater

ama·teur·ish |'æmətərɪʃ| adj (neds) amatörmässig

amaze |ə'meɪz| vt förvåna, förbluffa; **to be** ~**d (at)** vara förvånad (över)

amaze·ment |ə'meɪzmənt| s häpnad

amaz·ing |ə'meɪzɪŋ| adj häpnadsväckande

amaz·ing·ly |ə'meɪzɪŋlɪ| adv häpnadsväckande

am·bas·sa·dor |æm'bæsədə^r| s ambassadör

am·ber |'æmbə^r| **1** s bärnsten **2** adj (färg) bärnstensfärgad; (trafikljus) gul

am·bi·dex·trous |ˌæmbɪ'dekstrəs| adj (som använder båda händer lika bra) dubbelhänt

am·bi·gu·ity |ˌæmbɪ'gjuːɪtɪ| s (egenskap) dubbeltydighet; (i betydelse) tvetydighet

am·big·u·ous |æm'bɪgjʊəs| adj tvetydig, mångtydig

am·bi·tion |æm'bɪʃən| s ärelystnad, ambition; **he has no** ~ han har inga ambitioner; **his** ~ **is to...** hans mål är att...; **to achieve one's** ~ nå sitt mål

am·bi·tious |æm'bɪʃəs| adj (person) ärelysten; (plan etc) ambitiös

am·bi·tious·ly |æm'bɪʃəslɪ| adv (se ambitious) ambitiöst; ärelystet

am·ble |'æmbl| vi (släntra) traska; (häst etc) gå i passgång; **he** ~**d up to me** han släntrade fram till mig

am·bu·lance |'æmbjʊləns| s ambulans

am·bush |'æmbʊʃ| **1** s (attack, plats) bakhåll; **to lie in** ~ **(for)** ligga i bakhåll (för) **2** vt locka i bakhåll

ame·ba |ə'miːbə| s (Am) = **amoeba**

amen |'ɑːmen, 'eɪmen| interj amen

ame·nable |ə'miːnəbl| adj mottaglig, öppen; ~ **to reason** mottaglig för förnuft(skäl)

amend |ə'mend| vt (lag etc) ändra

amend·ment |ə'mendmənt| s (i lag etc) ändring; (Am Pol) **1st** etc **A**~ första etc författningstillägget

amends |ə'mendz| spl: **to make** ~ **to sb for sth** gottgöra ngn för ngt

amen·ity |ə'miːnɪtɪ, (Am vanl) ə'menɪtɪ| s (i klimat etc) behaglighet; (vanl pl: i stad etc): **amenities** trevliga anordningar; (: i hus etc) bekvämlig-

heter; **a house with all amenities** ett hus med alla bekvämligheter

Ameri·ca |ə'merɪkə| s (äv = USA) Amerika

Ameri·can |ə'merɪkən| **1** adj amerikansk; ~ **plan** (Am Hotell) helpension **2** s amerikan

ameri·can·ize |ə'merɪkənaɪz| vt amerikanisera

am·ethyst |'æmɪθɪst| s ametist

ami·able |'eɪmɪəbl| adj vänlig, älskvärd

ami·cable |'æmɪkəbl| adj vänskaplig

amid(st) |ə'mɪd(st)| prep (frm, poet) (mitt) ibland

amiss |ə'mɪs| adj, adv galet, på tok; **don't take it** ~, **will you?** du tar väl inte illa upp?

am·mo·nia |ə'məʊnɪə| s (gas, vätska) ammoniak

am·mu·ni·tion |ˌæmjʊ'nɪʃən| s (eg, bildl) ammunition; ~ **dump** ammunitionsförråd

am·ne·sia |æm'niːzɪə| s minnesförlust

am·nes·ty |'æmnɪstɪ| s amnesti; **to grant an** ~ **to sb** bevilja ngn amnesti

amoe·ba, (Am) **ame·ba** |ə'miːbə| s amöba

amok |ə'mɒk| adv = **amuck**

among(st) |ə'mʌŋ(st)| prep bland; **he is** ~ **those who...** han är bland dem som...; **share it** ~ **yourselves** dela det mellan er

amor·al |æ'mɒrəl| adj amoralisk

amo·rous |'æmərəs| adj förälskad, kärlekskrank

amor·phous |ə'mɔːfəs| adj formlös, amorf

amount |ə'maʊnt| s (summa pengar) belopp; (kvantitet) mängd; **in small** ~**s** (pengar) i mindre/små belopp; **the total** ~ den totala mängden; **any** ~ **of** massvis av: they have any ~ of money

♦ **amount to** vi + prep (skuld etc) uppgå till; (bildl) innebära; **this** ~**s to a refusal** det här betyder avslag; **he'll never** ~ **to much** han kommer aldrig att bli något, honom blir det aldrig något av

amp |æmp|, **ampère** |'æmpɛə^r| s ampere; **a 13** ~ **plug** en säkring på 13 ampere

am·phib·ian |æm'fɪbɪən| s (Biol) amfibisk

am·phib·ious |æm'fɪbɪəs| adj (fordon) amfibie-; (djur) amfibisk

am·phi·thea·tre, (Am) **am·phi·thea·ter** |'æmfɪˌθɪətə^r| s amfiteater

am·ple |'æmpl| adj (-er, -est) (spatiös) rymlig; (utrymme) gott om; (med pengar) (mer än) tillräckligt

am·pli·fi·er |'æmplɪfaɪə^r| s (Elektr, Radio) förstärkare

am·pli·fy |'æmplɪfaɪ| vt (Elektr, Radio) förstärka; (ståndpunkt etc) utveckla, fördjupa

am·ply |'æmplɪ| adv rikligt

am·pu·tate |'æmpjʊteɪt| vt amputera

am·pu·ta·tion |ˌæmpjʊ'teɪʃən| s amputation

Am·ster·dam |'æmstədæm| s Amsterdam

amuck |ə'mʌk| adv: **to run** ~ löpa amok

amuse |ə'mjuːz| vt roa, underhålla; **to be** ~**d at** vara road av; **to** ~ **oneself** roa sig; **run along and** ~ **yourselves** (till barn) spring och lek (själva)

amuse·ment |ə'mjuːzmənt| s **(a)** (förnöjelse) munterhet; **much to my** ~ till min stora förnöjelse; **(b)** (underhållning) nöje; **they do it for** ~ **only** de gör det bara för nöjes skull; ~**s** förströelser; ~ **park** nöjesfält

amus·ing |ə'mjuːzɪŋ| adj rolig, underhållande

an |æn, ən, n| obest art se **a**

ana·bol·ic |ˌænə'bɒlɪk| adj: ~ **steroids** anabola steroider

anach·ro·nism |ə'nækrənɪzəm| s anakronism

anaemia |ə'niːmɪə| s blodbrist, anemi

anaemic |ə'niːmɪk| adj anemisk

an·aes·the·sia |ˌænɪs'θiːzɪə| s bedövning

an·aes·thet·ic |ˌænɪs'θetɪk| s bedövning; **local** ~ lokalbedövning; **general** ~ narkos

an·aes·the·tist |æ'niːsθɪtɪst| s narkosläkare

ana·gram |'ænəgræm| s anagram

an·alge·sic |ˌænəl'dʒiːzɪk| **1** adj smärtstillan-

de **2** s smärtstillande medel
ana·log, ana·logue ['ænəlɒg] s motsvarighet; ~
computer analogdator
analo·gous [ə'næləgəs] adj jämförbar (to/with med)
anal·ogy [ə'nælədʒɪ] s analogi; **to draw an** ~ be-
tween dra en parallell mellan
ana·lyse, (Am) **ana·lyze** ['ænəlaɪz] vt (ämne, orsak
etc) analysera
analy·sis [ə'næləsɪs] s, pl **analy·ses** [ə'næləsiːz]
analys; (= psycho~) psykoanalys; **in the last** ~
till (syvende och) sist, när allt kommer omkring
ana·lyst ['ænəlɪst] s analytiker; (= psycho~)
psykoanalytiker; **chemical** ~ kemist
ana·lyt·ic(al) [ˌænə'lɪtɪk(əl)] adj analytisk
ana·lyze ['ænəlaɪz] vt (Am) = **analyse**
an·ar·chist ['ænəkɪst] s anarkist
an·ar·chy ['ænəkɪ] s (Pol) anarki; (vard) total oreda
anath·ema [ə'næθɪmə] s (Rel) bannlysning; (vard)
'pest'; **it was** ~ **to him** han avskydde det
anato·my ['ə'nætəmɪ] s anatomi;
an·ces·tor ['ænsɪstəʳ] s stamfader; ~s förfäder
an·ces·tral [æn'sestrəl] adj fäderneärvd; ~ **home**
fädernehem
an·cestry ['ænsɪstrɪ] s börd, ursprung
an·chor ['æŋkəʳ] **1** s (eg) ankare; (bildl) stöd, fast
punkt; **to drop** ~ kasta ankar **2** vt (båt) lägga
för ankar; (bildl) förankra **3** vi kasta ankar
an·cho·vy ['æntʃəvɪ] s ansjovis
an·cient ['eɪnʃənt] **1** adj (gammal) forntida;
(vard) uråldrig; ~ **monument** fornminne; ~
Rome det gamla Rom **2** s: **the** ~s de gamla
grekerna/romarna
an·cil·lary [æn'sɪlərɪ, (Am) 'ænsɪˌlærɪ] adj: ~ **road**
biväg; ~ **course** stödkurs; ~ **troops** hjälptrup-
per; ~ **industry** underleverantör; **to be** ~ **to sth**
vara underordnad ngt
and [ænd, ənd, nd, ən] konj och; **one** ~ **a half** en och
en halv; **three hundred** ~ **ten** trehundratio; **bet-**
ter ~ **better** bättre och bättre; **without shoes** ~
socks utan strumpor och skor; **there are lawyers**
~ **lawyers!** det är skillnad på advokater och
advokater; **he talked** ~ **talked** han pratade i ett;
try ~ **do it** försök att göra det; **wait** ~ **see** vänta
och se
An·des ['ændiːz] spl: **the** ~ Anderna
an·ec·dote ['ænɪkdəʊt] s anekdot
anemia [ə'niːmɪə] s etc (Am) = **anaemia** etc
anemo·ne [ə'nemənɪ] s (Bot) anemon, sippa; (= sea
~) havsanemon
an·es·thesia [ˌænɪs'θiːzɪə] s etc (Am) = **anaesthesia**
etc
an·es·thesi·olo·gist [ˌænɪsˌθiːzɪ'ɒlədʒɪst] (Am) =
anaesthetist
anew [ə'njuː] adv (poet) ånyo, på nytt
an·gel ['eɪndʒəl] s (äv vard bildl) ängel; se äv
guardian
an·gel·ic [æn'dʒelɪk] adj änglalik
an·ger ['æŋgəʳ] **1** s ilska, vrede; **red with** ~ röd
av ilska; **to speak in** ~ tala i vredesmod **2** vt
förarga
an·gi·na (pec·to·ris) [æn'dʒaɪnə ('pektərɪs)] s
(Med) angina pectoris
an·gle[1] ['æŋgl] s (Mat) vinkel; (bildl) synvinkel;
right ~ rät vinkel; **at an** ~ **of 80°** i 80 graders
vinkel; **to look at sth from a different** ~ (bildl) se
på ngt ur en annan synvinkel
an·gle[2] ['æŋgl] vi (fisk) meta; **to** ~ **for** (bildl) fiska
efter
an·gler ['æŋgləʳ] s sportfiskare
An·gli·can ['æŋglɪkən] adj anglikansk
an·gli·cize ['æŋglɪsaɪz] vt anglisera, göra engelsk
an·gling ['æŋglɪŋ] s mete
Anglo- ['æŋgləʊ] prefix anglo-, engelsk; ~**-Saxon**
(äv = brittisk-amerikansk) anglosaxisk;
~**-Swedish** engelsk-svensk

an·gri·ly ['æŋgrɪlɪ] adv ilsket
an·gry ['æŋgrɪ] adj (-ier, -iest) (i allm) arg, ilsken;
(Med) inflammerad; (himmel) hotande; **to be** ~
at/about sth vara arg över ngt; ~ **with sb** arg på
ngn; **you won't be** ~, **will you?** du blir väl inte
arg?; **this sort of thing makes me** ~ sådant här
gör mig arg
an·guish ['æŋgwɪʃ] s (fysisk) smärta; (psykisk) ång-
est; **to be in** ~ våndas, lida kval
an·gu·lar ['æŋgjʊləʳ] adj (i allm) vinkelformad,
kantig; (ansikte etc) kantig, knotig
ani·mal ['ænɪməl] **1** adj djur-; **the** ~ **kingdom**
djurriket **2** s (eg, bildl) djur
ani·mate ['ænɪmɪt] **1** adj (som lever) levande; (full
av liv) livlig **2** ['ænɪmeɪt] vt (animera) liva upp;
(väcka till liv) ge liv åt
ani·mat·ed ['ænɪmeɪtɪd] adj livlig; **an** ~ **discussion**
en livlig diskussion; ~ **cartoon** tecknad film
ani·ma·tion [ˌænɪ'meɪʃən] s **(a)** livlighet **(b)**
filmteckning (steknik)
ani·mos·ity [ˌænɪ'mɒsɪtɪ] s förbittring
an·ise ['ænɪs] s anis
ani·seed ['ænɪsiːd] s anisfrö
an·kle ['æŋkl] s ankel, fotled; ~ **sock** socka
an·nals ['ænəlz] spl (årsbok) årskrönika; (bildl) his-
toria; **the** ~ **of war** krigets historia
an·nex ['æneks] vt (territorium) annektera (to med)
an·nex(e) ['æneks] s (tillbyggnad) annex
an·ni·hi·late [ə'naɪəleɪt] vt (eg, bildl) förinta
an·ni·ver·sa·ry [ˌænɪ'vɜːsərɪ] s årsdag; **wedding** ~
bröllopsdag
an·no·tate ['ænəʊteɪt] vt kommentera; **an** ~d
edition of Hamlet en kommenterad upplaga av
Hamlet
an·nounce [ə'naʊns] vt (i allm) tillkännage; (i radio,
TV) annonsera; (säga) meddela; **he** ~d **that he**
wasn't going han meddelade att han inte skulle
åka
an·nounce·ment [ə'naʊnsmənt] s (i allm) tillkänna-
givande; ~s (i tidning) (familje)annonser; **I'd**
like to make an ~ jag skulle vilja lämna ett med-
delande
an·nounc·er [ə'naʊnsəʳ] s (Radio, TV: mellan pro-
gram) programannonsör, hallåman (manlig), hal-
låa (kvinnlig); (: i program) programledare
an·noy [ə'nɔɪ] vt irritera; **to be** ~ed **about sth** vara
irriterad över ngt; **to be** ~ed **at sth/with sb** vara
irriterad på ngt/på ngn; **he's just trying to** ~ **you**
han försöker bara förarga/irritera dig
an·noy·ance [ə'nɔɪəns] s (irritation) förargelse;
(förarglig sak) förargelighet
an·noy·ing [ə'nɔɪɪŋ] adj irriterande; **it's** ~ **to have**
to wait det är irriterande att behöva vänta
an·nual ['ænjʊəl] **1** adj årlig **2** s (kalender)
årsbok; (Bot) ettårig växt
an·nu·ity [ə'njuːɪtɪ] s (inkomst) årligt underhåll;
(försäkring) livränta
an·nul [ə'nʌl] vt (dom) upphäva; (kontrakt) annul-
lera; (äktenskap) upplösa
an·nul·ment [ə'nʌlmənt] s (av äktenskap) upplös-
ning
An·nun·cia·tion [əˌnʌnsɪ'eɪʃən] s: **the** ~ Bebådel-
sen; (= ~ **Day**) Marie Bebådelsedag
an·ode ['ænəʊd] s (Elektr) anod
anoint [ə'nɔɪnt] vt (Rel) smörja
anoma·lous [ə'nɒmələs] adj abnorm
anoma·ly [ə'nɒməlɪ] s avvikelse, abnormitet
ano·nym·ity [ˌænə'nɪmɪtɪ] s anonymitet; **to preser-**
ve one's ~ bevara sin anonymitet
anony·mous [ə'nɒnɪməs] adj anonym; **he wishes to**
remain ~ han önskar förbli anonym
ano·rak ['ænəræk] s anorak
ano·rexia [ænə'reksɪə] s (Med) anorexi, självsvält
an·oth·er [ə'nʌðəʳ] pron fören (ytterligare?)
(en) till; (en ny) en annan; ~ **drink?** en drink till?;

in ~ **five years** om ytterligare fem år; **without** ~ **word** utan ett ord till; **that's quite** ~ **matter** det är en helt annan sak; **he's** ~ **Shakespeare** han är en ny Shakespeare 2 *pron självst* en annan, en till; **one** ~ varandra; **if you don't like that wine try** ~ om du inte tycker om det där vinet pröva ett annat; **they love one** ~ de älskar varandra

an·swer ['ɑ:nsəʳ] 1 *s* (a) *(på fråga etc)* svar; **in** ~ **to your question** som svar på din fråga; **to know all the** ~**s** ha svar på allt (b) *(Mat, på problem etc)* lösning, svar; **there is no easy** ~ det är inte lätt att svara på 2 *vt* (a) *(fråga, brev etc)* besvara, svara på; *(person)* svara; **our prayers have been** ~**ed** vi har blivit bönhörda; **to** ~ **the door** gå och öppna (när det ringer); **to** ~ **the telephone** svara i telefon; ~**ing machine** automatisk telefonsvarare; ~**ing service** telefonservice (b) *(behov, förväntningar)* motsvara; *(syfte)* tjäna 3 *vi* svara

♦ **answer back** *vi + adv* svara näsvist, käfta emot *(vard)*

♦ **answer for** *vi + prep* ansvara för, stå till svars för; **he's got a lot to** ~ **for** han har mycket att stå till svars för

♦ **answer to** *vi + prep (namn, beskrivning)* svara mot

an·swer·able ['ɑ:nsərəbl] *adj* (a) *(som har ansvar)* ansvarig; **to be** ~ **to sb for sth** vara ansvarig för ngt inför ngn (b) *(fråga)* möjlig att besvara

answer·phone ['ɑ:nsə,fəʊn] *s (Brit)* (automatisk) telefonsvarare

ant [ænt] *s* myra

an·tago·nism [æn'tægənɪzəm] *s* antagonism, fiendskap

an·tagon·ist [æn'tægənɪst] *s* antagonist, motståndare

an·tago·nize [æn'tægənaɪz] *vt* reta upp

Ant·arc·tic [ænt'ɑ:ktɪk] 1 *adj* sydpols-; **the A~ Circle** södra polcirkeln; **the A~ Ocean** Södra ishavet 2 *s*: **the** ~ södra polarområdet

Ant·arc·ti·ca [ænt'ɑ:ktɪkə] *s (kontinenten)* Antarktis

ante- ['æntɪ] *prefix* för(e)-

ant·eater ['ænt,i:təʳ] *s (Zool)* myrslok

ante·ced·ent [,æntɪ'si:dənt] *s (i allm)* föregångare; *(till händelse)* något föregående; *(Språkv)* korrelat; ~**s** *(personhistoria)* antecedentia; *(personer)* förfäder

ante·date ['æntɪ'deɪt] *vt* (a) *(komma innan)* föregå (b) *(check etc)* antedatera

ante·lope ['æntɪləʊp] *s* antilop

ante·na·tal ['æntɪ'neɪtl] *adj* före födelsen; ~ **clinic** mödravårdscentral

an·ten·na [æn'tenə] *s, pl* **antennae** [æn'teni:] (a) *(insekts)* känselspröt (b) *(TV: pl äv: -s)* antenn

ante·room ['æntɪrʊm] *s* förrum

an·them ['ænθəm] *s (Rel: i allm)* hymn; *(: mellan kör o präst)* växelsång; *se äv* **national**

an·thol·ogy [æn'θɒlədʒɪ] *s* antologi

an·thra·cite ['ænθrəsaɪt] *s* antracit

an·thro·poid ['ænθrəʊpɔɪd] *adj* människoliknande

an·thro·polo·gist [,ænθrə'pɒlədʒɪst] *s* antropolog

an·thro·pol·ogy [,ænθrə'pɒlədʒɪ] *s* antropologi

anti- ['æntɪ, *(i sht Am)* 'æntaɪ] 1 *prefix* anti-, mot- 2 *prep (vard)* mot(ståndare till); **he's rather** ~ **this sort of thing** han är rätt mycket mot såna här saker

anti-aircraft ['æntɪ'eəkrɑ:ft] *adj (kanon)* luftvärns-

anti·bi·ot·ic ['æntɪbaɪ'ɒtɪk] *s (Med)* antibiotikum

anti·body ['æntɪ,bɒdɪ] *s (Med)* antikropp

an·tici·pate [æn'tɪsɪpeɪt] *vt* (a) *(förutse)* vänta sig; **this is worse than I** ~**d** det här är värre än jag hade trott; **to** ~ **that** vänta sig att; **to** ~ **a question** förutse en fråga; **as** ~**d** som vän-

tat (b) *(före ngn annan)* förekomma; **to** ~ **one's competitors** förekomma sina konkurrenter

an·tici·pa·tion [æn,tɪsɪ'peɪʃən] *s (förkänsla)* föraning; *(hopp)* förväntan; **in** ~ **of a fine week** vi ser fram mot en fin vecka; **thanking you in** ~ med tack på förhand; **we waited in great** ~ vi var mycket förväntansfulla

anti·cli·max ['æntɪ'klaɪmæks] *s* antiklimax; **the end of the film came as an** ~ slutet på filmen kom som en antiklimax

anti·clock·wise ['æntɪ'klɒkwaɪz] *adv* moturs

an·tics ['æntɪks] *spl (för att roa)* upptåg; *(egendomliga rörelser)* krumsprång; *(neds: irriterande vanor)* fasoner

anti·cy·clone ['æntɪ'saɪkləʊn] *s* anticyklon

anti·dote ['æntɪdəʊt] *s (Med)* motgift; *(bildl)* motvikt

anti·freeze ['æntɪ'fri:z] *s* frostskydd(svätska)

anti·his·ta·mine [,æntɪ'hɪstəmɪn] *s* antihistamin

anti·nuke ['æntɪ'nju:k] *s (vard)* motståndare till kärnvapen

an·tipa·thy [æn'tɪpəθɪ] *s (mellan människor)* antipati; *(mot ngn/ngt)* motvilja

an·tipo·des [æn'tɪpədi:z] *spl* antipoder

anti·quat·ed ['æntɪkweɪtɪd] *adj (neds)* föråldrad

an·tique [æn'ti:k] 1 *adj* antik 2 *s* antikvitet; ~ **dealer** antikvitetshandlare; ~ **shop** antikvitetsaffär

an·tiq·uity [æn'tɪkwɪtɪ] *s (om gamla föremål)* ålder; *(forntiden)* antiken

anti·semitic ['æntɪsɪ'mɪtɪk] *adj* antisemitisk

anti·semitism ['æntɪ'semɪtɪzəm] *s* antisemitism

anti·sep·tic [,æntɪ'septɪk] 1 *adj* antiseptisk 2 *s* antiseptiskt medel

anti·so·cial ['æntɪ'səʊʃəl] *adj (i samhället)* asocial; *(i sällskap)* osällskaplig

an·tith·esis [æn'tɪθɪsɪs] *s, pl* **antitheses** [æn'tɪθɪsi:z] *(allm)* motsats; *(i språk, litteratur etc)* antites

ant·ler ['æntləʳ] *s (hos hjortdjur)* horn; ~**s** (horn)krona

an·to·nym ['æntənɪm] *s* antonym

anus ['eɪnəs] *s* anus

an·vil ['ænvɪl] *s (smeds)* städ; *(hörselben)* städ

anxi·ety [æŋ'zaɪətɪ] *s* (a) *(ängslan)* bekymmer; **it is a great** ~ **to me** det är ett stort bekymmer för mig (b) *(önskan)* iver; ~ **to do sth** iver att göra ngt; **in his** ~ **to be gone he forgot his case** i (sin) iver att ge sig iväg glömde han sin väska

anx·ious ['æŋkʃəs] *adj* (a) *(orolig)* bekymrad; **I'm very** ~ **about you** jag är mycket bekymrad för dig; **with an** ~ **glance** med en bekymrad blick (b) *(oroande)* bekymmersam; **it was an** ~ **moment** det var ett bekymmersamt ögonblick (c) *(ivrig)* angelägen; ~ **for sth/to do sth** angelägen om ngt/att göra ngt; **he is** ~ **for success** han är angelägen om framgång; **I'm not very** ~ **to go** jag är inte särskilt angelägen att gå

anx·ious·ly ['æŋkʃəslɪ] *adv* oroligt

any ['enɪ] 1 *pron* (a) *(fören o självst (i frågor o nekande uttryck)* någon, något, några; **if there are** ~ **tickets left** om det finns några biljetter kvar; **have you** ~ **money?** har du några pengar?; **there isn't** ~ **meat left** det finns inte något/inget kött kvar; **without** ~ **difficulty** utan någon (som helst) svårighet; **few, if** ~ få, om ens några (b) *(fören (varje, alla)* vilken etc som helst; ~ **farmer will tell you** vilken lantbrukare som helst kan tala om det för dig; **come at** ~ **time** kom när som helst; ~ **child could do it** ett barn skulle kunna göra det 2 *adv*: **are you feeling** ~ **better?** känner du dig (lite) bätre?; **I can't walk** ~ **further** jag kan inte gå längre; **do you want** ~ **more tea?** vill du ha mera te?; **I can't hear him** ~ **more** jag kan inte höra honom längre; **don't wait** ~ **longer** vänta inte längre

any·body |'enıbɒdı| *pron självst* **(a)** *(i frågor o nekande uttryck)* någon; **did you see** ~? såg du någon?; **I can't see** ~ jag kan inte se någon **(b)** *(alla, var och en)* vem som helst; ~ **will tell you the same thing** vem som helst kommer att säga samma sak till dig; ~ **else would have laughed** alla andra skulle ha skrattat; **I'm not going to marry just** ~ jag tänker inte gifta mig med vem som helst; **that's** ~'**s guess** *(vard)* det kan man bara gissa, det är ingen som vet säkert
any·how |'enıhaʊ| *adv* **(a)** *(i alla fall)* i varje fall, i vilket fall som helst; ~, **you're here** i alla fall så är du här; **I shall go** ~ jag ska gå i vilket fall som helst **(b)** *(på måfå)* lite hur som helst; **he leaves things just** ~ han lämnar allt lite hur som helst
any·one |'enıwʌn| *pron självst* = anybody
any·place |'enıpleıs| *adv (Am vard)* = anywhere
any·thing |'enıθıŋ| *pron självst* **(a)** *(i frågor o nekande uttryck)* någonting; någon; **are you doing** ~ **tonight?** ska du göra något i kväll?; ~ **else?** något annat?; **can't** ~ **be done?** kan inte något göras? **(b)** *(allt)* vad som helst; ~ **but that** allt/vad som helst utom det; **they'll eat** ~ de äter vad som helst
any·way |'enıweı| *adv* = anyhow a
any·where |'enıweə'| *adv* **(a)** *(i frågor o nekande uttryck)* någonstans; **do you see him** ~? ser du honom någonstans?; ~ **else** någon annanstans; **I'm not going** ~ jag tänker inte gå någonstans **(b)** *(överallt)* var som helst; ~ **in the world** var som helst i världen; **put the books down** ~ lägg böckerna var du vill
aor·ta |eı'ɔ:tə| *s* aorta
apart |ə'pɑ:t| *adv* **(a)** *(i bitar)* isär, sönder; **to fall** ~ falla sönder; **to take sth** ~ ta isär ngt **(b)** *(på avstånd)* avsides; *(från varandra)* isär; **their birthdays are two days** ~ de har födelsedag med två dagars mellanrum; **he stood** ~ **from the others** han stod avsides/skild från de andra; **to live** ~ leva åtskilda; **I can't tell them** ~ jag kan inte skilja dem åt; **joking** ~ skämt åsido...; **these problems** ~... bortsett från dessa problem...; ~ **from the fact that...** bortsett från att...
apart·heid |ə'pɑ:teıt| *s* apartheid
apart·ment |ə'pɑ:tmənt| *s (Am)* våning, lägenhet; *(Brit)* (stort) rum, gemak; ~ **house** *(Am)* hyreshus
apa·thet·ic |,æpə'θetık| *adj* apatisk, likgiltig
apa·thy |'æpəθı| *s* apati, likgiltighet
ape |eıp| **1** *s (i sht människoliknande)* apa **2** *vt* härma
ape·ri·tif |ɑː,perı'ti:f| *s* aperitif
ap·er·ture |'æpətʃʊə'| *s (i allm)* öppning; *(Foto)* bländare
apex |'eıpeks| *s (Geom)* spets: *the* ~ *of a triangle;* *(bildl)* topp, höjdpunkt
apho·rism |'æfərızəm| *s* aforism
aph·ro·disi·ac |,æfrəʊ'dızıæk| *s* afrodisiakum
apiece |ə'pi:s| *adv (om person)* var, per man: *he gave them £1* ~; *(om sak)* per styck: *the pens cost 30p* ~
aplomb |ə'plɒm| *s* (själv)säkerhet; **with great** ~ alldeles obesvärat
apoca·lypse |ə'pɒkəlıps| *s* apokalyps; **the A**~ Uppenbarelseboken, Apokalypsen
Apoc·ry·pha |ə'pɒkrıfə| *spl (i Bibeln)* apokryfer
apoc·ry·phal |ə'pɒkrıfəl| *adj* apokryfisk, tvivelaktig
apo·liti·cal |,eıpə'lıtıkəl| *adj* opolitisk
apolo·get·ic |ə,pɒlə'dʒetık| *adj* ursäktande; **he was very** ~ **about it** han var full av ursäkter för det
apolo·geti·cal·ly |ə,pɒlə'dʒetıkəlı| *adv* ursäktande
apolo·gize |ə'pɒlədʒaız| *vi* be om ursäkt; **to** ~ **to sb for sth** be ngn om ursäkt för ngt; **to** ~ **for sb** be om ursäkt för ngn; **there's no need to** ~ det

behövs inga ursäkter
apol·ogy |ə'pɒlədʒı| *s (i allm)* ursäkt; *(neds):* **they served us an** ~ **for a stew** de serverade ngt som skulle föreställa en stuvning; **an** ~ **for a bed/ translation** *etc* en urusel säng/översättning *etc;* **I demand an** ~ jag fordrar en ursäkt; **please accept my apologies** jag ber så mycket om ursäkt
apo·plec·tic |,æpə'plektık| *adj (Med)* apoplektisk; *(vard)* kolerisk; **he was** ~ **with rage** han skummade av ilska
apo·plexy |'æpəpleksı| *s (Med)* apoplexi, slag
apos·tle |ə'pɒsl| *s (Rel)* apostel
ap·os·tol·ic |,æpəs'tɒlık| *adj* apostolisk
apos·tro·phe |ə'pɒstrəfı| *s* apostrof
ap·pal |ə'pɔːl| *vt* förfära; **I was** ~**led by the news** jag blev förskräckt av nyheterna
ap·pal·ling |ə'pɔːlıŋ| *adj (okunnighet, förhållanden)* skrämmande; *(vard)* hemsk, ryslig
ap·pa·rat·us |,æpə'reıtəs| *s (i allm)* apparat; *(uppsättning av instrument etc)* apparatur; *(Foto)* utrustning; **the digestive** ~ *(Anat)* matsmältningsapparaten; **the political** ~ det politiska maskineriet
ap·par·ent |ə'pærənt| *adj (oklar)* märkbar, synbarlig; *(klar)* tydlig, uppenbar; **to become** ~ bli uppenbar; **more** ~ **than real** mer skenbar än verklig; **it is** ~ **that...** det är tydligt att...; **heir** ~ bröstarvinge
ap·par·ent·ly |ə'pærəntlı| *adv* tydligen
ap·pa·ri·tion |,æpə'rıʃən| *s* spöke
ap·peal |ə'pi:l| **1** *s* **(a)** *(bön)* vädjan; **an** ~ **for funds** en vädjan om pengar/medel; **he made an** ~ **for calm** han vädjade om lugn **(b)** *(Jur)* överklagande; **court of** ~ appellationsdomstol; **to lodge an** ~ anföra besvär, överklaga; **right of** ~ besvärsrätt **(c)** *(attraktion)* dragningskraft; **a book of general** ~ en bok av allmänt intresse; *se äv* sex **2** *vi* **(a)** vädja *(to sb for sth* till ngn om ngt)*; **to** ~ **for funds** vädja om pengar/ medel **(b)** *(Jur)* appellera; **to** ~ **against a sentence** överklaga en dom; **to** ~ **to a higher court** appellera/vädja till en högre domstol **(c):** ~ **to tilltala,** locka: *modern music doesn't* ~ *to me at all;* **it** ~**s to the imagination** det tilltalar fantasin
ap·peal·ing |ə'pi:lıŋ| *adj (patetisk)* vädjande; *(attraktiv)* tilltalande
ap·pear |ə'pıə'| *vi* **(a)** *(bli synlig)* visa sig; **he** ~**ed from nowhere** han dök upp ur tomma intet **(b)** *(offentligt)* framträda; *(Teat)* uppträda; *(bok)* komma ut; *(film)* släppas ut; **to** ~ **on TV** uppträda i TV **(c)** *(Jur)* inställa sig; **to** ~ **for the defendant** företräda den anklagade **(d)** *(tyckas)* verka; **he** ~**s tired** han verkar trött; **it** ~**s that...** det verkar som om...; **so it would** ~ det verkar så
ap·pear·ance |ə'pıərəns| *s* **(a)** *(oväntat)* uppdykande; *(Teat)* framträdande, uppträdande; *(om bok)* utgivning; **to make one's first** ~ *(Teat)* debutera; **to put in an** ~ visa sig **(b)** *(yttre)* utseende; **in** ~ till utseendet; ~**s can be deceptive** skenet bedrar; **to all** ~**s** efter allt att döma; **to keep up** ~**s** (för) att bevara skenet; **at first** ~ först, vid första anblicken
ap·pease |ə'pi:z| *vt (person)* blidka, lugna; *(vrede)* dämpa; *(hunger, nyfikenhet)* stilla
ap·pease·ment |ə'pi:zmənt| *s (Pol)* eftergift; **policy of** ~ eftergiftspolitik
ap·pend |ə'pend| *vt (frm: namnteckning)* sätta, skriva *(to* under); *(sigill)* fästa *(to* vid); *(appendix etc)* bifoga, bilägga *(to* till)
ap·pend·age |ə'pendıdʒ| *s (tillbehör)* bihang
ap·pen·di·ci·tis |ə,pendı'saıtıs| *s (Med)* appendicit; **acute** ~ akut blindtarmsinflammation
ap·pen·dix |ə'pendıks| *s, pl* ~**es** *el* **ap·pen·di·ces** |ə'pendısi:z| **(a)** *(Anat)* blindtarm; **to have one's** ~ **out** opereras för blindtarmen **(b)** *(i/till bok)*

appendix, bihang
ap·pe·tite ['æpɪtaɪt] s *(matlust)* aptit *(for* på); *(bildl)* lust *(for* till); **to have a good** ~ ha god aptit; *se äv* **whet**
ap·pe·tiz·er ['æpɪtaɪzəʳ] s aptitretare, liten läcker förrätt
ap·pe·tiz·ing ['æpɪtaɪzɪŋ] *adj* aptitretande
ap·plaud [ə'plɔːd] **1** *vt (klappa händerna åt)* applådera; *(bildl)* uttrycka sitt gillande av **2** *vi* applådera
ap·plause [ə'plɔːz] s *(handklappningar)* applåd(er); *(bildl)* beröm
ap·ple ['æpl] s äpple; **the** ~ **of my eye** *(vard)* min ögonsten; ~ **pie** äppelpaj; ~ **sauce** äppelmos; ~ **tree** äppelträd
ap·pli·ance [ə'plaɪəns] s *(till maskin etc)* apparat, tillbehör; **domestic** ~s hushållsapparater
ap·pli·cable [ə'plɪkəbl] *adj* tillämplig *(to* på)
ap·pli·cant ['æplɪkənt] s *(till jobb, stipendium, bidrag etc)* sökande
ap·pli·cat·ion [ˌæplɪ'keɪʃən] s **(a)** *(av metod, salva etc)* anbringande; **for external** ~ **only** *(Med)* endast för utvärtes bruk **(b)** *(om arbete, bostad etc)* ansökan; ~ **form** ansökningsblankett; **on** ~ **to the box office** genom hänvändelse till biljettkontoret **(c)** *(flit)* uthållighet; **he lacks** ~ han saknar uthållighet
ap·plied [ə'plaɪd] *adj* tillämpad; ~ **linguistics** tilllämpad språkvetenskap/lingvistik
ap·ply [ə'plaɪ] **1** *vt (färg, salva etc)* stryka *(to* på); *(kunskap, regel etc)* tillämpa; *(broms)* använda, slå till; **to** ~ **one's mind to a problem** koncentrera sig på ett problem; **to** ~ **oneself to a task** koncentrera sig på en uppgift; **to** ~ **a match to sth** sätta en tändsticka till ngt **2** *vi* **(a)** vara tilllämplig; **the law applies to everybody** lagen gäller lika för alla **(b)** *(om tillstånd, jobb etc)* ansöka; **to** ~ **to sb for sth** ansöka hos ngn om ngt
ap·point [ə'pɔɪnt] *vt* **(a)** *(befattningshavare)* utnämna, tillsätta; **we need to** ~ **a new headmaster** vi behöver tillsätta en ny rektor; **they** ~**ed him chairman** de utnämnde honom till ordförande **(b)** *(frm: tid, plats)* avtala; **at the** ~**ed time** på avtalad tid **(c): a well-**~**ed house** ett välutrustat hus
ap·point·ment [ə'pɔɪntmənt] s **(a)** *(till en tjänst)* utnämning; *(tjänst)* befattning; ~**s (vacant)** lediga platser **(b)** *(träff)* avtalat möte; **I have an** ~ **at 10** *(hos tandläkare etc)* jag har (en) tid kl 10; **by** ~ enligt överenskommelse; **do you have an** ~? har ni/du beställt tid?; **to keep an** ~ *(till möte)* komma som avtalat; **to make an** ~ **with sb** beställa tid hos ngn
ap·por·tion [ə'pɔːʃən] *vt* fördela *(rättvist)*
ap·prais·al [ə'preɪzəl] s *(av föremåls värde)* värdering, uppskattning; *(bildl)* bedömning
ap·praise [ə'preɪz] *vt (föremål)* värdera; *(bildl)* bedöma
ap·pre·ci·able [ə'priːʃəbl] *adj* märkbar; **an** ~ **difference** en märkbar skillnad
ap·pre·ci·ate [ə'priːʃɪeɪt] **1** *vt* **(a)** *(värdesätta)* uppskatta; **I** ~**d your help** jag var tacksam för din hjälp; **he does not** ~ **music** han tycker inte om musik; **I am not** ~**d here** jag är inte uppskattad här **(b)** *(svårighet etc)* inse; **yes, I** ~ **that** ja, jag förstår det **2** *vi (förmögenhet etc)* öka i värde
ap·pre·ci·a·tion [əˌpriːʃɪ'eɪʃən] s **(a)** *(för problem)* förståelse; *(för konst)* sinne; *(gillande)* uppskattning; **he showed no** ~ **of my difficulties** han visade ingen förståelse för mina svårigheter; **as a token of my** ~ som ett bevis på min uppskattning **(b)** *(av aktier etc)* värdestegring
ap·pre·ci·a·tive [ə'priːʃɪətɪv] *adj (blick, kommentar)* uppskattande; *(publik)* tacksam; **he was very** ~ **of what I had done** han var mycket tacksam för

vad jag hade gjort
ap·pre·hend [ˌæprɪ'hend] *vt (frm: arrestera)* gripa, anhålla
ap·pre·hen·sion [ˌæprɪ'henʃən] s *(gripande)* anhållande; *(ängslan)* farhåga; **my chief** ~ **is that...** min största farhåga är att...
ap·pre·hen·sive [ˌæprɪ'hensɪv] *adj* orolig
ap·pren·tice [ə'prentɪs] **1** s lärling; **an** ~ **plumber, a plumber's** ~ en rörläggar-/rörmokar|-lärling **2** *vt* sätta i lära *(to* hos); **to be** ~**d to** gå i lära hos
ap·pren·tice·ship [ə'prentɪʃɪp] s lärlingsplats; **to serve one's** ~ fullgöra sin lärlingstid
ap·prise [ə'praɪz] *vt (frm)* underrätta; **I was never** ~**d of your decision** jag blev aldrig underrättad om ditt beslut
ap·proach [ə'prəʊtʃ] **1** *vt (i allm)* närma sig; *(uppgift)* angripa; *(i kvalitet)* nå upp till; **I** ~ **it with an open mind** jag tar itu med det utan förutfattade meningar; **he's** ~**ing 50** han närmar sig 50; **no other painter** ~**es him** ingen annan målare kan mäta sig med honom; **to** ~ **sb about sth** ta kontakt med ngn om ngt; **have you** ~**ed your bank manager?** har du tagit kontakt med kamrern på din bank? **2** *vi* närma sig; **the** ~**ing elections** de stundande valen **3** s **(a)** närmande; **at the** ~ **of night** när natten faller på; **to make** ~**es to sb** göra närmanden till någon **(b)** *(problem, uppgift)* sätt att ta itu med/närma sig; **a new** ~ **to maths** ett nytt grepp på matematiken **(c)** (= ~ **road)** tillfart(sväg); ~**es** infarter; **the northern** ~**es of the city** stadens norra infarter
ap·proach·able [ə'prəʊtʃəbl] *adj (person)* tillgänglig
ap·pro·ba·tion [ˌæprə'beɪʃən] s *(av kritiker etc)* beröm, bifall; *(av myndighet)* bifall, godkännande
ap·pro·pri·ate [ə'prəʊprɪɪt] **1** *adj (i allm)* lämplig, passande *(for/to* för); *(myndighet)* vederbörande; **whichever seems more** ~ vad som verkar mest lämpligt **2** [ə'prəʊprɪeɪt] *vt (stjäla)* lägga beslag på
ap·pro·pri·ate·ly [ə'prəʊprɪɪtlɪ] *adv* passande, lämpligt; ~ **dressed** lämpligt klädd
ap·prov·al [ə'pruːvəl] s samtycke, gillande; **on** ~ på prov; **to meet with sb's** ~ vinna någons gillande
ap·prove [ə'pruːv] *vt (plan etc)* godkänna
♦ **approve of** *vi* + *prep* gilla; **the boss doesn't** ~ **of women wearing trousers to work** chefen gillar inte kvinnor som går i långbyxor på jobbet
ap·proxi·mate [ə'prɒksɪmɪt] **1** *adj* ungefärlig; **2** [ə'prɒksɪmeɪt] *vi:* **to** ~ **to** närma sig
ap·proxi·mate·ly [ə'prɒksɪmətlɪ] *adv* ungefär, cirka
apri·cot ['eɪprɪkɒt] s aprikos
April ['eɪprəl] s april; ~ **Fool!** april, april!; ~ **Fools' Day** 1 april; *se äv* **July**
apron ['eɪprən] s *(skyddsplagg)* förkläde; *(Flyg)* flygplatta; **he is tied to his mother's** ~ **strings** han går i mammas ledband
apse [æps] s *(Arkit)* absid
apt [æpt] *adj (-er, -est)* **(a)** *(adekvat)* träffande: *an* ~ *remark/description* **(b): to be** ~ **to do sth** ha en benägenhet/tendens att göra ngt; **I am** ~ **to be out on Mondays** jag är ofta ute på måndagar; **we are** ~ **to forget that...** vi har lätt att glömma att... **(c)** *(elev etc)* duktig
ap·ti·tude ['æptɪtjuːd] s fallenhet; ~ **test** anlagstest
apt·ly ['æptlɪ] *adv (adekvat)* passande
aqua·lung ['ækwəlʌŋ] s *(för dykare)* syrgasapparat
aquar·ium [ə'kweərɪəm] s akvarium
aquat·ic [ə'kwætɪk] *adj* vatten-; ~ **sports** vattensport
aque·duct ['ækwɪdʌkt] s akvedukt

aqui·line |'ækwɪlaɪn| *adj* örnlik; ~ **nose** örnnäsa
Arab |'ærəb| **1** *adj (som rör arabvärlden)* arabisk **2** *s (person, häst)* arab
ara·besque |,ærə'besk| *s* arabesk
Ara·bia |ə'reɪbɪə| *s* Arabien, Arabiska halvön
Ara·bian |ə'reɪbɪən| *adj (som rör Arabien)* arabisk; ~ **Nights** Tusen och en natt
Ara·bic |'ærəbɪk| **1** *adj (som rör språket)* arabisk; ~ **numerals** arabiska siffror **2** *s (språket)* arabiska
ar·able |'ærəbl| *adj (mark)* odlingsbar
ar·bi·trary |'ɑːbɪtrərɪ| *adj* godtycklig
ar·bi·trate |'ɑːbɪtreɪt| *vi (i dispyt, mellan länder)* medla
ar·bi·tra·tion |,ɑːbɪ'treɪʃən| *s (medling)* skiljedom; **the dispute went to** ~ tvisten gick till skiljedom
ar·bi·tra·tor |'ɑːbɪtreɪtəʳ| *s (medlare)* skiljedomare
arc |ɑːk| *s* cirkelbåge
ar·cade |ɑː'keɪd| *s (Arkit)* arkad; *(med butiker)* täckt gågata, galleria
arch[1] |ɑːtʃ| **1** *s (Arkit)* valv(båge); *(under fot)* fotvalv **2** *vt (rygg)* kröka; *(ögonbryn)* höja
arch[2] |ɑːtʃ| *adj* ärke-; ~ **criminal** ärkeskurk
ar·chaeo·logi·cal |,ɑːkɪə'lɒdʒɪkəl| *adj* arkeologisk
ar·chae·olo·gist |,ɑːkɪ'ɒlədʒɪst| *s* arkeolog
ar·chae·ol·ogy |,ɑːkɪ'ɒlədʒɪ| *s* arkeologi
ar·cha·ic |ɑː'keɪɪk| *adj* ålderdomlig
arch·angel |'ɑːk,eɪndʒəl| *s* ärkeängel
arch·bishop |'ɑːtʃ'bɪʃəp| *s* ärkebiskop; **the A**~ **of Canterbury** ärkebiskopen av Canterbury
arched |ɑːtʃt| *adj* välvd
arch·enemy |,ɑːtʃ'enɪmɪ| *s* ärkefiende
ar·che·ol·ogy |,ɑːkɪ'ɒlədʒɪ| *etc (Am)* = **archaeology** *etc*
arch·er |'ɑːtʃəʳ| *s* bågskytt
ar·chery |'ɑːtʃərɪ| *s* bågskytte
ar·che·typ·al |'ɑːkɪ,taɪpəl| *adj* urtypisk, arketypisk
ar·che·type |'ɑːkɪtaɪp| *s (ursprunglig form)* urtyp, arketyp; *(ideal)* mönster, förebild; **he was the** ~ **of a good host** han var urtypen för en god värd
archi·pela·go |,ɑːkɪ'pelɪgəʊ| *s* skärgård
archi·tect |'ɑːkɪtekt| *s* arkitekt
archi·tec·tur·al |,ɑːkɪ'tektʃərəl| *adj* arkitektonisk
archi·tec·ture |'ɑːkɪtektʃəʳ| *s* arkitektur
ar·chives |'ɑːkaɪvz| *spl (byggnad, dokument)* arkiv
arch·way |'ɑːtʃweɪ| *s (passage)* valvgång; *(över passage)* valv
arc·tic |'ɑːktɪk| **1** *adj (som rör norra polarområdet)* arktisk, nordpols-; *(bildl)* iskall, arktisk; **the A**~ **Circle** norra polcirkeln; **the A**~ **Ocean** Norra ishavet **2** *s*: **the A**~ Arktis, norra polarområdet
ar·dent |'ɑːdənt| *adj (beundrare)* ivrig; *(önskan)* brinnande; *(älskare)* eldig
ar·dour, (Am) ardor |'ɑːdəʳ| *s (passion)* glöd
ar·du·ous |'ɑːdjʊəs| *adj (uppgift etc)* svår, mödosam
are |ɑːʳ, əʳ| *2 pers sg, 1, 2 o 3 pers pl av* **be**
area |'ɛərɪə| *s* **(a)** *(areal)* yta **(b)** *(region)* område; **the London** ~ Londonområdet; **in the** ~ **of £5000** omkring 5000 pund; *(kunskaps-, ansvars-)* område; ~ **code** *(Am Tele)* riktnummer
arena |ə'riːnə| *s (Sport, politisk etc)* arena
aren't |ɑːnt| = **are not**; ~ **I?** *(vard)* = **am I not?**
Ar·gen·ti·na |,ɑːdʒən'tiːnə| *s* Argentina
Ar·gen·tine |'ɑːdʒəntaɪn| **1** *s* **(a)**: **the** ~ *(ngt åld)* Argentina **(b)** *(person)* argentinare **2** *adj* argentinsk
Ar·gen·tin·ian |,ɑːdʒən'tɪnɪən| *adj* argentinsk
ar·gu·able |'ɑːgjʊəbl| *adj (neg)* diskutabel; *(pos)* som man kan hävda; **it is** ~ **whether he is really the best** man kan diskutera/det är diskutabelt om han verkligen är bäst; **it is** ~ **that he is the best** man kan hävda att han är bäst
ar·gu·ably |'ɑːgjʊəblɪ| *adv*: **he is** ~ **the best** man

kan hävda att han är bäst
ar·gue |'ɑːgjuː| **1** *vi* **(a)** *(diskutera)* tvista, gräla; **to** ~ **about sth (with sb)** tvista om ngt (med ngn); **don't** ~! inga invändningar **(b)** *(lägga fram skäl)* argumentera *(against* mot, *for* för) **2** *vt (problem)* diskutera; *(egenskap)* tyda på; *(ovillig)* övertala; *(argument)* vidhålla; **he** ~**d me into doing it** han övertalade mig att göra det; **he** ~**d that...** han vidhöll att...; **it** ~**s a certain lack of feeling** det tyder på en viss brist på känsla
ar·gu·ment |'ɑːgjʊmənt| *s* **(a)** *(skäl)* argument *(against* mot, *for* för); **I don't follow your** ~ jag förstår inte ditt resonemang **(b)** *(debatt)* diskussion; *(mellan makar etc)* gräl; **for** ~'s **sake** för diskussionens skull, bara för att diskutera
ar·gu·men·ta·tive |,ɑːgjʊ'mentətɪv| *adj (person)* diskussionslysten; (: *neds)* grälsjuk
argy-bargy |'ɑːdʒɪ'bɑːdʒɪ| *s (Brit vard)* gräl, dispyt
arid |'ærɪd| *adj (mark etc)* ofruktbar; *(bildl)* torftig
Aries |'ɛəriːz| *s (Astron, Astrol)* Väduren
arise |ə'raɪz| *imperf* **arose**, *perf part* **arisen** |ə'rɪzn| *vi* **(a)** *(i allm)* uppkomma, uppstå; *(följd)* bli resultatet; **difficulties have** ~**n** svårigheter har uppstått; **should the need** ~ om det behövs; **a storm arose** det blev storm; **the question does not** ~ frågan är inte aktuell; **arising from this...** som härrör från detta... **(b)** *(bildl)* stå/stiga upp: *that morning she arose before dawn*
ar·is·toc·ra·cy |,ærɪs'tɒkrəsɪ| *s* adel, aristokrati
aris·to·crat |'ærɪstəkræt, (Am) ə'rɪstə,kræt| *s* aristokrat
aris·to·crat·ic |,ærɪstə'krætɪk| *adj* aristokratisk
arith·me·tic |ə'rɪθmətɪk| *s* räkning, aritmetik; ~ **mental** ~ huvudräkning
arith·meti·cal |,ærɪθ'metɪkəl| *adj* aritmetisk, räkne-
ark |ɑːk| *s (Bibeln)* ark; **Noah's A**~ Noaks ark
arm[1] |ɑːm| *s (kroppsdel)* arm; *(på plagg)* ärm; *(på stol)* karm; ~ **in** ~ arm i arm; **with open** ~**s** *(eg, bildl)* med öppna armar; **within** ~'s **reach** inom räckhåll; **to keep sb at** ~'s **length** *(bildl)* hålla ngn på avstånd; **to put one's** ~ **round sb** lägga armen om ngn
arm[2] |ɑːm| *vt (person)* beväpna; *(skepp)* bestycka; *(bildl)* förse; **to** ~ **oneself with arguments** förse/utrusta sig med argument
ar·ma·ments |'ɑːməmənts| *spl* krigsmateriel, vapen; **the** ~ **industry** vapenindustrin; **the** ~ **race** kapprustningen
arm·chair |'ɑːm,tʃeəʳ| *s* fåtölj; *(i sms)* skrivbords-; ~ **strategist** skrivbordsstrateg
armed |ɑːmd| *adj* beväpnad; **the** ~ **forces** väpnade styrkor; ~ **robbery** väpnat rån
arm·ful |'ɑːmfʊl| *s* famn
ar·mi·stice |'ɑːmɪstɪs| *s* vapenvila
ar·mour, (Am) ar·mor |'ɑːməʳ| *s (Mil)* pansar; (~ **plate)** pansarplåt
ar·moured car |'ɑːməd 'kɑːʳ| *s (Mil)* pansarfordon
arm·pit |'ɑːmpɪt| *s (Anat)* armhåla
arms |ɑːmz| *spl (Mil)* vapen; *(Her: = coat of* ~*s)* vapen, vapensköld; **the** ~**s race** kapprustningen; **to be up in** ~**s** *(bildl)* vara på krigsstigen
army |'ɑːmɪ| *s (Mil)* armé; *(bildl)* armé, härskara; **to join the** ~ ta värvning
aro·ma |ə'rəʊmə| *s* arom
aro·mat·ic |,ærəʊ'mætɪk| *adj* aromatisk
arose |ə'rəʊz| *imperf av* **arise**
around |ə'raʊnd| **1** *adv* **(a)** *(åt alla håll)* runt omkring; *(ej långt borta)* i närheten; **for miles** ~ på många kilometers håll; **he must be somewhere** ~ han måste vara någonstans i närheten **(b)** *(cirka)* ungefär; ~ **50** ungefär 50 **(c)** *(i sht Am)* = **round 2 2** *prep* **(a)** *(runt omkring)* runt omkring; **it's just** ~ **the corner** det är precis runt hörnet **(b)** *(i sht Am)* = **round 3**

arouse [ə'raʊz] *vt (från sömn)* väcka; *(bildl) (upp)*väcka; **he was sexually** ~**d** han blev sexuellt upphetsad; **her words** ~**d my curiosity** hennes ord (upp)väckte min nyfikenhet
ar·range [ə'reɪndʒ] **1** *vt* **(a)** *(böcker, tankar etc)* ordna; *(blommor etc)* arrangera **(b)** *(Mus)* arrangera **(c)** *(tillställning)* arrangera, ordna; **to** ~ **a time for** bestämma tid för; **everything is** ~**d** allting är ordnat; **it was** ~**d that...** det bestämdes att...; **what did you** ~ **with him?** vad kom du överens om med honom? **2** *vi* göra upp, komma överens; **to** ~ **to do sth** göra upp om att göra ngt; **to** ~ **for sth/for sb to do sth** göra upp om ngt/med ngn om att göra ngt; **I have** ~**d for you to go** jag har ordnat att du ska få åka
ar·range·ment [ə'reɪndʒmənt] *s* **(a)** *(handling)* ordnande; *(resultat)* ordning; *(av blommor)* arrangemang; *(Mus)* arrangemang; **(b)** *(avtal)* överenskommelse; **to come to an** ~ **(with sb)** komma överens (med ngn); **by** ~ enligt överenskommelse **(c):** ~**s** planer, förberedelser; **we must make** ~**s to help** vi måste ordna med hjälp; **all the** ~**s for the party are made** alla förberedelser för festen är klara; **if this** ~ **doesn't suit you** om detta (arrangemang) inte passar dig
ar·ray [ə'reɪ] *s (Mil)* stridsordning; *(av föremål)* samling; *(Data)* uppställning, matris; **in battle** ~ i stridsordning; **a fine** ~ **of hats** en fin samling hattar
ar·rears [ə'rɪəz] *spl (av pengar)* resterande skuld; *(på arbetsplats etc)* ej utförda uppgifter; **in** ~ *(med hyra, arbete etc)* efter
ar·rest [ə'rest] **1** *s* arrestering; **to be under** ~ vara arresterad **2** *vt (brottsling)* arrestera; *(bildl: uppmärksamhet etc)* fånga; *(utveckling)* hejda
ar·rest·ing [ə'restɪŋ] *adj* fängslande
ar·ri·val [ə'raɪvəl] *s (i allm)* ankomst; *(person)* nyanländ person; **a new** ~ en nykomling; *(baby)* ny familjemedlem; **on** ~ vid ankomsten
ar·rive [ə'raɪv] *vi (resenär)* anlända, komma (fram); **he** ~**d in the city/at the farm** han anlände till staden/till gården; **the day** ~**d at last** äntligen kom dagen
♦ **arrive at** *vi + prep (bildl)* komma fram till; **to** ~ **at a decision** komma fram till ett beslut
ar·ro·gance ['ærəgəns] *s* arrogans
ar·ro·gant ['ærəgənt] *adj* arrogant
ar·row ['ærəʊ] *s (vapen, på skylt)* pil
arse [ɑ:s] *s (vard!)* arsle(!)
ar·senal ['ɑ:sɪnl] *s* arsenal
ar·senic ['ɑ:snɪk] *s (Kem)* arsenik
ar·son ['ɑ:sn] *s* mordbrand
art [ɑ:t] *s* **(a)** *(i allm)* konst; **the (fine)** ~**s** de sköna konsterna; ~**s and crafts** konsthantverk; ~ **gallery** konstgalleri; **work of** ~ konstverk **(b)** *(skicklighet)* konst: **the** ~ **of sailing;** *se äv* **state 1** **a (c):** ~**s** *(Univ)* humaniora; **Faculty of A**~**s** humanistisk fakultet; *se äv* **bachelor**
ar·te·fact ['ɑ:tɪfækt] *s (skapat av människan)* artefakt, konstgjort föremål
ar·te·rial [ɑ:'tɪərɪəl] *adj (blod)* arteriell, pulsåders-; *(bildl):* ~ **road** huvudväg
ar·te·rio·sclero·sis [ɑ:'tɪərɪəʊsklɪ'rəʊsɪs] *s (Med)* åderförkalkning
ar·tery ['ɑ:tərɪ] *s (Anat)* pulsåder; (= **traffic** ~) huvudled
art·ful ['ɑ:tfʊl] *adj (förslagen)* slug
ar·thri·tic [ɑ:'θrɪtɪk] *adj* ledgångs-
ar·thri·tis [ɑ:'θraɪtɪs] *s (Med)* artrit; **rheumatoid** ~ ledgångsreumatism
ar·ti·choke ['ɑ:tɪtʃəʊk] *s (= **globe** ~)* kronärtskocka; *se äv* **Jerusalem**
ar·ti·cle ['ɑ:tɪkl] *s* **(a)** *(vara)* sak; ~**s of clothing**

klädesplagg **(b)** *(i tidning etc)* artikel; **leading** ~ ledare **(c)** *(Språkv)* artikel; **definite** ~ bestämd artikel; **indefinite** ~ obestämd artikel **(d):** ~**s** *(Jur, Admin)* stadgar; ~**s of apprenticeship** lärlingskontrakt; **to be in** ~**s** gå i lära, arbeta som praktikant
ar·ticu·late [ɑ:'tɪkjʊlɪt] **1** *adj (artikulerad)* tydlig; **he's not very** ~ han är inte särskilt talför **2** [ɑ:'tɪkjʊleɪt] *vt* **(a)** *(artikulera)* uttala **(b):** ~**d lorry** *(Brit)* långtradare *med släp*
ar·ticu·la·tion [ɑ:ˌtɪkjʊ'leɪʃən] *s* **(a)** *(i ord)* uttryckande; *(sätt att uttala)* artikulation **(b)** *(Anat)* led
ar·ti·fact ['ɑ:tɪfækt] *s* = **artefact**
ar·ti·fice ['ɑ:tɪfɪs] *s (list)* slughet; *(trick)* konstgrepp
ar·ti·fi·cial [ˌɑ:tɪ'fɪʃəl] *adj (ljus)* artificiell; *(blommor)* konstgjord; *(hår)* syntetisk; *(leende)* konstlad; ~ **respiration** konstgjord andning; ~ **insemination** konstgjord befruktning
ar·til·lery [ɑ:'tɪlərɪ] *s* artilleri
ar·ti·san ['ɑ:tɪzæn] *s* (konst)hantverkare
art·ist ['ɑ:tɪst] *s (målare etc)* konstnär, artist
ar·tis·tic [ɑ:'tɪstɪk] *adj* konstnärlig, artistisk; **to be** ~ vara konstnärlig(t lagd); ~ **temperament** konstnärstemperament
art·ist·ry ['ɑ:tɪstrɪ] *s* konstnärlig förmåga
art·less ['ɑ:tlɪs] *adj (naturlig)* okonstlad
as [æz, əz] *konj* **(a)** *(tid: på samma gång som)* medan; *(: just då)* när; **he came in** ~ **I was leaving** han kom in när jag höll på att gå; ~ **from tomorrow** från och med i morgon; ~ **a child** som barn, när jag var barn **(b)** *(orsak)* eftersom; ~ **he can't come...** eftersom han inte kan komma... **(c)** *(medgivande)* hur...än; **stupid** ~ **he is** hur dum han än är **(d)** *(jämförelse: äv adv):* **as ... as** så ... som; **twice** ~ **old** två gånger så gammal; ~ **tall** ~ **him** lika lång som han; ~ **quickly** ~ **possible** så snabbt som möjligt; ~ **pale** ~ **death** likblek, blek som ett lik; **you've got** ~ **much** ~ **she has** du har lika mycket som hon har **(e)** *(sätt: äv prep)* som; **do** ~ **you wish** gör som du vill; **leave things** ~ **they are** låt det vara; **you've got plenty** ~ **it is** du har redan tillräckligt; ~ **I've said before...** som jag har sagt tidigare; **disguised** ~ **a nun** förklädd till nunna; **he succeeded** ~ **a politician** han hade framgång som politiker **(f):** ~ **to,** ~ **for,** ~ **regards** vad beträffar; ~ **to that...** vad det beträffar...; ~ **for the children, they were exhausted** vad barnen beträffar var de utmattade **(g):** ~ **if,** ~ **though** som om; **he looked** ~ **if he was ill** han såg sjuk ut
as·bes·tos [æz'bestəs] *s* asbest
as·cend [ə'send] **1** *vt (frm: trappa)* gå uppför; *(berg, tron)* bestiga **2** *vi (rök, flygplan etc)* stiga; *(väg)* gå uppför
as·cend·ancy [ə'sendənsɪ] *s (kontroll)* makt; *(i tävlan)* övertag; **she is gaining** ~ hon håller på att ta övertaget
as·cend·ant [ə'sendənt] *s:* **to be in the** ~ vara på uppåtgående
as·cen·sion [ə'senʃən] *s:* **the A**~ Kristi himmelsfärd; **A**~ **Day** Kristi Himmelsfärdsdag
as·cent [ə'sent] *s (av berg)* bestigning; *(Flyg)* stigning; *(uppförsbacke)* sluttning
as·cer·tain [ˌæsə'teɪn] *vt* förvissa sig om
as·cet·ic [ə'setɪk] **1** *adj* asketisk **2** *s* asket
as·ceti·cism [ə'setɪsɪzəm] *s* askes
ascor·bic acid [ə'skɔ:bɪk'æsɪd] *s* askorbinsyra
as·cribe [ə'skraɪb] *vt* tillskriva; **to** ~ **sth to sb** tillskriva ngn ngt
ash[1] [æʃ] *s (Bot)* ask
ash[2] [æʃ] *s (vanl pl):* ~**es** aska; *(om död)* aska; **cigarette** ~ cigarrettaska; **A**~ **Wednesday** askonsdag

ashamed |ə'ʃeɪmd| *adj* skamsen; **to feel** ~ skämmas; **I am** ~ **of you** jag skäms över dig; **I was** ~ **to ask for money** jag skämdes för att be om pengar; **you ought to be** ~ **of yourself!** du borde skämmas!; **it's nothing to be** ~ **of** det är ingenting att skämmas för

ashore |ə'ʃɔː'| *adv* i land; **to go** ~ gå i land

ash·tray |'æʃtreɪ| *s* askfat

Asia |'eɪʃə| *s* Asien

Asian |'eɪʃn| **1** *adj* asiatisk **2** *s* asiat

aside |ə'saɪd| **1** *adv* åt sidan; **to put sth** ~ lägga ngt åt sidan; **to take sb** ~ ta ngn avsides **2** *prep*: ~ **from** *(jämte)* förutom, vid sidan av; *(med undantag för)* bortsett från **3** *s* *(Teat)* avsidesreplik

asi·nine |'æsɪnaɪn| *adj* åsneaktig, idiotisk

ask |ɑːsk| **1** *vt* **(a)** *(efter svar)* fråga; **to** ~ **about sth** fråga om ngt; **to** ~ **sb a question** ställa en fråga till ngn; **don't** ~ **me!** *(vard)* fråga inte mig! **(b)** *(be om)* begära; **to** ~ **sb a favour** be ngn om en tjänst; **how much are they** ~**ing for it?** hur mycket begär de för det?; **the** ~**ing price** begärt pris; **that's** ~**ing a lot** det är mycket begärt **(c)** *(inbjuda)* be; **to** ~ **sb out** bjuda ut ngn; **to** ~ **sb to dinner** be/bjuda ngn på middag **2** *vi* *(ställa en fråga)* fråga; *(anhålla)* be; **it's yours for the** ~**ing** du behöver bara be om det

♦ **ask after** *vi* + *prep* *(om hur ngn mår)* höra sig för

♦ **ask for** *vi* + *prep* *(person)* fråga efter; *(hjälp, upplysningar etc)* be om; **it's just** ~**ing for trouble** det leder bara till bråk/bekymmer, det är att utmana ödet

askance |ə'skɑːns| *adv*: **to look** ~ **at sb/sth** snegla misstänksamt på ngn

askew |ə'skjuː| *adv* snett, på sned

asleep |ə'sliːp| *adj* sovande; **to be** ~ *(person)* sova; *(kroppsdel)* ha domnat, sova; **to be fast** ~ sova djupt; **to fall** ~ somna; **my foot's** ~ min fot sover

as·para·gus |əs'pærəgəs| *s* sparris

as·pect |'æspekt| *s* **(a)** *(på problem etc)* synpunkt, aspekt; **to study all** ~**s of a question** studera en fråga från alla håll **(b)** *(från hus etc)* utsikt; **a house with a northerly** ~ ett hus som vetter åt norr

as·pen |'æspən| *s* *(Bot)* asp

as·phalt |'æsfælt| *s* asfalt

as·phyxia |æs'fɪksɪə| *s* kvävning

as·phyxi·ate |æs'fɪksɪeɪt| **1** *vt* kväva **2** *vi* kvävas

as·pic |'æspɪk| *s* köttgelé; **chicken in** ~ kycklingaladåb

as·pi·ra·tion |,æspə'reɪʃən| *s* **(a)** *(efter ett mål)* strävan; ~**s** ambitioner **(b)** *(med lungor)* andning

as·pire |əs'paɪə'| *vi* sträva *(to/after* efter)

as·pi·rin |'æsprɪn| *s* *(tablett)* aspirin

ass¹ |æs| *s* *(Zool)* åsna; *(bildl vard)* idiot, åsna; **to make an** ~ **of oneself** göra bort sig

ass² |æs| *s* *(Am vard!)* arsle(!)

as·sail |ə'seɪl| *vt* *(frm)* angripa; *(bildl: med frågor etc)* överösa; **doubts began to** ~ **him** tvivel började ansätta honom

as·sail·ant |ə'seɪlənt| *s* angripare

as·sas·sin |ə'sæsɪn| *s* (lönn)mördare

as·sas·si·nate |ə'sæsɪneɪt| *vt* *(i sht av politiska skäl)* (lönn)mörda

as·sas·si·na·tion |ə,sæsɪ'neɪʃən| *s* (lönn)mord

as·sault |ə'sɔːlt| **1** *s* *(Mil)* anfall *(on* på); *(bildl)* angrepp *(on* på); *(Jur)* övervåld; ~ **and battery** *(Jur)* övervåld och misshandel; *se äv* **indecent 2** *vt* *(Mil)* anfalla; *(bildl)* angripa; *(Jur)* överfalla; *(sexuellt)* våldta

as·sem·ble |ə'sembl| **1** *vt* samla ihop; *(Tekn)* sätta ihop **2** *vi* samlas

as·sem·bly |ə'semblɪ| *s* *(av personer)* församling;

(Skol) (morgon)samling; *(Pol)* (lagstiftande) församling; *(Tekn)* montering, hopsättning; **the General A**~ **of the UN** FNs generalförsamling; ~ **line** löpande band

as·sent |ə'sent| **1** *s* samtycke; **by common** ~ genom (en tyst) överenskommelse **2** *vi* samtycke

as·sert |ə'sɜːt| *vt* *(hävda)* bedyra, försäkra; *(i sht Språkv)* påstå; *(rättigheter)* kräva; **to** ~ **oneself** hålla på sin rätt

as·ser·tion |ə'sɜːʃən| *s* bedyrande, försäkran; *(i sht Språkv)* påstående

as·ser·tive |ə'sɜːtɪv| *adj* bestämd, självsäker

as·sess |ə'ses| *vt* *(egendom)* värdera; *(belopp etc)* fastställa; *(situation etc)* bedöma

as·sess·ment |ə'sesmənt| *s* *(av skatt)* taxering; *(av värde)* värdering; *(av situation etc)* bedömning

as·set |'æset| *s* *(god egenskap)* tillgång; ~**s** *(Handel)* tillgångar

as·sidu·ous |ə'sɪdjʊəs| *adj* ihärdig

as·sign |ə'saɪn| *vt* *(uppgift etc)* tilldela; *(Jur: egendom)* överlåta; *(post etc)* utnämna *(sb to* ngn till)

as·sig·na·tion |,æsɪg'neɪʃən| *s* (överenskommelse om) möte, rendezvous

as·sign·ment |ə'saɪnmənt| *s* uppdrag

as·simi·late |ə'sɪmɪleɪt| *vt* tillgodogöra sig; *(föda, information etc)* smälta; *(immigranter)* uppta, införliva

as·sist |ə'sɪst| **1** *vt* *(person)* hjälpa; **we** ~**ed him to his car** vi hjälpte honom till bilen **2** *vi* hjälpa till *(in* med)

as·sis·tance |ə'sɪstəns| *s* hjälp; **can I be of any** ~? kan jag vara till någon hjälp?; **to come to sb's** ~ komma till ngns hjälp

as·sis·tant |ə'sɪstənt| *s* assistent; *(i sms)* biträdande; ~ **librarian** biträdande bibliotekarie; ~ **headmaster** *(ung)* studierektor; ~ **professor** *(Am Univ: ung)* forskarassistent; *se äv* **shop 1 a, personal**

as·so·ci·ate |ə'səʊʃɪt| **1** *adj* *(bolag, medlem etc)* associerad; ~ **professor** *(Am Univ: ung)* docent, högskolelektor **2** *s* *(yrkeskamrat)* kollega; *(* = ~ *member)* associerad medlem **3** |ə'səʊʃɪeɪt| *vt* *(förbinda)* associera; **to** ~ **oneself with sth** associera sig med ngt **4** |ə'səʊʃɪeɪt| *vi* umgås *(with* med)

as·so·cia·tion |ə,səʊsɪ'eɪʃən| *s* **(a)** *(förbindelse)* umgänge; *(kompanjonskap)* samarbete; *(sammanslutning)* förening **(b)** *(samband)* association; ~ **of ideas** idéassociation; **the name has unpleasant** ~**s** namnet har obehagliga associationer

as·sort·ed |ə'sɔːtɪd| *adj* av flera slag; ~ **biscuits** blandade kex

as·sort·ment |ə'sɔːtmənt| *s* *(blandning)* urval; *(Handel)* sortiment; **there was a strange** ~ **of guests** det var en brokig samling gäster

as·suage |ə'sweɪdʒ| *vt* *(känslor)* mildra; *(smärta)* lindra; *(hunger)* stilla

as·sume |ə'sjuːm| *vt* **(a)** *(anta)* förmoda; **assuming that...** förutsatt att... **(b)** *(makt)* överta; *(plikter etc)* åta sig; *(ämbete)* tillträda; *(min)* anlägga; **under an** ~**d name** under antaget namn

as·sump·tion |ə'sʌmpʃən| *s* **(a)** *(antagande)* förmodan; **on the** ~ **that** under förutsättning att; **that's only an** ~ det är bara ett antagande **(b)**: **the A**~ *(Rel)* Marie himmelsfärd

as·sur·ance |ə'ʃʊərəns| *s* **(a)** *(löfte)* försäkran; **I can give you no** ~**s** about that jag kan inte ge dig några garantier för det **(b)** *(övertygelse)* tillförsikt; *(läggning)* självförtroende; **he spoke with** ~ han talade med övertygelse **(c)** *(Brit)* livförsäkring

as·sure |ə'ʃʊə'| *vt* *(person)* försäkra; **I** ~**d him of my support** jag försäkrade honom att han hade mitt stöd; **success was** ~**d** framgången var tryggad

as·ter·isk ['æstərɪsk] s asterisk

astern [ə'stɜːn] adv akterut

as·ter·oid ['æstərɔɪd] s asteroid

asth·ma ['æsmə] s (Med) astma

asth·mat·ic [æs'mætɪk] adj astmatisk

astig·ma·tism [æs'tɪgmətɪzəm] s (Med) astigmatism

aston·ish [ə'stɒnɪʃ] vt förvåna; **you** ~ **me!** (iron) du förvånar mig verkligen!

aston·ish·ing [ə'stɒnɪʃɪŋ] adj förvånansvärd; **I find it** ~ **that...** jag finner det förvånande att...

aston·ish·ly [ə'stɒnɪʃlɪ] adv förvånansvärt; **it was** ~ **easy** det var förvånansvärt lätt

aston·ish·ment [ə'stɒnɪʃmənt] s (stor) förvåning; **to my** ~ till min (stora) förvåning

astound [ə'staʊnd] vt förbluffa

astray [ə'streɪ] adv: **to go** ~ gå vilse; (bildl) komma på avvägar; **to lead sb** ~ (bildl) vilseleda ngn

astride [ə'straɪd] **1** adv (över häst etc) grensle **2** prep (häst etc) grensle över

as·trin·gent [ə'strɪndʒənt] adj (i allm) sammandragande; (Med) blodstillande

as·trolo·ger [əs'trɒlədʒər] s astrolog

as·trol·ogy [əs'trɒlədʒɪ] s astrologi

as·tro·naut ['æstrənɔːt] s astronaut

as·trono·mer [əs'trɒnəmər] s astronom

as·tro·nomi·cal [ˌæstrə'nɒmɪkəl] adj (eg, bildl vard) astronomisk; ~ **prices** skyhöga priser

as·trono·my [əs'trɒnəmɪ] s astronomi

as·tro·phys·ics ['æstrəʊ'fɪzɪks] ssg astrofysik

as·tute [əs'tjuːt] adj skarpsinnig

asun·der [ə'sʌndər] adv isär

asy·lum [ə'saɪləm] s **(a)** (fristad) asyl; **to seek political** ~ söka politisk asyl **(b)** (= lunatic ~: åld) dårhus, hospital

asym·met·ric(al) [ˌeɪsɪ'metrɪk(əl)] adj asymmetrisk

at [æt] prep **(a)** (plats: kontor, teater, fest etc) på; (: namn på stad) i; (: bord etc) vid; (riktning: se, sikta, skjuta etc) på; (: le) mot; ~ **the top** högst upp; ~ **school** i skolan; ~ **John's** hemma hos John; ~ **home** hemma; ~ **a distance** på avstånd; **to stand** ~ **the door** stå i dörren; **to look** ~ **sth** titta på ngt **(b)** (tid): ~ **4 o'clock** klockan 4; at **last** till sist; ~ **night** på natten; ~ **Christmas** på/under julen **(c)** (pris) för; (värde) till; ~ **50p each** för 50 pence var; ~ **its full value** till dess fulla värde **(d)** (aktivitet) på; **to be** ~ **work** (plats) vara på arbetet; (i gång) vara i arbete; **he's good** ~ **games** han är bra på idrott; **while you're** ~ **it** (vard) medan du håller på; **she's** ~ **it again** (vard) hon är i gång igen **(e)** (sätt): ~ **full speed** med full fart; **two** ~ **a time** två åt gången/i taget; **to be** ~ **peace** leva i fred; **television** ~ **its best** television när den är som bäst; ~ **a run** springande; ~ **least** åtminstone **(f)** (orsak): ~ **his suggestion** på hans förslag; **I was surprised** ~ **the news** jag blev förvånad över nyheterna

ate [et, (i sht Am) eɪt] imperf av **eat**

athe·ism ['eɪθɪɪzəm] s ateism

athe·ist ['eɪθɪɪst] s ateist

Ath·ens ['æθɪnz] s Aten

ath·lete ['æθliːt] s idrottsman

ath·let·ic [æθ'letɪk] adj (förbund etc) idrotts-; (kroppsbyggnad) atletisk; (läggning) sportig

ath·let·ics [æθ'letɪks] s **(a)** (i sht) friidrott **(b)** (i allm) idrott

At·lan·tic (Ocean) [ət'læntɪk ('əʊʃən)] s: **The** ~ Atlanten

at·las ['ætləs] s (kartbok) atlas

at·mos·phere ['ætməsfɪər] s (Fys, luft) atmosfär; (bildl) stämning, atmosfär

at·mos·pher·ics [ˌætməs'ferɪks] spl (Radio, TV) at-

mosfäriska störningar

atom ['ætəm] s (Fys) atom; **not an** ~ **of truth** (bildl) inte ett uns (av) sanning

atomic [ə'tɒmɪk] adj atom-; ~ **bomb** atombomb

at·om·iz·er ['ætəmaɪzər] s sprej(flaska); (för parfym äv) rafräschissör

atone [ə'təʊn] vi: **to** ~ **for** (brott, gärningar) sona

atone·ment [ə'təʊnmənt] s (i allm) gottgörelse; (Rel) försoning

atro·cious [ə'trəʊʃəs] adj (i allm, vard) avskyvärd: **an** ~ **crime**; ~ **weather**

atroc·ity [ə'trɒsɪtɪ] s ohygglighet, ohygglig gärning

at·ro·phy ['ætrəfɪ] **1** s (Med) atrofi, förtvining; (bildl) tillbakagång **2** vi (Med) förtvina; (bildl) gå tillbaka

at·tach [ə'tætʃ] vt **(a)** (med lim, snöre, nål etc) sätta fast; (släp etc) koppla; **the** ~**ed letter** bifogade brev; **the garage is** ~**ed to the house** garaget är hopbyggt med huset; **to be** ~**ed to sb** (bildl) vara fästad vid ngn; **he** ~**ed himself to us** han höll sig till oss; (neg) han hängde sig på oss; se äv **string 1 a (b)** (betydelse etc) tillmäta; **to** ~ **importance to sth** tillmäta ngt betydelse **(c)** (till organisation etc) knyta; **to be** ~**ed to an embassy** vara knuten till en ambassad

at·ta·ché [ə'tæʃeɪ, (Am) ˌætə'ʃeɪ] s attaché; **cultural** ~ kulturattaché; ~ **case** attachéväska

at·tach·ment [ə'tætʃmənt] s **(a)** (till hushållsmaskin etc) tillsats, tillbehör; (till hylla etc) fäste **(b)** (känsla) tillgivenhet (to för)

at·tack [ə'tæk] **1** s **(a)** (Mil etc) anfall, attack; (bildl) attack; **surprise** ~ överrumplingsanfall; ~ **on sb's life** attentat mot ngns liv; **to be under** ~ (eg, bildl) vara föremål för attack(er); **to launch an** ~ (Mil) anfalla; (bildl) attackera (on sb/sth ngn/ngt) **(b)** (Med: hjärt-) attack; (: feber) anfall; se äv **heart a 2** vt (Mil etc) anfalla; (Med) angripa; (jobb, problem) ta itu med; (åsikt) angripa

at·tack·er [ə'tækər] s angripare

at·tain [ə'teɪn] vt (mål etc) nå; (ålder, ställning) uppnå

at·tain·ment [ə'teɪnmənt] s uppnående; ~**s** (kunskaper) färdigheter, talanger

at·tempt [ə'tempt] **1** s försök; **he made two** ~**s at** it han försökte två gånger; **he made no** ~ **to help** han gjorde inget försök att hjälpa till; **to make an** ~ **on sb's life** utsätta ngn för ett mordförsök **2** vt försöka; ~**ed murder** mordförsök; **the pilot** ~**ed to land** piloten försökte landa

at·tend [ə'tend] **1** vt **(a)** (kurs etc) gå på, delta i; (skola, kyrka) gå i; **the lecture was well** ~**ed** det var mycket folk på föreläsningen **(b)** (om läkare) behandla; (om betjänt, husa) passa upp på; ~**ed by 6 bridesmaids** uppvaktad av 6 brudtärnor **2** vi (närvara) vara med; (höra på) lyssna

♦**attend to** vi + prep **(a)** (lyssna på) uppmärksamma; **to** ~ **to one's work** sköta sitt arbete **(b)** (i affär) expediera; **to** ~ **to a customer** expediera en kund; **are you being** ~**ed to?** är det tillsagt?, har ni/du fått hjälp?

at·tend·ance [ə'tendəns] s (i skola etc) närvaro; (de närvarande) deltagande; **what was the** ~ **at the meeting?** hur många var närvarande på mötet?

at·tend·ant [ə'tendənt] s (på museum, teater etc) vaktmästare; (i park, på parkeringsplats) vakt

at·ten·tion [ə'tenʃən] s **(a)** uppmärksamhet; **to attract sb's** ~ dra till sig ngns uppmärksamhet; **to call sb's** ~ **to sth** fästa ngns uppmärksamhet på ngt; **it has come to my** ~ **that...** det har kommit till min kännedom att...; **to pay** ~ **(to)** ägna uppmärksamhet (åt); **he paid no** ~ han brydde sig inte om det; **for the** ~ **of Mr Jones** (på brev) attention herr Jones; **your** ~ **please!** (i hög-

talare etc) hallå, hallå! **(b)** *(Mil)* ~! givakt!; **to come to** ~ ställa sig i givakt; **to stand at** ~ stå i givakt **(c)**: ~s *(uppmärksamhet)* uppvaktning; **the young girl received the** ~**s of several young men** den unga flickan uppvaktades av flera unga män

at·ten·tive |ə'tɛntɪv| *adj (publik, värd)* uppmärksam

at·test |ə'tɛst| **1** *vt (vittna om)* intyga; *(namnteckning)* bevittna; **2** *vi:* **to** ~ **to** bekräfta

at·tic |'ætɪk| *s* vind(srum)

at·tire |ə'taɪəʳ| **1** *s (frm)* klädsel **2** *vt (frm)* skruda

at·ti·tude |'ætɪtjuːd| *s (inställning)* attityd *(towards* till); *(ställning)* hållning; ~ **of mind** ståndpunkt; **if that's your** ~ om det är din inställning

attn *förk f* **attention** *(på brev etc)* att, attn

at·tor·ney |ə'tɜːnɪ| *s (Am)* advokat; *(person med fullmakt)* ombud; **power of** ~ fullmakt; ~ **general** *(Brit: ung)* justitiekansler; *(Am)* justitieminister; **district** ~ *(Am)* allmän åklagare

at·tract |ə'trækt| *vt (om magnet etc)* dra till sig; *(bildl: uppmärksamhet etc)* dra till sig; **to be** ~**ed to sb** vara attraherad av ngn, känna sig dragen till ngn

at·trac·tion |ə'trækʃən| *s (= power of* ~: *eg, bildl)* dragningskraft; *(lockande företeelse)* attraktion; **city life has no** ~ **for me** stadslivet har ingen lockelse på mig; **one of the** ~**s was a free car** bland det som lockade var fri bil

at·trac·tive |ə'træktɪv| *adj (person: i sht kvinna)* attraktiv, tilldragande; *(vackert föremål)* förtjusande; *(idé)* tilltalande; *(erbjudande, pris)* lockande

at·trac·tive·ly |ə'træktɪvlɪ| *adv* attraktivt, trevligt, tilltalande; ~ **dressed** attraktivt klädd

at·trib·ute 1 |'ætrɪbjuːt| *s (kännetecken)* utmärkande drag; *(Språkv)* attribut **2** |ə'trɪbjuːt| *vt (något betydelse etc)* tillskriva; *(författarskap)* tillskriva, attribuera: **this play has been** ~**d to Shakespeare; to** ~ **importance to sth** tillmäta ngt betydelse

at·tribu·tive |ə'trɪbjʊtɪv| *adj (Språkv)* attributiv

at·tri·tion |ə'trɪʃən| *s* nötning; **war of** ~ utnötningskrig

at·tune |ə'tjuːn| *vt:* **to** ~ **to** ställa in efter, anpassa till/efter

auber·gine |'əʊbəʒiːn| *s (i sht Brit)* aubergine

auburn |'ɔːbən| *adj (hår)* kastanjebrun

auc·tion |'ɔːkʃən| **1** *s* auktion; ~ **room** auktionslokal; ~ **sale** auktionsförsäljning **2** *vt* sälja på auktion

auc·tion·eer |ˌɔːkʃə'nɪəʳ| *s* auktionsförrättare

auda·cious |ɔː'deɪʃəs| *adj (i fara)* djärv; *(mot andra)* fräck

audac·ity |ɔː'dæsɪtɪ| *s (se* **audacious**) djärvhet; fräckhet

audible |'ɔːdɪbl| *adj* hörbar

audibly |'ɔːdɪblɪ| *adv* hörbart

audi·ence |'ɔːdɪəns| *s* **(a)** *(åhörare)* publik; **there was a big** ~ det var en stor publik där; **TV** ~**s** TV tittare *(pl)* **(b)** *(hos kung etc)* audiens; **to grant an** ~ ge audiens

audio-visual |ˌɔːdɪəʊ'vɪzjʊəl| *adj* audi(o)visuell; ~ **aids** audivisuella hjälpmedel

audit |'ɔːdɪt| **1** *s (av räkenskaper)* revision; **tax** ~ *(i sht Am)* deklarationsgranskning **2** *vt (räkenskaper)* revidera; *(Am: deklaration)* granska; **to be** ~**ed** *(Am)* få sin deklaration granskad

audi·tion |ɔː'dɪʃən| *s (Teat)* prov (för engagemang)

audi·tor |'ɔːdɪtəʳ| *s (Handel)* revisor; *(Am Univ)* auskultant

audi·to·rium |ˌɔːdɪ'tɔːrɪəm| *s* hörsal

aught |ɔːt| *s (åld, litt):* **for** ~ **I know** såvitt jag vet; **for** ~ **I care** inte mig emot

aug·ment |ɔːg'mɛnt| *vt* öka

August |'ɔːgəst| *s* augusti; *se äv* **July**

august |ɔː'gʌst| *adj (frm)* vördnadsbjudande

aunt |ɑːnt| *s (äv:* ~**ie**, ~**y** |'ɑːntɪ|) *(fars syster)* faster; *(mors syster)* moster; *(barns tilltal till äldre kvinnlig vän)* tant; **my** ~ **and uncle** min faster och farbror/moster och morbror

au pair (girl) |əʊ'pɛəʳ| (ˌgɜːl)| *s* au pair(-flicka)

aura |'ɔːrə| *s* utstrålning, aura

aural |'ɔːrəl| *adj (prov, förmåga etc)* hörsel-

aus·pices |'ɔːspɪsɪz| *spl:* **under the** ~ **of** under beskydd av

aus·pi·cious |ɔːs'pɪʃəs| *adj* lovande; **this** ~ **occasion** detta glädjande tillfälle; **to make an** ~ **start** göra en lovande början

aus·tere |ɒs'tɪəʳ| *adj (lärare t ex)* sträng; *(min)* allvarlig; *(person, liv etc)* anspråkslös

aus·ter·ity |ɒs'tɛrɪtɪ| *s (se* **austere**) stränghet; allvar; anspråkslöshet

Aus·tralia |ɒs'treɪlɪə| *s* Australien

Aus·tral·ian |ɒs'treɪlɪən| **1** *adj* australisk **2** *s* australier

Aus·tria |'ɒstrɪə| *s* Österrike

Aus·trian |'ɒstrɪən| **1** *adj* österrikisk **2** *s* österrikare

authen·tic |ɔː'θɛntɪk| *adj (äkta)* autentisk

au·then·tic·ity |ˌɔːθɛn'tɪsɪtɪ| *s (äkthet)* autenticitet

author |'ɔːθəʳ| *s (till bok etc)* författare; *(bildl)* upphovsman

authori·tar·ian |ˌɔːθɒrɪ'tɛərɪən| *adj* auktoritär

authori·ta·tive |ɔː'θɒrɪtətɪv| *adj (besked från myndighet)* auktoritativ; *(redogörelse)* vederhäftig

author·ity |ɔː'θɒrɪtɪ| *s* **(a)** *(ledning)* maktbefogenhet; **to be in** ~ **over** ha bestämmanderätt över; **to have (the)** ~ **to do sth** ha befogenhet att göra ngt **(b)** *(officiell etc)* myndighet; **the authorities** myndigheterna **(c)** *(expert)* auktoritet; *(till uppgifter etc)* källa; **he's an** ~ **(on)** han är expert (på); **I have it on good** ~ **that...** jag har det från säker källa att...; *se äv* **local**

author·iza·tion |ˌɔːθəraɪ'zeɪʃən| *s (lagligt etc)* tillstånd

author·ize |'ɔːθəraɪz| *vt (ge makt)* bemyndiga; *(ge tillstånd)* godkänna; **to** ~ **sb to do sth** ge ngn tillstånd att göra ngt

autis·tic |ɔː'tɪstɪk| *adj (Med)* autistisk

auto |'ɔːtəʊ| *s (Am)* bil

auto- |'ɔːtəʊ| *prefix* auto-, själv-

auto·biog·ra·phy |ˌɔːtəʊbaɪ'ɒgrəfɪ| *s* självbiografi

auto·crat·ic |ˌɔːtəʊ'krætɪk| *adj* enväldig

auto·graph |'ɔːtəgrɑːf| **1** *s (namnteckning)* autograf **2** *vt (bok, foto)* signera

auto·mat |'ɔːtəmæt| *s (Am)* automatrestaurant

auto·mat·ic |ˌɔːtə'mætɪk| **1** *adj* automatisk; ~ **reflex** automatisk reflex; ~ **pilot** autopilot; ~ **pay increase** automatisk löneförhöjning; **2** *s (vapen)* automatpistol; *(Motor)* bil med automatväxel

auto·mati·cal·ly |ˌɔːtə'mætɪkəlɪ| *adv* automatiskt

auto·ma·tion |ˌɔːtə'meɪʃən| *s* automatisering

automa·ton |ɔː'tɒmətən| *s, pl* **automata** |ɔː'tɒmətə| *(mekanisk maskin)* robot

auto·mo·bile |'ɔːtəməbiːl| *s (Am)* bil; **A**~ **Association** *(förk AA: Brit: ung)* Motormännens Riksförbund

autono·mous |ɔː'tɒnəməs| *adj* autonom, självstyrande

autono·my |ɔː'tɒnəmɪ| *s* autonomi, självstyre

autop·sy |'ɔːtɒpsɪ| *s* obduktion

autumn |'ɔːtəm| *s (i sht Brit)* höst

autum·nal |ɔː'tʌmnəl| *adj* höstlig

aux·ilia·ry |ɔːg'zɪlɪərɪ| **1** *adj* hjälp-; ~ **engine** hjälpmotor **2** *s* **(a)** *(assistent)* medhjälpare; *(Mil: vanl pl):* **auxiliaries** hjälptrupper **(b)** *(Språkv)* hjälpverb

Av. *förk f* avenue

avail [ə'veɪl] **1** *s* nytta; **of no** ~ till ingen nytta; **to no** ~ förgäves **2** *vt*: **to** ~ **oneself of** använda

avail·able [ə'veɪləbl] *adj* tillgänglig; **to make sth** ~ **to sb** göra ngt tillgängligt för ngn; **is the manager** ~? är direktören anträffbar?

ava·lanche ['ævəlɑːnʃ] *s* lavin

ava·rice ['ævərɪs] *s* girighet

ava·ri·cious [ˌævə'rɪʃəs] *adj* girig

Ave. *förk f* avenue

avenge [ə'vendʒ] *vt* hämnas; **to** ~ **oneself on sb** hämnas på ngn

av·enue ['ævənjuː] *s (bred gata)* aveny, boulevard; *(uppfartsväg med träd på båda sidor)* allé; *(bildl)* väg

av·er·age ['ævərɪdʒ] **1** *adj (medel-)* genomsnitts-; *(neds)* medelmåttig; **the** ~ **man** genomsnittsmannen; **of** ~ **height** av medellängd **2** *s* medeltal, genomsnitt; **on** ~ i medeltal; **above** ~ över genomsnittet **3** *vt (äv:* ~ **out)** räkna ut medelvärdet; *(äv:* ~ **out at)** uppgå i medeltal till; **our working hours** ~ **(out at) 8 per day** vi arbetar i medeltal 8 timmar om dagen

averse [ə'vɜːs] *adj* ovillig; **I'm not** ~ **to an occasional drink** jag tar gärna en drink då och då

aver·sion [ə'vɜːʃən, *(Am vanl)* ə'vɜːʒən] *s* motvilja *(for/to* mot); **spiders are his** ~ han avskyr spindlar; **my pet** ~ *(vard)* det värsta jag vet

avert [ə'vɜːt] *vt (tankar, ögon)* vända bort; *(olyckshändelse)* förhindra; *(fara)* undvika; *(misstankar)* avleda

aviary ['eɪvɪərɪ] *s* fågelhus, voljär

avia·tion [ˌeɪvɪ'eɪʃən] *s* flygkonst, flygteknik

avid ['ævɪd] *adj* ivrig, lysten; ~ **reader** bokslukare

avo·ca·do [ˌævə'kɑːdəʊ] *s* avocado

avoid [ə'vɔɪd] *vt (hinder, gräl, fara etc)* undvika; **to** ~ **doing sth** undvika att göra ngt; **are you trying to** ~ **me?** försöker du undvika mig?

avoid·able [ə'vɔɪdəbl] *adj* möjlig att undvika

avow [ə'vaʊ] *vt (frm)* erkänna

avowed [ə'vaʊd] *adj* uttalad

await [ə'weɪt] *vt* vänta på; **a long** ~**ed event** en (länge) efterlängtad händelse; **a surprise** ~**s him** en överraskning väntar honom

awake [ə'weɪk] *(v: imperf* **awoke** *el* ~**d**, *perf part* **awoken** *el* ~**d)** **1** *adj* vaken; **to lie** ~ ligga vaken; **coffee keeps me** ~ kaffe håller mig vaken; **to be** ~ **to** *(bildl)* vara medveten om; *se äv* **wide 2 a 2** *vt (eg, bildl)* väcka **3** *vi* vakna; *(bildl):* **to** ~ **to sth** bli medveten om ngt

awaken [ə'weɪkən] *vt, vi* = **awake 2, 3**

award [ə'wɔːd] **1** *s (belöning)* pris; *(Jur)* (dom om)

skadestånd 2 *vt (pris)* tilldela; *(skadestånd)* bevilja

aware [ə'weə'] *adj* medveten *(of* om); **not that I am** ~ **of** inte så vitt jag vet; **I am fully** ~ **that**... jag är fullt medveten om att...; **politically** ~ politiskt medveten

awash [ə'wɒʃ] *adj* översköljd *(with* av)

away [ə'weɪ] *adv (härifrån)* bort; *(inte här)* borta; ~ **in the distance** långt borta i fjärran; **go** ~! gå din väg!; **to be** ~ vara bortrest; **it's 10 miles** ~ det är 16 km härifrån; **to turn** ~ vända sig bort; **the snow melted** ~ snön smälte bort; **to play** ~ *(Sport)* spela på bortaplan; **to talk** ~ prata på; ~ **team** *(Sport)* bortalag

awe [ɔː] **1** *s* respektfylld fruktan; **to stand in** ~ **of** hysa vördnad för **2** *vt* inge respektfylld fruktan; **to be** ~**d by sth** vara/bli förstummad av ngt: **they were** ~**d by her beauty**

awe-inspiring ['ɔːɪnˌspaɪərɪŋ] *adj* respektingivande

aw·ful ['ɔːfəl] *adj (vard)* förfärlig; **how** ~! så hemskt!

aw·ful·ly ['ɔːflɪ] *adv (vard)* förfärligt; **thanks** ~ *(i sht Brit)* tack så ryslig mycket; **I'm** ~ **sorry** jag är hemskt ledsen

awk·ward ['ɔːkwəd] *adj (problem etc)* besvärlig; *(situation etc)* pinsam; *(tidpunkt)* olämplig; *(föremål etc)* svårhanterlig, krånglig; *(person, gest, formulering)* klumpig; **an** ~ **silence** en pinsam tystnad; **he's being** ~ **about it** han bär sig klumpigt åt med det här

awl [ɔːl] *s* syl

awn·ing ['ɔːnɪŋ] *s (Sjö)* kapell; *(över fönster, dörr)* markis

awoke [ə'wəʊk] *imperf av* awake

awry [ə'raɪ] **1** *adj (sned, på sned)* **2** *adv* snett; **to go** ~ *(planer etc)* gå på tok, slå slint

axe, *(Am),* **ax** [æks] **1** *s* yxa; **to get the** ~ *(bildl)* bli avskedad; **to have an** ~ **to grind** *(bildl)* ha egna intressen att bevaka **2** *vt (utgifter etc)* skära ned; *(person)* avskeda

axi·om ['æksɪəm] *s* axiom

axio·mat·ic [ˌæksɪəʊ'mætɪk] *adj (eg)* axiomatisk; *(helt naturlig)* självklar

axis ['æksɪs] *s, pl* **axes** ['æksiːz] *(Geom etc)* axel

axle ['æksl] *s* (hjul)axel

aye, ay [aɪ] **1** *s (Brit Parl)* jaröst; **the** ~**s have it** jarösterna är i majoritet **2** *interj:* ~, ~, **Sir!** ja, kapten/styrman *etc!*

azalea [ə'zeɪlɪə] *s (Bot)* azalea

az·ure ['eɪʒə'] **1** *adj* azurblå, himmelsblå **2** *s* azurblått, himmelsblått

B

B, b [biː] *s (bokstav)* B, b; *(Mus)* h; **B flat** b; **B sharp** hiss
B.A. *förk f* **Bachelor of Arts**
bab·ble ['bæbl] **1** *s (av röster)* sorl; *(prat)* pladder; *(om spädbarn)* joller; *(om bäck)* porlande **2** *vi (person)* pladdra, babbla; *(spädbarn)* jollra; *(bäck)* porla
babe [beɪb] *s (litt)* (spena)barn; *(Am vard: tilltal till kvinna)* sötnos
ba·boon [bə'buːn] *s* babian
baby ['beɪbɪ] *s (människa)* (litet) barn, spädbarn, baby; *(djur)* unge; *(flickvän)* tjej, brud; *(tilltal till kvinna)* sötnos; *(Am vard: tilltal till man)* polarn, grabben; **the ~ of the family** den yngsta i familjen; **don't be such a ~!** var inte en sådan barnrumpa!; **to throw the ~ out with the bathwater** *(bildl)* kasta ut barnet med badvattnet; **that's his ~** *(vard)* det är hans problem/bord/sak; **the new system was his ~** *(vard)* det nya systemet var hans skötebarn; **I was left holding the ~** *(vard)* jag blev lämnad i sticket/med hela ansvaret; **~ boy/girl** gosse-/flicke|barn; **~ car** småbil; **~ carriage** *(Am)* barnvagn; **~ clothes** babykläder; **~ grand (piano)** miniflygel; **~ rabbit** kaninunge
baby·hood ['beɪbɪhʊd] *s* spädbarnsålder, tidigaste barndom
baby·ish ['beɪbɪʃ] *adj* barnslig
baby-minder ['beɪbɪ,maɪndə'] *s* dagmamma
baby-sit ['beɪbɪsɪt] *vi* sitta barnvakt
baby-sitter ['beɪbɪ,sɪtə'] *s* barnvakt
bach·elor ['bætʃələ'] *s* ungkarl; **B~ of Arts/ Science** *(förk **B.A./B.Sc.**)* *(person o examen)* fil. kand.; **~ flat** ungkarls|våning/-lya
bac·il·lus [bə'sɪləs] *s, pl* bacilli [bə'sɪlaɪ] bacill
back [bæk] **1** *s* **(a)** *(kroppsdel)* rygg; **he fell on his ~** han föll baklänges; **~ to ~** rygg mot rygg; *(bildl vard)* i följd; **behind sb's ~** *(eg, bildl)* bakom ngns rygg, bakom ryggen på ngn; **to break one's ~** *(bildl)* ta knäcken på sig, slita ut sig; **to break the ~ of a job** göra undan det värsta; **to put one's ~ into doing sth** *(vard)* lägga manken till; **to have one's ~ to the wall** *(vard)* vara ställd mot väggen, vara illa ute; **to put sb's ~ up** *(vard)* reta ngn, få ngn att resa borst; **to get off sb's ~** *(vard)* lämna ngn ifred; **I was glad to see the ~ of him** *(vard)* det var skönt att bli av med honom
(b) *(på föremål etc)* baksida; *(på klänning, stol)* rygg; **the ~ of the head** bakhuvudet, nacken; **the ~ of the hand** handryggen; **the ~ of the room** bakre/inre delen av rummet; **the ~ of the house** gårdssidan, bakre/inre delen av huset; **in the ~** *(i bil)* i baksätet, där bak; **~ to front** bak-och-fram; **to have an idea at the ~ of one's mind** ha ngt i bakhuvudet; **I know Naples like the ~ of my hand** jag hittar i Neapel som i min egen ficka; **at the ~ of beyond** *(vard)* vid världens ände; **he's at the ~ of all the trouble** han ligger bakom allt bråket
2 *adj* **(a)** *(sida, hjul, säte, dörr)* bak-; **~ garden** trädgård på baksidan; **~ shelf** *(i bil)* hatthylla; **~ room** inre rum; **~ cover** *(på bok)* baksida; **~ page** *(i tidning)* sista sidan; **to take a ~ seat** *(bildl)* spela andra fiolen, hålla sig i bakgrunden; **~ seat driver** 'baksäteschaufför' *en som ger*

goda råd till den som kör; *(bildl)* besserwisser
(b) *(skulder)* förfallna; **he owes £300 in ~ tax** han har en skatteskuld på 300 pund
3 *adv* **(a)** tillbaka (igen), åter; **when will you be ~?** när kommer du tillbaka?; **30 km there and ~** 30 km fram och tillbaka; **put it ~ on the shelf** lägg/ställ tillbaka den på hyllan; **he hit him back** han slog tillbaka
(b) bakåt, tillbaka; **stand ~!** stig undan!, backa litet!; **~ and forth** fram och tillbaka; **~ from the road** en bit från vägen; **(c)** för ... sedan: *some months ~;* **~ in the 12th century** på 1100-talet **4** *vt* **(a)** *(bil)* backa **(b)** *(person,* förslag) stödja, backa(upp); *(ekonomiskt)* finansiera **(c)** *(häst)* satsa/spela på **5** *vi (person)* backa, gå bakåt; *(i bil)* backa; **she ~ed into me** hon backade 'på mig
♦ **back away** *vi + adv* rygga tillbaka
♦ **back down** *vi + adv (bildl)* ge med sig
♦ **back on to** *vi + prep* vetta med baksidan mot: *the house ~s on to the golf course*
♦ **back out** *vi + adv (bildl)* dra sig ur, hoppa av
♦ **back up 1** *vt + adv* **(a)** *(person)* stödja, backa (upp); *(teori)* styrka, stödja **(b)** *(bil)* backa fram **2** *vi + adv* **(a)** *(person)* backa fram **(b)** *(Am: Motor)*: **the traffic ~ed up for 2 km** en 2 km lång bilkö bildades; *(: avlopp)*: **the drains ~ed up** avloppet svämmade över, det blev stopp i avloppet
back·ache ['bæk,eɪk] *s* ont i ryggen
back·bencher ['bæk'bentʃə'] *s (Brit Pol)* (vanlig) parlamentsledamot *som inte är minister*
back·bone ['bæk,bəʊn] *s (eg, bildl)* ryggrad
back·chat ['bæk,tʃæt] *s (Brit vard: replikskifte)* munhuggning; *(: fräckhet)* uppnosighet
back·cloth ['bæk,klɒθ] *s (Teat)* fond
back·comb ['bæk,kəʊm] *vt (hår)* tupera
back·date [,bæk'deɪt] *vt (brev, check)* antedatera; *(löneförhöjning)* göra retroaktiv; **~d to May** som gäller retroaktivt från maj
back·drop ['bæk,drɒp] *s* = **backcloth**
back·er ['bækə'] *s (i allm)* anhängare; *(som ger ekonomiskt stöd)* finansiär; **the proposal had many ~s** det var många som stödde förslaget
back·fire ['bæk'faɪə'] *vi (Motor)* baktända; *(bildl: plan)* slå slint, gå snett
back·gam·mon [bæk'gæmən] *s* brädspel; **play ~** spela bräde
back·ground ['bækgraʊnd] *s (eg, bildl)* bakgrund; **on a red ~** mot en röd bakgrund; **~ music** bakgrundsmusik; **~ noise** oljud i bakgrunden; **~ reading** bakgrundsmaterial
back·hand ['bæk,hænd] *s (Sport)* backhand
back·hand·er ['bæk,hændə'] *s (vard: muta)* handtryckning
back·ing ['bækɪŋ] *s* **(a)** *(moraliskt o ekonomiskt)* stöd **(b)** *(Mus)* komp **(c)** *(på klistermärke etc)* skyddspapper
back·lash ['bæk,læʃ] *s (bildl)* motreaktion
back·log ['bæk,lɒg] *s* **(a)** orderstock **(b)** eftersläpning, icke utfört arbete
back·pack ['bæk,pæk] *s (i sht Am)* ryggsäck
back·side [,bæk'saɪd] *s (vard)* *he fell on his ~*
back·slide ['bæk'slaɪd] *imperf* **-slid**, *perf part* **-slid** *el* **-slidden** *vi (i dåliga vanor)* återfalla; *(från tro)*

21

avfalla
back·space ['bæk,speɪs] vi (på skrivmaskin) backa
back·stage ['bæk'steɪdʒ] adv bakom scen(en),
bakom kulisserna
back-street ['bæk,striːt] s bakgata; ~ **shop** affär
på en bakgata; ~ **abortionist** illegal abortör
back·stroke ['bæk,strəʊk] s ryggsim
back·up ['bækʌp] **1** adj (tåg, flygplan) reserv-,
som hålls i beredskap; (Data: kopia av register): ~
file reservfil **2** s (Am Motor) stockning; **a 2 mile**
~ **of cars** en 3 km lång bilkö
back·ward ['bækwəd] adj **(a)** (rörelse) bakåtrik-
tad, baklänges-; a ~ **glance** en blick bakåt **(b)**
(barn, land) efterbliven **(c)** (ovillig) motsträvig
back·ward(s) ['bækwəd(z)] adv (se, falla) bakåt;
(räkna, falla, gå) baklänges; ~ **and forwards** fram
och tillbaka; **to bend over** ~ (vard) anstränga sig
(överdrivet mycket), verkligen göra sig till; **to
know sth** ~ (vard) kunna ngt fram- och bak-
länges/som ett rinnande vatten
back·water ['bæk,wɔːtəʳ] s (eg) bakvatten; (bildl)
bakvatten, avkrok, håla
back·yard [,bæk'jɑːd] s bakgård; (Am) trädgård på
baksidan av huset
bacon ['beɪkən] s bacon
bac·te·rium [bæk'tɪərɪəm] s, pl **bacteria**
[bæk'tɪərɪə] bakterie
bad [bæd] adj **(a)** (i allm) dålig; (olycka, sjukdom,
misstag) allvarlig; (huvudvärk, förkylning)
kraftig; **he's** ~ **at tennis** han är dålig i tennis; **he's**
~ **at keeping appointments** han är dålig på att
passa tider; **smoking is** ~ **for you** rökning är inte
nyttigt; **not** ~ inte så dum, hyfsad; **that wouldn't
be a** ~ **thing** det vore inte dumt; **that's too** ~
(medkännande) det var illa, vad synd; (hånfullt)
så tråkigt (för honom etc) då; **it's too** ~ **of you** det
är fult av dig; **business is** ~ affärerna går dåligt;
it is going from ~ **to worse** det blir värre och
värre; **to have a** ~ **time of it** ha det besvärligt; **to
be in a** ~ **way** (företag) vara illa ute, gå dåligt;
(person) vara mycket sjuk/dålig **(b)** (barn)
olydig, ouppfostrad, stygg; (människa) dålig,
ond; (vana) dålig; ~ **language** svordomar; fula
ord **(c)** (mjölk) sur; (ägg, kött) rutten, skämd; **to
go** ~ surna; ruttna; bli skämd; ~ **blood** (bildl)
fiendskap: there's ~ blood between the two
families **(d)** (inte frisk): **he's got a** ~ **stomach**
han har dålig mage; **she's got a** ~ **knee** hon har
ont i ett knä; **to feel** ~ må dåligt; **I feel** ~ **about it**
jag skäms (lite) för det
bade [beɪd] imperf av bid **2** b, c o **3** b
badge [bædʒ] s (i allm) märke, emblem; (på polis)
polisbricka
badg·er ['bædʒəʳ] **1** s (Zool) grävling **2** vt plåga,
ansätta, tjata på
bad·ly ['bædlɪ] adv (i allm) illa, dåligt; (blöda) kraf-
tigt; (skada) allvarligt/svårt; (i hög grad): **I need it**
~ jag är i stort/trängande behov av det; **he wants
it** ~ han vill hemskt gärna ha det; **Arsenal was** ~
beaten Arsenal blev grundligt besegrat; ~ **made**
dåligt gjord, inte välgjord
bad-mannered [,bæd'mænəd] adj ohyfsad, oupp-
fostrad
bad·min·ton ['bædmɪntən] s badminton
bad-tempered [,bæd'tempəd] adj (person: tillfäl-
ligt) på dåligt/ilsket humör; (: permanent) vresig,
argsint; (diskussion) ilsken, upprörd
baf·fle ['bæfl] vt förbrylla; **the doctors are** ~**ed**
läkarna står frågande; **it** ~**s me** det är mig en
gåta
baf·fling ['bæflɪŋ] adj (händelse) förbryllande,
oförklarlig; (problem) svårlöst
bag [bæg] s **(a)** (med handtag) väska;
(: enklare) kasse, bag; **to pack one's** ~**s** (bildl) ta
sitt pick och pack och gå **(b)** (utan handtag:

störe) säck; (: mindre) påse; **the contract is in the**
~ (vard) vi har kontraktet som i en liten ask; ~**s**
under the eyes påsar under ögonen; **a mixed** ~
en brokig samling, en salig blandning **(c)**: ~**s**
of (vard) massor av: we've ~s of time
ba·gel ['beɪgəl] s judiskt (mat)bröd i kransform
bag·gage ['bægɪdʒ] s bagage, resgods; ~ **claim** (på
flygplats) väskutlämning
bag·gy ['bægɪ] adj påsig, säckig
bag·pipes ['bæg,paɪps] spl säckpipa
bag-snatcher ['bæg,snætʃəʳ] s väskryckare
Ba·ha·mas [bə'hɑːməz] spl: **the** ~ Bahamaöarna
bail¹ [beɪl] s (Jur) borgen; **to stand** ~ **for sb** gå i
borgen för ngn; **to be released on** ~ frisläppas
mot borgen
♦ **bail out** vt + adv (Jur) få frisläppt genom att
ställa borgen; (bildl) hjälpa ur knipan
bail² [beɪl] v = **bale out 1, 2a**
bail·iff ['beɪlɪf] s **(a)** (Jur) utmätningsman **(b)**
(Jordbr) förvaltare, inspektor **(c)** (Hist) fogde
bait [beɪt] **1** s bete, agn; (bildl) lockbete; **he didn't
rise to the** ~ (bildl) han nappade inte/lät sig inte
provoceras **2** vt (fälla) agna; (person, djur) reta,
plåga, hetsa
bake [beɪk] vt (bröd) baka, grädda; (tegel) bränna;
~**d beans** vita bönor i tomatsås; ~**d potato**
(ugns)bakad potatis
baker ['beɪkəʳ] s bagare; ~'**s (shop)** bageri(butik)
bak·ery ['beɪkərɪ] s bageri
bak·ing ['beɪkɪŋ] **1** s : **he enjoys** ~ han gillar att
baka **2** adj **(a)** (vard) kokhet, stekhet **(b)**
(för bak): ~ **dish** bakform; ~ **powder** bakpulver;
~ **tin** bakform
bala·cla·va (hel·met) [,bælə'klɑːvə('helmɪt)] s
yllekapuschong
bal·ance ['bæləns] **1** s **(a)** (eg, bildl) jämvikt,
balans; **to lose one's** ~ tappa balansen; **to throw
sb off** ~ (äv bildl) få ngn ur balans; ~ **of power**
maktbalans; **to strike the right** ~ **between...**
uppnå den rätta balansen mellan..., finna en
medelväg mellan...; **on** ~ (bildl) på det hela
taget **(b)** våg; **it hangs in the** ~ (bildl) det är
ovisst, det står och väger **(c)** (Handel) bokslut,
balans; (om bankkonto) behållning, saldo; **to pay
the** ~ **in 2 months** betala resten om 2 månader; ~
brought forward ingående saldo; ~ **carried
forward** utgående saldo; ~ **of payments** bytes-
balans; ~ **of trade** handelsbalans; ~ **sheet**
balansräkning **2** vt **(a)** balansera; (bildl:
alternativ) jämföra; (: nackdelar) uppväga; **the
two factors** ~ **each other out** de två faktorerna
väger upp/tar ut varandra; **this must be** ~**d
against the fact that...** detta måste vägas mot det
faktum att... **(b)** (Handel: bokföring) avsluta;
(: budget) balansera; **to** ~ **the books** göra
bokslut **3** vi **(a)** (person, föremål) balan-
sera **(b)** (bokföring) balansera
bal·anced ['bælənst] adj (åsikter, diet) väl avvägd,
balanserad; (person) sansad
bal·cony ['bælkənɪ] s (i allm o på biograf) balkong;
(Teat) andra raden; (Am Teat) första raden
bald [bɔːld] adj (person) (flint)skallig; (däck) blank-
sliten; (bildl: meddelande) torr, saklig; (: fråga)
rakt på sak; **to go** ~ bli flintskallig
bald·ly ['bɔːldlɪ] adv rakt på sak
bale¹ [beɪl] s (av hö etc) bal
bale² [beɪl] v = **bale out 1, 2a**
♦ **bale out 1** vt + adv (Sjö) ösa **2** vi + adv **(a)**
(Sjö) ösa **(b)** (Flyg) rädda sig med fallskärm
Bal·ear·ic [,bælɪ'ærɪk] adj: **the** ~ **Islands**
Balearerna
bale·ful ['beɪlfʊl] adj (blick) hotfull, ondskefull
balk [bɔːlk] vi: **to** ~ (**at**) (person) dra sig (för); (häst)
rygga tillbaka (inför), vägra; (bildl) stegra sig
(inför)

Bal·kan ['bɔːlkən] **1** *adj* balkan- **2** *spl*: **the ~s** Balkan

ball[1] [bɔːl] *s* (*i allm*) boll; (*Bowling*) klot; (*garn*) nystan; (*i lager*) kula; (*vard!*: *vanl pl*) testikel; **the ~ of one's foot** trampdyna; **to be on the ~** (*bildl*) vara med på noterna, vara på alerten; **to play ~** (*eg*) spela boll; (*bildl*) vara med, ställa upp; **to start/keep the ~ rolling** (*bildl*) få/sätta/hålla igång det hela; **the ~ is in your court** (*bildl*) bollen är hos dig; **~ bearing** kullager

ball[2] [bɔːl] *s* **(a)** dans(tillställning), bal **(b)** (*vard*: *isht Am*): **to have a ~** ha kul

bal·lad ['bæləd] *s* (*modern*) visa, ballad; (*äldre*) folkvisa, ballad

bal·last ['bæləst] *s* barlast, ballast

ball·cock ['bɔːl,kɔk] *s* flottörventil

bal·ler·i·na [,bælə'riːnə] *s* ballerina

bal·let ['bæleɪ] *s* balett; **~ dancer** balett|dansare/-dansös/-dansör

bal·lis·tic [bə'lɪstɪk] *adj* ballistisk; **~ missile** ballistisk robot

bal·lis·tics [bə'lɪstɪks] *ssg* ballistik

bal·loon [bə'luːn] *s* (*i allm*) ballong; (*farkost*) (*luft*)ballong; (*i tecknad serie*) pratbubbla

bal·loon·ist [bə'luːnɪst] *s* ballongfarare

bal·lot ['bælət] **1** *s* sluten omröstning; **on the first ~** vid första röstomgången; **~ box** valurna; **~ paper** valsedel, röstsedel **2** *vt* ge tillfälle att rösta: *the members of the union were ~ed before a strike was called*

ball·park ['bɔːl,pɑːk] *s* (*Am*) basebollarena

ball-point (pen) ['bɔːl,pɔɪnt('pen)] *s* kulspetspenna

ball·room ['bɔːl,rʊm] *s* danssalong; balsal; **~ dancing** sällskapsdans

balm [bɑːm] *s* balsam; (*bildl*) balsam, tröst

balmy ['bɑːmɪ] *adj* **(a)** (*vind*) mild; vederkvickande; doftande **(b)** (*vard*) *se* **barmy**

ba·lo·ney [bə'ləʊnɪ] *s* **(a)** (*vard*) dravel, skitsnack **(b)** (*Am: korvsort*) mortadella

bal·sa ['bɔːlsə] *s* balsaträ(d)

Bal·tic ['bɔːltɪk] *adj* östersjö-; **the ~ (sea)** Östersjön

bal·us·trade [,bælə'streɪd] *s* balustrad

bam·boo [bæm'buː] *s* bambu

bam·boo·zle [bæm'buːzl] *vt* (*vard*) lura

ban [bæn] **1** *s* förbud; **to put a ~ on sth** förbjuda ngt, bannlysa ngt **2** *vt* (*i allm*) förbjuda; (*person från kyrka etc*) portförbjuda; (*Rel*) bannlysa

ba·nal [bə'nɑːl] *adj* banal

ba·nal·ity [bə'nælɪtɪ] *s* banalitet

ba·na·na [bə'nɑːnə] *s* (*frukt*) banan; (*växt*) bananplanta; **~ republic** (*neds*) bananrepublik

band [bænd] *s* **(a)** (*i allm*) band; (*att knyta*) snöre, snodd; (*av tyg*) remsa; (*av läder*) rem; (*runt midjan*) skärp; (*runt armen*) bindel; (*på cigarr*) maggördel; (*i mönster*) rand; (*i sht Am*) vigselring; **(b)** (*Mus*) band, orkester; (*Mil*) musikkår **(c)** (*grupp: i allm*) skara, trupp, tropp; (*: arbetare*) grupp, gäng; (*: rövare*) band, gäng **(d)** (*Radio: våglängd*) band

♦ **band together** *vi* + *adv* (*pos*) förena sig; (*neg*) gadda sig samman

band·age ['bændɪdʒ] **1** *s* bandage, binda **2** *vt* förbinda; **~d** *i* bandage

ban·dan·(n)a [bæn'dænə] *s* (*ung*) snusnäsduk

ban·dit ['bændɪt] *s* bandit; *se äv* **one-armed**

band·stand ['bænd,stænd] *s* musikestrad

band·wagon ['bænd,wægən] *s*: **to jump/climb on the ~** (*i sht Pol*) ansluta sig till den vinnande sidan; (*om mode etc*) hänga på en ny trend

ban·dy ['bændɪ] *vt*: **to ~ blows** växla slag; **to ~ insults/words** gräla, växla ord; **to ~ sb's name about** prata/skvallra om någon

bandy-legged ['bændɪ'legɪd] *adj* hjulbent

bane [beɪn] *s* fördärv; **he is the ~ of my life** han är mitt plågoris

bang [bæŋ] **1** *s* (*ljud*) smäll, knall, duns; (*slag*) smäll; **it went with a ~** (*vard*) det blev en brak-succé **2** *adv*: **to go ~** säga pang, explodera; **~ on time** (*vard*) precis (i rätt tid) **3** *vt* (*i allm*) slå, smälla, banka, dunka; (*dörr*) smälla igen **4** *vi* (*bomb, gevär*) smälla, knalla; (*dörr*) (stå och) slå; **to ~ at** *el* **on sth** slå/dunka/banka i/på ngt; **to ~ into sth** smälla i/stöta emot ngt

bang·er ['bæŋə[r]] *s* (*vard*) **(a)** korv; **~s and mash** korv och mos **(b)** rysk smällare **(c)** (*gammal bil*) skrothög

ban·gle ['bæŋgl] *s* armring; ankelring

bangs [bæŋz] *spl* (*i sht Am: frisyr*) lugg

ban·ish ['bænɪʃ] *vt* (lands)förvisa; (*bildl: tanke*) slå bort, förjaga

ban·is·ters ['bænɪstəz] *spl* ledstång, trappräcke

ban·jo ['bændʒəʊ] *s* banjo

bank[1] [bæŋk] *s* **(a)** (*vid flod*) strand(sluttning); (*av sand*) (sand)bank; (*av jord*) vall; (*av snö*) driva; (*av moln*) molnbank **(b)** (*Flyg*) bankning, skevning

bank[2] [bæŋk] **1** *s* (*eg, bildl, Kortsp*) bank; **blood/sperm ~** blod/sperma bank; **~ account** bankkonto; **~ card** bankkreditkort; **~ charges** (*Brit*) avgifter *som en bank tar ut för tjänster*; **~ holiday** (*Brit*) bankfridag, allmän helgdag; **~ rate** bankränta **2** *vt* sätta in på bank **3** *vi*: **where do you ~?** vilken bank anlitar du?

♦ **bank on** *vi* + *prep* (*vard*) räkna med, förlita sig på

bank-book ['bæŋk,bʊk] *s* bankbok

bank·er ['bæŋkə[r]] *s* bankir; bankdirektör; **~'s card** (*Brit*) bankkreditkort

bank·ing ['bæŋkɪŋ] *s* bankväsen

bank·note ['bæŋk,nəʊt] *s* sedel

bank·rupt ['bæŋkrʌpt] **1** *adj* (*eg*) i konkurs: *he was declared ~*; (*vard*) bankrutt, utfattig; **to go ~** gå i/göra konkurs **2** *s* bankruttör, person som gjort konkurs **3** *vt* försätta i konkurs; (*vard*) göra utfattig, ruinera

bank·rupt·cy ['bæŋkrəptsɪ] *s* konkurs

ban·ner ['bænə[r]] *s* (*för organisation*) fana, baner, standar; (*med slagord*) banderoll

banns [bænz] *spl* lysning; **to put up the ~** avkunna lysning

ban·quet ['bæŋkwɪt] *s* bankett, festmåltid

ban·tam ['bæntəm] *s* (*Zool*) dvärghöna; (*bildl*) (liten) stridstupp

bantam·weight ['bæntəm,weɪt] *s* (*Sport: viktklass*) bantamvikt; (*: person*) bantamviktare

ban·ter ['bæntə[r]] *s* vänskapligt käbbel

bap·tism ['bæptɪzəm] *s* dop; **~ of fire** elddop

Bap·tist ['bæptɪst] *s* baptist; **~ church** baptistkyrka; **St John the ~** Johannes Döparen

bap·tize [bæp'taɪz] *vt* döpa

bar[1] [bɑː[r]] **1** *s* **(a)** (*av metall, trä*) stång; **a ~ of soap** en tvål; **a ~ of chocolate** en chokladkaka **(b)** (*i fönster, bur*) galler; (*på dörr*) regel, bom; (*bildl*): **~ (to)** hinder (för); **behind ~s** bakom galler **(c)** (*lokal*) bar; (*inredningsdetalj*) bardisk **(d)** (*Jur*) skrank; (*bildl*) domstol; **the prisoner at the ~** den anklagade; **to be called** *el* (*Am*) **admitted to the B~** bli utnämnd till advokat **(e)** (*Mus: tecken*) taktstreck; (*: enhet*) takt **2** *vt* (*väg*) spärra (av), stänga (av); (*dörr, fönster*) regla; (*person*) utestänga, avstänga, utesluta; (*handling*) förbjuda

bar[2] [bɑː[r]] *prep* utom; **~ none** utan undantag

barb [bɑːb] *s* hulling

bar·bar·ian [bɑː'beərɪən] *s* barbar

bar·bar·ic [bɑː'bærɪk] *adj*, **bar·ba·rous** ['bɑːbərəs] *adj* barbarisk

bar·becue ['bɑːbɪkjuː] **1** *s* (*eldstad*) grill; (*tillställning*) grillfest **2** *vt* grilla

barbed wire ['baːbd'waɪəʳ] s taggtråd

bar·ber ['baːbəʳ] s barberare, hårfrisör; ~'s (shop) (Brit) frisersalong

barber·shop ['baːbəʃɒp] s (Am) frisersalong

bar·bi·tu·rate [baːˈbɪtjʊrɪt] s barbiturat

bard [baːd] s (åld) skald, bard

bare [bɛəʳ] **1** adj **(a)** (i allm) bar, naken; (träd, landskap, fläck, rum) kal; (skafferi) tom; **with one's ~ hands** med sina bara händer **(b)** (knapp): **the bare necessities** det allra nödvändigaste; **there's just a ~ possibility** det finns en liten chans; **a ~ majority** en knapp majoritet; **the ~ essentials** det allra viktigaste **2** vt blotta; **to ~ one's heart** öppna sitt hjärta; **to ~ one's teeth** visa tänderna

bare·back ['bɛəˌbæk] adv barbacka

bare·faced ['bɛəˌfeɪst] adj (eg) med blottat ansikte; (bildl) skamlös

bare·foot(ed) ['bɛəˌfʊt,ˌbɛəˈfʊtɪd] adj, adv barfota

bare·headed [ˌbɛəˈhedɪd] adj barhuvad

bare·ly ['bɛəlɪ] adv knappt, nätt och jämnt

bar·gain ['baːgɪn] **1** s **(a)** överenskommelse, affär; **it's a ~!** då är vi överens!; **he drives a hard ~** han är hård i affärer; **into the ~** (bildl) köpet **(b)** (i affär) fynd; **to get a ~** göra ett fynd **2** vi (i allm) förhandla, köpslå; (för att få ner priset) pruta

♦ **bargain for** vi + prep (vard) vänta sig, räkna med; **he got more than he ~ed for** han blev bönhörd över hövan

barge [baːdʒ] s (fraktbåt) pråm; (för ceremonier) slup; ~ **pole** (Sjö) stake; **I wouldn't touch it with a ~ pole** (vard) jag skulle inte vilja ta i det med tång

♦ **barge in** vi + adv (i allm) störta in, tränga sig på; (i samtal) avbryta

♦ **barge into** vi + prep (mot ngt) törna emot, stöta till; (in i ngt) komma in, störta in, stövla in; (in i samtal) avbryta

bari·tone ['bærɪtəʊn] s baryton

bar·ium meal ['bɛərɪəm 'miːl] s (kontrastmedel vid röntgen) bariumgröt

bark¹ [baːk] s (på träd) bark

bark² [baːk] **1** s (om hund) skall; (om människa) rytande; **his ~ is worse than his bite** han är inte så farlig som det låter **2** vi (hund) skälla; (människa) ryta; **to be ~ing up the wrong tree** (för att lösa problem etc) vara inne på fel spår; (i debatt etc) angripa fel person/sak

♦ **bark out** vt + adv (order) vråla

bar·ley ['baːlɪ] s (sädesslag) korn; ~ **sugar** bröstsocker; ~ **water** (läskedryck) kornvatten

bar·maid ['baːˌmeɪd] s kvinnlig bartender

bar·man ['baːmən] s, pl **-men** bartender

bar·my ['baːmɪ] adj (Brit vard) tokig, knäpp

barn [baːn] s (för säd etc) lada, loge; (Am: för djur) ladugård, stall; (: för lok) lokstall; (: för bussar, lastbilar) garage

barn·na·cle ['baːnəkl] s (Zool: mussla) långhals

barn·yard ['baːnˌjaːd] s ladugårdsbacke, stall-backe

ba·rom·eter [bəˈrɒmɪtəʳ] s barometer

bar·on ['bærən] s baron; (bildl) magnat, baron

bar·on·et ['bærənɪt] s (Brit: lägsta ärftliga titel) baronet

ba·roque [bəˈrɒk] adj barock

bar·racks ['bærəks] spl, ibland ssg kasern; **he is confined to ~** han har kasernförbud

bar·rage ['bæraːʒ] s (i flod) fördämning; (Mil) spärreld; **a ~ of questions** en störtskur av frågor

bar·rel ['bærəl] s (för öl, vatten) tunna, fat; (på skjutvapen) pipa, eldrör; ~ **organ** positiv

bar·ren ['bærən] adj (mark) ofruktbar, karg; (djur) ofruktsam, steril; (bildl: utan resultat) fruktlös; (ointressant) torftig

bar·ri·cade [ˌbærɪˈkeɪd] **1** s barrikad **2** vt barrikadera, sätta upp barrikader på/i/för

bar·ri·er ['bærɪəʳ] s (i allm) barriär; (mot människor) avspärrning, spärr; (bildl) barriär, mur, hinder; ~ **cream** skyddande hudkräm

bar·ring ['baːrɪŋ] prep = **bar²**

bar·ris·ter ['bærɪstəʳ] s (Brit) advokat med rätt att framträda inför överrätt

bar·row ['bærəʊ] s (med ett hjul) skottkärra; (med flera hjul) (drag)kärra

bar·tender ['baːˌtendəʳ] s bartender

bar·ter ['baːtəʳ] **1** vt byta (for mot) **2** vi driva byteshandel

base¹ [beɪs] **1** s **(a)** (i allm) bas; (på lampa, träd, pelare) fot; (för byggnad etc) fundament, sockel **(b)** (läger, utgångspunkt) bas; (Baseball) bas; ~ **line** (i tennis, baseboll) baslinje; **to get to first ~** (Am bildl) komma en bit på väg/någonvart; **to be caught off ~** (Am bildl) bli tagen på sängen **2** vt (trupper) förlägga (at i); (åsikt, förhållande) basera (on på)

base² [beɪs] adj (uppträdande, motiv) simpel, tarvlig; (metall) oädel

base·ball ['beɪsˌbɔːl] s baseball, baseboll

base·ment ['beɪsmənt] s källare, källarvåning

ba·ses (a) ['beɪsiːz] pl av **basis (b)** ['beɪsɪz] pl av **base**

bash [bæʃ] (vard) **1** s kraftigt slag, ordentlig smäll; **I'll have a ~ (at it)** jag ska göra ett försök **2** vt drämma till; **to ~ one's head** slå i huvudet; **to ~ one's car** krocka med bilen

♦ **bash in** vt + adv (vard: dörr) slå in; (: hatt, bil) buckla till; **to ~ sb's head in** slå in skallen på ngn

♦ **bash up** vt + adv (vard: bil) kvadda; (: person) klå upp, misshandla

bash·ful ['bæʃfʊl] adj blyg, försagd

ba·sic ['beɪsɪk] adj (i allm) grundläggande, huvud-, bas-; (enkel) elementär; ~ **salary** grundlön

ba·si·cal·ly ['beɪsɪklɪ] adv i grund och botten, i själva verket

bas·il ['bæzl] s (Bot) basilika

ba·sin ['beɪsn] s (i allm) skål, fat; (för tvätt) handfat; (Geogr) bäcken

ba·sis ['beɪsɪs] pl **bases** ['beɪsiːz] s grund(val), bas(is)

bask [baːsk] vi sola sig, njuta av värme; **to ~ in sb's favour** sola sig i ngns gunst

bas·ket ['baːskɪt] s korg

basket·ball ['baːskɪtˌbɔːl] s basket(boll)

bass [beɪs] (Mus) **1** adj bas- **2** s (röst, sångare) bas

bas·soon [bəˈsuːn] s fagott

bas·tard ['baːstəd] s (åld, litt) bastard, oäkting; (vard neds) svin, jävel

baste [beɪst] vt (stek) ösa; (Textil) tråckla

bat¹ [bæt] s (Zool) fladdermus; **to have ~s in the belfry** (vard) ha tomtar på loftet

bat² [bæt] **1** s (i cricket, baseboll) slagträ; (i bordtennis) racket; **off one's own ~** (vard: utan uppmaning) på eget bevåg; (: ensam) på egen hand **2** vi (Sport) vara inne, vara i tur att slå **3** vt : **he didn't ~ an eyelid** (vard) han ändrade inte en min; **without ~ting an eyelid** utan att blinka

batch [bætʃ] s (i allm) omgång; (brev) bunt, hög; (Matl) bak, sats; ~ **run** (Data) satsvis bearbetning

bated ['beɪtɪd] adj: **with ~ breath** med återhållen andedräkt

bath [baːθ] **1** s, pl **-s** [baːðz] **(a)** bad; (i sht Brit) badkar; (i badkar): **to have a ~** bada, ta ett bad **(b)** (ofta pl: = swimming ~s) badhus, badanläggning, bad **2** vt, vi bada i badkar

bath·chair ['baːθˌtʃeəʳ] s rullstol

bathe [beɪð] **1** s bad, dopp utomhus **2** vt **(a)** (sår) badda, tvätta **(b)** (Am: baby etc) bada i

badkar **3** *vi* **(a)** bada *utomhus;* **to go bathing** gå och bada **(b)** *(Am)* bada *i badkar*
bath·er ['beɪðə'] *s* badare
bath·ing cap ['beɪðɪŋ,kæp] *s* badmössa
bath·ing cos·tume ['beɪðɪŋ,kɒstjuːm] *s* *(Brit)* baddräkt
bath·ing trunks ['beɪðɪŋ,trʌŋks] *spl* *(Brit)* badbyxor
bath·mat ['bɑ:θ,mæt] *s* badrumsmatta
bath·robe ['bɑ:,rəʊb] *s* badkappa
bath·room ['bɑ:θrʊm] *s* badrum; *(Am äv)* toalett
bath·towel ['bɑ:θ,taʊəl] *s* badlakan, badhandduk
bath·tub ['bɑ:θ,tʌb] *s* badkar
bat·man ['bætmæn] *s* *(Mil)* kalfaktor
Batman ['bæt,mæn] *s* *(seriefigur)* Läderlappen
ba·ton ['bætən] *s* *(Mus)* taktpinne; *(Mil)* kommandostav; *(Sport)* stafettpinne; *(polisvapen)* batong
bat·tal·ion [bə'tæljən] *s* bataljon
bat·ter[1] ['bætə'] *s* *(Matl)* smet
bat·ter[2] ['bætə'] *vt* *(person)* mörbulta; *(hustru, barn)* misshandla; **the ship was ~ed by the waves** vågorna piskade/slog mot fartyget; **the house was ~ed by the storm** stormen slet i huset
♦ **batter down** *vt + adv* *(dörr)* slå in; *(mur)* slå/riva ner
bat·tered ['bætəd] *adj* *(i allm)* illa tilltygad, illa medfaren; *(hustru, barn)* misshandlad
bat·ter·ing ram ['bætərɪŋ,ræm] *s* murbräcka
bat·tery ['bætərɪ] **(a)** *(Elektr)* batteri; *(Mil)* batteri; *(stort antal)* uppsättning, batteri: *a ~ of questions;* ~ **charger** batteriladdare; ~ **farming** hönsuppfödning i bur **(b)** *(Jur)*: **assault and ~** *se* **assault**
bat·tle ['bætl] **1** *s* *(Mil)* strid, slag; *(bildl)* kamp; **a ~ of wits** intellektuell kraftmätning, hjärnornas kamp; **that's half the ~** *(vard)* det brukar göra susen; **to fight a losing ~** *(bildl)* föra en hopplös kamp, slåss förgäves **2** *vi* *(bildl)*: **to ~ (for)** kämpa (för); **to ~ against the wind** kämpa mot vinden
battle·field ['bætəl,fiːld] *s,* **battle·ground** ['bætəl,graʊnd] *s* slagfält
bat·tle·ments ['bætlmənts] *spl* (mur med) tinnar
battle·ship ['bætəl,ʃɪp] *s* slagskepp
bau·ble ['bɔːbl] *s* grannlåt
baulk [bɔːlk] *se* **balk**
baux·ite ['bɔːksaɪt] *s* bauxit
Ba·varia [bə'veərɪə] *s* Bayern
Ba·var·ian [bə'veərɪən] **1** *adj* bayersk **2** *s* bayrare
bawdy ['bɔːdɪ] *adj* oanständig, fräck
bawl [bɔːl] *vi* *(av sorg etc)* gråta, tjuta; *(ropa)* skrika, vråla; *(av ilska)* skrika, skälla
♦ **bawl out** *vt + adv* **(a)** *(order)* vråla; *(sång)* vråla fram **(b)** *(vard)* : **to ~ sb out** skälla ut ngn
bay[1] [beɪ] *s* *(Geogr)* vik, bukt; **the B~ of Biscay** ['bɪskeɪ] Biscayabukten
bay[2] [beɪ] *s* nisch; *(för parkering)* parkeringsficka; *(för lastning)* lastficka; ~ **window** burspråk
bay[3] [beɪ] **1** *s* *(om jakthund)* skall; **to keep sb/sth at ~** *(bildl)* hålla ngn/ngt stången *el* i schack **2** *vi* *(jakthund)* skälla
bay[4] [beɪ] *adj* rödbrun; ~ **horse** fux
bay leaf ['beɪ,liːf] *s* lagerbärsblad
bayo·net ['beɪənɪt] **1** *s* bajonett **2** *vt* sticka med bajonett
ba·zaar [bə'zɑː'] *s* *(i Orienten)* basar; *(för välgörenhet)* basar
b.&b., B.&B. *förk f* **bed and breakfast** *se* **bed**
B.B.C. *s förk f* **British Broadcasting Corporation** BBC
B.C. *förk f* **before Christ** f.Kr.
B.C.G. *s förk* (= *Bacillus Calmette-Guérin*) BCG-vaccin, calmette-vaccin *mot TBC*
be [biː] *pres* **am, is, are,** *imperf* **was, were,** *perf*

part **been 1** *vi* **(a)** finnas, existera; **there is/are** det finns; **there was/were** det fanns; ~ **that as it may** det må vara hur det vill (med den saken); **so ~ it!** ske alltså!; **let me ~!** låt mig vara!
(b) *(i rummet)* befinna sig; *(i tiden)* inträffa; **there's the church** där är/ligger kyrkan; **here you are** varsågod (här är det); **he won't ~ here tomorrow** han kommer inte att vara här i morgon; **Edinburgh is in Scotland** Edinburgh ligger i Scotland; **I've been to China** jag har varit i Kina; **it's on the table** den ligger/står på bordet; **there's a holiday on Monday** det är helgdag på måndag; **we've been here for ages** vi har varit här i evigheter; **don't ~ long!** stanna inte (borta) länge!; **my wife to ~** min blivande hustru
2 *kopula* **(a)** vara; **he's a pianist** han är pianist; **that's a fact** det är ett faktum; **2 and 2 are 4** två och två är fyra; **the book is in French** boken är på franska; **I'm not Sue, I'm Mary** jag är inte Sue, jag är Mary
(b) *(egenskap)* vara; **he's tall** han är lång; **she's stupid** hon är dum (i huvudet); **they're Swedish** de är svenska; **the children are tired** barnen är trötta
(c) *(i uttryck om hälsa)* må, känna sig; **how are you?** hur mår du?, hur står det till?; **I'm better now** jag mår bättre nu
(d) *(i uttryck om ålder)* vara; **how old is she?** hur gammal är hon?; **she's 9** hon är nio år
(e) *(om tillhörighet)* vara; **it's mine** det är mitt; **she's his sister** hon är hans syster
3 *opersonligt* *(se äv* **it d)** **(a)** *(i allm)*: **it is said that...** det sägs att...; **it is possible that...** det är möjligt att...
(b) *(i tidsuttryck)* vara; **it's 8 o'clock** klockan/hon är åtta; **it's the 3rd of May** det är den tredje maj
(c) *(i måttsuttryck)* vara; **it's 5 km to the village** det är fem km till byn
(d) *(i uttryck om vädret)* vara; **it's too hot** det är för varmt; *se äv* **it**
4 *vhj* **(a)** *(med pres part: progressiv form)*: **what are you doing?** vad gör du?, vad håller du på med?; **he's always grumbling** han knotar jämt; **they're coming tomorrow** de kommer i morgon; **I'll ~ seeing you** *(vard)* vi ses; **I've been waiting for her** jag har väntat på henne
(b) *(med perf part: passiv)*: **to ~ killed** dödas; **the box had been opened** lådan hade öppnats; **he was nowhere to ~ seen** han syntes inte till någonstans; **what's to ~ done?** vad göra? vad ska man göra?
(c) *(med modal funktion: avsikt)*: **the car is to ~ sold** bilen ska säljas; **he was to have come yesterday** han skulle ha kommit igår; *(: förpliktelse)* **he's to ~ congratulated on his work** man måste gratulera honom för hans arbete; **am I to understand that...?** betyder detta att...?, ska jag tolka detta så att...?; *(: befallning)*: **you're to put on your shoes** ni ska ta på er skorna; **he's not to open it** han får inte öppna det; *(: villkor)*: **if it was/were to snow...** om det skulle börja snöa...; **if I were you...** om jag vore/var (som) du...
5 *(i påhängsfrågor)*: **there were a lot of people at the theatre, weren't there?** det var mycket folk på teatern, väl?; **he's handsome, isn't he?** han är snygg, tycker du inte?; **it's raining, isn't it?** det regnar, eller hur/inte sant?; **he's back again, isn't he?** jaså, han är tillbaka igen
beach [biːtʃ] *s* strand, badstrand; ~ **buggy** strandjeep, beachbuggy
beach·ball ['biːtʃ,bɔːl] *s* badboll
beach·comber ['biːtʃ,kəʊmə'] *s* **(a)** strandluffare **(b)** *lång rullande* våg

beach·wear ['biːtʃ,wεəʳ] s strandkläder
bea·con ['biːkən] s (sjömärke) fyr(båk); (radiosignaler) radiofyr; (vid övergångsställe) varningslampa
bead [biːd] s (av glas, trä, keramik etc) pärla; (av dagg) droppe; (av svett) pärla, droppe; (Rel) radbandskula; ~s (smycke) halsband; (Rel) radband
beady ['biːdɪ] adj (ögon) små och lysande/glittrande
beak [biːk] s (på fågel) näbb; (vard: näsa) kran
beak·er ['biːkəʳ] s mugg, bägare; (Kem) glasbägare
beam [biːm] 1 s (a) (Arkit) bjälke, balk (b) (av ljus) stråle; (från strålkastare) ljuskägla; (Radio) radiosignal; on/off the ~ (bildl vard) på rätt/fel spår; to drive on full/main ~ köra på helljus (c) (strålande) leende 2 vt sända en signal, signalera 3 vi le, stråla
bean [biːn] s böna; full of ~s (vard) uppåt, pigg och glad
bean·shoots ['biːn,ʃuːts] spl, **bean·sprouts** ['biːn,spraʊts] spl böngroddar
bear[1] [bεəʳ] s björn
bear[2] [bεəʳ] imperf bore, perf part borne 1 vt (a) bära, hålla uppe; (belastning) hålla för; (börda) bära, (kostnad) stå för; (likhet) (upp)visa; (agg) hysa; his letter ~s good news (vard, lit) hans brev innehåller goda nyheter; he arrived, ~ing a message from the chairman han anlände med ett budskap från ordföranden; she found a letter ~ing his signature hon fann ett brev med hans namnteckning; se äv mind 1 a (b): to ~ oneself uppföra sig (c) tåla, stå ut med; the work doesn't ~ close examination arbetet tål inte en närmare granskning; I can't ~ him jag tål honom inte; I can't ~ to look jag orkar/kan inte titta; it doesn't ~ thinking about man vill inte ens tänka på det (d) bära, frambringa; (frukt) bära; (unge) föda; (åld: barn) föda; (ränta) ge; se äv born 2 vi (a) gå, svänga, ta av; to ~ left/right ta av till vänster/höger (b): to bring sth to ~ ta till/använda ngt, låta ngt göra sig gällande
♦ **bear down** vi + adv: to ~ down (on) styra/komma (mot), närma sig
♦ **bear out** vt + adv (teori, misstanke) styrka, bekräfta; to ~ sb out bekräfta ngns ord, hålla med ngn
♦ **bear up** vi + adv hålla modet uppe, hålla stånd
♦ **bear with** vi + prep ha tålamod med, stå ut med
bear·able ['bεərəbl] adj uthärdlig
beard [bɪəd] 1 s skägg 2 vt: to ~ the lion in his den (skämts) ge sig in i lejonkulan, ta tjuren vid hornen
beard·ed ['bɪədɪd] adj med skägg, skäggig
bear·er ['bεərəʳ] s (av pass, check) innehavare; (av meddelande) bud(bärare); I'm afraid I'm the ~ of bad news jag är rädd att jag kommer med dåliga nyheter
bear·ing ['bεərɪŋ] s (a) (om person) hållning (b) (om sak) relevans, betydelse (on för) (c) (Tekn) lager (d) riktning; (Sjö) bäring; to find one's ~s ta reda på var man befinner sig, orientera sig; to take a compass ~ ta ut en kompasskurs
beast [biːst] s (eg) djur, best; (vard: person) odjur, best; ~ of burden lastdjur; it's a ~ of a job (vard) det är ett jäkla (besvärligt) jobb
beast·ly ['biːstlɪ] adj (vard: person, uppförande) svinaktig; (: väder, mat, party, film) gräslig
beat [biːt] (v: imperf beat, perf part beaten) 1 s (a) (hjärt-, trum-) slag; (Mus) rytm, beat; ~ music rockmusik, popmusik (b) (patrullerings)distrikt pass 2 vt (a) slå, banka; (person: som straff) piska, prygla; (matta) piska;

to ~ the drum trumma, slå på trumma; he ~ the table with his fist han bankade med näven i bordet; to ~ sb to death slå ihjäl ngn; the bird ~ its wings fågeln flaxade med vingarna; to ~ time (Mus) slå takten; ~ it! (vard) stick! (b) besegra, slå; (rekord) slå; I ~ him to it (vard) jag hann före honom; coffee ~s tea any day (vard) te kan inte mäta sig med kaffe; that ~s everything! (vard) detta slår alla rekord, detta tar priset; it ~s me (vard) jag fattar inte; this problem has me ~(en) det här problemet går jag bet på (c) (Matl) vispa (upp) 3 vi (hjärta) slå; (trummor) mullra; to ~ on a door banka/bulta på en dörr; the rain was ~ing against the windows regnet piskade mot fönstren; don't ~ about the bush gå inte som katten kring het gröt 4 adj (pred: vard) uttröttad, slut(körd)
♦ **beat back** vt + adv (fiende, eldslågor) slå tillbaka
♦ **beat down** vt + adv (dörr) slå in; (pris) pruta ner, få ner; I ~ him down to £7.50 jag fick honom att gå ner till 7,50 pund 2 vi + adv (regn) stå som spön i backen, vräka ner; (solen) gassa
♦ **beat off** vt + adv (anfall) slå tillbaka
♦ **beat out** vt + adv (eldslågor) släcka med slag; (buckla) hamra ut; (rytm) trumma fram
♦ **beat up** vt (vard) klå upp
beat·en ['biːtn] 1 perf part av beat 2 adj (metall) hamrad; (person) besegrad; off the ~ track utanför allfarvägen; (bildl) utöver det vanliga
beat·er ['biːtəʳ] s (Matl) visp; (för mattor) mattpiskare; (person) drevkarl
be·ati·fy [bi'ætɪfaɪ] vt göra lycklig; (Rel) saliggöra
beat·ing ['biːtɪŋ] s (a) (kok) stryk, smörj (b) nederlag; to take a ~ få stryk, förlora
beat·nik ['biːtnɪk] s beatnik
beat-up [,biːt'ʌp] adj (vard) illa medfaren; a ~ old car en gammal skraltig bil
beau·ti·ful ['bjuːtɪfʊl] adj (i allm) vacker; (äv) härlig, underbar: a ~ party
beau·ti·ful·ly ['bjuːtɪflɪ] adv (i allm) vackert, snyggt; ~ sunny underbart soligt; it fits ~ den sitter väldigt bra
beau·ti·fy ['bjuːtɪfaɪ] vt (ofta litt el skämts) försköna, göra vacker, pryda
beau·ty ['bjuːtɪ] s (egenskap, kvinna) skönhet; (föremål) skönhet, praktexemplar; it's a ~ det är en riktig pärla; ~ is in the eye of the beholder (iron: ung) smaken är ju olika; the ~ of it is that... det fina (med saken) är att...; ~ contest skönhetstävlan; ~ parlor (Am) skönhetssalong; ~ queen skönhetsdrottning; ~ salon skönhetssalong; ~ sleep (skämts) skönhetssömn; ~ spot (i ansikte) musch; (i naturen) naturskön plats
bea·ver ['biːvəʳ] s (Zool) bäver; to work like a ~ slita som ett djur; he's a real ~ han är en riktig arbetsmyra
be·calmed [bɪ'kɑːmd] adj: they were ~ for two days de råkade ut för stiltje i två dagar
be·came [bɪ'keɪm] imperf av become
be·cause [bɪ'kɒz] konj därför att, emedan; ~ of på grund av; I only did it ~ of you det var bara för din skull jag gjorde det
beck·on ['bεkən] 1 vi vinka, göra tecken 2 vt vinka till sig, göra tecken åt
be·come [bɪ'kʌm] imperf became, perf part become 1 vi bli 2 vt opers: what has ~ of him? vad har det blivit av honom?; whatever can have ~ of that book? vart kan den där boken ha tagit vägen? 3 vt (om kläder) klä, passa; (om uppförande) anstå
be·com·ing [bɪ'kʌmɪŋ] adj (kläder) klädsam; (uppförande) passande, klädsam
bed [bed] s (a) (möbel) säng, bädd; to go to ~ gå och lägga sig, gå till sängs; to go to ~ with sb gå i säng med ngn; to make the ~ bädda

(sängen); **she put the children to** ~ hon lade barnen; **I was still in** ~ jag låg fortfarande; **I was in** ~ *(sjuk)* jag låg till sängs; **could you give me a** ~ **for the night?** kan jag få ligga över hos er i natt?; **his life's not a** ~ **of roses** hans liv är ingen dans på rosor; ~ **and breakfast** *(förk b. & b.)* rum med frukost **(b)** *(i flod)* flodbädd; *(i sjö, hav)* botten; *(för odling av ostron)* ostronbank **(c)** *(med blommor)* rabatt; *(med grönsaker)* trädgårdsland **(d)** *(kol, malm)* skikt, lager; *(Tekn)* underlag, fundament
♦ **bed down** *vi* + *adv* gå och lägga sig; **we** ~**ded down for the night in an old barn** vi övernattade/ sov i en gammal lada
♦ **bed out** *vt* + *adv* plantera (ut)
bed·clothes ['bed,kləʊðz] *spl* sängkläder
bed·ding ['bedɪŋ] *s (för människor)* sängkläder; *(för djur)* strö, ligghalm
be·dev·il [bɪ'devl] *vt (plan)* trassla/krångla till, hindra; *(person)* trakassera
bed·fellow ['bed,feləʊ] *s:* **they are strange** ~**s** *(bildl)* de är ett omaka par
bed·lam ['bedləm] *s* kalabalik, kaos, villervalla
bed·pan ['bed,pæn] *s (i sjukvården)* bäcken
be·drag·gled [bɪ'drægld] *adj (person)* ovårdad; *(kläder äv)* nedsmutsad, nedsölad
bed·rid·den ['bed,rɪdən] *adj* sängbunden
bed·room ['bedrʊm] **1** *s* sovrum, sängkammare; **a three-**~ **flat** en lägenhet på fyra *(el* fem*)* rum; ~ **farce** *(Teat)* sängkammarfars; ~ **slipper** morgontoffel
bed·side ['bedsaɪd] *s* sängkant; ~ **lamp** sänglampa; **to have a good** ~ **manner** *(om läkare)* uppträda vänligt och lugnande mot patienterna; ~ **table** nattduksbord
bed-sit(ter) ['bed,sɪt(əʳ)] *s, (i sht Brit)* **bed-sitting room** [,bed'sɪtɪŋ,rʊm] *s* möblerat (hyres)rum *ibland med kokmöjligheter*
bed·spread ['bed,spred] *s* (säng)överkast
bed·time ['bedtaɪm] *s* läggdags; ~ **story** godnattsaga
bed-wetting ['bed,wetɪŋ] *s* sängvätning
bee [biː] *s* bi; **to have a** ~ **in one's bonnet (about sth)** ha en fix idé (om ngt)
beech [biːtʃ] *s (Bot)* bok
beef [biːf] *s* **(a)** nötkött, oxkött **(b)** *pl* **beeves** [biːvz] biffdjur, oxe
beef·bur·ger ['biːf,bɜːgəʳ] *s* = hamburger
beef·eater ['biːf,iːtəʳ] *s (vakt i Towern)* beefeater
bee·hive ['biː,haɪv] *s* bikupa
bee·line ['biː,laɪn] *s:* **to make a** ~ **for sb/sth** ta raka vägen till ngn/ngt
been [biːn] *perf part av* be
beer [bɪəʳ] *s* öl; ~ **garden** uteservering *av pubtyp*
bees·wax ['biːz,wæks] *s (Zool)* bivax; *(för golv, möbler)* bonvax
beet [biːt] *s* beta; **red** ~ *(Am)* rödbeta
bee·tle ['biːtl] *s* skalbagge
beetle-browed ['biːtl,braʊd] *adj* med buskiga ögonbryn
beet·root ['biːt,ruːt] *s (Brit)* rödbeta
beeves [biːvz] *spl av* beef b
be·fall [bɪ'fɔːl] *imperf* befell, *perf part* befallen *vt (litt)* hända, drabba
be·fit·ting [bɪ'fɪtɪŋ] *adj* passande
be·fore [bɪ'fɔːʳ] **1** *prep (tid)* före; *(ordning)* före, framför; *(i närvaro av)* framför, inför; *(plats)* före: **take the turning** ~ **the church;** ~ **Christ** *(i årtal)* före Kristus; **the week** ~ **last** i förförra veckan; **the day** ~ **last/yesterday** i förrgår; ~ **long** inom kort; ~ **going, would you...** innan du går, skulle du kunna...; **he put his job** ~ **his family** han satte jobbet framför/före familjen; **she would die** ~ **giving his name** hon skulle hellre/förr dö än uppge hans namn; **the question**

~ **us** frågan vi står inför; **a new life lay** ~ **him** ett nytt liv låg framför honom **2** *adv* **(a)** *(tid)* förut, förr, innan; **I have read it** ~ jag har redan läst den, jag har läst den tidigare; **I knew long** ~ **that...** jag visste långt innan att...; **the day** ~ dagen innan **(b)** *(ordning)* före, innan **3** *konj (tid)* innan, förrän; *(vilja)* hellre än; ~ **you do that** innan du gör det; **it was not long** ~**...** det dröjde inte länge förrän...; **he will die** ~ **he betrays her** han dör hellre än han förråder henne
before·hand [bɪ'fɔːhænd] *adv* i förväg, på förhand
be·friend [bɪ'frend] *vt* hjälpa, ta hand om
be·fud·dled [bɪ'fʌdəld] *adj (i allm)* förvirrad; *(av alkohol)* omtöcknad
beg [beg] **1** *vt :* **to** ~ **sth from sb** tigga ngt av ngn; **to** ~ **sb for sth** bönfalla ngn om ngt; **he** ~**ged me to help him** han bönföll/bad mig att hjälpa honom; **to** ~ **forgiveness** be om förlåtelse; **to** ~ **the question** *(politiker etc)* svara undvikande, kringgå problemet/frågan; *(i logiskt resonemang: person)* komma med cirkelbevis *(: argument)* vara/utgöra cirkelbevis **2** *vi:* ~ **(for)** be (om), tigga; **I** ~ **to differ** jag ber att få anmäla en avvikande mening; **it's going** ~**ging** *(vard)* ingen vill ha det
be·gan [bɪ'gæn] *imperf av* begin
beg·gar ['begəʳ] **1** *s* tiggare; **lucky** ~! *(vard)* din lyckans ost!; **poor little** ~! *(vard)* stackars liten!; ~**s can't be choosers** den fattige kan inte vara nogräknad **2** *vt* ruinera, göra utfattig; **it** ~**s description** det trotsar all beskrivning
be·gin [bɪ'gɪn] *imperf* began, *perf part* begun **1** *vt* börja, påbörja; *(mode, sed)* skapa; **to** ~ **doing sth, to** ~ **to do sth** börja göra ngt; **he** ~**s the day with a glass of orange juice** han börjar dagen med ett glas apelsinjuice; **this skirt began life as an evening dress** den här kjolen började sina dagar som aftonklänning; **it doesn't** ~ **to compare with...** den kan inte på långa vägar jämföras med...; **I can't** ~ **to thank you** hur ska jag kunna tacka dig, jag kan inte nog tacka dig **2** *vi* börja; *(flod)* rinna upp; *(mode, sedvänja, rykte)* uppstå, börja; **the service began with a hymn** gudstjänsten började med en psalm; **to** ~ **by doing sth** börja med att göra ngt; **to** ~ **with, I'd like to know...** till att börja med skulle jag vilja veta...; **to** ~ **with there were only two of us** i början var vi bara två; ~**ning from Monday** från och med måndag
be·gin·ner [bɪ'gɪnəʳ] *s* nybörjare
be·gin·ning [bɪ'gɪnɪŋ] *s* början; **the** ~ **of the world** världens begynnelse; **the** ~ **of the film is a bit slow** filmen är lite långsam/trög i början; **at the** ~ i början; **from** ~ **to end** från början till slut; **the** ~ **of the end** början till slutet; **at least it's a** ~ det är i alla fall en början; **Buddhism had its** ~**s...** buddhismen uppstod..., buddhismen hade sin upprinnelse...
be·gonia [bɪ'gəʊnɪə] *s (Bot)* begonia
be·grudge [bɪ'grʌdʒ] *vt* **(a)** missunna: **nobody** ~**s you your happiness** **(b)** inte unna: **he** ~**s her the £5 he pays her**
be·guile [bɪ'gaɪl] *vt (pos)* tjusa, förtrolla; *(neg)* locka, lura; **to** ~ **the time** fördriva tiden (på ett angenämt sätt)
be·gun [bɪ'gʌn] *perf part av* begin
be·half [bɪ'hɑːf] *s:* **on** ~ **of sb,** *(Am)* **in** ~ **of sb** på ngns vägnar; **on** ~ **of everybody** på allas vägnar; **don't worry on my** ~ oroa dig inte för mig/för min skull
be·have [bɪ'heɪv] **1** *vi* uppföra sig; **to** ~ **towards** handla mot, behandla; **you** ~**d wisely** du handlade klokt **2** *vt:* **to** ~ **oneself** uppföra sig väl/ordentligt; ~ **yourself!** uppför dig ordentligt!

be·hav·iour, (*Am*) **be·hav·ior** [bɪ'heɪvjəʳ] *s* uppförande; **to be on one's best** ~ visa sig från sin bästa sida

be·hav·iour·ism, (*Am*) **be·hav·ior·ism** [bɪ'heɪvjə,rɪzəm] *s* behaviorism

be·head [bɪ'hed] *vt* halshugga

be·held [bɪ'held] *imperf, perf part av* behold

be·hest [bɪ'hest] *s*: **at his** ~ (*frm el skämts*) på hans befallning

be·hind [bɪ'haɪnd] **1** *prep* bakom; **what's** ~ **all this?** (*bildl*) vad ligger bakom allt det här?; **we're** ~ **them in technology** (*bildl*) vi ligger efter dem i teknologisk utveckling; **his family is** ~ **him** (*bildl*) hans familj står bakom honom **2** *adv* bakom; **to leave sth** ~ glömma kvar ngt; **he stayed** han stannade kvar/hemma; **to be** ~ **with one's work** ligga efter med sitt arbete **3** *s* (*vard*) stuss, bak

be·hold [bɪ'həʊld] *imperf, perf part* **beheld** (*åld, poet*) skåda, se; ~! si!

be·hold·en [bɪ'həʊldən] *adj* (*frm*): **to be** ~ **to sb** stå i tacksamhetsskuld till ngn

be·hove [bɪ'həʊv], (*Am*) **be·hoove** [bɪ'huːv] *vt opers* passa, anstå

beige [beɪʒ] *adj* beige

be·ing ['biːɪŋ] *s* (*abstr*) existens; (*konkr*) varelse; **to come into** ~ bli till, uppstå

be·jew·elled, (*Am*) **be·jew·eled** [bɪ'dʒuːəld] *adj* juvelprydd

be·la·bour, (*Am*) **be·la·bor** [bɪ'leɪbəʳ] *vt* prygla, gissla, klå upp; **to** ~ **with questions/insults** överösa/ansätta med frågor/förolämpningar

be·lat·ed [bɪ'leɪtɪd] *adj* försenad

belch [beltʃ] **1** *s* rap(ning) **2** *vi* rapa **3** *vt* (*äv*: ~ **out:** rök, lågor) spy ut

be·lea·guered [bɪ'liːgəd] *adj* (*stad*) belägrad; (*bildl*) hårt ansatt

bel·fry ['belfrɪ] *s* klock|torn/-stapel; *se äv* bat¹

Bel·gian ['beldʒən] **1** *adj* belgisk **2** *s* belgier

Bel·gium ['beldʒəm] *s* Belgien

be·lie [bɪ'laɪ] *vt* (*avslöja som falsk*) jäva, motbevisa; (*obekväma fakta*) ljuga bort

be·lief [bɪ'liːf] *s* (*ingen pl*) tro: **my** ~ **in God/your honesty;** (*med pl*) trosuppfattning, trossats, tro; **it's beyond** ~ det är helt otroligt; **a man of strong** ~**s** en man med bestämda åsikter; **it is my** ~ **that…** jag tror att…

be·lieve [bɪ'liːv] **1** *vt* (*historia, person*) tro (på); (*vara av åsikten att*) tro, ha för sig; **he is** ~**d to be abroad** han tros vara utomlands; **to make** ~ låtsas **2** *vi* tro; **to** ~ **in God** tro på Gud; **I don't** ~ **in corporal punishment** jag tror inte på aga/fysisk bestraffning

be·liev·er [bɪ'liːvəʳ] *s* (*Rel*) troende

be·lit·tle [bɪ'lɪtl] *vt* förringa, klassa ner

bell [bel] *s* (*i allm*) (ring)klocka; (*på djur*) bjällra, skälla; (*Boxning*) gonggong; (*på blomma*) (blom)klocka; **that rings a** ~ det låter bekant; ~ **jar** glaskupa; ~ **push** knapp till ringklocka; ~ **tower** klocktorn

bell-bottomed ['bel,bɒtəmd] *adj* (*byxor*) utsvängda nedtill

bell·boy ['bel,bɔɪ] *s* (*i sht Am*) pickolo

belle [bel] *s* (*kvinna*) skönhet; **the** ~ **of the ball** balens drottning

bell·hop ['bel,hɒp] *s* (*Am*) = bellboy

bel·li·cose ['belɪkəʊs] *adj* stridslysten

bel·lig·er·ent [bɪ'lɪdʒərənt] *adj* (*person*) stridslysten; (*stat*) krigförande

bel·low ['beləʊ] **1** *s* (*tjurs etc*) böl, råmande; (*persons*) vrål, rytande **2** *vi* (*djur*) böla, råma; (*person*) vråla, ryta **3** *vt*: (*äv*: ~ **out:** order etc) skrika ut, vråla fram

bel·lows ['beləʊz] *spl* (blås)bälg; **a pair of** ~ en (blås)bälg

bell-shaped ['bel,ʃeɪpt] *adj* klockformig

bel·ly ['belɪ] *s* mage, buk

belly·ache ['belɪ,eɪk] **1** *s* magknip, ont i magen **2** *vi* (*vard*) gnälla, jämra sig

be·long [bɪ'lɒŋ] *vi* (**a**): **to** ~ **to sb/sth** tillhöra ngn/ngt; **who does this** ~ **to?** vems är den här?; **to** ~ **to a club** vara med i en klubb (**b**) höra hemma, passa; **it** ~**s on the shelf** den ska vara på hyllan; **I feel I** ~ **here** jag känner att jag hör hemma här

be·long·ings [bɪ'lɒŋɪŋz] *spl* tillhörigheter

be·lov·ed [(*pred*) bɪ'lʌvd, (*attr o s äv*) bɪ'lʌvɪd] **1** *adj* älskad **2** *s* älskling; **his** ~ hans älskade

be·low [bɪ'ləʊ] **1** *prep* nedanför, under; **it's** ~ **me** det är under min värdighet **2** *adv* (in)under, nedanför; **down** ~ där nere; **see** ~ se nedan

belt [belt] **1** *s* (*i allm*) bälte; (*i byxor*) livrem, skärp, svångrem; (*Tekn*) drivrem; (*Geogr*) bälte, zon; **conveyor** ~ transportband; **fan** ~ (*Motor*) fläktrem; **industrial** ~ industriområde; **seat** ~ säkerhetsbälte, bilbälte; **to tighten one's** ~ (*bildl*) dra åt svångremmen; **that was below the** ~ (*bildl*) det var ett slag under bältet **2** *vt* prygla med rem; **he** ~**ed me one** (*vard*) han klippte till mig **3** *vi* (*till fots*) flänga/kuta; (*i bil*) susa/fräsa

♦ **belt out** *vt* + *adv* (*vard: sång*) vråla fram, skråla

♦ **belt up** *vi* + *adv* (*vard*) hålla klaffen; (*skämts: i trafiksäkerhetspropaganda*) ta på bilbältet

be·moan [bɪ'məʊn] *vt* klaga/jämra sig över, begråta

be·mused [bɪ'mjuːzd] *adj* förvirrad; försjunken i tankar

bench [bentʃ] *s* (*i allm*) bänk; (*i park*) bänk, soffa; (*arbetsbord*) bänk; **the B**~ (*Jur*) domarkåren; **the B**~ **will withdraw** rätten drar sig tillbaka

bend [bend] (*v imperf, perf part* **bent**) **1** *s* böj(ning), krök; (*på väg*) kurva, krök; **he's round the** ~! (*vard*) han är galen; **2** *vt* böja, kröka; **to** ~ **one's head** sänka huvudet; *se äv* **bent 3** *vi* böja sig; (*väg*) svänga; (*flod*) kröka; (*person*) böja sig; **the tubing won't** ~ **enough** det går inte att böja röret tillräckligt mycket

♦ **bend down** *vi* + *adv* böja sig ner

♦ **bend over** *vi* + *adv* böja sig framåt; *se äv* **backwards**

bends [bendz] *spl*: **the** ~ dykarsjuka

be·neath [bɪ'niːθ] **1** *prep* under, nedanför; **it is** ~ **him** det är under hans värdighet; ~ **contempt** under all kritik **2** *adv* nedanför, (in)under

ben·edic·tion [,benɪ'dɪkʃən] *s* (*riktad till person*) välsignelse; (*riktad till Gud*) tacksägelsebön

ben·efac·tor ['benɪfæktəʳ] *s* välgörare, gynnare

ben·efi·cial [,benɪ'fɪʃəl] *adj* välgörande

bene·fi·ciary [,benɪ'fɪʃərɪ] *s* (*Jur*) förmånstagare, arvinge

ben·efit ['benɪfɪt] **1** *s* (**a**) förmån; fördel; **for the** ~ **of one's health** för sin hälsas skull; **to give sb the** ~ **of the doubt** hellre fria än fälla ngn (**b**) bidrag, understöd; **unemployment** ~ arbetslöshetsunderstöd; **sickness** ~ sjukbidrag **2** *vi*: **to** ~ **from** dra nytta av, må bra av, ha glädje av **3** *vt* vara välgörande för

Bene·lux ['benɪlʌks] *adj*: **the** ~ **countries** Beneluxländerna

be·nevo·lence [bɪ'nevələns] *s* välvilja

be·nevo·lent [bɪ'nevələnt] *adj* (*person*) välvillig; (*leende*) vänlig

be·nign [bɪ'naɪn] *adj* (*person*) välvillig; (*leende*) vänlig; (*klimat*) gynnsam; (*Med*) godartad

bent [bent] **1** *imperf, perf part av* **bend 2** *adj* (**a**) (*ståltråd, rör*) böjd, krökt; (*vard neds: brottslig*) skum, korrumperad; (: *homosexuell*) homofil, bög; **a** ~ **policeman** en korrumperad polis; **he's said to be** ~ det sägs att han är homo/

fikus **(b)**: to be ~ **on sth** ha föresatt sig ngt; **to be** ~ **on trouble** vara inställd på bråk; **he's** ~ **on going** han har bestämt sig för att gå/åka 3 s läggning, begåvning; **to follow one's** ~ följa sin läggning
bent·wood ['bentwʊd] 1 s böjträ 2 adj av böjträ, i böjträteknik
be·queath [bɪ'kwiːð] vt testamentera
be·quest [bɪ'kwest] s testamente; testamentarisk gåva
be·rate [bɪ'reɪt] vt läxa upp
be·reaved [bɪ'riːvd] adj: **the** ~ **husband** den sörjande/efterlämnade maken
be·reave·ment [bɪ'riːvmənt] s sorg, dödsfall: they have had a ~ in the family
be·reft [bɪ'reft] adj: **to be** ~ **of sth** ha mist/förlorat ngt; **he was** ~ **of speech** han tappade målföret
be·ret ['bereɪ] s basker(mössa)
Ber·lin [bɜː'lɪn] s Berlin; **East** ~ Östberlin
Ber·mu·da [bɜː'mjuːdə] s: **the** ~**s** Bermuda(s-öarna); ~ **shorts** bermudas, bermudashorts
ber·ry ['berɪ] s bär; **brown as a** ~ brun som en neger, brunbränd
ber·serk [bəˈsɜːk] adj: **to go/be** ~ gå bärsärkagång
berth [bɜːθ] 1 s (på båt) koj; (på tåg) sovplats; (Sjö) kajplats; **to give sb a wide** ~ (bildl) hålla sig på ordentligt avstånd från ngn 2 vi (fartyg) lägga till
be·seech [bɪ'siːtʃ] imperf, perf part **besought** vt bönfalla, besvärja
be·set [bɪ'set] imperf, perf part **beset** vt (person: problem, faror) drabba, omge; (: farhågor) anfäkta; **a policy** ~ **with dangers** en politik förenad med stora faror
be·set·ting [bɪ'setɪŋ] adj: **his** ~ **sin** hans skötesynd
be·side [bɪ'saɪd] prep bredvid, vid sidan av; **to be** ~ **oneself** vara utom sig, vara alldeles ifrån sig; **that's** ~ **the point** det har inte med saken att göra
be·sides [bɪ'saɪdz] 1 prep jämte, (för)utom 2 adv dessutom, förresten, för övrigt; **I cannot go, and** ~ **I don't even want to** jag kan inte gå, och förresten/för övrigt vill jag inte heller
be·siege [bɪ'siːdʒ] vt (Mil) belägra; (bildl) bestorma; **we were** ~**ed with inquiries** vi blev överlupna med förfrågningar
be·sot·ted [bɪ'sɒtɪd] adj (förälskad) bedårad, kollrig; (berusad) snurrig, omtöcknad
be·sought [bɪ'sɔːt] imperf, perf part av **beseech**
be·spat·tered [bɪ'spætəd] adj nedstänkt; (bildl) nedsvärtad
be·spec·ta·cled [bɪ'spektɪkld] adj glasögonprydd
be·spoke [bɪ'spəʊk] adj (i sht Brit: kostym) måttbeställd; ~ **tailor** beställningsskräddare
best [best] 1 adj (superl av good) bäst; **for the** ~ **part of the year** under större delen av året; ~ **man** (brudgummens marskalk) best man 2 adv (superl av well) bäst; **as** ~ **I could** så gott jag kunde; **John came off** ~ John lyckades bäst; **you had** ~ **leave now** det är bäst du går nu 3 s: **the** ~ den/det bästa; **at** ~ i bästa fall; **he wasn't at his** ~ han var inte i bästa form; **at the** ~ **of times** (efter negation) ens i bästa fall; **I acted for your** ~ jag ville ditt bästa; **let's hope for the** ~ låt oss hoppas på det bästa; **to the** ~ **of my knowledge** så vitt jag vet; **to the** ~ **of my ability** så gott jag kan; **to do one's** ~ göra så gott man kan; **to look one's** ~ vara till sin fördel; **to make the** ~ **of a difficult situation** göra det bästa möjliga av en svår situation; **she can dance with the** ~ **of them** hon kan dansa så bra som någon
bes·tial ['bestɪəl] adj (i allm) rå, brutal; (sexuellt) djurlik, lysten
be·stir [bɪ'stɜːʳ] vt: **to** ~ **oneself (to)** göra sig omak(et att)
be·stow [bɪ'stəʊ] vt: **to** ~ **on** (titel, ära) tilldela, ge;

(omtanke) ägna
best·seller ['bestseləʳ] s bestseller, bästsäljare
bet [bet] (v: imperf, perf part **bet** el **betted**) 1 s vad; **a £5** ~ ett vad på 5 pund; **it's a safe** ~ (bildl) det är ett säkert kort 2 vt slå vad om; **I** ~ **you a pound that...** jag står vad om ett pund att..., jag håller ett pund på att...; **I** ~ **he doesn't come** (vard) jag slår vad om att han inte kommer; **you can** ~ **your life that...** (vard) du kan slå dig i backen på att... 3 vi spela/satsa (on på); **you** ~! (vard) det kan du ge dig på!; **I'm not a** ~**ting man** jag är ingen spelare
be·tray [bɪ'treɪ] vt **(a)** (person, land) förråda; (vän) svika; **to** ~ **sb to the enemy** förråda ngn till fienden **(b)** (hemlighet) avslöja, förråda, röja; (känslor) avslöja; **his face** ~**ed his surprise** hans ansikte skvallrade om hans förvåning
be·tray·al [bɪ'treɪəl] s (mot person) svek, förräderi; (av hemlighet) avslöjande; **a** ~ **of trust** ett sviket förtroende
be·troth·al [bɪ'trəʊðəl] s trolovning
bet·ter ['betəʳ] 1 adj (komp av good) bättre; **to get** ~ bli bättre; **I'm** ~ **now** jag mår bättre nu; **that's** ~! såja, det är bättre!; **it couldn't be** ~ det kunde inte vara bättre; **it would be** ~ **to go now** det vore bättre att gå nu; **he's no** ~ **than a thief** han är inte bättre än en (simpel) tjuv; **it lasted the** ~ **part of a year** det varade större delen av året; 2 adv (komp av well) bättre; **he's** ~ **known than X** han är mera välkänd än X; **so much the** ~, **all the** ~ desto bättre; **he was all the** ~ **for it** han mådde (verkligen) bra av det; **they are** ~ **off than we are** de har det bättre ställt än vi; **you'd be** ~ **off staying where you are** det skulle vara bättre för dig att stanna där du är; **I had** ~ **go** det är bäst att jag går; **but he knew** ~ men han visste bättre; **to think** ~ **of it** ångra sig, komma på bättre tankar 3 s: **it's a change for the** ~ det är en förändring till det bättre; **for** ~ **or worse** i nöd och lust, i med- och motgång; **to get the** ~ **of** (person) besegra, ge svar på tal; (strid) gå segrande ur, klara av 4 vt (resultat) förbättra; **to** ~ **oneself** komma upp sig
bet·ting shop ['betɪŋ ʃɒp] s vadhållningsbyrå
be·tween [bɪ'twiːn] 1 prep **(a)** (i rummet) (e)mellan; **the road** ~ **here and London** vägen härifrån till London; ~ **now and next week we must...** före nästa vecka måste vi...; **I sat (in)** ~ **John and Sue** jag satt mellan John och Sue; **it's** ~ **5 and 6 metres long** den är mellan 5 och 6 meter lång **(b)** (fördelning) (e)mellan; **we shared the money** ~ **us** vi delade pengarna mellan oss; **just** ~ **you and me, just** ~ **ourselves** oss emellan **(c)** (gemensamt): ~ **us/(the three of) them** etc tillsammans; **we only had £5** ~ **us** vi hade bara 5 pund tillsammans 2 adv (äv: **in** ~) däremellan
bev·er·age ['bevərɪdʒ] s dryck
bevy ['bevɪ] s (fåglar, rådjur) flock; (flickor) skock, samling
be·wail [bɪ'weɪl] vt beklaga, sörja över
be·ware [bɪ'weəʳ] vi: **to** ~ **of sb/sth** akta sig el se upp för ngn/ngt; ~ **of the dog!** varning för hunden!
be·wil·der [bɪ'wɪldəʳ] vt förvirra, förbrylla
be·wil·der·ing [bɪ'wɪldərɪŋ] adj förbryllande
be·wil·der·ment [bɪ'wɪldəmənt] s förvirring, häpenhet
be·witch [bɪ'wɪtʃ] vt (eg) förhäxa; (bildl) förtrolla
be·yond [bɪ'jɒnd] 1 prep (a) (i rummet) bortom, på andra sidan, bortanför; **I've never been** ~ **Milan when I've been in Italy** jag har aldrig varit längre än (till) Milano när jag varit i Italien **(b)** (i tiden) över; **we talked till** ~ **5 pm** vi pratade till (klockan var) över fem; **I can't give you a time-**

table ~ **next Wednesday** jag kan inte ge dig en tidtabell som gäller efter nästa onsdag **(c)** *(utöver)*: **that's** ~ **my knowledge** det är mer än jag vet; **it's** ~ **her abilities** det överstiger hennes förmåga; **it's almost** ~ **belief** det är nästan otroligt; **have you any money** ~ **that?** har du några pengar därutöver?; **that job is** ~ **him** det där jobbet är för svårt/mycket för honom; **it's** ~ **me why...** *(vard)* jag fattar inte varför...; **it's** ~ **doubt** det står utom alla tvivel; **that's** ~ **a joke** det där är inte roligt längre **2** *adv* bortanför, på andra sidan

bi- [baɪ] *prefix* två-, dubbel-, bi-
bi·an·nual [baɪˈænjʊəl] *adj (tidskrift)* som utkommer/*(händelse)* som inträffar två gånger om året
bias [ˈbaɪəs] **1** *s* **(a)** *(pos)*: ~ **(towards)** benägenhet (för); *(neg)*: ~ **(against)** fördom (mot), negativ inställning (till); **he has a** ~ **towards white wines** han har en förkärlek för vita viner; **the paper has a** ~ **towards the anti-nuclear movement** tidningen stöder antikärnkraftsrörelsen; **the course has a practical** ~ kursen har en praktisk inriktning; **he has a** ~ **against Blacks** han har fördomar mot svarta **(b)** *(Textil)* diagonal: *to cut sth on the* ~; ~ **binding** *(Textil)* snedremsa **2** *vt* göra partisk; **to** ~ **sb towards/against sth** få ngn att bli positivt/negativt inställd till ngt; **to be** ~**(s)ed against** ha fördomar mot, hysa förutfattade meningar om
bib [bɪb] *s (för barn)* haklapp; *(på snickarbyxor)* bröstlapp
bi·ble [ˈbaɪbl] *s (eg, bildl)* bibel; **the B**~ Bibeln
bib·li·cal [ˈbɪblɪkəl] *adj* biblisk, bibel-
bib·lio·g·ra·phy [ˌbɪblɪˈɒɡrəfɪ] *s* bibliografi, litteraturförteckning
bi·car·bo·nate of soda [baɪˈkɑːbənɪtəvˈsəʊdə] *s* bikarbonat
bi·cen·tenary [ˌbaɪsenˈtiːnərɪ] *s*, *(Am)* **bi·cen·ten·nial** [ˌbaɪsenˈtenɪəl] *s* tvåhundraårsjubileum
bi·ceps [ˈbaɪseps] *s* biceps
bick·er [ˈbɪkəʳ] *vi* kivas, gnabbas, käbbla
bi·cy·cle [ˈbaɪsɪkl] **1** *s* cykel; **to ride a** ~ cykla; ~ **path** cykelbana **2** *vi* cykla
bid [bɪd] **1** *s (i allm)* anbud; *(på auktion)* bud, rop; *(Handel)* anbud, offert; *(Kortspel)* bud; *(bildl)* försök; **to make a** ~ **for freedom/power** göra ett försök att nå friheten/ta makten **2** *vt* **(a)** *(imperf, perf part* bid) bjuda, erbjuda; **to** ~ **£10 for** bjuda 10 pund för; **(b)** *(imperf* bad(e), *perf part* bidden) bjuda, befalla; *(åld)*: **to** ~ **sb to do sth** befalla ngn att göra ngt; **do as you are** ~**en** gör som du är tillsagd; **to** ~ **sb to come in** be ngn att komma in **(c)** *(imperf* bad(e), *perf part* bidden) säga: ~ *good morning/farewell* **3** *vi* **(a)** *(imperf, perf part* bid) *(på auktion)* bjuda *(for* på); *(Handel)* lämna anbud/offert *(for* på); *(Kortspel)* bjuda; **to** ~ **against sb** *(i budgivning o bildl)* tävla med **(b)** *(imperf* bad(e), *perf part* bidden): **he** ~**s fair to win** det är troligt att han vinner; **it is** ~**ing fair to be successful** det verkar bli lyckat
bid·den [ˈbɪdn] *perf part av* bid 2b, c *o* 3b
bid·der [ˈbɪdəʳ] *s (på auktion)* en som bjuder/ropar; *(Handel)* anbudsgivare; *(Kortsp)* budgivare; **highest** ~ *(på auktion)* högstbjudande; *(Handel)* den som lämnat det bästa anbudet; *(Kortsp)* den som bjudit högst
bid·ding [ˈbɪdɪŋ] *s* **(a)** *(på auktion o i kortspel)* budgivning **(b)**: **to do sb's** ~ göra vad ngn befaller
bide [baɪd] *vt*: **to** ~ **one's time** bida sin tid
bi·det [ˈbiːdeɪ] *s* bidé
bi·en·nial [baɪˈenɪəl] **1** *adj (i allm)* som inträffar el *(tidskrift)* utkommer vartannat år, vartannat-års-; *(Bot)* tvåårig **2** *s* tvåårig växt

bier [bɪəʳ] *s* likbår
biff [bɪf] *s (Brit vard: knytnävsslag)* snyting, smocka; *(: slag)* (liten) smäll; *(: på bil)* buckla
bi·fo·cals [baɪˈfəʊkəlz] *spl* dubbelslipade glasögon
big [bɪɡ] **1** *adj* (-ger, -gest) *(hus, träd, stad)* stor; *(man)* stor(vuxen); *(oväder)* kraftig; *(lögn)* stor; *(ökning)* kraftig; *(beslut)* viktig; **to get** ~/~**ger** bli stor/större; **my** ~ **brother** min storebror; **to make the** ~ **time** *(artist)* slå igenom, nå toppen; *(person)* komma upp sig, komma i smöret; **to earn** ~ **money** tjäna stora pengar; **tennis is** ~ **business** tennis handlar om stora pengar; **to have** ~ **ideas** ha storslagna planer; **what's the** ~ **idea?** *(vard)* vad (sjutton) är meningen?; **to do things in a** ~ **way** *(vard)* slå på stort; **he's too** ~ **for his boots** *(vard)* han är en riktigt pösmunk; **why don't you keep your** ~ **mouth shut!** *(vard)* kan du inte hålla klaffen/din stora trut!; **that's** ~ **of you!** *(iron)* det var ju ädelt av dig; ~ **deal!** *(iron)* toppen! underbart!; ~ **dipper** berg-och-dalbana; *(Am)*: **the B**~ **Dipper** Karlavagnen; ~ **end** *(Motor)* vevlager; ~ **game hunting** storviltsjakt; ~ **noise/shot** *(vard)* pamp, stor kanon; ~ **toe** stortå; ~ **top** *(vard)* cirkus; huvudtält på cirkus; ~ **wheel** *(på tivoli)* pariserhjul; *(Am vard)* = ~ **noise** **2** *adv*: **to talk** ~ vara stor i orden; **to think** ~ tänka stort, satsa ordentligt
biga·mist [ˈbɪɡəmɪst] *s* bigamist
big·amy [ˈbɪɡəmɪ] *s* bigami, tvegifte
big·head [ˈbɪɡhed] *s (vard)* viktigpetter, stropp
big-headed [bɪɡˈhedɪd] *adj (vard)* uppblåst, mallig
big·ot [ˈbɪɡət] *s* bigott/trångsynt person
big·ot·ed [ˈbɪɡətɪd] *adj* bigott, intolerant
big·ot·ry [ˈbɪɡətrɪ] *s* bigotteri, trångsynthet
big·wig [ˈbɪɡwɪɡ] *s (vard)* pamp
bike [baɪk] **1** *s (vard)* cykel, hoj; motorcykel; **to ride a** ~ cykla; åka motorcykel **2** *vi* cykla
bi·ki·ni [bɪˈkiːnɪ] *s* bikini
bi·lat·er·al [baɪˈlætərəl] *adj* bilateral
bil·berry [ˈbɪlbərɪ] *s (Brit)* blåbär
bile [baɪl] *s (Med, bildl)* galla
bi·lin·gual [baɪˈlɪŋɡwəl] *adj* tvåspråkig
bili·ous [ˈbɪlɪəs] *adj (Med)* gall-, gallsjuk; *(bildl)* gallsprängd, argsint; *(färg)* äcklig, vedervärdig; ~ **attack** gallstensanfall
bill¹ [bɪl] **1** *s* näbb **2** *vi*: **to** ~ **and coo** *(fåglar)* näbbas; *(människor)* kuttra och smekas
bill² [bɪl] **1** *s* **(a)** *(Ekon)* räkning: *to pay the* ~; **(b)** *(Pol)* lagförslag, motion; ~ **of rights** deklaration om (mänskliga/medborgerliga) rättigheter **(c)** *(Am: pengar)* sedel **(d)** anslag, affisch; **stick no** ~**s** affischering förbjuden; **to fit the** ~ *(bildl)* passa, uppfylla önskemålen; ~ **of fare** matsedel **(e)** *(Teat)* program; **to top the** ~ vara huvudattraktion **(f)** *(Handel)*: ~ **of exchange** växel; ~ **of lading** konossement; ~ **of sale** köpebrev **2** *vt* **(a)** *(kund)* skicka räkning till, debitera; **we will** ~ **you later** vi skickar räkning senare **(b)** *(skådespelare)* sätta upp på programmet; **he's** ~**ed at the King's Theatre** han ska spela på King's Theatre
bill·board [ˈbɪlˌbɔːd] *s (Am)* affischtavla
bil·let [ˈbɪlɪt] **1** *s (Mil)* inkvartering **2** *vt* inkvartera *(on* hos)
bill·fold [ˈbɪlfəʊld] *s (Am)* plånbok
bil·liards [ˈbɪljədz] *ssg (i allm)* biljard; *(i sht)* carambole
bill·ing [ˈbɪlɪŋ] *s (Teat)*: **to get top** ~ stå överst på affischen, programmet *etc*
bil·lion [ˈbɪljən] *s (Brit)* biljon; *(Am)* miljard
bil·low [ˈbɪləʊ] **1** *s (på hav)* stor våg; *(av rök)* moln; *(i segel)* buktning, svällande **2** *vi (rök)* bolma; *(segel)* svälla; *(vågor)* svalla
billy(-goat) [ˈbɪlɪ(ˌɡəʊt)] *s* getabock
bin [bɪn] *s (för bröd)* burk, skrin; *(för kol)* lår, binge;

binary (Brit: = rubbish ~, dust~) soptunna; (: = litter ~) papperskorg

bi·na·ry ['baɪnərɪ] adj binär

bind [baɪnd] **1** vt (imperf, perf part **bound**) **(a)** (föremål) binda, knyta, fästa ihop; (person) binda; (bildl) binda, förena; **bound head and foot** (eg, bildl) bunden till händer och fötter **(b)** (sår) förbinda, lägga om **(c)** (tyg) kanta **(d)** (bok) binda (in) **(e):** **to ~ sb to sth/to do sth** (genom avtal) förplikta ngn till ngt/att göra ngt **(f)** (Matl) reda (av) **2** s: **what a ~!** vad trist!; **it's a bit of a ~** det är lite irriterande/besvärligt

♦ **bind over** vt + adv (Jur) ålägga vid laga påföljd

♦ **bind together** vt + adv (eg) binda/knyta ihop; (bildl) förena, knyta till varandra

♦ **bind up** vt + adv (sår) förbinda; **to be bound up in** (arbete, hobby) gå upp i, vara helt försjunken i; **to be bound up with** (person) vara nära fäst vid; (sakförhållande) vara förbunden med

bind·er ['baɪndə'] s **(a)** (i allm) bindemedel **(b)** (för lösblad) pärm **(c)** (Jordbr) självbindare **(d)** bokbindare

bind·ing ['baɪndɪŋ] **1** s **(a)** (på bok) band **(b)** (på tyg) kantband, bård **(c)** (på skidor) bindning, bindsle **2** adj (överenskommelse) bindande; **to be ~ on sb** vara bindande för ngn

bin·go ['bɪŋgəʊ] s bingo

bin·ocu·lars [bɪ'nɒkjʊləz] spl kikare; **a pair of ~** en kikare

bio·chem·ist ['baɪəʊ'kemɪst] s biokemist

bio·chemi·st·ry ['baɪəʊ'kemɪstrɪ] s biokemi

bio·degrad·able ['baɪəʊdɪ'greɪdəbl] adj biologiskt nedbrytbar

bi·og·ra·pher [baɪ'ɒgrəfə'] s levnadstecknare, biograf

bio·graphi·cal [,baɪəʊ'græfɪkəl] adj biografisk

bi·ogra·phy [baɪ'ɒgrəfɪ] s biografi, levnadsteckning

bio·logi·cal [,baɪə'lɒdʒɪkəl] adj biologisk; **~ warfare** biologisk krigföring

bi·olo·gist [baɪ'ɒlədʒɪst] s biolog

bi·ol·ogy [baɪ'ɒlədʒɪ] s biologi

bio·physics [,baɪəʊ'fɪzɪks] ssg biofysik

birch [bɜːtʃ] s (träd o träslag) björk; (för aga) (björk)ris

bird [bɜːd] **1** s fågel; (vard: flicka) tjej; **~ of prey** rovfågel; **a little ~ told me** (skämts) en liten fågel har viskat i mitt öra; **the early ~ catches the worm** först till kvarn får först mala; **a ~ in the hand is worth two in the bush** en fågel i handen är bättre än tio i skogen; **~s of a feather flock together** lika barn leka bäst, kaka söker maka; **to kill two ~s with one stone** slå två flugor i en smäll; **~ cage** fågelbur; **~ sanctuary** fågelreservat; **~'s-eye view** fågelperspektiv, överblick; **a ~'s-eye view of London** London i fågelperspektiv; **~ watcher** fågelskådare

birth [bɜːθ] s födelse; (bildl) födelse, uppkomst; **it was a difficult ~** det var en svår förlossning; **at ~** vid födseln; **French by ~** född fransman/fransyska; **place of ~** födelseort; **to give ~ to** (litt) nedkomma med; (bildl) ge upphov till; **~ certificate** födelseattest; **~ control** födelsekontroll; **~ rate** födelsetal

birth·day ['bɜːθdeɪ] s födelsedag

birth·mark ['bɜːθ,maːk] s födelsemärke

birth·place ['bɜːθ,pleɪs] s födelseort

birth·right ['bɜːθ,raɪt] s medfödd rättighet

bis·cuit ['bɪskɪt] s (Brit) kex; (Am) slät bulle

bi·sect [baɪ'sekt] vt dela i två (lika stora) delar

bish·op ['bɪʃəp] s (Rel) biskop; (Schack) löpare

bi·son ['baɪsn] s bison(oxe), buffel

bit¹ [bɪt] s (på verktyg) egg, borrjärn, skär

bit² [bɪt] s **(a)** (del) bit; **a ~** (mängd) lite(grand); **~ of** (papper, trä, kaka) en bit; (vin, solsken, lugn

och ro) lite; **a ~ too much/little** lite för mycket/lite; **a ~ bigger/smaller** lite el något större/mindre; **a little ~ dearer** något dyrare; **a good ~ cheaper** bra mycket billigare; **a ~ of news** lite nyheter; **a ~ of advice** ett gott råd; **a ~ of luck** en gnutta tur; **they have a ~ of money** de har lite pengar; **it was a ~ of a shock** det var något av en chock; **that's not a ~ of help** det hjälper inte ett dugg; **to come to ~s** (gå sönder) ramla i bitar; (vara demonterbar) gå att demontera/skruva sönder; **in ~s (and pieces)** (sönder) i (tusen) bitar; (demonterad) i lösa delar; **bring all your ~s and pieces** ta med allt ditt pick och pack/alla dina prylar; **to do one's ~** göra sitt/sin del; **when it comes to the ~** när det verkligen gäller **(b)** (tidsrymd): **a ~** ett ögonblick, en (kort) stund **(c)** (penningsumma): **a ~** en rejäl slant **(d)** (Am: 12d cent): **two ~s** 25 cent

bit³ [bɪt] imperf av **bite**

bit⁴ [bɪt] s (Data) bit

bitch [bɪtʃ] **1** s **(a)** (hund) tik, honhund; (räv, varg etc) hona **(b)** (vard: kvinna) satkäring; (: problem) ett jäkla problem, ett helske **2** vi (vard) gnälla, hacka

bite [baɪt] (v: imperf **bit**, perf part **bitten**) **1** s **(a)** (handling) bett, tugga; (sår: av hund, orm, insekt) bett; **he took a ~ at the apple** han satte tänderna i äpplet; **the dog took a ~ at his leg** hunden högg honom i benet **(b)** (mat) matbit, bit mat, munsbit **(c)** (Fiske) napp, hugg **2** vt (i allm) bita; (orm, hund) hugga; **to ~ one's nails** bita på naglarna; **once bitten twice shy** (ordspr) bränt barn skyr elden; **to ~ the hand that feeds you** (bildl) vara otacksam mot/illa löna sin välgörare; **to ~ the dust** (dö) bita i gräset; (misslyckas: person) göra fiasko; (: plan) gå i stöpet **3** vi **(a)** (hund) bitas **(b)** (fisk) nappa, hugga **(c)** (bildl: nedskärning etc) svida (i skinnet)

♦ **bite into** vi + prep (om person) ta en tugga på/av; (om syra) bita, svida

♦ **bite off** vt + adv bita av; **to ~ off more than one can chew** (bildl) ta sig vatten över huvudet; **to ~ sb's head off** (bildl) snäsa av ngn

bit·ing ['baɪtɪŋ] adj (kyla, vind) bitande; (kritik) svidande, skarp

bit·ten ['bɪtn] perf part av **bite**

bit·ter ['bɪtə'] **1** adj **(a)** (smak: mandel, choklad) bitter; (: frukt) sur; **a ~ pill to swallow** (bildl) en besk medicin/ett beskt piller att svälja; **~ lemon** (osötad) citronläsk **(b)** (väder) bister, kall, bitande **(c)** (fiende, hat) bitter, oförsonlig; (kamp) förbittrad **(d)** (besvikelse) smärtsam; (tårar) bitter; **to the ~ end** in i det sista **(e)** (person) bitter **2** s (Brit) beskt fatöl, bitter

bit·ter·ly ['bɪtəlɪ] adv (se bitter 1 c, d) bittert; **~ disappointed** bittert besviken; **to weep ~** gråta bittert; **it's ~ cold** det är isande kallt

bit·ter·ness ['bɪtənɪs] s (eg) bitterhet; (bildl) förbittring

bitter·sweet ['bɪtə,swiːt] adj (eg) bittersöt; (bildl) bitterljuv

bit·ty ['bɪtɪ] adj (vard) plottrig, slarvigt ihopplockad

bi·tu·men ['bɪtjʊmɪn] s (Miner) bitumen; (väg- och takbeläggning) tjära, asfalt

bi·tu·mi·nous [bɪ'tjuːmɪnəs] adj (Miner) bituminös; (väg) asfalterad

bivou·ac ['bɪvʊæk] (v: imperf, perf part ~ked) **1** s bivack **2** vi gå i bivack

bi·zarre [bɪ'zaː'] adj bisarr

blab [blæb] **1** vt (äv: ~ out) sladdra om, skvallra om **2** vi (i allm) sladdra, pladdra; (till polisen) tjalla

blabber·mouth ['blæbə,maʊθ] s (vard) sladdertacka

black |blæk| **1** adj (eg) svart; (bildl ofta) mörk; **the night was** ~ **and starless** det var en mörk natt utan stjärnor; **the boy's hands were** ~ **with dirt** pojken var svart om händerna av smuts; ~ **prospects** dystra framtidsutsikter; **things look pretty** ~ det ser ganska mörkt ut; ~ **thoughts** onda tankar; ~ **look** svart/ilsken blick; ~ **coffee** kaffe utan grädde eller mjölk; ~ **and blue** blåslagen, gul och blå; ~ **and white** svartvit; ~ **man** svart man; ~ **people** (de) svarta; **in** ~ **and white** (bildl) i svart på vitt; **to see everything in** ~ **and white** se allting i svart och vitt/utan nyanser; **in the** ~ (Ekon) på plus; ~ **box** (Flyg) svart låda, färdskrivare; ~ **comedy** svart komedi; ~ **magic** svart magi; ~ **mark** (bildl) (skam)fläck; ~ **market** svart marknad; **the** ~ **market** svarta börsen; ~ **marketeer** (i allm) svartabörshaj; ~ **pudding** blodpudding, blodkorv; **the B**~ **Sea** Svarta Havet; ~ **sheep** svart får; ~ **spot** olycksdrabbat ställe **2** s **(a)** (färg) svart **(b)** (person) svart; **the** ~**s in America** de svarta i Amerika **3** vt **(a)** (eg) svärta **(b)** (Brit: gods, företag) bojkotta, svartlista
♦ **black out 1** vt + adv (text) måla/täcka/stryka över; (hus) mörklägga **2** vi + adv svimma, få en blackout
black·berry |'blækbəri| s björnbär
black·bird |'blækbɜːd| s koltrast
black·board |'blæk,bɔːd| s svart tavla
black·cur·rant |,blæk'kʌrənt| s svart vinbär
black·en |'blækən| **1** vi mörkna, svartna **2** vt **(a)** (eg) svärta (ner) **(b)** (bildl) svärta ner
black·head |'blæk,hed| s pormask
black·jack |'blæk,dʒæk| s (Kortsp) tjugoett
black·leg |'blækleg| s (Brit) svartfot, strejkbrytare
black·list |'blæklist| **1** s: **on the** ~ på svarta listan **2** vt svartlista
black·mail |'blækmeil| **1** s utpressning **2** vt pressa ut pengar av; **the gang** ~**ed him into doing it** ligan tvingade honom med utpressning att göra det
black·ness |'blæknis| s svärta, svarthet; **in the** ~ i mörkret
black·out |'blækaut| s **(a)** (Elektr) strömavbrott; (TV) störning, sändningsavbrott; (under krig) mörkläggning **(b)** (Med) blackout, tillfällig medvetslöshet
black·shirt |'blækʃɜːt| s (Pol) svartskjorta
black·smith |'blæksmiθ| s (grov)smed
blad·der |'blædər| s (Anat: i sht urin-) blåsa; (i fotboll etc) blåsa; (bildl: person) uppblåst typ
blade |bleid| s (kniv, vapen, propeller) blad; (svärd, såg) klinga; (gräs) blad, strå
blame |bleim| **1** s skuld; **to lay the** ~ **on sb** lägga skulden på ngn **2** vt **(a)** hålla ansvarig, skylla på; **to** ~ **sb for sth** skylla på ngn för ngt; **to be to** ~ **for** vara ansvarig för; **you have only yourself to** ~ du har dig själv att skylla, du får skylla dig själv **(b)** anklaga; **and I don't** ~ **him** och jag förstår honom mycket väl; **don't** ~ **me** skyll inte på mig
blame·less |'bleimlis| adj oantastlig, oklanderlig; **he was not entirely** ~ han var inte helt utan skuld; **she led a** ~ **life** hon levde ett oförvitligt liv
blanch |blɑːntʃ| **1** vi (person) blekna, vitna **2** vt (Matl) blanchera; (mandel) skålla
bland |blænd| adj (person) behärskad, lugn; (väder) mild; (smak) mild, menlös
bland·ish·ments |'blændiʃmənts| spl smicker
blank |blæŋk| **1** adj tom, blank; **a** ~ **look** en tom/uttryckslös blick; **my mind went** ~ det stod helt stilla i huvudet på mig **2** s (abstr) tomhet; **his mind was a complete** ~ han blev helt tom i skallen; (på formulär) tom rad/ruta; (patron) löst skott; **to draw a** ~ dra en nitlott; (bildl) dra en nit,

kamma noll; ~ **cartridge** lös patron, löst skott; ~ **cheque** blankocheck; ~ **verse** blankvers
blan·ket |'blæŋkit| **1** s filt; (av snö, moln) täcke; (av dimma) ridå; **electric** ~ elektrisk (värme)filt; **wet** ~ glädjedödare **2** i sms generell, allmän; **to give** ~ **cover** (försäkring) ge heltäckande skydd
blare |bleər| **1** s (siren) tutande, tjat(ande); (musik) skrällande; (mistlur) bölande; (trumpet) smattrande **2** vt (äv: ~ out) (siren) tuta, tjuta; (musik) skrälla; (mistlur) böla
blasé |'blɑːzei| adj blasé, blaserad
blas·pheme |blæs'fiːm| vi häda; (ofta) svära
blas·phem·er |blæs'fiːmər| s (Rel) hädare
blas·phe·mous |'blæsfiməs| adj hädisk, blasfemisk
blas·phe·my |'blæsfimi| s hädelse, blasfemi
blast |blɑːst| **1** s **(a)** (vind) luftdrag, vindstöt; (ånga) stråle **(b)** (från signalhorn, siren) signal; (från trumpet) trumpetstöt; **the referee gave a** ~ **on his whistle** domaren blåste i pipan; **(at) full** ~ (bildl: om fordon) i full fart; (: om person) för fullt; (: om radio) på högsta volym **(c)** (av explosion) tryckvåg; **you could hear the** ~ **for miles** man kunde höra smällen på flera mils avstånd **2** vt (i allm) spränga; **the tree was** ~**ed by lightning** trädet träffades/splittrades av blixten; (bildl: förhoppningar etc) krossa **3** vi (äv: ~ **out**) (radio) skrälla; (siren) tjuta **4** interj (vard): ~ **that work!** åt helsike med det där jobbet!; ~ **John!** förbaskade John!; ~ **it!** sjutton också!, förbaskat!
♦ **blast off** vi + adv (raket) skjutas upp
blast·ed |'blɑːstid| adj (vard) förbaskad, jäkla
blast fur·nace |'blɑːst,fɜːnis| s masugn
blast·ing |'blɑːstiŋ| s (Tekn) sprängning; ~ **in pro·gress** (på skylt) sprängning pågår
blast·off |'blɑːst,ɒf| s (av raket) uppskjutning
bla·tant |'bleitənt| adj (lögn, ohövlighet) uppenbar; (orättvisa) skriande; (misstag, stöld) flagrant
bla·tant·ly |'bleitəntli| adv (se blatant) uppenbart; flagrant
blaze¹ |bleiz| **1** s (av eld) låga, flamma; (av sol, lampa etc) ljussken, ljusstrålar; (olycka) eldsvåda, brand; (bildl) utbrott; **the procession was a** ~ **of colour** processionen var ett hav av lysande färger **2** vi (eld) flamma, glöda; (solen) skina, stråla, glöda; (lampa) lysa; (ögon. av glädje) stråla; (: av ilska) blixtra
♦ **blaze away** vi + adv brassa på, panga på
♦ **blaze up** vi + adv (eg, bildl) flamma upp
blaze² |bleiz| **1** s (på djur) bläs; (på träd) bläcka, huggmärke **2** vt (träd) märka; **to** ~ **a trail** (eg, bildl) bana (en ny) väg
blaz·er |'bleizər| s klubbjacka
blaz·ing |'bleiziŋ| adj (hus etc) (kraftigt) brinnande; (brasa) flammande; (solen) glödande; (ljussken) skarp; (juveler) blixtrande; (ögon: av glädje) strålande, lysande; (: av vrede) blixtrande, (gräl, vrede) våldsam
bleach |bliːtʃ| **1** s blekmedel **2** vt (tyg) bleka; (hår) blondera; **the bones were** ~**ed by the strong sunlight** benen hade vitnat i det starka solljuset
bleach·ers |'bliːtʃəz| spl (Am) (sittplats)läktare utan tak
bleak |bliːk| adj (landskap) dyster, kal, ödslig; (väder) kall, ruggig, blåsig; (leende) svag; (framtidsutsikter) dyster
bleary |'bliəri| adj (ögon) rinnande; (blick) beslöjad, tårögd
bleary-eyed |,bliəri'aid| adj (av sömn) nymornad, med rinnande ögon; (av ålder) skumögd; (bildl) trögtänkt
bleat |bliːt| **1** s (får) bräkande; (kalv) bölande **2** vi (får) bräka; (kalv) böla; (bildl vard) klaga, gnälla
bleed |bliːd| imperf, perf part **bled** |bled| **1** vi (sår) blöda; (färg) fälla; (bläck, tryckfärg) flyta ut; **his**

nose is ~**ing** han har näsblod; **to** ~ **to death** förblöda; **my heart** ~**s for him** (iron) så synd om honom då **2** vt **(a)** (person) åderlåta; (bildl) pungslå, skinna, suga ut **(b)** (element, broms) lufta

bleed·ing [ˈbliːdɪŋ] adj **(a)** blödande **(b)** (Brit vard) jäkla, förbaskade; **get out of the** ~ **way!** undan för helsike!

bleep [bliːp] **1** s (Radio, TV) pip **2** vi (Radio, TV) pipa

bleep·er [ˈbliːpəʳ] s (Tele) personsökare

blem·ish [ˈblemɪʃ] **1** s (på frukt) fläck; (i hy) skönhetsfläck; (i allm) skavank, fel; **the scandal cost a** ~ **on his good name** skandalen satte en fläck på hans goda namn **2** vt skämma, besudla, fläcka

blench [blentʃ] vi **(a)** rygga tillbaka **(b)** blekna

blend [blend] **1** s (i allm) blandning; (Språkv) teleskopord: ʼbrunchʼ is a ~ of ʼbreakfastʼ and ʼlunchʼ **2** vt blanda **3** vi (färger, stilar etc) passa/gå ihop (with med); (folkgrupper etc) smälta samman (with med)

blend·er [ˈblendəʳ] s (Matl) mixer

bless [bles] vt välsigna; **(God)** ~ **you, my son** Gud välsigne dig, min son; **God** ~ **the Queen!** Gud välsigne drottningen!; ~ **you!** (i allm) Gud välsigne dig!; (efter nysning) prosit!; **Iʼm** ~**ed if I know** (eufem) det vete katten

bless·ed [ˈblesɪd] adj **(a)** välsignad, helig; **the B**~ **Virgin** den heliga jungfrun **(b)** (vard: eufem) jäkla, förbaskad, välsignad: whereʼs that ~ book?

bless·ing [ˈblesɪŋ] s **(a)** (Rel) välsignelse **(b)** (fördel) välsignelse, glädjeämne; **to count oneʼs** ~**s** vara glad över det man har; **you can count your** ~**s** du kan tacka din lyckliga stjärna; **it was a** ~ **in disguise** det hela vändes till det bästa; **it was a mixed** ~ det hade både för- och nackdelar

blest [blest] (poet) **1** adj = **blessed 2** perf part av **bless**

blew [bluː] imperf av **blow**

blight [blaɪt] **1** s (Bot: frukt) mjöldagg; (: säd) rost, brand, sot; (bildl) fördärv, pest **2** vt (Bot) förstöra; (bildl: liv) förstöra, spoliera; (: planer) gäcka, omintetgöra; **greenfly** ~**ed the leaves** bladlöss förstörde bladen

blind [blaɪnd] **1** adj **(a)** (i allm) blind; ~ **in one eye** blind på ett öga, enögd; **a** ~ **person** en blind **(b)** (bildl) blind (to för) **(c)** (vrede, panik) blind, besinningslös **(d)** dold, skymd: a ~ turning in the road; utan öppning: a ~ wall; ~ **alley** återvändsgränd; ~ **as a bat** (vard: närsynt): **Motherʼs** ~ **as a bat without her spectacles** mamma är helt blind utan sina glasögon; **to go** ~ bli blind; ~ **date** blindträff; ~ **drunk** (vard) stupfull; **a** ~ **guess** en ren gissning; **to turn a** ~ **eye to** blunda för, se genom fingrarna med; ~ **spot** (i bil) död vinkel; (Anat) blind fläck; (bildl: hos person) svag punkt **2** s **(a): the** ~ (pl) de blinda; **itʼs a case of the** ~ **leading the** ~ det är som när en blind leder en blind **(b)** rullgardin, markis; **Venetian** ~ persienn **3** adv (flyga, landa) utan sikt, blint **4** vt (eg) göra blind; (tillfälligt) blända; (bildl) förblinda

blind·fold 1 adj med förbundna ögon; **I could do it** ~ jag skulle kunna göra det med förbundna ögon **2** s (ögon)bindel **3** vt binda för ögonen på

blind·ly adv (äv bildl) blint, i blindo

blind·ness s blindhet; (bildl) oförmåga att se

blink [blɪŋk] **1** s blinkning; **to be on the** ~ (vard) vara sönder, ha pajat **2** vt blinka med **3** vi blinka

♦ **blink at** vi + prep (bildl) blunda för

blink·er·ed [ˈblɪŋkəd] adj försedd med skygglap-

par; (bildl) inskränkt, trångsynt

blink·ers [ˈblɪŋkəz] spl skygglappar

bliss [blɪs] s (Rel) lycksalighet; (i allm) sällhet, lycka; **the concert was sheer** ~ konserten var ljuvlig/underbar; **ignorance is** ~ (ordspr) saliga äro de fåkunniga

bliss·ful [ˈblɪsful] adj lycklig, lycksalig; **in** ~ **ignorance** lyckligt ovetande; **in** ~ **ignorance of** i lycklig okunnighet om

bliss·ful·ly [ˈblɪsfəlɪ] adv lyckligt; ~ **ignorant** lyckligen ovetande; ~ **happy** salig av lycka

blis·ter [ˈblɪstəʳ] **1** s (på hud, färg) blåsa **2** vt göra blåsor i/på **3** vi få blåsor; **her hands** ~ **easily** hon får lätt blåsor i händerna

blithe [blaɪð] adj bekymmerslös, tanklös

blithe·ly [ˈblaɪðlɪ] adv bekymmerslöst, obekymrat; **he continued** ~ han fortsatte glatt

blitz [blɪts] **1** s (a) blixtanfall; (bildl vard) ryck; **to have a** ~ **on sth** göra ett ryck med ngt **(b): the B**~ (Hist) Blitzen **2** vt rikta ett blixtanfall mot

bliz·zard [ˈblɪzəd] s snöstorm

bloat·ed [ˈbləʊtɪd] adj (mage) uppsvälld; (ansikte) uppsvälld, pussig; (bildl) uppblåst

blob [blɒb] s (bläck) droppe, plump; (färg) droppe, klick; (lera) klump

bloc [blɒk] s (Pol) block: the Communist ~

block [blɒk] **1** s **(a)** (sten, is) block; (trä) stock; (leksak) (bygg)kloss; (Sport) startblock; (för halshuggning) stupstock; **to knock sbʼs** ~ **off** (vard) klippa till ngn; **he is a chip off the old** ~ (vard: ung) äpplet faller inte långt från päronträdet; ~ **letter,** ~ **capital** tryckbokstav; **please use** ~ **letters** var god texta (med stora bokstäver); ~ **and tackle** (Tekn) talja **(b)** (byggnad) hus; (i sht Am) kvarter; ~ **of flats** (Brit) hyreshus; **office** ~ kontorshus; **tower** ~ höghus; **to walk around the** ~ gå runt kvarteret **(c)** (på läktare) sektion **(d)** (i rör) stopp; (Med, Psyk) blockering **2** vt (i allm) stoppa, hindra; (väg) blockera; (rör) täppa till; (Sport) blockera; **to** ~ **sbʼs view** skymma sikten för ngn; **to** ~ **sbʼs way** stänga vägen för ngn

♦ **block out** vt + adv (ljus) utestänga; (bild) måla över, utplåna

♦ **block up** vt + adv (gång) blockera; (rör) täppa till; (hål) täppa till, fylla igen; **my nose is all** ~**ed up** jag är alldeles täppt i näsan

block·ade [blɒˈkeɪd] **1** s (Mil) blockad **2** vt (stad) blockera, upprätta blockad mot; (gata) spärra av

block·age [ˈblɒkɪdʒ] s (i rör) stopp; (Med) blockering

bloke [bləʊk] s (Brit vard) kille, snubbe

blond [blɒnd] **1** s blond/ljus(hårig) man **2** adj blond, ljus(hårig)

blonde [blɒnd] **1** s blondin, ljus(hårig) kvinna **2** adj blond, ljus(hårig)

blood [blʌd] **1** s blod; **to give** ~ lämna blod; **of royal** ~ av kungligt blod; **new** ~ nytt blod; **in cold** ~ med berått mod, kallblodigt; ~ **is thicker than water** blod är tjockare än vatten; **itʼs in the** ~ det ligger i blodet; **heʼs after my** ~ (skämts) han är ute efter mig; **my** ~ **ran cold** blodet isades i mina ådror; se äv **bad c 2** i sms: ~ **bank** blodbank; ~ **brother** broder genom fostbrödralag; ~ **donor** blodgivare; ~ **group** blodgrupp; ~ **heat** kroppstemperatur; ~ **money** blodspengar; ~ **orange** blodapelsin; ~ **pressure** blodtryck; **to have high/low** ~ **pressure** ha högt/lågt blodtryck; ~ **poisoning** blodförgiftning; ~ **red** blodröd; ~ **sport** ʼblodssportʼ som går ut på att döda djur; ~ **stream** blodomlopp; ~ **test** blodprov; ~ **type** blodgrupp; ~ **vessel** blodkärl

blood·curdling [ˈblʌdˌkɜːdlɪŋ] adj: **a** ~ **cry** ett

skrik som fick blodet att isa sig i mina ådror; **a ~ sight** en hårresande syn

blood·hound ['blʌd,haʊnd] s blodhund

blood·less ['blʌdlɪs] adj (hy) blek, blodfattig; (karaktär) livlös, färglös; (kupp) oblodig

blood·shed ['blʌd,ʃed] s blodsutgjutelse, blodspillan

blood·shot ['blʌd,ʃɒt] adj blodsprängd

blood·stain ['blʌd,steɪn] s blodfläck

blood·stained ['blʌd,steɪnd] adj (huvud, vapen) blodig; (kläder) blodbestänkt; (bildl) blodbesudlad

blood·thirsty ['blʌd,θɜːstɪ] adj (person) blodtörstig; (film, slagsmål) blodig

bloody ['blʌdɪ] **1** adj **(a)** (sår) blödande, blodig; (hand, kläder) blodig, nerblodad, blodfläckad; (strid) blodig **(b)** (Brit vard) jävla, satans; **~ hell!** helvete också!; **that's ~ awful!** det är för jävligt!; **he hasn't got a ~ hope!** han har inte en jävla chans!; **he's a ~ genius** han är tamejfan ett geni **2** adv (Brit vard) jävla, satans; **who do you ~ well think you are?** vem fan tror du att du är?; **that's no ~ good!** det duger inte för helvete!; **not ~ likely** i helvete heller; **he runs ~ fast** han springer jävligt fort

bloody-minded [,blʌdɪ'maɪndɪd] adj (Brit vard) envis, motsträvig, obstinat

bloody-mindedness [,blʌdɪ'maɪndɪdnɪs] s (Brit vard) envishet, motsträvighet; **she smashed the vase out of sheer ~** hon slog sönder vasen på rent jävelskap

bloom [bluːm] **1** s blomma; (bildl) blomstringstid; (på frukt) tunn vaxartad beläggning; (i hyn) glöd, friskhet; **be in ~** stå i blom; **in full ~** i full blom; **in the full ~ of youth** i blomman av sin ungdom **2** vi blomma

bloom·ers ['bluːməz] spl (förr) vida, långa damunderbyxor

blossom ['blɒsəm] **1** s blomma; (koll) blomning; **in ~** i blom **2** vi (äv: ~ out) slå ut (i blom), blomma upp; (bildl) utveckla sig (into till)

blot [blɒt] **1** s (bläck) plump; (bildl) skamfläck; **it's a ~ on the landscape** det skämmer utsikten **2** vt **(a)** sätta en plump; **to ~ one's copy book** (bildl) göra bort sig **(b)** läska med läskpapper

♦ **blot out** vt + adv täcka över, utplåna; **clouds ~ed out the sun** moln täckte solen; **he had ~ed out his unhappy childhood** han hade förträngt (minnena av) sin olyckliga barndom

blotch [blɒtʃ] s (bläck) plump; (färg) fläck; (i hy) fläck

blot·ter ['blɒtə'] s läsk|papper/-press; (Am) **police ~** polisjournal

blot·ting paper ['blɒtɪŋ,peɪpə'] s läskpapper

blouse [blaʊz] s (för kvinna) blus; (för man) uniformsjacka, arbetsblus

blow¹ [bləʊ] s **(a)** slag; **to strike a ~ for** (bildl) slå ett slag för, göra en insats för; **it came to ~s** (eg, bildl) det blev bråk; **they came to ~s** (eg, bildl) de råkade i luven på varandra **(b)** (bildl) slag, motgång (to för)

blow² [bləʊ] imperf **blew**, perf part **blown 1** vt **(a)** (förflytta ngt) blåsa; **to ~ sb a kiss** ge ngn en slängkyss **(b)** (blåsa in luft i) blåsa (i); **to ~ one's own trumpet** slå på trumman för sig själv; **~ bubbles** blåsa bubblor; **to ~ one's nose** snyta sig; **to ~ glass** blåsa glas **(c)** (förstöra): **to ~ the fuse** göra så att säkringen/proppen går; **to ~ a safe/a bridge** spränga ett kassaskåp/en bro; **to ~ money on sth** (vard) kasta ut pengar på ngt; **to ~ a secret** avslöja en hemlighet; **to ~ one's top** explodera av ilska; **~ the expense!** jag struntar i vad det kostar! **2** vi **(a)** (vind) blåsa; (person) flåsa, flämta **(b)** (förflyttas av vind) blåsa, flyga;

the flag was ~ing in the breeze flaggan fladdrade i vinden; **the door blew open/shut** dörren blåste upp/igen **(c)** (trumpet, visselpipa) ljuda **(d)** (propp, säkring) gå **3** s pust, blåsning; **have a ~ here** blås här; **she gave a ~ on the trumpet** hon blåste till i trumpeten

♦ **blow away** vt/vi + adv blåsa bort

♦ **blow down** vi + adv blåsa omkull

♦ **blow in** vi + adv (fönster) blåsa sönder, tryckas in av vinden; (löv, sand) blåsa in; **look who's ~n in!** (vard) titta vem som har dykt upp!

♦ **blow off** vt + adv (gas) blåsa ut, släppa ut; **to ~ off steam** (bildl) lätta på trycket, ge luft åt sina känslor

♦ **blow out 1** vt + adv **(a)** (ljus) släcka, blåsa ut **(b)** (kinder) blåsa upp **2** vi (bildäck) punktera

♦ **blow over 1** vt + adv (träd) blåsa omkull: the wind blew over the tree **2** vi + adv (träd) blåsa omkull: the tree blew over in the storm; (storm) dra förbi; (bildl: gräl) storma över, gå över

♦ **blow up 1** vt + adv (byggnad) spränga (i luften); (däck) pumpa; (foto) förstora; (bildl: gräl) blossa upp; (vard: person) explodera av ilska, bli ursinnig **2** vi + adv (bil, fabrik) explodera; (gräl) blossa upp; (vard: person) explodera av ilska, bli ursinnig

blow-dry ['bləʊ,draɪ] vt (hår) föna, blåsa

blow·lamp ['bləʊ,læmp] s blåslampa

blown [bləʊn] perf part av **blow**²

blow·out ['bləʊaʊt] s **(a)** (däck) punktering, däcksexplosion; (i oljeborrtorn) utblåsning **(b)** (Elektr: propp) smältning; **there has been a ~** proppen har gått **(c)** (vard) fest(måltid), party

blow·pipe ['bləʊ,paɪp] s (vapen) blåsrör

blowy ['bləʊɪ] adj blåsig

blowzy ['blaʊzɪ] adj (kvinna) slafsig; (hy) rödmosig

blub·ber ['blʌbə'] **1** s späck **2** vi (gråta) snyfta, snörvla, lipa

blue [bluː] **1** adj **(a)** blå; **~ with cold** blåfrusen; **once in a ~ moon** ytterst sällan; **~ blood** blått blod; **~ cheese** ädelost **(b)** (vard) porr-, pornografisk; **~ movie** porrfilm; **~ joke** fräckis **(c)** (vard) nedstämd, hängig, deppig: to feel ~ **2** s **(a)** (färg) blått **(b)** (himmel) det blå; **out of the ~** (bildl) som en blixt från klar himmel, helt oväntat **(c)**: **~s** (Mus) blues; (känsla): **he's got the ~s** han är deppig

blue·bell ['bluː,bel] s (Skottl) blåklocka; (Engl) klockhyacint

blue·berry ['bluːbərɪ] s (Am) blåbär

blue-blooded ['bluː'blʌdɪd] adj blåblodig

blue·bottle ['bluː,bɒtl] s (Zool) spyfluga; (Bot) blåklint

blue-collar ['bluː,kɒlə'] adj: **~ worker** (kropps)arbetare

blue-eyed [,bluː'aɪd] adj blåögd, med blå ögon; **~-eyed boy** (bildl) älskling(sgosse), gullgosse

blue·print ['bluː,prɪnt] s (eg) ritning, blåkopia; (bildl) plan

bluff¹ [blʌf] adj (person) tvär, burdus, rättfram

bluff² [blʌf] s brant (strand)klippa

bluff³ [blʌf] **1** s bluff; **to call sb's ~** (bildl) få ngn att bekänna färg **2** vt bluffa; **to ~ it out** klara sig genom att bluffa **3** vi bluffa

blun·der ['blʌndə'] **1** s blunder, tabbe; **to make a ~** göra en tabbe, dabba sig, göra bort sig **2** vi **(a)** göra bort sig **(b)** fumla, drumla; **to ~ about** drulla omkring; **to ~ into sth/sb** drumla på el stöta till ngt/ngn; **to ~ into a situation** hamna/försätta sig i en situation

blunt [blʌnt] **1** adj **(a)** (egg) oskarp, slö; (spets) trubbig **(b)** (person, uttalande) burdus, rättfram **2** vt göra slö/oskarp; (bildl: göra mindre mottaglig) trubba av; (: göra mindre kännbar) minska, lindra

blunt·ly ['blʌntlɪ] *adv* rent ut, rakt på sak

blunt·ness ['blʌntnɪs] *s* **(a)** *(egg)* slöhet; *(spets)* trubbighet **(b)** *(person)* rättframhet, burdust sätt

blur [blɜːʳ] **1** *s* suddig form/skepnad; **my mind was a** ~ jag kunde inte tänka klart **2** *vt* **(a)** *(skrift, kontur)* göra otydlig/suddig; *(sikt)* göra oklar, skymma **(b)** *(bildl: minne)* sudda ut, göra suddig; *(: omdöme)* försämra, förvirra **3** *vi (se vt)* bli otydlig/suddig; **her eyes** ~**red with tears** hennes blick skymdes av tårar

blurb [blɜːb] *s* reklamtext på bok, baksidestext

blurred [blɜːd] *adj* suddig; **the figure became** ~ figurens konturer suddades ut

blurt [blɜːt] *vt (äv:* ~ **out)** låta undfalla sig; **he** ~**ed out the whole story** han hävde ur sig hela historien; **she** ~**ed the truth out** sanningen slank/ slapp ur henne

blush [blʌʃ] **1** *s* rodnad; **without a** ~ utan att rodna, helt ogenerat/fräckt **2** *vi* rodna (*with* av); **to make sb** ~ få ngn att rodna

blus·ter ['blʌstəʳ] **1** *s* tomma hotelser, gormande **2** *vi (vind)* brusa, larma; *(person)* domdera, gorma

blus·tery ['blʌstərɪ] *adj* blåsig

B.O. *s förk f* **body odo(u)r** kroppsodör

boa ['bəʊə] *s* **(a)** *(äv:* ~ **constrictor:** *Zool)* boa(orm) **(b)** *(plagg)* fjäder-/päls|boa

boar [bɔːʳ] *s* galt; **wild** ~ vildsvin

board [bɔːd] **1** *s* **(a)** *(i allm)* bräda, bräde; *(byggmaterial)* gips-/träfiber|skiva; *(av pappersmassa)* papp, kartong; *(i schack etc)* bräde; *(anslags-/svart)* tavla; ~ **game** sällskapsspel; **across the** ~ *(bildl)* allmän(t), generell(t); **to go by the** ~ *(bildl: traditioner etc)* falla i glömska; **above** ~ *(bildl)* öppet, ärligt **(b)** *(mat)* kost; **half** ~ *(Brit)* halvpension; **full** ~ *(Brit)* helpension; ~ **and lodging** kost och logi; **(c)** *(Sjö, Flyg):* **on** ~ ombord **(d)** råd, styrelse; *(statlig, kommunal)* styrelse, verk; ~ **of directors** bolagsstyrelse **2** *vt* **(a)** *(båt, flygplan)* gå ombord på; *(fiendeskepp)* äntra; *(buss, tåg)* stiga på **(b)** brädfodra; **to** ~ **up** sätta bräder för, sätta igen med bräder **3** *vi:* **to** ~ **with** vara inackorderad hos

board·er ['bɔːdəʳ] *s (i allm: person)* inackordering; *(Skol)* intern(atselev)

board·ing card ['bɔːdɪŋˌkɑːd] *s (Brit)* = **boarding pass**

board·ing house ['bɔːdɪŋˌhaʊs] *s* pensionat

board·ing pass ['bɔːdɪŋˌpɑːs] *s, (Brit äv)* **boarding card** *s (Flyg)* boardingcard, ombordstigningskort

board·ing school ['bɔːdɪŋ ˌskuːl] *s* internat(skola)

board·walk ['bɔːdˌwɔːk] *s (Am)* strandpromenad *ofta belagd med plankor*

boast [bəʊst] **1** *s* skryt; **to make** ~ **of** skryta med; **it is his** ~ **that...** det är hans stolthet att... **2** *vt (frm)* kunna skryta med (att ha), kunna ståta med **3** *vi* skryta *(of el about* över/med)

boast·ful ['bəʊstfʊl] *adj* skrytsam

boat [bəʊt] *s (mindre)* båt; *(större)* skepp, fartyg; **to go by** ~ åka båt; **we're all in the same** ~ *(bildl vard)* vi är alla i samma båt; **to burn one's** ~**s** *(bildl)* bränna sina skepp; **to miss the** ~ *(bildl)* missa tillfället; ~ **train** båttåg *med anslutning till fartyg*

boat·er ['bəʊtəʳ] *s* halmhatt

boat·swain ['bəʊsn] *s (på handelsfartyg)* båtsman, *arbetsledare för besättningsmännen; (på örlogsfartyg)* flaggunderofficer

bob[1] [bɒb] **1** *s (med huvudet)* knyck; *(om flicka)* knix, nigning **2** *vi (person)* rycka till; *(svans)* vifta, vicka; *(föremål: i vinden)* fladdra *(: på vattenytan)* guppa

♦ **bob up** *vi* + *adv* dyka upp, visa sig

bob[2] [bɒb] *s* bobbat hår *kortklippt i nacken*

bob[3] [bɒb] *s (vard: åld)* shilling

bob·ble ['bɒbl] *s* **(a)** *(på mössa etc)* tofs **(b)** *(Am vard: person)* klantskalle; *(: handling)* klavertramp, 'tavla'

bob·by ['bɒbɪ] *s (Brit vard)* poliskonstapel

bobby·soxer ['bɒbɪsɒksəʳ] *s (Am vard åld)* tonåring med ankelsockor *särskilt på 1940-talet*, 'backfisch'

bob·cat ['bɒbˌkæt] *s (Am)* rödlo, vildkatt

bod·ice ['bɒdɪs] *s (klännings)liv, blusliv*

bodi·ly ['bɒdɪlɪ] **1** *adj (behov, sjukdom etc)* kroppslig, fysisk **2** *adv* **(a)** kroppsligen: *he was unable to lift her* ~ *off the ground;* med våld: *the guard threw him* ~ *from the platform* **(b)** *(alla tillsammans)* i sin helhet, som en man

body ['bɒdɪ] *s* **(a)** *(om person, djur)* kropp; *(mellankropp)* bål, torso; *(död människa)* kropp, lik; ~ **language** kroppsspråk; **over my dead** ~! över min döda kropp!, aldrig i livet!; **to keep** ~ **and soul together** klara livhanken **(b)** *(om bil, flygplan etc)* karosseri, skrov; ~ **shop** karosseriverkstad **(c)** *(om argument etc)* huvuddel: *the* ~ *of his thesis* **(d)** *(om fakta, material)* samling; *(om människa)* kollektiv, förening; **a large** ~ **of evidence** en stor samling bevis; **the student** ~ studenterna, studentkollektivet; **in a** ~ alla på en gång; i samlad trupp; **legislative** ~ lagstiftande församling; **governing** ~ styrande grupp, styrelse **(e)** *(om vin)* fyllighet; *(om hår)* volym

body·guard ['bɒdɪˌgɑːd] *s (individ o grupp)* livvakt

body·work ['bɒdɪˌwɜːk] *s (Motor)* karosseri

bog [bɒg] *s* **(a)** *(eg)* kärr, träsk **(b)** *(Brit vard: toalett)* dass

♦ **bog down** *vt* + *adv (i lera tex)* köra fast *(äv bildl)*

bog·gle ['bɒgl] **1** *vi (vard)* studsa, haja till *(at* inför*)*; **the mind** ~**s!** man häpnar! **2** *vt:* **it** ~**s my mind** det är ofattbart

bo·gus ['bəʊgəs] *adj (i allm)* fingerad, spelad, påhittad; *(pengar, smycken)* oäkta, förfalskad; *(person, karaktär)* falsk; *(transaktion, äktenskap)* skenbar

Bo·he·mia [bəʊˈhiːmɪə] *s* **(a)** Böhmen **(b)** bohem(kretsar)

bo·he·mian [bəʊˈhiːmɪən] **1** *s* bohem **2** *adj* bohemisk

boil[1] [bɔɪl] *s (Med)* (var)böld

boil[2] [bɔɪl] **1** *s* kokning, kokpunkt; **to bring to the** ~ koka upp; **on the** ~ i kokning; **to be on the** ~ (stå och) koka **2** *vt* koka, sjuda **3** *vi (vatten)* koka; *(bildl: av vrede)* koka, sjuda

♦ **boil down** *vi* + *adv (bildl)* reduceras; **it all** ~**s down to...** det går i korthet ut på...

♦ **boil over** *vi* + *adv* koka över

boil·er ['bɔɪləʳ] *s (uppvärmning)* (värme)panna; *(på båt, lok)* (ång)panna; ~ **room** pannrum; ~ **suit** overall

boiler·maker ['bɔɪləʳˌmeɪkəʳ] *s* metallarbetare

boil·ing ['bɔɪlɪŋ] *adj (eg, bildl)* kok-, kokande, het; ~ **hot day** en stekhet dag; ~ **point** kokpunkt

bois·ter·ous ['bɔɪstərəs] *adj (ljudlig)* bullersam, högröstad; *(glad o livlig)* uppsluppen

bold [bəʊld] *adj* **(a)** *(vid fara etc)* djärv, dristig **(b)** *(i sällskap etc)* framfusig, fräck, oblyg **(c)** *(mönster etc)* kraftig, markerad: *a dress with* ~ *stripes* **(d)** *(Typogr):* ~ **face/type** halvfet

bold·face ['bəʊldfeɪs] *adj (Typogr)* halvfet

bold·ly ['bəʊldlɪ] *adv* djärvt, oförskräckt

bold·ness ['bəʊldnɪs] *s (se* **bold** *a,b)* djärvhet; framfusighet, fräckhet

Bo·livia [bəˈlɪvɪə] *s* Bolivia

Bo·liv·ian [bəˈlɪvɪən] **1** *adj* boliviansk **2** *s* bolivian

bol·lard ['bɒləd] *s* **(a)** *(Trafik)* låg stolpe, trafik-

kon (b) (Sjö) pollare
bo·lo·ney [bə'ləʊnɪ] s = baloney
Bol·she·vik ['bɒlʃəvɪk] s bolsjevik
Bol·she·vism ['bɒlʃəvɪzəm] s bolsjevism
bol·ster ['bəʊlstə'] 1 s lång kudde, dyna 2 vt
(äv: ~ up) (bildl) stödja, stärka; to ~ the
morale stärka moralen
bolt [bəʊlt] 1 s (a) (på dörr) regel; (i lås)
låskolv; (Tekn) bult (b) (bildl): he's shot his ~
han har förbrukat sina sista krafter; to make a ~
for rusa/störta i väg/sticka mot (c) (om åska)
åskvigg, blixt; a ~ from the blue (bildl) en blixt
från klar himmel 2 adv: ~ upright kapprak,
käpprak 3 vt (a) (dörr etc) regla; (Tekn) fästa
med bultar (b) (mat) sluka, svälja; to ~ down
slänga i sig 4 vi (person) rusa (iväg), skena;
(häst) skena; (tjuv) smita
bomb [bɒm] 1 s bomb; it went like a ~ (vard) det
blev succé, det gick som smort; ~ disposal ex-
pert desarmeringsexpert; ~ site (sönder)bom-
bat kvarter/område; 2 vt (eg) bomba, fälla
bomber mot; (bildl) bombardera 3 vi (Am vard)
(totalt) misslyckas, göra fiasko, gå åt skogen
bom·bard [bɒm'bɑːd] vt (Mil) bomba(rdera) (with
med); (bildl): I was ~ed with questions jag
bombarderades/överöstes med frågor
bom·bard·ment [bɒm'bɑːdmənt] s (Mil) bombar-
demang
bom·bas·tic [bɒm'bæstɪk] adj bombastisk, svulstig
bomb·er ['bɒmə'] s (a) (Flyg) bombplan (b)
(person) bombfällare, bombkastare
bomb·shell ['bɒmʃel] s (a) (eg) granat (b)
(bildl) knalleffekt, bomb
bona fide ['bəʊnə'faɪdɪ] adj (genuin) äkta, verklig;
(Jur) i god tro
bo·nan·za [bə'nænzə] s (eg) rik malmåder; (bildl)
guldgruva
bond [bɒnd] 1 s (a) (överenskommelse) förbin-
delse, borgen; marriage ~ äktenskaps-
kontrakt (b) (bildl) band, boja; ~ of friendship
vänskapsband (c): ~s bojor; in ~s i fäng-
else (d) (Ekon) obligation, skuldsedel, revers;
premium ~s premieobligationer (e) (Handel):
in ~ (liggande) i tullnederlag (f) (hopfästning)
(lim)fog 2 vt fästa, limma (ihop)
bond·ed ['bɒndɪd] adj i tullnederlag; ~ warehouse
tullnederlag
bone [bəʊn] 1 s (i skelett, ämne) ben; ~ of conten-
tion tvistefrö, stridsäpple; I feel it in my ~s jag
känner det på mig; I have a ~ to pick with you
(vard) jag har en gås oplockad med dig; to make
no ~s about sth (vard: obehaglig åtgärd) inte dra
sig för att göra ngt; (: obehaglig sanning) inte
sticka under stol med ngt; ~ china benporslin; ~
idle urlat; ~ meal benmjöl 2 vt (Matl) bena (ur)
(vard) jag har en gås oplockad med dig; to make
bone-dry ['bəʊn,draɪ] adj (vard) snustorr
bon·fire ['bɒnfaɪə'] s (till fest) lusteld; (för skräp)
bål, brasa
bon·net ['bɒnɪt] s (a) (kvinnas) kapotthatt,
bahytt; (mans) skotsk mössa; (babys) hätta (b)
(Brit Motor) motorhuv
bon·ny ['bɒnɪ] adj (i sht Skottl) söt, fager
bo·nus ['bəʊnəs] s (lön) gratifikation, extrabetal-
ning; (försäkring etc) (premie)återbäring; (bildl)
premie, belöning
bony ['bəʊnɪ] adj (-ier, -iest) (i allm) benig, ben-;
(person) benig, bara skinn och ben
boo [buː] 1 s, interj bu(rop), fy(rop) 2 vt (till
skådespelare, domare etc) bua/ropa fy åt; he was
~ed off the stage han buades (bort) från scenen
boob [buːb] s (vard: handling) tabbe; (: person)
drummel, idiot; (: kroppsdel) bröst, patt
boo·by prize ['buːbɪ,praɪz] s tröstpris, jumbopris
boo·by trap ['buːbɪ,træp] s (handling) elakt skämt,
spratt, försåt; (Mil etc) minfälla, dold bomb

book [bʊk] 1 s (i allm) bok, häfte; (att skriva i)
skrivbok, anteckningsbok; ~ of matches tänd-
sticksplån; ~ of tickets (Brit) biljetthäfte; the
Book Bibeln; the ~s (Handel) räkenskaperna,
bokföringen; to be in sb's bad ~s ligga dåligt till
hos någon; to bring sb to ~ ställa någon till
ansvar; to throw the ~ at sb ge någon strängast
möjliga straff; by the ~ efter reglerna, pe-
dantiskt; in my ~ enligt min mening; ~ token
presentkort på bok 2 vt (a) (Brit: biljett, plats,
hotellrum) boka, reservera, beställa (b) (vard:
för förseelse) skriva upp, anteckna
♦ book up vt + adv (vanl pass): to be ~ed up vara
upptagen/fullbokad
book·case ['bʊk,keɪs] s bokhylla, bokskåp
bookie ['bʊkɪ] s (vard) = bookmaker
book·ing ['bʊkɪŋ] s (Brit) (på hotell etc) för-
hands)beställning; (på teater etc) förköp, biljett-
försäljning; ~ clerk biljettförsäljare; ~ office
biljettkontor
book-keeper ['bʊk,kiːpə'] s bokhållare, bokförare
book-keeping ['bʊk,kiːpɪŋ] s bokföring
book·let ['bʊklɪt] s liten bok, häfte, broschyr
book·maker ['bʊk,meɪkə'] s bookmaker vadför-
medlare vid kapplöpningar
book·mark ['bʊk,mɑːk] s bokmärke
book·shop ['bʊk,ʃɒp] s bokhandel
book·stall ['bʊk,stɔːl] s bokstånd, tidningskiosk
book·worm ['bʊk,wɜːm] s (person) bokmal
boom[1] [buːm] s (Sjö) bom; (på kran) kranarm; (i
mikrofon) brus, dån
boom[2] [buːm] 1 s (om kanon, åska) dån,
dunder 2 vi (röst, radio, hav etc) dåna (out ut) 3
vt dåna (out ut): the sergeant ~ed out an order
boom[3] [buːm] 1 s (inom industri) högkonjunktur,
hausse; (om befolkning, stad etc) utveckling,
expansion; ~ town snabbt expanderande
stad 2 vi (Handel) blomstra, häftigt stiga, gå
framåt
boom·er·ang ['buːməræŋ] 1 s (eg, bildl) bume-
rang 2 vi (bildl) verka/slå tillbaka som en
bumerang; to ~ on slå tillbaka på
boon [buːn] s välsignelse, förmån
boor [bʊə'] s tölp, bondlurk
boor·ish ['bʊərɪʃ] adj tölpaktig, bufflig
boost [buːst] 1 s (a) (uppmuntran) puff, knuff,
stimulans (b) (person) hjälpande hand; (Tekn:
tex från startraket) krafttillskott 2 vt (bildl) öka,
höja; (produkt) göra reklam/propaganda för;
(elström, radiosignal) förstärka
boost·er ['buːstə'] s (i allm) uppmuntran; (TV)
hjälpanordning; (Elektr) hjälpmotor; (Rymd)
startraket; (Med: vaccin) fyllnadsdos
boot [buːt] 1 s (a) (skid)pjäxa; (soldat)känga;
(skid)pjäxa; to give sb the ~ (vard) ge ngn
sparken (b) (Brit Motor) bagageutrymme 2
vt (vard) sparka, ge sparken; he was ~ed out of
his job han fick sparken från jobbet
boot·ee [buː'tiː] s (babys) barnsocka; (kvinnas)
stövlett
booth [buːð] s (på marknad, torg) (salu)stånd, bås;
(Tele, röstning etc) bås, hytt
boot·lace ['buːt,leɪs] s kängsnöre, skorem
boot·leg ['buːt,leg] adj (olaglig) smuggel-, langar-;
~ whisky; ~ record piratinspelning
boot·leg·ger ['buːt,legə'] s (sprit)smugglare,
langare; illegal tillverkare
boot·polish ['buːt,pɒlɪʃ] s skokräm
booty ['buːtɪ] s byte, rov
booze [buːz] (vard) 1 s (sprit) sponken; (tillställ-
ning) fyllefest; (Brit: lokal) pub 2 vi dricka,
fylla, supa
bor·der ['bɔːdə'] 1 s (a) (dekoration) bård,
bräm; (av fält etc) kant, utkant (b) (mellan
länder etc) gräns, gränsområde, gränsland (c)

border (up)on *(i trädgård)* kantrabatt **2** *vt* **(a)** kanta, begränsa: *trees* ~ *the street* **(b)** gränsa (in)till
♦ **border (up)on** *vi* + *prep (i allm)* gränsa till; *(bildl)* gränsa till, närma sig: *this* ~*s on the ridiculous*
border·line ['bɔːdəlaɪn] *s* gräns(linje); ~ **case** gränsfall
bore[1] [bɔːᵊ] **1** *s (i allm)* borrhål; *(om rörformade föremål)* rör-/cylinder|diameter; *(gevär)* kaliber, *(gevärs)*lopp; **a 12** ~ **shotgun** ett gevär med kaliber 12 **2** *vt* borra **3** *vi* borra *(for* efter)
bore[2] [bɔːᵊ] **1** *s (person)* tråkmåns, träbock; *(händelse)* något tråkigt, en plåga **2** *vt* tråka ut, ledas; *he's* ~*d stiff* han har dödtråkigt
bore[3] [bɔːᵊ] *imperf av* **bear**[2].
bore·dom ['bɔːdəm] *s* leda, långtråkighet
bor·ing ['bɔːrɪŋ] *adj* tråkig, långtråkig
born [bɔːn] *adj* **(a)** *(person, idé etc)* född; **I was** ~ **in 1955** jag är född 1955; ~ **again** pånyttfödd; **I wasn't** ~ **yesterday!** *(vard)* jag är inte född igår! **(b)** *(person)* född, boren: *a* ~ *actor; he is a* ~ **liar** han är född till lögnare
borne [bɔːn] *perf part av* **bear**[2].
bor·ough ['bʌrə] *s (i allm)* stad, köping; *(vid val)* valkrets; *(i London)* stadsdel *som administrativt begrepp; (Am)* distrikt *i* New York City
bor·row ['bɒrəʊ] *vt (eg, bildl)* låna *(from* av)
bor·row·er ['bɒrəʊəᵊ] *s* låntagare
bor·stal ['bɔːstl] *s* ungdomsvårdsskola, ungdomsfängelse
bos·om ['bʊzəm] *s (om kvinna)* barm, bröst; **in the** ~ **of the family** *(bildl)* i familjens sköte; ~ **friend** hjärtevän
Bos·pho·rus ['bɒsfərəs] *s*: **the** ~ Bosporen
boss [bɒs] **1** *s (överordnad)* chef, förman, boss; *(i organisation)* ledare, pamp, boss **2** *vt (äv*: ~ **about** *el* **around)** kommendera, köra med
bossy ['bɒsɪ] *adj* dominerande, myndig
bo·tani·cal [bə'tænɪkəl] *el* **bo·ta·nic** [bə'tænɪk] *adj* botanisk; **botanical garden** botanisk trädgård
bota·nist ['bɒtənɪst] *s* botaniker
bo·ta·ny ['bɒtənɪ] *s* botanik
botch [bɒtʃ] **1** *s* fuskverk, hafsverk **2** *vt (vard)* fuska bort, förfuska
both [bəʊθ] **1** *pron fören o självst* båda, bägge; ~ **(the) boys** båda pojkarna; ~ **(of them) are mine** båda två är mina **2** *adv*: ~ ... **and** både ... och
both·er ['bɒðəᵊ] **1** *s (irritation)* besvär; *(problem)* bråk, trassel; **it wasn't any** ~ det var inget besvär alls; **he had a spot of** ~ **with the police** han hade lite trassel med polisen **2** *vt (om problem etc)* bekymra; *(om besvärlighet)* förarga; *(person)* störa, besvära; **I'm sorry to** ~ **you** förlåt att/om jag besvärar dig; **don't** ~ **me!** stör mig inte!; **I can't be** ~*ed (vard)* jag gitter inte **3** *vi* göra sig besvär *(about* med); **don't** ~**!** inget besvär *(för* min skull)! **4** *interj* jäklar!, tusan också!
bot·tle ['bɒtl] **1** *s* flaska, butelj; **baby's** ~ nappflaska **2** *vt (vin)* buteljera, tappa på flaska; *(frukt)* lägga in, konservera
♦ **bottle up** *vt* + *adv (bildl: känslor etc)* stänga inne, hålla tillbaka
bottle-feed ['bɒtl,fiːd] *imperf, perf part* **bottle-fed** *vt (baby)* ge flaska åt
bot·tle·neck ['bɒtlˌnek] *s (eg, bildl)* flaskhals
bottle-opener ['bɒtlˌəʊpnəᵊ] *s* kapsylöppnare
bot·tom ['bɒtəm] *s (i allm)* botten; *(av trappa, berg etc)* fot; *(i skolklass)* den sämste; *(på fot)* undersida, fotsula; *(på stol)* sits; *(på person)* ända, stjärt; **at the** ~ **of the page** längst ner på sidan; **the** ~ **of the shoe** skosulan; **at** ~ *(bildl)* i grund och botten; **from the** ~ **of my heart** *(bildl)* ur djupet av mitt hjärta; **to get to the** ~ **of sth** *(bildl)* gå till botten med ngt; **he's at the** ~ **of it** *(bildl)* han ligger bakom det; ~*s up!* *(vard)* skål!, botten

upp!; ~ **drawer** *(Brit)* brudkista; ~ **gear** lägsta växeln; ~ **half** undre delen
bot·tom·less ['bɒtəmlɪs] *adj (eg)* bottenlös; *(bildl)* bottenlös, outsinlig
bottom·most ['bɒtəmˌməʊst] *adj* nedersta, understa, lägsta
bough [baʊ] *s* trädgren
bought [bɔːt] *imperf, perf part av* **buy**
boul·der ['bəʊldəᵊ] *s* (sten)block
bounce [baʊns] **1** *s (boll)* studs; *(hår, resårbotten etc)* spänst; *(bildl)*: **he's got plenty of** ~ han är energisk; **2** *vt (boll)* studsa; *(vard: check)* vägra lösa in, nobba **3** *vi (boll)* studsa, hoppa; *(vard: check)* sakna täckning; *(person)* hoppa; **he** ~**d in** han kom inrusande
♦ **bounce back** *vi* + *adv* repa sig
bounc·er ['baʊnsəᵊ] *s (vard)* utkastare
bounc·ing ['baʊnsɪŋ] *adj (person: i sht baby)* livlig, kraftig; *(boll)* studsande; *(hår)* luftig; *(madrass)* fjädrande
bound[1] [baʊnd] **1** *s (i allm pl)* gräns(er); **out of** ~**s** på förbjudet område; **his ambition knows no** ~**s** han är oerhört äregirig **2** *vt (i allm pass)*: **to be** ~**ed by** begränsas av
bound[2] [baʊnd] **1** *s* hopp, skutt, språng; **in one** ~ med ett språng **2** *vi (person, djur)* hoppa, skutta; *(boll)* studsa; **his heart** ~**ed with joy** *(bildl)* hjärtat spratt av glädje
bound[3] [baʊnd] **1** *imperf, perf part av* **bind** **2** *adj* **(a)** *(fånge)* bunden; ~ **hand and foot** bunden till händer och fötter; **he's** ~ **up in his work** han är upptagen av sitt arbete; **to be** ~ **up with sth** *(bildl)* ha att göra med ngt, ha samband med ngt **(b)**: **he's** ~ **to do it** han gör det säkert, han kommer säkert att göra det; **it's** ~ **to happen** det kommer säkert att hända **(c)** tvungen: *you're not* ~ *to agree with me; se äv* **honour 1 a**
bound[4] [baʊnd] *adj* destinerad, på väg *(for* till): *he's* ~ *for London;* se äv **homeward**
bounda·ry ['baʊndərɪ] *s* gräns(linje)
bound·less ['baʊndlɪs] *adj (eg, bildl)* gränslös
boun·ti·ful ['baʊntɪfʊl] *adj (person)* frikostig, givmild; *(tillgång, skörd)* riklig
boun·ty ['baʊntɪ] *s (om person)* frikostighet, generositet; *(för att skjuta djur)* skottpengar; *(Am: för att ta fast förbrytare)* belöning; ~ **hunter** en som lever på belöningar för att ha tagit fast brottslingar
bou·quet ['bʊkeɪ] *s* bukett
bour·bon ['bɜːbən] *s (amerikansk majswhisky)* bourbon
bour·geois ['bʊəʒwɑː] **1** *adj* borgerlig, småborgerlig **2** *s (i allm neds)* medelklassare, småborgare
bour·geoi·sie [ˌbʊəʒwɑː'ziː] *s* medelklass, borgarklass
bout [baʊt] *s* **(a)** *(om sjukdom)* anfall, släng; *(om arbete)* ryck, dust; *se äv* **drinking** **(b)** *(boxning, brottning)* kamp, match
bou·tique [buː'tiːk] *s* boutique
bow[1] [bəʊ] *s* **(a)** *(till pil)* båge **(b)** *(Mus)* stråke **(c)** *(om band etc)* knut, rosett; ~ **tie** rosett, fluga
bow[2] [baʊ] **1** *s* bock, bugning; **to take a** ~ buga och tacka, ta emot applåder **2** *vt* **(a)** *(huvud, rygg)* böja, kröka **(b)** *(grenar)* böja, tynga ner **3** *vi (i allm)* buga *(to* för); *(bildl)* böja sig *(to* för), underkasta sig
♦ **bow out** *vi* + *adv (bildl)* göra (sin) sorti
bow[3] [baʊ] *s (Sjö: ofta pl)* bog, för, stäv; **on the port/starboard** ~ på babords/styrbords bog
bowd·ler·ize ['baʊdləraɪz] *vt (bok, pjäs)* rensa, censurera *från* förmenta oanständigheter
bow·el ['baʊəl] *s (i allm)* tarm; ~**s** inälvor, innanmäte, mage; **to keep one's** ~**s open** hålla

magen igång; **the ~s of the earth** (bildl) jordens innandöme

bowl[1] [bəʊl] s (a) (i allm) skål, bunke, spilkum; (för tvätt, disk) balja; (i toalett) skål; (på sked) (sked)blad; (på pipa) (pip)huvud (b) (Am) stadion, utomhusarena

bowl[2] [bəʊl] 1 s (i allm) klot, boll 2 vt, vi (Cricket) kasta

♦ **bowl over** vt + adv (i allm) slå ned, slå omkull; (bildl) göra häpen/bestört

bow-legged [,bəʊ'legɪd] adj hjulbent

bowl·er ['bəʊləʳ] s (a) (Cricket) kastare (b) (Brit: äv: ~ **hat**) kubb, plommonstop

bowl·ing ['bəʊlɪŋ] s (a) (äv: **ten pin** ~) bowling (b) (Cricket) kastande (av bollen); ~ **alley** bowlingbana, bowlinghall; ~ **green** gräsplan för bowls, bowlsplan

bowls [bəʊlz] s (Brit Spel) bowls, 'engelsk boccia'

box[1] [bɒks] s (i allm) låda, kartong, ask, dosa, box; (av papp) kartong; (för choklad, tändstickor) ask; (för pengar, smycken) skrin; (Teat) loge; ~ **junction** (Brit Trafik) markering i vägkors; ~ **number** (post)boxnummer; ~ **office** (Teat) biljettkontor

♦ **box in** vt + adv (bil) klämma in, stänga in; (badkar) klä in; **to feel** ~**ed in** känna sig inklämd/instängd

box[2] [bɒks] 1 s slag med handen; **a** ~ **on the ear** en örfil 2 vt: **to** ~ **sb's ears** örfila upp ngn 3 vi boxas

box·er ['bɒksəʳ] s boxare; (hund) boxer

box·ing ['bɒksɪŋ] s (i allm) boxning; ~ **gloves** boxhandskar; ~ **match** boxningsmatch; **B**~ **Day** (Brit) annandag jul

box·room ['bɒks,rʊm] s (Brit) skrubb

boy [bɔɪ] s (i allm) pojke; (vard): **my dear** ~, **old** ~ käre vän; ~**s will be** ~**s** pojkar är pojkar; **oh** ~! (överraskning, upphetsning) himmel!, kors!, jösses!; (irritation) sjutton (också), helvete; se äv **old 3**

boy·cott ['bɔɪkɒt] 1 s bojkott 2 vt bojkotta

boy·friend ['bɔɪ,frend] s pojkvän

boy·hood ['bɔɪhʊd] s barndom, pojkår

boy·ish ['bɔɪʃ] adj pojkaktig, barnslig

BR förk f British Rail brittiska statsjärnvägarna

bra [brɑː] s förk f **brassière** behå, bh

brace [breɪs] 1 s (a) (Byggn) krampa, band som håller ihop och ger stadga; (Tandläk: ofta pl) tandställning; (verktyg) borrsväng; (Typogr) klammer; **a pair of braces** ({}); se äv **braces** (b) (pl lika) par: **he shot five** ~ **of pheasants** 2 vt binda om, förstärka; **to** ~ **oneself** samla krafter

brace·let ['breɪslɪt] s armband

braces ['breɪsɪz] spl (a) (Brit) hängslen: **a pair of** ~ (b) (Tandläk) se **brace 1 a**

brac·ing ['breɪsɪŋ] adj (luft, klimat) stärkande, upppiggande

brack·en ['brækən] s (Bot) (örn)bräken, ormbunke; (koll) ormbunkar

brack·et ['brækɪt] s (a) (stöd) konsol, vinkelhylla (b) (Typogr etc): ~**s** parenteser; **in** ~**s** inom parentes; **square** ~**s** hakparenteser; **curly** ~**s** klammer (c) (grupp) klass, skikt: **income** ~ 2 vt (a) sätta inom parentes (b): **to** ~ **together** (klassificera) gruppera samman; (generalisera) skära (alla) över en kam

brack·ish ['brækɪʃ] adj (vatten) bräckt

brag [bræg] 1 vt, vi skryta, skrävla (about el of över/med) 2 s skryt, skrävel

braid [breɪd] 1 s (på kläder) garneringsband, snodd, träns; (om hår) fläta, hårband 2 vt (hår) fläta; (tyg) bandkanta

Braille [breɪl] s punktskrift, blindskrift

brain [breɪn] 1 s (a) (Anat, Matl) hjärna (b) (bildl vard): ~**s** förstånd, intelligens; **to blow**

one's ~**s out** skjuta sig en kula för pannan; **she's the** ~**s of the family** hon är familjens ljushuvud; se äv **pick 2 b, rack**[1] **2** 2 vt (vard) slå in skallen på

brain·child ['breɪn,tʃaɪld] s idé

brain·less ['breɪnlɪs] adj obegåvad, enfaldig

brain·storm ['breɪn,stɔːm] s (bildl) (plötsligt) anfall av sinnesförvirring; (Am) snilleblixt

brain·storming ['breɪn,stɔːmɪŋ] s idékläckningsmöte, 'brainstorming'

brain·wash ['breɪn,wɒʃ] vt hjärntvätta

brain·wash·ing ['breɪn,wɒʃɪŋ] s hjärntvätt

brain·wave ['breɪn,weɪv] s (vard) snilleblixt, ljus idé

brainy ['breɪnɪ] adj (-ier, -iest) (vard) begåvad, klyftig

braise [breɪz] vt (Matl) bräsera

brake [breɪk] 1 s broms; ~ **light** bromslykta; ~ **pedal** bromspedal; **to put the** ~**s on** (eg, bildl) bromsa, hejda 2 vi bromsa

brak·ing ['breɪkɪŋ] s (in)bromsning; ~ **distance** bromssträcka; ~ **power** bromsstyrka

bram·ble ['bræmbl] s (i allm) taggig buske; (i sht) björnbär(sbuske)

bran [bræn] s kli

branch [brɑːntʃ] 1 s (Bot) gren, kvist; (bildl) gren, förgrening; (flod) arm; (= ~ **office**) filial, avdelningskontor; ~ **line** (Järnväg) bibana 2 vi (äv: ~ **off**) förgrena sig, vika av

♦ **branch out** vi + adv utvidga (sin verksamhet)

brand [brænd] 1 s (a) (Handel) sort, märke (b) (på boskap: inbränt) ägarmärke 2 vt (boskap) märka med brännjärn; (bildl) brännmärka: **to be** ~**ed as a liar**

bran·dish ['brændɪʃ] vt (vapen) svänga, svinga; ~**ing his sword** med svärdet i högsta hugg

brand-new ['brænd'njuː] adj splitt(er) ny

bran·dy ['brændɪ] s konjak

brash [bræʃ] adj (a) (uppträdande) framfusig, fräck (b) (kläder etc) skrikig, prålig

brass [brɑːs] 1 s (i allm) mässing; (vard: höga officerare) höjdare (pl); (Mus): **the** ~ mässingsinstrumenten i en orkester, blecket; ~ **band** mässingsorkester; ~ **hat** (vard: hög officer) höjdare (sg) 2 adj mässings-, av mässing; **to get down to** ~ **tacks** (vard) komma till saken

bras·sière ['bræsɪəʳ, (Am) brəˈzɪəʳ] s bysthållare; se äv **bra**

brat [bræt] s (vard, neds) odräglig unge, skitunge

bra·va·do [brəˈvɑːdəʊ] s skrytsamt övermod, skrävel

brave [breɪv] 1 adj modig, tapper 2 s indiankrigare 3 vt trotsa, tappert möta

♦ **brave out** vt + adv modigt uthärda, tappert möta; **to** ~ **it out** ta emot stöten

brave·ly ['breɪvlɪ] adv modigt, tappert

brav·ery ['breɪvərɪ] s mod, tapperhet

bra·vo ['brɑːˈvəʊ] interj bravo!

brawl [brɔːl] 1 s bråk, gruff, högljutt gräl 2 vi bråka, gräla högljutt

brawn [brɔːn] s muskler, muskelstyrka

brawny ['brɔːnɪ] adj muskulös, stark

bray [breɪ] 1 s (om åsna) skri(ande) 2 vi (åsna, vard äv person) skria

bra·zen ['breɪzn] 1 adj fräck, skamlös 2 vt: **to** ~ **it out** fräckt låtsas oberörd/som ingenting

bra·zi·er[1] ['breɪzɪəʳ] s (person) mässingsslagare, kopparslagare

bra·zi·er[2] ['breɪzɪəʳ] s (för kolbrasor) fyrfat

Bra·zil [brəˈzɪl] s Brasilien

Bra·zil·ian [brəˈzɪlɪən] 1 adj brasiliansk 2 s brasilianare

breach [briːtʃ] 1 s (a) (i allm) brott, överträdelse; ~ **of contract** kontraktsbrott; ~ **of the peace** störande av allmän ordning; ~ **of promise** (Jur: förr) brutet äktenskapslöfte (b) (eg) hål, ränna; *(bildl)* klyfta, öppning **2** *vt (försvarsmur)* bryta igenom, göra bräsch i

bread |bred| *s* **(a)** bröd, matbröd **(b)** *(vard)* kosing, stålar; **to earn one's daily** ~ tjäna ihop sitt dagliga bröd; **to know which side one's** ~ **is buttered on** veta sitt eget bästa; **to take the** ~ **out of sb's mouth** ta brödet ur munnen på ngn

bread-and-butter |'bredənd'bʌtəʳ| *s (bildl)* levebröd

bread·bin |'bred,bɪn| *s* brödburk, brödskrin

bread·board |'bred,bɔːd| *s* brödbräda, skärbräda (för bröd)

bread-crumb |'bred,krʌm| *s* brödsmula; ~s *(Matl)* ströbröd, rivebröd

bread·knife |'bred,naɪf| *s, pl* -knives brödkniv

bread·line |'bred,laɪn| *s*: **on the** ~ på existensminimum/svältgränsen

breadth |bretθ| *s (i allm)* bredd; ~ **of view(point)** *(bildl)* vidsynthet

bread·winner |'bred,wɪnə| *s* familjeförsörjare

break |breɪk| *(v imperf* **broke,** *perf part* **broken) 1** *s* **(a)** *(i allm)* brott, brytning; *(i ben)* fraktur, brott; *(i mur)* spricka; *(i staket)* öppning; *(i röst)* darrning; *(Elektr)* (ström)avbrott; *(bildl)* brytning; **she has made a** ~ **with her family** hon har brutit med sin familj; **at** ~ **of day** i gryningen; **to make a** ~ **for it** *(vard)* försöka fly; **a** ~ **in the weather** omslag i vädret **(b)** avbrott, paus; *(under arbetstid)* rast; *(ledighet: för anställda)* semester; *(: för skolbarn, lärare)* lov, ferier; *(Skol: mellan lektioner)* rast **(c)** *(vard)* chans; **a lucky** ~ tur; **give me a** ~! ge mig en chans!; *(vid dispyt äv)* äh, lägg av!

2 *vt* **(a)** *(förstöra: föremål)* slå/ha sönder; *(: glas, porslin äv)* bräcka, spräcka; *(trädgren, käpp)* bryta (av), knäcka; *(ben)* bryta; *(hud)* rispa; *(rekord)* slå; **to** ~ **one's back** överanstränga sig; **to** ~ **surface** *(dykare etc)* flyta upp, komma upp till ytan; **to** ~ **sb's heart** *(bildl)* krossa ngns hjärta; **to** ~ **a promise** bryta ett löfte; **to** ~ **an appointment** inte komma till ett möte; **to** ~ **the ice** *(bildl)* bryta isen **(b)** *(lag, regel)* bryta mot, överträda **(c)** *(hälsa etc)* bryta ner, förstöra; **to** ~ **sb of a habit** vänja ngn av med en vana; **to** ~ **sb** *(financially)* krossa ngn ekonomiskt **(d)** *(tystnad, stämning etc)* bryta; *(resa)* avbryta; *(elström)* bryta **(e)** *(nyheter)* meddela, tala om

3 *vi* **(a)** *(i allm)* gå sönder, spricka, brista, brytas; *(trädgren, käpp)* brytas (av); *(ben)* brytas; *(våg)* bryta; *(bildl: hjärta)* brista; *(ta paus)* bryta; **to** ~ **even** få det att gå ihop; **to** ~ **with sb** *(bildl)* bryta med någon **(b)** *(morgon, dag)* gry **(c)** *(hälsa etc)* svikta, bryta samman; *(väder)* slå om; *(röst)* komma i målbrottet; **his voice broke at an early age** han kom tidigt i målbrottet

◆ **break away** *vi + adv (i allm)* lossna, hoppa av; *(båt, hund)* slita sig; *(Fotboll etc)* gå loss

◆ **break down 1** *vt + adv* **(a)** *(i allm)* bryta ner, slå in, krossa; *(bildl: motstånd)* bryta (ner) **(b)** *(kostnader)* dela upp, analysera **2** *vi + adv (maskin, apparat, bil)* gå sönder, strejka; *(person)* bryta samman, kollapsa, få ett sammanbrott; *(hälsa)* förstöras; *(förhandlingar)* bryta samman, stranda

◆ **break in 1** *vt + adv* **(a)** *(dörr)* slå in **(b)** *(häst)* träna upp, rida in; *(nyanställd)* sätta in (i arbetet); *(Am: bil)* köra in **(c)** *(skor)* gå in **2** *vi* **(a)** *(i allm)* bryta sig in **(b)** *(i samtal)* avbryta

◆ **break into** *vi + prep* **(a)** *(i allm)* bryta sig in i, göra inbrott i; *(besparingar)* börja tära på, börja ta till **(b)** *(sång)* brista ut i; *(om häst: gångart)* falla in i, gå över till

◆ **break off 1** *vt + adv (i allm)* bryta av; *(bildl)* avbryta, upphöra med; **to** ~ **off an engage-**

ment slå upp en förlovning; **2** *vi + adv* **(a)** *(i allm)* brytas av **(b)** *(person)* avbryta sig, tvärstanna

◆ **break out** *vi + adv* **(a)** *(fånge)* bryta (sig) ut **(b)** *(krig, sjukdom etc)* bryta ut; bryta lös; *(om t ex mässling):* **to** ~ **out in spots** få utslag; **to** ~ **out into a sweat** råka i svettning

◆ **break through 1** *vi + adv* bryta fram/igenom: **at last the sun broke through 2** *vi + prep* bryta igenom: *fans broke through the barrier*

◆ **break up 1** *vt + adv (i allm)* bryta, hugga sönder; *(äktenskap)* förstöra, knäcka; *(folkmassa)* skingra; *(slagsmål)* få slut på **2** *vi + adv* **(a)** *(fartyg)* brytas sönder; *(is)* gå upp **(b)** *(i allm)* upplösas, skingras; *(äktenskap)* falla sönder; **the schools** ~ **up tomorrow** skolan slutar i morgon

break·able |'breɪkəbl| **1** *adj* brytbar, bräcklig **2** *s:* ~s sköra saker

break·age |'breɪkɪdʒ| *s* krossande, bräckage; ~s sönderslaget gods

break·away |'breɪkə,weɪ| **1** *s* utbrytning **2** *adj (grupp etc)* utbrytar-

break·down |'breɪkdaon| *s* **(a)** *(maskin)* stopp, maskinhaveri; *(Med, av förhandlingar etc)* sammanbrott; **he had a nervous** ~ han fick ett nervöst sammanbrott; **a** ~ **of negotiations** sammanbrott i förhandlingarna; ~ **van** *(Brit)* bärgningsbil **(b)** *(siffror etc)* analys; *(Kem)* sönderdelning, analys; *(Biol)* nedbrytning

break·er |'breɪkəʳ| *s* bränning, brottsjö

break·fast |'brekfəst| **1** *s* frukost; ~ **cereals** flingor, müsli *o d* **2** *vi* äta frukost

break-in |'breɪk,ɪn| *s* inbrott

break·ing |'breɪkɪŋ| *s* **(a):** ~ **and entering** *(Jur)* inbrott **(b):** ~ **point** bristningsgräns

break·neck |'breɪk,nek| *adj:* **at** ~ **speed** med halsbrytande fart

break-out |'breɪk,aot| *s* utbrytning, flykt

break·through |'breɪk,θruː| *s (eg, bildl)* genombrott

break-up |'breɪk,ʌp| *s* upplösning, brytning

break·water |'breɪk,wɔːtəʳ| *s* vågbrytare, pir

breast |brest| **1** *s (i allm)* bröst, barm; **cancer of the** ~ bröstcancer; **to make a clean** ~ **of it** *(bildl)* bekänna (alltsammans) **2** *vt* gå/simma rätt emot; **to** ~ **the waves** klyva vågorna; **to** ~ **the tape** *(Sport)* spränga målsnöret

breast·bone |'brest,bəon| *s* bröstben

breast-fed |'brest,fed| *adj* uppfödd med bröstmjölk, ammad

breast-feed |'brest,fiːd| *imperf, perf part* **breast-fed** *vt* amma

breast·stroke |'brest,strəok| *s* bröstsim; **to swim** *el* **do the** ~ simma bröstsim

breath |breθ| *s (i allm)* andning; *(in - och utandning)* andetag: *he drew a deep* ~; andedräkt: *bad* ~; *(bildl)* aning, spår, fläkt: *a* ~ *of scandal;* **in the same** ~ i samma andetag; **out of** ~ andfådd; **under one's** ~ viskande, lågmält; **to go out for a** ~ **of air** gå ut och få frisk luft; **to hold one's** ~ hålla andan; **it took my** ~ **away** det gjorde mig andlös, det fick mig att tappa andan

Breatha·lyz·er® |'breθəlaɪzəʳ| *s (Brit)* alkotest

breathe |briːð| **1** *vt + (i allm)* andas (ut/in); *(yttrande)* viska (fram), andas fram; **I won't** ~ **a word about it** jag ska inte knysta om det; **to** ~ **new life into sth** *(bildl)* liva upp ngt, blåsa nytt liv i ngt **2** *vi (i allm)* andas; **now we can** ~ **again** *(bildl)* nu kan vi andas ut

◆ **breathe in** *vt + adv, vi + adv* andas in

◆ **breathe out** *vt + adv, vi + adv* andas ut

breath·er |'briːðəʳ| *s (vard)* vilopaus

breath·ing |'briːðɪŋ| *s* andning; ~ **space** *(bildl)* andrum

breath·less ['breθlɪs] *adj (eg)* andfådd, andtruten; *(bildl)* andlös, spänd

breath-taking ['breθˌteɪkɪŋ] *adj* hisnande, som får en att tappa andan

bred [bred] *imperf, perf part av* **breed**

-bred [bred] *suffix:* **well-~** väluppfostrad; **town-~** uppvuxen i stan

breech [briːtʃ] *s (i allm)* bak, bakstycke; *(på vapen)* bakstycke, kammarstycke; **~ delivery** *(Med)* sätesbjudning

breeches ['brɪtʃɪz] *spl* (= *knee* ~) knäbyxor; (=*riding* ~) ridbyxor

breed [briːd] *(v: imperf, perf part* **bred**) **1** *s (eg: av husdjur etc)* ras; *(bildl)* sort, slag; **of the same ~** *(bildl)* av samma skrot och korn **2** *vt (i allm)* föda upp; *(bildl)* skapa, väcka; **this sort of thing ~s trouble** sådana här saker leder lätt till bråk **3** *vi (djur)* föröka sig

breed·er ['briːdəʳ] *s* **(a)** *(person)* uppfödare **(b)** *(Fys)* bridreaktor

breed·ing ['briːdɪŋ] *s (om djur)* uppfödning, avel; *(om person):* **good ~** god uppfostran

breeze [briːz] **1** *s* bris, fläkt **2** *vi:* **to ~ in** komma inrusande

breezy ['briːzɪ] *adj (väder, dag, plats)* (lagom) blåsig, med friska vindar; *(person)* glad(lynt), munter

brevia·ry ['briːvɪərɪ] *s (Rel)* breviarium, katolsk bönbok

brevi·ty ['brevɪtɪ] *s (möte, besök, resa)* korthet, kort varaktighet; *(stil, brev, redogörelse)* koncishet; *(stil äv)* knapphet

brew [bruː] **1** *s* brygd **2** *vt (öl, te etc)* brygga; *(bildl: ofog)* ställa till med **3** *vi (i allm)* bryggas; *(te)* stå och dra; *(bildl)* vara i görningen, dra ihop sig; **there's mischief ~ing** det är otrevligheter på gång

brew·ery ['bruːərɪ] *s* bryggeri

bri·ar ['braɪəʳ] *s* **(a)** *(i allm)* törnbuske, taggig buske **(b)** *(i sht)* nyponros, nyponbuske

bribe [braɪb] **1** *s* muta **2** *vt* muta

brib·ery ['braɪbərɪ] *s (ge)* bestickning; *(ta)* tagande av muta

bric-à-brac ['brɪkəbræk] *s (ingen pl)* kuriosa, mindre värdefulla prydnadssaker

brick [brɪk] *s (enstaka)* tegelsten; *(material)* tegel; *(leksak)* byggkloss; **like a ton of ~s** *(bildl)* med all kraft, med besked; **to drop a ~** *(bildl vard)* trampa i klaveret; **to run one's head against a ~ wall** *(bildl)* köra huvudet i väggen; **you're a ~** *(vard)* du är en hedersknyffel

♦ **brick in, brick up** *vt + adv* mura igen, mura till

brick·layer ['brɪkˌleɪəʳ] *s* murare

brid·al ['braɪdl] *adj* brud-, bröllops-; **~ veil** brudslöja; **~ feast** bröllopsfest

bride [braɪd] *s* brud; **the ~ and groom** brudparet

bride·groom ['braɪdˌgruːm] *s* brudgum

brides·maid ['braɪdzˌmeɪd] *s* brudtärna

bridge¹ [brɪdʒ] **1** *s (i allm)* bro, brygga; *(Sjö)* kommandobrygga; *(på näsa)* näsrygg; **2** *vt* slå (en) bro över; **to ~ a gap between** *(bildl)* överbrygga, förena

bridge² [brɪdʒ] *s (Kortsp)* bridge

bridge·head ['brɪdʒˌhed] *s (Mil)* brohuvud

bridg·ing ['brɪdʒɪŋ] *adj:* **~ loan** *(Brit)* kortfristigt lån i avvaktan på en ordnad, längre kredit

bri·dle ['braɪdl] **1** *s* tygel, betsel; **~ path** ridväg **2** *vt* tygla **3** *vi* visa förakt, knycka på nacken

brief [briːf] **1** *adj (tid)* kort(varig); *(glimt, ögonblick)* kortvarig, hastig; *(uttalande, redogörelse)* kortfattad, koncis; **please be ~** var snäll och fatta dig kort; **in ~** kort sagt **2** *s* **(a)** *(Jur)* sammanfattning *av fakta i ett mål* **(b):** **~s** *(mäns)* kalsonger; *(kvinnors)* trosor **3** *vt (Mil*

etc) orientera, informera, 'briefa'; *(Jur)* informera, ge sammanfattning *av fakta i ett mål*

brief·case ['briːfˌkeɪs] *s* portfölj

brief·ing ['briːfɪŋ] *s* orientering, instruktion(er)

brief·ly ['briːflɪ] *adv (besöka)* kortvarigt; *(glimta)* hastigt; *(redogöra)* kortfattat

bri·er ['braɪəʳ] *s* = **briar a, b**

bri·gade [brɪ'geɪd] *s* kår; *(Mil)* brigad; *se äv* **fire 4**

briga·dier [ˌbrɪgə'dɪəʳ] *s* brigadgeneral

bright [braɪt] *adj* **(a)** *(i allm)* klar, ljus; **~ intervals** *(Meteorologi)* tidvis uppklarnande **(b)** *(person, min)* glad, lycklig; **~ and early** (tidigt) på morgonkvisten **(c)** *(person, idé)* klipsk, begåvad

bright·en ['braɪtn] **1** *vt (äv:* **~ up**) **(a)** *(i allm)* göra ljusare, polera **(b)** *(pryda)* lysa upp, förgylla **2** *vi (äv:* **~ up**) *(person, ögon etc)* lysa upp; *(väder)* klarna

bright·ly ['braɪtlɪ] *adv (le etc)* ljust (och glatt); *(lysa)* klart

bright·ness ['braɪtnɪs] *s (se* **bright**) klarhet; glatt humör; begåvning

bril·liance ['brɪljəns] *s (om ljus, färg)* glans, prakt; *(bildl: om person)* begåvning, briljans

bril·liant ['brɪljənt] *adj* **(a)** *(i allm)* strålande, glänsande, gnistrande **(b)** *(bildl)* briljant, strålande, lysande

brim [brɪm] **1** *s (på kopp etc)* brädd, kant, rand; *(på hatt)* brätte **2** *vi (äv:* **~ over**) vara bräddad/ rinna över *(with* av)

brim·ful ['brɪmˈfʊl] *adj* bräddfylld, rågad; **~ of ideas** *(bildl)* sprängfylld av idéer

bring [brɪŋ] *imperf, perf part* **brought** *vt (i allm)* ha/ta med sig, komma med; *(följd, verkan)* förorsaka, frambringa; **to ~ sth to an end** göra slut på ngt; **to ~ sth on oneself** dra på sig ngt, ha sig själv att skylla för ngt; **to ~ oneself to do sth** förmå sig att göra ngt; *se äv* **action**

♦ **bring about** *vt + adv* **(a)** *(följd, verkan)* (för)orsaka, vålla, medföra **(b)** *(båt)* vända

♦ **bring back** *vt + adv (eg)* ta/ha med sig tillbaka; *(bildl)* påminna om, väcka (till liv): *the photo brought back her childhood memories*

♦ **bring down** *vt* **(a)** *(i allm)* få ner, sänka **(b)** *(motståndare: eg)* fälla; *(: bildl äv)* störta; *(flygplan)* skjuta ner

♦ **bring forward** *vt + adv* **(a)** *(person, stol)* flytta fram; *(vittne, bevis)* förete, komma fram med **(b)** *(möte)* tidigarelägga **(c)** *(Bokföring)* transportera

♦ **bring in** *vt + adv* **(a)** *(person)* föra in; *(föremål)* bära in, hämta in, ta in; *(Pol: lagförslag)* lägga fram; *(Jur: dom, utslag)* avkunna **(b)** *(pengar etc)* avkasta, inbringa

♦ **bring off** *vt + adv* **(a)** *(plan etc)* framgångsrikt utföra, slutföra **(b)** *(Sjö)* föra i land/i säkerhet

♦ **bring on** *vt + adv* **(a)** *(i allm)* (för)orsaka; *(skörd etc)* hjälpa fram, påskynda **(b)** *(artist etc)* föra fram, introducera; *(Fotboll etc: avbytare)* sätta in

♦ **bring out** *vt + adv (göra tydlig el synlig)* få fram, uppenbara; *(egenskap)* utveckla; *(produkt)* ta fram, introducera; *(bok)* ge ut

♦ **bring round** *vt + adv* **(a)** *(person)* omvända *(to* till) **(b)** *(samtal)* leda, föra över på **(c)** *(medvetslös)* återkalla till medvetande

♦ **bring up** *vt + adv* **(a)** *(barn)* uppfostra **(b)** *(ämne)* föra/bringa på tal **(c)** *(mat)* kräkas upp

brink [brɪŋk] *s (i allm)* rand, brant, kant, brädd; *(bildl)* gräns; **on the ~ of doing sth** på vippen att göra något

brisk [brɪsk] *adj (person, röst)* livlig, hurtig; *(promenad)* rask; *(vind etc)* frisk, uppiggande; *(affärer)* livlig; **at a ~ pace** i rask takt

brisk·ly ['brɪsklɪ] *adv (se* **brisk**) livligt; raskt; friskt
bris·tle ['brɪsl] **1** *s (skägg)* skäggstrå; *(på djur)* borst; *(i borste)* borst **2** *vi* **(äv:** ~ **up)** *(om djur)* resa borst; **he** ~**d with anger** *(bildl)* han sjöd av ilska
bris·tly ['brɪslɪ] *adj (haka)* sträv; *(skägg, hår)* borstig
Brit·ain ['brɪtən] *s:* **(Great)** ~ Storbritannien, England
Brit·ish ['brɪtɪʃ] **1** *adj (i allm)* brittisk, engelsk; **the** ~ **Commonwealth** Brittiska samväldet; **the** ~ **Isles** Brittiska öarna **2** *spl:* **the** ~ britterna, engelsmännen
Brit·on ['brɪtən] *s (litt)* britt
Brit·ta·ny ['brɪtənɪ] *s* Bretagne
brit·tle ['brɪtl] *adj* spröd, skör, bräcklig
broach [brəʊtʃ] *vt (samtalsämne)* ta upp
broad [brɔːd] **1** *adj (i allm)* bred, vid; *(bildl)* fri(sinnad), öppen, vidsynt; *(antydning)* grov; *(dialekt)* bred; **a** ~ **smile** ett brett leende; **a** ~ **attitude** en vidsynt inställning; **to speak** ~ tala dialekt; **in** ~ **daylight** mitt på ljusa dagen; ~ **gauge** bredspårig järnväg **2** *s (Am vard)* brud, tjej
broad·cast ['brɔːdkɑːst] *(v: imperf, perf part* **broadcast**) **1** *s (TV, Radio)* sändning **2** *vt (TV, Radio)* sända; *(bildl: rykten)* sprida **3** *vi (station)* sända; *(person)* vara med i radio/TV
broad·cast·er ['brɔːdkɑːstə'] *s (TV, Radio)* TV-medarbetare, radiomedarbetare; *(känd)* TV-personlighet, radiopersonlighet; **news** ~ nyhetsuppläsare
broad·cast·ing ['brɔːdkɑːstɪŋ] *s* (radio-/TV-)sändning; ~ **station** radiostation
broad-gauge ['brɔːdgeɪdʒ] *adj (järnväg)* bredspårig
broad·en ['brɔːdn] **1** *vt (väg etc)* bredda, göra bredare; **to** ~ **one's mind** *(bildl)* vidga sina vyer **2** *vi (äv:* ~ **out)** bli bredare, vidga sig
broad·ly ['brɔːdlɪ] *adv:* ~ **speaking** i stort sett
broad-minded [,brɔːd'maɪndɪd] *adj* vidsynt, tolerant
broad-shouldered [,brɔːd'ʃəʊldəd] *adj* bredaxlad
broad·side ['brɔːdsaɪd] *s (Sjö, bildl)* bredsida
bro·cade [brəʊ'keɪd] *s* brokad
broc·co·li ['brɒkəlɪ] *s* broccoli
bro·chure ['brəʊʃjʊə'] *s* broschyr, prospekt
brogue¹ [brəʊg] *s* broguesko, sportsko
brogue² [brəʊg] *s* dialekt i *(Brit vard)* iriländsk
broil [brɔɪl] *vt (Am Matl)* halstra, grilla
broke [brəʊk] **1** *imperf av* **break** **2** *adj pred (vard)* barskrapad, pank
bro·ken ['brəʊkən] **1** *perf part av* **break** **2** *adj* **(a)** *(i allm)* trasig, sönderslagen; *(ben)* bruten; *(bildl: person)* bruten; *(: hem)* splittrad; *(äktenskap)* förstörd; *(löfte)* bruten **(b)** *(vägyta etc)* ojämn, kuperad; *(sömn etc)* avbruten, störd; **he speaks** ~ **English** han talar bruten engelska
broken-down [,brəʊkən'daʊn] *adj (bil)* som fått motorstopp; *(maskin)* som stannat, som gått sönder; *(hus)* förfallet
broken-hearted [,brəʊkən'hɑːtɪd] *adj* nedbruten av sorg
bro·ker ['brəʊkə'] *s (Handel)* mäklare, agent; (= stockbroker) börsmäklare
brol·ly ['brɒlɪ] *s (Brit vard)* paraply
bro·mide ['brəʊmaɪd] *s (Kem)* bromid, bromförening
bron·chial ['brɒŋkɪəl] *adj* bronkial, luftrörs-; ~ **tubes** luftrör
bron·chi·tis [brɒŋ'kaɪtɪs] *s* bronkit, luftrörskatarr
Bronx [brɒŋks] *s:* **the** ~ Bronx; **to give sb a** ~ **cheer** *(Am vard)* bua ut ngn
bronze [brɒnz] **1** *s* brons **2** *vi (person)* bli brun/solbränd **3** *vt (hud)* göra brun/solbränd **4** *adj*

(smycken etc) av brons; *(färg)* bronsfärgad; **the B**~ **Age** bronsåldern
bronzed [brɒnzd] *adj (person, hud etc)* solbränd
brooch [brəʊtʃ] *s* brosch
brood [bruːd] **1** *s (om kycklingar, skämts: om barn)* kull **2** *vi (fågel)* ruva, ligga på ägg; *(bildl)* ruva, grubbla
♦ **brood on** *vi + prep* grubbla/ruva/fundera på
broody ['bruːdɪ] *adj* **(a)** *(höna)* äggsjuk; *(vard: kvinna)* som längtar efter en baby, 'babysjuk' **(b)** *(person)* tankfull, grubblande
brook¹ [brʊk] *s* bäck
brook² [brʊk] *vt (frm)* tolerera, tåla, fördraga
broom [brʊm] *s (borste)* kvast; *(Bot)* ginst
Bros *förk f* **brothers; Graham** ~ *(i firmanamn)* Bröderna Graham
broth [brɒθ] *s* soppa, buljong
broth·el ['brɒθl] *s* bordell
broth·er ['brʌðə'] *s (i allm)* bror, broder; *(Rel etc)* (med)broder; **they are** ~ **and sister** de är syskon; **do you have any** ~**s and sisters?** har du några syskon?
brother·hood ['brʌðəhʊd] *s (i allm)* broderskap; *(grupp)* brödraskap, samfund
brother-in-law ['brʌðərɪn,lɔː] *pl* **brothers-in-law** *s* svåger
broth·er·ly ['brʌðəlɪ] *adj* broderlig
brought [brɔːt] *imperf, perf part av* **bring**
brow [braʊ] *s (i ansikte)* panna, ögonbryn; *(på backe etc)* krön
brow·beat ['braʊbiːt] *imperf* **browbeat**, *perf part* **browbeaten** *vt* skoja översittare mot, kuscha, hunsa med; **to** ~ **sb into doing sth** övertala ngn med lock och pock att göra ngt
brown [braʊn] **1** *adj (i allm)* brun; *(hud)* solbränd; **to go** ~ bli solbränd; ~ **ale** mörkt öl; ~ **bread** mörkt bröd; ~ **paper** omslagspapper; ~ **rice** opolerat ris; ~ **sugar** farinsocker **2** *s* brun färg, brunt **3** *vt (person)* göra solbränd; *(Matl)* bryna, brunsteka; **I'm** ~**ed off** *(vard)* jag är utled på allt, jag har fått nog **4** *vi (Matl)* brynas, bli brun
Brownie ['braʊnɪ] *s (flickscout)* miniorscout, blåvinge
brownie ['braʊnɪ] *s (Am: ung)* mjuk chokladkaka
brown·ish ['braʊnɪʃ] *adj* brunaktig
browse [braʊz] **1** *vi (djur)* beta; *(i böcker)* botanisera, bläddra *(through* genom); *(i affärer)* titta sig omkring **2** *s:* **to have a** ~ **(around)** titta sig omkring, botanisera
bruise [bruːz] **1** *s (på person)* blåmärke, bula; *(på frukt)* fläck **2** *vt (ben etc)* skada, slå gul och blå; *(frukt)* stöta sönder, skada; *(bildl: känslor)* såra **3** *vi:* **I** ~ **easily** *(eg)* jag får lätt blåmärken; *(bildl)* jag är lättsårad/ömtålig
bru·nette [bruː'net] *s* brunett
brunt [brʌnt] *s:* **to bear the** ~ **of sth** komma i skottglugen, ta emot stöten/stötarna
brush [brʌʃ] **1** *s* **(a)** *(i allm)* borste, kvast; *(målning)* pensel **(b)** (av)borstning; **give your coat a** ~! borsta av rocken! **(c)** sammandrabbning, nappatag; **to have a** ~ **with the police** **(d)** snuddande, lätt beröring; **he felt the** ~ **of her hair against his cheek** **(e)** småskog, snår(skog) **2** *vt* **(a)** *(i allm)* borsta (av); *(golv: torrt)* sopa; *(: med vatten)* skura, skrubba **(b)** vidröra, snudda vid
♦ **brush against** *vi + prep* snudda vid
♦ **brush aside** *vt + adv* avvisa, avfärda, slå bort
♦ **brush away** *vi + adv (smuts, tårar)* stryka bort; *(insekter)* vifta bort
♦ **brush off** *vt + adv (eg)* borsta av/bort; *(bildl)* avspisa
♦ **brush past** *vi + prep* snudda vid
♦ **brush up** *vt + adv* **(a)** *(smulor)* borsta/sopa

upp **(b)** *(kunskaper)* friska upp *(on* i)
brushed [brʌʃt] *adj* **(a)** *(Tekn)* borstad: ~ *alumi-*
nium **(b)** *(tyg)* skrubbad: ~ *denim*
brusque [bruːsk, *(Am)* brʌsk] *adj* tvär, burdus
brusque·ness [ˈbruːsknɪs, *(Am)* ˈbrʌsknɪs] *s*
tvärhet, snäsighet
Brus·sels [ˈbrʌslz] *s* Bryssel; ~ **sprouts** brysselkål
bru·tal [ˈbruːtl] *adj* brutal, rå, ohyfsad
bru·tal·ity [bruːˈtælɪtɪ] *s* brutalitet, råhet
brute [bruːt] **1** *s (djur)* oskäligt djur; *(person)*
odjur, best, rå sälle **2** *adj* djurisk, rå; ~ **force**
råstyrka
B. Sc. *(äv* B.S.) *s förk f* **Bachelor of Science**
bub·ble [ˈbʌbl] **1** *s* bubbla; **soap** ~ såpbubbla; ~
bath skumbad; ~ **gum** bubbelgum **2** *vi* bubbla,
sprudla
♦ **bubble over** *vi* + *adv (eg)* bubbla över; *(bildl: av*
glädje etc) sprudla
buck [bʌk] **1** *s* **(a)** *(hane: av hjortdjur, get,*
antilop) bock; *(: av hare, kanin)* hanne, hane; ~
teeth utstående framtänder **(b)** *(Am vard)*
dollar **(c)**: **to pass the** ~ *(vard)* vältra över
ansvaret *(to* på) **2** *vi (häst)* skjuta rygg och
sparka bakut
♦ **buck up** *(vard)* **1** *vi* + *adv (person: om humör)*
pigga/gaska upp sig; *(: om brådska)* skynda
på **2** *vt* + *adv* **(a)** muntra upp **(b)**: **to** ~ **one's**
ideas up skärpa sig
buck·et [ˈbʌkɪt] **1** *s* spann, hink, ämbar; *se äv*
kick 2 **2** *vi (vard)*: **the rain is** ~**ing (down)** det/
regnet öser ner
buck·le [ˈbʌkl] **1** *s* spänne **2** *vt* **(a)** *(sko, bälte)*
knäppa, fästa (ihop) med spänne **(b)** *(järnbalk*
etc) böja, kröka **3** *vi* böja sig, krökas
♦ **buckle down** *vi* + *adv* hugga 'i *(to* med)
buck·skin [ˈbʌkˌskɪn] *s* hjortskinnsläder
bud [bʌd] **1** *s (blomma, träd)* knopp; *se äv* **nip 2** **2**
vi knoppas, slå ut
Buddha [ˈbʊdə] *s* Buddha
Bud·dhism [ˈbʊdɪzəm] *s* buddism
Bud·dhist [ˈbʊdɪst] **1** *adj* buddistisk **2** *s* buddist
bud·ding [ˈbʌdɪŋ] *adj (eg)* knoppande; *(bildl)* spi-
rande, blivande
bud·dy [ˈbʌdɪ] *s (i sht Am: vard)* kompis, polare
budge [bʌdʒ] **1** *vt (eg)* röra ur fläcken: *I couldn't*
~ *the table;* I couldn't ~ him an inch *(bildl)* jag
kunde inte rubba honom/hans åsikter **2** *vi (eg)*
röra sig ur fläcken; *(bildl)* ge vika
budg·eri·gar [ˈbʌdʒərɪgɑːʳ] *s (Brit)* undulat
budg·et [ˈbʌdʒɪt] **1** *s* budget; **the B**~ *(Brit)* rege-
ringens budgetförslag **2** *vi* göra upp en budget
♦ **budget for** *vi* + *prep* räkna med (i en budget)
budgie [ˈbʌdʒɪ] *s (Brit vard)* = **budgerigar**
buff [bʌf] **1** *adj (färg)* mattgul, sämskskinns-
gul **2** *vt (äv:* ~ **up)** polera (med sämskskinn)
buf·fa·lo [ˈbʌfələʊ] *s pl* **-es** **(a)** buffel **(b)** *(i sht*
Am) bisonoxe
buff·er [ˈbʌfəʳ] *s (eg, bildl)* buffert; ~ **state** buf-
fertstat
buf·fet[1] [ˈbʌfɪt] **1** *s* stöt, knuff, törn **2** *vt (i allm)*
slå, knuffa; *(vågor)* brottas med, kämpa mot
buf·fet[2] [ˈbʊfeɪ] *s (restaurant)* byffé; *(mål)*
byffé: **cold** ~; ~ **car** *(Brit Järnv)* byffévagn; ~
supper supé med gående bord
bug [bʌg] *(vard)* **1** *s* **(a)** *(i allm)* (liten)insekt;
(blodsugande insekt) vägglus; *(smittämne)* bacill,
bakterie; *(bildl)* idé, fluga, dille; **I've got the**
travel ~ jag har dille på att resa **(b)** *(mikrofon)*
avlyssningsanordning **2** *vt* **(a)** *(telefon)*
avlyssna **(b)** *(irritera)* tjata på
bug·bear [ˈbʌgˌbeəʳ] *s (bildl)* spöke, fasa
bug·ger [ˈbʌgəʳ] *s (vard!)* knöl, jävel
bug·gery [ˈbʌgərɪ] *s (analsex)* sodomi; *(samlag med*
djur) tidelag
bu·gle [ˈbjuːgl] *s* jakthorn, signalhorn

build [bɪld] *(v imperf, perf part* **built) 1** *s* kropps-
byggnad **2** *vt (i allm)* bygga, uppföra; *(bildl)*
bygga (upp) **3** *vi* bygga; **to** ~ **on a site** bebygga
en tomt
♦ **build on 1** *vt* + *adv (eg)* bygga 'till **2** *vt* + *prep*
(bildl) 'bygga på
♦ **build up 1** *vi* + *adv (i allm)* bygga upp,
uppföra; *(bildl)* bygga upp, öka; **the child needs**
sth to ~ **him up** barnet behöver ngt som stärker
hans hälsa; **don't** ~ **up your hopes too much**
skruva inte upp förväntningarna för högt **2** *vi*
+ *adv (eg, bildl)* öka(s), byggas upp
build·er [ˈbɪldəʳ] *s (entreprenör)* byggare, bygg-
mästare; *(arbetare)* byggnadsarbetare; *(beställ-*
lare) byggherre; *(bildl)* skapare, grundare
build·ing [ˈbɪldɪŋ] *s (i allm)* byggnad; *(komplex)*
kvarter, huskomplex; *(aktivitet)* byggande; ~
contractor byggnadsentreprenör; ~ **site**
byggplats, tomt; ~ **society** *(Brit)* hypotekskassa
build-up [ˈbɪldʌp] *s* **(a)** *(tryck etc)* uppladdning,
ökning **(b)** *(publicitet)* förhandsreklam
built [bɪlt] *imperf, perf part av* **build**
built-in [ˈbɪltˌɪn] *adj (skåp etc)* inbyggd, väggfast
built-up [ˈbɪltˌʌp] *adj*: ~ **area** (tät)bebyggt område
bulb [bʌlb] *s (Bot)* lök; *(Elektr)* glödlampa; *(på ter-*
mometer) kula
bulb·ous [ˈbʌlbəs] *adj* lökformig, tjock
Bul·garia [bʌlˈgeərɪə] *s* Bulgarien
Bul·gar·ian [bʌlˈgeərɪən] **1** *adj* bulgarisk **2**
s **(a)** *(person)* bulgar **(b)** *(språk)* bulgariska
bulge [bʌldʒ] **1** *s* **(a)** *(i allm)* utbuktning,
bula **(b)** *(bildl)* ökning, uppgång; **the postwar**
~ befolkningsexplosionen efter kriget **2** *vi*
bukta ut, svälla ut, puta ut; **bulging eyes** utstå-
ende ögon
bulk [bʌlk] *s (i allm)* omfäng, volym, storlek; *(om*
person) kroppshydda; **the** ~ **of** det mesta/
huvuddelen av; **to buy in** ~ köpa i stora partier;
in ~ *(äv: om torra varor)* oförpackad, i lös vikt
bulky [ˈbʌlkɪ] *adj (gods)* skrymmande; *(person)*
(stor och) klumpig
bull[1] [bʊl] *s* **(a)** *(i allm)* tjur; *(om elefant, säl etc)*
hanne; **like a** ~ **in a china shop** som en elefant i en
porslinsbutik, klunsig(t), taktlös(t); **to take the**
~ **by the horns** ta tjuren vid hornen; *se äv* **red**
(b) *(vard!)* = **bullshit**
bull[2] [bʊl] *s (Rel)* (påve)bulla
bull·dog [ˈbʊldɒg] *s* bulldog
bull·doze [ˈbʊldəʊz] *vt (i allm)* schakta; *(bildl vard)*:
to ~ **sb into doing sth** skrämma/tvinga ngn att
göra ngt
bull·doz·er [ˈbʊldəʊzəʳ] *s (i allm)* bulldozer,
bandschaktare; *(bildl vard)* översittare
bul·let [ˈbʊlɪt] *s (gevärs)kula;* ~ **hole** kulhål
bul·letin [ˈbʊlɪtɪn] *s (i allm, äv periodisk)* bulletin,
kungörelse, rapport; ~ **board** *(Am)* anslagstavla
bullet·proof [ˈbʊlɪtˌpruːf] *adj* skottsäker
bull·fight [ˈbʊlˌfaɪt] *s* tjurfäktning
bull·fighter [ˈbʊlˌfaɪtə] *s* tjurfäktare
bull·finch [ˈbʊlfɪntʃ] *s* domherre
bul·lion [ˈbʊljən] *s* guld/silver i tackor
bull·ock [ˈbʊlək] *s* oxe, stut
bull·ring [ˈbʊlˌrɪŋ] *s* tjurfäktningsarena
bull's-eye [ˈbʊlzaɪ] *s (på skottavla)* prick, centrum;
to hit the ~ *(eg, bildl)* träffa mitt i prick
bull·shit [ˈbʊlʃɪt] *s (vard!)* skitsnack
bul·ly [ˈbʊlɪ] **1** *s* översittare, tyrann **2** *vt (äv:* ~
around) tyrannisera, skrämma; **to** ~ **sb into**
doing sth med hot tvinga ngn till ngt
bul·rush [ˈbʊlrʌʃ] *s* **(a)** *(vanl: släktet Typha)*
kaveldun **(b)** *(Scirpus lacustris)* (sjö)säv
bul·wark [ˈbʊlwək] *s (Mil, bildl)* bålverk, *(skyd-*
dande) mur; *(Sjö)* reling
bum[1] [bʌm] *s (Anat: Brit vard)* ända, rumpa
bum[2] [bʌm] *(vard)* **1** *s (i sht Am)* odåga;

(vagabond) luffare **2** *adj* värdelös; ~ **coin** falskt/oduglig mynt **3** *vt* tigga, snylta sig till
♦ **bum around** *vi* + *adv* luffa omkring
bumble·bee ['bʌmblbiː] *s* humla
bumf [bʌmf] *s (vard: blanketter etc)* meningslösa papper, skräp; *(: på toaletter)* dasspapper
bump [bʌmp] **1** *s* **(a)** *(i allm)* törn, stöt, duns **(b)** *(på hud etc)* bula; *(i väg)* gupp **2** *vt* stöta, dunka, törna *(against/into/on* mot); **to** ~ **one's head** slå i huvudet **3** *vi* stöta, dunsa *(against/into/on* mot); **to** ~ **along** skumpa fram
♦ **bump into** *vi* + *prep* **(a)** *(fordon)* köra in i, stöta emot **(b)** *(vard: träffa)* stöta ihop med; **fancy** ~**ing into you!** tänk att stöta ihop med dig!
♦ **bump off** *vt* + *adv (vard: mörda)* ta kål på, expediera
bump·er[1] ['bʌmpəʳ] *s (Motor)* stötfångare, kofångare
bump·er[2] ['bʌmpəʳ] *adj (skörd)* riklig, jätte-, rekord-
bumpy ['bʌmpɪ] *adj (väg)* ojämn, guppig, skakig; *(flygresa)* gropig
bun [bʌn] *(Matl)* bulle; *(hår)* (hår)knut
bunch [bʌntʃ] *s (blommor)* bukett; *(bananer, nycklar)* knippa; *(druvor)* klase; *(människor)* hop, samling; *(hår, gräs)* tofs; **the best of a bad** ~ de minst dåliga
♦ **bunch together** **1** *vt* + *adv (föremål)* bunta ihop **2** *vi* + *adv (människor)* skocka sig, krypa intill varandra
bun·dle ['bʌndl] **1** *s* bunt, knyte, bylte; **a** ~ **of nerves** ett nervknippe **2** *vt* **(a)** *(papper etc)* bunta ihop; **to** ~ **up** bylta på sig **(b)** *(hastigt samla)* rafsa ihop, stuva undan; *(person)* fösa; **he was** ~**d off to Australia** han skickades i väg till Australien
bung [bʌŋ] **1** *s* propp, tapp **2** *vt (äv:* ~ **up)** täppa igen, täppa till; **my nose is** ~**ed up** *(vard)* jag är täppt i näsan
bun·ga·low ['bʌŋgələʊ] *s* bungalow, (mindre) enplanshus
bun·gle ['bʌŋgl] *(vard)* **1** *vt* fuska bort, misslyckas med **2** *vi* misslyckas, dabba sig
bun·ion ['bʌnjən] *s (Med)* öm knöl på stortån
bunk [bʌŋk] *s* koj, brits, sovhytt; ~ **bed** våningssäng
bun·ker ['bʌŋkəʳ] *s (på fartyg)* oljetank, kolbox; *(Mil)* bunker; *(Golf: sandhinder)* bunker
bun·kum ['bʌŋkəm] *s (vard)* struntprat, humbug
bunt·ing[1] ['bʌntɪŋ] *s (material)* flaggväv, flaggduk; *(koll)* flaggor, flaggdekorationer
bunt·ing[2] ['bʌntɪŋ] *s* sparv, fältsparv *(spec)*
buoy [bɔɪ, *(Am vanl)* 'buːɪ] *s* boj, prick
♦ **buoy up** *vt* + *adv (person, båt)* hålla uppe/flott; *(bildl)* uppmuntra, hålla uppe, inge mod
buoy·ant ['bɔɪənt] *adj (i allm)* flytande, som håller sig flytande; *(bildl: person)* glad(lynt), livlig; *(Ekon)* stigande
bur·den ['bɜːdn] **1** *s (eg, bildl)* börda, last; **the** ~ **of proof lies with him** bevisbördan ligger hos honom; **to be a** ~ **to sb** vara en börda för ngn **2** *vt* belasta, betunga *(with* med)
bu·reau ['bjʊərəʊ] *s (kontor)* byrå, ämbetsverk; *(Brit: bord)* skrivbord, sekretär; *(Am: förvaringsmöbel)* byrå
bu·reau·cra·cy [bjʊəˈrɒkrəsɪ] *s (i allm)* byråkrati; *(neds)* ämbetsmannavälde, byråkrati
bu·reau·crat ['bjʊərəʊkræt] *s* byråkrat
bu·reau·crat·ic [ˌbjʊərəʊˈkrætɪk] *adj* byråkratisk
bur·glar ['bɜːgləʳ] *s* inbrottstjuv; ~ **alarm** tjuvlarm
bur·glar·ize ['bɜːgləraɪz] *vt (Am)* göra inbrott i
bur·gla·ry ['bɜːglərɪ] *s* inbrott
bur·gle ['bɜːgl] *vt* göra/föröva inbrott i
Bur·gun·dy ['bɜːgəndɪ] *s* **(a)** Bourgogne **(b):**

b~ bourgogne(vin)
bur·ial ['berɪəl] *s* begravning
bur·lesque [bɜːˈlesk] *adj, s* burlesk
bur·ly ['bɜːlɪ] *adj* stor och kraftig
Bur·ma ['bɜːmə] *s* Burma
Bur·mese [bɜːˈmiːz] **1** *adj* burmansk **2** *s* **(a)** *(pl lika: person)* burman **(b)** *(språk)* burmanska
burn [bɜːn] *(v: imperf, perf part* **burned** *el* **burnt) 1** *s (i allm)* brännskada, brännsår; *(om raket)* förbränning **2** *vt* bränna; **to** ~ **one's boats/ bridges** *(bildl)* bränna sina skepp **3** *vi (eld etc)* brinna (upp); *(person, hud)* bränna sig, bli bränd; *(mat)* brännas vid; *(bildl)* brinna
♦ **burn down** **1** *vt* + *adv* bränna upp, lägga i aska **2** *vi* + *adv* brinna ner (till grunden)
♦ **burn off** *vt* + *adv (färg, vegetation)* bränna bort
♦ **burn out** **1** *vt* + *adv:* **he's** ~**t himself out** han är utbränd, han har tömt ut sina krafter **2** *vi (Elektr)* smälta ner, 'gå'; *(ljus)* brinna ner; **the fuse** ~**t out** proppen gick
♦ **burn up** **1** *vt* + *adv* bränna upp **2** *vi* + *adv* flamma upp, ta sig
burn·er ['bɜːnəʳ] *s* brännare, (spis)låga
burn·ing ['bɜːnɪŋ] **1** *s* (för)bränning; **I can smell** ~ det luktar bränt **2** *adj (i allm)* brinnande, glödande; *(bildl: feber, önskan)* brinnande; *(: törst, problem)* brännande
bur·nish ['bɜːnɪʃ] *vt* polera
burnt [bɜːnt] *imperf, perf part av* **burn**
burp [bɜːp] *(vard)* **1** *s* rap(ning) **2** *vi* rapa **3** *vt (baby)* få att rapa
bur·row ['bʌrəʊ] **1** *s (kanins etc)* hål(a), lya **2** *vi (djur)* gräva; **to** ~ **one's way** gräva sig fram/ner **3** *vi (djur)* gräva; **he** ~**ed under the bedclothes** han kröp ner under/byggde bo under sängkläderna
bur·sar ['bɜːsəʳ] *s (Univ etc)* skattmästare
bur·sa·ry ['bɜːsərɪ] *s (Skottl Skol)* stipendium
burst [bɜːst] *(v: imperf, perf part* **burst) 1** *s (av bomb etc)* explosion; *(på lednings)rör)* bristning, brott; *(av applåder)* storm; *(av skratt)* salva, utbrott; **a final** ~ **of speed** en slutspurt **2** *vt* spränga, spräcka, få att brista/spricka; **to** ~ **a tyre** få punktering **3** *vi* **(a)** *(ballong, bubbla)* spricka; *(ångpanna, granat)* explodera; *(däck)* punktera; *(damm, (lednings)rör)* brista, springa läck; **the door** ~ **open** dörren flög upp; **filled to** ~**ing point** fylld till bristningsgränsen; **to be** ~**ing at the seams** *(eg, bildl)* vara sprickfärdig/ sprängfull; **to be** ~**ing with pride** (hålla på att) spricka av stolthet; **I was** ~**ing to tell you** *(vard)* jag höll på att spricka av iver att berätta **(b)** störta, komma störtande; **to** ~ **into flames** flamma upp, ta eld; **to** ~ **into tears** brista ut i gråt/tårar; **the sun** ~ **through the clouds** solen bröt fram genom molnen; **to** ~ **out laughing** brista i skratt; **to** ~ **out singing** brista ut i sång
bury ['berɪ] *vt* begrava, gräva ner; **he buried his face in his hands** han gömde ansiktet i händerna; **buried in thought** försjunken i tankar; **to** ~ **the hatchet** gräva ner stridsyxan
bus [bʌs] **1** *s pl* -**es** *el (Am)* -**ses** buss; **to go by** ~ åka buss; ~ **service** bussförbindelse; ~ **shelter** väntkur *vid busshållplats;* **to miss the** ~ *(äv: bildl)* missa tillfället **2** *vt (i allm)* transportera med buss; *(Am Skol)* bussa *för att sammanföra barn ur olika samhällsgrupper*
bus boy ['bʌsbɔɪ] *s (Am)* smörgåsnisse
bush [bʊʃ] *s* **(a)** *(i allm)* buske, busksnår; ~ **of hair** hårbuske, kalufs; **to beat about the** ~ gå som katten kring het gröt **(b)** *(i Afrika, Australien):* **the** ~ vildmarken
bushy ['bʊʃɪ] *adj (växt)* buskig; *(hår, skägg, svans etc)* buskig, yvig
busi·ly ['bɪzɪlɪ] *adv* ivrigt, energiskt
busi·ness ['bɪznɪs] *s* **(a)** *(i allm)* affärer; **I'm**

here on ~ jag är här i affärer; ~ **card** visitkort; *(vard)* **to get down to** ~ sätta igång, komma till saken; **now we're in** ~ nu är vi i gång; **he means** ~ han menar allvar **(b)** *(företag)* affärsföretag, firma **(c)** *(sysselsättning)* yrke; **he's in the insurance** ~ han är i försäkringsbranschen **(d)** angelägenhet(er), sak; **that's my** ~ det är min sak; **you had no** ~ **to do that** du hade inte rätt att göra det; **mind your own** ~ det har inte du med att göra; **it's a nasty** ~ det är en otrevlig historia/affär

business·like ['bɪznɪslaɪk] *adj (i allm)* affärsmässig; *(om person, sätt)* affärsmässig, saklig

business·man ['bɪznɪsmæn] *s* affärsman

business·woman ['bɪznɪswʊmən] *s* affärskvinna

busk·er ['bʌskəʳ] *s* gatumusikant

bust¹ [bʌst] *s (Konst)* byst; *(på kropp)* byst, barm; ~ **measurement** bystmått

bust² [bʌst] *(vard)* **1** *adj (apparat)* paj, trasig, sönder; *(firma)* bankrutt; **the engine is** ~ motorn har pajat; **to go** ~ göra konkurs **2** *vt* **(a)** = **burst 2 (b)** *(Polis: arrestera)* finka; *(: lokal etc)* göra razzia i **(c)** *(sak)* ha sönder, paja

bus·tle ['bʌsl] **1** *s* jäkt, brådska, larm **2** *vi (äv:* ~ **about)** jäkta, flänga

busy ['bɪzɪ] **1** *adj* **(a)** *(i allm)* sysselsatt, upptagen; **he's a** ~ **man** han är upptagen jämt; **to be** ~ ha bråttom, ha fullt upp att göra; **she's** ~ **studying/cooking** hon har fullt upp med att studera/laga mat; ~ **as a bee** flitig som en myra; **let's get** ~ *(vard)* låt oss sätta igång **(b)** *(tid, aktivitet)* jäktig, bråd; *(plats)* livlig, full av rörelse **(c)** *(i sht Am: telefon)* upptagen; ~ **signal** upptagetton **2** *vt:* **to** ~ **oneself (doing sth, with sth)** sysselsätta sig med

busy·body ['bɪzɪ,bɒdɪ] *s* beskäftig person

but [bʌt] **1** *konj* **(a)** men: *she was poor* ~ *she was honest;* **not...** ~ inte... utan: *he's not English* ~ *Irish* **(b)** *(underordnande)*: **we never go out** ~ **it rains** det regnar alltid när vi går ut **2** *adv* bara, blott, endast: *she's* ~ *a child;* **I cannot help** ~ **think that...** jag kan inte låta bli att tycka att **3** *prep* utom, mer än, annan/annat än: *no one* ~ *him;* **the last** ~ **one** den näst sista; ~ **for you** om inte du hade varit; **anything** ~ **that** vad som helst utom det **4** *s:* **no** ~**s about it!** inga men!, inga invändningar

bu·tane ['bjuːteɪn] *s (äv:* ~ **gas)** butan(gas)

butch·er ['bʊtʃəʳ] **1** *s (eg, bildl)* slaktare; ~**'s (shop)** köttaffär **2** *vt (djur till mat)* slakta; *(människor)* mörda, slakta

but·ler ['bʌtləʳ] *s* butler, chefbetjänt

butt¹ [bʌt] *s (för vin, öl)* fat; *(för regnvatten)* tunna

butt² [bʌt] *s (på gevär)* gevärskolv; *(cigarr, cigarett)* fimp

butt³ [bʌt] *s* skottavla, skottvall; **the** ~**s** skjutbana; *(bildl)*: **she's the** ~ **of his jokes** hon är måltavla för hans skämt

butt⁴ [bʌt] **1** *s (med huvudet)* knuff; *(om get etc)* stångning **2** *vt* stånga, knuffa med huvudet **3** *vi:* **to** ~ **in** *(samtal)* avbryta; *(andras affärer)* blanda sig i

but·ter ['bʌtəʳ] **1** *s* smör; ~ **wouldn't melt in his mouth** han ser så skedlig/oskyldig ut; ~ **bean** vaxböna; ~ **dish** smör|ask/-assiett **2** *vt* bre smör på

butter·cup ['bʌtə,kʌp] *s* smörblomma, ranunkel

butter·fingers ['bʌtə,fɪŋgəz] *s (vard)* fumlig/släpphänt person

butter·fly ['bʌtəflaɪ] *s* **(a)** fjäril; **I've got butterflies (in my stomach)** jag har fjärilar i magen **(b)** *(äv:* ~ **stroke)** fjärilssim

but·tock ['bʌtək] *s* skinka; ~**s** ända, bak(del)

but·ton ['bʌtn] **1** *s (på kläder, apparat etc)* knapp **2** *vt* **(a)** förse med knappar **(b)**

knäppa; ~ **up** knäppa ihop/igen **3** *vi (plagg)* knäppas

button·hole ['bʌtnhəʊl] **1** *s* knapphål; *(Brit: nejlika)* knapphålsblomma **2** *vt (bildl)* hejda och uppehålla (med prat)

but·tress ['bʌtrɪs] **1** *s (i allm)* strävpelare, stöd; *(bildl)* stöttepelare **2** *vt (i allm)* stödja, förse med strävpelare; *(bildl)* stötta, stödja

bux·om ['bʌksəm] *adj (mest om kvinna)* frodig, trind, mullig

buy [baɪ] *(v: imperf, perf part* **bought)** **1** *s:* **a good/bad** ~ en god/dålig affär **2** *vt* köpa; **to** ~ **a person a drink** bjuda ngn på en drink; **he won't** ~ **that explanation** *(vard)* han tror inte på den förklaringen

♦ **buy back** *vt + adv* köpa tillbaka

♦ **buy in** *vt + adv* köpa hem/in

♦ **buy off** *vt + adv (vard)* köpa sig fri från, muta

♦ **buy out** *vt + adv* köpa/lösa ut

♦ **buy up** *vt + adv* köpa upp

buy·er ['baɪəʳ] *s (kund)* köpare; *(i företag)* inköpare; ~**'s market** köparens marknad

buzz [bʌz] **1** *s (om insekt, maskin)* surr; *(om samtal)* sorl, ivrigt pratande; **to give sb a** ~ *(vard)* slå en signal/ringa till ngn **2** *vt* 'ringa på: *he* ~*ed his secretary;* *(Flyg)* flyga tätt intill, preja **3** *vi* surra; **my head is** ~**ing** det surrar/susar i huvudet på mig

♦ **buzz about** *vi + adv (vard)* flyga/snurra omkring

♦ **buzz off** *vi + adv (Brit vard)* sticka; ~ **off!** försvinn!

buz·zard ['bʌzəd] *s* (orm)vråk

buzz·er ['bʌzəʳ] *s (för signal)* ringklocka; *(Elektr)* summer; *(på fabrik)* fabriksvissla

by [baɪ] **1** *adv* **(a)** i närheten, bredvid; **close/ hard** ~ alldeles intill **(b)** *(passera)* förbi **(c)** *(åt sidan)* undan, i reserv; ~ **and** ~ så småningom, snart; ~ **and large** i stort sett, på det hela taget **2** *prep* **(a)** vid, intill: *the house* ~ *the river* **(b)** via, över, genom: *he crossed the channel* ~ *Dover* **(c)** förbi: *she walked* ~ *me* **(d)** om, under; ~ **day/night** om dagen/natten **(e)** senast, inte senare än: *I must get home* ~ *midnight;* ~ **tomorrow I'll be in Rome** i morgon är jag i Rom; ~ **the time I got there** när jag väl kom dit; ~ **that time I knew** då visste jag **(f)** per: ~ *the kilo/metre;* ~ **degrees** gradvis; **one** ~ **one** en och en; **little** ~ **little** så småningom **(g)** *(agent, orsak)* av: ~ *killed* ~ *lightning; a painting* ~ *Picasso; surrounded* ~ *enemies* **(h)** *(om sätt, metod, medel)* genom, med; ~ **force** med våld; ~ **bus/car** med buss/bil; ~ **rail** med järnväg; ~ **land** and ~ **sea** till lands och till sjöss; **to pay** ~ **cheque** betala med check; **made** ~ **hand** handgjord; **to lead** ~ **the hand** leda vid handen; ~ **moonlight** i månsken **(i)** enligt; ~ *law;* **it's all right** ~ **me** gärna för mig **(j)** *(måttsuttryck)*: **broader** ~ **a metre** en meter bredare; **I was late** ~ **five minutes** jag kom fem minuter försent; **it missed me** ~ **two inches** den missade mig med två tum; **to divide/ multiply** ~ **dividera/multiplicera med;** **3 metres** ~ **4** 3 gånger 4 meter **(k)** *(om väderstreck)*: **north** ~ **west** nord till väst **(l)** *(i eder, svordomar)* vid; ~ **heaven** *(vard)* vid Gud! **(m):** ~ **the way,** ~ **the by(e)** apropå det

bye [baɪ] *interj (vard: äv:* ~-~*)* adjö, hej

by(e)-election ['baɪɪ,lekʃən] *s* fyllnadsval

by·gone ['baɪgɒn] **1** *adj (om tid)* gångren,

svunnen **2** s: **let** ~**s be** ~**s** låt det skedda vara glömt

by-law |'baɪ,lɔ:| s (lokal) förordning; (förenings)-stadga; (bolags)ordning

by·pass |'baɪpɑːs| **1** s förbifartsled **2** vt (stad) bygga förbifartsled omkring; (bildl: person, svårighet) undvika, kringgå

by-product |'baɪ,prɒdʌkt| s biprodukt

by·stander |'baɪ,stændə^r| s åskådare, omkringstående

by·way |'baɪ,weɪ| s biväg, småväg

by·word |'baɪ,wɜːd| s (pos): **Harrods is a** ~ **for quality** Harrods är berömt för sin kvalité, Harrods är liktydigt med kvalité; (neg): **his name was a** ~ **for meanness** han var beryktad för sin snålhet

C

C, c |siː| s *(bokstav)* C, c; *(Mus)* c; **C flat** cess; **C sharp** ciss
C *förk f* **centigrade**
c. *förk f* **century, circa**
C.A. *förk f* **chartered accountant**
cab |kæb| s **(a)** taxi **(b)** *(i lastbil)* förarhytt
caba·ret |'kæbəreɪ| s kabaré
cab·bage |'kæbɪdʒ| s (vit)kål, kålhuvud
cab·in |'kæbɪn| s *(litet hus)* stuga, koja; *(Sjö)* hytt; *(Flyg)* kabin; ~ **cruiser** motorkryssare; ~ **trunk** koffert
cabi·net |'kæbɪnɪt| s **(a)** skåp **(b)** *(Pol: äv:* C~) kabinett, ministär; **C~ Minister** statsråd, kabinettsminister
ca·ble |'keɪbl| **1** s *(i allm)* kabel; *(Tele)* (kabel)-telegram; ~ **television** kabeltelevision **2** *vt* telegrafera (till)
ca·ble·car |'keɪbl,kɑːʳ| s *(på räls)* bergbana; *(i luften)* linbana
ca·ble·gram |'keɪbl,græm| s kabeltelegram
cache |kæʃ| s hemligt förråd, gömställe
cack·le |'kækl| **1** s *(om höna)* kacklande; *(om person: skratt)* skrockande; *(: prat)* pladder **2** *vi* *(höna)* kackla; *(person)* skrocka
ca·coph·ony |kæ'kɒfənɪ| s missljud, oljud, kakofoni
cac·tus |'kæktəs|, *pl* **-es** *el* **cacti** |'kæktaɪ| s kaktus
ca·dav·er |kə'deɪvəʳ| s kadaver, lik
ca·dav·er·ous |kə'dævərəs| adj lik-, som ett lik; *(ansiktsfärg)* likblek
cad·die, cad·dy[1] |'kædɪ| s *(i golf)* caddie
cad·dy[2] |'kædɪ| s teburk
ca·dence |'keɪdəns| s *(Mus)* kadens; *(i allm)* rytm; *(om röst)* tonfall
ca·det |kə'det| s kadett
cadge |kædʒ| *vt (vard):* **to** ~ **sth from sb** snylta/tigga sig till ngt från ngn
cadg·er |'kædʒəʳ| s snyltare, tiggare
Cae·sar·ean |siː'zɛərɪən| s *(äv:* ~ **section)** kejsarsnitt
café |'kæfeɪ| s *(kaffeservering)* kafé, konditori; *(enklare restaurang)* bar, servering
caf·eteria |,kæfɪ'tɪərɪə| s cafeteria
caf·fein(e) |'kæfiːn| s koffein
cage |keɪdʒ| **1** s *(i allm)* bur; *(Gruv)* uppfordringskorg, hiss **2** *vt* sätta i bur
cag·ey |'keɪdʒɪ| adj *(vard: försiktig)* på sin vakt, misstänksam; *(: hemlighetsfull)* undvikande, förtegen
ca·hoots |kə'huːts| *spl (vard):* **to be in** ~ **with sb** vara i maskopi med ngn
cairn |kɛən| s stenkummel, röse
Cai·ro |'kaɪərəʊ| s Kairo
ca·jole |kə'dʒəʊl| *vt* lirka med; **to** ~ **sb into doing sth** med fin lock och pock få ngn att göra ngt
cake |keɪk| **1** s *(stor)* mjuk kaka, sockerkaka, tårta; *(liten)* småkaka, bakelse; ~ **shop** konditori(butik); **it's a piece of** ~ *(vard)* det är en enkel match; **to sell like hot** ~s *(vard)* gå åt som smör; ~s **and ale** sötebrödsdagar; **he wants to have his** ~ **and eat it** *(ordspr)* han vill både äta kakan och ha den kvar; **a** ~ **of soap** en tvål(bit) **2** *vt:* **to** ~ **(with):** **his shoes were** ~**d with mud** hans skor var leriga; **her hair was** ~**d with blood** hennes hår var nedsölat med (stelnat) blod **3** *vi* stelna

(till en skorpa); *(blod äv)* levra sig
cala·mine |'kæləmaɪn| s *(äv:* ~ **lotion)** zinkliniment
ca·lam·ity |kə'læmɪtɪ| s katastrof, olycka
cal·ci·fy |'kælsɪfaɪ| **1** *vt* förkalka **2** *vi* förkalkas
cal·cium |'kælsɪəm| s kalcium
cal·cu·late |'kælkjʊleɪt| **1** *vt* beräkna, kalkylera, räkna ut; **to be** ~**d to do sth** förmodas göra ngt **2** *vi (Mat)* räkna
♦ **calculate on** *vi + prep* räkna med
cal·cu·lat·ed |'kælkjʊleɪtɪd| adj beräknad; **a** ~ **risk** en risk man tagit med i beräkningen
cal·cu·lat·ing |'kælkjʊleɪtɪŋ| adj **(a)** *(person)* beräknande **(b):** ~ **machine** räknemaskin
cal·cu·la·tion |,kælkjʊ'leɪʃən| s *(Mat)* uträkning, kalkyl; *(beräkning)* bedömning
cal·cu·la·tor |'kælkjʊleɪtəʳ| s miniräknare, räknedosa
cal·cu·lus |'kælkjʊləs| s *(Mat)* kalkyl; **differential** ~ differentialkalkyl; **integral** ~ integralkalkyl
cal·en·dar |'kæləndəʳ| s *(alla bet)* kalender; ~ **month/year** kalender|månad/-år; **the Church** ~ kyrkoåret
calf[1] |kɑːf| s *pl* **calves** **(a)** *(unge: till ko)* kalv; *(: till säl, elefant etc)* unge **(b)** kalvskinn
calf[2] |kɑːf| s *pl* **calves** *(kroppsdel)* vad
calf·skin |'kɑːfskɪn| s *(läder)* kalvskinn
cali·brate |'kælɪbreɪt| *vt (gevär)* mäta kalibern på; *(mätinstrument)* kalibrera
cali·bra·tion |,kælɪ'breɪʃən| s kalibrering
cali·bre, (Am) cali·ber |'kælɪbəʳ| s *(eg, bildl)* kaliber
Cali·for·nia |,kælɪ'fɔːnɪə| s Kalifornien
Cali·for·nian |,kælɪ'fɔːnɪən| **1** adj kalifornisk **2** s kalifornier
cali·co |'kælɪkəʊ| s kalikå, kattun
cali·pers |'kælɪpəz| *spl (Am)* = **callipers**
ca·liph |'keɪlɪf| s kalif
call |kɔːl| **1** s **(a)** *(i allm)* rop; *(om fågel)* lockrop, läte; **within** ~ inom hörhåll; **please give me a** ~ **at 7** var snäll och väck mig kl 7; **whose** ~ **is it?** *(Kortsp)* vems bud är det? **(b)** *(Tele)* (telefon)-samtal; **long distance** ~ *(i sht Am)* rikssamtal; **to make a** ~ *(i sht Am)* ringa (ett samtal) **(c)** *(Flyg)* utrop: *this is the final* ~ *for flight X032 to Rome;* *(bildl)* lockelse: *the* ~ *of the unknown;* **to be on** ~ vara/stå i beredskap, ha jour(tjänst); **the** ~ **of duty** pliktens bud **(d)** besök, visit; **to pay a** ~ **on sb** göra besök hos ngn *(besöka ngn)* **(e)** skäl, anledning; **you had no** ~ **to say that** du hade inte behövt säga det; **there is no** ~ **for alarm** det finns inget skäl till oro **(f)** anspråk; **there are many** ~**s on my time** jag är oerhört upptagen **2** *vt* **(a)** *(namn, person)* ropa (på); *(flygtur)* ropa ut; *(läkare, taxi)* kalla på; *(möte etc)* sammankalla; *(ur sömn)* väcka; **to** ~ **a strike** utlysa strejk **(b)** *(Tele)* ringa **(c)** kalla (för), benämna; **what are you** ~**ed?** vad heter du?; **what is this** ~**ed in Swedish?** vad heter det här på svenska?; **he's** ~**ed after his father** han är uppkallad efter sin far; **can I** ~ **you by your first name?** får jag kalla dig vid förnamn?; **he** ~**s himself a linguist** han anser sig språkbegåvad; **let's** ~ **it £50** låt gå för 50 pund; **let's** ~ **it a day** *(vard)* nu får det vara bra/nog **3** *vi* **(a)** *(person)* ropa *(to åt);* *(fåglar)*

46

ropa **(b)** *(Tele)* ringa, telefonera **(c)** *(om visit)* hälsa på, titta in

◆ **call aside** *vt + adv* kalla avsides/i enrum

◆ **call away** *vt + adv* kalla bort; **to be** ~**ed away on business** resa bort i affärer

◆ **call back** **1** *vt/vi + adv (Tele)* ringa upp igen/ senare **2** *vi + adv (återvända)* komma tillbaka, titta in igen

◆ **call for** *vi + prep (på restaurant: menyn, drinkar, notan)* begära (in/fram); *(bildl)* kräva; *(person, varor)* hämta; **the situation** ~**ed for swift action** läget krävde snabb handling; **this** ~**s for a drink!** det måste vi fira med en drink!, det måste vi skåla för!

◆ **call in** **1** *vt + adv* **(a)** *(läkare, polis)* ropa på, tillkalla; *(expert)* tillkalla, anlita **(b)** *(Handel etc: felaktiga varor, banksedlar)* dra in, dra tillbaka **2** *vi + adv* = **call 3c.**

◆ **call off** *vt + adv (möte etc)* inställa; *(avtal)* låta gå tillbaka; **the strike was** ~**ed off** strejken avblåstes **(b)** *(hund)* ropa tillbaka, kalla till sig

◆ **call on** *vi + prep* **(a)** hälsa på, besöka **(b)** lämna ordet till: *I now* ~ *on Mr Brown to speak*

◆ **call out** **1** *vt + adv* **(a)** *(namn)* ropa ut **(b)** *(läkare)* tillkalla; *(trupper)* kommendera ut; **to** ~ **workers out on strike** ta ut arbetare i strejk **2** *vi + adv (i smärta, på hjälp)* skrika till

◆ **call round** *vi + adv (göra visit)* titta in;

◆ **call up** *vt + adv* **(a)** *(Mil)* inkalla **(b)** *(Tele)* ringa upp **(c)** *(bildl: minnen)* återkalla, framkalla

◆ **call upon** *vi + prep* = **call on.**

call·box ['kɔːl,bɒks] *s (Tele)* telefonhytt; *(Polis)* larmskåp

cal·ler ['kɔːlə^r] *s (i allm)* besökare; *(Tele)* person som telefonerar; *(Am: i square dance)* försångare

cal·lig·ra·phy [kə'lɪgrəfɪ] *s* kalligrafi, skönskrift

call·ing ['kɔːlɪŋ] *s (yrke)* kall(else), livsuppgift

cal·li·pers, *(Am)* **cali·pers** ['kælɪpəz] *spl (Med)* benskenor; *(Mat)* passare

cal·lous ['kæləs] *adj* okänslig, känslolös

cal·low ['kæləʊ] *adj* omogen, oerfaren, 'grön'

call-up ['kɔːl,ʌp] *s (Mil)* inkallelse

calm [kɑːm] **1** *adj (i allm)* lugn; **keep** ~**!** ta det lugnt! **2** *s (eg, bildl)* lugn; **the** ~ **before the storm** lugnet före stormen **3** *vt (äv:* ~ **down:** *person)* lugna ner; ~ **yourself!** lugna ner dig!

◆ **calm down** **1** *vt + adv* = **calm 3** **2** *vi + adv (person)* lugna sig; *(vind)* bedarra

calm·ly ['kɑːmlɪ] *adv* lugnt

calo·rie ['kælərɪ] *s (Fys)* kalori

calo·rif·ic [,kælə'rɪfɪk] *adj (Fys)* värmealstrande

cal·um·ny ['kæləmnɪ] *s (frm)* förtal, smädelse

calve [kɑːv] *vi* kalva

calves [kɑːvz] *spl av* **calf**[1] *o* **calf**[2]

cam·ber ['kæmbə^r] *s (Motor: i väg)* dosering

Cam·bo·dia [kæm'bəʊdɪə] *s* Cambodja, Kampuchea

came [keɪm] *imperf av* **come**

cam·el ['kæməl] *s* **(a)** *(djur)* kamel **(b)** *(färg)* kamelfärgad, ljust beige-brun; ~ **coat** kamelhårsrock/kappa

cameo ['kæmɪəʊ] *s* kamé; ~ **ring/brooch** kamé|ring/-brosch

cam·era ['kæmərə] *s* **(a)** kamera; **on** ~ under tagning **(b)** *(Jur):* **in** ~ bakom lyckta dörrar

camera·man ['kæmərəmæn] *s, pl* ~**men** fotograf, kameraman

camo·mile ['kæməʊmaɪl] *s (Bot)* kamomill

camou·flage ['kæməflɑːʒ] **1** *s* camouflage, (skyddande) maskering **2** *vt* camouflera, maskera, dölja

camp[1] [kæmp] **1** *s (eg, bildl: i sht Pol)* läger; ~ **bed** tältsäng; ~ **follower** *(bildl)* sympatisör, medlöpare *(neds)*; ~ **site** campingplats **2** *vi*

campa; **to go** ~**ing** åka ut/vara ute och campa

◆ **camp out** *vi + adv* campa, bo i tält

camp[2] [kæmp] *adj (vard)* avsiktligt smaklös, 'camp'; *(om man: sätt)* (tillgjort) kvinnlig; *(: läggning)* homosexuell

cam·paign [kæm'peɪn] **1** *s (Mil)* fälttåg; *(bildl)* kampanj; **election** ~ valkampanj **2** *vi (Mil)* delta i fälttåg, gå ut i fält; *(bildl)* delta i kampanj

cam·paign·er [kæm'peɪnə^r] *s (Mil):* **old** ~ veteran; **a** ~ **for/against sth** en förkämpe för/mot ngt

cam·pa·ni·le [,kæmpə'niːlɪ] *s (i sht i Italien)* kampanil, klockstapel

camp·er ['kæmpə^r] *s (person)* campare; *(Am: fordon med inbyggd husvagnsdel)* 'campingbuss'

cam·phor ['kæmfə^r] *s* kamfer; ~ **ball** malkula

cam·pus ['kæmpəs] *s (Univ: i sht i Amerika)* universitetsområde 'campus'

can[1] [kæn] *vhj: pres (nekande* **cannot, can't**; *kond o imperf* **could)** **(a)** *(vara i stånd att)* kan; **he** ~ **do it if he tries hard** han kan göra det om han verkligen försöker; **they couldn't help it** de rådde inte för det, de kunde inte låta bli **(b)** *(ha lärt sig)* kan; **he** ~'**t swim** han kan inte simma; ~ **you speak Swedish?** kan du tala svenska? **(c)** kan få, får; ~ **I use your telephone?** får jag låna telefonen?; **could I have a word with you?** skulle jag kunna få prata med dig? **(d)** *(uttrycker förvåning, misstro etc)* kan; **this** ~'**t be true!** det kan inte vara sant!; **how could you lie to me!** hur kunde du ljuga för mig!; **they** ~'**t have left already!** de kan inte ha åkt redan! **(e)** *(uttrycker möjlighet etc)* kan (kanske); **he could be in the library** han är kanske i biblioteket; **I could scream!** det är så jag skulle kunna skrika! **(f):** ~ **do with** behöver; **I could do with a drink** jag skulle behöva en drink, en drink vore inte så dumt

can[2] [kæn] **1** *s (i allm)* (konserv)burk; *(större)* dunk; *(i sht Am:* = *garbage* ~*)* soptunna; **the** ~ *(sl: fängelse)* kåken; **to carry the** ~ *(vard)* få skulden, ta på sig skulden; **a** ~ **of worms** *(vard)* en trasslig situation **2** *vt (i allm)* konservera, lägga in; *(Am vard)* avskeda, ge sparken

Cana·da ['kænədə] *s* Canada

Ca·na·dian [kə'neɪdɪən] **1** *adj* kanadensisk **2** *s (person)* kanadensare

ca·nal [kə'næl] *s (för sjöfart)* (grävd) kanal; *(Anat)* passage, kanal; **the alimentary** ~ matsmältningskanalen

Ca·naries [kə'nɛərɪz] *spl:* **the** ~ Kanarieöarna

ca·nary [kə'nɛərɪ] *s (Zool)* kanariefågel; *(Am vard)* tjallare; ~ **yellow** kanariegul, ljusgul

can·cel ['kænsəl] *vt* **(a)** *(i allm)* inställa; *(teater-/flyg|bokning)* avbeställa; *(kontrakt etc)* annullera **(b)** *(namn)* stryka (ut); *(frimärke)* stämpla; *(bankbok)* döda **(c)** *(Mat)* eliminera

◆ **cancel out** **1** *vt + adv* neutralisera, motverka; **they** ~ **each other out** de tar ut varandra **2** *vi (Mat)* upphäva varandra

can·cel·la·tion [,kænsə'leɪʃən] *s (se* **cancel a, c)** inställelse; avbeställning; annullering; eliminering

can·cer ['kænsə^r] *s* **(a)** *(Med)* cancer; ~ **of the throat** strupcancer; **breast** ~ bröstcancer; ~ **research** cancerforskning **(b)** *(Astron etc):* **C**~ Kräftan; *se äv* **tropic**

can·cer·ous ['kænsərəs] *adj* cancer-; ~ **growth** cancersvulst

can·de·la·bra [,kændɪ'lɑːbrə] *s* kandelaber

can·did ['kændɪd] *adj* uppriktig, öppen; ~ **camera** dold kamera

can·di·da·cy ['kændɪdəsɪ] *s* kandidatur

can·di·date ['kændɪdeɪt] *s (till anställning)* sökande, kandidat; *(vid val)* kandidat; *(vid examination)* examinand; **the presidential** ~ presidentkan-

didaten
can·di·da·ture ['kændɪdətʃəʳ] s = **candidacy**
can·dle ['kændl] s (stearin/vax) ljus
candle·light ['kændl,laɪt] s eldsljus, levande ljus
candle·stick ['kændl,stɪk] s ljusstake
can·dour, (Am) **candor** ['kændəʳ] s uppriktighet, öppenhet
can·dy ['kændɪ] **1** s kandisocker, kanderad frukt; (Am) snask, godis **2** vt (frukt) kandera, kristallisera
candy·floss ['kændɪ,flɒs] s spunnet socker
cane [keɪn] **1** s (Bot: bambu, socker etc) rör; (= sugar ~) sockerrör; (till korgar, möbler) rotting; (vid promenad) (spatser)käpp; (till bestraffning) rotting, spö; **to get the** ~ (Skol) få smaka rottingen; ~ **sugar** rörsocker **2** vt (som straff) prygla, ge stryk
ca·nine ['kænaɪn] **1** adj hund-, hunddjurs; ~ **tooth** hörntand **2** s (Zool) hunddjur; (= ~ tooth) hörntand
can·is·ter ['kænɪstəʳ] s (för te, kaffe, kakao etc) (bleck)burk, kanister; (för gas etc) behållare
can·ker ['kæŋkəʳ] s (Med) muncancer; (Bot) (lövträds)kräfta; (bildl) frätande sår
can·na·bis ['kænəbɪs] s cannabis
canned [kænd] **1** imperf, perf part av **can²** **2** adj (mat) konserverad; (vard: musik) inspelad, 'burkad'; (: berusad) packad
can·ni·bal ['kænɪbəl] s kannibal, människoätare
can·ni·bal·ize ['kænɪbəlaɪz] vt (vard: bil etc) slakta, plocka sönder
can·non ['kænən] s, pl lika el -s (Mil) kanon
cannon·ball ['kænən,bɔːl] s (i allm) kanonkula; (tennis) kanon(serve)
can·not ['kænɒt] = **can¹ not**
ca·noe [kə'nuː] **1** s kanot **2** vi paddla
ca·noe·ist [kə'nuːɪst] s kanotist, kanotpaddlare
ca·non ['kænən] s **(a)** (Rel) (kyrkligt) påbud; (moral, seder) regler, rättesnöre; (Bibeln) kanoniska böcker, kanon; (Mus) kanon; ~ **law** kanonisk lag **(b)** (präst) kanik, domkyrkopräst
can·on·ize ['kænənaɪz] vt helgonförklara, kanonisera
can·opener ['kæn,əʊpənəʳ] s konservöppnare, burköppnare
cano·py ['kænəpɪ] s sänghimmel, tronhimmel, baldakin
cant [kænt] s (gruppspråk) jargong; (hyckleri) skenheligt tal, floskler
can't [kɑːnt] = **can¹ not**
can·tan·ker·ous [kæn'tæŋkərəs] adj grälsjuk
can·teen [kæn'tiːn] s **(a)** (matservering) lunchrum, kantin; (Mil) marketenteri **(b)**: ~ **of cutlery** schatull med bordssilver
can·ter ['kæntəʳ] **1** s samlad/kort galopp **2** vi rida i kort galopp
can·ti·lever ['kæntɪliːvəʳ] s konsol, utskjutande stöd; ~ **bridge** konsolbro
can·ton ['kæntɒn] s (i Schweiz, Frankrike) kanton
can·vas ['kænvəs] s **(a)** (tyg) segelduk, tältduk; (målning) duk, tavla; **under** ~ i tält **(b)** (Sjö) segel; **under** ~ under segel
can·vass ['kænvəs] **1** vt (Pol: distrikt) värva röster i; (: person) bearbeta; (Handel: område) göra marknadsundersökning i; (opinioner) undersöka, sondera **2** vi (Pol) agitera, värva röster (for för); (Handel) sälja vid dörren
can·vass·er ['kænvəsəʳ] s (Pol) röstvärvare; (Handel) agent, försäljare
can·yon ['kænjən] s (trång o djup floddal) kanjon
cap [kæp] **1** s **(a)** (i allm) mössa; ~ **in hand** ödmjukt; **if the** ~ **fits wear it** (bildl) om du känner dig träffad så; **he's got his** ~ **for England** han är uttagen till (engelska) landslaget **(b)** (på flaska) kapsyl; (på penna etc) hätta; (på svamp)

hatt; (Motor) (kylar/tank)lock; (preventivmedel) pessar **2** vt **(a)** (i allm) sätta lock/kapsyl på; (Tandläk) sätta jacketkrona på **(b)** bräcka, överträffa; **and to** ~ **it all ...** (neg) och till råga på eländet; (pos) och som kronan på verket **(c)** (Sport): **he's been** ~**ped 15 times for England** han har spelat 15 landskamper
ca·pa·bi·lity [,keɪpə'bɪlətɪ] s (i allm) förmåga, duglighet, skicklighet; (i sht pl) möjligheter
ca·pable ['keɪpəbl] adj **(a)** duglig, skicklig **(b)**: **to be** ~ **of** vara i stånd till, kunna
ca·pac·ity [kə'pæsɪtɪ] s **(a)** (om behållare etc) rymd, volym; (befogenhet) ställning, egenskap: **in my** ~ **as** Chairman; **seating** ~ antal sittplatser; **filled to** ~ (salong) fullsatt; (behållare) helt full/fylld; ~ **audience** utsålt hus **(b)** förmåga, möjlighet; **this is beyond my** ~ det här överstiger min förmåga
cape¹ [keɪp] s (Geogr) udde, kap; **the C**~ **of Good Hope** Godahoppsudden
cape² [keɪp] s (klädesplagg) cape, pelerin
ca·per¹ ['keɪpəʳ] s kapris; ~ **sauce** kaprissås
ca·per² ['keɪpəʳ] **1** s (hopp av glädje) skutt, glädjesprång; (tilltag) spratt, rackartyg **2** vi göra glädjesprång, hoppa och skutta
ca·pil·lary [kə'pɪlərɪ, (Am) 'kæpɪ,lærɪ] **1** adj hårfin, hår- **2** s (Anat) hårrör(skärl), kapillär
capi·tal ['kæpɪtl] **1** adj **(a)** (bokstav) stor; ~ **letter** stor bokstav, versal **(b)** (Jur): ~ **offence** brott som medför dödsstraff; ~ **punishment** dödsstraff **(c)** (åld: om idé etc) ypperlig, utmärkt **2** s **(a)** (äv: ~ letter) stor bokstav, versal **(b)** (äv: ~ city) huvudstad **(c)** (Ekon) kapital; ~ **assets** fasta tillgångar; ~ **expenditure** fasta utgifter; ~ **gains tax** realisationsvinstskatt; **to make** ~ **out of sth** (bildl) slå mynt av ngt
capi·tal·ism ['kæpɪtəlɪzəm] s kapitalism
capi·tal·ist ['kæpɪtəlɪst] **1** adj kapitalistisk **2** s kapitalist
capi·tal·ize [kə'pɪtəlaɪz] vt **(a)** (Ekon) kapitalisera; (bolag) förse med kapital; (ränta) förvandla till kapital **(b)** (om bokstav) skriva med stor bokstav
♦ **capitalize on** vi + prep (bildl) utnyttja, dra fördel av
ca·pitu·late [kə'pɪtjʊleɪt] vi kapitulera
ca·price [kə'priːs] s nyck, infall, kapris
ca·pri·cious [kə'prɪʃəs] adj nyckfull, lynnig, ombytlig
Cap·ri·corn ['kæprɪkɔːn] s (Astron etc) Stenbocken; se äv **tropic**
cap·size [kæp'saɪz] (Sjö) **1** vi kapsejsa, kantra **2** vt få att kantra
cap·stan ['kæpstən] s (Sjö) ankarspel; (på bandspelare t ex) drivrulle
cap·sule ['kæpsjuːl] s (Med) kapsel; (Bot) fröhus, kapsel; (= space ~) (rymd)kapsel
cap·tain ['kæptɪn] **1** s (i allm) kapten; (i flottan) kommendör; (Sport) lagkapten; ~ **of industry** industrimagnat **2** vt vara (lag)kapten för, leda, anföra
cap·tion ['kæpʃən] s (överskrift) rubrik; (underskrift) bildtext
cap·ti·vate ['kæptɪveɪt] vt fängsla, förtrolla
cap·tive ['kæptɪv] **1** adj fången, fängslad; **a** ~ **audience** en tacksam publik, tacksamma åhörare **2** s fånge; **to hold sb** ~ hålla ngn fängslad; **to take sb** ~ ta ngn till fånga
cap·tiv·ity [kæp'tɪvɪtɪ] s fångenskap
cap·tor ['kæptəʳ] s tillfångatagare
cap·ture ['kæptʃəʳ] **1** s (i allm) tillfångatagande, gripande; (av stad etc) erövring, intagande; (infångad sak el djur) byte, fångst **2** vt (i allm) tillfångata, gripa; (stad etc) erövra, inta; (bildl:

uppmärksamhet, stämning etc) fånga
car [kɑ:ʳ] *s* **(a)** *(Motor)* bil; **she went by** ~ hon åkte bil; ~ **park** *(Brit)* bilparkering; ~ **pool** *(av pendlare)* samåkningsgrupp **(b)** *(i sht Am)* (järnvägs)vagn
ca·rafe [kə'ræf] *s* karaff
cara·mel ['kærəməl] *s (Matl)* bränt socker; *(sötsak)* kola; ~ **custard** brylépudding
car·at ['kærət] *s* karat; **18** ~ **gold** 18 karats guld
cara·van ['kærəvæn] **1** *s* **(a)** *(cirkus, zigenare)* (hus)vagn; *(Brit Motor)* husvagn: ~ **site** campingplats (för husvagnar) **(b)** *(i öken, med kameler)* karavan **2** *vi* campa i/bo i husvagn
cara·way ['kærəweɪ] *s* kummin; ~ **seeds** kumminfrön
car·bo·hy·drate ['kɑ:bəʊ'haɪdreɪt] *s* kolhydrat
car·bol·ic [kɑ:'bɒlɪk] *adj:* ~ **acid** karbolsyra
car·bon ['kɑ:bən] *s* **(a)** *(Kem)* kol; ~ **dioxide** koldioxid, kolsyra *(vard)*; ~ **monoxide** kol(mon)oxid **(b)** *(äv:* ~ *paper)* karbonpapper; ~ **copy** *(eg)* karbon/genomslags|kopia; *(bildl)* kopia: *he's a* ~ *copy of his father*
car·bon·ated ['kɑ:bə,neɪtəd] *adj* kolsyrad, kolsyrehaltig
car·bon·ize ['kɑ:bənaɪz] *vt* karbonisera, förvandla till kol
car·bun·cle ['kɑ:bʌŋkl] *s* **(a)** *(Med)* böld, karbunkel **(b)** *(juvel)* karbunkel
car·bu·ret·tor, *(Am)* **car·bu·retor** [,kɑ:bjʊ'retəʳ] *s* förgasare, karburator
car·cass, car·case ['kɑ:kəs] *s (av slaktat djur)* (slakt)kropp; *(dött djur i allm)* kadaver
car·cino·gen·ic [,kɑ:sɪnə'dʒenɪk] *adj* cancerogen, cancerframkallande
card [kɑ:d] *s (i allm)* kort; **playing** ~ spelkort; **to play** ~**s** spela kort; ~ **index** kartotek; **index** ~ kartotekskort; **on the** ~**s** *(bildl)* sannolik, trolig; **their marriage is on the** ~**s** de kommer nog att gifta sig; **to have a** ~ **up one's sleeve** *(bildl)* ha något i bakfickan; **to lay one's** ~**s on the table** *(bildl)* lägga korten på bordet; **to play one's** ~**s properly** *(bildl)* sköta sina kort
card·da·mom ['kɑ:dəməm] *s* kardemumma
card·board ['kɑ:d,bɔ:d] *s* papp, kartong
car·di·ac ['kɑ:dɪæk] *adj* hjärt-; ~ **patient** hjärtpatient; ~ **arrest** hjärtstillestånd
car·di·gan ['kɑ:dɪgən] *s* kofta, cardigan
car·di·nal ['kɑ:dɪnl] **1** *adj (Mat):* ~ **number** grundtal **2** *s (Rel)* kardinal
care [keəʳ] **1** *s* **(a)** *(problem)* bekymmer; sorger; **he hasn't a** ~ **in the world** han gör sig inga bekymmer **(b)** *(med ngt svårt, farlig etc)* aktsamhet, försiktighet, noggrannhet; **with** ~! *(på paket etc)* aktas!; **to take** ~ **to** vara noga med att; **take** ~! *(som varning)* akta dig!, var försiktig!; *(som önskan)* sköt om dig!; **to take** ~ **of** ta hand om, sköta om; **I'll take** ~ **of him!** *(vard)* jag ska nog ta hand om honom!, jag ska allt ge honom!; **she can take** ~ **of herself** hon kan ta vara på sig själv; **take** ~ **not to drop it!** akta dig så du inte tappar den! **(c)** *(ansvar)* vård, omvårdnad; ~ **of** *(förk c/o: i adress på brev)* c/o; **the child has been taken into** ~ barnet har omhändertagits (för samhällsvård) **2** *vi:* **to** ~ *(about)* bry sig om; **I don't** ~ det bryr jag mig inte om; **for all I** ~ vad mig beträffar; **who** ~**s?** vem bryr sig om det?, än sen? **3** *vt* **(a)** *(i allm)* bry sig om; **I couldn't** ~ **less what people say** jag struntar i vad folk säger **(b)** *(frm)* vilja, ha lust att; **would you** ~ **to come this way?** varsågod, den här vägen!
♦ **care for** *vi* + *prep* **(a)** *(invalid, barn)* se efter, sköta (om) **(b)** *(person, sak)* tycka om, bry sig om; **would you** ~ **for a drink?** vill du ha en drink?
ca·reer [kə'rɪəʳ] **1** *s (sysselsättning)* yrke; *(i*

arbetslivet) karriär; ~ **girl** karriärkvinna; ~**s officer** yrkesvägledare **2** *vi* rusa iväg, fara iväg
care·free ['keəfri:] *adj* bekymmerslös, sorglös
care·ful ['keəfʊl] *adj* **(a)** försiktig; **(be)** ~! akta (dig)!, var försiktig; **to be** ~ **with sth** vara aktsam/rädd om ngt; **he was** ~ **not to offend her** han aktade sig för att förarga henne **(b)** *(yrkesman, arbete)* noggrann, grundlig
care·ful·ly ['keəfəlɪ] *adv (se* **careful***)* försiktigt; noggrant, grundligt
care·ful·ness ['keəfʊlnɪs] *s (se* **careful***)* försiktighet; noggrannhet, grundlighet
care·less ['keəlɪs] *adj (ouppmärksam: person)* slarvig, vårdslös, oförsiktig; *(handling)* obetänksam, tanklös; (= *carefree)* sorglös; ~ **mistake** slarvfel; ~ **driving** vårdslöshet i trafik
care·less·ly ['keəlɪslɪ] *adv (se* **careless***)* slarvigt; tanklöst; sorglöst; vårdslöst
care·less·ness ['keəlɪsnɪs] *s (se* **careless***)* slarv; tanklöshet; sorglöshet; vårdslöshet
ca·ress [kə'res] **1** *s* smekning **2** *vt* smeka
care·taker ['keə,teɪkəʳ] *s (i skola etc)* vaktmästare; *(fastighet)* fastighetsskötare, portvakt
care·worn ['keəwɔ:n] *adj* tärd, förgrämd
car·go ['kɑ:gəʊ] *s (på fartyg, flyg)* last; ~ **steamer** lastångare
car·ica·ture ['kærɪkətjʊəʳ] **1** *s* karikatyr, parodi **2** *vt* karikera, förlöjliga
cari·es ['keərɪi:z] *s* karies, tandröta, benröta
car·nage ['kɑ:nɪdʒ] *s* blodbad, slaktning
car·nal ['kɑ:nl] *adj* köttslig, sinnlig
car·na·tion [kɑ:'neɪʃən] *s* nejlika
car·ni·val ['kɑ:nɪvl] *s (i allm)* karneval; *(Am)* tivoli, nöjesfält
car·ni·vore ['kɑ:nɪvɔ:ʳ] *s (Zool)* rovdjur; *(i allm)* köttätande djur, köttätare
car·nivo·rous [kɑ:'nɪvərəs] *adj* köttätande
car·ol ['kærəl] *s (lov)*sång; **Christmas** ~ julsång, julpsalm
ca·rouse [kə'raʊz] *vi* festa, rumla
carou·sel [,kæru'sel] *s (Am)* karusell
carp¹ [kɑ:p] *s (fisk)* karp
carp² [kɑ:p] *vi* gnata; **to** ~ **at** hacka på
car·pen·ter ['kɑ:pɪntəʳ] *s* (byggnads)snickare, timmerman
car·pen·try ['kɑ:pɪntrɪ] *s (hantverk o produkt)* snickeri
car·pet ['kɑ:pɪt] **1** *s* matta; **fitted** ~ heltäckningsmatta; ~ **slippers** filttofflor; ~ **sweeper** mattsopare **2** *vt* täcka med matta, lägga matta i/på
carpet·bag·ger ['kɑ:pɪt,bægəʳ] *s (Am)* (politisk) lycksökare, opportunist
car·riage ['kærɪdʒ] *s* **(a)** *(Järnv)* (person)vagn; *(efter häst)* vagn; *(på skrivmaskin etc)* vagn; ~ **return** vagnretur **(b)** *(om person)* hållning **(c)** *(Handel)* frakt(kostnad); ~ **paid** fraktfritt
carriage·way ['kærɪdʒ'weɪ] *s (Motor)* körbana; *se äv* **dual**
car·ri·er ['kærɪəʳ] *s* **(a)** *(person)* bärare, bud; *(firma)* transportföretag; **by** ~ med bud **(b)** *(Med)* smittbärare **(c)** (= *aircraft* ~*)* hangarfartyg; ~ **troop** ~ trupptransport|flygplan/ -fartyg **(d)** *(Brit: äv:* ~ **bag***)* (bär)kasse
car·ri·on ['kærɪən] *s* as, kadaver
car·rot ['kærət] *s* morot
car·ry ['kærɪ] **1** *vt* **(a)** *(i allm)* bära, ha med sig; *(varor, passagerare)* forsla, transportera; *(nyhet, meddelande)* komma med, framföra; *(i rörledning: olja etc)* leda; **to** ~ **sth about with one** bära ngt på sig; **the wind carried the sound to him** vinden förde med sig ljudet till honom; **the offence carries a £50 fine** brottet medför 50 pund

i böter; **both papers carried the story** båda tidningarna tog in historien; **he carries his drink well** han tål sprit bra; **to ~ sth too far** *(bildl)* driva ngt för långt **(b)** *(Handel)* föra, ha i lager; **they don't ~ my size** de för inte min storlek **(c)** *(Mat: om siffra)* i minne; *(Ekon)* ge i ränta; **~ 2** *(Mat)* 2 i minne **(d)** *(vid sammanträde etc: yrkande)* anta; *(val)* vinna; **to ~ the day** vinna, ta hem spelet **(e): to ~ oneself** föra sig; **she carries herself well** hon har fin hållning **2** *vi (ljud)* kunna höras

♦ **car·ry away** *vt + adv (eg)* bära bort; **to get carried away by sth** *(bildl)* ryckas med av ngt

♦ **car·ry back** *vt + adv (bildl: person)* föra tillbaka (i tiden)

♦ **car·ry for·ward** *vt + adv (Mat, Ekon)* transportera, överföra till nästa sida

♦ **car·ry off** *vt + adv (i allm)* föra/bära bort; *(pris, medalj)* vinna, hemföra; **he carried it off very well** han klarade av det/situationen mycket bra

♦ **car·ry on 1** *vt + adv (tradition etc)* fortsätta, föra vidare; *(samtal etc)* föra; *(företag, firma)* sköta, driva **2** *vi + adv* **(a)** *(i allm)* fortsätta **(b)** *(vard)* gå på, bråka, hålla på; **to ~ on about sth** gå på/tjata om ngt **(c)** *(vard):* **~ on (with)** ha ihop det (med), ha ett förhållande (med)

♦ **car·ry out** *vt + adv (plan, experiment)* utföra, genomföra; *(löfte)* uppfylla; *(idé)* fullfölja; *(order)* verkställa

♦ **car·ry through** *vt + adv (uppgift)* genomföra, slutföra; *(person)* hjälpa igenom

carry·all ['kærɪɔːl] *s (Am)* resbag

carry·cot ['kærɪkɒt] *s (Brit)* babylift *bärbar spädbarnskorg*

carry-on [ˌkærɪ'ɒn] **1** *s (vard)* ståhej, väsen; **~ luggage** *el (Am)* **baggage** *(Flyg)* handbagage

cart [kɑːt] **1** *s* kärra, vagn; **to put the ~ before the horse** *(bildl)* börja i galen ända **2** *vt (vard)* släpa på

carte blanche ['kɑːt'blɑ̃ʃ] *s* oinskränkt fullmakt, carte blanche; **to give sb ~** ge ngn fria händer

car·tel [kɑː'tel] *s (Handel)* kartell

car·ti·lage ['kɑːtɪlɪdʒ] *s* brosk

car·to·gra·phy [kɑː'tɒɡrəfɪ] *s* kartografi

car·ton ['kɑːtən] *s* paket, kartong; **milk ~** mjölkpaket; **ice-cream ~** glasspaket

car·toon [kɑː'tuːn] *s* **(i** *tidning: enstaka)* skämtteckning, karikatyr; *(: flera i följd)* (tecknad) serie; *(Film, TV)* tecknad/animerad film; *(Konst: skiss till fresk etc)* kartong

car·toon·ist [ˌkɑː'tuːnɪst] *s (i tidning etc)* skämttecknare, karikatyrtecknare; *(Film, TV)* animatör *en som gör tecknade filmer*

car·tridge ['kɑːtrɪdʒ] *s (för gevär, penna etc)* patron; *(i kamera, bandspelare)* kassett; **~ paper** grovt ritpapper/omslagspapper

cart·wheel ['kɑːt,wiːl] *s (eg)* vagnshjul; **to turn a ~** *(Sport)* hjula

carve [kɑːv] **1** *vt (Matl)* tranchera, skära upp; *(i sten, trä etc)* skära, rista, skulptera; **to ~ out a career for oneself** skapa sig en position **2** *vi (Matl)* skära för

♦ **carve up** *vt + adv (kött)* skära upp; *(bildl)* dela upp

carv·er ['kɑːvəʳ] *s (kniv)* förskärare

carv·ing ['kɑːvɪŋ] *s* snideri, träskulptur

carv·ing knife ['kɑːvɪŋ,naɪf] *s* förskärare

cas·cade [kæs'keɪd] **1** *s* kaskad **2** *vi (hår t ex)* svalla, falla som en kaskad

case[1] [keɪs] *s* **(a)** *(för resande)* (res)väska; *(för gods)* låda, lår; *(för kamera, glasögon)* fodral; *(för smycken)* skrin; *(för cigaretter)* etui; *(= display ~)* skyltskåp; *(i klocka)* boett **(b)** *(Typogr):* **lower ~** gemena, små bokstäver; **upper ~** versaler, stora bokstäver

case[2] [keɪs] *s* **(a)** *(i allm)* fall; **in any ~** i varje fall; **in that ~** i så fall; **(just) in ~** *(konj)* ifall; *(adv)* för säkerhets skull; **in ~ of emergency** vid fara; **a ~ in point** ett typiskt exempel; **as the ~ may be** alltefter omständigheterna; **in no ~** under inga omständigheter **(b)** *(Med)* (sjukdoms)fall; **~ history** anamnes, sjukdomshistoria **(c)** *(Jur: i allm)* (rätts)fall; *(: bildl)* skäl; **the ~ for the defendant/prosecution** försvarets/åklagarens sakframställning; **he has no ~** han har inget skäl (till åtal), han har inga bevis; **~ law** prejudikatslag **(d)** *(Språkv)* kasus

case·ment ['keɪsmənt] *s (äv:* **~ window**) sidohängt fönster

case·work ['keɪs,wɜːk] *s (Sociol)* arbete med individuella fall, 'casework'

cash [kæʃ] **1** *s* **(a)** *(mynt, sedlar)* kontanter; **to pay (in) ~** betala kontant; **ready ~** *(vard)* reda pengar; **to be short of ~** ha ont om pengar; **~ in hand** med kontanter på sig; **~ desk** kassa; **~ dispenser** bankomat®; **~ flow** penningflöde; **~ machine** *(Brit)* bankomat®; **~ register** kassaapparat **(b)** *(om betalningssätt)* kontant; **~ down** mot kontant betalning; **~ on delivery** *(förk* C.O.D.) *(mot)* postförskott **2** *vt (check)* lösa in

♦ **cash in 1** *vt + adv* lösa in, omvandla till kontanter **2** *vi + adv:* **to ~ in on sth** utnyttja/dra fördel av ngt

cash-and-carry ['kæʃənd'kærɪ] *s* hämtköp

cash·ew [kæ'ʃuː] *s* **(a)** *(äv:* **~ nut)** kasjunöt, indisk nöt; *(rostad)* cashew

cash·ier [kæ'ʃɪəʳ] *s* kassör, kassörska

cash·mere [kæʃ'mɪəʳ] *s* kaschmir; **~ sweater** kaschmirtröja

cas·ing ['keɪsɪŋ] *s (Tekn)* (om)hölje, skyddande lager

ca·si·no [kə'siːnəʊ] *s (spellokal och kortspel)* kasino

cask [kɑːsk] *s (för vin)* fat, tunna

cas·ket ['kɑːskɪt] *s (för smycken)* skrin, schatull; *(Am: för döda)* (lik)kista

cas·se·role ['kæsərəʊl] *s (kärl)* gryta, form; *(maträtt)* gryta; **chicken ~** kycklinggryta

cas·sette [kæ'set] *s* kassett; **~ deck** kassettdäck; **~ recorder** kassettbandspelare

cas·sock ['kæsək] *s* kaftan, *lång* prästrock

cast [kɑːst] *(v: imperf, perf part* **cast**) **1** *s* **(a)** *(med spö t ex)* kast **(b)** *(avgjutning; (Med: = plaster ~)* gipsförband; **~ of mind** läggning **(c)** *(Teat)* ensemble, de medverkande **(d)** *(Med)* skelning; **to have a ~ in one's eye** skela **2** *vt* **(a)** *(eg, bildl)* kasta; **to ~ anchor** kasta ankar; **to ~ a shadow** kasta en skugga; **to ~ one's vote** avge sin röst; **to ~ one's eyes over sth** kasta en blick på, titta igenom **(b)** *(hästsko)* tappa; *(ormskinn)* tappa, fälla **(c)** *(i metall, sten etc)* gjuta; **~ iron = cast-iron 2 (d)** *(Teat: roll)* tilldela; *(: pjäs)* besätta rollerna i; **he was ~ as Macbeth** han tilldelades rollen som Macbeth

♦ **cast about for** *vi + prep* se sig om efter, leta efter

♦ **cast aside** *vt + adv* förkasta

♦ **cast away** *vt + adv:* **to be ~ away** lida skeppsbrott

♦ **cast down** *vt + adv:* **to be ~ down** vara nedslagen

♦ **cast off 1** *vt + adv (Sjö)* göra loss; *(Stickning)* maska av; *(kedjor etc)* lägga av **2** *vi + adv (Sjö)* kasta loss; *(Stickning)* maska av

♦ **cast on** *vt/vi + adv (Stickning)* lägga upp

♦ **cast up** *vt + adv (i samtal)* föra på tal; *(förebrå)* **to ~ sth up at sb** slänga ngt i ansiktet på ngn

cas·ta·nets [ˌkæstə'nets] *spl* kastanjetter

cast·away ['kɑːstəweɪ] *s (eg)* skeppsbruten; *(bildl)*

utstött (person)

caste [kɑːst] *s (eg)* kast; *(bildl)* stånd, klass; ~ **system** kastväsen

cast·er [ˈkɑːstəʳ] *s (på möbel)* hjul, trissa

cas·ter sug·ar [ˈkɑːstər.ʃʊgəʳ] *s (Brit)* (fint) strösocker

cas·ti·gate [ˈkæstɪgeɪt] *vt (frm)* tukta, skarpt kritisera

cast·ing vote [ˈkɑːstɪŋ.vəʊt] *s* utslagsröst

cast-iron [ˈkɑːst.aɪən] **1** *adj (eg)* gjutjärns-; *(bildl)* järnhård, orubblig **2** [ˈkɑːstˈaɪən] *s* gjutjärn

cas·tle [ˈkɑːsl] *s (befäst)* borg; *(palats)* slott; *(schackpjäs)* torn; ~s **in the air/in Spain** luftslott

cast-off [ˈkɑːstˈɒf] **1** *adj (kläder etc)* kasserad, avlagd **2** [ˈkɑːstɒf] *s* kasserad/avlagd sak; ~s avlagda kläder

cas·tor [ˈkɑːstəʳ] *s* = caster

cas·tor oil [.kɑːstərˈɔɪl] *s* ricinolja

cas·trate [kæsˈtreɪt] *vt* kastrera

cas·ual [ˈkæʒjʊl] **1** *adj* **(a)** *(i allm)* tillfällig, oplanerad; ~ *meeting;* **we're just** ~ **acquaintances** vi är bara flyktigt bekanta; ~ **worker** tillfällighetsarbetare **(b)** *(attityd)* nonchalant, obesvärad; *(blick)* likgiltig; **a** ~ **remark** en anmärkning i förbigående **(c)** *(informell)* ledig; ~ **shirt** fritidsskjorta **2:** ~s *spl* fritidsskor

casu·al·ly [ˈkæʒjʊlɪ] *adv (se* casual 1) tillfälligt, oplanerat; nonchalant; ledigt

casu·al·ty [ˈkæʒjʊltɪ] *s (Mil: död)* stupad; *(: skadad)* sårad; **casualties** *(Mil)* förluster; *(i trafik etc)* olycksfall; ~ **ward** olycksfallsavdelning

cat [kæt] *s (husdjur)* katt; *(lejon, tiger etc)* katt(djur); *(neds: om kvinna)* katta; **that's put the** ~ **among the pigeons!** det har (allt) ställt till (oro); **to let the** ~ **out of the bag** prata bredvid munnen, skvallra; **like a** ~ **on hot bricks** som på nålar

cata·clysm [ˈkætəklɪzəm] *s (politisk etc)* omvälvning; *(flod etc)* översvämning

cata·combs [ˈkætəkuːmz] *spl* katakomber

cata·logue, *(Am)* **cata·log** [ˈkætəlɒg] **1** *s* katalog **2** *vt* katalogisera

cata·lyst [ˈkætəlɪst] *s (Kem, bildl)* katalysator

cata·ma·ran [.kætəməˈræn] *s (båt)* katamaran; *(vard: person)* grälsjuk käring

cata·pult [ˈkætəpʌlt] **1** *s (leksaksvapen)* slangbåge; *(Mil, Flyg)* katapult **2** *vt (se* 1) skjuta med slangbåge; skjuta i väg med katapult

cata·ract [ˈkætərækt] *s (Geogr)* katarakt, vattenfall; *(Med)* grå starr

ca·tarrh [kəˈtɑːʳ] *s* katarr

ca·tas·tro·phe [kəˈtæstrəfɪ] *s* katastrof

cata·stroph·ic [.kætəˈstrɒfɪk] *adj* katastrofal

cat·call [ˈkæt.kɔːl] **1** *s* fyrop, protestvissling **2** *vi* busvissla

catch [kætʃ] *(v: imperf, perf part* **caught**) **1** *s* **(a)** *(om fisk etc)* fångst; *(om boll)* lyra; **he's a good** ~ *(bildl)* han är ett fint kap; ~ **phrase** slagord **(b)** *(på väska, dörr etc)* hake, lås **(c)** *(om dold avsikt etc)* fälla, hake; **where's the** ~? vad ligger bakom?; **a** ~ **question** en kuggfråga **(d)** *(om röst)* stockning **2** *vt* **(a)** *(i allm)* fånga; **to** ~ **a ball** ta (emot) en boll, ta lyra; **to** ~ **a train** hinna med ett tåg; **to** ~ **one's breath** dra efter andan; **I caught my fingers in the door** jag klämde fingrarna i dörren; **I caught my coat on that nail** min kappa fastnade på den där spiken; **to** ~ **sb's attention/eye** dra ngns uppmärksamhet till sig **(b)** *(överraska)* komma på, ertappa; **to** ~ **sb doing sth** komma på ngn med att göra ngt; **you won't** ~ **me doing that** det faller mig inte in att göra det; **caught in the act** tagen på bar gärning; **you'll** ~ **it!** *(vard)* du kommer allt att få!; **caught in the rain** överraskad av regnet **(c)** *(förstå)* uppfatta, höra **(d)** *(sjukdom)* få; **to** ~ **the flu** få

influensa; **to** ~ **a cold** bli förkyld **(e)** *(om slag etc)* träffa; **the punch caught him on the chin** knytnävslaget träffade honom på hakan **3** *vi* **(a)** *(haka i)* fastna **(b)** *(om trä etc)* fatta eld; *(om eld)* ta sig, flamma upp

♦ **catch at** *vi + prep (eg, bildl)* gripa efter; **he caught at the opportunity** han grep tillfället

♦ **catch on** *vi + adv* **(a)** slå (igenom), bli populär **(b)** begripa, fatta

♦ **catch out** *vt + adv (bildl)* sätta fast; **to** ~ **sb out in a lie** komma åt ngn med att ljuga

♦ **catch up 1** *vt + adv* rycka till sig; **to** ~ **sb up on one's work** ta igen sitt arbete; **to** ~ **up with the news** få reda på vad som hänt, komma i kapp med vad som hänt **2** *vi + adv* hinna fatt; **to** ~ **up** **on one's work** ta igen sitt arbete; **to** ~ **up with the news** få reda på vad som hänt, komma i kapp med vad som hänt

catch·ing [ˈkætʃɪŋ] *adj (Med)* smittsam; *(om skratt etc)* smittande, smittsam

catch·ment area [ˈkætʃmənt.ɛərɪə] *s (Skol)* upptagningsområde

catch-22 [.kætʃ.twentɪˈtuː] *s:* ~ **situation** moment 22-situation *hopplös situation ofta beroende på formella hinder*

catchy [ˈkætʃɪ] *adj (melodi etc)* anslående, som slår/fastnar

cat·echism [ˈkætɪkɪzəm] *s (eg, bildl)* katekes; katekes|undervisning/-förhör

cat·egori·cal [.kætɪˈgɒrɪkəl] *adj* kategorisk

cat·ego·rize [ˈkætɪgəraɪz] *vt* kategorisera, klassificera

cat·ego·ry [ˈkætɪgərɪ] *s* kategori, klass

ca·ter [ˈkeɪtəʳ] *vi:* **to** ~ **for (a)** leverera mat till **(b)** *(Am:* **to:** *bildl)* tillgodose; **to** ~ **for sb's needs** tillgodose/sörja för ngns behov

ca·ter·er [ˈkeɪtərəʳ] *s* leverantör *av mat till fester etc*

cat·er·pil·lar [ˈkætəpɪləʳ] *s (Zool)* larv; *(fordon)* bandvagn; ~ **track** *(på bandfordon)* drivband, 'larvfötter'

ca·the·dral [kəˈθiːdrəl] *s* katedral, domkyrka

cath·erine wheel [.kæðərɪnwiːl] *s* **(a)** *(Arkit)* hjulfönster **(b)** *(fyrverkeri)* sol, hjul

cath·ode [ˈkæθəʊd] *s* katod

cathode-ray tube [ˈkæθəʊd.reɪ'tjuːb] *s* katodstrålerör

catho·lic [ˈkæθəlɪk] *adj* omfattande, allsidig

Catho·lic [ˈkæθəlɪk] *(Rel)* **1** *adj* katolsk; **the** ~ **Church** den (romersk-)katolska kyrkan **2** *s* katolik

Ca·tholi·cism [kəˈθɒlɪsɪzəm] *s* katolicism(en)

cat·kin [ˈkætkɪn] *s (Bot)* hänge

cat's-eye [ˈkætsaɪ] *s (Brit Motor)* kattöga

cat·sup [ˈkætsəp] *s (Am)* ketchup

cat·tle [ˈkætl] *spl* nötkreatur, boskap

cat·ty [ˈkætɪ] *adj (-ier, -iest) (vard)* lömsk, giftig

cat·walk [ˈkætwɔːk] *s (på större maskiner etc)* gång|bro/-brygga; *(för mannekänguppvisning etc)* podium

Cau·ca·sian [kɔːˈkeɪzɪən] **1** *adj (från Kaukasus)* kaukasisk; *(rastyp)* vit, europid **2** *s (se* 1) kaukasisk; vit/europid person

cau·cus [ˈkɔːkəs] *s* **(a)** *(Am Pol: i kongressen)* partigrupp(smöte); *(: i delstat)* nomineringsmöte; *(Brit Pol)* lokal partiorganisation **(b)** *(neds):* **the** ~ partiapparaten

caught [kɔːt] *imperf, perf part av* catch

caul·dron [ˈkɔːldrən] *s* kittel

cau·li·flow·er [ˈkɒlɪflaʊəʳ] *s* blomkål; ~ **cheese** *(Matl)* blomkål med ostsås

cause [kɔːz] **1** *s* **(a)** *(i allm)* orsak; ~ **and effect** orsak och verkan; **with good** ~ på goda grunder; **to be the** ~ **of** vara orsak till; **there's no** ~ **for alarm** det finns ingen anledning till oro **(b)** *(syfte)* sak; **in the** ~ **of justice** i rättvisans sak; **make common** ~ **with** göra gemensam sak med;

it's all in a good ~ *(vard)* det gäller en god sak 2 *vt* orsaka; **to** ~ **sb to do sth** få ngn att göra ngt
cause·way ['kɔ:zweɪ] *s* upphöjd kör-/gång|bana, broväg
caus·tic ['kɔ:stɪk] *adj (Kem)* brännande, frätande; *(bildl)* bitande, sarkastisk; ~ **soda** kaustiksoda
cau·ter·ize ['kɔ:təraɪz] *vt (Med)* kauterisera, bränna, etsa
cau·tion ['kɔ:ʃən] **1** *s (i allm)* försiktighet; *(tillrättavisning)* varning **2** *vt:* **to** ~ **sb** *(som polis t ex)* ge ngn en varning; **to** ~ **sb against doing sth** varna ngn för att göra ngt
cau·tious ['kɔ:ʃəs] *adj* försiktig
cava·lier [ˌkævə'lɪəʳ] **1** *s* riddare, kavaljer **2** *adj (neds)* nonchalant
cav·al·ry ['kævəlrɪ] *s* kavalleri
cave [keɪv] **1** *s* grotta **2** *vi:* **to go caving** utforska grottor
♦ **cave in** *vi + adv (tak)* störta in; *(mark)* rasa
cave·man ['keɪvˌmæn] *s, pl* **-men** grottmänniska
cav·ern ['kævən] *s* håla, grotta
cav·ern·ous ['kævənəs] *adj (ögon)* djupt liggande; *(klippa)* hålig, full av hål; *(hy)* gropig; *(mörker)* grottlik
cavi·ar(e) ['kævɪɑ:ʳ] *s* kaviar
cav·il ['kævɪl] *imperf, perf part* **-led**, *(Am)* **-ed** *vi:* **to** ~ **(at)** klanka på, gnata över
cav·ity ['kævɪtɪ] *s (i allm)* hålighet; *(i tand)* hål; ~ **wall insulation** luftisolering i vägg
ca·vort [kə'vɔ:t] *vi (av glädje)* hoppa omkring, göra glädjesprång
caw [kɔ:] **1** *s* krax(ande) **2** *vi* kraxa
cay·enne ['keɪen] *s:* ~ **(pepper)** kajennpeppar
CB *förk (= citizens' band)* kommunikationsradio
CBI *förk (= Confederation of British Industry)* Brittiska arbetsgivareföreningen
cc *förk* **(a)** *(= cubic centimetres)* cm³, kubikcentimeter **(b)** *(= carbon copy)* (karbon)kopia
cease [si:s] **1** *vt* upphöra med **2** *vi* upphöra
cease-fire ['si:s'faɪəʳ] *s (Mil)* eldupphör, vapenvila
cease·less ['si:slɪs] *adj* oupphörlig
ce·dar ['si:dəʳ] *s* ceder(trä)
cede [si:d] *vt (territorium)* avträda; *(i diskussion t ex)* ge sig
ce·dil·la [sɪ'dɪlə] *s* cedilj
ceil·ing ['si:lɪŋ] *s (eg)* (inner)tak; *(bildl)* tak, övre gräns; *se äv* **hit 2 c**
cel·ebrate ['selɪbreɪt] **1** *vt (i allm)* fira, högtidlighålla; *(Rel: nattvard, mässa etc)* begå **2** *vi* festa, fira
cel·ebrat·ed ['selɪbreɪtɪd] *adj* berömd, ryktbar
cel·ebra·tion [ˌselɪ'breɪʃən] *s (av födelsedag etc)* firande; *(fest)* festlighet; **the jubilee** ~**s** jubileumsfestligheterna
ce·leb·rity [sɪ'lebrɪtɪ] *s* berömdhet, celebritet
ce·leri·ac [sə'lerɪæk] *s* rotselleri
cel·ery ['selərɪ] *s* blekselleri; **stick of** ~ selleristjälk
ce·les·tial [sɪ'lestɪəl] *adj (eg)* himla-, himmelsk; *(bildl)* gudomlig, himmelsk
celi·ba·cy ['selɪbəsɪ] *s* celibat
celi·bate ['selɪbɪt] **1** *adj* ogift, som lever i celibat **2** *s* ogift person, person som lever i celibat
cell [sel] *s (i fängelse etc)* cell; *(Biol)* cell; *(Elektr)* element
cel·lar ['seləʳ] *s (vin-, kol-)* källare
cel·list ['tʃelɪst] *s* cellist
cel·lo ['tʃeləʊ] *s* cello
cel·lo·phane ['seləfeɪn] *s* cellofan
cel·lu·lar ['seljʊləʳ] *adj (Biol)* cell-, cellformig, bestående av celler; ~ **blanket** porös filt
cel·lu·loid ['seljʊlɔɪd] *s (ämne)* celluloid; *(bio)* film
cel·lu·lose ['seljʊləʊs] *s* cellulosa

Celsius ['selsɪəs] *adj* Celsius; **20 degrees** ~ *(Am)* 20° Celsius
Celt [kelt, selt] *s* kelt
Celt·ic ['keltɪk, 'seltɪk] **1** *adj* keltisk **2** *s (språk)* keltiska
ce·ment [sə'ment] **1** *s (Byggn)* cement; *(i allm)* bindemedel; ~ **mixer** cementblandare **2** *vi (eg)* cementera; *(bildl)* förena, sammanfoga
cem·etery ['semɪtrɪ] *s* kyrkogård, begravningsplats *som ej ligger intill kyrka*
ceno·taph ['senətɑ:f] *s* minnesgravvård *över person som är begravd på annan plats*, cenotafium
cen·sor ['sensəʳ] **1** *s* censor **2** *vt* censurera
cen·so·ri·ous [sen'sɔ:rɪəs] *adj (frm)* kritisk, fördömande
cen·sor·ship ['sensəʃɪp] *s* censur
cen·sure ['senʃəʳ] **1** *s* fördömande, (stark)kritik; **vote of** ~ misstroendevotum **2** *vt* kritisera, fördöma
cen·sus ['sensəs] *s* folkräkning; **traffic** ~ trafikräkning
cent [sent] *s* cent; **I don't have a red** ~ *(Am)* jag har inte ett öre
cen·te·nary [sen'ti:nərɪ] *s (i sht Brit)* hundraårsdag
cen·ten·nial [sen'tenɪəl] **1** *adj* hundraårig, hundraårs- **2** *s (Am)* = **centenary**
cen·ter ['sentəʳ] *s (Am)* = **centre**
cen·ti·grade ['sentɪgreɪd] *adj* Celsius; **30 degrees** ~ 30° Celsius
cen·ti·me·tre, *(Am)* **cen·ti·me·ter** ['sentɪˌmi:təʳ] *s* centimeter
cen·ti·pede ['sentɪpi:d] *s* tusenfoting
cen·tral ['sentrəl] *adj (eg, bildl)* central; **the** ~ **point of my argument** den väsentliga punkten i mitt resonemang; **his flat is very** ~ hans våning ligger mycket centralt; ~ **America** Centralamerika, Mellanamerika; ~ **government** centralregering; ~ **heating** centralvärme; ~ **nervous system** centrala nervsystemet; ~ **reservation** *(Brit Motor)* mittremsa *på motorväg*
cen·tral·ize ['sentrəlaɪz] *vt* centralisera
cen·tre, *(Am)* **cen·ter** ['sentəʳ] **1** *s (i allm)* centrum; *(i cirkel etc)* mittpunkt, medelpunkt; *(Pol)* center; *(bildl)* medelpunkt, centrum; **she is the** ~ **of attention** hon är i centrum för intresset; ~ **forward** *(Sport)* centerforward; ~ **of gravity** tyngdpunkt **2** *vt* **(a)** *(i allm)* centrera, placera i mitten, *(Fotboll):* **to** ~ **the ball** göra ett inlägg **(b)** *(uppmärksamhet etc)* koncentrera *(on på)* **3** *vi* koncentreras, samla sig
cen·trifu·gal [sen'trɪfjʊgəl] *adj* centrifugal
cen·tri·fuge ['sentrɪfju:ʒ] *s* centrifug
cen·tu·ri·on [sen'tjʊərɪən] *s (befälhavare under antiken)* centurion
cen·tu·ry ['sentʃərɪ] *s (i allm)* århundrade; *(i cricket)* 100 poäng; **in the 20th** ~ på 1900-talet
ce·ram·ic [sɪ'ræmɪk] **1** *adj* av keramik, keramisk **2** *s* keramik
ce·real ['sɪərɪəl] *s (vete, råg etc)* sädesslag; ~**s** spannmål; *(= breakfast* ~*)* flingor *o d,* müsli
cer·ebral ['serɪbrəl, *(Am vanl)* sə'ri:brəl] *adj (Med)* hjärn-, cerebral; *(bildl)* intellektuell
cer·emo·nial [ˌserɪ'məʊnɪəl] **1** *adj* ceremoniell, högtidlig **2** *s* ceremoniel
cer·emo·ni·ous [ˌserɪ'məʊnɪəs] *adj* ceremoniös, högtidlig
cer·emo·ny ['serɪmənɪ] *s (i allm)* ceremoni, högtidlighet; *(utan pl)* formalitet(er), ceremoni(er); **to stand on** ~ hålla på formerna; **master of ceremonies** ceremonimästare
cer·tain ['sɜ:tən] *adj* **(a)** *(i allm)* säker; **it is** ~ **that...** det är säkert att...; **I am** ~ **of it** jag är säker på det; **he is** ~ **to be there** han kommer säkert att vara där; **I can't say for** ~ **that...** jag kan inte med säkerhet säga att; **be** ~ **to tell her** lova att du

berättar det för henne; **to make** ~ **of sth** vara
säker på/förvissa sig om ngt; **I'll make** ~ jag ska
ta reda på det/titta efter **(b)** *(före s)* viss; **a** ~
gentleman called en *(viss)* herre var här
cer·tain·ly |'sɜːtənlɪ| *adv (bekräftande)* säkert,
säkerligen; *(medgivande)* visserligen; ~**!** *(ja)*
visst!; ~ **not!** absolut inte; **it is** ~ **true that...** det
är utan tvivel sant att...; **I shall** ~ **be there** jag
kommer med säkerhet att vara där
cer·tain·ty |'sɜːtəntɪ| *s* visshet, säkerhet; **we know
for a** ~ **that...** vi vet med säkerhet att...
cer·ti·fi·able |ˌsɜːtɪ'faɪəbl| *adj (i allm)* som kan
intygas/bevisas; *(Med)* (som kan förklaras) sin-
nessjuk; *(vard)* galen, färdig att tas in (på
mentalsjukhus)
cer·tifi·cate |sə'tɪfɪkɪt| *s (i allm)* intyg, bevis; *(Univ
etc)* betyg, diplom, examen(sbevis); **X** ~ *(om
film)* tillåten från 18 år
cer·ti·fied |'sɜːtɪfaɪd| *adj (check)* bekräftad; *(över-
sättning)* auktoriserad; *(person)* förklarad sin-
nessjuk; ~ **public accountant** *(Am)* auktoriserad
revisor
cer·ti·fy |'sɜːtɪfaɪ| **1** *vt* **(a)** intyga; **this is to** ~
that... härmed intygas att... **(b)** *(Med)*: **to** ~ **sb**
förklara ngn sinnessjuk **2** *vi*: **to** ~ **to sth** intyga
ngt
cer·vi·cal |'sɜːvɪkl| *adj*: ~ **cancer** livmoderhals-
cancer; ~ **smear** cytologprov
cer·vix |'sɜːvɪks| *s, pl* **cervices** |'sɜːvɪsiːz| liv-
moderhals
Ce·sar·ean |siː'zɛərɪən| *s (Am)* = **Caesarean**
ces·sa·tion |se'seɪʃən| *s (frm)* avbrott, upphörande
cess·pit |'sespɪt| *s,* **cess·pool** |'sespuːl| *s (vid
ladugård)* gödselbrunn, kloak; *(primitiv toalett-
anordning utomhus)* latringrop
cf. *förk (= compare)* jfr, jämför
chafe |tʃeɪf| **1** *vt* skava **2** *vi* **(a)** *(hud etc)* bli
skavd; **to** ~ **against sth** skava mot ngt **(b)**
(bildl) bli irriterad *(at över)*
chaff |tʃɑːf| *s (på säd)* agnar; *(djurföda)* hackelse
chaf·finch |'tʃæfɪntʃ| *s* bofink
cha·grin |'ʃægrɪn, *(Am)* ʃə'grɪn| *s* besvikelse,
förtret; **much to my** ~ till min stora förtret
chain |tʃeɪn| **1** *s (i allm)* kedja; ~**s** *(fånges etc)*
bojor; ~**s** *(Motor)* snökedjor; ~ **of mountains**
bergskedja; ~ **of shops** butikskedja; ~ **gang**
(Am) grupp hopkedjade straffångar; ~ **mail**
ringbrynja; ~ **reaction** kedjereaktion; ~
smoker kedjerökare; ~ **store** kedjebutik **2** *vt*
kedja fast
♦ **chain up** *vt + adv (fånge)* kedja fast; *(hund)*
binda
chair |tʃeər| **1** *s (i allm)* stol; *(någonstans att sitta)*
sittplats; *(Univ)* professur; *(= chairman)* ordfö-
rande(skap); **the** ~ *(Am)* elektriska stolen;
please take a ~ varsågod och sitt; **to take the** ~
presidera, sitta ordförande; ~ **lift** skidlift, stol-
lift **2** *vt (möte)* vara ordförande vid
chair·man |'tʃɛəmən| *s, pl* **-men** *(manlig)*
ordförande
chair·person |'tʃɛəˌpɜːsn| *s* ordförande
chair·man·ship |'tʃɛəmənʃɪp| *s* ordförandeskap
chair·woman |'tʃɛəˌwʊmən| *s, pl* **-women** *(kvinnlig)*
ordförande
cha·let |'ʃæleɪ| *s (i Alperna)* alphydda, chalet; *(i
semesterby etc)* stuga
chal·ice |'tʃælɪs| *s (Rel)* nattvardskalk
chalk |tʃɔːk| **1** *s (Geol, skrivdon)* krita; **a (piece of)**
~ en krita; **a box of** ~**s** en ask kritor; **not by a
long** ~ *(vard)* inte på långa vägar; **as different as**
~ **and cheese** olika som natt och dag **2** *vt (med-
delande etc)* skriva med krita; *(bagage)* märka
med krita
♦ **chalk up** *vt + adv (eg)* skriva upp med krita;
(bildl: framgång etc) notera

chal·lenge |'tʃælɪndʒ| **1** *s (i allm, äv bildl)*
utmaning; *(från vaktpost)* anrop; *(på ledarpost
etc)* anspråk; **this task is a great** ~ denna uppgift
är en stor utmaning **2** *vt (i allm)* utmana; *(om
vaktpost)* anropa; *(påstående, förmåga)* ifrå-
gasätta
chal·lenger |'tʃælɪndʒəʳ| *s* utmanare
chal·leng·ing |'tʃælɪndʒɪŋ| *adj (i allm)* utmanande;
(bok) stimulerande; *(situation, jobb)* krävande
cham·ber |'tʃeɪmbəʳ| *(om parlamentet)* kammare;
(åld) sovgemak, kammare; ~**s** *(om domare)*
ämbetsrum; **the Upper/Lower C~** *(Pol: i allm)*
första/andra kammaren; *(: Am)* senaten/
representanthuset; ~ **of commerce** han-
delskammare; ~ **music** kammarmusik
chamber·maid |'tʃeɪmbəˌmeɪd| *s* hotellstäderska
cha·me·le·on |kə'miːlɪən| *s (Zool, bildl)* kameleont
cham·ois |'ʃæmwɑː| *s (Zool)* stenget; ~ **leather**
|'ʃæmɪˌleðə| sämskskinn
cham·pagne |ʃæm'peɪn| *s* champagne
cham·pi·on |'tʃæmpjən| **1** *s (Sport)* mästare,
champion; *(för fred etc)* förkämpe; **boxing** ~
mästare i boxning; **world** ~ världsmästare **2** *vt*
kämpa för
cham·pi·on·ship |'tʃæmpjənʃɪp| *s (tävling)* mäs-
terskap
chance |tʃɑːns| **1** *s* **(a)** *(ngt oförutsägbart)*
slump, tillfällighet; **game of** ~ hasardspel; **by** ~
händelsevis; **do you by any** ~ **know each other?**
känner ni möjligen varandra?; **to leave nothing
to** ~ inte lämna ngt åt slumpen; **a** ~ **remark** en
anmärkning i förbigående; **a** ~ **meeting** ett
oförutsett möte **(b)** *(möjlighet)* chans, tillfälle;
the ~ **of a lifetime** ett tillfälle som aldrig
kommer igen; **he never had a** ~ **in life** han fick
aldrig en chans; **to give sb a** ~ ge ngn en chans;
to have an eye to the main ~ *(neds)* se till sina
egna intressen **(c)** *(sannolikhet)* chans; **the** ~**s
are that...** det är troligt att...; **he doesn't stand** el
he hasn't a ~ **of winning** han har inte en chans att
vinna **(d)** *(risk)* chans; **to take a** ~ chansa; **I'm
taking no** ~**s** jag chansar inte, jag tar inga risker
2 *vt* **(a)**: **to** ~ **to do sth** *(frm)* råka göra ngt; **I**
~**d to catch sight of her as she passed** jag råkade
få syn på henne här hon gick förbi **(b)**
(riskera): **I'll just have to** ~ **that happening** jag
får lov att ta risken att det inträffar; **I'll** ~ **it**
(vard) jag tar risken
♦ **chance (up)on** *vi + prep* råka på
chan·cel |'tʃɑːnsəl| *s (Kyrkl)* kor
chan·cel·lor |'tʃɑːnsələʳ| *s* **(a)** *(Pol)* kansler;
Lord C~ *(Brit)* lordkansler *justitie-minister o*
talman i överhuset; **C~ of the Exchequer** *(Brit)*
finansminister **(b)** *(Brit Univ: hederstitel)*
kansler; *jfr* **vice-~**
chan·de·lier |ˌʃændə'lɪəʳ| *s* ljuskrona
change |tʃeɪndʒ| **1** *s* **(a)** *(av tillstånd t ex)* föränd-
ring; *(variation)* omväxling; **a** ~ **for the better/
worse** ändring till det bättre/det sämre; ~ **of
address** adressändring; **to have a** ~ **of heart**
ändra sig; **just for a** ~ som omväxling; **the** ~ **of
life** *(Med)* klimakteriet; ~ **of scene** scenföränd-
ring, miljöombyte **(b)** *(mynt)* småpengar;
(växelpengar) växel; **can you give me** ~ **for £1?**
kan du växla en enpundssedel?; **you don't get
much** ~ **out of £5** man får inte mycket
tillbaka på en fempundssedel; **exact** ~
jämna pengar; **keep the** ~ behåll växeln
2 *vt* **(a)** *(genom byte)* ändra, byta; **to** ~
clothes byta kläder; **to** ~ **colour** ändra färg; **to** ~
hands byta ägare; **to** ~ **gear** *(Motor)* växla; **to** ~
places byta plats; **to** ~ **trains/buses** byta
tåg/buss; **let's** ~ **the subject** låt oss byta samtals-
ämne; **to** ~ **one's mind** ändra sig **(b)** *(i affär)*
byta; **can I** ~ **this dress for a larger size?** kan jag

få byta den här klänningen till en större storlek? **(c)** *(om person)* förändra; **the prince was ~d into a frog** prinsen förvandlades till (en) groda **(d)** *(pengar)* växla **3** *vi* **(a)** *(bli annorlunda)* förändras; **you've ~d!** du har förändrats! **(b)** *(kläder)* byta (om) **(c)** *(tåg etc)* byta; **all ~!** byte/avstigning för samtliga passagerare
♦ **change down** *vi + adv (Motor)* växla ner
♦ **change over** *vi + adv* skifta, gå över *(to* till); *(i fotboll etc)* byta sida
♦ **change up** *vi + adv (Motor)* växla upp
change·able |'tʃeɪndʒəbl| *adj (person)* ombytlig; *(väder)* ostadig
chang·ing |'tʃeɪndʒɪŋ| **1** *adj (ansiktsuttryck etc)* växlande **2** *s:* **the ~ of the Guard** *(vid Buckingham Palace)* vaktombytet
chan·nel |'tʃænl| **1** *s (i allm)* sund, kanal; *(där flod rinner)* flodbädd; *(i flod)* strömfåra; *(TV)* kanal; *(bildl) (informations)*kanal; **to go through the usual ~s** gå den vanliga vägen; **the (English) C~** Engelska kanalen; **the C~ Islands** Kanalöarna **2** *vt* gräva ur, holka ur; *(bäck etc)* leda; *(bildl)* kanalisera *(into* till)
chant |tʃɑːnt| **1** *s (Rel, Mus)* (liturgisk) sång; *(från folkmassa)* (heja)rop **2** *vt (Rel, Mus)* sjunga entonigt, mässa; *(subj: folkmassa)* ropa ut taktfast **3** *vi (se* 2) sjunga entonigt, mässa; ropa taktfast
cha·os |'keɪɒs| *s* kaos; **to be in ~** vara i en enda röra
cha·ot·ic |keɪ'ɒtɪk| *adj* kaotisk
chap[1] |tʃæp| *s (i hud)* spricka
chap[2] |tʃæp| *s (vard)* kille, typ; **old ~** gamle vän; **poor little ~** stackars liten
chap·el |'tʃæpəl| *s* kapell
chap·er·on(e) |'ʃæpərəʊn| **1** *s (bildl)* förkläde **2** *vt* vara förkläde åt
chap·lain |'tʃæplɪn| *s* kaplan, präst; **prison ~** fängelsepräst
chapped |tʃæpt| *adj* narig
chapstick |'tʃæp‚stɪk| *s (Am)* cerat
chap·ter |'tʃæptəʳ| *s (i bok)* kapitel; *(Rel)* domkapitel; *(i orden etc)* (ordens)kapitel; **a ~ of accidents** en rad olyckor
char[1] |tʃɑːʳ| *vt* bränna till kol
char[2] |tʃɑːʳ| **1** *s (= charwoman)* städerska **2** *vi* städa, jobba som städerska
char·ac·ter |'kærɪktəʳ| *s* **(a)** karaktär; **a man of ~** en karaktärsfast man; **a man of good ~** en man med gott anseende; **in ~** typisk *(for* för); **out of ~** inte typisk *(for* för) **(b)** *(i roman)* person; *(i pjäs)* roll; **~ actor** karaktärskådespelare **(c)** *(vard: obekant person)* figur, typ; **he's quite a ~** han är ett riktigt original **(d)** *(i skrift)* bokstav
char·ac·ter·is·tic |‚kærɪktə'rɪstɪk| **1** *adj* karakteristisk; **~ of** karakteristisk för **2** *s* kännetecken
char·ac·teri·za·tion |‚kærɪktəraɪ'zeɪʃən| *s (i roman)* personteckning, karakterisering
char·ac·ter·ize |'kærɪktəraɪz| *vt* känneteckna, karakterisera
cha·rade |ʃə'rɑːd| *s (sällskapslek)* charad; *(Brit: bildl)* fars, apspel
char·coal |'tʃɑːkəʊl| *s* träkol
charge |tʃɑːdʒ| **1** *s* **(a)** *(Elektr etc)* laddning **(b)** *(Mil etc: attack)* anfall **(c)** *(Jur)* anklagelse; **to bring a ~ against sb** anklaga/rikta en anklagelse mot ngn; **he was arrested on a ~ of murder** han arresterades anklagad för mord **(d)** *(kostnad)* avgift; **free of ~** gratis; **extra ~** extra avgift/kostnad; **~ account** *(Am: i varuhus etc)* konto **(e): the person in ~** den ansvarige; **who is in ~ here?** vem har ansvaret här?; **to be in ~ of** ha ansvaret för; **to take ~ of** everything ta hand om allt; **these children are**

my ~s jag har ansvaret för dessa barn **2** *vt* **(a)** *(pris)* ta betalt, debitera; *(kund)* ta betalt av; **what did they ~ you for it?** vad fick du betala för det?; **~ it to my account** skriv upp det på mig **(b)** *(Jur)* anklaga *(with* för) **(c)** *(Mil)* anfalla **(d)** *(batteri)* ladda **3** *vi (Mil etc)* anfalla; *(vard)* rusa
char·gé d'af·faires |‚ʃɑːʒeɪdæ'feəʳ| *s* chargé d'affaires
charg·er |'tʃɑːdʒəʳ| *s* **(a)** *(Elektr)* laddare, laddningsapparat **(b)** *(åld)* stridshäst
chari·ot |'tʃærɪət| *s (antik)* stridsvagn, triumfvagn
cha·ris·ma |kæ'rɪzmə| *s (om person)* utstrålning, karisma
chari·table |'tʃærɪtəbl| *adj (organisation)* välgörenhets-; *(person)* generös; *(åsikt etc)* kärleksfull
char·ity |'tʃærɪtɪ| *s* **(a)** *(i allm)* barmhärtighet; *(nådegåva)* allmosor; **out of ~** av barmhärtighet; **~ begins at home** *(ordspråk: ung)* man ska ta hand om sina närmaste först **(b)** *(organisation)* välgörenhetsinrättning; **she gave all her money to ~** hon gav alla sina pengar till välgörenhet
charm |tʃɑːm| **1** *s (i allm)* charm; *(äv bildl)* förtrollning; **~ bracelet** berlockarmband; **worked like a ~** *(bildl)* det gick som smort **2** *vi* charma, behaga; **to lead a ~ed life** vara osårbar, vara en lyckans gullgosse
charm·ing |'tʃɑːmɪŋ| *adj* förtjusande; *(person äv)* charmig, charmerande
chart |tʃɑːt| **1** *s (med siffror)* tabell; *(grafisk bild)* diagram; *(Meteorologi)* karta; *(Sjö)* sjökort; **to be in the ~s** *(om skivor, popband etc: ung)* ligga på tio-i-topp-listan **2** *vt (på sjökort: kurs)* lägga ut; *(projekt etc)* dra upp riktlinjer för
char·ter |'tʃɑːtəʳ| **1** *s* **(a)** *(dokument)* frihetsbrev, kungabrev; *(för stad etc)* privilegiebrev, (stads)rättigheter; *(för organisation)* (stiftelse)urkund **(b)** *(Sjö, Flyg)* charter; **~ flight** charterflyg; **on ~** chartrad **2** *vt (båt, plan etc)* chartra
char·tered ac·count·ant |'tʃɑːtədə'kaʊntənt| *s (Brit)* auktoriserad revisor
char·woman |'tʃɑː‚wʊmən| *s, pl* **-women** städerska
chary |'tʃeərɪ| *adj* försiktig; **to be ~ of doing sth** undvika att göra ngt
chase |tʃeɪs| **1** *s* jakt; **the ~** *(av djur)* jakt-(sport)en; **to give ~** ta upp förföljandet, sätta efter **2** *vt* jaga, förfölja; **he's started chasing girls** *(vard)* han har börjat springa efter flickor **3** *vi:* **to ~ after sb** *(ihärdigt)* söka efter ngn
♦ **chase away, chase off** *vt + adv* jaga bort
♦ **chase up** *vt + adv (information)* ta fram, gräva fram; *(person)* söka rätt på
chaser |'tʃeɪsəʳ| *s (drink):* **I'll have a beer as a ~** jag sköljer ner (spriten) med en öl
chasm |'kæzəm| *s (Geol, bildl)* klyfta, svalg
chas·sis |'ʃæsɪ| *s (Motor)* chassi
chaste |tʃeɪst| *adj* kysk
chas·tise |tʃæs'taɪz| *vt (banna)* gräla på; *(bestraffa)* aga
chas·tity |'tʃæstɪtɪ| *s* kyskhet
chat |tʃæt| **1** *s* pratstund; **to have a ~** *(små)*prata; **~ show** *(Brit: TV, radio)* intervju, pratshow **2** *vi* prata *(with/to* med)
♦ **chat up** *vt + adv (Brit vard: flicka)* snacka in sig hos, ragga upp
chat·tel |'tʃætl| *s:* **(goods and) ~s** lösöre, lös egendom
chat·ter |'tʃætəʳ| **1** *s* pladder **2** *vi (person)* pladdra; *(apa, fågel)* tjattra; **her teeth were ~ing** hennes tänder skallrade
chatter·box |'tʃætəbɒks| *s (vard)* pratmakare
chat·ty |'tʃætɪ| *adj* pratsam

chauf·feur [ˈʃəʊfəʳ] s chaufför
chau·vin·ism [ˈʃəʊvɪnɪzəm] s chauvinism; **male** ~ manschauvinism
chau·vin·ist [ˈʃəʊvɪnɪst] **1** s chauvinist; **(male)** ~ **pig** (vard neds) mullig mansgris **2** i sms chauvinistisk
cheap [tʃiːp] **1** adj (i allm) billig; (biljett etc) till lågpris; (kvalité) dålig; (skämt etc) dålig, billig; **it's** ~ **at the price** (vard) det är värt sitt pris, det är billigt för vad man får; **on the** ~ (vard) billigt **2** adv billigt; **to get sth** ~ få ngt billigt
cheap·en [ˈtʃiːpən] vt: **to** ~ **oneself** deklassera sig
cheap·ly [ˈtʃiːplɪ] adv (sälja etc) billigt
cheap·skate [ˈtʃiːpskeɪt] s (vard) snåljåp
cheat [tʃiːt] **1** s (person) bedragare; (handling) bedrägeri **2** vt bedra, lura; **to** ~ **sb out of sth** lura ngn på ngt **3** vi (i spel, på prov) fuska
check [tʃek] **1** s **(a)** kontroll; **to hold** el **keep sth/sb in** ~ kontrollera ngt/ngn; **to act as a** ~ **on sth** verka återhållande på ngt; **to keep a** ~ **on sb/sth** ha koll el kontroll på ngn/ngt **(b)** (Schack) in ~ i schack; ~! schack! **(c)** (Am: på restaurang) nota, räkning **(d)** (Am) = **cheque (e)** (på tyg etc) rutigt mönster; (fyrkant) ruta **(f)** (Am: i lista etc) bock, kråka **2** vt **(a)** (fiende etc) hejda, stoppa; **to** ~ **oneself** stoppa/hejda sig **(b)** (siffror, däck etc) kontrollera **(c)** (Am) kolla, pricka av **3** vi kolla, kontrollera; **to** ~ **with sb** höra med ngn
♦ **check in 1** vt + adv (bagage) checka in **2** vi + adv (på flygplats) checka in; (på hotell) ta in (at på)
♦ **check out 1** vt + adv (undersöka) kontrollera **2** vi + adv (på hotell) checka ut, lämna hotellet
♦ **check up** vi + adv kolla, kontrollera
♦ **check up on** vi + prep (historia, person) kontrollera
checker [ˈtʃekəʳ] s (Am: i butik) snabbköpskassör(ska)
check·ered [ˈtʃekəd] adj (Am) = **chequered**
check·ers [ˈtʃekəz] spl (Am) damspel
check-in [ˈtʃekɪn] s (äv: ~ **desk**) incheckning(sdisk)
check·mate [ˈtʃekmeɪt] **1** s (Schack) schack matt; (bildl) nederlag **2** vt (eg) göra schack matt; (bildl) omintetgöra
check-out [ˈtʃekaʊt] s (i snabbköp) kassa
check·point [ˈtʃekpɔɪnt] s kontroll(station); (vid gräns) gränsövergång
check·up [ˈtʃekʌp] s (Med) läkarundersökning
ched·dar [ˈtʃedəʳ] s (äv: ~ **cheese**) cheddar(ost)
cheek [tʃiːk] **1** s **(a)** (i ansiktet) kind; **the** ~**s** (vard) baken; ~ **by jowl** nära tillsammans; (bildl) förtroligt **(b)** (vard) fräckhet; **what a** ~! vilken fräckhet! **2** vt (vard) vara fräck mot
cheeky [ˈtʃiːkɪ] adj fräck, uppnosig
cheep [tʃiːp] **1** s kvitter, pip **2** vi kvittra, pipa
cheer [tʃɪəʳ] **1** s **(a)** (bifall) hurrarop, bravorop; **three** ~**s for the winner!** ett trefaldigt leve för vinnaren **(b):** ~**s!** (med glas i hand) skål!; (vard: tack) bussigt!; (: adjö) hej (då) **2** vt **(a)** hurra för **(b)** (äv: ~ **up**) pigga upp **3** vi hurra
♦ **cheer on** vt + adv heja på
♦ **cheer up 1** vi + adv gaska upp sig; ~ **up!** upp med hakan, gaska upp dig! **2** vt + adv = **cheer** 2b.
cheer·ful [ˈtʃɪəfʊl] adj (person) munter, glad; (rum, färg) ljus och trevlig; (brasa) skön; (nyheter) glädjande
cheerio [ˈtʃɪərɪˈəʊ] interj (Brit vard) hej då!
cheery [ˈtʃɪərɪ] adj munter, livlig
cheese [tʃiːz] s ost; **say** ~! (Foto) säg omelett!
cheese·board [ˈtʃiːzbɔːd] s ostbricka
cheese·cake [ˈtʃiːzkeɪk] s (amerikansk) ostkaka,

cheesecake
cheese·cloth [ˈtʃiːzklɒθ] s ostduk, tunn bomullsväv
chee·tah [ˈtʃiːtə] s gepard
chef [ʃef] s (på restaurang) köksmästare
chemi·cal [ˈkemɪkəl] **1** adj kemisk **2** s kemikalie
chem·ist [ˈkemɪst] s (forskare i kemi) kemist; (Brit: som säljer medicin) apotekare; ~**'s (shop)** apotek
chem·is·try [ˈkemɪstrɪ] s kemi
cheque [tʃek] s (Brit) check; **a** ~ **for £20** en check på 20 pund; **to pay by** ~ betala med check; ~ **card** = **banker's card** (se **banker**)
cheque·book, **(Am)** **checkbook** [ˈtʃek,bʊk] s checkbok
cheq·uered [ˈtʃekəd] adj rutig; **a** ~ **career** en brokig/växlingsrik bana
cher·ish [ˈtʃerɪʃ] vt (person) vårda ömt, hålla av; (känslor) hysa, nära
cher·ry [ˈtʃerɪ] s körsbär; ~ **brandy** cherry brandy, körsbärslikör; ~ **orchard** körsbärsträdgård; ~ **red** körsbärsröd; ~ **stone** körsbärskärna; ~ **tree** körsbärsträd
cher·ub [ˈtʃerəb] s kerub
chess [tʃes] s schack
chess·board [ˈtʃes,bɔːd] s schackbräde
chess·man [ˈtʃes,mæn] s, pl ~**men** schackpjäs
chest [tʃest] s **(a)** (Anat) bröst(korg); **to get sth off one's** ~ (vard) lätta sitt hjärta **(b)** kista, låda; ~ **of drawers** byrå; ~ **expander** armstärkare
chest·nut [ˈtʃesnʌt] **1** s (nöt) kastanj; (träd) kastanj(eträd); (färg) kastanjebrunt; (häst) fux **2** adj (hår) kastanjebrun
chesty [ˈtʃestɪ] adj (Brit vard) som kommer från bröstet; ~ **cough** bronkit
chew [tʃuː] vt tugga
♦ **chew over** vt + adv tänka över; **I'll** ~ **it over before I decide** jag ska sova på saken (vard)
♦ **chew up** vt + adv tugga sönder
chew·ing gum [ˈtʃuːɪŋgʌm] s tuggummi
chic [ʃiːk] adj elegant, chic
chick [tʃɪk] s (i allm) fågelunge; (om höns) (nykläckt) kyckling; (vard: ung kvinna) tjej, brud
chick·en [ˈtʃɪkɪn] s (ung höna) kyckling; (vard) fegis; **don't count your** ~**s before they're hatched** (ordspr) sälj inte skinnet innan björnen är skjuten **2** adj (vard) feg, rädd
♦ **chick·en out** vi + adv (vard: av feghet) backa ur
chicken·pox [ˈtʃɪkɪn,pɒks] s vattkoppor
chick·pea [ˈtʃɪk,piː] s kikärt
chico·ry [ˈtʃɪkərɪ] s (kaffeersättning) cikoria, (sallad: Brit) endiv; (: Am) chicorée frisée
chief [tʃiːf] **1** adj (skäl etc) huvud-, viktigast; (i rang) förste; ~ **constable** polismästare **2** s (för organisation) ledare; (för stam) hövding; (vard) chef; **in** ~ huvud-, främst allt; C~ **of Staff** (Mil) stabschef; (Am: äv) försvarsgrenschef
chief·ly [ˈtʃiːflɪ] adv huvudsakligen
chief·tain [ˈtʃiːftən] s (för stam el klan) hövding, huvudman; (för grupp) ledare
chif·fon [ˈʃɪfɒn] **1** s chiffong **2** adj (sufflé etc) fluffig
chil·blain [ˈtʃɪlbleɪn] s frostknöl, kylskada
child [tʃaɪld] s, pl **children** barn; **it's** ~**'s play** det är rena barnleken; ~ **benefit** barnbidrag; ~ **labour** barnarbete; ~ **minder** dagmamma
child-bearing [ˈtʃaɪld,beərɪŋ] s barnafödande; **of** ~ **age** i fruktsam ålder
child·birth [ˈtʃaɪld,bɜːθ] s förlossning; **to die in** ~ dö i barnsäng
child·hood [ˈtʃaɪldhʊd] s barndom; **from** ~ ända från barndomen
child·ish [ˈtʃaɪldɪʃ] adj (neds) barnslig
child·less [ˈtʃaɪldlɪs] adj barnlös

child·like |'tʃaɪld,laɪk| adj som ett barn, barnslig
chil·dren |'tʃɪldrən| spl av child
Chile |'tʃɪlɪ| s Chile
Chil·ean |'tʃɪlɪən| 1 adj chilensk 2 s chilenare
chill |tʃɪl| 1 adj kylig 2 s (i allm) kyla, köld; (Med) frossbrytning; there's a ~ in the air det är kyla i luften; to catch a ~ (Med) förkyla sig; to take the ~ off (rum etc) värma upp; (vin etc) temperera 3 vt (vin, kött etc) kyla ner; to ~ sb's blood (bildl) få blodet att isa sig på ngn; to be ~ed to the bone frysa ända in i märgen
chil(·l)i |'tʃɪlɪ| s (a) (äv: ~ pepper) chili(peppar) (b) (i sht Am: maträtt) (kött)gryta med chili
chil·ly |'tʃɪlɪ| adj (eg, bildl) kylig; I feel ~ jag fryser
chime |tʃaɪm| 1 s (ljud) (klock)ringning; ~s (klockor) klockspel; (på dörr) dörrklocka 2 vt (klocka) ringa i 3 vi (klocka) ringa, slå; (bildl: åsikter) stämma, passa ihop; the clock ~d six klockan slog sex
♦ chime in vi + adv (vard: i samtal) stämma in; ~ in with (åsikter) stå i samklang med
chim·ney |'tʃɪmnɪ| s skorsten; ~ pot skorstenspipa; ~ sweep sotare
chim·pan·zee |,tʃɪmpæn'ziː| s chimpans
chin |tʃɪn| s haka; (keep your) ~ up! (vard) upp med hakan!
chi·na |'tʃaɪnə| s porslin
Chi·na |'tʃaɪnə| s Kina
Chi·nese |'tʃaɪ'niːz| 1 adj kinesisk 2 s (a) pl lika (person) kines (b) (språk) kinesiska
chink¹ |tʃɪŋk| s (i mur) spricka; (i dörr) springa; a ~ of light en ljusstrimma
chink² |tʃɪŋk| 1 s (av glas etc) klirr, klingande; (av mynt etc) skrammel 2 vt (glas) klirra med, klinga med; (mynt) skramla med 3 vi (glas) klirra, klinga; (mynt) skramla
chintz |tʃɪnts| s chintz, (blank) kretong
chip |tʃɪp| 1 s (a) (ur glas, porslin etc) skärva; (ur trä) flisa; he's a ~ off the old block (bildl) han är sin far upp i dagen; to have a ~ on one's shoulder vara lättstött (b): ~s (Matl: Brit) pommes frites; (: Am) chips (c) (i tekopp etc) hack, spricka (d) (i spel) spelmarker; he's had his ~s (vard) han har haft sitt (lilla) roliga; when the ~s are down när det verkligen gäller/kommer till kritan (e) (Data: = micro~) chip 2 vt spräcka, slå sönder 3 vi spricka, bli kantstött
♦ chip in vi + adv (vard: bidra) ge ett bidrag; (: avbryta) sticka emellan
♦ chip off 1 vt + adv (färg) skrapa bort/av 2 vi + adv (färg) flagna av
chip·board |'tʃɪpbɔːd| s träfiberplatta
chip·munk |'tʃɪpmʌŋk| s (Am) jordekorre
chi·ro·po·dist |kɪ'rɒpədɪst| s (i sht Brit) fotvårdsspecialist
chi·ro·po·dy |kɪ'rɒpədɪ| s fotvård
chirp |tʃɜːp| 1 s (om fågel) kvitter; (om syrsa) sång, spel 2 vi (fågel) kvittra; (syrsa) sjunga, spela
chir·rup |'tʃɪrəp| s, vi = chirp
chis·el |'tʃɪzl| 1 s mejsel, stämjärn 2 vt (imperf, perf part (Brit) ~led, (Am) ~ed) (äv: ~ out) mejsla, hugga ut
chit¹ |tʃɪt| s (a) (på hotell o restaurang) påskrivet kvitto för obetald förtäring (b) (papperslapp) anteckning, (kort) meddelande
chit² |tʃɪt| s: a ~ of a girl en jäntunge
chiv·al·rous |'ʃɪvəlrəs| adj ridderlig
chiv·al·ry |'ʃɪvəlrɪ| s ridderlighet
chives |'tʃaɪvz| spl gräslök
chlo·ride |'klɔːraɪd| s klorid
chlo·rin·ate |'klɒrɪneɪt| vt (dricksvatten) klorera
chlo·rine |'klɔːriːn| s klor(gas)

chlo·ro·form |'klɒrəfɔːm| s kloroform
chlo·ro·phyll |'klɒrəfɪl| s klorofyll
choc-ice |'tʃɒkaɪs| s (Brit) vaniljglasspinne doppad i choklad
chock |tʃɒk| s kil, (broms)kloss
chock-a-block |'tʃɒkə'blɒk| adj (vard) proppfull (with med)
chock-full |'tʃɒk'fʊl| adj (vard) proppfull
choco·late |'tʃɒklɪt| 1 s (i allm) choklad; (enstaka bit) chokladbit; hot/drinking ~ (dryck) varm choklad 2 adj (kex etc) choklad-; (färg) chokladbrun
choice |tʃɔɪs| 1 adj (vin etc) utvald, utsökt; (skämts, iron) utsökt; his language was really ~! han sa några väl valda ord 2 s val; I did it from ~ jag gjorde det av fri vilja; a wide ~ ett brett urval; he had no ~ but to go han hade inget annat val än att gå; take your ~! välj själv!, varsågod och välj!
choir |'kwaɪər| s (av sångare) kör; (Arkit) kor
choir·boy |'kwaɪə,bɔɪ| s korgosse
choke |tʃəʊk| 1 s (Motor) choke 2 vt (person) kväva; (äv: ~ up: rör etc) täppa till; to ~ sb to death kväva ngn till döds; in a voice ~d with emotion med kvävd röst 3 vi (person) kvävas
♦ choke back vt + adv hålla tillbaka; to ~ back the tears svälja tårarna
chok·er |'tʃəʊkər| s kort (åtsittande) halsband
chol·era |'kɒlərə| s kolera
cho·les·ter·ol |kɒ'lestərɒl| s kolesterol
choo-choo |'tʃuː,tʃuː| s (barnspråk) tuff-tufftåg
choose |tʃuːz| imperf chose, perf part chosen 1 vt välja; to ~ to do sth välja/föredra att göra ngt 2 vi välja; there is nothing to ~ between them det är nästan ingen skillnad mellan dem; to ~ from välja bland; as/when I ~ som/när jag vill el jag har lust
choosy |'tʃuːzɪ| adj (-ier, -iest) (vard) kräsen
chop¹ |tʃɒp| 1 s (a) (med yxa etc) hugg; (med hand) slag; to get the ~ (vard: projekt) skäras bort; (: person) få sparken (b) (Matl) kotlett 2 vt (ved) hugga; (kött etc) hacka, skära
♦ chop down vt + adv (träd) fälla
♦ chop off vt + adv hugga av, skära av
chop² |tʃɒp| vi: to ~ and change vara fram och tillbaka, vela
chop·per |'tʃɒpər| s (slaktares) köttyxa; (Flyg: vard) helikopter
chop·ping |'tʃɒpɪŋ| s: ~ board skärbräde; ~ knife hackkniv
chop·py |'tʃɒpɪ| adj (-ier, -iest) (sjö) krabb; (väder) ombytlig
chop·stick |'tʃɒpstɪk| s: ~s (kinesiska) (ät)pinnar
cho·ral |'kɔːrəl| adj kör-; ~ society sångkör
chord |kɔːd| s (a) (Mus) ackord; (bildl) sträng; to strike a ~ få ngn att minnas ngt; to touch the right ~ slå an den rätta tonen; vocal ~s stämband (b) (Mat) korda
chore |tʃɔːr| s (i allm) syssla; (neds) otrevligt jobb; to do the ~s sköta hushållsbestyren
cho·reo·gra·pher |,kɒrɪ'ɒgrəfər| s koreograf
cho·reo·gra·phy |,kɒrɪ'ɒgrəfɪ| s koreografi
chor·tle |'tʃɔːtl| vi skratta (belåtet); to ~ over sth skrocka över ngt
cho·rus |'kɔːrəs| 1 s (a) kör; in ~ i kör; ~ girl balettflicka (b) refräng 2 vt ropa i kör/med en mun
chose |tʃəʊz| imperf av choose
cho·sen |'tʃəʊzn| 1 perf part av choose 2 adj: the C~ (People) (av Gud) det utvalda folket i sht det judiska
chow·der |'tʃaʊdər| s (i sht Am) (redd) fisk-/mussel|soppa
Christ |kraɪst| s Kristus; ~! (vard!) Herre Gud!
chris·ten |'krɪsn| vt (Rel) döpa; (namn) döpa till;

they ~ed him Jack after his father de döpte honom till Jack efter hans far
chris·ten·ing ['krɪsnɪŋ] s dop
Chris·tian ['krɪstɪən] **1** adj (religion etc) kristen; (sinne etc) kristlig; **~ name** förnamn **2** s kristen
Chris·tian·ity [ˌkrɪstɪ'ænɪtɪ] s kristendom(en)
Christ·mas ['krɪsməs] s jul(en); **at ~** på julen; **happy/merry ~**! God Jul!; **Father ~** jultomten; **~ card** julkort; **~ Day** juldag(en); **~ Eve** julafton(en)
Christ·mas·time ['krɪsməsˌtaɪm] s jul(tid)
chro·mat·ic [krə'mætɪk] adj (Tekn) färg-; (Mus) kromatisk
chrome [krəʊm] s (överdrag) krom, förkromning
chro·mium ['krəʊmɪəm] s (grundämne) krom
chro·mo·some ['krəʊməsəʊm] s kromosom
chron·ic ['krɒnɪk] adj (sjukdom) kronisk; (rökare etc) vane-; (vard) hemsk, omöjlig
chroni·cle ['krɒnɪkl] s krönika
chrono·logi·cal [ˌkrɒnə'lɒdʒɪkəl] adj kronologisk; **in ~ order** i tidsföljd, i kronologisk ordning
chro·nol·ogy [krə'nɒlədʒɪ] s kronologi
chrysa·lis ['krɪsəlɪs] s (Biol) puppa
chry·san·themum [krɪ'sænθəməm] s krysantemum
chub·by ['tʃʌbɪ] adj knubbig
chuck[1] [tʃʌk] vt (vard) **(a)** (äv: **~ away**) slänga, kasta bort **(b)** slänga, langa: **~ it over here, will you?** **(c)** (äv: **~ up, ~ in**) överge, ge upp, spola (vard); **I'm thinking of ~ing it up** jag funderar på att spola det **(d): to ~ sb under the chin** klappa ngn under hakan
♦ **chuck out** vt + adv (person, sak) kasta ut
chuck[2] [tʃʌk] s **(a)** (Matl) framdelskött av nöt **(b)** (Tekn) chuck
chuck·le ['tʃʌkl] **1** s skrockande **2** vi skrocka, skratta för sig själv; **to ~ at/over** småskratta åt
chuf·fed [tʃʌft] adj (vard) belåten
chug [tʃʌg] vi **(a)** (tåg) tuffa; (motor) puttra, smälla **(b)** (röra sig) tuffa fram
chum [tʃʌm] s (vard) kompis
chump [tʃʌmp] s (vard) idiot
chunk [tʃʌŋk] s (kött) stycke; (bröd) bit, skiva
chunky ['tʃʌŋkɪ] adj (-ier, -iest) bastant, kraftig
church [tʃɜ:tʃ] s (byggnad, gudstjänst) kyrka; **the C~** kyrkan; **the C~ of England** engelska statskyrkan; **to go to ~** gå i kyrkan; **to enter the C~** bli präst; **~ music** kyrkomusik
church·goer ['tʃɜ:tʃˌgəʊə'] s kyrkobesökare
church·yard ['tʃɜ:tʃˌjɑ:d] s kyrkogård
churl·ish ['tʃɜ:lɪʃ] adj ohyfsad, drumlig
churn [tʃɜ:n] **1** s (till smör) kärna; (Brit: till mjölk) flaska, kanna **2** vt (smör) kärna; (bildl: äv: **~ up**) röra upp **3** vi skumma; **her stomach was ~ing** hennes mage var i uppror
♦ **churn out** vt + adv (neds: böcker etc) spotta ur sig, producera på löpande band
chute [ʃu:t] s (för sopor) sopnedkast; (på lekplats) rutschkana
chut·ney ['tʃʌtnɪ] s chutney starkt kryddad frukt-puré som serveras till kött
chutz·pa(h) ['xʊtspə] s (Am vard) framfusighet, fräckhet
CIA förk (Am = Central Intelligence Agency) federala underrättelsetjänsten, CIA
ci·ca·da [sɪ'kɑ:də] s cikada, sångstrit
CID förk (= Criminal Investigation Department) kriminalpolisen
ci·der ['saɪdə'] s cider, äppelvin
ci·gar [sɪ'gɑ:'] s cigarr
ciga·rette [ˌsɪgə'ret] s cigarett; **~ case** cigarettetui; **~ end** fimp, cigarettstump; **~ lighter** cigarettändare
cinch [sɪntʃ] s (vard): **it's a ~** (ngt enkelt) det är en

bagatell/lätt sak; (ngt säkert) det är bergis/bombis
cin·der ['sɪndə'] s slagg; **to be burned to a ~** bli svartbränd, förkolna; **~ track** (Sport) kolstybbsbana
Cin·der·el·la [ˌsɪndə'relə] s Askungen
cine-cam·era ['sɪnɪ'kæmərə] s (Brit) smalfilmskamera
cin·ema ['sɪnəmə] s (i sht Brit: lokal) bio(graf); (: som konstart, industri) film; **to go to the ~** gå på bio
cin·na·mon ['sɪnəmən] s kanel
ci·pher ['saɪfə'] s (kod) chiffer; (Mat, bildl) nolla; **~ point two one** 0, 21; **written in ~** skrivet med chiffer, chiffrerat
circa ['sɜ:kə] prep (i tidsuttryck) cirka, omkring
cir·cle ['sɜ:kl] **1** s (i allm) cirkel, ring; (Geom) cirkel; (av vänner etc) krets; (Teat) rad; **to stand in a ~** stå i ring; **she moves in wealthy ~s** hon rör sig i förnöga kretsar; **the family ~** familjekretsen; **to come full ~** (bildl) komma tillbaka till utgångsläget; **to go round in ~s** (vard) inte komma ngn vart; se äv vicious **2** vt (bilda ring omkring) omringa; (gå runt) kretsa runt; (göra en ring runt) ringa in
cir·cuit ['sɜ:kɪt] s (jordens etc) omlopp; (domares) tingsområde; (Film) biografkedja; (Sport: tävlingsserie) turnering; (: löpar- etc) bana; (Elektr) strömkrets; **short ~** kortslutning
cir·cui·tous [sɜ:'kjʊɪtəs] adj (väg etc) kringgående; (metod etc) omständlig; **a ~ route** en omväg
cir·cu·lar·ize ['sɜ:kjʊləraɪz] vt skicka (ut) cirkulär till
cir·cu·lar ['sɜ:kjʊlə'] **1** adj cirkelformad, rund-; **~ motion** kringgående rörelse; **~ tour** rundresa; **~ saw** cirkelsåg **2** s cirkulär, rundskrivelse
cir·cu·late ['sɜ:kjʊleɪt] **1** vi cirkulera **2** vt (nyheter etc) sprida
cir·cu·la·tion [ˌsɜ:kjʊ'leɪʃən] s (om blod) cirkulation; (om tidning etc) upplaga; **she has poor ~** (Med) hon har dålig blodcirkulation; **to withdraw sth from ~** dra in ngt; **he's back in ~** (vard) han är tillbaka i svängen igen
cir·cum·cise ['sɜ:kəmsaɪz] vt omskära
cir·cum·ci·sion [ˌsɜ:kəm'sɪʒən] s omskärelse
cir·cum·fer·ence [sə'kʌmfərəns] s omkrets, periferi
cir·cum·flex ['sɜ:kəmfleks] s circumflex: 'role' can be written 'rôle' with a ~
cir·cum·scribe ['sɜ:kəmskraɪb] vt (Geom) omskriva; (bildl) begränsa
cir·cum·spect ['sɜ:kəmspekt] adj försiktig
cir·cum·stance ['sɜ:kəmstəns] s (vanl pl) omständighet; **in the ~s** under sådana omständigheter; **under no ~s** under inga omständigheter; **in easy ~s** i goda omständigheter; **in poor ~s** i knappa omständigheter
cir·cum·stan·tial [ˌsɜ:kəm'stænʃəl] adj (i allm) beroende på omständigheterna; (rapport etc) omständlig; **~ evidence** indicier
cir·cum·vent [ˌsɜ:kəm'vent] vt (lag etc) kringgå
cir·cus ['sɜ:kəs] s (med djur, clowner etc) cirkus; (i stad) öppen rund plats: Piccadilly C~
cir·rho·sis [sɪ'rəʊsɪs] s (Med) cirrhos; **~ of the liver** skrumplever
cis·sy ['sɪsɪ] s = sissy
cis·tern ['sɪstən] s cistern, behållare
cita·del ['sɪtədl] s citadell
cite [saɪt] vt (i allm) anföra, åberopa; **he was ~d to appear in court** (Jur) han inställdes till domstol
citi·zen ['sɪtɪzn] s (i stat) medborgare; (i stad) invånare, borgare
citi·zen·ship ['sɪtɪznʃɪp] s medborgarskap
cit·ric ['sɪtrɪk] adj: **~ acid** citronsyra
cit·rus ['sɪtrəs] s citrusträd; **~ fruits** citrusfrukter

city ['sɪtɪ] s stad; **the C~** (finanskvarter i London) City; ~ **centre** centrum; ~ **dweller** stadsbo; ~ **page** (Ekon) finanssida i tidning; ~ **slicker** (vard: neds) smart figur, storstadssnobb

civ·ic ['sɪvɪk] adj (plikter etc) medborgerlig; (myndighet) kommunal; ~ **centre** (i sht Brit) (kommunalt) förvaltningscentrum, kommunalhus; (Am äv) kulturcentrum

civ·il ['sɪvl] adj **(a)** (i samhälle) medborgerlig, medborgar-; (ej militär) civil; ~ **defence** civilförsvar; ~ **war** inbördeskrig; ~ **law** civilrätt; ~ **marriage** borgerlig vigsel; ~ **engineering** väg och vattenbyggnad; ~ **rights** spl medborgerliga rättigheter; ~ **rights movement** medborgarrättsrörelse; ~ **servant** statstjänsteman; ~ **service** statsförvaltningen **(b)** (artig) hövlig

ci·vil·ian [sɪ'vɪljən] **1** adj civil **2** s civilperson

ci·vil·ity [sɪ'vɪlɪtɪ] s hövlighet, artighet

civi·li·za·tion [ˌsɪvɪlaɪ'zeɪʃən] s (om tillstånd, process) civilisering; (om samhälle) civilisation

civi·lize ['sɪvɪlaɪz] vt civilisera

civi·lized ['sɪvɪlaɪzd] adj civiliserad, kultiverad

clad [klæd] adj klädd (in i)

claim [kleɪm] **1** s **(a)** (på rättighet etc) anspråk; (på ersättning etc) fordran, krav; **pay** ~ lönekrav; **there are many** ~**s on my time** jag har mycket ont om tid; **to lay** ~ **to sth** göra anspråk på ngt; **to put in a** ~ **for sth** ställa krav på ngt; ~ **form** ansökningsformulär **(b)** (yrkande) påstående; **I make no** ~ **to be infallible** jag påstår inte att jag är ofelbar **2** vt **(a)** göra anspråk på; **something else** ~**ed her attention** något annat gjorde anspråk på hennes uppmärksamhet **(b)** påstå; **he** ~**s to have seen her** han påstår sig ha sett henne

claim·ant ['kleɪmənt] s (Jur) rättssökande; (till skuld) fordringsägare; (till socialhjälp) bidragssökande; (till tron etc) pretendent

clair·voy·ant [klɛə'vɔɪənt] **1** adj klärvoajant, synsk **2** s klärvoajant/synsk person

clam [klæm] s mussla

♦ **clam up** vi + adv (vard) knipa käft

clam·ber ['klæmbəʳ] vi klättra, kravla

clam·my ['klæmɪ] adj (-ier, -iest) (kall)fuktig, klibbig

clam·our, (Am) **clam·or** ['klæməʳ] **1** s (oväsen) rop, skrik; (kollektivt ogillande) protest **2** vi: **to** ~ **for sth** högljutt kräva ngt

clamp [klæmp] **1** s (Byggn) krampa; (snickares) skruvtving; (Med, Elektr) klämma **2** vt (se 1) fästa med krampa etc; (i allm) klämma ihop

♦ **clamp down** vi + adv (bildl) ta i med hårdhandskarna (on mot)

clan [klæn] s klan

clan·des·tine [klæn'destɪn] adj hemlig, som sker i smyg

clang [klæŋ] **1** s (om kyrkklocka etc) klang; (om metall) skräll **2** vi (om kyrkklocka etc) klinga, klämta; (om metall) skrälla, skramla; **the gate** ~**ed shut** grinden slog igen med en skräll

clang·er ['klæŋəʳ] s (vard) klavertramp; **to drop a** ~ trampa i klaveret

clank ['klæŋk] **1** s skrammel, rassel **2** vi skramla, rassla

clap [klæp] **1** s **(a)** (på axeln) klapp; (med händerna) klappning; (vanl pl) applåder; ~ **of thunder** åskknall **(b): the** ~ (vard!: gonorré) drypare (!) **2** vt applådera; **to** ~ **one's hands** klappa händerna; **to** ~ **a hand over sb's mouth** snabbt lägga handen över ngns mun; **they** ~**ped him in prison** (vard) de burade in honom **3** vi applådera

clap·ping ['klæpɪŋ] s applåd

clap·trap ['klæpˌtræp] s (vard: neds) klyschor, publikfrieri

clar·et ['klærət] s rödvin från Bordeaux

clari·fi·ca·tion [ˌklærɪfɪ'keɪʃən] s klargörande

clari·fy ['klærɪfaɪ] vt klargöra

clari·net [ˌklærɪ'net] s klarinett

clar·ity ['klærɪtɪ] s klarhet

clash [klæʃ] **1** s **(a)** (oljud) skrammel; (av cymbaler) skräll **(b)** (Mil) sammandrabbning; (mellan åsikter) konflikt; (mellan TV-program etc) kollision, kanalkrock; (av färger) disharmoni; **a** ~ **with the police** en sammanstötning med polisen; **a** ~ **of wills** en konflikt mellan olika viljor **2** vt skramla med, slå ihop med en skräll **3** vi (Mil) drabba samman (with med); (åsikter etc) råka i konflikt; (färger) skära sig; (tider) kollidera

clasp [klɑːsp] **1** s (på halsband etc) knäppe, spänne **2** vt (i fast grepp) krama; **to** ~ **one's hands (together)** knäppa (ihop) händerna; **to** ~ **sb in one's arms** omfamna/krama ngn

class [klɑːs] **1** s (i allm) klass, grupp, kategori; (Skol: grupp) klass; (: timme) lektion; **to have** ~ (vard) ha stil; **(social)** ~ samhällsklass; **in a** ~ **of one's own** i en klass för sig; ~ **distinction** (Sociol) klasskillnad; ~ **war(fare)** (Sociol) klasskamp **2** vt: **to** ~ **sb as sth** klassa ngn som ngt

class-conscious ['klɑːsˌkɒnʃəs] adj klassmedveten

clas·sic ['klæsɪk] **1** adj (i allm) klassisk; (kläder etc) klassisk, tidlös **2** s (bok etc) klassiker; ~**s** (Univ) klassiska språk, klassisk litteratur

clas·si·cal ['klæsɪkəl] adj (grekisk/romersk antik) klassisk; ~ **music** klassisk musik

clas·si·fi·ca·tion [ˌklæsɪfɪ'keɪʃən] s klassifikation, klassificering

clas·si·fied ['klæsɪfaɪd] adj (i allm) klassificerad, systematisk; (information) hemligstämplad; ~ **advertisement** rubricerad annons

clas·si·fy ['klæsɪfaɪ] vt klassificera

class·room ['klɑːsˌrʊm] s klassrum

classy ['klɑːsɪ] adj (-ier, -iest) (vard) tjusig, flott

clat·ter ['klætəʳ] **1** s (av porslin etc) slammer; (av hovar) klapprande **2** vi (metall etc) slamra; (hovar) klappra; **to** ~ **in/out** braka in/ut

clause [klɔːz] s (Språkv) sats; (i lag etc) paragraf; (i testamente) klausul; **main** ~ huvudsats; **subor·dinate** ~ bisats

claus·tro·pho·bia [ˌklɔːstrə'fəʊbɪə] s klaustrofobi, cellskräck

claus·tro·pho·bic [ˌklɔːstrə'fəʊbɪk] adj klaustrofobisk

claw [klɔː] **1** s (Zool) klo **2** vt klösa, riva; **to** ~ **sth to shreds** riva ngt i stycken **3** vi: **to** ~ **at** klösa, riva

clay [kleɪ] s lera; ~ **pigeon shooting** lerduveskytte; ~ **pipe** kritpipa

clean [kliːn] **1** adj (ej smutsig) ren; (oanvänd) ny; (film etc) anständig; (rörelse) jämn; (yta) slät; (slagsmål etc) renhårig; **to make a** ~ **sweep** (om total förändring) göra rent hus; (vinna allt) ta hem hela spelet; **a** ~ **bill of health** ett friskintyg; **to make a** ~ **breast of sth** säga som det är, bekänna allt; **a** ~ **driving licence** ett prickfritt körkort, körkort utan anmärkning **2** adv: **he** ~ **forgot** han glömde alldeles bort det; **he got** ~ **away** han kom helt undan; **the ball went** ~ **through the window** bollen gick rakt genom fönstret; **to come** ~ (vard) bekänna; **I'm** ~ **out of cigarettes** jag är helt utan cigaretter **3** s rengöring **4** vt (i allm) göra ren; (rum) städa; (kläder) (kem)tvätta; (grönsaker) borsta ren, tvätta; (svart tavla) tvätta ren; (skor) putsa; (fisk, höns) ta ur; (sår) tvätta ren; **to** ~ **one's teeth** borsta tänderna; **to** ~ **the windows** tvätta/putsa fönster

♦ **clean off** vt + adv tvätta bort

♦ **clean out** vt + adv (skräp) rensa ut; (skåp) städa;

clean up
(bildl) renraka, pungslå
♦ **clean up** 1 *vt + adv (rum etc)* göra rent i, städa upp i; *(bildl)* rensa upp i; **to ~ oneself up** snygga till sig 2 *vi + adv* städa; **to ~ up on** *(bildl)* ta hem vinsten på
clean·er [ˈkliːnəʳ] *s (person)* städerska, lokalvårdare; *(medel)* rengöringsmedel; **~'s (shop)** kemtvätt; **take sb to the ~'s** *(bildl vard)* barskrapa ngn
clean·ing [ˈkliːnɪŋ] *s* städning; **~ lady** städhjälp, (kvinnlig) lokalvårdare
clean·li·ness [ˈklenlɪnɪs] *s* renlighet
clean·ly [ˈkliːnlɪ] *adv* jämnt: *the knife cut ~ through the cheese*
clean·ness [ˈkliːnnɪs] *s (se* **clean** 1) renhet; anständighet; jämnhet; släthet; renhårighet; **thanks to the ~ of the break** tack vare att brottet var så rent
cleanse [klenz] *vt (hud etc)* rengöra; *(bildl)* rena, rentvå
cleans·er [ˈklenzəʳ] *s (till städning)* rengöringsmedel; *(kosmetika)* rengörings|lotion/-kräm
clean-shaven [ˈkliːnˈʃeɪvn] *adj* slätrakad
clear [klɪəʳ] *adj* 1 **(a)** *(vatten, glas)* klar, genomskinlig; *(himmel)* klar, molnfri; *(hy)* frisk, ren; *(foto)* tydlig, skarp; *(samvete)* ren; **on a ~ day** en molnfri dag
(b) *(ljud)* klar, distinkt; *(intryck)* tydlig, klar; *(förklaring)* tydlig, lätt att förstå; *(motiv, följd)* uppenbar, tydlig; *(bevis)* säker; **a ~ thinker** en som tänker klart; **a ~ case of murder** ett uppenbart fall av mord; **to make oneself ~** uttrycka sig klart; **to make it ~ to sb that...** göra klart för ngn att...; **it is ~ to me that...** jag är på det klara med att; **as ~ as day** solklart, självklart
(c): **~ profit** nettovinst; **three ~ days** tre hela dagar; **a ~ winner** en självskriven vinnare
(d) *(väg, utsikt etc)* fri; **we had a ~ view** vi hade fri utsikt; **to be ~ of sth/sb** gå fri *el* klar för ngt/ngn; **all ~!** faran över!
2 *adv* **(a)** *(fullständigt)* alldeles, totalt; **to get ~ away** komma undan helt och hållet
(b): **to keep ~ of sb/sth** hålla sig undan för ngn/ngt; **to stand ~ of sth** gå ur vägen för ngt; **stand ~ of the doors!** se upp för dörrarna!
(c): **loud and ~** *se* **loud** 2
3 *s:* **in the ~** *(från skuld)* skuldfri; *(från misstanke)* rentvådd; *(från faran)* utom fara
4 *vt* **(a)** *(plats, yta)* röja (av); *(mark)* röja; *(pipa)* rensa; *(rök)* vifta bort; *(Med: blod)* rena; **to ~ a space for sth/sb** göra rum för ngt/ngn; **to ~ the table** duka av; **to ~ one's throat** harkla sig; **to ~ the air** *(bildl)* rensa luften; **to ~ one's conscience** lätta sitt samvete; **to ~ sth of sth** röja av/rensa ngt från ngt
(b) *(stängsel etc)* klara sig över; *(hinder etc)* klara sig förbi; **to ~ 2 metres** *(Sport)* klara 2 meter
(c) *(från skuld, brott etc)* frita, förklara oskyldig; *(Trafik, Tull etc)* ge klartecken/tillstånd till; **to ~ a plane for landing** ge ett flygplan tillstånd att landa; **he was ~ed of murder** han förklarades oskyldig till mord; **to ~ oneself** rentvå sig; **to ~ a cheque** skydda/reservera täckning för en check
(d) *(Handel: skuld)* betala; *(i vinst)* förtjäna netto; *(: varor etc)* utförsälja
5 *vi (väder: äv:* **~ up)** klarna; *(himmel)* ljusna; *(moln, dimma)* lätta
♦ **clear off** 1 *vt + adv (skuld)* betala 2 *vi + adv (vard)* sticka, ge sig i väg; **~ off!** stick!
♦ **clear out** 1 *vt + adv (städa)* röja ur, tömma 2 *vi + adv =* **~ off** 2
♦ **clear up** 1 *vt + adv* **(a)** *(mysterium etc)* klara upp, lösa **(b)** *(rum etc)* städa 2 *vi + adv* **(a)**

(väder) klarna **(b)** *(om rum etc)* städa
clear·ance [ˈklɪərəns] *s* **(a)** *(av träd)* röjning; *(angivelse på väg)* fri höjd; **~ sale** utförsäljning **(b)** *(av tull)* klarering; *(av myndighet)* intyg om genomförd säkerhetskontroll; **~ for take-off** *(Flyg)* starttillstånd
clear-cut [ˈklɪəkʌt] *adj* klar, entydig
clear·ing [ˈklɪərɪŋ] *s* **(a)** *(i skog)* glänta; *(uthuggning)* hygge **(b):** **~ bank** *(Ekon)* clearingbank; **~ house** *(Ekon)* avräkningsanstalt för banker
clear·ly [ˈklɪəlɪ] *adv (se, höra etc)* tydligt; *(med säkerhet)* utan tvivel
cleav·age [ˈkliːvɪdʒ] *s (i allm)* spricka, klyvning; *(om kvinna)* delning mellan brösten, urringning
cleave[1] [kliːv] *imperf* **cleft** *el* **-d** *el* **clove**, *perf part* **cleft** *el* **cloven** *vt* klyva; **cleft palate** *(Med)* kluven gom, gomspalt
cleave[2] [kliːv] *vi:* **to ~ to** häfta fast vid
cleav·er [ˈkliːvəʳ] *s* köttyxa
clef [klef] *s (Mus)* klav
cleft [kleft] 1 *imperf, perf part av* **cleave** 2 *s* klyfta, spricka
clem·en·cy [ˈklemənsɪ] *s (om monark)* mildhet, nåd; **the ~ of the weather** det milda vädret
clench [klentʃ] *vt* gripa hårt om; **to ~ one's teeth** bita ihop tänderna; **to ~ one's fist** knyta näven
cler·gy [ˈklɜːdʒɪ] *spl* prästerskap, präster
clergy·man [ˈklɜːdʒɪmən] *s, pl* **-men** *(i statskyrkan)* präst
cleri·cal [ˈklerɪkəl] *adj* **(a)** skriv-, bokhållar-; **~ worker** kontorist, bokhållare; **~ error** administrativt misstag **(b)** *(Rel)* prästerlig, klerikal
clerk [klɑːk, *(Am)* klɜːʳk] *s (Handel)* kontorist; *(Brit: officiell)* notarie, sekreterare; *(Am: i affär)* expedit; *(: på hotell)* receptionist; *se äv* **town**
clev·er [ˈklevəʳ] *adj (intelligent)* klyftig *(vard)*, begåvad; *(smart: äv neds)* listig, förslagen; *(skämt etc)* fyndig; *(bok)* välskriven; **to be ~ at sth** vara bra på ngt; **he is very ~ with his hands** han är mycket händig; **he was too ~ for us** han drog oss vid näsan
clev·er·ly [ˈklevəlɪ] *adv (se* **clever)** klyftigt; listigt; fyndigt
clev·er·ness [ˈklevənɪs] *s (se* **clever)** klyftighet; list, förslagenhet; fyndighet
clew [kluː] *s (Am)* = **clue**
cli·ché [ˈkliːʃeɪ] *s* klyscha, sliten fras
click [klɪk] *s* 1 *(från kamera, lås etc)* klick, knäppning; *(från klackar)* smällande; *(från tunga)* smackande 2 *vt (med klackar)* smälla; *(med tungan)* smacka 3 *vi* **(a)** *(kamera etc)* knäppa; *(klackar)* smälla; **the door ~ed shut** dörren smällde igen **(b)** *(vard)* gå upp för ngn; **suddenly it all ~ed (into place)** plötsligt stod allt klart för mig
cli·ent [ˈklaɪənt] *s (advokats)* klient; *(hårfrisörs etc)* kund
cli·en·tele [ˌkliːɑːnˈtel] *s* klientel
cliff [klɪf] *s (vid hav)* stup; *(på berg)* brant klippa
cliff·hanger [ˈklɪfˌhæŋəʳ] *s (TV)* (spännande avsnitt av) rysare; *(bildl)* nervpirrande situation
cli·mate [ˈklaɪmɪt] *s* klimat; **the ~ of opinion** *(bildl)* den allmänna opinionen, den förhärskande åsikten
cli·max [ˈklaɪmæks] *s* klimax, höjdpunkt
climb [klaɪm] 1 *s (i allm)* klättring; *(av berg)* bestigning; *(Flyg)* stigning; *(bildl: karriär)* klättring 2 *vt (äv:* **~ up:** *träd)* klättra upp i; *(: trappa)* klättra upp för; *(: berg)* bestiga; *(: mur)* klättra upp på; **to ~ a rope** klänga upp för ett rep 3 *vi (väg, flygplan)* stiga; *(person)* klättra upp; *(växt)* klänga; **to ~ along a ledge** klänga längs en avsats; **to ~ over a wall** klättra över en mur

♦climb down 1 *vi* + *prep (träd etc)* klättra nedför 2 *vi* + *adv (person: från träd etc)* klättra ner; *(bildl: retirera)* backa

climb·er |'klaɪməʳ| *s* klättrare, bergsbestigare; *(Bot)* klängväxt; **social** ~ streber

climb·ing |'klaɪmɪŋ| *s* bergsbestigning

clinch [klɪntʃ] 1 *s (Boxning)* clinch; **in a** ~ *(vard)* tätt omslingrade 2 *vt (avtal)* göra upp; *(diskussion)* avgöra; **that** ~**es it** det avgör saken

cling [klɪŋ] *imperf, perf part* **clung** *vi:* **to** ~ **(to)** *(rep etc)* klänga sig fast *(vid)*; *(åsikt)* hålla fast vid; *(om barn)* hänga i kjolen; **to** ~ **together** *(bildl)* hålla ihop, hålla samman; **the smell clung to her clothes** lukten satt fast i kläderna på henne

clin·ic |'klɪnɪk| *s (på sjukhus)* klinik; *(familje- etc)* rådgivningsbyrå

clini·cal |'klɪnɪkəl| *adj (i allm)* klinisk; *(bildl)* opersonlig, kylig

clink |klɪŋk| 1 *s (med mynt)* klirr; *(med glas)* klingande 2 *vt:* **to** ~ **glasses with sb** *(skåla)* klinga med glasen med ngn 3 *vi (mynt etc)* klirra

clip[1] |klɪp| 1 *s (med sax)* klipp; *(Film)* klipp 2 *vt (i allm)* klippa; *(äv:* ~ **off:** *ull, hår)* klippa av; *(äv:* ~ **out:** *tidningsartikel)* klippa ur; **to** ~ **sb's wings** *(bildl)* vingklippa ngn

clip[2] |klɪp| *s (= paper* ~*)* gem; *(= bulldog* ~*)* papappersklämma; *(= hair* ~*)* hårklämma; *(smycke)* brosch

♦clip on *vt* + *adv (brosch etc)* klämma fast; *(dokument)* fästa

♦clip together *vt* + *adv* fästa ihop

clip·board |'klɪp,bɔːd| *s* skrivskiva *bärbar med papappersklämma*

clipped |klɪpt| *adj (sätt att tala)* korthuggen, stötig

clip·per |'klɪpəʳ| *s* segelfartyg, clipper

clip·pers |'klɪpəz| *spl (för hår)* hårklippningsapparat; *(för naglar)* nagelsax; *(för häck etc)* trädgårdssax

clip·ping |'klɪpɪŋ| *s* (tidnings)urklipp

clique |kliːk| *s* klick, kotteri

cloak [kləʊk] *s* mantel, kappa; **under the** ~ **of darkness** *(bildl)* i skydd av mörkret

cloak·room |'kləʊk,rʊm| *s (i allm)* kapprum, garderob; *(Brit: eufem)* toalett

clock |klɒk| 1 *s (på vägg, torn etc)* klocka, ur; *(i taxi)* taxameter; **the** ~ *(i bil)* vägmätaren; **to sleep round the** ~ sova dygnet runt; **to work against the** ~ arbeta i kapp med tiden 2 *vt* ta tid på

♦clock in *vi* + *adv* stämpla in

♦clock off *vi* + *adv* stämpla ut

♦clock on *vi* + *adv* = **clock in**

♦clock out *vi* + *adv* = **clock off**

♦clock up *vt* + *adv (Motor)* uppnå, komma upp i

clock·wise |'klɒkwaɪz| *adv* medurs, medsols

clock·work |'klɒkwɜːk| *s:* **to go like** ~ gå som ett urverk, gå som smort *(vard)*; ~ **toys** mekaniska leksaker

clod |klɒd| *s (av jord, lera etc)* klump

clog |klɒg| 1 *s* träsko, trätoffel 2 *vt (äv:* ~ **up:** *rör, maskin etc)* täppa till, stoppa 3 *vi (äv:* ~ **up)** täppas till

clois·ter |'klɔɪstəʳ| *s (Arkit)* pelargång, korsgång; *(för munkar el nunnor)* kloster

clois·tered |'klɔɪstəd| *adj* instängd, klosterlik

close[1] [kləʊs] 1 *adv* nära, tätt; ~ **by** alldeles i närheten; **to hold sb** ~ hålla ngn tätt intill sig; ~ **together** tätt ihop; *(i tiden)* tätt inpå varandra; **stay** ~ **to me** håll dig nära mig; **to follow** ~ **behind** följa tätt bakom 2 *adj* **(a)** *(i allm)* nära: ~ *friend; (strid, resultat)* jämn; ~ **connection** nära samband; ~ **resemblance** stor likhet; **at** ~ **quarters** på nära håll; ~ **combat** närstrid; **they're very** ~ **(to each other)** de står varandra

mycket nära; **a** ~ **shave** *(bildl vard)* nära ögat **(b)** *(undersökning, kontroll etc)* grundlig, noggrann; **to pay** ~ **attention to sb/sth** noga uppmärksamma ngn/ngt; **to keep a** ~ **watch on sb** hålla noggrann uppsikt över ngn **(c)** *(handstil)* tät, hopträngd; *(väv etc)* fast, tät **(d)** *(rum, luft etc)* instängd, kvav; *(väder)* kvav, tryckande

close[2] |kləʊz| 1 *s* **(a)** *(i allm)* slut, avslutning; **to bring sth to a** ~ avsluta ngt; **to draw to a** ~ närma sig sitt slut **(b)** |kləʊs| *(Brit)* inhägnad; *(i stad)* kringbyggd gård, återvändsgränd 2 *vi (slutas till)* stängas; *(opers)* sluta, avslutas: *the meeting* ~*d with a vote...; (pers)* sluta, avsluta: *the minister* ~*d with a plea* 3 *vt* **(a)** *(dörr, affär etc)* stänga; *(väg etc)* stänga av; *(sår)* sluta till; **to** ~ **the gap between** minska klyftan mellan; **to** ~ **one's eyes to sth** *(bildl)* blunda för ngt **(b)** *(möte, bankkonto, affär etc)* avsluta

♦close down 1 *vt* + *adv (butik etc)* stänga 2 *vi* + *adv (butik etc)* stänga(s), upphöra; *(TV, Radio)* sluta sändningen

♦close in 1 *vt* + *adv (område)* inringa 2 *vi* + *adv (jägare etc)* komma närmare; *(natt, mörker etc)* falla på; **the days are closing in** dagarna blir kortare; **to** ~ **in on sb** omringa ngn, sluta sig omkring ngn

♦close off *vt* + *adv (väg, område etc)* stänga av

♦close round *vi* + *prep* tätt sluta sig kring

♦close up 1 *vt* + *adv (hus etc)* bomma igen; *(hål)* tillsluta; *(sår)* dra ihop, sluta till 2 *vi* + *adv (i kö)* tränga ihop sig; *(sårkanter etc)* dra ihop sig

♦close with *vi* + *prep* drabba samman med

closed |kləʊzd| *adj (i allm)* stängd; *(väg etc)* avstängd; **sociology is a** ~**d book to me** sociologi begriper jag mig inte på; **the conflict is a** ~**d book** konflikten är ett avslutat kapitel; ~**d shop** *(företag med)* fackföreningstvång

closed-circuit tele·vi·sion |'kləʊzd,sɜːkɪt 'telɪ,vɪʒən| *s* intern-TV

close-down |'kləʊzdaʊn| *s (av företag)* nedläggning; *(TV, Radio)* slut på sändningen

close·ly |'kləʊslɪ| *adv* **(a)** noggrant, grundligt; **to watch** ~ se på noga; **to listen** ~ lyssna noga; **a** ~ **guarded secret** en väl bevarad hemlighet **(b)** nära; **to** ~ **resemble sth/sb** likna ngt/ngn mycket; **to be** ~ **related** nära släkt

close·ness |'kləʊsnɪs| *s (i allm)* närhet; *(om luft etc)* instängdhet; ~ **of resemblance** nära likhet; ~ **of friendship** förtrolig vänskap

clos·et |'klɒzɪt| 1 *s (Am)* skåp 2 *vt:* **to be** ~**ed with sb** vara i enrum med ngn

close-up |'kləʊsʌp| *s* närbild; **in** ~ i närbild

clos·ing |'kləʊzɪŋ| *adj (tal etc)* avslutnings-; ~ **price** *(Ekon: på börsen)* slutkurs; ~ **time** stängningsdags; **when is** ~ **time?** hur dags stänger ni?

clos·ure |'kləʊʒəʳ| *s (av företag etc)* nedläggning

clot |klɒt| 1 *s* **(a)** *(av blod: som sjukdomstillstånd)* propp; *(: på sår)* levrat blod **(b)** *(vard)* idiot 2 *vi* koagulera, levra sig; ~**ted cream** tjock grädde *som upphettats och fått svalna*

cloth |klɒθ| *s (textil)* tyg, kläde; *(för rengöring)* trasa; *(för bord)* duk; **the** ~ *(Rel)* prästerskapet

clothe |kləʊð| *vt (i familj)* klä, hålla med kläder

clothes |kləʊðz| *spl* kläder; **to put one's** ~ **on** klä på sig; **to take one's** ~ **off** klä av sig; ~ **horse** torkställning; ~ **line** klädstreck; ~ **peg,** *(Am)* ~ **pin** klädnypa; ~ **shop** klädaffär

cloth·ing |'kləʊðɪŋ| *s* kläder, beklädnad; **article of** ~ klädesplagg; ~ **allowance** klädbidrag, beklädnadsbidrag

cloud |klaʊd| 1 *s* moln; *(bildl):* **a** ~ **of dust** ett moln av damm; **a** ~ **of insects** en svärm av insekter; **to be under a** ~ vara i onåd; **he has his head in the** ~**s** han svävar i det blå; **to be on** ~

nine vara i sjunde himlen 2 *vt (eg)* skymma, hölja i moln; *(vätska)* grumla; *(spegel)* lägga sig som dimma på, fördunkla; *(bildl)* förvirra, fördunkla; **to** ~ **the issue** skymma (undan) kärnfrågan, blanda bort korten

♦ **cloud over** *vi* + *adv (eg, bildl)* mulna

cloud·burst [ˈklaʊd,bɜːst] *s* skyfall

cloud-cuckoo   land [ˌklaʊdˈkuːkuːˌlænd]   *s* drömvärld

cloud·less [ˈklaʊdlɪs] *adj* molnfri

cloudy [ˈklaʊdɪ] *adj (himmel)* molnig; *(vätska)* grumlig

clout [klaʊt] 1 *s (med hand el föremål)* slag; *(bildl)* inflytande 2 *vt* slå (till)

clove[1] [kləʊv] *s* kryddnejlika; ~ **of garlic** vitlöksklyfta

clove[2] [kləʊv], **clo·ven** [ˈkləʊvən] *(imperf resp perf part av* **cleave**[1])

clo·ver [ˈkləʊvəʳ] *s* klöver; **to be in** ~ *(vard)* ha det bra (ekonomiskt), leva i överflöd

clover·leaf [ˈkləʊvəˌliːf] *s (Bot)* klöverblad; *(Motor)* klöverbladskorsning

clown [klaʊn] 1 *s* clown, pajas 2 *vi (äv:* ~ **about** *el* **around)** spela pajas

club [klʌb] 1 *s* **(a)** *(i allm)* påk, klubba; *(Golf)* (golf)klubba; *(Kortsp)* klöver **(b)** *(förening)* klubb; *(byggnad)* klubblokal, klubbhus; **join the** ~! *(bildl)* du är inte den enda!, det är du inte ensam om! 2 *vt (person)* klubba (ner) 3 *vi:* **to** ~ **together** slå sig samman; **we all** ~**bed together to buy him a present** vi samlade ihop till en present åt honom

club·house [ˈklʌb,haʊs] *s* klubbhus

cluck [klʌk] *vi* skrocka

clue [kluː] *s (i allm)* ledtråd; *(i brott etc)* spår, ledtråd; *(i korsord)* nyckelord; **I haven't a** ~ *(vard)* jag har ingen aning

clued up [ˌkluːdˈʌp] *adj pred (vard)* välinformerad

clue·less [ˈkluːlɪs] *adj (vard)* i det blå, ovetande

clump[1] [klʌmp] *s (av träd)* klunga; *(av blommor)* stånd; *(av gräs)* tuva; *(av jord)* klump

clump[2] [klʌmp] 1 *s* klamp(ande) 2 *vi:* **to** ~ **about** klampa omkring

clum·sy [ˈklʌmzɪ] *adj (person, handling)* klumpig; *(verktyg)* otymplig, klumpig; *(ursäkt etc)* tafatt, klumpig

clum·si·ness [ˈklʌmzɪnɪs] *s* klumpighet, tafatthet

clung [klʌŋ] *imperf, perf part av* **cling**

clus·ter [ˈklʌstəʳ] 1 *s (av hus, träd etc)* klunga; *(av människor)* hop, grupp 2 *vi (människor, föremål)* samlas i klunga; *(Bot)* växa i klunga; **to** ~ **round sb/sth** skocka sig runt ngn/ngt

clutch[1] [klʌtʃ] 1 *s* **(a)** *(Motor)* koppling; kopplingspedal **(b)**: **to fall into sb's** ~**es** komma i ngns klor 2 *vt (rörelse)* gripa tag i; *(tillstånd)* hålla fast 3 *vi:* **to** ~ **at** *(eg, bildl)* gripa efter; **to** ~ **at straws** gripa efter ett halmstrå

clutch[2] [klʌtʃ] *s (av kycklingar)* kull; *(av ägg)* rede

clut·ter [ˈklʌtəʳ] 1 *s* röra, oreda; **in a** ~ **i** en enda röra 2 *vt* belamra, skräpa ner; **to** ~ **up a room** skräpa ner ett rum; **to be** ~**ed up with sth** vara belamrad med ngt

Co. *förk f* **company; county**

co- [kəʊ] *prefix* med-

c/o *förk* (= *care of:* i adress på brev) c/o

coach [kəʊtʃ] 1 *s* **(a)** *(för långfärd)* turistbuss; *(Brit)* (järnvägs)vagn; *(efter häst: för passagerare)* diligens; *(: för kungliga etc)* galavagn **(b)** *(Sport)* tränare; *(Undervisning)* privatlärare 2 *vt (Sport)* träna; *(elev)* ge privatlektioner, gnugga *(vard)*

co·agu·late [kəʊˈægjʊleɪt] 1 *vt* få att koagulera 2 *vi* koagulera

coal [kəʊl] *s* kol, stenkol; **to carry** ~**s to Newcastle** *(bildl)* bjuda bagarbarn bröd; ~ **cellar** kolkäl-

lare; ~ **fire** kolbrasa; ~ **industry** kolindustri

coal-black [ˌkəʊlˈblæk] *adj* kolsvart

coal·dust [ˈkəʊl,dʌst] *s* koldamm, kolstoft

coal·face [ˈkəʊl,feɪs] *s (i gruva)* kolbrytningsfront; **to work at the** ~ arbeta i gruvan

coal·field [ˈkəʊl,fiːld] *s* kolfält

coa·li·tion [ˌkəʊəˈlɪʃən] *s (Pol)* koalition; **a** ~ **government** en koalitionsregering

coal·man [ˈkəʊlmæn] *s, pl* -**men** kolutkörare

coal·mine [ˈkəʊl,maɪn] *s* kolgruva

coal·min·er [ˈkəʊl,maɪnəʳ] *s* (kol)gruvarbetare

coal·min·ing [ˈkəʊl,maɪnɪŋ] *s* kolbrytning

coarse [kɔːs] *adj (yta)* grov; *(sand etc)* grovkornig; *(hy)* grov, väderbiten; *(vulgär)* grov, rå

coarse·ly [ˈkɔːslɪ] *adv (vävd, malen)* grovt; *(skratta etc)* rått

coars·en [ˈkɔːsn] 1 *vi (hy etc)* bli grov/väderbiten; *(uppträdande)* förråas, förgrovas 2 *vt (hy etc)* göra grov, garva; *(uppträdande)* förråa, förgrova

coast [kəʊst] 1 *s* kust; **the** ~ **is clear** *(bildl)* kusten är klar 2 *vi (Motor)* rulla; **to** ~ **in neutral (gear)** rulla med frikopplad växel; *(på cykel)* åka nerför utan att trampa; *(bildl)* ta sig fram av bara farten, rulla på

coast·al [ˈkəʊstəl] *adj* kust-

coast·er [ˈkəʊstəʳ] *s* **(a)** *(Sjö)* kustfartyg **(b)** *(för dricksglas)* underlägg

coast·guard [ˈkəʊst,gɑːd] *s (person)* kustbevakningsman; *(organisation)* kustbevakning

coast·line [ˈkəʊstlaɪn] *s* kustlinje

coat [kəʊt] 1 *s* **(a)** *(plagg)* (dam)kappa, (herr)rock; **mink** ~ minkpäls **(b)** *(på djur)* päls **(c)** *(skikt)* lager; ~ **of paint** färglager, strykning **(d):** ~ **of arms** *(Her)* vapensköld 2 *vt:* **to** ~ **with** täcka med, bestryka med

coat-hang·er [ˈkəʊthæŋəʳ] *s* (kläd)galge

co-author [ˈkəʊ,ɔːθəʳ] 1 *s* medförfattare 2 *vt* skriva tillsammans/gemensamt

coax [kəʊks] *vt:* **to** ~ **sth out of sb** övertala/prata omkull ngn att ge en ngt; **to** ~ **sb out of doing sth** övertala ngn att inte göra ngt; **to** ~ **sb into doing sth** förmå ngn att göra ngt

co·balt [ˈkəʊbɒlt] *s* kobolt; ~ **blue** koboltblått

cob·ble [ˈkɒbl] *s (äv:* ~ **stone)** kullersten

cob·bled [ˈkɒbld] *adj:* ~ **street** kullerstensgata

cob·bler [ˈkɒbləʳ] *s* skomakare

co·bra [ˈkəʊbrə] *s* kobra, glasögonorm

cob·web [ˈkɒbweb] *s* spindelnät

co·caine [kəˈkeɪn] *s* kokain

coc·cyx [ˈkɒksɪks] *s (Anat)* svansben

cock [kɒk] 1 *s* **(a)** *(hönsfågel)* tupp; *(annan fågel)* han(n)e; ~ **of the walk** *(bildl)* högsta hönset **(b)** *(= stop~)* kran, tapp **(c)** *(vard!: penis)* kuk(!) 2 *vt (gevär)* osäkra, spänna hanen på; *(äv:* ~ **up:** *öron)* spetsa; **to** ~ **one's head** sträcka på halsen; **to** ~ **a snook at sb/sth** *(eg, bildl)* räcka lång näsa åt ngn/ngt

cock-a-doodle-doo [ˌkɒkəˌduːdəlˈduː] *interj* kuckeliku

cock-a-hoop [ˌkɒkəˈhuːp] *adj (glad)* överlycklig; *(skrytsam)* mallig

cock-and-bull [ˌkɒkəndˈbʊl] *adj:* ~ **story** rövarhistoria

cocka·too [ˌkɒkəˈtuː] *s (Zool)* kakadua, kakadora

cock·crow [ˈkɒkkrəʊ] *s:* **at** ~ i gryningen, i hanegället *(åld)*

cock·er·el [ˈkɒkərəl] *s* ungtupp

cock-eyed [ˌkɒkˈaɪd] *adj (ögon)* vindögd; *(ej rak)* sned, vind; *(galen)* tokig, absurd; *(Am vard: berusad)* stupfull; **that picture is a bit** ~ tavlan hänger lite snett

cock·le [ˈkɒkl] *s (Zool)* hjärtmussla

cock·ney [ˈkɒknɪ] *s (infödd londonbo)* cockney, person som talar londondialekt; *(londondialekt)* cockney

cock·pit |'kɒkpɪt| s (Flyg) förarkabin, cockpit

cock·roach |'kɒkrəʊtʃ| s kackerlacka

cock·sure |ˌkɒk'ʃʊəʳ| adj tvärsäker

cock·tail |'kɒkteɪl| s (dryck) cocktail; **fruit** ~ frukt-cocktail; **prawn** ~ räkcocktail; ~ **cabinet** barskåp; ~ **bar** (på hotell) (cocktail)bar

cocky |'kɒkɪ| adj (vard: neds) mallig

co·coa |'kəʊkəʊ| s (pulver) kakao; (dryck) choklad

coco·nut |'kəʊkənʌt| s (frukt) kokosnöt; (träd: äv: ~ palm) kokospalm; (ämne) kokos; ~ **matting** kokosmatta

co·coon |kə'ku:n| s (silkesmaskens) kokong; (som rostskydd) täckande hinna

cod |kɒd| s torsk; **the C~ War** 'torskkriget' mellan England och Island om fiskegränserna på 1970-talet

C.O.D. förk f **cash on delivery**

cod·dle |'kɒdl| vt (a) (Matl) sjuda (b)=**molly-coddle**

code |kəʊd| 1 s (a) (chiffer) kod; **in** ~ på/med kod; ~ **name** täcknamn; ~ **number** (på försäkringsbesked etc) (registrerings)nummer; **dialling** ~, (Am) **area** ~ (Tele) riktnummer (b) (av lagar etc) samling; (av regler) kodex; **moral** ~ **of behaviour** moralkodex; **the Highway C~** vägtrafikförordningen 2 vt koda

co·deine |'kəʊdi:n| s (Läkem) kodein

codi·cil |'kɒdɪsɪl| a (Jur) kodicill

cod-liver oil |'kɒdlɪvəʳɔɪl| s torskleverolja

co·driver |'kəʊdraɪvəʳ| s (Motor) andreförare, codriver

co-ed |'kəʊ'ed| 1 adj samundervisnings-; **the school went** ~ skolan blev samskola 2 s (Am) studentska (vid universitet med samundervisning); flicka i samskola

co·edu·ca·tion |'kəʊˌedjʊ'keɪʃən| s samundervisning

co·erce |kəʊ'ɜ:s| vt undertrycka; **to** ~ **sb into doing sth** tvinga ngn med makt(språk) att göra ngt

co·er·cion |kəʊ'ɜ:ʃən| s tvång

co·ex·ist |'kəʊɪg'zɪst| vi leva tillsammans, existera sida vid sida

co·ex·ist·ence |'kəʊɪg'zɪstəns| s samlevnad

C. of E. s förk f **Church of England** engelska statskyrkan

cof·fee |'kɒfɪ| s kaffe; **black** ~ kaffe utan mjölk; **two white** ~**s, please** två kaffe med mjölk, tack; ~ **break** kaffepaus; ~ **shop** (Brit) kaffeaffär; (Am) liten restaurant, kafé; ~ **table** soffbord

coffee·pot |'kɒfɪˌpɒt| s kaffekanna, kaffepanna

cof·fin |'kɒfɪn| s likkista

cog |kɒg| s kugge; **just a** ~ **in the wheel** (bildl) bara en kugge i maskineriet

co·gent |'kəʊdʒənt| adj övertygande

cogi·tate |'kɒdʒɪteɪt| vi fundera, grubbla; (skämts) filosofera

cog·nac |'kɒnjæk| s konjak

co·hab·it |kəʊ'hæbɪt| vi (frm) sammanleva (with med)

co·her·ence |kəʊ'hɪərəns| s sammanhang, koherens

co·her·ent |kəʊ'hɪərənt| adj sammanhängande, koherent

co·he·sive |kəʊ'hi:sɪv| adj (bildl) sammanhållande

coil |kɔɪl| 1 s (a) (av kabel etc) rulle; (slinga) ögla; (av hår) lock; (av orm) omslingring; (av rök) rökring (b) (Motor, Elektr) spole, induktionsrulle (c): **the** ~ (preventivmedel) spiral(en) 2 vt linda, slingra; **to** ~ **sth up** linda ihop ngt; **to** ~ **sth round sth else** linda ngt runt ngt annat 3 vi (a) (orm) ringla ihop sig; **to** ~ **round sth** linda sig kring ngt (b) (rök) ringla sig, ringla upp

coin |kɔɪn| 1 s mynt; **to toss a** ~ singla slant 2

vt (mynt) prägla; (ord) hitta på, skapa; **to** ~ **a phrase** (skämts) för att använda ett banalt uttryck; **to** ~ **it in** (vard) tjäna pengar som gräs

co·in·cide |ˌkəʊɪn'saɪd| vi (a) (hända samtidigt) sammanfalla (with med) (b) (åsikter etc) stämma överens (with med)

co·in·ci·dence |kəʊ'ɪnsɪdəns| s sammanträffande; **what a** ~! vilket sammanträffande!

coin-operated |ˌkɔɪn'ɒpəreɪtɪd| adj mynt-, automatisk; ~ **launderette** tvättomat

coke |kəʊk| s (a) (bränsle) koks (b) (vard) kokain (c) (®) coca-cola®

col·an·der |'kʌləndəʳ| s durkslag

cold |kəʊld| 1 adj (i allm) kall; (bildl) kylig; (vard): **to be** ~ vara medvetslös; **I'm** ~ jag fryser; **in** ~ **blood** med berått mod, kallblodigt; **it leaves me** ~ (vard) det lämnar mig oberörd; **to have/get** ~ **feet** (bildl) vara/bli ängslig, (börja) ångra sig; **it's** ~ **comfort** det är en klen tröst; **to put sth into** ~ **storage** (mat) lägga något kallt; (bildl) lägga på is; **the** ~ **war** det kalla kriget 2 s kyla; **he doesn't like the** ~ han tycker inte om kyla(n); (Med: äv: **common** ~) förkylning; **to catch a** ~ bli förkyld; ~ **sore** munsår; ~ **cream** rengöringskräm, coldcream; **to be left out in the** ~ (bildl) lämnas utanför

cold-blooded |ˌkəʊld'blʌdɪd| adj (Zool) kallblodig, växelvarm; (bildl) kallblodig, grym

cold-hearted |ˌkəʊld'hɑːtɪd| adj hårdhjärtad, kallsinnig

cold·ly |'kəʊldlɪ| adv (bildl) kallt, kyligt

cold-shoul·der |ˌkəʊld'ʃəʊldəʳ| vt ignorera, behandla som luft

cole·slaw |'kəʊlslɔ:| s vitkålssallad

col·ic |'kɒlɪk| s kolik

col·labo·rate |kə'læbəreɪt| vi (i allm) samarbeta; (med fiende) kollaborera; **to** ~ **on sth/in doing sth** arbeta tillsammans på ngt/med att göra ngt

col·labo·ra·tion |kəˌlæbə'reɪʃən| s samarbete; (med fiende) kollaboration, samarbete

col·labo·ra·tor |kə'læbəreɪtəʳ| s (i allm) medarbetare; (med fiende) kollaboratör

col·lapse |kə'læps| 1 s (Med) kollaps; (av tak etc) instörtande; (regerings) fall; (av planer) misslyckande; (civilisationens) sammanbrott; (börs) krasch 2 vi (Med) kollapsa, sjunka ihop; (av skratt) förgås; (byggnad) störta samman; (tak) störta in; (golv) ge vika; (regering, plan etc) spricka; (samhälle) gå under; (stol etc) vara hopfällbar

col·laps·ible |kə'læpsəbl| adj hopfällbar

col·lar |'kɒləʳ| 1 s (på plagg) krage; (för hund) halsband; (Tekn) hylsa, ring 2 vt (vard: person) få tag i, haffa; (: föremål) lägga beslag på

collar·bone |'kɒləbəʊn| s nyckelben

col·late |kɒ'leɪt| vt kollationera, jämföra

col·lat·er·al |kɒ'lætərəl| s (Ekon) säkerhet

col·league |'kɒli:g| s kollega

col·lect |kə'lekt| 1 vt (a) (i allm) samla; **to** ~ **stamps** samla frimärken; **to** ~ **oneself** (bildl) samla sig; **to** ~ **one's thoughts** (bildl) samla sina tankar; **the** ~**ed works of Shakespeare** Shakespeares samlade verk (b) (person, föremål) hämta; (avgift, hyra etc) inkassera; (damm) dra till sig, samla 2 vi (a) (personer) samlas, samlas; (vatten damm etc) samlas (b): **to** ~ **for charity** samla in pengar till välgörande ändamål; ~ **on delivery** (Am: betalning vid leveransen) (mot) postförskott, (mot) efterkrav 3 adj: ~ **call** (Am Tele) samtal som betalas av mottagaren, ba-samtal 4 adv (Am Tele): **to call** ~ ringa ett samtal som betalas av mottagaren, ringa ett ba-samtal

col·lec·tion |kə'lekʃən| s (a) (handling) samlande, insamlande (b) (grupp: av människor) (för)samling; (: *av föremål*) samling; (*Rel*) kollekt; (*för välgörande ändamål*) insamling; (*av brevlåda*) tömning; (*av sopor*) (sop)hämtning

col·lec·tive [kə'lɛktɪv] **1** *s* kollektiv **2** *adj* gemensam; (*Gram: substantiv*) kollektiv; ~ **bargaining** kollektiva förhandlingar

col·lec·tive·ly [kə'lɛktɪvlɪ] *adv* gemensamt, kollektivt

col·lec·tor [kə'lɛktə'] *s* (*av skatter*) uppbördsman, indrivare; (*av frimärken etc*) samlare; ~'s item/ piece samlarobjekt; *se äv* ticket 1

col·lege ['kɒlɪdʒ] *s* (*del av universitet*) college; (*Am*) mindre universitet, college; (*teknisk, lantbruks-, musik- etc*) högskola; (*grupp av personer*) kollegium

col·lide [kə'laɪd] *vi* kollidera (*with* med); (*bildl*) råka i konflikt (*with* med)

col·lie ['kɒlɪ] *s* (*hundras*) collie

col·liery ['kɒlɪərɪ] *s* (*i sht Brit*) kolgruva

col·li·sion [kə'lɪʒən] *s* krock, kollision; (*bildl*): to be on a ~ course vara på kollisionskurs

col·lo·quial [kə'ləʊkwɪəl] *adj* (*ord, uttryck*) vardaglig, vardags-

col·lu·sion [kə'lu:ʒən] *s* maskopi, hemligt samförstånd; in ~ with i maskopi med

co·logne [kə'ləʊn] *s* (*äv:* eau de ~) eau de cologne

co·lon ['kəʊlən] *s* (a) (*Anat*) grovtarm (b) (*Typogr*) kolon

colo·nel ['kɜ:nl] *s* överste

co·lo·nial [kə'ləʊnɪəl] *adj* kolonial; ~ style kolonialstil

colo·nist ['kɒlənɪst] *s* nybyggare

colo·nize ['kɒlənaɪz] *vt* kolonisera

colo·ny ['kɒlənɪ] *s* (*i allm*) koloni; (*Biol*) samhälle

col·or (*Am*) = colour

co·los·sal [kə'lɒsl] *adj* kolossal

col·our, (*Am*) **col·or** ['kʌlə'] **1** *s* (a) färg; ~ television färg-TV; ~ supplement (*i dagstidning: veckotidningsliknande*) söndagsbilaga; what ~ is it? vilken färg har den?; ~ scheme färgsättning; let's see the ~of your money! lägg pengarna på bordet!; to change ~ ändra färg (b) (ansikts)färg; to be off ~ vara blek om nosen (c) färg, ras; ~ bar rasbarriär (d) flagga, fana; to salute the ~s hälsa fanan; to see sb in his/her true ~s (*bildl: ofta neds*) se ngn i hans/hennes rätta skepnad; to show oneself in one's true ~s (*bildl: ofta neds*) visa sitt rätta jag; to come through with flying ~s (*bildl*) klara sig med glans **2** *vt* (*teckning etc*) färglägga, måla; (*hår etc*) färga; to ~ sth green måla ngt grönt **3** *vi* (*äv:* ~ up) rodna

♦ **col·our in** *vt* + *adv* färglägga

colour-blind ['kʌləblaɪnd] *adj* färgblind

col·oured ['kʌləd] *adj* (a) (*i allm, bildl*) färgad; ~ pencils färgkritor (b) (*av icke vit ras*) färgad

col·our·ful ['kʌləfʊl] *adj* (*i allm*) färgrik; (*person etc*) färgstark

col·our·ing ['kʌlərɪŋ] *s* (*eg*) färgläggning; (*i livsmedel etc*) färg(ämne); (*hy*) (ansikts)färg; ~ book målarbok

col·our·less ['kʌlələs] *adj* (*i allm*) färglös; (*bildl*) tråkig, färglös; a ~ liquid en färglös vätska

colt [kəʊlt] *s* unghäst

col·umn ['kɒləm] *s* (*Arkit*) kolonn; (*av rök*) rökpelare; (*Mil: trupp*) kolonn; (*i tidning*) spalt; (*: artikel: äv*) kolumn; (*lodrät rad i tabell*) kolumn; spinal ~ (*Anat*) ryggrad

col·umn·ist ['kɒləmnɪst] *s* krönikör, kolumnist

coma ['kəʊmə] *s* (*Med*) koma, medvetslöshet

co·ma·tose ['kəʊmətəʊs] *adj* (*Med*) medvetslös; (*bildl*) sömnig, slö

comb [kəʊm] **1** *s* (a) kam; to run a ~ through one's hair dra en kam genom håret (b) (= honey ~) vaxkaka **2** *vt* (a) (*i allm*) kamma; to

~ one's hair kamma sig (b) (*genomsöka*) finkamma

com·bat ['kɒmbæt] **1** *s* strid **2** *vt* (*bildl*) kämpa mot, bekämpa

com·bat·ant ['kɒmbətənt] *s* stridande

com·bi·na·tion [ˌkɒmbɪ'neɪʃən] *s* (a) (*blandning*) kombination; (*av händelser*) serie (b) (*till kassaskåp etc*) kombination; ~ lock kombinationslås

com·bine [kəm'baɪn] **1** *vt* kombinera (*with* med); to ~ business with pleasure förena nytta med nöje; to ~ forces (with sb) förena sina krafter (med ngn); a ~d effort en förenad ansträngning **2** *vi* (a) gå samman, förena sig; to ~ against ngn/ngt (b) (*Kem*) ingå kemisk förening (*with* med) **3** ['kɒmbaɪn] *s* (a) (*Handel*) syndikat, ekonomisk förening (b) (*äv:* ~ harvester) skördetröska

com·bus·tible [kəm'bʌstɪbl] *adj* (*i allm*) brännbar; (*bildl*) lättantändlig

com·bus·tion [kəm'bʌstʃən] *s* förbränning; internal ~ engine förbränningsmotor

come [kʌm] *imperf* came, *perf part* come *vi* (a) (*i allm*) komma, anlända; they have ~ a long way (*eg*) de har kommit långt bortifrån; (*bildl*) de har gått långt/avancerat; to ~ for sb/sth komma för att hämta ngn/ngt; coming! (jag)kommer!; we came to a village vi kom fram till en by; to ~ to a decision komma fram till ett beslut; the water only came to her waist vattnet räckte henne bara till midjan; it came to me that... det föll mig in att; it may ~ as a surprise to you... det kommer kanske som en överraskning för dig...; it came as a shock to her det kom som en chock för henne; when it ~s to choosing när det gäller att välja; when it ~s to mathematics... när det gäller matematik...; the day/time will ~ when... den dag/tid kommer när...; to ~ into force träda i kraft

(b) (*i ordningsföljd*) komma; A ~s before B A kommer före B; he came third han kom trea

(c) (*hända*) ske; ~ what may vad som än händer; no good will ~ of it det kommer inte att leda till ngt gott; nothing came of it det blev ingenting av det; that's what ~s of being careless så går det när man är slarvig; how does this chair ~ to be broken? hur kommer det sig att den här stolen är sönder?; how ~? (*vard*) hur kan det komma sig?

(d) bli; my dreams came true mina drömmar slog in; the button has ~ loose knappen har lossnat; it ~s naturally to him det är naturligt för honom; it'll all ~ right in the end det kommer att ordna sig till sist; those shoes ~ in 2 colours de här skorna finns i 2 färger; I have ~ to like her jag har lärt mig att tycka om henne; I came to think it was all my fault jag började tro att det var bara mitt fel; now I ~ to think of it... vid närmare eftertanke...

(e) (*vard!: få orgasm*): he came det gick för honom (*vard*)

(f) (*fraser*): in (the) years to ~ i framtiden; if it ~s to it om det kommer till kritan; ~ to that... förresten...; ~ again? va?, va sa du?; he had it coming to him han har sig själv att skylla; I could see it coming det var det jag trodde, vad var det jag sa...; (*ofta neds*): he is as daft/soft-hearted *etc* as they ~ han är så dum/vekhjärtad *etc* man kan bli; to ~ between two people (*bildl*) gå/komma mellan två människor

♦ **come about** *vi* + *adv* hända (sig)

♦ **come across 1** *vi* + *adv* (*tas emot*) göra intryck (*as* som) **2** *vi* + *prep* (*hitta*) (råka) få syn på

♦ **come along** *vi + adv* (a): ~ **along!** *(vänligt)* kom så går vi!; *(otåligt)* skynda på! (b) *(följa med)* göra sällskap *(with med)* (c) *(utvecklas)* arta sig

♦ **come apart** *vi + adv (kläder)* spricka; *(leksak etc)* gå sönder

♦ **come away** *vi + adv (lämna)* komma/gå från; *(gå av)* lossna; ~ **away from there!** gå bort därifrån!

♦ **come back** *vi + adv* komma tillbaka; **would you like to** ~ **back for a cup of tea?** vill du komma tillbaka på en kopp te?; *(vard)*: **can I** ~ **back to you on that one** får jag återkomma till (dig om) det?; **to** ~ **back on sb** *(i sht Am)* ge ngn svar på tal; **it's all coming back to me** nu minns jag allt

♦ **come by** *vi + prep* komma över, få tag på

♦ **come down** 1 *vi + prep* komma ner; **to** ~ **down the stairs** komma ner för trapporna 2 *vi + adv (person)* komma ner *(from* från, *to* till); *(byggnad)* rivas; *(priser, temperatur)* falla; **to** ~ **down in the world** sjunka på den sociala stegen, ha sett bättre dagar; **she came down on them like a ton of bricks** hon skällde ut dem efter noter; **to** ~ **down with a cold** bli förkyld

♦ **come forward** *vi + adv (i allm)* komma fram; **to** ~ **forward with** *(att hjälpa)* erbjuda sig; *(förslag)* lägga fram

♦ **come in** *vi + adv (i allm)* komma in; *(i tävling)* komma i mål; *(i val)* komma till makten; **it will** ~ **in handy** det kommer (att komma) väl till pass; **where do I** ~ **in?** var kommer jag in i bilden?; **to** ~ **in for criticism/praise** få (sin del av) kritik/ beröm; **they have no money coming in** de har inga pengar att vänta

♦ **come into** *vi + prep* (a) *(arv)* få, ta i besittning; *(pengar)* ärva (b): **where do I** ~ **into it?** vad har jag med det här att göra?; **money doesn't** ~ **into it** det har inte med pengar att göra

♦ **come off** 1 *vi + adv* (a) *(knapp etc)* lossna; *(fläck)* gå bort (b) *(händelse, plan)* bli av; *(försök etc)* lyckas (c) klara sig; **to** ~ **off best** klara sig bäst 2 *vi + prep* ramla av från; **a button came off my jacket** en knapp ramlade av från min jacka; **she came off her bike** hon föll av sin cykel; ~ **off it!** *(vard)* lägg av!

♦ **come on** *vi + adv* (a) = ~ **along a, c** (b) börja; **I feel a cold coming on** jag känner att jag börjar bli förkyld; **winter is coming on now** det börjar bli vinter (c) *(Teat)* komma in

♦ **come out** *vi + adv (person, föremål)* komma ut *(of* från); *(blomma)* slå ut; *(sol, måne etc)* komma fram; *(hudutslag etc)*: **to** ~ **out in** få; *(skandal etc)* komma ut; *(bok etc)* komma ut; *(egenskaper)* komma fram; *(fläck)* gå bort; *(färg)* fälla; **to** ~ **out on strike** strejka; **to** ~ **out against sth** *(bildl)* angripa något med skärpa; **you never know what he's going to** ~ **out with next!** *(bildl)* man vet aldrig vad han tänker vräka ur sig (nästa gång)

♦ **come over** 1 *vi + adv* komma över; **they came over to England for a holiday** de kom över till England på semester; **you'll soon** ~ **over to my way of thinking** du kommer snart att hålla med mig/att tycka som jag; **I came over all dizzy** jag blev alldeles snurrig; **her speech came over very well** hennes tal gjorde ett mycket gott intryck 2 *vi + prep* hända (med); **I don't know what's** ~ **over him!** jag vet inte vad som tagit åt honom!; **a feeling of weariness came over her** en känsla av trötthet kom över henne

♦ **come round** *vi + adv* (a) komma över, komma hit; **he is coming round to see us tonight** han tittar in till oss i kväll (b) inträffa; **Christmas seems to** ~ **round earlier every year** julen verkar komma tidigare för varje år (c) gå med på omväg; **I had to** ~ **round by the Post Office to post a letter** jag fick göra en avstickare till

posten för att lägga på ett brev (d) gå över, ändra sig; **she'll soon** ~ **round to your way of thinking** hon kommer snart att hålla med dig/att tycka som du (e) lugna sig; **leave him alone,** **he'll soon** ~ **round** låt honom vara, han lugnar sig snart (f) återfå medvetandet; **he came round soon after the operation** han kvicknade till snart efter operationen

♦ **come through** 1 *vi + adv* (a) *(överleva)* klara sig; **he's badly injured, but he'll** ~ **through all right** han är svårt skadad, men han kommer att klara sig (b) *(telefonsamtal)* komma fram; **the call came through from America at 10 p.m.** samtalet kom fram från Amerika kl 22 2 *vi + prep (krig etc)* överleva

♦ **come to** *vi + adv* (a) *(summa)* gå på; **how much does it** ~ **to?** hur mycket går det på? (b) *(från medvetslöshet)* kvickna till, vakna upp

♦ **come together** *vi + adv* komma samman, träffas

♦ **come under** *vi + prep (rubrik etc)* komma under, höra till; *(inflytande)* komma under

♦ **come up** 1 *vi + adv* (a) komma fram *(to* till) (b) *(mål i domstol, till diskussion)* komma upp; **she came up against complete opposition to her proposals** hennes förslag mötte ett kompakt motstånd 2 *vi + prep*: **to get to our house, you have to** ~ **up a steep hill** för att komma till vårt hus måste man ta sig uppför en brant backe

♦ **come up to** *vi + prep* nå: *his wife only* ~*s up to his shoulder*; **the film didn't** ~ **up to our expectations** filmen motsvarade inte våra förväntningar

♦ **come up with** *vi + prep (förslag etc)* komma med, lägga fram; *(pengar)* skaffa fram

♦ **come upon** *vi + prep (föremål, person)* stöta på

come·back ['kʌmbæk] *s (Teat)* comeback; *(negativ följd)* reaktion; *(på förfrågan etc)* svar, respons; **to make a** ~ göra comeback

co·median [kə'miːdɪən] *s* komiker, komisk skådespelare

co·medi·enne [kə,miːdɪ'en] *s* komedienn

come·down ['kʌmdaʊn] *s (ingen pl)* förnedring, förödmjukelse

com·edy ['kɒmɪdɪ] *s* komedi; **low** ~ fars

come·ly ['kʌmlɪ] *adj (-ier, -iest)* vacker, stilig, täck *(åld)*

com·er ['kʌməʳ] *s*: **all** ~s alla som kommer, vem som helst; **the first** ~ första bästa

com·et ['kɒmɪt] *s* komet

come·up·pance [,kʌm'ʌpəns] *s*: **to get one's** ~ *(vard)* få sitt straff

com·fort ['kʌmfət] 1 *s* (a) tröst; **it's a great** ~ **to know that...** det är en stor lättnad att veta att... (b) *(fysiskt tillstånd)* välbefinnande; *(badrum etc)* bekvämlighet; **every modern** ~ alla moderna bekvämligheter; ~ **station** *(Am)* (offentlig) toalett; **to live in** ~ leva bekymmersfritt; **too close for my** ~ alltför nära för min smak 2 *vt* trösta

com·fort·able ['kʌmfətəbl] *adj* (a) *(i allm)* bekväm; *(liv)* angenäm; **to make oneself** ~ göra det bekvämt för sig; **are you** ~, **sitting there?** sitter du skönt/bekvämt där? (b) *(inkomst)* tillräcklig, hygglig; *(majoritet)* trygg, säker; *(temperatur)* behaglig (c) *(bildl)* lugn; **to be** ~ **about sth** vara väl till mods med ngt

com·fort·ably ['kʌmfətəblɪ] *adv (sitta etc)* bekvämt; *(leva)* angenämt, behagligt; **to be** ~ **off** ha det bra ställt

com·fort·er ['kʌmfətəʳ] *s* (a) *(person)* tröstare (b) *(Brit: åt baby)* (tröst)napp (c) *(Brit)* yllehalsduk (d) *(Am)* vadderat täcke

com·ic ['kɒmɪk] 1 *adj* (a) *(lustig)* komisk; ~ **opera** komisk opera, opera buffa; ~ **strip** tecknad serie (b) *(författare etc)* komedi- 2 *s*

(person) komiker; (tidning) seriemagasin; **the ~s** (i sht Am: i tidning) serierna
comi·cal ['kɒmɪkəl] adj komisk
com·ing ['kʌmɪŋ] **1** adj kommande; **in the ~ weeks** de närmaste veckorna; **the ~ election** det förestående valet **2** s ankomst; **the ~ of Christ** Kristi återkomst; **coming and going** spring fram och tillbaka
com·ma ['kɒmə] s komma(tecken); se äv invert
com·mand [kə'mɑːnd] **1** s **(a)** (i allm) befallning; (Mil) order; **he gave his ~ in a loud voice** han gav sina order med hög röst; **his ~s were obeyed at once** hans order åtlyddes genast; **by/at the ~ of sb** på ngns befallning **(b)** (kontroll) herravälde; (Mil) befäl; **under the ~ of sb** under ngns befäl; **to be in ~ (of)** (Mil) föra befäl (på, över); (bildl) behärska; **to take ~ of** ta befälet över; **to have at one's ~** ha till sitt förfogande; **to have a good ~ of English** behärska engelska bra; **~ module** (på rymdfarkost) kommandokabin; **~ performance** (Teat etc) föreställning på kunglig befallning; **~ post** (Mil) befälsplats, förbandschefs uppehållsplats **2** vt (ge order) befalla; (Mil) föra befäl över, kommendera; (resurser) förfoga över; (uppmärksamhet) kräva; (pris) betinga, inbringa; (respekt) inge
com·man·deer [ˌkɒmən'dɪəʳ] vt (Mil) rekvirera, tvångsutta
com·mand·er [kə'mɑːndəʳ] s (i allm) ledare, chef; (Mil: i allm) befälhavare, chef; (: grad i Flottan) kommendörkapten; **~er in chief** överbefälhavare; se äv wing
com·mand·ing [kə'mɑːndɪŋ] adj (röst etc) imponerande; (ställning) dominerande; **~ officer** (Mil) chef
com·mand·ment [kə'mɑːndmənt] s (Bibel) bud(ord); **the Ten C~s** tio Guds bud
com·man·do [kə'mɑːndəʊ] s (grupp) kommandotrupp; (enstaka) kommandosoldat
com·memo·rate [kə'meməreɪt] vt högtidlighålla, fira minnet av
com·me·mo·ra·tion [kəˌmemə'reɪʃən] s åminnelse; **in ~ of** till åminnelse av
com·memo·ra·tive [kə'memərətɪv] adj (medalj etc) minnes-, jubileums-
com·mence [kə'mens] **1** vt (frm) begynna, börja; **to ~ doing sth** börja göra ngt **2** vi begynna, börja
com·mence·ment [kə'mensmənt] s början, begynnelse; (Am Univ) examensceremoni
com·mend [kə'mend] vt **(a)** berömma; **to ~ sb (up)on sth** lyckönska ngn till ngt; **to ~ sb for sth** lovorda ngn för ngt **(b)** rekommendera; **it has little to ~ it** det har föga som talar för det **(c)** (åld) anförtro, anbefalla; **to ~ one's soul to God** anbefalla sin själ till Gud
com·mend·able [kə'mendəbl] adj berömvärd, lovvärd
com·men·da·tion [ˌkɒmen'deɪʃən] s lovord, rekommendation
com·men·su·rate [kə'menʃərɪt] adj: **~ with** i proportion till
com·ment ['kɒment] **1** s (skriftlig el muntlig) kommentar; (ingen pl) skvaller; **no ~** ingen kommentar; **to make a ~** göra en kommentar; **to cause ~** ge upphov till skvaller **2** vi kommentera, uttala sig; **to ~ on** uttala sig om
com·men·tary ['kɒmɛntərɪ] s **(a)** (Radio, TV, Sport) kommentar, referat **(b)** (text) kommentar
com·men·tate ['kɒmenteɪt] vi: **to ~ on** kommentera, referera
com·men·ta·tor ['kɒmenteɪtəʳ] s (Radio, TV) kommentator
com·merce ['kɒmɜːs] s handel; **the Chamber of**

C~ handelskammaren
com·mer·cial [kə'mɜːʃəl] **1** adj (i allm) kommersiell, handels-; **~ law** (Jur) handelsrätt; **~ radio/television** kommersiell radio/TV; **~ traveller** handelsresande; **~ value** marknadsvärde; **~ vehicle** fordon i yrkestrafik **2** s (TV) reklamfilm, reklaminslag
com·mer·cial·ism [kə'mɜːʃəlɪzəm] s (ofta neds) kommersialism
com·mer·cial·ize [kə'mɜːʃəlaɪz] vt kommersialisera
com·mie ['kɒmi] s (neds: i sht Am) kommunist
com·mis·er·ate [kə'mɪzəreɪt] vi visa sitt deltagande; **to ~ with** hysa medlidande med
com·mis·sion [kə'mɪʃən] **1** s **(a)** (utredning) kommitté; **~ of inquiry** undersökningskommission **(b)** (beställning) uppdrag **(c)** (Handel) provision; **to sell sth on ~** sälja ngt med provision; **I get 10% ~** jag får 10% i provision **(d)** (Mil) officersfullmakt **(e): to be out of ~** (om fartyg, bil etc) vara ur funktion **2** vt **(a)** (artist etc) uppdra åt; (konstverk etc) beställa **(b)** (Mil) bemyndiga; **~ed officer** (regements)officer
com·mis·sion·aire [kəˌmɪʃə'neəʳ] s (på bio, hotell etc: i sht Brit) dörrvaktmästare
com·mis·sion·er [kə'mɪʃənəʳ] s (i koloni) guvernör; (i kommitté) ledamot; **~ of police** polischef
com·mit [kə'mɪt] vt **(a)** (brott) föröva; (fel) göra; (självmord) begå **(b)** (anförtro) överlämna; **to ~ sth to writing** skriva ned ngt; **to ~ sth to memory** lära sig ngt utantill; **to ~ sb for trial** överlämna ngn till rannsakning; **to ~ sb to prison** skicka ngn i fängelse **(c)** engagera sig; **to ~ oneself to** förbinda sig att; **I can't ~ myself** jag kan inte binda mig; **to be ~ted to a policy of disarmament** ta ställning för en nedrustningspolitik; **a ~ted Christian** en övertygad kristen; **a ~ted writer** en engagerad författare
com·mit·ment [kə'mɪtmənt] s (löfte) åtagande; (i övertygelse, livsuppgift) engagemang, hängivenhet; **~s** (ekonomiska etc) åtaganden
com·mit·tee [kə'mɪti] s (tar sg el pl verb) kommitté; **to be on a ~** sitta i ett utskott/en kommitté; **~ meeting** styrelsemöte; **~ member** styrelsemedlem
com·mo·di·ous [kə'məʊdɪəs] adj rymlig
com·mod·ity [kə'mɒdɪtɪ] s (handels)vara
com·mon ['kɒmən] **1** adj **(a)** (för många) gemensam; **~ interest** gemensamt intresse; **~ cause** gemensam sak; **~ language** gemensamt språk; **~ knowledge** allmänt känt; **~ ground** (bildl) överensstämmelse (i åsikter el ståndpunkte(r); **the C~ Market** EG, gemensamma marknaden; **~ denominator** (Mat) gemensam nämnare **(b)** (vanlig) allmän; **~ belief** allmän tro; **in ~ use** allmänt använd; **the ~ man** mannen på gatan; **the ~ people** allmänheten; **it's ~ courtesy** det är vanlig (enkel) hövlighet; **~ or garden** vanlig enkel; **~ sense** s sunt förnuft; adj klok, förståndig; **in ~ parlance** i dagligt tal **(c)** (neds) vulgär **2** s **(a)** (område) allmänning **(b)** (Brit Pol): **the C~s** (medlemmarna i) underhuset **(c): in ~** gemensamt; **we have a lot in ~ (with other people)** vi har mycket gemensamt (med andra människor)
com·mon·er ['kɒmənəʳ] s ofrälse
common-law ['kɒmənlɔː] adj: **~ marriage** samvetsäktenskap; **~ wife** sammanboende, sambo
com·mon·ly ['kɒmənlɪ] adv (se common b, c) vanligen, allmänt; vulgärt
com·mon·place ['kɒmənpleɪs] **1** adj trivial, vardaglig; **it's ~** det är vardagsmat **2** s banal fras, vardaglighet
com·mon·room ['kɒmənrʊm] s samlingsrum; (för lärare) kollegierum

com·mon·wealth ['kɒmənwelθ] s (a) (fritt) samhälle (b): **the C~** (Brit: Pol) (Brittiska) Samväldet; (: Hist) republiken (under Cromwell)
com·mo·tion [kə'məʊʃən] s oro, orolighet
com·mu·nal ['kɒmju:nl] adj gemensam
com·mune ['kɒmju:n] 1 s kollektiv 2 [kə'mju:n] vi: **to ~ with nature** uppleva/umgås med naturen
com·muni·cant [kə'mju:nɪkənt] s (Rel) nattvardsgäst
com·mu·ni·cate [kə'mju:nɪkeɪt] 1 vt (tankar etc) delge; (frm: sjukdom) överföra 2 vi (tala etc) meddela sig; **they just can't ~** de kan helt enkelt inte kommunicera; **communicating rooms** angränsande rum
com·mu·ni·ca·tion [kə,mju:nɪ'keɪʃən] s (a) (ingen pl: förbindelse) kommunikation; (budskap) meddelande; **means of ~** (om radio, tåg etc) kommunikationsmedel; **to be in ~ with** (frm) vara i förbindelse med; **~ cord** (Brit Järnväg) nödbroms (b): **~s** spl kommunikationer; **good/poor ~s** goda/dåliga förbindelser; **~s satellite** telesatellit
com·mu·ni·ca·tive [kə'mju:nɪkətɪv] adj meddelsam
com·mun·ion [kə'mju:nɪən] s (Rel) nattvard; **to take ~** ta nattvarden
com·mu·ni·qué [kə'mju:nɪkeɪ] s kommuniké
com·mun·ism ['kɒmjʊnɪzəm] s kommunism(en)
com·mun·ist ['kɒmjʊnɪst] 1 adj kommunistisk; **the C~ Party** kommunistpartiet 2 s kommunist
com·mu·nity [kə'mju:nɪtɪ] s (tar sg el pl verb) (lokalt, nationellt etc) samhälle; (kulturellt etc) samfund; **~ centre** kulturcentrum, kulturhus; **~ chest** (Am) (lokal, privat) välgörenhetskassa; **~ health centre** kommunal läkarstation, vårdcentral; **~ spirit** samhällsanda; **~ worker** (ung) socialtjänsteman
com·mu·ta·tion tick·et [,kɒmjʊ,teɪʃən'tɪkɪt] s (Am: på tåg etc) rabattkort
com·mute [kə'mju:t] 1 vi (trafikant) pendla 2 vt (betalning) förvandla, omvandla (for/into till); (dom) ändra (to till)
com·mut·er [kə'mju:tər] s pendlare; **~ belt** region med pendeltrafik
com·pact[1] [kəm'pækt] adj (med välutnyttjat utrymme) kompakt, liten; (hopträngd) tät; (stil) komprimerad, kortfattad; **~ car** (Am) småbil
com·pact[2] ['kɒmpækt] s (a) (kontrakt) överenskommelse, avtal (b) (äv: powder ~) puderdosa
com·pan·ion [kəm'pænjən] s följeslagare, kamrat; (på resor) (res)kamrat, (res)sällskap; (kvinnlig befattning) sällskapsdam; (bok) handbok; (föremål: en i ett par) pendang; **~ volume** (bok) följevolym
com·pan·ion·able [kəm'pænjənəbl] adj sällskaplig; **a ~ silence** en tystnad i samförstånd
com·pan·ion·ship [kəm'pænjənʃɪp] s kamratskap, samhörighet
com·pan·ion·way [kəm'pænjən,weɪ] s (Sjö) kajuttrappa
com·pa·ny ['kʌmpənɪ] s (a) (ingen pl) sällskap; **he's poor ~** han är inget vidare sällskap; **to be in good ~** vara i gott sällskap; **to keep sb ~** hålla ngn sällskap; **to get into bad ~** råka i dåligt sällskap; **to part ~ with sb** skiljas från ngn (b) (ingen pl) gäster; **we have ~** vi har främmande/gäster (c) (Handel) bolag, företag; **Smith and C~** Smith & Co; **~ car** tjänstebil; **~ secretary** (Brit) bolagsjurist; se äv **limited** (d) (Mil) kompani (e) (Teat) sällskap, trupp
com·pa·rable ['kɒmpərəbl] adj jämförbar; **to be ~ to/with** vara jämförbar med, kunna jämföras med
com·para·tive [kəm'pærətɪv] 1 adj (i allm)

relativ; (Språkv) komparativ; (studie) jämförande, komparativ 2 s (Språkv) komparativ
com·para·tive·ly [kəm'pærətɪvlɪ] adv jämförelsevis
com·pare [kəm'pɛər] 1 vt jämföra; **~d with/to** jämförd med, i jämförelse med; **to ~ notes with sb** (bildl) jämföra åsikter med ngn 2 vi: **how do they ~ for speed?** hur är de, om man jämför hastigheten?; **how do the prices ~?** hur är priserna, om man jämför?; **it doesn't ~ with yours** den går inte att jämföra med din; **beyond ~** utan like
com·pari·son [kəm'pærɪsn] s jämförelse; **to draw a ~** göra en jämförelse; **there is no ~ between them** de går inte att jämföra; **in ~ with** jämfört med; **by ~** jämförelsevis
com·part·ment [kəm'pɑ:tmənt] s fack; (Brit Järnv) kupé; **glove ~** handskfack
com·pass ['kʌmpəs] s (a) (Sjö etc) kompass (b) (Mat): **(a pair of) ~es** passare (c) (bildl) omkrets; **within the ~ of sth** inom ngts räckvidd
com·pas·sion [kəm'pæʃən] s medlidande; **to have/feel ~ for el on sb/for sth** ha/känna medlidande med ngn/för ngt
com·pas·sion·ate [kəm'pæʃənɪt] adj deltagande, medlidsam; **~ leave** (för begravning etc) permission av speciella skäl
com·pat·ible [kəm'pætɪbl] adj (i allm) förenlig; (Data) kompatibel; **they aren't ~** de passar inte ihop; **to be ~ with sth** vara förenlig med ngt
com·pat·ri·ot [kəm'pætrɪət] s landsman
com·pel [kəm'pel] vt (i allm) tvinga; (respekt etc) tilltvinga sig; **to ~ sb to do sth** tvinga ngn att göra ngt; **~ling reasons** tvingande skäl
com·pen·dium [kəm'pendɪəm] s kort sammanställning, sammanfattning; (Univ) kompendium; **~ of games** (Brit) låda med flera spel t ex kvarn, dam
com·pen·sate ['kɒmpənseɪt] 1 vt kompensera, gottgöra; **nothing can ~ her for the loss of her husband** ingenting kan ersätta förlusten av hennes man 2 vi ersätta, kompensera (for för)
com·pen·sa·tion [,kɒmpən'seɪʃən] s kompensation, ersättning, vederlag; (vid uppsägning) avgångsvederlag; **in ~ (for)** som kompensation (för)
com·père ['kɒmpɛər] 1 s (TV, Radio) programledare 2 vt (TV, Radio) vara programledare för
com·pete [kəm'pi:t] vi (i allm) tävla; (Handel) konkurrera
com·pe·tence ['kɒmpɪtəns] s, **com·pe·ten·cy** ['kɒmpɪtənsɪ] s (i allm) skicklighet, kompetens
com·pe·tent ['kɒmpɪtənt] adj (a) (i allm) skicklig, kompetent (b) (Jur) behörig
com·pe·ti·tion [,kɒmpɪ'tɪʃən] s (a) (ingen pl: i allm) tävlan(de); (: Handel) konkurrens; **in ~ with** i konkurrens med; **to keep sth ~ for the prize** det var hård konkurrens/tävlan om priset (b) (Sport etc) tävling; **to enter/go in for a ~** ställa upp i en tävling
com·peti·tive [kəm'petɪtɪv] adj (person: attr) tävlings-; (: pred) tävlingslysten; (Handel) konkurrenskraftig; **entrance to the school is by ~ exam** intagning till skolan sker genom urvalsprov
com·peti·tor [kəm'petɪtər] s (i allm) (med)tävlande; (om samma man etc) rival; (Handel) konkurrent
com·pile [kəm'paɪl] vt sammanställa, kompilera
com·pla·cen·cy [kəm'pleɪsnsɪ] s (ofta neds) självbelåtenhet
com·pla·cent [kəm'pleɪsənt] adj (ofta neds) självbelåten
com·plain [kəm'pleɪn] vi (i allm) klaga; (frm) framföra klagomål; (Med) klaga (of över)
com·plaint [kəm'pleɪnt] s (i allm) klagomål; (Med)

åkomma; **to make a** ~ göra en reklamation; **reason for** ~ skäl till anmärkning; **to lodge a** ~ **against sb** (*Jur*) anföra klagomål mot ngn

com·ple·ment ['kɒmplɪmənt] **1** *s* **(a)** (*i allm*) komplement; (*Språkv*) bestämning, komplement; (*Geom: om vinklar*) komplement; **to be a** ~ **to** komplettera **(b)** (*i sht Sjö*) besättning **2** *vt* komplettera

com·ple·men·tary [ˌkɒmplɪ'mentərɪ] *adj* kompletterande; **the food and wine must be** ~ mat(en) och vin(et) måste komplettera varandra

com·plete [kəm'pliːt] **1** *adj* (*hel*) fullständig; (*avslutad*) komplett; (*förstärkande*) fullkomlig, komplett: *he's a* ~ *idiot;* **it's a** ~ **disaster** det är (en) total katastrof; **my report is still not** ~ min redogörelse är ännu inte avslutad **2** *vt* (*göra färdig*) slutföra, fullborda; (*lycka etc*) göra fullständig; (*arbete etc*) avsluta; (*ngt ofullständigt*) komplettera; (*formulär*) fylla i

com·plete·ly [kəm'pliːtlɪ] *adv* fullständigt

com·ple·tion [kəm'pliːʃən] *s* avslutning, fullbordan; **to be nearing** ~ närma sig fullbordan; **on** ~ **of contract** vid kontraktets undertecknande

com·plex ['kɒmpleks] **1** *adj* (*förklaring, system*) komplicerad, invecklad; (*Språkv*) sammansatt **2** *s* **(a)** (*Psyk*) komplex; **inferiority** ~ mindervärdeskomplex; **Oedipus** ~ oidipuskomplex; **he's got a** ~ **about it** han har komplex för det **(b)** (*av byggnader*) anläggning, komplex; **sports** ~ sportanläggning; **housing** ~ bostadskomplex

com·plex·ity [kəm'pleksɪtɪ] *s* invecklad karaktär/ natur

com·plex·ion [kəm'plekʃən] *s* hy; (*bildl*): **that puts a different** ~ **on it** det kastar ett annat ljus över det

com·pli·ance [kəm'plaɪəns] *s* **(a)** (*av begäran, uppmaning*) tillmötesgående **(b)** (*med regler etc*): **in** ~ **with** i enlighet med, enligt **(c)** (*karaktärsdrag*) eftergivenhet, medgörlighet

com·pli·cate ['kɒmplɪkeɪt] *vt* komplicera

com·pli·cat·ed ['kɒmplɪkeɪtɪd] *adj* komplicerad

com·pli·ca·tion [ˌkɒmplɪ'keɪʃən] *s* (*i allm, Med*) komplikation

com·pli·ment ['kɒmplɪmənt] **1** *s* **(a)** komplimang; **to pay sb a** ~ **(on sth)** ge ngn en komplimang (för ngt); **I take it as a** ~ **that...** jag tar det som en komplimang att... **(b):** ~s hälsning(ar); **the** ~**s of the season** god jul och gott nytt år; **with the** ~**s of Mr Brown** med hälsning från herr Brown **2** *vt* (*för klädsel etc*) komplimentera (*on* för); (*till examen etc*) gratulera (*on* till)

com·pli·men·tary [ˌkɒmplɪ'mentərɪ] *adj* (*fras*) artighets-; (*anmärkning etc*) berömmande; (*utan kostnad*) gratis, fri-; ~ **ticket** fribiljett

com·ply [kəm'plaɪ] *vi:* **to** ~ **with** (åt)lyda, rätta sig efter; **to** ~ **with sb's wishes** gå med på/ge efter för ngns önskningar; **to** ~ **with a request** efterkomma en uppmaning; **to** ~ **with the rules** iakttaga reglerna

com·po·nent [kəm'pəʊnənt] **1** *adj* (*del*) bestånds-; ~ **part** beståndsdel **2** *s* beståndsdel, komponent; ~**s factory** reservdelsfabrik

com·pose [kəm'pəʊz] *vt* **(a)** (*i allm*) utarbeta, sammanställa; (*musik*) komponera; (*text*) författa; **to be** ~**d of** vara sammansatt av **(b)** (*tankar etc*) samla; **to** ~ **oneself** lugna sig

com·posed [kəm'pəʊzd] *adj* lugn, samlad

com·pos·ed·ly [kəm'pəʊzədlɪ] *adv* lugnt, sansat

com·pos·er [kəm'pəʊzəʳ] *s* (*Mus*) kompositör, tonsättare

com·po·si·tion [ˌkɒmpə'zɪʃən] *s* **(a)** (*i allm*) verk; **the music was of her own** ~ musiken var hennes eget verk **(b)** (*enstaka verk: musik*) komposi-

tion; (*: litteratur, konst*) verk; (*Skol*) uppsats **(c)** (*helhet av delar*) sammansättning: *the* ~ *of the committee/substance/soil*; (*Konst*) komposition: *the* ~ *of the painting*

com·posi·tor [kəm'pɒzɪtəʳ] *s* (*Typogr*) sättare

com·post ['kɒmpɒst] *s* kompost

com·po·sure [kəm'pəʊʒəʳ] *s* sinneslugn, fattning

com·pote ['kɒmpəʊt] *s* (*Matl*) kompott

com·pound ['kɒmpaʊnd] **1** *s* **(a)** (*Kem*) förening, sammansättning; (*Språkv*) sammansatt ord **(b)** (*område*) inhägnad **2** *adj* (*Kem, tempus, ord etc*) sammansatt; ~ **interest** ränta på ränta; **a** ~ **fracture** (*Med*) en komplicerad fraktur **3** [kəm'paʊnd] *vt* (*bildl*) öka

com·pre·hend [ˌkɒmprɪ'hend] *vt* **(a)** (*förstå*) begripa **(b)** (*innehålla*) omfatta

com·pre·hen·sible [ˌkɒmprɪ'hensəbl] *adj* begriplig

com·pre·hen·sion [ˌkɒmprɪ'henʃən] *s* fattningsförmåga, förståelse; **reading** ~ (*Skol*) läsförståelse; **listening** ~ (*Skol*) hörförståelse

com·pre·hen·sive [ˌkɒmprɪ'hensɪv] *adj* (*studie*) omfattande; (*beskrivning*) uttömmande; ~ **insurance** (*av bilar*) helförsäkring; ~ **measures** omfattande åtgärder; ~ **school** sammanhållen skola *för elever mellan 11 o 18 år*

com·press [kəm'pres] **1** *vt* pressa ihop, komprimera; ~**ed air** tryckluft **2** ['kɒmpres] *s* (*Med*) kompress

com·pres·sion [kəm'preʃən] *s* (*av idéer etc*) koncentration; (*Tekn*) kompression

com·pres·sor [kəm'presəʳ] *s* (*Tekn*) kompressor

com·prise [kəm'praɪz] *vt* (*bestå av*) omfatta, inbegripa; (*bilda*) utgöra

com·pro·mise ['kɒmprəmaɪz] **1** *s* (*överenskommelse*) kompromiss; **to reach a** ~ **(over sth)** enas om en kompromiss (om ngt); ~ **solution** kompromisslösning **2** *vi* kompromissa; **to** ~ **with sb over sth** kompromissa med ngn om ngt **3** *vt* (*säkerhet etc*) äventyra; (*person etc*) kompromettera

com·pul·sion [kəm'pʌlʃən] *s* tvång; (*om rökning etc*) starkt begär; **under** ~ av/under tvång

com·pul·sive [kəm'pʌlsɪv] *adj* tvångsmässig; ~ **smoker** inbiten rökare

com·pul·so·ry [kəm'pʌlsərɪ] *adj* obligatorisk; **the** ~ **retirement age** den officiella pensionsåldern; ~ **military service** allmän värnplikt; ~ **purchase** expropriation

com·punc·tion [kəm'pʌŋkʃən] *s* (*ingen pl*) skrupler, betänkligheter

com·pu·ta·tion [ˌkɒmpjʊ'teɪʃən] *s* (*ofta pl*) beräkning

com·pute [kəm'pjuːt] *vt* beräkna

com·put·er [kəm'pjuːtəʳ] *s* dator; **she is in** ~**s** hon arbetar med databehandling; ~ **language** dataspråk, programspråk; ~ **program** dataprogram; ~ **programmer** dataprogrammerare; ~ **gramming** dataprogrammering; ~ **science** datalogi; ~ **scientist** datalog

com·put·eri·za·tion [kəmˌpjuːtəraɪ'zeɪʃən] *s* (*av verksamhet*) datorisering; (*av information*) databehandling

com·put·er·ize [kəm'pjuːtəraɪz] *vt* (*verksamhet*) datorisera; (*information*) databehandla

com·rade ['kɒmrɪd] *s* (*i allm, Pol*) kamrat; ~**-in-arms** vapenbroder

con[1] [kɒn] **1** *vt* (*vard*) lura; **to** ~ **sb into doing sth** lura ngn att göra ngt; **I've been** ~**ned!** jag har blivit lurad! **2** *s* (*vard*) bedrägeri; **it was all a big** ~ det var ett enda stort bedrägeri; ~ **man** bedragare

con[2] [kɒn] *s* skäl mot; *se äv* **pro**[1] **2**

con·cave [ˌkɒn'keɪv] *adj* konkav

con·ceal [kən'siːl] *vt* (*föremål*) dölja, gömma; (*information*) hemlighålla; (*känslor*) dölja; ~**ed**

lighting indirekt belysning; ~ed **turning** *(på väg)* kurva med skymd sikt

con·cede [kən'si:d] *vt (nederlag)* erkänna; *(argument)* ge vika för; *(tävling etc)* erkänna sig besegrad i; *(landområde)* avträda; **to ~ that...** medge att...

con·ceit [kən'si:t] *s* inbilskhet, fåfänga

con·ceit·ed [kən'si:tɪd] *adj* inbilsk, egenkär

con·ceiv·able [kən'si:vəbl] *adj* tänkbar, möjlig; **it is ~ that...** det är möjligt att...

con·ceiv·ably [kən'si:vəblɪ] *adv* möjligen

con·ceive [kən'si:v] **1** *vt* **(a)** *(idéer etc)* tänka ut, utveckla; **to ~ a dislike for** sth/sb fatta motvilja mot ngt/ngn **2** *vi* **(a)** bli gravid/med barn **(b): to ~ of** sth tänka sig/ föreställa sig ngt **I cannot ~ why** jag kan inte begripa varför

con·cen·trate ['kɒnsəntreɪt] **1** *vt* **(a)** *(i allm)* koncentrera; **to ~ one's efforts on** sth inrikta sina ansträngningar på ngt **(b)** *(gruppera tätt)* dra samman, koncentrera **2** *vi* **(a)** *(tänka)* koncentrera sig *(on på)* **(b)** *(hus, trupper etc)* koncentreras **3** *s (Kem)* koncentrat

con·cen·tra·ted ['kɒnsəntreɪtɪd] *adj (eg, bildl)* koncentrerad

con·cen·tra·tion [ˌkɒnsən'treɪʃən] *s* **(a)** *(tankeverksamhet)* koncentration **(b)** *(av bebyggelse etc)* koncentration; **~ camp** koncentrationsläger **(c)** *(Kem)* koncentration

con·cept ['kɒnsept] *s (i allm)* begrepp; **modern education is based on a new ~** modern utbildning bygger på en ny grundsyn

con·cep·tion [kən'sepʃən] *s* **(a)** *(Biol)* befruktning; *se äv* **immaculate** **(b)** *(tanke: ny)* idé, föreställning; *(: genomtänkt)* grundsyn, konception

con·cern [kən'sɜ:n] **1** *s* **(a)** *(angelägenhet)* intresse; **it's no ~ of yours** det angår dig inte; **what ~ is it of yours?** vad rör det dig?; **it's of no ~ to me** det spelar inte mig någon roll; **he has a ~ in the business** han har intresse i företaget **(b)** *(bekymmer)* oro; **it is a matter for ~ that...** det är en källa till oro att...; **with growing ~** med växande oro; **a look of ~** en bekymrad min **(c)** *(firma)* företag **2** *vt* **(a)** *(röra)* angå; *(ha att göra med)* gälla; **to whom it may ~** till den/dem det vederbör; **it ~s me closely** det berör mig nära; **my question ~s money** min fråga gäller pengar; **those ~ed** berörda personer; **as far as I am ~ed** vad mig beträffar; **to be ~ed in/with** sth ha att göra med ngt; **to ~ oneself with** intressera sig för **(b)** *(oroa)* bekymra; **to be ~ed at** *el* **by** sth vara bekymrad över ngt; **to be ~ed for sb** vara orolig för ngn; **to be ~ed about** sth/sb vara bekymrad för ngt/ngn

con·cern·ing [kən'sɜ:nɪŋ] *prep* beträffande, angående

con·cert ['kɒnsət] *s (Mus: evenemang)* konsert; **to play in ~** *(ej bandinspelning)* spela 'live', spela inför publik; *(tillsammans)* spela unisont; **~ hall** konserthus; **~ tour** konsertturné

con·cert·ed [kən'sɜ:tɪd] *adj (ansträngning)* gemensam; *(attack)* samlad

con·cer·ti·na [ˌkɒnsə'ti:nə] **1** *s (dragspel)* concertina **2** *vi (vid bilolycka etc)* tryckas ihop (som ett dragspel)

con·cer·to [kən'tʃɛətəʊ] *s (musikstycke)* konsert

con·ces·sion [kən'seʃən] *s* **(a)** medgivande, tillmötesgående; **price ~** rabatt **(b)** *(rättighet)* koncession

con·ces·sion·ary [kən'seʃənərɪ] *adj (biljett etc)* rabatterad, med rabatt

conch [kɒntʃ] *s* trumpetsnäcka

con·cili·ate [kən'sɪlɪeɪt] *vt (person)* blidka; *(motsatta åsikter)* sammanjämka

con·cilia·tory [kən'sɪlɪətərɪ] *adj* försonande

con·cise [kən'saɪs] *adj* kortfattad, koncis

con·clude [kən'klu:d] **1** *vt* **(a)** *(i allm)* (av)sluta **(b)** *(avtal etc)* träffa, sluta **(c)** *(dra slutsatsen)* sluta sig till; **I ~ that** jag drar slutsatsen att **2** *vi* sluta, avsluta(s); **he ~d by saying** han avslutade med att säga

con·clu·sion [kən'klu:ʒən] *s* **(a)** *(avslutning)* slut; **in ~** till sist **(b)** *(resultat)* slutsats; **to come to the ~ that...** komma till den slutsatsen att...; **to jump to ~s** dra förhastade slutsatser; *se äv* **foregone**

con·clu·sive [kən'klu:sɪv] *adj* slutgiltig; **~ evidence** bindande bevis

con·coct [kən'kɒkt] *vt (mat, dryck)* laga till; *(lögn)* dikta upp; *(komplott)* koka ihop

con·coc·tion [kən'kɒkʃən] *s (av mat)* anrättning; *(bildl)* hopkok

con·cord ['kɒŋkɔ:d] *s (harmoni)* endräkt; *(överenskommelse)* avtal; *(Språkv)* kongruens

con·course ['kɒŋkɔ:s] *s (hop)* folkmassa; *(torg etc)* mötesplats

con·crete ['kɒnkri:t] **1** *adj (verklig)* konkret; *(bevis etc)* påtaglig, konkret **2** *s* betong; **~ mixer** betongblandare **3** *vt (väg)* belägga med betong

con·cur [kən'kɜ:ʳ] *vi* **(a)** sammanfalla *(with med)* **(b)** *(om delar i en helhet)* samverka, medverka

con·cur·rent [kən'kʌrənt] *adj* samtidig; **to be ~ with** sammanfalla med

con·cus·sed [kən'kʌst] *adj:* **to be ~** ha/få hjärnskakning

con·cus·sion [kən'kʌʃən] *s (Med)* hjärnskakning

con·demn [kən'dem] *vt (klandra)* fördöma; *(förklara otjänlig: byggnad, mat)* utdöma; *(Jur: till stränkt straff)* döma; **to ~ sb to death** döma ngn till döden; **the ~ed cell** dödscellen

con·dem·na·tion [ˌkɒndem'neɪʃən] *s* fördömande, starkt ogillande

con·den·sa·tion [ˌkɒnden'seɪʃən] *s* kondens, imma

con·dense [kən'dens] **1** *vt (ånga)* kondensera; *(text)* koncentrera; **~d version** förkortad version; **~d milk** kondenserad mjölk **2** *vi* kondenseras

con·dens·er [kən'densəʳ] *s (Tekn)* kondensator

con·de·scend [ˌkɒndɪ'send] *vi* visa sig nedlåtande *(to mot)*; **to ~ to do** sth nedlåta sig att göra ngt

con·de·scend·ing [ˌkɒndɪ'sendɪŋ] *adj (sätt etc)* nedlåtande, beskyddande

con·di·ment ['kɒndɪmənt] *s* krydda

con·di·tion [kən'dɪʃən] **1** *s* **(a)** *(betingelse)* villkor; **on ~ that...** på villkor att...; **on no ~** på inga villkor **(b)** *(omständighet)* tillstånd; *(Sport)* form, kondition; **under/in the present ~s** under nuvarande förhållanden; **in good/poor ~** i gott/dåligt skick; **living/working ~s** levnads-/arbets|villkor; **to be in no ~ to do** sth omöjligt kunna göra ngt, inte vara i stånd att göra ngt; **to be out of ~** *(person)* vara ur form; *(maskin)* vara i dåligt skick; **physical ~** *(person)* fysiskt tillstånd; **physical ~s** *(terräng)* fysiska omständigheter; **weather ~s** väder(leks)förhållanden **(c)** *(sjukdom)* åkomma **2** *vt (tillstånd, kondition)* förbättra; *(avgöra)* bestämma; *(beteende)* forma, prägla; *(djur)* dressera; **~ed reflex** betingad reflex

con·di·tion·al [kən'dɪʃənl] *adj* **(a)** villkorlig; **to be ~ upon** vara beroende av **(b)** *(Språkv)* villkors-, conditional; **~ clause** villkorsbisats

con·do ['kɒndəʊ] *s (Am vard)* = **condominium**

con·do·lence [kən'dəʊləns] *s (vanl pl)* deltagande, beklagande; **please accept my ~s** jag ber att få beklaga

con·dom ['kɒndəm] *s* kondom

con·do·min·ium [ˌkɒndə'mɪnɪəm] *s (Am)* **(a)** *(hus)* andelsfastighet, bostadsförening **(b)** *(bostad)* andelslägenhet

con·done [kən'dəʊn] *vt* tolerera

con·du·cive [kən'djuːsɪv] *adj:* ~ **to** bidragande till; **to be** ~ **to** bidra till

con·duct ['kɒndʌkt] **1** *s (person: sätt)* uppförande; *(av företag etc)* ledning, skötsel **2** [kən'dʌkt] *vt* **(a)** *(visa)* leda **(b)** *(elektricitet etc)* leda **(c)** *(företag etc)* leda, sköta *(Jur: process etc)* föra; *(Mus)* dirigera; **to** ~ **oneself** uppföra sig; ~**ed tour** rundtur med guide **3** [kən'dʌkt] *vi (Mus)* dirigera

con·duc·tion [kən'dʌkʃən] *s (Fys)* ledande, överförande

con·duc·tiv·ity [ˌkɒndʌk'tɪvɪtɪ] *s (Fys)* ledningsförmåga

con·duc·tor [kən'dʌktəʳ] *s (Mus)* dirigent; *(på buss)* konduktör; *(Am: på tåg)* konduktör; *(Fys)* ledare; *(för blixt)* åskledare

con·duit ['kɒndɪt] *s* ledning, rör

cone [kəʊn] *s (Geom)* kon; *(Bot)* kotte; *(glass)* strut

con·fec·tion·er [kən'fekʃənəʳ] *s* konditor; ~**'s (shop)** konditori, konfektaffär

con·fec·tion·ery [kən'fekʃənərɪ] *s* konfekt, sötsaker

con·fed·er·ate [kən'fedərɪt] **1** *adj* konfedererad, förbunds-; **The C**~ **States** *(Am Hist)* sydstaterna **2** *s (neds)* medbrottsling, kumpan; *(Am Hist:)* **C**~ sydstatare

con·fed·era·tion [kənˌfedə'reɪʃən] *s* förbund, konfederation

con·fer [kən'fɜːʳ] **1** *vt (hedersbevis etc):* **to** ~ **sth on sb** tilldela ngn ngt **2** *vi* konferera, överlägga

con·fer·ence ['kɒnfərəns] *s (diskussion)* konferens, överläggning; *(av deltagare)* möte, församling; **to be in** ~ sitta i sammanträde; *se äv* **press 1 d**

con·fess [kən'fes] **1** *vt (brott)* bekänna, erkänna; *(synd för präst)* bikta; **to** ~ **that...** erkänna att...; **to** ~ **sb** *(Rel)* motta ngns bikt; **to** ~ **oneself guilty of sth** erkänna sig skyldig till ngt **2** *vi* **(a)** *(äv Rel):* **to** ~ **(to sth)** erkänna (ngt); **I must** ~ jag måste erkänna; **to** ~ **to a liking for** erkänna att man är svag för

con·fess·ion [kən'feʃən] *s (av brott etc)* bekännelse, erkännande; *(syndabekännelse)* bikt; **to go to** ~**/make one's** ~ gå till bikt/bikta sig

con·fes·sion·al [kən'feʃənl] *s (syndabekännelse)* bikt; *(där man biktar sig)* biktstol

con·fes·sor [kən'fesəʳ] *s (Rel)* biktfader

con·fet·ti [kən'fetɪ] *s* konfetti

con·fi·dant [ˌkɒnfɪ'dænt] *s (manlig)* förtrogen, rådgivare

con·fi·dante [ˌkɒnfɪ'dænt] *s (kvinnlig)* förtrogen (väninna)

con·fide [kən'faɪd] **1** *vt* anförtro; **he** ~**d to me that...** han anförtrodde mig att... **2** *vi* anförtro sig; **to** ~ **in sb (about sth)** anförtro sig åt ngn (angående ngt)

con·fi·dence ['kɒnfɪdəns] *s* **(a)** *(i allm)* förtroende *(in för)*; **to have (every)** ~ **in sb** ha (största) förtroende för ngn; **to have (every)** ~ **that...** hysa (största) tillförsikt att...; **a vote of no** ~ misstroendevotum; ~ **trick** bedrägligt knep **(b)** (= *self-confidence)* självförtroende; **to gain** ~ vinna självförtroende **(c)** *(hemlighet)* förtroende; **to take sb into one's** ~ ta ngn till sin förtroende/förtrogna, anförtro sig åt ngn; **in (strict)** ~ i (största) förtroende

con·fi·dent ['kɒnfɪdənt] *adj (viss)* säker, övertygad; *(lugn)* trygg, säker: **in a** ~ **tone**; *(överlägsen)* självsäker: **with a** ~ **smile**; ~ **that...** övertygad om att...; **to be** ~ **of doing sth** säker på att klara (av) ngt

con·fi·den·tial [ˌkɒnfɪ'denʃəl] *adj (information,*

brev) konfidentiell; *(tonfall)* förtrolig; *(på kuvert etc)* konfidentiellt; ~ **secretary** privatsekreterare *med speciella befogenheter*

con·fi·den·tial·ly [ˌkɒnfɪ'denʃəlɪ] *adv* i förtroende (sagt)

con·fine [kən'faɪn] *vt* **(a)** *(i cell etc)* hålla fängslad; *(inomhus etc)* stänga in; **to be** ~**d to barracks** *(Mil)* ha kasernförbud; **to be** ~**d to bed with a cold** ligga i sängen med förkylning **(b)** *(inskränka)* begränsa; **to** ~ **oneself to doing sth** begränsa sig till att göra ngt; **the damage is** ~**d to this part** skadan är begränsad till denna del; **please** ~ **yourself to the facts** var snäll och håll dig till fakta; ~**d space** begränsat utrymme

con·fine·ment [kən'faɪnmənt] *s* **(a)** fängelse(straff), fångenskap; **in solitary** ~ i isoleringscell **(b)** *(Med)* förlossning

con·fines ['kɒnfaɪnz] *s (eg, bildl)* gränser

con·firm [kən'fɜːm] *vt (påstående)* bekräfta; *(beslut etc)* fastställa, bestyrka; *(tro etc)* stärka, styrka; *(Rel)* konfirmera

con·fir·ma·tion [ˌkɒnfə'meɪʃən] *s (på beställning etc)* bekräftelse; *(på misstanke)* bevis, bekräftelse; *(Rel)* konfirmation

con·firmed [kən'fɜːmd] *adj (om vana etc)* inbiten: *a* ~ *bachelor/smoker*

con·fis·cate ['kɒnfɪskeɪt] *vt* konfiskera, beslagta

con·flict ['kɒnflɪkt] **1** *s* konflikt; ~ **of opinions** meningsskiljaktighet; ~ **of interests** intressekonflikt; **armed** ~ väpnad konflikt; **in** ~ **with sth/sb** i strid *el* som strider mot ngt/ngn **2** [kən'flɪkt] *vi* strida *(with* mot); **that** ~**s with what he told me** det strider mot vad han berättade för mig

con·flict·ing [kən'flɪktɪŋ] *adj* motsägande

con·form [kən'fɔːm] *vi:* **to** ~ **(to)** *(lagar etc)* rätta sig (efter), iaktta; *(socialt etc)* anpassa sig

con·form·ity [kən'fɔːmɪtɪ] *s (likhet)* överensstämmelse; **in** ~ **with** enligt, i enlighet med

con·found [kən'faʊnd] *vt (om problem)* förbrylla; *(om ngt oväntat)* förvåna; ~ **it!** *(ngt åld)* tusan också!; ~ **him!** må fan ta honom!

con·front [kən'frʌnt] *vt (fiende, fara etc)* möta; *(aggressivt)* göra motstånd mot; **to** ~ **sb with sth** ställa ngn inför ngt; **the problems which** ~ **us** de problem som vi ställs inför

con·fron·ta·tion [ˌkɒnfrən'teɪʃən] *s* konfrontation, sammanstötning

con·fuse [kən'fjuːz] *vt* **(a)** *(göra förbryllad)* förvirra, bringa ur fattningen; *(göra förlägen)* genera; **to** ~ **the situation** trassla till situationen **(b)** *(inte skilja mellan)* förväxla

con·fused [kən'fjuːzd] *adj (person, idé etc)* virrig, förvirrad; *(förlägen)* generad; *(förnimmelse, situation)* förbryllande; **to get** ~ **d** bli förvirrad; **a** ~ **state of mind** ett förvirrat sinnestillstånd

con·fus·ing [kən'fjuːzɪŋ] *adj* förvillande; **a** ~ **similarity** en förvirrande likhet; **it's all very** ~ det hela är mycket förvirrande

con·fus·ion [kən'fjuːʒən] *s (i allm)* förvirring; *(om känsla)* förlägenhet; *(sammanblandning)* förväxling

con·geal [kən'dʒiːl] *vi (färg etc)* stelna; *(blod)* stelna, koagulera

con·gen·ial [kən'dʒiːnɪəl] *adj (person: med samma åsikter etc)* likasinnad; *(: som man tycker om)* sympatisk; *(klimat etc)* behaglig; *(miljö)* trevlig; *(arbete)* passande

con·gen·ital [kən'dʒenɪtl] *adj (Med)* medfödd

con·gest·ed [kən'dʒestɪd] *adj* **(a)** *(lokal etc)* fullpackad, överfull; *(gata, väg)* igenkorkad **(b)** *(Med)* överfylld med blod; ~ **lungs** blodstockning i lungorna

con·ges·tion [kən'dʒestʃən] *s (trafik)* stockning; *(av människor)* överbefolkning; *(Med)* blodstockning

con·glom·er·ate [kən'glɒməreɪt] *s (Handel)* konglomerat

Con·go ['kɒŋgəʊ] *s:* the ~ Kongo

Con·go·lese [ˌkɒŋgəʊ'liːz] **1** *adj* kongolesisk **2** *s* kongoles

con·gratu·late [kən'grætjʊleɪt] *vt* gratulera, lyckönska *(on* till)

con·gratu·la·tions [kənˌgrætjʊ'leɪʃənz] *spl* lyckönskningar, gratulationer *(on* till); ~! har den äran!

con·gre·gate ['kɒŋgrɪgeɪt] *vi (personer)* samlas

con·gre·ga·tion [ˌkɒŋgrɪ'geɪʃən] *s (Rel: i kyrka)* församling; *(: medlemmar)* församling(sbor)

con·gre·ga·tion·al [ˌkɒŋgrɪ'geɪʃnl] *adj:* the C~ Church kongregationalisterna *protestantisk frikyrka med församlingssjälvstyre*

con·gress ['kɒŋgres] *s (i allm)* kongress; C~ *(Am etc)* kongressen

con·gress·man, *(äv)* C~ ['kɒŋgresmən] *s, pl* -men *(Am: manlig)* kongressledamot

con·gress·wom·an, *(äv)* C~ ['kɒŋgreswʊmən] *s, pl* -women *(Am: kvinnlig)* kongressledamot

coni·cal ['kɒnɪkəl] *adj* konisk, kägelformad

co·ni·fer ['kɒnɪfəʳ] *s* barrträd

co·nif·er·ous [kə'nɪfərəs] *adj* barr(träds)-; ~ forest barrskog

con·jec·ture [kən'dʒektʃəʳ] **1** *s* gissning **2** *vt, vi (frm)* förmoda, gissa

con·ju·gal ['kɒndʒʊgəl] *adj* äktenskaplig

con·ju·gate ['kɒndʒʊgeɪt] **1** *vt (Språkv)* böja; to ~ a verb böja ett verb **2** *vi (Språkv)* böjas

con·ju·ga·tion [ˌkɒndʒʊ'geɪʃən] *s (Språkv)* (verb)böjning, konjugation

con·junc·tion [kən'dʒʌŋkʃən] *s* **(a)** *(Språkv)* konjunktion **(b):** in ~ with tillsammans med, i samarbete med

con·junc·ti·vi·tis [kənˌdʒʌŋktɪ'vaɪtɪs] *s (Med)* bindhinneinflammation, konjunktivit *(spec)*

con·jure[1] ['kʌndʒʊəʳ] *vi* trolla; to have a name to ~ with ha ett (bra) namn i bakfickan

♦ **conjure up** *vt* + *adv (minnen etc)* frammana; *(måltid etc)* trolla fram

conjure[2] [kən'dʒʊəʳ] *vt (litt)* bönfalla, besvärja

con·jur·er, con·jur·or ['kʌndʒərəʳ] *s* trollkarl

con·jur·ing ['kʌndʒərɪŋ] **1** *s* trolleri **2** *adj:* ~ trick trollkonst

conk out [ˌkɒŋk 'aʊt] *vi* + *adv (vard: maskin etc)* strejka, krångla

conk·er ['kɒŋkəʳ] *s (Brit vard: hästkastanjens frukt)* kastanj

con·nect [kə'nekt] **1** *vt* **(a)** *(i allm)* förena, förbinda; *(om flyg, tåg etc)* förbinda; *(Elektr: ledningar etc)* koppla ihop; *(Tele: abonnent)* koppla *(with* med); *(avloppssystem etc)* ansluta *(to* till); *(spis, telefon etc)* installera; 'I am trying to ~ you' *(Tele)* 'jag försöker koppla er, jag ringer'; to ~ sth (up) to the mains *(Elektr)* ansluta ngt till nätet **(b)** *(mentalt)* förbinda; most people ~ Holland with tulips de flesta förbinder Holland med tulpaner; he is ~ed with that firm han är lierad med den firman; well ~ed av god familj *el* med inflytelserika vänner **2** *vi* **(a)** hänga ihop, stå i förbindelse; *(tåg, flyg)* ansluta, ha anslutning *(with* till); *(ledningar, rör)* ansluta, förbindas *(with* till); *(vägar)* mötas **(b)** *(Am vard)* lyckas

con·nec·tion, con·nex·ion [kə'nekʃən] *s* **(a)** *(ingen pl: Tekn, Elektr: installation)* inkoppling; *(: punkt)* koppling; *(Tele)* förbindelse, linje; *(flyg etc)* förbindelse; to miss a ~ missa en anslutning **(b)** *(relation)* samband *(between/with* mellan/med); *(familjeförbindelse: vanl pl)* släkt; they have some family ~ de är släkt på något sätt; business ~s affärsförbindelser; in ~ with i samband med; in this ~ i detta sammanhang

con·ning tow·er ['kɒnɪŋˌtaʊəʳ] *s (på ubåt)* manövertorn

con·niv·ance [kə'naɪvəns] *s* **(a)** *(samtycke)* tyst medgivande *(at* till) **(b)** *(konspiration)* intrigerande

con·nive [kə'naɪv] *vi (överse med):* to ~ **(at)** blunda (för); *(konspirera)* gå samman; to ~ with sb to do sth konspirera med ngn om att göra ngt

con·nois·seur [ˌkɒnə'sɜːʳ] *s* kännare; a ~ of wine vinkännare, vinexpert

con·no·ta·tion [ˌkɒnəʊ'teɪʃən] *s* bibetydelse, konnotation

con·quer ['kɒŋkəʳ] *vt (land etc)* erövra; *(fiende)* besegra; *(känslor)* övervinna

con·quer·or ['kɒŋkərəʳ] *s* erövrare

con·quest ['kɒŋkwest] *s (av land, person etc)* erövring; by right of ~ med erövrarens rätt; the Norman C~ normandernas erövring *av England 1066*

con·science ['kɒnʃəns] *s* samvete; with a clear ~ med rent samvete; I have a guilty ~ about it jag har dåligt samvete för det; to have sth on one's ~ ha ngt på sitt samvete; in all ~ med gott samvete

con·science-strick·en ['kɒnʃənsˌstrɪkən] *adj* drabbad av samvetskval

con·sci·en·tious [ˌkɒnʃɪ'enʃəs] *adj (person, arbete etc)* samvetsgrann; ~ objector vapenvägrare

con·scious ['kɒnʃəs] *adj* **(a)** *(Med)* vid medvetande **(b)** *(person)* medveten; to be ~ of sth vara medveten om ngt; to be ~ that... vara medveten om att... **(c)** *(förolämpning etc)* medveten, avsiktlig; *(fel)* avsiktlig

con·scious·ness ['kɒnʃəsnɪs] *s* **(a)** *(Med)* medvetande; to lose/regain ~ förlora/återfå medvetande **(b)** *(insikt)* medvetenhet *(of* om); *(om sinnesintryck)* medvetande *(of* av)

con·script ['kɒnskrɪpt] **1** *s* värnpliktig **2** [kən'skrɪpt] *vt (Mil)* inkalla

con·scrip·tion [kən'skrɪpʃən] *s (inkallelse till)* värnplikt

con·se·crate ['kɒnsɪkreɪt] *vt (sitt liv)* ägna, viga; *(nattvardsvin etc)* helga; *(kyrka, biskop)* inviga

con·se·cra·tion [ˌkɒnsɪ'kreɪʃən] *s (av biskop, kyrka)* invigning; *(av nattvardsvin etc)* helgande

con·secu·tive [kən'sekjʊtɪv] *adj* som följer på varandra; three ~ days tre dagar i rad

con·secu·tive·ly [kən'sekjʊtɪvlɪ] *adv* i följd, efter varandra; ~ numbered fortlöpande numrerad

con·sen·sus [kən'sensəs] *s* samstämmighet; the ~ of opinion den allmänna meningen

con·sent [kən'sent] **1** *s* samtycke; by mutual ~ med ömsesidigt samtycke; by common ~ enhälligt; with/without his ~ med/utan hans samtycke; the age of ~ sexuellt 'lovlig' ålder **2** *vi* samtycka *(to* till), gå med på *(to* på)

con·se·quence ['kɒnsɪkwəns] *s* **(a)** *(resultat)* följd, konsekvens; in ~ följaktligen; to take the ~s ta följderna/konsekvenserna **(b)** *(vikt)* betydelse; it is of no ~ det spelar ingen roll

con·se·quent ['kɒnsɪkwənt] *adj (på)följande

con·se·quent·ly ['kɒnsɪkwəntlɪ] *adv* följaktligen

con·ser·va·tion [ˌkɒnsə'veɪʃən] *s* bibehållande, bevarande

con·ser·va·tion·ist [ˌkɒnsə'veɪʃənɪst] *s* miljöbevarare

con·serva·tive [kən'sɜːvətɪv] **1** *adj (person, klädsel etc)* konservativ; *(uppskattning)* försiktig; *(Pol)* C~ konservativ, höger- **2** *s* konservativ (person); *(Pol)* C~ konservativ politiker, högerman; The C~s konservativa partiet

con·serva·toire [kən'sɜːvəˌtwɑːʳ] *s* = conservatory b

cons·serva·tory [kən'sɜːvətrɪ] *s* **(a)** växthus **(b)** konservatorium, musikhögskola

con·serve [kən'sɜːv] *vt* bevara; to ~ one's strength

spara på krafterna

con·sid·er [kən'sɪdəʳ] *vt* **(a)** *(problem, möjlighet etc)* fundera på, överväga; **to ~ doing sth** fundera på att göra ngt; **all things ~ed** när allt kommer omkring; **it is my ~ed opinion that...** det är min fasta åsikt att... **(b)** *(känslor, fakta)* tänka på, ta hänsyn till; **to ~ (the fact) that...** ta hänsyn till att... **(c)** *(ha en åsikt)* anse; **to ~ sth/sb/oneself to be** anse ngt/ngn/sig vara; **~ yourself lucky!** du har haft tur

con·sid·er·able [kən'sɪdərəbl] *adj* avsevärd, betydande; **a ~ amount of money** en betydande summa pengar; **a ~ loss** en avsevärd förlust; **to a ~ extent** i stor utsträckning

con·sid·er·ably [kən'sɪdərəblɪ] *adv* avsevärt

con·sid·er·ate [kən'sɪdərɪt] *adj* hänsynsfull *(towards* mot)

con·sid·era·tion [kən,sɪdə'reɪʃən] *s* **(a)** *(ingen pl)* övervägande; **to be under ~** vara under övervägande; **she is under ~ for the post of exports manager** hon är på förslag till platsen som exportchef; **after due ~** efter att ha funderat ordentligt; **to take sth into ~** ta hänsyn till ngt; **taking everything into ~...** med hänsyn till allt... **(b)** *(ingen pl: omtanke)* hänsyn; **out of ~ for sb/sb's feelings** av hänsyn till ngn/ngns känslor; **to show ~ for sb** visa ngn hänsyn **(c)** *(orsak)* faktor; **his age is an important ~** hans ålder är en viktig faktor; **that is a ~** det är en viktig synpunkt; **money is the main ~** pengar är den viktigaste faktorn; **it's of no ~** det är utan betydelse **(d)** *(betalning)* ersättning; **for a ~** mot ersättning

con·sid·er·ing [kən'sɪdərɪŋ] **1** *prep* med tanke på, med hänsyn till **2** *konj* med tanke på att, med hänsyn till att **3** *adv* på det hela taget

con·sign [kən'saɪn] *vt (Handel)* sända; *(frm)* anförtro, överlämna

con·sign·ment [kən'saɪnmənt] *s (Handel)* sändning; **~ note** fraktsedel

con·sist [kən'sɪst] *vi* bestå *(of* av, *in* i)

con·sist·en·cy [kən'sɪstənsɪ] *s* **(a)** *(om person, handling)* konsekvens; **to lack ~** sakna konsekvens **(b)** *(hos sås etc)* konsistens

con·sist·ent [kən'sɪstənt] *adj (person, handling, argument)* konsekvent; *(resultat)* jämn, överensstämmande; **to be ~ with** stämma med

con·sist·ent·ly [kən'sɪstəntlɪ] *adv (argumentera)* konsekvent; *(hända)* ständigt

con·so·la·tion [,kɒnsə'leɪʃən] *s* tröst; **that's one ~!** *(vard)* alltid någon tröst!; **~ prize** tröstpris

con·sole[1] [kən'səʊl] *vt* trösta; **to ~ oneself with sth** trösta sig med ngt; **to ~ sb for sth** trösta ngn för ngt

con·sole[2] ['kɒnsəʊl] *s* **(a)** *(stöd)* konsol **(b)** *(i manöverrum, språklab etc)* kontrollpanel

con·soli·date [kən'sɒlɪdeɪt] *vt* **(a)** *(ställning etc)* stärka, befästa **(b)** *(företag)* slå samman/ihop

con·soli·da·tion [kən,sɒlɪ'deɪʃən] *s* sammanslagning

con·sols ['kɒnsɒlz] *spl (Ekon)* statsobligationer

con·som·mé [kɒn'sɒmeɪ] *s (Matl)* buljong, consommé

con·so·nant ['kɒnsənənt] **1** *s* konsonant **2** *adj*: **~ with** i enlighet med, överensstämmande med

con·sort ['kɒnsɔːt] **1** *s* gemål; **prince ~** prinsgemål; **in ~ with** tillsammans med **2** [kən'sɔːt] *vi (ofta neds)* beblanda sig *(with* med)

con·sor·tium [kən'sɔːtɪəm] *s* konsortium

con·spicu·ous [kən'spɪkjʊəs] *adj (person, kläder etc)* iögonfallande; *(trafikskylt etc)* tydlig; *(skillnad, egenskap etc)* anmärkningsvärd; **a ~ lack of sth** en påfallande brist på ngt; **to make oneself ~** dra till sig uppmärksamhet; **to be ~ by one's absence** lysa med sin frånvaro

con·spira·cy [kən'spɪrəsɪ] *s* komplott, sammansvärjning; **he was hanged for ~** han hängdes för att ha deltagit i en sammansvärjning

con·spira·tor [kən'spɪrətəʳ] *s* konspiratör, sammansvuren

con·spire [kən'spaɪəʳ] *vi* **(a)** *(person)* konspirera, sammansvärja sig *(with* med, *against* mot); **to ~ to do sth** konspirera om att göra ngt **(b)** *(händelse)* samverka *(against* mot)

con·sta·ble ['kʌnstəbl] *s (Brit)* (polis)konstapel

con·stabu·lary [kən'stæbjʊlərɪ] *s* (lokal) poliskår, polisdistrikt

Con·stance ['kɒnstəns] *s*: **Lake ~** Bodensjön

con·stant ['kɒnstənt] *adj (i allm)* ständig; *(temperatur, hastighet etc)* konstant; *(vän, vänskap)* trogen, trofast

con·stant·ly ['kɒnstəntlɪ] *adv (ofta)* jämt och ständigt; *(utan avbrott)* kontinuerligt

con·stel·la·tion [,kɒnstə'leɪʃən] *s (Astron)* stjärnbild, konstellation

con·ster·na·tion [,kɒnstə'neɪʃən] *s* bestörtning

con·sti·pat·ed ['kɒnstɪpeɪtɪd] *adj* hård i magen; **to be ~** ha förstoppning

con·sti·pa·tion [,kɒnstɪ'peɪʃən] *s* förstoppning

con·stitu·en·cy [kən'stɪtjʊənsɪ] *s (om område o personer)* valkrets; **~ party** *(av politiskt parti)* lokalavdelning

con·stitu·ent [kən'stɪtjʊənt] **1** *s (av helhet)* beståndsdel; *(Pol)* väljare **2** *adj (del)* bestånds-

con·sti·tute ['kɒnstɪtjuːt] *vt (i allm)* utgöra; *(frm)* utse, inrätta

con·sti·tu·tion [,kɒnstɪ'tjuːʃən] *s* **(a)** *(Pol)* grundlag, författning **(b)** *(Med)* (kropps)konstitution

con·sti·tu·tion·al [,kɒnstɪ'tjuːʃnl] *adj* **(a)** *(Pol)* författningsenlig; *(monarki)* konstitutionell; *(reform)* författnings- **(b)** *(Med)* medfödd

con·strain [kən'streɪn] *vt* tvinga; **to feel ~ed to do sth** känna sig tvungen att göra ngt

con·straint [kən'streɪnt] *s (ofrihet)* tvång; *(begränsning)* restriktion; *(sinnesstämning)* tvungenhet, förlägenhet

con·strict [kən'strɪkt] *vt (muskel, åder, etc)* pressa samman; *(rörelse)* begränsa, hindra

con·stric·tion [kən'strɪkʃən] *s* sammandragning, hopsnörning

con·struct [kən'strʌkt] *vt (byggnad)* uppföra; *(maskin)* konstruera; *(roman etc)* bygga upp; *(mening)* konstruera; *(teori etc)* ställa upp

con·struc·tion [kən'strʌkʃən] *s (ingen pl: av byggnad, väg etc)* uppförande; *(uppbyggnad)* konstruktion; *(hus)* byggnad; *(bildl)* tolkning; *(Gram)* konstruktion; **under ~** under uppförande; **to put a wrong ~ on sth** feltolka ngt; **faulty ~** felaktig konstruktion; **~ industry** byggnadsindustri

con·struc·tive [kən'strʌktɪv] *adj* konstruktiv; **~ criticism** konstruktiv kritik

con·strue [kən'struː] *vt (betydelse)* tolka; *(sats)* analysera

con·sul ['kɒnsəl] *s* konsul

con·su·lar ['kɒnsjʊləʳ] *adj* konsulär

con·su·late ['kɒnsjʊlɪt] *s* konsulat

con·sult [kən'sʌlt] **1** *vt (person)* rådgöra med; *(läkare)* konsultera; *(lexikon)* slå upp i **2** *vi* rådgöra, konferera *(with* med)

con·sult·ant [kən'sʌltənt] *s* konsult; *(Brit Med)* specialist; **~ paediatrician** (privatpraktiserande) barnläkare

con·sul·ta·tion [,kɒnsəl'teɪʃən] *s (handling)* samråd, överläggning; *(möte)* överläggning; **in ~ with** i samråd med

con·sume [kən'sjuːm] *vt (mat)* äta upp; *(dryck)* dricka upp; *(resurser etc)* förbruka; *(genom eld)* förinta; *(tid etc)* slösa bort, ödsla bort; **to be ~d**

with *(sorg etc)* förtäras av
con·sum·er [kən'sju:mə^r] s *(i allm)* konsument; *(av elektricitet etc)* förbrukare; *(telefon)* abonnent; ~ **goods/durables** (konsument)kapitalvaror; ~ organisation konsumentorganisation; ~ **protection** konsumentskydd; ~ **research** konsumentforskning; ~ **society** konsumtionssamhälle
con·sum·ing [kən'sju:mɪŋ] adj *(intresse)* glödande; *(ambition)* brinnande; *(passion)* förtärande
con·sum·mate [kən'sʌmɪt] 1 adj *(frm)* fulländad 2 ['kɒnsəmeɪt] vt *(äktenskap)* fullborda
con·sump·tion [kən'sʌmpʃən] s **(a)** *(av mat, energi etc)* förbrukning; *(Ekon: av varor o tjänster)* konsumtion; **not fit for human** ~ otjänlig som människoföda **(b)** *(åld: tuberkulos)* lungsot
cont., *förk* (= *continued)* forts(ättning följer)
con·tact ['kɒntækt] 1 s **(a)** *(i allm, äv person)* kontakt, förbindelse; (= *physical* ~) *(fysisk)* kontakt; **business** ~s affärsförbindelser; **to be in** ~ **with sb/sth** ha kontakt med ngn/ngt; **to make** ~ **with sb** kontakta ngn; **to lose** ~ **(with sb)** förlora kontakten (med ngn); ~ **lenses** kontaktlinser; ~ **adhesive** kontaktlim **(b)** *(Elektr)* kontakt; **to make/break a** ~ sluta/bryta strömmen 2 vt ta kontakt med, kontakta
con·ta·gious [kən'teɪdʒəs] adj *(sjukdom, skratt etc)* smittsam; *(person)* smittförande
con·tain [kən'teɪn] vt **(a)** *(eg, bildl)* innehålla; *(om behållare:* volym) rymma **(b)** *(känslor)* behärska; *(eld, upplopp, epidemi)* ha/få under kontroll
con·tain·er [kən'teɪnə^r] s *(förvaringskärl)* behållare; *(: större)* container
con·tain·er·ize [kən'teɪnəraɪz] vt *(Handel: varor)* transportera i container
con·tain·ment [kən'teɪnmənt] s *(Pol)*: ~ **policy** antiexpansionspolitik *riktad mot kommunistblocket*
con·tami·nate [kən'tæmɪneɪt] vt *(vatten)* förorena; *(kläder)* smitta ner; *(bildl)* fördärva
cont'd *förk* (= *continued)* forts(ättning följer)
con·tem·plate ['kɒntempleɪt] vt **(a)** *(föremål, landskap)* betrakta; *(möjlighet etc)* fundera på; *(handling)* överväga, fundera på
con·tem·pla·tion [ˌkɒntem'pleɪʃən] s *(i allm)* begrundan; *(Rel)* kontemplation; **in** ~ i begrundan
con·tem·pla·tive [kən'templətɪv, 'kɒntəm,pleɪtɪv] adj *(i allm)* tankfull; *(Rel)* kontemplativ
con·tem·po·rary [kən'tempərərɪ] 1 adj *(från samma tid)* samtida *(with* med); *(aktuell)* nutida, modern; *(av samma ålder)* jämnårig 2 s *(person: från samma tid)* samtida; *(: av samma ålder)* jämnårig; **his contemporaries** hans jämnåriga
con·tempt [kən'tempt] s förakt; **to hold sth/sb in** ~ förakta ngt/ngn; ~ **of court** *(Jur)* domstolstrots; **it's beneath** ~ det är inte värt förakt (en gång)
con·tempt·ible [kən'temptəbl] adj föraktlig, *(moraliskt)* förkastlig
con·temp·tu·ous [kən'temptjuəs] adj *(person, sätt, gest etc)* föraktfull *(of* mot)
con·tend [kən'tend] 1 vt: **to** ~ **that...** hävda att... 2 vi *(bildl)* kämpa *(with* mot/med, *for* för/om); **we have many problems to** ~ **with** vi har många problem att kämpa med; **you'll have me to** ~ **with** du ska få med mig att göra
con·tend·er [kən'tendə^r] s *(Sport)* tävlande; *(till titel)* utmanare
con·tent¹ [kən'tent] 1 adj nöjd, belåten *(with* med); **to be** ~ **to do sth** nöja sig med att göra ngt 2 s belåtenhet; **to one's heart's** ~ av hjärtans lust, så mycket man vill 3 vt tillfredsställa; **to** ~ **oneself with sth** nöja sig med ngt
con·tent² ['kɒntent] s **(a):** ~**s** *(i bok, flaska etc)* innehåll; **table of** ~**s** *(i bok)* innehållsförteckning **(b)** *(motsats: form)* innehåll; *(av ingre-*

diens) halt: *jam has a very high sugar* ~
con·tent·ed [kən'tentɪd] adj nöjd, belåten
con·ten·tion [kən'tenʃən] s **(a)** *(konflikt)* strid, stridighet **(b)** *(argument)* åsikt
con·tent·ment [kən'tentmənt] s belåtenhet
con·test ['kɒntest] 1 s *(i allm)* strid; *(boxningsetc)* match; *(skönhets- etc)* tävling 2 [kən'test] vt *(rättighet, testamente etc)* bestrida; *(dom)* överklaga; *(val etc)* ställa upp i; **to** ~ **a seat** *(Pol)* kandidera i en valkrets
con·test·ant [kən'testənt] s tävlande
con·text ['kɒntekst] s *(Språkv)* kontext, sammanhang; *(bildl)* sammanhang; **in** ~ i sitt sammanhang; **out of** ~ utanför sammanhanget, lösryckt
con·ti·nent ['kɒntɪnənt] s **(a)** *(världsdel, kontinent* **(b)** *(Brit):* **the C**~ 'kontinenten', Europas fastland; **on the C**~ på kontinenten
con·ti·nen·tal [ˌkɒntɪ'nentl] adj *(Geogr)* kontinental; *(Brit)* europeisk *i motsats till brittisk;* ~ **breakfast** kontinental frukost, kaffe/te complet; ~ **quilt** *(Brit)* duntäcke
con·tin·gen·cy [kən'tɪndʒənsɪ] s eventualitet; ~**ies** *(äv: pengar)* oförutsedda utgifter; ~ **plans** katastrofplaner; ~ **funds** reservfonder, fonder för oförutsedda utgifter
con·tin·gent [kən'tɪndʒənt] 1 adj: **to be** ~ **upon** bero på 2 s *(Mil o i allm)* (mindre) trupp, grupp, kontingent
con·tin·ual [kən'tɪnjuəl] adj *(ofta neds)* ständig; ~ **quarrels** ideliga/ständiga gräl
con·tinu·al·ly [kən'tɪnjuəlɪ] adv ständigt, ideligen
con·tinu·ance [kən'tɪnjuəns] s *(i tid)* varaktighet; **during the** ~ **of the conflict** så länge konflikten varar
con·tinu·ation [kən,tɪnjʊ'eɪʃən] s *(av tillstånd etc)* fortsättande; *(av ngt avbrutet)* återupptagande; *(av gata etc)* fortsättning; *(av historia etc)* fortsättning
con·tinue [kən'tɪnju:] 1 vt fortsätta; **(to be)** ~**d** fortsättning följer; ~**d on page 10** forts(ättning) på s(idan) 10 2 vi fortsätta; *(om bergskedja etc)* fortsätta, sträcka ut sig
con·ti·nu·ity [ˌkɒntɪ'nju:ɪtɪ] s *(i allm)* kontinuitet; *(Film)* scenario; ~ **girl** scripta
con·tinu·ous [kən'tɪnjuəs] adj kontinuerlig, oavbruten; ~ **performance** *(på bio)* non-stopföreställning
con·tinu·ous·ly [kən'tɪnjuəslɪ] adv kontinuerligt, oavbrutet
con·tort [kən'tɔ:t] vt *(ansikte etc)* förvrida; *(bildl)* förvränga, krångla till
con·tor·tion [kən'tɔ:ʃən] s *(av kroppsdel)* förvridning; *(av ansikte)* grimas
con·tor·tion·ist [kən'tɔ:ʃənɪst] s ormmänniska
con·tour ['kɒntʊə^r] s kontur; ~ **line** höjdkurva; ~ **map** höjdkarta
contra·band ['kɒntrəbænd] **(a)** s *(verksamhet)* smuggling; *(varor)* smuggelgods 2 adj smuggel-
contra·cep·tion [ˌkɒntrə'sepʃən] s födelsekontroll
contra·cep·tive [ˌkɒntrə'septɪv] 1 adj preventiv-2 s preventivmedel
con·tract ['kɒntrækt] 1 s kontrakt, avtal; **to sign a** ~ skriva under ett kontrakt; **to enter into a** ~ **with sb** ingå ett avtal med ngn; **to be under** ~ vara kontraktsbunden; **to put work out to** ~ lämna ut arbete på entreprenad; **by** ~ *(i allm)* av/genom kontrakt; *(i sht Byggn)* på entreprenad; **there's a** ~ **out for him** *(bildl)* det är ett pris satt på hans huvud; ~ **date** kontraktsdatum; ~ **killing** mord med lejd mördare; ~ **work** *(i sht Byggn)* entreprenad; ~ **bridge** *(Kortsp)* kontraktsbridge 2 vt [kən'trækt] **(a)** *(sjukdom, skuld etc)* dra på sig, få; *(förlovning etc)* ingå **(b)** *(Språkv)* kontrahera, dra ihop: *'is not' is often* ~*ed to 'isn't'* 3 vi [kən'trækt] **(a)** *(Handel)* ingå

avtal *(with* med) **(b)** *(muskler, metall etc)* dra
ihop sig **(c)** *(ansikte)* förvridas **(d)** *(Språkv)*
kontraheras, dras ihop
♦ **contract in** *vi* + *adv (affär, projekt etc)* ge sig in i
♦ **contract out** *vi* + *adv (affär, projekt etc)* dra sig
ur, hoppa av
con·trac·tion [kən'trækʃən] *s* **(a)** *(i allm)* sam-
mandragning **(b)** *(Språkv)* sammandragen
form **(c)** *(under förlossning)* värk
con·trac·tor [kən'træktəʳ] *s* entreprenör
con·trac·tual [kən'træktʃuəl] *adj* kontraktsenlig,
avtalsenlig
contra·dict [ˌkɒntrə'dɪkt] *vt* *(stå i motsättning till)*
motsäga; *(bestrida)* säga emot
contra·dic·tion [ˌkɒntrə'dɪkʃən] *s* motsägelse; ~
in terms självmotsägelse
contra·dic·tory [ˌkɒntrə'dɪktəri] *adj (i allm)* mot-
sägande; *(Logik)* kontradiktorisk
con·tral·to [kən'træltəʊ] *s (Mus: person, röst)* alt
con·trap·tion [kən'træpʃən] *s (vard)* grej, manick
con·tra·ry ['kɒntrəri] **1** *adj* **(a)** *(riktning, åsikt
etc)* motsatt; *(Logik)* konträr; ~ **to** i strid mot,
tvärtemot, ~ **to what we thought** tvärtemot vad
vi trodde **(b)** [kən'trɛəri] *(vard)* trilsk, egensin-
nig **2** *s* motsats; **on the** ~ tvärtom; **the** ~ **seems
to be true** det tycks vara tvärtom; **unless we hear
to the** ~ om vi inte hör något annat
con·trast ['kɒntrɑːst] **1** *s (skillnad)* kontrast; *(TV)*
kontrast; **colour** ~ färgkontrast; **in** ~ **to/with** i
motsats till **2** *vt* [kən'trɑːst] jämföra *(with*
med) **3** *vi* [kən'trɑːst] kontrastera *(with* mot)
con·trast·ing [kən'trɑːstɪŋ] *adj* motsatt; ~ **colours**
kontrastfärger
contra·vene [ˌkɒntrə'viːn] *vt (lag etc)* överträda;
(rättighet etc) kränka
contra·ven·tion [ˌkɒntrə'venʃən] *s (ingen pl: av lag
etc)* överträdelse; *(: av rättighet etc)* kränkning
con·tre·temps ['kɔ̃ntrətɑ̃ːŋ] *s* missöde, malör
con·trib·ute [kən'trɪbjuːt] **1** *vt (pengar, hjälp etc)*
bidra med; **to** ~ **an article to a newspaper** bidra
med en artikel till en tidning **2** *vi (till välgören-
het etc)* ge bidrag *(to* till); *(i tidning)* medarbeta *(to*
i); *(i diskussion)* delta *(to* i); *(orsaka)* bidra *(to* till)
con·tri·bu·tion [ˌkɒntrɪ'bjuːʃən] *s (pengar, artikel,
diskussion- etc)* bidrag
con·tribu·tor [kən'trɪbjʊtəʳ] *s (i allm)* bidrags-
givare; *(i tidning)* medarbetare *(to* i)
con·tribu·tory [kən'trɪbjʊtəri] *adj (orsak, faktor
etc)* bidragande; ~ **pension** *(ung)* tjänstepension
finansierad av arbetsgivare o arbetstagare
gemensamt
con·trite ['kɒntraɪt] *adj* ångerfull, förkrossad
con·tri·tion [kən'trɪʃən] *s* ånger, förkrosselse
con·triv·ance [kən'traɪvəns] *s (apparat)* anordning;
(påhitt) uppfinningsförmåga, knep
con·trive [kən'traɪv] *vt (plan etc)* tänka ut, hitta på;
to ~ **a means of doing sth/to** ~ **to do sth** finna ett
sätt att göra ngt; **to** ~ **to escape** lyckas
undkomma
con·trol [kən'trəʊl] **1** *s* **(a)** *(ingen pl: makt)*
herravälde, kontroll *(over* över); *(: av löner, pris,
trafik etc)* kontroll *(over/of* över/av); *(: av
sjukdom)* kontroll, tillbakahållande *(of* av);
self-~ självbehärskning; **to keep sth/sb under** ~
hålla ngt/ngn under uppsikt; **to lose** ~ **of sth**
tappa/förlora kontrollen över ngt; **to be in** ~ **of** *(i
allm)* ha kontroll över, behärska; **to get/bring a
fire under** ~ få en eldsvåda under kontroll;
everything is under ~ allt är under kontroll; **the
car went out of her** ~ hon förlorade herraväldet
över bilen; **the class was quite out of** ~ klassen
var omöjlig att hålla ordning på; **under British** ~
under brittisk överhöghet; **circumstances
beyond our** ~ omständigheter vi inte råder över;
who is in ~? vem är ansvarig?; **his** ~ **of the ball is**

very good *(Sport)* han har mycket bra boll-
kontroll **(b)** *(Tekn)* kontroll(anordning),
reglage; ~ **knob** *(TV, Radio)* knapp, ratt; ~ **panel**
kontrollpanel; ~ **room** *(Sjö, TV etc)* kontrollrum;
~ **tower** *(Flyg)* kontrolltorn; **to be at/take over
the** ~**s** *(Flyg)* sitta vid/ta över spakarna **(c)** *(i
statistik mm: äv:* ~ **group)** kontrollgrupp
2 *vt (fordon etc)* behärska; *(barn, djur,
folkmassa)* hålla ordning på; *(trafik)* kontrollera;
(priser, immigration etc) kontrollera, hålla nere;
(sjukdom, eldsvåda) ha under kontroll; *(känslor)*
behärska; ~ **yourself!** behärska dig!
con·trol·led [kən'trəʊld] *adj* **(a)** *(känsla)*
behärskad; **she was very** ~ hon var mycket
behärskad; **she spoke in a** ~ **voice** hon talade
med återhållen stämma **(b)** *(Ekon):* ~
economy planekonomi, planhushållning
con·trol·ler [kən'trəʊləʳ] *s (i allm)* kontrollant;
(Admin) (offentlig) revisor; *(i företag: ung)* ekono-
midirektör, controller; *(=* **air-traffic** ~) trafikl-
edare
con·trol·ling [kən'trəʊlɪŋ] *adj (faktor)* avgörande;
(Ekon): ~ **interest** aktiemajoritet
con·tro·ver·sial [ˌkɒntrə'vɜːʃəl] *adj (ämne, tal etc)*
kontroversiell; *(person, bok)* diskuterad, om-
tvistad
con·tro·ver·sy [kən'trɒvəsɪ] *s* kontrovers, strid
con·tu·sion [kən'tjuːʒən] *s (frm: Med)* kontusion,
krossår
co·nun·drum [kə'nʌndrəm] *s* gåta; **play** ~**s** gissa
gåtor
con·ur·ba·tion [ˌkɒnɜː'beɪʃən] *s* storstadsregion
con·va·lesce [ˌkɒnvə'les] *vi* tillfriskna
con·va·les·cence [ˌkɒnvə'lesəns] *s* konvalescens
con·va·les·cent [ˌkɒnvə'lesənt] **1** *adj* kon-
valescent-; ~ **home** konvalescenthem **2** *s* kon-
valescent
con·vec·tion [kən'vekʃən] *s (Fys)* konvektion
con·vec·tor [kən'vektəʳ] *s (äv:* ~ **heater, convec-
tion heater)** *(typ av radiator)* konvektor
con·vene [kən'viːn] **1** *vt (till möte)* sammankalla **2**
vi (kommitté) samlas, sammanträda
con·ven·er [kən'viːnəʳ] *s (i sht Brit: person)* sam-
mankallande
con·veni·ence [kən'viːnɪəns] *s* **(a)** *(ingen pl: ngt
passande)* bekvämlighet, lämplighet; *(: nytta)*
fördel, förmån; **at your earliest** ~ så snart som
möjligt, omgående; **he only thinks of his own** ~
han tänker bara på egna fördelar **(b)** *(ofta pl: i
hus)* bekvämlighet; **se äv public 3, modern**
con·veni·ent [kən'viːnɪənt] *adj (tidpunkt, tåg etc)*
lämplig, passande; *(verktyg etc)* praktisk;
(storlek) lagom; *(lätt att nå)* lättillgänglig; **the
house is** ~ **for the shops** huset ligger nära till
affärerna; **if it is** ~ **to you** om det passar dig;
would tomorrow be ~? passar det i morgon?; **is it**
~ **to call tomorrow?** kan jag ringa/hälsa på i
morgon?
con·veni·ent·ly [kən'viːnɪəntlɪ] *adv* lämpligt,
passande
con·vent ['kɒnvənt] *s (religiös orden, byggnad)*
kloster; ~ **school** klosterskola
con·ven·tion [kən'venʃən] *s* **(a)** *(bruk)* konven-
tion, sedvänja **(b)** *(möte)* sammankomst; *(Am
Pol)* (parti)konvent **(c)** *(överenskommelse)*
avtal; *(: internationell)* fördrag, konvention
con·ven·tion·al [kən'venʃənl] *adj (ibl neds: person,
stil)* konventionell; *(metod)* konventionell, veder-
tagen; *(vapen)* konventionell
con·verge [kən'vɜːdʒ] *vi* konvergera, samman-
stråla; **to** ~ **on** samlas i, stråla samman i
con·ver·sant [kən'vɜːsənt] *adj:* **to be** ~ **with** vara
insatt i, förstå sig på
con·ver·sa·tion [ˌkɒnvə'seɪʃən] **1** *s* konver-
sation, samtal; **to be in** ~ **with** samtala med; **to**

have a ~ **with sb** ha ett samtal med ngn; **what was your** ~ **about?** vad talade ni om? **2** *adj* samtals-; ~ **piece** ngt alla vill tala om; **that was a** ~ **stopper** *(vard)* det fick samtalet att stanna av
con·ver·sa·tion·al [ˌkɒnvə'seɪʃənl] *adj (ton, stil)* samtals-; *(person)* pratsam
con·ver·sa·tion·al·ist [ˌkɒnvə'seɪʃnəlɪst] *s* konversatör
con·verse¹ [kən'vɜːs] *vi* samtala *(with* med, *about/on* om)
con·verse² ['kɒnvɜːs] **1** *s* motsats, omvänt förhållande **2** *adj* motsatt
con·verse·ly [kɒn'vɜːslɪ] *adv* omvänt
con·ver·sion [kən'vɜːʃən] *s* **(a)** *(ingen pl: se äv convert* 2) omvandling, förvandling; ~ **rate** *(Ekon)* omräkningskurs **(b)** (= *house* ~) ombyggnad *och inredning av lägenheter i enfamiljshus; (Rel)* omvändelse; *(Rugby, Am Fotboll)* mål
con·vert ['kɒnvɜːt] **1** *s (Rel)* konvertit; *(Pol)* proselyt **2** [kən'vɜːt] *vt* förvandla, omvandla *(to/into* till); *(apparat)* aptera; *(hus)* bygga om; *(Ekon)* växla; *(Rel)* omvända; *(bildl)* omvända; *(Rugby, Am Fotboll):* **to** ~ **a try** göra mål efter försök **3** [kən'vɜːt] *vi* gå att göra om: *this couch* ~*s to a bed*
con·vert·er [kən'vɜːtə'] *s (Elektr)* omformare
con·vert·ible [kən'vɜːtəbl] **1** *adj (valuta)* konvertibel, som går att växla; *(bil)* med nedfällbart tak; ~ **settee** bäddsoffa **2** *s (bil)* cabriolet
con·vex [ˌkɒn'veks] *adj* konvex
con·vey [kən'veɪ] *vt (varor etc)* föra, transportera; *(person:* ngt *frm)* föra; *(nyhet)* meddela; *(gratulation, tack)* framföra; *(idé)* uttrycka; **the name** ~**s nothing to me** namnet säger mig ingenting
con·vey·ance [kən'veɪəns] *s (handling)* transport; *(fordon)* transportmedel
con·vey·anc·ing [kən'veɪənsɪŋ] *s (Jur)* avfattande av överlåtelsedokument
con·vey·or belt [kən'veɪəˌbelt] *s* transportband, löpande band
con·vict ['kɒnvɪkt] **1** *s* straffånge **2** [kən'vɪkt] *vt* förklara skyldig *(of* till); **a** ~**ed murderer** en fälld mördare **3** [kən'vɪkt] *vi* fälla
con·vic·tion [kən'vɪkʃən] *s* **(a)** *(Jur)* fällande dom; **to have no previous** ~ inte vara dömd tidigare (för brott) **(b)** *(tro)* övertygelse; **it is my** ~ **that...** det är min övertygelse att...; **without much** ~ utan större övertygelse; **to carry** ~ vara övertygande; **open to** ~ beredd att låta sig övertygas
con·vince [kən'vɪns] *vt* övertyga *(of* om)
con·vinc·ing [kən'vɪnsɪŋ] *adj* övertygande; **their party had a** ~ **win at the last election** deras parti vann en övertygande seger i förra valet
con·vinc·ing·ly [kən'vɪnsɪŋlɪ] *adv* övertygande
con·viv·ial [kən'vɪvɪəl] *adj (person, sällskap)* sällskaplig, glad; *(kväll, stämning)* festlig
con·vo·lut·ed ['kɒnvəluːtɪd] *adj (Bot)* hoprullad; *(form på hjärnas yta)* veckad, med vindlingar; **a** ~ **argument** ett invecklat argument
con·voy ['kɒnvɔɪ] *s* konvoj; **in** ~ i konvoj; **under** ~ under eskort
con·vulse [kən'vʌls] *vt (ofta pass: av jordbävning etc, äv bildl)* skaka; **the country was** ~**d by civil war** landet skakades av inbördeskrig; **to be** ~**d with laughter/pain** *(bildl)* vrida sig av skratt/smärta
con·vul·sion [kən'vʌlʃən] *s (kramp-)* anfall; **to be in** ~**s** *(vard)* vrida sig av skratt
con·vul·sive [kən'vʌlsɪv] *adj (rörelse)* krampaktig; *(skratt)* nervös, krampaktig
coo [kuː] *vi* kuttra
cook [kʊk] **1** *s (manlig)* kock; *(kvinnlig)* kokerska **2** *vt (mat, måltid)* (till)laga; *(vard: räkenskaper)* fiffla med; **to** ~ **sb's goose** *(bildl vard)* ställa till det för ngn **3** *vi (mat: i allm)*

tillagas; *(: i vatten)* koka; *(: i panna)* steka; *(person)* laga mat; **what's** ~**ing?** *(bildl vard)* vad händer?, vad står på?
♦ **cook up** *vt + adv (vard: historia, plan etc)* koka ihop
cook·book ['kʊkbʊk] *s (Am)* = **cookery book**
cook·er ['kʊkə'] *s* **(a)** *(i kök)* spis; **gas/electric** ~ gasspis/elektrisk spis **(b)** *(Brit: = cooking apple)* matäpple
cook·ery ['kʊkərɪ] *s* matlagning; ~ **book** *(Brit)* kokbok
cook·house ['kʊkhaʊs] *s (i sht Am: i militärläger etc)* (fält)kök
cook·ie ['kʊkɪ] *s (Am)* (liten) kaka, kex
cook·ing ['kʊkɪŋ] *s* matlagning; ~ **apple** matäpple; ~ **chocolate** blockchoklad; ~ **foil** aluminiumfolie
cook·out ['kʊkaʊt] *s (Am)* grillfest i det fria
cool [kuːl] **1** *adj (-er, -est)* **(a)** *(person)* sval; *(dryck)* svalkande, kall; *(väder)* sval; *(föremål, plagg)* sval; **to keep sth** ~ förvara ngt svalt; ~ **box** kylbox, kylväska **(b)** *(fattad)* lugn; *(Am vard)* toppen; **to keep** ~ hålla sig lugn; **to play it** ~ *(vard)* spela oberörd; **to be as** ~ **as a cucumber** vara lugn som en filbunke; **a** ~ **customer** *(vard)* en fräck typ; **that was very** ~ **of you** *(vard)* det var mycket kallblodigt av dig; **we paid a** ~ **£20,000 for that house** *(vard)* vi betalade hela 20 000 pund för det huset **(c)** *(kallsinnig)* sval *(towards* mot); **a** ~ **welcome/reception** ett svalt välkomnande/mottagande **2** *s:* **in the** ~ **of the evening** i kvällssvalkan; **to keep sth in the** ~ förvara ngt svalt; **to keep/lose one's** ~ *(vard)* behålla/förlora sitt lugn **3** *vt* kyla ner, låta kallna; ~ **it!** *(vard)* ta det lugnt!; **to** ~ **one's heels** *(vard)* (sitta/stå och) vänta **4** *vi (luft, vätska, äv bildl)* svalna, kylas ner
♦ **cool down** **1** *vt + adv (i allm)* kyla ner; **to** ~ **sb down** *(bildl)* lugna ner ngn **2** *vi + adv* svalna; *(bildl: person)* lugna ner sig; *(: situation)* kylas av, bli lugnare
♦ **cool off** *vi + adv (från ilska)* lugna ner sig; *(känslor etc)* svalna
cool·ant ['kuːlənt] *s (Tekn)* kylvätska
cool·er ['kuːlə'] *s (till vin etc)* kylare; *(vard: fängelse)* kåk
cool-headed [ˌkuːl'hedɪd] *adj* kallblodig
cool·ing ['kuːlɪŋ] *adj* svalkande; ~ **tower** *(vid kraftverk)* kyltorn
cooling-off pe·ri·od [ˌkuːlɪŋ'ɒfˌpɪərɪəd] *s (bildl: i allm)* avkylningsperiod; *(: före strejk)* obligatorisk medlingsperiod
cool·ly ['kuːlɪ] *adv (behärskat)* lugnt; *(oberört)* kallblodigt; *(ointresserat)* svalt
cool·ness ['kuːlnɪs] *s (i allm)* svalka; *(oberördhet)* lugn; *(brist på intresse)* likgiltighet; *(mellan personer)* kyla
coop [kuːp] *s (för höns)* bur
♦ **coop up** *vt + adv* hålla inburad
co-op ['kəʊɒp] *s (förk f cooperative)* konsum
coop·er ['kuːpə'] *s* tunnbindare
co·oper·ate [kəʊ'ɒpəreɪt] *vi (person)* samarbeta *(with* med, *in* om)
co·opera·tion [kəʊˌɒpə'reɪʃən] *s (i allm)* samarbete, samverkan; *(Handel)* kooperation
co·opera·tive [kəʊ'ɒpərətɪv] **1** *adj* **(a)** *(i allm)* samarbetsvillig **(b)** *(förening)* andels-, kooperativ **2** *s* kooperativ förening
co·opt [kəʊ'ɒpt] *vt (i styrelse, kommitté)* välja in *(onto* i)
co·or·di·nate [kəʊ'ɔːdnɪt] **1** *s (vanl pl: Mat)* koordinat **2** [kəʊ'ɔːdɪneɪt] *vt (rörelser)* koordinera; *(arbete)* samordna
co·or·di·na·tion [kəʊˌɔːdɪ'neɪʃən] *s (av rörelser)* koordination; *(av arbete)* samverkan

co·or·di·na·tor [kəu'ɔːdɪneɪtər] s samordnare
cop [kɒp] (vard) **1** s **(a)** (polis) snut **(b)**: it's not much ~ (Brit) det är inte mycket att hurra för **2** vt (person) haffa; (böter etc) åka på; you'll ~ it! du kommer att få på pälsen!
♦ **cop out** vi + adv (vard) smita (of från)
cope [kəup] vi klara det; to ~ with (person, uppgift) klara av; (svårighet, problem: angripa) ta itu med; (: lösa) klara av
Co·pen·hag·en [ˌkəupn'heɪgən] s Köpenhamn
co·pier ['kɒpɪər] s (= photo ~) kopieringsapparat
co-pilot ['kəu'paɪlət] s (Flyg) andrepilot; they were ~s de löste av varandra som piloter
co·pi·ous ['kəupɪəs] adj (i allm) riklig; (tårar) ymnig; (tal) ordrik
cop·per ['kɒpər] **1** s **(a)** (material) koppar **(b)** (mynt) koppar|slant/-peng **(c)** (vard: polis) snut **2** adj (kittel etc) koppar-; (färg) kopparröd
cop·pice ['kɒpɪs] s, **copse** ['kɒps] s skogsdunge
copu·late ['kɒpjuleɪt] vi para sig, kopulera
copu·la·tion [ˌkɒpju'leɪʃən] s parning, kopulation
copy ['kɒpɪ] **1** s **(a)** (i allm) kopia; (av tavla etc) reproduktion; **rough** ~ kladd; **to make a fair** ~ of sth skriva rent ngt; **to make a** ~ of ta/göra en kopia av **(b)** (av bok, tidning) exemplar **(c)** (ingen pl: Typogr) manuskript, text; (Reklam) (annons/reklam)text; **to make good** ~ vara bra nyhetsstoff **2** vt **(a)** (imitera) härma **(b)** (för hand) kopiera, skriva av; (med karbonpapper) skriva med kopia; (= photo ~) ta en kopia av **(c)** (fuska) skriva av
♦ **copy down** vt + adv skriva av
♦ **copy out** vt + adv skriva rent
copy·ing ['kɒpɪɪŋ] adj: ~ ink (för maskin) kopiebläck
copy·right ['kɒpɪraɪt] s copyright, upphovsrätt
copy·writer ['kɒpɪˌraɪtər] s reklamtextförfattare, copywriter
cor·al ['kɒrəl] s korall; ~ island korallö; ~ necklace korallhalsband; ~ reef korallrev
cord [kɔːd] s **(a)** (tjockt) rep; (skärp etc) snodd; (i fönster etc) lina; (runt paket) snöre; (Elektr) sladd; (Anat): **vocal** ~s stämband; **spinal** ~ ryggmärg **(b)** (tyg) manchester; ~s manchesterbyxor
cor·dial ['kɔːdɪəl] **1** adj hjärtlig **2** s fruktdryck
cor·di·al·ly ['kɔːdɪəlɪ] adv hjärtligt
cor·don ['kɔːdn] s (av poliser) kedja
♦ **cordon off** vt + adv spärra av
cor·du·roy ['kɔːdərɔɪ] s manchester
core [kɔːr] **1** s (av frukt) kärnhus; (av jorden) innandöme, det inre; (av kärnreaktor) härd; (av problem etc) kärna; **a hard** ~ of resistance en hård kärna av motstånd; **rotten to the** ~ genomrutten; **English to the** ~ engelsk ända ut i fingerspetsarna **2** vt (frukt) kärna ur
co·re·spond·ent ['kəurɪs'pɒndənt] s (Jur: i skilsmässomål) medsvarande
cor·gi ['kɔːgɪ] s (hund: äv: **Welsh** ~) (Welsh) corgi
co·ri·an·der [ˌkɒrɪ'ændər] s koriander
cork [kɔːk] **1** s (material) kork; (i flaska) kork **2** vt (flaska: äv: ~ up) korka upp; ~ oak korkek
corked [kɔːkt] adj (vin) med korksmak
cork·screw ['kɔːkskruː] s korkskruv
corn[1] [kɔːn] s (i allm) säd; (Brit) vete; (Am) majs; (enstaka) korn; ~ on the cob (Matl) kokta majskolvar; ~ oil (Am) majsolja
corn[2] [kɔːn] s (Med) liktorn; ~ plaster liktornsplåster
cor·nea ['kɔːnɪə] s (Anat) hornhinna
corned beef [ˌkɔːnd'biːf] s (köttkonserv) corned beef
cor·ner ['kɔːnər] **1** s **(a)** (i allm) hörn; (av mun) mungipa; (av landsväg) kurva; (av gata) hörn(a); she was sitting in the ~ of the room hon satt i ett

hörn av rummet; **the** ~ **of a table** bordshörnan; **the** ~ **of a page** hörnet av en (bok)sida; **it's just around the** ~ (bildl: nära) det är precis i närheten; (: i tid) det är nära förestående; **to turn the** ~ (bildl) komma över det värsta; **in odd** ~s i alla vinklar och vrår; **in every** ~ överallt, i alla vrår; **every** ~ **of Europe** varje hörn av Europa; **the four** ~**s of the world** världens alla hörn; **out of the** ~ **of one's eye** i ögonvrån; **to drive sb into a** ~ (bildl) sätta ngn i knipa; **to be in a (tight)** ~ (bildl) sitta i knipa; **to cut a** ~ (Motor) ta en kurva snävt; **to cut** ~s (bildl) ta genvägar, förenkla (genom att snåla); ~ **cupboard** hörnskåp; ~ **house** hörnhus; ~ **seat** hörnplats; ~ **shop** kvartersbutik; ~ **table** (på restaurang) hörnbord **(b)** (Fotboll: = ~ kick) hörna, hörnspark
2 vt **(a)** (djur etc) tränga in (i ett hörn); (bildl) ställa mot väggen; (rymling etc) inringa **(b)** (Handel: marknad) lägga under sig, monopolisera
3 vi (Motor) ta kurvor
corner·stone ['kɔːnəstəun] s (eg) hörnsten; (bildl) grund(val)
cor·net ['kɔːnɪt] s **(a)** (Mus) kornett **(b)** (Brit) (glass)strut
corn·field ['kɔːnfiːld] s (Brit) vetefält, (ibl) sädesfält; (Am) majsfält
corn·flakes ['kɔːnfleɪks] spl cornflakes, (majs)flingor
corn·flour ['kɔːnflauər] s (Brit) majsenamjöl
cor·nice ['kɔːnɪs] s (Arkit) kornisch, kranslist
Cor·nish ['kɔːnɪʃ] adj från Cornwall
corn·starch ['kɔːnstɑːtʃ] s (Am) = **cornflour**
corny ['kɔːnɪ] adj (-ier, -iest) (vard: skämt etc) larvig; (: film etc) sentimental
cor·ol·lary [kə'rɒlərɪ, (Am) 'kɒrəˌlærɪ] s logisk följd
coro·nary ['kɒrənərɪ] **1** adj (kärl etc) krans- **2** s (äv: ~ thrombosis) se **thrombosis**
coro·na·tion [ˌkɒrə'neɪʃən] s kröning
coro·ner ['kɒrənər] s coroner, undersökningsdomare
coro·net ['kɒrənɪt] s (adlig) krona; (smycke) diadem
cor·po·ral ['kɔːpərəl] **1** adj kropps-; ~ **punishment** (kropps)aga **2** s (Mil) korpral
cor·po·rate ['kɔːpərɪt] adj gemensam; ~ **body** korporation
cor·po·ra·tion [ˌkɔːpə'reɪʃən] s (i allm) korporation; (Brit) statligt bolag; (Am) aktiebolag; (i kommun) styrelse
corps [kɔːr] s, pl **corps** [kɔːz] (Mil) kår; **diplomatic** ~ diplomatisk kår; **press** ~ pressekretariat
corpse [kɔːps] s lik
cor·pu·lence ['kɔːpjuləns] s korpulens
cor·pu·lent ['kɔːpjulənt] adj korpulent
cor·pus·cle ['kɔːpʌsl] s (Anat) blodkropp
cor·ral [kə'ræl] s (i sht Am) **(a)** inhägnad för boskap **(b)** (ring av prärievagnar) vagnborg
cor·rect [kə'rekt] **1** adj **(a)** (svar etc) rätt, riktig; (tid etc) exakt, rätt; (beräkning etc) riktig; **is this spelling** ~? är det korrekt/rätt stavat? **you are** ~ du har rätt **(b)** (klädsel, uppträdande etc) korrekt **2** vt (i allm) rätta; (sjukdom etc) avhjälpa; (felaktighet) ändra, rätta; (skrivningar) rätta; (tillrättavisa) straffa; **I stand** ~**ed** jag erkänner att jag hade fel; **to** ~ **proofs** läsa korrektur
cor·rec·tion [kə'rekʃən] s (av uppträdande etc) tillrättavisande; (i skrivning etc) rättelse
cor·rec·tion·al [kə'rekʃən'l] adj (Jur) kriminalvårds-
cor·rect·ly [kə'rektlɪ] adv (svara) rätt, korrekt; (uppskatta) exakt; (uppföra sig etc) korrekt, passande
cor·re·late ['kɒrɪleɪt] **1** vt korrelera (with med),

sätta i relation (*with* till)   **2** *vi* stå i relation (*with* till)

cor·re·la·tion [ˌkɒrɪ'leɪʃən] *s* korrelation, samband

cor·re·spond [ˌkɒrɪs'pɒnd] *vi*   (**a**) (*passa*) stämma (*with* med); (*vara liktydig*): **to** ~ (**to**) motsvara   (**b**) (*korrespondera*) brevväxla (*with* med)

cor·re·spond·ence [ˌkɒrɪs'pɒndəns] *s*   (**a**) (*likhet*) överensstämmelse (*between* mellan)   (**b**) (*brev*) korrespondens, brevväxling; **to be in** ~ **with sb** brevväxla med ngn; ~ **column** insändarspalt; ~ **course** korrespondenskurs

cor·re·spond·ent [ˌkɒrɪs'pɒndənt] *s* (*i allm*) brevskrivare; (*Press*) korrespondent

cor·res·pond·ing [ˌkɒrɪs'pɒndɪŋ] *adj* motsvarande

cor·ri·dor ['kɒrɪdɔː'] *s* korridor

cor·robo·rate [kə'rɒbəreɪt] *vt* bekräfta

cor·robo·ra·tion [kəˌrɒbə'reɪʃən] *s* bekräftelse

cor·rode [kə'rəud]   **1** *vt* fräta på   **2** *vi* frätas bort/sönder, korrodera

cor·ro·sion [kə'rəuʒən] *s* (*av rost etc*) korrosion, frätning

cor·ro·sive [kə'rəuzɪv] *adj* (*eg*) frätande; (*bildl*) nedbrytande: *unemployment has a* ~ *effect*; (*anmärkning*) sarkastisk

cor·ru·gat·ed ['kɒrəgeɪtɪd] *adj* (*i allm*) veckad; (*plåt*) korrugerad; ~ **cardboard** wellpapp

cor·rupt [kə'rʌpt]   **1** *adj* (*lastbar*) depraverad; (*som tar mutor etc*) korrumperad; (*text, språk*) förvanskad; ~ **practices** oegentligheter, korruption; förvanskning   **2** *vt* (*moraliskt*) fördärva; (*domare etc*) muta

cor·rup·tion [kə'rʌpʃən] *s* (*se* **corrupt**) fördärvande; korruption; förvanskning

cor·set ['kɔːsɪt] *s* (*damplagg*) korsett; (*Med*) korsett

Cor·si·ca ['kɔːsɪkə] *s* Korsika

cor·tège [kɔː'teɪʒ] *s* kortege, procession

cor·ti·sone ['kɔːtɪzəun] *s* kortison

cos [kɒs] *konj* (*talspråk*: = *because*) (där)för att

cosh [kɒʃ] (*Brit*)   **1** *s* batong   **2** *vt* (*vard*) klippa till (med batong)

cos·met·ic [kɒz'metɪk]   **1** *adj* kosmetisk, skönhets-; ~ **surgery** skönhetsoperation; ~ **pre·paration** skönhetsmedel   **2** *s* (*ofta pl*) skönhetsmedel, kosmetika

cos·mic ['kɒzmɪk] *adj* kosmisk

cos·mo·naut ['kɒzmənɔːt] *s* (*sovjetisk*) rymdfarare, kosmonaut

cos·mo·poli·tan [ˌkɒzmə'pɒlɪtən] *adj* kosmopolitisk

cos·mos ['kɒzmɒs] *s* kosmos, världsalltet

cos·set ['kɒsɪt] *vt* klema med, skämma bort

cost [kɒst]   **1** *s* (*utgift: ofta pl*) kostnad(er); (*pris*) kostnad; (*Jur*): ~**s** rättegångskostnader; **to bear the** ~ **of** (*eg*) stå för, bekosta; (*bildl*) bära bördan av; **at great** ~ (*eg*) med stora kostnader (*to* för); (*bildl*) till stort förfång (*to* för); **at** ~ (**price**) för/till självkostnadspris; **at all** ~**s**, **at any** ~ (*bildl*) till varje pris; **whatever the** ~ (*bildl*) kosta vad det kosta vill; **to my** ~ av egen dyrköpt erfarenhet; **at the** ~ **of** (*bildl*) på bekostnad av; ~ **of living** levnadskostnader   **2** *vt*   (**a**) *imperf, perf part* **cost** kosta; **how much does it** ~? hur mycket/vad kostar det?; **what will it** ~ **to have it repaired?** vad kostar det att få den lagad/laga den?; **it** ~ **him a lot of money** det kostade honom mycket pengar; **it** ~**s the earth** (*vard*) det är svindyrt, det kostar skjortan; **it** ~ **him his life** det kostade honom livet; **it** ~**s nothing to be polite** det kostar ingenting att vara hövlig; **whatever it** ~**s** (*eg*) hur mycket som helst; (*bildl*) till varje pris   (**b**) *imperf, perf part* ~**ed** (*varor*) prissätta; (*arbete*) kostnadsberäkna

co-star ['kəustɑː'']   **1** *s* motspelare   **2** *vi* spela mot (varandra); **to** ~ **with sb** spela mot ngn

cost-effective [ˌkɒstɪ'fektɪv] *adj* lönande, lönsam

cos·ter·mon·ger ['kɒstəˌmʌŋgə'] *s* (*Brit*) gatuförsäljare (*av frukt och grönsaker*)

cost·ing ['kɒstɪŋ] *s* kalkyl, kostnadsberäkning

cost·ly ['kɒstlɪ] *adj* (*misstag*) dyrbar, kostsam; (*smycke*) dyrbar; (*projekt*) kostsam

cost-of-living ['kɒstəv'lɪvɪŋ] *adj*: ~ **allowance** dyrortstillägg; ~ **index** levnadskostnadsindex

cos·tume ['kɒstjuːm] *s* (*nationaldräkt*) folkdräkt; (*Teat*) kostym; (*utklädsel*) maskerad-/kostym|-dräkt; (*åld: för damer*) promenaddräkt; (= *bathing* ~) baddräkt; ~ **ball** maskeradbal; ~ **drama** kostym/drama|-pjäs; ~ **jewellery** bijouterier

cosy ['kəuzɪ]   **1** *adj* (**-ier, -iest**) (*rum etc*) trevlig, bekväm; (*kläder*) (*varm och*) skön; **to be** ~ ha det skönt   **2** *s* (= *tea* ~) tehuv; (= *egg* ~) äggvärmare

cot [kɒt] *s* (*Brit*) barnsäng; (*Am*) turistsäng

cot·tage ['kɒtɪdʒ] *s* stuga; ~ **cheese** (*färskostmassa*) keso; ~ **hospital** (*Brit*) sjukstuga; ~ **industry** hemindustri; ~ **loaf** (*Brit*) bröd i *form av* stor bulle med en liten bulle ovanpå; ~ **pie** (*Brit*) köttpaj med potatismos

cot·ton ['kɒtn] *s* (*material*) bomull; (*växt*) bomull(sbuske); (*sytråd*) bomullstråd; ~ **candy** (*Am*) sockervadd; ~ **industry** bomullsindustri; ~ **mill** bomullsspinneri; ~ **wool** (*Brit*) bomull(svadd)

♦ **cotton on** *vi* + *adv* (*vard*): **to** ~ **on** (**to sth**) fatta/begripa (ngt)

couch [kautʃ] *s* (*i allm*) soffa; (*på läkarmottagning*) brits, bänk   **2** *vt* (*om ordalydelse*) uttrycka: *the answer was* ~*ed in friendly terms*

cou·chette [kuː'ʃet] *s* (*på tåg etc*) liggvagnsplats

cough [kɒf]   **1** *s* (*enstaka*) hostning; (*sjukdom*) hosta; **to have a bad** ~ ha besvärlig hosta; ~ **drop/lozenge** hosttablett; ~ **mixture** hostmedicin   **2** *vi* (*person, bilmotor*) hosta

♦ **cough up**   **1** *vt* + *adv* (*slem etc*) hosta upp; (*bildl vard: pengar*) hosta upp   **2** *vi* + *adv* (*bildl vard*) pröjsa, betala

could [kud] *imperf, kond av* **can**

couldn't ['kudnt] = **could not**

coun·cil ['kaunsl] *s* (*av ministrar etc*) råd(sförsamling); (*i kommun*) fullmäktige; (*sammanträde*) rådsmöte; **city/town** ~ stadsfullmäktige; ~ **of war** krigsråd; **the Security C**~ (*i FN*) säkerhetsrådet; ~ **house** (*Brit*) kommunalägd bostad; ~ **housing estate** kommunalägt bostadsområde

coun·cil·lor ['kaunslə'] *s* (*i allm*) rådsmedlem; (*kommun-*) fullmäktigledamot

coun·sel ['kaunsəl]   **1** *s*   (**a**) (*rådplägning*) överläggning; **to hold/take** ~ (**with sb**) **about sth** rådgöra (med ngn) om ngt; **to keep one's own** ~ behålla sina tankar för sig själv   (**b**) (*Jur: pl lika*) advokat *vid rättegång*; ~ **for the defence** försvarsadvokat; ~ **for the prosecution** åklagare; **Queen's/King's C**~ (*titel för framstående rättegångsadvokat*) 'kunglig advokat'   **2** *vt* (*frm*) tillråda, mana

coun·sel·lor, (*Am*) **coun·se·lor** ['kaunslə'] *s* (*i allm*) rådgivare; (*Am äv*) advokat

count[1] [kaunt]   **1** *s*   (**a**) (*i allm: vanl ingen pl*) sammanräkning; (*av röster*) sammanräkning; (*Boxning*) räkning; **at the last** ~ vid senaste sammanräkningen; **to be out for the** ~ (*Boxning*) bli uträknad; (*vard*) vara alldeles vack/borta; **to keep** ~ **of sth** hålla räkning på; **you made me lose** ~ du fick mig att tappa räkningen   (**b**) (*Jur*) åtalspunkt   **2** *vt*   (**a**) (*i allm*) räkna; **to** ~ **twenty** räkna till tjugo; **to** ~ **one's change** räkna sin växel; **don't** ~ **your chickens before they're hatched** (*ordspr*) sälj inte skinnet innan björnen är skjuten; **to** ~

sheep *(bildl)* räkna får; **to** ~ **the cost of** *(eg)* beräkna kostnaden av; *(bildl)* tänka på följderna av; **without** ~**ing the cost** *(eg, bildl)* utan att tänka på vad det kostar; ~ **your blessings** var glad för det du har   **(b)** *(inkludera)* inberäkna, räkna in; *(anse)* räkna *(among* bland/till); **not** ~**ing the children** om man inte räknar med/in barnen; **10** ~**ing him** 10 om man räknar med honom; **he was** ~**ed among the greatest musicians of his era** han räknades till sin tids största musiker; ~ **yourself lucky** (du kan) skatta dig lycklig; **will you** ~ **it against me?** kommer du att lägga mig det till last?; **I** ~ **it an honour (to do/that...)** jag räknar det som en ära (att göra/att...)
  3 *vi* **(a)** *(i allm)* räkna; **to** ~ **(up) to 10** räkna (ända) till 10; ~**ing from today** räknat från i dag; ~**ing from the left** räknat från vänster   **(b)** *(gälla)* räknas; **two children** ~ **as one adult** två barn räknas som en vuxen; **that doesn't** ~ det räknas inte; **it will** ~ **against him** det kommer att läggas honom till last; **it** ~**s for very little** det väger inte särskilt tungt
♦ **count in** *vt + adv* räkna med; ~ **me in!** *(vard)* räkna med mig (också)!
♦ **count on** *vi + prep* räkna med; **we're** ~**ing on him** vi räknar med honom; **to** ~ **on doing sth** räkna med att göra ngt
♦ **count out** *vt + adv*   **(a)** *(Boxning)* räkna ut   **(b)** *(pengar)* räkna upp   **(c)** *(vard):* ~ **me out!** räkna inte med mig!
♦ **count up** *vt + adv* räkna ihop
♦ **count upon** *vi + prep* = **count on**
count² [kaʊnt] *s (utländsk)* greve
count·able [ˈkaʊntəbl] *adj* möjlig att räkna; *(Språkv):* ~ **noun** *(pluralbildande)* substantiv som går att räkna; **is this income** ~ **for tax purposes?** ska den här inkomsten tas upp till beskattning?
count·down [ˈkaʊntdaʊn] *s* nedräkning
coun·te·nance [ˈkaʊntɪnəns] *(frm)* **1** *s* **(a)** *(min)* ansiktsuttryck; **to keep one's** ~ hålla sig för skratt, hålla masken   **(b)** *(ingen pl: stöd)* uppmuntran   **2** *vt* tillåta, gå med på
count·er¹ [ˈkaʊntəʳ] *s* **(a)** *(i affär etc)* disk; *(i bank etc)* lucka; **to buy under the** ~ *(bildl)* köpa svart; **to buy over the** ~ *(medicin)* köpa receptfritt   **(b)** *(i spel)* mark, bricka   **(c)** *(Tekn)* räknare
coun·ter² [ˈkaʊntəʳ] **1** *adv:* ~ **to** tvärtemot; **to run** ~ **to** strida mot   **2** *vt (i allm):* **to** ~ **sth with sth/by doing sth** bemöta ngt med ngt/med att göra ngt; *(Boxning)* kontra; *(attack)* besvara, möta   **3** *vi* *(Boxning)* kontra *(with* med); *(fråga)* bemöta *(with* med)
counter- [ˈkaʊntəʳ] *prefix* mot-
counter·act [ˌkaʊntəˈrækt] *vt* motverka
counter-attack [ˈkaʊntərəˌtæk] **1** *s* motanfall   **2** *vt* göra motanfall mot   **3** *vi* göra motanfall
counter-attraction [ˈkaʊntərəˌtrækʃən] *s* konkurrerande lockelse/attraktion
counter·bal·ance [ˈkaʊntəˌbæləns] **1** *s (eg, bildl)* motvikt   **2** [ˌkaʊntəˈbæləns] *vt (eg)* uppväga; *(bildl)* motverka, uppväga
counter-clockwise [ˌkaʊntəˈklɒkwaɪz] *adv* moturs, motsols
counter-espionage [ˌkaʊntərˈespɪɒnɑːʒ] *s* kontraspionage
counter·feit [ˈkaʊntəfiːt] **1** *adj* förfalskad   **2** *s* förfalskning   **3** *vt* förfalska
counter·foil [ˈkaʊntəfɔɪl] *s (i sht Brit)* talong
counter·in·tel·li·gence [ˌkaʊntərɪnˈtelɪdʒəns] *s* = counter-espionage
counter·mand [ˈkaʊntəmɑːnd] *vt (order etc)* återkalla, upphäva
counter-measure [ˈkaʊntəˌmeʒəʳ] *s* motåtgärd

counter-offensive [ˈkaʊntərəˌfensɪv] *s* motoffensiv
counter·pane [ˈkaʊntəpeɪn] *s* sängöverkast
counter·part [ˈkaʊntəpɑːt] *s (i allm)* motsvarighet; *(kopia)* dublett; *(Teat)* motspelare
counter·point [ˈkaʊntəˌpɔɪnt] *s (Mus)* kontrapunkt
counter-productive [ˌkaʊntəprəˈdʌktɪv] *adj* med motsatt verkan; **be** ~ motverka sitt eget syfte
counter-revolution [ˌkaʊntərevəˈluːʃən] *s* kontrarevolution
counter·sign [ˈkaʊntəsaɪn] *vt* kontrasignera
counter·sink [ˈkaʊntəsɪŋk] *imperf, perf part* **countersunk** [ˈkaʊntəsʌŋk] *vt (skruv etc)* försänka
counter·tenor [ˈkaʊntəˌtenəʳ] *s (Mus: manlig alt)* countertenor
coun·tess [ˈkaʊntɪs] *s* grevinna
count·less [ˈkaʊntlɪs] *adj* oräknelig; **on** ~ **occasions** vid otaliga tillfällen
coun·try [ˈkʌntrɪ] *s* **(a)** *(i allm)* land; *(fädernesland)* fosterland; **to go to the** ~ *(Pol)* utlysa allmänna val; **to die for one's** ~ dö för sitt (foster)land   **(b)** *(ingen pl)* landsbygd; *(område)* trakt; **in the** ~ på landet; **there is some lovely** ~ **further south** det finns underbara trakter längre söderut; **mountainous** ~ bergstrakter; **unknown** ~ *(äv bildl)* okänt område; ~ **bumpkin** *(neds)* bondlurk; ~ **cousin** *(bildl)* kusin från landet; ~ **dancing** folkdans; ~ **dweller** landsortsbo; ~ **road** *(mindre)* landsväg; ~ **and western** *(musik)* country and western
country·man [ˈkʌntrɪmən] *s, pl* **-men** *(från samma land)* landsman; *(som bor på landet)* lantbo
country·side [ˈkʌntrɪsaɪd] *s* landsbygd; **the** ~ landet
country-wide [ˈkʌntrɪˌwaɪd] *adj* landsomfattande
coun·ty [ˈkaʊntɪ] *s (Brit: ung län)* grevskap; *(Am: förvaltningsområde i delstat: ung)* kommun; ~ **council** *(Brit: ung)* landsting; ~ **court** *(ung)* tingsrätt; ~ **town** *(i county)* huvudort
coup [kuː] *s (Pol: äv:* ~ **d'état** [ˈkuːdeɪˈtɑː]*)* (stats)kupp; *(succé)* fullträff
coupé [ˈkuːpeɪ] *s (Motor)* kupé
cou·ple [ˈkʌpl] **1** *s (två)* par; *(* = **married** ~*)* gift par; *(vard: två el tre):* **a** ~ **of** några   **2** *vt* **(a)** para, koppla ihop *(with* med); ~**d with** i förening med, tillsammans med   **(b)** *(Tekn)* koppla ihop
cou·pon [ˈkuːpɒn] *s (lunch- etc)* kupong; *(på cigarettpaket etc)* flik; *(rabatt-)* kupong; *(ransonerings-)* kupong; **football pool** ~ tipskupong
cour·age [ˈkʌrɪdʒ] *s* mod; **I haven't the** ~ **to refuse** jag har inte mod att vägra; **to have the** ~ **of one's convictions** våga stå för sin övertygelse; **to take one's** ~ **in both hands** ta mod till sig; **to take** ~ **from** hämta mod från
cour·a·geous [kəˈreɪdʒəs] *adj* modig
cour·gette [ˈkʊəʒet] *s (Brit: slags pumpa)* squash, zucchini
cou·ri·er [ˈkʊrɪəʳ] *s (budbärare)* kurir; *(för turister)* reseledare
course [kɔːs] **1** *s* **(a)** *(färdriktning)* kurs; *(flods)* lopp; *(planets)* bana; *(skepps)* kurs; **to set** ~ **for** *(Sjö)* sätta kurs på; **to change** ~ *(Sjö, bildl)* ändra kurs; **to go off** ~ komma ur kursen; **to stay on** ~/**hold one's** ~ hålla kursen; ~ **of action** *(bildl)* tillvägagångssätt; **we have no other** ~ **but to...** vi har ingen annan utväg att...; **there are several** ~**s open to us** det finns flera utvägar öppna för oss; **the best** ~ **would be to...** det bästa (sättet) vore att...; **to let things/events take** *el* **run their** ~ låta saker och ting ha sin gång; **to change the** ~ **of history** ändra historiens lopp; **as a matter of** ~ (som om det vore) självklart; **to expect/accept sth as a matter of** ~ ta ngt för givet; **in the** ~ **of** under (loppet av); **in the** ~ **of time** med tiden; **in due** ~ i sinom tid; **in the normal/ordinary** ~ **of**

events i normala fall; **in the** ~ **of conversation** under samtalets gång; **in the** ~ **of construction** *(om hus)* under uppförande; **in the** ~ **of the next few days** under (loppet av) de närmaste dagarna (**b**): **of** ~ *el (vard)* ~ naturligtvis; **yes, of** ~! ja visst!; **(no) of** ~ **not!** (nej) naturligtvis inte; **of** ~ **you can** visst kan du det; **of** ~ **I won't do it** det är klart att jag inte gör (**c**) *(Skol, Univ)* kurs; *(Med)* kur; **to take a** ~ **in French/go on a French** ~ gå på (en) kurs i franska; **to follow/give a** ~ **of lectures on a subject** gå på/hålla en föreläsningsserie i ett ämne; **a** ~ **of treatment** *(Med)* en behandlingskur (**d**) *(Sport)* bana; **golf** ~ golfbana; **race** ~ kapplöpningsbana (**e**) *(Matl)* rätt; **a three-**~ **meal** en måltid med tre rätter **2** *vi (vatten etc)* rinna; *(tårar)* strömma; **it sent the blood coursing through his veins** det fick blodet att rinna fortare genom hans ådror

court [kɔːt] **1** *s* (**a**) *(Jur: i allm)* domstol; *(: lokal)* rättssal; *(: session)* rättegångsförhandlingar; **the** ~ rättens ledamöter; ~ **of appeal** appellationsdomstol; ~ **of inquiry** undersökningsdomstol; **to take sb to** ~ **(over sth)** dra ngn inför rätta (för ngt); **to settle (a case) out of** ~ avgöra (ett mål) genom förlikning; **to rule sth out of** ~ avvisa ngt som bevisning; *(bildl)* avfärda ngt; **he was brought before the** ~ **on a charge of theft** han ställdes inför rätta anklagad för stöld; *se äv* **crown 1 a, high 4, supreme** (**b**) *(Tennis)* plan, bana (**c**) *(kungligt)* hov; ~ **card** *(i kortlek)* klätt kort, målare **2** *vt* (**a**) *(kvinna)* uppvakta (**b**) *(popularitet etc)* tigga; *(ödet etc)* utmana **3** *vi (par)* ha sällskap; **a** ~**ing couple** ett förälskat par

cour·teous [ˈkɜːtɪəs] *adj* hövlig

cour·tesy [ˈkɜːtɪsɪ] *s (i allm)* artighet; **by** ~ **of** genom vänligt tillmötesgående av; **the champagne arrived by** ~ **of the management** champagnen kom som gåva från direktionen; **you might have had the** ~ **to tell me** du kunde gärna ha berättat det för mig; **to exchange courtesies** utbyta artigheter; ~ **coach** *(till hotell etc)* gratis buss; ~ **light** *(Motor)* innerbelysning; ~ **visit** artighetsvisit

court·house [ˈkɔːthaʊs] *s (Am)* domstolsbyggnad

cour·ti·er [ˈkɔːtɪəʳ] *s* hovman

court-martial [ˈkɔːtˈmɑːʃəl] **1** *s* krigsrätt **2** *vt* ställa inför krigsrätt

court·ship [ˈkɔːtʃɪp] *s (Zool)* parningslek; *(period av)* uppvaktning

court·yard [ˈkɔːtjɑːd] *s* gård(splan)

cous·in [ˈkʌzn] *s* (**a**) *(äv:* **first** ~) kusin; **second** ~ syssling (**b**) *(friare)* släkting

cove [kəʊv] *s (Geogr)* liten vik

cov·enant [ˈkʌvɪnənt] **1** *s* (**a**) *(Jur)* avtal; **deed of** ~ avtalsdokument (**b**) *(i Bibeln)* förbund **2** *vt* förbinda sig till; **to** ~ **£20 per year to a charity** förbinda sig att betala 20 pund om året till välgörande ändamål

Cov·en·try [ˈkɒvəntrɪ] *s*: **to send sb to** ~ *(bildl)* frysa ut ngn

cov·er [ˈkʌvəʳ] **1** *s* (**a**) *(på burk etc)* lock; *(på möbler etc)* överdrag; *(på säng)* överkast; *(: ofta pl)* filt (**b**) *(till bok)* pärm, omslag; *(till tidskrift)* omslag; ~ **girl** omslagsflicka (**c**) *(Handel)* kuvert; **under separate** ~ (i) separat *(försändelse)*; **to read a book from** ~ **to** ~ läsa en bok från pärm till pärm (**d**) *(ingen pl: för oväder etc)* skydd; *(: plats att gömma sig)* gömställe; *(: under strid)* skyddande eld; **to take** ~ ta skydd, gömma sig *(from* för); *(Mil)* ta betäckning; **to break** ~ *(från gömställe)* komma fram; **under** ~ i skydd; **under** ~ **of darkness** i skydd av mörkret (**e**)

(ingen pl: Ekon, Försäkring) täckning; **without** ~ *(Ekon)* utan täckning; **full** ~ *(Försäkring)* fullt skydd, helförsäkring; ~ **note** försäkringsintyg (**f**) *(i spioneri etc)* täckmantel (**g**) *(frm: bords-)* kuvert; ~ **charge** kuvertavgift

2 *vt* (**a**) *(i allm)* täcka (över) *(with* med); *(bildl):* ~**ed with shame** fylld av skam; **to** ~ **oneself with glory** överhöljas av ära (**b**) *(känslor etc)* dölja; *(oljud)* dämpa (**c**) *(Mil, Sport)* täcka; *(Försäkring)* försäkra; **he only said that to** ~ **himself** han sa det bara för att rädda sitt eget skinn; **I've got you** ~**ed!** jag har dig på kornet! (**d**) *(kostnad)* täcka; *(inkludera)* täcka; **£10 will** ~ **everything** 10 pund räcker till allt; **we must** ~ **all possibilities** vi måste täcka alla möjligheter (**e**) *(avstånd)* avverka, tillryggalägga; **we** ~**ed 6 miles in one hour** vi avverkade en mil på en timme; **to** ~ **a lot of ground** *(eg, bildl)* hinna långt, hinna med mycket (**f**) *(Tidn: nyhet etc)* bevaka

3 *vi:* **to** ~ **for sb** *(på jobbet etc)* hoppa in i ngns ställe

♦ **cover over** *vt* + *adv* täcka över

♦ **cover up 1** *vt* + *adv* (**a**) *(barn, föremål)* bre över, täcka över (**b**) *(bildl: gömma)* skyla över; **to** ~ **up one's tracks** *(eg, bildl)* sopa igen spåren **2** *vi* + *adv* (**a**) *(varmt)* klä (på) sig (**b**) *(bildl):* **to** ~ **up for sb** skyla över

cov·er·age [ˈkʌvərɪdʒ] *s (Press)* bevakning; **to give full** ~ **to an event** ge en händelse full bevakning; **the visit got nationwide** ~ besöket fick landsomfattande bevakning

cover·alls [ˈkʌvərɔːlz] *spl (Am)* overall

cov·er·ing [ˈkʌvərɪŋ] *s* täcke; **a** ~ **of snow/dust/ icing** ett snö-/damm-/is|täcke; ~ **letter** följebrev

cov·ert [ˈkʌvət] *adj (i allm)* hemlig; *(anfall)* förtäckt; *(blick)* förstulen

cover-up [ˈkʌvərʌp] *s (bildl: av fakta)* mörkläggning

cov·et [ˈkʌvɪt] *vt* begära, trakta efter

cov·et·ous [ˈkʌvɪtəs] *adj (person)* sniken, hagalen; *(blick)* lysten

cow [kaʊ] **1** *s (Zool)* ko; *(vard neds: kvinna)* kossa; ~ **elephant** elefanthona **2** *vt (person)* skrämma; **a** ~**ed look** en kuvad blick

cow·ard [ˈkaʊəd] *s* feg stackare, ynkrygg

cow·ard·ice [ˈkaʊədɪs] *s,* **cow·ard·li·ness** [ˈkaʊədlɪnɪs] *s* feghet

cow·ard·ly [ˈkaʊədlɪ] *adj (person, handling)* feg

cow·boy [ˈkaʊbɔɪ] *s* cowboy; **to play** ~**s and Indians** leka indianer och vita

cow·er [ˈkaʊəʳ] *vi* krypa ihop

cow·hide [ˈkaʊhaɪd] *s* kohud

cowl [kaʊl] *s* huva; **monk's** ~ munkkåpa

cow·man [ˈkaʊmən] *s, pl* **-men** ladugårdskarl

cow·shed [ˈkaʊʃed] *s* ladugård

cow·slip [ˈkaʊslɪp] *s (Bot)* gullviva

cox [kɒks] **1** *s (som styr i kapproddbåt)* cox, styrman **2** *vt, vi (roddbåt)* styra

cox [kɒks] *förk f* **Cox's Orange Pippin** [ˈpɪpɪn] *(äpplesort)* cox orange

coy [kɔɪ] *adj (-er, -est) (i allm)* blyg; *(neds)* tillgjort blyg

coy·ote [ˈkɔɪəʊt, kɔɪˈəʊtɪ] *s* prärievarg

cozy [ˈkəʊzɪ] *adj =* **cosy**

crab [kræb] **1** *s (Zool)* krabba; ~ **apple** *(träd)* vildapel; *(frukt)* vildäpple

crab·by [ˈkræbɪ] *adj,* **crab·bed** [ˈkræbɪd] *adj (vard)* sur, retlig

crack [kræk] **1** *s* (**a**) *(i allm)* spricka; *(i hud)* fåra; **at the** ~ **of dawn** i gryningen; **through the** ~ **in the door** genom dörrspringan (**b**) *(av grenar)* knakande; *(av gevär, piska, åska)* smäll (**c**) *(hårt)* slag; **a** ~ **on the head** ett slag i huvudet (**d**) *(vard):* **to have a** ~ **at sth** försöka

sig på ngt (e) *(vard: elakt)* skämt; **he made a silly ~ about our new car** han gjorde en dum kommentar om vår nya bil 2 *adj (förstaklass)* elit; **~ gymnast** elitgymnast; **~ shot** mästerskytt 3 *vt* (a) *(i allm)* spräcka; *(nöt, ägg)* knäcka; *(vard: kassaskåp)* spränga; (: *dricka: en flaska vin)* knäcka; **to ~ one's skull** spräcka skallen; **to ~ sb over the head** klippa till ngn i huvudet (b) *(om ljud: med piska)* klatscha; (: *fingerleder)* få att knaka; **to ~ jokes** *(vard)* kläcka ur sig skämt (c) *(problem)* knäcka; *(fall)* lösa 4 *vi* (a) *(i allm)* spricka; *(röst)* brytas; **to ~ under the strain** *(person)* bryta samman av påfrestningen (b) *(gren)* knäckas; *(piska)* klatscha; **to get ~ing** *(vard)* sätta (lite) fart
♦ **crack down** *vi + adv:* **to ~ down on** ta itu med
♦ **crack up** *(vard)* 1 *vi + adv* klappa ihop 2 *vt + adv:* **he's not all he's ~ed up to be** han når inte upp till sitt rykte
cracked |krækt| *adj (vard: tokig)* rubbad
crack·er |'krækə'| *s* (a) *(Fyrverkeri)* smällare; (= *Christmas ~)* smällkaramell (b) *(smörgås-)* kex
crack·ers |'krækəz| *adj pred (tokig)* rubbad
crack·le |'krækl| 1 *s (vanl ingen pl: ljud: av brinnande trä)* sprakande; (: *i stekpanna)* fräsande; (: *i telefon)* knastrande 2 *vi (se 1)* spraka; fräsa; knastra
crack·ling |'kræklıŋ| *s* (a) *(ingen pl: Matl)* knaperstekt skinksvål (b) *(ljud) se* **crackle 1**
crad·le |'kreıdl| 1 *s* (a) *(för baby)* vagga; *(bildl: ursprung)* vagga (b) *(på telefon)* klyka (c) *(Byggn)* rörlig plattform 2 *vt* vagga
craft |krɑːft| *s* (a) *(yrke)* hantverk; (= *handicraft)* (hem)slöjd; *(ingen pl: förmåga)* skicklighet; **arts and ~s** konsthantverk (b) *(neds)* slughet, list (c) *(pl lika: farkost)* båt: **the harbour was full of small pleasure ~**
crafts·man |'krɑːftsmən| *s, pl* **-men** hantverkare
crafts·man·ship |'krɑːftsmənʃıp| *s (egenskap)* hantverksskicklighet; *(enstaka arbete):* **piece of ~ hantverk**
crafty |'krɑːftı| *adj* (-ier, -iest) *(person, handling)* listig, slug
crag |kræg| *s* klippbrant
crag·gy |'krægı| *adj* (-ier, -iest) *(klippa)* brant och skrovlig; *(ansiktsdrag)* kantig, skrovlig
cram |kræm| 1 *vt (mat, kläder etc)* proppa *(into* in i); **to ~ in** klämma in; **~med with people** fullpackad med folk; **his head is ~med with strange ideas** hans huvud är fullproppat med konstiga idéer; **the room was ~med with furniture** rummet var fullproppat med möbler; **she ~med her hat down over her eyes** hon tryckte ner hatten över ögonen; **to ~ oneself with food** proppa sig full med mat 2 *vi* (a) *(folk)* packa in sig *(into* i) (b) *(till tentamen)* plugga
cramp |kræmp| 1 *s (Med)* kramp; **writer's ~** skrivkramp 2 *vt (utveckling)* hämma; **to ~ sb's style** *(bildl vard)* hämma ngn
cramped |kræmpt| *adj (bostad etc)* trångbodd; *(handstil)* gnetig; *(ställning)* obekväm; **we are very ~ for space** vi har mycket ont om utrymme
cran·berry |'krænbərı| *s* tranbär
crane |kreın| 1 *s* (a) *(Zool)* trana (b) *(Tekn)* lyftkran; **overhead ~** travers; **~ driver** kranförare 2 *vt:* **to ~ one's neck** sträcka på halsen 3 *vi (äv: ~ forward)* sträcka sig fram; **to ~ to see sth** sträcka sig för att se ngt
crank |kræŋk| 1 *s* (a) *(Tekn)* vev (b) *(person)* original, excentrisk person; *(Am: argsint person)* surkart 2 *vt (Motor: äv: ~ up)* veva igång
crank·shaft |'kræŋkʃɑːft| *s* vevaxel
cranky |'kræŋkı| *adj* (-ier, -iest) *(person, idé)* excentrisk; *(Am)* sur
crap |kræp| *s (vard!)* (a) *(avföring)* skit (b) *(nonsens)* skitprat (c) *(lösa föremål)* skräp
crape |kreıp| *s* (a) = **crêpe** (b) *(sorg)flor*
crash |kræʃ| 1 *s* (a) *(oljud)* brak; *(åsk-)* småll, dunder (b) *(bil-)* olycka; *(flyg-)* olycka, krasch; **~ course** intensivkurs; **~ pad** *(vard)* primitiv övernattning, kvart; **~ barrier** *(Brit: Motor)* vägräcke; **~ helmet** störthjälm; **~ landing** kraschlandning (c) *(Ekon: på börsen)* krasch; (: *firma)* konkurs 2 *vt (bil)* kvadda; *(flygplan)* störta med; **he ~ed his head against the windscreen** han körde huvudet i vindrutan 3 *vi* (a) *(tallrik etc)* gå i kras; *(elefant etc)* braka fram; **to come ~ing down** falla ner med ett brak (b) *(med bil)* krocka; *(Flyg)* störta; **to ~ into/through** braka in i/genom (c) *(firma)* gå omkull, gå i konkurs; *(börsen)* kollapsa
crass |kræs| *adj (neds)* kolossal, enorm: **~ stupidity;** *(person, uppträdande)* grov, rå
crate |kreıt| *s (packlår)* spjällåda
cra·ter |'kreıtə'| *s* krater
cra·vat |krə'væt| *s* kravatt
crave |kreıv| 1 *vt* (a) *(mat, uppmärksamhet etc)* ha behov av (b) *(frm: tillgift)* be om; (: *tillstånd)* utbe sig, anhålla om 2 *vi:* **to ~ for = 1 a**
crav·ing |'kreıvıŋ| *s (mat etc)* begär *(for* efter)
craw·fish |'krɔːfıʃ| *s (Am)* = **crayfish**
crawl |krɔːl| 1 *s (långsam takt)* krypande; **the traffic went at a ~** trafiken kröp fram (b) *(Simning)* crawl; **to do the ~** crawla 2 *vi* (a) *(skadad person, hund etc)* släpa sig; *(barn)* krypa; *(tid, trafik etc)* krypa (fram); **to ~ into bed** sig i säng (b) *(vard):* **to ~ to sb** fjäska/krypa för ngn (c) *(myror etc)* krylla; **to be ~ing with vermin** krylla av ohyra
cray·fish |'kreıfıʃ| *s* kräfta
cray·on |'kreıən| *s (färg)krita*
craze |kreız| *s* mani, dille; **it's the latest ~** det är sista skriket
crazed |kreızd| *adj (blick, person)* förvirrad; *(keramisk glasyr)* krackelerad
cra·zy |'kreızı| *adj* (-ier, -iest) (a) *(galen, tokig, vansinnig;* **to go ~** bli galen; **~ with grief/anxiety** vansinnig av sorg/oro; **it was a ~ idea** det var en tokig idé; **you were ~ to do it** det var vansinnigt av dig att göra det (b) *(vard)* tokig *(about* i); **I'm not ~ about it** jag är inte så road av det (c) *(vinkel etc)* omöjlig; **~ paving** *(Brit: på stig, terrass etc)* beläggning med oregelbundna plattor
creak |kriːk| 1 *s (av trappa, sko etc)* knarrande; *(av gångjärn etc)* gnisslande 2 *vi (sko, trappa)* knarra; *(gångjärn)* gnissla
cream |kriːm| 1 *s* (a) *(i allm)* grädde; **single ~** tunn grädde, kaffegrädde; **double ~** tjock grädde, vispgrädde; **whipped ~** vispad grädde; **a chocolate ~** chokladpralin; **~ of tomato soup** (redd) tomatsoppa; **the ~ of society** *(bildl)* grädddan av samhället (b) *(ansikts-, sko- etc)* kräm; **shoe ~** skokräm; **face ~** ansiktskräm 2 *adj (färg)* krämfärgad, gräddfärgad; *(Matl)* grädd-; **~ cheese** mjuk gräddost: 'Philadelphia full fat ~ cheese'; **~ sherry** söt sherry 3 *vt (äv:* **~ together)** röra ihop; **~ed potatoes** potatismos med grädde
♦ **cream off** *vi + prep (bildl)* plocka ut det bästa av, skumma gräddan av
creamy |'kriːmı| *adj* (-ier, -iest) *(smak)* gräddig, len; *(konsistens)* krämig; *(färg)* gräddvit
crease |kriːs| 1 *s (på byxa)* (press)veck; *(på tyg)* skrynkla; *(i ansikte)* rynka 2 *vt (byxa)* pressa veck på; *(kläder)* skrynkla (ned); **his face was ~ed with laughter** *(bildl)* han skrattade så han blev skrynklig i ansiktet 3 *vi* skrynkla sig
crease-resistant |'kriːsrı,zıstənt| *adj* skrynkelfri
cre·ate |kriː'eıt| *vt (i allm)* skapa; *(oväsen)* åstad-

komma; *(problem, svårighet)* skapa; **to** ~ **a new fashion** skapa ett nytt mode; **he was** ~**d a peer by the Queen** han utnämndes till pär av drottningen
crea·tion |kriːˈeɪʃən| *s (handling)* skapande; *(konstverk etc)* skapelse; *(Mode)* kreation; **the C**~ skapelsen
crea·tive |kriːˈeɪtɪv| *adj* kreativ, skapande
crea·tiv·ity |ˌkriːeɪˈtɪvɪtɪ| *s* kreativitet, skaparförmåga
crea·tor |krɪˈeɪtəʳ| *s (upphovsman)* skapare; *(Rel):* **the C**~ Skaparen
crea·ture |ˈkriːtʃəʳ| *s (djur)* varelse; *(ömkansvärd person)* krake, varelse; **poor** ~! stackars krake!; **a** ~ **of habit** en vanemänniska; ~ **comforts** materiell bekvämlighet
crèche |kreɪʃ| *s (Brit)* barndaghem
cre·den·tials |krɪˈdenʃəlz| *spl (legitimation)* identitetspapper; *(intyg etc)* betyg, referenser
cred·ible |ˈkredɪbl| *adj (person, vittne etc)* trovärdig
cred·ibil·ity |ˌkredɪˈbɪlətɪ| *s* trovärdighet
cred·it |ˈkredɪt| **1** *s* **(a)** *(Ekon)* kredit; **to give sb** ~ ge ngn kredit; **you have £10 to your** ~ du har 10 pund till godo; **to buy on** ~ köpa på kredit; **is his** ~ **good?** är hans ekonomiska ställning god?; **on the** ~ **side** *(bildl)* på plussidan; ~ **card** kreditkort; ~ **facilities** kreditmöjligheter; ~ **note** *(Brit)* tillgodokvitto; ~ **rating** kreditbedömning; ~ **squeeze** kreditåtstramning **(b)** heder; **to his** ~, **I must point out that...** till hans heder måste jag framhålla att...; **he's a** ~ **to his family** han är en heder för sin familj; **to give sb** ~ **for sth** tro ngn om ngt; **I gave you** ~ **for more sense** jag trodde du hade mer förstånd; **it does you** ~ du har heder av den; **to take** ~ **for sth** ta åt sig äran för ngt **(c)** *(Film):* ~**s** förteckning över de medverkande **(d)** *(Univ: i sht Am)* poäng, betyg **2** *vt* **(a)** tro; **you wouldn't** ~ **it** du/man skulle inte tro det **(b)** tillerkänna, tilltro; **I** ~**ed him with more sense** jag trodde han hade mer förstånd; **he** ~**ed them with the victory** han gav dem äran av segern **(c)** *(Handel)* kreditera; **to** ~ **£5 to sb** *el* **to** ~ **sb with £5** kreditera ngn 5 pund
cred·it·able |ˈkredɪtəbl| *adj* aktningsvärd, hedrande
credi·tor |ˈkredɪtəʳ| *s* fordringsägare
credit·worthy |ˈkredɪtˌwɜːðɪ| *s* solvent
cre·du·lity |krɪˈdjuːlɪtɪ| *s* godtrogenhet, lättrogenhet
credu·lous |ˈkredjʊləs| *adj* godtrogen, lättrogen
creed |kriːd| *s (bön)* trosbekännelse; *(religion)* tro(slära)
creek |kriːk| *s (Brit)* liten vik; *(Am)* liten flod, bäck; **up the** ~ *(bildl)* åt skogen
creep |kriːp| *(v: imperf, perf part* **crept***)* **1** *vi (däggdjur)* krypa; *(orm)* kräla; *(växt: på marken)* krypa; *(: uppåt)* klättra; *(person: i hemlighet)* smyga sig; *(: på alla fyra)* krypa; *(bildl: känsla, sjukdom)* smyga sig på; *(trafik etc)* krypa; *(hos chef etc)* ställa sig in; **to** ~ **into one's bed** krypa ner i sängen; **it made my flesh** ~ det gjorde att det kröp i mig; **an error crept in** ett fel smög sig in **2** *s (vard):* **it gives me the** ~**s** det får mig att rysa; **he's a real** ~ han är ett riktigt äckel
creep·er |ˈkriːpəʳ| *s (Bot)* klätter-/kläng|växt; ~**s** *(Am: för baby)* krypbyxor
creepy |ˈkriːpɪ| *adj (-ier, -iest)* kuslig
creepy-crawly |ˌkriːpɪˈkrɔːlɪ| *s (vard)* kuslighet
cre·mate |krɪˈmeɪt| *vt* kremera
cre·ma·tion |krɪˈmeɪʃən| *s* kremering
crema·to·rium |ˌkreməˈtɔːrɪəm| *s* krematorium
creo·sote |ˈkrɪəsəʊt| **1** *s* kreosot **2** *vt* impregnera (med kreosotolja)
crêpe |kreɪp| **(a)** *(tyg)* kräpp; ~ **paper** kräpppapper; ~ **bandage** elastisk binda **(b)** *(äv:* ~

rubber) rågummi; ~ **sole** rågummisula
crept |krept| *imperf, perf part av* **creep**
cre·scen·do |krɪˈʃendəʊ| *s (Mus, bildl)* crescendo
cres·cent |ˈkresnt| **1** *adj* halvmånformig **2** *s (i allm)* månskära; *(i bebyggelse)* svängd gata
cress |kres| *s* krasse
crest |krest| *s (på våg)* vågkam; *(på berg)* bergskrön; *(på tupp)* kam; *(på hjälm)* hjälmbuske; *(Her)* vapen(sköld); **to be on the** ~ **of the wave** *(bildl)* ha vind i seglen
crest·fallen |ˈkrestˌfɔːlən| *adj* nedslagen; **to look** ~ se slokörad ut
Crete |kriːt| *s* Kreta
cret·in |ˈkretɪn| *s (vard neds)* kretin, idiot
cre·vasse |krɪˈvæs| *s (i glaciär etc)* spricka, rämna
crev·ice |ˈkrevɪs| *s (berg)* skreva
crew[1] |kruː| **1** *s (Sjö, Flyg)* besättning; *(ej officerare)* manskap; *(i kapprodd)* roddarlag; *(Film etc)* team, arbetslag; *(grupp)* gäng; **a happy** ~ ett glatt gäng; **a motley** ~ en brokig skara; ~ **cut: to have a** ~ **cut** *(frisyr)* vara snaggad **2** *vi:* **to** ~ **for sb** *(segling)* vara besättning(sman) åt ngn
crew[2] |kruː| *imperf av* **crow**
crib |krɪb| **1** *s* **(a)** *(vagga)* babykorg; *(Am)* barnsäng; *(Rel)* julkrubba; *(för djur)* krubba **(b)** *(Skol: hjälpreda för översättning)* lathund; *(: avskrift)* plagiat **2** *vt (Skol)* planka, skriva av
crick |krɪk| **1** *s (i nacken)* sendrag; *(i ryggen)* sträckning **2** *vt (i nacken)* få sendrag; *(i ryggen)* sträcka sig
crick·et[1] |ˈkrɪkɪt| *s (Zool)* syrsa
crick·et[2] |ˈkrɪkɪt| *s (Sport)* cricket; **that's not** ~ *(bildl)* det är inte rent spel; ~ **ball** cricketboll; ~ **match** cricketmatch
crime |kraɪm| *s (kriminalitet)* brottslighet; *(handling)* brott; **to commit a** ~ begå ett brott; **it's not a** ~! *(bildl)* det är inte brottsligt; **it's a** ~ *(bildl)* det är hemskt; ~ **wave** brottsvåg
Cri·mea |kraɪˈmɪə| *s* Krim
Cri·mean |kraɪˈmɪən| *adj* från Krim; **the** ~ **War** krimkriget
crimi·nal |ˈkrɪmɪnl| **1** *adj (handling)* brottslig, kriminell; *(lag)* straff-; *(bildl)* brottslig; **the C**~ **Investigation Department** *(förk* C.I.D.*)* kriminalpolisen i London; ~ **lawyer** brottsmålsadvokat; **to take** ~ **proceedings against sb** vidtaga rättsliga åtgärder mot ngn **2** *s* brottsling, förbrytare
crimi·nol·ogy |ˌkrɪmɪˈnɒlədʒɪ| *s* kriminologi
crim·son |ˈkrɪmzn| **1** *adj* blodröd, karmosinröd; **she went** ~ hon blev blodröd (i ansiktet) **2** *s* blodrött, karmosinrött
cringe |krɪndʒ| *vi (av skräck etc)* krypa ihop; *(fjäska)* krypa *(before* för); **it makes me** ~ det får det att krypa i mig
cring·ing |ˈkrɪndʒɪŋ| *adj (leende etc)* inställsam
crin·kle |ˈkrɪŋkl| *vt* skrynkla
crin·kly |ˈkrɪŋklɪ| *adj (-ier, -iest)* (*hår*) krullig; *(papper etc)* skrynklig
crip·ple |ˈkrɪpl| **1** *s (neds)* krympling; *(fysiskt el psykiskt)* handikappad (person) **2** *vt* **(a)** göra till invalid; ~**d with arthritis** invalidiserad av reumatism **(b)** *(flygplan etc)* göra obrukbar; *(export etc)* lamslå; **crippling taxes** förlamande skatter
cri·sis |ˈkraɪsɪs| *s, pl* **crises** |ˈkraɪsiːz| *(i allm)* kris; *(Med)* kris; **to come to a** ~ komma till ett avgörande; **we've got a** ~ **on our hands** vi har ett brådskande problem
crisp |krɪsp| **1** *adj (-er, -est)* *(kex etc)* mör, spröd; *(grönsaker)* spröd; *(papper)* fräsch, ny; *(lakan)* fräsch; *(luft)* frisk; *(sätt)* bestämd; *(stil)* klar; ~ **snow** skare **2** *s (Brit: = potato* ~*)* potatischips
criss-cross |ˈkrɪskrɒs| *adj (rader)* som går kors och

tvärs

cri·teri·on [kraɪ'tɪərɪən] *s, pl* **criteria** [kraɪ'tɪərɪə] kriterium

crit·ic ['krɪtɪk] *s (journalist etc)* kritiker, recensent; *(felfinnare)* kritiker; **literary** ~ *(akademiker)* litteraturvetare

criti·cal ['krɪtɪkəl] *adj* kritisk; **his condition is** ~ hans tillstånd är kritiskt; **a** ~ **essay** en kritisk essay; **to be** ~ **of** sb/sth vara kritisk mot ngn/ngt **a** ~ **success** *(bok etc)* en kritikerframgång

criti·cal·ly ['krɪtɪkəlɪ] *adv (i allm)* kritiskt; ~, **important** livsviktig; ~, **the film was a huge success, but...** hos kritikerna var filmen en stor framgång, men...

criti·cism ['krɪtɪsɪzəm] *s* **(a)** *(ingen pl)* kritik; **literary** ~ litteraturkritik; *(äv)* litteraturvetenskap **(b)** *(anmärkning)* kritisk synpunkt

criti·cize ['krɪtɪsaɪz] *vt (bedöma böcker etc)* kritisera, recensera; *(klandra)* kritisera

cri·tique [krɪ'tiːk] *s* kritik

croak[krəʊk] **1** *s (korps, persons)* kraxande; *(grodas)* kväkande **2** *vi (korp, person)* kraxa; *(groda)* kväka

cro·chet ['krəʊʃeɪ] **1** *s* virkning; ~ **hook** virknål **2** *vt, vi* virka

crock [krɒk] *s (lerkärl)* lerkruka; *(vard: person: äv: old* ~) *(gammalt)* skrälle; *(bil etc)* skrothög

crock·ery ['krɒkərɪ] *s (tallrikar, koppar, fat)* porslin

croco·dile ['krɒkədaɪl] *s* krokodil; ~ **tears** *(bildl)* krokodiltårar

cro·cus ['krəʊkəs] *s* krokus

croft [krɒft] *s (Skottl)* torp

croft·er ['krɒftər] *s (Skottl)* torpare

crois·sant ['krwɑːsãːŋ] *s* giffel

crone [krəʊn] *s (bildl)* häxa

cro·ny ['krəʊnɪ] *s (vard neds)* kumpan, kompis

crook [krʊk] **1** *s* **(a)** *(herdes)* stav **(b): the** ~ **of one's arm** *(kroppsdel)* armveck; *se äv* **hook 1 (c)** *(vard)* bedragare **2** *vt (arm)* kröka, böja; **to** ~ **one's finger** *(bildl)* vifta med lillfingret

crook·ed ['krʊkɪd] *adj* **(a)** *(rygg etc)* böjd; *(käpp)* med krycka; *(stig)* slingrande; *(leende)* sned; **that picture is** ~ den tavlan hänger snett **(b)** *(vard: oärlig)* ohederlig

croon [kruːn] *vt, vi* gnola, nynna

croon·er ['kruːnər] *s* smörsångare

crop [krɒp] **1** *s* **(a)** *(i allm)* gröda; *(avkastning)* skörd; *(bildl)* omgång; **a fresh** ~ **of students** en ny kull studenter; ~ **sprayer** bekämpningsspruta; *(flygplan)* besprutningsplan; ~ **spraying** växtbesprutning **(b)** *(Zool)* kräva **(c)** *(på piska)* piskskaft; *(= riding* ~) ridpiska **2** *vt (hår etc)* snagga; *(om får etc)* beta (av)

♦ **crop up** *vi + adv (bildl: problem etc)* dyka upp; **something must have** ~**ped up** någonting måste ha hänt/kommit emellan

crop·per ['krɒpər] *s:* **to come a** ~ *(vard)* stå på näsan; *(: bildl)* göra fiasko

cro·quet ['krəʊkeɪ] *s (spel)* krocket

cro·quette [krəʊ'ket] *s (Matl)* krokett; **fish** ~**s** fiskkroketter

cross [krɒs] **1** *s* **(a)** *(i allm)* kors; *(bomärke)* kryss; **to sign with a** ~ skriva under med ett kryss; **the C**~ *(Rel)* Korset; **we each have our** ~ **to bear** *(bildl)* vi har alla vårt kors att bära **(b)** *(Biol)* korsning; *(bildl)* mellanting; **it's a** ~ **between a horse and a donkey** det är en korsning mellan en häst och en åsna **(c)** *(om tyg)* diagonal; **cut on the** ~ skuret på snedden

2 *adj* **(-er, -est)** *(person)* arg; **to be/get** ~ **with sb (about sth)** vara/bli arg på ngn (för ngt); **it makes me** ~ **when...** jag blir arg när...; **don't be/get** ~ **with me** var/bli inte arg på mig

3 *vt* **(a)** *(tröskel, dike)* gå över; *(gata, hav etc)*

korsa, gå/fara (tvärs) över; **this road** ~**es the motorway** den här vägen korsar motorvägen; **it** ~**ed my mind that...** det föll mig in att...; **we'll** ~ **that bridge when we come to it** *(bildl)* den dagen den sorgen **(b)** *(check)* korsa **(c)** *(Rel)* göra korstecken över; **to** ~ **oneself** göra korstecknet **(d)** *(armar, ben etc)* korsa; **keep your fingers** ~**ed for me** håll tummen/tummarna för mig; ~ **my heart!** *(som löfte)* på hedersord!; **to** ~ **swords with sb** *(bildl)* kämpa mot ngn; **I got a** ~**ed line** *(Tele)* jag fick fel nummer; **they've got their lines** ~**ed** *(bildl)* de var inte på samma våglängd **(e)** *(person, plan)* hindra; **to be** ~**ed in love** ha otur i kärlek **(f)** *(djur, växter)* korsa

4 *vi* **(a)** *(från en sida till en annan)* gå över; *(rött ljus):* **don't** ~! vänta! **(b)** *(vägar)* korsa varandra **(c)** *(brev, människor)* gå om varandra: **our letters** ~**ed in the post**

♦ **cross off** *vt + adv* stryka från; ~ **these names off the list** stryk dessa namn från listan

♦ **cross out** *vt + adv* stryka över

♦ **cross over 1** *vi + adv (gå över gatan)* gå över; *(bildl)* byta sida **2** *vi + prep (gata, bro)* gå över

cross·bar ['krɒsbɑː] *s* tvärslå; *(på herrcykel)* stång, ram; *(Sport: på målbur)* ribba

cross·breed ['krɒsbriːd] *s* blandras

cross-Channel [ˌkrɒs'tʃænəl] *adj* som går över Engelska kanalen

cross-check [ˌkrɒs'tʃek] **1** *s* dubbelkontroll **2** *vt* göra en dubbelkontroll av, dubbelkolla *(vard)*

cross-country [ˌkrɒs'kʌntrɪ] *adj (löpning, skidåkning)* terräng-

cross-examination ['krɒsɪɡˌzæmɪ'neɪʃən] *s* korsförhör

cross-examine [ˌkrɒsɪɡ'zæmɪn] *vt (Jur)* korsförhöra; *(i allm: äv)* undersöka/kontrollera noga

cross-eyed ['krɒsaɪd] *adj* vindögd

cross-fire ['krɒsˌfaɪər] *s* korseld

cross·ing ['krɒsɪŋ] *s* **(a)** *(till sjöss)* överfart; *(över ekvatorn)* passage **(b)** *(gatu-, väg-)* korsning; *(= pedestrian* ~) övergångsställe; **level** ~ plankorsning; **school** ~ **patrol** *(ung)* skolpolis; **cross at the** ~ gå över vid övergångsstället

cross-legged [ˌkrɒs'leɡɪd] *adj, adv* med benen i kors

cross·ly ['krɒslɪ] *adv* argt, ilsket

cross·patch ['krɒspætʃ] *s (vard)* surkart, surpuppa

cross·ply ['krɒsplaɪ] *adj (Motor: däck)* diagonal-

cross-purposes [ˌkrɒs'pɜːpəsɪz] *spl:* **to be at** ~ **with** *(tänka på olika saker)* missförstå; *(tycka olika)* vara oense; **to talk at** ~ tala om olika saker

cross-question [ˌkrɒs'kwestʃən] *vt* korsförhöra

cross-reference [ˌkrɒs'refərəns] *s (i lexikon etc)* hänvisning

cross·road(s) ['krɒsrəʊd(z)] *ssg* vägkorsning

cross-section [ˌkrɒs'sekʃən] *s (eg: Anat, Tekn etc)* tvärsnitt, genomskärning; *(av befolkning)* tvärsnitt

cross·walk ['krɒsˌwɔːk] *s (Am)* övergångsställe

cross·wind ['krɒsˌwɪnd] *s* sidvind

cross·word ['krɒswɜːd] *s (äv:* ~ **puzzle)** korsord

crotch [krɒtʃ] *s* **(a)** *(i träd)* klyka **(b)** *(äv:* **crutch:** *Anat)* skrev; *(: på byxa)* gren

crotch·et ['krɒtʃɪt] *s (Brit Mus)* fjärdedelsnot

crouch [kraʊtʃ] *vi (äv:* ~ **down:** *person)* huka sig (ner); *(: djur)* krypa ihop

croup [kruːp] *s (Med)* krupp

crou·pi·er ['kruːpɪeɪ] *s (i kasino)* croupier

crou·ton ['kruːtɒn] *s (Matl)* stekt/rostad brödtärning

crow [krəʊ] **1** *s* **(a)** kråka; **as the** ~ **flies** fågelvägen; ~**'s feet** *(runt ögon etc)* rynkor, 'kråkspark'; ~**'s nest** *(Sjö)* mastkorg **(b)** *(tupps)* galande; *(babys)* joller; **a** ~ **of delight** ett rop av förtjusning **2** *vi* **(a)** *imperf* **crowed** *el*

crew, *perf part* **crowed** *(tupp)* gala **(b)** *imperf, perf part* **crowed** *(baby)* jollra; *(bildl):* **to ~ over/ about sth** skryta *el* vara stolt över ngt

crow·bar ['krəʊbɑːʳ] *s* kofot, bräckjärn

crowd [kraʊd] **1** *s* *(av folk)* folkmassa; *(Sport etc)* publik; **~s of people** massor av människor; **the ~** den stora massan; **I don't like that ~ at all** *(vard)* jag gillar inte det där gänget alls; **to follow the ~** *(bildl)* följa med strömmen; **~ scene** *(Film, Teat)* masscen **2** *vt* *(väska etc)* fullpacka; *(föremål)* proppa; **to ~ the streets** fylla gatorna till trängsel; **to ~ a room with** fylla ett rum med **3** *vi* tränga ihop sig; **to ~ in** tränga sig in; **to ~ round sb/sth** skocka sig runt ngn/ngt

♦ **crowd out** *vt* + *adv* tränga undan; **the bar was ~ed out** baren var fylld till sista plats

crowd·ed ['kraʊdɪd] *adj* *(rum, huvud etc)* full(prop-pad); *(möte etc)* välbesökt; **it's very ~ here** det är väldigt mycket folk här; **a ~ day** en späckad dag; **houses ~ together** hus som står tätt ihop; **a ~ profession** yrke med mättad arbetssmarknad

crown [kraʊn] **1** *s* **(a)** *(kunglig)* krona; **~ jewels** kronjuveler; **~ prince** arvprins, kronprins; **the C~** *(Jur)* staten, kronan; **~ court** *(Brit Jur)* brottmålsdomstol, *(ung)* tingsrätt **(b)** *(Sport)* mästartitel **(c)** *(på hatt)* kulle; *(på huvud)* hjässa; *(på berg)* topp, krön; *(på väg)* upphöjd mitt(linje); *(på tand)* krona **2** *vt* **(a)** *(kung etc)* kröna **(b)** *(vanl pass: bergstopp etc)* kröna: **the mountains were ~ed with snow; and to ~ it all** *(bildl)* och till råga på allt **(c)** *(tand)* sätta krona på **(d)** *(vard: slå)* klippa till

crown·ing ['kraʊnɪŋ] *adj* topp-; **the ~ glory** kronan på verket

cru·cial ['kruːʃəl] *adj* avgörande, kritisk; **a ~ moment** ett kritiskt ögonblick

cru·ci·fix ['kruːsɪfɪks] *s* krucifix

cru·ci·fix·ion [ˌkruːsɪˈfɪkʃən] *s* korsfästelse

cru·ci·fy ['kruːsɪfaɪ] *vt* *(eg)* korsfästa; *(bildl)* förfölja

crude [kruːd] *adj* **(-er, -est)** **(a)** *(obearbetad)* rå; **~ oil** råolja **(b)** *(enkelt gjord)* grov; *(person)* enkel, osofistikerad; *(färg etc)* gräll; **to make a ~ attempt at doing sth** göra ett klumpigt försök att göra ngt **(c)** *(vulgär)* grov

crude·ly ['kruːdlɪ] *adv* *(se crude b, c)* grovt; **to put it ~** för att gå rakt på sak

crude·ness ['kruːdnɪs] *s,* **crud·ity** ['kruːdɪtɪ] *s (se crude b, c)* grovhet

cru·el ['kruəl] *adj* **(-er, -est)** *(person)* grym *(to/ towards* mot); *(krig, sjukdom etc)* obarmhärtig

cru·el·ty ['kruəltɪ] *s* grymhet

cru·et ['kruːɪt] *s* *(i ställ: vinäger- etc)* flaska; *(för salt, peppar etc)* bordställ

cruise [kruːz] **1** *s* kryssning; **to go on a ~** åka på kryssning; **~ missile** *(Mil)* kryssningsrobot **2** *vi* *(fartyg: ligga till sjöss)* kryssa (omkring); *(semesterfirare)* vara på kryssning; *(Motor, Flyg)* köra omkring *utan mål;* **cruising speed** marsch-hastighet

cruis·er ['kruːzəʳ] *s (Sjö)* kryssare

crumb [krʌm] *s* *(av bröd etc)* smula; *(i bröd)* inkråm; *(bildl):* **a ~ of comfort** en smula tröst; **~s of knowledge/information** en smula kunskap/ information; **~s!** *(vard)* kors!; **he's a ~** *(vard)* han är vidrig

crum·ble ['krʌmbl] **1** *vt* *(bröd, jord)* smula sönder **2** *vi* *(bröd)* smula sig; *(byggnad)* förfalla; *(tegel etc)* vittra *(sönder);* *(bildl)* omintet-göras **3** *s* *(Brit Matl)* smulpaj

crum·my ['krʌmi] *adj (vard)* kass, värdelös

crum·pet ['krʌmpɪt] *s (Matl)* mjuk tekaka

crum·ple ['krʌmpl] **1** *vt* *(äv:* **up:** *papper)* skrynkla ihop; *(: kläder)* skrynkla **2** *vi (kläder)* skrynkla sig; *(plåt)* knycklas ihop; *(bildl: äv:* **~

up) krossas

crunch [krʌntʃ] **1** *s (ljud: av ätande)* knaprande; *(: av fotsteg)* knarrande; *(: av bilkollision)* brak; **it comes to the ~** *(bildl)* om det kommer till kritan **2** *vt* *(med tänderna)* knapra på; **to ~ sth up** tugga sönder ngt **3** *vi (grus)* knastra; *(snö)* knarra

crunchy ['krʌntʃɪ] *adj* **(-ier, -iest)** *(morot etc)* knaprig; *(grus)* knastrande

cru·sade [kruːˈseɪd] **1** *s (medeltida)* korståg; *(bildl)* kampanj **2** *vi (bildl):* **to ~ for/against** göra en kampanj för/mot

cru·sad·er [kruːˈseɪdəʳ] *s (medeltida)* korsfarare; *(bildl)* förkämpe

crush [krʌʃ] **1** *s* **(a)** *(av folk)* trängsel; **~ barrier** kravallstaket **(b)** *(vard)* svärmeri; **to have a ~ on sb** svärma för ngn, vara förtjust i ngn **2** *vt* **(a)** *(trycka ihop)* klämma; *(kläder)* skrynkla till; *(druvor)* pressa; *(is)* krossa; *(metall)* pressa ihop; **to ~ sth to a pulp** klämma sönder ngt till mos **(b)** *(bildl: fiende etc)* krossa; *(: argument)* smula sönder; *(: förhoppning)* grusa **3** *vi (kläder)* skrynkla sig

crush·ing ['krʌʃɪŋ] *adj (nederlag etc)* förkros-sande; *(svar)* dräpande

crust [krʌst] *s (på bröd)* skorpa, kant; *(på paj)* skal; *(snöskorpa)* skare; *(Geol)* jordskorpa

crus·ta·cean [krʌsˈteɪʃən] *s* skaldjur

crusty ['krʌstɪ] *adj* **(-ier, -iest)** *(bröd)* med hård skorpa; *(vard: person)* sur

crutch [krʌtʃ] *s* **(a)** *(Med)* krycka; *(bildl)* stöd **(b)** = **crotch b**

crux [krʌks] *s* krux; **the ~ of the matter** den avgörande punkten

cry [kraɪ] **1** *s* **(a)** *(i allm)* rop, skrik; *(om jakthund)* skall; *(om fågel)* skri; **to give a ~** skrika till; **a ~ for help** ett rop på hjälp; **it's a far ~ from that** *(bildl)* det är långt från det; **'jobs, not bombs' was their ~** 'arbete, inte bomber' var deras fältrop **(b)** *(med tårar)* gråt; **she had a good ~** hon grät ut **2** *vi* **(a)** *(på hjälp etc)* ropa, skrika; **he cried (out) with pain** han skrek till av smärta; **to ~ for help** ropa på hjälp; **to ~ for mercy** vädja högljutt om nåd **(b)** *(med tårar)* gråta; **I laughed till I cried** jag skrattade så jag grät; **I'll give him sth to ~ about!** *(vard)* jag ska (allt) ge honom vad han tål; **it's no good ~ing over spilt milk** det är ingen idé att gråta över spilld mjölk **3** *vt* **(a)** ropa, skrika; **'Wait for me!' he cried** 'Vänta på mig!' ropade han; **she cried a warning** hon gav till ett varningsrop **(b):** **to ~ oneself to sleep** gråta sig till sömns

♦ **cry off** *vi* + *adv* lämna/ge återbud

♦ **cry out** **1** *vt* + *adv* **(a)** ropa, skrika **(b):** **to ~ one's eyes/heart out** gråta som om hjärtat skulle brista **2** *vi* + *adv* *(av smärta etc)* skrika till; **the grass is ~ing out to be cut** *(vard)* gräset behöver verkligen klippas

cry·ing ['kraɪɪŋ] **1** *adj (barn)* gråtande; *(vard: behov)* skriande; **it's a ~ shame** det är synd och skam **2** *s* gråt

crypt [krɪpt] *s* krypta

cryp·tic ['krɪptɪk] *adj (meddelande etc)* kryptisk, svårtolkad; *(uttalande)* förbryllande, gåtfull

crys·tal ['krɪstl] **1** *s* **(a)** *(mineral)* kristall; *(salt etc)* kristall; **quartz ~** *(Elektr)* kvartskri-stall **(b)** *(glas)* kristallglas; *(på klocka)* klockglas; **~ ball** kristallkula **2** *adj (vas etc)* kristall-; *(vatten etc)* kristallklar

crystal-clear [ˌkrɪstəlˈklɪəʳ] *adj* kristallklar

crystal-gazing ['krɪstəlˌgeɪzɪŋ] *s (vanl bildl)* spå-domskonst *(med kristallkula)*

crys·tal·lize ['krɪstəlaɪz] **1** *vt (Kem)* kristallisera; *(frukt)* kandera; *(bildl)* konkretisera; **~d fruits** kanderad frukt **2** *vi (Kem)* kristalliseras; *(bildl)*

konkretiseras
cu. *förk:* ~ **f.** (= *cubic feet*) kubikfot; ~ **in.** (= *cubic inches*) kubiktum
cub |kʌb| *s* **(a)** *(djurs)* unge; **wolf/lion** ~ varg-/lejon|unge **(b)** *(äv:* ~ **scout)** vargunge
Cuba |'kjuːbə| *s* Kuba; **in** ~ på Kuba
Cu·ban |'kjuːbən| **1** *adj* kubansk **2** *s* kuban
cubby·hole |'kʌbɪhəʊl| *s* vrå, krypin
cube |kjuːb| **1** *s* *(geometrisk kropp)* kub; *(av ost etc)* kub; **the** ~ **of 3** *(Mat)* 3 upphöjt till 3; ~ **root** kubikrot **2** *vt (Mat)* upphöja till 3
cu·bic |'kjuːbɪk| *adj* *(form, volym)* kubik-; ~ **capacity** volym; ~ **metre/foot** kubik|meter/-fot
cu·bi·cle |'kjuːbɪkəl| *s* *(på sjukhus etc)* bås; *(i badhus etc)* hytt
cuckoo |'kʊkuː| **1** *s* gök; ~ **clock** gökur **2** *adj* *pred (vard)* knäpp, galen
cu·cum·ber |'kjuːkʌmbəʳ| *s* gurka; **cool as a** ~ lugn som en filbunke
cud·dle |'kʌdl| **1** *s* kram **2** *vt* krama, kela med **3** *vi:* **to** ~ **down** *(under täcke etc)* krypa ner; **to** ~ **up to sb** krypa upp hos ngn
cud·dly |'kʌdlɪ| *adj* *(-ier, -iest)* *(barn etc)* kelen; *(djur)* kramgo(d); *(leksak)* mjuk, kram-
cudg·el |'kʌdʒəl| **1** *s (tillhygge)* knölpåk; **to take up the** ~**s for sb/sth** *(bildl)* ta parti för ngn/ngt **2** *vt:* **to** ~ **one's brains** rådbråka sin hjärna
cue |kjuː| *s* **(a)** *(Biljard)* kö **(b)** *(Teat)* stickreplik; *(Mus)* signal, vink; **to give sb his** ~ ge ngn en signal; **to take one's** ~ **from sb** *(bildl)* följa ngns exempel
cuff[1] |kʌf| **1** *s (med knytnäve etc)* slag **2** *vt (med knytnäve)* slå till
cuff[2] |kʌf| *s (på ärm)* manschett, ärmuppslag; *(Am: på byxor)* (byx)uppslag; **off the** ~ *(bildl)* oförberett; ~ **link** manschettknapp
cui·sine |kwɪ'ziːn| *s (kokkonst)* kök; **this hotel has an excellent** ~ det här hotellet har ett utmärkt kök
cul-de-sac |'kʌldəsæk| *s* återvänds|gränd/-gata
culi·nary |'kʌlɪnərɪ| *adj* kulinarisk, matlagnings-
cull |kʌl| **1** *vt (det bästa av ngt)* välja ut; *(djur till slakt)* gallra ut **2** *s (av djur till slakt)* utgallring; **seal** ~ sälslakt, säljakt
cul·mi·nate |'kʌlmɪneɪt| *vi* kulminera *(in med/i)*
cul·mi·na·tion |ˌkʌlmɪ'neɪʃən| *s* höjdpunkt, kulmen
cu·lottes |kjuː'lɒts| *spl* byxkjol
cul·pable |'kʌlpəbl| *adj (uppförande etc)* brottslig; *(till brott etc)* skyldig
cul·prit |'kʌlprɪt| *s* brottsling
cult |kʌlt| *s (Rel)* kult; *(bildl)* mode; **to make a** ~ **of sth** *(bildl)* göra ngt till sin religion; ~ **figure** idol
cul·ti·vate |'kʌltɪveɪt| *vt* **(a)** *(vete etc)* odla; *(jord)* bruka, odla **(b)** *(intresse etc)* bruka, odla; *(ngns bekantskap)* odla
cul·ti·va·tion |ˌkʌltɪ'veɪʃən| *s (Jordbr)* odling
cul·ti·va·tor |'kʌltɪveɪtəʳ| *s (Jordbr: slags harv)* kultivator
cul·tur·al |'kʌltʃərəl| *adj* kulturell; ~ **shock** kulturchock
cul·ture |'kʌltʃəʳ| *s* **(a)** *(bildning)* kultur; *(civilisation)* kultur **(b)** *(Biol)* odling **(c)** *(Jordbr)* odling
cul·tured |'kʌltʃəd| *adj (person, smak etc)* kultiverad; *(pärla)* odlad
cum·ber·some |'kʌmbəsəm| *adj* skrymmande
cum·in |'kʌmɪn| *s* spiskummin
cu·mu·la·tive |'kjuːmjʊlətɪv| *adj* *(effekt etc)* (stegvis) ökande, tilltagande; ~ **interest** ackumulerad ränta, ränta på ränta
cun·ning |'kʌnɪŋ| **1** *adj (neds)* slug, listig; *(skicklig)* finurlig; **as** ~ **as a fox** listig som en räv **2** *s* slughet, list

cunt |kʌnt| *(vard!)* fitta(!)
cup |kʌp| **1** *s (te etc)* kopp; *(mängd: äv:* ~**ful)** kopp; *(Sport: pris)* pokal; *(: tävling)* cup; *(Rel)* (nattvards)kalk; *(på bh)* kupa; **a** ~ **of tea** en kopp te; **tea** ~ tekopp; **coffee** ~ kaffekopp; **it's not everyone's** ~ **of tea** *(vard)* det är inte i allas smak; **that's just not my** ~ **of tea** *(vard)* det är bara inte i min smak, jag gillar det bara inte; ~ **final** *(Fotboll)* cupfinal; ~ **tie** *(Fotboll)* cupmatch **2** *vt (händerna)* kupa
cup·board |'kʌbəd| *s* skåp; ~ **love** *(Brit)* matfrieri
cup·pa |'kʌpə| *s (Brit vard)* kopp te
cu·rate |'kjʊərɪt| *s* pastor(at)sadjunkt
cu·ra·tive |'kjʊərətɪv| *adj* läkande
cu·ra·tor |kjʊə'reɪtəʳ| *s (på museum)* intendent
curb[1] |kɜːb| **1** *s (bildl)* band, hämsko **2** *vt (bildl)* lägga band på, tygla
curb[2] |kɜːb| *s (Am)* = **kerb**
curd |kɜːd| *s (vanl pl)* ostmassa; ~ **cheese** färskost, kvark; *se äv* **kedgeree**
cur·dle |'kɜːdl| **1** *vt* ysta, få att stelna; **to** ~ **one's blood** få blodet att stelna i ådrorna **2** *vi* ysta sig, stelna
cure |kjʊəʳ| **1** *s (mot sjukdom, prisstegring etc)* bot; *(behandling)* kur; *(förbättring)* tillfriskande; **beyond** ~ *(person)* bortom all hjälp; *(hungersnöd etc)* ohjälplig; **to take a** ~ *(for illness)* ta/få behandling *(mot sjukdom)* **2** *vt* **(a)** *(Med: sjukdom, patient)* bota; *(bildl: fattigdom etc)* avhjälpa; **to** ~ **sb of a habit** bota ngn från en vana **(b)** *(konservera: i salt)* salta in; *(: med rökning)* röka; *(: med torkning)* torka; *(: djurhud)* bereda
cure-all |'kjʊərɔːl| *s* universalmedel
cur·few |'kɜːfjuː| *s* **(a)** utegångsförbud **(b)** *(Hist)* aftonringning
cu·rio |'kjʊərɪəʊ| *s* kuriositet
cu·ri·os·ity |ˌkjʊərɪ'ɒsətɪ| *s (vetgirighet)* nyfikenhet; *(föremål, person)* kuriositet; ~ **killed the cat** *(ung)* nyfiken i en strut
cu·ri·ous |'kjʊərɪəs| *adj* **(a)** *(vetgirig)* nyfiken; **I'd be** ~ **to know** jag skulle gärna vilja veta **(b)** *(underlig)* egendomlig
cu·ri·ous·ly |'kjʊərɪəslɪ| *adv (vetgirigt)* nyfiket; *(underligt)* egendomligt (nog); ~ **enough,...** konstigt nog...
curl |kɜːl| **1** *s (hår)* lock; *(rök)* slinga **2** *vt (hår)* locka; *(papper)* vika; *(klängväxt)* slingra; **she** ~**ed her lip in scorn** hon krökte läppen föraktfullt **3** *vi (hår)* locka sig
♦ **curl up** *vi + adv (löv etc)* rulla ihop sig; *(person, djur)* krypa ihop; *(vard: av skam)* sjunka genom golvet; *(: av skratt)* vrida sig
curl·er |'kɜːləʳ| *s* hårspole
cur·lew |'kɜːluː| *s (Zool)* (stor)spov
curl·ing |'kɜːlɪŋ| **1** *s (Sport)* curling **2** *adj:* ~ **tongs** locktång
curly |'kɜːlɪ| *adj (-ier, -iest)* *(hår)* lockig; *(ögonfransar)* (uppåt)böjd; *(sallad)* krus(blad)ig
cur·rant |'kʌrənt| *s (torkad druva)* korint; *(buske)* vinbär; *(bär)* vinbär; **black** ~**s** svarta vinbär; ~ **bun** korintbulle
cur·ren·cy |'kʌrənsɪ| *s* **(a)** *(Ekon)* valuta; **foreign** ~ utländsk valuta **(b)** *(bildl)* spridning; **to gain** ~ vinna spridning
cur·rent |'kʌrənt| **1** *adj (priser etc)* aktuell, gällande; *(tendens etc)* allmän; *(år, månad etc)* innevarande; **in** ~ **use** gångbar; ~ **affairs/events** aktuella händelser; **the** ~ **issue of a magazine** senaste numret av en tidskrift; **my** ~ **work** mitt nuvarande arbete; **her** ~ **boyfriend** hennes nuvarande pojkvän; ~ **account** *(Brit Bank)* checkräkning **2** *s (av luft, vatten)* ström; *(Elektr)* ström; **direct/alternating** ~ lik-/

växel|ström; **to go against the** ~ (bildl) gå mot strömmen

cur·rent·ly ['kʌrəntlɪ] adv för närvarande

cur·ricu·lum [kə'rɪkjʊləm] s (helhet) kursutbud; (plan) läroplan; (arbetsplan) schema

cur·ricu·lum vi·tae [kə'rɪkjʊləm'viːtaɪ el 'vaɪtiː] pl **curricula vitae** [kə'rɪkjʊlə] s levnadsbeskrivning, curriculum vitae

cur·ry¹ ['kʌrɪ] **1** s (krydda) curry; (maträtt) curryrätt; **chicken** ~ höns med curry; ~ **powder** currypulver **2** vt laga med curry

cur·ry² ['kʌrɪ] vt: **to** ~ **favour with sb** ställa sig in hos ngn

curse [kɜːs] **1** s **(a)** (i allm) förbannelse; **to put a** ~ **on sb** nedkalla en förbannelse över ngn; **it's been the** ~ **of my life** det har varit mitt livs plåga; **the** ~ **of it is that...** det tragiska i det är att...; **the** ~ (vard) mens(truation) **(b)** svordom; **to utter a** ~ svära; ~**!** (vard) förbannat! **2** vt (i allm) förbanna; **to be** ~**d with** vara drabbad av **3** vi svära

cur·sor ['kɜːsə'] s (Data: på bildskärm) markör

cur·sory ['kɜːsərɪ] adj (blick etc) hastig, flyktig

curt [kɜːt] adj (person, sätt etc) brysk, kort

cur·tail [kɜː'teɪl] vt (utgifter etc) skära ned; (möte etc) avkorta

cur·tail·ment [kɜː'teɪlmənt] s avkortning, inskränkning

cur·tain ['kɜːtn] s (i allm) gardin, draperi; (Teat) ridå; **to draw the** ~**s** (stänga) dra för gardinerna; (öppna) dra isär gardinerna; **it'll be** ~**s for you!** (vard) då är det ajöss med dig!; ~ **call** (Teat) inropning; ~ **hook** gardinkrok; ~ **ring** gardinring; ~ **rod** gardinstång

♦ **curtain off** vt + adv (rum etc) dela av (med förhänge); (sovplats) skärma av

curt·s(e)y ['kɜːtsɪ] **1** s nigning **2** vi niga

cur·va·ceous [kɜː'veɪʃəs] adj (vard: kvinna) kurvig

cur·va·ture ['kɜːvətʃə'] s (Mat) kurva; (jordytans etc) krökning; (Med): ~ **of the spine** ryggradskrökning

curve [kɜːv] **1** s kurva; **a** ~ **in the road** vägkurva; **a woman's** ~**s** (vard) kvinnliga former **2** vt böja **3** vi (väg etc) göra en krök/kurva; (yta, etc) kröka sig, böja sig

cur·ved [kɜːvd] adj krökt, böjd

cush·ion ['kʊʃən] **1** s (dyna) kudde; (biljardbordskant) vall; ~ **of air** luftkudde **2** vt (fall etc) dämpa; **to** ~ **sb against** sth skydda ngn för ngt

cushy ['kʊʃɪ] adj (vard) bekväm, lättjefull; **a** ~ **job** ett latmansgöra; **to have a** ~ **life** leva ett lättingsliv

cuss [kʌs] s (vard: = curse 1b) svordom; (person) konstig prick

cuss·ed ['kʌsɪd] adj (vard: = cursed) förbannad; (person: envis) tjurskallig

cus·tard ['kʌstəd] s (tjock) vaniljkräm; (tunn) vaniljsås; ~ **cream** vaniljfyllt kex; ~ **pie** paj med vaniljkräm; ~ **powder** vaniljkrämpulver

cus·to·dian [kʌs'təʊdɪən] s (i allm) vårdare, övervakare; (Brit: vid museum etc) intendent, tillsyningsman; (Am: i hyreshus etc) vaktmästare, lokalvårdare; ~ **of public morals** väktare av goda seder

cus·to·dy ['kʌstədɪ] s (i allm) förvar; (Jur: om barn) vårdnad; (Brit: äv) förmynderskap; **police** ~ polisförvar; **to take sb into** ~ arrestera ngn; **in safe** ~ i säkert förvar; **in the** ~ **of sb** i ngns vård; ~ **suit** vårdnadsmål

cus·tom ['kʌstəm] s **(a)** (bruk) sed, vana; **social** ~**s** sociala sedvänjor; **it is her** ~ **to go for a walk each evening** hon brukar gå en promenad varje kväll **(b)** (Handel): **to get sb's** ~ få ngn till kund; (: kunder) kundkrets; **the shop has lost a lot of** ~ affären har förlorat många kunder **(c):**

~**s** (äv: C~s) se **customs**

cus·tom·ary ['kʌstəmərɪ] adj vanlig, bruklig

custom-built ['kʌstmbɪlt] adj (i sht Am: bil etc) specialbeställd

cus·tom·er ['kʌstəmə'] s kund; **he's an awkward** ~ (vard) han är besvärlig att ha att göra med; **ugly** ~ (vard) obehaglig typ

cus·tom·ize ['kʌstəmaɪz] vt (i sht Am: bil) specialtillverka, 'skräddarsy'

custom-made ['kʌstmmeɪd] adj (i sht Am: bil etc) specialbeställd

cus·toms ['kʌstəmz] spl (äv: C~) tullen; (äv: ~ duty) tull(avgift); **to go through (the)** ~ gå genom tullen; ~ **inspection** tullkontroll; ~ **officer** tulltjänsteman

cut [kʌt] (v: imperf, perf part **cut**) **1** adj (blommor) snitt-; (glas) slipad; ~ **price** (till) nedsatt pris **2** s **(a)** (i hud) rispa; (Med) snitt; (fientligt) hugg; (i trä) skåra; (Kortsp) kupering; **the** ~ **and thrust of politics** politisk munhuggning; **he's a** ~ **above the others** han är ett strå vassare än de andra

(b) (av lön, utgifter) nedskärning; (i manus etc) strykning; (Elektr) avbrott; **power** ~ strömavbrott

(c) (av kläder etc) skärning, snitt; (av hår) klippning

(d) (av kött: större) stycke, styckningsdel; (: portion) skiva; (vard: i vinst etc) andel **3** vt **(a)** (kött, bröd) skära; (kortlek) kupera; **to** ~ **one's finger** skära sig i fingret; **he is** ~**ting his own throat** (bildl) han förbereder sin egen ruin; **to** ~ **sth in half/in two** skära ngt i två delar; **to** ~ **to pieces** (bildl: armé) förinta; (: rykte) förstöra; **to** ~ **open** (med kniv) öppna; **I** ~ **my hand open on a tin** jag skar mig i handen på en konservburk; **to** ~ **sb free** skära loss ngn; **it** ~ **me to the quick** el **the heart** (bildl) det sårade mig djupt

(b) (hål etc) skära ut; (glas, diamant) slipa; (steg i klippa) hugga ut; (nyckel) tillverka; (dike) gräva; (staty) hugga; (namn: i trä) rista in; (: i metall) gravera; (grammofonskiva) gravera; **to** ~ **one's way through** bana (sig) väg genom; **to** ~ **one's coat according to one's cloth** (bildl) rätta munnen efter matsäcken

(c) (hår, gräs etc) klippa; (gren) skära; (hö) slå; **to get one's hair** ~ (låta) klippa håret

(d) (löner, priser etc) sänka; (manus, tal etc) stryka ner, korta ner; (film) klippa; (elström) bryta; (samtal) avbryta; **to** ~ **sb/sth short** avbryta ngn/ngt tvärt; **to** ~ **30 seconds off a record** (Sport) förbättra ett rekord med 30 sekunder

(e) (om väg etc) korsa; **the footpath** ~**s the road** stigen korsar vägen

(f) (vard: möte, lektion etc) skippa; **to** ~ **sb dead** ignorera ngn; se äv **tooth, loss, fine 2, ice**

4 vi **(a)** (person, kniv) skära; (med sax) klippa; **will that cake** ~ **into 6?** kan den kakan delas i 6 bitar?; **to** ~ **along the dotted line** skära/klippa längs den prickade linjen; **it** ~**s both ways** (bildl) det är på både gott och ont; **to** ~ **and run** (vard) smita iväg; **to** ~ **loose (from sth)** (bildl) göra sig fri (från ngt)

(b) (skynda): **to** ~ **across country** ta en genväg; **to** ~ **through the lane** ta en genväg genom gränden; **I must** ~ **along now** jag måste ge mig iväg nu

(c) (Film) byta scen, övergå: **the film** ~ **from the bedroom to the garden scene;** ~**!** bryt!

(d) (Kortsp) kupera

♦ **cut away** vt + adv skära/hugga bort

♦ **cut back 1** vt + adv **(a)** (växt) beskära **(b)** (produktion) skära ner **2** vi + adv (Film) göra en återblick

♦ **cut down** 1 *vt* + *adv* **(a)** *(träd)* fälla, hugga ner; *(fiende)* meja ner; *(kläder: i allm)* sy om; *(korta)* lägga upp **(b)** *(minska: utgift, konsumtion)* skära ner på; *(: text)* skära ner; **to ~ sb down to size** *(bildl)* sätta ngn på plats 2 *vi* + *adv*: **to ~ down on** *(rökning, utgifter etc)* skära ner på

♦ **cut in** 1 *vi* + *adv* avbryta; **to ~ in on a conversation** avbryta ett samtal; *(Motor)* göra en för snäv omkörning 2 *vt* + *adv (vard)*: **to ~ sb in (on sth)** låta ngn vara med (om ngt)

♦ **cut off** *vt* + *adv* **(a)** *(med sax)* klippa bort; *(med kniv)* skära av; **to ~ off sb's head** hugga av huvudet på ngn; **to ~ off one's nose to spite one's face** *(vard)* såga av den gren man sitter på **(b)** *(telefon, gas, elektricitet)* stänga av; **we've been ~ off** *(Tele)* vårt samtal bröts **(c)** *(avstänga)* isolera; **they feel very ~ off** de känner sig mycket isolerade; **to ~ oneself off from sth/sb** bryta med ngt/ngn; **to ~ off the enemy's retreat** skära av fiendens återtåg; **to ~ sb off without a penny** göra ngn arvlös

♦ **cut out** 1 *vt* + *adv* **(a)** *(artikel etc)* klippa ur; *(ur marmor etc)* hugga ut; *(klänning etc)* klippa till; **to be ~ out for sth** vara som klippt och skuren för ngt; **he is not ~ out to be a doctor** han passar inte till läkare; **you'll have your work ~ out for you** du kommer att få fullt upp **(b)** *(ta bort)* stryka **(c)** sluta (med); **to ~ out cigarettes** sluta röka (cigaretter); **~ out the talking!** *(vard)* lägg av med att prata!; **~ it out!** *(vard)* nu räcker det!, lägg av! 2 *vi* + *adv (bilmotor)* stanna

♦ **cut up** 1 *vt* + *adv* **(a)** *(trä, papper)* skära till; *(kött, mat)* skära upp **(b)** *(vard)*: **to be ~ up about sth** vara upprörd över ngt 2 *vi* + *adv*: **to ~ up rough** *(vard)* bli bråkig

cut-and-dried [ˌkʌtənˈdraɪd] *adj* (äv: **cut-and-dry**) klappad och klar

cut·back [ˈkʌtbæk] *s* **(a)** *(av personal etc)* nedskärning **(b)** *(Film)* återblick

cute [kjuːt] *adj* *(t ex flicka)* söt; *(i sht Am: intelligent)* klyftig

cu·ti·cle [ˈkjuːtɪkl] *s* nagelband

cut·lery [ˈkʌtlərɪ] *s* (mat)bestick

cut·let [ˈkʌtlɪt] *s* (benfri) kotlett; **veal ~** kalvkotlett

cut·off [ˈkʌtɒf] *s* (äv: **~ point**) (övre) gräns, 'tak'

cut-out [ˈkʌtaʊt] *s* *(i skyltfönster etc)* pappfigur; *(Elektr)* säkerhetsströmbrytare

cut-price [ˈkʌtˌpraɪs] *el* *(i sht Am)* **cut-rate** [ˈkʌtˌreɪt] *adj (affär, varor)* rabatt-, lågpris-

cut·ter [ˈkʌtəʳ] *s* **(a)** *(verktyg: för glas)* skärare; *(: för metall, trä)* såg **(b)** *(person: i allm)* en som

skär; *(: i tyg)* tillskärare **(c)** *(Sjö)* kutter

cut-throat [ˈkʌtθrəʊt] 1 *s* mördare 2 *adj* knivskarp; *(konkurrens)* mördande, knivskarp

cut·ting [ˈkʌtɪŋ] 1 *s* **(a)** *(av växt)* stickling **(b)** *(tidnings-)* urklipp; *(Film)* klippning; **~ room** *(Film)* klipprum **(c)** *(för räls)* utgrävning 2 *adj* **(a)** *(egg etc)* vass, skarp; *(bildl)*: **we are the ~ edge of progress** vi är i främsta ledet av utvecklingen **(b)** *(vind etc)* bitande; *(bildl)* skarp, bitande

cuttle·fish [ˈkʌtlfɪʃ] *s* bläckfisk

cwt *förk f* **hundredweight**

cya·nide [ˈsaɪənaɪd] *s* *(Kem)* cyanid

cy·ber·net·ics [ˌsaɪbəˈnetɪks] *s* cybernetik

cyc·la·men [ˈsɪkləmən] *s* *(Bot)* cyklamen

cy·cle [ˈsaɪkl] 1 *s* **(a)** *(= bicycle)* cykel; **racing ~** tävlingscykel; **~ path** cykelstig; **~ race** cykeltävling; **~ rack** cykelställ; **~ shed** cykelställ *med regnskydd* **(b)** *(kretslopp)* cykel, omloppstid; **the Arthurian C~** Arthursagan; **life ~** levnadslopp; **a 10-second ~** en omloppstid på 10 sekunder 2 *vi* cykla

cy·cling [ˈsaɪklɪŋ] *s* cykling; **~ clothes** cykelkläder; **~ holiday** cykelsemester

cy·clist [ˈsaɪklɪst] *s* cyklist

cy·clom·eter [saɪˈklɒmɪtəʳ] *s (på cykel)* vägmätare

cy·clone [ˈsaɪkləʊn] *s* cyklon

cy·clo·style [ˈsaɪkləstaɪl] 1 *s* stencileringsapparat 2 *vt* stencilera

cyg·net [ˈsɪgnɪt] *s* ung svan

cyl·in·der [ˈsɪlɪndəʳ] *s* **(a)** *(form)* cylinder **(b)** *(Tekn)* cylinder; **a 6-~engine** en 6-cylindrig motor; **~ block** cylinderblock; **~ head** *(Motor)* topplock; **~ head gasket** *(Motor)* topplockspackning

cy·lin·dri·cal [sɪˈlɪndrɪkəl] *adj* cylindrisk

cym·bal [ˈsɪmbəl] *s* cymbal

cyn·ic [ˈsɪnɪk] *s* cyniker

cyni·cal [ˈsɪnɪkəl] *adj* cynisk

cyni·cism [ˈsɪnɪsɪzəm] *s* cynism

cy·press [ˈsaɪprɪs] *s* cypress

Cyp·ri·ot [ˈsɪprɪət] 1 *adj* cypriotisk 2 *s* cypriot

Cy·prus [ˈsaɪprəs] *s* Cypern

cyst [sɪst] *s* *(Med)* cysta

cys·ti·tis [sɪsˈtaɪtɪs] *s* *(Med)* blåskatarr

czar [zɑːʳ] *s* tsar

cza·ri·na [zɑːˈriːnə] *s* tsarinna

Czech [tʃek] 1 *adj* tjeckisk 2 *s* *(person)* tjeck; *(språk)* tjeckiska

Czecho·slo·va·kia [ˈtʃekəʊsləʊˈvækɪə] *s* Tjeckoslovakien

Czecho·slo·vak(ian) [ˈtʃekəʊˈsləʊvæk, ˌtʃekəʊsləʊˈvækɪən] 1 *adj* tjeckoslovakisk 2 *s* *(person)* tjeckoslovak

D

D, d |diː| *s (bokstav)* D, d; *(Mus)* d; **d flat** dess; **d sharp** diss; *se äv* **D-day**

dab |dæb| **1** *s* **(a)** *(beröring)* lätt klapp **(b): a ~ (of)** en smula; **a ~ of glue** en droppe klister; **a ~ of paint** en aning färg **2** *adj:* **to be a ~ hand at sth** *(vard)* vara jättebra på ngt **3** *vt (beröra: äv vi:* **~ at)** klappa lätt på; *(med vått)* badda; *(salva etc)* stryka på *(on* på); **to ~ a stain off** försiktigt torka bort en fläck

dab·ble |'dæbl| **1** *vt (fötter etc i vatten)* plaska med **2** *vi (bildl)* fuska *(in* i/med); **to ~ in politics** fuska i politik

dachs·hund |'dækshʊnd| *s* tax

dad |dæd| *s,* **dad·dy** |'dædı| *s (vard)* pappa

daddy-long-legs |'dædı'lɒŋlegz| *s (vard: harkrank)* pappa långben

daf·fo·dil |'dæfədıl| *s* påsklilja

daft |dɑːft| *adj (-er, -est) (vard)* tokig; **to be ~ about sb/sth** vara tokig i ngn/ngt

dag·ger |'dægəʳ| *s (kniv)* dolk; *(Typogr)* kors; **they are at ~s drawn** det är strid på kniven mellan dem; **to look ~s at sb** kasta mördande blickar på ngn

dahl·ia |'deılıə| *s* dahlia

dai·ly |'deılı| **1** *adj (i allm)* daglig; **~ paper** dagstidning; **our ~ bread** vårt dagliga bröd; **he gets paid a ~ wage** han får betalt per dag; **the ~ grind** det dagliga slitet/trälandet **2** *adv* dagligen; **twice ~** två gånger om dagen **3** *s (= ~ paper)* dagstidning; *(i sht Brit: i hushållet)* hjälp *som kommer dagligen*

dain·ty |'deıntı| *adj (-ier, -iest) (: person, blomma etc)* förtjusande (söt); *(figur)* nätt; *(porslin)* skör; *(mat, kläder etc)* utsökt; *(nogräknad)* kräsen

dairy |'dɛərı| *s (för beredning av mjölkprodukter)* mejeri; *(för försäljning: Brit)* mjölkaffär; **~ products** mejeriprodukter; **~ butter** mejerismör; **~ farming** mjölkboskapsskötsel; **~ ice cream** gräddglass; **~ shop** *(Am)* mjölkaffär

dais |'deııs| *s* podium

dai·sy |'deızı| *s (Bot: Brit)* tuensköna; *(: Am)* prästkrage, marguerite; *se äv* ♦ **push up**

dale |deıl| *s (Nordbrit, poet)* dal

dal·ly |'dælı| *vi* söla *(over* med)

Dal·ma·tian |dæl'meıʃən| *s (hund)* dalmatiner

dam |dæm| **1** *s (fördämning)* damm; *(vatten)* behållare **2** *vt (eg, bildl: äv:* **~ up)** dämma upp; **to ~ (up) one's feelings** hålla tillbaka sina känslor

dam·age |'dæmıdʒ| **1** *s* **(a)** *(synlig, bildl)* skada *(to* på); **what's the ~?** *(vard: kosta)* vad går det på? **(b):** **~s** *spl (Jur)* skadestånd **2** *vt (i allm)* skada; **you may ~ your eyesight** du kan förstöra ögonen

dam·ag·ing |'dæmıdʒıŋ| *adj (skadlig)* farlig

dame |deım| *s* **(a)** *(hederstitel)* Dame: *D~ Margot Fonteyn* **(b)** *(Teat)* komisk kvinnoroll *i pantomim, spelad av man* **(c)** *(Am vard: kvinna)* brud

dam·mit |'dæmıt| *(interj) vard* = **damn it**

damn |dæm| **1** *vt (Rel)* fördöma; *(svära åt)* förbanna; *(skarpt kritisera)* förkasta; **~ it/him/you!** *(vard)* fan ta det/honom/dig!; **well I'll be ~ed!** *(vard)* det var som fan!; **I'll be ~ed if I will!** *(vard)* jag gör så tusan heller; **2** *s (vard):* **I don't give a** **~** jag ger tusan i (det); **it's not worth a ~** det är inte värt ett jäkla dugg **3** *adj (vard: äv:* **~ed)** jäkla, förbaskad; **he's a ~ fool** han är en jäkla idiot **4** *adv (vard: äv:* **~ed)** jäkla, förbaskat; **~ all** inte ett förbannat dugg

dam·nable |'dæmnəbl| *adj (vard)* fördömd

dam·na·tion |dæm'neıʃən| **1** *s (Rel)* fördömelse **2** *interj (vard)* fan också!

damned·est |'dæmdıst| *s (vard):* **to do one's ~ to succeed** göra allt man någonsin kan för att lyckas

damn·ing |'dæmıŋ| *adj (bevis)* fällande; *(kritik)* förödande

damp |dæmp| **1** *adj* fuktig; **that was a ~ squib** *(vard)* det var/blev platt fall **2** *s (äv:* **~ness)** fukt **3** *vt (äv:* **~en)** *(om regn etc)* blöta, fukta; *(tvätt)* stänka; *(bildl: entusiasm etc)* dämpa; **to ~ sb's spirits** slå ned ngns humör; **to ~ down a fire with ashes** dämpa (ner) elden med aska

damp·course |'dæmp,kɔːs| *s (i hus)* fuktisoleringslager

damp·en |'dæmpən| *vt* = **damp 3**

damp·er |'dæmpəʳ| *s (Mus)* sordin; *(i piano)* dämmare; *(i spis)* spjäll; **to put a ~ on sth** *(bildl)* dämpa ngt, lägga sordin på ngt

damp·ness |'dæmpnıs| *s* = **damp 2**

dam·sel |'dæmzəl| *s (åld, poet)* jungfru, mö

dam·son |'dæmzən| *s (frukt, träd)* odlat krikon

dance |dɑːns| **1** *s (i allm)* dans; *(fest)* dans(tillställning); **to lead sb a ~** göra det besvärligt för ngn; **~ hall** (offentlig) danslokal **2** *vt (vals etc)* dansa; **to ~ attendance on sb** svassa för ngn **3** *vi (i allm, bildl)* dansa; **will you ~ with me?** får jag lov?; **to ~ about** *(av glädje, smärta etc)* dansa runt; **to ~ for joy** dansa av glädje

danc·er |'dɑːnsəʳ| *s* dansör; *(professionell)* dansare; **he's a good ~** han dansar bra

danc·ing |'dɑːnsıŋ| *s (aktivitet)* dans; **folk ~** folkdans

dan·de·lion |'dændılaıən| *s* maskros

dan·dle |'dændl| *vt (på knät etc)* gunga

dan·druff |'dændrəf| *s* mjäll

dan·dy |'dændı| **1** *s (neds: man)* snobb **2** *adj (vard: Am)* toppen; **fine and ~** finemang

Dane |deın| *s* dansk; **Great ~** *(hundras)* grand danois

dan·ger |'deındʒəʳ| *s (risk)* fara; **(to be) in ~** (vara) i fara; **to be in ~ of falling** riskera att falla; **there was no ~ that he would be caught** han riskerade inte att bli fast; **(to be) out of ~** *(äv Med)* (vara) utom fara; **~! men at work** *(skylt)* varning, arbetare på vägen; **~! keep out** *(skylt)* varning, fara; **to be on the ~ list** *(Med)* vara kritiskt sjuk; **~ money** riskpengar; **~ zone** faro-/risk zon

dan·ge·rous |'deındʒərəs| *adj (i allm)* farlig; *(sjukdom)* allvarlig

dan·ger·ous·ly |'deındʒərəslı| *adv* farligt; **to come ~ close (to)** vara farligt nära (att)

dan·gle |'dæŋgl| **1** *vt (arm etc)* dingla med; *(föremål i snöre etc)* låta dingla; *(bildl)* fresta med **2** *vi* hänga och dingla

Dan·ish |'deınıʃ| **1** *s (språk)* danska; (= **~ pastry:** *Am vard)* wienerbröd **2** *adj* dansk; **~**

pastry wienerbröd
dank |dæŋk| *adj* (rå) fuktig
Dan·ube |'dænju:b| *s*: the ~ Donau
dap·per |'dæpə^r| *adj* flott (och prydlig)
dap·pled |'dæpld| *adj* (i allm) fläckig; (häst) apel-kastad
dare |deə^r| **1** *s* utmaning; **I did it for a** ~ jag gjorde det som en utmaning **2** *vt* (trotsa) utmana; **to** ~ **sb to do sth** utmana ngn att göra ngt; **I** ~ **you to climb it!** klättra upp om du törs!; **to** ~ **death/sb's anger** riskera livet/ngns vrede **3** *vi* (ha mod) våga; **to** ~ **(to) do sth** våga göra ngt; **I** ~**n't tell him** jag vågar inte tala om det för honom; **how** ~ **you!** hur vågar du!; **don't you** ~! (vard) våga bara inte!; **I** ~ **say** förmodligen; **I** ~ **say he'll turn up** han dyker nog upp; **I** ~ **say but...** må så vara, men...
dare-devil |'deə,devl| *s* våghals
dar·ing |'deərıŋ| **1** *adj* (person, plan, etc) djärv; (chockerande) vågad, utmanande **2** *s* djärvhet
dark |dɑ:k| *adj* (-er, -est) **1 (a)** (ej upplyst) mörk; **it is/is getting** ~ det är/håller på att bli mörkt **(b)** (färg) mörk; ~ **brown hair** mörkbrunt hår; ~ **blue/red** etc mörk/blå/-röd etc; ~ **glasses** mörka glasögon; ~ **chocolate** mörk choklad **(c)** (bildl: dag, humör) dyster; (: hemlighet) mörk; (: hot) dunkel; **to keep sth** ~ hålla ngt hemligt; ~ **horse** (bildl: vid tävling) okänd häst; (: Brit) hemlighetsfull person; (: Am: vid val etc) otippad vinnare; **the D~ Ages** de mörka år-hundradena **2** *s*: the ~ mörkret; **after** ~ efter mörkrets inbrott; **until** ~ tills det blir mörkt; **to be in the** ~ **about sth** (bildl) vara ovetande om ngt; **to keep/leave sb in the** ~ **about sth** (bildl) hålla ngn ovetande om ngt; se äv **shot 1 e**
dark-coloured |'dɑ:kʌləd| *adj* mörk(färgad)
dark·en |'dɑ:kən| **1** *vt* (himlen) förmörka; (färg) göra mörkare; (bildl: tillvaro etc) fördystra; **never** ~ **my door again!** (bildl) kom inte hit igen! **2** *vi* (himmel, färg) mörkna; (ansikte) bli dyster
dark-haired |,dɑ:k'heəd| *adj* mörkhårig
dark·ly |'dɑ:klı| *adv* (trist) dystert; (ondskefullt) hotande
dark·ness |'dɑ:knıs| *s* mörker; **the** ~ **of her hair** hennes mörka hår; **the house was in** ~ huset låg i mörker
dark·room |'dɑ:krʊm| *s* mörkrum
dark-skinned |,dɑ:k'skınd| *adj* mörkhyad
dar·ling |'dɑ:lıŋ| **1** *s* (i allm) älskling; (favorit) gunstling; **be a** ~... (vard) vill du vara rar...; **come here** ~ kom hit min älskling **2** *adj* (gullig) söt; (vard) älsklings-
darn |dɑ:n| **1** *s* (strump- etc) stopp **2** *vt* (strumpor) stoppa; (tyg) laga **3** *interj* (vard: eufem för damn): ~ **it!** fasen också!
darn·ing |'dɑ:nıŋ| **1** *s* (av strumpor) stoppning; (av kläder) lagning; (föremål) strumpor som ska stoppas/kläder som ska lagas **2** *adj* stopp-; ~ **needle** stoppnål
dart |dɑ:t| **1** *s* **(a)** (sport: redskap) pil; ~**s** (: spel) pilkastning; **play** ~**s** kasta pil, spela dart **(b)** (sömnad) veck, inprovning **2** *vt* (blick) kasta **3** *vi* kila (in/out in/ut); **to** ~ **at sth** slänga sig på ngt; **to** ~ **for** (skydd etc) rusa för att få
dart·board |'dɑ:tbɔ:d| *s* piltavla, darttavla
dash |dæʃ| **1** *s* **(a)** (vätska, färg) stänk **(b)** (skiljetecken) tankstreck; (morsesignal) lång **(c)**: **to make a** ~ (at/towards) rusa (mot); **we had to make a** ~ **for it** vi fick lov att rusa; **the 100-metre** ~ (Am) löpning 100 meter **2** *vt* **(a)** (kasta) slänga; **to** ~ **sth to the ground** slänga ngt i marken; **to** ~ **sth to pieces** krossa ngt; **to** ~ **one's head against sth** slå huvudet i ngt **(b)** (för-

hoppning etc) krossa **3** *vi* **(a)** (föremål) krossas; (vågor): **to** ~ **against** slå emot **(b)** (springa) rusa (away iväg); **to** ~ **in/out** rusa in/ut; **I must** ~ (vard) jag måste rusa **4** *interj* (vard): ~ **it (all)!** förbaskat också!
♦ **dash off** *vt + adv* (brev, rader) kasta ned
dash·board |'dæʃbɔ:d| *s* (Motor) instrumentbräda
dash·ing |'dæʃıŋ| *adj* (man) stilig
data |'deɪtə| *spl* (äv ssg) data; ~ **bank** dataregister; ~ **base** databas; ~ **processing** databehandling
date[1] |deɪt| **1** *s* **(a)** (datum) what's the ~ **today?** vilket datum är det i dag?; ~ **of birth** födelse-tum; **Queen Victoria's** ~**s** drottning Victorias (regerings)period; **closing** ~ (för ansökan etc) senaste dagen; **to** ~ hittills; se äv **out 3 a**, **up 1 k** **(b)** (vard) (avtalat möte) träff; (sällskap: kvinnlig) flickvän, (: manlig) pojkvän; **to make a** ~ **with sb** stämma möte med ngn; ~ **stamp** datumstämpel **2** *vt* **(a)** (brev) datera; (ruin, manuskript etc) tidsbestämma, datera; (person) avslöja åldern på **(b)** (vard) (flicka) uppvakta; (: om relation) ha sällskap med: *she is not dating anyone at the moment* **3** *vi* (mode etc) bli föråldrad; **to** ~ **back (to)** (tid) gå tillbaka (till); **to** ~ **from** härröra från
date[2] |deɪt| *s* (Bot) dadel; (äv: ~ **palm**) dadelpalm
dat·ed |'deɪtɪd| *adj* föråldrad
date·less |'deɪtlɪs| *adj* (mode etc) tidlös
date·line |'deɪtlaɪn| *s* (Geogr) datumgräns
daub |dɔ:b| **1** *s* fläck **2** *vt* fläcka ner
daugh·ter |'dɔ:tə^r| *s* dotter
daughter-in-law |'dɔ:tərɪnlɔ:| *s* svärdotter, son-hustru
daunt |dɔ:nt| *vt* skrämma; **nothing** ~**ed...** oför-färad, oförfärat
daunt·ing |'dɔ:ntıŋ| *adj* skrämmande
daunt·less |'dɔ:ntlıs| *adj* oförskräckt, orädd
daw·dle |'dɔ:dl| *vi* (vara långsam) söla
dawn |dɔ:n| **1** *s* (dagning) gryning; (bildl: äv: ~**ing**) gryning, början; **the** ~**(ing) of civilisation** civilisationens gryning; **at** ~ i gryningen; **to work from** ~ **to dusk** arbeta från bittida till sent; ~ **chorus** (av fåglar) gryningskör **2** *vi* (dag) gry
♦ **dawn (up)on** *vi + prep* (sanning) gå upp för; **the idea** ~**ed upon me that...** det gick upp för mig att...; **it suddenly** ~**ed on him that...** han förstod plötsligt att...
day |deɪ| *s* **(a)** (12 timmar, arbetstid, den ljusa delen av dygnet etc) dag; (24 timmar) dygn; **what** ~ **is it today?** vad är det för dag i dag?; **2** ~**s ago** för 2 dagar sedan; **one** ~... en (vacker) dag...; **on that** ~ den dagen; **the** ~ **before yesterday** i förrgår; **the** ~ **before his birthday** dagen före hans födelsedag; **the** ~ **after, the following** ~ dagen efter, följande dag; **the** ~ **after tomorrow** i övermorgon; **this** ~ **next week** i dag om en vecka; **50 years ago to the** ~ i dag för exakt 50 år sedan; **he works 8 hours a** ~ han arbetar 8 timmar om dagen; **any** ~ **now** vilken dag som helst; **every** ~ varje dag; **every other** ~ varan-nan dag; **twice a** ~ 2 gånger om dagen; **one of these** ~**s** endera dagen; **the other** ~ härom-dagen; **from one** ~ **to the next** från den ena dagen till den andra; ~ **after** ~, ~ **in** ~ **out** dag efter dag, dag ut och dag in; **for** ~**s on end** dagar i sträck; ~ **by** ~ dag för dag; **to live from** ~ **to** ~ el **from one** ~ **to the next** leva en dag i taget; **it made my** ~ **to see him smile** (vard) jag blev så glad över att se honom le; **he's 50 if he's a** ~ (vard) han är minst 50; **that'll be the** ~, **when he offers to pay!** (vard) då kan man rita kors i taket när han erbjuder sig att betala!; **to travel by** ~ el **during the** ~ resa på dagen; **to work all** ~ arbeta hela dagen; **to work** ~ **and night** arbeta dag och natt; **it's a fine** ~ det är vackert (väder) i dag; **on**

a fine/wet ~ en vacker/regnig dag; **one summer's** ~ en sommardag; **a** ~ **at the seaside** en dag vid kusten; **a** ~ **off** en ledig dag; **to work an 8-hour** ~ arbeta åttatimmarsdag; **it's all in a** ~**'s work** det hör till jobbet; **paid by the** ~ betald per dag; **to call it a** ~ (vard) sluta för dagen; **to work** ~**s** arbeta dagskift; ~ **boy/girl** (Skol: ej internatelev) dagelev; ~ **nursery** daghem; ~ **release course** (Brit) betald utbildningskurs; ~ **return (ticket)** (Brit) endagsbiljett; **one** ~ **excursion** (Am) endagsbiljett; ~ **school** dagskola; ~ **shift** dagskift; ~ **trip** dagstur **(b)** (period) tid; **in this** ~ **and age, these** ~**s, in the present** ~ i vår tid; **to this** ~... än i dag; **in** ~**s to come** i framtiden; **in those** ~**s** på den tiden; **in Queen Victoria's** ~ på drottning Victorias tid; **he was famous in his** ~ han var berömd på sin tid; **his younger** ~**s** i yngre dar; **in the good old** ~**s** på den gamla goda tiden; **those were the** ~**s, when...** det var bättre förr, när...; **the happiest** ~**s of your life** den bästa tiden i livet; **he's had his** ~ han har sett sina bästa dagar; *se äv* **judgement, reckoning**
day·break ['deɪbreɪk] s gryning; **at** ~ i gryningen
day·dream ['deɪdri:m] **1** s dagdröm **2** vi dagdrömma
day·light ['deɪlaɪt] s dagsljus; **at** ~ i gryningen; **in the** ~, **by** ~ i dagsljus; **in broad** ~ mitt på ljusa dagen; **I am beginning to see** ~ (bildl: förstå) det börjar klarna för mig; (: bli färdig) jag börjar skönja slutet; ~ **attack** daganfall; **during** ~ **hours** under dagen; ~ **robbery** (vard) rena stölden; ~ **saving time** (Am) sommartid
day·time ['deɪtaɪm] s dag; **in the** ~ på dagen
day-to-day ['deɪtə‚deɪ] adj daglig; **on a** ~ **basis** från dag till dag, (för) en dag i taget
daze [deɪz] **1** s (chocktillstånd) förvirring; **to be in a** ~ vara förvirrad omtöcknad **2** vt (om drog, slag etc) göra omtöcknad; (vanl pass): **he was** ~**d** han var omtöcknad
daz·zle ['dæzl] **1** s bländande ljus **2** vt blända; **to be** ~**d by sth** (bildl) vara bländad av ngt
daz·zling ['dæzlɪŋ] adj (eg, bildl) bländande
D.C. (förk f District of Columbia): **Washington** ~ (staden) Washington
D-day ['di:deɪ] s (Hist) dagen D då de allierade landsteg i Normandie
DDT s förk (bekämpningsmedel) DDT
dea·con ['di:kən] s diakon
dea·con·ess ['di:kənes] s diakonissa
dead [ded] **1** adj **(a)** (person, djur, växt, materia) död; (finger) domnad; **to fall** el **drop (down)** ~ falla ner död; **he's been** ~ **for 2 years** han har varit död i 2 år; ~ **and buried** (eg, bildl) död och begraven; ~ **or alive** död eller levande; **over my** ~ **body!** (vard) över min döda kropp; **I feel absolutely** ~! (bildl vard) jag känner mig helt slut! **(b)** (vulkan, cigarett etc) slocknad; (batteri) urladdat; (telefonförbindelse) bruten; (språk) död; (kärlek) död; (fest, stämning etc) död, matt; **the D**~ **Sea** Döda havet; **the** ~ **season** (Turism) dödsäsongen; **the line has gone** ~ (Tele) förbindelsen är bruten; **he was** ~ **to the world** (i sht efter fest) han var totalt borta; (vard: berusad) han var dödfull; ~ **end** (eg, bildl) återvändsgränd; **to come to a** ~ **end** hamna i en återvändsgränd; ~ **end job** arbete utan befordringsmöjligheter; **he is** ~ **to all pity** han är oemottaglig för medlidande; ~ **reckoning** (Sjö) död räkning **(c)** (absolut) total; (precis) exakt; **to come to a** ~ **stop** tvärstanna; **the race was a** ~ **heat** det var dött lopp; ~ **weight** (i allm) livlös tyngd; (Sjö) dödvikt; **to fall into a** ~ **faint** svimma; **it's a** ~ **loss** (vard) det är rent värdelöst **2** adv fullständigt; ~ **certain** tvärsäker; **he**

stopped ~ han tvärstannade; ~ **ahead** rakt fram; ~ **on time** precis i tid; ~ **slow** (order: Motor) sakta; (: Sjö) långsamt framåt; **to be** ~ **set against sth** (vard) motsätta sig ngt totalt; ~ **beat** (vard) dödstrött; ~ **broke** (vard) luspank; ~ **drunk** (vard) plakat; ~ **tired** (vard) dödstrött **3** s **(a): the** ~ spl de döda **(b): at** ~ **of night** mitt i natten; **in the** ~ **of winter** mitt i vintern
dead·en ['dedn] vt (oljud, slag) dämpa; (känsla) döva; (smärta, chock) lindra
dead·line ['dedlaɪn] s (tidsgräns) deadline; (för manus etc) sista leveransdag; **to meet a** ~ hinna i/till utsatt tid
dead·lock ['dedlɒk] s dödläge; **to reach** ~ köra fast
dead·ly ['dedlɪ] **1** adj (-ier, -iest) (dödsbringande) dödlig; (vard: trist) dödtråkig; (blekhet) dödlig; **they are** ~ **enemies** de är dödsfiender; **his aim is** ~ han missar aldrig; **the seven** ~ **sins** de sju dödssynderna; **with** ~ **accuracy** med absolut precision; ~ **pallor** dödsblekhet; **in** ~ **earnest** med dödligt allvar; **this play is** ~ (vard) den här pjäsen är dödtråkig **2** adv döds-; ~ **dull** urtrist; ~ **pale** dödsblek
dead·pan ['ded‚pæn] adj gravallvarlig
deaf [def] **1** adj (-er, -est) döv; ~ **in one ear** döv på ena örat; **to be** ~ **to sth** (eg, bildl) vara döv för ngt; **to turn a** ~ **ear to sth** slå dövörat till; **as** ~ **as a (door)post** stendöv **2** spl: **the** ~ de döva
deaf-aid ['defeɪd] s hörapparat
deaf-and-dumb ['defən'dʌm] adj dövstum
deaf·en ['defn] vt (om musik, oljud) (tillfälligt) göra döv, bedöva
deaf·en·ing ['defnɪŋ] adj öronbedövande
deaf-mute ['defmjut] s dövstum
deaf·ness ['defnɪs] s dövhet
deal¹ [di:l] s (trä) furu el gran
deal² [di:l] (v: imperf, perf part dealt) **1** s **(a)** (avtal) överenskommelse; (Börsen) spekulation; **business** ~ affär; **to do a** ~ **with sb** göra affär med ngn; **the New D**~ (Am Hist) president Roosevelts reformprogram; **it's a** ~! (vard) kör till! **a new** ~ **for the miners** (Pol) ett reformprogram för gruvarbetarna; **he got a fair** ~ **from them** han fick en rättvis behandling av dem; se äv **raw 1 b, square 2 e** **(b)** (Kortsp) giv **(c): a good** ~, **a great** ~ en hel del; **not a great** ~ inte särskilt mycket; **a great/good** ~ **of work** en hel del arbete; **he's a great** ~ **better/cleverer** han är betydligt bättre/skickligare; **he thinks a great** ~ **of his father** han uppskattar sin far mycket; **it means a great** ~ **to me** det betyder en hel del för mig; **there's a good** ~ **of truth in it** det ligger en hel del sanning i det **2** vt **(a)** (ge) tillfoga; **to** ~ **sb a blow** tillfoga ngn ett slag; **to** ~ **a blow at rikta att slag mot; **to** ~ **a blow to** (bildl) drabba hårt **(b)** (Kortsp: äv: ~ **out**) dela ut **3** vi (Kortsp) ge
♦ **deal in** vi + prep (varor) handla med
♦ **deal out** vt + adv (kort, pengar) dela ut; (rättvisa) skipa
♦ **deal with** vi + prep **(a)** (Handel: firma) göra affärer med; (: handlare) handla hos **(b)** (person, problem etc) handskas med; (ärende etc) behandla; **I'll** ~ **with you later!** jag ska ta itu med dig senare!; **to know how to** ~ **with sb** kunna handskas med ngn; **he's not easy to** ~ **with** han är inte lätt att ha med att göra; **to** ~ **severely/leniently with sb** behandla ngn strängt/överseende **(c)** (bok, film etc) handla om
deal·er ['di:lə'] s **(a)** (Handel: bil- etc) handlare; handlande (in med); **antique** ~ antikhandlare; ~ **in imported goods** handlande med importvaror **(b)** (Kortsp) den som ger, giv
deal·ings ['di:lɪŋz] spl **(a)** (relationer) förbindelser; **to have** ~ **with** ha att göra med **(b)**

(Handel, Börsen) transaktioner *(with* med)
dean |diːn| *s (Rel)* domprost; *(Univ)* dekanus
dear |dɪəʳ| **1** *adj* (-er, -est) **(a)** *(älskad)* kär;
(förtjusande) rar; **to hold sb/sth** (very) ~ hålla
mycket av ngn/ngt; **it's my** ~**est wish** det är min
käraste önskan; **what a** ~ **little boy!** vilken rar
liten pojke! **(b)** *(i brev: till man)* käre; *(: frm)*
bäste; *(: till kvinna)* kära; *(: frm)* bästa; *(i
affärsbrev etc)*: ~ **Sir/Madam** översätts *ej;*
~ **Daddy** kära pappa; ~ **Mr Smith** bäste Mr
Smith **(c)** *(kostsam)* dyr; ~ **prices** höga
priser **2** *interj*: **oh** ~! oj då!; ~ **me!** kära
nån! **3** *s*: **my** ~ kära du; **my** ~**est** (min)
käraste; **(you) poor** ~ din stackare, stackars
liten; **he's (such) a** ~ *(vard)* han är en sådan
raring; **be a** ~ **and post this letter, post this letter
there's a** ~ *(vard)* vill du lägga på det här brevet
är du snäll **4** *adv (sälja, köpa etc)* dyrt; **it cost me**
~ *(bildl)* det stod mig dyrt
dear·ly |'dɪəlɪ| *adv (betala)* dyrt; *(älska etc)* inner-
ligt; **I should** ~ **love to go there** jag skulle hemskt
gärna vilja gå/åka dit; **to pay** ~ **for sth** *(i sht bildl)*
betala ngt dyrt
dearth |dɜːθ| *s (på mat, pengar, idéer etc)* brist
death |deθ| *s (livets upphörande)* död; *(bortgång)*
död, frånfälle; *(enskilt fall)* dödsfall; *(bildl)* slut;
to sentence sb to ~ döma ngn till döden; **to put sb
to** ~ avrätta ngn; **a fight to the** ~ en strid på liv
och död; **to be at** ~'s **door** ligga för döden; **it will
be the** ~ **of him** *(eg)* det kommer att ta livet av
honom; **you'll be the** ~ **of me** *(bildl)* du kommer
att bli min död; **to be bored to** ~ *(vard)* vara
uttråkad; **I'm sick/tired to** ~ **of it** *(vard)* jag är
utled på det; ~ **certificate** dödsattest; ~ **duties**
arvsskatt; ~ **penalty** dödsstraff; ~ **rate** dödlig-
het, antalet döda; ~ **sentence** dödsdom; ~ **toll**
antalet dödsoffer; ~ **wish** dödslängtan
death·bed |'deθbed| **1** *s* dödsbädd **2** *adj* på
dödsbädden; **a** ~ **confession** en bekännelse på
dödsbädden
death·blow |'deθbləʊ| *s (eg)* dödande slag; *(bildl)*
dödsstöt
death·ly |'deθlɪ| **1** *adj* (-ier, -iest) *(blekhet etc)*
dödlig, dödslik; *(tystnad etc)* döds- **2** *adv*: ~
pale dödsblek
death·trap |'deθtræp| *s* dödsfälla
de·bar |dɪ'bɑːʳ| *vt*: **to** ~ **sb from sth** utestänga ngn
från ngt; **to** ~ **sb from doing sth** förbjuda ngn att
göra ngt
de·base |dɪ'beɪs| *vt (mynt)* sänka silverhalten i;
(föremål, relation etc) försämra; *(person)* förned-
ra; **to** ~ **oneself by doing sth** förnedra sig genom
att göra ngt
de·base·ment |dɪ'beɪsmənt| *s (av föremål, relation)*
försämring; *(av metall etc)* förfalskning; *(om
person)* förnedring
de·bat·able |dɪ'beɪtəbl| *adj* diskutabel
de·bate |dɪ'beɪt| **1** *vt (ämne, idé etc)* diskutera; **we**
~**d whether to go or not** vi diskuterade om vi
skulle gå eller inte **2** *vi (debattera)* diskutera; **to**
~ **with sb (about/(up)on sth)** diskutera med ngn
(om ngt); **to** ~ **with oneself (about/(up)on sth)**
överväga (ngt) **3** *s (debatt)* diskussion; **after**
much ~ efter långa diskussioner
de·bat·ing so·ci·ety |dɪ'beɪtɪŋsə'saɪətɪ| *s* diskus-
sionsklubb
de·bauch |dɪ'bɔːtʃ| *vt (person)* förföra, fördär-
va; *(moral, smak)* fördärva
de·bauched |dɪ'bɔːtʃt| *adj (se äv* **debauch**) *(smak)*
fördärvlig; *(liv)* utsvävande
de·bauch·ery |dɪ'bɔːtʃərɪ| *s* utsvävningar
de·ben·ture |dɪ'bentʃəʳ| *s (Ekon: slags obligation)*
debenture
de·bili·tate |dɪ'bɪlɪteɪt| *vt (person, hälsa etc)*
försvaga

deb·it |'debɪt| **1** *s* debet **2** *vt (konto etc)*
debitera; **to** ~ **an account/sb with a sum** debitera
ett konto/ngn med en summa; ~ **side** debetsida;
(bildl) plussida
debo·nair |ˌdebə'neəʳ| *adj (om man)* älskvärd
de·brief |ˌdiː'briːf| *vt* få att avlägga rapport; **have
the pilots been** ~**ed yet?** har piloterna avlagt
rapport än?
de·bris |'debriː| *s* spillror
debt |det| *s (eg, bildl)* skuld; **bad** ~ osäker fordran;
a ~ **of honour/gratitude** heders-/tacksam-
hets|skuld; **to be in** ~ **(to sb)** stå i skuld (till/hos
ngn); **I am £5 in** ~ jag har 5 pund i skuld, jag är
skyldig 5 pund; **to be in sb's** ~ *(bildl)* vara ngn
mycket tacksam; **to get into** ~ sätta sig i skuld;
to be out of ~ vara skuldfri; ~ **collector** inkas-
serare
deb·tor |'detəʳ| *s* gäldenär
de·bug |ˌdiː'bʌg| *vt* **(a)** *(Data: rätta fel i program)*
avlusa **(b)** *(möteslokal etc)* avlägsna dolda
mikrofoner i
de·bunk |ˌdiː'bʌŋk| *vt (vard: teori, person etc)*
avslöja
de·but |'deɪbjuː| *s (Teat, bildl)* debut; **to make one's**
~ göra sin debut
dec·ade |'dekeɪd| *s* decennium, årtionde
deca·dence |'dekədəns|,*s* dekadans, förfall
deca·dent |'dekədənt| *adj (vanor, person)* dekadent
de·cal·ci·fy |ˌdiː'kælsɪfaɪ| *vt* avkalka
de·camp |dɪ'kæmp| *vi (vard)* ge sig iväg
de·cant |dɪ'kænt| *vt (vin etc)* dekantera
de·cant·er |dɪ'kæntəʳ| *s* karaff
de·capi·tate |dɪ'kæpɪteɪt| *vt* halshugga
de·cath·lon |dɪ'kæθlɒn| *s (Sport)* tiokamp
de·cay |dɪ'keɪ| **1** *s (av växter)* förmultning; *(av
mat)* förruttnelse; *(på tänder)* karies; *(av
byggnad)* förfall; *(bildl)* förfall; **to fall into** ~
(bildl) försvagas, förfalla **2** *vi (mat)* ruttna;
(växter) multna, vissna; *(trä)* murkna, ruttna;
(tänder) angripas av karies; *(byggnad)* förfalla;
(bildl: civilisation) förfalla; *(: sinnen)* försvagas
de·cease |dɪ'siːs| *s (frm)* frånfälle
de·ceased |dɪ'siːst| **1** *adj (Jur etc)* avliden **2** *s*:
the ~ *(person)* den avlidne, den döde
de·ceit |dɪ'siːt| *s* bedrägeri
de·ceit·ful |dɪ'siːtfʊl| *adj (person)* bedräglig; *(ord,
uppträdande)* vilseledande
de·ceive |dɪ'siːv| *vt (i allm)* bedra, lura; *(begå
äktenskapsbrott)* bedra; **she** ~**d me into thinking
that...** hon lurade mig att tro att...; **he thought his
eyes were deceiving him** han trodde att hans
ögon bedrog honom; **don't be** ~**d by appearances**
låt inte skenet bedra (dig); **to** ~ **oneself** bedra sig
själv
de·cel·er·ate |diː'seləreɪt| *vi (Motor)* sakta farten
De·cem·ber |dɪ'sembəʳ| *s* december; *se äv* **July**
de·cen·cy |'diːsənsɪ| *s (moral)* anständighet; *(sätt
mot andra)* hygglighet; **to have a sense of** ~ ha
känsla för det passande; **to have the** ~ **to do sth**
ha hyfs/folkvett nog att göra ngt; **common** ~
vanligt folkvett
de·cent |'diːsənt| *adj* **(a)** *(person, hus)* anständig;
(kläder, språk etc) passande **(b)** *(snäll)* hygglig;
he was very ~ **to me** han var mycket hygglig mot
mig **(c)** *(tillfredsställande)* ordentlig; **a** ~ **meal**
ett ordentligt mål mat
de·cent·ly |'diːsəntlɪ| *adv (respektabelt)* anstän-
digt; *(snällt)* hyggligt
de·cen·trali·za·tion |diːˌsentrəlaɪ'zeɪʃən| *s*
decentralisering
de·cen·tral·ize |diː'sentrəlaɪz| *vt* decentralisera
de·cep·tion |dɪ'sepʃən| *s* bedrägeri
de·cep·tive |dɪ'septɪv| *adj* bedräglig
deci·bel |'desɪbel| *s* decibel
de·cide |dɪ'saɪd| **1** *vt (fråga, ngns framtid etc)*

avgöra; *(att göra ngt)* bestämma sig; **that ~d me** det fick mig att bestämma mig; **it was ~d that...** det bestämdes att...; **to ~ where to go/what to do** bestämma vart man ska bege sig/vad man ska göra **2** *vi* bestämma sig; **to ~ for/against sb** ge ngn rätt/fel; **to ~ in favour of sth** bestämma sig för ngt; **to ~ against doing sth** besluta sig för att inte göra ngt

de·cid·ed [dɪ'saɪdɪd] *adj (person, ton, åsikt etc)* bestämd; *(skillnad etc)* avgjord

de·cid·ed·ly [dɪ'saɪdɪdlɪ] *adv (se* **decided**) bestämt; avgjort

de·cid·ing [dɪ'saɪdɪŋ] *adj* avgörande, utslagsgivande; **the ~ factor** (den) avgörande faktor(n); **the ~ goal** (det) avgörande mål(et); **the ~ vote** utslagsrösten

de·cid·u·ous [dɪ'sɪdjʊəs] *adj (träd)* lövfällande

deci·mal ['desɪməl] **1** *adj* decimal; **~ point** decimalkomma; **to 3 ~ places** med 3 decimaler **2** *s (siffra)* decimal; *(tal)* decimalbråk

deci·mal·ize ['desɪməlaɪz] *vt* överföra till decimalsystem(et), införa decimalsystemet i

deci·mate ['desɪmeɪt] *vt (eg, bildl)* decimera

de·ci·pher [dɪ'saɪfə'] *vt (kod)* dechiffrera; *(handstil)* tyda

de·ci·sion [dɪ'sɪʒən] *s* **(a)** *(avgörande)* beslut; **to come to/reach a ~** komma fram till ett beslut; **to make a ~** fatta ett beslut **(b)** *(karaktärsdrag)* beslutsamhet

de·ci·sive [dɪ'saɪsɪv] *adj (seger, faktor etc)* avgörande; *(sätt, svar, person)* bestämd

deck [dek] **1** *s* **(a)** *(Sjö)* däck; **to go up on ~** upp på däck; **below ~** under däck **(b)** *(i buss):* **top/upper ~** övre planet; **bottom/lower ~** undre planet **(c)** *(Am Kortsp)* kortlek **(d)** *(skivspelare etc)* däck; **cassette ~** kassettdäck **2** *vt (rum etc)* pryda; **to ~ the Christmas tree** klä julgranen

♦ **deck out** *vt + adv (med smycken etc)* styra ut

deck·chair ['dektʃeə'] *s* vilstol, solstol

de·claim [dɪ'kleɪm] *vi (ofta neds)* tala högtravande; *(mot ngt)* protestera

dec·la·ma·tion [ˌdeklə'meɪʃən] *s (ofta protest)* pompöst tal

dec·lama·tory [dɪ'klæmətərɪ] *adj (tal)* pompös

dec·la·ra·tion [ˌdeklə'reɪʃən] *s (tillkännagivande)* förklaring; **D~ of Independence** *(Am)* oavhängighetsförklaringen; **customs ~** tulldeklaration

de·clare [dɪ'kleə'] *vt (förkunna)* förklara; *(ngn som vinnare)* förklara, utropa; *(i tullen)* deklarera; **have you anything to ~?** har ni någonting att deklarera? **to ~ war (on/against sb)** förklara krig (mot ngn); **to ~ oneself against/in favour of sth** förklara sig vara mot/för ngt

de·clas·si·fy [diː'klæsɪfaɪ] *vt (information)* häva hemligstämpeln på

de·clen·sion [dɪ'klenʃən] *s (Språkv)* deklination

de·cline [dɪ'klaɪn] **1** *s* **(a)** *(minskning)* nedgång *(in i/av);* **to be on the ~** vara i avtagande **(b)** *(moraliskt etc)* förfall; *(av standard etc)* sänkning *(in i/av);* **to fall into a ~** *(Med)* tyna av/bort **2** *vt (a) (inbjudan etc)* avslå; **to ~ to do sth** avböja att göra ngt **(b)** *(Språkv)* böja **3** *vi (a) (makt etc)* avta, minska; *(rike, företag)* förfalla; *(hälsa)* avta; **his declining years** hans sista år; **to ~ in importance** minska i betydelse **(b)** *(Språkv)* böjas **(c)** *(avböja)* tacka nej

de·clutch [diː'klʌtʃ] *vi (Brit Motor)* koppla ur

de·code [diː'kəʊd] *vt* dechiffrera

de·com·pose [ˌdiːkəm'pəʊz] **1** *vt (växtlighet)* bryta ned **2** *vi (växtlighet)* ruttna

de·com·po·si·tion [ˌdiːkɒmpə'zɪʃən] *s* förruttnelse

de·com·pres·sion [ˌdiːkəm'preʃən] *s* dekompression, tryckminskning; **~ chamber** dekompressionskammare, tryckkammare; **~ sickness** dykarsjuka

de·con·gest·ant [ˌdiːkən'dʒestənt] *s (i näsdroppar etc)* avsvällande medicin

de·con·tami·nate [ˌdiːkən'tæmɪneɪt] *vt (genom desinfektion etc)* sanera

de·con·trol [ˌdiːkən'trəʊl] *vt (priser etc)* slopa kontrollen på, frisläppa

dé·cor ['deɪkɔː'] *s (av bostad etc)* inredning; *(Teat)* dekor

deco·rate ['dekəreɪt] *vt* **(a)** *(med prydnader)* dekorera/smycka *(with* med); *(rum)* inreda; *(hus)* upprusta **(b)** *(med medalj)* dekorera

deco·rating ['dekəreɪtɪŋ] *s* inredning

deco·ra·tion [ˌdekə'reɪʃən] *s (vackert föremål)* prydnad, dekoration; *(utmärkelse)* dekoration

deco·ra·tive ['dekərətɪv] *adj (prydlig)* dekorativ; *(föremål etc)* prydnads-

deco·ra·tor ['dekəreɪtə'] *s (Brit: dekorationsmålare)* dekoratör; *(: hantverkare)* målare; *(Am)* = **interior ~; interior ~** inredningsarkitekt

deco·rous ['dekərəs] *adj (uppträdande etc)* värdig

de·co·rum [dɪ'kɔːrəm] *s* värdighet

de·coy ['diːkɔɪ] **1** *s (eg, bildl)* lockfågel, lockbete **2** [dɪ'kɔɪ] *vt (lura)* locka

de·crease ['diːkriːs] **1** *s* minskning; **~ in speed** fartminskning; **a ~ of 50%** en minskning med 50%; **to be on the ~** vara i avtagande **2** [dɪ'kriːs] *vt (antal etc)* minska; **3** *vi (antal etc)* minska; *(energi etc)* avta; *(Stickning)* minska, ta in; **to ~ by 10%** minska med 10%

de·creas·ing [dɪ'kriːsɪŋ] *adj* avtagande

de·cree [dɪ'kriː] **1** *s (dekret)* påbud; **to issue a ~** utfärda en förordning; **to obtain a ~ absolute/nisi** ['naɪsaɪ] få äktenskapsskillnad/hemskillnad **2** *vt* påbjuda

de·crep·it [dɪ'krepɪt] *adj (byggnad)* fallfärdig; *(person)* skröplig

de·crepi·tude [dɪ'krepɪtjuːd] *s (om byggnad)* förfall; *(om person)* skröplighet

de·cry [dɪ'kraɪ] *vt* nedvärdera

dedi·cate ['dedɪkeɪt] *vt (kyrka etc)* inviga; *(bok)* tillägna, dedicera; *(sitt liv etc)* ägna; **to ~ one's life/oneself to sth** ägna sitt liv/sig åt ngt

dedi·cat·ed ['dedɪkeɪtəd] *adj (person)* hängiven

dedi·ca·tion [ˌdedɪ'keɪʃən] *s (av kyrka etc)* invigning, helgande; *(hos person)* hängivenhet; *(i bok)* dedikation

de·duce [dɪ'djuːs] *vt:* **to ~ sth from sth** sluta sig till ngt från ngt; **to ~ (from sth) that...** dra slutsatsen (av ngt) att...

de·duct [dɪ'dʌkt] *vt* dra av *(from* från)

de·duct·ible [dɪ'dʌktəbl] **1** *adj* avdragsgill **2** *s (Am: vid försäkring)* självrisk

de·duc·tion [dɪ'dʌkʃən] *s* **(a)** *(logiskt tänkande)* slutledning **(b)** *(på lön etc)* avdrag; *(Am Skatt)* avdrag

deed [diːd] *s* **(a)** *(handling)* gärning; **brave ~** djärv bedrift; **good ~** god gärning **(b)** *(Jur)* handling, dokument; **~ of covenant** överlåtelsehandling; **change one's name by ~ poll** byta namn lagligt

dee·jay [diː'dʒeɪ] *s (vard)* = **disc jockey**

deem [diːm] *vt (frm)* anse; **she ~s it wise to...** hon anser det klokt att...

deep [diːp] **1** *adj* **(-er, -est)** **(a)** *(vatten, snö, sår etc)* djup; **the water was 6 inches ~** vattnet var 15 cm djupt; **we were knee-~ in mud** leran stod oss upp till knäna; **the ~ end** *(av simbassäng)* den djupa sidan; **to be thrown in (at) the ~ end** *(bildl vard)* kastas hals över huvud in i ngt; **to go off (at) the ~ end** *(bildl vard: pos)* släppa alla hämningar; *(: neg)* bli rasande **(b)** *(hylla, skåp etc)* djup; *(fåll, kant)* bred **(c)** *(ljud etc)* djup, mörk; **a ~ sigh** en djup suck; **to take a ~ breath** ta ett djupt andetag **(d)** *(färg)* mörk, dov; *(sorg, lättnad)* djup; *(känsla etc)* intensiv, djup; *(mysterium,* *hemlighet)* stor; *(sömn)* djup; *(tänkare, insikt)* djup; ~ **in mourning** djupt sorgklädd; **to be** ~ **in a book** vara djupt försjunken i en bok; **he's a** ~ **one** *(vard)* han är en djuping; ~ **structure** *(Språkv)* djupstruktur **2** *adv* djupt; ~ **underground** djupt under markytan; ~ **in her heart** innerst inne; **the spectators were standing 6** ~ åskådarna stod i sexdubbla led; **don't go in too** ~ **if you can't swim** gå inte för långt ut om du inte kan simma; **to dig** ~ gräva djupt; ~ **in the forest** djupt in i skogen; ~ **in debt** djupt skuldsatt **3** *s:* **the** ~ *(poet)* djupet, havet

deep·en ['diːpən] **1** *vt (hål, dike etc)* göra djupare; *(ton etc)* stämma lägre; *(färg)* göra mörkare, fördjupa; *(förståelse, intresse, vänskap etc)* fördjupa **2** *vi (vatten, röst)* bli djupare; *(färg)* bli starkare; *(natt)* djupna; *(förståelse, kärlek)* fördjupas

deep·freeze [ˌdiːp'friːz] *(v: imperf* **deepfroze**, *perf part* **deepfrozen) 1** *s (skåp, box)* frys **2** *vt (mat)* (djup)frysa

deep-fry [ˌdiːp'fraɪ] *vt* fritera

deep·ly ['diːplɪ] *adv (eg, bildl)* djupt; *(dricka)* i djupa klunkar; **to regret sth** ~ djupt beklaga ngt; **to be** ~ **in debt** vara djupt skuldsatt; **to go** ~ **into sth** gå på djupet med ngt, fördjupa sig i ngt; **to be** ~ **grateful/wounded** vara djupt tacksam/sårad

deep-rooted [ˌdiːp'ruːtɪd] *adj (växt, bildl)* djupt rotad; **a** ~ **habit** en djupt rotad vana

deep-sea [ˌdiːp'siː] *adj* djuphavs-; ~ **fishing** djuphavsfiske

deep-seated [ˌdiːp'siːtɪd] *adj (bildl)* djupt rotad

deep-set ['diːpˌset] *adj:* ~ **eyes** djupt liggande ögon

deer [dɪəʳ] *s, pl lika (i allm)* hjortdjur; *(= red* ~) kronhjort; *(= roe* ~) rådjur; *(= fallow* ~) dovhjort

deer-stalker ['dɪəˌstɔːkəʳ] *s* jägarhatt

deer-stalking ['dɪəˌstɔːkɪŋ] *s* hjort-/rådjursjakt

de·face [dɪ'feɪs] *vt (monument, konstverk etc)* vandalisera; *(bok, affisch etc)* fördärva; *(naturen)* förstöra

de·fa·ma·tion [ˌdefə'meɪʃən] *s* ärekränkning

de·fama·tory [dɪ'fæmətərɪ] *adj (artikel etc)* ärekränkande

de·fame [dɪ'feɪm] *vt* förtala

de·fault [dɪ'fɔːlt] **1** *s* försummelse; **in** ~ **of** i brist på, i frånvaro av; **by** ~ *(Jur)* genom (svarandens) vägran att inställa sig, *(ung)* genom tredskodom; *(Sport)* genom walk-over; ~ **value** *(Mat, Data)* normalvärde *som väljs om ej annat anges* **2** *vi (Jur, Sport: ej komma)* försumma att inställa sig; *(: ej betala)* försumma att betala

de·feat [dɪ'fiːt] **1** *s (i allm)* nederlag; *(om plan etc)* omintetgörande **2** *vt (motståndare)* besegra; *(plan, ambition etc)* omintetgöra; *(lagförslag)* förkasta; **it** ~**s me** *(bildl: problem etc)* jag går inte i land med det; **it** ~**s me why...** jag kan inte fatta varför...; **to** ~ **one's own ends** motarbeta sig själv

de·feat·ism [dɪ'fiːtɪzəm] *s* defaitism

de·feat·ist [dɪ'fiːtɪst] **1** *s* defaitist **2** *adj* defaitistisk

def·ecate ['defəkeɪt] *vi (frm)* ha avföring

de·fect ['diːfekt] **1** *s (på bil, maskin etc)* fel; *(hos person: fysisk)* lyte, defekt; *(: mental)* defekt; **moral** ~ moralisk brist **2** [dɪ'fekt] *vi (från parti)* avfalla; *(från land etc)* hoppa av

de·fec·tion [dɪ'fekʃən] *s (Pol)* avhopp

de·fec·tive [dɪ'fektɪv] *adj (oriktig)* felaktig; *(som saknar ngt)* bristfällig; *(Språkv):* ~ **verb** ofullständigt verb; **to be** ~ **in sth** sakna ngt; ~ **reasoning** bristande logik

de·fec·tor [dɪ'fektəʳ] *s (Pol)* avhoppare

de·fence, *(Am)* **de·fense** [dɪ'fens] *s (Mil, Sport, Jur)* försvar; **in** ~ **of sth** till försvar för ngt; **speak in** ~ **of sth** tala för ngt; **the Ministry of D**~

försvarsdepartementet; **in his** ~ till hans försvar; **the case for the** ~ försvarets sak(framställning); **counsel for the** ~ försvarsadvokat; **the body's** ~**s against disease** kroppens försvar mot sjukdom; **as a** ~ **against** *(kyla etc)* som skydd mot; ~ **mechanism** försvarsmekanism; ~ **spending** försvarsutgifter

de·fence·less [dɪ'fenslɪs] *adj* försvarslös

de·fend [dɪ'fend] **1** *vt (alla betydelser)* försvara; **to** ~ **oneself** *(mot fiende)* försvara sig; *(för anfall)* skydda sig **2** *vi (Sport)* försvara sig

de·fend·ant [dɪ'fendənt] *s:* **the** ~ *(Jur: i tvistemål)* svaranden, den svarande; *(: i brottmål)* den tilltalade, den anklagade

de·fend·ing [dɪ'fendɪŋ] *adj:* ~ **champion** *(Sport)* titelförsvarare; ~ **counsel** försvarsadvokat

de·fense [dɪ'fens] *s (Am)* = **defence**

de·fen·sible [dɪ'fensɪbl] *adj* försvarlig, skälig

de·fen·sive [dɪ'fensɪv] **1** *adj (krig, spel)* defensiv; *(attityd etc)* försvars-; **2** *s:* **to be on the** ~ vara på defensiven

de·fer [dɪ'fɜːʳ] **1** *vt (möte, betalning etc)* skjuta upp; **2** *vi:* **to** ~ *(ngns vilja etc)* böja sig för; **to** ~ **to sb's (greater) knowledge** böja sig för ngns (större) kunskap(er)

def·er·ence ['defərəns] *s* hänsyn; **out of/in** ~ **to sb** av hänsyn till ngn

def·er·en·tial [ˌdefə'renʃəl] *adj (person, ton)* vördnadsfull

de·fer·ment [dɪ'fɜːmənt] *s* uppskov

de·fi·ance [dɪ'faɪəns] *s* trots; **his son's open** ~ hans sons öppna trots

de·fi·ant [dɪ'faɪənt] *adj (person)* trotsig; *(ton, attityd, etc)* utmanande, trotsig

de·fi·cien·cy [dɪ'fɪʃənsɪ] *s* **(a)** *(på varor, vitamin etc)* brist; *(Med)* insufficiens **(b)** *(i system, plan etc)* bristfällighet **(c)** *(Ekon)* brist, underskott

de·fi·cient [dɪ'fɪʃənt] *adj* otillräcklig; **to be** ~ **in sth** sakna ngt; **mentally** ~ psykiskt utvecklingsstörd

defi·cit ['defɪsɪt] *s (i sht Ekon)* underskott, brist

de·file[1] ['diːfaɪl] *s* smalt (bergs)pass

de·file[2] [dɪ'faɪl] *vt (natur etc)* förorena; *(sinne etc)* besudla

de·fin·able [dɪ'faɪnəbl] *adj* definierbar

de·fine [dɪ'faɪn] *vt (ord, villkor etc)* definiera; *(bestämma gränserna för)* fastställa; **to be clearly** ~**d against** avteckna sig skarpt mot

defi·nite ['defɪnɪt] *adj* **(a)** *(datum, plan etc)* fastställd; *(tonfall, sätt etc)* bestämd; **a** ~ **order** *(Handel)* en definitiv beställning; **a** ~ **answer** ett klart/bestämt svar **(b)** *(klart märkbar)* tydlig; **a** ~ **improvement** en märkbar förbättring; **a** ~ **stain** en tydlig fläck **(c)** *(Språkv):* ~ **article** bestämd artikel

defi·nite·ly ['defɪnɪtlɪ] *adv (se* **definite a, b)** bestämt; definitivt; märkbart; ~**!** absolut!

defi·ni·tion [ˌdefɪ'nɪʃən] *s* **(a)** *(av ord)* definition; **is by** ~... är definitionsmässigt/per definition... **(b)** *(Foto, TV)* skärpa

de·fini·tive [dɪ'fɪnɪtɪv] *adj (avgörande)* definitiv; *(utgåva etc)* slutgiltig

de·flate [diː'fleɪt] **1** *vt (däck etc)* släppa luften ur; *(förödmjuka)* stuka till; *(priser)* hålla nere **2** *vi (Ekon)* åstadkomma deflation

de·fla·tion [diː'fleɪʃən] *s (Ekon)* deflation

de·fla·tion·ary [diː'fleɪʃənərɪ] *adj (Ekon)* deflations-

de·flect [dɪ'flekt] *vt (kula, projektil)* få att avvika från sin bana; *(bildl: person)* avleda *(from* från)

de·form [dɪ'fɔːm] *vt (ansikte etc)* vanställa; *(föremål)* deformera

de·formed [dɪ'fɔːmd] *adj (person, kropp etc)* vanställd; *(struktur)* deformerad

de·form·ity [dɪ'fɔːmɪtɪ] *s* missbildning

de·fraud [dɪ'frɔːd] *vt (frm: person, myndighet)* **to** ~

sb of sth bedrägligt undanhålla ngn ngt

de·fray [dɪ'freɪ] vt (frm: kostnader) bestrida

de·frost [diː'frɒst] vt (kyl, frys) frosta av; (djupfryst mat) tina

de·frost·er [diː'frɒstə^r] s (Am: i bil) defroster

deft [deft] adj (-er, -est) (händig) skicklig

deft·ly ['deftlɪ] adv skickligt

de·funct [dɪ'fʌŋkt] adj (frm: bolag etc): **to be** ~ inte längre existera; (förhoppningar) ha släckts

de·fuse [diː'fjuːz] vt (bomb) desarmera; (bildl: situation) avstyra

defy [dɪ'faɪ] vt **(a)** (trotsigt uppmana) utmana; **I** ~ **you to do it** gör det om du vågar! **(b)** (vägra lyda: eg, bildl) trotsa; **it defies (all) description** det trotsar all beskrivning

de·gen·er·ate [dɪ'dʒenərət] **1** adj degenererad **2** s degenererad person **3** [dɪ'dʒenəreɪt] vi urarta (into till)

deg·ra·da·tion [ˌdegrə'deɪʃən] s (av samhälle, moral etc) förfall; (persons) förödmjukelse

de·grade [dɪ'greɪd] vt förödmjuka

de·grad·ing [dɪ'greɪdɪŋ] adj förnedrande

de·gree [dɪ'griː] s **(a)** (i allm, Mat, Geogr) grad; **10** ~**s below freezing** 10 minusgrader **(b)** (utsträckning, omfång) grad; **a high** ~ **of uncertainty** en hög grad av ovisshet; **by** ~**s** gradvis; **to some** ~, **to a certain** ~ i någon/viss mån; se äv **third (c)** (Univ: i allm) examen; (: doktors-) grad; **first** ~ grundexamen; **higher** ~ doktors-|grad/-examen; **honorary** ~ hedersdoktorsgrad

de·hy·drate [ˌdiː'haɪdreɪt] vt (Tekn etc) torka ut

de·hy·drated [diː'haɪdreɪtəd] adj (grönsaker etc) torkad; ~ **milk** torrmjölk(spulver); ~ **eggs** äggpulver

de·hy·dra·tion [ˌdiːhaɪ'dreɪʃən] s (i allm, Med) uttorkning

de·icer ['diː'aɪsə^r] s (på flygplan) avisare, avisningsanordning; (till bil etc) defroster-(vätska)

dei·fy ['diːɪfaɪ] vt (dyrka) idealisera

deign [deɪn] vt: **to** ~ **to do sth** nedlåta sig till att göra ngt

de·ity [diːɪtɪ] s gud, gudom

de·ject·ed [dɪ'dʒektɪd] adj (person, blick) nedslagen

de·jec·tion [dɪ'dʒekʃən] s modfälldhet

de·lay [dɪ'leɪ] **1** s (i allm, i trafik) försening; **without further** ~ utan vidare dröjsmål; **to have a** ~ bli fördröjd **2** vt (dröja med) uppskjuta; (uppehålla: person) hålla kvar; (: tåg, händelse) försena; ~**ed action bomb** tidsinställd bomb **3** vi dröja (in med); **don't** ~! dröj inte!

de·lec·table [dɪ'lektəbl] adj ljuvlig

del·egate ['delɪgət] **1** s delegat **2** ['delɪgeɪt] vt (person) utse; (uppgift, makt) delegera

del·ega·tion [ˌdelɪ'geɪʃən] s **(a)** (av arbete) delegerande **(b)** (grupp) delegation

de·lete [dɪ'liːt] vt (utplåna) stryka ut; ~ **where inapplicable** stryk det som ej är tillämpligt

de·letion [dɪ'liːʃən] s strykning

deli ['delɪ] s (Am) förk f **delicatessen**

de·lib·er·ate [dɪ'lɪbərɪt] **1** adj (förolämpning, lögn, misstag etc) avsiktlig; (beslut, omdöme) genomtänkt, överlagd; (röst, sätt etc) lugn, behärskad **2** [dɪ'lɪbəreɪt] vt (ensam) tänka över; (med andra) diskutera **3** vi (ensam) fundera (on på); (med andra) diskutera (on om)

de·lib·er·ate·ly [dɪ'lɪbərɪtlɪ] adv (med flit) avsiktligt; (långsamt) försiktigt

de·lib·era·tion [dɪˌlɪbə'reɪʃən] s **(a)** (betänkande) övervägande; (överläggande) diskussion; **after due** ~ efter moget övervägande **(b)** (i tal, rörelser) eftertänksamhet; **with** ~ eftertänksamt

deli·ca·cy ['delɪkəsɪ] s **(a)** (se delicate) finess; ömtålighet; klenhet; känslighet **(b)** (läckerhet)

delikatess

deli·cate ['delɪkɪt] adj **(a)** (mönster, smak, mat) utsökt; (porslin, ben) skör, ömtålig **(b)** (Med) klen **(c)** (instrument, öra etc) känslig, fin; (situation, problem) känslig

deli·cate·ly ['delɪkɪtlɪ] adv (se delicate a, c) utsökt; ömtåligt; känsligt

deli·ca·tes·sen [ˌdelɪkə'tesn] s delikatessaffär

de·li·cious [dɪ'lɪʃəs] adj utsökt

de·light [dɪ'laɪt] **1** s glädje; **to my** ~ till min glädje **2** vt (person) glädja

♦ **delight in** vi + prep finna nöje i

de·light·ed [dɪ'laɪtɪd] adj förtjust (at/with över); **to be** ~ **to do sth** vara glad över att göra ngt; **to be** ~ **that...** vara förtjust över att...; ~ **to meet you** så trevligt att träffa dig; **I'd be** ~ med förtjusning

de·light·ful [dɪ'laɪtfʊl] adj förtjusande, underbar

de·light·ful·ly [dɪ'laɪtfəlɪ] adv förtjusande, underbart

de·lim·it [diː'lɪmɪt] vt avgränsa, dra upp gränser för

de·lin·eate [dɪ'lɪnɪeɪt] vt (kontur) teckna; (plan) skissera; (karaktär) teckna, beskriva; **the mountains were clearly** ~**d against the sky** bergen avtecknade sig tydligt mot himlen

de·lin·quen·cy [dɪ'lɪŋkwənsɪ] s brottslighet

de·lin·quent [dɪ'lɪŋkwənt] **1** adj brottslig **2** s brottsling; **juvenile** ~ ungdomsbrottsling

de·liri·ous [dɪ'lɪrɪəs] adj (Med) sinnesförvirrad; (bildl: av glädje) yr, vild

de·liri·ous·ly [dɪ'lɪrɪəslɪ] adv (lycklig etc) vansinnigt: *the good news made her* ~ *happy*

de·lir·ium [dɪ'lɪrɪəm] s (Med) delirium, (sinnes)-förvirring; (bildl): **a** ~ **of joy** glädjeyra

de·liv·er [dɪ'lɪvə^r] vt **(a)** (varor) leverera; (meddelande) framföra; (brev) dela ut; **he** ~**ed me home safely** han såg till att jag kom hem ordentligt; **to** ~ **the goods** (vard) uppfylla förväntningarna **(b)** (åld) frälsa (from från); ~ **us from evil** (Rel) fräls oss ifrån ondo **(c)** (tal, föreläsning) hålla; (dom) uttala; (ultimatum) ställa; (slag) rikta **(d)** (Med) förlösa

de·liv·er·ance [dɪ'lɪvərəns] s (poet) befrielse

de·liv·ery [dɪ'lɪvərɪ] s **(a)** (av varor) leverans; (av post) utbärning; ~ **boy** varubud; ~ **note** följesedel; ~ **van** varubil **(b)** (av föreläsning etc) framförande; **(c)** (Med) förlossning

del·ta ['deltə] s (Geogr) delta

de·lude [dɪ'luːd] vt förleda; **to** ~ **sb into thinking...** lura ngn att tro...; **to** ~ **oneself** bedra sig (själv)

del·uge ['deljuːdʒ] **1** s (regn) skyfall; (Rel): **the D**~ syndafloden; (bildl) störtflod; **a** ~ **of protests** en (stört)flod av protester **2** vt (bildl) dränka (with med)

de·lu·sion [dɪ'luːʒən] s (bedrägeri) villfarelse; (Psyk) vanföreställning

de luxe [dɪ'lʌks] adj lyx-

delve [delv] vi: **to** ~ **into** (ficka etc) gräva i; (det förflutna) forska i

dema·gogue ['deməgɒg] s demagog

de·mand [dɪ'mɑːnd] **1** s **(a)** (om hjälp etc) begäran; (på högre lön etc) krav; **by popular** ~ på allmän begäran; **on** ~ på begäran; **I have many** ~**s on my time** det är mycket som tar min tid i anspråk **(b)** (Handel) efterfrågan (for på); **to be in** ~ vara efterfrågad; (bildl: person) vara eftersökt **2** vt begära, kräva, fordra (from/of av); **he** ~**ed to see my passport** han begärde att få se mitt pass; **the job** ~**s care** arbetet kräver noggrannhet

de·mand·ing [dɪ'mɑːndɪŋ] adj (person, arbete etc) krävande

de·mar·ca·tion [ˌdiːmɑː'keɪʃən] s gränsdragning; ~ **dispute** (inom företag) gränsdragningstvist mellan anställda som tillhör olika fack; ~ **line**

demarkationslinje
de·mean·our, (Am) **de·mean·or** [dɪ'miːnəʳ] s (frm) uppträdande
de·ment·ed [dɪ'mentɪd] adj vansinnig
dem·erara [,demə'rɛərə] s (äv: ~ sugar) brunt socker, (ung) farin
de·mer·it [diː'merɪt] s fel, brist
demi- ['demɪ] prefix halv-; ~god halvgud
de·mili·ta·rize ['diː'mɪlɪtəraɪz] vt demilitarisera
de·mise [dɪ'maɪz] s (frm: död) frånfälle; (bildl: av institution etc) upphörande
de·mist [diː'mɪst] vt (Motor) ta bort imma från
de·mist·er [diː'mɪstəʳ] s (Brit Motor) defroster
demi·tasse ['demɪtæs] s (isht Am: kopp kaffe) mockakopp
demo ['deməʊ] s (vard förk f demonstration) demonstration
de·mo·bi·lize [diː'məʊbɪlaɪz] vt demobilisera
de·moc·ra·cy [dɪ'mɒkrəsɪ] s (system, land) demokrati
demo·crat ['deməkræt] s demokrat
demo·crat·ic [,demə'krætɪk] adj (regering, person, åsikt) demokratisk; (Am Pol): the D~ Party demokratiska partiet
demo·crati·cal·ly [,demə'krætɪkəlɪ] adv demokratiskt
de·moc·ra·tize [dɪ'mɒkrətaɪz] vt demokratisera
de·mog·ra·phy [dɪ'mɒɡrəfɪ] s demografi
de·mol·ish [dɪ'mɒlɪʃ] vt (byggnad) riva; (bildl: argument) rasera; (skämts: mat) sluka
demo·li·tion [,demə'lɪʃən] s rivning; ~ squad sprängpatrull; ~ zone rivningsområde
de·mon ['diːmən] s demon, djävul; he's a ~ for work (vard) han är enorm på att arbeta
dem·on·strate ['demənstreɪt] 1 vt (a) (känslor etc) visa, demonstrera (b) (dammsugare etc) demonstrera 2 vi (Pol etc) demonstrera (against mot)
dem·on·stra·tion [,demən'streɪʃən] s (alla betydelser) demonstration; to hold a ~ demonstrera
de·mon·stra·tive [dɪ'mɒnstrətɪv] adj (person) öppen; (Språkv) demonstrativ
de·mon·stra·tor ['demənstreɪtəʳ] s (Pol) demonstrant; (i affär: manlig) demonstratör; (: kvinnlig) demonstratris
de·mor·al·ize [dɪ'mɒrəlaɪz] vt demoralisera
de·mote [dɪ'məʊt] vt degradera
de·mur [dɪ'mɜːʳ] 1 vi (frm) göra invändningar (at mot) 2 s: without ~ utan invändning
de·mure [dɪ'mjʊəʳ] adj (leende etc) tillgjort blygsam
de·mure·ly [dɪ'mjʊəlɪ] adv spelat blygsamt
den [den] s (a) (vilddjurs) håla; ~ of thieves (bildl) rövarkula (b) (vard: rum) lya, krypin
de·na·tion·al·ize [diː'næʃnəlaɪz] vt denationalisera
de·ni·al [dɪ'naɪəl] s (a) (av anklagelse) tillbakavisande; the government issued an official ~ regeringen utfärdade en officiell dementi (b) (på begäran) avslag (c) (= self-~) självförnekelse
den·ier ['denɪəʳ] s (Textil) denier
deni·grate ['denɪɡreɪt] vt förtala
den·im ['denɪm] s (tyg) denim; ~s jeans, blåbyxor; ~ jacket denimjacka, jeansjacka
Den·mark ['denmɑːk] s Danmark
de·nomi·na·tion [dɪ,nɒmɪ'neɪʃən] s (Rel) trossamfund; (av mynt, frimärke, sedel etc) valör
de·nomi·na·tor [dɪ'nɒmɪneɪtəʳ] s (Mat) nämnare; common ~ gemensam nämnare
de·note [dɪ'nəʊt] vt (i allm) tyda på, betyda; (Filos, Språkv) denotera, beteckna
de·nounce [dɪ'naʊns] vt (offentligt anklaga) utpeka; (till polisen) ange
dense [dens] adj (-er, -est) (tät) kompakt; (vard: person) trög

dense·ly ['denslɪ] adv tätt; ~ populated tätbefolkad
den·sity ['densɪtɪ] s (i allm) täthet; (Fys) densitet
dent [dent] 1 s (i metall) buckla; (i trä) märke; (vard: i besparingar etc) hål 2 vt (bil, hatt etc) buckla till
den·tal ['dentl] 1 adj tand-; (Fonet) dental; ~ surgeon (frm) tandläkare; 2 s (Fonet) dental
den·ti·frice ['dentɪfrɪs] s tandkräm
den·tist ['dentɪst] s tandläkare; ~'s chair tandläkarstol; ~'s surgery (Brit) el office (Am) tandläkarmottagning
den·tis·try ['dentɪstrɪ] s tandläkaryrke
den·tures ['dentʃəz] spl tandprotes, löständer
de·nude [dɪ'njuːd] vt blotta (on på); ~d of vegetation blottad på växtlighet
de·nun·cia·tion [dɪ,nʌnsɪ'eɪʃən] s (av ngt man ogillar) fördömande
deny [dɪ'naɪ] vt (a) (i allm) förneka; (anklagelse) bestrida; (rykte) dementera; there's no ~ing it det kan inte förnekas; he denies having said it han förnekar att han sagt det (b) (ngn ngt) neka; to ~ oneself sth neka sig ngt
de·odor·ant [diː'əʊdərənt] s deodorant
de·part [dɪ'pɑːt] vi (tåg) avgå (from från); (person) avresa (from från); (från sanning etc) avvika
de·part·ed [dɪ'pɑːtɪd] 1 adj (dagar etc) svunnen; (poet: död) bortgången 2 spl: the ~ de avlidna
de·part·ment [dɪ'pɑːtmənt] s (i allm) avdelning; (Skol, Univ) institution; (i regering) departement; D~ of Employment (Brit) arbetsmarknadsdepartementet; the D~ of State, the State D~ (Am) utrikesdepartementet; ~ store varuhus
de·part·men·tal [,diːpɑːt'mentl] adj avdelnings-
de·par·ture [dɪ'pɑːtʃəʳ] s (om tåg) avgång; (om person) avresa; (bildl) avvikelse; a new ~ en nyhet, ngt nytt; ~ lounge avgångshall
de·pend [dɪ'pend] vi (a): to ~ (up)on (vara säker på) lita på; (ekonomiskt etc) vara beroende av; you can ~ on it! det kan du lita på (b): to ~ (on) (komma an på) bero på; it all ~s on the weather det beror helt och hållet på vädret; it ~s what you mean det beror på vad du menar; that ~s det beror på
de·pend·able [dɪ'pendəbl] adj (person) pålitlig; (mekanism) (drift)säker, pålitlig
de·pend·ant [dɪ'pendənt] s (ekonomiskt) beroende person, person som man försörjer
de·pend·ence [dɪ'pendəns] s: ~ (on) (tro) tillit (till); (ekonomiskt) beroende (av)
de·pend·ent [dɪ'pendənt] 1 adj (a) (barn, släkting) beroende (on av); (Språkv) underordnad (b): to be ~ on (villkor) bero på, vara avhängig av 2 s = dependant
de·pict [dɪ'pɪkt] vt (om målning etc) avbilda; (med ord) skildra
de·pila·tory [dɪ'pɪlətərɪ] s (äv: ~ cream) hårborttagningsmedel
de·plete [dɪ'pliːt] vt (minska) reducera, (uttömma) förbruka
de·plor·able [dɪ'plɔːrəbl] adj beklaglig
de·plore [dɪ'plɔːʳ] vt beklaga
de·ploy [dɪ'plɔɪ] vt (Mil: i allm) gruppera; (: missiler) utplacera; (bildl: tillgångar etc) sprida
de·popu·late [,diː'pɒpjʊleɪt] vt avfolka
de·popu·la·tion ['diː,pɒpjʊ'leɪʃən] s avfolkning
de·port [dɪ'pɔːt] vt (person: ur ett land) förvisa, deportera
de·por·ta·tion [,diːpɔː'teɪʃən] s förvisning, utvisning; ~ order utvisningsorder
de·port·ment [dɪ'pɔːtmənt] s (beteende) uppträdande; (av kroppen) hållning
de·pose [dɪ'pəʊz] vt (kung etc) avsätta
de·pos·it [dɪ'pɒzɪt] 1 s (a) (i bank) insättning; (Handel: förskott) handpenning; (: säkerhet)

deposition; **to put down a** ~ **of £50** betala en handpenning på 50 pund; ~ **account** (Brit) kapital(samlings)konto **(b)** (Kem) fällning, avlagring; (Geol) fyndighet **2** vt **(a)** (på bord, golv) sätta ned; (bagage) lämna i förvar **(b)** (pengar: på bank) sätta in

de·posi·tor [dɪˈpɒzɪtəʳ] s (Ekon) insättare

de·pot [ˈdepəʊ] s **(a)** (lagerlokal) förråd; (för bussar) bussgarage; (för tåg) vagnhall **(b)** [ˈdiːpəʊ] (Am Järnv) station

de·praved [dɪˈpreɪvd] adj (moraliskt) fördärvad, depraverad

de·prav·ity [dɪˈprævɪtɪ] s fördärv, lastbarhet

dep·re·cate [ˈdeprɪkeɪt] vt (frm) ta avstånd från

dep·re·ca·tory [ˈdeprɪkətərɪ] adj (för att blidka) urskuldande; (för att kritisera) ogillande

de·pre·ci·ate [dɪˈpriːʃɪeɪt] **1** vt (värde) skriva ned **2** vi (i värde) sjunka

de·pre·ci·a·tion [dɪˌpriːʃɪˈeɪʃən] s värdeminskning

de·press [dɪˈpres] vt **(a)** (person) göra nedstämd **(b)** (handel) hämma; (pris) sänka **(c)** (knapp etc) trycka ned

de·pres·sant [dɪˈpresnt] s (Med) lugnande medel

de·pressed [dɪˈprest] adj **(a)** (område) krisdrabbad; (Ekon) kris-, krisdrabbad **(b)** (person) nedstämd, nere; **to feel** ~ känna sig nere

de·pres·sing [dɪˈpresɪŋ] adj deprimerande

de·pres·sion [dɪˈpreʃən] s (Med) depression; (hål) fördjupning; (Meteorologi) lågtryck; (Ekon) depression, lågkonjunktur; **the D**~ (på 30-talet) depressionen

dep·ri·va·tion [ˌdeprɪˈveɪʃən] s (handling) berövande; (tillstånd) armod; (Psyk) deprivation

de·prive [dɪˈpraɪv] vt: **to** ~ **sb of sth** beröva ngn ngt; **to** ~ **oneself of sth** avstå från/försaka ngt

de·prived [dɪˈpraɪvd] adj (socialt) eftersatt, missgynnad

depth [depθ] s **(a)** (i allm) djup; ~ **of water** vattendjup; ~ **of feeling** djup känsla, stark känslosamhet; **with great** ~ **of feeling** mycket känslosamt; ~ **of knowledge** kunskapsomfång, stora kunskaper; **at a** ~ **of 3 metres** på 3 meters djup; **in the** ~**s of the sea/forest** i havets/skogens djup; **to be out of one's** ~ (eg) inte bottna; (bildl) vara ute på hal is; **in the** ~**s of despair** (bildl) i djupaste förtvivlan; **in the** ~**s of winter** mitt i vintern; **to study in** ~ studera ngt grundligt; ~ **charge** sjunkbomb

depu·ta·tion [ˌdepjʊˈteɪʃən] s deputation

de·pute [dɪˈpjuːt] vt (jobb etc): **to** ~ **sth to sb** anförtro ngt åt ngn; (person): **to** ~ **sb to do sth** utse ngn att göra ngt

depu·tize [ˈdepjʊtaɪz] **1** vt: **to** ~ **(sb)** utse (ngn) att vikariera **2** vi: **to** ~ **(for sb)** vikariera (för ngn)

depu·ty [ˈdepjʊtɪ] s ställföreträdare; ~ **sheriff** vice sheriff; ~ **chairman** vice ordförande

de·rail [dɪˈreɪl] **1** vt (tåg) få att spåra ur **2** vi (tåg) spåra ur

de·rail·ment [dɪˈreɪlmənt] s urspårning

de·ranged [dɪˈreɪndʒd] adj (störd) förvirrad; **to be (mentally)** ~ vara psykiskt störd

Der·by [ˈdɑːbɪ, (Am) ˈdɜːʳbɪ] s **(a)** (hästkapplöpning) derby; (= local ~) lokalderby **(b):** **d**~ (Am: hatt) kubb, plommonstop

der·elict [ˈderɪlɪkt] adj (övergiven) öde; (i ruiner) förfallen

de·ride [dɪˈraɪd] vt håna, förlöjliga

de·ri·sion [dɪˈrɪʒən] s hån

de·ri·sive [dɪˈraɪsɪv] adj hånfull

de·ri·sory [dɪˈraɪsərɪ] adj **(a)** (summa) löjlig, löjeväckande, futtig **(b)** (skratt etc) hånfull

deri·va·tion [ˌderɪˈveɪʃən] s (av ord etc) härledning

de·riva·tive [dɪˈrɪvətɪv] **1** adj (Kem) som utgör ett derivat; (litterärt arbete, stil) osjälvstän-

dig **2** s (Kem) derivat; (Språkv) avledning

de·rive [dɪˈraɪv] **1** vt (namn, ursprung) härleda; (nöje) få; (vinst) hämta, få **2** vi (ord, namn) härröra; (makt, förmögenhet) härstamma

der·ma·ti·tis [ˌdɜːməˈtaɪtɪs] s (Med) dermatit

der·ma·tol·ogy [ˌdɜːməˈtɒlədʒɪ] s (Med) dermatologi

de·roga·tory [dɪˈrɒgətərɪ] adj nedsättande

der·rick [ˈderɪk] s (i hamn) lyftkran; (över oljekälla) borrtorn

derv [dɜːv] s (Brit) dieselolja

des·cant [ˈdeskænt] s (Mus) diskant

de·scend [dɪˈsend] **1** vt **(a)** (frm: trappor) stiga ned för **(b): to be** ~**ed from** härstamma från **2** vi **(a)** (från berg etc) stiga ned; **in** ~**ing order of importance** i ordning efter fallande betydelse **(b)** (egendom, seder) gå i arv

♦ **descend on** vi + adv (eg, bildl) hemsöka; **visitors** ~**ed (up)on us** gäster hemsökte oss

♦ **descend to** vi + prep nedlåta sig till; **to** ~ **to doing sth** nedlåta sig till att göra ngt

de·scend·ant [dɪˈsendənt] s avkomling

de·scent [dɪˈsent] s (från berg etc) nedstigning; (från förfäder) härkomst

de·scribe [dɪsˈkraɪb] vt beskriva; ~ **him for us** beskriv honom för oss; **she** ~**s herself as a personal assistant** hon betecknar sig (som) privatsekreterare

de·scrip·tion [dɪsˈkrɪpʃən] s (i allm) beskrivning; (av misstänkt) signalement; **it is beyond** ~ det trotsar all beskrivning; **he carried a gun of some** ~ han bar någon sorts gevär; **of every** ~ av alla slag

de·scrip·tive [dɪsˈkrɪptɪv] adj beskrivande

des·ecrate [ˈdesɪkreɪt] vt (tempel etc) vanhelga

des·ert [ˈdezət] **1** adj (obebodd) öde; (klimat etc) öken-; ~ **island** öde ö **2** s (Sahara etc) öken; (obebodd trakt) ödemark **3** [dɪˈzɜːt] vt (i allm) överge; (make, maka) överge, svika; **his courage** ~**ed him** (bildl) hans mod svek honom **4** [dɪˈzɜːt] vi (Mil) desertera, rymma

de·sert·er [dɪˈzɜːtəʳ] s (Mil) desertör

de·ser·tion [dɪˈzɜːʃən] s (Mil) desertering; (av make/maka) övergivande

de·serts [dɪˈzɜːts] spl: **to get one's just** ~ få vad man förtjänar

de·serve [dɪˈzɜːv] vt förtjäna; **he** ~**s to win** han förtjänar att vinna; **he got what he** ~**d** han fick vad han förtjänade

de·serv·ed·ly [dɪˈzɜːvɪdlɪ] adv välförtjänt

de·serv·ing [dɪˈzɜːvɪŋ] adj (person, handling) förtjänstfull; (fall) ömmande

des·ic·ca·ted [ˈdesɪkeɪtəd] adj torkad; ~ **coconut** kokosflingor

de·sign [dɪˈzaɪn] **1** s **(a)** (plan) utkast, skiss; (form, mönster) formgivning, design; **the college of Art and D**~ (ung) Konstfackskolan; **industrial** ~ industriell formgivning **(b)** (syfte) avsikt; **by** ~ med avsikt; **to have** ~**s on sb/sth** ha ett gott öga till ngn/ngt **2** vt **(a)** (byggnad etc) rita; (tillvägagångssätt) planera **(b): to be** ~**ed for sb/sth** vara avsedd för ngn/ngt; **a well** ~**ed house** ett välplanerat hus

des·ig·nate [ˈdezɪgneɪt] **1** vt (ge namn) beteckna (as som); (till befattning) utse (as som); (: i förväg) designera, peka ut **2** [ˈdezɪgnɪt] adj utnämnd, designerad; **the ambassador** ~ den tillträdande ambassadören

des·ig·na·tion [ˌdezɪgˈneɪʃən] s (titel) benämning

de·sign·er [dɪˈzaɪnəʳ] s (av möbler etc) formgivare; (av maskiner etc) konstruktör; (av mode) modeskapare, designer; (på teater) scenograf

de·sir·able [dɪˈzaɪərəbl] adj (kvinna, föremål) åtråvärd; (handling etc) önskvärd

de·sire [dɪˈzaɪəʳ] **1** s (i allm) längtan; (sexuell)

lust, åtrå; **I have no** ~ **to see him** jag har ingen lust att träffa honom **2** *vt (i allm)* önska, vilja ha; *(sexuellt)* åtrå; **to** ~ **that...** önska att...; **it leaves much to be** ~**d** det lämnar mycket övrigt att önska

de·sir·ous [dɪ'zaɪərəs] *adj (frm):* ~ **(of)** *(önskan)* angelägen (om); *(nöjen etc)* begiven (på); **to be** ~ **of** *(äv)* önska, åstunda

de·sist [dɪ'zɪst] *vi* upphöra *(from* med)

desk [desk] *s (i allm)* skrivbord; *(Skol: elevs)* skolbänk; *(: lärares)* kateder; *(i affär)* kassa; *(på hotell)* reception; ~ **clerk** *(Am)* receptionist; ~ **job** skrivbordsarbete

deso·late ['desəlɪt] *adj (plats)* öde; *(framtid etc)* tröstlös; *(person: av sorg)* bedrövad; *(: utan vänner)* ensam

deso·la·tion [,desə'leɪʃən] *s (om slagfält)* förödelse; *(om natur)* enslighet; *(om person)* förtvivlan

des·pair [dɪs'peə'] **1** *s* förtvivlan; **in** ~ i förtvivlan **2** *vi* förtvivla, misströsta *(of* om); **don't** ~! misströsta inte!

des·pair·ing [dɪs'peərɪŋ] *adj* förtvivlad

des·patch [dɪs'pætʃ] = **dispatch**

des·pe·ra·do [,despə'rɑːdəʊ] *s* desperado, bandit

des·per·ate ['despərɪt] *adj (i allm, brottsling)* desperat; *(försök, situation etc)* desperat, förtvivlad; **I'm** ~ **for money** *(vard)* jag är i akut behov av pengar

des·per·ate·ly ['despərɪtlɪ] *adv (eg)* desperat; *(allm förstärkande)* fruktansvärt; ~ **ill** fruktansvärt sjuk; ~ **in love** upp över öronen förälskad; **not** ~ *(vard)* inte (så) speciellt

des·pe·ra·tion [,despə'reɪʃən] *s* förtvivlan; **she drove him to** ~ hon drev honom till förtvivlan; **in sheer** ~ i rena desperationen

des·pic·able [dɪs'pɪkəbl] *adj* föraktlig

des·pise [dɪs'paɪz] *vt (person, handling)* förakta; *(present etc)* ringakta

de·spite [dɪs'paɪt] *prep* trots; ~ **the fact that...** trots att...

de·spond·en·cy [dɪs'pɒndənsɪ] *s* uppgivenhet, förtvivlan

de·spond·ent [dɪs'pɒndənt] *adj* uppgiven, förtvivlad *(about* över)

de·spond·ent·ly [dɪs'pɒndəntlɪ] *adv* uppgivet

des·pot ['despɒt] *s* despot

des·pot·ism ['despətɪzəm] *s (system)* despotism

des·sert [dɪ'zɜːt] *s* efterrätt, dessert; ~ **wine** dessertvin

des·sert·spoon [dɪ'zɜːtspuːn] *s* dessertsked

des·ti·na·tion [,destɪ'neɪʃən] *s* bestämmelseort, resmål, destination

des·tined ['destɪnd] *adj pred (avsedd)* ämnad *(for* för); **we were** ~ **to meet** ödet ville att vi skulle mötas; ~ **for London** *(under gång)* på väg till London; *(enligt tidtabell)* med destination (till) London

des·ti·ny ['destɪnɪ] *s* öde; **to believe in** ~ tro på ödet; ~ **played him a trick** ödet spelade honom ett spratt; **to control one's own** ~ ta sitt öde i egna händer

des·ti·tute ['destɪtjuːt] *adj* utblottad; **utterly** ~ totalt utblottad

de·stroy [dɪs'trɔɪ] *vt (föremål)* förstöra; *(husdjur)* avliva; *(ohyra)* göra slut på; *(bildl: förhoppningar etc)* krossa; **the factory was** ~**ed by a fire** fabriken ödelades i en eldsvåda

de·stroy·er [dɪs'trɔɪə'] *s (Sjö)* jagare

de·struc·tion [dɪs'trʌkʃən] *s (eg, bildl)* förstörelse; *(i krig etc)* förödelse, ödeläggelse

de·struc·tive [dɪs'trʌktɪv] *adj (i allm)* destruktiv, förstörande; *(krig, vapen)* förintelse-; *(kritik)* förödande; ~ **power** förstörelseförmåga; ~ **tendencies** destruktiva tendenser; ~ **urge** förstörelselusta

des·ul·tory ['desəltərɪ] *adj* osammanhängande, planlös; *(försök)* halvhjärtad; *(skottlossning)* sporadisk; **a** ~ **conversation** ett otvunget samtal

de·tach [dɪ'tætʃ] *vt* ta loss

de·tach·able [dɪ'tætʃəbl] *adj (foder etc)* avtagbar

de·tached [dɪ'tætʃt] *adj* **(a)** *(i allm)* fristående; ~ **house** friliggande hus, villa **(b)** *(åsikt etc)* opartisk, objektiv; *(sätt, blick)* oengagerad

de·tach·ment [dɪ'tætʃmənt] *s* **(a)** *(eg)* avskiljande; *(bildl)* likgiltighet; **an air of** ~ en likgiltig min **(b)** *(Mil)* detachement

de·tail ['diːteɪl, *(Am äv)* dɪ'teɪl] **1** *s* **(a)** *(i allm)* detalj; **attention to** ~ *(pos)* noggrannhet; *(neg)* petighet; **in** ~ i detalj; **to go into** ~**(s)** gå in på detalj(er) **(b)** *(Mil)* mindre detachement **2** *vt* **(a)** *(fakta etc)* redogöra för i detalj **(b)** *(Mil)* avdela

de·tailed ['diːteɪld] *adj* detaljerad

de·tain [dɪ'teɪn] *vt (försena)* uppehålla; *(misstänkt)* hålla kvar i häkte

de·tect [dɪ'tekt] *vt (brott, brist etc)* upptäcka, uppdaga; *(med sinnen)* förnimma, upptäcka

de·tec·tion [dɪ'tekʃən] *s (i allm)* upptäckt; *(= crime* ~*)* uppspårande av brott

de·tec·tive [dɪ'tektɪv] *s (vid polisen)* kriminalpolis; *(= private* ~*)* (privat)detektiv; ~ **story** detektivroman

de·tec·tor [dɪ'tektə'] *s (Tekn)* detektor

dé·tente [deɪ'tɒnt] *s (Pol)* avspänning

de·ten·tion [dɪ'tenʃən] *s (i häkte etc)* kvarhållande; *(Skol)* kvarsittning

de·ter [dɪ'tɜː'] *vt (med hot etc)* avskräcka, avhålla

de·ter·gent [dɪ'tɜːdʒənt] *s (i allm)* rengöringsmedel; *(för tvätt)* (syntetiskt) tvättmedel; *(för disk)* (syntetiskt) diskmedel

de·terio·rate [dɪ'tɪərɪəreɪt] *vi (villkor, arbete)* försämras; *(byggnadsmaterial etc)* förfalla

de·terio·ra·tion [dɪ,tɪərɪə'reɪʃən] *s (se* **deteriorate**) försämring; förfall

de·ter·mi·na·tion [dɪ,tɜːmɪ'neɪʃən] *s* **(a)** *(hos person)* beslutsamhet **(b)** *(av orsak etc)* fastställande

de·ter·mine [dɪ'tɜːmɪn] *vt* **(a)** *(priser, politik)* fastställa; *(öde etc)* avgöra; *(fatta ett beslut)* besluta/bestämma (sig för); **to** ~ **sb to do sth** förmå ngn att göra ngt **(b)** *(orsak etc)* fastställa

♦ **determine on** *vi* + *prep* besluta sig för

de·ter·mined [dɪ'tɜːmɪnd] *adj (person, blick)* beslutsam; **a** ~ **effort** en kraftansträngning; **to be** ~ **to do sth** vara fast besluten att göra ngt

de·ter·rent [dɪ'terənt] *s (i allm, Mil)* avskräckning(smedel); **to act as a** ~ verka avskräckande

de·test [dɪ'test] *vt* avsky

de·test·able [dɪ'testəbl] *adj* avskyvärd

deto·nate ['detəneɪt] **1** *vt* få att detonera/explodera **2** *vi* detonera, explodera

deto·na·tor ['detəneɪtə'] *s (tändsats)* detonator

de·tour ['diː,tʊə'] *s (i allm)* omväg; *(för trafik)* förbifart; **to make a** ~ göra en omväg

de·tract [dɪ'trækt] *vi:* **to** ~ **from** *(värde, anseende etc)* minska, förringa

det·ri·ment ['detrɪmənt] *s* skada; **to the** ~ **of sb** till ngns nackdel; **without** ~ **to** utan skada för

det·ri·men·tal [,detrɪ'mentl] *adj* skadlig *(to* för)

deuce [djuːs] *s (Tennis)* 40 lika

de·valu·a·tion [,diːvæljʊ'eɪʃən] *s (Ekon)* devalvering

de·value ['diː'væljuː] *vt (Ekon)* devalvera

dev·as·tate ['devəsteɪt] *vt (plats)* skövla, ödelägga; *(bildl: motstånd etc)* rasera; *(: om känslor etc)* bryta ner, göra nedbruten

dev·as·tat·ing ['devəsteɪtɪŋ] *adj (storm etc)* ödeläggande; *(nyhet, verkan etc)* överväldigande; *(skönhet)* förödande, överväldigande

dev·as·tat·ing·ly ['devəsteɪtɪŋlɪ] *adv (vacker, rolig)* förödande

dev·as·ta·tion [ˌdevə'steɪʃən] s förödelse

de·vel·op [dɪ'veləp] **1** vt **(a)** (eg: muskler, bildl: idé) utveckla **(b)** (vana, intresse etc) förvärva **(c)** (resurser, mark etc) utnyttja, exploatera; **this land is to be ~ed** detta område ska exploateras **(d)** (Foto) framkalla **2** vi **(a)** (förändras) utvecklas (into till) **(b)** (bli synlig) framträda; (situation) uppstå; **it later ~ed that...** det visade sig senare att...

de·vel·op·er [dɪ'veləpə'] s **(a)** (Foto) framkallningsvätska **(b)** (= property ~) markexploatör

de·vel·op·ing [dɪ'veləpɪŋ] **1** adj (i allm) i utveckling; (kris) framväxande; **~ country** u-land **2** s (Foto) framkallning

de·vel·op·ment [dɪ'veləpmənt] s (se äv develop 1, 2a) utveckling; exploatering; (i situation) förändring; **to await ~s** se vad som händer, avvakta vidare utveckling; **~ area** (i sht Brit: gammalt) saneringsområde; (nytt) bostadsområde

de·vel·op·men·tal [dɪveləp'mentl] adj utvecklings-

de·vi·ate ['diːvɪeɪt] vi avvika

de·via·tion [ˌdiːvɪ'eɪʃən] s avvikelse

de·vice [dɪ'vaɪs] s (anordning) apparat; (påhitt) knep; **to leave sb to his own ~s** låta ngn ta vara på sig själv; **stylistic ~** stilgrepp

dev·il ['devl] **1** s **(a)** (ond ande) djävul; **the D~** djävulen **(b)** (vard: person) djävul; **poor ~** stackars sate; **be a ~!** fall för frestelsen bara!; **you little ~!** ditt lilla odjur! **(c)** (vard: förstärkande): **it's the ~ of a job** det är ett jäkla jobb; **he had the ~ of a job to find it** han hade ett jäkla besvär att hitta den; **I'm in the ~ of a mess** jag är i en jäkla knipa; **to work/run like the ~** arbeta/springa som fan; **how/what/why/who the ~...?** hur/vad/varför/vem i helvete...?; **there will be the ~ to pay** det kommer att bli ett jäkla liv **(d)** (uttryck): **between the ~ and the deep blue sea** mellan två eldar; **go to the ~!** (vard) dra åt helvete!; **speak/talk of the ~!** (vard) när man talar om trollen; **to play (the) ~'s advocate** spela djävulens advokat; **(to) give the ~ his due...** för att vara ärlig..., man måste erkänna att...

dev·il·ish ['devlɪʃ] **1** adj (gemen) djävulsk **2** adv (äv: ~ly) djävulskt

de·vi·ous ['diːvɪəs] adj (väg) slingrande; (medel) ohederlig; (person, argument etc) osammanhängande, virrig

de·vi·ous·ness ['diːvɪəsnɪs] s (persons) oärlighet; (om metod) krånglighet

de·vise [dɪ'vaɪz] vt (plan) hitta på, tänka ut

de·void [dɪ'vɔɪd] adj: **~ of** utan; **~ of hope** utan hopp

de·vo·lu·tion [ˌdiːvə'luːʃən] s (Pol) självstyre

de·volve [dɪ'vɒlv] **1** vt (makt etc) överlåta **2** vi: **to ~ (up)on** överlåtas på; **it ~d on me to tell him** det föll på min lott att berätta det för honom

de·vote [dɪ'vəʊt] vt (liv, tid, bok) ägna (to åt); **to ~ oneself to sth** ägna sig åt något

de·vot·ed [dɪ'vəʊtɪd] adj tillgiven; **to be ~ to sb** vara fäst vid ngn

de·vo·tee [ˌdevəʊ'tiː] s entusiast; **~ of Beethoven** Beethovenfantast

de·vo·tion [dɪ'vəʊʃən] s (iver) hängivenhet; (för vän etc) tillgivenhet; **~s** (Rel) andakt

de·vour [dɪ'vaʊə'] vt (eg, bildl) sluka; **to be ~ed by jealousy** förtäras av svartsjuka

de·vout [dɪ'vaʊt] adj (person) from; (tack, bön) innerlig

de·vout·ly [dɪ'vaʊtlɪ] adv innerligt

dew [djuː] s dagg

dew·drop ['djuːˌdrɒp] s daggdroppe

dewy ['djuːɪ] adj daggig

dewy-eyed ['djuːɪaɪd] adj (eg) tårögd; (bildl) naiv, tillitsfull

dex·ter·ity [deks'terɪtɪ] s (med händer) händighet, skicklighet; (med tänkande) skicklighet

dex·t(e)rous ['dekstrəs] adj skicklig

dex·t(e)rous·ly ['dekstrəslɪ] adv skickligt

dia·be·tes [ˌdaɪə'biːtiːz] s (sockersjuka) diabetes

dia·bet·ic [ˌdaɪə'betɪk] **1** adj diabetisk **2** s diabetiker

dia·bol·ic(al) [ˌdaɪə'bɒlɪk(əl)] adj (skratt etc) djävulsk; (vard) djävulsk, hemsk

dia·chronic ['daɪə'krɒnɪk] adj (Språkv) diakronisk

dia·crit·ic [ˌdaɪə'krɪtɪk] s diakritiskt tecken

dia·dem ['daɪədem] s diadem

di·aer·esis, di·er·esis [daɪ'erɪsɪs] s (Språkv: ett uttalstecken) trema, ö-/ä-prickar

di·ag·nose ['daɪəgnəʊz] vt (Med, bildl) ställa diagnos på

di·ag·no·sis [ˌdaɪəg'nəʊsɪs] s, pl **diagnoses** [ˌdaɪəg'nəʊsiːz] diagnos

di·ag·nos·tic [ˌdaɪəg'nɒstɪk] adj diagnostisk

di·ago·nal [daɪ'ægənl] **1** adj diagonal **2** s diagonal

di·ago·nal·ly [daɪ'ægənəlɪ] adv (vika, skära) på diagonalen, på snedden; **to go ~ across** gå snett över; **~ opposite** snett emot

dia·gram ['daɪəgræm] s (Mat) diagram; (teckning) schematisk bild

dial ['daɪəl] **1** s (på klocka) urtavla; (på radio) skala, stationspanel; (på telefon) nummerskiva; **~ tone** (Am Tele) kopplingston **2** vt (telefonnummer) slå; **to ~ a wrong number** slå fel nummer; **can I ~ London direct?** kan jag slå London direkt?; **to ~ 999** (Brit) ung slå 90000; **~ling code** (Brit) riktnummer; **~ling tone** (Brit Tele) kopplingston

dia·lect ['daɪəlekt] s dialekt; **~ word** dialektalt ord

dia·logue ['daɪəlɒg] s dialog

di·aly·sis [daɪ'æləsɪs] s (Med) dialys

di·am·eter [daɪ'æmɪtə'] s diameter; **it is one metre in ~** den är en meter i diameter

dia·met·ri·cal·ly [ˌdaɪə'metrɪkəlɪ] adv: **~ opposed** diametralt motsatt; **~ opposed to** i skarp motsats till

dia·mond ['daɪəmənd] s diamant; (form) romb; (Kortsp) ruter; **the Queen of ~s** ruter dam; **~ necklace** diamanthalsband; **~ ring** diamantring; **~ wedding** diamantbröllop

dia·per ['daɪəpə'] s (Am) blöja

dia·phragm ['daɪəfræm] s (Anat) diafragma; (preventivmedel) pessar

di·ar·rhoea, (Am) di·ar·rhea [ˌdaɪə'riːə] s diarré

dia·ry ['daɪərɪ] s (för personliga anteckningar) dagbok; (kalender) almanacka; **to keep a ~** skriva dagbok

dia·tribe ['daɪətraɪb] s häftigt angrepp

dice [daɪs] **1** s, pl vanl lika tärning(ar); se äv **die²** [daɪ] vi (grönsaker) tärna **3** vi: **to ~ with death** spela med livet som insats

di·choto·my [dɪ'kɒtəmɪ] s dikotomi, tudelning

Dic·ta·phone ® ['dɪktəfəʊn] s diktafon

dic·tate [dɪk'teɪt] **1** vt, vi **(a)** (brev) diktera **(b)** (bestämma) föreskriva; **he decided to act as circumstances ~d** han beslöt att handla som omständigheterna bjöd **2** ['dɪkteɪt]: **~s** spl påbud

♦ **dictate** vi + prep (person) kommendera; **I won't be ~d to** jag tänker inte låta mig kommenderas

dic·ta·tion [dɪk'teɪʃən] s (Kontor, Skol) diktamen; **to take a ~** ta diktamen; **to read at ~ speed** läsa sakta och tydligt

dic·ta·tor [dɪk'teɪtə'] s diktator

dic·ta·tor·ial [ˌdɪktə'tɔːrɪəl] adj (sätt etc) diktatorisk

dic·ta·tor·ship [dɪk'teɪtəʃɪp] s diktatur

dic·tion ['dɪkʃən] s (uttal) diktion

dic·tion·ary ['dɪkʃənrɪ] s ordbok, lexikon
did [dɪd] imperf av **do**
di·dac·tic [dɪ'dæktɪk] adj didaktisk
did·dle ['dɪdl] vt (vard) lura; **to ~ sb out of sth** lura ngn på ngt
didn't ['dɪdənt] = **did not**
die[1] [daɪ] pres part **dying** vi (a) (person, djur, växt) dö (of/from av); (motor) stanna; (bildl: intresse etc) dö, slockna; **to be dying** vara döende; **to ~ a natural/violent death** dö en naturlig/våldsam död; **he ~d a hero** han dog som en hjälte; **the daylight was dying fast** (bildl) dagsljuset försvann snabbt; **never say ~** (bildl vard) ge aldrig upp; **I nearly ~d!** (av skratt, förlägenhet etc) jag höll på att dö; **old habits ~ hard** gamla vanor sitter i (b): **to be dying for sth/to do sth** vara väldigt sugen på ngt/på att göra ngt; **I'm dying for a cigarette/a cup of coffee** jag är väldigt sugen rök-/kaffe|sugen
♦ **die away** vi + adv (ljud, röst) dö bort
♦ **die down** vi + adv (eld) slockna; (vind, ilska etc) lägga sig
♦ **die off** vi + adv (växter, djur) dö efter en
♦ **die out** vi + adv dö ut
die[2] [daɪ] s, pl **dice**: **the ~ is cast** tärningen är kastad; se äv **dice**
die·hard ['daɪhɑːd] s stockkonservativ (person)
di·er·esis = **diaeresis**
die·sel ['diːzəl] s diesel; **~ engine** dieselmotor; **~ oil, ~ fuel** dieselolja; **~ train** dieseltåg
diet[1] ['daɪət] 1 s (a) (kost) diet (b) (= slimming ~) bantning(sdiet); **to be on a ~** (i allm) hålla diet; (för att magra) banta 2 vi (hålla diet för att magra) banta
diet[2] ['daɪət] s riksdag, parlament i andra länder
di·eti·cian [ˌdaɪə'tɪʃən] s dietist
dif·fer ['dɪfəʳ] vi (a) (vara olika) skilja sig (from från) (b) (tycka olika): **to ~ (with sb on/over/ about sth)** vara oense (med ngn om ngt); **we ~ed over the matter** vi hade olika uppfattning i saken; se äv **agree**
dif·fer·ence ['dɪfrəns] s (a) skillnad (between mellan); **~ in age** skillnad i ålder, åldersskillnad; **that makes all the ~** det förändrar hela saken; **it makes no ~ to me** det spelar inte mig någon roll; **a car with a ~** (i reklam etc) en bil som ingen annan; **the ~ in her is amazing** den tydliga förändringen hos henne är förbluffande (b) (i pris etc) mellanskillnad; **I'll pay the ~** jag betalar mellanskillnaden (c): **~ of opinion** meningsskiljaktighet; **to settle one's ~s** bilägga sin tvist, komma överens
dif·fer·ent ['dɪfrənt] adj: **~ (from** el (Brit) **to** el (Am) **than)** (ej lik) olik; (ny) annan; (förändrad) annorlunda; (flera) olika; **I feel a ~ person** jag känner mig som en ny/annan människa; **that's quite a ~ matter** det är en helt annan sak; **people noticed it** flera olika människor lade märke till det
dif·fer·en·tial [ˌdɪfə'renʃəl] 1 adj (behandling) sär(skiljande); (Mat) differential-; **~ calculus** differentialkalkyl 2 s (Ekon) differens; (Mat) differential
dif·fer·en·ti·ate [ˌdɪfə'renʃɪeɪt] 1 vt (grönt från rött etc) skilja (from från) 2 vi (mellan flera personer etc) skilja (between mellan); **to ~ between people** behandla människor olika
dif·fer·en·t·ly ['dɪfrəntlɪ] adv annorlunda; **he thinks ~ from you** han tänker annorlunda än du; **she thinks quite ~ now from before** hon tänker helt annorlunda nu mot/än tidigare
dif·fi·cult ['dɪfɪkəlt] adj (bok, uppgift etc) svår; (barn, egenskap etc) besvärlig; **~ to get on with** svår att komma överens med; **I find it ~ to believe (that...)** jag har svårt att tro (att...)

dif·fi·cul·ty ['dɪfɪkəltɪ] s (besvärlighet, problem) svårighet; **he has ~ in walking** han går med svårighet; **to get into difficulties with** få trassel med
dif·fi·dence ['dɪfɪdəns] s (brist på självförtroende) blygsamhet
dif·fi·dent ['dɪfɪdənt] adj (person) anspråkslös, blygsam; (leende) blyg
dif·fuse [dɪ'fjuːs] 1 adj (Fys: gas etc) diffus; (stil etc) omständlig, oklar 2 [dɪ'fjuːz] vt (i allm) sprida; (Kem, Fys) diffundera 3 [dɪ'fjuːz] vi (i allm) spridas; (Kem, Fys) diffundera
dif·fu·sion [dɪ'fjuːʒən] s (Kem, Fys) diffusion
dig [dɪg] (v: imperf, perf part, **dug**) 1 s (a) (med hand etc) knuff; **to give sb a ~ in the ribs** ge ngn en puff i revbenen (b) (vard) pik; **to have a ~ at sb** pika ngn (c) (Arkeol) utgrävning; se äv **digs** 2 vt (a) (hål) gräva; (marken) gräva i (b): **to ~ sth into sth** sticka ngt i ngt: he dug his knife into the tree (c) (vard: i sht Am) gilla; **he really ~s jazz** han gillar verkligen jazz 3 vi (person, maskin) gräva; (gris) böka; (Arkeol) göra utgrävningar; **to ~ for gold** gräva efter guld; **to ~ into one's pockets for sth** gräva i fickorna efter ngt
♦ **dig in** 1 vt + adv (kompost) gräva ner; (kniv, klor) borra in; **to ~ in one's heels** (bildl) sätta sig på tvären 2 vi + adv (a) (vard: äta) hugga in; **~ in!** hugg in! (b) (äv: **~ oneself in**: Mil, bildl) gräva ner sig
♦ **dig out** vt + adv (eg) gräva fram; (bildl) leta fram
♦ **dig up** vt + adv (ur marken) gräva upp; (bildl vard) plocka fram
di·gest [daɪ'dʒest] 1 vt (mat, information, nyheter) smälta 2 vi smälta maten 3 ['daɪdʒest] s (kortfattad återgivning) sammandrag; **Reader's D~** Det Bästa
di·gest·ible [dɪ'dʒestəbl] adj (mat) smältbar
di·ges·tion [dɪ'dʒestʃən] s matsmältning
di·ges·tive [dɪ'dʒestɪv] adj matsmältnings-; **~ (biscuit)** (i sht Brit) digestivkex
dig·it ['dɪdʒɪt] s (Mat) siffra; (på hand) finger; (på fot) tå; **a 4-~ number** ett fyrsiffrigt tal
digi·tal ['dɪdʒɪtəl] adj (ur etc) digital
dig·ni·fied ['dɪgnɪfaɪd] adj värdig
dig·ni·tary ['dɪgnɪtərɪ] s dignitär
dig·ni·ty ['dɪgnɪtɪ] s värdighet; **that would be beneath my ~** det skulle vara under min värdighet
di·gress [daɪ'gres] vi (från ämne) avvika
di·gres·sion [daɪ'greʃən] s avvikelse
digs [dɪgz] spl (Brit vard) lya; **to be in ~** hyra rum
dike [daɪk] s = **dyke**
di·lapi·da·ted [dɪ'læpɪdeɪtɪd] adj (byggnad etc) förfallen; (cykel etc) vanvårdad
di·lapi·da·tion [dɪˌlæpɪ'deɪʃən] s förfall
di·late [daɪ'leɪt] 1 vi (pupill, åder) utvidga sig 2 vt (pupill etc) utvidga
di·la·tion [daɪ'leɪʃən] s utvidgning
di·la·tory ['dɪlətərɪ] adj (oavsiktligt) långsam, sen i vändningarna; (avsiktligt) försenande, förhalande
di·lem·ma [daɪ'lemə] s dilemma; **to be in a ~** vara i bryderi
dili·gence ['dɪlɪdʒəns] s (i arbete etc) flit
dili·gent ['dɪlɪdʒənt] adj (person) flitig; (arbete etc) omsorgsfull
dill [dɪl] s dill
dilly-dally ['dɪlɪdælɪ] vi (vard) söla
di·lute [daɪ'luːt] vt (juice etc) spä ut; (färg, bildl) försvaga; **~ to taste** späd efter smak
dim [dɪm] 1 adj (-mer, -mest) (ljus etc) matt, svag; (syn, minne, ljud) svag; (skog, rum etc) dunkel, mörk; (kontur, form) otydlig; (vard: person) dum; **to grow ~** dämpas; **to take a ~ view of sth** (vard)

ogilla ngt   2 *vt (ljus)* dämpa; *(i sht Am: strålkastare)* blända av; *(rum etc)* dämpa ljuset i; *(kontur etc)* göra otydlig; *(syn, sinnen)* försvaga; *(ngns skönhet)* få att förblekna   3 *vi (ljus, syn)* försvagas; *(kontur, minne)* blekna

dime [daɪm] *s (Am: mynt)* tiocentare

di·men·sion [daɪ'menʃən] *s (omfång)* mått; *(Mat, bildl)* dimension

-di·men·sion·al [daɪ'menʃənl] *adj suffix:* **two/ three**~ två-/tre|dimensionell

di·min·ish [dɪ'mɪnɪʃ]   1 *vt* minska   2 *vi* förminskas

di·min·ished [dɪ'mɪnɪʃt] *adj (värde etc)* förminskad; ~ **responsibility** *(Jur)* förminskad tillräknelighet

di·minu·tive [dɪ'mɪnjʊtɪv]   1 *adj* mycket liten   2 *s (Språkv)* diminutiv

dim·ly ['dɪmlɪ] *adv (se* **dim** 1*)* svagt, matt; otydligt

dim·mer ['dɪmə'] *s (Am Motor)* avbländningsspak

dim·ple ['dɪmpl] *s (smil)*grop

dim-witted [ˌdɪm'wɪtɪd] *adj (vard: person)* dum, korkad

din [dɪn]   1 *s (oljud)* dån   2 *vt:* **to** ~ **sth into sb** *(vard)* hamra in ngt i ngns skalle

dine [daɪn]   1 *vi (frm)* äta middag; **they** ~**d on lobster and champagne** de åt hummer och champagne till middag; **to** ~ **out** äta (middag) ute   2 *vt (vard)* bjuda på middag; **to wine and** ~ **sb** bjuda ut ngn på flott middag

din·er ['daɪnə'] *s (person: på restaurang)* middagsgäst; *(i tåg)* restaurangvagn; *(Am äv)* matställe

din·ghy ['dɪŋgɪ] *s* jolle; *(=* **rubber** ~*)* gummibåt; *(=* **sailing** ~*)* segeljolle

din·go ['dɪŋgəʊ] *s (australisk vildhund)* dingo

din·gy ['dɪndʒɪ] *adj (i allm)* smutsig; *(möbel etc)* sjabbig

din·ing *adj:* ~ **car** restaurangvagn; ~ **room** *(större)* matsal; *(mindre)* matrum; ~ **table** matbord

din·ner ['dɪnə'] *s (måltid: vanl på kvällen, äv huvudmål på dagen)* middag; *(festmåltid)* middag, bankett; **we're having people to** ~ vi ska ha gäster till middag; **to go out to** ~ *(på restaurang)* gå ut och äta middag; *(hos vänner)* gå bort på middag; **school** ~ skolmåltid, skolfrukost; ~ **jacket** smoking; ~ **party** middagsbjudning; ~ **plate** mattallrik, stor flat tallrik; ~ **service** matservis

dino·saur ['daɪnəsɔ:'] *s* dinosaurie

dint [dɪnt] *s:* **by** ~ **of (doing) sth** genom (att göra) ngt

dio·cese ['daɪəsɪs] *s (biskops)*stift

di·ox·ide [daɪ'ɒksaɪd] *s* dioxid

dip [dɪp]   1 *s* **(a)** *(bad)* dopp; **to go for a** ~ gå och ta ett dopp **(b)** *(i väg etc)* svacka; *(hålighet)* grop **(c)** *(Matl)* dipsås **(d)** *(för djur, i sht får)* tvättvätska, desinficeringsvätska   2 *vt (i vätska)* doppa; *(hand: i väska, ficka)* sticka ned; *(får)* tvätta (i desinficeringsvätska); **to** ~ **one's headlights** *(Brit Motor)* blända av   3 *vi (mark)* bära nedför, slutta; *(fågel, solen, temperatur)* sjunka; **to** ~ **into one's pocket/savings** *(bildl)* ta ett djupt tag i plånboken; **to** ~ **into a book** bläddra i en bok

diph·theria [dɪf'θɪərɪə, dɪp'θɪərɪə] *s* difteri

diph·thong ['dɪfθɒŋ, 'dɪpθɒŋ] *s* diftong

di·plo·ma [dɪ'pləʊmə] *s* diplom

di·plo·ma·cy [dɪ'pləʊməsɪ] *s (Pol, takt)* diplomati

dip·lo·mat ['dɪpləmæt] *s* diplomat

dip·lo·mat·ic [ˌdɪplə'mætɪk] *adj (äv bildl)* diplomatisk; **to break off** ~ **relations** bryta de diplomatiska förbindelserna

dip·per ['dɪpə] *s (redskap)* skopa, slev; *se äv* **big** 1

dip·so·ma·nia [ˌdɪpsəʊ'meɪnɪə] *s* periodsupande

dip·so·ma·ni·ac [ˌdɪpsəʊ'meɪnɪæk] *s* periodsupare

dip·stick ['dɪpstɪk] *s (Motor: för olja)* mätsticka

dip-switch ['dɪpswɪtʃ] *s (Brit Motor)* avbländningsspak

dire ['daɪə'] *adj (händelse)* hemsk; *(fattigdom)* djup; ~ **necessity** tvingande nödvändighet; **in** ~ **straits** i trångmål/knipa

di·rect [daɪ'rekt]   1 *adj (i allm)* direkt; *(i sätt)* rakt på sak; *(motsats)* rak; *(arvinge etc)* i rakt nedstigande led; *(Språkv: objekt, tal)* direkt; ~ **flight** direktflyg; ~ **current** likström; **to make a** ~ **hit** få en fullträff   2 *adv (gå etc)* direkt, rakt   3 *vt* **(a)** *(mot mål: anmärkning, uppmärksamhet etc)* rikta *(at/to* mot/till*)*; *(brev)* adressera; **can you** ~ **me to the station?** kan du/ni säga hur man kommer till stationen? **(b)** *(trafik, företag etc)* leda; *(Teat)* regissera **(c)** *(elev, anställd etc)* instruera

di·rec·tion [dɪ'rekʃən] *s* **(a)** *(riktning)* håll; *(bildl: mot ett mål)* inriktning, målsättning; **in this** ~ åt det här hållet; **in the** ~ **of** i riktning mot; **a sense of** ~ lokalsinne **(b)** *(av företag etc)* ledning; *(Teat)* regi **(c):** ~**s** *(om var ngt ligger)* upplysningar; *(om hur man använder ngt)* bruksanvisning

di·rec·tive [dɪ'rektɪv] *s* direktiv

di·rect·ly [dɪ'rektlɪ]   1 *adv (tid)* omedelbart; *(härstamma)* i rakt nedstigande led; *(tala)* rakt på sak; *(mittemot)* rakt   2 *konj (Brit)* så fort, så snart som; **he'll come** ~ **he's ready** han kommer så fort han är klar

di·rect·ness [daɪ'rektnɪs] *s (om person, tal)* rättframhet

di·rec·tor [dɪ'rektə'] *s (Handel)* direktör; *(Teat)* regissör; **D**~ **of Public Prosecutions** *(Brit Jur)* riksåklagare

di·rec·tor·ship [dɪ'rektəʃɪp] *s* chefskap

di·rec·tory [dɪ'rektərɪ] *s (=* **telephone** ~*)* telefonkatalog; *(=* **street** ~*)* gatuförteckning; *(=* **trade** ~*)* yrkesregister; ~ **enquiries** *(Brit)*, ~ **assistance** *(Am)* nummerbyrå

dirge [dɜːdʒ] *s* sorgesång

dirt [dɜːt] *s (i allm)* smuts; *(mylla)* jord; *(våt)* lera; *(=* **dog** ~*)* hundlort; *(vard: pornografi etc)* smörja, snusk; **to treat sb like** ~ *(vard)* behandla ngn som lort; ~ **road** *(i sht Am)* grusväg, väg som inte är permanentad

dirt-cheap ['dɜːt'tʃiːp] *(vard)*   1 *adj* urbillig   2 *adv* urbilligt

dirti·ness ['dɜːtɪnɪs] *s* smuts

dirty ['dɜːtɪ]   1 *adj (-ier, -iest) (ej ren)* smutsig; *(trick etc)* ojust; *(anständig)* snuskig; **to give sb a** ~ **look** *(vard)* ge ngn en ilsken blick; **to have a** ~ **mind** ha snuskig fantasi; ~ **old man** snuskgubbe; ~ **word** fult ord; **do your own** ~ **work!** tvätta din egen smutsiga byk!   2 *vt* smutsa ner

dis·abil·ity [ˌdɪsə'bɪlɪtɪ] *s (skada etc)* handikapp; *(bildl)* nackdel; ~ **allowance** *(för handikappad)* sjukpension

dis·able [dɪs'eɪbl] *vt (person)* göra till invalid; *(stridsvagn, kanon)* göra stridsoduglig

dis·abled [dɪs'eɪbld]   1 *adj (person)* handikappad   2: **the** ~ *spl* de handikappade

dis·ad·vant·age [ˌdɪsəd'vɑːntɪdʒ] *s* nackdel; **to sb's** ~ till ngns nackdel; **to be at a** ~ vara i ett ogynnsamt läge

dis·ad·van·taged [ˌdɪsəd'vɑːntɪdʒd] *adj (person)* missgynnad

dis·ad·van·ta·geous [ˌdɪsædvɑːn'teɪdʒəs] *adj* ofördelaktig

dis·agree [ˌdɪsə'griː] *vi* **(a):** **to** ~ **(with sb on/about sth)** *(i åsikt)* vara oense (med ngn om ngt); *(tvista)* gräla; *(fakta, siffror)* inte stämma; **his report** ~**s with the figures you've shown me** hans rapport stämmer inte med siffrorna du visade mig; **I** ~ **with you** jag håller inte med dig (**b**) *(klimat, mat)*: **to** ~ **with** inte tåla; **onions** ~ **with me** jag tål inte lök

dis·agree·able |ˌdɪsə'griːəbl| *adj (väder, person, röst etc)* obehaglig, otrevlig

dis·agree·ment |ˌdɪsə'griːmənt| *s (i åsikt)* oenighet; *(högljutt)* gräl; *(mellan redogörelser etc)* brist på överensstämmelse

dis·al·low |'dɪsə'laʊ| *vt (yrkande)* avvisa; *(Fotboll: mål)* underkänna, döma bort

dis·ap·pear |ˌdɪsə'pɪəʳ| *vi* försvinna; **he** ~**ed from sight** han försvann utom synhåll; **to make sth** ~ få ngt att försvinna

dis·ap·pear·ance |ˌdɪsə'pɪərəns| *s* försvinnande

dis·ap·point |ˌdɪsə'pɔɪnt| *vt (person)* göra besviken; *(förhoppningar)* omintetgöra; **all his hopes were** ~**ed** alla hans förhoppningar grusades

dis·ap·point·ed |ˌdɪsə'pɔɪntɪd| *adj (person)* besviken; *(förhoppning)* sviken

dis·ap·point·ing |ˌdɪsə'pɔɪntɪŋ| *adj* misslyckad; **the play was** ~ pjäsen var en besvikelse

dis·ap·point·ment |ˌdɪsə'pɔɪntmənt| *s* besvikelse

dis·ap·prov·al |dɪsə'pruːvl| *s* ogillande

dis·ap·prove |ˌdɪsə'pruːv| *vi*: **to** ~ **(of sb/sth)** ogilla (ngn/ngt)

dis·ap·prov·ing |ˌdɪsə'pruːvɪŋ| *adj* ogillande

dis·arm |dɪs'ɑːm| **1** *vt (Mil, bildl)* avväpna **2** *vi (Mil)* nedrusta

dis·arma·ment |dɪs'ɑːməmənt| *s* nedrustning

dis·arm·ing |dɪs'ɑːmɪŋ| *adj (leende)* avväpnande

dis·ar·ray |ˌdɪsə'reɪ| *s*: **to be in** ~ *(trupper)* vara i upplösning; *(kläder)* vara i oordning; *(tankar)* vara förvirrad

dis·as·ter |dɪ'zɑːstəʳ| *s (eg, bildl)* katastrof; ~ **area** katastrofområde

dis·as·trous |dɪ'zɑːstrəs| *adj* förödande, katastrofal

dis·band |dɪs'bænd| **1** *vt (armé)* skingra; *(organisation)* upplösa **2** *vi (armé)* skingras; *(organisation* upplösas

dis·be·lief |'dɪsbə'liːf| *s* misstro; **in** ~ misstroget

dis·be·lieve |'dɪsbə'liːv| *vt (person, historia)* inte tro på

disc, *(Am äv)* **disk** |dɪsk| *s (i allm)* skiva, platta; *(Anat)* disk; *(= identity* ~) identitetsbricka; *(vard)* grammofonskiva; *(Data)* skiva; ~ **brakes** *(Motor)* skivbromsar; ~ **jockey** *(på diskotek)* discjockey; *(i radio)* skivpratare; *se äv* **slip 2 a**

dis·card |dɪs'kɑːd| *vt (kläder etc)* kasta; *(idé, plan)* förkasta

dis·cern |dɪ'sɜːn| *vt* urskilja, märka

dis·cern·ible |dɪ'sɜːnəbl| *adj* märkbar

dis·cern·ing |dɪ'sɜːnɪŋ| *adj (person)* omdömesgill; **of** ~ **taste** med god smak

dis·cern·ment |dɪ'sɜːnmənt| *s* omdöme

dis·charge |'dɪstʃɑːdʒ| **1** *s* (**a**) *(av last)* lossning; *(av skott)* avlossande (**b**) *(av patient)* utskrivning; *(av arbetare)* avskedande; *(från ansvar)* befrielse; **he got his** ~ *(Mil)* han fick sitt avsked (**c**) *(Elektr)* urladdning; *(av gas etc)* utsläpp; *(Med: från sår)* utströmning; *(: = vaginal* ~*)* flytning **2** |dɪs'tʃɑːdʒ| *vt* (**a**) *(bagge, last)* lossa, lasta av; *(skott)* fyra av; *(olja etc)* släppa ut; *(Med: var etc)* utsöndra (**b**) *(anställd)* avskeda; *(soldat)* ge/bevilja avsked; *(patient)* skriva ut; *(fånge)* frige; *(skuld)* betala; *(plikt)* fullgöra **3** |dɪs'tʃɑːdʒ| *vi (sår)* vara sig

dis·ci·ple |dɪ'saɪpl| *s (eg, bildl)* lärjunge

dis·ci·pli·nary |'dɪsɪplɪnərɪ| *adj* disciplinär

dis·ci·pline |'dɪsɪplɪn| **1** *s (lydnad)* disciplin; *(åtgärd)* bestraffning; *(behärskning)* disciplin; **to keep** ~ hålla ordning **2** *vt* bestraffa; **to** ~ **oneself (to do sth)** ålägga sig (att göra ngt)

dis·claim |dɪs'kleɪm| *vt (ansvar)* frånkänna sig; *(kännedom om ngt)* förneka

dis·claim·er |dɪs'kleɪməʳ| *s* dementi

dis·close |dɪs'kləʊz| *vt (namn, hemlighet)* avslöja

dis·clo·sure |dɪs'kləʊʒəʳ| *s* avslöjande

dis·co |'dɪskəʊ| *s* disco, diskotek

dis·col·our, *(Am)* **dis·col·or** |dɪs'kʌləʳ| *vt (i allm)* missfärga; *(om sol)* bleka ur

dis·col·o(u)ra·tion |dɪsˌkʌlə'reɪʃən| *s (se* **discolour**) missfärgning; *(om sol)* urblekning

dis·com·fi·ture |dɪs'kʌmfɪtʃəʳ| *s (psykiskt)* obehag

dis·com·fort |dɪs'kʌmfət| *s (brist på komfort)* obekvämlighet; *(psykiskt)* olust, obehag; **the injury gave him some** ~ *(fysiskt)* skadan vållade honom obehag

dis·con·cert |ˌdɪskən'sɜːt| *vt* förvirra

dis·con·cert·ed |ˌdɪskən'sɜːtɪd| *adj* förvirrad

dis·con·nect |ˌdɪskə'nekt| *vt (television el, gas etc)* stänga av; **I've been** ~**ed** *(av televerket)* min telefon har blivit avstängd; *(mitt i samtalet)* samtalet bröts

dis·con·so·late |dɪs'kɒnsəlɪt| *adj* otröstlig

dis·con·tent |'dɪskən'tent| *s* missnöje

dis·con·tent·ed |'dɪskən'tentɪd| *adj* missnöjd *(with/ about* med)

dis·con·tent·ment |'dɪskən'tentmənt| *s* missnöje

dis·con·tinue |'dɪskən'tɪnjuː| *vt (upphöra med)* avbryta; ~**d line** *(Handel)* sortiment som inte längre tillverkas

dis·cord |'dɪskɔːd| *s (frm)* oenighet; *(Mus)* dissonans

dis·cord·ant |dɪs'kɔːdənt| *adj (förhållande)* oharmonisk; *(ljud)* disharmonisk

dis·co·theque |'dɪskəʊtek| *s* diskotek

dis·count |'dɪskaʊnt| **1** *s (på vara)* rabatt; **cash** ~ kassarabatt; **at a** ~ *(köpa ngt)* med rabatt; *(börskurs etc)* under pari **2** |dɪs'kaʊnt| *vt (berättelse etc)* avfärda

dis·coun·tenance |dɪs'kaʊntɪnəns| *vt* få/bringa ur fattningen

dis·cour·age |dɪs'kʌrɪdʒ| *vt* (**a**) göra nedslagen/ modfälld (**b**) *(söka hindra)* motarbeta; **to** ~ **sb from doing sth** försöka hindra ngn från att göra ngt

dis·cour·age·ment |dɪs'kʌrɪdʒmənt| *s (för att hindra)* motarbetande; *(depression)* modlöshet; *(hinder)* svårighet

dis·cour·ag·ing |dɪs'kʌrɪdʒɪŋ| *adj* nedslående

dis·course |'dɪskɔːs| *s (samtal)* konversation; *(frm)* föredrag; *(skrivet)* avhandling; *(Språkv)* enhet för textanalys längre än en mening **2** |dɪs'kɔːs| *vi*: **to** ~ **on/of sth** *(i tal el skrift)* behandla ngt

dis·cour·teous |dɪs'kɜːtɪəs| *adj* ohövlig

dis·cour·tesy |dɪs'kɜːtɪsɪ| *s* ohövlighet

dis·cov·er |dɪs'kʌvəʳ| *vt (i allm)* upptäcka; *(ngt man letat efter)* finna

dis·cov·ery |dɪs'kʌvərɪ| *s* upptäckt

dis·cred·it |dɪs'kredɪt| **1** *s (skam)* vanrykte; **to bring** ~ **on sb/sth** bringa ngn/ngt i vanrykte **2** *vt (teori t ex)* dra i tvivelsmål; *(familj t ex)* vanära

dis·creet |dɪs'kriːt| *adj (tystlåten, taktfull)* diskret

dis·crep·an·cy |dɪs'krepənsɪ| *s (motsägelse)* diskrepans *(between* mellan)

dis·crete |dɪs'kriːt| *adj* separat, åtskild; *(Mat etc)* diskret

dis·cre·tion |dɪs'kreʃən| *s (takt)* diskretion; *(bedömning)* omdöme; **use your own** ~ gör *(du anser bäst*

dis·cre·tion·ary |dɪs'kreʃənərɪ| *adj (makt)* oinskränkt

dis·crimi·nate |dɪs'krɪmɪneɪt| *vi* skilja *(between* mellan); **to** ~ **against sb** diskriminera ngn

dis·crimi·nat·ing |dɪs'krɪmɪneɪtɪŋ| *adj* omdömesgill; **a** ~ **theatre-goer** en kräsen teaterbesökare

dis·crimi·na·tion |dɪsˌkrɪmɪ'neɪʃən| *s* (**a**) *(fördom)* diskriminering; **racial** ~ rasdiskriminering; **sexual** ~ könsdiskriminering (b) (gott) omdöme: *I leave the choice entirely to your* ~

dis·cus |'dɪskəs| *s* diskus; **to throw the** ~ kasta diskus

dis·cuss |dɪs'kʌs| *vt* diskutera

dis·cus·sion |dɪs'kʌʃən| *s* diskussion; *(i ordnade former)* debatt; **under** ~ under debatt

dis·dain |dɪs'deɪn| **1** *s* förakt **2** *vt*: **to** ~ **sth** förakta ngt; **to** ~ **to do sth** inte nedlåta sig att göra ngt

dis·ease |dɪ'ziːz| *s (eg, bildl)* sjukdom

dis·em·bark |,dɪsɪm'bɑːk| *vi* debarkera, stiga i land *(från fartyg)*, stiga ur *(flygplan)*

dis·em·bar·kat·ion |,dɪsembɑː'keɪʃən| *s (från båt)* landstigning; *(från flygplan)* urstigning

dis·em·bod·ied |'dɪsɪm'bɒdɪd| *adj (utan kropp)* okroppslig

dis·en·chant·ed |dɪsɪn'tʃɑːntɪd| *adj* desillusionerad

dis·en·gage |,dɪsɪn'geɪdʒ| *vt (i allm)* frigöra, lossa; **to** ~ **the clutch** *(Motor)* koppla ur, frikoppla

dis·en·tan·gle |'dɪsɪn'tæŋgl| *vt (snöre etc)* reda ut; **to** ~ **oneself from** *(bildl)* göra sig fri från

dis·fa·vour, *(Am)* **dis·fa·vor** |dɪs'feɪvəʳ| **1** *s* ogillande; **to be in** ~ **with** vara i onåd hos; **to fall into** ~ falla i onåd; **to look with** ~ **on** se med ogillande på **2** *vt (ogilla)* ta avstånd från; *(motarbeta)* missgynna

dis·fig·ure |dɪs'fɪgəʳ| *vt (person)* vanställa; *(område)* förstöra

dis·fig·ure·ment |dɪs'fɪgəmənt| *s (ärr etc)* ngt vanprydande

dis·grace |dɪs'greɪs| **1** *s (tillstånd)* skam; *(förhållande)* skandal; **a** ~ **to the school/family** en skam för skolan/familjen; **to be in** ~ vara i onåd; **it's a** ~ det är skandal **2** *vt (vanhedra)* skämma ut; **he** ~**d himself** han skämde ut sig

dis·grace·ful |dɪs'greɪsfʊl| *adj* skamlig, skandalös

dis·grun·tled |dɪs'grʌntld| *adj* missnöjd

dis·guise |dɪs'gaɪz| **1** *s* förklädnad; **in** ~ förklädd; *se äv* **blessing** **2** *vt (röst etc)* förställa; *(känslor etc)* dölja; **to** ~ **oneself as** klä ut sig till

dis·gust |dɪs'gʌst| **1** *s* avsmak, avsky; **she left in** ~ hon gick sin väg i harm **2** *vt (väcka avsmak)* äckla

dis·gust·ing |dɪs'gʌstɪŋ| *adj* äcklig, vidrig

dish |dɪʃ| *s (skål)* fat; *(Matl)* maträtt; *(vard)* ngt man gillar; *(: flicka)* snygg tjej; **to wash/** *(Am äv)* **to do the** ~**es** diska; **that's my** ~ det är det bästa jag vet

♦ **dish out** *vt + adv (mat)* servera; *(pengar, råd etc)* dela ut

♦ **dish up** *vt + adv (mat)* lägga upp

dish·cloth |'dɪʃklɒθ| *s (till disk)* disktrasa; *(Brit: för att torka med)* kökshandduk

dis·heart·en |dɪs'hɑːtn| *vt* göra modlös

dis·heart·en·ing |dɪs'hɑːtnɪŋ| *adj* nedslående

di·shev·elled |(Am)| **di·shev·eled** |dɪ'ʃevəld| *adj (klädsel)* oordnad; *(hår)* okammad

dis·hon·est |dɪs'ɒnɪst| *adj (person, medel)* ohederlig, oärlig

dis·hon·es·ty |dɪs'ɒnɪstɪ| *s* ohederlighet, oärlighet

dis·hon·our, *(Am)* **dis·hon·or** |dɪs'ɒnəʳ| *s* vanära

dis·hon·our·able |dɪs'ɒnərəbl| *adj* vanhedrande, skamlig

dish·towel |'dɪʃ,taʊəl| *s* kökshandduk

dish·washer |'dɪʃ,wɒʃəʳ| *s (maskin)* diskmaskin; *(person)* diskare

dishy |'dɪʃɪ| *adj (Brit vard: person)* tjusig, läcker

dis·il·lu·sion |,dɪsɪ'luːʒən| **1** *s* besvikelse, missräkning **2** *vt* desillusionera; **to become** ~**ed** förlora sina illusioner

dis·il·lu·sion·ment |,dɪsɪ'luːʒənmənt| *s* förlust av ens illusioner

dis·in·cen·tive |,dɪsɪn'sentɪv| *s (hinder)* avskräckande medel *(to* för)

dis·in·cli·na·tion |,dɪsɪnklɪ'neɪʃən| *s* obenägenhet

dis·in·clined |'dɪsɪn'klaɪnd| *adj* obenägen; **to be** ~ **to do sth** ej ha lust att göra ngt

dis·in·fect |,dɪsɪn'fekt| *vt* desinficera

dis·in·fect·ant |,dɪsɪn'fektənt| *s* desinfektionsmedel

dis·in·her·it |'dɪsɪn'herɪt| *vt* göra arvlös

dis·in·te·grate |dɪs'ɪntɪgreɪt| *vi (eg, bildl)* vittra sönder, lösas upp

dis·in·te·gra·tion |dɪs,ɪntɪ'greɪʃən| *s (av helhet i delar)* sönderfall; *(bildl)* upplösning

dis·in·ter·est·ed |dɪs'ɪntrɪstɪd| *adj* **(a)** *(objektiv)* opartisk **(b)** *(ansett som felaktigt språkbruk)* = **uninterested**

dis·joint·ed |dɪs'dʒɔɪntɪd| *adj (svar etc)* osammanhängande

disk |dɪsk| *s* = **disc**

dis·like |dɪs'laɪk| **1** *s* motvilja *(of* mot); **to take a** ~ **to sb/sth** fatta motvilja mot ngn/ngt **2** *vt* tycka illa om; **I** ~ **her intensely** jag tycker ytterst illa om henne

dis·lo·cate |'dɪsləʊkeɪt| *vt (Med)* vrida ur led; *(planer)* rubba; **he** ~**d his shoulder** han vred axeln ur led

dis·lodge |dɪs'lɒdʒ| *vt (sten, lock etc)* rubba; *(fienden etc)* driva bort

dis·loy·al |dɪs'lɔɪəl| *adj* illojal *(to* mot)

dis·loy·al·ty |'dɪs'lɔɪəltɪ| *s* illojalitet

dis·mal |'dɪzməl| *adj (väder, humör, framtid etc)* dyster; *(misslyckande)* förskräcklig

dis·man·tle |dɪs'mæntl| *vt (maskin etc)* demontera

dis·may |dɪs'meɪ| **1** *s* förfäran, bestörtning; **in** ~ förfärat; **(much) to my** ~ till min (stora) förfäran **2** *vt* göra bestört/förfärad

dis·miss |dɪs'mɪs| **1** *vt (i allm)* skicka iväg; *(från arbete)* avskeda; *(Mil)* upplösa leden; *(Jur: mål)* avskriva; *(problem etc)* avfärda; **class** ~**ed!** *(Skol)* slut för i dag! **2** *vi:* ~**!** *(Mil)* höger och vänster om marsch!

dis·mis·sal |dɪs'mɪsəl| *s (se* **dismiss** 1) avsked, bortskickande

dis·mount |dɪs'maʊnt| **1** *vi (från cykel, häst etc)* stiga av **2** *vt (ryttare)* kasta av

dis·obedi·ence |,dɪsə'biːdɪəns| *s* olydnad

dis·obedi·ent |,dɪsə'biːdɪənt| *adj* olydig

dis·obey |'dɪsə'beɪ| *vt (person)* inte lyda; *(regel, lag etc)* inte följa

dis·oblig·ing |'dɪsə'blaɪdʒɪŋ| *adj* ovänlig

dis·or·der |dɪs'ɔːdəʳ| *s* **(a)** *(förvirring)* oreda; *(i rum etc)* oordning; *(Pol)* orolighet; **in** ~ i oordning **(b)** *(Med)* rubbning; *(= mental* ~) sinnesförvirring

dis·or·dered |dɪs'ɔːdəd| *adj (rum etc)* oordnad; *(tankar)* oredig; *(Med)* rubbad; **mentally** ~ sinnesrubbad

dis·or·der·ly |dɪs'ɔːdəlɪ| *adj (rum)* ostädat; *(folkmassa)* oregerlig; *(möte)* bråkig; ~ **conduct** *(Jur)* förargelseväckande beteende; *se äv* **drunk**

dis·or·gan·ized |dɪs'ɔːgənaɪzd| *adj* desorganiserad

dis·own |dɪs'əʊn| *vt (person)* inte (vilja) kännas vid; *(sin tro etc)* förneka

dis·par·age |dɪs'pærɪdʒ| *vt* nedvärdera

dis·par·ag·ing |dɪs'pærɪdʒɪŋ| *adj* nedsättande; **to be** ~ **about sb/sth** tala nedsättande om ngn/ngt

dis·par·ity |dɪs'pærɪtɪ| *s* skillnad

dis·pas·sion·ate |dɪs'pæʃənɪt| *adj (opartisk)* objektiv; *(utan känslosamhet)* lidelsefri

dis·patch |dɪs'pætʃ| **1** *s* **(a)** *(av person, varor)* ivägsändande **(b)** *(Mil, Press)* rapport; **mentioned in** ~**es** *(Mil)* med hedersomnämnande; ~ **rider** *(Mil)* motorcykelordonnans **(c)** *(snabbhet)* brådska **2** *vt (brev, bud etc)* sända; *(bli färdig med)* klara av; *(åld: döda)* göra av med

dis·pel [dɪsˈpel] *vt* (*dimma, fruktan etc*) skingra

dis·pen·sa·ry [dɪsˈpensərɪ] *s* (*för utlämning av läkemedel*) apotek; (*klinik*) dispensär

dis·pen·sa·tion [ˌdɪspenˈseɪʃən] *s* **(a)** (*se* **dispense**) utdelning; utlämning; skipande (*av rätt*) **(b)** (*Rel: undantag*) dispens **(c)** (*administrativt*) system

dis·pense [dɪsˈpens] *vt* (*pengar, mat*) dela ut; (*medicin*) lämna ut; (*rättvisa*) skipa

♦ **dispense with** *vi* + *prep* vara utan

dis·pens·er [dɪsˈpensəʳ] *s* (*på apotek*) apotekare; (*tvål etc*) automat

dis·pens·ing chem·ist [dɪˈspensɪŋˈkemɪst] *s* apotekare

dis·per·sal [dɪsˈpɜːsəl] *s* (*av medlemmar*) skingring; (*av frö*) spridning

dis·perse [dɪsˈpɜːs] **1** *vt* (*folkmassa etc*) skingra; (*nyheter etc*) sprida **2** *vi* (*folkmassa, dimma etc*) skingras

dis·per·sion [dɪsˈpɜːʃən] *s* = **dispersal**

dis·pir·it·ed [dɪsˈpɪrɪtɪd] *adj* modfälld

dis·place [dɪsˈpleɪs] *vt* (*rubba*) flytta på; (*ngns plats etc*) ersätta; (*från ämbete*) avsätta; (*Fys, Sjö: vatten*) undantränga, deplacera; ∼**d person** flykting

dis·place·ment [dɪsˈpleɪsmənt] *s* (*se* **displace**) förflyttning; ersättande; avsättande; undanträngande; (*Fys, Sjö*) deplacement

dis·play [dɪsˈpleɪ] **1** *s* (*av varor*) skyltning; (*skryt*) uppvisning; (*för känsla, mod etc*) uttryck; (*Data*) bildskärm; (*av styrka, makt etc*) demonstration; (*av konst*) utställning; (= *military* ∼) militärdemonstration; ∼ **terminal** (*Data*) bildskärmsterminal; **to put on** ∼ ställa ut **2** *vt* (*varor*) skylta med; (*känslor etc*) visa; (*resultat etc*) anslå

dis·please [dɪsˈpliːz] *vt* (*stöta, förarga*) reta

dis·pleas·ure [dɪsˈpleʒəʳ] *s* missnöje

dis·pos·able [dɪsˈpəʊzəbl] *adj* (*servett etc*) engångs-; (*till förfogande*) disponibel; ∼ **assets** disponibla medel

dis·pos·al [dɪsˈpəʊzəl] *s* (*av skräp*) bortkastande; (*av egendom*) avyttrande; **to put sth at sb's** ∼ ställa ngt till ngns förfogande; **to have at one's** ∼ ha till sitt förfogande

dis·pose [dɪsˈpəʊz] **1** *vt* **(a)** (*frm: möbler etc*) placera; (*trupper*) ställa upp **(b): to be** ∼**d to do sth** vara böjd att göra ngt; **to be well** ∼**d towards sb/sth** vara välvilligt inställd till ngn/ngt

♦ **dispose of** *vi* + *prep* (*bevis, skräp etc*) göra sig av med; (*varor, egendom*) avyttra; (*problem*) avfärda

dis·po·si·tion [ˌdɪspəˈzɪʃən] *s* (*temperament*) läggning

dis·pos·sess [ˈdɪspəˈzes] *vt*: **to** ∼ **sb of sth** frånta ngn ngt

dis·pro·por·tion·ate [ˌdɪsprəˈpɔːʃnɪt] *adj* oproportionerlig (*to* i förhållande till)

dis·prove [dɪsˈpruːv] *vt* vederlägga

dis·put·able [dɪsˈpjuːtəbl] *adj* diskutabel

dis·pute [dɪsˈpjuːt] **1** *s* (*gräl*) dispyt; (*kontrovers*) tvist; (= *industrial* ∼) arbetskonflikt; **beyond** ∼ odiskutabel; **in/under** ∼ omtvistad **2** *vt* (*faktum, påstående etc*) ifrågasätta **3** *vi* (*gräla*) tvista (*about/over* om)

dis·quali·fi·ca·tion [ˌdɪsˌkwɒlɪfɪˈkeɪʃən] *s* (*Sport*) diskvalificering; (*från förening etc*) uteslutning; (*för bilkörning*) indragande av körkort

dis·quali·fy [dɪsˈkwɒlɪfaɪ] *vt* (*i allm*) göra olämplig (*from* för); (*Sport*) diskvalificera; **to** ∼ **sb from driving** ta ifrån ngn körkortet

dis·quiet [dɪsˈkwaɪət] *s* oro

dis·quiet·ing [dɪsˈkwaɪətɪŋ] *adj* oroväckande

dis·re·gard [ˈdɪsrɪˈgɑːd] **1** *s* (*för känslor, pengar etc*) likgiltighet; (*för lag, regel*) bristande respekt **2** *vt* (*känslor etc*) inte bry sig om; (*plikt*

etc) åsidosätta

dis·re·pair [ˈdɪsrɪˈpɛəʳ] *s* förfall; **to fall into** ∼ förfalla

dis·repu·table [dɪsˈrepjʊtəbl] *adj* (*person, trakt*) ökänd; (*kläder*) sjabbig

dis·re·pute [ˈdɪsrɪˈpjuːt] *s* vanrykte; **to fall into** ∼ falla i vanrykte

dis·re·spect [ˈdɪsrɪsˈpekt] *s* respektlöshet

dis·re·spect·ful [ˌdɪsrɪsˈpektfʊl] *adj* ohövlig, uppkäftig (*to/towards* mot)

dis·rupt [dɪsˈrʌpt] *vt* (*möte, samtal etc*) avbryta; (*planer*) rubba

dis·rup·tion [dɪsˈrʌpʃən] *s* avbrott

dis·rup·tive [dɪsˈrʌptɪv] *adj* (*inflytande, närvaro*) störande; (*strejkaktion*) splittrande

dis·sat·is·fac·tion [ˈdɪsˌsætɪsˈfækʃən] *s* missnöje (*with* med)

dis·sat·is·fied [ˈdɪsˈsætɪsfaɪd] *adj* missnöjd (*with* med)

dis·sect [dɪˈsekt] *vt* (*djur*) dissekera; (*bildl*) analysera (i detalj)

dis·sem·ble [dɪˈsembl] **1** *vt* (*känslor, motiv*) dölja **2** *vi* förställa sig

dis·semi·nate [dɪˈsemɪneɪt] *vt* (*information etc*) sprida

dis·sen·sion [dɪˈsenʃən] *s* oenighet

dis·sent [dɪˈsent] **1** *s* (*i allm*) meningskiljaktighet; (*Rel*) frikyrklighet, nonkonformism **2** *vi* (*i allm*) ha en annan mening (*from* än); (*Rel*) gå ur statskyrkan

dis·sent·er [dɪˈsentəʳ] *s* (*Pol etc*) oliktänkande (person); (*Rel*) frikyrklig (person)

dis·ser·ta·tion [ˌdɪsəˈteɪʃən] *s* (*Univ*) (doktors)avhandling

dis·ser·vice [dɪsˈsɜːvɪs] *s* otjänst; **to be a** ∼ **to sb** vara till skada för ngn

dis·si·dent [ˈdɪsɪdənt] **1** *s* oliktänkande (person) **2** *adj* (*åsikt*) avvikande; (*person*) oliktänkande

dis·simi·lar [ˈdɪsˈsɪmɪləʳ] *adj* olik (*to sth* ngt)

dis·simi·lar·ity [ˌdɪsɪmɪˈlærɪtɪ] *s* skillnad (*between* mellan)

dis·si·pate [ˈdɪsɪpeɪt] *vt* (*tvivel, fruktan etc*) skingra; (*förmögenhet*) förslösa; (*kraft, ansträngning*) förspilla

dis·si·pat·ed [ˈdɪsɪpeɪtɪd] *adj* (*person*) härjad; (*liv*) utsvävande

dis·si·pa·tion [ˌdɪsɪˈpeɪʃən] *s* utsvävningar

dis·so·ci·ate [dɪˈsəʊʃɪeɪt] *vt* hålla isär (*from* från); **to** ∼ **oneself from sb/sth** ta avstånd från ngn/ngt

dis·so·lute [ˈdɪsəluːt] *adj* (*person*) härjad; (*liv*) utsvävande

dis·so·lu·tion [ˌdɪsəˈluːʃən] *s* (*i allm*) upphävande; (*Pol*): **the** ∼ **of Parliament** upplösning av parlamentet

dis·solve [dɪˈzɒlv] **1** *vt* (*alla betydelser*) upplösa **2** *vi* (*eg*) lösa sig; (*företag*) upphöra; (*parlamentet*) upplösas; **it** ∼**s in water** den är vattenlöslig; **she** ∼**d into tears** hon brast ut i tårar

dis·suade [dɪˈsweɪd] *vt* avråda (*from* från)

dis·tance [ˈdɪstəns] *s* (*i allm*) avstånd; (*Sport*) distans, sträcka; **the** ∼ **between the houses** avståndet mellan husen; **what** ∼ **is it to London?** hur långt är det till London?; **it's a good** ∼ — det är en bra bit; **to be within walking** ∼ ligga inom promenadavstånd; **at a** ∼ **of 2 metres** på 2 meters avstånd; **in the** ∼ i fjärran, på avstånd; **from a** ∼ på avstånd; **at a** ∼ **of 400 years** för 400 år sedan; **at this** ∼ **in time** så här långt efteråt; **to keep sb at a** ∼ (*bildl*) hålla ngn på avstånd; **to keep one's** ∼ (*eg*) hålla sig på avstånd; (*bildl*) hålla distans

dis·tant [ˈdɪstənt] *adj* (*plats, tid, släkting*) avlägsen; (*bildl*) reserverad; **the school is 2 km** ∼ **from the**

church skolan ligger 2 km (bort) från kyrkan; **in the** ~ **future** i en avlägsen framtid; **in the** ~ **past** för mycket länge sedan

dis·tant·ly [ˈdɪstəntlɪ] *adv* (*le, säga*) frånvarande; (*likna*) avlägset; **we are** ~ **related** vi är släkt på långt håll

dis·taste [ˈdɪsˈteɪst] *s* avsmak

dis·taste·ful [dɪsˈteɪstfʊl] *adj* motbjudande

dis·tem·per[1] [dɪsˈtempəᵣ] *s* (*i sht Brit*) limfärg

dis·tem·per[2] [dɪsˈtempəᵣ] *s* valpsjuka

dis·tend [dɪsˈtend] **1** *vt* tänja ut **2** *vi* utvidgas

dis·til, (Am) dis·till [dɪsˈtɪl] *vt* destillera

dis·till·ery [dɪsˈtɪlərɪ] *s* (*för whisky etc*) spritfabrik

dis·tinct [dɪsˈtɪŋkt] *adj* (*olik*) skild (*from* från); (*ljud, form*) distinkt, tydlig; (*känsla etc*) tydlig; **as** ~ **from** till skillnad från

dis·tinc·tion [dɪsˈtɪŋkʃən] *s* (*mellan ngt o ngt annat*) skillnad; (*framstående egenskap*) förtjänst(er), betydelse; (*Skol, Univ*) utmärkelse; **to draw a** ~ **between** göra skillnad mellan; **a pianist of** ~ en framstående pianist; **he got a** ~ **in English** han fick väl godkänt i engelska

dis·tinc·tive [dɪsˈtɪŋktɪv] *adj* (*särskiljande*) karakteristisk

dis·tinct·ly [dɪsˈtɪŋktlɪ] *adv* (*se, tala, höra*) tydligt; (*lova*) uttryckligen; (*bättre*) påtagligt

dis·tin·guish [dɪsˈtɪŋgwɪʃ] **1** *vt* **(a)** (*tvillingar etc*) skilja åt; (*hålla i sär*) skilja mellan; (*känneteckna*) skilja; **to** ~ **oneself (as)** utmärka sig (som); **to** ~ **X from/and Y** skilja X från Y/mellan X och Y **(b)** (*röst, landmärke*) urskilja **2** *vi* (*göra skillnad*) skilja (*between* mellan)

dis·tin·guished [dɪsˈtɪŋgwɪʃt] *adj* (*berömd*) framstående; (*gentleman*) distingerad

dis·tort [dɪsˈtɔːt] *vt* (*ansikte etc*) förvrida; (*bildl: sanning etc*) förvränga, förvanska

dis·tor·tion [dɪsˈtɔːʃən] *s* (*förvrängning*) förvanskning; (*Tekn*) distorsion; (*bildl*) vrångbild

dis·tract [dɪsˈtrækt] *vt* (*person*) avleda, distrahera; **to** ~ **sb's attention (from sth)** avleda ngns uppmärksamhet (från ngt)

dis·tract·ed [dɪsˈtræktɪd] *adj* (*upprörd*) förvirrad

dis·trac·tion [dɪsˈtrækʃən] *s* **(a)** (*avbrott*) distraherande faktor; (*avkoppling*) förströelse **(b)** (*upprördhet*) förvirring; **to drive sb to** ~ driva ngn till vansinne

dis·traught [dɪsˈtrɔːt] *adj* bestört; **to be** ~ vara utom sig

dis·tress [dɪsˈtres] **1** *s* **(a)** (*fysisk*) smärta; (*psykisk*) sorg; **to be in great** ~ vara utom sig **(b)** (*fattigdom*) nöd; **(c)** (*fara*) nöd; **to be in** ~ (*Sjö*) vara i sjönöd; ~ **signal** nödsignal **2** *vt* (*plåga*) bekymra

dis·tress·ing [dɪsˈtresɪŋ] *adj* (*nyhet etc*) oroande

dis·trib·ute [dɪsˈtrɪbjuːt] *vt* (*pris, reklam etc*) dela ut; (*fördela*) sprida; (*Handel: varor*) distribuera

dis·tri·bu·tion [dɪstrɪˈbjuːʃən] *s* (*av pris*) utdelning; (*av butiker, växter etc*) spridning; (*av kapital*) fördelning; (*av varor, tidningar*) distribution

dis·tribu·tor [dɪsˈtrɪbjuːtəᵣ] *s* (*Motor*) strömfördelare; (*Handel*) distributör; (*Film*) distributör, distributionsbolag

dis·trict [ˈdɪstrɪkt] *s* (*område*) trakt; (*i stad*) stadsdel; (*administrativ enhet*) distrikt; ~ **attorney** (*Am*) distriktsåklagare; ~ **council** (*Brit*) kommunfullmäktige; ~ **manager** distriktschef

dis·trust [dɪsˈtrʌst] **1** *s* misstro (*of* till) **2** *vt* misstro

dis·trust·ful [dɪsˈtrʌstfʊl] *adj* misstrogen

dis·turb [dɪsˈtɜːb] *vt* (*besvära*) störa; (*göra orolig*) oroa; (*fred, ordning etc*) störa; (*vatten*) röra upp; (*papper*) rubba; **sorry to** ~ **you** förlåt att jag besvärar dig; **please do not** ~ (*på skylt*) var god stör ej

dis·turb·ance [dɪsˈtɜːbəns] *s* (*social, politisk*)

orolighet; (*på gata etc*) bråk; (*i arbete etc*) störande avbrott; **to cause a** ~ uppträda störande

dis·turbed [dɪsˈtɜːbd] *adj* (*i allm*) oroad; (= *mentally* ~) psykiskt störd

dis·use [ˈdɪsˈjuːs] *s*: **to fall into** ~ komma ur bruk

dis·used [ˈdɪsˈjuːzd] *adj* (*järnväg, gruva etc*) nedlagd

ditch [dɪtʃ] **1** *s* dike **2** *vt* (*vard: bil*) dumpa i diket; (*: person, planer etc*) spola

dith·er [ˈdɪðəᵣ] (*vard*) **1** *s*: **to be in a** ~ vara darrig **2** *vi* vara darrig; **to** ~ **over a decision** vela om ett beslut

dit·to [ˈdɪtəʊ] **1** *s* (*vard*) detsamma; **I'd like coffee** — ~ **(for me)** jag vill ha kaffe — jag med **2** *vt* kopiera, mångfaldiga

dit·ty [ˈdɪtɪ] *s* visa

di·van [dɪˈvæn] *s* divan; ~ **bed** bäddsoffa

dive [daɪv] (*v: imperf* ~**d** *el* (*Am*) **dove**, *perf part* **-d**) **1** *s* **(a)** (*om simmare, ubåt, flygplan*) dykning; **he made a** ~ **for the ball** (*Fotboll*) han slängde sig efter bollen **(b)** (*neds vard: matställe etc*) sylta **2** *vi* **(a)** (*simmare, ubåt, flygplan*) dyka; (*Fotboll*) slänga sig **(b)** (*vard*) slänga sig; **he** ~**d for cover** han duckade för att ta skydd; **he** ~**d into the crowd** han dök in i folkmassan; **he** ~**d for the exit** han slängde sig mot utgången

dive-bomb [ˈdaɪvbɒm] *vt* störtbomba

div·er [ˈdaɪvəᵣ] *s* dykare; **deep-sea** ~ djup(havs)-dykare

di·verge [daɪˈvɜːdʒ] *vi* (*vägar etc*) gå isär; (*bildl: åsikter etc*) skilja sig

di·ver·gence [daɪˈvɜːdʒəns] *s* (*från norm*) avvikelse; (*i åsikt*) skillnad

di·ver·gent [daɪˈvɜːdʒənt] *adj* (*skild*) avvikande

di·vers [ˈdaɪvɜːz] *adj* (*åtskilliga*) många olika

di·verse [daɪˈvɜːs] *adj* varierande

di·ver·si·fy [daɪˈvɜːsɪfaɪ] **1** *vt* (*i allm*) variera; (*Handel*) diversifiera **2** *vi* (*Handel*) diversifiera, åstadkomma diversifiering

di·ver·sion [daɪˈvɜːʃən] *s* (*i trafik*) omläggning; (*tidsfördriv*) avkoppling; **to create a** ~ (*i allm*) avleda uppmärksamheten; (*Mil*) göra ett skenanfall

di·ver·sity [daɪˈvɜːsɪtɪ] *s* (*i åsikt etc*) mångfald

di·vert [daɪˈvɜːt] *vt* **(a)** (*trafik, flod, samtal*) avleda; (*tåg, flyg*) dirigera om **(b)** (*roa*) förströ

di·vest [daɪˈvest] **1** *vt*: **to** ~ **sb of sth** (*befogenheter etc*) beröva/fränta ngn ngt **2** (*i företag*) göra sig av med sina tillgångar/ekonomiska intressen

di·vide [dɪˈvaɪd] **1** *vt* (*dela*) skilja (*from* från); (*äv:* ~ **up**) dela upp; (*Mat*) dividera, dela; (*vänner etc*) splittra; **40** ~**d by 5** 40 delat med 5 **2** *vi* (*väg, flod etc*) dela sig; (*Mat*) dividera

♦ **divide off 1** *vt* + *adv* (*land*) skilja av **2** *vi* + *adv* (*väg*) dela sig

♦ **divide out** *vt* + *adv* dela ut (*between/among* bland)

♦ **divide up** *vt* + *adv* dela upp

di·vid·ed [dɪˈvaɪdɪd] *adj* (*par*) oenig; (*land, åsikter*) delad; ~ **highway** (*Am*) väg med dubbla körbanor, (*ung*) motorväg

divi·dend [ˈdɪvɪdend] *s* (*Ekon*) utdelning

di·vid·ers [dɪˈvaɪdəᵣz] *spl* passare; **a pair of** ~ en passare

di·vine [dɪˈvaɪn] **1** *adj* (*Rel, bildl vard*) gudomlig **2** *vt* (*framtid*) förutsäga; (*sanning*) ana; (*vatten, metall*) söka med slagruta; **divining rod** slagruta

div·ing [ˈdaɪvɪŋ] *s* dykning; ~ **board** trampolin

di·vin·ity [dɪˈvɪnɪtɪ] *s* (*egenskap*) gudomlighet; (*grekisk etc*) gud; (*Univ*) teologi

di·vi·sible [dɪˈvɪzəbl] *adj* delbar

di·vi·sion [dɪˈvɪʒən] *s* (*i allm*) fördelning; (*gräns*) skiljelinje; (*Mil, Fotboll*) division; (*Handel*) avdelning; (*Mat*) division; (*i parlamentet*): **to call a** ~

begära votering; ~ **of labour** arbetsfördelning;
long ~ division med komplicerade uträkningar
di·vi·sive |dɪ'vaɪsɪv| *adj* splittrande
di·vorce |dɪ'vɔːs| **1** *s (eg, bildl)* skilsmässa **2** *vt*
(make etc) skilja sig från; *(bildl)* skilja; **to** ~ **sth**
from sth skilja ngt från ngt; **to get** ~**d** skilja
sig **3** *vi (makar)* skiljas
di·vor·cée |dɪ,vɔː'siː| *s* frånskild kvinna
di·vulge |daɪ'vʌldʒ| *vt* avslöja
D.I.Y. *(Brit) förk f* **do-it-yourself**
diz·zi·ness |'dɪzɪnɪs| *s* yrsel
diz·zy |'dɪzɪ| *adj (person)* yr; *(höjd, hastighet)*
svindlande; **I feel** ~ jag känner mig snurrig/yr
D.J. *förk f* **disc jockey**
do |duː| *3 pers sg does imperf* **did**, *perf part* **done** **1**
vhj **(a):** ~ **you understand?** förstår du?; **I don't**
understand jag förstår inte; **didn't you ask?**
frågade du inte?
  (b) *(för emfas: betonat):* DO **tell me!** snälla du,
berätta det för mig!; **but I DO like it!** men jag
tycker ändå om den!; **so you DO know him!** du
känner honom alltså! DO **sit down** *(hövligt)* var så
god och sitt; *(förargat)* kan du inte sätta dig
  (c) *(som ersättningsverb):* **you speak better**
than I ~ du talar bättre än jag (gör); **so does he**
det gör han också; **neither** ~ **we** det gör inte vi
heller; **do you speak English?** — **yes, I** ~/**no I**
don't talar du engelska? — ja, det gör jag/nej, det
gör jag inte; **may I come in?** — ~! får jag komma
in? — ja visst!; **who made this mess?** — **I did** vem
har ställt till så här? — det har jag
  (d) *(i påhängsfrågor):* **he lives here, doesn't**
he? han bor här, eller hur?; **I don't know him,** ~
I? jag känner inte honom, väl?
  2 *vt* **(a)** *(i allm)* göra; **what are you** ~**ing**
tonight? vad ska du göra i kväll; **I've got nothing**
to ~ jag har ingenting att göra; **I shall** ~ **nothing**
of the sort det tänker jag absolut inte göra; **what**
does he ~ **for a living?** vad lever han på?; **what**
am I to ~ **with you?** vad ska jag göra med dig?;
I'm going to ~ **the washing** jag ska tvätta; **what's**
to be done? vad kan man göra?; **I'll** ~ **all I can** jag
ska göra allt jag kan; **what can I** ~ **for you?** vad
kan jag hjälpa till med?; **it has to be done again**
det måste göras om igen; **what's done cannot be**
undone det som är gjort är gjort; **well done!** bra
gjort!; **that's done it!** *(vard)* det var bara det som
fattades!
  (b): **to** ~ **Shakespeare** studera Shakespeare;
to ~ **the flowers** arrangera blommorna; **who**
does your hair? vem sköter ditt hår?; **to** ~ **one's**
nails sköta sina naglar; **this room needs** ~**ing** det
här rummet behöver städas
  (c) *(end som imperf, perf part):* **the job's done**
arbetet är färdigt; **I haven't done telling you**
(vard) jag har inte slutat min berättelse än
  (d) *(stad, museum)* göra, besöka; **let's** ~
France next year låt oss åka till Frankrike nästa
år
  (e) *(Motor)* klara, göra; **the car can** ~ **200 km**
per hour bilen kan göra 200 km i timmen; **we've**
done 200 km already vi har redan klarat av 20
mil/200 km
  (f) *(vard: vara nog åt)* räcka åt/för; **that won't**
~ **him** det räcker inte åt honom; **that'll** ~ **me**
nicely det passar mig precis
  (g) *(Teat)* göra, spela; **he's** ~**ing Hamlet** han
spelar Hamlet
  (h) *(vard: bedra)* lura; **I've been done!** jag har
blivit lurad!; *se äv* **do out**
  (i) *(Matl)* laga (till), anrätta; **to** ~ **the cooking**
sköta matlagningen, laga mat; **how do you like**
your steak done? hur vill du ha din biff stekt?;
well done genomstekt
  3 *vi* **(a)** *(handla)* göra; ~ **as I** ~ gör som jag

(gör); **he did well to take your advice** han gjorde
rätt i att följa ditt råd
  (b) *(om hälsa, arbete etc)* må, klara sig;
(företag etc) gå, klara sig; **how do you** ~?;
(hälsning, svar på hälsning) god dag; **how are you**
~**ing?** *(vard)* hur är läget, hur har du det?; **his**
business is ~**ing well** hans företag går bra
  (c) *(end i perf part)* bli färdig; **have you done?**
är du färdig?
  (d) *(passa)* gå bra; **that will never** ~! det
duger inte; **this room will** ~ det här rummet blir
bra; **will it** ~ **if I come back at 8?** går det bra om
jag kommer tillbaka kl 8?; **it doesn't** ~ **to upset**
her det går inte an att oroa henne; **you'll have to**
make ~ **with £10** du får klara dig med 10 pund;
nothing ~**ing!** *(vard)* aldrig i livet!, sällan!
  (e) *(vara nog)* räcka; **will £5** ~? räcker 5
pund?; **that'll** ~ det räcker; **that'll** ~! nu får det
vara nog!
  4 *s* *(vard)* **(a)** *(party)* fest; *(formell)*
tillställning
  (b) *(i uttryck):* **it's a poor** ~ det är sorgligt/en
sorglig historia; **the** ~**s and don'ts** vad man ska
göra och inte göra; **the** ~**s and don'ts of wine-**
making rätt och fel vid vintillverkning
♦ **do away with** *vi + prep (döda)* ta livet av; *(kropp,*
hus etc) göra sig av med
♦ **do by** *vi + prep* behandla; **to** ~ **well/badly by sb**
behandla ngn väl/illa; **to be hard done by** vara illa
behandlad
♦ **do for** *vi + prep (vard)* **(a)** *(städa/laga mat åt*
etc) hushålla för **(b)** *(göra slut på;* **he's done for!**
det är slut med honom
♦ **do in** *vt + adv (vard)* ta livet av
♦ **do out** **1** *vt + adv (rum)* städa **2** *vt + prep (på*
pengar etc) lura; **he did her out of a job** han lurade
henne på ett jobb
♦ **do up** *vt + adv* **(a)** *(skor)* knyta; *(blixtlås)* dra
upp; *(knappar)* knäppa; **books done up in paper**
böcker inslagna i papper **(b)** *(hus, rum etc)*
renovera; **to** ~ **oneself up** klä upp sig, snygga till
sig
♦ **do with** *vi + prep* **(a):** **I could** ~ **with...** jag
behöver...; **I could** ~ **with some help** jag skulle
behöva lite hjälp **(b):** **what has that got to** ~
with it? vad har det med saken att göra?; **it has to**
~ **with...** det har med ... att göra; **money has a lot**
to ~ **with it** pengar har en hel del med saken att
göra; **that has nothing to** ~ **with you!** det har
ingenting med dig att göra!; **I won't have any-**
thing to ~ **with it** jag vill inte ha någonting med
det att göra **(c):** **what have you done with my**
slippers? var har du gjort av mina tofflor?;
what's he done with his hair? vad har han gjort
med håret?
doc·ile |'dəʊsaɪl| *adj* foglig
dock[1] |dɒk| *s (Bot)* syra
dock[2] |dɒk| *vt* **(a)** *(hundsvans etc)* kupera **(b)**
(lön etc) dra av på
dock[3] |dɒk| **1** *s (Sjö)* docka; ~**s** hamn **2** *vt (i*
hamn) förtöja; *(i torrdocka)* docka **3** *vi* komma i
hamn; **the ship has** ~**ed** båten har lagt till
dock[4] |dɒk| *s (i domstol)* de anklagades bänk
dock·er |'dɒkə^r| *s* hamnarbetare
dock·et |'dɒkɪt| *s (på paket etc)* adresslapp
dock·yard |'dɒkjɑːd| *s* skeppsvarv
doc·tor |'dɒktə^r| *s* **1** **(a)** *(Med)* läkare, doktor;
D~ Brown doktor Brown; ~**'s office** *(Am)* läkar-
mottagning **(b)** *(Univ)* doktor; **D~ of Philosophy**
filosofie doktor **2** *vt* **(a)** *(dryck, mat)* blanda
ut; *(text, dokument)* fiffla med **(b)** *(förkylning*
etc) behandla **(c)** *(vard: katt etc)* kastrera
doc·tor·ate |'dɒktərɪt| *s* doktorsgrad
doc·tri·naire |,dɒktrɪ'neə^r| *adj* doktrinär
doc·tri·nal |dɒk'traɪnl| *adj (som rör trosfrågor)* dog-

matisk
doc·trine ['dɒktrɪn] s (i allm) doktrin; (Rel) dogm, trossats
docu·ment ['dɒkjʊmənt] 1 s dokument 2 vt dokumentera
docu·men·tary [ˌdɒkjʊ'mentərɪ] 1 adj (stödd på dokument) dokumentarisk 2 s (Film, TV) dokumentär(film)
docu·men·ta·tion [ˌdɒkjʊmen'teɪʃən] s dokumentation
dod·der ['dɒdə^r] vi stappla
dod·der·ing ['dɒdərɪŋ], **dod·dery** ['dɒdərɪ] adj (gammal man etc) darrig
dodge [dɒdʒ] 1 s (med kroppen) språng/steg åt sidan; (vard: bildl) knep; he made a quick ~ han väjde kvickt (undan) 2 vt (slag, boll) väja undan för; (förföljare) undkomma; (svårighet, fråga, person) undvika; (arbete, plikt, skatt) klara sig ifrån; to ~ the issue kringgå problemet 3 vi vika undan; to ~ out of the way hoppa undan; to ~ behind a tree gömma sig bakom ett träd
dodg·em ['dɒdʒəm] s (äv: ~ car) (Brit: på tivoli) radiobil
dodgy ['dɒdʒɪ] adj (-ier, -iest) (vard: situation, problem) knepig, knivig
doe [dəʊ] s (hjort) hind; (kanin) hona
does [dʌz] 3 pers sg av do
doesn't ['dʌznt] = does not
dog [dɒg] 1 s (i allm) hund; (ej tik) hanhund; (räv, varg) hane; he's a lucky ~ han är en lyckans ost; every ~ has its day alla har tur någon gång i livet; he's a ~ in the manger han är en missunnsam person; to go to the ~s (person) deka ner sig; (nation etc) vara på fallrepet; it's a ~'s life det är ett helvete; he hasn't a ~'s chance han har inte en chans; the ~s hundkapplöpningar; ~ biscuit hundkex; ~ collar hundhalsband; ~ food hundmat 2 vt (i allm) följa i hälarna; (om detektiv) skugga; he was ~ged by ill luck han var förföljd av otur; he ~s my footsteps han följer mig som en hund
dog-eared ['dɒg‚ɪəd] adj (om bok) med hundöron
dog·ged ['dɒgɪd] adj envis
dog·ger·el ['dɒgərəl] s haltande vers
dog·gie ['dɒgɪ] s = doggy; ~ bag (Am vard: på restaurant) påse för överbliven mat, 'doggie-bag'
dog·go ['dɒgəʊ] adv (vard) gömd; to lie ~ ligga och trycka
dog·gy ['dɒgɪ] s (vard) vovve
dog·house s (Am) hundkoja; he's in the ~ (vard) han är i onåd
dog·ma ['dɒgmə] s dogm
dog·mat·ic [dɒg'mætɪk] adj (person) dogmatisk, tvärsäker; (attityd) tvärsäker
do-gooder ['duːˌgʊdə^r] s (vard) blåögd idealist
dogs·body ['dɒgzbɒdɪ] s allt-i-allo
dog-tired [ˌdɒg'taɪəd] adj (vard) dödstrött
do·ing ['duːɪŋ] s verk, gärning; this is your ~ det här är ditt verk; that takes some ~! det är ingen lätt sak; ~s spl (ofta neds) förehavanden
do-it-yourself ['duːɪtjə'self] s gör-det-själv; ~ kit byggsats
dol·drums ['dɒldrəmz] spl (bildl): to be in the ~ (person) vara nedstämd; (företag) ha stagnerat
dole [dəʊl] s (Brit vard) arbetslöshetsunderstöd; to be on the ~ gå och stämpla
♦ **dole out** vt + adv dela ut
dole·ful ['dəʊlfʊl] adj dyster
doll [dɒl] s (a) docka (b) (vard: i sht Am: flicka) brud
♦ **doll up** vt + adv: to ~ oneself up (vard) klä upp sig
dol·lar ['dɒlə^r] s dollar
dol·lop ['dɒləp] s (av sylt etc) klick
dol·phin ['dɒlfɪn] s delfin

dolt [dəʊlt] s träskalle
do·main [də'meɪn] s (jordegendom) domän; (bildl) område
dome [dəʊm] s (på byggnad etc) kupol
domed [dəʊmd] adj (tak) med kupol; (panna) välvd
do·mes·tic [də'mestɪk] adj (lycka) familje-; (göromål) hushålls-; (industri, produkt) inhemsk; (politik, flyg) inrikes; (djur) hus-; I'm not very ~ jag är inte särskilt huslig; ~ science (Skol) hemkunskap; ~ servant hemhjälp
do·mes·ti·cate [də'mestɪkeɪt] vt (vilddjur) tämja
do·mes·ti·cat·ed [də'mestɪkeɪtɪd] adj (djur) tam-, hus-; (person) huslig
do·mes·ti·city [ˌdəʊmes'tɪsɪtɪ] s familjeliv, hemliv
domi·cile ['dɒmɪsaɪl] s (frm) hemvist; place of ~ hemort
domi·nant ['dɒmɪnənt] 1 adj (inflytande, tema etc) dominerande, ledande; (Biol: arvsanlag) dominant 2 s (Mus: ackord, ton) dominant
domi·nate ['dɒmɪneɪt] (a) vt (person) dominera över; (område etc) vara dominerande inom; (byggnad etc) höja sig över (b) vi dominera
domi·na·tion [ˌdɒmɪ'neɪʃən] s herravälde
domi·neer [ˌdɒmɪ'nɪə^r] vi dominera (over över), tyrannisera
domi·neer·ing [ˌdɒmɪ'nɪərɪŋ] adj härsklysten
Do·mini·can [də'mɪnɪkən] 1 adj (Rel) dominikan 2 s dominikan(ermunk)
do·min·ion [də'mɪnɪən] s (makt) herravälde; (område) välde; (Pol Hist) dominion självstyrande del av brittiska imperiet
domi·no ['dɒmɪnəʊ] s, pl -es domino(spel)
don¹ [dɒn] s (Brit Univ) universitetslärare
don² [dɒn] vt (plagg) ta på sig
Donald Duck ['dɒnld'dʌk] s Kalle Anka
do·nate [dəʊ'neɪt] vt donera
do·na·tion [dəʊ'neɪʃən] s (gåva) bidrag
done [dʌn] perf part av do
don·key ['dɒŋkɪ] s åsna; for ~'s years (Brit vard) på evigheter
donkey·work ['dɒŋkɪwɜːk] s (vard) slavgöra
do·nor ['dəʊnə^r] s (Med: av blod) givare; (: av njure etc) donator; (av gåva) givare; (av stor gåva: äv) donator
don't [dəʊnt] = do not
do·nut ['dəʊnʌt] s (Am) = doughnut
doo·dle ['duːdl] 1 s klotter 2 vi klottra
doom [duːm] 1 s (olyckligt) öde; (död) undergång 2 vt döma; ~ed to failure dömd att misslyckas
dooms·day ['duːmzdeɪ] s: till ~ (bildl) till domedag
door [dɔː^r] s (i allm) dörr; (= ~way) dörröppning; there was a knock at the ~ det knackade på dörren; to pay at the ~ (Teat, Film etc) köpa biljetter vid ingången vid föreställningens början; back ~ bakdörren, köksingången; front ~ stora ingången; three ~s down the street tre hus längre bort på gatan; from ~ to ~ från dörr till dörr; to open the ~ to/close el shut the ~ on sth (bildl) öppna/stänga igen dörren för ngt; se äv next 1 a
door·bell ['dɔːbel] s dörrklocka
door·keeper ['dɔːˌkiːpə^r] s, **door·man** ['dɔːˌmæn] s, pl -men (tillfällig) dörrvakt; (i hyreshus) vaktmästare, portvakt; (i hotell) portier
door·knob ['dɔːnɒb] s dörrhandtag
door·mat ['dɔːmæt] s (eg) dörrmatta; (bildl) beskedlig stackare, mähä
door·nail ['dɔːneɪl] s: as dead as a ~ stendöd
door·step ['dɔːstep] s tröskel; on our ~ precis utanför dörren
door·way ['dɔːweɪ] s dörr(öppning); in the ~ dörren
dope [dəʊp] 1 s (a) (vard: narkotika) knark; (Sport) doping (b) (vard: information) tips; to

give sb the ~ **on sth** tipsa ngn om ngt   **(c)** *(vard: person)* idiot   **2** *vt (häst, person)* dopa; *(mat, dryck: med knark, gift)* blanda ut
dopey ['dəʊpɪ] *adj* (-ier, -iest) *(drogad)* omtöcknad; *(av sprit)* lummig; *(dum)* fånig
dorm [dɔːm] *(Am vard)* = **dormitory**
dor·mant ['dɔːmənt] *adj (Biol)* latent; *(vulkan)* overksam; *(energi)* outnyttjad; *(talang)* slumrande; **to lie** ~ *(eg: vulkan)* vara overksam; *(bildl: planer etc)* ligga i träda
dor·mer ['dɔːməʳ] *s (äv:* ~ **window**) vindsfönster
dor·mi·tory ['dɔːmɪtrɪ] *s (Skol)* sovsal; *(Am Univ)* studenthus; ~ **town** sovstad
dor·mouse ['dɔːmaʊs] *s, pl* **dormice** *(Zool)* hasselmus
dor·sal ['dɔːsl] *adj* rygg-; ~ **fin** ryggfena
dos·age ['dəʊsɪdʒ] *s (Med)* dosering
dose [dəʊs] **1** *s (medicin)* dos; *(bildl)* släng, omgång; **in small** ~**s** *(bildl)* i små doser, lite åt gången   **2** *vt* ge medicin till; **to** ~ **sb with** ge ngn en dos av
doss [dɒs] *(vard)* **1** *s* slaf   **2** *vi:* **to** ~ **(down)** kinesa
doss·house ['dɒshaʊs] *s (Brit vard)* ungkarlshärbärge
dos·si·er ['dɒsɪeɪ] *s* dossier *(on* över)
dot [dɒt] **1** *s (i allm)* prick; *(Interpunktion)* punkt; *(Morse):* ~**s and dashes** korta och långa; **at 7 o'clock on the** ~ kl 7 prick   **2** *vt (i allm)* pricka; *(bokstav)* sätta prick över; ~**ted with flowers** översållad av blommar; **they are** ~**ted about the country** de är utspridda över landet; **tear along the** ~**ted line** riv längs den prickade linjen; **to sign on the** ~**ted line** skriva under
dot·age ['dəʊtɪdʒ] *s:* **to be in one's** ~ vara senil
dote [dəʊt] *vi:* **to** ~ **on** avguda
dot·ing ['dəʊtɪŋ] *adj (överdrivet)* kärleksfull
dou·ble ['dʌbl] **1** *adj* dubbel; **to lead a** ~ **life** leva dubbelliv; ~ **room** dubbelrum; ~ **bed** dubbelsäng; ~ **portion** dubbel portion; ~ **meaning** dubbelmening; ~ **five two six** *(Brit Tele)* fem fem två sex; **spelt with a** ~ **'l'** stavat med två l; ~ **bass** kontrabas; ~ **bend** *(Brit Motor)* dubbelkurva; ~ **chin** dubbelhaka; ~ **cream** *(Brit)* vispgrädde; ~ **glazing** *(Brit)* tvåglasfönster; **to be bent** ~ vara dubbelvikt   **2** *adv* dubbelt; ~ **the amount** dubbelt så mycket; **to see** ~ se dubbelt   **3** *s (mängd)* det dubbla; *(person)* dubbelgångare; *(i tennis):* ~**s** dubbel; **at/on the** ~ med en gång, snabbt   **4** *vt* **(a)** *(pengar etc)* fördubbla   **(b)** *(äv:* ~ **over**) vika ihop   **5** *vi* **(a)** *(mängd etc)* fördubblas   **(b):** **to** ~ **as** också fungera som; **he** ~**d as Hamlet's father** han spelade även Hamlets far
♦ **double back** **1** *vt + adv (filt etc)* vika upp   **2** *vi + adv (person)* springa tillbaka
♦ **double up** *vi + adv* **(a)** *(av smärta etc)* vika sig dubbel; **he** ~**d up with laughter** han vek sig dubbel av skratt   **(b)** *(sova ihop)* dela rum
double-barrelled ['dʌbl,bærəld] *adj (gevär)* dubbelpipig; ~ **name** *(Brit: efternamn)* dubbelnamn t ex Armstrong-Jones
double-breasted [,dʌbl'brestɪd] *adj* dubbelknäppt
double-check [,dʌbl'tʃek] **1** *vt* kontrollera två gånger   **2** *vi* göra en extra kontroll
double-cross [,dʌbl'krɒs] *vt (vard)* lura
double-decker [,dʌbl'dekəʳ] *s* (= ~ *bus)* dubbeldäckare; (= ~ *sandwich)* dubbeldäckare, dubbelsmörgås
double-dutch [,dʌbl'dʌtʃ] *s (Brit vard)* rotvälska, 'kinesiska'
double-edged [,dʌbl'edʒd] *adj (eg: svärd)* tveeggad; *(anmärkning etc)* tvetydig
double-park [,dʌbl'pɑːk] *vi* dubbelparkera
double-quick [,dʌbl'kwɪk] **1** *adj* mycket snabb/

kvick   **2** *adv* mycket snabbt/kvickt
double-talk ['dʌbl,tɔːk] *s* bedrägligt prat
dou·bly ['dʌblɪ] *adv* dubbelt
doubt [daʊt] **1** *s (ingen pl: tvivel)* tvekan; *(äv pl)* betänklighet; **to be in** ~ *(person)* vara i tvivelsmål; *(ngns hederlighet etc)* vara ifrågasatt; **without (a)** ~ utan tvivel/tvekan; **beyond** ~ utom tvivel; **if in** ~ i tvivelaktiga fall; **no** ~ **he will come** han kommer säkert; **there is no** ~ **of that** det råder ingen tvekan om det; **to have one's** ~**s about sth** hysa betänkligheter om ngt; **I have my** ~**s about his honesty** jag tvivlar på hans hederlighet   **2** *vt (betvivla)* tvivla på; **I** ~ **whether/if…** jag tvivlar på att…; **I** ~ **it very much** jag tvivlar verkligen på det; **I don't** ~ **that he will come** jag tvivlar inte på att han kommer
doubt·ful ['daʊtfʊl] *adj (känsla, framgång, rykte etc)* tvivelaktig; *(person)* tveksam; **to be** ~ **about sth** vara tveksam om ngt
doubt·ful·ly ['daʊtfəlɪ] *adv (utan övertygelse)* tvivlande, tvekande
doubt·less ['daʊtlɪs] *adv (säkert)* utan tvivel
dough [dəʊ] *s* **(a)** *(Matl)* deg   **(b)** *(vard)* kosing, stålar
dough·nut, *(Am)* **do·nut** ['dəʊnʌt] *s (Matl)* munk
dour ['dʊəʳ] *adj* bister
douse [daʊs] *vt (med vatten)* duscha/skölja över; *(eld)* släcka
dove[1] [dʌv] *s* duva
dove[2] [dəʊv] *(Am) imperf av* **dive**
dove·tail ['dʌvteɪl] **1** *s (äv:* ~ **joint:** Snickeri) laxstjärt   **2** *vt (bildl)* foga ihop   **3** *vi (bildl)* passa ihop
dowa·ger ['daʊədʒəʳ] *s* änkenåd; ~ **duchess** änkehertiginna
dow·dy ['daʊdɪ] *adj* (-ier, -iest) *(person, kläder)* sjaskig; *(omodern)* urmodig
down[1] [daʊn] *s (fågel)* dun; *(på person, persika etc)* fjun
down[2] [daʊn] *s (vanl pl):* ~**s** *(höga, gräsklädda)* kullar *i* sht i södra England
down[3] [daʊn] **1** *adv* **(a)** *(rörelse)* ned, ner; *(till hund):* ~**!** ligg!; **to fall** ~ falla ner; **to run** ~ springa ner; **from the year 1600** ~ **to the present day** ända från år 1600 till idag; **from the biggest** ~ **to the smallest** från den största till den minsta; ~ **with traitors!** ner med förrädarna!
  (b) *(befintlighet)* nere; ~ **there** där nere; ~ **here** här nere; ~ **under** *(Brit vard:* i Australien el Nya Zeeland) på andra sidan jordklotet; **the sun is** ~ solen har gått ner; **the blinds are** ~ rullgardinerna är nerdragna; **don't kick a man when he's** ~ *(bildl)* sparka inte en som redan ligger; **he's** ~ **(from the university)** *(Brit Univ)* han är hemma (på ferier); **the computer is** ~ det är driftavbrott i datorn; **I'll be** ~ **in a minute** jag kommer ner om en minut; **I've been** ~ **with flu** jag har legat i influensa; **he lives** ~ **South** han bor söderut
  (c): write this ~ skriv ner detta; **you're** ~ **for the next race** du är antecknad för nästa lopp
  (d) *(om volym, grad, status):* **the tyres are** ~ det är för lite luft i däcken; **his temperature is** ~ hans temperatur har gått ner; **England is two goals** ~ England ligger under två mål; **the price of meat is** ~ köttpriset har gått ner
  (e) *(som handpenning):* **to pay £2** ~ betala 2 pund kontant
  2 *prep* nedför; **he ran his finger** ~ **the list** han lät fingret löpa längs med listan; **he went** ~ **the hill** han gick nedför backen; **he's** ~ **the hill** han är längst ned i backen; **he lives** ~ **the street** han bor längre ner/bort på gatan; **looking** ~ **this road, you can see…** om ni tittar längs den här vägen, kan ni se…; ~ **the ages** i århundraden

3 *adj (tåg, tåglinje)* avgående *från en större stad till landsorten; (vard: deppig)* nere; *(betalning)* kontant; ~ **payment** *(vid avbetalningsköp etc)* handpenning; **I'm feeling a bit** ~ *(vard)* jag känner mig lite nere
4 *vt (motståndare)* slå ned; *(glas)* tömma, svepa; **to** ~ **tools** *(bildl)* lägga ned arbetet, strejka; **he** ~**ed a pint of beer** han svepte ett stort glas öl
5 *s* **(a)** nedgångsperiod; **we've had our ups and** ~**s** vi har haft både med- och motgångar **(b): to have a** ~ **on sb** *(vard)* tycka illa om ngn
down-and-out [ˈdaʊnəndˈaʊt] **1** *adj* utblottad **2** *s* utslagen (person)
down·cast [ˈdaʊnkɑːst] *adj (person, ögon)* nedslagen
down·fall [ˈdaʊnfɔːl] *s (undergång)* fall
down·grade [ˈdaʊnˌgreɪd] *vt (arbete etc)* degradera
down·hearted [ˌdaʊnˈhɑːtɪd] *adj* missmodig
down·hill [ˌdaʊnˈhɪl] **1** *adv*: **to go** ~ *(väg)* gå nedför backen; *(bil)* köra nedför backen; *(person)* förfalla; *(företag)* gå tillbaka **2** *adj* sluttande; *(Sport)* ~ **racing** störtlopp; ~ **skiing** utförsåkning **3** *s (Sport)* störtlopp
down·pour [ˈdaʊnpɔːʳ] *s* störtskur
down·right [ˈdaʊnraɪt] **1** *adj (person)* rättfram; *(nonsens, lögn etc)* ren; *(vägran)* kategorisk **2** *adv (oförskämd)* rent; *(vägra)* kategoriskt
down·stairs [ˌdaʊnˈstɛəz] **1** *adj* i nedre våningen **2** *adv* nedför trappan; **to come/go** ~ komma/gå ner (för trappan)
down·stream [ˌdaʊnˈstriːm] *adv* med strömmen; ~ **(from)** nedåt strömmen (från)
down-to-earth [ˌdaʊntʊˈɜːθ] *adj (person)* realistisk, med fötterna på jorden; *(råd, samtal etc)* realistisk
down·town [ˈdaʊnˈtaʊn] **1** *adv (Am: befintlighet)* i stan/centrum; *(: riktning)* till stan/centrum **2** *adj*: ~ **San Francisco** San Franciscos centrum
down·trod·den [ˈdaʊnˌtrɒdn] *adj (person)* förtryckt
down·ward [ˈdaʊnwəd] *adj (rörelse etc)* fallande; ~ **slope** nedförsbacke
down·ward(s) [ˈdaʊnwəd(z)] *adv* nedåt
dow·ry [ˈdaʊrɪ] *s* hemgift
doz. *förk f* **dozen**
doze [dəʊz] **1** *s* slummer, tupplur **2** *vi* slumra
♦ **doze off** *vi + adv* slumra till
doz·en [ˈdʌzn] *s* dussin; **80p a** ~ 80 pence dussinet; **a** ~ **eggs** ett dussin ägg; ~**s of times** dussintals gånger; ~**s of people** dussintals människor
Dr *förk f* **doctor, drive**
drab [dræb] *adj (-ber, -best) (färg etc)* gråbrun; *(liv etc)* trist
draft [drɑːft] **1** *s* **(a)** *(plan)* utkast **(b)** *(Mil)* detachement; **the** ~ *(Am Mil: till värnplikt)* inkallelse **(c)** *(Handel: äv:* **banker's** ~*)* växel **(d)** *(Am)* = **draught 2** *vt* **(a)** *(äv:* ~ **out)** göra utkast till **(b)** *(Mil)* ta ut, detachera; *(Am Mil: värnpliktig)* inkalla
drafts·man *(Am)* = **draughtsman**
drag [dræg] **1** *s* **(a)** *(Flyg)* luftmotstånd; *(vard)* trist person/sak; **the concert was a real** ~ konserten var verkligen långtråkig; **her boyfriend is such a** ~ hennes pojkvän är så trist; **what a** ~! usch så hopplöst! **(b)** *(på cigarrett)* bloss **(c)** *(för transvestit)* kvinnokläder; **in** ~ klädd i kvinnokläder; ~ **show** *(Teat)* dragshow, transvestitshow **2** *vt* **(a)** *(person, ben)* släpa; *(om häst)* dra **(b)** *(sjö etc)* dragga i **3** *vi (tid etc)* släpa sig
♦ **drag along** *vt + adv (person)* släpa med
♦ **drag away** *vt + adv (eg, bildl)* släpa bort
♦ **drag down** *vt + adv* dra ner; **to** ~ **sb down to**

one's own level *(bildl)* dra ner ngn till sin egen nivå
♦ **drag in** *vt + adv (samtalsämne)* blanda in
♦ **drag on** *vi + adv (möte, samtal etc)* dra ut
drag·on [ˈdrægən] *s* drake
dragon·fly [ˈdrægənflaɪ] *s* trollslända
drain [dreɪn] **1** *s* **(a)** *(i hus)* avlopp; *(i gata)* kloak; **the** ~**s** avloppssystemet; **to throw one's money down the** ~ *(bildl)* kasta pengarna i sjön **(b)** *(bildl)*: **to be a** ~ **on** *(resurser, energi etc)* ta hårt på, åderlåta; **it has been a great** ~ **on her** det har tagit på hennes krafter **2** *vt (Jordbr)* dränera; *(grönsaker)* låta rinna av; *(glas)* tömma; *(värmeelement)* tappa ur; *(sjö)* dika ut; *(Med: sår, böld)* dränera, tömma; **to feel** ~**ed** *(bildl)* känna sig tom **3** *vi (disk, grönsaker etc)* rinna av; *(bäck etc)*: **to** ~ **(into)** rinna ut (i); ~ **board** *(Am: för disk)* avrinningsbänk
♦ **drain away 1** *vt + adv (vätska)* låta rinna av **2** *vi + adv (vätska)* rinna av; *(styrka etc)* ebba ut
♦ **drain off** *vt + adv (vätska)* låta rinna av
drain·age [ˈdreɪnɪdʒ] *s (från mark, sjö)* avrinning; *(konstgjord)* dränering; *(i stad)* avloppssystem
drain·ing board [ˈdreɪnɪŋˌbɔːd] *s (Brit)* avrinningsbänk
drain·pipe [ˈdreɪnpaɪp] *s* avloppsrör; ~ **trousers** stuprörsbyxor
drake [dreɪk] *s (Zool)* andrake, ankbonde
dra·ma [ˈdrɑːmə] *s (eg, bildl)* drama
dra·mat·ic [drəˈmætɪk] *adj* dramatisk; ~ **criticism** teaterkritik; ~ **change** dramatisk förändring
dra·mat·ics [drəˈmætɪks] *spl* dramatik; **amateur** ~ amatörteater
drama·tist [ˈdræmətɪst] *s* dramatiker
drama·tize [ˈdræmətaɪz] *vt (bok, händelser etc)* dramatisera
drank [dræŋk] *imperf av* **drink**
drape [dreɪp] **1** *s (Am)*: ~**s** gardiner **2** *vt (föremål)* drapera; *(tyg etc)* svepa, drapera
drap·er [ˈdreɪpəʳ] *s (Brit)* tyg-/textil/handlare
dra·pery [ˈdreɪpərɪ] *s (Brit: affär)* tyg-|textilaffär; *(tyg)* draperi
dras·tic [ˈdræstɪk] *adj* drastisk
drat [dræt] *interj (vard)*: ~ **(it)**! katten också!; ~ **the man!** jäkla karl!
drat·ted [ˈdrætɪd] *adj (vard: i kraftuttryck)* förbaskad, sabla
draught, (Am) draft [drɑːft] *s* **(a)** *(luft)* drag; *(andning)* andetag; *(rök)* bloss **(b)** *(dryck)* klunk; **beer on** ~ fatöl **(c)**: ~**s** *(Brit spel)* damspel
draughts·man, (Am) drafts·man [ˈdrɑːftsmən] *s*, *pl* **-men** *(på ritkontor)* ritare
draughty [ˈdrɑːftɪ] *adj (-ier, -iest) (rum)* dragig; *(gathörn)* blåsig
draw [drɔː] *(v: imperf* **drew***, perf part* **drawn) 1** *s* **(a)** *(tombola etc)* lotteri; *(av vinst)* dragning; *(Sport)* lottning **(b)** *(resultat)* oavgjort; **the match ended in a** ~ matchen slutade oavgjort **(c)** *(publik etc)* attraktion **(d): to be quick on the** ~ *(med vapen)* dra snabbt; *(bildl)* handla snabbt
2 *vt* **(a)** *(i allm)* dra; *(regel etc)* dra ifrån; *(gardin)* dra för, dra ifrån; **to** ~ **a bow** spänna en båge; **he drew his finger along the table** han drog med fingret längs bordet; **he drew his hat over his eyes** han drog ner hatten över ögonen **(b)** *(ur ficka etc)* dra upp; *(svärd)* dra; *(tand)* dra ut; *(kork)* dra ur; *(pengar från bank)* ta ut; *(check)* skriva ut; *(lön)* lyfta; *(Matl: kyckling etc)* ta ur; ~ **a bath** hälla upp badvatten; **to** ~ **blood** *(i allm)* göra så att det blöder; *(Med)* åderlåta; **to** ~ **a card** dra ett kort; **to** ~ **(a) breath** ta ett andetag; **to** ~ **comfort from sth** finna tröst i ngt; **to** ~ **a smile**

from sb locka fram ett leende från ngn (c)
(attrahera) dra till sig; **to feel ~n to sb** känna sig
dragen till/attraherad av ngn (d) *(teckning,
karta etc)* rita; *(bildl: situation, karaktär etc)* be-
skriva; **I ~ the line at that** där drar jag
gränsen (e) *(slutsats)* dra; *(jämförelse, skillnad)*
göra *(between* mellan) (f) *(Sport):* **to ~ a match/
game** spela oavgjort

3 *vi* (a) röra sig *(towards* mot); **he drew to
one side** han drog sig åt sidan; **the train drew into
the station** tåget rullade in på stationen; **the car
drew over to the kerb** bilen rullade över till
trottoarkanten; **he drew ahead of the other
runners** han drog ifrån de andra löparna; **they
drew level** de kom i jämnhöjd; **to ~ near** närma
sig; **to ~ to an end** lida mot/närma sig sitt
slut (b) *(Kortspel):* **to ~ for trumps** spela
trumf (c) *(skorsten etc)* vara drag i; **the
chimney ~s well** det är bra drag i skorste-
nen (d) *(te)* stå och dra (e) *(Sport)* spela oav-
gjort (f) *(göra en teckning)* rita
♦ **draw back 1** *vt + adv (föremål, hand etc)* dra
undan; *(gardiner)* dra isär **2** *vi + adv:* **to ~ back
(from)** dra sig undan (från)
♦ **draw in 1** *vt + adv (luft etc)* andas in; *(klor)* dra
in; *(publik etc)* dra **2** *vi + adv* (a) *(bil)* köra in
(till vägkanten); *(tåg)* stanna (b): **the days are
~ing** dagarna blir kortare
♦ **draw out** *vt + adv* (a) *(näsduk etc)* dra upp;
(pengar från bank) ta ut; **to ~ sb out (of his shell)**
(bildl) locka fram ngn (ur hans/hennes
skal) (b) *(möte, måltid)* dra ut på
♦ **draw up 1** *vt + adv* (a) *(testamente, kontrakt
etc)* sätta upp; *(plan)* utarbeta (b) *(stol etc)*
flytta fram; *(Mil)* ställa upp; **to ~ oneself up (to
one's full height)** räta på sig (i sin fulla längd) **2**
vi + adv (bil etc) sakta in, stanna
draw·back ['drɔːbæk] *s* nackdel
draw·bridge ['drɔːbrɪdʒ] *s* rörlig bro, klaffbro
draw·er [drɔːʳ] *s (byrå-, skrivbords-)* låda
draw·ing ['drɔːɪŋ] *s* (a) *(ritning)* teckning; **I'm no
good at ~** jag är dålig på att rita; **~ board**
ritbräde; **back to the ~ board!** *(bildl)* tillbaka till
planeringsstadiet!; **~ pin** *(Brit)* häftstift
draw·ing room ['drɔːɪŋrʊm] *s (i bostad)* salong
drawl [drɔːl] **1** *s* släpigt (ut)tal; **a Southern ~**
sydstatsaccent **2** *vt* säga i släpande ton **3** *vi*
dra på orden
drawn [drɔːn] **1** *perf part av* **draw 2** *adj (av
trötthet)* härjad; *(av smärta)* spänd
dread [dred] **1** *s* skräck; **he lives in ~ of being
caught** han lever i skräck för att bli fast **2** *vt*
vara rädd för; **I ~ to think of it** *(vard)* jag törs
knappt tänka på det
dread·ful ['dredfʊl] *adj* hemsk, förfärlig; **I feel ~!**
(sjuk) jag mår förskräckligt (illa); *(skamsen)* jag
skäms förskräckligt
dread·fully ['dredfəlɪ] *adv (vard)* förfärligt,
hemskt; **I'm ~ sorry** jag är hemskt ledsen
dream [driːm] *(v: imperf, perf part* **dreamed** *el*
dreamt) **1** *s (i sömn, dag-)* dröm; **to have a ~
about sb/sth** drömma om ngn/ngt; **I had a bad ~**
jag hade en ond dröm/mardröm; **sweet ~s!** sov
(så) sött!; **the museum was an archaeologist's ~**
museet var (rena) drömmen för en arkeolog; **it
worked like a ~** det gick som smort; **she goes
about in a ~** hon går omkring och drömmer; **the
house of her ~s** hennes drömhus; **rich beyond
his wildest ~s** rikare än i sin vildaste fantasi;
isn't he a ~? är han inte ljuvlig? **2** *vt (eg, bildl)*
drömma; *(föreställa sig)* drömma om; **I didn't ~
that...** jag kunde inte drömma om att... **3** *vi (eg,
bildl)* drömma *(of/about* om); **I'm sorry, I was
~ing** förlåt, jag satt och drömde; **I wouldn't ~ of
going!** jag skulle inte drömma om att åka!; **there**

were more than I'd ever **~ed of** det fanns fler än
jag någonsin drömt om
♦ **dream up** *vt + adv* hitta på
dream·er ['driːmə'] *s* drömmare
dream·less ['driːmlɪs] *adj* drömlös
dreamt [dremt] *imperf, perf part av* **dream**
dreamy ['driːmɪ] *adj* **(-ier, -iest)** *(leende etc)* dröm-
mande; *(musik)* drömlik
dreary ['drɪərɪ] *adj* **(-ier, -iest)** *(landskap, väder etc)*
dyster, hemsk; *(liv, arbete)* trist; *(bok, tal)* tråkig
dredge [dredʒ] **1** *s (maskin)* grävmaskin **2** *vt
(flod etc)* muddra
♦ **dredge up** *vt + adv* skrapa upp/fram; *(bildl:
fakta etc)* rota fram
dredg·er ['dredʒə'] *s (maskin)* mudderverk
dregs [dregz] *spl (i flaska)* bottensats; **the ~s of
society** *(bildl)* samhällets avskum
drench [drentʃ] *vt* genomdränka *(with* med); **~ed
to the skin** uti in på bara kroppen
dress [dres] **1** *s (ingen pl: i allm)* kläder; *(för
kvinna)* klänning; **in summer ~** sommarklädd; **~
circle** *(Teat)* första raden; **~ designer** modede-
signer; **~ rehearsal** *(Teat)* generalrepetition; **~
shirt** skjorta för kvällsbruk, finskjorta **2**
vt (a) klä; **to ~ oneself** klä sig; **~ed in green**
klädd i grönt (b) *(Matl: sallad)* hälla dressing
på; *(: kyckling etc)* tillreda; *(sår)* förbinda,
(skyltfönster) skylta **3** *vi* klä sig; **she ~es very
well** hon är mycket välklädd
♦ **dress up 1** *vt + adv (fakta, plan etc: förbättra)*
fiffa upp **2** *vi + adv (till fest etc)* klä sig fin; *(till
maskerad)* klä ut sig
dress·er ['dresə'] *s (i kök)* öppet köksskåp; *(i
sovrum)* toalettbord; *(Teat)* påklädare
dress·ing ['dresɪŋ] *s (handling)* påklädning; *(Med)*
förband; *(Matl = salad ~)* salladsdressing;
(Jordbr) gödning; **~ gown** morgonrock; **~ room**
(på teater) klädloge; **~ table** toalettbord
dress·maker ['dres,meɪkə'] *s* sömmerska
dress·making ['dres,meɪkɪŋ] *s* klädsömnad
dressy ['dresɪ] *adj* **(-ier, -iest)** *(vard: person)* klä-
droad; *(: kläder)* elegant
drew [druː] *imperf av* **draw**
drib·ble ['drɪbl] **1** *s (saliv)* droppe; *(Fotboll)*
dribbling **2** *vt (vätska)* droppa; *(Fotboll)*
dribbla **3** *vi (person)* dregla; *(vätska)* droppa;
(Fotboll) dribbla
dried [draɪd] *adj (mat, blomma etc)* torkad
drier ['draɪə'] *s* = **dryer**
drift [drɪft] **1** *s* (a) *(Sjö, Flyg etc)* avdrift;
(tendens) (åsikts)förskjutning; *(i uttalande etc)*
tankegång(en); **if I get your ~** om jag har
förstått dig rätt; **to catch sb's ~** fatta vad ngn
menar (b) *(av snö, sand)* driva; *(Geol):* **con-
tinental ~** kontinentalförskjutning **2** *vi (i vind,
ström)* driva; *(snö, sand)* yra; *(person)* driva
omkring; *(mot kris etc)* vara på väg; **to ~
downstream** driva med strömmen; **he ~ed into
marriage** han gled in i äktenskapet; **to let things
~** låta det gå utför på våg
drift·er ['drɪftə'] *s (från jobb till jobb)* hoppjerka;
(utan jobb) dagdrivare
drift·wood ['drɪftwʊd] *s* drivved
drill[1] [drɪl] **1** *s* (a) *(i allm)* borr; *(= dentist's ~)*
tandläkarborr; *(= pneumatic ~)* trycklufts-
borr (b) *(Jordbr)* plogfåra **2** *vt (trä, tand)*
borra i; *(brunn)* borra **3** *vi (efter olja etc)* borra
(for efter)
drill[2] [drɪl] **1** *s (Mil)* exercis; *(Skol)* övning; *(Dans
etc)* träning **2** *vt (soldater)* exercera, drilla; *(i
grammatik)* öva, drilla **3** *vi (Mil)* exercera
drill[3] [drɪl] *s (kyprat tyg)* bomullstwills
drill·ing ['drɪlɪŋ] *s (i allm)* borrning; **~ rig**
borrtorn
drily ['draɪlɪ] *adv* = **dryly**

drink [drɪŋk] (v: imperf **drank,** perf part **drunk**) **1**
s **(a)** (i allm: ngt att dricka) dryck; **there's food
and** ~ **in the kitchen** det finns mat och dryck i
köket; **may I have a** ~? kan jag få ngt att dricka?;
to give sb a ~ ge ngn ngt att dricka **(b)** (ett glas
alkoholhaltig dryck) drink; **let's have a** ~ låt oss ta
en drink; **I need a** ~ jag behöver en drink **(c)**
(alkohol) sprit; **he has a** ~ **problem** han har
alkoholproblem; **to take to** ~ ta till flaskan; **to
smell of** ~ lukta sprit; **his worries drove him to**
~ hans bekymmer drev honom att börja
dricka **(d)** (Sjö vard: havet)**: the** ~ spat **2** vt (i
allm) dricka; **would you like something to** ~? vill
du ha ngt att dricka?; **to** ~ **sb under the table**
supa ngn under bordet **3** vi (i allm) dricka; (= ~
alcohol) dricka, supa; **he doesn't** ~ han dricker
inte (sprit); **don't** ~ **and drive** (ung) sprit och
bilkörning passar inte ihop; **he** ~**s like a fish** han
dricker som en svamp; **to** ~ **to sb/sth** skåla för
ngn/ngt
♦ **drink in** vt + adv (om person: frisk luft etc)
insupa; (bildl: saga, musik etc) njuta av
♦ **drink up** vt/vi + adv dricka upp; ~ **up!** drick
upp!
drink·able ['drɪŋkəbl] adj (icke giftig, njutbar)
drickbar
drink·er ['drɪŋkəʳ] s drinkare; **heavy** ~ stordrink-
are
drink·ing ['drɪŋkɪŋ] s (supande) drickande; ~ **bout**
(en kväll) krog-/pub|rond; (längre tid) supperiod;
~ **fountain** dricksfontän; ~ **water** dricksvatten
drip [drɪp] **1** s **(a)** (liten) droppe; (ljud av vatten
etc) droppande; (vard) tråkmåns **(b)** (Med)
dropp; **to be on a** ~ ligga med dropp **2** vt
droppa; **you're** ~**ping paint everywhere!** du
droppar färg överallt **3** vi (vätska, kran etc)
droppa; **to be** ~**ping with sweat** drypa av svett
drip-dry [ˌdrɪp'draɪ] adj (strykfri) som kan
dropptorkas
drip·ping ['drɪpɪŋ] **1** s (Matl) steksky **2** adj
(kran) droppande; (tvätt etc) drypande våt; ~ **wet**
(vard) plaskvåt
drive [draɪv] (v: imperf **drove,** perf part **driven**) **1**
s **(a)** (utflykt) biltur; (resa) bilresa; **to go for a** ~
ta en biltur; **it's a long** ~ det är en lång bil-
resa **(b)** (privat väg) uppfartsväg **(c)** (i tennis,
golf) drive **(d)** (kraft) energi; (Psyk) drift; **sex** ~
sexualdrift **(e)** (Handel, Pol) kampanj; **sales** ~
försäljningskampanj **(f)** (Tekn) drift; (Motor)**:
front/rear-wheel** ~ fram-/bak|hjulsdrift;
left-hand ~ vänsterstyrning
2 vt **(a)** (människor, djur) fösa, driva; (moln,
löv) driva iväg; **the gale drove the ship off course**
stormen drev fartyget ur kurs; **to** ~ **sb hard**
(bildl) driva ngn hårt; **to** ~ **sb to do sth** driva ngn
att göra ngt; **I was** ~**n to it** jag tvingades till det;
to ~ **sb mad** göra ngn galen; **to** ~ **sb to despair**
driva ngn till förtvivlan **(b)** (passagerare, bil,
tåg) köra; **he** ~**s a taxi** han kör taxi; **he** ~**s a
Mercedes** han kör Mercedes; **I'll** ~ **you home** jag
kör dig hem **(c)** (motor etc) driva; **steam-**~**n
train** ångdrivet tåg, ångtåg; **machine** ~**n by
electricity** eldriven maskin **(d)** (Spik etc) slå
i(n); **to** ~ **a point home** (bildl) tydligt klargöra
ngt; **to** ~ **sth into sb's head** (bildl) banka in ngt i
ngns huvud
3 vi (Motor) köra (bil); **can you** ~? kör du bil?;
to ~ **at 50 km an hour** köra i 50 km i timmen; **to** ~
on the left (i ett land) ha vänstertrafik
♦ **drive at** vi + prep (bildl: syfta på) mena
♦ **drive back** vt + adv (person, armé) driva tillbaka
♦ **drive off 1** vt + adv (fiende etc) köra bort **2** vi
+ adv (Golf) slå ut
♦ **drive on 1** vt + adv (egga) driva på **2** vi + adv
(person, bil) köra vidare

♦ **drive up** vi + adv (person, bil) köra fram
drive-in ['draɪvˌɪn] adj (i sht Am: bio, bank etc)
drive-in-
driv·el ['drɪvl] s (vard) strunt
driv·en ['drɪvn] perf part av **drive**
driv·er ['draɪvəʳ] s (bil) förare; (taxi-, lastbils-,
buss-) chaufför; **to be in the** ~'**s seat** (bildl) vara
ansvarig, bestämma; ~'**s license** (Am) körkort
drive·way ['draɪvˌweɪ] s uppfartsväg
driv·ing ['draɪvɪŋ] **1** s (Motor) (bil)körning; ~
lesson körlektion; ~ **licence** (Brit) körkort; ~
mirror backspegel; ~ **school** trafikskola; ~ **test**
körkortsprov **2** adj (kraft) drivande; ~ **rain**
slagregn
driz·zle ['drɪzl] **1** s duggregn **2** vi dugga
droll [drəʊl] adj komisk
drom·edary ['drɒmɪdərɪ] s dromedar
drone [drəʊn] **1** s **(a)** (hanbi) drönare **(b)** (av
bin) surrande; (av motor) brummande; (av röst)
entonigt mumlande **2** vi (bi) surra; (motor)
brumma; (person: äv: ~ **on:** tala entonigt) mala på
drool [druːl] vi (baby) dregla; **to** ~ **over sth** (bildl)
(sitta och) dregla över ngt
droop [druːp] vi (huvud) hänga; (axlar) tyngas ner;
(blomma) sloka; (person) sjunka ihop; (bildl) bli
modlös; **his spirits** ~**ed** hans humör sjönk
drop [drɒp] **1** s **(a)** (i allm) droppe; **a** ~ **in the
ocean** (bildl) en droppe i havet; **he's had a** ~ **too
much** (vard) han har fått ett glas för mycket; ~**s**
(Med) droppar; (sötsak) karameller **(b)** (fall)
sänkning; **a** ~ **of 10%** en sänkning med 10%; **at
the** ~ **of a hat** (genast) på fläcken **(c)** (sluttning)
brant; (höjd) fall; **a** ~ **of 10 metres** ett fall på 10
m **(d)** (med fallskärm) (luft)landsättning
2 vt **(a)** (i allm: utan avsikt) tappa; (: med
avsikt) släppa; (bomb) fälla; (vätska) spilla;
(maska) tappa; (fåll) lägga ner; (ögon, röst, pris)
sänka; (från bil) släppa av; (från båt) släppa i
land; **to** ~ **anchor** kasta ankar; **to** ~ **a curtsy**
niga **(b)** (yttrande) fälla; **to** ~ **a word in sb's ear**
viska ett ord i ngns öra; **to** ~ **sb a hint about sth**
ge ngn en vink om ngt **(c)** (vykort etc) skriva; **to**
~ **sb a line** skriva ett par rader (till ngn) **(d)**
(person, ord, bokstav etc) utelämna **(e)** (vana)
upphöra med; (idé, samtalsämne, fästmö etc)
överge; **let's** ~ **the subject** låt oss lämna (sam-
tals)ämnet; ~ **it!** (vard: ämne) lägg av!; (: vapen)
släpp den! **(f)** (pengar, match etc) förlora
3 vi **(a)** (föremål) falla; **I'm ready to** ~ (vard)
jag håller på att ramla ihop; ~ **dead!** (vard) dra
åt helvete! **(b)** (vind) mojna; (temperatur, pris,
röst, siffra etc) sjunka **(c)** (samtal etc) upphöra
♦ **drop back** vi + adv falla tillbaka
♦ **drop behind** vi + adv (i lopp, i arbete) komma
efter
♦ **drop down** vi + adv falla ned
♦ **drop in** vi + adv (vard)**: to** ~ **in (on)** titta in (hos)
♦ **drop off 1** vt + adv (från bil: person) släppa av;
(: föremål) lämna av **2** vi + adv **(a): to** ~ **off (to
sleep)** somna till **(b)** (försäljning, intresse) avta
♦ **drop out** vi + adv (innehåll etc) falla ur; (bildl:
från tävling) dra sig ur; **to** ~ **out of university**
lämna universitetet utan examen
drop·let ['drɒplɪt] s liten droppe
drop·out ['drɒpaʊt] s (från samhället) (frivilligt)
asocial (person); (från studier) avhoppare
drop·per ['drɒpəʳ] s (Med etc) pipett
drop·pings ['drɒpɪŋz] spl (av djur) spillning
dross [drɒs] s (bildl) avfall
drought [draʊt] s torka
drove [drəʊv] **1** perf part av **drive 2** s (av
boskap) hjord; (av människor) mängd; **they came
in** ~**s** de kom i horder
drown [draʊn] **1** vt (person, djur) dränka; (land)
sätta under vatten; (äv: ~ **out:** ljud) dränka **2** vi

drowse (äv: **to be** ~**ed**) drunkna
drowse [drɑʊz] vi dåsa
drowsy ['drɑʊzɪ] adj (-ier, -iest) (person, blick etc) sömnig; (atmosfär etc) sömngivande
drudge [drʌdʒ] s (person) träl, slav; (jobb) slavgöra
drudg·ery ['drʌdʒərɪ] s slavgöra; **it's sheer** ~ det är rena slavgörat
drug [drʌg] **1** s (Med) medikament, läkemedel; (vanebildande) drog; **he's on** ~**s** han använder narkotika **2** vt (person) droga; (vin, mat etc) blanda narkotika/sömnmedel i; **to be in a** ~**ged sleep** sova efter att ha tagit narkotika; ~ **addict** narkoman; ~ **peddler** knarklangare; ~ **runner** knarkkurir
drug·gist ['drʌgɪst] s (Am) apotekare
drug·store ['drʌg͵stɔːʳ] s (Am) drugstore apotek kombinerat med kemikalieaffär och kafé
drum [drʌm] **1** s (a) (Mus) trumma; **to play the** ~**s** spela trummor (b) (dunk) fat; (Tekn) cylinder (c) (Anat: äv: **ear**~) trumhinna **2** vt: **to** ~ **one's fingers on the table** trumma med fingrarna mot bordet; **to** ~ **sth into sb** (bildl) slå i ngn ngt **3** vi (Mus, med fingrarna) trumma; **the noise was** ~**ming in my ears** oväsendet bultade i mina öron
♦ **drum up** vt + adv (entusiasm, stöd) trumma ihop
drum·mer ['drʌməʳ] s (i allm) trumslagare; (Jazz) batterist; **he's a** ~ han spelar trummor
drum·stick ['drʌmstɪk] s (a) (Mus) trumstock, trumpinne (b) (Matl) kyckling-/kalkon|ben etc
drunk [drʌŋk] **1** perf part av **drink 2** adj (eg, bildl) berusad; **to get** ~ bli full; **arrested for being** ~ **and disorderly** (Jur) arresterad för onykterhet och förargelseväckande beteende **3** s (vard) fyllo
drunk·ard ['drʌŋkəd] s fyllbult
drunk·en ['drʌŋkən] adj attr (tillfälligt) full; (kroniskt) försupen; (bråk) fylleri-; (röst) drucken; ~ **driving** rattfylleri
drunk·en·ness ['drʌŋkənnɪs] s (rus) fylla; (dryckenskap) fylleri
dry [draɪ] **1** adj (-ier, -iest) (a) (i allm) torr; **a** ~ **day** en dag med uppehållsväder; ~ **toast** rostat bröd utan smör; ~ **wine** torrt vin; **on** ~ **land** på torra land; ~ **as a bone** snustorr; **to feel/be** ~ känna sig/vara törstig; **a** ~ **cow** en ko som sinat; **the river ran** ~ floden torkade ut; ~ **cleaner's**, ~ **cleaning** kemtvätt; ~ **dock** (Sjö) torrdocka; ~ **goods** (Handel) manufakturvaror; ~ **ice** kolsyreis; ~ **rot** (i trä) torröta; ~ **run** (bildl: prov) försök; ~ **ski slope** konstgjord skidbacke (b) (humor) torr; (föreläsning, ämne) tråkig **2** vt (i allm) torka; (hud, läppar) torka ut; **to** ~ **one's hands** torka händerna; **to** ~ **one's eyes** torka sig i ögonen; **to** ~ **one's hair** torka håret; **to** ~ **the dishes** torka disk; **to** ~ **oneself** torka sig **3** vi torka
♦ **dry off 1** vt + adv torka **2** vi + adv (kläder etc) torka
♦ **dry out 1** vt + adv (hud etc) torka ut **2** vi + adv (hud etc) torka ut; (alkoholist) sluta dricka
♦ **dry up** vi + adv (a) (flod) torka ut; (brunn) sina; (regn etc) torka upp; (förråd etc) ta slut (b) torka (disk) (c) (person) tystna; ~ **up!** (vard) håll käft!
dry-clean [͵draɪ'kliːn] vt kemtvätta; ~ **only** (på etikett) endast kemtvätt
dry·er ['draɪəʳ] s (för hår) hårtork; (för tvätt: = tumble ~) torktumlare; (: = spin ~) centrifug
dry·ly ['draɪlɪ] adv (se äv **dry**) torrt
dry·ness ['draɪnɪs] s (ej väta) torka; (i hud, kläder etc) torrhet
dual ['djʊəl] adj (tvåfaldig) dubbel; ~ **carriageway** (Brit) väg med dubbla körbanor, (ung) motorväg; ~ **nationality** dubbelt medborgarskap

dual-purpose ['djuːəl'pɜːpəs] adj med dubbla funktioner
dub[1] [dʌb] vt (Film) dubba
dub[2] [dʌb] vt (a) (riddare) dubba (b) ge smeknamnet/öknamnet, döpa till; **they** ~**bed him 'Shorty'** de döpte honom till 'Lillen'
du·bi·ous ['djuːbɪəs] adj (i allm) tvivelaktig; (blick, leende etc) tveksam; (karaktär, sätt etc) tvivelaktig; **I'm very** ~ **about it** jag är mycket tveksam om det
du·bi·ous·ly ['djuːbɪəslɪ] adv med tvekan
duch·ess ['dʌtʃɪs] s hertiginna
duck [dʌk] **1** s (tam) anka; (vild: äv **wild** ~) and; **to take to sth like a** ~ **to water** göra ngt som om man aldrig hade gjort annat; **he took to tennis like a** ~ **to water** han verkade född till tennisspelare; se äv **lame 2** vt (a) (person, huvud) doppa (b): **to** ~ **one's head** ducka (med huvudet) **3** vi (äv: ~ **down**) ducka; (under vatten) doppa sig
♦ **duck out of** vi + prep (vard) smita ifrån
duck·ling ['dʌklɪŋ] s ankunge
duct [dʌkt] s (för ventilation etc) trumma; (Anat) gång
duc·tile ['dʌktaɪl] adj (Tekn: metall) formbar
dud [dʌd] **1** adj (vard: mynt, sedel) falsk; (: check) utan täckning; (: maskin etc) oduglig; ~ **bomb/shell** blindgångare **2** s (föremål) oduglig sak; (person) oduling; (granat, bomb) blindgångare
dude [djuːd] s (Am) storstadssnobb; ~ **ranch** hotell i ranchstil
dudg·eon ['dʌdʒən] s: **in high** ~ mycket förargad
due [djuː] **1** adj (a) (skuld, ränta etc) som ska betalas; (omsorg, respekt) vederbörlig; (tåg) som beräknas komma; ~ **on the 30th** förfallen till betalning den 30; **our thanks are** ~ **to him** vi är honom tack skyldiga; **I am** ~ **6 days' leave** jag har 6 dagars ledighet att fordra; **the train is** ~ **at 8** tåget beräknas komma kl 8; **it is** ~ **to be demolished** den ska rivas; **with all** ~ **respect** med all vederbörlig respekt; **after** ~ **consideration** efter moget övervägande; **we'll let you know in** ~ **course** vi ska underrätta dig/er i sinom tid (b) (orsakad av) beroende på; (för ... skull) på grund av; (ngns hjälp etc) tack vare; **what's it** ~ **to?** vad beror det på? **2** adv rakt; ~ **west** of rakt väster om; **to go** ~ **north** gå rakt norrut; **to face** ~ **south** vetta rakt åt söder **3** s (a): ~**s** pl (medlems-, fackförenings- etc) avgifter (b): **to give him his** ~, he did try hard i rättvisans namn måste man säga att han verkligen försökte
duel ['djʊəl] **1** s duell **2** vi duellera
duet [djuː'et] s duett; **to sing a** ~ sjunga duett; **to play a piano** ~ spela fyrhändigt
duf·fel, duf·fle ['dʌfəl] adj: ~ **bag** sjösäck; ~ **coat** duffel
dug [dʌg] imperf, perf part av **dig**
duke [djuːk] s hertig
dull [dʌl] **1** adj (-er, -est) (a) (syn, hörsel) svag; (person, uppfattningsförmåga) trög; (bok, kväll etc) långtråkig; (person: som sällskap) trist; (: modlös) dyster; **as** ~ **as ditchwater** urtråkig (b) (färg, ögon, metall etc) matt; (väder, himmel) mulen; (ljud) dov; (kniv) slö; (Handel: affärer) trög **2** vt (smärta, nöje, ljud etc) dämpa; (intryck, minne etc) försvaga; (medvetande, sinnen) avtrubba; (kniv) göra slö; (spegel, färg) fördunkla; (metall) göra glanslös
duly ['djuːlɪ] adv (som sig bör) vederbörligen, i vederbörlig ordning; (i tid) punktligt; **he** ~ **arrived at 3** han anlände punktligt kl. 3; **everybody was** ~ **shocked** alla var vederbörligen upprörda
dumb [dʌm] adj (-er, -est) (a) (Med, av förvåning etc) stum; **a** ~ **person** en stum (person); ~

animals *(ung)* oskäliga djur; **to be struck** ~ *(bildl)* bli stum/mållös **(b)** *(vard)* dum; **to act** ~ spela dum

dumb·bell ['dʌmbel] *s (Sport)* hantel

dumb·found ['dʌmfaʊnd] *vt* förstumma, göra mållös

dumb·ness ['dʌmnɪs] *s* **(a)** *(Med)* stumhet **(b)** *(vard)* dumhet

dum·my ['dʌmɪ] **1** *adj attr (om attrapp)* falsk; ~ **run** repetition; ~ **pass** *(Fotboll)* skenpassning **2** *s (Handel)* skyltföremål, attrapp; *(till kläder)* skyltdocka; *(Brit: för baby)* (tröst)napp; *(Bridge)* träkarl; *(vard)* idiot

dump [dʌmp] **1** *s (av skräp)* sophög; *(kommunal etc)* soptipp; *(Mil)* depå; *(neds vard: om ort)* håla; *(: om hotell etc)* kyffe; **to be (down) in the** ~**s** *(vard)* vara nere **2** *vt (skräp etc)* stjälpa av; *(vard: person ur bil)* släppa av; *(: sand etc)* tippa; *(vard: göra sig av med: person)* avpollettera; *(: sak)* släppa; *(Handel)* dumpa

dump·ling ['dʌmplɪŋ] *s (Matl)* klimp; **apple** ~ äppelknyte

dumpy ['dʌmpɪ] *adj* liten och tjock

dun [dʌn] *adj* gråbrun

dunce [dʌns] *s* dumhuvud

dune [djuːn] *s* sanddyn

dung [dʌŋ] *s (häst- etc)* dynga; *(som gödning)* gödsel

dun·ga·rees [ˌdʌŋɡəˈriːz] *spl* overall; *(arbetares)* blåställ

dun·geon ['dʌndʒən] *s* fängelsehåla

dunk [dʌŋk] *vt (skorpa etc)* doppa

duo·denal [ˌdjuːəʊˈdiːnl] *adj (Med)* i/från etc tolvfingertarmen, duodenal *(spec);* ~ **ulcer** magsår, sår i tolvfingertarmen

duo·denum [ˌdjuːəʊˈdiːnəm] *s* tolvfingertarm

dupe [djuːp] **1** *s* lättlurad person **2** *vt* lura, dupera; **to** ~ **sb into doing sth** lura ngn att göra ngt

du·plex ['djuːpleks] *s (Am: äv:* ~ **apartment**) etagevåning; *(: äv:* ~ **house**) tvåfamiljshus

du·pli·cate ['djuːplɪkət] **1** *adj* dubblett-; ~ **key** dubblettnyckel **2** *s (av brev etc)* kopia; **in** ~ i två exemplar **3** ['djuːplɪkeɪt] *vt (dokument etc)* duplicera; *(kopiera)* mångfaldiga; *(göra samma sak)* upprepa

du·pli·ca·ting ma·chine ['djuːplɪkeɪtɪŋməˌʃiːn] *s,* **du·pli·ca·tor** ['djuːplɪkeɪtə'] *s* dupliceringsapparat

du·plic·ity [djuːˈplɪsɪtɪ] *s (bedrägeri)* dubbelspel, falskhet

du·rabil·ity [ˌdjʊərəˈbɪlɪtɪ] *s (om tidsperiod)* varaktighet; *(om föremål)* hållbarhet

du·rable ['djʊərəbl] *adj (material)* hållbar; *(vänskap etc)* varaktig

du·ra·tion [djʊəˈreɪʃən] *s* varaktighet; **for the** ~ **of the war** så länge kriget varar/varade

du·ress [djʊəˈres] *s:* **under** ~ under tvång

du·rex® ['djʊəreks] *s (kondommärke)* durex

dur·ing ['djʊərɪŋ] *prep (om tid)* under

dusk [dʌsk] *s (kvällning)* skymning; *(mörker)* dunkel; **at** ~ i skymningen

dust [dʌst] *s (på möbler etc)* damm; *(stoft)* pulver; ~ **bowl** *(Geogr)* erosionsområde *utsatt för sandstormar;* ~ **cover,** ~ **jacket** *(på bok)* skyddsomslag; ~ **sheet** möbelöverdrag **2** *vt* **(a)** damma **(b)** *(Matl: med mjöl etc)* pudra (över) **3** *vi* damma

dust·bin ['dʌstbɪn] *s (Brit)* soptunna

dust·cart ['dʌstkɑːt] *s (Brit)* sopbil, sopvagn

dust·er ['dʌstə'] *s (i tyg)* dammtrasa; *(för svart tavla)* sudd; *(i sht Am:* = ~ **coat**) hemmaklänning,

städrock

dust·man ['dʌstmən] *s, pl* **-men** *(Brit)* sophämtare, renhållningsarbetare

dust·pan ['dʌstpæn] *s* sopskyffel

dust-up ['dʌstʌp] *s (vard)* bråk

dusty ['dʌstɪ] *adj* (**-ier, -iest**) dammig; **to get** ~ bli dammig

Dutch [dʌtʃ] **1** *adj* holländsk, nederländsk; ~ **courage** brännvinskurage; ~ **treat** tillställning där var och en betalar för sig **2** *s (språk)* holländska, nederländska; **the** ~ *spl* holländarna **3** *adv:* **to go** ~ el **d**~ betala var och en för sig

Dutch·man ['dʌtʃmən] *s* holländare

Dutch·woman ['dʌtʃˌwʊmən] *s* holländska

du·ti·able ['djuːtɪəbl] *adj* tullpliktig

du·ti·ful ['djuːtɪfʊl] *adj* plikttrogen

duty ['djuːtɪ] *s* **(a)** *(moralisk, laglig)* plikt; **to do one's** ~ **(by sb)** göra sin plikt (mot ngn); **I am** ~ **bound to say that...** det är min plikt att säga att... **(b)** *(ofta pl: tjänstgöring)* plikter; **to be on** ~ *(Med)* ha jour; *(Mil, Admin, Skol)* vara i tjänst; **to be off** ~ inte vara i tjänst; ~ **officer** *(Mil etc)* dagofficer **(c)** *(Ekon: på import)* tull; *(: på inhemska varor)* (punkt)skatt; **to pay** ~ **on sth** betala tull

duty-free [ˌdjuːtɪˈfriː] *adj* tullfri; ~ **shop** *(på flygplats)* tax-free-shop

du·vet ['duːveɪ] *s (Brit)* duntäcke, istoppstäcke

dwarf [dwɔːf] **1** *adj* dvärg- **2** *s* dvärg **3** *vt (dominera)* ställa i skuggan

dwell [dwel] *imperf, perf part* **dwelt** *vi (poet)* vistas, dväljas

♦ **dwell (up)on** *vi + prep (tänka på)* älta; *(tala om)* uppehålla sig vid; **don't let's** ~ **upon it** låt oss inte uppehålla oss vid det

dwell·er ['dwelə'] *s (stads- etc)* invånare; **city** ~ stadsbo

dwell·ing ['dwelɪŋ] *s (frm, poet)* boning; ~ **house** *(frm)* bostadshus

dwelt [dwelt] *imperf, perf part av* **dwell**

dwin·dle ['dwɪndl] *vi:* **to** ~ **(to)** reduceras (till)

dwin·dling ['dwɪndlɪŋ] *adj (styrka etc)* avtagande; *(resurs etc)* minskad

dye [daɪ] **1** *s* färg(ämne); **hair** ~ hårfärg **2** *vt (tyg etc)* färga; **to** ~ **sth red/one's hair blond** färga ngt rött/sitt hår blont; ~**d hair** färgat hår

dy·ing ['daɪɪŋ] **1** *s* **(a)** *(döendet)* död **(b): the** ~ *spl* de döende; **2** *adj (eg)* döende; *(bildl)* utdöende, i/på utdöende **his** ~ **words were...** hans sista ord var...

dyke [daɪk] *s* **(a)** *(strandbank)* vall; *(damm)* fördämning; *(för väg)* vägbank **(b)** *(vard: lesbisk kvinna)* lotus

dy·nam·ic [daɪˈnæmɪk] *adj (Fys, person)* dynamisk

dy·nam·ics [daɪˈnæmɪks] *ssg* dynamik

dy·na·mite ['daɪnəmaɪt] **1** *s* dynamit; *(bildl vard)* **he's** ~! han är rena dynamiten!; **the story is** ~ historien är sprängstoff **2** *vt (bro etc)* spränga

dy·na·mo ['daɪnəməʊ] *s* generator

dyn·as·ty ['dɪnəstɪ, *(i sht Am)* 'daɪnəstɪ] *s* dynasti

d'you = **do you**

dys·en·tery ['dɪsɪntrɪ] *s* dysenteri

dys·lexia [dɪsˈleksɪə] *s (läs- och skrivsvårigheter)* dyslexi

dys·lex·ic [dɪsˈleksɪk] *adj* som har läs- och skrivsvårigheter

dys·pep·sia [dɪsˈpepsɪə] *s (dålig matsmältning)* dyspepsi

dys·tro·phy ['dɪstrəfɪ] *s (Med)* dystrofi; **muscular** ~ *en form av* muskelförtvining

E

E, e |iː| *s (bokstav)* E, e; *(Mus)* e; ~ **flat** ess; ~ **sharp** eiss

E *förk f* **east** O

each |iːtʃ| **1** *pron fören* varje, var; ~ **day** varje dag; ~ **one of them** var och en av dem **2** *pron självst* **(a)** var och en; ~ **of us** var och en av oss; **a little of** ~ **please** lite av varje tack **(b)** *(reciprokt)*: ~ **other** varandra; **they love** ~ **other** de älskar varandra; **people must help** ~ **other** man/människor måste hjälpa varandra; **they were sorry for** ~ **other** de tyckte synd om varandra; **next to** ~ **other** (alldeles) bredvid varandra; ~ **other** var, vardera; **we gave them one apple** ~ vi gav dem var sitt äpple/ett äpple var; **they cost £5** ~ de kostar/kostade 5 pund styck

eager |'iːgəʳ| *adj (angelägen)* ivrig; *(spänd)* otålig; **to be** ~ **for** *(i allm)* vara angelägen om; ~ **for affection** ömhetstörstande; ~ **for knowledge** kunskapstörstande; ~ **for power** makthungrig; ~ **for vengeance** hämndlysten; **to be** ~ **to help** vara mån om att hjälpa; ~ **beaver** *(vard)* arbetsmyra

eager·ly |'iːgəlɪ| *adv* ivrigt

eager·ness |'iːgənɪs| *s (se* **eager)** ivrighet; otålighet

eagle |'iːgl| *s* örn

eagle-eyed |ˌiːgl'aɪd| *adj (person)* skarpögd, med falkblick

ear[1] |ɪəʳ| *s* öra; **to be all** ~s vara idel öra; **to shut one's** ~s **to sth** *(bildl)* slå dövörat till för ngt; **he could not believe his** ~s han kunde inte tro sina öron; **your** ~s **must have been burning** det måste ha bränt i öronen på dig *av att höra skvaller om dig;* **it goes in one** ~ **and out the other** det går in genom ena örat och ut genom det andra; **up to the** ~s **in debt** skuldsatt upp över öronen; **to have a good** ~ **for music** ha (bra) musiköra; **to play sth by** ~ *(eg)* spela ngt efter gehör; *(bildl)* ta situationen som den kommer

ear[2] |ɪəʳ| *s (sädes-)* ax

ear·ache |'ɪəreɪk| *s* öronvärk, örsprång; **to have** ~ ha ont i öronen

ear·drum |'ɪədrʌm| *s* trumhinna

earl |ɜːl| *s (Brit)* greve

ear·ly |'ɜːlɪ| **1** *adj (-ier, -iest) (i allm)* tidig; *(död)* förtidig; ~ **man** den tidiga/primitiva människan; **the** ~ **Church** fornkyrkan, den äldsta kyrkan; **it's still** ~ det är fortfarande god tid; **you're** ~! du kommer tidigt; **to be an** ~ **riser** stiga upp tidigt på morgonen; **at an** ~ **hour** tidigt; **it was** ~ **in the morning** det var tidigt på morgonen; **in the** ~ **morning** tidigt på morgonen; **she's in her** ~ **forties** hon är lite över fyrtio; **from an** ~ **age** redan tidigt, redan som liten; **his** ~ **youth** hans tidiga/första ungdom; **at the earliest date** allra tidigast; **at your earliest convenience** *(Handel)* snarast möjligt; **Shakespeare's** ~ **work** Shakespeare's tidiga verk **2** *adv* tidigt; **too** ~ alltför tidigt; ~ **in the morning** tidigt på morgonen; **as** ~ **as possible** så tidigt som möjligt; **he was 10 minutes** ~ han kom 10 minuter för tidigt; **to book** ~ *(biljett etc)* boka i god tid; **earlier on** tidigare

ear·mark |'ɪəmɑːk| *vt (eg, bildl)* öronmärka

earn |ɜːn| *vt (pengar)* tjäna; *(lön, belöning)* göra sig förtjänt av; *(ränta)* få; *(beröm)* förtjäna; **to** ~ **one's living** förtjäna sitt uppehälle

ear·nest |'ɜːnɪst| **1** *adj (person, karaktär etc)* allvarlig; *(önskan etc)* uppriktig **2** *s:* **in** ~ på allvar; **to be in** ~ mena allvar

ear·nest·ly |'ɜːnɪstlɪ| *adv (tala)* med allvar; *(arbeta)* flitigt, målmedvetet; *(be)* innerligt

earn·ings |'ɜːnɪŋz| *spl (persons)* inkomster; *(bolags: brutto)* intäkter; *(: netto)* vinst

ear·phones |'ɪəfəʊnz| *spl (Tele etc)* hörlurar, hörtelefon

ear·plugs |'ɪəplʌgz| *spl* öronproppar

ear·ring |'ɪərɪŋ| *s* örhänge

ear·shot |'ɪəʃɒt| *s:* **within** ~ inom hörhåll; **out of** ~ utom hörhåll

ear·split·ting |'ɪəˌsplɪtɪŋ| *adj* öronbedövande

earth |ɜːθ| **1** *s* **(a)** *(världen)* jord; **(the) E~** jorden; **on** ~ på jorden, i världen; **I feel like nothing on** ~ *(vard)* jag känner mig urvissen; **she looks like nothing on** ~ *(vard)* hon ser (för) gräslig ut; **it must have cost the** ~! det måste ha kostat en förmögenhet; **where/who on** ~...? *(vard)* var/vem i all världen...?; **what on** ~...? *(vard)* vad i hela världen...? **(b)** *(mark, mylla etc)* jord; **to fall to** ~ falla till marken **(c)** *(räv-, grävling-)* gryt; **to run to** ~ *(djur)* jaga ner i gryt; *(person)* (äntligen) få tag i; *(brottsling)* få fast **(d)** *(Brit Elektr)* jord **2** *vt (Brit Elektr)* jorda

earthen·ware |'ɜːθənwɛəʳ| *s* lergods

earth·ly |'ɜːθlɪ| *adj* **(a)** *(varelse etc)* jordisk **(b)** *(vard)* tänkbar; **there is no** ~ **reason to think...** det finns inget skäl i världen att tro...; **it's of no** ~ **use** den har man ingen (som helst) glädje/nytta av

earth·quake |'ɜːθkweɪk| *s* jordskalv

earth·ward(s) |'ɜːθwəd(z)| *adv* mot jorden

earth·worm |'ɜːθwɜːm| *s* daggmask

earthy |'ɜːθɪ| *adj* **(a)** *(lukt, smak)* jord- **(b)** *(karaktär)* jordnära; *(humor etc)* grov

ear·wig |'ɪəwɪg| *s* tvestjärt

ease |iːz| **1** *s* **(a)** *(i allm)* lätthet; *(sorglöshet)* lugn; *(otvungenhet)* ledighet; **a life of** ~ ett bekymmerslöst liv; **to feel at** ~ känna sig väl till mods; **to be ill at** ~ vara illa till mods; **to put sb at his** ~ lugna ngn; **I admire the** ~ **of his manners** jag beundrar hans lediga sätt; **stand at** ~! *(Mil)* lediga! **2** *vt (uppgift)* underlätta; *(smärta)* lindra; *(rep, krage etc)* lossa på; *(spänning etc)* minska; **to** ~ **a key into a lock** lirka in en nyckel i ett lås; **to** ~ **one's mind** lätta sitt sinne; **to** ~ **in the clutch** *(Motor)* försiktigt släppa upp kopplingen **3** *vi (situation)* lätta

♦ **ease off, ease up** *vi + adv (person)* slappna av, gå ner i varv; *(med bil)* sakta ner; *(arbete etc)* bli lugnare; *(spänning etc)* minska, släppa; *(smärta)* lindras; ~ **up a bit!** *(i bil etc)* sakta ner lite!

easel |'iːzl| *s* staffli

easi·ly |'iːzɪlɪ| *adv (vinna etc)* med lätthet; **he may** ~ **change his mind** han kan mycket väl ändra sig; **it's** ~ **the best** den är utan tvivel bäst; **there were** ~ **500 at the meeting** det var gott och väl 500 på mötet

easi·ness |'iːzɪnɪs| *s (se* **easy)** lätthet

east [i:st] **1** s *(väderstreck, del av ett land)* öster; *(vind från)* ost; **the mysterious E~** det gåtfulla Orienten; **the E~** *(Pol)* öst; **the wind is in the/from the ~** det är ostlig vind; **to the ~ of** öster om **2** adj *(sidan etc)* östra; *(kust)* ost-, öst-; *(vind)* ostlig; **E~ Africa** Östafrika; **E~ Berlin** Östberlin; **the E~ End** *(stadsdel i London)* East End; **E~ German** adj, s östtysk; **E~ Germany** Östtyskland **3** adv *(resa)* österut; *(peka)* åt öster; **~ of** öster om

East·er ['i:stə^r] s påsk; **at ~ i** påsk; **~ egg** påskägg; **~ Sunday** påskdagen; **~ Monday** annandag påsk

east·er·ly ['i:stəlı] adj ostlig, östlig; *(vind)* ostlig; **in an ~ direction** i östlig riktning

east·ern ['i:stən] adj *(område, sida, del)* östlig, östra; *(kust)* öst-, ost-; **E~ Europe** Östeuropa; **the E~ bloc** *(Pol)* Östblocket

east·ward ['i:stwəd] **1** adj *(riktning)* östlig, ostlig **2** adv *(äv: ~s)* österut, åt öster

easy ['i:zı] **1** adj *(-ier, -iest)* **(a)** *(ej svår)* lätt; **it is ~ to see that...** det är lätt att se att...; **he's ~ to work with** han är lätt att arbeta med; **he's ~ to get on with** han är lätt att ha att göra med; **he came in an ~ first** han kom in som överlägsen etta; **~ money** lättförtjänta pengar; **~ chair** fåtölj **(b)** *(liv etc)* bekymmerslös; *(sätt, stil etc)* obesvärad; **to feel ~ in one's mind** känna sig lätt till sinnes; **on ~ terms** *(Handel)* på förmånliga villkor; **I'm ~** det spelar (mig) ingen roll **2** adv: **~ does it!** försiktigt!; **to take things/it ~** *(vila sig)* ta det lugnt; **take it ~!** *(oroa dig inte, jäkta inte)* ta det lugnt!; **go ~ with the sugar** ta det försiktigt med sockret; **go ~ on him** var inte för hård mot honom; **easier said than done** lättare sagt än gjort

easy-going [,i:zı'gəʊıŋ] adj *(person)* som tar lätt på saker och ting; *(attityd)* sorglös

eat [i:t] *(v: imperf* **ate,** *perf part* **eaten) 1** vt *(mat)* äta; **to ~ one's lunch** äta sin lunch; **there's nothing to ~** det finns ingenting att äta; **he's ~ing us out of house and home** *(vard)* han äter oss ur huset; **to ~ one's fill** äta sig mätt/så mycket man orkar; **he won't ~ you** *(bildl vard)* han bits inte; **what's ~ing you?** *(vard)* hur är det fatt?, vad är det med dig?; **to ~ one's words** *(bildl)* få äta upp vad man sagt **2** vi äta; **he ~s like a horse** han äter som en varg; **I've got him ~ing out of my hand** *(bildl)* han äter ur handen på mig

♦ **eat away** vt + adv *(om havet)* äta sig in i; *(om syra)* fräta bort

♦ **eat into** vi + prep *(syra)* fräta sig in i; *(besparingar)* tära på

♦ **eat out 1** vi + adv *(på restaurang)* äta ute **2** vt + adv: **to ~ one's heart out** vara alldeles översiggiven

♦ **eat up 1** vt + adv *(mat etc)* äta upp; **it ~s electricity** den slukar elektriciteten; **this car ~s up the miles** den här bilen slukar mil **2** vi: **~ up!** ät upp!

eat·able ['i:təbl] adj *(god att äta)* ätbar; *(möjlig att äta)* ätlig

eat·en ['i:tn] perf part av eat

eat·er ['i:tə^r] s ätare; **a big/hearty ~** storätare; **he's a poor ~** han äter dåligt/lite

eats [i:ts] spl *(vard)* käk

eau de Co·logne ['əʊdəkə'ləʊn] s eau-de-cologne

eaves ['i:vz] spl takfot

eaves·drop ['i:vzdrɒp] vi tjuvlyssna; **to ~ on a conversation** tjuvlyssna på ett samtal

eaves·drop·per ['i:vzdrɒpə^r] s tjuvlyssnare

ebb [eb] **1** s *(om tidvatten)* ebb; **~ and flow** ebb och flod; *(bildl)* uppgång och nedgång; **~ tide** ebb; **to be at a low ~** *(bildl: person)* vara nere; *(: affärer)* gå dåligt **2** vt *(tidvatten)* dra sig

tillbaka; *(bildl)* avta, ebba ut; **to ~ and flow** *(tidvatten)* sjunka och stiga

eb·ony ['ebənı] s ebenholts

ebul·lience [ı'bʌlıəns] s hänförelse

ebul·lient [ı'bʌlıənt] adj översvallande

ec·cen·tric [ık'sentrık] **1** adj *(person, uppträdande)* excentrisk **2** s original

ec·cen·tri·city [,eksən'trısıtı] s excentricitet

ec·cle·si·asti·cal [ı,kli:zı'æstıkəl] adj kyrklig, prästerlig

echo ['ekəʊ] **1** s, pl **-es** *(eg)* eko; *(bildl)* genljud, eko **2** vt *(ljud)* återkasta; *(åsikt)* låta som ett eko av **3** vi *(ljud)* eka; *(hus etc)* eka; **to ~ with laughter** genljuda av skratt

éclair ['eıkleə^r] s éclair

eclipse [ı'klıps] **1** s förmörkelse; **total ~ of the sun** total solförmörkelse **2** vt *(eg)* förmörka; *(bildl)* ställa i skuggan

eco·logi·cal [,i:kə'lɒdʒıkəl] adj ekologisk

ecolo·gist [ı'kɒlədʒıst] s ekolog

eco·logy [ı'kɒlədʒı] s ekologi

eco·nom·ic [,i:kə'nɒmık] adj **(a)** *(problem, system etc)* ekonomisk **(b)** *(vinstgivande)* lönsam

eco·nomi·cal [,i:kə'nɒmıkəl] adj *(person)* ekonomisk, sparsam; *(metod, fart etc)* ekonomisk; *(bil)* ekonomisk, billig i drift

eco·nomi·cal·ly [,i:kə'nɒmıkəlı] adv ekonomiskt; **~ (speaking)** ekonomiskt (sett), ur ekonomisk synpunkt

eco·nom·ics [,i:kə'nɒmıks] s **(a)** *(sg: vetenskap)* (national)ekonomi **(b)** *(pl: finansiella aspekter)* ekonomiska sidor; **the ~ of the situation** den ekonomiska sidan (av saken)

econo·mist [ı'kɒnəmıst] s ekonom

econo·mize [ı'kɒnəmaız] vi spara *(on på)*

econo·my [ı'kɒnəmı] s **(a)** *(hushållning)* sparsamhet; **~ class** *(på flyg)* ekonomiklass; **~ drive** sparkampanj; **~ size** ekonomiförpackning **(b)** *(system)* ekonomi

ec·sta·sy ['ekstəsı] s *(Rel, bildl)* hänryckning; **to go into ecstasies over** falla i extas över

ec·stat·ic [eks'tætık] adj extatisk, hänryckt

ec·stati·cal·ly [eks'tætıkəlı] adv hänryckt, extatiskt

Ecua·dor ['ekwədɔ:^r] s Ecuador

ecu·meni·cal [,i:kju'menıkəl] adj *(Rel)* ekumenisk

ec·ze·ma ['eksımə] s eksem

eddy ['edı] **1** s virvel **2** vi *(vatten)* virvla

ede·ma [ı'di:mə] s *(Am)* = **oedema**

edge [edʒ] **1** s *(av bord etc)* kant; *(av klippa etc)* krön; *(av skog, sjö etc)* bryn; *(av stad)* utkant; *(av kniv etc)* egg; **the trees at the ~ of the road** träden vid vägkanten; **a book with gilt ~s** en bok med guldsnitt; **to be on ~** *(bildl)* vara spänd/nervös; **to be on the ~ of disaster** vara på randen av katastrof; **that took the ~ off my appetite** det dövade min aptit; **to have the ~ on sb/sth** ha övertag över ngn/ngt **2** vt **(a)** *(plagg, stig etc)* kanta **(b)** *(flytta: stol etc)* maka; **she ~d her way through the crowd** hon banade väg genom folkhopen **3** vi: **to ~ past** tränga sig förbi; **to ~ forward** tränga sig fram; **to ~ away from sb** avlägsna sig från ngn

edge·ways ['edʒweız] adv, *(äv: i sht Am)* **edge·wise** ['edʒwaız] adv från sidan, på tvären; **I couldn't get a word in ~** *(vard)* jag fick inte en syl i vädret

edg·ing ['edʒıŋ] s *(i allm)* kant; *(på tyg)* bård

edgy ['edʒı] adj *(person)* spänd, nervös

ed·ible ['edıbl] adj *(möjlig att äta: svamp, snigel etc)* ätlig; *(god att äta)* ätbar

edict ['i:dıkt] s påbud

edi·fi·ca·tion [,edıfı'keıʃən] s uppbyggelse

edi·fice ['edıfıs] s byggnad

edi·fy·ing ['edıfaııŋ] adj uppbygglig

edit |'edɪt| *vt (färdigställa: text)* redigera; *(: film, TV-program)* redigera, klippa ihop; *(ansvara för: tidning etc)* vara redaktör för

edi·tion |ɪ'dɪʃən| *s (utgåva)* upplaga; **first** ~ förstaupplaga

edi·tor |'edɪtə'| *s (på tidning)* redaktör; *(på bokförlag)* förlagsredaktör; *(för film, TV: person)* klippare; *(: apparat)* klippbord

edi·to·rial |,edɪ'tɔːrɪəl| **1** *adj* redaktions-, redaktionell; ~ **staff** *(tidningspersonal)* redaktion **2** *s (i tidning)* ledare

edu·cate |'edjʊkeɪt| *vt (elev)* undervisa; *(allmänheten)* utbilda; *(smak etc)* utveckla

edu·cat·ed |'edjʊkeɪtɪd| *adj (person)* utbildad; *(röst)* skolad

edu·ca·tion |,edjʊ'keɪʃən| *s (skol-, yrkes- etc)* utbildning; *(lärares)* undervisning; *(kultur)* bildning; *(Univ: ämne)* pedagogik; **Ministry of E**~ undervisningsdepartementet; **primary** ~ *(ung)* grundskola; **secondary** ~ *(ung)* gymnasieskola; **physical** ~ fysisk fostran

edu·ca·tion·al |,edjʊ'keɪʃənl| *adj (metod)* pedagogisk; *(anstalt)* utbildnings-; *(system)* undervisnings-, utbildnings-; *(film etc)* pedagogisk

Ed·ward·ian |ed'wɔːdɪən| *adj (samhälle, arkitektur etc)* edvardiansk; **the** ~ **era** sekelskiftesperioden

EEC *förk f* **European Economic Community** EG

eel |iːl| *s* ål

eerie |'ɪərɪ| *adj (kuslig)* spöklik

ef·face |ɪ'feɪs| *vt (eg, bildl)* utplåna

ef·fect |ɪ'fekt| **1** *s* **(a)** *(i allm, Fys)* effekt; *(av sjukdom etc)* följd; *(av medicin etc)* verkan; **it will have the** ~ **of...** det får till följd att..., följden blir att...; **to no** ~ förgäves; **to such good** ~ **that** så bra att...; **to put into** ~ *(plan)* sätta i verket; **to take** ~ *(sömnmedel etc)* börja verka; **to come into** ~ *(Jur)* träda i kraft; **in** ~ faktiskt; **his letter is to the** ~ **that...** hans brev innebär att...; **an announcement to the** ~ **that...** ett tillkännagivande att...; **or words to that** ~ eller någonting i den stilen **(b)** *(på person)* intryck; **to create an** ~ skapa ett intryck; **he said it for** ~ han sa det för att göra intryck **(c):** ~**s** *spl (egendom)* tillhörigheter **2** *vt (i allm)* åstadkomma; *(köp etc)* avsluta; **to** ~ **a cure...** för att tillfriskna...

ef·fec·tive |ɪ'fektɪv| *adj* **(a)** *(argument, resultat etc)* effektiv; **to become** ~ *(Jur)* träda i kraft **(b)** *(imponerande)* effektfull **(c)** *(reell)* faktisk

ef·fec·tive·ly |ɪ'fektɪvlɪ| *adv (arbeta etc)* effektivt; *(klä sig etc)* frapperande; *(i själva verket)* praktiskt taget

ef·fec·tive·ness |ɪ'fektɪvnɪs| *s (i arbete etc)* effektivitet; *(starkt intryck)* effektfullhet

ef·fec·tual |ɪ'fektjʊəl| *adj* verksam

ef·femi·nate |ɪ'femɪnɪt| *adj (omanlig)* feminin

ef·fer·vesce |,efə'ves| *vi (vätska)* skumma, bubbla; *(champagne etc)* moussera, skumma; *(bildl: person)* sprudla

ef·fer·ves·cent |,efə'vesnt| *adj (vätska etc)* skummande; *(champagne etc)* mousserande; *(bildl: person, personlighet, humör)* översvallande

ef·fi·ca·cious |,efɪ'keɪʃəs| *adj (verksam)* effektiv

ef·fi·ca·cy |'efɪkəsɪ| *s (om medicin etc)* effektivitet, verkan

ef·fi·cien·cy |ɪ'fɪʃənsɪ| *s (om system etc)* effektivitet

ef·fi·cient |ɪ'fɪʃənt| *adj (person, system, maskin etc)* effektiv

ef·fi·cient·ly |ɪ'fɪʃəntlɪ| *adv* effektivt; **the new machine works** ~ den nya maskinen fungerar effektivt

ef·fi·gy |'efɪdʒɪ| *s* avbildning

ef·flu·ent |'efluənt| *s* utlopp

ef·fort |'efət| *s (kraft-)* ansträngning; *(ansats)* försök; **it's not worth the** ~ det är inte värt besväret; **a good** ~ ett gott försök; **his latest** ~ *(vard)* hans senaste prestation; **he made no** ~ **to be polite** han gjorde inget försök att vara hövlig; **to make an** ~ **to do sth** anstränga sig att göra ngt; **put a bit of** ~ **into it!** ansträng dig lite!; **please make every** ~ **to come** gör allt du kan för att komma är du snäll

ef·fort·less |'efətlɪs| *adj (framgång)* lätt; *(rörelse)* obesvärad, utan ansträngning

ef·fort·less·ly |'efətlɪslɪ| *adv* lätt, utan ansträngning

ef·fron·tery |ɪ'frʌntərɪ| *s* fräckhet

ef·fu·sive |ɪ'fjuːsɪv| *adj (person, tack etc)* översvallande

e.g. *förk* (= *exempli gratia* = **for example**) t. ex.

egali·tar·ian |ɪ,gælɪ'teərɪən| *adj (person)* som är för jämlikhet; *(princip)* jämlikhets-

egg¹ |eg| *s* ägg; **don't put all your** ~**s in one basket** *(ordspråk)* satsa inte allt på ett kort; ~ **cup** äggkopp; ~ **white** äggvita; ~ **yolk** äggula

egg² |eg| *vt:* **to** ~ **sb on (to do sth)** driva på ngn (att göra ngt)

egg·head |'eghed| *s (neds vard)* intellektuell

egg·plant |'egplɑːnt| *s (i sht Am)* aubergine, äggplanta

egg·shell |'egʃel| *s* äggskal; ~ **paint** halvmatt färg

ego |'iːgəʊ| *s (Psyk)* ego; *(manlig etc)* fåfänga; ~ **trip** *(vard)* egotripp, puff för självkänslan

ego·cen·tric(al) |,egəʊ'sentrɪk(əl)| *adj* egocentrisk

ego·ism |'egəʊɪzəm| *s* egoism

ego·ist |'egəʊɪst| *s* egoist

ego·tism |'egəʊtɪzəm| *s* egenkärlek

ego·tist |'egəʊtɪst| *s* självupptagen person

ego·tis·tic(al) |,egəʊ'tɪstɪk(əl)| *adj* självupptagen

Egypt |'iːdʒɪpt| *s* Egypten

Egyp·tian |ɪ'dʒɪpʃən| **1** *adj* egyptisk **2** *s (person)* egyptier; *(språk)* (forn)egyptiska

eider·down |'aɪdədaʊn| *s* ejderdunstäcke

eight |eɪt| *räkn* åtta; **he's had one over the** ~ *(vard)* han har fått lite för mycket (att dricka); *se äv* **five**

eight·een |'eɪ'tiːn| *räkn* arton; *se äv* **five**

eight·eenth |'eɪ'tiːnθ| **1** *räkn* artonde **2** *s* artondel; *se äv* **fifth**

eighth |eɪtθ| **1** *räkn* åttonde **2** *s* åttondel; *se äv* **fifth**

eighti·eth |'eɪtɪəθ| **1** *räkn* åttionde **2** *s* åttiondel; *se äv* **fifth**

eighty |'eɪtɪ| *räkn* åttio; *se äv* **five**

Eire |'eərə| *s (staten)* Irland, Eire

either |'aɪðə'| **1** *pron* **fören (a)** *(i jakad sats: vanl av två)* endera, vilken som helst; *(: vardera)* varje; **on** ~ **side** på varje sida, på båda sidorna; **in** ~ **hand** i vardera handen; ~ **way, it seems that you have lost** hur som helst tycks du ha förlorat; ~ **day would suit me** vilken dag som helst skulle passa mig **(b)** *(efter negation)* någon(dera); **I don't like** ~ **one** jag gillar inte någon av dem **2** *pron* **självst (a)** *(i jakad sats: vanl av två)* endera, vilken som helst; **give it to** ~ **of them** ge den till endera av dem/vilken el vem som helst av dem; **which bus will you take?** — ~ vilken buss ska du ta? — vilken som helst **(b)** *(efter negation)* någon(dera); **I don't want** ~ **of them** jag vill inte ha någondera av dem **3** *konj:* ~**...or** *(i jakad sats)* antingen...eller; *(efter neg)* vare sig...eller; ~ **come in or stay out** antingen kommer du in eller så stannar du ute; **I have never been to** ~ **Paris or Rome** jag har aldrig varit vare sig i Paris eller i Rom **4** *adv* heller; **he can't sing** ~ han kan inte sjunga heller; **no, I haven't** ~ nej, det har inte jag heller

ejacu·late |ɪ'dʒækjʊleɪt| **1** *vt* **(a)** *(plötsligt säga)* utropa, ge till **(b)** *(sädesvätska)* ejakulera **2**

eject *vi (avge sädesvätska)* ejakulera

e·ject [ɪ'dʒekt] **1** *vt* **(a)** *(Flyg, Tekn)* skjuta iväg/ut; *(patronhylsa)* kasta ut **(b)** *(bråkmakare)* kasta ut; *(hyresgäst)* vräka **2** *vi (pilot)* utlösa katapult

ejec·tion [ɪ'dʒekʃən] *s (se* **eject***)* utskjutning; utkastande; vräkning; ~ **seat** katapultstol

ejec·tor seat [ɪ'dʒektəʳ,siːt] *s (Flyg)* katapultstol

eke [iːk] *vt*: **to ~ out** *(förråd etc)* komplettera, fylla på; *(inkomst etc)* dryga ut; **to ~ out a living** dra sig fram

elabo·rate [ɪ'læbərɪt] **1** *adj (design, frisyr etc)* utstuderad; *(måltid)* utsökt; *(plan)* väl utarbetad **2** [ɪ'læbəreɪt] *vt (i detalj)* utarbeta; *(beskriva)* utveckla **3** [ɪ'læbəreɪt] *vi* närmare uttala sig *(on* om)

elapse [ɪ'læps] *vi* förflyta

elas·tic [ɪ'læstɪk] **1** *adj (eg)* elastisk; *(bildl)* töjbar; ~ **band** resårband **2** *s (i klädesplagg)* resår-(band); *(i sht Am: äv)* strumpeband

elas·tici·ty [,iːlæs'tɪsɪtɪ] *s* elasticitet

elat·ed [ɪ'leɪtɪd] *adj* upprymd *(with* av)

ela·tion [ɪ'leɪʃən] *s* upprymdhet

el·bow ['elbəʊ] **1** *s (Anat)* armbåge; **at his ~** tätt intill honom **2** *vt*: **to ~ sb aside** tränga ngn åt sidan; **to ~ one's way through the crowd** armbåga sig fram genom trängseln; ~ **grease** *(vard)* slit, knog

elbow·room ['elbəʊrʊm] *s* svängrum

el·der[1] ['eldəʳ] **1** *adj (familjemedlem, kompanjon)* äldre; ~ **statesman** (respekterad) äldre statsman **2** *s* den som är äldre*: you should respect your ~s; (i stam etc)* äldste; **he is her ~** han är äldre än hon

el·der[2] ['eldəʳ] *s (Bot)* fläder

elder·berry ['eldəberɪ] *s* fläderbär

el·der·ly ['eldəlɪ] *adj (till åren kommen)* äldre

eld·est ['eldɪst] *adj (familjemedlem, kompanjon)* äldst; **my ~ brother** min äldste bror

elect [ɪ'lekt] **1** *vt* **(a)** *(Pol etc)* välja; **he was ~ed chairman** han valdes till ordförande **(b)** *(föredra)* välja; **he ~ed to remain** han valde att stanna kvar **2** *adj* utsedd; **the president ~** den tillträdande presidenten

elec·tion [ɪ'lekʃən] *s* val; **to hold an ~** förrätta val; ~ **campaign** valkampanj; ~ **day** valdagen

elec·tion·eer [ɪ,lekʃə'nɪəʳ] *vi* delta i valkampanj

elec·tion·eer·ing [ɪ,lekʃə'nɪərɪŋ] *s* valrörelse

elec·tive [ɪ'lektɪv] *adj (Univ etc: kurs)* valfri; *(möte etc)* val-

elec·tor [ɪ'lektəʳ] *s* elektor; **E~** *(Hist)* kurfurste

elec·tor·al [ɪ'lektərəl] *adj (distrikt etc)* val-; ~ **college** *(i USA)* elektorskollegium; ~ **roll** *(i USA)* elektors/längd/-förteckning

elec·tor·ate [ɪ'lektərɪt] *s* valmanskår

elec·tric [ɪ'lektrɪk] *adj (ström etc)* elektrisk; *(bildl):* **the atmosphere was ~** atmosfären var laddad; ~ **blanket** (elektrisk) värmefilt; **the ~ chair** elektriska stolen; ~ **fire** elelement; ~ **light** elektriskt ljus; ~ **shock** elektrisk stöt; ~ **storm** åskväder

elec·tri·cal [ɪ'lektrɪkəl] *adj (energi etc)* elektrisk; ~ **engineer** elektroingenjör; ~ **failure** strömavbrott

elec·tri·cian [ɪlek'trɪʃən] *s* elektriker

elec·tric·ity [ɪlek'trɪsɪtɪ] *s* elektricitet; **to switch on/off the ~** slå på/stänga av strömmen; ~ **board** *(Brit)* elverk

elec·tri·fy [ɪ'lektrɪfaɪ] *vt (järnväg etc)* elektrifiera; *(med el)* ladda; *(publik etc)* hänföra

elec·tri·fy·ing [ɪ'lektrɪfaɪɪŋ] *adj (framträdande etc)* hänförande

electro- [ɪ'lektrəʊ] *prefix* elektro-; ~**cardiogram** [ɪ'lektrəʊ'kaːdɪəʊ,græm] elektrokardiogram, EKG; ~**convulsive therapy** *(Med)* elbehandling

elec·tro·cute [ɪ'lektrəkjuːt] *vt (dödsdömd)* avrätta med elektricitet; *(genom olyckshändelse)* döda med elektricitet; **the murderer was ~d** mördaren avrättades i elektriska stolen; **he was ~d when he touched a live wire** han fick en dödande stöt när han kom åt en strömförande ledning

elec·trode [ɪ'lektrəʊd] *s* elektrod

elec·tro·en·cepha·lo·gram [ɪ,lektrəʊen'sefələ,græm] *s* elektroencefalogram, EEG

elec·troly·sis [ɪlek'trɒlɪsɪs] *s* elektrolys

elec·tro·mag·ne·tic [ɪ'lektrəʊmæg'netɪk] *adj* elektromagnetisk

elec·tron [ɪ'lektrɒn] *s* elektron; ~ **microscope** elektronmikroskop

elec·tron·ic [ɪlek'trɒnɪk] *adj* elektronisk; ~ **music** elektronisk musik

elec·tron·ics [ɪlek'trɒnɪks] *s* **(a)** *(sg)* elektronik **(b)** *(pl: i apparat etc)* elektronik

elec·tro·plat·ed [ɪ'lektrəʊpleɪtɪd] *adj* försilvrad

elec·tro·shock treat·ment [ɪ'lektrəʊ,ʃɒk,triːtmənt] *s (Med)* elbehandling

el·egance ['elɪgəns] *s* elegans

el·egant ['elɪgənt] *adj* elegant

el·egant·ly ['elɪgəntlɪ] *adv* elegant

el·egy ['elɪdʒɪ] *s* elegi

el·ement ['elɪmənt] *s (Kem)* grundämne; *(beståndsdel)* element; *(liten mängd)* moment; *(Elektr)* element; **an ~ of surprise** ett överraskningsmoment; **the ~s** *(väder, vind)* elementen; **the ~s of mathematics** matematikens grunder/elementa; **to be in one's ~** vara i sitt rätta element

el·emen·ta·ry [,elɪ'mentərɪ] *adj (behov etc)* grundläggande, elementär; *(skola)* låg- och mellanstadie-; *(lätt)* elementär; ~ **particle** *(Fys)* elementarpartikel; ~ **science** vetenskapens grunder

el·ephant ['elɪfənt] *s* elefant; **a white ~** *(bildl)* ngt helt onödigt (och dyrt)

el·evate ['elɪveɪt] *vt (i rang)* upphöja; *(moraliskt)* lyfta

el·eva·tion [,elɪ'veɪʃən] *s (av kulle, över havet)* höjd; *(Arkit)* fasadritning; *(av person)* upphöjelse; *(i stil, tanke etc)* upphöjdhet

el·eva·tor ['elɪveɪtəʳ] *s* **(a)** *(Am)* hiss **(b)** *(för gods etc)* lyftanordning **(c)** *(Flyg)* höjdroder

ele·ven [ɪ'levn] *räkn* elva; *(Sport)* elvamannalag; *se äv* **five**

elev·en·ses [ɪ'levnzɪz] *spl (Brit vard)* förmiddags/kaffe/-te

elev·enth [ɪ'levnθ] **1** *räkn* elfte; **at the ~ hour** *(bildl)* i elfte timmen **2** *s* elftedel; *se äv* **fifth**

elf [elf] *s, pl* **elves** alv, älva

elic·it [ɪ'lɪsɪt] *vt*: **to ~ sth (from sb)** locka fram ngt *(från* ngn)

elide [ɪ'laɪd] **1** *vt (vokal, stavelse)* elidera **2** *vi (vokal, stavelse)* falla bort

eli·gibil·ity [,elɪdʒə'bɪlɪtɪ] *s (i allm)* lämplighet; *(till pension etc)* rätt

eli·gible ['elɪdʒəbl] *adj*: ~ **(for)** *(passande)* lämplig (för); *(till pension, medlemskap etc)* berättigad (till); **an ~ young man** ett gott parti

elimi·nate [ɪ'lɪmɪneɪt] *vt (ta bort)* avlägsna; *(möjlighet etc)* utesluta; *(i tävling)* slå ut; *(detalj)* utesluta; *(motstånd)* kuva; *(döda)* göra slut på

elimi·na·tion [ɪ,lɪmɪ'neɪʃən] *s (avlägsnande)* eliminering; *(Sport)* utslagning; **by process of ~** med uteslutningsmetoden

eli·sion [ɪ'lɪʒən] *s* elision, elidering

élite [eɪ'liːt] *s* elit

élit·ist [eɪ'liːtɪst] *adj (neds)* elitistisk

elix·ir [ɪ'lɪksəʳ] *s* elixir

Eliza·bethan [ɪ,lɪzə'biːθən] *adj* elisabetansk

elk [elk] *s (Brit)* älg; *(Am)* (amerikansk) kronhjort, vapiti

el·lipse [ɪ'lɪps] s (Geom) ellips

el·lip·sis [ɪ'lɪpsɪs] s, pl **ellipses** [ɪ'lɪpsiːz] (Språkv) ellips

elm [elm] s alm

elo·cu·tion [ˌeləˈkjuːʃən] s talteknik

elon·gate ['iːlɒŋgeɪt] vt (linje etc) förlänga

elon·ga·tion [ˌiːlɒŋ'geɪʃən] s förlängning

elope [ɪ'ləʊp] vi (i sht för att gifta sig) rymma

elope·ment [ɪ'ləʊpmənt] s (kärlekspars) rymning

elo·quence ['eləkwəns] s vältalighet

elo·quent ['eləkwənt] adj (person) vältalig; (bildl) talande; **an** ~ **argument** ett talande argument

else [els] adv (a) (någon etc) annan; (när, var, hur) annars; **anybody** ~ (i nekande el frågande sats) någon annan; (i påståendesats) vem som helst annars, alla andra; **anything** ~ något annat; **anything** ~**, sir?** (i affär) (får det vara) något annat?; **anywhere** ~ någon annanstans; **everyone** ~ alla andra; **everything** ~ allt annat; **how** ~...? hur ~...?, hur ... annars?; **nobody** ~ ingen annan; **nothing** ~ inget annat; **nothing** ~**, thank you** (i affär) ingenting mer tack, det är bra så, tack; **nowhere** ~ ingen annanstans; **somebody** ~ någon annan; **somebody** ~**'s coat** någon annans kappa; **something** ~ något annat; (vard) något speciellt; **somewhere** ~ någon annanstans; **what** ~...? vad ... mer/annars; **what** ~ **could I do?** vad skulle jag annars ha gjort; **where** ~...? var ... mer/annars?; **who** ~...? vem ... mer/annars?; **who** ~ **was at the party?** vilka andra var på festen?; **there is little** ~ **to be done** det finns inte mycket mer att göra; **he said that, and much** ~ han sa det och mycket mer/annat **(b):** **or** ~ eller (också); **keep quiet or** ~ **go away!** håll dig lugn eller försvinn!; **do as I say, or** ~! (vard: hot) gör som jag säger, annars!

else·where [els'weə'] adv någon annanstans

elu·ci·date [ɪ'luːsɪdeɪt] vt klargöra

elude [ɪ'luːd] vt (fiende etc) undkomma; (uppmärksamhet) undgå; (fråga etc) kringgå; **the answer has so far** ~**d us** svaret har hittills gäckat oss; **success has** ~**d him** framgången har gäckat honom

elu·sive [ɪ'luːsɪv] adj (byte, fiende) svårfångad; (tanke, ord etc) svårgripbar; **he is very** ~ han är mycket undanglidande

elves [elvz] spl av **elf**

ema·ci·at·ed [ɪ'meɪsɪeɪtɪd] adj utmärglad

ema·nate ['eməneɪt] vi: **to** ~ **from** (idé, förslag) härröra/emanera från; (ljus, lukt) strömma ut från

eman·ci·pate [ɪ'mænsɪpeɪt] vt (frigöra) emancipera

eman·ci·pa·tion [ɪˌmænsɪ'peɪʃən] s (frigörelse) emancipation

emas·cu·late [ɪ'mæskjʊleɪt] vt (eg) kastrera; (bildl) göra kraftlös, försvaga; (förslag) urvattna

em·balm [ɪm'bɑːm] vt (död kropp) balsamera

em·bank·ment [ɪm'bæŋkmənt] s (väg-, järnvägs-, flod-) bank; (anlagd vid vattendrag) kaj

em·bar·go [ɪm'bɑːgəʊ] s (Handel) kvarstad, embargo; (Sjö) förbud att lämna hamn; **to put an** ~ **on sth** införa handelsförbud mot ngt; **to be under (an)** ~ vara belagd med kvarstad/embargo

em·bark [ɪm'bɑːk] **1** vt (passagerare, last) ta ombord **2** vi (Sjö, Flyg) gå ombord, embarkera; **to** ~ **on** (resa) ge sig ut på; (diskussion, yrke etc) ge sig in i

em·bar·ka·tion [ˌembɑː'keɪʃən] s (om passagerare) embarkering; (om varor) ilastning; ~ **card** embarkeringskort

em·bar·rass [ɪm'bærəs] vt (genera) göra förlägen; **I was** ~**ed by the question** jag blev pinsamt berörd av frågan; **to be financially** ~**ed** vara i penningknipa

em·bar·rass·ing [ɪm'bærəsɪŋ] adj pinsam

em·bar·rass·ment [ɪm'bærəsmənt] s förlägenhet; **it is an** ~ **to us** den är till besvär för oss; **financial** ~**s** ekonomiska svårigheter

em·bas·sy ['embəsɪ] s ambassad; **The British E**~ **in Rome** brittiska ambassaden i Rom

em·bed [ɪm'bed] vt (i trä, cement etc) bädda in; (pil, tänder etc) borra in; (briljant etc) infatta; **it is** ~**ded in my memory** det är inpräntat i mitt minne

em·bel·lish [ɪm'belɪʃ] vt **(a)** (med band, illustrationer etc) utsmycka **(b)** (bildl: sanning etc) försköna

em·bers ['embəz] spl glöd

em·bez·zle [ɪm'bezl] vt (pengar etc) förskingra

em·bez·zle·ment [ɪm'bezlmənt] s förskingring

em·bez·zler [ɪm'bezlə'] s förskingrare

em·bit·ter [ɪm'bɪtə'] vt (person) göra bitter; (relation etc) förbittra

em·blem ['embləm] s (eg) emblem; (bildl) symbol

em·bodi·ment [ɪm'bɒdɪmənt] s förkroppsligande

em·body [ɪm'bɒdɪ] vt **(a)** (kvalitet) förkroppsliga; (tanke, teori etc) uttrycka **(b)** (innefatta) inbegripa

em·bo·lism ['embəlɪzəm] s (Med) blodpropp

em·boss [ɪm'bɒs] vt (på metall) smycka i relief; (på läder, papper) trycka i relief

em·brace [ɪm'breɪs] **1** s omfamning, kram **2** vt **(a)** (person) omfamna, krama **(b)** (erbjudande) anta; (religion, tro) omfatta **(c)** (inkludera) omfatta **3** vi kramas

em·broi·der [ɪm'brɔɪdə'] vt (på tyg) brodera; (bildl: historia etc) brodera ut

em·broi·dery [ɪm'brɔɪdərɪ] s broderi; ~ **silk/thread** broder|silke/-garn

em·broil [ɪm'brɔɪl] vt: **to** ~ **sb in sth** dra in ngn i ngt; **to** ~ **oneself in sth** blanda sig i ngt; **to become** ~**ed (in sth)** bli inblandad (i ngt)

em·bryo ['embrɪəʊ] s embryo; (bildl äv) frö; **in** ~ (bildl) i sin linda

em·bry·on·ic [ˌembrɪ'ɒnɪk] adj (eg, bildl) foster-; **at the** ~ **stage** i fosterstadiet; **an** ~ **chicken** ett kycklingfoster

em·cee [ˌem'siː] s (vard: = master of ceremonies) ceremonimästare

emend [ɪ'mend] vt (text) rätta, korrigera

emen·da·tion [ˌiːmen'deɪʃən] s (ändring i text) rättelse, korrigering

em·er·ald ['emərəld] **1** s smaragd **2** adj (halsband etc) smaragd-; (äv: ~ **green**) smaragdgrön

emerge [ɪ'mɜːdʒ] vi (person, solen, ubåt etc) dyka upp; (bildl: sanning, fakta etc) komma fram/i dagen; (: situation, ny nation etc) uppstå; **it** ~**s that...** det framgår att...

emer·gence [ɪ'mɜːdʒəns] s (av ny stat, teori etc) uppkomst

emer·gen·cy [ɪ'mɜːdʒənsɪ] s nödläge; **in an** ~ vid fara, i nödläge; **prepared for any** ~ beredd på alla oförutsedda händelser; **to declare a state of** ~ proklamera undantagstillstånd; ~ **case** (Med) akutfall; ~ **exit** nödutgång; ~ **landing** (Flyg) nödlandning; ~ **measures** nödfallsåtgärder; ~ **powers** (Pol) extraordinära befogenheter; ~ **rations** reservransoner; ~ **service** jourtjänst; ~ **stop** (Motor) tvärbromsning

emer·gent [ɪ'mɜːdʒənt] adj (ny) uppdykande, frambrytande; **the** ~ **countries** de nya länderna

em·ery ['emərɪ] s smärgel; ~ **board** sandpappersfil; ~ **paper** sandpapper

emet·ic [ɪ'metɪk] s kräkmedel

emi·grant ['emɪgrənt] s utvandrare, emigrant

emi·grate ['emɪgreɪt] vi utvandra, emigrera

emi·gra·tion [ˌemɪ'greɪʃən] s utvandring, emigration

émi·gré ['emɪgreɪ] s *(politisk)* flykting
emi·nence ['emɪnəns] s **(a)** *(anseende)* berömmelse; **to gain/win** ~ vinna anseende **(b)** *(frm: kulle)* höjd **(c)** *(Rel: kardinals titel)* eminens
emi·nent ['emɪnənt] adj *(person)* framstående; *(egenskap, charm etc)* utomordentlig
emi·nent·ly ['emɪnəntlɪ] adv i högsta grad
emir [e'mɪəʳ] s emir
emir·ate [e'mɪərɪt] s emirat
em·is·sary ['emɪsərɪ] s sändebud, emissarie
emis·sion [ɪ'mɪʃən] s **(a)** *(av ljus)* utstrålning; *(av värme)* utveckling; *(av lukt)* utströmning; *(av skrik)* utstötande **(b)** *(Anat)* sädesuttömning
emit [ɪ'mɪt] vt *(signaler)* sända ut; *(värme, lukt, ljus etc)* sprida; *(ljud, skrik)* utstöta
emolu·ment [ɪ'mɒljʊmənt] s *(ofta pl: frm: ej kontant)* löneförmån; *(: för uppdrag etc)* arvode, honorar
emo·tion [ɪ'məʊʃən] s *(sinnesrörelse)* känsla
emo·tion·al [ɪ'məʊʃənl] adj *(tillstånd etc)* emotionell, känslo-; *(effekt, svårighet)* känslomässig; *(person, natur, berättelse)* känslosam
emo·tion·al·ism [ɪ'məʊʃnəlɪzəm] s *(neds)* känslosamhet
emo·tion·al·ly [ɪ'məʊʃnəlɪ] adv känslomässigt; ~ **deprived** *(Psyk)* känslomässigt eftersatt
emo·tive [ɪ'məʊtɪv] adj känsloladdad
em·pa·thy ['empəθɪ] s inlevelse; **to feel** ~ **with sb** känna (själslig) gemenskap med ngn
em·per·or ['empərəʳ] s kejsare
em·pha·sis ['emfəsɪs] s, pl **emphases** ['emfəsiːz] eftertryck; *(i ord, sats)* tonvikt; **to speak with** ~ tala med eftertryck; **to lay/place** ~ **on sth** *(bildl)* lägga tonvikten på ngt; **the** ~ **is on sport** sport betonas starkt/är viktigast
em·pha·size ['emfəsaɪz] vt *(ord, faktum etc)* betona; *(bildl: skönhet etc)* framhäva; **I must** ~ **that...** jag måste framhålla att...
em·phat·ic [ɪm'fætɪk] adj *(ton, sätt, person)* bestämd; *(tal, förnekande etc)* kraftfull; *(framgång etc)* klar
em·phat·i·cal·ly [ɪm'fætɪkəlɪ] adv *(tala, vägra etc)* bestämt, eftertryckligt
em·pire ['empaɪəʳ] s *(imperium)* kejsardöme; *(herravälde)* makt
em·piri·cal [em'pɪrɪkəl] adj empirisk
em·piri·cism [em'pɪrɪsɪzəm] s empiricism, empiri
em·ploy [ɪm'plɔɪ] **1** vt *(person: i allm)* sysselsätta; *(: ge arbete)* anställa; *(sak, metod, tid)* använda, nyttja **2** s *(frm):* **in the** ~ **of sb** i ngns tjänst
em·ployee [ˌɪmplɔɪ'iː] s *(arbetstagare)* anställd
em·ploy·er [ɪm'plɔɪəʳ] s arbetsgivare
em·ploy·ment [ɪm'plɔɪmənt] s *(anställning, sysselsättning)* arbete; **to find/be in** ~ få/ha arbete; **full** ~ full sysselsättning; ~ **agency** *(privat)* arbetsförmedling; ~ **exchange** *(statlig)* arbetsförmedling
em·pow·er [ɪm'paʊəʳ] vt: **to** ~ **sb to do sth** bemyndiga ngn att göra ngt
em·press ['emprɪs] s kejsarinna
emp·ti·ness ['emptɪnɪs] s tomhet
emp·ty ['emptɪ] **1** adj *(-ier, -iest)* *(i allm)* tom; *(plats, jobb etc)* ledig; *(hot, löfte etc)* tom, intetsägande; **on an** ~ **stomach** på fastande mage; **an** ~ **seat** en ledig (sitt)plats; ~ **words** tomma ord **2:** **empties** spl *(av glas)* tomflaskor; *(av trä etc)* tomlådor **3** vt *(fickor, väska etc)* tömma; *(vätska)* tömma ut *(from/out of* från/ur*)*; **to** ~ **(out) one's pockets** tömma fickorna; **he emptied the apples out of a barrel into a bag** han hällde över äpplena från en tunna i en påse **4** vi *(rum etc)* tömmas; *(vatten, flod etc)* rinna ut
empty-handed [ˌemptɪ'hændɪd] adj tomhänt; **to arrive/leave** ~ komma/gå tomhänt
empty-headed [ˌemptɪ'hedɪd] adj tom i huvudet,

korkad
emu ['iːmjuː] s *(australisk struts)* emu
emu·late ['emjʊleɪt] vt *(förebild etc)* söka likna; *(medtävlare etc)* söka överträffa
emul·si·fy [ɪ'mʌlsɪfaɪ] vt emulgera
emul·sion [ɪ'mʌlʃən] s *(vätska)* emulsion; *(äv:* ~ **paint)** emulsionsfärg
en·able [ɪ'neɪbl] vt: **to** ~ **sb to do sth** göra det möjligt för ngn att göra ngt; **to** ~ **sth** möjliggöra ngt
en·act [ɪn'ækt] vt *(lag)* anta; *(Teat: pjäs)* uppföra; *(: roll)* spela
enam·el [ɪ'næməl] **1** s *(på metall, tänder etc)* emalj; ~ **paint** emaljfärg; **nail** ~ nagellack; ~ **saucepan** emaljerad kastrull **2** vt emaljera
enamel·ware [ɪ'næməl,wɛəʳ] s emaljerade kärl
en·am·oured, *(Am)* **en·am·ored** [ɪ'næməd] adj förälskad *(of i)*
en·camp·ment [ɪn'kæmpmənt] s läger
en·case [ɪn'keɪs] vt innesluta; **to be** ~**d in** *(skrin etc)* vara innesluten i; *(folie etc)* vara inlagd/inpackad i
en·chant [ɪn'tʃɑːnt] vt *(ofta pass: tjusa)* hänföra, förtrolla; *(förhäxa)* förtrolla
en·chant·er [ɪn'tʃɑːntəʳ] s trollkarl
en·chant·ing [ɪn'tʃɑːntɪŋ] adj förtrollande
en·chant·ment [ɪn'tʃɑːntmənt] s *(tjusning, trollkraft)* förtrollning
en·chant·ress [ɪn'tʃɑːntrɪs] s *(eg)* trollkvinna; *(bildl)* förtrollerska
en·cir·cle [ɪn'sɜːkl] vt *(hus, stad etc)* omringa; *(krama)* omfamna; **it is** ~**d by a wall** den är omgiven av en mur
encl. förk f **enclosed** bif.
en·clave ['enkleɪv] s enklav
en·close [ɪn'kləʊz] vt **(a)** *(trädgård, fält etc)* inhägna *(with* med*)* **(b)** *(i brev etc)* bifoga; **please find** ~**d...** jag/vi bifogar... **I** ~ **a cheque** jag bifogar en check
en·closed [ɪn'kləʊzd] adj *(fält etc)* inhägnad; *(check etc)* bifogad
en·clo·sure [ɪn'kləʊʒəʳ] s *(av allmänning etc)* inhägnande; *(plats)* inhägnad; *(Brit: på kapplöpningsbana)* (finare) åskådarplats, sadelplats; *(i brev)* bilaga
en·com·pass [ɪn'kʌmpəs] vt *(innehålla)* omfatta, omspänna
en·core [ɒŋ'kɔːʳ] **1** interj dakapo! **2** s extranummer; **to give an** ~ ge ett extranummer
en·coun·ter [ɪn'kaʊntəʳ] **1** s *(sammanträffande)* möte; *(kamp)* sammandrabbning **2** vt *(person)* möta; *(svårighet, fara, fiende etc)* råka ut för
en·cour·age [ɪn'kʌrɪdʒ] vt *(person, intresse)* uppmuntra; *(industri etc)* stödja; **to** ~ **sb to do sth** uppmuntra ngn att göra ngt
en·cour·age·ment [ɪn'kʌrɪdʒmənt] s uppmuntran; **to give sb** ~ **to...** uppmuntra ngn att...
en·cour·ag·ing [ɪn'kʌrɪdʒɪŋ] adj *(person, leende etc)* uppmuntrande; **that's very** ~**!** *(iron)* det var just uppmuntrande!
en·croach [ɪn'krəʊtʃ] vi: **to** ~ **(up)on** *(rättigheter, tid etc)* inkräkta på; *(mark)* göra intrång på; **the sea is** ~**ing on the land all along the coast** havet tränger in över land längs hela kusten
en·cum·ber [ɪn'kʌmbəʳ] vt *(person etc)* tynga; *(rum)* belamra; ~**ed with debts** skuldbelastad
en·cum·brance [ɪn'kʌmbrəns] s *(person, väska etc)* börda; *(Jur)* gravation; **I don't want to be an** ~ **to you any longer** jag vill inte stå i vägen för dig längre
en·cyc·li·cal [ɪn'sɪklɪkəl] s *(rundskrivelse)* encyklika
en·cy·clo·p(a)edia [ɪnˌsaɪkləʊ'piːdɪə] s uppslagsverk, lexikon
en·cy·clo·p(a)edic [ɪnˌsaɪkləʊ'piːdɪk] adj encyklo-

pedisk

end [end] **1** s **(a)** *(bortersta delen)* ända, ände; the ~ of a line änd|stationen/-hållplatsen; the ~ of the table bordsändan; the southern ~ of the town södra ändan av staden; the third from the ~ den tredje från slutet; to place ~ to ~ *(bänkar etc)* placera i rad; from ~ to ~ från ena änden till den andra; to stand sth on ~ ställa ngt på högkant; his hair stood on ~ hans hår stod på ända; to change ~s *(Sport)* byta sida; the ~ of the road/line *(bildl)* slutet; the ~s of the earth *(bildl)* hur långt som helst; to make both ~s meet *(bildl: ekonomi)* få det att gå ihop; to keep one's ~ up *(vard)* inte ge efter; to get hold of the wrong ~ of the stick *(vard)* få allt om bakfoten; to tie up the loose ~s *(vard)* samla ihop trådarna; *se äv* deep 1 a

(b) *(avslutning)* slut; *(död)* slut; at the ~ of the day *(bildl)* till slut, när det kommer till kritan; the ~ of the world världens undergång; it's not the ~ of the world *(vard)* det är inte hela världen; we'll never hear the ~ of it *(vard)* vi kommer att få höra det till döddagar; there's no ~ to it *(vard)* det är ingen ände på det; that was the ~ of that! så var det slut med den saken! to the bitter ~ in i det sista; to come to a bad ~ sluta illa; towards the ~ mot slutet; in the ~ till slut; to be at an ~ vara slut; I'm at the ~ of my patience det är slut med mitt tålamod; to bring to an ~ avsluta; to come/draw to an ~ ta slut; to put an ~ to göra slut på; for hours on ~ timmar i sträck; no ~ of *(vard)* massor av; no ~ *(vard)* väldigt; without ~ ändlös; that's the ~! *(vard)* det fattades bara det!; he's the ~! *(vard)* han är odräglig; ~ product *(eg)* slutprodukt; *(bildl)* resultat, följd; ~ result slutresultat

(c) *(av bröd, kött etc)* sista biten; *(av ljus)* stump; *(av rep etc)* ända; the ~ of a roll *(av tyg, matta etc)* stuv(bit); cigarette ~ fimp

(d) *(syfte)* (ända)mål; to achieve one's ~ nå sitt mål; an ~ in itself ett självändamål; to no ~ förgäves; to this ~, with this ~ in view för detta ändamål; the ~ justifies the means ändamålet helgar medlen

2 vt *(arbete, tal, radioprogram etc)* (av)sluta *(with* med); *(krig, rykten, förbindelse etc)* göra slut på; to ~ one's life ta livet av sig; to ~ it all *(vard)* göra slut på allt; to ~ one's days sluta sina dagar; that was the meal/film/lie etc to ~ all meals/films/lies *(vard)* den måltiden/filmen/lögnen etc gick utanpå alla andra!

3 vi *(i allm)* sluta, ta slut; *(verksamhet äv)* upphöra; the play ~s happily pjäsen slutar lyckligt; to ~ by saying sluta med att säga; to ~ in sluta med

♦ **end up** vi + adv *(någonstans, i ngt tillstånd)* sluta; ligen hamna, sluta; *(till slut i ex)* leda

en·dan·ger [ɪn'deɪndʒər] vt *(liv, hälsa, ställning)* riskera, äventyra; ~ed species utrotningshotad art

en·dear [ɪn'dɪər] vt: to ~ sb to göra ngn omtyckt av; to ~ oneself to göra sig omtyckt av

en·dear·ing [ɪn'dɪərɪŋ] adj *(leende, drag, personlighet)* vinnande

en·dear·ment [ɪn'dɪəmənt] s *(eg, bildl)* ömhetsbevis; a term of ~ ömhetsord; to whisper ~s viska ömhetsord

en·deav·our, *(Am)* **en·deav·or** [ɪn'devər] **1** s *(strävan)* försök; to make every ~ to do sth göra sitt yttersta för att göra ngt **2** vi: to ~ to do bemöda sig, försöka göra

en·dem·ic [en'demɪk] adj *(sjukdom)* endemisk; *(begränsad till ett land)* inhemsk

end·ing ['endɪŋ] s *(i bok, film etc)* slut; *(Språkv)* ändelse

en·dive ['endaɪv] s *(Brit)* chicorésallad; *(Am vanl)* endiv

end·less ['endlɪs] adj *(väg)* utan slut; *(gräl, diskussion)* ändlös; *(tålamod, resurser)* oändlig

en·dorse [ɪn'dɔːs] vt **(a)** *(dokument)* skriva under; *(check)* skriva på **(b)** *(gilla)* skriva under på; *(Am Pol: kandidat)* (officiellt) stödja **(c)** *(Brit: Motor)*: to ~ a licence anteckna en förseelse på baksidan av ett körkort

en·dorse·ment [ɪn'dɔːsmənt] s *(på check)* påskrift; *(stöd)* gillande; *(Brit: på körkort)* anteckning om förseelse

en·dow [ɪn'daʊ] vt **(a)** *(pris, frisäng på sjukhus etc)* skänka pengar till; *(skola, kyrka)* donera till; to ~ a school with a yearly income donera en årlig summa till en skola; ~ed chair professur bekostad av donationsmedel **(b)**: to be ~ed with *(bildl)* vara utrustad med

en·dow·ment [ɪn'daʊmənt] s *(handling)* donerande; *(summa)* donation; ~ insurance kapitalförsäkring

en·dur·ance [ɪn'djʊərəns] s uthållighet; powers of ~ uthållighetsförmåga; to come to the end of one's ~ uttömma sina krafter; past/beyond ~ outhärdlig; ~ test uthållighets|prov/-test

en·dure [ɪn'djʊər] **1** vt *(smärta etc)* uthärda; *(fördra)* stå ut med; to ~ doing sth uthärda att göra ngt; I can't ~ him jag står inte ut med honom **2** vi *(räcka)* vara; an enduring friendship en varaktig vänskap

en·ema ['enɪmə] s *(Med)* lavemang

en·emy ['enəmɪ] s *(person, Mil)* fiende; to make an ~ of sb bli ovän med ngn; he is his own worst ~ han är (själv) sin värsta fiende; killed by ~ action dödad i strid med fienden; ~ alien främling från fientligt (sinnat) land; ~ forces fiendestyrkor; ~-occupied ockuperad av fienden

en·er·get·ic [,enə'dʒetɪk] adj *(person, protest etc)* energisk; *(dag)* verksam: we had an ~ day doing...

en·er·gy ['enədʒɪ] s *(persons)* energi, handlingskraft; *(Fys)* energi; electrical/atomic/solar ~ elektrisk-/atom-/sol|energi; ~ crisis energikris; ~ food energigivande föda

energy-saving ['enədʒɪ,seɪvɪŋ] **1** adj energibesparande **2** s energisparande

en·fold [ɪn'fəʊld] vt *(i filt t ex)* svepa om/in; to ~ sb in one's arms sluta ngn i sina armar

en·force [ɪn'fɔːs] vt *(lag)*: to ~ the law se till att lagen efterlevs; *(argument)* hävda; *(lydnad, disciplin etc)* genomdriva

en·fran·chise [ɪn'fræntʃaɪz] vt *(Pol)* ge rösträtt; *(slav)* frige

en·gage [ɪn'geɪdʒ] **1** vt *(person)* anställa; *(hotellrum, plats etc)* beställa, boka; *(uppmärksamhet, intresse: väcka)* dra till sig: he tried to ~ the attention of the waiter; *(: sysselsätta)* uppta: the new toy ~d the little girl's attention; *(Motor)*: to ~ gear lägga in en växel; to ~ the clutch släppa upp kopplingen; to ~ sb in conversation inleda samtal med ngn; to ~ the enemy in battle inlåta sig i strid med fienden **2** vi *(Tekn: kugghjul etc)* gripa in *(with* i); *(person: äv* ~ oneself)* förbinda sig; to ~ in *(politik)* engagera sig i; *(diskussion)* ge sig in i

en·gaged [ɪn'geɪdʒd] adj **(a)** *(äv: ~ to be married)* förlovad; to get ~ förlova sig **(b)** *(med annat t ex)* upptagen; to be ~ in doing sth vara sysselsatt med att göra ngt; to be ~ on sth vara engagerad i ngt **(c)** *(Brit Tele, taxi, toalett etc)* upptagen; ~ tone *(Brit Tele)* upptagetton

en·gage·ment [ɪn'geɪdʒmənt] s **(a)** *(för att gifta sig)* förlovning; ~ ring förlovningsring **(b)** *(avtalat möte)* överenskommelse; I have a previous ~ jag är redan upptagen **(c)**

(Teat): **a long ~ at a theatre** ett långt enga-
gemang vid en teater **(d)** *(åtagande)* förplik-
telse **(e)** *(Mil)* sammandrabbning

en·gag·ing [ɪnˈgeɪdʒɪŋ] *adj (leende, personlighet etc)* vinnande

en·gen·der [ɪnˈdʒendəʳ] *vt (vanl bildl)* alstra, föda

en·gine [ˈendʒɪn] *s* **(a)** *(mekanisk anordning)* maskin; *(i bil, flygplan)* motor; *(i fartyg)* maskin; **~ room** *(Sjö)* maskinrum **(b)** *(Järnv)* lok; **to sit facing/with your back to the ~** åka framlänges/baklänges; **~ driver** *(i sht Brit)* lokförare

en·gi·neer [ˌendʒɪˈnɪəʳ] **1** *s (Tekn)* ingenjör; *(Am Järnv)* lokförare; *(Sjö)* maskinist; *(av hushållsapparater etc)* reparatör; **the Royal E~ Corps** *(Mil)* ingenjörstrupperna **2** *vt (hitta på)* få till stånd

en·gi·neer·ing [ˌendʒɪˈnɪərɪŋ] *s* ingenjörsvetenskap, ingenjörskonst; **study ~** gå på teknisk högskola; **~ works/factory** mekanisk verkstad

Eng·land [ˈɪŋglənd] *s* England

Eng·lish [ˈɪŋglɪʃ] **1** *adj* engelsk **2** *s* **(a): the ~** engelsmännen **(b)** *(språk)* engelska; **in plain ~** på vanlig engelska, enkelt uttryckt; **the ~ Channel** Engelska kanalen

Eng·lish·man [ˈɪŋglɪʃmən] *s, pl* **-men** engelsman

English-speaker [ˈɪŋglɪʃˌspiːkəʳ] *s* engelsktalande (person)

English-speaking [ˈɪŋglɪʃˌspiːkɪŋ] *adj (person, land)* engelsktalande

Eng·lish·woman [ˈɪŋglɪʃˌwʊmən] *s, pl* **-women** engelska

en·grave [ɪnˈgreɪv] *vt (i silver etc)* gravera; *(bildl)* inprägla

en·grav·er [ɪnˈgreɪvəʳ] *s (person)* gravör

en·grav·ing [ɪnˈgreɪvɪŋ] *s* gravyr

en·grossed [ɪnˈgrəʊst] *adj* försjunken; **~ in work/reading/one's thoughts** försjunken i arbete/läsning/sina tankar

en·gross·ing [ɪnˈgrəʊsɪŋ] *adj (bok, film etc)* fängslande

en·gulf [ɪnˈgʌlf] *vt (om havet, vågor etc)* uppsluka

en·hance [ɪnˈhɑːns] *vt (skönhet)* förhöja; *(ställning, chanser, rykte)* förbättra; *(förmåga, värde, prestige)* öka

enig·ma [ɪˈnɪgmə] *s (mysterium)* gåta

en·ig·mat·ic [ˌenɪgˈmætɪk] *adj* gåtfull

en·join [ɪnˈdʒɔɪn] *vt (frm: lydnad, tystnad etc):* **to ~ sth on sb** ålägga ngn ngt; **to ~ sb to sth/to do sth** ålägga ngn ngt/att göra ngt

en·joy [ɪnˈdʒɔɪ] *vt* **(a)** *(mat, dryck, bok)* njuta av; **to ~ doing sth** njuta av att göra ngt; **to ~ life** njuta av livet; **I ~ reading** jag tycker om att läsa; **to ~ oneself** ha trevligt, roa sig; **he ~ed himself in London** han hade trevligt i London; **~ yourself!** ha det så trevligt! **(b)** *(respekt, god hälsa etc)* åtnjuta; *(inkomst, fördel)* ha

en·joy·able [ɪnˈdʒɔɪəbl] *adj (i allm)* trevlig; *(måltid)* njutbar

en·joy·ment [ɪnˈdʒɔɪmənt] *s (njutning)* nöje; *(av god hälsa etc)* åtnjutande; **to find ~ in sth/in doing sth** finna nöje i ngt/av att göra ngt

en·large [ɪnˈlɑːdʒ] **1** *vt (Foto)* förstora; *(hus)* bygga till; *(vänkrets, vyer etc)* vidga **2** *vi:* **to ~ upon** gå närmare in på

en·larged [ɪnˈlɑːdʒd] *adj (utgåva)* utökad; *(Med: organ, körtel)* förstorad

en·large·ment [ɪnˈlɑːdʒmənt] *s (förstorande)* förstoring; *(Foto)* förstoring

en·light·en [ɪnˈlaɪtn] *vt (ge information)* upplysa *(about/on* om)

en·light·ened [ɪnˈlaɪtnd] *adj (attityd etc)* upplyst; **in this ~ age** i vår upplysta tid

en·light·en·ing [ɪnˈlaɪtnɪŋ] *adj* informativ

en·light·en·ment [ɪnˈlaɪtnmənt] *s* upplysning; **the (Age of) E~** upplysningen, upplysningstiden

en·list [ɪnˈlɪst] **1** *vt* **(a)** *(Mil)* inkalla; **(b)** *(fri-*

villiga etc) värva **2** *vi (Mil)* ta värvning; **~ed man** *(Am Mil)* menig

en·liv·en [ɪnˈlaɪvn] *vt* liva upp

en·mesh [ɪnˈmeʃ] *vt* snärja/veckla in

en·mity [ˈenmɪtɪ] *s* fiendskap

enor·mity [ɪˈnɔːmɪtɪ] *s (av uppgift)* enorm omfattning; *(i brott, handling)* det avskyvärda

enor·mous [ɪˈnɔːməs] *adj (byggnad etc)* enorm, jättestor; *(risk, styrka, tålamod)* oerhörd; **an ~ amount/quantity of sth** en enorm mängd av ngt; **an ~ number of people** ett enormt (stort) antal människor

enor·mous·ly [ɪˈnɔːməslɪ] *adv* enormt, oerhört

enough [ɪˈnʌf] **1** *pron* fören o självst nog (med), tillräckligt *(med)*; **~ people/money** nog med folk/pengar; **have you had ~ to eat?** är du mätt?, har du fått tillräckligt att äta; **we earn ~ to live on** vi tjänar tillräckligt att leva på; **will £5 be ~?** är 5 pund nog?; **more than ~ money** mer än nog av pengar; **more than ~ to drink** mer än nog att dricka; **more than ~ for everyone** mer än nog för alla; **that's ~!**, **~'s ~!** *(vard)* det räcker!, nu är det nog!; **I've had ~ of his silly behaviour** jag har fått nog av hans dumma uppträdande; **I have ~ to do without taking on more work** jag har tillräckligt att göra utan att åta mig mer arbete; **it's ~ to drive you mad** *(vard)* det är nog för att göra en galen; **he never has ~ of work** han får aldrig nog av arbete; **you can never have ~ of this scenery** man tröttnar aldrig på den här naturen; **it was ~ to prove his innocence** det var tillräckligt för att bevisa hans oskuld

2 *adv* tillräckligt; **it's warm ~ to swim** det är tillräckligt varmt för att bada; **he's old ~ to go alone** han är tillräckligt gammal för att gå ensam; **she was fool ~/~ of a fool to listen to him** hon var dum nog att lyssna på honom; **he was kind ~ to lend me the money** han var vänlig nog att låna mig pengar; **you know well ~ (that)...** du vet mycket väl (att)...; **oddly/curiously/strangely ~...** konstigt nog...; **sure ~** mycket riktigt; **fair ~!** *(vard)* kör till!

en·quire [ɪnˈkwaɪəʳ] *etc se* **inquire** *etc*

en·rage [ɪnˈreɪdʒ] *vt (göra rasande)* reta upp

en·rich [ɪnˈrɪtʃ] *vt (eg: person, land)* göra rik; *(: livsmedel)* berika; *(bildl: liv, kultur)* berika; *(jord)* göda; *(uran etc)* anrika

en·rich·ment [ɪnˈrɪtʃmənt] *s (se* **enrich***)* berikande; gödande; anrikning

en·rol, *(Am)* **en·roll** [ɪnˈrəʊl] **1** *vt (medlem, deltagare, student)* skriva in, registrera **2** *vi (till kurs etc)* anmäla sig *(in/for* till); *(förening)* gå in, bli medlem *(in* i)

en·rol·ment, *(Am)* **en·roll·ment** [ɪnˈrəʊlmənt] *s (till kurs etc)* anmälan *(on* till); *(i siffror: medlems-, deltagar-, student- etc)* antal; **a school with an ~ of 1,500 (pupils)** en skola med 1500 inskrivna elever

en route [ɒnˈruːt] *adv:* **to be ~ for** vara på väg till; **to be ~ from/to** vara på väg från/till; **it was stolen ~** den stals under färden

en·sem·ble [ɑːnˈsɑːmbl] *s* **(a)** *(Mus: grupp)* ensemble; *(kläder)* ensemble **(c)** *(det hela)* helhet(sintryck)

en·sign [ˈensaɪn] *s* **(a)** *(fana)* flagga, vimpel; *(Brit: Flottan)* flagga; **the red ~** brittiska handelsflaggan; **the white ~** brittiska örlogsflaggan **(b)** [ˈensn] *(Am Sjö)* fänrik

en·slave [ɪnˈsleɪv] *vt (eg, bildl)* göra till slav, förslava

en·snare [ɪnˈsneəʳ] *vt (eg, bildl)* snärja

en·sue [ɪnˈsjuː] *vi (i tid)* följa; *(resultera)* bli följden *(from* av)

en·su·ing [ɪnˈsjuːɪŋ] *adj* påföljande

en·sure [ɪnˈʃʊəʳ] *vt* garantera; **to ~ that...** se till att...

en·tail |ɪn'teɪl| *vt (föra med sig)* innebära; **it** ~**ed buying a new car** det förde med sig att vi måste köpa ny bil

en·tan·gle |ɪn'tæŋgl| *vt (garn etc)* trassla till; *(bildl);* **to become** ~**d in sth** bli invecklad i ngt

en·tan·gle·ment |ɪn'tæŋglmənt| *s (eg)* trassel; *(bildl)* inblandning; *(förhållande)* kärleksaffär

en·ter |'entə^r| **1** *vt* **(a)** *(hus, rum etc)* gå in i, komma in i; *(land etc)* komma in i; *(om gevärskula)* tränga in i; *(väg)* köra in på; *(armén etc)* gå in vid, skriva in sig vid; *(utbildning etc)* börja på; *(debatt, diskussion)* ge sig in i; **the thought never** ~**ed my head** det föll mig aldrig in; **he** ~**ed the church** han blev präst **(b)** *(namn på lista etc)* skriva upp; *(elev, kandidat, tävlande)* anmäla; **to** ~ **a horse for a race** anmäla en häst till ett lopp **2** *vi (i allm)* gå in, komma in; *(Teat)* göra entré; **to** ~ **for** *(tävling etc)* anmäla sig till

♦ **enter into** *vi + prep* **(a)** *(avtal etc)* ingå; *(förklaringar)* ge sig in på; *(konversation, förhandlingar etc)* inleda **(b)** *(planer, kalkyler)* ingå i; **that doesn't** ~ **into it** det har ingenting med det att göra **(c):** **to** ~ **into the spirit of an occasion** anpassa sig till den rådande stämningen

en·teri·tis |ˌentə'raɪtɪs| *s* tarmkatarr, enterit *(spec)*

en·ter·prise |'entəpraɪz| *s* **(a)** *(firma, handling)* företag **(b)** *(initiativ)* företagsamhet; **free** ~ fri företagsamhet; **private** ~ privat företagsamhet

en·ter·pris·ing |'entəpraɪzɪŋ| *adj (person, initiativ)* företagsam

en·ter·tain |ˌentə'teɪn| **1** *vt* **(a)** *(publik, gäst)* underhålla; **to** ~ **sb to dinner** bjuda ngn på middag **(b)** *(idé, tanke)* vara inne på; *(förslag)* överväga; *(tvivel, förhoppningar)* hysa **2** *vi (ha gäster)* ha främmande

en·ter·tain·er |ˌentə'teɪnə^r| *s* underhållare

en·ter·tain·ing |ˌentə'teɪnɪŋ| **1** *adj* underhållande **2** *s:* **they do a lot of** ~ de har mycket främmande

en·ter·tain·ment |ˌentə'teɪnmənt| *s* **(a)** *(för gäster, publik)* underhållning; ~ **allowance** representationskonto **(b)** *(show)* föreställning; **the** ~ **world** nöjesvärlden

en·thral(l) |ɪn'θrɔːl| *vt (bildl: vanl passiv)* fängsla

en·thral·ling |ɪn'θrɔːlɪŋ| *adj* fängslande

en·thuse |ɪn'θuːz| *vi* bli entusiastisk *(over/about över)*

en·thu·si·asm |ɪn'θuːzɪæzəm| *s* entusiasm; **to show** ~ **for sth** visa entusiasm för ngt; **to arouse** ~ **in sb (for sth)** väcka entusiasm hos ngn (för ngt); **it failed to arouse my** ~ det lyckades inte väcka min entusiasm

en·thu·si·ast |ɪn'θuːzɪæst| *s* entusiast; **jazz** ~ jazzfantast

en·thu·si·as·tic |ɪnˌθuːzɪ'æstɪk| *adj (person)* entusiastisk; **to be** ~ **about sth/sb** vara entusiastisk för ngt/ngn

en·tice |ɪn'taɪs| *vt (lura)* locka; **to** ~ **sb away from sb/sth** locka bort ngn från ngn/ngt; **to** ~ **sb into doing sth** locka ngn att göra ngt; **to** ~ **sb with food** *etc* locka ngn med mat *etc*

en·tice·ment |ɪn'taɪsmənt| *s (frestelse)* lockelse; *('morot')* lockbete

en·tic·ing |ɪn'taɪsɪŋ| *adj* lockande

en·tire |ɪn'taɪə^r| *adj (i sin helhet)* hel; *(odelad)* fullständig; **the** ~ **week** hela veckan; **my** ~ **confidence** mitt fullständiga förtroende

en·tire·ly |ɪn'taɪəlɪ| *adv* fullständigt; **not** ~ inte helt och hållet

en·tirety |ɪn'taɪərətɪ| *s* helhet; **in its** ~ i sin/dess helhet

en·ti·tle |ɪn'taɪtl| *vt* **(a)** *(bok etc)* ge titel, benämna; **a book** ~**ed...** en bok med titeln **(b)**

(ge rätt) berättiga; **to** ~ **sb to sth** ge ngn rätt till ngt; **to be** ~**d to sth/to do sth** vara berättigad till ngt/att göra ngt; **you are quite** ~**d to do as you wish** du har full rätt att göra som du vill

en·tity |'entɪtɪ| *s (självständig)* enhet; *(grundläggande egenskaper)* väsen

ento·mol·ogy |ˌentə'mɒlədʒɪ| *s* entomologi

en·tou·rage |ˌɒntʊ'rɑːʒ| *s (presidents etc)* följe

en·trails |'entreɪlz| *spl* inälvor

en·trance¹ |'entrəns| *s* **(a)** *(väg in)* ingång; **front/back** ~ huvud-/köks|ingång **(b)** *(av person i rum etc)* entré; *(rätt att komma in)* tillträde; *(i yrkesliv)* inträde; *(Teat)* entré; **to make one's** ~ *(Teat)* göra (sin) entré; **to gain** ~ **to** vinna tillträde till; ~ **examination** inträdesexamen; ~ **fee** entréavgift; ~ **ramp** *(Am Motor)* påfart (till motorväg)

en·trance² |ɪn'trɑːns| *vt (vanl pass)* hänföra

en·tranc·ing |ɪn'trɑːnsɪŋ| *adj* hänförande

en·trant |'entrənt| *s (i tävling)* deltagare; *(i examen)* anmäld (deltagare); *(till utbildning, yrke)* aspirant

en·treat |ɪn'triːt| *vt* bönfalla, be; **to** ~ **sb to do sth** bönfalla ngn att göra ngt

en·treaty |ɪn'triːtɪ| *s* enträgen bön; **a look of** ~ en bedjande blick

en·trée |'ɒntreɪ| *s (Matl: i sht Am: på restaurang)* huvudrätt

en·trenched |ɪn'trentʃt| *adj (Mil)* starkt befäst; *(bildl)* fast förankrad

en·trust |ɪn'trʌst| *vt* anförtro; **to** ~ **sb with sth/sth to sb** anförtro ngt åt ngn

en·try |'entrɪ| *s* **(a)** *(port)* ingång; *(till hus)* infart; *(i land)* inresa; **no** ~ *(på dörr etc)* tillträde förbjudet; *(Motor)* infart förbjuden; ~ **permit** *(till land)* inresetillstånd **(b)** *(på levnadsbana etc)* inträdande, inträde **(c)** *(Sport etc: totalt)* deltagande; *(: enstaka)* anmälning; ~ **fee** anmälningsavgift; ~ **form** anmälningsblankett **(d)** *(i lexikon etc)* uppslagsord; *(i dagbok, kassabok etc)* anteckning

en·twine |ɪn'twaɪn| *vt* slingra sig kring; **with their arms** ~**d** med armarna om varandra

enu·mer·ate |ɪ'njuːməreɪt| *vt* räkna upp

enun·ci·ate |ɪ'nʌnsɪeɪt| *vt (ord, ljud)* uttala; *(teori, idé)* uttrycka

enun·cia·tion |ɪˌnʌnsɪ'eɪʃən| *s (uttal)* artikulation; *(formulering)* uttrycksätt

en·vel·op |ɪn'veləp| *vt (eg, bildl)* svepa in (in i); ~**ed in mist** insvept i dimma; ~**ed in mystery** höljd i dunkel

en·velope |'envələʊp| *s (Post)* kuvert

en·vi·able |'envɪəbl| *adj* avundsvärd

en·vi·ous |'envɪəs| *adj* avundsjuk; **to be** ~ **of sb/sth** vara avundsjuk på ngn/över ngt

en·vi·ron·ment |ɪn'vaɪrənmənt| *s (social, fysisk)* miljö; **Department of the E**~ miljödepartementet

en·vi·ron·men·tal |ɪnˌvaɪrən'mentl| *adj* miljö-; ~ **studies** miljökunskap

en·vi·ron·men·tal·ist |ɪnˌvaɪrən'mentəlɪst| *s* miljövårdare

en·vis·age |ɪn'vɪzɪdʒ| *vt (problem etc)* förvänta sig, förutse; *(framtiden etc)* föreställa sig, förutse

en·vi·sion |ɪn'vɪʒən| *vt (i sht Am)* = **envisage**

en·voy |'envɔɪ| *s (med särskilt uppdrag)* sändebud; *(diplomat)* minister, envoyé

envy |'envɪ| **1** *s* avund(sjuka); **it was the** ~ **of all the neighbours** alla grannarna var avundsjuka på den; **a look of** ~ en blick av avund; **to be green with** ~ vara grön av avund **2** *vt* avundas

en·zyme |'enzaɪm| *s* enzym

eon |'iːɒn| *s* = **aeon**

ephem·er·al |ɪ'femərəl| *adj (efemär)* flyktig

epic |'epɪk| **1** *adj (hjältedikt)* episk; *(resa etc)* storslagen; *(bildl vard)* enorm **2** *s (episk dikt, film~)* epos

epi·cen·tre |'epɪsentə'| *s* epicentrum

epi·cure |'epɪkjʊə'| *s* finsmakare, gourmet

epi·dem·ic |ˌepɪ'demɪk| **1** *adj* epidemisk **2** *s (eg, bildl)* epidemi

epi·gram |'epɪgræm| *s* epigram

epi·lep·sy |'epɪlepsɪ| *s* epilepsi

epi·lep·tic |ˌepɪ'leptɪk| **1** *adj* epileptisk; ~ **fit** epileptiskt anfall **2** *s* epileptiker

epi·logue |'epɪlɒg| *s* epilog

Epipha·ny |ɪ'pɪfənɪ| *s* trettondagen, trettondag jul

epis·co·pal |ɪ'pɪskəpəl| *adj* biskops-, biskoplig; **the E**~ **Church** episkopalkyrkan, anglikanska kyrkan

epis·co·pa·lian |ɪˌpɪskə'peɪlɪən| **1** *adj* episkopal **2** *s*: **E**~ medlem i episkopalkyrkan

epi·sode |'epɪsəʊd| *s (Litt)* episod; *(TV, Radio)* avsnitt; *(bildl)* lugn

epis·tle |ɪ'pɪsl| *s (åld, skämts: brev)* epistel; **E**~ *(Rel: i Nya testament)* brev; *(: text vid gudstjänst)* epistel

epi·taph |'epɪtɑːf| *s* gravskrift

epi·thet |'epɪθet| *s (benämning)* epitet

epito·me |ɪ'pɪtəmɪ| *s (bildl)* urtyp; **he's the** ~ **of** laziness han är lättjan personifierad

epito·mize |ɪ'pɪtəmaɪz| *vt (bildl)* vara urtypen för, vara typisk för

epoch |'iːpɒk| *s (period)* epok

epoch-making |'iːpɒkmeɪkɪŋ| *adj* epokgörande

eq·uable |'ekwəbl| *adj (klimat, temperatur)* jämn; *(temperament)* lugn

equal |'iːkwəl| **1** *adj* lika; ~ **pay for** ~ **work** lika lön för lika arbete; **to be** ~ **to sth** *(Mat)* vara lika med ngt; **to be** ~ **in strength** vara likvärdig i styrka; **all things being** ~ under för övrigt lika förhållanden; **with** ~ **ease** med samma lätthet; **on** ~ **terms** på lika villkor; **to be/feel** ~ **to** *(uppgift)* klara av, orka med; ~**(s) sign** *(Mat)* likhetstecken; **the E**~ **Opportunities Commission** *(Brit: ung)* jämställdhetskommittén; **the E**~ **Rights Amendment** *(Am: förk* **ERA**) (förslag till) författningstillägg om jämställdhet mellan könen **2** *s (person)* (jäm)like; *(föremål)* like; **without** ~ utan like/jämförelse **3** *vt (Mat)* vara lika med; *(rekord)* tangera; *(rival, i kvalitet)* kunna mäta sig med

equali·ty |ɪ'kwɒlɪtɪ| *s* jämlikhet

equal·ize |'iːkwəlaɪz| **1** *vt (göra lika)* utjämna **2** *vi (Sport)* kvittera

equal·iz·er |'iːkwəlaɪzə'| *s (Sport)* kvitteringsmål

equal·ly |'iːkwəlɪ| *adv* lika; *(satsadv)* likaså; ~ **clever/guilty** lika duktig/skyldig; **to share work** ~ dela arbete lika; ~, **you must remember...** likaså måste du komma ihåg

equa·nim·ity |ˌekwə'nɪmɪtɪ| *s (sinneslugn)* jämvikt

equate |ɪ'kweɪt| *vt* **(a)** jämställa *(with* med) **(b)** *(Mat)* göra en ekvation av

equa·tion |ɪ'kweɪʒən| *s (Mat)* ekvation

equa·tor |ɪ'kweɪtə'| *s* ekvator

equa·to·rial |ˌekwə'tɔːrɪəl| *adj* ekvatorial; ~ **Africa** Ekvatorialafrika

eques·trian |ɪ'kwestrɪən| **1** *adj* ryttar-, rid-; ~ **statue** ryttarstaty; ~ **sports** ridsport, hästsport **2** *s* ryttare

equi·dis·tant |'iːkwɪ'dɪstənt| *adj* på samma avstånd

equi·lat·eral |'iːkwɪ'lætərəl| *adj* liksidig

equi·lib·rium |ˌiːkwɪ'lɪbrɪəm| *s (läge)* jämvikt; **to maintain/lose one's** ~ *(eg, bildl)* behålla/förlora jämvikten

equili·brist |ɪ'kwɪlɪbrɪst| *s* ekvilibrist

equine |'ekwaɪn| *adj* häst-; ~ **face** hästansikte

equi·nox |'iːkwɪnɒks| *s* dagjämning; **spring** ~ vårdagjämning

equip |ɪ'kwɪp| *vt (rum etc)* utrusta, förse *(with*

med); *(person: med mat o dryck)* förse; *(: för uppgift)* göra rustad; **he is well** ~**ped for the job** han är väl rustad för arbetet

equip·ment |ɪ'kwɪpmənt| *s* utrustning; **electrical** ~ elmateriel

equi·table |'ekwɪtəbl| *adj* rättvis

equi·ty |'ekwɪtɪ| *s* rättvisa; *(Jur)* sedvanerätt; **equities** *spl (Brit Ekon)* stamaktier

equiva·lent |ɪ'kwɪvələnt| **1** *adj* likvärdig; **to be** ~ **to** motsvara **2** *s* motsvarighet

equivo·cal |ɪ'kwɪvəkəl| *adj* tvetydig

equivo·cate |ɪ'kwɪvəkeɪt| *vi* uttrycka sig tvetydigt

equivo·ca·tion |ɪˌkwɪvə'keɪʃən| *s* tvetalan

E.R. *förk f* **Elizabeth Regina** *(på emblem etc)* drottning Elizabeth

ERA *förk f* **Equal Rights Amendment;** *se* **equal 1**

era |'ɪərə| *s* tidsålder, era

eradi·cate |ɪ'rædɪkeɪt| *vt (brott, sjukdom etc)* utrota; *(ogräs)* dra upp med roten, utrota

erase |ɪ'reɪz| *vt (sudda bort)* radera; *(bildl)* utplåna

eras·er |ɪ'reɪzə'| *s (för blyerts)* radergummi; *(för svart tavla)* sudd; *(för skrivmaskin)* korrektionsvätska

erect |ɪ'rekt| **1** *adj (rak)* upprätt; **to stand** ~ stå rak; **with head** ~ med högburet huvud **2** *vt (byggnad)* uppföra; *(staty, monument, tält, flaggstång)* resa; *(hinder etc)* resa; *(teori)* uppställa

erec·tion |ɪ'rekʃən| *s (se* **erect 2)** uppförande; resande; *(byggnad)* konstruktion; *(Anat)* erektion

erode |ɪ'rəʊd| *vt (Geol)* erodera; *(metall)* fräta på; *(tålamod etc)* nöta på; *(levnadsstandard etc)* urholka

ero·sion |ɪ'rəʊʒən| *s (Geol)* erosion; *(på metall)* frätning; *(bildl)* urholkning

erot·ic |ɪ'rɒtɪk| *adj* erotisk

eroti·cism |ɪ'rɒtɪsɪzəm| *s* erotik

err |ɜː'| *vi (ta fel)* missta sig; *(synda)* fela; **to** ~ **on the side of caution** vara försiktig i överkant

er·rand |'erənd| *s* ärende; **to run** ~**s** springa ärenden; ~ **of mercy** räddningsaktion, brandkårsutryckning *(bildl)*; ~ **boy** springpojke

er·ra·ta |ɪ'rɑːtə| *spl (lista över)* tryckfel

er·rat·ic |ɪ'rætɪk| *adj (person, uppträdande, åsikter)* oberäknelig; *(humör)* ojämn; *(bilkörning)* ryckig; *(resultat etc)* oregelbunden

er·ro·neous |ɪ'rəʊnɪəs| *adj* felaktig

er·ror |'erə'| *s (misstag)* fel; **to be in** ~ *(person)* ta fel; *(föremål)* vara felaktig; **human** ~ fel beroende på den mänskliga faktorn; **typing/spelling** ~ skriv-/stav/fel; **to see the** ~ **of one's ways** inse att man felat

eru·dite |'erʊdaɪt| *adj (person, arbete)* lärd

erupt |ɪ'rʌpt| *vi (vulkan)* ha utbrott; *(ilska, utslag, krig etc)* bryta ut; **he** ~**ed into the room** han trängde in i rummet

erup·tion |ɪ'rʌpʃən| *s (av vulkan, ilska etc)* utbrott; *(av prickar på hud)* utslag

es·ca·late |'eskəleɪt| **1** *vi (kostnader, våld etc)* trappas upp, intensifieras **2** *vt (bombanfall, våld etc)* trappa upp, intensifiera

es·ca·la·tion |ˌeskə'leɪʃən| *s* upptrappning

es·ca·la·tor |'eskəleɪtə'| *s* rulltrappa

es·ca·pade |ˌeskə'peɪd| *s (äventyr, tilltag)* eskapad

es·cape |ɪs'keɪp| **1** *s (från fängelse etc)* rymning; *(gas etc)* läcka; *(från vardagen)* flykt; **there's been an** ~ det har varit en rymning, någon har rymt; **to have a narrow** ~ precis klara sig undan; **to make one's** ~ lyckas komma undan; ~ **clause** *(i avtal)* undantagsbestämmelse; ~ **hatch** *(i flygplan etc)* nödutgång; ~ **plan** rymningsplan; ~ **route** flyktväg **2** *vt (förföljare etc)* undkomma; *(följder, straff etc)* slippa, undgå; **he narrowly** ~**d being killed** han undgick med knapp nöd att bli dödad; **his name** ~**s me** hans namn har fallit mig ur minnet; **it had** ~**d his notice that…** han hade inte märkt att…; **nothing** ~**s her (attention)** ingenting undgår henne(s uppmärksamhet) **3** *vi* *(fånge etc)* rymma; *(vätska, gas etc)* läcka ut; **to** ~ **from** *(person, plats)* fly från, rädda sig undan; **he** ~**d with a few bruises** *(bildl)* han klarade sig med skinnet i behåll; **an** ~**ed prisoner** en förrymd fånge

es·cap·ism [ɪsˈkeɪpɪzəm] *s* verklighetsflykt, eskapism

es·cap·ist [ɪsˈkeɪpɪst] **1** *adj* verklighetsfrämmande **2** *s* eskapist

es·ca·polo·gist [ˌeskəˈpɒlədʒɪst] *s* utbrytarkung

es·carp·ment [ɪsˈkɑːpmənt] *s* brant sluttning

es·cort [ˈeskɔːt] **1** *s* *(Mil, Sjö, följe)* eskort; *(kvinnas)* kavaljer; **to travel under** ~ resa under eskort; ~ **agency** *(för affärsmän)* eskortförmedling; ~ **duty** *(Polis)* eskorttjänst; ~ **vessel** eskortfartyg **2** [ɪsˈkɔːt] *vt* *(Mil, Sjö ledsaga)* eskortera; **to** ~ **sb in** *(fånge etc)* föra in ngn

es·cutch·eon [ɪˈskʌtʃən] *s* vapensköld

Es·ki·mo [ˈeskɪməʊ] **1** *adj* eskimåisk **2** *s* *(person)* eskimå; *(språk)* eskimåiska

esopha·gus [ɪˈsɒfəgəs] *s (Am)* = **oesophagus**

eso·ter·ic [ˌesəʊˈterɪk] *adj* esoterisk

es·pe·cial [ɪsˈpeʃəl] *adj (frm)* speciell

es·pe·cial·ly [ɪsˈpeʃəlɪ] *adv (i synnerhet)* särskilt, speciellt; *(i särskilt syfte)* speciellt, just; **it is** ~ **awkward** det är speciellt besvärligt; ~ **when it rains** särskilt/i synnerhet när det regnar; **why me,** ~? varför just jag?

Es·pe·ran·to [ˌespəˈræntəʊ] *s* esperanto

espio·nage [ˌespɪəˈnɑːʒ] *s* spionage; **industrial** ~ industrispionage

es·pla·nade [ˌespləˈneɪd] *s* strandpromenad

es·pouse [ɪsˈpaʊz] *vt*: **to** ~ **a cause** *(bildl frm)* stödja en sak

es·pres·so [esˈpresəʊ] *s* espresso(kaffe)

Esq. *förk f* **Esquire** *(Brit: utanpå brev)* herr; **Colin Smith** ~ Herr Colin Smith

es·quire [ɪsˈkwaɪəʳ] *s (Brit: förkortas vanl till Esq.)* *se* **Esq.**; *(Hist)* väpnare; *jfr* **squire**

es·say [ˈeseɪ] *s (litterär)* essä; *(Univ, Skol)* uppsats

es·say·ist [ˈeseɪɪst] *s* essäförfattare, essäist

es·sence [ˈesəns] *s* **(a)** det väsentliga; **in** ~ i grund och botten; **speed is of the** ~ snabbhet är huvudsaken **(b)** *(vanilj- etc)* essens

es·sen·tial [ɪˈsenʃəl] **1** *adj (nödvändig)* väsentlig; **it is** ~ **that…** det är väsentligt att… **2** *s (ofta pl)* väsentlighet, det viktigaste; **the bare** ~**s of life** livets nödtorft

es·sen·tial·ly [ɪˈsenʃəlɪ] *adv* i huvudsak

es·tab·lish [ɪsˈtæblɪʃ] *vt* **(a)** *(firma)* etablera, grunda; *(stat, kommitté)* bilda; *(bruk, regel, prejudikat)* skapa, införa; *(förbindelser)* skapa, knyta; *(makt, rykte)* befästa; *(fred, ordning)* trygga; **to** ~ **sb in a business** hjälpa ngn att öppna eget **(b)** *(faktum)* konstatera; *(identitet, rättigheter)* fastslå; *(oskuld)* bevisa; **we have** ~**ed that…** vi har konstaterat att…

es·tab·lished [ɪsˈtæblɪʃt] *adj (person, företag)* etablerad; *(artist)* erkänd; *(bruk)* vedertagen; *(faktum)* känd; **the E**~ **Church** (engelska) statskyrkan; **a well-**~**ed business** ett väl inarbetat företag

es·tab·lish·ment [ɪsˈtæblɪʃmənt] *s* **(a)** *(se* **establish)** etablerande; bildande; skapande, införande; befästande; tryggande **(b)** *(inrättning)* anstalt; *(hotell etc)* etablissemang; *(firma)* företag; *(Admin)* personal; *(Mil)* styrka; *(Sjö)* besättning; **teaching/nursing** ~ läro-/sjukvårds|anstalt; **the E**~ det etablerade samhället; **the literary/ musical E**~ det litterära/musikaliska etablis-

semanget

es·tate [ɪsˈteɪt] *s* **(a)** *(gods)* lantegendom; **real** ~ fast egendom; **real** ~ **business** fastighetsbranschen; **country** ~ lantställe; **housing** ~ *(i sht Brit)* kommunalt bostadsområde; **industrial** ~ industriområde; ~ **agency** fastighetsbyrå; ~ **agent** *(Brit)* fastighetsmäklare; ~ **car** *(Brit)* stationsvagn **(b)** *(ägodelar)* tillgångar; *(avlidens)* kvarlåtenskap, dödsbo; *(ruinerad persons)* konkursbo; **she left a large** ~ hon lämnade en stor förmögenhet efter sig; **personal** ~ lösöre

es·teem [ɪsˈtiːm] **1** *vt (frm: person)* uppskatta; *(betrakta)* anse; **I would** ~ **it an honour** jag skulle anse det som en ära **2** *s (aktning)* uppskattning; **to hold sb in high** ~ högakta ngn; **he lowered himself in my** ~ han sjönk i min aktning; **he went up in my** ~ han steg i min aktning

es·thet·ic *etc (Am)* = **aesthetic** *etc*

es·ti·mate [ˈestɪmɪt] **1** *s (av sakförhållanden)* bedömning, uppskattning; *(av kostnader)* beräkning, uppskattning; **to form an** ~ **of sth/sb** bilda sig en uppfattning om ngt/ngn; **to give sb an** ~ **of** *(kostnad etc)* ge någon en uppskattning av; **rough** ~ grov uppskattning, överslagsberäkning; **an** ~ **of the cost** kostnadsberäkning **2** [ˈestɪmeɪt] *vt (värdera, bedöma)* uppskatta; **to** ~ **that…** bedöma att… **3** [ˈestɪmeɪt] *vi*: **to** ~ **for the cost** uppskatta kostnaden

es·tima·tion [ˌestɪˈmeɪʃən] *s* **(a)** *(omdöme)* uppfattning; **according to/in my** ~ enligt min uppfattning **(b)** *(aktning)* uppskattning

Es·ton·ia [eˈstəʊnjə] *s* Estland

Es·to·nian [eˈstəʊnjən] **1** *adj* estnisk **2** *s* **(a)** *(person)* est, estländare **(b)** *(språk)* estniska

es·tranged [ɪˈstreɪndʒd] *adj*: **she is** ~**d from her father** hon har brutit med sin far; **to become** ~**d** glida isär

es·trange·ment [ɪsˈtreɪndʒmənt] *s (mellan makar, vänner etc)* brytning

es·tro·gen [ˈiːstrəʊdʒən] *s (Am)* = **oestrogen**

es·tu·ary [ˈestjʊərɪ] *s (flod)* mynning

etch [etʃ] *vt (Grafik)* etsa; *(bildl: händelse etc: pass el refl)*: **to be** ~**ed on/to have** ~**ed itself on** ha etsat sig in i; **the memory of that day is** ~**ed for ever on my mind** minnet av den dagen har för alltid etsat sig in i mitt minne

etch·ing [ˈetʃɪŋ] *s* etsning

eter·nal [ɪˈtɜːnl] *adj* evig; *(neds)* evinnerlig; **the** ~ **triangle** det eviga triangeldramat

eter·nity [ɪˈtɜːnɪtɪ] *s* evighet; **it seemed like an** ~ *(bildl)* det kändes som en evighet

ether [ˈiːθəʳ] *s (Kem)* eter

ethe·real [ɪˈθɪərɪəl] *adj* eterisk

eth·ic [ˈeθɪk] *s (moral)* etik

ethi·cal [ˈeθɪkəl] *adj* etisk

eth·ics [ˈeθɪks] *s (sg: moralfilosofi)* etik; *(pl: moraliska principer)* etik

Ethio·pia [ˌiːθɪˈəʊpɪə] *s* Etiopien

Ethio·pian [ˌiːθɪˈəʊpɪən] **1** *adj* etiopisk **2** *s* etiopier

eth·nic [ˈeθnɪk] *adj* etnisk; ~ **music** folkmusik; ~ **minority** folkminoritet, etnisk minoritet

eth·nol·ogy [eθˈnɒlədʒɪ] *s* etnologi

ethos [ˈiːθɒs] *s* livssyn

eti·quette [ˈetɪket] *s (umgängesformer)* etikett; **professional** ~ yrkeskodex; **court** ~ *(kunglig)* hovetikett

Etrus·can [ɪˈtrʌskən] *adj* etruskisk

ety·mol·ogical [ˌetɪməˈlɒdʒɪkəl] *adj* etymologisk

ety·mol·ogy [ˌetɪˈmɒlədʒɪ] *s* etymologi

euca·lyp·tus [ˌjuːkəˈlɪptəs] *s (träd)* eukalyptus; *(olja)* eukalyptusolja

Eucha·rist [ˈjuːkərɪst] *s* nattvarden

eugen·ics [juːˈdʒenɪks] *spl* rashygien

eulo·gize [ˈjuːlədʒaɪz] *vt* lovprisa

eulogy [ˈjuːlədʒɪ] *s (beröm)* lovtal
eunuch [ˈjuːnək] *s* eunuck
euphemism [ˈjuːfəmɪzəm] *s* eufemism
euphemis·tic [ˌjuːfəˈmɪstɪk] *adj* eufemistisk
eupho·ria [juːˈfɔːrɪə] *s* upprymdhet, eufori
euphor·ic [juːˈfɒrɪk] *adj* upprymd, euforisk
Eura·sia [juəˈreɪʃə] *s* Eurasien
Eura·sian [juəˈreɪʃn] **1** *s* eurasier **2** *adj* eurasisk
Euro·crat [ˈjuərəʊkræt] *s (EG-ämbetsman)* ‘eurokrat’
Euro·dol·lar [ˈjuərəʊdɒləʳ] *s* eurodollar
Europe [ˈjuərəp] *s* Europa; *(Brit: Europas fastland)* kontinenten; **to go into/join** ~ *(Brit Pol)* gå med i EG
Euro·pean [ˌjuərəˈpiːən] **1** *adj* europeisk; ~ **plan** *(Am Hotell)* enbart rum (utan måltider); ~ **Economic Community** *(förk* **EEC)** europeiska gemenskapen, EG **2** *s* europé
eutha·na·sia [ˌjuːθəˈneɪzɪə] *s (dödshjälp)* eutanasi
evacu·ate [ɪˈvækjʊeɪt] *vt* **(a)** *(människor)* evakuera **(b)** *(byggnad, område)* utrymma
evacu·ation [ɪˌvækjʊˈeɪʃən] *s* evakuering, utrymning
evac·uee [ɪˌvækjʊˈiː] *s* evakuerad (person)
evade [ɪˈveɪd] *vt (bestraffning, förföljare etc)* undgå; *(blick, slag, fråga etc)* undvika; *(rättvisan)* hålla sig undan från; *(ansvar, sanning)* slingra sig från; *(militärtjänst, skatt, tull)* undandra sig, smita från
evalu·ate [ɪˈvæljʊeɪt] *vt (utvärdera)* uppskatta, bedöma; **to** ~ **evidence** utvärdera bevismaterial
evalu·ation [ɪˌvæljʊˈeɪʃən] *s* bedömning
evan·geli·cal [ˌiːvænˈdʒelɪkəl] *adj* evangelisk;
evan·gelist [ɪˈvændʒəlɪst] *s* **(a)** *(äv:* **E**~) evangelieförfattare, evangelist **(b)** *(predikare av evangelium)* evangelist, resepredikant
evapo·rate [ɪˈvæpəreɪt] **1** *vt (vätska)* få att dunsta; ~**d milk** kondenserad mjölk **2** *vi (vätska)* dunsta; *(bildl)* gå upp i rök
evapo·ra·tion [ɪˌvæpəˈreɪʃən] *s* avdunstning
eva·sion [ɪˈveɪʒən] *s (i allm: se äv* **evade)** undvikande; *(från att svara)* undanflykt; **tax** ~ skattefusk
eva·sive [ɪˈveɪzɪv] *adj (svar, person)* undvikande; **to take** ~ **action** *(Mil)* göra en undanmanöver
eve [iːv] *s* (helgdags)afton; *(åld, poet)* afton; **Christmas E**~ julafton; **New Year's E**~ nyårsafton; **on the** ~ **of** *(eg)* kvällen före; *(bildl)* på tröskeln till
even [ˈiːvən] **1** *adj* **(a)** *(nivå)* i jämnhöjd, jämn; *(yta)* slät, jämn **(b)** *(hastighet, temperatur etc)* konstant, jämn; *(andning, röst)* lugn; *(humör)* jämn; **on an** ~ **keel** *(bildl)* i jämvikt, i gång **(c)** *(mängd)* lika; **he has an** ~ **chance** han har femtio procents chans; **to get** ~ **with sb** göra upp med ngn; **the score was** ~ *(Sport)* det stod lika; **to break** ~ få det att gå ihop; **that makes us** ~ det gör oss jämspelta; **they are an** ~ **match** de är jämspelta **(d)** *(tal, pengar)* jämn **2** *adv* **(a)** *(även)* till och med; ~ **on Sundays** till och med på söndagar; ~ **I know that!** till och med jag vet det!; **(b):** ~ **though** fastän, även om; ~ **if** även om; ~ **so/then** ändå, i alla fall; ~ **as she said this** just när/som hon sa detta; ~ **as she shouted** medan hon ännu skrek; ~ **as a boy** redan som pojke; ~ **faster** ännu fortare **(c):** **not** ~ inte ens; **without** ~ **reading it** utan att ens läsa det; **he can't** ~ **read** han kan inte ens läsa
♦ **even out** **1** *vt + adv (yta, skillnad etc)* jämna ut; *(antal, poäng etc)* utjämna **2** *vi + adv* utjämnas
♦ **even up** *vt + adv (eg, bildl)* utjämna
eve·ning [ˈiːvnɪŋ] *s (afton)* kväll; **in the** ~ på kvällen; **this/tomorrow/yesterday** ~ i kväll/ morgon kväll/går kväll; **on Sunday** ~ på söndag kväll; **she spends her** ~**s knitting** hon tillbringar

kvällarna med att sticka; **good** ~! god kväll/ afton!; ~ **class** aftonskola, kvällskurs; ~ **dress** *(kvinnas)* aftonklänning; ~ **paper** kvällstidning; ~ **performance** kvällsföreställning; ~ **service** aftongudstjänst; *(mans)* smoking
even·ly [ˈiːvənlɪ] *adv (fördela, sprida etc)* jämnt; *(andas)* lugnt
even·song [ˈiːvənsɒŋ] *s* aftonsång, kvällsbön
event [ɪˈvent] *s (i allm)* händelse; *(Sport)* tävling; **at all** ~**s, in any** ~ i varje fall, i alla händelser; **in either** ~ i vilket fall (som helst); **in the** ~ **of/that...** i händelse av/att...; **in the** ~ i själva verket; **in that** ~ i så fall; **in the normal course of** ~**s** i normala fall; **in/during the course of** ~**s** under händelsernas gång
even-tempered [ˈiːvənˈtempəd] *adj* med jämnt humör, lugn
event·ful [ɪˈventfʊl] *adj* händelserik
even·tual [ɪˈventʃʊəl] *adj (slutgiltig)* slutlig
even·tu·al·ity [ɪˌventʃʊˈælɪtɪ] *s (möjlighet)* eventualitet; **in that** ~ i så fall; **to be ready for any** ~ vara beredd på alla eventualiteter
even·tu·al·ly [ɪˈventʃʊəlɪ] *adv (till sist)* slutligen; *(med tiden)* så småningom
ever [ˈevəʳ] *adv* **(a)** *(ständigt)* alltid; ~ **ready** alltid beredd/färdig; ~ **since** ända sedan; ~ **increasing anxiety** ständigt ökande oro; **they lived happily** ~ **after** de levde lyckliga i alla sina dagar; **as** ~ som alltid; **for** ~ *(i all framtid)* i evighet; *(hela tiden)* jämt och ständigt; **yours** ~ *(i brev)* din tillgivne
(b) *(någon gång)* någonsin; **hardly** ~ nästan aldrig; **seldom, if** ~ sällan eller aldrig; **more beautiful than** ~ vackrare än någonsin; **more than** ~ mer än någonsin; **now, if** ~ **is the time/ moment to...** nu, om någonsin, är den rätta tiden at...; **nothing** ~ **happens** det händer aldrig någonting; **the best** ~ den/det bästa någonsin, den/det genom tiderna bästa; **he's a liar if** ~ **there was one** han är en lögnare om någon; **did you** ~ **meet him?** träffade du honom någonsin?; **did you** ~? *(vard)* har man hört på maken!; **we haven't** ~ **tried it** vi har aldrig prövat det
(c) *(förstärkande):* **as soon as** ~ **you can** så snart du bara kan; **why** ~ **did you do it?** varför i all världen gjorde du det?; **why** ~ **not?** varför i all sin dar inte?; **never** ~ aldrig i livet; ~ **so** *(Brit vard)* väldigt; **we're** ~ **so grateful** vi är väldigt tacksamma; **is it** ~ **big!** *(Am vard)* OM den är stor alltså!; **as if I** ~ **would!** som om jag någonsin skulle kunna göra något sådant!
ever·green [ˈevəgriːn] *s (ständigt grön)* vintergrön växt
ever·lasting [ˌevəˈlɑːstɪŋ] *adj (liv)* evig; *(neds)* evig, ständig; ~ **flower** evighetsblomma
every [ˈevrɪ] *pron fören* **(a)** *(var och en: för sig)* varje; *(: tillsammans)* alla; ~ **one of them** varenda en; **I gave you** ~ **assistance** jag gav dig all möjlig hjälp; ~ **day** varje dag; **his** ~ **wish/ word** hans minsta önskan/ord; **I enjoyed** ~ **minute of the party** jag hade roligt varje minut på festen; ~ **bit as clever as...** precis lika duktig som...; ~ **time (that)...** varje gång/alla gånger (som)...; ~ **single time** varenda gång; **in** ~ **way** på alla sätt **(b)** *(i distributiva uttryck):* ~ **three days,** ~ **third day** var tredje dag; ~ **other month,** ~ **second month** varannan månad; ~ **few days** var och varannan dag; ~ **so often,** ~ **now and then,** ~ **now and again** då och då
every·body [ˈevrɪbɒdɪ] *pron självst* var och en, alla; **good night,** ~! godnatt; allesammans!; ~ **else** alla andra
every·day [ˈevrɪdeɪ] *adj (händelse, uttryck etc)* vardaglig; *(bruk etc)* daglig; *(skor, kläder etc)* vardags-
every·one [ˈevrɪwʌn] *pron självst* = **everybody**

every·thing [ˈevrɪθɪŋ] *pron självst* allt; allting; ~ **is ready** allting är färdigt; ~ **you say is true** allt vad du säger är sant; **money isn't** ~ pengar är inte allt; **he did** ~ **possible** han gjorde allt som var möjligt

every·where [ˈevrɪwɛəʳ] *adv* överallt; ~ **I go** vart jag (än) går; **I looked** ~ jag tittade överallt; ~ **in Sweden** överallt i Sverige

evict [ɪˈvɪkt] *vt (hyresgäst)* vräka

evic·tion [ɪˈvɪkʃən] *s* vräkning; ~ **notice** vräkningsbesked; ~ **order** vräkningsbeslut

evi·dence [ˈevɪdəns] *s (för teori etc)* bevis, stöd; *(Jur)* bevis; *(tecken)* spår; ~ **of/that...** tecken på/på att...; **circumstantial** ~ indicium; **there is no** ~ **against him** det finns inga bevis mot honom; **to give** ~ vittna; **to show** ~ **of** visa prov på; **to be (much) in** ~ visa sig (tydligt), vara (väl) synlig; **to turn King's/Queen's** *el (Am)* **State's** ~ uppträda som kronvittne

evi·dent [ˈevɪdənt] *adj* tydlig, uppenbar; **it is** ~ **from the way her...** det syns på det sätt han...; **it is** ~ **from his speech that...** det framgår tydligt av hans tal att...; **it is** ~ **that...** det är uppenbart att...

evi·dent·ly [ˈevɪdəntlɪ] *adv (som det syns)* klart, tydligt; *(som det verkar)* uppenbarligen, tydligen; ~ **he cannot come** han kan uppenbarligen inte komma

evil [ˈiːvl] **1** *adj (person)* ond, elak; *(lukt)* otäck; *(handling, ande)* ond; *(rykte, inflytande)* dålig; *(tider, förhållanden)* svår; **to put the** ~ **eye on sb** sätta onda ögat på ngn **2** *s* ont; **to choose the lesser of two** ~**s** välja det minst onda (av två onda ting)

evil-doer [ˈiːvlˌduːəʳ] *s* missdådare

evil-minded [ˌiːvlˈmaɪndɪd] *adj* illasinnad

evil-tempered [ˌiːvlˈtempəd] *adj* som har elakt humör

evince [ɪˈvɪns] *vt (frm)* röja, visa; **to** ~ **fear** visa fruktan

evo·ca·tion [ˌevəˈkeɪʃən] *s (av minnen etc)* framkallande

evoca·tive [ɪˈvɒkətɪv] *adj* påminnande *(of* om)

evoke [ɪˈvəʊk] *vt (minnen)* framkalla, väcka; *(beundran)* väcka

evo·lu·tion [ˌiːvəˈluːʃən] *s* utveckling; **Darwin's theory of** ~ Darwins utvecklingslära

evolve [ɪˈvɒlv] **1** *vt (teori, plan etc)* utveckla **2** *vi (art, teori etc)* utvecklas

ewe [juː] *s (fårhona)* tacka

ex [eks] *prep* **(a)** *(förutom: ränta, utdelning)* exklusive **(b)** *(Handel: vara)* levererad från; **the price** ~ **works** pris fritt fabrik

ex- [eks] *prefix (före detta)* ex-, fd; ~**-husband/wife** ex|make/-hustru; ~**-minister** fd minister; ~**-president** expresident; ~**-serviceman** *(Mil)* veteran

ex·ac·er·bate [eksˈæsəbeɪt] *vt (smärta, tillstånd)* förvärra; *(bildl: relationer, situation)* försämra

ex·act [ɪgˈzækt] **1** *adj* exakt; **his** ~ **words were...** han sa ordagrant...; **to be** ~, **there were three of us** för att vara exakt var vi tre; **can you be more** ~? kan du uttrycka dig mer exakt? **the** ~ **opposite** den exakta motsatsen *(of* till) **2** *vt (betalning)* indriva; *(lydnad)* kräva *(from* av)

ex·act·ing [ɪgˈzæktɪŋ] *adj (arbete, person)* krävande, fordrande

ex·act·ly [ɪgˈzæktlɪ] *adv (beskriva, veta etc)* exakt; *(om tid)* precis; **not** ~ inte precis; **he wasn't** ~ **pleased** han var inte precis nöjd

ex·ag·ger·ate [ɪgˈzædʒəreɪt] *vt, vi* överdriva

ex·ag·ger·at·ed [ɪgˈzædʒəreɪtɪd] *adj* överdriven

ex·ag·gera·tion [ɪgˌzædʒəˈreɪʃən] *s* överdrift

ex·alt·ed [ɪgˈzɔːltɪd] *adj* **(a)** *(ställning, person)* högt uppsatt **(b)** *(sinnesstämning)* upprymd, exalterad

exam [ɪgˈzæm] *s (förk f* **examination a)** examen, tenta

ex·ami·na·tion [ɪgˌzæmɪˈneɪʃən] *s* **(a)** *(skol: slut-)* examen; *(: på kurs)* tentamen **(b)** *(inspektion)* undersökning; *(av vittne, misstänkt)* förhör; *(Med)* undersökning; **to take/sit an** ~ gå upp i examen/tentamen; **oral** ~ muntlig tentamen; **on** ~ vid närmare undersökning; **the matter is under** ~ saken är under prövning

ex·am·ine [ɪgˈzæmɪn] *vt (i allm)* pröva, förhöra; *(ämne)* tentera; *(inspektera)* undersöka; *(vittne, misstänkt)* förhöra; *(Med)* undersöka

ex·am·in·er [ɪgˈzæmɪnəʳ] *s (Skol, Univ)* examinator, tentator; *se äv* **external**

ex·am·ple [ɪgˈzɑːmpl] *s (typiskt exempel)* exempel; *(person)* exempel, föredöme; *(Mat etc)* exempel, uppgift; **for** ~ till exempel; **to quote sth/sb as an** ~ åberopa ngt/ngn som exempel; **to follow sb's** ~ följa ngns exempel; **to set a bad** ~ vara ett dåligt föredöme; **to make an** ~ **of sb** statuera ett exempel på ngn; **to punish sb as an** ~ straffa ngn som ett varnande exempel

ex·as·per·ate [ɪgˈzɑːspəreɪt] *vt* göra utom sig, driva till förtvivlan; **she became** ~**d when the car would not start** hon blev alldeles utom sig när bilen inte ville starta

ex·as·per·at·ing [ɪgˈzɑːspəreɪtɪŋ] *adj (person)* odräglig; *(situation)* ohyggligt retfull

ex·as·pera·tion [ɪgˌzɑːspəˈreɪʃən] *s (vrede)* förbittring, ursinne

ex·ca·vate [ˈekskəveɪt] *vt (dike etc)* gräva; *(ruin, forngrav etc)* gräva ut

ex·ca·va·tion [ˌekskəˈveɪʃən] *s* utgrävning

ex·ca·va·tor [ˈekskəveɪtəʳ] *s* grävmaskin

ex·ceed [ɪkˈsiːd] *vt (pris, antal etc)* överstiga *(by* med); *(gräns, maktbefogenheter, förhållningsorder)* överskrida; *(förhoppningar, farhågor etc)* överträffa

ex·ceed·ing·ly [ɪkˈsiːdɪŋlɪ] *adv* oerhört, ytterst

ex·cel [ɪkˈsel] **1** *vt (slå)* överträffa; **to** ~ **oneself** *(ofta iron)* överträffa sig själv **2** *vi:* **to** ~ **at/in** excellera i, utmärka sig i; **to** ~ **as** utmärka sig som

ex·cel·lence [ˈeksələns] *s (utmärkta egenskaper)* överlägsenhet

Ex·cel·len·cy [ˈeksələnsɪ] *s:* **His/Your** ~ hans/ers excellens

ex·cel·lent [ˈeksələnt] *adj* utmärkt

ex·cept [ɪkˈsept] **1** *prep* utom; ~ **that/if/when/ where** *etc* utom att/om/när/där *etc*; ~ **for** om det inte vore för; **there is nothing we can do** ~ **wait** vi kan inte göra något annat än att vänta **2** *vt* undanta; **present company** ~**ed** med undantag av här närvarande (personer); **always** ~**ing...** naturligtvis med reservation för...; **not** ~**ing...** utan undantag för..., inklusive

ex·cep·tion [ɪkˈsepʃən] *s* undantag; **with the** ~ **of** med undantag av; **without** ~ utan undantag; **to make an** ~ göra ett undantag; **to take** ~ **to sth** ta avstånd från ngt

ex·cep·tion·al [ɪkˈsepʃənl] *adj (ovanlig, påfallande)* exceptionell; **in** ~ **circumstances** i undantagsfall

ex·cep·tion·al·ly [ɪkˈsepʃənəlɪ] *adv (påfallande)* enastående

ex·cerpt [ˈeksɜːpt] **1** *s (ur film, bok etc)* utdrag **2** *vt* göra utdrag ur, excerpera

ex·cess [ɪkˈses] **1** *s (för mycket av ngt)* övermått; *(ekonomiskt resultat etc)* överskott; **in** ~ **of** mera än; **to do/be sth to** ~ göra/vara ngt till övermått; **to carry sth to** ~ gå till överdrift med ngt; **the** ~**es of the regime** regimens övergrepp **2** [ˈekses] *i sms:* ~ **weight** *(kroppsvikt)* övervikt; ~ **fare** tilläggsavgift; ~ **luggage** *(bagage)* övervikt

ex·ces·sive [ɪkˈsesɪv] *adj (drickande, slösande)*

omåttlig; *(avgifter)* orimlig; **an ~ interest in women** ett omåttligt intresse för kvinnor

ex·ces·sive·ly [ık'sesıvlı] *adv* omåttligt; **he drinks ~ly** han dricker omåttligt; **prices are ~ly high** priserna är omåttligt höga

ex·change [ıks'tʃeındʒ] **1** *s* **(a)** utbyte; *(av fångar)* utväxling; **~ of gunfire** skottväxling; **to lose on the ~** förlora på bytet; **in ~ for** i utbyte mot **(b)** *(Handel)*: **foreign ~** utländsk valuta; **~ rate** växelkurs **(c)**: **(telephone) ~** telefonväxel **(d)**: **the E~** Börsen **2** *vt*: **to ~ sth for sth else** byta ngt mot ngt annat; *(fångar)* utväxla; *(leenden, blickar etc)* utbyta, växla; *(slag, skott)* växla

ex·cheq·uer [ıks'tʃekər] *s (kunglig)* skattkammare; *(penningmedel)* kassa; **the E~** *(Brit Pol)* finansministeriet

ex·cise[1] ['eksaız] *s (äv: ~ duty)* särskild varuskatt; **the E~** *(Brit)* uppbördsverket för särskilda skatter

ex·cise[2] [ek'saız] *vt* skära bort; *(ur bok)* stryka

ex·cit·able [ık'saıtəbl] *adj (person, humör)* hetsig, lättretlig

ex·cite [ık'saıt] *vt* **(a)** *(person: till vrede, medlidande etc)* (upp)röra; *(: till välbefinnande)* stimulera; *(: sexuellt)* stimulera, göra upphetsad **(b)** *(ilska, intresse, entusiasm)* väcka

ex·cit·ed [ık'saıtıd] *adj (i allm)* upphetsad; *(av glädje)* förtjust; **get ~ (about sth)** hetsa upp sig (för ngt); **don't get ~!** hetsa inte upp dig!

ex·cit·ed·ly [ık'saıtıdlı] *adv (i allm)* upphetsat; *(förtjust)* ivrigt

ex·cite·ment [ık'saıtmənt] *s (i allm)* uppståndelse, upphetsning; *(förtjusning)* iver; **in the ~ of the departure** i uppståndelsen vid avresan; **it caused great/considerable ~** det orsakade stor uppståndelse; **she enjoys ~** hon tycker om spänning

ex·cit·ing [ıks'aıtıŋ] *adj (dag, erfarenhet etc)* spännande; *(film, berättelse etc)* spännande, gripande; *(idé, mode, person)* intressant, spännande

ex·claim [ıks'kleım] **1** *vt* utropa, skrika **2** *vi* ropa, skrika *(at* vid åsynen av*)*

ex·cla·ma·tion [ˌeksklə'meıʃən] *s* utrop; **~ mark** utropstecken

ex·clude [ıks'klu:d] *vt (hindra)* utestänga; *(ej ta med)* undanta; *(möjlighet etc)* utesluta

ex·clud·ing [ıks'klu:dıŋ] *prep (exklusive)* utom

ex·clu·sion [ıks'klu:ʒən] *s* utestängning; **to the ~ of** med uteslutande av

ex·clu·sive [ıks'klu:sıv] *adj* **(a)** *(intervju, design etc)* med ensamrätt; **~ rights** ensamrätt **(b)** *(affär, klubb etc)* exklusiv; *(intresse, vänskap, uppmärksamhet)* odelad; *(erbjudande)* special **(c)**: **~ of** exklusive

ex·com·mu·ni·cate [ˌekskə'mju:nıkeıt] *vt (Rel)* utestänga från nattvarden

ex·com·mu·ni·ca·tion ['ekskəˌmju:nı'keıʃən] *s* bannlysning

ex·cre·ment ['ekskrımənt] *s* exkrement

ex·crete [ıks'kri:t] *vt (frm)* utsöndra

ex·cre·tion [ıks'kri:ʃən] *s* utsöndring

ex·cru·ci·at·ing [ıks'kru:ʃıeıtıŋ] *adj (smärta, oljud)* olidlig, outhärdlig; *(vard: t ex film)* pinsamt dålig, hemsk

ex·cur·sion [ıks'kɜ:ʃən] *s (utfärd)* utflykt; *(bildl)* utvikelse; **~ ticket** billig tur och returbiljett; **~ train** utflyktståg

ex·cuse [ıks'kju:s] **1** *s* ursäkt; **there's no ~ for this** det finns ingen ursäkt för detta; **on the ~ that...** under förevändning att...; **to make ~s for sb** försvara ngn **2** [ıks'kju:z] *vt* **(a)** *(förlåta, rättfärdiga)* ursäkta; **~ me!** ursäkta mig, förlåt!; **now, if you will ~ me...** om ni nu ursäktar mig...; **that does not ~ his conduct** det ursäktar inte hans uppförande; **to ~ oneself** framföra sina

ursäkter *(for* för*)* **(b)** *(undanta)* befria *(from* från*)*; **to ~ oneself from sth** be att få slippa ngt; **to ask to be ~d** *(från bordet etc)* be att få gå

ex·directory [ˌeksdı'rektərı] *adj (Brit: telefonnummer)* hemlig

ex·ecrable ['eksıkrəbl] *adj (mycket dålig)* avskyvärd, urusel

ex·ecute ['eksıkju:t] *vt* **(a)** *(dödsdömd)* avrätta **(b)** *(konsert)* framföra; *(konstverk)* utföra; *(order)* verkställa; *(uppgift)* fullgöra; *(testamente)* verkställa

ex·ecu·tion [ˌeksı'kju:ʃən] *s* **(a)** *(av dödsdömd)* avrättning **(b)** *(se execute b)* framförande; utförande; verkställande; fullgörande; **in the ~ of one's duty** under tjänsteutövning

ex·ecu·tion·er [ˌeksı'kju:ʃnər] *s* bödel

ex·ecu·tive [ıg'zekjʊtıv] **1** *adj (makt etc)* verkställande, utövande; *(i företag)* chefs-: **an ~ position;** *(rum, bil, plan etc)* direktions-; **~ officer** *(Brit)* byråkrat i Civil Service; *(Am: flottan)* sekond **2** *s (person)* chef; *(grupp av chefer)* styrelse; *(Pol)*: **the E~** den verkställande myndigheten

ex·ecu·tor [ıg'zekjʊtər] *s* testamentsexekutor

ex·em·pla·ry [ıg'zemplərı] *adj (elev, uppträdande etc)* exemplarisk; *(straff etc)* avskräckande

ex·em·pli·fy [ıg'zemplıfaı] *vt* exemplifiera, belysa

ex·empt [ıg'zempt] **1** *adj (från lektioner)* befriad *(from* från*)*; *(från skatt)* undantagen; *(Mil)* frikallad **2** *vt (från lektion etc)* befria; *(från skatt)* undanta

ex·emp·tion [ıg'zempʃən] *s (i allm)* befrielse; *(Mil)* frikallande; *(= tax ~)* skattefrihet

ex·er·cise ['eksəsaız] **1** *s (fysisk)* motion, träning; *(mental)* övning, träning; *(Mil)* manöver; *(Skol)* övningsuppgift; **~s** *(Sport)* kroppsövningar; *(Am äv)* ceremoni, högtidlighet; **to take ~** motionera; **~ book** övningsbok **2** *vt* **(a)** *(inflytande, rättighet etc)* utöva, använda; *(tålamod, takt etc)* använda, bruka **(b)** *(tankeförmåga)* träna upp; *(hand)* motionera; *(muskel etc)* träna **3** *vi* motionera

ex·ert [ıg'zɜ:t] *vt (styrka, inflytande etc)* utöva, använda; **to ~ oneself** *(fysiskt)* anstränga sig; **don't ~ yourself!** *(iron)* överansträng dig inte

ex·er·tion [ıg'zɜ:ʃən] *s* ansträngning

ex·eunt ['eksıʌnt] *vi (Teat: i scenanvisningar)* de går ut

ex·hale [eks'heıl] **1** *vt (luft, rök etc)* andas ut **2** *vi* andas ut

ex·haust [ıg'zɔ:st] **1** *s (äv: ~ pipe)* avgasrör; **~ fumes/gases** avgaser; **~ system** avgassystem **2** *vt (reserver, förråd, styrka, tålamod)* förbruka, uttömma; *(ämne)* uttömma; *(person)* trötta ut; **to ~ oneself** bli utmattad

ex·haus·tion [ıg'zɔ:stʃən] *s* utmattning

ex·haus·tive [ıg'zɔ:stıv] *adj (undersökning etc)* grundlig; *(redogörelse, beskrivning etc)* uttömmande

ex·hib·it [ıg'zıbıt] **1** *s (tavla etc)* utställt föremål; *(Jur)* bevisföremål **2** *vt (tavla etc)* ställa ut; *(mod, tecken på smärta etc)* visa **3** *vi (konstnär)* ställa ut

ex·hi·bi·tion [ˌeksı'bıʃən] *s (förevisning)* demonstration; *(av konst etc)* utställning; **to be on ~** vara utställd; **to make an ~ of oneself** skämma ut sig

ex·hi·bi·tion·ist [ˌeksı'bıʃənıst] *s* exhibitionist

ex·hibi·tor [ıg'zıbıtər] *s* utställare

ex·hila·rate [ıg'zıləreıt] *vt* uppliva, uppmuntra

ex·hila·ra·tion [ıgˌzılə'reıʃən] *s* upprymdhet

ex·hort [ıg'zɔ:t] *vt* uppmana *(to till, to do* att göra*)*

ex·hor·ta·tion [ˌegzɔ:'teıʃən] *s* uppmaning

ex·hu·ma·tion [ˌekshju:'meıʃn] *s* gravöppning

ex·hume [eks'hju:m] *vt (ur grav)* gräva upp

ex·ile |'eksaɪl| **1** s (exil) landsflykt; (person) landsflykting; **to send sb into** ~ landsförvisa ngn **2** vt (lands-, bildl) förvisa

ex·ist |ɪg'zɪst| vi **(a)** (leva) existera; **to** ~ **on sth** leva på ngt **(b)** (finnas) existera

ex·ist·ence |ɪg'zɪstəns| s (Guds etc) existens; (sätt att leva) tillvaro, existens; **to be in** ~ finnas, existera; **to come into** ~ uppstå, uppkomma; **the only one in** ~ den enda som finns

ex·is·ten·tial |,egzɪs'tenʃəl| adj existentiell

ex·is·ten·tial·ism |,egzɪs'tenʃəlɪzəm| s existentialism

exit |'eksɪt| **1** s (väg ut) utgång; (utgående) utträde; (i sht Teat) sorti; **no** ~ förbjuden utgång; ~ **permit** utresetillstånd; ~ **visa** utresevisum; ~ **ramp** (Am) (motorvägs)avfart; **to make one's** ~ gå ut **2** vi (Teat: scenanvisning) (går) ut

exo·dus |'eksədəs| s utvandring, uttåg; (Rel): E~ Andra mosebok; **there was a general** ~ (bildl) det var rena folkvandringen, alla gick

ex·on·er·ate |ɪg'zɒnəreɪt| vt (från skyldighet) befria; (från anklagelse) rentvå

ex·or·bi·tant |ɪg'zɔːbɪtənt| adj omåttlig

ex·or·cise |'eksɔːsaɪz| vt (person) befria från onda andar; (ond ande) driva ut

ex·or·cism |'eksɔːsɪzəm| s exorcism

ex·ot·ic |ɪg'zɒtɪk| adj exotisk

ex·pand |ɪks'pænd| **1** vt (muskler etc) utveckla, sträcka ut; (marknad, firma etc) utvidga; (inflytande, kunskaper, version av bok etc) utöka; (erfarenhet, horisont etc) vidga **2** vi (gas, metall, lungor) utvidga sig; (marknad etc) bre ut sig; **to** ~ **on** (påstående etc) utveckla, bre ut sig om

ex·panse |ɪks'pæns| s (vid yta) vidd

ex·pan·sion |ɪks'pænʃən| s (av metall, stad, ekonomi etc) expansion; (av ämne, idé etc) utvidgning; (av handel, produktion etc) ökning; (av inflytande, kunskap etc) utbredning

ex·pan·sion·ism |ɪks'pænʃənɪzəm| s expansionspolitik

ex·pan·sion·ist |ɪks'pænʃənɪst| adj expansionistisk

ex·pan·sive |ɪks'pænsɪv| adj (skog, sjö etc) vidsträckt; (bildl: sinnesstämning) frikostig, generös; **he greeted us with an** ~ **gesture of his arms** han hälsade oss med utbredda armar

ex·pat·ri·ate |eks'pætrɪeɪt| **1** vt landsförvisa **2** |eks'pætrɪət| adj, s landsflyktig

ex·pect |ɪks'pekt| **1** vt **(a)** (förutse) vänta; (storm etc) räkna med; (nöje) vänta sig; (brev, gäster etc) vänta på; **it's easier than I** ~**ed** det är lättare än jag väntade mig; **to** ~ **to do sth** räkna med att göra ngt; **I** ~**ed as much** det var vad man kunde vänta; **they** ~ **to arrive tomorrow** de hoppas komma fram i morgon; **we'll** ~ **you for dinner** vi väntar dig till middag; **she's** ~**ing a baby** hon väntar barn; **that was (only) to be** ~**ed** det var (bara) vad man kunde vänta; **I did not know what to** ~ jag visste inte vad jag skulle tro; **as** ~**ed** som väntat; ~ **me when you see me** (vard) jag kommer när jag kommer **(b)** (anta) förmoda, tro; **I** ~ **so** jag tror det; **yes, I** ~ **it is** ja, det kan jag tro; **I** ~ **it was John** det var nog John; **I** ~ **he'll be late** han blir förmodligen sen **(c)**: **to** ~ **sth (from sb)** förvänta sig ngt (av ngn); **to** ~ **sb to do sth** begära att ngn ska göra ngt; **I** ~ **you to be punctual** jag förväntar mig att du är punktlig; **how can you** ~ **me to sympathize?** hur kan du begära att jag ska sympatisera?; **you can't** ~ **too much from him** du kan inte begära för mycket av honom; **what do you** ~ **me to do about it?** vad begär du att jag ska göra åt det?; **it is not to be** ~**ed that...** man kan inte vänta att...

2 vi: **she's** ~**ing** hon väntar barn

ex·pec·tan·cy |ɪks'pektənsɪ| s förväntan; **life** ~ förväntad livslängd, medellivslängd

ex·pec·tant |ɪks'pektənt| adj (person, folkmassa) väntande; (blick) förväntansfull; **an** ~ **mother** en blivande mor

ex·pect·ant·ly |ɪks'pektəntlɪ| adv förväntansfullt

ex·pec·ta·tion |,ekspek'teɪʃən| s förväntan, förväntning; **in** ~ **of** i väntan på; **against/contrary to all** ~**(s)** mot alla förväntningar; **to come/live up to sb's** ~**s** motsvara/leva upp till ngns förväntningar; **beyond (all)** ~ över (all) förväntan

ex·pedi·ence |ɪks'piːdɪəns| s, **ex·pedi·en·cy** |ɪks'piːdɪənsɪ| s (lämplighet) ändamålsenlighet; (neds) egennytta

ex·pedi·ent |ɪks'piːdɪənt| **1** adj (för ett syfte) ändamålsenlig, tillrådlig; (bekväm) praktisk **2** s utväg

ex·pedite |'ekspɪdaɪt| vt (avtal, förberedelser, arbete etc) påskynda

ex·pedi·tion |,ekspɪ'dɪʃən| s (resa, grupp) expedition

ex·pedi·tion·ary |,ekspɪ'dɪʃənrɪ| adj (styrka etc) expeditions-

ex·pel |ɪks'pel| vt (gas etc) driva ut; (person) köra bort; (Skol) relegera

ex·pend |ɪks'pend| vt (tid, pengar, möda) lägga ner, använda

ex·pend·able |ɪks'pendəbl| adj (tillhörighet) som man kan vara utan; (vara) som kan förbrukas; (person) som kan offras/avvaras; ~ **income** konsumtionsutrymme

ex·pendi·ture |ɪks'pendɪtʃəʳ| s (enstaka kostnad) utgift; (löpande) utgifter; (med tid, möda) slöseri

ex·pense |ɪks'pens| s (kostnad) utgift; (bildl) bekostnad; **at the** ~ **of sb** på ngns bekostnad; **at the** ~ **of sth** på bekostnad av ngt; ~**s** omkostnader; **at great** ~ till höga kostnader; **at my** ~ (eg, bildl) på min bekostnad; **to go to the** ~ **of** kosta på sig; **to go to great** ~ dra på sig stora kostnader; **regardless of** ~ utan att se till kostnaden; **to put sb to the** ~ **of** förorsaka ngn kostnader för; **to meet the** ~ **of** för att klara utgiften för; ~ **account** representationskonto

ex·pen·sive |ɪks'pensɪv| adj (kostsam) dyr, dyrbar; (smak, boutique) exklusiv; (bildl: seger) dyrköpt

ex·peri·ence |ɪks'pɪərɪəns| **1** s **(a)** (kunskap) erfarenhet; **to learn by** ~ lära sig av erfarenhet; **I know from (bitter/personal)** ~ jag vet av (bitter/personlig) erfarenhet; **he has no** ~ **of grief/being out of work** han har ingen erfarenhet av sorg/arbetslöshet **(b)** (praktisk) erfarenhet; **he has plenty of** ~ han har stor erfarenhet; **have you any previous** ~? har du någon tidigare erfarenhet?; **practical** ~ praktisk erfarenhet; **teaching** ~ undervisningserfarenhet; **a driver with 10 years'** ~ bilförare med 10 års erfarenhet **(c)** (händelse) upplevelse; **to have a pleasant/frightening** ~ ha en behaglig/skrämmande upplevelse; **it was quite an** ~ det var verkligen en upplevelse **2** vt (känslor) uppleva, erfara; (förlust) lida; (svårighet, smärtor) ha; (nöje) finna; **he** ~**s some difficulty in walking** han har svårt/svårigheter med att gå; **he** ~**d a severe loss of hearing after the accident** han fick lättare nedsatt hörsel efter olyckan

ex·peri·enced |ɪks'pɪərɪənst| adj erfaren; **to be** ~ **(in sth)** ha erfarenhet (av ngt); **an** ~ **eye** en erfaren blick

ex·peri·ment |ɪks'perɪmənt| **1** s (försök) experiment; **to perform/carry out an** ~ utföra ett experiment; **as an** ~ på försök, som ett experiment **2** vi experimentera

ex·peri·men·tal |ɪks,perɪ'mentl| adj (jordbruk, gård etc) försöks-; (teater, film) experiment-; (metod) experimentell; (vetenskap) experimental-; **at the**

~ **stage** på försöksstadiet; ~ **physics** experimentalfysik

ex·peri·men·ta·tion [ɪks‚perɪmen'teɪʃən] s experimenterande

ex·pert ['eksps:t] 1 adj (specialist-) expert-; (person): ~ **in/at (doing) sth** expert på (att göra) ngt; (Jur: vittne) expert-, sakkunnig; **with an** ~ **touch** med stor skicklighet; ~ **advice** sakkunnigt råd 2 s (specialist) expert; **an** ~ **in/at (doing) sth** expert på (att göra) ngt

ex·per·tise [‚ekspə'ti:z] s (sakkunskap) expertis

ex·pire [ɪks'paɪə^r] vi (period, pass etc) gå ut; (poet) ge upp andan

ex·pi·ry [ɪks'paɪərɪ] s upphörande; ~ **date** (på livsmedel) sista förbrukningsdatum; (för biljett etc) sista giltighetsdag

ex·plain [ɪks'pleɪn] 1 vt (klargöra) förklara; **to** ~ **oneself** (tydligt) förklara sig; (moraliskt) förklara sig, rättfärdiga sig 2 vi förklara; **please,** ~! var snäll och förklara för mig; **I think you've got a little** ~**ing to do** jag tror du har några saker att förklara

♦ **explain away** vt + adv bortförklara

ex·pla·na·tion [‚eksplə'neɪʃən] s förklaring; **to offer/give an** ~ ge en förklaring

ex·plana·tory [ɪks'plænətərɪ] adj förklarande

ex·pletive [ɪks'pli:tɪv, (Am) 'eksplətɪv] s (utrop) svordom

ex·plic·it [ɪks'plɪsɪt] adj (instruktion) tydlig; (avsikt) bestämd, uttalad; (dementi) uttrycklig

ex·plode [ɪks'pləʊd] 1 vi (eg, bildl) explodera; **to** ~ **with laughter/anger/jealousy** explodera av skratt/vrede/svartsjuka 2 vt (laddning etc) få att explodera; **to** ~ **a rumour/theory** (bildl) vederlägga ett rykte/en teori

ex·ploit ['eksplɔɪt] 1 s bedrift 2 [ɪks'plɔɪt] vt (resurser) exploatera, utnyttja; (person) utnyttja

ex·ploi·ta·tion [‚eksplɔɪ'teɪʃən] s (se exploit 2) exploatering; utnyttjande

ex·plo·ra·tion [‚eksplɔ:'reɪʃən] s utforskning; **journey of** ~ forskningsresa

ex·plora·tory [ɪks'plɒrətərɪ] adj (expedition) forsknings-; (operation) undersöknings-; (diskussion) förberedande, sonderande; ~ **study** pilotstudie

ex·plore [ɪks'plɔ:^r] vt (a) (land etc) utforska; (Med) undersöka (b) (bildl: möjlighet etc) undersöka; **to** ~ **every possibility/avenue** undersöka varje möjlighet/framkomlig väg

ex·plor·er [ɪks'plɔ:rə^r] s forskningsresande

ex·plo·sion [ɪks'pləʊʒən] s (i allm) explosion; (bildl: av vrede etc) utbrott; (: av efterfrågan etc) explosionsartad ökning; **population** ~ befolkningsexplosion

ex·plo·sive [ɪks'pləʊzɪv] 1 adj (gas etc) explosiv; (bildl: problem, situation) explosiv, brännbar; (humör) häftig 2 s sprängämne

ex·po·nent [ɪks'pəʊnənt] s (för teori) representant (of för)

ex·port ['ekspɔ:t] 1 s (utförsel) export; (artikel) exportvara; ~ **drive** exportkampanj; ~ **duty** utförselavgift; ~ **trade** exporthandel 2 [ɪks'pɔ:t] vt exportera

ex·port·er [ɪks'pɔ:tə^r] s exportör

ex·pose [ɪks'pəʊz] vt (blotta) frilägga; (för fara etc) utsätta; (varor i fönster) skylta med; (könsorgan) blotta; (Foto) exponera; (bildl: brottsling, sin okunnighet) avslöja, röja; **to** ~ **to view** (tavla) visa; (ben) exponera; **to** ~ **sb/oneself to ridicule** göra ngn/sig själv löjlig, dra löje över ngn/sig själv

ex·posed [ɪks'pəʊzd] adj (för väder o vind, Mil, ställning etc) utsatt; (takbjälkar, rör etc) ytligt liggande

ex·po·si·tion [‚ekspə'zɪʃən] s (av fakta etc) framställning; (av varor) utställning, expo

ex·posi·tory [ɪks'pɒzɪtərɪ] adj (framställning) förklarande, redogörande; ~ **prose** sakprosa

ex·pos·tu·late [ɪks'pɒstjʊleɪt] vi protestera; **to** ~ **with sb about sth** förebrå ngn ngt

ex·pos·tu·la·tion [ɪks‚pɒstjʊ'leɪʃən] s protest, förebråelse

ex·po·sure [ɪks'pəʊʒə^r] s (a) (för väder etc) utsättande; **the** ~ **of the body to strong sunlight** att utsätta kroppen för starkt solljus; **to die of** ~ frysa ihjäl (b) (av bedrägeri etc) avslöjande (c) (Foto) exponering; ~ **meter** (Foto) exponeringsmätare

ex·pound [ɪks'paʊnd] vt (text) förklara; (teori, åsikt) framlägga

ex·press [ɪks'pres] 1 adj (a) (avsikt) tydlig; (önskan, instruktioner) uttrycklig (b) (brev, tåg) express- 2 adv: **to send sth** ~ skicka ngt express; **to travel** ~ resa med expresståg 3 s expresståg 4 vt (a) (känsla, tack, önskan etc) uttrycka; **to** ~ **oneself** uttrycka sig (b) (brev, paket) skicka express

ex·pres·sion [ɪks'preʃən] s (i allm) uttryck; (konstnärlig) känsla, uttryck(sfullhet); **he played his part with great** ~ han utförde sin roll mycket uttrycksfullt

ex·pres·sion·ism [ɪks'preʃənɪzəm] s expressionism

ex·pres·sive [ɪks'presɪv] adj uttrycksfull; **an** ~ **look** en talande blick; **an** ~ **face** ett uttrycksfullt ansikte; ~ **of** som uttrycker: a smile ~ of joy

ex·press·ly [ɪks'preslɪ] adv (säga ifrån) uttryckligen; (i visst syfte) särskilt, speciellt

ex·press·way [ɪks'presweɪ] s (Am) motorväg

ex·pro·pri·ate [eks'prəʊprɪeɪt] vt expropriera

ex·pul·sion [ɪks'pʌlʃən] s (i allm) utvisning; (Skol) relegering

ex·pur·gate ['ekspɜ:geɪt] vt (bok etc) rensa (från anstötliga avsnitt), censurera

ex·quis·ite [ɪks'kwɪzɪt, (i sht Am) 'ekskwɪzɪt] adj (i allm) utsökt, fin; (glädje, smärta etc) intensiv

ex·quis·ite·ly [ɪks'kwɪzɪtlɪ, (i sht Am) 'ekskwɪzɪtlɪ] adv (a) utsökt (väl) (b) (synnerligen) ytterst

ex·tant [eks'tænt, 'ekstənt] adj bevarad

ex·tem·po·re [ɪks'tempərɪ] 1 adv (tala) extempore, oförberett 2 adj oförberedd

ex·tem·po·rize [ɪks'tempəraɪz] vi improvisera

ex·tend [ɪks'tend] 1 vt (a) (hand, arm) sträcka ut; (: till ngn) sträcka fram; (vänskap, hjälp etc) erbjuda; (tack, lyckönskningar etc) framföra; (välkommen) bjuda; (gästfrihet) visa; (kredit) bevilja (b) (besök, straff etc) förlänga; (hus) bygga till; (kunskap, ordförråd, företag, gränser) utvidga 2 vi (väg, mark): **to** ~ **to/as far as** sträcka sig till/så långt som; (tidsmässigt) räcka, vara

ex·ten·sion [ɪks'tenʃən] s (av period) förlängning; (av kunskaper, ordförråd etc) utvidgning; (av hus) tillbyggnad; (av väg) utbyggnad, (ny) sträckning; (Tele: i växel) anknytning; (: hemma) (extra)jack; ~ **table** ~ utdragsskiva; ~ **cable** (Elektr) skarvsladd; ~ **ladder** utdragsstege

ex·ten·sive [ɪks'tensɪv] adj (yta) vidsträckt; (skada) omfattande; (kunskap, inflytande, förändringar, investeringar) betydande

ex·ten·sive·ly [ɪks'tensɪvlɪ] adv i stor utsträckning; ~ **used** använd i stor utsträckning; **travelled** ~ **in Mexico** han reste vida omkring i Mexiko

ex·tent [ɪks'tent] s (av mark etc) utsträckning, utbredning; (av väg) sträcka; (av kunskap, förmåga, förlust, skada etc) omfattning; **to what** ~? i vilken utsträckning?; **to a certain/to some** ~ i viss mån; **to a large** ~ i hög grad, i stor utsträckning; **to such an** ~ **that...** i så hög grad att...; **to the** ~ **of** (kostnad) i storleksordningen;

(bildl): **I'm willing to help, but not to the** ~ **of giving up all my free time** jag hjälper gärna till men inte ända därhän att jag avstår all min fritid

ex·ten·u·at·ing [ɪks'tenjʊeɪtɪŋ] *adj:* ~ **circumstances** förmildrande omständigheter

ex·te·ri·or [ɪks'tɪərɪəʳ] **1** *adj* yttre; **the** ~ **walls** ytterväggarna **2** *s (exteriör)* utsida; **on the** ~ *(eg, bildl)* på utsidan

ex·ter·mi·nate [ɪks'tɜ:mɪneɪt] *vt (pest, råttor, folkgrupp)* utrota

ex·ter·nal [ɪks'tɜ:nl] **1** *adj (väggar etc)* ytter-; *(faktorer)* yttre; *(inflytande)* utifrån; *(affärer)* utrikes-; ~ **appearance** *(utseende)* yttre; **for** ~ **use only** *(Med)* endast för utvärtes bruk; ~ **examination** centralt anordnad examen; ~ **examiner** *(Brit Univ: ung)* fakultetsopponent; *(Brit Skol)* särskilt förordnad examinator **2** *s:* ~s *(utseende)* yttre; **judge by** ~s döma efter utseendet

ex·tinct [ɪks'tɪŋkt] *adj (vulkan)* slocknad; *(djurart)* utdöd

ex·tin·guish [ɪks'tɪŋgwɪʃ] *vt (eld, ljus, cigarrett etc)* släcka; *(bildl: hopp, tro)* ta död på

ex·tin·guish·er [ɪks'tɪŋgwɪʃəʳ] *s* eldsläckare, brandsläckare

ex·tol [ɪks'təʊl] *vt (förtjänster, dygder, person)* prisa

ex·tort [ɪks'tɔ:t] *vt (pengar)* pressa ut; *(löfte, bekännelse)* framtvinga

ex·tor·tion [ɪks'tɔ:ʃən] *s (av pengar)* utpressning; *(av löfte etc)* framtvingande

ex·tor·tion·ate [ɪks'tɔ:ʃənɪt] *adj (pris)* ocker-; *(begäran)* fräck

ex·tra ['ekstrə] **1** *adj (i allm)* extra; ~ **money for** ~ **work** mer pengar för mer arbete; **shall I buy some** ~ **milk?** ska jag köpa lite mer mjölk än vanligt?; ~ **time** *(Fotball: extra period)* förlängning; *(: tillägg pga spelavbrott)* övertid; ~ **charge** extraavgift; **wine is** ~ vin kostar extra; **take** ~ **care!** var extra försiktig!; **for** ~ **safety** för att vara extra säker/på säkra sidan **2** *adv* extra; ~ **large/strong/kind** *etc* extra stor/stark/vänlig *etc*; **wine will cost** ~ vin kostar extra; **he worked** ~ **hard** han arbetade extra hårt **3** *s (lyx)* extra sak; *(inkomsttillägg)* extrainkomster; *(Film)* statist; *(tilläggspris)* extrakostnad

ex·tract [e'kstrækt] **1** *s (ur bok, film)* utdrag; *(Matl, Kem)* extrakt **2** [ɪks'trækt] *vt* **(a)** *(tand)* dra ut; *(kork)* dra upp; *(mineral)* utvinna; *(saft)* pressa ut **(b)** *(information, bekännelse)* tvinga fram; *(pengar)* pressa ut **(c)** *(skriva av)* excerpera

ex·trac·tion [ɪks'trækʃən] *s (se äv extract)* utvinnande, utpressande; *(av tand)* utdragning; *(börd)* härkomst

extra·cur·ricu·lar ['ekstrəkə'rɪkjʊləʳ] *adj (Skol: aktiviteter)* fritids-

extra·dite ['ekstrədaɪt] *vt (brottsling etc)* utlämna

extra·di·tion [ˌekstrə'dɪʃən] *s* utlämning

extra·mari·tal ['ekstrə'mærɪtl] *adj (förbindelse)* utomäktenskaplig

extra·mu·ral ['ekstrə'mjʊərəl] *adj (Univ: studier, kurs)* utanför universitetsorten, extramural; ~ **department** (institut för) kursverksamhet

extra·neous [ɪks'treɪnɪəs] *adj (omständighet etc)* yttre; *(oviktig)* ovidkommande

extra·or·di·nary [ɪks'trɔ:dnrɪ] *adj (ovanlig)* speciell; *(egendomlig)* förvånande; *(möte etc)* extra

extra·sen·so·ry ['ekstrə'sensərɪ] *adj:* ~ **perception** *(Parapsykologi)* extrasensorisk perception

extra·special ['ekstrə'speʃəl] *adj* (alldeles) speciell

ex·trava·gance [ɪks'trævəgəns] *s (dyrbar livsföring)* extravagans, överdåd; *(onödiga utgifter)* slösaktighet, slöseri

ex·trava·gant [ɪks'trævəgənt] *adj (livsföring)* över-

dådig; *(person, smak)* extravagant; *(oekonomisk)* slösaktig; *(beröm, åsikt)* överdriven; *(pris)* omåttlig

ex·treme [ɪks'tri:m] **1** *adj (längst bort)* ytterst; *(största möjliga)* extrem; *(sorg, ilska)* extrem, intensiv; *(ytterlighets)* extrem; **there's no need to be so** ~ man behöver inte gå till sådana ytterligheter; **in** ~ **old age** vid riktigt hög ålder; **the** ~ **left** *(Pol)* yttersta/extrema vänstern **2** *s* ytterlighet; **from one** ~ **to the other** från en ytterlighet till en annan; ~s **of temperature** extrema temperaturer; **in the** ~ ytterst, i allra högsta grad; **to go/be driven to** ~s gå/drivas till ytterligheter; **to go to any** ~ gå hur långt som helst

ex·treme·ly [ɪks'tri:mlɪ] **1** *adj* extrem(istisk) **2** *s* extremist

ex·trem·ist [ɪks'tri:mɪst] **1** *adj* extrem(istisk) **2** *s* extremist

ex·trem·ity [ɪks'tremɪtɪ] *s* **(a)** *(av förtvivlan etc)* ytterlighet; *(fattigdom)* yttersta nöd **(b):** ~ies *(kroppsdelar)* extremiteter

ex·tri·cate ['ekstrɪkeɪt] *vt (reda ut)* lösgöra; *(bildl)* befria; **to** ~ **oneself from** klara sig ur/från

extro·vert ['ekstrəʊvɜ:t] **1** *adj* utåtvänd **2** *s* utåtvänd person

exu·ber·ance [ɪg'zu:bərəns] *s* livsglädje, översvallande sätt

exu·ber·ant [ɪg'zu:bərənt] *adj (person, humör, etc)* strålande, översvallande, levnadsglad; *(växtlighet)* frodig

ex·ude [ɪg'zju:d] *vt (eg)* avsöndra; *(bildl)* utstråla

ex·ult [ɪg'zʌlt] *vi* jubla *(in/at/over över)*

ex·ult·ant [ɪg'zʌltənt] *adj (person)* jublande; *(rop, leende etc)* triumferande

ex·ul·ta·tion [ˌegzʌl'teɪʃən] *s* jubel, triumf

eye [aɪ] **1** *s (persons, djurs, nåls, potatis)* öga; *(av storm)* centrum, öga; *(av vind)* vindöga; *(att fästa i)* hyska, ögla; **black** ~ blått öga; ~s **right/left/front!** se (till) höger/vänster/fram(åt)!; **as far as the** ~ **can see** så långt ögat når; **it happened before my very** ~s det hände mitt för ögonen på mig; **I saw it with my own** ~s jag såg det med egna ögon; **I couldn't believe my (own)** ~s jag kunde inte tro mina ögon; **to be in the public** ~ vara föremål för offentlig uppmärksamhet; **in the** ~s **of the law** enligt lagen(s sätt att se); **in the** ~s **of sb** i ngns ögon; **under the** ~ **of** mitt för ögonen på; **to keep an** ~ **on sb/sth** hålla ett öga på ngn/ngt; **keep your** ~s **on the road!** håll ögonen på vägen!; **to keep an** ~ **out for** *el* **one's** ~s **open for sth/sb** hålla utkik efter ngt/ngn; **I could hardly keep my** ~s **open** jag kunde knappt hålla ögonen öppna; **he didn't take his** ~s **off her** han tog inte ögonen från henne; **to look at sth with/through the** ~s **of a child** betrakta ngt ur ett barns synvinkel; **with an** ~ **to sth/to doing sth** med tanke på ngt/på att göra ngt; **with the naked** ~ med blotta ögat; **to do sth with one's** ~s **(wide) open** *(bildl)* göra ngt med öppna ögon; **to shut one's** ~s **to sth** *(bildl)* blunda för ngt; **to be up to one's** ~s **in work** ha arbete upp över öronen; **to catch sb's** ~ fånga ngns blick; **to cry one's** ~s **out** gråta som om hjärtat skulle brista; **to have an** ~/**a keen** ~ **for** ha (god) blick för, ha näsa för; **there's more to this than meets the** ~ *(om ngt komplicerat)* det ligger mer i detta än man kan se vid första anblicken; *(om ngt misstänkt)* det ligger en hund begraven; *(om ngt missvisande)* det är inte hela sanningen; **to look sb (straight) in the** ~ se ngn (rakt) i ögonen; **I don't see** ~ **to** ~ **with him** jag kommer inte överens med honom; **it's 5 years since I last set/laid** ~s **on him** det är 5 år sedan jag såg honom sist; **use your** ~s! *(vard)* använd ögonen!; **that's one in the** ~ **for him** *(bildl vard)* där fick han; **to make (sheep's)** ~s **at sb**

(vard) ge ngn ögon; **he was all** ~**s** han var idel uppmärksamhet; *se äv* **sight 1 c**
  2 *vt (syna)* betrakta
eye·ball |'aɪbɔːl| *s* ögonglob
eye·bath |'aɪbɑːθ| *s* ögonbad
eye·brow |'aɪbraʊ| *s* ögonbryn; **to raise one's** ~**s** höja på ögonbrynen; ~ **pencil** ögonbrynspenna
eye-catching |'aɪˌkætʃɪŋ| *adj* iögonfallande
-eyed |aɪd| *adj suffix* -ögd; **green-**~ grönögd
eye·drops |'aɪdrɒps| *s* ögonvatten
eye·ful |'aɪfʊl| *s*: **to get an** ~ **(of sth)** *(vard)* få se en hel del (av ngt)
eye·glasses |'aɪˌɡlɑːsɪz| *spl (Am)* glasögon
eye·lash |'aɪlæʃ| *s* ögonfrans
eye·let |'aɪlɪt| *s (i sko, tyg)* snörhål
eye-level |'aɪˌlevl| **1** *adj* i ögonhöjd; **2** *s*: **at** ~ **i** ögonhöjd

eye·lid |'aɪlɪd| *s* ögonlock; **not bat an** ~ inte röra en min
eye·liner |'aɪˌlaɪnəʳ| *s (Make-up)* eyeliner
eye-opener |'aɪˌəʊpnəʳ| *s* **(a)** *(avslöjande)* överraskning **(b)** *(Am: drink)* styrketår
eye·shadow |'aɪˌʃædəʊ| *s (Make-up)* ögonskugga
eye·sight |'aɪsaɪt| *s* syn(förmåga); **falling** ~ försämrad syn
eye·sore |'aɪsɔːʳ| *s* skönhetsfläck, anskrämlig syn
eye·strain |'aɪstreɪn| *s* överansträngning av ögonen
eye-tooth |'aɪtuːθ| *s, pl* **-teeth** hörntand; **to give one's eye-teeth for** *(vard bildl)* ge vad som helst för
eye·witness |'aɪˌwɪtnɪs| *s* ögonvittne
ey·rie |'ɪərɪ| *s (örns etc)* näste

F

F, f |ef| s (bokstav) F, f; (Mus) f; ~ **flat** fess; ~ **sharp** fiss

F. förk f **Fahrenheit** F

fa·ble |'feɪbl| s (djursaga) fabel; (folkdiktning) saga, myt; **the** ~**s of Aesop** Aisopos fabler

fab·ric |'fæbrɪk| s (material för kläder, linne etc) tyg, vävnad; (pl: ~**s** äv) textilier; (Arkit) stomme; (bildl): **the** ~ **of society** samhällsstrukturen

fab·ri·cate |'fæbrɪkeɪt| vt (bildl: lögner) hitta på, fabricera; (dokument, bevis) förfalska

fab·ri·ca·tion |ˌfæbrɪ'keɪʃən| s (osann berättelse) lögn, påhitt; (av bevis etc) förfalskning

fabu·lous |'fæbjʊləs| adj (ur sagans värld) sago-, mytisk; (vard) sagolik, fabulös; **the unicorn is a** ~ **creature** enhörningen är en ren sagofigur

fa·çade |fə'sɑːd| s (Arkit, bildl) fasad

face |feɪs| **1** s **(a)** (Anat etc) ansikte; (på klocka) urtavla; (jordens etc) yta; (på mynt, spelkort) framsida; (på byggnad) fasad; (bergs-, klipp-) vägg; (= coal ~) kolfront; ~ **down-(wards)/up(wards)** (person) med ansiktet ner(åt)/upp(åt); (spelkort) uppvänt; **in the** ~ **of** ställd inför; **to laugh in sb's** ~ skratta ngn rakt upp i ansiktet; **to look sb in the** ~ se ngn i ögonen; **I told him to his** ~ jag sa honom rent ut; **you can shout till you're black/blue in the** ~ du kan skrika tills du blir blå i ansiktet; **to show one's** ~ visa sig; **on the** ~ **of it** ytligt sett; **it's vanished off the** ~ **of the earth** den försvann från jordens yta; **the whole** ~ **of the town has changed** stadens hela karaktär har förändrats; **to have a good memory for** ~**s** ha ett gott minne för ansikten; ~ **card** (Am Kortsp) klätt kort; ~ **cloth** tvättlapp, ansiktslapp; ~ **cream** ansiktskräm; ~ **lift** ansiktslyftning; ~ **pack** ansiktsmask

(b) (sorgsen, glad etc) min, uttryck; **long** ~ snopen min; **happy** ~ glad/lycklig min; **to keep a straight** ~ hålla masken; **to make** el **pull** ~**s (at sb)** göra fula miner/grimaser (åt ngn); **his** ~ **fell** (bildl) han blev lång i ansiktet; **to put a brave on sth** hålla god min utåt; **to lose** ~ (bildl) tappa ansiktet; **to save** ~ (bildl) rädda ansiktet; **to have the** ~ **to do sth** ha mage att göra ngt

(c): ~ **value** nominellt värde; **to take sth at** ~ **value** ta ngt för vad det är

2 vt **(a)** (äv: **be facing**: person, föremål) sitta/ stå mittemot; (om byggnad) vetta åt; ~ **the wall!** ställ dig med ansiktet mot väggen; **to sit facing the engine** åka framlänges; **the picture facing page 20** bilden mitt för sidan 20

(b) (fiende, fara) möta, stå inför; (konsekvenser) ta; (problem, situation) möta, ta hand om; **I can't** ~ **him** (av skam) jag kan inte se honom i ögonen; (utled) jag tål inte se honom; **I can't** ~ **doing it** jag står inte ut med (tanken på) att göra det; **to** ~ **the music** (bildl) stå sitt kast; **to** ~ **facts** se sanningen i vitögat; **to** ~ **the fact that...** acceptera det faktum att...; **we are** ~**d with serious problems** vi står inför allvarliga problem; **let's** ~ **it!** (vard) låt oss erkänna det!

(c) (Tekn) (be)klä; **a wall** ~**ed with concrete** en betongklädd mur

3 vi (person) vända sig (towards mot); (byggnad) vetta; **which way does it** ~? vilket håll vetter den åt?; **it** ~**s east/towards the east** den vetter mot öster

♦ **face up to** vi + prep (svårighet etc) möta; **to** ~ **up to the fact that...** böja sig för det faktum att...

face·less |'feɪslɪs| adj (bildl) anonym

face-saving |'feɪsˌseɪvɪŋ| adj för att rädda ansiktet/sin värdighet

fac·et |'fæsɪt| s (på ädelsten) fasett; (bildl) aspekt

fa·cetious |fə'siːʃəs| adj (person, anmärkning) dumkvick, opassande skämtsam; **don't be** ~ försök inte göra dig kvick/lustig

face-to-face |ˌfeɪstə'feɪs| **1** adv ansikte mot ansikte **2** adj: **a** ~ **discussion** en diskussion mellan fyra ögon

fa·cial |'feɪʃəl| **1** adj ansikts- **2** s ansiktsbehandling

fac·ile |'fæsaɪl| adj (neds: författare, anmärkning etc) ytlig; (: seger) lättköpt

fa·cili·tate |fə'sɪlɪteɪt| vt (arbete etc) underlätta; (utveckling etc) främja

fa·cil·ity |fə'sɪlɪtɪ| s **(a)** (i allm) lätthet; **he plays the piano with great** ~ han spelar piano mycket skickligt; **his** ~ **in learning new languages is considerable** han har påfallande lätt för att lära sig nya språk **(b): facilities** (abstrakt) möjligheter, resurser; (konkret) utrustning; **educational facilities** utbildningsresurser; **transport facilities** transportmedel; **credit facilities** kreditmöjligheter **(c)** (Am) inrättning; **correctional** ~ fångvårdsanstalt

fac·ing |'feɪsɪŋ| s (Byggn) fasadbeklädnad; (Sömnad) infodring

fac·simi·le |fæk'sɪmɪlɪ| s faksimil

fact |fækt| s faktum; **it's a** ~ **that...** det är ett faktum att...; **to know for a** ~ **that...** veta säkert att...; **the** ~ **of life** (i allm) livets hårda realiteter; **to explain the** ~**s of life** (Sex) ge sexualupplysning; ~**s and figures** fakta och siffror, exakt information; ~ **and fiction** fantasi och verklighet; **story founded on** ~ berättelse som bygger på fakta; **it has no basis in** ~ den har ingen verklighetsbakgrund; **as a matter of** ~, **in point of** ~ i själva verket; **the** ~ **(of the matter) is that...** faktum är att...; **in** ~ i faktiskt

fact-finding |'fæktfaɪndɪŋ| adj undersöknings-; ~ **committee** undersökningskommitté

fac·tion |'fækʃən| s (Pol) fraktion

fac·tor |'fæktə'| s **(a)** faktor; **the human** ~ den mänskliga faktorn; **safety** ~ säkerhetsfaktor **(b)** (Mat) faktor

fac·to·ry |'fæktərɪ| s fabrik; ~ **farming** industriell djuruppfödning; ~ **inspector** yrkesinspektör; ~ **work** fabriksarbete; ~ **worker** fabriksarbetare

fac·to·tum |fæk'təʊtəm| s faktotum

fac·tual |'fæktjʊəl| adj (beskrivning etc) saklig; ~ **error** sakfel

fac·ul·ty |'fækəltɪ| s **(a)** (själslig, tal- etc) förmåga; **to be in possession of all one's faculties** vara vid sina sinnens fulla bruk **(b)** (Univ) fakultet; (: Am äv) lärarkår

fad |fæd| s (Mode) fluga; (tillfällig idé) dille, vurm; **the latest** ~ sista skriket

fade |feɪd| vi **(a)** (blomma) vissna; (färg) blekna **(b)** (äv: ~ **away:** ljus, ljud) försvinna; (: syn, hörsel, minne) bli sämre, avta; (: hopp, leende) dö bort; (: person) tyna bort; **to** ~ **from**

sight försvinna utom synhåll
♦ **fade in** *vt/vi* + *adv (TV, Film, Radio)* tona in
♦ **fade out** *vt/vi* + *adv (TV, Film, Radio)* tona bort
fae·ces, *(Am)* **fe·ces** [ˈfiːsiːz] *spl* avföring
Fae·roe [ˈfɛərəʊ] *s*: **the ~s** *el* **the ~ Islands** Färöarna
fag [fæg] **1** *s (vard: arbete)* slit; *(Brit vard: cigarett)* cig; *(Brit: Skol)* 'fag', yngre elev som är springpojke åt äldre; *(Am vard: homosexuell)* bög; **~ end** slut; *(cigarrett)* fimp **2** *vt (vard: äv:* **~ out***)* trötta ut
fag·got [ˈfægət] *s (att elda med)* risknippe; *(Brit vard)* käring; *(Am vard: homosexuell)* bög
Fahr·en·heit [ˈfærənhaɪt] *s* Fahrenheit
fail [feɪl] **1** *vi* **(a)** *(i allm)* misslyckas; *(i examen)* bli underkänd; *(Teat)* vara/bli ett fiasko; *(företag)* gå omkull; *(förhandlingar)* stranda; **to ~ by 5 votes** missa med 5 röster; **to ~ in one's duty** inte fullgöra sin plikt **(b)** *(ljus, hälsa, syn, styrka)* avta; *(skörd)* slå fel; *(motor)* stanna; *(bromsar)* inte ta; *(vattenförråd, elkraft etc)* sina, ta slut; **the electricity ~ed** det blev elavbrott **2** *vt* **(a)** *(examen, ämne)* bli underkänd i; *(examinand)* underkänna **(b)** *(vän)* svika; *(om minne, krafter)* svika; **don't ~ me!** lämna mig inte i sticket!; **his heart/courage ~ed him** modet svek honom; **words ~ me!** jag finner inga ord **(c): to ~ to do sth** *(inte göra)* underlåta/låta bli att göra ngt; *(inte klara av)* misslyckas med att göra ngt; **I ~ to see why…** jag kan inte begripa varför… **3** *s*: **without ~** säkert, bestämt
fail·ing [ˈfeɪlɪŋ] **1** *prep* i brist på; **~ that** i annat fall, om det inte går **2** *s (om person, plan etc)* brist, svaghet
fail·safe [ˈfeɪlseɪf] *adj* idiotsäker
fail·ure [ˈfeɪljər] *s (i allm)* fiasko, misslyckande; *(i examen)* kuggning, underkännande; *(av skörd)* missväxt; *(på livsmedel, energi etc)* brist; *(Tekn)* fel; *(Med: hjärt-, njur-)* svikt; *(person)* misslyckande; *(att göra ngt)* underlåtenhet; **to end in ~** misslyckas; **it was a complete ~** det var rena fiaskot; **heart ~** hjärtsvikt
faint [feɪnt] **1** *adj (-er, -est) (i allm)* svag; *(kontur)* otydlig, vag; *(röst, andning)* matt, svag; *(aning, färg)* blek; **a ~ resemblance** en vag likhet; **to feel ~** känna sig matt; **I haven't the ~est idea** *(vard)* jag har inte den blekaste/ringaste aning; **a ~ sound/hope** ett svagt ljud/hopp; **a ~ with hunger** matt av hunger; **a ~ breeze/smell** en svag vind/lukt **2** *s* svimning **3** *vi* svimma; **to ~ from hunger** svimma av hunger
faint-hearted [ˈfeɪntˈhɑːtɪd] *adj* feg, rädd
faint·ly [ˈfeɪntlɪ] *adv (se* **faint***)* svagt; vagt; blekt; **~ disappointed** lätt besviken; **wine ~ reminiscent of hock** vin som påminner något *(lite)* om rhenvin
fair[1] [fɛər] **1** *adj (-er, -est)* **(a)** *(i allm)* rättvis *(to mot)*; *(kommentar)* skälig, berättigad; *(prov, urval)* representativ, rättvisande; *(Sport)* just(e), fair; *(chans, pris, resultat)* hygglig, hyfsad; **it's not ~!** det är orättvist!; **to be ~ (to her)…** i ärlighetens namn…; **it's only ~ that…** det är inte mer än rätt att…; **~ enough!** okay!, gärna för mig; **by ~ means or foul** med vilka medel som helst; **~ play** rent spel, fair play; **he's had his ~ share of…** han har fått sin beskärda del av… **(b)** *(summa, antal etc)* ansenlig; **a ~ amount of** en hel del **(c)** *(hår, person)* blond; *(hy)* ljus **(d)** *(väder, vind)* bra, gynnsam; **~ words** fagert tal; **~ copy** renskrift; **the ~ sex** det täcka könet; **through ~ and foul** i ur och skur, i alla väder **2** *adv*: **to play ~** spela rent spel; **to act ~ and square** handla öppet och ärligt; **the ball hit me ~ and square in the stomach** bollen träffade mig rakt i magen
fair[2] [fɛər] *s (i allm)* marknad; *(= trade ~)* mässa;

(Brit: = fun ~) nöjesfält
fair·ground [ˈfɛəɡraʊnd] *s* marknadsplats
fair-haired [ˌfɛəˈhɛəd] *adj (person)* blond, ljushårig; **~ boy** *(Am: ngt åld)* gunstling, gullegris
fair·ly [ˈfɛəlɪ] *adv* **(a)** rättvist **(b)** *(svagt förstärkande)* ganska; **I'm ~ sure** jag är ganska säker; **~ good** ganska bra **(c)** *(starkt förstärkande)* komplett, totalt; **she was ~ raging** hon var utom sig av raseri
fair-minded [ˌfɛəˈmaɪndɪd] *adj* rättvis; **she is strict, but ~** hon är sträng men rättvis
fair·ness [ˈfɛənɪs] *s* rättvisa; **in all ~** i rättvisans namn; **in (all) ~ to him** för att göra honom rättvisa
fair-sized [ˌfɛəˈsaɪzd] *adj* ganska stor
fairy [ˈfɛərɪ] *s (i saga)* fe, älva; *(vard neds: homosexuell)* fikus; **~ godmother** god fe; **~ lights** kulörta lyktor **~ queen** älvadrottning; **~ tale** *(i allm)* saga; *(neds)* lögn
fairy·land [ˈfɛərɪlænd] *s* sagoland
fait ac·com·pli [ˌfeɪtəˈkɒmpliː] *s* fullbordat faktum, fait accompli
faith [feɪθ] *s (Rel)* tro; *(för ngn)* förtroende; **to have ~ in sb/sth** ha förtroende för ngn/ngt; **to put one's ~ in sb/sth** lita på ngn/ngt; **to keep/break ~ with sb** hålla/bryta sitt löfte till; **in (all) good ~** *(helt)* i god tro; **in bad ~** mot bättre vetande; **~ healer** helbrägdagörare
faith·ful [ˈfeɪθfʊl] **1** *adj (i allm, äv Rel)* trogen *(to mot)*; *(översättning)* trogen; *(redogörelse)* korrekt **2** *spl*: **the ~** *(Rel)* de rättrogna
faith·ful·ly [ˈfeɪθfəlɪ] *adv* troget; **yours ~** *(Brit: i brev)* högaktningsfullt
faith·less [ˈfeɪθlɪs] *adj* trolös; **a ~ husband** en otrogen äkta man
fake [feɪk] **1** *s (sak, tavla)* förfalskning; *(person)* bluff **2** *adj* förfalskad **3** *vt (räkenskaper)* förfalska; *(sjukdom)* simulera **4** *vi (arg, sjuk etc)* spela
fal·con [ˈfɔːlkən] *s* falk
Falk·land Is·lands [ˈfɔːkləndˈaɪləndz] *s* Falklandsöarna
fall [fɔːl] *(v: imperf* **fell***, perf part* **fallen***)* **1** *s* **(a)** *(i allm)* fall; *(av jord, sten etc)* ras; *(av antal)* minskning; *(pris, temperatur)* fall; **~ of rain/snow** regn-/snöfall; **he had a bad ~** han föll och slog sig illa
(b) *(bildl: av rike, regering, från hög (samhälls)ställning etc)* fall
(c): ~s *spl* vattenfall; **the Niagara F~s** Niagarafallen
(d) *(Am: årstid)* höst
2 *vi* **(a)** *(i allm)* falla; *(regn, snö, natt, mörker)* falla; *(mark etc)* slutta; *(pris, nivå, temperatur etc)* sjunka; *(vind)* avta; **to ~ to/on one's knees** falla på knä; **to ~ on one's feet** *(äv bildl)* komma ned på fötterna; **to let sth ~** tappa ngt; **to let ~ that…** låta undfalla sig att…; **to ~ into bad habits** förfalla till dåliga vanor; **to ~ into conversation with sb** råka i samspråk med ngn; **his poems ~ into three categories** hans dikter kan indelas i tre kategorier; **the stress/accent ~s on the second syllable** betoningen faller på (den) andra stavelsen; **to ~ from grace** falla i onåd; **he fell in my estimation** han sjönk i min aktning; **it all began to ~ into place** *(bildl)* sammanhanget började klarna; **the responsibility ~s on you** det är du som får ta ansvaret; **my birthday ~s on a Saturday** min födelsedag infaller på en lördag; **he fell to wondering if…** han började undra om…; **it ~s to me to say…** det faller på min lott att säga…; **to ~ short of sb's expectations** inte leva upp till ngns förväntningar; **to ~ short of perfection** inte vara riktigt perfekt; **the dart fell short of the board** pilen missade tavlan; **to ~ flat**

falla platt till marken, misslyckas; **to ~ foul of** *(person)* råka i gräl med; *(rättvisan)* råka i klammeri med

(b) *(sjuk, kär etc)* bli; **to ~ asleep** somna; **to ~ due** *(till betalning)* förfalla; **to ~ heir to sth** bli arvinge till ngt; **to ~ ill** bli sjuk; **to ~ in love with sb** bli kär/förälska sig i ngn; **to ~ silent** tystna

(c) *(regering)* falla, störtas; *(stad)* falla, kapitulera; *(soldat)* falla, stupa

♦ **fall about** *vi + adv (bildl vard: av skratt)* vrida sig
♦ **fall apart** *vi + adv* falla sönder; *(bildl)* gå i bitar
♦ **fall away** *vi + adv (kulle etc)* slutta brant; *(puts)* falla sönder
♦ **fall back** *vi + adv* dra sig tillbaka, retirera; **to ~ on sth** *(bildl)* ta sin tillflykt till ngt; **sth to ~ back on** ngt att falla tillbaka på
♦ **fall behind** *vi + adv (i tävling etc, bildl)* bli efter; **to ~ behind with work** bli efter med arbete
♦ **fall down** *vi + adv (person)* falla ner, ramla; *(byggnad)* falla samman; *(bildl: plan etc)* misslyckas; **to ~ down on the job** visa sig inte räcka till för jobbet
♦ **fall for** *vi + prep (vard: om person, sak)* falla för; *(: om knep)* låta sig luras av
♦ **fall in** **1** *vi + adv* **(a)** *(i vatten etc)* falla i *(tak, väggar)* rasa; **to ~ in with sb** träffa ngn; **to ~ in with sb** gå med på ngt **(b)** *(Mil)* ställa upp sig **2** *vi + prep:* **to ~ in(to)** falla (ner) i
♦ **fall off** **1** *vi + adv (person, löv, del)* ramla av; *(i mängd, antal etc)* minska; *(intresse, kvalitet)* sjunka **2** *vi + prep (person, löv, bit)* ramla ned från
♦ **fall out** *vi + adv* **(a)** *(person, sak)* falla ut *(of från)* **(b)** *(Mil)* lämna ledet **(c)** *(bildl):* **to ~ out (with sb over sth)** råka i gräl (med ngn om ngt) **(d)** hända; **it fell out that...** *(slumpartat)* det råkade bli så att...; **events fell out (just) as we had hoped** det råkade bli precis som vi hade hoppats
♦ **fall over** **1** *vi + adv* falla omkull **2** *vi + prep* snubbla över; **he was ~ing over himself to be polite** *(vard)* han slog knut på sig själv för att vara artig; **they were ~ing over each other to get it** *(vard)* de slogs om att få den
♦ **fall through** *vi + adv (planer etc)* gå om intet
♦ **fall (up)on** *vi + prep (hund, person etc)* kasta sig över; *(Mil)* anfalla

fal·la·cious |fə'leɪʃəs| *adj (argument)* felaktig
fal·la·cy |'fæləsɪ| *s (om tro, idé etc)* vanföreställning; *(om resonemang)* falsk slutledning
fall·en |'fɔːlən| **1** *perf part av* **fall** **2** *adj (eg)* (ned)fallen; *(moraliskt: kvinna, ängel)* fallen; **~ leaves** vissna löv **3** *spl:* **the ~** *(Mil)* de stupade
fal·lible |'fæləbl| *adj (person)* ofullkomlig, som kan fela; **all people are ~** ingen är ofelbar
fall·ing |'fɔːlɪŋ| *adj* fallande; **~ star** stjärnfall
fall·ing-off |'fɔːlɪŋ'ɒf| *s (i antal, standard etc)* minskning, nedgång
fal·lo·pian |fə'ləʊpɪən| *adj:* **~ tube** *(Anat)* äggledare
fall·out |'fɔːlaʊt| *s (radioaktivt)* nedfall; **~ shelter** skyddsrum för radioaktivt nedfall
fal·low¹ |'fæləʊ| *adj* i träda; **to lie ~** ligga i träda
fal·low² |'fæləʊ| *adj* gulbrun
fal·low deer |'fæləʊ'dɪə'| *s* dovhjort
false |fɔːls| *adj (alla betydelser)* falsk; **~ statement** felaktigt påstående; **~ alarm** falskt alarm; **~ note** falsk ton; **~ start** *(Sport)* tjuvstart; *(bildl):* **the project had a ~ start** projektet gick snett från början; **~ modesty** falsk blygsamhet; **~ friend** *(eg)* falsk vän; *(bildl)* ord i ett språk som är bedrägligt likt ett ord i ett annat språk; **under ~ pretences** genom falska föreställningar; **to give a ~ impression** ge ett vilseledande intryck; **~ smile/laughter** låtsat leende/skratt; **~ teeth**

(Brit) löständer; **~ hair-piece** löshår, tupé; **with a ~ bottom** *(över lönnfack)* med dubbel botten; **~ coin** falskt mynt
false·hood |'fɔːlshʊd| *s (frm)* lögn
false·ly |'fɔːlslɪ| *adv (anklaga ngn etc)* med orätt, falskeligen
fal·set·to |fɔːl'setəʊ| **1** *s* falsett **2** *adj (röst)* falsett-
fal·si·fi·ca·tion |,fɔːlsɪfɪ'keɪʃən| *s* förfalskning
fal·si·fy |'fɔːlsɪfaɪ| *vt (dokument, bevis, siffror)* förfalska; *(teori: motbevisa)* vederlägga, falsifiera
fal·si·ty |'fɔːlsətɪ| *s (egenskap)* falskhet; *(enstaka)* felaktighet
fal·ter |'fɔːltə'| *vi (talare)* staka sig; *(röst)* stocka sig; *(gå)* vackla, stappla; *(mod)* svika
fame |feɪm| *s* berömmelse, ryktbarhet
famed |feɪmd| *adj* berömd, ryktbar
fa·mili·ar |fə'mɪljə'| *adj* **(a)** *(ansikte, person, plats etc)* välbekant; *(erfarenhet, händelse etc)* vanlig **(b)** *(med litteratur, arbete etc)* förtrogen; *(uppträdande, röst)* familjär; **to be on ~ terms with sb** känna ngn väl; **to be on ~ ground** *(bildl)* vara på sin mammas gata
fa·mil·iar·ity |fə,mɪlɪ'ærɪtɪ| *s (kunskap)* förtrogenhet; *(i ton etc)* förtrolighet; **~ breeds contempt** *(ung)* den/det man känner väl förlorar man respekten för
fa·mil·iar·ize |fə'mɪlɪəraɪz| *vt:* **to ~ oneself with** bekanta sig med; **to ~ sb with** göra ngn förtrogen med
fami·ly |'fæmɪlɪ| **1** *s (äv av djur, växter)* familj; **to run in the ~** gå i släkten; **have you any ~?** har du familj; **she's one of the ~** hon hör till familjen **2** *i sms (juveler, namn, liv etc)* familje-; **a ~ friend** en vän till familjen; **~ allowance** *(Brit)* barnbidrag; **~ business** familjefirma; **~ butcher** *(ung)* 'kvartersslaktare'; **~ doctor** husläkare; **~ likeness** släkttycke; **~ man** hemkär man; **~ planning clinic** preventivmedelsrådgivningsbyrå; **~ tree** stamträd
fam·ine |'fæmɪn| *s* hungersnöd
fam·ished |'fæmɪʃt| *adj (vard)* utsvulten
fa·mous |'feɪməs| *adj (äv iron)* berömd; **so that's your ~ sports car!** jaså, det är din berömda sportbil!
fa·mous·ly |'feɪməslɪ| *adv (vard)* jättebra; **we got on ~ together** vi kom jättebra överens
fan¹ |fæn| **1** *s (att fläkta sig med)* solfjäder; *(elektrisk)* fläkt; **~ belt** *(Motor)* fläktrem; **~ heater** värmefläkt **2** *vt (ansikte, person)* fläkta; *(glöd, eld)* blåsa på; *(bildl)* underblåsa
♦ **fan out** *vi + adv (solfjäderformigt)* sprida (ut) sig
fan² |fæn| *s (i allm)* entusiast; *(Sport)* supporter; *(till popidol)* fan; **~ club** fanklubb; **~ mail** beundrarpost
fa·nat·ic |fə'nætɪk| *s* fanatiker
fa·nat·ic(al) |fə'nætɪk(əl)| *adj* fanatisk
fa·nati·cism |fə'nætɪsɪzəm| *s* fanatism
fan·ci·ful |'fænsɪfʊl| *adj (idé)* fantastisk; *(berättelse)* overklig, fantasifull; *(person)* fantasifull
fan·cy |'fænsɪ| **1** *s (för glass etc)* böjelse, svaghet; **a passing ~** en tillfällig nyck *(for* för); **when the ~ takes him** när han får lust; **to take a ~ to** bli förtjust i; **to catch/take sb's ~** tilltala ngn **(b)** *(ej verklighet)* inbillning, fantasi; **in the realm of ~** i fantasins rike; **I have a ~ that he'll be late** jag har en vag aning om att han blir sen; **is it just my ~, or did I hear a knock at the door?** är det bara som jag inbillar mig, eller var det (inte) någon som knackade på dörren? **2** *adj (-ier, -iest)* *(tyg)* mönstrad; *(saker)* prydnads-; *(pris)* fantasi-; *(idé)* orealistisk; **nothing ~** ingenting tillkonstrat/utstuderat; **~ dress** maskeraddräkt; **~ dress ball/party** maskerad **3** *vt* **(a)** *(i tanken)* föreställa sig; **he fancied himself to be in**

Spain han inbillade sig att han var i Spanien; **I rather** ~ **he's gone out** jag tror att han har gått ut; ~ **that!** *(vard)* tänka sig!; ~ **meeting you here!** *(vard)* tänk att träffa dig här! **(b)** *(önska)* gärna vilja ha, vara pigg på; *(tycka om)* gilla; **do you** ~ **(going for) a stroll?** har du lust att gå ut och gå?; **I don't** ~ **the idea** jag är inte pigg på det; **he fancies himself** *(vard)* han tror att han är något; **he fancies himself as a footballer** *(vard)* han tror visst han är fotbollsspelare; **she fancies him** *(vard)* hon gillar honom

fan·fare |'fænfɛəˡ| *s* fanfar

fang [fæŋ] *s (orms)* gifttand; *(rovdjurs)* huggtand

fan·light |'fænlaɪt| *s (över dörr)* halvcirkelformat fönster, lynett

fan·tas·tic [fæn'tæstɪk] *adj (i allm)* fantastisk; *(former, bilder)* sällsam; **that's** ~ **news!** *(vard)* vilka fantastiska nyheter!

fan·ta·sy |'fæntəzɪ| *s (inbillad)* fantasi; **in a world of** ~ i en fantasivärld; *(fantastisk idé)* önskedröm, fantasi

fan·ta·size |'fæntəsaɪz| *vi* fantisera

far [fɑːˡ] *komp* **far·ther** *el* **fur·ther,** *superl* **far·thest** *el* **fur·thest** **1** *adv* **(a)** *(avstånd: eg, bildl)* långt; **is it** ~ **(away)?** är det långt (bort)?; **is it** ~ **to London?** är det långt till London?; **how** ~ **is it to the river?** hur långt är det till floden?; **it's not** ~ **(from here)** det är inte långt (härifrån); **as** ~ **as the eye can see** så långt som ögat når; **to go as** ~ **as Seattle** åka ända till Seattle; **to come from as** ~ **away as New Zealand** komma ända från Nya Zeeland; **as** ~ **back as I can remember** så långt tillbaka som jag kan minnas; **as/so** ~ **as I know** så vitt jag vet; **as/so** ~ **as I am concerned** vad mig beträffar, för min del; **as** ~ **as possible** så mycket som möjligt; **I would go as/so** ~ **as to say that...** jag skulle gå så långt som att säga att...; **(from)** ~ **and near** från när och fjärran; ~ **and wide** vida omkring; ~ **away/off** långt bort(a); ~ **away/off in the distance** långt bort i fjärran; **not** ~ **away/off** inte långt borta; ~ **away from one's family** långt bort(a) från sin familj; **Christmas is not** ~ **off** det är inte långt till jul; ~ **beyond** långt bortom; ~ **from** *(plats)* långt från; ~ **from (doing sth)** långt ifrån (att göra ngt); ~ **from it!** långt därifrån!; **he is** ~ **from well** han är långt ifrån bra; ~ **be it from me to interfere, but...** jag vill på intet sätt lägga mig i, men...; ~ **from easy** långt ifrån lätt; ~ **into the night** i sena natten; ~ **out at sea** långt ut till havs; **our calculations are** ~ **out** våra beräkningar är helt fel; **to go** ~ *(person: eg, bildl)* gå långt; **he'll go** ~ han kommer att gå långt; **it won't go** ~ *(pengar, mat)* det kommer inte att räcka länge; **how** ~ **are you going?** hur långt tänker du åka?; **how** ~ **have you got with your work?** hur långt har du kommit med ditt arbete?; **he's gone too** ~ **this time** han har gått för långt den här gången; **he was** ~ **gone** *(vard: sjuk)* han var illa däran; *(: berusad)* han var påstruken; **so** ~ *(i avstånd)* så långt; *(i tid)* hittills; **so** ~ **so good** så långt är allt gott och väl; **so/thus** ~ **and no further** hit men inte längre

(b) *(med komp)* mycket, vida; **this car is** ~ **faster (than)** den här bilen är mycket/vida snabbare (än); **it's** ~ **and away the best,** it's **by** ~ **the best** det är det absolut bästa; **she's the prettier by** ~ hon är utan jämförelse den sötaste; **it is** ~ **better not to go** det är mycket bättre att inte gå

2 *adj* fjärran; **the F**~ **East** Fjärran Östern; **the F**~ **North** (områdena) längst i norr, de nordligaste delarna; **the** ~ **east of the country** den ostligaste delen av landet; **it's a** ~ **cry from...** det är något helt annat än...; **on the** ~ **side of** på bortre/andra sidan av; **at the** ~ **end of** i bortre/andra ändan av; **the** ~ **left/right** *(Pol)* yttersta

vänstern/högern

far·away |'fɑːrəweɪ| *adj (plats, röst)* avlägsen; *(blick)* frånvarande

farce [fɑːs] *s (Teat, bildl)* fars; **the trial was a** ~ rättegången var en ren fars

far·ci·cal |'fɑːsɪkəl| *adj* farsartad, grotesk

fare [fɛəˡ] **1** *s* **(a)** *(på buss, tåg etc)* biljettpris; **'**~**s please!'** *(på buss)* avgifter!, nypåstigna?; ~ **stage** zongräns **(b)** *(i taxi)* passagerare **(c)** *(frm)* kost; **bill of** ~ matsedel **2** *vi* klara sig; **how did you** ~? hur gick det?

fare·well |fɛə'wel| *s (interj)* farväl!, adjö!; **to bid** ~ säga farväl *(to till)*; ~ **dinner** avskedsmiddag; ~ **party** avskedsfest

far-fetched |'fɑː'fetʃt| *adj* långsökt

farm [fɑːm] **1** *s* bondgård; ~ **labourer,** ~ **worker** lantbruksarbetare; ~ **produce** jordbruksprodukt; **dairy** ~ gård med mjölkproduktion; **mink** ~ minkfarm; **fish** ~ fiskodling **2** *vt (jord)* bruka, odla; **he** ~**s 300 acres** han odlar 300 tunnland **3** *vi (som yrke)* (be)driva jordbruk

♦ **farm out** *vt + adv (arbete)* lämna bort, lägga ut (på entreprenad); *(skämts: barn)* lämna bort (*on* till)

farm·er |'fɑːməˡ| *s* bonde, lantbrukare

farm·hand |'fɑːmhænd| *s* lantarbetare

farm·house |'fɑːmhaʊs| *s* boningshus (på bondgård)

farm·ing |'fɑːmɪŋ| *s (i allm)* jordbruk; *(av får etc)* uppfödning; **the** ~ **community** jordbrukarna *(som grupp)*; ~ **methods** jordbruksmetoder

farm·land |'fɑːmlænd| *s* åkerjord

farm·stead |'fɑːmsted| *s* jordbruk, bondgård

farm·yard |'fɑːmjɑːd| *s (framför bondgård)* gård(splan)

Faroe |'fɛərəʊ| *s* = **Faeroe**

far-reaching |'fɑːriːtʃɪŋ| *adj (effekt)* långtgående

far·ri·er |'færɪəˡ| *s (i sht Brit)* hovslagare

far-sighted |'fɑː'saɪtɪd| *adj (person)* förutseende; *(Am Med)* långsynt; *(plan, beslut etc)* långsiktig

fart [fɑːt] **1** *s (vard)* fjärt, fis **2** *vi (vard)* fisa, prutta

far·ther |'fɑːðəˡ| *komp av* **far 1** *adv se* **further 1a 2** *adj bortre*

far·thest |'fɑːðɪst| *adj, adv superl av* **far;** *se* **furthest**

fas·ci·nate |'fæsɪneɪt| *vt* fascinera, fängsla; **it** ~**s me how...** det är fascinerande att se hur...

fas·ci·nat·ing |'fæsɪneɪtɪŋ| *adj* fängslande, fascinerande

fas·ci·na·tion |ˌfæsɪ'neɪʃən| *s* lockelse; **to have a** ~ **for sth** vara lockad/fascinerad av ngt; **travel holds no** ~ **for him** han är inte road av att resa

fas·cism |'fæʃɪzəm| *s* fascism

fas·cist |'fæʃɪst| **1** *adj* fascistisk, fascist- **2** *s* fascist

fash·ion |'fæʃən| **1** *s* **(a)** *(att uppträda, tala etc)* sätt; **after a** ~ någorlunda; **in his usual** ~ på sitt vanliga sätt; **in the Greek** ~ på grekiskt vis **(b)** *(i kläder, språk etc)* mode; **to set a** ~ **for sth** skapa ett mode med ngt; **to be in** ~/**out of** ~ vara modern/omodern; **to come into/go out of** ~ bli modern/omodern; **the latest** ~ senaste mode; **new Spring** ~**s** det nya vårmodet; **it's no longer the** ~ det är inte modernt längre; ~ **designer** modetecknare; ~ **editor** moderedaktör; ~ **model** *(person)* mannekäng; ~ **parade,** ~ **show** modevisning, mannekänguppvisning; **women's/men's** ~**s** dam-/herr|mode **2** *vt (kläder)* skapa, rita; *(möbler etc)* formge, designa; *(keramik: professionellt)* formge; *(: om barn etc)* forma

fash·ion·able |'fæʃnəbl| *adj (kläder)* modern; *(ord)* mode-; *(område)* fashionabel; *(restaurang, författare etc)* på modet; **it is** ~ **to...** det är inne/på modet att

fash·ion·ably |'fæʃnəblɪ| *adv:* **to be** ~ **dressed** vara modernt klädd

fast[1] |fɑːst| **1** *adj* (**-er, -est**) **(a)** *(löpare etc)* snabb; ~ **film** film med hög ljuskänslighet; ~ **train** snabbtåg, expresståg; **in the** ~ **lane** *(Motor)* i omkörningsfilen; **he's a** ~ **worker** han är snabb i vändningarna; **to pull a** ~ **one on sb** *(vard)* lura ngn **(b): to be** ~ *(klockan)* gå före/för fort; **my watch is 5 minutes** ~ min klocka går 5 minuter före **(c)** *(person)* lättsinnig, vidlyftig; *(liv)* utsvävande **(d)** *(knut, grepp)* stadig; *(vän)* trogen; *(färg)* tvättäkta; **to make a boat** ~ förtöja en båt **2** *adv* **(a)** *(springa)* fort, snabbt; **as** ~ **as I can** så fort jag kan; **he ran off as** ~ **as his legs would carry him** han sprang iväg så fort som benen bar; **how** ~ **can you type?** hur snabbt kan du skriva maskin?; **not so** ~! inte så snabbt/fort!; **he'll do it** ~ **enough if...** han kommer minsann att göra det kvickt om...; **the rain was falling** ~ det regnade ordentligt **(b)** *(binda etc)* fast, stadigt; **it's stuck** ~ den har fastnat; **to be** ~ **asleep** sova djupt

fast[2] |fɑːst| **1** *s* fasta **2** *vi* fasta

fas·ten |'fɑːsn| **1** *vt* *(i allm)* sätta fast; *(dörr, fönster)* regla; *(säkerhetsbälte)* spänna fast; **to** ~ **two things together** fästa ihop två saker; **to** ~ **the blame/responsibility on sb** *(vard)* lägga skulden/ansvaret på ngn *(for* för*)* **2** *vi* *(klänning, dörr)* gå igen; *(låda)* stängas

♦ **fasten down** *vt* + *adv (i allm)* sätta/spika/binda *etc* fast; *(kuvert)* klistra igen

♦ **fasten on** *vt* + *adv* spänna fast

♦ **fasten up** *vt* + *adv (kappa)* knäppa igen

♦ **fasten (up)on** *vi* + *prep (ursäkt)* ta till; *(idé)* få för sig

fas·ten·er |'fɑːsnə[r]| *s (på dörr etc)* regel; *(på halsband, väska etc)* spänne, lås; *(på bälte)* spänne; *(på låda)* spänne, lås; *(på kläder)* hake; *(= zip* ~*)* blixtlås

fas·tidi·ous |fæs'tɪdɪəs| *adj (person: med kläder, renlighet etc)* (pet)noga, *(: smak)* kräsen

fat |fæt| **1** *adj* (**-ter, -test**) *(person)* fet, tjock; *(ben, kinder)* tjock; *(kött)* fet; *(bok)* tjock; *(vinst)* tjock; *(check)* stor, fet; **to get** ~ bli fet; **he grew** ~ **on the proceeds/profits** *(bildl)* han blev fet på vinsterna; **a** ~ **lot he knows about it!** *(vard, skämts)* det vet väl han ingenting om!; **a** ~ **lot of good that is!** det var just snyggt! **2** *s (på person, kött)* fett; *(i måltid):* ~**s** fettämnen; *(Matl)* matfett; **vegetable** ~ vegetabiliskt fett; **to fry in deep** ~ flottyrkoka, fritera; **to live off the** ~ **of the land** leva gott; **the** ~**'s in the fire** *(bildl vard)* nu är det kris/klippt, nu är det kokta fläsket stekt

fa·tal |'feɪtl| *adj (skada, sjukdom)* dödlig **(b)** *(misstag, konsekvenser)* ödesdiger, fatal; *(inflytande)* fördärvlig **(c)** *(beslut, ord)* avgörande; **it was** ~ **to mention that...** det var olyckligt/fatalt att nämna att...

fa·tal·ism |'feɪtlɪzəm| *s* fatalism

fa·tal·ist |'feɪtlɪst| *s* fatalist

fa·tal·is·tic |ˌfeɪtl'ɪstɪk| *adj* fatalistisk

fa·tal·ity |fə'tælɪtɪ| *s* dödsolycka

fa·tal·ly |'feɪtlɪ| *adv* dödligt, livsfarligt; ~ **wounded** dödligt sårad

fate |feɪt| *s* öde; **what** ~ **has in store for us** vad ödet har i beredskap åt oss; ~ **decided otherwise** ödet ville annorlunda; **to meet one's** ~ gå stilla döden till mötes; **to leave sb to his** ~ lämna ngn åt sitt öde

fat·ed |'feɪtɪd| *adj (på förhand)* ödesbestämd; *(till undergång)* dömd; **to be** ~ **to do sth** vara förutbestämd att göra ngt; **it was** ~ **that...** ödet ville att...

fate·ful |'feɪtfʊl| *adj (som leder till en stor förändring)* avgörande; *(som leder till olycka)* ödesdiger

fa·ther |'fɑːðə[r]| **1** *s (i familj)* far; *(till rörelse etc)* upphovsman; *(präst)* fader; **F**~ **Christmas** jul-

tomten; **F**~**s of the Church** kyrkofäder; **Old F**~ **Time** *(personifierad)* tiden; *(vid nyår äv)* det gamla året; **Our F**~ *(Rel)* Fader vår; **city** ~**s** stadens ledande män; **like** ~ **like son** sådan fader sådan son **2** *vt* vara far/upphovsman till

father-figure |'fɑːðəˌfɪgə[r]| *s* fadersgestalt

father·hood |'fɑːðəhʊd| *s* faderskap

father-in-law |'fɑːðərɪnlɔː| *s* svärfar

father·land |'fɑːðəlænd| *s* fädernesland

fa·ther·ly |'fɑːðəlɪ| *adj* faderlig; ~ **love** faderskärlek

fath·om |'fæðəm| **1** *s (mått)* famn **2** *vt (djup: eg, bildl)* pejla; *(bildl: äv:* ~ **out**) förstå; *(mysterium)* utforska; **I can't** ~ **why** jag förstår inte varför; **I can't** ~ **him out at all** jag begriper mig inte på honom alls

fa·tigue |fə'tiːg| **1** *s* trötthet, utmattning; *(Mil)* handräckningstjänst; **metal** ~ (metall)utmattning **2** *vt (frm)* utmatta

fat·ted |'fætɪd| *adj:* **the** ~ **calf** *(bildl)* den gödda kalven

fat·ten |'fætn| *vt (djur: äv:* ~ **up**) göda; **chocolate is** ~**ing** choklad är fettbildande

fat·ty |'fætɪ| *adj (mat)* fet; *(Anat: vävnad)* fett-

fatu·ous |'fætjʊəs| *adj* enfaldig

fau·cet |'fɔːsɪt| *s (Am: vatten-)* kran

fault |fɔːlt| **1** *s (i allm)* fel, brist; *(Tekn)* fel(aktighet); *(persons)* fel, skuld; *(Tennis: i serve)* fel; *(Geol)* förkastning; **generous to a** ~ alldeles för generös; **to find** ~ **with sb/sth** anmärka på ngn/ngt; **to be at** ~ ha fel; **it's not my** ~ det är inte mitt fel; **whose** ~ **is it (if...)?** vems fel är det (om...)? **2** *vt* anmärka på

fault·less |'fɔːltlɪs| *adj (i allm)* felfri; *(uppträdande)* oklanderlig

faulty |'fɔːltɪ| *adj* (**-ier, -iest**) felaktig

fau·na |'fɔːnə| *s* fauna

fa·vour, *(Am)* **fa·vor** |'feɪvə[r]| **1** *s* **(a)** *(handling)* tjänst, ynnest(bevis); **to do sb a** ~ göra ngn en tjänst; **to ask a** ~ **of sb** be ngn om en tjänst; **as a** ~ **to me** som en ynnest/ett ynnestbevis mot mig; **do me a** ~ **and...** gör mig den tjänsten att... **(b)** *(gillande)* gillande; **to be in** ~ **(with sb)** *(person)* vara omtyckt *(av ngn)*; *(mode)* vara i ropet *(hos ngn)*; **to be out of** ~ *(person)* vara i onåd; *(mode)* vara omodern; **to find** ~ **with sb** *(person)* bli populär hos ngn; *(förslag etc)* vinna insteg hos ngn; **to gain sb's** ~, **to gain** ~ **with sb** vinna ngns gillande **(c)** *(fördel)* fördel; **to be in** ~ **of sth** vara för ngt; **that's a point in his** ~ det är ngt/en sak som talar för honom; **to decide in sb's** ~/**in** ~ **of sb** besluta till ngns fördel; **to show** ~ **to sb** favorisera ngn **2** *vt (idé, åsikt etc)* gilla; *(person, elev, lag etc)* favorisera; *(politiskt parti)* ta parti för; **he eventually** ~**ed us with a visit** till slut hedrade han oss med ett besök

fa·vour·able, *(Am)* **fa·vor·able** |'feɪvərəbl| *adj (person)* välvillig *(to* mot*)*; *(rapport, väder, villkor)* gynnsam

fa·vour·ably, *(Am)* **fa·vor·ably** |'feɪvərəblɪ| *(se äv* **favourable**) välvilligt; gynnsamt

fa·voured, *(Am)* **fa·vored** |'feɪvəd| *adj (person)* gynnad; *(stol etc)* favorit-; **the** ~ **few** den (lilla) utvalda skaran

fa·vour·ite, *(Am)* **fa·vor·ite** |'feɪvərɪt| **1** *adj* favorit-, älsklings- **2** *s* favorit; **that book is one of my** ~**s** den är en av mina älsklingsböcker; **it's a great** ~ **of mine** jag tycker mycket om den; **he sang some old** ~**s** han sjöng några gamla favoriter

fa·vour·it·ism, *(Am)* **fa·vor·it·ism** |'feɪvərɪtɪzəm| *s* gunstlingssystem; **to show** ~ **towards sb** favorisera ngn

fawn[1] |fɔːn| **1** *s* **(a)** *(Zool)* hjort-/rådjurs-|kalv **(b)** *(färg)* ljust gulbrunt **2** *adj* ljust gulbrun

fawn² |fɔːn| *vi (hund etc)* vifta på svansen (*(up)on* för); (*bildl: person*) fjäska

FBI *förk f* **Federal Bureau of Investigation** (*Am: federala polisen*) FBI

fear |fɪəʳ| **1** *s* fruktan, rädsla; **there are** ~**s that...** man fruktar att...; **grave** ~**s have arisen** stor oro har uppstått; **for** ~ **of** av rädsla för; **to live in** ~ **of sb/sth** leva i rädsla för ngn/ngt; **to go in** ~ **of being discovered** leva i ständig fruktan för att bli upptäckt; ~ **of heights** höjdskräck; ~ **of enclosed spaces** cellskräck; **there's no** ~ **of that!** det är ingen risk för det; **there's not much** ~ **of his coming** det är inte stor risk att han kommer; **to have no** ~ vara rädd; **have no** ~! var inte rädd!; **in** ~ **and trembling** darrande av rädsla; **to put the** ~ **of God into sb** (*vard*) sätta skräck i ngn; **without** ~ **nor favour** opartiskt; **no** ~! (*vard*) ingen risk **2** *vt (person, Gud, lagen)* frukta; **to** ~ **the worst** frukta det värsta; **to** ~ **that...** vara rädd att...; **I** ~ **so** jag är rädd för det **3** *vi* vara orolig (*for* för)

fear·ful |ˈfɪəfʊl| *adj* **(a)** *(person)* rädd (*of* för); **to be** ~ **that...** vara rädd att... **(b)** *(olycka, syn etc)* fruktansvärd; (*vard: förstärkande*) hemsk

fear·ful·ly |ˈfɪəfəlɪ| *adv* ängsligt; (*vard: förstärkande*) hemskt

fear·less |ˈfɪəlɪs| *adj* orädd, utan fruktan (*of* för)

fear·some |ˈfɪəsəm| *adj* skräckinjagande

fea·sibil·ity |ˌfiːzəˈbɪlɪtɪ| *s (att genomföra ngt)* möjlighet, genomförbarhet; ~ **study** genomförbarhetsstudie

fea·sible |ˈfiːzəbl| *adj (plan, teori)* möjlig, genomförbar; *(berättelse)* sannolik

feast |fiːst| **1** *s (måltid)* festmåltid; (*Rel*) högtid; (*bildl*) fest; ~ **day** (*Rel*) helgdag **2** *vt:* **to** ~ **one's eyes on sth/sb** njuta av anblicken av ngt/ngn **3** *vi* njuta (*in av*); **to** ~ **on sth** kalasa på ngt

feat |fiːt| *s (hjältes)* bragd, bedrift; (*Konst*) mästerverk

feath·er |ˈfeðəʳ| **1** *s* fjäder; **as light as a** ~ lätt som en fjäder; **that is a** ~ **in his cap** det är en fjäder i hatten för honom; **birds of a** ~ **flock together** (*ordspr*) lika barn leka bäst; **you could have knocked me down with a** ~ (*vard*) jag blev jätteförvånad; ~ **duster** fjädervippa; ~ **pillow** fjäderkudde **2** *vt:* **to** ~ **one's nest** (*bildl*) sko sig

feather·brained |ˈfeðəbreɪnd| *adj* tanklös

feather·weight |ˈfeðəweɪt| *s (Boxning)* fjädervikt

fea·ture |ˈfiːtʃəʳ| **1** *s* **(a)** *(ansikts-)* drag **(b)** *(geografiska etc)* särdrag **(c)** *(Handel, Tekn)* karakteristisk egenskap **(d)** (= ~ *film)* långfilm **(e)** (*Press*) **a regular** ~ **in a newspaper** en fast spalt i en tidning; **a (special)** ~ **article on sth** en specialartikel om ngt/ngn **2** *vt (person i huvudroll, händelse, nyhet)* visa (upp), presentera **3** *vi (filmskådespelare)* uppträda; (*i allm*): **it** ~**d prominently in...** det spelade en stor roll i...

fea·ture·less |ˈfiːtʃəlɪs| *adj* utan särdrag, enformig

Feb·ru·ary |ˈfebrʊərɪ| *s* februari; *se äv* **July**

fe·ces |ˈfiːsiːz| *spl (Am)* = **faeces**

feck·less |ˈfeklɪs| *adj (karaktärs-)* svag

fe·cun·dity |fɪˈkʌndɪtɪ| *s (fortplantningsförmåga)* fruktsamhet; (*växtkraft: eg, bildl*) fruktbarhet

fed |fed| *imperf, perf part av* **feed**

fed up |ˌfed ˈʌp| *adj (vard)* utled; **to be** ~ **up (with sb/sth)** vara utled (på ngn/ngt); **to be** ~ **up (with doing sth)** få nog (av att göra ngt)

fed·er·al |ˈfedərəl| *adj* förbunds-, (*Am*) federal; ~ **tax** (*Am*) statlig skatt; **the F**~ **Republic of Germany** Förbundsrepubliken Tyskland, Västtyskland; *se äv* **reserve 1 b**

fed·era·tion |ˌfedəˈreɪʃən| *s* förbund, federation

fee |fiː| *s (läkar-; författar- etc)* arvode, honorar; (*inträdes-, medlems-)* avgift; **course/tuition** ~**s**

(*Univ etc)* kurs-/undervisnings|avgifter; **school** ~**s** skol-|termins/avgifter; **what's your** ~? hur mycket/vad tar ni?; **for a small** ~ för ett lågt arvode; *se äv* **transfer 1 a**

fee·ble |ˈfiːbl| *adj* (-**er**, -**est**) (*i allm*) svag; (*skämt*) dålig; (*försök, ursäkt*) halvhjärtad; (*vard: karaktär*) slapp

feeble-minded |ˌfiːblˈmaɪndɪd| *adj* (*i allm*) obegåvad, svagsint; (*obeslutsam*) vacklande, velig

feed |fiːd| (*v: imperf, perf part* **fed**) **1** *s (babys)* mål; (*djur: mat*) foder; (: *portion*) utfodring; (*vard*) skrovmål; (*Tekn*) tillförsel, frammatning **2** *vt* **(a)** *(familj)* föda; (*djur*) utfodra; (*baby*) mata, ge mat; **to** ~ **sth to sb, to** ~ **sb sth** mata ngn med ngt **(b)** (*eld*) hålla vid liv; (*maskin*) mata; (*information etc*) förse med; **to** ~ **the parking meter** stoppa (mer) pengar i parkeringsmätaren; **to** ~ **information into a computer** mata in information i en dator **3** *vi (baby, djur)* äta; **to** ~ **on sth** livnära sig på ngt

♦ **feed back** *vt + adv (resultat)* rapportera

♦ **feed in** *vt + adv (snöre, kabel etc)* trä in, mata in

♦ **feed up** *vt + adv (person, djur)* göda

feed·back |ˈfiːdbæk| *s (Psyk)* feedback, respons; (*Tekn*) återkoppling; (*Data*) återföring i styrsystem i *form av avvikelsedata*

feed·er |ˈfiːdəʳ| *s* **(a)** (*Motor*) matarväg; (*Järnväg*) matarspår **(b)** (*babys*) haklapp

feed·ing |ˈfiːdɪŋ| *s (av baby)* matning; (*av djur*) utfodring; ~ **bottle** (*Brit*) nappflaska

feel |fiːl| (*v: imperf, perf part* **felt**) **1** *s (sinne)* känsel; (*förnimmelse*) känsla; **to be rough to the** ~ kännas sträv; **to know sth by the** ~ **of it** känna igen ngt genom att känna på det; **let me have a** ~! låt mig känna!; **to get the** ~ **of sth** (*bildl*) bli van vid ngt

2 *vt* **(a)** (*tyg, puls etc*) känna på; **to** ~ **one's way (towards)** treva sig fram (mot); **I'm still** ~**ing my way** (*bildl*) jag prövar mig fortfarande fram

(b) (*smärta, värme, sorg, medlidande etc*) känna; **he doesn't** ~ **the cold** han är okänslig för kyla; **she felt a hand on her shoulder** hon kände en hand på axeln; **I felt something move** jag kände någonting röra sig; **we are beginning to** ~ **the effects** vi börjar märka effekterna; **I felt a great sense of relief** jag kände stor lättnad; **he** ~**s the loss of his father very deeply** han känner förlusten av sin far mycket starkt

(c) (*ha åsikt*) tycka; **I** ~ **that you ought to do it** jag tycker att du borde göra det; **he felt it necessary to point out that...** han ansåg det nödvändigt att påpeka att...; **since you** ~ **so strongly about it...** eftersom det är så viktigt för dig...; **I** ~ **it in my bones that...** jag känner på mig att...; **what do you** ~ **about it?** vad tycker du om det?

3 *vi* **(a)** (*fysiskt, psykiskt*) känna sig; **to** ~ **ill/hungry/sleepy** känna sig sjuk/hungrig/sömnig; **to** ~ **cold** frysa; **do you** ~ **sick?** mår du illa?; **I** ~ **much better** jag känner mig mycket bättre; **I** ~ **quite tired** jag känner mig riktigt trött; **she's not** ~**ing quite herself** hon är inte riktigt sig själv; **I felt as if I was going to faint** jag kände mig som om jag höll på att svimma; **how do you** ~ **now?** hur känner du dig nu?; **I don't** ~ **up to a walk just now** (*vard*) jag orkar inte ta en promenad just nu; **I** ~ **sure that...** jag känner mig säker på att...; **he** ~**s bad about leaving his wife alone** han har dåligt samvete för att han lämnar sin fru ensam; **I** ~ **as if there is nothing we can do** det känns som om vi inte kan göra något åt det; **how do you** ~ **about him?** vad tycker du om honom?; **how do you** ~ **about going for a walk?** vad säger du om att gå ut och gå?; **what does it** ~ **like to do that?** hur känns det att göra det?; **to** ~ **like sth** känna för ngt; **I don't** ~ **like it** jag har inte lust med det; **I felt (like) a fool** jag kände mig som en idiot; **I** ~ **for you!** jag känner med dig!

(b) *(föremål)* kännas; **to** ~ **hard/cold/damp** *etc* kännas hård/kall/fuktig *etc*; **the house** ~**s damp** huset känns fuktigt; **it** ~**s like silk** det känns som silke; **it** ~**s colder out here** det känns kallare härute; **it** ~**s like (it might) rain** det verkar som om det skulle börja regna; **it felt like being drunk, it felt as if I was drunk** det kändes som om jag var berusad

(c) *(äv:* ~ **around***)* känna efter, treva; **to** ~ **around in the dark** treva omkring i mörkret; **to** ~ **in one's pocket for sth** leta efter ngt i sin ficka

feel·er |'fiːləʳ| *s (Zool)* känselspröt; **to put out** ~**s** *(bildl)* skicka ut en trevare

feel·ing |'fiːlɪŋ| *s (a) (fysisk: vid beröring)* känsel; *(: av illamående, kyla etc)* förnimmelse, känsla; **a cold** ~ en känsla av kyla; **to have no** ~ **in one's arm, to have lost all** ~ **in one's arm** inte ha någon känsel i armen, ha förlorat all känsel i armen *(av sorg etc)* känsla; *(för andra)* medkänsla; **bad/ill** ~ osämja; **to speak/sing with** ~ tala/sjunga med känsla; **to show** ~ **for sb** visa ngn medkänsla; ~**s** känslor; **what are your** ~**s about the matter?** vad har du för uppfattning om saken?; **you can imagine my** ~**s** du kan tänka dig hur jag kände mig; **to hurt sb's** ~**s** såra ngns känslor; ~**s ran high** känslorna svallade; **no hard** ~**s** *(fråga)* du är väl inte arg på mig?; *(svar)* låt oss glömma det (c) *(intryck)* känsla; **a** ~ **of security/isolation** en känsla av trygghet/ isolering; **I have a (funny)** ~ **that...** jag har en (konstig) känsla av att...; **I get the** ~ **that...** jag får en känsla av att...; **there was a general** ~ **that...** det var en allmän uppfattning att...

fee-paying |'fiːˌpeɪɪŋ| *adj (elever etc)* betalande; ~ **school** avgiftsbelagd (privat)skola

feet |fiːt| *spl av* **foot**

feign |feɪn| *vt (sjukdom, likgiltighet etc)* låtsas, simulera

feint |feɪnt| **1** *s (Fäktning, Boxning)* fint, skenmanöver **2** *vi* finta

fe·lici·tate |fɪ'lɪsɪteɪt| *vt (frm)* lyckönska, gratulera *(on* till)

fe·lici·ta·tion |fɪˌlɪsɪ'teɪʃən| *s (frm: vanl pl):* ~**s** lyckönskningar, gratulationer

fe·lici·tous |fɪ'lɪsɪtəs| *adj* lyckad, lyckosam

fe·lic·ity |fɪ'lɪsɪtɪ| *s (frm)* lycka, sällhet; *(i uttryck)* lyckad vändning; **he expressed himself with** ~ han uttryckte sig mycket träffande

fe·line |'fiːlaɪn| *adj* kattlik: *she moved with a* ~ *grace; (Zool: som rör kattdjuren)* katt-

fell[1] |fel| *imperf av* **fall**

fell[2] |fel| *vt (motståndare)* fälla till marken; *(träd)* fälla, hugga ner

fell[3] |fel| *adj:* **with one** ~ **blow** med ett fruktansvärt slag; **at one** ~ **swoop** i ett slag

fell[4] |fel| *s (Brit Geogr)* berg

fel·low |'feləʊ| *s* (a) *(man)* karl, pojke; **my dear** ~ käre vän (b) *(skol- etc)* kamrat; ~ **doctor** läkarkollega; ~ **worker** arbetskamrat; ~ **citizen** landsman; ~ **countryman/woman** landsman; ~ **creature** medmänniska; ~ **men** medmänniskor; ~ **traveller** *(eg)* reskamrat; *(Pol)* kommunistsympatisör (c) *(av sällskap etc)* ledamot; *(Univ)* forskare/lärare *vid visst college,* 'fellow'

fel·low·ship |'feləʊʃɪp| *s (med vänner)* kamratskap; *(i sällskap, klubb)* sammanslutning; *(Univ)* forsknings|tjänst/-stipendium

fel·on |'felən| *s (frm: Jur)* grov brottsling

felo·ny |'felənɪ| *s (frm: Jur)* grovt brott

felt[1] |felt| *imperf, perf part av* **feel**

felt[2] |felt| *s (Textil)* filt; ~ **hat** filthatt

felt-tip |'felttɪp| *s (äv:* ~ **pen***) (med filtspets)* tuschpenna

fe·male |'fiːmeɪl| **1** *adj (djur, växt)* hon-; *(person)* kvinnlig, kvinno-; ~ **suffrage** *(Am)* kvinnlig rösträtt; ~ **choir** damkör; ~ **students/doctors** *etc* kvinnliga studenter/läkare *etc*; ~ **friend** kvinnlig vän, väninna; ~ **impersonator** *(Teat)* kvinnoimitatör **2** *s (djur)* hona; *(person: neds)* fruntimmer

femi·nine |'femɪnɪn| **1** *adj (figur, drag etc)* kvinnlig; *(om man)* feminin; ~ **form** *(Språkv)* feminin form **2** *s (Språkv)* femininum; **in the** ~ i femininum

femi·nin·ity |ˌfemɪ'nɪnɪtɪ| *s* kvinnlighet

femi·nism |'femɪnɪzəm| *s* feminism, kvinnorörelse

femi·nist |'femɪnɪst| **1** *adj* feministisk, kvinno-; **the** ~ **movement** kvinnorörelsen **2** *s* feminist

fen |fen| *s (ofta pl)* träsk, kärr

fence |fens| **1** *s* (a) *(runt inhägnad)* stängsel; *(runt trädgård)* staket; *(Hästsport)* hinder; **to sit on the** ~ *(bildl)* inte vilja/kunna ta parti (b) *(vard)* hälare **2** *vi (Sport)* fäkta

♦ **fence in** *vt + adv* inhägna

♦ **fence off** *vt + adv (med stängsel)* avskilja

fenc·er |'fensəʳ| *s* fäktare

fenc·ing |'fensɪŋ| *s* (a) *(Sport)* fäktning; ~ **match** fäktningsmatch (b) *(material)* stängsel

fend |fend| **1** *vt:* **to** ~ **off** *(attack, slag, fråga)* avvärja; *(fiende)* hålla tillbaka **2** *vi:* **to** ~ **for oneself** klara sig själv

fend·er |'fendəʳ| *s (runt öppen spis)* eldgaller; *(Am Motor)* stänkskärm; *(Am Järnväg)* stötfångare; *(Sjö)* fender(t)

fer·ment |'fɜːment| **1** *s* upphetsning; **in a (state of)** ~ i uppror **2** |fə'ment| *vt* få att jäsa; **to** ~ **unrest** *(bildl)* skapa oro **3** |fə'ment| *vi* jäsa

fer·men·ta·tion |ˌfɜːmen'teɪʃən| *s* jäsning

fern |fɜːn| *s* ormbunke

fe·ro·cious |fə'rəʊʃəs| *adj (tiger, vrål)* vild; *(attack)* våldsam; *(bildl)* våldsam

fe·roc·ity |fə'rɒsɪtɪ| *s* grymhet, vildhet

fer·ret |'ferɪt| **1** *s* iller **2** *vi* jaga med iller

♦ **ferret about, ferret around** *vi + adv* leta ivrigt; *(efter hemligheter etc)* snoka (omkring/ runt)

♦ **ferret out** *vt + adv (person)* snoka rätt på; *(sanningen etc)* luska ut

fer·ry |'ferɪ| **1** *s* (= ~ **boat***)* färja; *(stor)* bilfärja **2** *vt:* **to** ~ **sth/sb across/over a river** färja *el* transportera ngt/ngn över en flod; **to** ~ **people to and fro** frakta människor fram och tillbaka

ferry·man |'ferɪmən| *s, pl* -**men** färjkarl

fer·tile |'fɜːtaɪl| *adj (land)* bördig; *(Biol)* fertil; *(bildl)* fruktbar

fer·til·ity |fə'tɪlɪtɪ| *s* fertilitet; ~ **drug** fruktsamhetspiller

fer·ti·lize |'fɜːtɪlaɪz| *vt (ägg)* befrukta; *(Jordbr)* gödsla

fer·ti·liz·er |'fɜːtɪlaɪzəʳ| *s* gödningsmedel

fer·vent |'fɜːvənt| *adj,* **fer·vid** |'fɜːvɪd| *adj (önskan, bön)* brinnande

fer·vour, *(Am)* **fer·vor** |'fɜːvəʳ| *s (bildl)* hetta, glöd

fes·ter |'festəʳ| *vi (Med)* vara sig; *(bildl)* ligga och gro, jäsa under ytan

fes·ti·val |'festɪvəl| *s (Rel etc)* högtid; *(Mus etc)* festspel, festival

fes·tive |'festɪv| *adj* fest-, festlig; **the** ~ **season** julhelgen; **in a** ~ **mood** i feststämning

fes·tiv·ity |fes'tɪvɪtɪ| *s* högtidlighet

fes·toon |fes'tuːn| *vt:* **to** ~ **with** *(girlander etc)* smycka med

fetch |fetʃ| *vt* (a) *(föremål)* hämta; *(läkare, brandkår etc)* skicka efter; ~ **it!** *(till hund)* apport! **(b)** *(pris)* inbringa; **how much did it** ~? hur mycket inbringade den?

♦ **fetch in** *vt* + *adv (föremål, person)* ta in

♦ **fetch up** *vi* + *adv (person, föremål)* hamna

fetch·ing ['fetʃɪŋ] *adj* tilltalande

fête [feɪt] 1 *s* välgörenhetsfest 2 *vt* hylla, fira

fet·id ['fetɪd] *adj* illaluktande

fet·ish ['fi:tɪʃ, *(Am)* 'fetɪʃ] *s (religiös etc)* fetisch; **to make a** ~ **of** sth vara galen i ngt

fet·ish·ist ['fi:tɪʃɪst, *(Am)* 'fetɪʃɪst] *s (Sex)* fetischist

fet·ter ['fetə'] *vt (person)* fjättra; *(djur)* tjudra; *(bildl)* hämma

fet·ters ['fetəz] *spl* bojor; *(bildl)* band

fet·tle ['fetl] *s*: **in fine** ~ i fin form

fe·tus ['fi:təs] *s (Am)* = **foetus**

feud [fju:d] 1 *s* tvist, fejd; **family** ~ släktfejd 2 *vi* tvista; **to** ~ **with** sb ligga i fejd med ngn

feu·dal ['fju:dl] *adj* feodal-

feu·dal·ism ['fju:dəlɪzəm] *s* feodalism

fe·ver ['fi:və'] *s (sjukdomstillstånd)* febersjukdom; *(sjukdomssymptom)* feber; **he has a** ~ han har feber; **a bout of** ~ ett feberanfall; **a high** ~ hög feber; **the gambling** ~ *(bildl)* speldjävulen; **a** ~ **of excitement/impatience** febril upphetsning/ otålighet; **the excitement reached** ~ **pitch** spänningen nådde kokpunkten

fe·ver·ish ['fi:vərɪʃ] *adj (Med)* febrig; *(aktivitet etc)* febril

few [fju:] *s*, *pron fören o självst* (-er, -est) **(a)** få; ~ **books** få böcker; ~ **of them** få av dem; ~ **(people) managed to do it** få (människor) lyckades göra det; **she is one of the** ~ **(people) who...** hon är en av de få (människor) som;... **the** ~ **who...** de få som...; **in/over the past** ~ **days** under de senaste dagarna; **in/over the next** ~ **days** under de närmaste dagarna; **with** ~ **exceptions** med få undantag; **every** ~ **weeks** med några veckors mellanrum; **they are** ~ **and far between** de är sällsynta; **there are very** ~ **of us, we are very** ~ vi är mycket få; **the last/ remaining** ~ **minutes** de få återstående minuterna; **as** ~ **as 3 of them** endast 3 av dem; **too** ~ alltför få; **there were 3 too** ~ det var 3 för lite **(b)**: **a** ~ några (få); **only a** ~ bara några få; **a good** ~, **quite a** ~ ganska många; **a** ~ **of them** några av dem; **a** ~ **more** några till; **(in) a** ~ **more days** om några få dagar

few·er ['fju:ə'] *pron fören o självst, komp av* **few** färre; ~ **than 10** färre än 10; **no** ~ **than...** inte mindre än...

few·est ['fju:ɪst] *pron fören o självst, superl av* **few** minst; ~ **in number** fåtaligast

f/f *förk f* **fully-fitted**

fi·an·cé [fɪ'ɑ̃:ŋseɪ] *s* fästman

fi·an·cée [fɪ'ɑ̃:ŋseɪ] *s* fästmö

fi·as·co [fɪ'æskəʊ] *s* fiasko

fib [fɪb] 1 *s (vard)* (små)lögn; **to tell a** ~ småljuga, narras 2 *vi* småljuga, narras

fib·ber ['fɪbə'] *s (vard)* lögnhals

fi·bre, *(Am)* **fiber** ['faɪbə'] *s (Bot, Anat, Textil)* fiber

fibre·board, *(Am)* **fiber·board** ['faɪbəbɔ:d] *s* fiberplatta

fibre·glass, *(Am)* **fiber·glass** ['faɪbəglæs] *s* glasfiber

fi·bro·si·tis [,faɪbrə'saɪtɪs] *s (Med)* bindvävsinflammation

fi·brous ['faɪbrəs] *adj* fiber-, trådig

fick·le [fɪkl] *adj* opålitlig, flyktig

fic·tion ['fɪkʃən] *s* **(a)** *(Litt)* skönlitteratur; **work of** ~ skönlitterärt verk; **light** ~ underhållningslitteratur **(b)** *(påhittad)* historia, saga; *se äv* **fact**

fic·tion·al ['fɪkʃənl] *adj* uppdiktad

fic·ti·tious [fɪk'tɪʃəs] *adj* **(a)** = **fictional** **(b)** falsk

fid·dle ['fɪdl] 1 *s* **(a)** *(Mus)* fiol; **to play second** ~ **(to sb)** *(bildl)* spela andra fiolen (i förhållande till ngn); *se äv* **fit 1 b** **(b)** *(vard)* fiffel; **it's a** ~ det är fusk; **tax** ~ skattefusk; **to be on the** ~ ha något fiffel för sig 2 *vi* pilla, fingra; **do stop fiddling!** låt bli att fingra!; **to** ~ **(about) with** sth leka med ngt 3 *vt (vard: räkenskaper etc)* fiffla med

♦ **fiddle about, fiddle around** *vi* + *adv* fjanta omkring

fid·dler ['fɪdlə'] *s* **(a)** *(Mus)* fiolspelare **(b)** *(vard)* fifflare

fiddle·sticks ['fɪdlstɪks] *interj (åld)* struntprat

fid·dling ['fɪdlɪŋ] 1 *adj* strunt-; ~ **little jobs** små struntjobb 2 *s (vard)* fiffel

fid·dly ['fɪdlɪ] *adj* (-ier, -iest) *(arbete)* petig; *(föremål)* strunt-; **a** ~ **task** ett petgöra; **a** ~ **little coin** ett litet struntmynt

fi·del·i·ty [fɪ'delɪtɪ] *s (mot person, original)* trohet; *se äv* **high**

fidg·et ['fɪdʒɪt] 1 *s (person)* orolig/rastlös person; **to have the** ~**s** vara rastlös 2 *vi (äv:* ~ **about,** ~ **around)** skruva på sig; **to** ~ **with** sth pilla med ngt

fidg·ety ['fɪdʒɪtɪ] *adj* orolig, rastlös

field [fi:ld] 1 *s (i allm)* fält; *(för kor etc)* hage; *(Sport: fotbolls-)* plan; *(: av deltagare)* fält; *(yrkes-)* område; **oil** ~ oljefält; **magnetic** ~ magnetfält; **a year's trial in the** ~ *(bildl)* ett års försök på fältet; **to study** sth **in the** ~ göra fältstudier av ngt; **to die in the** ~ *(Mil)* dö på slagfältet; **to take the** ~ *(Sport)* ställa upp *(against* mot*)*; **to lead the** ~ *(Sport)* ligga i täten; *(Handel)* vara ledande på området; **my particular** ~ mitt specialområde/ gebit; ~ **of vision** synfält; ~ **day** *(Mil: manöver inför publik: ung)* regementets dag; **to have a** ~ **day** *(bildl)* ha en stor dag; ~ **events** *(i friidrott)* hopp och kast; ~ **glasses** fältkikare; ~ **hospital** fältsjukhus; ~ **sports** *(jakt, fiske etc)* friluftssport 2 *vt (lag)* ställa upp med; *(Cricket: bollen)* ta, fånga 3 *vi (Cricket)* spela i utelaget

field-test ['fi:ld,test] 1 *s* marknadstest 2 *vt* testlansera

field·work ['fi:ldwɜ:k] *s (Sociol etc)* fältarbete

fiend [fi:nd] *s* **(a)** *(i allm)* djävul **(b)** *(vard: person)* odjur, djävul **(c)** *(vard: tennis-, fotbolls- etc)* fantast

fiend·ish ['fi:ndɪʃ] *adj (grymhet, leende, plan)* djävulsk; *(vard)* djävulsk, hemsk

fiend·ish·ly ['fi:ndɪʃlɪ] *adv* djävulskt

fierce [fɪəs] *adj* (-er, -est) *(djur)* vild(sint); *(motståndare, attack)* våldsam; *(blick)* skarp; *(hat)* brinnande; *(vind, oväder)* hård; *(värme, konkurrens)* intensiv

fierce·ly ['fɪəslɪ] *adv* våldsamt

fiery ['faɪərɪ] *adj* (-ier, -iest) *(hetta, sol)* brännande; *(himmel, solnedgång)* glödande; *(smak)* stark, het; *(tal, temperament)* eldig; *(whisky etc)* skarp

fif·teen [fɪf'ti:n] 1 *räkn* femton; **about** ~ **people** ungefär femton personer 2 *s (Rugby)* femtonmannalag

fif·teenth [fɪf'ti:nθ] 1 *räkn* femtonde 2 *s (i följd)* femtonde; *(Mat)* femtondel

fifth [fɪfθ] 1 *räkn* femte; **I was the** ~ **to arrive** jag var den femte som kom; **he came** ~ **in the competition** han kom/blev femma i tävlingen; **my** ~ **birthday** min femårsdag; **Henry the F**~ Henrik den femte; **the** ~ **of July, July the** ~ den femte juli; ~ **column** *(Pol)* femtekolonn; ~ **form** *(Brit Skol)* femte klass 2 *s (i följd)* femte; *(Mat)* femtedel; *(Mus)* kvint; **I wrote to him on the** ~ jag skrev till honom den femte

fif·ti·eth ['fɪftɪɪθ] 1 *räkn* femtionde 2 *s (i följd)* femtionde; *(Mat)* femtiondel

fifty ['fɪftɪ] 1 *räkn* femtio; **about** ~ **people/cars** ungefär femtio människor/bilar; **he'll be** ~

(years old) next birthday han fyller 50 (år) nästa födelsedag **2** *s:* **the fifties** femtiotalet; **to be in one's fifties** vara mellan 50 och 60, ha fyllt 50; **the temperature was in the fifties** *(Fahrenheit)* det var 10-15 grader *(Celsius);* **to do ~ (mph)** *(Motor)* köra i åttio (km/h)

fifty-fifty |'fıftı'fıftı| *adj, adv:* **to go ~ with sb** dela lika med ngn; **we have a ~ chance of success** vi har 50 procents chans att lyckas

fig |fıg| *s* fikon; *(äv: ~* **tree)** fikon(träd); *~* **leaf** fikonlöv

fight |faıt| *(v imperf, perf part:* **fought)** **1** *s (Mil)* strid; *(Boxning)* match; *(mellan två personer)* slagsmål; *(för/mot ngt, om ngt)* kamp; *(= ~ing spirit)* stridslust, kampanda; **to have a ~ with sb** *(med ord)* gräla med ngn; *(med nävar etc)* vara i slagsmål med ngn; **to put up a ~** sätta sig till motvärn; **to put up a good ~** kämpa tappert; **there was no ~ left in him** han hade ingen kamplust kvar **2** *vt (fiende, eldsvåda)* bekämpa; *(strid)* utkämpa; *(tendens, förslag etc)* kämpa mot; *(Jur)* processa om; **to ~ one's way through a crowd** bana sig väg genom en folkmassa; *se äv* **battle 3** *vi (person, djur)* slåss *(with* med); *(trupper, länder)* slåss *(against* mot); *(med ord)* gräla *(with* med); *(bildl)* slåss *(for/against* för/mot); **to ~ for one's life** *(eg, bildl)* slåss för livet; *se äv* **shy 1**

♦ **fight back 1** *vi + adv (Sport, i strid, i argument)* slå tillbaka *(efter sjukdom)* hämta sig **2** *vt + adv (tårar, ilska, tvivel)* kämpa mot

♦ **fight down** *vt + adv (ilska, ångslan)* undertrycka

♦ **fight off** *vt + adv (anfall etc)* slå tillbaka; *(sömn, sjukdom)* hålla borta/tillbaka

♦ **fight on** *vi + adv* kämpa vidare

♦ **fight out** *vt + adv (eg, bildl)* göra upp; **to ~ it out** slåss om saken

fight·er |'faıtə'| *s (i allm, bildl)* kämpe; *(Boxning)* boxare; *(Flyg)* jaktplan; *~* **pilot** stridsflygare

fighter-bomber |'faıtə,bɒmə'| *s* jaktbombplan

fight·ing |'faıtıŋ| **1** *s (i allm)* slagsmål; *(Mil)* strid; *(på gatan)* (gatu)bråk, oroligheter **2** *adj (styrkor etc)* strids-; *~* **spirit** kampanda; **a ~ chance** en ordentlig chans

fig·ment |'fıgmənt| *s:* **~ of the imagination** inbillning

fig·ura·tive |'fıgjʊrətıv| *adj (betydelse, uttryck)* bildlig

fig·ure |'fıgə', *(Am)* 'fıgjə'| **1** *s* **(a)** *(kroppslig)* figur; **she's got a nice ~** hon har fin figur; **he's a fine ~ of a man** det är en snygg karl; **to lose one's ~** förlora figuren **(b)** *(person)* gestalt; **public ~** offentlig person **(c)** *(geometrisk etc)* figur; *(Skridsko)* figur; **a ~ of eight** en åtta **(d)** *(Mat)* siffra; *(pengar)* belopp; **to be good at ~s** vara bra på siffror/att räkna; **a mistake in the ~s** ett räknefel; **to reach double/three ~s** komma upp i tvåsiffriga/tresiffriga tal **(e)** *(Språkv):* **~ of speech** metafor, bild **2** *vt (i sht Am)* förmoda **3** *vi* **(a)** *(i film, i lista etc)* förekomma **(b)** *(i sht Am)* vara självklar; **that ~s!** *(vard)* det är klart!

♦ **figure on** *vi + prep (Am)* räkna med

♦ **figure out** *vt + adv (vard: problem, person)* förstå, komma underfund med; *(handstil)* tyda; *(summa)* räkna ut; **I just can't ~ it out!** jag kan helt enkelt inte förstå det!

figure·head |'fıgəhɛd| *s (Sjö, bildl)* galjonsfigur

fila·ment |'fıləmənt| *s (Elektr)* glödtråd; *(Textil etc)* fiber(tråd)

filch |fıltʃ| *vt (vard)* snatta

file[1] |faıl| **1** *s (verktyg, nagel-)* fil **2** *vt* fila; **to ~ sth down/away** fila ner/bort ngt

file[2] |faıl| **1** *s (enkel)* mapp; *(ring-, gaffel-)* pärm; *(över klient etc)* dossier; *(i dokumentskåp)* regis-

ter; *(Data)* fil; **to have/put sth on ~** arkivera ngt; **~ clerk** *(Am)* registrator **2** *vt* **(a)** *(äv: ~ away)* *(anteckningar etc)* ordna in, arkivera; *(alfabetiskt)* ordna in, sortera **(b)** *(ansökan, klagomål etc)* lämna in; *(Jur):* **to ~ a suit against sb** inge stämningsansökan mot ngn

file[3] |faıl| **1** *s (av personer, föremål)* rad; **in single ~** på ett led **2** *vi:* **to ~ in/out** marschera in/ut; **to ~ past (sth/sb)** defilera förbi (ngt/ngn)

fil·ial |'fılıəl| *adj (manlig)* sonlig; *(kvinnlig)* dotterlig

fili·bus·ter |'fılıbʌstə'| **1** *s (i sht Am Pol: person)* filibuster, långpratare; *(: handling)* filibuster, långpratande **2** *vi (Am Pol: i senaten)* långprata, maratontala

fili·gree |'fılıgriː| **1** *s (av guld, silver)* filigran **2** *adj* filigrans-

fil·ing cabi·net |'faılıŋ,kæbınıt| *s* dokumentskåp

fil·ing clerk |'faılıŋ,klɑːk| *s (Brit)* registrator

fil·ings |'faılıŋz| *spl* filspån

Fili·pi·no |,fılı'piːnəʊ| *s (person från Filippinerna)* filippinare

fill |fıl| **1** *vt (i allm)* fylla *(with* med); *(tand)* laga, plombera; *(Handel)* effektuera; *(behov)* fylla; **to ~ a vacancy** *(om: arbetsgivare)* tillsätta en ledig plats; *(om arbetstagare)* fylla vakans; **the position is already ~ed** platsen är redan tillsatt; **~ed with admiration** fylld av beundran *(for* för); **~ed with remorse/despair** fylld av ånger/förtvivlan; **he ~s his time by...** han får tiden att gå genom att...; **the wind ~ed the sails** vinden fyllde seglen; **that ~s the bill** det är precis vad som behövs **2** *vi* fyllas *(with* av) **3** *s:* **to eat one's ~** äta sig mätt; **to drink one's ~** dricka sig otörstig; **to have one's ~ of sth** *(bildl)* få sitt lystmäte av ngt

♦ **fill in 1** *vt + adv* **(a)** *(hål, spricka)* fylla igen; *(med färgkritor)* fylla i **(b)** *(blankett)* fylla i; *(detaljer)* lägga till; **to ~ sb in on sth** *(vard)* sätta ngn in i ngt **2** *vi + adv:* **to ~ in for sb** rycka in för ngn

♦ **fill out 1** *vt + adv (blankett)* fylla i **2** *vi + adv (person)* lägga ut; *(ansikte)* bli fylligare; *(segel)* svälla

♦ **fill up 1** *vt + adv (glas, flaska, tank etc)* fylla till brädden; **~ it/her up!** *(vard: Motor)* full tank! **2** *vi + adv (Motor)* tanka; *(rum etc)* fyllas

fill·er |'fılə'| *s (för bensin etc)* påfyllningsrör; *(för sprickor i vägg etc)* spackel

fil·let |'fılıt| **1** *s (Matl)* filé **2** *vt (fisk, kött)* filea

fill·ing |'fılıŋ| **1** *s (i tand)* fyllning, plomb; *(Matl)* fyllning **2** *adj (mat)* mättande; **~ station** bensinstation

fil·lip |'fılıp| *s (eg)* knäpp med fingrarna; *(bildl)* stimulans, uppmuntran

fil·ly |'fılı| *s* ungt sto

film |fılm| **1** *s (av olja)* hinna; *(av damm)* tunt lager; *(Foto, Film)* film; *(på bio)* film; **I need a ~ for my camera** *(Brit)*, **I need ~ for my camera** *(Am)* jag behöver film till min kamera; **~ library** cinematek; **~ rights** filmrättigheter; **~ script** filmmanus; **~ star** filmstjärna; **~ studio** filmstudio **2** *vt (bok, händelse)* filma

film·strip |'fılmstrıp| *s* bildband

fil·ter |'fıltə'| **1** *s (olje-, luft-, Foto)* filter; *(Brit Motor: trafikljus)* grön pil *(för svängande trafik);* **~ coffee** bryggkaffe; **~ lane** *(Brit Motor)* svängningsfil; **~ paper** filtreringspapper **2** *vt (vätska)* sila, filtrera; *(luft)* filtrera **3** *vi:* **to ~ to the left** *(Brit Motor)* lägga sig i vänsterfil

♦ **filter back** *vi + adv (person)* söka sig tillbaka

♦ **filter in, filter through** *vi + adv (nyhet)* sippra ut

filter-tipped |'fıltə,tıpt| *adj (cigarrett)* filter-

filth |fılθ| *s (eg)* smuts; *(bildl)* snusk, oanständigheter

filthy |'fɪlθɪ| *adj* (**-ier, -iest**) *(eg)* smutsig; *(bildl)* snuskig, oanständig

fin |fɪn| *s (på fisk, haj, flygplan)* fena

fi·nal |'faɪnl| **1** *adj (kapitel, avbetalning etc)* sista, slut-; *(seger)* avgörande; *(beslut)* slutgiltig; **the judge's decision is** ~ domarens beslut är slutgiltigt; **and that's** ~**!** och därmed basta/punkt!; ~ **exam** slutexamen **2** *s (Brit Sport)* final; ~**s** *(Univ)* slutexamen; *(Am Sport)* final

fi·na·le |fɪ'nɑːlɪ| *s (Mus)* final; *(Teat)* final, slutnummer; **the grand** ~ det stora slutnumret; *(bildl)* kulmen

fi·nal·ist |'faɪnəlɪst| *s (Sport)* finalist

fi·nal·ity |faɪ'nælɪtɪ| *s* slutgiltighet

fi·nal·ize |'faɪnəlaɪz| *vt (förberedelser, arrangemang)* lägga sista handen vid; *(uppdrag, plan)* slutföra; *(beslut)* definitivt fatta; *(kontrakt)* slutgiltigt göra upp om, skriva under; *(rapport, text)* färdigställa, fullborda; *(datum)* definitivt fastställa

fi·nal·ly |'faɪnəlɪ| *adv (som avslutning)* till sist, slutligen; *(lyckas etc)* äntligen; *(besluta etc)* slutgiltigt

fi·nance |faɪ'næns| **1** *s (i allm)* finans; *(för projekt etc)* tillgångar, kapital; ~**s** ekonomi, ekonomisk ställning; ~ **page** *(i tidning)* ekonomi-/finans|sida; ~ **company** finans(ierings)bolag; **Minister of F** ~ finansminister **2** *vt* finansiera

fi·nan·cial |faɪ'nænʃəl| *adj (ställning, svårigheter, rådgivare)* ekonomisk; *(centrum)* ekonomisk; **the** ~ **year** *(Brit)* budgetåret

fi·nan·ci·er |faɪ'nænsɪəʳ| *s* finansman

finch |fɪntʃ| *s* fink

find |faɪnd| *(v imperf, perf part* **found**) **1** *vt* (**a**) *(i allm)* finna; *(händelsevis)* finna, hitta; *(ngt förlorat)* hitta; *(något vara lätt/svårt)* finna; **the book is nowhere to be found** vi kan inte hitta boken någonstans; **the plant is found all over Europe** växten förekommer i hela Europa; **it has been found that...** man har funnit att...; **if you can** ~ **the time** om du hinner; **no cure has been found** man har inte funnit något botemedel; **I found it impossible to tell the difference** jag fann det omöjligt att se någon skillnad; **he** ~**s it easy/difficult to...** han finner det lätt/svårt att...; **to** ~ **(some) difficulty in doing sth** finna det svårt att göra ngt; **I** ~ **him very pleasant** jag tycker han är mycket trevlig; **we found him in bed** vi fann honom i sängen, han låg i sängen när vi kom; **I found myself at a loss** jag visste varken ut eller in; **he found himself in a dark wood** han befann sig plötsligt i en mörk skog; **can you** ~ **your (own) way to the station?** hittar du (själv) till stationen?; **this found its way into my drawer** det här hamnade i min låda; **leave everything as you** ~ **it** lämna allt som du fann det; **to** ~ **fault with sb/sth** anmärka på ngn/ngt; **he was found guilty/innocent** *(Jur)* har förklarades skyldig/icke skyldig; **to** ~ **one's feet** *(bildl)* bli varm i kläderna (**b**) *(ngt önskat, eftertraktat)* få tag på; **go and** ~ **me a pencil** gå och ta reda på en penna åt mig; **there are no more to be found** det finns inga mer att få tag på; **wages are £60 per week all found** lönen är 60 pund i veckan förutom fri kost och logi **2** *vi (Jur)*: **to** ~ **for sb** frikänna ngn; **to** ~ **against sb** förklara ngn skyldig **3** *s* fynd; **it was a real** ~ det var ett riktigt fynd

♦ **find out 1** *vt + adv (information, svar)* ta reda på; *(sakförhållande)* upptäcka; *(problem)* lösa; **to** ~ **out that...** upptäcka att...; **to** ~ **sb out** genomskåda ngn **2** *vi + adv*: **to** ~ **out about** ta reda på

find·ings |'faɪndɪŋz| *spl (av undersökning etc)* resul-

tat; *(Jur)* dom, utslag

fine[1] |faɪn| **1** *adj* (**-er, -est**) (**a**) *(i allm)* fin; *(tråd)* tunn; *(partikel)* ytterst liten; **a** ~ **rain** ett fint regn; ~ **point** *(om penna)* tunn spets; **a** ~ **distinction** en hårfin skillnad; **the** ~ **print** det finstilta; **not to put too** ~ **a point on it** för att tala klarspråk; **he's got it down to a** ~ **art** han gör en konst av det (**b**) *(guld, silver etc)* ren (**c**) *(yrkesman)* skicklig; *(smak)* utsökt; *(väder)* vacker; *(byggnad, kläder)* stilig, vacker; *(person: utseende)* stilig; *(: karaktär)* bra, fin; **if the weather is** ~ om det är vackert väder; **it's a** ~ **day today** det är vackert väder idag; ~ **workmanship** fint hantverk; **he's a** ~ **man** han är en bra människa; **that's** ~ **art, the** ~ **arts** de sköna konsterna; **that's** ~ *(tillåtelse)* det går bra; *(beröm)* det är bra; **he's** ~ han mår bra (**d**) *(iron)* snygg; **a** ~ **friend you are!** du är just en snygg vän du! **you're a** ~ **one to talk!** du pratar du!; **one** ~ **day** en vacker dag **2** *adv* fint, bra; **to feel** ~ må bra; **you're doing** ~ du sköter dig fint; **to cut it** ~ *(om tid)* komma i sista stund; *(om pengar)* precis klara det

fine[2] |faɪn| **1** *s* böter; **to get a** ~ **for sth** få böter för ngt **2** *vt*: **to** ~ **sb** ge ngn böter, bötfälla ngn *(for* för)

fine·ly |'faɪnlɪ| *adv* (**a**) *(klädd)* elegant; *(skrivet)* lysande, utmärkt (**b**) *(inställd)* noga, fint; *(hacka, skära)* fint

fin·ery |'faɪnərɪ| *s (kläd-)* elegans; *(blomster-)* prakt

fi·nesse |fɪ'nes| *s* finess, urskillning; *(Kortsp)* mask

fine-tooth comb |faɪn'tuːθkəʊm| *s*: **to go over/through sth with a** ~ *(rum etc)* finkamma; *(text)* lusläsa

fin·ger |'fɪŋgəʳ| **1** *s* finger; **his** ~**s are all thumbs, he is all** ~**s and thumbs** han har tummen mitt i handen; **keep your** ~**s crossed** håll tummarna; **they never laid a** ~ **on her** de rörde henne aldrig; **he didn't lift a** ~ **to help** han lyfte inte ett finger för att hjälpa till; **to put one's** ~ **on sth** *(bildl)* sätta fingret på ngt, säga ngt exakt; **to twist sb round one's little** ~ linda ngn runt lillfingret; **to have a** ~ **in the/every pie** ha ett finger med i spelet/överallt; **to pull one's** ~ **out** *(bildl vard)* lägga på ett extra kol; ~ **board** *(på stränginstrument)* greppbräde **2** *vt (äv neds)* fingra på, pilla på; *(Mus)* fingersätta

finger·mark |'fɪŋgəmɑːk| *s* märke efter fingrar

finger·nail |'fɪŋgəneɪl| *s (på finger)* nagel

finger·print |'fɪŋgəprɪnt| **1** *s* fingeravtryck **2** *vt (person)* ta fingeravtryck på

finger·tip |'fɪŋgətɪp| *s* fingerspets, fingertopp; **to have sth at one's** ~**s** kunna ngt på sina fem fingrar

fin·icky |'fɪnɪkɪ| *adj* (**a**) *(person)* noga, petig *(about* med) (**b**) *(jobb)* pillig, petig; **a** ~ **job** ett petgöra

fin·ish |'fɪnɪʃ| **1** *s* (**a**) *(i allm)* slut; *(Sport)* slutspurt; *(: plats)* mål; **to be in at the** ~ vara med i slutskedet; **a fight to the** ~ en kamp på liv och död (**b**) *(av ytan)* finish, ytbehandling **2** *vt (arbete etc)* (av)sluta; *(mat)* äta upp; *(bok)* läsa ut; **that last mile nearly** ~**ed me** *(vard)* den sista kilometern tog nästan kål på mig **3** *vi (person)* sluta; *(film, bok, ferie)* sluta, ta slut; *(kontrakt)* upphöra; **the party was** ~**ing** festen höll på att ta slut; **she** ~**ed by saying that...** hon slutade med att säga att...; **to** ~ **first/second** *(Sport)* komma i mål som) etta/tvåa; **I've** ~**ed with the paper** jag är färdig med tidningen; **he's** ~**ed with politics** han har slutat med politik(en); **she's** ~**ed with him** hon har gjort slut med honom

♦ **finish off** *vt + adv (arbete etc)* göra färdig; *(mat)* göra slut på, äta upp; *(person, djur)* göra slut på, ta livet av

♦**finish up** **1** *vt + adv (mat)* äta upp; *(dryck)* dricka upp; *(förråd)* göra slut på **2** *vi + adv* till slut komma *(in till)*; **he ~ed up in Paris** han hamnade till slut i Paris; **it ~ed up as...** det slutade som...

fin·ished |'fɪnɪʃt| *adj (produkt)* finslipad; *(föreställning, konsert etc)* fulländad; *(vard: av trötthet)* slut, utpumpad; *(: karriär etc)* slut; **he's ~** det är ute med honom

fin·ish·ing |'fɪnɪʃɪŋ| *adj* slut-; **~ line** *(Sport)* mållinje; **~ school** privat flickskola *som förbereder för sällskapslivet*; **~ touches** ten på sista finslipning; **to put the ~ touches to sth** lägga sista handen vid ngt

fi·nite |'faɪnaɪt| *adj* **(a)** *(i allm)* begränsad; *(Mat)* ändlig **(b)** *(Språkv)* finit

Fin·land |'fɪnlənd| *s* Finland

Finn |fɪn| *s* finne, finländare

Finn·ish |'fɪnɪʃ| **1** *adj* finsk **2** *s (språk)* finska

fiord |fjɔːd| *s* = **fjord**

fir |fɜːʳ| *s (äv: ~ tree)* gran; *(ibl äv)* fura, tall; **~ cone** grankotte

fire |faɪəʳ| **1** *s* **(a)** *(i allm)* eld; *(i öppen spis etc)* brasa; *(oavsiktlig)* eldsvåda; **electric/gas ~** el-gas|kamin; **forest ~** skogsbrand; **to set ~ to sth, to set sth on ~** sätta eld på ngt; **to catch ~** fatta eld; **to be on ~** brinna,stå i ljusan låga; **insured against ~** brandförsäkrad; **to play with ~** *(bildl)* leka med elden **(b)** *(Mil)* eld, skottlossning; **to open ~** öppna eld *(on mot)*; **to hold one's ~** vänta med att skjuta; **to be/come under ~** bli beskjuten, vara utsatt för skottlossning; *(bildl)* vara i elden, bli kritiserad **2** *vt* **(a)** *(skott, salut)* skjuta; *(gevär)* fyra av *(at mot)*; **to ~ questions at sb** bombardera ngn med frågor **(b)** *(keramik)* bränna; *(bildl: fantasi)* stimulera, egga; *(: person med entusiasm)* fylla **(c)** *(vard)* ge sparken; **he was ~d** han fick sparken; **you're ~d!** du är avskedad! **3** *vi (Mil etc)* skjuta *(at på, mot)*; *(motor)* tända; **~ away/ahead!** *(bildl vard)* ut med språket! **4** *i sms:* **~ alarm** brandlarm; **~ brigade** *(Brit)*, **~ department** *(Am)* brandkår; **~ drill**, **~ practice** brandövning; **~ engine** brandbil; **~ escape** *(stege)* brandstege; *(trappa)* nödutgång, reservutgång; **~ exit** nödutgång; **~ extinguisher** brandsläckare; **~ hazard**, **~ risk** brandrisk; **~ regulations** brandföreskrifter; **~ station** brandstation

fire·arm |'faɪərɑːm| *s* skjutvapen

fire·guard |'faɪəgɑːd| *s* brasskärm

fire·light |'faɪəlaɪt| *s* eldsken; **by ~** i skenet från brasan

fire·man |'faɪəmən| *s, pl -men* brandman

fire·place |'faɪəpleɪs| *s* öppen spis

fire·proof |'faɪəpruːf| *adj (material)* brandsäker; *(fat etc)* eldfast

fire·side |'faɪəsaɪd| *s:* **by the ~** vid brasan

fire·wood |'faɪəwʊd| *s* brasved

fire·works |'faɪəwɜːks| *spl (föremål)* fyrverkeripjäser; *(äv: ~ display)* fyrverkeri

fir·ing |'faɪərɪŋ| *s* skottlossning; **~ line** eldlinje; **to be in the ~ line** *(bildl)* ha en utsatt position; **~ squad** exekutionspatrull

firm[1] |fɜːm| *adj (-er, -est) (i allm)* fast; *(i balansen)* stadig; *(grepp, tro, karaktär, röst, blick)* fast, stadig; *(vän, vänskap)* trogen; *(åtgärder, beslut)* fast, bestämd; *(priser, kurser)* fast; **as ~ as a rock** (lika) stadig som en klippa; **a ~ believer in sth** en som bestämt tror på ngt; **to be ~ with sb** vara bestämd mot ngn; **to be on ~ ground** *(bildl)* befinna sig på fast mark; **to stand ~/take a ~ stand** *(bildl)* stå fast, inta en fast ståndpunkt *(over mot)*

firm[2] |fɜːm| *s* firma

firm·ly |'fɜːmlɪ| *adv (i allm)* fast; *(tala)* bestämt;

(tro) fullt och fast

firm·ness |'fɜːmnɪs| *s (i allm)* fasthet; *(tala med)* beslutsamhet; **~ of purpose** målmedvetenhet

first |fɜːst| **1** *adj (i allm)* första; *(om man)* förste; **the ~ of January** första januari; **the ~ time** första gången; **to win ~ place** *(i tävling)* bli etta, vinna; **in the ~ place** för det första; **in the ~ instance** *(allra)* först, till att börja med; **~ thing in the morning** genast på morgonen; **~ thing tomorrow** gènast i morgon; **~ things first!** (allt) i tur och ordning!; **I don't know the ~ thing about it** *(vard)* jag vet inte det minsta om det

   2 *adv* **(a)** *(i allm)* först; **~ A, then B** först A sedan B; **~ of all** allra först; **~ and foremost** först och främst; **~ and last** framför allt; **~ come, ~ served** den som kommer först till kvarn får först mala *(ordspr)*; **ladies ~!** damerna först; **we arrived ~** vi kom först; **she came ~ in the race** hon kom etta i loppet; **finish this work ~** avsluta det här först; **head ~** med huvudet före **(b)** *(av flera gånger)* (för) första gången; **I ~ met him in Paris** jag mötte honom första gången i Paris **(c)** *(mer än något annat)* hellre; **I'd die ~!** jag skulle hellre dö;

   3 *s:* **they were the ~ to arrive** de var de första som kom, de kom först; **Charles the F~** Karl den förste; **at ~** först; **from the (very) ~** från (allra) första början; **from ~ to last** från början till slut; **to be in ~ (gear)** *(Motor)* ha ettan inne; **he gained a ~ in French** *(Brit Univ)* han fick högsta betyg i franska

   4 *(i sms):* **~ aid** första hjälpen; **~ class** första klass; **~ cousin** kusin; **~ edition** förstupplaga; *(Skol):* **~ form** *(Brit)*, **~ grade** *(Am)* första klass; **~ gear** *(Motor)* ettan(s växel); **F~ Lady** *(Am)* presidentens hustru; **~ name** förnamn; **be on a ~ name basis** tilltala varandra med förnamn, *(ung)* dua varandra; **~ night** *(Teat)* premiär; **~ offender** *(Jur)* förstagångsförbrytare; **~ performance** *(Teat)* urpremiär; *(Mus)* uruppförande; **~ year student** förstaårsstudent; *se äv* **floor 1 b**

first aid |'fɜːsteɪd| *adj (se äv first 4):* **~ classes** samaritkurs; **~ kit/box** förbandslåda; **~ post** hjälpstation

first-class |,fɜːst'klɑːs| **1** *adj* **(a):** **~ ticket** *(Järnv)* förstaklassbiljett; **~ compartment** förstaklasskupé; **~ mail** snabbefordrad post; **~ honours degree** *(Brit Univ)* högsta betyg i 'honoursexamen' **(b)** *(måltid, hotell etc)* förstklassig **2** *adv:* **to travel ~** resa första klass; **to send a letter ~** skicka ett brev med snabbefordran

first-degree |,fɜːstdɪ'griː| *adj (mord)* av första graden; *(brännskador)* första gradens

first-hand |,fɜːst'hænd| **1** *adj (erfarenhet)* förstahands- **2** *adv* direkt, utan mellanhand

first·ly |'fɜːstlɪ| *adv* för det första

first-rate |'fɜːstreɪt| *adj* förstklassig, ypperlig

fis·cal |'fɪskəl| *adj (politik)* skatte-; **~ year** *(Am)* budgetår

fish |fɪʃ| **1** *s, pl lika el -es* fisk; **~ and chips** *(Brit Matl)* (friterad) fisk med pommes frites; **to be like a ~ out of water** vara som en fisk på land; **I've got other ~ to fry** *(vard)* jag har annat att göra; **~ farm** fiskodling; **~ knife** fiskkniv; **~ shop** fiskaffär; **~ slice** fiskspade **2** *vi* fiska; **to go ~ing** (gå/åka och) fiska; **to go salmon ~ing** fiska lax; **to ~ for trout** fiska forell; **to ~ for compliments** *(bildl)* gå med häven; **to ~ for information** *(bildl)* fiska efter upplysningar; **to ~ (around) in one's pocket for sth** gräva i fickan efter ngt **3** *vt (flod, damm etc)* fiska i; *(forell, lax)* fiska; **they ~ed him out of the water** de drog upp honom ur vattnet; **she ~ed a handkerchief out of**

her handbag hon fiskade upp en näsduk ur väskan

♦ **fish out** *vt + adv (ur vattnet)* dra upp; *(bildl)* leta fram

fish-and-chip-shop [ˌfɪʃəngˈtʃɪp̩ʃɒp] *s (Brit)* fisk och pommes frites-affär

fish·bone [ˈfɪʃbəʊn] *s* fiskben

fish·cake [ˈfɪʃkeɪk] *s (Matl)* fiskkrokett

fisher·man [ˈfɪʃəmən] *s, pl* **-men** fiskare

fish·ery [ˈfɪʃərɪ] *s* fiske(ri)

fish·finger [ˈfɪʃˈfɪŋgəʳ] *s* fiskpinne

fish·ing [ˈfɪʃɪŋ] *s* fiske; ~ **boat** fiskebåt; ~ **grounds** fiskevatten; **the ~ industry** fiskeriindustrin; ~ **line** metrev; ~ **net** fisknät; ~ **port** fiskehamn; ~ **rod** metspö; ~ **tackle** fiskeredskap

fish·monger [ˈfɪʃˌmʌŋgəʳ] *s (Brit)* fiskhandlare; ~**'s (shop)** fiskaffär

fishy [ˈfɪʃɪ] *adj* (**-ier, -iest**) *(lukt, smak: vanl neds)* fisk(-); *(vard: misstänkt)* skum

fis·sion [ˈfɪʃən] *s* klyvning; **atomic/nuclear ~** atom-/kärn|klyvning

fis·sure [ˈfɪʃəʳ] *s (i mark, klippa)* spricka

fist [fɪst] *s* knytnäve; **to shake one's ~** hytta med näven *(at åt)*

fist·ful [ˈfɪstfʊl] *s (grus, småpengar etc)* näve (full med)

fit[1] [fɪt] **1** *adj* (**-ter, -test**) **(a)** lämplig, passande; **to be ~ for sth** duga till ngt; **to be ~ to do sth** vara lämpad att göra ngt; **he's not ~ for the job** han är inte lämplig för jobbet; ~ **for human consumption** tjänlig som människoföda; **he is not ~ company for my daughter** han är inget lämpligt sällskap för min dotter; **he's not ~ to teach** han är inte i det tillståndet att han kan undervisa; **you're not ~ to be seen** du är inte i presentabelt skick; **it's not ~ to eat/to be eaten** det är inte ätbart; **I'm ~ to drop** *(vard)* jag är på vippen att falla ihop; **do as you think/see ~** gör vad du anser lämpligt

(b) *(Med)* kry, frisk; *(Sport)* i form; **to keep ~** hålla sig i form; **to be ~ for work** *(efter sjukdom)* vara stark nog för att arbeta; **to be (as) ~ as a fiddle** vara frisk som en nötkärna

2 *s* passform; **this suit is a very good ~** den här kostymen sitter mycket bra; **it's a rather tight ~** den är ganska trång

3 *vt* **(a)** *(om kläder)* passa; *(om nyckel)* passa i; **it ~s you well** den sitter bra på dig; **it ~s me like a glove** den passar mig precis/som handen i handsken

(b) *(fakta, beskrivning etc)* svara mot; **the punishment should ~ the crime** straffet ska svara mot brottet

(c) *(på plats)* sätta in; **to ~ a key in the lock** sätta nyckeln i låset; **to have a carpet ~ted** få en matta inlagd; **to ~ sth into place** sätta/lägga ngt på plats

(d) *(med apparat etc)* utrusta; **a car ~ted with a radio** en bil (utrustad) med radio; **she has been ~ted with a new hearing aid** hon har fått en ny hörapparat (utprovad); **to ~ a person/ship for expedition** utrusta en person/ett fartyg för en expedition

(e) *(Sömnad)* prova; *(för jobb etc)* göra lämpad; **to ~ a dress (on sb)** prova en klänning (på ngn); **her experience ~s her for the job** hennes erfarenhet gör henne lämpad för jobbet

4 *vi* **(a)** *(i allm)* passa; *(kläder)* sitta, passa **(b)** *(fakta, beskrivning)* stämma; **it all ~s now!** nu stämmer allt!

♦ **fit in 1** *vt + adv (föremål)* passa/få in; *(patient etc)* ta, hinna med; *(aktivitet)* hinna med **2** *vi + adv (beskrivning, förklaring etc)*: **to ~ in with** stämma med; **he left because he didn't ~ in** han slutade eftersom han inte passade in; **to ~ in**

with sb's plans *(person)* anpassa sig till ngns planer; *(förhållande)* passa med ngns planer

♦ **fit out** *vt + adv (person, fartyg)* utrusta

fit[2] [fɪt] *s* **(a)** *(Med)* anfall, attack; **to have/suffer a ~** få ett anfall; ~ **of coughing** hostattack **(b)** *(av ilska, sorg etc)* anfall, utbrott; ~ **of anger** anfall av ilska; ~ **of crying/tears** gråtanfall; **to have/throw a ~** *(vard)* få slag; **to be in ~s (of laughter)** vrida sig av skratt; ~ **of enthusiasm** anfall av entusiasm; **by/in ~s and starts** ryckvis

fit·ful [ˈfɪtfʊl] *adj (vind, skurar)* tillfällig; *(sömn)* ojämn

fit·ment [ˈfɪtmənt] *s* **(a)** *(till maskin)* tillbehör **(b)** = **fitting 2b**

fit·ness [ˈfɪtnɪs] *s (för befattning)* lämplighet; *(fysisk)* kondition

fit·ted [ˈfɪtɪd] *adj (plagg)* inprovad; ~ **carpet** heltäckande matta; ~ **cupboards** inbyggda skåp; ~ **kitchen** *(Brit)* kök med fast inredning

fit·ter [ˈfɪtəʳ] *s (Tekn)* montör; *(för kläder)* proverska

fit·ting [ˈfɪtɪŋ] **1** *adj* lämplig, passande; **it is ~ that...** *(frm)* det förväntas att... **2** *s* **(a)** *(av klänning)* provning; *(för kläder)* storlek; ~ **room** provrum **(b):** ~**s** *spl (i hus, affär)* inredning; **bathroom ~s** badrumsinredning

five [faɪv] **1** *räkn* fem; **she is ~ (years old)** hon är fem år (gammal); **they live at number ~** de bor i femman; **there are ~ of us** vi är fem; **all ~ of them came** de kom alla fem; **it costs ~ pounds** det kostar fem pund; **~ and a half** fem och en halv; **it's ~ (o'clock)** klockan är fem; **:** ~ **o'clock shadow** *(skägg)* eftermiddagsstubb **2** *s* femma; **they are sold in ~s** de säljs i förpackningar på fem

five-day week [ˌfaɪvdeɪˈwiːk] *s* femdagarsvecka

fiv·er [ˈfaɪvəʳ] *s (vard)* femma; *(: Brit)* fempundsdel; *(: Am)* femdollarsedel

fix [fɪks] **1** *s* **(a)** *(Flyg, Sjö)* position(sbestämning) **(b)** *(vard: av narkotika)* sil **(c)** *(vard: belägenhet)* knipa; **to be in a ~** vara i knipa **(d): the fight was a ~** *(vard)* matchen var uppgjord **2** *vt* **(a)** *(i allm)* fästa, sätta fast; *(på väggen)* sätta upp; *(blick, uppmärksamhet)* fästa; *(färg, Foto)* fixera; **to ~ the blame on sb/sth** lägga skulden på ngn/ngt; **to ~ sth in one's mind** inpränta ngt i sitt minne **(b)** *(datum, möte, tid, pris)* fastställa, bestämma; *(tävling, match: i förväg)* göra upp; **I'll ~ everything** jag ska ordna allt; **I'll ~ him!** *(vard)* jag ska ge honom! **(c)** *(ngt trasigt)* laga **(d)** *(måltid, dryck etc)* göra i ordning; **to ~ one's hair** snygga till håret

♦ **fix on 1** *vt + adv (lock)* sätta fast **2** *vi + prep (datum)* bestämma

♦ **fix up** *vt + adv* ordna; **to ~ sth up with sb** ordna ngt för ngn; **to ~ up with sb to do sth** göra upp planer med ngn att göra ngt

fixa·tion [fɪkˈseɪʃən] *s (Psyk, bildl)* fixering

fixa·tive [ˈfɪksətɪv] *s* fixativ

fixed [fɪkst] *adj* **(a)** *(tidpunkt, avsikt)* bestämd; *(blick, leende)* stel; *(idé)* fix; **at a ~ time** vid en bestämd tidpunkt; ~ **price** fast pris **(b): how are you ~ for money?** *(vard)* hur har du det med pengar?; **how are you ~ for this evening?** hur har du det/vad har du för dig i kväll?

fix·ed·ly [ˈfɪksɪdlɪ] *adv (stirra)* stelt; *(titta)* envist, bestämt

fix·ings [ˈfɪksɪŋz] *spl (Am Matl)* tillbehör

fix·ture [ˈfɪkstʃəʳ] *s* **(a)** *(i hus etc)*: ~**s** fast inredning **(b)** *(Sport)* fast tävlingsdag

fizz [fɪz] **1** *s (i dryck)* skummande, mousserande; *(champagne, läsk etc)* skummande dryck **2** *vi* brusa, skumma

fiz·zle [ˈfɪzl] *vi (äv: ~ out: brasa, eld etc)* fräsa till och slockna; *(: entusiasm, intresse)* slockna;

(: *plan*) gå i stöpet

fizzy |'fızı| *adj* (**-ier, -iest**) (*dryck*) kolsyrad

fjord |fjɔːd| *s* fjord

flab·ber·gasted |'flæbəgɑːstıd| *adj* mållös

flab·by |'flæbı| *adj* (**-ier, -iest**) slapp

flag[1] |flæg| *s* (*äv:* ~ **stone**) stenplatta

flag[2] |flæg| **1** *s* (*i allm*) flagga; (*för välgörenhet*) flaggmärke; **to keep the** ~ **flying** (*bildl*) inte ge upp; **to show the flag** (*Mil, vard*) markera sin närvaro; ~ **day** (*Brit*) flaggmärkeförsäljningsdag *för välgörande ändamål;* **F**~ **Day** (*Am*) amerikanska flaggans dag (*14 juni*); ~ **stop** (*Am*) hållplats *där bussen endast stannar på begäran* **2** *vt* (*äv:* ~ **down:** *taxi*) stoppa, hejda

flag[3] |flæg| *vi* (*person*) sacka efter; (*entusiasm, styrka, krafter, konversation*) mattas av

flag·pole |'flægpəʊl| *s* flaggstång

fla·grant |'fleıgrənt| *adj* (*orättvisa, brott etc*) uppenbar

flag·ship |'flægʃıp| *s* flaggskepp, amiralsfartyg

flail |fleıl| *vt* (*armar, ben, vapen*) fäkta med

flair |fleəʳ| *s* sinne, näsa; **she has a** ~ **for learning languages/making clothes** hon har sinne för språk/talang för klädsömnad; **a** ~ **for business** sinne för affärer

flak |flæk| *s* (*eg*) luftvärnseld; (*bildl: skarp kritik*) salva

flake |fleık| **1** *s* (*färg*) flaga; (*hud*) fjäll, flaga; (*snö, tvål*) flinga **2** *vi* (*äv:* ~ **off:** *färg*) flaga av; (: *hud*) fjälla

flaky |'fleıkı| *adj* (**-ier, -iest**) (*målning*) som flagar; (*hud*) som fjällar; (*Am vard*) konstig, knäpp; ~ **pastry** (*Matl*) smördeg

flam·boy·ant |flæm'bɔıənt| *adj* (*karaktär, sätt att tala*) bombastisk; (*klädsel*) (färg)grann

flame |fleım| **1** *s* flamma, låga; **to burst into** ~**s** flamma upp; **old** ~ (*vard: käresta*) gammal flamma **2** *vi* (*äv:* ~ **up:** *eld, passion*) flamma upp; **her cheeks** ~**d with embarrassment** hennes kinder blev blossande röda av förlägenhet

flam·ing |'fleımıŋ| *adj* (**a**) (*röd etc*) flammande (**b**) (*Brit: bildl*) rasande

fla·min·go |flə'mıŋgəʊ| *s* flamingo

flam·mable |'flæməbl| *adj* lättantändlig

flan |flæn| *s* (*Brit*) (kaka med) mördegsbotten

flange |flændʒ| *s* (*Tekn*) fläns

flank |flæŋk| **1** *s* (*djurs*) flank, sida; (*Mil*) flank; (*berg-*) sida **2** *vt* (*Mil etc*) flankera

flan·nel |'flænl| *s* (*Brit:* ~ *face* ~) ansiktslapp, tvättlapp; (*tyg*) flanell; ~**s** flanellbyxor

flan·nel·ette |ˌflænə'let| *s* bomullsflanell

flap |flæp| **1** *s* (**a**) (*fick-*) lock; (*kuvert-*) flik; (*bords-*) klaff; (*Flyg*) vingklaff (**b**) (*rörelse, ljud*) smäll; **to get into a** ~ (*vard*) råka i panik **2** *vt* (*fågelvingar*) flaxa med; (*lakan, tidning*) vifta med **3** *vi* (**a**) (*vingar*) flaxa; (*segel*) slå; (*flagga*) fladdra, slå (**b**) (*vard*) råka i panik

flap·jack |'flæpdʒæk| *s* (*Am*) pannkaka

flare |fleəʳ| **1** *s* (**a**) (*på himlen etc*) fladdrande sken; (*signal: Sjö*) bloss, nödraket; (: *Mil*) lysraket (**b**) (*Sömnad*) vidd nertill, utsvängning **2** *vi* (*tändsticka, fackla*) flamma upp

♦ **flare up** *vi* + *adv* (*eld etc*) flamma upp; (*bildl: person*) brusa upp; (*revolt, situation etc*) blossa upp

flared |fleəd| *adj* (*kjol, byxor etc*) utsvängd

flash |flæʃ| **1** *s* (**a**) (*ljus*) glimt, stråle; ~ **of lightning** blixt; ~ **of inspiration** (*bildl*) anfall av inspiration, snilleblixt; **a** ~ **in the pan** en tillfällig/kortlivad framgång; **in a** ~ som en blixt (**b**) (= *news*~) extranyhet (**c**) (*Foto*) blixt **2** *vt* (*ljus*) låta lysa, kasta; (*ficklampa*) lysa med; (*blick*) kasta; (*i nödsituation etc*) signalera; **to** ~ **one's headlights** (*Motor*) blinka med helljuset; **to** ~ **sth about** (*bildl vard*) pråla med ngt **3**

vi (**a**) (*ljus, blixt, juveler*) blixtra; (*Brit vard: sexuellt*) blotta sig (**b**) (*person, fordon*): **to** ~ **by/past** susa förbi **4** *adj* (*Brit vard*) vräkig, prålig

flash·back |'flæʃbæk| *s* (*Film*) tillbakablick

flash·cube |'flæʃkjuːb| *s* (*Foto*) blixtkub

flash·gun |'flæʃgʌn| *s* (*Foto*) synkronblixt

flash·light |'flæʃlaıt| *s* (*Am*) ficklampa

flashy |'flæʃı| *adj* (**-ier, -iest**) (*bil, person*) vräkig; (*kläder*) prålig

flask |flɑːsk| *s* (*för konjak etc*) fickplunta; (= *vacuum*~) termos(flaska); (*Kem*) kolv

flat[1] |flæt| **1** *adj* (**-ter, -test**) (**a**) (*yta*) plan, platt; (*landskap*) flack; **to have** ~ **feet** vara plattfot; ~ **tyre** punktering; ~ **as a pancake** (*vard*) platt som en pannkaka; **to fall** ~ **on one's face** falla raklång/framstupa; ~ **racing** slätlöpning (**b**) (*avslag*) blank; **and that's** ~! (*vard*) och därmed punkt! (**c**) (*Mus: instrument*) ostämd; (: *röst*) falsk; (: *tonart*) med ♭-förtecken; ~ **key** ♭-tonart; **E** ~ **major** Ess-dur (**d**) (*smak, stil*) trist, tråkig; (*skämt*) platt; (*dryck*) avslagen; (*batteri*) slut; (*färg*) livlös; **to be feeling rather** ~ känna sig nedslagen (**e**): ~ **rate of pay** fast lön; **at a** ~ **rate** efter en fast taxa **2** *adv* (**a**) (*vägra*) blankt; (*säga*) rent ut; ~ **broke** (*vard*) luspank; **in ten minutes** ~ (*springa*) på exakt tio minuter; (*komma*) om exakt tio minuter; **to work** ~ **out** arbeta för fullt (**b**) **plant; to be out** ~ (*i allm*) ligga utsträckt; (*i sömn*) sova (**c**) (*Mus*) falskt **3** *s* (*hand*) flata; (*på svärd*) flatsida; (*Mus: tecken*) sänkningstecken; (: *ton*) sänkt ton; (*Motor*) punktering; **mud** ~**s** (*Geogr*) lerig strandmark; ~**s and sharps** (*på piano*) svarta tangenter

flat[2] |flæt| *s* (*i sht Brit*) våning, lägenhet

flat·fish |'flætfıʃ| *s* plattfisk

flat-footed |ˌflætfʊtıd| *adj* plattfotad

flat·let |'flætlıt| *s* (*Brit*) liten lägenhet

flat·ly |'flætlı| *adv* (*vägra etc*) blankt

flat·mate |'flætmeıt| *s* (*Brit*) den man delar lägenhet med

flat·ten |'flætn| *vt* (*väg, fält*) plana ut; (*hus, stad*) jämna med marken; (*karta, tidning etc*) platta/ släta ut; **to** ~ **oneself against sth** trycka sig tätt mot ngt

♦ **flatten out 1** *vt* + *adv* (*stig*) göra jämn; (*tidning*) släta ut **2** *vi* + *adv* (*landskap*) bli platt; (*väg*) jämnas ut

flat·ter |'flætəʳ| *vt* smickra; (*för figuren etc*) vara smickrande för; **to** ~ **oneself** smickra sig (*on*, *that* med att)

flat·ter·ing |'flætərıŋ| *adj* smickrande

flat·tery |'flætərı| *s* smicker

flatu·lence |'flætjʊləns| *s* väderspänning, gasbildning

flaunt |flɔːnt| *vt* (*neds*) stoltsera med

flau·tist |'flɔːtıst| *s* flöjtist

fla·vour , (*Am*) **fla·vor** |'fleıvəʳ| **1** *s* (*av vitlök, vanilj etc*) smak; (*Matl*) smaktillsats; (*bildl*) anstrykning **2** *vt* (*Matl*) smaksätta

fla·vour·ing , (*Am*) **fla·vor·ing** |'fleıvərıŋ| *s* (*i kaka etc*) smaksättning; (*i soppa*) krydda; **vanilla** ~ vaniljsmak

flaw |flɔː| *s* (*i material, skönhet, diamant*) fläck; (*i porslin*) spricka; (*hos person*) brist, skavank; (*i plan, argument*) svag punkt

flaw·less |'flɔːlıs| *adj* (*skönhet etc*) fläckfri; (*plan*) felfri

flax |flæks| *s* (*Bot*) lin

flax·en |'flæksən| *adj* (*Textil*) linne-; (*hår*) lingul

flaxen-haired |'flæksənˌheəd| *adj* (*poet*) med lingult hår

flay |fleı| *vt* (*eg, bildl*) hudflänga

flea |fliː| *s* loppa; ~ **market** loppmarknad

fleck |flɛk| **1** s *(av lera, färg)* stänk; *(av damm)* korn **2** vt fläcka; **brown** ~**ed with beige** brun med inslag av beige

fled |fled| *imperf, perf part av* **flee**

fledg·ling |'fledʒlɪŋ| s flygfärdig fågelunge

flee |fli:| *imperf, perf part* **fled 1** vt *(land, fiende etc)* fly från **2** vi fly *(from/to* från/till)

fleece |fli:s| **1** s *(på djur)* päls, fäll; *(på får)* ull; **the Golden F**~ *(Myt)* gyllene skinnet **2** vt *(bildl vard)* skinna

fleecy |'fli:sɪ| *adj* (-ier, -iest) ullig

fleet[1] |fli:t| s *(Sjö)* flotta; *(flygbolags)* (flygplans)flotta; ~ **of cars** vagnpark

fleet[2] |fli:t| *adj (poet)* snabb; ~**-footed** snabbfotad

fleet·ing |'fli:tɪŋ| *adj (glimt)* hastig; *(ögonblick, skönhet)* flyktig

Fleet Street |'fli:tstri:t| s *(Londons tidningsgata; bildl)* (London)pressen

Flem·ish |'flemɪʃ| **1** *adj* flamländsk **2** s *(språk)* flamländska; **the** ~ **spl** flamländarna

flesh |fleʃ| s *(i allm, frukt, bildl: ej Matl)* kött; **in the** ~ livs levande; **the spirit is willing but the** ~ **is weak** anden är villig men köttet är svagt; **my own** ~ **and blood** mitt eget kött och blod; **it's more than** ~ **and blood can stand** det är mer än en människa kan uthärda; ~ **wound** köttsår, ytligt sår

fleshy |'fleʃɪ| *adj* (-ier, -iest) fet, fläskig; *(Bot: frukt)* köttig

flew |flu:| *imperf av* **fly**

flex |flɛks| **1** s *(Brit: lamp-, telefon-)* sladd **2** vt *(kropp, knä etc)* böja (på); *(muskel)* spänna

flex·ible |'flɛksəbl| *adj (eg)* böjlig, mjuk; *(bildl)* flexibel; ~ **working hours** flextid

flick[1] |flɪk| **1** s *(med svans, dammvippa)* sväng; *(med finger)* knäpp; *(med piska)* klatsch; ~ **knife** springstilett **2** vt *(med finger)* smälla/knäppa (till); **she** ~**ed her hair out of her eyes** hon slog bort håret från ögonen **3** vi: **the snake's tongue** ~**ed in and out** ormens tunga snärtade in och ut

♦ **flick off** vt + adv *(damm, aska)* vifta bort

♦ **flick through** vi + prep *(bok etc)* bläddra igenom

flick[2] |flɪk| s *(Brit vard)* film; **the** ~**s** bio

flick·er |'flɪkə[r]| **1** s *(av ljus etc)* flämtande, fladdrande; *(med ögonlock)* fladdrande; **a** ~ **of hope** en glimt av hopp **2** vi flämta, fladdra

fli·er |'flaɪə[r]| s **(a)** *(pilot)* flygare; **it's a good** ~ *(fågel etc)* den flyger bra **(b)** *(Am: med reklam etc)* flygblad

flies |flaɪz| *spl av* **fly**

flight[1] |flaɪt| **1** s **(a)** *(fågels)* flykt; *(Flyg)* flygning; *(gevärskulas)* bana; **in** ~ i flykt; **how long does the** ~ **take?** hur lång tid tar flygningen; ~**s of fancy** *(bildl)* utflykter i fantasin, fantastiska infall; ~ **number 776** flight nummer 776 **(b)** *(av fåglar)* sträck, flock; *(av flygplan)* grupp, svärm; **in the top** ~ *(bildl)* i toppskiktet; ~ **attendant** *(Am: manlig)* steward; *(kvinnlig)* flygvärdinna; ~ **deck** *(på hangarfartyg)* flygdäck; *(i flygplan)* förarkabin; ~ **recorder** flygregistreringsapparat, 'svarta lådan' **(c):** ~ **(of stairs)** trappa; **he lives two** ~**s up** han bor två trappor upp

flight[2] |flaɪt| s *(från ngt/ngn)* flykt; **to put to** ~ slå på flykten; **to take** ~ ta till flykten

flighty |'flaɪtɪ| *adj* (-ier, -iest) lättsinnig, flyktig

flim·sy |'flɪmzɪ| *adj* (-ier, -iest) *(tyg, kartong etc)* tunn; *(byggnad)* svag; *(båt)* bräcklig; *(ursäkt, argument)* klen

flinch |flɪntʃ| *vi* rygga tillbaka *(from* från/för); **without** ~**ing** utan att blinka

fling |flɪŋ| *(v: imperf, perf part* **flung**) **1** s: **last** ~ sista utsvävningen; **to have one's** ~ slå runt, slå sig lös; **to have a** ~ **at doing sth** försöka sig på att göra ngt **2** vt *(sten etc)* kasta; **to** ~ **one's arms round sb** slå armarna om ngn; **the door was flung open** dörren slängdes upp; **to** ~ **oneself into a chair** slänga sig i en stol; **to** ~ **oneself into a job** kasta sig in i ett arbete; **to** ~ **on one's coat** slänga på sig rocken

♦ **fling away** vt + adv *(pengar, chans)* slänga bort

♦ **fling out** vt + adv *(föremål, person)* kasta ut

flint |flɪnt| s *(Geol)* flinta; *(på tändare)* flintsten

flip |flɪp| **1** s knäpp, smäll; ~ **side** *(på grammofonskiva)* baksida **2** vt *(föremål)* slänga/kasta upp i luften; **to** ~ **a coin** singla slant; **he** ~**ped the book open** han slog snabbt upp boken

♦ **flip through** vi + prep *(bok, skivor)* bläddra igenom

flip·pan·cy |'flɪpənsɪ| s nonchalans

flip·pant |'flɪpənt| *adj* nonchalant, lättsinnig

flip·per |'flɪpə[r]| s *(Zool, dykares)* simfot

flirt |flɜ:t| **1** s flörtig person, flört *(åld)* **2** vi flörta; **to** ~ **with an idea** leka med en idé

flir·ta·tion |flɜ:'teɪʃən| s flört

flit |flɪt| **1** vi *(fjäril etc)* fladdra; **to** ~ **in/out** *(person)* jaga in/ut **2** s *(Brit)*: **to do a (moonlight)** ~ *(från hotell, bostad)* smita från betalningen

float |fləʊt| **1** s *(till metrev)* flöte; *(simhjälpmedel)* simdyna; *(i karnevalståg)* öppen vagn; *(pengar)* handkassa **2** vt *(båt)* hålla flytande; *(: som gått på grund)* göra flott; *(bolag)* starta; *(valuta)* låta flyta; ~**ing capital** rörligt kapital **3** vi *(i vatten)* flyta; *(i luft)* sväva; *(valuta)* vara flytande; **to** ~ **downstream** flyta nerför floden; ~**ing voter** marginalväljare

♦ **float away, float off** vi + adv *(i vatten)* flyta bort; *(i luft)* sväva bort;

flock |flɒk| **1** s *(av fåglar)* skock; *(av får etc)* hjord; *(av folk)* skara; *(Rel)* hjord, menighet **2** vi *(folkmassa)* samlas; **to** ~ **around sb** skocka sig runt ngn

floe |fləʊ| s *(= ice* ~) isflak

flog |flɒg| vt prygla, piska; **to** ~ **a dead horse** *(bildl vard)* spilla krut i onödan

flog·ging |'flɒgɪŋ| s omgång stryk

flood |flʌd| **1** s *(av vatten, tårar)* flod; *(= * ~ *tide)* flod, högvatten; **the river is in** ~ det är högt vattenstånd i floden; **the F**~ *(Rel)* syndafloden; **a** ~ **of letters** en störtflod av brev; **she was in** ~**s of tears** hon grät floder **2** vt *(stad, fält, bildl)* översvämma; *(Motor)* flöda; **to** ~ **the market** *(Handel)* översvämma marknaden **3** vi *(flod)* svämma över; **the crowd** ~**ed into the streets** folkmassan strömmade ut på gatorna

♦ **flood in** vi + adv *(ljus, folk)* strömma in;

♦ **flood out** vt + adv *(hus)* översvämma; **they were** ~**ed out** översvämningen gjorde dem hemlösa

flood·light |'flʌdlaɪt| *(v: imperf, perf part* ~**ed** *el* **floodlit)** **1** s flodljus, strålkastarljus **2** vt belysa med strålkastare

flood·lit |'flʌdlɪt| **1** *imperf, perf part av* **floodlight 2** *adj (slott, kyrka)* fasadbelyst; *(tävling)* elljus-

floor |flɔ:[r]| **1** s **(a)** *(i allm)* golv; *(havs)* botten; *(= dance*~) dansgolv; **to take the** ~ *(dansare)* börja dansen; **to have the** ~ *(talare)* ha ordet; ~ **covering** golvbeläggning; ~ **lamp** *(Am)* golvlampa; ~ **show** krogshow **(b)** våning; ~ **ground** ~ *(Brit)* bottenvåning; **on the first** ~ *(Brit)* en trappa upp, *(Am)* på bottenvåningen; **top** ~ högsta våningen **2** vt **(a)** *(rum)* lägga golv i **(b)** *(vard: motståndare)* golva; *(: bildl)* göra ställd/svarslös

floor·board |'flɔ:bɔ:d| s golvbräda

flop |flɒp| **1** s *(vard)* fiasko **2** vi **(a)** *(person)* dimpa ner **(b)** *(vard: pjäs)* göra fiasko

flop·py |'flɒpɪ| *adj* (-ier, -iest) slak; ~ **hat** slokhatt; ~ **disc** *(Data)* flexskiva, diskett

flo·ra |'flɔ:rə| s flora

flo·ral |'flɔ:rəl| *adj (dekoration etc)* blomster-

flor·id |'flɒrɪd| *adj (hy)* rödblommig; *(stil)* prunkande, yppig

flo·rist |'flɒrɪst| *s* blomsterhandlare

floss |flɒs| *s*: **dental** ~ tandtråd

flot·sam |'flɒtsəm| *s* vrakgods; ~ **and jetsam** vrakspillror

flounce[1] |flaʊns| *s* volang

flounce[2] |flaʊns| *vi*: **to** ~ **in/out** rusa in/ut

floun·der[1] |'flaʊndəʳ| *s* flundra

floun·der[2] |'flaʊndəʳ| *vi (äv:* ~ **about:** *i vatten)* plumsa omkring; *(: i lera)* klafsa omkring; *(i samtal)* prata hit och dit

flour |'flaʊəʳ| *s* mjöl

flour·ish |'flʌrɪʃ| **1** *s* elegant svepande rörelse; *(under signatur)* släng; *(Mus)* fanfar; **to do sth with a** ~ göra ngt med en flott gest **2** *vt (vapen, käpp etc)* svänga, svinga **3** *vi (växt etc)* blomstra; *(person)* trivas; *(företag, civilisation)* blomstra

flour·ish·ing |'flʌrɪʃɪŋ| *adj (växt, företag)* blomstrande; *(person)* som trivs

flout |flaʊt| *vt (föräldrar etc)* trotsa; *(konventioner)* strunta i

flow |fləʊ| **1** *s (flod, blod, ord)* flöde, ström; *(tidvatten)* flod; *(Elektr)* ström; **the** ~ **of traffic** trafikströmmen; ~ **chart**, ~ **diagram** flödesschema, flödesdiagram **2** *vi (flod)* rinna, flyta; *(tidvatten)* stiga; *(blod)* rinna, flöda; *(tårar)* strömma; *(hår)* svalla; **long ~ing robes** långa böljande fotsida plagg; **money ~ed in** *(bildl)* pengar flöt/strömmade in; **the river ~s into the sea** floden flyter ut i havet; **to keep the conversation ~ing** hålla konversationen flytande; *se äv* ebb

flow·er |'flaʊəʳ| **1** *s* blomma; **in** ~ i blom; **in the** ~ **of youth** i ungdomens vår; ~ **arrangement** blomsterarrangemang; ~ **shop** blomsteraffär **2** *vi* blomma

flower·bed |'flaʊəbed| *s* blomrabatt

flower·pot |'flaʊəpɒt| *s* blomkruka

flow·ery |'flaʊərɪ| *adj (äng)* blommande, blomster-; *(tyg)* blommig; *(språk, stil)* blomstrande

flown |fləʊn| *perf part av* fly

flu |flu:| *s (vard)* influensa

fluc·tu·ate |'flʌktjʊeɪt| *vi (priser)* gå upp och ner, fluktuera; *(person)* vackla *(between* mellan)

fluc·tua·tion |,flʌktjʊ'eɪʃən| *s (om priser etc)* fluktuation, växling

flue |flu:| *s* rökgång

flu·en·cy |'flu:ənsɪ| *s* god språkbehärskning *(i tal)*; **his** ~ **in English** hans förmåga att tala engelska flytande

flu·ent |'flu:ənt| *adj (tal, språk)* ledig, flytande; **he is** ~ **in Swedish** han talar svenska flytande

fluff |flʌf| **1** *s (textil)* ludd; *(damm)* tuss; *(fågelunges)* dun; *(katts)* pälshår **2** *vt* **(a)** *(äv:* ~ **out:** *fjädrar)* burra upp; **to** ~ **up the pillows** skaka upp kuddarna **(b)** *(vard)* missa; **the actress ~ed her lines** skådespelerskan missade sina repliker

fluffy |'flʌfɪ| *adj (textil)* luddig; *(hår)* burrig, fluffig; *(fågel)* dunig; *(leksak)* mjuk och len

flu·id |'flu:ɪd| **1** *adj (ämne)* flytande; *(plan, arrangemang)* obestämd; ~ **ounce** *(volymmått för vätskor: Brit)* 28, 4 ml; *(: Am)* 29,6 ml **2** *s* vätska, flytande ämne

fluke |flu:k| *s* tur, lyckträff

flung |flʌŋ| *imperf, perf part av* fling

flunk |flʌŋk| *vt (i sht Am vard: kurs, tentamen)* köra i

fluo·res·cent |flʊə'resnt| *adj* fluorescerande; ~ **tube** lysrör

fluo·ride |'flʊəraɪd| *s* fluorid, fluorförening; ~ **toothpaste** fluortandkräm

fluo·rine |'flʊəri:n| *s* fluor

flur·ry |'flʌrɪ| *s (snö, regn)* by; *(bildl)* nervositet, upphetsning; **in a** ~ upphetsad

flush |flʌʃ| **1** *s* **(a)** *(= lavatory* ~) *(WC-)*spolning **(b)** *(på kinder)* rodnad; *(Med):* **hot ~es** blodvallning **(c)** *(av skönhet, hälsa, ungdom)* blomstring; **in the first** ~ **of victory** i den första segeryran; **in a** ~ **of excitement** i ett rus av upphetsning **(d)** *(i poker)* flush **2** *adj* **(a):** ~ **with** i jämnhöjd med; **a door** ~ **with the wall** en dörr i linje med väggen **(b)** *(vard):* **to be** ~ **(with money)** vara stadd vid kassa **3** *vi (person, ansikte)* rodna *(with* av) **4** *vt (äv:* ~ **out)** spola ren; *(: fåglar)* skrämma upp; *(: brottsling)* tvinga fram; **to** ~ **the lavatory** spola på toaletten

♦ **flush away** *vt* + *adv (i avlopp, toalett)* spola ner

flus·ter |'flʌstəʳ| **1** *s* förvirring **2** *vt* förvirra, göra nervös; **to get ~ed** bli förvirrad

flute |flu:t| *s* flöjt

flut·ist |'flu:tɪst| *s (Am)* flöjtist

flut·ter |'flʌtəʳ| **1** *s (av vingar, med ögonfransar)* fladdrande; **to be in a** ~ *(bildl)* vara nervös; **to have a** ~ *(vard: på hästar etc)* spela med låg insats **2** *vt (vingar)* fladdra med; **to** ~ **one's eyelashes at sb** fladdra med ögonfransarna åt ngn **3** *vi (fågel)* sväva; *(vingar, flagga)* fladdra; *(hjärta)* darra, fladdra

flux |flʌks| *s* förändring; **to be in a state of** ~ vara i ett tillstånd av ständig förändring

fly[1] |flaɪ| *s* fluga; **the** ~ **in the ointment** *(bildl)* malörten i glädjebägaren; **there are no flies on him** han är ingen dumbom

fly[2] |flaɪ| *(v: imperf* **flew,** *perf part* **flown) 1** *vi* **(a)** *(plan, fågel, passagerare)* flyga; *(flagga)* vaja; **the plane flew over London** planet flög över London **(b)** *(tid)* flyga iväg; **to** ~ **past** *(bil, person)* flyga/susa förbi; **the door flew open** dörren flög upp; **to knock** *el* **send sth/sb ~ing** slå omkull ngt/ngn; **I must** ~! jag måste rusa!; **to let** ~ **at sb** brusa upp mot ngn; **to** ~ **into a rage** bli rasande **(c)** *(för fienden)* fly; **to** ~ **for one's life** fly för livet **2** *vt (plan, passagerare, varor)* flyga; *(flagg)* föra; **to** ~ **the Atlantic** flyga över Atlanten; **to** ~ **a kite** flyga med drake **3** *s (äv:* **flies** = *byxor)* gylf; **button your ~!** knäpp gylfen!

♦ **fly away** *vi* + *adv* flyga iväg

♦ **fly in 1** *vi* + *adv (plan)* flyga in; *(person)* komma/anlända med flyg; **he flew in from Rome** han kom flygande från Rom **2** *vt* + *adv (trupper)* flyga in

♦ **fly off** *vi* + *adv* **(a)** *(plan, fågel)* flyga bort **(b)** *(hatt, lock etc)* flyga av

fly-fishing |'flaɪ,fɪʃɪŋ| *s* flugfiske

fly·ing |'flaɪɪŋ| **1** *adj (fisk, maskin)* flyg-; *(visit)* blixt-; **to pass with** ~ **colours** klara sig med glans; ~ **saucer** flygande tefat; ~ **start** flygande start; **to get off to a** ~ **start** *(bildl)* börja med en flygande start **2** *s* flygning; **fear of** ~ flygskräck

fly·leaf |'flaɪli:f| *s, pl* **-leaves** försättsblad

fly·over |'flaɪ,əʊvəʳ| *s (Brit Motor)* planskild vägkorsning; *(: övre plan)* viadukt, överfart

fly·sheet |'flaɪʃi:t| *s* **(a)** *(till tält)* yttertält **(b)** *(Brit: med reklam etc)* flygblad

fly·weight |'flaɪweɪt| *s (Boxning etc)* flugvikt

fly·wheel |'flaɪwi:l| *s (Tekn)* svänghjul

F.M. *förk f* **frequency modulation** FM

foal |fəʊl| *s* föl

foam |fəʊm| **1** *s (våg)* skum; *(rak-)* lödder, ~ **rubber** skumgummi **2** *vi (havet)* skumma; **to** ~ **at the mouth** tugga fradga; *(bildl)* skumma av raseri

f.o.b. *förk f* **free on board** *se* free 1 d

fob |fɒb| *vt*: **to** ~ **sb off** avfärda ngn *(with* med)

fo·cal |'fəʊkəl| *adj (Tekn)* fokal-, brännpunkts-; ~ **length** brännvidd; ~ **point** brännpunkt; *(bildl)* centrum

fo·cus |'fəʊkəs| **1** *s, pl* **-es** *el* **foci** |'fəʊsaɪ| *(i allm)* fokus; *(för uppmärksamhet)* centrum; **to be out of**

~ *(Foto)* vara oskarp   **2** *vt*: **to** ~ **(on)** *(kamera, instrument)* ställa in (skärpan på); *(uppmärksamhet)* koncentrera (på); **to** ~ **one's eyes on sth** fästa blicken på   **3** *vi (ljus, värmestrålning)* koncentreras; *(ögon)* ackommodera; *(person)* se klart; **to** ~ **on sth** *(Foto)* ställa in skärpan på ngt
fod·der |'fɒdə'| s foder
foe |fəʊ| s *(poet)* fiende
foe·tal, *(Am)* **fe·tal** |'fiːtl| s foster-; ~ **position** fosterställning
foe·tus, *(Am)* **fe·tus** |'fiːtəs| s foster
fog |fɒg| s dimma; ~ **lamp** *(Brit Motor)* dimljus; ~ **light** *(Am Motor)* dimljus
fog·bound |'fɒgbaʊnd| *adj (flygplan, passagerare)* kvarhållen på grund av dimma
fog·gy |'fɒgɪ| *adj* (**-ier, -iest**) dimmig; **it's** ~ det är dimma; **I haven't the** ~**iest (idea)** *(vard)* jag har inte den blekaste aning
fog·horn |'fɒghɔːn| s mistlur
foi·ble |'fɔɪbl| s *(personlighetsdrag)* egenhet
foil[1] |fɔɪl| **1** s   **(a)** *(äv:* **tin**~*)* folie; **to act as a** ~ **to sb/sth** *(bildl)* framhäva ngn/ngt   **(b)** *(Fäktning)* florett
foil[2] |fɔɪl| *vt (tjuv)* gäcka; *(försök, plan)* kullkasta
foist |fɔɪst| *vt*: **to** ~ **sth on sb** pracka på ngn ngt
fold[1] |fəʊld| s *(Jordbr)* fålla; **to return to the** ~ *(Rel)* återvända till församlingen
fold[2] |fəʊld| **1** s veck; *(Geol)* veckning   **2** *vt (i allm)* vika (ihop); *(vingar)* fälla ihop; **she** ~**ed the paper in two** hon vek papperet dubbelt; **to** ~ **one's arms** korsa armarna   **3** *vi (bord, stol)* fällas ihop; *(vard: firma)* gå omkull; *(: pjäs)* läggas ner
♦ **fold away** **1** *vt + adv (säng)* fälla ihop; vika ihop   **2** *vi + adv (bord, säng)* vikas ihop
♦ **fold up** **1** *vt + adv (tidning etc)* vika ihop   **2** *vi + adv (vard: firma)* gå omkull
fold·er |'fəʊldə'| s pärm, mapp
fold·ing |'fəʊldɪŋ| *adj*: ~ **chair** fällstol; ~ **doors** vikdörrar
fo·li·age |'fəʊlɪdʒ| s bladverk
fo·lio |'fəʊlɪəʊ| s *(ark, format)* folio
folk |fəʊk| s folk, människor; **country/city** ~ lant/stads|bor; **my** ~s *(vard)* min familj; **I like** ~ **(music)** jag tycker om folkmusik; ~ **singer** folksångare; ~ **song** folkvisa
folk·lore |'fəʊklɔː'| s folklore
fol·low |'fɒləʊ| **1** *vt*   **(a)** *(i rum, tid)* följa efter; *(stig)* följa; *(misstänkt)* skugga; *(karriär)* ägna sig åt; **the road** ~**s the coast** vägen följer kusten; **we're being** ~**ed** någon följer efter oss   **(b)** *(råd, exempel, föreskrifter, mode)* följa   **(c)** *(nyheter, vad som händer)* följa (med)   **(d)** *(person, argument)* förstå, följa med; **I don't quite** ~ **you** jag förstår inte riktigt   **2** *vi*   **(a)** *(i tid, rum)* komma efter, följa; **as** ~**s** som följer, följande; **to** ~ **in sb's footsteps** följa i ngns fotspår   **(b)** *(äv:* ~ **on)** vara en följd av; **that doesn't** ~ *(c)* *(i resonemang etc)* inte nödvändigtvis   **(c)** *(i resonemang etc)* hänga med, förstå
♦ **follow on** *vi + adv*   **(a)** *see* **follow 2b**   **(b)**: **to** ~ **on (from)** fortsätta direkt (från)
♦ **follow out** *vt + adv (idé, plan)* fullfölja
♦ **fol·low through** **1** *vt + adv* = ~ **out**   **2** *vi + adv (Fotboll)* fullfölja
fol·low up **1** *vt + adv*   **(a)** *(fall, ledtråd)* följa upp   **(b)** *(förslag etc)* gå vidare med   **(c)** *(seger, framgång)* bekräfta   **2** *vi + adv (Fotboll)* fullfölja
fol·low·er |'fɒləʊə'| s *(till Jesus etc)* lärjunge; *(till lag etc)* anhängare
fol·low·ing |'fɒləʊɪŋ| **1** *adj* följande; ~ **wind** medvind; **the** ~ **day** dagen därpå   **2** s   **(a)** *(Pol, Sport etc)* anhängare *pl*   **(b)**: **he said the** ~ han sade följande; **see the** ~ *(i dokument etc)* se följande
follow-up |'fɒləʊ'ʌp| s uppföljning

fol·ly |'fɒlɪ| s dårskap
fond |fɒnd| *adj* (**-er, -est**) *(make, blick etc)* öm, kärleksfull; *(vän, släkting)* tillgiven; *(hopp, önskan)* innerlig; *(: orealistisk)* fåfäng; **to be** ~ **of sb/sth** tycka mycket om ngn/ngt
fon·dant |'fɒndənt| s sockerglasyr
fon·dle |'fɒndl| *vt* smeka
fond·ly |'fɒndlɪ| *adv* ömt, kärleksfullt
fond·ness |'fɒndnɪs| s tillgivenhet, kärlek *(for* för)
font[1] |fɒnt| s = **fount b**
font[2] |fɒnt| s *(i kyrka)* dopfunt
food |fuːd| s *(i allm)* mat, föda; *(för växter)* näring; **I've no** ~ **left in the house** jag har inget att äta i huset; **the** ~ **at the hotel was terrible** maten på hotellet var hemsk; **to be off one's** ~ *(vard)* tappa matlusten/aptiten; ~ **for thought** *(bildl)* något att tänka på, en tankeställare; ~ **processor** matberedare; ~ **poisoning** matförgiftning
food·stuff |'fuːdstʌf| s livsmedel
fool[1] |fuːl| **1** s *(i allm)* dåre, tok; *(dld: vid hov)* narr; **you** ~! din tok!; **I was a** ~ **not to go** jag var en idiot som inte gick; **some** ~ **of a civil servant** en idiot till tjänsteman; **to play the** ~ spela pajas; **to live in a** ~**'s paradise** *(bildl)* leva i det blå; **to be nobody's** ~ inte vara född igår; **to make a** ~ **of sb** göra ngn löjlig; **to make a** ~ **of oneself** göra sig löjlig   **2** *adj (Am vard)* idiotisk   **3** *vt* lura; **you can't** ~ **me** du kan inte lura mig   **4** *vi* fåna sig; **I was only** ~**ing** jag bara skämtade
♦ **fool about, fool around** *vi + adv*   **(a)** *(tidsmässigt)* gå och söla   **(b)** *(planlöst)* gå och dra; **to** ~ **around with sth** fingra på/mixtra med ngt; **to** ~ **around with sb** leka med ngns känslor
fool[2] |fuːl| s *(Brit)* fruktmos med grädde/vaniljsås
fool·hardy |'fuːl,hɑːdɪ| *adj* dumdristig
fool·ish |'fuːlɪʃ| *adj (handling etc)* dåraktig; *(klädsel etc)* löjlig; **that was very** ~ **of you** det var mycket dumt av dig
fool·ish·ly |'fuːlɪʃlɪ| *adv* dåraktigt, dumt
fool·ish·ness |'fuːlɪʃnɪs| s dåraktighet, dumhet
fool·proof |'fuːlpruːf| *adj* idiotsäker
fools·cap |'fuːlskæp| s *(Brit pappersformat: ung)* folioark
foot |fʊt| **1** s, *pl* **feet**   **(a)** *(persons)* fot; *(hunds, katts)* tass; *(på möbel)* fot, sockel; *(av berg, trappa etc)* fot; *(på boksida etc)* nedre delen; **on** ~ till fots; **to be on one's feet** stå upp; *(efter sjukdom)* vara på benen; **it's wet under** ~ det är vått på marken   **(b)** *(bildl):* **to find one's feet** bli varm i kläderna; **he got cold feet** modet svek honom; **to have one** ~ **in the grave** stå med/ha ena benet i graven; **to put one's** ~ **down** säga ifrån på skarpen; *(Motor)* gasa på (ordentligt); **to have one's** ~ **in the door** ha en fot i dörren; **to put one's feet up** *(vard)* ta igen sig; **I've never set** ~ **there** jag har aldrig satt min fot där   **(c)** *(mått: 30,48 cm)* fot; **he's six** ~/**feet tall** *(ung)* han är drygt en och åttio (lång)   **2** *vt*: **to** ~ **the bill** *(vard)* betala kalaset
foot-and-mouth (dis·ease) |'fʊtənd'maʊθ(dɪ,ziːz)| s mul-och klövsjuka
foot·ball |'fʊtbɔːl| s *(Sport: spelet, bollen)* fotboll; *(Am)* amerikansk fotboll; ~ **league** fotbollsserie; **F**~ **League** engelska ligan; ~ **match** fotbollsmatch
foot·ball·er |'fʊtbɔːlə'| s fotbollsspelare
foot·bridge |'fʊtbrɪdʒ| s gångbro
-footed |'fʊtɪd| *adj suffix*: **four**~ fyrfotad; **light**~ lättfotad
foot·hill |'fʊthɪl| s kulle *nedanför berg*
foot·hold |'fʊthəʊld| s fotfäste; **to gain a** ~ *(bildl)* få in en fot
foot·ing |'fʊtɪŋ| s *(eg, bildl)* fotfäste; *(bildl)* grund; **to lose one's** ~ förlora fotfästet; **to put sb on an equal** ~ *(bildl)* jämställa ngn *(with* med); **to be on**

a friendly ~ with sb stå på vänskaplig fot med
foot·lights |'futlaits| *spl (Teat)* rampljus
foot·man |'futmən| *s, pl* **-men** betjänt
foot·mark |'futmɑːk| *s* fotspår
foot·note |'futnəut| *s* fotnot
foot·path |'futpɑːθ| *s (i skog etc)* gångstig; *(i stad)* gångbana
foot·print |'futprint| *s* fotspår, fotavtryck
foot·step |'futstep| *s* fotsteg
foot·wear |'futweəʳ| *s* skodon
foot·work |'futwɜːk| *s (Sport)* fotarbete
fop |fɒp| *s (åld)* snobb, sprätthök *(åld)*
for |fɔːʳ, *(obet)* fə| **1** *prep* **(a)** *(i riktning mot)* till; **the train ~ London** tåget till London; **he left ~ Rome** han reste till Rom; **he swam ~ the shore** han simmade mot kusten
(b) *(avsett för: person)* åt, till; *(: föremål, ändamål)* för; **here's a letter ~ you** här är ett brev till dig; **what did you do that ~?** varför gjorde du det?; **what ~?** varför?; **what's this button ~?** vad är den här knappen till?; **is this ~ me?** är detta till mig?; **it's time ~ lunch** det är tid för lunch; **clothes ~ children** barnkläder; **a cupboard ~ toys** ett skåp för leksaker; **to pray ~ peace** be om fred; **fit ~ nothing** oduglig
(c) *(representerande)* för; **member ~ Hove** parlamentsrepresentant för Hove; **G ~ George** G som i George; **I'll ask him ~ you** jag ska fråga honom för din räkning; **I took him ~ his brother** jag tog honom för hans bror
(d) *(i utbyte)* för; **to pay 50 pence ~ a ticket** betala 50 pence för en biljett; **I sold it ~ £5** jag sålde den för 5 pund
(e) *(med hänsyn till)* med avseende på, vad beträffar; **as ~ him/that** vad beträffar honom/det; **a gift ~ languages** språkbegåvning; **anxious ~ success** angelägen om framgång; **it's cold ~ July** det är kallt för att vara juli; **he's mature ~ his age** han är mogen för sin ålder; **~ every one who voted yes, 50 voted no** för var och en som röstade ja, röstade 50 nej; **there's nothing ~ it but to jump** det är ingenting annat att göra än att hoppa
(f) *(åsikt, person etc)* för; **are you ~ or against us?** är du för eller mot oss?; **the campaign ~ human rights** kampanjen för de mänskliga rättigheterna; **I'm all ~ it** jag är helt och hållet för det; **vote ~ me!** rösta på mig!
(g) *(orsak: person, förhållande)* på grund av; *(: glädje, rädsla etc)* av; **if (it were) not ~ you** om det inte vore för dig/på grund av dig; **~ this reason** på grund av detta; **do it ~ my sake** gör det för min skull; **famous ~ its cathedral** berömd för sin domkyrka; **to shout ~ joy** skrika av glädje; **~ fear of being criticised** av rädsla för att bli kritiserad
(h) *(sträcka)*: **they drove ~ 100 miles** de körde 15 mil; **there were roadworks ~ 5 miles** det var vägarbete nästan en mil; **we walked ~ miles** vi gick flera kilometer
(i) *(tid: förfluten)*: **he was away ~ 2 years** han var borta i 2 år; **it has not rained ~ 3 weeks** det har inte regnat på 3 veckor; **I have known her ~ years** jag har känt henne i åratal; *(: framtid)*: **I'm going ~ 3 weeks** jag reser bort på 3 veckor; **can you do it ~ tomorrow?** kan du göra det till i morgon? **he won't be back ~ a while** han kommer inte tillbaka på ett tag
(j) *(i satsförkortningar)*: **~ this to be possible...** för att detta ska bli möjligt; **it's not ~ me to decide** det är inte min sak att bestämma; **there is still time ~ you to do it** du har fortfarande tid att göra det; **he brought it ~ us to see** han tog med den för att vi skulle få se den
(k) *(fraser)*: **pound ~ pound, it's cheaper**

den/det blir billigare per kilo; **oh ~ a cup of tea!** tänk om man hade en kopp te!; **you're ~ it!** *(vard)* nu råkar du illa ut!; *se äv* **example**
2 *konj* ty, för
for·age |'fɒrɪdʒ| *vi* söka, leta *(for* efter)
for·ay |'fɒreɪ| *s (i sht Mil)* räd
for·bad(e) |fə'bæd| *imperf av* **forbid**
for·bear·ance |fɔː'beərəns| *s* tålamod
for·bid |fə'bɪd| *imperf* **forbad(e)**, *perf part* **forbidden** *vt* förbjuda *(sb sth/to do sth* ngn ngt/att göra ngt); **smoking ~den** rökning förbjuden; **God ~!** Gud förbjude!
for·bid·ding |fə'bɪdɪŋ| *adj (klippa, slott etc)* otillgänglig; *(person, sätt)* sträng, avvisande
force |fɔːs| **1** *s* **(a)** *(i allm)* styrka, kraft; *(om person)* kraft; *(som angrepp)* våld; **to resort to ~** tillgripa våld; **brute ~** fysiskt våld; **~ of gravity** dragningskraft; **a ~ 5 wind** *(enl Beaufort-skalan)* vindstyrka 5, styv bris; **the ~s of evil** *(bildl)* det ondas makter; **by ~** med våld; **by ~ of habit** med vanans makt, av gammal vana; **by sheer ~ of character** genom ren viljestyrka; **to be in ~** *(Jur)* gälla, vara i kraft **(b)** *(militär, polis etc)* styrka; **the ~ (** = **police ~)** polisen; **the ~s** *(Mil)* de väpnade styrkorna; **sales ~** *(Handel)* försäljnings-|styrka/-personal; **to join ~s** förena sig
2 *vt* **(a)** *(person)* tvinga *(sb to do sth* ngn att göra ngt) **(b)**: **to ~ sth on sb** tvinga på/ påtvinga ngn ngt; **to ~ oneself on sb** tvinga sig på ngn **(c)** *(i litet utrymme)* tvinga/pressa ner; **they ~d the clothes into the suitcase** de pressade ner kläderna i väskan; **to ~ one's way into sth** bana sig väg in till ngt; **to ~ one's way through sth** bana sig väg genom ngt **(d)** *(lås, dörr etc)* bryta upp, forcera; **to ~ an entry** tränga (sig) in *(into* i); **to ~ sb's hand** *(bildl)* tvinga ngn, pressa ngn **(e)** *(leende, svar)* pressa fram; **don't ~ the situation** akta dig för att gå för långt **(f)** *(bekännelse etc)* tvinga fram
♦ **force back** *vt + adv (fienden etc)* få att retirera; *(tårar)* hålla tillbaka
♦ **force down** *vt + adv (mat)* tvinga i sig
♦ **force out** *vt + adv (person)* tvinga ut; *(kork)* dra upp med kraft
forced |fɔːst| *adj (leende)* tillkämpat; *(arbete)* tvångs-; **~ landing** nödlandning
force-feed |'fɔːsfiːd| *imperf, perf part* **force-fed** *vt* tvångsmata
force·ful |'fɔːsful| *adj (personlighet)* kraftfull; *(argument)* stark
force·meat |'fɔːsmiːt| *s (Matl)* (blandfärs till) fyllning
for·ceps |'fɔːseps| *spl (äv:* **a pair of ~)** tång; **a ~ baby** en tångförlöst baby
for·cible |'fɔːsəbl| *adj (med våld)* tvångs-; *(argument, stil)* övertygande
ford |fɔːd| **1** *s* vadställe **2** *vt* vada över
fore |fɔːʳ| **1** *adv (Sjö):* **~ and aft** i för och akter **2** *s*: **to come to the ~** komma i förgrunden
fore·arm |'fɔːrɑːm| *s (Anat)* underarm
fore·bears |'fɔːbeəz| *spl* förfäder
fore·bod·ing |fɔː'bəudɪŋ| *s* föraning
fore·cast |'fɔːkɑːst| *(v: imperf, perf part lika el* **-ed) 1** *s (i allm)* prognos, förutsägelse; *(* = **weather ~)** väderrapport; **sales ~** försäljnings-prognos **2** *vt (framtid)* förutse, förutsäga; *(Meteorologi)* förutsäga; *(Ekon)* prognosticera
fore·close |fɔː'kləuz| *vt*: **to ~ (on) a mortgage** *(Jur)* ta (intecknad) egendom i mät
fore·court |'fɔːkɔːt| *s* gårdsplan; **the station ~** stationsplanen
fore·father |'fɔː,fɑːðəʳ| *s* förfader, stamfader
fore·finger |'fɔː,fɪŋgəʳ| *s* pekfinger
fore·front |'fɔːfrʌnt| *s* förgrund; **to be in the ~ of...** stå i förgrunden när det gäller...

fore·going ['fɔːgəʊɪŋ] *adj* tidigare nämnd

fore·gone ['fɔːgɒn] *adj*: it was a ~ **conclusion** det var givet

fore·ground ['fɔːgraʊnd] *s* (*Konst*) förgrund; **to be in the** ~ (*bildl*) stå i förgrunden

fore·hand ['fɔːhænd] *s* (*Tennis*) forehand

fore·head ['fɒrɪd] *s* panna

for·eign ['fɒrən] *adj* (a) (*språk, turist*) utländsk; (*politik, handel etc*) utrikes; **the F~ Office** (*Brit*) utrikesdepartementet; ~ **currency** utländsk valuta; ~ **exchange** valutahandel (b) (*ej naturlig*) främmande; ~ **body** (*Med*) främmande föremål; **deceit is** ~ **to his nature** svek är mot hans natur

for·eign·er ['fɒrənəʳ] *s* (*från annat land*) utlänning; (*från annan ort*) främling

fore·leg ['fɔːleg] *s* framben

fore·man ['fɔːmən] *s, pl* **-men** (*arbets-*) förman; (*i jury*) ordförande

fore·most ['fɔːməʊst] 1 *adj* (*författare, politiker*) framstående 2 *adv*: **first and** ~ först och främst

fore·name ['fɔːneɪm] *s* förnamn

fore·noon ['fɔːnuːn] *s* (*i sht Skottl*) förmiddag

fo·ren·sic [fəˈrensɪk] *adj* juridisk, rättslig; (*ofta*) rättsmedicinsk; ~ **medicine** rättsmedicin

fore·run·ner ['fɔːˌrʌnəʳ] *s* föregångare

fore·see [fɔːˈsiː] *imperf* **foresaw,** *perf part* **foreseen** *vt* förutse

fore·see·able [fɔːˈsiːəbl] *adj* förutsebar; **in the** ~ **future** inom överskådlig framtid

fore·shore ['fɔːʃɔːʳ] *s* strand(parti)

fore·sight ['fɔːsaɪt] *s* förutseende

fore·skin ['fɔːskɪn] *s* (*Anat*) förhud

for·est ['fɒrɪst] *s* skog

fore·stall [fɔːˈstɔːl] *vt* (*händelse*) föregripa; (*konkurrent, medtävlare*) förekomma

for·est·ry ['fɒrɪstrɪ] *s* skogsvård, skogsbruk

fore·tell [fɔːˈtel] *imperf, perf part* **foretold** *vt* förutsäga

fore·thought ['fɔːθɔːt] *s* (*slug*) beräkning; (*försiktig*) förtänksamhet

fore·told [fɔːˈtəʊld] *imperf, perf part av* **foretell**

for·ever [fərˈevəʳ] *adv* (*vara tacksam, älska*) för evigt/alltid; (*vard*) jämt och ständigt; *se äv* **ever a**

fore·warn [fɔːˈwɔːn] *vt* (*för*)varna; ~**ed is forearmed** (*ordspråk: ung*) varnad man är till hälften räddad

fore·woman ['fɔːwʊmən] *s, pl* **-women** (*kvinnlig: arbets-*) förman; (*: i jury*) ordförande

fore·word ['fɔːwɜːd] *s* förord, företal

for·feit ['fɔːfɪt] 1 *s* (*i lek*) pant 2 *vt* (*i sht Jur: sin rätt etc*) förverka

for·gave [fəˈgeɪv] *imperf av* **forgive**

forge [fɔːdʒ] 1 *s* (*för stål etc*) smältugn; (*smeds*) smedja 2 *vt* (a) (*metall*) smida; (*bildl: plan*) tänka ut; (*: vänskap, enighet*) skapa (b) (*dokument, målning, sedel*) förfalska 3 *vi*: **to** ~ **ahead** kämpa på, gå stadigt framåt

forged [fɔːdʒd] *adj* (*dokument, sedel*) förfalskad

forg·er ['fɔːdʒəʳ] *s* förfalskare

for·gery ['fɔːdʒərɪ] *s* (*handling, sak*) förfalskning

for·get [fəˈget] *imperf* **forgot,** *perf part* **forgotten** 1 *vt* glömma (*to do* att göra); **I forget** jag har glömt; **never to be forgotten** oförglömlig; ~ **it!** (*vard*) strunta i det!; **I keep forgetting her name** jag kan aldrig komma ihåg vad hon heter 2 *vi* glömma; **I've forgotten all about it** jag har totalt glömt det; **let's** ~ **about it!** (*förargat*) vi talar inte mer om saken!; (*överslätande*) låt det vara glömt och förlåtet; **to** ~ **oneself** (*okontrollerat*) tappa självbehärskningen

for·get·ful [fəˈgetfʊl] *adj* (*tankspridd*) glömsk; (*med plikter etc*) försumlig

forget-me-not [fəˈgetmɪnɒt] *s* förgätmigej

for·give [fəˈgɪv] *imperf* **for·gave,** *perf part* **for-**

giv·en *vt* (*person, fel*) förlåta (*sb for sth* ngn för något)

for·give·ness [fəˈgɪvnɪs] *s* (*ge ngn*) förlåtelse; (*visa*) överseende

for·giv·ing [fəˈgɪvɪŋ] *adj* (*person, leende*) förlåtande, överseende

for·go [fɔːˈgəʊ] *imperf* **for·went,** *perf part* **for·gone** *vt* avstå från

for·got [fəˈgɒt] *imperf av* **forget**

for·got·ten [fəˈgɒtən] *perf part av* **forget**

fork [fɔːk] 1 *s* (*att äta med*) gaffel; (*Jordbr*) tjuga, grep; (*av väg*) förgrening 2 *vt* (*Jordbr: äv:* ~ **over**) vända med grep 3 *vi* (*väg*) dela sig

♦ **fork out** 1 *vt* + *adv* (*vard: pengar*) punga ut med 2 *vi* + *adv* betala

forked [fɔːkt] *adj* (*svans, gren*) kluven; (*blixt*) sicksack-

fork-lift truck [ˌfɔːklɪftˈtrʌk] *s* gaffeltruck

for·lorn [fəˈlɔːn] *adj* (*person*) ensam, övergiven; (*hus etc*) öde-; (*försök*) förtvivlat; **a** ~ **hope** ett fåfängt hopp

form [fɔːm] 1 *s* (a) (*i allm*) form; **in the** ~ **of** i form av; **the same thing in a new** ~ samma sak i ny utformning; **a** ~ **of apology** en sorts ursäkt; ~ **and content** form och innehåll; **to take** ~ ta form (b) (*Sport, bildl*): **to be in good** ~ vara i god form; **true to** ~ sin vana trogen; **he was in great** ~ **last night** han var i högform i går kväll (c) (*att fylla i*) blankett, formulär; ~ **letter** (*Am*) standardbrev (d) (*frm*) etikett; **it's a matter of** ~ det är en etikettsfråga; **it's bad** ~ det är oartigt (e) (*sittmöbel*) bänk (f) (*Brit Skol*) klass; **in the first** ~ i första klass 2 *vt* (*lera*) forma; (*bolag, kö, sats*) bilda; (*plan, idé*) utforma; (*åsikt*) bilda sig; (*vana*) utveckla; **he** ~**ed it out of a lump of clay** han formade den av en lerklump; **to** ~ **a government** bilda regering; **to** ~ **a group** bilda en grupp; **to** ~ **part of sth** utgöra en del av ngt 3 *vi* bildas

for·mal ['fɔːməl] *adj* (*i allm*) formell; (*uppträdande*) formell, konventionell; (*trädgård, park*) barock-; **a** ~ **likeness** en yttre likhet; **there was no** ~ **agreement** det fanns ingen uttrycklig överenskommelse; ~ **dress** högtidsdräkt; ~ **training** (*formell*) utbildning

for·mal·ity [fɔːˈmælɪtɪ] *s* (*vid ceremoni*) formell karaktär; (*konventionell*) formalism; (*persons*) formellt uppträdande; (*regel, bestämmelse*) formalitet; **it's a mere** ~ det är en ren formsak/ formalitet

for·mal·ize ['fɔːməlaɪz] *vt* (*kontrakt etc*) ge slutgiltig utformning åt; (*beslut*) göra formellt giltig; (*regler, grammatik*) formalisera

for·mat ['fɔːmæt] 1 *s* (a) (*bok: storlek*) format; (*: utseende*) utformning (b) (*Data*) format 2 *vt* (*Data*) formatera

for·ma·tion [fɔːˈmeɪʃən] *s* (*Geol, Flyg*) formation; (*av plan, idé*) utformning

forma·tive ['fɔːmətɪv] *adj* formande, danande; **the** ~ **years** utvecklingsåren

for·mer ['fɔːməʳ] 1 *adj* (a) (*i tid*) tidigare, föregående; (*hustru, fiende etc*) förra; (*om man*) förre, före detta, f.d.; **in** ~ **days** förr i världen; ~ **president** expresident (b) (*av två*) tidigare; **in the** ~ **example** i det tidigare exemplet 2 *pron*: **the** ~ (... *the latter*) den förre/förra (... den senare)

for·mer·ly ['fɔːməlɪ] *adv* förut, förr

For·mi·ca ® [fɔːˈmaɪkə] *s* plastlaminat

for·mi·dable ['fɔːmɪdəbl] *adj* (*svårighet, uppgift*) övervädigande; (*person, yttre*) respektingivande

for·mu·la ['fɔːmjʊlə] *s, pl* **formulae** ['fɔːmjʊliː] *el* **-s** (*Mat, Kemi etc*) formel; (*Am: för spädbarn*) modersmjölksersättning; ~**-fed baby** (*Am*) flaskbarn; **F~ One** *(Motor)* Formel 1

for·mu·late |'fɔːmjʊleɪt| *vt (teori)* formulera

for·ni·cate |'fɔːnɪkeɪt| *vi* bedriva otukt, hora *(åld)*

for·nica·tion |ˌfɔːnɪ'keɪʃən| *s* otukt, hor *(åld)*

for·sake |fə'seɪk| *imperf* **forsook** |fə'sʊk|, *perf part* **forsaken** |fə'seɪkn| *vt (frm)* överge

fort |fɔːt| *s (Mil)* fort; **to hold the** ~ *(bildl)* hålla ställningarna

forte |'fɔːtɪ| *s* styrka; **cooking is not my** ~ matlagning är inte min starka sida

forth |fɔːθ| *adv* **(a)** *(åld)* bort; **to set** ~ bege sig iväg; **to go** ~ dra/gå bort; **from this day** ~ från denna dag, hädanefter **(b): and so** ~ och så vidare

forth·com·ing |fɔːθ'kʌmɪŋ| *adj (val, film, händelse)* kommande; *(bok)* under utgivning; **if help is** ~ om hjälp är i annalkande; **he wasn't very** ~ **about** it han var inte särskilt meddelsam om det

forth·right |'fɔːθraɪt| *adj (person, svar etc)* rättfram, öppen

forth·with |'fɔːθ'wɪθ| *adv (frm)* omedelbart, ofördröjligen

for·ti·eth |'fɔːtɪθ| **1** *räkn* fyrtionde **2** *s (i följd)* fyrtionde; *(Mat)* fyrtiondel

for·ti·fi·ca·tion |ˌfɔːtɪfɪ'keɪʃən| *s* **(a)** *(Mil)* befästning, fortifikation **(b)** *(skämts: alkohol)* något stärkande

for·ti·fy |'fɔːtɪfaɪ| *vt (Mil)* befästa; *(bildl: person)* stärka; *(föda)* berika; *(drink)* spetsa; **fortified wine** starkvin

for·ti·tude |'fɔːtɪtjuːd| *s* sinnesstyrka

fort·night |'fɔːtnaɪt| *s (Brit)* fjorton dagar; **a** ~ **(from) today** i dag (om) fjorton dagar

fort·night·ly |'fɔːtnaɪtlɪ| *(i sht Brit)* **1** *adj* med två veckors mellanrum **2** *adv* var fjortonde dag

for·tress |'fɔːtrɪs| *s* fästning

for·tui·tous |fɔː'tjuːɪtəs| *adj* tillfällig, slumpartad

for·tui·tous·ly |fɔː'tjuːɪtəslɪ| *adv* av en händelse/ slump

for·tu·nate |'fɔːtʃənɪt| *adj (händelse, person)* lycklig; **to be** ~ *(person)* ha tur

for·tu·nate·ly |'fɔːtʃənɪtlɪ| *adv* lyckligtvis, som tur var/är

for·tune |'fɔːtʃən| *s* **(a)** *(på förhand bestämd)* öde; *(tursam)* lycka; **the** ~**s of war** krigslyckan; **by good** ~ genom ren tur; **to tell sb's** ~ spå ngn **(b)** *(pengar)* förmögenhet; **to make a** ~ göra sig en förmögenhet; **a small** ~ *(vard: mycket pengar)* en mindre förmögenhet

fortune-hunter |ˌfɔːtʃən,hʌntəʳ| *s* lycksökare

fortune-teller |ˌfɔːtʃən,teləʳ| *s* spåman; spåkvinna

for·ty |'fɔːtɪ| *räkn* fyrtio; **to have** ~ **winks** *(vard)* ta en liten lur; *se äv* **fifty**

fo·rum |'fɔːrəm| *s* forum

for·ward |'fɔːwəd| **1** *adj* **(a)** *(läge)* främre; *(rörelse)* framåt(riktad); *(i tid)* långt framskriden, tidig; **the** ~ **line** *(Sport)* anfallet; *(Fotboll äv)* kedjan; *(Mil)* stridslinjen; ~ **planning** långsiktig planering; ~ **thinking** *adj (person)* progressiv; *s* förutseende **(b)** *(barn)* brådmogen; *(person, anmärkning)* fräck **2** *s (Sport)* forward **3** *vt (varor)* expediera; *(brev)* eftersända; **please** ~ *(på brev)* för vidare befordran, f.v.b.

for·ward(s) |'fɔːwəd(z)| *adv (om rum)* framåt; *(om tid)* fram; *(i förgrunden)* fram; **to come** ~ komma fram; **from this time** ~ från och med nu

for·ward·ing ad·dress |'fɔːwədɪŋə'dres| *s* eftersändningsadress

for·went |fɔː'went| *imperf av* **forgo**

fos·sil |'fɒsl| **1** *s* fossil **2** *adj* fossil; ~ **fuel** *(kol, torv etc)* fossilt bränsle

fos·ter |'fɒstəʳ| **1** *vt (barn)* fostra, ta hand om; *(hopp, ambition)* hysa **2** *adj (barn, mor etc)* foster-

fought |fɔːt| *imperf, perf part av* **fight**

foul |faʊl| **1** *adj (lukt, andedräkt)* stinkande, illaluktande; *(smak)* äcklig; *(vatten)* förorenad; *(väder)* ruggig, otäck; *(språk)* oanständig; ~ **play** *(Sport)* ojust spel; **the police suspect** ~ **play** polisen misstänker brott; **to fall** ~ **of** *(rättvisan)* råka i klammeri med; *(person)* bli ovän med **2** *s (Sport)* ojust spel **3** *vt* **(a)** *(luft)* förorena; **the dog** ~**ed the pavement** hunden förorenade på trottoaren **(b)** *(Sport)* spela ojust mot **(c)** *(Sjö: ankare, propeller)* fastna i

found¹ |faʊnd| *imperf, perf part av* **find**

found² |faʊnd| *vt (stad, skola etc)* grunda; *(åsikt, tro etc)* grunda, basera; **a statement** ~**ed on fact** ett påstående grundat på fakta

foun·da·tion |faʊn'deɪʃən| *s* **(a)** *(av institution)* grundande; *(av byggnad)* grundläggning **(b):** ~**s** *spl (Arkit)* grund; ~ **cream** underlagskräm; ~ **stone** grundsten **(c)** *(bildl)* grund; **the story is without** ~ historien saknar grund **(d)** *(organisation)* stiftelse, fond

found·er¹ |'faʊndəʳ| *s* grundare

found·er² |'faʊndəʳ| *vi (Sjö)* sjunka, förlisa, gå i kvav *(äv bildl)*

found·ing |'faʊndɪŋ| *adj:* ~ **father** grundläggare; **the F**~ **Fathers** *(Am Hist)* unionsfäderna *som* deltog i författningskonventet 1787

found·ling |'faʊndlɪŋ| *s* hittebarn

found·ry |'faʊndrɪ| *s* gjuteri

fount |faʊnt| *s* **(a)** *(poet)* källa **(b)** *(Typogr)* stilsats, font

foun·tain |'faʊntɪn| *s (konstgjord)* fontän; *(naturlig)* källa, källsprång; *(bildl)* källa; (= drinking ~) dricksfontän; ~ **pen** reservoarpenna

four |fɔːʳ| **1** *räkn* fyra **2** *s* fyra; **on all** ~**s** på alla fyra; *se äv* **five**

four-footed |ˌfɔː'fʊtɪd| *adj* fyrfota-

four-letter word |ˌfɔː'letəˌwɜːd| *s (sexord)* runt ord

four-poster |'fɔː'pəʊstəʳ| *s (äv:* ~ **bed)** himmelssäng

four·score |ˌfɔː'skɔːʳ| *räkn (åld)* åttio

four·some |'fɔːsəm| *s (i kortspel, golf etc)* spel på fyra; *(i allm)* grupp på fyra, två par

four·teen |'fɔː'tiːn| *räkn* fjorton

four·teenth |'fɔː'tiːnθ| **1** *räkn* fjortonde **2** *s (i följd)* fjortonde; *(Mat)* fjortondel

fourth |fɔːθ| **1** *räkn* fjärde **2** *s (i följd)* fjärde; *(Mat)* fjärdedel; *(Motor: äv:* ~ **gear)** fyran(s växel); *se äv* **fifth**

fowl |faʊl| *s* fjäderfä, höns

fox |fɒks| **1** *s* räv; ~ **fur** rävpäls **2** *vt (konkurrent etc)* lura; *(om gåta etc)* förbrylla

fox·glove |'fɒksglʌv| *s* fingerborgsblomma, digitalis

fox-hunting |'fɒks,hʌntɪŋ| *s* rävjakt

fox·trot |'fɒkstrɒt| *s* foxtrot

foxy |'fɒksɪ| *adj (bildl)* rävaktig, listig

foy·er |'fɔɪeɪ| *s* foajé

fra·cas |'frækɑː, *(Am)* 'freɪkəs| *s* högljutt uppträde

frac·tion |'frækʃən| *s (Mat)* bråk; *(bildl)* bråkdel; **move it just a** ~ *(bildl)* flytta den bara en aning

frac·tion·al·ly |'frækʃnəlɪ| *adv* obetydligt

frac·tious |'frækʃəs| *adj (person, humör)* gnällig, kinkig

frac·ture |'fræktʃəʳ| **1** *s (Med)* fraktur; *(i klippa etc)* brott, spricka **2** *vt* bryta; **to** ~ **one's arm** bryta armen **3** *vi* brytas

frag·ile |'frædʒaɪl| *adj (eg, bildl)* bräcklig; **I'm feeling rather** ~ **this morning** jag känner mig ganska skröplig i dag

frag·ment |'frægmənt| **1** *s* fragment, bit **2** |fræg'ment| *vi* splittras

frag·men·tary |'frægməntərɪ| *adj* fragmentarisk

fra·grance |'freɪgrəns| *s (blom- etc)* doft, vällukt; *(på tvål, deodorant etc)* doft; **her favourite** ~ hennes favoritparfym

fra·grant ['freɪɡrənt] adj (väl)doftande

frail [freɪl] adj (**-er, -est**) (möbel etc) skör, bräcklig; (person, hälsa) bräcklig, svag; (bildl: hopp, vänskap) skör, bräcklig

frail·ty ['freɪltɪ] s (om person, hälsa) svaghet, bräcklighet; (om lycka) förgänglighet; (moralisk) svaghet, brist

frame [freɪm] **1** s (a) (fartygs) skrov; (byggnads, tälts) stomme; (glasögons) båge; (cykels, tavlas) ram; (fönsters, dörrs) karm; ~ **of reference** referensram (**b**) (Film) bildruta (**c**) (om person) kroppsbyggnad; ~ **of mind** sinnesstämning **2** vt (a) (tavla) rama in (**b**) (fråga, mening) formulera; (plan) utforma (**c**): to ~ **sb** (vard) falskt anklaga ngn, sätta dit ngn (vard)

frame·work ['freɪmwɜ:k] s (eg) stomme, ram; (bildl: samhälles etc) struktur; **within the** ~ **of** inom ramen för; **you have to see this in its correct** ~ man måste se det här i sitt rätta sammanhang

franc [fræŋk] s franc

France [frɑ:ns] s Frankrike

fran·chise ['fræntʃaɪz] s (Pol) rösträtt; (Handel) ensamrätt

Franco- ['fræŋkəʊ-] prefix fransk-

frank¹ [fræŋk] adj (**-er, -est**) uppriktig, ärlig

frank² [fræŋk] vt (brev) frankera

frank·fur·ter ['fræŋk,fɜ:tər] s (Matl) varmkorv

frank·in·cense ['fræŋkɪnsens] s rökelse

frank·ly ['fræŋklɪ] adv uppriktigt, ärligt; (satsadv) uppriktigt sagt; ~, **I disagree** uppriktigt sagt så håller jag inte med

frank·ness ['fræŋknɪs] s uppriktighet

fran·tic ['fræntɪk] adj (aktivitet etc) hektisk; (behov, önskan) desperat; (person) ifrån sig, utom sig; **to be** ~ **with worry** vara utom sig av oro

fra·ter·nal [frə'tɜ:nl] adj broders-, broderlig

fra·ter·nity [frə'tɜ:nɪtɪ] s (i allm) broderskap; (Am Univ) förening för manliga studenter

frat·er·nize ['frætənaɪz] vi (i sht Mil) fraternisera (**with** med)

fraud [frɔ:d] s (i allm, Jur) bedrägeri; (knep) bluff; (person) bedragare

fraudu·lent ['frɔ:djʊlənt] adj bedräglig

fraught [frɔ:t] adj (bildl: spänd) laddad; ~ **with danger** farofylld

fray¹ [freɪ] s (åld) strid, bråk; **to be ready for the** ~ (eg, bildl) vara redo för strid

fray² [freɪ] **1** vt (tyg, kläder) nöta (på), slita (på); **tempers were getting** ~**ed** alla började bli irriterade **2** vi bli nött, fransa sig

freak [fri:k] **1** s (abnorm: person) missfoster; (: djur) vidunder; (egendomlig person) kuf, original; (händelse) (ödets/naturens) nyck; (vard: entusiast) fanatiker; **a** ~ **of nature** tillfälligheternas spel; **the result was a** ~ resultatet var en slump; **health** ~ (vard) hurtbulle **2** adj (storm, förhållanden) onormal; (seger) oväntad

♦**freak out** vi + adv (vard: av sinnesrörelse) bli tokig (av glädje etc); (: av narkotika) bli påtänd; ~ **out!** släpp loss!

freak·ish ['fri:kɪʃ] adj (**a**) (resultat, idé etc) underlig, bisarr (**b**) (humör, väder) nyckfull

freck·le ['frekl] s: ~s fräknar

freck·led ['frekld] adj fräknig

free [fri:] **1** adj (**-er, -est**) (**a**) (i allm) fri (from/of från); **to be** ~ **of sb/sth** vara fri från el bli kvitt ngn/ngt; **feel** ~ (**to help yourself**) varsågod (och ta för dig); **to break** ~ bryta/slita sig loss; **to set** ~ (person) frige; ~ **and easy** naturlig; **he is not** ~ **to choose** han har ingen valfrihet; ~ **enterprise** fri företagsamhet; ~ **kick** (Fotboll) frispark; ~ **love** fri kärlek; ~ **port** frihamn; ~ **speech** yttrandefrihet; ~ **trade** frihandel; ~ **verse** fri

vers; **to give** ~ **rein to one's anger** ge utlopp för sin ilska; **to give sb a** ~ **hand** ge ngn fria händer; **my own** ~ **will** min egen fria vilja (**b**) (ej upptagen: plats, person, ögonblick) ledig; **is this seat** ~? är den här platsen ledig?; **are you** ~ **tomorrow?** är du ledig i morgon?; (**c**) (person) öppen, ogenerad (with med); (uppträdande, språk) fräck, oanständig; **to be** ~ **with one's money** inte se på slantarna; **he's too** ~ **with his remarks** han är alltför vårdslös med vad han säger (**d**) (utan kostnad) gratis; ~ **of charge** gratis, kostnadsfri; ~ **gift** present given i reklamsyfte; ~ **on board** (förk f.o.b.) (Handel) fritt ombord; **admission** ~ fritt inträde

2 adv gratis; **I got in (for)** ~ (vard) jag kom in gratis/utan att betala

3 vt (fånge) frige; (person, djur) befria; (rör) rensa; **to** ~ **oneself from/of sth** (sjukdom, skulder etc) bli fri från ngt

free·dom ['fri:dəm] s frihet (from från); **to give sb the** ~ **of one's house** uppmuntra ngn att känna sig som hemma; ~ **of the press** tryckfrihet; **to give sb the** ~ **of the city** göra ngn till hedersborgare; ~ **of speech** yttrandefrihet; ~ **of movement** rörelsefrihet; ~ **fighter** frihetskämpe

free-for-all ['fri:fər,ɔ:l] s (vard: slagsmål, gräl) bråk

free·hold ['fri:həʊld] **1** adj med full besittningsrätt **2** s egendom med full besittningsrätt

free·lance ['fri:lɑ:ns] **1** adj frilans- **2** s frilans **3** vi (journalist) frilansa

free·ly ['fri:lɪ] adv (tala etc) fritt; (ge etc) frikostigt; **you may come and go** ~ du kan komma och gå som du vill

free·mason ['fri:,meɪsn] s frimurare

free·post ['fri:pəʊst] s (Brit) post där mottagaren betalar portot

free·range ['fri:reɪndʒ] adj (höns, ägg) lant-

free·sia ['fri:zɪə] s freesia

free·style ['fri:staɪl] s (i simning) frisim; (i brottning) fristil; **she won the 400 metres** ~ hon vann 400 m fritt

free·way ['fri:weɪ] s (Am) motorväg

free·wheel [,fri:'wi:l] vi (cyklist) rulla utför; (bilist) rulla med frikoppling; (Am vard) leva fritt och ansvarslöst

freeze [fri:z] imperf **froze**, perf part **frozen** **1** vt (vatten) frysa till is; (mat) djupfrysa; (priser, löner) frysa; (Ekon: tillgångar) spärra; **to** ~ **prices** införa prisstopp **2** vi (Meteorologi) frysa; (vatten, sjö) frysa till (is); (Film: bild) frysa; (av skräck) bli förlamad; **I'm freezing** jag är iskall; **to** ~ **to death** frysa ihjäl; **freezing fog** frostdimma; **freezing rain** underkylt regn; ~! **till brottsling)** rör dig inte; **strawberries don't** ~ **well** jordgubbar går inte bra att frysa **3** s (Meteorologi) köldperiod; (pris-, löne-) stopp

♦**freeze over** vi + adv (sjö, flod) bli isbelagd; (fönster, vindruta) isa igen

♦**freeze up** vi + adv (rör) frysa; (handtag) frysa fast; (fönster) isa igen

freez·er ['fri:zər] s frysskåp, frysbox

freez·ing ['fri:zɪŋ] s (äv: ~ **point**) fryspunkt; **5 degrees below** ~ 5 grader under noll

freight [freɪt] **1** s (varor) fraktgods; (kostnad) frakt; ~ **train** (Am) godståg; **£100** ~ 100 pund i frakt **2** vt (varor) frakta

French [frentʃ] **1** adj fransk; **the** ~ **ambassador** Frankrikes ambassadör; ~ **bean** haricot vert; ~ **Canadian** adj fransk-kanadensisk; s (språk) kanadensisk franska; (person) fransk-kanadensare; ~ **dressing** (Matl) vinägrettsås; ~ **fries** [fraɪz] spl (Am) pommes frites; ~ **horn** (Mus) valthorn; ~ **leave** (vard) bondpermis; ~ **toast** (Am: ung) fattiga riddare; ~ **windows** franska fönster **2** s (språk) franska; **the** ~ spl fransmännen

fre·net·ic |frə'netɪk| *adj* frenetisk

fren·zy |'frenzɪ| *s* raseri, vansinne; **in a ~ of anxiety** i ett tillstånd av vild oro

fre·quen·cy |'friːkwənsɪ| *s (i allm, Fys)* frekvens; **high/low ~** hög/låg frekvens

fre·quent |'friːkwənt| **1** *adj (i allm)* ofta förekommande; *(händelse, fel)* vanlig; *(besökare)* flitig **2** |frɪ'kwent| *vt* ofta besöka

fre·quent·ly |'friːkwəntlɪ| *adv* ofta

fres·co |'freskəʊ| *s* fresk, frescomålning

fresh |freʃ| **1** *adj* (**-er, -est**) **(a)** *(papper, förråd etc)* ny; *(nyhet)* färsk; **~ arrival** nyanländ person/sak; **~ approach** nytt grepp; **~ paint** nymålat; **to put ~ courage into sb** ge ngn nytt mod; **to make a ~ start** börja om från början **(b)** *(bröd, smör etc)* färsk; *(ej konserverad)* färsk; *(luft)* frisk; **in the ~ air** i friska luften **(c)** *(ej salt: vatten)* färsk-, söt- **(d)** *(vard)* fräck **(e)** *(vind)* frisk, styv; **it's a bit ~** det friskar på **(f)** *(ansikte, hy)* fräsch; **as ~ as a daisy** fräsch som en nyponros **2** *adv (bakad, plockad)* ny-; **to be sold ~ from the oven** säljas ugnsfärsk; **to come ~ from New York** *(vard)* nyss ha kommit från New York

fresh·en |'freʃn| *vi (vind)* öka

♦ **freshen up** *vt + adv* snygga upp; **to ~ oneself up** snygga upp sig

fresh·er |'freʃəʳ| *s (Brit Univ: vard)* = **freshman**

fresh·ly |'freʃlɪ| *adv (målad etc)* ny-

fresh·man |'freʃmæn| *s, pl* **-men** *(Univ)* förstaårsstudent, recentior

fresh·ness |'freʃnɪs| *s* **(a)** *(se* **fresh**) friskhet; färskhet; fräckhet; fräschör **(b)** *(i utformning etc)* nyhet

fresh·water |'freʃwɔːtəʳ| *adj:* **~ fish** sötvattenfisk

fret |fret| *vi* oroa sig; **don't ~** oroa dig inte; **the baby is ~ting for its mother** babyn gnäller efter sin mamma

fret·ful |'fretfʊl| *adj (barn)* kinkig

fretsaw |'fretsɔː| *s* lövsåg

fret·work |'fretwɜːk| *s* träornament

Freud·ian |'frɔɪdɪən| *adj* freudiansk; **~ slip** (freudiansk) felsägning

fri·ar |'fraɪəʳ| *s* tiggarmunk; **F~ William** Broder William

fric·as·see |'frɪkəsiː| *s (Matl)* frikassé

frica·tive |'frɪkətɪv| *s (Språkv)* frikativa

fric·tion |'frɪkʃən| *s (Tekn)* friktion; *(bildl)* friktion, motsättning

Fri·day |'fraɪdɪ| *s* fredag; **Good ~** långfredagen; *se äv* **Tuesday**

fridge |frɪdʒ| *s (Brit)* kyl(skåp)

fried |fraɪd| *adj (Matl)* stekt; **~ egg** stekt ägg

friend |frend| *s (i allm)* vän; *(kvinnlig)* väninna, vän; *(skol-, arbets- etc)* kamrat; **Society of F~s** *(Rel)* kväkarna; **a ~ of mine** en av mina vänner; **to make ~s with sb** bli god vän med ngn; **let's be ~s** låt oss vara vänner

friend·li·ness |'frendlɪnɪs| *s* vänlighet, vänskaplighet

friend·ly |'frendlɪ| *adj* (**-ier, -iest**) vänlig; **to be ~ to sb** vara vänlig mot ngn; **to be ~ with sb** stå på vänskaplig fot med ngn; **a ~ (match)** *(Fotboll)* en vänskapsmatch

friend·ship |'frendʃɪp| *s* vänskap

frieze |friːz| *s (Arkit)* fris

frig·ate |'frɪgɪt| *s (Sjö)* fregatt

fright |fraɪt| *s* förskräckelse, skräck; **to get a ~** bli skrämd; **what a ~ you gave me!** vad du skrämde mig!; **to take ~ (at)** bli rädd (för); **she looked a ~** hon såg hemsk ut

fright·en |'fraɪtn| *vt* skrämma; **to ~ sb into doing sth** skrämma ngn att göra ngt; **to be ~ed of sth** vara rädd för ngt; **I was ~ed out of my wits/to death** jag blev vettskrämd/dödsförskräckt

♦ **frighten away, frighten off** *vt + adv* skrämma bort

fright·en·ing |'fraɪtnɪŋ| *adj* skrämmande, skräck-

fright·ful |'fraɪtfʊl| *adj* förskräcklig, hemsk

fright·ful·ly |'fraɪtfəlɪ| *adv (vard)* förfärligt, hemskt; **I'm ~ sorry** jag är hemskt ledsen

frig·id |'frɪdʒɪd| *adj (atmosfär, blick etc)* iskall; *(Med)* frigid

frill |frɪl| *s (på klänning etc)* volang; **without ~s** *(bildl: tala)* utan krumbukter; *(: leva)* flärdfritt

fringe |frɪndʒ| *s (på sjal, matta)* frans; *(Brit: hår i pannan)* lugg; *(äv: ~s: skogs)* bryn; *(: av stad)* utkant; **on the ~ of society** i utkanten av samhället; **~ benefits** *(hus, bil etc)* extra löneförmåner; **~ theatre** fria teatergrupper

frisk |frɪsk| **1** *vt (vard: visitera)* muddra **2** *vi* skutta omkring

frisky |'frɪskɪ| *adj* (**-ier, -iest**) *(person)* uppsluppen; *(häst)* yster

frit·ter[1] |'frɪtəʳ| *s (flottyrkokt efterrätt)* beignet

frit·ter[2] |'frɪtəʳ| *vt (äv: ~ away)* slösa bort

fri·vol·ity |frɪ'vɒlɪtɪ| *s* lättsinnighet

frivo·lous |'frɪvələs| *adj* lättsinnig, frivol

friz·zy |'frɪzɪ| *adj* (**-ier, -iest**) *(hår)* krullig; **to go ~** bli krullig

fro |frəʊ| *adv:* **to and ~** fram och tillbaka, hit och dit

frock |frɒk| *s (kvinnas)* klänning; *(munks)* kåpa

frog |frɒg| *s* groda; *(Brit vard: neds)* fransos; **to have a ~ in one's throat** vara rosslig i halsen

frog·man |'frɒgmən| *s, pl* **-men** grodman

frog·march |'frɒgmɑːtʃ| *vt (i sht Brit):* **to ~ sb in/out** släpa in/ut ngn

frol·ic |'frɒlɪk| *imperf, perf part* **~ked** *vi* skutta omkring

from |frɒm| *prep* **(a)** *(ursprungsplats)* från; *(: inifrån)* ur; **~ above/over sth** ovanifrån ngt; **~ beneath/underneath sth** underifrån ngt; **where are you ~?** var är/kommer du ifrån?; **~ London to Glasgow** från London till Glasgow; **~ house to house** från hus till hus; **~ inside the house** inifrån huset; **to escape ~ prison** rymma från fängelset; **he took a chocolate ~ the box** han tog en chokladbit ur asken; **she was rescued ~ the cold water** hon blev räddad ur det kalla vattnet **(b)** *(tid)* från; **now on** från och med nu; **one o'clock to/until/till two** mellan (kl) ett och två; **(as) ~ Friday** från och med fredag; **~ time to time** då och då **(c)** *(avstånd)* från; **the hotel is 1 km ~ the beach** hotellet ligger 1 km från stranden; **a long way ~ home** långt hemifrån; **to be far ~ the truth** vara långt från sanningen **(d)** *(avsändare etc)* från; **a letter ~ my sister** ett brev från min syster; **a telephone call ~ Mr Smith** ett telefonsamtal från herr Smith; **tell him ~ me that...** hälsa honom från mig att... **(e)** *(källa)* från; *(material)* av; *(hindra, skydda)* från, mot; **to drink ~ the bottle** halsa (ur flaskan); **a quotation ~ Shakespeare** ett citat från Shakespeare; **this sauce is made ~ whole red peppers** den här såsen är gjord av hel paprika; **to steal sth ~ sb** stjäla ngt från någon; **where did you get that ~?** var fick du det ifrån?; **take the gun ~ him!** ta ifrån honom geväret!; **painted ~ life** målad efter levande modell; *(bildl)* hämtad ur verkligheten; **to prevent sb ~ doing sth** hindra ngn från att göra ngt; **to shelter ~ rain** skydda mot regn **(f)** *(pris, antal)* från; **we have shirts ~ £8 (upwards)** vi har skjortor från 8 pund (och uppåt); **prices range ~ £10 to £50** priserna ligger mellan 10 och 50 pund; **there were ~ 10 to 15 people there** det var mellan 10 och 15 personer där; **(g)** *(förändring)* från; **things went ~ bad to**

worse situationen förvärrades alltmer; **the interest rate increased** ~ 6% **to** 10% räntan höjdes från 6 till 10% **(h)** *(skillnad)*: **to be different** ~ **sb** vara olik ngn; **he can't tell red** ~ **green** han kan inte skilja mellan rött och grönt **(i)** *(orsak)* av; **to act** ~ **conviction** handla av övertygelse; **to die** ~ **exposure** frysa ihjäl; **weak** ~ **hunger** utmattad av hunger; ~ **what I can see** såvitt jag kan se; ~ **experience** av erfarenhet

frond [frɒnd] *s* ormbunksblad; palmblad

front [frʌnt] **1** *adj (tand, hjul, säte)* fram-; ~ **row** *(Teat)* första bänk; ~ **bench** *(Brit Pol)* minister-bänk; ~ **page** första sidan; ~ **garden** trädgård på husets framsida; ~ **room** rum åt gatan; ~ **door** ytterdörr **2** *s* **(a)** *(i allm)* framsida; *(av tåg, båt)* främre del; *(på skjorta)* skjortbröst; **in** ~ framtill; **in** ~ **of** framför; **at the** ~ **of the line/ queue** längst fram i kön; **to be in** ~ *(Sport)* leda; **he sat at the** ~ **of the class/train** han satt längst fram i klassen/tåget **(b)** *(bildl)* *(falsk)* framsida, *(vacker)* fasad; ~ **man** bulvan; **to put on a bold** ~ *(bildl)* hålla god min; **to put up a good** ~ hålla masken; **to be a** ~ **for sth** *(vard)* vara täckmantel för ngt **(c)** *(Mil, Pol, Meteorologi)* front; **on all** ~s på alla fronter; **cold/warm** ~ *(Meteorologi)* kall-/varm|front; **a united** ~ en enad front **(d)** *(= sea* ~*)* strandpromenad **3** *vi:* **to** ~ **onto sth** vetta mot ngt

front·age ['frʌntɪdʒ] *s (på byggnad)* fasad; *(mark)* område intill en byggnad/en väg/ett vattendrag

front·al ['frʌntl] *adj (Anat: ben, lob etc)* pann-; *(attack)* front-, frontal

fron·tier ['frʌntɪəʳ, *(Am)* frʌn'tɪəʳ] *s (eg, bildl)* gräns, gränsområde; **the** ~ *(Am Hist)* gränsområdet i väster *mot ännu ej koloniserade områden*

fron·tis·piece ['frʌntɪspiːs] *s (i bok)* titelplansch

frost [frɒst] **1** *s (på ruta etc)* (rim)frost; *(väder)* kyla; **4 degrees of** ~ minus 4 grader C **2** *vt (i sht Am: kaka etc)* glasera

frost·bite ['frɒstbaɪt] *s* köldskada

frost·bitten ['frɒstbɪtn] *adj (frukt etc)* frostskadad; *(kroppsdel)* förfrusen

frost·ed ['frɒstɪd] *adj (i sht Am: kaka)* glaserad; ~ **glass** mattslipat glas

frost·ing ['frɒstɪŋ] *s (i sht Am: på kaka etc)* glasyr

frosty ['frɒstɪ] *adj (-ier, -iest) (väder)* kylig, frostig; *(yta)* frostbelagd; *(bildl: leende)* frostig; **it was** ~ **last night** det var frost i natt

froth [frɒθ] **1** *s* skum, fradga **2** *vi* fradga, skumma; **the dog was** ~**ing at the mouth** hunden tuggade fradga

frown [fraʊn] **1** *s* bister min **2** *vi* rynka pannan *(at* åt)

♦ **frown on** *vi + prep (bildl)* ogilla

frowsy ['fraʊzɪ] *adj* snuskig, osnygg

froze [frəʊz] *imperf av* **freeze**

fro·zen ['frəʊzn] **1** *perf part av* **freeze** **2** *adj (mat)* djupfryst; **I'm** ~ **stiff** jag är stelfrusen

fruc·ti·fy ['frʌktɪfaɪ] *vt (eg, bildl)* få att bära frukt

fru·gal ['fruːgəl] *adj (person)* sparsam; *(måltid)* enkel, torftig

fruit [fruːt] *s (i allm, Bot)* frukt; **would you like some** ~? vill du ha (lite) frukt?; **to bear** ~ *(eg, bildl)* bära frukt; **the** ~**s of his labour** *(bildl)* frukten av hans möda; ~ **machine** *(Brit)* enarmad bandit; ~ **drops** syrliga karameller; ~ **salad** fruktsallad; ~ **tree** fruktträd

fruit·er·er ['fruːtərəʳ] *s (i sht Brit)* frukthandlare

fruit·ful ['fruːtfʊl] *adj (bildl)* fruktbar

frui·tion [fruːˈɪʃən] *s (av plan etc)* förverkligande; **to come to** ~ förverkligas

fruit·less ['fruːtlɪs] *adj (bildl)* fruktlös, gagnlös

fruity ['fruːtɪ] *adj (-ier, -iest)* frukt-, med fruktsmak

frump [frʌmp] *s* tant(ig kvinna); **I feel such a** ~ jag känner mig så tantig

frus·trate [frʌsˈtreɪt] *vt (plan)* hindra; *(förhoppning)* gäcka; *(person)* frustrera

frus·trat·ed [frʌsˈtreɪtɪd] *adj (person)* besviken; **sexually** ~ sexuellt otillfredsställd; **a** ~ **artist** en misslyckad konstnär; **I got more and more** ~ **with it** jag blev mer och mer irriterad av det

frus·trat·ing [frʌsˈtreɪtɪŋ] *adj* frustrerande; **how** ~! så retligt!

frus·tra·tion [frʌsˈtreɪʃən] *s (känsla)* besvikelse; *(händelse)* irritationsmoment

fry[1] [fraɪ] **1** *vt (Matl)* steka **2** *vi* stekas

fry[2] [fraɪ] *s*: **small** ~ obetydliga personer, småfolk

fry·ing pan ['fraɪŋpæn] *s* stekpanna; **to jump out of the** ~ **into the fire** *(ordspr)* hamna ur askan i elden

ft *förk f* **foot, feet**

fuch·sia ['fjuːʃə] *s* fuchsia

fuck [fʌk] *(vard!)* **1** *s (eg)* knull *(!)* **2** *vt* **(a)** *(eg)* knulla *(!)* **(b)**: ~ **you!** fan ta dig!; ~ **this car!** fan ta den här bilen! **3** *interj* fan också!

♦ **fuck off** *vi + adv (vard!)* dra åt helvete

♦ **fuck up** *vt (vard!)* förstöra, sabba *(vard)*

fuck·ing ['fʌkɪŋ] *(vard!)* **1** *adj* helvetes, satans **2** *adv*: **it's** ~ **raining again!** helvete också, nu regnar det igen!

fud·dled ['fʌdld] *adj* virrig; *(vard)* full

fudge [fʌdʒ] **1** *s (mjuk kola)* fudge **2** *vt* fuska ihop

fuel [fjʊəl] **1** *s (i allm)* bränsle; *(för motor)* bensin; **to add** ~ **to the flames** *(bildl)* förvärra situationen; ~ **oil** eldningsolja; ~ **pump** *(Motor)* bensin-pump; ~ **tank** bensintank **2** *vt (masugn etc)* fylla med bränsle; *(fartyg)* bunkra, *(flygplan)* tanka **3** *vi (flygplan)* fylla på bränsle, tanka; *(fartyg)* bunkra

fug [fʌg] *s i sht Brit: inomhus)* kvalmig luft

fu·gi·tive ['fjuːdʒɪtɪv] **1** *adj (fånge etc)* förrymd; *(nöje, glädjeämne etc)* flyktig **2** *s (från fängelse etc)* rymling; *(från annat land)* flykting

fugue [fjuːg] *s (Mus)* fuga

ful·fil, *(Am)* **ful·fill** [fʊlˈfɪl] *vt (löfte, plikt)* fullgöra; *(ambition)* förverkliga; *(person)* tillfredsställa; *(order)* utföra; *(förhoppning)* uppfylla; **to** ~ **oneself** förverkliga sig själv

ful·filled [fʊlˈfɪld] *adj (person)* tillfreds(ställd) med tillvaron

ful·fil·ment, *(Am)* **ful·fill·ment** [fʊlˈfɪlmənt] *s (se fulfil)* fullgörande; förverkligande; uppfyllelse; *(känsla)* tillfredsställelse

full [fʊl] **1** *adj (-er, -est)* **(a)** *(glas, rum, fordon etc)* full; *(program, schema)* full; **the bus is** ~ bussen är full; **to be** ~ **of...** vara full/fylld av...; **to be** ~ **of life** vara full av liv; **to be** ~ **of oneself** vara uppfylld av sig själv; **we are** ~ **up for July** det är fullbokat i juli; **to play to a** ~ **house** spela för utsålda hus; **he's had a** ~ **life** han har haft ett rikt liv; **I'm** ~ **(up)** *(vard)* jag är (propp)mätt **(b)** *(detaljer, redogörelse)* fullstän-dig; *(sysselsättning)* full; *(styrka)* full; *(medlem)* ordinarie; *(pris, betalning)* full; **to pay** ~ **fare** betala full avgift; **to fall** ~ **length** falla framstupa; **in** ~ **bloom** i full blom; **in** ~ **colour** helt i färg; **in** ~ **dress** i högtidsdräkt; **to be in** ~ **swing** verkligen ha kommit igång; **in the** ~**est sense of the word** i ordets fullaste mening; **at** ~ **speed** med toppfart; **the** ~ **particulars** alla detal-jer; **I waited a** ~ **hour** jag väntade en hel timme; ~ **meal** komplett måltid; ~ **moon** fullmåne; ~ **name** fullständigt namn; ~ **stop** *(i skrift)* punkt; ~ **time** *(Fotboll)* full tid **(c)** *(ansikte, figur, läppar)* fyllig; *(kjol, ärm)* vid **2** *adv*: ~ **well** mycket väl; **it hit him** ~ **in the face** den träffade honom rakt i ansiktet

3 s: **to write sth in** ~ skriva (ut) ngt i sin helhet; **to pay in** ~ betala hela summan; **to the** ~ till fullo

full·back ['fʊlbæk] s (Fotboll) back

full-blooded [,fʊl'blʌdɪd] adj (attack, person) kraftfull; (häst) fullblods-

full-cream [,fʊl'kriːm] adj med tjock grädde; ~ **milk** oskummad mjölk

full-fledged ['fʊl'fledʒd] = **fully-fledged**

full-grown [,fʊl'grəʊn] adj fullväxt

full-length [,fʊl'leŋθ] adj (porträtt) i helfigur; (kjol) hellång; (film) lång-

full·ness ['fʊlnɪs] s (på detaljer) rikedom; (om figur, höfter) fyllighet; **in the** ~ **of time** (poet) i tidens fullbordan

full-scale ['fʊl'skeɪl] adj (plan, modell) i full skala; (undersökning) omfattande

full-time [,fʊl'taɪm] **1** adj (anställning) heltids- **2** adv (arbeta) heltid

ful·ly ['fʊlɪ] adv (förstå etc) fullständigt, helt; (med måttsuppgift) hela; ~ **3 days** hela 3 dagar; ~ **dressed** helt påklädd

fully-fitted ['fʊlɪ'fɪtɪd] adj (kök) med fullständig maskinell utrustning

fully-fledged ['fʊlɪ'fledʒd] adj (eg) flygfärdig, flygg; (bildl) fullfjädrad

ful·some ['fʊlsəm] adj (neds: beröm) (grovt) överdriven; (: smicker) grov; (: sätt) översvallande

fum·ble ['fʌmbl] **1** vt fumla med; (boll, lyra) missa **2** vi (äv: ~ **about**) rota, gräva; **to** ~ **in one's pockets for sth** famla i fickorna efter ngt; **to** ~ **with sth** fumla med ngt

fume [fjuːm] **1** vi (kemikalier etc) ånga, ryka; **to be fuming at/with sb** (bildl) vara rasande på ngn **2** spl: ~**s** (i allm) ångor; (från bil) avgaser; (från fabrik) rök

fu·mi·gate ['fjuːmɪgeɪt] vt (lokal) röka, desinficera

fun [fʌn] s nöje, glädje; **for** ~ för skojs skull; **in** ~ på skoj; **it's great** ~ det är väldigt roligt; **he's great** ~ han är väldigt rolig; ~ **and games** skoj, upptåg; **to have** ~ **and games with sb/sth** roa sig med ngn/ngt; **to do sth for the** ~ **of it** göra ngt för skojs skull; **to have** ~ ha roligt; **to make** ~ **of/poke** ~ **at sb** göra narr av ngn

func·tion ['fʌŋkʃən] **1** s (a) (föremåls) funktion; (persons) uppgift, syssla, funktion (b) (fest) tillställning; (officiell) ceremoni, högtidlighet (c) (Mat) funktion **2** vi fungera; **to** ~ **as** tjäna/fungera som

func·tion·al ['fʌŋkʃnəl] adj (formgivning, kläder) funktionell

fund [fʌnd] **1** s (av kapital) fond; (jul- etc) insamling; (bildl) förråd; ~**s** tillgångar, pengar; **to raise** ~**s for** samla in pengar till; **to be a** ~ **of information** vara en (riktig) kunskapskälla; ~ **raising** penninginsamling **2** vt (projekt) finansiera

fun·da·men·tal [,fʌndə'mentl] **1** adj (behov, misstag, skillnad etc) fundamental, grundläggande; **his** ~ **good sense** hans i grund och botten goda förstånd **2** spl: ~**s** grunder, grundläggande principer

fun·da·men·tal·ly [,fʌndə'mentəlɪ] adv i grund och botten

fu·ner·al ['fjuːnərəl] s begravning; **that's your** ~! (vard) det är ditt problem!

fu·nereal [fjuː'nɪərɪəl] adj (bildl) sorglig, dyster; ~ **voice** begravningsstämma

fun·fair ['fʌnfeə'] s (Brit) nöjesfält

fun·gus ['fʌŋgəs] s, pl **fungi** ['fʌŋgaɪ] (Bot, Med) svamp

fu·nicu·lar [fjuː'nɪkjʊlə'] s (äv: ~ **railway**) bergbana

funk [fʌŋk] s (Brit vard) skräck; **to be in a (blue)** ~

vara ifrån sig

funky ['fʌŋkɪ] adj (a) (vard: musik) känslosam (b) (Am vard) illaluktande

fun·nel ['fʌnl] s tratt; (Sjö, på ångmaskin etc) skorsten

fun·ni·ly ['fʌnɪlɪ] adv (a) skojigt (b) (egendomligt) lustigt; ~ **enough** besynnerligt nog

fun·ny ['fʌnɪ] adj (-ier, -iest) (a) (skämt, historia, film etc) skojig, lustig; **that's not** ~ det är inte roligt, det är inget att skratta åt (b) (egendomlig) konstig, lustig; **this tastes** ~ det här smakar konstigt; **a** ~ **feeling** en konstig känsla; **the** ~ **thing about it is that...** det konstiga med det är att...; **to hit one's** ~ **bone** få en änkestöt

fur [fɜː'] s (på djur) päls; (enstaka) skinn; (plagg) päls; (i vattenpanna) beläggning; ~ **coat** päls

fu·ri·ous ['fjʊərɪəs] adj (person) rasande; (diskussion, hastighet, ansträngning) våldsam; **to be** ~ **with sb** vara rasande på ngn

fur·long ['fɜːlɒŋ] s (mått: ⅛ mile: ung) 200 meter

fur·nace ['fɜːnɪs] s masugn, smältugn

fur·nish ['fɜːnɪʃ] vt (a) (rum, hus) möblera (with med); ~**ing fabric** inredningstextil; ~**ed flat** möblerad våning (b) (detaljer, upplysning) lämna; **to** ~ **sb with sth** förse ngn med ngt

fur·nish·ings ['fɜːnɪʃɪŋz] spl inredning, möblemang

fur·ni·ture ['fɜːnɪtʃə'] s möbler; **a piece of** ~ en möbel; **modern** ~ moderna möbler; **he's part of the** ~ (bildl vard) han hör till inventarierna

fur·ri·er ['fʌrɪə'] s körsnär

fur·row ['fʌrəʊ] **1** s (Jordbr) fåra; (i panna) fåra **2** vt (panna) fåra

fur·ry ['fɜːrɪ] adj (djur) päls-; (med mjuk päls) lurvig, pälsmjuk

fur·ther ['fɜːðə'] komp av **far** **1** adv (a) (i tid, rum) längre; ~ **back** längre bak; ~ **on** längre fram; (bildl) längre; **how much** ~ **is it?** hur mycket längre är det?; **I got no** ~ **with him** (bildl) jag kom inte längre med honom; **nothing is** ~ **from my thoughts** ingenting är mer främmande för mig (b) (ytterligare) mer; **and I** ~ **believe that...** och jag tror dessutom att...; (Handel: frm): ~ **to your letter of...** åberopande ert brev av...; **he heard nothing** ~ han hörde ingenting mer **2** adj (a) = **farther 2** (b) ytterligare; ~ **details** yterligare detaljer; **until** ~ **notice** tills vidare; **after** ~ **consideration** efter närmare övervägande; ~ **education** vidareutbildning **3** vt (intresse, sak) gynna

further·more ['fɜːðəmɔː'] adv dessutom

further·most ['fɜːðəməʊst] adj avlägsnast; **the** ~ **house** huset längst bort

fur·thest ['fɜːðɪst] superl av **far** **1** adv längst bort; (bildl): **this is the** ~ **I can go** det här är så långt jag kan sträcka mig **2** adj avlägsnast

fur·tive ['fɜːtɪv] adj (blick) förstulen; (person) lömsk

fury ['fjʊərɪ] s (om storm, person) raseri, våldsamhet; **she flew into a** ~ hon blev rasande; **like** ~ (vard) enormt, som en galning

fuse [fjuːz] **1** s (a) (Elektr) säkring, propp; **to blow a** ~ få en propp att gå; **there's been a** ~ **somewhere** en propp har gått någonstans; ~ **box** proppskåp; ~ **wire** smälttråd (b) (på bomb) stubintråd, tändanordning **2** vt (a) (ljus, TV etc) få att slockna (b) (metall) få att smälta **3** vi (a) (Brit Elektr): **the lights have** ~**d** ljuset har gått, det har gått en propp (b) (metall) få att smälta

fu·selage ['fjuːzəlɑːʒ] s flygplanskropp

fu·sil·lade [,fjuːzɪ'leɪd] s (eg) skottsalva; (bildl) korseld, trumeld: a ~ **of questions**

fu·sion ['fjuːʒən] s (Fys) fusion; (av metaller) sammansmältning; (bildl: av företag) sammanslagning, fusion; (: av idéer etc) sammansmältning

fuss [fʌs] **1** *s* uppståndelse, tjafs, bråk; **to make a** ~ **about sth** bråka om ngt; **to make a** ~ **of sb** göra (för) mycket väsen av ngn; **a lot of** ~ **about nothing** mycket väsen för ingenting **2** *vi* tjafsa **3** *vt (person)* bråka med, tjata på; **don't** ~ **me!** lämna mig ifred!, låt mig vara!
♦ **fuss over** *vi + prep (person)* pyssla om
fuss·budget [ˈfʌs,bʌdʒɪt] *(Am vard)* = **fusspot**
fuss·pot [ˈfʌspɒt] *s (Brit vard)* petmoster, petimäter
fussy [ˈfʌsɪ] *adj (*-ier, -iest*) (person)* petig; *(hatt etc)* utstyrd; **I'm not** ~ *(vard)* jag är inte så petnoga
fu·tile [ˈfjuːtaɪl] *adj (försök, ansträngning)* meningslös, gagnlös

fu·til·ity [fjuːˈtɪlɪtɪ] *s* meningslöshet
fu·ture [ˈfjuːtʃəʳ] **1** *adj (i allm)* framtida; *(Språkv):* ~ **tense** futurum; **at some** ~ **date** någon gång i framtiden; ~ **costs** *(Ekon)* framtida kostnader **2** *s (i allm)* framtid; *(Språkv)* futurum; ~**s** *(Ekon)* terminsaffärer; **in the near** ~ i en nära framtid; **there's no** ~ **in it** det är ingen framtid i det; **in** ~ hädanefter, i framtiden
fu·tur·is·tic [,fjuːtʃəˈrɪstɪk] *adj (Konst)* futuristisk
fuze [fjuːz] *s (Am)* = **fuse 1 b**
fuzz [fʌz] *s (lockar)* krulligt hår; *(på haka)* fjun, ludd; **the** ~ *(vard)* snuten
fuzzy [ˈfʌzɪ] *adj (*-ier, -iest*) (hår)* krullig, krusig; *(nallebjörn)* lurvig; *(foto)* suddig; *(minne)* otydlig

G

G, g [dʒiː] *s (bokstav)* G, g; *(Mus)* g; ~ **flat** gess; ~ **sharp** giss

G *(Am Film) förk f* **general** b.t., b.till. *barntillåten*

g. *förk f* **gram(s), gramme(s)** g

gab [gæb] *s (vard)* prat; **to have the gift of the** ~ vara slängd i käften

gab·ar·dine [ˌgæbə'diːn] *s* = **gaberdine**

gab·ble ['gæbl] **1** *s* pladder, babbel **2** *vi* pladdra, babbla; **they were gabbling away in French** de pladdrade 'på på franska

gab·er·dine [ˌgæbə'diːn] *s (tyg)* gabardin; *(plagg)* lång rock; *(: barns)* regnrock

ga·ble ['geɪbl] *s* gavel

gad about ['gædə'baʊt] *vi + adv (vard)* ränna runt

gad·fly ['gædflaɪ] *s (insekt)* broms; *(bildl)* spyfluga

gadg·et ['gædʒɪt] *s (i allm)* (praktisk) pryl, manick *(vard); (till köksapparat etc)* tillbehör

Gael·ic ['geɪlɪk] **1** *adj* gaelisk **2** *s (språk)* gaeliska

gaffe [gæf] *s* blunder, fadäs

gag [gæg] **1** *s* **(a)** *(som hindrar prat)* munkavle **(b)** *(Teat)* gag, skämt **2** *vt (fånge)* sätta munkavle på **3** *vi (vid halsundersökning)* få kräkreflexer

gage [geɪdʒ] *(Am)* = **gauge**

gag·gle ['gægl] *s (av gäss)* flock; *(skämts: av personer)* flock, skock

gai·ety ['geɪɪtɪ] *s (persons)* munterhet; *(festlig)* yra; *(färg-)* glädje

gai·ly ['geɪlɪ] *adv (sjunga etc)* glatt; *(färgad, målad, klädd)* grant

gain [geɪn] **1** *s (storlek, antal etc)* ökning *(in* i); *(persons)* fördel: *it would be to your* ~ *to take the job; (i hälsa)* förbättring; **for** ~ för förtjänsten/snöd vinning; **his loss is our** ~ den enes död, den andres bröd *(ordspr)* **2** *vt (erfarenhet, tid, pris)* vinna; *(äganderätt, mark)* förvärva; *(klocka)* gå före; *(mål, plats)* nå; *(i vikt)* gå upp; *(krafter)* samla; **what do I have to** ~ **by staying here?** vad kan jag vinna på att stanna här?; **my watch has** ~**ed 5 minutes** min klocka går 5 minuter före; **to** ~ **an advantage over sb** skaffa sig fördel över ngn; *se äv* **ground¹ 1 a 3** *vi (person)* vinna; *(klocka)* dra sig före; **to** ~ **in popularity/weight** öka i popularitet/vikt

♦ gain (up)on *vi + prep* vinna på

gain·ful ['geɪnfʊl] *adj (verksamhet)* lönande; ~ **employment** förvärvsarbete

gait [geɪt] *s* sätt att gå, gång

gait·er ['geɪtə'] *s (ofta pl)* damask

gal [gæl] *s (vard)* tjej

gal. [gæl] *förk f* **gallon**

ga·la ['gɑːlə, *(Am)* 'geɪlə] *s (fest)* gala; **swimming** ~ simuppvisning; ~ **performance** galaföreställning

gal·ac·tic [gə'læktɪk] *adj* galaktisk

gal·axy ['gæləksɪ] *s (Astron)* galax; *(bildl)* lysande samling; **the G**~ Vintergatan

gale [geɪl] *s (i allm)* storm; *(Sjö, Meteorologi: svagare)* kuling; *(: starkare)* storm; ~ **force 7/8** styv/hård kuling; ~ **force 9** halv storm; ~ **force 10** (full) storm

gall [gɔːl] **1** *s (Anat: åld)* galla; *(bildl)* bitterhet; *(: vard)* fräckhet; ~ **bladder** gallblåsa **2** *vt* irritera

gal·lant ['gælənt] *adj (mot fiender)* tapper, båld *(åld); (mot kvinnor)* artig, galant

gal·lant·ry ['gæləntrɪ] *s (mot fiender)* tapperhet; *(mot kvinnor)* artighet, ridderlighet

gal·leon ['gælɪən] *s (Sjö)* galjon

gal·lery ['gælərɪ] *s (Arkit)* galleri; *(åskådar-)* läktare; *(på teater)* rad; *(* = *art* ~: *statligt)* konstmuseum; *(: privat)* (konst)galleri

gal·ley ['gælɪ] *s* **(a)** *(Sjö: fartyg)* galär; *(: kök)* kabyss **(b)** *(Typogr):* ~ **(proof)** spaltkorrektur

Gal·lic ['gælɪk] *adj (från Gallien)* gallisk; ~ **charm** fransk charm

gal·lon ['gælən] *s (rymdmått: Brit = 4,55 liter, Am = 3,79 liter)* gallon

gal·lop ['gæləp] **1** *s (gångart)* galopp; *(ridtur)* galopptur; **at a** ~ i galopp **2** *vi (häst)* galoppera; **he** ~**ed through his homework** *(bildl)* han drog kvickt igenom sina läxor

gal·lows ['gæləʊz] *ssg (för avrättning)* galge

gall·stone ['gɔːlstəʊn] *s (Med)* gallsten

Gal·lup poll ['gæləpˌpəʊl] *s* gallupundersökning, opinionsundersökning

ga·lore [gə'lɔː'] *adv* i massor; **whisky** ~ massor av whisky

gal·va·nize ['gælvənaɪz] *vt (metall)* galvanisera; *(bildl):* **to** ~ **sb into action** sporra ngn att handla

Gam·bia ['gæmbɪə] *s:* **(the)** ~ Gambia

Gam·bian ['gæmbɪən] **1** *adj* gambisk **2** *s* gambier

gam·bit ['gæmbɪt] *s (Schack)* gambit *öppning med bondeoffer; (bildl)* inledning, spelöppning

gam·ble ['gæmbl] **1** *s (eg)* hasardspel; *(bildl)* risk; **to take a** ~ ta risken; **the** ~ **came off** chansningen gick hem **2** *vt (pengar)* satsa; *(sitt liv)* sätta på spel **3** *vi (på roulette)* spela; *(på vackert väder etc)* satsa, chansa; **to** ~ **on sth** chansa på ngt, räkna med ngt

♦ gamble away *vt + adv (pengar etc)* spela bort

gam·bler ['gæmblə'] *s* (hasard)spelare

gam·bling ['gæmblɪŋ] *s* hasardspel; ~ **debts** spelskulder

gam·bol ['gæmbəl] *vi (lamm, barn)* skutta, göra krumsprång

game¹ [geɪm] **1** *s* **(a)** *(i allm)* spel; *(barns)* lek; *(schack, kort, tennis)* parti; *(i tennis)* game; *(i kort)* stick, poäng; **the Olympic G**~**s** olympiska spelen, OS; ~**s** *(Skol)* idrott; ~ **of chance** hasardspel; ~, **set and match** *(Tennis)* game, set och match; **to have a** ~ **of tennis/football** spela tennis/fotboll; **to have a** ~ **of cards/chess** spela (ett parti) kort/schack; **to be off one's** ~ inte vara i form; **to play the** ~ *(bildl)* följa reglerna; **to beat sb at his own** ~ besegra någon med hans egna vapen **(b)** *(bildl):* **the** ~ **is up** spelet är förlorat; **I wonder what his** ~ **is?** jag undrar vad han har i kikarn/vad som ligger bakom; **two can play at that** ~ *(hotfullt)* det ska vi nog bli två om **(c)** *(vard: bil- etc)* bransch; **how long have you been in this** ~? hur länge har du varit i den här branschen? **(d)** *(Matl)* vilt; *(Jakt)* villebråd; ~ **bird** viltfågel; ~ **reserve** viltreservat; ~ **warden** viltvårdare; **fair** ~ *(bildl)* lovligt byte **2** *adj:* **to be** ~ vara beredd, ha lust; ~ **for anything** med på allt

game² [geɪm] *adj* lam; **he has a** ~ **leg** han är lam i

153

ett ben

game·keeper ['geɪmˌkiːpə^r] s skogvaktare

games·man·ship ['geɪmzmənʃɪp] s (konsten att vinna genom) list/finter, 'vinstmannaskap'

gam·mon ['gæmən] s rökt skinka

gam·ut ['gæmət] s (Mus) tonskala; **to run the (whole)** ~ **of emotions** (bildl) löpa genom hela känsloregistret

gan·der ['gændə^r] s (Zool) gåskarl

gang [gæŋ] s (av kriminella) liga; (av vänner, ungdomar) gäng; (av arbetare) lag

♦ **gang up** vi + adv slå sig ihop; **to** ~ **up on/against sb** gadda ihop sig mot ngn

gan·gling ['gæŋglɪŋ] adj gänglig

gang·plank ['gæŋplæŋk] s (Sjö) landgång

gan·grene ['gæŋgriːn] s kallbrand

gan·gre·nous ['gæŋgrɪnəs] adj angripen av kallbrand

gang·ster ['gæŋstə^r] s gangster

gang·way ['gæŋweɪ] s (a) = gangplank (b) (på teater) gång mellan bänkrader; ~! ur vägen!

gan·try ['gæntrɪ] s (för last, kran etc) brygga; (Järnv) signalbrygga; (för raket) ramp

gaol [dʒeɪl] s (Brit) = jail

gap [gæp] s (i allm) öppning; (i vägg, golv etc) springa; (i bergsområde) pass; (mellan tänder: liten) springa; (: stor) lucka; (i text, kunskaper) lucka; (i samtal) avbrott; (i tid) hål

gape [geɪp] vi (a) (mun, öppning) gapa (b) (person) gapa, bliga (at på)

gar·age ['gærɑːʒ, (Am) gəˈrɑːʒ] s (plats för bil) garage; (för bilservice) verkstad

garb [gɑːb] s (åld) klädedräkt, kostym

gar·bage ['gɑːbɪdʒ] s (i sht Am) sopor; (bildl) smörja, skräp; ~ **can** (Am) soptunna; ~ **disposal unit** avfallskvarn

gar·bled ['gɑːbld] adj (ord, redogörelse etc) förvirrad, förvrängd

gar·den ['gɑːdn] **1** s (i allm) trädgård; (Brit äv) (villa)tomt; **the G~ of Eden** Edens lustgård; ~**s** (för allmänheten) park; ~ **centre** plantskola; ~ **party** garden party, trädgårdsfest; ~ **shears** trädgårdssax **2** vi idka trädgårdsskötsel, arbeta med trädgården

gar·den·er ['gɑːdnə^r] s trädgårdsmästare; **he's a keen (amateur)** ~ han är road av trädgårdsskötsel

gar·den·ing ['gɑːdnɪŋ] s trädgårdsskötsel

gar·gle ['gɑːgl] **1** s (handling) gurgling; (vätska) gurgelvatten **2** vi gurgla sig

gar·goyle ['gɑːgɔɪl] s (på kyrkvägg el -tak) vattenkastare i form av grotesk figur

gar·ish ['gɛərɪʃ] adj (färger) grann, gräll; (ljus) bländande, gräll

gar·land ['gɑːlənd] s (av blommor) krans

gar·lic ['gɑːlɪk] s vitlök; ~ **sausage** vitlökskorv, salami

gar·ment ['gɑːmənt] s (klädes)plagg

gar·nish ['gɑːnɪʃ] **1** s (Matl) garnering **2** vt garnera (with med)

gar·ret ['gærət] s vindsrum, vindskupa

gar·ri·son ['gærɪsən] s garnison; ~ **town** garnisonsstad

gar·ru·lous ['gærʊləs] adj pratsjuk

gar·ter ['gɑːtə^r] s (för strumpor: runt ben) strumpeband; (för ärmar) ärmhållare; (Am: för strumpor: på gördel) strumpeband; ~ **belt** (Am) strump(ebands)hållare; **(the Order of) the G~** Strumpebandsorden

gas [gæs] **1** s (i allm) gas; (bedövningsmedel) lustgas; (Am: motorbränsle) bensin; ~ **chamber** gaskammare; ~ **lighter** gaständare; ~ **mask** gasmask; ~ **meter** gasmätare; ~ **station** (Am) bensinstation; ~ **tank** (Am) bensintank **2** vt (person) gasförgifta, gasa; (Mil) anfalla med gas;

to ~ **oneself** gasa ihjäl sig **3** vi (vard) snacka, babbla

gas·eous ['gæsɪəs] adj gas-, gasaktig

gash [gæʃ] **1** s (i hud) djupt skärsår; (i stoppning etc) djupt jack **2** vt (arm, stol etc) skära djupt i

gas·holder ['gæsˌhəʊldə^r] s = gasometer

gas·ket ['gæskɪt] s (Tekn) packning

gas·man ['gæsmæn] s, pl **-men** gasavläsare

gaso·line ['gæsəliːn] s (Am) bensin

gas·om·eter [gæˈsɒmɪtə^r] s gasbehållare

gasp [gɑːsp] **1** s flämtning; **she gave a** ~ **of surprise** hon flämtade till av förvåning; **to be at one's last** ~ vara döende **2** vi flämta; **to** ~ **for breath** kippa efter andan

gas·tric ['gæstrɪk] adj mag-; ~ **juice** magsaft; ~ **ulcer** magsår; ~ **flu** maginfluensa

gas·tri·tis [gæsˈtraɪtɪs] s (Med) magkatarr

gas·tro·en·teri·tis [ˌgæstrəʊˌentəˈraɪtɪs] s (Med) mag-tarmkatarr

gas·tro·nom·ic [ˌgæstrəˈnɒmɪk] adj gastronomisk

gas·works ['gæswɜːks] ssg el spl gasverk

gate [geɪt] s (a) (i trädgård) grind; (till slott, stad) port; (vid järnvägsövergång) bom; (på station) spärr; (på flygplats) gate, utgång (b) (Sport: av åskådare) publik(tillströmning); (: pengar) biljettintäkter

gâ·teau ['gætəʊ] s, pl **-x** ['gætəʊz] tårta

gate-crash ['geɪtkræʃ] vt (vard: fest) gå på utan att vara bjuden; (: match, konsert etc) smita/planka in på

gate-crasher ['geɪtkræʃə^r] s (se **gate-crash**) objuden gäst; plankare

gate·post ['geɪtpəʊst] s grindstolpe

gate·way ['geɪtweɪ] s (eg, bildl) inkörsport

gath·er ['gæðə^r] **1** vt (a) (äv: ~ **together:** personer) samla; (: föremål) samla ihop; (äv: ~ **up:** pinnar etc) samla/plocka upp; (: skörd) bärga; (: blommor) plocka; (: information) skaffa sig; (: hår) samla ihop; (äv: ~ **in:** tyg) rynka; (: skatter etc) driva in; **to** ~ **dust** samla damm; **to** ~ **one's thoughts** samla sina tankar; **she** ~**ed her coat around her** hon svepte kappan omkring sig (b): **to** ~ **speed** få fart; **to** ~ **strength** tillta (i styrka) (c) förstå, dra den slutsatsen (that att); **as you will have** ~**ed** som du nog har förstått; **as far as I can** ~ vad jag kan förstå **2** vi (folk: äv: ~ **together**) samlas; (damm, moln) samla sig, hopa sig

♦ **gather round** vi + adv församla sig, flocka sig

gath·ered ['gæðəd] adj (Sömnad) rynkad

gath·er·ing ['gæðərɪŋ] s (i stadshus etc) sammankomst, möte; (av demonstranter etc) samling

gauche [gəʊʃ] adj klumpig, taktlös

gaudy ['gɔːdɪ] adj (-ier, -iest) prålig

gauge [geɪdʒ] **1** s (standardmått: på tråd, kabel) tjocklek; (: på gevärskula) kaliber; (: på järnvägsspår) spårvidd; (för vindstyrka, oljetryck etc) mätinstrument; (bildl) måttstock; **petrol/oil** ~ (Motor) bensin-/olje|mätare; **pressure** ~ manometer **2** vt (temperatur, tryck) mäta; (bildl: förmåga etc) värdera, bedöma; **to** ~ **the right moment** passa på i rätt ögonblick

gaunt [gɔːnt] adj utmärglad, avtärd

gaunt·let ['gɔːntlɪt] s (a) (riddares, motorcyklists etc) kraghandske; **to throw down the** ~ (utmaning) kasta handsken (b): **to run the** ~ **of** (bildl) utstå, löpa gatlopp genom

gauze [gɔːz] s (tyg) flor; (Med) gas(väv); ~ **bandage** gasbinda; ~ **strip** kompress

gave [geɪv] imperf av give

gawky ['gɔːkɪ] adj (-ier, -iest) tafatt, klumpig

gawp [gɔːp] vi = gape b

gay [geɪ] **1** adj (-er, -est) (person, musik etc) glad; (färg, blomma etc) färgrik, prunkande; (vard) homosexuell; (: i sms) homosex-, bög- **2** s (vard)

homofil, bög
gaze |geɪz| **1** s blick **2** vi stirra (at på)
ga·zelle |gə'zel| s gasell
ga·zette |gə'zet| s (nyhets) tidning; (för kungörelser
o d) officiell tidning
gaz·et·teer |ˌgæzɪ'tɪər| s geografiskt namnregister
ga·zump |gə'zʌmp| vi (Brit vard: vid husförsäljning)
trissa upp priset i efterhand
G.B. förk f Great Britain
G.C.E. förk f General Certificate of Education
(Brit Skol: 'O-level') ung grundskoleexamen; (: 'A-
level') ung studentexamen
Gdns. förk f Gardens
GDR förk f German Democratic Republic DDR
gear |gɪər| **1** s (**a**) (Motor) växel; **in** ~ med ilagd
växel; **out of** ~ i friläge; ~ **lever/stick** väx-
elspak (**b**) (vard: i allm) grejor; (: för visst
ändamål) utrustning; (ombyte) kläder (**c**)
(Tekn) anordning **2** vt (bildl) anpassa; **the book
is** ~**ed to adult students** boken är anpassad för
vuxna elever; **the service is** ~**ed to meet the
needs of the disabled** verksamheten är anpassad
för att möta de handikappades behov
gear·box |'gɪəbɒks| s (Motor) växellåda
gear·shift |'gɪəʃɪft| s (Am) = **gear lever** se **gear 1a**
gear·wheel |'gɪəwiːl| s kugghjul
gee |dʒiː| interj (Am vard) oj!, tänk!
geese |giːs| spl av **goose**
Geiger count·er |'gaɪgə,kaʊntər| s geigermätare
gel[1] |dʒel| s (Kem) gel
gel[2] |dʒel| vi bli till gelé, stelna; (bildl: planer etc) ta
fast form
gela·tin(e) |'dʒelətiːn| s gelatin
gel·ig·nite |'dʒelɪgnaɪt| s spränggelatin
gem |dʒem| s (eg) ädelsten, juvel; (bildl) pärla,
skatt; **my landlady is a** ~ min värdinna är en
riktig pärla/skatt
Gemi·ni |'dʒemɪniː| s (Astron etc) Tvillingarna
gem·stone |'dʒemstəʊn| s ädelsten
gen |dʒen| s (Brit vard): **to give sb the** ~ **on sth** ge
ngn upplysningar om ngt; **what's the** ~ **on this?**
vad känner man till om detta?
gen·der |'dʒendər| s (Språkv) genus; (vard) kön; **the
female** ~ (koll: alla kvinnor) kvinnokönet
gene |dʒiːn| s (Biol) gen
ge·neal·ogy |ˌdʒiːnɪ'ælədʒɪ| s genealogi, släkt-
forskning
gen·era |'dʒenərə| spl av **genus**
gen·er·al |'dʒenərəl| **1** adj (i allm) allmän; ~
manager verkställande direktör; **in** ~ i allmän-
het; **a** ~ **opinion** en vanlig åsikt; **in** ~ **terms** i
allmänna ordalag; **as a** ~ **rule** i allmänhet; **the** ~
idea is to... det hela handlar om att...; **the** ~
public den stora allmänheten; ~ **anaesthetic**
narkos; ~ **delivery** (Am Post) poste restante; ~
election allmänna val; ~ **headquarters** (Mil)
högkvarter; ~ **hospital** allmänt sjukhus; ~
knowledge allmänbildning; **G**~ **Post Office** (i
stad) huvudpostkontor; ~ **practitioner** (förk
G.P.) allmänpraktiserande läkare, allmän-
läkare **2** s (Mil) general
gen·er·al·ity |ˌdʒenə'rælɪtɪ| s allmängiltighet; **to
talk in generalities** tala i allmänna ordalag
gen·er·ali·za·tion |ˌdʒenərəlaɪ'zeɪʃən| s genera-
lisering
gen·er·al·ize |'dʒenərəlaɪz| vi generalisera
gen·er·al·ly |'dʒenərəlɪ| adv (sen, punktligt etc) van-
ligtvis; (till största delen) för det mesta; (av
majoriteten) allmänt; ~ **speaking** i stort sett
general-purpose |'dʒenərəl'pɜːpəs| adj allmänt
användbar, universal-
gen·er·ate |'dʒenəreɪt| vt (Elektr etc) generera;
(bildl) framkalla
gen·era·tion |ˌdʒenə'reɪʃən| s (**a**) (av elektricitet
etc) alstrande, framställning (**b**) (av personer)

generation; **the younger/older** ~ den yngre/
äldre generationen; **the** ~ **gap** generations-
klyftan
gen·era·tor |'dʒenəreɪtər| s generator
ge·ner·ic |dʒɪ'nerɪk| adj generisk, sammanfat-
tande; (om medicin) utan varumärke, generisk;
(Biol): ~ **name** släktnamn
gen·er·os·ity |ˌdʒenə'rɒsɪtɪ| s (se **generous**)
generositet, frikostighet; storsinthet
gen·er·ous |'dʒenərəs| adj (person, gåva) generös,
frikostig; (förlåtande) storsint; (portion, mängd)
riklig; **to be** ~ **with sth** vara generös med ngt
gen·esis |'dʒenɪsɪs| s uppkomst; **G**~ (Rel) Första
Mosebok
ge·net·ic |dʒɪ'netɪk| adj genetisk; ~ **engineering**
genmanipulation
ge·net·ics |dʒɪ'netɪks| ssg genetik, ärftlighetslära
Ge·ne·va |dʒɪ'niːvə| s Genève; **the** ~ **Convention**
Genèvekonventionen
gen·ial |'dʒiːnɪəl| adj (person, sätt) vänlig, jovialisk
geni·tal |'dʒenɪtl| adj sexual-, köns-
geni·tals |'dʒenɪtlz| spl könsorgan
geni·tive |'dʒenɪtɪv| s (äv: ~ **case**) genitiv
ge·ni·us |'dʒiːnɪəs| s (person) geni; (för språk etc)
begåvning, fallenhet; **to have a** ~ **for sth** ha en
naturlig fallenhet för ngt
gent |dʒent| s (förk f **gentleman**: vard) herre; **the** ~**s**
(vard) herrtoaletten
gen·teel |dʒen'tiːl| adj förnäm, fin
Gen·tile |'dʒentaɪl| s icke-jude; **Jews and** ~**s** judar
och icke-judar
gen·tle |'dʒentl| adj (-er, -est) (person, djur) vänlig,
snäll; (leende) mild, vänlig; (vind, värme) mild;
(ljud, röst) låg; (beröring) lätt; (antydan) diskret;
(lutning) svag; **to be** ~ **with sb** vara snäll och
vänlig mot ngn
gen·tle·man |'dʒentlmən| s, pl -**men** (i allm) herre;
(väluppfostrad) gentleman; **to be a perfect** ~ vara
en perfekt/den perfekte gentlemannen; ~'**s
agreement** överenskommelse gentlemän
emellan, gentlemen's agreement
gen·tly |'dʒentlɪ| adv (se **gentle**) vänligt; milt;
svagt; ~ **does it!** ta det försiktigt!
gen·try |'dʒentrɪ| spl: **the** ~ (Brit) överklassen
utom högadeln; se äv **landed**
genu·flect |'dʒenjʊflekt| vi knäböja
genu·ine |'dʒenjʊɪn| adj (**a**) (person, övertygelse)
uppriktig (**b**) (läder, silver, tavla) äkta
ge·nus |'dʒenəs| s, pl **genera** |'dʒenərə| (Biol) släkte
ge·og·ra·pher |dʒɪ'ɒɡrəfər| s geograf
ge·og·raph·ic(al) |dʒɪə'ɡræfɪk(əl)| adj geografisk
ge·og·ra·phy |dʒɪ'ɒɡrəfɪ| s geografi
geo·logi·cal |dʒɪə'lɒdʒɪkəl| adj geologisk
ge·olo·gist |dʒɪ'ɒlədʒɪst| s geolog
ge·ol·ogy |dʒɪ'ɒlədʒɪ| s geologi
geo·met·ric(al) |dʒɪə'metrɪk(əl)| adj geometrisk
ge·om·etry |dʒɪ'ɒmɪtrɪ| s geometri
ge·ra·ni·um |dʒɪ'reɪnɪəm| s (odlad) pelargon
ger·bil |'dʒɜːbɪl| s (Zool) gerbil, ökenrätta
geri·at·ric |ˌdʒerɪ'ætrɪk| adj geriatrisk
germ |dʒɜːm| s (Biol) frö, grodd; (bildl) frö; (Med)
bakterie; ~ **warfare** bakteriologisk krigföring
Ger·man |'dʒɜːmən| **1** adj tysk; ~ **Democratic
Republic** (förk **GDR**) Tyska Demokratiska Repu-
bliken, DDR, Östtyskland; ~ **measles** (Med) röda
hund **2** s (person) tysk; (språk) tyska
ger·mane |dʒɜː'meɪn| adj (frm) relevant (to för)
Ger·man·ic |dʒɜː'mænɪk| adj germansk; **the** ~
languages germanska språk
Ger·ma·ny |'dʒɜːmənɪ| s Tyskland; **East/West** ~
Öst-/Västtyskland
ger·mi·nate |'dʒɜːmɪneɪt| vi (frö) gro; (idé)
utvecklas
ger·und |'dʒerənd| s (Språkv) gerundium, substan-
tiverad -ingform

ges·ta·tion [dʒɛs'teɪʃən] s (Biol) dräktighet
ges·ticu·late [dʒɛs'tɪkjʊleɪt] vi gestikulera
ges·ture ['dʒɛstʃə'] **1** s (eg, bildl) gest; **as a ~ of friendship** som ett vänskapsbevis **2** vi göra en gest; **he ~d towards the door** han pekade på dörren; **to ~ to sb to do sth** teckna åt ngn att göra ngt
get [gɛt] imperf, perf part **got**, (Am) perf part **gotten 1** vt **(a)** (utan egen insats: motta, erhålla) få; (med egen insats: förvärva, köpa) skaffa sig, lyckas få, få tag på; (ta ngn el ngt till en viss plats: gå efter, ta fram) hämta; (Tele: fel nummer) få; (: person) få tag i; (TV etc: station) ta in, få in; (pris) vinna, få; **to ~ sth for sb** skaffa ngt åt ngn; **go and ~ the doctor** gå och hämta doktorn; **I must have got the wrong number** jag måste ha fått fel nummer; **~ me Mr Jones, please** (Tele) ring upp Mr Jones åt mig, tack; **I've still one to ~** jag saknar fortfarande en; **to ~ breakfast** göra i ordning frukost; **to ~ sth to eat** få ngt att äta; **can I ~ you a drink?** vill du ha en drink/något att dricka?; **how much did you ~ for it?** hur mycket fick du för det?; **he ~s it from his father** han har det från sin far; **I didn't ~ much from the film** jag fick inte ut mycket av filmen; **where did you ~ that idea from?** var fick du den idén från?; **he's in it for what he can ~** han gör det för egen vinnings skull **(b)** (få fatt etc: boll) fånga, ta (fatt); (fisk) fånga, få; (person) få tag i/på; (sjukdom) få; (mål) träffa; **to ~ sb by the arm** ta ngn i armen; **got you!** (vard) nu har jag dig!; **I'll ~ you for that!** (vard) det ska du få för!; **you've got me there!** (vard) där kom du allt på mig!; **the bullet got him in the leg** kulan träffade honom i benet **(c)** (föra till/från: person till sjukhus etc) ta, föra; (bildl) leda; (lyckas flytta) få: **they got him into the taxi somehow; the discussion got us nowhere** diskussionen ledde ingenvart; **crying won't ~ you anywhere** det hjälper inte att du gråter; **to ~ sth to sb** få iväg/fram ngt till ngn; **we'll ~ you there somehow** vi ska få dit dig på ngt sätt; **to ~ sth past customs** få ngt genom tullen; **where will that ~ us?** (vard) vad ska det tjäna till? **(d)** (förstå, höra) uppfatta; **sorry, I didn't ~ your name** förlåt, jag uppfattade inte ditt namn; **I've got it!** nu fattar jag!; **~ it?** (vard) fattar du?; **I don't ~ it** (vard) jag fattar det inte **(e)** (vard: påverka: neg) reta, gå på nerverna: **that awful music really ~s me;** (: pos) tända, gripa: **that lovely music really gets me (f): to have got sth** (i sht Brit) ha ngt; **I've got nothing to say** jag har inget att säga; se äv **got (g)** (orsaka) få; **to ~ sth done** få ngt gjort; **to ~ the washing/dishes done** bli färdig med tvätten/disken; **to ~ one's hair cut** få håret klippt, (gå och) klippa sig; **to ~ sth going/to go** få igång ngt; **I can't ~ the door to open** jag kan inte få upp dörren; **to ~ sb to do sth** få ngn att göra ngt; **to ~ sth/sb ready** göra ngt/ngn i ordning; **to ~ one's hands dirty** bli smutsig om händerna; **to ~ one's leg broken** bryta benet; **to ~ sb drunk** supa ngn full **2** vi **(a)** (från en plats till en annan) komma; **to ~ to** komma fram till; **to ~ home** komma hem; **he won't ~ far** han kommer inte långt; **how did you ~ here?** hur kom du hit?; **I've got as far as page 10** jag har kommit till sidan 10; **I'm ~ting nowhere** (bildl) jag kommer ingenvart; **you won't ~ anywhere with him** du kommer ingenvart med honom **(b)** (kopula) bli; **to ~ old/tired** bli gammal/trött; **to ~ (oneself) dirty** smutsa ner sig; **to ~ killed** bli dödad, dö; **to ~ married** gifta sig; **to ~**

used to sth vänja sig vid ngt **(c)** (inträdande handling): **it's ~ting late** det börjar bli sent; **how did it ~ like that?** (vard) hur gick det till?; **to ~ to know sb** börja lära känna ngn; **to ~ to see sb/sth** (lyckas) få se ngn/ngt; **to ~ to be... lyckas bli... (d)** (sätta i gång med) börja; **let's ~ going/started** låt oss komma i gång; **to ~ talking to sb** börja tala med ngn **(e): to have got to do sth** vara tvungen att göra ngt; **you've got to tell the police** du måste berätta det för polisen; **why have I got to?** varför måste jag det?
♦ **get about** vi + prep (i sällskapsliv etc) gå ut, vara ute; (efter sjukdom) komma ut; (rykte) sprida sig
♦ **get across 1** vt + adv (budskap etc) delge, få att förstå **2** vi + adv **(a)** (till andra sidan) gå över **(b)** (budskap etc) nå fram, gå hem
♦ **get ahead** vi + adv (konkurrent etc): **to ~ ahead of** gå om/förbi; (i livet) komma någonstans
♦ **get along** vi + adv **(a)** (gå) ge sig iväg; **~ along with you!** gå din väg! **(b)** (projekt etc) fortskrida; (med/utan hjälp) klara sig **(c)** (två el flera personer) gå bra ihop; **to ~ along well with sb** komma bra överens med ngn
♦ **get around** vt + adv **(a)** = get about **(b)** = **get round 2**
♦ **get at** vi + prep **(a)** (föremål) komma åt; (plats) komma fram till; (fakta, sanning) ta reda på; **just let me ~ at him!** (vard) vänta bara tills jag får tag på honom! **(b)** (vard: kritisera) ge sig på **(c)** (vard: syfta på) mena; **what are you ~ting at?** vad är det du vill säga?
♦ **get away** vi + adv (i allm) komma iväg; (tjuv etc) undkomma; **to ~ away from it all** komma bort från allt; **there's no ~ting away from...** (vard) man kan inte komma ifrån...
♦ **get away with** vi + prep **(a)** (tjuv) komma undan med **(b)** (vard: om brott): **to ~ away with sth** göra ngt ostraffat; **he'll never ~ away with it!** han kommer aldrig att klara sig undan; **to ~ away with murder** (bildl vard) (kunna) göra vad som helst ostraffat
♦ **get back 1** vt + adv **(a)** (ägodelar, styrka etc) få tillbaka **(b)** (återlämna: föremål) skaffa tillbaka; (: person) föra tillbaka **2** vi + adv (återvända) komma tillbaka; **to ~ back to bed** gå och lägga sig igen; **to ~ back (home)** komma hem igen; se äv **own 2**
♦ **get back at** vi + prep (vard): **to ~ back at sb (for sth)** ge ngn tillbaka (för ngt); **I'll ~ back at you for this** det här ska du få betalt för
♦ **get behind** vi + adv (med arbete etc) bli efter
♦ **get by** vi + adv **(a)** (kö etc) komma förbi **(b)** (vard: utan bil, lön etc) klara sig; (: vara acceptabel) duga; **I can ~ by in Dutch** jag kan klara mig på holländska; **don't worry, he'll ~ by** oroa dig inte, han klarar sig
♦ **get down 1** vt + adv **(a)** (tavla etc) ta ner **(b)** (dryck, mat) få ner, svälja **(c)** (bilnummer, samtal etc) anteckna **(d)** (vard: humör etc) tynga; **don't let it ~ you down** ta inte illa vid dig av det **2** vi + adv (från träd etc) gå ner; **quick, ~ down!** (varning) fort, ner på marken!
♦ **get down to** vi + prep: **to ~ down to (doing) sth** sätta igång med att göra ngt; **to ~ down to business** komma till saken
♦ **get in 1** vt + adv **(a)** (skörd, kol, ved etc) få in **(b)** (växt, lök) få i jorden **(c)** (expert etc) skicka efter **(d)** (föremål i hål) få in; (ord, kommentar) få/foga in **2** vi + adv **(a)** (i hus) komma in; (sol, vatten etc) komma in **(b)** (anlända: tåg) komma in; (: person) komma hem **(c)** (i klubb) bli insläppt; (Pol) bli invald; **he got in with a bad crowd** han kom i dåligt

sällskap

♦ **get into** *vi + prep (hus)* komma in i; *(bil, buss etc)* stiga in i; *(kläder)* komma i; *(klubb)* bli insläppt i; *(svårigheter)* råka i; **to ~ into the habit of doing sth** börja göra ngt regelbundet

♦ **get off** **1** *vt + adv* **(a)** *(kläder)* ta av; *(fläck)* ta bort **(b)** *(brev, person)* skicka iväg; **to ~ sb off to school** skicka iväg ngn till skolan; **she got the baby off to sleep** hon lyckades få babyn att somna **(c)** *(anklagad)* få frikänd **(d)** få ledigt: *he got two days off at Christmas* **2** *vi + prep (buss etc)* stiga av; *(vard: disk etc)* slippa undan **3** *vi + adv* **(a)** *(från buss etc)* gå av; **to tell sb where to ~ off** *(vard)* säga till ngn att dra åt skogen **(b)** *(person: från en plats)* ge sig i väg **(c)** *(straff, skada)* slippa undan; **he got off with a fine** han slapp undan med böter **(d)** *(arbetet)* komma/gå ifrån

♦ **get off with** *vi + prep (Brit vard: flickvän/ pojkvän)* få ihop det med

♦ **get on** **1** *vt + adv (kläder)* sätta på sig; *(lock, vattenpanna)* sätta på **2** *vi + prep (buss, tåg)* stiga på; *(häst)* sitta upp på **3** *vi + adv* **(a)** *(på buss/tåg)* stiga 'på **(b)** *(med arbete etc)* fortsätta; **~ on with it!** sätt igång! **(c)** *(tid)* gå, lida; *(person)* börja bli gammal; **it's ~ting on** det börjar bli sent; **he's ~ting on for 70** han närmar sig 70 **(d)** *(med uppgift, i examen, i livet)* klara sig; **how are you ~ting on?** hur är det med dig? **(e):** **to ~ on with sb** komma (bra) överens med ngn

♦ **get on to** *vt + prep (vard)* **(a)** *(per telefon etc)* få tag i **(b)** *(problem etc)* ta itu med

♦ **get out** **1** *vt + adv (kork, spik)* få ut/ur; *(pengar från bank)* ta ut; *(fläck)* ta ur; *(bok: från hylla etc)* ta fram; *(: från bibliotek)* ta med sig; *(person: ur rum etc)* få ut **2** *vi + adv (utomhus)* gå ut, ge sig ut; *(från land, stad etc)* ge sig av; *(från buss etc)* stiga av; *(från fängelse etc)* slippa ut; *(hemlighet etc)* komma ut

♦ **get out of** **1** *vt + prep* **(a)** *(se äv* **get out** 1) *(ord, bekännelse etc)* få ur **(b)** *(nöje etc)* få ut **2** *vi + prep* **(a)** *(se äv* **get out** 2) *(straff etc)* klara sig från; **~ out of bed** stiga upp ur sängen **(b)** *(vana)* sluta med, komma ur

♦ **get over** **1** *vt + adv* **(a)** *(ngt över flod etc)* få över **(b)** *(arbete etc)* bli klar med; **let's ~ it over (with)** låt oss få det undanstökat **(c)** *(budskap, idé)* få igenom **2** *vi + prep* **(a)** *(bäck, väg)* komma över **(b)** *(sjukdom)* hämta sig från; *(besvikelse, chock etc)* komma över; **I can't ~ over it!** jag kan inte komma över det **(c)** *(problem)* få bukt med; *(blyghet)* övervinna **3** *vi + adv (till andra sidan)* komma över

♦ **get round** **1** *vi + prep (problem, svårighet)* komma ifrån; *(lag, bestämmelse)* kringgå; **to ~ round sb** beveka ngn **2** *vi + adv:* **to ~ round to doing sth** komma sig för med att göra ngt; **I'll ~ round to it** jag ska ta itu med det

♦ **get through** **1** *vt + adv (förråd, budskap)* få igenom; *(lagförslag)* få igenom: *they got the bill through on the 2nd reading* **2** *vt + prep (student)* klara i examen; *(lagförslag)* få igenom: *they couldn't ~ the bill through Parliament* **3** *vi + prep* **(a)** *(folkmassa etc)* ta sig igenom **(b)** *(arbete)* bli färdig med; *(mat, pengar)* göra slut på **(c)** *(i examen)* klara sig; *(om lagförslag)* gå igenom **4** *vi + adv* **(a)** *(i oväder etc)* komma fram; *(nyheter, förråd etc)* komma/nå fram **(b)** *(student, fotbollslag)* klara sig; *(lagförslag)* gå igenom **(c)** *(med uppgift etc)* bli klar **(d):** **to ~ through to sb** *(Tele)* komma fram till ngn; *(bildl)* nå fram till ngn, komma ngn in på livet

♦ **get together** **1** *vt + adv (personer, föremål)* samla ihop; *(bildl: tankar, idéer)* samla (ihop) **2**

vi + adv (grupp, klubb) samlas, träffas; **to ~ together about sth** träffas angående ngt

♦ **get up** **1** *vi + adv* **(a)** *(från stol)* resa sig; *(ur säng)* stiga upp; *(vind)* tillta **(b)** *(på berg etc)* komma upp **2** *vt + adv* **(a)** *(person: ur stol etc)* få upp; *(: ur säng)* få att stiga upp **(b)** *(styrka, fart)* få upp; *(entusiasm)* uppbåda **(c)** *(vard: fest etc)* ställa till med **(d)** *(vard):* **to ~ oneself up** klä upp sig

♦ **get up to** *vi + prep* **(a)** *(eg, bildl)* nå upp till; **I've got up to chapter 4** jag har hunnit till kapitel 4 **(b):** **to ~ up to mischief** hitta på rackartyg; **what have you been ~ting up to?** vad har du nu hittat på?

get-at-able [gɛt'ætəbl] *adj (vard)* öppen för kontakt, tillgänglig

get-away ['gɛtəweɪ] *s:* **to make one's ~ fly; ~ car** flyktbil

get-togeth-er ['gɛttə,geðəʳ] *s (vard)* möte; *(fest)* träff

get-up ['gɛtʌp] *s (vard: i sht underlig)* klädsel, utstyrsel

gey-ser ['giːzəʳ, *(Am)* 'gaɪzəʳ] *s* **(a)** *(Geogr)* gejser **(b)** *(Brit: i hus etc)* varmvattenberedare

Gha-na *s* Ghana

Gha-na-ian [gɑ:'neɪən] **1** *adj* ghanansk **2** *s* ghanan

ghast-ly ['gɑ:stlɪ] *adj (mord, upplevelse etc)* ohygglig; *(ansikte)* likblek; *(vard)* gräslig

gher-kin ['gɜ:kɪn] *s (för inläggning)* liten gurka, picklesgurka

ghet-to ['gɛtəʊ] *s* getto

ghost [gəʊst] **1** *s* spöke, vålnad; **the Holy G~** *(Rel)* den Helige Ande; **he hasn't the ~ of a chance** *(bildl)* han har inte skuggan av en chans; **~ story** spökhistoria **2** *vt (bok)* spökskriva

ghost-writ-er ['gəʊst,raɪtəʳ] *s* spökskrivare

ghoul [gu:l] *s (eg)* ond ande, demon; *(bildl)* morbid person

ghoul-ish ['gu:lɪʃ] *adj (se* **ghoul**) demonisk; morbid, makaber

G.I. ['dʒi:,aɪ] *förk (= government issue: Am vard)* **1** *s* (menig) soldat, värnpliktig **2** *adj* militär(isk), reglementsenlig

gi-ant ['dʒaɪənt] **1** *s (eg, bildl)* jätte, gigant **2** *adj* jätte-, jättestor; **~ (size) packet** storförpackning

gib-ber ['dʒɪbəʳ] *vi (person)* sluddra, pladdra; *(apa)* tjattra

gib-ber-ish ['dʒɪbərɪʃ] *s* rotvälska

gib-bet ['dʒɪbɪt] *s (för avrättad)* galge

gib-bon ['gɪbən] *s* gibbon(apa)

gibe [dʒaɪb] **1** *s* gliring **2** *vi:* **to ~ at sb** håna ngn

gib-lets ['dʒɪblɪts] *spl (Matl: från fågel)* krås

Gi-bral-tar [dʒɪ'brɔːltəʳ] *s* Gibraltar

gid-dy ['gɪdɪ] *adj (-ier, -iest) (person)* yr; *(höjd, fart)* svindlande; **to be/feel ~** *(äv)* ha el få svindel

gift [gɪft] *s* **(a)** *(i allm)* gåva, present; *(Handel: äv: free ~)* present *som ges i reklamsyfte; (vard)* struntsak, baggis; **it's a ~!** *(vard)* det är en enkel sak! **(b)** *(medfödd)* förmåga, gåva; **a ~ for languages** språkbegåvning; *se äv* **gab**

gift-ed ['gɪftɪd] *adj* begåvad

gi-gan-tic [dʒaɪ'gæntɪk] *adj* jättestor, gigantisk

gig-gle ['gɪgl] **1** *s* fniss, fnitter **2** *vi* fnissa, fnittra

gild [gɪld] *vt (metall, ram)* förgylla; **to ~ the lily** *(bildl)* vara/bli för mycket av det goda

gill¹ [gɪl] *s (fisk-)* gäl; **green about the ~s** *(bildl: av illamående el rädsla)* blek om nosen

gill² [dʒɪl] *s (mått:* ¼ *pint: Brit = 1,42 dl, Am = 1,18 dl)* gill

gilt [gɪlt] **1** *s* förgyllning **2** *adj* guld-

gilt-edged ['gɪltedʒd] *adj* **(a)** *(Ekon: värdepapper)* guldkantad **(b)** *(bok)* med guldsnitt

gim-let ['gɪmlɪt] *s (för trä)* (hand)borr

gim·mick |'gɪmɪk| s grej, knep; **sales** ~ (Handel) försäljningsknep

gin |dʒɪn| s (dryck) gin; ~ **and tonic** gin och tonic

gin·ger |'dʒɪndʒə'| **1** s ingefära **2** adj (hår) rödblond; (färg) rödgul; ~ **ale** el (i sht Brit) ~ **beer** ingefärsdricka; ~ **nut/snap** (ung) (hård) pepparkaka

ginger·bread |'dʒɪndʒəbred| s (mjuk) pepparkaka; ~ **architecture** snickarglädje

gin·ger·ly |'dʒɪndʒəlɪ| adv försiktigt

ging·ham |'gɪŋəm| s (bomullstyg) gingham

gip·sy |'dʒɪpsɪ| adj, s = **gypsy**

gi·raffe |dʒɪ'rɑːf| s giraff

gird·er |'gɜːdə'| s balk

gir·dle |'gɜːdl| s (plagg) gördel; (bildl) bälte

girl |gɜːl| s flicka; (vard: = girlfriend) flickvän; **factory** ~ fabriksarbeterska; **shop** ~ (kvinnlig) expedit; **G**~ **Guide** (Brit), **G**~ **Scout** (Am) flickscout

girl·friend |'gɜːlfrend| s (flickas) väninna; (pojkes) flickvän

giro |'dʒaɪrəʊ| s (= bank ~) bankgiro; (= post-office ~) postgiro

girth |gɜːθ| s (sadel-) gjord; (mått: på träd) omkrets; (: på midja) midjemått

gist |dʒɪst| s (i tal, föreläsning) det väsentliga, kärna; **to get the** ~ **of sth** få det väsentliga klart för sig

give |gɪv| (v: imperf **gave**, perf part **given**) **1** vt **(a)** (i allm) ge; (som gåva) ge, skänka; (titel, arbete) ge, tilldela; (tillstånd) ge, bevilja; (sitt liv: dö) offra, ge; (: åt ett intresse etc) ägna; (i pengar) ge, betala; **how much did you** ~ **for it?** hur mycket gav du för det?; **to** ~ **sb sth/sth to sb** ge ngn ngt/ngt till ngn; **12 o'clock,** ~ **or take a few minutes** ungefär kl 12; **to** ~ **as good as one gets** betala med samma mynt; **he gave it everything he'd got** (bildl) han gav sitt yttersta; **I'd** ~ **a lot/the world/anything to know...** (vard) jag skulle ge vad som helst för att få veta...
(b) (förvåning, chock) framkalla; (nöje) ge; (smärta) vålla; (meddelande) framföra; (dom, beslut) avkunna; **to** ~ **sb a kick/push** ge ngn en knuff; **to** ~ **sb a cold** smitta ngn med förkylning; **to** ~ **sb news of sth** komma med nyheter om ngt till ngn; ~ **them my regards** hälsa dem från mig; **that** ~s **me an idea** det får mig att tänka på ngt
(c) (ljus, resultat) ge; (om ko: mjölk) ge, producera; (hjälp) ge, lämna; (föreläsning, tal) hålla; **to** ~ **a performance** göra ett framträdande; **to** ~ **a party** ha fest; **to** ~ **the right/wrong answer** svara rätt/fel; **to** ~ **a jump** hoppa till; **to** ~ **a smile** le; **to** ~ **a sigh** sucka, utstöta en suck; **to** ~ **a cry** skrika till, ge till ett skrik
(d) (chans, val, tid) ge; **I can** ~ **you 10 minutes** jag kan ge dig 10 minuter; ~ **yourself an hour to get there** beräkna en timme att komma dit; **he's honest, I** ~ **you that** han är hederlig, det kan jag gå med på
2 vi **(a)** (till andra) ge; **to** ~ **to charity** ge till välgörande ändamål
(b) (äv: ~ **way:** golv, tak) svikta, ge vika (: knän) vika sig; (: dörr) ge efter; **something's got to** ~! (vard) något måste offras
3 s (om tyg) elasticitet; (om säng) fjädring

♦**give away** vt + adv **(a)** (pengar, föremål) ge bort; (brud till brudgum) överlämna; (pris) överlämna **(b)** (hemlighet) röja; (person) förråda

♦**give back** vt + adv lämna tillbaka

♦**give in 1** vt + adv (blankett, examensprov etc) lämna in; **to** ~ **in one's name** lämna/uppge sitt namn **2** vi + adv ge sig (to sb för ngn); **I** ~ **in!** jag ger upp!

♦**give off** vt + adv (lukt, rök) avge; (värme) utstråla

♦**give out 1** vt + adv **(a)** (böcker etc) dela ut **(b)** (nyhet etc) sprida, tillkännage **2** vi + adv (förråd) ta slut; (maskin, ben) strejka

♦**give up 1** vt + adv **(a)** (plats) avstå från; (biljett) lämna; **to** ~ **oneself up to the police** överlämna sig till polisen **(b)** (vän, arbete) avstå från; (röka) sluta; (problem) ge upp; **I gave it up as a bad job** (vard) jag insåg att det aldrig skulle gå så jag gav upp **(c)** (sitt liv, sin tid): **to** ~ **up (to)** ägna (åt); (sitt liv): **to** ~ **up (for)** offra (för) **2** vi + adv ge upp; **I** ~ **up!** jag ger upp!

♦**give way** vi + adv **(a)** (eg: se **give 2 b**) svikta, vika sig, ge efter; **to** ~ **way to despair** (bildl) ge efter för sin förtvivlan **(b)** (ersättas av) lämna plats för, få vika för **(c)** (Brit Motor) lämna företräde

give-and-take |ˌgɪvən'teɪk| s (vard) ömsesidiga eftergifter

give·away |'gɪvəweɪ| s (vard) (ofrivilligt) avslöjande; **the exam was a** ~! provet var jättelätt; ~ **prices** vrakpriser

giv·en |'gɪvn| **1** perf part av **give 2** adj **(a)** (tid, summa) bestämd, given; **on a** ~ **day** en bestämd dag; ~ **name** (i sht Am) förnamn **(b): to be** ~ **to doing sth** vara benägen att göra ngt **3** konj: ~ **(that)...** förutsatt (att)...; ~ **the circumstances...** under dessa omständigheter; ~ **time, it would be possible** förutsatt att man har tid vore det möjligt

giv·er |'gɪvə'| s givare

gla·cial |'gleɪsɪəl| adj (Geol) glacial, istids-; (väder, vind, leende) iskall

glaci·er |'glæsɪə'| s glaciär

glad |glæd| adj (-**der**, -**dest**) (person) glad, nöjd; (nyhet, tillfälle) glad, glädjande; **to be** ~ **about sth** vara glad över ngt; **to be** ~ **that...** vara glad (över) att...; **I am** ~ **to hear it** det var roligt att höra; **I was** ~ **of his help** jag var tacksam för hans hjälp

glad·den |'glædn| vt glädja

glade |gleɪd| s glänta

gladia·tor |'glædɪeɪtə'| s gladiator

glad·ly |'glædlɪ| adv (glatt) med glädje; (villigt) gärna

glam·or·ous |'glæmərəs| adj (person, fest, klädsel) tjusig, glamorös

glam·our |'glæmə'| s glans, tjusning

glance |glɑːns| **1** s blick, titt (at på); **at a** ~ **med** detsamma; **at first** ~ vid första anblicken, först **2** vi **(a)** (med ögon) (snabbt) titta (at på); **to** ~ **away** snabbt se bort; **to** ~ **through a report** ögna igenom en rapport **(b): to** ~ **off sth** studsa mot ngt

glanc·ing |'glɑːnsɪŋ| adj (slag) från sidan

gland |glænd| s (Anat) körtel

glan·du·lar |'glændjʊlə'| adj körtel-; ~ **fever** körtelfeber

glare |gleə'| **1** s **(a)** (ljus-, sol-) sken; **the** ~ **of publicity** (bildl) offentlighetens ljus **(b)** (ansiktsuttryck) ilsken blick **2** vi **(a)** (ljus) lysa skarpt **(b)** (person) stirra, blänga (at på)

glar·ing |'gleərɪŋ| adj (sol, ljus) bländande; (färg) gräll; (fel, bevis) iögonfallande, uppenbar

glass |glɑːs| s **(a)** (ämne, föremål, dricks- etc) glas; (lufttrycksmätare) barometer; (att se sig själv i) spegel; ~ **bottle** glasflaska; ~ **eye** emaljöga; ~ **wool** glasull **(b):** ~es spl (för synkorrektion) glasögon; (för förstoring på avstånd) kikare

glass-blowing |'glɑːsˌbləʊɪŋ| s glasblåsning

glass·house |'glɑːshaʊs| s (för plantor) växthus

glass·ware |'glɑːsweə'| s glasvaror, glas

glassy |'glɑːsɪ| adj (-**ier**, -**iest**) (yta) glas(aktig); (hav) spegelblank; (blick) glasartad

glaze |gleɪz| **1** s (på keramik, Matl) glasyr **2** vt **(a)** (fönster) sätta glas i **(b)** (keramik, Matl)

glasera
gla·zi·er ['gleɪzɪə'] s glasmästare
GLC förk f Greater London Council se greater
gleam [gli:m] **1** s **(a)** (av ljus) glimt, stråle, sken, skimmer; (av metall, vatten) skimmer; **with a ~ in one's eye** med glimten i ögat **(b)** (bildl): **a ~ of hope** en stråle av hopp **2** vi (ljus, vatten) skimra; (metall) glimma; (ögon) glänsa (with av)
glean [gli:n] vt (information) (mödosamt) samla ihop
glee [gli:] s glädje, munterhet; **~ club** (i sht Am) sångkör
glee·ful ['gli:fʊl] adj (i allm) munter, glad; (åt andras olycka etc) skadeglad
glen [glen] s dalgång
glib [glɪb] adj (person) talför; (förklaring, ursäkt) lättvindig
glide [glaɪd] **1** s (dansörs) glidande steg; (Flyg) glidflykt **2** vi (båt, dansör) glida fram; (Flyg) flyga i glidflykt
glid·er ['glaɪdə'] s (Flyg: plan) segelflygplan; (: person) segelflygare
glid·ing ['glaɪdɪŋ] s (Flyg) glidflykt
glim·mer ['glɪmə'] **1** s **(a)** (av ljus, vatten) skimmer, sken **(b)** (bildl) = **gleam 1 b 2** vi (ljus, vatten) glimma, lysa
glimpse [glɪmps] **1** s skymt; **to catch a ~ of** få en skymt av **2** vt skymta
glint [glɪnt] s (av metall etc) blänk, glitter; **he had an angry/a mischievous ~ in his eye** han hade en förargad/okynnig glimt i ögat
glis·ten ['glɪsn] vi (våt yta) glänsa; (vattendroppe) glittra; (ögon) glittra (with av)
glit·ter ['glɪtə'] **1** s (av guld etc) glitter **2** vi (guld etc) glittra; **all that ~s is not gold** (ordspr) det är inte guld allt som glimmar
gloat [gləʊt] vi triumfera; **to ~ over** (pengar etc) njuta av anblicken av; (seger, goda nyheter) njuta av, frossa i; (ngns olycka) vara skadeglad över
glob·al ['gləʊbl] adj **(a)** (krig, fred, rörelse) världs-, global **(b)** (summa, beräkning) total-; (uppfattning) helhets-
globe [gləʊb] s (form) klot; (världen) jordklot; (klotformig karta) jordglob
glob·ule ['glɒbju:l] s (olje-, vatten-) droppe, pärla
gloom [glu:m] s **(a)** (eg) mörker, dunkel; **in the ~** i mörker, i skugga **(b)** (humör) dysterhet
gloomy ['glu:mɪ] adj (-ier, -iest) (plats) mörk, dyster; (stämning, utsikter) dyster; **to feel ~** känna sig dyster/melankolisk
glo·ri·fy ['glɔ:rɪfaɪ] vt (Gud) lovprisa; (person) (lov)prisa, förhärliga; (krig, våld etc) förhärliga glorifiera; **this restaurant is just a glorified pub** den här restaurangen är bara en uppiffad pub
glo·ri·ous ['glɔ:rɪəs] adj (seger, karriär) lysande; (väder, utsikt) strålande
glo·ry ['glɔ:rɪ] **1** s (genom seger etc) ära, ryktbarhet; (Rel) ära, lov; (skönhet) prakt, glans; **in all its ~** i all sin prakt/glans; **Rome at the height of its ~** Rom i sin glans dagar **2** vi: **to ~ in sth** (sin framgång, andras olycka) glädja sig åt ngt
gloss [glɒs] s **(a)** (i bok etc) not, anmärkning **(b)** (på bord, läppstift, hår etc) glans; (äv: ~ **paint**) blank färg; **~ finish** blank yta
♦ **gloss over** vt + adv (fel etc) släta över
glos·sa·ry ['glɒsərɪ] s ordlista
glossy ['glɒsɪ] **1** adj (-ier, -iest) (yta, papper, tyg) blank; (hår) glänsande; **~ magazine** exklusiv tidskrift på glättat papper **2** (äv: ~ **print**: Foto) blank kopia
glove [glʌv] s handske; **~ compartment** (Motor) handskfack; **~ puppet** handdocka
glow [gləʊ] **1** s (i allm) glöd; (på kinder, i himlen) rodnad; (känsla) värme; **a ~ of red** glödande rött; **a ~ of pride** glödande stolthet **2** vi (i allm)

glöda; (ansikte) blossa; **to ~ with health** stråla av hälsa
glow·er ['glaʊə'] vi blänga (at på)
glow·ing ['gləʊɪŋ] adj (i allm) glödande; (hy, kind) blossande; (av hälsa, glädje) strålande; (skildring) hänförd
glow-worm ['gləʊwɜ:m] s lysmask
glu·cose ['glu:kəʊs] s glukos
glue [glu:] s lim; vt limma (fast) (to vid); **to ~ two things together** limma ihop två saker; **she was ~d to the television** (bildl) hon satt som klistrad vid TV-n
glue-sniffing ['glu:,snɪfɪŋ] s limsniffning
glum [glʌm] adj (-mer, -mest) (person, min) trumpen; (humör, tonfall) dyster
glut [glʌt] **1** s (i allm) överflöd; (på marknaden) övermättnad **2** vt (marknaden) översvämma
glu·ti·nous ['glu:tɪnəs] adj (deg, lera) smetig
glut·ton ['glʌtn] s frossare, matvrak; **a ~ for work** arbetsnarkoman; **a ~ for punishment** en som tigger om stryk
glut·tony ['glʌtənɪ] s frosseri
glyc·er·in(e) [,glɪsə'ri:n] s glycerin
gm, gms förk f gram(s), gramme(s) g
gnarled [nɑ:ld] adj (trä) kvistig; (händer) knotig
gnash [næʃ] vt: **to ~ one's teeth** gnissla tänder
gnat [næt] s mygga, knott
gnaw [nɔ:] **1** vt (eg) gnaga; (bildl: om hunger, smärta etc) gnaga, plåga **2** vi (eg, bildl) gnaga; **~ at** gnaga på; (bildl) gnaga
gnome [nəʊm] s gnom, dvärg
GNP s förk f gross national product BNP
gnu [nu:] s (Zool) gnu
go [gəʊ] (v: imperf **went**, perf part **gone**) **1** vi **(a)** (till fots) gå; (med fordon) åka; (färdas i allm) resa; (till skolan, på kurs, till tandläkaren etc) gå; (fordon) gå; **to ~ to London** åka till London; **to ~ by car** åka bil; **to ~ at 30 mph** åka med (en hastighet av) 30 miles/50 km i timmen; **to ~ looking for sb/sth** gå och leta efter ngn/ngt; **to ~ to bed** gå och lägga sig; **to ~ to sleep** somna; **to ~ for a walk** ta en promenad; **to ~ for a swim** gå/åka och bada; **to ~ to a party** gå på fest; **to ~ and see sb, to ~ to see sb** gå/åka och hälsa på ngn; **halt, who ~es there?** halt an vem där?; **you ~ first** efter dig, gå först du; **there he ~es!** där är han!; **there you ~**! (i sht Am vard) varsågod!; **there you ~ again!** (bildl vard) är du där nu igen?
(b) (en i plats: person, tåg) gå; (försvinna: person, föremål) ta vägen; (tid) gå; (för pris) gå, säljas (for för); **my hat has gone (missing)** min hatt är borta; **the cake is all gone** kakan är slut; **one, two, three ~**! klara, färdiga, gå!; **here ~es!** (vard) nu smäller det!, nu börjas det! **gone are the days when...** det var på den gamla goda tiden när...; **the day went slowly** tiden kröp fram; **it's just gone 7** klockan slog just 7; **only 2 days to ~** bara 2 dagar kvar; **going, going, gone!** (på auktion) första, andra, tredje!; **it went for £10** den gick för 10 pund; **it's ~ing cheap** (vard) man kan få den billigt
(c) (yta) sträcka sig; (rep, pengar) räcka; **the garden ~es down to the lake** trädgården sträcker sig ner till sjön; **money doesn't ~ far nowadays** pengarna räcker inte långt nu för tiden; **it's good as far as it ~es** den bra i och för sig
(d) (maskin, bil, klocka etc) gå, fungera; **I couldn't get the car to ~ at all** jag kunde överhuvudtaget inte få bilen att starta; **to keep ~ing** (person) hålla sig i gång; (maskin) fungera; **it ~es on petrol** (Motor) den går på bensin; **to make sth ~, to get sth ~ing** få i gång ngt; **let's get ~ing** låt oss sätta i gång
(e) (projekt) utfalla, gå; **the meeting went well**

mötet gick bra; **how did the exam** ~? hur gick det på provet/förhöret?; **how's it** ~**ing**? *(vard)* hur är läget, hur har du det?; **we'll see how things** ~ *(vard)* vi får se hur det går; **he has a lot** ~**ing for him** det är mycket som talar för honom; **how does that song** ~? hur går den där sången?

(f) *(färger, kläder etc)* gå ihop *(with* med*)*; *(äv:* ~ **together**) höra ihop; **the curtains don't** ~ **with the carpet** gardinerna passar inte ihop med mattan; **ill health often** ~**es with poverty** dålig hälsa hör ofta ihop med fattigdom; **ill health and poverty often** ~ **together** dålig hälsa och fattigdom hänger ofta ihop

(g) *(blind, döv, röd etc)* bli; *(utan mat)* vara; **to** ~ **hungry** (gå omkring och) vara hungrig, gå hungrig; **to** ~ **without sth** vara utan ngt; **to** ~ **bad** *(mat)* bli dålig; **to** ~ **mad** *(eg, bildl)* bli tokig

(h) *(på ställe)* få plats; *(Mat)* gå; **where does this book** ~? var ska den här boken stå?; **it won't** ~ **in the case** den får inte plats i asken; **4 into 3 won't** ~ 4 går inte i 3

(i) *(vara lämpligt)* passa; **anything** ~**es** *(vard)* allt är tillåtet; **that** ~**es for me too** *(förhållande)* det gäller mig också; *(åsikt)* det tycker jag också; **what he says** ~**es** det är han som bestämmer

(j) *(i allm)* gå sönder; *(rep)* brista; *(strumpor)* gå hål på; *(elström, ljus, propp, säkring)* gå; *(hälsa)* svikta; *(syn)* avta; **this jumper has gone at the elbows** den här tröjan har gått sönder på armbågarna

(k) *(minister, chef)* avgå; *(personal etc)* gå, avskedas; *(slaveri etc)* avskaffas; **that table will have to** ~ vi måste göra oss av med det där bordet; **apartheid must** ~! avskaffa apartheid!

(l) *(vara tillgänglig)*: **there are several jobs** ~**ing** det finns flera jobb; **is there any tea** ~**ing?** finns det (något) te?; **I'll take whatever is** ~**ing** *(mat, dryck)* jag tar vad som finns

(m) *(pengar, pris, arv)* gå *(to* till*)*; **the money** ~**es to charity** pengarna går till välgörenhet; **the money will** ~ **towards a holiday** pengarna ska användas till en semester; **all his money** ~**es on drink** alla hans pengar går till alkohol; **the qualities which** ~ **to make him a great writer** de egenskaper som gör honom till en stor författare

(n) *(göra ljud: sak)* säga, låta; *(: person)* låta; *(: dörrklocka, telefon)* ringa; *(göra rörelse: person)* göra: **the traffic policeman went like this to me; the balloon went pop when it burst** ballongen sa pang när den sprack; ~ **like that** (with your right hand) gör så där (med höger hand)

(o) *(Am)*: **food to** ~ mat för avhämtning **2** *vhj*: **I'm** ~**ing to do it** *(uttrycker avsikt)* jag tänker göra det; *(uttrycker framtid)* jag kommer att göra det; **it's** ~**ing to rain** det blir regn; **there's** ~**ing to be trouble** det kommer att bli bråk

3 *vt* **(a)** *(väg: till fots)* gå; *(: i bil)* köra **(b)** *(vard)*: **to** ~ **it alone** klara det själv; **to** ~ **one better** vara ett strå vassare

4 *s, pl* **-es** **(a)** *(vard: kraft)* energi, 'go'; **he's always on the** ~ han är alltid i farten; **I've got two projects on the** ~ jag har två projekt på gång; **it's all** ~ det är full fart

(b) *(succé)*: **to make a** ~ **of sth** ha framgång med ngt; **it's no** ~ *(vard)* det går inte; **to** *(att träffa mål etc)* försök; **to have a** ~ **(at doing sth)** göra ett försök (med att göra ngt); **at/in one** ~ på en gång; **it's your** ~ det är din tur

(d): **from the word** ~ *(vard)* från första stund; **all systems (are)** ~ *(Rymd)* klart för start; *(bildl)* då kan vi köra igång

♦ **go about** **1** *vi + prep* **(a)** *(uppgift etc)* gripa sig an med; **how does one** ~ **about getting seats?** hur bär man sig åt för att få biljetter? **(b)** *(sitt*

arbete etc) sköta **2** *vi + adv (äv:* ~ **around**) *(i hus etc)* gå omkring; *(med vänner)* umgås *(with* med*)*; *(influensa, rykte)* gå

♦ **go after** *vi + prep (följa efter)* gå efter; *(: snabbt)* springa efter; *(jobb, belöning etc)* försöka skaffa sig; *(flicka)* springa efter, jaga

♦ **go against** *vi + prep (om händelser etc)* vara ogynnsam för; *(om principer)* vara emot; *(ngns önskan)* gå emot; *se äv* **grain**

♦ **go ahead** *vi + adv (börja)* sätta igång *(with* med*)*; *(fortsätta)* gå på *(with* med*)*; ~ **(right) ahead!** sätt igång (bara)!

♦ **go along** *vi + adv (från plats)* ge sig iväg; *(med arbete etc)* fortsätta; **check as you** ~ **along** kontrollera efter hand; **to** ~ **along with** *(göra sällskap med)* följa med; *(åsikt)* instämma med

♦ **go around** *vi + adv* = **go about** 2, **go round** a

♦ **go at** *vi + prep (vard: fientligt)* ge sig på; *(uppgift etc)* ta itu med

♦ **go away** *vi + adv* resa/gå sin väg, ge sig iväg

♦ **go back** *vi + adv* **(a)** *(till plats)* återvända *(to* till*)*; *(till vana etc)* återgå *(to* till*)*; **there's no** ~**ing back now** det finns ingen återvändo nu **(b)** *(i tid)* gå tillbaka; **the controversy** ~**es back to 1929** konflikten går tillbaka till 1929 **(c)** *(trädgård, grotta)* sträcka sig *(to* ända till*)*

♦ **go back on** *vi + prep (löfte)* svika; *(beslut)* ta tillbaka

♦ **go before** *vi + adv (bildl)* hända innan

♦ **go by** **1** *vi + prep* **(a)** *(kompass, solen etc)* gå efter; **to** ~ **by appearances** gå efter utseendet; **to** ~ **by the book** *(eg, bildl)* följa reglerna till punkt och pricka **(b)**: **to** ~ **by the name of X** gå under namnet X **2** *vi + adv (person, bil etc)* gå/köra förbi; **don't let the opportunity** ~ **by** låt inte tillfället gå dig förbi; **as time** ~**es by** med tiden

♦ **go down** *vi + adv* **(a)** *(solen)* gå ner; *(trappa)* gå nedför; *(skepp)* gå under; *(person)* sjunka; *(Sport)* förlora; **that should** ~ **down well (with him)** det borde gå hem (hos honom) **(b)** antecknas, skrivas ner; **to** ~ **down in history/to posterity** gå till historien/till eftervärlden *(priser, temperatur etc)* sjunka; **he has gone down in my estimation** han har sjunkit i min aktning

♦ **go for** *vi + prep* **(a)** *(fientligt: eg, bildl)* ge sig på **(b)** *(vard: passa för)* gälla (för); **that** ~**es for me too** det gäller mig med **(c)** *(vard: uppskatta)* gilla

♦ **go forward** *vi + adv* **(a)** *(med plan, arbete)* gå framåt **(b)** *(om förslag)* läggas fram

♦ **go in** *vi + adv* **(a)** *(i allm)* gå in **(b)** *(om solen)* gå i moln **(c)** *(passa)* gå 'i

♦ **go in for** *vi + prep* **(a)** *(tävling etc)* delta i **(b)** *(hobby, sport)* gå in för; *(bana)* slå in på, ägna sig åt

♦ **go into** *vi + prep* **(a)** *(plan, detaljer etc)* gå in på **(b)** *(bana)* slå sig på **(c)** *(trans, koma)* falla i; **to** ~ **into fits of laughter** få ett skrattanfall

♦ **go off** **1** *vi + adv* **(a)** *(från plats)* ge sig iväg **(b)** *(telefon, ljus)* inte gå, inte fungera; **the light has gone off** ljuset har gått **(c)** *(bomb)* explodera; *(gevär)* smälla av; *(väckarklocka)* börja ringa **(d)** *(Brit: mat)* bli dålig, härskna; *(: mjölk)* surna **(e)** *(fest, möte)* avlöpa; **the party went off well** festen blev mycket lyckad **2** *vi + prep (Brit: person, föremål, sysselsättning)* tröttna på, tappa intresset för

♦ **go on** **1** *vi + prep (ledtråd, bevis)* 'gå efter; **there's nothing to** ~ **on** det finns ingenting att gå efter, vi kommer inte vidare **2** *vi + adv* **(a)** *(krig, samtal, fest)* fortsätta, vara; *(person: på resa)* fortsätta; **to** ~ **on doing sth** fortsätta med att göra ngt; **he went on to say that...** han tillade att...; **to** ~ **on about sth** *(vard)* bråka om ngt; **what a way to** ~ **on!** *(neds)* vilket sätt att uppföra sig

på! **(b)** *(maskin)* sätta i gång; *(ljus)* tändas **(c)** *(förhållande)* pågå, hålla på; **what's** ~**ing on here?** vad står på/pågår här? **(d)** *(tid, år)* gå; **as time went on** med tiden
♦ **go on for** *vi + prep (viss ålder, tidpunkt)* närma sig; **old John must be** ~**ing on for ninety by now** gamle John måste vara närmare nittio nu; **it's** ~**ing on for 2 o'clock** klockan närmar sig två
♦ **go out** *vi + adv* **(a)** *(eld, ljus)* slockna **(b)** *(hemifrån etc)* gå ut; *(Kortsp)* gå ut; *(på restaurang, teater etc)* gå ut, vara ute; *(tidvatten)* dra sig tillbaka, sjunka; **to** ~ **out shopping** gå ut och handla; **to** ~ **out (of fashion)** bli omodern; **to** ~ **out with sb** *(pojkvän, flickvän)* vara tillsammans med ngn
♦ **go over** **1** *vi + prep* **(a)** *(rapport etc)* granska; **(b)** *(tal, roll)* läsa över/på; **to** ~ **over sth in one's mind** fundera på ngt **2** *vi + adv* **(a)** *(Atlanten etc)* resa över *(to till)*; *(bildl: till annat parti etc)* gå över **(b)** *(mottagas)* slå; **his speech went over well** hans tal mottogs väl
♦ **go round** *vi + adv* **(a)** *(hjul)* gå runt; *(nyhet, rykte)* gå runt, spridas **(b)** *(förnödenheter)* räcka **(c)** *(vänner etc)*: **to** ~ **round to** hälsa på; **let's** ~ **round to John's place** låt oss gå och hälsa på hos John **(d)** *(ta en omväg)* gå runt
♦ **go through** **1** *vi + prep* **(a)** *(period av sorg, sjukdom etc)* gå igenom, utstå **(b)** *(lista, bok)* gå igenom; *(hög, sina fickor)* leta igenom **(c)** *(pengar, mat)* göra av med; *(kläder)* slita ut **(d)** *(formaliteter)* genomgå **2** *vi + adv (eg: i smal öppning etc)* komma igenom; *(bildl: förslag)* gå igenom
♦ **go through with** *vi + prep (plan, brott)* genomföra
♦ **go together** *vi + adv (färger, människor)* passa ihop; *(händelser)* följas åt; **misfortunes tend to** ~ **together** en olycka kommer sällan ensam
♦ **go un·der** *vi + adv (skepp, person)* gå under; *(företag)* gå omkull
♦ **go up** *vi + adv* **(a)** *(feber, temperatur, priser etc)* stiga **(b)** *(byggnad etc)* uppföras **(c)** *(explodera)* flyga i luften; **to** ~ **up in flames** gå upp i lågor
goad |gəʊd| *vt*: **to** ~ **sb into doing sth** *(bildl)* driva ngn (till) att göra ngt; **to** ~ **sb on** driva på ngn
go-ahead |'gəʊəhɛd| **1** *adj (firma, person)* företagsam **2** *s*: **to give sb/sth the** ~ ge ngn/ngt klartecken
goal |gəʊl| *s* **(a)** *(Sport)* mål; **to score a** ~ göra mål; **to play in** ~ stå i mål; ~ **kick** *(Fotboll)* inspark **(b)** *(i livet)* mål; *(för resa)* mål
goalie |'gəʊlɪ| *s (vard)* målvakt
goal·keeper |'gəʊl,kiːpəʳ| *s* målvakt
goal·post |'gəʊlpəʊst| *s* målstolpe
goat |gəʊt| *s* get; **to get sb's** ~ *(vard)* gå ngn på nerverna
gob·ble |'gɒbl| *vt (äv:* ~ **down,** ~ **up)** sluka, glufsa i sig
gob·ble·dy·gook |'gɒbldɪˌguːk| *s (vard)* högtravande kanslispråk
go-between |'gəʊbɪtwiːn| *s* medlare, mellanhand
gob·let |'gɒblɪt| *s* bägare
gob·lin |'gɒblɪn| *s* svartalf, elakt troll
go-cart = **go-kart**
god |gɒd| *s* gud; **G**~ Gud; **the** ~**s** *(Teat)* hyllan; **(my) G**~! *(vard)* herre Gud!; **for G**~**'s sake!** för Guds skull!; **G**~ **(only) knows** det vete Gud, Gud vet
god·child |'gɒdtʃaɪld| *s, pl* -**children** gudbarn
god·dam(n) |'gɒdæm| *(i sht Am vard)* **1** *interj* jäklar **2** *adj* jäkla
god·daughter |'gɒd,dɔːtəʳ| *s* guddotter
god·dess |'gɒdɪs| *s* gudinna
god·father |'gɒd,fɑːðəʳ| *s* gudfar

god·forsaken |'gɒdfəˌseɪkən| *adj (vard: plats)* gudsförgäten
god·less |'gɒdlɪs| *adj (syndig)* gudlös
god·ly |'gɒdlɪ| *adj (-ier, -iest)* gudfruktig
god·mother |'gɒd,mʌðəʳ| *s* gudmor
god·parent |'gɒd,pɛərənt| *s (i allm)* fadder; *(manlig)* gudfar; *(kvinnlig)* gudmor
god·send |'gɒdsɛnd| *s* gudagåva; **it was a** ~ **to us** det kom som en skänk från ovan för oss
god·son |'gɒdsʌn| *s* gudson
goes |gəʊz| *3 pers sg pres av* **go**
go-getter |'gəʊgɛtəʳ| *s* företagsam person
gog·gle |'gɒgl| *vi (förvånat)* göra stora ögon; *(på TV etc)* glo *(at på)*
gog·gles |'gɒglz| *spl (för sport etc)* (skydds)glasögon; *(vard)* brillor
go·ing |'gəʊɪŋ| **1** *s* **(a)** fart: **we made good** ~ **on the trip**; **it was slow** ~ det gick långsamt **(b)** *(tillstånd: vägs etc)* väglag; *(: på tävlingsbana etc)* underlag; **let's cross while the** ~ **is good** låt oss gå över medan det går (bra); **it's heavy** ~ **talking to her** *(bildl)* det går trögt att tala med henne **2** *adj* **(a)** *(företag etc)* framgångsrik **(b)** *(pris, kurs)* gällande; **the best one** ~ *(vard)* den bästa som finns att få **3** *v pres part se* **go** 2
goings-on |'gəʊɪŋzɒn| *spl (vard)* förehavanden
goi·tre, *(Am)* **goi·ter** |'gɔɪtəʳ| *s (Med)* struma
go-kart |'gəʊkɑːt| *s* go-kart
gold |gəʊld| **1** *s* guld; *(rikedom)* pengar, guld; ~ **standard** guldmyntfot **2** *adj (armband, tand)* guld-, av guld; *(gruva)* guld-; ~ **leaf** bladguld; ~ **medal** *(Sport)* guldmedalj, guld
gold·en |'gəʊldən| *adj (staty etc)* av guld; *(hår etc)* gyllene; *(tillfälle)* gynnsam; ~ **age** guldålder; ~ **eagle** kungsörn; ~ **handshake** avgångsvederlag, gratifikation; **the** ~ **mean** den gyllene medelvägen; ~ **rule** gyllene regel; ~ **syrup** ljus sirap; ~ **wedding (anniversary)** guldbröllop
gold·fish |'gəʊldfɪʃ| *s* guldfisk
gold·smith |'gəʊldsmɪθ| *s* guldsmed
golf |gɒlf| *s* golf; ~ **club** *(sällskap)* golfklubb; *(att spela med)* golfklubba; ~ **course** golfbana
golf·er |'gɒlfəʳ| *s* golfspelare
gol·ly |'gɒlɪ| *interj (vard)* kors!
gon·do·la |'gɒndələ| *s* gondol
gon·do·lier |ˌgɒndə'lɪəʳ| *s* gondoljär
gone |gɒn| *perf part av* **go**
gong |gɒŋ| *s* gonggong
gon·na |gɒnə| *(vard talspråk)* = **going to**
gon·or·rhoea |ˌgɒnə'rɪə| *s (Med)* gonorré
good |gʊd| **1** *adj (komp* **better,** *superl* **best)** **(a)** *(i allm)* bra; *(uppförande, rykte, namn, omdöme, skämt)* god; *(idé)* god, bra; *(som fungerar)* bra; *(barn)* snäll; *(familj)* fin, god; **a** ~ **book** *(trevlig att läsa)* en bra bok; *(med litterärt värde)* en god bok; **be** ~! var snäll!, uppför dig väl!; ~ **for you!** det var bra!, det gjorde du rätt i!; **she's too** ~ **for him** hon är för god för honom; **it's just not** ~ **enough** det duger helt enkelt inte; **the job is as** ~ **as done** arbetet är så gott som klart; **as** ~ **as new** så gott som/praktiskt taget ny; **as** ~ **as gold** god som guld, väldigt snäll; **(that's)** ~! fint!; **G**~ **Friday** *(Rel)* långfredagen
 (b) *(semester, dag)* behaglig, trevlig, angenäm; *(: väder)* vacker; *(nyhet)* god; *(mat)* god; **to feel** ~ må bra; **have a** ~ **journey!** trevlig resa!; **it's** ~ **to see you** så roligt att se dig
 (c) *(utseende, drag)* vacker; **you look** ~ **in that** den klär dig; **she has a** ~ **figure** hon har snygg figur
 (d) *(medicin, skönhetsmedel etc)* bra; *(tillfälle)* gynnsam; *(föda, luft)* nyttig; ~ **to eat** *(god att äta)* ätbar; *(möjlig att äta)* ätlig; **it's** ~ **for you** den gör dig gott
 (e) *(kompetent, välfungerande)* bra; **she's** ~ **at**

English hon är duktig i engelska; **he's ~ with children** han har bra hand med barn; **to be ~ for** vara bra för; **a ticket ~ for 3 months** en biljett som gäller i 3 månader; **he's ~ for £5** han kan vara av med 5 pund; **I'm ~ for another mile** jag orkar en mile/en och en halv kilometer till

(**f**) *(vänlig)* snäll; **he's a ~ sort** *(vard)* han är en hygglig prick; **would you be so ~ as to sign here?** vill ni vara vänlig och skriva under här?; **that's very ~ of you** det var väldigt snällt (av dig); **~ deeds/works** goda gärningar

(**g**) *(förstärkande: avstånd, antal)* avsevärd; *(: vid måttsuppgifter)* dryg, gott och väl; **it's a ~ distance from here** det är en avsevärd sträcka härifrån; **a ~ many/few people** en hel del/ganska många människor; **a ~ 3 hours** drygt 3 timmar; **a ~ 10 km** gott och väl 10 km

(**h**) *(grundlig)* ordentlig, rejäl; **a ~ scolding** en rejäl utskällning; **to have a ~ cry** (få) gråta ut; **I need a ~ wash** jag behöver tvätta mig ordentligt; **to take a ~ look at sth** granska ngt ordentligt

(**i**) *(som hälsning)*: **~ morning** god dag, god morgon, adjö; **~ afternoon** god dag, god middag, adjö; **~ evening** god afton, god kväll; **~ day** *(frm)* adjö; **~ night** god natt

2 *adv* (**a**): **a ~ strong stick** en riktigt stark käpp; **~ and strong** *(vard)* riktigt stark; **to hold ~ (for)** vara tillämplig (för)

(**b**) *(i sht Am vard)* bra; **I don't hear too ~** jag hör inte så bra

3 *s* (**a**) *(moraliskt)* gott, det goda; **to do ~** göra gott, handla rätt; **~ and evil** det goda och det onda; **to be up to no ~** ha något fuffens för sig

(**b**) *(pl)*: **the ~** de goda, goda människor

(**c**) *(fördel)* nytta; **for your own ~** för ditt eget bästa; **the common ~** det allmänna bästa; **to come to no ~** sluta illa; **what's the ~ of worrying?** vad tjänar det till att oroa sig; **is this any ~?** är det här något att ha?; **that's no ~ to me** det hjälper inte mig; **that's all to the ~!** så mycket bättre!; **a rest will do you some ~** lite vila kommer att göra dig gott; **a (fat) lot of ~ that will do** *(iron: vard)* som om det skulle hjälpa

(**d**): **for ~ (and all)** för gott, för alltid

good‑bye [,gʊd'baɪ] **1** *interj* adjö **2** *s* farväl, adjö; **to say ~ to sb/sth** *(eg, bildl)* säga adjö till ngn/ngt

good‑for‑nothing ['gʊdfə,nʌθɪŋ] **1** *adj* oduglig **2** *s* odåga

good‑humoured, *(Am)* **good‑humored** [,gʊd'hju:məd] *adj* godmodig

good‑looking [,gʊd'lʊkɪŋ] *adj (person)* snygg, vacker

good‑natured [,gʊd'neɪtʃəd] *adj* godmodig, vänlig

good·ness ['gʊdnɪs] **1** *s (dygd, egenskap)* godhet, vänlighet **2** *interj (vard)*: (**my**) **~!**, **~ gracious!** du milde!, kors i jösse namn!; **for ~' sake!** för guds skull!

goods [gʊdz] *spl (Handel etc)* varor, gods; **leather ~** lädervaror; **canned ~** konserver; **all my worldly ~** alla mina jordiska ägodelar, allt vad jag äger; **~ train** *(Brit)* godståg

good‑tempered [,gʊd'tempəd] *adj (person)* godmodig

good·will [,gʊd'wɪl] *s (i allm)* välvilja; *(Handel)* goodwill

goody‑goody ['gʊdɪ,gʊdɪ] *s (neds)* skenhelig person, dygdemönster

goof [gu:f] *(vard)* **1** *s (handling)* dumt misstag; *(person)* dumbom **2** *vt* ställa till, sabba **3** *vi* ställa till det, göra en dumhet

goofy ['gu:fɪ] **1** *adj (vard)* (**a**) dum (**b**) *(Brit: tänder)* utstående **2** *s*: **G~** *(seriefigur)* Jan Långben

goose [gu:s] *s, pl* **geese** [gi:s] *(eg, bildl)* gås; **~ step** *(Mil)* preussisk marsch

goose·berry ['gʊzbərɪ, *(Am)* 'gu:s,berɪ] *s* krusbär; **~ play** *(Brit vard)* vara femte hjulet under vagnen

goose·flesh ['gu:sfleʃ] *s,* **goose·pimples** *spl* gåshud

G.O.P. *förk f* Grand Old Party *se* grand

gore[1] [gɔ:[r]] *s (i kjol)* våd

gore[2] [gɔ:[r]] *s (litt)* (stelnat) blod

gore[3] [gɔ:[r]] *vt* stånga; **to ~ to death** stånga ihjäl

gorge [gɔ:dʒ] **1** *s (Geogr)* (bergs)klyfta **2** *vt*: **to ~ oneself with/on sth** proppa i sig ngt

gor·geous ['gɔ:dʒəs] *adj (kvinna, klänning)* otroligt vacker, urtjusig *(vard)*; *(semester, måltid etc)* sagolik

go·ril·la [gə'rɪlə] *s* gorilla

gorm·less ['gɔ:mlɪs] *adj (vard)* korkad

gorse [gɔ:s] *s (Bot)* ärttörne låg, mattbildande buske på brittiska hedar

gory ['gɔ:rɪ] *adj (-ier, -iest) (strid, död)* blodig; **the ~ details** *(skämts)* de hemska detaljerna

gosh [gɒʃ] *interj (vard: ngt åld)* kors

gos·ling ['gɒzlɪŋ] *s* gässling, gåsunge

go‑slow ['gəʊsləʊ] *s (Brit: vid arbetskonflikt)* maskning

gos·pel ['gɒspəl] *s (Rel)* evangelium; **the G~ according to St John** Johannes evangelium; **it's the ~ truth** det är säkert som amen i kyrkan; **to take sth as ~** *(vard)* lita bergfast på ngt

gos·sa·mer ['gɒsəmə[r]] *s (på löv etc)* spindelväv; *(tyg)* flor, gasväv

gos·sip ['gɒsɪp] **1** *s (prat)* skvaller; *(person)* skvallerbytta, pratmakare; **~ column** skvallerspalt **2** *vi (prata)* sladdra; *(: om andra)* skvallra

got [gɒt] *imperf, perf part av* get; *(Am vard = have ~)* har; **I ~ plenty to do**

Goth·ic ['gɒθɪk] *adj (Arkit etc)* gotisk

got·ten ['gɒtn] *(Am) perf part av* get

gouge [gaʊdʒ] *vt (äv: ~ out) (med mejsel)* mejsla ut; *(med kniv)* skära ut

gou·lash ['gu:læʃ] *s* gulash

gourd [gʊəd] *s* kalebass

gour·met ['gʊəmeɪ] *s* gourmet, finsmakare

gout [gaʊt] *s (Med)* gikt

gov·ern ['gʌvən] *vt (land)* styra/regera (över); *(företag)* leda; *(val, beslut)* styra; *(känslor)* behärska, kontrollera; *(med lagar, förordningar etc)* reglera; *(Språkv: dativ etc)* styra

gov·er·ness ['gʌvənɪs] *s* guvernant

gov·ern·ing ['gʌvənɪŋ] *adj (Pol)* härskande, styrande; **~ body** styrelse

gov·ern·ment ['gʌvənmənt] *s (ledning)* regeringsmakt; *(system)* styrelsesätt; *(grupp av personer)* regering; *(i sms: politik, beslut etc)* regerings‑; **local ~** kommunal självstyrelse

gov·er·nor ['gʌvənə[r]] *s* (**a**) *(över land)* härskare, ledare; *(för område)* guvernör; *(för fängelse)* direktör; *(Brit: i skola)* medlem av skolstyrelsen (**b**) *(Brit: vard tilltalsord: till far)* farsan; *(: till överordnad)* chefen; *(: från taxichaufförer, stadsbud etc)* herrn

Govt *förk f* government

gown [gaʊn] *s (plagg)* klänning; *(Jur, Univ)* ämbetsdräkt

goy [gɔɪ] *s, pl* **goy·im** ['gɔɪɪm] *el* **-s** *(Jud: ofta neds: icke‑jude)* goj

G.P. *s förk f* general practitioner *se* general

grab [græb] **1** *s* (**a**): **to make a ~ at/for sth** försöka ta tag i ngt (**b**) *(Tekn)* gripskopa **2** *vt (i allm)* gripa; *(girigt)* roffa åt sig; *(bildl: chans etc)* gripa, ta; **to ~ sth from sb** rycka till sig ngt från ngn **3** *vi*: **to ~ at** gripa efter; *(vid fall)* försöka ta tag i

grace |greɪs| **1** s **(a)** (i rörelse, form etc) elegans, behagfullhet **(b)** (i uppförande) älskvärdhet; (Rel) nåd; **by the** ~ **of God** (Rel) genom Guds nåd; **he had the** ~ **to apologise** han hade vett att be om ursäkt; **3 days'** ~ 3 dagars anstånd **(c)** (vid måltid) bordsbön; **to say** ~ be bordsbön **(d)** (i titel): **Your G**~ Ers nåd; **His G**~ **Archbishop X** Hans högvördighet ärkebiskopen X **2** vt (rum etc) pryda, smycka; (tilldragelse etc) hedra; **he** ~**d the meeting with his presence** han hedrade mötet med sin närvaro

grace·ful |'greɪsfʊl| adj (i allm) elegant, charmerande; (ursäkt) älskvärd

grace·ful·ly |'greɪsfəlɪ| adv (se graceful) elegant, charmerande; älskvärt

gra·cious |'greɪʃəs| **1** adj (leende, värdinna) charmerande, välvillig; (rum, herrgård etc) elegant, behaglig; (tillåtelse) välvillig; (Gud) nådig, barmhärtig **2** interj: **(good)** ~! herre gud!

grade |greɪd| **1** s **(a)** (av ägg, äpplen etc) sort, kvalité; (lön) lönegrad; (Mil) rang; **high-/low-**~ **material** material av hög/låg kvalité; **to make the** ~ (bildl) lyckas, klara sig **(b)** (Skol) betyg; (Am Skol) klass, årskurs; ~ **school** (Am Skol: ung) grundskola **(c)** (Am: av väg etc) lutning; **at** ~ i samma plan; ~ **crossing** (Am Järnv) järnvägskorsning i plan **2** vt **(a)** (varor, ägg) sortera; (färger) gradera **(b)** (Skol) betygsätta

gra·di·ent |'greɪdɪənt| s (av väg etc) stigning, lutning; (av värden) skala; **a** ~ **of 1 in 7** en stigning av 1 på 7

grad·ual |'grædjʊəl| adj (förändring) gradvis; (lutning) svag

gradu·al·ly |'grædjʊəlɪ| adv (förbättras, förändras) successivt; (förstå) så småningom

gradu·ate |'grædjʊət| **1** s (Univ: med examen) akademiker; (Am Skol = high school ~) elev som gått ut skolan, student; ~ **school** (Am Univ) forskarutbildning **2** |'grædjʊeɪt| vt (termometer etc) gradera **3** |'grædjʊeɪt| vi (Univ) ta sin examen (from vid); (Am Skol) gå ut skolan

gradua·tion |ˌgrædjʊ'eɪʃən| s (Univ etc: ceremoni) avslutning, examen

graf·fi·ti |grə'fiːtɪ| spl graffiti, klotter på väggar

graft |grɑːft| **1** s **(a)** (Bot) ymp(kvist); (Med) transplantat **(b)** (vard: mutor etc) korruption; (: arbete) hårt jobb **2** vt (gren) ympa; (hud) transplantera

grain |greɪn| s **(a)** (vete etc) sädeskorn; (koll) säd, spannmål; (sand etc) korn; (bildl: förnuft, sanning) uns, korn **(b)** (i trä, sten) ådring; (på skinn) narv; (Foto) kornighet, ytstruktur; **it goes against the** ~ (bildl) det känns onaturligt

gram(me) |græm| s gram

gram·mar |'græmə'| s (system, bok) grammatik; **that's bad** ~ det är ogrammatiskt; ~ **school** (Brit ung) läroverk högstadium och gymnasium med teoretiska linjer

gram·mati·cal |grə'mætɪkəl| adj (regel, fel) grammatisk; (mening) grammatikalisk

gramo·phone |'græməfəʊn| s (Brit åld) grammofon

grana·ry |'grænərɪ| s spannmålsmagasin

grand |grænd| **1** adj **(-er, -est)** (bröllop, person etc) ståtlig; (släkt, hus) fin, förnäm; (vard) fin, fantastisk; ~ **finale** (Teat) (slut)final; ~ **jury** (Am) brottmålsjury; ~ **(piano)** flygel; **the G**~ **Old Party** (Am Pol: förk G.O.P.) republikanerna; **G**~ **Prix** (Motor) Grand Prix; ~ **total** slutsumma **2** s (Am vard) långsjal, 1000 dollar

grand·child |'græntʃaɪld| s, pl **-children** barnbarn

grand·(d)ad |'grændæd| s (vard) farfar; morfar

grand·daughter |'grænˌdɔːtə'| s sondotter; dotterdotter

gran·deur |'grændjə'| s storslagenhet

grand·father |'grænˌfɑːðə'| s farfar; morfar; ~

clock golvur

gran·dio·se |'grændɪəʊz| adj (stil, byggnad etc) storslagen, grandios; (planer) högtflygande; (uppträdande, språk) pompös

grand·mother |'grænˌmʌðə'| s farmor; mormor

grand·parent |'grænˌpɛərənt| s farförälder; morförälder

grand·son |'grænsʌn| s sonson; dotterson

grand·stand |'grændstænd| s (Sport) huvudläktare

gran·ite |'grænɪt| s granit

gran·ny, gran·nie |'grænɪ| s (vard) farmor; mormor

gra·no·la |grə'nəʊlə| s (Am: ung) müsli

grant |grɑːnt| **1** s (av pengar) anslag, bidrag; (Brit Univ) stipendium **2** vt (begäran, ynnest) bevilja; (faktum) medge; ~**ed/**~**ing that...** även om...; **he's clever, I** ~ **him that** han är duktig, det ger jag med på; **to take sth for** ~**ed** ta ngt för givet; **to take sb for** ~**ed** behandla ngn som ett inventarium, ta ngn för given

granu·lat·ed |'grænjʊleɪtɪd| adj: ~ **sugar** strösocker

gran·ule |'grænjuːl| s (socker- etc) korn

grape |greɪp| s druva

grape·fruit |'greɪpfruːt| s grapefrukt

grape·vine |'greɪpvaɪn| s vinranka; **I heard it on the** ~ (bildl) jag hörde det genom djungeltelegrafen

graph |grɑːf| s (i allm) diagram; (Mat) kurva; ~ **paper** millimeterpapper

graph·ic |'græfɪk| adj (i allm) grafisk; (bildl: skildring etc) målande; **the** ~ **arts** grafik, grafisk konst; ~ **designer** tecknare, grafiker

graph·ite |'græfaɪt| s grafit

grap·ple |'græpl| vi (eg, bildl) brottas (with med); **to** ~ **with a problem** brottas med ett problem

grap·pling iron |'græplɪŋ͵aɪən| s (Sjö) dragg

grasp |grɑːsp| **1** s grepp; **to lose one's** ~ **on sth** förlora greppet om ngt; **it is within/beyond his** ~ (bildl) det är inom/utanför hans fattningsförmåga; **to have a good** ~ **of sth** (bildl) ha en klar uppfattning om ngt **2** vt **(a)** (ta tag i) gripa; (hålla taget om) hålla i; (chans, tillfälle) ta, gripa **(b)** (situation, problem) begripa **♦ grasp at** vi + prep (eg, bildl) gripa efter

grasp·ing |'grɑːspɪŋ| adj (bildl) girig, sniken

grass |grɑːs| s (Bot) gräs; (mark: i trädgård, park) gräs(matta); (: för boskap) betesmark, grönbete; (vard: marijuana) hö, hasch; **not to let the** ~ **grow under one's feet** inte låta gräset gro under fötterna; **keep off the** ~ (på skylt) gräset får ej beträdas; **the** ~ **roots** (bildl) gräsrötterna; ~ **snake** (Zool) snok; ~ **widow** (Brit) gräsänka

grass·hopper |'grɑːsˌhɒpə'| s gräshoppa

grass·land |'grɑːslænd| s gräsmark

grassy |'grɑːsɪ| adj (-ier, -iest) gräs-, grästäckt

grate¹ |greɪt| s (i öppen spis) eldgaller, spisgaller

grate² |greɪt| **1** vt **(a)** (ost etc) riva **(b)** (metall, krita etc) gnissla med; **to** ~ **one's teeth** skära tänder **2** vi (gångjärn) gnissla; (bildl): **it really** ~**s (on me)** det irriterar mig verkligen

grate·ful |'greɪtfʊl| adj tacksam (for för, to mot); **I am most** ~ **to you** jag är dig ytterst tacksam

grat·er |'greɪtə'| s (Matl) rivjärn

grati·fi·ca·tion |ˌgrætɪfɪ'keɪʃən| s (glädje) tillfredsställelse; (av begär) tillfredsställande

grati·fy |'grætɪfaɪ| vt (person, önskan, nyck) tillfredsställa

grati·fy·ing |'grætɪfaɪɪŋ| adj (svar, resultat) tillfredsställande; (framgång) glädjande

grat·ing |'greɪtɪŋ| s (avlopps- etc) galler

gra·tis |'greɪtɪs| adv, adj gratis

grati·tude |'grætɪtjuːd| s tacksamhet

gra·tui·tous |grə'tjuːɪtəs| adj (information, rådgivning) avgiftsfri; (våld, förolämpning) omotiverad, onödig

gra·tu·ity [grə'tjuːɪtɪ] s *(Mil)* gratifikation; *(frm)* dricks(pengar)

grave[1] [greɪv] *adj* (-er, -est) **(a)** *(situation, uttryck, sak, fel)* allvarlig; *(ansvar, beslut)* viktig **(b)** [grɑːv] *(Språkv: accent)* grav

grave[2] [greɪv] s *(i allm)* grav; *(monument)* gravvård

grave·digger ['greɪvˌdɪgəʳ] s dödgrävare

grav·el ['grævəl] s grus

grave·ly ['greɪvlɪ] *adv* allvarligt; ~ **ill** allvarligt sjuk

grave·stone ['greɪvstəʊn] s gravsten

grave·yard ['greɪvjɑːd] s kyrkogård

gravi·tate ['grævɪteɪt] *vi (bildl)* dras *(towards* mot, till*)*

gravi·ta·tion [ˌgrævɪ'teɪʃən] s *(Fys)* gravitation, dragningskraft

grav·ity ['grævɪtɪ] s **(a)** *(Fys)* tyngd(kraft); **centre of** ~ tyngdpunkt; **force of** ~ dragningskraft **(b)** *(om person, högtid)* allvar

gra·vy ['greɪvɪ] s *(Matl)* (kött)sky; ~ **boat** såsskål; **to get on the** ~ **train** *(i sht Am vard)* komma upp i smöret

gray [greɪ] *adj (i sht Am)* = **grey**

graze[1] [greɪz] *(Jordbr)* **1** *vi* beta **2** *vt (gräs, fält)* beta på; *(boskap)* driva på bete

graze[2] [greɪz] **1** s *(sår)* skråma **2** *vt (om gevärskula)* snudda vid; *(skinn)* skrubba; **to** ~ **one's knees** skrubba knäna

grease [griːs] **1** s *(olja etc)* fett; *(Tekn)* smörjmedel **2** *vt (bakform etc)* smörja; *(Motor)* smörja

grease·paint ['griːspeɪnt] s *(Teat)* smink

grease·proof ['griːspruːf] *adj:* ~ **paper** *(Brit)* smörpapper

greasy ['griːsɪ] *adj* (-ier, -iest) *(mat, hår, salva)* fet; *(väg, yta)* hal; *(händer)* flottig; *(kläder)* smutsig; *(fläck)* flott-

great [greɪt] *adj* (-er, -est) **(a)** *(i allm)* stor; *(hetta, smärta)* stark; *(ålder)* hög; **they're** ~ **friends** de är mycket goda vänner; **it's of no** ~ **importance** det är inte särskilt viktigt; **to take** ~ **care to do sth** vara mycket noga med att göra ngt; **he's a** ~ **reader** han läser mycket; ~ **big** *(vard)* jättestor; **G**~ **Britain** Storbritannien; *se äv* **Dane, deal 1 c, many** **(b)** *(betydelsefull)* framstående, stor; **Alexander the G**~ Alexander den store; **the G**~ **War** första världskriget; ~ **minds think alike** *(ordspråk: ung)* två själar, en tanke; **the** ~ **thing is that...** det viktigaste är att... **(c)** *(vard: dag, fest etc)* härlig, fin; **it was** ~! det var fantastiskt; **he's** ~ **at football** han är fantastisk på fotboll

great·er ['greɪtəʳ] *adj (komp av* **great***)* större; **G**~ **London** Stor-London; **G**~ **London Council** *(förk* **GLC:** *ung)* Stor-Londons landsting

great·est ['greɪtəst] *adj (superl av* **great***)* störst; **he's the** ~! *(vard: i sport etc)* han är (den) störst(e)!

great-grandchild [ˌgreɪt'græntʃaɪld] s, *pl* **-children** barnbarnsbarn

great-grandparent [ˌgreɪt'grændˌpɛərənt] s *(förälder i tredje generationen)* farfarsfar, morsmorsfar *el* mormorsmor etc

great·ly ['greɪtlɪ] *adv* högeligen; ~ **superior** i hög grad överlägsen; **it is** ~ **to be regretted** *(frm)* det är verkligen att beklaga

great·ness ['greɪtnɪs] s *(i omfång etc)* storlek; *(författares etc)* storhet; *(i sinnet)* storsinthet

Greece [griːs] s Grekland

greed [griːd] s *(efter pengar)* snikenhet *(for* efter*)*; *(på mat)* glupskhet

greedy ['griːdɪ] *adj* (-ier, -iest) *(efter pengar)* sniken *(for* efter*)*; *(på mat)* glupsk

Greek [griːk] **1** *adj* grekisk **2** s *(person)* grek; *(språk)* grekiska; **it's (all)** ~ **to me** *(vard)* det är rena grekiskan för mig

green [griːn] **1** *adj* (-er, -est) *(färg)* grön; *(banan, tomat)* grön, omogen; *(person: ovan)* grön, 'ny i gamet'; *(: lättrogen)* naiv; **to have** ~ **fingers** *(bildl)* ha gröna fingrar, ha hand med växter; **to turn** ~ *(eg)* bli grön; *(bildl: av illamående, avund)* bli grön; ~ **beans** brytbönor, haricots verts; ~ **pepper** grön paprika; ~ **salad** grönsallad **2** s *(färg)* grönt; *(med gräs)* gräsmatta; *(=* **bowling** ~*)* bowlingbana; *(på golfbana)* green; **village** ~ allmänning *i by;* **he sat down on the** ~ han satte sig i det gröna; ~s *(Matl)* grönsaker

green·ery ['griːnərɪ] s *(i trädgård)* grönska; *(i bukett)* grönt

green·fly ['griːnflaɪ] s bladlus

green·gage ['griːngeɪdʒ] s *(plommon)* reine claude

green·grocer ['griːnˌgrəʊsəʳ] s *(Brit)* grönsakshandlare; ~'s **(shop)** grönsaksaffär

green·house ['griːnhaʊs] s växthus

Green·land ['griːnlənd] s Grönland

greet [griːt] *vt (i allm)* hälsa; *(gäst)* välkomna, *(syn etc)* möta; **the statement was** ~ed **with laughter** uttalandet mottogs med skratt

greet·ing ['griːtɪŋ] s *(i allm)* hälsning; *(vid hemkomst etc)* välkomnande; **Christmas** ~s julhälsning; ~s **card** julkort, nyårskort; *(till födelsedag etc)* gratulationskort

gre·gari·ous [grɪ'gɛərɪəs] *adj (djur)* flock-; *(person)* sällskaplig

gre·nade [grɪ'neɪd] s *(äv:* **hand-**~*)* handgranat

grew [gruː] *imperf av* **grow**

grey [greɪ] **1** *adj* (-er, -est) *(färg)* grå; *(utsikter)* dyster; **to go** ~ *(person)* blekna; *(hår)* gråna; ~ **area** *(bildl)* område fullt av oklarheter, gråzon **2** s grått

grey-haired [ˌgreɪ'hɛəd] *adj* gråhårig

grey·hound ['greɪhaʊnd] s *(vinthundsras)* greyhound

grid [grɪd] s *(metall)* galler; *(Elektr, Gas)* ledningsnät; *(på karta)* rutnät; **the national** ~ det nationella el-nätet

grid·dle ['grɪdl] s gräddningsplåt *ovanpå spisen;* ~ **cake** *slags* pannkaka *el* scone *gräddad på spisen*

grid·iron ['grɪdaɪən] s *(Matl)* halster, grill

grief [griːf] s *(känsla)* sorg; *(orsak)* källa till sorg; **to come to** ~ råka illa ut

griev·ance ['griːvəns] s *(i allm)* klagomål; *(orsak)* anledning till klagomål

grieve [griːv] **1** *vt* bedröva; **it** ~s **me to see...** det smärtar mig att se... **2** *vi* sörja; **to** ~ **for sb** sörja ngn

griev·ous ['griːvəs] *adj:* ~ **bodily harm** *(Jur)* allvarlig kroppsskada

grill [grɪl] **1** s **(a)** *(Brit: i spis)* grill; *(i sht Am)* utegrill; *(restaurang)* grill; **mixed** ~ *(maträtt)* mixed grill, grillspett **(b)** *(äv:* **grille***)* galler **2** *vt* **(a)** *(Matl)* grilla **(b)** *(vard: i förhör etc)* grilla, hålla på halster

grim [grɪm] *adj* (-mer, -mest) *(leende, blick)* bister; *(tystnad)* djup och allvarlig; *(landskap)* dyster; *(kamp)* grym, bister; *(beslutsamhet)* fast; *(humor)* bister, galg-; *(sanning)* bister, grym; **to hold on (to sth) like** ~ **death** hålla fast (vid ngt) av alla krafter

gri·mace [grɪ'meɪs] **1** s grimas **2** *vi* grimasera

grime [graɪm] s *(fet/sotig)* smuts

grin [grɪn] **1** s flin **2** *vi* flina; **to** ~ **and bear it** hålla god min

grind [graɪnd] *(v: imperf, perf part* **ground***)* **1** *vt (kaffe, mjöl)* mala; *(kniv, diamant)* slipa; **to** ~ **one's teeth** skära/gnissla tänder; **to** ~ **sth into the earth** borra ner ngt i marken **2** *vi* mala; **to** ~ **to a halt** *(eg)* stanna med ett gnissel; *(bildl)* köra fast **3** s: **the daily** ~ *(vard)* vardagsslitet

grind·er ['graɪndəʳ] s *(till kaffe)* kvarn; *(till kniv)* slipmaskin

grind·stone |'graɪndstəʊn| s slipsten; **to keep one's nose to the ~** slita hund

grip |grɪp| **1** s **(a)** *(i allm)* grepp; *(vid hälsning)* handslag; **in the ~ of winter** *(bildl)* i vinterns hårda grepp; **to get to ~s with sb/sth** ge sig i kast med ngn/ngt; **to lose one's ~** förlora greppet; **to have a good ~ of a subject** behärska ett ämne; **get a ~ on yourself!** *(vard)* skärp dig! **(b)** *(väska)* bag **2** vt *(eg)* gripa tag i; *(bildl)* fängsla

gripe |graɪp| *(vard)* **1** s gnäll **2** vi gnälla *(about över)*

grip·ping |'grɪpɪŋ| adj *(bok etc)* fängslande

gris·ly |'grɪzlɪ| adj *(-ier, -iest)* *(mord etc)* hemsk, fasansfull

grist |grɪst| s: **that is ~ for his mill** *(bildl)* nu får han vatten på sin kvarn

gris·tle |'grɪsl| s brosk

grit |grɪt| **1** s *(på vägar)* sand, grus; *(bildl)* mod, geist; **I've got ~ in my eye** jag har fått sand i ögat **2** vt **(a)** *(väg)* sanda **(b): to ~ one's teeth** skära tänder

grits |grɪts| spl *(Am)* majsgryn

griz·zle |'grɪzl| vi *(barn)* gnälla, skrika

griz·zled |'grɪzld| adj *(hår)* gråsprängd

griz·zly |'grɪzlɪ| s *(äv: ~ bear)* grizzlybjörn, gråbjörn

groan |grəʊn| **1** s *(av smärta, besvikelse etc)* stön **2** vi *(person)* stöna; *(träd, grind etc)* knaka

gro·cer |'grəʊsəʳ| s specerihandlare; **~'s (shop)** *(Brit)* livsmedelsaffär, speceriaffär

gro·ceries |'grəʊsərɪz| spl specerier

gro·cer·y |'grəʊsərɪ| s speceriaffär

grog |grɒg| s: **rum ~** romtoddy

grog·gy |'grɒgɪ| adj *(-ier, -iest)* omtöcknad, vimmelkantig, groggy *(vard)*

groin |grɔɪn| s *(Anat)* ljumske

groom |gru:m| **1** s *(i stall)* stalldräng; *(= bride~)* brudgum **2** vt **(a)** *(häst)* rykta; **well ~ed** *(person)* välvårdad **(b)** *(person)*: **to ~ sb as/for** trimma/förbereda ngn för

groove |gru:v| s *(i trä, metall)* skåra; *(i grammofonskiva)* spår

groovy |'gru:vɪ| adj *(vard)* toppen, alla tiders

grope |grəʊp| **1** vi *(äv: ~ around, ~ about)* treva, famla *(omkring)*; **to ~ for** treva efter; *(bildl: ord etc)* leta efter **2** vt: **to ~ one's way** treva sig fram; **to ~ sb** *(vard)* tafsa på ngn

gross |grəʊs| **1** adj *(-er, -est)* **(a)** *(kropp)* fet, kraftig; *(vegetation)* frodig; *(språk, uppträdande)* rå, vulgär; *(fel, slarv)* grov **(b)** *(inkomst, vikt)* brutto-, total-; **£10,000 ~** 10 000 pund brutto; **~ national product** *(förk GNP)* bruttonationalprodukt **2** s, pl lika *(12 dussin)* gross **3** vt *(Handel: om försäljning)* ge i bruttointäkt; *(lön)* ha i bruttolön

gro·tesque |grəʊ'tesk| adj grotesk

grot·to |'grɒtəʊ| s grotta

grouch |graʊtʃ| *(vard)* **1** vi sura **2** s *(person)* surpuppa; *(klagan)* knot, gnäll; **to have a ~ against sb** ha ett horn i sidan till ngn

grouchy |'graʊtʃɪ| adj sur, grinig

ground¹ |graʊnd| **1** s **(a)** *(jordmån, jordyta)* mark; *(område)* mark; *(landskapstyp)* terräng; **to gain/lose ~** vinna/förlora terräng; **to be on dangerous ~** befinna sig på farlig mark; **it suits me down to the ~** det passar mig alldeles utmärkt; **to cut the ~ from under sb's feet** få ngn att förlora fotfästet; **on the ~** på marken; **above/below ~** över/under jordytan; **to fall to the ~** *(eg)* falla till marken; *(bildl)* falla platt till marken; **to get off the ~** *(flygplan)* lyfta; *(projekt etc)* komma igång; **to stand one's ~** *(eg)* hålla stånd; *(bildl)* stå fast; **he covered a lot of ~ in his lecture** han täckte ett stort område i sitt föredrag **(b)** *(fotbolls- etc)* plan; **parade ~** exercisplats; **~s**

parkområde **(c)** *(färg)* bakgrund; **(d): ~s** spl *(av kaffe)* sump **(e)** *(Am Elektr)* jord **(f)** *(anledning: vanl pl)* grund, skäl, orsak; **on medical ~s** av medicinska skäl; **~s for complaint** anledning till klagomål; **on the ~(s) that** med anledning av att..., med motiveringen att... **(g)** *(i sms)*: **~ control** *(Flyg)* markkontroll; **~ cloth = groundsheet; ~ floor** *(Brit)* bottenvåning; **~ frost** *(på marken)* nattfrost; *(i jorden)* tjäle; **~ level** marknivå; **~ plan** *(Arkit)* planritning; **~ staff** *(Flyg)* markpersonal **2** vt **(a)** *(fartyg)* sätta på grund; *(plan, pilot)* ge startförbud **(b)** *(Am Elektr)* jorda **3** vi *(Sjö)* gå på grund

ground² |graʊnd| **1** imperf, perf part av **grind** **2** adj *(kaffe etc)* malen; **~ rice** rismjöl; **~ glass** matt(slipat) glas

ground·ing |'graʊndɪŋ| s grund(läggande kunskaper)

ground·less |'graʊndlɪs| adj ogrundad

ground·nut |'graʊndnʌt| s *(Brit)* jordnöt

ground·sheet |'graʊndʃi:t| s *(till tält)* tältunderlag

grounds·man |'graʊndzmən| s *(Sport)* planskötare

ground·work |'graʊndwɜ:k| s grundläggande arbete

group |gru:p| **1** s *(människor)* grupp, klunga; *(träd)* klunga; *(möbler)* grupp; *(student-, teater-)* grupp; *(Flyg)* eskader; *(i allm: saker, personer el företeelser som hör ihop)* grupp; *(Mus: = pop ~)* grupp; **~ blood** *(Med)* blodgrupp; **~ captain** *(Flyg)* överste; **~ practice** *(Med)* läkargrupp, läkarhus **2** vt *(äv: ~ together)* gruppera **3** vi gruppera sig

grouse¹ |graʊs| s, pl lika skogshöns; *(= red ~)* moripa; **black ~** orre

grouse² |graʊs| *(vard)* **1** s klagomål **2** vi klaga *(about över)*

grove |grəʊv| s lund, skogsdunge; **olive ~** olivlund

grov·el |'grɒvl| vi *(eg)* kräla, krypa; *(bildl)* krypa, förnedra sig *(to för)*

grow |grəʊ| imperf **grew**, perf part **grown** **1** vt *(Jordbr)* odla; *(skägg)* lägga sig till med **2** vi **(a)** *(planta, hår, barn)* växa; *(i antal)* öka; *(vänskap, kärlek)* växa sig starkare; **to ~ in stature/popularity** växa till omfånget/i popularitet; **that painting is ~ing on me** den tavlan tilltalar mig mer och mer **(b)** *(med efterföljande adj)* *(så småningom)* bli; **to ~ old** bli gammal; **to ~ dark** mörkna, bli mörk; **to ~ tired of waiting** tröttna på att vänta; **to ~ to like sb** lära sig tycka om ngn

♦ **grow apart** vi + adv *(bildl)* glida isär

♦ **grow away from** vi + prep *(bildl)* växa ifrån

♦ **grow into** vi + prep **(a)** *(kläder)* växa i **(b)** *(bli)* utvecklas till; **she has ~n into a beautiful woman** hon har utvecklats till en vacker kvinna

♦ **grow out of** vi + prep **(a)** *(kläder)* växa ur; *(vana)* växa ifrån **(b)** *(resultat)* bero på, växa fram ur

♦ **grow up** vi + adv **(a)** *(bli vuxen)* växa upp, bli stor; **I grew up in the country** jag växte upp på landet; **I want to be an astronaut when I ~ up** jag vill bli astronaut när jag blir stor; **~ up!** *(vard)* var inte barnslig! **(b)** *(vänskap etc)* växa fram

growing |'grəʊɪŋ| adj *(i allm)* växande; *(antal)* ökande; **~ pains** *(Med)* växtvärk; *(bildl: om projekt etc)* barnsjukdomar

growl |graʊl| **1** s morrande **2** vi *(djur)* morra; *(person)* morra, grymta

grown |grəʊn| **1** perf part av **grow** **2** adj *(äv: fully ~)* vuxen

grown-up |ˌgrəʊn'ʌp| **1** adj vuxen **2** s |'grəʊnʌp| vuxen

growth |grəʊθ| s **(a)** *(i allm)* växt, tillväxt; *(i mängd)* ökning; *(Ekon)* tillväxt; **a ~ in interest** ett växande intresse; **~ of hair** hårväxt; **~ of beard**

skäggväxt; **to reach full** ~ bli fullt utvecklad **(b)** *(Med)* svulst, tumör

groyne |grɔɪn| *s* vågbrytare

grub [grʌb] **1** *s* **(a)** *(Zool)* larv **(b)** *(vard)* käk; ~('s) **up!** käk!, skaffning! **2** *vi:* ~ **about** *el* **around** gräva/böka omkring *(for* efter)

grub·by ['grʌbɪ] *adj (-ier, -iest)* smutsig

grudge [grʌdʒ] **1** *s* agg *(against* mot); **to bear a** ~ hysa agg **2** *vt* missunna; **I don't** ~ **you your success** jag missunnar dig inte din framgång; **I** ~ **doing...** det bär mig emot att...

grudg·ing ['grʌdʒɪŋ] *adj (erkännande, stöd etc)* motvillig

gru·el·ling, *(Am)* **gru·el·ing** ['grʊəlɪŋ] *adj (match, uppgift)* hård, ansträngande

grue·some ['gru:səm] *adj* ohygglig, hemsk

gruff [grʌf] *adj (-er, -est) (röst)* sträv; *(sätt)* barsk

grum·ble ['grʌmbl] **1** *s (klagan)* knot; *(ljud)* mullrande **2** *vi (klaga)* knota *(about* över); *(åska etc)* mullra; **a grumbling appendix** en besvärande blindtarm

grumpy ['grʌmpɪ] *adj (-ier, -iest)* vresig

grunt [grʌnt] **1** *s (om gris, person)* grymtning **2** *vi (gris, person)* grymta

G-string ['dʒi:strɪŋ] *s (Mus)* g-sträng; *(på strip-teasedansös)* fikonlöv

guar·an·tee [,gærən'ti:] **1** *s (Handel)* garanti; *(vid banklån)* borgensman; *(löfte)* garanti **2** *vt (varor)* lämna garanti på, garantera; *(service, leverans)* ansvara för, garantera; *(ge löfte)* (ut)lova, garantera; *(skuld etc)* gå i god för; **this watch is** ~d **for 12 months** det är 12 månaders garanti på den här klockan; **I can't** ~ **good weather** jag kan inte garantera vackert väder; **he can't** ~ **(that) he'll come** han kan inte lova att han kommer

guar·an·tor [,gærən'tɔːʳ] *s (Jur)* borgensman

guard [gɑːd] **1** *s* **(a)** *(Mil: individ)* vakt, vaktpost; *(: grupp)* vakt(manskap); *(= security* ~*)* vaktman, väktare; *(i sht Am: = prison* ~*)* fångvaktare; *(Brit Järnväg)* konduktör; ~'s **van** *(Brit Järnv)* konduktörens kupé; **to change** ~ *(Mil)* göra vaktombyte **(b)** *(Mil: äv* ~ **duty)** vakttjänst; *(bildl)* vaksamhet; **to be on** ~ *(Mil etc)* stå på vakt; **to be on one's** ~ *(against) (bildl)* vara på sin vakt (mot); **to keep sb under** ~ hålla ngn under uppsikt; **to catch sb off his** ~ överrumpla ngn; **to keep** ~ **over sb/sth** *(Mil, bildl)* hålla vakt över ngn/ngt; ~ **dog** vakthund **(c)** *(på maskin)* skyddsanordning; *(mot kyla etc)* skydd; *(= fire* ~*)* eldgaller **2** *vt (fånge, skatt)* bevaka; *(hemlighet)* bevara; **to** ~ **against/from** skydda mot/från

♦ **guard against** *vi + prep (sjukdom)* skydda sig mot; *(misstanke)* akta sig för; **to** ~ **against doing sth** undvika att göra ngt, gardera sig mot att göra ngt

guard·ed ['gɑːdɪd] *adj (svar, ton)* försiktig, reserverad

guard·ian ['gɑːdɪən] *s (Jur)* förmyndare; ~ **angel** skyddsängel

Gua·te·ma·la [,gwɑːtə'mɑːlə] *s* Guatemala

Gua·te·ma·lan [,gwɑːtə'mɑːlən] **1** *adj* guatemalansk **2** *s* guatemalan

Guern·sey ['gɜːnzɪ] *s* Guernsey

guer·ril·la [gə'rɪlə] *s* gerillasoldat; ~s *(trupper)* gerilla; ~ **warfare** gerillakrigföring

guess [ges] **1** *s* gissning; **to make/have a** ~ gissa; **at a (rough)** ~ uppskattningsvis; **my** ~ **is that...** jag gissar/tror att...; **it's anybody's** ~ det är omöjligt att veta **2** *vt* **(a)** *(svar, mening)* gissa sig till; *(höjd, vikt etc)* gissa; ~ **what!** vet du vad!; **I** ~ed **as much** jag anade det **(b)** *(i sht Am)* förmoda, tro; **I** ~ **you're right** du har nog rätt **3** *vi* **(a)** *(göra en gissning)* gissa; **to** ~ **right** gissa rätt; **he's just** ~**ing** han gissar bara, det är ren

gissning; **to keep sb** ~**ing** hålla ngn i ovisshet; **to** ~ **at sth** gissa (på) ngt **(b)** *(i sht Am)* förmoda, tro; **he's happy, I** ~ han är (nog) lycklig, tror jag

guess·ti·mate ['gestɪmɪt] *s (vard)* grov uppskattning

guess·work ['geswɜːk] *s* gissning; **it was pure** ~ det var rena gissningen

guest [gest] *s* gäst; ~ **of honour** hedersgäst; **be my** ~ *(vard)* känn dig som hemma; ~ **room** gästrum

guest-house ['gesthaʊs] *s* pensionat, gästhem

guf·faw [gʌ'fɔː] **1** *s* gapskratt **2** *vi* gapskratta

guid·ance ['gaɪdəns] *s* **(a)** *(om yrkesval etc)* rådgivning; *(av projekt etc)* ledning; **marriage/vocational** ~ äktenskaps-/yrkes|rådgivning **(b)** *(av raket etc)* fjärrmanövrering

guide [gaɪd] **1** *s* **(a)** *(person)* vägvisare, guide, ciceron; *(=* ~ *book)* resehandbok; *(instruktionsbok)* manual, handbok; *(bildl)* ledning, anvisning; *(Tekn)* gejd, styrskena; **let conscience be your** ~ följ ditt samvete; ~ **dog** ledarhund; *se äv* **girl 2** *vt (person: i allm)* visa vägen; *(: blind)* leda; *(: i val, beslut)* vägleda; *(: på rundtur)* guida; **to be** ~**d by sb/sth** *(bildl)* vägledas av ngn/ngt; ~**d missile** fjärrstyrd robot; ~**d tour** *(längre)* sällskapsresa; *(kort)* rundtur (med guide)

guide·book ['gaɪdbʊk] *s* resehandbok

guide·line ['gaɪdlaɪn] *s* riktlinje

guild [gɪld] *s (medeltida)* skrå; *(klubb)* gille

guild·hall ['gɪldhɔːl] *s* stadshus, rådhus

guile [gaɪl] *s* svek, list

guil·lemot ['gɪlɪmɒt] *s (Zool)* grissla

guil·lo·tine [,gɪlə'tiːn] **1** *s (för avrättning)* giljotin; *(för papper)* skärmaskin; *(Brit Pol)* tidsspärr för debatt **2** *vt* giljotinera

guilt [gɪlt] *s (till brott etc)* skuld; *(känsla)* skuldkänsla

guilt·less ['gɪltlɪs] *adj* oskyldig, utan skuld

guilty ['gɪltɪ] *adj (-ier, -iest) (Jur, i allm)* skyldig; *(blick)* skuldmedveten; ~ **conscience** dåligt samvete; ~ **of sth** skyldig till ngt; **the** ~ **person/party** den skyldige; **to find sb** ~ finna ngn skyldig; **to plead** ~/**not** ~ erkänna sig skyldig/förklara sig icke skyldig

guinea ['gɪnɪ] *s (Brit åld: 21 shilling)* guinea

Guinea ['gɪnɪ] *s* Guinea

Guin·ean ['gɪnɪən] **1** *adj* guineansk **2** *s* guinean

guinea pig ['gɪnɪˌpɪg] *s* marsvin; *(bildl)* försökskanin

guise [gaɪz] *s* **(a)** *(kostymering)* gestalt, förklädnad; **in the** ~ **of a clown** klädd som/förklädd till clown; **in the** ~ **of a swan** i svan|gestalt/-hamn, i skepnad av en svan **(b)** *(bildl)* sken, täckmantel; **under the** ~ **of friendship** under vänskapens täckmantel

gui·tar [gɪ'tɑːʳ] *s* gitarr

gui·tar·ist [gɪ'tɑːrɪst] *s* gitarrist

gulch [gʌltʃ] *s (Am)* smal ravin

gulf [gʌlf] *s (av hav)* vik, golf; *(i berg, äv bildl)* klyfta, svalg; **the G**~ **Stream** Golfströmmen; **the (Persian) G**~ Persiska viken; **the G**~ **States** *(i USA)* staterna vid Mexikanska golfen; *(runt Persiska viken)* de oljeproducerande länderna

gull [gʌl] *s* mås

gul·let ['gʌlɪt] *s* matstrupe

gul·lible ['gʌlɪbl] *adj* lättlurad

gul·ly ['gʌlɪ] *s (i berg: djup)* ravin; *(på bergssida)* fåra, ränna

gulp [gʌlp] **1** *s (mjölk etc)* klunk; **in/at one** ~ i ett drag **2** *vt (äv:* ~ **down)** sluka, slänga i sig **3** *vi (dryck)* svälja; *(av rädsla)* få hjärtat i halsgropen

gum¹ [gʌm] *s (Anat)* tandkött

gum² [gʌm] **1** *s (från växter)* gummi, kåda; *(på kuvert etc)* gummering, klister; *(=* ~ *tree)* gummiträd; *(= chewing* ~*)* tuggummi; *(sötsak)* gelé; **wine** ~s vingummi **2** *vt (två papper etc)* klistra ihop; *(äv:* ~ **down:** *etikett)* klistra på; *(: kuvert)* klistra igen

♦ **gum up** *vt + adv:* **to** ~ **up the works** *(vard)* sabba allting

gum·boots ['gʌmbuːts] *spl* gummistövlar

gump·tion ['gʌmpʃən] *s (vard)* framåtanda

gun |gʌn| **1** *s (Mil: artilleripjäs)* kanon; *(handeldvapen: större)* gevär; *(: mindre)* pistol; **to draw a** ~ **on sb** hota ngn med pistol; **to stick to one's** ~**s** *(bildl)* stå på sig; **big** ~ *(vard: bildl)* tungviktare; **son of a** ~ *(vard)* skojare, rackare; *(milt kraftuttryck):* **son of a** ~! det var som tusan!; ~ **barrel** gevärspipa; ~ **dog** jakthund **2** *vt (äv:* ~ **down)** skjuta ner

♦ **gun for** *vi + prep (bildl)* vara ute efter

gun·boat |'gʌnbəʊt| *s* kanonbåt

gun·fire ['gʌnfaɪəʳ] *s (i allm)* skottlossning; *(Mil: med kanon)* artillerield

gunge |gʌndʒ| *s (vard)* äckligt klet

gung ho ['gʌŋ'həʊ] *adj (Am vard: överdrivet ivrig)* het på gröten; *(: överdrivet djärv)* dumdristig

gun·man ['gʌnmən] *s, pl* **-men** revolverman, gangster

gun·point ['gʌnpɔɪnt] *s*: **at** ~ under pistolhot

gun·powder ['gʌn,paʊdəʳ] *s* krut

gun·running ['gʌn,rʌnɪŋ] *s* vapensmuggling

gun·shot ['gʌnʃɒt] *s (ljud)* gevärsskott; ~ **wound** skottsår

gun·smith ['gʌnsmɪθ] *s* gevärssmed

gur·gle ['gɜːgl] **1** *s (av vatten)* kluckande, porlande; *(babys)* gurglande **2** *vi (se* 1) klucka; gurgla

guru ['guːru] *s (Rel, bildl)* guru

gush |gʌʃ| **1** *s (av vätska)* stråle, fors; *(av känsla)* flod, utbrott **2** *vi* **(a)** *(äv:* ~ **out:** *vatten, blod)* välla fram *(from* ur) **(b)** *(vard)* vara hänförd *(about/over* över)

gus·set ['gʌsɪt] *s (i plagg)* kil

gust |gʌst| *s (av blåst)* vindstöt; *(av regn)* regnby

gus·to ['gʌstəʊ] *s* entusiasm, glöd

gut |gʌt| **1** *s* **(a)** *(Med)* tarm(kanal); *(fiol, racket)* sträng **(b):** ~**s** *spl (djurs)* inälvor; *(bildl)* mod; ~ **reaction** instinktiv reaktion **2** *vt* **(a)** *(fisk, fågel)* ta ur **(b)** *(byggnad)* tömma

gut·ter ['gʌtəʳ] *s (på gata)* rännsten; *(på tak)* takränna; **to be born in the** ~ *(bildl)* komma från rännstenen; ~ **press** skandalpress

gut·tur·al ['gʌtərəl] *adj* guttural

guy[1] [gaɪ] *s (äv: man)* karl, kille; *(Guy Fawkesfigur)* trasdocka; **wise** ~ viktigpetter; **G**~ **Fawkes Night** *(5 november)* Guy Fawkes afton

guy[2] [gaɪ] *s (äv:* ~**-rope)** *s (till tält)* tältlina; *(till radiomast etc)* stag, stötta

Guy·ana |gaɪ'ænə| *s* Guyana

Guya·nese [,gaɪə'niːz] **1** *adj* guyansk **2** *s* guyanan

guz·zle ['gʌzl] **1** *vt (mat)* vräka i sig; *(dryck)* hälla i sig; *(dricka)* hälla i sig **2** *vi (äta)* vräka i sig; *(dricka)* hälla i sig

gym [dʒɪm] *s (vard: ämne)* gymnastik; *(: lokal)* gymnastiksal

gym·kha·na [dʒɪm'kɑːnə] *s* ryttartävlingar

gym·na·sium [dʒɪm'neɪzɪəm] *s* gymnastiksal; *(i andra länder: skolform)* gymnasium

gym·nast ['dʒɪmnæst] *s* gymnast

gym·nas·tics [dʒɪm'næstɪks] *s (sg)* gymnastiserande; *(pl)* gymnastik

gy·nae·colo·gist,   *(Am)*   **gy·ne·colo·gist** |,gaɪnɪ'kɒlədʒɪst| *s* gynekolog

gy·nae·col·ogy,   *(Am)*   **gy·ne·col·ogy** |,gaɪnɪ'kɒlədʒɪ| *s* gynekologi

gyp·sy ['dʒɪpsɪ] **1** *s* zigenare; *(neds)* tattare, skojare **2** *adj* zigenar-, zigensk; ~ **driver** *(Am)* person som kör taxi svart

gy·rate [,dʒaɪə'reɪt] *vi (runt axel etc)* rotera; *(dansa)* virvla

gy·ro·scope ['dʒaɪərəskəʊp] *s* gyroskop

H

H, h [eɪtʃ] *s (bokstav)* H, h
hab·er·dash·er [ˈhæbədæʃəʳ] *s (Brit)* sybehörs-
handlare; *(Am)* herrekipering(sförsäljare)
hab·er·dash·ery [ˌhæbəˈdæʃərɪ] *s (Brit: varor)* sy-
behör; *(: affär)* sybehörsaffär; *(Am: varor)* herr-
ekiperingsartiklar; *(: affär)* herrekipering
hab·it [ˈhæbɪt] *s* **(a)** *(beteende)* vana; **bad** ~
ovana, dålig vana; **to be in the** ~ **of doing sth** ha
för vana att göra ngt; **to get into/out of the** ~ **of
doing sth** vänja sig vid/av med att göra ngt; **out
of sheer** ~ av gammal vana **(b)** *(munks)* kåpa;
(= riding ~*)* riddräkt
hab·it·able [ˈhæbɪtəbl] *adj* beboelig
habi·tat [ˈhæbɪtæt] *s* hemvist
habi·ta·tion [ˌhæbɪˈteɪʃən] *s (byggnader)* bebyggel-
se; *(frm: hus)* boning; **not fit for** ~ obeboelig
ha·bitu·al [həˈbɪtjʊəl] *adj (i allm)* vanlig; *(lögnare
etc)* vane-
hack[1] [hæk] **1** *s (med yxa etc)* hugg **2** *vt* hugga,
hacka; **to** ~ **one's way in/out/through** hugga sig
in i/ut ur/fram genom; **to** ~ **sth to pieces** hugga
ngt i bitar **3** *vi* hugga/hacka *(at i)*
♦ **hack down** *vt + adv (träd etc)* hugga ner
hack[2] [hæk] **1** *s (gammal häst)* hästkrake **(b)**
beställningsförfattare, brödskrivare **(c)** *(Am
vard)* taxi **2** *vi:* **to go** ~**ing** ta en ridtur
hack·er [ˈhækəʳ] *s (Am vard)* ung dataentusiast,
hacker
hack·ing [ˈhækɪŋ] *adj* **(a):** ~ **jacket** ridjac-
ka **(b):** ~ **cough** rethosta
hack·les [ˈhæklz] *spl (på hund)* nackhår; *(på höns)*
halsfjädrar; **to make sb's** ~ **rise** *(bildl)* retaupp
ngn
hack·ney car·riage [ˈhæknɪˌkærɪdʒ] *s (frm)* hyrbil,
droska
hack·neyed [ˈhæknɪd] *adj (yttrande, ämne)* utsliten
hack·saw [ˈhæksɔː] *s* bågfil
had [hæd] *imperf, perf part av* **have**
had·dock [ˈhædək] *s (fisk)* kolja
hadn't [ˈhædnt] = **had not**
haemo·glo·bin, *(Am)* **hemo·glo·bin**
[ˌhiːməʊˈgləʊbɪn] *s* hemoglobin
haemo·philia, *(Am)* **hemo·philia** [ˌhiːməʊˈfɪlɪə] *s*
blödarsjuka
haem·or·rhage, *(Am)* **hem·or·rhage**
[ˈhemərɪdʒ] **1** *s* blödning **2** *vi* blöda
haem·or·rhoids, *(Am)* **hem·or·rhoids**
[ˈhemərɔɪdz] *spl* hemorrojder
hag [hæg] *s (neds: gammal oful kvinna)* hagga, häxa;
(i folktron) häxa
hag·gard [ˈhægəd] *adj (av trötthet)* tärd, härjad; *(av
svält)* utmärglad
hag·gis [ˈhægɪs] *s (Skottl Matl: ung)* fårpölsa
hag·gle [ˈhægl] *vi (pris)* köpslå *(over* om), pruta
(over på)
Hague [heɪg] *s:* **the** ~ Haag
hail[1] [heɪl] **1** *s (Meteorologi)* hagel; *(bildl: av kulor)*
regn; *(: av ovett)* skur **2** *vi* hagla
hail[2] [heɪl] **1** *s* hälsning, rop; **within** ~ inom hör-
håll **2** *interj (åld, poet):* ~ **Caesar!** var hälsad,
Caesar!, hell Caesar!; **the H~ Mary** Ave Ma-
ria **3** *vt (ngn som hjälte etc)* hylla; *(med glädje
etc)* hälsa; *(taxi)* hejda, ropa på **4** *vi* höra hem-
ma; **where does that ship** ~ **from?** var hör det
fartyget hemma?; **he** ~**s from Scotland** han kom-

mer från Skottland
hail·stone [ˈheɪlstəʊn] *s* hagelkorn
hail·storm [ˈheɪlstɔːm] *s* hagelby
hair [heəʳ] *s (på huvudet etc)* hår; *(: enstaka)*
hårstrå; *(djurs)* päls; *(: enstaka)* pälshår; **to comb
one's** ~ kamma håret; **to put one's** ~ **up** sätta upp
håret; **to have one's** ~ **done** gå till frisören; **to
get/have one's** ~ **cut** gå och klippa håret; **to
remove unwanted** ~ ta bort generande hårväxt;
to split ~**s** ägna sig åt hårklyverier; **he didn't
turn a** ~ han ändrade inte en min; **to make sb's** ~
stand on end få håret att resa sig på ngn; **the** ~ **of
the dog (that bit you)** *(vard)* återställare; **to let
one's** ~ **down** *(bildl)* slå sig lös; ~ **remover** hår-
borttagningsmedel; ~ **spray** hårspray
hair·breadth [ˈheəbretθ] = **hair's·breadth**
hair·brush [ˈheəbrʌʃ] *s* hårborste
hair·cut [ˈheəkʌt] *s* klippning; **to have/get a** ~
klippa sig
hair·do [ˈheəduː] *s (vard)* frisyr
hair·dresser [ˈheəˌdresəʳ] *s (dam)frisör; (kvinnlig:
äv)* hår-/dam|frisörska; ~**'s** frisersalong
hair·drier [ˈheəˌdraɪəʳ] *s* hårtork
-haired [heəd] *adj suffix* -hårig; **fair/long**~ ljus-/
lång|hårig
hair·line [ˈheəlaɪn] *s* hårfäste; ~ **crack** nålfin
spricka; ~ **fracture** tunn spricka
hair·pin [ˈheəpɪn] *s* hårnål; ~ **bend** *(Brit)*, ~ **curve**
(Am) hårnålskurva
hair·raising [ˈheəˌreɪzɪŋ] *adj (berättelse etc)* hår-
resande
hair's·breadth [ˈheəzbretθ] *s:* **by a** ~ med en
hårsmån
hair·style [ˈheəstaɪl] *s* frisyr
hairy [ˈheərɪ] *adj (-ier, -iest)* **(a)** *(bröst, ben)* hå-
rig, luden; *(djur)* päls- **(b)** *(vard)* ruggig, otäck
hake [heɪk] *s (fisk)* kummel
hal·cy·on [ˈhælsɪən] *(poet)* **1** *s (fågel)* kungsfiska-
re **2** *adj* lugn, stilla: ~ *weather;* ~ **days** lycklig
tid
hale [heɪl] *adj:* ~ **and hearty** frisk och kry
half [hɑːf] **1** *s, pl* **halves** **(a)** *(av hel)* halva;
(halva mängden) hälften; **to cut sth in** ~/**into
halves** skära itu ngt; **one's better** ~ *(vard,
skämts)* ens bättre hälft; **he doesn't do things by
halves** han gör ingenting halvdant; **to go halves
(with sb on sth)** dela (ngt) lika (med ngn); **he's too
clever by** ~ *(vard)* han är i klyftigaste laget **(b)**
(Sport: av match) halvlek; *(: spelare)* halv-
back **(c)** *(öl:* = ~ *pint: ung)* en kvarts liter **(d)**
(barnbiljett) halv biljett
2 *pron för en o självst* halv, hälften; ~ **an
orange** en halv apelsin; ~ **a dozen** ett halvdussin;
three and a ~ **hours** tre och en halv timme; ~ **an
hour** en halvtimme; ~ **a cup** en halv kopp; ~ **of
my friends** hälften av mina vänner; ~ **man** ~
beast till hälften människa till hälften djur; ~
measures halvmesyrer
3 *adv* **(a)** halvt, halv-; **to be** ~ **asleep** nästan
sova; ~ **as big/much** hälften så stor/mycket; ~
as big/much again en och en halv gång så stor/
mycket; **I was** ~ **afraid that...** jag var nästan
rädd att...; **not** ~! *(Brit vard)* om!; **it isn't** ~ **hot**
(vard) det är ruskigt varmt **(b)** *(tid):* ~ **past 3**
halv 4; ~ **past 12** halv 1

half·back |'hɑːf,bæk| s (Fotboll) halvback
half-baked |,hɑːf'beɪkt| adj (bildl vard) halvfärdig
half-brother |'hɑːf,brʌðəʳ| s halvbror
half-caste |'hɑːfkɑːst| s halvblod
half-cooked |,hɑːf'kʊkt| adj (Matl: kokt, stekt) halvfärdig, nästan rå
half-crown |,hɑːf'kraʊn| s (Brit: förr) half-crown mynt värt 2d shilling
half-hearted |,hɑːf'hɑːtɪd| adj halvhjärtad
half-hour |,hɑːf'aʊəʳ| s halvtimme
half-mast |,hɑːf'mɑːst| s: at ~ på halv stång
half-moons |,hɑːf'muːnz| spl läsglasögon med halva glas
half-note |,hɑːf'nəʊt| s (Am Mus) halvnot
half·penny |'heɪpnɪ| s, pl -pennies el -pence |'heɪpəns| (Brit: mynt) halvpenny
half-price |,hɑːf'praɪs| 1 adj (biljett etc) till halva priset 2 adv för halva priset; **children are admitted** ~ barn går in för halva priset
half-term |'hɑːf'tɜːm| s (Brit Skol) mitterminslov
half-timbered house |'hɑːf,tɪmbəd'haʊs| s korsvirkeshus
half-time |,hɑːf'taɪm| s (Sport) halvtid
half-truth |'hɑːftruːθ| s halvsanning
half·way |'hɑːf'weɪ| 1 adj (punkt etc) som ligger halvvägs; (bildl) halvdan; ~ **measures** halvmesyrer 2 adv halvvägs; ~ **up/down the hill** halvvägs uppför/nerför backen; **to meet sb** ~ (bildl) möta ngn på halva vägen; **to get** ~ **through a book** komma igenom en bok till hälften
half-witted |,hɑːf'wɪtɪd| adj fånig, sinnessvag
half-yearly |,hɑːf'jɪəlɪ| 1 adj halvårs-, som sker en gång per halvår 2 adv halvårsvis
hali·but |'hælɪbət| s (fisk) hälleflundra
hali·to·sis |,hælɪ'təʊsɪs| s dålig andedräkt
hall |hɔːl| s (a) (= entrance-~) hall, tambur; (Am) korridor; ~ **stand** klädhängare (b) (stort rum) sal; (byggnad) hus: concert ~; church ~ kyrksal (c) (i namn på herresäte) slott, -hus; (Brit Univ: äv: ~ of residence) studenthem; **to live in** ~ bo på student|hem/-hus
hal·le·lu·jah |'hælɪ'luːjə| s, interj halleluja
hall·mark |'hɔːlmɑːk| s (Brit: på silver, guld) kontrollstämpel; (bildl) hallstämpel
hal·lo |hə'ləʊ| = hullo
Hal·low·e'en |'hæləʊ'iːn| s allhelgonaafton
hal·lu·ci·na·tion |hə,luːsɪ'neɪʃən| s hallucination
hall·way |'hɔːlweɪ| s (i sht Am) hall, entré
halo |'heɪləʊ| s (Rel) gloria; (Astron) halo
halt |hɔːlt| 1 s (med tåg) uppehåll; (Brit: för tåg) hållplats; **to come to a** ~ stanna; **to call a** ~ (to sth) (bildl) sätta stopp (för ngt); ~ **sign** stopptecken 2 vt (fordon, produktion etc) stoppa 3 vi stanna; ~! (Mil) halt!
hal·ter |'hɔːltəʳ| s (för häst) grimma; (kvinnoplagg) baddräktsliv, solsnibb utan ryggstycke
halter·neck |'hɒltənek| adj (kvinnoplagg) med bar rygg och nackband
halt·ing |'hɔːltɪŋ| adj (tal) tvekande; (steg) haltande
halve |hɑːv| vt (kaka etc) dela lika (between mellan); (kostnad etc) halvera
halves |hɑːvz| spl av half
ham |hæm| s (a) (Matl) skinka; ~ **sandwich** skinksmörgås (b) (= radio ~) radioamatör
♦ **ham up** vt + adv: **to** ~ **it up** (vard) spela över
ham·burg·er |'hæm,bɜːgəʳ| s hamburgare, pannbiff
ham-fisted |,hæm'fɪstɪd| adj fumlig
ham·let |'hæmlɪt| s liten by
ham·mer |'hæməʳ| 1 s hammare; **the** ~ **and sickle** hammaren och skäran; **to go at it** ~ **and tongs** (vard: arbete) ge sig i kast med ngt för fullt; (: gräla) stormgräla 2 vt (spik) slå i, hamra på; (bildl vard) ge stryk; (film etc) nedgöra (med kritik); **to** ~ **sth into shape** (metall) forma ngt

med hammare; (bildl: fotbollslag etc) få fason på; **to** ~ **a point home** dunka in, eftertryckligt klargöra ett argument/en ståndpunkt etc 3 vi: **to** ~ **on/at a door** bulta på dörren
♦ **ham·mer down** vt + adv spika fast
♦ **ham·mer out** vt + adv (metall) slå ut; (bildl) fundera ut
ham·mock |'hæmək| s hängmatta
ham·per¹ |'hæmpəʳ| s korg; (i sht Brit) matkorg; **Christmas** ~ julkorg; **picnic** ~ matsäckskorg
ham·per² |'hæmpəʳ| vt hindra
ham·ster |'hæmstəʳ| s (Zool) hamster
hand |hænd| 1 s (a) (persons) hand; (på instrument, klocka) visare; **to have sth in one's** ~s ha ngt i handen; **to take sb by the** ~ ta ngn i handen; **to hold** ~s hålla varandra i hand; ~ **luggage**, (Am) ~ **baggage** handbagage; **on** (one's) ~s **and knees** på alla fyra; ~s **up!** (till brottsling) upp med händerna!; (till elever) räck upp händerna!; ~s **off** (vard) bort med tassarna; **to be clever/good with one's** ~s vara händig; **made by** ~ handgjord; **to raise an animal by** ~ föda upp ett djur med flaska; **to live from** ~ **to mouth** leva ur hand i mun; **they gave him a big** ~ de gav honom en kraftig applåd; se äv **shake 2 a**
(b) (inflytande) finger, hand; **to have a** ~ **in sth** ha ett finger med i spelet; **the** ~ **of fate/God** ödets/Guds finger
(c) (i fabrik) arbetare, man; (: = farm ~) lantarbetare; (på fartyg) besättningsman; **all** ~s **on deck!** (Sjö) alle man på däck!; **to be an old** ~ vara gammal och van (at vid)
(d) (= ~writing) handstil; **write in one's own** ~ skriva för hand
(e) (Kortsp: omgång) parti; (: kort) hand; **a** ~ **of bridge/poker** ett parti bridge/ poker
(f) (mått på häst) tvärhand
(g) (fraser med verb):**to be** ~ **in glove with sb** vara lierad med ngn; **to change** ~s byta ägare; **to force sb's** ~ tvinga ngn att handla; **to give/lend sb a hand** hjälpa ngn; **to keep one's** ~ **in** hålla sig i trim, inte tappa greppet; **to turn one's** ~ **to sth** klara av ngt; **he asked for her** ~ **(in marriage)** han friade till henne, han anhöll om hennes hand; **to wait on sb** ~ **and foot** passa upp på ngn, lyda ngns minsta vink; **to have one's** ~s **full** ha händerna fulla (with av); **to win** ~s **down** vinna utan ansträngning; **to be making money** ~ **over fist** tjäna pengar som gräs; **to have a free** ~ ha fria händer; **to give sb a free** ~ ge ngn fria händer; **to have the upper** ~ vara i överläge
(h) (fraser med prep): **at** ~ (redskap etc) till hands; **to be near/close at** ~ (plats, person) vara i närheten; (händelse, helg etc) vara nära förestående; **at first** ~ direkt (från källan), utan mellanhänder; ~ **in** ~ hand i hand; **to be in sb's** ~s (ägodel) vara i ngns ägo; (fånge etc) vara i händerna på ngn; (ärende, uppdrag) vara anförtrodd åt ngn; **the matter is in my lawyer's** ~s jag har överlåtit saken till min advokat; **it's in his** ~s **now** det kommer an/hänger på honom nu; **to have £50 in** ~ ha 50 pund kvar; **to have the matter in** ~ ha saken under kontroll; **to take sb in** ~ ta ngn under behandling, ta hand om ngn; **to play into sb's** ~s spela ngn i händerna; **to fall into the** ~s **of the enemy** råka i händerna på fienden; **on** ~ till hands; **on the right/left** ~ till höger/vänster; **(on the one** ~) ... **on the other** ~ (å ena sidan) ... å andra sidan; **to have sth left on one's** ~s ha ngt kvar att ta hand om; **to take sth off sb's hands** befria ngn från ngt; **to condemn sb out of** ~ döma ngn förhastat; **to get out of** ~ bli oregerlig
2 vt: **to** ~ **sb sth**, ~ **sth to sb** räcka ngn ngt, räcka ngt till ngn; **you've got to** ~ **it to him** (vard) man måste ge honom sitt erkännande

◆ **hand back** vt + adv lämna tillbaka

◆ **hand down** vt + adv (väska etc) lyfta ner; (arvegods) lämna i arv; (tradition) föra vidare; (Am Jur: dom) avkunna; **to be** ~**ed down** gå i arv

◆ **hand in** vt + adv (ansökan etc) lämna in

◆ **hand out** vt + adv (stencil etc) dela ut

◆ **hand over** 1 vt + adv (ge) räcka; (egendom, företag) överlåta 2 vi + adv (till efterträdare) överlämna; **I'm now** ~**ing over to the studio** (TV, Radio) åter till studion

◆ **hand round** vt + adv (information, flaska) skicka runt

hand·bag [ˈhændbæg] s handväska

hand·ball [ˈhændbɔːl] s 'handboll' squashliknande spel där bollen slås med handen

hand·bill [ˈhændbɪl] s reklamblad, flygblad

hand·book [ˈhændbʊk] s (bruksanvisning) handbok; (för turister) resehandbok

hand·brake [ˈhændbreɪk] s (i sht Brit) handbroms

hand·cuffs [ˈhændkʌfs] spl handbojor

hand·ful [ˈhændfʊl] s handfull; **a** ~ **of people** en handfull människor; **that child's a real** ~ (vard) den ungen ger en fullt sjå/fullt upp att göra

hand·gun [ˈhændɡʌn] s (Am) handeldvapen, (i sht) pistol

handi·cap [ˈhændɪkæp] 1 s (av sjukdom, ålder) handikapp; (Sport) handikapp; (hästkapplöpning) handikapplopp 2 vt (vanl pass) handikappa; **to be mentally/physically** ~**ped** vara mentalt/ fysiskt handikappad

handi·craft [ˈhændɪkrɑːft] s (konst) hantverk; (produkt) hantverk, hemslöjd

handi·work [ˈhændɪwɜːk] s hantverk; **this looks like his** ~ (neds) det här måste vara hans verk

hand·ker·chief [ˈhæŋkətʃɪf] s näsduk

han·dle [ˈhændl] 1 s (på dörr) handtag, vred; (på kniv, borste) skaft; (på korg, låda, pump) handtag; (på kopp) öra; **to fly off the** ~ (bildl) bli rasande 2 vt **(a)** (glas, porslin) hantera; (frukt i affär etc) vidröra; (Ftbl: boll) ta med handen; ~ **with care** (på paket) aktas för stötar, bräckligt; **the police** ~**d him roughly** polisen behandlade honom hårdhänt **(b)** (situation, tema, problem) hantera; (personer) handskas med; (Handel: varor) föra; (bil) köra, handskas med; (båt) manövrera; (gevär) hantera; (maskin) sköta; **I'll** ~ **this** jag tar hand om det här; **we** ~ **2000 travellers a day** vi tar hand om 2000 passagerare om dagen 3 vi: **the car/boat/plane** ~**s well** bilen känns lätt att köra/båten känns lätt att manövrera/planet känns lätt att flyga

handle·bars [ˈhændlbɑːz] spl (på cykel) styre

hand·made [ˌhændˈmeɪd] adj handgjord

hand-me-down [ˈhændmɪˌdaʊn] s begagnat plagg; ~**s** ärvda kläder

hand·out [ˈhændaʊt] s (reklamlapp) flygblad; (= **press** ~) pressmeddelande; (vid föreläsning) (utdelad) stencil; (vard: pengar) allmosa

hand-picked [ˌhændˈpɪkt] adj (eg, bildl) handplockad

hand·rail [ˈhændreɪl] s ledstång

hand·shake [ˈhændʃeɪk] s handslag

hand·some [ˈhænsəm] adj (-er, -est) **(a)** (person: i sht man) stilig, snygg; (byggnad) vacker **(b)** (behandling) frikostig; (lön, förmögenhet, vinst) ansenlig, nätt

hand·stand [ˈhændstænd] s: **to do a** ~ stå på händerna

hand-to-mouth [ˌhændtəˈmaʊθ] adj (tillvaro) ur hand i mun; **to live a** ~ **existence** leva ur hand i mun

hand·writing [ˈhændˌraɪtɪŋ] s handstil

handy [ˈhændɪ] adj (-ier, -iest) **(a)** (nära) till hands; **to keep sth** ~ ha ngt till hands **(b)** (läge) bekväm; (apparat etc) praktisk; **our house is** ~

for the shops vårt hus ligger nära affärerna; **to come in** ~ komma väl till pass **(c)** (person) händig

handy·man [ˈhændɪmæn] s, pl **-men** (anställd) alltiallo; (en som kan många saker) tusenkonstnär

hang [hæŋ] imperf, perf part **hung** 1 vt **(a)** (gardiner, tavla) hänga (upp); (tapeter) sätta upp; (rock etc) hänga upp (on på); **the walls were hung with tapestries** väggarna var täckta med gobelänger; **the Christmas tree was hung with lights** julgranen var prydd med ljus **(b)** (imperf, perf part **hanged**: brottsling) hänga; ~ (**it**)! (vard) katten också! **(c):** **to** ~ **one's head** hänga med huvudet 2 vi (rep etc) hänga ner; (kjol etc) falla; (brottsling) hängas, bli hängd; **the hawk hung motionless in the sky** höken svävade orörlig på himlen; **black smoke hung over the town** svart rök låg över staden 3 s (om plagg) fall; **to get the** ~ **of sth** (vard) få grepp om ngt

◆ **hang about** 1 vi + adv (äv: ~ **around**) stå och hänga; **to keep sb** ~**ing about** låt ngn vänta 2 vi + prep (gator etc) stå och hänga på

◆ **hang back** vi + adv tveka

◆ **hang on** 1 vi + prep **(a)** (beslut) bero på, hänga på: **his future** ~**s on the judge's decision** **(b)** (till ord) lyssna intensivt; **she hung on his every word** hon lyssnade andäktigt till varje ord han sa 2 vi + adv **(a)** (i rep, ngns hand) hålla fast (to i); **to** ~ **on to** (ngns plats) hålla, vakta; (gammal klänning etc) behålla, spara **(b)** (vard: i telefon) dröja ett ögonblick; ~ **on a minute!** ta det lugnt!

◆ **hang out** 1 vt + adv (tvätt) hänga ut 2 vi + adv **(a)** (tunga etc) hänga ut; **his shirt was** ~**ing out of his trousers** hans skjorta hängde utanför byxorna **(b)** (vard) hålla till **(c): to** ~ **out for more money** (vard) stå på sig och kräva mer pengar

◆ **hang together** vi + adv (vard: personer) hålla ihop; (argumentering, uppsats) hänga ihop

◆ **hang up** 1 vt + adv (rock, tavla) hänga upp 2 vi + adv (Tele) lägga på; **to** ~ **up on sb** ringa av i örat på ngn

hang·ar [ˈhæŋəʳ] s hangar

hang·dog [ˈhæŋdɒɡ] adj (blick, uttryck) skamsen

hang·er [ˈhæŋəʳ] s (till kläder) galge, hängare

hanger-on [ˌhæŋərɒn] s, pl **hangers-on** (vard) snyltgäst; (pl: äv) följe

hang·ing [ˈhæŋɪŋ] 1 s **(a)** (Jur) hängning **(b):** ~**s** pl förhängen, draperier 2 adj (lampa, bro) häng-; ~ **matter** brott med hängning som straff

hang·man [ˈhæŋmən] s, pl **-men** bödel

hang·out [ˈhæŋaʊt] s (vard) tillhåll

hang·over [ˈhæŋˌəʊvəʳ] s **(a)** (efter supande) baksmälla **(b)** (person, företeelse) kvarleva

hang-up [ˈhæŋʌp] s (vard) fix idé, fixering

hank [hæŋk] s (av garn) härva; (av hår) länk

hank·er [ˈhæŋkəʳ] vi längta (after/for efter)

hank·er·ing [ˈhæŋkərɪŋ] s längtan (for efter)

hanky [ˈhæŋkɪ] s (vard förk f **handkerchief**) näsduk

hanky-panky [ˌhæŋkɪˈpæŋkɪ] s (vard) dubbelspel, fiffel, smussel; (i sht Am: sexuellt) vänsterprassel

hap·haz·ard [ˌhæpˈhæzəd] adj slumpartad; (arrangemang) slarvig, improviserad

hap·less [ˈhæplɪs] adj olycklig, otursförföljd

hap·pen [ˈhæpən] vi **(a)** (inträffa) hända; **what's** ~**ing?** vad är det som händer; **how did it** ~? hur gick det till?; **accidents will** ~ en olycka händer så lätt; **don't let it** ~ **again** låt det inte hända igen; **as if nothing had** ~**ed** som om ingenting hänt; **what has** ~**ed to him?** (olyckshändelse) vad har han råkat ut för?; (i livet) vad har det blivit av honom?; **if anything should** ~ **to him...** om något skulle hända honom... **(b)** (händelsevis) råka; **if anyone should** ~ **to see John** om någon skulle råka se John; **I ~ to know that...** jag råkar veta att...; **as it ~s, I have the key on me** jag råkar ha nyckeln på mig; **it so ~ed that...** det föll sig så att...

◆ **hap·pen (up)on** vi + prep råka på

hap·pen·ing ['hæpnɪŋ] s (i allm) händelse; (på teater) happening

hap·pen·stance ['hæpn,stæns] s tillfällighet

hap·pi·ly ['hæpɪlɪ] adv (leva, skratta etc) lyckligt; (satsadv) som tur är/var, lyckligtvis; **they lived ~ ever after** de levde lyckliga i alla sina dagar

hap·pi·ness ['hæpɪnɪs] s lycka, glädje

hap·py ['hæpɪ] adj (-ier, -iest) **(a)** (i allm) lycklig, glad; (munter) glad; (lugn) tillfredsställd, nöjd; **we are not entirely ~ about the plan** (understatement) vi är inte helt nöjda med planen; **we're very ~ for you** vi är mycket glada för din skull; **yes, I'd be ~ to** ja, gärna; **I am ~ to tell you that...** jag har nöjet att berätta (för er) att...; **a ~ event** en glädjande tilldragelse; **to be as ~ as a lark** vara glad som en lärka; **~ birthday!** har den äran (på födelsedagen)!; **~ Christmas!** god jul!;**~ New Year!** gott nytt år! **(b)** (idé, ordval) lyckad; (ställning, slump) gynnsam; **a ~ medium** en gyllene medelväg

happy-go-lucky ['hæpɪgəʊlʌkɪ] adj sorglös, lättsinnig

ha·rangue [hə'ræŋ] **1** s förmaningstal **2** vt (i tal) angripa, hålla förmaningstal till

har·ass ['hærəs, (Am vanl) hə'ræs] vt (i allm) plåga, besvära; (: starkare) trakassera; (Mil) oroa, störa

har·assed ['hærəst, (Am vanl) hə'ræst] adj härjad; **to look ~ed** se trött och härjad ut

har·ass·ment ['hærəsmənt, (Am vanl) hə'ræsmənt] s trakasserier

har·bour, (Am) **har·bor** ['hɑːbə'] **1** s (för båtar etc) hamn; (bildl) hamn, tillflykt; **~ master** hamnkapten **2** vt (fruktan, agg etc) hysa; (spion, brottsling) hysa, gömma

hard [hɑːd] **1** adj (-er, -est) **(a)** (i allm: konsistens) hård; (mark) hård; (lera) stelnad, hård; (muskel) fast, hård; (konsonant) hård; **~ cash** (vard) kontanter; **~ court** (Tennis) hård bana; **~ hat** (för byggnadsarbetare etc) skyddshjälm; (Am vard: person) byggjobbare; **~ shoulder** (i sht Brit: Motor) vägren

(b) (frost) svår; (vinter, klimat) sträng; (regn) kraftig, häftig; (vatten) hård; (sprit) stark-; (narkotika) tung; (fakta) kall; (liv) tung, svår; (person, ord, ansikte) hård, sträng; **to take a long ~ look at sth** grundligt tänka igenom ngt, ta sig en grundlig funderare på ngt; **a ~ blow** (bildl) ett hårt slag; **~ luck!, ~ lines!, ~ cheese!** (Brit vard) otur!; **a ~ luck story** (ofta iron) en sorglig historia; **he's as ~ as nails** (fysiskt) han är i toppform; (i temperament) han är hård som flinta; **to take a ~ line over sth** inta en fast hållning i en fråga; **to be ~ on sth** vara hård mot ngn

(c) (match) hård; (strid) häftig; (arbete) hård; **he's a ~ worker** han arbetar hårt; **10 years ~ labour** 10 års straffarbete

(d) (problem, val, beslut) svår; **I find it ~ to believe that...** jag har svårt att tro att...; **to be ~ to please** vara svår att tillfredsställa; (kritisk i detaljer) vara petnoga; **to be ~ of hearing** höra dåligt

2 adv (-er, -est) (trycka, skjuta på) ordentligt; (arbeta) hårt; (tänka) intensivt; (slå) hårt, våldsamt; **to freeze ~** vara under 0°, frysa på; **it's snowing/raining ~** det snöar/regnar kraftigt; **he was breathing ~** han andades tungt; **to be ~ hit** (bildl) vara hårt drabbad; **to be ~ at it** (vard) ligga i ordentligt; **to be ~ put (to it)** ha svårigheter; **to try one's ~est to do sth** anstränga sig så mycket man kan att göra ngt; **to take sth ~** ta ngt

hart; **to be ~ up** (vard) ha ont om pengar, sitta lite trångt; **to be ~ up for sth** vara i stort behov av ngt

hard-and-fast [,hɑːdən'fɑːst] adj (regel) fast(slagen), bestämd; (beslut) orubblig

hardback ['hɑːdbæk] **1** s (in)bunden bok **2** adj (bok) (in)bunden

hardboard ['hɑːdbɔːd] s hård fiberplatta

hard-boiled [,hɑːd'bɔɪld] adj (ägg) hårdkokt; (bildl: karaktär) kallhamrad

hard-core [,hɑːd'kɔː'] adj **(a):** **~ pornography** hårdporr **(b)** (anhängare) hårdnackad

hard·en ['hɑːdn] **1** vt (metall etc) härda, göra hård; (person) härda; **to ~ one's heart** förhärda sig **2** vi (metall etc) härdas; (röst) hårdna

hard·ened ['hɑːdnd] adj (brottsling) förhärdad; **to be ~ to sth** vara härdad mot ngt

hard-headed [,hɑːd'hedɪd] adj (i affärer etc: hård) realistisk, osentimental; (: listig) slipad, förslagen; (i sht Am: bestämd) envis, obstinat

hard-hearted [,hɑːd'hɑːtɪd] adj hårdhjärtad

hard·ly ['hɑːdlɪ] adv (nätt och jämnt) knappt; (inte gärna) knappast; **that can ~ be true** det kan knappast vara sant; **I ~ know him** jag känner honom knappt; **~ anyone** nästan ingen, knappt någon; **~ ever** nästan aldrig; **~!** knappast!

hard·ness ['hɑːdnɪs] s (se hard 1 a, b, d) hårdhet (ej om drink, drog, beslut, fakta)

hard·nosed ['hɑːdnəʊzd] adj (i sht Am: vard) tuff, slipad

hard-on ['hɑːdɒn] s (vard!) stånd (vard)

hard·ship ['hɑːdʃɪp] s (livsvillkor) umbärande, brist; (i livet) prövning

hardware ['hɑːdweə'] s järn-/metall|varor; (Mil) vapen; (Data) hårdvara; **~ shop/store** järnaffär

hard-wearing [,hɑːd'weərɪŋ] adj (material, skor etc) stark, hållbar

hard·wood ['hɑːdwʊd] s lövträ

hard-working [,hɑːd'wɜːkɪŋ] adj arbetsam

har·dy ['hɑːdɪ] adj (-ier, -iest) (person) tuff, härdad; (uppgift) hård, svår; (inför faror) djärv; (Bot) härdig

hare [heə'] s hare; **~ and hounds** (lek) snitseljakt

hare·bell ['heəbel] s (Bot) (liten) blåklocka

hare·lip ['heə'lɪp] s harläpp, gomspalt

har·em [hɑː'riːm, (i sht Am) 'heərəm] s harem

hari·cot ['hærɪkəʊ] s (Brit: äv: ~ bean) brytböna, haricot vert

hark [hɑːk] vi: **~!** (poet) lyssna!; **~ at him!** (Brit vard: iron) hör bara på honom!

◆ **hark back** vi + adv (i tid, till tillfälle) återvända

har·lot ['hɑːlət] s (åld) hora

harm [hɑːm] **1** s skada; **out of ~'s way** i säkerhet, utom fara; **there's no ~ in trying** försöka duger; **it does more ~ than good** det gör mer skada än nytta; **he means no ~** han menar inget illa **2** vt (person) skada, göra illa; (rykte, hälsa) skada; (skörd etc) göra skada på

harm·ful ['hɑːmfʊl] adj skadlig (to för)

harm·less ['hɑːmlɪs] adj (person) ofarlig, (djur) ofarlig; (medicin etc) oskadlig (åskådare) oskyldig; (skämt) oskyldig

har·moni·ca [hɑː'mɒnɪkə] s munspel

har·mo·ni·ous [hɑː'məʊnɪəs] adj (röster, melodi) harmonisk, välljudande; (bildl) harmonisk

har·mo·nium [hɑː'məʊnɪəm] s kammarorgel, harmonium

har·mo·nize ['hɑːmənaɪz] **1** vt (Mus) harmonisera; (färger) få att stämma överens **2** vi (Mus) harmoniera; (färger) stämma överens (with med)

har·mo·ny ['hɑːmənɪ] s (Mus) harmoni (i färger, åsikt) överensstämmelse; **to sing in ~ with sb** sjunga ihop med ngn (så att det låter bra); **to live in ~ with sb** leva i samförstånd med ngn

har·ness ['hɑːnɪs] **1** s (för häst) seldon, sele; (=

safety ~) säkerhetssele; **to die in** ~ *(bildl)* stupa på sin post; ~ **race** travtävling   **2** *vt (häst)* sela på; *(: vagn)* spänna för; *(resurser etc)* utnyttja

harp [hɑːp] *s* harpa

♦ **harp on** *(vard)* **1** *vi + adv (i sht Brit)* tjata *(about* om*)* **2** *vi + prep (i sht Am)* tjata om

har·poon [hɑːˈpuːn] **1** *s* harpun   **2** *vt* harpunera

harp·si·chord [ˈhɑːpsɪkɔːd] *s* cembalo

har·row [ˈhærəʊ] **1** *s* harv   **2** *vt* harva

har·row·ing [ˈhærəʊɪŋ] *adj (erfarenhet)* upprivande, hemsk; *(berättelse)* hemsk

har·ry [ˈhærɪ] *vt (Mil)* plundra, härja; *(person)* ansätta, plåga

harsh [hɑːʃ] *adj* (-er, -est) *(straff, behandling, person)* hård, sträng; *(ord)* hård, skarp; *(väder)* hård, ruskig; *(smak)* skarp; *(tyg)* hård, sträv; *(röst)* barsk, skarp; *(färg)* gräll; *(kontrast)* skarp

harum-scarum [ˌheərəmˈskɛərəm] **1** *adj* vild, tanklös   **2** *adv* vilt, tanklöst

har·vest [ˈhɑːvɪst] **1** *s* skörd; ~ **festival** tacksägelsefest; ~ **moon** fullmåne vid höstdagjämning   **2** *vt* skörda

har·vest·er [ˈhɑːvɪstəʳ] *s (person)* skördearbetare; *(= combine* ~*)* skördetröska

has [hæz] *3 pers sg presens av* **have**

has-been [ˈhæzbiːn] *s (vard)* fördetting

hash [hæʃ] **1** *s* **(a)** *(Matl)* finskuren mat, röra; ~ **brown** *(Am)* råriven stekt potatis *som frukosträtt* **(b)** *(vard):* **to make a** ~ **of sth** göra pannkaka av ngt **(c)** *(vard: haschisch)* hasch; cannabis   **2** *vt (äv:* ~ **over**) diskutera älta

hash·ish [ˈhæʃɪʃ] *s* haschisch

hasn't [ˈhæznt] = **has not**

has·sle [ˈhæsl] **1** *s (vard: problem)* krångel; *(: diskussion)* bråk, gräl   **2** *vt* trakassera, bråka med

has·sock [ˈhæsək] *s (Rel)* knäpall

haste [heɪst] *s* brådska; **in great** ~ i stor hast; **to make** ~ skynda sig; **more** ~ **less speed** *(ordspr: ung)* skynda långsamt

has·ten [ˈheɪsn] **1** *vt* påskynda; **to** ~ **sb's departure** påskynda ngns avresa   **2** *vi* skynda (sig); **I** ~ **to add that…** jag måste genast tillägga att…

hasti·ly [ˈheɪstɪlɪ] *adv (äta, springa etc)* snabbt; *(tala, döma)* förhastat

has·ty [ˈheɪstɪ] *adj* (-ier, -iest) *(i brådska)* snabb; *(omdöme, ord)* förhastad; ~ **pudding** *(Brit)* sötad mjölkgröt; *(Am)* majsgröt

hat [hæt] *s* hatt; **to pass the** ~ **round** *(vard)* skramla, göra en insamling; **I take my** ~ **off to him** *(vard)* jag bugar mig för honom, jag tar av mig hatten för honom; **to keep sth under one's** ~ hålla tyst om ngt; **to talk through one's** ~ *(vard)* prata i nattmössan; ~ **stand** kläd-/hatt|hängare; ~ **trick** *(Sport)* hat trick

hatch[1] [hætʃ] *s (Sjö)* skeppslucka; *(i sht Brit: = service* ~) serveringslucka

hatch[2] [hætʃ] **1** *vt (kyckling)* kläcka ut; *(ägg)* kläcka; *(bildl: idé)* kläcka   **2** *vi (kyckling)* kläckas ut; *(ägg)* kläckas

hatch·back [ˈhætʃbæk] *s (bil)* halvkombi

hatch·et [ˈhætʃɪt] *s* yxa; ~ **man** *(som gör 'smutsiga' jobb)* hejduk, hantlangare; *(som dödar)* yrkesmördare; *se äv* **bury**

hatch·way [ˈhætʃweɪ] *s* = **hatch**

hate [heɪt] **1** *s* hat, avsky; **my pet** ~ det värsta jag vet   **2** *vt (person)* hata; *(företeelse)* avsky; **I** ~ **having to do it** jag avskyr att behöva göra det; **I** ~ **to trouble you, but…** förlåt att jag besvärar dig, men…; **he** ~**s to be/he** ~**s being corrected** han avskyr att bli rättad

hate·ful [ˈheɪtfʊl] *adj* avskyvärd

hat·pin [ˈhætpɪn] *s* hattnål

ha·tred [ˈheɪtrɪd] *s:* ~ **of sb** hat mot ngn, avsky för ngn; ~ **of sth** avsky för ngt

hat·ter [ˈhætəʳ] *s* hattmakare; **as mad as a** ~ hel-

galen

haugh·ty [ˈhɔːtɪ] *adj* (-ier, -iest) högdragen

haul [hɔːl] **1** *s* **(a)** *(att tillryggalägga)* sträcka; **it's a long** ~ det är en lång väg **(b)** *(av fisk)* fångst; *(från inbrott etc)* byte   **2** *vt* **(a)** *(tungt föremål)* släpa **(b)** *(transport)* frakta

♦ **haul down** *vt + adv (flagga, segel)* hala

haul·age [ˈhɔːlɪdʒ] *s (på väg)* transport; *(för transport)* frakt(kostnad); ~ **contractor** åkeri

haul·ier [ˈhɔːlɪəʳ] *s (Brit)* åkare

haunch [hɔːntʃ] *s (på person)* höft, länd; *(på kött)* lår; **to sit on one's** ~**es** *(hund)* sitta på bakbenen; *(person)* sitta på huk

haunt [hɔːnt] **1** *s* tillhåll; **one of his favourite** ~**s** ett av hans favoritställen   **2** *vt (eg, bildl)* hemsöka; *(person)* ofta besöka

haunt·ed [ˈhɔːntɪd] *adj (slott etc)* spök-, hemsökt; *(bildl: av minnen)* jagad, plågad; *(blick)* jagad

haunt·ing [ˈhɔːntɪŋ] *adj (musik, syn)* som man inte glömmer, efterhängsen

have [hæv] *3 pers sg presens* **has**, *imperf, perf part* **had** **1** *vhj* ha; **he has been kind** han har varit vänlig; **to** ~ **arrived/eaten** ha anlänt/ätit; **I** ~/**I've just asked him** jag har just frågat honom; **has/hasn't he told you?** har han/har han inte sagt något till dig?; **had/hadn't he told you?** hade han/hade han inte sagt något till dig?; **having finished/when he had finished,** he left när han var färdig, gick han; **you've done it,** ~**n't you?** du har väl gjort det?; **he hasn't done it, has he?** han har väl inte gjort det?; **you've made a mistake — no I** ~**n't/so I** ~! du har gjort fel — nej visst inte/ja, visst ja!; **we** ~**n't paid — yes we** ~! vi har inte betalat — jo, det har vi!; **I've been there before —** ~ **you?** jag har varit där förut — har du?

2 *modalt vhj:* **to** ~ **(got) to do sth** vara tvungen att göra ngt; **I** ~ **(got) to finish this work** jag är tvungen att/jag måste avsluta det här arbetet; **you don't** ~ **to tell her** du behöver inte tala om det för henne; **do we** ~ **to leave early?** måste vi gå/fara tidigt?; **I** ~**n't got to/I don't** ~ **to wear glasses** jag behöver inte (ha) glasögon; **I shall** ~ **to go and see her** jag får lov att hälsa på henne; **it will just** ~ **to wait till tomorrow** det får helt enkelt lov att vänta till i morgon; **this has to be a mistake** det här måste vara ett misstag

3 *vt* **(a)** *(äga)* ha; **he has (got) blue eyes** han har blå ögon; ~ **you (got)/do you** ~ **a pen?** har du en penna?; **I've (got) a friend staying next week** jag har en vän som ska bo hos mig nästa vecka; **all I** ~ **is yours** allt mitt är ditt; **I** ~ **(got) no Spanish** jag kan ingen spanska; **I** ~ **(got) an idea** jag har en idé

(b) *(måltider etc)* äta; **to** ~ **breakfast/lunch/dinner** äta frukost/lunch/middag; **what will you** ~? — **I'll** ~ **a coffee** vad ska du ha? — kaffe; **he had a cigarette** han rökte en cigarett; **will you** ~ **some more?** vill du ha mer?; **I must** ~ **a drink** jag måste ha något att dricka

(c) *(erhålla)* få; **let me** ~ **your address** låt mig få din adress; **you can** ~ **it for £5** du får den för 5 pund; **there was no bread to be had** det gick inte att få tag på (något) bröd; **I** ~ **it on good authority that…** jag har det från säker källa att…; **to** ~ **a child** få barn

(d) *(hålla fast: med våld el bildl)* ha; **he had him by the throat** han hade ett fast grepp om hans strupe; **I** ~ **(got) him where I want him** *(bildl)* jag har honom fast, nu har jag honom; **you** ~ **me there** nu har du mig fast

(e) *(åsikt, mening om ngt):* **he will** ~ **it that he is right** han hävdar att han har rätt; **rumour has it that…** ryktet går att…

(f) *(i nekande uttr: tillåta):* **she won't** ~ **it said that…** hon tål inte att man säger att…; **I won't** ~

this **nonsense** jag tolererar inte de här dumheterna

(**g**) (orsaka): **to** ~ **sth done** få ngt gjort, se till att ngt blir gjort; **to** ~ **one's hair cut** gå och klippa sig, få håret klippt; **to** ~ **one's luggage brought up** få sitt bagage uppburet; **to** ~ **sb do sth** låta ngn göra ngt, få ngn att göra ngt; **he had them all dancing** han fick dem alla att dansa; **I'd** ~ **you know that**... jag vill du ska veta att...; **what would you** ~ **me say?** vad vill du jag ska säga (om det)?; **what would you** ~ **me do** vad vill du jag ska göra (åt det)?

(**h**) (fraser): **she had her bag stolen** hennes väska blev stulen; **he had his arm broken** han bröt armen; **to** ~ **an operation** opereras; **to** ~ **a walk** ta en promenad; **let's** ~ **a look** låt oss se efter/försöka; **to** ~ **a good time** ha det trevligt; **to** ~ **a pleasant evening** ha en trevlig kväll; **to** ~ **a party** ha fest; **thank you for having me** tack för att jag fick komma; **she has (got) toothache** hon har tandvärk; **let him** ~ **it!** (vard) på honom bara!; **you've had it!** (vard) nu får det vara slut!; **you've been had!** (vard) du har blivit lurad; **I had better go** det är bäst att jag går; **you'd better tell him that** det är bäst att du berättar det för honom; **I had rather do it myself** jag vill hellre göra det själv

♦ **have in** vt + adv (**a**) (gäst) ha hemma; (person till intervju etc) ta in; (doktor) ta hem (**b**): **to** ~ **it in for sb** vilja (komma) åt ngn

♦ **have on** vt + adv (**a**) (plagg) ha på sig; **she had nothing on** hon hade ingenting på sig (**b**) (planera) ha (för sig); ~ **you anything on tomorrow?** har du någonting (för dig) i morgon? (**c**) (vard): **to** ~ **sb on** retas/skoja med ngn

♦ **have out** vt + adv (**a**) (tand) dra ut; (blindtarm) ta/operera bort (**b**): **to** ~ **it out with sb** tala ut med ngn

♦ **have up** vt + adv: **to be had up** (vard) åka fast; **he was had up for assault** han åkte fast för överfall

ha·ven ['heɪvn] s (eg) hamn; (bildl) tillflyktsort

have-nots ['hævnɒts] spl se **haves**

haven't ['hævnt] = **have not**

hav·er·sack ['hævəsæk] s ryggsäck

haves [hævz] spl (vard): **the** ~ **and the have-nots** de rika och de fattiga

hav·oc ['hævək] s förstörelse; **to play** ~ **with sth** gå illa åt ngt; **to wreak** ~ anställa förödelse

Ha·waii [hə'waɪi] s Hawaii

Ha·wai·ian [hə'waɪjən] **1** adj hawaiisk **2** s (person) hawaiier, hawaiian; (språk) hawaiiska

hawk[1] [hɔːk] s (fågel) hök; (bildl: Pol) hök

hawk[2] [hɔːk] vt (varor till försäljning) bjuda ut, nasa (vard)

hawk-eyed ['hɔːkaɪd] adj falkögd

haw·thorn ['hɔːθɔːn] s hagtorn

hay [heɪ] s hö; **to make** ~ **while the sun shines** (ordspr) smida medan järnet är varmt; ~ **fever** hösnuva

hay·cock ['heɪkɒk] s (Brit), **haystack** ['heɪstæk] s höstack

hay·wire ['heɪwaɪər] adj (vard): **to go** ~ (person) tappa huvudet; (maskin) paja ihop; (plan etc) gå åt skogen

haz·ard ['hæzəd] **1** s (utsätta sig för) fara, risk; (tillfällighet) slump; (Golf) hinder; **by** ~ av en slump **2** vt (sitt liv, ett försök) riskera; (gissning etc) våga

haz·ard·ous ['hæzədəs] adj riskfylld

haze [heɪz] s (eg, bildl) dimma, dis; **to be in a** ~ (bildl) vara förvirrad

ha·zel ['heɪzl] **1** s hassel **2** adj (ögon) nötbrun

ha·zel·nut ['heɪzlnʌt] s hasselnöt

hazy ['heɪzɪ] adj (-ier, -iest) (dag, väder) dimmig, disig; (bild, foto) suddig; (person) osäker, villrå-

dig; (minne) oklar; (idéer) vag

H-bomb ['eɪtʃbɒm] s vätebomb

he [hiː] **1** pers pron han; **there** ~ **is** där är han; ~ **who/that...** (åld, i ordspr) den som... **2** s: **it's a** ~ (djur) det är en hanne; (vard: baby) det är en pojke

head [hed] **1** s (**a**) (Anat) huvud; ~ **of hair** hår(växt); ~ **first** ta med huvudet före; **my** ~ **aches** jag har ont i huvudet; **to fall** ~ **over heels in love with sb** bli upp över öronen förälskad i ngn; **from** ~ **to foot** från topp till tå; **to bite sb's** ~ **off** snäsa av ngn; **his** ~ **'s in the clouds** han är en drömmare; **to keep one's** ~ **above water** (bildl) hålla sig flytande; **to win by a** ~ (häst) vinna med ett huvud; **on your** ~ **be it** du får ta ansvaret; **to stand on one's** ~ (vard) göra det på huvudet; **I could do it standing on my** ~ (vard) jag kan göra det hur lätt som helst; **they went over my** ~ **to the manager** de gick bakom min rygg till chefen; **wine goes to my** ~ vin stiger mig åt huvudet; **success has gone to his** ~ framgången har stigit honom åt huvudet; **to laugh one's** ~ **off** (vard) skratta ihjäl sig

(**b**) (intellekt) huvud; **two** ~**s are better than one** (ordspr) två huvuden är bättre än ett; **it never entered my** ~ det föll mig aldrig in; **to have a** ~ **for business** ha sinne för affärer; **to have no** ~ **for heights** ha anlag för svindel; **he has a good** ~ **on his shoulders** han har huvudet på skaft; **to keep one's** ~ hålla huvudet kallt; **to lose one's** ~ tappa fattningen; **let's put our** ~**s together** låt oss slå våra kloka huvuden ihop; **it was above/over their** ~**s** det översteg deras fattningsförmåga; **to do a sum in one's** ~ räkna i huvudet; **to get sth into one's** ~ få in ngt i skallen; **to be off one's** ~ (vard) vara alldeles tokig

(**c**) (för företag) chef, ledare; (Skol) rektor; ~ **of department** institutionsföreståndare, prefekt; **the** ~ **of the family** familjens överhuvud; ~ **of state** (Pol) statsöverhuvud; ~ **waiter** hovmästare

(**d**) (på mynt) framsida; ~**s or tails?** krona eller klave?; **I couldn't make** ~ **nor tail of it** jag kunde inte bli klok på det

(**e**) (ingen pl): **20** ~ **of cattle** 20 stycken nötkreatur; **£10 a/per** ~ 10 pund per person

(**f**) (på hammare, spik) huvud; (på pil, spjut) spets; (på käpp) knopp; (sallad, kål, selleri) huvud; (blomställning: klotformig) huvud; (: flat) korg; (av säng) huvudgärd; (till flod) källa; (på uppsats etc) rubrik, överskrift; (på boksida, i trappa) högst upp; (på öl) skum; (i bandspelare) huvud; **at the** ~ **of** (organisation etc) i spetsen för; (i tåg, i kö) längst fram; (i klassen) bäst; **to sit at the** ~ **of the table** sitta vid övre ändan av bordet; **to come to a** ~ (böld etc) mogna; (bildl: situation etc) komma till ett avgörande; ~ **office** huvudkontor; ~ **start** (Sport, bildl) försprång (från början/starten)

2 vt (**a**) (parad etc) leda; (lista) stå överst på; (företag) leda; **to** ~ **the poll** leda valet (**b**) (Fotboll): **to** ~ **a ball** nicka en boll (**c**) (flygplan etc) styra (**d**) (kapitel etc) rubricera **3** vi styra kosan; **where are you** ~**ing/**~**ed?** vart är du på väg?

♦ **head for** vi + prep (på väg mot; **to** ~ **for home** styra sig hem; **he is** ~**ing for trouble** (bildl) han kommer att få det besvärligt

head·ache ['hedeɪk] s (eg) huvudvärk; (bildl) problem, huvudvärk

head·band ['hedbænd] s pannband

head·er ['hedər] s (vard: Fotboll) nick; (: fall): **to take a** ~ stå på huvudet

head·gear ['hedgɪər] s huvudbonad

head·ing ['hedɪŋ] s (på artikel etc) rubrik, överskrift; (av artikel) avdelning, underrubrik; **to**

come under the ~ **of** stå under rubriken
headlamp ['hedlæmp] s (*Brit*) = **headlight**
head·land ['hedlənd] s udde
head·light ['hedlaɪt] s (*Motor*) strålkastare
head·line ['hedlaɪn] s (*i tidning*) rubrik; (*TV, Radio*) huvudnyhet; **to hit/make the** ~**s** bli förstasidesstoff
head·long ['hedlɒŋ] **1** *adj* (*fall, dykning*) huvudstupa, plötslig; (*rusning etc*) brådstörtad; **he took a** ~ **fall into the snow** han föll huvudstupa i snön **2** *adv* (*se äv adj*) på huvudet; brådstörtat
head·master [,hed'mɑːstə'] s (*i sht Brit: manlig*) rektor
head·mistress [,hed'mɪstrss] s (*i sht Brit: kvinnlig*) rektor
head-on [,hed'ɒn] **1** *adj* (*krock, sammanstötning*) frontal- **2** *adv* (*kollidera*) front mot front; (*bildl*) rakt på sak
head·phones ['hedfəʊnz] *spl* hörlurar
head·quarters [,hed'kwɔːtəz] *spl* (*Mil, Pol*) högkvarter; (*för organisation*) huvudkontor
head·rest ['hedrest] s (*på stol*) huvudstöd; (*Motor: äv*: **head restraint**) nackstöd
head·room ['hedrʊm] s (*i utrymme*) takhöjd; (*under bro etc*) fri höjd
head·scarf ['hedskɑːf] s sjalett, scarf
head·set ['hedset] s hörlurar med mikrofon
head·square ['hedskweə'] s sjalett, scarf
head-shrinker ['hed,ʃrɪŋkə'] s (*vard: psykoanalytiker*) hjärnskrynklare
head·stone ['hedstəʊn] s gravsten
head·strong ['hedstrɒŋ] *adj* envis, hårdnackad
head·way ['hedweɪ] s; **to make** ~ (*Sjö*) komma framåt; (*bildl*) göra framsteg
head·wind ['hedwɪnd] s motvind
heady ['hedɪ] *adj* (-ier, -iest) (*vin, doft, framgång*) berusande
heal [hiːl] **1** *vt* (*sår*) läka; (*åld: person*) hela; (*bildl*) läka **2** *vi* (*äv*: ~ **up**) läkas
health [helθ] s hälsa; **Ministry of H**~ socialdepartementet; **the H**~ **Service** (*Brit*) hälsovården; **to be in good/bad** ~ vara vid god/dålig hälsa; **to drink sb's** ~ skåla för ngn; **your** ~! skål!; ~ **centre** läkarhus, läkarstation; ~ **food(s)** s(*pl*) hälsokost; ~ **visitor** (*Brit: ung*) distriktssköterska *som gör hembesök*
healthy ['helθɪ] *adj* (-ier, -iest) (*person, hy*) frisk; (*diet, motion*) sund, hälsosam; (*luft, plats etc*) hälsosam; (*aptit*) god; (*bildl: respekt, intresse*) sund
heap [hiːp] **1** s (*av böcker, sand etc*) hög; (*vard: bil*) rishög; (: *mängd*) massa; **we have** ~**s of time** vi har massor av tid; **I was struck/knocked all of a** ~ (*vard*) jag stod som fallen från skyarna **2** *vt* (*vedträn, tegelstenar etc*) stapla upp; (*mat*) lägga upp; **to** ~ **sth with sth** fylla ngt med ngt: *my plate was* ~*ed with food*; **to** ~ **gifts/praise on sb** överösa ngn med presenter/beröm; **a** ~**ed spoonful** (*Matl*) en rågad sked
♦ **heap up** *vt* + *adv* (*stenar*) stapla; (*pengar*) lägga på hög
hear [hɪə'] *imperf, perf part* **heard** [hɜːd] **1** *vt* (*uppfatta*) höra; (*berättelse etc*) lyssna på/till; (*Jur: mål*) höra; (*bli informerad om*) höra; **I you're emigrating to Australia** jag hör att du ska emigrera till Australien; **can you** ~ **me?** hör du mig?; **I could hardly make myself heard** jag kunde knappt göra mig hörd; **to** ~ **him speak/ talk you'd think he was...** när man hör honom tala skulle man tro att han var... **2** *vi* (*med hörseln*) höra; (*få nyheter*) höra; **to** ~ **about/of** höra om; **I've never** ~**d of him** jag har aldrig hört talas om honom; **he was never** ~**d of again** han hördes aldrig mera av; **I've never heard of such a thing** jag har aldrig hört talas om något sådant; **I won't** ~ **of it** (*tillåta*) det går jag inte med på; ~! ~!

(*bifallsrop*) bravo!, instämmer!
♦ **hear out** *vt* + *adv* (*person*) höra på till slut
hear·ing ['hɪərɪŋ] s **(a)** (= *sense of* ~) hörsel; **within/out of** ~ (*distance*) inom/utom hörhåll; **in my** ~ så jag kan höra; ~ **aid** hörapparat **(b)**: **to give sb a** ~ (*vard*) lyssna på ngn, låta ngn få en syl i vädret **(c)** (*Jur*) förhör; (*Pol*) hearing; **the prisoner got a fair** ~ fången fick en bra chans att försvara sig
hear·say ['hɪəseɪ] s hörsägen
hearse [hɜːs] s likvagn
heart [hɑːt] s **(a)** (*Anat*) hjärta; **to have a weak** ~ ha dåligt hjärta; ~ **attack** hjärtattack **(b)** (*känsla, sympati*) sinne; (*symbol för kärlek*) hjärta; (*sinnesstämning*) mod; **he's a man after my own** ~ han är en man efter mitt sinne; **at** ~ i grund och botten; **to have sb's interests at** ~ ha ngns bästa i sinnet; **from the (bottom of one's)** ~ av hjärtat; **in his** ~ **of** ~**s** i djupet av sitt hjärta; **his** ~ **and soul** med själ och hjärta; **his** ~ **was in his boots** (*nedslagen*) han hade tappat sugen; (*rädd*) han hade hjärtat i halsgropen; **to wear one's** ~ **on one's sleeve** visa sina känslor öppet; **my** ~ **sank** mitt mod sjönk; **to learn by** ~ lära sig utantill; **to one's** ~'**s content** så mycket man vill; **his** ~ **is in the right place** han har hjärtat på rätta stället; **to cry one's** ~ **out** gråta förtvivlat; **have a** ~! (*vard*) var bussig/hygglig!; **he has a** ~ **of gold** han har ett hjärta av guld; **to take sth to** ~ ta ngt hårt, ta illa vid sig; **his** ~ **was not in it** han engagerade sig inte i det; **to set one's** ~ **on sth** vilja ngt till varje pris; **with all my** ~ med hela mitt hjärta; **to break sb's** ~ krossa ngns hjärta; **to give/lose one's** ~ **to** förlora sitt hjärta till ngn; **to be in good** ~ vara vid gott mod; **I did not have the** ~ **to tell her** jag hade inte hjärta att berätta det för henne; **to have one's** ~ **in one's mouth** ha hjärtat i halsgropen; **to lose** ~ tappa modet; **to take** ~ fatta mod **(c)** (*selleri, kronärtskocka*) hjärta; (*av plats*) centrum, mittpunkt; **in the** ~ **of London** i hjärtat av London; **in the** ~ **of winter** mitt i vintern; **the** ~ **of the matter** hjärtpunkten, kärnpunkten **(d)** (*Kortspel*) hjärter
heart·ache ['hɑːteɪk] s sorg
heart·beat ['hɑːtbiːt] s hjärtslag, slag av hjärtat
heart·break ['hɑːtbreɪk] s svår smärta/sorg
heart·broken ['hɑːt,brəʊkən] *adj* förtvivlad, med krossat hjärta
heart·burn ['hɑːtbɜːn] s (*Med*) halsbränna
-hearted ['hɑːtɪd] *adj suffix* -hjärtad; **a kind**~ **person** en varmhjärtad person
heart·en ['hɑːtn] *vt* uppmuntra
heart·en·ing ['hɑːtnɪŋ] *adj* uppmuntrande
heart·felt ['hɑːtfelt] *adj* (*deltagande i sorg, ursäkt*) uppriktig; (*tack*) hjärtlig
hearth [hɑːθ] s härd, eldstad; ~ **rug** matta framför öppna spisen
hearti·ly ['hɑːtɪlɪ] *adv* (*i allm*) hjärtligt; (*instämma*) helhjärtat; (*äta*) med god aptit; **to be** ~ **sick of** vara innerligt led på
heart·less ['hɑːtlɪs] *adj* (*kommentar, beteende*) hjärtlös; (*behandling*) grym
heart-rending ['hɑːt,rendɪŋ] *adj* hjärtslitande
heart-to-heart [,hɑːttə'hɑːt] *adj* förtrolig; **to have a** ~ **talk with sb** ha ett förtroligt samtal med ngn
heart-warming ['hɑːt,wɔːmɪŋ] *adj* som värmer hjärtat
hearty ['hɑːtɪ] *adj* (*person, skratt etc*) hjärtlig; (*känslor*) stark, uppriktig; (*aptit*) god, stor; (*mål*) kraftig, riklig; (*välkommen, tack*) hjärtlig, varm
heat [hiːt] **1** s **(a)** (*temperatur, eld, uppvärmning*) värme; **at low** ~ (*Matl*) på svag värme; **in the** ~ **of the moment** (*bildl*) i ögonblickets upphetsning; **in the** ~ **of the battle** i stridens hetta; **he replied with some** ~ han svarade

upprört **(b)** *(Sport)* (utslagnings)heat, (försöks)omgång **(c)** *(Zool: om hund)*: **to be in/on ~** löpa; *(: om större djur)* vara brunstig   **2** *vt* värma, hetta upp   **3** *vi* bli varm

♦ **heat up**   **1** *vt + adv* värma upp   **2** *vi + adv* bli varm

heat·ed ['hi:tɪd] *adj (eg)* uppvärmd; *(bildl: diskussion etc)* hetsig; **to get ~** hetsa upp sig

heat·er ['hi:tə^r] *s (i allm)* värmeapparat, värmare; *(elektrisk)* värmeelement; *(gas)* kamin; **car ~** bilvärmare; **water ~** varmvattenberedare

heath [hi:θ] *s (plats)* ed; *(växt)* klockljung

hea·then ['hi:ðən]   **1** *adj* hednisk; *(bildl)* ociviliserad, utan förfining   **2** *s (eg)* hedning; *(bildl)* barbar

heath·er ['heðə^r] *s* ljung

heat·ing ['hi:tɪŋ] *s* uppvärmning; *se äv* **central**

heat-proof ['hi:tpru:f] *adj*, **heat-resistant** ['hi:trɪ,zɪstənt] *adj* värmetålig, som tål värme

heat·stroke ['hi:tstrəʊk] *s (Med)* värmeslag

heat-wave ['hi:tweɪv] *s* värmebölja

heave [hi:v]   **1** *s (av börda)* hävning, lyftning; *(i rep etc)* tag, ryck; *(av vågor)* svallning, dyning   **2** *vt (rep)* dra i, rycka i; *(sig ur sängen)* kliva ur; *(person, börda)* lyfta; *(sten etc)* kasta; **to ~ a sigh of relief** dra en suck av lättnad; **to ~ anchor** *(Sjö)* lätta ankar   **3** *vi* **(a)** *(vågor etc)* bölja, svalla; *(yta)* höja sig, hävas; *(bröst)* hävas; *(dra)* hiva *(at/on* i*)*; *(må illa)* kräkas; **her stomach ~d** hon kände sig spyfärdig **(b)** *(Sjö: imperf, perf part* **hove**)**: to ~ in(to) sight** komma i sikte

♦ **heave to** *imperf, perf part* **hove** *vi + adv (Sjö)* lägga/dreja bi

heav·en ['hevn] *s (Rel, bildl)* himmel(rike); **(good) ~s!** himmel!; **thank ~!** tack och lov!; **for ~'s sake!** för Guds skull!; **to move ~ and earth to do sth** röra upp himmel och jord för att göra ngt; **in seventh ~** i sjunde himlen; **the ~s opened** himlen öppnade sig, det vräkte ner

heav·en·ly ['hevnlɪ] *adj (Rel)* himmelsk, gudomlig; *(vard: underbar)* himmelsk, gudomlig; **~ body** *(Astron)* himlakropp

heavi·ly ['hevɪlɪ] *adv (falla, trampa, luta sig)* tungt; *(regna, snöa)* kraftigt; *(andas, sucka, sova)* tungt; *(dricka, röka etc)* mycket; *(beroende, påverkad av)* i hög grad; **it weighs ~ on him** det tynger honom

heavily-built [,hevɪlɪ'bɪlt] *adj* kraftigt byggd

heavily-laden [,hevɪlɪ'leɪdn] *adj* tungt lastad

heavy ['hevɪ] *adj (-ier, -iest)* **(a)** *(vikt)* tung; **how ~ are you?** vad väger du? **(b)** *(gång)* tung; *(artilleri, industri)* tung; *(kappa, tyg)* tjock, kraftig; *(sjö)* grov; *(utgifter)* tung; *(mat, regn)* kraftig; *(trafik)* tät; *(bok, stil)* tung, tråkig; *(sätt, humor)* trög; *(väder)* mulen, tung; *(tystnad)* laddad; *(slag)* kraftig; *(person)* kraftig, tjock; *(börda: bildl)* tung; *(skörd)* riklig; *(strid, gevärseld)* häftig; *(arbete)* tung; *(förlust: äv Mil)* svår; *(andetag, suck, sömn)* tung; *(jord)* tung, kompakt; *(skatt)* hög; *(dag)* arbetsam; **to have a ~ cold** ha en kraftig förkylning; **with a ~ heart** med tungt hjärta; **the air was ~ with the scent** luften var tung av doften; **to be a ~ drinker/smoker** *etc* dricka/röka *etc* (för) mycket; **~ cream** *(Am)* vispgrädde, tjock grädde; **~ vehicle** tungt fordon

heavy-duty [,hevɪ'dju:tɪ] *adj* slitstark

heavy-handed [,hevɪ'hændɪd] *adj* **(a)** *(komplimang etc)* klumpig, tafatt **(b)** *(mot barn, elever etc)* sträng, hård

heavy·weight ['hevɪweɪt] *s (Sport: viktklass)* tungvikt; *(: person)* tungviktare; *(bildl: tung, tjock)* övervikting person *(: inflytelserik)* tungviktare

He·brew ['hi:bru:]   **1** *adj* hebreisk   **2** *s (person)* hebré; *(språk)* hebreiska

heck [hek] *s*: **what the ~!** *(vard: ilsket)* vad i helsike!; *(: likgiltigt)* än sen då?

heck·le ['hekl] *vt, vi* häckla, avbryta

heck·ler ['heklə^r] *s* häcklare

heckling ['heklɪŋ] *s (från publik/mötesdeltagare)* störande inpass *(pl)*

hec·tare ['hektɑ:^r] *s* hektar

hec·tic ['hektɪk] *adj (bildl)* hektisk

hecto·litre, *(Am)* **hecto·liter** ['hektəʊ,li:tə^r] *s* hektoliter

hec·tor ['hektə^r] *vt* mästra, sätta sig på

he'd [hi:d] = **he would; he had**

hedge [hedʒ]   **1** *s* häck; *(bildl: mot förlust etc)* skydd; *(: i tal el skrift)* undvikande uttalande/svar   **2** *vt (Jordbr)* inhägna; **to be ~d (about) with** *(bildl)* vara kringgärdad av; **to ~ one's bets** *(bildl)* helgardera sig   **3** *vi (bildl)* slingra sig

hedge·hog ['hedʒhɒg] *s* igelkott

hedge-hop ['hedʒhɒp] *vi (Flyg)* flyga lågt, lågsniffa

hedge·row ['hedʒrəʊ] *s* buskhäck

he·don·ism ['hi:dənɪzəm] *s* hedonism, njutningslystnad

he·don·ist ['hi:dənɪst] *s* hedonist, njutningsmänniska

heed [hi:d]   **1** *s*: **to pay/take ~ to** ta hänsyn till, bry sig om; **paying no ~ to what his mother had said...** utan att tänka på/bry sig om vad hans mamma hade sagt...   **2** *vt* ta hänsyn till, bry sig om

heed·less ['hi:dlɪs] *adj (i livsföring)* obetänksam, vårdslös; **to be ~ of** *(protest, varning)* inte bry sig om, strunta i; *(fara)* vara obekymrad om

heel [hi:l]   **1** *s (Anat)* häl; *(på strumpa)* häl; *(på sko)* klack; *(vard)* knöl, skurk; **~!** *(till hund)* följ! **to be at sb's ~s** vara i hälarna på ngn; **to kick/cool one's ~s** *(vard)* få (stå och) vänta; **to take to one's ~s** *(vard)* sjappa, ta till flykten; **to turn on one's ~s** *(vard)* vända på klacken; **to dig in one's ~s** *(vard)* spjärna emot   **2** *vt (sko)* klacka; *(boll)* klacka; **the ball** *(äv)* göra klackspark; **to be well ~ed** *(vard)* vara nerlusad med pengar

hefty ['heftɪ] *adj (föremål)* tung, mastig; *(person)* kraftig, bastant; *(slag)* kraftig; *(pris)* saftig

heif·er ['hefə^r] *s (Zool)* kviga

height [haɪt] *s* **(a)** *(mått: på torn, berg etc)* höjd; *(: på person)* längd; *(: över havet)* höjd; **at a ~ of 2000 m** på en höjd av 2000 m; **to be 20 m in ~** vara 20 m hög; **to fall from a great ~** falla från stor höjd **(b)** *(hög plats)*: **the ~s** topparna, höjderna; *(bildl)* höjdpunkt, toppunkt; **to be afraid of ~s** vara höjdrädd, ha höjdskräck; **it's the ~ of fashion** det är senaste modet/det allra senaste; **the ~ of summer** mitt i sommaren

height·en ['haɪtn]   **1** *vt (göra högre)* höja; *(rädsla etc)* öka; *(effekt)* förhöja   **2** *vi (bildl)* öka, tillta

hei·nous ['heɪnəs] *adj* avskyvärd

heir [eə^r] *s* arvinge; **~ to the throne** tronarvinge; *se äv* **apparent**

heir·ess ['eəres] *s* arvtagerska

heir·loom ['eəlu:m] *s* släktklenod

heist [haɪst] *s (vard: i sht Am)* rån

held [held] *imperf, perf part av* **hold**

heli·cop·ter ['helɪkɒptə^r] *s* helikopter

heli·port ['helɪpɔ:t] *s* helikopterflygplats

he·lium ['hi:lɪəm] *s (Kem)* helium

hell [hel] *s* **(a)** *(Rel, bildl)* helvete; **~ for leather** allt vad tygen håller, i full karriär; **all ~ was let loose** helvetet brakade lös, det blev ett helvetes/jäkla liv *(vard)* **(b)** *(vard: i fraser)*: **a ~ of a noise** ett helvetes oväsen; **a ~ of a lot** en helvetes massa; **we had a ~ of a time** *(bra)* vi hade det jäkligt trevligt; *(dåligt)* vi hade ett helvete; **to make sb's life ~** göra ngns liv till ett helvete; **to give sb ~** skälla ut ngn efter noter; **to run like ~** springa av bara helvete; **what the ~ do you want?** vad i helvete vill du?; **just for the ~ of it** bara för skojs skull; **go to ~!** dra åt helvete!; **to ~**

with it! åt helvete med det!; **oh** ~! helvete också!

he'll [hi:l] = **he will**; **he shall**

hell·ish ['helɪʃ] adj (vard) djävulsk, infernalisk

hel·lo [hə'ləʊ] = **hullo**

helm [helm] s (Sjö) roder; **to be at the** ~ (bildl) stå vid rodret, vara ansvarig

hel·met ['helmɪt] s hjälm

help [help] **1** s **(a)** (i allm) hjälp; (lexikon, rullstol etc) hjälpmedel; (för ryggvärk etc) botemedel, hjälp (for för/mot); **with the** ~ **of** med hjälp av; **without** ~ utan hjälp; **to come to sb's** ~ komma till ngns hjälp; **to be of** ~ to sb vara ngn till hjälp; **to call for** ~ ropa på hjälp; **he gave me no** ~ han gav mig ingen hjälp; **he is beyond** ~ han är bortom (all) hjälp; **there's no** ~ **for it** det kan inte hjälpas; ~! hjälp! **(b)** (anställd person i hem, på bondgård etc) hjälp **2** vt **(a)** (ngn med ngt) hjälpa; (projekt etc) bidraga till; (utveckling) befrämja; (värk) hjälpa mot/för; **to** ~ **sb** (to) **do sth** hjälpa ngn med ngt; **to** ~ **sb with sth** hjälpa ngn med ngt; **can I** ~ **you?** (i affär) kan jag hjälpa till; **to** ~ **sb on/off with his coat** hjälpa ngn på/av med rocken **(b)** (vid bordet):**to** ~ **sb to soup** servera ngn soppa; **to** ~ **oneself** (mat) lägga/ta för sig (to av); (stjäla) ta för sig; ~ **yourself!** (till gäst) varsågod (och ta för dig)! **(c)** (med can/ could: undvika, hindra): **he can't** ~ **coughing** han han inte låta bli att skratta; **I couldn't** ~ **thinking...** jag kunde inte låta bli att tycka...; **it can't be** ~ed det kan inte hjälpas; **he won't if I can** ~ **it** det kommer han inte att göra om jag får bestämma; **he can't** ~ **himself** han kan inte låta bli; **can I** ~ **it if it rains** är det mitt fel att det regnar? **3** vi hjälpa (till); **every little bit** ~s minsta bidrag mottas med tacksamhet

♦ **help out 1** vt + adv hjälpa (ur knipan) **2** vi + adv hjälpa till

help·er ['helpəʳ] s medhjälpare

help·ful ['helpfʊl] adj (person) hjälpsam; (förslag, råd) användbar; (bok, anvisningar) nyttig; **this grammar is very** ~ den här grammatiken är till mycket stor hjälp

help·ful·ly ['helpfəlɪ] adv hjälpsamt, vänligt

help·ing ['helpɪŋ] s portion

help·less ['helplɪs] adj hjälplös; **as** ~ **as a baby** lika hjälplös som ett spädbarn; **we were** ~ **to prevent it** vi hade ingen möjlighet att hindra det; ~ **with laughter** sjuk av skratt

Hel·sin·ki ['helsɪŋkɪ] s Helsingfors

helter-skelter ['heltə'skeltəʳ] **1** adv (rusa iväg) hals över huvud, huvudstupa; (i oordning) huller om buller **2** s rutschbana

hem¹ [hem] **1** s fåll **2** vt (gardiner etc) fålla

♦ **hem in** vt + adv (fienden) omringa; (bildl) stänga inne; **to feel** ~med **in** känna sig instängd

hem² [hem] vi: **to** ~ **and haw** se hum 3

he-man ['hi:mæn] s, pl -men he-man, karlakarl

hemi·sphere ['hemɪsfɪəʳ] s (Geogr) halvklot, hemisfär

hem·line ['hemlaɪn] s (på kjol) fåll, nederkant

hem·lock ['hemlɒk] s **(a)** (växt, gift) odört **(b)** (träd) hemlock

hemo·glo·bin ['hi:məʊ'gləʊbɪn] etc (Am) se **haemoglobin** etc

hemp [hemp] s (växt, rep etc) hampa; (knark) marijuana

hen [hen] s (höns) höna; (fågel-) hona; ~ **party** (vard) tjejfest; (: före bröllop) möhippa

hence [hens] adv **(a)** (följaktligen) därför; (härav) därifrån kommer **(b)** (åld: plats) härifrån; (tid: frm): **5 years** ~ om 5 år

hence·forth [,hens'fɔ:θ] adv (frm) hädanefter

hench·man ['hentʃmən] s, pl -men (i sht Pol) trogen anhängare, kumpan

hen·na ['henə] s (färg) henna

hen·pecked ['henpekt] adj (vard) hunsad, som står under toffeln; **a** ~ **husband** en toffelhjälte

hepa·ti·tis [,hepə'taɪtɪs] s hepatit

her [hɜ:ʳ] **1** pers pron (obj, efter prep) henne; (i sht som predikatsfyllnad) hon; **he saw** ~ han såg henne; **give this to** ~ ge den här till henne; **you are taller than** ~ du är längre än hon; **it's** ~ (vard) det är hon **2** refl pron sig; **she looked about** ~ hon såg sig omkring **3** poss pron fören hennes, sin (refl); **he saw** ~ **dog** han såg hennes hund; **she took** ~ **dog for a walk** hon tog ut sin hund på en promenad

her·ald ['herəld] **1** s (Hist) härold; (bildl) budbärare **2** vt (bildl) förebåda

he·ral·dic [he'rældɪk] adj heraldisk

her·ald·ry ['herəldrɪ] s heraldik

herb [hɜ:b, (Am vanl) ɜ:b] s (Bot: ej vedartad) ört; (: som används till krydda) kryddväxt; (Matl) örtkrydda; (Med) medicinalväxt

her·ba·ceous [hɜ:'beɪʃəs] adj: ~ **border** kantrabatt

herb·al ['hɜ:bəl] adj ört-

herb·al·ist ['hɜ:bəlɪst] s medicinalväxt|odlare/ -handlare

herd [hɜ:d] **1** s (av boskap, elefanter) hjord; (av rådjur) flock; (av människor): **the (common)** ~ massan; **to follow the** ~ följa med strömmen; ~ **instinct** flockinstinkt **2** vt (djur, personer) driva

♦ **herd to·geth·er 1** vt + adv driva samman **2** vi + adv samlas, flockas

herds·man ['hɜ:dzmən] s, pl -men boskapsskötare

here [hɪəʳ] adv (befintlighet) här; (rörelse) hit; (i detta avseende) här; **come** ~! kom hit!; ~! (vid upprop) ja!; ~ **I am** här är jag; ~ **are the books** här är böckerna; ~ **you are!** varsågod!, här har du!; ~ **and there** (befintlighet) här och där; (rörelse) hit och dit; **winter is** ~ vintern är här; ~, **there and everywhere** överallt; **from** ~ **to there** härifrån och dit; **my friend** ~ **will do it** min vän här ska göra det; **that's neither** ~ **nor there** det spelar ingen roll; ~'**s to John!** skål för John!

here·abouts ['hɪərə,baʊts] adv häromkring

here·after [,hɪər'ɑ:ftəʳ] **1** adv (frm) hädanefter **2** s: **the** ~ livet efter detta

here·by [,hɪə'baɪ] adv (frm) härmed

he·redi·tary [hɪ'redɪtərɪ] adj (furste etc) arv-; (sjukdom) ärftlig; (förmåga, egenskap) medfödd

he·red·ity [hɪ'redɪtɪ] s ärftlighet, arv

her·esy ['herəsɪ] s kätteri

her·etic ['herətɪk] s kättare

he·reti·cal [hɪ'retɪkəl] adj kättersk

here·upon [,hɪərə'pɒn] adv härpå

here·with [,hɪə'wɪθ] adv (frm, Handel: i brev) härmed

her·it·age ['herɪtɪdʒ] s (eg, bildl) arv; (egendom) arvegods; **our national** ~ vårt nationella arv

her·maph·ro·dite [hɜ:'mæfrədaɪt] s (person) hermafrodit; (Bot) tvåkönad växt; (Zool) tvåkönat djur

her·met·ic [hɜ:'metɪk] adj hermetisk

her·meti·cal·ly [hɜ:'metɪkəlɪ] adv hermetiskt; ~ **sealed** hermetiskt tillsluten

her·mit ['hɜ:mɪt] s eremit

her·nia ['hɜ:nɪə] s (Med) bråck

hero ['hɪərəʊ] s, pl ~es hjälte; (Litt etc) huvudperson; ~ **worship** hjältedyrkan; ~ **sandwich** (Am: smörgås) jättelandgång

hero·ic [hɪ'rəʊɪk] adj heroisk, hjältemodig; ~ **deed** hjältedåd

he·roi·cal·ly [hɪ'rəʊɪkəlɪ] adv heroiskt, hjältemodigt

hero·in ['herəʊɪn] s heroin

hero·ine ['herəʊɪn] s hjältinna; (Litt: kvinnlig) huvudperson

hero·ism ['herəʊɪzəm] s hjältemod

her·on ['herən] s häger

her·ring |'herɪŋ| s sill

hers |hɜːz| *poss pron självst* hennes: *the book is* ∼; *(refl)* sin; **she lent me a record of** ∼ hon lånade mig en av sina skivor

her·self |hɜː'self| **1** *refl pron* sig; *(emfatiskt)* själv; *(efter prep)* sig (själv); **she hurt** ∼ hon gjorde illa sig; **she broke the plate** ∼ hon slog sönder tallriken själv; **she said to** ∼ **that...** hon sa till sig själv att...; *se äv* **oneself 2** *pers pron* hon, henne; **nobody had seen it except** ∼ ingen hade sett den utom hon; **for her brother and** ∼ **this was a terrifying experience** för hennes bror och henne var detta en hemsk upplevelse

he's |hiːz| = **he is**; **he has**

hesi·tant |'hezɪtənt| *adj (leende, svar)* tveksam; **to be** ∼ **about doing sth** vara osäker om man ska göra ngt

hesi·tate |'hezɪteɪt| *vi* tveka; **to** ∼ **to do sth** dra sig för att göra ngt; **to** ∼ **about** *el* **over sth** vara tveksam om/inför ngt; **don't** ∼ **to ask (me)** dra dig inte för att fråga (mig)

hesi·ta·tion |,hezɪ'teɪʃən| s tvekan, tveksamhet; **I have no** ∼ **in saying...** jag tvekar inte att säga; **without the slightest** ∼ utan minsta tvekan

hes·sian |'hesɪən| s juteväv

hetero·geneous |'hetərəʊ'dʒiːnɪəs| *adj* heterogen

hetero·sex·ual |'hetərəʊ'seksjʊəl| *adj, s* heterosexuell

hew |hjuː| *imperf* ∼**ed**, *perf part* ∼**ed** *el* **hewn** |hjuːn| *vt (sten, ved)* hugga; *(staty etc)* hugga ut, forma

hex |heks| *(Am)* **1** *s* förtrollning; **to put a** ∼ **on sth/sb** förtrolla ngt/ngn **2** *vt* förtrolla, förhäxa

hexa·gon |'heksəgən| *s* sexhörning, hexagon

hex·ago·nal |hek'sægənəl| *adj* sexkantig

hey |heɪ| *interj* hallå där!

hey·day |'heɪdeɪ| *s* glanstid, glansdagar; **in the** ∼ **of the theatre** under teaterns glanstid; **in his** ∼ under hans/sin glans dagar

hi |haɪ| *interj* hej, hallå

hia·tus |haɪ'eɪtəs| *s (i text)* lucka; *(Språkv)* hiatus

hi·ber·nate |'haɪbəneɪt| *vi* övervintra

hi·ber·na·tion |,haɪbə'neɪʃən| *s* vinterdvala, vintersömn; **go into** ∼ *(björn: äv)* gå i ide

hic·cough, hic·cup |'hɪkʌp| **1** *s (en)* hickning; *(ha)* hicka; **to have** ∼**s** hicka **2** *vi* hicka

hick |hɪk| *s (Am vard, neds)* lantis

hick·ey |'hɪkɪ| *s (Am vard)* **(a)** *(ngt ospecificerat)* grej, pryl **(b)** *(märke i huden: av kyss)* sugmärke; *(: inflammerat)* finne

hid |hɪd| *perf part av* **hide**

hid·den |'hɪdn| **1** *perf part av* **hide 2** *adj* dold; ∼ **meaning** undermening; ∼ **strength** dold styrka; ∼ **purpose** hemlig avsikt

hide[1] |haɪd| *(v: imperf* **hid**, *perf part* **hidden)* **1** *vt (presenter, nyckel etc)* gömma; *(tårar, sorg, sanning etc)* dölja; **to** ∼ **sth from sb** dölja något för ngn **2** *vi* gömma sig; **he's hiding behind his illness** han gömmer sig bakom sin sjukdom

♦ **hide away 1** *vt + adv* gömma undan **2** *vi + adv* hålla sig gömd

♦ **hide out** *vi + adv* hålla sig undan

hide[2] |haɪd| *s (djur-)* hud; *(garvat)* skinn; **to save one's** ∼ *(bildl)* rädda sitt skinn; **to tan sb's** ∼ *(bildl)* ge ngn på huden

hide[3] |haɪd| *s (vid jakt, djurfotografering etc)* gömställe, gömsle

hide-and-seek |,haɪdən'siːk| *s* kurragömma

hide·away |'haɪdə,weɪ| *s* gömställe

hid·eous |'hɪdɪəs| *adj (person, brott)* avskyvärd; *(klänning, färg etc)* ful, gräslig; *(vard: misstag)* ohygglig; *(oväsen)* förskräcklig

hide-out |'haɪdaʊt| *s (förbrytares)* tillhåll, gömställe

hid·ing[1] |'haɪdɪŋ| *s:* **to be in** ∼ hålla sig gömd; **to go into** ∼ gömma sig; ∼ **place** gömställe

hid·ing[2] |'haɪdɪŋ| *s:* **to give sb a** ∼ ge ngn ett kok stryk

hi·er·ar·chy |'haɪərɑːkɪ| *s* hierarki

hi·ero·glyph·ic |,haɪərə'glɪfɪk| **1** *adj* hieroglyfisk **2**: ∼**s** *spl* hieroglyfer; *(bildl vard)* kråkfötter

hi-fi |'haɪ'faɪ| *(förk f* **high fidelity)** **1** *s (ljud)* hifi; *(apparat)* hifianläggning **2** *adj* hifi-

higgledy-piggledy |'hɪgldɪ'pɪgldɪ| *adv* huller om buller

high |haɪ| **1** *adj (-er, -est)* **(a)** *(i allm)* hög; **a building 60 metres** ∼ en 60 m hög byggnad; **it's 20 metres** ∼ den är 20 meter hög; **how** ∼ **is Ben Nevis?** hur högt är Ben Nevis?; **since she was so** ∼ *(vard: om barn)* sedan hon var så här hög; ∼ **cheekbones** höga kindkotor; **at** ·∼ **tide** *el* **water** vid/när det är högvatten

(b) *(ämbete, post etc)* hög; *(frekvens, feber, tryck)* hög; *(kvalité)* hög; *(pris, lön, ränta)* hög; *(ansiktsfärg)* hög, stark; *(vind, blåst)* kraftig; *(karaktär)* ädel; *(ideal, moral)* hög; *(ljud, ton)* hög; *(: genomträngande)* gäll; *(vard: av knark)* hög; *(: av sprit)* full; *(Matl)* välhängd; **the** ∼**est common factor** *(Mat)* största gemensamma divisor; **to pay a** ∼ **price for sth** *(eg, bildl)* betala ett högt pris för ngt; **to be on one's** ∼ **horse** *(bildl)* sätta sig på sina höga hästar; ∼ **and mighty** överlägsen, dryg; **to leave sb** ∼ **and dry** *(bildl)* lämna ngn i sticket; **to have** ∼ **hopes of sth** ha stora förväntningar om ngt; **to have a** ∼ **opinion of sb** ha höga tankar om ngn; **to have a** ∼ **old time** *(vard)* ha jätteroligt; **it's** ∼ **time you were in bed** *(vard)* det är hög tid för dig att gå och lägga dig

2 *adv (läge)* högt; *(stiga, flyga, sikta)* högt; ∼ **up** högt upp; ∼**er up** högre upp; ∼ **above** högt över; **to hunt** ∼ **and low** söka med ljus och lykta; **feelings were running** ∼ känslorna svallade högt

3 *s* **(a)**: **on** ∼ *(Gud)* i himlen; *(skämts)* högre ort

(b) *(höjdpunkt)*: **exports have reached a new** ∼ exporten har nått nya rekordsiffror; *(vard)*: **you can get a** ∼ **from jogging/drugs/alcohol** man kan bli hög av joggning/knark/alkohol

(c) *(Meteorologi)* högtryck

(d) *(Am Motor: äv)* ∼ **gear)** högsta växeln

4 *i sms:* ∼ **altar** högaltare; ∼ **command** *(Mil)* högsta militärledningen; ∼ **commissioner** *(mellan samväldesländer: ung)* ambassadör; *(i koloni)* styresman; ∼ **court** högsta domstolen; ∼ **explosive** högexplosivt ämne; ∼ **fidelity** *(ljudåtergivning)* high fidelity; ∼ **finance** storfinansen; ∼ **jinks** *spl (vard)* upptåg, skoj; ∼ **jump** *(Sport)* höjdhopp; **to be for the** ∼ **jump** *(bildl, vard: straffas)* komma att få; ∼ **life** livet i stora världen; **H**∼ **Mass** högmässa; ∼ **noon** kl 12 på dagen; ∼ **priest** överstepräst; ∼ **school** *(Brit: ung)* läroverk; *(Am)* high school *ung åk 8-9 + gymnasiet*; **the** ∼ **seas** de vida haven, världshaven; ∼ **society** societet, sällskapsliv; ∼ **spirits** gott humör; ∼ **spot** höjdpunkt; ∼ **street** *(Brit)* huvudgata; **the** ∼ **Street** *(Brit)* Storgatan; ∼ **summer** högsommar; ∼ **tea** *(tidig)* kvällsmat; ∼ **treason** högförräderi

high·ball |'haɪbɔːl| *s (Am)* grogg *serverad i högt glas*

high·boy |'haɪbɔɪ| *s (Am)* hög byrå på ben

high·brow |'haɪbraʊ| **1** *s* intellektuell person; *(neds)* kultursnobb **2** *adj (teater, musik etc)* intellektuell, (fin)kulturell

high·chair |'haɪtʃeər| *s (hög)* barnstol

high-class |'haɪklɑːs| *adj* förstklassig, högklassig

high·er |'haɪər| **1** *adj komp av* **high** högre; *(livsform, matematik, utbildning etc)* högre **2** *adv komp av* **high** högre

high-handed |,haɪ'hændɪd| *adj (sätt, attityd)* överlägsen, snorkig

high·fa·lu·tin(g) [ˌhaɪfəˈluːtɪŋ, ˌhaɪfəˈluːtɪn] *adj (vard)* högtravande

high-flier [ˌhaɪˈflaɪəʳ] *s (person: med ambitioner)* ärelysten person, streber *(neds)*; *(: med intelligens)* toppbegåvning

high-heeled [ˌhaɪˈhiːld] *adj (skor)* högklackad

high·land [ˈhaɪlənd] *s* högland, högt liggande område; **the H~s** skotska högländerna

high·light [ˈhaɪlaɪt] **1** *s (Konst)* glansdager; *(Foto)* ljuseffekt; *(i hår)* (blekt) slinga; *(bildl)* höjdpunkt **2** *vt (delar ur en helhet)* framhäva, betona; *(slingor i hår)* bleka

high·ly [ˈhaɪlɪ] *adv (betald)* högt; *(intressant)* högst, i hög grad; *(besviken)* ytterst; **~ spiced dishes** starkt kryddade rätter; **to praise sb ~** ge ngn mycket beröm; **to think ~ of sb** ha höga tankar om ngn; **speak ~ of** tala berömmande om ngn; **~ strung** spänd, nervös

highly-coloured [ˈhaɪlɪˈkʌləd] *adj (eg, bildl)* färgstark; *(berättelse: ensidig)* färgad; *(: detaljerad)* utbroderad

high·ness [ˈhaɪnɪs] *s* höghet; **H~** *(titel)* Höghet

high-pitched [ˌhaɪˈpɪtʃt] *adj (ljud)* hög; *(röst)* gäll

high-powered [ˌhaɪˈpaʊəd] *adj (motor)* stark; *(person)* energisk

high-pressure [ˌhaɪˈpreʃəʳ] *adj* högtrycks-; *(bildl)* påträngande

high-rise [ˈhaɪraɪz] **1** *adj* höghus- **2** *s (i sht Am)* höghus

high-road [ˈhaɪrəʊd] *s (åld)* allmän landsväg; *(bildl):* **the ~ to success** vägen till framgång

high-water mark [ˌhaɪˈwɔːtəmɑːk] *s (eg)* högvattenmärke; *(bildl)* höjdpunkt

high·way [ˈhaɪweɪ] *s* allmän landsväg; **the H~ Code** *(Brit)* vägtrafikförordningen

highway·man [ˈhaɪweɪmən] *s, pl* **-men** stråtrövare

hi·jack [ˈhaɪdʒæk] **1** *s (äv:* **hijacking)** kapning **2** *vt (flygplan)* kapa; *(lastbil)* stjäla

hi·jack·er [ˈhaɪdʒækəʳ] *s* kapare

hike [haɪk] **1** *s* **(a)** fotvandring **(b)** *(Am: av löner, priser etc)* höjning **2** *vi* **(a)** *(i naturen etc)* fotvandra; *(Am äv: i allm)* gå till fots, promenera; **to go hiking** ge sig ut på vandring **(b)** *(Am: priser etc)* öka **3** *vt (Am: priser)* höja

hik·er [ˈhaɪkəʳ] *s (fot)*vandrare

hi·lari·ous [hɪˈleərɪəs] *adj (komedi, fest etc)* munter, festlig

hi·lar·ity [hɪˈlærɪtɪ] *s* munterhet

hill [hɪl] *s (i allm)* kulle, höjd; *(sluttning)* backe; **up ~ and down dale** överallt i trakten, backe upp och backe ner; **to be over the ~** *(bildl vard)* ha det bästa bakom sig; **as old as the ~s** gammal som gatan

hill·bil·ly [ˈhɪlbɪlɪ] *s (Am: neds)* lantis; **~ music** *(Am folkmusik)* hillbilly

hill·ock [ˈhɪlək] *s* hög, liten kulle

hill·side [ˈhɪlsaɪd] *s* backe

hilly [ˈhɪlɪ] *adj (-ier, -iest) (landskap)* kuperad; *(väg)* backig

hilt [hɪlt] *s (på svärd, dolk)* fäste; **(up) to the ~** *(bildl: skuldsatt etc)* upp över öronen; *(: stödja)* i vått och torrt; *(: hus: intecknat)* upp till skorstenen

him [hɪm] **1** *pers pron (obj, efter prep)* honom; *(i sht som predikatsfyllnad)* han; **I saw ~** jag såg honom; **I came with ~** jag kom med honom; **she's older than ~** hon är äldre än han; **it's ~** *(vard)* det är han **2** *refl pron* sig; **he has no money about ~** han har inga pengar på sig

him·self [hɪmˈself] **1** *refl pron* sig; *(emfatiskt)* själv; *(efter prep)* sig (själv); *(Am: äv: =* **oneself):** **one can only trust ~** man kan bara lita på sig själv; **he hurt ~** han gjorde illa sig; **he cooked the meal ~** han lagade maten själv; **he gazed at ~ in the mirror** han stirrade på sig (själv) i spegeln;

se äv **oneself 2** *pers pron* han, honom; **no one but ~ had arrived** ingen utom han själv hade kommit; **the company is owned by his father and ~** bolaget ägs av hans far och honom

hind[1] [haɪnd] *adj (ben)* bak-; *(vard)* **she could talk the ~ legs off a donkey** hon pratar som en kvarn

hind[2] [haɪnd] *s (Zool)* hind

hin·der [ˈhɪndəʳ] *vt (person)* hindra; *(utveckling, ankomst)* fördröja; **to ~ sb from doing sth** förhindra ngn att/hindra ngn från att göra ngt

Hin·di [ˈhɪndiː] *s (språk)* hindi

hind·quarters [ˈhaɪndˌkwɔːtəz] *spl (på djur)* länder, bakdel

hin·drance [ˈhɪndrəns] *s* hinder; **to be a ~ to sb/sth** vara till hinders för ngn/ngt

hind·sight [ˈhaɪndsaɪt] *s* efterklokhet

Hin·du [ˈhɪnˈduː] **1** *adj* hinduisk **2** *s* hindu

Hin·du·ism [ˈhɪnduːɪzm] *s (Rel)* hinduism

hinge [hɪndʒ] **1** *s* gångjärn; **stamp ~** *(i album)* frimärksfastsättare **2** *vi:* **to ~ on** *(bildl)* hänga på, bero på

hinged [hɪndʒd] *adj (dörr, låda etc)* med gångjärn

hint [hɪnt] **1** *s (antydan)* vink; *(för resenärer)* tips, råd; *(liten mängd)* aning; **~s on maintenance** skötselråd; **to drop a ~** ge en vink; **to take the ~** förstå vinken; **with a ~ of irony** med en gnutta ironi; **give me a ~** ge mig en ledtråd **2** *vt* antyda

♦ **hint at** *vi + prep (möjlighet)* antyda; *(förhållande)* syfta på

hip[1] [hɪp] *s (Anat)* höft; **~ bath** sittbad(kar); **~ flask** plunta; **~ joint** höftled; **~ pocket** bakficka

hip[2] [hɪp] *s (Bot)* nypon

hip·pie, hip·py [ˈhɪpɪ] *s* hippie

hip·po [ˈhɪpəʊ] *s (vard)* flodhäst

hippo·pota·mus [ˌhɪpəˈpɒtəməs] *s, pl* **-es** *el* **hippopotami** [ˌhɪpəˈpɒtəmaɪ] flodhäst

hip·py [ˈhɪpɪ] *s* = **hippie**

hire [ˈhaɪəʳ] **1** *vt (bil, lokal)* hyra; *(arbetare etc)* anställa; **~d hand** extra arbetare/arbetskraft; **~d car** *(Brit)* hyrbil; **~d assassin** lejd mördare **2** *s (av våning etc)* hyra; *(kostnad)* hyra; **for ~** *(hus)* att hyra; *(taxi)* ledig; **on ~** till uthyrning

♦ **hire out** *vt + adv* hyra ut

hire-purchase [ˌhaɪəˈpɜːtʃəs] *s (Brit)* avbetalning; **on ~** på avbetalning

hir·sute [ˈhɜːsjuːt] *adj* luden, (mycket) hårig

his [hɪz] *poss pron* fören o självst hans, sin *(refl)*; *(Am: äv: =* **one's):** **one has to do ~ duty** man måste göra sin plikt; **it's ~ fault** det är hans fel; **he sold ~ car** han sålde sin bil; **the book is ~** boken är hans; **he introduced me to a friend of ~** han presenterade mig för en av sina vänner

hiss [hɪs] **1** *s (från orm)* väsning; *(från katt)* fräsande; *(från vattenpanna etc)* vissling; *(av protest etc)* utvissling; *(Elektr)* brus **2** *vi (orm)* väsa; *(katt)* fräsa; *(vattenpanna)* vissla; *(radio)* brusa **3** *vt (skådespelare etc)* vissla ut

his·to·rian [hɪsˈtɔːrɪən] *s* historiker

his·tor·ic [hɪsˈtɒrɪk] *adj (viktig)* historisk; **a ~ event** en historisk händelse

his·tori·cal [hɪsˈtɒrɪkəl] *adj (som hör till historien)* historisk; **a ~ novel** en historisk roman

his·to·ry [ˈhɪstərɪ] *s (ämne)* historia; *(bakgrund)* (för)historia; **to make ~** *(bildl)* skriva historia; **to go down in ~** gå till historien; **there's a long ~ of illness in his family** *(Med)* det har funnits mycket sjukdom/många sjukdomar i hans släkt

hit [hɪt] *(v: imperf, perf part* **hit) 1** *s* **(a)** *(med ngt)* slag; *(motsats till miss)* träff; **a direct ~** en fullträff; **that was a ~ at me** *(bildl)* det var en pik avsedd för mig **(b)** *(Mus, Teat etc)* succé; **to be a ~** göra succé; **the ~ parade** *(ung)* tio i topp; **she's a ~ with everyone** *(vard)* hon gör stor lycka hos alla

2 *vt* **(a)** *(med kraft)* slå; *(boll, mål, spik)* träffa; **to ~ sb when he's down** *(bildl)* slå den som ligger; **to ~ the mark** *(bildl)* få en fullträff; **to ~ one's head against a wall** *(bildl)* köra huvudet i väggen; **the house was ~ by a bomb** huset träffades av en bomb; **then it ~ me** *(vard)* då gick dit upp för mig **(b)** *(om motgång etc)* drabba; **we're all ~ by rising prices** vi drabbas alla av prishöjningar; **the farmers were badly ~ by too little rain** bönderna drabbades hårt av för lite regn; **the news ~ him hard** nyheten tog honom hårt **(c)** *(plats)* nå; *(hastighet)* komma upp i; *(svårighet)* råka ut för; *(rätt ton)* träffa; *(tidning etc)* komma in i; **to ~ London** *(vard)* komma fram till London; **to ~ the jackpot** kamma hem full pott; **to ~ the front page** komma på första sidan; **to ~ the bottle** *(vard)* ta till flaskan; **to ~ the ceiling** *(bildl vard)* explodera (av ilska); **to ~ the road/the trail** *(vard)* ge sig iväg; **to ~ the hay/the sack** *(vard)* knyta sig, krypa till kojs **3** *vi* slå

◆ **hit back** **1** *vt + adv* slå tillbaka **2** *vi + adv (eg, bildl)* slå tillbaka *(at* mot)

◆ **hit off** *vt + adv:* **to ~ it off (with sb)** komma bra överens (med ngn)

◆ **hit out** *vi + adv* slå hårt; *(bildl)* gå till attack

◆ **hit (up)on** *vt + prep* komma på

hit-and-run |'hɪtən'rʌn| **1** *adj (olycka)* smitnings-; **~ driver** smitande förare, smitare **2** *s* smitningsolycka

hitch |hɪtʃ| **1** *s (i planer etc)* hinder, avbrott; *(på rep)* knop; *(vard: med bil)* lift; **he gave it a ~** han ryckte i den; **she gave her skirt a ~** hon drog i kjolen; **without a ~** utan hinder, utan mankemang **2** *vt (häst vid stolpe)* binda fast; *(husvagn till bil)* koppla; **to get ~ed** *(vard: gifta sig)* gänga sig; **to ~ a lift** få lift **3** *vi (vard = hitchhike)* lifta; **we ~ed to Paris** vi liftade till Paris

◆ **hitch up** *vt + adv (häst)* spänna *(to* för); *(byxor)* dra upp (i midjan)

hitch·hike |'hɪtʃhaɪk| *vi* lifta

hitch·hiker |'hɪtʃhaɪkər| *s* liftare

hitch·hiking |'hɪtʃhaɪkɪŋ| *s* liftning; **~ is a cheap way of travelling** att lifta är ett billigt sätt att resa *(på)*

hitch·ing post |'hɪtʃɪŋ‚pəʊst| *s* stolpe/räcke att binda häst vid

hith·er |'hɪðər| *adv (åld)* hit; **~ and thither** hit och dit

hit-or-miss |‚hɪtə'mɪs| *adj (oviss)* slumpartad; *(ogenomtänkt)* oplanerad

hive |haɪv| *s (bin)* bisvärm; *(tillhåll)* bikupa; **a ~ of activity** *(bildl)* ett myller av aktivitet

◆ **hive off** *(vard)* **1** *vt + adv (arbete)* lägga över *(to* på) **2** *vi + adv* bryta sig ut

H.M.S. *förk f* His *el* Her Majesty's Ship

hoard |hɔːd| **1** *s (av mat etc)* förråd; *(av pengar)* skatt; **~s of money** *(vard)* massor av pengar **2** *vt (äv:* **~ up)** samla, lägga på hög; *(bristvaror)* hamstra

hoard·ing |'hɔːdɪŋ| *s (kring byggplats etc)* plank; *(för annonser)* reklamtavla, affischplank

hoar·frost |'hɔː'frɒst| *s* rimfrost

hoarse |hɔːs| *adj (-er, -est)* hes

hoary |'hɔːrɪ| *adj (-ier, -iest) (av ålder)* grå; *(bildl)* uråldrig; **he is old and ~** han är gammal och grå

hoax |həʊks| **1** *s (oförargligt)* spratt, skämt; *(falskt alarm etc)* bluff; **to play a ~ on sb** spela ngn ett spratt **2** *vt* lura

hob·bit |'hɒbɪt| *s (i Tolkiens böcker)* hob

hob·ble |'hɒbl| *vi* halta, stappla

hob·by |'hɒbɪ| *s* hobby

hobby·horse |'hɒbɪhɔːs| *s (bildl)* käpphäst

hob·goblin |'hɒb‚gɒblɪn| *s (sagofigur)* elakt troll; *(bildl)* spöke, skräckfigur

hob·nob |'hɒbnɒb| *vi* frottera sig *(with* med)

hobo |'həʊbəʊ| *s (Am)* luffare

hock[1] |hɒk| *s (på djur)* has; *(Matl)* lägg

hock[2] |hɒk| *s (i sht Brit)* rhenvin

hock·ey |'hɒkɪ| *s (Brit)* (land)hockey; *(Am)* (is)hockey; **~ stick** hockeyklubba

hocus-pocus |'həʊkəs'pəʊkəs| *s (trick)* hokuspokus; *(ord)* abrakadabra

hoe |həʊ| **1** *s* hacka **2** *vt (ogräs)* hacka

hog |hɒg| **1** *s (i sht Am)* svin; **he's a greedy ~** *(vard)* han är rena matvraket; **to go the whole ~** *(bildl)* göra ngt grundligt **2** *vt (vard)* lägga beslag på, hugga för sig

hog·skin |'hɒgskɪn| *s* svinläder

hoi pol·loi |‚hɔɪpə'lɔɪ| *s (neds)* populasen

hoist |hɔɪst| **1** *vt (flagga)* hissa; *(börda)* hissa upp, lyfta upp **2** *s* lyftanordning

hold |həʊld| *(v: imperf, perf part* **held)** **1** *s* **(a)** *(grepp)* tag; **to catch ~ of sth/sb** ta tag i ngt/ngn; **to get ~ of sb** *(bildl)* få tag i ngn; **where can I get ~ of some red paint?** *(bildl)* var kan jag få tag i rödfärg?; **to get (a) ~ of oneself** *(bildl)* ta sig samman; **to have a ~ over sb** *(bildl)* ha en hållhake på ngn **(b)** *(vid bergsklättring)* fäste **(c)** *(brottning)* grepp; **no ~s barred** *(bildl)* alla grepp tillåtna **(d)** *(Sjö, Flyg)* lastrum **2** *vt* **(a)** *(i allm)* hålla; *(rymma)* innehålla; *(publik)* hålla fängslad; *(uppmärksamhet, intresse)* fånga, fängsla; *(åsikt)* hysa, ha; **to ~ oneself upright/ready** hålla sig upprätt/beredd; **to ~ one's head high** hålla huvudet högt; **to ~ sb to his promise** se till att ngn håller sitt löfte; **to ~ one's own** klara sig (själv); **~ the line, please** *(Tele)* var god dröj!; **this car ~s the road well** den här bilen har bra väghållning; **what does the future ~?** *(bildl)* vad har framtiden i beredskap åt oss?; *se äv* **hand 1 a** **(b)** *(hindra)* hålla tillbaka; *(fången)* hålla; **to ~ sb prisoner** hålla ngn fången; **the police held him for 3 days** polisen höll honom kvar i 3 dagar; **there's no ~ing him** han går inte att hejda **(c)** *(andan)* hålla; **to ~ one's tongue** *(bildl)* hålla mun; **to ~ it!** *(vard)* stopp!, vänta ett tag! **(d)** *(post, ställning, examen, titel)* ha; *(Sport: rekord)* (inne)ha; *(pass, biljett)* ha; *(aktier)* ha, äga; *(Mil: ställning)* hålla; **to ~ the fort** *(bildl)* hålla ställningarna; **to ~ the stage** *(bildl)* dominera (scenen) **(e)** *(kurs)* fullfölja; *(möte)* hålla; *(examen, intervju, val)* anordna; *(samtal)* föra; **to ~ a service** *(Rel)* hålla gudstjänst **(f)** *(åsikt)* ha, vidhålla; *(övertygelse)* hålla fast vid; **to ~ that...** anse att...; **to ~ sb in high esteem** ha hög tanke om ngn; **to ~ sth/sb dear** *(frm)* hålla ngt kärt/ngn kär; **to ~ sb responsible for sth** hålla ngn ansvarig för ngt **3** *vi (rep, spik etc)* hålla; *(väder)* hålla i sig; *(teori)* hålla; **to ~ firm/fast** stå emot (bra), hålla

◆ **hold against** *vt + prep* lägga ngn till last; **to ~ sth against sb** lägga ngn ngt till last

◆ **hold back** **1** *vt + adv* **(a)** *(folkmassa, vattenmassa, känslor)* hålla tillbaka, hejda; **to ~ sb back from doing sth** hindra ngn från att göra ngt **(b)** *(hemlighet)* hemlighålla; **he's ~ing sth back from me** han döljer ngt för mig **2** *vi + adv:* **to ~ (back)** hålla sig avvaktande; **to ~ back from** låta bli

◆ **hold down** *vt + adv* **(a)** *(på plats)* hålla fast **(b)** *(arbete)* behålla, stanna kvar på

◆ **hold forth** *vi + adv (talare)* breda ut sig, predika

◆ **hold in** *vt + adv (magen etc)* hålla in; **to ~ oneself in** *(bildl)* behärska sig

◆ **hold off** **1** *vt + adv (fiende, attack)* hålla på

avstånd; *(bildl: person)* hålla ifrån sig, hålla på avstånd **2** *vi + adv (person)* dröja; *(regn):* **if the rain ~s off** om det inte regnar
◆ **hold on** **1** *vt + adv* hålla fast **2** *vi + adv (trots plågor etc)* hålla ut; *(vard)* vänta; *(Tele)* dröja
◆ **hold on to** *vi + prep (rep, person)* hålla fast i; *(föremål, skräp)* behålla; *(idé, hopp etc)* klamra sig fast vid
◆ **hold out** **1** *vt + adv (föremål, hand)* räcka/sträcka fram; *(armarna)* sträcka ut; *(hopp)* lova, ge **2** *vi + adv* **(a)** *(förråd)* räcka **(b)** *(visa stark karaktär)* stå fast; **to ~ out against** *(fiende)* hålla stånd mot
◆ **hold out on me!** *vi + prep* dölja; **you've been ~ing out on me!** *(vard)* du har inte sagt mig hela sanningen!
◆ **hold over** *vt + adv (möte etc)* skjuta upp
◆ **hold up** **1** *vt + adv* **(a)** hålla upp; **~ up your hand** räck upp handen; **to ~ up sth to the light** hålla upp ngt i ljuset; **to ~ sb up to ridicule** göra ngn till åtlöje **(b)** *(stödja)* hålla uppe **(c)** *(person, trafik)* uppehålla; *(tillverkning)* försena **(d)** *(person)* råna, överfalla; *(bank)* råna **2** *vi + adv* hålla sig, klara sig
hold·all ['həʊldɔ:l] *s (Brit)* resbag
hold·er ['həʊldə'] *s (person: av titel, ämbete, rekord)* innehavare; *(: av egendom)* ägare; *(föremål)* hållare; *(för pennor)* pennställ; *(för cigarett)* munstycke; **pen ~** *(för bläckstift)* pennskaft
hold·ing ['həʊldɪŋ] *s* arrendegård; **small ~** småbruk; **~s** *(mark)* arrenden; *(Handel)* andelar, intressen; **~ company** *(Handel)* holdingbolag
hold-up ['həʊldʌp] *s (bank etc)* rån; *(i planer)* avbrott; *(Brit: i trafik)* stopp
hole [həʊl] **1** *s* **(a)** *(i allm)* hål; *(i väg etc)* grop; *(i försvar, argumentering)* lucka; *(i staket)* hål, öppning; *(kanins etc)* håla; *(Golf)* hål; *(i kläder)* hål; **to wear a ~ in sth** slita hål på ngt; **to make a ~ in sth** *(bildl)* göra ett djupt hål i ngt; **~ in one** *(Golf)* hole-in-one; **to pick ~s in** *(bildl)* hitta fel på, anmärka på; **~ in the heart** *(Med)* hål i hjärtskiljeväggen **(b)** *(bildl: svårighet)* knipa; **to be in a ~** *(vard)* vara i knipa; **he got me out of a ~** *(vard)* han hjälpte mig ur en knipa **(c)** *(vard: dålig bostad)* kyffe; *(: plats, stad etc)* håla **2** *vt (i allm)* göra hål i; *(golfboll)* slå i hål
◆ **hole up** *vi + adv (djur)* gömma sig; *(efterlyst)* gå under jorden
hole-and-corner ['həʊlənd'kɔ:nə'] *adj* hemlig; **~ tactics** smygtaktik
holi·day ['hɒlədɪ] *s (period: i sht Brit)* semester, ledighet; *(ofta pl: Skol)* lov; *(dag)* helgdag; *(: Skol)* lovdag; **to be on ~** vara ledig, ha semester; **to go on ~(s)** åka på semester; **~ camp** semesteranläggning; **~ season** semester|säsong/-tid
holiday-maker ['hɒlədɪ,meɪkə'] *s (Brit)* semesterfirare
ho·li·ness ['həʊlɪnɪs] *s* helighet; **His H~** *(påven)* Hans Helighet
Hol·land ['hɒlənd] *s* Holland
hol·ler ['hɒlə'] *vt, vi (vard)* vråla, gasta
hol·low ['hɒləʊ] **1** *adj* **(-er, -est)** *(i allm)* ihålig; *(ögon)* djupt liggande; *(kinder)* insjunken; *(ljud, röst)* ihålig; *(bildl: löften)* tom; *(: seger)* värdelös; **to give a ~ laugh** skratta ihåligt/glädjelöst **2** *adv:* **to beat sb ~** *(Brit vard)* slå/besegra ngn grundligt **3** *s (i allm)* hålighet; *(dal)* sänka; **in the ~ of his hand** i hans kupade hand; **the ~ of one's back** korsryggen, svanken
◆ **hol·low out** *vt + adv* holka ur
hol·ly ['hɒlɪ] *s (träd: äv:* **~ tree**) järnek; *(dekoration)* järnek(skvistar)
hol·ly·hock ['hɒlɪhɒk] *s* stockros
holo·caust ['hɒləkɔ:st] *s (bildl)* förödelse, katastrof; **the H~** förintelsen *utrotningen av judar*

under andra världskriget
hols [hɒlz] *spl (vard förk f* **holidays**) semester; lov
hol·ster ['həʊlstə'] *s* (pistol)hölster
holy ['həʊlɪ] *adj* **(-ier, -iest)** *(plats, mark etc)* helig; *(person)* helig, from; **the H~ Bible** den heliga skrift *(frm);* **H~ Communion** Herrens heliga nattvard *(frm);* **~ water** vigvatten; **H~ Week** stilla veckan; **the H~ Father** *(påven)* den helige fadern; **the H~ Ghost** den Helige Ande; **the H~ Land** *(Palestina)* det heliga landet; **the H~ See** påvestolen; **~ orders** det andliga ståndet; **to take (~) orders** bli prästvigd; **a ~ terror** *(vard)* rena skräcken
hom·age ['hɒmɪdʒ] *s* vördnad(sbetygelse), hyllning; **to pay ~ to** hylla, betyga sin vördnad
home [həʊm] **1** *s (bostad)* hem; *(område)* hemort; *(Zool)* tillhåll; *(Bot)* växtplats; *(institution)* hem; **far from ~** långt hemifrån; **he left ~ at 7 a.m.** han gick hemifrån kl 7 på morgonen; **children's/old people's ~** barn-/ålderdoms|hem; **~ from ~**, *(Am)* **~ away from ~** (som) ett andra hem; **to give sb/sth a ~** ge ngn/ngt ett hem; **have you a ~ for this painting?** har du någonstans att hänga den här målningen?; **he made his ~ in Italy** han slog sig ned i Italien; **Scotland is the ~ of the haggis** Skottland är fårpölsans hemland; **at ~** *(äv Sport)* hemma; **is Mr X at ~?** är herr X hemma?; **he is at ~ with the topic** han är hemma i ämnet; **make yourself at ~!** känn dig som hemma!; **to make sb feel at ~** få ngn att känna sig som hemma; **~ sweet ~** hem, ljuva hem; **there's no place like home** borta bra men hemma bäst **2** *adj (liv, stad)* hem-; *(handel)* inrikes-; *(industri, produkt)* inhemsk; *(Sport: lag, match)* hemma-; **~ leave** permission; **~ plate** *(Baseball)* hemplatta; **~ rule** självstyrelse; **~ news** inrikesnyheter; **~ run** *(Baseball)* 'home run'; **~ address** hemadress; **H~ Counties** grevskapen runt London; **~ front** hemmafront; **H~ Office** *(Brit)* inrikesdepartementet; **H~ Secretary** *(Brit)* inrikesminister; **~ straight** *(Sport)* upplopp; **to be in the ~ straight** *(bildl)* se slutet på ngt; **~ truths: to tell sb a few ~ truths** säga några sanningens ord till ngn **3** *adv (vara)* hemma; *(gå)* hem; **to go ~** gå/åka hem; **to come ~** komma hem; **to stay ~** stanna hemma; **to send sb ~** skicka hem ngn; **to bring sth ~ to sb** *(bildl)* få ngn att inse ngt; **it came ~ to me** *(bildl)* det gick upp för mig; **to strike ~** *(eg, bildl)* träffa mitt i prick; **to drive a nail ~** slå i en spik **4** *vi (duva)* flyga hem
◆ **home in on** *vi + prep (Flyg)* anflyga mot; *(bildl)* rikta in sig mot
home-brew [,həʊm'bru:] *s (sprit)* hembränd sprit, hembränt; *(öl)* hembryggt öl
home-brewed [,həʊm'bru:d] *adj (öl)* hembryggd; *(sprit)* hembränd
home·coming ['həʊm,kʌmɪŋ] *s* hemkomst
home-grown [,həʊm'grəʊn] *adj (grönsak etc)* hemodlad; *(ej importerad)* inhemsk
home·land ['həʊmlænd] *s* hemland; *(i Sydafrika)* hemland *område för svarta med begränsat självstyre*
home·less ['həʊmlɪs] *s* hemlös; **the ~** de hemlösa, uteliggarna
home·ly ['həʊmlɪ] *adj* **(-ier, -iest)** **(a)** *(mat, råd)* enkel, simpel; *(person)* anspråkslös; *(atmosfär)* hemtrevlig **(b)** *(i sht Am: utseende)* alldaglig, ful
home-made [,həʊm'meɪd] *adj* hemmagjord
homeo·path, homoeo·path ['həʊmɪəʊpæθ] *s* homeopat
homeo·pathic, homoeo·pathic [,həʊmɪəʊ'pæθɪk] *adj* homeopatisk

homeopathy, homoeopa·thy |ˌhəʊmɪˈɒpəθɪ| s homeopati

Homer |ˈhəʊməʳ| s Homeros

home·sick |ˈhəʊmsɪk| adj hemsjuk; **to be** ~ **ha hemlängtan**

home·stead |ˈhəʊmsted| s (i sht Am, Austral) hemman, gård

home·ward |ˈhəʊmwəd| adj hem-; **in a** ~ **direction** i riktning hemåt; ~ **bound** på väg hem

home·ward(s) |ˈhəʊmwəd(z)| adv hemåt

home·work |ˈhəʊmwɜːk| s (Skol) läxor; (i allm) hemarbete, hemuppgift; **do one's** ~ (bildl vard) förbereda sig/läsa på ordentligt

homi·ci·dal |ˌhɒmɪˈsaɪdl| adj mord-; (person) mordisk

homi·cide |ˈhɒmɪsaɪd| s (handling) mord, dråp; (person) mördare

hom·ing |ˈhəʊmɪŋ| adj (torped) målsökande; ~ **pigeon** brevduva

homoeo·path etc se **homeopath** etc

homo·genei·ty |ˌhɒməʊdʒəˈniːɪtɪ| s homogenitet

homo·geneous |ˌhɒməˈdʒiːnɪəs| adj homogen

ho·mog·enize |həˈmɒdʒənaɪz| vt homogenisera

homo·nym |ˈhɒmənɪm| s homonym

homo·sex·ual |ˈhɒməʊˈseksjʊəl| **1** adj homosexuell **2** s homosexuell (person)

hon·est |ˈɒnɪst| adj (person) ärlig, hederlig; (försök) allvarligt menad; (arbete) hederlig; (ansikte) ärlig; (svar, åsikt) uppriktig; (medel, metoder) hederlig; (lön, vinst) ordentlig, rejäl; **be** ~ **with sb** vara uppriktig mot ngn; **he made an** ~ **woman of her** han gjorde henne till en ärbar kvinna

hon·est·ly |ˈɒnɪstlɪ| adv (se äv **honest**) ärligt; uppriktigt; hederligt; (ärligt talat) uppriktigt sagt

hon·es·ty |ˈɒnɪstɪ| s (se äv **honest**) hederlighet; ärlighet; uppriktighet; **in all** ~ sanningen att säga

hon·ey |ˈhʌnɪ| s honung; (Am: tilltalsord) raring, sötnos

honey·comb |ˈhʌnɪkəʊm| **1** s vaxkaka; (bildl) vaxkakemönster **2** vt (bildl) genomtränga; **the hill is** ~**ed with tunnels** berget är genomborrat av tunnlar

honey·moon |ˈhʌnɪmuːn| **1** s (eg, bildl) smekmånad; (resa: äv) bröllopsresa **2** vi vara på bröllopsresa

honey·suckle s kaprifol

honk |hɒŋk| vi (bil) tuta; (gås) trumpeta

hon·or·ary |ˈɒnərərɪ| adj (medlem, doktor) heders-; ~ **consul** honorärkonsul; (i större föreningar etc): ~ **secretary/treasurer** (oavlönad) sekreterare/skattmästare; ~ **degree** hedersdoktorat

hon·our, (Am) **hon·or** |ˈɒnəʳ| **1** s **(a)** (moral) hederlighet; (respekt) högaktning; (för tapperhet etc) ära, ryktbarhet; (goda namn) anseende; **in** ~ **of** för att hedra; **for the** ~ **of one's country** för sitt lands ära; **to be on one's** ~ **to do sth** lova på hedersord att göra ngt; **she put me on my** ~ **not to do it** hon fick mig att lova på hedersord att inte göra det; **to do** ~ **to sb, to do sb** ~ (i allm) hedra ngn; (kunglig person etc) betyga sin vördnad för ngn; **to be an** ~ **to one's profession** vara en heder för sitt yrke; **it's a great** ~ **to be invited** (frm) det är en stor ära att bli inbjuden; **I had the** ~ **of meeting him** (frm) jag hade äran att träffa honom; **(in)** ~ **bound** moraliskt förpliktigad **(b):** ~**s** pl (som erkännande) hedersbetygelser, utmärkelser; (Brit Univ) examen med högsta betyg, spets; **to be buried with full military** ~**s** begravas under militära hedersbetygelser; **the** ~**s of war** (Mil) ärebetygelser till besegrad; **to take** ~**s in chemistry** ta examen i kemi med högsta betyg; **to do the** ~**s** (vard) sköta värdskapet **(c)** (titel): **Your H**~ (till domare, Am: till

borgmästare) ers nåd, herr *el* fru domare/borgmästare **2** vt (med titel etc) hedra; (föräldrar) hedra; (ngn med sin närvaro, äv iron) hedra; (växel, skuld) lösa in; (löfte) infria; **to** ~ **sb with one's confidence** hedra ngn med sitt förtroende

hon·our·able, (Am) **hon·or·able** |ˈɒnərəbl| adj **(a)** (person, handling etc) hederlig; ~ **mention** hedersomnämnande **(b):** **H**~ (titel: för barn till högadliga) välboren; (: för parlamentsledamot) ärad; **Right H**~ (titel för högadlig) högvälboren

hood |hʊd| s (på kappa etc) kapuschong, huva; (Univ) krage; (på bil, barnvagn) sufflett; (Am Motor) motorhuv; (på spis) spiskåpa; (Am vard = hoodlum) ligist

hood·ed |ˈhʊdɪd| adj (eg) med huva; (rånare etc) maskerad

hood·lum |ˈhuːdləm| s (vard) ligist, buse

hood·wink |ˈhʊdwɪŋk| vt föra bakom ljuset

hoof |huːf, (Am vanl) hʊf| s, pl **hoofs** el **hooves** (på häst) hov; (på ko, hjortdjur) klöv

hook |hʊk| **1** s (i allm) krok; (Fiske) metkrok; (på vägg) (kläd)krok, hängare; (i kläder) hake; (Boxning) krok; ~**s and eyes** hakar och hyskor; **to leave the phone off the** ~ låta telefonen ligga av (klykan); ~**, line and sinker** (bildl) med hull och hår; **by** ~ **or by crook** på ett eller annat sätt; **to get sb off the** ~ hjälpa ngn ur knipan **2** vt (i allm) haka på; (Fiske, äv bildl) få på kroken; **to** ~ **one's arms/feet around sth** kroka armarna/benen runt ngt; **to get** ~**ed on** (vard: i allm) bli förtjust i; (: knark) bli slav under; (: melodi) få på hjärnan **3** vi (klänning) knäppas; (hyllor) fästas ihop

♦ **hook on** **1** vt + prep: **to** ~ **on(to)** haka fast (vid) **2** vi + prep: **to** ~ **on(to)** hakas fast (vid)

♦ **hook up** **1** vt + adv (klänning) häkta ihop, knäppa; (Radio, TV etc) koppla in; (dator) koppla ihop (to med) **2** vi + adv (klänning) häktas ihop, knäppas; (Radio, TV etc) kopplas in (with på); (dator) kopplas ihop (to med)

hook·er |ˈhʊkəʳ| s (Am vard: prostituerad) fnask

hook-up |ˈhʊkʌp| s (Radio, TV) samsändning

hoo·li·gan |ˈhuːlɪgən| s ligist, buse

hoo·li·gan·ism |ˈhuːlɪgənɪzəm| s busfasoner, busliv

hoop |huːp| s (på tunna etc, leksak) tunnband; (förr: till kjol) krinolinband; (på cirkus) ring att hoppa genom; (= croquet ~) krocketbåge; **to put sb through the** ~ (bildl) sätta ngn på prov

hoot |huːt| s (ugglas) hoande; (signalhorns) tut; (av skratt) vrål; **a** ~ **of derision** ett högljutt hånskratt; **I don't care a** ~ (vard) jag bryr mig inte ett dugg om det; **it was a** ~ (vard) det var jättekul **2** vt (om person) skräna, vråla; (signalhorn) tuta med; **to** ~ **sb off the stage** bua ut ngn från scenen **3** vi (uggla) hoa; (person: med förakt) hånskratta högljutt; (Motor: person, bil) tuta; (tågvissla, fabriksvissla etc) tjuta; **to** ~ **with laughter** vråla av skratt

hoot·er |ˈhuːtəʳ| s (Brit: på båt, fabrik) (ång)vissla, sirén; (: Motor) tuta, signalhorn; (Brit vard: näsa) kran

hoo·ver® |ˈhuːvəʳ| (Brit) **1** s dammsugare **2** vt dammsuga

hooves |huːvz| spl av **hoof**

hop¹ |hɒp| **1** s (i allm) hopp, skutt; (vard) dans, fest; (Flyg) (kort) flygtur; **to catch sb on the** ~ (vard) ta ngn på sängen; ~**, step and jump** (dld) trestegshopp; (äv: ~**, skip and jump**) bildl: kort sträcka) stenkast **2** vi (person) hoppa på ett ben; (fågel, djur) hoppa; (i sht med flyg) sticka, resa; **to** ~ **out of bed** ta ett skutt ur sängen; ~ **in!** (i bil etc) hoppa in!; ~ **it!** (Brit vard) stick!

hop² |hɒp| s (Bot: planta) humle; (ämnesnamn): ~**s**

humle
hope |həʊp| **1** s *(i allm)* hopp; *(önskan)* förhoppning; **to be past/beyond all** ~ vara bortom allt hopp; **to live in** ~ leva på hoppet; **in the** ~ **of (doing) sth** i hopp om (att göra) ngt; **there is no** ~ **of that** det finns inget hopp om det; **he hasn't much** ~ **of winning** han har inte stora utsikter att vinna; **you are my last** ~ du är mitt sista hopp; **with high** ~**s** med stora förhoppningar; **to raise sb's** ~**s** väcka ngns förhoppningar; **to lose** ~ förlora hoppet; **what a** ~! *(vard)*, **some** ~**(s)!** *(vard)* och det tror du!, du pratar! **2** vt hoppas (på) **3** vi hoppas; **to** ~ **for the best** hoppas på det bästa; **I** ~ **so** det hoppas jag; **I** ~ **not** jag hoppas att det inte är så; **to** ~ **for sth** hoppas på ngt; **to** ~ **against** ~ hoppas trots allt
hope·ful |'həʊpfʊl| **1** adj *(person)* hoppfull, förhoppningsfull; *(situation, framtid, tecken)* lovande, hoppingivande **2** s *(person)*: **young** ~ lovande förmåga
hope·ful·ly |'həʊpfəlɪ| adv *(med uttryck för hopp)* hoppfullt: *she spoke* ~ *about getting the job; (som man hoppas)* förhoppningsvis; ~ **he will recover** förhoppningsvis blir han frisk, jag hoppas att han blir frisk
hope·less |'həʊplɪs| adj *(framtid, situation)* hopplös, förtvivlad; *(lögnare, idiot, romantiker)* obotlig; *(prestation, arbete)* hopplös(t dålig); **I'm** ~ **at it** *(vard)* jag är omöjlig/hopplös på det; **he's a** ~ **teacher** han hopplös som lärare; **it's** ~ **trying to convince her** det är lönlöst att försöka övertala henne
hope·less·ly |'həʊplɪslɪ| adv *(leva etc)* utan hopp; *(förälskad)* hopplöst; *(försenad)* hopplöst, totalt; **I'm** ~ **confused** jag är komplett förvirrad
hop·per |'hɒpəʳ| s *(för säd etc)* matartratt
hop·ping |'hɒpɪŋ| adv: ~ **mad** *(vard)* rosenrasande
hop·scotch |'hɒpskɒtʃ| s *(lek)* hage; **to play** ~ hoppa hage
horde |hɔːd| s *(av personer, nomader etc)* hord; *(av insekter)* svärm; *(av föremål)* (hel) massa
ho·ri·zon |hə'raɪzn| s *(eg, bildl)* horisont
hori·zon·tal |,hɒrɪ'zɒntl| **1** adj horisontal, horisontell **2** s horisontal|linje/-plan
hori·zon·tal·ly |,hɒrɪ'zɒntəlɪ| adv i horisontalläge, horisontellt, horisontalt
hor·mone |'hɔːməʊn| s *(Med)* hormon
horn |hɔːn| s *(på tjur, snigel)* horn; *(på insekt)* spröt; *(material)* horn; *(Mus)* horn; *(Motor)* signalhorn; ~ **of plenty** ymnighetshorn; **to draw in one's** ~**s** *(bildl)* retirera; *(: med pengar)* dra åt svångremmen
hor·net |'hɔːnɪt| s bålgeting
horn-rimmed |,hɔːn'rɪmd| adj *(glasögon)* hornbågad
horny |'hɔːnɪ| adj *(-ier, -iest) (händer)* valkig; *(vard: sexuellt)* kåt
horo·scope |'hɒrəskəʊp| s horoskop
hor·ri·ble |'hɒrɪbl| adj *(mord, syn, olycka)* fasansfull, fruktansvärd; *(väder, klänning, person)* hemsk, förfärlig
hor·ri·bly |'hɒrɪblɪ| adv *(med fasa)* fasansfullt; *(uttråkad, uppföra sig)* förfärligt
hor·rid |'hɒrɪd| adj *(person, handling, föremål)* otäck, hemsk, avskyvärd
hor·rif·ic |hɒ'rɪfɪk| adj fasansfull
hor·ri·fy |'hɒrɪfaɪ| vt förfära; **I was horrified to discover that...** jag blev förfärad när jag upptäckte att...
hor·ri·fy·ing |'hɒrɪfaɪɪŋ| adj fasansfull, upprörande
hor·ror |'hɒrəʳ| s *(rädsla)* skräck; *(hat)* avsky; *(vard)* pest, fasa; **to have a** ~ **of** ha skräck för; **the** ~**s of war** krigets fasor; **that gives me the** ~**s** *(vard)* det gör mig skräckslagen; ~ **film** skräckfilm

horror-struck |'hɒrəstrʌk| adj, **horror-stricken** |'hɒrəstrɪkn| adj skräckslagen
hors d'oeu·vres |ɔː'dɜːvr *(Am)* ɔː'dɜːvz| spl *(entrérätt)* hors d'oeuvre, smårätter
horse |hɔːs| s *(Zool)* häst; *(Gymnastik)* häst; **dark** ~ okänd förmåga; **it's straight from the** ~**'s mouth** *(vard)* det kommer från säkert håll; **to get on one's high** ~ sätta sig på sina höga hästar; **don't look a gift** ~ **in the mouth** man ska inte skåda given häst i munnen; ~ **chestnut** *(Bot)* hästkastanj; ~ **show** hästtävlingar
♦ **horse about, horse around** vi + adv *(vard)* spela pajas
horse·back |'hɔːsbæk|s: **on** ~ till häst
horse·box |'hɔːsbɒks| s hästtrailer
horse·flesh |'hɔːsfleʃ| s (= horses) hästar; *(Matl)* hästkött
horse·fly |'hɔːsflaɪ| s *(insekt)* broms
horse·hair |'hɔːshɛəʳ| s tagel
horse·man |'hɔːsmən| s, pl **-men** *(som rider)* ryttare; *(skicklig)* hästkarl
horse·man·ship |'hɔːsmənʃɪp| s *(aktivitet)* ridkonst; *(kunnande)* ryttarskicklighet
horse·play |'hɔːspleɪ| s spex, skoj
horse·power |'hɔːs,paʊəʳ| s hästkraft; **a 20** ~ **engine** en motor på 20 hästkrafter
horse·racing |'hɔːsreɪsɪŋ| s *(häst)*kapplöpning
horse·radish |'hɔːs,rædɪʃ| s pepparrot
horse·sense |'hɔːssens| s *(vard)* sunt förnuft, bondförstånd
horse·shoe |'hɔːʃʃuː| **1** s hästsko **2** adj hästskoformad
horse·trader |'hɔːs,treɪdəʳ| s *(eg)* hästhandlare; *(bildl)* lurendrejare, hästskojare
horse·trading |'hɔːs,treɪdɪŋ| s *(bildl)* köpslående, schackrande
horse·whip |'hɔːswɪp| vt piska upp
horse·woman |'hɔːs,wʊmən| s, pl **-women** *(som rider)* ryttarinna; *(skicklig)* hästkvinna
horsey, horsy |'hɔːsɪ| adj *(-ier, -iest) (vard: person)* hästtokig; *(ansikte)* häst-
hor·ti·cul·tur·al |,hɔːtɪ'kʌltʃərəl| adj trädgårds-
hor·ti·cul·ture |'hɔːtɪkʌltʃəʳ| s trädgårdsodling
hor·ti·cul·tur·ist |,hɔːtɪ'kʌltʃərɪst| s trädgårdsodlare
hose |həʊz| s **(a)** *(vatten-, dammsugar- etc)* slang **(b)** *(ingen pl: i sht i butiker)* strumpor: **six pairs of** ~; *(Hist)* hosor
♦ **hose down** vt + adv spola av
♦ **hose out** vt + adv spola av/över
ho·siery |'həʊʒərɪ| s strumpor, trikå(varor)
hos·pice |'hɒspɪs| s *(åld: för resande)* härbärge; *(: för sjuka o fattiga)* hospital *(åld)*
hos·pi·table |hɒs'pɪtəbl| adj gästfri
hos·pi·tal |'hɒspɪtl| s sjukhus, lasarett; **maternity** ~ BB; **mental** ~ mentalsjukhus; ~ **treatment** sjukhusvård
hos·pi·tal·ity |,hɒspɪ'tælɪtɪ| s gästfrihet
hos·pi·tal·ize |'hɒspɪtəlaɪz| vt lägga in på sjukhus
host[1] |həʊst| **1** s *(i hem)* värd; *(TV, Radio)* programledare, programvärd; *(på värdshus)* värdshusvärd; *(Bot)* värdväxt; *(Zool)* värddjur **2** vt *(TV-program)* vara programledare för
host[2] |həʊst| s *(folk)* mängd, massa; **for a whole** ~ **of reasons** *(vard)* av en massa (olika) skäl
host[3] |həʊst| s *(Rel)* hostia
hos·tage |'hɒstɪdʒ| s gisslan; **to take sb** ~ ta ngn som gisslan
hos·tel |'hɒstl| s *(student/elev/hem)* *(ungkarls)* härbärge; (= **youth** ~) vandrarhem
hos·tel·ling |'hɒstəlɪŋ| s: **to go (youth)** ~ ta in/bo på vandrarhem
host·ess |'həʊstes| s värdinna; **air** ~ flygvärdinna
hos·tile |'hɒstaɪl| adj *(i allm)* fientlig, ovänlig; *(Mil)* fientlig

hos·til·ity |hɒs'tɪlɪtɪ| *s* fientlighet; **hostilities** fientligheter; **to call for an end to hostilities** avblåsa fientligheterna

hot |hɒt| **1** *adj* (-**ter**, -**test**) (**a**) *(vatten, klimat etc)* het, varm; ~ **spring** varm/het källa; **this room is** ~ det är varmt här i rummet; **I'm too** ~ jag är för varm; **you're getting** ~ *(bildl: vid gissning)* det börjar brännas (**b**) *(krydda)* stark; *(mat)* starkt kryddad; *(humör)* hetsig; *(nyhet, tips)* het; *(vard: pengar, varor)* stulen; *(: för person)* obehaglig; **to make it** ~ **for sb** göra livet surt för ngn; **to be in** ~ **pursuit of** vara tätt i hälarna på; **he's pretty** ~ **at maths** *(vard)* han är rätt slängd i matte; **to be in the** ~ **seat** vara i en besvärlig situation; **to be/get** ~ **under the collar** *(vard)* vara/bli upprörd; **to be/get into** ~ **water** vara/komma i knipa; **to get (all)** ~ **and bothered** bli (alldeles) förvirrad; ~ **air** *(vard)* snack; ~ **cake** *(Am)* pannkaka; **to sell like** ~ **cakes** gå åt/säljas som smör i solsken; ~ **dog** varm korv; ~ **goods** tjuvgods; ~ **line** heta linjen; ~ **potato** *(bildl vard)* het potatis; ~ **rod** *(Am Motor: vard)* trimmad kärra; ~ **spot** *(vard, Pol)* oroshärd; ~ **stuff** *(vard)* panggrej **2** *adv*: **to be** ~ **on sb's trail** vara tätt i spåret på ngn; **to be** ~ **on the heels of sb** vara ngn hack i häl

♦ **hot up 1** *vt* + *adv* sätta fart på **2** *vi* + *adv (vard)* ta fart

hot-air |'hɒt,ɛər| *adj* varmlufts-: ~ **balloon**

hotbed |'hɒtbed| *s (eg)* drivbänk; *(bildl)* grogrund

hot-blooded |,hɒt'blʌdɪd| *adj* (**a**) *(humör)* hetsig; *(känsloliv)* passionerad (**b**) *(häst)* varmblodig

hotch·potch |'hɒtʃpɒtʃ| *s (Brit)* hopkok

ho·tel |həʊ'tel| *s* hotell

ho·tel·ier |həʊ'telɪər| *s* hotellägare

hot·foot |'hɒt,fʊt| *adv* i flygande fläng

hot·head |'hɒthed| *s* brushuvud

hot-headed |,hɒt'hedɪd| *adj* hetsig

hot·house |'hɒthaʊs| *s* drivhus, växthus

hot·ly |'hɒtlɪ| *adv* hetsigt, häftigt; **he was** ~ **pursued by the policeman** polisen var honom tätt i hälarna

hot·plate |'hɒtpleɪt| *s (på spis)* kokplatta; *(för varmhållning)* värmeplatta

hot·pot |'hɒtpɒt| *s (Brit Matl)* köttgryta

hot-tempered |,hɒt'tempəd| *adj* hetsig, hetlevrad

hot-water |'hɒt,wɔːtər| *adj* varmvatten(s)-

hot-water-bottle |hɒt'wɔːtə,bɒtl| *s (sängvärmare)* varmvattenflaska

hound |haʊnd| **1** *s* jakthund; **the** ~**s** kopplet av (rävjakt)hundar **2** *vt (bildl)* jaga, förfölja

♦ **hound out** *vt* + *adv* jaga bort; **to** ~ **sb out of the country** jaga bort ngn ur landet

♦ **hound down** *vt* + *adv* fånga in

hour |'aʊər| *s* timme; **30 miles an** ~ 30 miles/50 km i timmen; ~ **by** ~ timme för timme; **on the** ~ på slaget; **in the early/small** ~**s** på småtimmarna; **at all** ~**s (of the day and night)** vid alla tider (på dygnet); **lunch** ~ lunchtimmen; **visiting** ~**s** besökstid; **at this late** ~ *(bildl)* så här sent; **at the eleventh** ~ i elfte timmen; **he thought his (last)** ~ **had come** *(bildl)* han trodde hans sista stund var kommen; **in the** ~ **of danger** i farans stund; **to pay sb by the** ~ betala ngn per timme; **to wait (for)** ~**s** vänta i timmar; **for** ~**s and** ~**s** i timmar; **he took** ~**s to do it** det tog timmar för honom att göra det; **to keep regular** ~**s** hålla regelbundna tider; **to work long** ~**s** ha lång arbetsdag; **out of/after** ~**s** efter arbetstid; *(i affärer)* efter stängningsdags; ~ **hand** timvisare

hour·glass |'aʊəglɑːs| *s* timglas

hour·ly |'aʊəlɪ| **1** *adj (inträffande)* varje timme; *(betald)* per timme; ~ **wage** timlön **2** *adv* varje timme; **we expected him** ~ vi väntade honom vilken minut som helst

house |haʊs| *s, pl* **houses** |'haʊzɪz| **1** *s* (**a**) *(byggnad, bostad, hushåll)* hus, hem; **at our** ~ hemma hos oss; **to move** ~ *(i sht Brit: byta bostad)* flytta; **are you going to Anne's** ~ **tomorrow?** ska du hem till Anne i morgon?; **do you want to wake up the whole** ~? ska du väcka hela huset?; **to keep** ~ hushålla, sköta hushållet; **to set up** ~ sätta bo; **to put or set one's** ~ **in order** *(bildl: i allm)* se om sitt hus; *(: innan man kritiserar andra)* sopa rent framför egen dörr; **to get on like a** ~ **on fire** *(vard)* gå på som om man hade eld i baken; *(två personer: vard)* trivas jättebra ihop; **to keep open** ~ hålla öppet hus (**b**) *(Pol)* hus, kammare; **H**~ **of Commons/Lords** *(Brit)* underhuset/överhuset; **H**~ **of Representatives** *(Am)* representanthuset; **H**~**s of Parliament** *(Brit)* parlamentshuset (**c**) *(Teat etc)* **full** ~, ~ **full** utsålt hus; **in the front of the** ~ längst fram i salongen; **to bring the** ~ **down** ta publiken med storm; **the second** ~ andra föreställningen (**d**) *(Handel)* firma; **publishing** ~ bokförlag; **it's on the** ~ det är huset som bjuder (**e**) *(familj)* släkt; *(: kunglig, adlig)* ätt **2** |haʊz| *vt (person)* hysa (in); *(föremål)* förvara **3** *i sms*: ~ **arrest** husarrest; **to be under** ~ **arrest** sitta i husarrest; ~ **guest** boende gäst; ~ **party** (fest med) övernattande gäster; ~ **physician** läkare med tjänstebostad inom sjukhuset; ~ **plant** rumsväxt, krukväxt; ~ **rules** ordningsregler *på institution*

house·boat |'haʊsbəʊt| *s* husbåt

house·bound |'haʊsbaʊnd| *adj (invalid etc)* bunden vid hemmet; **to be** ~ *(äv)* inte kunna gå ut

house·breaker |'haʊs,breɪkər| *s* inbrottstjuv

house-broken |'haʊs,brəʊkən| *adj (i sht Am)* = **house-trained**

house·coat |'haʊskəʊt| *s (kvinnas)* morgonrock

house·fly |'haʊsflaɪ| *s* husfluga

house·hold |'haʊshəʊld| *s* hushåll; **the royal** ~ hovstaten; **H**~ **Cavalry** *(Mil: för monarkens säkerhet)* livgardeskvadron; **it's a** ~ **word** *(bildl)* det är allmänt bekant; **his name is a** ~ **word** hans namn är på allas läppar

house·holder |'haʊs,həʊldər| *s* husinnehavare; **my father is the** ~ min far är familjeöverhuvud

house·hunting |'haʊs,hʌntɪŋ| *s* bostadsjakt; **to go** ~ söka bostad

house·keeper |'haʊs,kiːpər| *s* hushållerska

house·keeping |'haʊs,kiːpɪŋ| *s* hushållning; ~ **(money)** hushållspengar

house·maid |'haʊsmeɪd| *s* husa

house-proud |'haʊspraʊd| *adj* mån om att ha ett prydligt hem; *(neds)* pedantisk

house·room |'haʊsrʊm| *s*: **I wouldn't give it** ~ *(vard)* jag skulle inte vilja ha den i mitt hus

house-to-house |,haʊstə'haʊs| *adj* dörr-till-dörr-, dörrknacknings-; **to make a** ~ **search** genomföra operation dörrknackning

house-trained |'haʊstreɪnd| *adj (Brit: hund)* rumsren

house-warming |'haʊs,wɔːmɪŋ| *s (äv:* ~ **party)** inflyttningsfest

house·wife |'haʊswaɪf| *s, pl* -**wives** *(person)* husmor, hemmafru

house·wife·ly |'haʊswaɪflɪ| *adj* huslig

house·work |'haʊswɜːk| *s* hushållsarbete

hous·ing |'haʊzɪŋ| *s (hus)* bostäder; *(åtgärder)* bostadsanskaffning; ~ **association** *(ung)* bostadsrättsförening; ~ **estate,** *(Am)* ~ **development** *kommunalägt* bostadsområde; ~ **problem** bostadsproblem; ~ **shortage** bostadsbrist

hove |həʊv| *imperf, perf part av* **heave 3b**

hov·el |'hɒvəl| *s* ruckel

hov·er |'hɒvər| *vi* (**a**) *(fågel etc)* sväva (**b**) *(bildl: mellan liv och död)* sväva; *(: villrådigt)*

hover about   184   **hunch**

pendla
♦ **hov·er about, hov·er around** vi + adv hålla sig i närheten
hover·craft ['hɒvəˌkrɑːft] s svävare
hover·port ['hɒvəpɔːt] s svävarhamn
how [haʊ] adv **(a)** (i allm) hur; ~ did you do it? hur gjorde du det?; ~ would you like your steak? hur vill du ha din biff stekt?; ~ is your steak? hur smakar din biff?; I know ~ you did it jag vet hur du gjorde; to know ~ to do sth veta hur man ska göra ngt; ~ was the film? hur var filmen?; ~ is it that...? hur kommer det sig att...?; ~ are you? hur mår du?; ~ do you do? (hälsningsfras) goddag; ~ much is that book? hur mycket kostar den där boken?; ~ many people are coming to the party? hur många kommer till festen?; ~ soon can you come? hur snart kan du komma?; ~ tall is he? hur lång är han?; ~ old is she? hur gammal är hon?; ~ big he is! så stor han är!; ~ kind of you! så snällt av dig! **(b)** (konj) att; she told me ~ she'd seen him last night hon berättade för mig att hon hade sett honom i går kväll **(c)** ~ about... vad säger du om...; ~ about some tea? (äv) vill du ha lite te?
how·ever [haʊ'evəʳ] **1** konj emellertid; **I don't want to wear this,** ~ I suppose I've no alternative jag vill inte ta på mig den här, men jag förmodar att jag inte har något val **2** adv: ~ I do it hur jag än gör det; ~ cold it is hur kallt det än är; ~ did you do it? (vard) hur i all sin dar gjorde du det?
how·itz·er ['haʊɪtsəʳ] s (Mil) haubits
howl [haʊl] **1** s (från varg etc) ylande; (från person) tjut, vrål; (bildl: protest) ramaskri; **a** ~ **of pain** ett vrål av smärta; ~**s of laughter** tjut av skratt **2** vi (person) vråla; (varg) yla; (vind) vina, tjuta; (baby) skrika, vråla; **to** ~ **with laughter** tjuta av skratt **3** vt skrika ut
♦ **howl down** vt + adv överrösta
howl·er ['haʊləʳ] s (dumt fel) groda
H.P., h.p. **(a)** förk f **hire-purchase** **(b)** förk f **horsepower** hkr
HQ förk f **headquarters**
hr(s) förk (= hour(s)) tim
hub [hʌb] s nav; (bildl) centrum, mittpunkt; **the** ~ **of the universe** universums medelpunkt
hub·bub ['hʌbʌb] s larm, oväsen
hub·cap ['hʌbkæp] s (Motor) navkapsel
hud·dle ['hʌdl] **1** s (av folk) klunga; (i sht Brit: av föremål) hög; **to go into a** ~ (vard) ha enskild överläggning; (: Fotboll etc) ha taktiksnack **2** vi tränga ihop sig; **we** ~**d round the fire** vi kurade ihop oss runt brasan
♦ **hud·dle down** vi + adv krypa ner
♦ **hud·dle to·geth·er** vi + adv (för värme) trycka sig intill varandra; (för samtal) tränga ihop sig
♦ **huddle up** vi + adv krypa ihop (against intill)
hue[1] [hjuː] s (rött, blått etc) färg; (av färg) nyans, färgton; (av åsikt) schattering
hue[2] [hjuː] s: ~ **and cry** (av missnöje) högljudda protester, ramaskri; **to raise a** ~ **and cry** protestera högljutt
huff [hʌf] s: **in a** ~ (vard) på dåligt humör; **to go off in a** ~ bli stött
hug [hʌg] **1** s kram, omfamning; **to give sb a** ~ krama ngn **2** vt (om person, björn) krama; (om bil, båt) hålla nära; **to** ~ **oneself to keep warm** slå en åkarbrasa för att hålla sig varm; **to** ~ **oneself over sth** (av glädje) lyckönska sig till ngt, jubla över ngt
huge [hjuːdʒ] adj (hus, stad, person etc) jättestor, kolossal; (framgång etc) enorm
hulk [hʌlk] s (Sjö) vrak; (: neds: klumpig farkost) holk; (hus, person etc) åbäke; **a great** ~ **of a man** (vard) ett åbäke till karl
hulk·ing ['hʌlkɪŋ] adj (vard) klumpig

hull [hʌl] s (Sjö) skrov
hul·la·ba·loo [ˌhʌləbə'luː] s (vard: oljud) oväsen; (: protest etc) uppståndelse, väsen
hul·lo [hʌ'ləʊ] interj (hälsning) hej; (Tele) hallå; (anrop) hallå; (förvåning) vad nu då
hum [hʌm] **1** s (från bi) surrande; (trafik) brus; (av röster) sorl; (Elektr) brus **2** vi gnola **3** vi (person) gnola; (insekt) surra; (motor) brumma; (bildl vard) ta fart; **to make things** ~ få fart på saker och ting; **to** ~ **with activity** sjuda av liv och rörelse; **to** ~ **and haw** muttra missnöjt, grumsa
hu·man ['hjuːmən] **1** adj mänsklig; **I'm only** ~ jag är inte mer än människa; **the** ~ **race** människosläktet; **a** ~ **interest story** en berättelse ur livet; ~ **being** människa, mänsklig varelse; ~ **nature** den mänskliga naturen; ~ **sacrifices** människooffer **2** s människa
hu·mane [hjuː'meɪn] adj human, mänsklig
hu·man·ism ['hjuːmənɪzəm] s (vetenskap) humanism; (mänsklighet) humanitet
hu·man·ist ['hjuːmənɪst] s humanist
hu·man·ist·ic [hjuːmə'nɪstɪk] adj humanistisk
hu·man·i·tar·ian [hjuːˌmænɪ'teəriən] adj (person) människovänlig; (handling) humanitär
hu·man·ity [hjuː'mænɪtɪ] s **(a)** (alla människor) mänskligheten **(b)** (vänlighet) humanitet, mänsklighet; **to treat sb with** ~ behandla ngn humant **(c)** (Univ): **the humanities** humaniora
hu·man·ly ['hjuːmənlɪ] adv: **all that is** ~ **possible** allt som står i mänsklig makt
hu·man·oid ['hjuːmənɔɪd] **1** adj humanoid **2** s (från Mars etc) humanoid (varelse)
hum·ble ['hʌmbl] **1** adj (-er, -est) (attityd) ödmjuk; (härkomst) enkel; (stuga) oansenlig; **to eat** ~ **pie** krypa till korset; **in my** ~ **opinion** enligt min ringa mening **2** vt förödmjuka; **to** ~ **oneself** ödmjuka sig
hum·bly ['hʌmblɪ] adv ödmjukt
hum·bug ['hʌmbʌg] s (vard: person) humbug, skojare; (: bluff) humbug, skoj; (Brit: sötsak: ung) polkagriskaramell, pepparmyntkaramell
hum·drum ['hʌmdrʌm] adj enformig, långtråkig
hu·mid ['hjuːmɪd] adj fuktig
hu·midi·fier [hjuː'mɪdɪfaɪəʳ] s luftfuktare
hu·mid·ity [hjuː'mɪdɪtɪ] s (grad av) fuktighet
hu·mili·ate [hjuː'mɪlɪeɪt] vt förödmjuka
hu·mili·at·ing [hjuː'mɪlɪeɪtɪŋ] adj förödmjukande
hu·milia·tion [hjuːˌmɪlɪ'eɪʃən] s förödmjukelse
hu·mil·ity [hjuː'mɪlɪtɪ] s anspråkslöshet, ödmjukhet
hum·ming-bird ['hʌmɪŋˌbɜːd] s kolibri
hu·mor·ist ['hjuːmərɪst] s humorist
hu·mor·ous ['hjuːmərəs] adj (person, bok, situation etc) humoristisk, skämtsam
hu·mor·ous·ly ['hjuːmərəslɪ] adv humoristiskt, skämtsamt
hu·mour, (Am) **hu·mor** ['hjuːməʳ] **1** s **(a)** (i bok, film etc) humor; (i situation) det komiska; **sense of** ~ (sinne för) humor **(b)** (sinnesstämning) humör; **to be in a good/bad** ~ vara på gott/dåligt humör **2** vt göra till viljes
-humoured, (Am) **-humored** ['hjuːməd] adj suffix -lynt
hu·mour·less, (Am) **hu·mor·less** ['hjuːməlɪs] adj utan humor, humorfri
hump [hʌmp] **1** s (Anat) puckel; **it gives me the** ~ (Brit vard) det gör mig helknasig; **we're over the** ~ (bildl) vi har klarat det värsta **2** vt **(a)**: **to** ~ **one's back** (om person) kuta (med ryggen); (om katt) skjuta rygg **(b)** (vard: börda) kånka med
hump·backed ['hʌmpbækt] adj (person) puckelryggig; (Brit: bro) med puckel
hu·mus ['hjuːməs] s (Biol) humus, mull
hunch [hʌntʃ] **1** s (vard) ingivelse; **I have a** ~ **that...** har jag en känsla av att... **2** vt (äv: ~ **up:**

axlarna) dra upp; (: i rygg) kuta 3 vi krypa ihop;
to sit ~ed up sitta hopkrupen
hunch·back ['hʌntʃbæk] s (person) puckelrygg
hun·dred ['hʌndrɪd] 1 räkneord fören hundra; a ~
and ten etthundratio; the ~ and first den hundra-
första; a ~ per cent (bildl) hundraprocentig,
fullständig 2 räkneord självst hundra; to live to
be a ~ leva tills man blir hundra 3 s hundratal;
~s of people hundratals människor; by the ~s i
hundratal
hun·dredth ['hʌndrɪdθ] 1 räkneord hundrade; a
~ part en hundradel 2 s hundradel
hung [hʌŋ] 1 imperf, perf part av hang 2
adj (a) (Jur, Pol) oenig, ur stånd att fatta be-
slut (b): ~ up on (i sht Am: vard) galen i
Hun·gar·ian [hʌŋ'gɛərɪən] 1 adj ungersk 2 s
(person) ungrare; (språk) ungerska
Hun·ga·ry ['hʌŋgərɪ] s Ungern
hun·ger ['hʌŋgər] s (eg, bildl) hunger; ~ strike
hungerstrejk
♦ hun·ger after, hun·ger for vi + prep (mat)
hungra efter; (bildl) hungra/längta efter
hun·gri·ly ['hʌŋgrɪlɪ] adv hungrigt
hun·gry ['hʌŋgrɪ] adj hungrig; to go ~ gå hungrig;
~ for (bildl) hungrande/längtande efter
hunk [hʌŋk] s (bröd, ost) stycke; (vard: person) bit,
bjässe; a ~ of a man (vard: i kvinnospråk) en
riktig karl
hunt [hʌnt] 1 s (på räv, tiger etc) jakt; (efter person,
hus) jakt, sökande; (jägare) jaktsällskap 2 vt
(räv etc) jaga; (person, hus, föremål) söka efter,
jaga; (från hus, stad etc) jaga bort 3 vi (person,
tiger etc) jaga; (efter föremål) leta (for efter)
♦ hunt about, hunt around vi + adv jaga runt (for
efter)
♦ hunt down vt + adv (brottsling) infånga; (storvilt
etc) spåra upp
♦ hunt out vt + adv (person, föremål) spåra upp,
leta rätt på; (fakta) spåra upp
♦ hunt up vt + adv (person, detalj) söka upp
hunt·er ['hʌntər] s (person) jägare; (häst) jakthäst
hunt·ing ['hʌntɪŋ] s (Sport) jakt; a happy ~ ground
(bildl) en guldgruva; the happy ~ grounds (in-
diansk Myt) de sälla jaktmarkerna
hunts·man ['hʌntsmən] s, pl -men jägare
hur·dle ['hɜːdl] s (Sport: häst) hinder; (: löpning)
häck; (bildl) hinder; (för fårfälla) stängsel; the
110 m ~s (tävling) 110 m häck
hurdy-gurdy ['hɜːdɪˌgɜːdɪ] s (Mus) positiv; (gam-
malt stränginstrument) vevlira
hurl [hɜːl] vt (eg) kasta, slänga; (bildl: hot, smädel-
ser etc) utslunga
hur·rah [hʊ'rɑː] interj, hur·ray [hʊ'reɪ] interj
hurra!
hur·ri·cane ['hʌrɪkən] s (Meteorologi) orkan; ~
lamp stormlykta
hur·ried ['hʌrɪd] adj hastig, snabb; a ~ visit en
snabbvisit; a ~ departure en hastig avresa; ~
steps snabba steg; a ~ letter ett brev i all hast; ~
work hastverk; to eat a ~ meal äta en
snabbmåltid
hur·ried·ly ['hʌrɪdlɪ] adv skyndsamt, i all hast
hur·ry ['hʌrɪ] 1 s brådska; to be in a ~ ha brått-
tom (to med att); done in a ~ gjort i all hast; are
you in a ~ for this? är det bråttom med det här?;
what's the ~? varför så bråttom?; there's no ~
det är ingen brådska; he won't do that again in a
~ (vard) han kommer inte att göra om det i första
taget 2 vt (person) jäkta, skynda på; (arbete etc)
forcera, påskynda; troops were hurried to the
spot trupper fördes skyndsamt till platsen 3 vi
skynda sig (to med att); to ~ after sb rusa efter
ngn; to ~ over sth skynda sig med ngt
♦ hur·ry along 1 vt + adv skynda på, påskyn-
da 2 vi + adv skynda på

♦ hur·ry away, hur·ry off 1 vt + adv snabbt
föra bort 2 vi + adv rusa iväg
♦ hur·ry on 1 vt + adv skynda på, påskynda 2
vi + adv skynda vidare
♦ hur·ry up 1 vt + adv skynda på, påskynda 2
vi + adv skynda sig
hurt [hɜːt] (v: imperf, perf part hurt) 1 vt (a)
(person, kroppsdel) skada; (vålla smärta) göra illa;
(bildl vard) skada; where does it ~ you? var gör
det ont någonstans?; my leg is ~ing me jag har
ont i benet; it won't ~ you to try det skadar inte
att du försöker (b) (mentalt etc) såra; to ~ sb's
feelings såra ngns känslor (c) (affärer, intres-
sen etc) skada 2 vi (ge smärta) göra ont; (vara
skadlig) skada 3 s (kroppslig) skada; (känslo-
mässig): it was a ~ to his pride det sårade hans
stolthet 4 adj (fot etc) skadad; (känslor, blick
etc) sårad
hurt·ful ['hɜːtfʊl] adj (för hälsan) skadlig; (an-
märkning etc) sårande
hurt·le ['hɜːtl] vi (bil etc) susa (fram); (stenar, snö
etc) rasa (ner); to ~ along the road susa fram på
vägen
hus·band ['hʌzbənd] 1 s (äkta) man, make; ~ and
wife man och hustru 2 vt (resurser etc) hushålla
med; to ~ one's strength spara på krafterna
hus·band·ry ['hʌzbəndrɪ] s (Jordbr) jordbruk,
åkerbruk; animal ~ boskapsskötsel
hush [hʌʃ] 1 s stillhet 2 interj tyst!, hyssj! 3
vt tysta ner; she ~ed the child to sleep hon
vyssade barnet till sömns; ~ money (vard) peng-
ar för att tiga
♦ hush up vt + adv (skandal etc) tysta ner
hushed [hʌʃt] adj (röst, ton) dämpad; ~ silence
djup tystnad
hush-hush ['hʌʃhʌʃ] adj (vard) topphemlig
husk [hʌsk] s skal; wheat ~s veteagnar
husky[1] ['hʌskɪ] adj (-ier, -iest) (röst, person) hes;
(hals) skrovlig; (vard: kroppsbyggnad) stor och
stark
husky[2] ['hʌskɪ] s, pl -ies grönlandshund
hus·tings ['hʌstɪŋz] spl (Pol: kampanj) valrörelse;
(: enstaka) valmöte
hus·tle ['hʌsl] 1 s jäkt, fart; (Am vard) fiffel, båg;
~ and bustle liv och rörelse 2 vt (a) (person)
knuffa, fösa (b) (bildl): to ~ things along sätta
fart, sätta i gång; to ~ sb into making a decision
tvinga/pressa ngn till ett beslut 3 vi skynda
sig; (Am vard: Sport) lägga manken till; (: prosti-
tuerad) ragga kunder
hus·tler ['hʌslər] s (Am vard) prostituerad
hut [hʌt] s (i allm) skjul, hydda; (Mil) barack
hutch [hʌtʃ] s bur; rabbit ~ kaninbur
hya·cinth ['haɪəsɪnθ] s (Bot) hyacint
hy·brid ['haɪbrɪd] 1 s (Biol) hybrid, korsning;
(ord) hybridord 2 adj hybrid; ~ dog hund av
blandras
hy·dran·gea [haɪ'dreɪndʒə] s (Bot) hortensia
hy·drant ['haɪdrənt] s vattenpost; fire ~ brandpost
hy·drau·lic [haɪ'drɒlɪk] adj hydraulisk; ~ brakes
hydrauliska bromsar; ~ engineer vatten-
byggnadsingenjör
hy·drau·lics [haɪ'drɒlɪks] ssg hydraulik
hy·dro ['haɪdrəʊ] prefix hydro-, vatten-
hydro·car·bon ['haɪdrəʊ'kɑːbən] s (Kem) kolväte
hydro·chlo·ric acid ['haɪdrəʊ'klɒrɪk'æsɪd] s (Kem)
saltsyra
hydro·dy·namics ['haɪdrəʊdaɪ'næmɪks] s hydro-
dynamik
hydro·elec·tric ['haɪdrəʊɪ'lektrɪk] adj hy-
droelektrisk; ~ power station vattenkraftsta-
tion
hydro·foil ['haɪdrəfɔɪl] s (båt) flygbåt, bärplansbåt
hydro·gen ['haɪdrɪdʒən] s väte; ~ bomb vätebomb;
~ peroxide [pə'rɒksaɪd] vätesuperoxid

hydro·pho·bia |ˌhaɪdrəˈfəʊbɪə| *s (Med)* rabies; *(rädsla att dricka)* vattenskräck

hydro·plane |ˈhaɪdrəʊpleɪn| *s (båt)* planande racerbåt; *(Flyg: flytanordning)* ponton; *(: flygplan: i sht Am)* sjöflygplan; *(på ubåt)* horisontalroder

hy·ena |haɪˈiːnə| *s* hyena; **spotted** ~ fläckig hyena

hy·giene |ˈhaɪdʒiːn| *s* hygien

hy·gien·ic |haɪˈdʒiːnɪk| *adj* hygienisk

hymn |hɪm| *s (lovsång)* hymn; *(i psalmbok)* psalm; ~ **book** psalmbok

hym·nal |ˈhɪmnəl| *s* psalmbok

hype |haɪp| *s (Am vard)* bluffreklam; *(: överdrivet beröm)* grovt smicker, 'smör'

hyper- |ˈhaɪpəʳ| *prefix* hyper-, över-

hyper·active |ˌhaɪpərˈæktɪv| *adj* hyperaktiv

hyper·bo·le |haɪˈpɜːbəlɪ| *s (Språkv)* överdrift, hyperbol

hyper·criti·cal |ˈhaɪpəˈkrɪtɪkəl| *adj* hyperkritisk, överdrivet kritisk

hyper·mar·ket |ˈhaɪpəmɑːkɪt| *s (Brit)* stormarknad

hyper·sen·si·tive |ˈhaɪpəˈsensɪtɪv| *adj (Med, bildl)* överkänslig

hyper·ten·sion |ˈhaɪpəˈtenʃən| *s (Med)* hypertoni, högt blodtryck

hy·phen |ˈhaɪfən| *s* bindestreck

hy·phen·ate |ˈhaɪfəneɪt| *vt* skriva med bindestreck; **a** ~**d word** ett ord med bindestreck

hyp·no·sis |hɪpˈnəʊsɪs| *s* hypnos

hyp·not·ic |hɪpˈnɒtɪk| *adj (behandling etc, äv bildl)* hypnotisk; *(person)* mottaglig för hypnos

hyp·no·tism |ˈhɪpnətɪzəm| *s (läran om hypnos)* hypnotism

hyp·no·tist |ˈhɪpnətɪst| *s* hypnotisör

hyp·no·tize |ˈhɪpnətaɪz| *vt* hypnotisera

hypo·chon·dria |ˌhaɪpəʊˈkɒndrɪə| *s* hypokondri, inbillningssjuka

hypo·chon·dri·ac |ˌhaɪpəʊˈkɒndrɪæk| *s* hypokonder, inbillningssjuk *(person)*

hy·poc·ri·sy |hɪˈpɒkrɪsɪ| *s* hyckleri

hypo·crite |ˈhɪpəkrɪt| *s* hycklare

hypo·criti·cal |ˌhɪpəˈkrɪtɪkəl| *adj* hycklande, skenhelig

hypo·der·mic |ˌhaɪpəˈdɜːmɪk| **1** *adj (injektion, nål etc)* införd under huden, subkutan; ~ **syringe** injektionsspruta **2** *s* spruta

hy·pot·enuse |haɪˈpɒtɪnjuːz| *s (Mat)* hypotenusa

hypo·ther·mia |ˌhaɪpəʊˈθɜːmɪə| *s* sänkt kroppstemperatur, hypotermi *(spec)*

hy·poth·esis |haɪˈpɒθɪsɪs| *s, pl* **hypotheses** |haɪˈpɒθɪsiːz| hypotes, antagande

hypotheti·cal |ˌhaɪpəʊˈθetɪkəl| *adj* hypotetisk

hypo·theti·cal·ly |ˌhaɪpəʊˈθetɪkəlɪ| *adv* hypotetiskt; **speaking** ~... om vi antar att...

hys·ter·ec·to·my |ˌhɪstəˈrektəmɪ| *s (Med)* hysterektomi, bortopererande av livmodern; **she's had a** ~ hon har opererat bort livmodern

hys·te·ria |hɪsˈtɪərɪə| *s* hysteri

hys·teri·cal |hɪsˈterɪkəl| *adj (person, skratt etc)* hysterisk

hys·teri·cal·ly |hɪsˈterɪkəlɪ| *adv* hysteriskt; ~ **funny** *(vard)* vansinnigt rolig

hys·ter·ics |hɪˈsterɪks| *spl* hysteri; **to have** ~ bli hysterisk; *(vard)* skratta hysteriskt

I

I, i |aɪ| s *(bokstav)* I, i
I |aɪ| *pers pron* jag; **it is I** *(frm)* det är jag
iamb |'aɪæmb| s jamb
Iberian |aɪ'bɪərɪən| *adj* iberisk; **the ~ Peninsula** *(Spanien och Portugal)* Pyreneiska halvön
ice |aɪs| **1** s **(a)** *(fruset vatten)* is; **as cold as ~** iskall, kall som is; **to break the ~** *(bildl)* bryta isen; **it cuts no ~ with me** det imponerar inte på mig; **to keep sth on ~** *(bildl)* lägga ngt på is; **to skate on thin ~** *(bildl)* vara ute på hal is; **~ age** istid; **~ axe** isyxa; **~ bucket** ishink; **~ cube** iskub, isbit; **~ floe** isflak; **~ hockey** ishockey; **~ lolly** *(Brit)* isglasspinne; **~ rink** is(hockey)bana, rink; **~ skate** skridsko **(b)** *(pinne, strut)* glass; **would you like an ~?** vill du ha en glass? **2** *vt (kaka)* glasera
♦ **ice over** *vi + adv (flod)* frysa till; *(vindruta, flygplansvinge)* bli nedisad
♦ **ice up** *vi + adv (vindruta, flygplansvinge)* bli nedisad
ice·berg |'aɪsbɜːg| s isberg; **that's just the tip of the ~** *(bildl)* det är bara toppen på isberget, det är bara början
ice·bound |'aɪsbaʊnd| *adj (hamn, väg)* blockerad/ ofarbar (på grund av is); *(fartyg)* fastfrusen
ice·box |'aɪsbɒks| s *(Am)* kylskåp; *(Brit: i kylskåp)* islåda
ice·breaker |'aɪsˌbreɪkəʳ| s isbrytare
ice·cap |'aɪskæp| s iskalott
ice·cold |ˌaɪs'kəʊld| *adj* iskall
ice·cream |'aɪs'kriːm| s glass; **an ~ cone** *(Am)*, **an ~ cornet** *(Brit)* en glasstrut; **~ soda** glassdrink
iced |aɪst| *adj (vatten, kaffe)* is-; *(kaka)* glaserad; **~ lolly** isglasspinne
Ice·land |'aɪslənd| s Island
Ice·land·er |'aɪsˌləndə| s islänning
Ice·land·ic |aɪs'lændɪk| **1** *adj* isländsk **2** s *(språk)* isländska
ice·skate |'aɪsˌskeɪt| *vi* åka skridsko
ice·skating |'aɪsˌskeɪtɪŋ| s skridskoåkning
ici·cle |'aɪsɪkl| s istapp
ici·ly |'aɪsɪlɪ| *adv (eg)* iskallt; *(bildl: svara, le)* kyligt
ic·ing |'aɪsɪŋ| s *(på plan, bil, väg etc)* nedisning; *(på kaka)* glasyr; **~ sugar** pudersocker
icon |'aɪkɒn| s ikon
icono·clas·tic |aɪˌkɒnə'klæstɪk| *adj (åsikter, person)* ikonoklastisk, bildstormande
icy |'aɪsɪ| *adj (-ier, -iest) (väder, hand)* iskall; *(väg)* isig; *(blick)* kylig, frostig; **it's ~ cold** det är bitande kallt
id |ɪd| s *(Psyk):* **the ~** detet
ID, I.D. |'aɪ'diː| s *(förk f identification)* legitimation, leg *(vard)*
I'd |aɪd| = I would; I had
idea |aɪ'dɪə| s *(i allm)* idé; *(= vague ~)* aning; **that was a brilliant ~** det var en lysande idé; **he had no ~ of the answer** han hade ingen aning om svaret; **to have an ~ that...** ha en svag aning om att...; **I haven't the least/slightest/foggiest ~** jag har inte den blekaste aning; **it would not be a bad ~ to paint it** det vore ingen dum idé att måla den; **to put ~s into sb's head** sätta griller i huvudet på ngn; **it wasn't my ~** det var inte min idé; **that's the ~** *(uppmuntrande)* just så; **what's the big ~?**

(vard) vadska det här betyda?; **the ~ is to sell it** meningen är att sälja den
ideal |aɪ'dɪəl| **1** *adj* idealisk **2** s ideal
ideal·ism |aɪ'dɪəlɪzəm| s idealism
ideal·ist |aɪ'dɪəlɪst| s idealist
ideal·ly |aɪ'dɪəlɪ| *adv (i allm)* idealiskt; *(om möjligt)* helst: **~ I want a house with a garden**
iden·ti·cal |aɪ'dentɪkəl| *adj* identisk; **~ twins** enäggstvillingar
iden·ti·fi·ca·tion |aɪˌdentɪfɪ'keɪʃən| s *(av misstänkt etc)* identifiering; *(körkort, pass etc)* legitimation; **~ parade** *(med misstänkta)* konfrontation
iden·ti·fy |aɪ'dentɪfaɪ| *vt (person)* identifiera; *(djur, växt)* (art)bestämma; **to ~ oneself** legitimera sig; **to ~ oneself with** identifiera sig med **2** *vi:* **to ~ with** vara överens med
iden·ti·kit |aɪ'dentɪkɪt| s: **~ picture** *(Brit: av brottsling etc)* konstruerad bild
iden·tity |aɪ'dentɪtɪ| s identitet; **a case of mistaken ~** ett fall av förväxling; **~ card** identitetskort; **~ disc** identitetsbricka; **~ parade** *(med misstänkta)* konfrontation
ideo·logi·cal |ˌaɪdɪə'lɒdʒɪkəl| *adj* ideologisk
ideol·ogy |ˌaɪdɪ'ɒlədʒɪ| s ideologi
idio·cy |'ɪdɪəsɪ| s idioti
idi·om |'ɪdɪəm| s *(fras)* idiomatiskt uttryck; *(stil)* språk, idiom
idio·mat·ic |ˌɪdɪə'mætɪk| *adj* idiomatisk
idio·syn·cra·sy |ˌɪdɪə'sɪŋkrəsɪ| s egenhet, idiosynkrasi
idi·ot |'ɪdɪət| s idiot; **you stupid ~** din jubelidiot
idi·ot·ic |ˌɪdɪ'ɒtɪk| *adj* idiotisk; **an ~ price** ett vansinnigt pris
idi·oti·cal·ly |ˌɪdɪ'ɒtɪkəlɪ| *adv* idiotiskt
idle |'aɪdl| **1** *adj* **(a)** *(person)* lat; *(maskin etc)* overksam, ur drift; *(tid)* ledig; **the strike made 100 workers ~** strejken gjorde 100 arbetare sysslolösa; **to stand ~** *(fabrik, maskin)* stå stilla **(b)** *(fruktan, spekulation)* gagnlös; *(skvaller)* lös; *(hot)* tom **2** *vi (Tekn)* gå på tomgång
♦ **idle away** *vt + adv (tid)* slösa bort
idle·ness |'aɪdlnɪs| s *(i allm)* sysslolöshet; *(neds)* lättja
idly |'aɪdlɪ| *adv* slött, utan att göra ngt
idol |'aɪdl| s *(Rel)* avgud; *(film-, popstjärna)* idol
idol·ize |'aɪdəlaɪz| *vt (bildl)* avguda, dyrka
idyll |'aɪdɪl| s idyll
idyl·lic |ɪ'dɪlɪk, aɪ'dɪlɪk| *adj* idyllisk
idyl·li·cal·ly |ɪ'dɪlɪklɪ, aɪ'dɪlɪlɪ| *adv* idylliskt
i.e. *förk (id est = that is)* d.v.s.
if |ɪf| **1** *konj* **(a)** *(villkors-: såvida)* om; **~ you were taller, you could reach it** om du var/vore längre, kunde du nå den; **I'd be pleased ~ you could do it** jag skulle bli glad om du kunde göra det; **I'll go ~ you come with me** jag går om du kommer med (mig); **~ necessary** om det är nödvändigt; **~ I were you** om jag var/vore du; **~ you ask me** om du vill veta min åsikt
(b) *(när)* om; **~ we are in Scotland, we always go to see her** om/när vi är i Skottland, hälsar vi alltid på henne
(c) *(fastän):* **(even) ~** även om, om också; **the weather is good, (even) ~ rather cold** vädret är fint även om det är ganska kallt
(d) *(indirekt fråga: huruvida)* om; **do you know**

~ **they have left?** vet du om de har åkt?; **I wonder** ~ **they will arrive** jag undrar om de kommer **(e)** *(i fraser)*:~ **so** i så fall; ~ **not** om inte; ~ **only** om bara; ~ **any** om (ens) någon; ~ **anything** om (ens) något; ~ **only I could** om jag bara kunde; **I would like to see her** ~ **only for a few minutes** jag skulle vilja träffa henne om så bara i några minuter; **he has very few friends** ~ **any** han har mycket få vänner, om (ens) några; **as** ~ som om; **as** ~ **by chance** som av en händelse; ~ **it isn't Smith!** men är det inte Smith!

2 s: **there are a lot of** ~**s and buts** det finns många om och men; **that's/it's a big** ~ det är ett stort frågetecken

if·fy |'ıfı| *adj (vard)* osäker, chansartad

ig·loo |'ıglu:| *s* igloo

ig·nite |ıg'naıt| **1** *vt (eld, tändsticka etc)* tända **2** *vi (eld)* tändas, fatta eld

ig·ni·tion |ıg'nıʃən| *s (frm, vetenskapligt)* antändning; *(Motor)* tändning; **to switch on the** ~ slå på tändningen; ~ **key** startnyckel; ~ **switch** tändningskontakt

ig·no·ble |ıg'nəʊbl| *adj* gemen, skamlig

ig·no·mini·ous |ˌıgnə'mınıəs| *adj (handling)* vanhedrande; *(nederlag)* skändlig

ig·no·mini·ous·ly |ˌıgnə'mınıəslı| *adv (se* igno-minious*)* vanhedrande; skändligt

ig·no·ra·mus |ˌıgnə'reıməs| *s* dumhuvud

ig·no·rance |'ıgnərəns| *s* okunnighet *(of* om); **to keep sb in** ~ **of sth** hålla ngn i okunnighet om ngt; **to show one's** ~ visa sin okunnighet

ig·no·rant |'ıgnərənt| *adj* okunnig; **to be** ~ **of** vara ovetande om

ig·nore |ıg'nɔ:ʳ| *vt (person, yttrande)* ignorera, inte bry sig om; *(fara)* strunta i; *(omständigheter)* bortse från, lämna utan avseende

ill |ıl| **1** *adj* **(a)** *(Med)* sjuk; **to fall/be taken** ~ bli sjuk; **to feel** ~ **with a cold** känna sig förkyld; **to feel** ~ **with anxiety** känna sig sjuk av ängslan; **to be in** ~ **health** vara vid dålig hälsa **(b)** *(komp* **worse,** *superl* **worst)** *(ej bra, god)* dålig; ~ **fortune** olycka; ~ **luck** otur; **to be** ~ **at ease** vara illa till mods; ~ **will** illvilja; **no** ~ **feelings** inget agg; **no** ~ **effects** inga skadliga verkningar **2** *adv* illa, dåligt; **we can** ~ **afford to lose him** vi kan knappast klara oss utan honom; **to speak/think** ~ **of sb** tala/tänka illa om ngn **3:** ~**s** spl *(bildl)* missförhållanden; **the** ~**s of the economy** ekonomiska missförhållanden

I'll |aıl| = **I will, I shall**

ill-advised |ˌıləd'vaızd| *adj (plan, yttrande)* oklok, obetänksam; **you would be** ~ **to go** det vore oklokt av dig att resa

ill-bred |ˌıl'bred| *adj* ouppfostrad, ohyfsad

ill-considered |ˌılkən'sıdəd| *adj (handling, yttran-de)* obetänksam; *(plan)* ogenomtänkt

ill-disposed |ˌıldıs'pəʊzd| *adj:* **to be** ~ **towards sb/sth** vara avogt sinnad mot ngn/ngt

il·legal |ı'li:gəl| *adj* olaglig

il·legal·ity |ˌıli:'gælıtı| *s* olaglighet

il·leg·ible |ı'ledʒəbl| *adj* oläslig

il·legiti·mate |ˌılı'dʒıtımıt| *adj (barn)* utomäktenskaplig

ill-fated |ˌıl'feıtıd| *adj (person)* olycklig, olycksalig; *(händelse)* olycksalig, tragisk

ill-favoured |ˌıl'feıvəd| *adj (frm: utseende)* motbjudande

ill-humoured, (Am**) ill-humored** |'ıl'hju:məd| *adj (tillfälligt)* på dåligt humör, misslynt; *(permanent)* med dåligt humör, argsint

il·lic·it |ı'lısıt| *adj* otillåten, olaglig

ill-informed |ˌılın'fɔ:md| *adj (omdöme, tal)* illa grundad; *(person)* dåligt underrättad

il·lit·er·ate |ı'lıtərıt| **1** *adj (person)* inte läs- och skrivkunnig, illitterat; *(brev)* full av fel;

(handstil) otränad, klottrig **2** *s* analfabet

ill-mannered |ˌıl'mænəd| *adj* ohyfsad, ouppfostrad

ill·ness |'ılnıs| *s* sjukdom

il·logi·cal |ı'lɒdʒıkəl| *adj* ologisk

ill-suited |ˌıl'su:tıd| *adj (i allm)* olämplig; *(par)* omaka; **he is** ~ **to the job** han är olämplig för jobbet

ill-timed |ˌıl'taımd| *adj* oläglig

ill-treat |ˌıl'tri:t| *vt (i allm)* behandla illa; *(med fysiskt våld)* misshandla

ill-treatment |ˌıl'tri:tmənt| *s (i allm)* omild behandling; *(med fysiskt våld)* misshandel

il·lu·mi·nate |ı'lu:mıneıt| *vt (rum, gata, byggnad)* upplysa; *(problem, fråga)* belysa; ~**d sign** ljusskylt; ~**d manuscript** illuminerat manuskript

il·lu·mi·nat·ing |ı'lu:mıneıtıŋ| *adj (yttrande, före-drag)* klargörande, upplysande

il·lu·mi·na·tion |ı,lu:mı'neıʃən| *s (av slott etc)* upplysning; *(av rum)* belysning; **in a moment of** ~ i ett ögonblick av klarsyn; ~**s** illuminationer

il·lu·sion |ı'lu:ʒən| *s (bedräglig föreställning)* illusion; *(konstnärlig effekt)* illusion, intryck; **op·tical** ~ optisk villa; **to be/suffer under an** ~ bedra sig, missta sig; **to be under the** ~ **that...** (felaktigt) ha för sig att...

il·lu·sive |ı'lu:sıv|, **il·lu·sory** |ı'lu:sərı| *adj* bedräglig, illusorisk

il·lus·trate |'ıləstreıt| *vt (bok etc)* illustrera; *(med exempel)* belysa

il·lus·tra·tion |ˌıləs'treıʃən| *s (i bok etc)* illustration; *(förklaring)* exempel; **by way of** ~ som förklaring/exempel

il·lus·tra·tive |'ıləstrətıv, *(i sht Am)* ı'lʌstrətıv| *adj* belysande

il·lus·tra·tor |'ıləstreıtəʳ| *s* illustratör

il·lus·tri·ous |ı'lʌstrıəs| *adj (frm)* lysande, berömd

I'm |aım| = **I am**

im·age |'ımıdʒ| *s (representation)* bild; *(Rel)* avbild; *(i spegel)* (spegel)bild; *(symbol)* bild, metafor; *(= public* ~*)* image, ansikte; **to be the very/the spit·ting** ~ **of sb** vara ngn upp i dagen; **to have a good/bad** ~ ha en bra/dålig image; *se äv* **mirror**

im·age·ry |'ımıdʒərı| *s* bildspråk

im·agi·nable |ı'mædʒınəbl| *adj* tänkbar, som man kan tänka sig; **the best thing** ~ det bästa tänkbara

im·agi·nary |ı'mædʒınərı| *adj (i allm)* inbillad; *(i saga etc)* fantasi

im·agi·na·tion |ı,mædʒı'neıʃən| *s* fantasi; **it's all** ~! det är bara inbillning; **it's all in your** ~ det är bara som du inbillar dig; **to have a vivid** ~ ha livlig fantasi; **she let's her** ~ **run away with her** hon låter fantasin skena i väg med sig); **use your** ~! använd din fantasi!

im·agi·na·tive |ı'mædʒınətıv| *adj (person, idé, be·rättelse etc)* fantasifull

im·ag·ine |ı'mædʒın| *vt* **(a)** *(i fantasin)* tänka sig, föreställa sig; **just** ~ **(my surprise)** du kan tänka dig att jag blev förvånad; **you can** ~ **how I felt** du kan tänka dig hur jag kände mig; **you are just imagining things** det är bara som du inbillar dig **(b)** *(förmoda)* anta, tro

im·bal·ance |ım'bæləns| *s (eg, bildl)* obalans

im·becile |'ımbəsi:l| *s (Med)* imbecill (person); *(vard: starkt neds)* idiot, dåre

im·bibe |ım'baıb| *vt (åld)* dricka; *(friskluft)* insupa; *(idé, fakta)* tillägna sig

imi·tate |'ımıteıt| *vt (person, accent)* härma, imite·ra; *(handstil)* efterlikna, imitera

imi·ta·tion |ˌımı'teıʃən| *s (av röst etc)* efter·härmning, imitation; *(av smycke, konstverk)* ko·pia; *(: i bedrägligt syfte)* förfalskning; ~ **jewels** oäkta smycken/juveler

imi·ta·tive ['ımıtǝtıv, (i sht Am) 'ımı,teıtıv] adj efterliknande, imitativ

imi·ta·tor ['ımıteıtǝ'] s imitatör

im·macu·late [ı'mækjʊlıt] adj (kläder, person) fläckfri; (stil etc) felfri, ren; the I~ Conception (Rel) den obefläckade avlelsen

im·macu·late·ly [ı'mækjʊlıtlı] adv (klä sig) oklanderligt; (skriva) oklanderligt, felfritt

im·ma·terial [,ımǝ'tıǝrıǝl] adj oväsentligt; it is ~ whether... det är likgiltigt om...

im·ma·ture [,ımǝ'tjʊǝ'] adj (person, attityd) omogen; (arbete, period) tidig, outvecklad

im·ma·tu·rity [,ımǝ'tjʊǝrıtı] s omogenhet

im·meas·ur·able [ı'meʒǝrǝbl] adj (eg) omätbar; (bildl) omätlig

im·meas·ur·ably [ı'meʒǝrǝblı] adv (bildl) omätligt

im·media·cy [ı'mi:dıǝsı] s omedelbarhet; the ~ of the problem problemets brådskande karaktär

im·medi·ate [ı'mi:dıǝt] adj (beslut, svar, reaktion) omedelbar; (behov, problem) överhängande; (område) omedelbar, närmaste; (granne) närmaste; in the ~ future inom den närmaste framtiden; to take ~ action vidta omedelbara åtgärder

im·medi·ate·ly [ı'mi:dıǝtlı] 1 adv (a) (svara, komma etc) genast, omedelbart; (påverka, angå) direkt; ~ after/before omedelbart el genast efter/före (b) (bakom, framför etc) omedelbart; ~ in front of sb/sth precis framför ngn/ngt 2 konj så snart som, just som

im·mense [ı'mens] adj (eg, bildl) väldig, oerhörd; an ~ difference en oerhörd skillnad; their enjoyment of the party was ~ de hade kolossalt roligt

im·mense·ly [ı'mensli] adv (i allm) oerhört; (svår) väldigt; (tycka om) väldigt mycket

im·men·sit·y [ı'mensıtı] s (av byggnad, fartyg etc) enorm storlek; (av problem, katastrof etc) väldig omfattning; the ~ of the difference den enormt stora skillnaden

im·merse [ı'mɜ:s] vt (eg): to ~ sth in water sänka ner ngt i vatten; to be ~d in sth (bildl) vara fördjupad i ngt; to ~ oneself in sth (bildl) fördjupa sig i ngt

im·mer·sion [ı'mɜ:ʃǝn] s (eg) nedsänkning, neddoppande; (bildl) försjunkenhet; ~ heater doppvärmare

im·mi·grant ['ımıgrǝnt] 1 adj invandrar-, immigrant- 2 s invandrare, immigrant

im·mi·gra·tion [,ımı'greıʃǝn] s invandring, immigration; ~ authorities invandrarmyndigheterna; ~ laws immigrationslagarna

im·mi·nent ['ımınǝnt] adj (fara) överhängande; (ankomst) nära förestående

im·mo·bile [ı'mǝʊbaıl] adj orörlig; the car was so heavy it was quite ~ bilen var så tung att den var helt omöjlig att rubba

im·mo·bi·lize [ı'mǝʊbılaız] vt (person) göra orörlig; (trafik) lamslå; (kapital) binda; (motor) sätta ur funktion; (Mil) immobilisera

im·mod·er·ate [ı'mɒdǝrıt] adj (person) omåttlig; (åsikt, reaktion, anspråk) överdriven

im·mod·est [ı'mɒdıst] adj (klädsel, uppträdande, skryt) oblyg, fräck

im·mod·est·ly [ı'mɒdıstlı] adv oblygt, fräckt

im·mod·es·ty [ı'mɒdıstı] s oblyghet, fräckhet

im·mor·al [ı'mɒrǝl] adj omoralisk; ~ earnings (Jur: hallicks etc) inkomster av prostitution

im·mo·ral·ity [,ımǝ'rælıtı] s (hos person, i uppträdande) omoral

im·mor·tal [ı'mɔ:tl] adj (person, gud) odödlig

im·mor·tal·ity [,ımɔ:'tælıtı] s odödlighet

im·mov·able [ı'mu:vǝbl] adj (föremål) orubblig; (person) orubblig, obeveklig

im·mune [ı'mju:n] adj (mot sjukdom etc) immun; (bildl): to be ~ to sth vara oemottaglig för ngt

im·mu·nity [ı'mju:nıtı] s immunitet; diplomatic ~ diplomatisk immunitet

im·mu·ni·za·tion [,ımjʊnaı'zeıʃǝn] s (Med) ympning, vaccination

im·mu·nize ['ımjʊnaız] vt (Med) skyddsympa, vaccinera

imp [ımp] s (väsen) smådjävul; (barn) satunge

im·pact ['ımpækt] s (kraft) stöt; (av två föremål som rör sig) kollision; (bildl) inverkan (on på); on ~ vid stöten; the book made a great ~ on me boken gjorde stort intryck på mig

im·pact·ed [ım'pæktıd] adj (inte frambruten visdomstand) retinerad (spec), inklämd

im·pair [ım'peǝ'] vt (hälsa) skada; (syn, hörsel) försvaga, skada; (sikt, relation) försämra

im·part [ım'pɑ:t] vt (a) (information, kunskaper, hemlighet) meddela (b) (frm: visdom) bibringa

im·par·tial [ım'pɑ:ʃǝl] adj opartisk

im·par·ti·al·ity [ım,pɑ:ʃı'ælıtı] s opartiskhet

im·par·tial·ly [ım'pɑ:ʃǝlı] adv opartiskt

im·pass·able [ım'pɑ:sǝbl] adj (väg, flod) oframkomlig

im·pas·sioned [ım'pæʃnd] adj (tal, person) lidelsefull, passionerad

im·pas·sive [ım'pæsıv] adj (ansikte) uttryckslös; (person) okänslig, känslolös

im·pas·sive·ly [ım'pæsıvlı] adv (reagera, svara) oberört

im·pat·ience [ım'peıʃǝns] s otålighet

im·pa·tient [ım'peıʃǝnt] adj (ivrig, irriterad) otålig; to get ~ with sb/sth bli otålig på ngn/ngt; to be ~ to do sth otåligt vänta på att göra ngt

im·pa·tient·ly [ım'peıʃǝntlı] adv otåligt

im·peach [ım'pi:tʃ] vt (a) (karaktär, motiv, vittnesmål) ifrågasätta (b) (Jur: ämbetsman) anklaga (för tjänstefel); (Am: presidenten) ställa inför riksrätt

im·peach·ment [ım'pi:tʃmǝnt] s (se impeach) (a) ifrågasättande (b) anklagelse; riksrättsåtal

im·pec·cable [ım'pekǝbl] adj (uppträdande) oklanderlig; (karaktär) otadlig

im·pede [ım'pi:d] vt (frm: person) hindra; (utveckling) hämma, hejda

im·pedi·ment [ım'pedımǝnt] s (a) (Jur: vanl) äktenskapshinder; (: i allm) (för)hinder (b) (Med: äv: speech ~) talfel

im·pel [ım'pel] vt (föranleda) tvinga; (frm: fordon) framdriva; I feel ~led to say... jag känner mig tvingad att säga...

im·pend·ing [ım'pendıŋ] adj (händelse: i allm) nära förestående; (oväder) annalkande; (fara) överhängande

im·pen·etrable [ım'penıtrǝbl] adj (djungel) ogenomtränglig; (fästning) intaglig; (bildl: text) obegriplig, ogenomtränglig; (: personlighet) outgrundlig

im·pera·tive [ım'perǝtıv] 1 adj (i allm) nödvändig, oundgänglig; (sätt, gest) befallande; it is ~ that he comes det är absolut nödvändigt att han kommer 2 s (Språkv) imperativ; in the ~ i imperativ

im·per·cep·tible [,ımpǝ'septǝbl] adj (skillnad, rörelse) omärklig, omärkbar

im·per·cep·tibly [,ımpǝ'septǝblı] adv omärkligt, omärkbart

im·per·fect [ım'pɜ:fıkt] 1 adj (a) (bil, maskin, produkt) felaktig; (syn, hörsel) bristfällig, dålig (b) (Språkv) imperfekt- 2 s (Språkv) imperfekt(um); in the ~ i imperfekt(um)

im·per·fec·tion [,ımpǝ'fekʃǝn] s (i allm) felaktighet; (i karaktär) brist, fel

im·perial [ım'pıǝrıǝl] adj (a) (om imperium) imperie-; (om kejsardöme) kejserlig (b) (gest, sätt) storslagen, majestätisk (c) (Brit: vikt, mått) brittisk standard-

im·peri·al·ism |ɪm'pɪərɪəlɪzəm| s imperialism

im·peri·ous |ɪm'pɪərɪəs| adj (ton, sätt) befallande, högdragen

im·peri·ous·ly |ɪm'pɪərɪəslɪ| adv högdraget

im·per·meable |ɪmpɜː'mɪəbl| adj ogenomtränglig; ~ **to air** lufttät; ~ **to water** vattentät

im·per·son·al |ɪm'pɜːsnl| adj **(a)** (sätt, yttrande) opersonlig **(b)** (Språkv: verb, form) opersonlig

im·per·son·al·ly |ɪm'pɜːsnəlɪ| adv opersonligt

im·per·son·ate |ɪm'pɜːsəneɪt| vt (som underhållning) imitera; (falskligen) uppträda som, utge sig för

im·per·sona·tion |ɪm‚pɜːsə'neɪʃən| s (i allm) imitation; (Teat) gestaltning; **to do** ~s göra imitationer

im·per·sona·tor |ɪm'pɜːsəneɪtəʳ| s imitatör

im·per·ti·nence |ɪm'pɜːtɪnəns| s **(a)** oförskämdhet, näsvishet **(b)** (ovanl) irrelevans

im·per·ti·nent |ɪm'pɜːtɪnənt| adj **(a)** oförskämd, näsvis **(b)** irrelevant

im·per·turb·able |‚ɪmpə'tɜːbəbl| adj (lugn) orubblig

im·per·turb·ably |‚ɪmpə'tɜːbəblɪ| adv orubbligt, lugnt

im·per·vi·ous |ɪm'pɜːvɪəs| adj (eg) ogenomtränglig; (bildl) oemottaglig (to för); ~ **to water** vattentät

im·petu·os·ity |ɪm‚petʊ'ɒsətɪ| s häftighet, våldsamhet

im·petu·ous |ɪm'petjʊəs| adj (person) häftig; (uppträdande) våldsam

im·petu·ous·ly |ɪm'petjʊəslɪ| adv häftigt, våldsamt

im·petus |'ɪmpɪtəs| s (eg) kraft; (bildl) drivkraft, impuls

im·pinge |ɪm'pɪndʒ| vi: **to** ~ **on sb/sth** påverka ngn/ngt

imp·ish |'ɪmpɪʃ| adj (ansiktsuttryck, replik) okynnig, skälmsk; (barn) busig

im·plac·able |ɪm'plækəbl| adj (hat, fiende) oförsonlig

im·plant |ɪm'plɑːnt| vt (Med) implantera; (bildl: idé, princip) inskärpa, inprägla

im·plau·sible |ɪm'plɔːzəbl| adj osannolik

im·ple·ment |'ɪmplɪmənt| **1** s redskap **2** |'ɪmplɪ‚ment| vt (plan, idé) genomföra; (kontrakt) uppfylla; (lag) tillämpa

im·ple·men·ta·tion |‚ɪmplɪmen'teɪʃən| s (se implement 2) genomförande; uppfyllande; tillämpning

im·pli·cate |'ɪmplɪkeɪt| vt (i brott, skandal) blanda in (sb in sth ngn i ngt)

im·pli·ca·tion |‚ɪmplɪ'keɪʃən| s **(a)** (i brott) inblandning **(b)** (av yttrande) (logisk) innebörd, följd

im·plic·it |ɪm'plɪsɪt| adj **(a)** (hotelse, överenskommelse) underförstådd **(b)** (tro) obetingad

im·plore |ɪm'plɔːʳ| vt (person) bönfalla, be; (förlåtelse) bönfalla om; **to** ~ **sb to do sth** bönfalla ngn att göra ngt

im·plor·ing |ɪm'plɔːrɪŋ| adj (blick, gest) bönfallande, bevekande

im·plor·ing·ly |ɪm'plɔːrɪŋlɪ| adv (titta) bönfallande

im·ply |ɪm'plaɪ| vt (inte säga rent ut) antyda; (ha till resultat/effekt) innebära; **are you** ~**ing that...?** antyder du att...?; **it implies a lot of work** det innebär en massa arbete

im·po·lite |‚ɪmpə'laɪt| adj (person, yttrande) ohövlig, oartig

im·po·lite·ly |‚ɪmpə'laɪtlɪ| adv ohövligt, oartigt

im·po·lite·ness |‚ɪmpə'laɪtnɪs| s (om person, yttrande) ohövlighet, oartighet

im·pon·der·able |ɪm'pɒndərəbl| adj ovägbar, som inte kan bedömas

im·port |'ɪmpɔːt| **1** s (Handel: artikel) importva-

ra; (: införsel) import; ~ **duty** importtull; ~ **licence** importlicens; ~ **surcharge** importavgift, införselavgift; ~ **tax** importskatt **2** |ɪm'pɔːt| vt (Handel) importera, föra in

im·por·tance |ɪm'pɔːtəns| s betydelse, vikt; **to attach great** ~ **to sth** fästa stor vikt vid ngt; **to be of no** ~ vara utan betydelse

im·por·tant |ɪm'pɔːtənt| adj viktig, betydande; **it is** ~ **that...** det är viktigt att...; **to try to look** ~ (neds) försöka se viktig/betydelsefull ut

im·por·tant·ly |ɪm'pɔːtəntlɪ| adv viktigt; **but, more** ~... men, vad som är ännu viktigare...

im·port·er |ɪm'pɔːtəʳ| s (Handel) importör

im·por·tu·nate |ɪm'pɔːtjʊnɪt| adj (med böner, tjat) efterhängsen; (starkare, med antydan till hot) påträngande

im·por·tune |ɪm'pɔːtjʊn| vt (med böner, krav) ansätta; (med fysisk närgångenhet) antasta

im·pose |ɪm'pəʊz| vt (villkor) lägga på; (böter) döma till; **to** ~ **a tax on whisky** beskatta whisky

◆ **im·pose (up)on** vi + prep (vänlighet, person) utnyttja

im·pos·ing |ɪm'pəʊzɪŋ| adj imponerande

im·po·si·tion |‚ɪmpə'zɪʃən| s (av skatt) införande, påläggande; (= skatt) pålaga; (av böter) utdömande; **it's a bit of an** ~ det är väl mycket begärt

im·pos·sibil·ity |ɪm‚pɒsə'bɪlɪtɪ| s omöjlighet; **the** ~ **of doing sth** det omöjliga i att göra ngt

im·pos·sible |ɪm'pɒsəbl| adj (person, situation) omöjlig; ~! omöjligt!, absolut inte!; **it is** ~ **for me to leave now** det är omöjligt för mig att gå nu; **you're** ~! (vard) du är hopplös/omöjlig!; **to do the** ~ göra det omöjliga

im·pos·sibly |ɪm'pɒsəblɪ| adv (uppföra sig) hopplöst, avskyvärt; (sent, tidigt) otroligt; (svår) ohyggligt

im·pos·tor |ɪm'pɒstəʳ| s bedragare

im·po·tence |'ɪmpətəns| s (sexuell) impotens; (oförmåga att handla) vanmakt

im·po·tent |'ɪmpətənt| adj (person: sexuellt) impotent; (: oförmögen att handla) maktlös; (raseri, förtvivlan) vanmäktig

im·pound |ɪm'paʊnd| vt (varor) beslagta

im·pov·er·ished |ɪm'pɒvərɪʃt| adj (person, land) utarmad

im·prac·ti·cabi·lity |ɪm‚præktɪkə'bɪlɪtɪ| s (av plan etc) ogenomförbarhet

im·prac·ti·cable |ɪm'præktɪkəbl| adj (plan) ogenomförbar

im·prac·ti·cal |ɪm'præktɪkəl| adj (person) opraktisk; (plan) ogenomförbar

im·pre·cise |‚ɪmprɪ'saɪs| adj (information, definition) bristande, ofullständig

im·pre·ci·sion |‚ɪmprɪ'sɪʒən| s (i information, definition) ofullständighet

im·preg·nable |ɪm'pregnəbl| adj (fästning) ointaglig; (eg, bildl: ställning) oövervinnelig

im·preg·nate |'ɪmpregneɪt, (i sht Am) ɪm'pregneɪt| vt (person, djur, ägg) befrukta; (trä, tyg) impregnera; (med vatten) genomdränka; (bildl) genomsyra

im·pre·sa·rio |‚ɪmprɪ'sɑːrɪəʊ| s impressario

im·press |ɪm'pres| vt **(a)** (person) göra intryck på; **how did she** ~ **you?** vad gjorde hon för intryck på dig?; **he** ~**ed me quite favourably** jag fick ett gott intryck av honom **(b)** (adress) prägla; (märke, mönster) sätta på; **to** ~ **sth on sb** (bildl) inskärpa ngt hos ngn

im·pres·sion |ɪm'preʃən| s **(a)** (bildl) intryck; **to be under/have the** ~ **that** ha för sig, ha intrycket att; **he gives an** ~ **of knowing a lot** han ger intryck av att veta en hel del; **to make a good/bad** ~ **on sb** göra gott/dåligt intryck på ngn; **to make no** ~ **on sth** inte ha ngn verkan på ngt **(b)** (av hammare etc) märke **(c)** (av andra människor)

imitation; **to do ~s** göra imitationer
im·pres·sion·able |ımˈpreʃnəbl| *adj (person)*
lättpåverkad; **to be at an ~ age** vara i en lättpåverkad ålder
im·pres·sion·ism |ımˈpreʃənızəm| *s (Konst)*
impressionism(en)
im·pres·sion·ist |ımˈpreʃnıst| **1** *adj (Konst)*
impressionist- **2** *s* impressionist
im·pres·sive |ımˈpresıv| *adj (person, framgång, byggnad)* imponerande
im·pres·sive·ly |ımˈpresıvlı| *adv* imponerande
im·print |ˈımprınt| **1** *s (eg)* avtryck; *(bildl)* prägel, stämpel; *(i bok)* förlagsnamn; **it was pub**
lished under Collins' ~ den gavs ut på Collins
(förlag) **2** |ımˈprınt| *vt (papper)* trycka på,
stämpla; *(bildl)* inprägla; **to ~ a seal on the letter**
sätta sigill på brevet
im·pris·on |ımˈprızn| *vt* sätta i fängelse, fängsla
im·pris·on·ment |ımˈprıznmənt| *s (straff)* fängelse; (= *term of ~*) fängelsetid; **one year's ~** ett års
fängelse; **life ~** livtids fängelse
im·prob·abil·ity |ım͵prɒbəˈbılıtı| *s* osannolikhet
im·prob·able |ımˈprɒbəbl| *adj* osannolik
im·promp·tu |ımˈprɒmptjuː| **1** *adj (framträdan*
de, tal) oförberedd **2** *adv (tala)* oförberett
im·prop·er |ımˈprɒpər| *adj (skratt, uppträdande)*
opassande; *(historia, skämt)* oanständig; *(på*
skylt) **penalty for ~ use** missbruk beivras
im·prop·er·ly |ımˈprɒpəlı| *adv* opassande,
oanständigt
im·pro·pri·ety |͵ımprəˈpraıətı| *s (i uppträdande)*
olämplighet; *(: grov)* oanständighet
im·prove |ımˈpruːv| **1** *vt (i allm)* förbättra; *(me*
tod, skicklighet) utveckla; *(lön)* höja; **to ~ sb's**
looks göra ngn vackrare; **to ~ one's Swedish**
förbättra sin svenska; **to ~ one's chances of**
success förbättra sina möjligheter till framgång; **to ~ one's mind** bilda sig **2** *vi (i allm)*
förbättras; *(person)* bli bättre; *(hälsa, väder)* förbättras, bli bättre; **to ~ in sth** bli bättre i ngt; **to ~**
with age/use bli bättre med tiden/av att användas
♦ **im·prove (up)on** *vi + prep (erbjudande, arbete,*
metod, kvalitet) förbättra, bättra på
im·prove·ment |ımˈpruːvmənt| *s* förbättring *(in*
av); *(av hus)* upprustning; **it's an ~ on the old one**
det är en förbättring jämfört med den gamla;
there is room for ~ det skulle kunna vara bättre;
to make ~s to sth förbättra/rusta upp ngt
im·prov·ing |ımˈpruːvıŋ| *adj (bok, program)* bildande
im·provi·sa·tion |͵ımprəvaıˈzeıʃən| *s (handling, tal,*
musik etc) improvisation
im·pro·vise |ˈımprəvaız| **1** *vt (poem, text, sång,*
musik) improvisera **2** *vi (skådespelare, musiker,*
bildl) improvisera
im·pru·dent |ımˈpruːdənt| *adj (person, handling)*
oklok, oförsiktig
im·pu·dence |ˈımpjʊdəns| *s (hos person, i uppföran*
de) fräckhet, oförskämdhet; **he had the ~ to say**
that… han hade oförskämdheten att säga att…
im·pu·dent |ˈımpjʊdənt| *adj* fräck, oförskämd
im·pulse |ˈımpʌls| *s (Tekn)* impuls; *(bildl)* impuls,
ingivelse; **on a sudden ~** gripen av en plötslig
ingivelse; **to act on ~** handla på impuls; **~**
buying impulsköp
im·pul·sive |ımˈpʌlsıv| *adj* impulsiv
im·pu·nity |ımˈpjuːnıtı| *s*: **with ~** *(frm)* ostraffat,
opåtalt, utan påföljd
im·pure |ımˈpjʊər| *adj (Kemi, luft etc)* oren; *(åld:*
moraliskt) oren, okysk
im·pu·rity |ımˈpjʊərıtı| *s (Kemi etc)* orenhet
in |ın| **1** *prep* **(a)** *(plats)* i; **~ the house/garden** i
huset/trädgården; **~ my hand** i min hand; **~ the**
town i staden; **~ the street** på gatan; **~ the**

country på landet; **to be ~ school** gå i skolan; **~**
here/there *(riktning)* hit/dit in; *(befintlighet)* här/
där inne
(b) *(med ortnamn: i allm)* i; *(: öar)* på; *(Brit:*
med gatunamn) på, vid; **~ London/Rome** i
London/Rom; **~ England/Italy/Spain** i England/
Italien/Spanien; **~ the United States** i Förenta
Staterna; **~ Yorkshire** i Yorkshire; **~ Sicily** på
Sicilien; **the Royal Academy is ~ Piccadilly** Royal Academy ligger vid Piccadilly; **he lives ~**
Oak Street han bor på/vid Oak Street
(c) *(tid: frånvaro, regering)* under; *(: månad)* i;
(: dagen, del av dag, årstid, århundrade, epok) på;
(: årtal) översätts ej; **~ 1986** (år) 1986; **~ the reign**
of Queen Victoria under drottning Viktorias regering; **~ May** i maj; **~ the eighties** på åttiotalet;
~ the 20th century på 1900-talet; **~ Spring** på
våren; **~ the morning/evening** på morgonen/
kvällen; **~ the mornings/evenings** på mornarna/
kvällarna; **~ the daytime** på dagen, på dagarna;
at 4 o'clock ~ the morning/afternoon kl. 4 på
morgonen/eftermiddagen; **~ those days** på den
tiden; **~ the past** förr (i världen); **~ the time of**
Queen Victoria på drottning Victorias tid; **she**
has not been here ~ years hon har inte varit här
på åratal
(d) *(tid som går åt)* på; *(tidsfrist)* om; **I did it ~ 3**
hours/days jag gjorde det på 3 timmar/dagar; **he**
wrote the novel **~ a week/month** han skrev romanen på en vecka/månad; **she will return the**
money ~ a month hon kommer att lämna tillbaka
pengarna om en månad
(e) *(sätt etc)* med; **~ a loud/soft voice** med
hög/dämpad röst; **~ a whisper** med en viskning/
viskande; **~ Swedish/English** på svenska/
engelska; **~ ink/pencil** med bläck/blyerts; **~**
writing skriftligt; **~ oils** i olja; **~ water colour**
med vattenfärg; **~ person** personligen; **~ large/**
small quantities i stora/små mängder; **to pay ~**
dollars betala i dollar; **~ alphabetical order** i
alfabetisk ordning; **~ some measure** i någon
utsträckning; **~ part** delvis; **painted ~ red** rödmålad; **dressed ~ green/a skirt/trousers** klädd i
grönt/kjol/byxor; **the man ~ the hat** mannen
med hatt; **you look nice ~ that hat** du är snygg i
den där hatten; **dressed ~ silk** klädd i siden
(f) *(omständighet)* i; **~ the sun** i solen; **~ the**
rain i regn(et); **~ the shade** i skuggan; **~ (the)**
daylight i dagsljus; **~(the) dark(ness)** i mörker/
mörkret; **~ the moonlight** i månljus; **~ all**
weathers i alla väder; **10 metres ~ height/**
length/depth/width 10 m hög/lång/djup/bred; **a**
change ~ policy en förändring i (den förda)
politiken; **a rise ~ prices** en prisstegring
(g) *(tillstånd)* i; **~ tears** i tårar; **~ anger** i
ilska; **to be ~ a rage** vara rasande; **lame ~ the**
left leg halt på vänster ben; **~ despair** i förtvivlan; **~ good condition/repair** i gott skick; **fall ~**
love bli kär/förälskad; **6 ~ number** 6 till antalet;
to live ~ luxury leva i lyx; **~ private** enskilt; **~**
secret i hemlighet
(h) *(proportion)* på; **one (person/car) ~ ten** en
(person/bil) på tio; **20 pence ~ the pound** 20
pence per pund; **once ~ a hundred years** en gång
på hundra år; **~ twos** två och två
(i) *(författare, karaktär)* hos; *(förmåga)* i; **~**
(the works of) Shakespeare hos Shakespeare;
this is common ~ children/cats det är vanligt
hos barn/katter; **she has it ~ her to succeed** hon
har framgången i sig; **they have a good leader ~**
him de har en god ledare i honom
(j) *(yrke, bransch)* i; **to be ~ teaching/pub**
lishing vara lärare/i förlagsbranschen; **to be ~**
the motor trade vara i motorbranschen; **to be ~**
the army vara i armén, göra militärtjänst

(k) *(med pres part)* genom att; ~ **saying this** genom att säga detta

(l): ~ **that** *(frm)* eftersom; **I regret my remark** ~ **that it upset you** jag beklagar vad jag sade eftersom det gjorde dig upprörd; ~ **all allt** som allt

2 *adv*: **to be** ~ *(person)* vara inne; *(tåg, båt)* vara framme/anländ; *(flygplan)* ha landat; *(skörd)* vara inne; *(grönsaker, frukt)* ha säsong; *(mode)* vara inne; *(politiskt parti etc)* vara/sitta vid makten; *(Brit: eld)* brinna; **to be** ~ **for sth** kunna vänta sig/få räkna med ngt; **he's** ~ **for it** *(vard)* han är illa ute; **to have it** ~ **for sb** ha ett horn i sidan till ngn; **to be** ~ **on a plan/secret** veta om en plan/hemlighet; **to ask sb** ~ be in ngn; **day** ~, **day out** dag ut och dag in; **to be** ~ **and out of hospital** åka in och ut på sjukhus; **to be** ~ **and out of work** bara ha tillfälliga arbeten; **my luck is** ~ jag har tur

3 *s*: **the** ~**s and outs of the problem** problemets minsta detaljer

in., ins *förk f* **inch, inches**

in·abil·ity |ˌɪnəˈbɪlɪtɪ| *s* oförmåga; **my** ~ **to drive is because of my bad eyesight** jag är oförmögen att köra bil på grund av min dåliga syn

in·ac·ces·sibil·ity |ˈɪnækˌsesəˈbɪlətɪ| *s (se* **inaccessible**) otillgänglighet; oåtkomlighet

in·ac·ces·sible |ˌɪnækˈsesəbl| *adj (plats)* otillgänglig; *(föremål, information)* oåtkomlig; *(person)* svår att få kontakt med

in·ac·cu·ra·cy |ɪnˈækjʊrəsɪ| *s (i påstående, rapport, berättelse)* felaktighet; *(i siffror)* fel, brist i precision; *(i översättning etc)* oriktighet, fel

in·ac·cu·rate |ɪnˈækjʊrɪt| *adj (påstående, rapport, siffra, översättning)* felaktig, oriktig

in·ac·tion |ɪnˈækʃən| *s* overksamhet

in·ac·tive |ɪnˈæktɪv| *adj (person, liv)* overksam; *(vulkan)* inte aktiv, inaktiv

in·ac·tiv·ity |ˌɪnækˈtɪvɪtɪ| *s* sysslolöshet, overksamhet

in·ad·equate |ɪnˈædɪkwɪt| *adj (resurser, förråd, styrka)* bristfällig, otillräcklig; **to be** ~ *(person)* inte räcka till

in·ad·mis·si·ble |ˌɪnədˈmɪsəbl| *adj (bevis)* inte godtagbar

in·ad·vert·ent |ˌɪnədˈvɜːtənt| *adj* oavsiktlig

in·ad·vert·ent·ly |ˌɪnədˈvɜːtəntlɪ| *adv* oavsiktligt

in·ad·vis·able |ˌɪnədˈvaɪzəbl| *adj* oklok; **it is** ~ **to...** det är inte tillrådligt att...

in·ane |ɪˈneɪn| *adj (anmärkning)* idiotisk, larvig

in·ani·mate |ɪnˈænɪmɪt| *adj (föremål)* död, livlös

in·an·ity |ɪˈnænɪtɪ| *s* dumhet, fånighet

in·ap·pli·cable |ɪnˈæplɪkəbl| *adj* inte tillämpbar

in·ap·pre·ciable |ˈɪnəˈpriːʃəbl| *adj* omärklig

in·ap·pro·pri·ate |ˌɪnəˈprəʊprɪɪt| *adj* olämplig; **an** ~ **word** ett olämpligt ord

in·apt |ɪnˈæpt| *adj* olämplig

in·ap·ti·tude |ɪnˈæptɪtjuːd| *s* olämplighet

in·ar·ticu·late |ˌɪnɑːˈtɪkjʊlɪt| *adj (person)* som har svårt att uttrycka sig; *(tal)* otydlig

in·as·much |ˌɪnəzˈmʌtʃ| *adv*: ~ **as** eftersom

in·at·ten·tion |ˌɪnəˈtenʃən| *s* ouppmärksamhet

in·at·ten·tive |ˌɪnəˈtentɪv| *adj (person)* ouppmärksam

in·audible |ɪnˈɔːdəbl| *adj* ohörbar

in·augu·ral |ɪˈnɔːgjʊrəl| *adj (Univ: föreläsning)* installations-; *(anförande: vid debatt)* inlednings-; *(: av nyvald)* inträdes-, invignings-

in·augu·rate |ɪˈnɔːgjʊreɪt| *vt (president)* installera; *(ny tidsålder)* inleda; *(utställning)* inviga

in·aus·pi·cious |ˌɪnɔːsˈpɪʃəs| *adj (tillfälle)* ogynnsam; *(omständigheter)* olycklig

in-between |ɪnbɪˈtwiːn| *adj (storlek, stadium etc)* mellan-

in·born |ˈɪnbɔːn| *adj (förmåga, talang)* medfödd, inneboende

in·bred |ˈɪnbred| *adj (sjukdom, genetisk defekt)* medfödd; *(släkt)* inavlad

Inc. *förk (Am = incorporated)* AB

in·cal·cu·lable |ɪnˈkælkjʊləbl| *adj (skada etc)* omätlig; *(mängd)* oräknelig

in·can·ta·tion |ˌɪnkænˈteɪʃən| *s* besvärjelse, trollformel

in·ca·pabil·ity |ɪnˌkeɪpəˈbɪlətɪ| *s* inkompetens, oförmåga

in·ca·pable |ɪnˈkeɪpəbl| *adj (oduglig)* inkompetent; *(ur stånd)* oförmögen; **to be** ~ **of doing sth** inte kunna göra ngt; **to be** ~ **of speech** oförmögen att tala; **a question** ~ **of solution** en fråga som inte går att lösa

in·ca·paci·tate |ˌɪnkəˈpæsɪteɪt| *vt (person)* göra oförmögen till arbete; **physically** ~**d** fysiskt arbetsoförmögen

in·ca·pac·ity |ˌɪnkəˈpæsɪtɪ| *s* oförmåga, inkompetens; ~ **for work** arbetsoförmåga

in·car·cer·ate |ɪnˈkɑːsəreɪt| *vt* spärra in, fängsla

in·car·nate |ɪnˈkɑːnɪt| *adj (egenskap)* förkroppsligad; *(Rel)*: **the word** ~ ordet blev kött; **the devil** ~ djävulen i människohamn

in·car·na·tion |ˌɪnkɑːˈneɪʃən| *s (i allm)* förkroppsligande; *(Rel)* inkarnation

in·cen·di·ary |ɪnˈsendɪərɪ| **1** *adj (bomb, granat)* brand- **2** *s* brandbomb

in·cense |ˈɪnsens| **1** *s* rökelse **2** |ɪnˈsens| *vt* reta upp

in·censed |ɪnˈsenst| *adj (person)* förbittrad

in·cen·tive |ɪnˈsentɪv| *s* sporre, impuls; **financial** ~**s** ekonomisk stimulans; ~ **bonus** *(till anställd)* prestationsbonus

in·cep·tion |ɪnˈsepʃən| *s (frm)* begynnelse

in·ces·sant |ɪnˈsesnt| *adj* oavbruten, ständig

in·cest |ˈɪnsest| *s* incest

in·ces·tu·ous |ɪnˈsestjʊəs| *adj* incestuös

inch |ɪntʃ| *s (längdmått: 2, 54 cm)* tum; **the car missed me by** ~**es** bilen missade mig nätt och jämnt; **to lose a few** ~**es** *(vard: i midjemått)* bli några centimeter smalare; ~ **by** ~ bit för bit, gradvis; **every** ~ **of it was used** man utnyttjade varje millimeter av den; **he's every** ~ **a soldier** han är soldat ut i fingerspetsarna; **to be within an** ~ **of death/disaster** vara en hårsman från döden/ katastrofen; **he didn't give an** ~ han gav inte med sig en tum

♦ **inch for·ward** *vi* + *adv* flytta sig långsamt framåt, krypa framåt

♦ **inch up** *vi* + *adv (eg, bildl)* krypa upp(åt)

in·ci·dence |ˈɪnsɪdəns| *s (av sjukdom, brott etc)* förekomst, frekvens; **angle of** ~ *(Fys)* infallsvinkel

in·ci·dent |ˈɪnsɪdənt| *s (i allm)* händelse; *(diplomatisk, militär)* incident; *(i bok etc)* episod; **to provoke a diplomatic** ~ framkalla en diplomatisk incident; **without** ~ utan missöden

in·ci·den·tal |ˌɪnsɪˈdentl| **1** *adj* tillfällig, oväsentlig; ~ **expenses** tillfälliga utgifter; ~ **music** bakgrundsmusik **2** *spl*: ~**s** tillfälliga utgifter

in·ci·den·tal·ly |ˌɪnsɪˈdentəlɪ| *adv* förresten, apropå

in·cin·er·ate |ɪnˈsɪnəreɪt| *vt (avfall etc)* förbränna

in·cin·era·tor |ɪnˈsɪnəreɪtəʳ| *s (för avfall)* förbränningsugn

in·cipi·ent |ɪnˈsɪpɪənt| *adj (fara, revolt)* begynnande, gryende; *(sjukdom)* i första stadiet

in·ci·sion |ɪnˈsɪʒən| *s (i vävnad etc)* snitt

in·ci·sive |ɪnˈsaɪsɪv| *adj (intellekt, anmärkning, kritik)* skarp

in·ci·sor |ɪnˈsaɪzəʳ| *s* framtand

in·cite |ɪnˈsaɪt| *vt* framkalla, väcka; **to** ~ **sb to do sth** driva ngn till att göra ngt

in·cite·ment |ɪnˈsaɪtmənt| *s* eggelse, provokation

in·ci·vil·ity |ˌɪnsɪˈvɪlɪtɪ| *s* ohövlighet

in·clem·ent |ɪn'klemənt| *adj (väder)* bister, sträng

in·cli·na·tion |ˌɪnklɪ'neɪʃən| *s* **(a)** *(önskan)* böjelse, lust; **her ~ was to ignore him** hon ville helst inte låtsas om honom; **against my ~** mot min önskan; **to follow one's ~** följa sin böjelse **(b)** *(frm: sluttning)* lutning **(c)** *(på huvudet)* böjning

in·cline |'ɪnklaɪn| **1** *s* lutning, sluttning **2** |ɪn'klaɪn| *vt* **(a)** *(huvudet)* böja (på) **(b): to be ~d to do sth** vara böjd för att göra ngt; **to be ~ to be late** ha en benägenhet att komma sent; **it is ~d to break** den har en benägenhet att gå sönder; **if you feel so ~ed** om du har lust **3** |ɪn'klaɪn| *vi* **(a)** *(slutta)* luta **(b)** *(åsikt)* luta *(to(wards)* åt); *(färg)* ha en dragning *(to(wards)* mot); **I ~ to the opinion that...** jag lutar åt åsikten att...

in·clude |ɪn'kluːd| *vt (i allm)* omfatta, innefatta; *(om belopp)* inkludera; **the price ~s postage** priset inkluderar porto; **the book ~s many illustrations** boken innehåller många illustrationer; **your name is not ~d in the list** ditt namn finns inte med på listan; **he sold everything, books ~d** han sålde allt, inklusive böcker; **the tip is/is not ~d** dricksspengar ingår/ingår inte

in·clud·ing |ɪn'kluːdɪŋ| *prep* inklusive; **~ tip/service charge/postage** inklusive dricks/betjäningsavgift/porto; **seven ~ this one** sju med denna (inräknad); **up to and ~** *(datum etc)* till och med

in·clu·sive |ɪn'kluːsɪv| **1** *adj (pris)* inklusive allt; **is the price ~?** är allt inkluderat i priset?; **~ of** inklusive; **the cost is £50, ~ of taxes** priset är 50 pund, inklusive skatt **2** *adv:* **from the 10th to the 15th ~** från och med den 10 till och med den 15

in·cog·ni·to |ɪn'kɒgnɪtəʊ| *adv* inkognito; **to remain ~** förbli inkognito

in·co·her·ent |ˌɪnkəʊ'hɪərənt| *adj (person)* osammanhängande, oredig; *(argument, samtal)* osammanhängande; **he was ~ with rage** han var så arg att han inte fick fram ett vettigt ord

in·come |'ɪnkʌm| *s (av arbete, försäljning)* inkomst(er); **gross ~** bruttoinkomst(er); **net ~** nettoinkomst(er); **private ~** privatförmögenhet; **~s policy** inkomstpolitik; **to live within/beyond one's ~** leva efter/över sina tillgångar; **~ bracket** inkomstgrupp; **~ tax** inkomstskatt; **~ tax return** självdeklaration

in·com·ing |'ɪnkʌmɪŋ| *adj (passagerare)* ankommande; *(tidvatten)* stigande

in·com·mun·ica·do |ˌɪnkəmjʊnɪ'kɑːdəʊ| *adj:* **to hold sb ~** hålla ngn isolerad

in·com·pa·rable |ɪn'kɒmpərəbl| *adj (skönhet, skicklighet)* ojämförlig, enastående

in·com·pat·ible |ˌɪnkəm'pætəbl| *adj (idéer, temperament)* oförenlig; *(Tekn, Data)* inkompatibel; **an ~ couple** ett par som inte passar ihop

in·com·pe·tence |ɪn'kɒmpɪtəns| *s (om person)* inkompetens, oförmåga; *(om arbete)* undermålighet

in·com·pe·tent |ɪn'kɒmpɪtənt| *adj (person)* inkompetent, oduglig *(at* för, i); *(arbete)* undermålig

in·com·plete |ˌɪnkəm'pliːt| *adj (samling etc)* inkomplett, ofullständig; *(ej färdig)* oavslutad, ofullbordad

in·com·pre·hen·sible |ˌɪnˌkɒmprɪ'hensəbl| *adj* obegriplig

in·com·pre·hen·sion |ˌɪnkɒmprɪ'henʃən| *s* oförmåga att förstå

in·con·ceiv·able |ˌɪnkən'siːvəbl| *adj (lidande, fasor, universums storlek etc)* ofattbar; *(händelse i framtiden)* otänkbar

in·con·clu·sive |ˌɪnkən'kluːsɪv| *adj (resultat)* inte slutgiltig; *(bevis)* inte bindande; *(argument)* inte övertygande

in·con·gru·ity |ˌɪnkɒŋ'gruːɪtɪ| *s* brist på överens-

stämmelse

in·con·gru·ous |ɪn'kɒŋgrʊəs| *adj (uppträdande)* avvikande, olämplig

in·con·sequent |ɪn'kɒnsɪkwənt| *adj*, **in·con·sequen·tial** |ɪnˌkɒnsɪ'kwenʃəl| *adj (ologisk)* inkonsekvent; *(utan vikt)* betydelselös

in·con·sid·er·able |ˌɪnkən'sɪdərəbl| *adj* obetydlig

in·con·sid·er·ate |ˌɪnkən'sɪdərɪt| *adj (person, uppträdande)* tanklös, taktlös, bristande i hänsyn

in·con·sist·en·cy |ˌɪnkən'sɪstənsɪ| *s* inkonsekvens, oförenlighet

in·con·sist·ent |ˌɪnkən'sɪstənt| *adj (handling)* inkonsekvent, motsägelsefull; *(arbete)* ojämn; **to be ~ with** strida mot; **that is ~ with what you told me** det stämmer inte med vad du berättade för mig

in·con·sol·able |ˌɪnkən'səʊləbl| *adj* otröstlig

in·con·spicu·ous |ˌɪnkən'spɪkjʊəs| *adj (plats)* undanskymd; *(person)* oansenlig; *(färg)* diskret; **to make oneself ~** göra sig osynlig

in·con·stant |ɪn'kɒnstənt| *adj* ombytlig, flyktig

in·con·ti·nence |ɪn'kɒntɪnəns| *s (Med)* inkontinens

in·con·ti·nent |ɪn'kɒntɪnənt| *adj (Med)* som lider av inkontinens

in·con·tro·vert·ible |ɪnˌkɒntrə'vɜːtəbl| *adj (fakta, bevis)* obestridlig, odiskutabel

in·con·ven·ience |ˌɪnkən'viːnɪəns| **1** *s (om tid etc)* olägenhet; *(om hus)* obekvämlighet; **the ~ of the time** den obelägliga tidpunkten; **the ~ of the location** platsens svåråtkomlighet; **the ~ of his arrival** hans obelägliga ankomst; **to put oneself/sb to great ~** göra sig/vålla ngn besvär; **not having a car was a great ~** det var väldigt obekvämt att inte ha bil **2** *vt* besvära; **don't ~ yourself** gör dig inget besvär

in·con·ven·ient |ˌɪnkən'viːnɪənt| *adj (tidpunkt, ankomst)* obelägen, olämplig; *(plats)* olämplig; *(hus)* obekväm, besvärlig; **that time is very ~ for me** det är en mycket obelägen tidpunkt för mig

in·con·vert·ible |ˌɪnkən'vɜːtəbl| *adj (valuta)* växlingsbar, inkonvertibel

in·cor·po·rate |ɪn'kɔːpəreɪt| *vt (avgifter etc)* inkludera; *(del i helhet)* införliva

in·cor·po·rat·ed |ɪn'kɔːpəreɪtɪd| *adj (Am Handel: förk* **Inc.**)**: Jones & Lloyd I~** Aktiebolaget Jones & Lloyd

in·cor·rect |ˌɪnkə'rekt| *adj (påstående, slutsats etc)* oriktig, felaktig; *(i klädsel, uppträdande)* inte korrekt, opassande; **that is ~** det är oriktigt

in·cor·ri·gible |ɪn'kɒrɪdʒəbl| *adj (person, uppträdande)* oförbätterlig, ohjälplig

in·crease |'ɪnkriːs| **1** *s (i allm)* ökning; *(av löner, skatter)* höjning; **an ~ in size/number/volume** en ökning i storlek/antal/volym; **an ~ of £5/10%** en ökning med 5 pund/10%; **to be on the ~** *(brottslighet, försäljning)* vara i tilltagande, stiga, öka **2** |ɪn'kriːs| *vt (i allm)* öka; *(löner, skatter)* höja; **to ~ production** höja produktionen; **to ~ one's efforts** öka sina ansträngningar **3** |ɪn'kriːs| *vi (i allm)* öka; *(regn, vind)* tillta; *(glädje)* bli större, tillta; **to ~ in number** öka i antal; **to ~ in size** tillta i storlek; **to ~ in volume** öka i volym; **to ~ in weight** öka i vikt; **to ~ in value** stiga/öka i värde; **to ~ by 100** stiga/öka med 100

in·creas·ing |ɪn'kriːsɪŋ| *adj* ökande, stigande

in·creas·ing·ly |ɪn'kriːsɪŋlɪ| *adv* mer och mer

in·cred·ible |ɪn'kredəbl| *adj (berättelse, tur)* otrolig

in·cred·ibly |ɪn'kredəblɪ| *adv* otroligt, fantastiskt; **~, they did not come** otroligt nog så kom de inte

in·credu·lous |ɪn'kredjʊləs| *adj (uttryck, leende)* tvivlande, skeptisk

in·crimi·nate |ɪn'krɪmɪneɪt| *vt:* **to ~ sb** (be)visa ngns brottslighet/skuld

in·crimi·na·ting |ɪn'krɪmɪneɪtɪŋ| *adj (bevis)* fällande

in·cu·bate [ˈɪnkjʊbeɪt] **1** vt (eg, bildl) ruva på **2** vi (ägg) ruvas, utvecklas; (sjukdom): **to ~ for** ha en inkubationstid av

in·cu·ba·tion [ˌɪnkjʊˈbeɪʃən] s (av ägg) ruvning; (av sjukdom) inkubation; (av plan) utveckling; **~ pe·riod** (av ägg) ruvningsperiod; (av sjukdom) inkubationstid

in·cu·ba·tor [ˈɪnkjʊbeɪtəʳ] s (för ägg) äggkläckningsmaskin; (för bakterier) bakterieodlingsapparat; (för baby) kuvös

in·cul·cate [ˈɪnkʌlkeɪt] vt: **to ~ sth in sb** inskärpa ngt hos ngn

in·cum·bent [ɪnˈkʌmbənt] **1** adj **(a)**: **it is ~ on me/you** (frm) det åligger mig/dig/er **(b)** (i sht Am) som innehar ett ämbete; **the ~ governor** den sittande guvernören **2** s **(a)** (präst) pastoratsinnehavare, kyrkoherde **(b)** (i sht Am) ämbetsinnehavare

in·cur [ɪnˈkɜːʳ] vt (vrede) ådra sig; (skuld) sätta sig i; (förluster) åsamka sig; **they ~red great debts** de drog på sig stora skulder

in·cur·able [ɪnˈkjʊərəbl] adj (sjukdom, vana) obotlig; **an ~ optimist** en oförbätterlig optimist

in·cur·ably [ɪnˈkjʊərəblɪ] adv (sjuk, optimistisk) obotligt

in·cur·sion [ɪnˈkɜːʃən] s (Mil) plötsligt anfall/inträngande, räd

in·debt·ed [ɪnˈdetɪd] adj (bildl): **to be ~ to sb for sth** ha ngn att tacka för ngt

in·de·cen·cy [ɪnˈdiːsnsɪ] s oanständighet

in·de·cent [ɪnˈdiːsnt] adj oanständig; **with ~ haste** med opassande brådska; **~ assault** (Jur) frihetskränkande otukt; **~ exposure** (Jur) blottande

in·de·ci·pher·able [ˌɪndɪˈsaɪfərəbl] adj oläslig, omöjlig att tyda

in·de·ci·sion [ˌɪndɪˈsɪʒən] s obeslutsamhet

in·de·ci·sive [ˌɪndɪˈsaɪsɪv] adj (person) obeslutsam; (resultat) inte avgörande

in·deed [ɪnˈdiːd] adv **(a)** (faktiskt) verkligen; **I feel, ~ I know he is wrong** jag känner, ja jag till och med vet att han har fel; **there are ~ mistakes, but…** det finns visserligen fel, men…; **if ~ he is wrong…** om han verkligen har fel… **(b)** (förstärkande) verkligen; **thank you very much ~** tack så hemskt mycket; **that is praise ~** det är verkligen beröm; **it is ~ difficult** det är verkligen svårt **(c)** (som svar på fråga): **isn't that right? — ~ it is** är det inte så? — jo, det är det; **are you coming? — ~ I am** kommer du? — ja, det gör jag; **may I come in? — ~ you may not** får jag komma in? — nej det får du (faktiskt) inte

in·de·fati·ga·ble [ˌɪndɪˈfætɪgəbl] adj outtröttlig

in·de·fen·sible [ˌɪndɪˈfensəbl] adj (eg: stad etc) som inte går att försvara; (bildl: handling etc) oförsvarbar

in·de·fin·able [ˌɪndɪˈfaɪnəbl] adj (ord) odefinierbar; (charm, färg) obestämbar

in·defi·nite [ɪnˈdefɪnɪt] adj (svar, plan) vag; (tid) obestämd; (Gram) indefinit, obestämd; **~ pro·noun** indefinit pronomen; **~ article** obestämd artikel

in·defi·nite·ly [ɪnˈdefɪnɪtlɪ] adv (skjuta upp) på obestämd tid; (vänta) i evighet

in·del·ible [ɪnˈdeləbl] adj (eg, bildl) outplånlig; **an ~ impression** ett outplånligt intryck

in·deli·cate [ɪnˈdelɪkɪt] adj (yttrande) taktlös, ofin; (samtalsämne) opassande

in·dem·ni·fy [ɪnˈdemnɪfaɪ] vt: **to ~ sb for sth** gottgöra ngn för ngt; **to ~ sb against sth** skydda ngn mot ngt

in·dem·nity [ɪnˈdemnɪtɪ] s (för skada) gottgörelse; (för ev framtida skada) försäkring

in·dent [ɪnˈdent] **1** vt (Typogr: ord, rad) dra in **2** vi (Handel: i sht Brit): **to ~ for sth** rekvirera ngt

in·dent·ed [ɪnˈdentɪd] adj (rad) indragen; (kant) tandad; (yta) bucklig

in·den·ta·tion [ˌɪndenˈteɪʃən] s (i yta) märke, buckla; (Typogr) indrag; (på spets etc) udd

in·de·pend·ence [ˌɪndɪˈpendəns] s (lands) självständighet; (om person: i sinnet) självständighet; (: ekonomiskt) oberoende; **war of ~** frihetskrig; **I~ Day** (Am) självständighetsdagen (4 juli)

in·de·pend·ent [ˌɪndɪˈpendənt] adj **(a)** (av ngn annan/ngt annat) oberoende; (land) självständig; (person: i sinnet) självständig; (: ekonomiskt) oberoende; **to become ~** (land) bli självständig; **a person of ~ means** person med privatförmögenhet **(b)** (händelser) oberoende av varandra; **~ suspension** (Motor) separat hjulupphängning

in·de·pend·ent·ly [ˌɪndɪˈpendəntlɪ] adv (röra sig) var för sig; (anlända) var för sig; (besluta) oberoende av varandra

in·de·scrib·able [ˌɪndɪˈskraɪbəbl] adj (fasa, skönhet, glädje) obeskrivlig

in·de·struct·ible [ˌɪndɪsˈtrʌktəbl] adj oförstörbar

in·dex [ˈɪndeks] s **(a)** (pl -es: i bok) index, register; (: på bibliotek) katalog; **~card** registerkort **(b)** (pl indices [ˈɪndɪsiːz]) (mätare) indicium, kännetecken; (levnadskostnads- etc) index; **the I~** (Rel) förteckning över förbjudna böcker, index **(c):** **~ finger** pekfinger

in·dexed [ˈɪndekst] adj (Am) indexreglerad

index-linked [ˌɪndeksˈlɪŋkt] adj (Brit) indexreglerad

In·dia [ˈɪndɪə] s Indien; **~ ink** (i sht Am) tusch

In·dian [ˈɪndɪən] **1** adj **(a)** (från Indien) indisk; **~ elephant** indisk elefant; **~ ink** tusch; **the I~ Ocean** Indiska oceanen **(b)** (= American ~) indiansk **2** s **(a)** (från Indien) indier **(b)** (= American ~) indian

india·rubber [ˌɪndɪəˈrʌbəʳ] s (material) (rå)gummi, kautschuk; (att sudda med) suddgummi

in·di·cate [ˈɪndɪkeɪt] **1** vt **(a)** (plats) peka ut, visa på; (temperatur, hastighet) visa **(b)** (känslor etc: tydligt) visa; (: vagt) tyda på **2** vi göra tecken; **to ~ left/right** visa att man ska köra till vänster/höger

in·di·ca·tion [ˌɪndɪˈkeɪʃən] s **(a)** tecken; **there is no ~ that…** det finns inget tecken på att…; **this is some ~ that…** detta antyder att… **(b)** (på karta) angivelse; (på mätare) märke

in·dica·tive [ɪnˈdɪkətɪv] **1** adj **(a)**: **to be ~ of sth** tyda på ngt **(b)** (Språkv) indikativ **2** s (Språkv) indikativ; **in the ~** i indikativ

in·di·ca·tor [ˈɪndɪkeɪtəʳ] s (på skala etc) nål, visare; (på station, flygplats etc) anslagstavla; (Motor) blinker; (Kemi) indikator

in·di·ces [ˈɪndɪsiːz] spl av index b

in·dict [ɪnˈdaɪt] vt åtala, anklaga; **to ~ sb for murder** anklaga ngn för mord

in·dict·able [ɪnˈdaɪtəbl] adj: **~ offence** åtalbar förseelse

in·dict·ment [ɪnˈdaɪtmənt] s åtal; **to bring an ~ against sb** väcka åtal mot ngn

in·dif·fer·ence [ɪnˈdɪfrəns] s (ointresse) likgiltighet; (om prestation, betyg) medelmåttighet

in·dif·fer·ent [ɪnˈdɪfrənt] adj (ointresserad) likgiltig; (prestation) medelmåttig

in·dig·enous [ɪnˈdɪdʒɪnəs] adj (stam, djur, växt) inhemsk

in·di·ges·tion [ˌɪndɪˈdʒestʃən] s matsmältningsbesvär

in·dig·nant [ɪnˈdɪgnənt] adj (person, humör, brev etc) indignerad, upprörd (at/about över)

in·dig·na·tion [ˌɪndɪgˈneɪʃən] s indignation

in·dig·nity [ɪnˈdɪgnɪtɪ] s ovärdighet, förödmjukelse

in·di·go [ˈɪndɪgəʊ] **1** s indigo(blått) **2** adj indigoblå

in·di·rect |ˌɪndɪ'rekt| *adj (svar, fråga, skatt)* indirekt; ~ **road/route** biväg, omväg; ~ **speech** *(Språkv)* indirekt anföring

in·dis·creet |ˌɪndɪs'kriːt| *adj (person, yttrande)* indiskret

in·dis·cre·tion |ˌɪndɪs'kreʃən| *s (egenskap)* indiskretion, taktlöshet; *(handling)* oförsiktighet

in·dis·crimi·nate |ˌɪndɪs'krɪmɪnɪt| *adj (i allm)* godtycklig, slumpartad; *(smak)* urskillningslös

in·dis·pen·sable |ˌɪndɪs'pensəbl| *adj* oumbärlig

in·dis·posed |ˌɪndɪs'pəʊzd| *adj*: **to be** ~ *(frm)* vara indisponerad

in·dis·put·able |ˌɪndɪs'pjuːtəbl| *adj* obestridlig, odiskutabel

in·dis·sol·uble |ˌɪndɪ'sɒljʊbl| *adj (äktenskap, vänskap)* oupplöslig; *(Kem)* olöslig

in·dis·tinct |ˌɪndɪs'tɪŋkt| *adj (röst, oljud)* otydlig

in·dis·tin·guish·able |ˌɪndɪs'tɪŋwɪʃəbl| *adj* omöjlig att skilja åt

in·di·vid·ual |ˌɪndɪ'vɪdjʊəl| **1** *adj* **(a)** *(separat)* individuell, enskild **(b)** *(egen: smak, vanor)* individuell, personlig; *(förpackning, portion)* styck-, för en; ~ **apple pie** äppelpaj i portionsförpackning **2** *s* individ, enskild människa

in·di·vidu·al·ist |ˌɪndɪ'vɪdjʊəlɪst| *s* individualist

in·di·vidu·al·ity |ˌɪndɪˌvɪdjʊ'ælɪtɪ| *s* individualitet

in·di·vid·ual·ly |ˌɪndɪ'vɪdjʊəlɪ| *adv (om person)* individuellt; *(om föremål)* enskilt

in·di·vis·ible |ˌɪndɪ'vɪzəbl| *adj* odelbar

Indo- |'ɪndəʊ| *prefix* indo-; ~**European** indoeuropeisk

Indo·china |ˌɪndəʊ'tʃaɪnə| *s* Indokina

in·doc·tri·nate |ɪn'dɒktrɪneɪt| *vt* indoktrinera

in·doc·tri·na·tion |ɪnˌdɒktrɪ'neɪʃən| *s* indoktrinering

in·do·lent |'ɪndələnt| *adj* indolent, slö

in·domi·table |ɪn'dɒmɪtəbl| *adj (mod, vilja)* okuvlig

In·do·nesia |ˌɪndəʊ'niːzɪə| *s* Indonesien

In·do·nesian |ˌɪndəʊ'niːzɪən| **1** *adj* indonesisk **2** *s* indones

in·door |'ɪndɔː'| *adj* inomhus-; ~ **aerial** inomhusantenn; ~ **shoes** inneskor; ~ **plant** rumsväxt; ~ **swimming pool** inomhusbassäng

in·doors |ɪn'dɔːz| *adv* inomhus; **to stay** ~ stanna hemma; **to go** ~ gå in

in·du·bi·table |ɪn'djuːbɪtəbl| *adj* otvivelaktig

in·du·bi·tably |ɪn'djuːbɪtəblɪ| *adv* otvivelaktigt

in·duce |ɪn'djuːs| *vt (person: att göra ngt)* förmå, få; *(reaktion)* orsaka, medföra; *(förlossning)* framkalla, sätta igång

in·duce·ment |ɪn'djuːsmənt| *s* motivation, sporre, lockbete

in·duc·tion |ɪn'dʌkʃən| *s (Med: av sömn, förlossning etc)* framkallande; *(Filos)* induktion

in·duc·tive |ɪn'dʌktɪv| *adj (slutledning)* induktiv

in·dulge |ɪn'dʌldʒ| *vt (frestelse, ngns önskan)* ge efter för; *(barn)* skämma bort; **to** ~ **oneself** skämma bort sig

♦ **in·dulge in** *vi + prep* tillåta sig, hänge sig åt

in·dul·gence |ɪn'dʌldʒəns| *s* **(a)** *(tolerans)* överseende; *(dålig vana)* njutning; **a glass of wine in the evening is my only** ~ ett glas vin på kvällen är min enda lyx

in·dul·gent |ɪn'dʌldʒənt| *adj* överseende; **to be** ~ **to/towards sb** vara eftergiven mot ngn

in·dus·trial |ɪn'dʌstrɪəl| *adj (område, stad, arbetare)* industri-; *(metod, process etc)* industriell; *(skada, sjukdom)* yrkes-; ~ **action** *(vid industri)* facklig stridsåtgärd; ~ **democracy** företagsdemokrati; ~ **estate**, *(Am)* ~ **park** industriområde; ~ **relations** förhållande mellan arbetsgivare och anställda; ~ **unrest** fackliga aktioner

in·dus·tri·al·ist |ɪn'dʌstrɪəlɪst| *s* företagare, industriidkare

in·dus·tri·al·ize |ɪn'dʌstrɪəlaɪz| *vt* industrialisera

in·dus·tri·ous |ɪn'dʌstrɪəs| *adj (person)* arbetsam

in·dus·try |'ɪndəstrɪ| *s* **(a)** industri; **the steel/ coal/textile** ~ stål-/kol-/textil|industrin; **the tourist** ~ turistindustrin **(b)** arbetsamhet, flit

in·ebri·at·ed |ɪ'niːbrɪeɪtɪd| *adj (frm)* berusad

in·ed·ible |ɪn'edɪbl| *adj* oätlig

in·ef·fable |ɪn'efəbl| *adj* outsäglig

in·ef·fec·tive |ˌɪnɪ'fektɪv| *adj*, **in·ef·fec·tual** *adj (åtgärd, läkemedel)* utan verkan, verkningslös; *(person)* obetydlig, färglös: **a weak** ~ **little man**; **an** ~ **general** en inkompetent general

in·ef·fi·cien·cy |ˌɪnɪ'fɪʃənsɪ| *s (om metod, person)* ineffektivitet

in·ef·fi·cient |ˌɪnɪ'fɪʃənt| *adj (metod, person)* ineffektiv

in·el·egant |ɪn'elɪgənt| *adj (person)* klumpig, smaklös; *(kläder)* smaklös

in·eli·gibil·ity |ɪnˌelɪdʒɪ'bɪlɪtɪ| *s (till parlamentet etc)* ovalbarhet; *(för arbete etc)* olämplighet

in·eli·gible |ɪn'elɪdʒəbl| *adj (till Parlamentet etc)* inte valbar; *(till arbete etc)* olämplig *(for för)*

in·ept |ɪ'nept| *adj (person)* klumpig, taktlös; *(kommentar)* olämplig, malplacerad

in·epti·tude |ɪ'neptɪtjuːd| *s (se inept)* klumpighet; olämplighet

in·equal·ity |ˌɪnɪ'kwɒlɪtɪ| *s (i allm)* olikhet, skillnad; *(social)* skillnad, brist på jämlikhet

in·equi·table |ɪn'ekwɪtəbl| *adj (frm)* orättfärdig, orättvis

in·ert |ɪ'nɜːt| *adj (ämne)* inert; *(massa, materia, person)* trög, overksam; ~ **gas** ädelgas

in·er·tia |ɪ'nɜːʃə| *s (i allm)* tröghet, slöhet; *(Fys)* tröghet

inertia-reel seat-belt |ɪˌnɜːʃəˌriːl'siːt, belt| *s (Motor)* rullbälte

in·evi·tabil·ity |ɪnˌevɪtə'bɪlɪtɪ| *s* oundviklighet

in·evi·table |ɪn'evɪtəbl| *adj* oundviklig, ofrånkomlig

in·evi·tably |ɪn'evɪtəblɪ| *adv* oundvikligen, ofrånkomligen; **as** ~ **happens on such occasions** som alltid vid sådana tillfällen

in·ex·act |ˌɪnɪg'zækt| *adj (jämförelse)* inadekvat; *(definition)* inexakt

in·ex·cus·able |ˌɪnɪks'kjuːzəbl| *adj* oförlåtlig

in·ex·haust·ible |ˌɪnɪg'zɔːstəbl| *adj (förråd)* outtömlig; *(energi, tålamod)* outtröttlig

in·exo·rable |ɪn'eksərəbl| *adj* obönhörlig, obeveklig

in·exo·rably |ɪn'eksərəblɪ| *adv* obönhörligen, obevekligt

in·ex·pen·sive |ˌɪnɪks'pensɪv| *adj* billig

in·ex·peri·ence |ˌɪnɪks'pɪərɪəns| *s* oerfarenhet

in·ex·peri·enced |ˌɪnɪks'pɪərɪənst| *adj* oerfaren, orutinerad; **to be** ~ **in doing sth** vara orutinerad på att göra ngt

in·ex·pli·cable |ˌɪnɪks'plɪkəbl| *adj* oförklarlig

in·ex·press·ible |ˌɪnɪks'presəbl| *adj (känslor, tankar)* obeskrivbar; *(glädje)* obeskrivlig

in·ex·pres·sive |ˌɪnɪks'presɪv| *adj (stil)* menlös, intetsägande; *(blick, uttryck)* uttryckslös

in·fal·libil·ity |ɪnˌfælə'bɪlɪtɪ| *s* ofelbarhet; **Papal** ~ Påvens ofelbarhet

in·fal·lible |ɪn'fæləbl| *adj (person, maskin)* ofelbar; *(metod)* osviklig

in·fa·mous |'ɪnfəməs| *adj (person, brott)* skamlig, skändlig

in·fa·my |'ɪnfəmɪ| *s* skändlighet

in·fan·cy |'ɪnfənsɪ| *s (i allm)* barndom; *(Jur)* minderårighet; *(bildl)* linda, barndom

in·fant |'ɪnfənt| *s (i allm)* spädbarn, småbarn; *(Jur)* minderårig; ~ **class** första klass i småskolan; ~ **school** *(för barn under 7 år: ung)* småskolan

in·fan·tile |'ɪnfəntaɪl| *adj* barnslig, infantil

in·fan·try |'ɪnfəntrɪ| *s* infanteri

in·fantry·man |'ɪnfəntrɪmən| *s, pl* **-men** infanterist

in·fatu·at·ed |ın'fætjʊeıtıd| adj förblindad, besatt; **to be ~ with sb** vara blint förälskad i ngn
in·fat·ua·tion |ın,fætjʊ'eıʃən| s förälskelse, passion
in·fect |ın'fekt| vt (sår) infektera; (person) smitta; (: bildl) smitta av sig på; (mat) infektera; **to be/ become ~ed with sth** vara/bli smittad av ngt; **he ~s everybody with his enthusiasm** hans entusiasm smittar av sig på alla
in·fect·ed |ın'fektıd| adj (sår) infekterad; (person) smittad
in·fec·tion |ın'fekʃən| s (Med) smitta, infektion; (sjukdom) infektion
in·fec·tious |ın'fekʃəs| adj (sjukdom) smittsam; (person) smittbärande; (skratt) smittande
in·fer |ın'fɜː| vt sluta sig till (from av)
in·fer·ence |'ınfərəns| s slutledning, slutsats
in·fe·ri·or |ın'fıərıə| adj (i kvalité: jämförande) sämre (to än); (: dålig) underlägsen; (i rang) lägre (to än); **to feel ~** känna sig underlägsen
in·fe·ri·or·ity |ın,fıərı'ɒrıtı| s underlägsenhet; **feelings of ~** mindervärdeskänslor; **~ complex** mindervärdeskomplex
in·fer·no |ın'fɜːnəʊ| s inferno, helvete
in·fer·tile |ın'fɜːtaıl| adj (land) ofruktbar; (person) ofruktsam, steril
in·fer·til·ity |,ınfɜː'tılıtı| s (se infertile) ofruktbarhet; ofruktsamhet, sterilitet
in·fest |ın'fest| vt hemsöka; **to be ~ed with sth** (myror, löss etc) vara full av ngt, krylla av ngt
in·fi·del |'ınfıdəl| s (Rel, Hist) otrogen
in·fi·del·ity |,ınfı'delıtı| s (frm) otrohet
in·fighting |'ınfaıtıŋ| s (Boxning) närkamp; (vard: inom företag etc) intern maktkamp
in·fil·trate |'ınfıltreıt| 1 vt (organisation etc) infiltrera; (fiendelinjer) tränga i bakom 2 vi tränga sig in, nästla sig in
in·fil·tra·tion |,ınfıl'treıʃən| s infiltration
in·fi·nite |'ınfınıt| adj (eg, bildl) oändlig; **space is ~** rymden är oändlig; **~ patience** oändligt tålamod; **~ joy** oerhört stor glädje; **an ~ amount of time** hur mycket tid som helst
in·fi·nite·ly |'ınfınıtlı| adv oändligt; **this is ~ harder** det här är oändligt mycket svårare
in·fini·tesi·mal |,ınfını'tesıməl| adj oändligt liten
in·fini·tive |ın'fınıtıv| 1 adj (Språkv) infinitiv- 2 s infinitiv; **in the ~** i infinitiv
in·fin·ity |ın'fınıtı| s (Guds, i tid, i rymd) oändlighet; (Mat) oändligheten
in·firm |ın'fɜːm| adj (person) klen
in·fir·ma·ry |ın'fɜːmərı| s (åld) sjukhus; (i skola, fängelse etc) sjukavdelning
in·flame |ın'fleım| vt **(a)** (Med: sår etc) inflammera; **to become ~d** bli inflammerad **(b)** (bildl: person, känslor) upptända
in·flam·mable |ın'flæməbl| adj (ämne, material) eldfarlig, lättantändlig; (bildl: situation etc) inflammerad; **highly ~** (på anslag) mycket brandfarligt
in·flam·ma·tion |,ınflə'meıʃən| s (Med) inflammation
in·flam·ma·tory |ın'flæmətərı| adj upphetsande, provocerande; **~ speech** brandtal
in·flat·able |ın'fleıtəbl| 1 adj uppblåsbar 2 s gummibåt
in·flate |ın'fleıt| vt (gummibåt, däck) blåsa upp, pumpa upp; (bildl: priser) driva i höjden
in·flat·ed |ın'fleıtıd| adj (däck) uppumpad, uppblåst; (pris) överdriven, högt uppdriven; (bildl: stolthet) överdriven
in·fla·tion |ın'fleıʃən| s (Ekon) inflation
in·fla·tion·ary |ın'fleıʃnərı| adj inflationsdrivande
in·flect |ın'flekt| vt (röst) variera, modulera
in·flect·ed |ın'flektıd| adj (språk) med böjningsändelser

in·flex·ibil·ity |ın,fleksı'bılıtı| s (hos föremål) oböjlighet, styvhet; (bildl om person, idéer) orubblighet
in·flex·ible |ın'fleksəbl| adj (ämne, föremål) oböjlig, styv; (bildl: person, idéer, åsikter) orubblig; (regel, lag) strikt, fast
in·flict |ın'flıkt| vt: **to ~ (on sb)** (sår, slag) tillfoga (ngn); (straff) ålägga (ngn); (skatt) pålägga (ngn); (lidande, skada) tillfoga (ngn); **to ~ oneself on sb** tvinga sig på ngn
in·flight |'ınflaıt| adj under flygturen; **~ film/entertainment/meals** film/underhållning/måltider ombord(under flygturen)
in·flu·ence |'ınfluəns| 1 s inflytande; **to have an ~ on sb/sth** (subj: person) ha inflytande på ngn/ngt; (: händelse, väder) inverka på ngn/ngt; **to have ~ with sb** ha inflytande hos ngn; **to be a good/bad ~ on sb** ha gott/dåligt inflytande på ngn; **under the ~ of drink/drugs** sprit-/drog|påverkad; **under the ~** (vard) spritpåverkad 2 vt (person) ha inflytande på, influera; (handling, beslut) påverka; **to be easily ~d** vara lättpåverkad
in·flu·en·tial |,ınflu'enʃəl| adj inflytelserik
in·flu·en·za |,ınflu'enzə| s influensa
in·flux |'ınflʌks| s (av turister, flyktingar) ström, tillströmning; (på föremål, idéer) uppsjö (of på)
in·form |ın'fɔːm| vt meddela, underrätta, informera; **to ~ sb about sth** meddela ngn ngt, underrätta/informera ngn om ngt; **I am happy to ~ you that...** jag har glädjen att (kunna) meddela er att...; **keep me ~ed** håll mig underrättad; **a well ~ed person** en välinformerad/välunderrättad person
in·for·mal |ın'fɔːməl| adj (person, sätt, stil, fest etc) informell; (besök, förhandlingar, tillkännagivande) inofficiell
in·for·mal·ity |,ınfɔː'mælıtı| s (om person, sätt, språk, stil) ledighet; (om fest) informell karaktär; (om besök, förhandlingar, tillkännagivande) inofficiell karaktär
in·for·mal·ly |ın'fɔːməlı| adv (se informal) informellt; inofficiellt; **I have been ~ told that...** jag har (helt) inofficiellt fått veta att...
in·form·ant |ın'fɔːmənt| s (i allm) sagesman, källa; (till polis) angivare; (i vetenskaplig undersökning) informant
in·for·ma·tion |,ınfə'meıʃən| s (ingen pl) upplysningar, information (about, on om); (vetande) kännedom; **a piece of ~** en upplysning; **to give sb ~ about** el **on sb/sth** ge ngn upplysning(ar) om ngn/ngt; **for your ~** upplysningsvis, (bara) så att du/ni vet det; **~ bureau** informationskontor; **~ processing** (Data) informationsbehandling; **~ science** informationsvetenskap, informatik; **~ technology** informationsteknologi
in·forma·tive |ın'fɔːmətıv| adj (tal, bok) lärorik, informativ; (person) meddelsam
in·formed |ın'fɔːmd| adj välunderrättad, välinformerad; **an ~ guess** en välgrundad gissning
in·form·er |ın'fɔːmə| s (= police ~) angivare
infra·red |'ınfrə'red| adj infraröd
infra·struc·ture |'ınfrə,strʌktʃə| s infrastruktur
in·fre·quent |ın'friːkwənt| adj sällsynt, ovanlig
in·fringe |ın'frındʒ| vt (lag) bryta mot; (rättighet) kränka; **to ~ copyright** göra intrång i upphovsrätt
♦ **in·fringe (up)on** vi + prep inkräkta på
in·fringe·ment |ın'frındʒmənt| s (mot lag) brott (of mot); (av rättighet) kränkning, (i upphovsrätt) intrång
in·furi·ate |ın'fjʊərıeıt| vt göra rasande; **to be/get ~d** vara/bli rasande
in·furi·at·ing |ın'fjʊərıeıtıŋ| adj (person, vana) mycket irriterande
in·fuse |ın'fjuːz| vt **(a): to ~ sb with sth** inge ngn

ngt; **to ~ courage into sb** ingjuta mod hos ngn **(b)** *(Matl)* låta stå och dra

in·fu·sion |ɪn'fjuːʒən| *s (Matl)* avkok, dekokt

in·gen·ious |ɪn'dʒiːnɪəs| *adj (person, idé, plan)* fyndig, påhittig; *(maskin)* sinnrik

in·genu·ity |ˌɪndʒɪ'njuːɪtɪ| *s (se* ingenious*)* fyndighet, påhittighet; sinnrikhet

in·genu·ous |ɪn'dʒenjʊəs| *adj* frimodig, öppen

in·got |'ɪŋgət| *s (av guld etc)* tacka

in·grained |ɪn'greɪnd| *adj (smuts)* ingrodd; *(idé, tradition)* inrotad, fast förankrad

in·gra·ti·ate |ɪn'greɪʃɪeɪt| *vt:* **to ~ oneself with sb** ställa sig in hos ngn

in·gra·ti·at·ing |ɪn'greɪʃɪeɪtɪŋ| *adj (leende, person)* inställsam

in·grati·tude |ɪn'grætɪtjuːd| *s* otacksamhet

in·gre·di·ent |ɪn'griːdɪənt| *s (Matl)* ingrediens; *(bildl)* beståndsdel

in·grow·ing |'ɪngrəʊɪŋ| *adj* som växer inåt; **~ toenail** *(äv)* nageltrång

in·hab·it |ɪn'hæbɪt| *vt (hus)* bebo, bo i; *(stad, trakt)* bo i; *(om djur)* leva i

in·hab·it·able |ɪn'hæbɪtəbl| *adj* beboelig

in·hab·it·ant |ɪn'hæbɪtənt| *s* invånare

in·hale |ɪn'heɪl| **1** *vt (gas, rök)* andas in; *(Med)* inhalera **2** *vi (rökare)* dra halsbloss; *(Med)* andas in

in·her·ent |ɪn'hɪərənt| *adj (egenskap etc)* inneboende; **to be ~ in sth** vara en del av ngt

in·her·ent·ly |ɪn'hɪərəntlɪ| *adv* i sig

in·her·it |ɪn'herɪt| *vt (pengar, egenskap)* ärva

in·her·it·ance |ɪn'herɪtəns| *s (pengar etc)* arv; **our national ~** vårt nationalarv

in·hib·it |ɪn'hɪbɪt| *vt (i allm)* hindra; *(Psyk)* hämma; **to ~ sb from doing sth** hindra ngn från att göra ngt

in·hib·it·ed |ɪn'hɪbɪtɪd| *adj (person)* hämmad; **to feel ~** känna sig hämmad

in·hi·bi·tion |ˌɪnhɪ'bɪʃən| *s (i allm, Psyk)* hämning; **to have no ~s** inte ha några hämningar

in·hos·pi·table |ˌɪnhɒs'pɪtəbl| *adj (person)* ogästvänlig; *(landskap)* ogästvänlig, karg

in·hu·man |ɪn'hjuːmən| *adj (monster, grymhet)* omänsklig

in·hu·mane |ˌɪnhju(ː)'meɪn| *adj (uppträdande, behandling)* omänsklig, grym

in·hu·man·ity |ˌɪnhjuː'mænɪtɪ| *s* omänsklighet, grymhet

in·imi·cal |ɪ'nɪmɪkəl| *adj (miljö etc)* ogynnsam, skadlig; *(person)* fientlig

in·imi·table |ɪ'nɪmɪtəbl| *adj* oefterhärmlig

ini·tial |ɪ'nɪʃəl| **1** *adj (stadium)* inledande; *(reaktion)* första; *(bokstav)* begynnelse- **2** *s* initial; **to sign sth with one's ~s** underteckna ngt med sina initialer **3** *vt (Handel: brev etc)* underteckna med initialer

ini·tial·ly |ɪ'nɪʃəlɪ| *adv* i början

ini·ti·ate |ɪ'nɪʃɪeɪt| *vt* **(a)** *(debatt)* inleda; *(förhandlingar)* ta initiativ till; *(reform)* påbörja; **to ~ proceedings against sb** *(Jur)* vidta lagliga åtgärder mot ngn **(b)** *(medlem)* ta in; **to ~ sb into sth** uppta ngn i ngt; *(rituellt)* initiera ngn i ngt

ini·tia·tion |ɪˌnɪʃɪ'eɪʃən| *s (i samfund etc)* upptagande; **~ ceremony** intagnings-/initiations|ceremoni

ini·tia·tive |ɪ'nɪʃətɪv| *s* initiativ; **to use one's ~** använda sin initiativförmåga; **on one's own ~** på eget initiativ; **to take the ~** ta initiativet, ta första steget

ini·tia·tor |ɪ'nɪʃɪeɪtəʳ| *s* initiativtagare

in·ject |ɪn'dʒekt| *vt (Med: medicin)* injicera, spruta in; *(: person)* ge en spruta; *(bildl: entusiasm)* ingjuta; *(: pengar)* pumpa in

in·jec·tion |ɪn'dʒekʃən| *s (Med: process)* injektion; *(: innehållet)* spruta; *(Brit: hos tandläkare)* bedöv-

ning; *(bildl: av entusiasm)* injektion; **to give sb an ~** ge ngn en spruta; **to have an ~** få en spruta

in·ju·di·cious |ˌɪndʒuː'dɪʃəs| *adj* omdömeslös

in·junc·tion |ɪn'dʒʌŋkʃən| *s (Jur)* (skriftligt) åläggande

in·jure |'ɪndʒəʳ| *vt* **(a)** *(fysiskt)* skada; **he ~d his arm** han skadade armen; **he was ~d in the accident** han blev skadad i olyckan; **to ~ oneself** skada sig, göra sig illa **(b)** *(bildl: rykte etc)* skada; *(: känslor)* såra

in·jured |'ɪndʒəd| *adj (person)* skadad; *(ben etc)* skadad; *(ton, känslor)* sårad; **~ party** *(Jur)* målsägare

in·ju·ri·ous |ɪn'dʒʊərɪəs| *adj* skadlig; **smoking is ~ to one's health** rökning är skadligt för hälsan

in·ju·ry |'ɪndʒərɪ| *s* **(a)** *(fysisk)* skada **(b)** *(bildl: på rykte etc)* skada; **the ~ to her feelings** hennes sårade känslor; **~ time** *(Sport)* tillägg pga skada; *se äv* insult

in·jus·tice |ɪn'dʒʌstɪs| *s* orättvisa; **you do me an ~** du gör mig orätt

ink |ɪŋk| *s* bläck; *(=* printing *~)* trycksvärta

ink·ling |'ɪŋklɪŋ| *s* aning; **to give sb an ~ that...** ge ngn en vink att...; **I had no ~ that...** jag hade ingen aning (om) att...

ink·pad |'ɪŋkpæd| *s* stämpeldyna

ink·well |'ɪŋkwel| *s (i pulpet etc)* bläckhorn

inky |'ɪŋkɪ| *adj (*-ier, -iest*) (eg)* bläckig, med bläckfläckar; *(bildl: mörker)* becksvart

in·laid |'ɪnleɪd| *adj:* **~ with jewels** med infattade ädelstenar; **an ~ table** ett bord med intarsia

in·land |'ɪnlænd| **1** *adj (i allm)* inlands-; *(stad)* inne i landet; *(handel, post)* inrikes-; **~ sea** innanhav; **the I~ Revenue** *(Brit)* skatteverket **2** *adv* in i landet

in·laws |'ɪn‚lɔːz| *spl (vard: vanl)* svärföräldrar; *(: äv: allmännare)* ingifta släktingar

in·let |'ɪnlet| *s* **(a)** *(Geogr)* vik, sund **(b)** *(Tekn)* intag; **~ valve** inloppsventil

in·mate |'ɪnmeɪt| *s (i fängelse etc)* intern; *(på vårdhem)* patient

inn |ɪn| *s* **(a)** värdshus; *(åld, i Bibeln)* härbärge **(b)** *(Jur):* **the I~s of Court** advokatkollegierna *i London, fyra stycken, med ensamrätt att utbilda och legitimera* barristers

in·nards |'ɪnədz| *spl (vard)* inälvor, innanmäte

in·nate |ɪ'neɪt| *adj* medfödd

in·ner |'ɪnəʳ| *adj (sida, yta)* inner-; *(tankar, känslor)* inre; **~ city** innerstadsslummen; **~ city schools** skolor i innerstadsslummen; **~ ear** inneröra; **~ sole** *(i sko)* innersula; **~ tube** innerslang

inner·most |'ɪnəməʊst| *adj (tankar, känslor)* innersta

in·nings |'ɪnɪŋz| *s sg o pl (i cricket)* inneomgång

inn·keeper |'ɪnkiːpəʳ| *s* värdshusvärd

in·no·cence |'ɪnəsns| *s (om barn, anklagad)* oskuld

in·no·cent |'ɪnəsnt| *adj (barn)* oskuldsfull; *(anklagad, nöje)* oskyldig

in·nocu·ous |ɪ'nɒkjʊəs| *adj* oskadlig, ofarlig

in·no·vate |'ɪnəʊveɪt| *vi* införa nya idéer

in·no·va·tion |ˌɪnəʊ'veɪʃən| *s (idé)* innovation, nyhet; *(införande av nya idéer t ex i företag)* förnyelse, nytänkande

in·nu·en·do |ˌɪnjʊ'endəʊ| *s* (lömsk) antydning, insinuation

in·nu·mer·able |ɪ'njuːmərəbl| *adj* oräknelig

in·ocu·late |ɪ'nɒkjʊleɪt| *vt* vaccinera *(against* mot)

in·ocu·la·tion |ɪˌnɒkjʊ'leɪʃən| *s* vaccination

in·of·fen·sive |ˌɪnə'fensɪv| *adj* oförarglig

in·op·por·tune |ɪn'ɒpətjuːn| *adj* olämplig, oläglig

in·or·di·nate |ɪ'nɔːdɪnɪt| *adj (mängd)* omåttlig

in·or·di·nate·ly |ɪ'nɔːdɪnɪtlɪ| *adv* omåttligt

in·or·gan·ic |ˌɪnɔː'gænɪk| *adj (Kem)* oorganisk

in·pa·tient |'ɪnpeɪʃnt| *s* intagen patient

in·put ['ɪnpʊt] s *(Elektr:* = *power* ~) ineffekt; *(Data)* indata, input; *(i sms)* in-, ingångs-; *(bildl: av peng-ar etc)* tillförsel

in·quest ['ɪnkwest] s *(Jur: vid oväntat dödsfall)* undersökning, förhör; *(i allm)* utredning, undersökning

in·quire [ɪn'kwaɪə^r] **1** *vt:* to ~ sth of sb *(åld)* förhöra sig hos ngn om ngt; to ~ when/whether... höra sig för när/om... **2** *vi* fråga, höra efter; to ~ into sth forska i ngt; to ~ about sth göra förfrågningar om ngt

in·quir·ing [ɪn'kwaɪərɪŋ] *adj (sinne)* vetgirig; *(blick)* frågande

in·quiry [ɪn'kwaɪərɪ, *(Am)* 'ɪnkwɪrɪ] s **(a)** fråga, förfrågan; **Inquiries** *(pd skylt)* information; on ~ vid förfrågan; to make inquiries (about sth) höra sig för (om ngt); ~ desk informationsdisk; ~ office informationsbyrå **(b)** undersökning; to hold an ~ into sth göra en undersökning om/av ngt; the police are making inquiries polisen gör efterforskningar; the ~ found that... undersökningen visade att...

in·qui·si·tion [ˌɪnkwɪ'zɪʃən] s **(a)** *(bildl)* plågsamt korsförhör, inkvisition; is this a trial or an ~? är det här en rättegång eller inkvisitionen? **(b)** *(Hist):* the Spanish I~ spanska inkvisitionen

in·quisi·tive [ɪn'kwɪzɪtɪv] *adj (person)* nyfiken; *(sinne)* vetgirig

in·road ['ɪnrəʊd] *s:* to make ~s into *(kassan)* ta ett djupt grepp i; *(tid)* ta mycket av

in·sane [ɪn'seɪn] **1** *adj (person: Med)* sinnessjuk; *(: bildl)* galen; *(handling)* vansinnig; to drive sb ~ *(bildl)* göra ngn vansinnig, driva ngn till vanvett **2** *spl:* the ~ *(åld)* de sinnessjuka

in·sani·tary [ɪn'sænɪtərɪ] *adj* ohygienisk

in·san·ity [ɪn'sænɪtɪ] s *(Med)* sinnessjukdom; *(i handling etc)* vansinne

in·sa·tiable [ɪn'seɪʃəbl] *adj (aptit, lust, person)* omättlig

in·scribe [ɪn'skraɪb] *vt (namn: på gravsten, klocka etc)* rista, gravera; *(i bok)* skriva

in·scrip·tion [ɪn'skrɪpʃən] s *(på sten)* inskription; *(i bok)* dedikation

in·scru·table [ɪn'skru:təbl] *adj (person, min, blick etc)* outgrundlig

in·sect ['ɪnsekt] s insekt; ~ bite insektsbett; ~ powder insektspulver; ~ repellent insektsmedel

in·sec·ti·cide [ɪn'sektɪsaɪd] s insektdödande medel

in·secure [ˌɪnsɪ'kjʊə^r] *adj (grund, lås etc)* osäker; *(Psyk)* otrygg

in·secu·rity [ˌɪnsɪ'kjʊərɪtɪ] s *(hus, lås etc)* osäkerhet; *(persons)* otrygghet, osäkerhet

in·sen·sible [ɪn'sensəbl] *adj (slå ngn)* medvetslös; *(för smärta, kyla etc)* okänslig; *(för andras känslor etc)* okänslig, likgiltig

in·sen·si·tive [ɪn'sensɪtɪv] *adj (person, handling)* okänslig

in·sen·si·tiv·ity [ɪnˌsensɪ'tɪvɪtɪ] s okänslighet

in·sepa·rable [ɪn'sepərəbl] *adj (vänner)* oskiljaktig; *(idéer, frågor)* oskiljbar

in·sert ['ɪnsɜ:t] **1** s *(i bok etc)* insticksblad **2** [ɪn'sɜ:t] *vt* **(a)** *(mynt)* stoppa in; *(finger)* föra in; *(nål)* sticka in **(b)** *(ord, stycke etc)* sätta in, lägga till; *(annons)* sätta in

in·ser·tion [ɪn'sɜ:ʃən] s **(a)** *(se insert 2 a)* insättande, införande; the ~ of a coin makes the machine work maskinen sätter igång när man stoppar in ett mynt **(b)** *(åld)* annons

in·shore ['ɪn'ʃɔ:^r] **1** *adv (fiska)* vid/nära kusten; *(segla, blåsa)* (in) mot land **2** *adj:* ~ fishing kustfiske

in·side ['ɪn'saɪd] **1** s **(a)** *(i allm)* insida; *(av väg)* innersida; to overtake on the ~ köra om på insidan; to know sth from the ~ känna till ngt

inifrån; ~ forward innerforward; ~ left/right vänster-/höger|inner; ~ information 'inside information'; ~ job *(vard: brott)* insidesjobb; ~ leg measurement innersömsmått; ~ story *(i veckotidning etc)* 'inside story', den sanna historien *(of* om) **(b):** to be ~ out vara ut och in; to turn sth ~ out vända ngt ut och in **(c)** *(vard):* ~s mage, inälvor **2** *adv (titta etc)* inuti, innanför; *(gå)* in; *(stanna)* inne; to be ~ *(vard: i fängelse)* sitta inne **3** *prep* **(a)** *(vara)* inne i; *(komma)* in i **(b)** *(om tid)* på mindre än; ~ the record *(vard)* på rekordtid

in·sid·er [ɪn'saɪdə^r] s initierad person, 'insider'

in·sidi·ous [ɪn'sɪdɪəs] *adj (fiende)* lömsk; *(sjukdom)* smygande

in·sight ['ɪnsaɪt] s **(a)** *(för problem etc)* förståelse; a person of ~ en förstående person **(b)** *(kunskap)* insikt; to gain/get an ~ into sth vinna/få insikt i ngt

in·sig·nia [ɪn'sɪgnɪə] *spl* insignier, (yttre) tecken

in·sig·nifi·cance [ˌɪnsɪg'nɪfɪkəns] s obetydlighet

in·sig·nifi·cant [ˌɪnsɪg'nɪfɪkənt] *adj* obetydlig, oviktig

in·sin·cere [ˌɪnsɪn'sɪə^r] *adj (person, leende)* falsk, hycklande

in·sin·cer·ity [ˌɪnsɪn'serɪtɪ] s falskhet, hyckleri

in·sinu·ate [ɪn'sɪnjʊeɪt] *vt* insinuera, antyda; to ~ oneself into sb's favour ställa sig in hos ngn

in·sinu·a·tion [ɪnˌsɪnjʊ'eɪʃən] s *(hos ngn)* inställsamhet; *(om ngt/ngn)* insinuation

in·sip·id [ɪn'sɪpɪd] *adj (mat, dryck)* smaklös; *(konversation, pers)* intetsägande

in·sist [ɪn'sɪst] **1** *vi* insistera; to ~ on sth insistera på ngt **2** *vt:* to ~ that... hävda/insistera att...

in·sis·tence [ɪn'sɪstəns] s fasthållande, krav; at his/her ~ därför att han insisterade

in·sis·tent [ɪn'sɪstənt] *adj (person, begäran, tonfall)* envis, ihärdig

in·so·far *(i sht Am)*, **in so far** *(i sht Brit)* [ɪnsəʊ'fɑ:^r] *adv:* ~ as i den mån (som)

in·sole ['ɪnsəʊl] s iläggssula

in·so·lence ['ɪnsələns] s fräckhet, oförskämdhet

in·so·lent ['ɪnsələnt] *adj* fräck, oförskämd

in·sol·uble [ɪn'sɒljʊbl] *adj (ämne, problem)* olöslig

in·sol·ven·cy [ɪn'sɒlvənsɪ] s insolvens

in·sol·vent [ɪn'sɒlvənt] *adj* insolvent

in·som·nia [ɪn'sɒmnɪə] s sömnlöshet

in·som·ni·ac [ɪn'sɒmnɪæk] s sömnlös person

in·spect [ɪn'spekt] *vt* **(a)** *(varor)* syna, besiktiga; *(biljett, pass etc)* inspektera, granska **(b)** *(Mil)* inspektera; to ~ sth for faults besiktiga ngt för att upptäcka fel

in·spec·tion [ɪn'spekʃən] s *(av varor etc)* besiktning; *(av biljett, pass etc)* granskning, inspektion; on ~ vid besiktning **(b)** *(Mil)* inspektion

in·spec·tor [ɪn'spektə^r] s *(i allm)* inspektör; *(Brit: på buss, tåg)* kontrollör; *(polis: ung)* polisinspektör; *(* = *school's* ~) skolinspektor; ~ of taxes taxeringsinspektör

in·spi·ra·tion [ˌɪnspə'reɪʃən] s inspiration; to have a sudden ~ få en plötslig ingivelse

in·spire [ɪn'spaɪə^r] *vt* inspirera; to ~ confidence in sb, to ~ sb with confidence skapa förtroende hos ngn, inge ngn förtroende; to ~ sb to do sth inspirera ngn att göra ngt

in·spired [ɪn'spaɪəd] *adj (författare)* gudabenådad; *(bok etc)* inspirerad; in an ~ moment... i ett ögonblick av inspiration

in·spir·ing [ɪn'spaɪərɪŋ] *adj* inspirerande

inst. förk *(* = *of the present month)* ds; *se* **instant 1b**

in·stabil·ity [ˌɪnstə'bɪlɪtɪ] s *(byggnad, karaktär)* instabilitet

in·stall [ɪn'stɔ:l] *vt (apparat, telefon)* installera; *(elektricitet)* dra in; *(i ämbete)* installera

in·stal·la·tion [ˌɪnstə'leɪʃən] s *(av apparat, telefon* *etc)* installation, montering; *(i ämbete)* installation

in·stal·ment, *(Am)* **in·stall·ment** |ɪn'stɔːlmənt| *s* **(a)** *(Handel)* avbetalning, amortering; **monthly** ~ månatlig avbetalning; **to pay in** ~**s** betala på avbetalning; ~ **plan** *(Am)* avbetalning(sköp) **(b)** *(av följetong, TV-serie)* avsnitt

in·stance |'ɪnstəns| *s* exempel; **for** ~ till exempel; **in that** ~ i det fallet; **in the first** ~ i första hand

in·stant |'ɪnstənt| **1** *adj* ögonblicklig, omedelbar; ~ **coffee** snabbkaffe; ~ **food** snabbmat; ~ **milk** torrmjölk; ~ **potatoes** potatismospulver **(b)** *(frm: i brev)* dennes **2** *s* ögonblick; **in an** ~ ögonblickligen, genast

in·stan·ta·neous |ˌɪnstən'teɪnɪəs| *adj (reaktion, död)* ögonblicklig, omedelbar

in·stant·ly |'ɪnstəntlɪ| *adv* ögonblickligen, genast

in·stead |ɪn'sted| **1** *adv* i stället **2** *prep*: ~ **of** i stället för

in·step |'ɪnstep| *s (på fot)* vrist; *(på sko)* ovanläder

in·sti·gate |'ɪnstɪgeɪt| *vt (strejk)* anstifta; *(nya idéer etc)* sporra till

in·sti·ga·tion |ˌɪnstɪ'geɪʃən| *s*: **at sb's** ~ på ngns anstiftan

in·sti·ga·tor |'ɪnstɪgeɪtəʳ| *s (till strejk, brott)* anstiftare; *(till nya idéer etc)* initiativtagare

in·stil, in·still |ɪn'stɪl| *vt*: **to** ~ **sth into sb** *(kunskaper, goda seder etc)* inge ngn ngt, inympa ngt i ngn

in·stinct |'ɪnstɪŋkt| *s* instinkt, drift; **by** ~ av instinkt

in·stinc·tive |ɪn'stɪŋktɪv| *adj* instinktiv

in·sti·tute |'ɪnstɪtjuːt| **1** *s (organisation)* institut, institution; *(i sht Am)* mentalsjukhus; **summer** ~ sommarskola, sommarkurs **2** *vt (reform, undersökning)* ta initiativ till; *(Jur: åtgärder)* vidta; *(: skilsmässoförhandlingar)* inleda

in·sti·tu·tion |ˌɪnstɪ'tjuːʃən| *s* **(a)** *(se institute 2)* initiativ(tagande); vidtagande; inledande **(b)** *(organisation)* institution **(c)** *(vana)* tradition

in·struct |ɪn'strʌkt| *vt* **(a)** *(åld: i läroämnen)* undervisa; *(att sköta maskiner etc)* instruera **(b)**: **to** ~ **sb to do sth** beordra ngn att göra ngt

in·struc·tion |ɪn'strʌkʃən| *s* **(a)** *(åld)* undervisning; ~ **in mathematics** undervisning i matematik **(b)** *(vanl pl: order)* instruktioner; **to give sb** ~**s** ge ngn förhållningsorder; ~ **for use** bruksanvisning; ~ **book** instruktionsbok

in·struc·tive |ɪn'strʌktɪv| *adj* lärorik

in·struc·tor |ɪn'strʌktəʳ| *s (i sport etc)* instruktör; *(Am Univ)* lärare

in·stru·ment |'ɪnstrəmənt| *s (alla bet)* instrument; *(allmännare o bildl)* verktyg; **to fly on** ~**s** instrumentflyga; ~ **panel** *(Flyg)* instrumentpanel

in·stru·men·tal |ˌɪnstrʊ'mentl| *adj* **(a)**: **to be** ~ **in sth** verksamt bidra till ngt **(b)** *(musik)* instrumental-

in·stru·men·tal·ist |ˌɪnstrʊ'mentəlɪst| *s* instrumentalist

in·sub·or·di·nate |ˌɪnsə'bɔːdənɪt| *adj (person, uppträdande)* uppstudsig

in·sub·or·di·na·tion |'ɪnsəˌbɔːdɪ'neɪʃən| *s* uppstudsighet, olydnad

in·suf·fer·able |ɪn'sʌfərəbl| *adj* outhärdlig, olidlig

in·suf·fi·cient |ˌɪnsə'fɪʃənt| *adj (skäl, bevis)* otillräcklig, bristfällig; *(förråd)* otillräcklig

in·su·lar |'ɪnsjələʳ| *adj* **(a)** *(Geogr: klimat etc)* ö- **(b)** *(bildl: person)* inskränkt

in·su·late |'ɪnsjʊleɪt| *vt (hus, rum, ledning)* isolera; *(bildl: person: og Med)* isolera, avskärma

in·su·lat·ing tape |'ɪnsjʊleɪtɪŋ ˌteɪp| *s* isoleringsband

in·su·la·tion |ˌɪnsjʊ'leɪʃən| *s (i hus, av hus)* isolering

in·su·lin |'ɪnsjʊlɪn| *s* insulin

in·sult |'ɪnsʌlt| **1** *s* förolämpning, skymf; **to add** ~ **to injury** lägga sten på börda, göra ont vär-

re **2** |ɪn'sʌlt| *vt (person)* förolämpa, skymfa

in·sult·ing |ɪn'sʌltɪŋ| *adj* förolämpande, oförskämd

in·su·per·able |ɪn'suːpərəbl| *adj (svårighet etc)* oöverstiglig

in·sup·port·able |ɪnsə'pɔːtəbl| *adj* outhärdlig

in·sur·ance |ɪn'ʃʊərəns| *s (Handel)* försäkring; ~ **against theft/fire/damage** försäkring mot stöld/brand/skada; **to take out** ~ ta en försäkring; ~ **agent** försäkrings|ombud/-agent; ~ **broker** försäkringsmäklare; ~ **certificate** försäkringsbevis; ~ **company** försäkringsbolag; ~ **policy** försäkringsbrev; ~ **premium** försäkringspremie

in·sure |ɪn'ʃʊəʳ| *vt (liv, egendom etc)* försäkra; **to** ~ **oneself/one's life** ta en livförsäkring; **to** ~ **sb/ sb's life** livförsäkra ngn; **to be** ~**d for £5000** vara försäkrad för 5000 pund; **to** ~ **sth against theft/ fire/damage** försäkra ngt mot stöld/brand/skada

in·sured |ɪn'ʃuːəd| *s*: **the** ~ försäkringstagaren

in·sur·er |ɪn'ʃʊərəʳ| *s* försäkringsgivare

in·sur·gent |ɪn'sɜːdʒənt| **1** *s* revoltör, upprorsman; **the** ~**s** de upproriska **2** *adj* upprorisk

in·sur·mount·able |ˌɪnsə'maʊntəbl| *adj* oöverstiglig

in·sur·rec·tion |ˌɪnsə'rekʃən| *s* uppror

in·tact |ɪn'tækt| *adj (föremål)* intakt, välbehållen; *(kapital etc)* intakt, orörd

in·take |'ɪnteɪk| *s* **(a)** *(Tekn: av luft, vatten, gas etc)* intag; ~ **valve** insugningsventil **(b)** *(av människor)* intagning, antagning; *(antal intagna: till högre studier etc)* tillströmning; *(= food* ~) intag

in·tan·gible |ɪn'tændʒəbl| *adj* **(a)** *(rädsla, förhoppning)* obestämd, ogripbar **(b)** *(Handel)* immateriell

in·te·ger |'ɪntɪdʒəʳ| *s (Mat)* heltal

in·te·gral |'ɪntɪgrəl| **1** *adj* **(a)** *(del)* väsentlig **(b)** *(Mat)*: ~ **calculus** integralkalkyl

in·te·grate |'ɪntɪgreɪt| *vt* **(a)** *(till samhället)* anpassa; *(folkgrupper)* integrera **(b)** *(Mat)* integrera

in·te·grat·ed |'ɪntɪgreɪtɪd| *adj (skola etc: utan rasåtskillnad)* integrerad; *(personlighet)* hel, harmonisk

in·te·gra·tion |ˌɪntɪ'greɪʃən| *s* **(a)** *(social, ras-)* integrering **(b)** *(Mat)* integration

in·teg·rity |ɪn'tegrɪtɪ| *s* integritet, redbarhet

in·tel·lect |'ɪntɪlekt| *s* intellekt, förstånd

in·tel·lec·tual |ˌɪntɪ'lektjʊəl| **1** *adj (person, intresse)* intellektuell **2** *s* intellektuell (person)

in·tel·li·gence |ɪn'telɪdʒəns| *s* **(a)** *(förstånd)* intelligens; ~ **quotient** *(förk* IQ) intelligenskvot; ~ **test** intelligenstest **(b)** *(information)* underrättelser; **I**~ **(service)** *(Mil)* underrättelsetjänst

in·tel·li·gent |ɪn'telɪdʒənt| *adj* intelligent

in·tel·li·gi·ble |ɪn'telɪdʒəbl| *adj* begriplig

in·tem·per·ate |ɪn'tempərɪt| *adj (person: till humöret)* obehärskad; *(: med alkohol)* omåttlig; *(klimat)* hård

in·tend |ɪn'tend| *vt (ämna)* tänka, avse; **I** ~ **him to come too** jag vill att han ska komma också; **to** ~ **sth for sb** avse ngt för ngn; **it was** ~**ed as a compliment** det var menat som en komplimang; **to** ~ **to do sth** ha för avsikt att göra ngt; **I** ~**ed no harm** jag menade inget illa; **did you** ~ **that?** var det din avsikt?

in·tense |ɪn'tens| *adj (värme, kyla)* intensiv; *(intresse etc)* stark, brinnande; *(person, min etc)* intensiv

in·tense·ly |ɪn'tenslɪ| *adv (svår, upprörd)* ytterst; *(varm, kall)* intensivt

in·ten·si·fy |ɪn'tensɪfaɪ| **1** *vi (värme, smärta)* bli intensiv; *(problem)* tillta **2** *vt* öka, intensifiera

in·ten·si·ty |ɪn'tensɪtɪ| *s (av värme, kyla)* intensitet; *(av känslor)* styrka

in·ten·sive |ɪn'tensɪv| *adj (kurs, jordbruk)* intensiv-;

(bombning) intensiv; *(beskjutning)* häftig; ~ **care unit** intensivvårdsavdelning; **to be in** ~ **care** få intensivvård

in·tent |ɪn'tent| **1** *adj* spänd, spänt uppmärksam; **to be** ~ **on doing sth** vara inriktad på att göra ngt **2** *s* avsikt; **with** ~ **to kill** med avsikt att döda; **to all** ~**s and purposes** praktiskt taget, till gagnet om (än) inte till namnet

in·ten·tion |ɪn'tenʃən| *s* avsikt; **I have no** ~ **of going** jag tänker inte åka/gå; **I have every** ~ **of going** jag tänker absolut åka/gå; **with the best of** ~**s** i bästa avsikt

in·ten·tion·al |ɪn'tenʃənl| *adj* avsiktlig

in·ten·tion·al·ly |ɪn'tenʃnəlɪ| *adv* med avsikt, med flit

inter- |'ɪntəʳ| *prefix* inter-, mellan-

inter·act |ˌɪntər'ækt| *vi* **(a)** *(Tekn)* påverka varandra **(b):** ~ **(with)** *(i sht Am: socialt)* umgås (med)

inter·ac·tion |ˌɪntər'ækʃən| *s* **(a)** *(Tekn)* växelverkan **(b)** *(i sht Am)* sociala relationer

inter·cede |ˌɪntə'siːd| *vi (som medlare, för att vädja etc)* ingripa

inter·cept |ˌɪntə'sept| *vt (brev, telegram)* snappa upp; *(fordon)* genskjuta; *(Fotboll: passning)* snappa upp

inter·cep·tion |ˌɪntə'sepʃən| *s (av meddelande)* uppsnappning; *(av fordon)* genskjutande; *(Sport: av boll etc)* uppsnappning; *(Tennis):* **the player's** ~ **at the net** spelarens räddning vid nät

interchange |'ɪntəˌtʃeɪndʒ| **1** *s* **(a)** *(av åsikter, idéer)* utbyte **(b)** *(på motorväg etc)* trafikplats **2** |ˌɪntə'tʃeɪndʒ| *vt (åsikter, idéer)* utbyta

inter·change·able |ˌɪntə'tʃeɪndʒəbl| *adj* utbytbar

inter·city |ˌɪntə'sɪtɪ| *adj (tåg)* snabb-, intercity-

inter·com |'ɪntəkɒm| *s (vard)* snabbtelefon

inter·con·nect |ˌɪntəkə'nekt| *vi (eg, bildl)* ha förbindelse med varandra

inter·con·ti·nen·tal |'ɪntəˌkɒntɪ'nentl| *adj* interkontinental; ~ **ballistic missile** interkontinental ballistisk robot, långdistansrobot

inter·course |'ɪntəkɔːs| *s (frm)* förbindelse, umgänge; *(= sexual* ~*)* samlag

inter·de·pend·ence |ˌɪntədɪ'pendəns| *s* ömsesidigt beroende

inter·de·pend·ent |ˌɪntədɪ'pendənt| *adj* beroende av varandra

in·ter·est |'ɪntrɪst| **1** *s* **(a)** *(för person, konst etc)* intresse; *(hobby)* intresse; **to have/take an** ~ **in sth** intressera sig för ngt; **to have/take no** ~ **in sth** sakna intresse för ngt; **is this of any** ~ **to you?** har detta ngt intresse för dig?; **to lose** ~ **in sth** tappa intresset för ngt **(b)** *(fördel)* intresse; **to one's own** ~**(s)** för ens eget bästa, i ens eget intresse; **to act in sb's** ~**(s)** handla i ngns intresse; **to have a vested** ~ **in sth** *(för egen vinning)* ha ett starkt intresse av ngt; **in the public** ~ i det allmännas intresse **(c)** *(Handel: ekonomisk)* andel; ~**s** intressen; **business** ~**s** affärsintressen; **a controlling** ~ aktiemajoritet; **British** ~**s in the Middle East** brittiska intressen i Mellanöstern **(d)** *(Handel: på lån etc)* ränta; **compound** ~ sammansatt ränta, ränta på ränta; **simple** ~ enkel ränta; **at an** ~ **of 5%** med 5 procents ränta; **to bear** ~ **at 5%** ge 5 procents ränta; **to lend at** ~ låna ut mot ränta; ~ **rate** räntesats, ränta **2** *vt* intressera; **to be** ~**ed in sth** vara intresserad av ngt; **he's** ~**ed in buying a car** han är intresserad av att köpa bil; **to** ~ **oneself in sth** intressera sig för ngt

in·ter·est·ed |'ɪntrɪstɪd| *adj* intresserad; ~ **party** intressent

interest-free |'ɪntrɪstˌfriː| *adj* räntefri

in·ter·est·ing |'ɪntrɪstɪŋ| *adj* intressant

inter·fere |ˌɪntə'fɪəʳ| *vi:* **to** ~ **(in sth)** lägga sig 'i

(ngt); **to** ~ **with** lägga hinder i vägen för; *(Radio, TV)* störa; **he is always interfering** han lägger sig alltid i; **stop interfering!** sluta lägga dig i!

inter·fer·ence |ˌɪntə'fɪərəns| *s* ingripande, inblandning; *(Radio, TV)* störning

inter·fer·ing |ˌɪntə'fɪərɪŋ| *adj (person)* som lägger sig i

in·ter·im |'ɪntərɪm| **1** *s:* **in the** ~ under tiden **2** *adj (rapport, överenskommelse, lösning)* interims-, tillfällig; ~ **government** expeditionsministär; ~ **dividend** interimsutdelning

in·te·ri·or |ɪn'tɪərɪəʳ| **1** *adj (väggar etc)* invändig; *(affärer etc)* inrikes; ~ **decorator** inredningsarkitekt **2** *s (i hus)* inre, interiör; *(av land)* inre; **the** ~ **of Africa** Afrikas inre; **Department of the I~** *(ej Brit)* inrikesdepartement

inter·ject |ˌɪntə'dʒekt| *vt (fråga etc)* skjuta in

inter·jec·tion |ˌɪntə'dʒekʃən| *s (yttrande)* inpass; *(Språkv)* interjektion

inter·link |ˌɪntə'lɪŋk| *vt* länka samman

inter·lock |ˌɪntə'lɒk| *vi* gripa i varandra, vara ihopkopplad

inter·locu·tor |ˌɪntə'lɒkjʊtəʳ| *s* samtalspartner, interlokutör

inter·lop·er |'ɪntələʊpəʳ| *s* person som blandar sig i; **to hide sth from** ~**s** skydda ngt från yttre inblandning

inter·lude |'ɪntəluːd| *s* mellanspel; *(på teatern)* uppehåll, paus; *(= musical* ~*)* mellanspel

inter·mar·riage |ˌɪntə'mærɪdʒ| *s* blandäktenskap

inter·mar·ry |'ɪntə'mærɪ| *vi (med person av annan ras etc)* ingå blandäktenskap

inter·medi·ary |ˌɪntə'miːdɪərɪ| *s* medlare, mellanhand

inter·medi·ate |ˌɪntə'miːdɪət| *adj (i allm)* mellanliggande, mellan-; *(kurs)* fortsättnings-; **to be** ~ **between...** ligga mittemellan...; **an** ~ **student** en fortsättningsstudent; **an** ~ **size** en mellanstorlek; ~ **stage** mellanstadium; ~ **time** *(Sport)* mellantid

in·ter·mi·nable |ɪn'tɜːmɪnəbl| *adj (tal, regn, resa etc)* ändlös

inter·mingle |ˌɪntə'mɪŋgl| *vi (över gruppgränser etc)* blanda sig, umgås

inter·mis·sion |ˌɪntə'mɪʃən| *s (av sammanträde etc)* avbrott, paus; *(Teat: i sht Am)* mellanakt, paus

inter·mit·tent |ˌɪntə'mɪtənt| *adj (regn, feber etc)* som kommer och går; **the** ~ **rain went on all day** det regnade av och till hela dagen

in·tern |ɪn'tɜːn| **1** *vt* spärra in **2** |'ɪntɜːn| *s (Am)* underläkare

in·ter·nal |ɪn'tɜːnl| *adj (av hus etc)* inre; *(i ett land)* inhemsk; *(inom organisation)* intern; *(Med)* inre, invärtes; *(examen, prov)* lokal, inte rikstäckande; ~ **examiner** *(Univ)* examinator *från samma universitet;* **I~ Revenue Service** *(Am)* skatteverket; ~ **combustion engine** förbränningsmotor

in·ter·nal·ly |ɪn'tɜːnəlɪ| *adv (blöda etc)* invärtes; **not to be taken** ~ *(på medicinburk)* ej för invärtes bruk

inter·na·tion·al |ˌɪntə'næʃnəl| **1** *adj* internationell; ~ **date line** datumgränsen; **I~ Monetary Fund** Internationella valutafonden; ~ **money order** internationell postanvisning; ~ **reply coupon** internationell svarskupong **2** *s (Sport: tävling)* landskamp; *(: spelare)* landslagsspelare

in·ternee |ˌɪntɜː'niː| *s* fånge, internerad person

in·tern·ist |ɪn'tɜːnɪst| *s (läkare)* invärtesspecialist

in·tern·ment |ɪn'tɜːnmənt| *s* internering

inter·play |'ɪntəpleɪ| *s* växelverkan, samspel

Inter·pol |'ɪntəpɒl| *s* Interpol

inter·pose |ˌɪntə'pəʊz| *vt (föremål)* sätta emellan; *(yttrande)* skjuta in

in·ter·pret |ɪn'tɜːprɪt| **1** *vt* **(a)** *(översätta muntligt)* tolka **(b)** *(innehåll)* förklara, tolka;

(innebörd) förstå, tolka; *(roll, musikstycke)* tolka; **how are we to ~ that remark?** hur ska vi fatta det yttrandet?; **that is not how I ~ it** så uppfattar/ tolkar inte jag det   **2** *vi (muntligt)* tolka
in·ter·pre·ta·tion |ɪn,tɜ:prɪ'teɪʃən| *s (av innehåll)* förklaring, tolkning; *(av innebörd)* tolkning; *(av roll, musikstycke)* tolkning; **what ~ am I to place on your conduct?** hur ska jag tolka ditt uppförande?
in·ter·pret·er |ɪn'tɜ:prɪtəʳ| *s (översättare)* tolk; *(skådespelare, musiker)* interpret; *(Data)* tolk(program)
inter·re·lat·ed |,ɪntərɪ'leɪtɪd| *adj (fakta, problem)* som hänger ihop; **to be ~** hänga ihop
in·ter·ro·gate |ɪn'terəgeɪt| *vt (person)* fråga ut; *(: om polis)* förhöra
in·ter·ro·ga·tion |ɪn,terə'geɪʃən| *s* utfrågning, förhör
in·ter·roga·tive |,ɪntə'rɒgətɪv| *adj (blick, tonfall)* frågande; *(Språkv)* interrogativ
in·ter·ro·ga·tor |ɪn'terəgeɪtəʳ| *s* förhörsledare
in·ter·rupt |,ɪntə'rʌpt| **1** *vt (konversation, person, arbete etc)* avbryta   **2** *vi* avbryta
in·ter·rup·tion |,ɪntə'rʌpʃən| *s (av diskussion)* avbrytande; *(i arbete, förhandling etc)* avbrott
inter·sect |,ɪntə'sekt| **1** *vt (Mat: linje)* skära   **2** *vi (Mat)* skära varandra; *(vägar)* korsas
inter·sec·tion |,ɪntə'sekʃən| *s* vägkorsning
inter·sperse |,ɪntə'spɜ:s| *vt:* **to ~ sth with sth** blanda in ngt i ngt; **his speech was ~d with quotations** hans tal var späckat med citat
inter·state |,ɪntə'steɪt| *adj (Am: väg)* mellanstatlig
inter·twine |,ɪntə'twaɪn| *vi (grenar)* slingra sig om varandra; **the lovers walked along, their arms ~d** de älskande gick iväg med armarna tätt om varandra
in·ter·val |'ɪntəvəl| *s*   **(a)** *(i tid, rum)* mellanrum; *(Brit Teat)* mellanakt; *(Sport)* halvtid; **at ~s** då och då; **at regular ~s** med regelbundna mellanrum; **sunny ~s** tidvis sol   **(b)** *(Mus)* intervall
inter·vene |,ɪntə'vi:n| *vi (händelse)* komma emellan; *(medlare etc)* ingripa
inter·ven·ing |,ɪntə'vi:nɪŋ| *adj (tid)* mellanliggande, som kommer emellan
inter·ven·tion |,ɪntə'venʃən| *s* ingripande, intervention
inter·view |'ɪntəvju:| **1** *s* intervju, samtal; **to have an ~ with sb** ha ett sammanträffande med ngn   **2** *vt (person)* intervjua
inter·view·er |'ɪntəvju:əʳ| *s* intervjuare
in·tes·tate |ɪn'testɪt| *adj:* **to die ~** dö utan att ha gjort upp testamente
in·tes·ti·nal |ɪn'testɪnl| *adj (besvär etc)* tarm-
in·tes·tine |ɪn'testɪn| *s* tarm
in·ti·ma·cy |'ɪntɪməsɪ| *s (vänskap)* nära förhållande; (*= sexual ~)* intimt förhållande
in·ti·mate |'ɪntɪmɪt| **1** *adj (vänner)* nära, förtrolig; *(detaljer)* intim; *(kännedom)* ingående; **to be/ become ~ with sb** *(vänskapligt)* vara/bli förtrogen med ngn; *(sexuellt)* vara/bli intim med ngn   **2** |'ɪntɪmeɪt| *vt* antyda
in·ti·mate·ly |'ɪntɪmɪtlɪ| *adv (känna ngn)* nära; *(känna till ngt)* ingående
in·ti·ma·tion |,ɪntɪ'meɪʃən| *s* antydan, vink
in·timi·date |ɪn'tɪmɪdeɪt| *vt (person)* skrämma; **to feel ~d** känna sig skrämd
in·timi·da·tion |ɪn,tɪmɪ'deɪʃən| *s* skrämsel, hotelser
into |'ɪntʊ| *prep*   **(a)** *(plats)* (in/ut/upp/ner *etc*) i; **put it ~ the box** lägg det i lådan; **to go ~ the wood/the garden** gå in i skogen/ut i trädgården; **to go ~ town/the country** åka in i till stan/ut på landet; **to get ~ the plane/car** gå in i planet/bilen; **he looked ~ the sky** han såg upp mot himlen; **it fell ~ the lake** det föll (ner) i sjön; **the car**

crashed ~ the wall bilen kraschade mot muren   **(b)** *(ändra)* till; **to translate sth ~ Swedish** översätta ngt till svenska; **to burst ~ tears** brista ut i tårar; **to change ~ a monster** förvandlas till (ett) monster; **to change pounds ~ dollars** växla pund till dollar; **to get ~ debt** bli skuldsatt; **the rain changed ~ snow** regnet övergick i snö; **he is really ~ jazz** *(vard)* han går verkligen in för jazz; **she developed ~ an accomplished pianist** hon utvecklades till en skicklig pianist; **it turned ~ a pleasant day** det blev en trevlig/vacker dag   **(c)** *(Mat):* **2 ~ 6 gives 3 times** 2 går i 6 3 gånger
in·tol·er·able |ɪn'tɒlərəbl| *adj (smärta etc)* outhärdlig; *(hetta)* olidlig; **it is ~ that...** det är oacceptabelt att...
in·tol·er·ance |ɪn'tɒlərəns| *s* intolerans; *(Med)* överkänslighet *(to* mot)
in·tol·er·ant |ɪn'tɒlərənt| *adj* intolerant *(of* mot)
in·to·na·tion |,ɪntəʊ'neɪʃən| *s (Språkv)* intonation, satsmelodi
in·toxi·cate |ɪn'tɒksɪkeɪt| *vt (eg, bildl)* berusa
in·toxi·cat·ed |ɪn'tɒksɪkeɪtɪd| *adj (eg, bildl)* berusad; **~ with joy** berusad/yr av glädje
in·toxi·ca·tion |ɪn,tɒksɪ'keɪʃən| *s (av sprit, glädje)* berusning; *(Med)* förgiftning
in·trac·table |ɪn'træktəbl| *adj (person, humör)* omedgörlig, hårdnackad; *(barn)* svårhanterlig; *(sjukdom)* svårbehandlad; *(problem)* svårbemästrad
in·tran·si·gence |ɪn'trænsɪdʒəns| *s* omedgörlighet
in·tran·si·gent |ɪn'trænsɪdʒənt| *adj (i diskussion, förhandling etc)* omedgörlig, orubblig; *(fiende, motståndare)* oförsonlig
in·tran·si·tive |ɪn'trænsɪtɪv| *adj (verb)* intransitiv
intra·venous |,ɪntrə'vi:nəs| *adj* intravenös
in·trep·id |ɪn'trepɪd| *adj (person)* orädd, djärv; *(företag, resa)* djärv
in·tri·cate |'ɪntrɪkɪt| *adj (mönster)* invecklad; *(maskineri, handling)* invecklad; *(problem)* intrikat
in·trigue |ɪn'tri:g| **1** *s (i allm)* intrig; *(kärleksaffär)* hemligt förhållande   **2** *vt* fängsla, väcka intresse hos   **3** *vi* intrigera
in·tri·guing |ɪn'tri:gɪŋ| **1** *adj* fängslande, spännande   **2** *s* intrigerande
in·trin·sic |ɪn'trɪnsɪk| *adj (värde, problem)* verklig, reell; *(egenskap)* inre, inneboende
in·trin·si·cal·ly |ɪn'trɪnsɪklɪ| *adv* i grund och botten
intro·duce |,ɪntrə'dju:s| *vt*   **(a)** *(person för en annan)* presentera; **to ~ sb to sb** presentera ngn för ngn; **to ~ sb to sth** göra ngn bekant med ngt; **may I ~...?** får jag (lov att) presentera...?   **(b)** *(föremål)* föra in; **the dentist ~d a small mirror into the patient's mouth** tandläkaren förde in en liten spegel i patientens mun   **(c)** *(reform)* införa; *(Pol: proposition)* lägga fram; *(TV, Radio: program)* presentera; *(produkt: på marknaden)* lansera; *(nya idéer, moden, varor etc)* införa, introducera; *(person: i företag etc)* föra in, introducera
intro·duc·tion |,ɪntrə'dʌkʃən| *s (se* **introduce)** presentation; införande, introduktion; *(till bok)* inledning; **letter of ~** introduktionsbrev
intro·duc·tory |,ɪntrə'dʌktərɪ| *adj (kapitel, yttrande)* inledande; *(erbjudande)* introduktions-
intro·spec·tion |,ɪntrəʊ'spekʃən| *s* introspektion
intro·spec·tive |,ɪntrəʊ'spektɪv| *adj* introspektiv, inåtvänd
intro·vert |'ɪntrəʊvɜ:t| *s* inåtvänd person
in·trude |ɪn'tru:d| *vi* tränga sig på, inkräkta; **to ~ (up)on sb's privacy/time** inkräkta på ngns privatliv/tid
in·trud·er |ɪn'tru:dəʳ| *s* inkräktare
in·tru·sion |ɪn'tru:ʒən| *s (i privatliv)* intrång
in·tru·sive |ɪn'tru:sɪv| *adj (reporter etc)* påträngan-

de; ~**r** *(Språkv)* inskjutet r
in·tui·tion [ˌɪntjuːˈɪʃən] *s* intuition
in·tui·tive [ɪnˈtjuːɪtɪv] *adj* intuitiv
in·un·date [ˈɪnʌndeɪt] *vt (eg, bildl)* översvämma
in·ure [ɪnˈjʊəʳ] *vt* vänja, härda *(to* mot)
in·vade [ɪnˈveɪd] *vt (Mil)* invadera; *(turistort etc)* invadera, översvämma; *(privatliv, rättighet)* kränka, göra intrång i
in·vad·er [ɪnˈveɪdəʳ] *s (Mil, bildl)* inkräktare
in·va·lid[1] [ˈɪnvəlɪd] **1** *s (tillfällig)* sjukling; *(kronisk)* invalid, handikappad person **2** *adj (person)* sjuklig; *(hjälpmedel)* handikapp-; *(diet)* sjuk-
in·val·id[2] [ɪnˈvælɪd] *adj (check, dokument etc)* ogiltig
in·vali·date [ɪnˈvælɪdeɪt] *vt (dokument, kontrakt)* göra ogiltig; *(argument)* kullkasta
in·valu·able [ɪnˈvæljʊəbl] *adj* ovärderlig
in·vari·able [ɪnˈvɛərɪəbl] *adj* oföränderlig, konstant
in·vari·ably [ɪnˈvɛərɪəblɪ] *adv* ständigt, konstant
in·va·sion [ɪnˈveɪʒən] *s (Mil, av turister)* invasion; *(i ngns privatliv)* intrång
in·vec·tive [ɪnˈvektɪv] *s (ingen pl)* smädelser, skällsord *(pl)*, invektiv *(pl, frm)*
in·vei·gle [ɪnˈviːgl, ɪnˈveɪgl] *vt* lura, förleda *(into* till)
in·vent [ɪnˈvent] *vt (maskin etc)* uppfinna; *(ursäkt etc)* hitta på
in·ven·tion [ɪnˈvenʃən] *s (föremål)* uppfinning; *(handling)* uppfinnande; *se äv* **necessity**
in·ven·tive [ɪnˈventɪv] *adj* uppfinningsrik; **his ~ genius** hans uppfinnarförmåga
in·ven·tor [ɪnˈventəʳ] *s* uppfinnare
in·ven·tory [ˈɪnvəntrɪ] *s* inventarieförteckning
in·verse [ɪnˈvɜːs] *adj* omvänd; **in ~ ratio/proportion to** omvänt proportionell mot
in·vert [ɪnˈvɜːt] *vt (i allm)* vända upp och ner på; *(bildl)* vända på; **in ~ed commas** inom citationstecken
in·ver·tebrate [ɪnˈvɜːtɪbrɪt] *s* ryggradslöst djur
in·vest [ɪnˈvest] **1** *vt* **(a)** *(pengar, tid)* investera, lägga ner **(b): to ~ sb with...** *(fullmakt, befogenhet)* utrusta/förse ngn med... **2** *vi: to ~ in* investera i, placera pengar i; *(skämts)* kosta på sig
in·ves·ti·gate [ɪnˈvestɪgeɪt] *vt* undersöka, utreda
in·ves·ti·ga·tion [ɪnˌvestɪˈgeɪʃən] *s (polis)* utredning; *(vetenskaplig)* undersökning
in·ves·ti·gative [ɪnˈvestɪgətɪv] *adj:* **~ journalism** undersökande journalistik
in·ves·ti·ga·tor [ɪnˈvestɪgeɪtəʳ] *s (polis)* utredare; *(vetenskaplig)* forskare; **private ~** privatdetektiv
in·vest·ment [ɪnˈvestmənt] *s (Handel)* investering, placering
in·ves·tor [ɪnˈvestəʳ] *s* aktieägare, investerare
in·vidi·ous [ɪnˈvɪdɪəs] *adj* orättvis, olycklig; **to make ~ comparisons** göra orättvisa jämförelser; **an ~ task** en otacksam uppgift
in·vigi·late [ɪnˈvɪdʒɪleɪt] *vt, vi (Brit Skol: vid skrivning)* vakta
in·vigi·la·tor [ɪnˈvɪdʒɪleɪtəʳ] *s (Brit)* skrivvakt
in·vig·or·at·ing [ɪnˈvɪgəreɪtɪŋ] *adj* stärkande; **an ~ climate** ett stärkande klimat; **an ~ sight** en uppfriskande syn
in·vin·cible [ɪnˈvɪnsəbl] *adj* oövervinnlig
in·vis·ible [ɪnˈvɪzəbl] *adj* osynlig; **~ export/import** osynlig export/import
in·vi·ta·tion [ˌɪnvɪˈteɪʃən] *s (i allm)* inbjudan; *(bildl)* uppmuntran, invit: **unlocked doors are an open ~ to thieves**
in·vite [ɪnˈvaɪt] *vt (person: till middag etc)* inbjuda; *(: till att ge bidrag etc)* uppmana, anmoda; *(diskussion)* inbjuda till; *(löje, bekymner)* inbjuda till; **to ~ sb to dinner** bjuda ngn på middag; **to ~ sb in/up** be ngn komma in/upp; **it's inviting trouble**

to leave your car unlocked man ber om bekymmer om man lämnar bilen olåst
♦ **in·vite out** *vt + adv* bjuda ut
♦ **in·vite over** *vt + adv* bjuda över/hem
in·vit·ing [ɪnˈvaɪtɪŋ] *adj (reklam, varor etc)* lockande, attraktiv; *(leende, gest)* inbjudande; *(läppar)* frestande; *(mat, lukt)* lockande
in·voice [ˈɪnvɔɪs] **1** *s* faktura **2** *vt* fakturera; **to ~ sb for goods** fakturera ngn för varor
in·voke [ɪnˈvəʊk] *vt (frm: hjälp)* påkalla; *(: högre makter)* åkalla; *(lag)* åberopa
in·vol·unt·ary [ɪnˈvɒləntərɪ] *adj* ofrivillig
in·volve [ɪnˈvɒlv] *vt* **(a)** inveckla; **to become ~d in sth** bli invecklad i ngt; **I should prefer not to become ~d** jag skulle föredra att inte bli inblandad; **to involve sb in sth** blanda in ngn i ngt; **how did he come to be ~d?** hur blev han inblandad?; **I was so ~d in working that...** jag var så försjunken i mitt arbete att...; **the factors/persons ~d** berörda faktorer/personer; **I feel personally ~d** jag känner mig personligen engagerad; **to become/get ~d with sb** *(socialt)* inlåta sig med ngn; *(känslomässigt)* inleda ett förhållande med ngn **(b)** *(följd)* dra med sig, medföra; **it ~s a lot of expense/trouble** det för med sig en massa utgifter/besvär; **the job ~s living in London** jobbet medför/kräver att man bor i London
in·volved [ɪnˈvɒlvd] *adj (förklaring, beskrivning etc)* invecklad, komplicerad
in·volve·ment [ɪnˈvɒlvmənt] *s* **(a)** *(i politik etc)* engagemang *(i* i); *(med person)* förhållande *(with* med); **we don't know the extent of his ~** vi vet inte hur pass engagerad han är **(b)** besvärlig situation; **financial ~s** dålig ekonomi; **the ~ of the plot** den invecklade handlingen
in·vul·ner·able [ɪnˈvʌlnərəbl] *adj (person)* osårbar; *(ställning, argument)* oangriplig
in·ward [ˈɪnwəd] *adj (frid etc)* inre
in·ward·ly [ˈɪnwədlɪ] *adv* innerst inne
in·ward(s) [ˈɪnwəd(z)] *adv* inåt
iodine [ˈaɪədiːn] *s* jod
ion [ˈaɪən] *s* jon
Ion·ic [aɪˈɒnɪk] *adj* jonisk
ion·ize [ˈaɪənaɪz] *vt* jonisera; **ionizing radiation** joniserande strålning
iota [aɪˈəʊtə] *s (grekisk bokstav)* iota; *(bildl)* jota, uns; **not one ~ of truth** inte ett uns sanning
IOU [ˌaɪəʊˈjuː] *förk (= I owe you)* skuldsedel
IQ *förk f* **intelligence quotient** IQ
I.R.A. *s förk f* **Irish Republican Army** IRA
Iran [ɪˈrɑːn] *s* Iran
Ira·nian [ɪˈreɪnɪən] **1** *adj* iransk **2** *s* **(a)** *(person)* iranier **(b)** *(språk)* persiska; *(språkfamilj)* iranska språk
Iraq [ɪˈrɑːk] *s* Irak
Ira·qi [ɪˈrɑːkɪ] **1** *adj* irakisk **2** *s (person)* irakier
iras·cible [ɪˈræsɪbl] *adj* lättretlig, hetsig
irate [aɪˈreɪt] *adj* rasande
Ire·land [ˈaɪələnd] *s* Irland; **Northern ~** Nordirland; **Republic of I~** Irländska republiken
iris [ˈaɪərɪs] *s* **(a)** *(Anat)* iris, regnbågshinna **(b)** *(Bot)* iris, svärdslilja
Irish [ˈaɪərɪʃ] **1** *adj* irländsk; **the ~ Sea** Irländska sjön; **~ coffee** *(kaffe med whisky o vispgrädde)* irish coffee; **~ stew** *(irländsk fårgryta)* irish stew **2** *s* **(a): the ~** *spl* irländarna **(b)** *(språk)* iriska, irländska
Irish·man [ˈaɪərɪʃmən] *s, pl* **-men** irländare
Irish·woman [ˈaɪərɪʃˌwʊmən] *s, pl* **-women** irländska
irk [ɜːk] *vt* irritera
irk·some [ˈɜːksəm] *adj* tröttsam, irriterande
iron [ˈaɪən] **1** *s (Metall)* järn; *(bildl)* järn; *(Golf)* järnklubba; *(för strykning)* strykjärn; **a will of ~** en järnvilja; **to strike while the ~ is hot** *(bildl)*

smida medan järnet är varmt; **to have a lot of/too many** ~**s in the fire** *(bildl)* ha många/alltför många järn i elden   **2** *vt (kläder)* stryka; *(: med fukt)* pressa   **3** *vi (person)* stå och stryka; *(plagg)* gå att stryka   **4** *i sms*: **the I**~ **Age** järnåldern; ~ **constitution** järnfysik; **the I**~ **Curtain** järnridån; ~ **foundry** järngjuteri; ~ **lung** *(Med)* järnlunga; ~ **ore** järnmalm; ~ **rations** *(näringsberäknad)* reservproviant; ~ **and steel industry** järn- och stålindustrin

♦**iron out** *vt* + *adv (skrynklor)* stryka ut; *(bildl)* rätta till, få ur världen

iron·ic(al) |aɪ'rɒnɪk(əl)| *adj* ironisk

ironi·cal·ly |aɪ'rɒnɪkəlɪ| *adv* **(a)** ironiskt **(b)** *(satsadv)* ironiskt nog; ~**, he died the week after** ironiskt nog dog han veckan därpå

iron·ing |'aɪənɪŋ| *s (handling)* strykning, pressning; *(kläder)* stryktvätt, strykning; **to do (the)** ~ stryka; ~ **board** strykbräda

iron·monger |'aɪən,mʌŋgəʳ| *s (Brit)* järnhandlare

iro·ny |'aɪərənɪ| *s* ironi; **the** ~ **of it is that...** det ironiska är att...; **it's one of life's ironies** det är ödets ironi

ir·ra·tion·al |ɪ'ræʃənl| *adj* irrationell, oförnuftig

ir·rec·on·cil·able |ɪ,rekən'saɪləbl| *adj (fiende, hat)* oförsonlig; ~ **(with)** *(tro, åsikt)* oförenlig (med)

ir·re·deem·able |,ɪrɪ'diːməbl| *adj (värdepapper)* oinlösbar; *(syndare)* oförbätterlig; *(förlust)* oersättlig; *(fel)* ohjälplig

ir·refu·table |,ɪrɪ'fjuːtəbl| *adj (bevis, argument)* obestridlig

ir·regu·lar |ɪ'regjʊləʳ| **1** *adj (form, yta etc)* oregelbunden; *(mot regler el sedvänjor)* inkorrekt, okonventionell; *(Språkv)* oregelbunden; *(närvaro, deltagande)* oregelbunden, sporadisk   **2** *spl*: ~**s** irreguljära trupper, gerilla

ir·regu·lar·ity |ɪ,regjʊ'lærɪtɪ| *s (se* **irregular** 1*)* oregelbundenhet; inkorrekthet

ir·rel·evance |ɪ'reləvəns| *s* irrelevans

ir·rel·evant |ɪ'reləvənt| *adj* irrelevant

ir·re·li·gious |,ɪrɪ'lɪdʒəs| *adj* ogudaktig

ir·repa·rable |ɪ'repərəbl| *adj (skada)* ohjälplig, obotlig, irreparabel; *(förlust)* oersättlig

ir·re·place·able |,ɪrɪ'pleɪsəbl| *adj (konstverk etc)* oersättlig

ir·re·press·ible |,ɪrɪ'presəbl| *adj (person, skratt etc)* ohejdbar, hejdlös; *(behov)* oemotståndlig; *(optimism)* okuvlig

ir·re·proach·able |,ɪrɪ'prəʊtʃəbl| *adj (uppträdande)* oklanderlig

ir·re·sist·ible |,ɪrɪ'zɪstəbl| *adj* oemotståndlig

ir·reso·lute |ɪ'rezəluːt| *adj (person, karaktär)* obeslutsam, vacklande

ir·re·spec·tive |,ɪrɪ'spektɪv| : ~ **of** *prep* utan hänsyn till

ir·re·spon·sible |,ɪrɪs'pɒnsəbl| *adj* ansvarslös, oansvarig

ir·re·triev·able |,ɪrɪ'triːvəbl| *adj (förlust)* oersättlig; *(skada)* obotlig; *(föremål)* oåterkalleligen förlorad

ir·re·triev·ably |,ɪrɪ'triːvəblɪ| *adv* oåterkalleligen, ohjälpligt

ir·rev·er·ent |ɪ'revərənt| *adj* vanvördig

ir·revo·cable |ɪ'revəkəbl| *adj (beslut)* oåterkallelig

ir·ri·gate |'ɪrɪgeɪt| *vt (Jordbr)* konstbevattna

ir·ri·ga·tion |,ɪrɪ'geɪʃən| *s (Jordbr)* konstbevattning; ~ **channels/ditches** bevattnings|kanaler/-diken

ir·ri·table |'ɪrɪtəbl| *adj* retlig, irritabel

ir·ri·tant |'ɪrɪtənt| *s (Med)* retmedel; *(bildl)* irritationsmoment

ir·ri·tate |'ɪrɪteɪt| *vt (i allm)* irritera; *(Med)* reta

ir·ri·tat·ing |'ɪrɪteɪtɪŋ| *adj* irriterande

ir·ri·ta·tion |,ɪrɪ'teɪʃən| *s (alla bet)* irritation

IRS *förk f* **Internal Revenue Service;** *se* **internal**

is |ɪz| *3 pers sg av* **be**

Is·lam |'ɪzlɑːm| *s (religion)* islam; *(folk)* muslimerna; *(länder)* de muslimska länderna

Is·lam·ic |ɪz'læmɪk| *adj* islamisk

is·land |'aɪlənd| *s* ö; **desert** ~ obebodd ö

is·land·er |'aɪləndəʳ| *s* öbo

isle |aɪl| *s (poet o i vissa namn)* ö; **I**~ **of Man** Man; **I**~ **of Wight** Isle of Wight

is·let |'aɪlɪt| *s* liten ö, holme

isn't |'ɪznt| = **is not**

iso·late |'aɪsəʊleɪt| *vt (person, faktor)* isolera *(from från)*

iso·lat·ed |'aɪsəʊleɪtɪd| *adj (plats)* isolerad; *(fall)* enstaka

iso·la·tion |,aɪsəʊ'leɪʃən| *s* **(a)** isolering; ~ **hospital** epidemisjukhus, infektionssjukhus; ~ **ward** isoleringsavdelning

iso·tope |'aɪsəʊtəʊp| *s* isotop

Is·ra·el |'ɪzreɪəl| *s* Israel

Is·rae·li |ɪz'reɪlɪ| **1** *adj* israelisk   **2** *s (person)* israel

is·sue |'ɪʃuː, 'ɪsjuː| **1** *s* **(a)** *(problem etc)* fråga; **a political** ~ en politisk fråga; **she raised several new** ~**s** hon tog upp flera nya frågor; **the (real/main)** ~ **is whether...** frågan gäller om...; **to confuse/obscure the** ~ förvirra begreppen, trassla till det; **to avoid the** ~ slingra sig, undvika frågan; **to face the** ~ se problemet i vitögat; **to make an** ~ **of sth** göra ett problem av ngt, förstora upp ngt; **the point/matter at** ~ tvistefrågan; **to take** ~ **with sb (over sth)** *(vara oense)* inte hålla med ngn (om ngt); *(gräla)* inlåta sig i diskussion med ngn (om ngt)
(b) *(av bok, sedlar, frimärken etc)* utgivning; *(av tidning)* nummer
(c) *(frm: lycklig, dödlig)* utgång, avslutning; **to await the** ~ invänta utgången
(d) *(Jur)* arvingar, efterlevande; **to die without** ~ dö utan arvingar
2 *vt (bok, frimärken, sedlar etc)* ge ut; *(order, pass, varning, häktningsorder etc)* utfärda; **to** ~ **sth to sb** dela ut ngt till ngn; **to** ~ **sb with sth** förse ngn med ngt
3 *vi*: ~ **(from)** *(rök, blod, folkmassa)* strömma ut *(från)*; *(svårighet)* härröra *(från)*

isth·mus |'ɪsməs| *s* näs

it |ɪt| **1** *pers pron* **(a)** *(med syftning på neutralt substantiv eller hel sats)* det; *(: på substantiv i realgenus)* den; **have you seen my book? I can't find** ~ **anywhere** har du sett min bok? jag kan inte hitta den någonstans; **think about** ~ tänk på det; **I doubt** ~ jag tvivlar på det; **I'm against/I'm (all) for** ~ *(vard)* jag är mot/för det
(b) *(opers)* det; ~**'s raining** det regnar; ~**'s Friday tomorrow** det är fredag i morgon; ~**'s the 10th October** det är den 10 oktober; ~**'s 6 o'clock** klockan är 6; **how far is** ~? hur långt är det?; ~**'s 10 miles** det är 10 miles; **I like** ~ **here,** ~**'s quiet** jag trivs här, det är lugnt; ~ **was kind of you** det var snällt av dig; ~**'s no use worrying** det är ingen idé att oroa sig; ~**'s easy to talk** det är lätt att prata; **cooking is easy, isn't** ~? det är lätt att laga mat, eller hur?; **who is** ~? vem är det?; ~**'s me** det är jag; ~ **was Peter who phoned** det var Peter som ringde; **what is** ~? vad är det?; **that's** ~! *(gillande)* just det!; *(ogillande)* nu räcker det!; *(avslutande)* det var det, det!
(c) *(i lekar)*: **you're** ~! du har den!
2 *refl pron (efter prep)* sig; **the horse pulled the cart behind** ~ hästen drog vagnen efter sig

Ital·ian |ɪ'tæljən| **1** *adj* italiensk   **2** *s* **(a)** *(person)* italienare   **(b)** *(språk)* italienska

Ital·ian·ate |ɪ'tæljəneɪt| *adj* italieniserande, i italiensk stil

ital·ic |ɪ'tælɪk| **1** *adj (Typogr)* kursiv   **2** *spl*: ~**s**

kursiv; **in** ~**s** kursiverad, med kursiv (stil)

Ita·ly |'ɪtəlɪ| *s* Italien

itch |ɪtʃ| **1** *s* klåda; **to have an** ~ **to do sth** *(bildl)* ha stark lust att göra ngt **2** *vi* klia; **my leg** ~**es** det kliar i/på benet; **to be** ~**ing to do sth** *(vard bildl)* längta otåligt att (få) göra ngt

itchy |'ɪtʃɪ| *adj* (**-ier, -iest**) *(känsla, ben)* stickande, kliande; **to have** ~ **feet** *(bildl)* vara reslysten; **to have** ~ **fingers** *(bildl: tjuvaktig)* vara långfingrad

it'd |'ɪtd| = **it would; it had**

item |'aɪtəm| *(på lista, förteckning, i program)* punkt, nummer; *(i tidning, TV, Radio)* notis; ~**s of clothing** klädesplagg

item·ize |'aɪtəmaɪz| *vt* specificera

itin·er·ant |ɪ'tɪnərənt| *adj (skådespelare, predikant etc)* kringresande

itin·er·ary |aɪ'tɪnərərɪ| *s (väg)* resväg; *(bok)* reseguide, vägvisare

it'll |'ɪtl| = **it will; it shall**

its |ɪts| *poss pron* dess, sin *(refl);* **the dog hurt** ~ **paw**

hunden skadade sin tass/tassen

it's |ɪts| = **it is; it has**

it·self |ɪt'self| *refl pron* **(a)** sig; *(emfatiskt)* själv; *(efter prep)* sig (själv); **the horse injured** ~ hästen skadade sig; **the dog opened the door** ~ hunden öppnade dörren själv; **the cat looked at** ~ **in the mirror** katten tittade på sig själv i spegeln **(b): by** ~ *(ensam)* för sig själv; *(av egen kraft)* automatiskt; **the door closed by** ~ dörren stängdes automatiskt/av sig själv

ITV *s förk f* **Independent Television**

I.U.D. *s förk f* **intra-uterine device** intrauterint preventivmedel, spiral, IUP *(Med)*

I've |aɪv| = **I have**

ivo·ry |'aɪvərɪ| **1** *s* elfenben **2** *adj (material)* elfenbens-; *(färg)* elfenbensvit; ~ **tower** *(bildl)* elfenbenstorn

ivy |'aɪvɪ| *s (Bot)* murgröna; **I**~ **League** *s (Am)* 'murgrönsuniversiteten' *grupp av universitet i nordöstra USA med hög status*

J

J, j |dʒeɪ| s *(bokstav)* J, j
jab |dʒæb| **1** s *(med föremål)* stöt, slag; *(med näve etc)* smocka, slag; *(boxningsslag)* jabb; *(Med vard)* stick, spruta **2** vt: **to ~ sth into sth** stöta in ngt i ngt; **to ~ a finger at sth** sticka fingret i ngt; **he ~bed me with his stick** han slog till mig med sin käpp **3** vi: **to ~ at sth** slå till ngt
jab·ber |'dʒæbə^r| **1** s *(om person)* babblande, pladder; *(om apor)* tjatter **2** vt *(smörja, strunt)* prata **3** vi *(person)* babbla; *(apa)* tjattra; **they were ~ing away in Russian** de pladdrade på på ryska
jack |dʒæk| s *(Motor)* domkraft; *(hydraulisk etc)* vinsch; *(Bowls)* vit målboll; *(Kortspel)* knekt
♦ **jack in** vt + adv *(vard)* lägga av med, ge upp
♦ **jack up** vt + adv *(Tekn)* hissa upp
jackal |'dʒækɔːl| s schakal
jack·ass |'dʒækæs| s *(eg, bildl)* åsna
jack·daw |'dʒækdɔː| s *(fågel)* kaja
jack·et |'dʒækɪt| s *(plagg)* jacka; *(: mans)* kavaj; *(Tekn)* mantel; *(till bok)* skyddsomslag; **life ~** flytväst; **~ potatoes** ugnsbakad potatis
jack-in-the-box |'dʒækɪnðəbɒks| s gubben-i-lådan
jack-knife |'dʒæknaɪf| **1** s fällkniv **2** vi: **the lorry ~d on the motorway** långtradaren ställde sig med släpet tvärs över motorvägen
jack-of-all-trades |ˌdʒækəv'ɔːltreɪdz| s mångsysslare
jack·pot |'dʒækpɒt| s jackpot, storvinst; **to hit the ~** kamma hem en storvinst; *(bildl)* ha stor framgång
ja·cuz·zi |dʒæ'kuːzɪ| s bubbelpool, jacuzzi
jade |dʒeɪd| **1** s *(Miner)* jade; **2** adj *(smycke)* jade-; *(färg: äv: ~-green)* jadegrön
jad·ed |'dʒeɪdɪd| adj *(trött)* utmattad; *(aptit)* nedsatt; **to feel ~** känna sig tröttkörd/slut
jag·ged |'dʒægɪd| adj ojämn, taggig
jag·u·ar |'dʒægjuə^r| s jaguar
jail |dʒeɪl| **1** s fängelse **2** vt sätta i fängelse; **he was ~ed for 10 years** han fick 10 års fängelse
jail·bird |'dʒeɪlbɜːd| s fängelsekund
jail·break |'dʒeɪlbreɪk| s rymning *(från fängelse)*
jail·er |'dʒeɪlə^r| s fångvaktare
jakes |dʒeɪks| s *(Am vard)* utedass
ja·lopy |dʒə'lɒpɪ| s *(vard: bil)* rishög
jam¹ |dʒæm| s *(vanl)* sylt; **apricot ~** aprikosmarmelad; **you want ~ on it!** *(bildl vard)* det var inte måttligt!; **~ tart** syltkaka
jam² |dʒæm| **1** s *(folk)* trängsel; *(= traffic ~)* trafikstockning; *(bildl vard)*: **to be in/get into a ~** vara/råka i knipa; **to get sb out of a ~** rädda ngn ur en knipa **2** vt **(a)** *(mekanism, fönster, byrålåda etc)* stoppa, få att fastna; **he ~med the window open** han gillrade upp fönstret **(b)** *(passage)* blockera; *(behållare)* fylla *(till bristningsgränsen)*; *(radiostation)* störa; **people ~med the exits** folk blockerade utgångarna; **streets ~med with cars** gator proppfulla av bilar; **to ~ sth into a box** pressa in ngt i en låda; **to ~ one's brakes on** tvärbromsa; **he ~med his hat on his head** han tryckte ner hatten på huvudet; **I ~med my finger in the door** jag klämde fingret i dörren **3** vi *(mekanism)* hänga upp sig; *(låda)* fastna
Ja·mai·ca |dʒə'meɪkə| s Jamaica

Ja·mai·can |dʒə'meɪkən| **1** adj jamaicansk **2** s jamaican
jamb |dʒæm| s dörrpost; fönsterkarm
jam·bo·ree |ˌdʒæmbə'riː| s *(internationellt scoutläger)* jamboree; *(vard)* fest, party
jam-packed |ˌdʒæm'pækt| adj *(av folk, föremål)* proppfull; *(folk med varandra)* hopträngd
jam ses·sion |'dʒæm͵seʃən| s jam session
jan·gle |'dʒæŋgl| **1** s *(oljud)* skrammel **2** vt *(metallföremål etc)* skramla med; *(bildl: nerver etc)* skärra **3** vi skramla
jani·tor |'dʒænɪtə^r| s *(i hyreshus)* portvakt; *(i skola)* vaktmästare
Janu·ary |'dʒænjuərɪ| s januari; se äv **July**
Ja·pan |dʒə'pæn| s Japan
Japa·nese |ˌdʒæpə'niːz| **1** adj japansk **2** s **(a)** *(person)* japan; **the ~** japanerna **(b)** *(språk)* japanska
ja·poni·ca |dʒə'pɒnɪkə| s *(Bot)* rosenkvitten
jar¹ |dʒɑː^r| s *(av glas)* burk; *(av keramik)* kruka, krus
jar² |dʒɑː^r| **1** s *(skakning)* stöt; *(bildl)* chock; **it gave me a bit of a ~** jag blev riktigt uppskakad **2** vt *(eg)* stöta till; *(bildl)* (upp)skaka; **I've ~red my back** jag har slagit mig i ryggen **3** vi *(ljud)* låta illa, skära; *(färger)* skära sig *(with med)*; *(åsikter)*: **to ~ with** strida mot; **to ~ on sb's nerves** gå ngn på nerverna; **to ~ on sb's ears** skära i öronen på ngn
jar·gon |'dʒɑːgən| s *(i allm)* jargong, yrkesspråk; *(neds)* rotvälska
jar·ring |'dʒɑːrɪŋ| adj *(ljud, färg etc)* skärande; **to strike a ~ note** *(bildl)* skorra illa
jas·mine |'dʒæzmɪn| s jasmin
jaun·dice |'dʒɔːndɪs| s *(Med)* gulsot; *(bildl)* bitterhet
jaun·diced |'dʒɔːndɪst| adj *(eg)* med/som har gulsot; *(bildl)* bitter; **with a ~ eye** med kritisk blick, med ett kritiskt öga
jaunt |dʒɔːnt| s utflykt; **go for a ~** ta en tur
jaun·ty |'dʒɔːntɪ| adj munter, sorglös; **he wore his hat at a ~ angle** han hade hatten käckt på svaj
jave·lin |'dʒævlɪn| s spjut; **to throw the ~** kasta spjut
jaw |dʒɔː| s *(Anat)* käke; *(Tekn)* klo, käft; **~s of death** *(bildl)* dödens käftar
jaw·bone |'dʒɔːbəʊn| s käkben
jay |dʒeɪ| s *(fågel)* nötskrika
jay·walk·er |'dʒeɪˌwɔːkə^r| s *(i trafik)* gårulle
jazz |dʒæz| s *(Mus)* jazz; **and all that ~** *(vard)* och hela (det där) köret; **~ band** jazzorkester
♦ **jazz up** vt + adv **(a)** *(Mus)* jazza upp **(b)** *(lokal etc)* piffa upp; *(fest)* sätta fart på
jeal·ous |'dʒeləs| adj *(äkta man, hustru etc)* svartsjuk; *(på andras ägodelar, framgång etc)* avundsjuk; **to be ~ of sb/sth** vara svartsjuk på ngn/avundsjuk på ngt; **to make sb ~** göra ngn svartsjuk; **to keep a ~ watch over/eye on** bevaka misstänksamt
jeal·ous·ly |'dʒeləslɪ| adv svartsjukt
jeal·ousy |'dʒeləsɪ| s *(i allm)* avundsjuka; *(äkta mans etc)* svartsjuka
jeans |dʒiːnz| spl jeans
jeep |dʒiːp| s jeep
jeer |dʒɪə^r| **1** s *(från person)* hånfullt tillrop; *(från*

205

folkmassa) buande, oväsen **2** *vi*: **to jeer at** *(subj: person)* hånskratta åt, håna; *(subj: folkmassa)* bua åt, väsnas
jeer·ing |'dʒɪərɪŋ| **1** *adj (folkmassa)* buande, larmande; *(skratt)* spydig, hånfull **2** *s* buande, oväsen
jell |dʒcl| *vi* = **gel**
jel·ly |'dʒclɪ| *s (Matl)* gelé; *(ämne)* gelé
jelly·fish |'dʒclɪfɪʃ| *s* manet
jem·my |'dʒcmɪ| *s (Brit)* bräckjärn, kofot
jen·ny |'dʒcnɪ| *s*: **spinning** ~ *se* **spinning**
jeop·ard·ize |'dʒcpədaɪz| *vt* äventyra, sätta på spel
jeop·ardy |'dʒcpədɪ| *s* fara; **to place/put in** ~ riskera, sätta på spel
jerk |dʒɜːk| **1** *s* **(a)** *(rörelse)* ryck; **he sat up with a** ~ han satte sig upp med ett ryck; *se äv* **physical (b)** *(Am vard: person)* tråkig typ **2** *vt* rycka; **he** ~ed **it away from me** han ryckte den från mig; **to** ~ **oneself free** rycka sig loss **3** *vi* rycka till; **the bus** ~ed **to a halt** bussen stannade med ett ryck
jer·kin |'dʒɜːkɪn| *s (plagg)* läderväst; (: *åld)* kyller
jerky |'dʒɜːkɪ| *adj* (-**ier**, -**iest**) *(rörelse)* ryckig, skakig; *(tal)* ryckig
jerry-builder |'dʒcrɪˌbɪldəʳ| *s* fuskbyggare
jerry-built |'dʒcrɪbɪlt| *adj* fuskbyggd
jer·ry can |'dʒcrɪˌkæn| *s (för vatten, bensin)* dunk
jer·sey |'dʒɜːzɪ| *s (plagg)* tröja; *(tyg)* jersey
Jer·sey |'dʒɜːzɪ| *s* Jersey
Je·ru·sa·lem |dʒəˈruːsələm| *s* Jerusalem; ~ **arti·choke** jordärtskocka
jest |dʒcst| **1** *s* skämt; **in** ~ på skämt **2** *vi* skämta, skoja
jest·er |'dʒcstəʳ| *s (Hist)* hovnarr; *(numera)* skämtare, lustigkurre
Jesu·it |'dʒcʒuɪt| **1** *s* jesuit **2** *adj* jesuit-
Jesus |'dʒiːzəs| *s* Jesus; ~ **Christ** Jesus Kristus; ~ **(Christ)!** *(vard)* Herre Gud!
jet¹ |dʒct| *s (Miner)* gagat, jet; ~ **black** kolsvart
jet² |dʒct| *s* **(a)** *(av vätska, ånga)* stråle; *(av eld, gas)* låga; *(på gasbrännare)* munstycke **(b)** *(Flyg:* = ~ *plane)* jetplan; ~ **engine** jetmotor; ~ **lag** tidsförskjutningens påverkan vid långa flygresor, 'jetlag'; ~ **propulsion** jetdrift; **the** ~ **set** det internationella innegänget *som jagar jorden runt efter nöjen, 'jet set'*
jet-propelled |ˌdʒctprəˈpcld| *adj* jetdriven
jet·sam |'dʒctsəm| *s se* **flotsam**
jet·ti·son |'dʒctɪsn| *vt (Sjö)* kasta överbord; *(bildl)* göra sig av med
jet·ty |'dʒctɪ| *s (skydd mot vågor)* vågbrytare; *(hamnarm)* pir
Jew |dʒuː| *s* jude; **j**~**'s harp** mungiga; **wandering** ~ *(krukväxt)* vandrande jude
jew·el |'dʒuːəl| *s (i smycke)* ädelsten; *(ring, armband etc)* juvel, smycke; *(i ur)* sten; *(bildl: person, föremål)* pärla, skatt
jew·elled, (Am) jew·eled |'dʒuːəld| *adj* juvelbesatt
jew·el·ler, (Am) jew·el·er |'dʒuːələʳ| *s* juvelerare, guldsmed; ~**'s (shop)** guldsmedsaffär
jew·el·lery, (Am) jew·el·ry |'dʒuːəlrɪ| *s* smycken, juveler; **a piece of** ~ ett smycke
Jew·ess |'dʒuːɪs| *s* judinna
Jew·ish |'dʒuːɪʃ| *adj* judisk
Jew·ry |'dʒuːrɪ| *s*: **the** ~ judarna, judenheten
jib¹ |dʒɪb| *s (Sjö)* klyvare; *(på lyftkran)* kranarm
jib² |dʒɪb| *vi (häst)* rygga, vägra; *(person)* protestera, vägra; **to** ~ **at sth/doing sth** vägra ngt/göra ngt
jibe |dʒaɪb| = **gibe**
jif·fy |'dʒɪfɪ| *s (vard)* ögonblick; **in a** ~ på ett kick; **wait a** ~! vänta ett ögonblick!
jig |dʒɪg| *s (dans)* jig
jig·saw |'dʒɪgsɔː| *s* **(a)** *(äv:* ~ **puzzle)** pus-

sel **(b)** *(verktyg)* kontursåg
jilt |dʒɪlt| *vt (fästman/fästmö)* överge
jin·gle |'dʒɪŋgl| **1** *s (av bjällror, klockor)* pinglande; *(av nycklar, mynt)* klirrande, skrammel; *(* = *advertising* ~*)* reklamramsa **2** *vt (mynt etc)* skramla med **3** *vi (bjällror, klockor)* pingla, klinga; *(mynt, nycklar)* klirra, skramla
jin·go·ism |'dʒɪŋgəʊɪzəm| *s (neds)* chauvinism
jinks |dʒɪŋks| *spl*: **high** ~ *se* **high 4**
jinx |dʒɪŋks| *s (person)* en som för olycka med sig; *(trolldom)* förbannelse; **there's a** ~ **on it** det vilar en förbannelse över den, det är som förgjort *(med den) (vard)*
jit·ters |'dʒɪtəz| *spl (vard)*: **the** ~**s** rädsla, oro; **to get the** ~ få stora skälvan; **to give sb the** ~ ge ngn stora skälvan
jit·tery |'dʒɪtərɪ| *adj (vard)* skakis, darrig
jiu·jit·su |dʒuːˈdʒɪtsuː| *s* = **jujitsu**
Joan of Arc |'dʒəʊnəfˈɑːk| *s (Hist)* Jeanne d'Arc
job |dʒɒb| *s* **(a)** *(anställning)* jobb, arbete; **to get a** ~ **as a clerk** få arbete som kontorist/på kontor; **to lose one's** ~ förlora sitt jobb; **to look for a** ~ söka arbete; **he's out of a** ~ han är arbetslös; ~**s for the boys** *(Brit vard neds: ung)* svågerpolitik; **a part-time/full-time** ~ deltids-/heltidsarbete; ~ **centre** arbetsförmedling; ~ **creation scheme** *(för arbetslösa ungdomar etc)* sysselsättningsprojekt; ~ **hunting: to be** ~ **hunting** vara på jakt efter jobb; ~ **satisfaction** arbetsglädje
(b) *(uppgift)* arbete, arbetsuppgift; **it was a big** ~ det var ett stort jobb; **it's a hard** ~ det är ett fasligt sjå; **on the** ~ under arbetet, på arbetstid; **I have a** ~ **for you** jag har ett jobb åt dig; **that's not my** ~ det är inte min sak; **to know one's** ~ kunna sin sak/sina saker; **he's only doing his** ~ han gör bara sitt jobb; **to make a good/bad** ~ **of sth** göra ngt bra/dåligt; **he's done a good** ~ **of work** han har gjort ett bra jobb; **I had the** ~ **of telling him** det var jag som fick berätta det för honom; *se äv* **odd d**
(c): **that car is a nice little** ~ den bilen är en trevlig liten sak; **that's just the** ~! *(Brit)* precis på pricken!; **to make the best of a bad** ~ göra det bästa av situationen; **to give sth up as a bad** ~ ge upp ngt som ett hopplöst fall; **it's a good** ~ **that...** det är tur att...; **a good** ~ **too!** det var tur!; **we had quite a** ~ **getting here/to get here** vi hade ett fasligt sjå att ta oss hit; **he was caught doing a bank** ~ *(vard)* han greps när han var i färd med ett bankrån; **to pull/do a** ~ *(vard)* göra en stöt
(d): ~ **lot** blandat varuparti; **as a** ~ **lot** *(köpa, sälja)* allt i ett
Job |dʒəʊb| *s (i Bibeln)* Job; **the Book of** ~ Jobs bok
job·ber |'dʒɒbəʳ| *s (Börsen: Brit)* = **stockjobber**
job·bing |'dʒɒbɪŋ| *adj (trädgårdsmästare, snickare etc)* tillfällighets-, tillfällig; ~ **printer** accidenstryckare
job·less |'dʒɒblɪs| *adj* arbetslös; **the** ~ de arbetslösa
jock·ey |'dʒɒkɪ| **1** *s* jockey, jockej **2** *vt*: **to** ~ **sb into doing sth** lura ngn till att göra ngt; **to** ~ **sb out of sth** manövrera bort ngn från ngt **3** *vi*: **to** ~ **for position** *(bildl)* försöka skaffa sig ett bättre läge
jocu·lar |'dʒɒkjʊləʳ| *adj (person, sätt)* skämtsam, glad; *(yttrande, svar)* lustig, skämtsam
jog |dʒɒg| **1** *s* **(a)** knuff, stöt; **to give sb's memory a** ~ *(bildl)* friska upp ngns minne **(b)** *(äv:* ~ **trot)** lunka; **to go for a** ~ springa en runda **2** *vt (stöta till)* knuffa; *(minne)* friska upp; **to** ~ **sb into action** *(bildl)* få fart på ngn **3** *vi (person, djur)* lunka; *(Sport)* jogga
♦ **jog along** *vi* + *adv (fordon)* skumpa fram (på); **we're** ~**ging along** *(bildl)* det knallar och går; **the work is** ~**ging along nicely** det går framåt med

arbetet
jog·ger |'dʒɒgə^r| s joggare
jog·ging |'dʒɒgɪŋ| s *(Sport)* joggning
jog·gle |'dʒɒgl| *vt (vard)* skaka, ruska
john |dʒɒn| s: **the ~** *(Am vard: toaletten)* muggen
join |dʒɔɪn| **1** s *(Tekn)* fog; *(sömnad)* skarv
2 *vt* **(a): to ~ (together)** *(rep etc)* knyta (ihop/samman); *(porslin etc)* foga (ihop/samman) *(familjer, platser etc)* förena; **to ~ A and/to B** förena A och/med B; **to ~ hands** ta varann i hand; **to ~ battle** drabba samman; **to ~ forces** alliera sig; *(bildl)* slå sig ihop **(b)** *(kö)* ställa sig i; *(procession, marsch)* ansluta sig till, gå med i; *(klubb, förening)* gå med i; *(firma)* börja i; *(universitet)* börja vid; *(Pol: parti)* ansluta sig till, gå med i; *(armén, flottan)* gå in i/vid; *(fartyg, regemente)* återvända till **(c)** *(person)* förena sig med; **may I ~ you?** får jag göra dig sällskap?; **will you ~ us?** *(grupp, gäng)* vill du vara med oss?; **will you ~ us for dinner?** kommer du med oss och äter middag?; **will you ~ me in a drink?** ska vi ta en drink tillsammans?; **they ~ed us in protesting** de förenade sig med oss i protester **(d)** *(flod, väg)* möta; **we ~ed the motorway at the Swindon junction** vi kom fram till motorvägen vid Swindonkorsningen
3 *vi* **(a): to ~ (together)** *(delar)* förenas; *(linjer)* mötas; *(floder)* flyta samman; *(vägar)* mötas **(b)** *(i klubb, förening)* gå med, bli medlem: **he ~ed in 1959; we ~ with you in hoping that...** vi instämmer i din/er förhoppning att...
♦ **join in 1** *vi* + *prep (lek, diskussion, protest)* delta i; **they all ~ed in the fun** de var alla med om det roliga **2** *vi* + *adv* vara med; **he doesn't ~ in much** han är inte ofta med
♦ **join on 1** *vt* + *adv*: **to ~ on sth (to sth)** sätta fast *el* fästa ngt (i/på/vid ngt); **I ~ed the rope on to the ladder** jag fäste repet i stegen; **I ~ed the doll's arm on again** jag satte fast dockans arm igen **2** *vi* + *adv (i kö)* ställa sig; *(del)* sitta fast, vara fäst; **we ~ed on at the back of the queue** vi ställde oss längst bak i kön; **the armrest ~s on to the back of the chair** armstödet är fäst vid ryggstödet på stolen
♦ **join up 1** *vt* + *adv (ledningar etc)* skarva ihop **2** *vi* + *adv (Mil)* bli soldat, ta värvning
join·er |'dʒɔɪnə^r| s snickare
join·ery |'dʒɔɪnərɪ| s snickeri
joint |dʒɔɪnt| **1** *adj (i allm)* gemensam, förenad; **~ efforts** förenade ansträngningar; **~ committee** *(Brit Pol)* sammansatt utskott *med medlemmar ur både över- o underhus;* **~ responsibility** medansvar; **~ custody** *(av barn)* gemensam vårdnad; **~ owners** gemensamma ägare; **~ ownership** samägande; **~ account** gemensamt konto; **J~ Chiefs of Staff** *(Am)* högsta militärledningen **2** *s* **(a)** *(Tekn)* fog, skarv **(b)** *(av kött)* stek **(c)** *(Anat)* led; **out of ~** ur led; **to put sb's nose out of ~** *(bildl vard)* gå ngns ära för när, såra ngns stolthet **(d)** *(vard: krog: i sht Am)* sylta, ställe **(e)** *(vard)* marijuanacigarett **3** *vt (Mat)* stycka
joint·ly |'dʒɔɪntlɪ| *adv* gemensamt, samfällt
joint-stock com·pa·ny |'dʒɔɪntstɒk,kʌmpənɪ| s aktiebolag
joist |dʒɔɪst| s golvbjälke; takbjälke
joke |dʒəʊk| **1** s skämt; **practical ~** practical joke, spratt; **to tell/make a ~** säga lustigheter, skämta; **for a ~** på skämt, på skoj; **what a ~!** vilket skämt; **it's no ~** det är ingenting att skämta om; **the ~ is that...** det lustiga är att...; **the ~ is on you** skämtet går ut över dig; **it's (gone) beyond a ~** det är inte roligt längre; **to play a ~ on sb** spela ngn ett spratt; **I don't see the ~** jag förstår inte vad det är för roligt med det; **he can't**

take a ~ han förstår inte skämt; **one can have a ~ with her** man kan skämta med henne; **to treat/ take sth as a ~** ta ngt som ett skämt **2** *vi* skämta, skoja; **to ~ about sth/sb** skämta om ngt/ngn; **I was only joking** jag skojade bara; **I'm not joking** jag skämtar inte; **you're joking!/you must be joking!** du skämtar!; **joking apart...** skämt åsido...
jok·er |'dʒəʊkə^r| s **(a)** skämtare, skojare; *(vard)* gynnare, skojare **(b)** *(Kortspel)* joker
jok·ing |'dʒəʊkɪŋ| **1** *adj* skämtsam **2** *s* skämt-(ande)
jok·ing·ly |'dʒəʊkɪŋlɪ| *adv* på skämt, skämtsamt
jol·ly |'dʒɒlɪ| **1** *adj (-ier, -iest) (person)* glad, trevlig; *(skratt)* glad, munter; *(party etc)* trevlig, rolig **2** *adv (Brit vard)* väldigt; **we were ~ glad** vi var jätteglada; **you've ~ well got to** det måste du ta mej tusan; **~ good!** jättebra! **3** *vt*: **to ~ sb along** uppmuntra ngn
jolt |dʒəʊlt| **1** s *(rörelse)* stöt; *(bildl)* chock; **it gave me a bit of a ~** jag blev ganska chockad **2** *vt (om fordon)* skaka (om); *(person)* ruska; *(bildl)* ge en chock; **to ~ sb into doing sth** få ngn att ta sig i kragen och göra ngt **3** *vi (fordon)* skaka, skumpa
Jor·dan |'dʒɔːdn| s *(land)* Jordanien; *(flod)* Jordan
Jor·da·nian |dʒɔː'deɪnɪən| **1** *adj* jordansk **2** *s* jordanier
joss stick |'dʒɒsstɪk| s rökelsepinne
jos·tle |'dʒɒsl| **1** *vt* knuffa, skuffa **2** *vi* knuffas, skuffas; **to ~ against sb** stöta emot ngn; **to ~ for a place** knuffas för att få plats
jot |dʒɒt| **1** s dugg, jota; **not a ~ of truth in sth** inte ett dugg/det minsta sanning i ngt **2** *vi*: **to ~ down** *(anteckningar etc)* kasta ned
jot·ter |'dʒɒtə^r| s anteckningsblock
jot·tings |'dʒɒtɪŋz| *spl* anteckningar
jour·nal |'dʒɜːnl| s *(personlig)* dagbok; *(dags-, vecko-, månads-)* tidning; *(vetenskaplig)* tidskrift
jour·nal·ese |dʒɜːnə'liːz| s *(neds)* tidningsjargong
jour·nal·ism |'dʒɜːnəlɪzəm| s journalistik
jour·nal·ist |'dʒɜːnəlɪst| s journalist
jour·ney |'dʒɜːnɪ| **1** s resa; **the ~ from London to Bristol** resan från London till Bristol; **to go/send sb on a ~** ge sig ut/skicka iväg ngn på en resa; **to break one's ~** göra ett uppehåll (under resan); **to reach one's ~'s end** nå slutmålet; **the outward/ return ~** ut-/åter|resan; **the ~ there and back** resan dit och tillbaka, fram- och återresan **2** *vi* resa
jo·vial |'dʒəʊvɪəl| *adj (person)* glad, jovialisk; *(skratt)* glad, munter; *(humör)* glad, gladlynt
jowl |dʒaʊl| s *(vanl pl)* käke; **a man with a heavy ~** en man med kraftig käke; *se äv* **cheek 1a**
joy |dʒɔɪ| s *(i allm)* glädje; *(vard)* tur, framgång; **her children are a great ~ to her** hennes barn är en stor källa till glädje för henne; **to our great ~... ** till vår stora glädje...; **to jump for ~** hoppa av glädje; **I wish you ~ of it!** *(iron)* mycket nöje!; **the ~s of camping** *(eg, iron)* campingens fröjder; **it's a ~ to hear him** det är ett nöje att höra honom; **no ~!** *(vard)* utan framgång!; **~ ride** *(vard)* nöjestur; *(i stulen bil)* tjuvåkning; **to go for a ~ ride** göra en vansinnesfärd
joy·ful |'dʒɔɪfʊl| *adj (nyhet, händelse)* glädjande; *(leende)* glad
joy·ous |'dʒɔɪəs| *adj (poet)* = **joyful**
joy·stick |'dʒɔɪstɪk| s *(Flyg)* styrspak; *(Data)* styrspak, joystick
J.P. *förk f* **Justice of the Peace** *se* **justice c**
Jr *förk f* **junior**
ju·bi·lant |'dʒuːbɪlənt| *adj* jublande
ju·bi·lee |'dʒuːbɪliː| s jubileum; **silver ~** silverjubileum
judge |dʒʌdʒ| **1** s *(Jur)* domare; *(i tävling)* do-

mare; *(kunnig person)*: **a good/bad** ~ **of sth** en god/dålig bedömare av ngt; **I'm no** ~ **of wines** jag är ingen kännare av viner **2** *vt* **(a)** *(Jur)* döma, fälla dom över; *(person)* döma; *(mål)* döma i, avdöma **(b)** *(fråga)* avgöra; *(tävlande)* bedöma; *(vikt, storlek)* bedöma, uppskatta; *(anse)* bedöma; **to** ~ **sth right/wrong** bedöma ngt rätt/ fel; **he** ~**d the moment well** han valde ögonblicket väl; **I** ~**d it to be right** jag bedömde att det var riktigt **3** *vi (som domare)* döma, vara domare; **judging** *el* **to** ~ **by/from his expression** att döma av hans ansiktsuttryck; **to** ~ **for oneself** avgöra/bedöma själv; **as far as I can** ~ såvitt jag kan bedöma

judg(e)·ment |'dʒʌdʒmənt| *s* **(a)** *(Jur: i allm)* dom; **it's a** ~ **on you** det är ditt straff; **to pass** ~ **(on sb/sth)** *(Jur)* avkunna dom (över någon/ngt); *(bildl)* döma (ngn/ngt) **(b)** *(åsikt)* omdöme, bedömning; **in my** ~ enligt min bedömning; **an error of** ~ en felbedömning; **against my better** ~ mot bättre vetande; **his** ~ **is sound** han har gott/sunt omdöme; **she showed excellent** ~ **in choosing the colour scheme** hon visade utmärkt omdöme(sförmåga) när hon valde färgsättningen; **J**~ **Day** *(Rel)* Domedagen

ju·di·cial |dʒuː'dɪʃəl| *adj* **(a)** *(Jur)* rättslig, juridisk; ~ **decision** domslut; ~ **proceedings** laga åtgärder; ~ **separation** hemskillnad **(b)** *(förmåga, sinne)* kritisk

ju·di·ci·ary |dʒuː'dɪʃrərɪ| *s (domare)* domarkår; *(system)* rättsväsende

ju·di·cious |dʒuː'dɪʃəs| *adj* omdömesgill, förståndig

judo |'dʒuːdəʊ| *s* judo

jug |dʒʌg| *s* **(a)** *(för mjölk, vatten etc)* kanna **(b)** *(vard: fängelse)* kåk; **in the** ~ på kåken

jugged hare |,dʒʌgd'hɛə'| *s* hargryta

jugg·er·naut |'dʒʌgənɔːt| *s* **(a)** *(bildl: oemotståndlig kraft)* ångvält, stormvind; **the visiting team came down the field like a** ~ bortalaget gick fram som en ångvält/drog fram som en stormvind över planen **(b)** *(äv:* ~ **lorry:** *Brit)* (stor) långtradare

jug·gle |'dʒʌgl| **1** *vi (med bollar etc)* jonglera; *(med idéer)* bolla **2** *vt (bildl: neds)* manipulera med

jug·gler |'dʒʌglə'| *s (eg: artist)* jonglör; *(bildl: neds)* skojare, svindlare

Ju·go·sla·via |'juːgəʊ'slɑːvɪə| *etc* = **Yugoslavia** *etc*

jugu·lar |'dʒʌgjʊlə'| *adj:* ~ **vein** halsåder

juice |dʒuːs| *s (= fruit* ~*)* juice; *(köttsaft)* sky; *(vard: bensin)* soppa; *(: el)* ström; *(Anat:)* **digestive** ~**s** matsmältningsvätskor

juicy |'dʒuːsɪ| *adj* **(-ier, -iest)** *(frukt, kött)* saftig; *(bildl: berättelse)* mustig, saftig

ju·jit·su |,dʒuː'dʒɪtsuː| *s* jujutsu

juke·box |'dʒuːkbɒks| *s* jukebox

July |dʒuː'laɪ| *s* juli; **in** ~ **of next year** i juli nästa år; **at the beginning/end of** ~ i början/slutet av juli; **in the middle of** ~ i mitten av juli; **during** ~ under juli (månad); **there are 31 days in** ~ det är 31 dagar i juli; **the first of** ~ (den) första juli; **(on) the eleventh of** ~ (den) elfte juli; **in the month of** ~ i juli månad; **each/every** ~ varje år i juli; ~ **was wet this year** det regnade mycket i juli i år

jum·ble |'dʒʌmbl| **1** *s (av kläder, böcker etc)* röra; *(bildl)* röra, virrvarr; ~ **sale** *(Brit)* loppmarknad **2** *vt (äv:* ~ **together,** ~ **up)** röra ihop

jum·bo |'dʒʌmbəʊ| *s (vard)* **(a)** *(elefant)* jumbo; *(i sms: förpackning etc)* jätte- **(b):** ~ **(jet)** jumbojet

jump |dʒʌmp| **1** *s (i allm)* hopp, språng; *(Sport)* hopp; *(i hopptävling)* hinder; *(fallskärms-)* hopp; **to give a** ~ rycka till; **a 3 m** ~ ett hopp på 3 m; **in/at one** ~ med ett skutt; **my heart gave a** ~ jag

fick hjärtat i halsgropen; **to be one** ~ **ahead** *(bildl)* vara steget före; **a big** ~ **in prices** en stor prishöjning **2** *vt (hinder etc)* hoppa över; *(häst)* få att hoppa: *she* ~*ed the horse over the fence;* **to** ~ **the rails/the points** *(tåg)* spåra ur; **to** ~ **a groove** *(nål på skivspelare)* hoppa över ett spår; **to** ~ **bail** *(Jur)* avvika (medan man är fri mot borgen); **to** ~ **the gun** *(bildl vard)* tjuvstarta; **to** ~ **the lights** *(Motor)* köra mot rött ljus; **to** ~ **the queue** tränga sig före (i kön); **to** ~ **ship** rymma från fartyg; **to** ~ **sb** *(vard)* överfalla ngn; **to** ~ **a train** tjuvåka med tåg **3** *vi (i allm, Sport)* hoppa; *(nervöst)* rycka till; *(bildl: priser)* stiga; **to** ~ **over sth** hoppa över ngt; **to** ~ **from** *(torn etc)* hoppa från; **to** ~ **in/out** *etc* hoppa in/ut *etc;* **he** ~**ed into a taxi** han hoppade in i en taxi; **to** ~ **up and down** hoppa upp och ner; **to** ~ **off sth** hoppa från ngt; **to** ~ **on(to) sth** hoppa på ngt; **he** ~**ed to his feet** han rusade upp; **you made me** ~! du fick mig att rycka till; **I almost** ~**ed out of my skin!** *(bildl vard)* det fick mig att hoppa högt!; ~ **to it!** *(bildl vard)* sätt lite fart!; **to** ~ **to conclusions** *(bildl vard)* dra förhastade slutsatser

♦ **jump about** *vi + adv* hoppa omkring; **the story** ~**s about a bit** *(bildl)* berättelsen hänger inte riktigt ihop

♦ **jump at** *vi + prep (bildl)* hoppa 'på; **he** ~**ed at the offer of a free car** han hoppade på erbjudandet om gratis bil; **he** ~**ed at the chance** han grep chansen

♦ **jump down** *vi + adv* hoppa ner; **to** ~ **down sb's throat** *(bildl vard)* kasta sig över ngn

♦ **jump up** *vi + adv* hoppa upp; ~ **up!** *(till barn)* upp igen!

jumped-up |'dʒʌmpt'ʌp| *adj (Brit neds)* uppblåst; **that** ~ **manager** den där viktigpettern till chef

jump·er |'dʒʌmpə'| *s (Sport)* hoppare; *(plagg: Brit)* tröja, jumper; *(: Am)* förklädesklänning

jumpy |'dʒʌmpɪ| *adj* **(-ier, -iest)** nervös, darrig

Jun. *förk f* **junior**

junc·tion |'dʒʌŋkʃən| *s (av vägar)* korsning; *(Järnv)* järnvägsknut; ~ **box** *(Elektr)* kopplingsdosa

junc·ture |'dʒʌŋktʃə'| *s (bildl)* (tid)punkt; **at this** ~ vid denna tidpunkt

June |dʒuːn| *s* juni; *se äv* **July**

jun·gle |'dʒʌŋgl| *s (eg, bildl)* djungel; **the law of the** ~ *(bildl)* djungelns lag

jun·ior |'dʒuːnɪə'| **1** *adj (i ålder, tjänst)* yngre; *(i ställning)* underordnad; *(Sport)* junior-; *(kompanjon etc)* yngre; ~ **college** *(Am Univ)* tvåårigt college; ~ = **high school** *(Am: 12-15 år: ung)* högstadieskola; ~ **minister** *s (Pol: ung)* statssekreterare; ~ **(miss) size** flickstorlek; ~ **school** *(Brit: 7-11 år: ung)* lågstadieskola; **Roy Smith, J**~ Roy Smith den yngre/junior **2** *s* person som är yngre; *(Brit Skol: ung)* lågstadieelev *mellan 7 och 11 år; (Am Univ)* tredjeårsstudent; **3 years my** ~, **my** ~ **by 3 years** 3 år yngre än jag

ju·ni·per |'dʒuːnɪpə'| *s (träd)* en; ~ **berries** enbär

junk |dʒʌŋk| *s* **(a)** *(kinesisk båt)* djonk **(b)** *(kasserade föremål)* skräp; *(vard: föremål av dålig kvalité)* skräp; *(vard: narkotika)* knark; ~ **dealer** lumphandlare; ~ **foods** *(läsk, chips etc)* skräpmat

jun·ket |'dʒʌŋkɪt| *s* **(a)** *(Matl)* sötad kvarg **(b)** *(vard: äv:* ~**ing)** fest(ande)

junkie |'dʒʌŋkɪ| *s (vard)* knarkare

junk·shop |'dʒʌŋkʃɒp| *s (vard)* lumpbod

Junr *förk f* **junior**

jun·ta |'dʒʌntə| *s (militär etc)* junta

Ju·pi·ter |'dʒuːpɪtə'| *s (Myt, Astron)* Jupiter

ju·ris·dic·tion |,dʒʊərɪs'dɪkʃən| *s* jurisdiktion; **it falls** *el* **comes within/outside our** ~ det faller inom/utanför vårt rättskipningsområde

ju·ror |'dʒʊərə'| *s (Jur)* juryledamot; *(i tävling)* prisdomare

jury |'dʒʊərı| s *(Jur, i tävling)* jury; **trial by** ~ rättegång inför jury; **to serve/be on a** ~ sitta i en jury; ~ **box** jurybänk

just[1] |dʒʌst| *adj (person, beslut)* rättvis; *(belöning, straff)* välförtjänt; *(klagomål, åsikt)* befogad

just[2] |dʒʌst| *adv* **(a)** *(exakt)* just, precis; ~ **here/ there** precis här/där; **he was standing** ~ **at the corner** han stod precis i hörnet; ~ **behind/in front of/near** *etc* just *el* precis bakom/framför/ nära *etc*; ~ **when it was going well...** just när det gick bra; ~ **then/at that moment** just då; **it's** ~ **(on) 10 (o'clock)** klockan är precis 10; **it cost** ~ **(on) £20** den kostade precis 20 pund; **it's** ~ **my size** det är precis min storlek; **it's** ~ **what I wanted** det är precis vad jag ville ha; ~ **what did he say?** vad sa han egentligen?; **come** ~ **as you are** kom precis som du är; **leave it** ~ **as it is** lämna det precis som det är; **they are** ~ **like brothers** de är precis som bröder; **that's** ~ **it!, that's** ~ **the point!** just precis!, just det!; **that's** ~ **(like) him, always late!** det är just likt honom, alltid sen!; ~ **as I thought!** precis vad jag trodde!; ~ **as I arrived** just när jag anlände; ~ **as you wish** precis som du vill; **he likes everything** ~ **so** *(vard)* han är petnoga (med hur han vill ha det)

(b) *(nyss)* just; **I've** ~ **seen him** jag har just sett/träffat honom; ~ **this minute/now** alldeles nyss; **the book is** ~ **out** boken har just kommit ut; **we were** ~ **going** vi skulle just gå; **I was** ~ **about to phone** jag skulle just ringa

(c) *(endast)* bara; ~ **a little** bara lite (grand); ~ **the two of us** bara vi två; **it's** ~ **3 o'clock** klockan är bara 3; ~ **yesterday/this morning** så sent som igår/i morse; ~ **once** bara en gång; ~ **for a laugh** bara på skämt; **he's** ~ **teasing** han retas bara; **it's** ~ **a mouse** det är bara en mus; **we went** ~ **to see the museum** vi åkte dit bara för att se museet; **I** ~ **asked!** *(ursäktande)* det var bara en (vänlig) fråga; ~ **a minute!/one moment!** en minut!/ett ögonblick bara!

(d) *(helt enkelt)* bara; **I** ~ **told him to go away** jag sa bara åt honom att gå; ~ **ask someone the way** fråga ngn om vägen helt enkelt; **I** ~ **wanted to say that...** jag ville bara säga att...; **I** ~ **can't imagine** jag kan helt enkelt inte föreställa mig det; **it's** ~ **that I don't like it** det är bara så att jag inte tycker om den; **he** ~ **couldn't wait to see them** han längtade så efter att få träffa dem; **it's** ~ **one of those things** *(vard)* sånt är livet; **let's** ~ **wait and see** låt oss bara vänta och se

(e) *(obetydligt)* precis; ~ **over/under 2 kilos** precis över/under 2 kg; ~ **after/before tea-time** precis efter/före teet; **it's** ~ **gone/past 10 (o'clock)** klockan har precis slagit 10; ~ **to the left/right** precis till vänster/höger; ~ **to one side of** precis bredvid

(f) *(knappt)* nätt och jämnt; ~ **in time** nätt och jämnt i tid; ~ **enough money** nätt och jämnt nog

med pengar; **I (only)** ~ **caught it** jag hann med nöd och näppe; **we (only)** ~ **missed it** vi missade det precis

(g) *(i jämförelse)* precis; **it's** ~ **as good (as)** den är precis lika bra (som); ~ **as well (as)** precis lika bra (som)

(h) *(med imperativ)* bara; ~ **look at this mess!** se bara vilken röra!; ~ **wait a minute!** vänta en minut bara!; ~ **shut up!** tig bara!; ~ **let me get my hands on him!** *(vard)* vänta bara tills jag får tag i honom!; ~ **you wait, he'll come sure enough** vänta bara, han lär säkert komma

(i) *(betonat)* verkligen; **that's** ~ **fine!** det är verkligen fint!; **did he like it?** — **I should** ~ **say he did!** tyckte han om det? — om han gjorde!; **that dress is awful** — **isn't it** ~! *(Brit)* den där klänningen är hemsk — om den är!

(j) *(fraser)*: **I've** ~ **about finished this work** jag är så gott som färdig med detta arbete; **I've** ~ **about had enough of this noise!** *(vard)* nu har jag fått nog av oljudet!; **it's** ~ **as well** det är lika gott/bra; **it would be** ~ **as well if...** det vore bra om...; **not** ~ **yet/now** inte riktigt än/nu; ~ **in case** *(konj)* ifall: ~ **in case I don't see you tomorrow** *(adv)* för säkerhets skull: *we took an umbrella,* ~ *in case*; ~ **the same, I'd rather...** i alla fall skulle jag hellre vilja...; **I'd** ~ **as soon not go** jag skulle helst låta bli att gå; **I'd** ~ **as soon you didn't do it** jag skulle hellre vilja att du lät bli

jus·tice |'dʒʌstɪs| s **(a)** *(Jur)* rättvisa; **to bring sb to** ~ dra ngn inför rätta **(b)** *(i allm)* rättvisa; **to do oneself/sb** ~ göra sig själv/ngn rättvisa; **this doesn't do** ~ **to him** detta gör honom inte rättvisa; **to do** ~ **to a meal** göra rättvisa åt en måltid **(c)** *(person)* domare; **Mr J**~ **Brown** domare Brown; **J**~ **of the Peace** *(förk J.P.)* *(Brit)* fredsdomare

jus·ti·fi·able |ˌdʒʌstɪ'faɪəbl| *adj (ilska etc)* berättigad; ~ **homicide** *(Jur)* dråp i självförsvar/ nödvärn

jus·ti·fi·ca·tion |ˌdʒʌstɪfɪ'keɪʃən| s berättigande; **there's no** ~ **for it** det finns inget försvar för det; **in** ~ **of/for sth** som försvar för ngt

jus·ti·fy |'dʒʌstɪfaɪ| *vt (vara ursäkt för)* rättfärdiga; *(ursäkta)* försvara; **to be justified in doing sth** göra rätt i att göra ngt; **am I justified in thinking...?** har jag rätt när jag tror att...?

just·ness |'dʒʌstnɪs| s **(a):** **the** ~ **of a cause** det rättvisa i en sak **(b)** *(karaktär)* hederlighet

jut |dʒʌt| *vi (äv:* ~ **out)** sticka ut, skjuta ut

jute |dʒuːt| s jute

ju·venile |'dʒuːvɪnaɪl| **1** *adj (bok, sport etc)* ung-doms-; *(relativ ti, barnslig; (Jur: domstol)* ungdoms-; ~ **delinquent** ungdomsbrottsling **2** *s (person)* ungdom

jux·ta·po·si·tion |ˌdʒʌkstəpə'zɪʃən| *s* läge/ placering intill varandra

K

K, k |keɪ| s *(bokstav)* K, k
ka·lei·do·scope |kə'laɪdəskəʊp| s *(instrument)* kalejdoskop; *(bildl)*: **a ~ of colours** en mångfald av färger
kan·ga·roo |ˌkæŋgə'ruː| s känguru
ka·put |kə'pʊt| *adj (vard)* kaputt, slut
ka·ra·te |kə'rɑːtɪ| s *(Sport)* karate
ke·bab |kə'bæb| s *(orientalisk köträtt)* kebab; *(Brit: vanl)* grillspett
keel |kiːl| s *(Sjö)* köl; **on an even ~** *(Sjö, bildl)* på rätt köl
♦ **keel over** *vi + adv (båt)* kantra; *(person)* svimma
keen |kiːn| *adj* (**-er, -est**) **(a)** *(kniv etc)* skarp, vass; *(blåst, luft etc)* genomträngande; *(syn, hörsel)* skarp; *(aptit)* frisk; *(törst)* stark; *(önskan, glädje, känsla)* intensiv; *(intelligens, omdöme, sinne)* skarp; *(intresse)* levande; *(i sht Brit: priser)* konkurrenskraftig; *(tävling, match, kamp)* hård; *(observation)* noggrann, skarpögd **(b)** *(person)* ivrig, angelägen; **a ~ footballer** en entusiastisk fotbollsspelare; **to be ~ on sth** vara förtjust i ngt; **are you ~ on opera?** är du road av opera?; **I'm not ~ on the idea** jag gillar inte idén; **he's ~ on her** han är förtjust i henne; **I'm not ~ on going/on his going** jag är inte pigg på att åka/att han åker; **I'm not ~ to do it** jag är inte road av/pigg på att göra det
keen·ly |'kiːnlɪ| *adv* **(a)** *(känna etc)* starkt; **to miss sb ~** sakna ngn intensivt **(b)** *(arbeta etc)* med entusiasm
keen·ness |'kiːnnɪs| s *(se keen)* **(a)** skärpa **(b)** entusiasm, iver
keep |kiːp| *(v imperf perf part:* **kept**) **1** s **(a)** uppehälle; **to earn one's ~** tjäna sitt uppehälle; *(bildl)* betala sig; **for ~s** *(vard)* för gott
  (b) *(Arkit)* torn
  2 *vt* **(a)** *(ha kvar)* behålla; **you can ~ the change** du kan behålla växeln; **he ~s himself to himself** han håller sig för sig själv; **I'll ~ you to your promise** jag ska se till att du håller ditt löfte; **you can ~ it!** *(vard: ofta bildl)* det intresserar inte mig
  (b) *(fred, hemlighet, ordning)* bevara; **to ~ sth from sb** *(bildl)* dölja ngt för ngn; **~ it to yourself, ~ it under your hat** *(vard)*, **~ it quiet** håll tyst om det
  (c) *(tillstånd)* bevara; **to ~ sth clean/still** *etc* hålla ngt rent/stilla *etc*; **to ~ sb happy** hålla ngn på gott humör; **the garden is well kept** trädgården är välskött/välhållen; **exercise will ~ you fit** motion kommer att hålla dig i form; **he has kept his looks** han är väl bibehållen; **to ~ the engine running** låta motorn stå på; *se äv* **observation**
  (d) *(lägga undan)* spara; *(matvaror, värdesaker etc)* förvara; **please ~ some supper for me** spara lite kvällsmat åt mig; **where do you ~ the sugar?** var har du sockret?
  (e) *(person: med mer el mindre tvång)* hålla kvar; **to ~ sb in prison** hålla kvar ngn i fängelse; **to ~ a child home from school** hålla ett barn hemma från skolan; **to ~ sb doing sth** se till att ngn fortsätter göra ngt; **to ~ sb waiting** låta ngn vänta; **I mustn't ~ you, don't let me ~ you** låt mig inte uppehålla dig; **what kept you?** varför är du så sen?; **to ~ oneself from laughing** hålla sig för

skratt
  (f) *(löfte, överenskommelse)* hålla; *(lag)* lyda; *(regel)* följa, iaktta; *(helg)* iaktta; **don't forget to ~ your dental appointment!** glöm inte att gå till tandläkaren!
  (g) *(affär, hotell)* ha; *(tjänstefolk)* hålla sig med; *(Handel)* föra, ha (i lager); *(djur)* ha
  (h) *(familj)* försörja; **to ~ oneself** försörja sig; **to ~ sb in food and clothing** hålla ngn med mat och kläder
  (i) *(räkenskaper)* sköta; *(kassabok)* föra; *(dagbok)* föra, skriva
  3 *vi* **(a): to ~ doing sth** fortsätta (att) göra ngt; **to ~ still/quiet** hålla sig lugn; **to ~ fit** hålla sig i form; **~ smiling!** var glad!, le, bara le!; **~ going!** fortsätt bara!
  (b): to ~ (to the) left/right hålla till vänster/höger; **to ~ straight on** fortsätta rakt fram; **to ~ to sth** *(löfte, ämne, text)* hålla sig till ngt; **to ~ at sb until...** *(vard)* ligga över ngn tills...; **to ~ at sth** *(vard)* hålla i med ngt; **~ at it!** *(vard)* ge inte upp!; **to ~ together** hålla ihop; **to ~ from doing sth** hålla sig från att göra ngt; **to ~ to one's room/bed** stanna i sitt rum/i sängen; **they ~ to themselves** de håller sig för sig själva
  (c) *(om ngns hälsa)* må; **how are you ~ing?** hur mår du, hur har du det?; **he's not ~ing very well** han mår inte särskilt bra; **she's ~ing better** hon mår bättre
  (d) *(mat)* hålla sig; *(bildl)* vänta; **it will ~** det får vänta
♦ **keep away 1** *vt + adv* hålla borta; **to ~ sth away from sb** hålla ngt borta från ngn; **they kept him away from school** de höll honom borta från skolan **2** *vi + adv* hålla sig borta
♦ **keep back 1** *vt + adv (i allm: hindra)* hålla tillbaka; *(lön, fickpeng etc)* hålla inne; *(tårar)* hålla tillbaka; *(information)* undanhålla *(from från)*; *(i skolan etc)* hålla kvar **2** *vi* hålla sig på avstånd
♦ **keep down 1** *vt + adv (priser, temperatur etc)* hålla nere; *(ilska)* undertrycka; *(ogräs)* hålla efter; *(hund)* hålla i styr; *(uppsluppenhet etc)* dämpa; *(uppror)* kväva, undertrycka; *(mat)* behålla; **he was kept down another year** *(Brit Skol)* han fick gå om ett år; **you can't ~ a good man down** en bra karl tar sig alltid upp till ytan igen **2** *vi* krypa ihop, hålla sig nere
♦ **keep in 1** *vt + adv (sjukling, barn)* hålla inne; *(Skol: som straff)* låta sitta kvar (efter skoltid); *(mage, armbågar)* hålla in; *(Brit: eld)* hålla brinnande **2** *vi (vard):* **to ~ in with sb** hålla sig väl med ngn
♦ **keep off 1** *vt + adv* hålla borta; **~ your hands off!** bort med tassarna! *(vard)* **2** *vt + prep* ta bort från; **~ your feet off the sofa!** ta bort fötterna från soffan!; **~ your dog off my lawn** håll din hund borta från min gräsmatta **3** *vi + adv (person)* hålla sig undan; **if the rain ~s off...** om regnet håller sig borta... **4** *vi + prep* hålla sig undan från; **~ off politics!** håll dig borta från politiken!; **~ off the grass** *(på skylt)* gräsmattan får ej beträdas
♦ **keep on 1** *vt + adv (i allm)* behålla; **we kept our coats on** vi behöll ytterkläderna på; **we are ~ing the house on** vi har kvar/behåller huset; **he ~s**

210

the light on all night han låter ljuset vara tänt hela natten 2 *vi* + *adv (gå etc)* fortsätta; ~ **on along this road until...** fortsätt längs den här vägen tills...; **to** ~ **on doing sth** fortsätta med att göra ngt; **to** ~ **on (at sb) about sth** tjata (på ngn) om ngt; **don't** ~ **on so!**, **don't** ~ **on about it!** tjata inte så!

◆ **keep out** 1 *vt* + *adv* utestänga, hålla borta; **they erected a fence to** ~ **the goat out** de satte upp ett stängsel för att utestänga geten/hålla geten borta; **we put in extra insulation to** ~ **the damp/cold out** vi satte in extra isolering för att hålla fukten/kylan borta; **to** ~ **sb out of trouble** hålla ngn borta från trassel 2 *vi* + *adv (inte gå in)* hålla sig borta; ~ **out** *(på skylt)* tillträde förbjudet; **to** ~ **out of sb's way** hålla sig ur vägen för ngn; **to** ~ **out of a quarrel** hålla sig utanför ett gräl; **you** ~ **out of this!** håll dig utanför det här du! lägg dig inte i det här!

◆ **keep up** 1 *vt* + *adv* **(a)** *(eg, bildl)* hålla uppe; **she kept up her spirits** hon höll humöret uppe; **to** ~ **sb up (at night)** hålla ngn uppe (på natten) **(b)** *(tradition, korrespondens)* fortsätta, hålla vid liv; **he has kept up his membership** han står kvar som medlem; ~ **up the good work!** fortsätt arbeta lika bra!; ~ **it up!** fortsätt med det!; **he'll never** ~ **it up!** han kommer aldrig att orka med! **(c)** *(hus etc)* underhålla 2 *vi* + *adv (väder, priser)* hålla i sig; **to** ~ **up with** *(i tävling etc)* hålla jämna steg med; *(bildl: förstå)* hänga med; *(: med brev etc)* hålla kontakt med; **to** ~ **up with the Joneses** *(i levnadsstandard)* inte vara sämre än grannen

keep·er [ˈkiːpəʳ] *s (i allm)* vakt; *(på zoo)* djurskötare; *(= game~)* skogvaktare; *(Brit: på museum)* intendent; *(= goal~)* målvakt

keep-fit [ˌkiːpˈfɪt] *s* motion; **she goes to** ~ **classes every week** hon går på gymnastik varje vecka; ~ **exercises** motionsgymnastik

keep·ing [ˈkiːpɪŋ] *s* **(a): to be in** ~ **(with)** gå/passa ihop (med); **to be out of** ~ **(with)** inte gå ihop (med) **(b): in the** ~ **of sb** i ngns förvar; **in safe** ~ i säkert förvar

keep·sake [ˈkiːpseɪk] *s (föremål)* minne

keg [keg] *s* kagge

ken·nel [ˈkenl] *s (för hund)* hundkoja; ~**s** *(för hunduppfödning)* kennel; **to put a dog in** ~**s** lämna en hund på hundpensionat

Ken·ya [ˈkenjə] *s* Kenya

Ken·yan [ˈkenjən] 1 *adj* kenyansk 2 *s* kenyan

kept [kept] *imperf, perf part av* keep; **a** ~ **woman** *(neds)* hålldam

kerb, *(Am)* **curb** [kɜːb] *s* trottoarkant

ker·nel [ˈkɜːnl] *s* kärna

kero·sene [ˈkerəsiːn] *s* fotogen

kes·trel [ˈkestrəl] *s* tornfalk

ketch·up [ˈketʃəp] *s* ketchup

ket·tle [ˈketl] *s (te-, kaffe-, vatten-)* panna; *(fisk-)* kittel, kastrull; **that's a different** ~ **of fish** det är en annan historia; **this is a pretty** ~ **of fish** *(iron)* det var just en skön historia

key [kiː] 1 *s* **(a)** *(till lås etc)* nyckel; ~ **ring** nyckelring **(b)** *(på skrivmaskin, piano)* tangent; *(på blåsinstrument)* klaff **(c)** *(till karta)* (tecken)förklaring; *(till kod)* nyckel; *(till övningsbok)* facit; *(bildl: till mysterium etc)* lösning; **the** ~ **to success** nyckeln till framgång **(d)** *(Mus)* tonart; **in the** ~ **of C/F Major** i C/F dur; **major/minor** ~ dur-|moll/tonart; **to change** ~ ändra tonart; **to sing** *el* **be in/off** ~ sjunga rent/falskt **(e)** *(i sms: central faktor)* nyckel-; ~ **industry** nyckelindustri; ~ **issue** nyckelfråga, avgörande fråga; ~ **job** nyckelpost; ~ **man** nyckelfigur; ~ **position** nyckelposition 2 *adj (vard: äv pred)* mycket viktig, avgörande; **this is very** ~ detta är oerhört

viktigt 3 *vt*: **to** ~ **sth to sth** *(bildl)* anpassa ngt till ngt

key·board [ˈkiːbɔːd] *s (på piano)* klaviatur; *(på skrivmaskin, dator)* tangentbord; *(instrument)* keyboard

keyed up [ˌkiːdˈʌp] *adj*: **to be all** ~ vara uppskruvad/upphetsad

key·hole [ˈkiːhəʊl] *s* nyckelhål

key·note [ˈkiːnəʊt] *s (Mus)* grundton; *(bildl)* grund|tanke/-ton; ~ **speaker** inledningstalare

key·stone [ˈkiːstəʊn] *s (Byggn: i valv)* slutsten; *(bildl)* grundval

key·word [ˈkiːwɜːd] *s* nyckelord

kha·ki [ˈkɑːkɪ] *s (tyg, färg)* kaki

kib·butz [kɪˈbʊts] *s, pl* ~**im** kibbutz

kick [kɪk] 1 *s (i allm, Sport)* spark; *(från vapen)* stöt; *(bildl vard)* kick; **to take a** ~ **at sb/sth** ge ngn/ngt en spark; **to give sb a** ~ **in the pants** *(bildl, vard)* ge ngn en spark där bak; **it was a** ~ **in the teeth for him** *(bildl vard)* det var ett slag i ansiktet på honom; **he gets a** ~ **out of it** *(vard)* han njuter av det; **to do sth for** ~**s** *(vard)* göra ngt för nöjes/spänningens skull 2 *vt (i allm)* sparka; ~ **sb downstairs** sparka ngn utför trappan, kasta ut ngn; **to** ~ **sth out of the way** sparka ngt ur vägen; **to** ~ **the bucket** *(bildl vard: dö)* kola vippen; **I could have** ~**ed myself** *(bildl vard)* det är så man kan reta ihjäl sig; **to** ~ **one's heels** *(bildl)* stå och vänta; **to** ~ **a habit** *(bildl vard)* lägga av (med en vana) 3 *vi (person)* sparkas; *(baby)* sparka; *(häst)* sparka bakut; **to** ~ **at sth/sb** måtta en spark mot ngt/ngn; *(bildl vard)* protestera mot ngt/ngn; *se äv* **alive**

◆ **kick about, kick around** 1 *vt* + *adv (föremål)* sparka omkring 2 *vi (vard: föremål)* ligga och skräpa; *(: person)* vara i farten

◆ **kick back** 1 *vt* + *adv (boll)* sparka tillbaka 2 *vi* + *adv (vapen)* rekylera

◆ **kick down** *vt* + *adv (dörr)* sparka in

◆ **kick in** *vt* + *adv (fönster)* sparka in; **to** ~ **sb's teeth in** *(vard)* ge ngn en snyting

◆ **kick off** *vi* + *adv (Fotboll)* göra avspark; *(bildl vard)* sparka igång

◆ **kick out** 1 *vt* + *adv (bildl vard)* slänga ut 2 *vi* + *adv (häst)* sparka bakut

◆ **kick up** *vt* + *adv (bildl vard)* ställa till; **to** ~ **up a row/a din** ställa till (med) bråk/oväsen; **to** ~ **up a fuss about sth** ställa till med bråk om ngt

kick-off [ˈkɪkˌɒf] *s (Fotboll)* avspark; *(bildl)* start; **what time is the** ~ när är det avspark?

kick-start [ˈkɪkˌstɑːt] 1 *s (äv:* ~**er**) kickstart 2 *vt* kickstarta

kid [kɪd] 1 *s (Zool)* killing; *(läder)* getskinn; *(vard: barn)* unge; ~ **gloves** getskinnshandskar; **to handle sth/sb with** ~ **gloves** behandla ngt/ngn med silkesvantar; ~ **sister/brother** lillasyster/lillebror 2 *vt (vard)*: **to** ~ **sb that...** lura i ngn att...; **to** ~ **sb about sth** retas med ngn för ngt; **don't** ~ **yourself** inbilla dig ingenting; **don't** ~ **yourself that...** inbilla dig inte att...; **he's** ~**ding himself if he thinks...** han bedrar sig om han tror... 3 *vi (vard)* skoja; **I'm only** ~**ding** jag skämtar bara; **no** ~**ding!** är det (verkligen) sant?

kid·nap [ˈkɪdnæp] *vt* kidnappa

kid·nap·per [ˈkɪdnæpə] *s* kidnappare

kid·nap·ping [ˈkɪdnæpɪŋ] *s* kidnapp(n)ing

kid·ney [ˈkɪdnɪ] *s (Anat, Matl)* njure; ~ **failure** njursvikt; ~ **transplant** njurtransplantation; ~ **bean** *(Matl)* rosenböna

kill [kɪl] 1 *vt* **(a)** *(i allm)* döda, *(person: med avsikt)* mörda, slå ihjäl; *(uppfött djur: till föda)* slakta; **to be** ~**ed in action/battle** stupa i strid; **to** ~ **two birds with one stone** *(bildl)* slå två flugor i en smäll; **he certainly doesn't** ~ **himself!** *(bildl, skämts)* han förtar sig verkligen inte; **this heat is**

~ing me *(bildl, vard)* den här värmen tar kål på mig; **he was ~ing himself laughing** *(bildl, vard)* han höll på att dö av skratt **(b)** *(bildl: i text)* stryka; *(: rykte)* ta död på, avliva; *(förslag, lagförslag)* förkasta; *(känsla, hopp, smak, doft)* ta död på; *(ljud)* dämpa; *(motor)* slå av; **to ~ time** få tiden att gå **2** *s (Jakt, Tjurfäktning)* dödande; *(djur)* jaktbyte; **to be in at the ~** vara med vid (själva) dödandet
◆ **kill off** *vt + adv (eg)* utrota; *(bildl: rykte, känsla)* ta död på
kill·er ['kɪləʳ] *s (person)* mördare, dråpare; *(djur)* djur som dödar; **~ disease** dödlig sjukdom; **~ instinct** *(bildl)* stenhård attityd; **~ whale** späckhuggare
kill·ing ['kɪlɪŋ] **1** *adj (eg, bildl)* dödande; *(arbete)* mördande; *(skämt)* dödsrolig **2** *s (på person)* mord; *(Ekon)* kap; **to make a ~** göra ett kap
kill-joy ['kɪldʒɔɪ] *s* glädjedödare
kiln [kɪln] *s* brännugn
kilo ['ki:ləʊ] *s förk f* **kilogram(me)** kilo
kilo·gram(me), *(Am)* **kilo·gram** ['kɪləʊgræm] *s* kilo(gram)
kilo·metre, *(Am)* **kilo·meter** ['kɪləʊ,mi:təʳ, kɪ'lɒmɪtəʳ] *s* kilometer
kilo·watt ['kɪləʊwɒt] *s* kilowatt
kilt [kɪlt] *s* kilt
ki·mo·no [kɪ'məʊnəʊ] *s* kimono
kin [kɪn] *s* släkt, släktingar; **next of ~** närmaste anhörig
kind[1] [kaɪnd] *adj (-er, -est) (i allm)* vänlig; *(person)* vänlig, snäll; **to be ~ to sb** vara vänlig mot ngn; **he was ~ enough to help** han var vänlig nog att hjälpa till; **would you be ~ enough to...?, would you be so ~ as to...?** skulle ni vilja vara vänlig och...?; **it's very ~ of you (to do sth)** det är väldigt snällt av dig (att göra ngt); **that wasn't very ~** det var inte särskilt snällt
kind[2] [kaɪnd] **1** *s* slag, sort; **all ~s of things** allt möjligt; **many ~s of books/cars** många slags böcker/bilar; **some ~ of animal** någon sorts djur; **people of all ~s** alla slags människor; **he's not the ~ of person to steal** han är inte den sorts person som stjäl; **she's the ~ that will cheat** hon är en sådan som fuskar; **what ~ of an answer is that?, what ~ of an answer do you call that?** vad är det för (sorts) svar?; **what ~ of person do you take me for?** vem tar du mig för?; **I had a ~ of feeling that would happen** jag kände på mig att det skulle hända; **you know the ~ of thing I mean** du vet vad jag menar för något; **something of the ~** slags idén stilen; **nothing of the ~!** inte alls!, aldrig i livet!; **it's not his ~ of film** det är inte hans typ av film; **he's not her ~ (of man)** han är inte hennes typ; **they're two of a ~** de är likadana; **it's the only one of its ~** det är den enda i sitt slag; **it was tea of a ~** *(neds)* det skulle föreställa te; **payment in ~** betalning in natura; **to repay/reply/respond in ~** återgälda på samma sätt *el* med samma mynt **2** *adv (vard):* **~ of** nästan, halvt om halvt
kin·der·gar·ten ['kɪndə,gɑːtn] *s* lekskola
kind-hearted ['kaɪnd'hɑːtɪd] *adj* vänlig, godhjärtad
kin·dle ['kɪndl] **1** *vt (trä etc)* antända; *(eld)* tända; *(bildl: känsla)* (upp)väcka; *(: intresse)* väcka **2** *vi (eg, bildl: trä, eld, vrede etc)* flamma upp; *(ögon)* lysa, tindra
kind·li·ness ['kaɪndlɪnɪs] *s* vänlighet, godhet
kin·dling ['kɪndlɪŋ] *s* tändpinnar, brasstickor
kin·dly ['kaɪndlɪ] **1** *adj (-ier, -iest) (i allm)* vänlig; *(råd)* välvillig; **a ~ climate** ett behagligt klimat; **~ treatment** mild/vänlig behandling **2** *adv* vänligt; **~ open the door** var snäll och öppna dörren; **he very ~ helped** han var vänlig nog att

hjälpa till; ~ wait a moment var snäll och vänta ett ögonblick; **he doesn't take ~ to being kept waiting** han finner sig inte i att man låter honom vänta
kind·ness ['kaɪndnɪs] *s* vänlighet *(towards* mot); **he was ~ itself** han var vänligheten själv; **out of the ~ of her heart** av sitt hjärtas godhet; **to do sb a ~** visa ngn en vänlighet
kin·dred ['kɪndrɪd] **1** *adj (med blodsband)* släkt; *(stammar, folk, språk)* besläktad; **~ spirits** själsfränder; **to have a ~ feeling for sb** känna sig besläktad med ngn **2** *s* släkt, släktingar
ki·ne·tic [kɪ'netɪk] **1** *adj (Fys)* kinetisk; **~ energy** rörelseenergi; **~ art** *(Konst)* mobiler, rörlig konst **2:** **~s** *ssg* kinetik, rörelselära
king [kɪŋ] *s (eg, bildl, Schack, Kortspel)* kung; **the ~ of hearts** hjärter kung; **the Three K~s** *(Rel)* de tre vise männen
king·dom ['kɪŋdəm] *s (eg)* kungarike; *(bildl)* rike; **the animal ~** djurriket; **the K~ of Heaven** himmelriket; **till ~ come** *(vard)* i evighet
king·fisher ['kɪŋfɪʃəʳ] *s (fågel)* kungsfiskare
king·pin ['kɪŋ,pɪn] *s (Tekn)* spindelbult; *(i kägelspel)* mittkägla, kung; *(bildl)* stöttepelare
king-size(d) ['kɪŋ,saɪz(d)] *adj (i allm)* jättestor; *(cigaretter)* king-size
kink [kɪŋk] **1** *s (på rep, slang)* kink; *(i hår)* lock; *(känslomässig, psykologisk)* störning; *(sexuell)* egenhet **2** *vi* trassla sig
kinky ['kɪŋkɪ] *adj (-ier, -iest) (vard bildl: hår)* småkrullig; *(neds: i allm)* konstig, knäpp *(vard); (sexuellt: äv)* pervers
kin·ship ['kɪnʃɪp] *s (eg, bildl)* släktskap
kins·man ['kɪnzmən] *s, pl* **-men** *(manlig)* släkting, frände
kins·woman ['kɪnzwʌmən] *s, pl* **-women** *(kvinnlig)* släkting, frände
ki·osk ['ki:ɒsk] *s* kiosk; **telephone ~** *(Brit)* telefonkiosk
kip·per ['kɪpəʳ] *s* rökt sill
kiss [kɪs] **1** *s* kyss, puss *(vard);* **to give sb a ~** ge ngn en kyss; **~ of life** mun-mot-mun metoden; *(bildl)* nytt liv; **~ of death** *(bildl)* dödsstöt **2** *vt* kyssa, pussa *(vard);* **to ~ sb's cheek/hand** *etc* kyssa ngn på kinden/handen *etc;* **to ~ sb goodbye/goodnight** kyssa ngn farväl/godnatt **3** *vi* kyssas, pussas *(vard);* **they ~ed** de kysste varandra
kit [kɪt] *s (till modellflygplan etc)* (bygg)sats; *(Mil)* mundering, utrustning; *(Sport)* grejor, utrustning; *(hantverkares)* utrustning, uppsättning, verktyg *(pl);* **first-aid ~** förbandslåda
◆ **kit out** *vt + adv (ofta pass)* utrusta, ekipera
kit·bag ['kɪtbæg] *s* ryggsäck, ränsel
kitch·en ['kɪtʃɪn] *s* kök; **~ sink** diskbänk; **~ units** (delar till) paketkök; **everything but the ~ sink** *(vard, skämts)* rubb och stubb; **~ sink drama** *(vard)* diskbänksrealism
kitch·en·ette [,kɪtʃɪ'net] *s* spentry, kokvrå
kite [kaɪt] *s (fågel)* glada; *(leksak)* drake
kith [kɪθ] *s:* **~ and kin** släkt och vänner
kit·ten ['kɪtn] *s* kattunge; **to have ~s** *(i sht Brit: bildl vard)* få spader
kit·ty[1] ['kɪtɪ] *s (hopsamlade pengar)* kassa; *(Kortspel)* pott
kit·ty[2] ['kɪtɪ] *s (vard: om katt)* kisse
kleen·ex® ['kli:neks] *s* pappersnäsduk
klep·to·ma·nia [,kleptəʊ'meɪnɪə] *s* kleptomani
klep·to·ma·niac [,kleptəʊ'meɪnɪæk] *s* kleptoman
knack [næk] *s* handlag, skicklighet; **there's a special ~ to opening this door** man får ta till ett särskilt knep när man öppnar den här dörren; **to have the ~ of doing sth** ha förmåga att göra ngt
knap·sack ['næpsæk] *s* ränsel
knave [neɪv] *s (åld)* skojare; *(Kortspel)* knekt

knead [niːd] *vt (deg, lera)* knåda; *(muskel)* massera

knee [niː] *s (Anat, på byxa)* knä; **on one's ~s** på knä; **to go down on one's ~s (to sb)** falla på knä (för ngn); **on (one's) bended ~s** *(bildl)* på sina bara knän

knee·cap ['niːkæp] *s (Anat)* knäskål

knee-deep [ˌniːˈdiːp] *adv* upp till knäna; **we were ~ in water** vi stod till knäna i vatten; **to be ~ in debt** *(bildl)* ha skulder upp över öronen

knee-high ['niːhaɪ] *adj (gräs, stövlar)* knähög

kneel [niːl] *imperf, perf part* **knelt** [nelt] *vi (äv: ~ down)* knäböja, falla på knä

knee·pad ['niːpæd] *s (för sport, arbete)* knäskydd

knew [njuː] *imperf av* **know**

knick·ers ['nɪkəz] *spl (dambyxor)* knickers

knick-knack ['nɪknæk] *s* prydnadssak; **~s** *(äv)* krimskrams

knife [naɪf] **1** *s, pl* **knives** *(i allm)* kniv; *(= table ~)* (mat)kniv; *(= pocket ~)* fickkniv; **~ and fork** kniv och gaffel; **to get one's ~ into sb** *(bildl)* sticka kniven i ngn; **to be on a ~ edge** *(bildl: person)* sitta som på nålar; *(: resultat)* stå och väga **2** *vt* knivhugga, sticka ned

knife-sharpener ['naɪfˌʃɑːpnəʳ] *s (verktyg)* knivslipare

knight [naɪt] **1** *s (Hist, av orden)* riddare; *(Schack)* springare; *(nutid: Brit: icke ärftlig adelsman)* knight **2** *vt* adla (till knight)

knight·hood ['naɪthʊd] *s (Hist)* riddarvärdighet; *(nutid: Brit: icke ärftligt adelskap)* knightvärdighet

knit [nɪt] **1** *vt* sticka; **to ~ one's brows** rynka ögonbrynen **2** *vi* sticka; **to ~ together** *(ben)* växa ihop, läka ihop

knit·ted ['nɪtɪd] *adj* stickad

knit·ting ['nɪtɪŋ] **1** *s (aktivitet, produkt)* stickning **2** *adj (maskin, ull etc)* stick-; *s* **~ needle** sticka

knit·wear ['nɪtwɛəʳ] *s* stickat, stickade kläder

knives [naɪvz] *npl av* **knife**

knob [nɒb] *s (på stång etc)* knopp; *(på radio, TV)* knapp; *(på dörr)* (runt) handtag, dörrknopp; **a ~ of butter** en smörkula

knob·b(l)y ['nɒb(l)ɪ] *adj (-ier, -iest)* knotig

knock [nɒk] **1** *s* **(a)** *(i allm)* slag; *(mellan bilar)* smäll; *(på dörr)* knackning; **there was a ~ at the door** det knackade på dörren; **a ~ on the head** ett slag i huvudet; **his pride took a ~** *(bildl)* hans stolthet fick sig en knäck **(b)** *(i motor)* knackning

    2 *vt* **(a)** *(med kraft)* slå; **to ~ a hole in sth** slå hål på ngt; **to ~ a nail into sth** slå i en spik i ngt; **to ~ sb on the head** slå ngn i huvudet; **to ~ one's head on/against sth** slå huvudet i ngt; **to ~ sb to the ground** slå ngn till marken; **to ~ sb unconscious/out/cold** slå ngn medvetslös; **to ~ the bottom out of** *(låda)* slå ur botten på; *(bildl: argument)* slå hål på; **he ~ed the knife out of her hand** han slog kniven ur handen på henne; **I ~ed the ball into the bushes** jag slog bollen i buskarna; **to ~ spots off sb/sth** *(bildl vard)* överträffa ngn/ngt, ställa ngn/ngt i skuggan; **to ~ sb sideways** *(bildl vard)* skaka upp ngn; **to ~ some sense into sb** *(vard)* banka lite vett i ngns skalle **(b)** *(vard: kritisera)* klaga på, klanka på

    3 *vi* **(a)** *(på dörr etc)* knacka, bulta; **he ~ed at the door/on the table** han knackade på dörren/i bordet; **his knees were ~ing** knäna skakade på honom **(b)** *(kollidera)*: **to ~ into sb/sth** stöta ihop med ngn/ngt; **to ~ against sth** stöta mot ngt **(c)** *(motor)* knacka

♦ **knock about, knock around** **1** *vt + adv (person)* misshandla; *(föremål)* behandla illa **2** *vi + adv (vard)* flacka omkring; **he's ~ed about (the world) a bit** han har flackat omkring en del (i

världen); **she ~s around with a bad crowd** hon har hamnat i dåligt sällskap; **they have been ~ing around together for years** de har hängt ihop i åratal; **it's ~ing around here somewhere** den ligger och skräpar här någonstans

♦ **knock back** *vt + adv (vard)* **(a)** *(dryck)* svepa **(b)** *(pris)*: **it ~ed me back £10** den kostade mig 10 pund

♦ **knock down** *vt + adv (byggnad)* riva; *(person)* slå ned; *(fotgängare)* köra på; *(träd)* fälla; *(dörr)* slå in; *(pris)* sätta ned, sänka; **it was ~ed down to him for £20** *(på auktion)* den klubbades till honom för 20 pund

♦ **knock in** *vt + adv (spik)* slå in

♦ **knock off** **1** *vt + adv* **(a)** *(i pris)* gå ner med; **I'll ~ £10 off if...** jag går ner med 10 pund om... **(b)** *(vard: stjäla)* sno **(c)** *(vard: snabbt klara av)* sno/smälla ihop; **she ~ed off a short story** hon snodde ihop en novell **(d)** *(vard: sluta)*: **~ it off!** lägg av! **2** *vt + prep (hylla etc)* slå ner från; *(pris)* slå 'av/pruta på; *(rekord)* slå med; **the cat ~ed the vase off the shelf** katten slog ner vasen från hyllan; **~ £5 off the price** slå av 5 pund på priset; **he ~ed 5 seconds off the previous record** han slog det gamla rekordet med 5 sekunder **3** *vi + adv (vard: sluta)* lägga av; **he ~s off at 5** han lägger av/slutar jobba kl 5 **4** *vi + prep (vard: sluta)* lägga av med; **he ~s off work at 5** han lägger av med jobbet kl 5

♦ **knock out** *vt + adv* **(a)** *(om chock)* lamslå; *(Boxning)* slå knockout **(b)** *(spik)* slå ut; *(pipa)* knacka ur; *(tänder)* slå ut **(c)** *(i tävling)* slå ut

♦ **knock over** *vt + adv (föremål, person)* slå omkull; *(fotgängare: med bil)* köra 'över

♦ **knock together** *vt + adv* **(a)** *(två föremål)* smälla/slå ihop **(b)** *(med brådska: skjul etc)* smälla upp; *(: föremål)* smälla ihop; *(måltid)* vispa ihop

♦ **knock up** *vt + adv* **(a)** *(föremål)* kasta upp **(b)** *(Brit: med dörrknackning)* väcka **(c)** = **~ together b** **(d)** *(vard!: göra med barn)* göra på smällen

knock·down ['nɒkdaʊn] *adj (pris)* nedsatt

knock·er ['nɒkəʳ] *s (på dörr)* dörrklapp

knock·ing ['nɒkɪŋ] *s (ljud)* knackande

knock-kneed [ˌnɒkˈniːd] *adj* kobent

knock·out ['nɒkaʊt] **(a)** *(Boxning etc)* knockout; **~ drops** *(vard)* knockoutdroppar; **~ competition** utslagstävling **(b)** *(vard: succé)* pangsak

knock-up ['nɒkʌp] *s (Tennis)* uppvärmning; **to have a ~** värma upp

knot [nɒt] **1** *s* **(a)** *(på rep etc)* knut; *(i sht Sjö o Scouting)* knop; *(i trä)* kvist; *(av personer)* klunga; **to tie oneself up in ~s** *(bildl)* trassla in sig; **to tie sb up in ~s** trassla till det för ngn **(b)** *(Sjö: hastighet)* knop **2** *vt* knyta; **to ~ together** knyta ihop

knot·ty ['nɒtɪ] *adj (-ier, -iest)* *(trä)* kvistig; *(rep)* knutig; *(bildl: problem)* kvistig

know [nəʊ] *imperf* **knew**, *perf part* **known** **1** *vt* **(a)** *(känna till: fakta, resultat)* veta; *(ha lärt sig: ett språk, ämne etc)* kunna; **to ~ that...** veta att...; **to ~ if/why/what/how/when** *etc* veta om/varför/vad/hur/när *etc*; **she ~s all about chemistry** hon kan allt om kemi; **I don't ~ much about history** jag kan inte mycket om historia; **he ~s all the answers** han har svar på allt; **she ~s her English** hon kan sin engelska; **to ~ sth backwards** kunna ngt fram och baklänges; **to get to ~ sth** få reda på ngt; **let me ~ how you get on** låt mig få veta hur det går (för dig); **to ~ one's (own) mind** veta vad man vill; **you ~ how it is** du vet hur det är; **you ~ what I mean** du vet vad jag menar; **I ~ nothing about it** jag vet ingenting om det; **there's no ~ing what may happen** det är omöjligt att veta vad som kan hända; **not if I** ~ **it!** *(Brit vard)* det kan jag inte tänka mig; **I knew it!** det var det jag visste; **it soon became** ~**n that...** det blev snart känt att...; **it is well** ~**n that...** alla vet att...; **to make sth** ~**n to sb** låta ngn få veta ngt; **he is** ~**n to have been there** man vet att han har varit där; **I've** ~**n such things to happen** jag har sett sådant hända förut; **such things have been** ~**n to occur** man vet att sådant hänt förut; **it's worth** ~**ing what/how** *etc...* det är värt att veta vad/hur *etc...*

(**b**) *(vara bekant med: person)* känna; *(: plats, föremål)* känna till; **to** ~ **sb by sight** känna ngn till utseendet; **to get to** ~ **sb** lära känna ngn; **I don't** ~ **him to speak to** jag vet vem han är men jag känner honom inte; **to make oneself/one's presence** ~**n to sb** ge sig till känna för ngn; **he is** ~**n as X** han är känd under namnet/som X

(**c**) *(person, utseende, smak etc)* känna igen; he **knew me at once** han kände genast igen mig; **I knew him by his voice** jag kände igen honom på rösten; **she** ~**s a good painting when she sees one** hon kan skilja en bra tavla från en dålig; **he doesn't** ~ **one end of a saw from the other** han vet inte hur man handskas med sågar; **to** ~ **the difference between...** kunna skilja mellan...; **to** ~ **right from wrong** kunna skilja mellan rätt och fel

2 *vi* veta; **as far as I** ~**, he is...** såvitt jag vet är han...; **for all I** ~ **he may be...** såvitt jag vet kan han vara...; **we'll let you** ~ vi meddelar er (när vi vet), vi hör av oss; **who** ~**s?** vem vet?; **how should I** ~**?** hur skulle jag kunna veta det?; **not that I** ~ **of** inte vad jag vet; **there's no (way of)** ~**ing** man kan inte veta, man kan inte vara säker; **it's not easy, you** ~ det är inte lätt förstår du; **yes, I** ~ ja, jag vet; **I don't** ~ jag vet inte; **I** ~**, let's...** jag vet, låt oss...; **Mummy** ~**s best** mamma vet bäst; **you ought to** ~ **better (than to...)** du borde veta bättre (än att...); **he doesn't** ~ **any better** han förstår inte bättre; **... but I** ~ **better** ...men jag vet bättre; **(well), what do you** ~**!** *(vard)* nej men se på tusan!; **that's all you** ~**!** *(vard)* tror du ja!; **to** ~ **about el of sth/sb** känna till ngt/ngn; **to get to** ~ **about sth** få reda på ngt

3 *s:* **to be in the** ~ *(vard)* veta besked

know-all |'nəʊɔːl| *s (neds)* person som vet allt, besserwisser

know-how |'nəʊhaʊ| *s* sakkunskap

know·ing |'nəʊɪŋ| *adj (person)* kunnig, slipad; *(blick, leende)* menande

know·ing·ly |'nəʊɪŋlɪ| *adv (medvetet)* med avsikt; *(blick, leende)* menande

know-it-all |'nəʊɪtɔːl| *s (Am)* = **know-all**

knowl·edge |'nɒlɪdʒ| *s* (**a**) *(om förhållande etc)* kännedom; **to have no** ~ **of sth** sakna kännedom om ngt; **to deny all** ~ **of sth** förneka all kännedom om ngt; **not to my** ~ inte vad jag vet; **without my** ~ utan min kännedom; **to (the best of) my** ~ såvitt jag vet; **it is common** ~ **that...** alla vet att..., det är allmänt bekant att...; **to bring sth to sb's** ~ låta ngn få veta ngt; **it has come to my** ~ **that...** det har kommit till min kännedom att... (**b**) *(lärdom)* kunskap(er); **to have a (working)** ~ **of Welsh** ha (elementära) kunskaper i walesiska; **my** ~ **of Spanish** mina kunskaper i spanska; **to have a thorough** ~ **of history** ha grundliga kunskaper i historia

knowl·edge·able |'nɒlɪdʒəbl| *adj (person)* kunnig; *(yttrande, rapport etc)* insiktsfull

known |nəʊn| **1** *perf part av* **know** **2** *adj (i allm)* känd; *(expert: äv)* erkänd; **it's a (well-)~ fact** det är ett välkänt faktum

knuck·le |'nʌkl| *s (Anat)* knoge; *(Matl: kalv-, ox- etc)* lägg

♦ **knuckle down** *vi* + *adv (vard):* **to** ~ **down (to sth)** ta itu (med ngt)

♦ **knuckle under** *vi* + *adv* böja sig

knuckle·duster |'nʌkl,dʌstəʳ| *s* knogjärn

K.O. |'keɪ'əʊ| *förk f* **knockout** KO

koa·la |kəʊ'ɑːlə| *s (äv:* ~ **bear)** koala

Ko·ran |kɒ'rɑːn| *s:* **the** ~ Koranen

Ko·rea |kə'rɪə| *s* Korea

Ko·rean |kə'riːən| **1** *adj* koreansk **2** *s* (**a**) *(person)* korean (**b**) *(språk)* koreanska

ko·sher |'kəʊʃəʳ| *adj (Jud) (bildl vard:* kvalitet) äkta, gedigen; *(handling)* tillåten, legitim; **it's not** ~ så får man inte säga/göra

kow·tow |'kaʊ'taʊ| *vi* buga *(to* för)

Krem·lin |'kremlɪn| *s:* **the** ~ Kreml

ku·dos |'kjuːdɒs| *s* ära, beröm

kw *förk f* **kilowatt(s)** kW

L

L, l |el| *s (bokstav)* L, l; **L** *(Brit: på bil: förk f* **Learner)** övningskörning
l. *förk f* **left; litre**
L.A. |'el'eɪ| *förk f* **Los Angeles**
lab |læb| *s (vard) förk f* **laboratory**
la·bel |'leɪbl| **1** *s (på vara, plagg)* etikett; *(bildl)* stämpel, etikett; **a record on the Deltaphone** ~ en skiva av märket Deltaphone **2** *vt* **(a)** *(eg)* förse med etikett; *(Handel: varor)* märka; **a bottle** ~**ed poison** en flaska med etiketten/påskriften gift **(b)** *(bildl: person)* stämpla *(as* som)
la·bora·tory |lə'bɒrətərɪ, *(Am)* 'læbrə,tɒrɪ| *s* laboratorium; ~ **assistant** laboratorieassistent; ~ **equipment** laboratorieutrustning
la·bo·ri·ous |lə'bɔ:rɪəs| *adj (uppgift)* arbetsam, mödosam; *(författares stil)* tung
la·bour, *(Am)* **la·bor** |'leɪbə^r| **1** *s* **(a)** *(verksamhet)* arbete, slit; **hard** ~ *(Jur)* straffarbete; **a** ~ **of love** kärt besvär, kärleksgärning **(b)** *(personer)* arbetskraft, arbetare *(pl)*; **skilled** ~ yrkesarbetare *(pl)*; *(klass)* arbetarna, arbetarklassen; ~ **dispute** arbetstvist; ~ **force** arbetsstyrka; **L**~ **Exchange** *(Brit åld)* arbetsförmedling; **l**~ **union** *(Am)* fackförening; **L**~ **Day** *(Am helgdag: första måndagen i september)* arbetets dag; **(c)** *(Pol):* **l**~ **(party)** labour, arbetarpartiet **(d)** *(vid förlossning)* värkarbete; ~ **pains** värkar; **to be in** ~ ha värkar **2** *vt (synpunkt, ämne)* uppehålla sig (envist) vid; **3** *vi* **(a)** arbeta (hårt) *(at* med), anstränga sig; **to** ~ **under a delusion/misunderstanding that...** sväva i villfarelsen att... **(b)** *(röra sig)* mödosamt ta sig fram; **the engine is** ~**ing** motorn är ansträngd; **to** ~ **up the hill** kämpa sig uppför backen
la·boured, *(Am)* **la·bored** |'leɪbəd| *adj (andning)* tung, mödosam; *(stil)* krystad
la·bour·er, *(Am)* **la·bor·er** |'leɪbərə^r| *s* (grov)arbetare; *(= farm* ~*)* jordbruksarbetare
labour-intensive, *(Am)* **labor-intensive** |'leɪbərɪn,tensɪv| *adj* arbetsintensiv
labour-saving, *(Am)* **labor-saving** |'leɪbə,seɪvɪŋ| *adj* arbetsbesparande
Lab·ra·dor |'læbrə,dɔ:^r| *s* **(a)** *(Geogr)* Labrador **(b)** *(äv:* **l**~ **(retriever):** *hundras)* labrador (retriever)
la·bur·num |lə'bɜ:nəm| *s (Bot)* gullregn
laby·rinth |'læbɪrɪnθ| *s* labyrint
lace |leɪs| **1** *s* **(a)** *(Textil)* spets(ar) **(b)** *(sko etc)* snöre **2** *adj (näsduk, krage etc)* spets- **3** *vt* **(a)** *(äv:* ~ **up:** *skor etc)* snöra **(b)** *(dryck)* spetsa; **a drink** ~**d with brandy** en drink spetsad med konjak
lace·making |'leɪs,meɪkɪŋ| *s* spetstillverkning
lace-up |'leɪsʌp| *adj (skor etc)* snör-
lac·er·ate |'læsəreɪt| *vt* sarga, skära upp
lac·era·tion |,læsə'reɪʃən| *s* skärsår
lack |læk| **1** *s* brist; **for** ~ **of, through** ~ **of** av brist på; **there is no** ~ **of money** pengar saknas inte, det är ingen brist på pengar **2** *vt* sakna; **we** ~ **(the) time to do it** vi har inte tid att göra det; **he** ~**s confidence** han saknar självförtroende **3** *vi* **(a): to be** ~**ing** fattas, saknas **(b): he is** ~**ing in confidence** han saknar självförtroende; **they** ~ **for nothing** de saknar ingenting, de har allt
lacka·dai·si·cal |,lækə'deɪzɪkəl| *adj (person)* oföretagsam, håglös; *(attityd)* nonchalant
lack·ey |'lækɪ| *s (eg, bildl)* lakej
lack·lustre, *(Am)* **lack·luster** |'læk,lʌstə^r| *adj (yta)* matt; *(stil)* glanslös; *(ögon)* matt
la·con·ic |lə'kɒnɪk| *adj* kortfattad, lakonisk
lac·quer |'lækə^r| **1** *s* lack; **hair** ~ *(isht Brit)* hårspray **2** *vt* lackera
la·crosse |lə'krɒs| *s (Sport)* lacrosse
lacy |'leɪsɪ| *adj (-ier, -iest)* spetslik; ~ **pattern** spetsmönster
lad |læd| *s* pojke, gosse; **stable** ~ stallpojke; **when I was a** ~ när jag var pojke; **come on,** ~**s!** kom då pojkar!; **he's a bit of a** ~ *(bildl)* han är en glad gosse
lad·der |'lædə^r| **1** *s* **(a)** stege; **step** ~ trappstege; **rope** ~ repstege **(b)** *(bildl)* stege; **the social** ~ samhällsstegen; **it's a first step up the** ~ **of success** det är ett första steg på karriärstegen **(c)** *(i sht Brit: på strumpa)* maska **2** *vt (i sht Brit: strumpa)* få en maska på **3** *vi (i sht Brit: strumpa)* släppa maskor; **tights which won't** ~ masksäkra strumpbyxor
lad·en |'leɪdn| *adj* lastad *(with* med)
la-di-da |'lɑ:dɪ'dɑ:| *adj (vard: person, röst)* tillgjord, snobbig
lad·ing |'leɪdɪŋ| *s (verksamhet)* lastning; *(gods)* last
la·dle |'leɪdl| **1** *s (Matl)* slev; **soup** ~ soppslev **2** *vt (äv:* ~ **out)** ösa/sleva upp; *(bildl: pengar, råd)* ösa ut
lady |'leɪdɪ| *s* **(a)** dam; **the** ~ **of the house** frun i huset; **Ladies and Gentlemen!** mina damer och herrar!; **leading** ~ *(Teat)* primadonna; **Our L**~ *(Rel)* Jungfru Maria; **young** ~ flicka, ung dam; **Ladies** *(skylt)* damtoalett; **ladies' room** damrum; **ladies' hairdresser** damfrisörska; **he's a ladies' man** han är en kvinnotjusare/kavaljer; **L**~ **Day** *(25 mars)* Marie Bebådelsedag; ~ **doctor** kvinnlig läkare; ~ **friend** *(i sht äldre)* kvinnlig vän, dambekant **(b): L**~ *(tilltalstitel till adelsdam)* lady; **my** ~ |mɪ'leɪdɪ| Ers nåd
lady·bird |'leɪdɪbɜ:d| *s, (Am)* **lady·bug** |'leɪdɪbʌg| *s* nyckelpiga
lady-in-waiting |'leɪdɪɪn'weɪtɪŋ| *s* hovdam
lady-killer |'leɪdɪ,kɪlə^r| *s* don juan, kvinnotjusare
lady·like |'leɪdɪlaɪk| *adj (om kvinna)* (förnämt) elegant; **it is not** ~ **to...** det anstår inte/passar sig inte för en dam att...
la·dy·ship |'leɪdɪʃɪp| *s:* **Her/Your L**~ hennes/Ers nåd
lag[1] |læg| **1** *s (äv:* **time** ~) tidsintervall, tidsförskjutning; *se äv* **jet 2 2** *vi (äv:* ~ **behind)** komma på efterkälken, bli/släpa efter; **we** ~ **behind in space exploration** vi ligger efter i utforskandet av rymden
lag[2] |læg| *vt (rör etc)* värmeisolera
lag[3] |læg| *s (vard):* **old** ~ fängelsekund
la·ger |'lɑ:gə^r| *s (ljust öl)* pilsner, lager
lag·ging |'lægɪŋ| *s (Tekn)* isolering
la·goon |lə'gu:n| *s* lagun
laid |leɪd| *imperf, perf part av* **lay**[3]
lain |leɪn| *perf part av* **lie**[2]
lair |leə^r| *s (djurs)* håla, lya; *(tjuvars)* tillhåll
la·ity |'leɪɪtɪ| *s:* **the** ~ lekmännen

lake |leɪk| s *(Geogr)* (in)sjö
lamb |læm| **1** s *(djur)* lamm; *(Matl)* lammkött; **roast** ~ lammstek; **you poor** ~! din lilla stackare! **2** *vi* lamma
lambs·wool |'læmzwʊl| s lammull
lame |leɪm| **1** *adj* (-r, -st) **(a)** *(av skada i ben el fot)* halt; *(i arm)* ofärdig, handikappad; **to be** ~ vara halt; **to be** ~ **in one foot/leg** halta **(b)** *(bildl)* haltande; **a** ~ **excuse** en lam ursäkt; **a** ~ **duck** *(bildl vard: person)* hjälplös person; *(: neds)* odugling, nolla; *(Börsen)* dålig betalare; *(Am Pol)* politiker, i sht president, som inte blivit omvald men sitter kvar till mandatperiodens utgång **2** *vt* göra halt
lamé |'lɑːmeɪ| s lamé
lame·ly |'leɪmlɪ| *adv (bildl)* lamt, osäkert
la·ment |lə'ment| **1** s *(poet)* klagosång **2** *vt* begråta, beklaga; **to** ~ **sb** sörja ngn **3** *vi:* **to** ~ **over sth/for sb** sörja över ngt/över ngn
lam·en·ta·ble |'læməntəbl| *adj (produkt, prestation)* bedrövlig, jämmerlig: *the performance was quite* ~; *(opassande el felaktig handling)* beklaglig: *a* ~ *mistake/waste of time*
lami·na·ted |'læmɪneɪtɪd| *adj (metall)* valsad (till tunna skivor); *(bokomslag)* laminerad; ~ **glass** lamellglas; ~ **plastic** (plast)laminat; ~ **wood** lamellträ
lamp |læmp| s *(i rum)* lampa; *(utomhus)* lykta; *(på fordon)* strålkastare; *(som ger ljuset)* (glöd)lampa
lam·poon |læm'puːn| s nidskrift
lamp·post |'læmppəʊst| s lyktstolpe
lam·prey |'læmprɪ| s *(Zool)* nejonöga
lamp·shade |'læmpʃeɪd| s lampskärm
lance |lɑːns| **1** s *(vapen)* lans **2** *vt (Med)* sticka hål på
lan·cet |'lɑːnset| s *(Med)* lansett; ~ **arch** *(Arkit)* spetsbåge; ~ **window** *(Arkit)* spetsbågefönster
land |lænd| **1** s **(a)** *(fast mark)* land; *(terräng)* mark; *(odlad)* jord; **to go/travel by** ~ resa till lands; **dry** ~ fast mark; **to work on the** ~ bruka jorden, arbeta med jordbruk; **to own** ~ äga mark/jord; ~ **reform** jordreform; **to see how the** ~ **lies** *(bildl)* se hur landet ligger; ~ **defences/ forces** *(Mil)* markstridskrafter **(b)** *(nation)* land; **the** ~ **of the living** jordelivet; **to be in the** ~ **of the living** vara i livet
2 *vt* **(a)** *(om båt: last)* lossa; *(: passagerare)* landsätta **(b)** *(plan, flygpassagerare)* landa med **(c)** *(fisk)* dra i land, landa; *(bildl: jobb, kontrakt)* ta hem, kamma hem *(vard)* **(d)** *(vard: i situation etc)* få att hamna, försätta; *(slag etc)* ge; **to** ~ **a blow on sb** ge ngn ett slag; **it** ~**ed him in jail** han hamnade i fängelse för det; **to** ~ **sb in debt** försätta ngn i skuld; **to** ~ **sb in trouble/in a mess** få ngn att råka i knipa; **I got** ~**ed with the job/with him** jag fick jobbet/honom på halsen
3 *vi* **(a)** *(plan)* landa; *(fågel)* landa, slå sig ner; *(flygpassagerare)* landa; *(båtpassagerare)* landstiga, gå i land **(b)** *(efter fall)* komma ned, hamna; **the hat** ~**ed in my lap** hatten hamnade i mitt knä; **the bomb** ~**ed on the building** bomben slog ned i byggnaden; **to** ~ **on one's feet** *(eg, bildl)* komma ned på fötterna
♦ **land up** *vi* + *adv (bildl vard)* hamna
land·ed |'lændɪd| *adj (person)* som äger jord, jordägande; *(egendom)* jord-; **the** ~ **gentry** godsägarklassen, godsägarna
land·ing |'lændɪŋ| s **(a)** *(med flygplan)* landning; *(av trupper)* landsättning, landstigning; ~ **card** landstigningskort; ~ **craft** landstigningsbåt; ~ **gear** *(Flyg)* landningsställ; ~ **party** *(Sjö)* landstigningsstyrka; ~ **stage** *(Brit: Sjö)* landningsbrygga; ~ **strip** *(Flyg: liten)* landningsbana **(b)** *(i hus)* trappavsats
land·lady |'lænd,leɪdɪ| s *(till hyreshus etc)*

(kvinnlig) hyresvärd; *(på pensionat, pub etc)* värdinna
land·locked |'lændlɒkt| *adj* (på alla håll) omgiven av land: *Switzerland is a* ~ *country*
land·lord |'lændlɔːd| s *(till gods)* godsägare; *(till hus)* hyresvärd; *(på pensionat, pub etc)* värd
land·mark |'lændmɑːk| s landmärke; **a** ~ **in history** *(bildl)* en milstolpe i historien
land·owner |'lænd,əʊnəʳ| s jordägare
land·scape |'lændskeɪp| **1** s *(natur)* landskap; ~ **gardening**, ~ **architecture** trädgårdsarkitektur; ~ **(painting)** landskapsmålning **2** *vt (trädgård)* anlägga
land·slide |'lændslaɪd| s *(eg, Pol)* jordskred; ~ **victory** *(Pol)* jordskredsseger
lane |leɪn| s *(på landet)* smal väg; *(i stad)* gränd; *(Sport: för varje tävlande)* bana; *(Motor)* körfält, fil; **inside** ~ innerfil; **outside** ~ ytterfil; **shipping** ~ farled
lan·guage |'læŋgwɪdʒ| s *(i allm)* språk; **watch/mind your** ~ tänk på hur du uttrycker dig; **bad/coarse** ~ grovt språk; **in strong** ~ i starka ordalag; **a foreign** ~ ett främmande språk; **computer** ~ dataspråk; ~ **degree** examen i språk; ~ **laboratory** inlärningsstudio, språklaboratorium; ~ **studies** språkstudier
lan·guid |'læŋgwɪd| *adj (sjuk)* matt, svag; *(trött)* dåsig
lan·guish |'læŋgwɪʃ| *vi* **(a)** *(efter ngt man vill ha)* tråna, trängta; **to** ~ **for sth** trängta efter ngt *(i fängelse etc)* tyna bort, försmäkta **(b)** *(Zool)* nejonöga
lan·guor |'læŋgəʳ| s *(lättja)* slöhet, tröghet; *(svaghet)* matthet; *(av värme)* dåsighet
lan·guor·ous |'læŋgərəs| *adj (toner)* smäktande; *(vind)* stilla, svag; *(sommardag)* varm och tryckande; *(blick)* dimmig, slö
lank |læŋk| *adj (hår)* stripig
lanky |'læŋkɪ| *adj* (-ier, -iest) *(person)* lång och gänglig
lano·lin(e) |'lænəʊlɪn| s lanolin
lan·tern |'læntən| s lykta, lanterna
Laos |'lɑːɒs, *(Am vanl)* 'leɪɒs| s Laos
Lao·tian |'laʊʃɪən, *(Am vanl)* leɪ'əʊʃɪən| **1** *adj* laotisk **2** s laotier
lap[1] |læp| s famn, knä; **to sit on sb's** ~ sitta i ngns knä; **to live in the** ~ **of luxury** *(bildl)* leva lyxliv; **in the** ~ **of the gods** *(bildl)* i gudarnas sköte
lap[2] |læp| s *(Sport: löpning, speedway etc)* varv; *(: simning)* längd; **we're on the last** ~ **now** *(bildl)* vi är på sista varvet/versen nu
lap[3] |læp| **1** *vt (mjölk etc)* lapa, slicka i sig **2** *vi (vågor)* skvalpa *(against mot)*
♦ **lap up** *vt* + *adv (eg, bildl)* slicka i sig
lap·dog |'læpdɒg| s knähund
la·pel |lə'pel| s *(kavaj-)* slag
Lap·land |'læplænd| s Lappland
lapse |læps| **1** s **(a)** *(misstag)* förbiseende; *(moraliskt)* felsteg; *(i dålig vana)* återfall **(b)** *(period)* tid(srymd) **2** *vi* **(a)** *(från plikt etc)* avvika; *(i dålig vana)* återfalla; **to** ~ **into one's old ways** falla tillbaka i sina gamla vanor; **he** ~**d into silence/unconsciousness** han försjönk i tystnad/medvetslöshet **(b)** *(giltighet)* upphöra; *(medlemskap)* gå ut
lar·ceny |'lɑːsənɪ| s *(Jur)* stöld
larch |lɑːtʃ| s *(Bot)* lärkträd
lard |lɑːd| s flott, ister
lar·der |'lɑːdəʳ| s skafferi
large |lɑːdʒ| **1** *adj* (-r, -st) *(i allm)* stor; *(rum, trädgård etc)* rymlig; *(person)* kraftig; *(storlek: i kläder)* stor; *(skiva)* tjock, stor; *(summa)* stor, betydande; **a** ~ **number of** ett stort antal (av); **as** ~ **as life** *(avbildning)* i naturlig storlek; *(bildl)* livs levande; *se äv* **scale 2** **2** s: **at** ~ på fri fot; **the world at** ~ världen i allmänhet; *se äv* **by 1 c**

large·ly |'lɑːdʒlɪ| *adv* till stor del

large·ness |'lɑːdʒnɪs| *s (eg)* storlek; *(bildl)* betydelse

large-scale |ˌlɑːdʒ'skeɪl| **1** *adj (karta etc)* i stor skala; *(reform etc)* omfattande

larg·ish |'lɑːdʒɪʃ| *adj* tämligen stor

lark¹ |lɑːk| *s (fågel)* lärka; **as happy as a** ~ glad som en lärka

lark² |lɑːk| *s (vard)* skoj, skämt; **for a** ~ på skoj

♦ **lark about, lark around** *vi + adv* skoja, stoja; **to** ~ **about with sth** leka med ngt

lar·va |'lɑːvə| *s, pl* **lar·vae** |'lɑːviː| *(av insekter etc)* larv

lar·yn·gi·tis |ˌlærɪn'dʒaɪtɪs| *s (Med)* laryngit

lar·ynx |'lærɪŋks| *s, pl* **la·ryn·ges** |lə'rɪndʒiːz| *el* **larynxes** struphuvud

las·civi·ous |lə'sɪvɪəs| *adj* vällustig, liderlig

la·ser |'leɪzər| *s* laser; ~ **beam** laserstråle

lash |læʃ| **1** *s* (**a**) *(= eye* ~) ögonfrans (**b**) *(på piska)* pisksnärt; *(med piska)* rapp; *(med svans)* snärt **2** *vt* (**a**) *(häst, person etc)* piska; *(svans)* slå med, piska med; *(om regn, vågor: äv:* ~ **against**) piska mot; **the wind** ~**ed the sea into a fury** vinden piskade upp havet till raseri (**b**) *(i sht Sjö: binda)* surra

♦ **lash down** **1** *vt + adv (i sht Sjö)* surra fast **2** *vi + adv (regn etc)* vräka ner

♦ **lash out** *vi + adv* (**a**) gå till angrepp *(at/against mot)* (**b**) *(vard)* spendera, slösa

lash·ing |'læʃɪŋ| *s* (**a**) *(bestraffning)* piskning, prygel (**b**) *(Sjö)* surrning (**c**): ~**s** *spl (vard):* ~**s of** massor av

lass |læs| *s (i sht Skottl)* tös, flicka

las·so |læ'suː, *(Am)* 'læsəʊ| **1** *s* lasso **2** *vt* fånga med lasso

last¹ |lɑːst| **1** *adj* (**a**) *(i tidsuttryck)* förra, senaste; ~ **week/month** förra veckan/månaden; ~ **Monday** förra måndagen; ~ **night** i natt/i går kväll; **during the** ~ **week/two years** under den senaste veckan/två åren; **the night before** i förrgår natt/kväll; ~ **time** förra gången (**b**) *(i en följd)* sist; ~ **thing** allra sist; **the** ~ **page** sista sidan; **the** ~ **cake** den sista kakan; **that was the** ~ **thing I expected** det var det sista jag väntade mig; **you're the** ~ **person I'd trust with it** du är den sista jag skulle anförtro den åt; ~ **but one second** ~ näst sist **2** *s:* **the** ~ **den/det sista; the** ~ **of the wine** det sista av vinet; **the** ~ **to arrive** den sista som kom; **the** ~ **in the series** den sista i raden/serien; **each one better than the** ~ den ena bättre än den andra; **I shall be glad to see the** ~ **of this** det ska bli skönt att slippa det här; **we shall never hear the** ~ **of it** det kommer vi att få äta upp i evighet; **at (long)** ~ äntligen; **to the** ~ in i det sista, in i döden **3** *adv* sist; **to arrive** ~ **(of all)** komma sist (av alla); ~ **but not least...** sist men inte minst...; **when I** ~ **saw them** när jag senast såg dem

last² |lɑːst| **1** *vi* (**a**) *(fortsätta)* hålla 'på, vara; *(inte förstöras)* hålla, stå sig; **this material will** ~ **(for) years** det här materialet kommer att hålla i åratal; **he didn't** ~ **long in the job** han höll inte ut länge på jobbet (**b**) *(äv:* ~ **out:** *person)* klara sig; *(: pengar, resurser)* räcka; **it's too good to** ~/**it can't** ~ det är för bra för att kunna fortsätta; **he won't** ~ **the night (out)** han kommer inte att leva över natten **2** *vt* räcka för; **the car has** ~**ed me 8 years** min bil har hållit i 8 år

last-ditch |'lɑːstˌdɪtʃ| *adj (försök etc)* slutlig, sista

last·ing |'lɑːstɪŋ| *adj* varaktig

last·ly |'lɑːstlɪ| *adv* till sist, slutligen

last-minute |'lɑːstˌmɪnɪt| *adj* i sista minuten

latch |lætʃ| *s* klinka; **the door is on the** ~ dörren är uppställd/olåst

♦ **latch on** *vi + adv* (**a**) *(person)* klänga sig fast

(to vid) (**b**): **to** ~ **on to** *(idé)* fatta

latch·key |'lætʃkiː| *s* portnyckel; ~ **child** nyckelbarn

late |leɪt| **(-r, -st) 1** *adj* (**a**) *(inte i tid)* sen, försenad; **to be (10 minutes)** ~ komma (10 minuter) för sent; **to be** ~ **in doing sth** vara sen med att göra ngt; **to make sb** ~ försinka ngn; **to be** ~ **with one's work** vara försenad med sitt arbete; **the** ~ **arrival of the flight** flygets försenade ankomst (**b**) *(mot slutet av period)* sen; **it's getting** ~ det börjar bli sent; **a** ~ **edition** en sen upplaga; **to keep** ~ **hours** ha sena vanor; **at this** ~ **hour** vid denna sena tidpunkt; **at this** ~ **stage** på det här sena stadiet, så här sent; **in (the)** ~ **spring** sent på våren; **a girl in her** ~ **teens** en flicka i de övre tonåren (**c**) *(död)* avliden, framliden; **my** ~-**lamented husband** min nyligen bortgångne man; **the** ~ **Mrs Smith** framlidna Mrs Smith (**d**) *(avgången):* **our** ~ **prime minister** vår förre premiärminister **2** *adv* (**a**) *(inte i tid)* sent, för sent; **I got up** ~ **this morning** jag gick upp sent i morse; **to arrive/leave (10 minutes)** ~ komma/gå (10 minuter) för sent; **better** ~ **than never** bättre sent än aldrig (**b**) *(mot slutet av period)* sent; **to work** ~ arbeta sent/över; ~ **at night** sent på natten; ~ **into the night** till långt in på natten; ~ **in life** sent i livet; *(nyligen)* sent; **as** ~ **as 1981** så sent som 1981; **of** ~ på sista tiden; *se äv* **later, latest**

late·comer |'leɪtˌkʌmər| *s* eftersläntrare, person som kommer (för) sent

late·ly |'leɪtlɪ| *adv* på sista tiden; **till** ~ till helt nyligen

late·ness |'leɪtnɪs| *s (om person, tåg etc)* sen ankomst; **the** ~ **of the hour** den sena timmen

la·tent |'leɪtənt| *adj* latent

lat·er |'leɪtər| **1** *adj komp av* **late** senare; **he was** ~ **than expected** han kom senare än väntat; **at a** ~ **stage** på ett senare stadium; **a** ~ **train** ett senare tåg; **his** ~ **symphonies** hans senare symfonier; **this version is** ~ **than that one** den här versionen är senare än den där **2** *adv komp av* **late** senare; **a few years** ~ några år senare; ~ **on** senare

lat·er·al |'lætərəl| *adj* sido-

lat·est |'leɪtɪst| **1** *adj superl av* **late** senaste; **her** ~ **exhibition** hennes senaste utställning; **the** ~ **news/fashion** senaste nytt/mode **2** *s* (**a**) *(vard)* senaste; **the** ~ **in cars** det senaste i bilväg; **have you heard the** ~? har du hört det senaste? (**b**) *(sista dag etc)* senaste; **when is the** ~ **I can let you know** när är det senaste jag kan lämna besked; **at the** ~ senast

la·tex |'leɪteks| *s (färg etc)* latex

lath |lɑːθ| *s, pl* ~**s** |lɑːðz| ribba

lathe |leɪð| *s* svarv

lath·er |'lɑːðər, *(i sht Am)* 'læðər| **1** *s* lödder; **the horse was in a** ~ hästen löddrade av svett; **to be in a** ~ *(bildl)* vara upphetsad **2** *vt (ansiktet)* tvåla in

Lat·in |'lætɪn| **1** *adj* latinsk, latin-; ~ **lessons** latinlektioner **2** *s (språk)* latin

Lat·in Ameri·ca |ˌlætɪnə'merɪkə| *s* Latinamerika

Latin-Ameri·can |'lætɪnə'merɪkən| *adj* latinamerikansk

lati·tude |'lætɪtjuːd| *s* (**a**) *(Geogr)* latitud, breddgrad (**b**) *(bildl)* handlingsfrihet

la·trine |lə'triːn| *s* latrin

lat·ter |'lætər| **1** *adj* senare; **the** ~ **half of the match** den senare halvan av matchen; **the** ~ **part of the story** den senare delen av berättelsen **2** *s:* **the** ~ den senare; **the former ...the** ~ den förre ... den senare

lat·ter·ly |'lætəlɪ| *adv* på sista tiden, nyligen

lat·tice |'lætɪs| *s (av metall)* galler(verk); *(av trä)* spjälverk, spaljé; *(av pajdeg)* galler; ~ **window**

gallerfönster *med blyinfattade rutor*
lat·tice·work ['lætɪs,wɜːk] *s (metall)* gallerverk; *(trä)* spjälverk
Lat·via ['lætvɪə] *s* Lettland
Lat·vian ['lætvɪən] **1** *adj* lettisk **2** *s* **(a)** *(person)* lett **(b)** *(språk)* lettiska
laud·able ['lɔːdəbl] *adj (person)* berömvärd; *(avsikt, försök)* lovvärd
laugh [lɑːf] **1** *s* skratt; **to have a good** ~ **over/about/at sth** få sig ett gott skratt åt ngt; **to do sth for a** ~ *(vard)* göra ngt för skojs skull; **good for a** ~ underhållande, skojig; **to have the last** ~ *(bildl, vard)* vara den som skrattar sist **2** *vi* skratta; **to** ~ **at/over/about sth** skratta åt ngt; **to** ~ **at sb** skratta åt ngn; **it's nothing to** ~ **about** det är ingenting att skratta åt; **to** ~ **to oneself** skratta inom sig; **I** ~**ed till I cried** jag skrattade så jag grät; **to** ~ **in sb's face** skratta ngn rakt upp i ansiktet **3** *vt* skratta; **to** ~ **sb to scorn** hånskratta åt ngn; **to** ~ **sb out of court** skratta ut ngn
♦ **laugh off** *vt* + *adv (smärta, anklagelse)* slå bort med ett skratt; **to** ~ **one's head off** *(vard)* skratta ihjäl sig, explodera av skratt
laugh·able ['lɑːfəbl] *adj (i allm)* skrattretande; *(penningsumma)* löjligt liten
laugh·ing ['lɑːfɪŋ] *s* skratt, skrattande; ~ **gas** lustgas; **no** ~ **matter** inget att skratta åt; ~ **stock** åtlöje, driftkucku; **he was the** ~ **stock of the office when he dyed his hair** han blev till åtlöje på kontoret när han hade färgat håret
laugh·ter ['lɑːftəʳ] *s* skratt
launch [lɔːntʃ] **1** *s* **(a)** *(av båt)* sjösättning; *(av raket)* uppskjutning; *(av ny produkt)* lanserande **(b)** *(farkost)* motorbåt **2** *vt (raket etc)* skjuta upp; *(av båt)* sjösätta; *(livbåt)* sätta i sjön; *(bildl: kampanj)* starta; *(produkt, film etc)* lansera; **to** ~ **sb on his way** ge ngn en bra start **3** *vi:* **to** ~ **into sth** ge sig in på ngt
♦ **launch forth, launch out** *vi* + *adv (kampanj, karriär)* sätta igång
launch·ing ['lɔːntʃɪŋ] *s (av båt)* sjösättning; *(av raket)* uppskjutning; ~ **pad** avskjutningsramp
laun·der ['lɔːndəʳ] *vt* tvätta
laun·der·ette [,lɔːndə'ret] *s, (Am)* **laun·dro·mat** ['lɔːndrə,mæt] *s* tvättomat
laun·dry ['lɔːndrɪ] *s (företag)* tvättinrättning; *(kläder etc)* tvätt; **to do the** ~ tvätta
lau·rel ['lɒrəl] *s (Bot)* lager; **to rest on one's** ~**s** vila på sina lagrar
lava ['lɑːvə] *s* lava
lava·tory ['lævətrɪ] *s (i sht Brit: rum, Brit: äv: stol)* toalett; ~ **paper** toalettpapper
lav·en·der ['lævɪndəʳ] *s* lavendel
lav·ish ['lævɪʃ] **1** *adj (måltid, portion)* riklig; *(med pengar etc)* frikostig; *(miljö, våning)* påkostad; ~ **expenditure** slöseri; **to be** ~ **with one's gifts** vara frikostig med gåvor **2** *vt:* **to** ~ **sth on sb** överösa ngn med ngt
lav·ish·ly ['lævɪʃlɪ] *adv (ge)* frikostigt; *(möblerad)* överdådigt
law [lɔː] *s (i allm)* lag; *(internationell, civil- etc)* rätt; *(vetenskap)* juridik; **the** ~ **of the land** landets lagar; ~**s of nature** naturlagar; **against the** ~ mot lagen; **civil** ~ civilrätt; **criminal** ~ straffrätt; **to study** ~ studera juridik; ~ **and order** lag och ordning; **court of** ~ domstol; **to go to** ~ vidta rättsliga åtgärder; **to have the** ~ **on one's side** ha lagen på sin sida; **to be above the** ~ stå över lagen; **to be a** ~ **unto oneself** göra som det passar en; **there's no** ~ **against it** det finns ingen lag som förbjuder det; **to take the** ~ **into one's own hands** ta lagen i egna händer; **his word is** ~ hans ord är lag; **to lay down the** ~ *(bildl vard)* lägga ut texten, domdera; ~ **court** domstol, rätt; ~ **school** *(Am)* juridisk fakultet; ~ **student** ju-

ridikstuderande; **she's a** ~ **student** hon studerar/läser juridik
law-abiding ['lɔːə,baɪdɪŋ] *adj* laglydig
law·breaker ['lɔː,breɪkəʳ] *s* lagbrytare
law·ful ['lɔːfʊl] *adj* laglig; **it is still** ~ **to...** det är fortfarande tillåtet i lagen att...; ~ **heir** rättmätig arvinge; **my** ~ **wife** min lagvigda (hustru); **in** ~ **pursuit of his work as a farmer** i sin lovliga verksamhet som bonde
law·less ['lɔːlɪs] *adj (land)* rättslös, laglös; *(person)* laglös; *(handling)* lagstridig
law·less·ness ['lɔːlɪsnɪs] *s (persons)* bristande laglydnad; *(i land)* laglöshet, anarki; *(handling)* olaglighet, lagstridighet
lawn [lɔːn] *s* gräsmatta; ~ **mower** gräsklippare; ~ **tennis** *(på gräsplan)* tennis
law·suit ['lɔːsuːt] *s* process; **bring a** ~ **against** öppna process mot
law·yer ['lɔːjəʳ] *s* jurist, advokat
lax [læks] *adj* (-er, -est) *(uppförande, moral)* slapp; *(Språkv: vokal)* kort, slapp; ~ **bowels** *(Med)* lös mage; **to be** ~ **about/on punctuality** slarva med punktlighet
laxa·tive ['læksətɪv] *s* laxermedel
lax·ity ['læksɪtɪ] *s,* **lax·ness** ['læksnɪs] *s* slapphet; **moral** ~ moralisk slapphet
lay[1] [leɪ] *adj (Rel: ej professionell)* lekmanna-; ~ **reader** *(engelska statskyrkan: ej prästvigd)* predikant; *(katolska kyrkan)* församlingsmedlem som läser bibeltexten/episteln
lay[2] [leɪ] **1** *imperf av* **lie** **2** *s* **(a)** *läge, position;* **the** ~ **of the land** = **the lie of the land** *se* **lie**[2] **2 (b)** *(vard!: samlag)* ligg(!)
lay[3] [leɪ] *imperf, perf part* **laid** **1** *vt* **(a)** *(i allm)* lägga; *(matta, golv)* lägga; *(tegel)* mura, lägga; *(grund: eg o bildl)* lägga; *(kabel, ledning)* dra, lägga (ner); *(om fågel: ägg)* lägga; *(planer, fakta, bevis etc)* lägga fram; *(before för/inför);* **to** ~ **sth over/on sth** lägga ngt över ngt; **to be laid low with flu** ligga till sängs med influensa; **to be laid to rest** *(eufem)* läggas till sista vilan; **I don't know where to** ~ **my hands on...** jag vet inte var jag ska få tag på...; **I didn't** ~ **a finger on it!** jag rörde det inte (en gång)!; **to** ~ **oneself open to criticism** utsätta sig för kritik; **to** ~ **the blame (for sth) on sb** lägga skulden (för ngt) på ngn; **to** ~ **claim to sth** göra anspråk på ngt; **to lay odds/a bet on sth** slå vad om ngt **(b)** *(brasa)* lägga in; *(villkor)* uppställa; *(princip, regel etc)* fastställa
♦ **lay aside, lay by** *vt* + *adv* lägga åt sidan
♦ **lay down** *vt* + *adv* **(a)** *(i allm)* lägga/sätta ner; *(vapen)* lägga ned; *(vin)* lagra; *(ämbete)* nedlägga; **to** ~ **down one's life for sb/sth** offra sitt liv för ngn/ngt **(b)** *(villkor)* uppställa; *(princip, regel etc)* fastställa
♦ **lay in** *vt* + *adv* förse sig med
♦ **lay into** *vi* + *prep (vard: verbalt, fysiskt)* kasta sig över, angripa
♦ **lay off** **1** *vt* + *adv (arbetare)* friställa **2** *vi* + *adv el prep (vard)* lägga av; ~ **off (it)!** lägg av!; ~ **off him!** lämna honom ifred!
♦ **lay on** *vt* + *adv (vatten, el)* dra in, installera; *(måltid, möjligheter)* arrangera, ordna; **to** ~ **it on thick** *(vard: med smicker)* bre på extra; *(: smärta, svårighet)* överdriva
♦ **lay out** *vt* + *adv* **(a)** *(trädgård, hus, stad)* planera; *(sida, bok)* göra layout till; *(brev)* ställa upp **(b)** *(kläder)* lägga fram; *(varor)* lägga ut/fram; *(lik)* svepa **(c)** *(pengar)* lägga ut **(d)** *(motståndare)* slå ner
♦ **lay over** *vi* + *adv (Am: i sht med flyg)* stanna över, göra nattuppehåll
♦ **lay up** *vt* + *adv* **(a)** *(förråd)* lägga upp; *(mat etc)*

layabout

lägga undan, spara; **to ~ up trouble for oneself** dra på sig bekymmer **(b)** *(för reparation: fartyg)* lägga upp; *(: bil)* lämna in; **to be laid up with flu** ligga sjuk i influensa

lay·about |'leɪəˌbaʊt| *s (vard)* dagdrivare

lay-by |'leɪbaɪ| *s (Brit: vid landsväg)* parkeringsplats

lay·er |'leɪəʳ| *s (i allm, Geol)* lager; **~ cake** tårta med flera bottnar

lay·ette |leɪ'et| *s* babyutstyrsel

lay·man |'leɪmən| *s, pl* **-men** lekman

lay-off |'leɪɒf| *s (av arbetskraft)* friställning

lay·out |'leɪaʊt| *s (av byggnad, stad)* planering; *(av brev)* uppställning; *(av tidning etc)* layout

laze |leɪz| *vi (äv:* **~ around,** **~ about)** lata sig, driva omkring; **we ~d in the sun for a week** vi latade oss i solen en vecka

la·zi·ly |'leɪzɪlɪ| *adv* lättjefullt

la·zi·ness |'leɪzɪnɪs| *s* lättja

lazy |'leɪzɪ| *adj* **(-ier, -iest)** lat, lättjefull

lazy·bones |'leɪzɪˌbəʊnz| *ssg (vard)* latmask

lb. *förk f* **pound¹** a

lead¹ |led| *s (metall)* bly; *(i penna)* blyerts; **~ weight** blytyngd; **~ poisoning** blyförgiftning

lead² |liːd| *(v: imperf, perf part* **led) 1** *s* **(a)** *(ställning, Sport)* ledning; *(avstånd, tid)* försprång; **to be in the ~** *(i allm)* ha en ledande ställning; *(Sport)* ha ledningen; **to take the ~** *(Sport)* ta ledningen; *(i allm)* ta initiativet; **to follow sb's ~** följa ngns exempel; **it's your ~** *(Kortsp)* det är du som spelar ut **(b)** *(tips)* ledtråd; **the police have a ~** polisen har en ledtråd **(c)** *(Teat, Film)* huvudroll; **with Garbo in the ~** med Garbo i huvudrollen **(d)** *(i sht Brit: för hund)* koppel **(e)** *(Elektr: till radio etc)* sladd; *(: grövre)* kabel

2 *vt* **(a)** *(föra)* leda; **to ~ the way** visa vägen, gå före; **he is easily led** *(bildl)* han är lättpåverkad **(b)** *(regering, parti, lag)* vara ledare för; *(revolution, expedition)* leda; *(procession)* anföra; *(orkester: Brit)* vara konsertmästare för; *(: Am)* vara ledare/dirigent för **(c)** *(vara först: i sht Sport)* leda; **Arsenal are ~ing the first division** Arsenal leder division 1; **to ~ the field** *(eg, bildl)* ligga i täten **(d)** *(tillvaro)* föra, ha; *(liv)* leva; **to ~ a full/busy life** leva ett intensivt liv **(e)** *(påverka)*; **to ~ sb to do sth** få ngn att göra ngt; **to ~ someone to believe that...** få ngn att tro att...

3 *vi* **(a)** *(gå före)* leda vägen; *(Kortsp)* spela ut, börja; **~ on!** framåt! **(b)** *(i tävling)* leda **(c)** *(gata, korridor, dörr etc)* leda *(to till)* **(d)** *(händelse)* leda *(to* till); **one thing led to another** det ena ledde till det andra

♦ **lead away** *vt + adv* föra bort

♦ **lead back** *vt + adv* föra tillbaka

♦ **lead off 1** *vt + adv* **(a)** *(person)* föra/leda bort **(b)** *(bildl)* börja **2** *vi + prep (väg etc)* leda bort från; *(person)* ta med

♦ **lead on** *vt + adv* driva med; **he's not serious, he's just ~ing you on** han menar inte allvar, han bara driver med dig; **to ~ sb on (to do sth)** lura/förleda ngn (att göra ngt)

♦ **lead up to** *vi + prep* leda fram till; **what's all this ~ing up to?** vad leder allt det här fram till?, vad går allt det här ut på?

lead·ed |'ledɪd| *adj (fönster)* blyinfattad

lead·en |'ledn| *adj (färg)* blygrå; *(bildl: lemmar)* blytung; *(stämning)* tryckt, dyster; **with a ~ heart** med tungt hjärta

lead·er |'liːdəʳ| *s* **(a)** *(i allm)* ledare; *(Mus: Brit)* konsertmästare; *(: Am)* dirigent; *(på resa)* guide, reseledare; **L~ of the House** *(Brit Pol: ung)* majoritetsledare; **to be a born ~** vara född till ledare; **follow my ~** *(Brit)*, **follow the ~** *(Am) (lek)* följa John **(b)** *(i tävling)* ledare; *(på om-*

---

råde) ledande **(c)** *(Brit: i tidning)* ledare

lead·er·ship |'liːdəʃɪp| *s* **(a)** *(ställning)* ledarskap; **under the ~ of sb** under ngns ledning; **qualities of ~** ledaregenskaper **(b)** *(ledande grupp)* ledning

lead-free |'ledˌfriː| *adj (bensin etc)* blyfri

lead·ing |'liːdɪŋ| *adj (i tävling)* ledande; *(i procession)* främst; *(bildl: framstående)* ledande; **one of the ~ figures of this century** en av detta århundrades mest framstående personligheter; **a ~ question** *(Jur: till vittne)* en ledande fråga; *se äv* **article, lady**

leaf |liːf| *s, pl* **leaves** **(a)** *(på växt)* blad; *(på träd)* löv; **that bush is in ~ already** den där busken har redan slagit ut **(b)** *(i bok)* blad; **to turn over a new ~** *(bildl)* börja ett nytt liv; **to take a ~ out of sb's book** *(bildl)* följa ngns exempel **(c)** *(på bord)* (extra)skiva, iläggsskiva

♦ **leaf through** *vi + prep (bok etc)* bläddra i(genom)

leaf·let |'liːflɪt| *s (med varuinformation etc)* broschyr; *(som delas ut på gator etc)* flygblad; **instruction ~** bruksanvisning

leafy |'liːfɪ| *adj* **(-ier, -iest)** lummig, lövrik

league |liːg| *s* **(a)** förbund; **in ~ with** *(i allm)* i förbund med; *(neds)* i komplott med **(b)** *(Fotboll, Rugby)* serie; **the L~** engelska ligan; **they're not in the same ~** *(bildl vard)* de är inte i samma klass

leak |liːk| **1** *s (i tak, ledning etc)* läcka, läckage; *(bildl: av hemlig information etc)* läcka **2** *vi* **(a)** *(tak, kärl, båt)* läcka, vara otät; *(sko: äv)* ha hål **(b)** *(äv:* **~ out:** *eg)* sippra ut; *(bildl: nyhet)* läcka ut **3** *vt* **(a)** *(vätska)* läcka **(b)** *(bildl: information)* läcka

leak·age |'liːkɪdʒ| *s (av vätska, gas etc)* läcka, läckage

leaky |'liːkɪ| *adj* **(-ier, -iest)** läckande, otät

lean¹ |liːn| *adj* **(-er, -est)** *(person, kött)* mager; *(skörd)* mager, dålig; **~ years** magra år

lean² |liːn| *imperf, perf part* **leaned** *el* **leant** **1** *vi* **(a)** luta sig; **to ~ to(wards) the Left/Right** *(bildl, Pol)* sympatisera med vänstern/högern **(b)** *(mot vägg etc)* luta sig, stödja sig; **~ on/against sth** luta sig mot ngt; **to ~ on sb** *(eg, bildl)* stödja sig på ngn **(c):** **to ~ on sb** *(bildl: tvinga)* sätta press på ngn, trycka 'på ngn **2** *vt (stege, cykel)* luta, ställa; **to ~ one's head on** luta huvudet mot

♦ **lean back** *vi + adv* luta sig tillbaka

♦ **lean forward** *vi + adv* luta sig framåt

♦ **lean out** *vi + adv* luta sig ut

♦ **lean over 1** *vi + adv* böja sig (ner); **to ~ over backwards to help sb** *(bildl vard)* göra vad man kan (och mer därtill) för att hjälpa ngn **2** *vi + prep* luta sig över

lean·ing |'liːnɪŋ| **1** *s* sympati, böjelse *(towards* för) **2** *adj (torn etc)* lutande

leant |lent| *imperf, perf part av* **lean²**

lean-to |'liːntuː| *s (för cyklar, trädgårdsredskap etc)* regnskydd *(oftast hopbyggt med hus)*, uthus

leap |liːp| *(v: imperf, perf part,* **leaped** *el* **leapt)** **1** *s (eg)* hopp, språng; *(bildl)* steg framåt; **a ~ in the dark** ett språng ut i det okända; **by ~s and bounds** med stormsteg **2** *vi* **(a)** hoppa; **to ~ to one's feet** rusa upp; **to ~ about** hoppa omkring; **to ~ out** hoppa fram; **to ~ out at sb** hoppa 'på ngn; **to ~ over sth** 'hoppa över ngt; **to ~ up** hoppa upp; **flames were ~ing up from the burning wreckage** eldslågor slog upp från det brinnande vraket; **to ~ for joy** hoppa högt av glädje; **to ~ at an offer** *(bildl)* ivrigt nappa på ett erbjudande; **to ~ at the chance** ta/gripa chansen **3** *vt (staket, dike)* hoppa över **4** *adj:* **~ year** skottår

leap·frog |'liːpfrɒg| **1** *s:* **to play (a game of) ~**

hoppa bock **2** *vi* hoppa bock (*over* över)
leapt |lept| *imperf, perf part av* **leap**
learn |lɜːn| *imperf, perf part* **learned** *el* **learnt** **1** *vt* (*i allm*) lära sig; **to ~ (how) to do sth** lära sig göra ngt; **to ~ (that...)** (få) höra/få veta (att...); **to ~ one's lesson** (*bildl*) få sig en läxa **2** *vi* (*i skolan etc*) lära sig (*about* om); (*om nyheter etc*) (få) höra, få veta (*about* om); **to ~ from experience** dra lärdom av erfarenheten; **to ~ from one's mistakes** lära av sina misstag;
learn·ed |'lɜːnɪd| *adj* (*i allm*) lärd; (*yrke*) intellektuell; **my ~ friend** (*Brit Jur: ung*) min värderade kollega
learn·er |'lɜːnə'| *s* (*som lär sig*) elev; (*på jobb etc*) nybörjare; (*Brit: äv:* **~ driver**) övningskörare; **she's a fast ~** hon lär sig fort
learn·ing |'lɜːnɪŋ| *s* **(a)** (*kultur*) lärdom, bildning **(b)** (*i skola etc*) inlärning; **language ~** språkinlärning
learnt |lɜːnt| *imperf, perf part av* **learn**
lease |liːs| **1** *s* (*av jord, egendom*) arrende; (*: avtal*) arrendekontrakt; (*av bostad*) hyrestid; (*: avtal*) hyreskontrakt; **to give sb a new ~ of life** ge ngn nytt liv **2** *vt* **(a)** (*jord, egendom*) arrendera (*from* av); (*bostad*) hyra (*from* av); (*bil*) leasa **(b):** (*äv:* **~ out**) (*jord, egendom*) arrendera ut; (*bostad*) hyra ut
lease·hold |'liːshəʊld| **1** *s* arrende **2** *adj* arrende-, arrenderad
leash |liːʃ| *s* (*hund-*) koppel
least |liːst| *superl av* **little** **1** *adj* minst; **that's the ~ of my worries** det är vad jag oroar mig minst för **2** *adv* minst; **the ~ expensive car** den billigaste bilen; **she is ~ able to afford it** det är hon som minst har råd med det; **~ of all me** minst av allt jag **3** *pron fören o självst:* **the ~** det minsta; **she has (the) ~ money** hon har minst pengar; **it's the ~ one can do** det är det minsta man kan göra; **to say the ~** minst sagt; **at ~** åtminstone; **not in the ~** inte alls, inte det minsta
leath·er **1** *s* läder, skinn; (= *wash~*) sämskskinn **2** *adj* läder-, skinn-
leath·ery |'leðərɪ| *adj* läderartad, seg (*som läder*)
leave |liːv| (*v:* imperf, perf part **left**) **1** *s* **(a)** (*lov*) tillstånd; **without so much as a 'by your ~'** utan att ens be om lov **(b)** (*från arbete*) tjänstledighet; (*Mil*) permission; **to be on ~ (of absence)** vara ledig **(c):** **to take (one's) ~ of sb** säga farväl till ngn; **have you taken ~ of your senses?** har du blivit galen?
  2 *vt* **(a)** (*gå iväg från*) lämna; (*om avliden: anhöriga*) efterlämna; **to ~ school** sluta skolan; **to ~ home** (*varje dag*) gå hemifrån; (*definitivt*) flytta hemifrån; **to ~ the table** gå från bordet; **the car left the road** bilen körde av vägen **(b)** (*paraply etc*) glömma **(c)** (*ge*) lämna; (*arv*) (efter)lämna **(d)** (*låta vara*) lämna; **let's ~ it at that** låt oss nöja oss med det; **can I ~ it to you to finish this work?** kan jag överlåta åt dig att göra klart det här jobbet?; **I'll ~ it to you to decide** det får du bestämma; **~ it to me!** lita på mig!; **~ it with me** lämna det till/hos mig; **to ~ sb alone/in peace** lämna ngn ensam/i fred; **it ~s much to be desired** det lämnar mycket övrigt att önska; **take it or ~ it** ta det eller låt bli, välj själv; **3 from 10 ~s** 7 3 från 10 blir 7 **(e): to be left (over)** vara kvar; **all the money I have left (over)** alla pengar jag har kvar; **how many are (there) left?** hur många finns det kvar?; **nothing was left for me (to do) but to sell it** det återstod inget annat för mig (att göra) än att sälja den
  3 *vi* (*person*) ge sig iväg, resa; (*plan, tåg, buss*) av(gå)
◆ **leave about, leave around** *vt* + *adv* låta ligga framme

◆ **leave behind** *vt* + *adv* (*hemma etc*) lämna kvar; (*föremål: oavsiktligt*) glömma; (*medtävlare*) komma före; **to be left behind** (*i tävling, i skolan etc*) bli efter
◆ **leave in** *vt* + *adv* låta stå kvar
◆ **leave off** **1** *vt* + *adv* **(a)** (*lock, kläder, apparat etc*) låta bli att sätta på; **don't ~ the lid off** glöm inte att sätta på locket **(b)** (*vard*) lägga av; **~ off jumping on the furniture!** låt bli att hoppa på möblerna! **2** *vi* + *adv* (*vard*) lägga av
◆ **leave on** *vt* + *adv* (*kappa etc*) behålla på; (*ljuset etc*) låta vara på
◆ **leave out** *vt* + *adv* **(a)** (*förbigå*) glömma; **he feels left out** han känner sig utanför **(b)** (*föremål*) lägga fram; (*måltid*) sätta fram
◆ **leave over** *vt* + *adv* uppskjuta
leaves |liːvz| *spl av* **leaf**
leave·taking |'liːvˌteɪkɪŋ| *s* avsked
leav·ings |'liːvɪŋz| *spl* (*mat-*) rester
Leba·nese |ˌlebə'niːz| **1** *adj* libanesisk **2** *s, pl lika* libanes
Leba·non |'lebənən| *s:* **(the) ~** Libanon
lech·er·ous |'letʃərəs| *adj* vällustig, liderlig
lec·ture |'lektʃə'| **1** *s* **(a)** (*Univ*) föreläsning; (*av författare etc*) föredrag; **to give a ~** hålla en föreläsning/ett föredrag; **~ hall, ~ theatre** föreläsningssal; **~ notes** föreläsningsanteckningar **(b)** (*förebråelse*) predikan, skrapa **2** *vi* föreläsa (*in* i); **to ~ to sb on sth** föreläsa för ngn om ngt **3** *vt* (*förebrå*) läxa upp
lec·tur·er |'lektʃərə'| *s* (*besökande*) föredragshållare; (*Univ: gäst-*) föreläsare; (*: Brit: anställd: ung*) universitets-/högskole|lektor; (*: Am*) universitetslärare *utanför karriärstegen*
led |led| *imperf, perf part av* **lead**
ledge |ledʒ| *s* (*på vägg*) smal hylla, list; (*på fönster*) bleck; (*på klippa*) avsats
ledg·er |'ledʒə'| *s* (*Handel*) liggare, räkenskapsbok
lee |liː| **1** *s* lä; **in the ~ of** i lä av **2** *adj* lä-
leech |liːtʃ| *s* (*Zool*) blodigel; (*bildl: som lever på andra*) parasit; (*: oönskat sällskap*) efterhängsen person, igel
leek |liːk| *s* purjolök
leer |lɪə'| **1** *s* lysten blick **2** *vi* snegla
leery |'lɪərɪ| *adj* (*Am vard*) misstänksam (*of* mot)
lee·ward |'liːwəd| (*Sjö*) **1** *adj* lä- **2** *s* lä; **to ~ ner i** lä
lee·way |'liːweɪ| *s* (*Sjö*) avdrift; (*bildl*): **to have a lot of ~ to make up** ha mycket att ta igen; **to give sb a great deal of ~** ge ngn stor frihet
left[1] |left| *imperf, perf part av* **leave**
left[2] |left| **1** *adj* vänster **2** *adv* till vänster; **turn ~** sväng till vänster **3** *s* **(a)** vänster sida; **on my ~, to my ~** till vänster om mig; **on the ~, to the ~** till vänster **(b)** (*Pol*): **the L~** vänstern; **he has always been on the L~** han har alltid hört till vänstern
left-hand |'lefthænd| *adj:* **~ drive** (*i bil*) vänsterstyrning; **~ page** vänstersida; **~ side** vänster sida
left-handed |ˌleft'hændɪd| *adj* (*eg*) vänsterhänt; (*bildl: komplimang*) tvetydig
leftie |'leftɪ| *s* (*vard*) vänsteranhängare
left·ist |'leftɪst| **1** *adj* vänster-, vänsterorienterad; **a ~ movement** en vänsterrörelse **2** *s* vänsteranhängare
left-luggage |ˌleft'lʌgɪdʒ| *s:* **~ office** (*Brit*) resgodsinlämning
left-overs |'leftəʊvəz| *spl* matrester
left-wing |ˌleft'wɪŋ| *adj* vänster-, vänsterorienterad
leg |leg| *s* (*på person, djur*) ben; (*Matl*) lår; (*på möbel*) ben; (*på byxor*) ben; (*på strumpor*) skaft; (*av resa*) etapp; **to be on one's last ~s** sjunga på sista versen; **he hasn't got a ~ to stand on** (*bildl*) han

har ingen bra ursäkt; *(för påstående)* han har inget stöd; **to pull someone's** ~ *(bildl)* driva med ngn; **to stretch one's** ~**s** *(eg, bildl)* sträcka på benen

lega·cy ['legəsɪ] *s (genom testamente)* legat, arv; *(bildl)* arv

le·gal ['li:gəl] *adj (enligt lagen)* laglig; *(som avser lagen)* juridisk; **a** ~ **matter/question** en juridisk fråga; **to take** ~ **action/proceedings against sb** vidta laga åtgärder mot ngn; ~ **adviser** juridisk rådgivare; **the** ~ **profession** juristyrket; *(grupp av personer)* juristkåren; ~ **aid** rättshjälp

le·gal·ity [lɪ'gælɪtɪ] *s* laglighet; **he questioned the** ~ **of the scheme** han ifrågasatte om planen var laglig

le·gal·ize ['li:gəlaɪz] *vt* legalisera, göra laglig

le·gal·ly ['li:gəlɪ] *adv* lagligt, enligt lagen; ~ **binding** juridiskt bindande

le·ga·tion [lɪ'geɪʃən] *s* legation, beskickning

leg·end ['ledʒənd] *s* **(a)** *(eg, bildl)* legend **(b)** *(på karta, bild etc)* (tecken)förklaring, (förklarande) text

leg·end·ary ['ledʒəndərɪ] *adj (hjälte etc)* legendarisk, mytomspunnen; *(bildl: välkänd)* berömd, legendarisk

-leg·ged ['legɪd] *adj i sms* -bent; **three**~ trebent

leg·gy ['legɪ] *adj* långbent

leg-room ['leg,rʊm] *s* plats för benen, benutrymme

leg·ibil·ity [,ledʒɪ'bɪlɪtɪ] *s* läslighet

leg·ible ['ledʒəbl] *adj* läslig

le·gion ['li:dʒən] *s (Mil etc)* legion; *(bildl)* (stor) skara, hord

le·gion·naire [,li:dʒə'neə'] *s* legionär

leg·is·late ['ledʒɪsleɪt] *vi* lagstifta

leg·is·la·tion [,ledʒɪs'leɪʃən] *s* lagstiftning

leg·is·la·tive ['ledʒɪslətɪv, 'ledʒɪ,sleɪtɪv] *adj* lagstiftande

leg·is·la·ture ['ledʒɪ,sleɪtʃə'] *s* lagstiftande församling

le·giti·mate [lɪ'dʒɪtɪmɪt] *adj (lagligt berättigad)* legitim; *(klagomål, ursäkt)* befogad; *(skäl)* rimlig, legitim; *(barn)* legitim, (född) inom äktenskapet

le·giti·mize [lɪ'dʒɪtɪmaɪz] *vt (med lagstiftning)* legitimera, *(barn, förhållande)* legitimera

lei·sure ['leʒə', *(Am vanl)* 'li:ʒə'] **1** *s* ledighet, fritid; **a life of** ~ ett liv fyllt av fritid; **do it at your** ~ gör det när du får tid **2** *adj (aktivitet)* fritids-; **in one's** ~ **time** på sin fritid/lediga tid

lei·sure·ly ['leʒəlɪ, *(Am vanl)* 'li:ʒəlɪ] *adj* lugn, maklig

lem·on ['lemən] **1** *s* citron; ~ **cheese**, ~ **curd** citronkräm; ~ **juice** citronjuice; ~ **sole** *(fisk)* bergskädda; *(som maträtt)* bergtunga, rödtunga; ~ **squash** *(Brit)*, ~ **drink** citronsaft; ~ **tree** citronträd **2** *adj* citrongul

lem·on·ade [,lemə'neɪd] *s* läskedryck, läsk *(vard)*

lend [lend] *imperf, perf part* **lent** *vt (till ngn)* låna (ut); *(bildl: auktoritet, trovärdighet etc)* ge, skänka; **to** ~ **out** låna ut; **to** ~ **a hand**/*(bildl)* hjälpa till, ge ett handtag; **to** ~ **an ear to sb** låna ngn sitt öra, lyssna på ngn; **to** ~ **an ear to sth** lyssna till ngt; ~ **itself to sth** lämpa sig/passa för ngt; **it does not** ~ **itself to being filmed** den passar inte att bli film

length [leŋθ] *s* **(a)** *(storlek)* längd; **it is 2 metres in** ~ den är 2 meter lång; **what is its** ~?, **what** ~ **is it?** vad har den för längd?, hur lång är den? **(b)** *(tid)* varaktighet; **for what** ~ **of time?** hur länge?; **a concert 2 hours in** ~ en 2 timmar lång konsert; **he's never here for any** ~ **of time** han stannar aldrig länge när han kommer **(c)** sträcka, utsträckning; *(Sport)* längd; **she fell full** ~ **in a puddle** hon föll raklång i en pöl; **their team won the boat race by two** ~**s** deras lag vann kapprod-

den med två längder; **along the entire** ~ **of the beach** längs med hela stranden; **at** ~ **we found a suitable place** slutligen fann vi ett passande ställe; **to speak at (great)** ~ tala (väldigt) länge; **to go to any** ~ **to do sth** göra vad som helst för att (få) göra ngt **(d)** *(stycke av ngt: i allm)* längd; *(: tapet)* våd; **a** ~ **of rope** en repstump

length·en ['leŋθən] **1** *vt (i allm)* förlänga; *(byxor, kjol)* lägga ned **2** *vi (skugga, dag)* bli längre

length·ways ['leŋθweɪz] *adv*, **length·wise** ['leŋθwaɪz] *adv* på längden

lengthy ['leŋθɪ] *adj (-ier, -iest)* lång(varig), utdragen; **a** ~ **journey** en långvarig resa; **a** ~ **discussion** en utdragen diskussion

le·ni·ence ['li:nɪəns] *s*, **le·ni·en·cy** ['li:nɪənsɪ] *s* mildhet, eftergivenhet

le·ni·ent ['li:nɪənt] *adj* överseende, eftergiven

lens [lenz] *s (Anat, glasögon-)* lins; *(Foto)* lins, objektiv; **contact** ~**es** kontaktlinser

lent [lent] *imperf, perf part av* **lend**

Lent [lent] *s* fastan

len·til ['lentl] *s (Bot)* lins; ~ **soup** linssoppa

leop·ard ['lepəd] *s* leopard

leo·tard ['lɪəta:d] *s (ofta pl: för dansare etc)* trikå(er)

lep·er ['lepə'] *s (eg, bildl)* spetälsk (person)

lep·ro·sy ['leprəsɪ] *s* spetälska

les·bian ['lezbɪən] **1** *adj* lesbisk **2** *s* lesbisk kvinna

le·sion ['li:ʒən] *s (Med: av inre orsaker)* sjuklig förändring; *(: av yttre orsaker)* skada

less [les] *komp av* **little** **1** *pron (i allm)* mindre; **now we eat** ~ **bread** nu äter vi mindre bröd; **she has** ~ **time to spare** hon har mindre tid över; **of** ~ **importance** av mindre betydelse, mindre viktig; **can't you let me have it for** ~? kan du inte låta mig få den billigare?; **the** ~ **said about it the better** ju mindre som sägs om det desto bättre; ~ **than £1** mindre än 1 pund; **it's nothing** ~ **than a disaster** det är ingenting mindre än en katastrof; **a tip of £10, no** ~! *(vard)* 10 pund i dricks, faktiskt! **2** *adv* mindre; **to go out** ~ **(often)** gå ut mindre (ofta); ~ **and** ~ mindre och mindre; **still** ~ ännu mindre; **the** ~... **the** ~... ju mindre ... desto mindre; **the** ~ **you smoke, the** ~ **you run the risk of getting lung cancer** ju mindre man röker, desto mindre är risken att få lungcancer; **none the** ~... inte desto mindre, i alla fall **3** *prep* minus; ~ **30% tax** minus 30% i skatt

-less [lɪs] *suffix* -lös, -fri, utan

les·see [le'si:] *s* arrendator

less·en ['lesn] *vt, vi* minska

less·en·ing ['lesnɪŋ] *s* minskning

less·er ['lesə'] *adj* mindre; **to a** ~ **extent/degree** i mindre utsträckning; **the** ~ **of 2 evils** det minst onda av 2 onda ting

les·son ['lesn] *s (undervisning)* lektion; *(uppgift)* läxa; **a French** ~ en fransklektion; **to teach sb a** ~ *(bildl)* ge ngn en läxa

lest [lest] *konj (frm: i allm)* för att inte, så att inte; *(: vara orolig)* för att; ~ **we forget** så/för att vi inte ska glömma; **she was anxious** ~ **something had happened to them** hon var orolig (för) att något hade hänt dem; ~ **he catch me unprepared** så att han inte skall/skulle komma på mig oförberedd

let [let] *imperf, perf part* **let** *vt* **(a)** *(tillåta)* låta; **to** ~ **sb do sth** låta ngn göra ngt; **to** ~ **sb have sth** låta ngn få (ha) ngt; ~ **'s/**~ **us go!** låt oss gå; ~**'s see, what was I saying?** låt mig se/få se nu, vad var det jag sa?; ~ **them wait** låt dem vänta; ~ **that be a warning to you!** låt det bli en varning för dig!; **to** ~ **sb get away with sth** *(vard)* låta ngn göra ngt ostraffat; **I'll** ~ **you have it back tomorrow** du får tillbaka den i morgon; **don't** ~ **me**

catch/see you cheating again! låt mig inte komma på dig med att fuska igen!; ~ him alone/be lämna honom ifred, låt honom vara; to ~ sb/sth go, to ~ go of sb/sth släppa ngn/ngt (b) (hus etc) hyra ut; to ~ (på skylt) att hyra
♦ let down vt + adv (a) (kläder, söm) släppa ner; (däck) släppa ut luften ur; (från klippa etc) fira ner (b) (svika) lämna i sticket
♦ let in vt + adv släppa in; to ~ sb in släppa in ngn; shoes which ~ the water in skor som släpper in vatten; I'll ~ myself in jag tar mig in själv, jag har nyckel; to ~ sb in for a lot of trouble förorsaka ngn en massa besvär; what have you ~ yourself in for? vad har du gett dig in på?; to ~ sb in on a secret inviga ngn i en hemlighet
♦ let off vt + adv (a) (bomb etc) fyra av; to ~ off steam (bildl vard) avreagera sig (b) (tillåta att gå) släppa iväg; (från straff) låta slippa undan; to ~ sb off with a warning låta ngn slippa undan med en varning; to ~ sb off doing sth låta ngn slippa göra ngt
♦ let on vi + adv (vard) låtsas 'om ngt, skvallra; he tried not to ~ on han försökte att inte låtsas om/visa ngt; to ~ on to sb about sth skvallra för ngn om ngt; to ~ on (that...) (avslöja) erkänna (att ...); (låta påskina) låtsas (som om ...)
♦ let out vt + adv (a) (ur hus) släppa ut; (fånge) släppa; (ur bur) släppa lös/ut; (hemlighet, nyhet) avslöja; to ~ out a cry/sigh skrika/sucka till; to ~ the air out of a tyre släppa ut luften ur/lufta ett däck (b) (plagg, söm) släppa ut (c) (rum) hyra ut
♦ let up 1 vi + adv (regn etc) hålla upp; (talare etc) sluta, hålla upp 2 vt + adv (från golv) släppa upp
let-down ['letdaʊn] s besvikelse
le·thal ['liːθəl] adj (sår, vapen etc) dödlig; this coffee's ~! (bildl vard) det här kaffet är rena (räv)giftet!
le·thar·gic [le'θɑːdʒɪk] adj slö, letargisk
let·ter ['letər] s (a) (i alfabet) bokstav; the ~ G bokstaven G; small/capital ~ liten/stor bokstav; the ~ of the law lagens bokstav; to the ~ bokstavligt; to follow instructions to the ~ (bildl) följa instruktionerna till punkt och pricka (b) (skrivelse) brev; covering ~ följebrev; ~ of introduction introduktionsbrev; ~ of protest protestskrivelse; by ~ per brev (c): ~s lärdom, litteratur; man of ~s lärd man
letter-bomb ['letəbɒm] s brevbomb
letter·box ['letəbɒks] s brevlåda
letter·head ['letəhed] s brevhuvud
let·ter·ing ['letərɪŋ] s (på papper) skrivna bokstäver; (på sten, metall) inskrift, gravering; (på bok) (rygg)stämpel; (sätt att skriva) (hand)stil
letter-opener ['letər,əʊpnər] s brevöppnare
letter·press ['letəpres] s (metod) boktryck; (i bok) text i motsats till illustrationer
let·tuce ['letɪs] s (grönsak) (grön)sallad, sallat; (exemplar) salladshuvud
let-up ['letʌp] s (vard) uppehåll; we worked 5 hours without (a) ~ vi arbetade 5 timmar utan uppehåll
leu·kae·mia, (Am) **leu·ke·mia** [luː'kiːmɪə] s leukemi
lev·el ['levl] 1 adj (a) (yta, mark) plan, jämn; to be dead ~ (vard) vara absolut jämn; I'll do my ~ best (vard) jag ska göra så gott jag kan; a ~ spoonful (Matl) en struken sked; ~ crossing (Brit Järnv) plankorsning (b) (röst, blick) stadig; to keep a ~ head hålla huvudet kallt (c) (lika: i höjd) i jämnhöjd; (: bredvid varandra) jämsides; to be ~ with sb/sth vara i jämnhöjd el jämsides med ngn/ngt; (bildl) vara i nivå med ngn/ngt; to draw ~ with sb/sth hinna upp ngn/ngt 2 s (a)

(eg, bildl) nivå, plan; to find its/one's own ~ finna sin rätta plats; above sea ~ över havsytan/havet; talks at ministerial ~ samtal på ministernivå; to be on a ~ with (eg) vara i nivå med; (bildl) vara på samma nivå som; to come down to sb's ~ (bildl) sänka sig till ngns nivå; to be on the ~ (bildl vard) vara just(e)/reko; se äv A c, O 1 b (b) (= spirit ~) vattenpass 3 vt (a) (mark) jämna; (byggnad) jämna med marken; (person: eg, bildl) slå ner; (bildl: skillnader) utjämna (b) (slag, vapen) rikta (at mot); (anklagelse) rikta (against mot)
♦ level off, level out vi + adv (väg etc) plana ut; (priser, kurva etc) stabilisera sig; (flygplan) plana ut
♦ level with vi + prep (vard) tala ut med
level-headed [,levl'hedɪd] adj balanserad
lev·er ['liːvər, (Am vanl) 'levər] 1 s (eg) hävstång; (bildl) påtryckning(smedel) 2 vt: to ~ sth up/out/off bända upp/ur/av ngt
lev·er·age ['liːvərɪdʒ, (Am vanl) 'levərɪdʒ] s (eg) hävstångskraft; (bildl) makt, inflytande
lev·ity ['levɪtɪ] s (frm) lättsinne
levy ['levɪ] 1 s uppbörd 2 vt (skatt, böter etc) påföra, ta ut; (armé) uppbåda
lewd [luːd] adj (-er, -est) (person) vällustig, liderlig; (sång, historia etc) fräck, oanständig
lexi·co·gra·pher [,leksɪ'kɒgrəfər] s ordboksförfattare, lexikograf
lexi·cog·ra·phy [,leksɪ'kɒgrəfɪ] s lexikografi
lia·bil·ities [,laɪə'bɪlɪtɪz] spl (Handel) skulder, skuldförbindelser
lia·bil·ity [,laɪə'bɪlɪtɪ] s (för olycka etc) ansvar(sskyldighet); (ekonomisk) förpliktelse, börda; he's a real ~ han är en riktig belastning
lia·ble ['laɪəbl] adj ansvarig (for för); ~ for military service skyldig att göra militärtjänst; ~ for taxes skattskyldig; to be ~ to do sth kunna/vara benägen att göra ngt; she's ~ to get cross if... hon kan bli arg om...; the vase is ~ to break vasen går lätt sönder; to be ~ to a fine riskera böter; we are ~ to get shot at here vi riskerar att bli beskjutna här
liai·son [liː'eɪzɒn] s (mellan grupper etc) samordning; (kärleks-) förhållande; to maintain ~ with upprätthålla förbindelse med; ~ committee samarbetskommitté; ~ officer (Mil) sambandsofficer
liar ['laɪər] s lögnare
lib [lɪb] s (förk f liberation): women's ~ se woman
lib·ber ['lɪbər] s (vard) se woman
li·bel ['laɪbl] 1 s (Jur) ärekränkning 2 vt ärekränka, skymfa
li·bel·lous, (Am) **li·bel·ous** ['laɪbələs] adj ärekränkande
lib·er·al ['lɪbərəl] 1 adj (person, erbjudande etc) generös, frikostig; (åsikter) liberal, fördomsfri 2 s: L~ (Pol) liberal
lib·er·al·ism ['lɪbərəlɪzəm] s liberalism
lib·er·al·ity [,lɪbə'rælɪtɪ] s generositet, frikostighet
lib·er·al·ize ['lɪbərəlaɪz] vt liberalisera
lib·er·al·ly ['lɪbərəlɪ] adv frikostigt
liberal-minded [,lɪbərəl'maɪndɪd] adj liberal, fördomsfri
lib·er·ate ['lɪbəreɪt] vt (land, fånge) befria; (slav) frige; a ~d woman en frigjord kvinna
lib·era·tion [,lɪbə'reɪʃən] s befrielse; Women's L~ movement kvinnorörelsen
lib·er·a·tor ['lɪbəreɪtər] s befriare
lib·er·ty ['lɪbətɪ] s frihet; ~ of conscience (i allm) samvetsfrihet; (Rel) religionsfrihet; to be at ~ vara på fri fot; to be at ~ to do sth vara fri att göra ngt; I have taken the ~ of... jag har tagit mig friheten att...; to take liberties with sb/sth ta sig friheter mot ngn/med ngt; what a ~! (vard)

vilken fräckhet!
li·bi·do |lɪ'biːdəʊ| s (Psyk) libido; (i allm) könsdrift
li·brar·ian |laɪ'brɛərɪən| s bibliotekarie
li·brary |'laɪbrərɪ| s (i allm) bibliotek; **public** ~ folkbibliotek; ~ **book** biblioteksbok; ~ **ticket** lånekort
li·bret·to |lɪ'bretəʊ| s libretto
Libya |'lɪbɪə| s Libyen
Liby·an |'lɪbɪən| 1 adj libysk 2 s libyer
lice |laɪs| spl av louse
li·cence¹, (Am) **li·cense¹** |'laɪsəns| s (a) (i allm) tillstånd; (radio, TV, import etc) licens; (att servera alkohol) rättigheter; **dog** ~ hundskatt; **driving** ~ (Brit), **driver's** ~ (Am) körkort; **pilot's** ~ flygcertifikat; ~ **number** (Motor) registreringsnummer; ~ **plate** (Motor) nummerplåt (b) (handlings-) frihet; (dåligt uppförande) självsvåld; **poetic** ~ poetisk frihet
li·cense² |'laɪsəns| vt (person) bevilja tillstånd; (bil) registrera; **fully** ~d (restaurang) med fullständiga rättigheter; **on** ~d **premises** på restaurang med spriträttigheter
li·cen·see |ˌlaɪsən'siː| s (pubägare etc) innehavare av utskänkningstillstånd
li·cen·tious |laɪ'senʃəs| adj utsvävande, fräck
li·chen |'laɪkən| s (Bot) lav
lick |lɪk| 1 s (a) (katts etc) slickning; **a** ~ **of paint** en skvätt färg, en strykning; **a** ~ **and a promise** (bildl vard) en hastig/slarvig tvättning (b) (vard: hastighet): **at full** ~ med full fräs 2 vt (a) (äv om lågor) slicka; **to** ~ **one's wounds** (eg, bildl) slicka sina sår; **to** ~ **sb's boots** (bildl vard) krypa för ngn; **to** ~ **sth into shape** (bildl vard) få fason på ngt (b) (vard: besegra) slå
lick·ing |'lɪkɪŋ| s (vard: prygel, nederlag) stryk
lico·rice |'lɪkərɪs| s = liquorice
lid |lɪd| s (a) (på burk, kastrull etc) lock; **put the** ~ **on sth** (bildl) förhindra/hejda ngt; (: Brit: äv) vara slutet för ngt; **that puts the** ~ **on it!** (bildl vard) det var slutet på det hela, det var dödsstöten; **to take the** ~ **off sth** (bildl) bringa ngt i öppen dager, avslöja ngt (b) (= eye~) ögonlock
lido |'liːdəʊ| s friluftsbad
lie¹ |laɪ| 1 s lögn; **to tell** ~s ljuga; **white** ~ vit lögn; **to give the** ~ **to** motsäga; vederlägga; ~ **detector** lögndetektor 2 vi ljuga
lie² |laɪ| (v: imperf **lay**, perf part **lain**) 1 vi (a) (person etc: utsträckt) ligga; (: i grav) vila; **he lay where he had fallen** han låg där han hade fallit; **to** ~ **still** ligga still; **to** ~ **low** (bildl) ligga lågt, avvakta; **here lies ...** (på gravsten) här vilar... (b) (vara belägen: Geogr) ligga; (vara placerad: föremål) vara, ligga; **the book lay on the table** boken låg på bordet; **the snow lay half a metre deep** snön låg halvmeterdjup; **the town lies in a valley** staden ligger i en dal; **the plain lay before us** slätten sträckte ut sig framför oss; **obstacles** ~ **in the way** det finns hinder i vägen; **where does the difficulty/difference** ~? vari består svårigheten/skillnaden?; **the fault** ~s **with you** felet ligger hos dig 2 s: **the** ~ **of the land** (Geogr) traktens belägenhet; **to get the** ~ **of the land** (bildl) sondera terrängen
♦ **lie about, lie around** vi + adv (föremål) ligga framme (och skräpa); (person vard) gå (hemma) och dra; **it must be lying about somewhere** den måste finnas/ligga någonstans
♦ **lie back** vi + adv luta sig tillbaka
♦ **lie down** vi + adv ligga sig ner; **to take sth lying down** (bildl) ge sig/finna sig utan vidare
♦ **lie in** vi + adv ligga kvar i sängen
♦ **lie up** vi + adv (gömma sig) dra sig tillbaka, hålla sig undan
lie-down |'laɪdaʊn| s vila; **go and have a** ~ **for a while!** lägg dig och vila en stund!

lie-in |'laɪɪn| s (i sängen) vila; **to have a long** ~ ligga länge i sängen
lieu |ljuː| s: **in** ~ **of** i stället för
lieu·ten·ant |lef'tenənt, (Am) luː'tenənt| s (a) (Brit: armén) löjtnant; (Brit o Am: flottan, flyget) kapten; ~ **commander** örlogskapten; ~ **general** generallöjtnant; ~ **colonel** överstelöjtnant; **first** ~ (Am: armén o flyget) löjtnant; **second** ~ (Brit o Am: armén) fänrik; ~ **junior grade** (Am: flottan) löjtnant (b) (Am Polis) biträdande poliskommissarie
life |laɪf| s, pl **lives** 1 (a) (tillstånd) liv; ~ **on earth** liv(et) på jorden; **bird** ~ fågellivet; **a matter of** ~ **and death** en fråga om liv och död; **a danger to** ~ **and limb** en fara för liv och lem; **to risk** ~ **and limb** riskera liv och lem; **to bring sb back to** ~ väcka ngn till liv; **to lose one's** ~ omkomma, förlora livet; **three lives were lost** tre omkom; **to take one's own** ~ ta livet av sig; **you'll be taking your** ~ **in your hands if you climb up there** (vard) du riskerar livet om du klättrar upp där
   (b) (tillvaro) liv; levnad; **to spend one's** ~ **as sth/doing sth** tillbringa sitt liv som ngt/med att göra ngt; **during the** ~ **of this government** under den här regeringens livstid; **to begin** ~ **as...** börja tillvaron som...; **the** ~ **of an ant** en myras levnad; **to be sent to prison for** ~ få livstids fängelse; **he got** ~ **for murder** (vard) han fick livstid för mord; **in early/later** ~ tidigt/sent i livet; **a quiet/hard** ~ ett lugnt/svårt liv; **country/city** ~ lant-/stads|liv; **how's** ~? (vard) hur är det/läget?; **that's** ~ (vard) sånt är livet; **his** ~ **won't be worth living** hans liv kommer inte att vara mycket värt: **not on your** ~! (vard) aldrig i livet!; **to see** ~ skaffa sig livserfarenhet; **to run for one's** ~ springa för livet; **I can't for the** ~ **of me ...** (vard) jag kan inte för mitt liv...; **true to** ~ naturtrogen; **to paint from** ~ måla efter naturen/efter levande modell
   (c) (livlighet) liv; **the** ~ **and soul of the party** festens eldsjäl; **to put** el **breathe new** ~ **into sb/sth** ge nytt liv åt ngn/ngt; **to come to** ~ kvickna till
   2 i sms: ~ **assurance** (Brit), ~ **insurance** (i sht Am) livförsäkring; ~ **belt** livbälte; ~ **buoy** frälsarkrans, livboj; ~ **cycle** livscykel; ~ **expectancy** medellivslängd; ~ **imprisonment** livstids fängelse; ~ **jacket** flytväst; ~ **preserver** (Am: = ~belt) livbälte; (: = ~jacket) flytväst
life-and-death |'laɪfən,deθ| adj: ~ **struggle** strid på liv och död
life·blood |'laɪfblʌd| s (bildl) kärnpunkt, livsnerv
life·boat |'laɪfbəʊt| s (från land) livräddningsbåt; (från fartyg) livbåt
life·guard |'laɪfgɑːd| s (på strand) livräddare, badvakt
life·less |'laɪflɪs| adj (person etc: död el medvetslös) livlös; (föremål) död; (planet, öken etc) utan liv, öde; (bildl: person) trög, livlös; (: här) matt, livlös; **the planet Mars is completely** ~ planeten Mars är helt utan liv
life·like |'laɪflaɪk| adj naturtrogen, verklighetstrogen
life·line |'laɪflaɪn| s (eg) livlina, räddningslina; (bildl) livsviktig förbindelse med omvärlden; **the telephone was the old man's** ~ telefonen var den gamle mannens enda förbindelse med omvärlden
life·long |'laɪflɒŋ| adj livslång
life·saver |'laɪf,seɪvə'| s livräddare
life·saving |'laɪf,seɪvɪŋ| 1 adj livräddnings- 2 s livräddning
life-size(d) |'laɪfsaɪz(d)| adj (målning etc) i naturlig storlek

life·span ['laɪfspæn] s livslängd
life·time ['laɪftaɪm] s livstid; **in my** ~ under min livstid; **he got/missed the chance of a** ~ han fick/missade sitt livs chans; **it seemed a** ~ *(bildl)* det verkade som en evighet
lift [lɪft] **1** s **(a)** *(av tyngd etc)* lyft; *(Flyg)* lyftkraft **(b)** *(Brit)* hiss; ~ **attendant** hisskötare **(c)** *(i sht Brit: med bil)* lift; **to give sb a** ~ ge ngn skjuts/lift; *(bildl)* ge ngn en kick *(vard)* **2** vt **(a)** *(föremål, person)* lyfta; **to** ~ **sb over sth** lyfta ngn över ngt; **to** ~ **one's head** lyfta huvudet; **she never** ~**s a finger to help** hon lyfter aldrig ett finger för att hjälpa till **(b)** *(restriktion, förbud)* upphäva **(c)** *(vard: stjäla, plagiera)* knycka **3** vi *(flygplan)* lyfta; *(dimma)* lätta; *(rullgardin etc)* gå *(att dra)* upp; *(ngt som sitter fast)* gå upp, gå att öppna
♦ **lift down** vt + adv lyfta ner
♦ **lift off** **1** vt + adv lyfta bort **2** vt + prep lyfta bort från **3** vi + adv *(raket, helikopter)* starta, lyfta
♦ **lift out** vt + adv *(föremål)* lyfta upp; *(trupper)* evakuera med flyg/helikopter
♦ **lift up** vt + adv lyfta upp
lift-off ['lɪftɒf] s *(av raket)* uppskjutning
liga·ment ['lɪgəmənt] s *(Anat)* ligament
light¹ [laɪt] *(v: imperf, perf part* lit *el* lighted*)* **1** s **(a)** *(i allm)* ljus; **electric** ~ elljus, elektriskt ljus; **at first** ~ i gryningen; **by the** ~ **of the moon** i månsken(et); ~ **meter** *(Foto)* ljusmätare; ~ **bulb** glödlampa; **in the cold** ~ **of day** *(eg)* i det kalla dagsljuset; *(bildl)* i den krassa verkligheten; **you're (standing) in my** ~ du skymmer mig; **to hold sth up to/against the** ~ hålla upp ngt mot ljuset
(b) *(bildl)*: **in the** ~ **of** i ljuset av; **to bring to** ~ dra fram i ljuset, avslöja; **to come to** ~ komma i dagen, komma ut; **to cast/shed/throw** ~ **on** sprida ljus över, klargöra; **to see the** ~ *(Rel)* bli frälst; *(bildl)* komma till klarhet; *(: födas)* se dagens ljus; **to look at sb/sth in a new** ~ betrakta ngn/ngt i nytt ljus; **according to one's** ~**s** enligt sin förmåga, efter bästa förstånd
(c) *(belysning)* lampa, ljus; *(Motor)* lykta, ljus; **to turn the** ~ **on/off** tända/släcka (ljuset); **rear** ~**s** baklyktor; **the (traffic)** ~**s were on red** trafikljusen visade rött; **leading** ~ *(bildl: person)* ledargestalt
(d) *(eld)* låga; **have you a** ~? *(till cigarrett)* har du eld?; **to put a** ~ **to sth, to set** ~ **to sth** tända 'på ngt
2 adj (-er, -est) **(a)** *(ej mörk)* ljus
(b) *(färg)* ljus; *(hår)* ljus, blond; *(hy)* ljus
3 vt **(a)** *(rum, gata etc)* upplysa, belysa; **a torch to** ~ **your way** en ficklampa så att du ser var du går
(b) *(cigarett, brasa etc)* tända
4 vi ta eld, börja brinna
♦ **light up** **1** vt + adv lysa upp, få att lysa **2** vi + adv *(eg, bildl)* lysa upp, börja lysa **(b)** *(vard)* tända en cigarett *etc*, börja röka
light² [laɪt] **1** adj (-er, -est) *(eg: börda etc)* lätt; *(bildl: i allm)* lätt; *(vind)* svag; *(arbete)* lätt; *(straff)* mild; ~ **ale** ljust öl; ~ **opera** operett; ~ **reading** nöjesläsning; **I'm a** ~ **sleeper** jag sover lätt; **as** ~ **as a feather** lätt som en fjäder; **to be** ~ **on one's feet** *(dansare etc)* vara lätt på foten; **with a** ~ **heart** med lätt hjärta; **to make** ~ **work of sth** göra ngt utan svårighet; **to make** ~ **of sth** *(bildl)* bagatellisera ngt **2** adv: **to travel** ~ resa med lite bagage
light·en¹ ['laɪtn] **1** vt *(rum etc)* lysa upp; *(hårfärg)* bleka **2** vi *(rum, himmel etc)* ljusna
light·en² ['laɪtn] vt *(börda)* lätta; *(bildl: hjärta, stämning)* lätta

light·er ['laɪtə'] s *(cigarrett-)* tändare
light-fingered ['laɪt,fɪŋgəd] adj *(tjuvaktig)* långfingrad
light-haired [,laɪt'heəd] adj ljushårig
light-headed [,laɪt'hedɪd] adj *(som inte tänker sig för)* tanklös; *(av alkohol, feber, glädje etc)* yr
light-hearted ['laɪt'hɑ:tɪd] adj sorglös, glad
light·house ['laɪthaʊs] s fyr
light·ing ['laɪtɪŋ] s *(system)* belysning
lighting-up [,laɪtɪŋ'ʌp] adj: ~ **time** *(Brit: för gatljus)* tid när gatubelysningen tänds; *(: för fordon)* dags att slå på strålkastarna; ~ **time is earlier in winter** gatu-/fordons|belysningen tänds tidigare på vintern
light·ly ['laɪtlɪ] adv *(i allm)* lätt; ~ **clad** tunnklädd; **to get off** ~ komma lindrigt undan; **to touch** ~ **on a subject** flyktigt beröra ett ämne
light·ness¹ ['laɪtnɪs] s *(färg etc)* ljushet
light·ness² ['laɪtnɪs] s *(vikt)* lätthet
light·ning ['laɪtnɪŋ] s *(vid åska)* blixtrande; **a flash of** ~ en blixt; **as quick as** ~ snabb som blixten; **like greased** ~ *(vard)* som en oljad blixt; ~ **attack** blixtattack; ~ **visit** blixtvisit; ~ **conductor,** ~ **rod** åskledare; ~ **strike** spontan (sitt)strejk
light·weight ['laɪtweɪt] **1** adj *(bagage)* lätt, lättvikts-; *(Boxning etc)* lättvikts-; *(bildl neds: roman, film)* lättviktig, förströelse- **2** s *(Boxning etc)* lättvikt
light-year ['laɪtjɪə'] s ljusår
like¹ [laɪk] **1** adj **(a)** *(attr)* liknande; **in** ~ **cases** i liknande fall; ~ **father,** ~ **son** sådan fader, sådan son; ~ **rabbits, mice and** ~ **creatures** kaniner, möss och liknande djur
(b) *(pred: till utseende etc)* lik; **to be** ~ **sb/sth** likna ngn/ngt; **they are very** ~ **each other** de är mycket lika varandra; **as** ~ **as two peas (in a pod)** lika som bär; **this portrait is not** ~ **him** det här porträttet är inte likt honom; **it's not** ~ **him todo that** det är inte likt honom att göra så
2 prep **(a)** *(i jämförelser)* som, såsom; **a house** ~ **mine** ett hus som mitt; **people** ~ **that** sådana människor; **what's he** ~? hur är han?; **what's the weather** ~? hur är vädret?; **he thinks** ~ **us** han tänker/tycker som vi; **she behaved** ~ **an idiot** hon uppförde sig som en idiot; **I never saw anything** ~ **it** jag har aldrig sett något liknande; **that's more** ~ **it** *(vard)* det ser bättre ut; **that's nothing** ~ **it** denna har ingen likhet med den; **something** ~ **that** något i den stilen; **there's nothing** ~ **a holiday** ingenting går upp mot semester; **it happened** ~ **this...** det gick till så här; **we ran** ~ **mad** *(vard)* vi sprang som galna; **I feel** ~ **a drink** jag har lust på en drink; **it looks** ~ **a diamond** det ser ut som en diamant
(b) *(som t ex)* såsom; **the basic necessities of life,** ~ **food and drink** livets nödtorft, (så)som mat och dryck
3 adv: **it's nothing** ~ **as hot as it was** det är inte på långa vägar så varmt som det var; **as** ~ **as not** högst troligt
4 konj **(a)** *(på samma sätt)* som; ~ **we used to (do)** som vi brukade (göra)
(b) *(vard: i sht Am)* som om; **you look** ~ **you've seen a ghost** du ser ut som om du sett ett spöke
5 s: **did you ever see the** ~ **(of it)?** har du någonsin sett något liknande?; **the** ~ **of which I never saw** vars like jag aldrig sett; **sewing thread, buttons and the** ~ sytråd, knappar och dylikt/liknande; **the** ~**s of him** *(vard neds)* sådana som han
like² [laɪk] **1** vt **(a)** *(person, föremål)* tycka om; **we** ~ **it here** vi trivs här; **this flower doesn't** ~ **the shade** den här blomman trivs inte i/vill inte ha skugga; **well, I** ~ **that!** *(skämts, vard)* det var

just snyggt **(b)** *(göra ngt)* vilja; *(föremål etc)* vilja ha; **I should ~ more time** jag skulle vilja ha mer tid; **I should ~ to know why** jag skulle vilja veta varför; **would you ~ me to wait outside?** vill du att jag väntar utanför?; **I didn't ~ to (do sth)** jag ville inte (göra ngt); **as you ~** som du vill; **if you ~** om du vill; **whenever you ~** när du vill   **2** *s:* **~s and dislikes** sympatier och antipatier
like·able |'laɪkəbl| *adj (person)* trevlig, behaglig
like·li·hood |'laɪklɪhʊd| *s* sannolikhet; **in all ~** antagligen, med all sannolikhet; **there is no ~ of that** det är inte alls troligt; **there is little ~ that he'll come** det är föga troligt att han kommer
like·ly |'laɪklɪ| **1** *adj (-ier, -iest) (sannolik)* trolig; **a ~ explanation** *(eg, iron)* en trovärdig förklaring; **the ~ outcome** det troliga resultatet; **a ~ story!** *(iron)* och det ska man tro på!; **it's ~ that I'll be late** jag kommer förmodligen (för) sent; **an incident ~ to cause trouble** en händelse som förmodligen kommer att orsaka bekymmer; **he is not ~ to come** han kommer säkert inte   **2** *adv* sannolikt; **most/very ~ they've lost it** med all sannolikhet har de förlorat den; **not ~!** *(vard)* sällan!, knappast!
like-minded |ˌlaɪk'maɪndɪd| *adj* likasinnad
lik·en |'laɪkən| *vt (jämföra)* likna *(to* vid); **the poet ~s his lady to a summer's day** skalden liknar sin dam vid en sommardag
like·ness |'laɪknɪs| *s (egenskap)* likhet; *(porträtt etc)* (av)bild; *(foto, tavla)* porträtt; **this photo is a good ~ of him** det här fotot är mycket likt honom; **family ~** släkttycke; **in the ~ of** i skepnad av
like·wise |'laɪkwaɪz| *adv (på samma sätt)* likaledes, också; *(därtill)* dessutom, också; **if you are going home now, I may as well do ~** om du går hem nu gör jag det också; **~, I have been told that...** dessutom har jag fått veta att...; **have a nice weekend! — ~!** trevlig helg! — (tack) detsamma!
lik·ing |'laɪkɪŋ| *s (för person)* sympati; *(för sak)* smak, tycke; **to have a ~ for sb/sth** vara svag för ngn/ngt; **to be to sb's ~** vara till ngns belåtenhet; **to take a ~ to sth** få smak/fatta tycke för ngt
li·lac |'laɪlək| **1** *s (Bot)* syren; *(färg)* lila   **2** *adj (färg)* lila
lilt |lɪlt| *s* (sats)melodi
lily |'lɪlɪ| *s* lilja; **~ of the valley** liljekonvalj
limb |lɪm| *s (Anat)* lem; *(på träd)* gren; **to be out on a ~** *(bildl)* vara i knipa; *(:Brit: äv)* stå isolerad/utan stöd; **to go out on a ~** *(bildl)* ge sig ut på hal is
lim·ber up |'lɪmbər'ʌp| *vi + adv* mjuka upp (sig)
lim·bo |'lɪmbəʊ| *s (Rel: L~)* limbo; **to be in ~** *(bildl)* sväva i ovisshet
lime¹ |laɪm| *s (Geol)* kalk
lime² |laɪm| *s (Bot: träd)* lind
lime³ |laɪm| *s (Bot: citrusfrukt)* lime, grön citron; *(: träd)* limeträd
lime·light |'laɪmlaɪt| *s* rampljus; **to be in the ~** stå i rampljuset
lime·stone |'laɪmstəʊn| *s* kalksten
lim·it |'lɪmɪt| **1** *s* gräns; begränsning; **speed ~** hastighetsbegränsning; **a ~ on the number of...** en begränsning i/av antalet...; **there's a ~ to my patience** det finns en gräns/gränser för mitt tålamod; **within ~s** inom vissa gränser; **there is a ~ to what one can do** det finns en gräns för vad man kan göra; **he's the ~!** *(vard)* han slår alla rekord!; **that's the ~!** nu räcker det!, nu får det vara nog!; **off ~s** *(i sht Am)* förbjudet område   **2** *vt* begränsa; **to ~ oneself to a few remarks** begränsa sig till ett par yttranden; **I ~ myself to 10 cigarettes a day** jag begränsar mig till 10 cigaretter om dagen
limi·ta·tion |ˌlɪmɪ'teɪʃən| *s (i funktion etc)* begränsning; *(i tillstånd etc)* inskränkning; **he has/**

knows his ~s han har/vet sin begränsning
lim·it·ed |'lɪmɪtɪd| *adj (tillgångar etc)* begränsad; **to a ~ extent** i begränsad utsträckning; **~ edition** begränsad upplaga; **~ company** *(Brit)* aktiebolag; **Smith & Jones L~** *(förk Ltd)* Aktiebolaget Smith & Jones
lim·it·less |'lɪmɪtlɪs| *adj* obegränsad
lim·ou·sine |'lɪməziːn| *s (i allm)* limousine; *(Am: äv)* flygbuss
limp¹ |lɪmp| **1** *s* haltande gång; **to walk with a ~** halta   **2** *vi* halta; **he ~ed to the door** han haltade/linkade fram till dörren
limp² |lɪmp| *adj (kropp)* slapp, avslappnad; *(föremål)* sladdrig; *(blomma)* slokande; **let your arm go ~** slappna av i armen
lim·pet |'lɪmpɪt| *s (Zool)* skålsnäcka; **like a ~** *(bildl)* som en igel
lim·pid |'lɪmpɪd| *adj (i sht litt)* kristallklar
linch·pin |'lɪntʃpɪn| *s (eg)* hjulsprint; *(bildl)* stöttepelare
lin·den |'lɪndən| *s (Bot)* lind
line¹ |laɪn| *s*   **(a)** *(Geom etc)* linje, streck; *(Sport)* linje; *(i ansikte etc)* rynka, linje; *(bildl: släkt)* gren; **to draw a ~ under/through sth** stryka under/över ngt; **~ drawing** linjeteckning; **to draw the ~ at sth** *(bildl)* dra gränsen vid ngt; **know where to draw the ~** *(bildl)* veta hur långt man kan gå
(b) *(rep)* lina; *(= fishing ~)* *(met)*rev; *(Elektr)* ledning; *(Tele)* linje, förbindelse; **hold the ~ please** *(Tele)* var god vänta; **to be on ~** *(Data)* vara on-line, stå i (direkt)förbindelse med datorn, vara uppkopplad; **clothes ~** klädstreck
(c) *(av träd, bilar etc)* rad; *(som väntar: i sht Am)* kö; *(Mil)*: **behind the enemy's ~s** bakom fiendens linjer; **to stand in ~** *(i allm)* stå i en rad; **to stand on ~** *(i sht Am)* stå i kö; **to be in ~ for sth** *(bildl)* stå i tur till ngt; **to bring sth into ~ with sth** få ngt i linje med ngt; **to fall into ~ with sb/sth** anpassa sig till ngn/ngt; **to step out of ~** *(bildl)* falla ur mönstret
(d) *(riktning)* linje, kurs; *(vard: till lösning av problem)* ledtråd; **in the ~ of fire** *(Mil)* i eldlinjen; **~ of attack** *(Mil: konkr)* anfallslinje; *(: abstr)* anfallsplan; *(bildl)* angreppsvinkel; **to follow/take the ~ of least resistance** följa minsta motståndets lag; **in the ~ of duty** under tjänsteutövning; **~ of argument** argumentering; **~ of research** forskningsområde; **~ of business** bransch; **it's not my ~** *(vard)* det är inte mitt område; **to take a strong/firm ~ on sth** ha en bestämd uppfattning om ngt; **to take the ~ that...** ha uppfattningen att... **to toe/follow the party ~** följa partilinjen; **along the same ~s** *(verksamhet)* efter samma (rikt)linjer; **all along the ~** *(bildl)* i alla avseenden, hela tiden, från första början; **something along those ~s** något i den vägen/stilen; **on the right ~s** på rätt väg; **a new/popular ~** *(Handel)* vara) en ny/populär produkt
(e) *(i bok, tidning etc, i dikt)* rad; **to learn one's ~s** *(Teat)* lära sig sina repliker; **to read between the ~s** *(bildl)* läsa mellan raderna; **drop me a ~** *(bildl vard)* skriv en rad
(f) *(Järnv)* linje; *(Sjö: företag)* rederi; *(i namn på rederier)* linje: **Cunard L~**; **to reach/come to the end of the ~** *(bildl)* nå sitt slut
♦ **line up**   **1** *vt + adv*   **(a)** *(i rad)* rada upp; *(: Mil)* ställa upp   **(b)** *(arrangera)* ordna   **2** *vi + adv* ställa upp sig; *(en efter en)* ställa sig i kö
line² |laɪn| *vt (kläder etc)* fodra; **streets ~d with people/trees** gator kantade av folk/träd; *se äv* **pocket 1 a**
lin·ear |'lɪnɪəʳ| *adj (ritning)* linjär, linear-; *(mått)* längd-
lined¹ |laɪnd| *adj (papper)* linjerad; *(ansikte)* fårad

lined² |laɪnd| *adj (kläder)* fodrad; *(gata)* kantad
lin·en ['lɪnɪn] **1** *s (tyg)* linne; *(lakan, dukar etc)* linne; **dirty** ~ smutstvätt; **to wash one's dirty** ~ **in public** *(bildl)* tvätta sin smutsiga byk offentligt; ~ **cupboard** linneskåp; ~ **basket** tvättkorg **2** *adj* linne-; ~ **napkin** linneserviett
lin·er¹ ['laɪnəʳ] *s (båt)* linjefartyg
lin·er² ['laɪnəʳ] *s:* **dustbin** ~ soptunneeinsats, sopsäck; **nappy** ~ *(Brit: ung)* blöjgas, stjärtlapp
lines·man ['laɪnzmən] *s, pl* **-men** *(Sport)* linjedomare; *(Järnv, Tele)* linjearbetare
line-up ['laɪnʌp] *s (Sport)* uppställning
lin·ger ['lɪŋgəʳ] *vi (person)* dröja/stanna (kvar); *(sinnesintryck, minne etc: äv* ~ **on)** dröja/stanna kvar; **to** ~ **over sth** dra ut på ngt; **to** ~ **on sth** uppehålla sig länge vid ngt
lin·gerie ['lænʒəriː] *s* damunderkläder
lin·ger·ing ['lɪŋgərɪŋ] *adj (över lång tid: sjukdom, död, avsked etc)* utdragen; *(lukt, tvivel)* kvardröjande; *(blick)* dröjande;
lin·go ['lɪŋgəʊ] *s (vard)* (främmande) språk; *(obegripligt språk)* rotvälska
lin·guist ['lɪŋgwɪst] *s* **(a)** *(som kan språk)* språkbegåvad person; **I'm no** ~ jag är ingen språkbegåvning **(b)** *(specialist)* lingvist, språkforskare
lin·guis·tic [lɪŋ'gwɪstɪk] *adj (forskning etc)* lingvistisk, språkvetenskaplig; *(som avser språk)* språklig; **cultural and** ~ **differences** kulturella och språkliga skillnader; ~ **development** språkutveckling
lin·guis·tics [lɪŋ'gwɪstɪks] *ssg* lingvistik, språkvetenskap
lin·ing ['laɪnɪŋ] *s (i kläder etc)* foder; *(Tekn)* foder; *(broms-)* belägg; **every cloud has a silver** ~ varje moln har en silverkant, inget ont som inte har ngt gott med sig *(ordspr)*
link [lɪŋk] **1** *s (i kedja)* länk; *(= cuff* ~*)* manschettknapp; *(bildl)* länk, förbindelse; **cultural** ~**s** kulturella förbindelser; **the missing** ~ den felande länken **2** *vt* förena, förbinda *(to* med); *(bildl: orsak med verkan)* förbinda, förknippa *(to* med); **to** ~ **arms** gå arm i arm
♦**link up** *vi + adv (personer)* slå sig ihop; *(rymdskepp)* docka; *(vägar, järnvägslinjer)* gå ihop
links |lɪŋks| *ssg (= golf* ~*s)* golfbana
link-up ['lɪŋkʌp] *s (mellan grupper)* sammanträffande; *(av motorvägar)* förbindelseled; *(av rymdskepp)* dockning; *(Radio, TV)* sammanlänkning
lino ['laɪnəʊ] *s (Brit)*, **li·no·leum** [lɪ'nəʊliəm] *s* linoleum
lin·seed ['lɪnsiːd] *s* linfrö; ~ **oil** linolja
lint |lɪnt| *s (i sht Brit: förbandsmaterial)* linneskav; *(på kläder)* (oönskat) ludd
lin·tel ['lɪntl] *s (i dörr)* överstycke, övre dörrkarm
lion ['laɪən] *s* lejon; ~**'s share** *(bildl)* lejonparten, huvuddelen
li·on·ess ['laɪənɪs] *s* lejoninna
lip |lɪp| *s (Anat)* läpp; *(på kopp, glas etc)* kant; **don't give me any** ~! *(vard)* käfta inte emot!; ~ **service** tomma ord; **to pay** ~ **service to sb/sth** låtsas stöda ngn/ngt, låtsas hålla med ngn; **it's only** ~ **service** det är bara läpparnas bekännelse
lip-read ['lɪpˌriːd] *vt, vi* läsa på läpparna
lip·stick ['lɪpstɪk] *s* läppstift
liq·ue·fy ['lɪkwɪfaɪ] *vt, vi* smälta
li·queur [lɪ'kjʊəʳ] *s* likör
liq·uid ['lɪkwɪd] **1** *adj (i allm)* flytande; ~ **assets** *(Ekon)* likvida medel **2** *s* vätska
liq·ui·date ['lɪkwɪdeɪt] *vt (Ekon: skuld)* likvidera, betala; *(: firma)* likvidera, avveckla; *(eufem: mörda)* likvidera
liq·ui·da·tion [ˌlɪkwɪ'deɪʃən] *s* avveckling; **to go into** ~ gå i likvidation

li·quid·ity [lɪ'kwɪdɪtɪ] *s (Ekon)* likviditet
liq·uid·ize ['lɪkwɪdaɪz] *vt (Matl)* mosa
liq·uid·iz·er ['lɪkwɪdaɪzəʳ] *s (Matl)* mixer
liq·uor ['lɪkəʳ] *s (frm: Brit)* starksprit; *(Am)* alkohol, sprit
liquo·rice ['lɪkərɪs] *s* lakrits
lisp |lɪsp| **1** *s* läspning **2** *vi* läspa
lis·som ['lɪsəm] *adj (kropp)* smidig, graciös
list¹ |lɪst| **1** *s (förteckning)* lista; **shopping** ~ inköpslista; ~ **price** katalogpris, listpris **2** *vt (skriftligt)* anteckna; *(muntligt)* räkna upp; **it is** ~**ed** det finns inte med på listan; ~**ed building** *(Arkit)* kulturminnesmärke
list² |lɪst| *vi (Sjö)* få/ha slagsida
lis·ten ['lɪsn] *vi (med hörsel)* lyssna, höra *(to* på); *(bry sig om)* lyssna *(to* på); ~! lyssna!, hör på!; **he wouldn't** ~ han ville inte höra på; **to** ~ **(out) for sth** lyssna på ngt, hålla ett öga på ngt; **to** ~ **in on a conversation** tjuvlyssna på ett samtal; **to** ~ **in on/to** *(Radio)* lyssna på
lis·ten·er ['lɪsnəʳ] *s* lyssnare; **to be a good** ~ vara en god lyssnare
list·less ['lɪstlɪs] *adj* håglös, apatisk
lists |lɪsts| *spl (Tornerspel)* rännarbana; **to enter the** ~ *(bildl)* gå in i striden *(against* mot)
lit |lɪt| *imperf, perf part av* **light**
lita·ny ['lɪtənɪ] *s (Rel, bildl)* litania, klagovisa
lit·era·cy ['lɪtərəsɪ] *s* läs- och skrivkunnighet
lit·er·al ['lɪtərəl] *adj* ordagrann, bokstavlig; **in a** ~ **sense** i bokstavlig/egentlig mening
lit·er·al·ly ['lɪtərəlɪ] *adv* bokstavligen, i egentlig betydelse; **it was** ~ **impossible to work there** det var bokstavligt talat omöjligt att arbeta där
lit·er·ary ['lɪtərərɪ] *adj* litterär; *se äv* **critic, criticism**
lit·er·ate ['lɪtərɪt] *adj* läs- och skrivkunnig; **highly** ~ ytterst bildad
lit·era·ture ['lɪtərɪtʃəʳ] *s* litteratur; *(vard: äv)* trycksaker, broschyrer
lithe |laɪð| *adj* mjuk, smidig
li·thog·ra·phy [lɪ'θɒɡrəfɪ] *s* litografi
Lithua·nia [ˌlɪθjʊ'eɪnɪə] *s* Lituaen
Lithua·nian [ˌlɪθjʊ'eɪnɪən] **1** *adj* litauisk **2** *s* **(a)** *(person)* litauer **(b)** *(språk)* litauiska
liti·ga·tion [ˌlɪtɪ'geɪʃən] *s (Jur)* process
lit·mus ['lɪtməs] *s:* ~ **paper** lackmuspapper
li·tre, *(Am)* **li·ter** ['liːtəʳ] *s* liter
lit·ter ['lɪtəʳ] **1** *s* **(a)** *(sopor)* avfall; *(oreda)* röra, skräp; ~ **bin** *(Brit)*, ~ **basket** *(på gator etc)* skräpkorg; ~ **lout** *(Brit vard)* person som skräpar ner **(b)** *(Zool)* kull **(c)** *(= cat* ~*)* strö; **cat** ~ **tray** kattlåda **2** *vt (gata etc)* skräpa ner; *(rum)* stöka till; **to** ~ **a room with books** strö ut böcker över ett rum; **a pavement** ~**ed with papers** en trottoar nedskräpad med papper
litter·bug ['lɪtəˌbʌg] *s (Am vard)* = **litter lout**
lit·tle¹ ['lɪtl] *adj* **(a)** *(storlek)* liten; **a** ~ **girl** en liten flicka; ~ **finger** lillfinger *(tid)* liten, kort; **a** ~ **holiday** en kort semester
lit·tle² ['lɪtl] *(komp* **less**, *superl* **least)* **1** *pron fören o självst (obetonat: en aning):* **a** ~ lite, litet; *(betonat: inte mycket)* lite, föga; **just a** ~ please! bara lite (grand), tack!; **a** ~ **wine** lite vin; **with** ~ **difficulty** utan större svårighet; **to see/do** ~ se/göra lite; ~ **or nothing** lite eller ingenting; **that has** ~ **to do with it!** det har föga med det att göra; **as** ~ **as £5** så lite som 5 pund; **to make** ~ **of sth** *(inte förstå)* inte få mycket ut av ngt; *(förringa)* nedsätta ngt **2** *adv (obetonat: en aning):* **a** ~ lite; *(betonat: inte mycket)* föga; *(tid):* **a** ~ liten stund; **we were a** ~ **surprised** vi blev lite förvånade; **a** ~ **known fact** ett föga känt faktum; **we see them as** ~ **as possible** vi träffar dem så lite som möjligt; ~ **more than** föga mer än; ~ **does he know/he** ~ **knows that...** föga anar han

att...

lit·ur·gy |'lɪtədʒɪ| s liturgi
live¹ |lɪv| **1** vi **(a)** (vara vid liv) leva; **he hasn't
long to** ~ han har inte långt kvar; **as long as I** ~
så länge jag lever; **to** ~ **through an experience**
genomleva/överleva en erfarenhet; **to** ~ **like a
lord** leva som en herreman; **I'm living for the
day when...** jag lever för den dag när...; **(you)** ~
and learn man lär så länge man lever; ~ **and let**
~ lev och låt andra leva; **long** ~ **the King!** leve
Konungen! **(b)** (vara bosatt) leva, bo; **to** ~ **in
London** leva/bo i London; **to** ~ **with sb** leva/bo
tillsammans med ngn; **to** ~ **together** bo ihop **2**
vt: **to** ~ **a happy life/a life of hardship** leva ett
lyckligt/svårt liv; **to** ~ **the part** (Teat, bildl) leva
sig in i rollen
♦ **live down** vt + adv (skam etc) komma över
♦ **live in** vi + adv (på sjukhusområde, universitet,
arbetsplats) bo i huset/i anslutning till ar-
betsplatsen
♦ **live off** vi + prep (staten, föräldrar etc) leva på
♦ **live on 1** vi + prep (grönsaker, pengar) leva
på **2** vi + adv fortsätta leva/bo
♦ **live out 1** vt + adv (sina dagar, sitt liv) leva till
slut, tillbringa; **all I want is to** ~ **out my days in
peace** allt jag vill är att leva resten av mitt liv i
fred/lugn och ro **2** vi + adv (utanför arbetsplats
etc) bo ute på stan
♦ **live up** vt + adv: **to** ~ **it up** (vard) leva livets
glada dagar
♦ **live up to** vi + prep (förväntningar, rykte) leva
upp till, motsvara
live² |laɪv| adj **(a)** (djur) levande; (fråga) aktuell;
(Radio, TV) direktsänd; ~ **broadcast** direkt-
sändning; **a real** ~ **crocodile** (vard) en livsle-
vande krokodil **(b)** (skott, ammunition) skarp;
(Elektr) strömförande; (kol, cigarett) glödande;
(tändsticka) oanvänd; **he's a real** ~ **wire!** (bildl
vard) han är ett riktigt energiknippe!; ~ **bomb**
(kvarliggande) blindgångare
live·li·hood |'laɪvlɪhʊd| s levebröd, uppehälle; **to
earn a/one's** ~ tjäna sitt levebröd
live·li·ness |'laɪvlɪnɪs| s livlighet
live·ly |'laɪvlɪ| adj (-ier, -iest) (i allm) livlig;
(skildring, kampanj) livfull; (ansträngning, kampanj) inten-
siv; (konversation, debatt, intresse) livlig; (takt)
snabb; **things are getting** ~ det börjar bli livligt
liv·en up |'laɪvn ʌp| **1** vt + adv liva upp **2** vi +
adv bli livlig
liv·er |'lɪvəʳ| s (Anat) lever; ~ **pâté** leverpastej; ~
sausage leverpastej (förpackad som korv); ~ **dis-
ease** leversjukdom
liv·er·ish |'lɪvərɪʃ| adj: **to be feel** ~ vara/känna sig
vissen
liv·ery |'lɪvərɪ| s livré; ~ **stable** hyrstall
lives |laɪvz| spl av **life**
live·stock |'laɪvstɒk| s boskap
liv·id |'lɪvɪd| adj **(a)** (vard) rosenrasande **(b)**
(hy etc) likblek; (himmel, blåmärke) svartblå
liv·ing |'lɪvɪŋ| **1** adj (person, språk etc) levande;
within ~ **memory** så långt man kan minnas, i
mannaminne; **the greatest** ~ **pianist** den störste
nu levande pianisten **2** s liv, sätt att leva; **cost
of** ~ levnadskostnad; **to earn/make a** ~ försörja
sig, tjäna sitt uppehälle; **what do you do for a** ~?
(vard) hur försörjer du dig?; **the** ~ de levande; ~
conditions levnadsvillkor; ~ **expenses** levnads-
omkostnader; ~ **room** vardagsrum; **standard of**
~ levnadsstandard; **a** ~ **wage** en lön som man
kan leva på
liz·ard |'lɪzəd| s ödla
load |ləʊd| **1** s **(a)** (på långtradare etc) last;
(Elektr) laddning; (Tekn) belastning; (kol, turister,
hö) lass **(b)** (bildl) börda, tyngd; **that's (taken) a**
~ **off my mind!** en sten föll från mitt bröst; ~**s**

of, a ~ **of** (vard) massor av; **it's a** ~ **of old rubbish**
(vard) det äv en massa smörja **2** vt (fartyg: äv: ~
up) lasta (with med); (varor) lasta; (gevär, kamera)
ladda (with med); **her suitcases were** ~**ed (down)**
hennes resväskor var proppade; **he's** ~**ed
(down) with debts/worries** han är nedtyngd av
skulder/bekymmer; **they** ~ **their children
(down) with toys** de överöser sina barn med
leksaker
load·ed |'ləʊdɪd| adj **(a): a** ~ **question** (bildl) en
tillspetsad fråga **(b)** (tärningar) preparerad;
the dice are ~ **against him** (bildl) han har otur,
han har gudarna mot sig **(c): to be** ~ (vard: rik)
tät
load·ing bay |'ləʊdɪŋˌbeɪ| s lastområde
loaf¹ |ləʊf| s, pl **loaves** bröd, limpa
loaf² |ləʊf| vi (äv: ~ **about,** ~ **around**) driva
omkring
loam |ləʊm| s lerjord
loan |ləʊn| **1** s (något lånat) lån; (från bank etc)
lån; **it's on** ~ den är utlånad; **I have it on** ~ jag
har den till låns; **to raise a** ~ (pengar) skaffa sig
ett lån **2** vt låna (ut)
loath |ləʊθ| adj ovillig; **to be** ~ **to do sth** vara ovillig
att göra ngt; **nothing** ~ villig, beredd
loathe |ləʊð| vt avsky; **I** ~ **doing it** jag avskyr att
göra det
loath·ing |'ləʊðɪŋ| s avsky, äckel; **it fills me with** ~
det äcklar mig
loath·some |'ləʊðsəm| adj avskyvärd, vidrig
loaves |ləʊvz| spl av **loaf**
lob |lɒb| **1** s (Tennis) lobb **2** vt (boll: i allm) kasta (i
hög båge); (Tennis) lobba; **to** ~ **sth over to sb**
slänga över ngt till ngn **3** vi (Tennis) lobba
lob·by |'lɒbɪ| **1** s **(a)** (på teater, bio) foajé; (på
hotell) lobby **(b)** (Parlamentet: för allmänheten)
förhall; (: grupp) påtryckningsgrupp, lobby; (: =
division ~) voteringskorridor **2** vt: **to** ~ **one's
member of parliament/congressman** utöva på-
tryckningar på sin parlaments-/kongress|le-
damot **3** vi arbeta som påtryckningsgrupp; **to**
~ **for a reform** bedriva korridorpolitik för att få
igenom en reform
lob·by·ing |'lɒbɪɪŋ| s korridorpolitik, lobbying
lob·by·ist |'lɒbɪɪst| s korridorpolitiker, lobbyist
lobe |ləʊb| s (Anat) lob; **ear** ~ örsnibb
lob·ster |'lɒbstəʳ| s hummer; ~ **pot** hummertina
lo·cal |'ləʊkəl| **1** adj (person) från trakten, lokal;
(butik) i närheten, lokal(-); (vin, specialitet) från
trakten; (Tele: samtal, radiostation, tidning) lo-
kal-; ~ **anaesthetic** (Med) lokalbedövning; ~
authority lokal myndighet; **the** ~ **authorities**
(ung) kommunen, landstinget; ~ **education autho-
rity** (ung) länsskolnämnd; ~ **government** (ung)
kommunstyrelse; ~ **resident** ortsbo; ~ **road**
småväg **2** s (vard) **(a)** (person): **the** ~**s** ortsbe-
folkningen **(b)** (Brit) bypub, kvarterspub
lo·cale |ləʊ'kɑːl| s (för en händelse) (skåde)plats;
(Bot) lokal, växtplats
lo·cal·ity |ləʊ'kælɪtɪ| s (Geogr: samhälle) ort;
(: allmännare) trakt; (för en händelse) (skåde-)
plats
lo·cal·ize |'ləʊkəlaɪz| vt (upptäcka) lokalisera; (inte
sprida: sjukdom etc) begränsa, avgränsa; (tra-
ditioner etc): **a** ~**d custom** en (endast) lokalt
utbredd sed
lo·cal·ly |'ləʊkəlɪ| adv (här) i närheten, (på platsen/
orten) lokalt; (på enstaka platser) här och där,
lokalt
lo·cate |ləʊ'keɪt| vt **(a)** (byggnad, verksamhet) för-
lägga, placera; **to be** ~**d** (byggnad etc: äv) vara
belägen: **the shops are** ~**d near the station** **(b)**
(borttappat föremål, butik etc) hitta; (fastställa lä-
get av) lokalisera
lo·ca·tion |ləʊ'keɪʃən| s **(a)** (se **locate**) för-

läggning, placering; lokalisering **(b)** *(där ngt är placerat)* plats; *(i förhållande till omgivningen etc)* läge; **an excellent ~ for a picnic** en utmärkt plats för en picknick; **the ~ of the school, near the factory** skolans läge nära fabriken **(c)** *(Film)* inspelningsplats; **to be on ~ in Mexico** filma på platsen i Mexiko

loch |lɒx| *s (Skottl)* sjö

lock¹ |lɒk| *s (av hår)* lock; **golden ~s** gyllene lockar

lock² |lɒk| **1** *s* **(a)** *(på dörr, låda etc)* lås; **under ~ and key** *(föremål)* inlåst; *(brottsling)* inom lås och bom; **steering ~** *(Motor)* rattlås; **~ stock and barrel** *(bildl)* rubb och stubb **(b)** *(i kanal)* sluss **(c)** *(Brit Motor: äv:* **steering~**) vändradie; **on full ~** med fullt hjulutslag **2** *vt (dörr, låda etc)* låsa; *(Tekn: mekanism, hjul etc)* låsa; **to ~ sb/oneself/sth in a room** låsa in ngn/sig/ngt i ett rum; **they were ~ed in each other's arms** de var tätt omslingrade; **~ed in combat** inbegripen i strid **3** *vi (dörr etc)* gå att låsa; *(hjul etc)* låsa sig
♦ **lock away** *vt + adv (värdesaker, etc)* låsa in; *(brottsling etc)* spärra in
♦ **lock in** *vt + adv (i sht av misstag)* låsa in
♦ **lock out** *vt + adv (i allm)* låsa ute; *(vid arbetskonflikt)* lockouta
♦ **lock up** **1** *vt + adv (värdesaker)* låsa in, placera i säkert förvar; *(hus)* låsa, bomma igen; *(brottsling)* låsa in, bura in; *(kapital)* binda **2** *vi + adv* låsa

lock·er |'lɒkə'| *s (med lås)* skåp, förvaringsfack; **~ room** omklädningsrum

lock·et |'lɒkɪt| *s* medaljong

lock·jaw |'lɒkdʒɔː| *s* stelkramp

lock·out |'lɒkaʊt| *s* lockout

lock·smith |'lɒksmɪθ| *s* låssmed

lock-up |'lɒkʌp| *s (lokalt fängelse)* arrest, finka *(vard)*; (= **~ garage**) garage en bit från bostaden

lo·co·mo·tion |ˌləʊkə'məʊʃən| *s* förflyttning, fortskaffning; **the quickest form of ~** snabbaste sättet att ta sig fram

lo·co·mo·tive |ˌləʊkə'məʊtɪv| *s* lok

lo·cust |'ləʊkəst| *s (Zool)* gräshoppa *(av arter som uppträder i svärmar o är svåra skadegörare)*

lo·cu·tion |ləʊ'kjuːʃən| *s* uttryck, talesätt; **set ~** stående uttryck

lodge |lɒdʒ| **1** *s (i sht Brit: vid parkgrind)* grindstuga; *(i sht Am: fritidshus)* sportstuga; *(i bostadshus)* portvaktsrum; *(i orden)* loge **2** *vt (person)* inkvartera; *(föremål)* placera; *(klagomål, protest, anklagelse etc)* framföra; *(uttalande)* göra; *(Jur: besvär)* anföra **3** *vi (person)* bo *(with hos)*; *(föremål)* fastna; **the bullet ~ed in the lung** kulan fastnade i lungan

lodg·er |'lɒdʒə'| *s* inackordering, hyresgäst

lodg·ing |'lɒdʒɪŋ| *s* logi, husrum; **~s** hyresrum; **to look for ~s** leta efter (hyresrum); **~ house** *(för studenter etc)* hus med hyresrum

loft |lɒft| *s* vind; **hay ~** höskulle

lofty |'lɒftɪ| *adj (-ier, -iest) (känsla, syfte)* upphöjd; *(poet)* hög

log |lɒg| **1** *s* **(a)** *(ved)* stock; **to sleep like a ~** sova som en stock; **~ cabin** timmerstuga; **~ fire** stockeld **(b)** = **logbook 2** *vt* **(a)** föra in i loggbok **(b)** *(äv:* **~ up:** *distans)* tillryggalägga; *(: fart)* mäta upp; *(träd)* fälla; *(ved)* såga upp **(c)** *(Data)* logga
♦ **log in, log on** *vi + adv (Data)* logga in
♦ **log off** *vi + adv (Data)* logga av/ut

loga·rithm |'lɒgərɪθəm| *s* logaritm

log·book |'lɒgbʊk| *s (Sjö, Flyg)* loggbok; *(Motor)* körjournal

log·ger·heads |'lɒgəhedz| *spl:* **to be at ~ with sb** vara oense med ngn

log·ic |'lɒdʒɪk| *s* logik

logi·cal |'lɒdʒɪkəl| *adj* logisk; **a ~ conclusion** en

---

logisk slutledning

lo·gis·tics |lə'dʒɪstɪks| *ssg (Mil)* organisation av transport och underhåll, logistik

loin |lɔɪn| *s (av kött)* fransyska; **~s** *(Anat, frm)* länder; **~ chop** *(Matl)* en skiva av fransyskan; **~ cloth** höftskynke

loi·ter |'lɔɪtə'| *vi (gå: utan mål)* driva omkring; *(: långsamt)* söla, dra benen efter sig; **to ~ (with intent)** *(Jur)* stryka omkring (med brottsligt uppsåt); **no ~ing** *(på skylt)* förbjudet för obehöriga att uppehålla sig på gården/i porten *etc*

loll |lɒl| *vi:* **to ~ about/around** *(i soffa)* ligga och dra sig; *(i stol)* sitta och hänga; *(på gata)* gå och driva; **to ~ against/back on** lättjefullt luta sig mot; **his tongue was ~ing out** tungan hängde ut ur munnen på honom

lol·li·pop |'lɒlɪpɒp| *s* slickepinne, klubba

lol·ly |'lɒlɪ| *s (Brit)* **(a)** slickepinne, klubba **(b)** *(vard: pengar)* stålar

Lon·don |'lʌndən| *s* London

Lon·don·er |'lʌndənə'| *s* londonbo

lone |ləʊn| *adj attr (enstaka)* ensam; **~ wolf** *(bildl)* ensamvarg

lone·li·ness |'ləʊnlɪnɪs| *s* ensamhet

lone·ly |'ləʊnlɪ| *adj (-ier, -iest) (person: utan umgänge)* ensam; *(liv)* ensam, enslig; *(plats: isolerad)* enslig; *(: utan människor)* (folk)tom, övergiven; **to feel ~** känna sig ensam (och övergiven); **the ~ hearts' club** *(ung)* de ensammas förening

lon·er |'ləʊnə'| *s* enstöring

lone·some |'ləʊnsəm| *adj (i sht Am)* ensam

long¹ |lɒŋ| **(-er, -est)** **1** *adj* **(a)** *(storlek)* lång; **how ~ is it?** hur lång är den?; **it is 6 metres ~** den är 6 meter lång; **to pull a ~ face** se snopen ut, bli lång i ansiktet; **a ~ memory** ett gott minne; **it's a ~ shot** *(vard)* det är en vild chansning **(b)** *(tid)* lång; **for a ~ time** på lång tid; *(efter negation)* på länge; **how ~ is the film?** hur lång är filmen? **2 hours ~** 2 timmar lång; **a ~ walk/holiday** en lång promenad/semester; **~ drink** *(t ex gin o tonic)* långdrink; **it's been a ~ day** *(bildl)* det har varit en dryg dag; **to take a ~ look at sth** ta en ordentlig titt på ngt; **at ~ last** äntligen; **~ time, no see!** *(vard)* det var länge sen (vi sågs)!
2 *adv* länge; **I shan't be ~** jag blir inte borta länge; **we didn't stay ~** vi stannade inte länge; **to live ~** leva länge; **I have ~ believed that...** jag har länge trott att...; **~ before** långt tidigare; **~ before then** långt innan dess; **~ before you came** långt innan du kom; **~ since dead** död sedan länge; **~ ago** för länge sedan; **he no ~er comes** han kommer inte längre; **all day ~** hela dagen (lång); **so ~ as, as ~ as** så länge som; **so ~!** *(vard, i sht Am)* hej så länge!; **we won't stay (for) ~** vi ska inte stanna länge; **they left before ~** de gick snart; **it won't take ~** det tar inte lång tid **3** *s:* **the ~ and the short of it is that...** *(bildl)* kontentan av det hela är att...

long² |lɒŋ| *vi* längta *(for efter);* **to ~ to do sth** längta efter att göra ngt; **to ~ for sb to do sth** längta efter att ngn ska göra ngt

long-awaited |'lɒŋə‚weɪtɪd| *adj* efterlängtad

long-distance |'lɒŋ'dɪstəns| *adj (flyg)* långdistans-; *(Am Tele):* **~ call** interurbansamtal; *(löpare)* långdistans-

long-drawn-out |ˌlɒŋdrɔːn'aʊt| *adj* långdragen

long-haired |'lɒŋ'heəd| *adj (person)* långhårig; *(djur)* långhårig, med lång päls

long·hand |'lɒŋhænd| *s (ej stenografi)* vanlig skrift; **write in ~** skriva för hand

long-legged |'lɒŋlegd, 'lɒŋ'legɪd| *adj (person)* långbent; *(föl, giraff)* högbent

long·ing |'lɒŋɪŋ| *s* längtan

long·ing·ly |'lɒŋɪŋlɪ| *adv* längtansfullt

lon·gi·tude |'lɒŋgɪtjuːd| *s* longitud

long-lost |'lɒŋ‚lɒst| *adj* sedan länge förlorad

long-playing |'lɒŋ‚pleɪɪŋ| *adj*: ~ **record** *(förk* **LP)** LP-skiva

long-range |‚lɒŋ'reɪndʒ| *adj (robot, flyg)* långdistans-; *(planering)* långsiktig; *(prognos)* långtids-

long-sighted |‚lɒŋ'saɪtɪd| *adj (i sht Brit)* långsynt, översynt

long-sleeved |'lɒŋsliːvd| *adj* långärmad

long-standing |'lɒŋ‚stændɪŋ| *adj (vänskap, dispyt etc)* mångårig, långvarig

long-suffer·ing |‚lɒŋ'sʌfərɪŋ| *adj* tålmodig

long-term |'lɒŋtɜːm| *adj (effekt)* långsiktig; *(plan)* långtids-; *(kredit)* långfristig; **to take a ~ view of sth** se ngt på lång sikt

long-winded |‚lɒŋ'wɪndɪd| *adj (person, förklaring etc)* långrandig, mångordig

loo |luː| *s (Brit vard)* toa(lett)

look |lʊk| **1** *s* **(a)** *(ögonkast)* blick, titt; *(uttryck)* blick, min; **she gave me a dirty ~** hon gav mig en ilsken blick; **a ~ of despair** en blick av förtvivlan; **to have a ~ at sth** ta en titt på ngt; **let me have a ~** låt mig få se; **to take a good ~ at sth** titta noga på ngt; **to have a ~ for sth** titta/leta efter ngt; **shall we have a ~ round the town?** ska vi ta oss en titt på stan?

   2 *vi* **(a)** *(se)* titta *(at* på); **to ~ at sth** *(under-söka)* titta på ngt; **to ~ for sb/sth** leta el söka efter ngn/ngt; **to ~ into** *(fråga, möjlighet)* undersöka; **I'll ~ and see** jag ska gå och se; ~ **who's here!** titta vem som är här!; *(now)* ~ **here...** hör nu, hör du/ni...; **to ~ the other way** *(eg)* titta åt ett annat håll; *(bildl)* låtsas som ingenting; **to ~ ahead** *(eg, bildl)* se framåt; **to ~ onto** *(fönster etc)* vetta mot; ~ **before you leap** *(ordspr)* tänk först och handla sedan

   (b) *(verka)* se ut; **to ~ as if** *el* **as though...** se ut som om...; **he ~s (as if he's) happy** han ser lyckig ut/ser ut att vara lycklig; **she ~ed prettier than ever** hon såg sötare ut än någonsin; **he ~s about 60 (years old)** han ser ut att vara omkring 60 (år gammal); **it ~s good on you** den ser bra ut på dig; **he ~s like his brother** han ser ut som/är lik sin bror; **this photo doesn't ~ like him** det här fotot är inte likt honom; **it ~s like cheese to me** för mig ser det ut som ost; **the festival ~s like being lively** det ser ut att bli en glad festival; **it ~s as if/as though the train will be late** det ser ut som om tåget skulle bli försenat

   3 *vt* **(a): to ~ sb (straight) in the eye/(full) in the face** se ngn rakt i ögonen; **to ~ sb up and down** mönstra ngn från topp till tå; ~ **where you're going!** se dig för!

   (b): he ~ed a gentleman han såg ut som en gentleman; **to ~ one's age** se ut att vara så gammal som man är; **to ~ one's best** se så bra ut som möjligt; **he's not ~ing himself** han är sig inte lik

♦ **look after** *vi + prep* se efter, ta hand om

♦ **look around** *vi + adv/prep* se sig omkring *(for* efter)

♦ **look away** *vi + adv* titta bort

♦ **lookback** *vi + adv (och vinka etc)* se sig om; *(minnas)* se tillbaka *(on* på)

♦ **look down** *vi + adv* se/titta ned; **to ~ down at sb/sth** titta ned på ngn/ngt; **to ~ down on sb/sth** *(eg, bildl)* se ned på ngn/ngt

♦ **look forward to** *vi + prep* se fram emot; **to ~ forward to doing sth** se fram emot att göra ngt

♦ **look in** *vi + adv (genom fönster etc)* se in; *(besöka)* titta in

♦ **look on** **1** *vi + adv (ej delta)* se 'på   **2** *vi + prep (anse)* 'se på, betrakta

♦ **look out** **1** *vi + adv* **(a)** *(genom fönster etc)* se ut; **to ~ out for sb/sth** se sig om efter ngn/ngt   **(b)** *(akta sig)* se upp *(for* för); ~ **out!** se upp!, akta dig/er!   **2** *vt + adv (finna)* ta reda på

♦ **look over** *vt + adv (hus etc)* gå igenom, inspektera; *(uppsats, anteckningar)* gå igenom, granska; *(person)* granska, (noga) se på

♦ **look round** **1** *vi + adv (vända sig om)* se sig om; *(i affär etc)* se sig omkring   **2** *vi + prep* se sig om i

♦ **look through** **1** *vt + adv (anteckningar etc)* titta igenom   **2** *vi + prep (teleskop etc)* titta i/genom

♦ **look to** *vi + prep (lita till)* vända sig till; *(hus, hem etc)* se till/om

♦ **look up** **1** *vt + adv* **(a)** *(i lexikon)* slå upp   **(b)** *(person)* söka upp   **2** *vi + adv* **(a)** *(titta)* se upp; **to ~ up to sb** *(bildl)* se upp till ngn   **(b)** *(bli bättre)* ta sig

looker-on |‚lʊkər'ɒn| *s, pl* **lookers-on** åskådare

look-in |'lʊkɪn| *s (vard)*: **to get a ~** få en chans

looking-glass |'lʊkɪŋɡlɑːs| *s (frm, åld)* spegel

look-out |'lʊkaʊt| *s* **(a): to keep a ~ for sth** hålla utkik (efter ngt); **to be on the ~ for sth** vara på jakt efter ngt   **(b)** *(utsiktspunkt)* utsikt; *(person)* vakt; ~ **post** utkikspost   **(c)** *(framtids-)* utsikt(er); **it's a grim/poor ~ for us** det ser dystert ut för oss; **that's his ~!** det är hans sak!

loom[1] |luːm| *s (= weaving ~)* vävstol

loom[2] |luːm| *vi (äv:* ~ **up)** dyka upp/fram; **the ship ~ed (up) out of the mist** fartyget dök upp ur dimman; **to ~ large** *(eg, bildl)* torna upp sig

loon |luːn| *s (Am: fågel)* (is)lom

loony |'luːnɪ| *adj (vard)* galen

loop |luːp| **1** *s (på snöre etc)* ögla; *(att knäppa med etc)* hälla, träns; *(av flod, väg etc)* krök   **2** *vt* lägga i ögla; **to ~ a rope round a post** fästa ett rep (med en ögla) runt en stolpe; **to ~ the loop** *(Flyg)* göra looping   **3** *vi* böja sig, kröka sig

loop·hole |'luːphəʊl| *s (bildl)* kryphål

loose |luːs| **1** *adj* **(a)** *(inte fäst)* lös; **to come or work** ~ lossna; **to turn/let** ~ *(djur)* komma lös; **to tie up** ~ **ends** *(bildl)* lägga sista handen vid ngt; **to be at a** ~ **end** *(bildl)* vara sysslolös; ~ **chippings** *(Motor)* lös vägbeläggning   **(b)** *(inte åtsittande: kläder)* ledig, lös(t sittande); ~ **weave** glest väv   **(c)** *(inte paketerad: frukt, ost etc)* i lös vikt; ~ **change** småpengar   **(d)** *(bildl: översättning)* fri; *(förbindelse)* inte fast etablerad; *(beskrivning etc)* vag; ~ **association** informell anknytning   **(e)** *(neds)* lösaktig, lättfärdig; ~ **morals** lösa seder   **2** *s (vard)*: **to be on the ~** *(brottsling etc)* vara på fri fot; *(hund)* springa lös; *(festande)* slå sig lös, slå runt   **3** *vt (hund etc)* släppa lös; *(knut etc)* lossa; *(rep)* lossa; *(äv:* ~ **off:** *skott)* avlossa; *(: gevär)* avfyra

loose-fitting |'luːs‚fɪtɪŋ| *adj* löst sittande

loose-leaf |'luːsliːf| *adj (bok, pärm)* med lösa blad, lösblads-

loose-limbed |'luːslɪmd| *adj (gymnast)* smidig, vig

loose·ly |'luːslɪ| *adv (i allm)* löst; ~ **translated** fritt översatt; **he can be ~ described as...** han kan vagt beskrivas som...

loos·en |'luːsn| **1** *vt (i allm: rep, grepp, skruv etc)* lossa; *(knut)* lösa upp; *(skärp)* släppa ut; *(muskler)* mjuka upp; **to ~ sb's tongue** *(bildl: få att prata)* lossa tungans band på ngn   **2** *vi (i allm)* lossna; *(knut)* gå upp

♦ **loosen up** *vi + adv (idrottare)* mjuka upp; *(vard)* slappna av

loot |luːt| **1** *s (eg, bildl)* byte; *(vard: pengar)* stålar   **2** *vt* plundra   **3** *vi* plundra

loot·er |'luːtər| *s* plundrare

lop |lɒp| *vt (äv:* ~ **off:** *trädgrenar)* kapa, hugga av; *(bildl)* skära bort

lope |ləʊp| *vi:* **to** ~ **along/off** *etc* kliva iväg

lop-sided |ˌlɒp'saɪdɪd| *adj (byggnad)* sned, lutande; *(bildl)* skev, ensidig

lo·qua·cious |lə'kweɪʃəs| *adj (frm)* pratsam, talträngd

lord |lɔːd| **1** *s (till egendom)* herre; *(Brit titel)* lord; *(i kraftuttryck)* (Herre) Gud; **the House of L**~**s** *(Brit)* överhuset; **Our L**~ *(Rel)* Vår Herre; **my L**~ Ers nåd; **good L**~**!** Herre Gud!; **L**~ **knows!** Gud vet!; **L**~ **knows I have tried everything** Gud ska veta att jag har försökt allt; *se äv* **live 1 a** **2** *vt:* **to** ~ **it over sb** *(vard)* spela herre över ngn

Lord·ship |'lɔːdʃɪp| *s (Brit):* **His/Your** ~ hans/Ers nåd

lore |lɔː^r| *s* **(a)** *(om visst ämne)* kännedom, kunskap: *plant/bird/weather* ~ **(b)** (folk)kultur: *Irish/Scottish* ~

lor·ry |'lɒrɪ| *s (Brit)* lastbil; ~ **driver** lastbilsförare; ~ **load** *(sand etc)* lass

lose |luːz| *imperf, perf part* **lost** **1** *vt* **(a)** *(i allm)* förlora; *(föremål)* tappa (bort), förlora; **to** ~ **one's life** mista livet; **you've got nothing to** ~ du har ingenting att förlora; **to** ~ **one's way** gå vilse; **to** ~ **interest/(one's) patience** *etc* tappa intresset/tålamodet *etc;* **to** ~ **no time (in doing sth)** skynda sig (att göra ngt); **there's no time to** ~ det är ingen tid att förlora **(b):** **that mistake lost him the job** det misstaget kostade honom jobbet **(c):** **this watch** ~**s 5 minutes every day** den här klockan saktar sig 5 minuter om dagen **2** *vi* förlora; **they lost (by) 3 goals to 2** de förlorade med 3 mål mot 2; **to** ~ **to sb** förlora mot ngn; **to** ~ **(out) on sth** *(vard)* gå miste om ngt; **the clock is losing** klockan drar sig

♦ **lose out** *vi + adv* misslyckas

los·er |'luːzə^r| *s* förlorare; **he's a born** ~ han är född med otur; **to be a bad** ~ vara en dålig förlorare

los·ing |'luːzɪŋ| *adj* förlorande; *se äv* **battle 1**

loss |lɒs| *s* **(a)** *(i allm)* förlust; **there was a heavy** ~ **of life** det var stora förluster i människoliv; **to cut one's** ~**es** *(ur en förlustaffär, bildl)* dra sig ur spelet; **it's your** ~ det är värst för dig; **he's a dead** ~**, he's no great** ~ *(vard)* han är värdelös; **the ship is a total** ~ fartyget är helt värdelöst; **to sell at a** ~ sälja med förlust **(b): to be at a** ~ vara villrådig, veta varken ut eller in; **to be at a** ~ **to do sth** vara ur stånd att göra ngt; **to be at a** ~ **for words** inte hitta ord

lost |lɒst| **1** *imperf, perf part av* **lose** **2** *adj (föremål)* förlorad, förkommen; *(person)* vilsen, bortkommen; **to get** ~ *(föremål)* komma bort; *(person)* gå vilse; **get** ~**!** *(vard)* dra åt skogen!, försvinn!, stick!; **to be** ~ **in thought** vara försjunken i tankar; **the remark/joke was** ~ **on him** yttrandet/skämtet var bortkastat på honom; **I feel** ~ **without it/him** jag känner mig hjälplös utan den/honom; **to make up for** ~ **time** ta igen förlorad tid; **to give sth up for** ~ ge upp ngt som förlorat; ~ **cause** hopplös sak; ~ **property,** *(Am)* ~ **and found property** hittegods; ~ **property office/department,** *(Am)* ~ **and found** hittegodsmagasin

lot |lɒt| *s* **(a)** *(livs-)* öde, lott; **it fell to my** ~ **(to do sth)** det föll på min lott (att göra ngt); **to throw in one's** ~ **with sb** göra gemensam sak med ngn; *(gifta sig)* förena sitt öde med ngn **(b)** *(slumpurval)* lottning; **to decide sth by** ~ låta lotten avgöra; **to draw** ~**s (for sth)** dra lott (om ngt) **(c)** *(på auktion)* nummer **(d)** *(i sht Am)* tomt, område; **parking** ~ *(område)* parkeringsplats **(e)** *(kvantitet)* mängd; **a** ~ **of money** en mängd/ massa pengar; **a** ~ **of books/**~**s of books** en

mängd böcker; **quite/such a** ~ **of noise** ett sådant väsen **(f)** *(vard):* **the** ~ allt, alltihop; **he took the** ~ han tog alltihop; **that's the** ~ det är allt; **the** **(whole)** ~ **of them** allihop(a) **(g)** *(som adv):* **I read a** ~ jag läser mycket; **he feels a** ~/~**s better** han känner sig mycket bättre; **thanks a** ~**!** *(äv iron)* tack så hemskt mycket!; *se äv* **fat 1**

loth |ləʊθ| *adj* = **loath**

lo·tion |'ləʊʃən| *s* lotion; **hand** ~ handbalsam

lot·tery |'lɒtərɪ| *s* lotteri

loud |laʊd| **1** *adj (-er, -est)* *(röst, skratt, skrik)* hög; *(applåder, åska)* stark; *(protest, fest etc)* högljudd; *(neds: färg, kläder)* skrikig, gräll **2** *adv (se äv* **loudly)** högt; **to say sth out** ~ säga ngt högt; ~ **and clear** högt och tydligt

loud·hailer |ˌlaʊd'heɪlə^r| *s* megafon

loud·ly |'laʊdlɪ| *adv (tala, skratta etc)* högt; *(protestera etc)* högljutt

loud-mouthed |ˌlaʊdmaʊθd| *adj* högljudd, gapig

loud·speaker |ˌlaʊd'spiːkə^r| *s* högtalare

lounge |laʊndʒ| **1** *s (på hotell)* sällskapsrum, salong; *(i bostad)* vardagsrum; *(på flygplats)* vänthall; ~ **suit** kavajkostym **2** *vi (*~ **about)** *(uppe)* gå och dra; *(i säng)* ligga och slöa

louse |laʊs| *s, pl* **lice** *(eg)* lus; *(neds: person)* skit *(vard),* kräk *(vard)*

♦ **louse up** *vt + adv (vard)* fördärva, sabba

lousy |'laʊzɪ| *adj (eg)* lusig; *(vard: mycket dålig)* usel; **a** ~ **trick** ett smutsigt trick

lout |laʊt| *s* slyngel, tölp

lov·able |'lʌvəbl| *adj* förtjusande

love |lʌv| **1** *s* **(a)** *(i allm)* kärlek *(for* till); **it was** ~ **at first sight** det var kärlek vid första ögonkastet; **he studies history for the** ~ **of it** han studerar historia för nöjes skull; **to be in** ~ **(with** sb) vara förälskad (i ngn); **to fall in** ~ bli förälskad; **to make** ~ *(sexuellt)* älska, ligga med varandra; **to make** ~ **to sb** *(fria)* uppvakta ngn; *(sexuellt)* älska/ligga med ngn; **there is no** ~ **lost between them** de tål inte varandra; **to send one's** ~ **to sb** hälsa till ngn; **(lots of)** ~ *(i brevslut)* kära hälsningar; ~ **affair** kärleksaffär; ~ **letter** kärleksbrev; ~ **life** kärleksliv; ~ **song** kärlekssång; ~ **story** kärlekshistoria **(b)** *(person)* älskling, raring; **(my)** ~ *(min)* älskling; **the child's a little** ~ barnet är en liten raring **(c)** *(Tennis)* noll; ~ **all** noll — noll **2** *vt (person etc)* älska, tycka om; *(hobby, mat, plats etc)* vara förtjust i, tycka om; **he** ~**s swimming, he** ~**s to swim** han älskar att simma; **I'd** ~ **to come** jag kommer gärna; **I'd** ~ **to come, but...** jag skulle gärna komma, men...

love·bird |'lʌvbɜːd| *s (bildl vard: vanl pl):* ~**s** turturduva

love·less |'lʌvlɪs| *adj (äktenskap)* kärlekslös; *(person)* kärlekslös, kall; *(barn)* oälskad

love·lorn |'lʌvlɔːn| *adj (poet)* försmådd, med krossat hjärta

love·ly |'lʌvlɪ| *adj (-ier, -iest) (person, blomma, väder etc)* vacker, förtjusande; *(härlig)* underbar; **we had a** ~ **time** vi hade det härligt

love-making |'lʌvˌmeɪkɪŋ| *s (åld)* uppvaktning; *(i allm)* ömhetsbetygelse; *(sexuellt)* erotik, samlag

lov·er |'lʌvə^r| *s* **(a)** *(sexuellt)* älskare; *(romantiskt)* beundrare; **he became her** ~ han blev hennes älskare; **the** ~**s** de älskande **(b)** *(musik-, vin- etc)* älskare, vän; **he is a great** ~ **of the violin** han tycker mycket om fiol(musik)

love-sick |'lʌvsɪk| *adj* kärlekskrank

lov·ing |'lʌvɪŋ| *adj* kärleksfull

lov·ing·ly |'lʌvɪŋlɪ| *adv* kärleksfullt

low[1] |ləʊ| **1** *adj (-er, -est) (i allm: eg o bildl)* låg; *(neds)* tarvlig, dålig; **a** ~ **bow** en djup bugning; ~ **taste** dålig smak; **a** ~ **opinion** en låg tanke *(on* om); **to feel** ~/**to be** ~ känna sig nere; **supplies/ stocks are (getting)** ~ förråden håller på att ta

low slut; **in** ~ **gear** (Motor) på låg växel; **on** ~ **ground** på lågländt mark; **at** ~ **tide** vid ebb; ~**er deck** undre däck; ~**er case letters** (i tryck etc) små bokstäver, gemena (spec); **the** ~**er classes** underklassen **2** adv (i allm) lågt; (buga) djupt; **to fall/sink** ~ (bildl) sjunka djupt; **to turn sth down** ~ skruva ned ngt; **supplies/stocks are running** ~ förråden börjar ta slut **3** s **(a)** (Meteorologi) lågtryck **(b)** (bildl) bottenläge; **to reach a new/all-time** ~ nå bottenrekord

low² |ləu| vi (boskap) råma

low·brow ['ləubrau] **1** adj (film, bok etc) populär, ytlig **2** s ointellektuell person

low-calorie ['ləu,kæləri] adj kalorifattig

low-down ['ləudaun] **1** s (vard): **he gave me the** ~ **on it** han berättade hur det egentligen förhöll sig **2** adj nedrig

low·er¹ ['ləuə'] **1** adj komp of **low¹** **2** adv komp of **low¹** **3** vt (person) fira ned; (båt) sätta ut, fira ned; (flagga, segel) hala; (bildl: pris, moral, motståndskraft etc) sänka; **to** ~ **one's guard** (Boxning) sänka garden; (bildl) minska på uppmärksamheten; **to** ~ **one's voice** sänka rösten; **to** ~ **oneself to do sth** (bildl) nedlåta sig till att göra ngt

low·er² ['ləuə'] vi (person) blänga; (himmel) mörkna

low-flying ['ləu,flaɪŋ] adj lågtflygande

low-key [,ləu'ki:] adj (vard) dämpad, återhållen

low·land ['ləulənd] s lågland; **the L**~**s** (i Skottland) låglanderna

low-level ['ləu,levl] adj på låg nivå

low·ly ['ləuli] adj obetydlig

low-lying [,ləu'laɪŋ] adj (terräng) låglänt

low-paid [,ləu'peɪd] adj lågavlönad

low-spirited [,ləu'spɪrɪtɪd] adj nedstämd

loy·al ['lɔɪəl] adj (-er, -est) lojal, trofast, trogen

loy·al·ist ['lɔɪəlɪst] s regeringstrogen (person)

loy·al·ty ['lɔɪəltɪ] s lojalitet, (plikt)trohet

lox |lɒks| s (Matl) rökt lax

loz·enge ['lɒzɪndʒ] s (Med) tablett; (Geom) romb; **throat** ~ halspastill

LP förk f **long-playing record** LP

L-plate ['el,pleɪt] s (Brit) övningskörningsskylt

Ltd förk f **limited** AB

lub·ri·cant ['lu:brɪkənt] s smörjmedel

lu·bri·cate ['lu:brɪkeɪt] vt smörja, olja; **lubricating oil** smörjolja

lu·bri·ca·tion [,lu:brɪ'keɪʃən] s (i allm) smörjning; (av bil etc) rundsmörjning

lu·cid ['lu:sɪd] adj (-er, -est) klar, redig

lu·cid·ity [lu:'sɪdɪtɪ] s klarhet, redighet

luck [lʌk] s (lycka) tur; (öde) slump; **good** ~ **tur**; **bad** ~; **good** ~! lycka till!; **bad** ~! otur!; **better** ~ **next time** bättre lycka nästa gång; **no such** ~! nej, så väl var det inte!; **worse** ~! oturligt nog, tyvärr; **just my** ~! (iron) min vanliga otur!; **with any** ~ med lite tur; **to be in** ~ ha tur; **to be out of** ~ ha otur; **to be down on one's** ~ ha det besvärligt; **I had the** ~ **to spot a policeman** jag hade turen att få syn på en polis; **to trust to** ~ lita på turen; **it's the** ~ **of the draw** (bildl) man kan inte ha tur jämt

♦ **luck out** vi + adv (Am vard) ha tur

lucki·ly ['lʌkɪlɪ] adv som tur var, lyckligtvis

lucky ['lʌkɪ] adj (-ier, -iest) (person) med tur, som har tur; (händelse etc: slumpartad) tursam, lyckosam; **I had a** ~ **break** (vard) jag hade tur; ~ **day** lyckodag; ~ **shot** lyckträff; ~ **charm** amulett; ~ **you!, you** ~ **thing!** lyckans ost!; **it was very** ~ **for you** (that...) det var verkligen tur för dig (att...); ~ **dip** (på marknad: ung) fiskdamm

luc·ra·tive ['lu:krətɪv] adj lönande, lukrativ

lu·di·crous ['lu:dɪkrəs] adj löjlig

lug |lʌg| vt (vard) släpa på, bära på

lug·gage ['lʌgɪdʒ] s bagage; **:** ~ **rack** (på tåg etc)

bagagehylla; (på bil) takräcke

lu·gu·bri·ous [lu:'gu:brɪəs] adj dyster, sorglig

luke·warm ['lu:kwɔ:m] adj (eg, bildl) ljum; ~ **water** ljumt vatten; **she was rather** ~ hon var måttligt förtjust/entusiastisk

lull [lʌl] **1** s (i storm, vind) uppehåll, stiltje; (i aktivitet) uppehåll, paus **2** vt (barn: från oro) lugna; (: till sömns) vyssja; **to be** ~**ed into a false sense of security** (bildl) invaggas i en falsk känsla av säkerhet

lulla·by ['lʌləbaɪ] s vaggvisa

lum·ba·go [lʌm'beɪgəu] s ryggskott

lum·ber¹ ['lʌmbə'] **1** s (i sht Am) timmer; (i sht Brit) skräp, bråte **2** vt belasta, tynga; **to** ~ **sb with sth/sb** lasta över ngt/ngn på ngn; **he got** ~**ed with the job** han fick ta på sig jobbet; ~ **room** (Brit) skräprum; ~ **yard** (Am) brädgård

lum·ber² ['lʌmbə'] vi (äv: ~ **about**, ~ **along**) klampa fram/på

lumber·jack ['lʌmbədʒæk] s (i sht Am) skogshuggare

lu·mi·nous ['lu:mɪnəs] adj självlysande

lump [lʌmp] **1** s (jord-) klump; (socker-) stycke, bit; (i sås) klump; (svulst) knöl, bula; (person: vard neds) klumpeduns; **with a** ~ **in one's throat** (bildl) med gråten i halsen; ~ **sugar** bitsocker; ~ **sum** klumpsumma **2** vt(vard) finna sig i; **if he doesn't like it he can** ~ **it** även om han inte vill får han finna sig i det

♦ **lump together** vt + adv (eg, bildl) bunta ihop, slå ihop

lumpy ['lʌmpɪ] adj (-ier, -iest) (sås) klimpig; (mjöl) full av klumpar; (säng) knölig

lu·na·cy ['lu:nəsɪ] s (bildl) vansinne, vanvett; **it's sheer** ~! det är rena vanvettet!

lu·nar ['lu:nə'] adj mån-; ~ **orbit** månbana; ~ **landing** månlandning

lu·na·tic ['lu:nətɪk] **1** s (åld) sinnessjuk; (bildl) dåre **2** adj vansinnig; **the** ~ **fringe** fanatiska extremister; ~ **asylum** (åld) dårhus (åld, neds), sinnessjukhus

lunch [lʌntʃ] **1** s lunch; **to have** ~ äta lunch; ~ **break**, ~ **hour** lunchpaus **2** vt: **to** ~ **sb** bjuda ngn på lunch **3** vi äta lunch

lunch·time ['lʌntʃtaɪm] s lunchdags, lunchtid

lunch·eon ['lʌntʃən] s (frm) lunch; ~ **meat** (Brit ung) konserverad (fläsk)sylta; ~ **voucher** lunchkupong

lung [lʌŋ] n (Anat) lunga; ~ **cancer** lungcancer; ~ **disease** lungsjukdom

lunge [lʌndʒ] **1** s utfall (at mot) **2** vi (äv: ~ **forward**) göra ett utfall (at mot)

lurch¹ [lɜ:tʃ] **1** s krängning, överhalning; **to give a** ~ kränga till **2** vi (buss, bil etc) kränga, göra en överhalning; (vard) ragla, vingla

lurch² [lɜ:tʃ] s: **to leave sb in the** ~ lämna ngn i sticket

lure [luə'] **1** s (eg) lockbete; (bildl) dragningskraft, lockelse **2** vt locka, lura

lu·rid ['luərɪd] adj (-er, -est) **(a)** (detalj, beskrivning) hemsk, ohygglig; (vard: nyhet etc) sensationell, smaskig **(b)** (färg, solnedgång) flammande

lurk [lɜ:k] vi (person) stå och lura; (fara) lura; ~**ing doubt/suspicion** smygande tvivel/misstanke

lus·cious ['lʌʃəs] adj (mat) läcker; (vard: kvinna) läcker, sensuell; **full** ~ **lips** sensuella läppar

lush [lʌʃ] adj frodig

lust [lʌst] **1** s (penning- etc) begär; (sexuell) lust, åtrå **2** vi: **to** ~ **for/after sb** åtrå ngn; **to** ~ **for/after sth** eftertrakta ngt

lust·ful ['lʌstfʊl] adj (efter pengar etc) lysten; (kättjefull) vällustig

lus·tre, (Am) **lus·ter** ['lʌstə'] s glans, lyster

lus·trous ['lʌstrəs] adj glänsande, skimrande

lusty ['lʌstɪ] adj (-ier, -iest) (person) livskraftig,

stark; *(skrik etc)* kraftig
lute [luːt] *s (Mus)* luta
Lux·em·bourg [ˈlʌksəmbɜːg] *s* Luxemburg
luxu·ri·ant [lʌgˈzjʊərɪənt] *adj (grönska etc)* frodig; *(skäggväxt)* yvig; *(bildl: fantasi)* livlig
luxu·ri·ous [lʌgˈzjʊərɪəs] *adj (hotell, miljö-)* lyxig; *(mat, smak)* utsökt
luxu·ry [ˈlʌkʃərɪ] *s (i allm)* lyx; *(vara)* lyxartikel; ~ **hotel** lyxhotell; ~ **flat** lyxvåning
ly·ing [ˈlaɪɪŋ]   **1** *adj (påstående)* lögnaktig   **2** *s*

ljugande, lögnaktighet
lynch [lɪntʃ] *vt (eg, bildl)* lyncha
lynch·ing [ˈlɪntʃɪŋ] *s* lynchning
lynx [lɪŋks] *s (Zool)* lo(djur)
lyre [ˈlaɪəʳ] *s (Mus)* lyra
lyr·ic [ˈlɪrɪk]   **1** *adj* lyrisk   **2** *s (poem)* lyrisk dikt; ~**s** *(ord)* sångtext
lyri·cal [ˈlɪrɪkəl] *adj (Litt)* lyrisk; *(bildl)* lyrisk, entusiastisk; **to wax/become** ~ **about/over sth** bli lyrisk över ngt

M

M, m |cm| s *(bokstav)* M, m
m. *förk f* **metre; mile; million**
M.A. *förk f* **Master of Arts**
ma |mɑː| s *(vard)* mamma
ma'am |mæm| s *(i vördnadsfullt tilltal: ofta utan översättning, nu i sht till kungligheter)*: **M**~ Ers majestät, Ers kunglig höghet
mac |mæk| s *(Brit vard: = mackintosh)* regnrock
ma·ca·bre |məˈkɑːbrə| *adj* makaber, kuslig
mac·ad·am |məˈkædəm| s makadam
maca·ro·ni |ˌmækəˈrəʊnɪ| s makaroni; ~ **cheese** ostgratinerad makaroni
maca·roon |ˌmækəˈruːn| s mandelkaka
mace[1] |meɪs| s *(ämbets-)* stav
mace[2] |meɪs| s *(krydda)* muskotblomma
ma·chete |məˈtʃeɪtɪ| s *(kniv)* machete
Machia·vel·lian |ˌmækɪəˈvelɪən| *adj* machiavellisk; *(bildl)* moraliskt hänsynslös
machi·na·tion |ˌmækɪˈneɪʃən| s intrigerande; ~ **s** intriger
ma·chine |məˈʃiːn| 1 s *(i allm)* maskin; *(Pol etc)* apparat, maskineri; ~ **gun** maskingevär; ~ **shop** mekanisk verkstad; ~ **tool** verktygsmaskin 2 *vt (Tekn)* maskintillverka; *(Sömnad)* sy på maskin
ma·chin·ery |məˈʃiːnərɪ| s *(maskiner)* maskinutrustning; *(mekanism)* maskineri; *(bildl)* apparat, maskineri
ma·chin·ist |məˈʃiːnɪst| s *(Tekn)* maskinskötare, maskinist; *(Sömnad)* maskinsömmerska
macke·rel |ˈmækrəl| s *(fisk)* makrill
mack·in·tosh |ˈmækɪntɒʃ| s regnrock, regnkappa
macro- |ˈmækrəʊ| *prefix* makro-
macro·cosm |ˈmækrəʊkɒzəm| s makrokosmos
macro·eco·nom·ics |ˌmækrəʊˌiːkəˈnɒmɪks| *ssg* makroekonomi
mad |mæd| 1 *adj* (-der, -dest) *(vansinnig: person, hund)* galen; *(tjur)* (folk)ilsken; *(vard: arg)* rasande; *(: förtjust)* tokig, galen; *(galopp, språngmarsch)* vild; **to go** ~ bli vansinnig/galen; **to drive sb** ~ göra ngn galen; **she's as** ~ **as a hatter/a March hare** hon är spritt galen; **are you** ~? är du tokig?; **to be** ~ **at/with sb** vara rasande på ngn; **he's hopping** ~ han är ursinnig; **he ran like** ~ han sprang som en galning; **to be** ~ **about** *el* **on sb/sth** vara tokig i ngn/ngt 2 *adv (vard)* vansinnigt; **to be** ~ **keen on sb/sth** vara komplett galen i ngn/ngt
mad·am |ˈmædəm| s **(a)** *(i tilltal: ofta utan översättning)* damen; **can I help you,** ~? kan jag hjälpa till? **(b)** *(vard)* flicka, dam **(c)** *(på bordell)* bordellmamma; *se äv* **dear 1b**
mad·den |ˈmædn| *vt* göra ursinnig/rasande; **to be** ~**ed by**... bli ursinnig över...
mad·den·ing |ˈmædnɪŋ| *adj (i allm)* som kan göra en galen; *(upplevelse)* fruktansvärt retfull/irriterande; *(fart)* rasande; *(smärta, väntan)* outhärdlig
made |meɪd| *imperf, perf part av* **make**
Ma·dei·ra |məˈdɪərə| s *(Geogr)* Madeira; *(vin)* madeira
made-to-measure |ˈmeɪdtəˈmeʒəʳ| *adj* måttbeställd
mad·house |ˈmædhaʊs| s *(vard: eg o bildl)* dårhus
mad·ly |ˈmædlɪ| *adv* **(a)** *(rusa etc)* som en galning **(b)** *(vard)* vanvettigt; **to be** ~ **in love with**

sb vara vanvettigt förälskad i ngn
mad·man |ˈmædmən| s, *pl* -**men** galning, dåre
mad·ness |ˈmædnɪs| s vansinne; **it's sheer** ~! det är rena vansinnet
mad·woman |ˈmædwʊmən| s, *pl* -**women** galen kvinna
mael·strom |ˈmeɪlstrəʊm| s *(vanl bildl)* malström, häxkittel
maes·tro |ˈmaɪstrəʊ| s maestro
maga·zine |ˌmægəˈziːn| s **(a)** *(Tidn)* (illustrerad) tidskrift **(b)** *(i gevär)* magasin
ma·gen·ta |məˈdʒentə| *adj* magenta|röd/-färgad
mag·got |ˈmægət| s fluglarv; *(i matvaror)* mask
mag·ic |ˈmædʒɪk| 1 *adj (eg, bildl)* magisk; *(skönhet)* förtrollande; **a pianist who has the** ~ **touch** en gudabenådad pianist; ~ **carpet** flygande matta; ~ **formula** trollformel; ~ **lantern** laterna magica; ~ **spell** förtrollning; ~ **wand** trollstav 2 s *(eg)* magi, trolldom; *(trick)* trolleri, trollkonster; **it worked like** ~ *(oförklarligt)* det var rena trolleriet; **as if by** ~ *(plötsligt)* som genom ett trollslag
magi·cal |ˈmædʒɪkəl| *adj* magisk
ma·gi·cian |məˈdʒɪʃən| s *(i show, i saga)* trollkarl
mag·is·trate |ˈmædʒɪstreɪt| s *(avlönad)* polisdomare; *(oavlönad)* fredsdomare; ~**'s court** *(Brit: ung)* polisdomstol
mag·nani·mous |mægˈnænɪməs| *adj* storsint, ädel
mag·ne·sium |mægˈniːzɪəm| s magnesium
mag·net |ˈmægnɪt| s *(eg, bildl)* magnet
mag·net·ic |mægˈnetɪk| *adj (eg)* magnetisk; *(bildl)* fängslande
mag·net·ism |ˈmægnɪtɪzəm| s *(eg)* magnetism; *(bildl)* dragningskraft
mag·net·ize |ˈmægnɪtaɪz| *vt* magnetisera, göra magnetisk
mag·ni·fi·ca·tion |ˌmægnɪfɪˈkeɪʃən| s förstoring
mag·nifi·cence |mægˈnɪfɪsəns| s storslagenhet, prakt
mag·nifi·cent |mægˈnɪfɪsənt| *adj (måltid, väder, utsikt etc)* magnifik, underbar; *(uppträdande, utstyrsel)* storslagen, praktfull
mag·ni·fy |ˈmægnɪfaɪ| *vt* **(a)** *(bildl)* förstora; ~**ing glass** förstoringsglas **(b)** *(bekymmer etc)* överdriva
mag·ni·tude |ˈmægnɪtjuːd| s **(a)** *(storlek)* omfattning; *(vikt)* betydelse; **of the first** ~ av största betydelse: **he's a fool of the first** ~ han är en första klassens dumbom **(b)** *(Astron)* magnitud, stjerleksklass; *(av jordbävningar)* magnitud
mag·pie |ˈmægpaɪ| s *(fågel)* skata
ma·hoga·ny |məˈhɒgənɪ| s *(träd, trä)* mahogny
maid |meɪd| s **(a)** *(anställd)* hemhjälp **(b)** *(åld, poet)* mö, jungfru; ~ **of honour** brudtärna; **old** ~ gammal ungmö
maid·en |ˈmeɪdn| 1 s *(åld, poet)* mö, jungfru 2 *adj (resa tal etc)* jungfru-; ~ **aunt** ogift moster/faster; ~ **name** *(efternamn)* flicknamn
mail[1] |meɪl| 1 s *(befordran)* post; *(brev etc)* post 2 *vt* posta; ~**ing list** utsändningslista; ~ **train** posttåg; ~ **van** *(Motor)* postbil
mail·box |ˈmeɪlbɒks| s *(Am)* brevlåda
mail·man |ˈmeɪlmæn| s, *pl* -**men** *(Am)* brevbärare
mail-order |ˈmeɪlˌɔːdəʳ| s postorder; ~ **firm/house** postorderfirma

maim |meɪm| *vt* lemlästa, stympa

main |meɪn| **1** *adj attr* huvud-; **the** ~ **thing** huvudsaken; **the** ~ **character** huvudpersonen; ~ **clause** huvudsats; ~ **course** *(Matl)* huvudrätt; ~ **line** *(Järnv)* stambana; ~ **road** huvudväg; ~ **street** huvudgata; **M**~ **Street** *(Am gatunamn)* Storgatan **2** *s* **(a)** *(för vatten, gas)* huvudledning **(b)**: ~s *(vatten, gas)* ledningsnät; *(Elektr)* nät; ~s **operated** nätansluten **(c)**: **in the** ~ på det hela taget

main·land |'meɪnlənd| *s* fastland

main·ly |'meɪnlɪ| *adv* huvudsakligen

main·sail |'meɪnseɪl, *(Sjö)* 'meɪnsl| *s* storsegel

main·spring |'meɪnsprɪŋ| *s* *(i klocka)* drivfjäder; *(bildl)* drivfjäder, drivkraft

main·stay |'meɪnsteɪ| *s* *(bildl)* stöttepelare

main·stream |'meɪnstriːm| **1** *adj attr* *(konst, riktning)* förhärskande, konventionell **2** *s* *(bildl)* huvudströmning, ledande riktning

main·tain |meɪn'teɪn| *vt* **(a)** *(i allm)* upprätthålla; *(fred)* bevara; *(tystnad)* iaktta; *(priser)* bibehålla; *(hastighet)* hålla; *(familj)* försörja; *(väg, byggnad etc)* underhålla **(b)** *(rättignet)* hävda; *(teori)* vidhålla; **to** ~ **that...** hävda att...

main·te·nance |'meɪntənəns| *s* *(i allm)* upprätthållande; *(av fred)* bevarande; *(av priser)* bibehållande; *(av familj)* försörjning; *(till f d familj)* underhåll; *(av väg, byggnad etc)* underhåll; ~ **costs** underhållskostnader; ~ **order** underhållsåläggande

mai·son·ette |ˌmeɪzə'net| *s* *(Brit)* etagevåning

maize |meɪz| *s* *(Brit)* majs

ma·jes·tic |mə'dʒestɪk| *adj* majestätisk

maj·es·ty |'mædʒɪstɪ| *s* majestät; **His/Her M**~ Hans/Hennes Majestät

ma·jor |'meɪdʒər| **1** *adj* **(a)** *(i allm)* större **(b)** *(Mus)* dur: *C* ~ **2** *s* **(a)** *(Mil)* major **(b)** *(Jur)* myndig person **(c)** *(Am Univ)* huvudämne **3** *vi* *(Am Univ)*: **to** ~ **in English/physics** ta engelska/fysik som huvudämne

ma·jor·ity |mə'dʒɒrɪtɪ| *s* *(vid omröstning etc)* majoritet; *(ålder)* myndighetsålder; **to reach one's** ~ bli myndig

make |meɪk| *imperf, perf part* **made** **1** *vt* **(a)** *(tillverka, förbereda etc)* göra; **to** ~ **the bed** bädda (sängen); **to** ~ **peace** sluta fred; **God made the world** Gud skapade världen; **she made the material into a dress** hon sydde en klänning av tyget; **made of silver** tillverkad av silver; **made in Sweden** tillverkad i Sverige; *(på etikett)* **made in Sweden**; **to show what one is made of** visa vad man går för; **they were made for each other** de var som gjorda för varandra
(b) *(med abstr obj: utföra)* göra; *(tal)* hålla; *(planer)* göra upp; *(avtal)* ingå, träffa; *(beslut)* fatta; *(resa: äv)* företa; **he made her a present of the book** han gav henne boken i present
(c) *(få ngn/ngt bli ngt)* göra; **to** ~ **sb happy/angry** göra ngn glad/arg; **to** ~ **sth difficult for sb** göra ngt svårt för ngn; **to** ~ **sb a judge** göra ngn till domare; **let's** ~ **it 6 o'clock** låt oss säga kl 6; **to** ~ **oneself comfortable** göra det bekvämt för sig; **you'll** ~ **yourself sick!** du kommer att bli sjuk!
(d) *(få (att), förorsaka;* **to** ~ **sb do sth** få ngn att göra ngt; *(med makt)* tvinga ngn att göra ngt; **to** ~ **oneself do sth** tvinga sig att göra ngt; **what made you say that?** vad fick dig att säga det?; **to** ~ **sth happen** få ngt att ske; **to** ~ **sth do**, **to** ~ **do with sth** klara sig med ngt; **he had to** ~ **do with** very little han fick klara sig med väldigt lite
(e) *(pengar)* tjäna; **to** ~ **a fortune** göra sig en förmögenhet
(f) *(tåg, fest etc)* hinna till; *(sträcka)* tillryggalägga; **to** ~ **it** hinna; **to** ~ **land/port** *(Sjö)* nå land/hamn

(g): **to** ~ **it** *(i allm)* lyckas; **he never quite made it** han lyckades aldrig riktigt; **to** ~ **it with sb** *(vard)* lyckas förföra/få ligga med ngn
(h) *(orsaka framgång)* göra berömd; **this film made her** den här filmen gjorde hemne berömd; **that's made my day!** dagen är räddad; **his enterprise will** ~ **or break him** hans företag blir hans framgång eller fall
(i) *(utgöra)* vara; **to** ~ **a good father** vara en god far; **2 and 2** ~ **4** 2 och 2 är 4; **that** ~s **20** det blir 20; **he made a good husband** han var en god äkta man
(j) *(tid, värde)* beräkna, uppskatta; **how much do you** ~ **the total?** vad får du slutsumman till?; **I** ~ **it 6 o'clock** jag tror klockan är 6; **what do you** ~ **of this?** vad tror du om detta?
2 *vi* **(a)** *(gå)* bege sig; **to** ~ **after sb** skynda efter ngn
(b): **to** ~ **as if...** låtsas som om...
3 *s* **(a)** *(fabrikat)* märke; **my own** ~ min egen tillverkning
(b): **to be on the** ~ *(vard)* ragga brudar

♦ **make away** *vi* + *adv* = **make off**

♦ **make away with** *vi* + *prep* *(döda)* ta livet av

♦ **make for** *vi* + *prep* **(a)** *(plats)* bege sig till; *(om fartyg)* styra mot, ha kurs på **(b)** *(bildl)* leda till

♦ **make off** *vi* + *adv* ge sig iväg; **to** ~ **off with sth** lägga beslag på ngt

♦ **make out** **1** *vt* + *adv* **(a)** *(check, räkning etc)* skriva ut; *(blankett)* fylla i; **to** ~ **out a case for sth** ge goda skäl för ngt **(b)** *(se)* urskilja; *(handstil)* tyda; *(förstå)* begripa; **I can't** ~ **him out** jag förstår mig inte på honom **(c)** *(göra gällande)* påstå; **to** ~ **out that...** låta påskina att...; **to** ~ **sb out to be stupid** framställa ngn som dum **2** *vi* + *adv* *(vard: ekonomiskt)* klara sig; *(: med person)* trivas

♦ **make over** *vt* + *adv* överlåta, lämna över

♦ **make up** **1** *vt* + *adv* **(a)** *(historia etc)* hitta på, dikta ihop **(b)** *(medicin, mat etc)* göra i ordning; *(recept)* expediera; *(säng)* ställa i ordning; *(tidningssida)* bryta om; *(lista)* göra upp; *(paket)* slå in **(c)** *(dispyt)* göra upp; **to** ~ **it up with sb** bli sams med ngn **(d)** *(mängd)* fylla ut; *(summa)* fylla ihop till **(e)** *(förlust etc)* kompensera; **to** ~ **it up to sb (for sth)** gottgöra ngn för ngt **(f)** *(om delar)* utgöra; **the parts which** ~ **it up** delarna som den består av **(g)** *(ansikte, ögon)* måla, sminka **2** *vi* + *adv* **(a)** *(efter gräl)* försonas, bli vänner igen **(b)** *(sminka sig)* göra make-up **(c)**: **to** ~ **up on sb** hinna upp ngn

♦ **make up for** *vi* + *prep*: **to** ~ **up for sth** uppväga/gottgöra ngt

♦ **make up to** *vi* + *prep* *(vard)* ställa sig in hos

make-believe |'meɪkbɪˌliːv| *s* *(inbillning)* fantasi; *(föreställning)* spel; **the land of** ~ fantasins värld; **don't worry, it's just** ~ oroa dig inte, det är bara på låtsas

mak·er |'meɪkər| *s* *(fabrikant)* tillverkare; *(Rel)*: **our M**~ Skaparen

make·shift |'meɪkʃɪft| *adj* provisorisk, tillfällig

make-up |'meɪkʌp| *s* **(a)** *(av fotbollslag etc)* sammansättning; *(personlighet)* karaktär **(b)** *(smink)* make-up

mak·ing |'meɪkɪŋ| *s* **(a)** *(produktion)* tillverkning; *(bildl)*: **the trouble was of his own** ~ hans bekymmer var självförvållade; **it was 2 hours in the** ~ den tog 2 timmar att laga till; **it's history in the** ~ det är historia i vardande; **it was a** ~ **of** him det blev hans lycka **(b)**: **he has the** ~s **of an actor** han har förutsättningar att bli (en bra) skådespelare

mal·ad·just·ed |ˌmælə'dʒʌstɪd| *adj* *(Psyk)* missanpassad

mala·droit |ˌmælə'drɔɪt| *adj* klumpig, tafatt

ma·laria |məˈlɛərɪə| *s* malaria

Ma·lay |məˈleɪ| **1** *adj* malajisk **2** *s* **(a)** *(person)* malaj **(b)** *språk)* malajiska

Ma·laya |məˈleɪə| *s* Malaya

Ma·lay·sia |məˈleɪzɪə| *s* Malaysia

Ma·lay·sian |məˈleɪzɪən| **1** *adj* malaysisk **2** *s* malaysier

male |meɪl| **1** *adj* manlig; ~ **bird** fågelhanne; ~ **giraffe** giraffhanne; ~ **sex** *(person)* mankön; *(djur)* hankön **2** *s* *(person)* man; *(djur)* hanne

ma·levo·lent |məˈlevələnt| *adj* elak, illvillig

mal·func·tion |ˌmælˈfʌŋkʃən| **1** *s* *(maskin)* funktions-/drift|störning; *(kroppsdel)* funktionsrubbning; ~ **of the gears** dåligt fungerande växlar; ~ **of the kidneys** nedsatt njurfunktion **2** *vi* krångla

mal·ice |ˈmælɪs| *s* elakhet, illvilja; **I bear him no** ~ jag hyser inte agg till honom; **with** ~ **aforethought** *(Jur)* med ont uppsåt

ma·li·cious |məˈlɪʃəs| *adj* *(i allm)* elak, illvillig; *(Jur)* uppsåtlig

ma·lign |məˈlaɪn| **1** *adj (inflytande)* skadlig **2** *vt (person)* baktala; *(rykte)* svärta ner

ma·lig·nant |məˈlɪgnənt| *adj (i allm)* elak, ondskefull; *(Med)* elakartad

ma·lin·ger·er |məˈlɪŋgərəʳ| *s* simulant

mal·lard |ˈmæləd| *s* gräsand

mal·le·able |ˈmælɪəbl| *adj (metall)* smidbar; *(bildl)* formbar

mal·let |ˈmælɪt| *s (verktyg)* hammare; *(krocket- etc)* klubba

mal·nu·tri·tion |ˌmælnjuˈtrɪʃən| *s* undernäring

mal·prac·tice |ˌmælˈpræktɪs| *s (i allm)* tjänstefel; *(av läkare)* felbehandling; **professional** ~**s** tjänstefel

malt |mɔːlt| *s* malt; ~ **whisky** maltwhisky

Mal·ta |ˈmɔːltə| *s* Malta

malt·ed |ˈmɔːltɪd| *adj*: ~ **milk** *(glassdrink)* milkshake med malt

Mal·tese |mɔːlˈtiːz| **1** *adj* maltesisk; ~ **cross** malteserkors **2** *s, pl lika* maltesare

mal·treat |ˌmælˈtriːt| *vt* misshandla

mam(m)a |məˈmɑː| *s (åld vard)* mamma

mam·mal |ˈmæməl| *s* däggdjur

mam·moth |ˈmæməθ| **1** *s* mammut **2** *adj* kolossal

mam·my |ˈmæmɪ| *s (vard)* mamma

man |mæn| **1** *s, pl men* **(a)** *(vuxen manlig person)* man, karl; *(gift)* *(äkta)* man; ~ **and wife** man och hustru; **her** ~ **is in the army** hennes karl är i armén; **the** ~ **in the street** mannen på gatan; **he's a** ~ **about town** han är med i svängen; **a** ~ **of the world** en man av värld; **the army will make a** ~ **out of him** armén kommer att göra karl av honom **(b)** *(människorna i allm: äv* M~) människan; ~**'s desire for power** människans makt- lystnad; **M**~ **proposes, God disposes** människan spår, Gud rår **(c)** *(person)* man, människa; **no** ~ ingen; **any** ~ vem som helst; **that** ~ **Jones** den där Jones; **the strong** ~ **of the government** regeringens starke man; **as one** ~ enhälligt, som en man; **they agreed to a** ~ varenda en samtyckte; **then I'm your** ~ då är jag rätte mannen; **he's not the** ~ **for the job** han är inte rätt man för jobbet; **I'm not a drinking** ~ jag dricker inte; **he's a family** ~ han är hemkär; **he's a Glasgow** ~ han är (ursprungligen) från Glasgow **(d)** *(vard: interj)* människa!; ~, **was I startled!** herre gud, så rädd jag blev! **(e)** (= ~ *in employment)* anställd person; *(åld)* betjänt; *(Mil)* (menig) man; **officers and men** officerare och manskap **(f)** *(Schack)* pjäs; *(Brädspel)* bricka

2 *vt* bemanna; **the telephone is** ~**ned all day** telefonen är bemannad hela dagen; *se äv* **manned**

mana·cle |ˈmænəkl| *s* handboja; ~**s** handklovar

man·age |ˈmænɪdʒ| **1** *vt* **(a)** *(butik, egendom, hushåll)* sköta; *(företag, fotbollslag)* leda; *(artist)* vara manager för; *(med resultat etc)* fuska, fiffla; **the election was** ~**d** man hade fuskat/manipulerat med valet **(b)** *(person, verktyg)* hantera; *(djur)* klara av; *(fartyg)* manövrera; **I can** ~ **him** jag kan klara av/hantera honom **(c)**: **to** ~ **to do sth** klara av/lyckas göra ngt; **he** ~**d not to get his feet wet** han lyckades undvika att bli våt om fötterna; **£5 is the most I can** ~ 5 pund är det mesta jag kan klara/ge; **I shall** ~ **it** jag ska klara (av) det; **can you** ~ **the cases?** kan du bära väskorna?; **can you** ~ **8 o'clock** kan du komma kl 8? **2** *vi* klara sig; **can you** ~**?** kan du klara dig?; **how do you** ~**?** hur klarar du dig?; **to** ~ **without sth/sb** klara sig utan ngt/ngn

man·age·able |ˈmænɪdʒəbl| *adj (person)* lätthanterlig, foglig; *(båt, bil, djur, hår etc)* lättskött; *(material)* lätthanterlig

man·age·ment |ˈmænɪdʒmənt| *s* **(a)** *(handling)* skötsel **(b)** *(personer)* ledning, styrelse; **under new** ~ *(skylt)* ny regim; ~ **and workers** företagsledning och arbetare

man·ag·er |ˈmænɪdʒəʳ| *s (för affär etc)* föreståndare; *(för hotell, firma, teater)* chef, direktör; *(för artist)* manager; **sales** ~ försäljningschef

man·ag·er·ess |ˌmænɪdʒəˈres| *s* (kvinnlig) föreståndare/chef/direktör

mana·gerial |ˌmænəˈdʒɪərɪəl| *adj* direktörs-

man·ag·ing di·rec·tor |ˈmænɪdʒɪŋdaɪˈrektəʳ| *s* verkställande direktör

man·da·rin |ˈmændərɪn| *s* **(a)** *(person)* mandarin **(b)** (= ~ *orange)* mandarin

man·date |ˈmændeɪt| *s (i allm, Pol: uppdrag/fullmakt)* mandat

man·da·tory |ˈmændətərɪ| *adj* obligatorisk

man·do·lin(e) |ˈmændəlɪn| *s* mandolin

mane |meɪn| *s (på häst etc)* man

ma·neu·ver |məˈnuːvəʳ| *s (Am)* = **manoeuvre**

man·ful |ˈmænfʊl| *adj* modig

man·ga·nese |ˌmæŋgəˈniːz| *s (Kem)* mangan

man·gle[1] |ˈmæŋgl| **1** *s* mangel **2** *vt, vi* mangla

man·gle[2] |ˈmæŋgl| *vt (person, föremål)* illa tilltyga

man·go |ˈmæŋgəʊ| *s, pl* **-es** *el* **-s** *(frukt, träd)* mango; ~ **chutney** mango chutney

man·handle |ˈmænˌhændl| *vt (gods)* hantera manuellt; *(bildl)* behandla hårdhänt

man·hole |ˈmænhəʊl| *s (Tekn)* manhål; *(i gata)* inspektionsbrunn

man·hood |ˈmænhʊd| *s (om man: vuxen)* mannaålder; *(: giftasvuxen/könsmogen)* manbarhet; *(: utstrålning etc)* manlighet; *(: kollektivt)* män

man·hour |ˈmænaʊəʳ| *s* mantimme

man·hunt |ˈmænhʌnt| *s (av polis etc)* människojakt

ma·nia |ˈmeɪnɪə| *s (Psyk)* mani; *(bildl: vard)* mani, dille; **to have a** ~ **for (doing) sth** ha dille på (att göra) ngt

ma·ni·ac |ˈmeɪnɪæk| *s* galning; **these sports** ~**s** *(bildl)* dessa sportfånar

manic-depres·sive |ˌmænɪkdɪˈpresɪv| *(Psyk)* **1** *adj* manodepressiv **2** *s* manodepressiv person

mani·cure |ˈmænɪˌkjʊəʳ| **1** *s* manikyr; **to give sb a** ~ ge ngn manikyr **2** *vt* manikyrera

mani·fest |ˈmænɪfest| **1** *adj (dumhet etc)* uppenbar, klar; **he made it** ~ **that...** han klargjorde att... **2** *vt* manifestera, visa

mani·fes·ta·tion |ˌmænɪfesˈteɪʃən| *s (handling)* manifestation; *(tecken)* uttryck *(of* för)

mani·fes·to |ˌmænɪˈfestəʊ| *s, pl* **-es** manifest

mani·fold |ˈmænɪfəʊld| **1** *adj* mångfaldig **2** *s (Motor etc)* grenrör

ma·nipu·late |məˈnɪpjʊleɪt| *vt (verktyg, maskin etc)*

sköta; *(patient)* behandla; *(fakta, siffror etc)* manipulera (med); *(opinion, person)* manipulera
ma·nipu·la·tion [məˌnɪpjʊˈleɪʃən] *s (se* **manipulate)** skötsel; behandling; manipulation
man·kind [mænˈkaɪnd] *s* mänskligheten, människorna
man·li·ness [ˈmænlɪnɪs] *s* manlighet
man·ly [ˈmænlɪ] *adj* (**-ier, -iest**) manlig
man·made [ˈmænˌmeɪd] *adj* konstgjord, syntetisk; ~ **fibre** syntetfiber; **a** ~ **lake** en konstgjord sjö
manned [mænd] *adj (rymdfarkost etc)* bemannad
man·ne·quin [ˈmænɪkɪn] *s (i affär)* skyltdocka; *(sömmerskas)* provdocka; *(person)* mannekäng
man·ner [ˈmænəʳ] *s* (**a**) *(i allm)* sätt; *(konstnärs)* stil, manér; **in such a** ~ **that...** på ett sådant sätt att...; **after/in the** ~ **of** Rembrandt i Rembrandts stil; **a painter in the grand** ~ en målare i den stora stilen; **in a** ~ **of speaking** så att säga, på sätt och vis; **(as) to the** ~ **born** som född till det (**b**) *(uppträdande etc)* sätt; **I don't like his** ~ jag tycker inte om hans sätt (**c**): ~**s** *(god, dålig)* uppförande, sätt; **she has no** ~**s** hon har inget sätt; **road** ~**s** vägvett; **to teach sb** ~**s** lära ngn att uppföra sig (**d**): ~**s** *(samhälls-)* seder, vanor; **a novel of** ~**s** en sedeskildring (**e**) *(typ:frm)* sort, slag; **all** ~ **of** alla slags/slag av
man·ner·ism [ˈmænərɪzəm] *s* (**a**) *(vanor)* manér (**b**) *(Konst etc)* manierism
man·ner·ly [ˈmænəlɪ] *adj* väluppfostrad, artig
ma·noeu·vrable [məˈnuːvrəbl] *adj* lätt att manövrera; **an easily** ~ **car** en lättstyrd bil
ma·noeu·vre, *(Am)* **ma·neu·ver** [məˈnuːvəʳ] **1** *s (Mil, bildl)* manöver; **on** ~**s** på manöver; **political** ~ politisk manöver **2** *vt* manövrera; **he** ~**d himself into a job** han lyckades ordna ett jobb åt sig; **to** ~ **sb into doing sth** *(med list)* få ngn till att göra ngt **3** *vi* manövrera
man-of-war [ˌmænəvˈwɔːʳ] *s* örlogsfartyg, örlogsman *(åld)*
man·or [ˈmænəʳ] *s (egendom)* gods; *(hus)* herrgård; ~ **house** herrgård, (mindre) slott; **lord of the** ~ godsägare
man·power [ˈmænˌpaʊəʳ] *s (i allm)* arbetskraft; *(Mil)* trupper
man·sion [ˈmænʃən] *s (stor)* herrgård, residens
man·slaughter [ˈmænˌslɔːtəʳ] *s* dråp
mantel·piece [ˈmæntlpiːs] *s* spiselhylla, spiselkrans
man·tle [ˈmæntl] *s (åld)* mantel; *(* = *gas* ~) glödstrumpa; **a** ~ **of snow** *(bildl)* snötäcke
man-to-man [ˌmæntəˈmæn] *adj, adv* man och man emellan; **a** ~ **discussion** en diskussion rakt på sak
manu·al [ˈmænjʊəl] **1** *adj* manuell; ~ **labourer/ worker** kroppsarbetare; ~ **skill** händighet; ~ **telephone exchange** manuell telefonväxel **2** *s (bok)* handbok, manual; *(bil)* bil med manuell växel
manu·fac·ture [ˌmænjʊˈfæktʃəʳ] **1** *s (fabrikation)* tillverkning; *(vara)* produkt **2** *vt (eg)* tillverka; *(bildl: ursäkt, lögn etc)* hitta på
manu·fac·tur·er [ˌmænjʊˈfæktʃərəʳ] *s* tillverkare
ma·nure [məˈnjʊəʳ] **1** *s* gödsel; **artificial** ~ konstgödsel **2** *vt* gödsla
manu·script [ˈmænjʊskrɪpt] *s (i allm)* manuskript, manus; *(gammal: äv)* handskrift; **in** ~ i manus
many [ˈmenɪ] *pron fören o självst* många; ~ **a** *(åld)* mången; ~ **of them** många av dem; ~ **people** mycket folk; **in** ~ **cases** i många fall; **there were as** ~ **as 100 at the meeting** det var så många som 100 på mötet; **he has as** ~ **as I have** han har lika många som jag; **there's one too** ~ det är en för mycket; **he's had one too** ~ *(berusad)* han har fått ett glas för mycket; **as** ~ **again** lika många till; ~ **a time** mången gång; ~ **a fair maiden** mången

fager mö; **a good** ~ **houses, a great** ~ **houses** en mängd/hel del hus; **how** ~ **there are!** så många det är!; ~ **of them came** många av dem kom
many-coloured [ˌmenɪˈkʌləd] *adj* mångfärgad
map [mæp] **1** *s* karta; **this will put Eastdean on the** ~ *(bildl)* detta kommer all göra Eastdean känt; **it's right off the** ~ *(bildl)* det ligger helt avsides **2** *vt* kartlägga
♦ **map out** *vt* + *adv (eg)* kartlägga; *(bildl)* planera
ma·ple [ˈmeɪpl] *s (träd, trä)* lönn; ~ **leaf** *(Canadas nationalsymbol)* lönnlöv; ~ **syrup** lönnsirap
mar [mɑːʳ] *vt (i allm)* fördärvra; *(skönhet, ansikte)* vanpryda; *(lycka)* störa; *(glädje)* grumla
mara·thon [ˈmærəθən] **1** *s* maraton(tävling) **2** *adj (eg, bildl)* maraton-
ma·raud·er [məˈrɔːdəʳ] *s* marodör
ma·raud·ing [məˈrɔːdɪŋ] **1** *adj* skövlande, rovgirig **2** *s* skövlande, plundring
mar·ble [ˈmɑːbl] **1** *s (material)* marmor; *(konstverk)* marmor|staty|-skulptur; *(för spel)* kula; **to play** ~**s** spela kula **2** *adj* marmor-
March [mɑːtʃ] *s* mars; *se äv* **July**
march [mɑːtʃ] **1** *s (Mil, Mus)* marsch; *(bildl)* vandring; **on the** ~ på marsch; **a day's** ~ en dagsmarsch **2** *vt (Mil: trupper)* låta marschera; **to** ~ **sb off** *(till fots)* föra bort ngn **3** *vi (Mil)* marschera; **forward** ~!, **quick** ~! framåt marsch!; **to** ~ **out** marschera ut; **to** ~ **past** defilera förbi; **to** ~ **into a room** marschera/tåga in i ett rum; **to** ~ **up to sb** marschera/tåga fram till ngn
march·ing [ˈmɑːtʃɪŋ] *s*: ~ **orders** *(Mil)* marschorder; **to give sb his** ~ **orders** *(bildl)* ge ngn respass
mar·chion·ess [ˈmɑːʃənɪs] *s* markisinna
march-past [ˈmɑːtʃpɑːst] *s (Mil)* defilering
mare [meəʳ] *s (häst)* sto, märr; *(åsna)* sto
mar·ga·rine [ˌmɑːdʒəˈriːn] *s* margarin
marge [mɑːdʒ] *s (Brit vard)* margarin
mar·gin [ˈmɑːdʒɪn] *s (på sida)* marginal; *(bildl)* marginal; ~ **of error** felmarginal; **profit** ~ vinstmarginal
mar·gin·al [ˈmɑːdʒɪnl] *adj* (**a**) *(anteckning etc)* marginal- (**b**) *(betydelse etc)* marginell, obetydlig (**c**) *(Pol)* osäker; ~ **constituency** osäker valkrets
mari·gold [ˈmærɪɡəʊld] *s (* = *common/pot* ~) ringblomma; *(* = *African/French* ~) tagetes, sammetsblomster
ma·ri·jua·na, ma·ri·hua·na [ˌmærɪˈhwɑːnə] *s* marijuana
ma·ri·na [məˈriːnə] *s* småbåtshamn, marina
mari·nade [ˌmærɪˈneɪd] *s (Matl)* marinad
mari·nate [ˈmærɪneɪt] *vt (Matl)* marinera
ma·rine [məˈriːn] **1** *adj (djur, växt)* havs-; *(biologi)* marin-; ~ **insurance** sjöförsäkring **2** *s* (**a**) *(handels- etc)* flotta (**b**) *(person)* marinsoldat; **the** ~**s** marininfanteriet, marintrupperna; **tell that to the** ~**s!** *(vard)* det kan du försöka inbilla ngn annan!
mari·ner [ˈmærɪnəʳ] *s* sjöman
mari·on·ette [ˌmærɪəˈnet] *s* marionett
mari·tal [ˈmærɪtl] *adj* äktenskaplig; ~ **status** civilstånd; ~ **problems** äktenskapsproblem
mari·time [ˈmærɪtaɪm] *adj (i allm)* sjöfarts-; *(läge)* vid havet, kust-; *(klimat)* maritim
mar·jo·ram [ˈmɑːdʒərəm] *s* mejram
mark [mɑːk] **1** *s* (**a**) *(i allm)* märke, skåra, tecken; *(smuts- etc)* fläck, märke; *(fot- etc)* spår; ~**s of violence** spår av/tecken på våld (**b**) *(i examen: i sht Brit)* betyg; *(: 72 av 100 etc)* poäng; **to get high** ~**s in French** få höga betyg i franska; **to get no** ~**s at all as a cook** *(bildl)* bli underkänd i matlagning (**c**) *(kännetecken)* tecken; *(på*

tacksamhet) bevis; **it's the** ~ **of a gentleman** det kännetecknar en gentleman; **it bears the** ~ **of genius** den har geniprägel **(d)** *(i st f namnteckning)* bomärke **(e)** *(av vara)* modell, typ: *a Jaguar M~ VII* **(f)** *(i fraser)*: **to be quick off the** ~ *(Sport)* vara snabb i starten; *(bildl)* vara snabb av sig; **to be up to the** ~ **hålla måttet; to make one's** ~ *(bildl)* göra sig ett namn; **to be wide of the** ~ *(eg)* vara långt ifrån målet; *(bildl)* vara alldeles uppåt väggarna; **to hit the** ~ *(eg)* träffa rätt; *(bildl)* slå huvudet på spiken; **on your** ~s! *(Sport)* på era platser!
2 *vt* **(a)** *(ansikte etc)* märka; *(duk etc)* fläcka ner **(b)** *(kläder etc)* märka (med etikett); *(vara)* prissätta; **the chair is** ~**ed at £2** stolen är prissatt till 2 pund **(c)** *(visa)* markera, beteckna; **this** ~s **the frontier** detta markerar gränsen; **it** ~s **a change of policy** det markerar en förändrad hållning **(d)** ~ **you,** ~ **my words** sanna mina ord **(e)** *(examen, elev: i sht Brit)* betygsätta; **to** ~ **sth wrong** markera ngt som fel **(f)** *(Sport)* markera **(g):** **to** ~ **time** *(Mil)* göra på stället marsch; *(bildl)* få tiden att gå
3 *vi*: **this material** ~s **easily** allt/alla fläckar syns på det här tyget
♦ **mark down** *vt + adv* **(a)** *(notera)* anteckna **(b)** *(pris, vara)* sätta ned
♦ **mark off** *vt + adv* **(a)** *(papper etc)* dela in; *(lekplats etc)* avgränsa **(b)** *(på lista)* pricka för
♦ **mark out** *vt + adv* **(a)** *(väg etc)* utstaka **(b)** *(välja ut)* utse
♦ **mark up** *vt + adv* **(a)** *(på tavla)* skriva upp **(b)** *(pris, vara)* sätta upp
marked [mɑːkt] *adj (accent)* utpräglad; *(skillnad, förbättring)* påtaglig; *(anmärkningsvärd: intresse etc)* påfallande; **a** ~**ed man** en dömd/märkt man
mark·ed·ly [ˈmɑːkɪdlɪ] *adv (bättre, annorlunda)* påtagligt
mark·er [ˈmɑːkə^r] *s (verktyg)* ritsmått; *(penna)* märkpenna; *(i bok)* bokmärke; *(i tävling etc)* markör
mar·ket [ˈmɑːkɪt] **1** *s* **(a)** *(grönsaks-, boskaps- etc)* marknad, torghandel; **to go to** ~ gå till torget; ~ **garden** handelsträdgård; ~ **place** marknadsplats **(b)** *(Handel)* marknad; *(: efterfrågan)* marknad; **overseas** ~ utrikesmarknaden; **the open** ~ den öppna marknaden; **to be in the** ~ **for sth** vara spekulant på ngt; **to be on the** ~ *(varor)* vara ute i handeln, gå att köpa; *(fastighet etc)* vara till salu; **to come on(to) the** ~ komma i handeln/ut på marknaden; **the** ~ **place** marknaden; ~ **price** marknadspris; ~ **research** marknadsundersökning; **there is a ready** ~ **for video games** det är god marknad för TV-spel **(c)** (= *stock-~*) aktiemarknaden; **to play the** ~ spela på börsen **2** *vt (sälja)* torgföra; *(produkt)* marknadsföra
mar·ket·ing [ˈmɑːkɪtɪŋ] *s* marknadsföring; ~ **director** marknadschef
mark·ing [ˈmɑːkɪŋ] *s* **(a)** *(av djur)* märkning; ~ **ink** märkbläck **(b)** *(Skol: i sht Brit)* betygsättning
marks·man [ˈmɑːksmən] *s, pl* **-men** prickskytt
mark·up [ˈmɑːkʌp] *s (Handel)* pålägg, påslag
mar·ma·lade [ˈmɑːmələd] *s (apelsin)*marmelad
mar·mot [ˈmɑːmət] *s (Zool)* murmeldjur
ma·roon¹ [məˈruːn] **1** *adj* rödbrun **2** *s (färg)* rödbrunt
ma·roon² [məˈruːn] *vt (på ö)* landsätta (och överge), aktersegla; **we were** ~**ed by the floods** vi blev isolerade av översvämningen
mar·quee [mɑːˈkiː] *s* **(a)** stort tält **(b)** *(Am: över hotellentré etc)* baldakin
mar·quess, mar·quis [ˈmɑːkwɪs] *s* markis
mar·riage [ˈmærɪdʒ] *s (civilstånd)* äktenskap; *(ce-*

remoni) vigsel, bröllop; **civil** ~ borgerlig vigsel; ~ **guidance** äktenskapsrådgivning; ~ **licence** äktenskapslicens
mar·riage·able [ˈmærɪdʒəbl] *adj* giftasvuxen
mar·ried [ˈmærɪd] *adj (i allm)* gift; **a** ~ **man/woman** en gift man/kvinna; **a** ~ **couple** ett äkta par; ~ **life** det äktenskapliga samlivet, äktenskapet; ~ **love** den äktenskapliga kärleken; **her** ~ **name** hennes namn som gift; **the** ~ **state** det äkta ståndet; ~ **quarters** *(Mil: för gifta militärer)* familjeförläggning
mar·row [ˈmærəʊ] *s* **(a)** *(Anat)* märg; **to be frozen to the** ~ frysa ända in i märgen **(b)** *(Brit Bot: äv:* **vegetable** ~) pumpa
marrow·bone [ˈmærəʊbəʊn] *s* märgben
mar·ry [ˈmærɪ] **1** *vt (om präst)* viga; *(om föräldrar)* gifta bort; *(om brud, brudgum)* gifta sig med **2** *vi (äv:* **to get married)** gifta sig; **to** ~**again** gifta om sig; **to** ~ **into a rich family** gifta sig rikt
Mars [mɑːz] *s (Myt, Astron)* Mars
Mar·seilles [mɑːˈseɪlz] *s* Marseille
marsh [mɑːʃ] *s* träsk, sumpmark
mar·shal [ˈmɑːʃəl] **1** *s (Mil)* marskalk; *(vid ceremoni etc)* marskalk; *(Am: lokal, federalt utnämnd)* polischef; *(vid demonstration etc)* ordningsman **2** *vt (soldater, procession)* ställa upp; *(fakta etc)* ställa upp
mar·shal·ling [ˈmɑːʃəlɪŋ] *s*: ~ **yard** rangerbangård
marsh·mal·low [ˈmɑːʃˌmæləʊ] *s (Bot)* läkemalva; *(sötsak)* marshmallow
marshy [ˈmɑːʃɪ] *adj (-ier, -iest)* sank, sumpig
mar·su·pial [mɑːˈsuːpɪəl] *s* pungdjur
mar·ten [ˈmɑːtɪn] *s (Zool)* mård
mar·tial [ˈmɑːʃəl] *adj* krigs-, krigisk; ~ **law** krigslagar; ~ **music** militärmusik
mar·tin [ˈmɑːtɪn] *s (Zool)* svala *med obetydligt kluven stjärt;* **house** ~ hussvala
mar·tyr [ˈmɑːtə^r] *s (eg, bildl)* martyr; **to be a** ~ **to arthritis** plågas av atrit/ledinflammation
mar·tyr·dom [ˈmɑːtədəm] *s (eg)* martyrium; *(bildl)* pina, plåga
mar·vel [ˈmɑːvəl] **1** *s* underverk, under; **the** ~s **of science** vetenskapens underverk; **if he gets there it will be a** ~ *(vard)* om han kommer dit är det rena undret; **it's a** ~ **to me how she does it** *(vard)* det är en gåta för mig hur hon bär sig åt; **you're a** ~ *(vard)* du är fantastisk **2** *vi* förundra sig *(at över)*; **to** ~ **that...** förundra sig över att...
mar·vel·lous, *(Am)* **mar·vel·ous** [ˈmɑːvələs] *adj* fantastisk
Marx·ism [ˈmɑːksɪzəm] *s* marxism
Marx·ist [ˈmɑːksɪst] **1** *adj* marxistisk **2** *s* marxist
mar·zi·pan [ˌmɑːzɪˈpæn] *s* marsipan
mas·cara [mæsˈkɑːrə] *s* mascara
mas·cot [ˈmæskət] *s* maskot
mas·cu·line [ˈmæskjʊlɪn] **1** *adj* manlig, maskulin; *(kvinna)* manhaftig **2** *s (Språkv)* maskulinum
mash [mæʃ] **1** *s (foder för djur)* sörp; *(äv:* ~**ed potatoes)** potatismos **2** *vt* mosa
mask [mɑːsk, mæsk] **1** *s (i allm)* mask; *(läkares etc)* munskydd; *(bildl)* mask; **the bank robbers wore** ~s bankrånarna var maskerade **2** *vt (sätta mask på)* maskera; *(bildl)* maskera, förkläda; ~**ed ball** maskerad(bal)
maso·chism [ˈmæsəʊkɪzəm] *s* masochism
maso·chist [ˈmæsəʊkɪst] *s* masochist
maso·chis·tic [ˌmæsəʊˈkɪstɪk] *adj* masochistisk
ma·son [ˈmeɪsn] *s* **(a)** *(yrke)* murare **(b)** (= *freemason)* frimurare
ma·son·ic [məˈsɒnɪk] *adj* frimurar-; ~ **lodge** frimurarloge
ma·son·ry [ˈmeɪsənrɪ] *s (föremål)* murverk;

(abstrakt) murarkonst
mas·quer·ade [ˌmæskəˈreɪd] **1** *s (fest)* maskerad; *(bildl)* förklädnad, förställning **2** *vi*: **to ~ as** ge sig ut för att vara
mass[1] [mæs] *s (Rel)* mässa; **to say ~** läsa mässan; **to go to ~** gå i mässan
mass[2] [mæs] **1** *s* **(a)** *(Fys etc)* massa; *(folk)* mängd, massa; **he's a ~ of bruises** han har blåmärken överallt; **in the ~** som helhet; **the ~es** massorna; **~ media** massmedier; **~ production** massproduktion; **~ meeting** massmöte; **~ murder** massmord; **~ hysteria** masshysteri **(b):** **~es** *(vard)* massor *(of* av) **2** *vt (i allm)* samla ihop; *(trupper)* dra samman **3** *vi* *(Mil)* dras samman; *(folkhop)* samlas; *(moln)* hopa sig
mas·sa·cre [ˈmæsəkəʳ] **1** *s* massaker, massmord **2** *vt (eg)* massakrera, krossa; *(bildl)* krossa, tillintetgöra
mas·sage [ˈmæsɑːʒ] **1** *s* massage; **~ parlour** massageinstitut **2** *vt* massera
mas·seur [mæˈsɜːʳ] *s* massör
mas·seuse [mæˈsɜːz] *s* massös
mas·sive [ˈmæsɪv] *adj (konstruktion etc)* massiv; *(stöd, intervention etc)* massiv, kraftig
mast [mɑːst] *s (Sjö, Radio etc)* mast
mass-produce [ˈmæsprəˌdjuːs] *vt* massproducera
mass-produced [ˈmæsprəˌdjuːst] *adj* massproducerad, serietillverkad
mas·ter [ˈmɑːstəʳ] **1** *s* **(a)** *(till tjänare)* husbonde; *(till anställd)* arbetsgivare; *(till hund, katt)* husse; **M~ Paul** unge herr Paul; **the ~ of the house** herrn i huset; **to be one's own ~** vara sin egen herre; **I am (the) ~ now** nu är det jag som bestämmer; **to be ~ of the situation** vara situationens herre; **~ builder** byggmästare; **~ key** huvudnyckel; **M~ of Arts** *(ung)* fil mag; **~ of ceremonies** ceremonimästare; **~ race** härskarras **(b)** *(Sjö: i allm)* kapten; *(: på handelsfartyg)* befälhavare **(c)** *(musiker, målare etc)* mästare; **to be a past ~ at politics** vara expert på politik **(d)** *(Skol: i sht Brit)* lärare; **the French ~** fraskläraren **2** *vt (sina känslor, svårighet, metod etc)* behärska; *(djur)* tämja; *(person)* kuva; **to ~ the violin** behärska fiolen
mas·ter·ful [ˈmɑːstəfʊl] *adj (framförande, kontroll)* mästerlig; *(personlighet)* dominerande
mas·ter·ly [ˈmɑːstəlɪ] *adj* mästerlig
master·mind [ˈmɑːstəmaɪnd] **1** *s (intelligent person)* geni; **the ~ in a crime** hjärnan bakom ett brott **2** *vt* leda, vara hjärnan bakom
master·piece [ˈmɑːstəpiːs] *s* mästerverk
master·stroke [ˈmɑːstəstrəʊk] *s* mästardrag
mas·tery [ˈmɑːstərɪ] *s (över haven)* herravälde; *(av språk, teknik etc)* behärskande; *(vid instrument)* skicklighet; *(över medtävlare)* överlägsenhet
masti·cate [ˈmæstɪkeɪt] *vt (med tänderna)* tugga; *(om maskin)* mala (sönder)
mas·tiff [ˈmæstɪf] *s (hund)* mastiff
mas·to·don [ˈmæstədɒn] *s* mastodont
mas·tur·bate [ˈmæstəbeɪt] *vi* onanera, masturbera
mas·tur·ba·tion [ˌmæstəˈbeɪʃən] *s* onani, masturbation
mat[1] [mæt] *s (på golv)* matta; *(vid dörr)* dörrmatta; *(på bord)* tablett; *(: under varmt fat)* underlägg
mat[2] [mæt] *adj* = **matt**
match[1] [mætʃ] *s* tändsticka; **box of ~ es** tändsticksask; **to strike/light a ~** tända en tändsticka
match[2] [mætʃ] **1** *s* **(a): to be a good match** passa bra ihop; **the two of them make a good ~** de båda passar bra ihop; **the skirt is a good ~ for the jumper** kjolen passar bra ihop med tröjan **(b)** *(jämbördig)* like; **to be a ~/no ~ for sb** kunna/inte kunna mäta sig med ngn; **to meet one's ~** möta sin like/en värdig motståndare **(c)** *(äktenskapspartner)* parti; **a good ~** ett gott parti **(d)**

(Sport) match; **athletics ~** idrottstävling **2** *vt* **(a)** *(man, hustru etc)* passa ihop med; *(tävlande)* vara jämbördig med; **to ~ A against B** ställa upp A mot B; **to be well ~ ed** passa bra ihop **(b)** *(motsvara)* kunna mäta sig med; **the results did not ~ our hopes** resultaten motsvarade inte våra förhoppningar; **I can't ~ that** jag kan inte komma med ett lika högt bud **(c)** *(om kläder, färger)* passa till, matcha; **his tie ~es his socks** hans slips matchar hans strumpor; **can you ~ this silk?** *(i affär etc)* har ni ngt som passar ihop med det här sidentyget? **3** *vi* passa ihop; **with a skirt to ~** med en matchande kjol
♦ **match up 1** *vt + adv* matcha; **to ~ sth up with sth** matcha ngt med ngt **2** *vi + adv*: **to ~ up to** *(förväntningar etc)* motsvara, leva upp till
match·box [ˈmætʃbɒks] *s* tändsticksask
match·ing [ˈmætʃɪŋ] *adj* matchande, som passar ihop
match·make [ˈmætʃmeɪk] *vi*: **she's always matchmaking** hon försöker alltid koppla ihop folk
mate[1] [meɪt] *s (Schack)* matt
mate[2] [meɪt] **1** *s* **(a)** *(arbets-)* kamrat; *(Brit: rörmokares etc)* hantlangare, medhjälpare; *(vard: vän: i sht Brit)* kompis; **look here ~!** hörru du! **(b)** *(Zool: hanne)* make; *(: hona)* maka; *(vard: manlig)* make; *(: kvinnlig)* maka **(c)** *(Sjö)* styrman **2** *vt (Zool)* para; *(bildl, skämts)* para ihop **3** *vi (Zool)* para sig
ma·terial [məˈtɪərɪəl] **1** *adj* **(a)** *(världen, skada, förlust etc)* materiell; *(behov, välbefinnande)* materiell **(b)** *(mycket viktig: omständighet etc)* väsentlig; *(Jur)* avgörande; **~ witness** huvudvittne **2** *s* **(a)** *(trä, metall etc)* material; *(till kläder etc)* tyg; **he is university ~** han passar för universitetsstudier **(b): ~s** *(skriv- etc)* materiel; **building ~s** byggmaterial; **raw ~s** råvaror **(c)** *(till roman, rapport etc)* stoff, material
ma·teri·al·ism [məˈtɪərɪəlɪzəm] *s* materialism
ma·teri·al·ist [məˈtɪərɪəlɪst] *s* materialist
ma·teri·al·is·tic [məˌtɪərɪəˈlɪstɪk] *adj* materialistisk
ma·teri·al·ize [məˈtɪərɪəlaɪz] *vi (idé, hopp etc)* materialisera sig, förverkligas; *(ande)* uppenbara sig; **so far he hasn't ~d** *(vard)* hittills har han inte visat sig
ma·teri·al·ly [məˈtɪərɪəlɪ] *adv* påtagligt; **they are not ~ different** de är inte påtagligt olika
ma·ter·nal [məˈtɜːnl] *adj (känslor etc)* moders-, moderlig; *(släkting etc)* på mödernet; **~ grandfather** morfar; **~ grandmother** mormor; **~ aunt** moster; **~ uncle** morbror
ma·ter·nity [məˈtɜːnɪtɪ] *s* moderskap; **~ benefit** moderskapshjälp; **~ dress** mammaklänning; **~ home, ~ hospital** BB; **~ ward** BB-avdelning
math [mæθ] *s (Am vard = mathematics)* matte
math·emati·cal [ˌmæθəˈmætɪkəl] *adj* matematisk
math·ema·ti·cian [ˌmæθəməˈtɪʃən] *s* matematiker
math·emat·ics [ˌmæθəˈmætɪks] *ssg* matematik
maths [mæθs] *s (Brit vard = mathematics)* matte
mati·née [ˈmætɪneɪ] *s* matiné
ma·tri·ces [ˈmeɪtrɪsiːz] *spl av* **matrix**
mat·ri·mo·nial [ˌmætrɪˈməʊnɪəl] *adj* äktenskaps-, äktenskaplig
mat·ri·mo·ny [ˈmætrɪmənɪ] *s* äktenskap; **holy ~** det heliga äkta ståndet *(frm)*
ma·trix [ˈmeɪtrɪks] *s, pl* **matrices** *el* **-es** **(a)** *(Tekn)* matris **(b)** *(Biol)* matrix, modervävnad **(c)** *(Mat)* matris
ma·tron [ˈmeɪtrən] *s* **(a)** *(på sjukhus)* (klinik)föreståndare **(b)** *(i skola)* husmor
matt [mæt] *adj* matt; **~ paint** matt färg
mat·ted [ˈmætɪd] *adj (hår)* tovig

mat·ter ['mætəʳ] **1** s **(a)** *(Fys)* materia, ämne; *(Filos)* materia; **colouring** ~ färgämne; **organic** ~ organiska ämnen; **advertising** ~ *(annonser, broschyrer etc)* reklam; **printed** ~ trycksaker; **reading** ~ läsning, lektyr

(b) *(Med)* var

(c) *(i text)* innehåll; **form and** ~ form och innehåll

(d) *(angelägenhet)* fråga; **for that** ~ vad det beträffar; **in the** ~ **of** när det gäller; **there's the** ~ **of my wages** det gäller min lön; **it will be a** ~ **of a few weeks** det rör sig om några veckor; **it's a** ~ **of great concern to us** det är en fråga av stor betydelse för oss; **it's an easy** ~ **to phone him** det är en lätt sak att ringa honom; **it's no laughing** ~ det är ingenting att skratta åt; **money** ~s penningangelägenheter; **the** ~ **in hand** saken i fråga; **to make** ~s **worse** göra saken värre; **as a** ~ **of course** självfallet; **as a** ~ **of fact** i själva verket, egentligen

(e) betydelse; **no** ~! det spelar ingen roll; **no** ~ **how you do it/what he says/how big it is/when** det spelar ingen roll hur du gör det/vad han säger/hur stor den är/när

(f) *(problem)* fel; **what's the** ~? vad är det (för fel)?; **what's the** ~ **with you?** vad är det med dig?; **something's the** ~ **with the lights** det är något fel med ljusen; **nothing's the** ~ det är inget fel; **there's nothing the** ~ **with me** det är inget fel på mig

2 *vi* betyda, vara viktig; **it doesn't** ~ det gör ingenting; **what does it** ~? vad gör det?; **why should it** ~ **to me?** varför skulle det spela någon roll för mig?

matter-of-fact [,mætərəv'fækt] *adj* saklig, opersonlig

mat·tress ['mætrɪs] s madrass

ma·ture [mə'tjʊəʳ] **1** *adj (-r, -st)* *(frukt, vin)* mogen; *(ost)* lagrad; *(bildl: person)* mogen **2** *vi (frukt, vin)* mogna; *(ost)* bli lagrad; *(bildl: person)* mogna

ma·tur·ity [mə'tjʊərɪtɪ] s *(av frukt, vin)* mognad; *(av ost)* lagring; *(karaktär)* mogenhet; *(ålder)* mogen ålder

maud·lin ['mɔːdlɪn] *adj (person)* gråtmild, känslosam; *(berättelse etc)* sentimental

maul [mɔːl] *vt (om person)* misshandla; *(om djur)* illa tilltyga; *(bildl)* göra ned, kritisera hårt; ~ **ed to death** misshandlad till döds

Maun·dy Thurs·day ['mɔːndɪ'θɜːzdɪ] s *(Rel)* skärtorsdag(en)

mau·so·leum [,mɔːsə'lɪəm] s mausoleum

mauve [məʊv] **1** *adj* malvafärgad, lila **2** s malvafärg, lila

mav·er·ick ['mævərɪk] s *(eg: Am)* omärkt kalv; *(bildl: i allm)* ensamvarg; *(Pol)* vilde

max. *förk f* **maximum** max

max·im ['mæksɪm] s maxim, grundsats

max·im·ize ['mæksɪmaɪz] *vt* göra maximal, göra så stor som möjligt

maxi·mum ['mæksɪməm] **1** s maximum **2** *adj* maximal, maximi-; **the** ~ **speed** högsta tillåtna hastighet

May [meɪ] s maj; ~ **Day** *(arbetar- o vårfestdag)* första maj; *se äv* **July**

may [meɪ] *imperf* **might** *vi* **(a)** *(möjlighet: äv* **might)** kan kanske/möjligen; **it** ~ **rain** det är möjligt att det blir regn; **it** ~ **be that...** det är möjligt att...; **he** ~ **not be hungry** han är kanske inte hungrig; **they** ~ **well be related** de är säkert släkt; **that's as** ~ **be** det må så vara; **be that as it** ~ vare därmed hur som helst; **he might have offered to help** han kunde gärna erbjudit sig att hjälpa till; **as you might expect** som man kunde vänta **(b)** *(tillåtelse)* får; **yes, you** ~ ja, det får

du; ~ **I see it?** får jag se (på) den?; **might I come in?** skulle jag (möjligen) kunna få komma in? **(c)** *(framtid)*: **I hope he** ~ **succeed** jag hoppas han kommer att lyckas; **I hoped he might succeed this time** jag hoppades han skulle lyckas den här gången; **we** ~/**might as well go** vi kan lika gärna gå **(d)** *(i önskningar)*: ~ **you have a happy life together** måtte ni få ett lyckligt liv tillsammans; ~ **God bless you** Gud välsigne dig

may·be ['meɪbiː] *adv* kanske

may·day ['meɪdeɪ] s *(nödanrop)* mayday, SOS

may·on·naise [,meɪə'neɪz] s majonnäs

mayor [meəʳ] s borgmästare; **the Lord M~ of London** borgmästaren i London

maze [meɪz] s labyrint

M.C. *förk f* **Master of Ceremonies**; *se äv* **emcee**

M.D. *förk f* **Doctor of Medicine** med. dr, MD

me [miː] *pers pron (obj, efter prep)* mig; *(i sht som predikatsfyllnad)* jag; **she's younger than** ~ hon är yngre än jag; **dear** ~! kära nån!; **who,** ~? vem, jag?; **it's** ~ det är jag

mead·ow ['medəʊ] s äng

mea·gre, *(Am)* **mea·ger** ['miːgəʳ] *adj* mager; **a** ~ **dinner** en mager/torftig middag; **a** ~ **salary** en mager/knapp lön

meal[1] [miːl] s *(grovmalet)* mjöl; *(Am: = corn ~)* grovmalet majsmjöl

meal[2] [miːl] s mål *(mat)*, måltid; **a hot** ~ lagad mat; **to have a (good)** ~ få ett (gott) mål mat; **to make a** ~ **of sth** *(vard)* göra en stor affär av; ~ **ticket** *(Am)* måltidskupong; *(bildl)* födkrok

meal·time ['miːltaɪm] s matdags; **at** ~s under måltiderna

mealy-mouthed ['miːlɪmaʊðd] *adj (politiker etc)* (som svarar) undvikande

mean[1] [miːn] *adj (-er, -est)* **(a)** *(med pengar: i sht Brit)* snål; **don't be** ~! var inte snål!; **you** ~ **thing!** din snåljåp **(b)** *(ovänlig: i sht Am)* elak; *(hund)* argsint; **it made me feel** ~ det fick mig att känna mig tarvlig; **to be in a** ~ **mood** vara på ilsket humör **(c)** *(oansenlig)* enkel; *(kvalitet)* dålig; **she's no** ~ **cook** hon är inte dålig på matlagning; **it was no** ~ **feat to finish in three hours** det var duktigt gjort/en riktig bragd att bli klar på tre timmar

mean[2] [miːn] **1** s **(a)** *(i allm)* genomsnitt, medeltal; *(Mat)* medelvärde, medium; **the golden/happy** ~ den gyllene medelvägen **(b)**: ~s *ssg* se **means** **(c)**: ~s *spl (Ekon)* tillgångar, medel; **private** ~s (privat)förmögenhet; **to live beyond one's** ~s leva över sina tillgångar; ~s **test** inkomstprövning **2** *adj (temperatur etc)* medel-

mean[3] [miːn] *imperf, perf* **meant** *vt* **(a)** *(om ord, yttrande, tecken)* betyda; *(om person)* mena; **the sign** ~s **'no parking'** skylten betyder 'parkering förbjuden'; **what do you** ~ **by that?** vad menar du med det?; **it** ~s **a lot of expense for us** det betyder en massa utgifter för oss; **the play didn't** ~ **a thing to me** pjäsen sa mig inte ett dugg; **your friendship** ~s **much to me** din vänskap betyder mycket för mig; **(b)** *(avse)* mena; **he only** ~t **to help** han ville bara hjälpa till; **what do you** ~ **to do?** vad tänker du göra?; **he didn't** ~ **to do it** han gjorde det inte med avsikt; **do you** ~ **me?** är det mig du menar?; **was the remark** ~t **for me?** var yttrandet avsett för mig?; **he is** ~t **to pay** det är meningen att han ska betala; **I** ~ **to be obeyed** jag är fast besluten att bli åtlydd; **he** ~s **well** han menar väl **(c)** *(emfatiskt)*: **I** ~ **it** jag menar allvar; **I** ~ **what I say** jag menar vad jag säger

me·ander [mɪ'ændəʳ] *vi (flod)* slingra sig; *(person: i stad etc)* irra omkring; *(: prata)* svamla

mean·ing ['miːnɪŋ] s *(av ord, fras etc)* betydelse; *(med dikt, livet etc)* mening; **a look full of** ~ en menande blick; **do you get my** ~? förstår du vad jag menar?; **what's the** ~ **of this?** *(tillrättavisning)* vad ska det här betyda?

mean·ing·ful ['mi:nɪŋfʊl] *adj (ord, symbol, film)* meningsfull; *(viktig)* betydelsefull

mean·ing·less ['mi:nɪŋlɪs] *adj* meningslös

mean·ness ['mi:nnɪs] *s* **(a)** *(med pengar: i sht Brit)* snålhet **(b)** *(till humöret: i sht Am)* elakhet, argsinthet

means [mi:nz] *ssg (metod)* sätt; *(transport-)* medel; **a** ~ **to an end** ett medel att nå målet; **there is no** ~ **of doing it** det finns inget sätt att göra det på; **by** ~ **of** genom, med hjälp av; **by this** ~ tack vare detta; **by all** ~**s or other** på ena eller andra sättet; **by all** ~**s!** naturligtvis!; **by no** ~**s, not by any** ~**s** inte alls, visst inte; **by no manner of** ~**s** på intet vis

meant [ment] *imperf, perf part av* **mean³**

mean·time ['mi:ntaɪm] **1** *adv* under tiden **2** *s*: **in the** ~ under tiden

mean·while ['mi:nwaɪl] *adv* under tiden

mea·sles ['mi:zlz] *ssg* mässling

mea·sly ['mi:zlɪ] *adj (-ier, -iest) (vard)* ynklig

meas·ure ['meʒəᵣ] **1** *s* **(a)** *(abstr)* mått; ~ **of length** längdmått; **her happiness was beyond** ~ *(bildl)* hennes glädje kände inga gränser **(b)** *(redskap: liter- etc)* mått; **tape** ~ måttband **(c)** *(uppmätt mängd)* mått; **to give sb full/short** ~ ge ngn ett rågat/knappt mått; **for good** ~ *(om ngt som läggs till)* för fullständighetens skull, som påbröd **(d)** *(åtgärd)* mått och steg; **to take** ~**s to do sth** vidta mått och steg för att göra ngt **(e)**: **in some** ~ i någon mån; **in great/large** ~ till stor del; **some** ~ **of success** en viss framgång; **to get the** ~ **of sb** veta vad ngn går för **2** *vt (yta, temperatur etc)* mäta; *(person: för kläder)* ta mått på; **to** ~ **one's length** *(bildl)* falla raklång **3** *vi* mäta; **what does it** ~? hur stor är den?; **it** ~**s 3 metres by 2 metres** den är/mäter 3 gånger 2 m

♦ **measure off** *vt + adv (yta etc)* mäta upp

♦ **measure out** *vt + adv (ingredienser etc)* mäta upp

♦ **measure up** *vi + adv* hålla måttet; **to** ~ **up to sth** visa sig vuxen ngt

meas·ured ['meʒəd] *adj (steg etc)* regelbunden, taktfast; *(ton)* avmätt; *(ord)* väl avvägd

meas·ure·ment ['meʒəmənt] *s (handling)* mätning; *(på person, rum etc)* mått; **to take someone's** ~**s** ta mått på ngn

meat [mi:t] *s (livsmedel)* kött; **cold** ~**s** kallskuret (kött); **crab** ~ krabbkött; ~ **and drink** *(åld)* mat och dryck; **this is** ~ **and drink to them** *(bildl)* det här är precis vad de vill ha; **a book with some** ~ **in it** en bok som har lite kött på benen

meat·ball ['mi:tbɔ:l] *s* köttbulle; *(Am vard)* klumpig person, klant

meaty ['mi:tɪ] *adj (-ier, -iest) (eg)* kött-; *(bildl)* matnyttig; ~ **stew** köttstuvning

me·chan·ic [mɪ'kænɪk] *s* mekaniker

me·chani·cal [mɪ'kænɪkəl] *adj (eg, bildl)* mekanisk; ~ **engineer** maskiningenjör; ~ **engineering** maskinteknik

me·chan·ics [mɪ'kænɪks] *s* **(a)** *(sg: om maskiner)* maskinlära; *(: Fys)* mekanik **(b)** *(pl: eg o bildl)* mekanism; *(bildl: hantverk)* teknik; **the** ~ **of parliamentary procedure** det parlamentariska arbetssättets mekanismer

mecha·nism ['mekənɪzəm] *s* mekanism

mecha·nize ['mekənaɪz] *vt (industri etc)* mekanisera; *(trupper etc)* motorisera

med·al ['medl] *s* medalj

me·dal·lion [mɪ'dæljən] *s* medaljong

med·al·list, *(Am)* **med·al·ist** ['medəlɪst] *s* medaljör

med·dle ['medl] *vi*: **to** ~ **in sth** *(andras affärer etc)* lägga sig 'i ngt; **to** ~ **with sth** *(föremål)* peta/fingra på

med·dler ['medləᵣ] *s (i andras affärer etc)* person som lägger sig i; *(som fingrar)* klåfingrig person

med·dle·some ['medlsəm] *adj*, **med·dling** ['medlɪŋ] *adj (som lägger sig 'i)* beskäftig; *(som petar på saker)* klåfingrig

me·dia ['mi:dɪə] *spl* **(a)** *pl av* **medium** **(b)**: **the** ~ massmedia, massmedierna

me·di·aeval [ˌmedɪ'i:vəl] *adj* = **medieval**

me·dian strip ['mi:dɪən 'strɪp] *s (Am: på motorväg)* mittremsa

me·di·ate ['mi:dɪeɪt] **1** *vi* medla **2** *vt (fred etc)* åstadkomma genom medling

me·di·a·tion [ˌmi:dɪ'eɪʃən] *s* medling

me·di·a·tor ['mi:dɪeɪtəᵣ] *s (internationell)* fredsmedlare; *(nationell)* förlikningsman

Medi·caid ['medɪkeɪd] *s (Am) statligt o federalt finansierad sjukförsäkring*

medi·cal ['medɪkəl] **1** *adj (fakultet, auktoritet, klinik)* medicinsk; *(undersökning, behandling)* läkar-; ~ **jurisprudence** rättsmedicin; ~ **certificate** läkarintyg; ~ **examination** läkarundersökning **2** *s* läkarundersökning

Medi·care ['medɪkeəᵣ] *s (Am)* sjukförsäkring *för pensionärer*

medi·ca·ted ['medɪkeɪtɪd] *adj (tvål, shampo)* medicinsk

medi·ca·tion [ˌmedɪ'keɪʃən] *s (läkemedel)* medikamenter

me·dici·nal [me'dɪsɪnl] *adj (bruk)* medicinsk; *(växt)* medicinal-

medi·cine ['medsɪn, 'medɪsɪn] *s* **(a)** *(läkemedel)* medicin; **to give sb a taste of his own** ~ *(bildl)* låta ngn smaka sin egen medicin; **to take one's** ~ *(bildl)* svälja det beska pillret; ~ **chest** medicinskåp; ~ **man** medicinman **(b)** *(vetenskap)* medicin

me·di·eval [ˌmedɪ'i:vəl] *adj* medeltida; **in** ~ **times** under medeltiden

me·dio·cre [ˌmi:dɪ'əʊkəᵣ] *adj* medelmåttig

me·di·oc·rity [ˌmi:dɪ'ɒkrɪtɪ] *s* medelmåttighet

medi·tate ['medɪteɪt] *vi (grubbla)* fundera; *(Rel etc)* meditera

medi·ta·tion [ˌmedɪ'teɪʃən] *s* begrundan; *(Rel etc)* meditation

Medi·ter·ra·nean [ˌmedɪtə'reɪnɪən] **1** *s*: **the** ~ Medelhavet **2** *adj* medelhavs-; **the** ~ **Sea** Medelhavet

me·dium ['mi:dɪəm] **1** *adj (kvalitet, storlek etc)* mellan-, medel-; **of** ~ **height** av medellängd; ~ **wave** mellanvåg **2** *s, pl* **media** **(a)** *(i allm)* medium; *(TV, radio, press)* massmedium **(b)** *(Fys: förmedlande ämne)* medium; *(vatten, luft etc)* element **(c)** *(mittpunkt, mitt)*; **happy** ~ gyllene medelväg **(d)** *pl* **-s** *(Spiritism)* medium

medium-sized ['mi:dɪəmˌsaɪzd] *adj (föremål)* mellanstor, av mellanstorlek

med·ley ['medlɪ] *s (i allm)* blandning; *(Mus)* potpurri

meek [mi:k] *adj* foglig, eftergiven; ~ **and mild** from som ett lamm

meek·ness ['mi:knɪs] *s* foglighet, eftergivenhet

meet [mi:t] *imperf, perf part* **met** **1** *vt* **(a)** *(kortvarigt)* möta; *(längre tid)* träffa; *(vid tåg etc)* möta; *(om slag, örfil)* träffa; *(om ljud)* möta; **to arrange to** ~ **sb** stämma möte med ngn; **she ran out to** ~ **us** hon sprang ut och mötte oss; **to** ~ **sb off the train** möta ngn vid tåget; **the car will** ~ **the train** bilen möter vid tåget; **to** ~ **sb's eye/gaze** möta ngns blick; **a terrible sight met him** en fruktansvärd syn mötte honom; **there's more to this than** ~**s the eye** det ligger mera bakom än vad som syns vid första anblicken **(b)** *(vid presentation)*: ~ **my brother** det här är min bror;

pleased to ~ you! trevligt att träffas! **(c)** *(om flod)* flyta ut i **(d)** *(motståndare)* möta; **to ~ death calmly** lugnt möta döden **(e)** *(efterfrågan, behov etc)* möta, tillmötesgå; *(skuld, förbindelse)* infria; *(kritik, invändning)* bemöta **2** *vi* **(a)** *(kortvarigt)* mötas, ses; *(längre)* träffas; *(förening etc)* sammanträda; *(Sport)* mötas; **until we ~ again!** hej/adjö så länge! **(b)** *(vid presentation)* träffas; **have you two met before?** känner ni varann?

(c) *(om floder)* flyta samman; *(om vägar)* förenas; **our eyes ~ed** *(bildl)* våra ögon möttes **3** *(Jakt)* jaktsällskap; *(Am Sport)* tävling
♦ **meet up** *vi + adv* träffas; **to ~ up with sb** stöta ihop med ngn
♦ **meet with** *vi + prep* **(a)** *(olycka, svårighet etc)* råka ut för **(b)** *(ha möte med)* sammanträffa med
meet·ing ['miːtɪŋ] *s* **(a)** *(i allm)* möte; **~ place** mötesplats; **the minister had a ~ with the ambassador** ministern sammanträffade med ambassadören **(b)** *(om förening, kommitté etc)* sammanträde; *(om medlemmar, anställda etc)* möte; **to hold a ~** hålla (ett) möte; **to call a ~** kalla samman ett möte; **Mr Stark is at/in a ~** Mr Stark är på sammanträde **(c)** *(Sport)* tävling
mega·lo·ma·ni·ac [ˌmegələʊ'meɪnɪæk] *s* person med storhetsvansinne
mega·phone ['megəfəʊn] *s* megafon
mel·an·choly ['melənkəlɪ] **1** *adj (person)* melankolisk, dyster; *(syn, anblick)* nedslående; *(plikt)* sorglig, smärtsam **2** *s* melankoli, svårmod
mel·low ['meləʊ] **1** *adj* (**-er, -est**) *(frukt, ost)* mogen; *(vin)* fyllig, mogen; *(färg, ljud, ljus)* dämpad; *(person, karaktär)* godlynt, mild; **to be ~** *(vard: berusad)* vara uppprymd/lite i hatten **2** *vi (frukt, vin)* mogna; *(färg, ljud)* dämpas; *(person, karaktär)* mildras, vekna **3** *vt:* **old age has ~ed him** åldern har gjort honom mild till sinnes
me·lo·dious [mɪ'ləʊdɪəs] *adj* melodisk
melo·dra·ma ['meləʊˌdrɑːmə] *s* melodram
melo·dra·mat·ic [ˌmeləʊdrə'mætɪk] *adj* melodramatisk
melo·dy ['melədɪ] *s* melodi
mel·on ['melən] *s* melon
melt [melt] **1** *vt (smör, metall etc)* smälta; *(bildl)* smälta, beveka **2** *vi (smör, metall etc)* smälta; *(bildl)* smälta, vekna; **it ~s in the mouth** den smälter i munnen; **to ~ into tears** röras till tårar; *se äv* **butter**
♦ **melt away** *vi + adv (eg)* smälta bort; *(bildl: ilska, ängslan etc)* smälta bort, försvinna; *(: besparingar)* smälta ihop, ta slut; *(: person)* försvinna
♦ **melt down** *vt + adv* smälta ner
melt-down ['meltdaʊn] *s* härdsmälta
melt·ing ['meltɪŋ] *adj* smält-, smältande; **~ point** smältpunkt; **~ pot** *(eg, bildl)* smältdegel; **to be in the ~ pot** *(bildl: projekt etc)* vara i stöpsleven
mem·ber ['membəʳ] *s* **(a)** *(i allm)* medlem; *(i beslutande organ)* ledamot; *(i konferens)* deltagare; **~s only** *(skylt)* endast för medlemmar; **~ of parliament** parlamentsledamot; **the ~ countries** medlemsländerna **(b)** *(Anat)* kroppsdel, lem; *(eufem: penis)* lem
mem·ber·ship ['membəʃɪp] *s (status)* medlemskap; *(mängd)* medlemsantal
mem·brane ['membreɪn] *s* membran, hinna
me·men·to [mə'mentəʊ] *s* minne(ssak)
memo ['meməʊ] *s förk f* **memorandum** minnesanteckning(ar), PM; **~ pad** anteckningsblock
mem·oir ['memwɑːʳ] *s* biografi; **~s** memoarer
memo·rable ['memərəbl] *adj* minnesvärd
memo·ran·dum [ˌmemə'rændəm] *s, pl* **memoranda** *(Pol)* memorandum; *(personlig)* minnesanteckning; *(inom företag etc)* meddelande

me·mo·rial [mɪ'mɔːrɪəl] **1** *adj* minnes-; **~ service** minnesgudstjänst **2** *s (kyrka, staty etc)* monument, minnesmärke; *(abstr)* minne; **as a ~ to** till åminnelse av
memo·rize ['meməraɪz] *vt* lära sig utantill, memorera
memo·ry ['memərɪ] *s (egenskap)* minne, minnesförmåga; *(barndoms- etc)* minne; *(Data)* minne; **I have a bad ~ for faces** jag har dåligt minne för ansikten; **he recited the poem from ~** han läste upp en dikt ur minnet; **in ~ of/to the ~ of** till minne av
men [men] *spl av* **man**
men·ace ['menɪs] **1** *s (ingen pl)* hot; *(yttrande)* hotelse(r); **a public ~** en samhällsfara; **he's real ~** *(vard)* han är en riktig odåga **2** *vt* hota
men·ac·ing ['menɪsɪŋ] *adj* hotfull, hotande
mend [mend] **1** *s (på plagg etc)* lagning, stopp; **to be on the ~** *(bildl)* vara på bättringsvägen **2** *vt* **(a)** *(kläder)* laga; *(strumpor)* stoppa **(b)** *(bättra på)* förbättra; **to ~ one's ways** bättra sig; **to ~ matters** göra saken bättre **3** *vi (efter sjukdom)* bli bättre, tillfriskna; *(sår, fraktur)* läkas
men·folk ['menfəʊk] *spl* karlar
me·nial ['miːnɪəl] *adj (arbetsuppgift)* enkel, simpel; **~ servant** (enkel) tjänare
men·in·gi·tis [ˌmenɪn'dʒaɪtɪs] *s (Med)* hjärnhinneinflammation, meningit *(spec)*
meno·pause ['menəʊpɔːz] *s (Med)* menopaus, klimakterium
men·stru·ate ['menstrʊeɪt] *vi* menstruera, ha menstruation
men·strua·tion [ˌmenstrʊ'eɪʃən] *s* menstruation
men·tal ['mentl] *adj (sjukhus)* mental-; *(förmåga)* själslig, mental; *(sjukdom)* psykisk; *(vard)* galen, tokig; **he has a ~ age of 6** han står mentalt på en sexårings nivå; **to make a ~ note of sth** lägga ngt på minnet; **~ arithmetic** huvudräkning; **~ hospital** mentalsjukhus; **~ illness** psykisk sjukdom
men·tal·ity [men'tælɪtɪ] *s* mentalitet, läggning
men·tal·ly ['mentəlɪ] *adv (i allm)* psykiskt, mentalt; *(räkna)* i huvudet; **~ handicapped/deficient** utvecklingsstörd; **she is ~ ill** hon är psykiskt sjuk
men·thol ['menθɒl] *s* mentol
men·tion ['menʃən] **1** *s* omnämnande; **she made no ~ of it** hon nämnde det inte; **to receive a ~ for bravery** få omnämnande för tapperhet **2** *vt* nämna; **you are ~ed in her will** du är nämnd i hennes testamente; **to be ~ed in dispatches** få hedersomnämnande i militärrapport; **not to ~...** för att inte nämna...; **it's not worth ~ing** det är inte värt att nämnas; **don't ~ it!** *(svar på tack)* det var ingenting/så litet!; *(svar på ursäkt)* för all del!
menu ['menjuː] *s* meny, matsedel
mer·ce·nary ['mɜːsɪnərɪ] **1** *adj (person)* sniken; **his motives were purely ~** han handlade av ren/pur vinningslystnad **2** *s* legosoldat
mer·chan·dise ['mɜːtʃəndaɪz] *s* handelsvaror
mer·chant ['mɜːtʃənt] *s (Brit)* köpman; *(Am)* detaljhandlare; **wine ~** vinhandlare; **~ bank** *(Brit)* affärsbank; **~ navy** handelsflotta; **~ seaman** sjöman i handelsflottan
mer·ci·ful ['mɜːsɪfʊl] *adj* barmhärtig; **a ~ death** en barmhärtig död
mer·ci·ful·ly ['mɜːsɪfəlɪ] *adv* **(a)** *(handla, behandla)* med barmhärtighet, barmhärtigt **(b)** *(satsadv)* lyckligtvis; **his suffering was ~ short** barmhärtigt nog behövde han inte lida länge
mer·ci·less ['mɜːsɪlɪs] *adj* skoningslös, obarmhärtig
Mer·cu·ry ['mɜːkjʊrɪ] *s (Astron, Myt)* Merkurius
mer·cu·ry ['mɜːkjʊrɪ] *s (grundämne)* kvicksilver
mer·cy ['mɜːsɪ] *s (i allm)* nåd, barmhärtighet; *(Guds)* nåd; *(lycka)* tur; **God's boundless ~** Guds

oändliga nåd; **to beg for** ~ tigga om nåd; **to be at the** ~ **of sb/sth** vara utlämnad åt ngn/ngt, vara i ngns/ngts våld; **to have** ~ **on sb** visa ngn barmhärtighet; **to be left to the tender mercies of sb** vara utlämnad på nåd och onåd åt ngn; **it's a** ~ **that no one was hurt** (vard) det var en välsignelse att ingen blev skadad; ~ **killing** dödshjälp
mere [mɪə^r] adj: **she gets upset at the** ~**st thing** hon blir upprörd för minsta småsak; **it's a** ~ **formality** det är en ren formalitet; **she's a** ~ **child** hon är bara ett barn; **my salary increase is a** ~ **2%** min löneökning är futtiga 2%; **the** ~ **mention of his name** blotta omnämnandet av hans namn, bara man nämner hans namn
mere·ly [ˈmɪəlɪ] adv bara, endast
merge [mɜːdʒ] **1** vt (Handel: bolag) slå ihop **2** vi (färger, ljud, former) smälta samman; (vägar) gå ihop; (Handel: bolag) gå samman; **to** ~ **into** (färg) gå över i; (omgivning) smälta in i; (folksamling) försvinna i, uppslukas av
mer·ger [ˈmɜːdʒə^r] s (Handel) fusion
me·ringue [məˈræŋ] s maräng
mer·it [ˈmerɪt] **1** s förtjänst, merit; **a poem of no great literary** ~ en dikt utan större litterära förtjänster; **to look/inquire into the** ~**s of sth** granska fördelar och nackdelar hos ngt; **to treat a case on its** ~**s** behandla en sak objektivt **2** vt förtjäna
meri·toc·ra·cy [ˌmerɪˈtɒkrəsɪ] s meritokrati
mer·maid [ˈmɜːmeɪd] s sjöjungfru
mer·ri·ment [ˈmerɪmənt] s munterhet
mer·ry [ˈmerɪ] adj (-ier, -iest) munter, glad; **to get** ~ (vard: berusad) bli lite glad; se äv Christmas
merry-go-round [ˈmerɪɡəʊˌraʊnd] s karusell
mesh [meʃ] s **(a)** (i stickning) maska; **fine** ~ **stockings** finmaskiga strumpor **(b)** (av trådar) nät; (bildl) nät; **to be caught in a** ~ **of lies** bli snärjd i en härva av lögner **(c)** (växel etc): **in** ~ inkopplad
mes·mer·ize [ˈmezməraɪz] vt (eg, bildl) hypnotisera
mess[1] [mes] s (oreda) röra; **you look a** ~ du ser hemsk ut; **to be (in) a** ~ (eg, bildl) vara en enda röra; **to make a** ~ (i allm) stöka till; (eufem: i sht barn) göra på sig, smutsa ner; **to make a** ~ **of** (rum, kläder) kladda ner; (bildl) trassla till; **to get (oneself) in a** ~ ställa till det för sig
◆ **mess about, mess around** (vard) **1** vt + adv trassla till det för; **stop** ~**ing me about** sluta trassla till det för mig **2** vi + adv (spela pajas) fåna sig; (göra ingenting) flyta omkring; **to** ~ **about/around with sth** fingra på ngt; **to** ~ **about/ around with sb** ha ihop det med ngn
◆ **mess up** vt + adv (rum) stöka till; (kläder) kladda ner; (hår) rufsa till; (bildl: planer, livet etc) trassla till
mess[2] [mes] s (Mil) mäss
mes·sage [ˈmesɪdʒ] s meddelande; **to get the** ~ (bildl, vard) förstå vinken
mes·sen·ger [ˈmesɪndʒə^r] s bud; ~ **boy** springpojke
Mes·si·ah [mɪˈsaɪə] s Messias
Messrs [ˈmesəz] förk f Messieurs (på affärsbrev: åld) Herrar (åld)
messy [ˈmesɪ] adj (-ier, -iest) (kläder) smutsig; (rum) rörig, stökig; (handstil) slarvig, grötig; (affär) trasslig
met [met] imp, perf part av meet
me·tabo·lism [mɪˈtæbəlɪzəm] s ämnesomsättning
met·al [ˈmetl] s (i allm) metall; (Brit: på väg) grus; (: för vägbygge) makadam, krossten; ~ **polish** putsmedel för metall
me·tal·lic [mɪˈtælɪk] adj metallisk, metall-
met·al·lur·gy [meˈtælədʒɪ] s metallurgi
metal·work [ˈmetlwɜːk] s metallslöjd
meta·mor·pho·sis [ˌmetəˈmɔːfəsɪs] s, pl **meta-**

morphoses [ˌmetəˈmɔːfəsiːz] metamorfos, förvandling
meta·phor [ˈmetəfə^r] s metafor, bild
meta·phori·c(al) [ˌmetəˈfɒrɪk(əl)] adj metaforisk, bildlig
meta·physi·cal [ˌmetəˈfɪzɪkəl] adj metafysisk
meta·phys·ics [ˌmetəˈfɪzɪks] ssg metafysik
me·teor [ˈmiːtɪə^r] s meteor
me·teor·ic [ˌmiːtɪˈɒrɪk] adj meteorartad; (bildl): **her** ~ **rise to fame** hennes kometliknande karriär
me·teor·ite [ˈmiːtɪəraɪt] s meteorit
me·teoro·logi·cal [ˌmiːtɪərəˈlɒdʒɪkəl] adj meteorologisk; **the M**~ **Office** (Brit) vädertjänsten
me·teor·ol·ogy [ˌmiːtɪəˈrɒlədʒɪ] s meteorologi
me·ter[1] [ˈmiːtə^r] s (i allm) mätare; **gas/electricity** ~ gas/elektricitetsmätare; **parking** ~ parkeringsmätare
me·ter[2] [ˈmiːtə^r] s (Am) = metre
me·thane [ˈmiːθeɪn] s metan, sumpgas
meth·od [ˈmeθəd] s (system) ordning; (arbets-, betalnings- etc) sätt, metod; **there's** ~ **in his madness** det är metod i galenskapen
me·thodi·cal [mɪˈθɒdɪkəl] adj metodisk, systematisk
meth·od·ol·ogy [ˌmeθəˈdɒlədʒɪ] s metodik
meths [meθs] s förk f methylated spirit(s)
meth·yl·at·ed spir·it(s) [ˈmeθɪleɪtɪd ˈspɪrɪt(s)] s(pl) denaturerad sprit
me·ticu·lous [mɪˈtɪkjʊləs] adj minutiös, noggrann
me·tre, (Am) **me·ter** [ˈmiːtə^r] s **(a)** (längdmått) meter **(b)** (Litt) versmått
met·ric [ˈmetrɪk] adj meter-; **to go** ~ gå över till metersystemet
met·ri·ca·tion [ˌmetrɪˈkeɪʃən] s övergång till metersystemet
me·tropo·lis [mɪˈtrɒpəlɪs] s metropol, storstad
met·ro·poli·tan [ˌmetrəˈpɒlɪtən] adj storstads-; **the M**~ **Police** Londonpolisen
met·tle [ˈmetl] s mod, kurage; **a man of** ~ en karl med ruter i; **to be on one's** ~ anstränga sig till det yttersta; **to put sb on his** ~ få ngn att göra sitt yttersta
mew [mjuː] **1** s (katts) jamande **2** vi (katt) jama
mews [mjuːz] ssg (eg: åld) stallänga; **M**~ (i adress: ung) -gränd: **9 Huntly M**~; ~ **flat** (lyx)våning i en ombyggd stallänga
Mexi·can [ˈmeksɪkən] **1** adj mexikansk **2** s mexikan
Mexi·co [ˈmeksɪkəʊ] s Mexiko
mezzo-soprano [ˌmetsəʊsəˈprɑːnəʊ] s (Mus) mezzosopran
mez·zo·tint [ˈmetsəʊtɪnt] s (gravyr) mezzotingt
mi·aow [miːˈaʊ] **1** s (katts) jamande **2** vi (katt) jama
mica [ˈmaɪkə] s (Miner) glimmer
mice [maɪs] spl av mouse
mick·ey [ˈmɪkɪ] s (vard): **to take the** ~ **out of sb** driva med ngn
micro- [ˈmaɪkrəʊ] prefix mikro-
mi·crobe [ˈmaɪkrəʊb] s (Biol, Med) mikrob
micro·bi·ol·ogy [ˌmaɪkrəʊbaɪˈɒlədʒɪ] s mikrobiologi
micro·chip [ˈmaɪkrəʊtʃɪp] s (Data) mikroprocessor, chip
micro·com·pu·ter [ˌmaɪkrəʊkəmˈpjuːtə^r] s mikrodator
micro·cosm [ˈmaɪkrəʊkɒzəm] s mikrokosmos
micro·film [ˈmaɪkrəʊfɪlm] s mikrofilm
micro·phone [ˈmaɪkrəfəʊn] s mikrofon
micro·scope [ˈmaɪkrəskəʊp] s mikroskop
micro·scop·ic(al) [ˌmaɪkrəˈskɒpɪk(əl)] adj (eg, bildl) mikroskopisk
micro·wave [ˈmaɪkrəʊˌweɪv] s (Fys) mikrovåg; ~ **oven** mikrovågsugn

mid(-) |mɪd| adj mellan-, mitten av; **to have a ~-morning snack** äta ett morgonmellanmål; **in his ~-thirties** i trettiofemårsåldern; **in the ~-thirties** i mitten av 1930-talet; **in ~-journey** halvvägs på resan; **in ~-June** i mitten av juni; **in ~-air** uppe i luften

mid·day |ˌmɪdˈdeɪ| **1** s middagstid; **at ~** vid middagstid **2** adj middags-; **the ~ sun** middagssolen

mid·dle |ˈmɪdl| **1** adj (plats) mellersta, mittersta; (ålder, längd) medel-; **~ age** medelålder; **the M~ Ages** medeltiden; **~ C** (Mus) ettstrukna C; **the ~ class(es)** medelklassen; **M~ East** Mellersta Östern; **~ name** andra förnamn **2** s (centrum) mitt; (på kropp) midja; **in the ~ of the field** mitt på fältet; **in the ~ of nowhere** bortom all ära och redlighet; **in the ~ of summer** mitt i sommaren; **I'm in the ~ of reading it** jag håller på att läsa den

middle-aged |ˌmɪdlˈeɪdʒd| adj medelålders

middle-class |ˌmɪdlˈklɑːs| adj medelklass, borgerlig

middle·man |ˈmɪdlmæn| s, pl **-men** (Handel) mellanhand

middle-of-the-road |ˌmɪdləvðəˈrəʊd| adj (åsikter etc) måttfull, långt ifrån ytterligheterna

midge |mɪdʒ| s (fjäder)mygga

midg·et |ˈmɪdʒɪt| s dvärg; (i sms) dvärg-, mini-

mid·night |ˈmɪdnaɪt| s midnatt; **at ~** kl 12 på natten, vid midnatt; **to burn the ~ oil** arbeta till sent på natten

mid·riff |ˈmɪdrɪf| s mellangärde

mid·ship·man |ˈmɪdˌʃɪpmən| s (sjö)kadett

midst |mɪdst| s: **in the ~ of** mitt (uppe) i

mid·stream |ˌmɪdˈstriːm| s: **in ~** (bildl) mitt i; **stop doing sth in ~** sluta göra ngt mitt i

mid·sum·mer |ˈmɪdˌsʌməʳ| s midsommar; **M~('s) Day** (24 juni) midsommardagen

mid·way |ˌmɪdˈweɪ| **1** adv halvvägs **2** adj: **the ~ point between X and Y** mitt emellan X och Y

mid·week |ˌmɪdˈwiːk| **1** adv i mitten av veckan: **I'm flying to Paris ~ 2** adj mitt i veckan; **the school had a ~ holiday** skolan hade en lovdag mitt i veckan

mid·wife |ˈmɪdwaɪf| s, pl **-wives** barnorska

mid·win·ter |ˌmɪdˈwɪntəʳ| s midvinter; **in ~** mitt i vintern

might¹ |maɪt| imperf av **may**

might² |maɪt| s kraft, förmåga; **with all one's ~** med all sin kraft

mighty |ˈmaɪtɪ| **1** adj (-ier, -iest) mäktig; **a ~ ruler** en mäktig härskare; **the ~ ocean** den väldiga oceanen **2** adv (vard) väldigt; **~ big** jättestor

mi·graine |ˈmiːɡreɪn, (i sht Am) ˈmaɪɡreɪn| s migrän

mi·grant |ˈmaɪɡrənt| **1** adj (fågel) flytt-; (arbetare) gäst- **2** s (fågel) flyttfågel; (person: som kommer) invandrare; (: som reser) utvandrare

mi·grate |maɪˈɡreɪt, (Am) ˈmaɪɡreɪt| vi (till plats) flytta; (till land) invandra; (från land) utvandra

mi·gra·tion |maɪˈɡreɪʃən| s (till land) invandring; (från land) utvandring; (Hist) folkvandring

mike |maɪk| s (vard: mikrofon) mik

mild |maɪld| adj (-er, -est) (person) blid, vänlig; (klimat, förebråelse) mild; (smak, ost, curry etc) mild; (sjukdom, straff) lindrig; (medicin) svag

mil·dew |ˈmɪldjuː| s (på växt) mjöldagg; (på mat, läder etc) mögel

mild·ly |ˈmaɪldlɪ| adv (vänligt) milt; (obetydligt) lindrigt; **to put it ~** för att använda ett milt uttryck; **~ interested** lindrigt intresserad

mild·ness |ˈmaɪldnɪs| s (se **mild**) mildhet; vänlighet; lindrighet

mile |maɪl| s (längdmått: 1609 m) engelsk mil, mile; **50 ~s an hour** (ung) 80 km i timmen; **this car does 30 ~s per gallon** (ung) den här bilen drar 0,9 l per mil; **they live ~s away** de bor många km bort; **it stands/sticks out a ~** den/det syns lång väg

mile·age |ˈmaɪlɪdʒ| s **(a): what's the ~ from Ayr to Glasgow?** hur långt är det (i miles) mellan Ayr och Glasgow?; **what ~ has this car done?** hur långt har den här bilen gått?; **what ~ does your car get?** hur mycket (bensin) drar din bil?; **my car gets very good ~** min bil är bensinsnål **(b)** (vard: i sht Am) nytta, fördel; **he got a lot of ~ out of his knowledge of French** han levde högt på sina kunskaper i franska

mile·om·eter |maɪˈlɒmɪtəʳ| s (Motor) vägmätare

mile·stone |ˈmaɪlstəʊn| s (bildl) milstolpe

mi·lieu |ˈmiːljɜː| s (fysisk, social) miljö

mili·tant |ˈmɪlɪtənt| **1** adj militant, aggressiv **2** s stridskämpe

mili·ta·rism |ˈmɪlɪtərɪzəm| s militarism

mili·ta·ris·tic |ˌmɪlɪtəˈrɪstɪk| adj militaristisk

mili·tary |ˈmɪlɪtərɪ| **1** adj militär-; **~ hospital** militärsjukhus; **~band** militärorkester; **~ service** militärtjänst; **the ~** militären

mili·tate |ˈmɪlɪteɪt| vi: **to ~ against** (bildl) tala mot, motverka

mi·li·tia |mɪˈlɪʃə| s lantvärn, milis

milk |mɪlk| **1** s mjölk; **~ of magnesia** |mæɡˈniːʃə| (Med) magnesiumhydroxidsuspension; **it's no good crying over spilt ~** (ordspr) man ska inte gråta över spilld mjölk; **~ chocolate** mjölkchoklad; **~ float** (Brit) mjölkkärra; **~ shake** milkshake; **~ tooth** mjölktand **2** vt (eg) mjölka; (bildl: ngn på pengar etc) mjölka

milk·ing ma·chine |ˈmɪlkɪŋməˌʃiːn| s mjölkmaskin

milk·man |ˈmɪlkmən| s, pl **-men** mjölkbud

milky |ˈmɪlkɪ| adj (-ier, -iest) mjölkaktig; **~ complexion** mjölkvit hy; **the M~ Way** (Astron) Vintergatan

mill |mɪl| **1** s (för mjöl) kvarn; (pappers-) fabrik; (bomulls-) spinneri; (stål-) verk; (kaffe-, peppar- etc) kvarn; **to go through the ~** (bildl) gå genom ekluten, slita ont **2** vt (mjöl, kaffe) mala; (metall) valsa; (mynt) räffla

♦ **mill about, mill around** vi + adv gå omkring (utan mål), flyta omkring

milled |mɪld| adj (säd) malen; (mynt) räfflad

mil·len·nium |mɪˈlenɪəm| s årtusende; **the ~** det tusenåriga riket

mil·ler |ˈmɪləʳ| s mjölnare

mil·let |ˈmɪlɪt| s (sädesslag) hirs

mil·li·gram(me) |ˈmɪlɪɡræm| s milligram

mil·li·li·tre, (Am) mil·li·li·ter |ˈmɪlɪˌliːtəʳ| s milliliter

mil·li·metre, (Am) mil·li·meter |ˈmɪlɪˌmiːtəʳ| s millimeter

mil·li·ner |ˈmɪlɪnəʳ| s modist

mil·lion |ˈmɪljən| s miljon; **4 ~ (birds)** 4 miljoner (fåglar); **she won 2 ~** hon vann två miljoner (pund/dollar etc); **she's one in a ~** (vard) hon är en på miljonen; **I've got ~s of letters to write** jag har miljoner brev att skriva

mil·lion·aire |ˌmɪljəˈneəʳ| s miljonär

mil·li·pede |ˈmɪlɪpiːd| s tusenfoting

mill·stone |ˈmɪlstəʊn| s kvarnsten; **it's a ~ round his neck** det är en black om foten för honom

mime |maɪm| **1** s (i allm) mim, pantomim(spel); (Teat: skådespel) pantomim; (: skådespelare) mimiker **2** vt (i allm) visa med minspel; (efterapa) härma **3** vi mima, spela pantomim

mim·ic |ˈmɪmɪk| **1** s imitatör **2** vt imitera, parodiera

mim·ic·ry |ˈmɪmɪkrɪ| s (i allm) härmande, imitation; (Zool) mimicry

min. förk f **minute(s); minimum**

mince |mɪns| **1** s (Brit Matl) finskuret/hackat

kött, köttfärs **2** *vt* **(a)** *(Brit Matl)* finhacka/
mala; ~**d meat** malet kött **(b):** **not to** ~ **one's
words** inte skräda orden **3** *vi* **(a)** trippa (till-
gjort) **(b)** tala tillgjort
mince·meat ['mɪnsmiːt] *s (pajfyllning) kryddad
russin-, nöt- och fruktblandning;* **to make** ~ **of sb**
(bildl) göra slarvsylta av ngn
minc·er ['mɪnsəʳ] *s (Brit: för grönsaker, kött etc)*
hackmaskin
mind [maɪnd] **1** *s* **(a)** *(tänkande: logiskt etc)* in-
tellekt, förstånd; *(: om ett visst problem etc)* tan-
kar; *(: känslomässigt)* sinne; *(: för att komma ihåg)*
minne; **a case of** ~ **over matter** ett fall av andens
seger över materien; **one of Britain's finest** ~**s**
en av Englands skarpaste hjärnor; **a sharp** ~ ett
skarpt intellekt; **state of** ~ sinnesstämning; **I am
not clear in my** ~ **about the idea** jag vet inte
riktigt vad jag ska tänka om det; **to be uneasy in
one's** ~ känna sig obehaglig till mods; **what's on
your** ~? vad är det som bekymrar dig?; **I can't
get it out of my** ~ jag kan inte låta bli att tänka på
det; **to put/set/give one's** ~ **to sth** verkligen gå in
för ngt; **that will take your** ~ **off it** det kommer
att få dig att tänka på annat; **to bear** *el* **keep
sth/sb in** ~ *(bry sig om)* ha ngt/ngn i tankarna;
(komma ihåg) inte glömma ngt/ngn; **it went right
out of my** ~ det föll mig helt ur minnet; **to
bring/call sth to** ~ påminna om ngt, få ngn att
minnas ngt
  (b) *(avsikt etc)* sinne, tankar; **to have sb/sth in**
~ ha ngn/ngt i tankarna; **to have sb in** ~ **for a job**
ha ngn i åtanke för ett jobb; **I have some kind of
party in** ~ jag funderar på att ordna en fest av
något slag; **to have in** ~ **to do sth** ha för avsikt att
göra ngt; **I have a good** ~/**I have half a** ~ **to do it**
jag har god lust/halvt om halvt lust att göra det;
nothing was further from my ~ ingenting var
mig mer främmande
  (c) *(åsikt):* **to make up one's** ~ bestämma sig;
to change one's ~ ändra sig; **to be in two** ~**s
about sth** inte kunna bestämma sig om ngt; **to be
of one/the same** ~ vara av (en och) samma me-
ning; **to have a** ~ **of one's own** ha sin egen
mening; **my car has a** ~ **of its own** *(skämts)* min
bil gör lite som den vill; **to my** ~ enligt min
mening
  (d) *(mental hälsa)* förstånd; **to go out of/lose
one's** ~ förlora förståndet; **to be out of one's** ~
vara från vettet
  2 *vt* **(a)** *(lägga märke till, se upp för)* tänka på;
~ **what I say!** lägg märke till vad jag säger!; ~
you, it was raining at the time det regnade då,
förstår du; ~ **your own business!** det ska inte du
lägga dig i!; ~ **your language!** välj dina ord!; ~
the step! se upp för trappsteget!
  (b) *(vakta: barn, butik, maskin)* se till, passa
  (c) *(i allm)* bry sig om; *(neg)* tycka illa om; **I
don't** ~ **the cold** jag bryr mig inte om kyla(n);
would you ~ **opening the door?** skulle du vilja
öppna dörren?; **never** ~ **that now** bry dig inte om
det nu; **never** ~ **him** bry dig inte om honom; **don't**
~ **me** *(iron)* tänk inte på mig; **I wouldn't** ~ **a cup
of tea** jag skulle gärna vilja ha en kopp te
  3 *vi* **(a)** se, upp, akta sig; ~ **that you don't
fall!** se upp/akta dig så att du inte ramlar!
  (b): **nobody seemed to** ~ ingen verkade ta illa
upp; **do you** ~? har du något emot det?; **close the
door, if you don't** ~ var snäll och stäng dörren;
do you ~ **if I open the window?** har du något emot
att jag öppnar fönstret?; **never** ~ *(var inte orolig)*
tänk inte på det; *(det spelar ingen roll)* strunt i det
♦ **mind out** *vi + adv (Brit)* se upp
mind-boggling ['maɪnd,bɒglɪŋ] *adj* ofattbar
-mind·ed ['maɪndɪd] *adj suffix* -sinnad; **fair**~
rättvis; **an industrially**~ **nation** en industriellt

inriktad nation
mind·ful ['maɪndfʊl] *adj* uppmärksam; **to be** ~ **of**
ta hänsyn till, komma ihåg
mind·less ['maɪndlɪs] *adj (våld, brott)* vettlös;
(uppgift) själlös, mekanisk
mind-reader ['maɪnd,riːdəʳ] *s* tankeläsare
mine[1] [maɪn] *poss pron självst* min, mitt, mina; **is
this** ~? är denne min?; **a friend of** ~ en vän till
mig, en av mina vänner
mine[2] [maɪn] **1** *s* **(a)** *(koppar-, kol- etc)* gruva;
(bildl) gruva; **to work down the** ~**s** arbeta i gru-
van; **the book is a** ~ **of information** boken är en
riktig guldgruva **(b)** *(Mil, Sjö etc)* mina; **to lay**
~**s** lägga ut minor; ~ **detector** mindetektor **2**
vt **(a)** *(kol, metall)* bryta **(b)** *(Mil, Sjö)* mi-
nera **3** *vi* anga sig åt gruvdrift; **to** ~ **for sth**
gräva efter ngt
mine·field ['maɪnfiːld] *s (eg)* minfält; *(bildl)* krut-
durk, minerad mark
min·er ['maɪnəʳ] *s* gruvarbetare
min·er·al ['mɪnərəl] **1** *adj* mineral-; ~ **water** mi-
neralvatten **2** *s* mineral; ~ **waters** *(Brit)* läs-
kedrycker
mine·sweeper ['maɪn,swiːpəʳ] *s* minsvepare
min·gle ['mɪŋgl] **1** *vt (känslor, ljud etc)* blanda **2**
vi (företeelser) blandas; *(människor)* umgås; **he**
~**s with all kinds of people** han umgås med alla
sorts människor
mini ['mɪnɪ] **1** *prefix:* ~… mini- **2** *s (=* ~*skirt)*
kort-kort kjol; *(bil)* småbil
minia·ture ['mɪnɪtʃəʳ] **1** *s* miniatyr; **in** ~ i minia-
tyr **2** *adj* miniatyr-; ~ **camera** småbildska-
mera; ~ **submarine** miniubåt
minia·tur·ized ['mɪnɪtʃəraɪzd] *adj* i miniatyr-
(format)
mini·bus ['mɪnɪbʌs] *s* minibuss
mini·mal ['mɪnɪml] *adj* minimal
mini·mize ['mɪnɪmaɪz] *vt (till ett minimum)* reduce-
ra; *(förringa)* bagatellisera
mini·mum ['mɪnɪməm] **1** *s* minimum; **down to a**
~ **of 5 degrees** ner till en lägsta temperatur av 5
grader; **to reduce sth to a** ~ reducera ngt till ett
minimum **2** *adj* minimi-; ~ **wage** minimilön
min·ing ['maɪnɪŋ] *s* **(a)** gruvdrift **(b)** *(Mil, Sjö)*
minering
mini·skirt ['mɪnɪskɜːt] *s* kort-kort kjol
min·is·ter ['mɪnɪstəʳ] *s (Pol)* minister; *(Rel)* präst
min·is·te·rial [,mɪnɪs'tɪərɪəl] *adj (Pol)* minister-
min·is·try ['mɪnɪstrɪ] *s (Pol)* departement; *(Rel)*
prästämbete
mink [mɪŋk] *s (Zool)* mink; ~ **coat** minkpäls
min·now ['mɪnəʊ] *s (Zool: eg)* kvidd, elritsa; *(: i
allm)* liten fisk
mi·nor ['maɪnəʳ] **1** *adj* **(a)** *(obetydlig)* mindre; **a**
~ **part in a play** en biroll en pjäs; **a** ~ **operation**
en mindre operation **(b)** *(Mus: tonart)* moll **2**
s **(a)** *(Mus):* **the** ~ moll **(b)** *(Jur)* omyndig
person; **he is still a** ~ han är fortfarande
omyndig/minderårig **(c)** *(Am Univ)* biämne
mi·nor·ity [maɪ'nɒrɪtɪ] *s* **(a)** *(i antal)* minoritet; **to
be in a** ~ vara i minoritet **(b)** *(Jur)* minder-
årighet
min·strel ['mɪnstrəl] *s (medeltida)* trubadur; *(nu-
tida)* varietésångare *sminkad till neger*
mint[1] [mɪnt] **1** *s* myntverk; **to be worth a** ~ **(of
money)** vara stenrik **2** *adj:* **in** ~ **condition** i
skick som ny **3** *vt (mynt)* prägla
mint[2] [mɪnt] *s (Bot)* mynta; *(sötsak)* mintkaramell
minu·et [,mɪnjʊ'et] *s* menuett
mi·nus ['maɪnəs] **1** *prep (Mat)* minus; *(vard)* utan;
9 ~ **6** 9 minus 6; **after the fight he was** ~ **an eye**
efter striden hade han ett öga mindre **2** *adj
(grad, tecken)* minus-; ~ **20 degrees** minus 20
grader
min·ute[1] ['mɪnɪt] *s* **(a)** *(tid, grad)* minut; **I'll come**

in a ~ jag kommer om en minut; **wait a** ~! vänta lite; **at that** ~ **the phone rang** just då ringde telefonen; **tell me the** ~ **he arrives** säg till mig så fort han kommer; ~ **hand** minutvisare **(b)** *(officiell)* promemoria; ~s *(från sammanträde)* protokoll

min·ute² |maɪˈnjuːt| *adj (ytterst liten)* minimal; *(ytterst noggrann)* detaljerad; **in** ~ **detail** in i minsta detalj

mi·nute·ly |maɪˈnjuːtlɪ| *adv (obetydligt)* minimalt; *(noggrant)* i detalj

mira·cle |ˈmɪrəkl| *s* mirakel, underverk; **it's a** ~ **that you weren't hurt** *(bildl)* det är ett under att du inte skadades; **by some** ~ **he passed his exam** *(bildl)* som genom ett under klarade han sin examen

mi·racu·lous |mɪˈrækjʊləs| *adj* mirakulös

mi·rage |ˈmɪrɑːʒ| *s (eg)* hägring; *(bildl)* illusion

mire |ˈmaɪəʳ| *s (eg)* träsk; *(bildl: äv)* moras; **to drag sb through the** ~ *(bildl)* släpa ngns namn i smutsen

mir·ror |ˈmɪrəʳ| **1** *s* spegel; ~ **image** *(eg, bildl)* spegelbild **2** *vt* spegla

mirth |mɜːθ| *s (glädje)* munterhet; *(: högljudd)* skratt

mis·ad·ven·ture |ˌmɪsədˈventʃəʳ| *s* olyckshändelse; **death by** ~ *(Jur)* död genom olyckshändelse

mis·an·thro·pist |mɪˈzænθrəpɪst| *s* misantrop, människohatare

mis·ap·ply |ˌmɪsəˈplaɪ| *vt* missbruka

mis·ap·pre·hen·sion |ˈmɪsˌæprɪˈhenʃən| *s* missförstånd; **to be under a** ~ missta sig

mis·ap·pro·pri·ate |ˌmɪsəˈprəʊprɪeɪt| *vt* förskingra

mis·ap·pro·pria·tion |ˈmɪsəˌprəʊprɪˈeɪʃən| *s* förskingring

mis·be·have |ˌmɪsbɪˈheɪv| *vi* uppföra sig illa

misc. *förk f* **miscellaneous**

mis·cal·cu·late |ˌmɪsˈkælkjʊleɪt| **1** *vt* räkna fel på **2** *vi (på summa etc)* räkna fel; *(på tid, avstånd)* ta fel

mis·cal·cu·la·tion |ˈmɪsˌkælkjʊˈleɪʃən| *s (på summa etc)* felräkning; *(på tid, avstånd)* felberäkning

mis·car·riage |ˌmɪsˈkærɪdʒ| *s* **(a)** *(Med)* missfall **(b):** ~ **of justice** justitiemord

mis·car·ry |ˌmɪsˈkærɪ| *vi* **(a)** *(Med)* få missfall **(b)** *(planer)* misslyckas, slå fel

mis·cel·la·neous |ˌmɪsɪˈleɪnɪəs| *adj (samling)* blandad, brokig; *(olika slag)* diverse

mis·cel·la·ny |mɪˈselənɪ, *(Am)* ˈmɪsəˌleɪnɪ| *s (samling)* blandning; *(av författares verk)* antologi, skrifter i urval; **a T.S. Eliot** ~ skrifter av T.S. Eliot i urval; **a** ~ **of recent articles** ett urval nyligen publicerade artiklar

mis·chance |ˌmɪsˈtʃɑːns| *s* missöde; **by some** ~ genom ett missöde

mis·chief |ˈmɪstʃɪf| *s (egenskap)* odygd, okynne; *(handling)* okynne, fuffens; **he's always getting into** ~ han hittar alltid på fuffens; **to keep sb out of** ~ hålla ngn i styr; **to do oneself a** ~ vålla sig själv skada

mis·chie·vous |ˈmɪstʃɪvəs| *adj (lekfull)* odygdig; *(ond)* illasinnad

mis·con·cep·tion |ˌmɪskənˈsepʃən| *s* missuppfattning

mis·con·duct |ˌmɪsˈkɒndʌkt| *s (i ämbete)* tjänstefel; *(sexuellt)* äktenskapsbrott

mis·con·strue |ˌmɪskənˈstruː| *vt* vantolka, misstolka

mis·deed |ˌmɪsˈdiːd| *s (åld)* missgärning

mis·de·mean·our, *(Am)* **mis·de·mean·or** |ˌmɪsdɪˈmiːnəʳ| *s (i allm, Jur)* förseelse

mi·ser |ˈmaɪzəʳ| *s* girigbuk

mis·er·able |ˈmɪzərəbl| *adj (till sinnes)* olyckig, bedrövad; *(bostad, väder etc)* eländig, usel; **don't**

look so ~ se inte så eländig ut; **a** ~ £2 ynka 2 pund

mis·er·ably |ˈmɪzərəblɪ| *adv (sinnesstämning)* olyckligt, bedrövat; *(sätt)* miserabelt, eländigt, dåligt; **it was** ~ **cold** det var fruktansvärt kallt

mi·ser·ly |ˈmaɪzəlɪ| *adj* snål, gnidig

mis·ery |ˈmɪzərɪ| *s (själsligt)* förtvivlan; *(kroppsligt)* lidande; *(ekonomiskt)* misär; *(vard: person)* olycka; **to put an animal out of its** ~ göra slut på ett djurs lidande; **to put sb out of his** ~ *(bildl)* förkorta ngns pina; **to make sb's life a** ~ göra ngns liv till pina

mis·fire |ˌmɪsˈfaɪəʳ| *vi (motor)* krångla; *(raket)* inte starta; *(plan)* misslyckas

mis·fit |ˈmɪsfɪt| *s (person)* missanpassad person

mis·for·tune |mɪsˈfɔːtʃən| *s (olycka)* otur; *(händelse)* missöde

mis·giv·ing |mɪsˈgɪvɪŋ| *s* farhåga; **to look with** ~ **at** sth titta misstänksamt på ngt; **to have** ~s **about** sth hysa farhågor om ngt

mis·guid·ed |ˌmɪsˈgaɪdɪd| *adj (försök, vänlighet)* missriktad; *(person)* omdömeslös

mis·han·dle |ˌmɪsˈhændl| *vt (affär etc)* missköta

mis·hap |ˈmɪshæp, *(i sht Am)* mɪsˈhæp| *s* missöde

mis·hear |ˈmɪsˈhɪəʳ| *imperf, perf part* **misheard** |ˌmɪsˈhɜːd| **1** *vt* höra fel på **2** *vi* höra fel

mish·mash |ˈmɪʃmæʃ| *s* röra, mischmasch

mis·in·ter·pret |ˌmɪsɪnˈtɜːprɪt| *vt* misstolka

mis·judge |ˌmɪsˈdʒʌdʒ| *vt (tid, avstånd etc)* felbedöma; *(person)* misskänna

mis·lay |ˌmɪsˈleɪ| *imperf, perf part* **mislaid** |ˌmɪsˈleɪd| *vt* förlägga

mis·lead |ˌmɪsˈliːd| *imperf, perf part* **misled** *vt (lura)* vilseleda; *(locka)* förleda

mis·lead·ing |ˌmɪsˈliːdɪŋ| *adj* vilseledande

mis·led |ˌmɪsˈled| *imperf, perf part av* **mislead**

mis·man·age |ˌmɪsˈmænɪdʒ| *vt* missköta

mis·no·mer |ˌmɪsˈnəʊməʳ| *s* felaktig benämning

mi·sogy·nist |mɪˈsɒdʒɪnɪst| *s* kvinnohatare

mis·place |ˌmɪsˈpleɪs| *vt* **(a)** *(på fel ställe)* felplacera; *(bli av med)* förlägga **(b): to be** ~d *(förtroende, känsla)* vara missriktad

mis·print |ˈmɪsprɪnt| *s* tryckfel

mis·pro·nounce |ˌmɪsprəˈnaʊns| *vt* uttala felaktigt

mis·pro·nun·cia·tion |ˈmɪsprəˌnʌnsɪˈeɪʃən| *s* feluttal

mis·quote |ˌmɪsˈkwəʊt| *vt* felcitera

mis·read |ˈmɪsˈriːd| *imperf, perf part* **misread** |ˌmɪsˈred| *vt (siffra etc)* läsa fel på; *(yttrande, gest etc)* missuppfatta

mis·rep·re·sent |ˈmɪsˌreprɪˈzent| *vt (fakta)* förvanska; *(person)* ge en felaktig bild av

miss¹ |mɪs| **1** *s (skott etc)* miss; *(bildl)* misslyckande; **it was a near** ~ *(vid skjutning etc)* det var nästan träff; *(nästan olycka)* det var nära ögat; **to give sth a** ~ *(vard)* strunta i ngt **2** *vt* **(a)** *(i allm)* missa; *(buss, tåg etc)* missa, komma för sent till; *(tillfälle)* försitta, missa; *(möte)* komma för sent till; *(avsiktligt: lektion etc)* utebli från; **you can't** ~ **it!** *(hus, gata etc)* det går inte att ta fel på; **you haven't** ~**ed much!** du har inte gått miste om någonting!; **I** ~**ed you at the station** jag hann inte möta dig vid stationen; **to** ~ **the boat/bus** *(bildl)* missa tillfället; **don't** ~ **this film** missa inte den här filmen **(b)** *(händelse, yttrande etc)* missa, inte uppfatta; *(låta bli)* undgå; **I** ~**ed what you said** jag uppfattade inte vad du sa; **he couldn't** ~ **realizing that...** han kunde inte undgå att förstå att...; **you're** ~**ing the point** du förstår inte vad det rör sig om **(c)** *(med avsikt etc: måltid etc)* hoppa över; *(oavsiktligt: sida, paragraf, stycke)* hoppa över, glömma **(d)** *(klara sig från)* undvika; **he narrowly** ~**ed being run over** han hade så när blivit överkörd

(e) *(person, föremål)* sakna; **I ~ you so** jag saknar dig så; **then I ~ed my wallet** då saknade jag min plånbok **3** *vi (inte träffa)* missa; *(bildl)* misslyckas

♦ **miss out 1** *vt + adv (oavsiktligt)* hoppa över, glömma; *(med avsikt)* utelämna, hoppa över **2** *vi + adv (vard)* avstå; **to ~ out on sth** gå miste om ngt

miss² [mɪs] *s* fröken; **could I speak to M~ Blair please?** skulle jag kunna få tala med fröken Blair?; **M~ Universe/Europe** *etc* miss Universum/Europa *etc*

mis·sal ['mɪsəl] *s (Rel)* missale

mis·sile ['mɪsaɪl, *(Am)* 'mɪsəl] *s (Mil)* robot, missil; **~ base** robotbas; **~ launcher** avfyringsramp

mis·sing ['mɪsɪŋ] *adj (föremål: som inte kan återfinnas)* försvunnen; *(: inte på plats)* som saknas, felande; *(Mil)* saknad; **to be ~** saknas; **~ person** försvunnen/saknad person

mis·sion ['mɪʃən] *s* **(a)** *(plikt etc)* uppgift, uppdrag; **it's her ~ in life** det är hennes uppgift i livet; **a secret ~ to Russia** ett hemligt uppdrag i Ryssland **(b)** *(grupp av personer)* delegation **(c)** *(Rel: verksamhet)* mission; *(: byggnad)* missionsstation

mis·sion·ary ['mɪʃənrɪ] *s (Rel)* missionär

mis·spell [,mɪs'spel] *imperf, perf part* **misspelled** *el* **misspelt** [,mɪs'spelt] *vt* felstava, stava fel till

mis·spent ['mɪsspent] *adj:* **a ~ youth** en förspilld ungdom(stid)

mist [mɪst] **1** *s (i allm)* dimma, dis; *(av parfym etc)* moln; *(på glas)* imma; **through a ~ of tears** *(bildl)* genom en slöja av tårar; **in the ~s of time** *(bildl)* i det förgångnas töcken **2** *vi (äv: ~ over, ~ up: landskap etc)* upplösas i dimma; *(: spegel, fönster)* bli immig; **her eyes ~ed (over) with tears** hennes ögon skymdes av tårar

mis·take [mɪs'teɪk] *(v: imperf* **mistook***, perf part* **mistaken) 1** *s (i allm)* misstag; *(räkne-, skriv-)* fel; **to make a ~** *(i allm)* begå ett misstag; *(skriv-, räkne-)* göra ett fel; **you're making a big ~** du begår ett stort misstag; **by ~** av misstag; **he took my hat in ~ for his** han tog min hatt av misstag i stället för sin; **there must be some ~** det måste vara ett misstag; **make no ~ (about it)!** var så säker!; **she's pretty and no ~** *(vard)* hon är verkligen söt **2** *vt (yttrande etc)* missförstå; *(väg etc)* ta fel på; **to ~ A for B** *(personer)* förväxla A med B; **I mistook her smile for agreement** jag tog (felaktigt) hennes leende för ett instämmande; **to be ~n** ta fel

mis·tak·en [mɪs'teɪkən] **1** *perf part av* **mistake 2** *adj (idé etc)* felaktig; *(vänlighet etc)* missriktad; **a case of ~ identity** ett fall av (person)förväxling

mis·tle·toe ['mɪsltəʊ] *s (Bot)* mistel

mis·took [mɪs'tʊk] *imperf av* **mistake**

mis·treat [,mɪs'triːt] *vt (i allm)* behandla illa; *(fysiskt)* misshandla

mis·tress ['mɪstrɪs] *s* **(a)** *(tjänares)* matmor; *(i huset)* husmor; *(djurs)* matte **(b)** *(i kärleksförhållande)* älskarinna **(c)** *(Brit Skol)* (kvinnlig) lärare, lärarinna

mis·trust [,mɪs'trʌst] **1** *s* misstro **2** *vt* misstro, tvivla på

mis·trust·ful [mɪs'trʌstfʊl] *adj* misstrogen *(of mot)*

misty ['mɪstɪ] *adj (-ier, -iest)* *(dag, morgon)* dimmig, disig; *(spegel, fönster)* immig

mis·under·stand [,mɪsʌndə'stænd] *imperf, perf part* **misunderstood** *vt* missförstå, missuppfatta

mis·under·stand·ing [,mɪsʌndə'stændɪŋ] *s (oklarhet)* missförstånd; *(felaktig syn)* missuppfattning; *(oenighet)* misshällighet

mis·under·stood [,mɪsʌndə'stʊd] **1** *perf part av* **misunderstand 2** *adj* missförstådd

mis·use [,mɪs'juːs] **1** *s (av ord)* felaktig an-

vändning; *(av tillgångar)* missbruk; *(av maskin)* felaktig användning **2** [,mɪs'juːz] *vt (se* **1)** missbruka; använda felaktigt

mite [maɪt] *s* **(a)** *(Bibeln, bildl)* skärv; **the widow's ~** änkans skärv **(b)** *(liten mängd)* smula; **a ~ of consolation** en smula tröst **(c)** *(barn)* kryp, pyre; **poor little ~!** stackars liten!

miti·gate ['mɪtɪgeɪt] *vt* mildra, lindra; **mitigating circumstances** förmildrande omständigheter

miti·ga·tion [,mɪtɪ'geɪʃən] *s* lindring; **to say a word in ~** framhålla förmildrande omständigheter

mi·tre, *(Am)* **mi·ter** ['maɪtəʳ] *s* **(a)** *(Rel)* mitra **(b)** *(Tekn: äv: ~ joint)* gering(sfog)

mitt [mɪt] *s* **(a)** *(= mitten)* vante **(b)** basebollhandske

mit·ten ['mɪtn] *s* **(a)** vante **(b):** **~s** *(Boxning)* boxhandskar

mix [mɪks] **1** *s* blandning; **cake ~** kakmix **2** *vt (cement, sallad etc)* blanda; *(förväxla)* blanda ihop; **she ~ed the flour into the batter** hon rörde i mjölet i smeten; **to ~ business with pleasure** förena nytta med nöje **3** *vi (ingredienser)* blanda sig; *(kock etc)* röra ihop; *(socialt)* umgås, vara ute bland folk

♦ **mix in** *vt + adv* blanda i

♦ **mix up** *vt + adv* **(a)** *(drink etc)* blanda till **(b)** *(papper etc)* blanda ihop; *(personer, föremål)* förväxla **(c):** **to ~ sb up in sth** blanda in ngn i något; **to ~ed up in sth** vara inblandad i något; **she got herself ~ed up with the police** hon fick med polisen att göra

mixed [mɪkst] *adj (eg, bildl)* blandad; **a ~ bag** *(vard)* en blandning av lite av varje; **we had ~ weather** vi hade blandat väder; **it's a ~ blessing** det är på både gott och ont; **~ feelings** blandade känslor; **~ choir** blandad kör; **~ doubles** *(Sport)* mixed dubbel; **~ grill** *(Matl)* mixed grill; **~ marriage** blandäktenskap; **~ metaphor** katakres, sammanblandat bildspråk; **~ school** samskola

mixed-up [,mɪkst'ʌp] *adj* förvirrad; **I'm all ~** jag är alldeles förvirrad

mix·er ['mɪksəʳ] *s* **(a)** *(Matl)* mixer; *(= cement ~)* cementblandare **(b)** *(Radio, TV)* mixer **(c):** **he's a good ~** han har lätt för att umgås med folk

mix·ture ['mɪkstʃəʳ] *s* blandning; *(Med)* mixtur; **cough ~** hostmedicin; **he's an odd ~ of poet and plumber** han är en konstig blandning av poet och rörmokare

mix-up ['mɪksʌp] *s (förvirring)* röra

moan [məʊn] **1** *s* **(a)** *(av smärta etc)* stönande, jämmer; *(från vind, träd)* klagande ljud, suckande **(b)** *(klagomål)* knot, gnäll **2** *vi* **(a)** *(av smärta etc)* jämra sig, stöna; *(vind, träd)* sucka **(b)** *(beklaga sig)* knota, gnälla

moat [məʊt] *s* vallgrav

mob [mɒb] **1** *s (upprorisk)* pöbel, folkmassa; *(vard: av kriminella)* liga; **Joe and his ~** Joe och hans liga; **the ~** *(neds)* pöbeln, massan **2** *vt (ofreda)* ansätta; *(idol etc)* omringa

mo·bile ['məʊbaɪl] *adj (person)* rörlig; *(föremål)* transportabel, flyttbar; *(Mil: stridskrafter)* rörlig; **~ home** *(i sht Am)* husvagn; **~ library** *(Brit)* bokbuss

mo·bil·ity [məʊ'bɪlɪtɪ] *s* rörlighet

moc·ca·sin ['mɒkəsɪn] *s* mockasin

mock [mɒk] **1** *adj (ilska etc)* låtsad; *(situation)* fingerad; **~ battle** *(eg, bildl)* skenfäktning; **a ~ Tudor cottage** ett hus byggt i Tudorstil; **~ turtle soup** falsk sköldpaddssoppa **2** *vt (håna)* göra narr av; *(imitera)* härma **3** *vi* retas *(at* med*)*

mock·ery ['mɒkərɪ] *s (hån)* gyckel; **it was a ~ of a trial** det var en parodi på rättegång; **to make a ~ of** *(ansträngningar, planer)* gäcka; *(påstående etc)* vederlägga; **the trial was a ~ of justice** rättegången var en parodi på rättvisa; **her mink**

coat made a ~ of her claim to be poor hennes minkpäls visade att hon ljög om att hon var fattig
mock·ing ['mɒkɪŋ] *adj* spydig, retsam
mocking·bird ['mɒkɪŋbɜːd] *s (Zool)* härmtrast
mock-up ['mɒkʌp] *s (av flygplan etc)* attrapp
mod cons ['mɒd 'kɒns] *spl (Brit vard) förk f* **modern conveniences**
mode [məʊd] *s* **(a)** *(i allm)* sätt; ~ **of life** levnadssätt **(b)** *(kläder)* mode
mod·el ['mɒdl] **1** *s* **(a)** *(av konstverk, stadsplan etc)* modell **(b)** *(perfekt exempel)* förebild, mönster; **he is a** ~ **of good behaviour** han är ett mönster av gott uppförande **(c)** *(person: Konst)* modell; *(: Mode)* (foto)modell **(d)** *(av bil, klänning etc)* modell; **an original** ~ en originalmodell **2** *adj* **(a)** *(järnväg etc)* modell- **(b)** *(perfekt)* exemplarisk, idealisk; **he's a** ~ **husband** han är en exemplarisk äkta man **3** *vt* **(a): to** ~ **X on Y** göra X med Y som förebild; **X is** ~**led on Y** X är utformad med Y som förebild; **to** ~ **oneself on sb** försöka efterlikna ngn **(b)** *(Konst)* forma, modellera **(c)** *(kläder)* visa **4** *vi* **(a)** *(i lera etc)* modellera **(b)** *(Konst)* stå modell; *(Mode)* vara fotomodell
mod·er·ate ['mɒdərɪt] **1** *adj (storlek, hastighet, aptit)* måttlig, moderat; *(klimat)* tempererad; *(Pol: inte extrem)* moderat, måttfull, medelvägs-; *(pris)* rimlig; *(krav)* måttfull; *(förmåga, kvalitet)* medelmåttig **2** *s (Pol: inte extrem)* moderat politiker, medelvägspolitiker **3** ['mɒdəreɪt] *vt (krav)* dämpa; **he** ~**ed his language** han tänkte på hur han uttryckte sig **4** ['mɒdəreɪt] *vi (ilska, smärta)* dämpas; *(vind)* avta, lägga sig
mod·er·ate·ly ['mɒdərɪtlɪ] *adv* måttligt
mod·er·a·tion [ˌmɒdə'reɪʃən] *s (i allm)* måttlighet; *(av fart, temperatur etc)* dämpning; **in** ~ *(mat, dryck)* med måtta
mod·era·tor ['mɒdəˌreɪtəʳ] *s* mötesordförande
mod·ern ['mɒdən] *adj* modern; ~ **conveniences** moderna bekvämligheter; ~ **languages** moderna språk; **M**~ **Greek** nygrekiska
mo·der·nity [mɒ'dɜːnɪtɪ] *s* modernitet
mod·erni·za·tion [ˌmɒdənaɪ'zeɪʃən] *s* modernisering
mod·est ['mɒdɪst] *adj* **(a)** *(ej högmodig)* anspråkslös, blygsam; **to be** ~ **about one's success** inte skryta med sina framgångar **(b)** *(måtfull)* blygsam; **a** ~ **wage increase** en blygsam löneökning; **to live a** ~ **way of life** leva ett anspråkslöst liv **(c)** *(i klädsel, upptrdande)* anständig, sedesam; *(: enkel)* anspråkslös
mod·es·ty ['mɒdɪstɪ] *s* blygsamhet, anspråkslöshet; **in all** ~ i all anspråkslöshet
modi·cum ['mɒdɪkəm] *s* liten smula, gnutta; **not a** ~ **of truth** inte en gnutta (av) sanning
modi·fi·ca·tion [ˌmɒdɪfɪ'keɪʃən] *s* ändring *(to* i, av); **a** ~ **to a plan** en ändring i en plan
modi·fy ['mɒdɪfaɪ] *vt (plan etc)* förändra; *(krav)* dämpa, modifiera; *(Språkv)* bestämma
modu·late ['mɒdjʊleɪt] *vt (Mus, Fys)* modulera
modu·la·tion [ˌmɒdjʊ'leɪʃən] *s (Mus, Fys)* modulation
mod·ule ['mɒdjuːl] *s (Tekn)* modul; **lunar** ~ månlandare
mo·hair ['məʊheəʳ] *s* mohair
Mo·ham·med [məʊ'hæmed] *s* Muhammed
Mo·ham·med·an [məʊ'hæmɪdən] **1** *adj* muhammedansk **2** *s* muhammedan
moist [mɔɪst] *adj (-er, -est)* fuktig
mois·ten ['mɔɪsn] *vt* fukta
mois·ture ['mɔɪstʃəʳ] *s* fukt, fuktighet
mois·tur·ize ['mɔɪstʃəraɪz] *vt (om kräm etc)* fukta, göra fuktig
mois·tur·iz·er ['mɔɪstʃəˌraɪzəʳ] *s* fuktighetsbevarande kräm

mo·lar ['məʊləʳ] *s* kindtand, molar
mo·las·ses [məʊ'læsɪz] *s (Brit)* melass; *(Am)* sirap
mold *etc (Am)* = **mould** *etc*
mole[1] [məʊl] *s (Anat)* födelsemärke
mole[2] [məʊl] *s (Zool)* mullvad
mo·lecu·lar [məʊ'lekjʊləʳ] *adj (Kem)* molekyl-, molekylär
mol·ecule ['mɒlɪkjuːl] *s (Kem)* molekyl
mo·lest [məʊ'lest] *vt (besvära)* störa; *(sexuellt)* antasta
mole·hill ['məʊlhɪl] *s* mullvadshög; **to make a mountain out of a** ~ göra en höna av en fjäder
mol·lusc, *(Am)* **mol·lusk** ['mɒləsk] *s (Zool)* mollusk; *(bildl: om person)* mollusk
molly·coddle ['mɒlɪkɒdl] *vt (i allm)* skämma bort; *(neds)* pjäska med
molt *(Am)* = **moult**
mol·ten ['məʊltən] *adj (metall, lava etc)* smält
mom [mɒm] *s (Am vard)* mamma
mo·ment ['məʊmənt] *s* **(a)** ögonblick; **(at) any** ~, **any** ~ **now** vilket ögonblick som helst; **at the** ~, **at this** ~ in time för ögonblicket; **at the last** ~ i sista sekunden; **for a/one** ~ för ett ögonblick; **for the** ~ för ögonblicket; **not for a/one** ~ inte för ett ögonblick; **in a** ~ *(snart)* om ett ögonblick; *(snabbt)* på ett ögonblick; **one** ~!, **wait a** ~! ett ögonblick bara!, vänta ett ögonblick!; **I shan't be a** ~ jag kommer genast; **it won't take a** ~ det tar inte en lång stund; **I've just this** ~ **heard of it** jag har just fått veta det; **tell me the** ~ **he arrives** säg till mig såg fort han kommer; **from the** ~ **I saw him** från det ögonblick jag såg honom; **man of the** ~ dagens man; **the** ~ **of truth** sanningens ögonblick **(b)** *(Fys)* moment; ~ **of inertia** tröghetsmoment **(c)** *(vikt)* betydelse; **matters of** ~ saker av vikt
mo·men·tari·ly ['məʊməntərɪlɪ, *(Am)* ˌməʊmən'tærɪlɪ] *adv* för ett ögonblick; *(Am: äv)* genast, på ögonblicket
mo·men·tary ['məʊməntərɪ] *adj* **(a)** *(tillfällig)* övergående **(b): he lived in** ~ **fear of being recaptured** han levde i ständig skräck för att bli fast/gripen igen
mo·men·tous [məʊ'mentəs] *adj* betydelsefull
mo·men·tum [məʊ'mentəm] *s (Fys)* impuls, rörelsemängd; *(bildl)* fart, kraft; **to gather/gain** ~ *(eg)* öka farten; *(bildl)* vinna terräng; **to lose** ~ *(bildl)* tappa initiativet, förlora terräng
mom·my ['mɒmɪ] *s (Am vard)* mamma
mon·arch ['mɒnək] *s* monark, härskare
mon·ar·chism ['mɒnəkɪzəm] *s* monarkism
mon·ar·chist ['mɒnəkɪst] **1** *adj* monarkistisk **2** *s* monarkist
mon·ar·chy ['mɒnəkɪ] *s* monarki
mon·as·tery ['mɒnəstərɪ] *s* munkkloster
mo·nas·tic [mə'næstɪk] *adj (liv, löfte)* munk-, kloster-
Mon·day ['mʌndɪ] *s* måndag; se äv **Tuesday**
mon·etary ['mʌnɪtərɪ] *adj* monetär, penning-, mynt-
mon·ey ['mʌnɪ] *s* pengar; **there's** ~ **in it** det kan man tjäna pengar på; **to make** ~ *(person)* tjäna pengar; *(företag)* vara lönsam; **it's a bargain for the** ~ det är billigt för det priset; **that's the one for my** ~! den är något i min smak; **it's** ~ **for jam/old rope** *(Brit vard)* det är lättförtjänta pengar; **to be in the** ~ ha pengar, vara rik; **to get one's** ~**'s worth** få valuta för pengarna; **to earn good** ~ tjäna ordentligt (med pengar); **I'm not made of** ~ jag har inte hur mycket pengar som helst; ~ **market** penningmarknad; ~ **order** postanvisning, postremissa; ~ **difficulties** penningsvårigheter
mon·eyed ['mʌnɪd] *adj* penningstark, förmögen
money-grubbing ['mʌnɪˌɡrʌbɪŋ] *adj* girig

money·lender ['mʌnɪˌlendəʳ] s penningutlånare
money·maker ['mʌnɪˌmeɪkəʳ] s lönande affär
money·making ['mʌnɪˌmeɪkɪŋ] adj lönande, inbringande
Mon·gol ['mɒŋgəl] s (från Mongoliet) mongol
mon·gol ['mɒŋgəl] s (Med) mongoloid
mon·goose ['mɒŋguːs] s, pl -s (Zool) mangust, (i sht) mungo
mon·grel ['mʌŋgrəl] s (äv: ~ dog) blandrashund, byracka
moni·tor ['mɒnɪtəʳ] **1** s **(a)** (Skol) ordningsman **(b)** (TV, Tekn) monitor **(c)** (Radio: person) nyhetsobservatör **2** vt (utländsk station) avlyssna; (patient, elev etc) övervaka
monk [mʌŋk] s munk
mon·key ['mʌŋkɪ] s (Zool) apa med svans; (bildl: barn) apekatt; ~ **tricks** rackartyg; ~ **wrench** skiftnyckel
◆ **monkey about, monkey around** vi + adv spela apa; **to** ~ **about/around with sth** pilla på ngt
mono ['mɒnəʊ] **1** adj mono-; ~ **record** monoskiva **2** s mono; **in** ~ i mono
mono- ['mɒnəʊ] prefix en-, mono-
mono·chrome ['mɒnəkrəʊm] adj (i allm) enfärgad; ~ **display** (Data) skärm med text i en färg
mono·cle ['mɒnəkl] s monokel
mono·gram ['mɒnəgræm] s monogram
mono·lith ['mɒnəʊlɪθ] s (pelare i ett block) monolit
mono·logue ['mɒnəlɒg] s monolog
mono·plane ['mɒnəʊpleɪn] s monoplan
mo·nopo·lize [mə'nɒpəlaɪz] vt (marknad) monopolisera; (bildl) lägga beslag på
mo·nopo·ly [mə'nɒpəlɪ] s (eg, bildl) monopol, ensamrätt; **M**~® (spel) Monopol®
mono·rail ['mɒnəʊreɪl] s enskenig järnväg
mono·syl·lab·ic [ˌmɒnəʊsɪ'læbɪk] adj (ord, yttrande) enstavig
mono·syl·la·ble ['mɒnəˌsɪləbl] s enstavigt ord; **to speak/answer in** ~**s** tala/svara enstavigt
mono·tone ['mɒnətəʊn] s: **to speak in a** ~ tala med entonig röst
mo·noto·nous [mə'nɒtənəs] adj (röst) entonig, monoton; (liv) enformig, monoton
mo·noto·ny [mə'nɒtənɪ] s (om röst) entonighet, monotoni; (om liv) enformighet, monotoni
mon·ox·ide [mɒ'nɒksaɪd] s (Kem): **carbon** ~ kol-(mon)oxid
mon·soon [mɒn'suːn] s monsun
mon·ster ['mɒnstəʳ] **1** adj enorm, jätte- **2** s (eg) vidunder, monster; (bildl) missfoster, monster
mon·stros·ity [mɒns'trɒsɪtɪ] s (eg, bildl) missfoster, monster
mon·strous ['mɒnstrəs] adj (stor) enorm; (förfärlig) oerhörd; **it is** ~ **that...** det är oerhört att...
month [mʌnθ] s månad; **in the** ~ **of May** i maj månad; **to be paid by the** ~ ha betalt per månad, ha månadslön; **twice a** ~ två gånger i månaden
month·ly ['mʌnθlɪ] **1** adj (biljett, lön) månads-; (sammanträde) månatlig **2** adv varje månad; **twice** ~ två gånger i månaden **3** s månadstidning
monu·ment ['mɒnjʊmənt] s monument, minnesmärke
monu·men·tal [ˌmɒnjʊ'mentl] adj (konstverk etc) monumental; (framgång, okunnighet etc) enorm; ~ **mason** stenhuggare
moo [muː] **1** s råmande; **the cow said** ~ kon sa mu **2** vi råma
mooch [muːtʃ] vi (vard): **to** ~ **about/around** driva omkring
mood[1] [muːd] s (Språkv) modus; **indicative/subjunctive/imperative** ~ indikativ/konjunktiv/imperativ
mood[2] [muːd] s humör, sinnesstämning; **to be in a good/bad** ~ vara på gott/dåligt humör; **to be in a**

generous ~ vara givmilt stämd, ha spenderbyxorna på (vard); **she's in one of her** ~**s** hon är på dåligt humör igen; **to be in the** ~ **for sth/to do sth** ha lust med ngt/att göra ngt; **I'm not in the** ~ jag är inte på humör; **I'm in no** ~ **to argue** jag har inte lust att gräla
moodi·ness ['muːdɪnɪs] s lynnighet
moody ['muːdɪ] adj (-ier, -iest) (till humöret: ombytlig) lynnig; (: ilsken) med dåligt humör
moon [muːn] s måne; **full** ~ fullmåne; **once in a blue** ~ en gång på hundra år; **to be over the** ~ (vard) vara i sjunde himlen; ~ **shot** (av raket etc) månskott
◆ **moon about, moon around** vi + adv gå omkring och drömma
moon·beam ['muːnbiːm] s månstråle
moon·light ['muːnlaɪt] **1** s månsken; **a** ~ **walk** en månskenspromenad **2** vi (vard) extraknäcka
moon·lit ['muːnlɪt] adj månbelyst; **a** ~ **night** en månljus natt
moon·shine ['muːnʃaɪn] s (eg) månsken; (vard) nonsens
moon·struck ['muːnstrʌk] adj galen
moor[1] [mʊəʳ] s hed; **on the** ~**s** på heden
moor[2] [mʊəʳ] **1** vt förtöja; **to be** ~**ed** ligga förtöjd/för ankar **2** vi förtöja, ankra (upp)
Moor ['mʊə] s (i sht Hist) mor; (åld) neger
Moor·ish ['mʊərɪʃ] adj morisk
moor·ing ['mʊərɪŋ] s förtöjningsplats; ~**s** förtöjningar
moose [muːs] s (Am) älg
moot [muːt] **1** adj: **it's a** ~ **point/question** det är en omtvistad fråga **2** vt diskutera; **it has been** ~**ed whether...** det har diskuterats om...
mop [mɒp] **1** s (golv-) mopp; (till diskning) disksvamp; (vard: hår) kalufs; **his** ~ **of hair** hans kalufs **2** vt (golv) moppa; (med svamp, bomullstuss etc) torka upp; **to** ~ **one's face** torka svetten ur pannan
◆ **mop up** vt + adv **(a)** torka upp **(b)** (Mil) rensa; **the soldiers** ~**ped up the remnants of the enemy forces** soldaterna rensade området från det som var kvar av fiendetrupperna
mope [məʊp] vi vara nere, deppa (vard)
◆ **mope about, mope around** vi + adv gå omkring och deppa (vard)
mo·ped ['məʊped] s (Brit) moped
mor·al ['mɒrəl] **1** adj (i allm) moralisk; (person: äv) med hög moral; ~ **support** moraliskt stöd; ~ **obligation** moralisk förpliktelse; ~ **standards** den moraliska nivån **2** s **(a)** (i berättelse) (sens)moral **(b)**: ~**s** moral, seder
mo·rale [mɒ'rɑːl] s (i allm) anda, (arbets)moral; (Mil, bildl) (strids)moral, kampvilja; **to raise sb's** ~ stärka ngns kampvilja
mo·ral·ity [mə'rælɪtɪ] s **(a)** (moraliskt värde) moral, etik; **he questioned the** ~ **of the government's actions** han ifrågasatte det moraliska i regeringens agerande **(b)** (äv: ~ **play**) moralitet
mor·al·ize ['mɒrəlaɪz] vi moralisera, predika
mor·al·ly ['mɒrəlɪ] adv moraliskt; ~ **wrong** från moralisk synpunkt fel
mo·rass [mə'ræs] s (eg, bildl) moras, träsk
mor·bid ['mɔːbɪd] adj (tankar, intressen, bilder etc) morbid, sjuklig; (Med) patologisk, sjuklig
more [mɔːʳ] **1** pron fören o själv st **(a)** mer, mera; (antal) fler, flera; (efter mängdord: äv) till; ~ **snow/wine** mer(a) snö vin; ~ **people/bottles** fler(a) människor/flaskor; **three/a few** ~ **bottles** tre/några flaskor till; **I have no** ~ **pennies** jag har inga fler pennyslantar; **a few** ~ **weeks** ett par veckor till; **do you want some** ~ **tea?** vill du ha lite mer te?; **is there any** ~ **wine in the bottle?** finns det mera vin i flaskan?; **the** ~ **fool you for**

giving her the money (Brit) desto dummare av dig att ge henne pengarna **(b): a little** el **some** ~ lite mera/till; **many** ~ många flera; **much** ~ mycket mera; **there isn't any** ~ det finns inte mer; **no** ~ inte mera; **it cost** ~ **than we had expected** det kostade mer än vi hade väntat; **let's say no** ~ **about it** låt oss inte tala mer om det; ~ **can be done to help the poor** mer kan göras för att hjälpa de fattiga; **and what's** ~... och inte nog med det... **(c): all the** ~ desto mer; **the** ~ ... **the better** ju mer ... desto bättre; **all the** ~ **so because...** så mycket mer som...; **the** ~ **you give him the** ~ he wants ju mer du ger honom desto mer vill han ha; **the** ~ **the merrier** ju fler desto bättre **2** adv (i allm) mer, mera; (komp) -are; ~ easily lättare; ~ **difficult** svårare; ~ **and** ~ mer och mer; ~ **or less** mer eller mindre, nästan; **it will** ~ **than meet the demand** det kommer mer än väl att räcka möta efterfrågan; **he was** ~ **surprised than angry** han var mer förvånad än arg; **once** ~ en gång till; **no** ~, **not any** ~ inte mer, inte längre
more·over |mɔː'rəʊvəʳ| adv dessutom
morgue |mɔːg| s bårhus
mori·bund |'mɒrɪbʌnd| adj döende
Mor·mon |'mɔːmən| **1** adj mormonsk **2** s mormon
morn·ing |'mɔːnɪŋ| s (gryning) morgon; (fram till kl 12) förmiddag; **in the** ~ (samma dag) på morgonen/förmiddagen; (följande dag) i morgon bitti/förmiddag; **at 7 o'clock in the** ~ kl 7 på morgonen; **this** ~ i morse/förmiddags; **yesterday** ~ i går morse/förmiddag; **tomorrow** ~ i morgon bitti/förmiddag; ~ **dress** (jackett) förmiddagsdräkt; ~ **sickness** (Med: vid graviditet) illamående på morgonen
Mo·roc·can |mə'rɒkən| **1** adj marockansk **2** s marockan
Mo·roc·co |mə'rɒkəʊ| s Marocko
mor·on |'mɔːrɒn| s (Med) debil person; (vard) idiot
mo·rose |mə'rəʊs| adj vresig, grubblande
mor·phia |'mɔːfɪə| s, **mor·phine** |'mɔːfiːn| s morfin; ~ **addict** morfinist
Morse |mɔːs| s (äv: ~ code) morsealfabet; **in** ~ (meddelande etc) i morse, morse-
mor·sel |'mɔːsl| s (mat) munsbit; (bildl) smula, godbit
mor·tal |'mɔːtl| **1** adj dödlig; **man is** ~ människan är dödlig; **a** ~ **illness** en dödlig sjukdom **2** s (dödlig) människa
mor·tal·ity |mɔː'tælɪtɪ| s (tillstånd) dödlighet; (dödssiffra) dödlighet, mortalitet
mor·tal·ly |'mɔːtəlɪ| adv (eg, bildl) dödligt; ~ **wounded** dödligt sårad; ~ **ill** dödssjuk; ~ **offended** dödligt förolämpad
mor·tar¹ |'mɔːtəʳ| s **(a)** (Mil) granatkastare **(b)** (Matl) mortel
mor·tar² |'mɔːtəʳ| s (Byggn) murbruk
mortar·board |'mɔːtəˌbɔːd| s (eg) murbruksbräda; (vard) akademisk huvudbonad med fyrkantig platta och tofs
mort·gage |'mɔːgɪdʒ| **1** s inteckning **2** vt inteckna, belåna
mor·tice s = mortise
mor·ti·cian |mɔː'tɪʃən| s (Am) begravningsentreprenör
mor·ti·fi·ca·tion |ˌmɔːtɪfɪ'keɪʃən| s (se mortify) förödmjukelse; förtret, grämelse
mor·ti·fy |'mɔːtɪfaɪ| vt (vanl pass): **I was mortified** (pga andra) jag blev förödmjukad (by av); (pga mitt eget fel) jag blev förtretad/jag grämde mig (at över)
mor·tise |'mɔːtɪs| s tapphål; ~ **lock** instickslås
mor·tu·ary |'mɔːtjʊərɪ| s bårhus
Mo·sa·ic |məʊ'zeɪɪk| adj mosaisk

mo·sa·ic |məʊ'zeɪɪk| s mosaik
Mos·cow |'mɒskəʊ| s Moskva
Mos·lem |'mɒzləm| **1** adj muslimsk **2** s muslim
mosque |mɒsk| s moské
mos·qui·to |mɒs'kiːtəʊ| s, pl **-es** (stick)mygga; (i tropikerna) moskit
moss |mɒs| s (Bot) mossa
most |məʊst| **1** pron superl mest; (majoritet, merpart) det mesta, de flesta; **who has (the)** ~ **money?** vem har mest pengar?; **for the** ~ **part** till största delen, för det mesta; ~ **men** de flesta män; ~ **butter is salted** det mesta smöret är saltat
2 pron självst: ~ **of it** det mesta av det; ~ **of them** de flesta av dem; ~ **of the money** det mesta av pengarna; ~ **of her friends** de flesta av hennes vänner; ~ **of the time** största delen av tiden; **do the** ~ **you can** gör det mesta du kan; **at (the)** ~, **at the very** ~ på sin höjd; **to make the** ~ **of sth** få ut så mycket som möjligt av ngt; **to make the** ~ **of one's advantages** utnyttja sina tillgångar/förerträden
3 adv **(a)** mest; (superl) -ast; **he worked most of all** han arbetade mest av alla; **the** ~ **attractive girl there** den snyggaste flickan där; **which one did it** ~ **easily?** vem gjorde det lättast?; ~ **of all, I want to...** framför allt/helst vill jag... **(b)** (i högsta grad) ytterst; ~ **likely** ytterst troligt; **a** ~ **interesting book** en ytterst intressant bok
most·ly |'məʊstlɪ| adv (huvudsakligen) till största delen; (vanligen) för det mesta
MOT (Brit) förk f Ministry of Transport; **to pass the** ~ (Brit Motor) klara besiktningen
mo·tel |məʊ'tel| s motell
moth |mɒθ| s (Zool) nattfjäril; (= clothes ~) mal
moth·ball |'mɒθbɔːl| s malkula
moth-eaten |'mɒθˌiːtn| adj (eg, bildl) maläten
moth·er |'mʌðəʳ| **1** s mor, mamma; (bildl) moder; (Rel) moder; **M~ Superior** abbedissa; **M~'s Day** mors dag; ~**'s help** barnflicka; **to be** ~ (Brit vard) servera, hälla upp; ~ **country** fosterland, fädernesland; ~ **tongue** modersmål **2** vt (vårda) sköta om; (föda) sätta till världen; (neds) klema med
moth·er·hood |'mʌðəhʊd| s moderskap
mother-in-law |'mʌðərɪnlɔː| s, pl **mothers-in-law** svärmor
mother·land |'mʌðəlænd| s fädernesland, fosterland
moth·er·ly |'mʌðəlɪ| adj moderlig
mother-of-pearl |ˌmʌðərəv'pɜːl| s pärlemo(r)
mother-to-be |ˌmʌðətə'biː| s, pl **mothers-to-be** blivande mor
moth·proof |'mɒθpruːf| adj malsäker
mo·tif |məʊ'tiːf| s (Konst, Mus etc) motiv
mo·tion |'məʊʃən| **1** s **(a)** (i allm) rörelse; **to be in** ~ vara i rörelse; **to set sth in** ~ sätta ngt i rörelse; ~ **picture** film; **to go through the** ~**s of doing sth** (rutinmässigt) göra ngt mekanist; (hycklande) låtsas göra ngt **(b)** (med hand) rörelse, gest; (i parlamentet etc) motion **(c)** (= bowel ~) avföring **2** vt: **to** ~ (**to**) **sb to do sth** ge tecken åt ngn att göra ngt
mo·tion·less |'məʊʃənlɪs| adj orörlig; **she stood** ~ hon stod orörlig
mo·ti·vate |'məʊtɪveɪt| vt motivera; **a crime** ~**d by jealousy** ett brott med svartsjuka som motiv
mo·ti·va·tion |ˌməʊtɪ'veɪʃən| s (skäl) motivering; (drivkraft) motivation
mo·tive |'məʊtɪv| s (skäl) bevekelsegrund; (till brott) motiv
mot·ley |'mɒtlɪ| adj (eg, bildl) brokig; **a** ~ **crowd (of people)** en brokig samling
mo·tor |'məʊtəʳ| **1** s (i allm) motor; (åld) bil; ~

racing *(Sport)* bilracing; ~ **show** *(i sht Brit)* bil-mässa **2** *vi (åld)* bila
motor·bike |'məʊtəbaɪk| *s (Brit vard)* motorcykel; *(Am)* moped, lätt motorcykel
motor·boat |'məʊtəbəʊt| *s* motorbåt
motor·car |'məʊtəkɑːʳ| *s* bil
motor·coach |'məʊtəkəʊtʃ| *s (Brit)* turistbuss
motor·cycle |'məʊtəˌsaɪkl| *s* motorcykel
motor·cyclist |'məʊtəˌsaɪklɪst| *s* motorcyklist
mo·tor·ing |'məʊtərɪŋ| *(frm)* **1** *adj (olycka, förseelse)* trafik-; **the** ~ **public** den bilkörande allmänheten **2** *s* bilkörning
mo·tor·ist |'məʊtərɪst| *s (frm)* bilist
mo·tor·ize |'məʊtəraɪz| *vt* motorisera; **to be** ~**d** vara motoriserad
motor·way |'məʊtəweɪ| *s (Brit)* motorväg
mott·led |'mɒtld| *adj (fågel, löv)* spräcklig; *(djur)* fläckig; *(marmor)* ådrad; *(hy)* flammig
mot·to |'mɒtəʊ| *s, pl* **mottoes** valspråk, motto
mould[1], *(Am)* **mold** |məʊld| *s* mögelsvamp
mould[2], *(Am)* **mold** |məʊld| **1** *s (Konst, Matl, Tekn)* form **2** *vt (deg, lera)* forma; *(metall)* gjuta; *(bildl: person, karaktär)* forma
mould[3], *(Am)* **mold** |məʊld| *s (jord)* mylla
mould·er, *(Am)* **mold·er** |'məʊldəʳ| *vi (kadaver etc)* förmultna; *(ost)* mögla; *(byggnad)* vittra sönder; *(själsförmögenheter)* avtrubbas
mould·ing, *(Am)* **mold·ing** |'məʊldɪŋ| *s (Arkit)* gesims
mouldy, *(Am)* **moldy** |'məʊldɪ| *adj* (-ier, -iest) *(ost etc)* möglig; *(lukt, rum etc)* unken
moult, *(Am)* **molt** |məʊlt| *vi (fågel)* rugga; *(hund, katt)* fälla
mound |maʊnd| *s (av skräp etc)* hög; *(liten höjd)* kulle; *(= burial* ~*)* gravhög; *(jordbank)* vall
mount[1] |maʊnt| *s (poet)* berg; **M**~ **Everest** Mount Everest; *se äv* **olive**
mount[2] |maʊnt| **1** *s* **(a)** *(rid-)* häst **(b)** *(till maskin etc)* stativ; *(av diamant etc)* infattning; *(av foto etc)* inramning; *(av diabild)* ram; *(för frimärke)* fastsättare **2** *vt* **(a)** *(häst)* sitta upp på; *(plattform etc)* stiga upp på; *(trappa)* gå uppför **(b)** *(utställning)* ordna; *(teaterpjäs)* sätta upp; *(anfall)* inleda, iscensätta **(c)** *(i album)* klistra upp; *(diamant etc)* infatta **(d): to** ~ **guard** hålla vakt **3** *vi (på berg etc)* klättra upp; *(ryttare: på häst)* sitta upp; *(pris etc: äv:* ~ **up)** stiga
moun·tain |'maʊntɪn| *s (i allm)* berg; *(som når över trädgränsen)* fjäll; *(bildl: av arbete etc)* mängder; **in the** ~**s** i bergstrakterna; ~ **ash** *(Bot)* rönn; ~ **lion** *(Zool)* puma; ~ **range** bergskedja
moun·tain·eer |ˌmaʊntɪˈnɪəʳ| *s* bergsbestigare
moun·tain·eer·ing |ˌmaʊntɪˈnɪərɪŋ| *s* bergsbestigning
moun·tain·ous |'maʊntɪnəs| *adj* bergig
mount·ed |'maʊntɪd| *adj* ridande, till häst
mourn |mɔːn| **1** *vt (person)* sörja; *(ngns död)* sörja över **2** *vi* sörja; **to** ~ **for sb** sörja ngn
mourn·er |'mɔːnəʳ| *s (vid begravning)* sörjande
mourn·ful |'mɔːnfʊl| *adj (som känner sorg)* sorgsen, dyster; *(som framkallar sorg)* sorglig, dyster; *(ton, läte)* klagande
mourn·ing |'mɔːnɪŋ| *s* sorg; *(klädsel)* sorgkläder; **to be in** ~ vara sorgklädd
mouse |maʊs| *s, pl* **mice** mus
mouse·trap |'maʊstræp| *s* råttfälla
mousey = **mousy**
mousse |muːs| *s (Matl)* mousse
mous·tache |məs'tɑːʃ|, *(Am)* **mus·tache** |'mʌstæʃ| *s* mustasch
mousy, mousey |'maʊsɪ| *adj* (-ier, -iest) *(person)* försagd; *(hår)* råttfärgad
mouth |maʊθ| **1** *s, pl* **mouths** |maʊðz| *(persons, djurs)* mun; *(flask-)* öppning; *(grott-)* ingång;

(flod-) mynning; **to keep one's** ~ **shut** *(bildl)* hålla tyst; **to be down in the** ~ vara nedslagen; ~ **organ** munspel **2** |maʊð| *vt (ej uppriktigt)* orda vitt och brett; *(ljudlöst)* forma med läpparna
mouth·ful |'maʊθfʊl| *s (mat)* munsbit; *(dryck)* munfull
mouth·piece |'maʊθpiːs| *s (Mus)* munstycke; *(på telefon)* mikrofon; *(bildl: person)* talesman; *(: publikation)* språkrör
mouth-to-mouth |'maʊθtə'maʊθ| *adj:* ~ **resuscitation** (upplivning med) mun-mot-mun-metoden
mouth·wash |'maʊθwɒʃ| *s* munvatten
mouth·water·ing |'maʊθˌwɔːtərɪŋ| *adj* aptitretande; **that cake looks** ~ den kakan får det att vattnas i munnen
mov·able |'muːvəbl| **1** *adj (skåp etc)* flyttbar; *(maskindel etc)* rörlig; *(Jur: egendom)* lös **2** *s* *(Jur):* ~**s** lös egendom, lösöre
move |muːv| **1** *s* **(a)** *(förflyttning)* rörelse; **to be on the** ~ *(resa)* vara de resande fot; *(i arbete etc)* vara i farten; *(bildl: utvecklingen)* gå framåt; **to get a** ~ **on (with sth)** *(vard: skynda sig)* lägga på en rem (med ngt); *(: göra framsteg)* få upp farten (med ngt); **get a** ~ **on!** *(vard)* snabba på!; **to make a** ~ *(bryta upp)* röra på sig; *(vidta åtgärd)* handla; **to be on the** ~ vara på väg; **a young actor on the** ~ en ung skådespelare på frammarsch; **he is always on the** ~ han är alltid i farten
   (b) *(i spel)* drag; *(bildl: handling)* drag, åtgärd; **it's my** ~ *(eg)* det är mitt drag; **a good** ~ *(bildl)* en bra åtgärd; **to have first/to make a** ~ *(eg)* göra första draget; **to make a/the first** ~ *(bildl)* ta initiativet
   (c) *(från bostad)* flyttning; *(från jobb)* uppbrott **2** *vt* **(a)** *(föremål: kortare sträcka)* flytta; *(varor, personer: längre sträcka)* transportera; *(kroppsdel)* röra på; *(schackpjäs)* flytta; *(löv etc)* sätta i rörelse; ~ **those children off the grass!** se till att de där barnen kommer bort från gräset!
   (b) *(till annan ort)* förflytta; **to** ~ **house** *(i sht Brit: byta bostad)* flytta
   (c) *(bildl)* påverka; **to** ~ **sb from an opinion** få ngn att ändra åsikt; **to** ~ **sb to do sth** påverka ngn att göra ngt; **he will not be easily** ~**d** han är inte lättpåverkad
   (d) *(känslomässigt)* röra; **to be** ~**d** bli rörd; **to** ~ **sb to tears** röra ngn till tårar; **to** ~ **sb to anger** uppväcka ngns vrede; **to** ~ **sb to pity** väcka ngns medlidande
   (e) *(frm: förslag)* väcka; **to** ~ **that...** yrka att...
3 *vi* **(a)** *(i allm)* röra sig; *(fordon)* sätta sig i rörelse; *(till plats)* flytta; ~**!** sätt i gång!; **let's** ~ **into the garden** låt oss flytta ut i trädgården; **she** ~**s beautifully** hon rör sig vackert; **I'll not** ~ **from here** jag mig inte ur fläcken; **to** ~ **freely** *(maskindel)* röra sig fritt; *(person)* röra sig fritt omkring; *(trafik)* flyta; **the policeman kept the traffic moving** polisen fick trafiken att flyta; **things are moving at last** äntligen rör det på sig; **to** ~ **in high society** röra sig i societeten
   (b) *(=* ~ *house)* flytta; **the family** ~**d to a new house** familjen flyttade till ett nytt hus
   (c) *(i spel)* flytta, dra
   (d) *(myndighet etc: handla)* vidta åtgärder; *(i förening etc)* väcka förslag *(for om)*
♦ **move about, move around 1** *vt + adv (föremål)* flytta omkring; *(person)* förflytta **2** *vi + adv (nervöst)* skruva på sig; *(i rum etc)* röra sig; *(resa)* röra sig på sig
♦ **move along 1** *vt + adv (person)* få att röra sig; *(bil etc)* flytta på **2** *vi + adv (i buss etc)* fortsätta framåt
♦ **move away 1** *vt + adv* avlägsna; **to** ~ **sb/sth away from** ta bort ngn/ngt från **2** *vi + adv (flytta på sig)* gå åt sidan; *(gå)* avlägsna sig; *(=* ~ *house)*

flytta *(from* från)

◆ **move back** 1 *vt + adv* **(a)** *(till ursprunglig plats)* flytta tillbaka **(b)** *(till bortre sida etc)* flytta bakåt; *(Mil: trupper)* dra tillbaka 2 *vi + adv* **(a)** *(till ursprunglig ort)* flytta tillbaka **(b)** *(till bortre sida etc)* dra sig tillbaka

◆ **move down** 1 *vt + adv (till undre våning etc)* flytta ner; *(i buss etc)* få att fortsätta framåt; *(till lägre klass)* flytta ned 2 *vi + adv (till undre våning etc)* flytta ner; *(i buss etc)* fortsätta framåt; *(till lägre klass)* flytta ned

◆ **move forward** 1 *vt + adv (föremål)* flytta fram; *(datum, visare på klocka)* flytta fram 2 *vi + adv (i allm)* gå fram; *(trupper)* rycka fram

◆ **move in** 1 *vt + adv (polis, trupper)* kalla in; *(i hus etc: saker)* flytta in; **the removal firm hasn't ~d us in yet** flyttfirman har inte flyttat åt oss än 2 *vi + adv* **(a)** *(i hus etc)* flytta in **(b): to ~ in on sb/sth** närma sig *el* gå närmare ngn/ngt **(c)** *(börja handla)* rycka in

◆ **move off** 1 *vt + adv (från fordon etc)* slänga av 2 *vi + adv (person)* ge sig av; *(tåg etc)* sätta sig i rörelse

◆ **move on** 1 *vt + adv (folkmassa)* skingra; *(fordon)* vinka fram/vidare; *(visare på klocka)* dra runt 2 *vi + adv (person)* gå vidare, fortsätta; *(fordon)* fortsätta; **let's ~ on to the next point** låt oss gå vidare till nästa punkt

◆ **move out** 1 *vt + adv (möbler etc)* flytta ut; *(trupper)* dra tillbaka; **~ the chair out of the corner** flytta ut stolen ur hörnet; **we're being ~d out by the removal men today** idag flyttar flyttkarlarna åt oss 2 *vi + adv (från bostad)* flytta; *(trupper)* dra sig tillbaka

◆ **move over** 1 *vt + adv* flytta på; **~ your bottom over** flytta på ändan *(vard)* 2 *vi + adv* flytta sig

◆ **move up** 1 *vt + adv (föremål, person)* flytta upp; **he was ~d up into the next grade** han flyttades upp i nästa klass 2 *vi + adv* **(a)** *(= ~ along)* gå framåt **(b)** *(bildl: aktier etc)* gå upp, stiga; *(på arbetsplats)* bli befordrad

move·ment ['mu:vmənt] *s* **(a)** *(i allm)* rörelse; **~ upward** ~ uppåtgående tendens; **~ (of the bowels)** *(Med)* avföring; **the police questioned him about his ~s** polisen förhörde honom om hans förehavanden **(b)** *(politisk, konstnärlig)* rörelse, riktning **(c)** *(Mus: stycke)* sats

movie ['mu:vɪ] *s (i sht Am)* film; **to go to the ~s** gå på bio; **~ camera** filmkamera; **~ house** *(i sht Am)* biograf

movie·goer ['mu:vɪˌgəʊəʳ] *s (Am)* biobesökare

mov·ing ['mu:vɪŋ] *adj (del etc)* rörlig; *(bildl: kraft)* drivande; *(känslig)* rörande

mov·ing van ['mu:vɪŋˌvæn] *s (Am)* flyttbuss

mow [məʊ] *imperf* **mowed,** *perf part* **mown** [məʊn] *el* **mowed** *vt (säd)* slå; *(gräs)* klippa; **to ~ sb down** meja ned ngn

M.P. *förk f* **Member of Parliament** parlamentsledamot

m.p.g. *förk f* **miles per gallon** *(bensinförbrukning: ung)* liter per mil

m.p.h. *förk f* **miles per hour** *(hastighet: ung)* km/h

Mr ['mɪstəʳ] *förk f* **Mister** hr, herr

Mrs ['mɪsɪz] *förk f* **Mistress** fru

Ms [mɪz, məz] *förk f* **Miss** *el* **Mrs** fr

much [mʌtʃ] 1 *pron fören o självst* **(a)** mycket, många; **how ~ money?** hur mycket pengar? **how ~ is it?** vad/hur mycket kostar det?; **~ of this is true** mycket av detta är sant; **~ of the information** många av upplysningarna; **there's not ~ to do** det är inte mycket att göra; **he/it isn't up to ~** *(vard)* han/den duger inte till mycket; **that wasn't ~ of a party** det var ingen vidare fest; **we don't see ~ of each other** vi ses inte så ofta **(b): (just) as ~** lika mycket; **three times as ~**

tea tre gånger så mycket te; **as ~ again** lika mycket till; **as ~ as you want** så mycket du vill; **he spends as ~ as he earns** han ger ut lika mycket som han tjänar; **he has as ~ money as you** han har lika mycket pengar som du; **I thought as ~** det var just det jag trodde; **it's as ~ as he can do to stand up** det är nätt och jämnt att han kan stå upp

(c): so ~ så mycket; **the problem is not so ~ one of money as time** det är snarare en fråga om tid än om pengar; **at so ~ a pound** *(ung)* så och så mycket per halvkilo; **so ~ for that!** så var det med det!

(d): too ~ för mycket; **he bought too ~ of it** han köpte för mycket av det; **that's too ~,** **that's a bit (too)** ~ *(vard)* det är lite väl starkt; **the job is too ~ for her** arbetet är för mycket för henne

(e): to make ~ of *(behandla som viktig)* göra mycket väsen av; **I couldn't make ~ of that film** *(vard)* jag fick inte ut mycket av den filmen 2 *adv* mycket; **~ bigger/richer/better** mycket större/rikare/bättre; **he was ~ embarrassed** han var/blev mycket generad; **too ~** för mycket; **he talks too ~** han pratar för mycket; **I would so ~ like to come** jag skulle så gärna vilja komma; **I like it very/so ~** jag tycker mycket/så mycket om den; **thank you very ~** tack så mycket; **it doesn't ~ matter** det spelar inte så stor roll; **however ~ he tries** hur mycket han än försöker; **~ to my surprise** till min stora förvåning; **~ as I would like to go I can't** hur mycket jag än skulle vilja gå kan jag inte; **I hardly know her, ~ less her mother** jag känner henne knappt och ännu mindre hennes mor; **~ the biggest** den absolut största; **I would ~ rather stay** jag skulle mycket hellre stanna; **they're ~ the same size** de är ungefär lika stora

muck [mʌk] *s (smuts)* dynga; *(gödning)* gödsel; *(bildl: vard)* smörja, dynga

◆ **muck about, muck around** *(vard)* 1 *vt + adv:* **to ~ sb about/around** köra med ngn, bråka med ngn 2 *vi + adv* **(a)** *(uppträda odisciplinerat)* tjafsa, larva sig; *(inte göra ngt särskilt)* drälla omkring **(b)** *(pilla)* mixtra

◆ **muck in** *vi + adv (vard)* slå sig ihop

◆ **muck out** *vt + adv (stall etc)* mocka rent i

◆ **muck up** *vt + adv (vard: kläder, rum etc)* lorta ner; *(: affär, sitt liv etc)* trassla till

muck·rake ['mʌkˌreɪk] *vi (pos)* bedriva underhållande journalistik; *(neg)* bedriva skandaljournalistik

muck·rak·er ['mʌkˌreɪkəʳ] *s (pos)* undersökande journalist; *(neg)* skandalskribent

muck·rak·ing ['mʌkˌreɪkɪŋ] *s (pos)* undersökande journalistik; *(neg)* skandalskriverier

mucky ['mʌkɪ] *adj (-ier, -iest) (mark etc)* lerig; *(barn, kläder etc)* lortig

mucous ['mju:kəs] *adj* slemmig, slem-; **~ membrane** slemhinna

mu·cus ['mju:kəs] *s* slem

mud [mʌd] *s* gyttja, lera; **his name is ~** *(bildl)* han är illa sedd; **to sling/throw ~ at sb** *(bildl)* smutskasta ngn; **~ bank** gyttjebank; **~ bath** gyttjebad

mud·dle ['mʌdl] 1 *s* trassel, röra; **to get into a ~** *(person)* trassla till det för sig; *(papper etc)* bli hopblandade; **to be in a ~** *(rum, böcker)* vara (i) en enda röra; *(person, plan etc)* vara förvirrad; **there's been a ~ over the seats** det har varit trassel med (sitt)platserna 2 *vt (äv: ~ up)* **(a)** *(papper)* blanda ihop; **you've ~ed up A and B** du har förväxlat A och B **(b)** *(person)* förvirra; *(detaljer, berättelse)* trassla till, röra ihop

◆ **muddle along, muddle on** *vi + adv* hanka sig fram

◆ **muddle through** *vi* + *adv (examen etc)* klara sig igenom

muddle·headed ['mʌdl,hedɪd] *adj (person, idé)* virrig

mud·dy ['mʌdɪ] *adj (-ier, -iest) (väg, mark etc)* lerig; *(händer, kläder)* smutsig; *(vätska)* grumlig; *(hy)* oren

mud·guard ['mʌdgɑːd] *s* stänkskärm

mud·pack ['mʌdpæk] *s (skönhetsmedel)* ansiktsmask

muff[1] [mʌf] *s* muff

muff[2] [mʌf] *vt (skott, grepp etc)* missa; **to** ~ **it** göra bort sig

muf·fle ['mʌfl] *vt* **(a)** *(äv:* ~ **up:** *med sjal etc)* linda om **(b)** *(ljud)* dämpa

muf·fled ['mʌfld] *adj (ljud etc)* dämpad

muf·fler ['mʌflər] *s (ylle-)* halsduk; *(Am Motor)* ljuddämpare

muf·ti [mʌftɪ] *s:* **in** ~ civilklädd

mug [mʌg] **1** *s* **(a)** *(kaffe-, te-)* mugg; *(öl-)* sejdel **(b)** *(vard: person)* fåntratt; **smoking is a** ~**'s game** det är bara idioter som röker **(c)** *(vard: ansikte)* tryne **2** *vt (vard)* slå ner och råna

◆ **mug up** *vt* + *adv (vard: äv:* ~ **up on)** *(kunskaper)* slå i sig

mug·ger ['mʌgər] *s (vard)* rånare

mug·ging ['mʌgɪŋ] *s (vard)* rånöverfall

mug·gins ['mʌgɪnz] *ssg (Brit vard)* dumbom; ... **while** ~ **here does all the work** ... medan jag min dumma idiot får göra hela jobbet; **he's a bit of a** ~ han är rätt korkad

mug·gy ['mʌgɪ] *adj (-ier, -iest) (väder)* tryckande, kvav

mu·lat·to [mjuː'lætəʊ] *s, pl* **-es** mulatt

mul·berry ['mʌlbərɪ] *s (frukt)* mullbär; *(träd)* mullbärsträd

mule [mjuːl] *s* **(a)** *(djur)* mula; **(as) stubborn as a** ~ envis som en åsna **(b)** toffel med öppen häl

mull [mʌl] *vt (vin)* glödga; ~**ed wine** vinglögg

mull over ['mʌl'əʊvər] *vt* + *adv* fundera på

multi- ['mʌltɪ] *prefix* mång-, fler-

multi·col·oured, *(Am)* **-col·ored** ['mʌltɪ,kʌləd] *adj* mångfärgad, flerfärgad

multi·fari·ous [,mʌltɪ'feərɪəs] *adj* mångskiftande

multi·lat·er·al [,mʌltɪ'lætərəl] *adj (Pol)* multilateral

multi·na·tion·al [,mʌltɪ'næʃənl] *(Handel)* **1** *adj* multinationell **2** *s* multinationellt företag

multi·ple ['mʌltɪpl] **1** *adj* **(a)** *(med sg s: med många beståndsdelar)* mångfaldig; *(i fackspråk ofta)* multipel; ~ **choice** flervalsprov; ~ **crash** *(med bilar)* kedjekrock; ~ **sclerosis** multipel skleros **(b)** *(med pl s)* många, mångahanda **2** *s* **(a)** *(Mat)* multipel **(b)** *(Brit: äv:* ~ **store)** kedjebutik

multi·pli·ca·tion [,mʌltɪplɪ'keɪʃən] *s (Mat)* multiplikation; *(i allm)* mångfaldigande; ~ **table** multiplikationstabell

multi·plic·ity [,mʌltɪ'plɪsətɪ] *s* mångfald; **for a** ~ **of reasons** av många olika skäl

multi·ply ['mʌltɪplaɪ] **1** *vt* **(a)** *(Mat)* multiplicera; **to** ~ **6 by 5** multiplicera 6 med 5 **(b)** *(i allm)* mångfaldiga **2** *vi* **(a)** *(Mat)* multiplicera **(b)** *(i allm)* mångfaldigas **(c)** *(Biol)* fortplanta sig

multi·racial ['mʌltɪ,reɪʃəl] *adj* där många raser är representerade

multi·tude ['mʌltɪtjuːd] *s* mängd; ~**s of people came** mängder av folk kom

mum[1] [mʌm] *adj:* **to keep** ~ **(about sth)** hålla tyst (med ngt); ~**'s the word** säg inte ett knyst, håll tyst

mum[2] [mʌm] *s (Brit vard)* mamma

mum·bo jum·bo [,mʌmbəʊ'dʒʌmbəʊ] *s* **(a)** *(nonsens)* struntprat; *(jargong)* fikonspråk **(b)**

(övertro, tomma ceremonier) hokuspokus

mum·mi·fy ['mʌmɪfaɪ] *vt* mumifiera

mum·my[1] ['mʌmɪ] *s* mumie

mum·my[2] ['mʌmɪ] *s (Brit vard)* mamma

mumps [mʌmps] *ssg* påssjuka

munch [mʌntʃ] **1** *vt* mumsa (på) **2** *vi* mumsa *(at* på)

mun·dane [,mʌn'deɪn] *adj (inte andlig)* världslig; *(neds)* banal

Mu·nich ['mjuːnɪk] *s* München

mu·nici·pal [mjuː'nɪsɪpəl] *adj* kommunal; ~ **council** kommunfullmäktige

mu·nici·pal·ity [mjuː,nɪsɪ'pælɪtɪ] *s* kommun

mu·nifi·cence [mjuː'nɪfɪsns] *s (frm)* frikostighet

mu·ni·tions [mjuː'nɪʃənz] *spl* krigsmateriel, *(i sht)* vapen och ammunition

mu·ral ['mjʊərəl] **1** *adj* mur-, vägg- **2** *s* väggmålning

mur·der ['mɜːdər] **1** *s (i allm)* mord; *(vard):* **it was** ~**!** det var fruktansvärt jobbigt!; **she gets away with** ~ hon kan göra vad hon vill ostraffat **2** *vt (person)* mörda; *(bildl: sång etc)* misshandla

mur·der·er ['mɜːdərər] *s* mördare

murky ['mɜːkɪ] *adj (-ier, -iest) (natt)* mörk, skum; *(dimma)* tät; *(förflutet)* skum

mur·mur ['mɜːmər] **1** *s (av röster)* mummel, sorl; *(av vatten)* porlande; *(av löv)* sus; *(från bi)* surr; **there were** ~**s of disagreement** det hördes gillande mummel; **without a** ~ utan knot **2** *vt* mumla **3** *vi (person)* mumla; *(bi)* surra; *(vatten)* porla; *(löv)* susa

mus·cle ['mʌsl] **1** *s (eg)* muskel; *(bildl)* muskelstyrka; **he never moved a** ~ han rörde inte en fena **2** *vi:* **to** ~ **in (on sth)** *(vard)* tränga sig 'på *(i* ngt)

mus·cu·lar ['mʌskjʊlər] *adj (vävnad)* muskel-; *(kropp)* muskulös

muse[1] [mjuːz] *s* musa; **the (nine) M**~**s** (de nio) muserna

muse[2] [mjuːz] *vi* grubbla, fundera *(on/about* på)

mu·seum [mjuː'zɪəm] *s* museum

mush [mʌʃ] *s (i sht om mat)* röra, gröt

mush·room ['mʌʃrʊm] **1** *s (Bot)* svamp; *(Matl)* champinjon; *(av hus, stad)* explosion, snabb tillväxt **2** *adj (form etc)* svamp-; *(färg)* grårosa; ~ **cloud** *(efter kärnvapensprängning)* svampmoln **3** *vi (stad etc)* växa explosionsartat; **the cloud of smoke went** ~**ing up** rökmolnet steg som en svamp

mushy ['mʌʃɪ] *adj (-ier, -iest) (eg)* mosig, grötig; *(bildl)* mjäkig, sentimental; ~ **peas** ärtpuré

mu·sic ['mjuːzɪk] *s* musik; **to set a work to** ~ tonsätta ett verk; ~ **box** speldosa; ~ **hall** *(i sht Brit)* varieté; *(Am)* konsertlokal; ~ **lover** musikälskare; ~ **stand** notställ

mu·si·cal ['mjuːzɪkəl] **1** *adj (i allm: som avser musik)* musikalisk; *(person)* musikalisk; *(instrument)* musik-; *(dialekt, röst)* melodisk; ~ **box** speldosa; ~ **chairs** *(lek)* hela havet stormar **2** *s (Film, Teat)* musikal

mu·si·cian [mjuː'zɪʃən] *s* musiker

mu·si·colo·gist [,mjuːzɪ'kɒlədʒɪst] *s* musikforskare

musk [mʌsk] *s (luktämne)* mysk; *(Bot)* gyckelblomster; ~ **ox** *(Zool)* myskoxe; ~ **rose** *(Bot)* myskros

mus·ket ['mʌskɪt] *s* musköt

musk·rat ['mʌskræt] *s* bisamråtta

musky ['mʌskɪ] *adj (-ier, -iest)* myskdoftande

Mus·lim ['mʊslɪm] *s* Moslem

mus·lin ['mʌzlɪn] *s (tyg: Brit)* muslin, tunt bomullstyg; *(Am) (grov)* bomullslärft; ~ **curtains** muslingardiner

mus·quash ['mʌskwɒʃ] *s (päls)* bisam

muss [mʌs] *vt (Am vard: äv:* ~ **up:** *hår)* rufsa till;

(klädsel) skrynkla ner

mus·sel |'mʌsl| *s (Zool)* mussla

must[1] |mʌst| *s* = **mustiness**

must[2] |mʌst| **1** *vhj* **(a)** *(tvång)* måste; **I** ~ **do it** jag måste göra det; **(b)** *(tillåtelse: end nek):* ~ **not** får inte; **you** ~**n't do it** du får inte göra det; **one** ~ **not be too hopeful** man får inte vara alltför hoppfull **(c)** *(sannolikhet)* måste, måtte; **he** ~ **be there by now** han är säkert där nu, han bör vara där nu; **there** ~ **be a reason** det måste finnas ett skäl; **it** ~ **be cold up there** det måste/måtte vara kallt där uppe **2** *s (vard):* **this programme is a** ~ detta program är ett måste

mus·tache |'mʌstæʃ| *s (Am)* = **moustache**

mus·tard |'mʌstəd| *s (Bot, Matl)* senap; ~ **gas** *(Kem)* senapsgas

mus·ter |'mʌstə'| **1** *s (av folk)* uppbåd; *(Mil)* uppställning; **to pass** ~ *(bildl)* bestå provet, duga **2** *vt (personer)* uppbåda, samla ihop, få ihop; *(äv:* ~ **up:** *mod, entusiasm)* uppbjuda, samla

musti·ness |'mʌstɪnɪs| *s* unkenhet

mustn't |'mʌsnt| = **must not**

mus·ty |'mʌstɪ| *adj* **(-ier, -iest)** *(instängd)* unken; *(bildl: föråldrad)* mossig

mu·tate |mju:'teɪt| **1** *vt* åstadkomma mutation i **2** *vi (undergå mutation)* mutera

mu·ta·tion |mju:'teɪʃən| *s* mutation

mute |mju:t| **1** *adj* **(-r, -st)** *(person: eg, bildl)* stum; *(bokstav i ord)* stum **2** *s (person)* stum person; *(Mus)* sordin

mut·ed |'mju:tɪd| *adj (ljud, protest)* dämpad

mu·ti·late |'mju:tɪleɪt| *vt* stympa

mu·ti·la·tion |,mju:tɪ'leɪʃən| *s* stympning

mu·ti·nous |'mju:tɪnəs| *adj (eg)* som gör myteri; *(bildl)* upprorisk

mu·ti·ny |'mju:tɪnɪ| **1** *s* myteri **2** *vi (i allm)* göra uppror; *(Sjö, Mil)* göra myteri

mut·ter |'mʌtə'| **1** *s* muttrande, mummel **2** *vt (hotelser etc)* mumla, muttra; **yes, he** ~**ed** ja, muttrade han **3** *vi (person)* muttra; *(åska)* mullra

mut·ton |'mʌtn| *s (Matl)* får(kött); **leg of** ~ lårstek av får/lamm; **she is** ~ **dressed as lamb** *(bildl)* hon är alltför ungdomligt klädd

mu·tu·al |'mju:tjʊəl| *adj (mot varandra: tillgivenhet, misstro etc)* ömsesidig; *(som omfattar flera: vän, intressen etc)* gemensam

mu·tu·al·ly |'mju:tjʊəlɪ| *adv (se* **mutual***)* ömsesi-

digt; gemensamt; ~ **advantageous** till fördel för båda parter; **they are** ~ **exclusive** det ena utesluter det andra

muz·zle |'mʌzl| **1** *s (på hund)* nos; *(på häst)* mule; *(på gevär)* mynning; *(för hund)* munkorg **2** *vt (hund)* sätta munkorg på; *(bildl: person)* tysta ner

muz·zy |'mʌzɪ| *adj* **(-ier, -iest)** *(kontur etc)* suddig; *(idé)* otydlig; *(person)* virrig

my |maɪ| **1** *poss pron* fören min, mitt, mina **2** *interj:* ~**!** kära nån!

my·op·ic |maɪ'ɒpɪk| *adj* närsynt

my·self |maɪ'self| **1** *refl pron* mig; *(emfatiskt)* själv; *(efter prep)* mig (själv); **I regard** ~ **as an amateur, not as an expert** jag betraktar mig som amatör, inte som expert; **I thought the solution out** ~ jag tänkte ut lösningen själv; **I addressed the letter to** ~ jag adresserade brevet till mig (själv); **(all) by** ~ *(utan sällskap)* alldeles ensam; *(utan hjälp)* alldeles själv; **I'm not** ~ **today** jag är inte mig själv idag **2** *pers pron* jag, mig; **nobody here speaks Russian except** ~ ingen här talar ryska utom jag; **the honeymoon was a disaster for my wife and** ~ smekmånaden blev en katastrof för (både) min fru och mig

mys·teri·ous |mɪs'tɪərɪəs| *adj (försvinnande etc)* gåtfull, mystisk; *(person: förtegen)* hemlighetsfull

mys·tery |'mɪstərɪ| *s* mysterium, gåta; **it's a** ~ **to me where it can have gone** det är mig en gåta för mig vart den kan ha tagit vägen

mys·tic |'mɪstɪk| **1** *s* mystiker **2** *adj* mystisk, gåtfull

mys·ti·cal |'mɪstɪkəl| *adj* mystisk, gåtfull

mys·ti·cism |'mɪstɪsɪzəm| *s (känsla, stämning)* mystik; *(lära)* mysticism

mys·ti·fy |'mɪstɪfaɪ| *vt (förbrylla)* mystifiera; *(göra märkvärdig)* göra mystisk; **I was mystified by the ending of the play** jag begrep inte alls slutet på pjäsen

mys·tique |mɪs'ti:k| *s* nimbus, glans

myth |mɪθ| *s (gudasaga etc)* myt, saga; *(inbillning)* myt, lögn

mythi·cal |'mɪθɪkəl| *adj (eg: hjälte)* mytisk, sago-; *(bildl: rikedom etc)* uppdiktad

mytho·logi·cal |,mɪθə'lɒdʒɪkəl| *adj* mytologisk

my·thol·ogy |mɪ'θɒlədʒɪ| *s* mytologi

myxo·ma·to·sis |,mɪksəʊmə'təʊsɪs| *s* myxomatos, kaninpest

N

N, n |en| s *(bokstav)* N, n
N *förk f* **north** N
nab |næb| *vt (vard: föremål)* hugga (åt sig); *(: person)* haffa; *(: tjuv etc)* haffa, arrestera; **she was ~bed** hon åkte fast
na·dir |'neɪdɪə'| s *(Astron)* nadir; *(bildl)* botten-(läge)
nag[1] |næg| s (häst)krake
nag[2] |næg| **1** *vt (äv: ~ at)* tjata/gnata på; **to ~ sb to do sth** försöka tjata sig till att ngn gör ngt; **to ~ sb into doing sth** lyckas tjata sig till att ngn gör ngt **2** *vi* gnata, tjata **3** s *(person)* tjatig person, tjatmoster *(vard); (handling)* gnat, tjat
nag·ging |'nægɪŋ| **1** *adj (person)* tjatig, gnatig; *(smärta, tvivel, oro etc)* molande, gnagande **2** s tjat, gnat
nail |neɪl| **1** s **(a)** *(Anat)* nagel; *(Zool)* klo; **to bite one's ~s** bita på naglarna; **~ enamel** *(i sht Am)*, **~ polish**, **~ varnish** *(Brit)* nagellack; **~ polish/varnish remover** borttagningsmedel för nagellack **(b)** *(av metall)* spik; **to hit the ~ on the head** *(bildl)* slå huvudet på spiken; **on the ~** *(vard)* genast, på direkten/stubben; *se äv* **hard 1 b** **2** *vt (i allm)* spika; *(plakat)* spika upp; *(lock etc)* spika fast *(vard: person)* haffa, ta fast
♦ **nail down** *vt + adv* spika ihop/fast; *(bildl)* ställa mot väggen, pressa på besked
nail·brush |'neɪlbrʌʃ| s nagelborste
nail·file |'neɪlfaɪl| s nagelfil
na·ïve |nɑ:'i:v| *adj* naiv, aningslös
na·ive·té |'nɑ:i:v'teɪ| s, **na·ive·ty** |nɑ'i:vtɪ| s naivitet, troskyldighet
na·ked |'neɪkɪd| *adj* **(a)** *(människa, kroppsdel)* naken; **with the ~ eye** med blotta ögat; *se äv* **stark** **(b)** *(bildl: landskap etc)* kal, trädlös; **the ~ truth** den nakna sanningen, rena (rama) sanningen
name |neɪm| **1** s **(a)** *(om person, firma etc)* namn, benämning; *(om bok etc)* titel, namn; **to go by/under the ~ of** heta, gå under namnet; **in ~ only** (bara) till namnet; **by ~** *(omnämna(s))* med namn(et); *(känna ngn)* till namnet; **I thank you in the ~ of all those present** jag vill tacka dig/er på alla de närvarandes vägnar; **what's your ~?** hur var namnet?, vad heter du/ni?; **my ~ is Peter** jag heter Peter, mitt namn är Peter; **in the ~ of the law** i lagens namn; **to call sb ~s** ge ngn glåpord, komma med skällsord till ngn; **to put one's ~ down for** *(biljetter etc)* reservera, teckna sig för; *(skola, kurs)* registrera sig för, anmäla sig till; **to take sb's ~ and address** anteckna ngns namn och adress; **that's the ~ of the game** *(vard)* det är det enda som gäller; *se äv* **Christian, first 4, maiden, pet 1 b** **(b)** *(om person, firma etc)* rykte, anseende; **to make a ~ for oneself** lyckas bli berömd, göra sig ett namn; **the firm has a good ~** firman har gott rykte; **to get (oneself) a bad ~** få dåligt rykte **(c)** *(person)*: **a big ~** *(vard)* ett stort/känt namn, en kändis
2 *vt (föremål, plats)* namnge; *(: i allm)* ge namn åt, kalla (för), döpa till; *(: i lista etc)* nämna *(vid namn); (person. till tjänst)* utse; *(datum, pris etc)* nämna, säga; **he is not ~d in this list** hans namn finns inte med/han står inte på den här listan; **they ~d the child Mary** de döpte barnet till

Mary; **have you ~d the day yet?** har du bestämt dagen (för bröllopet) ännu?; **you ~ it, we've got it** vi har allt du kan tänka dig; **~ the third president of the USA** nämn/säg namnet på USA:s tredje president; **can you ~ twenty British birds?** kan du räkna upp tjugo brittiska fåglar?
name-dropping |'neɪm,drɒpɪŋ| s kändissnobberi, att svänga sig med kända personers namn
name·less |'neɪmlɪs| *adj (person, föremål)* okänd, namnlös, anonym; *(skräck etc)* namnlös, outsäglig; **... who shall be ~** ... som får förbli anonym
name·ly |'neɪmlɪ| *adv (före uppräkning)* nämligen, närmare bestämt; *(före förklaring)* nämligen, det vill säga; **there was only one person missing, ~ Harry** bara en person saknades, nämligen Harry
name·plate |'neɪmpleɪt| s *(på dörr etc)* namnskylt; *(på varor)* tillverkarens namn
name·sake |neɪmseɪk| s namne; **he is his grandfather's ~** han har samma namn som/är uppkallad efter sin farfar *el* morfar
nan·ny |'nænɪ| s barnsköterska
nap[1] |næp| s tupplur; **to have a ~, to take a ~ ta** (sig) en (tupp)lur
nap[2] |næp| s *(på tyg)* lugg
nap[3] |næp| s *(Brit vard: häst)* favorit, tippad vinnare
na·palm |'neɪpɑ:m| s napalm
nape |neɪp| s *(äv: ~ of the neck)* nacke
nap·kin |'næpkɪn| s *(= table ~)* servett; *(Brit: till spädbarn)* blöja; *(Am: = sanitary ~)* dambinda
Na·ples |'neɪplz| s Neapel
nap·py |'næpɪ| s *(Brit)* blöja
nar·cis·sus |nɑ:'sɪsəs| s, *pl* **narcissi** |nɑ:'sɪsaɪ| *(Bot)* narciss, pingstlilja
nar·cot·ic |nɑ:'kɒtɪk| **1** *adj* narkotisk **2** s *(ofta pl: ~s)* narkotika
nark |nɑ:k| **1** s *(Am vard)* narkotikapolis **2** *vt (Brit: vard)* reta, förarga
nar·rate |nə'reɪt| *vt (Teat etc)* läsa (upp); *(historia)* berätta, skildra
nar·ra·tion |nə'reɪʃən| s berättande
nar·ra·tive |'nærətɪv| **1** *adj* berättande **2** s berättelse; **~ makes up most of the book** största delen av boken är skriven i berättande stil
nar·ra·tor |nə'reɪtə'| *(Am)* |'nærəreɪtə'| s berättare
nar·row |'nærəʊ| **1** *adj (-er, -est) (plats)* smal, trång; *(höfter, axlar)* smal; *(kläder)* trång; *(fördel, majoritet)* knapp, liten; *(synsätt etc)* inskränkt, trång; **to have a ~ mind** vara trångsynt; **to have a ~ escape** undkomma med knapp nöd, vara nära ögat **2** *vt* **(a)** *(äv: ~ down: väg)* göra smalare; *(: val)* minska, begränsa, inskränka **(b)** *(ögon)* kisa med **3** *vi (väg)* smalna, bli smalare; *(ögon)* smalna, dra ihop sig; **so the question ~s down to this...** frågan gäller alltså bara...
nar·row·ly |'nærəʊlɪ| *adv* **(a)** *(undkomma)* med knapp nöd **(b)** *(granska)* noga, ingående
narrow-minded |,nærəʊ'maɪndɪd| *adj (neds: person)* trångsynt, enkelspårig; *(: synsätt etc)* inskränkt
nar·whal |'nɑ:wəl| s *(Zool)* narval
na·sal |'neɪzəl| *adj* nasal; **he has a ~ voice** han pratar i näsan, han talar nasalt
na·sal·ize |'neɪzəlaɪz| *vt* nasalera, uttala i näsan
nas·ti·ly |'nɑ:stɪlɪ| *adv (uppträda)* otrevligt; *(säga ngt)* spydigt, elakt

254

nas·ti·ness ['nɑːstɪnɪs] s otrevlighet, elakhet
na·stur·tium [nəs'tɜːʃəm] s (Bot) (indian)krasse
nas·ty ['nɑːstɪ] 1 adj (-ier, -iest) (a) (hygien) smutsig, äcklig, snuskig; (lukt, smak) obehaglig, äcklig; (kommentar) elak, spydig; (olycka, sår) otäck; (plats, gathörn etc) farlig, riskfylld; (bok, film etc) oanständig, snuskig; (knep) ful; **what a ~ mind you have!** du ska då alltid tro det värsta!; **to smell ~** lukta äckligt, stinka; **to turn ~** (situation) bli otrevlig; (väder) bli ful; **cheap and ~** billig och anskrämlig (b) (person) elak; **to be ~ to** vara stygg mot, plåga; **to turn ~** bli arg och otrevlig; **a ~ piece of work** (vard) en otrevlig typ, en ful fisk 2 s (Brit) otäckhet, otäck sak; **video ~** våldsvideo
na·tion ['neɪʃən] s nation, folk
na·tion·al ['næʃənl] 1 adj nationell, national-; **the ~ anthem** nationalsången; **~ debt** statsskuld; **N~ Health Service** (Brit: förk N.H.S.) allmänna hälso- och sjukvården; **N~ Insurance** (Brit) socialförsäkring; **~ service** (Brit) värnplikt; **the N~ Trust** (i Storbritannien) statliga kulturminnesstiftelsen 2 s (a) (person) medborgare (b) (Tidn) rikstidning
na·tion·al·ism ['næʃnəlɪzəm] s nationalism
na·tion·al·ist ['næʃnəlɪst] 1 adj nationalistisk 2 s nationalist
na·tion·al·ity [,næʃə'nælɪtɪ] s (folk) nationalitet; (ursprung) nationalitet; (för person: äv) medborgarskap
na·tion·ali·za·tion [,næʃnəlaɪ'zeɪʃən] s nationalisering, förstatligande
na·tion·al·ize ['næʃnəlaɪz] vt nationalisera, förstatliga
na·tion·al·ly ['næʃnəlɪ] adv nationellt, för/över hela landet
nation-wide ['neɪʃən,waɪd] 1 adj riksomfattande 2 adv över hela landet
na·tive ['neɪtɪv] 1 adj (a) (egenskap) medfödd; **~ wit** medfödd förmåga (b) (härkomst) infödd; **~ country** fosterland, hemland; **~ language** modersmål (c) (om djur, växter, produkter etc) inhemsk (d) (om primitiv kultur) infödings- 2 s (a) (till härkomst) infödd; **he speaks German like a ~** han pratar tyska som en infödd (tysk) (b) (i primitiv kultur) inföding
Na·tiv·ity [nə'tɪvɪtɪ] s Jesu födelse
NATO ['neɪtəʊ] s förk (= North Atlantic Treaty Organisation) NATO, Nato
nat·ter ['nætə'] (i sht Brit: vard) 1 s snack, pratstund 2 vi snacka, gaffla
natu·ral ['nætʃrəl] 1 adj naturlig, natur-; **it's quite ~ to do that** det är helt naturligt att göra så; **the ~ mineral wealth of a country** ett lands mineraltillgångar; **he's a ~ painter** han är född till målare; **~ childbirth** naturlig förlossning; **~ gas** naturgas; **~ parents** biologiska föräldrar 2 s (a) (Mus) vit tangent på piano (b) (person) naturbegåvning, rätt person; **he's a ~ for the job** han är som skapt för uppgiften
natu·ral·ist ['nætʃrəlɪst] s (a) (Naturv) naturforskare (b) (Konst, Litt) naturalist
natu·rali·za·tion [,nætʃrəlaɪ'zeɪʃən] s (om person) naturalisering
natu·ral·ize ['nætʃrəlaɪz] vt (person) naturalisera, ge medborgarskap åt; **to become ~d** (växt, djur) bli inplanterad, acklimatisera sig
natu·ral·ly ['nætʃrəlɪ] adv (a) (medfött) naturligt, av naturen; **it comes ~ to him to...** det är helt naturligt för honom... (b) (sätt: uppträda, tala) naturligt, på det vanliga viset (c): **~!** naturligtvis, givetvis
na·ture ['neɪtʃə'] s (a) (egenskap) karaktär, natur; (person) natur, kynne; **it is not in his ~ to say that** det ligger för honom att säga så; **it's**

second ~ to him det har blivit till en vana för honom!; **to be cautious by ~** vara försiktig av naturen (b) (typ) sort, slag; **things of this ~** saker av det här slaget; **in the ~ of things** i sakens natur; **sth in the ~ of an apology** någon sorts ursäkt (c) (Biol, Fys etc): **N~** naturen; **man is engaged in a constant struggle with N~** människan kämpar ständigt mot naturen; **the laws of ~** naturlagarna; **to draw/paint from ~** teckna/måla efter naturen; **~ lover** naturälskare; **~ reserve** naturreservat; **~ trail** naturstig
-natured ['neɪtʃəd] suffix: **good~** godhjärtad, godmodig; **ill~** elak, illasinnad
na·tur·ism ['neɪtʃərɪzəm] s naturism, nudism
na·tur·ist ['neɪtʃərɪst] s naturist, nudist
naught [nɔːt] s (a) (Mat: i sht Am) = nought (b) (åld, poet) ingenting; **to come to ~** bli till intet, bli omintetgjord
naugh·ti·ly ['nɔːtɪlɪ] adv styggt, elakt
naugh·ti·ness ['nɔːtɪnɪs] s elakhet, stygghet
naugh·ty ['nɔːtɪ] adj (-ier, -iest) (a) (barn etc) stygg, elak, olydig; **you've been very ~** du har varit mycket stygg; **that was a ~ thing to do** det var elakt gjort (b) (skämt, sång etc) oanständig, ekivok
nau·sea ['nɔːsɪə] s (Med) illamående, kväljning; (bildl) äckel, avsky
nau·seate ['nɔːsɪeɪt] vt äckla, ge kväljningar, inge avsky; **to be ~d** äcklas, få kväljningar, känna avsky
nau·seating ['nɔːsɪeɪtɪŋ] adj, **nau·seous** ['nɔːsɪəs] adj kväljande, äcklig
nau·ti·cal ['nɔːtɪkəl] adj nautisk, sjö-; **~ chart** sjökort; **~ mile** nautisk mil, distansminut
na·val ['neɪvəl] adj (Sjö, Mil) sjö-, marin-, flott-; **~ affairs** marinfrågor, örlogsfrågor; **~ officer** sjöofficer, marinofficer; **~ forces** sjöstridskrafter, flottstyrkor; **~ base** örlogsbas
nave [neɪv] s (Arkit: i kyrka) mittskepp
na·vel ['neɪvəl] s navel
navi·gable ['nævɪgəbl] adj (vattenled etc) segelbar, farbar med båt; (skepp, ballong) manöverduglig, styrbar
navi·gate ['nævɪgeɪt] 1 vt (a) (skepp, flygplan) navigera, manövrera; (bildl) lotsa, leda; **to ~ a Bill through the House of Commons** lotsa ett lagförslag genom parlamentet (b) (vattenled etc) navigera genom; (med flygplan) flyga över 2 vi navigera
navi·ga·tion [,nævɪ'geɪʃən] s navigering, navigation
navi·ga·tor ['nævɪgeɪtə'] s (Sjö, Flyg: person) navigatör; (: föremål) navigationsinstrument; (åld: person) navigatör; (Motor) hjälpförare, co-driver
nav·vy ['nævɪ] s (Brit) anläggningsarbetare, byggarbetare; (: Järnv) rallare
navy ['neɪvɪ] s (Sjö: fartyg) flotta; (organisation) marin, flotta; **the N~** marinen
navy(-blue) ['neɪvɪ('bluː)] adj marin(blå)
nay [neɪ] 1 s (Brit Pol) nejröst; **the ~s have it** nejrösterna är i majoritet 2 adv (åld) nej
Nazi ['nɑːtsɪ] 1 adj nazist-, nazistisk 2 s nazist
N.B. förk (= nota bene) OBS!
N.C.O. s förk f **non-commissioned officer**
near [nɪə'] 1 adv (i rum, tid, förhållande) nära; **that's ~ enough** (bildl) det är tillräckligt nära, det räcker; **to come eller draw ~ (to)** vara nära (att), vara på vippen (att); **winter is drawing ~** vintern närmar sig; **nowhere ~** (vard) långtifrån, inte på långa vägar
2 prep (äv: **~ to**) (i rum, tid) nära, vid, i närheten av; (om antal) nära, nästan; (åsikter etc) nära; **don't come ~ me** kom inte nära mig; **a building ~ the river** en byggnad nära floden; **an attendance ~ 60,000 at the football match** en

fotbollspublik på nästan 60 000; **his views are very** ~ **my own** hans åsikter är snarlika mina; ~ **here** här i närheten; **the passage is** ~ **the end of the book** stycket står nära slutet av boken; **we were** ~ **to being drowned** vi höll nästan på att drunkna; ~ **to tears** med gråten i halsen, färdig att brista i gråt
   3 *adj* **(-er, -est)** *(i rum, tid etc)* nära; *(förhållande, släktskap)* nära; *(tävling, resultat)* jämn; **the N**~ **East** Främre Orienten; **the** ~**est way** närmsta vägen; **a** ~ **relative** en nära släkting; **in the** ~ **future** i en snar/nära framtid; **that race was a** ~ **thing** det var ett jämnt lopp; **a** ~ **miss** nästan träff; **he calculated the price to the** ~**est pound** han räknade fram priset till närmaste jämna pund; **£2500 or** ~**est offer** 2500 pund eller närmsta bud
   4 *vt (mål)* närma sig, nalkas; **as they** ~**ed the house she became more apprehensive** när de närmade sig huset ökade hennes farhågor; **the building is** ~**ing completion** huset är nästan färdigbyggt
   5 *vi* nalkas, närma sig; **the day of the party** ~**ed** dagen för festen nalkades
near·by |niːrˈbaɪ| **1** *adv* i närheten **2** *adj* närbelägen
near·ly |ˈnɪəlɪ| *adv* **(a)** nästan, i det närmaste; **it's** ~ **3 o'clock** klockan är nästan 3; **she's** ~ **40** hon är nästan 40; **I** ~ **lost it** jag var nära att förlora den; ~ **finished** nästan klar; **very** ~! mycket nära! **(b): not** ~ **inte på långa vägar,** inte tillnärmelsevis; **it's not** ~ **ready** den är inte klar än på en bra stund
near·ness |ˈnɪənɪs| *s* närhet
near·side |ˈnɪəsaɪd| *(Motor)* **1** *s* sidan närmast vägkanten/trottoaren **2** *adj:* **the** ~ **lane** innerfilen; **the** ~ **door** dörren mot trottoaren/vägkanten
near-sighted |ˌnɪəˈsaɪtɪd| *adj* närsynt
neat |niːt| *adj (-er, -est)* **(a)** *(person)* snygg, prydlig; *(rum, handstil)* (väl)vårdad, prydlig; *(arbete)* skicklig, snygg; *(lösning, plan)* fyndig; *(i sht Am: vard)* jättebra, toppenbra; **it was really a** ~ **party** det var en jättetrevlig fest **(b)** *(dryck)* oblandad, outspädd, ren; **he always drinks his whisky** ~ han dricker alltid whisky som den är
neat·ly |ˈniːtlɪ| *adv* **(a)** *(klä sig, skriva, vika etc)* snyggt, prydligt; **fold your shirt** ~ vik ihop skjortan snyggt **(b)** *(sköta, undvika etc)* skickligt, finurligt; **she** ~ **avoided an argument** hon undvek skickligt att komma i diskussion; ~ **put** bra formulerat
neat·ness |ˈniːtnɪs| *s (se neat a)* snygghet, prydlighet; skicklighet; fyndighet
nebu·lous |ˈnɛbjʊləs| *adj (bildl)* oklar, vag, luddig
nec·es·sari·ly |ˈnɛsɪsərɪlɪ, *(Am)* ˌnɛsɪˈsærɪlɪ| *adv* nödvändigtvis, absolut; **not** ~ inte nödvändigtvis; **it isn't** ~ **expensive** det behöver inte vara dyrt
nec·es·sary |ˈnɛsɪsərɪ| **1** *adj* nödvändig, tvungen; **it is** ~ **for us to go el that we go** vi måste ge oss av; **don't do more than is** ~ gör inte mer än vad som krävs; **if** ~ om det är tvunget, ifall det behövs; **is that really** ~? är det verkligen helt nödvändigt?; **the** ~ **qualifications** de erforderliga kvalifikationerna **2** *s* **(a): to do the** ~ göra det nödvändiga(ste); **the** ~**, the necessaries** det nödvändiga, nödvändiga saker; **don't pack a suitcase, just bring a few necessaries** packa inte en hel resväska, ta bara med det nödvändigaste/viktigaste **(b)** *(vard):* **have you got the** ~? har du pengar (med dig)?
ne·ces·si·tate |nɪˈsɛsɪteɪt| *vt* kräva, framtvinga
ne·ces·sity |nɪˈsɛsɪtɪ| *s* **(a)** *(abstr)* krav, tvång, nödvändighet; **there is no** ~ **for you to do that** det

är inget krav på att du ska göra det; **going for a walk every day was for him a physical** ~ att ta en promenad varje dag var en fysisk nödvändighet för honom; ~ **is the mother of invention** *(ordspr)* nöden är uppfinningarnas moder; **the** ~ **for care** vikten att bry sig om; **of** ~ nödvändigtvis; **out of sheer** ~ av (nöd)tvång; **in case of** ~ i nödfall, vid problem **(b)** *(föremål, ting)* nödvändighet; **water is a** ~ **of life** vatten är en livsnödvändighet; **the bare necessities** det allra nödvändigaste
neck |nɛk| **1** *s (Anat)* hals; *(halsens baksida)* nacke; *(på flaska)* hals; *(kläder)* hals(linning); *(Matl)* hals(stycke); **to breathe down sb's** ~ *(vard)* flåsa ngn i nacken, vara hack i häl på ngn; **to win by a** ~ *(om häst)* vinna med en halslängd; ~ **and** ~ *(vid kapplöpning)* jämsides, i bredd; **to be up to one's** ~ **in work** *(vard)* ha arbete upp över öronen; **to be in sth up to one's** ~ *(vard)* vara helt insyltad i ngt; **in your** ~ **of the woods** *(vard)* i dina trakter/kvarter; **to risk one's** ~ riskera nacken; **to save one's** ~ rädda sitt skinn; **to stick one's** ~ **out** sticka ut nacken/huvudet, ta risker **2** *vi (vard)* kramas, hångla *(neds)*
neck·lace |ˈnɛklɪs| *s* halsband
neck·line |ˈnɛklaɪn| *s* (hals)ringning, urringning
neck·tie |ˈnɛktaɪ| *s (i sht Am)* halsduk, slips
nec·tar |ˈnɛktər| *s* nektar, honungssaft
nec·tar·ine |ˈnɛktərɪn| *s (Bot)* nektarin
née |neɪ| *adj:* **Mary Green,** ~ **Smith** Mary Green, född Smith
need |niːd| **1** *s* **(a)** *(nödvändighet)* behov; **if** ~**(s) be, in case of** ~ om så behövs, vid behov; **there's no** ~ **to worry** det finns ingen anledning till oro; **what** ~ **is there to buy it?** varför ska man behöva köpa den?; **I have no** ~ **of advice** jag behöver inte ta råd; **in** ~ **of** vid behov av; **in times of** ~ när det behövs, i nödfall; **a friend in** ~ **is a friend indeed** *(ordspr)* i nöden prövas vännen *(ordspr)*
   (b) *(avsaknad)* brist, behov; **to meet a** ~ fylla ett behov; **there is a great** ~ **for experts in this field** det råder en stor brist på experter inom detta område
   (c) *(fattigdom)* nöd, svårighet, trångmål; **to be in** ~ lida nöd, ha det svårt; **if you are in** ~**, I will send you some money** om du råkar i svårigheter, ska jag skicka dig pengar
   (d): ~**s** *spl* behov; **his** ~**s are few** han har få behov, han klarar sig med lite; **the** ~**s of industry** industrins behov
   2 *vt* **(a)** behöva; **that's just what I** ~! det är just vad jag behöver!; *(iron)* det fattades bara det!; **he** ~**s watching** man måstie hålla ett öga på honom; **a much** ~**ed holiday** en mycket välbehövlig semester; **this book** ~**s careful reading** den här boken kräver noggrann läsning; **the report** ~**s no comment** rapporten behöver/kräver ingen kommentar
   (b) *(med infinitiv):* **I** ~ **to do it** jag är tvungen att/måste göra det; **they don't** ~ **to be told all the details** man behöver inte berätta alla detaljerna för dem
   (c) *(opers)* behövas; **it** ~**ed a war to alter that** det behövdes ett krig för att ändra på det
   3 *vhj:* ~ **I go?** måste jag ge mig av?; **it** ~ **not be done** now det behöver inte absolut göras nu; **it** ~ **not follow that...** det betyder inte nödvändigtvis att...
nee·dle |ˈniːdl| **1** *s (i allm)* nål; *(på gran och fur)* barr; *(på grammofon)* nål; **it's like looking for a** ~ **in a haystack** det är som att leta efter en nål i en höstack; **to give sb the** ~ *(vard)* irritera/jäklas med ngn; *se äv* **pin**[1], **knitting 2** *vt (vard)* driva; **she was** ~**ed into replying** man fick henne till sist att svara

need·less ['niːdlɪs] *adj* onödig; ~ **to say** självklart, självfallet

need·less·ly ['niːdlɪslɪ] *adv* i onödan

needle·work ['niːdlwɜːk] *s* handarbete, sömnad

needy ['niːdɪ] *adj* (-ier, -iest) behövande, nödlidande; **help the poor and the** ~ hjälp de fattiga och behövande

ne·ga·tion [nɪ'ɡeɪʃən] *s* **(a)** *(Språkv)* negation **(b)** *(i allm)* förnekande

nega·tive ['neɡətɪv] **1** *adj (Språkv)* negerad, nekande; *(i allm)* negativ; **a** ~ **sentence** en negerad mening; **the tests for cancer were** ~ cancerproven var negativa; **she's so** ~ hon är så negativ; ~ **pole** negativ pol, minuspol **2** *s (Språkv)* negation, negering; *(svar)* nekande (svar); *(Foto)* negativ; *(Elektr)* minus(pol); **to answer in the** ~ svara nekande

ne·glect [nɪ'ɡlekt] **1** *s (om person)* vårdslöshet, nonchalans; *(skick)* vanvård, misskötsel; **the fire started through sb's** ~ elden bröt ut på grund av ngns vårdslöshet; **the garden was in a state of** ~ trädgården var vanvårdad **2** *vt (plikter)* åsidosätta; *(vänner, familj)* försumma; *(tillfälle)* försitta; *(arbete)* missköta; *(trädgård etc)* vanvårda; **to** ~ **to do sth** strunta i att göra ngt, inte bry sig om att göra ngt

ne·glected [nɪ'ɡlektɪd] *adj (person)* försummad; *(trädgård etc)* vanvårdad

ne·glect·ful [nɪ'ɡlektfʊl] *adj* försumlig, slarvig; **to be** ~ **of** försumma, strunta i

neg·li·gee ['neɡlɪʒeɪ] *s* negligé

neg·li·gence ['neɡlɪdʒəns] *s* **(a)** *(i allm)* vårdslöshet, slarv, oaktsamhet; **through** ~ genom slarv **(b)** *(Jur)* vårdslöshet

neg·li·gent ['neɡlɪdʒənt] *adj* slarvig, försumlig; **to be** ~ **of** försumma, strunta i; **she has been rather** ~ **in her work** hon har arbetat ganska slarvigt; **a shawl thrown over one shoulder in a** ~ **way** en halsduk nonchalant slängd över ena axeln

neg·li·gible ['neɡlɪdʒəbl] *adj* försumbar, obetydlig; **the damage to my car is** ~ skadan på min bil är obetydlig; **a** ~ **quantity** en försumbar mängd; *(bildl)* en obetydlig person, en nolla

ne·go·tiable [nɪ'ɡəʊʃɪəbl] *adj* **(a)** *(Handel: rättighet etc)* överlåtbar, säljbar; *(villkor)* förhandlingsbar **(b)** *(väg, flod etc)* farbar, framkomlig; **the road is not** ~ **just now** vägen är inte framkomlig för tillfället

ne·go·ti·ate [nɪ'ɡəʊʃɪeɪt] **1** *vt* **(a)** *(överenskommelse: pågående)* förhandla om; *(: resultat)* förhandla sig till, få till stånd; **we are negotiating a loan with the bank** vi förhandlar med banken om ett lån **(b)** *(hinder, problem)* klara (av); **he** ~**ed the bend at an alarming speed** han tog kurvan i en våldsam fart **2** *vi* förhandla, underhandla; **to** ~ **for** förhandla om

ne·go·tia·tion [nɪ,ɡəʊʃɪ'eɪʃən] *s* **(a)** *(abstr)* förhandling, förhandlande; **the matter is under** ~ saken är föremål för förhandling **(b)** *(vanl pl: konkr)* förhandlingar, underhandlingar

ne·go·tia·tor [nɪ'ɡəʊʃɪeɪtər] *s* förhandlare

Ne·gress ['niːɡres] *s* negerkvinna, negress

Ne·gro ['niːɡrəʊ] **1** *adj* neger- **2** *s, pl* **Negroes** neger

neigh [neɪ] **1** *s* gnäggning **2** *vi* gnägga

neigh·bour, *(Am)* **neigh·bor** ['neɪbər] *s (i allm)* granne; *(vid bordet)* bordsgranne; *(Rel)* nästa; **love your** ~ älska din nästa

neigh·bour·hood, *(Am)* **neigh·bor·hood** ['neɪbəhʊd] *s (i allm)* grannskap, område, trakt; *(bildl)*:**in the** ~ **of £80** omkring 80 pund

neigh·bouring, *(Am)* **neigh·boring** ['neɪbərɪŋ] *adj* angränsande, grann-; ~ **countries** grannländer

neigh·bour·ly, *(Am)* **neigh·bor·ly** ['neɪbəlɪ] *adj:*

she spoke to him in a ~ **way** hon pratade med honom på goda grannars vis; **the people in this street aren't very** ~ de som bor på den här gatan är inte särskilt pigga på umgänge

nei·ther ['naɪðər, *(Am vanl)* 'niːðər] **1** *pron* **fören** ingen, ingendera *(i sht av två)*; ~ **story is true** ingen av historierna är sann **2** *pron* **självst** ingen, ingendera *(i sht av två)*; ~ **of the two boys has any money** ingen av de två pojkarna har några pengar **3** *konj* inte … heller; **they don't like beans and** ~ **do I** de tycker inte om bönor, och det gör inte jag heller **4** *adv:* ~**… nor** varken … eller; ~ **he nor I can go** varken han eller jag kan resa; **he** ~ **smokes nor drinks** han varken röker eller dricker; **that's** ~ **here nor there** *(bildl)* det hör inte till saken

neme·sis ['neməsɪs] *s* nemesis, vedergällning(en)

neo·lith·ic [,niːəʊ'lɪθɪk] *adj* neolitisk, från yngre stenåldern

ne·olo·gism [nɪ'plədʒɪzəm] *s (Språkv)* neologism, nybildning

neon ['niːɒn] *s* neon, neonljus; ~ **sign** neonskylt

neph·ew ['nevjuː] *s* brorson; systerson

nepo·tism ['nepətɪzəm] *s* nepotism, svågerpolitik

nerve [nɜːv] **1** *s* **(a)** *(Anat, Bot)* nerv; **she suffers from** ~**s** hon lider av nervösa besvär; **my** ~**s are on edge** mina nerver är på helspänn; **he gets on my** ~**s** han går mig på nerverna; **to have** ~**s of steel** ha nerver av stål; ~ **cell** nervcell; ~ **centre,** *(Am)* ~ **center** nervcentrum; *(bildl)* viktig del, kärna; **the** ~ **centre of the organisation is in London** organisationens ledande organ finns i London; ~ **gas** nervgas **(b)** mod; **I hadn't the** ~ **to do it** jag var inte modig nog att göra det; **to lose one's** ~ bli skärrad, tappa nerverna **(c):** fräckhet; **you've got a** ~! att du har mage!; **to have the** ~ **to do sth** ha fräckheten att göra ngt; **2** *vt:* **to** ~ **oneself to do sth** samla mod till att göra ngt

nerve-racking ['nɜːv,rækɪŋ] *adj (spänning etc)* nervpåfrestande; *(tristess, väntan etc)* enerverande

nerv·ous ['nɜːvəs] *adj (Anat, Med)* nerv-, nervös; **a** ~ **disease** en nervsjukdom; *(person: läggning)* nervös, orolig; **I was** ~ **about speaking to her** jag oroade mig för att prata med henne; **to have a** ~ **breakdown** få ett nervöst sammanbrott, bryta samman; ~ **energy** (rastlöst) aktivitetsbehov

nerv·ous·ly ['nɜːvəslɪ] *adv* nervöst, oroligt

nervy ['nɜːvɪ] *adj (-ier, -iest) (Brit)* nervös, orolig; *(Am)* fräck, otrevlig

nest [nest] **1** *s (om fåglar etc)* bo, rede; **chinese** ~ **of boxes** kinesiska askar; ~ **of tables** satsbord; ~**egg** *(bildl)* sparpengar; **holiday** ~ semesterbostad; *se äv* **feather 2** **2** *vi (om fågel)* häcka, bygga bo

nes·tle ['nesl] *vi* krypa ihop, sätta sig (bekvämt) till rätta; **to** ~ **up to someone** krypa intill ngn; **to** ~ **down in bed** krypa ner i sängen; **a village nestling among hills** en by som ligger inbäddad bland bergen

nest·ling ['neslɪŋ] *s* fågelunge *som ännu ej lämnat boet*

net[1] [net] **1** *s (i allm)* nät; *(material)* nät; *(Sport)* nät; **butterfly** ~ fjärilshåv; **tennis** ~ tennisnät; ~ **curtain** trädgardin; **to fall into the** ~ *(bildl)* fastna i nätet, åka fast **2** *vt* fånga (med nät)

net[2] [net] *(i sht Handel)* **1** *adj* netto, netto-; **at a** ~ **profit of 5%** med en nettovinst på 5%; ~ **ton** *(Sjö)* nettoton **2** *vt* göra en nettovinst, tjäna i netto; **she** ~**ted £10 from the deal** hon tjänade 10 pund i netto på uppgörelsen

net·ball ['netbɔːl] *s (Sport)* korgboll

Neth·er·lands ['neðələndz] *spl:* **the** ~ Nederländerna

net·ting ['nεtɪŋ] s *(av metall)* trådnät; *(Textil)* nät, trådväv

net·tle ['nεtl] **1** s *(Bot)* nässla; **stinging** ~ bränn-nässla **2** *vt (vard)* reta, irritera

net·work ['nεtwɜːk] s *(Elektr, TV etc)* nät, sändar-nät, stationsnät; *(om gator, järnvägar etc)* nät, nätverk; **radio and television** ~s radio- och TV-bolag; **Sweden's railway** ~ Sveriges järnvägs-nät; **a** ~ **of spies** ett spionnät

neu·ral·gia [njʊə'rældʒə] s neuralgi, nervvärk

neuro- ['njʊərəʊ] *prefix* neuro-

neu·ro·sis [njʊə'rəʊsɪs] s, *pl* **neuroses** [njʊə'rəʊsiːz] neuros

neu·rot·ic [njʊə'rɒtɪk] *adj* neurotisk; *(bildl)* besatt *(about* av), fixerad *(about* vid)

neu·ter ['njuːtə'] **1** *adj (Språkv)* neutral **2** s *(Språkv)* neutrum **3** *vt (om djur)* kastrera

neu·tral ['njuːtrəl] **1** *adj* neutral; **a** ~ **country** ett neutralt land; ~ **opinion** opartisk åsikt; ~ **gear** *(Motor)* friläge **2** s neutral stat, neutral person; **Switzerland is a** ~ Schweiz är ett neutralt land; **in** ~ *(Tekn)* i neutralläge, i friläge

neu·tral·ity [njuː'trælɪtɪ] s neutralitet, opartiskhet

neu·tral·ize ['njuːtrəlaɪz] *vt* neutralisera, upphäva; **to** ~ **an acid with a base** neutralisera en syra med en bas

neu·tron ['njuːtrɒn] s neutron; ~ **bomb** neutron-bomb

nev·er ['nevə'] *adv* **(a)** *(i allm)* aldrig; ~ **again!** aldrig mer!; ~ **before** aldrig tidigare **(b)** *(em-fatiskt nekande)*: **I** ~ **slept a wink all night** jag har inte sovit en blund på hela natten; ~**! aldrig!; you** ~ **did!** *(vard)* det gjorde du väl ändå inte; **well I** ~**!** *(vard)* det var som sjutton!; ~ **mind** bry dig inte om det, det spelar ingen roll

never-ending [,nevər'endɪŋ] *adj* evig, oupphörlig

never-never [,nevə'nevə'] s *(Brit: vard):* **to buy sth on the** ~ köpa ngt på krita

never·the·less [,nevəðə'les] *adv* icke desto mindre, i alla fall

new [njuː] *adj* **(-er, -est)** *(i allm)* ny; *(potatis, bröd)* färsk; *(mode)* senaste; **a** ~ **car** en ny bil; ~ **moon** nymåne; **are you** ~ **here?** är du ny här?; **to be** ~ **to a job** vara ny på ett jobb; **it's as good as** ~ den är så gott som ny; **he's a** ~ **man** han är som en ny människa; ~ **boy/girl** *(Skol)* ny elev; **the N**~ **Testament** Nya testamentet; **the N**~ **World** Nya världen; **N**~ **Year** nyår; **to bring/see in the N**~ **Year** fira in det nya året; **Happy N**~ **Year!** Gott nytt år!; **to wish sb a happy N**~ **Year** önska ngn gott nytt år; **N**~ **Year's Day** nyårs-dagen; **N**~ **Year's Eve** nyårsafton; ~ **Year re-solution** nyårslöfte; **N**~ **Zealand** ['ziːlənd] s Nya Zeeland; *adj* nyzeeländsk; **N**~ **Zealander** ['ziːləndə'] nyzeeländare

new·born ['njuːbɔːn] s nyfödd; *(bildl: hopp, tro)* pånyttfödd

new·comer ['njuːˌkʌmə'] s nykomling

new-fan·gled ['njuːˈfæŋgld] *adj (neds)* nymodig

new-found ['njuːˈfaʊnd] *adj (vän, lycka, hopp)* ny-vunnen

new-laid ['njuːleɪd] *adj (ägg)* nyvärpt

new·ly ['njuːlɪ] *adv* nyligen, ny-; ~ **made** nygjord, nytillverkad; ~ **made coffee** nybryggt kaffe

newly-weds ['njuːlɪwedz] *spl* nygift par; **the** ~ de nygifta

new·ness ['njuːnɪs] s: **the** ~ **of their ideas was very stimulating** det nya i/med el fräschören i deras idéer var mycket stimulerande; **the** ~ **of her clothes** hennes nya kläder, det faktum att hen-nes kläder var nya

news [njuːz] *ssg* **(a)** *(i allm)* nyhet, nyheter; **a piece of** ~ en nyhet; **that's good** ~ det var goda nyheter; **I've got** ~ **for you!** jag har en nyhet att berätta; **they're in the** ~ de är mycket aktuella

just nu, man talar mycket om dem nu **(b)** *(Tidn, Radio, TV)* nyheter; **here is the** ~ här är nyheter-na; **it was on the** ~ det var/sades på nyheterna; ~ **agency** nyhetsbyrå; ~ **bulletin** nyhetsbulletin

news·agent ['njuːzˌeɪdʒənt] s *(Brit)* (innehavare av) tidningskiosk

news·cast ['njuːzˌkɑːst] s *(Radio, TV)* nyheterna, nyhetssändning

news·caster ['njuːzˌkɑːstə'] s nyhetsuppläsare

news·dealer ['njuːzˌdiːlə'] s *(Am)* (innehavare av) tidningskiosk

news·flash ['njuːzˌflæʃ] s extra nyhetsmeddelande, brådskande nyhet

news·letter ['njuːzˌletə'] s informationsblad, cir-kulär

news·paper ['njuːsˌpeɪpə'] s tidning; **daily** ~ dagstidning

news·print ['njuːzprɪnt] s tidningspapper

news·room ['njuːzˌrʊm] s *(Tidn, Radio, TV)* ny-hetsredaktion

news·stand ['njuːzˌstænd] s tidningskiosk

news·worthy ['njuːzˌwɜːðɪ] *adj* med (stort) ny-hetsvärde

newt [njuːt] s *(Zool)* vattensalamander

next [nekst] **1** *adj* **(a)** *(bredvid)* nästa, närmas-t(e); *(i ordningsföljd)* nästa, (näst)följande; **ex-cuse me, what's the** ~ **stop?** ursäkta, vilken är nästa hållplats?; **she lives in the** ~ **house to ours** hon bor i huset närmast vårt; **she was** ~ **to arrive** hon kom härnäst; **the** ~ **door but one** andra dörren härifrån (räknat); **the people** ~ **door** grannarna; **the** ~ **door flat** grannlägenheten; **who's** ~**?** vem är på tur?; **you're** ~ det är din tur (nästa gång)

(b) *(om klockslag, dag, vecka etc)* nästa, följan-de; **I'm seeing them** ~ **Monday** jag ska träffa dem nästa måndag; **the** ~ **Monday he was elect-ed to the committee** följande måndag invaldes han i kommittén; ~ **time you come** nästa gång du kommer; **the week after** ~ om två veckor, veckan efter nästa; **this time** ~ **year** nästa år vid den här tiden

2 *adv* **(a)** *(plats, ordningsföljd)* närmast, som nästa; **the** ~ **best** den näst bäste; **she won the race and her sister came** ~ hon vann loppet och hennes syster kom närmast efter; **what** ~**?** vad händer sen?; **what will you do** ~**?** vad tänker du göra härnäst?; **she's bought a lion cub, what** ~**!** hon har köpt en lejonunge, hur ska detta sluta?

(b) *(om tid)* sedan, därefter; **what comes** ~ **after the main course?** vad kommer närmast efter huvudrätten?; ~ **came a Beethoven sonata** sedan följde en Beethovensonat; **what did he do** ~**?** vad gjorde han sedan?; **when you** ~ **see him** när du träffar honom nästa gång

(c): ~ **to** nästan, i det närmaste; **it is** ~ **to impossible to see in this light** det är näst intill omöjligt att kunna se i det här ljuset; **we got it for** ~ **to nothing** vi fick den nästan gratis; **there is** ~ **to no news** det är nästan inga nyheter alls

3 *prep:* ~ **to** intill, alldeles bredvid; **his room is** ~ **to mine** hans rum ligger precis bredvid mitt

4 s *(person)* nästa person; **the** ~ **to speak is Paul** nästa talare är Paul

next-of-kin ['nekstəv'kɪn] s, *pl lika* närmaste an-hörig

N.H.S. *förk f* National Health Service

nib [nɪb] s *(bläck)*penna; (penn)stift

nib·ble ['nɪbl] **1** s *(lätt)* bett; **can I have a** ~ **of your cake** får jag ta en munsbit på din kaka? **2** *vt* nafsa efter, bita *(lätt)* i; *(mat)* äta en munsbit av, knapra på; *(om fisk: bete)* nappa lätt på **3** *vi:* **to** ~ **(at)** *(mat)* knapra (på), ta en liten bit (av); *(bildl)* få nys på, vara intresserad av; *(: under-söka försiktigt)* nosa på; **she just** ~**s at her food**

hon bara petar i maten
nice |naɪs| *adj* (-er, -est)   **(a)** *(person: sätt)* trevlig;
he's a ~ **man** det är en trevlig man; **he was very
~ about it** han tog det mycket bra; **to be ~ to sb**
vara vänlig mot ngn   **(b)** *(person: utseende)*
snygg, fin; **how ~ you look!** vad fin du är!   **(c)**
(mat) god, läcker; *(landskap, väder etc)* vacker;
we had a ~ meal last night vi åt en god middag i
går; **we're hoping it will be a ~ day** vi hoppas på
vackert väder; **to have a ~ time** ha det trevligt;
that's a ~ ring vilken vacker ring; **it smells ~** det
luktar gott   **(d)** *(person: väluppfostrad)* trevlig,
fin; **he has ~ manners** han har ett trevligt sätt; ~
girls don't go out at night on their own fina flickor
går inte ut på egen hand om kvällarna; **that's not
~** det är inte hövligt/väluppfostrat   **(e)** *(förstär-
kande)*: **a ~ long holiday** en lång, skön semester;
it's ~ and warm here det är varmt och skönt här;
if we get up ~ and early om vi går upp riktigt
tidigt   **(f)** *(problem)* svår, kinkig; *(skillnad)* hår-
fin, subtil   **(g)** *(iron)*: **a ~ friend you are!** du är
just en snygg vän!; **that's a ~ thing to say about
your own mother!** säger man så om sin egen
mor?; **a ~ mess** en snygg röra
nice-looking |naɪs,lʊkɪŋ| *adj (person)* snygg, som
ser bra ut; *(byggnad, kläder etc)* vacker
nice·ly |'naɪslɪ| *adv* trevligt, fint; **that will do ~** det
blir bra; **he's getting on ~** det lyckas bra för
honom
ni·cety |'naɪsɪtɪ| *s* *(i omdöme)* subtilitet, känslighet;
to judge sth to a ~ bedöma ngt precis rätt; **a
matter of some ~** en känslig fråga; **niceties**
detaljer, finesser
niche |nɪtʃ| *s (Arkit)* nisch; *(bildl)* nisch, vrå, rätt
plats; *(Ekol, Handel)* nisch
nick[1] |nɪk| **1** *s*   **(a)** hack, jack   **(b): in the ~ of
time** i sista sekunden, i grevens tid   **(c): in good
~** *(Brit vard: person)* i fin form; *(: föremål)* i bra
skick   **2** *vt*   **(a)** göra ett hack   **(b)** *(vard)*
stjäla, knycka
nick[2] |nɪk| *s (Brit vard: fängelse)* kåk; **in the ~** på
kåken
nick·el |'nɪkl| *s (metall)* nickel; *(Am: mynt)* femcen-
tare
nick·name |'nɪkneɪm| **1** *s* *(neg)* öknamn; *(pos)*
smeknamn; *(Bill for William etc)* kortform,
kortnamn   **2** *vt* ge öknamn/smeknamn
nico·tine |'nɪkəti:n| *s* nikotin
niece |ni:s| *s* brorsdotter; systerdotter
nif·ty |'nɪftɪ| *adj* (-ier, -iest) *(vard)* flott, fräsig,
häftig; *(: Am äv)* klyftig, smart
Ni·geria |naɪ'dʒɪərɪə| *s* Nigeria
Ni·gerian |naɪ'dʒɪərɪən| **1** *adj* nigeriansk   **2** *s* ni-
gerian
nig·gard·ly |'nɪgədlɪ| *adj (person)* snål, gnidig;
(ranson etc) snål, knappt tilltagen
nig·ger |'nɪgəʳ| *s (neds)* nigger, svarting
nig·gle |'nɪgl| **1** *vt (bekymmer)* oroa; **what's
niggling you?** vad är det som bekymrar dig?   **2**
vi vara petig, kverulera
nig·gling |'nɪglɪŋ| *adj (detalj)* petig, obetydlig;
(person) petnoga, detaljfixerad;   **a ~ doubt**
gnagande tvivel
night |naɪt| *s (eg)* natt; *(aktiv tid)* kväll, afton *(frm)*;
good ~! godnatt!; **last ~** i går natt/kväll; **first/
last ~** *(Teat)* första/sista kvällen, pre-
miärkvällen/avskedskvällen; **tomorrow ~** i
morgon kväll; **at ~** på kvällen/natten; **Monday ~**
måndag kväll; **11 o'clock at ~** klockan elva på
kvällen; **in the ~** på natten, nattetid; **to have a ~
out** ha en ledig kväll; **to work ~s** ha nattarbete;
to have a late ~ komma hem/vara uppe sent; **to
spend the ~** tillbringa natten; **~ club** nattklubb;
~ life nattliv; **~ porter** nattportier; **~ train** natt-
tåg; **~ watchman** nattvakt

night-bird |'naɪtbɜːd| *s (bildl)* nattuggla, uppesit-
tare
night·cap |'naɪtkæp| *s (eg)* nattmössa; *(bildl: drink)*
sängfösare
night·dress |'naɪtdres| *s (Brit)* nattlinne
night·fall |'naɪtfɔːl| *s* kvällning, kvällskvist
night·gown |'naɪtgaʊn| *s* nattlinne
nightie |'naɪtɪ| *s (Brit vard)* nattlinne
night·in·gale |'naɪtɪŋgeɪl| *s* näktergal
night·ly |'naɪtlɪ| **1** *adj* nattlig, natt-, kvälls-   **2**
adv om natten, nattetid
night·mare |'naɪtmeəʳ| *s* mardröm
night·school |'naɪtskuːl| *s* aftonskola
night·shift |'naɪtʃɪft| *s* nattskift; **are you on ~
this week?** har du nattskift(et) den här veckan?
night-time |'naɪttaɪm| *s* natt(en); **at ~** på natten,
nattetid
ni·hil·ism |'naɪɪlɪzəm| *s* nihilism
nil |nɪl| *s (i allm)* ingenting, noll; *(Sport)* noll; **his
experience in this kind of work is almost ~** han
har nästan ingen vana vid den här sortens ar-
bete; **the result of the match was seven ~**
matchen slutade 7-0
nim·ble |'nɪmbl| *adj* (-er, -est) vig, kvick, alert; **you
have to be quite ~ to cross these rocks** man
måste vara rätt vig för att ta sig över de här
klipporna; **a ~ imagination** livlig fantasi
nimble-fingered |'nɪmbl,fɪŋgəd| *adj* skicklig med
fingrarna, fingerfärdig
nimble-witted |'nɪmbl,wɪtɪd| *adj* snabbtänkt
nin·com·poop |'nɪnkəm,puːp| *s* dumbom
nine |naɪn| *räkn* nio; **dressed (up) to the ~s** *(vard)*
uppklädd; **~ times out of ten** i nio fall av tio; *se äv*
five
nine·pins |'naɪn,pɪnz| *ssg* käglor, kägelspel
nine·teen |'naɪn'tiːn| *räkn* nitton; **to talk ~ to the
dozen** *(vard)* prata hela tiden, pladdra i ett kör; *se
äv* **five**
nine·teenth |'naɪn'tiːnθ| *räkn* nittonde; *se äv* **fifth**
nine·ti·eth |'naɪntɪɪθ| *räkn* nittionde; *se äv* **fifth**
nine·ty |'naɪntɪ| *räkn* nittio; *se äv* **five**
ninth |naɪnθ| **1** *räkn* nionde   **2** *s (i följd)* nionde;
(Mat) niondel; *se äv* **fifth**
nip[1] |nɪp| **1** *s (med fingrar)* nyp(ning); *(med tän-
der)* bett; **there's a ~ in the air** det är kyligt ute,
det nyper i kinden **när man är ute**   **2** *vt (med
fingrar)* nypa; *(med tänder)* bita, nafsa; **he ~ped
his finger in the door** han klämde fingret i dör-
ren; **the dog kept ~ping my ankles** hunden naf-
sade mig hela tiden i vristen; **they ~ped off
some flowers** de nöp av några blommor; **to ~ sth
in the bud** *(bildl)* kväva ngt i sin linda   **3** *vi (Brit
vard)* förflytta sig snabbt, kila; **to ~ inside and
get the camera** kila in och hämta kameran; **to ~
off/out/down to buy some bread** springa iväg/ut/
ner och köpa lite bröd
nip[2] |nɪp| *s (drink)* hutt, litet glas; **he likes a ~ of
brandy after dinner** han tar gärna en liten kon-
jak efter middagen
nip·ple |'nɪpl| *s (Anat)* bröstvårta; *(Am vard: på
flaska)* napp; *(Tekn)* nippel
nip·py |'nɪpɪ| *adj* (-ier, -iest) *(vard)*   **(a)** *(Brit: per-
son, bil etc)* snabb, kvick; **to be ~ about it** göra ngt
snabbt, sno på   **(b)** *(väder)* kylig, bitande; *(mat)*
skarp, stark
nit |nɪt| *s (Zool)* lusägg, gnet; *(vard)* dummer, tok
nit·pick |'nɪtpɪk| *vi (vard neds)* hänga upp sig på
detaljer; **stop ~ing!** sluta tjafsa om småsaker!
ni·tro·gen |'naɪtrədʒən| *s* kväve
ni·tro·glyc·er·in(e) |'naɪtrəʊ'glɪsəriːn| *s* nitro-
glycerin
nitty-gritty |'nɪtɪ'grɪtɪ| *s (vard)*: **to get down to the
~** komma till saken, nå fram till det väsentliga
nit·wit |'nɪtwɪt| *s (vard)* dumbom, tok, idiot
no |nəʊ| **1** *adv*   **(a)** *(svar)* nej   **(b)** *(efter or)* inte,

ej; **whether you like it or** ~ vare sig du gillar/vill
det eller ej **(c)** *(vid jämförelse)* inte; **I am** ~
taller than you jag är inte (just) längre än du
2 *pron* **fören (a)** ingen, inget, inga; **there is** ~
coffee left det finns inget kaffe kvar; **I have** ~
money jag har inga pengar; ~ **two of them are
alike** det finns inte två av dem som är lika; **it's** ~
trouble det är inget problem; **it's** ~ **use/good** det
är ingen idé/inget bra; ~ **smoking** rökning för-
bjuden; ~ **parking** parkering förbjuden; **we'll be
there in** ~ **time** vi är där på nolltid; **details of
little or** ~ **interest** detaljer av ringa eller inget
intresse; *se äv* **no-one** *o* **one 1 c** **(b)** *(emfatiskt)*
absolut inte någon, verkligen ingen; **he's** ~
friend of mine han är verkligen inte någon vän
till mig; **he's** ~ **fool** han är sannerligen ingen
dumbom; **it is** ~ **easy task to solve that problem**
det är sannerligen ingen lätt uppgift att lösa det
problemet **(c)**: **there's** ~ **denying it** det kan
inte förnekas; **there's** ~ **pleasing him** det finns
inget som han tycker om
3 *s*, *pl* ~**es** **(a)** *(vägran, motsatt uppfattning)*
nej; **I won't take** ~ **for an answer** jag accepterar
inte ett nej **(b)** *(Pol)* nejröst; **the** ~**es have it**
nejrösterna är i majoritet
No., Nos *förk f* **number, numbers** nr
nob [nɒb] *s (i sht Brit: vard)* högdjur, överklassare
nob·ble ['nɒbl] *vt (Brit vard: person)* locka över,
lura till sig; *(: häst)* dopa *för att hindra den att
vinna;* **they** ~**d me to side with them** de lockade
över mig till sin sida
Nobel prize ['nəʊbel'praɪz] *s* nobelpris; **she was
awarded the** ~ hon tilldelades nobelpriset
no·bil·ity [nəʊ'bɪlɪtɪ] *s (klass)* adel, högadel;
(egenskap) ädelhet; **he is a member of the** ~ han
tillhör högadeln
no·ble ['nəʊbl] **1** *adj* **(-er, -est)** *(klass)* adlig;
(egenskap) ädel, högsint **2** *s* adelsman, ädling
noble·man ['nəʊbəlmən] *s*, *pl* **-men** adelsman
noble·woman ['nəʊbəlwʊmən] *s*, *pl* **-women**
adelsdam
no·bly ['nəʊblɪ] *adv (bildl)* osjälviskt, ädelt
no·body ['nəʊbədɪ] **1** *pron* självst ingen; **I saw** ~
outside jag såg ingen ute; ~ **knows where they
are** ingen vet var de är; ~ **spoke** ingen sade
något **2** *s*: **a mere** ~ *(neds)* en ren nolla
noc·tur·nal [nɒk'tɜːnl] *adj* nattlig, natt-; ~ **animal**
nattdjur, nattaktivt djur
noc·turne ['nɒktɜːn] *s (Mus)* nocturne
nod [nɒd] **1** *s (i allm)* nick, nickning; *(svar)* ja-
(nickning); **just give a** ~ nicka bara ja **2** *vt (i
allm)* nicka; **he** ~**ded a greeting** han nickade en
hälsning, han hälsade med en nickning **3** *vi
(svara)* nicka instämmande, nicka ja; *(somna: eg,
bildl)* slumra till
♦ **nod off** *vi + adv* nicka till, slumra till
node [nəʊd] *s* knut; *(Bot)* ledknut; *(Med)* knuta;
(Mat, Fys, Språkv) nod
noise [nɔɪz] *s (i allm)* ljud, buller; *(starkt ljud)* dån,
oväsen, stoj; *(bildl vard)* väsen, bråk, rabalder; **to
make a** ~ *(eg)* föra oväsen; *(bildl)* bråka, klaga; **to
make** ~**s** *(bildl)* antyda ngt; **I thought I heard a** ~
in the kitchen jag tyckte jag hörde ett ljud från
köket; **the planes were making so much** ~
flygplanen förde sådant oväsen; **big** ~ *(vard: per-
son)* stor person, höjdare
noise·less ['nɔɪzlɪs] *adj* ljudlös
noisi·ly ['nɔɪzɪlɪ] *adv* ljudligt, högt
noisy ['nɔɪzɪ] *adj* **(-ier, iest)** bullrig, högljudd
no·mad ['nəʊmæd] *s* nomad
no·mad·ic [nəʊ'mædɪk] *adj* nomadisk, nomad-
no-man's land ['nəʊmænzlænd] *s* ingenmansland
nom de plume ['nɒmdə'pluːm] *s (Litt)* pseudonym
no·men·cla·ture [nəʊ'menklətʃəʳ, *(Am)*
'nəʊmən,kleɪtʃəʳ] *s* nomenklatur, terminologi

nomi·nal ['nɒmɪnl] *adj* **(a)** *(i allm)* endast till
namnet, formell, nominell; *(om värde, kostnad
etc)* liten, obetydlig, symbolisk; **a** ~ **fee** ett sym-
boliskt arvode; **he was the** ~ **king but had no
power** han var formellt kung men hade ingen
makt **(b)** *(Språkv)* nominal-, substantivisk; ~
phrase nominalfras
nomi·nal·ly ['nɒmɪnəlɪ] *adv* nominellt, endast till
namnet
nomi·nate ['nɒmɪneɪt] *vt (föreslå)* nominera *(for
till/som)*; *(fastställa)* utse, utnämna *(as till)*
nomi·na·tion [,nɒmɪ'neɪʃən] *s* utnämning, nomine-
ring
nomi·na·tive ['nɒmɪnətɪv] *(Språkv)* **1** *s* nomina-
tiv **2** *adj* nominativ(-)
nomi·nee [,nɒmɪ'niː] *s* kandidat
non- [nɒn] *prefix* icke-, ej, -fri; ~**alcoholic drink**
alkoholfri dryck
non-ac·cept·ance [,nɒnək'septəns] *s* icke-accep-
terande, vägran
non-ag·gres·sion [,nɒnə'greʃən] *s (Pol)*: ~ **pact**
icke-angreppspakt
non-aligned [,nɒnə'laɪnd] *adj (Pol)* alliansfri
non-attendance [,nɒnə'tendəns] *s* frånvaro, ute-
blivelse
non·cha·lance ['nɒnʃələns] *s* nonchalans, likgil-
tighet
non·cha·lant ['nɒnʃələnt] *adj* nonchalant, likgiltig
non-non·ba·tant [,nɒn'kɒmbətənt] *s (Mil)* icke stri-
dande, nonkombattant
non-com·mis·sioned [,nɒnkə'mɪʃnd] *adj*: ~ **of-
ficer** underofficer, underbefäl
non-com·mit·tal [,nɒnkə'mɪtl] *adj (uttalande, svar)*
försiktig, diplomatisk, undvikande; *(person)* för-
siktig, diplomatisk; **she gave a** ~ **answer** hon
svarade undvikande
non-com·pli·ance [,nɒnkəm'plaɪəns] *s (regler)*
ovilja/oförmåga att rätta sig *(with* efter); *(order)*
olydnad *(with* mot)
Non·con·form·ism [,nɒnkən'fɔːmizəm] *s (Brit Rel)*
nonkonformism, frikyrklighet
non·con·form·ist [,nɒnkən'fɔːmɪst] **1** *adj (i allm)*
inte konform; *(politiskt etc)* med avvikande me-
ning **2** *s* person med avvikande mening; **N**~
(Brit Rel) frikyrklig (person)
non·con·form·ity [,nɒnkən'fɔːmɪtɪ] *s (i allm)* bris-
tande överensstämmelse; *(åsikt)* avvikande me-
ning; **N**~ *(Brit Rel)* = **Nonconformism**
non-co·op·era·tion [,nɒnkəʊ,ɒpə'reɪʃən] *s (Pol)*
samarbetsvägran
non-de·script ['nɒndɪ,skrɪpt] *adj (i allm)* obestäm-
bar, diffus, oklar; *(färg)* (grå)trist; *(kläder)* trist,
stillös; *(person)* färglös
none [nʌn] **1** *pron* självst ingen, inget, inga; ~ **of
the children** inget av barnen; **we have** ~ **of your
books** vi har ingen/inga av era böcker; ~ **of this
is true** inget av detta är sant; **any news?** — ~
några nyheter? — ingenting; **there are** ~ **left** det
finns inget/inga kvar; ~ **of that!** sluta!; **he would
have** ~ **of it** han ville inte höra på det örat **2** *adv*
inte, ingalunda; **I was** ~ **too comfortable** jag
hade det inte alltför bekvämt; **it was** ~ **too soon**
det var inte ett ögonblick för tidigt; **it's** ~ **the
worse for that** den är inte sämre för det
non-en·tity [nɒ'nentɪtɪ] *s (person)* ren nolla, vär-
delös person
non-es·sen·tial [,nɒnɪ'senʃl] **1** *adj* oväsentlig,
oviktig **2** *s* oväsentlighet, detalj
none·the·less [,nʌnðə'les] *adv* icke desto mindre
non-ex·ist·ence [,nɒnɪg'zɪstəns] *s* obefintlighet
non-ex·ist·ent [,nɒnɪg'zɪstənt] *adj* obefintlig
non-fic·tion [nɒn'fɪkʃən] *s* facklitteratur
non-inter·fer·ence [,nɒnɪntə'fɪərəns] *s* icke
inblandning
non-inter·ven·tion ['nɒn,ɪntə'venʃn] *s (i sht Pol)*

nonintervention
non-iron [ˌnɒnˈaɪən] *adj* strykfri
non-mem·ber [ˌnɒnˈmembəʳ] *s* icke-medlem
no-no [ˈnəʊnəʊ] *s (Am vard)* ngt olämpligt/opassande; **that's a real** ~ det går absolut inte för sig, så får man inte göra
non·par·ti·san [ˌnɒnpɑːtɪˈzæn] *adj*, **non-party** [ˌnɒnˈpɑːtɪ] *adj (i sht Pol)* partilös, (partipolitiskt) obunden
non-pay·ment [ˌnɒnˈpeɪmənt] *s* utebliven betalning; ~ **of bills** obetalda räkningar
non·plus [ˈnɒnplʌs] *vt* förbluffa
non-poi·son·ous [ˌnɒnˈpɔɪzənəs] *adj* inte giftig, giftfri
non-profit·making [ˌnɒnˈprɒfɪtˌmeɪkɪŋ] *adj*, *(Am)* **non-profit** [ˌnɒnˈprɒfɪt] *adj*: ~ **organization** ideell organisation
non-pro·lif·era·tion [ˌnɒnprəˌlɪfəˈreɪʃən] *s (av kärnvapen)* icke-spridning
non-resi·dent [ˌnɒnˈrezɪdənt] *s (på hotell etc)* ej övernattande gäst; *(om person i ett land)* ej fast bosatt; **the hotel restaurant is open also to** ~**s** hotellets restaurang är öppen även för tillfälliga gäster
non·sense [ˈnɒnsəns] *s* nonsens, strunt; **(what)** ~**!** sådant prat!; **it is** ~ **to say that...** det är nonsens att påstå att...; **to talk** ~ prata strunt; **to make (a)** ~ **of sth** fördärva ngt, göra soppa av ngt; **to stand no** ~ inte tolerera några dumheter
non·sen·si·cal [nɒnˈsensɪkəl] *adj* dum, tramsig, meningslös
non-shrink [nɒnˈʃrɪŋk] *adj* krympfri
non-slip [ˌnɒnˈslɪp] *adj (golv, yta etc)* halkfri
non-smok·er [nɒnˈsməʊkəʳ] *s (person)* rökfri person; *(Järnv)* icke-rökare, kupé/avdelning för icke-rökare
non-smok·ing [ˌnɒnˈsməʊkɪŋ] *adj (person)* som inte röker, rökfri; *(Järnv: kupé etc)* för icke-rökare
non-stick [ˈnɒnˈstɪk] *adj* klibbfri; ~ **pan** panna som maten inte fastnar i
non-stop [ˈnɒnˈstɒp] **1** *adv* utan paus/uppehåll, oupphörligt; **the music was playing** ~ **all night** musiken spelade utan uppehåll hela natten; **the train goes** ~ **to Rome** tåget stannar inte förrän i Rom **2** *adj (flyg, tåg)* direkt-, utan uppehåll; *(musikprogram etc)* non-stop; **a** ~ **flight to Athens** ett direktflyg till Aten
non-vio·lent [ˌnɒnˈvaɪələnt] *adj* icke vålds-, fredlig
non-vot·er [ˌnɒnˈvəʊtəʳ] *s* person som inte röstar
noo·dles [ˈnuːdlz] *spl* nudlar
nook [nʊk] *s* hörn, vrå, skrymsle
noon [nuːn] *s* middag(stid), klockan tolv på dagen
no-one, no one [ˈnəʊwʌn] *pron* själv = **nobody**; *se äv* **one 1 c**
noose [nuːs] *s (i allm)* (löp)snara; *(för jakt)* fångstsnara; *(vid avrättning)* snara; **to put one's head in the** ~ *(bildl)* sticka huvudet i snaran
nope [nəʊp] *interj (i sht Am vard)* nej
nor [nɔːʳ] *konj*: **neither A** ~ **B** varken A eller B; ~ **do I** det gör inte jag heller; **I don't know,** ~ **can I guess** jag vet inte och kan inte gissa heller; ~ **was this all** och det var inte nog med detta
norm [nɔːm] *s* norm, standard; **larger than the** ~ större än normalt
nor·mal [ˈnɔːməl] **1** *adj* normal(-); **the child is not** ~ barnet är inte normalt; **it is perfectly** ~ **to be left-handed** det är helt normalt att vara vänsterhänt **2** *s*: **to return to** ~ återgå till det normala; **above/below** ~ över/under det normala
nor·mal·ity [nɔːˈmælətɪ] *s* normalt förhållande, normaltillstånd
nor·mal·ize [ˈnɔːməlaɪz] *vt (förbindelser)* normalisera
nor·mal·ly [ˈnɔːməlɪ] *adv* normalt, vanligtvis
Norse [nɔːs] *adj* fornnordisk

north [nɔːθ] **1** *s* norr, nord; **(to the)** ~ **of** norr om; **to live in the** ~ bo uppe i norr **2** *adj* norra, nord-; ~ **winds** nordliga vindar; **the N**~ **Pole** nordpolen; **the N**~ **Star** Polstjärnan **3** *adv* norrut, mot norr; **the town lies** ~ **of the border** staden ligger norr om gränsen
north·bound [ˈnɔːθˌbaʊnd] *adj* norrgående
north-east [ˌnɔːθˈiːst] **1** *s* nordost **2** *adj* nordostlig
north-easter·ly [ˌnɔːθˈiːstəlɪ] *adj* nordostlig
north-eastern [ˌnɔːθˈiːstən] *adj* nordostlig, nordost-; **the** ~ **part of the country will have snow** den nordostliga delen av landet får snö
nor·ther·ly [ˈnɔːðəlɪ] *adj* nordlig; **the most** ~ **point in Britain is Muckle Flugga** Storbritanniens nordligaste punkt heter Muckle Flugga
north·ern [ˈnɔːðən] *adj* norra, nordlig
north·ern·er [ˈnɔːðənəʳ] *s* person från ett lands norra del, norrlänning; **the** ~**s are kindly people** folket uppe i norr är mycket vänliga
north·ern·most [ˈnɔːðənməʊst] *adj* nordligast; **the** ~ **town in Europe** Europas nordligaste stad
North Sea [ˌnɔːθˈsiː] *s* Nordsjön; ~ **oil** nordsjöolja
north·ward(s) [ˈnɔːθwəd(z)] *adv* norrut, nordvart
north-west [ˌnɔːθˈwest] **1** *s* nordväst **2** *adj* nordvästlig
north-wester·ly [ˌnɔːθˈwestəlɪ] *adj* nordvästlig
north-western [ˌnɔːθˈwestən] *adj* nordvästlig, nordväst-
Nor·way [ˈnɔːweɪ] *s* Norge
Nor·we·gian [nɔːˈwiːdʒən] **1** *adj* norsk **2** *s (person)* norrman; *(Språk)* norska
nose [nəʊz] **1** *s (Anat: på människa)* näsa; *(: på djur)* nos; *(känsel)* luktsinne; *(Flyg)* nos, nosparti; **right under one's** ~ mitt framför näsan; **to blow one's** ~ snyta sig; **a dog with a good** ~ en hund med gott luktsinne/väderkorn; **to have a (good)** ~ **for** *(bildl)* ha (god) näsa/sinne för; **to follow one's** ~ gå dit näsan pekar; **he can't see beyond his** ~ han ser inte längre än näsan räcker; **to pay through the** ~ *(vard)* bli uppkörd, tvingas betala för mycket; **to poke** *el* **stick one's** ~ **into sth** *(vard)* lägga näsan i blöt; **to turn up one's** ~ **at sth** *(vard)* rynka på näsan åt ngt, ogilla ngt; **to look down one's** ~ **at sb/sth** *(vard)* se ner på ngn/ngt, behandla ngn/ngt nedlåtande; ~ **drops** näsdroppar; *se äv* **grindstone, joint 2c** **2** *vi (äv:* ~ **one's way)** ta sig fram, nosa sig fram; **the car** ~**d (its way) into the stream of traffic** bilen nosade sig fram i trafikvimlet
♦ **nose about, nose around** **1** *vi* + *adv* nosa omkring, snoka runt **2** *vi* + *prep*: **the detectives have been nosing about the area for days** detektiverna har hållit på och snokat i området i dagar
nose·bag [ˈnəʊzbæg] *s (för hästar)* foderpåse, tornister
nose·bleed [ˈnəʊzbliːd] *s* näsblod; **to have a** ~ ha näsblod
-nosed [nəʊzd] *adj* -näst, -nosig; **red**~ rödnäst
nose-dive [ˈnəʊzdaɪv] *(Flyg)* **1** *s* (stört)dykning; *(bildl)* snabb nedgång, ras; **the prices took a** ~ priserna föll kraftigt **2** *vi* (stört)dyka, falla snabbt
nos(e)y [ˈnəʊzɪ] *adj* (-ier, -iest) *(vard)* nyfiken, närgången
nos(e)y-par·ker [ˈnəʊzɪˌpɑːkəʳ] *s (Brit vard)* nyfiken person; **N**~**!** nyfiken i en strut!
nosh [nɒʃ] *s (vard)* käk, krubb; **a** ~**-up** rejält med käk, ett skrovmål
nos·tal·gia [nɒsˈtældʒɪə] *s* nostalgi, längtan hem/tillbaka
nos·tal·gic [nɒsˈtældʒɪk] *adj* nostalgisk, tillbakalängtande
nos·tril [ˈnɒstrəl] *s (Anat)* näsborre
nosy [ˈnəʊzɪ] *adj* = **nosey**

not [nɒt] *adv* **(a)** *(med verb)* inte, ej; **I've** ~ **el I
haven't seen anybody all day** jag har inte sett
någon på hela dagen; **he is** ~ *el* **isn't here** han är
inte här; **it's too late, is it not** *el* **isn't it?** det är för
sent, inte sant?; **you owe me money, do you** ~ *el*
don't you? du är skyldig mig pengar, eller hur?;
she will not *el* **won't go** hon vill inte ge sig av; **he
asked me** ~ **to do it** han bad mig att inte göra
det **(b): whether you go or** ~ vare sig du går
eller ej; ~ **that I don't like him** inte för det att jag
inte tycker om honom; **big,** ~ **to say enormous**
stor, för att inte säga jättelik; **why** ~? varför
inte; **I hope** ~ det hoppas jag inte **(c): certainly**
~! verkligen inte; ~ **likely!** *(vard)* knappast!,
sällan!; ~ **at all** inte alls; *(som svar efter tack)*
ingen orsak **(d)** *(med pronomen etc)*: ~ **one** ing-
en enda; ~ **me/you** inte jag/du; ~ **everybody can
do it** det är inte alla som kan klara det; ~ **yet** inte
ännu; ~ **guilty** icke skyldig

no·table ['nəʊtəbl] *adj (händelse)* anmärknings-
värd, märklig; *(person)* berömd, framstående; **a**
~ **achievement** en anmärkningsvärd bedrift; **a**
~ **lawyer** en framstående advokat

no·tably ['nəʊtəblɪ] *adv* **(a)** påtagligt, märkbart;
~ **higher sales in December** märkbart högre
försäljning i december **(b)** speciellt, särskilt;
both children like drawing, ~ **the girl** båda bar-
nen tycker om att rita, särskilt flickan

no·ta·ry ['nəʊtərɪ] *s (äv:* ~ **public)** notarius pub-
licus

no·ta·tion [nəʊ'teɪʃən] *s* notation, markeringssy-
stem

notch [nɒtʃ] **1** *s* **(a)** *(med kniv etc)* hack, jack,
skåra **(b)** *(Am Geogr)* smalt bergspass **2** *vt*
göra ett hack

♦ **notch up** *vt + adv (bildl)* notera, anteckna; **the
team** ~**ed up their fourth win** laget noterade sin
fjärde seger

note [nəʊt] **1** *s* **(a)** *(Mus: sjungen, spelad)* ton;
(: nedskriven) not; **to play/sing a false** ~ spela/
sjunga falskt; **to strike the right/wrong** ~ slå
rätt/fel ton, klinga rätt/falskt; *(bildl):* **his dress
struck the wrong** ~ **at the party** hans klädsel
passade illa in vid festen **(b)** *(röstläge)* ton;
with a ~ **of anxiety in his voice** med en antydan
av oro i rösten **(c)** *(skrift)* anteckning, not; (=
foot~) fotnot; **to take** ~**s** anteckna; **to compare**
~**s** jämföra åsikter, utbyta erfarenheter; **to
make a** ~ **of sth** anteckna ngt **(d)** *(brev etc)* not,
skrivelse, kort meddelande **(e)** *(Handel: = pro-
missory* ~) skuldsedel; *(: = bank* ~) sedel; **a five-
pound** ~ en fempundssedel **(f)** *(egenskap)*: **of** ~
framstående, berömd; **a dramatist of** ~ en be-
römd dramatiker; **worthy of** ~ anmärknings-
värd, viktig; **did anything worthy of** ~ **happen?**
hände något av vikt?; **to take** ~ **of** fästa vikt vid,
notera **2** *vt (observera)* lägga märke till; *(skriva ner)*
anteckna; *(fästa uppmärksamhet vid)* påpeka,
framhålla; **have you** ~**ed (down) his new
address?** har du antecknat hans nya adress?; **the
speaker** ~**ed the importance of a quick solution**
talaren framhöll vikten av en snabb lösning

note·book ['nəʊtbʊk] *s* anteckningsbok

not·ed ['nəʊtɪd] *adj* berömd, framstående, känd; **a
town** ~ **for its castle** en stad känd för sitt slott

note·paper ['nəʊt,peɪpə^r] *s* skrivpapper, brev-
papper

note·worthy ['nəʊt,wɜːðɪ] *adj* anmärkningsvärd,
remarkabel

noth·ing ['nʌθɪŋ] **1** *pron självst* **(a)** inget, intet,
ingenting; **there is** ~ **in this room at all** det finns
inget alls i det här rummet; ~ **ever happens in
this town** det händer aldrig ngt i den här stan;
our team lost three ~ vårt lag förlorade med 3-0;

~ **else** ingenting annat; ~ **much** inte mycket; ~
but bara, inte mer än; **there's** ~ **special about it**
det är inget särskilt med det; **there is** ~ **in the
rumours** det finns ingen sanning i ryktena;
there's ~ **in it for us** det är ingen vits med det för
oss; **there's** ~ **for it** det är inget annat att göra,
det är ingen annan råd; **there's** ~ **to it!** det är
ingen konst!, det är enkelt; **to have** ~ **on** *(naken)*
inte ha något på sig, vara utan kläder; *(ledig)* inte
ha något *(särskilt)* för sig; **he is** ~ **if not careful**
han är mycket försiktig; *se äv* **do 3 d (b):for**
~ gratis; **all our preparations have been for** ~
alla våra förberedelser har varit förgäves
(c): to come to ~ bli till intet, gå i stöpet; **to say**
~ **of...** för att inte nämna...; **to think** ~ **of** inte
ta allvarligt på; **think** ~ **of it!** tänk inte på det!,
det gjorde ingenting!; **to make** ~ **of sth** inte få
ut ngt av ngt, inte begripa ngt
2 *s*: **a mere** ~ en småsak; **to whisper sweet** ~**s**
to sb viska kärleksord till ngn
3 *adv* inte alls, på intet sätt; **it was** ~ **like as
expensive as we thought** det var inte alls så dyrt
som vi trodde

noth·ing·ness ['nʌθɪŋnɪs] *s* **(a)** intighet, icke-
vara; **is there only** ~ **after death?** finns bara
intigheten efter döden? **(b): we felt no grief,
only** ~ vi kände ingen sorg, bara tomhet

no·tice ['nəʊtɪs] **1** *s* **(a)** *(om kommande händel-
se)* besked, förvarning; **the timetable
is subject to change without** ~ tidtabellen kan
ändras utan särskilt meddelande; **at short** ~
med kort varsel; **at a moment's** ~ med mycket
kort varsel, genast; **until further** ~ tills vidare;
to give sb a week's ~ *(uppdragstagare)* ge ngn
besked en vecka innan; **give** ~ **of a strike** varsla
om strejk
(b) *(om arbete)* avsked, uppsägning; *(om hyra)*
uppsägning; **they gave** ~ **to three workers** tre
arbetare blev uppsagda; **how much** ~ **do you
have to give?** hur lång är uppsägningstiden?; **to
give sb a week's** ~ *(anställd, hyresgäst)* säga upp
med en veckas varsel; ~ **to quit** *(till hyresgäst)*
uppsägning; **to hand in one's** ~ lämna in sin
avskedsansökan
(c) *(reklam etc)* notis, meddelande, anslag;
nobody had seen the ~ **on the board** ingen hade
sett meddelandet på anslagstavlan; **to put a** ~ **in
the paper** sätta in en notis i tidningen; **they put
up** ~**s in shop windows** de satte upp anslag i
skyltfönstren; **the** ~ **says 'Keep out'** 'Tillträde
förbjudet' står det på skylten; ~ **board** *(Brit)*
anslagstavla
(d) *(om teater, film etc)* recension, kritik; **she
didn't get very good** ~**s for her book** hennes bok
fick inga vidare recensioner
(e) *(om förhållanden)* uppmärksamhet, kän-
nedom; **it has come to my** ~ **that...** det har kom-
mit till min kännedom att...; **to escape** ~ undgå
uppmärksamhet; **to take** ~ vara uppmärksam,
lyssna noga; **to take** ~ **of sb** ta notis om ngn,
lägga märke till ngn; **to take no** ~ **of sth** inte bry
sig om ngt, strunta i ngt
2 *vt* lägga märke till

no·tice·able ['nəʊtɪsəbl] *adj* märkbar; **the scar is
hardly** ~ **now** ärret märks/syns knappt nu; **there
has been a** ~ **increase in...** det har varit en
märkbar ökning i...

no·ti·fi·ca·tion [,nəʊtɪfɪ'keɪʃən] *s* meddelande,
tillkännagivande

no·ti·fy ['nəʊtɪfaɪ] *vt* meddela, underrätta, lämna
besked till; **to** ~ **sb of sth** meddela ngn ngt,
underrätta ngn om ngt

no·tion ['nəʊʃən] *s (begrepp)* idé, aning, *(åsikt)* syn-
punkt, uppfattning; *(ny idé)* påhitt, infall; **I have
no** ~ **of what you mean** jag har ingen aning om

vad du menar; **the old** ~ **that the earth was flat** den gamla uppfattningen om att jorden var platt; **to have no** ~ **of** inte ha ngt begrepp om; **her head is full of silly** ~**s** hon har huvudet fullt av tokiga idéer

no·to·ri·ety [ˌnəʊtəˈraɪətɪ] s ökändhet

no·to·ri·ous [nəʊˈtɔːrɪəs] adj (tjuv, fängelse etc) ökänd, beryktad; **a** ~ **crime** ett beryktat brott; **a town** ~ **for its thick fog** en stad beryktad för sin tjocka dimma

no·to·ri·ous·ly [nəʊˈtɔːrɪəslɪ] adv (med neg huvudord) som bekant är; **he is** ~ **lazy** alla vet hur lat han är; **they are** ~ **inefficient** de är kända för sin ineffektivitet

not·with·stand·ing [ˌnɒtwɪθˈstændɪŋ] (frm) **1** prep trots, oaktat (frm); ~ **the bad weather the harvest was quite good** trots det dåliga vädret blev skörden ganska god; **this rule** ~ **fast** det är mot regeln; **you can take the books with you, this rule** ~ du får ta med dig böckerna trots att det är mot regeln **2** konj: ~ **(that)** fastän, trots att **3** adv oaktat detta, icke desto mindre

nou·gat [ˈnuːɡɑː] s nougat

nought [nɔːt] s (Mat) noll, nolla; **point** ~ **five** noll komma noll fem, 0,05; ~**s and crosses** (Brit: spel) tripp, trapp, trull

noun [naʊn] s (Språkv) substantiv; ~ **phrase** nominalfras

nour·ish [ˈnʌrɪʃ] vt (eg) nära, uppföda; **to** ~ **the soil** ge jorden näring; (bildl): **to** ~ **feelings of hatred** hysa hatkänslor

nour·ish·ing [ˈnʌrɪʃɪŋ] adj närande; ~ **food** närande föda

nour·ish·ment [ˈnʌrɪʃmənt] s näring, mat

nou·veau riche [ˌnuːvəʊˈriːʃ] s, pl **nouveaux riches** nyrik (person), rik uppkomling

nov·el [ˈnɒvəl] **1** adj (idé, förslag etc: oprövad) ny, nymodig; (: främmande) ovanlig, originell **2** s (Litt) roman

nov·el·ist [ˈnɒvəlɪst] s romanförfattare

nov·el·ty [ˈnɒvəltɪ] s **(a)** (i allm: se novel 1) nyhet, nymodighet; **once the** ~ **of marriage has worn off** när äktenskapet inte längre har nyhetens behag; **living in a big city was quite a** ~ **at first** att bo i en storstad var något nytt och spännande i början **(b)** (Handel) nyhet, ny produkt; **the catalogues were full of novelties** katalogerna var fulla av nyheter

No·vem·ber [nəʊˈvembəʳ] s november; se äv **July**

nov·ice [ˈnɒvɪs] s (i allm) novis, nybörjare; (Rel) novis

now [naʊ] **1** adv **(a)** (tidpunkt) nu; (vid denna tid: äv) nuförtiden, numera; (om tidpunkt i det förflutna) nu; **right** ~ just nu, nu genast; **they** ~ **live in Gothenburg** de bor numera i Göteborg; **she** ~ **realized why...** nu insåg hon varför...; **they won't be long** ~ nu dröjer det inte länge innan de kommer; **(every)** ~ **and again, (every)** ~ **and then** då och då, regelbundet **(b)** (med prep): **before** ~ redan tidigare; **long before** ~ för länge sedan; **between** ~ **and next Tuesday** (någon gång) före (nästa) tisdag; **by** ~ vid det här laget; **from** ~ **on** från och med nu, hädanefter; **from** ~ **until then** fram till dess; **until** ~, **up to** ~ hittills **(c)** (utan tidsbetydelse): ~! se så!, hör på!; ~ **what happened was this...** jo, vad som hände var detta...; **well** ~ nå(väl); (överraskat) ser man på!; ~ **then!** jaha!; (förmanande) se så! **2** konj ~ **(that)** nu när; ~ **that you are here, I feel safe** nu när/eftersom du är här känner jag mig trygg

now·a·days [ˈnaʊədeɪz] adv nuförtiden

no·where [ˈnəʊweəʳ] adv ingenstans; ~ **else** ingen annanstans; **you're going** ~! du går ingenstans!; ~ **in Europe** inte någonstans i Europa; **we're getting** ~ vi kommer ingen vart; **it's** ~ **near as**

good den är inte alls lika bra; **A is** ~ **near as big as B** A är inte på långt när lika stor som B; **from** ~ från ingenstans, helt plötsligt

nox·ious [ˈnɒkʃəs] adj farlig, skadlig; ~ **gases** farliga gaser; ~ **influence** skadligt/fördärvligt inflytande

noz·zle [ˈnɒzl] s munstycke

nth [enθ] adj (Mat): **to the** ~ **power/degree** till den n-te digniteten, upphöjt till n; **for the** ~ **time** (vard) för femtielfte gången

nu·ance [ˈnjuːɑːns] s (i allm) nyans; (av färg: äv) ton; (av ord: äv) bibetydelse

nu·bile [ˈnjuːbaɪl, (i sht Am) ˈnjuːbɪl] adj (flicka, kvinna) giftasvuxen, (köns)mogen; : (skämts) välutvecklad

nu·clear [ˈnjuːklɪəʳ] adj atom-, kärn-; ~ **energy** atomenergi, kärnkraft; ~ **power plant/station** kärnkraftverk; ~ **war** kärnvapenkrig

nuclear-powered [ˈnjuːklɪəˈpaʊəd] adj (ubåt etc) atomdriven

nu·cleus [ˈnjuːklɪəs] s, pl **nuclei** [ˈnjuːklɪaɪ] (Fys, Biol) kärna, central del; (bildl) central del; **his paintings form the** ~ **of the collection** hans målningar utgör stommen i samlingen

nude [njuːd] **1** adj **(-er, -est)** naken; (Konst) naket-, akt- **2** s **(a)** (Konst) naket|måleri/-skulptur etc, akt **(b)** naken person, (i sht) naken kvinna; **in the** ~ naken

nudge [nʌdʒ] **1** s stöt, puff, knuff **2** vt puffa till, stöta till; ~ **me when it's time to leave** puffa på mig när det är dags att gå

nud·ist [ˈnjuːdɪst] s nudist; ~ **colony/camp** nudistläger

nu·dity [ˈnjuːdɪtɪ] s nakenhet

nug·get [ˈnʌɡɪt] s (Gruv) klump, klimp

nui·sance [ˈnjuːsns] s **(a)** (i allm) besvär, olägenhet; **what a** ~! så synd!, vilket elände!; **it's a** ~ **having to shave** det är besvärligt att behöva raka sig; ~ **value** störningseffekt **(b)** (person) besvärlig människa; **to make a** ~ **of oneself** vara till besvär, störa, bråka

null [nʌl] adj (Jur): ~ **and void** ogiltig, av noll och intet värde

nul·li·fy [ˈnʌlɪfaɪ] vt upphäva, annullera

numb [nʌm] **1** adj (eg) stel, avdomnad; (bildl) stel, förlamad; **her feet were** ~ **with cold** hennes fötter var stelfrusna; **to be** ~ **with fright** vara stel av skräck; ~ **with grief** förlamad av sorg **2** vt (i allm) få att domna; (bildl) döva, lindra; **they gave him an injection to** ~ **the pain** de gav honom en spruta för att döva smärtan; **she drank to** ~ **her grief** hon drack kraftigt för att döva sorgen

num·ber [ˈnʌmbəʳ] **1** s **(a)** (Mat) nummer, siffra; (viss mängd) antal; **are you good with** ~**s?** är du bra på att räkna?; **in round** ~**s** med avrundade siffror; **a** ~ **of people** ett antal människor; **on a** ~ **of occasions** vid ett antal tillfällen; **any** ~ **of** många, en mängd **(b)** (om hus etc) nummer; **we live at No. 15** vi bor i nr 15; **reference** ~ referensnummer; **telephone** ~ telefonnummer; **wrong** ~ (Tele) fel (telefon)nummer; **N**~ **Ten** (Brit Pol) Downing Street nummer 10, premiärministerns bostad; ~ **plate** (Brit Motor) nummerskylt, registreringsskylt **(c)** (person): **opposite** ~ kollega, motsvarighet **(d)** (Tidn etc) nummer; **the latest** ~ **of Vogue** det senaste numret av Vogue **(e)** (musik, sång etc) nummer; **and for my next** ~ **I will sing/play...** och som nästa nummer tänker jag sjunga/spela... **(f)** (Språkv) numerus **2** vt **(a)** (i allm) räkna (in), inkludera; **to** ~ **sb among one's friends** räkna ngn till sina vänner; **his days are** ~**ed** hans dagar är räknade **(b)** (om total mängd) uppgå till, ha totalt, omfatta; **the library** ~**s 30,000 books** biblioteket har totalt 30 000 böcker; **they** ~ **several hundreds** de uppgår till flera hundra **(c)** *(om ordning)* numrera; **have you ed**~ **the paintings yet?** *har du numrerat tavlorna ännu?*

num·ber·less |'nʌmbəlıs| *adj* otalig, oräknelig

numb·ness |'nʌmnıs| *s (eg)* stelhet; *(bildl)* förlamning

nu·mera·cy |'nju:mərəsı| *s* matematik, räkning; *(äv)* (praktisk) räkneförmåga

nu·mer·al |'nju:mərəl| *s* siffra; *(Språkv)* räkneord; **cardinal** ~ grundtal; **ordinal**~ ordningstal

nu·mer·ate |'nju:mərıt| *adj* räknekunnig; **to be** ~ ha kunskaper i matematik

nu·meri·cal |nju:'mcrıkəl| *adj* numerisk, siffermässig; ~ **ability** förmåga att handskas med siffror; **in** ~ **order** i nummerordning

nu·mer·ous |'nju:mərəs| *adj* talrik

numis·mat·ics |ˌnju:mıs'mætıks| *ssg* numismatik, mynt och medaljer

nun |nʌn| *s* nunna

nup·tial |'nʌpʃəl| *adj* bröllops-, vigsel-; ~ **rites** bröllopsceremonier

nurse |nɜ:s| **1** *s (sjukvård etc)* sköterska, sjuksyster; *(för barn)* (barn)sköterska; **male** ~ sjukskötare, manlig sköterska **2** *vt (Sjukvård)* sköta, vårda; *(småbarn: mata)* amma; *(: Brit: hålla)* ha i famnen; *(bildl: hopp, vrede, avund)* hysa, ha; **she** ~**d him back to health** hon skötte om honom så att han blev frisk; **to** ~ **a cold** kurera en förkylning; **he's** ~**d a grudge against me for years** han har hyst agg mot mig i åratal

nurse·maid |'nɜ:smeıd| *s* barnflicka, barnjungfru *(åld)*

nurse·ry |'nɜ:sərı| *s* **(a)** *(för barn)* barnkammare, lekrum **(b)** *(Jordbr etc)* plantskola; ~ **rhyme** barnramsa; ~ **school** lekskola, förskola

nurs·ing |'nɜ:sıŋ| **1** *adj* **(a)** *(moder)* ammande; ~ **bottle** *(Am)* nappflaska **(b)** *(Sjukvård)* vårdande; **the** ~ **staff** vårdpersonalen; ~ **home** *(i allm)* sjukhem, vårdhem; *(Brit: för förlossning)* privat BB **2** *s (sjukvård)* vård, behandling; *(yrke)* sjukvården, vårdyrket; **she's going in for**

~ hon tänker bli sjuksköterska

nur·ture |'nɜ:tʃə'| **1** *s (av barn: mat etc)* näring; *(: Psyk)* (upp)fostran; **nature and** ~ arv och miljö **2** *vt (med mat)* nära; *(Psyk)* fostra; *(bildl: planer etc)* hysa, nära

nut |nʌt| *s* **(a)** *(Bot)* nöt, kärna **(b)** *(Tekn)* mutter **(c)** *(vard: huvud)* skalle; **to be off one's** ~ *(vard)* vara dum i skallen, vara knäpp **(d)** *(vard: person)* tok, galning

nut·case |'nʌt,keıs| *s (vard)* galning

nut·cracker |'nʌt,krækə'| *s, ofta pl:* ~**s** nötknäppare

nut·house |'nʌt,haʊs| *s (vard)* dårhus

nut·meg |'nʌtmeg| *s* muskot(nöt)

nu·tri·ent |'nju:trıənt| **1** *adj* närande, näringsrik **2** *s* näring

nu·tri·ment |'nju:trımənt| *s* näring

nu·tri·tion |nju:'trıʃən| *s* näring; *(vetenskap)* näringslära

nu·tri·tious |nju:'trıʃəs| *adj*, **nu·tri·tive** |'nju:trıtıv| *adj* närande, näringsrik

nuts |nʌts| **1** *adj (vard)* tokig, galen; **to be** ~**s about sb/sth** vara galen i ngn/ngt; **to go** ~**s** bli tokig **2** *interj (vard)* jäklar!, sablar!; *(nonsens)* dösnack!

nut·shell |'nʌtʃel| *s (eg)* nötskal; **in a** ~ *(bildl)* i ett nötskal, i korthet; **to put it in a** ~ för att göra en lång historia kort

nut·ty |'nʌtı| *adj* (-ier, -iest) **(a)** *(om kaka etc)* med nötsmak, med nötter i **(b)** *(vard)* galen, tokig

nuz·zle |'nʌzl| *vi:* **to** ~ **up to sb/sth** *(djur)* trycka nosen/mulen mot ngn/ngt; *(person)* trycka sig (smeksamt) mot; **the horse** ~**d up to me** hästen tryckte mulen mot mig

N.Y. *förk f* New York

ny·lon |'naılɒn| **1** *s* nylon; ~**s** nylonstrumpor **2** *adj* nylon-

nymph |nımf| *s (eg, bildl)* nymf

nym·pho·ma·nia |ˌnımfəʊ'meınıə| *s* nymfomani

nym·pho·ma·ni·ac |ˌnımfəʊ'meınıæk| *s* nymfoman

N.Z. *förk f* New Zealand

O

O, o |əʊ| **1** s **(a)** *(bokstav)* O, o; *(siffra: Tele etc)* 0, noll **(b): O level** *(Brit Skol: = ordinary level: ung)* grundskole|nivå/-utbildning; **O level certificate** grundskolebetyg **2** *interj (poet)* o, ack

oaf |əʊf| s, *pl* **oaves** *(person: dum)* tok, fåne; *(: ohyfsad)* tölp

oaf·ish |'əʊfɪʃ| *adj (se* **oaf***)* tokig, fånig; tölpaktig

oak |əʊk| s *(träd o träslag)* ek; ~ **apple** galläpple

O.A.P. *(Brit)* förk f **old age pensioner** *se* **old** 3

oar |ɔ:ʳ| s åra; **to put/shove one's** ~ **in** *(bildl vard)* lägga sig 'i, lägga näsan i blöt

oars·man |'ɔ:zmən| s, *pl* **-men** roddare

oasis |əʊ'eɪsɪs| s, *pl* **oases** |əʊ'eɪsi:z| oas

oat·cake |'əʊtkeɪk| s havrekaka

oath |əʊθ| s **(a)** *(högtidlig)* ed; **under** ~, **on** ~ *(Jur)* under ed; **to break one's** ~ bryta en ed; **to take the** ~ avlägga ed; **to swear on** ~/**on one's** ~ svära en ed, avlägga ed **(b)** *(i ilska)* svordom

oat·meal |'əʊtmi:l| **1** s havregryn; *(Am: äv)* havregrynsgröt; ~ **porridge** *(Brit)* havregrynsgröt; **2** *adj (färg)* blekgul

oats |'əʊts| *spl* havre; **to be off one's** ~ *(bildl vard)* ha tappat matlusten; *(: äv)* må dåligt; **to sow one's wild** ~ *(bildl)* så sin vildhavre, roa sig medan man är ung

oaves |əʊvz| *spl av* **oaf**

ob·du·rate |'ɒbdjʊrit| *adj (envis: i allm)* halsstarrig; *(: i förhandling etc)* omedgörlig; **an** ~ **sinner** en förhärdad syndare

obedi·ence |ə'bi:dɪəns| s lydnad; **in** ~ **to your orders** *(frm)* i enlighet med givna order

obedi·ent |ə'bi:dɪənt| *adj* lydig, hörsam; **to be** ~ **sb/sth** lyda *el* vara lydig mot ngn/ngt

obedi·ent·ly |ə'bi:dɪəntlɪ| *adv* lydigt

ob·elisk |'ɒbɪlɪsk| s obelisk

obese |əʊ'bi:s| *adj (person)* mycket fet

obesity |ə'bi:sɪtɪ| s stark fetma

obey |ə'beɪ| **1** *vt (person etc)* lyda, följa; **the dog** ~**ed its master** hunden lydde sin ägare; **to** ~ **an order** lyda en order; **to** ~ **the law** följa lagen; **I like to be** ~**ed** jag vill bli åtlydd **2** *vi* lyda; **the soldiers refused to** ~ soldaterna vägrade lyda/följa order

obi·tu·ary |ə'bɪtjʊərɪ| s *(i tidning)* dödsnotis, dödsruna; ~ **column** spalt för avlidna; ~ **notice** dödsnotis, dödsruna

ob·ject |'ɒbdʒɪkt| **1** s **(a)** *(konkret)* föremål, sak, ting; *(för intresse)* föremål; **they saw various** ~**s of interest at the museum** de såg olika intressanta föremål på museet; **to be the** ~ **of sb's attention** vara föremål för ngns intresse; **she was an** ~ **of ridicule** hon var föremål för åtlöje; ~ **lesson** *(bildl)* skolexempel **(b)** *(inriktning)* syfte, mål; **with this** ~ **in view/in mind** med detta mål i sikte; **with the** ~ **of doing...** i avsikt att göra...; **what's the** ~ **of doing that?** vad är det för mening med att göra det? **(c)** *(hinder)* **expense is no** ~ kostnaden utgör inte något hinder **(d)** *(Språkv)* objekt; **direct/indirect** ~ direkt/indirekt objekt **2** |əb'dʒekt| *vt:* **to** ~ **that...** invända att... **3** |əb'dʒekt| *vi (ogilla)* opponera *(to* mot); *(: uttryckligen)* invända; **if you don't** ~ om du inte misstycker; **to** ~ **to sb doing sth** invända mot att ngn gör ngt; **she** ~**s to my behaviour** hon ogillar mitt uppförande; **do you** ~ **to my**

smoking? har du ngt emot att jag röker?; **I** ~! *(frm)* jag protesterar!

ob·jec·tion |əb'dʒekʃən| s **(a)** *(uttryck)* invändning, protest; **to make/raise an** ~ göra en invändning, protestera; **there is no** ~ **to your going** det finns inget att invända emot att du reser; **are there any** ~**s?** finns det några invändningar? **(b)** *(känsla)* ogillande; **that will meet with her** ~ det kommer hon att sätta sig emot; **have you any** ~ **to my smoking?** har du ngt emot att jag röker?

ob·jec·tion·able |əb'dʒekʃnəbl| *adj (person, beteende, film etc)* anstötlig; *(lukt)* obehaglig

ob·jec·tive |əb'dʒektɪv| **1** *adj* **(a)** *(ställningstagande, framställning etc)* objektiv, saklig, opartisk; **to take an** ~ **view** ha en objektiv hållning **(b)** *(verklig)* reell, objektiv; **an** ~ **fact** ett objektivt faktum; **in the** ~ **world** i verkligheten **2** s *(inriktning)* syfte, mål, avsikt; **military** ~ militärt mål

ob·jec·tive·ly |əb'dʒektɪvlɪ| *adv* objektivt, sakligt

ob·jec·tiv·ity |ˌɒbdʒek'tɪvɪtɪ| s objektivitet, saklighet

ob·jec·tor |əb'dʒektəʳ| s *(till förslag etc)* motståndare; *se äv* **conscientious**

ob·li·gate |'ɒblɪgeɪt| *vt* förplikta, ålägga

ob·li·ga·tion |ˌɒblɪ'geɪʃən| s skyldighet, plikt; *(för väntjänst etc)* tacksamhetsskuld; **without** ~ *(to buy)* utan köptvång; **to be under an** ~ **to sb** stå i tacksamhetsskuld till ngn; **to be under an** ~ **to do sth** vara förpliktad att göra ngt; **to meet/fail to meet one's** ~**s** uppfylla/inte uppfylla sina plikter

ob·liga·tory |ɒ'blɪgətərɪ| *adj* obligatorisk; *(löfte, regel)* bindande; **it's** ~ **for you to...** du är skyldig att...

oblige |ə'blaɪdʒ| *vt* **(a)** *(tvång)* tvinga, kräva; **to** ~ **sb to do sth** tvinga ngn att göra ngt; **to be** ~**d to do sth** vara tvungen att göra ngt **(b)** *(frivillighet)* göra en tjänst; **could you** ~ **me with a light** kan du stå till tjänst med lite ljus/eld? **would you** ~ **me by not talking so loudly** vill du vara hygglig och inte prata så högt; **anything to** ~! jag står gärna till tjänst!; **to be** ~**d to sb for sth** vara ngn mycket tacksam; **much** ~**d!** tack så mycket!; **I am** ~**d to you for your help** jag är dig ett stort tack skyldig för hjälpen

oblig·ing |ə'blaɪdʒɪŋ| *adj* hjälpsam, tillmötesgående; **it was very** ~ **of them** det var mycket vänligt av dem

oblique |ə'bli:k| **1** *adj (i allm)* sned, skev; *(bildl)* förtäckt, indirekt **2** s snedstreck

oblique·ly |ə'bli:klɪ| *adv (i allm)* snett, skevt; *(bildl)* på ett indirekt sätt

oblit·erate |ə'blɪtəreɪt| *vt* utplåna; **his tracks were** ~**d by the heavy snow** hans fotspår utplånades av det kraftiga snöfallet

oblivi·on |ə'blɪvɪən| s glömska; **to fall/sink into** ~ falla i glömska; **act of** ~ allmän amnesti

oblivi·ous |ə'blɪvɪəs| *adj* glömsk *(of/to* av); **to be** ~ **of sth** *(äv)* vara omedveten om ngt

ob·long |'ɒblɒŋ| **1** *adj* avlång, rektangulär **2** s avlång form, rektangel

ob·nox·ious |əb'nɒkʃəs| *adj* avskyvärd, synnerligen otrevlig/obehaglig

oboe |'əʊbəʊ| s oboe

ob·scene |əb'siːn| *adj* obscen, oanständig

ob·scen·ity |əb'senɪtɪ| *s (abstr, konkr)* obscenitet, oanständighet

ob·scure |əb'skjʊəʳ| **1** *adj* **(-r, -st)** oklar, dunkel, vag; *(konstnär etc)* okänd; **an** ~ **memory** ett vagt minne; **of** ~ **birth** av dunkel härkomst **2** *vt (eg: utsikt etc)* fördunkla, skymma; *(bildl: diskussion, begrepp etc)* förvirra; **the cloud** ~**d the sun** molnet fördunklade solen; **don't** ~ **the issue** förvirra inte begreppen

ob·scu·rity |əb'skjʊərɪtɪ| *s (av idéer etc)* dunkelhet, oklarhet; *(av personer)* obemärkthet

ob·se·qui·ous |əb'siːkwɪəs| *adj* inställsam, servil

ob·ser·vance |əb'zɜːvəns| *s* iakttagande, efterlevnad; **religious** ~**s** religionsutövning

ob·ser·vant |əb'zɜːvənt| *adj (vaktpost etc)* uppmärksam, observant; **to be** ~ **of** *(regler etc)* noga följa

ob·ser·va·tion |ˌɒbzə'veɪʃən| *s* **(a)** *(med sinnena)* observation, iakttagande; *(enstaka)* iakttagelse; *(Med, Statistik etc)* observation; **the police are keeping him under** ~ polisen har honom under uppsikt; **he is under** ~ **in hospital** han ligger på sjukhus för observation; **powers of** ~ iakttagelseförmåga; **to escape** ~ passera obemärkt, undgå att bli iakttagen; ~ **post** *(Mil)* observationsplats; ~ **tower** utkikstorn **(b)** *(av bestämmelser etc)* iakttagande **(c)** *(yttrande)* kommentar, anmärkning

ob·ser·va·tory |əb'zɜːvətrɪ| *s* observatorium

ob·serve |əb'zɜːv| *vt* **(a)** *(med sinnena)* observera, märka; **she** ~**d him doing it** hon märkte att han gjorde det **(b)** *(aktivt)* betrakta, iaktta; **he** ~**s the stars through a telescope** han betraktar stjärnorna genom ett teleskop **(c)** *(med ord)* kommentera, anmärka; **he** ~**d that it was a nice day** han anmärkte att det var en fin dag **(d)** *(regler etc)* lyda, följa, iakttaga; **to** ~ **the law** följa lagen

ob·serv·er |əb'zɜːvəʳ| *s* observatör, iakttagare

ob·sess |əb'ses| *vt* besätta, hemsöka; **to be** ~**ed by el with sb/sth** vara besatt av ngn/ngt

ob·ses·sion |əb'seʃən| *s* tvångsföreställning, mani, fix idé; **football is an** ~ **with him** han är helt tokig i fotboll; **his** ~ **with her** hans fixering vid henne; **his** ~ **about cleanliness** hans renlighetsmani

ob·ses·sive |əb'sesɪv| *adj* manisk, tvångsmässig; **an** ~ **thought** en tvångstanke

ob·soles·cent |ˌɒbsəʊ'lesnt| *adj* föråldrad, på väg att dö ut; **to be** ~ vara på väg att försvinna

ob·so·lete |'ɒbsəliːt| *adj* föråldrad, gammaldags; **to become** ~ föråldras

ob·sta·cle |'ɒbstəkl| *s (eg, bildl)* hinder; **to be an** ~ **to sb/sth** vara ett hinder/stå i vägen för ngn/ngt; **to put an** ~ **in the way of sb/sth** hindra ngn/ngt; **that is no** ~ **to our doing it** det hindrar oss inte från att göra det; ~ **race** *(eg, bildl)* hinderlöpning *med olika sorters hinder*

ob·ste·tri·cian |ˌɒbstə'trɪʃən| *s* förlossningsläkare, obstetriker

ob·stet·rics |ɒb'stetrɪks| *ssg (Med)* obstetrik

ob·sti·na·cy |'ɒbstɪnəsɪ| *s* envishet, motspänstighet

ob·sti·nate |'ɒbstɪnɪt| *adj (person)* envis, motspänstig; *(motstånd, vägran)* hårdnackad; *(sjukdom)* envis; **she's as** ~ **as a mule** hon är envis som en åsna

ob·sti·nate·ly |'ɒbstɪnɪtlɪ| *adv (se obstinate)* envist; hårdnackat

ob·strep·er·ous |əb'strepərəs| *adj (barn, fyllerist)* oregerlig, omöjlig

ob·struct |əb'strʌkt| *vt (i allm)* blockera, hindra; *(Sport)* hindra, obstruera; **to** ~ **sb/sth with sth/by doing sth** hindra ngn/ngt med hjälp av ngt/

genom att göra ngt

ob·struc·tion |əb'strʌkʃən| *s (i allm)* hinder; *(Sport, Pol)* obstruktion; **to cause an** ~ utgöra ett hinder; ~ **of justice** *(Jur)* hindrande av rättvisan

ob·struc·tive |əb'strʌktɪv| *adj* hindrande, bromsande; **to be** ~ sätta sig på tvären

ob·tain |əb'teɪn| *vt* få tag i, erhålla, skaffa; **where did you** ~ **that information?** var lyckades du få den informationen; **oil can be** ~**ed from coal** olja kan utvinnas ur kol

ob·tain·able |əb'teɪnəbl| *adj* tillgänglig, möjlig att få tag i; **where is that** ~? var kan man få tag i den?; ~ **at most hardware stores** finns i de flesta järnaffärer

ob·trude |əb'truːd| **1** *vi* tränga/tvinga sig på **2** *vt:* **to** ~ **sth (up)on sb** tvinga på ngn ngt; **to** ~ **one's opinions (up)on sb** tvinga på ngn sin uppfattning

ob·tru·sive |əb'truːsɪv| *adj (lukt, ljud)* påträngande; *(klädsel)* iögonfallande; *(åsikter)* utmanande; *(person)* påflugen

ob·tuse |əb'tjuːs| *adj (Geom)* trubbig; *(bildl)* trögtänkt, tjockskallig

ob·vi·ate |'ɒbvɪeɪt| *vt* undanröja; *(i förväg: äv)* förebygga; *(i efterhand: äv)* avlägsna

ob·vi·ous |'ɒbvɪəs| *adj* tydlig, uppenbar, självklar; **it's** ~ **that...** det är tydligt att...; **he's the** ~ **man for the job** det är uppenbart att han passar bäst för jobbet; **the** ~ **thing to do is to leave** det är uppenbart att vi måste ge oss iväg

ob·vi·ous·ly |'ɒbvɪəslɪ| *adv (satsadverbial)* tydligen, uppenbarligen; *(sättsadverbial)* tydligt, påfallande; **he was** ~ **not drunk** han var tydligen inte berusad; **he was not** ~ **drunk** han var inte påfallande berusad; ~/~ **not!** tydligen/tydligen inte!

oc·ca·sion |ə'keɪʒən| **1** *s* **(a)** *(tid)* tidpunkt, tillfälle; **on** ~ då och då; **on several** ~**s** vid flera tillfällen; **on that** ~ vid det tillfället **(b)** speciellt tillfälle, begivenhet; **this is an important** ~ detta är ett viktigt tillfälle; **it was quite an** ~ det var en verklig händelse; **music written for the** ~ musik skriven för detta speciella tillfälle; **he was presented with a gold watch on the** ~ **of his retirement** han förärades en guldklocka vid sin pensionering; **to rise to the** ~ vara situationen vuxen **(c)** skäl, anledning; **there was no** ~ **for it** det fanns ingen anledning till det; **to have** ~ **to do sth** ha anledning att göra ngt **2** *vt (frm)* föranleda, få att; **what** ~**ed you to say that?** vad fick dig att säga det?

oc·ca·sion·al |ə'keɪʒənl| *adj* **(a)** *(i allm)* tillfällig, enstaka; ~ **mistakes** tillfälliga misstag; **I like an** ~ **cigarette** jag tar gärna en cigarett någon gång; ~ **table** extrabord, småbord; ~ **showers** enstaka/spridda skurar **(b)** för/vid ett speciellt tillfälle; ~ **verse** tillfällighetspoesi

oc·ca·sion·al·ly |ə'keɪʒnəlɪ| *adv* någon gång, då och då, bara ibland; **very** ~ *(bara)* någon enda gång

oc·cult |ɒ'kʌlt| **1** *adj* ockult, övernaturlig **2** *s:* **the** ~ det ockulta, det övernaturliga

oc·cu·pant |'ɒkjʊpənt| *s (om bostad)* invånare, person boende i huset; *(om båt, bil etc)* passagerare; *(om arbete, befattning)* innehavare

oc·cu·pa·tion |ˌɒkjʊ'peɪʃən| *s* **(a)** *(anställning)* arbete, yrke; **he's a joiner by** ~ han är snickare till yrket **(b)** *(fritid)* sysselsättning **(c)** *(Mil)* ockupation; **army of** ~ ockupationsarmé; **the** ~ **of Paris** ockupationen av Paris **(d)** *(om hus etc)* besittningstagande, inflyttning; **to be in** ~ vara upptagen; **the house is ready for** ~ huset är klart för inflyttning

oc·cu·pa·tion·al |ˌɒkjʊ'peɪʃənl| *adj* arbets-, sysselsättnings-; ~ **disease** yrkessjukdom; ~ **therapy**

arbetsterapi

oc·cu·pi·er |'ɒkjʊpaɪə^r| s innehavare

oc·cu·py |'ɒkjʊpaɪ| vt (a) (bostad etc) inneha, bebo (b) (Mil etc) ockupera (c) (befattning, position) inneha; (tid, rum) fylla, uppta; **this job occupies all my time** det här arbetet upptar hela min tid; **your books** ~ **the whole living room** dina böcker tar upp hela vardagsrummet; **to be occupied with sth/in doing sth** vara upptagen med ngt/med att göra ngt; **she occupies herself by knitting** hon sysslar med stickning; **to keep one's mind occupied** hålla tankarna igång; **the lavatory was occupied** toaletten var upptagen

oc·cur |ə'kɜ:^r| vi (a) (händelse) ske, hända, inträffa; **to** ~ **again** upprepas; **if the opportunity** ~**s** om tillfälle ges (b) (djur, växt, sjukdom etc) förekomma, finnas (c) (tanke): **to** ~ **to sb** falla ngn in; **it** ~**s to me that...** det slår mig att...

oc·cur·rence |ə'kʌrəns| s händelse, förekomst; **an everyday** ~ en alldaglig händelse

ocean |'əʊʃən| s ocean, hav; **the Atlantic O**~ Atlanten; ~**s of** (vard) massor av; ~ **liner** oceanångare

ocean-going |'əʊʃən,gəʊɪŋ| adj oceangående

ocean·ic |,əʊʃɪ'ænɪk| adj ocean-, havs-; ~ **climate** havsklimat, maritimt klimat

ocean·og·ra·phy |,əʊʃə'nɒgrəfɪ| s oceanografi, (djup)havsforskning

ochre, (Am) **ocher** |'əʊkə^r| 1 s (Miner) ockra 2 adj (färg) ockra, mörkt orangegul

o'clock |ə'klɒk| adv: **it is** 7 ~ klockan är sju; **at** 9 ~ klockan nio

oc·ta·gon |'ɒktəgən| s (Geom) oktogon, åttahörning

oc·tago·nal |ɒk'tægənl| adj åttahörnig, åttkantig

oc·tane |'ɒkteɪn| s oktan; **high-**~ **petrol** högoktanig bensin; ~ **number/rating** oktantal

oc·tave |'ɒktɪv| s (Mus) oktav

oc·tet |ɒk'tet| s (Mus) oktett

Oc·to·ber |ɒk'təʊbə^r| s oktober; se äv July

oc·to·genar·ian |,ɒktəʊdʒɪ'neərɪən| s åttioåring, person i åttioårsåldern

oc·to·pus |'ɒktəpəs| s (Zool) bläckfisk

ocu·list |'ɒkjʊlɪst| s ögonläkare

odd |ɒd| adj (-er, -est) (a) (i allm) konstig, underlig; **how** ~ **that...** vad konstigt att...; **how** ~! så underligt!; **he says some** ~ **things** han säger en del underliga saker (b) (Mat) udda; **3 is** ~, **2 is even** 3 är udda, 2 är jämnt (c) (kvar) udda, överbliven; (ej par) udda, omaka, enstaka; **I've got two** ~ **socks** jag har två udda strumpor; **to be the** ~ **man out/the** ~ **one out** vara udda, vara den som avviker (d) (ej stadig) tillfällig, sporadisk; **at** ~ **moments** någon gång, då och då; **he would earn the** ~ **shilling** han tjänade någon shilling då och då; **he has written the** ~ **article** han har skrivit någon enstaka artikel; ~ **jobs** sporadiska arbeten, ströjobb (e) (om antal) mer än, drygt; **it happened 30** ~ **years ago** det inträffade för drygt 30 år sedan

odd·ball |'ɒdbɔ:l| s (vard) underlig figur, kuf

odd·ity |'ɒdɪtɪ| s (person) original; (föremål, företeelse) underlighet; **she's a bit of an** ~ hon är något av ett original

odd-job·man |ɒd'dʒɒb'mæn| s tillfällighetsarbetare

odd·ly |'ɒdlɪ| adv underligt, förvånansvärt; **they are** ~ **similar** de är förvånansvärt lika; ~ **enough you are right** konstigt nog har du rätt

odd·ment |'ɒdmənt| s (Handel: i sht Brit) restartikel; ~**s** udda/kvarblivna ting

odd·ness |'ɒdnɪs| s underlighet, egendomlighet

odds |ɒdz| spl (a) (Vadhållning) odds; (bildl) odds, chanser; **the** ~ **on the horse are 5 to 1** oddsen för hästen är 5 mot 1; **short/long** ~ låga/höga odds; **the** ~ **are in his favour** oddsen är till hans fördel; **to fight against overwhelming** ~ kämpa trots

små utsikter att vinna, föra en ojämn kamp; **to succeed against all the** ~ vinna mot alla odds; **the** ~ **are that...** chansen är stor att... (b) (skillnad): **what's the** ~? (vard) vad spelar det för roll?; **it makes no** ~ det har ingen betydelse (c) (uppfattning): **to be at** ~ **with sb over sth** vara oense med ngn om ngt (d): ~ **and ends** småsaker, smått och gott

odds-on |'ɒdzɒn| adj: **an** ~ **favourite** (Vadhållning) en klar favorit; (bildl): **it's** ~ **that...** det är högst troligt att...

ode |əʊd| s ode

o·di·ous |'əʊdɪəs| adj motbjudande, avskyvärd

odo·meter |əʊ'dɒmɪtə^r| s (Am Motor) vägmätare

odour, (Am) **odor** |'əʊdə^r| s lukt, doft, odör; **to be in bad** ~ **with sb** (bildl) vara illa ansedd hos ngn, stå lågt i kurs hos ngn

odour·less, (Am) **odor·less** |'əʊdəlɪs| adj luktfri

od·ys·sey |'ɒdɪsɪ| s odyssé

oede·ma, (Am) **ede·ma** |ɪ'di:mə| s (Med) ödem, vattensvullnad

Oedipus |'i:dɪpəs, (i sht Am) 'edɪpəs]| s: ~ **complex** (Psyk) oidipuskomplex

oeso·pha·gus, (Am) **esopha·gus** |i:'sɒfəgəs| s (Anat) matstrupe

oes·tro·gen, (Am) **es·tro·gen** |'i:strəʊdʒən| s östrogen, kvinnligt könshormon

of |ɒv, əv| prep (a) (ägande, relation): **the house** ~ **my uncle** min morbrors hus; **the love** ~ **God** Guds kärlek; **a friend** ~ **mine** en vän till mig; **it was rude** ~ **him to say that** det var oartigt av honom att säga så; **that was very kind** ~ **you** det var mycket vänligt av dig (b) (objektiv genitiv) för; **his fear** ~ **spiders** hans rädsla för spindlar (c) (orsak) av; ~ **necessity** av nödvändighet; **to die** ~ **pneumonia** dö av/i lunginflammation (d) (avsaknad, brist): **free** ~ fri från; **loss** ~ förlust av; **robbed** ~ bestulen på; **free** ~ **charge** gratis, utan avgift; **loss** ~ **appetite** förlorad aptit (e) (material) av; **made** ~ **steel** gjord av stål (f) (beskrivande): **the City** ~ **New York** staden New York; **a boy** ~ **8** en pojke på 8 år; **a man** ~ **great ability** en man med stor talang (g) (rörande) om; **what do you think** ~ **him?** vad tycker du om honom; **what** ~ **it?** vad sägs om det? (h) (del av) av, utav; **how much** ~ **this do you need?** hur mycket av detta behöver du?; **4** ~ **them** 4 av dem; **most** ~ **all** mest av allt; **a pound** ~ **flour** ett halvkilo mjöl (i) (i uttryck för rum och tid): **south** ~ **Glasgow** söder om Glasgow; **it's a quarter** ~ **4** (Am) klockan är en kvart i 4 (j): **that idiot** ~ **a minister** den idioten till minister; **a hell** ~ **a lot** (vard) en jäkla massa

off |ɒf| 1 adv (a) (avstånd, tid): **a place 6 miles** ~ en plats 10 km bort; **it's a long way** ~ det är en lång bit bort; **the game was 3 days** ~ det var tre dagar kvar till matchen (b) (avresa) iväg; **he's** ~ **to Paris tonight** han ska iväg till Paris ikväll; **I must be** ~ jag måste ge mig iväg; **he's gone** ~ **to see the boss** han har gått iväg för att träffa chefen; ~ **we go!** då går vi! (c) (avsaknad) av; **with his hat** ~ med hatten av; **the lid was** ~ locket var av(taget); **a button came** ~ en knapp föll av; **5%** ~ (Handel) 5 procents avdrag; ~ **with those wet clothes!** av med de där blöta kläderna! (d) (ej i arbete): borta, ledig; **he's** ~ **sick** han är sjukledig; **I'm** ~ **on Fridays** jag är ledig på fredagarna; **to take a day** ~ ta en dag ledigt (e) (i fraser): ~ **and on, on and** ~ då och då, ibland; **I've gone** ~ **fried food** (Brit) jag tycker inte längre om stekt (mat); **right/straight** ~ genast 2 adj (a) (om belysning etc): **to be** ~ vara av(stängd); **to switch** ~ stänga av, släcka (b) (om förhinder): **I'm afraid the chicken is** ~ jag är ledsen men kycklingen är slut; **the wedding is** ~

offal 268 off-load

bröllopet är inställt; **the play is** ~ föreställningen är inställd/slut **(c)** *(neg)*: **to have an** ~ **day** ha en dålig dag; **an** ~ **chance** en liten chans/möjlighet; **that's a bit** ~ **isn't it?** *(bildl vard)* det är väl ganska dumt **(d)** *(om färskhet: i sht Brit)* dålig, skämd; **this cheese has gone** ~ *(Brit)* den här osten är dålig **(e):** **to be well/badly** ~ ha det bra/dåligt ställt; **you'd be better/worse** ~ **doing...** du skulle tjäna/förlora på att...; **how are you** ~ **for time?** har du tid?

3 *prep* **(a)** *(om rörelse, riktning)*: **to fall** ~ **a cliff** falla ner från en klippa; **she took the picture** ~ **the wall** hon tog ner tavlan från väggen; **to eat** ~ **a dish** äta på fat/tallrik; **there are two buttons** ~ **my coat** det saknas två knappar i min rock; **he was** ~ **work for three weeks** han arbetade inte på tre veckor; **he knocked £2** ~ **the price** *(vard)* han drog av 2 pund på priset **(b)** *(om avstånd)*: **a street** ~ **the square** en gata i närheten av torget; **height** ~ **the ground** höjd över marken; **it's just** ~ **the motorway** den ligger i närheten av motorvägen **(c)** *(Brit)*: **I'm** ~ **fried food** jag har slutat äta stekt (mat)

of·fal |'ɒfəl| *s (i allm)* inälvor; *(oätligt)* (slakt) avfall; *(bildl)* skräp

off·beat |ˌɒf'biːt| *adj* ovanlig, okonventionell; **he's got rather** ~ **tastes** han har ganska ovanlig smak

off-Broadway |ˌɒf'brɒdwcɪ| *adj*: **an** ~ **production** *(i New York)* föreställning på småteater

off-centre, (Am) off-center |ˌɒf'scntə'| *adj* inte på/i mitten, utanför centrum; **an** ~ **construction** en asymmetrisk konstruktion

off·chance |'ɒftʃɑːns| *s* liten chans/möjlighet; **let's go on the** ~ vi lär gå dit och chansa

off-colour, (Am) off-color |ˌɒf'kʌlə'| *adj* krasslig, ur gängorna; **to feel/be** ~ känna sig/vara ur form

of·fence, (Am) of·fense |ə'fens| *s* **(a)** *(handling)* brott, lagöverträdelse; *(mildare)* förseelse; **to commit an** ~ begå ett brott; **first** ~ förstagångsbrott; **it is an** ~ **to...** det är brottsligt att... **(b)** *(moralisk)* anstöt, förargelse; **an** ~ **to the eye** ngt som ser illa ut, nagel i ögat; **to give** ~ **(to sb)** stöta ngn, göra ngn förargad; **to take** ~ **(at sth)** ta illa upp av ngt, stöta sig på ngt; **he took** ~ **at the joke** han blev förolämpad av skämtet; **quick to take** ~ lättstött

of·fend |ə'fcnd| **1** *vt* förolämpa, såra, kränka; **she'll be** ~**ed if you don't go to her party** hon kommer att bli förolämpad om du inte går på hennes fest; **it** ~**s my sense of justice** det sårar min rättskänsla; **to be** ~**ed** bli förargad *(at över)* **2** *vi*: **to** ~ **against** *(lag, regel)* bryta mot, överträda; *(god smak)* synda mot

of·fend·er |ə'fcndə'| *s (Jur)* lagöverträdare, brottsling; **first** ~ förstagångsförbrytare

of·fen·sive |ə'fcnsɪv| **1** *adj* **(a)** *(person, uppförande)* förolämpande, anstötlig; **to be** ~ **to sb** förolämpa/förarga ngn **(b)** *(Mil, Sport)* offensiv, anfalls- **2** *s (Mil, Sport)* offensiv, framstöt; **to go over to the** ~, **to take the** ~ starta ett anfall, gå på offensiven

of·fen·sive·ly |ə'fcnsɪvlɪ| *adv (om reaktion etc)* förolämpande, sårande; *(Mil, Sport)* offensivt; **he was** ~ **abrupt to her** han var så brysk mot henne att hon blev sårad

of·fer |'ɒfə'| **1** *s (i allm)* erbjudande, anbud; **an** ~ **of help** ett erbjudande om hjälp; ~ **of marriage** frieri; **to make an** ~ **for sth** ge ett (an)bud på ngt; ~**s over £25** bud på över 25 pund; **to be on** ~ *(Handel: vara)* säljas till extrapris; **to have on** ~ *(: butik)* sälja på/som specialerbjudande; **we will send you an** ~ **next week** vi skickar en offert nästa vecka **2** *vt* erbjuda; **to** ~ **sth to sb** erbjuda ngn ngt; **to** ~ **to do sth** erbjuda sig att göra ngt, stå till tjänst; **to** ~ **resistance** bjuda motstånd; **to**

~ **up prayers to God** *(Rel)* uppbära/framföra sina böner till Gud; **the flowers** ~ **a magnificent spectacle** blommorna utgör en storartad syn

of·fer·ing |'ɒfərɪŋ| *s (i sht Rel)* offer, offergåva; *(äv)* erbjudande

of·fer·tory |'ɒfətərɪ| *s (Rel: del av gudstjänst)* offertorium; *(: insamling)* kollekt

off·hand |'ɒf'hænd| **1** *adj* på rak arm, på stående fot, genast; *(person)* ledig, obesvärad; *(kommentar etc)* oövertänkt, nonchalant; **to be** ~ **about sth** ta lätt på ngt, inte ta ngt på allvar; **to treat sb in an** ~ **manner** behandla ngn nonchalant **2** *adv*: **I can't tell you** ~ jag kan inte säga det så här på rak arm

off·handed·ly |'ɒf'hændɪdlɪ| *adv* oförberett, på rak arm

of·fice |'ɒfɪs| *s* **(a)** *(rum)* kontor, tjänsterum; *(Am Med)* läkarmottagning; *(organisationsdel)* kontor, avdelning; **head** ~ huvudkontor; ~ **bearer** ämbetsman; ~ **block** kontorshus; ~ **boy** kontorspojke; ~ **hours** kontorstid; *(lärares etc)* mottagningstid; ~ **worker** kontorist **(b)** *(Brit: i namnet på vissa departement)*: **Foreign O**~ utrikesdepartementet; **Home O**~ inrikesdepartementet **(c)** *(Am: del av departement)* byrå, avdelning **(d)** *(funktion)* tjänst, ämbete, befattning; **to be in** ~, **to hold** ~ *(person)* inneha en tjänst/ett ämbete; *(parti)* ha (regerings)makten; **to come into** ~, **to take** ~ *(person)* tillträda en tjänst/ett ämbete; *(parti)* ta (över) makten; **unemployment increased while the Conservatives were in** ~ arbetslösheten ökade när de konservativa hade makten **(e):** **through his good** ~**s** genom hans välvilja/tillmötesgående **(f)** *(Rel: äv: divine* ~*)* gudstjänst; *(: i sht för död)* begravningsgudstjänst, dödsmässa **(g)** *(Brit vard: toalett)* toa, dass

of·fic·er |'ɒfɪsə'| *s* **(a)** *(Mil)* officer; ~**s' mess** officersmäss **(b)** *(civil)* ämbetsman, tjänsteman; *(i förening)* funktionär; **police** ~ polis(tjänsteman), konstapel; **excuse me,** ~ ursäkta, konstapeln

of·fi·cial |ə'fɪʃəl| **1** *adj (i allm)* officiell; *(ärende, uniform)* tjänste-; *(ceremoni)* formell; **Flemish is one of two** ~ **languages of Belgium** flamländska är ett av Belgiens två officiella språk; **an** ~ **announcement** ett officiellt tillkännagivande; **is that** ~**?** är det officiellt?; **to act in an** ~ **capacity** handla på tjänstens vägnar **2** *s (statlig, kommunal, vid posten, järnvägen etc)* tjänsteman; *(i förening, vid idrottstävling)* funktionär

of·fi·cial·dom |ə'fɪʃəldəm| *s (neds)* byråkrati, ämbetsmannavälde

of·fi·cial·ese |ə,fɪʃə'liːz| *s (neds)* kanslistil, byråkratspråk

of·fi·cial·ism |ə'fɪʃəlɪzm| *s (neds)* byråkrati

of·fi·cial·ly |ə'fɪʃəlɪ| *adv (i allm)* officiellt; *(om ämbetsman: handla, besluta)* på tjänstens vägnar

of·fi·ci·ate |ə'fɪʃɪcɪt| *vi (Rel)* förrätta gudstjänst, officiera; **to** ~ **at a marriage** förrätta vigsel; **to** ~ **as Mayor** tjänstgöra som borgmästare

of·fi·cious |ə'fɪʃəs| *adj* inställsam, fjäskig

of·fing |'ɒfɪŋ| *s*: **in the** ~ på gång, nära förestående; *(hot, tvist)* under uppsegling

of·fish |'ɒfɪʃ| *adj (vard)* högdragen, förnäm

off-key |ˌɒf'kiː| **1** *adj* falsk, som stämmer illa; *(bildl)* som inte passar in **2** *adv*: **to sing** ~ sjunga falskt

off-licence |'ɒfˌlaɪsns| *s (Brit: affär)* spritbutik; *(tillstånd)* rättighet att sälja vin och sprit

off-limits |ˌɒf'lɪmɪts| *adj (i sht Am Mil: område)* förbjuden; **my study is** ~ **for the children** barnen får inte vara i mitt arbetsrum

off·load |'ɒfˌləʊd| *vt* lossa, lasta av; **to** ~ **a task onto sb else** lämpa över en uppgift på ngn annan

off-peak |'ɒf'piːk| adj (taxa: för värme, el etc) låg-tariff(-); (tågbiljett etc) lågpris(-); **at ~ hours** under lågtrafik, vid låg belastning

off·print |'ɒfprɪnt| s särtryck

off-putting |'ɒf,pʊtɪŋ| adj (smak, lukt, syn etc) mot-bjudande; (person: osympatisk) frånstötande; (: kylig) avvisande; (tanke, händelse) nedslående

off-season |'ɒf,siːzn| s lågsäsong, dödperiod

off·set |'ɒfset| (v: imperf, perf part offset) **1** s (Typogr) offset; **~ printing** offsettryck **2** vt uppväga, utjämna, kompensera; **the miner's poor wage was ~ by rent-free accommodation** den låga gruvarbetarlönen uppvägdes av fri bostad

off·shoot |'ɒfʃuːt| s (Bot) sidoskott; (bildl) sidoskott, utlöpare

off·shore |,ɒf'ʃɔːʳ| adj (riktning) från land; (position) en bit utanför land/kusten; **~ wind** från-landsvind; **an ~ oil platform** en oljeplattform (ute) till havs

off·side |'ɒf'saɪd| **1** adj (a) (Sport) offside; **to be ~** vara offside (b) (Brit Motor: mot vägens mitt) höger vid vänstertrafik, vänster vid högertrafik **2** s (Motor) (se 1b) högersida, vänstersida

off·spring |'ɒfsprɪŋ| s, pl lika avkomma, ättling; (bildl) produkt, alster; **this book is an ~ of the project** den här boken är ett resultat av projektet

off·stage |,ɒf'steɪdʒ| adj, adv utanför scenen, i kulisserna

off-white |'ɒf,waɪt| adj benvit

of·ten |'ɒfən| adv ofta; **as ~ as not** rätt ofta; **more ~ than not** vanligtvis, ganska ofta; **every so ~** då och då, ibland; **how ~ do you see him?** hur ofta träffar du honom?; **it's not ~ that I ask you to help me** det är inte ofta som jag ber dig om hjälp

oft |ɒft| adv (åld, poet) ofta; **~-told** ofta berättad

ogle |'əʊgl| vt kasta blickar efter, se ögonkast

ogre |'əʊgəʳ| s (i sagor) jätte, hemskt troll; (bildl: person) odjur

oh |əʊ| interj (förvåning) åh, jaså; (beundran) åh, oj oj; (besvikelse) åh, äsch; (smärta) åh, aj; **~ good** bra, så bra; **~ dear** oj då, jösses; **~ really?** jaså minsann?; **~ no** ånej

oil |ɔɪl| **1** s (i allm) olja; (Geol) olja; (konst) : **to paint in ~s** måla i olja; (Matl) olja; (Motor) olja; **to check the ~** kontrollera oljan; **to pour ~ on troubled waters** (bildl) gjuta olja på vågorna; **~ cloth** vaxduk; **~ colours** oljefärger; **~ gauge** oljemätare; **~ painting** oljemålning; **she's no ~ painting** (bildl) hon är ingen skönhet; **~ pan** (Am Motor) oljetråg; **~ platform/rig** olje|plattform/ -rigg; **~ slick** oljefläck; **~ tanker** (fartyg) oljetan-ker; (bil) oljetankbil; **~ well** oljekälla; se äv **lubricate, midnight 2** vt smörja, olja (in); **to ~ the wheels** (bildl) få hjulen att snurra, få ngt att löpa smidigt

oil·can |'ɔɪlkæn| s oljekanna

oil·field |'ɔɪlfiːld| s oljefält

oil-fired |'ɔɪlfaɪəd| adj oljeeldad; **~ central heating** oljeeldning

oil·skin |'ɔɪlskɪn| s oljeduk; **~s** oljeställ

oil·stove |'ɔɪl,stəʊv| s (åld) fotogenkök

oily |'ɔɪlɪ| adj (-ier, -iest) oljig, flottig; (bildl neds) sliskig, insmickrande

oint·ment |'ɔɪntmənt| s salva

O.K., okay |'əʊ'keɪ| (vard) **1** interj OK, okej **2** adj: **are you ~ for money/time?** har du tillräckligt med pengar/tid?; **it's ~ with/by me** det går bra för min del, jag har ingenting emot det; **is it ~ with you if...?** har du ngt emot att...; **I'm ~** jag mår bra; **is the car ~?** är bilen i ordning?, fungerar bilen? **3** s: **to give sth one's ~** ge sitt samtycke till ngt, godkänna ngt **4** vt godkänna; **the plan was O.K.'d** el **okayed by the**

manager planen godkändes av direktören

old |əʊld| **1** adj (-er, -est) (a) (ålder) gammal; **~ people/folk(s)** gamla människor, åldringar; **he's ~ for his years** han är brådmogen; **to grow/get ~** bli gammal, åldras; **he is 8 years ~** han är 8 år (gammal); **how ~ are you?** hur gammal är du?; **she is the ~est teacher in the school** hon är skolans äldsta lärare; **she is 2 years ~er than you** hon är två år äldre än du; **as ~ as the hills** gammal som gatan; **the ~ part of Glasgow** den gamla delen av Glasgow **(b)** (bekantskap etc) långvarig, gammal; **an ~ friend of mine** en gammal vän till mig **(c)** (tidigare): **my ~ school** min gamla (förra) skola; **in the (good) ~ days** på den gamla goda tiden; **it's not as good as our ~ one** den är inte lika bra som vår gamla **(d)** (vard: intimt) gammal; **here's ~ Peter coming** här kommer gamle Peter; **she's a funny ~ thing** hon är en lustig gammal dam; **~ chap!** (i sht Brit) gamle vän!; **good ~ George** käre gamle George (e) (vard: förstärkande) väldigt, jätte-; **we had a high ~ time** (Brit) vi hade jättekul; **any ~ thing will do** det duger med vad som helst

2 s **(a)**: **the ~** de gamla, åldringarna **(b)**: **of ~** sedan gammalt; **in days of ~** förr i tiden, i gamla tider

3 i sms: **~ age** ålderdom; **in one's ~ age** på sin ålderdom; **~ age pension** (Brit) ålderspension; folkpension; **~ age pensioner** (Brit: förk O.A.P.) ålderspensionär, folkpensionär; **~ boy** tidigare elev; **the ~ country** det gamla hemlandet; **O~ English/Swedish/French** etc forn|engelska/ -svenska/-franska etc; **~ maid** ungmö; **my/the ~ man** (vard: far) farsgubben, farsan; (: make) gubben min; **~ master** gammal mästare; **~ people's home** ålderdomshem; **~ soldier** gammal soldat, veteran; **the O~ Testament** Gamla testamentet; **~ wives' tale** käring|snack/-prat; **my/the ~ woman** (vard: mor) morsan; (: hustru) frugan; **the O~ World** Gamla världen

old·en |'əʊldən| adj (poet) gammal, forn; **in ~ times/days** fordom, i gamla tider

old-established |,əʊldɪ'stæblɪʃt| adj gammal (och välkänd)

old-fashioned |,əʊld'fæʃnd| adj gammalmodig, gammaldags

old-time |'əʊldtaɪm| adj (Brit) gammaldags; **~ dancing** gammaldags dans

old-timer |'əʊld,taɪməʳ| s (vard) veteran, en som varit med i leken länge

old-world |,əʊld'wɜːld| adj gammaldags

olean·der |,əʊlɪ'ændəʳ| s (Bot) oleander, rosenlager

oli·gar·chy |'ɒlɪgɑːkɪ| s oligarki, fåmannavälde

ol·ive |'ɒlɪv| **1** s (frukt) oliv; (äv: ~ tree) olivträd; **stuffed ~s** fyllda oliver; **Mount of O~s** Oljeber-get; **~ branch** olivkvist som fredssymbol; **~ oil** olivolja **2** adj oliv-, olivgrön

Olym·pic |əʊ'lɪmpɪk| **1** adj olympisk; **the ~ Games** olympiska spelen **2** spl: **the ~s** olym-piska spel, olympiad

om·buds·man |'ɒmbʊdzmən| s, pl -men (justi-tie)ombudsman, JO

ome·let(te) |'ɒmlɪt| s omelett

omen |'əʊmen| s omen, förebud; **a good/bad ~** ett gott/dåligt omen

omi·nous |'ɒmɪnəs| adj olycksbådande, illa-varslande; **an ~ sign** ett illavarslande tecken

omi·nous·ly |'ɒmɪnəslɪ| adv olycksbådande, illa-varslande

omis·sion |əʊ'mɪʃən| s utelämnande, över-hoppning; **I made several ~s while typing out the list** jag hoppade över flera saker när jag skrev ut listan

omit |əʊ'mɪt| vt **(a)** (avsiktligt) utelämna, hoppa över; **we ~ted all the difficult words** vi uteläm-

nade alla svåra ord **(b)** *(oavsiktligt)* försumma, glömma; **to** ~ **to do sth** försumma att göra ngt
om·ni·bus [ˈɒmnɪbəs] *s (frm: Motor)* omnibus, buss; *(bok)* samlings|band/-verk
om·nipo·tent [ɒmˈnɪpətənt] *adj* allsmäktig
om·nis·ci·ent [ɒmˈnɪsɪənt] *adj* allvetande
om·niv·or·ous [ɒmˈnɪvərəs] *adj (Zool)* allätande; **bears are** ~ björnar är allätare
on [ɒn] **1** *prep* **(a)** *(om plats, läge)* på; ~ **the table** på bordet; ~ **the Continent** på kontinenten; ~ **all sides** på alla sidor; **I haven't any money** ~ **me** jag har inga pengar på mig; **hanging** ~ **the wall** hängande på väggen; ~ **page 2** på sidan 2; ~ **the right** på höger sida; ~ **the radio** på radio, i radio; ~ **foot** till fots; **I came** ~ **the bus** jag kom med bussen
  (b) *(bildl):* **an attack** ~ **the government** ett angrepp på/mot regeringen; **he played it** ~ **the violin** han spelade det på fiol(en); ~ **the telephone** i telefon; **he's** ~ **the committee** han är med i kommitten; **I have it** ~ **good authority** jag har det från säker källa; **a story based** ~ **fact** en historia grundad på fakta; **the march** ~ **Rome** marschen mot Rom; **she lives** ~ **cheese** hon lever på ost; **he's** ~ **£6000 a year** han har/tjänar 6000 pund om året; **he's** ~ **heroin** *(vard)* han går på heroin; **prices are up** ~ **last year('s)** priserna är högre jämfört med förra året(s)
  (c) *(om tid)* på; ~ **Friday** på fredag; ~ **Fridays** *(på)* fredagar; ~ **May 14th** den 14:e maj; ~ **a day like this** en dag som denna; ~ **my arrival** vid min ankomst; ~ **seeing him** vid åsynen av honom
  (d) *(angående)* om; **a book** ~ **physics** en bok om fysik; **he lectured** ~ **Keats** han föreläste om Keats; **have you read the article** ~ **Churchill?** har du läst artikeln om Churchill?
  (e) *(efter förebild)* enligt, efter; ~ **this model** enligt denna modell
  (f) *(verksamhet)* på, i; **he's away** ~ **business** han är iväg i affärer; **to be** ~ **holiday** vara på semester; **we're** ~ **irregular verbs** vi håller på med oregelbundna verb
  (g) *(bekostnad):* **this round's** ~ **me** den här gången betalar jag
  2 *adv* **(a)** *(om kläder, lock etc)* på; **she put her boots** ~ hon satte på sig stövlarna; **to have one's coat** ~ ha kappan på; **what's she got** ~**?** vad har hon på sig?; **screw the lid** ~ **tightly** skruva på locket hårt
  (b) *(om tid):* **from that day** ~ från och med den dagen; **it's getting** ~ **for ten o'clock** klockan närmar sig tio; **it was well** ~ **in the evening** det var rätt sent på kvällen
  (c) *(om fortsättning):* **to go** ~, **walk** ~ *etc* gå/ promenera *etc* vidare, fortsätta; **to read** ~ fortsätta läsa; **he rambled** ~ **and** ~ han gick och gick; **and so** ~ och så vidare; *se äv* **go on**
  (d) *(i fraser):* **my father's always** ~ **at me to get a job** *(vard)* min pappa är ständigt på mig om att skaffa ett arbete; **what are you** ~ **about?** *(vanl neds)* vad babblar du om?
  3 *adj pred* **(a)** *(om maskin, elektricitet etc)* på, påslagen; *(kran)* öppen; **the brake is** ~ bromsen ligger i; **make sure the lid is** ~ se till att locket sitter ordentligt på
  (b) *(verksamhet):* **is the meeting still** ~ håller mötet då ännu?; **is the meeting still** ~ **tonight?** blir det något möte i kväll (som planerat)?; **the programme is** ~ **in a minute** programmet börjar om en minut; **there's a good film** ~ **at the cinema** det går en bra film på bio; **sorry, I've got something** ~ **tonight** tyvärr är jag upptagen ikväll
  (c) *(gällande):* **you're** ~**!** *(om vad, avtal)* det är överenskommet; **that's not** ~ *(vard)* det går (bara) inte

once [wʌns] **1** *adv* **(a)** *(tillfälle)* en gång; ~ **before** en gång tidigare; ~ **only** en enda gång; ~ **or twice** ett par gånger; ~ **again**, ~ **more** en gång till; **(every)** ~ **in a while** då och då, ibland; ~ **a week** en gång i veckan; ~ **and for all** en gång för alla; **just this** ~ bara denna enda gång; **for** ~ för en gångs skull; **it never** ~ **occurred to me** det slog mig aldrig någonsin **(b)** *(tidigare tillfälle)* förut, tidigare; **I knew him** ~ jag kände honom förut; ~ **upon a time** det var en gång **(c):** **at** ~ genast, direkt; *(samtidighet):* **to speak at** ~ **prata** på en gång, prata i mun på varandra; **all at** ~ plötsligt; **don't eat the sweets all at** ~**!** ät inte upp allt godis på en gång **2** *konj* när, när ... väl en gång; ~ **you give him the chance** när man väl ger honom chansen
once-over [ˈwʌns͵əʊvə^r] *s (vard):* **to give sb/sth the** ~ kasta en hastig blick på ngn/ngt
on·coming [ˈɒnkʌmɪŋ] *adj (händelse)* förestående, annalkande; *(trafik)* mötande
one [wʌn] **1** *räkn* **(a)** *(bestämt antal)* en, ett; ~ **or two people** ett par personer; **the baby is** ~ **(year old)** barnet är ett (år); **it's** ~ **(o'clock)** klockan är ett; **the last but** ~ den näst sista; **that's** ~ **way of doing it** så kan man också göra; **I for** ~ **am not going** jag (till exempel) ska inte gå; ~ **and all** alla (och envar); ~ **by** ~ en och en, en i taget
  (b) *(obestämt)* en, ett, någon; **I hope to visit Rome** ~ **day** jag hoppas få komma till Rom en/någon gång; ~ **cold winter's day** en kall vinterdag; **for** ~ **reason or another** av en eller annan anledning
  (c) *(förstärkande)* (en) enda; **not** ~ inte en enda; **his** ~ **worry** hans enda bekymmer; **no** ~ **man could do it** *(indik)* ingen enda människa kunde klara det; *(kond)* ingen skulle kunna klara det ensam; **the** ~ **and only Charlie Chaplin** den unike Charlie Chaplin
  (d) *(likhet)* en och samma; **in the** ~ **car** i en och samma bil; **they are** ~ **and the same person** de är en och samma person; **it is** ~ **and the same thing** det är precis samma sak
  2 *s (siffra)* etta; *(i jämförelser)* ett steg; **in** ~**s and twos** i ettor och tvåor; **to be** ~ **up on sb** leda över ngn, vara bättre/värre än ngn; **to go** ~ **better than sb** vinna över ngn, vara bättre än ngn; **to be at** ~ **(with sb)** vara enig (med ngn); **she's cook and housekeeper in** ~ hon är kokerska och hushållerska i ett; **I belted him** ~ *(vard)* jag gav honom en smäll; **to have** ~ **for the road** ta en färdknäpp
  3 *pron självst* **(a)** en, någon; ~ **of them** en/ någon av dem; **I'm looking for a blue bag, have you got** ~**?** jag letar efter en blå väska, har ni någon?; **he's not** ~ **to protest** han är inte den som protesterar; ~ **of the boys must have taken it** någon av pojkarna måste ha tagit den
  (b) *(stödjeord)* översätts ofta ej; **this** ~ denna; **that** ~ den där; ~ **or two** ett par; **which** ~ **do you want?** vilken vill du ha; **the** ~ **on the floor** den (som ligger) på golvet; **the** ~ **who/that** den/det som; **she's the** ~ **who will teach you French** det är hon som ska undervisa dig i franska; **the** ~**s who/that** de som; **the white dress and the grey** ~ den vita klänningen och den grå; **what about this little** ~? vad säger du om den här lilla?; **our dear** ~**s** våra kära; **that's a difficult** ~ det var en knepig sak; **the little** ~**s** de små (barnen); **you're a fine** ~**!** *(vard)* du är just en snygg en!; **he's a great** ~ **for chess** han är helförtjust i schack; **any** ~ **of us** någon av oss
  (c): **the** ~**...**, **the other...** den ene ..., den andre...; ~ **after the other** den ene efter den andre

(d) *(reciprokt)*: ~ **another** varandra; **they all kissed** ~ **another** alla kysste varandra; **do you see** ~ **another much?** träffas ni ofta?

(e) *(opersonligt)* man; ~ **never knows** man vet aldrig; ~ **must eat** man måste äta; **to cut** ~**'s finger** skära sig i fingret

one-armed |ˌwʌn'ɑːmd| *adj* enarmad; ~ **bandit** *(vard: spelmaskin)* enarmad bandit

one-eyed |ˌwʌn'aɪd| *adj* enögd

one-legged |ˌwʌn'legɪd| *adj* enbent

one-man |'wʌnˌmæn| *adj* enmans-; ~ **business** enmansföretag; ~ **band** *(Mus)* enmansband; *(bildl vard)* enmansföretag

one-night |'wʌnˌnaɪt| *adj*: ~ **stand** *(Teat)* engagemang för en (enda) föreställning; *(bildl: person)* partner för en kväll; *(: händelse)* engångsträff; *(: sexuellt)* engångsligg

one-off |ˌwʌn'ɒf| *s (Brit vard)* engångsföreteelse; ~ **job** engångsjobb

one-piece |'wʌnˌpiːs| *adj* i ett stycke, hel, odelad; ~ **bathing-suit** hel baddräkt

on·er·ous |'ɒnərəs| *adj* tung, svår, tyngande

one's *refl pron* sin, sitt, sina; **one has to do** ~ **duty** man måste göra sin plikt

one·self |wʌn'self| *refl pron* sig; *(emfatiskt)* själv; *(efter prep)* sig (själv); **one should look after** ~ man bör sköta om sig; *(förstärkande)* **one should not do this** ~ man bör inte göra detta själv; **to be by** ~ vara för sig själv, vara ensam; **to do sth by** ~ göra något på egen hand; **to see for** ~ se efter själv; **to say to** ~ säga till sig själv; **to talk to** ~ prata för sig själv

one-shot |ˌwʌn'ʃɒt| *s (Am)* engångsföreteelse

one-sided |ˌwʌn'saɪdɪd| *adj (åsikt etc)* ensidig, onyanserad; *(tävling)* ensidig, ojämn

one-time |'wʌnˌtaɪm| *adj* tidigare, förutvarande; **a** ~ **member of the Labour party** en tidigare medlem i arbetarpartiet

one-to-one |ˌwʌntə'wʌn| *adj* en till en, ett till ett; **a** ~ **correspondence** en överensstämmelse på varje punkt

one-track |'wʌnˌtræk| *adj*: **to have a** ~ **mind** vara enkelspårig

one-upmanship |ˌwʌn'ʌpmənʃɪp| *s*: **the art of** ~ konsten att vara förmer/flyta ovanpå

one-way |'wʌnˌweɪ| *adj (gata, trafik)* enkelriktad; *(biljett)* enkel, i en riktning

on·going |'ɒngəʊɪŋ| *adj* pågående, fortgående

on·ion |'ʌnjən| *s* lök; ~ **rings** lökringar; ~ **soup** löksoppa

onion·skin |'ʌnjənˌskɪn| *s (genomskinligt papper)* pergamyn

on-line |ɒn'laɪn| *adj (Data)* direktansluten, on-line

on·looker |'ɒnˌlʊkəʳ| *s* åskådare

only |'əʊnlɪ| **1** *adj* enda; **it's the** ~ **one left** det är den enda som är kvar; **your** ~ **hope is to hide** ditt enda hopp är att gömma dig; **you are not the** ~ **one** du är inte den ende; **an** ~ **child** enda barnet; **the** ~ **thing I don't like about it is...** det enda jag ogillar med det är... **2** *adv* bara, endast; **we have** ~ **5** vi har bara 5; **one choice** ~ ett enda val; ~ **time will show** det får framtiden utvisa; **I'm** ~ **the porter** jag är bara vaktmästaren; **I** ~ **touched it** jag rörde den bara; ~ **when I laugh** bara när jag skrattar; **not** ~ **A but also B** inte bara A utan även B; **I saw her** ~ **yesterday** *(ny bekantskap)* jag träffade henne först igår; *(nyligen)* jag såg henne senast igår; **we can** ~ **hope** vi kan bara hoppas; **I'd be** ~ **too pleased to help** jag skulle hemskt gärna vilja hjälpa till; ~ **too true** allför sant **3** *konj* men, det är bara det att; **I would gladly do it,** ~ **I shall be away** jag skulle gärna göra det, men jag kommer att vara bortrest

ono·mato·poeia |ˌɒnəʊmætəʊ'piːə| *s* onomatopoes,

ljudhärmning

on·rush |'ɒnrʌʃ| *s* (an)stormning, rusning

on·set |'ɒnset| *s (eg)* början; *(bildl)* ansats, anfall; ~ **of winter** början på vintern; ~ **of disease** början av sjukdom

on·side |ɒn'saɪd| *adv (Sport)* inte offside

on·slaught |'ɒnslɔːt| *s (Mil, bildl)* våldsamt angrepp, kraftig attack; *(bildl)*: **verbal** ~ ordstorm

onto |'ɒntʊ| *prep* på, upp på; **to be** ~ **sb** misstänka ngn; **to be** ~ **a good thing** ha fått tag i ngt bra; **I'll get** ~ **him about it** jag ska stöta på honom om det

onus |'əʊnəs| *s (ingen pl)* skyldighet, ansvar; **to shift the** ~ **for sth onto sb** skjuta över ansvaret för ngt på ngn; **the** ~ **is upon him to prove it** det åligger honom att bevisa det

on·ward |'ɒnwəd| **1** *adj* framåt(-), framåtriktad; **the** ~ **march of time** tidens framåtskridande **2** *adv (äv: ~s)* framåt, fram; **from the 12th century** ~(**s**) från och med 1100-talet

onyx |'ɒnɪks| *s* onyx

ooze |uːz| **1** *s* långsamt flöde, framsipprande; **the** ~ **of blood from the cut** blodflödet från såret **2** *vt* låta sippra fram, avge; **the wound** ~**d blood** det sipprade blod ur såret; **the pudding** ~**d syrup** puddingen dröp av sirap; **he simply** ~**s confidence** *(bildl)* han utstrålar ett enormt självförtroende **3** *vi* sippra fram, rinna fram sakta

opac·ity |əʊ'pæsɪtɪ| *s* ogenomskinlighet

opal |'əʊpəl| *s (Miner)* opal

opaque |əʊ'peɪk| *adj (eg)* ogenomskinlig; *(bildl)* ogenomskådlig, dunkel

open |'əʊpən| **1** *adj* **(a)** *(i allm: dörr, behållare, ögon, sår, blomma, affär)* öppen; *(: bok etc)* öppen, uppslagen; **wide** ~ *(: dörr etc)* vidöppen, på vid gavel; **a shirt** ~ **at the neck** en skjorta som är uppknäppt i halsen; **the book was** ~ **at page 7** boken var uppslagen på sidan 7; **to cut a sack** ~ klippa upp en säck; **push the door** ~! skjut upp/ öppna dörren!; **the shop is still not** ~ affären är fortfarande inte öppen

(b) *(ej täckt)* öppen; ~ **car** öppen bil; ~ **sandwich** *(ej dubbel)* bredd smörgås med pålägg; ~ **country** öppet landskap; ~ **ground** *(i skog)* öppen plats, glänta; *(i stad)* obebyggd tomt; **in the** ~ **air** ute, utomhus

(c) *(framkomlig)* fri, öppen, klar; **road** ~ **to traffic** väg öppen för trafik; **the river is** ~ floden är öppen/isfri

(d) *(tillgänglig)* öppen; ~ **championship** öppet mästerskap; ~ **day** *(Skol)* åhörardag; **in** ~ **court** inför sittande rätt; **on the** ~ **market** på öppna marknaden; ~ **to the public** öppen för allmänheten; **what choices are** ~ **to me?** vilka alternativ står öppna för mig; **to keep** ~ **house** ha öppet hus; **the O**~ **University** *(Brit)* öppna universitetet *utan formella förkunskapskrav med undervisning i radio o TV o per korrespondens*; **it's an** ~ **secret that...** det är en offentlig hemlighet att...; **I am** ~ **to persuasion** jag är öppen/mottaglig för övertalning

(e) *(oskyddad)* öppen; *(: Mil)* öppen, obefäst; ~ **to the elements** utan skydd mot naturkrafterna; **it is** ~ **to doubt whether...** det är tvivel underkastat huruvida..., man kan tvivla på om...; **to lay oneself** ~ **to criticism/attack** inbjuda till kritik/ påhopp

(f) *(om sätt)* öppen; *(person: äv)* uppriktig; ~ **hostilities** öppna fientligheter; ~ **admiration** oförställd beundran; **to be in** ~ **revolt** stå i öppen revolt; **to be** ~ **with sb** vara uppriktig mot ngn

(g) *(ej avgjord)*: **it's an** ~ **question whether...** det är en öppen fråga om...; **to have an** ~ **mind (on sth)** vara öppen (i en fråga), ännu ej ha beslutat (om ngt); **to leave the matter** ~ lämna problemet öppet, vänta med att bestämma saken **2** s (a): **out in the** ~ (plats) utomhus, ute i det fria; **their true feelings came into the** ~ (bildl) deras verkliga uppfattning kom i dagen (b) (Sport) öppen tävling, öppna mästerskap **3** vt (a) (i allm) öppna; **to** ~ **a road to traffic** öppna en väg för trafik; **I didn't** ~ **my mouth** jag öppnade inte munnen (b) (om samtal, debatt etc) öppna, börja; **to** ~ **a debate** öppna en debatt; **to** ~ **a bank account** öppna ett bankkonto; **to** ~ **fire** (Mil) öppna eld (c) (= declare ~) öppna, inviga; **the Queen** ~**ed the new hospital** drottningen invigde det nya sjukhuset; **to** ~ **Parliament** öppna parlamentet (d) (bildl: sinne etc) öppna; **he** ~**ed his heart to me** han öppnade sitt hjärta för mig **4** vi (a) (i allm) öppnas; (butik etc) öppna; (blomma) öppna sig, slå ut; **this door won't** ~ den här dörren går inte att öppna; **the door** ~**ed slightly** dörren öppnades en aning; **a door that** ~**s onto the garden** en dörr som öppnar sig mot trädgården; **the shops** ~ **at 9** affärerna öppnar klockan 9 (b) (om samtal, debatt etc) öppnas, starta; (Kortsp, Schack) öppna; **I** ~**ed with two spades** jag öppnade med två spader; **the book** ~**s with a long description** boken börjar med en lång beskrivning; **the play** ~**s next Monday** pjäsen har premiär på måndag

◆**open out** **1** vt + adv (karta, tidning etc) veckla ut/upp **2** vi + adv (blomma) slå ut (i blom), öppna sig; (passage, tunnel, gata) vidga sig, öppna sig; (bildl) utveckla sig, vidgas; **his small business has** ~**ed out into a larger enterprise** hans lilla firma har utvecklat sig till ett större företag

◆**open up** **1** vt + adv öppna; **to** ~ **up the shop** öppna affären; **to** ~ **up a country for trade** öppna ett land för handel **2** vi + adv öppna; (Mil) öppna eld; (bildl: perspektiv) öppna sig; (emotionellt): **to** ~ **up to sb** öppna sig för ngn; ~ **up!** öppna!

open-air [,əʊpn'ɛəʳ] adj frilufts-, utomhus-

open-and-shut [,əʊpənən'ʃʌt] adj uppenbar, solklar; ~ **case** solklart fall

open-cast ['əʊpənkɑːst] adj (Brit Gruv): ~ **mining** dagbrott, dagbrytning

open-ended [,əʊpn'endɪd] adj (i allm) obegränsad, utan (i förväg fastställda) gränser; (kontrakt, erbjudande) inte tidsbegränsad; (diskussion) förutsättningslös; (problem) olöslig

open-er ['əʊpnəʳ] s öppnare; **bottle** ~ flasköppnare

open-handed [,əʊpn'hændɪd] adj frikostig, givmild

open-heart ['əʊpən,hɑːt] adj: ~ **surgery** (enstaka) hjärtoperation; (teknik) hjärtkirurgi

open-ing ['əʊpnɪŋ] **1** adj öppnings-, inlednings-; ~ **ceremony** öppningsceremoni **2** s (a) (eg) öppning, glugg; **there was an** ~ **in the wall** det fanns en öppning i muren (b) (om samtal, debatt etc) öppning, inledning; (om väg etc) öppnande, invigning; **the** ~ **of the new airport** öppnandet av den nya flygplatsen; ~ **night** (Teat etc) öppningskväll, premiär; ~ **time** öppningsdags; **when's** ~ **time?** hur dags öppnar ni?; (i sht Brit: pub) hur dags börjar ni servera (öl, vin etc) (c) (tillfälle) öppning, möjlighet; **there are good** ~**s for small businesses here** det finns goda möjligheter för småföretag här; **there are no** ~**s in the company at present** det finns inga möjligheter (till anställning/befordran) inom företaget för närvarande; **to give one's opponent an** ~ ge sin motståndare en chans

open-ly ['əʊpənlɪ] adv (om privatliv etc) öppet, oförbehållsamt; (för allmänheten) öppet, offentligt; **he spoke** ~ **about his problems** han talade öppet om sina problem; **the stolen goods were being**

sold ~ stöldgodset såldes helt öppet

open-minded [,əʊpn'maɪndɪd] adj öppen el mottaglig för nya intryck/idéer

open-mouthed [,əʊpn'maʊðd] adj (eg) med öppen mun; (bildl) högljudd, gapig; **in** ~ **amazement** gapande av förvåning

open-necked ['əʊpn,nekt] adj öppen i halsen; **an** ~ **shirt** en skjorta med öppen hals

open-ness ['əʊpnnɪs] s öppenhet, uppriktighet

open-plan ['əʊpən,plæn] adj (våning etc) med (stora) fria ytor; (trappa) öppen; adj: ~ **office** kontorslandskap

op-era ['ɒpərə] s opera; ~ **glasses** teaterkikare; ~ **house** opera(hus); ~ **singer** opera|sångare/-sångerska

op-er-able ['ɒpærəbl] adj (Med) operabel, opererbar

op-er-ate ['ɒpəreɪt] **1** vt (a) (maskin etc) sköta, manövrera; **can you** ~ **this tool?** kan du sköta det här verktyget; **a machine** ~**d by electricity** en maskin som drivs med elektricitet (b) (företag etc) driva, sköta, leda; (system, lag etc) tillämpa, praktisera; **the new system is** ~**d in most libraries** det nya systemet är i bruk i de flesta bibliotek **2** vi (a) (maskin etc) fungera, drivas; (person: förstånd) fungera; **this heater** ~**s by gas** den här kaminen drivs med gas; **I'll never understand how your mind** ~**s!** jag kommer aldrig att begripa hur din hjärna fungerar (b) (medicin, reklam) verka, ha effekt; **this drug** ~**s on the central nervous system** den här medicinen verkar på centrala nervsystemet (c) (kommunikationer) köra, (av)gå; **the buses** ~ **every two hours** bussarna går varannan timme (d) (om handling) gå tillväga, utföra; **I didn't like the way that salesman** ~**d** jag ogillade försäljarens sätt att gå tillväga (e) (Med) operera; **she was** ~**d on for appendicitis** hon opererades för blindtarmen

op-er-at-ic [,ɒpə'rætɪk] adj (sångare, musik) opera-; (bildl) teatralisk

op-er-at-ing ['ɒpəreɪtɪŋ] adj (a) (Handel) drifts-; ~ **costs** driftskostnader, arbetskostnader (b) (Med) operations-; ~ **table** operationsbord; ~ **theatre**, (Am) ~ **theater** operationssal; ~ **system** (Data) operativsystem

op-era-tion [,ɒpə'reɪʃən] s (a) (arbete) verksamhet, aktivitet; **to begin** ~**s** sätta igång; **the company's** ~**s during the year** företagets verksamhet under året (b) (sätt) funktion(ssätt); **the** ~ **of the machine is very simple** maskinens funktion är mycket enkel; **to be in** ~ vara igång; **to come into** ~ träda i kraft; **to bring/put into** ~ sätta igång, låta träda i kraft (c) (Mil etc) operation, företag; O~ **Overlord** Operation Overlord; **rescue** ~ räddningsföretag (d) (Med) operation; **to have an** ~ **for appendicitis** opereras för blindtarmen; **to undergo an** ~ genomgå en operation

op-era-tion-al [,ɒpə'reɪʃənl] adj (a) (kostnader etc) drifts- (b) (maskin, fabrik, service) funktionsduglig, fungerande; **when the service is fully** ~ när servicen fungerar fullständigt

op-era-tive ['ɒpərətɪv] **1** adj (a) operativ, aktiv, verksam; **the** ~ **word** (i ett visst sammanhang) det viktiga ordet, nyckelordet; **to be** ~ (Jur) i kraft, gällande (b) (Med) operativ, operations-; ~ **treatment** operativ behandling **2** s arbetare som sköter en maskin

op-era-tor ['ɒpəreɪtəʳ] s (av maskin etc: i fabrik) maskinist, maskinskötare; (: Data) operatör; (Tele) telefonist; **lift** ~ hisskötare; **radio** ~ radiotelegrafist; **a smooth** ~ (vard) en smart typ

oph-thal-mic [ɒf'θælmɪk] adj (Med) oftalmologisk, ögon-; (: patient) med ögoninflammation; ~ **op-**

tician *(åld)* legitimerad optiker

opi·ate [ˈəʊpɪɪt] *s* **(a)** *(eg)* opiat **(b)** *(allmännare)* narkotiskt medel; sömnmedel

opin·ion [əˈpɪnjən] *s* uppfattning, mening, åsikt; **public** ~ den allmänna meningen/opinionen; **in my** ~ enligt min åsikt; **in the** ~ **of those who know** enligt dem som vet; **it's a matter of** ~ det är en åsiktsfråga; **what is your** ~ **of him?** vad anser du om honom?; **to be of the** ~ **that...** ha den åsikten att...; **to ask someone's** ~ be om någons uppfattning; **to give one's** ~ ge sin mening; **to form an** ~ **of sb/sth** bilda sig en uppfattning om ngn/ngt; **to have a high/poor** ~ **of sb** ha en hög/låg uppfattning om ngn; **to have a high** ~ **of oneself** ha en hög uppfattning om sig själv; ~ **poll** opinionsundersökning; *se äv* **second**[1] 1

opin·ion·at·ed [əˈpɪnjəneɪtɪd] *adj (vanl neds)* envis, oresonlig, tjurskallig

opium [ˈəʊpɪəm] *s* opium; ~ **addict** opiummissbrukare; ~ **den** opiumhåla

op·po·nent [əˈpəʊnənt] *s* motståndare; *(i debatt, diskussion: äv)* opponent; *(Spel)* motspelare

op·por·tune [ˈɒpətjuːn] *adj* läglig, opportun; **an** ~ **moment** ett lägligt tillfälle; **to be** ~ komma lägligt

op·por·tune·ly [ˈɒpətjuːnlɪ] *adv* lägligt

op·por·tun·ism [ˌɒpəˈtjuːnɪzəm] *s* opportunism

op·por·tun·ist [ˌɒpəˈtjuːnɪst] *s* opportunist

op·por·tu·ni·ty [ˌɒpəˈtjuːnɪtɪ] *s* tillfälle, möjlighet; **to have the** ~ **to do sth/of doing sth** ha tillfälle att göra ngt; **to take the** ~ **to do sth/of doing sth** ta tillfället i akt att göra ngt; **at the earliest** ~ vid första (bästa) tillfälle; **when I get the** ~ när jag får möjlighet; **to miss one's** ~ missa ett tillfälle; **opportunities for promotion** möjligheter till befordran

op·pose [əˈpəʊz] *vt (i allm)* motsätta sig, sätta sig emot; *(Pol)* ställa upp mot; **she** ~**s my coming** hon motsätter sig att jag kommer

op·posed [əˈpəʊzd] *adj;* **to be** ~ **to sth** vara emot ngt; **savings as** ~ **to investments** besparingar i motsats till investeringar

op·pos·ing [əˈpəʊzɪŋ] *adj* motståndar-; **the** ~ **team** motståndarlaget

op·po·site [ˈɒpəzɪt] **1** *adv* mitt emot; **they live directly** ~ de bor precis mitt emot/rakt över **2** *prep* mitt emot; ~ **one another** mitt emot varandra; **a house** ~ **the school** ett hus mitt emot skolan; **to play** ~ **sb** *(Teat)* spela mot ngn **3** *adj* **(a)** *(läge)* (som ligger) mitt emot, motstående; **the house** ~ huset mitt emot; **on the** ~ **page** på motstående sida **(b)** *(motsats)* motsatt; **the** ~ **sex** det motsatta könet; *se äv* **number 1 c** **4** *s* motsats; **quite the** ~**!** precis tvärtom!; **she said just the** ~ hon sa precis tvärtemot

op·po·si·tion [ˌɒpəˈzɪʃən] *s* **(a)** *(i allm)* opposition, motstånd; **in** ~ **to** i opposition till/mot **(b)** *(Brit Pol)*: **the O** ~ oppositionen; **leader of the O** ~ oppositionsledaren; **to be in** ~ vara/sitta i opposition

op·press [əˈpres] *vt (Mil, Pol etc)* förtrycka; *(om värme, oro etc)* trycka ned, tynga; **I felt** ~**ed by the heat** jag kände mig pressad av hettan

op·pres·sion [əˈpreʃən] *s (se* **oppress**) förtryck; nedtryckande, tyngd

op·pres·sive [əˈpresɪv] *adj (regim etc)* förtryckande, tyrannisk; *(bildl)* tryckande, malande; ~ **anxiety** gnagande oro; ~ **heat** tryckande hetta

op·pres·sive·ly [əˈpresɪvlɪ] *adv (Mil, Pol etc)* med förtryck, tyranniskt; *(bildl)* tyngande, tryckande; ~ **hot weather** tryckande hetta

op·pres·sor [əˈpresəʳ] *s* förtryckare

opt [ɒpt] *vi:* **to** ~ **for sth** välja ngt; **to** ~ **to do sth** välja/föredra att göra ngt

♦ **opt out** *vi + adv* hoppa av, dra sig tillbaka; **I**

think I'll ~ **out of going** jag tror jag struntar i/avstår från att gå

op·tic [ˈɒptɪk] *adj (Med)* optisk, syn-; **the** ~ **nerve** synnerven

op·ti·cal [ˈɒptɪkəl] *adj* optisk; ~ **illusion** synvilla, optisk villa

op·ti·cian [ɒpˈtɪʃən] *s* optiker

op·tics [ˈɒptɪks] *ssg* optik

op·ti·mism [ˈɒptɪmɪzəm] *s* optimism

op·ti·mist [ˈɒptɪmɪst] *s* optimist

op·ti·mis·tic [ˌɒptɪˈmɪstɪk] *adj* optimistisk

op·ti·mis·ti·cal·ly [ˌɒptɪˈmɪstɪklɪ] *adv* optimistiskt

op·ti·mum [ˈɒptɪməm] **1** *adj* optimal, optimum-; ~ **conditions for growth** optimala växtförhållanden **2** *s;* **el** optima [ˈɒptɪmə] *el* ~**s** optimum

op·tion [ˈɒpʃən] *s* **(a)** *(i allm)* val, valmöjlighet; **I have no** ~ jag har inget val; **she had no** ~ **but to leave** hon hade inget annat val än att ge sig av; **to keep one's** ~**s open** hålla ngt öppet, vänta med valet; **to choose a soft** ~ välja det lättaste alternativet, gå den lindrigaste vägen; **imprisonment without the** ~ **of bail/fine** *(Jur)* fängelsestraff som ej får förvandlas till borgen/böter **(b)** *(Handel)* option, förtur, förhandsrätt; **with the** ~ **to buy** med förköpsrätt **(c)** *(Skol, Univ)* tillval, valfri kurs

op·tion·al [ˈɒpʃənl] *adj (kurs etc)* frivillig; *(utrustning etc)* extra-, tillbehörs-; ~ **extras** extrautrustning, tillbehör

op·tom·e·trist [ɒpˈtɒmɪtrɪst] *s (i sht Am)* legitimerad optiker

opu·lence [ˈɒpjʊləns] *s* överflöd, välstånd, rikedom; *(av vegetation)* frodighet; *(av byggnad, inredning etc)* prakt

opu·lent [ˈɒpjʊlənt] *adj* välmående, rik; *(vegetation)* frodig; *(byggnad, inredning etc)* praktfull

opus [ˈəʊpəs] *s, pl* ~**es** *el* opera [ˈɒpərə] *(Mus)* opus

or [ɔːʳ] *konj* **(a)** *(alternativ)* eller; **not...** ~**...** varken... eller..., inte... och inte heller...; ~ **else** annars; **20** ~ **so** 20 eller så; **let me go** ~ **I'll scream!** släpp mig, annars skriker jag!; **he could not read** ~ **write** han kunde varken läsa eller skriva; **without relatives** ~ **friends** utan (vare sig) släktingar eller vänner **(b)** *(specificering)* eller, eller närmare bestämt; ~ **rather...** eller snarare...; **this tree,** ~ **rather bush, is still growing** det här trädet, eller snarare busken, växer ännu

ora·cle [ˈɒrəkl] *s* orakel

oral [ˈɔːrəl] **1** *adj (Anat)* oral, mun-; *(Skol)* muntlig; ~ **hygiene** munhygien; ~ **contraceptive** p-piller; ~ **exam** muntlig tentamen **2** *s (skol: vard)* muntlig tenta, munta

oral·ly [ˈɔːrəlɪ] *adv (se* **oral** 1) oralt, genom munnen; muntligt, muntligen

or·ange [ˈɒrɪndʒ] **1** *s (frukt, träd)* apelsin; *(färg)* orange; ~ **blossom** apelsinblomma; ~ **squash** *(Brit)* apelsinsaft; ~ **juice** apelsinjuice; ~ **stick** orangepinne, manikyrpinne **2** *adj* orange

or·ange·ade [ˌɒrɪndʒˈeɪd] *s* apelsindricka, läskedryck med apelsinsmak

Orange·man [ˈɒrɪndʒmən] *s, pl* **-men** orangist, medlem av Orangeorden *(protestantisk orden på Nordirland)*

orang-utan [ɔːˌræŋuːˈtæn] *s (Zool)* orangutang

ora·tion [ɔːˈreɪʃən] *s* oration, högtidstal; **funeral** ~ begravningstal

ora·tor [ˈɒrətəʳ] *s* orator, vältalare

ora·to·rio [ˌɒrəˈtɔːrɪəʊ] *s (Mus)* oratorium

ora·tory[1] [ˈɒrətərɪ] *s* talarkonst, retorik

ora·tory[2] [ˈɒrətərɪ] *s (Rel)* bönhus, kapell

or·bit [ˈɔːbɪt] **1** *s (Astron)* kretslopp, bana, varv; **to be in/go into** ~ **(round the earth/moon)** gå i ett kretslopp (runt jorden/månen); **it's outside my** ~ *(bildl)* det är utanför min sfär **2** *vt* kretsa kring 3 vi (himlakropp etc) kretsa, röra sig i en bana

Or·cad·ian [ɔː'keɪdɪən] 1 adj från/som hör till Orkneyöarna 2 s Orkneybo

or·chard ['ɔːtʃəd] s fruktträdgård; **apple** ~ äppelträdgård

or·ches·tra ['ɔːkɪstrə] s orkester; (Am Teat) främre parkett

or·ches·tral [ɔː'kestrəl] adj orkestral, orkester-

or·ches·trate ['ɔːkɪstreɪt] vt (Mus) orkestrera, instrumentera; (bildl) organisera, bygga upp

or·ches·tra·tion [ˌɔːkɪs'treɪʃən] s (Mus) orkestrering, instrumentation; (bildl) organisation, uppbyggnad

or·chid ['ɔːkɪd] s (Bot) orkidé

or·dain [ɔː'deɪn] vt (a) (lag, regler) föreskriva, påbjuda; **fate** ~**ed us to live** ödet ville att vi skulle få leva (b) (Rel) prästviga

or·deal [ɔː'diːl] s (bildl) prövning, eldprov; (Hist) gudsdom; **it was a terrible** ~ det var en svår prövning

or·der ['ɔːdəʳ] 1 s (a) (sekvens) ordning, (ordnings)följd; **in alphabetical** ~ i alfabetisk ordning; **in** ~ **of merit** i rangordning; **put these in the right** ~ lägg de här i rätt ordning; **to be in the wrong** ~ vara i fel ordning; **to be out of** ~ vara i oordning

(b) (system) ordning; **she has no** ~ **in her life** hon har ingen ordning på sin tillvaro; **it is in the** ~ **of things** det ligger i sakens natur; **in** ~ i ordning; **his papers are in** ~ hans papper är i ordning

(c) (om maskin etc) funktion; **a machine in working** ~ en maskin i funktion; **to be out of** ~ vara ur funktion, vara trasig

(d) (lugn, kontroll) ordning; **to keep** ~ hålla ordning; **to keep the children in** ~ hålla ordning på barnen

(e) (Mil) order; (i allm) befallning, order; **to take** ~**s from sb** ta order från/av ngn; **to obey** ~**s** lyda order; ~ **of the court** domstolsorder; **by** ~ **of** på order/befallning av; **on the** ~**s of** på order/befallning av; **to be under** ~**s to...** (Mil) ha order att...; (i allm) vara tillsagd att...; **to give sb** ~**s to do sth** beordra/befalla ngn att göra ngt

(f) (om procedur): ~ (~)! ordning!, tillbaka till ordningen; **to call sb to** ~ återkalla ngn till ordningen; **a point of** ~ en ordningsfråga; ~ **of the day** (Mil) dagorder; (bildl) dagens lösen, det som gäller; **is it in** ~ **for me to go to Rome?** är det i sin ordning att jag reser till Rom?

(g) (Handel) order, beställning; (på restaurang) beställning; **repeat** ~ förnyad beställning, efterbeställning; **rush** ~ brådskande order; **made to** ~ (kläder etc) måttbeställd; (i allm) gjord på beställning, specialbeställd; **to place an** ~ **for sth with sb** lämna in en beställning på ngt till ngn; ~ **form** order-/beställnings|blankett

(h): **in** ~ **to do sth** för att göra ngt, i avsikt att göra ngt; **in** ~ **that he may stay** så att han kan stanna

(i) (om samhället etc) ordning, gruppering; (Biol) ordning; **the social** ~ den sociala ordningen; **the lower** ~**s** de lägre klasserna; **of the** ~ **of 500** i storleksordningen 500

(j) (organisation, utmärkelse) orden; **Benedictine O** ~ benediktin(er)orden; **holy** ~**s** det andliga ståndet; **to be in/take** ~**s** vara prästvigd/låta prästviga sig

(k) (Ekon) (betalnings)order, betalningsuppdrag; **pay to the** ~ **of** (på check) betala till

2 vt (a) (Mil etc: person) beordra, befalla; (verksamhet) beordra; **the referee** ~**ed the player off the field** domaren befallde spelaren att lämna planen

(b) (system) ordna, ställa i ordning

(c) (varor, mat etc) beställa 3 vi beställa; **I'll** ~ **for both of us** jag beställer åt oss båda

♦ **order about, order around** vt + adv kommendera, hunsa

or·der·ly ['ɔːdəlɪ] 1 adj (a) (person, verksamhet) metodisk, noggrann; (: disciplinerad) ordningsam; (tillvaro) välordnad; (rum) välstädad, prydlig (b) (Mil): ~ **officer** dagofficer; ~ **room** kompaniexpedition 2 s (Mil) kalfaktor; (Med) sjukvårdsbiträde

or·di·nal ['ɔːdɪnl] 1 adj ordnings-; ~ **number** ordningstal 2 s ordningstal

or·di·nance ['ɔːdɪnəns] s stadga, fördning

or·di·nari·ly ['ɔːdnrɪlɪ, (Am) ˌɔːdɪ'nærɪlɪ] adv i vanliga fall, normalt

or·di·nary ['ɔːdnrɪ] 1 adj (a) (i allm) vanlig, normal, ordinär; **in the** ~ **way** på det vanliga viset; **in** ~ **use** vid normal användning; **the** ~ **bus** den ordinarie bussen (b) genomsnittlig, medel-; (utseende) alldaglig, ordinär; **the** ~ **Frenchman** den genomsnittlige fransmannen; **the meal was very** ~ (neds) måltiden var högst ordinär 2 s: **out of the** ~ utöver det vanliga, ovanlig

or·di·na·tion [ˌɔːdɪ'neɪʃən] s (Rel) ordination, prästvigning

ord·nance ['ɔːdnəns] s (Mil: koll) artilleri; (: enstaka) artilleripjäs; (: ammunition etc) krigsmateriel; **O** ~ **Survey map** (Brit) generalstabskarta

ore [ɔːʳ] s malm; **copper** ~ kopparmalm

orega·no [ˌɒrɪ'gɑːnəʊ, (Am) ɒ'regənəʊ] s (krydda) oregano; (ört) kungsmynta

or·gan ['ɔːgən] s (Mus) orgel; (Anat) organ, kroppsdel; (Tidn etc) organ, språkrör; **barrel** ~ positiv; **electric** ~ elorgel; **speech** ~ talorgan; **reproductive** ~**s** fortplantningsorgan

organ-grinder ['ɔːgənˌgraɪndəʳ] s positivhalare

or·gan·ic [ɔː'gænɪk] adj (i allm) organisk; (odling) biodynamisk; (bildl) fundamental; **an** ~ **unity** en organisk helhet

or·gani·cal·ly [ɔː'gænɪkəlɪ] adv organiskt; **to farm** ~ odla biodynamiskt

or·gan·ism ['ɔːgənɪzəm] s (Biol) organism

or·gan·ist ['ɔːgənɪst] s organist

or·gani·za·tion [ˌɔːgənaɪ'zeɪʃən] s (a) (handling) organisation, organiserande (b) (enhet) organisation

or·gan·ize ['ɔːgənaɪz] vt organisera; **to get** ~**ed** komma i ordning

or·gan·ized ['ɔːgənaɪzd] adj organiserad

or·gan·iz·er ['ɔːgənaɪzəʳ] s organisatör

or·gasm ['ɔːgæzəm] s orgasm

orgy ['ɔːdʒɪ] s (eg, bildl) orgie

ori·ent ['ɔːrɪənt] 1 s (äv: O~): **the** ~ Orienten, Österlandet 2 vt = orientate

ori·en·tal [ˌɔːrɪ'entəl] 1 adj orientalisk; ~ **languages** orientaliska språk 2 s: **O** ~ österlänning

ori·en·tate ['ɔːrɪənteɪt] vt (eg) orientera; (bildl) inrikta; **to** ~ **oneself by the map** orientera (sig) efter kartan; **sex-**~**d films** sexinriktade filmer

ori·en·ta·tion [ˌɔːrɪən'teɪʃən] s (ej Sport) orientering

ori·en·teer·ing [ˌɔːrɪən'tɪərɪŋ] s (Sport) orientering

ori·fice ['ɒrɪfɪs] s mynning, öppning

ori·ga·mi [ˌɒrɪ'gɑːmɪ] s (japansk pappersvikning) origami

ori·gin ['ɒrɪdʒɪn] s (i allm) ursprung, (om person: äv) härkomst; (om flod) källa, upprinnelse; **to have its** ~ (in) ha sitt ursprung (i); **to be of humble** ~, **to have humble** ~**s** vara av enkel härkomst

origi·nal [ə'rɪdʒɪnl] 1 adj (a) (om ordning)

ursprunglig, först-, original-; **the ~ inhabitants of Ireland** Irlands ursprungliga invånare; **~ sin** arvsynd **(b)** *(ej kopierad)* original-, ursprungs-; **~ edition** originalutgåva **(c)** *(sätt)* originell, okonventionell; **2** *s (manuskript, tavla etc)* original; *(person)* original, udda person; **he reads Homer in the ~** hans läser Homeros i original

origi·nal·ity |əˌrɪdʒɪˈnælɪtɪ| *s* originalitet

origi·nal·ly |əˈrɪdʒənəlɪ| *adv* **(a)** ursprungligen, från början; **I ~ thought of going to Glasgow** ursprungligen funderade jag på att resa till Glasgow **(b)** originellt; **he writes very ~** han skriver mycket originellt

origi·nate |əˈrɪdʒɪneɪt| **1** *vt* ge upphov till, skapa, frambringa; **Hoover ~d a famous vacuum cleaner** Hoover skapade en berömd dammsugare; **to ~ an idea** ge upphov till en idé **2** *vi:* **~ from** *(person)* komma/härstamma från; *(idé etc)* komma/härröra från; *(vara)* komma/importeras från; **to ~ in** *(tradition etc)* uppstå i, ha sitt ursprung i/från; *(flod)* rinna upp i; **the play ~d in a poem by Byron** pjäsen bygger på en dikt av Byron

origi·na·tor |əˈrɪdʒɪneɪtəʳ| *s* upphovsman, skapare

Ork·neys |ˈɔːknɪz| *spl:* **the ~** Orkneyöarna

or·lon ® |ˈɔːlɒn| *s* orlon

or·na·ment |ˈɔːnəmənt| **1** *s (koll)* utsmyckning, ornament(ering); *(enstaka)* prydnad(ssak), dekoration; **the Puritans disapproved of ~ in their churches** puritanerna ogillade utsmyckning i sina kyrkor; **she wore a pearl necklace by way of ~** hon bar ett pärlhalsband som prydnad **2** *vt* ornamentera, smycka, pryda; **the room was ~ed with flowers** rummet var smyckat med blommor

or·na·men·tal |ˌɔːnəˈmentl| *adj* dekorativ, ornamental; **it's purely ~** den är bara till prydnad; **~ plant** prydnadsväxt

or·na·men·ta·tion |ˌɔːnəmenˈteɪʃən| *s (handling)* ornamentering, utsmyckning; *(föremål)* ornament *(pl)*, dekorationer

or·nate |ɔːˈneɪt| *adj (dekoration)* rik, konstfull; *(byggnad, föremål)* (rikt) utsmyckad; *(språk, stil)* överlastad, snirklad

or·ni·tholo·gist |ˌɔːnɪˈθɒlədʒɪst| *s* ornitolog, fågelkännare

or·ni·thol·ogy |ˌɔːnɪˈθɒlədʒɪ| *s* ornitologi

or·phan |ˈɔːfən| **1** *s* föräldralöst barn **2** *adj attr* föräldralös **3** *vt:* **to be ~ed** bli föräldralös

or·phan·age |ˈɔːfənɪdʒ| *s* hem för föräldralösa barn, barnhem

ortho·dox |ˈɔːθədɒks| *adj (eg)* ortodox, renlärig, rättrogen; *(bildl)* ortodox; **the Greek O~ Church** grekisk-ortodoxa kyrkan

ortho·doxy |ˈɔːθədɒksɪ| *s* ortodoxi, renlärighet

or·thog·ra·phy |ɔːˈθɒɡrəfɪ| *s* ortografi, rätt|stavning/-skrivning

ortho·paedic, *(Am)* **ortho·pedic** |ˌɔːθəʊˈpiːdɪk| *adj (Med)* ortopedisk

ortho·paedics, *(Am)* **ortho·pedics** |ˌɔːθəʊˈpiːdɪks| *s s (Med)* ortopedi

ortho·paedist, *(Am)* **ortho·pedist** |ˌɔːθəʊˈpiːdɪst| *s* ortoped

os·cil·late |ˈɒsɪleɪt| *vi (Fys)* oscillera, svänga, pendla; *(kompassnål etc)* darra, vara ostadig; *(bildl)* pendla, vackla

os·cil·la·tion |ˌɒsɪˈleɪʃən| *s (Fys)* oscillation, svängning, pendling; *(bildl)* pendlande, vacklan

os·prey |ˈɒspreɪ| *s (Zool)* fiskgjuse; *(hattfjäder)* espri, ägrett

os·si·fy |ˈɒsɪfaɪ| *vi (eg)* bli till ben, förbenas; *(bildl)* stelna, förstelnas

os·ten·sible |ɒsˈtensəbl| *adj* skenbar, påstådd; **the ~ reason was that...** den uppgivna orsaken var att...

os·ten·sibly |ɒsˈtensəblɪ| *adv* skenbart, skenbar-

ligen

os·ten·ta·tion |ˌɒstenˈteɪʃən| *s (skrytsamt framhävande: av rikedom)* vräkighet, prål; *(: av kunskaper etc)* skrytsamhet, inbilskhet; **to do sth with ~** göra ngt demonstrativt/ostentativt; **the film star descended the stairs with great ~** filmstjärnan gick nedför trappan på det mest utstuderade sätt

os·ten·ta·tious |ˌɒstenˈteɪʃəs| *adj (i avsikt att märkas)* demonstrativ, utstuderad, ostentativ; *(dyrbar: livsstil, heminredning etc)* (utstuderat) vräkig/prålig

os·ten·ta·tious·ly |ˌɒstenˈteɪʃəslɪ| *adv (se ostentatious)* demonstrativt, ostentativt; vräkigt

os·teo·ar·thri·tis |ˌɒstɪəʊɑːˈθraɪtɪs| *s (Med)* artros, ledförslitning

os·teo·path |ˈɒstɪəpæθ| *s* osteopat, kiropraktor

os·teopa·thy |ˌɒstɪˈɒpəθɪ| *s* osteopati, kiropraktik

os·teo·poro·sis |ˌɒstɪəʊpɔːˈrəʊsɪs| *s (Med)* benskörhet, osteoporos *(spec)*

os·tra·cism |ˈɒstrəsɪzəm| *s (ur gemenskap)* uteslutning, utfrysning

os·tra·cize |ˈɒstrəsaɪz| *vt (ur gemenskap)* utesluta, utfrysa

os·trich |ˈɒstrɪtʃ| *s (Zool)* struts; **~ policy** *(bildl)* strutspolitik

oth·er |ˈʌðəʳ| **1** *pron fören* annan; **the ~ one** den andre; **the ~ ones** de andra; **~ people** andra människor; **some ~ people have still to arrive** ytterligare några människor ska komma; **the ~ day** häromdagen; **every ~ day** varannan dag; **some ~ time** en annan gång; **if there are no ~ questions...** om det inte finns några fler frågor; **~ people's property** andras egendom **2** *pron* självst (någon) annan; **the ~** den/det andra; *(person)* den andre; **~s** *pl* andra; **the ~s** de andra; **one after the ~** den ene efter den andre; **are there any ~s?** finns det några andra; **somebody or ~** någon (, ovisst vem); **some actor or ~** någon skådespelare; **no ~** ingen annan; **no ~ than** ingen annan/mindre än; **each ~** *se* each 2 b **3** *adv:* **he could not act ~ than as he did** han kunde inte handla annorlunda än han gjorde; **somewhere or ~** på ett eller annat ställe, någonstans; **somehow or ~** på ett eller annat sätt **4** *prep:* **~ than** utom; **~ than him/me** *etc* (för)utom han/jag *etc;* **nobody knows ~ than me** ingen vet det utom jag **5** *s:* **significant ~** *(i sht Am: vard)* sambo, partner som man inte är gift med

oth·er·wise |ˈʌðəwaɪz| **1** *adv* **(a)** annorlunda, på annat sätt; **it cannot be ~** det kan inte vara på något annat sätt; **she was ~ engaged** *(frm)* hon var upptagen på annat håll/sätt; **all rooms have showers except where ~ stated** alla rum har dusch om ej annat anges **(b)** annars, eljest, i/för övrigt; **an ~ good piece of work** ett i övrigt gott arbete; **2** *konj* annars, i annat fall; **~ we shall have to walk** annars måste vi gå (till fots)

other-worldly |ˌʌðəˈwɜːldlɪ| *adj (person)* världsfrånvänd, ointresserad av världsliga ting

ot·ter |ˈɒtəʳ| *s (Zool)* utter

ouch |aʊtʃ| *interj* aj, oj

ought¹ |ɔːt| *s* = aught

ought² |ɔːt| *vhj* **(a)** *(moralisk förpliktelse)* bör, borde; **I ~ to do it** jag borde göra det; **one ~ not to do it** man bör inte göra det **(b)** *(rekommendation)* bör, borde, skulle; **you ~ to go and see it** du borde/skulle gå och titta på det **(c)** *(trolighet)* bör, borde, skall (nog); **that ~ to be enough** det bör räcka, det räcker nog; **he ~ to have arrived by now** han borde ha kommit nu

ounce |aʊns| *s (viktmått:* ¹/₁₆ *pound* = 28,35 g) uns, ounce; *(bildl:* **there's not an ~ of truth in it** det finns inte ett uns/en gnutta sanning i det

our |ˈaʊəʳ| *poss pron fören* vår; **~ friends** våra

vänner; at ~house hemma hos oss
ours |'aʊəz| *poss pron* självst vår; **this house is** ~ detta hus är vårt; **a friend of** ~ en vän till oss
our·selves |ˌaʊə'selvz| **1** *refl pron* oss; *(emfatiskt)* själva; *(efter prep)* oss (själva); **we washed** ~ **in the creek** vi tvättade oss i bäcken; **we painted the house** ~ vi målade huset själva; **we shared the spoils between** ~ vi delade bytet mellan oss (själva); *se äv* **oneself 2** *pers pron* vi, oss; **everybody but** ~ **knew it** alla visste det utom vi; **the tennis court is owned jointly by our neighbours and** ~ tennisbanan ägs gemensamt av våra grannar och oss
oust |aʊst| *vt* driva bort, köra bort, avlägsna; **to** ~ **sb from a position/job** avlägsna någon från en post/ett arbete
out |aʊt| **1** *adv* **(a)** *(i allm: befintlighet)* ute; *(: riktning)* ut; **they're** ~ **in the garden** de är ute i trädgården; **Mr Green is** ~ Mr Green är ute; **to be** ~ **and about again** vara (uppe) på benen/vara igång igen; **to have a night** ~ vara ute (och roa sig); **it's cold** ~ **here** det är kallt här ute; **the journey** ~ resan ut, utresan; **the railwaymen are** ~ järnvägsmännen är ute i strejk; **the tide is** ~ det är ebb
  (b) *(på avstånd)* bort(a), ut(e); **she's** ~ **in Kuwait** hon är borta i Kuwait; **the boat was 10 km** ~ båten var 10 km bort; **three days** ~ **from Plymouth** *(Sjö)* tre dagar från Plymouth; **it carried us** ~ **to sea** den förde oss ut på havet
  (c) *(sol, måne)* uppe; *(blomma)* utslagen; *(bok, tidning)* utkommen, ute; *(hemlighet etc)* ute, röjd; **when will the paper be** ~? när kommer tidningen ut?; **the secret's** ~ det är ingen hemlighet längre; **your secret's** ~ din hemlighet är röjd; ~ **with it!** ut med det!, ut med språket?!; **it's the biggest swindle** ~ det är det största bedrägeriet någonsin
  (d) *(om slut)* ute, över; **before the week was** ~ innan veckan var över/slut; **the fire has gone** ~ elden har brunnit ut
  (e) *(omodern)* ute; *(Sport)* ute; **long dresses are** ~ långa klänningar är ute; **that ball is** ~ den bollen är ute/död
  (f) *(om fel):* **I was not far** ~ jag var inte långt ifrån, jag hade nästan rätt; **he was** ~ **in his reckoning** han hade räknat (alldeles) fel
  (g) *(om syfte):* **to be** ~ **for sth** vara ute efter ngt; **he's** ~ **for all he can get** han är ute efter allt han kan komma över; **she's** ~ **to make money** hon är ute efter att tjäna pengar
  (h) *(om medvetande):* **to be** ~ vara borta, vara helt väck
  (i): ~ **and away** utan jämförelse
  2 *prep (i sht Am):* **she looked** ~ **the window** hon såg ut genom fönstret
  3: ~ **of** *prep* **(a)** *(riktning)* ut ur; *(läge)* utanför; **to go** ~ **of the house** gå ut ur huset; **to look** ~ **of the window** titta ut genom fönstret; **to be** ~ **of danger/sight** vara utom fara/synhåll; **to be** ~ **of town** vara bortrest; ~ **of date** föråldrad, omodern; ~ **of the way** *(eg)* enslig(t belägen); *(bildl)* ovanlig; **he stayed** ~ **of the way of his father** han höll sig ur vägen för sin pappa; **we're well** ~ **of it** *(vard)* det är tur att vi är ute ur det, det är skönt att vi inte har ngt med det att göra; **to feel** ~ **of it** *(vard)* känna sig utanför
  (b) *(orsak)* av; ~ **of curiosity** av nyfikenhet
  (c) *(ursprung: eg)* ur; *(: material)* av; *(: avelssto)* undan; **to drink sth** ~ **of a cup** dricka ngt ur en kopp; **to take sth** ~ **of a drawer** ta ngt ur en byrålåda; **to copy sth** ~ **of a book** kopiera ngt ur en bok; **a box made** ~ **of wood** en låda gjord av trä; **it was like something** ~ **of a nightmare** det var som något ur en mardröm, det var

mardrömslikt; **Blue Ribbon, by Black Rum** ~ **of Grenada** *(häst)* Blue Ribbon efter Black Rum undan Grenada
  (d) *(om urval)* av, utav; **1** ~ **of every 3 smokers** 1 av 3 rökare
  (e) *(avsaknad)* utan; **I'm** ~ **of money** jag är utan pengar; **to be** ~ **of breath** vara andfådd; **it's** ~ **of stock** *(Handel)* den är slut på lagret; ~ **of work** arbetslös; **we're** ~ **of petrol** vi har slut på bensinen
  4 *s: (i sht Am: bildl)* utväg; **he gave me an** ~ han gav mig en möjlighet att dra mig ur (situationen); *se äv* **in 3**
out-and-out |ˌaʊtnd'aʊt| *adj (seger, nederlag)* fullständig; *(lögnare, skurk, rasist etc)* ut i fingerspetsarna; **it's an** ~ **disgrace that...** det är ren skandal att...
out·back |'aʊtbæk| *s (i Australien)* vildmark
out·bal·ance |aʊt'bæləns| *vt* uppväga
out·bid |ˌaʊt'bɪd| *imperf, perf part* **outbid** *vt* bjuda över
out·board |'aʊtbɔːd| *adj, s:* ~ **(motor)** utombordsmotor, utombordare
out·break |'aʊtbreɪk| *s (av krig, sjukdom, vrede etc)* utbrott; **at the** ~ **of war** vid krigsutbrottet; **a sudden** ~ **of fire** en plötslig eldsvåda
out·building |'aʊtbɪldɪŋ| *s* uthus
out·burst |'aʊtbɜːst| *s (av glädje, ilska etc)* utbrott; **an** ~ **of laughter** ett skrattanfall; **there was an** ~ **of applause** applåder bröt ut
out·cast |'aʊtkɑːst| *(i allm)* utstött person, hemlös varelse; *(socialt)* en som är utstött ur samhället, utslagen människa
out·class |aʊt'klɑːs| *vt (Sport etc)* utklassa; **at chess he** ~**es all his family** i schack utklassar han hela familjen
out·come |'aʊtkʌm| *s* resultat, utgång; **there will not be any immediate** ~ det kommer inte att bli ngt omedelbart resultat
out·crop |'aʊtkrɒp| *s (Geol)* berg i dagen
out·cry |'aʊtkraɪ| *s* rabalder, ramaskri; **to raise an** ~ **about sth** höja ett ramaskri mot ngt, protestera högljutt mot ngt
out·dated |ˌaʊt'deɪtɪd| *adj* föråldrad, urmodig
out·did |ˌaʊt'dɪd| *imperf av* **outdo**
out·distance |ˌaʊt'dɪstəns| *vt* distansera, springa ifrån
out·do |aʊt'duː| *imperf* **outdid**, *perf part* **outdone** |aʊt'dʌn| *vt* överträffa överglänsa; **my brother can** ~ **me in most sports** min bror kan besegra mig i de flesta sporter; **he was not to be outdone** han kunde inte överträffas
out·door |'aʊtdɔːʳ| *adj* utomhus-, ute; ~ **swimming pool** utomhusbassäng; ~ **clothes** ytterkläder; ~ **shoes** promenadskor
out·doors |'aʊt'dɔːz| **1** *adv* utomhus, ute (i det fria) **2** *s* område utanför bebyggelse, marker; **the great** ~ *(skämts)* Guds fria natur
out·er |'aʊtəʳ| *adj* yttre, ytter-; ~ **space** yttre rymden
out·fit |'aʊtfɪt| *s* **(a)** kläder, persedlar; **I'll have to get a new** ~ **to wear at the wedding** jag måste skaffa mig nya kläder till bröllopet **(b)** utrustning; **repair** ~ reparationslåda **(c)** *(vard: företag)* firma, bygge *(vard); (: mindre grupp)* gäng; *(Mil)* enhet, förband
out·fit·ter |'aʊtfɪtəʳ| *s:* **gentleman's** ~**'s** herrekipering(saffär); **sports** ~**'s** sportaffär
out·going |ˌaʊt'gəʊɪŋ| *adj* **(a)** *(post, telefonsamtal)* utgående; *(president etc)* avgående; *(tåg, båt etc)* avgående **(b)** *(person)* utåtriktad, sällskaplig
out·goings |'aʊtˌgəʊɪŋz| *spl* Brit utgifter, kostnader
out·grow |ˌaʊt'grəʊ| *imperf* **outgrew** |ˌaʊt'gruː| *perf*

part **outgrown** [ˌaʊt'grəʊn] *vt (kläder)* växa ur; *(vana etc)* växa ifrån, bli för stor för; *(person)* växa om/förbi

out·growth ['aʊtgrəʊθ] *s (eg, bildl)* utväxt; *(bildl: äv)* resultat, följd

out·house ['aʊthaʊs] *s (Brit)* uthus; *(Am)* utedass

out·ing ['aʊtɪŋ] *s* utflykt, tur; **a school** ~ en skolutflykt

out·land·ish [aʊt'lændɪʃ] *adj* främmande, besynnerlig; *(priser)* absurd, orimlig(t hög)

out·last [ˌaʊt'lɑːst] *vt* räcka längre än, överleva; **good ideas** ~ **bad ones** goda idéer varar längre än dåliga

out·law ['aʊtlɔː] **1** *s* fredlös **2** *vt (person)* förklara fredlös; *(verksamhet etc)* förklara olaglig, kriminalisera

out·lay ['aʊtleɪ] *s* utlägg, utgift

out·let ['aʊtlet] *s (för vattendrag)* utlopp, utflöde; *(för spillvatten etc)* avlopp; *(Handel: abstr)* marknad, avsättning; *(: konkr)* försäljningsställe; *(Am Elektr)* uttag; *(bildl: för känslor)* utlopp; ~ **of a river** flodmynning; **is there an** ~ **for technical items in Norway?** finns det en marknad för tekniska artiklar i Norge?; **dancing provides an** ~ **for his energies** dansen ger honom utlopp för hans energi; ~ **pipe** avloppsrör

out·line ['aʊtlaɪn] **1** *s (form)* kontur, ytterlinje; *(sammanfattning: i efterhand)* översikt; *(: i förväg)* skiss, utkast; ~**s** *(i boktitel etc)* grunddrag; **to draw the** ~ **of a face** teckna konturen av ett ansikte; **give me the broad** ~**(s)** ge mig de stora dragen **2** *vt (konturer)* teckna, skissa; *(innehåll)* summera, ge en översikt över; **the tree was** ~**d against the sky** trädet avtecknade sig mot himlen

out·live [aʊt'lɪv] *vt (eg)* leva längre än, överleva; *(bildl: vanära etc)* komma över; **it has** ~ **its usefulness** den har överlevt sig själv

out·look ['aʊtlʊk] *s (eg)* utsikt, vy; *(om framtid)* utsikt, *(framtids)*perspektiv; *(för väder)* utsikter; *(åsikt etc)* inställning, synsätt, åskådning; **the** ~ **for next Saturday is sunny** på lördag väntas vädret bli soligt

out·lying ['aʊtˌlaɪɪŋ] *adj* ytter-, avsides belägen; ~ **villages** avsides belägna byar; ~ **suburbs** ytterförorter, förorter utanför stadsgränsen

out·ma·noeu·vre, *(Am)* **out·ma·neu·ver** [ˌaʊtməˈnuːvəʳ] *vt* utmanövrera, överlista

out·moded [ˌaʊt'məʊdɪd] *adj* = outdated

out·num·ber [ˌaʊt'nʌmbəʳ] *vt* vara fler än, vara överlägsen i antal; **women** ~ **men** det finns fler kvinnor än män

out-of-date [ˌaʊtəv'deɪt] *adj (kläder, idéer etc)* omodern, föråldrad; *(pass, biljett etc)* ogiltig, inte längre giltig; **the passport is** ~ passet är för gammalt; **you're** ~ **if you think like that!** du är gammalmodig om du har den uppfattningen!; *se äv* out 3 a

out-of-doors [ˌaʊtəv'dɔːz] *adv* = outdoors

out-of-print [ˌaʊtəv'prɪnt] *adj (bok)* utgången, slut från förlaget

out-of-the-way [ˌaʊtəvðəˈweɪ] *adj attr (eg)* avsides belägen, enslig; *(bildl)* ovanlig; **our language has many** ~ **words** i vårt språk finns många ovanliga ord

out·pa·tient ['aʊtˌpeɪʃnt] *s* patient i öppenvård; ~**s' department** poliklinik, öppenvårdsmottagning

out·post ['aʊtpəʊst] *s (Mil)* förpost; *(bildl)* utpost

out·put ['aʊtpʊt] *s (från maskin, fabrik, person)* produktion, tillverkning; *(Data)* utmatning, utdata; *(Elektr)* uteffekt; **the workers were told to increase their** ~ arbetarna uppmanades att öka produktionen

out·rage ['aʊtreɪdʒ] **1** *s* **(a)** *(i allm)* illdåd,

illgärning; **bomb** ~ bombdåd **(b)** *(mot smak, moral etc)* kränkning, skymf; **a public** ~ en offentlig skandal; **an** ~ **against good taste** en kränkning av den goda smaken; **it's an** ~! det är (en) skandal! **2** *vt* skymfa, kränka; **to be** ~**d by sth** bli upprörd över ngt

out·ra·geous [aʊt'reɪdʒəs] *adj (i allm)* upprörande, skandalös; *(anklagelse, tillmäle etc)* kränkande; **it's** ~ **that...** det är upprörande att...

out·ra·geous·ly [aʊt'reɪdʒəslɪ] *adv* upprörande, skandalöst

out·ran [ˌaʊt'ræn] *imperf av* outrun

out·right [aʊt'raɪt] **1** *adv* **(a)** *(grad)* helt och hållet, fullständigt; **to buy sth** ~ köpa hela (på en gång), köpa ngt kontant; **to win a race** ~ vinna ett lopp överlägset **(b)** *(närhet i tiden)* genast, på fläcken; **she was killed** ~ hon dog på fläcken **(c)** *(säga)* rätt ut, öppenhjärtigt; *(vägra, förneka)* blankt, kategoriskt **2** ['aʊtraɪt] *adj (grad)* fullständig; *(vinnare)* överlägsen; *(sätt)* rättfram, rak; *(vägran)* blank, kategorisk; **he answered in an** ~ **manner** han svarade mig rakt på sak

out·run [ˌaʊt'rʌn] *imperf* outran, *perf part* outrun *vt* springa fortare än; *(i tävling)* slå; *(bildl)* överstiga, överträffa

out·set ['aʊtset] *s* början, inledning; **at the** ~ till in början; **from the** ~ från (första) början, redan från början

out·shine [ˌaʊt'ʃaɪn] *imperf, perf part* outshone [ˌaʊt'ʃɒn] *vt (bildl)* överglänsa

out·side ['aʊt'saɪd] **1** *adv (riktning)* ut; *(läge)* ute; **to be/go** ~ vara ute/gå ut; **seen from** ~ sedd utifrån

2 *prep* **(a)** *(äv:* ~ **of:** *ej inne)* utanför; **the car** ~ **the house** bilen utanför huset; **he waited** ~ **the door** han väntade utanför dörren; ~ **the city** utanför staden **(b)** *(ej inkluderad)* utanför; **that's** ~ **our terms of reference** det ligger utanför direktiven; **it's** ~ **my experience** det är utanför mitt område/min erfarenhet

3 *adj* **(a)** *(läge)* ytter-; **the** ~ **lane** *(Motor)* ytterfilen; ~ **seat** ytterplats; **the** ~ **world** yttervärlden **(b):** ~ **broadcast** *(Radio, TV)* utomhussändning **(c)** ytterst, högst, maximi-; **an** ~ **price** ett högsta pris, ett maximipris; **at an** ~ **estimate** högt räknat **(d)** *(chans)* ytterst liten, obetydlig; **there's an** ~ **chance that he'll live** det finns en ytterst liten chans att han kommer att överleva **(e)** *(utifrån kommande):* **we'll need** ~ **help to finish the job** vi behöver hjälp utifrån för att klara jobbet; **to get an** ~ **opinion** få en utomståendes åsikt

4 *s* utsida, yttersida; **the** ~ **of the house was painted brown** husets utsida var brunmålad; **to overtake on the** ~ *(Motor)* köra om i ytterfilen; **judging from the** ~ *(eg)* att döma av utseendet; *(bildl)* såvitt en utomstående kan bedöma; **at the (very)** ~ som (allra) mest, högst; ~ **left** vänster yttersida; **to play** ~ **right** *(Sport)* spela höger|ytter/-forward

out·sid·er ['aʊt'saɪdəʳ] *s (i allm)* outsider, utomstående (person); *(Sport etc)* outsider

out·size ['aʊtsaɪz] *adj (kläder)* extrastor

out·skirts ['aʊtskɜːts] *spl* ytterområde, utkant; **they live on the** ~ **of Glasgow** de bor i utkanten av Glasgow

out·smart [ˌaʊt'smɑːt] *vt (vard)* överlista

out·spo·ken [ˌaʊt'spəʊkən] *adj* rättfram, frispråkig

out·spread [ˌaʊt'spred] *adj* utsträckt, utbredd; **with arms** ~ med utsträckta armar; **with** ~ **wings** med utbredda vingar

out·stand·ing [ˌaʊt'stændɪŋ] *adj* **(a)** *(person, bedrift etc)* utomordentlig, enastående; *(egenskap,* *drag)* mest framträdande; **an ~ display of gym-nastics** en enastående gymnastikupp-visning **(b)** *(arbete etc)* ej klar, ogjord; *(räkning)* obetald, oreglerad; *(problem)* olöst; **the work is still ~** arbetet är ännu inte klart; **~ bills** obetalda räkningar

out·stand·ing·ly |ˌaʊt'stændɪŋlɪ| *adv* utomor-dentligt, enastående

out·stay |ˌaʊt'steɪ| *vt (andra gäster)* stanna längre än; **to ~ one's welcome** missbruka ngns gästfri-het *genom att stanna längre än värdfolket önskar*

out·stretched |ˌaʊt'stretʃt| *adj* utsträckt

out·strip |ˌaʊt'strɪp| *vt (eg)* springa om, löpa förbi; *(bildl)* överträffa

out·talk |aʊt'tɔːk| *vt (övertala)* prata omkull; *(i jäm-förelser)* prata mer än

out·vote |aʊt'vəʊt| *vt* rösta omkull, rösta ner

out·ward |'aʊtwəd| *adj* **(a)** *(riktning)* utgående, ut-; **on the ~** *journey* på utresan **(b)** *(utseende etc)* yttre; **~ beauty** yttre skönhet; **with an ~ show of concern** med skenbart deltagande

out·ward(s) |'aʊtwəd(z)| *adv* utåt, ut; **~ bound** på väg ut, på utresa

out·ward·ly |'aʊtwədlɪ| *adv (eg)* utåt, utvändigt; *(bildl)* utåt, utifrån sett

out·weigh |ˌaʊt'weɪ| *vt (eg)* väga mer än; *(bildl)* uppväga; **the advantages ~ the disadvantages** fördelarna uppväger/är större än nackdelarna

out·wit |aʊt'wɪt| *vt* överlista

out·worn |'aʊtwɔːn| *adj (bildl)* sliten, utnött; *(sed-vänja)* föråldrad

oval |'əʊvəl| **1** *adj* oval, äggformad **2** *s* oval

ova·ry |'əʊvərɪ| *s (Anat)* äggstock

ova·tion |əʊ'veɪʃən| *s* ovation, starkt bifall; **the audience gave the actors a standing ~** publiken stod upp och applåderade *(skådespelarna)*

oven |'ʌvn| *s* ugn; **it's like an ~ in there** *(bildl)* det är varmt som i en ugn där inne; **~ glove** ugnsvante, grytvante

oven·proof |'ʌvn,pruːf| *adj* ugnseldfast

oven-ready |ˌʌvn'redɪ| *adj* ugnsfärdig, färdig att sättas i ugn

oven·ware |'ʌvn,weəʳ| *s* ugnseldfast gods

over |'əʊvəʳ| **1** *adv* **(a)** *(riktning)* över, bort; *(läge)* över, borta; **~ there** där borta; **~ in France** borta i Frankrike; **~ against the wall** där borta mot väggen; **the baby went ~ to its mother** barnet gick bort till sin mamma; **to drive ~ to the other side of town** köra över till den andra sidan av stan; **can you come ~ tonight?** kan du komma över ikväll?; **to go ~ to the enemy** gå över till fienden; **~ to you!** din tur att prata!; **now ~ to our Paris correspondent** nu över/ger vi ordet till vår korrespondent i Paris

(b) *(utsträckning)*: **the world ~** över hela världen; **I ache all ~** jag har ont överallt; **I looked all ~ for you** jag har letat överallt efter dig; **that's him all ~** det är typiskt (för) honom

(c) *(om rörelse)*: **to knock sb ~** slå omkull ngn; **she hit me and ~ I went** hon slog mig och jag föll omkull; **to turn sth ~** vända på ngt; **to turn a page ~** vända sida/blad

(d) *(avslutning)* över, slut; **the rain is ~** regnet är över; **the danger was soon ~** faran var snart över; **its all ~ between us** det är slut mellan oss; **get it ~ with!** se till att få det gjort/få ett slut på det

(e) *(om upprepning)*: **~ and ~ (again)** om och om (igen), gång på gång; **to start (all) ~ again** börja om från början; **several times ~** många gånger om

(f) *(om grad)* över-, särskilt; **she's not ~ intel-ligent, that girl** hon är inte överintelligent, den flickan

(g) *(om rest)* över, kvar; **there are three ~** det

är tre över; **is there any cake (left) ~?** finns det någon tårta kvar?

(h) *(överstigande)* över, mer; **persons of 21 and ~** personer som är 21 år och mer

(i) *(i sht vid signalering)*: **~!** över!, kom!; **~ and out!** klart slut!

2 *prep* **(a)** *(om höjd)* över, ovanpå; **~ our heads** *(eg, bildl)* över våra huvuden; **to spread a sheet ~ something** dra ett lakan över något; **to trip ~ something** snubbla över ngt

(b) *(riktning, läge)*: **the pub ~ the road** puben på andra sidan vägen; **it's ~ the river** den ligger tvärsöver floden; **the bridge ~ the river** bron över floden; **the ball went ~ the wall** bollen for över muren; **the ~ page** på nästa sida

(c) *(utsträckning)* över hela; **all ~ the world** i hela världen; **you've got mud all ~ your shoes** du har lera över hela skorna

(d) *(om rang)* över, överordnad; **he's ~ me** han är över mig; **to have an advantage ~ sb** ha en fördel över ngn

(e) *(om grad)* över, mer än; **he must be ~ 60** han måste vara över 60; **~ and above normal requirements** utöver vad som normalt/i regel krävs; **an increase of 5% ~ last year's total** en ökning med 5% jämfört med fjolåret

(f) *(om tid)* över, under; **~ the last few years** under de senaste åren; **~ the winter** över vin-tern; **let's discuss it ~ dinner/~ a glass of wine** vi kan väl prata om det under middagen/över ett glas vin; **how long will you be ~ it?** hur lång tid tar det för dig att göra klart det?

(g) *(om telefon, radio etc)* på via; **I heard it ~ the radio** jag hörde det på radion

(h) *(angående)* om; **they fell out ~ money** de blev osams om pengar

over- |'əʊvəʳ| *prefix* över-

over·abun·dance |'əʊvərə'bʌndəns| *s* överflöd

over·abun·dant |ˌəʊvərə'bʌndənt| *adj* överflödan-de, mycket riklig

over·act |ˌəʊvər'ækt| *vi (Teat)* spela över, överdriva

over·ac·tive |ˌəʊvər'æktɪv| *adj* överaktiv, hyper-aktiv

over·age |ˌəʊvər'eɪdʒ| *adj* överårig

over·all |ˌəʊvər'ɔːl| **1** *adj* allmän, generell; *(längd, bredd, kostnad)* total-; **there's been an ~ improvement in his health** hans hälsa har ge-nomgått en generell förbättring; **~ dimensions** *(Motor)* yttermått; **~ majority** absolut majori-tet **2** *adv* totalt (sett)

over·alls |'əʊvərɔːlz| *spl (grövre)* overall, överdragskläder; *(i sht Brit)* arbetskläder, skyddsrock

over·anx·ious |ˌəʊvər'æŋkʃəs| *adj (känslig)* överdrivet ängslig; *(ivrig)* överdrivet angelägen

over·ate |ˌəʊvər'eɪt| *imperf av* overeat

over·awe |ˌəʊvər'ɔː| *vt (om ngt kusligt)* göra skräckslagen; *(om ngt storslaget)* överväldiga

over·bal·ance |ˌəʊvə'bæləns| **1** *vi* förlora balan-sen, ta överhanden; **I ~d and fell off the wall** jag tappade balansen och föll ner från muren **2** *vt* få att välta, slå omkull; **don't stand up or you'll ~ the boat** stå inte upp för då kan du välta båten

over·bear·ing |ˌəʊvə'beərɪŋ| *adj* dryg, högdragen, överlägsen; **to be ~** vara högdragen

over·board |'əʊvə,bɔːd| *adv (Sjö)* överbord; **to fall ~** falla överbord; **man ~!** man överbord!; **to go ~ for sth** *(bildl)* bli överförtjust i ngt, bli tokig i ngt

over·bur·den |ˌəʊvə'bɜːdn| *vt* överbelasta

over·came |ˌəʊvə'keɪm| *imperf av* overcome

over·cast |'əʊvəkɑːst| *adj* mulen, molnig

over·cau·tious |ˌəʊvə'kɔːʃəs| *adj* överdrivet för-siktig

over·charge [ˌəʊvə'tʃɑːdʒ] *vt* **(a)** ta för mycket betalt av, ta överpris av; **to ~ sb for sth** låta ngn betala för mycket för ngt **(b)** *(Elektr)* överbelasta

over·coat ['əʊvəkəʊt] *s* ytterrock, överrock

over·come [ˌəʊvə'kʌm] *imperf* **overcame**, *perf part* **overcome** **1** *vt (eg: fiende)* besegra; *(bildl: frestelse, hinder, fruktan etc)* övervinna; *(besvikelse, sorg)* komma över; **to be ~ by the heat** duka under för värmen; **to be ~ by remorse** gripas av ånger; **she was quite ~ by the occasion** hon var överväldigad av tillfället **2** *vi* vinna, segra; **we shall ~!** vi ska segra!

over·con·fi·dent [ˌəʊvə'kɒnfɪdənt] *adj* överdrivet självsäker

over·crowd·ed [ˌəʊvə'kraʊdɪd] *adj (stad, land)* överbefolkad; *(utrymme i allm)* överfull; *(tåg, buss)* överfull, mer än fullsatt

over·crowd·ing [ˌəʊvə'kraʊdɪŋ] *s (om buss, tåg etc)* överbeläggning; *(om bostad)* trångboddhet; *(om stad, land)* överbefolkning; **due to the ~ of the lobby** på grund av att foajén var överfull (av folk)

over·do [ˌəʊvə'duː] *imperf* **overdid** [ˌəʊvə'dɪd], *perf part* **overdone** *vt* **(a)** överdriva, gå till överdrift med; **don't ~ the smoking!** rök inte för mycket!; **to ~ it, to ~ things** ta i för hårt, överanstränga sig **(b)** *(mat)* steka/koka för länge; **you've overdone the chicken again!** du har stekt/kokat kycklingen för länge igen!

over·done [ˌəʊvə'dʌn] **1** *perf part av* **overdo** **2** *adj (berättelse, handling)* överdriven; *(mat)* tillagad för länge

over·dose ['əʊvədəʊs] *s* överdos, för stor dos

over·draft ['əʊvədrɑːft] *s (Ekon)* överdrag, övertrassering; **to have an ~ at the bank** överskrida sitt (bank)konto

over·draw [ˌəʊvə'drɔː] *imperf* **overdrew** [ˌəʊvə'druː], *perf part* **overdrawn** [ˌəʊvə'drɔːn] *vt (konto)* dra över, överskrida; **I'm ~n by £5** jag har dragit över (mitt konto) med 5 pund

over·drive ['əʊvədraɪv] *s (Motor)* överväxel

over·due [ˌəʊvə'djuː] *adj (räkning: sedan någon tid)* förfallen (till betalning); *(tåg etc)* försenad; **this library book is a month ~** den här boken skulle ha varit återlämnad till biblioteket för en månad sedan; **this job is a week ~** det här arbetet skulle ha varit klart för en vecka sedan; **the bill was long ~** räkningen hade förfallit för länge sedan

over·eat [ˌəʊvər'iːt] *imperf* **overate**, *perf part* **overeaten** [ˌəʊvər'iːtn] *vi* äta för mycket

over·es·ti·mate [ˌəʊvər'estɪmeɪt] *vt (eg, bildl)* överskatta

over·ex·cit·ed [ˌəʊvərɪk'saɪtɪd] *adj (i sht om barn)* alltför uppspelt/exalterad

over·ex·er·tion [ˌəʊvərɪg'zɜːʃn] *s* överansträngning

over·ex·pose [ˌəʊvərɪks'pəʊz] *vt* utsätta för länge *(to* för); *(Foto)* överexponera; **he had ~d himself to the sun** han hade varit för länge i solen

over·ex·po·sure [ˌəʊvərɪks'pəʊʒə'] *s* för lång inverkan; *(Foto)* överexponering

over·fa·mil·i·ar [ˌəʊvəfə'mɪljə'] *adj* **(a)** *(gentemot andra människor)* alltför familjär **(b):** **I'm not ~ with their methods** jag känner inte till deras metoder särskilt väl

over·feed [ˌəʊvə'fiːd] *imperf, perf part* **overfed** [ˌəʊvə'fed] *vt* övergöda, ge alltför mycket mat

over·flow ['əʊvəfləʊ] **1** *s (rörledning)* för kraftigt flöde, översvämning **2** [ˌəʊvə'fləʊ] *vi (vätska)* flöda för kraftigt; *(kärl, flod etc)* rinna över, svämma över; *(människor)* flöda, krylla, överfylla; **the cup was full to ~ing** koppen var så full att den höll på att rinna över; **the theatre was ~ing with people** teatern kryllade av folk; **to ~ with**

sth *(vard)* svämma över av ngt

over·fly [ˌəʊvə'flaɪ] *imperf* **overflew** [ˌəʊvə'fluː], *perf part* **overflown** [ˌəʊvə'fləʊn] *vt* flyga över, göra en överflygning av

over·full [ˌəʊvə'fʊl] *adj* överfylld, överfull

over·gen·er·ous [ˌəʊvə'dʒenərəs] *adj* alltför frikostig/generös

over·grown ['əʊvə'grəʊn] *adj (trädgård)* övervuxen; *(person)* förvuxen; **~ with grass** övervuxen med gräs; **he's just an ~ schoolboy** han är bara en förvuxen skolgrabb

over·hang ['əʊvəhæŋ] *(v: imperf, perf part* **overhung)** **1** *s* utskjutande del; **there's an ~ of 6 feet** den skjuter ut 6 fot/180 cm **2** [ˌəʊvə'hæŋ] *vt* hänga/skjuta ut över **3** [ˌəʊvə'hæŋ] *vi* hänga/skjuta ut; **the roof ~s considerably** taket skjuter ut avsevärt

over·hang·ing [ˌəʊvə'hæŋɪŋ] *adj* överhängande, framskjutande

over·haul ['əʊvəhɔːl] **1** *s* översyn, genomgång **2** [ˌəʊvə'hɔːl] *vt (motor etc)* se över, gå igenom; *(planer)* revidera; **the boat was having its engines ~ed** båten fick sina motorer genomgångna

over·head [ˌəʊvə'hed] **1** *adv* över huvudet, uppe i luften **2** ['əʊvəhed] *adj:* **~ cable** luftledning; **~ railway** högbana; **~ camshaft** överliggande kamaxel; **the ~ section of the motorway** den del av motorvägen som går över gatunivån; **~ light** taklampa, plafond **3** ['əʊvəhed] *s:* **~** *(Am Ekon)*, **~s** *spl (Brit Ekon)* allmänna omkostnader

over·hear [ˌəʊvə'hɪə] *imperf, perf part* **overheard** [ˌəʊvə'hɜːd] *vt (råka)* få höra; **I couldn't help ~ing what you were saying** jag kunde inte låta bli att höra vad du sa; **she was ~d complaining** man råkade höra henne klaga

over·heat [ˌəʊvə'hiːt] *vi (Motor)* överhettas, gå varm

over·hung [ˌəʊvə'hʌŋ] *imperf, perf part av* **overhang**

over·in·dulge [ˌəʊvərɪn'dʌldʒ] **1** *vt (barn)* skämma bort, ge för mycket; *(smak etc)* ge efter för; **he ~d his sweet tooth** han gav efter för sitt sötsaksbegär **2** *vi* frossa, festa *(in* på), få för mycket *(in* av); **I ~d in these goodies and now I feel sick** jag vräkte i mig för mycket av de där läckerheterna och nu mår jag illa

over·joyed [ˌəʊvə'dʒɔɪd] *adj* överlycklig *(at* över)

over·kill ['əʊvəkɪl] *s (Mil)* överkapacitet med kärnvapen, overkill; *(bildl):* **that is really ~** det är att gå till överdrift/att ta i för mycket

over·land ['əʊvəlænd] **1** *adv* landvägen, till lands; **they travelled ~ to Nepal** de färdades landvägen till Nepal **2** *adj* på land, land-; **the ~ route** landvägen

over·lap ['əʊvəlæp] **1** *s* överlapp(ning), delvis täckning; *(bildl)* överlapp, delvis sammanfall/dubblering; **tiles are laid with an ~** taktegel läggs med ett överlapp **2** [ˌəʊvə'læp] *vi* överlappa, täcka delvis; *(bildl)* överlappa, delvis sammanfalla; **the two jobs ~ slightly** de två arbetena sammanfaller i någon liten grad

over·lay ['əʊvəleɪ] *(v: imperf, perf part* **overlaid** [ˌəʊvə'leɪd])** **1** *s (av silver etc)* överdrag, beläggning; *(genomskinligt: till karta etc)* överlägg **2** [ˌəʊvə'leɪ] *vt* belägga, överdra; **a brass ring overlaid with silver** en mässingsring överdragen med silver

over·leaf [ˌəʊvə'liːf] *adv* på nästa sida; **continued ~** fortsättning på nästa sida

over·load [ˌəʊvə'ləʊd] *vt (lastbil etc)* överlasta; *(elnät etc)* överbelasta

over·look ['əʊvəlʊk] **1** *s (Am)* utsiktspunkt **2** [ˌəʊvə'lʊk] *vt* **(a)** *(från byggnad etc)* se ut över, ha utsikt mot; *(om byggnad etc)* vetta mot; **our bal-**

cony ~ed **the swimming pool** vår balkong vette mot bassängen **(b)** *(fel: oavsiktligt)* förbise, missa; *(: avsiktligt)* överse med, låta passera
over·man·ning [ˌəʊvəˈmænɪŋ] s överbemanning
over·much [ˌəʊvəˈmʌtʃ] adv alltför mycket; **I didn't like it** ~ jag var inte alltför förtjust i den
over·night [ˌəʊvəˈnaɪt] adv över natten; *(bildl)* över en natt; **leave the washing in soak** ~ låt tvätten ligga i blöt över natten; **to stay** ~ stanna över natten, ligga kvar; **we can't solve this** ~ vi kan inte lösa detta över en natt
over·par·ticu·lar [ˌəʊvəpəˈtɪkjʊləˈ] adj överdrivet noga, petnoga, kinkig; **he's not** ~ **about hygiene** han är inte särskilt noga med hygienen
over·pass [ˈəʊvəpɑːs] s *(i sht Am: Motor)* planskild vägkorsning; *(: övre plan)* viadukt, överfart
over·pay [ˌəʊvəˈpeɪ] imperf, perf part **overpaid** [ˌəʊvəˈpeɪd] vt betala för mycket, överbetala; **the chairman was grossly overpaid** ordföranden var kraftigt överbetald
over·popu·lated [ˌəʊvəˈpɒpjʊleɪtɪd] adj överbefolkad
over·pow·er [ˌəʊvəˈpaʊəˈ] vt *(eg)* övermanna; *(bildl: om hetta, känslor etc)* överväldiga; **it took 4 policemen to** ~ **him** det krävdes 4 poliser för att övermanna honom
over·pow·er·ing [ˌəʊvəˈpaʊərɪŋ] adj *(värme, känslor)* överväldigande; *(längtan, lust)* oemotståndlig
over·priced [ˌəʊvəˈpraɪst] adj för dyr
over·rate [ˌəʊvəˈreɪt] vt överskatta, övervärdera
over·reach [ˌəʊvəˈriːtʃ] vt: **to** ~ **oneself** *(bildl)* gå för långt, ta sig vatten över huvudet
over·react [ˌəʊvərɪˈækt] vi reagera för kraftigt, ta åt sig; **to** ~ **to medication** vara överkänslig för *(vissa)* mediciner
over·ride [ˌəʊvəˈraɪd] imperf **overrode** [ˌəʊvəˈrəʊd], perf part **overridden** [ˌəʊvəˈrɪdn] vt *(lag, bestämmelse)* sätta sig över, strunta i, åsidosätta; *(Tekn)* koppla bort
over·rid·ing [ˌəʊvəˈraɪdɪŋ] adj dominerande, allt överskuggande; **a matter of** ~ **importance** en fråga av allt överskuggande betydelse
over·ripe [ˌəʊvəˈraɪp] adj övermogen
over·rule [ˌəʊvəˈruːl] vt *(person)* behärska, styra, befalla över; *(begäran etc)* avvisa, avslå, ogilla; **objection** ~**d!** *(Am Jur)* protesten ogillas!
over·run [ˌəʊvəˈrʌn] imperf **overran** [ˌəʊvəˈræn], perf part **overrun** 1 vt *(Mil: land etc)* invadera; *(tidsgräns etc)* dra över, överskrida; **the town is** ~ **with tourists** staden är översvämmad av turister 2 vi dra över tiden; **we've** ~ **by half an hour** vi har hållit på en halvtimme över tiden
over·seas [ˈəʊvəˈsiːz] 1 adv *(eg)* till/från/i ett land på andra sidan havet; *(ofta)* utomlands, utrikes; **to be sent** ~ skickas utomlands; **visitors from** ~ besökare från utlandet 2 adj utländsk, utlands-; **an association for** ~ **students** en sammanslutning för utländska studenter
over·see [ˌəʊvəˈsiː] imperf **oversaw** [ˌəʊvəˈsɔː], perf part **overseen** [ˌəʊvəˈsiːn] vt se till, övervaka
over·seer [ˈəʊvəsɪəˈ] s förman, verkmästare
over·shad·ow [ˌəʊvəˈʃædəʊ] vt *(bildl)* överskugga, ställa i skuggan
over·shoot [ˌəʊvəˈʃuːt] imperf, perf part **overshot** [ˌəʊvəˈʃɒt] vt *(eg: mål)* skjuta över, missa; *(Flyg: landningsbana)* missa att landa på; *(resmål)* missa, åka förbi; **to** ~ **the mark** *(eg, bildl)* skjuta över målet
over·sight [ˈəʊvəsaɪt] s förbiseende, misstag; **due to an** ~ på grund av ett förbiseende
over·sim·pli·fy [ˌəʊvəˈsɪmplɪfaɪ] vt förenkla alltför mycket
over·sleep [ˌəʊvəˈsliːp] imperf, perf part **overslept** [ˌəʊvəˈslept] vi försova sig

over·spend [ˌəʊvəˈspend] imperf, perf part **overspent** [ˌəʊvəˈspent] vi göra av med för mycket pengar, slösa; **we have overspent by 50 dollars** vi har överskridit våra tillgångar med 50 dollar
over·spill [ˈəʊvəspɪl] s (befolknings)överskott; **an** ~ **town** en stad med befolkningsöverskott
over·staffed [ˌəʊvəˈstɑːft] adj: **to be** ~ ha för mycket personal
over·staffing [ˌəʊvəˈstɑːfɪŋ] s överskott på personal
over·state [ˌəʊvəˈsteɪt] vt: **to** ~ **one's case** ta till i överkant, överdriva; **to** ~ **one's income** ange för hög inkomst
over·state·ment [ˌəʊvəˈsteɪtmənt] s överdrift, överdrivet påstående
over·step [ˌəʊvəˈstep] vt *(bildl: gräns)* överskrida; **to** ~ **the mark** gå för långt
over·strain [ˌəʊvəˈstreɪn] vt överanstränga
overt [*(i sht Brit)* ˈəʊvɜːt, *(i sht Am)* əʊˈvɜːt] adj öppen, uppenbar; **he was gazing at her with** ~ **admiration** han tittade på henne med oförställd beundran
over·take [ˌəʊvəˈteɪk] imperf **overtook**, perf part **overtaken** [ˌəʊvəˈteɪkən] 1 vt *(fordon: i sht Brit)* köra om; *(löpare etc)* komma/hinna ifatt; *(bildl: konkurrent)* passera, gå om; *(: om oväntad händelse)* överraska, överrumpla; **the captain was** ~**n by the gale** kaptenen överraskades av stormen; **events have** ~**n us/we've been** ~**n by events** det har inträffat oväntade händelser 2 vi köra om, göra en omkörning; **no overtaking** *(Brit: på skylt)* omkörning förbjuden
over·tax [ˌəʊvəˈtæks] vt *(Ekon)* beskatta för högt, överbeskatta; *(bildl)*: **to** ~ **oneself/one's strength** överanstränga sig; **to** ~ **sb's patience** överskatta ngns tålamod
over·throw [ˈəʊvəθrəʊ] *(v: imperf* **overthrew** [ˌəʊvəˈθruː], *perf part* **overthrown** [ˌəʊvəˈθrəʊn]) 1 s *(av regering etc)* fällande, störtande; **the** ~ **of Idi Amin** störtandet av Idi Amin, Idi Amins fall 2 [ˌəʊvəˈθrəʊ] vt *(regering etc)* fälla, störta; *(samhällssystem)* omstörta; *(planer)* kullkasta
over·time [ˈəʊvətaɪm] s övertid, övertidsarbete; *(Am Sport)* förlängning; **to do/work** ~ arbeta över(tid); **your imagination has been working** ~! *(bildl)* din fantasi har skenat iväg (med dig); ~ **ban** övertidsblockad
over·tired [ˌəʊvəˈtaɪd] adj övertrött, uttröttad
overt·ly [*(i sht Brit)* ˈəʊvɜːtlɪ, *(i sht Am)* əʊˈvɜːtlɪ] adv *(fientlig etc)* öppet
over·tone [ˈəʊvətəʊn] s *(eg, bildl)* överton; **his speech had definite political** ~**s** hans tal hade klara politiska övertoner
over·took [ˌəʊvəˈtʊk] imperf av **overtake**
over·ture [ˈəʊvətjʊəˈ] s *(Mus)* overtyr; *(bildl)*: ~**s (to sb)** trevare, närmande (till ngn); **America's** ~**s to the USSR were rather half-hearted** Amerikas närmanden till Sovjet var tämligen halvhjärtade; **to make** ~**s to sb** *(i förhandling)* skicka ut en trevare till ngn; *(sexuellt)* göra närmanden till ngn
over·turn [ˌəʊvəˈtɜːn] 1 vt *(bil, båt, glas etc)* välta *(omkull)*, stjälpa; *(regering etc)* störta; *(samhällssystem)* omstörta 2 vi *(bil, båt etc)* välta, kantra, slå runt
over·use [ˌəʊvəˈjuːz] vt överanvända, använda för mycket; **the word 'situation' is greatly** ~**d at present** ordet 'situation' används alldeles för mycket idag
over·value [ˌəʊvəˈvæljuː] vt *(aktier, valuta etc)* övervärdera, värdera för högt
over·weight [ˌəʊvəˈweɪt] 1 adj *(person)* överviktig; *(sak)* för tung, som väger för mycket; *(bagage)* övervikts-; **the parcel is a kilo** ~ paketet väger ett kilo för mycket 2 [ˈəʊvəweɪt] s över-

vikt

over·whelm |,əʊvə'welm| vt *(motståndare etc)* vara övermäktig; *(i diskussion)* nedtrycka; *(med frågor, arbete etc)* överhopa; **sorrow** ~ed him sorgen gjorde honom betryckt; **to be** ~ed *(av sinnesrörelse)* bli överväldigad; **we have been** ~ed **with offers of help** vi har överhopats med erbjudanden om hjälp

over·whelm·ing |,əʊvə'welmɪŋ| adj *(seger, nederlag, majoritet)* förkrossande; *(påtryckning, press)* övermäktig; *(längtan, drift)* oemotståndlig; *(intryck)* överväldigande; **I felt an** ~ **urge to smack his bottom** jag kände en överväldigande längtan att få smälla till honom i ändan; **one's** ~ **impression is of heat** det överväldigande intrycket är hetta

over·whelm·ing·ly |,əʊvə'welmɪŋlɪ| adv: **to defeat sb/win** ~ vinna en förkrossande seger (över ngn); **they voted** ~ **for Reagan** Reagan fick en förkrossande majoritet; ~ **friendly** översvallande vänlig

over·work |'əʊvə,wɜːk| **1** s för mycket/hårt arbete; *(sjukdom)* överansträngning **2** |,əʊvə'wɜːk| vt överanstränga **3** |,əʊvə'wɜːk| vi *(se* **1**) arbeta för mycket/hårt; överanstränga sig

over·wrought |,əʊvə'rɔːt| adj *(person)* överspänd, lättretlig; *(stil)* snirklad, överdriven

over·zeal·ous |'əʊvə'zeləs| adj alltför ivrig

ovu·late |'ɒvjʊleɪt| vi *(Biol)* ha ägglossning

ovu·la·tion |,ɒvjʊ'leɪʃən| s *(Biol)* ägglossning

owe |əʊ| vt *(pengar, tjänst, lojalitet etc):* **to** ~ **sb sth** vara skyldig ngn ngt; *(orsak etc):* **to** ~ **sth to sb/sth** ha ngn/ngt att tacka för ngt; **to** ~ **sb gratitude** stå i tacksamhetsskuld till ngn; **how much do I** ~ **you?** hur mycket är jag skyldig dig?; **he** ~s **me £50** han är skyldig mig 50 pund; **to** ~ **one's life to a lucky chance** ha turen att tacka för att man lever; **to what do I** ~ **the honour of your visit?** *(frm)* vad förskaffar mig äran av ert besök?; **you** ~ **it to yourself to come** det ligger i ditt eget intresse att komma; **I think I** ~ **you an explanation** jag tror jag är skyldig dig en förklaring

ow·ing |'əʊɪŋ| **1** adj som skall betalas, som ännu är obetald; **how much is still** ~ **on the house?** hur mycket är det kvar att betala på huset?; **how much is** ~ **to you now?** hur mycket har du till godo nu?; **2** prep: ~ **to** på grund av; ~ **to the bad weather** på grund av det dåliga vädret; ~ **to my not speaking Russian** på grund av att jag inte talar ryska

owl |aʊl| s *(Zool)* uggla; **night** ~ *(bildl)* nattuggla

own |əʊn| **1** pron *fören* **(a)** egen, eget, egna; **is it your** ~ **car?** är det din egen bil?; **it's all my** ~ **money** det är mina egna pengar alltihop; **the house has its** ~ **garage** det hör ett garage till huset **(b):** **most people do their** ~ **decorating nowadays** de flesta människor målar och tapet-

serar själva nuförtiden; **can you find your** ~ **way there?** hittar du själv vägen dit?

2 pron *självst* egen, eget, egna; **is it your** ~? är det din egen?; **the house is her (very)** ~ huset är helt hennes eget; **can I have it for my (very)** ~? kan jag få ha den som min egen?; **he has a style all his** ~ han har en helt egen stil; **she has money of her** ~ hon har egna pengar; **I'll give you a copy of your** ~ jag ska ge dig en egen kopia; **a place of one's** ~ ett eget ställe; **to come into one's** ~ komma till sin rätt; **to be on one's** ~ vara för sig själv; **if I can get him on his** ~ om jag kan få honom på tu man hand; **to do sth on one's** ~ göra ngt på egen hand/utan hjälp; **I am so busy I can scarcely call my time my** ~ jag är så upptagen att jag knappast kan säga att jag disponerar min tid; **without a chair to call my** ~ utan ens en egen stol; **to get one's** ~ **back (on sb)** ge (ngn) igen med samma mynt, ge (ngn) betalt för gammal ost

3 vt **(a)** äga; **he acts as if he** ~s **the place** han beter sig som om han ägde stället; **you don't** ~ **me!** du äger inte mig! **(b)** tillstå, erkänna; **I** ~ **that I was wrong** jag håller med om att jag hade fel

4 vi: **to** ~ **to sth** erkänna/medge ngt; **she** ~ed **to having made a mistake** hon erkände att hon gjort ett misstag

♦ **own up** vi + adv *(vard)* erkänna *(to sth* ngt)

own-brand |'əʊn,brænd| s eget märke; **supermarket** ~s **are usually cheaper than the well-known brands** de stora snabbköpens egna märken är oftast billigare än de kända märkena

own·er |'əʊnə'| s ägare

owner-occupier |,əʊnər'ɒkjʊpaɪə'| s person som äger sin bostad; *(ibl: ung: i småhus)* egnahemsägare; *(: i lägenhet)* bostadsrättsinnehavare

owner·ship |'əʊnəʃɪp| s ägande, äganderätt; **under sb's** ~ i ngns ägo; **under new** ~ (på butiksskylt) ny ägare, ny regim; **under his** ~ **the business flourished** i hans ägo blomstrade affärerna

ox |ɒks| s, pl ~**en** |'ɒksn| oxe

oxi·da·tion |,ɒksɪ'deɪʃn| s oxidering

ox·ide |'ɒksaɪd| s *(Kem)* oxid

oxi·dize |'ɒksɪdaɪz| vi oxidera(s)

Oxon förk f Oxfordshire; förk f Oxoniensis *(Univ)* från Oxford

ox·tail |'ɒksteɪl| s: ~ **soup** oxsvanssoppa

oxy·acety·lene |,ɒksɪə'setɪliːn| adj acetylen-; ~ **burner,** ~ **torch** *(för svetsning)* acetylensyrgasbrännare

oxy·gen |'ɒksɪdʒən| s *(Kem)* syre; ~ **mask** syrgasmask; ~ **tent** *(Med)* syretält

oys·ter |'ɔɪstə'| s ostron

oz. förk f ounce(s)

ozone |'əʊzəʊn| s *(Kem)* ozon

P

P, p |pi:| *s (bokstav)* P, p; **to mind one's** ~**s and Qs** hålla tungan rätt i mun, tänka på vad man säger **p** *förk f* **penny, pence**
P.A. *förk f* **personal assistant; public-address system**
p.a. *förk f* **per annum**
pace |peɪs| **1** *s* **(a)** *(eg: i sht som mått)* steg; 30 ~**s away** 30 steg bort; **to put sb through his** ~**s** *(bildl)* sätta ngn på prov **(b)** hastighet, takt, fart; **at a good** ~ med god hastighet; **at a slow** ~ långsamt; **the** ~ **of life** livets gång; **to keep** ~ **(with)** *(eg, bildl)* hålla jämna steg med; **to set the** ~ *(i löpning)* bestämma farten, dra; *(bildl)* ange tonen **2** *vt (golv etc)* gå och vanka på, gå av och an på; **to** ~ **off/out 10 metres** stega upp 10 meter **3** *vi:* **to** ~ **up and down** gå av och an, vanka
pace·maker |'peɪs,meɪkə'| *s (Med)* pacemaker, hjärtstimulator; *(Sport)* farthållare, hare
pace·setter |'peɪs,setə'| *s (Sport)* farthållare, hare
Pa·cif·ic |pə'sɪfɪk| **1** *adj* stillahavs-; **the** ~ **Ocean** Stilla havet **2** *s:* **the** ~ Stilla havet
paci·fi·er |'pæsɪfaɪə'| *s (Am)* (sug)napp, tröst
paci·fism |'pæsɪfɪzəm| *s* pacifism
paci·fist |'pæsɪfɪst| *s* pacifist, fredsvän
paci·fy |'pæsɪfaɪ| *vt (land)* pacificera; *(person)* lugna, blidka; *(baby)* lugna, trösta
pack |pæk| **1** *s* **(a)** *(av varor)* förpackning; *(av hoprullade kläder etc)* bylte; *(Mil: ryggsäck)* packning; *(Am: av cigaretter)* paket; *(av spelkort)* lek; *(bildl):* **a** ~ **of lies** en hop lögner **(b)** *(av människor: i allm)* skock, klunga; *(: neds)* pack, byke; *(av tjuvar etc)* gäng, band; *(Rugby)* klunga **(c)** *(av jakthundar)* koppel; *(av vargar)* flock
2 *vt* **(a)** *(väska)* packa; *(Handel: varor)* förpacka, emballera; **to** ~ **one's bags** *(bildl vard)* ge sig iväg, sticka *(från ett jobb etc)*; **a** ~**ed lunch** ett lunchpaket **(b)** *(behållare etc med saker)* packa full, packa in; *(saker i behållare)* packa *(into* i*)*; *(bildl: med information etc)* späcka, fylla; **the place was** ~**ed** stället var fullpackat; **to** ~ **a lot of information into a small dictionary** fylla en liten ordbok med mycket information; **can you** ~ **two more into your car?** kan du få in två till i bilen? **(c)** *(jord, snö etc)* packa ihop, pressa samman
3 *vi* **(a)** packa; **have you** ~**ed yet?** har du packat ännu?; **to send sb** ~**ing** *(vard)* köra iväg ngn **(b)** *(person)* packa in sig/klämma ihop sig *(into* i*)*
♦ **pack in** *vt + adv (vard)* sluta med, lägga av med; ~ **it in!** lägg av!
♦ **pack off** *vt + adv:* **to** ~ **sb off to school/bed** köra iväg ngn till skolan/köra ngn i säng
♦ **pack up** **1** *vt + adv (tillhörigheter)* packa ihop; **he** ~**ed up his belongings** han packade (ihop) sina tillhörigheter **2** *vi + adv (vard: sluta fungera)* lägga av, paja; **my watch has** ~**ed up** min klocka har lagt av
pack·age |'pækɪdʒ| **1** *s (i allm)* packe, bunt, paket; *(Handel)* förpackning, emballage; *(bildl)* paket; ~ **deal** paketlösning; ~ **holiday/tour** paketresa **2** *vt (Handel)* förpacka, emballera
pack·ag·ing |'pækɪdʒɪŋ| *s (Handel)* förpackning, emballage

pack·er |'pækə'| *s (person)* packare; *(maskin)* förpackningsmaskin
pack·et |'pækɪt| *s* paket; **to make a** ~ *(vard)* tjäna grova pengar; **that must have cost a** ~ *(vard)* den måste ha kostat mycket pengar/kostat skjortan
pack·ing |'pækɪŋ| *s* **(a)** *(handling)* packning; **to do one's** ~ packa; ~ **case** pack|låda/-lår **(b)** *(material)* emballage
pact |pækt| *s* pakt, fördrag
pad |pæd| **1** *s* **(a)** *(som skydd)* dyna, underlägg; *(för bläck)* färgdyna, stämpeldyna; *(Sport)* benskydd; *(Elektr)* dämpare; **brake** ~ *(Motor)* bromsband; **shoulder** ~ axelvadd **(b)** *(för skrift):* **writing** ~ (skriv)block **(c)** *(för raketer etc)* avskjutningsramp, startplatta **(d)** *(Zool)* trampdyna **(e)** *(vard: lägenhet)* lya **2** *vt (kläder)* stoppa, vaddera **3** *vi (djur)* tassa; **to** ~ **about in slippers** tassa omkring i tofflor
♦ **pad out** *vt + adv (tal, skrift)* fylla ut, späcka; **his essay was** ~**ded out with a lot of quotations** hans uppsats var späckad av citat
pad·ded |'pædɪd| *adj* vadderad; ~ **shoulders** vadderade axlar; **a** ~ **cell** madrasserad cell
pad·ding |'pædɪŋ| *s (material)* vaddering, stoppning; *(bildl)* utfyllnad, fyllnadsgods
pad·dle |'pædl| **1** *s* **(a)** *(i båt)* paddel; *(på vattenhjul)* skovel; ~ **boat**, ~ **steamer** hjulångare **(b): to go for a** ~, **to have a** ~ ge sig ut och paddla, ta en roddtur **2** *vt* **(a)** *(båt)* paddla **3** *vi* **(a)** *(i båt)* paddla, ro lugnt **(b)** *(i vatten)* vada, plaska omkring
pad·dling |'pædlɪŋ| *adj:* ~ **pool** *(Brit)* plaskdamm
pad·dock |'pædək| *s (i allm)* hage; *(vid hästkapplöpning)* paddock
pad·lock |'pædlɒk| *s* hänglås
pae·di·at·ric |,pi:dɪ'ætrɪk| *etc* = **pediatric** *etc*
pa·gan |'peɪgən| **1** *adj* hednisk **2** *s* hedning
page[1] |peɪdʒ| **1** *s (person)* springpojke, pickolo; *(Hist)* page **2** *vt (hotellgäst, flygpassagerare etc)* efterlysa, ropa på (över högtalare); **paging Dr Johnson** vi söker dr Johnson
page[2] |peɪdʒ| *s (i bok etc)* sida; **on** ~ **2** på sidan 2
pag·eant |'pædʒənt| *s (upptрädande)* festspel, spektakel; *(procession)* festlig parad, karnevalståg
pag·eant·ry |'pædʒəntrɪ| *s* festliga former, pomp och ståt
page·boy |'peɪdʒbɔɪ| *s* **(a)** *(i sht Brit: på hotell etc)* pickolo; *(: på kontor)* springpojke **(b)** *(frisyr)* page
pa·go·da |pə'gəʊdə| *s* pagod
paid |peɪd| **1** *imperf, perf part av* **pay** **2: to put** ~ **to sth** *(i sht Brit)* sätta stopp/p för ngt
paid-up |'peɪdʌp| *adj (medlem)* som betalt medlemsavgiften; *(andel)* fullt betald
pail |peɪl| *s* hink, spann
pain |peɪn| **1** *s* **(a)** värk, smärta; **to be in** ~ ha ont; **I have a** ~ **in my leg** jag har värk i benet; **he's a real** ~ **(in the neck)** *(vard)* han är en plåga för omgivningen **(b):** ~**s** ansträngningar, besvär; **to take** ~**s over sth** anstränga sig med ngt; **to be at (great)** ~**s to do sth** ha (stort) besvär med att göra ngt **(c): on** ~ **of death** vid dödsstraff **2** *vt* plåga, smärta; **it** ~**s me to tell you** det smärtar mig att behöva berätta för dig
pained |peɪnd| *adj* plågad

282

pain·ful |'peɪnfʊl| adj (i allm) smärtsam, plågsam; (vard) pinsam; it is my ~ duty to tell you that... det är min smärtsamma plikt att meddela er att...; it was ~ to watch (vard) det var pinsamt att se

pain·ful·ly |'peɪnfəlɪ| adv (se painful) plågsamt, smärtsamt; pinsamt; a ~ bad play en pinsam dålig pjäs

pain·killer |'peɪnˌkɪlə'| s smärtlindrande medel

pain·less |'peɪnlɪs| adj (eg, bildl) smärtfri

pain·less·ly |'peɪnlɪslɪ| adv smärtfritt

pains·taking |'peɪnzˌteɪkɪŋ| adj (person) noggrann, omsorgsfull; (noggrannhet etc) minutiös

paint |peɪnt| **1** s färg; a box of ~s en färglåda; wet ~ (på skylt) nymålat **2** vt (teckning äv) färglägga; to ~ the town red (bildl) göra stan osäker, slå runt i stan; he's not as black as he's ~ed han är bättre än sitt rykte

paint·box |'peɪntbɒks| s färgskrin, målarlåda

paint·brush |'peɪntbrʌʃ| s målarpensel

paint·er |'peɪntə'| s målare

paint·ing |'peɪntɪŋ| s (Konst) målning, tavla; (hantverk) målning; (verksamhet) målande, målning

paint·stripper |'peɪntˌstrɪpə'| s (apparat) färgborttagare; (kemiskt) färgborttagningsmedel

paint·work |'peɪntwɜːk| s (i allm) målning, det målade; (på bil) lackering

pair |peə'| **1** s (skor etc) par; a ~ of trousers ett par byxor; a ~ of scissors en sax; arranged in ~s ordnade i par/två och två **2** vt para (samman)

♦ **pair off** **1** vt + adv para ihop **2** vi + adv gifta sig, slå sina påsar ihop

pais·ley |'peɪzlɪ| adj paisley-, persiskt mönstrad

pa·jam·as |pə'dʒɑːməz| spl (Am) = pyjamas

Pa·ki·stan |ˌpɑːkɪs'tɑːn| s Pakistan

Pa·ki·stani |ˌpɑːkɪs'tɑːnɪ| **1** adj pakistansk **2** s pakistanare

pal |pæl| s (vard) kamrat, kompis

pal·ace |'pælɪs| s slott, palats

pal·at·able |'pælətəbl| adj (frm: eg) smaklig, välsmakande; (bildl) angenäm, behaglig; this wine is very ~ detta vin är mycket välsmakande; the truth is not always very ~ sanningen är inte alltid särskilt behaglig

pala·tal |'pælətl| adj (Anat) palatal, gom-

pal·ate |'pælɪt| s (Anat) gom; (bildl) smak, gom; cleft ~ (Anat) gomspalt

pa·la·tial |pə'leɪʃəl| adj palatsliknande

pa·la·ver |pə'lɑːvə'| s (vard) palaver, omständlig procedur; can't we do it without a lot of ~? kan vi inte göra det utan en massa tjafs?

pale[1] |peɪl| **1** adj (-r, -st) (ansikte) blek; (färg, ljus) blek, svag; a ~ blue dress en blekblå klänning; to go/grow/turn ~ bli blek; ~ ale ljust öl **2** vi (bildl) förblekna

pale[2] |peɪl| s: to be beyond the ~ vara utanför det tillåtnas gränser

pale·ness |'peɪlnɪs| s blekhet

Pal·es·tine |'pælɪstaɪn| s Palestina

Pal·es·tin·ian |ˌpæləs'tɪnɪən| **1** adj palestinsk **2** s palestinier

pal·ette |'pælɪt| s palett

pal·frey |'pɔːlfrɪ| s (poet) ridhäst

pali·sade |ˌpælɪ'seɪd| s pålverk, palissad

pall[1] |pɔːl| s (på kista) (bår)täcke; a ~ of smoke en tjock rök(ridå)

pall[2] |pɔːl| vi: to ~ (on sb) inte vara så intressant längre (för ngn)

pall·bearer |'pɔːlˌbeərə'| s kistbärare

pal·let[1] |'pælɪt| s lastpall

pal·let[2] |'pælɪt| = palette

pal·lia·tive |'pælɪətɪv| s (eg) lindrande medel, palliativ (spec); (bildl) lindring

pal·lid |'pælɪd| adj blek

pal·lor |'pælə'| s blekhet

pal·ly |'pælɪ| adj (-ier, -iest) (vard): to be ~ with sb vara kompis med ngn; they're very ~ de är bästa vänner/bästisar

palm[1] |pɑːm| s (Bot: äv: ~ tree) palm; ~ frond, ~ leaf palmblad; P~ Sunday Palmsöndagen

palm[2] |pɑːm| s (Anat) handflata; to grease sb's ~ (bildl) smörja/muta ngn; to have sb in the ~ of one's hand ha ngn helt i sin hand

♦ **palm off** vt + adv lura på, pracka på; to ~ sth off on sb lura på ngn ngt; to ~ sb off with sth lura i ngn ngt

palm·ist |'pɑːmɪst| s person som spår i händerna

palm·ist·ry |'pɑːmɪstrɪ| s konsten att spå i händer

pal·pa·ble |'pælpəbl| adj (eg) tydlig, påtaglig; (lögn, misstag) uppenbar

pal·pa·bly |'pælpəblɪ| adv (se palpable) påtagligt, tydligt; uppenbart

pal·pi·tate |'pælpɪteɪt| vi (hjärta) slå, bulta

pal·pi·ta·tion |ˌpælpɪ'teɪʃən| s: to have ~s ha hjärtklappning(ar)

pal·sy |'pɔːlzɪ| s (åld) förlamning

pal·try |'pɔːltrɪ| adj (summa) ynklig, futtig; for some ~ reason av någon löjlig anledning

pam·pas |'pæmpəs| spl pampas

pam·per |'pæmpə'| vt (barn) skämma bort, pjoska med

pam·phlet |'pæmflɪt| s (informerande) broschyr; (agiterande) pamflett, stridsskrift; (: utdelad på gatorna) flygblad

pan |pæn| **1** s (Matl) (= frying ~) stekpanna; (= sauce~) såskastrull; (på våg) vågskål; (för guldgrävare) vaskpanna; (på toalett) wc-skål **2** vt (a) (guld) vaska (efter) (b) (Am vard: kritisera: pjäs, bok) såga, spola **3** vi (a): to ~ for gold vaska efter guld (b) (Film) panorera

♦ **pan out** vi + adv gå som det ska, ordna sig

pan- |pæn| prefix all(t), pan-; **Pan-African** panafrikansk

pa·nache |pə'næʃ| s elegans, bravur

Pana·ma |'pænəˌmɑː| s Panama; ~ Canal Panamakanalen

pana·ma |'pænəˌmɑː| s: ~ (hat) panamahatt

Pana·ma·nian |ˌpænə'meɪnɪən| **1** adj panamansk **2** s panaman

pan·cake |'pænkeɪk| s pannkaka; P~ Day fettisdag(en)

pan·chro·mat·ic |ˌpænkrəʊ'mætɪk| adj (Foto) pankromatisk

pan·cre·as |'pæŋkrɪəs| s (Anat) bukspottkörtel, pankreas (spec)

pan·da |'pændə| s panda; ~ car (Brit) (svart och vit) polisbil

pan·de·mo·nium |ˌpændɪ'məʊnɪəm| s kaos, tumult

pan·der |'pændə'| vi: to ~ to sb ge efter för ngn; to ~ to sb's desire for sth underblåsa ngns önskan om ngt; the gutter press ~s to the public's desire for gossip skandalpressen tillfredsställer allmänhetens hunger efter skvaller

pane |peɪn| s (fönster)ruta

pan·el |'pænl| **1** s (a) (i allm) fält, ruta; (av trä) panel; (i bil etc) instrument|bräda/-panel; ~ pin tavelstift (b) (av domare, experter) panel; ~ game frågelek med panel **2** vt (med trä) lägga panel

pan·elled, (Am) pan·eled |'pænld| adj panelad, panelklädd

pan·el·ling, (Am) pan·el·ing |'pænəlɪŋ| s panel(ning)

pan·el·list, (Am) pan·el·ist |'pænəlɪst| s deltagare i panel

pang |pæŋ| s smärta, kval; ~s of conscience samvetskval; ~s of hunger hungersmärtor

pan·handle |'pænˌhændl| (Am) **1** s (eg) handtag på

stekpanna; *(bildl)* långsmalt landområde **2** *vi* tigga (på gatan)
pan·ic |'pænɪk| **1** *s* panik; **there's no need for ~** det finns ingen anledning till panik; **the country was thrown into a ~** landet råkade i panik **2** *vi* råka i panik
pan·icky |'pænɪkɪ| *adj (person)* gripen av panik; **to get ~** bli panikslagen
panic-stricken |'pænɪk,strɪkən| *adj* gripen av panik, panikslagen
pan·ni·er |'pænɪər| *s* sadelväska, packväska
pano·ply |'pænəplɪ| *s (eg)* full rustning; *(bildl)* full uppsättning
pano·ra·ma |,pænə'rɑːmə| *s* panorama
pano·ram·ic |,pænə'ræmɪk| *adj* panorama-; **~ sight** *(Mil)* panoramakikare
pan·pipes |'pænpaɪps| *spl* panflöjt
pan·sy |'pænzɪ| *s (Bot)* pensé; *(vard: neds: homosexuell man)* fikus
pant |pænt| **1** *s* flåsande, flåsning **2** *vi* flämta, flåsa; **he was ~ing for a drink** han längtade efter en drink
pan·tech·ni·con |pæn'teknɪkən| *s* möbelbuss, flyttvagn
pan·ther |'pænθər| *s* panter
panties |'pæntɪz| *spl* (dam)underbyxor, trosor; **a pair of ~** ett par trosor
pan·to·mime |'pæntəmaɪm| *s (i allm); (Brit)* julspel
pan·try |'pæntrɪ| *s* skafferi
pants |pænts| *spl (Brit: för män)* kalsonger; *(: för kvinnor)* trosor; *(Am)* (lång)byxor; **a pair of ~** *(Brit)* ett par trosor; *(Am)* ett par (lång)byxor; **to catch sb with his ~ down** *(bildl: i en pinsam situation)* överrumpla ngn, ta ngn på bar gärning
panty·hose |'pæntɪ,həʊz| *s, pl lika (i sht Am)* strumpbyxa
pap |pæp| *s (Brit)* skorpvälling
papa |pə'pɑː| *s* **(a)** *(Brit åld)* pappa **(b)** |'pɑːpə| *(Am vard)* pappa
papa·cy |'peɪpəsɪ| *s* påvedöme, påvemakt
pa·pal |'peɪpəl| *adj* påvlig
pa·per |'peɪpər| **1** *s* **(a)** *(material)* papper; **a piece of ~** en papperslapp, en bit papper; **on ~** på papper; **to put sth down on ~** sätta ngt på pränt, skriva ner ngt på papper; **~ thin** tunn som papper, lövtunn; **~ bag** *(utan handtag)* papperspåse; *(med handtag)* papperskasse; **~ clip** gem, pappersklämma; **~ knife** papperskniv; **~ mill** pappersbruk; **~ money** papperspengar, sedlar; **~ shop** pappershandel **(b):** **~s** *(skrift)* papper, handling, dokument; **identity ~s** identitetshandlingar; **Churchill's private ~s** Churchills privata papper **(c)** *(Univ etc)* examens|uppgift/-prov; *(över ett ämne: skriftligt)* uppsats; *(: muntligt)* föredrag; **to write a ~** skriva en uppsats; **to read a ~** hålla ett föredrag. **(d)** tidning; **it was in the ~s** det stod i tidningarna; **to write to the ~s about sth** skriva till tidningarna om ngt **2** *vt (vägg, rum)* tapetsera, sätta upp tapeter på/i
paper·back |'peɪpəbæk| *s* häftad bok, pocketbok
paper·boy |'peɪpəbɔɪ| *s* tidnings|bud/-pojke
paper·weight |'peɪpəweɪt| *s* brevpress
paper·work |'peɪpəwɜːk| *s* skrivbordsarbete
pa·pery |'peɪpərɪ| *adj* pappersaktig, som papper
papier-mâché |,pæpɪeɪ'mæʃeɪ| *s* papier-maché
pa·pist |'peɪpɪst| *s* papist, påvevän
pap·ri·ka |'pæprɪkə| *s* paprika
pap smear |'pæpsmɪər| *s*, **pap test** |'pæptest| *s* cancerprov (från livmoderhalsen)
par |pɑː| *s (Handel)* pari; *(Golf)* par; **~ value** nominellt värde; **to be under/below ~** *(person: sjuk)* känna sig dålig/krasslig; **to be on a ~ with sb/sth** vara likställd/jämbördig med ngn/ngt; **that's ~**

for the course *(bildl: pos)* det är lagom; *(: neg)* det är just snyggt
para·ble |'pærəbl| *s* parabel, liknelse
para·bol·ic |,pærə'bɒlɪk| *adj (Geom)* parabolisk; **~ antenna** parabolantenn
para·chute |'pærəʃuːt| **1** *s* fallskärm **2** *vt (föremål)* skicka ner i fallskärm; *(trupper)* (luft)landsätta, fälla (i fallskärm) **3** *vi:* **(äv ~ down)** hoppa (ner) i fallskärm
para·chut·ist |'pærəʃuːtɪst| *s* fallskärmshoppare
pa·rade |pə'reɪd| **1** *s (i allm)* parad, procession; **to be on ~** *(Mil)* paradera; **fashion ~** modevisning; **a ~ of shops** en hel rad med butiker; **~ ground** *(Mil)* exercisplats, uppställningsplats **2** *vt (i allm)* paradera, tåga i procession; *(Mil)* paradera; *(kunskap, kläder)* ståta med, visa upp **3** *vi (Mil)* paradera; **to ~ about/around** *(vard)* gå omkring och visa upp sig; **the strikers ~ed through the town** de strejkande tågade genom staden
para·digm |'pærədaɪm| *s (i allm)* paradigm; *(Språkv)* paradigm, böjningsmönster
para·dise |'pærədaɪs| *s* paradis; **P~** Paradiset
para·dox |'pærədɒks| *s* paradox
para·doxi·cal |,pærə'dɒksɪkəl| *adj* paradoxal
par·af·fin |'pærəfɪn| *s (Brit: bränsle)* fotogen; **~ heater** fotogenkamin; **~ lamp** fotogenlampa; **~ wax** (hård) paraffin; **liquid ~** paraffinolja
para·gon |'pærəgən| *s* mönster, förebild
para·graph |'pærəgrɑːf| *s (i text)* stycke
para·keet |'pærəkiːt| *s (Zool)* parakit, (långstjärtad) papegoja; *(Am)* undulat
para·le·gal |'pærə'liːgəl| *adj:* **~ assistant/secretary** advokat|biträde/-sekreterare *med speciell utbildning*
par·al·lel |'pærəlel| **1** *adj (eg, bildl)* parallell *(to* med) **2** *s (Geom)* parallell (linje); *(Geogr)* breddgrad, latitud; *(bildl)* parallell, motstycke; **to draw a ~ between X and Y** *(bildl)* dra en parallell|(er) en jämförelse mellan X och Y **3** *vt (bildl)* jämföra, jämställa; **it is ~led by...** dess motstycke finns i...
par·al·lelo·gram |,pærə'leləʊgræm| *s (Geom)* parallellogram
pa·raly·sis |pə'ræləsɪs| *s* förlamning
para·lyt·ic |,pærə'lɪtɪk| *adj (Med)* förlamad, paralytisk; *(Brit vard)* berusad, full; **~ stroke** slaganfall med förlamning
para·lyze |'pærəlaɪz| *vt (i allm)* förlama; *(bildl: person)* förlama, göra stel; *(: verksamhet etc)* sätta ur spel, lamslå; **they were ~d with fear** de blev förlamade av rädsla; **the factory was ~d by the strike** fabriken lamslogs av strejken
para·mili·tary |,pærə'mɪlɪtərɪ| *adj* halvmilitär
para·mount |'pærəmaʊnt| *adj* störst, främst, viktigast; **of ~ importance** av största vikt
para·noia |,pærə'nɔɪə| *s (Med)* paranoia, förföljelsemani
para·noid |'pærənɔɪd| *s (Med)* paranoid; **she's absolutely ~ about it** *(bildl)* hon är överkänslig när det gäller det
para·nor·mal |,pærə'nɔːməl| *s:* **the ~** det övernaturliga
para·pet |'pærəpɪt| *s (Mil)* skyttevärn, bröstvärn; *(på balkong etc)* räcke, balustrad
para·pher·na·lia |,pærəfə'neɪljə| *s* utrustning, tillbehör, prylar
para·phrase |'pærəfreɪz| *vt* parafrasera, omskriva
para·plegia |,pærə'pliːdʒə| *s (Med)* förlamning i båda benen
para·plegic |,pærə'pliːdʒɪk| **1** *adj* förlamad i båda benen **2** *s* person som är förlamad i båda benen; **the P~ Games** handikapp-OS
para·site |'pærəsaɪt| *s (Biol)* parasit; *(bildl)* parasit, utsugare
para·sit·ic(al) |,pærə'sɪtɪk(əl)| *adj* parasitisk, pa-

rasit-; **to be ~ (up)on sth** snylta på ngt
para·sol |ˌpærəˈsɒl| *s* parasoll
para·trooper |ˈpærətruːpəʳ| *s (Mil)* fallskärms-jägare
para·troops |ˈpærətruːps| *spl (Mil)* fallskärms-trupper
par·boil |ˈpɑːbɔil| *vt (Matl)* förvälla
par·cel |ˈpɑːsl| *s* **(a)** paket; **to do sth up in a ~** slå in i ngt i paket; **~ post** paketpost; *se äv* **part 1a (b)** *(av mark)* (jord)lott
♦ **parcel up** *vt* + *adv* slå in i paket, paketera
parched |pɑːtʃt| *adj (landyta, hud etc)* bränd, svedd, förtorkad; **I'm ~!** *(vard)* jag brinner av törst!
parch·ment |ˈpɑːtʃmənt| *s* pergament
par·don |ˈpɑːdn| **1** *s (i allm)* förlåtelse; *(Jur)* benådning; **I (do) beg your ~!** jag ber om ursäkt; **I beg your ~, but could you...?** ursäkta, men kan ni...?; **(I beg your) ~?** ursäkta?, förlåt vad sa du?; **he was granted a ~** han blev benådad, han fick nåd **2** *vt (i allm)* förlåta; *(Jur)* benåda; **to ~ sb sth** förlåta ngn ngt; **~ me, but could you...?** ursäkta, men kan ni...?; **~ me!** ursäkta (mig); **~ me?** *(Am)* ursäkta (mig)?, förlåt vad sa du?
par·don·able |ˈpɑːdnəbl| *adj* förlåtlig, ursäktlig
pare |peəʳ| *vt (frukt etc)* skala; *(naglar)* klippa; *(buske)* beskära, klippa
♦ **pare down** *vt* + *adv (kostnader etc)* skära ned (på), minska (på)
par·ent |ˈpeərənt| *s* förälder, målsman; **~ company** moderbolag
par·ent·age |ˈpeərəntɪdʒ| *s* härkomst, börd; **a child of unknown ~** ett barn med okända föräldrar
pa·ren·tal |pəˈrentl| *adj* föräldra-
pa·ren·thesis |pəˈrenθɪsɪs| *s, pl* **parentheses** |pəˈrenθɪsiːz| parentes; **in ~** inom parentes
par·en·theti·cal |ˌpærənˈθetɪkəl| *adj* parentetisk
par·ent·hood |ˈpeərənthʊd| *s* föräldraskap; **planned ~** familjeplanering
parents-in-law |ˈpeərəntsɪnˌlɔː| *spl* svärföräldrar
parent-teacher |ˈpeərəntˈtiːtʃəʳ| *adj*: **~ association** hem-och-skola-förening
par ex·cel·lence |ˌpɑːʳˈeksəlɑːns| *adv* framför alla andra, par excellence
par·ings |ˈpeərɪŋz| *spl (frukt etc)* det avskalade, skal; *(nagel etc)* det avklippta, nagel(bit)
Par·is |ˈpærɪs| *s* Paris
par·ish |ˈpærɪʃ| *s (Rel)* församling; *(Brit Admin: ung)* socken; **~ council** kommunalnämnd; **~ priest** församlingspräst
pa·rish·ion·er |pəˈrɪʃənəʳ| *s* församlingsbo
Pa·ris·ian |pəˈrɪziən| **1** *adj* parisisk **2** *s* parisare
par·ity |ˈpærɪtɪ| *s* paritet, jämställdhet
park |pɑːk| **1** *s (trädgård)* park; *(Motor)* parkering(splats) **2** *vt (Motor)* parkera; **to ~ the car** parkera bilen **3** *vi (Motor)* parkera
par·ka |ˈpɑːkə| *s* parkas
park·ing |ˈpɑːkɪŋ| *s* parkering; **no ~** *(på skylt)* parkering förbjuden; **~ fine** parkeringsböter; **~ place, ~ space** parkeringsplats; **~ lot** *(Am)* parkeringsplats; **~ lights** *spl* parkeringsljus; **~ meter** parkeringsmätare; **~ structure** *(i sht Am)* parkeringshus; **~ ticket** parkeringslapp
park·land |ˈpɑːklænd| *s* parklandskap
park·way |ˈpɑːkweɪ| *s (Am)* landsväg med planteringar
parky |ˈpɑːkɪ| *adj (-ier, -iest) (Brit vard)* kylig, ruggig
par·lance |ˈpɑːləns| *s*: **in common ~** i dagligt tal; **in modern ~** i modernt språkbruk
par·ley |ˈpɑːlɪ| **1** *s* förhandling, underhandling **2** *vi* förhandla, underhandla
par·lia·ment |ˈpɑːləmənt| *s* parlament, riksdag; **to get into ~** komma in i parlamentet

par·lia·men·tar·ian |ˌpɑːləmenˈteəriən| *s* parlamentariker
par·lia·men·ta·ry |ˌpɑːləˈmentərɪ| *adj* parlamentarisk
par·lour, *(Am)* **par·lor** |ˈpɑːləʳ| *s (i bostad)* sällskapsrum, liten salong; **beauty ~** skönhetssalong; **ice-cream ~** glassbar; **~ car** *(Am Järnv)* (öppen) salongsvagn; **~ game** sällskaps|lek/-spel
pa·ro·chial |pəˈrəʊkiəl| *adj (eg)* socken-, församlings-; *(bildl)* trångsynt, småstads-
paro·dy |ˈpærədɪ| **1** *s* parodi **2** *vt* parodiera
pa·role |pəˈrəʊl| *s (Jur)* villkorlig frigivning; *(: tillfälligt)* permission; **to give sb ~** frige ngn villkorligt; **on ~** villkorligt frigiven
par·ox·ysm |ˈpærəksɪzəm| *s* paroxysm, utbrott
par·quet |ˈpɑːkeɪ| *s* parkett(golv)
par·rot |ˈpærət| *s* papegoja
parrot-fashion |ˈpærətˌfæʃn| *adv (lära sig)* på papegojvis, mekaniskt utantill
par·ry |ˈpærɪ| *vt (slag)* parera, avvärja; *(fråga)* (skickligt) undvika (att svara på)
par·si·mo·ni·ous |ˌpɑːsɪˈməʊniəs| *adj* överdrivet sparsam, snålen
pars·ley |ˈpɑːslɪ| *s (Bot)* persilja
pars·nip |ˈpɑːsnɪp| *s (Bot)* palsternacka
par·son |ˈpɑːsn| *s* kyrkoherde, (församlings)präst
par·son·age |ˈpɑːsənɪdʒ| *s* prästgård
part |pɑːt| **1** *s* **(a)** *(i allm)* del; **in ~** till del, delvis; **it is ~ and parcel of the scheme** det är en (viktig) del av planen; **for the most ~** för det mesta, till mesta delen; **the greater ~ of it is done** huvuddelen av det är avklarad; **for the better ~ of the day** större delen av dagen; **two ~s of sand to one of cement** två delar sand till en del cement; **~ exchange** *(Brit)* inbyte; **~ payment** delbetalning
(b) *(Tekn)* del, komponent; *(Språkv: av verb)*: **principal ~** temaform; *(Mus)* stämma; **moving ~** rörlig del; **~ of speech** *(Språkv)* ordklass; **soprano ~** sopranstämma
(c) *(funktion)* del, roll, uppgift; *(Teat)* roll; **to take ~ in sth** delta i ngt; **to have no ~ in sth/doing sth** inte ha del i ngt; **to play a ~ in sth/doing sth** spela en roll i ngt; **to look the ~** vara porträttlik, passa bra i rollen
(d) *(geografiskt)* del, område, region; **in these ~s** i dessa delar; **a lovely ~ of the country** en mycket vacker landsända
(e): **for my ~** för min del; **a mistake on the ~ of my brother** ett misstag av min bror; **to take sth in good ~** ta väl upp, inte ta illa upp
(f) *(i hår)* bena
2 *adv:* till del, delvis; **she's ~ French** hon har franskt påbrå
3 *vt (gardiner etc)* dra isär/ifrån en bit; *(boxare)* sära, skilja; *(älskande)* skilja från varandra; **till death do us ~** till döden skiljer oss åt; **to ~ one's hair** dela/bena håret; kamma bena i håret; **my hair is ~ed on the left** jag har benan till vänster
4 *vi* **(a)** *(gardiner etc)* öppna sig; *(boxare)* sära sig; *(rep)* gå itu
(b) *(vänner etc)* skiljas; **to ~ (from sb)** skiljas (från ngn); **the best of friends must ~** (även) de bästa vänner måste skiljas; **to ~ with sth** skiljas från ngt, göra sig av med ngt; **I hate ~ing with it** jag avskyr att ge den ifrån mig; **he hates ~ing with money** han avskyr att lägga ut/ge ut pengar
par·take |pɑːˈteɪk| *imperf* **partook,** *perf part* **partaken** |pɑːˈteɪkən| *vi (frm)* **(a): to ~ of** *(mat)* inta, äta, förtära; *(alkohol)* förtära **(b): to ~ in an activity** delta i en verksamhet
par·tial |ˈpɑːʃəl| *adj* **(a)** partiell, ofullständig, del-; **~ eclipse** *(Astron)* partiell förmörk-

else **(b)** *(person, ståndpunkt)* partisk *(to/ towards* till förmån för); **a ~ judge** en partisk domare; **to be ~ to sth** tycka om ngt, vara förtjust i ngt; **I am ~ to French wines** jag är förtjust i franska viner

par·tial·ity |ˌpɑːʃɪˈælɪtɪ| s *(ståndpunkt)* partiskhet *(towards* till förmån för); *(smak)* svaghet/förkärlek *(for/to* för)

par·tial·ly |ˈpɑːʃəlɪ| *adv* delvis

par·tici·pant |pɑːˈtɪsɪpənt| s deltagare

par·tici·pate |pɑːˈtɪsɪpeɪt| *vi* delta *(in* i)

par·tici·pa·tion |pɑːˌtɪsɪˈpeɪʃən| s deltagande

par·ti·ci·ple |ˈpɑːtɪsɪpl| s *(Språkv)* particip

par·ti·cle |ˈpɑːtɪkl| s *(Fys, Språkv)* partikel; *(i allm)* liten bit/smula; *(bildl)* uns, det minsta; **a ~ of dust** ett dammkorn; **there is not a ~ of truth in it** det finns inte ett uns av sanning i det

par·ticu·lar |pəˈtɪkjʊləʳ| **1** *adj* **(a)** *(fokusering)* speciell, särskild; **in this ~ case** i detta speciella fall; **for no ~ reason** av ingen särskild orsak; **she's a ~ friend of mine** hon är nära vän till mig **(b)** *(egenskap, beteende)* nogräknad, kinkig; *(med mat)* kräsen; **he's ~ about his food** han är mycket kräsen när det gäller mat; **I'm not ~!** det är inte så noga! **2** s **(a)** *(enskild)* detalj; **~s** särskild/utförlig information; **please send full ~s** var god skicka fullständiga upplysningar **(b): in ~** i synnerhet, särskilt

par·ticu·lar·ize |pəˈtɪkjʊləraɪz| *vi* specificera, nämna särskilt

par·ticu·lar·ly |pəˈtɪkjʊləlɪ| *adv* i synnerhet, särskilt; **not ~** inte särskilt

part·ing |ˈpɑːtɪŋ| **1** *adj* avskeds-; **his ~ words** hans avskedsord; **~ shot** *(eg)* avskedssalut; *(bildl)* avskedsreplik **2** s **(a)** *(i allm)* avsked; **on ~ she felt strong grief** vid avskedet kände hon stor sorg; **we've reached the ~ of the ways** *(bildl)* det är dags för oss att gå skilda vägar **(b)** *(Brit: i hår)* bena

par·ti·san |ˌpɑːtɪˈzæn| **1** *adj* *(i allm)* partitrogen; *(Mil)* partisan-; **~ spirit** partianda **2** s *(Mil)* partisan

par·ti·tion |pɑːˈtɪʃən| **1** s **(a)** *(i allm)* delning; *(i hus)* avbalkning, (tunnare) mellanvägg; *(Jur)* bodelning **(b)** *(Pol)* delning; **India before ~** Indien före delningen **2** *vt (land etc)* dela, avdela

♦ **partition off** *vt + adv* avdela, avskilja

part·ly |ˈpɑːtlɪ| *adv* delvis

part·ner |ˈpɑːtnəʳ| **1** s *(i allm)* deltagare, kamrat; *(Handel)* (med)delägare, partner, kompanjon; *(Sport)* medspelare; *(i äktenskap)* make/maka; *(i dans)* partner, moatje **2** *vt* ledsaga; *(i dans)* vara partner till; **Makarova was ~ed by Nureyev** Makarova hade Nurejev som partner

part·ner·ship |ˈpɑːtnəʃɪp| s *(i allm)* kamratskap; *(Handel)* kompanjonskap; **to go into ~, to form a ~** bli kompanjon/bilda bolag *(with* med)

par·took |pɑːˈtʊk| *imperf av* **partake**

par·tridge |ˈpɑːtrɪdʒ| s *(Zool)* rapphöna

part-time |ˈpɑːtˈtaɪm| **1** *adv* deltid; **to work ~** arbeta deltid **2** *adj* deltids-; **~ work** deltidsarbete

par·ty |ˈpɑːtɪ| s **(a)** *(Pol)* parti; **the Labour P~** Labourpartiet; **~ line** *(Pol)* partilinje; **~ political broadcast** *(TV)* program med partipolitiskt innehåll **(b)** *(av personer)* grupp, lag, sällskap; *(Mil)* avdelning, patrull; **a ~ of travellers** en grupp resenärer; **I was one of the ~** jag var en i sällskapet; **~ line** *(Tele)* gemensam ledning **(c)** fest, tillställning, party; **to have/give/throw a ~** ha el ordna en fest; **~ dress** festklänning **(d)** *(Jur, dispyt etc)* part, kontrahent; **the parties to a dispute** parterna i en dispyt; **to be a ~ to a crime** vara delaktig i/medskyldig till ett brott; **the guilty ~** den skyldige; **~ wall** *(mellan fastigheter)*

brandmur

pass¹ |pɑːs| s *(Geogr)* trång passage, (bergs)pass; *(trafikled)* passage, genomfart

pass² |pɑːs| **1** s **(a)** *(tillstånd: i allm)* passer| bevis/-sedel, pass; *(på buss etc)* biljett, kort; *(Mil: ledighet)* permission; *(: blankett)* permissionssedel; **monthly ~** månadskort **(b)** *(Sport)* passning **(c)** *(vid prov, examen)* godkännande, godkänt betyg; **to get a ~ in German** få godkänt i tyska **(d)** *(om förhållande)* läge, situation; **things have come to a pretty ~** det är illa ställt **(e)** *(i kortspel)* pass **(f): to make a ~ at sb** *(vard)* göra närmanden till ngn

2 *vt* **(a)** *(om rörelse)* passera, gå/köra *etc* förbi; *(på gatan etc)* gå förbi; *(Motor)* köra förbi, köra om; *(gräns)* gå över, överskrida; **they ~ed each other on the way** de gick förbi varandra på vägen **(b)** *(vid bordet etc)* räcka, skicka; *(Sport)* passa, skicka; *(med handen)* dra, stryka; *(tråd)* trä, dra; **could you ~ the salt, please** vill du (vara snäll och) räcka mig saltet; **they ~ed the photo around** de skickade runt fotot; **to ~ sb sth** el **sth to sb** räcka/skicka ngn ngt; **he ~ed his hand over his face** han strök med handen över ansiktet; **he ~ed the thread through the needle** han trädde tråden genom nålen **(c)** *(Univ etc)* godkänna, ge godkänt **(d)** *(lag, plan etc)* anta, godkänna **(e)** *(tid)* fördriva, tillbringa; **we ~ed the weekend pleasantly** vi hade en trevlig helg; **it ~es the time** det fördriver tiden **(f)** *(kommentar)* yttra, fälla; **he ~ed a few remarks about the idea** han gjorde några kommentarer till idén

3 *vi* **(a)** *(om rörelse)* passera, gå/köra *etc* förbi; *(Motor)* passera, köra om; **we ~ed in the corridor** vi passerade varandra/möttes i korridoren **(b)** gå, fara, köra; *(arv):* **to ~ to** övergå till, tillfalla; **the train ~ed into a tunnel** tåget körde in i en tunnel; **to let sth ~** *(överse med)* låta ngt passera; **the title ~es to the eldest son** titeln ärvs av äldste sonen; **to ~ into oblivion** *(bildl)* falla i glömska; **to ~ into history** gå till historien **(c)** *(händelse: i sht Rel)* inträffa, hända; **and it came to ~ that Mary...** och det hände sig att Maria...; **all that ~ed between them** allt som inträffade dem emellan **(d)** *(tid)* gå, försvinna; **how time ~es!** vad tiden går! **(e)** *(storm, ilska)* passera, dra förbi, lägga sig; **they heard the storm ~** de hörde stormen bedarra **(f)** *(Univ etc)* bli godkänd **(g): to ~ (for/as)** gälla (som), hållas (för); **in her day she ~ed for a great beauty** *(bildl)* på sin tid ansågs hon som en stor skönhet

♦ **pass away** *vi + adv (eufem)* dö, avlida

♦ **pass by 1** *vt + adv* förbigå, inte bry sig om; **life has ~ed her by** livet har gått henne förbi **2** *vi + adv* passera, gå/köra förbi

♦ **pass down** *vt + adv* överföra, föra vidare, nedärva; **stories which have been ~ed down by word of mouth** berättelser som överförts genom muntlig tradition

♦ **pass off 1** *vt + adv:* **to ~ sb/sth off as...** utge ngn/ngt för att vara...; **to ~ oneself off as...** ge sig ut/utge sig för att vara **2** *vi (händelse)* avlöpa; *(känsla, stämning)* gå över, tona bort

♦ **pass on 1** *vt + adv* låta gå vidare, vidarebefordra *(to* till) **2** *vi + adv (person: eufem)* dö, avlida; *(om ordningsföljd)* fortsätta, gå vidare *(to* till)

♦ **pass out** *vi* + *adv* **(a)** svimma, tuppa av **(b)** *(Brit Mil)* genomgå officersutbildning, bli utnämnd till officer

♦ **pass over** **1** *vt* + *adv (i allm)* gå över, fara över; *(bildl)* förbigå, hoppa över **2** *vi* + *adv (eufem)* dö, avlida

♦ **pass through** **1** *vt* + *adv* resa genom; **you have to** ~ **through East Germany to get to Berlin** man måste resa genom Östtyskland för att komma till Berlin **2** *vi* + *adv* resa igenom, vara på genomresa

♦ **pass up** *vt* + *adv (vard: erbjudande etc)* nobba, tacka nej till; *(: tillfälle)* missa

pass·able |'pɑːsəbl| *adj (i allm)* acceptabel, som kan passera; *(väg etc)* farbar, framkomlig; **her French is** ~ hennes franska är acceptabel

pas·sage |'pæsɪdʒ| *s* **(a)** *(konkret)* gång, passage **(b)** *(abstrakt)* färd, (över)resa; **to grant sb safe** ~ ge ngn fri passage **(c)** *(om lag)* väg (till antagande); *(om tid)* gång, förlopp; **the** ~ **of time** tidens gång **(d)** *(i bok, inom musik)* stycke, passage

passage·way |'pæsɪdʒweɪ| *s* passage, gång

pass·book |'pɑːsbʊk| *s* bankbok

pas·sen·ger |'pæsɪndʒəʳ| *s* passagerare; ~ **list** passagerarlista; ~ **train** persontåg

passer·by |,pɑːsə'baɪ| *s*, *pl* **passers·by** förbipasserande

pass·ing |'pɑːsɪŋ| **1** *adj (i allm)* förbigående, som går förbi; *(tanke etc)* flyktig; *(blick)* förstulen; **a** ~ **car** en förbipasserande bil; **every** ~ **day** varje dag som går; **a** ~ **shower** en (kort) regnskur **2** *s* **(a)** *(genom tull etc)* passage, passerande; **with the** ~ **of the years** med årens gång; **to mention sth in** ~ nämna ngt i förbigående **(b)** *(eufem: död)* bortgång

pas·sion |'pæʃən| *s* passion, lidelse; **the P**~ *(Rel)* passionen, Kristi lidande; **political** ~ **s are strong here** känslorna svallar högt i politiken här; **his** ~ **for accuracy** hans lidelse för noggrannhet; **to get into a** ~ **(about sth)** bli upprörd (över ngt)

pas·sion·ate |'pæʃənɪt| *adj* passionerad, lidelsefull

pas·sion·ate·ly |'pæʃənɪtlɪ| *adv* passionerat, lidelsefullt

passion·fruit |'pæʃnfruːt| *s* passionsfrukt

pas·sive |'pæsɪv| **1** *adj (i allm)* passiv, overksam; *(Språkv)* passiv **2** *s (Språkv)* passiv(um), passiv form

pass·key |'pɑːskiː| *s (till alla dörrar)* huvudnyckel; *(till EN dörr)* portnyckel

Pass·over |'pɑːsəʊvəʳ| *s (judarnas påskhögtid)* pesach

pass·port |'pɑːspɔːt| *s* pass; ~ **to success** *(bildl)* nyckel till framgång

pass·word |'pɑːswɜːd| *s (Mil, Data)* lösenord

past |pɑːst| **1** *adv (om plats, tid)* förbi; **to walk/run/dash** ~ gå/springa/rusa förbi; **the days flew** ~ dagarna flög förbi

2 *prep* **(a)** *(om rum: riktning)* förbi; *(: läge)* bortom; **he walks** ~ **our house every day** han går förbi vårt hus varje dag; **the shop is** ~ **the church** affären ligger bortom/på andra sidan kyrkan **(b)** *(om tid)* över; **quarter** ~ **four** kvart över fyra; **at half** ~ **four** vid halv fem **(c)** *(om gräns)* bortom, över; **she's** ~ **forty** hon är över fyrtio; **it's** ~ **belief** det är omöjligt att förstå; **I'm** ~ **caring** jag har slutat bry mig om; **it's** ~ **mending** det går inte att laga; **to be** ~ **it** *(vard)* vara slut; **I wouldn't put it** ~ **her** *(vard)* det skulle jag gott kunna tro om henne

3 *adj (tid)* svunnen, tidigare, förfluten; *(Språkv):* **the** ~ **tense** imperfekt(um), preteritum; **for some time** ~ sedan en tid (tillbaka); **in** ~ **years** förr om åren; **those days are** ~ **now** den

tiden är nu förbi; **what is** ~ **is** ~ det som var det var

4 *s (i allm)* det förflutna, förfluten tid; *(Språkv)* förfluten tid, dåtid; **the** ~ *(Språkv)* imperfekt(um), preteritum; **in the** ~ i det förflutna; **it's a thing of the** ~ det är en sak som tillhör det förflutna; **a woman with a** ~ en kvinna med ett förflutet; ~ **master** *(bildl)* mästare *(at i/på);* ~ **participle** perfekt particip; ~ **perfect** pluskvamperfekt(um)

pas·ta |'pæstə, *(Am)* pɑːstə| *s (Matl)* pasta

paste |peɪst| **1** *s* **(a)** *(konsistens)* deg, massa, tjock gröt; *(Matl)* deg; *(av kött)* pastej; *(för limning)* klister; **mix to a** ~ blanda till en deg **(b)** *(om juveler)* oäkta ädelstenar, strass **2** *vt (= put* ~ *on)* klistra, sätta klister på; *(= fasten with* ~*)* klistra, fästa med klister; **to** ~ **sth to a wall** klistra upp ngt på en vägg **3** *adj (juveler etc)* oäkta

paste·board |'peɪstbɔːd| *s* (limmad) kartong/hårdpapp

pas·tel |'pæstəl| **1** *s (föremål)* pastellkrita; *(Konst)* pastell(teckning); *(färg)* pastell(färg) **2** *adj* pastell

pas·teur·ized |'pæstəraɪzd| *adj* pastöriserad

pas·tiche |pæs'tiːʃ| *s* pastisch

pas·tille |'pæstɪl| *s* tablett, pastill

pas·time |'pɑːstaɪm| *s* nöje, tidsfördriv

pas·tor |'pɑːstəʳ| *s* pastor, präst

pas·to·ral |'pɑːstərəl| *adj (landskap)* idyllisk, lantlig; *(poesi)* pastoral, herde-; *(Rel)* prästerlig, själavårdande; ~ **care** själavård

pas·try |'peɪstrɪ| *s (material)* deg; *(Matl: koll)* bakverk, kakor, bakelser; *(enstaka)* kaka, bakelse

pas·ture |'pɑːstʃəʳ| *s* bete, betesmark; **to put animals out to** ~ släppa ut djur på bete; **to move on to** ~ **s new** *(bildl)* söka sig till nya betesmarker, ge sig in på ngt nytt; ~ **land/ground** betesmark

pasty[1] |'pæstɪ| *s (Matl)* pirog

pasty[2] |'peɪstɪ| *adj (hy)* degig, blek, glåmig

pat |pæt| **1** *s* **(a)** *(med handen)* klapp, lätt slag; **she gave him a** ~ **on the shoulder** hon gav honom en klapp på axeln; **to give sb a** ~ **on the back** *(bildl)* visa sin belåtenhet med ngn; **to give oneself a** ~ **on the back** vara nöjd med sig själv **(b)** *(smör)* klick **2** *vt (med handen: hår, ansikte etc)* rätta/släta till; *(: hund, ngns axel etc)* klappa; **she** ~ **ted a few curls into place** hon rättade till några hårlockar; **to** ~ **sb on the back** *(bildl)* visa sitt gillande med ngn **3** *adj, adv:* **he knows it (off)** ~ han vet det direkt, han kan det på direkten; **the answer came/was too** ~ svaret kom alltför snabbt

patch |pætʃ| **1** *s (av tyg etc)* (tyg)lapp; *(på cykeldäck)* lagningslapp; *(om färg)* fläck, ställe; *(om landyta)* (jord)bit, stycke, jordlapp; **a** ~ **of blue sky** en fläck av blå himmel; **eye** ~ *(skydds)*lapp för ögat; **vegetable** ~ grönsaksland; **the team is going through a bad** ~ *(vard)* laget är inne i en downperiod; **it's not a** ~ **on the other one** *(vard)* den går inte upp mot den andra **2** *vt (kläder, hål)* lappa, laga

♦ **patch up** *vt* + *adv (kläder)* lappa ihop; *(bil etc)* laga tillfälligt; **they managed to** ~ **up their marriage** de lyckades lappa ihop sitt äktenskap

patch·work |'pætʃwɜːk| *s (eg)* lapptäcksarbete; *(bildl)* lappverk, fuskverk; ~ **quilt** vadderat lapptäcke

patchy |'pætʃɪ| *adj (-ier, -iest) (eg)* hoplappad; *(arbete)* ofullständig; *(pjäs etc)* inte helgjuten; *(kunskap)* sporadisk

pâté |'pæteɪ| *s* paté, pastej; **liver** ~ leverpastej

pa·tent |'peɪtənt| **1** *adj* **(a)** *(i allm)* tydlig, klar, uppenbar **(b)** *(uppfinning)* patenterad, patent-;

~ **leather** lackskinn; ~ **leather shoes** lackskor; ~ **medicine** patentmedicin **2** s patent(rättig-het); **to take out a** ~ **on sth** ta patent på ngt **3** vt ta patent på

pa·tent·ly |'peɪtəntlɪ| adv klart, uppenbarligen; **she was** ~ **annoyed** det var tydligt att hon var förargad

pa·ter·nal |pə'tɜːnl| adj (i allm) faderlig, faders-; (om släktskap) på fädernet; **my** ~ **uncle/aunt** min farbror/faster

pa·ter·nal·ism |pə'tɜːnəlɪzəm| s förmynderi, patri-arkat

pa·ter·nal·ist(ic) |pə'tɜːnəlɪst, pə'tɜːnə'lɪstɪk| adj förmyndaraktig, patriarkalisk

pa·ter·nal·ly |pə'tɜːnəlɪ| adv (i allm) faderligt; (om släktskap) på fädernet

pa·ter·nity |pə'tɜːnɪtɪ| s faderskap; ~ **suit** (Jur) faderskapsmål; ~ **leave** pappaledighet

path |pɑːθ| s, pl **paths** |pɑːðz| **(a)** (smal väg) stig; (: i trädgård) gång; **cycle** ~ (avdelat körfält) cy-kelbana; (speciell väg) cykelväg **(b)** (av kula, projektil, oväder etc) bana; (av flod) lopp **(c)** (bildl: mot ett mål) väg; **the** ~ **to salvation** vägen till frälsning

pa·thet·ic |pə'θetɪk| adj **(a)** (i allm) patetisk, gri-pande, upprörande; **a** ~ **creature** en sorglig skepnad **(b)** (iron) bedrövlig, erbarmlig; **it was a** ~ **performance** det var en bedrövlig före-ställning

pa·theti·cal·ly |pə'θetɪklɪ| adv patetiskt, gripande, upprörande; (iron) sorgligt, erbarmligt; ~ **weak** fruktansvärt/hjärtskärande bräcklig; **a** ~ **inad-equate answer** ett erbarmligt torftigt svar

patho·logi·cal |ˌpæθə'lɒdʒɪkəl| adj (Med, bildl) pa-tologisk, sjuklig

pa·tholo·gist |pə'θɒlədʒɪst| s (Med) patolog

pa·thol·ogy |pə'θɒlədʒɪ| s (Med) patologi; **the** ~ **of a disease** sjukdomsbilden

pa·thos |'peɪθɒs| s patos, djup känsla

path·way |'pɑːθweɪ| s = **path a**

pa·tience |'peɪʃəns| **(a)** (i allm) tålamod, uthål-lighet; **to have** ~ ha tålamod; **to lose one's** ~ **(with sb/sth)** förlora tålamodet (med ngn/ngt); **he has no** ~ **with tools** han har inget tålamod med verktyg **(b)** (Brit Kortsp) patiens; **to play** ~ lägga patiens

pa·tient |'peɪʃənt| **1** adj tålmodig, tålig; **to be** ~ **with sb** ha tålamod med ngn **2** s (Med) patient

pa·tient·ly |'peɪʃəntlɪ| adv tålmodigt

pa·tio |'pætɪəʊ| s uteplats

pa·tri·arch |'peɪtrɪɑːk| s (Rel) patriark

pa·tri·ot |'peɪtrɪət| s patriot, fosterlandsvän

pat·ri·ot·ic |ˌpætrɪ'ɒtɪk| adj patriotisk

pat·ri·oti·cal·ly |ˌpætrɪ'ɒtɪkəlɪ| adv patriotiskt

pat·ri·ot·ism |'pætrɪətɪzəm| s patriotism, foster-landskärlek

pa·trol |pə'trəʊl| **1** s **(a)** (grupp) patrull; (tjänst) patrullering; **to be on** ~ patrullera; **police** ~ polispatrull; ~ **car** polisbil; ~ **wagon** (Am) polis-piket, svarta maja (vard) **2** vt patrullera; **they** ~**led the streets at night** de patrullerade gatorna om natten **3** vi patrullera; **to** ~ **up and down** patrullera fram och tillbaka

patrol·man |pə'trəʊlmən| s, pl -**men (a)** (Am) (pa-trullerande) polis **(b)** (Motor) vägsamarit

pa·tron |'peɪtrən| s (av artister, välgörenhet etc) be-skyddare, gynnare; (av affär, hotell etc) (stam)|kund/-gäst; ~ **saint** skyddshelgon; **a** ~ **of the arts** en konstens beskyddare

pat·ron·age |'pætrənɪdʒ| s (i allm) beskydd, stöd; (till affär etc) kundkrets; **under the** ~ **of** under beskydd av; **her shop has a growing** ~ hennes affär har en växande kundkrets

pat·ron·ize |'pætrənaɪz| vt **(a)** (anställda, barn etc) behandla överlägset/nedlåtande; **don't** ~

me! var inte så överlägsen! **(b)** (Handel) vara kund i; **the shop is well** ~**d** affären har en stor kundkrets; **it's not a shop I** ~ det är inte en affär jag handlar i

pat·ron·iz·ing |'pætrənaɪzɪŋ| adj nedlåtande, över-lägsen

pat·ter[1] |'pætər| s (vard) svada

pat·ter[2] |'pætər| **1** s (av fötter) tramp, trippande; (av regn) smatter, trummande **2** vi (fötter) trampa, trippa; (regn) smattra, trumma; **the rain** ~**ed against the window** regnet smattrade mot rutan

pat·tern |'pætən| **1** s **(a)** (design) mönster; (att göra efter) modell, schablon, mönster; (bildl: urskiljbar metod) mönster; (: efterföljansvärt exempel) mönster, föredöme; **wallpaper** ~ tapet-mönster; **knitting** ~ stickmönster; **paper** ~ pap-persmönster; **there's a certain** ~ **to these crimes** de här brotten följer ett visst mönster; ~ **book** mönsterbok **(b)** (bildl): **behaviour** ~s beteen-demönster; **a** ~ **of virtue** ett dygdemönster; **the** ~ **of events** händelsernas gång **2** vt: **to** ~ **sth on sth** forma ngt efter ngt; **to** ~ **oneself on sth/sb** ha ngt/ngn som förebild el modell

pat·terned |'pætənd| adj mönstrad

pau·city |'pɔːsɪtɪ| s (frm) brist, knapphet

paunch |pɔːntʃ| s (framträdande) mage, kalaskula (vard)

pau·per |'pɔːpər| s (i allm) fattig person; (förr: på fattighus etc) fattighjon; ~**'s grave** fattiggrav

pause |pɔːz| **1** s paus, uppehåll, avbrott; **there was a** ~ **while...** det blev en paus medan...; **to give** ~ **to sb** få ngn att tveka **2** vi göra (en) paus, avbryta sig; **he** ~**d for breath** han gjorde en andningspaus; **it made him** ~ det fick honom att stanna upp

pave |peɪv| vt (eg) stenlägga, täcka med sten; **to** ~ **the road** stenlägga vägen; **to** ~ **the way for sb/sth** (bildl) bana el bereda väg för ngn/ngt

pave·ment |'peɪvmənt| s (Brit) trottoar, gångbana; (Am) vägbeläggning

pa·vil·ion |pə'vɪlɪən| s (Sport) klubbhus

pav·ing |'peɪvɪŋ| s stenläggning; ~ **stone** gatsten

paw |pɔː| **1** s (på djur) tass; (vard: hand) labb, tass; **keep your** ~**s off!** bort med tassarna! **2** vt **(a)** (om djur) röra vid med tassen; (bildl) fingra på; **to** ~ **the ground** (häst) skrapa med hoven; (person: nervöst, oroligt) trampa **(b)** (neds) tafsa på; **stop** ~**ing me!** sluta tafsa på mig!

pawn[1] |pɔːn| s (Schack) bonde; (bildl) bricka, verktyg; **she was only a** ~ **in his plan** hon var bara en bricka i hans spel

pawn[2] |pɔːn| **1** s pant; **in** ~ pant; **to leave** el **put sth in** ~ lämna/sätta ngt i pant **2** vt panta, pantsätta

pawn·broker |'pɔːnˌbrəʊkər| s pantlånare

pawn·shop |'pɔːnʃɒp| s pantbank, pantlånekontor

pay |peɪ| (v: imperf, perf part **paid**) **1** s (i allm) betalning; (för arbete) lön; **the miners demanded higher** ~ gruvarbetarna krävde högre lön; **to be in sb's** ~ vara anställd hos ngn; (neds) vara i ngns sold; **the** ~**'s not very good** lönen är inte speciellt bra/hög; ~ **packet** lönekuvert; ~ **phone** (Am) offentlig telefon; ~ **roll** avlöningslista; ~ **slip** lönebesked

2 vt **(a)** betala; **to** ~ **sb £10** betala ngn 10 pund; **will this** ~ **the price of the breakages?** räcker detta som betalning för det sönderslag-na?; **I paid £5 for that record** jag betalade 5 pund för den skivan; **to be/get paid on Fridays** få betalt på fredagar; **a badly paid worker** en dåligt betald arbetare; **that's what you're paid for** det är det du har betalt för; **to** ~ **one's way** betala sin del; **the shop is** ~**ing its way** affären bär sig/går ihop; **the shares** ~ **12%** aktierna ger 12% (i avkastning); it wouldn't ~ him to do it (bildl) det skulle inte löna sig för honom att göra det **(b)** göra, avlägga; to ~ sb/a place a visit el call göra ett besök hos ngn/på en plats; to ~ a visit to el a call on sb/a place besöka ngn/en plats; to ~ a call (Brit: eufem) gå på toaletten; se äv attention, homage a, respect, 1 a, c

3 vi **(a)** betala; to ~ in advance betala i förskott; don't worry, I'll ~ var inte orolig, jag betalar; they paid for her to go de betalade hennes resa **(b)** betala sig, löna sig; the business doesn't ~ affärerna lönar sig inte; it ~s to tell the truth det lönar sig att tala sanning; crime doesn't ~ brott lönar sig inte **(c)** (bildl) betala, få plikta; she paid for it with her life hon fick plikta med livet för det; I'll make you ~ for this! du ska få betala för det här!

◆ **pay back** vt + adv **(a)** (lån etc) betala igen, återbetala **(b)** (bildl) betala tillbaks, återgälda, hämnas; to ~ sb back for doing sth ge ngn igen för ngt

◆ **pay in** vt + adv inbetala, sätta in; to ~ in a cheque (till en bank etc) skicka en check som betalning

◆ **pay off** **1** vt + adv **(a)** (skulder, fordringsägare) betala av; (varor) betala av på; to ~ sth off in instalments betala av ngt genom amorteringar; to ~ off a grudge ge betalt/igen för en osämja **(b)** (anställd som slutar) betala innestående lön till **2** vi + adv löna sig, lyckas; the ruse paid off knepet lyckades

◆ **pay out** vt + adv **(a)** (i allm) spendera, betala; (av kassör etc) betala ut **(b)** (rep) släppa ut (på), ge efter på, slacka (på)

◆ **pay up** **1** vt + adv betala klart **2** vi + adv: ~ up, you owe me £15! betala genast de 15 pund du är skyldig mig!

pay·able |'peɪəbl| adj: this bill is ~ next Monday den här räkningen skall betalas (senast) nästa måndag; to make a cheque ~ to sb ställa (ut) en check på ngn

pay·day |'peɪdeɪ| s avlöningsdag

P.A.Y.E. (Brit: förk = pay as you earn) källskatt

payee |peɪ'i:| s (Handel) betalningsmottagare

pay·ing |'peɪɪŋ| adj lönande, som betalar sig; a ~ business ett lönande företag; ~ guest betalande gäst

pay·load |'peɪləʊd| s (på fartyg etc) nyttolast; (Mil: på robot: bomber etc) militär last

pay·master |'peɪ,mɑːstə'| s kassör

pay·ment |'peɪmənt| s (i allm) betalning; (medel) betalning, pengar; (bildl: pos) betalning, belöning; (: neg) betalning, straff; advance ~ förskott(sbetalning); deferred ~ delbetalning, avbetalning; ~ by instalments delbetalningar, avbetalningar; down ~ kontant betalning, handpenning; yearly ~ årlig betalning; as ~ for, in ~ for som betalning för; without ~ gratis, utan betalning; on ~ of £5 vid erläggande av 5 pund

pay·off |'peɪɒf| s (vard) muta; (definitiv händelse) avgörande, slut; (i skämt) poäng; (bildl): the ~ came when... avgörandets stund kom när...

pay·roll |'peɪrəʊl| s avlöningslista; to be on a firm's ~ stå/finnas med på ett företags lönelista

PC förk f personal computer

p.c. förk f postcard; per cent

P.E. förk f physical education

pea |pi:| s ärt(a); green ~s gröna ärter; ~ soup ärtsoppa; se äv like 1

peace |pi:s| s (ej krig) fred, fredstillstånd; (ej oro) lugn, frid; ~ was signed between the two countries fred undertecknades mellan de båda länderna; to be at ~ with sb/sth hålla fred med ngn/ngt; he is at ~ (eufem: död) han har fått frid;

to make ~ sluta fred; give him some ~! lämna honom i fred!; to make one's ~ with (sb) sluta fred med (ngn); ~ of mind sinnesfrid; ~ and quiet lugn och ro; to keep the ~ hålla sig lugn; (Jur) inte störa den allmänna ordningen; anything to keep the ~ vad som helst för husfridens skull; ~ conference fredskonferens; ~ offering (bildl) fredstrevare; ~ treaty fredsfördrag

peace·able |'pi:səbl| adj (person) fredlig, fredsälskande; (diskussion etc) fridfull, stilla

peace·ful |'pi:sfʊl| adj (ej krigisk) fredlig, fredssträvande; (ej orolig) fridfull, lugn; ~ countries fredliga länder; a ~ village en fridfull by

peace·ful·ly |'pi:sfəlɪ| adv (se peaceful) fredligt; fridfullt

peace-keeping |'pi:s,ki:pɪŋ| adj fredsbevarande; ~ force fredsbevarande styrka

peace-loving |'pi:s,lʌvɪŋ| adj fredsälskande

peace·maker |'pi:s,meɪkə'| s fredsstiftare

peace·time |'pi:staɪm| s fredstid

peach |pi:tʃ| **1** s **(a)** (frukt) persika; (träd) persikoträd **(b)** (vard): she's a ~ (vacker) hon är en riktig snygging; (trevlig) hon är jättegullig; this car is a ~ den här bilen är toppen **(c)** (färg) persikofärg **2** adj (i allm) persiko-; (färg) persikofärgad

pea·cock |'pi:kɒk| s påfågel; ~ blue (adj) påfågelsblå; (s) påfågelsblått

peak |pi:k| **1** s **(a)** (på berg) topp; (på tak) nock **(b)** (på mössa) skärm **(c)** (om grad) topp, maximum, höjdpunkt; snow-covered ~s snöklädda berg(stoppar); he was at the ~ of his fame han stod på höjden av berömmelse; ~ hours rusningstid; (Tele, Elektr) högtrafik; ~ hour traffic rusningstrafik; ~ season högsäsong **2** vi nå sin högsta punkt, nå sitt maximum; scientists often ~ early naturvetare presterar ofta sitt bästa vid unga år

peak·ed |'pi:kɪd| adj (vard: i sht Am), **peaky** |'pi:kɪ| adj (-ier, -iest) (i sht Brit) glåmig; I feel ~ jag känner mig vissen

peal |pi:l| **1** s klockringning, klockklang; ~ of thunder åsksmäll; ~s of laughter skrattsalvor **2** vt (äv: ~ out: klockor) ringa i **3** vi (klocka) ringa; (åska etc) skalla, mullra, dåna

pea·nut |'pi:nʌt| s jordnöt; it's just ~s (vard) det är små(pengar/-potatis; ~ butter jordnötssmör

pear |peə'| s (frukt) päron; (träd) päronträd

pearl |pɜːl| s pärla; a string of ~s ett pärlband; cultured ~s odlade pärlor; ~ of wisdom (bildl) pärla av visdom; to cast ~s before swine (bildl) kasta pärlor för svin; ~ barley pärlgryn; ~ oyster pärlmussla; ~ diver pärlfiskare

pearly |'pɜːlɪ| adj (-ier, -iest) pärlliknande, pärl-; ~white pärlvit; P~ Gates (Rel, skämts) pärleportarna, himmelens portar

pear-shaped |'peəʃeɪpt| adj päronformad

peas·ant |'pezənt| s bonde, småbrukare; ~ labour lantarbete, jordbruksarbete; ~ culture allmogekultur

peat |pi:t| s torv; ~ bog torvmosse

peaty |'pi:tɪ| adj (-ier, -iest) torvartad

peb·ble |'pebl| s kiselsten, småsten; you're not the only ~ on the beach (vard) du är inte den enda människan här på jorden; ~ dash (vägg)puts med småsten

peb·bly |'peblɪ| adj full/täckt av kiselstenar, stenig

peck |pek| **1** s (om fågel etc) hackande; pickande; (vard: kyss) puss; the pigeon took a ~ at the bread in my hand duvan pickade en bit bröd ur min hand **2** vt (om höna) picka i sig; (person) flyktigt kyssa **3** vi hacka, picka; to ~ at (fågel eg) picka i sig; (person: bildl) hacka på, anmärka på; she's always ~ing at me hon hackar jämt på mig; he

~**ed at his food** han petade i maten
peck·er |'pɛkə'| *s* **(a)** *(Brit vard)* gott humör; **to keep one's ~ up** hålla humöret uppe, inte tappa sugen **(b)** *(Am vard!)* kuk *(!)*
peck·ing |'pɛkɪŋ| *s*: ~ **order** *(bildl)* hackordning
peck·ish |'pɛkɪʃ| *adj (i sht Brit: vard)* hungrig, sugen
pe·cu·li·ar |pɪ'kju:lɪə'| *adj* **(a)** *(som förvånar)* egendomlig, underlig; **a ~ person** en underlig person **(b)** *(utmärkande)* speciell, karakteristisk, typisk; **it is a phrase ~ to him** det är ett uttryck som bara han använder
pe·cu·li·ar·ity |pɪˌkjulɪ'ærɪtɪ| *s* egenhet
pe·cu·li·ar·ly |pɪ'kju:lɪəlɪ| *adv* **(a)** *(utmärkande)* speciellt, särskilt **(b)** *(förvånande)* underligt, egendomligt
pe·cu·ni·ary |pɪ'kju:nɪərɪ| *adj* pekuniär, penning-
peda·gog·ic(al) |ˌpɛdə'gɒdʒɪk(əl)| *adj* pedagogisk
peda·gogue |'pɛdəgɒg| *s* pedagog
ped·al |'pɛdl| **1** *s* pedal, trampa; **piano ~** pianopedal; **bicycle ~** cykelpedal; **~ bin** sophink med pedal; **~ car** trampbil **2** *vi* trampa; **she ~led** *el (Am)* **~ed slowly up the hill** hon trampade (cykeln) sakta uppför backen **3** *vt (cykel)* trampa
ped·ant |'pɛdənt| *s* pedant
pe·dan·tic |pɪ'dæntɪk| *adj* pedantisk
ped·ant·ry |'pɛdəntrɪ| *s* pedanteri
ped·dle |'pɛdl| *vt* idka gatuhandel, sälja genom dörrknackning
ped·dler |'pɛdlə'| *s (Am)* = **pedlar**
ped·er·ast |'pɛdəræst| *s* pederast
ped·es·tal |'pɛdɪstl| *s* piedestal; **to put sb on a ~** *(bildl)* sätta ngn på piedestal
pe·des·trian |pɪ'dɛstrɪən| **1** *s* fotgängare; **~ crossing** *(Brit)* övergångsställe för fotgängare; **~ precinct** *(Brit)* gågata, område med gågator **2** *adj (person)* tråkig, alldaglig; *(resultat etc)* medelmåttig; **a ~ student** en medelmåttig elev
pe·di·at·ric |ˌpi:dɪ'ætrɪk| *adj (Med)* pediatrisk
pe·dia·tri·cian |ˌpi:dɪə'trɪʃən| *s (Med)* pediatriker, barnläkare
pe·di·at·rics |ˌpi:dɪ'ætrɪks| *ssg (Med)* pediatrik
pedi·cure |'pɛdɪkjuə'| *s* pedikyr, fotvård
pedi·gree |'pɛdɪgri:| *s (god familj)* härkomst, anor; *(dokument)* stamtavla, stamträd; **~ dog** rashund; **they are of excellent ~** de har förnäma anor
ped·lar |'pɛdlə'| *s* gatuförsäljare, dörrknackare; **drug ~** narkotikalangare
pe·dom·eter |pɪ'dɒmɪtə'| *s* stegräknare
pee |pi:| *s (vard)*: **to have a ~** kissa **2** *vi* kissa
peek |pi:k| **1** *s* titt; **to take/have a ~ at** ta en titt på **2** *vi* titta, kika
peel |pi:l| **1** *s (på frukt, potatis etc)* skal **2** *vt (frukt etc)* skala; *(träd)* skala, barka **3** *vi (tapet etc)* släppa, lossna; *(färg etc)* flagna; *(hud)* fjälla
♦ **peel away** **1** *vt + adv* dra av, skala av **2** *vi + adv* flagna, falla av
♦ **peel back** *vt + adv* skala av, dra av
♦ **peel off** **1** *vt + adv* **(a)** = **peel away 1 (b)** *(kläder)* slänga av sig, dra av sig *(snabbt)* **2** *vi + adv* **(a)** = **peel away 2 (b)** *(från en grupp)* falla ifrån, lämna formationen **(c)** *(om kläder)* klä av sig
peel·er |'pi:lə'| *s* skalare; **potato ~** potatisskalare
peel·ings |'pi:lɪŋz| *spl (avfall)* skal; **potato ~** potatisskal
peep[1] |pi:p| **1** *s (från fågel etc)* pip, pipande; **to give a ~** säga pip, pipa; **we can't get a ~ out of them** *(vard)* vi har inte hört ett ljud (i)från dem; **I don't want to hear a ~ again from you** jag vill inte höra ett knyst ifrån dig mer **2** *vi* pipa, knysta
peep[2] |pi:p| **1** *s* titt, kik; **to take/have a ~ (at sth)** ta en titt på (ngt); titta, kika *(at på)*; **close**

~**ing now!** blunda, kika inte nu!; **to ~ from behind sth** kika fram bakom ngt; **to ~ through a window** titta genom ett fönster; **the sun ~ed out from behind the clouds** solen tittade fram bakom molnen
peep·hole |'pi:phəʊl| *s* titthål
peep·ing |'pi:pɪŋ| *adj*: **P~ Tom** *s (voyeur)* (fönster)tittare
peep·show |'pi:pʃəʊ| *s* tittskåp
peer[1] |pɪə'| *s (rang)* pär, (hög)adelsman, lord; *(vid jämförelse)* (jäm)like; **~ group** grupp av jämnåriga, åldersgrupp
peer[2] |pɪə'| *vi* kika, kisa; **to ~ at sth** kika på ngt; **to ~ into a room** titta in i ett rum
peer·age |'pɪərɪdʒ| *s* högadeln, pärerna; **he was given a ~** han adlades, han upphöjdes till pär/lord
peer·ess |'pɪərɪs| *s* adelsdam
peer·less |'pɪəlɪs| *adj* makalös, oförliknelig
peeved |pi:vd| *adj (vard)* irriterad, förargad; **she gave me a ~ look** hon gav mig en irriterad blick
peev·ish |'pi:vɪʃ| *adj* grinig, kinkig; **a ~ child** ett kinkigt barn
peev·ish·ly |'pi:vɪʃlɪ| *adv* grinigt, kinkigt
pee·wit |'pi:wɪt| *s (Zool)* tofsvipa
peg |pɛg| **1** *s (till tält)* pinne; *(Brit: för tvätt på tork)* klädnypa; *(på hatthylla)* krok, hängare; *(i lås etc)* tapp, sprint; *(i sko)* pligg; *(på instrument)* stämskruv; **off the ~** *(i sht Brit)* färdigsydd, konfektions-; **to take sb down a ~ (or two)** sätta ngn på plats, ta ner ngn på jorden; **a ~ on which to hang a theory** *(bildl)* ngt att hänga upp en teori på **2** *vt* fästa; *(bildl: priser, löner)* låsa, frysa; **to ~ clothes out on a line** *(i sht Brit)* hänga upp tvätt på en lina
♦ **peg away** *vi + adv (vard)* jobba 'på, knoga 'på
♦ **peg out** *vi + adv (vard: dö)* ta ner skylten, kila vidare
pe·jo·ra·tive |pɪ'dʒɒrɪtɪv| *adj* pejorativ, nedsättande
pekinese |ˌpi:kɪ'ni:z| *s (hundras)* pekines
peli·can |'pɛlɪkən| *s* pelikan
pel·let |'pɛlɪt| *s (i allm)* liten kula; *(för skjutvapen)* hagel; *(Biol)* spyboll; *(Med)* piller
pell-mell |ˌpɛl'mɛl| *adv* huller om buller, om varandra; **the children ran ~ out of the school** barnen sprang huller om buller ut ur skolan
pel·met |'pɛlmɪt| *s (Brit: av tyg)* (gardin)kappa; *(:av trä)* kornisch
pelt |pɛlt| **1** *vt* bombardera, överösa; **to ~ sb with eggs** bombardera ngn med ägg; **they ~ed him with questions** *(bildl)* de överöste honom med frågor **2** *vi* **(a)** *(vard)*: **the rain is ~ing (down)** regnet öser ner; **~ing rain** slagregn **(b)** *(vard: person)* rusa (iväg)
pel·vis |'pɛlvɪs| *s (Anat)* bäcken
pen[1] |pɛn| *s (för får, kalv etc)* kätte, fålla; *(för kanin, höns)* bur; *(för häst, svin)* box; *(= play ~)* barnhage; *(Am vard: fängelse)*: **the ~** kåken **2** *vt (äv: ~ in, ~ up)* stänga in (i fålla *etc*)
pen[2] |pɛn| **1** *s* penna; **to put ~ to paper** börja skriva; **~ name** pseudonym **2** *vt* skriva
pe·nal |'pi:nl| *adj* straff-, kriminalvårds-; **~ code/law** strafflag, *(i Sverige)* brottsbalk; **~ institution** kriminalvårdsanstalt; **~ offence** straffbar handling; **~ servitude** straffarbete
pe·nal·ize |'pi:nəlaɪz| *vt* **(a)** *(i allm)* (be)straffa **(b)** *(Sport)* straffa **(c)** *(bildl)* handikappa, sätta i orätta läge
pen·al·ty |'pɛnəltɪ| *s (i allm)* straff, bestraffning; *(Jur)* påföljd, straff; *(bildl)* avigsida; **no littering, ~ £5** *(på skylt)* nerskräpning förbjuden vid vite av 5 pund; **to pay the ~** ta sitt straff; **~ for improper use** missbruk beivras; **on ~ of** dismissal med risk för avsked; **the ~ for not doing this**

is... straffet för underlåtelse av detta är...; **death** ~ dödsstraff; **daily** ~ dagsböter **(b)** *(Sport: =* ~ *kick etc)* straff; *(Ishockey: två minuter etc)* utvisning; ~ **area** *(Fotboll etc)* straffområde; ~ **box** *(Ishockey)* utvisningsbås; ~ **goal** mål på straff; ~ **kick** straffspark

pen·ance |'penəns| *s (eg)* bot(göring); *(bildl: äv)* gottgörelse; **to do** ~ **for** göra bot för

pence |pens| *spl av* **penny**

pen·chant |'pɑ̃:ŋʃɑ̃:ŋ| *s* böjelse, förkärlek

pen·cil |'pensl| **1** *s* blyertspenna; ~ **case** pennfodral; ~ **sharpener** pennvässare **2** *vt (äv:* ~ **in)** rita med blyerts

pen·dant |'pendənt| *s (belysning)* ljuskrona; *(motsvarighet)* pendang

pend·ing |'pendıŋ| **1** *adj* oavgjord, ej avgjord; *(fall, mål)* (ännu) inte avgjord; **to be** ~ vänta på ett avgörande; **is there a reply** ~? väntar vi på ett svar?; **patent** ~ patentsökt **2** *prep* i avvaktan på

pen·du·lum |'pendjoləm| *s (på klocka etc)* pendel; **the swing of the** ~ *(bildl)* opinionens svängningar

pen·etrate |'penıtreıt| **1** *vt (i allm)* genomborra; tränga igenom, tränga in i; *(Mil)* tränga in i; *(organisation)* infiltrera; *(problem etc)* penetrera, tränga in i, sätta sig in i **2** *vi (i allm)* tränga in; *(förslag etc: bli uppfattad)* tränga igenom

pen·etrat·ing |'penıtreıtıŋ| *adj (blick, ljud etc)* genomträngande, skarp; *(person, intelligens etc)* skarp(sinnig)

pen·etra·tion |ˌpenı'treıʃən| *s (se* **penetrate)** genomträngande, inträngande; infiltration; penetrering; *(av projektil)* genomslagskraft

pen·friend |'penfrend| *s (Brit)* brevvän

pen·guin |'peŋgwın| *s* pingvin

peni·cil·lin |ˌpenı'sılın| *s* penicillin

pen·in·su·la |pı'nınsjolə| *s* halvö

pe·nis |'pi:nıs| *s* penis

peni·tence |'penıtəns| *s* ånger, botfärdighet

peni·tent |'penıtənt| *adj* ångerfull, botfärdig

peni·ten·tia·ry |ˌpenı'tenʃərı| *s (i sht Am)* fängelse

pen·knife |ˌpennaıf| *s*, *pl* **-knives** |'pennaıvz| pennkniv

pen·nant |'penənt| *s (i sht Sjö)* vimpel, flagga, standert

pennies *spl av* **penny**

pen·ni·less |'penılıs| *adj* utfattig, utblottad

pen·ny |'penı| *s, pl* **pennies** *(mynt) el* **pence** *(värde) (Brit)* penny; *(Am)* encentare; **in for a** ~, **in for a pound** har man sagt A får man säga B; **I'm not a** ~ **the wiser** jag har inte blivit ett dugg klokare; **he hasn't a** ~ **to his name** han har inte ett öre; **he turns up like a bad** ~ han dyker alltid upp olägligt; **a** ~ **for your thoughts** vad tänker du på?; **the** ~ **dropped** *(bildl)* det gick upp ett ljus

penny-pinching |'penıˌpıntʃıŋ| *adj (vard)* snål, gnetig

pen·pal |'penpæl| *s* = **penfriend**

pen·pusher |'penˌpoʃəʳ| *s (neds)* kontorsslav

pen·sion |'penʃən| *s* pension; ~ **fund** pensionsfond; ~ **scheme** pensionssystem

♦ **pension off** *vt + adv* pensionera, ge pension

pen·sion·er |'penʃənəʳ| *s* pensionär

pen·sive |'pensıv| *adj* tankfull, fundersam

pen·sive·ly |'pensıvlı| *adv* tankfullt, fundersamt

pen·ta·gon |'pentəgən| *s (Geom)* femhörning, pentagon; **the P**~ *(det amerikanska försvarshögkvarteret)* Pentagon

pen·tath·lon |pen'tæθlən| *s (Sport)* femkamp

Pen·tecost |'pentıkɒst| *s (Rel)* pingst

pent·house |'penthaos| *s* takvåning

pent-up |'pentʌp| *adj (känslor)* uppdämd, undertryckt; *(person)* (upp)skärrad; *(stämning)* spänd, laddad; **I feel very** ~ **here** jag känner mig instängd här

pe·nul·ti·mate |pı'nʌltımıt| *adj* näst sista

penu·ry |'penjorı| *s* fattigdom, armod

peo·ny |'pıənı| *s (Bot)* pion

peo·ple |'pi:pl| **1** *s* **(a)** *(pl)* personer, människor; **old/young** ~ gamla/unga människor; **some** ~ några personer; **what do you** ~ **think?** vad tror alla ni?; **some** ~ **are born lucky** en del människor är födda med tur; **I like the** ~ **her** jag tycker om människorna här; **you of all** ~ **should...** du av alla (människor) borde... **(b)** *(pl)* folk (i allmänhet); **many** ~ **think that...** många (människor) tror att...; ~ **say that...** folk säger att..., man påstår att... **(c)** *(pl)* invånare; **the** ~ **of London** Londonborna; **country** ~ landsortsbefolkning; **town** ~ stadsmänniskor **(d)** *(pl: Pol etc)* medborgarna; **the** ~ folket, medborgarna; **the** ~ **at large** folket i sin helhet, de breda lagren; **a man of the** ~ en man av folket **(e)** *(pl)* familj, släkt; **my** ~ min familj; **my** ~ **originally come from Ireland** min släkt kommer ursprungligen från Irland **(f)** *(sg)* nation, folk(slag); ~**s of the world** jordens nationer; **the British** ~ det brittiska folket, britterna **2** *vt* befolka, bebo; **the town is** ~**d mainly with immigrants** staden befolkas främst av invandrare

pep |pep| *(vard) s* fart, studs, fräs; **she's full of** ~ det är fräs på henne; ~ **pill** uppiggande medel; ~ **talk** upp-peppning, peptalk

♦ **pep up** *vt + adv* pigga upp, peppa upp

pep·per |'pepəʳ| **1** *s (krydda)* peppar; *(grönsak)* paprika; ~ **mill** pepparkvarn **2** *vt* peppra, krydda med peppar; **to** ~ **a book with quotations** *(bildl)* späcka en bok med citat

pepper·corn |'pepəkɔ:n| *s* pepparkorn

pepper·mint |'pepəmınt| *s (Bot)* pepparmynta; *(godsak)* pepparmint, pepparmintskaramell

pepper·pot |'pepəpɒt| *s (Matl)* starkt kryddad köttstuvning; *(: kryddburk)* pepparströare

pep·per·y |'pepərı| *adj (Matl)* pepparstark; *(bildl)* argsint, lättirriterad

pep·tic |'peptık| *adj (Med)* peptisk, mag-; ~ **ulcer** magsår

per |pɜːʳ| *prep* per, i, för varje; **£7** ~ **week** 7 pund i veckan; **$10** ~ **dozen** 10 dollar per dussin; ~ **annum** |'ænəm| om året, årligen; ~ **capita** |'kæpıtə|, ~ **person** per capita/person; *se äv* **per cent, per diem**

per·am·bu·la·tor |pə'ræmbjoˌleıtəʳ| *s (i sht Brit)* barnvagn

per·ceive |pə'si:v| *vt* märka, uppfatta; **he** ~**d that she was unhappy** han märkte att hon var olycklig; **they** ~**d a peculiar sound** de hörde ett underligt ljud

per cent |pə'sent| *s* procent; **20** ~ 20 procent; **there is a 10** ~ **discount on this radio** det är 10 procents rabatt på den här radion

per·cent·age |pə'sentıdʒ| *s* procent(tal), procentsats; **a small** ~ **of the people is/are black** en liten procent av folket är svarta; **to get a** ~ **on all sales** få provision på all försäljning; **on a** ~ **basis** baserad på procent

per·cep·tible |pə'septəbl| *adj* märkbar

per·cep·tibly |pə'septıblı| *adv* märkbart

per·cep·tion |pə'sepʃən| *s* uppfattning, perception *(spec)*; **colour** ~ färguppfattning

per·cep·tive |pə'septıv| *adj* med god uppfattningsförmåga, observant; **a very** ~ **child** ett barn som lägger märke till saker

perch[1] |pɜːtʃ| *s (Zool)* abborre

perch[2] |pɜːtʃ| **1** *s (för fågel)* sittpinne; *(i träd)* hög plats, hög gren; *(för person)* hög position, högt belägen (sitt)plats **2** *vt* sätta/placera högt; **we** ~**ed the child on the wall** vi satte upp barnet på muren **3** *vi (fågel)* slå sig ner, (flyga upp och) sätta sig; (person etc) (klättra upp och) sätta sig; the bird ~ed on the tree fågeln slog sig ner i trädet

per·co·late |'pɜːkəleɪt| 1 vt (kaffe) brygga; (Tekn) filtrera; ~d coffee bryggkaffe, filterkaffe 2 vi (a) (eg: kaffe) (stå och) brygga; (bildl: nyheter) nå ut, tränga fram; is the coffee percolating yet? har kaffet börja brygga än?; the news ~ed through to us nyheten sipprade ut till oss; to ~ with enthusiasm (Am vard) bubbla/sjuda av entusiasm

per·co·la·tor |'pɜːkəleɪtəʳ| s kaffebryggare, filterbryggare

per·cus·sion |pəˈkʌʃən| s (a) (i allm) stöt, slag; (Med) perkussion; ~ cap tändhatt (b) (Mus) slagverk; ~ instrument slaginstrument

per diem |'pɜː'diːem| s dagtraktamente

per·egrine |'perɪɡrɪn| adj: ~ falcon (Zool) pilgrimsfalk

per·emp·tory |pəˈremptərɪ| adj (person: till sättet) auktoritär; (röst, befallning) mycket bestämd, myndig; (påstående) kategorisk; (beslut, avgörande) definitiv

per·en·nial |pəˈrenɪəl| 1 adj (i allm) ständig; (händelse) ständigt återkommande; (Bot) perenn, flerårig 2 s (Bot) perenn (växt)

per·fect |'pɜːfɪkt| 1 adj (a) (eg) perfekt, fulländad; (synnerligen lämplig) idealisk; practice makes ~ övning ger färdighet; with ~ assurance med totalt/orubbat självförtroende; to draw a ~ circle rita en exakt cirkel; a ~ day for skiing en idealisk dag för att åka skidor (b) fullständig, fullkomlig; he's a ~ stranger to me han är helt okänd för mig (c) (Språkv): ~ tense perfekt(um) (d) (Mus): ~ pitch absolut gehör 2 (Språkv) perfekt(um); this verb is in the ~ detta verb står i perfekt 3 |pəˈfekt| vt göra perfekt, fullända

per·fec·tion |pəˈfekʃən| s perfektion, fulländning

per·fec·tion·ist |pəˈfekʃənɪst| s perfektionist

per·fect·ly |'pɜːfɪktlɪ| adv (sjunga etc) perfekt, fulländat; (utmattad etc) helt (och hållet), fullständigt; to sing ~ sjunga perfekt; she's ~ wonderful hon är helt underbar

per·fid·i·ous |pɜːˈfɪdɪəs| adj svekfull, trolös

per·fo·rate |'pɜːfəreɪt| vt perforera, göra hål i; ~d line perforerad linje; ~d ulcer (Med) brustet magsår

per·fo·ra·tion |ˌpɜːfəˈreɪʃən| s (i allm) perforering; (Med) perforation; (på frimärke) tandning

per·form |pəˈfɔːm| 1 vt (a) (uppgift, handling etc) utföra, genomföra; (ärende) uträtta; (löfte) uppfylla; the doctor had ~ed hundreds of operations läkaren hade utfört hundratals operationer (b) (Teat etc) framföra, ge; (konster) göra, utföra; to ~ a play ge ett skådespel; the skater ~ed a triple loop konståkaren gjorde en trippelloop 2 vi (på teatern, med musik etc) framträda, uppträda; (maskin etc) fungera; is your car ~ing all right? fungerar din bil som den ska?; (bildl: person etc) sköta sig, göra bra ifrån sig

per·for·mance |pəˈfɔːməns| s (a) (av uppgift etc) utförande, genomförande; in the ~ of his duties under fullgörande av sina plikter (b) (Teat etc) uppförande, föreställning; (av skådespelare) framträdande; he gave a splendid ~ han gjorde ett lysande framträdande; first ~ premiär (c) (av maskin etc) funktion, prestanda; (av tävlande etc) prestation, insats; they put up a good ~ de gjorde en god prestation; what a ~! (vard: neds) vilka fasoner!, ett sådant sätt!

per·form·er |pəˈfɔːməʳ| s (pers: i allm) uppträdande, artist; (Teat: äv) aktör; (Mus: äv) musiker

per·fume |'pɜːfjuːm| 1 s (i allm) parfym; (om doft) vällukt, god doft; a sweet ~ filled the air en

ljuv väldoft fyllde luften 2 vt (se 1) parfymera; fylla med vällukt

per·fum·ery |pəˈfjuːmərɪ| s (butik) parfymaffär; (föremål: koll) parfymer

per·func·tory |pəˈfʌŋktərɪ| adj (kontroll etc) ytlig, rutinmässig; (beteende) nonchalant, likgiltig

per·haps |pəˈhæps, præps| adv kanske; ~ so/not kanske det/inte; ~ he'll come han kommer kanske

per·il |'perɪl| s fara; to be in great ~ vara i stor fara; do it at your ~! du gör det på egen risk!

peri·lous |'perɪləs| adj farlig, riskfylld

peri·lous·ly |'perɪləslɪ| adv farligt, riskabelt; to come ~ close to being caught vara farligt nära att bli fast

pe·rim·eter |pəˈrɪmɪtəʳ| s (Geom o i allm) omkrets; (av område) gräns runtom; ~ fence inhägnad

pe·ri·od |'pɪərɪəd| s (a) (tid) (tids)period, tidevarv; (i utveckling etc) period, stadium, skede; for a ~ of three weeks för en period av tre veckor; at that ~ (of my life) i det skedet (av mitt liv); the holiday ~ semesterperioden; the Victorian ~ det viktorianska tidevarvet; a painting of his early ~ en målning från hans tidiga period; ~ dress tidstrogna kläder; ~ furniture stilmöbler; ~ piece antikvitet, typiskt exempel på periodens stil (b) (Skol) lektion, timme; double ~ dubbeltimme (c) (i skrift) punkt; ~! (Am) punkt och slut!, och därmed basta! (d) (Med: äv) ~ pains menstruation

pe·ri·od·ic |ˌpɪərɪˈɒdɪk| adj periodisk; the ~ table (Kem) det periodiska systemet

pe·ri·odi·cal |ˌpɪərɪˈɒdɪkəl| 1 adj periodisk 2 s tidskrift

pe·ri·odi·cal·ly |ˌpɪərɪˈɒdɪkəlɪ| adv periodiskt, i perioder

peri·pa·tet·ic |ˌperɪpəˈtetɪk| adj ambulerande

pe·riph·er·al |pəˈrɪfərəl| adj perifer(isk), yttre

pe·riph·ery |pəˈrɪfərɪ| s periferi, utkant

pe·riph·ra·sis |pəˈrɪfrəsɪs| s omskrivning

peri·scope |'perɪskəʊp| s periskop

per·ish |'perɪʃ| vi (person etc) omkomma, dö; (föremål) gå förlorad, förstöras

per·ish·able |'perɪʃəbl| 1 adj ömtålig, lättförstörbar 2: ~s spl ömtåliga saker

per·ish·ing |'perɪʃɪŋ| adj (Brit vard) (a): it's ~ det är svinkallt; I'm ~ jag förgås (b) jäkla; you ~ blighter din förbaskade rackare

peri·to·ni·tis |ˌperɪtəˈnaɪtɪs| s (Anat) bukhinneinflammation

peri·wig |'perɪwɪɡ| s peruk för män på 1600- o 1700-talen

peri·win·kle |'perɪˌwɪŋkl| s (a) (Bot) vintergröna, vinca (b) (Zool) strandsnäcka

per·jure |'pɜːdʒəʳ| vt: to ~ oneself begå mened, svära falskt

per·jury |'pɜːdʒərɪ| s mened; to commit ~ begå mened

perk |pɜːk| s (vard) extra (löne)förmån

perk up |'pɜːk'ʌp| 1 vt + adv (a) höja, lyfta; to ~ up one's ears (eg, bildl) spetsa öronen; he ~ed up his head han lyfte på huvudet (b): to ~ sb up pigga upp ngn 2 vi + adv (i humör etc) bli lite gladare, gaska upp sig; (i intresse) piggna till, vakna till liv

perky |'pɜːkɪ| adj (-ier, -iest) (pos) pigg, livlig; (neg) näsvis, uppkäftig

perm |pɜːm| 1 s (förk f permanent wave) permanent 2 vt: to ~ sb's hair permanenta ngns hår; to have one's hair ~ed låta permanenta sig

per·ma·nence |'pɜːmənəns| s varaktighet, beständighet

per·ma·nen·cy |'pɜːmənənsɪ| s (a) se permanence (b) (av löntagare) fast anställning

per·ma·nent |'pɜːmənənt| adj (i allm) permanent,

stadigvarande; *(värde)* bestående; *(plats)* fast, ordinarie; **I'm not ~ here** jag är inte fast anställd här; **~ address** fast adress; **~ wave** permanent(ning)

per·ma·nent·ly |'pɜːmənəntlɪ| *adv* permanent, för jämnan; **he is ~ drunk** han är ständigt berusad

per·man·ga·nate |pɜː'mæŋgənɪt| *s (Kem)* permanganat

per·me·ate |'pɜːmɪeɪt| **1** *vt (eg)* tränga igenom, tränga in/ner i; *(bildl)* genomsyra; **the water ~d the soil** vattnet trängde ner i jorden **2** *vi* tränga igenom, genomsyra; **the odour ~d through the house** lukten kändes i hela huset

per·mis·sible |pə'mɪsɪbl| *adj* tillåtlig, tillåten; **it is not ~ to do that** det är inte tillåtet att göra det

per·mis·sion |pə'mɪʃən| *s* tillåtelse, tillstånd; **to ask sb's ~** be ngn om tillåtelse/lov; **with your ~** med ditt tillstånd; **to give sb ~ to do sth** ge ngn tillåtelse/lov att göra ngt

per·mis·sive |pə'mɪsɪv| *adj (i allm)* tillåtande, tolerant; *(moral)* frigjord; **the ~ society** det toleranta samhället; **her parents were too ~** hennes föräldrar var alltför släpphänta; **sexually ~** sexuellt frigjord

per·mit |'pɜːmɪt| **1** *s* (skriftligt) tillstånd; **building ~** byggnadslov; **fishing ~** fiskekort; **work ~** arbetstillstånd; **export ~** export|tillstånd/-licens **2** |pə'mɪt| *vt* tillåta, ge tillstånd; **to ~ sb to do sth** tillåta ngn att göra ngt; **is it ~ted to smoke?** är det tillåtet att röka?; **~ me to help you** tillåt mig att hjälpa dig **3** |pə'mɪt| *vi* tillåta, medge; **to ~ of** *(frm)* medge; **weather ~ing** om vädret tillåter

per·mu·ta·tion |ˌpɜːmjʊ'teɪʃən| *s (Mat, Språkv)* permutation; *(i allm)* kombinationsmöjlighet

per·ni·cious |pɜː'nɪʃəs| *adj (i allm)* skadlig, fördärvlig; *(Med)* elakartad; **~ anaemia** perniciös anemi

per·nick·ety |pə'nɪkətɪ| *adj (vard: person)* noga, pedantisk; *(: problem)* knepig, kinkig

per·pen·dicu·lar |ˌpɜːpən'dɪkjʊlə'| **1** *adj* lodrät; *(Geom)* i rät vinkel *(to* till); **a ~ cliff** en lodrät klippa; **~ style** *(Arkit: ung)* engelsk sengotik **2** *s (i allm)* lodrätt läge; *(Geom)* vinkelrät linje, normal; *(riktmärke)* lodlinje

per·pe·trate |'pɜːpɪtreɪt| *vt* begå, föröva; **to ~a crime** göra sig skyldig till ett brott

per·pe·tra·tor |'pɜːpɪtreɪtə'| *s* förövare, gärningsman

per·pet·ual |pə'petjʊəl| *adj* ständig, evig; **to live in ~ fear of sth** leva i ständig fruktan för ngt; **a ~ noise** ett oupphörligt ljud; **~ moaning** evig klagan

per·pet·ual·ly |pə'petjʊəlɪ| *adv* ständigt, evigt

per·petu·ate |pə'petjʊeɪt| *vt (minne etc)* föreviga, bevara (för all framtid); *(tradition)* upprätthålla; *(relationer)* vidmakthålla

per·pe·tu·ity |ˌpɜːpɪ'tjuːɪtɪ| *s:* **in ~** för evigt, för all framtid

per·plex |pə'pleks| *vt* förbrylla, göra perplex

per·plexed |pə'plekst| *adj (person)* förbryllad, perplex; *(problem etc)* krånglig, invecklad

per·plex·ing |pə'pleksɪŋ| *adj* förbryllande

per·plex·ity |pə'pleksɪtɪ| *s* förvirring, bryderi

per·se·cute |'pɜːsɪkjuːt| *vt* förfölja; **to be ~d for one's religion** bli förföljd på grund av sin religion

per·secu·tion |ˌpɜːsɪ'kjuːʃən| *s* förföljelse; **the ~ of the Jews** judeförföljelserna; **~ complex** *(Psyk)* förföljelsemani

per·sever·ance |ˌpɜːsɪ'vɪərəns| *s* ihärdighet, uthållighet

per·severe |ˌpɜːsɪ'vɪə'| *vi (i situation)* hålla ut; *(vid uppfattning)* hålla fast; *(i åsikt)* framhärda; **to ~in/with sth** envist fortsätta med ngt, framhär-

da i ngt

per·sever·ing |ˌpɜːsɪ'vɪərɪŋ| *adj* ihärdig, uthållig

Per·sia |'pɜːʃə| *s* Persien

Per·sian |'pɜːʃən| **1** *adj* persisk; **~ carpet** persisk matta; **~ cat** perserkatt; **~ Gulf** Persiska viken; **~ lamb** *(djur)* karakullamm; *(pälsverk)* persian; **~ lamb coat** persianpäls **2** *s (person)* perser; *(språk)* persiska

per·sim·mon |pɜː'sɪmən| *s (frukt)* persimon

per·sist |pə'sɪst| *vi (i åsikt, vanor, ansträngningar)* framhärda, envisas; *(om existens)* leva kvar, hålla i sig; **we shall ~ in our efforts to do it** vi ska fortsätta med våra ansträngningar att göra det; **to ~ in doing sth** envisas med att göra ngt

per·sis·tence |pə'sɪstəns| *s,* **per·sis·ten·cy** |pə'sɪstənsɪ| *s (i åsikt etc)* framhärdande, ihärdighet; *(om existens)* fortbestånd, fortlevande; **the ~ of his cough worried his parents** hans ihållande hosta oroade föräldrarna

per·sis·tent |pə'sɪstənt| *adj (i åsikt etc)* ihärdig, envis; *(om ngt pågående el upprepat)* (be)ständig, bestående; *(regn, smärtor)* ihållande; **~ offender** återfallsförbrytare

per·sis·tent·ly |pə'sɪstəntlɪ| *adv (se* **persistent)** ihärdigt, envist; ständigt

per·son |'pɜːsn| *s* **(a)** *(pl* **people** *el (frm):* **~s)** person, människa; **a ~ to ~ call** *(Tele)* ett personligt samtal **(b)** *(pl* **~s:** *Språkv, Jur)* person **(c)** *(pl* **~s:** *utseende)* yttre, figur; **in ~** själv, personligen; **in the ~ of** i, genom; i gestalt av; **on/about one's ~** på sig

per·son·able |'pɜːsnəbl| *adj (i sht om män)* snygg, stilig

per·son·age |'pɜːsnɪdʒ| *s* (betydande) person

per·son·al |'pɜːsnl| *adj (i allm)* personlig; *(för eget bruk: äv)* privat; *(fråga, kommentar: äv)* indiskret; *(Språkv):* **~ pronoun** personligt pronomen; **for ~ reasons** av personliga skäl; **to make a ~ appearance** framträda personligen; **to have ~ knowledge of sth** ha personliga/egna kunskaper om ngt; **don't get ~!** kom inte in på personligheter!; **'~'** *(på brev)* personligt, privat; **~ assistant** privatsekreterare; **~ call** *(Brit Tele = person-to-person)* personligt samtal; *(ej i tjänsten)* privatsamtal; **~ column** *(i tidning)* annonser under rubriken 'personligt'; **~ computer** persondator; **~ hygiene** intimhygien

per·son·al·ity |ˌpɜːsə'nælɪtɪ| *s (egenskap)* personlighet, personlig karaktär; *(person)* känd personlighet, kändis; **to indulge in personalities** gå in på personligheter; **a TV ~** en TV-kändis

per·son·al·ly |'pɜːsnəlɪ| *adv* **(a)** personligen, för egen del; **~ I think that...** personligen tror jag att...; **~ I am willing, but others...** jag för min del är villig, men andra...; **don't take it too ~** ta det inte för personligt **(b)** personligen, egenhändigt; **to hand sth over ~** lämna över ngt personligen

per·soni·fi·ca·tion |ˌpɜːˌsɒnɪfɪ'keɪʃən| *s* personifiering, förkroppsligande

per·soni·fy |pɜː'sɒnɪfaɪ| *vt* personifiera, förkroppsliga

per·son·nel |ˌpɜːsə'nel| *s (i allm, Mil)* personal; **~ department** personalavdelning; **~ manager, ~ officer** personalchef

per·spec·tive |pə'spektɪv| *s (i allm)* perspektiv; *(bildl):* **to see/look at sth in ~** ha/få lite perspektiv på ngt

per·spex® |'pɜːspeks| *s (Brit)* plexiglas®

per·spi·ca·cious |ˌpɜːspɪ'keɪʃəs| *adj* klarsynt, skarp(sinnig)

per·spi·ra·tion |ˌpɜːspə'reɪʃən| *s (process)* svettning, transpiration; *(vätska)* svett

per·spire |pə'spaɪə'| *vi* svettas, transpirera

per·suade |pə'sweɪd| *vt* övertala, övertyga; **to ~ sb**

to do sth övertala ngn att göra ngt; **they** ~**d me not to** de övertalade mig att låta bli; **she is easily** ~**d** hon är lätt att övertyga; **I am** ~**d that**... jag är övertygad om att...

per·sua·sion [pə'sweɪʒən] s **(a)** *(handling)* övertalning **(b)** *(tro)* övertygelse

per·sua·sive [pə'sweɪsɪv] *adj* övertygande

per·sua·sive·ly [pə'sweɪsɪvlɪ] *adv* övertygande

pert [pɜːt] *adj* **(-er, -est)** *(pos)* käck; *(neg)* näsvis, fräck; *(i sht Am: person)* pigg, livlig

per·tain [pɜː'teɪn] *vi (frm):* **to** ~ **to** *(i allm)* gälla, röra, ha att göra med; *(egendom)* tillhöra

per·ti·nence ['pɜːtɪnəns] s relevans; **without** ~ ovidkommande

per·ti·nent ['pɜːtɪnənt] *adj* relevant, som har med saken att göra; **to ask a** ~ **question** ställa en relevant fråga

per·turb [pə'tɜːb] *vt* oroa, bekymra

per·turb·ing [pə'tɜːbɪŋ] *adj* oroande, bekymmersam

Peru [pə'ruː] s Peru

pe·rus·al [pə'ruːzəl] s *(av tidning etc)* (genom)läsning; *(av siffror etc)* granskning

pe·ruse [pə'ruːz] *vt (tidning etc)* läsa; *(siffror etc)* granska

Pe·ru·vian [pə'ruːvɪən] **1** *adj* peruansk **2** s peruan

per·vade [pɜː'veɪd] *vt (eg)* tränga igenom; **terror** ~**d the town** *(bildl)* terror präglade staden; **new ideas** ~**d the party** *(bildl)* nya idéer genomsyrade partiet

per·va·sive [pɜː'veɪsɪv] *adj* genomträngande; ~ **ideas** idéer med genomslagskraft; ~ **influence** starkt/utbrett inflytande

per·verse [pə'vɜːs] *adj (i allm)* motsträvig, trotsig; *(moraliskt)* ondsint, perverterad

per·verse·ly [pə'vɜːslɪ] *adv (i allm)* motsträvigt, trotsigt; *(moraliskt)* ondsint, perverterat

per·ver·sion [pə'vɜːʃən] s *(Med, Psyk)* perversion, abnormitet; *(av sanning, rättvisa)* förvanskning, förvrängning

per·ver·sity [pə'vɜːsɪtɪ] s *(i allm)* motsträvighet, trotsighet; *(moraliskt)* ondsinthet, perversion

per·vert [pə'vɜːt] **1** *vt* förvränga, förvanska **2** ['pɜːvɜːt] s abnorm person

pes·si·mism ['pesɪmɪzəm] s pessimism

pes·si·mist ['pesɪmɪst] s pessimist

pes·si·mis·tic [ˌpesɪ'mɪstɪk] *adj* pessimistisk

pest [pest] s **(a)** *(Zool)* skadedjur; *(Bot)* skadeväxt; ~ **control** insektsbekämpning **(b)** *(bildl: person, föremål)* plågoris, otyg, pest *(vard)*

pes·ter ['pestə'] *vt* plåga, besvära; **to** ~ **sb with questions** besvära ngn med frågor

pes·ti·cide ['pestɪsaɪd] s pesticid, bekämpningsmedel

pes·ti·lent ['pestɪlənt] *adj*, **pes·ti·len·tial** [ˌpestɪ'lenʃəl] *adj (vard)* odräglig, outhärdlig

pes·tle ['pesl] s mortelstöt

pet [pet] **1** *adj* **(a)** husdjurs-, sällskaps-; ~ **food** hund-/katt|mat; ~ **dog** sällskapshund; ~ **shop** djuraffär **(b)** älsklings-, favorit-; ~ **name** smeknamn **2** s **(a)** sällskapsdjur, husdjur; **he keeps a snake as a** ~ han har en orm som husdjur **(b)** *(person)* favorit; **teacher's** ~ lärarens gullegris **(c)** *(vard)* sötnos, älskling; **he's an absolute** ~ han är jättegullig **3** *vt (barn)* skämma bort; *(djur)* kela med, klappa, smeka **4** *vi (sexuellt)* hångla

pet·al ['petl] s *(Bot)* kronblad

pe·ter ['piːtə'] *vi:* **to** ~ **out** *(förråd, bäck)* ta slut, sina; *(samtal, (o)ljud)* ta slut, ebba ut; *(intresse)* svalna; *(planer)* skrinläggas

pe·tite [pə'tiːt] *adj (flicka, kvinna)* liten och nätt

pe·ti·tion [pə'tɪʃən] **1** s *(förteckning)* namnlista; *(frm)* begäran, anhållan, petition; **to get up a** ~

for sth göra en namninsamling **2** *vt* begära, anhålla om **3** *vi:* **to** ~ **for** hemställa om, begära; **to** ~ **for divorce** begära skilsmässa

pet·ri·fy ['petrɪfaɪ] *vt* **(a)** *(eg)* förstena **(b)** *(bildl)* förstena, göra stel; **to be petrified with fear** bli stel av skräck

pet·ro·chemi·cal [ˌpetrəʊ'kemɪkl] *adj* petrokemisk

pet·rol ['petrəl] *(Brit)* s bensin; **to run out of** ~ få slut på bensinen; ~ **tank** bensintank; ~ **pump** *(vid mack)* bensinpump; ~ **station** bensin|station/-mack

pe·tro·leum [pɪ'trəʊlɪəm] s petroleum; ~ **jelly** vaselin

pet·ti·coat ['petɪkəʊt] s *(från midjan)* underkjol; *(från livet)* underklänning

pet·ti·fog·ging ['petɪfɒgɪŋ] *adj (detaljer)* bagatellartad, trivial; *(advokat)* lagvrängande

pet·ti·ness ['petɪnɪs] s småaktighet, trivialitet

pet·ty ['petɪ] **1** *adj (-ier, -iest)* **(a)** *(detalj etc)* liten, ringa; ~ **cash** handkassa; ~ **job** småsysslor **(b)** *(i rang)* lägre, små-; ~ **officer** *(i marinen)* underofficer **(c)** *(kommentar etc)* småaktig, petig

petu·lance ['petjʊləns] s grinighet, kinkighet

petu·lant ['petjʊlənt] *adj* grinig, kinkig, sur

pew [pjuː] s *(i kyrkan)* bänk; **take a** ~! *(bildl vard)* sätt dig!, ta en stol!

pew·ter ['pjuːtə'] s tenn; ~ **ware** tenn|gods/-saker

phal·lic ['fælɪk] *adj* fallisk, fallos-; ~ **symbol** fallossymbol

phan·tom ['fæntəm] **1** s *(inbillning)* fantasi|bild/-foster; *(gestalt)* spöke, vålnad **2** *adj* fantasi-, sken-; *(gestalt)* spök-; ~ **limb pains** *(Med: i förlorad kroppsdel)* fantomsmärtor

phar·ma·ceu·ti·cal [ˌfɑːmə'sjuːtɪkl] *adj* farmaceutisk, apotekar-

phar·ma·cist ['fɑːməsɪst] s *(person)* apotekare, farmaceut; *(butik)* apotek; **take this prescription to the** ~ gå med det här receptet till apoteket

phar·ma·col·ogy [ˌfɑːmə'kɒlədʒɪ] s farmakologi

phar·ma·cy ['fɑːməsɪ] s *(vetenskap)* farmaci, apotekarkonst; *(butik)* apotek

phar·ynx ['færɪŋks] s *(Anat)* svalg

phase [feɪz] **1** s fas, skede; **the peace talks entered a new** ~ fredsförhandlingarna gick in i ett nytt skede; **to be out of** ~ *(Tekn, Elektr)* inte ligga i fas; **she's just going through a** ~ *(i sht barn)* hon genomgår bara en utvecklingsfas, hon är i en besvärlig ålder **2** *vt (plan, nymodighet etc)* genomföra i etapper; *(trafikljus, maskiner etc)* synkronisera, samordna; ~**d withdrawal** samordnad reträtt

♦ **phase in** *vt + adv* införa i etapper

♦ **phase out** *vt + adv* avveckla i etapper

Ph.D. *förk f* Doctor of Philosophy fil dr, FD

pheas·ant ['feznt] s *(Zool)* fasan

phe·no·bar·bi·tone [ˌfiːnəʊ'bɑːbɪtəʊn] s *(Med)* fenobarbital, Fenemal®

phe·nom·enal [fɪ'nɒmɪnl] *adj (vard)* fenomenal, enastående

phe·nom·enal·ly [fɪ'nɒmɪnəlɪ] *adv* fenomenalt

phe·nom·enon [fɪ'nɒmɪnən] s, *pl* **phenomena** [fɪ'nɒmɪnə] fenomen, företeelse; **a natural** ~ ett naturfenomen

phew [fjuː] *interj (för lättnad)* puh!, pust!, åh!; *(för plåga)* åh!, usch!; ~! **that was a narrow escape** puh! det var nära ögat; ~! **it's hot in here!** pust, det är varmt här inne

Phi Beta Kap·pa [ˌfaɪ'beɪtə'kæpə] s *(Am) (medlem av en) sammanslutning av personer med höga betyg i collegeexamen*

phi·lan·der [fɪ'lændə'] *vi (gift man)* ha fruntimmershistorier

phi·lan·der·er [fɪ'lændərə'] s kvinnojusare, kur-

tisör
phil·an·throp·ic |ˌfɪlən'θrɒpɪk| *adj* filantropisk, människovänlig
phi·lan·thro·pist |fɪ'lænθrəpɪst| *s* filantrop, människovän
phi·lan·thro·py |fɪ'lænθrəpɪ| *s* filantropi, människokärlek
phi·lat·ely |fɪ'lætəlɪ| *s* filateli
phil·har·mon·ic |ˌfɪlɑː'mɒnɪk| **1** *adj* filharmonisk **2** *s*: **the New York P**~ newyorkfilharmonikerna
Phil·ip·pine |'fɪlɪpiːn| *adj* filippinsk
Phil·ip·pines |'fɪlɪpiːnz| *spl*: **the** ~ Filippinerna
phi·lol·ogy |fɪ'lɒlədʒɪ| *s* (*spec*) filologi; (*i allmänt språkbruk*) (*historisk*) språkvetenskap
phi·loso·pher |fɪ'lɒsəfəˈ| *s* filosof
philo·sophi·cal |ˌfɪlə'sɒfɪkəl| *adj* (*eg*) filosofisk; (*bildl*) fattad, lugn; **he was** ~ **about it** han tog det med fattning
phi·loso·phize |fɪ'lɒsəfaɪz| *vi* filosofera (*about el on om/kring/över*)
phi·loso·phy |fɪ'lɒsəfɪ| *s* (*system, ämne*) filosofi; (*åskådning*) filosofi, uppfattning; **her** ~ **of life** hennes livsfilosofi
phlegm |flem| *s* (*Med*) slem; (*bildl: neg*) flegma, tröghet; (: *pos*) lugn, oberördhet
phleg·mat·ic |fleg'mætɪk| *adj* flegmatisk, trög
pho·bia |'fəʊbɪə| *s* fobi, skräck
phoe·nix |'fiːnɪks| *s* (*Myt*) fågel Fenix
phone |fəʊn| *s*, *vt*, *vi* = **telephone**
phone-in |'fəʊnɪn| *s* (*Radio, TV*) telefon-(väktar)program
pho·neme |'fəʊniːm| *s* (*Språkv*) fonem
pho·net·ic |fəʊ'netɪk| *adj* (*Språkv*) fonetisk, ljud-; ~ **transcription** fonetisk transkription
pho·net·ics |fəʊ'netɪks| *ssg* (*Språkv*) fonetik
pho·ney |'fəʊnɪ| (*vard*) **1** *adj* (*handling, planer etc*) skum, misstänkt; (*smycken, sedlar etc*) falsk; (*ursäkt, historia*) påhittad; **she put on a** ~ **Swedish accent** hon la sig till med en tillgjord svensk accent; ~ **jewels** falska smycken; ~ **plans** skumma planer; **he's so** ~ **that his best friends don't trust him** han är så falsk att hans bästa vänner inte litar på honom; **the** ~ **war** låtsaskriget **2** *s* (*person*) bluff, humbug
pho·no·graph |'fəʊnəgrɑːf| *s* (*åld*) fonograf; (*Am*) grammofon
pho·nol·ogy |fəʊ'nɒlədʒɪ| *s* (*Språkv*) fonologi
pho·ny |'fəʊnɪ| *adj*, *s* (*i sht Am*) = **phoney**
phos·phate |'fɒsfeɪt| *s* (*Kem*) fosfat
phos·pho·res·cent |ˌfɒsfə'resnt| *adj* fosforescerande, självlysande
phos·pho·rus |'fɒsfərəs| *s* fosfor
pho·to |'fəʊtəʊ| *s* (*förk f* **photograph**) foto, kort; ~ **finish** (*vid kapplöpning*) målfoto; ~ **flash** fotoblixt
photo·copier |'fəʊtəʊˌkɒpɪəˈ| *s* kopieringsapparat, kopiator
photo·copy |'fəʊtəʊˌkɒpɪ| **1** *s* fotokopia **2** *vt* fotokopiera
photo·elec·tric |ˌfəʊtəʊˈlektrɪk| *adj*: ~ **cell** fotocell
photo·gen·ic |ˌfəʊtəʊ'dʒenɪk| *adj* photogénique; **she's very** ~ hon gör sig mycket bra på bild
photo·graph |'fəʊtəgrɑːf| **1** *s* foto(grafi), kort; **to take a** ~ **(of sb/sth)** ta ett foto (av ngn/ngt); ~ **album** fotoalbum **2** *vt* fotografera
pho·tog·ra·pher |fə'tɒgrəfəˈ| *s* fotograf
photo·graph·ic |ˌfəʊtə'græfɪk| *adj* fotografisk
pho·tog·ra·phy |fə'tɒgrəfɪ| *s* fotografering
photo·stat® |'fəʊtəʊstæt| *s* fotostat(kopia)
photo·syn·the·sis |ˌfəʊtəʊ'sɪnθɪsɪs| *s* (*Bot*) fotosyntes
phrase |freɪz| **1** *s* (*Språkv, Mus*) fras; (*med ord*) uttryck, vändning; **in Eliot's** ~: ... med Eliots formulering: ...; **felicity of** ~ en lyckad formule-

ring; **noun** ~ nominalfras; *se äv* **set 2 a 2** *vt* (**a**) (*i allm*) uttrycka, formulera; **a well-**~**d letter** ett välformulerat brev (**b**) (*Mus*) frasera
phrase·book |'freɪzbʊk| *s* parlör
phra·seol·ogy |ˌfreɪzɪ'ɒlədʒɪ| *s* fraseologi; **his** ~ **marks him out as a foreigner** hans uttryckssätt visar att han är utlänning
phras·ing |'freɪzɪŋ| *s* (*Mus*) frasering
physi·cal |'fɪzɪkəl| *adj* (**a**) (*om personer, djur*) kroppslig, fysisk, kropps-; ~ **education/training** gymnastik, kroppsträning; ~ **jerks** (*vard: gymnastik*) gympa; ~ **punishment** kroppsstraff, aga, prygel (**b**) (*om yttervärlden*) fysisk, yttre, materiell; (*tillhörande fysiken*) fysisk; **a stone is a** ~ **thing** en sten är ett fysiskt föremål; ~ **laws** fysikaliska lagar
physi·cal·ly |'fɪzɪkəlɪ| *adv* fysiskt; **to be** ~ **handicapped** ha ett kroppshandikapp; **it's** ~ **impossible** det är fysiskt omöjligt
phy·si·cian |fɪ'zɪʃən| *s* läkare
physi·cist |'fɪzɪsɪst| *s* fysiker
phys·ics |'fɪzɪks| *ssg* (*naturvetenskap*) fysik
physio·logi·cal |ˌfɪzɪə'lɒdʒɪkəl| *adj* fysiologisk
physi·olo·gy |ˌfɪzɪ'ɒlədʒɪ| *s* fysiologi
physio·thera·pist |ˌfɪzɪəʊ'θerəpɪst| *s* sjukgymnast
physio·thera·py |ˌfɪzɪəʊ'θerəpɪ| *s* sjukgymnastik
phy·sique |fɪ'ziːk| *s* fysik, kroppsbyggnad
pia·nist |'pɪənɪst| *s* pianist
piano |pɪ'ænəʊ| *s* piano; **to play the** ~ spela piano; ~ **accordion** pianodragspel; ~ **stool** pianostol; **grand** ~ flygel
pic·co·lo |'pɪkələʊ| *s* (*Mus*) pickolaflöjt
pick |pɪk| **1** *s* (**a**) (*verktyg*) hacka; **ice** ~ is-|hacka/-bill
(**b**) (ur)val; **take your** ~! välj själv!, ta den du vill ha; **it's the** ~ **of the bunch** det är den bästa av alla
2 *vt* (**a**) (*vid alternativ*) välja (ut), plocka (ut); **I wish I had** ~**ed the green dress** jag önskar att jag valt den gröna klänningen; ~ **a number between one and ten!** välj en siffra mellan ett och tio!; **to** ~ **a winner** (*eg*) satsa på/hålla på rätt segrare; (*bildl*) satsa rätt; **to** ~ **one's way (through sth)** ta sig fram försiktigt (genom ngt); **to** ~ **one's words** välja sina ord; **to** ~ **a fight/quarrel with sb** mucka gräl med ngn
(**b**) (*blommor, frukt etc*) plocka; (*hål etc*) peta; **to** ~ **flowers** plocka blommor; **to** ~ **one's nose** peta (sig i) näsan; **to** ~ **one's teeth** peta tänderna; **to** ~ **a lock** peta/dyrka upp ett lås; **to** ~ **a bone** gnaga av ett ben; **to** ~ **holes in sth** (*bildl*) sticka hål på/hitta fel hos ngt; **to** ~ **sb's pocket** stjäla ur ngns ficka, begå fickstöld; **I had my pocket** ~**ed yesterday** jag råkade ut för en ficktjuv i går; **to** ~ **sb's brains** plocka ngn på kunskaper; **let me** ~ **your brain about the new computer programme** får jag fråga dig om det nya dataprogrammet
3 *vi*: **to** ~ **and choose** välja och vraka; **to** ~ **at one's food** peta i maten; **to** ~ **at a scab** peta på en sårskorpa
♦ **pick off** *vt* + *adv* (**a**) (*i allm*) ta/plocka bort (**b**) (*med vapen*) skjuta ner
♦ **pick on** *vi* + *prep* (**a**) (*vard: trakassera*) hacka på, anmärka på (**b**) (*vid alternativ*) välja (ut)
♦ **pick out** *vt* + *adv* (**a**) (*vid alternativ*) välja (ut) (**b**) (*med sinnena*) urskilja, upptäcka; **can you** ~ **her out in this photo?** kan du peka ut henne på kortet? (**c**) (*Mus*) ta ut; **to** ~ **out a tune on the piano** ta ut en melodi på pianot
♦ **pick up 1** *vt* + *adv* (**a**) (*eg*) plocka/ta upp; **he** ~**ed up the book from the floor** han tog upp boken från golvet; **to** ~ **up the bill** (*bildl*) betala/stå för notan; **the car** ~**ed up speed** bilen ökade farten (**b**) (*person, sak*) hämta, plocka upp; (*vid fara*) plocka upp, rädda; (*av polis etc*) fånga in,

arrestera; **we** ~**ed them up at the station** vi
hämtade dem vid stationen; **the helicopter** ~**ed
up the survivors from the sinking ship** helikop-
tern plockade upp de överlevande från det sjun-
kande fartyget (**c**) *(föremål)* få tag på, komma
över; *(bacill)* få, åka på; *(kunskap)* tillägna sig,
lära sig; **to** ~ **up a habit** lägga sig till med en
vana; **he** ~**ed up a girl at the disco** *(vard)* han fick
tag på/raggade upp en flicka på diskoteket; **he**
~**s up languages very easily** han har mycket lätt
för (att lära sig) språk; **let's** ~ **up sth for dinner**
låt oss handla lite middagsmat (**d**) *(Radio, TV,
Tele)* ta/få in; ~ **up a station** ta in en station
2 vi + adv (**a**) *(finanser, vädret)* bättra sig,
förbättras; *(sjuk person)* krya på sig; **business is**
~**ing up** affärerna börjar gå bättre (**b**) *(efter
avbrott)* fortsätta; **to** ~ **up where one left off**
fortsätta där man slutade
picka·back |'pɪkəbæk| *adv:* **to carry sb** ~ bära/låta
ngn rida på axlarna
pick·axe, *(Am)* **pick·ax** |'pɪkæks| *s (verktyg)* hacka
pick·et |'pɪkɪt| **1** *s* (**a**) *(föremål)* påle, sta-
ke (**b**) *(vid strejk)* strejkvakt(er); *(Mil)* poste-
ring, förpost; *(vid protestmöte)* demonstrant; **to
be on** ~ **duty** *(Mil)* ha posttjänst; ~ **fence**
(spjäl)staket, kravallstaket; ~ **line** vaktlinje (av
strejkvakter) **2** *vt (föremål)* befästa med pålar,
inhägna med staket; *(vid strejk)* bevaka, sätta ut
strejkvakter vid; *(Mil)* sätta ut postering vid; *(vid
protestmöte)* demonstrera vid **3** *vi (vid strejk)*
vara strejkvakt; *(vid protestmöte)* demonstrera
pick·ings |'pɪkɪŋz| *spl (föremål)* rester, smulor;
(brott) småstölder, snatteri; **there are good** ~ **to
be had in this job** *(bildl)* det finns mycket att
hämta i det här jobbet
pick·le |'pɪkl| **1** *s* (**a**) *(Matl)* lag för inläggning;
~**s** pickles; **onion** ~**s** syltlök (**b**) *(vard)* knipa,
besvärlig situation; **to be in a** ~ vara i knipa **2**
vt lägga i lag, lägga in; ~**d onions** syltlök; ~**d
herring** inlagd sill
pick-me-up |'pɪkmiːʌp| *s* uppiggande dryck, styr-
ketår; *(alkoholhaltig)* återställare
pick·pocket |'pɪk'pɒkɪt| *s* ficktjuv
pick-up |'pɪkʌp| *s* (**a**) *(äv:* ~ **arm***)* *(på skivspe-
lare)* pickup, tonarm (**b**) *(äv:* ~ **truck***)* *(fordon)*
pickup, liten lastbil (**c**) *(vard)* tillfällig be-
kantskap (**d**) *(vard: Motor)* acceleration, ax
pic·nic |'pɪknɪk| *(v: imperf, perf part* **picnicked***)* **1**
s picknick, utflykt; **to go on a** ~ göra en/ha
picknick; **it was no** ~ *(bildl vard)* det var inget
nöje, det var rätt jobbigt; ~ **basket**
picknickkorg **2** *vi* göra en picknick
pic·nick·er |'pɪknɪkə'| *s* deltagare i en picknick
pic·to·rial |pɪk'tɔːrɪəl| *adj* illustrerad, bild-; ~ **ma-
gazine** illustrerad tidning
pic·ture |'pɪktʃə'| **1** *s* (**a**) *(Konst)* tavla, mål-
ning; *(: av person)* porträtt; *(foto)* bild, kort; *(i
bok)* bild, illustration; **he looked the** ~ **of health**
han såg ut som hälsan själv; **to paint a** ~ måla en
tavla; **to take a** ~ **of sb/sth** ta ett kort på ngn/ngt;
you're the ~ **of your mother** du är en avbild av
din mor; **the garden is a** ~ **in June** trädgården är
som en tavla i juni; **his face was a** ~ **when...** du/ni
skulle ha sett hans min när...; ~ **book** bilderbok;
~ **frame** tavelram; ~ **gallery** konstgalleri; ~
postcard vykort; ~ **window** perspektiv-
fönster (**b**) *(TV)* bild; **we get a good** ~ **here** vi
har bra bild här (**c**) *(Film: i sht Brit)* film; **to go
to the** ~**s** *(vard)* gå på bio; ~ **goer** biobesöka-
re (**d**) *(mentalt)* bild, läge, situation; **the other
side of the** ~ en annan bild; **he painted a black** ~
of the future han målade upp en svart bild av
framtiden; **to put sb in the** ~ förklara situatio-
nen för ngn **2** *vt (i allm)* måla, teckna, framstäl-
la i bild; *(mentalt)* måla upp, skildra

pic·tur·esque |,pɪktʃə'resk| *adj* pittoresk
pid·dling |'pɪdlɪŋ| *adj* futtig, trivial
pid·gin |'pɪdʒɪn| *s:* ~ **English** pidginengelska
pie |paɪ| *s (Matl)* paj; **apple** ~ äppelpaj; **kidney** ~
njurpaj; ~ **chart** tårtdiagram; ~ **in the sky** *(vard)*
tomma löften/förhoppningar
piece |piːs| *s* (**a**) *(i allm)* bit, stycke, del; *(en av
flera)* del, enhet; *(: bagage)* kolli; *(fragment)* del,
bit, stycke; *(: av glas, porslin)* skärva; *(i
schackspel etc)* pjäs; *(i brädspel)* bricka; *(musik,
litteratur)* stycke, verk; *(i tidning)* artikel; *(peng-
ar)* mynt; *(Mil)* (artilleri)pjäs; *(: av)* gevär, bössa;
a 10p ~ ett tiopencemynt; **a six-**~ **tea set** en
teservis i sex delar; **a** ~ **of news** en nyhet; **a** ~ **of
advice** ett (gott) råd; **what a** ~ **of luck!** vilken
tur!; **it is made all in one** ~ det är gjort i ett enda
stycke; **to get back all in one** ~ komma tillbaka
helt oskadd; ~ **by** ~ bit för bit; **to be in** ~**s**
(apparat etc) vara i delar; *(tallrik etc)* vara i bitar;
to take sth to ~**s** montera ner ngt i delar, plocka
isär ngt; **to come/fall to** ~**s** gå sönder, gå i bitar *el*
i kras; **to tear** *el* **pull sth/sb to** ~**s** *(konkret)* slita
ngt/ngn i stycken; **to tear a theory to** ~**s** *(bildl)*
smula sönder en teori; **to go to** ~**s** *(bildl)* bli
knäckt, paja ihop *(vard)*; **to say one's** ~ säga sin
mening; ~ **rate** ackord; ~ **work** ackordsarbete;
~ **goods** metervara (**b**) *(vard: om kvinna)*
stycke; **a nice little** ~ en goding
♦ **piece together** *vt + adv (i allm)* sätta/lappa
ihop, laga; *(pussel)* lägga; *(bildl)* pussla ihop
piece·meal |'piːsmiːl| **1** *adv* bit för bit **2** *adj:* **to
have a** ~ **way of working** arbeta osystematiskt/
osammanhängande
pie-eyed |'paɪaɪd| *adj (vard: berusad)* lummig,
packad
pier |pɪə'| *s (i hamn)* pir, vågbrytare; *(på bro)* bro-
pelare
pierce |pɪəs| *vt (i allm)* sticka hål på, borra hål i;
(med kniv, spjut) genomborra, tränga in i; *(bildl:
ljud, kyla etc)* tränga igenom; **she** ~**d the lid with
a nail** hon stack hål på locket med en spik; **the
bullet** ~**d his lung** kulan trängde in i lungan; **to
have one's ears** ~**d** ta hål i öronen; **a scream** ~**d
the silence** ett skrik trängde igenom tystnaden
pierc·ing |'pɪəsɪŋ| *adj* genomträngande
pi·ety |'paɪətɪ| *s* fromhet
pig |pɪg| **1** *s* (**a**) gris, svin; **to buy a** ~ **in a poke**
(bildl) köpa grisen i säcken; ~ **iron** tack-
järn (**b**) *(vard: person)* svin, äckel; *(: polis)* snut;
the boss is a ~ chefen är ett svin; **to make a** ~ **of
oneself** äta sig proppmätt **2** *vi (äv:* ~ **it***: vard)*
leva som en gris/som grisar **3** *vt (vard: mat)*
vräka i sig
pi·geon |'pɪdʒən| *s (Zool)* duva; **carrier** ~ brev-
duva
pigeon·hole |'pɪdʒənhəʊl| *s* (brev)fack; **to put
people in** ~**s** *(bildl)* sortera in människor i fack
pigeon-toed |,pɪdʒən'təʊd| *adj* som går inåt med
tårna
pig·gery |'pɪgərɪ| *s* svinfarm
pig·gy |'pɪgɪ| *s (barnspråk)* nasse; ~ **bank** spargris
piggy·back |'pɪgɪbæk| *adv* = **pickaback**
pig·headed |pɪg'hedɪd| *adj* envis, tjurskallig
pig·let |'pɪglɪt| *s* spädgris; **P**~ *(i Nalle Puh)* Nasse
pig·ment |'pɪgmənt| *s* pigment
pig·men·ta·tion |,pɪgmən'teɪʃən| *s* pigmentering
pig·my |'pɪgmɪ| *s* = **pygmy**
pig·skin |'pɪgskɪn| *s* svinläder
pig·sty |'pɪgstaɪ| *s* svinstia
pig·tail |'pɪgteɪl| *s (frisyr)* råttsvans
pike[1] |paɪk| *s (fisk)* gädda
pike[2] |paɪk| *s (Am vard)* – **turnpike**
pike-perch |'paɪkpɜːtʃ| *s (fisk)* gös
pike·staff |'paɪk,stɑːf| *s* (**a**) *(eg)* pik-
/spjut|skaft (**b**) *(bildl) se* **plain 1 a**

pil·chard |'pɪltʃəd| s sardin
pile[1] |paɪl| **1** s (a) (i allm) hög; (av böcker) trave; (av ved) trave, stapel; **to put things in a** ~ lägga saker i en hög; **a** ~ **of books** en trave med böcker (b) (vard) massa, hög; ~**s of** massor av, högvis med (c) (vard) förmögenhet; **to make one's** ~ tjäna stora pengar (d) (Tekn): **atomic** ~ kärnreaktor **2** vt (i allm) lägga i en hög; (böcker) trava; (ved) stapla; **a table** ~**d high with books** ett bord fulltravat med böcker **3** vi (vard): **people** ~**d in** folk vällde in; **to** ~ **into a car** pressa sig in i en bil; **to** ~ **on/off a bus** trycka sig på/ur en buss
♦ **pile on(to)** vt + adv lassa på; **she** ~**d potatoes onto my plate** hon la upp högvis med potatis på min tallrik; **to** ~ **on the pressure** (vard) öka trycket; **to** ~ **it on** (vard) överdriva, bre på
♦ **pile up** **1** vt + adv (a) lägga i en hög (b) (vard: bil) krascha **2** vi + adv hopa sig, bli till en stor hög
pile[2] |paɪl| s (på matta, tyg) lugg
pile[3] |paɪl| s (för grundförstärkning etc) påle
pile-driver |'paɪl,draɪvə'| s (eg) pålkran; (Brit vard) kraftigt slag, stöt
piles |paɪlz| spl (Med) hemorrojder
pile-up |'paɪlʌp| s (Motor: vard) seriekrock
pil·fer |'pɪlfə'| (vard) **1** vt snatta; **they were caught** ~**ing cigarettes** de greps när de snattade cigaretter **2** vi snatta
pil·grim |'pɪlgrɪm| s pilgrim
pil·grim·age |'pɪlgrɪmɪdʒ| s pilgrimsfärd, vallfärd; **to go on a** ~, **to make a** ~ göra en pilgrimsfärd, vallfärda
pill |pɪl| s piller; **a bitter** ~ **to swallow** ett beskt piller att svälja; **to be on the** ~ ta/äta p-piller
pil·lage |'pɪlɪdʒ| vt, vi plundra, skövla
pil·lar |'pɪlə'| s (på hus etc) pelare; (för grind etc) stolpe; (bildl) stöttepelare, stöd; **a** ~ **of smoke** en rökpelare; **a** ~ **of the church** en kyrkans stöttepelare; **to be driven from** ~ **to post** (bildl) jagas hit och dit; ~ **box** (Brit) (pelarformad) brevlåda; ~ **box red** knallröd
pil·lion |'pɪljən| **1** s (på häst) baksadel; (på motorcykel: äv: ~ **seat**) bönpall, baksits **2** adv: **to ride** ~ (på häst) rida bakom; (på motorcykel) sitta/åka baktill
pil·low |'pɪləʊ| s kudde; ~ **talk** småprat på sängkanten
pillow·case |'pɪləʊkeɪs| s, **pillow·slip** |'pɪləʊslɪp| s örngott
pi·lot |'paɪlət| **1** s (Flyg) pilot; (Sjö) lots; (bildl) ledare; ~ **boat** lotsbåt; ~**'s licence** flygcertifikat; ~ **(light)** indikatorlampa, kontrollampa; (på gasspis) tändlåga; ~ **scheme** pilotförsök **2** vt (Flyg) flyga, (Sjö) lotsa; (bildl) lotsa, leda
pi·men·to |pɪ'mentəʊ| s, **pi·mien·to** |pɪm'ɪentəʊ| s (grönsak) spansk peppar; (mald krydda) kryddpeppar
pimp |pɪmp| s hallick, sutenör
pim·per·nel |'pɪmpə,nel| s (Bot) rödmire; **the Scarlet P**~ Röda nejlikan
pim·ple |'pɪmpl| s finne, kvissla
pim·ply |'pɪmplɪ| adj (-ier, -iest) finnig
pin |pɪn| **1** s (för sömnad etc) knappnål; (i slips, hår, hatt etc) nål; (i lås etc) sprint, tapp, stift; (Sport: Bowling) kägla; (: Golf) flaggstång; (på stränginstrument) stämskruv; (vard): ~**s** ben, påkar; (Med) spik; (Elektr: på kontakt) stift; ~**s and needles** krypande känsla, stickningar; **as neat as a (new)** ~ mycket prydlig; **you could have heard a** ~ **drop** man hade kunnat höra en knappnål falla; **for two** ~**s I'd hit him!** (vard) det behövs inte mycket för att jag skulle klippa till honom; ~ **money** nålpengar **2** vt (a) (eg) fästa med nål/stift, nåla fast; (: äv) spetsa, sätta på nål (b)

(bildl): **to** ~ **sb against a wall** ställa ngn mot väggen; **to** ~ **sb's arms** hålla fast ngn i armarna; **to** ~ **one's hopes on sth** (bildl) sätta sin lit till (c) (vard): **to** ~ **a crime on sb** anklaga ngn för ett brott
♦ **pin down** vt + adv (a) (eg) klämma/hålla fast; **the fallen tree** ~**ned her down** det kullfallna trädet klämde fast henne (b) (bildl): **to** ~ **sb down (to sth)** tvinga ngn att ge klart besked (om ngt); **something's wrong, but I can't** ~ **down what it is** det är något som är fel men jag kan inte sätta fingret på det
♦ **pin up** vt + adv fästa, sätta upp; **to** ~ **a notice up on the wall** sätta upp ett anslag på väggen
pina·fore |'pɪnəfɔː'| s (för hela kroppen) overall; (för del av kroppen) (skydds)förkläde; ~ **dress** (Brit) förklädesklänning
pin·ball |'pɪnbɔːl| s flipper; ~ **machine** flipperspel
pin·cers |'pɪnsəz| spl (verktyg) kniptång; (på krabba) klo
pinch |pɪntʃ| **1** s (a) (med fingrarna) nyp(ning); **to give sb a** ~ ge ngn ett nyp (b) (mängd: salt etc) nypa; (snus) pris; **to take sth with a** ~ **of salt** (bildl) ta ngt med en nypa salt (c) (problem) knipa, trångmål; **to feel the** ~ vara i (ekonomisk) knipa, sitta trångt; **at a** ~, **if it comes to the** ~ om det kniper, i nödfall **2** vt (a) (med fingrarna) nypa, knipa, klämma; (om skor) klämma; (om kyla) nypa, bita (b) (vard: stjäla) knycka; **I had my bike** ~**ed last week** någon knyckte min cykel förra veckan (c) (vard: arrestera) haffa **3** vi (skor) klämma, vara för trånga; **to** ~ **and scrape** (bildl) snåla, vända på slantarna
pinched |pɪntʃt| adj (a) plågad, härjad, ansatt; ~ **with cold/hunger** plågad av kyla/hunger (b): **to be** ~ **for money/space** ha ont om pengar/plats
pin·cushion |'pɪn,kʊʃn| s nåldyna
pine[1] |paɪn| s (träd) tall; (träslag) furu; ~ **cone** tallkotte; ~ **needle** tallbarr; ~ **(tree)** tall; **a** ~ **table** ett furubord
pine[2] |paɪn| vi (pos) längta, trängta; (neg) tyna bort, försmäkta; **to** ~ **for sb/sth** längta efter ngn/ngt; **after he died, his mother** ~**d away** när han dog, tynade hans mor bort
pine·apple |'paɪn,æpl| s ananas
ping |pɪŋ| **1** s (av klocka) pling(ande); (av metallföremål) klingande; (av gevärskula) vinande; **to make a** ~ (se ovan) plinga; klinga; vina **2** vi (se 1) plinga, klinga; vina
ping-pong |'pɪŋpɒŋ| s (Sport) bordtennis, pingis (vard); ~ **ball** pingpongboll
pin·head |'pɪnhed| s (eg) knappnålshuvud; (vard: person) dumskalle, pundhuvud
pin·ion |'pɪnjən| s (Tekn) kugghjul
pink[1] |pɪŋk| **1** s (a) (färg) rosa, skärt (b) (Bot) nejlika (mindre, vildväxande) (c): **to be in the** ~ **(of health)** vara frisk som en nötkärna **2** adj (färg) rosa, skär; **to turn** ~ rodna (b) (Pol vard) ljusröd
pink[2] |pɪŋk| vt (Sömnad) klippa med taggsax
pinkie |'pɪŋkɪ| s (Skottl vard, Am vard) lillfinger
pink·ing shears |'pɪŋkɪŋʃɪəz| spl (Sömnad) taggsax
pin·na·cle |'pɪnəkl| s (Arkit) takspira, torn; (på berg etc) topp; (bildl) höjd, topp; **a house with** ~**s** ett hus med tinnar (och torn); **at the** ~ **of fame** på toppen av berömmelse
pin·point |'pɪnpɔɪnt| vt precisera, ange noga
pin·prick |'pɪnprɪk| s (eg) nålstick; (bildl) tjuvnyp, liten elakhet
pin·stripe |'pɪnstraɪp| adj: ~ **suit** kritstrecksrandig kostym
pint |paɪnt| s (a) (mått: Brit: 0, 57 l, Am: 0, 47 l) pint, (ung) halvliter (b) (Brit vard) öl, glas/ sejdel (öl); **we had a** ~ **together** vi tog en öl

tillsammans
pin·ta |'paɪntə| s (Brit vard) halvliter mjölk
pin-up (girl) |'pɪnʌp(ˌgɜːl)| s (vard) pinuppa, utvikningsbrud
pio·neer |ˌpaɪə'nɪər| 1 s pionjär, banbrytare; **he was a ~ in the field of solar energy** han var en banbrytare inom solenergin 2 vt bana väg för
pi·ous |'paɪəs| adj (i allm) from, gudfruktig; (neds) skenhelig; **a ~ hope** en önskedröm, en from förhoppning
pip¹ |pɪp| s: **to give sb the ~** (Brit vard) göra ngn tokig, gå ngn på nerverna
pip² |pɪp| s (Bot) kärna; (på kort, tärning) prick; (Brit Mil vard: gradbeteckning) stjärna; (på radarskärm) blip, prick; **the ~s** (Tele) ton, pip
pip³ |pɪp| vt (Brit vard): **to be ~ped at the post** (eg, bildl) förlora med en hårsmån, bli slagen på mållinjen
pipe |paɪp| 1 s (a) (för vatten, gas etc) rör, ledning; (Anat) luftrör (b) (Mus: på orgel) pipa; (: blåsinstrument: i allm) pipa; (: i sht) flöjt; (av fågel) sång, pip; **the ~s** (Skottl) säckpipa (c) (för rökning) pipa; **to smoke a ~** röka pipa; **put that in your ~ and smoke it!** (vard) det får du allt finna dig i!; **~ cleaner** piprensare; **~ rack** pipställ; **~ dream** önskedröm 2 vt (a) (vatten, gas etc) leda i rör; **oil is ~d to the village** olja leds i rör till byn; **~d music** (i varuhus etc) bakgrundsmusik (b) (Mus) spela (på pipa/flöjt); (med hög röst) skrika, tjuta; (om en vissla) blåsa, vissla; **to ~ sb aboard** (Sjö) ge signalen 'blås över' för ngn (c) (Matl) spritsa; **to ~ icing on a cake** spritsa glasyr på en tårta
♦ **pipe down** vi + adv (vard) hålla mun, skruva ner
♦ **pipe up** vi + adv (vard) spela/stämma upp
pipe·fitter |'paɪpˌfɪtər| s rörläggare
pipe·line |'paɪplaɪn| s rörledning; (för olja: äv) pipeline; **it is in the ~** (vard) det är på gång/på väg
pip·er |'paɪpər| s pipblåsare; (ofta) flöjtist, flöjtspelare; (Skottl) säckpipsblåsare; **pay the ~** (bildl vard) betala kalaset
pip·ing |'paɪpɪŋ| 1 s (för vatten, gas etc) rörledning; (på tyg) kantband, snedremsa; (Matl) spritsning; (Mus) flöjt/säckpips|spelande 2 adv: **~ hot** rykande varm, brännhet
pip·pin |'pɪpɪn| s (Bot: äpple) pipping
pi·quan·cy |'piːkənsɪ| s (av sås etc) pikant smak; (sensation) pikant händelse, pikanteri
pi·quant |'piːkənt| adj (i allm) pikant; (smak) pikant; (problem etc) stimulerande
pique |piːk| 1 s sårad stothet; **to do sth in a fit of ~** göra ngt i ett anfall av sårad stolthet 2 vt kränka, såra
pi·ra·cy |'paɪərəsɪ| s (till havs) sjöröveri; (av bok, skiva, video) olovlig reproduktion, piratutgivning
pi·ra·nha |pɪ'rɑːnjə| s (Zool) piraya
pi·rate |'paɪərɪt| 1 s (till havs) pirat, sjörövare; (vid publicering etc) olaglig utgivare, piratförläggare; (Radio) piratsändare; **~ taxi** svartåkare 2 vt olagligt reproducera, tjuvtrycka
pi·rated |'paɪərɪtɪd| adj (bok, skiva etc): **~ edition** piratutgåva
pirou·ette |ˌpɪrʊ'et| 1 s piruett 2 vi göra piruett(er)
Pi·sces |'paɪsiːz| s (Astrol) Fiskarna
piss |pɪs| (vard!) 1 s piss 2 vi pissa; **~ off!** (Brit) dra åt helvete!
pissed |pɪst| adj (i sht Brit vard!: berusad) asfull; **~ off** (i allm: arg) skitförbannad
pis·ta·chio |pɪs'tɑːʃɪəʊ| s (träd) pistaschträd; (frukt) pistasch(mandel); (färg) pistasch(grönt)
pis·tol |'pɪstl| s pistol; **~ shot** pistolskott
pis·ton |'pɪstən| s (i allm) pistong; (i motor) kolv; **~ engine** kolvmotor; **~ rod** kolvstång

pit¹ |pɪt| 1 s (a) (i marken) hål, grop; (för brytning) gruva; (i gruva) (gruv)|hål/-schakt; (för djurfångst) fallgrop, fångstgrop; (i magen) (mag)grop; **he works down the ~(s)** han arbetar nere i gruvan; **~ worker** gruvarbetare (b) (Motor: i bilverkstad) smörjgrop; (: vid: motortävling) depå (c) (Brit Teat): **orchestra ~** orkesterdike (d) (i hud, på ytor etc) grop, ärr 2 vt (a) göra märke(n), göra gropar; **chickenpox has ~ted her face** vattkopporna har gjort märken i hennes ansikte; **~ted with...** full med ärr av... (b): **to ~ A against B** sätta upp A mot B; **we ~ted all our strength against him** vi satte in all vår kraft mot honom
pit² |pɪt| s (Am: i frukt) kärna
pita-pat |'pɪtə'pæt| adv: **to go ~** (fötter) gå med trippande steg; (hjärta) banka; (regn) smattra
pitch¹ |pɪtʃ| s beck; **~ black** el **dark** beck|svart/-mörk
pitch² |pɪtʃ| 1 s (a) (av boll: i sht Baseball, Cricket) kast (b) (Sjö) stampning (c) (i sht Brit Sport) plan; **football ~** fotbollsplan (d) (för försäljning utomhus) stånd; (bildl) (bestämd) plats; **keep off my ~!** gå bort från min plats! (e) (om vinkel) lutning; **a ~ roof** ett sluttande tak (f) (om ton, röst) tonhöjd; **to have perfect ~** (Mus) ha absolut gehör (g) (bildl) nivå, läge; **at its (highest) ~** på högsta läge; **his anger reached such a ~ that...** hans vrede nådde sådan nivå att...; **~ pine** (Bot) nordamerikansk tall 2 vt (a) (i allm, Baseball, Cricket) kasta, slänga; **he was ~ed off his horse** han kastades av hästen; **to ~ hay** lassa hö (b) (Mus) ta/anslå en ton; **you're ~ing it too high for me** melodin går för högt/i för hög tonart för mig (c) (bildl): **to ~ one's aspirations too high** ställa sina förväntningar för högt; **to ~ it too strong** (vard) överdriva, ta i i överkant (d) (tält) resa, sätta upp 3 vi (a) falla, ramla; **to ~ forward** kastas framåt (b) (Sjö, Flyg) kränga; **the ship ~ed and tossed** fartyget krängde och rullade (c) (Baseball) kasta
♦ **pitch in** vi + adv (vard) hugga in, köra igång
♦ **pitch into** 1 vt + prep: **to ~ sb into sth** sätta ngn på (att göra) ngt 2 vi + prep (a) (i allm) börja angripa, flyga på; (bildl) angripa, kritisera hårt; **the demonstrators ~ed into the police** demonstranterna flög på poliserna (b) (arbete etc) sätta/köra igång med
pitched |pɪtʃt| adj: **~ battle** (Mil) fältslag; (bildl) batalj
pitch·er¹ |'pɪtʃər| s kanna, krus
pitch·er² |'pɪtʃər| s (Baseball) kastare
pitch·fork |'pɪtʃfɔːk| 1 s högaffel 2 vt: **to ~ sb into a job** (bildl) kasta in ngn på en arbetsuppgift
pit·eous |'pɪtɪəs| adj ömklig, stackars
pit·eous·ly |'pɪtɪəslɪ| adv ömkligt
pit·fall |'pɪtfɔːl| s (bildl) fallgrop
pith |pɪθ| s (Bot, Zool) märg; **the ~** (i apelsin, citron etc) det vita; (bildl) kärnan, det väsentliga
pit·head |'pɪthed| s gruvöppning
pithy |'pɪθɪ| adj (-ier, -iest) (Bot, Zool) märgfylld; (bildl) kärnfull, kraftfull; **~ remarks** kärnfulla kommentarer
piti·able |'pɪtɪəbl| adj ömklig, sorglig, mycket beklaglig; **to be in a ~ condition** vara i uselt skick
piti·ful |'pɪtɪfʊl| adj (a) (som ger medkänsla) ömklig, sorglig, beklagansvärd; **a ~ situation** en beklagansvärd situation (b) (som orsakar förakt) ynklig, bedrövlig; **the amount of money they got for the job is ~** de fick ynkligt lite betalt för sitt arbete
piti·ful·ly |'pɪtɪfʊlɪ| adv (se **pitiful**) sorgligt; bedrövligt
piti·less |'pɪtɪlɪs| adj obarmhärtig, skoningslös
pit·tance |'pɪtəns| s struntsumma, usel lön|

ersättning; *(bidrag)* allmosa

pitter-patter |ˌpɪtəˈpætəʳ| *s, vi* = **patter**²

pi·tui·tary (gland) |pɪˈtjʊətrɪ(ˌglænd)| *s (Anat)* hypofys

pity |ˈpɪtɪ| **1** *s* **(a)** medlidande; **to feel ~ for** känna medlidande med, tycka synd om; **for ~'s sake!** för Guds skull; **to have/take ~ on sb** hysa medlidande för/förbarma sig över ngn **(b)** synd, skada; **what a ~!** så synd/tråkigt!, vilken otur!; **more's the ~** så mycket värre; **it is a ~ that you can't come** det är tråkigt att du inte kan komma **2** *vt* tycka synd om, känna medlidande med

pity·ing |ˈpɪtɪɪŋ| *adj (pos)* medlidsam; *(neg)* föraktfull

piv·ot |ˈpɪvət| **1** *s (Tekn)* pivå, svängtapp; *(Mil)* riktkarl; *(bildl: person)* centralfigur; *(: sak, företeelse)* nav **2** *vt*: **to be ~ed on** vara vridbar runt **3** *vi* vara vridbar *(on* runt); **to ~ on sth** *(bildl)* bero på/hänga på ngt

pixie |ˈpɪksɪ| *s (naturväsen)* tomte

piz·za |ˈpiːtsə| *s (Matl)* pizza

plac·ard |ˈplækɑːd| *s* plakat, affisch

pla·cate |pləˈkeɪt| *vt* blidka, få att lugna sig

place |pleɪs| **1** *s* **(a)** *(i allm)* plats, ställe; **we came to a ~ where...** vi kom till en plats där...; **from ~ to ~** från plats till plats; **this is no ~ for you** det här är inget ställe för dig; **be in ~** ligga/vara på sin plats; **in ~s** på sina ställen; **the furniture was all over the ~** möblerna var överallt/i oordning; **to go ~s** resa; **he's going ~s** *(bildl vard)* det går åt verkligen bra för honom; **we're going ~s at last** äntligen har vi kommit någonvart **(b)** *(speciell plats)*: **~ of business** affärslokal; **~ of worship** gudstjänstlokal **(c)** *(stad etc)* ort, plats; **~ name** ortnamn **(d)** *(byggnad)* hus, bostad, ställe; **his ~ in the country** hans lantställe; **come to our ~** kom hem till oss **(e)** *(i gatunamn)*: **Orefield P~** Orefieldplatsen **(f)** rätt plats; **to put sth back in its ~** sätta tillbaka ngt på dess rätta plats; **that remark was quite out of ~** den kommentaren hörde inte hemma där; **I feel rather out of ~ here** jag känner mig ganska bortkommen här; **this isn't the ~ to discuss politics!** detta är inte rätta stället att diskutera politik på; **to change ~s with sb** byta plats med ngn; **to take the ~ of sb/sth** ta ngns/ngts plats; **to fall into ~** *(bildl)* klarna **(g)** *(i bok etc)* ställe; **to find/lose one's ~** hitta/tappa bort stället **(h)** *(för person)* (sitt)plats, stol; **to lay an extra ~ for sb** duka för en extra person, sätta fram ett extra kuvert; **~ card** placeringskort; **~ mat** *(på matbord)* tablett **(i)** *(arbete)* plats, anställning; **he found a ~ for his nephew in the firm** han fann en plats åt sin brorson i företaget; **to give up/lose one's ~ (in a queue)** ge upp/förlora sin plats (i en kö) **(j)** *(social position etc)* plats, post, ställning; **friends in high ~s** vänner på höga poster; **to know one's ~** veta sin plats; **it is not my ~ to do it** det är inte min uppgift att göra det; **to put sb in his ~** sätta ngn på plats **(k)** *(i ordning, följd etc)* plats, placering; **she took second ~ in the race** hon kom på andra plats i loppet; **A won with B in second ~** A vann och B kom tvåa; **in the first/second ~** för det första/andra **(l)**: **in ~ of** i stället för; **to take ~** äga rum, inträffa **2** *vt* **(a)** *(i allm)* sätta, ställa, placera; **she ~d a cup on the table** hon ställde en kopp på bordet; **we should ~ no trust in that** vi bör inte sätta

någon tilltro till det **(b)**: **to be ~d** *(föremål: på bord etc)* ligga, stå; *(: på vägg etc)* sitta, hänga; *(byggnad etc)* ligga, vara belägen; *(bildl: person)* vara placerad; **the picture is ~d high up** tavlan sitter högt upp; **the town is ~d on a hill** staden ligger/är belägen på en höjd; **he is well ~d to see it all** han står bra till för att kunna se det hela; **we are better ~d than a month ago** *(bildl)* vi är i ett bättre läge än för en månad sedan **(c)** *(Handel: order etc)* placera; **to ~ a book with a publisher** placera en bok hos en förläggare; *(om arbete)*: **we could ~ 200 men** vi kunde/ skulle kunna placera 200 man **(d)** *(i examen, tävling etc)* placera; **to be ~d second** bli (placerad) tvåa **(e)** *(minnas)* (kunna) placera; **I can't ~ him** jag kan inte placera honom

pla·ce·bo |pləˈsiːbəʊ| *s (Med)* placebo

pla·cen·ta |pləˈsentə| *s (Anat)* moderkaka, placenta

plac·id |ˈplæsɪd| *adj (person, djur: beteende)* stillsam; *(: läggning)* fridsam; *(natur, miljö)* fridfull; *(leende)* blid

pla·gia·rism |ˈpleɪdʒərɪzəm| *s* plagiat

pla·gia·rize |ˈpleɪdʒəraɪz| *vt* plagiera

plague |pleɪg| **1** *s (sjukdom)* pest, farsot; *(bildl)* pest, plåga; **to avoid sb/sth like the ~** sky ngn/ngt som pesten; **a ~ of grasshoppers** en invasion av gräshoppor **2** *vt (bildl)* plåga, pina; **to ~ sb with questions** ansätta ngn med frågor

plaice |pleɪs| *s (Brit)* rödspätta; *(Am)* lerskädda

plaid |plæd| *s* pläd; **~** skirt skotskrutig kjol

plain |pleɪn| **1** *adj (-er, -est)* **(a)** klar, tydlig; **you have made your feelings ~** du har klargjort dina känslor; **to make sth ~ to sb** göra ngt klart för ngn; **it's as ~ as a pikestaff** *(Brit)* el as the nose on your face *(vard)* det är klart som korvspad **(b)** ärlig, uppriktig, rättfram; **~ dealing** rent spel, ärlighet; **I told her in ~ language** el English jag sa det till henne rent ut/på ren svenska; **I shall be ~ with you** jag ska tala klarspråk/öppet med dig **(c)** *(utförande)* enkel; *(papper)* olinjerad; *(färg)* enfärgad; *(tyg etc)* omönstrad; *(hår)* slätkammad; *(cigarett)* utan filter; *(ring)* slät; *(smak)* naturell, utan (smak)tillsats; **she was ~ Miss Jones until she married a Lord** hon var en helt vanlig miss Jones tills hon gifte sig med en lord; **he's a ~ man** han är en anspråkslös människa; **the ~ truth** den enkla sanningen; **it's just ~ commonsense** *(vard)* det är bara sunt (bond)förnuft; **~ chocolate** bitter choklad; **~ clothes** civila kläder; **~ flour** rent mjöl; **~ sailing** *(vard)*: **it'll be ~ sailing** det blir en enkel match, det kommer att gå som smort; **~ stitch** slätstickning **(d)** *(utseende)* oansenlig, alldaglig; **it's a pity she's so ~** det är synd att hon ser så grå och vanlig ut **2** *adv* **(a)** *(vard)* helt enkelt; **he's just ~ stupid** **(b)**: **I can't put it ~er than that** jag kan inte uttrycka det tydligare **3** *s* **(a)** *(Geogr)* slätt; **the ~s of North America** Nordamerikas slätter **(b)** *(stickning)* rätmaska

plain-clothes |ˈpleɪnˈkləʊðz| *adj (polis etc)* civilklädd

plain·ly |ˈpleɪnlɪ| *adv* **(a)** klart, tydligt; **to speak ~** tala klart; **~ if I see him, I'll phone you** det är klart, om jag ser honom så ringer jag dig **(b)** uppriktigt, ärligt; **to speak ~ to sb** tala uppriktigt till ngn **(c)** enkelt; **to be ~ dressed** vara enkelt klädd

plain·ness |ˈpleɪnnɪs| *s (framförande)* uppriktighet; *(utförande)* enkelhet; *(utseende)* oansenlighet

plain-spoken |ˈpleɪnˈspəʊkən| *adj* uppriktig, frispråkig; **~ criticism** öppen kritik

plain·tiff |ˈpleɪntɪf| *s (Jur)* kärande

plain·tive |ˈpleɪntɪv| *adj* sorgsen, klagande; **a ~**

song en vemodig sång
plait |plæt| **1** s (hår)fläta **2** vt fläta
plan |plæn| **1** s **(a)** (i allm) plan; ~ **of campaign** (Mil) krigsplan; (bildl) fälttågsplan; **development** ~ utvecklingsplan; **to draw up a** ~ göra upp en plan; **if everything goes according to** ~ om allt går enligt planen; **to make** ~**s** göra upp planer, planera **(b)** (för byggnad, stad etc) plan, ritning; (av stad: för turister etc) karta; **to make a** ~ **of a town** göra upp en stadsplan; **a street** ~ **of New York** en stadskarta över New York **2** vt **(a)** (i allm) planera; **to** ~ **a party** planera en fest **(b)** (avse) planera, ha för avsikt att; **how long do you** ~ **to stay?** hur länge tänker du stanna?; ~**ned economy** planhushållning; ~**ned obsolescence** (i bilar, TV-apparater etc) inbyggt åldrande **(c)** (byggnad, stad etc) planera, göra upp ritningar för; **a well-**~**ned estate** en väl planerad egendom **3** vi: **we are** ~**ning for next April** vi planerar att det ska ske i april nästa år; **one has to** ~ **months ahead** man måste planera månader i förväg; **to** ~ **on sth** räkna med ngt
plane¹ |pleɪn| s (Bot: äv: ~ **tree**) platan
plane² |pleɪn| **1** adj (yta) plan, slät, jämn **2** s **(a)** (Geom etc) plan yta, plan; ~ **geometry** plangeometri **(b)** (bildl) plan, nivå **(c)** (verktyg) hyvel **(d)** (= aeroplane) (flyg)plan; **to go by** ~ resa med flyg **3** vt hyvla **4** vi (fågel) glidflyga; (båt) glida, plana
plan·et |'plænɪt| s planet
plan·etar·ium |ˌplænɪ'tɛərɪəm| s planetarium
plan·etary |'plænɪtərɪ| adj planet-, planetarisk; ~ **system** planetsystem
plank |plæŋk| **1** s (av trä) planka, grov bräda **2** vt steka på bräda; ~**ed steak** plankstek
plank·ton |'plæŋktən| s (Zool) plankton
plan·ner |'plænəʳ| s (person) planerare; (föremål) planeringskalender, almanacka; **town** ~ stadsplanerare
plan·ning |'plænɪŋ| s planering; ~ **permission** byggnadslov
plant¹ |plɑːnt| **1** s **(a)** (Bot) växt, ört, planta; ~ **life** växtlighet; ~ **pot** planteringskruka **(b)** anläggning; (i anläggning etc) maskineri; (för tillverkning) fabrik; **nuclear** ~ kärnkraftverk; **chemical** ~ kemisk fabrik **2** vt **(a)** (i allm) plantera, sätta; **to** ~ **seeds** sätta frön; **to** ~ **an area with trees** plantera skog på ett område **(b)** (på ett speciellt ställe) placera, sätta; (flagga) plantera; **to** ~ **an idea in sb's mind** sätta en idé i huvudet på ngn; **he** ~**ed himself right in her path** (vard) han slog sig ned/parkerade sig mitt i vägen för henne **(c): to** ~ **sth on sb** placera ngt på ngn i smyg; **they had** ~**ed drugs in her pockets to make her seem guilty** de hade stoppat åt henne narkotika för att få henne att verka skyldig
plan·ta·tion |plæn'teɪʃən| s **(a)** (för odling av bomull, kaffe etc) plantage **(b)** (grupp av träd) plantering
plant·er |'plɑːntəʳ| s (person) odlare; (: i obebyggt område) nybyggare; (maskin) planteringsmaskin, sättningsmaskin; (kruka) planteringskruka
plaque |plæk| s (på byggnad etc) platta; (på tänder) beläggning, plack
plas·ma |'plæzmə| s plasma
plas·ter |'plɑːstəʳ| **1** s **(a)** (byggnadsmaterial) murbruk, puts; (Konst: äv: ~ **of Paris**) gips **(b)** (Med) gips(förband); **with his leg in** ~ med gipsat ben **(c)** (modell, staty, Med) avgjutning; ~ **cast** gipsavgjutning; (Med) gipsförband **(d)** (Brit: = sticking ~) (häft)plåster **2** vt **(a)** (vägg etc) putsa, rappa; **to** ~ **over a hole** mura igen ett hål **(b)** (vard) täcka, smeta ner; **the boy was** ~**ed with mud** pojken var nerkletad med lera; **to**

~ **a wall with posters** täcka en vägg med affischer
plaster·board |'plɑːstəˈbɔːd| s gipsplatta
plas·tered |'plɑːstəd| adj (vard: berusad) packad
plas·ter·er |'plɑːstərəʳ| s murare
plas·tic |'plæstɪk| **1** s plast; ~ **bag** plast|påse/-kasse; ~**s industry** plastindustri **2** adj **(a)** (material) plast-; **a** ~ **cup** en plastmugg **(b)** (egenskap) plastisk, mjuk, böjlig; **clay is a** ~ **material** lera är ett elastiskt/formbart material; ~ **arts** plastik, plastisk konst **(c)** (Med) plastisk, plastik-; ~ **surgery** plastikkirurgi
plas·ti·cine® |'plæstɪsiːn| s modellermassa, plastellina
plate |pleɪt| **1** s **(a)** (att äta på) tallrik; (: mindre) assiett; (för uppläggning) fat; (i kyrka) kollekttallrik; **paper** ~ papperstallrik; **a** ~ **of fruit** ett fruktfat; **a** ~ **of soup** en tallrik soppa; **lunch** ~ (Am) lunchtallrik; **to hand sb sth on a** ~ (bildl vard) servera ngn ngt på en bricka; **to have a lot on one's** ~ (bildl vard) ha många järn i elden; ~ **glass** slipat planglas; ~ **rack** diskställ **(b)** (bestick etc) (bords)silver, silversaker; (= gold~) (föremål av) gulddoublé/förgyllt silver; (= silver ~) (föremål av) pläter/nysilver **(c)** (Foto) plåt; (Elektr) platta; (på dörr, bil etc) plåt, skylt; **name** ~ namnskylt; **number** ~ (Brit: på bil) registreringsskylt **(d)** (= dental ~) (tand)protes **(e)** (i bok) illustration, plansch **2** vt (med guld/silver etc) plätera, förgylla/försilvra; **chromium** ~**d** kromplåd
plat·eau |'plætəʊ| s, pl **-s** el **-x** |'plætəʊz| (Geogr) platå, högslätt; (bildl) konstant nivå, jämviktsläge
plat·en |plætn| s (i tryckpress) digel; (på skrivmaskin) vals
plat·form |'plætfɔːm| s (Järnv etc) plattform, perrong; (för uppträdande) podium, estrad; (Pol) (parti)program; ~ **ticket** (Järnv) perrongbiljett; ~ **shoe** platåsko
plat·ing |'pleɪtɪŋ| s (av metall) beläggning
plati·num |'plætɪnəm| s platina; **a** ~ **blonde** en platinablondin
plati·tude |'plætɪtjuːd| s plattityd, banalitet
pla·ton·ic |pləˈtɒnɪk| adj platonisk
pla·toon |pləˈtuːn| s (Mil) pluton
plat·ter |'plætəʳ| s uppläggningsfat
plau·sible |'plɔːzəbl| adj (i allm) plausibel, rimlig; (neds) bestickande, som kan verka trovärdig; (person) övertygande; **a** ~ **statement** ett rimligt påstående
plau·sibly |'plɔːzəblɪ| adv (argumentera) övertygande; (ljuga) trovärdigt, bestickande
play |pleɪ| **1** s **(a)** (avkoppling) lek, spel; **to be at** ~ leka; **to do/say sth in** ~ göra/säga ngt på lek; **a** ~ **on words** en lek med ord **(b)** (Sport) spel; (i spel) tur (att spela); (: i schack etc) drag; ~ **began at 3 o'clock** spelet började klockan 3; **to be in/out of** ~ (boll) vara i spel/vara död; se äv **fair, foul** **(c)** (Teat) skådespel, pjäs; **radio/television** ~ radio-/TV-pjäs **(d)** (Tekn etc) spel; **there's not enough** ~ **in the rope** det finns inte mycket att ge på repet **(e)** (bildl): **to bring/call into** ~ sätta igång; **to give full** ~ **to one's imagination** ge fritt spelrum åt sin fantasi; **to make great/much** ~ **of sth** göra stort väsen av ngt; **to make a** ~ **for sb/sth** lägga an på ngn/ngt; **the** ~ **of light on the water** ljusspelet på vattnet
2 vt **(a)** (om barn, som avkoppling) leka; (spel) spela; **to** ~ **hide-and-seek** leka kurragömma; **to** ~ **a match against sb** spela en match mot ngn; **to** ~ **a game of tennis** spela en tennismatch; **to** ~ **sb at chess** spela schack med ngn; **they** ~**ed him in**

goal de lät honom spela i målet/målvakt; **to** ~ **a trick on sb** spela ngn ett spratt, lura ngn; **to** ~ **false** spela falskt
(b) *(roll etc)* spela, utföra; **the actors** ~**ed Glasgow yesterday** skådespelarna hade ett framträdande i Glasgow igår
(c) *(Mus etc)* spela; **to** ~ **the piano** spela piano
(d) *(ljus, vattenstråle)* rikta
3 *vi* **(a)** *(om förströelse)* leka; **to go out to** ~ gå ut och leka; **to** ~ **with a stick** leka med en pinne; **to** ~ **with an idea** leka med en idé; **to** ~ **with fire** *(bildl)* leka med elden; **what are you** ~**ing at!** *(vard)* vad är för en lek du har för dig!; **he's just** ~**ing at it** han tar det bara på lek; **they're** ~**ing at soldiers** de leker (att de är) soldater
(b) *(Sport, spel)* spela; **to** ~ **for money** spela om pengar; **to** ~ **for time** *(bildl)* dra ut på tiden; **to** ~ **into sb's hands** *(bildl)* spela ngn i händerna
(c) *(bildl: bilda mönster)* leka; **the sun was** ~**ing on the water** solglittret lekte på vattenytan; **a smile** ~**ed on his lips** ett leende lekte på hans läppar
(d) *(Mus)* spela; **to** ~ **on the piano** spela på pianot
(e) *(Teat, Film)* spela; **to** ~ **in a film** spela i en film
♦ **play about, play around** *vi* + *adv (eg)* springa runt och leka; *(bildl)* larva sig; **to** ~ **about/around with sth** *(bildl)* hålla på och fingra på ngt; **to** ~ **around with an idea** leka med en idé
♦ **play along** **1** *vt* + *adv:* **to** ~ **sb along** *(bildl)* hålla god min mot ngn, hålla kontakten/konversationen uppe med ngn **2** *vi* + *adv:* **to** ~ **along (with sb/sth)** *(bildl)* spela med (ngn/i ngt), hålla god min
♦ **play back** *vt* + *adv (bandinspelning etc)* spela upp
♦ **play down** *vt* + *adv (bildl: problem, händelse)* tona ner
♦ **play off** **1** *vt* + *adv:* **to** ~ **X off against Y** spela ut X mot Y **2** *vi* + *adv (Sport)* spela 'om
♦ **play on** *vi* + *prep* **(a)** spela på, utnyttja; **to** ~ **on sb's feelings** spela på ngns känslor; **to** ~ **on sb's nerves** gå ngn på nerverna, irritera ngn **(b)** *(ljus, vattenstråle)* riktas; **the lights** ~**ed on her as she came onto the stage** strålkastarna riktades mot henne när hon kom upp på scenen
♦ **play out** *vt* + *adv* spela klart/ut/slut; **to be** ~**ed out** *(bildl: resurs)* vara förbrukad; **that argument is** ~**ed out** det argumentet är överspelat
♦ **play through** *vt* + *prep (musikstycke)* spela igenom
♦ **play up** *(vard)* **1** *vt* + *adv* **(a)** *(Brit)* besvära, ställa till besvär för; **to** ~ **sb up** besvära ngn **(b)** *(berättelse etc)* överdriva; **she** ~**ed up her part in the affair** hon överdrev sin roll i affären **2** *vi* + *adv* **(a)** *(Brit)* ställa till besvär, krångla, bråka; **his heart is** ~**ing up** hans hjärta krånglar **(b)** ställa sig in, fjäska; **to** ~ **up to sb** ställa sig in hos ngn
play·act |'pleɪækt| *vi (bildl)* spela (teater), låtsas
play·back |'pleɪbæk| *s (av band etc)* uppspelning; *(i förväg inspelat ljud)* playback
play·bill |'pleɪbɪl| *s* teateraffisch
play·boy |'pleɪbɔɪ| *s* playboy
play·er |'pleɪə'| *s (Sport)* spelare; *(Mus)* musikant; *(Teat)* skådespelare; **clarinet/flute/piano** etc ~ klarinettist/flöjtist/pianist *etc*
play·ful |'pleɪfʊl| *adj* lekfull, uppsluppen
play·ground |'pleɪgraʊnd| *s (i allm)* lekplats; *(vid skola)* skolgård
play·group |'pleɪgru:p| *s* lekskola, lekgrupp
play·house |'pleɪhaʊs| *s (Teat)* teater(byggnad); *(för barn)* lekstuga

play·ing |'pleɪɪŋ| *adj:* ~ **card** spelkort; ~ **field** idrottsplan, sportfält
play·mate |'pleɪmeɪt| *s* lekkamrat
play-off |'pleɪɒf| *s (Sport: extra match)* omspel; *(: finalomgång)* slutspel, playoff
play·pen |'pleɪpen| *s* (lek)hage
play·room |'pleɪrʊm| *s* lekrum
play·thing |'pleɪθɪŋ| *s (eg, bildl)* leksak; **she was just a** ~ **to him** *(bildl)* han lekte bara med hennes känslor
play·time |'pleɪtaɪm| *s (i allm)* lekstund; *(Brit: i skola)* rast
play·wright |'pleɪraɪt| *s* skådespelsförfattare, dramatiker
plea |pli:| *s (om nåd etc)* vädjan; *(skäl)* förevändning, ursäkt; **I** ~ svaromål; **a** ~ **for mercy** en vädjan om barmhärtighet; **a** ~ **of guilty** ett erkännande; **to put forward a** ~ **of self-defence** åberopa självförsvar
plead |pli:d| *imperf, perf part* ~**ed** *el (i sht Am)* **pled** **1** *vt* **(a)** *(i diskussion)* komma med argument, göra en invändning; **to** ~ **sb's case** *(Jur)* företräda ngn, tala för ngn inför rätta; **to** ~ **sb's cause** *(bildl)* föra ngns talan, tala för ngn **(b)** *(som ursäkt)* skylla på, anföra till sitt försvar; **the murderer** ~**ed insanity** mördaren åberopade sinnessjukdom **2** *vi* **(a)** *(i allm)* vädja, bönfalla; **to** ~ **with sb (to do sth)** vädja till ngn (att göra ngt); **to** ~ **(with sb) for sth** vädja (till ngn) om ngt **(b)** *(Jur: åtalad)* plädera; **to** ~ **guilty/not guilty** erkänna sig skyldig/förklara sig oskyldig
plead·ing |'pli:dɪŋ| **1** *s (om barmhärtighet etc)* vädjan **2** *adj (blick, röst)* vädjande
pleas·ant |'pleznt| *adj (i allm)* trevlig, angenäm; *(person)* trevlig, vänlig, sympatisk; *(väder)* skön, vacker; **what a** ~ **surprise!** vilken trevlig överraskning!; **she seems quite a** ~ **woman** hon verkar vara en sympatisk kvinna
pleas·ant·ly |'plezntlɪ| *adv (i allm)* trevligt, angenämt; *(le, svara etc)* vänligt; **I am** ~ **surprised** jag är angenämt överraskad
pleas·ant·ry |'plezntrɪ| *s (ordvändning)* lustighet, skämt; *(i samtal)* vänlig kommentar; **to exchange pleasantries** utbyta artigheter
please |pli:z| **1** *interj (vid uppmaning)* snälla (du/ni), var snäll och…, tack; *(= yes,* ~*)* ja tack; ~ **pass the salt, pass the salt** ~ var snäll och skicka/kan jag få saltet; **the bill,** ~**!** notan, tack!, kan jag få notan!; ~ **don't cry!** var snäll och gråt inte!; **would you like some cake?** — **(yes,)** ~ vill du ha lite tårta? — ja, tack **2** *vi* **(a): if you** ~ *(frm: vid uppmaning)* om det går bra/passar er; **to do as one** ~**s** göra som man tycker/vill; **buy as many as you** ~ köp så många du vill **(b)** behaga, vara till lags; **anxious/eager to** ~ ivrig att vara till lags; **a gift that is sure to** ~ en gåva som kommer att tilltala honom/henne *etc* **3** *vt* **(a)** *(i allm)* behaga, tillfredsställa, göra nöjd; **I did it just to** ~ **you** jag gjorde det för att du skulle bli nöjd; **there's no pleasing him** det är omöjligt att göra honom nöjd; **to** ~ **oneself** göra som det passar en (själv); **you can** ~ **yourself when you go** du kan gå när du vill; ~ **yourself!** gör som det passar dig (själv)! **(b)** *(frm):* **he will recover,** ~ **God!** han kommer att bli frisk, om Gud vill!
pleas·ed |pli:zd| *adj* nöjd, tillfredsställd, belåten; **she looks** ~ hon verkar nöjd; **to be** ~ **(about sth)** vara glad (för/över ngt); ~ **to meet you!** *(vard)* (det var) trevligt att träffas!; **to be** ~ **at sth** vara glad åt/över ngt; **to be** ~ **with sb/sth** vara nöjd med ngn/ngt; **to be** ~ **with oneself** vara nöjd med sig själv; **I am** ~ **to hear it** jag är glad att höra det; **we are** ~ **to inform you that...** *(frm)* vi har glädjen meddela er att...
pleas·ing |'pli:zɪŋ| *adj* angenäm, trevlig, behaglig;

~ **news** trevliga nyheter; ~ **to the ear/eye** behaglig att lyssna till/se på

pleas·ur·able |'plɛʒərəbl| *adj* angenäm, trevlig, behaglig; **a** ~ **pastime** en angenäm sysselsättning; **in** ~ **anticipation** full av förväntan

pleas·ure |'plɛʒə'| *s* (*i allm*) glädje, nöje; *(starkare)* lust, njutning; *(om resa)* nöjes-, lust-; **with** ~ med nöje; **my** ~!, **the** ~ **is mine!** *(frm: vid tack)* nöjet är (helt) på min sida, ingen orsak; **I have much** ~ **in informing you that...** det är en stor glädje för mig att få meddela er att...; **may I have the** ~? *(frm: vid dans)* får jag lov?; **Mr and Mrs Collins request the** ~ **of Dr Thomas' company** *(frm: på inbjudningskort)* Herr och fru Collins har nöjet inbjuda dr Thomas; **it's a** ~ **to see him** det är ett nöje att se honom; **to take** ~ **in** finna nöje i; **all the** ~**s of London** Londons alla nöjen; **is this trip for business or** ~? är detta en affärs- eller nöjesresa?; ~ **boat** nöjesbåt, fritidsbåt; ~ **ground** nöjesfält **(b)** *(frm)* önskemål, behag; **at sb's** ~ efter ngns behag; **to be detained during her Majesty's** ~ *(Jur)* kvarhållas på obestämd tid

pleasure-loving |'plɛʒə,lʌvɪŋ| *adj* nöjeslysten, njutningslysten

pleat |pli:t| **1** *s* veck, plissé; **a skirt with** ~**s** en veckad kjol **2** *vt* vecka, plissera

ple·beian |plɪ'bi:ən| **1** *adj* plebejisk, underklass- **2** *s* plebej, underklassare

pled |plɛd| *(i sht Am) imperf, perf part av* plead

pledge |plɛdʒ| **1** *s (som säkerhet)* pant; *(försäkran)* löfte, utfästelse; **sale of unredeemed** ~**s** försäljning av oinlösta panter; **to be under** ~ **of secrecy** ha tystnadsplikt; **as a** ~ **of** som bevis på; **to sign/take the** ~ *(skämts vard)* avlägga nykterhetslöfte **2** *vt* **(a)** *(försäkra)* lova; **to** ~ **support for sb** utlova sitt stöd för ngn; **I'm** ~**d to secrecy** jag har givit ett tysthetslöfte **(b)** *(som säkerhet)* panta, lämna i/som pant

ple·na·ry |'pli:nəri| *adj (möte)* fullsatt, plenar-; *(makt)* absolut, oinskränkt; **in** ~ **session** i plenarförhandlingar; ~ **powers** oinskränkta maktbefogenheter

pleni·po·ten·ti·ary |,plɛnɪpə'tɛnʃəri| **1** *s* befullmäktigat sändebud, *(i sht)* ambassadör **2** *adj (ambassadör)* full befogenheter

plen·ti·ful |'plɛntɪful| *adj* riklig, ymnig, överflödande; **to be in** ~ **supply** finnas i överflöd; **fruit is** ~ **at this time of year** det finns rikligt med frukt den här tiden på året

plen·ty |'plɛntɪ| **1** *s* **(a)** (stor) mängd; **I was given** ~ **to eat** jag fick mycket att äta; **there's** ~ **more where that came from** det finns mycket mer kvar; **in** ~ i stor mängd, i massor; **land of** ~ överflödsland; **I've got** ~ jag har så att det räcker; **the police have** ~ **(of evidence) to go on** polisen har mycket (bevismaterial) att gå på **(b)**: ~ **of** gott om, mycket; ~ **of tea** gott om te; **we've got** ~ **of time to get there** vi har god tid på oss att hinna dit **2** *adv (i sht Am vard)*: **it's** ~ **big enough** den är tillräckligt stor; **it rained** ~ det regnade bara mycket

pleu·ri·sy |'pluərɪsɪ| *s (Med)* lungsäcksinflammation, pleurit *(spec)*

pli·able |'plaɪəbl| *adj*, **pli·ant** |'plaɪənt| *adj (eg)* mjuk, böjlig, smidig; *(bildl)* lättpåverkad, ombytlig

pli·ers |'plaɪəz| *spl (äv: pair of* ~: *gripverktyg)* platttång

plight |plaɪt| *s (svår)* situation, (besvärligt) läge; **the country's economic** ~ landets svåra ekonomiska läge

plim·soll |'plɪmsəl| *s (Brit)* gymnastiksko

plinth |plɪnθ| *s* plint, sockel

plod |plɒd| *vi* **(a)** *(i allm)* lunka, traska, trava; **to**

~ **up a hill** knoga uppför ett berg; **to** ~ **along/on** traska vidare/på **(b)** *(bildl)* kämpa, knoga; **to** ~ **away at a task** kämpa på med en uppgift; **we must** ~ **on** vi får lov att streta på

plod·der |'plɒdə'| *s* kämpe, arbetsmyra

plonk[1] |plɒŋk| *s (Brit vard)* billigt vin

plonk[2] |plɒŋk| **1** *s (mot hård yta)* duns, dunk; *(i vatten)* plums, plask; **it hit the table with a** ~ det träffade bordet med en duns **2** *adv (på golv etc)* med en duns; *(i vatten)* med ett plask; ~ **in the middle** pladask/plums mitt i **3** *vt (vard: äv:* ~ **down)** sätta ner med en duns; **he** ~**ed a kiss on her cheek** han gav henne en smällkyss på kinden; **to** ~ **oneself down** sätta sig tungt; ~ **yourself down somewhere!** slå dig ner någonstans!

plop |plɒp| **1** *s* plums, plupp; **the sugar lump fell into her cup with a** ~ sockerbiten föll ned i hennes kopp med ett plums **2** *vi* plumsa

plo·sive |'pləʊsɪv| *s (Språkv)* klusil

plot[1] |plɒt| *s (Jordbr)* stycke mark; *(för grönsaker, blommor etc)* land, täppa; *(för byggnation)* tomt

plot[2] |plɒt| **1** *s* **(a)** *(mellan personer)* komplott, sammansvärjning; **a** ~ **against the government** en sammansvärjning mot regeringen **(b)** *(i roman, pjäs)* handling, intrig **2** *vt* **(a)** *(i sht Sjö: position)* markera, plotta; *(: kurs)* lägga ut **(b)** *(mellan personer)* anstifta, smida hemliga planer på **3** *vi* konspirera, sammansvärja sig

plough, *(Am)* **plow** |plaʊ| **1** *s (i allm)* plog; **the P**~ *(Astron)* Karlavagnen **2** *vt (i allm)* plöja; **to** ~ **one's way through a book** *(bildl)* plöja/kämpa sig igenom en bok **3** *vi (i allm)* plöja; **the car** ~**ed into the wall** *(bildl)* bilen rände in i muren; **to** ~ **through the mud** *(bildl)* plöja sig igenom leran

♦ **plough back** *vt + adv (vinst)* plöja ner

♦ **plough up** *vt + adv* plöja upp

plough·man, *(Am)* **plow·man** |'plaʊmən| *s, pl* **-men** *(Brit)* plöjare; ~**'s lunch** lunchtallrik med bröd och ost

plough·share, *(Am)* **plow·share** |'plaʊʃɛə'| *s* plogbill

plow |plaʊ| *(Am)* = **plough**

ploy |plɔɪ| *s* påhitt, knep

pluck |plʌk| **1** *s* mod; **he's got a lot of** ~ han är mycket modig **2** *vt (frukt, blommor etc)* plocka; *(äv:* ~ **out:** *hår, fjädrar etc)* rycka ut; *(Mus: strängar, gitarr)* knäppa på; *(Matl: höna etc)* plocka; **to** ~ **one's eyebrows** plocka ögonbrynen; **to** ~ **up (one's) courage** rycka upp sig, repa mod **3** *vi*: **to** ~ **at sb's sleeve** dra/rycka ngn i ärmen

plucky |'plʌkɪ| *adj (-ier, -iest) (vard)* modig

plug |plʌg| **1** *s* **(a)** *(i badkar, tunna)* propp, plugg, tapp; *(i tand)* plomb; *(Med)* tampong; **a** ~ **of cotton wool** en bomullssudd **(b)** *(Elektr)* stickpropp, kontakt *(vard)*; *(Motor:* = *spark* ~*)* tändstift **(c)** *(vard)* positivt omnämnande, gratisreklam; **to give sb/sth a** ~ göra reklam för ngn/ngt **2** *vt* **(a)** *(äv:* ~ **up)** plugga igen, täppa igen med en plugg; **to** ~ **a loop hole** *(bildl)* täppa till ett kryphål/en lucka **(b)** *(stickkontakt etc)* sticka in, sätta i; **to** ~ **a lead into a socket** sätta i en sladd i vägguttaget, sätta i kontakten **(c)** *(vard: i sht grammofonskiva)* göra reklam för, lansera; *(: idé etc)* gå ut hårt med, tala sig varm för

♦ **plug away** *vi + adv (vard)*: **to** ~ **away (at sth)** kämpa på (med ngt)

♦ **plug in** *(Elektr)* **1** *vt + adv* ansluta, koppla in; **to** ~ **in a radio** ansluta en radio till nätet **2** *vi + adv* ansluta, sätta i kontakten; *(apparat)* anslutas, kopplas in

plug·hole |'plʌghəʊl| *s (badkar, handfat etc)* propphål, avloppshål

plum |plʌm| *s* **(a)** *(frukt)* plommon; *(äv:* ~ **tree)**

plommon(träd); *(färg)* plommonfärg; ~ **pudding**
plumpudding **(b)** *(bildl vard):* **a ~ (of a job)** ett
kalasjobb
plum·age |'pluːmɪdʒh7.5 s fjädrar, fjäderdräkt
plumb |plʌm| **1** *s (för mätkontroll)* lod; **out of ~,
off ~** inte lodrät; ~ **bob** sänklod; ~ **line** lod-
lina **2** *adv (vard):* ~ **in the middle** exakt i mit-
ten; **we live ~ in the middle of Boston** vi bor
precis mitt i Boston; **he's ~ stupid** *(Am)* han är
fullständigt korkad **3** *vt* **(a)** *(eg: djup)*
loda **(b)** *(hål etc)* plombera, täppa igen **(c)**
(bildl) gå till botten med, vara djuplodande; **to ~
the depths of man's mind** pejla själens djup
plumb·er |'plʌməʳ| s rör|mokare/-läggare
plumb·ing |'plʌmɪŋ| *s (verksamhet)* rörmokeri,
rörarbete; *(för vatten etc)* rörledning(ssystem);
the ~ in our bathroom rörledningarna i vårt
badrum
plume |pluːm| s plym, fjäder(buske); **a ~ of smoke**
ett rökmoln
plum·met |'plʌmɪt| *vi (fågel, flygplan etc)* dyka;
(temperatur, priser) sjunka kraftigt, rasa
plump |plʌmp| **1** *adj* **(-er, -est)** rund, trind, knub-
big; **a ~ wallet** en stinn plånbok **2** *adv* rakt,
pladask; **to run ~ into sb** springa rakt på ngn
♦ **plump down** **1** *vt + adv* slänga ner (med en
smäll); **to ~ oneself down into a chair** slänga sig
ner i en stol **2** *vi + adv* dimpa ner
♦ **plump for** *vi + prep* hålla på, fastna för
♦ **plump up** *vt + adv (i allm)* fylla, göra tjockare;
(kudde etc) skaka, fluffa upp
plun·der |'plʌndəʳ| **1** *s (verksamhet)* plundring,
skövling; *(föremål)* byte, rov **2** *vt* plundra,
skövla
plunge |plʌndʒ| **1** *s (i allm)* dykning, hopp; *(bildl:
om valuta, ekonomi)* fall, djupdykning; *(: djärv
investering)* spekulation, högt spel; **he took a ~
into the swimming pool** han gjorde ett hopp i
bassängen; **to take the ~** *(bildl vard)* våga steget
2 *vt* **(a)** *(i vätska)* doppa ner, sticka ner;
(med kraft) stöta, kasta; **he was ~d forwards
when his car crashed** han kastades fram vid
krocken; **to ~ a dagger into sb's chest** stöta en
dolk i ngns bröst **(b)** *(bildl):* **to ~ a room into
darkness** försänka ett rum i mörker; **we were
~d into gloom by the news** nyheten försatte oss i
en dyster stämning; **to ~ sb into debt** försätta
ngn i skuld
3 *vi* **(a)** *(i allm)* dyka **(b)** *(vid fall)* störta,
falla; **the helicopter ~d into the ocean** helikop-
tern störtade i havet; **he ~d to his death** han
störtade sig i döden **(c)** *(valuta, kurser etc)* fal-
la; **to ~ into debt** falla/råka i skuld **(d)** *(bildl:
intressera sig för):* **to ~ into one's work** fördjupa
sig i sitt arbete; *(: handla resolut):* **to ~ heed-
lessly into danger** kasta sig huvudstupa in i fa-
ran **(e)** *(urringning)* gå ner (djupt)
plung·er |'plʌndʒəʳ| s *(för vask och avlopp)*
(vask)rensare
plunging |'plʌndʒɪŋ| *adj (urringning)* djup
plu·per·fect |ˌpluː'pɜːfɪkt| *s (Språkv)* pluskvam-
perfekt(um)
plu·ral |'plʊərəl| **1** *adj (Språkv)* plural; **the ~
form** pluralformen **2** *s (Språkv)* plural; **in the ~**
i plural
plus |plʌs| **1** *prep* plus, och; **6 ~ 4 equals 10** 6 plus
4 är (lika med) 10; **~ what I have to do already**
plus/förutom vad jag redan måste göra **2** *adj
(Mat, Elektr)* plus-; **twenty ~** över tjugo; **you
must be 20 ~ to join this club** man måste vara
minst 20 (år gammal) för att bli medlem i den här
klubben; **a ~ factor** *(bildl)* en extra poäng, ett
plus **3** *s (Mat)* plus; **~ sign** plustecken; *(bildl)*
plus, fördel
plush |plʌʃ| **1** *s* plysch **2** *adj (äv:* **plushy** |'plʌʃɪ|:

vard) flott, lyx-
Plu·to |'pluːtəʊ| *s (Astron, Myt)* Pluto
plu·to·nium |pluː'təʊnɪəm| *s* plutonium
ply[1] |plaɪ| *s (i plywood etc)* skikt, lager; *(i garn)* tråd;
three-~ wood treskiktad plywood; **three-~ wool**
treträdigt garn
ply[2] |plaɪ| **1** *vt* **(a)** *(vattendrag, rutt)* trafike-
ra **(b)** *(verktyg)* använda (flitigt); **to ~ the nee-
dle** sy flitigt; **to ~ one's trade** utöva sitt
yrke **(c)** **to ~ sb/sth with** förse ngn med
ngt; **to ~ sb with drink** bjuda ngn på mycket att
dricka; *(påträngande)* truga i ngn sprit; **to ~ sb
with questions** ansätta ngn med frågor **2** *vi:* **to
~ between** *(fartyg etc)* gå i trafik mellan; **to ~ for
hire** *(taxi etc)* vänta på körning, leta efter kunder
ply·wood |'plaɪwʊd| s plywood
P.M. *förk f* prime minister
p.m. *förk (* = *post meridiem)* på eftermiddagen,
e.m.
pneu·mat·ic |njuː'mætɪk| *adj (borr etc)* pneuma-
tisk, trycklufts-; ~ **tyre** *el (Am)* **tire** *(till däck)*
innerslang
pneu·mo·nia |njuː'məʊnɪə| s lunginflammation
P.O. *förk f* post office
poach[1] |pəʊtʃ| *vt (Matl: ägg)* pochera; *(: fisk)* blå-
koka; **~ed eggs** förlorade ägg
poach[2] |pəʊtʃ| **1** *vt (villebråd)* tjuvjaga; *(fisk)*
tjuvfiska; *(vard: idé, anställd)* knycka **2** *vi (jä-
gare)* bedriva tjuvskytte, tjuvjaga; *(fiskare)* be-
driva tjuvfiske, tjuvfiska; **to ~ on sb's preserves**
(bildl) jaga/göra intrång på ngns marker
poach·er[1] |'pəʊtʃəʳ| s *(av villebråd)* tjuvskytt; *(av
fisk)* tjuvfiskare
poach·er[2] |'pəʊtʃəʳ| s *(Matl: kokkärl)* äggförlorare
pock·et |'pɒkɪt| **1** *s* **(a)** *(i plagg)* ficka; *(i väska)*
fack; *(Biljard)* hål; **with his hands in his ~s** med
händerna i fickan; **to have sb in one's ~** *(bildl)* ha
ngn helt i sin makt; **to have sth in one's ~** *(bildl)*
ha ngt som i en liten ask; **to be in/out of ~** ha
tjänat/blivit av med pengar; **to line one's ~s**
(bildl) sko sig; **to put one's hand in one's ~** ta ett
grepp i portmonnän; ~ **calculator** fick-/mini|räk-
nare; ~ **edition** pocketupplaga; ~ **flask** fickplun-
ta; ~ **handkerchief** näsduk; ~ **money** *(i allm)*
fickpengar; *(till barn)* veckopeng; *se äv* **pick 2
b** **(b)** *(bildl: område)* (isolerad) ö; ~ **of re-
sistance/warm air** ficka av motstånd/varm
luft **2** *vt (eg)* stoppa i fickan; *(bildl)* stoppa i egen
ficka; *(vard: pengar)* tjäna; **to ~ one's pride** *(bildl)*
svälja förtreten; **to ~ a ball** *(Biljard)* göra/sänka
en boll
pocket·book |'pɒkɪtbʊk| s *(för anteckningar)* an-
teckningsbok; *(för pengar etc)* plånbok; *(Am:
dams)* handväska *(i sht utan handtag)*
pocket·knife |'pɒkɪtnaɪf| s, *pl* **-knives** penn-
/fick|kniv
pocket-size(d) |'pɒkɪtsaɪz(d)| *adj (eg, bildl)* i fick-
format
pock·marked |'pɒkmɑːkt| *adj* koppärrig
pod |pɒd| **(a)** *(Bot)* balja; *(i allm: äv)* (frö)skida,
kapsel; **pea** ~ ärtbalja **(b)** *(Flyg: för bränsle etc)*
kapsel; *(: för motor)* motorgondol
podgy |'pɒdʒɪ| *adj* **(-ier, -iest)** *(person, finger)*
knubbig
po·dia·trist |pə'daɪətrɪst| s *(Am)* fotvårdsspecialist
po·dium |'pəʊdɪəm| s podium
poem |'pəʊɪm| s dikt, poem
poet |'pəʊɪt| s poet, diktare, skald *(litt)*
po·et·as·ter |ˌpəʊɪ'tæstəʳ| s *(neds)* rimsmidare,
dussinpoet
po·et·ess |'pəʊɪtɪs| s *(kvinnlig)* poet, skaldinna
(litt)
po·et·ic |pəʊ'etɪk| *adj (i allm)* poetisk; ~ **justice**
ödets ironi; ~ **license** poetisk frihet
po·et·ry |'pəʊɪtrɪ| s *(i allm)* poesi; **Swedish ~ today**

svensk diktning/poesi/diktkonst av idag; ~
reading diktuppläsning
pogo |'pəʊgəʊ| *s*: ~ **stick** *(leksak)* kängurustylta
pog·rom |'pɒgrəm, *(Am)* pə'grɒm| *s* pogrom
poign·an·cy |'pɔɪnjənsɪ| *s (i stil etc)* pregnans,
skärpa; *(i känsla)* intensitet; *(i minne)* bitterhet
poign·ant |'pɔɪnjənt| *adj (minne)* bitter, sorglig;
(blick) bitter, sorgsen; *(känsla)* djup, intensiv
point |pɔɪnt| **1** *s* **(a)** *(Typogr, Geom)* punkt; (=
decimal ~) komma; **2** ~ **6 (2.6)** två komma sex
(2,6)
   (b) *(på skala)* punkt; *(på kompass)* streck;
boiling/freezing ~ kok-/frys|punkten; **from all**
~**s of the compass** från alla väderstreck; **up to a**
~ till en viss gräns, i viss mån
   (c) *(på nål, penna, kniv etc)* spets; **at the** ~ **of a**
sword med kniven på strupen; **not to put too fine**
a ~ **on it** *(bildl)* för att tala rent ut
   (d) *(plats)* punkt; **the train stops at Carlisle**
and all ~**s south** tåget stannar i Carlisle och alla
stationer söder därom; ~ **of departure** *(eg)*
startpunkt; *(bildl)* utgångspunkt; **we have**
reached the ~ **of no return** det finns ingen åter-
vändo; ~ **of view** synpunkt; **from my** ~ **of view**
från min synpunkt; **at this** ~ här, på denna plats;
he was abrupt to the ~ **of rudeness** han var
kort(huggen)på gränsen till oartig; ~ **duty** *(Po-*
lis) tjänstgöring som trafikpolis; **to be on** ~ **duty**
dirigera trafiken
   (e) *(om tid)* tidpunkt; **from that** ~ **on...** från
det ögonblicket...; **to be on the** ~ **of doing sth** just
stå i begrepp att göra ngt; **when it comes to the** ~
när det kommer till kritan
   (f) *(Sport)* poäng; *(vid måttuppgift)* enhet; **to**
win on ~**s** vinna på poäng; **the index is down 3** ~**s**
index har gått ned 3 enheter
   (g) *(med handling)* mening, poäng, idé; *(i*
skämt) poäng; **there's no** ~ **in staying** det är
ingen mening/idé att stanna; **I don't see the** ~
of/in doing that jag inser inte meningen *el* poäng-
en med/i att göra det; **the** ~ **is that...** poängen är
att...; **that's the whole** ~! det är det som är
poängen/vitsen med det hela!
   (h) *(i resonemang, plan etc)* punkt, detalj; **the**
~ **at issue** frågan (det gäller), ämnet (för diskus-
sionen); **a 5-**~ **plan** en fempunktsplan; **in** ~ **of**
fact faktiskt; **to be beside the** ~ vara irrelevant/
ovidkommande; **to get off the** ~ komma från
ämnet; **to come/get to the** ~ komma till saken; **to**
keep/stick to the ~ hålla sig till saken/ämnet; **to**
make a ~ **of doing sth** lägga sig vinn om att göra
ngt; **to make one's** ~ klargöra vad man menar;
her criticism was to the ~ hennes kritik var
mycket träffande; **his remarks were to the** ~
hans kommentarer var mycket relevanta; **that's**
not the ~ det är inte det saken gäller; **you've got**
a ~ **there!** det ligger någonting i vad du säger!;
to miss the ~ *(i vits/resonemang)* missa poängen;
a ~ **of principle** en principsak; *se äv* **stretch 2 c**
   (i) *(hos person)* sida; **good/bad** ~**s** goda/dåliga
sidor; **tact isn't one of his strong** ~**s** taktfullhet
är inte hans starka sida
   (j) *(Brit Järnv)*: ~**s** *spl* växel
   (k) *(Balett: vanl pl)* tåspets; **to dance on** ~**s**
dansa på tåspetsarna
   (l) *(Motor)*: ~**s** *spl* brytarspetsar
   (m) *(Brit Elektr: äv:* **power** ~) stick-/
vägg|kontakt
2 *vt* **(a)** *(vapen)* sikta med/rikta *(at/towards*
på/mot); *(teleskop)* ställa in/rikta; **he** ~**ed his gun**
at my head *(äv)* han pekade med pistolen mot
mitt huvud; **to** ~ **one's finger** peka med fingret;
to ~ **one's finger at sb** peka finger åt ngn; **to** ~
one's toes sträcka på tårna
   (b) *(förhållande, faktum)* peka på, poängtera,

framhålla; **to** ~ **the way** *(eg, bildl)* visa vägen; **to**
~ **the view that...** ge eftertryck åt åsikten att...
   (c) *(Byggn)* fogstryka
   3 *vi* **(a)** *(person, skylt)* peka *(at* mot, *to* på,
towards mot); *(föremål)* vara vänd *(to/towards*
mot); *(byggnad, fönster)* vetta *(on to* mot); **to** ~ **at**
sth/sb vara riktad mot ngt/ngn; **it's rude to** ~! det
är fult att peka!; **it** ~**s (to the) north** *(kompassnål)*
den pekar mot norr
   (b) *(bildl: förhållande, fakta)* peka på, antyda;
this ~**s to the fact that...** detta talar för/tyder på
att...
♦ **point out** *vt* + *adv* **(a)** *(eg)* peka ut **(b)** *(bildl)*
påpeka
♦ **point up** *vt* + *adv* *(förhållande)* understryka,
framhäva
point-blank |,pɔɪnt'blæŋk| **1** *adj (skott)* när-, på
nära håll; *(svar)* direkt; *(vägran)* blank; **at** ~
range *(i allm)* på nära håll; *(Mil)* på kärnskotts
avstånd *(spec)* **2** *adv (skjuta)* på nära håll; *(väg-*
ra) blankt
point·ed |'pɔɪntɪd| *adj* **(a)** *(föremål)* spetsig; *(re-*
plik) bitande, vass **(b)** *(avsikt)* tydlig, uppen-
bar; *(handling)* med tydlig avsikt; *(sätt)* uppenbar
point·ed·ly |'pɔɪntɪdlɪ| *adv (svara)* vasst, skarpt
point·er |'pɔɪntə'| *s* **(a)** *(på instrument)* visare;
(Skol) pekpinne **(b)** *(hund)* pointer **(c)** *(angå-*
ende ngt) vink, tips; **this is a** ~ **to the guilty man**
detta ger en fingervisning om vem som är den
skyldige
point·less |'pɔɪntlɪs| *adj (lidande)* meningslös;
(skämt) poänglös, lam; *(Sport)* poänglös
poise |pɔɪz| **1** *s (fysisk)* hållning; *(psykisk)* säker-
het, lugn **2** *vt (föremål)* balansera; **he** ~**d the**
pen over the paper han höll pennan beredd över
papperet; **to be** ~**d** *(person)* vara beredd, stå i
position; *(: bildl)* vara redo; **they are** ~**d to at-**
tack, they are ~**d for the attack** *(eg)* de står
beredda att anfalla; *(bildl)* de ligger i startgro-
parna
poised |pɔɪzd| *adj (person)* värdig, samlad
poi·son |'pɔɪzn| **1** *s (eg, bildl)* gift; **what's your** ~?
(vard) vad dricker du?, vad vill du ha att dricka?;
~ **gas** giftgas; ~ **ivy,** ~ **oak** *(amerikanska*
buskväxter) giftek **2** *vt* **(a)** *(person, mat, na-*
turen) förgifta; *(Brit: fot etc)* inflammera **(b)**
(bildl): **to** ~ **sb's mind/against sb/sth** göra ngn
fientligt inställd till ngn/ngt
poi·son·ing |'pɔɪznɪŋ| *s (av person, mat, naturen)*
förgiftning; **to die of** ~ dö av förgiftning
poi·son·ous |'pɔɪznəs| *adj* **(a)** *(ämne)* giftig;
(orm) giftig, gift-; **sugar is** ~ **to diabetics** socker
är skadligt för diabetiker **(b)** *(rykte)* illvillig;
(tunga) giftig; *(litteratur)* skadlig
poison-pen let·ter |'pɔɪznpen'letə'| *s* (anonymt)
smädebrev
poke |pəʊk| **1** *s (med handen)* knuff; *(med käpp*
etc) stöt; **to give sb a** ~ **in the ribs** ge ngn en
armbåge/knuff i sidan; *se äv* **fun 2** *vt* **(a)** *(med*
käpp) stöta, peta; *(med finger)* peta; **to** ~ **sb in the**
ribs ge ngn en knuff i sidan **(b)** *(eld)* röra om
i **(c)** *(Am vard: med knuten näve)* klippa
till **(d)** *(ut ur/in i ngt)* köra, sticka; **to** ~ **one's**
head out of a window sticka ut huvudet genom
ett fönster; *se äv* **nose** **(e)** *(hål)* sticka **3** *vi*: **to**
~ **at sth with a stick** peta på något med en käpp;
don't ~ **into matters that don't concern you** rota
inte i saker som inte angår dig
♦ **poke about, poke around** *vi* + *adv (i byrålåda*
etc) rota omkring; *(i butiker)* gå och rota
♦ **poke out** **1** *vt* + *adv (ngt ur ngt)* peta ut; **to** ~
sb's eye out sticka ut ögat på ngn **2** *vi* + *adv*
(föremål) sticka ut/fram
pok·er[1] |'pəʊkə'| *s (redskap)* eldgaffel
pok·er[2] |'pəʊkə'| *s (Kortsp)* poker

poker-faced |ˌpəʊkəˈfeɪst| *adj* med pokeransikte
pok(e)y |ˈpəʊkı| *adj* (-ier, -iest) *(rum, hus)* trång, kyffig
Po·land |ˈpəʊlənd| *s* Polen
po·lar |ˈpəʊləʳ| *adj (Geogr)* polar, pol-; *(Elektr)* polär; ~ **bear** isbjörn; ~ **circle** polcirkel
po·lar·ity |pəʊˈlærıtı| *s (Elektr)* polaritet; *(bildl: mellan parter)* motsatsförhållande
po·lari·za·tion |ˌpəʊləraıˈzeıʃən| *s (Elektr, bildl)* polarisering
po·lar·ize |ˈpəʊləraız| **1** *vt (Elektr)* polarisera; *(bildl)* polarisera, dela i två läger **2** *vi (Elektr)* polariseras; *(bildl)* polariseras, delas i två läger
Po·lar·oid® |ˈpəʊlərɔıd| *adj* polaroid-
Pole |pəʊl| *s* polack
pole[1] |pəʊl| *s (av trä, sten etc)* påle, stolpe; *(av metall)* stång, stolpe; *(för flagga)* stång; *(Sport: för hopp)* stav; *(Am: för skidåkning)* stav; *(för att staka en båt)* stake; *(för gardin)* stång; ~ **vault** stavhopp
pole[2] |pəʊl| *s (Elektr, Geogr, Astron)* pol; **the North/South P**~ nord-/syd|polen; **to be** ~ **apart** vara himmelsvitt skilda/diametralt motsatta; **the P**~ **Star** polstjärnan
pole·cat |ˈpəʊlkæt| *s* iller; *(Am vard)* skunk
po·lem·ic |pɒˈlemık| **1** *adj* polemisk **2** *s (enstaka: skrift, tal)* polemik
po·lemi·cal |pɒˈlemıkəl| *adj* polemisk
po·lem·ics |pɒˈlemıks| *ssg (metod, uttryckssätt)* polemik; **to be skilled in** ~ vara en skicklig polemiker
po·lice |pəˈliːs| **1** *spl (organisation)* polis; *(personer)* poliser; **two** ~ **were killed** två poliser dödades; **to join the** ~ gå in vid polisen, bli polis; ~ **constable** *(Brit)* polis(konstapel); ~ **court** polisdomstol; ~ **force** poliskår; ~ **officer** polis(konstapel); ~ **record** brottsligt förflutet; ~ **state** polisstat; ~ **station** polisstation **2** *vt (gata, gräns)* bevaka; *(stad)* upprätthålla ordningen i; *(priser)* kontrollera, övervaka
police·man |pəˈliːsmən| *s, pl* **-men** polis(man), poliskonstapel
police·woman |pəˈliːswʊmən| *s, pl* **-women** kvinnlig polis(konstapel)
poli·cy[1] |ˈpɒlısı| *s* **(a)** *(handlingsplan etc)* linje, policy; *(regerings etc)* politik; **to follow a** ~ driva en linje; **foreign** ~ utrikespolitik; **it's a matter of** ~ **det är en policyfråga (b)** handlingssätt; **it is a good/bad** ~ det är klokt/oklokt
poli·cy[2] |ˈpɒlısı| *s (äv:* **insurance** ~) försäkringsbrev; **to take out a** ~ ta ut en försäkring; ~ **holder** försäkringstagare
po·lio |ˈpəʊlıəʊ| *s (Med)* polio
Po·lish |ˈpəʊlıʃ| **1** *adj* polsk **2** *s (språk)* polska; **the** ~ *(pl: folk)* polackerna
pol·ish |ˈpɒlıʃ| **1** *s* **(a)** *(medel: i allm)* putsmedel; *(* = *shoe* ~) skokräm; *(* = *furniture* ~) möbel|polish/-polityr; *(* = *floor* ~) golvpolish, bonvax **(b)** *(handling)* putsning, polering; **to give sth a** ~ putsa/polera ngt **(c)** *(hos föremål)* glans, polityr; *(bildl: hos person, stil etc)* förfining; **to put a** ~ **on sth** polera/putsa ngt **2** *vt (äv:* ~ **up) (a)** *(möbler)* polera; *(skor, silver)* putsa; *(golv)* bona **(b)** *(bildl: stil)* förfina, polera; *(: kunskaper)* bättra på
♦ **polish off** *vt + adv (vard: mat)* slänga i sig; *(: dryck)* svepa i sig; *(: arbete)* expediera, klara av snabbt
pol·ished |ˈpɒlıʃt| *adj (yta)* polerad, blank; *(sko)* välputsad, blank; *(bildl: stil)* förfinad; *(: person)* kultiverad
po·lite |pəˈlaıt| *adj (-r, -st)* artig, hövlig; **it is not** ~ **to point at people** det är inte hövligt/fint att peka på folk; **in** ~ **society** i finare sällskap/kretsar
po·lite·ly |pəˈlaıtlı| *adv* artigt, hövligt
po·lite·ness |pəˈlaıtnıs| *s* hövlighet, artighet

poli·tic |ˈpɒlıtık| *adj* **(a)** *(handling)* välbetänkt, klok; *(person)* klok, försiktig **(b): the body** ~ staten
po·liti·cal |pəˈlıtıkəl| *adj* politisk; ~ **asylum** politisk asyl; ~ **science** statsvetenskap
poli·ti·cian |ˌpɒlıˈtıʃən| *s* politiker
poli·ti·cize |pəˈlıtısaız| *vt* politisera
poli·tics |ˈpɒlıtıks| *s (sg: ämne, verksamhet)* politik; *(pl: persons)* politiska åsikter; **to talk** ~ prata politik; **to go into** ~ ge sig in i politiken
pol·ka |ˈpɒlkə| *s (dans)* polka; ~ **dot (pattern)** storprickigt mönster
poll |pəʊl| **1** *s* **(a)** *(handling)* röstning, val(förrättning); **to take a** ~ **(on sth)** rösta (om ngt) **(b)** (antal) röster, röstetal; **a heavy** ~ stort valdeltagande; **65% of the** ~ 65% av rösterna; **there was a** ~ **of 84%** det var 84 procents valdeltagande **(c):** ~**s** *(plats)* vallokal; **to go to the** ~**s** gå till val **(d)** *(* = *opinion* ~) (opinions)undersökning **2** *vt* **(a)** *(röster)* samla; **the Liberals** ~**d 25% of the votes** liberalerna fick 25% av rösterna **(b)** *(person)* intervjua, utfråga
pol·lard |ˈpɒləd| *s (Bot)* stubbat/hamlat träd; *(Zool)* hornlöst/kulligt djur
pol·len |ˈpɒlən| *s* pollen, frömjöl; ~ **count** pollenrapport
pol·li·nate |ˈpɒlıneıt| *vt (planta)* pollinera
pol·ling |ˈpəʊlıŋ| *s* röstning, valdeltagande; ~ **has been heavy** valdeltagandet har varit stort; ~ **booth** valbås; ~ **station** vallokal
pol·lute |pəˈluːt| *vt (eg)* förorena, smutsa ned; *(bildl: sinne)* fördärva
pol·lu·tion |pəˈluːʃən| *s (eg)* förorening, förorenande, nedsmutsning; *(bildl: av sinnen)* fördärvande
polo |ˈpəʊləʊ| *s (Sport)* polo; ~ **neck** (låg) polokrage; ~ **neck (sweater)** polotröja, tröja med (låg) polokrage
pol·ter·geist |ˈpɒltəgaıst| *s (spöke)* poltergeist
poly |ˈpɒlı| *s (Brit)* fork f **polytechnic**
poly- |ˈpɒlı| *prefix* poly-, mång-
poly·es·ter |ˌpɒlıˈestəʳ| *s (Kem)* polyester
poly·eth·yl·ene |ˌpɒlıˈeθı,liːn| *s (i sht Am)* = **polythene**
po·lyga·mist |pɒˈlıgəmıst| *s* polygamist
po·lyga·my |pɒˈlıgəmı| *s* polygami, månggifte
poly·glot |ˈpɒlıglɒt| **1** *adj (grupp, person)* flerspråkig **2** *(person)* polyglott, flerspråkig person
poly·gon |ˈpɒlıgən| *s (Geom)* polygon, månghörning
poly·mer |ˈpɒlıməʳ| *s (Kem)* polymer
Poly·nesia |ˌpɒlıˈniːzıə, *(i sht Am)* ˌpɒlıˈniːʒə| *s* Polynesien
Poly·nesian |ˌpɒlıˈniːzıən, *(i sht Am)* ˌpɒlıˈniːʒən| **1** *adj* polynesisk **2** *s* polynesier
pol·yp |ˈpɒlıp| *s (Med, Zool)* polyp
poly·phon·ic |ˌpɒlıˈfɒnık| *adj (Mus)* polyfon, flerstämmig
poly·semy |ˌpɒlıˈsiːmı| *s (Språkv)* polysemi
poly·sty·rene |ˌpɒlıˈstaıriːn| *s* polystyren, styrenplast
poly·syl·la·ble |ˈpɒlı,sıləbəl| *s* flerstavigt ord
poly·tech·nic |ˌpɒlıˈteknık| *s (Brit: ung)* högskola med yrkesinriktad utbildning
poly·theism |ˈpɒlıθı,ızm| *s* polyteism, mångguderi
poly·thene |ˈpɒlıθiːn| *s (i sht Brit)* polyeten, etenplast; ~ **bag** plastpåse
poly·urethane |ˌpɒlıˈjʊərıθeın| *s* polyuretan
poly·vi·nyl |ˌpɒlıˈvaınıl| *s* polyvinyl
pom |pɒm| *fork f* **pommy**
po·made |pəˈmɑːd, *(Am)* pəʊˈmeıd| *s* pomada
pom·egran·ate |ˈpɒmə,grænıt| *s (frukt)* granatäpple; *(träd)* granatäppelträd
Pom·era·nian |ˌpɒməˈreınıən| *adj* pommersk; **p**~

(dog) dvärgspets
pom·mel |pʌməl| s *(på svärd)* svärdknapp; *(på sadel)* sadelknapp
pom·my |'pɒmɪ| s *(Austral vard: neds)* engelsman, *(i sht)* nyanländ immigrant
pomp |pɒmp| s pomp, ståt; ~ **and circumstance** pomp och ståt
pom·pon |'pɒmpɒn| s, **pom·pom** |'pɒmpɒm| s *(på hatt etc)* rund tofs, pompong
pom·pos·ity |pɒm'pɒsɪtɪ| s *(hos person)* uppblåsthet; *(i språk)* svulstighet
pomp·ous |'pɒmpəs| adj *(person)* pompös, uppblåst, viktig; *(språk)* svulstig, högtravande
ponce |pɒns| s *(Brit vard: som lever på prostituerad)* hallick; *(: neds: feminin man)* vekling, fikus
pon·cho |'pɒntʃəʊ| s *(av ylle)* poncho; *(av plastväv etc)* regncape
pond |pɒnd| s *(konstgjord)* damm; *(naturlig)* göl, tjärn; *(i sht Am)* liten sjö; **the P~** *(Brit skämts: Atlanten)* pölen
pon·der |'pɒndə'| 1 vt *(problem)* begrunda, fundera på; **he** ~ed **how to do it** han övervägde hur han skulle göra det 2 vi fundera, grubbla *(on/ over* på/över)
pon·der·ous |'pɒndərəs| adj *(person)* (stor och) klumpig; *(rörelse)* klumpig; *(möbel)* åbäkig, klumpig; *(skrivsätt)* tung, klumpig, livlös
pong |pɒŋ| *(Brit vard)* 1 s stank 2 vi stinka
pon·tiff |'pɒntɪf| s påve; **the P~** påven
pon·tifi·cate |pɒn'tɪfɪkeɪt| vi docera, uttala sig tvärsäkert *(about/on* om)
pon·toon¹ |pɒn'tuːn| s *(för bro)* ponton; *(Flyg)* ponton, flottör; ~ **bridge** pontonbro
pon·toon² |pɒn'tuːn| s *(Brit Kortsp)* tjugoett
pony |'pəʊnɪ| s **(a)** *(eg)* ponny, liten häst; *(skämts)* (kapplöpnings)häst; ~ **trekking** ridsemester **(b)** *(Brit vard)* 25 pund **(c)** *(Am skol: vard)* fusklapp
pony·tail |'pəʊnɪteɪl| s *(frisyr)* hästvans
poo·dle |'puːdl| s *(hund)* pudel
poof |pʊf| s, **poof·ter** |'pʊftə| s *(Brit vard!)* bög (!)
pooh |puː| interj *(om lukt etc)* usch!; *(vid irritation)* äsch!, äh!
Pooh |puː| s: **Winnie the** ~ *(barnboksfigur)* Nalle Puh
pooh-pooh |'puː:puː| vt *(vard: idé etc)* fnysa åt, avfärda
pool¹ |puːl| s *(konstgjord)* bassäng, pool; *(efter regn etc)* pöl; *(i flod)* lugnvatten; **a** ~ **of blood** en blodpöl; **a** ~ **of sunlight** *(där solen tränger ner)* ett soligt ställe
pool² |puːl| 1 s **(a)** *(Kortsp)* pott **(b)** *(av material)* förråd; *(av arbetare)* reserv; *(av pengar)* reservkassa; **typing** ~ skrivcentral; *se äv* **car (c): the (football)** ~s (fotbolls)tipset; **to do the** ~s tippa **(d)** *(Biljard: ung)* nummerboll **(e)** *(Handel)* pool, sammanslutning; *(: Am)* monopolsammanslutning, trust 2 vt *(pengar, resurser)* slå ihop
pool·room |'puːl,ruːm| s *(i sht Am)* biljardsalong
poor |pʊə'| 1 adj *(-er, -est)* **(a)** *(person)* fattig **(b)** *(kvalitet, väder)* dålig; *(skörd, jord)* mager; *(minne, hälsa, ursäkt, prestation)* klen; **it's a** ~ **thing when...** det är svagt när...; **to be** ~ **at maths** vara svag/klen i matte; **I'm a** ~ **sailor** jag tål sjön dåligt; **I'm a** ~ **traveller** jag blir lätt åksjuk **(c)** *(medömkande)* stackars; **you** ~ **thing!** din (arma) stackare; **he's very ill,** ~ **chap** han är mycket sjuk, (den) stackaren 2 spl: **the** ~ de fattiga; ~ **box** *(i kyrka etc)* fattigbössa
poor·ly |'pʊəlɪ| 1 adj *(person)* krasslig, dålig 2 adv **(a)** *(klädd, belyst)* illa; *(klara sig)* dåligt **(b)** *(leva)* fattigt; **they're very** ~ **off** de har det väldigt knapert
pop¹ |pɒp| 1 s **(a)** *(ljud)* knall, smäll; **to go** ~

säga pang, smälla; **the bottle went** ~ korken flög ur *(flaskan)* med en knall/smäll **(b)** *(vard)* läsk 2 vt **(a)** *(ballong)* smälla; *(kork)* dra ur med en knall; *(majs)* poppa **(b)** *(vard: föremål)* sticka, stoppa; **I'll just** ~ **my jacket on** jag ska bara slänga på mig jackan; **she** ~**ped her head out** hon stack ut huvudet **(c): to** ~ **the question** *(vard)* fria 3 vi **(a)** *(ballong)* smälla; *(kork)* flyga ur med en smäll; *(knapp)* lossna; **his eyes nearly** ~**ped out of his head** ögonen trängde nästan ur sina hålor **(b)** *(vard: person)* kila, sticka; **to** ~ **across/over** kila över; **let's** ~ **round to Joe's** kom så sticker vi hem till Joe
◆ **pop in** vi + adv *(vard: i affär)* slinka in; **to** ~ **in to see sb** titta in till ngn
◆ **pop off** vi + adv **(a)** *(dö)* kola av **(b)** *(till annat ställe)* sticka
pop² |pɒp| 1 adj *(vard: förk f* **popular**) populär 2 s *(= music)* pop
pop³ |pɒp| s *(i sht Am vard)* pappa
pop·corn |'pɒpkɔːn| s popcorn
pope |pəʊp| s påve; **the P~** påven
pop·gun |'pɒpɡʌn| s *(leksak)* korkpistol
pop·eye |'pɒpaɪ| s: ~s utstående ögon; **P~** *(seriefigur)* Karl Alfred
pop·lar |'pɒplə'| s *(träd)* poppel
pop·lin |'pɒplɪn| s poplin
pop·per |'pɒpə'| s tryckknapp
pop·pet |'pɒpɪt| s *(vard: om barn/kvinna)* docka, sötnos; **she is a** ~ hon är en riktig sötnos
pop·py |'pɒpɪ| s *(Bot)* vallmo; **P~ Day** *(Brit vard)* = **Remembrance Day;** ~ **seed** vallmofrö
poppy·cock |'pɒpɪkɒk| s *(vard)* strunt(prat)
pop·shop |'pɒpʃɒp| s *(Brit vard)* pantbank, stamp
pop·sicle |'pɒpsɪkl| s *(Am)* isglass
popu·lace |'pɒpjʊlɪs| s: **the** ~ *(neds)* populasen, den breda massan; *(ej neds)* befolkningen
popu·lar |'pɒpjʊlə'| adj **(a)** *(person)* populär, omtyckt; *(sång)* populär **(b)** *(musik)* populär-; *(underhållning)* folklig; *(vetenskap)* populär-; *(föreläsning)* populärvetenskaplig; ~ **language** lättfattligt språk **(c)** *(stöd)* folklig, från folket; *(missnöje)* allmän, utbredd; **by** ~ **request** på allmän begäran; **the** ~ **opinion** folkmeningen, folkopinionen; ~ **front** folkfront; ~ **government** folkstyre
popu·lar·ity |,pɒpjʊ'lærɪtɪ| s popularitet
popu·lar·ize |'pɒpjʊləraɪz| vt **(a)** *(person, vara)* göra populär/omtyckt **(b)** *(idé etc)* popularisera
popu·lar·ly |'pɒpjʊləlɪ| adv allmänt, bland folket
popu·late |'pɒpjʊleɪt| vt befolka
popu·la·tion |,pɒpjʊ'leɪʃən| s *(människor)* befolkning; *(antal)* folkmängd; *(Statistik)* population; *(av djur)* bestånd, population; **the** ~ **explosion** befolkningsexplosionen
popu·lism |'pɒpjʊlɪzm| s populism
popu·lous |'pɒpjʊləs| adj *(land)* folkrik; *(område)* tätbefolkad
porce·lain |'pɔːsəlɪn| s *(finare)* porslin
porch |pɔːtʃ| s *(i stuga etc)* förstukvist; *(i kyrka)* vapenhus; *(Am: äv)* veranda
por·cu·pine |'pɔːkjʊpaɪn| s *(Zool)* piggsvin
pore¹ |pɔː'| s *(Anat, Zool)* por
pore² |pɔː'| vi: **to** ~ **over** *(karta etc)* studera (noggrant); *(problem)* fördjupa sig i; **she** ~**d over her books** hon hängde över sina böcker
pork |pɔːk| s griskött, fläsk(kött); ~ **chop** fläskkotlett; ~ **pie** liten fläskpaj
pork·er |'pɔːkə'| s *(eg)* gödsvin; *(skämts)* svin, gris
pork·pie hat |'pɔːk,paɪ'hæt| s låg rundkullig herrhatt *med mjuka brätten*
porn |pɔːn| s, *(i sht Am)* **por·no** |'pɔːnəʊ| s *(vard)* porr; **hard/soft** ~ hård-/mjukporr; ~ **shop** porrbutik

por·no·graph·ic |ˌpɔːnəˈgræfɪk| *adj* pornografisk
por·nog·ra·phy |pɔːˈnɒgrəfɪ| *s* pornografi
po·rous |ˈpɔːrəs| *adj (material)* porös; *(hud)* full av porer
por·poise |ˈpɔːpəs| *s (Zool)* tumlare
por·ridge |ˈpɒrɪdʒ| *s* (havregryns)gröt; ~ oats havregryn
port[1] |pɔːt| *s* **(a)** *(för fartyg)* hamn; ~ of call *(eg)* angöringshamn; *(bildl: på resa i allm)* anhalt; to come/put into ~ komma i hamn; any ~ in a storm *(ung)* hamnen har ingen lag **(b)** *(stad)* hamnstad
port[2] |pɔːt| *(Sjö, Flyg)* **1** *s* babord **2** *adj* babords(-)
port[3] |pɔːt| *s (vin)* portvin
port[4] |pɔːt| *s (Sjö)* lastport; (= *porthole)* (hytt)ventil; *(Mil)* skottglugg; *(Tekn: för ånga etc)* port; *(Data)* port
port·able |ˈpɔːtəbl| *adj* portabel, bärbar; ~ typewriter reseskrivmaskin
por·tal |ˈpɔːtl| *s* portal
por·tend |pɔːˈtend| *vt* förebåda
por·tent |ˈpɔːtent| *s* förebud, varsel
por·ten·tous |pɔːˈtentəs| *adj (händelse, tecken)* illavarslande, olycksbådande; *(prestation)* imponerande, otrolig; *(person: neds)* pompös, dryg
por·ter[1] |ˈpɔːtə| *s (Brit: dryck)* porter
por·ter[2] |ˈpɔːtə| *s (i sht Brit: på hotell, kontor)* dörrvakt; *(Järnv: på station)* bärare, stadsbud; *(Am Järnv: på tåg)* sovvagnskonduktör
porter·house |ˈpɔːtəˌhaʊs| *s (äv:* ~ steak: *Matl: ung)* T-benstek
port·fo·lio |ˌpɔːtˈfəʊliəʊ| *s (väska: i sht utan handtag)* (dokument)mapp; *(Pol: ämbete)* portfölj; *(Handel)* (aktie)portfölj; *(Konst)* mapp
port·hole |ˈpɔːthəʊl| *s (Sjö)* (hytt)ventil; *(Flyg)* fönster
por·tion |ˈpɔːʃən| *s (av helt)* del; *(av ära)* andel, del; *(av arv)* lott; *(av mat)* portion; the front ~ of the train främre delen av tåget
port·ly |ˈpɔːtlɪ| *adj (person)* korpulent
port·man·teau |pɔːtˈmæntəʊ| *s* kappsäck; ~ word *(Språkv)* teleskoporord: Oxbridge is a ~ word, made up from 'Oxford' and 'Cambridge'
por·trait |ˈpɔːtrɪt| *s* porträtt; ~ painter porträttmålare
por·tray |pɔːˈtreɪ| *vt (Konst: person)* porträttera, måla av; *(: landskap etc)* måla, skildra; *(Teat: person)* framställa; *(: miljö)* skildra
Por·tu·gal |ˈpɔːtjʊgəl| *s* Portugal
Por·tu·guese |ˌpɔːtjʊˈgiːz| **1** *adj* portugisisk; ~ man-of-war *(Zool)* art av brännmanet) portugisisk örlogsman **2** *s (person: pl lika)* portugis; *(språk)* portugisiska
pose |pəʊz| **1** *s (fysisk)* pose, (kropps)ställning; *(psykisk)* pose, attityd; it's only a ~ det är bara en pose, han/hon gör sig bara till **2** *vt* **(a)** *(person)* placera **(b)** *(fråga)* ställa; *(problem)* utgöra **3** *vi* **(a)** *(för artist)* posera, sitta/stå modell **(b)** *(i allm)* posera, göra sig till **(c):** to ~ as ge sig ut för att vara
pos·er |ˈpəʊzə| *s (vard: problem)* knäckfråga, hård nöt; *(: person)* posör
posh |pɒʃ| *(vard)* **1** *adj (-er, -est)* (bil, kläder, hotell) flott; *(bekant, kvarter)* fin **2** *adv:* to talk ~ *(Brit)* tala fint/snobbigt
po·si·tion |pəˈzɪʃən| **1** *s* **(a)** *(för hus etc)* läge; *(för föremål)* plats, position; *(Mil)* position; to be in ~ vara på (sin) plats; to be out of ~ inte vara på sin plats, vara ur position; what ~ do you play? *(Sport)* var spelar du?, vad spelar du för något *(i laget)?* **(b)** *(sätt att stå/ligga etc)* ställning, position; in a reclining ~ i en tillbakalutad ställning **(c)** *(i tävling, tabell etc)* plats **(d)** *(i samhället)* (social) position/ställning; a man of ~ en man i hög sam-

hällsställning **(e)** *(på arbetsplats)* anställning, plats; to have a good ~ in a bank ha en bra plats/anställning på en bank; to hold a ~ of trust inneha en förtroendepost **(f)** *(bildl)* situation, läge; to be in a ~ to do sth ha möjlighet att göra ngt; he's in no ~ to criticize han har ingen rätt att komma med kritik; put yourself in my ~ försök sätta dig in i min situation **(g)** *(i viss fråga)* åsikt; to take up a ~ on a matter fatta ståndpunkt i en fråga **2** *vt (föremål, person)* placera; *(soldat)* postera
posi·tive |ˈpɒzɪtɪv| *adj* **(a)** *(person: om fakta etc)* säker, övertygad; *(faktum)* säker; *(vägran)* absolut, bestämd; *(bevis)* absolut, säker; he is ~ of it han är helt säker på det; are you sure? — yes, ~ är du säker? — ja, absolut **(b)** *(attityd, kritik)* positiv; *(resultat)* positiv; *(svar)* jakande, positiv **(c)** *(förstärkande)* verklig, riktig; he's a ~ nuisance han är en riktig plåga, han är verkligen påfrestande **(d)** *(Elektr, Mat, Foto, Språkv)* positiv
posi·tive·ly |ˈpɒzɪtɪvlɪ| *adv* **(a)** *(tänka)* positivt; *(lova ngt)* definitivt, bestämt; *(bevisa ngt)* klart, fullständigt **(b)** *(förstärkande)* verkligen, verkligt
posi·tron |ˈpɒzɪˌtrɒn| *s (Fys)* positron
pos·se |ˈpɒsɪ| *s (Am: för att infånga brottsling etc)* (allmänt) uppbåd
pos·sess |pəˈzes| *vt* **(a)** *(om person: föremål)* äga, inneha; *(: egendom)* besitta; *(: egenskap)* ha; to be ~ed of *(frm)* vara i besittning av, förfoga över **(b)** *(om känsla, idé: person)* behärska, fylla; like one ~ed som en besatt; to be ~ed by an idea vara uppfylld av en idé; whatever can have ~ed you? vad i all världen kan ha flugit i dig?
pos·ses·sion |pəˈzeʃən| *s* **(a)** *(abstr)* ägande, innehavande, besittning; to have sth in one's ~ vara i besittning av ngt; to be in ~ of sth vara i besittning av ngt; to get ~ of sth ta ngt i besittning; to take ~ of sth *(med våld etc: Mil)* besätta ngt; *(: i allm)* sätta sig i besittning av ngt; *(efter köp etc)* ta ngt i besittning; to take ~ of a house ta ett hus i besittning; to get ~ of the ball *(Sport)* ta (hand om) bollen; to have ~ of the ball *(Sport)* ha/hålla bollen **(b)** *(konkr)* egendom; *(Pol: koloni)* besittning; ~s ägodelar, tillhörigheter
pos·ses·sive |pəˈzesɪv| **1** *adj* **(a)** *(förälder, partner)* dominerande; her boyfriend is very ~ hennes pojkvän vill ha henne helt för sig själv; to be ~ about sth vilja ha ngt för sig själv, inte vilja dela med sig av ngt; to be ~ towards sb behandla ngn som om man ägde honom/henne **(b)** *(Språkv)* possessiv **2** *s (Språkv)* possessivpronomen; in the ~ (case) i genitiv
pos·ses·sor |pəˈzesə| *s* ägare, innehavare; to be the proud ~ of sth vara stolt ägare till/innehavare av ngt
pos·sibil·ity |ˌpɒsəˈbɪlɪtɪ| *s* **(a)** *(abstr)* möjlighet; there is no ~ of his agreeing to it det finns ingen möjlighet att han går med på det; it is within the bounds of ~ det ligger inom det möjligas gräns(er) **(b)** *(alternativ)* möjlighet; *(händelse)* eventualitet; to foresee all the possibilities förutse alla möjligheter **(c)** to have possibilities ha framtids/utvecklings|möjligheter
pos·sible |ˈpɒsəbl| **1** *adj (i allm)* möjlig, tänkbar; *(ursäkt)* vettig, rimlig; it is ~ that he'll come det är möjligt att han kommer; it is ~ to do it det är möjligt att göra det; it will be ~ for you to leave early du kommer att kunna gå tidigare; as soon/far as ~ så snart/långt som möjligt; if (at all) ~ om (det över huvud taget är) möjligt; the best/worst ~ bästa/sämsta tänkbara; to make sth ~

göra ngt möjligt; **what ~ excuse can you give for your behaviour?** har du någon vettig/rimlig ursäkt för ditt beteende?; **a ~ defeat** en eventuell förlust **2** *s* **(a)** *(person)* möjlig kandidat: **a list of ~s for the job** en lista på möjliga kandidater till jobbet; **he's a ~ for Saturday's match** han kanske får spela i matchen på lördag **(b): the ~** *(abstr)* det möjliga
pos·sibly |'pɒsəblɪ| *adv* **(a)** möjligt; **as often as I ~ can** så ofta jag någonsin kan, så ofta som möjligt; **how can I ~?** hur i all världen skulle jag kunna det?; **I cannot ~ do it** det kan jag omöjligen göra **(b)** möjligen, kanske; **~, but...** det är möjligt, men...
post[1] |pəʊst| **1** *s (i allm)* stolpe; **starting/finishing ~** start-/mål|stolpe; **to be left at the ~** bli efter vid starten **2** *vt* **(a)** *(äv: ~ up) (anslag)* sätta upp; *(meddelande)* anslå; *(vägg etc)* sätta upp affischer på; **~ no bills** *(på skylt)* affischering förbjuden **(b)** *(i tidning etc)* tillkännage, offentliggöra; **to ~ sb/sth (as) missing** anmäla ngn/ngt (som) saknad/saknat
post[2] |pəʊst| **1** *s* **(a)** *(i sht Brit: brev etc)* post; *(: utdelning)* posttur; **by ~** per post, med posten; **by registered ~** rekommenderat, som rekommenderat brev; **has the ~ come yet?** har posten kommit än?; **by return of ~** med vändande post; **to catch/miss the ~** *(person)* hinna/inte hinna posta ngt; *(brev etc)* komma med/inte komma med posten; **it's in the ~** det är på väg med posten, jag/han *etc* har postat det **(b)** *(organisation)* post|verk/-väsen; *(Brit: plats)* postkontor; **~ office** postkontor; **the P~ Office** Postverket; **P~ Office box** (post)box; **P~ Office Savings bank** postsparbank; **~ office worker** postanställd; **~ paid** frankerad, med porto betalt **2** *vt* **(a)** *(i sht Brit)*: **to ~ sth to sb** skicka ngt till ngn (med posten); **to ~ a letter** posta ett brev **(b): to keep sb ~ed** *(vard)* hålla ngn informerad
post[3] |pəʊst| **1** *s* **(a)** *(på arbetsplats)* anställning, plats, tjänst; **to take up one's ~** börja sin anställning/tjänst **(b)** *(Mil)* post; **at one's ~** *(äv bildl)* på sin post; **frontier ~** gräns|garnison/-postering; **first ~** *(trumpetsignal)* tapto; **last ~** *(trumpetsignal: i allm)* tystnad(en); *(: vid begravning)* sista taptot **(c)** (= *trading ~*) handelsstation **2** *vt* **(a)** *(soldat)* postera, placera **(b)** *(diplomat etc)* placera; *(Mil)* placera/kommendera *(to till)*
post- |pəʊst| *prefix* efter(-), post-; **~war** Britain Storbritannien under efterkrigstiden
post·age |'pəʊstɪdʒ| *s* porto; **~ meter** frankeringsmaskin; **~ stamp** frimärke
post·al |'pəʊstəl| *adj* post-, postal; **~ charges** porto(n), postavgifter; **~ giro account** *(Brit)* postgirokonto; **~ order** postanvisning; **~ vote** poströst
post·bag |'pəʊstbæg| *s (Brit: för transport)* postsäck; *(: för utdelning)* postväska; *(bildl: spalt i tidning)* brevlåda
post·box |'pəʊstbɒks| *s (Brit)* brevlåda
post·card |'pɒstkɑːd| *s* postkort; **picture ~** vykort
post·code |'pəʊstkəʊd| *s (Brit)* postnummer
post·date |ˌpəʊst'deɪt| *vt (check etc)* post-/efter|datera
post·er |'pəʊstə'| *s (meddelande)* affisch, plakat; *(prydnad)* affisch, poster; **~ paint** plakatfärg
poste res·tante |ˌpəʊst'restɑ̃ːnt| *s (i sht Brit)* poste restante
pos·teri·or |pɒs'tɪərɪə'| **1** *adj (frm: i tiden)* senare *(to än)*; *(: i rummet)* bakre, bak- **2** *s (skämts)* bak(del), ända
pos·ter·ity |pɒs'terɪtɪ| *s* eftervärlden, kommande generationer

post·free |ˌpəʊst'friː| **1** *adj* portofri **2** *adv* portofritt
post·gradu·ate |'pəʊst'grædjʊɪt| **1** *adj* **(a)** *(Brit Univ: studier)* påbyggnads-, doktorand-; **~ student** student på högre nivå, doktorand **(b)** *(Am Univ: studier)* efter doktorsexamen; **~ fellow** stipendiat som avlagt doktorsexamen **2** *s (Brit Univ)* student på högre nivå, doktorand
post·haste |ˌpəʊst'heɪst| *adv* i ilfart, i högsta fart
post·hu·mous |'pɒstjʊməs| *adj* postum
post·hu·mous·ly |'pɒstjʊməslɪ| *adv* postumt
post·man |'pəʊstmən| *s, pl* -men brevbärare, postiljon *(frm)*
post·mark |'pəʊstmɑːk| **1** *s* poststämpel **2** *vt* poststämpla
post·master |'pəʊstˌmɑːstə'| *s* postmästare; **the ~ general** postministern
post·mistress |'pəʊstˌmɪstrɪs| *s (eg)* (kvinnlig) postmästare; *(vard)* postfröken
post·mortem |ˌpəʊst'mɔːtəm| *s (äv: ~ examination)* obduktion; *(bildl)* analys (i efterhand)
post·natal |'pəʊst'neɪtl| *adj (som sker)* efter födelsen; **~ care** mödravård (efter förlossningen); **~ depression** förlossningsdepression
post·pone |ˌpəʊst'pəʊn| *vt (sammanträde, resa etc)* skjuta upp, senarelägga
post·pone·ment |pəʊst'pəʊnmənt| *s* uppskjutande, senareläggning
post·script |'pəʊsskrɪpt| *s (i brev)* postskriptum, PS; *(i bok)* efterskrift
pos·tu·late |'pɒstjʊlɪt| **1** *s* postulat, (självklar) sats **2** |'pɒstjʊleɪt| *vt (förhållande)* postulera, anta
pos·ture |'pɒstʃə'| **1** *s (persons)* hållning; *(kropps)* ställning; *(bildl)* hållning, attityd; **he has good ~** han har fin hållning; **that's an uncomfortable ~** det där en en obekväm ställning **2** *vi (neds)* göra sig till
post·war |ˌpəʊst'wɔː'| *adj* efterkrigs-; **~ London** London efter kriget
posy |'pəʊzɪ| *s* liten blombukett
pot |pɒt| **1** *s* **(a)** *(Matl)* gryta; *(för te)* kanna; *(för kaffe)* kanna, panna; *(för sylt: större)* kruka; *(: mindre)* burk; *(för blomma)* kruka; *(nattkärl)* potta; *(Sport: vard)* buckla, prispokal; **a ~ of tea** en kanna te; **~s and pans** grytor och kastruller, kokkärl; **to go to ~** *(vard: person)* förfalla; *(: verksamhet, planer)* barka åt skogen; **the ~** *(Kortsp)* potten; **~ roast** grytstek **(b): to have ~s of money** *(vard)* ha massor av pengar **(c)** *(vard: narkotika)* hasch **2** *vt* **(a)** *(sylt, kött)* konservera, salta(in); *(planta)* sätta i kruka; *(baby)* sätta på pottan; **~ted plant** krukväxt **(b)** *(med gevär)* skjuta, knäppa *(vard)*; **~ shot** *(vard)* skott på måfå; **to take a ~ shot at sth** slänga iväg ett skott mot ngt **(c)** *(Brit: Biljard: boll)* göra, sänka
pot·ash |'pɒtæʃ| *s (Kem)* pottaska, kaliumkarbonat
po·tas·sium |pə'tæsɪəm| *s (Kem)* kalium; **~ cyanide** cyankalium
po·ta·to |pə'teɪtəʊ| *s, pl* -es potatis; **sweet ~** sötpotatis, batat; **~ beetle** coloradoskalbagge; **~ chips** *(Am)*, **~ crisps** *(Brit)* potatischips
pot·bel·lied |'pɒtˌbelɪd| *adj (av mycket mat)* stormagad, med kalaskula; *(av svält)* med uppsvullen mage
pot·boiler |'pɒtˌbɔɪlə'| *s (vard)* bok skriven för brödfödan
po·ten·cy |'pəʊtənsɪ| *s (i allm)* makt, styrka; *(sexuell)* potens
po·tent |'pəʊtənt| *adj (medicin)* stark, kraftig; *(drog)* stark; *(fantasi, argument)* stark; *(härskare)* mäktig; *(man: sexuellt)* potent
po·ten·tate |'pəʊtəntɪt| *s* potentat
po·ten·tial |pəʊ'tenʃəl| **1** *adj (fara)* potentiell; *(le-*

dare) potentiell, möjlig **2** *s* **(a)** *(hos människa, produkt, plan)* potential, möjligheter; **he has** ~ **as an actor** han har (utvecklings)möjligheter som skådespelare, han har skådespelartalang **(b)** *(Elektr, Fys)* potential, spänning

po·ten·tial·ly |pəʊˈtenʃəlɪ| *adv*: **you are** ~ **a great singer** du kan/skulle kunna bli en stor sångare; **it's** ~ **dangerous** det kan vara/bli farligt; **it's** ~ **disastrous** det kan leda till katastrof

pot·head |ˈpɒt,hed| *s (vard)* haschare

pot·hole |ˈpɒthəʊl| *s (i väg)* grop, hål; *(Geol)* jättegryta

pot·hol·ing |ˈpɒthəʊlɪŋ| *s* grottforskning

po·tion |ˈpəʊʃən| *s* (magisk/helande) dryck; **love** ~ kärleksdryck

pot·luck |,pɒtˈlʌk| *s*: **to take** ~ *(mat)* ta vad som bjuds/finns hemma; *(bildl)* ta första bästa; ~ **(party)** *(Am: äv)* knytkalas

pot·pour·ri |,pəʊˈpʊriː, *(Am)* pəʊˈriː| *s* **(a)** *(av blomblad)* potpurri, luktblandning **(b)** *(Mus)* potpurri

pot·ted |ˈpɒtɪd| *adj* **(a)** *(fisk, kött)* konserverad, saltad, salt-; *(växt)* kruk- **(b)** *(roman etc)* förkortad

pot·ter[1] |ˈpɒtəʳ| *s (hantverkare)* krukmakare; *(konstnär)* keramiker; ~**'s wheel** drejskiva

pot·ter[2] |ˈpɒtəʳ| *vi (i sht Brit)* pyssla, pilla; **stop** ~**ing about!** sluta gå (här) och skrota!; **he likes** ~**ing about in the garden** han tycker om att (gå och) påta i trädgården

pot·tery |ˈpɒtərɪ| *s (anläggning: mindre)* krukmakeri; *(större)* keramikfabrik; *(hantverk)* krukmakeri; *(industri)* keramiktillverkning; *(material)* lergods, keramik; *(föremål: kollektivt)* keramik; **a piece of** ~ ett keramikföremål; **a** ~**vase** en keramikvas

pot·ty[1] |ˈpɒtɪ| *s (vard)* potta

pot·ty[2] |ˈpɒtɪ| *adj* (-ier, -iest) *(Brit vard)* **(a)** *(person)* knäpp, galen; **he's** ~ **about her** han är galen/tokig i henne **(b)** *(föremål)* futtig, pluttig

potty-trained |ˈpɒtɪ,treɪnd| *adj (barn)* pottränad

pouch |paʊtʃ| *s (för tobak)* pung; *(Zool: hos känguru etc)* pung; *(: i kinden hos vissa gnagare)* påse; *(Mil)* patronväska; **to have** ~**es under the eyes** ha påsar under ögonen

pouf(fe) |puːf| *s* **(a)** *(möbel)* puff **(b)** *(Brit vard!)* = **poof**

poul·ter·er |ˈpəʊltərəʳ| *s (Brit)* fågelhandlare

poul·tice |ˈpəʊltɪs| *s* våtvarmt omslag

poul·try |ˈpəʊltrɪ| *s (djur)* fjäderfä, höns; *(kött)* fågel, höns; ~ **farm** hönsfarm, hönseri; ~ **farmer** hönsuppfödare

pounce |paʊns| **1** *s (rovfågels)* nedslag; *(i allm)* plötsligt anfall; **to make a** ~ **at** kasta sig över **2** *vi* **to** ~ **on sb/sth** *(byte)* slå ner på, kasta sig över, hugga klorna i; *(bildl: person)* slå ner på, hugga klorna i; *(: idé, företeelse)* slå ner på, attackera

pound[1] |paʊnd| *s* **(a)** *(vikt: = 454 g)* pund; **half a** ~ ett halvt pund **(b)** *(myntenhet)* pund; **one** ~ **sterling** ett (engelskt) pund; **two** ~**s** två pund; **a one-**~ **note** en enpundssedel

pound[2] |paʊnd| **1** *vt* **(a)** *(slå: med handen)* dunka/banka på *el* i; *(med hammare etc)* banka/hamra på; *(om vågor: strand, båt)* vräka mot; *(Mil: fiendeposition)* beskjuta med tungt artilleri **(b)** *(i mortel etc)* stöta, krossa; **to** ~ **sth to pieces** pulvrisera/krossa ngt **2** *vi* **(a)** *(person: med handen)* dunka, bulta, banka; *(: med hammare etc)* banka, hamra; *(hjärta)* bulta, slå; *(vågor)* slå; *(trummor)* mullra; **to** ~ **at the door** banka/bulta på dörren; **to** ~ **on the table** dunka/banka i bordet; **to** ~ **at a piano** hamra på ett piano **(b)** *(person: gå tungt)* klampa; **he came** ~**ing into the room** han kom inklampande i rummet

pound[3] |paʊnd| *s (för bortsprungna djur)* fålla; *(för*

felparkerade bilar) uppställningsplats

pound·ing |ˈpaʊndɪŋ| *s*: **to take a** ~ *(person, fotbollslag)* få en rejäl omgång, få ordentligt med stryk

pour |pɔːʳ| **1** *vt (vätska, pulver etc)* hälla, ösa; **to** ~ **sth away/off** hälla bort/av ngt; **to** ~ **sb some coffee/tea** hälla upp lite kaffe/te åt ngn; **to** ~ **sb a drink** servera/hälla upp en drink åt ngn; **let me** ~ **you a drink** låt mig servera (dig) en drink/ngt att dricka; **to** ~ **money into a project** ösa/vräka in pengar i ett projekt **2** *vi* **(a)** *(vatten etc)* forsa, strömma; *(blod)* forsa, rinna; **letters came** ~**ing in** det strömmade in brev; **the sweat was** ~**ing off you!** svetten rinner ju om dig!, du badar ju i svett!; *(tourists)* **were** ~**ing in** det väller in turister **(b)**: **it's** ~**ing (with rain)** det ös-/häll|regnar, det öser ner

♦ **pour out** *vt + adv (drink etc)* hälla upp, servera; *(kaffe, te)* hälla upp/slå upp, servera; *(mjöl, ris etc)* hälla upp; *(smutsvatten)* hälla/slå ut; *(bildl: bekymmer)* ösa ur sig; **to** ~ **out one's heart** lätta sitt hjärta

pour·ing |ˈpɔːrɪŋ| *adj (regn)* ös-, hällande; **it was a** ~ **wet day** förk regn (den dagen)

pout |paʊt| **1** *s* sur/trumpen min *el* uppsyn **2** *vi* truta/puta med munnen, se sur(mulen) ut

pov·er·ty |ˈpɒvətɪ| *s* fattigdom, armod *(litt, åld)*; ~ **of imagination** brist på fantasi; **to live in** ~ leva i fattigdom/armod

poverty-stricken |ˈpɒvətɪ,strɪkən| *adj* utarmad, utfattig; **to be** ~ *(skämts)* vara barskrapad

PoW *förk f* **prisoner of war**

pow·der |ˈpaʊdəʳ| **1** *s (i allm)* pulver, stoft, damm; *(Med)* pulver; *(för ansikte)* puder; *(= gun* ~*)* krut; ~ **snow** pudersnö; **washing** ~ tvätt|pulver/-medel; **to grind sth to (a)** ~ mala ngt till pulver/mjöl; ~ **compact** puderdosa; ~ **keg** *(eg)* kruttunna; *(bildl)* krutdurk; ~ **puff** pudervippa; ~ **room** damrum **2** *vt* **(a)** *(material)* smula/mala sönder, pulvrisera **(b)** *(ansikte, hår)* pudra; **to** ~ **one's nose** *(eg)* pudra näsan; *(eufem)* uppsöka damrummet

pow·dered |ˈpaʊdəd| *adj* pulvriserad, mald; ~ **eggs** äggpulver; ~ **milk** torrmjölk; ~ **sugar** *(Am)* pudersocker

pow·dery |ˈpaʊdərɪ| *adj (material)* puderfin; *(yta)* täckt/full med puder/damm; ~ **snow** pudersnö

pow·er |ˈpaʊəʳ| **1** *s* **(a)** *(fysisk)* kraft, styrka; *(bildl: i bevis etc)* styrka; **more** ~ **to your elbow!** lycka till!

(b) förmåga; **it is beyond his** ~ **to save her** det står inte i hans makt att rädda henne; **to do all in one's** ~ **to help sb** göra allt som står i ens makt för att hjälpa ngn; **the** ~ **of speech** talförmågan; ~**s of persuasion** övertalningsförmåga; ~**s of imagination** fantasi

(c) *(Pol etc)* makt; **that is beyond my** ~**(s)** det ligger utanför mina befogenheter; **to have** ~ **over sb** ha makt över ngn; **to have sb in one's** ~ ha ngn i sitt våld; **to be in sb's** ~ vara i ngns våld; **to be in** ~ ha makten; **to come to** ~ komma till makten; ~ **of attorney** *(Jur)* fullmakt, bemyndigande; **the** ~ **behind the throne** den grå eminensen, den verkliga makthavaren; **the** ~ **of life and death** makt(en) över liv och död; **the** ~**s that be** makthavarna, de som sitter vid makten; **the** ~**s of darkness/evil** mörkrets/det ondas makter

(d) *(nation)* makt; *(person)* maktfaktor; **naval** ~ sjömakt; **the Great P**~**s** stormakterna

(e) *(elektrisk etc)* energi, kraft

(f) *(motors)* effekt; *(teleskops)* styrka; **with engines at half** ~ för halv maskin; **under her own** ~ *(fartyg)* för egen maskin **(g)** *(Mat)* dignitet, potens; **7 to the** ~ **(of) 3** 7 upphöjt till 3 **(h)**

(vard) massa; **that did me a ~ of good** det där gjorde mig väldigt gott

2 *vt (apparat, fordon)* driva; **a plane ~ed by 4 jets** ett flygplan med 4 jetmotorer

3 *i sms*: **~ brake** servobroms; **~ cable** el-kabel; **~ drill** *(elektrisk)* borrmaskin; **~ line** elledning; **~ plant** *(mindre)* elverk; *(Am: äv)* kraftstation; **~ point** *(Brit)* vägguttag; **~ politics** maktpolitik; **~ station** kraftverk; **~ supply** el försörjning; **~ steering** *(Motor)* servostyrning; **~ windows** *(Motor)* elektriska fönsterhissar

power·boat |'pɑʊəbəʊt| *s* motorbåt

power-driven |'pɑʊəˌdrɪvn| *adj* motor-/el|driven

pow·er·ful |'pɑʊəfʊl| *adj (person: fysiskt)* stark; *(: i politik etc)* mäktig, inflytelserik; *(motor, magnet etc)* stark; *(medicin)* kraftigt verkande, stark; *(film etc)* stark, gripande

pow·er·house |'pɑʊəhɑʊs| *s (eg)* kraftstation; *(bildl: person)* energiknippe

pow·er·less |'pɑʊəlɪs| *adj (i allm)* maktlös; *(fysiskt)* kraftlös; **we are ~ to help you** vi har ingen möjlighet att hjälpa dig

pow·wow |'pɑʊˌwɑʊ| *s (eg)* möte mellan/med indianer; *(vard)* samtal, rådslag

p.p. *förk f (= per procuration(em))* per prokura

P.R. **(a)** *förk f* **public relations** PR **(b)** *förk f* **proportional representation**

prac·ti·cabil·ity |ˌpræktɪkəˈbɪlɪtɪ| *s (hos plan)* genomförbarhet; *(hos metod)* användbarhet; *(hos väg)* framkomlighet

prac·ti·cable |'præktɪkəbl| *adj (plan)* (praktiskt) genomförbar; *(metod)* möjlig; *(väg)* framkomlig, farbar

prac·ti·cal |'præktɪkəl| *adj (erfarenhet, begåvning, tillämpning)* praktisk; *(redskap etc)* praktisk, ändamålsenlig, användbar; **for all ~ purposes** i själva verket, egentligen; **~ joke** practical joke

prac·ti·cal·ity |ˌpræktɪˈkælɪtɪ| *s (hos person)* praktisk läggning; *(i plan etc)* genomförbarhet; **practicalities** praktiska detaljer

prac·ti·cal·ly |'præktɪklɪ| *adv* praktiskt taget, så gott som

prac·tice |'præktɪs| **1** *s* **(a)** *(persons, folks)* vana, sed(vänja); **I make a ~ of...** jag har (tagit) för vana att...; **it is not our ~ to do that** vi brukar inte göra det, det tillhör inte vår praxis att göra det; **sharp ~** tvivelaktiga metoder **(b)** *(Sport etc)* träning; *(Musik etc)* övning; **to be out of ~** vara otränad; **~ makes perfect** övning ger färdighet **(c)** *(motsats till teori)* praktik; **in ~** i praktiken; **to put sth into ~** genomföra ngt i praktiken **(d)** *(läkares, advokats)* praktik; **he is no longer in ~** han praktiserar inte längre; **to set up in ~ as** öppna praktik som... **2** *vt, vi (Am)* = **practise**

prac·tise, *(Am)* **prac·tice** |'præktɪs| **1** *vt* **(a)** *(metod)* använda, praktisera; *(tålamod)* visa, ha; **to ~ what one preaches** leva som man lär **(b)** *(Sport)* träna, öva; *(Musik)* öva; **to ~ the piano** öva (på) piano; **to ~ doing sth** öva sig i att göra ngt; **I ~d my Italian on her** jag praktiserade min italienska på henne **(c)** *(yrke, religion)* utöva **2** *vi* **(a)** *(Sport)* träna; *(Musik)* öva **(b)** *(läkare, jurist)* praktisera

prac·tised, *(Am)* **prac·ticed** |'præktɪst| *adj (yrkesman, artist)* skicklig, rutinerad; *(lögnare, brottsling)* durkdriven, utstuderad; **with a ~ eye** med van blick

prac·tis·ing, *(Am)* **prac·tic·ing** |'præktɪsɪŋ| *adj (jurist, läkare)* praktiserande; *(kristen, jude etc)* aktiv, utövande; *(homosexuell)* aktiv

practi·tion·er |præk'tɪʃənər| *s (i allm)* utövare; *(Med)* praktiserande läkare; *(Jur)* praktiserande jurist; *se äv* **general**

prag·mat·ic |præg'mætɪk| *adj (Filos)* pragmatisk; *(i allm)* pragmatisk, praktisk

prag·ma·tism |'prægmətɪzəm| *s (Filos)* pragmatism; *(i allm)* pragmatisk/praktisk inställning

prai·rie |'prɛərɪ| *s* prärie; **~ dog** *(murmeldjursliknande gnagare)* präriehund; **~ oyster** *(återställare)* 'prärieostron', rått ägg med kryddor; **~ schooner** 'prärieskonare', prärievagn

praise |preɪz| **1** *s* beröm, pris *(frm)*, lovord *(frm)*; **he spoke in ~ of their achievements** han lovordade/berömde deras prestationer; **I have nothing but ~ for her** jag har inte annat än lovord för henne; **~ be to God!** Gud vare lovad!; **~ be!** tack och lov! **2** *vt (person, prestation)* berömma, lovorda *(frm)*; *(Gud)* (lov)prisa, lova

praise·worthy |'preɪzˌwɜːðɪ| *adj* lovvärd, berömvärd

pram |præm| *s (Brit)* barnvagn, liggvagn

prance |prɑːns| *vi (häst)* kråma sig, dansa omkring; *(person: stolt)* kråma sig, stoltsera; *(: muntert)* dansa/skutta omkring; **to ~ in/out** dansa in/ut

prank |præŋk| *s* spratt, upptåg; **a student ~** ett studentupptåg

prank·ster |'præŋkstər| *s* upptågsmakare

prate |preɪt| *vi* babbla *(vard)*

prat·fall |'præt,fɔːl| *s (Am vard)* fall på ändan, rova

prat·tle |'prætl| *vi* pladdra

prawn |prɔːn| *s* räka; **~ cocktail** räkcocktail

pray |preɪ| *vi (till Gud)* be; *(till människa)* be, bönfalla; **to ~ to God** be till Gud; **to ~ for sth** be/bönfalla om ngt; *(bildl)* hoppas på ngt; **to ~ for sb** be för ngn; **she's past ~ing for!** *(vard: döende)* det finns inget hopp för henne längre; *(: oefterrättlig)* hon är ett hopplöst fall

prayer |prɛər| *s* bön; **to be at ~** be(dja), förrätta (sin) andakt; **to say one's ~s** be sina böner; **the Lord's ~** Fader vår; **the Book of Common P~** engelska kyrkans bönbok; **~ book** bönbok; **~ mat** bönematta; **~ meeting** bönemöte

pre- |priː| *prefix* för-, pre-

preach |priːtʃ| **1** *vt (Rel o bildl: levnadssätt etc)* predika; *(religion)* predika, förkunna; **to ~ a sermon** hålla en predikan **2** *vi* predika; **to ~ at sb** *(bildl)* predika för ngn; **to ~ to the converted** *(bildl)* slå in öppna dörrar

preach·er |'priːtʃər| *s (vid viss predikan)* predikant; *(Am: titel)* predikant

preachi·fy |'priːtʃɪˌfaɪ| *vi (i sht Am vard)* hålla moralpredikan, predika

pre·amble |priːˈæmbl| *s (i bok)* inledning; *(möte)* förberedande möte

pre·am·pli·fi·er |priːˈæmplɪˌfaɪər| *s (Elektr)* förförstärkare

pre·arrange |ˌpriːəˈreɪndʒ| *vt* avtala/ordna på förhand

pre·cari·ous |prɪˈkɛərɪəs| *adj (yrke)* osäker, otrygg; *(situation)* prekär, riskabel

pre·cau·tion |prɪˈkɔːʃən| *s (sätt)* försiktighet, varsamhet; *(handling)* försiktighetsåtgärd; **as a ~** som en försiktighetsåtgärd; **to take ~s** *(i allm)* vidta försiktighetsåtgärder; *(eufem: använda preventivmedel)* skydda sig; **to take the ~ of doing sth** göra ngt för säkerhets skull

pre·cau·tion·ary |prɪˈkɔːʃənərɪ| *adj (åtgärd)* försiktighets-, förebyggande

pre·cede |prɪˈsiːd| *vt (i tiden)* föregå, komma före; *(i rummet)* gå före, komma före; *(bildl)* gå före/framför; *(i rang)* stå över; **to ~ a speech with sth** inleda ett tal med ngt; **for a month preceding this** i en månad före detta (datum)

pre·cedence |'presɪdəns| *s* företräde; **order of ~** rangordning; **to take ~ over sb** *(i kvalitet)* gå före ngn; *(i rang)* stå över/ha högre rang än ngn; **to take ~ over sth** *(problem etc)* komma/gå före ngt

prec·edent |'presɪdənt| *s (i allm)* tidigare likartat

fall/likartad händelse; *(Jur)* prejudikat; **it is without** ~ det saknar motstycke, det har aldrig hänt tidigare; **to establish/set a** ~ skapa ett prejudikat

pre·ced·ing |prɪ'siːdɪŋ| *adj* föregående; **in the** ~ **month** månaden före

pre·cept |'priːsept| *s (för eget handlande)* rättesnöre; *(för andras handlande)* regel, föreskrift

pre·cinct |'priːsɪŋkt| *s (för visst ändamål))* område; *(Am: Polis)* polisdistrikt; *(: Pol)* valdistrikt; **shopping** ~ affärsdistrikt; ~**s** *(område runt stad etc)* omgivningar; **within the city** ~**s** innanför stadsgränsen; **within the** ~**s of the university** på universitetets område; *se äv* **pedestrian**

pre·cious |'preʃəs| **1** *adj* **(a)** *(material etc)* dyrbar, värdefull, kostbar *(litt)* ~ **stone/metal** ädel|sten/-metall **(b)** *(föremål, person)* älskad; **your** ~ **dog** *(iron)* din fina hund; **your help is very** ~ **to me** din hjälp är väldigt värdefull för mig **2** *adv (vard)* väldigt; ~ **little** väldigt lite

preci·pice |'presɪpɪs| *s* stup, brant

pre·cipi·tate |prɪ'sɪpɪtət| **1** *adj (person)* brådstörtad; *(beslut)* förhastad, överilad **2** |prɪ'sɪpɪteɪt| *vt* **(a)** *(händelse)* påskynda **(b)** *(bildl)*: **to** ~ **a country into war** störta ett land i krig **(c)** *(Kem)* fälla ut; *(Fys)* kondensera

pre·cipi·tous |prɪ'sɪpɪtəs| *adj (sluttning)* tvärbrant; *(handling)* brådstörtad; *(beslut)* förhastad, överilad

pré·cis |'preɪsiː| *s, pl lika* resumé, sammanfattning

pre·cise |prɪ'saɪs| *adj* **(a)** *(beräkning, uppgift)* exakt; *(instruktion)* noggrann, detaljerad; *(översättning)* noggrann, ordagrann; **there were 5, to be** ~ där fanns 5 för att vara exakt; **at that** ~ **moment** i just det ögonblicket **(b)** *(person)* noggrann; *(: neds)* pedantisk, petig

pre·cise·ly |prɪ'saɪslɪ| *adv (ange ngt)* exakt, noggrant; *(med siffra etc)* exakt, precis; **what** ~ **do you mean?** exakt? vad menar du?; **at 4 o'clock** ~, **at** ~ **4 o'clock** precis klockan 4; ~! just det!, precis!

pre·ci·sion |prɪ'sɪʒən| *s (i uppgift)* precision; *(i arbete)* noggrannhet; ~ **instrument** precisionsinstrument

pre·clude |prɪ'kluːd| *vt (missförstånd etc)* utesluta, förebygga; **we are** ~**d from doing that** vi är förhindrade (från) att göra det

pre·co·cious |prɪ'kəʊʃəs| *adj (pos)* brådmogen, tidigt utvecklad; *(neg)* lillgammal

pre·co·cious·ness |prɪ'kəʊʃəsnɪs| , **pre·coc·ity** |prɪ'kɒsɪtɪ| *s (pos)* brådmogenhet; *(neg)* odräglig brådmogenhet

pre·con·ceived |ˌpriːkən'siːvd| *adj (åsikt)* förutfattad

pre·con·cep·tion |ˌpriːkən'sepʃən| *s* förutfattad mening

pre·con·di·tion |ˌpriːkən'dɪʃən| *s* nödvändig förutsättning

pre·cur·sor |ˌpriː'kɜːsəʳ| *s (till föremål etc)* föregångare, förelöpare; *(till händelse)* förebud

pre·date |ˌpriː'deɪt| *vt (brev, check)* fördatera, predatera; *(händelse)* föregå, inträffa tidigare än

preda·tor |'predətəʳ| *s (djur)* rovdjur, predator *(spec)*; *(person)* rovlysten person

preda·tory |'predətərɪ| *adj (djur)* rov-; *(stam)* rövar-; *(anfall)* plundrings-; *(bildl: affärsinnehavare etc)* girig; ~ **excursion** plundringståg; ~ **man** donjuantyp; ~ **woman** lycksökerska

pre·de·ces·sor |'priːdɪˌsesəʳ| *s (person: i ämbete etc)* företrädare; *(föremål)* föregångare

pre·des·ti·na·tion |priːˌdestɪ'neɪʃən| *s (Rel)* förutbestämmelse, predestination; *(i allm)* öde

pre·des·tine |ˌpriː'destɪn| *vt* förutbestämma, predestinera

pre·de·ter·mine |ˌpriːdɪ'tɜːmɪn| *vt* förutbestämma, bestämma i förväg

pre·dica·ment |prɪ'dɪkəmənt| *s* besvärlig/obehaglig situation, predikament

predi·cate |'predɪkɪt| **1** *s (Språkv)* predikat **2** |'predɪkeɪt| *vt* grunda, basera *(on* på); **these fares are** ~**ed on stable fuel prices** dessa priser byggr på fasta/oförändrade bränslekostnader

pre·dict |prɪ'dɪkt| *vt* förutsäga, förutspå

pre·dict·able |prɪ'dɪktəbl| *adj* förutsägbar; **to be** ~ *(person)* aldrig göra ngt oväntat

pre·dict·ably |prɪ'dɪktəblɪ| *adv (handla)* som kunde förutsägas, som väntat; ~ **she didn't arrive** som väntat/som man kunde förutspått kom hon inte

pre·dic·tion |prɪ'dɪkʃən| *s* förutsägelse

pre·di·lec·tion |ˌpriːdɪ'lekʃən| *s* förkärlek *(for* för)

pre·dis·pose |ˌpriːdɪs'pəʊz| *vt* på förhand göra benägen *(to* att)/mottaglig *(to* för), predisponera; **I'm** ~**d to like him** jag är på förhand benägen att tycka om honom; **I'm** ~**d in favour of her** jag är på förhand gynnsamt inställd till henne

pre·domi·nance |prɪ'dɒmɪnəns| *s (i styrka)* övermakt; *(till antalet)* övervägande andel

pre·domi·nant |prɪ'dɒmɪnənt| *adj (i allm)* dominerande; *(roll)* mest framträdande; *(till antalet)* övervägande

pre·domi·nant·ly |prɪ'dɒmɪnəntlɪ| *adv* till övervägande delen

pre·domi·nate |prɪ'dɒmɪneɪt| *vi (i allm)* dominera; *(till antalet)* överväga; **to** ~ **over sth** ha överhanden över ngt

pre·eminence |ˌpriː'emɪnəns| *s* överlägsenhet

pre·eminent |ˌpriː'emɪnənt| *adj* överlägsen, enormt framstående; **it is his** ~ **virtue** det är hans främsta dygd

pre·eminent·ly |ˌpriː'emɪnəntlɪ| *adv* huvudsakligen, först och främst; **he is** ~**ly a sculptor** han är först och främst skulptör

pre·empt |prɪ'empt| *vt* lägga beslag på *(i förväg)*, skaffa sig förtur till; *(Am Hist: mark)* ockupera för att få förköpsrätt

pre·emp·tive |ˌpriː'emptɪv| *adj (Mil)* preventiv, förebyggande

preen |priːn| *vt (fjädrar)* putsa; **to** ~ **oneself** *(fågel)* putsa sina fjädrar; *(person: eg)* snygga till sig; *(bildl)* kråma sig

pre·fab |'priːfæb| *s (vard)* monteringshus, elementhus

prefabricated |ˌpriː'fæbrɪkeɪtɪd| *adj (hus, båt)* monteringsfärdig

pref·ace |'prefɪs| *s (i bok)* förord; *(i föredrag)* inledning

prefa·tory |'prefətərɪ| *adj* inledande, inlednings-

pre·fect |'priːfekt| *s (Brit Skol)* ordningsman; *(i Frankrike, Italien: Admin)* prefekt

pre·fer |prɪ'fɜːʳ| *vt* **(a)** föredra; **to** ~ **coffee to tea** föredra kaffe framför te, tycka bättre om kaffe än te; **to** ~ **walking to going by car** föredra att gå framför att åka bil; **I** ~ **to stay home** jag föredrar att stanna hemma **(b)** *(rapport)* lägga fram; *(person)* låta avancera, befordra; **to** ~ **charges against sb** *(Jur)* komma med beskyllningar mot ngn **(c)** *(Am Handel)*: ~**red stock** preferensaktier

pref·er·able |'prefərəbl| *adj* som är att föredra; **is it** ~ **to phone her first?** bör jag ringa till henne först?

pref·er·ably |'prefərəblɪ| *adv* helst

pref·er·ence |'prefərəns| *s* **(a)** *(för viss mat, färg etc)* förkärlek; **in** ~ **to sth** framför ngt, hellre än ngt **(b)** *(föremål)* det man föredrar; **what's his** ~? vad föredrar han?; **I have no** ~ jag har inga preferenser, det går bra med vad/vilken som helst **(c)** *(Handel)* preferens, gynnad ställning; **to show** ~ **to a customer** särskilt gynna en kund; **to give** ~ **to sb/sth** ge företräde åt ngn/ngt; ~

shares *(Brit)* preferensaktier
pref·er·en·tial [ˌprefə'renʃəl] *adj* preferens-, förmåns-; ~ **treatment** förmånsbehandling
pre·fer·ment [prɪ'fɜːmənt] *s* avancemang
pre·fix ['priːfɪks] *s (Språkv)* prefix; *(framför namn)* titel
preg·nan·cy ['pregnənsɪ] *s (kvinnas)* havandeskap, graviditet; *(djurs)* dräktighet; ~ **test** graviditetstest
preg·nant ['pregnənt] *adj (kvinna)* havande, gravid; *(djur)* dräktig; *(bildl: ord)* betydelsemättad; *(: stil)* pregnant; *(: tystnad)* laddad; ~ **with** *(bildl)* fylld av, rik på; **she was** ~ **with his child** hon väntade hans barn
pre·his·tor·ic [ˌpriːhɪ'stɒrɪk] *adj* förhistorisk, urtids-
pre·his·to·ry [ˌpriː'hɪstərɪ] *s* förhistoria
pre·judge [ˌpriː'dʒʌdʒ] *vt (person)* döma på förhand; *(fråga)* fatta ett för tidigt beslut i
pre·ju·dice ['predʒʊdɪs] **1** *s* **(a)** *(mot ras etc)* fördom(ar); *(i fråga)* förutfattad mening, förutfattade meningar; **his** ~ **against...** *(äv)* hans negativa inställning till...; **her** ~ **in favour of...** hennes förkärlek för... **(b)** *(Jur)* förfång, men; **without** ~ **to** utan förfång för **2** *vt* **(a)** inge fördomar; **to** ~ **sb against sth** göra ngn avogt inställd till ngt; **to** ~ **sb in favour of sth** göra ngn välvilligt inställd till ngt **(b)** *(ngns chans etc)* skada, inverka menligt på
pre·ju·diced ['predʒʊdɪst] *adj (i allm)* fördomsfull; *(i viss fråga)* partisk; **to be** ~**d against/in favour of sb** vara välvilligt/avogt inställd till ngn
pre·ju·di·cial [ˌpredʒʊ'dɪʃəl] *adj (handling)* skadlig, till skada *(to* för)
prel·ate ['prelɪt] *s* prelat
pre·limi·nary [prɪ'lɪmɪnərɪ] **1** *adj (undersökning)* preliminär; *(åtgärd)* förberedande; *(kommentar)* inledande; ~ **heat** *(Sport)* försöksheat **2** *s* förberedande åtgärd; **preliminaries** inledande formaliteter; *(Sport)* försök(somgång)
prel·ude ['preljuːd] *s (i allm)* upptakt, början *(to* till); *(Mus)* preludium
pre·mari·tal [ˌpriː'mærɪtl] *adj* föräktenskaplig
prema·ture ['premətjʊəʳ] *adj (födsel, död)* för tidig; *(barn)* för tidigt född; *(slutsats)* för tidig, förhastad; *(åtgärd)* överilad, förhastad
prema·ture·ly ['premətjʊəlɪ] *adv (födas)* för tidigt; *(dö)* i förtid; *(handla)* för tidigt, förhastat, överilat
pre·medi·tate [ˌpriː'medɪteɪt] *vt* tänka ut på förhand; ~**d** uppsåtlig; ~**d murder** överlagt mord
pre·menstrual [ˌpriː'menstrʊəl] *adj* premenstruell; ~ **tension** *(Med)* premenstruell spänning
prem·ier ['premɪəʳ] *s (Pol)* premiärminister, statsminister
premie·re ['premɪɛəʳ, *(Am)* prɪ'mɪəʳ] **1** *s (Teat etc)* premiär **2** *vt* ha premiär på; **the movie was** ~**d in New York last week** filmen hade premiär i New York förra veckan **3** *vi* ha premiär
prem·ise ['premɪs] *s* **(a)** *(vid resonemang)* antagande, premiss **(b)**: ~**s** fastighet (inklusive tomt), lokal; **private** ~**s** privat område; **licensed** ~**s** *(Brit)* lokal med spriträttigheter; **on the** ~**s** inom lokalen; **to see sb off the** ~**s** avvisa ngn från lokalen
pre·mium ['priːmɪəm] *s* **(a)** *(avgift: för försäkring)* premie; *(: för extra service etc)* tillägg **(b)** *(belöning: i allm)* premium, pris; *(: till arbetare)* lönetillägg, bonus **(c)** *(Handel)* överkurs; **to put a** ~ **on** sätta värde på; ~ **bond** *(Brit)* premieobligation; **to sell sth at a** ~ sälja ngt till överkurs; **to be at a** ~ *(bildl)* stå högt i kurs
premo·ni·tion [ˌpriːmə'nɪʃən] *s (känsla)* föraning; *(meddelande etc)* förvarning
pre·oc·cu·pa·tion [priːˌɒkjʊ'peɪʃən] *s (tillstånd)*

tankfullhet; *(egenskap)* tankspriddhet; *(syssla)* huvudsysselsättning, största intresse; *(ämne)* största intresse
pre·oc·cu·pied [ˌpriː'ɒkjʊpaɪd] *adj (i allm)* tankfull, försjunken i tankar; *(neg)* tankspridd; **to be** ~ **with sth** vara helt upptagen av ngt
pre·oc·cu·py [ˌpriː'ɒkjʊpaɪ] *vt (person(s tankar))* helt uppta/sysselsätta
prep [prep] *s (i sht Brit Skol: vard)* läxläsning; ~ **school** *(Brit)* (privat)skola som förbereder för public school; *(Am)* (privat)skola som förbereder för högskolan
pre·paid ['priːpeɪd] *adj (i allm)* betald i förväg/förskott; *(brev)* frankerad
prepa·ra·tion [ˌprepə'reɪʃən] *s* **(a)** *(i allm)* förberedelse; *(av mat)* tillagning; *(av dokument)* utarbetande; **in** ~ **for sth** som en förberedelse för ngt; **to make** ~**s** göra förberedelser; **to be in** ~ *(bok)* vara under arbete; *(måltid)* hålla på att lagas till **(b)** *(Brit Skol: äv:* **prep***: tid)* läxläsningsstund; *(: aktivitet)* läxläsning; **I've got maths** ~ **to do for tomorrow** jag har en matteläxa att läsa till i morgon **(c)** *(Kem)* preparat
pre·para·tory [prɪ'pærətərɪ] *adj (i allm)* förberedande; *(Univ: kurs: äv)* propedeutisk; ~ **to a trip** inför/före en resa; ~ **to sth** som en förberedelse inför ngt; **I applied for a visa** ~ **to going** jag ansökte om visum innan jag åkte; ~ **school** = **prep school**
pre·pare [prɪ'pɛəʳ] **1** *vt* **(a)** *(i allm)* förbereda; *(mat)* tillreda, laga (till); *(dokument)* utarbeta; **to** ~ **the way for a treaty** jämna vägen/bereda marken för ett fördrag; **to** ~ **to do sth** bereda sig på att göra ngt **(b)** *(Skol: läxa)* läsa; *(: elever)* preparera, förbereda **2** *vi*: **to** ~ **(for sth)** förbereda sig/göra sig i ordning (för ngt)
pre·par·ed [prɪ'pɛəd] *adj* **(a)** *(tal, svar)* förberedd; *(mat)* tillagad **(b)** *(person: tillstånd)* beredd, redo; **to be** ~ **for anything** vara beredd på vad som helst; **we were not** ~ **for this** vi var inte beredda på detta **(c)** *(person: inställning)* villig, benägen; **to be** ~ **to help sb** vara villig att hjälpa ngn
pre·pon·der·ance [prɪ'pɒndərəns] *s (i antal)* övervikt, majoritet
pre·pon·der·ant [prɪ'pɒndərənt] *adj (antal)* övervägande; *(åsikt)* förhärskande, dominerande
prepo·si·tion [ˌprepə'zɪʃən] *s (Språkv)* preposition
pre·pos·sess·ing [ˌpriːpə'zesɪŋ] *adj (person, sätt)* vinnande, sympatisk
pre·pos·ter·ous [prɪ'pɒstərəs] *adj (idé)* orimlig, befängd; *(person)* löjlig
pre·record [ˌpriːrɪ'kɔːd] *vt (musik etc)* spela in i förväg; ~**ed cassette** färdiginspelad kassett, musikkassett
pre·requi·site [ˌpriː'rekwɪzɪt] *s* nödvändig förutsättning *(for/to* för)
pre·roga·tive [prɪ'rɒgətɪv] *s (i allm)* privilegium, företrädesrätt; *(för kung etc: äv)* prerogativ
pres·age ['presɪdʒ] **1** *s (tecken)* omen, förebud; *(känsla)* föraning **2** *vt* förebåda
Pres·by·ter·ian [ˌprezbɪ'tɪərɪən] **1** *adj* presbyteriansk **2** *s* presbyterian
pre·school ['priːˌskuːl] *adj* förskole-
pre·science ['presɪəns] *s* vetskap på förhand
pre·scient ['presɪənt] *adj* med vetskap på förhand
pre·scribe [prɪs'kraɪb] *vt* **(a)** *(procedur)* föreskriva, fastställa **(b)** *(Med, bildl)* ordinera
pre·scrip·tion [prɪs'krɪpʃən] *s (Med: ordination)* recept; *(: handling)* ordination; **to make up** *(Brit)* el **fill** *(Am)* **a** ~ *(på apotek)* expediera ett recept; **only available on** ~ *(medicin)* receptbelagd; ~ **charges** *(Brit)* medicinkostnad (som betalas av patienten själv)
pres·ence ['prezns] *s* närvaro; ~ **of mind** sinnes-

närvaro; **in the ~ of sb** i ngns närvaro; **in the ~ of two witnesses** i närvaro av två vittnen; **to make one's ~ felt** få folk att lägga märke till en/sig
pres·ent |'preznt| 1 *adj* (a) *(person)* närvarande *(at* vid, *in* i); **those ~** de närvarande (b) *(situation, innehavare)* nuvarande; *(år)* innevarande; *(fall)* föreliggande; **at the ~ moment** för närvarande; **its ~ value** dess aktuella värde; **the ~ day** nutiden (c) *(Språkv)* presens-; **the ~ tense** presens 2 *s* (a): **the ~** nuet; **at ~** för närvarande, för tillfället; **for the ~** tills vidare, så länge; **up to the ~** fram till nu (b) *(Språkv)*: **the ~** presens
pres·ent² |'preznt| 1 *s* present, gåva; **to make sb a ~ of sth** ge ngn ngt i present 2 |prı'zent| *vt* (a) *(föremål)* överlämna, överräcka; *(gåva)* skänka, ge i present; **to ~ sb with sth, to ~ sth to sb** ge ngn ngt i gåva/present (b) *(förslag)* presentera; *(rapport)* lägga fram; *(argument)* framföra (c): **to ~ itself** *(chans etc)* erbjuda sig, dyka upp; **it ~s a magnificent sight** den utgör/ erbjuder en storslagen syn; **it ~s some difficulties** det medför vissa svårigheter (d) *(Radio, TV: nyheter, program)* presentera; *(Teat: pjäs)* presentera, framföra, uppföra (e) *(person)* presentera; **to ~ X to Y** presentera/föreställa X för Y; **may I ~ Miss Clark?** *(frm)* får jag presentera miss Clark?; **to ~ oneself somewhere** inställa sig någonstans
pre·sent·able |prı'zentəbl| *adj (person, utseende)* presentabel; **to make oneself ~** göra sig presentabel, snygga till lig
pres·en·ta·tion |,prezən'teıʃən| *s* (a) *(av gåva etc)* överlämnande; *(av rapport)* framläggande; **to make a ~** överlämna en gåva; **on ~ of the voucher** mot uppvisande av kupongen (b) *(Radio, TV: av program)* presentation; *(Teat: av pjäs)* framförande, uppförande (c) *(ceremoni)* överlämnande; *(föremål)* gåva; **to make the ~** överlämna gåvan
present-day |'preznt,deı| *adj* dagens, nutidens
pre·sent·er |prı'zentə'| *s (Radio, TV)* presentatör
pre·sen·ti·ment |prı'zentımənt| *s (om fara etc)* föraning
pres·ent·ly |'prezntlı| *adv (i sht Brit)* snart, om en stund; *(Am: äv)* nu, för närvarande
pres·er·va·tion |,prezə'veıʃən| *s* (a) *(av dokument)* bevarande; *(av syn/hörsel)* bibehållande; *(av tradition)* bevarande, upprätthållande; **~ order** byggnadsminnesförklaring (b) *(av trä/ läder)* konservering; *(Matl)* konservering; **game ~ el ~ of game** viltvård
pre·serva·tive |prı'zɜ:vətıv| *s (Matl)* konserveringsmedel
pre·serve |prı'zɜ:v| 1 *s* (a) *(Matl: ofta: ~s)* sylt, marmelad; **~s** (: *äv)* konserverad frukt (b) *(för jakt)* jaktmarker; *(för fiske)* fiskevatten; **game ~** *(äv)* viltreservat 2 *vt* (a) *(dokument)* bevara; *(syn, hörsel)* behålla; *(tradition)* bevara, upprätthålla (b) *(trä, läder)* konservera; *(Matl)* konservera; **well ~d** *(person)* väl bibehållen (c) *(mot fara)* skydda, bevara; **~ me from that!** (Gud) bevare mig för det!
pre·set |'pri:'set| *vt* ställa in på förhand
pre·shrunk |,pri:'ʃrʌŋk| *adj (tyg, plagg)* krympfri, krympt
pre·side |prı'zaıd| *vi*: **to ~ (at/over)** sitta som ordförande (vid), presidera (över)
presi·den·cy |'prezıdənsı| *s (Pol: ämbete)* presidentpost; (: *tid)* presidentperiod; *(i sht Am: i förening: ämbete)* ordförandepost, ordförandeskap; *(Am: i företag)* befattning som verkstallande direktör
presi·dent |'prezıdənt| *s (Pol)* president; *(i sht Am: i förening)* ordförande; *(Am: i företag)* verkställan-

de direktör; **the P~ of France** Frankrikes president
presi·dent·ial |,prezı'denʃəl| *adj (Pol)* president-; *(i förening)* ordförande-
press |pres| 1 *s* (a) *(med finger)* tryckning; *(psykisk etc)* press; **~ stud** *(Brit: på kläder)* tryckknapp
  (b) *(apparat: för byxor, racket etc)* press
  (c) *(Typogr)* tryckpress; **to go to ~** gå i tryck; **to be in the ~** vara under tryckning
  (d): **the ~** *(tidningar)* pressen; **to get a good/ bad ~** få god/dålig press; **~ agency** pressbyrå, nyhetsbyrå; **~ agent** PR-man, handläggare av presskontakter; **~ baron** tidningskung; **~ clipping** *(Am)* (tidnings)urklipp; **~ conference** presskonferens; **~ gallery** pressläktare; **~ release** press|meddelande/-release/-kommuniké
  (e) *(företag: för tryckning)* tryckeri; (: *för bokutgivning)* förlag
2 *vt* (a) *(knapp)* trycka på; *(hand)* trycka, pressa; *(druvor)* pressa; *(växter)* pressa; **she ~ed them together** *(personer)* hon trängde ihop dem; **to ~ sb/sth to one's heart** trycka ngn/ngt till sitt bröst
  (b) *(plagg)* pressa
  (c) *(person: med argument)* truga, försöka övertala; *(krav)* insistera på, driva; *(person: på pengar/svar)* pressa; **to ~ a point** insistera/framhärda; **to ~ sth on sb** truga/tvinga på ngn ngt; **be hard ~ed** *(av fiende)* vara hårt ansatt; *(ekonomiskt etc)* ha det besvärligt; **to ~ home an advantage** dra maximal fördel av en situation; **to ~ ~ed for time/money** ha ont om tid/pengar; **to ~ sb into service** (tvångs)värva ngn; **to ~ sth into service** ta till ngt för ngn en nödlösning; **~ gang** *(Hist)* tvångs-värvare
3 *vi* (a) *(på knapp etc)* trycka; **to ~ down on sb/sth** vila tungt på ngn/ngt
  (b): **to ~ for sth** (energiskt) kräva ngt; **time ~es** det är bråttom
  (c) *(folkmassa)* trängas; **the crowd ~ed towards the exit** folkmassan trängde sig mot utgången; **the people ~ed round him** folket trängdes runt honom; **to ~ ahead/forward (with sth)** *(bildl)* pressa på/energiskt fortsätta (med ngt)
♦ **press on** *vi + adv*: **to ~ on (with)** *(i allm)* fortsätta (med); *(resa)* skynda vidare (på)
press-gang |'presgæŋ| *vt*: **to ~ sb into doing sth** tvinga ngn att göra ngt; *jfr* **press 2 c**
press·ing |'presıŋ| *adj (problem)* överhängande; *(ärende)* brådskande; *(behov)* trängande; *(begäran, inbjudan)* enträgen
press·man |'presmæn| *s, pl* **-men** tidningsman, journalist
press·up |'pres,ʌp| *s (Brit)* armhävning
pres·sure |'preʃə'| 1 *s* (a) *(i allm, Tekn)* tryck; *(av hand)* tryckning; *(psykisk)* press; **high/low ~** *(Meteorologi)* hög-/lågtryck; *(Tekn)* högt/lågt tryck; **to work at full ~** arbeta för högtryck; **~ cabin** tryckkabin; **~ cooker** tryckkokare; **~ gauge** tryckmätare, manometer; **~ suit** rymddräkt (b) *(mot annan person)* påtryckningar; **to be under ~ from sb (to do sth)** vara utsatt för påtryckningar från ngn (att göra ngt); **to put ~ on sb** sätta press på ngn, utöva påtryckningar mot ngn; **to put the ~ on** *(vard)* börja trycka på; **~ group** påtryckningsgrupp (c) *(tidsmässigt)* press; *(ekonomiskt)* trängmål; **to work under ~** arbeta under (tids)press; **he's under a lot of ~** han har det väldigt pressat/jäktigt 2 *vt (Am)* = **pressurize (b)**
pres·sur·ize |'preʃəraız| *vt* (a) upprätthålla normalt lufttryck i; **~d cabin** tryckkabin; **~d spacesuit** rymddräkt (b) *(Brit bildl)*: **to ~ sb**

(into doing sth) pressa ngn (till att göra ngt)
pres·tige |pres'tiːʒ| s prestige
pres·tig·ious |pres'tɪdʒəs| adj (i allm) som har (hög) prestige; (adress) fin; (skola, tidskrift) högt ansedd
pre·sum·ably |prɪ'zjuːməblɪ| adv förmodligen, antagligen
pre·sume |prɪ'zjuːm| 1 vt (a): to ~ that... anta/förmoda att...; I ~ your decision to be final jag förmodar att ditt beslut är definitivt (b): to ~ to do sth tillåta sig/understå sig/ta sig friheten att göra ngt 2 vi (a) (om förhållande) anta, förmoda; Dr Livingstone, I ~? Dr Livingstone, förmodar jag? (b) (i uppförande) ta sig friheter, vara förmäten; to ~ on sb's friendship missbruka/begagna sig av ngns vänskap
pre·sump·tion |prɪ'zʌmpʃən| s (a) (i uppförande) förmätenhet, arrogans (b) (om förhållande) antagande; (för överenskommelse) förutsättning; on the ~ that... under förutsättning att...
pre·sump·tu·ous |prɪ'zʌmptjʊəs| adj (person, handling) förmäten, arrogant
pre·sup·pose |ˌpriːsə'pəʊz| vt förutsätta
pre·sup·po·si·tion |ˌpriːsʌpə'zɪʃən| s förutsättning
pre·tence, (Am) **pre·tense** |prɪ'tens| s (a) (om förhållande) föregivande, förebärande; to make a ~ of doing sth göra sken av att göra ngt; it's all a ~ (vard) det är bara som han/hon etc spelar (b) (på egenskap etc) anspråk; to make no ~ to learning inte göra anspråk på att vara lärd (c) (för handling) förevändning, svepskäl; on/under the ~ of doing sth under förevändning att göra ngt; se äv **false**
pre·tend |prɪ'tend| 1 vt (a) (i allm) låtsas; (om barn) leka; to ~ to be sth låtsas vara ngt; to ~ to be ill (äv) spela sjuk; to ~ illness simulera (sjukdom), spela sjuk; to ~ to do sth låtsas göra ngt; he's ~ing he can't hear han låtsas att han inte hör (b) (att man kan ngt etc) göra gällande, påstå; I do not ~ to know the answer (äv) jag gör inte anspråk på att veta svaret 2 vi låtsas; she is only ~ing hon bara låtsas/spelar 3 adj (i sht barnspråk) låtsas-; ~ money låtsaspengar
pretense |prɪ'tens| s (Am) = **pretence**
pre·ten·sion |prɪ'tenʃən| s (hävdande) anspråk, pretention(er); (överdrivna ambitioner) anspråksfullhet
pre·ten·tious |prɪ'tenʃəs| adj (person, bok) pretentiös, anspråksfull; (villa, inredning etc) vräkig
pret·er·ite |'pretərɪt| s (Språkv): the ~ preteritum
pre·text |'priːtekst| s förevändning; on/under the ~ of doing sth under förevändning av att göra ngt; it's just a ~ det är bara ett svepskäl
pret·ty |'prɪtɪ| 1 adj (-ier, -iest) (flicka) söt; (klänning) snygg; (landskap, sång) vacker; (uppförande) fin, trevlig; (stuga) trevlig; (komplimang) fin; not a ~ sight ingen vacker syn; a ~ mess (iron) en skön röra; it'll cost you a ~ penny (vard) det kommer att kosta dig en vacker slant 2 adv (vard) ganska, rätt; ~ well (vard) nästan, praktiskt taget; ~ nearly (vard) nästan; it's ~ much the same (vard) den är ungefär/så gott som samma el likadan
pretty-pretty |'prɪtɪ'prɪtɪ| adj (vard neds: person) snut-/tvål|fager; (: konstverk) insmickrande
pret·zel |'pretsl| s (Matl) saltkringla, salt pinne
pre·vail |prɪ'veɪl| vi (a) (förnuft, idé etc) segra (b) (förhållande) råda; (sedvänja) vara allmänt utbredd (c): to ~ (up)on sb to do sth övertala/förmå ngn att göra ngt
pre·vail·ing |prɪ'veɪlɪŋ| adj (förhållande) rådande; (sedvänja) allmänt utbredd; (åsikt) förhärskande; ~ **wind** förhärskande vind
preva·lence |'prevələns| s (om sedvänja) allmän förekomst; (om brott/sjukdom) utbredning

preva·lent |'prevələnt| adj (förhållande) rådande; (sedvänja) allmänt utbredd/förekommande; (sjukdom) utbredd, grasserande; (åsikt) förhärskande
pre·vari·cate |prɪ'værɪkeɪt| vi svänga sig, komma med undanflykter
pre·vari·ca·tion |prɪˌværɪ'keɪʃən| s undanflykt(er)
pre·vent |prɪ'vent| vt (sjukdom) förebygga; (olycka) förhindra, förebygga; to ~ sb from doing sth hindra ngn (från) att göra ngt, förhindra att ngn gör ngt
pre·ven·ta·tive |prɪ'ventətɪv| adj = **preventive**
pre·ven·tion |prɪ'venʃən| s (av sjukdom) förebyggande; (av olycka) förhindrande; the Society for the P~ of Cruelty to Animals (ung) Djurskyddsföreningen; the Society for the P~ of Cruelty to Children Föreningen för bekämpande av barnmisshandel, (ung) BRIS
pre·ven·tive |prɪ'ventɪv| adj (åtgärd) förebyggande; ~ **medicine** profylax
pre·view |'priːvjuː| s (av film etc) förhandsvisning; to give sb a ~ of sth (bildl) ge ngn en försmak av ngt
pre·vi·ous |'priːvɪəs| adj föregående, tidigare; the ~ **day** föregående dag, dagen innan; ~ **experience** tidigare erfarenhet; I have a ~ **engagement** jag har ett tidigare avtalat möte, jag är redan upptagen; on a ~ **occasion** vid ett tidigare tillfälle; he has 4 ~ **convictions** (Jur) han är tidigare dömd/straffad 4 gånger
pre·vi·ous·ly |'priːvɪəslɪ| adv tidigare, förut
pre·war |ˌpriː'wɔː'| adj förkrigs-; this house is ~ det här huset är från före kriget
prey |preɪ| 1 s (eg, bildl) rov, byte; **beast/bird of** ~ rov|djur/-fågel; to be a ~ to (bildl) vara ett rov/offer för 2 vi (a): to ~ **on** (djur) jaga, leva på; (person) plundra, lura (på pengar); (känsla) trycka, tynga; the tragedy ~ed **on his mind** tragedin tyngde hans sinne
price |praɪs| 1 s (i allm: på vara etc) pris; to go up/rise in ~ gå upp/stiga i pris; to go down/fall in ~ gå ned/sjunka i pris; at a reduced ~ till reducerat pris; you can buy it at a ~ det finns att köpa om man (bara) är villig att betala; ~ **fixing** prisreglering; ~ **freeze** prisstopp; ~ **limit** gräns för vad ngt får kosta; ~ **list** prislista; ~ **range** prisläge; ~ **tag** prislapp (b) (bildl) pris; **every man has his** ~ alla har sitt pris; the ~ **of fame** berömmelsens pris; to pay a high ~ **for sth** betala ett högt pris/dyrt för ngt; **what** ~ **liberty?** (vard: iron) vad är friheten värd nu?; **peace at any** ~ fred till varje pris; **not at any** ~ inte till ngt pris i världen (c) värde; to put a ~ **on sth** sätta ett pris på/värdera ngt (d) (vid vadslagning) odds 2 vt (abstr) bestämma priset på, prissätta; (konkr) prismärka, sätta ut priset på; it was ~d at £20 (abstr) den var prissatt till 20 pund; (konkr) den var märkt 20 pund; it was ~d too high/low (abstr) den var åsatt för högt/lågt pris; to be ~d out of the market (vara) vara osäljbar på grund av för högt pris; (företag) förlora kunderna genom att ta ut för höga priser
price·less |'praɪslɪs| adj (juvel, tillgång) ovärderlig, oskattbar; (vard: skämt etc) obetalbar
pricey |'praɪsɪ| adj (Brit vard) dyr(bar)
prick |prɪk| 1 s (a) (handling) stick; (känsla) stick, stickande; (märke) prick; ~s **of conscience** samvetskval (b) (vard!: penis) kuk(!), pitt(!) 2 vt (a) (ballong) sticka hål på; to ~ **one's finger (with/on sth)** sticka sig i fingret (med/på ngt)
◆ **prick up** vt + adv: to ~ **up one's ears** (eg, bildl) spetsa öronen

prick·le |'prɪkl| *s* **(a)** *(Bot, Zool)* tagg **(b)** *(känsla)* stickande (känsla)

prick·ly |'prɪklɪ| *adj* (-ier, -iest) **(a)** *(buske)* taggig; *(skägg, tröja)* stickig; *(känsla)* stickande; ~ **heat** *(Med)* hetblemmor; ~ **pear** *(Bot)* fikonkaktus **(b)** *(bildl: person)* retlig; *(: problem)* kinkig

pride |praɪd| **1** *s* **(a)** *(pos)* stolthet; *(neg)* högmod; **he's the** ~ **of the family** han är familjens stolthet; **to take (a)** ~ **in sth** vara stolt över ngt; **to take (a)** ~ **in doing sth** sätta en ära i att göra ngt; **to be a (great) source of** ~ vara en *(stor)* källa till stolthet för ngn; **her** ~ **and joy** hennes stora stolthet **(b): to have/take** ~ **of place** *(person)* komma i första rummet; *(föremål)* inta första platsen **(c)** *(av lejon)* flock **2** *vt*: **to** ~ **oneself on sth** vara stolt över ngt; **to** ~ **oneself on doing sth** sätta en ära i att göra ngt

priest |priːst| *s (i sht katolsk el icke-kristen)* präst

priest·ess |'priːstɪs| *s* prästinna

priest·hood |'priːsthʊd| *s (personer)* prästerskap; *(ställning)* prästerlig värdighet; **to enter the** ~ inträda i prästämbetet

priest·ly |'priːstlɪ| *adj* prästerlig

prig |prɪg| *s* självgod pedant, petimäter

prim |prɪm| *adj* (-mer, -mest) *(klädsel)* prydlig; *(sätt)* strikt; *(moraliskt)* pryd; ~ **and proper** prydlig och korrekt

pri·ma·cy |'praɪməsɪ| *s* företräde

pri·ma don·na |,priːmə'dɒnə| *s* primadonna

pri·ma fa·cie |,praɪmə'feɪʃɪ| **1** *adv* vid första påseendet **2** *adj* uppenbar, obestridlig; *(Jur)* prima facie-; **to have a** ~ **case** kunna stödja sig på prima facie-bevis

pri·mari·ly |'praɪmərɪlɪ, *(Am)* praɪ'mærɪlɪ| *adv* huvudsakligen, först och främst

pri·ma·ry |'praɪmərɪ| **1** *adj (i allm)* primär; *(utbildning)* grundläggande; *(betydelse)* ursprunglig; *(intresse)* huvud-, huvudsaklig; **of** ~ **importance** av största vikt; ~ **colour** grundfärg; ~ **education** grundläggande undervisning *(Brit: åldrarna 5-11, Am: ung 6-9)*; ~ **school** *(Brit: ung)* låg- och mellanstadiet; *(Am: ung)* lågstadiet; ~ **(school) teacher** *(Brit: ung)* låg- el mellan|stadielärare; *(Am: ung)* lågstadielärare **2** *s* **(a)** *(färg)* grundfärg **(b)** *(Am: Pol)* primärval

pri·mate |'praɪmɪt| *s* **(a)** *(Rel)* primas; **P~ of All England** *(titel för)* ärkebiskopen av Canterbury **(b)** |'praɪmeɪt| *(Zool)* primat

prime |praɪm| **1** *adj* **(a)** *(orsak)* viktigast, huvud-; *(intresse)* främsta; **of** ~ **importance** av största vikt; ~ **minister** premiärminister, statsminister; ~ **time** *(TV)* bästa sändningstid **(b)** *(kvalitet)* förstklassig; **in** ~ **condition** *(vara)* i prima skick; *(person)* i utmärkt form **(c)** *(Mat)*: ~ **number** primtal **(d)** *(Handel)*: ~ **cost** tillverkningskostnad **2** *s (persons)* bästa år, krafts dagar; **in the** ~ **of life** i sina bästa år, i sin krafts dagar; **to be past one's** ~ ha sina bästa år bakom sig **3** *vt (Tekn: pump)* slå vatten i; *(: förgasare)* flöda; *(gevär)* lägga fängkrut på; *(yta)* grunda, *(bildl: person)* preparera, instruera; **he arrived well** ~**d** *(vard: berusad)* han anlände ganska påstruken

primer |'praɪmə^r| *s (bok)* nybörjarbok; *(färg)* grundfärg, primer

pri·me·val |praɪ'miːvəl| *adj* urtids-, ur-; ~ **forest** urskog

primi·tive |'prɪmɪtɪv| **1** *adj (i allm)* primitiv; *(bostad)* primitiv, omodern; ~ **man** urmänniskan; **the** ~ **form of...** den primitiva/ursprungliga formen av... **2** *s (Konst: person)* utövare av primitiv konst; *(verk)* primitivt konstverk

prim·ly |'prɪmlɪ| *adv (uppföra sig)* strikt; *(klä sig)* prydligt; **... she said** ~ **...** sa hon och snörpte på munnen

prim·rose |'prɪmrəʊz| **1** *s (Bot)* primula, viva, *(i sht)* gullviva **2** *adj (äv.* ~ **yellow)** gullvivegul

primu·la |'prɪmjʊlə| *s (Bot)* primula

Pri·mus (stove)® |'praɪməs(ˌstəʊv)| *s* primuskök®

prince |prɪns| *s (i regerande kungahus)* prins; *(härskare i furstendöme, högsta adelstitel i vissa länder)* furste; **P~ Charming** drömprinsen; ~ **consort** prinsgemål

prince·ly |'prɪnslɪ| *adj (eg, bildl)* furstlig, furstelig

prin·cess |prɪn'ses, *(Am)* 'prɪnses| *s* prinsessa

prin·ci·pal |'prɪnsɪpəl| **1** *adj (i allm)* huvudsaklig, främsta, viktigast; **the** ~ **cities of Sweden** Sveriges viktigaste städer; **the** ~ **violin** *(i en orkester)* konsertmästaren **2** *s (Skol)* rektor; *(Teat)* huvudrollsinnehavare; *(i orkester)* förste flöjtist/ klarinettist/oboist *etc*; *(Handel)* huvudman, uppdragsgivare; *(Jur)* gärningsman, ledare; *(Ekon)* kapital *(i motsats till ränta)*, huvudstol *(spec)*

prin·ci·pal·ity |ˌprɪnsɪ'pælɪtɪ| *s (område)* furstendöme; *(värdighet)* furstemakt

prin·ci·pal·ly |'prɪnsɪpəlɪ| *adv* huvudsakligen

prin·ci·ple |'prɪnsəpl| *s* princip; **in** ~ i princip; **on** ~ av princip; **it's a matter of** ~ det är en princip-fråga; **it's the** ~ **of the thing** det är principen det gäller; **a man of** ~**(s)** en man med principer, en principfast man; **it's against my** ~**s** det är mot mina principer

print |prɪnt| **1** *s* **(a)** *(av finger, fot: på yta)* avtryck; *(av fot, däck: i mark)* spår **(b)** *(tryckt text)* tryck; *(bokstavs|storlek/-sort etc)* stil; **the book is in** ~ boken föreligger i tryck/finns att köpa; **the book is out of** ~ boken är slut på förlaget; **in small/large** ~ med liten/stor stil **(c)** *(Textil)* tryckt bomullstyg **(d)** *(Konst)* grafiskt blad **(e)** *(Foto)* kopia **2** *vt* **(a)** *(i bok etc)* trycka; *(mönster: på tyg)* trycka; *(bildl: i minne)* inprägla **(b)** *(brev etc: i tidning)* publicera, trycka **(c)** *(med penna)* texta, skriva tryckbokstäver **(d)** *(Foto)* kopiera

♦ **print out** *vt + adv (Data)* skriva ut

print·ed |'prɪntɪd| *adj* tryckt; ~ **matter/papers** *(Post)* trycksaker; **the** ~ **word** det tryckta ordet

print·er |'prɪntə^r| *s* **(a)** *(person)* (bok)tryckare; **the** ~**'s** tryckeriet **(b)** *(Data)* skrivare, printer

print·ing |'prɪntɪŋ| *s* **(a)** *(uppfinning)* boktryckarkonsten; *(handling)* tryckning; ~ **press** tryckpress; ~ **works** tryckeri **(b)** *(konkr: i bok etc)* tryck, text; *(sätt att skriva)* textning, (skrift med) tryckbokstäver **(c)** *(tryckta böcker etc: omgång)* tryckning: *the 4th* ~ *of a book*; *(: mängd)* upplaga: *a* ~ *of 500 copies*

print-out |'prɪnt,aʊt| *s (Data)* utskrift

pri·or[1] |'praɪə^r| *adj (varning)* föregående; *(överenskommelse)* tidigare; ~ **claim** förhandsrätt **(b)**: ~ **to sth** före ngt; ~ **to leaving he said...** innan han gick sa han...

pri·or[2] |'praɪə^r| *s (Rel)* prior

pri·or·ity |praɪ'ɒrɪtɪ| *s (i allm)* prioritet; **to have/ take** ~ **over sth** ha företräde/förtur framför ngt; **we must get our priorities right** vi måste bestämma vad som är viktigast/som måste göras först

prise, *(i sht Am)* **prize** |praɪz| *vt* bända; **to** ~ **sth open** bända/bryta upp ngt; **to** ~ **a lid up/off** bryta upp ett lock

prism |'prɪzəm| *s* prisma

pris·on |'prɪzn| *s* fängelse; **to be in** ~ sitta i fängelse; **to go to** ~ **for 5 years** få 5 år i fängelse, sitta i fängelse i 5 år; **to send sb to** ~ **for 2 years** ge ngn fängelse i 2 år; ~ **camp** fångläger; ~ **life** fängelseliv(et)

pris·on·er |'prɪznə^r| *s (eg, bildl)* fånge; **the** ~ *(vid rättegång)* den häktade; **to take sb** ~ ta ngn till fånga; ~ **of war** *(förk* **PoW)** krigsfånge; ~ **of**

war camp krigsfångeläger

pris·sy ['prɪsɪ] *adj (vard: i allm)* prudentlig; *(: sexuellt)* pryd

pris·tine ['prɪstaɪn] *adj (skick)* original-, ursprunglig; *(skönhet)* ofördärvad

pri·va·cy ['prɪvəsɪ] *s* **(a)** *(persons)* privatliv; *(hos plats)* ostördhet, avskildhet; **there is no ~ in these flats** man har inget privatliv i de här lägenheterna; **in the ~ of one's own home** i det egna hemmets ostördhet/avskildhet **(b)** hemlighet, hemlighållande; **in the strictest ~** i största hemlighet

pri·vate ['praɪvɪt] **1** *adj* **(a)** *(i allm)* privat; *(egendom, väg)* enskild; **let's keep this ~** detta får stanna oss emellan; **...but in (his) ~ life he likes to... ...**men privat tycker han om att...; **~ citizen** enskild medborgare; **~ hearing** *(Jur)* förhandling inför lyckta dörrar; **~ member** *(Pol)* vanlig parlamentsledamot *(som inte är minister)*; **~ member's bill** motion (av en vanlig parlamentsledamot); **~ parts** könsdelar **(b)** *(bil, lektion)* privat-; *(åsikt)* personlig; *(skämt)* privat; **a man of ~ means** en man med privatförmögenhet; **~ secretary** privatsekreterare **(c)** *(företag, armé, skola)* privat, privat-; **~ detective, ~ investigator** privatdetektiv; **~ eye** *(vard)* (privat)deckare; **~ enterprise** privat företagsamhet; **~ (medical) practice** privatpraktik; **~ school** privatskola **2** *s* **(a)** *(Mil)* menig **(b): in ~ = privately**

pri·vate·ly ['praɪvɪtlɪ] *adv (träffas)* privat; *(begravas)* i stillhet; *(gifta sig)* i tysthet/hemlighet; *(säga ngt)* mellan fyra ögon; *(tänka ngt)* i sitt stilla sinne

pri·va·tion [praɪ'veɪʃən] *s (tillstånd)* umbärande(n); *(av ngt speciellt)* försakelse

priv·et ['prɪvɪt] *s (Bot)* liguster; **~ hedge** ligusterhäck

privi·lege ['prɪvɪlɪdʒ] **1** *s* privilegium, (särskild) förmån; *(Pol)* immunitet; **I had the ~ of meeting her** jag hade privilegiet/förmånen att träffa henne **2** *vt*: **to be ~d to do sth** ha privilegiet/ förmånen att få göra ngt

privi·leged ['prɪvɪlɪdʒd] *adj* **(a)** *(klass)* privilegierad; *(person: äv)* lyckligt lottad; **the ~ few** de lyckligt lottade **(b)** *(information)* konfidentiell

privy ['prɪvɪ] **1** *adj* **(a): to be ~ to sth** vara invigd i ngt **(b): the P~ Council** *(Brit: monarkens privata rådskrets: ung)* riksrådet; **P~ Councillor** *(person)* riksråd **2** *s* dass, toalett

prize[1] [praɪz] **1** *s (i tävling, utmärkelse)* pris; *(Skol)* premie; *(i lotteri)* vinst; **to win first ~** *(i tävling)* vinna/ta första pris; *(i lotteri)* vinna högsta vinsten; **~ draw** lotteri; **~ fight** proffsboxningsmatch **2** *adj* **(a)** *(som fått pris)* prisbelönt; *(som är värd pris)* utmärkt, prima; **~ idiot** *(vard)* jubelidiot **(b)** *(pokal, tävling etc)* pris- **3** *vt (föremål, egenskap)* värdera; **~d possession** högt skattad/älskad ägodel

prize[2] [praɪz] *vt* = **prise**

prize-giving ['praɪz,gɪvɪŋ] *s (Skol)* premieutdelning

prize·winner ['praɪz,wɪnə[r]] *s (i tävling)* pristagare; *(i lotteri)* vinnare; *(Skol)* premiemottagare

prize·winning ['praɪz,wɪnɪŋ] *adj (roman etc)* vinnande; **the ~ ticket** vinstlotten

pro[1] [prəʊ] **1** *prefix* pro-, -vänlig; **pro-Soviet** prosovjetisk, sovjetvänlig **2** *s*: **the ~s and cons** för- och nackdelarna, argumenten för och emot

pro[2] [prəʊ] *s (vard: förk f professional)* proffs; *(i tennis, golf: äv)* tränare

prob·abil·ity [,prɒbə'bɪlɪtɪ] *s* sannolikhet; **in all ~** med all sannolikhet, antagligen

prob·able ['prɒbəbl] *adj* sannolik, trolig

prob·ably ['prɒbəblɪ] *adv* troligen, sannolikt; **more**

~ than not troligen

pro·bate ['prəʊbɪt] *s (Jur)* testamentsbevakning

pro·ba·tion [prə'beɪʃən] *s* **(a)** *(för anställning etc)* prov; **on ~** på prov **(b)** *(Jur)* skyddstillsyn, villkorlig dom; **to be on ~** vara villkorligt frigiven; **to put sb on ~** döma ngn till skyddstillsyn; **~ officer** *(tjänsteman)* skyddskonsulent; *(privatperson)* övervakare

probe [prəʊb] **1** *s* **(a)** *(Med, Rymd: föremål)* sond **(b)** *(handling)* (offentlig) undersökning **2** *vt (hål, spricka)* undersöka (grundligt); *(Med)* undersöka; *(Rymd)* utforska; *(mysterium, brott: äv)* **~into)** tränga in i; **the policeman kept probing me** poliskonstapeln pressade mig med upprepade frågor

prob·ing ['prəʊbɪŋ] *adj (fråga, undersökning)* inträngande

pro·bity ['prəʊbɪtɪ] *s* redbarhet, rättskaffenhet

prob·lem ['prɒbləm] *s (i allm)* problem; *(Mat)* räkneuppgift, räknetal; **my teenage son is a ~** min tonårsson är ett problem; **what's the ~?** vad står på?; **to have a drinking ~** ha problem med spriten, ha alkoholproblem; **I had no ~ in finding her** det var inga problem att hitta henne; **no ~!** *(svar på fråga)* visst!, gärna!, det är inga problem!; **~ child** problembarn; **~ family** problemfamilj; **~ page** *(i tidning)* rådgivningssida, frågesida

prob·lem·at·ic(al) [,prɒblə'mætɪk(l)] *adj (fråga, framtid)* problematisk; *(lösning)* tvivelaktig

pro·cedure [prə'siːdʒə[r]] *s* procedur, förfaringssätt; **the usual ~ is to...** det vanliga förfaringssättet är att...

pro·ceed [prə'siːd] *vi* **(a)** *(fordon)* färdas (vidare); *(person)* gå (vidare); *(: till ett mål)* bege sig; **please ~ to gate 3** var vänlig bege er till utgång 3; **vehicles must ~ with caution** var god kör försiktigt **(b)** *(person: med handling)* fortsätta; *(handling)* fortsätta, fortskrida; **before we ~ any further** innan vi går vidare/fortsätter längre; **let us ~ to the next item** låt oss fortsätta till nästa punkt; **things are ~ing according to plan** allt fortskrider/går enligt planen *el* planerna **(c)** *(person: med ny handling)* börja, gripa sig an med; **I am not sure how to ~** jag är inte säker på hur jag ska bära mig åt; **to ~ to do sth** börja/ sätta igång att göra ngt **(d): to ~ from** härröra/ komma ifrån **(e): to ~ against sb** *(Jur)* vidtaga lagliga åtgärder mot ngn

pro·ceed·ing [prə'siːdɪŋ] *s* **(a)** *(i allm)* förfarande, handlingssätt **(b): ~s** *pl (i förening etc)* förhandlingar **(c): ~s** *pl (Jur)* rättsliga åtgärder; **to take ~s (in order to do sth)** vidta åtgärder (för att göra ngt); **to take ~s (against sb)** *(Jur)* vidta rättsliga åtgärder (mot ngn) **(d): ~s** *pl (från möte)* protokoll; *(från vetenskaplig konferens)* konferensvolym, tryckta förhandlingar

pro·ceeds ['prəʊsiːdz] *spl* inkomster, behållning

pro·cess[1] ['prəʊses, *(Am: äv)* 'prɒses] **1** *s* **(a)** *(i allm)* process, förlopp; **in the ~ of time** med tiden, under tidens gång; **be in the ~ of** hålla på med; **in ~ of construction** under byggnad; **we are in the ~ of removal to...** vi håller på att flytta till... **(b)** *(Kem etc)* process; **the Bessemer ~** bessemermetoden **(c)** *(Jur: kallelse)* stämning; *(: i domstol etc)* process, rättegång **2** *vt (Tekn)* behandla; *(mat)* bereda; *(Foto)* framkalla (och kopiera); *(Data)* behandla; *(ansökan etc)* behandla; **~ed cheese,** *(Am)* **~ cheese** smältost

pro·cess[2] [prə'ses] *vi* gå i procession

pro·cess·ing ['prəʊsesɪŋ, *(Am: äv)* 'prɒsesɪŋ] *s (Tekn etc)* behandling; *(av mat)* beredning; *(Foto)* framkallning (och kopiering)

pro·ces·sion [prə'seʃən] *s (i allm, Rel)* procession; *(av bilar/hästekipage)* kortege

pro·ces·sor ['prəʊsesə[r], *(Am)* 'prɒsesə[r]] *s (Data)*

processor, centralenhet; **food** ~ matberedare
pro·claim |prə'kleɪm| vt (a) (i allm) tillkännage, kungöra; (fred) proklamera; (krig) förklara; **to** ~ **sb to be a spy** utpeka ngn som spion; **to** ~ **sb king** utropa ngn till kung (b) (om ansikte: skuld etc) visa, avslöja
proc·la·ma·tion |ˌprɒklə'meɪʃən| s (se proclaim) tillkännagivande, kungörelse; proklamation; förklaring
pro·cliv·ity |prə'klɪvɪtɪ| s benägenhet, böjelse (to/ towards för)
pro·cras·ti·nate |prəʊ'kræstɪneɪt| vi dra ut på tiden, skjuta upp (det man ska göra)
pro·cras·ti·na·tion |prəʊˌkræstɪ'neɪʃən| s förhalning, uppskjutande (av det man ska göra)
pro·crea·tion |ˌprəʊkrɪ'eɪʃən| s fortplantning
proc·tor |'prɒktə'| s (Brit Univ) lärare med vissa disciplinära uppdrag; (Am Univ/Skol) skrivvakt
pro·cure |prə'kjʊə'| **1** vt (a) (föremål: i sht med svårighet) (an)skaffa, få fram; **to** ~ **sb sth** (lyckas) skaffa ngn ngt; **to** ~ **sth for sb** (lyckas) skaffa fram ngt åt ngn (b) (prostituerad) skaffa (for åt), bedriva koppleri med **2** vi bedriva koppleri
prod |prɒd| **1** s (med finger/käpp) stöt; **to give sb a** ~ (eg) ge ngn en stöt; (bildl) sporra/egga ngn; **he needs an occasional** ~ (bildl) han behöver en knuff ibland **2** vt (med finger) peta på; (med käpp) stöta/sticka till; **he has to be** ~**ded along** (bildl) man är tvungen att sätta fart på honom ibland; **to** ~ **sb into doing sth** (bildl) sporra/egga ngn till att göra ngt **3** vi: **to** ~ **at sth** sticka/stöta till ngt; **he** ~**ded at the picture with a finger** han petade med ett finger på tavlan
prodi·gal |'prɒdɪgəl| adj (person) slösaktig; **the** ~ **son** (Rel, bildl) den förlorade sonen
pro·di·gious |prə'dɪdʒəs| adj (storlek) kolossal, ofantlig; (upplevelse) häpnadsväckande, fantastisk
prodi·gy |'prɒdɪdʒɪ| s (föremål) underverk; (person) fenomen; **(child/infant)** ~ underbarn
pro·duce |'prɒdjuːs, (Am vanl) 'prəʊduːs| **1** s (Jordbr) produkter; **farm** ~ jordbruksprodukter; **garden** ~ trädgårdsprodukter, färska grönsaker **2** |prə'djuːs| vt (a) (vara) producera, tillverka, framställa; (råvara) producera; (skörd, frukt etc) avkasta, ge; (bok, konstverk) skapa; (måltid) framställa; (idé) frambringa; (barn, unge) föda; **the mine** ~**s 20 tons of lead a year** gruvan ger 20 ton bly om året (b) (föremål: ur ficka etc) dra/ta/plocka fram; (biljett) visa upp/ fram; (vittne) skaffa fram; (bevis) lägga fram; **I can't suddenly** ~ **£50!** jag kan inte få fram 50 pund på momangen! (c) (film) producera; (pjäs) producera, sätta upp (d) (resultat) åstadkomma; (reaktion) framkalla; (njutning) skänka; **this** ~**d a sensation** detta vållade/väckte sensation
pro·duc·er |prə'djuːsə'| s (i allm) producent, tillverkare; (Teat, Film, TV) producent; (Brit Teat: äv) regissör
prod·uct |'prɒdʌkt| s (i allm, Mat, bildl) produkt
pro·duc·tion |prə'dʌkʃən| s (a) (i allm) produktion, tillverkning, framställning; (av konstverk) skapande; **to put sth into** ~ starta produktion av ngt; **to take sth out of** ~ ta ngt ur produktion; **the country's steel** ~ landets stålproduktion; ~ **linje** löpande band (b) (av bevis) framvisande; (av vittne) framskaffande; **on** ~ **of this ticket** vid uppvisande av denna biljett (c) (av film) produktion; (av pjäs) produktion, uppsättning (d) (Litt, Konst) alster, produkt; **his** ~ hans produktion
pro·duc·tive |prə'dʌktɪv| adj (i allm) produktiv; (mark) bördig; (gruva) rik; (rörelse) vinstgivande;

(möte) fruktbar; **to be** ~ **of sth** framkalla ngt, leda till ngt
prod·uc·tiv·ity |ˌprɒdʌk'tɪvɪtɪ| s produktivitet; ~ **agreement** avtal om prestationstillägg; ~ **bonus** prestationstillägg
prof |prɒf| s (vard: förk f **professor**: Univ) professor; (Am Skol) magister, lärare
pro·fane |prə'feɪn| **1** adj (a) (litteratur, musik) profan (b) (handling) hädisk; ~ **language** svordomar **2** vt (plats, symbol) profanera, vanhelga; (namn) missbruka
pro·fan·ity |prə'fænɪtɪ| s (yttrande) hädelse, svordom; (egenskap) hädiskhet, gudlöshet
pro·fess |prə'fes| vt (a) (tro) bekänna (b) (intresse) förklara sig ha; (belåtenhet, tvivel) uttrycka; **to** ~ **ignorance** förklara sig (vara) okunnig/ovetande; **I do not** ~ **to be an expert** jag gör inte anspråk på/ger mig inte ut för att vara expert
pro·fessed |prə'fest| adj (Rel: munk/nunna) som avgivit munk-/nunnelöfte; (fiende) svuren; (vän, expert) föregiven; **a** ~ **Muslim** en bekännande muslim; **he is a** ~ **male chauvinist** han säger/ medger själv att han är en mansgris
pro·fes·sion |prə'feʃən| s (a) (i sht med akademisk utbildning) yrke; **the** ~**s** (ung) de akademiska yrkena, (i sht) jurist-/läkar- o präst|yrkena; **by** ~ till yrket/professionen; **the legal** ~ jurist-yrket (b) (personer) yrkeskår; **the medical** ~ läkarkåren (c) (om lojalitet etc) (högtidlig) förklaring, försäkran, bedyrande; ~ **of faith** trosbekännelse
pro·fes·sion·al |prə'feʃənl| **1** adj (a) (diplomat, soldat etc) yrkes-; (idrottsman) professionell; (liv, verksamhet) förvärvs-; **a** ~ **man** (ung) akademiker, (i sht) jurist, läkare el präst; **to take** ~ **advice** (i allm) rådfråga en yrkesman; (i sht) söka läkare/advokat; **to be a** ~ **singer** vara professionell sångare; **to turn/go** ~ bli professionell/ proffs (b) (arbete, prestation, arbetare) professionell, skicklig; (inställning) professionell, yrkesmässig **2** s (inom yrke: i allm) yrkesman, fackman; (Sport) professionell, proffs; (: i tennis, golf: äv) tränare; (med högre utbildning: ung) akademiker, (i sht) jurist, läkare el präst
pro·fes·sion·al·ism |prə'feʃnəlɪzəm| s (hos person) professionalism, yrkesmässighet; (hos grupp) yrkesanda; (i arbete, prestation) professionalism, fackmannamässighet; (Sport) professionalism
pro·fes·sion·al·ly |prə'feʃnəlɪ| adv (göra ngt) yrkesmässigt, professionellt, i yrket; (känna ngn) i/genom arbetet, som yrkesman; **to be** ~ **qualified** (i sht för akademiska yrken) vara utexaminerad
pro·fes·sor |prə'fesə'| s (Brit: Univ) professor; (Am: i allm: = college ~) universitetslärare; (: i sht i titel) professor
prof·fer |'prɒfə'| vt (frm : gåva, hand) räcka/ sträcka fram; (: ursäkter, tjänster) erbjuda; (råd) ge; (tack) framföra
pro·fi·cien·cy |prə'fɪʃənsɪ| s (i allm) skicklighet, färdighet; (i språk) färdighet, kunskaper
pro·fi·cient |prə'fɪʃənt| adj (i allm) skicklig; (i språk) duktig
pro·file |'prəʊfaɪl| s (eg, bildl) profil; (av person, organisation: äv) (kort) beskrivning; **to keep a low** ~ ligga lågt, hålla en låg profil
prof·it |'prɒfɪt| **1** s (Handel) vinst, profit; (bildl) vinst, utbyte; **to my** ~ till min egen nytta/fördel; ~ **and loss account** vinst- och förlusträkning; **to make a** ~ **out of/on sth** göra en vinst på ngt; **to sell sth at a** ~ sälja ngt med vinst; ~ **margin** vinstmarginal **2** vi: **to** ~ **by/from** (situation) dra nytta/fördel av; (studier, råd) ha behållning/ utbyte av

prof·it·abil·ity |ˌprɒfɪtə'bɪlɪtɪ| s lönsamhet
prof·it·able |'prɒfɪtəbl| adj (Handel) vinstgivande, lönsam, lönande; (bildl: erfarenhet) nyttig; (: besök, möte) givande
prof·it·ably |'prɒfɪtəblɪ| adv (bildl) med fördel
profi·teer |ˌprɒfɪ'tɪəʳ| **1** s profitör **2** vi göra sig oskälig profit
profit-making |'prɒfɪtˌmeɪkɪŋ| adj vinstgivande
profit-sharing |'prɒfɪtˌʃɛərɪŋ| s vinstdelning
prof·li·gate |'prɒflɪgɪt| adj (moraliskt) sedeslös, utsvävande; (ekonomiskt) slösaktig
pro·found |prə'faʊnd| adj (sömn, känsla) djup; (upplevelse) djupgående; (tanke, kommentar) djupsinnig; (kunskap, studier) grundlig, ingående
pro·found·ly |prə'faʊndlɪ| adv **(a)** (sorgsen) djupt; (tacksam, glad) innerligt **(b)** (säga ngt) djupsinnigt
pro·fun·dity |prə'fʌndɪtɪ| s **(a)** (i känsla) djup; (i studier, hos person) djupsinne **(b)** (ofta skämts: tanke, kommentar) djupsinnighet
pro·fuse |prə'fjuːs| adj (blödande, tårar) ymnig; (växtlighet) riklig, yppig; (tack) översvallande; to be ~ in sth (person) vara frikostig/slösa med ngt
pro·fuse·ly |prə'fjuːslɪ| adv (blöda, svettas) ymnigt; (växa) frodigt, kraftigt; (tacka) översvallande; (berömma) översvallande, frikostigt; he apologized ~ han bad tusen gånger om ursäkt; ~ illustrated rikt illustrerad
pro·fu·sion |prə'fjuːʒən| s (i allm) överflöd; a ~ of flowers ett överflöd/mängder av blommor; a ~ of boxes en massa kartonger; in ~ i överflöd
prog·eny |'prɒdʒɪnɪ| s (djur) avkomma; (personer) efterkommande; (bildl) resultat
prog·no·sis |prɒg'nəʊsɪs| s, pl **prognoses** |prɒg'nəʊsiːz| (Med) prognos
pro·gram |'prəʊgræm| **1** s **(a)** (Data) program **(b)** (i sht Am) = **programme 1** **2** vt **(a)** (Data) programmera **(b)** (i sht Am) = **programme 2**
pro·gramme |'prəʊgræm| **1** s (abstr o konkr) program; (Radio, TV) program; (Pol) program; (för handling: äv) plan; what's the ~ for today? vad har vi för program idag?, vad är planerna för idag? **2** vt (arrangemang etc) göra upp program för
pro·gram·mer, (Am) **pro·gram·er** |'prəʊgræməʳ| s (Data) programmerare
pro·gress |'prəʊgres, (Am) 'prɒgres| **1** s **(a)** (eg) framträngande, framryckning; to make slow ~ ta/röra sig långsamt framåt **(b)** (bildl: pos) framsteg, framåtskridande; (: neutralt) förlopp; the ~ of events händelseförloppet; to make (good/slow) ~ göra (goda el snabba/långsamma) framsteg; ~ report (i allm) lägesrapport; (Skol) rapport **(c)**: to be in ~ pågå **2** |prəʊ'gres| vi **(a)** (eg) gå vidare/framåt **(b)** (handling) fortskrida; (tid) gå; as the game ~ed allteftersom matchen gick **(c)** (kvalitativt) utvecklas, gå framåt, göra framsteg
pro·gres·sion |prəʊ'greʃən| s **(a)** (stegvis) framträngande/framryckning **(b)** (bildl) (stegvis) utveckling/framåtskridande; (Mat relation): arithmetic/geometric ~ aritmetisk/geometrisk serie
pro·gres·sive |prə'gresɪv| **1** adj **(a)** (förbättring) gradvis; (sjukdom) gradvis tilltagande; (skatt) progressiv **(b)** (person, parti) progressiv, framstegsvänlig; (skola, tanke) progressiv **2** s framstegsvänlig person
pro·gres·sive·ly |prə'gresɪvlɪ| adv gradvis, stegvis, bit för bit
pro·hib·it |prə'hɪbɪt| vt **(a)** (genom regel/bestämmelse) förbjuda; to ~ sb from doing sth förbjuda ngn att göra ngt; smoking ~ed (på skylt) rökning

förbjuden **(b)** (genom omständigheter) (för)hindra; his health ~s him from playing hans hälsa förhindrar honom att spela
pro·hi·bi·tion |ˌprəʊɪ'bɪʃən| s (i allm) förbud; (mot sprit) rusdrycksförbud; the P~ (Am) förbudstiden
pro·hibi·tive |prə'hɪbɪtɪv| adj (skatt) prohibitiv, avskräckande; (pris) oöverkomlig
proj·ect |'prɒdʒekt| **1** s projekt, plan; (Skol, Univ) projekt-/special|arbete **2** |prə'dʒekt| vt **(a)** (byggnad etc) projektera, planera **(b)** (film) projicera **(c)** (personlighet) uttrycka, framhäva; (röst) få att höras/bära fram **(d)** (raket) skjuta upp **(e)** (trend) dra ut, projicera på framtiden **3** |prə'dʒekt| vi (föremål) sticka ut, skjuta fram; (röst) bära fram, höras
pro·jec·tion |prə'dʒekʃən| s **(a)** (av byggnad etc) projektering, planering **(b)** (av film) projicering, visning; ~ room (på biograf) maskinrum **(c)** (av personlighet) framhävande; (av röst) hörbarhet, bärighet **(d)** (av raket) uppskjutande **(e)** (om framtiden) förutsägelse; (Handel: av kostnad, vinst) projicering **(f)** (på byggnad etc) utskjutande del
pro·jec·tion·ist |prə'dʒekʃənɪst| s filmmaskinist
pro·jec·tor |prə'dʒektəʳ| s (Film etc) projektor
pro·lapse |'prəʊlæps| s (Med) framfall
pro·letar·ian |ˌprəʊlə'tɛərɪən| adj proletär(-)
pro·letari·at |ˌprəʊlə'tɛərɪət| s proletariat
pro·li·fer·ate |prə'lɪfəreɪt| vi (eg) föröka sig genom delning; (bildl) snabbt föröka sig/öka i antal; (idé) sprida sig
pro·lif·era·tion |prəˌlɪfə'reɪʃən| s (eg) förökning genom delning; (bildl) snabb förökning/spridning
pro·lif·ic |prə'lɪfɪk| adj (djur) fruktsam; (gröda) som ger stor avkastning; (författare) produktiv
pro·logue, (Am) **prolog** |'prəʊlɒg| s (till pjäs, bok) prolog; (bildl) prolog, förspel
pro·long |prə'lɒŋ| vt (livet, semester) förlänga; (lidande) dra ut på; ~ed långvarig
pro·lon·ga·tion |ˌprəʊlɒŋ'geɪʃən| s förlängning
prom |prɒm| s (Brit vard: gångbana) strandpromenad; (: föreställning) promenadkonsert; (Am vard) skol-/studentbal
prom·enade |ˌprɒmə'nɑːd, (Am) ˌprɒmə'neɪd| **1** s (abstr) promenad; (konkr) (strand)promenad; ~ concert promenadkonsert; ~ deck promenaddäck **2** vi promenera
promi·nence |'prɒmɪnəns| s (hos föremål) förgrundsposition, framträdande plats; (hos person) bemärkthet, förgrundsposition; to come into ~ träda i förgrunden
promi·nent |'prɒmɪnənt| adj **(a)** (klippa) utskjutande; (tänder, kindknotor) utstående **(b)** (föremål) iögonfallande, framträdande; (kyrktorn etc) synlig vida omkring; put it in a ~ position placera den på en framträdande plats **(c)** (roll, position) ledande, framträdande **(d)** (person) prominent, framstående; he is ~ in the field of sociolinguistics han är en förgrundsfigur inom sociolingvistiken
promi·nent·ly |'prɒmɪnəntlɪ| adv (placera ngt) på framträdande plats; he figured ~ in the case han spelade en framträdande roll i detta rättsfall
promis·cu·ity |ˌprɒmɪs'kjuːɪtɪ| s (sexuellt) promiskuitet
pro·mis·cu·ous |prə'mɪskjʊəs| adj (person: sexuellt) promiskuös; (blandning) oordnad, slarvig; (hämndaktion) urskillningslös
prom·ise |'prɒmɪs| **1** s **(a)** (från person) löfte; to make sb a ~ ge ngn ett löfte; to keep one's ~ hålla sitt löfte **(b)** (hos företeelse etc) löfte, hopp; to show ~ se lovande ut, vara lovande; a young man of ~ en lovande ung man **2** vt (att

göra ngt) lova; *(present etc)* (ut)lova; **to ~ (sb) to do sth** lova (ngn) att göra ngt; **to ~ sb sth, to ~ sth to sb** lova ngn ngt, lova ngt åt ngn; **to ~ oneself sth** lova sig själv ngt; **the clouds ~ rain** molnen lovar regn; **I ~ you!** jag lovar (dig)! **3** *vi* lova; **I can't ~ but I'll try** jag kan inte lova men jag ska försöka; **to ~ well** lova gott; **I ~!** jag lovar!
prom·is·ing |'promɪsɪŋ| *adj* lovande; **it doesn't look very ~** det verkar inte särskilt lovande
prom·on·tory |'promǝntrɪ| *s* (hög) udde
pro·mote |prǝ'mǝʊt| *vt* **(a)** *(i rang/grad)* befordra; *(Sport)* flytta upp; **to ~ sb (from sth) to sth** befordra ngn *(från ngt)* till ngt **(b)** *(verksamhet)* (be)främja, stödja, verka för **(c)** *(produkt)* göra reklam för, marknadsföra **(d)** *(boxningsmatch)* vara promotor för; *(konsert)* arrangera
pro·mot·er |prǝ'mǝʊtǝ'| *s* **(a)** *(Boxning)* promotor **(b)** *(av produkt)* marknadsförare **(c)** *(av företag)* grundare
pro·mo·tion |prǝ'mǝʊʃǝn| *s* **(a)** *(i rang/grad)* befordran, avancemang; *(Sport)* uppflyttning; **to get ~** bli befordrad **(b)** *(av verksamhet)* gynnande, stödjande **(c)** *(av boxningsmatch/konsert)* arrangerande, arrangemang **(d)** *(av produkt)* marknadsföring
prompt |prompt| **1** *adj* (-er, -est) *(svar, service)* snabb, prompt; *(arbetare: äv)* beredvillig; *(Handel: leverans)* prompt, omedelbar; **they're very ~** *(om gäster etc)* de är mycket punktliga **2** *adv* *(om tid)* precis; **at 6 o'clock ~** på slaget/precis klockan 6 **3** *vt* **(a): to ~ sb to do sth** förmå/mana ngn att göra ngt; **what ~ed you to do it?** vad fick dig att göra ngt?; **it ~s the thought that...** det får en att tänka att... **(b)** *(Teat)* sufflera; *(bildl)* lägga orden i munnen på
prompt·er |'promptǝ'| *s* (Teat) sufflör, sufflös
prompt·ly |'promptlɪ| *adv* (i allm) prompt; **they left ~ at 6** de gick på slaget/prick 6
prone |prǝʊn| *adj* **(a)** *(position)* framstupa, med ansiktet nedåt **(b): ~ to do sth** benägen att göra ngt; **to be ~ to an illness** ha anlag för en sjukdom; **to be ~ to accidents** vara en olycksfågel
prong |proŋ| *s* *(på gaffel)* klo, spets
pronged |proŋd| *adj* försedd med uddar, delad; **three-~ed** *(eg)* treuddig; *(anfall)* på tre fronter, från tre håll; **we took a two-~ approach** vi angrep problemet från två håll
pro·noun |'prǝʊnaʊn| *s (Språkv)* pronomen
pro·nounce |prǝ'naʊns| **1** *vt* **(a)** *(ord)* uttala **(b)** *(dom)* avkunna, fälla; *(förhållande)* förklara; **the dinner was ~d excellent** alla ansåg att middagen var utsökt; **they ~d him dead** han dödförklarades; **to ~ oneself for/against sth** förklara sig vara för/mot ngt; **to ~ sentence** *(Jur)* avkunna dom **2** *vi* uttala sig; **to ~ in favour of/against sth** uttala sig till förmån för/mot ngt; **to ~ on sth** uttala sig om ngt
pro·nounced |prǝ'naʊnst| *adj (förbättring)* tydlig, uttalad; *(åsikt)* bestämd; *(brytning)* utpräglad, kraftig
pro·nounce·ment |prǝ'naʊnsmǝnt| *s* uttalande
pron·to |'prontǝʊ| *adv (vard)* på momangen
pro·nun·cia·tion |prǝ,nʌnsɪ'eɪʃǝn| *s* uttal
proof |pru:f| **1** *s* **(a)** *(på visst förhållande)* bevis; **as ~ of** som bevis på; **in ~ of** till bevis för; **to give/show ~ of** bevisa **(b)** *(för att undersöka ngt)* prov; **to put sth to the ~** sätta ngt på prov **(c)** *(Typogr)* korrektur; *(Konst)* provtryck; *(Foto)* råkopia **(d)** *(om alkohol)* normalstyrka *(ca 50%)*; **70° ~ 35%** alkohol **2** *adj (i sms)* -tät, -säker; **to be ~ against sth** kunna stå emot ngt; **bullet~** skottsäker **3** *vt (plagg etc)* impregnera
proof·reader |'pru:f,ri:dǝ'| *s* korrekturläsare

prop[1] |prop| **1** *s (eg)* stötta, stöd; *(bildl)* stöd **2** *vt (äv: ~ up)* **(a)** *(stege, cykel)* luta **(b)** *(vägg)* stötta (upp); *(dörr)* ställa upp, hålla upp; *(bildl: person, företag, regim)* stödja, stötta, hålla uppe
prop[2] |prop| *s (ofta pl: Teat vard: förk f* **property**) rekvisita
propa·gan·da |,propǝ'gændǝ| *s* propaganda
propa·gate |'propǝgeɪt| **1** *vt (Biol)* fortplanta, föröka; *(nyhet)* sprida; *(ljud)* fortplanta **2** *vi (Biol)* fortplanta/föröka sig; *(nyhet)* sprida sig
propa·ga·tion |,propǝ'geɪʃǝn| *s (Biol)* fortplantning, förökning; *(av nyhet)* spridning; *(av ljud)* fortplantning
pro·pel |prǝ'pel| *vt (fordon)* driva; *(person)* föra, fösa; **to ~ sb/sth along** driva ngn/ngt framåt; **~ing pencil** *(Brit)* skrivpenna
pro·pel·ler |prǝ'pelǝ'| *s* propeller
pro·pen·sity |prǝ'pensɪtɪ| *s* benägenhet; **~ to do sth/for (doing) sth** benägenhet att göra ngt/för (att göra) ngt; **a ~ to be sth** en tendens att vara ngt
prop·er |'propǝ'| **1** *adj* **(a)** *(om betydelse etc)* egentlig; **physics ~** fysik i egentlig mening; **in the ~ sense of the word** i ordets egentliga betydelse/bemärkelse; **in the city ~** i själva staden **(b)** *(för visst sammanhang)* rätt, passande; **the ~ time** rätt tidpunkt/tillfälle; **in the ~ way** på rätt sätt; **do as you think ~** gör som du tycker är lämpligt **(c)** *(moraliskt)* passande, anständig; *(socialt)* korrekt **(d)** *(vard: i neds uttryck)* riktig; **a ~ idiot** en riktig idiot; **it's a ~ nuisance** det är verkligen irriterande **(e): ~ (to)** speciell *(för)* **2** *adv (Brit vard)* riktigt; **I was ~ upset** jag var verkligen/riktigt upprörd
prop·er·ly |'propǝlɪ| *adv* **(a)** *(om betydelse)* egentligen; **~ speaking** egentligen, strängt taget **(b)** *(göra ngt)* rätt, på rätt sätt, ordentligt; *(uppföra sig)* väl, ordentligt; *(klä sig)* passande, anständigt; **she very ~ refused** hon vägrade med all rätt **(c)** *(vard)* ordentligt, riktigt; **we were ~ beaten** vi fick ordentligt med stryk
prop·er·ty |'propǝtɪ| *s* **(a)** *(hos föremål/ämne)* egenskap **(b)** *(föremål)* egendom, ägodel; **this book is my ~** den här boken tillhör mig; **personal ~** personliga ägodelar; **a man of ~** en förmögen man **(c)** *(i stad)* fastighet(er); *(på landet)* (lant)egendom, ägor; **~ developer** markexploatör; **~ owner** fastighetsägare **(d)** *(Teat)* rekvisita; **~ man, ~ manager** *(Teat)* rekvisitör
proph·ecy |'profɪsɪ| *s (Rel)* profetia; *(i allm)* spådom, förutsägelse
proph·esy |'profɪsaɪ| *vt (Rel)* profetera; *(i allm)* förutspå, förutsäga
proph·et |'profɪt| *s* profet
pro·phet·ic |prǝ'fetɪk| *adj* profetisk
prophy·lac·tic |,profɪ'læktɪk| **1** *adj* förebyggande, profylaktisk **2** *s (i allm)* förebyggande medel, skyddande medel; *(i sht Am: preventivmedel)* kondom
pro·pi·ti·ate |prǝ'pɪʃɪeɪt| *vt (person, gudar)* blidka
pro·pi·tious |prǝ'pɪʃǝs| *adj* gynnsam *(to, for* för)
pro·por·tion |prǝ'pɔ:ʃǝn| **1** *s* **(a)** proportion, förhållande; **the ~ of blacks to whites** proportionen mellan svarta och vita; **to be in/out of ~ (to one another)** vara proportionella/oproportionella (med varandra); **to be in/out of ~ to** el **with sth** vara proportionell/oproportionell med ngt; **a baby's head is big in ~ to the rest of its body** ett spädbarns huvud är stort i förhållande till resten av kroppen; **to see sth in ~** *(bildl)* se ngt i dess rätta proportioner; **sense of ~** *(bildl)* känsla för proportioner **(b)** *(av helt)* del, andel **(c): ~s** *(i allm)* proportioner, dimensioner; **vast ~s** väldiga dimensioner, väldig omfattning; **a woman of large ~s** en omfångsrik kvinna **2** *vt (storlek)*

anpassa (*to* till), avpassa (*to* efter); **well-~ed** välproportionerad

pro·por·tion·al |prə'pɔːʃənl| *adj* proportionell (*to* mot); **to be ~ to sth** stå i relation till ngt; **~ representation** (*Pol*) proportionellt valsystem, proportionell representation

pro·por·tion·al·ly |prə'pɔːʃnəlɪ| *adv* (**a**) (*förändras*) proportionellt, i motsvarande grad (**b**): ~ **fewer, larger** *etc* relativt sett/ förhållandevis färre, större *etc*

pro·por·tion·ate |prə'pɔːʃnɪt| *adj* proportionell (*to* mot, till); **to be ~ to** stå i (rimlig) proportion till

pro·po·sal |prə'pəʊzl| *s* (*i allm*) förslag; (= ~ *of marriage*) frieri; **peace ~s** freds|förslag/-plan; **can I make a ~?** får jag komma med ett förslag?

pro·pose |prə'pəʊz| **1** *vt* (**a**) (*aktivitet, åtgärd, person*) föreslå; (*förslag*) lägga fram; (*motion*) väcka; **to ~ marriage to sb** fria till ngn; **to ~ a toast to sb** utbringa en skål för ngn (**b**): **to ~ to do sth/doing sth** tänka göra ngt, ha för avsikt att göra ngt **2** *vi* fria (*to* till); **Man ~s, God disposes** (*ordspr*) människan spår men Gud rår

pro·pos·er |prə'pəʊzə^r| *s* (*vid sammanträde etc*) förslagsställare, motionär

propo·si·tion |ˌprɒpə'zɪʃən| **1** *s* (**a**) (*om förhållande*) påstående; (*Mat, Logik*) sats (**b**) (*Handel*) anbud, affärsförslag; **it's not an economic ~** det är ingen lönande affär; **to make sb a ~** (*i allm*) ge ngn ett anbud; (*sexuellt*) göra ngn ett skamligt förslag (**c**): **he's a tough ~** han är en besvärlig figur **2** *vt*: **to ~ sb** komma med ett skamligt förslag till ngn

pro·pound |prə'paʊnd| *vt* (*hypotes, idé*) lägga fram; (*fråga*) framställa; (*problem*) uppställa

pro·pri·etary |prə'praɪətərɪ| *adj* (*Handel*) privatägd; ~ **article** märkesvara; ~ **brand** varumärke; ~ **medicine** patentskyddad medicin; ~ **name** varumärke

pro·pri·etor |prə'praɪətə^r| *s* (*i sht av företag etc*) ägare, innehavare

pro·pri·ety |prə'praɪətɪ| *s* (**a**) (*moralisk etc*) anständighet; **the proprieties** konvenansen, reglerna för vad som är passande (**b**) (*för visst ändamål*) lämplighet, riktighet

pro·pul·sion |prə'pʌlʃn| *s* framdrivning; **jet ~** jetdrift

pro rata |ˈprəʊ'rɑːtə| *adv* proportionellt

pro·sa·ic |prəʊ'zeɪɪk| *adj* (*i allm*) prosaisk; (*liv, arbete*) enformig; (*tal*) torr, saklig

pro·scribe |prəʊ'skraɪb| *vt* (*företeelse*) förbjuda; (*person*) förklara fredlös, bannlysa

prose |prəʊz| *s* prosa; (*Brit Skol*) stil, översättningsövning

pros·ecute |ˈprɒsɪkjuːt| *vt* (**a**) (*Jur: person*) åtala; (*: brott*) beivra (**b**) (*frm: uppgift, kampanj*) fullfölja, fortsätta med

pros·ecu·tion |ˌprɒsɪ'kjuːʃən| *s* (*Jur: handling*) åtal; (*: part*) åklagarsidan; **counsel for the ~** (*Jur*) allmän åklagare

pros·ecu·tor |ˈprɒsɪkjuːtə^r| *s* (*Jur*) åklagare; **public ~** allmän åklagare

pros·elyte |ˈprɒsɪˌlaɪt| *s* proselyt, nyomvänd anhängare

proso·dy |ˈprɒsədɪ| *s* (*Litt, Språkv*) prosodi

pros·pect |ˈprɒspekt| **1** *s* (**a**) (*eg*) utsikt, vy; (*bildl: inför framtiden*) utsikt(er); (*att ngt ska hända*) chans, möjlighet; **future ~s** framtidsutsikter; **it's a grim ~** det är dystra framtidsutsikter; **we are faced with the ~ of leaving** vi kan bli tvungna att åka härifrån; **a job with no ~s** ett jobb utan framtid(sutsikter) (**b**) (*person: Handel*) spekulant, eventuell kund; (*: i allm*) ngn att satsa på **2** |prə'spekt| *vt* (*Gruv: område*) prospektera i, undersöka **3** |prə'spekt| *vi* (*Gruv*) prospektera (*for* efter)

pro·spect·ive |prəs'pektɪv| *adj* (*som kanske ska hända*) eventuell (framtida); ~ **son-in-law** blivande svärson

pro·spec·tor |prəs'pektə^r| *s* malmletare

pro·spec·tus |prəs'pektəs| *s* prospekt, broschyr

pros·per |ˈprɒspə^r| *vi* (*person*) ha framgång, lyckas (och bli rik); (*företag*) blomstra, gå bra

pros·per·ity |prɒs'perɪtɪ| *s* (*i allm*) framgång; (*ekonomiskt*) välstånd

pros·per·ous |ˈprɒspərəs| *adj* (*person: i allm*) framgångsrik; (*: ekonomiskt*) välbärgad, välmående; (*företag*) blomstrande, framgångsrik

pros·tate |ˈprɒsteɪt| *s* (*äv.* ~ **gland**) (*Anat*) prostata

pros·ti·tute |ˈprɒstɪtjuːt| **1** *s* prostituerad **2** *vt* prostituera; **to ~ oneself** prostituera sig; **to ~ one's talent** missbruka sin begåvning/talang, sälja sig

pros·ti·tu·tion |ˌprɒstɪ'tjuːʃən| *s* prostitution

pros·trate |ˈprɒstreɪt| **1** *adj* (*person*) liggande framstupa/på magen; (*bildl: nation*) besegrad, krossad; (*: person*) utmattad; ~ **with grief** förkrossad/vanmäktig av sorg **2** |prɒ'streɪt| *vt*: **to ~ oneself** kasta sig på marken, falla ned (*before* inför); **to be ~d by illness** vara nedbruten av sjukdom

pro·tago·nist |prəʊ'tægənɪst| *s* (*i roman etc*) huvudperson; (*i organisation etc*) förgrundsgestalt; (*för viss sak*) förkämpe

pro·tect |prə'tekt| *vt* (*i allm*) skydda; (*person: äv*) beskydda

pro·tec·tion |prə'tekʃən| *s* (**a**) (*i allm*) skydd (*against, from* mot, för); (*Handel*) protektion; **to be under sb's ~** stå under ngns beskydd (**b**) (*till gangstersyndikat: äv*.: ~ **money**) beskyddarpengar, mutor; ~ **racket** (*kriminell*) beskyddarverksamhet

pro·tec·tive |prə'tektɪv| *adj* (**a**) (*klädsel*) skyddande, skydds-; (*färg*) skydds-; ~ **custody** skyddshäkte (**b**) (*sätt*) beskyddande; (*instinkt*) beskyddar-

pro·tec·tor |prə'tektə^r| *s* (**a**) (*person*) beskyddare (**b**) (*föremål*) skydd; **knee ~** knäskydd

pro·té·gé |ˈprəʊtɪʒeɪ| *s* (*manlig*) skyddsling, protegé

pro·té·gée |ˈprəʊtɪʒeɪ| *s* (*kvinnlig*) skyddsling, protegé

pro·tein |ˈprəʊtiːn| *s* protein

pro·test |ˈprəʊtest| **1** *s* (*muntlig, skriftlig*) protest; (*arrangemang*) protestmöte; **under ~** under protest(er); ~ **march** protestmarsch **2** |prə'test| *vt* (**a**) (*oskuld, lojalitet*) bedyra; **to ~ that** bedyra att (**b**) (*i sht Am: förhållande*) protestera mot **3** |prə'test| *vi* (*mot förhållande*) protestera, (*över förhållande*) beklaga sig

Prot·es·tant |ˈprɒtɪstənt| **1** *adj* (*Rel*) protestantisk **2** *s* (*Rel*) protestant

Prot·es·tant·ism |ˈprɒtɪstəntɪzəm| *s* (*Rel*) protestantism

pro·tes·ta·tion |ˌprɒtes'teɪʃən| *s* (**a**) (*av kärlek, lojalitet etc*) bedyrande (**b**) (*mot ngt*) protest

pro·test·er |prə'testə^r| *s* demonstrant, person som protesterar

proto·col |ˈprəʊtəkɒl| *s* (*Pol: regler*) (diplomatiskt) protokoll; (*: dokument*) utkast till fördrag

pro·ton |ˈprəʊtɒn| *s* (*Fys*) proton

proto·plasm |ˈprəʊtəˌplæzəm| *s* (*Biol*) protoplasma

proto·type |ˈprəʊtəʊtaɪp| *s* (*Tekn etc*) prototyp; (*Biol etc*) urtyp

pro·tract·ed |prə'træktɪd| *adj* (*diskussion*) utdragen; (*sjukdom*) långdragen

pro·trude |prə'truːd| *vi* (*föremål*) sticka ut; (*öron*) stå ut; **his teeth/eyes ~** han har utstående tänder/ögon

pro·trud·ing |prə'truːdɪŋ| *adj* (*klippa*) utskjutande; (*tänder, ögon*) utstående

pro·tuber·ant |prə'tjuːbərənt| *adj* utskjutande

proud |praʊd| **1** *adj* **(a)** *(person: pos)* stolt *(of* över); *(: neg)* högfärdig, högdragen; **to be ~ to do sth** vara stolt över att göra ngt; **that's nothing to be ~ of**! det är inget att vara stolt över! **(b)** *(fartyg etc)* stolt, ståtlig; *(projekt)* stolt, storslagen **2** *adv*: **to do sb ~** *(med fest etc)* slå på stort för ngn; *(med ära)* hedra ngn; **his honesty did him ~** hans ärlighet hedrade honom; **his children did him ~** han hade heder av sina barn

proud·ly |'praʊdlɪ| *adv (pos)* stolt, med stolthet; *(neg)* högdraget; **tonight, we ~ present...** vi är stolta att i kväll få presentera...

prove |pruːv| *imperf* **~d**, *perf part* **~d** *el* **proven** |'pruːvən| **1** *vt* **(a)** *(förhållande)* bevisa; *(påstående)* styrka, bevisa; **to ~ sb innocent/sb's innocence** bevisa att ngn är oskyldig/ngns oskuld; **to ~ oneself** visa vad man duger till; **he was ~d right in the end** han fick rätt till slut **(b)** *(person, föremål)* prova, pröva **2** *vi*: **~ (to be)** visa sig (vara); **to ~ (to be) useful** visa sig (vara) användbar; **if it ~s (to be) otherwise** om det visar sig att det förhåller sig på annat sätt

prov·erb |'prɒvɜːb| *s* ordspråk; **P~s** *(i Bibeln)* Ordspråksboken

pro·ver·bial |prə'vɜːbɪəl| *adj (uttryck)* ordspråksartad; *(egenskap: pos)* legendarisk; *(: neg)* ökänd; **the ~ cat** katten (med nio liv) i ordspråket

pro·vide |prə'vaɪd| **1** *vt* **(a)** *(förnödenhet)* sörja/stå för, ordna med; *(service)* tillhandahålla, ge; **to ~ sb with sth**, **to ~ sth for sb** förse/utrusta ngn med ngt **(b)** *(om lag)* föreskriva, stadga **2** *vi* **(a)**: **the Lord will ~** Herren drar försorg om de sina **(b)**: **the rules ~ against that** reglerna förbjuder det

♦ **provide for** *vi + prep* **(a)** *(familj)* försörja, dra försorg om **(b)**: **the treaty ~s for...** fördraget tillåter... **(c)**: **we have ~d for that** vi har vidtagit åtgärder med tanke på det, vi har tänkt på det

pro·vid·ed |prə'vaɪdɪd| *konj*: **~ (that)** förutsatt att, om, såvida

provi·dence |'prɒvɪdəns| *s* försyn; **P~** försynen, Guds försyn

provi·dent |'prɒvɪdənt| *adj (person)* förutseende

provi·den·tial |,prɒvɪ'denʃəl| *adj (händelse)* bestämd av försynen, lycklig

pro·vid·ing |prə'vaɪdɪŋ| *konj*: **~ (that)** = **provided**

prov·ince |'prɒvɪns| *s* **(a)** *(del av land)* provins, landskap; **they live in the ~s** de bor i landsorten/i provinsen **(b)** *(för kunskap/verksamhet)* område, fält; **it's not within my ~** det ligger inte inom mitt område

pro·vin·cial |prə'vɪnʃəl| **1** *adj (teater, administration)* regions-, provins-; *(uppförande, person: neds)* provinsiell, lantlig, småstadsaktig **2** *s (ofta neds)* landsortsbo, småstadsbo

pro·vi·sion |prə'vɪʒən| *s* **(a)** *(handling)* anskaffande, tillhandahållande; **the ~ of food to the troops** livsmedelsförsörjningen till styrkorna **(b)**: **~s** *(till armé etc)* proviant; *(till hushåll)* livsmedel, matvaror **(c)**: **to make ~ for** *(händelse)* vidta åtgärder med tanke på, vidta förberedelser för; *(familj etc)* dra försorg om **(d)** *(i regelsamling etc)* bestämmelse; *(i avtal)* villkor; **with the ~ that** under förutsättning/med villkoret att

pro·vi·sion·al |prə'vɪʒnl| **1** *adj (lösning)* provisorisk; *(avtal)* preliminär; **~ driving licence** *(Brit)* interimskörkort **2** *s*: **the P~s** *(i Nordirland)* provisoriska IRA

pro·vi·sion·al·ly |prə'vɪʒnlɪ| *adv (bestämma ngt etc)* preliminärt; *(acceptera ngt etc)* för tillfället

pro·vi·so |prə'vaɪzəʊ| *s (i avtal etc)* reservation, förbehåll; **with the ~ that...** med det förbehållet

provo·ca·tion |,prɒvə'keɪʃən| *s* provokation; **at the slightest ~** vid minsta anledning; **she acted under ~** hon var provocerad (till att handla som hon gjorde)

pro·voca·tive |prə'vɒkətɪv| *adj (uppträdande)* provocerande; *(kvinna, klädsel: sexuellt)* utmanande

pro·voke |prə'vəʊk| *vt (person)* reta (upp); *(irritation)* väcka; *(gräl)* utlösa, provocera fram; *(åtgärder)* tvinga fram; **to ~ sb to action** få ngn att handla; **to ~ sb into doing sth/to do sth** förmå el driva ngn till att göra ngt

pro·vok·ing |prə'vəʊkɪŋ| *adj (barn, händelse)* irriterande

prov·ost |'prɒvəst, *(Am vanl)* 'prəʊvəst| *s (Univ: Brit)* rektor; *(: Am: ung)* överdekanus; *(Skottl)* borgmästare

pro·vost mar·shal |prə'vəʊ'mɑːʃəl| *s* militärpolischef

prow |praʊ| *s (Sjö)* för(stäv)

prow·ess |'praʊɪs| *s (i verksamhet)* skicklighet *(at, in* i); **she is showing great ~ as an ice-skater** hon är mycket skicklig på att åka skridskor; *(i strid etc)* tapperhet, mod

prowl |praʊl| *vi (äv.* **~ about/around**) stryka omkring; **~ car** *(Am)* (patrullerande) polisbil

prowl·er |'praʊlə'| *s* kringstrykande person/djur

prox·im·ity |prɒk'sɪmɪtɪ| *s* närhet; **~ of blood** nära släktskap; **in ~ to** i närheten av, nära

proxy |'prɒksɪ| *s (abstr)* fullmakt; *(dokument)* fullmakt; *(person)* befullmäktigat ombud; **by ~** genom ombud

prude |pruːd| *s* pryd person

pru·dence |'pruːdəns| *s* försiktighet, klokhet

pru·dent |'pruːdənt| *adj (person, handling: försiktig)* förståndig, klok

prud·ish |'pruːdɪʃ| *adj (person)* pryd

prune[1] |pruːn| *s* katrinplommon

prune[2] |pruːn| *vt (träd)* beskära; *(häck)* klippa; *(gren)* skära/såga/klippa av; *(bildl: text)* skära ner, (för)korta

pru·ri·ent |'prʊərɪənt| *adj (person)* lysten, liderlig

Prus·sia |'prʌʃə| *s* Preussen

pry[1] |praɪ| *vi* snoka; **to ~ into sb's affairs** snoka i ngns affärer

pry[2] |praɪ| *vt (Am)* = **prise**

P.S. *förk f* postscript PS

psalm |sɑːm| *s (i Psaltaren)* psalm

psal·ter |'sɔːltə'| *s* psaltare; **the P~** Psaltaren

pseud |sjuːd| *s (vard: person)* bluff

pseudo |'sjuːdəʊ| *adj (vard)* falsk, föregiven

pseu·do- |'sjuːdəʊ| *prefix* pseudo-, kvasi-, falsk, föregiven

pseudo·nym |'sjuːdənɪm| *s* pseudonym

psych |saɪk| *vt* = **psyche 2**

psyche |'saɪkɪ| **1** *s (Psyk)* psyke **2** |saɪk| *vt (vard: patient)* psykoanalysera; *(: planer etc)* genomskåda; *(: motståndare)* psyka

psychedel·ic |,saɪkɪ'delɪk| *adj* psykedelisk

psy·chi·at·ric |,saɪkɪ'ætrɪk| *adj* psykiatrisk

psy·chia·trist |saɪ'kaɪətrɪst| *s* psykiater

psy·chia·try |saɪ'kaɪətrɪ| *s* psykiatri

psy·chic |'saɪkɪk| *adj* **(a)** *(kraft, fenomen)* övernaturlig; *(forskning)* parapsykologisk; **to be ~** ha ockult förmåga, vara synsk; **you must be ~!** *(vard)* du måtte vara synsk! **(b)** *(Psyk)* psykisk

psycho |'saɪkəʊ| *s (i sht Am: vard)* psykopat

psycho·ana·lyse, *(Am)* **psycho·ana·lyze** |,saɪkəʊ'ænəlaɪz| *vt* psykoanalysera

psy·cho·analy·sis |,saɪkəʊə'næləsɪs| *s* psykoanalys

psycho·ana·lyst |,saɪkəʊ'ænəlɪst| *s* psykoanalytiker

psycho·logi·cal |,saɪkə'lɒdʒɪkəl| *adj* psykologisk

psy·cholo·gist |saɪ'kɒlədʒɪst| *s* psykolog

psy·chol·ogy |saɪ'kɒlədʒɪ| *s* psykologi

psycho·path [ˈsaɪkəʊpæθ] s psykopat
psy·cho·sis [saɪˈkəʊsɪs] s, pl psychoses [saɪˈkəʊsiːz] psykos
psycho·so·mat·ic [ˌsaɪkəʊsəʊˈmætɪk] adj psykosomatisk
psycho·thera·py [ˌsaɪkəʊˈθerəpɪ] s psykoterapi
psy·chot·ic [saɪˈkɒtɪk] 1 adj psykotisk 2 s psykotisk person
P.T. förk f physical training
P.T.A. förk f parent-teacher association
ptar·mi·gan [ˈtɑːmɪgən] s (Zool) (fjäll)ripa
P.T.O. förk f please turn over (var god) vänd, v.g.v.
pub [pʌb] s (i sht Brit) pub
pub-crawl [ˈpʌbkrɔːl] s (vard) pubrunda; to go on a ~ göra en pubrunda
pu·ber·ty [ˈpjuːbətɪ] s pubertet
pu·bic [ˈpjuːbɪk] adj: ~ bone (Anat) blygdben; ~ hair könsbehåring
pub·lic [ˈpʌblɪk] 1 adj (byggnad, institution) offentlig; (helgdag) allmän; (hälsa) folk-; in the ~ interest för det allmännas bästa; to be ~ knowledge vara allmänt känd; to make sth ~ offentliggöra ngt; to be in the ~ eye stå i offentlighetens ljus; to go ~ (Handel: företag) introduceras på börsen
2 s: the ~ allmänheten; in ~ offentligt; the reading ~ den läsande allmänheten; the sporting ~ sport-/idrotts|publiken
3 (i sms): ~ convenience (Brit) offentlig toalett, bekvämlighetsinrättning; ~ enemy samhällets fiende; ~ house (Brit) pub; ~ opinion den allmänna opinionen; ~ opinion poll opinionsundersökning; ~ ownership statligt ägande; in ~ ownership i allmän ägo, statsägd; ~ relations PR, public relations; ~ relations officer PR-man; ~ school (Brit) privat internatskola; (Am) kommunal skola; the ~ sector den offentliga sektorn; ~ servant ämbetsman, statstjänsteman; ~ service (ung) samhällsservice, statstjänst; ~ spirit socialt ansvar, samhällssanda; ~ transport kollektiva transportmedel, kollektivtrafik
public-address [ˌpʌblɪkəˈdres] s: ~ system högtalaranläggning
pub·li·can [ˈpʌblɪkən] s (Brit) pubinnehavare
pub·li·ca·tion [ˌpʌblɪˈkeɪʃən] s (av bok etc) publicering, utgivning; (av nyhet, fakta) publicering, offentliggörande; (konkr) publikation, skrift
pub·lic·ity [pʌbˈlɪsɪtɪ] s (a) (i allm) publicitet (b) (Handel) reklam
pub·li·cize [ˈpʌblɪsaɪz] vt (a) (fakta) offentliggöra (b) (produkt) göra reklam för
public-spirited [ˌpʌblɪkˈspɪrɪtɪd] adj socialt ansvarskännande, som visar samhällsansvar
pub·lish [ˈpʌblɪʃ] vt (om förlag: bok, tidskrift) publicera, ge ut; (om tidskrift: artikel) ta in, trycka; ~ed weekly utkommer varje vecka
pub·lish·er [ˈpʌblɪʃəʳ] s (person: av bok) (bok)förläggare; (:av tidning) utgivare; (firma) förlag
pub·lish·ing [ˈpʌblɪʃɪŋ] s förlagsverksamhet; ~ company (bok)förlag
puce [pjuːs] 1 adj rödbrun 2 s rödbrunt
puck·er [ˈpʌkəʳ] vt (äv: ~ up: munnen) snörpa ihop; (: ögonbrynen) rynka; (: tyg) rynka, vecka; she ~ed (up) her lips hon trutade med munnen
pud·ding [ˈpʊdɪŋ] s (Matl: i allm) pudding; (Brit: äv) efterrätt; black ~ blod|pudding/-korv; white ~ (ung) grynkorv; ~ basin (Brit) (plum)puddingskål; ~ head (vard) dumhuvud; ~ stone (Geol) konglomerat
pud·dle [ˈpʌdl] s vatten|pöl/-puss
pu·den·da [pjuːˈdendə] spl (i sht kvinnans) yttre könsorgan
pueb·lo [ˈpwebləʊ] s (i sydv USA o Mexiko) indianby
pu·er·ile [ˈpjʊəraɪl] adj pueril, barnslig

puff [pʌf] 1 s (a) (av luft, vind) pust; (av rök) puff; (på cigarett etc) bloss; (från motor) tuffande; to be out of ~ (vard) vara andfådd (b) (= powder ~) pudervippa (c) (Sömnad) puff (d) (Matl: i allm) smördegsbakelse; cream ~ petitchou; ~ pastry smördeg 2 vt (a): to ~ (out) (rök etc) blåsa ut; (ord) flämta fram (b): to ~ out/up blåsa upp; his face was all ~ed up hans ansikte var alldeles uppsvullet; to be ~ed up with pride pösa av stolthet (c): to be ~ed (out) (vard) vara andfådd 3 vi (a) (person: av ansträngning) flåsa, flämta, pusta (b) (: på pipa etc) puffa; to ~ (away) at/on one's pipe bolma/blossa på sin pipa (c) (tåg etc) tuffa, ånga; the train ~ed into the station tåget ångade/tuffade in på stationen
puff·ball [ˈpʌfbɔːl] s (Bot) röksvamp
puf·fin [ˈpʌfɪn] s (Zool) lunnefågel
puff-puff [ˈpʌfpʌf] s (Brit barnspr) tuff-tufftåg
puffy [ˈpʌfɪ] adj (-ier, -iest) (kropp, ansikte) (upp)svullen; (person: av ansträngning) andfådd; (: bildl) uppblåst, pösig; (vind) byig
pug [pʌg] s (äv: ~ dog) mops
pu·gi·lism [ˈpjuːdʒɪˌlɪzəm] s pugilism, boxning
pug·na·cious [pʌgˈneɪʃəs] adj (person, uppförande) stridslysten
pug-nosed [ˈpʌgnəʊzd] adj trubbnäst
puke [pjuːk] vi (vard) kräkas, spy
pull [pʊl] 1 s (a) (i allm) drag(ning); (i rep, ärm etc) ryck(ning); to give sth a ~ dra (ett tag) i ngt; it was a long ~ det var en kämpig/ansträngande färd (uppför) (b) (från månen/magnet) dragningskraft; (i ström) sug; (bildl) dragningskraft, attraktionskraft (c) (vard) försänkningar, kontakter; they have a ~ over us now de har ett övertag över oss nu (d) (av dryck) klunk; (på cigarett etc) bloss, drag (e) (på byrålåda etc) handtag; (till klocka) klocksträng
2 vt (a) (i allm) dra; to ~ a door open rycka upp en dörr; to ~ the trigger trycka på avtryckaren (b) (rep, ärm) dra/rycka i; to ~ sb's hair dra ngn i håret, lugga ngn (c) (tand, kork) dra ur; (ogräs) dra upp; (kniv) dra fram; to ~ a gun on sb dra pistol mot ngn (d) (Med: muskel) sträcka (e) (vard: fest) ställa till med; (: brott) genomföra; what are you trying to ~? vad försöker du lura mig till?; to ~ a fast one on sb lura ngn (f) (häst) hålla in; she didn't ~ any punches hon sparade inte på krutet
3 vi (a) (i allm) dra; (i rep, ärm) rycka, slita; the car is ~ing to the right bilen drar åt höger; to ~ at/on one's pipe blossa el suga på sin pipa (b) (tåg, bil etc) köra; (roddbåt) styra; (roddare) ro; the train ~ed into the station tåget kom/ångade in på stationen; he ~ed alongside the kerb han körde in till trottoarkanten (c) (artist etc) dra (publik/kunder)
♦ **pull about** vt + adv (person, föremål) behandla hårdhänt
♦ **pull apart** vt + adv (a) (föremål) plocka isär; (personer) skilja åt (med våld) (b) (bildl vard: roman etc) slita i stycken, göra ned
♦ **pull away** 1 vt + adv (föremål) rycka/dra undan 2 vi + adv (tåg, fordon) starta, sätta sig i rörelse; (person: från angripare) slita sig loss; (: bildl: från ngt) dra sig undan; (Sport: löpare) dra ifrån
♦ **pull back** 1 vt + adv (spak etc) dra tillbaka 2 vi + adv (bildl) dra sig ur (spelet); (Mil) retirera
♦ **pull down** vt + adv (a) (rullgardin) dra ner; (person) dra omkull; (bildl: regering) störta (b) (hus) riva
♦ **pull in** 1 vt + adv (a) (mage) dra in; (rev) hala in (b) (häst) hålla in (c) (publik) dra (d) (vard: brottsling) haffa, ta (till polisstationen) 2

vi + adv (tåg) komma in; *(bil, bilförare: på uppfart etc)* köra in; *(: på parkeringsplats etc)* stanna
♦ **pull off** *vt + adv* **(a)** *(kläder)* dra/ta av **(b)** *(vard: trick etc)* lyckas med; **to** ~ **off a business deal** ro hem en affär
♦ **pull on** *vt + adv (kläder)* dra på sig
♦ **pull out** **1** *vt + adv* **(a)** *(tand)* dra ut; *(kork)* dra ur; *(föremål: ur ficka etc)* hala fram **(b)** *(trupper)* dra tillbaka **2** *vi + adv* **(a)** *(bilaga i tidning)* gå att dra/ta loss **(b)** *(trupper)* dra sig tillbaka; *(person)* dra sig ur (leken) **(c)** *(tåg)* gå, lämna stationen; *(bil)* köra iväg; *(båt)* löpa ut, avsegla
♦ **pull over** **1** *vt + adv* **(a)** *(låda etc)* dra över; ~ **your chair over here** dra hit din stol **(b)** *(högt föremål)* välta; **she** ~**ed the cabinet over** hon välte skåpet **2** *vi + adv (bil, bilförare)* svänga in (till kanten)
♦ **pull through** **1** *vt + adv (bildl: patient etc)* (lyckas) klara/rädda **2** *vi + adv (bildl: genom kris etc)* klara sig
♦ **pull together** **1** *vt + adv (bildl):* **to** ~ **oneself together** *(efter chock)* ta sig samman, lugna ner sig; *(efter misslyckande/slöande)* rycka upp sig, skärpa sig **2** *vi + adv* hjälpas åt
♦ **pull up** **1** *vt + adv* **(a)** *(strumpor)* dra upp; *(kälke etc)* dra upp **(b)** *(ogräs)* dra/rycka upp; **to** ~ **up one's roots** *(bildl)* skära av sina rötter **(c)** *(häst)* hålla in; *(bil)* stanna **(d)** *(person)* läxa upp **2** *vi + adv (bil)* stanna
♦ **pul·ley** |'pʊlı| *s* **(a)** *(för rep)* talja, trissa; ~ **block** hissblock **(b)** *(för rem)* remskiva
Pull·man |'pʊlmən| *(äv:* ~ **car)** *s (Järnv)* pullmanvagn
pull-out |'pʊlaʊt| **1** *s (i tidning)* uttagbar bilaga **2** *adj* utdrags-; ~ **table-leaf** utdragsskiva (till bord)
pull·over |'pʊləʊvəʳ| *s (plagg)* pullover
pul·mo·nary |'pʌlmənərı| *adj* lung-
pulp |pʌlp| **1** *s* **(a)** *(i allm)* mos, gröt, massa; *(= paper* ~*)* pappersmassa; *(= wood* ~*)* trämassa; **to reduce sth to** ~ mosa/göra mos av ngt **(b)** *(i frukt)* fruktkött **(c)** *(äv:* ~ **magazine** *)* billig veckotidning, sensationsblaska; ~ **literature** skräplitteratur **2** *vt (grönsaker)* mosa; *(papper, bok)* mala till pappersmassa; *(frukt)* ta ut fruktköttet ur
pul·pit |'pʊlpıt| *s* predikstol
pul·sate |pʌl'seıt| *vi* pulsera
pulse[1] |pʌls| **1** *s (Anat)* puls(slag); *(Fys)* puls; *(i musik)* puls, rytm; **to feel/take sb's** ~ *(eg, bildl)* ta pulsen på ngn; **to have one's finger on the** ~ *(bildl)* känna stämningen, veta vart vindarna blåser **2** *vt (i sht Am)* svänga med; ~ **your arms** sväng med/på armarna **3** *vi* pulsera, slå
pulse[2] |pʌls| *s (Bot, Matl: koll)* baljgrönsaker
pul·ver·ize |'pʌlvəˌraız| *vt (eg)* pulvrisera; *(bildl)* krossa
puma |'pju:mə| *s (Zool)* puma
pum·ice (stone) |'pʌmıs(stəʊn)| *s* pimpsten
pum·mel |'pʌml| *vt (person)* puckla på, mörbulta
pump |pʌmp| **1** *s* pump **2** *vt (eg, bildl)* pumpa; **to** ~ **sb's stomach** magpumpa ngn; **to** ~ **sth dry** länspumpa ngt; **to** ~ **money into a project** pumpa in pengar i ett projekt; **to** ~ **sb for information** pumpa ngn på upplysningar; **to** ~ **sth into sb's head** *(bildl)* banka in ngt i skallen på ngn; ~ **room** *(vid brunnsort)* brunnssalong
♦ **pump in** *vt + adv (luft, vatten)* pumpa i; *(bildl: pengar)* pumpa in
♦ **pump out** *vt + adv (båt)* länspumpa, pumpa läns; **to** ~ **out sb's stomach** magpumpa ngn
♦ **pump up** *vt + adv (däck etc)* pumpa (upp)
pump·kin |'pʌmpkın| *s (Bot)* pumpa
pun |pʌn| *s* ordlek, vits

Punch |pʌntʃ| *s (dockteaterfigur)* Kasper; ~ **and Judy show** kasperteater
punch[1] |pʌntʃ| **1** *s* **(a)** *(för håltagning)* hålslag, håljärn; *(: i biljett)* biljettång; *(för märkning)* stans, stamp **(b)** *(handling)* knytnävsslag; **to give sb a** ~ klippa till ngn **(c)** *(bildl: egenskap)* kraft, sting; ~ **line** *(i skämt)* slutpoäng **2** *vt* **(a)** *(med verktyg: mönster, hål)* stansa, slå; *(: metall, läder)* stansa hål/mönster i; *(: papper)* slå hål i; *(: biljett)* klippa; ~**(ed) card** hålkort **(b)** *(med knytnäve)* slå/klippa till, boxa
punch[2] |pʌntʃ| *s (dryck: kall)* bål; *(: varm)* toddy
punch·ball |'pʌntʃbɔ:l| *s (Boxning)* boxboll
punch·bowl |'pʌntʃbəʊl| *s* bål(skål)
punch-drunk |ˌpʌntʃ'drʌŋk| *adj (Boxning)* punchdrunk, boxningsskadad; *(bildl)* omtöcknad, halvt bedövad
punch·ing bag |'pʌntʃıŋbæg| *s (Am)* = **punchball**
punch-up |'pʌntʃʌp| *s (Brit vard)* slagsmål, råkurr
punc·tili·ous |pʌŋk'tılıəs| *adj* noggrann (med att uppföra sig korrekt)
punc·tu·al |'pʌŋktjʊəl| *adj* punktlig; **to be** ~ komma i tid, hålla tiden
punc·tu·al·ity |ˌpʌŋktjʊ'ælıtı| *s* punktlighet
punc·tu·al·ly |'pʌŋktjʊəlı| *adv* punktligt; **to arrive** ~ anlända i tid/punktligt; **the meeting will start** ~ **at 6** mötet börjar prick 6
punc·tu·ate |'pʌŋktjʊeıt| *vt (Språkv)* interpunktera; *(tal etc)* avbryta; **his speech was** ~**d by bursts of applause** hans tal avbröts ideligen av applådåskor
punc·tua·tion |ˌpʌŋktjʊ'eıʃən| *s (Språkv)* interpunktion; ~ **mark** skiljetecken
punc·ture |'pʌŋktʃəʳ| **1** *s (i däck)* punktering; *(i ballong, skinn)* hål; **I have a** ~ jag har (fått) punktering **2** *vt (däck, blåsa)* sticka hål på, punktera **3** *vi (däck, ballong)* punkteras
pun·dit |'pʌndıt| *s (självutnämnd)* förståsigpåare, orakel
pun·gen·cy |'pʌndʒənsı| *s* skarphet, fränhet
pun·gent |'pʌndʒənt| *adj (smak, lukt)* skarp, frän; *(sås)* skarp; *(rök)* stickande; *(bildl: kommentar, satir)* skarp, bitande
pun·ish |'pʌnıʃ| *vt* **(a)** *(brottsling etc)* straffa, bestraffa; *(brott)* bestraffa; **to** ~ **sb for sth/for doing sth** bestraffa ngn för ngt/för att ha gjort ngt **(b)** *(vard: motståndare)* gå hårt åt; *(: häst)* pressa, driva hårt; *(: motor)* pressa, misshandla
pun·ish·able |'pʌnıʃəbl| *adj (handling, person)* straffbar
pun·ish·ment |'pʌnıʃmənt| *s* **(a)** *(av barn etc)* bestraffning; *(för brott)* straff; **to take one's** ~ ta sitt straff **(b)** *(vard)* stryk; **to take a lot of** ~ *(Sport)* få rejält med stryk/spö; *(bil, möblemang)* bli illa åtgången
punk |pʌŋk| **1** *adj* **(a)** *(livsstil etc)* punk- **(b)** *(vard)* värdelös, dassig **2** *s* **(a)** *(person: äv:* ~ **rocker)** punkare; *(livsstil)* punk; *(Mus: äv:* ~ **rock)** punk(musik) **(b)** *(Am vard: person: neds)* slusk, skit, nolla
punt[1] |pʌnt| **1** *s (båt)* punt, stakbåt **2** *vt* **(a)** *(staka)* staka **(b)** *(Am fotboll, Rugby: boll)* sparka **3** *vi* staka sig fram; **to go** ~**ing** göra en båttur (i båt som stakas fram)
punt[2] |pʌnt| *vi* spela (på kapplöpning)
punt·er |'pʌntəʳ| *s* spelare, vadhållare
puny |'pju:nı| *adj (-ier, -iest) (eg, bildl)* klen, ynklig
pup |pʌp| *s (till hund)* valp; *(till säl/utter)* unge; **to be in** ~ *(hund)* vara dräktig/vara med valpar; **to sell sb a** ~ *(bildl)* lura ngn att köpa ngt värdelöst
pu·pil[1] |'pju:pl| *s (Skol etc)* elev, lärjunge *(frm, åld)*
pu·pil[2] |'pju:pl| *s (Anat)* pupill
pup·pet |'pʌpıt| *s (Teat)* docka; *(bildl)* marionett; **glove** ~ handdocka; **string** ~ marionett; ~ **government** marionettregering; ~ **show** dockte-

ater(föreställning)

pup·py ['pʌpɪ] *s* (hund)valp; *(bildl)* snorvalp; ~ **fat** *(hos tonåringar)* tonårsfetma; ~ **love** *(vard)* tonårs|förälskelse/-svärmeri

pur·chase ['pɜːtʃɪs] **1** *s* **(a)** *(handling)* köp, inköp; *(föremål)* inköp; *(Jur)* förvärv **(b)** *(med handen/foten)* tag, grepp; **to get a** ~ **on** få grepp om **2** *vt (frm)* köpa; *(Jur)* förvärva; **purchasing power** köpkraft; ~ **price** inköpspris; ~ **tax** *(Brit: ung)* punktskatt, lyxskatt

pur·chas·er ['pɜːtʃɪsəʳ] *s* köpare

pure [pjʊəʳ] *adj* (**-r, -st**) *(i allm)* ren; *(guld etc)* ren, äkta; *(moraliskt)* ren, oskyldig; **by** ~ **chance** av en ren händelse; **it was an accident** ~ **and simple** det var en ren olyckshändelse; **a** ~ **wool jumper** en helylletröja, en tröja av ren ull; ~ **mathematics** teoretisk matematik; **the** ~ **in heart** de renhjärtade

pure·bred ['pjʊəbred] **1** *adj (häst etc)* rasren, renrasig **2** *s* rasdjur

pure·ly [ˌpjʊəlɪ] *adv* enbart, uteslutande

pur·ga·tive ['pɜːgətɪv] *s (Med)* laxermedel

pur·ga·tory ['pɜːgətərɪ] *s (Rel)* skärseld; *(bildl)* skärseld, prövning; **it was sheer** ~ *(bildl)* det var en ren pina

purge [pɜːdʒ] **1** *s* **(a)** *(Med)* laxermedel **(b)** *(Pol: i parti)* utrensning **2** *vt* **(a)** *(Rel, bildl)* rena **(b)** *(Pol: parti)* göra utrensningar i **(c)** *(Med)* laxera

pu·ri·fi·ca·tion [ˌpjʊərɪfɪ'keɪʃən] *s (Rel, bildl)* rening, renande; *(av vatten etc)* rening

pu·ri·fy ['pjʊərɪfaɪ] *vt (Rel, bildl: person)* rena; *(vatten, luft)* rena

pur·ist ['pjʊərɪst] *s* purist

pu·ri·tan ['pjʊərɪtən] **1** *adj* puritansk **2** *s* puritan

pu·ri·tani·cal [ˌpjʊərɪ'tænɪkəl] *adj* puritansk

pu·rity ['pjʊərɪtɪ] *s (konkr, bildl)* renhet

purl [pɜːl] **1** *s (stickning)* avig maska **2** *vt:* ~ **one** sticka en avig (maska); **knit two,** ~ **two** (sticka) två räta, två aviga

pur·loin [pɜː'lɔɪn] *vt (frm: stjäla)* (olovligt) tillgripa

pur·ple ['pɜːpl] **1** *adj* purpurfärgad, purpur-, mörklila; **to go** ~ **(in the face)** bli illröd/blodröd (i ansiktet); ~ **passage** *(i bok etc)* svulstigt avsnitt; ~ **heart** *(Brit vard)* amfetamintablett; **the P**~ **Heart** *(Am: krigsdekoration)* Purpurhjärtat **2** *s (färg)* purpur, mörklila; *(kungs)* purpurdräkt

pur·port ['pɜːpət] **1** *s (i dokument etc)* innebörd, andemening **2** [pɜː'pɔːt] *vt:* **to** ~ **to be sth** utge sig för att vara ngt

pur·pose ['pɜːpəs] *s* **(a)** *(hos handling)* syfte, avsikt; *(hos föremål)* användning(sområde); **for our** ~**s** för våra syften; **what's the** ~ **of this gadget?** vad ska man ha den här grejen till?; **for training** ~**s** för träningsändamål; **she has a** ~ **in life** hon har ett mål i livet; **on** ~ med avsikt/flit, avsiktligt; **this will serve my** ~ det här duger (för mina syften); **it serves no useful** ~ den gör ingen nytta; **for the** ~**s of this meeting we will assume...** under detta sammanträde förutsätter vi..., tills vidare förutsätter vi...; **for all practical** ~**s** i praktiken; **it is to the** ~ det hör till saken; **his suggestions were not to the** ~ hans förslag var inte relevanta; **to some/good** ~ med visst/gott resultat; **to no** ~ förgäves, utan resultat **(b)** *(äv: sense of* ~*)* målmedvetenhet; **he is a man of** ~ han är en målmedveten man

pur·pose-built ['pɜːpəsˌbɪlt] *adj (Brit)* specialbyggd

pur·pose·ful ['pɜːpəsfʊl] *adj (handling, person)* målmedveten

pur·pose·ly ['pɜːpəslɪ] *adv* med avsikt/flit, avsiktligt

purr [pɜːʳ] **1** *s (från katt)* spinnande **2** *vi (katt)* spinna

purse [pɜːs] **1** *s* **(a)** *(för pengar: i sht kvinnas)* portmonnä, börs; *(bildl)* kassa; **to hold the** ~ **strings** *(bildl)* hålla i plånboken/portmonnän; **that's beyond my** ~ det tillåter inte min ekonomi/kassa **(b)** *(Am)* handväska **(c)** *(Sport etc)* prissumma **2** *vt:* **to** ~ **one's lips** snörpa på munnen

purs·er ['pɜːsəʳ] *s (Sjö, Flyg)* purser

pur·sue [pə'sjuː] *vt* **(a)** *(person)* förfölja, jaga; *(bildl: lycka etc)* sträva efter; *(: nöjen)* jaga efter; **to be** ~**d by bad luck** förföljas av otur **(b)** *(studier)* bedriva; *(karriär)* ägna sig åt **(c)** *(tankebana)* fullfölja; *(undersökning)* fortsätta

pur·su·er [pə'sjuːəʳ] *s* förföljare

pur·suit [pə'sjuːt] *s* **(a)** *(av person)* förföljande, jakt; *(bildl: efter lycka, kunskap)* strävan; *(: efter nöjen)* jakt; **in (the)** ~ **of sb/sth** på jakt efter ngn/ngt; **with two policemen in hot** ~ med två poliser hack i häl **(b)** *(aktivitet: för pengar)* yrke, verksamhet; *(för nöjes skull)* syssla, sysselsättning

pur·vey·or [pə'veɪəʳ] *s (frm)* (livsmedels)leverantör; ~ **to her/his Majesty** kunglig hovleverantör

pus [pʌs] *s (Med)* var

push [pʊʃ] **1** *s* **(a)** *(i allm)* knuff, puff; **to give sb a** ~ knuffa till ngn; **to give a car a** ~ skjuta 'på en bil; **to give sb the** ~ *(Brit vard: anställd)* ge ngn sparken; *(: pojkvän etc)* ge ngn på båten **(b)** *(vard: egenskap)* framåtanda **(c)** *(kraft)*ansträngning; *(Mil)* framstöt, offensiv; **let's make a** ~ nu gör vi en (sista) kraftansträngning **(d)** *(vard):* **at a** ~ i nödfall, om det kniper; **when it comes to the** ~ när det verkligen gäller

2 *vt* **(a)** *(person)* knuffa, fösa; *(bil)* skjuta 'på; *(cykel)* leda; *(barnvagn)* skjuta; **to** ~ **a door open/shut** skjuta upp/igen en dörr **(b)** *(knapp)* trycka på **(c)** *(bildl: krav)* framhärda i, driva; *(: åsikt)* agitera för; *(: vara)* puffa för; **to** ~ **home one's advantage** utnyttja sitt övertag till fullo; **to** ~ **drugs** sälja knark, vara knarklangare; **don't** ~ **your luck!** utmana inte ödet!; **she is** ~**ing 50** *(vard)* hon närmar sig (de) 50 **(d):** **to** ~ **sb into doing sth** driva/få ngn till att göra ngt; **to** ~ **sb to do sth** uppmuntra/driva 'på ngn att göra ngt; **don't** ~ **her too far** driv/pressa henne inte för hårt; **that's** ~**ing it a bit** det är att gå lite för långt; **to be** ~**ed for time/money** ha ont om pengar/tid

3 *vi* **(a)** *(i folkmassa etc)* trängas, knuffas; **to** ~ **into a room/through a crowd** tränga sig in i ett rum/fram genom en folkmassa; **he** ~**es too much** *(vard)* han är för framfusig **(b):** ~ *(på skylt)* tryck

♦ **push about, push around** *vt + adv (bildl vard: person)* köra med, hunsa

♦ **push aside** *vt + adv (eg: person)* knuffa undan, tränga åt sidan; *(bildl: förslag)* skjuta åt sidan; *(: problem)* skjuta undan

♦ **push away** *vt + adv (person, föremål)* skjuta undan

♦ **push back** *vt + adv (filt, gardiner)* dra undan; *(hårlock)* föra undan; *(folkmassa)* driva tillbaka; *(Mil: fiende)* pressa tillbaka

♦ **push down** **1** *vt + adv (knapp, spak)* trycka ner **2** *vi + adv (på knapp etc)* trycka

♦ **push forward** **1** *vt + adv (föremål)* skjuta fram; *(person)* knuffa fram, skjuta fram i rampljuset; **he tends to** ~ **himself forward** han vill gärna framhäva sig själv **2** *vi + adv* **(a)** *(Mil)* avancera, gå till offensiv **(b):** **to** ~ **forward with a plan** fortsätta (energiskt) med en plan, fullfölja en plan

♦ **push in** **1** *vt + adv* **(a)** *(person: i rum)* knuffa/fösa in; *(: i vattnet)* knuffa i; *(nål)* sticka/köra

in (b) *(fönster etc)* trycka in 2 *vi + adv (person: i rum etc)* tränga sig in
◆ **push off** 1 *vt + adv (föremål)* knuffa ner/av; *(lock)* trycka upp; *(person)* knuffa ner 2 *vi + adv* (a) *(i båt)* lägga/skjuta ut (b) *(vard)* sticka *(sin väg)*; ~ **off!** stick *(din väg)*!
◆ **push on** 1 *vt + adv* (a) *(lock)* trycka ner/fast (b) *(bildl: person)* uppmuntra, driva på 2 *vi + adv (på resa)* fortsätta, kämpa vidare; *(med arbete)* skynda på
◆ **push out** *vt + adv (kork etc)* trycka/pressa ut; *(person)* knuffa ut; *(bildl: person)* göra sig av med, avpollettera
◆ **push over** *vt + adv (föremål)* knuffa/stöta omkull; *(person)* knuffa omkull
◆ **push through** 1 *vt + prep (käpp)* köra/sticka igenom; *(beslut)* driva igenom; he ~ed his way through the crowd han trängde sig fram genom folkmassan 2 *vi + adv (person)* tränga sig fram
◆ **push up** *vt + adv* (a) *(eg: spak)* föra upp; *(: fönster)* skjuta upp; to ~ up one's glasses skjuta upp glasögonen i pannan (b) *(bildl: priser)* tvinga/pressa upp; to ~ up daisies *(vard: skämts)* vara död och begraven
push-bike |'pʊʃbaɪk| *s (Brit)* (tramp)cykel
push-button |'pʊʃ,bʌtn| *adj* tryckknapps-, knapp-; ~ **warfare** tryck-på-knappen-krig
push·chair |'pʊʃtʃɛəʳ| *s (Brit: för barn)* sittvagn
push·er |'pʊʃəʳ| *s (vard)* (a) knarklangare (b) streber, framfusig person
push·over |'pʊʃəʊvəʳ| *s (vard: uppgift)* lätt match; *(: person)* lätt motståndare; she's a ~ *(äv: sexuellt)* hon är lätt att förföra
push-up |'pʊʃʌp| *s (i sht Am)* armhävning
pushy |'pʊʃi| *adj (vard: neds)* framfusig, påträngande, streberaktig
puss |pʊs| *s* (a) kisse(katt); ~, ~! kiss! kiss!; P~ **in Boots** Mästerkatten i stövlar (b) *(vard)* flicka
pussy |'pʊsi| *s* (a) kisse(katt) (b) *(vard!)* kussimurra(!), fitta(!); *(i sht Am vard!: kvinna)* ligg
put |pʊt| *imperf, perf part* put 1 *vt* (a) *(föremål: på yta)* lägga, ställa, sätta; *(: i ficka, påse etc)* stoppa, lägga; *(vätska)* hälla; to ~ **the children to bed** lägga barnen, stoppa barnen i säng; **my brother** ~ **me on the train** min bror satte mig på tåget; to ~ **the ball in the net** *(fotboll, Tennis)* sätta bollen i nät; to ~ **sth to one's ear** hålla ngt till örat; she ~ **her head on my shoulder** hon lade/lutade huvudet mot min axel; to ~ **a lot of time into sth** lägga ned mycket tid på ngt; she has ~ **a lot into her marriage** hon har satsat mycket på sitt äktenskap; to ~ **money into a company** satsa/sätta in pengar i ett företag; to ~ **money on a horse** satsa/sätta pengar på en häst; **to stay** ~ stanna där man är
(b) *(föremål: genom ngt)* köra, sticka; I ~ **my fist through the window** jag körde knytnäven genom fönstret; he ~ **his head round the door** han stack in huvudet genom dörren; he ~ **a bullet through the horse's head** han sköt hästen i huvudet
(c): to ~ **the shot** *(Sport)* stöta kula
(d) *(påverka etc)*: to ~ **sb in a good/bad mood** få ngn på gott/dåligt humör; to ~ **sb in charge of sth** låta ngn få ansvaret för ngt; to ~ **sb to a lot of trouble** orsaka ngn en massa besvär; I ~ **her to answering the phone** jag satte henne till att svara i telefon; she ~ **him to work immediately** hon satte honom i arbete med detsamma
(e) *(tanke etc)* uttrycka, framställa, formulera; **let me** ~ **it this way** låt mig uttrycka det så här; to ~ **it bluntly** för att tala rent ut; ~ **it to him gently** säg det till honom på ett försiktigt sätt; to ~ **sth into French** översätta ngt till franska; to ~

the words to music sätta musik till orden/texten (f) *(förslag)* lägga fram; *(fråga)* ställa, rikta; *(problem)* framställa; I ~ **it to you that...** jag vill göra gällande att...; to ~ **a question to sb** rikta en fråga till ngn
(g): I ~ **it at £50** jag värderar den till 50 pund; to ~ **happiness before success** sätta lycka framför framgång 2 *vi (Sjö)*: to ~ **into port** löpa i hamn; to ~ **to sea** *(fartyg)* löpa ut, avsegla; *(person)* sticka till sjöss
◆ **put about** 1 *vt + adv (rykte)* sprida (ut) 2 *vi + adv (Sjö)* ändra kurs
◆ **put across** 1 *vt + adv (idé)* få folk att förstå/intressera sig för; *(känsla)* få fram 2 *vt + prep (Brit vard)*: to ~ **it/one across sb** lura ngn
◆ **put aside** *vt + adv* (a) *(bok, verktyg)* lägga bort/åt sidan/ifrån sig (b) *(pengar etc)* lägga undan, spara; *(i butik: vara)* lägga undan (c) *(bildl: tanke)* slå ifrån sig; *(: ilska, sorg etc)* glömma
◆ **put away** *vt + adv* (a) *(föremål: i allm)* plocka undan; *(: på sin rätta plats)* sätta/plocka/ställa/ lägga in; to ~ **away the car** ställa in bilen; ~ **away your money!** stoppa ner dina pengar! (b) *(pengar etc)* lägga undan, spara (c) *(vard: mat)* stoppa i sig; *(: dryck)* bälga i sig (d) *(vard: person: i fängelse)* bura/sy in; *(: på mentalsjukhus)* spärra in (e) *(vard: djur)* avliva
◆ **put back** 1 *vt + adv* (a) *(föremål)* sätta/ställa/lägga/stoppa tillbaka *(på sin plats)* (b) *(klocka, tid)* vrida tillbaka; *(möte)* skjuta upp; *(produktion)* försena; **to be** ~ **back a class** *(Skol)* flyttas ner en klass 2 *vi + adv (Sjö)* vända
◆ **put by** *vt + adv* (a) *(bok, verktyg)* lägga bort/åt sidan/ifrån sig (b) *(pengar etc)* lägga undan, spara
◆ **put down** 1 *vt + adv* (a) *(föremål: i allm)* lägga/ställa/sätta ner *el* ifrån sig; *(passagerare)* sätta/släppa av; I **couldn't** ~ **the book down** jag kunde inte lägga ifrån mig boken (b) *(sufflett)* fälla ner (c) *(uppror)* slå ned, kuva; *(brottslighet)* sätta stopp för; *(person)* snoppa av, förolämpa (d) *(handpenning)* erlägga (e) *(djur)* avliva (f) *(namn, uppgift)* skriva upp, anteckna; to ~ **sth down in writing** skriva upp/ner ngt; ~ **it down on my account** *(Handel)* sätt upp det på mitt konto; ~ **me down for £15** *(vid insamling)* sätt upp 15 pund på mig; he's ~ **his son down for Harrow** han har anmält sin son till Harrow (g): to ~ **sb down as** anse ngn vara; I ~ **him down as a troublemaker** jag anser att han är en bråkmakare (h): to ~ **sth down to sth** skylla på ngt; **we** ~ **his strange behaviour down to exam nerves** vi skyllde hans konstiga uppträdande på nervositet inför tentamen 2 *vi + adv (Flyg)* gå ned, landa
◆ **put forward** *vt + adv* (a) *(förslag)* lägga fram; *(idé)* föreslå, presentera; *(kandidat)* föreslå, förorda (b) *(klocka)* vrida fram; *(möte)* tidigarelägga
◆ **put in** 1 *vt + adv* (a) *(föremål: i skåp etc)* lägga/ställa/sätta in (b) *(i bok, brev, tal)* ta med, nämna (c) *(kommentar: i samtal)* skjuta/flika in (d) *(krav)* komma in med; *(ansökan, protest)* lämna in; to ~ **in a plea of not guilty** *(Jur)* neka *(till brottet)*; to ~ **one's name in for sth** anmäla sig *(som sökande)* till ngt; to ~ **sb in for an award** föreslå ngn till en belöning (e) *(centralvärme etc)* installera, sätta in (f) *(Pol: parti, person)* välja in (g) *(tid)* ägna, lägga ned; to ~ **in two hours' reading** läsa två timmar; to ~ **in a good day's work** göra ett rejält dagsverke 2 *vi + adv (Sjö)* löpa/gå in
◆ **put in for** *vi + prep (arbete, bostad etc)* söka,

anmäla sig som sökande till
♦ **put off** *vt + adv* **(a)** *(Brit: passagerare)* sätta/
släppa av **(b)** *(match, möte)* skjuta upp, vänta
med; *(gäster)* lämna återbud till; **to ~ sb off with
an excuse** ursäkta sig, säga till ngn att man inte
kan göra ngt **(c)** *(om påstående, faktum: person)*
få att avstå *(from* från), få att låta bli; **the news ~
me off going** nyheterna fick mig att avstå från
att åka **(d)** *(om uppförande: person)* stöta, irrite-
ra; *(om lukt, utseende: person)* äckla, få att tappa
lusten/aptiten **(e)** *(Brit: TV, radio, ström)* slå av,
stänga av; *(ljus)* släcka; *(motor)* stanna
♦ **put on** *vt + adv* **(a)** *(kläder, glasögon etc)* ta/
sätta på sig **(b)** *(min)* anlägga, sätta upp; **to ~
on an innocent expression** sätta upp en oskyldig
min; **she's just ~ting it on** hon låtsas/spelar
bara **(c)** *(vard: person)* driva med; **are you
~ting me on?** driver du med mig? **(d)** *(summa,
antal)* öka med, lägga till; **to ~ on weight** gå upp i
vikt **(e)** *(konsert)* ge; *(utställning)* visa; *(extra-
buss etc)* sätta in **(f): to ~ on to** *(på telefon)*
koppla till; **~ me on to Mr Strong please** kan ni
koppla mig till/kan jag få mr Strong **(g)** *(TV,
radio, apparat)* slå på, sätta på; *(ljus)* tända; **to ~
the brakes on** bromsa, använda bromsen **(h):
to ~ sb on to sb/sth** tipsa ngn om ngn/ngt; **can you
~ me on to a good lawyer?** kan du rekommen-
dera en bra advokat?; **who ~ the police on to
him?** vem satte polisen på honom?
♦ **put out** 1 *vt + adv* **(a)** *(föremål)* sätta/ställa/
lägga ut; *(katt etc)* släppa ut; **to ~ clothes out to
dry** hänga ut kläder på tork; **to be ~ out** *(Brit: från
restaurang etc)* bli utkastad; **she couldn't ~ him
out of her head** hon kunde inte få honom ur
sitthuvud/tankarna **(b)** *(hand, tunga)* sträcka/
räcka ut; **to ~ one's head out of a window** sticka
ut huvudet genom ett fönster **(c)** *(bestick, sto-
lar)* placera ut; *(schackpjäser)* ställa upp **(d)**
(nyhet) offentliggöra; *(propaganda, rykte)* sprida
ut; *(bok)* ge ut **(e)** *(eld)* släcka; *(cigarett: äv)*
fimpa **(f)** *(person)* reta, förarga; **to be ~ out by
sth** vara stött/förargad över ngt **(g): to ~ sb
out** ställa till besvär för ngn; **to ~ oneself out (for
sb)** göra sig besvär/omak (för ngn); **are you sure
I'm not ~ting you out?** är det säkert att jag inte
ställer till besvär för dig? **(h)** *(knä, axel)* vrida
ur led **(i)** *(arbete)* lämna/lägga ut (till under-
leverantör) 2 *vi + adv:* **to ~ out to sea** *(Sjö)*
sticka till sjöss
♦ **put over** *vt + adv* **(a)** *(Brit vard):* **to ~ it/one
over sb** lura i ngn ngt **(b)** *(i sht Am: match,
möte)* uppskjuta
♦ **put through** *vt + adv* **(a)** *(projekt)* genomföra;
(affär) slutföra; *(krav)* driva igenom **(b)** *(Tele)*
koppla *(to* till); **~ me through to Miss Blair**
koppla mig till miss Blair
♦ **put together** *vt + adv* **(a)** *(föremål: i allm)*
samla ihop; *(summor)* lägga ihop; **she's worth
more than all the others ~ together** hon är värd
mer än alla de andra tillsammans **(b)** *(möbel,
maskin)* montera, sätta ihop; *(uppsats, matsedel)*
sätta ihop; *(måltid)* komponera; *(fakta)* lägga
ihop
♦ **put up** 1 *vt + adv* **(a)** *(hand)* sträcka upp;

(fönster) skjuta upp; *(paraply, krage)* fälla upp;
(hår) sätta upp; *(flagga, segel)* hissa; **~ 'em up!**
(vard) upp med händerna! **(b)** *(tavla, gardiner)*
hänga/sätta upp; *(affisch)* sätta upp **(c)** *(tält)*
resa; *(hus)* bygga; *(stege)* resa, ställa (upp); *(sta-
ket)* sätta upp **(d)** *(satellit)* skicka upp **(e)**
(pris, hyra, temperatur) höja, driva upp **(f)**
(förslag) föra fram; *(kandidat)* förorda, före-
slå **(g)** *(vara etc)* utbjuda; *(ursäkt)* ge; *(försvar)*
prestera; **to ~ sth up for sale** utbjuda ngt till
försäljning; **they ~ up a struggle** de kämpade
emot/gjorde motstånd **(h)** *(gäst)* ge husrum,
härbärgera **(i)** *(belöning)* sätta upp, utlysa;
(pengar) betala; **to ~ up the money** stå för peng-
arna **(j): to ~ sb up to doing sth** förleda/lura
ngn till att göra ngt 2 *vi + adv* **(a)** *(på hotell)* ta
in/bo; *(hos person)* bo (över), bo som gäst **(b)** *(i
val)* ställa upp
♦ **put upon** *vi + prep:* **to be ~ upon** hunsas,
toppridas
♦ **put up with** *vi + prep* stå ut med, tåla
pu·ta·tive |'pjuːtətɪv| *adj* (som man påstår) för-
ment; *(som man tror)* förmodad
pu·tre·fy |'pjuːtrɪfaɪ| *vi* (kadaver, växt, mat) ruttna
pu·trid |'pjuːtrɪd| *adj* rutten
putsch |pʊtʃ| *s* statskupp
putt |pʌt| 1 *s* (Golf) putt 2 *vt, vi* (Golf) putta
putt·er¹ |'pʌtə³| *s* (golfklubba) putter
put·ter² |'pʌtə³| *vi* (Am) = **potter²**
putt·ing |'pʌtɪŋ| *s* **(a)** (Golf) puttning; **~ green**
green, inslagsplats **(b)** *(spel)* minigolf på gräs;
~ green minigolfbana på gräsmatta
put·ty |'pʌtɪ| *s* (för fönster) kitt; (för snickerier)
spackel; **to be ~ in sb's hands** vara som vax i
ngns händer
put-up |'pʊtʌp| *adj:* **it was a ~ job** det var fixat/
planerat i förväg, det var en kupp
puz·zle |'pʌzl| 1 *s* **(a)** *(med ord etc)* (ord)gåta;
(av trä) läggspel; *(= jigsaw ~)* pussel **(b)** *(abstr)*
gåta, nöt, problem 2 *vt* *(om händelse: person)*
förbrylla; **to be ~d about sth** inte bli klok på ngt;
to ~ sth out fundera/klura ut ngt; **I can't ~ out
why he did it** jag kan inte begripa/fatta varför
han gjorde det 3 *vi:* **to ~ about/over** *(problem)*
bry sin hjärna med; *(fråga)* grubbla över
puzzled |'pʌzld| *adj* *(blick etc)* förbryllad
puz·zle·ment |'pʌzlmənt| *s* förvirring
puz·zling |'pʌzlɪŋ| *adj* *(händelse)* förbryllande,
gåtfull; *(instruktion)* förvirrande
PVC *förk* (= *polyvinyl chloride)* PVC(-plast)
pyg·my |'pɪgmɪ| *s* **(a): P~** *(folkslag)* pygmé **(b)**
(bildl: till växten) pygmé, dvärg; *(: till begåvning-
en)* nolla; *(i sms)* dvärg-
py·ja·mas, *(Am)* **pa·ja·mas** |pə'dʒɑːməz| *spl*
(sängplagg) pyjamas
py·lon |'paɪlən| *s* (Elektr) kraftledningsstolpe
pyra·mid |'pɪrəmɪd| *s* pyramid
pyre |'paɪə³| *s* likbål
Pyr·enees |,pɪrə'niːz| *spl:* **the ~** Pyrenéerna
Py·rex ® |'paɪreks| *s* ugnseldfast glas
pyro·ma·ni·ac |,paɪrəʊ'meɪnɪæk| *s* pyroman
pyro·tech·nics |,paɪrəʊ'tekniks| *s* **(a)** *(sg)* pyro-
teknik, fyrverkerikonst **(b)** *(pl)* fyrverkeri
py·thon |'paɪθən| *s* (Zool) pytonorm

Q

Q, q |kjuː| *s (bokstav)* Q, q
qua |kwei, *(Am)* kwɑː| *prep* i egenskap av
quack[1] |kwæk| **1** *s (ljud)* snatter **2** *vi (anka)* snattra
quack[2] |kwæk| *s (eg)* kvacksalvare; *(vard: läkare)* kvackare
quad |kwɒd| *s* **(a)** *förk f* **quadrangle** **(b)** *förk f* **quadruplet**
quad·ran·gle |'kwɒdræŋgl| *s* **(a)** *(Geom)* fyrhörning **(b)** *(i sht Brit)* fyrkantig (kringbyggd) gård
quad·rant |'kwɒdrənt| *s (Geom)* kvadrant
quad·rat·ic |kwɒ'drætɪk| *adj* kvadrat-; ~ **equation** andragradsekvation
quad·ri·lat·er·al |,kwɒdrɪ'lætərəl| *adj* fyrsidig
qua·drille |kwə'drɪl| *s (dans)* kadrilj
qua·dril·lion |kwɒ'drɪljən| *s (räkn: Brit)* kvadriljon 10^{24}; *(: Am)* tusen biljoner 10^{15}
quad·ru·ped |'kwɒdruped| *s* fyrfotadjur
quad·ru·ple |'kwɒdrupl| **1** *adj* fyrdubbel **2** *vt* fyrdubbla **3** *vi* fyrdubblas
quad·ru·plet |kwɒ'druːplɪt| *s (person)* fyrling
quag·mire |'kwægmaɪər| *s* gungfly, sumpmark; **the garden was an absolute** ~ trädgården var rena lervällingen
quail[1] |kweɪl| *s (fågel)* vaktel
quail[2] |kweɪl| *vi (person)* bäva *(at* inför*)*
quaint |kweɪnt| *adj (-er, -est) (pos: person, stil etc)* originell; *(: hus etc)* pittoresk; *(neg: idé, uppförande)* befängd, bisarr
quaint·ly |'kweɪntlɪ| *adv (se* **quaint**) originellt; pittoreskt; bisarrt
quake |kweɪk| **1** *vi (person)* skaka, skälva *(with* av*)*; *(hjärta)* banka **2** *s (=* **earth**~) jord|skalv/-bävning
Quak·er |'kweɪkər| *s (Rel)* kväkare
quali·fi·ca·tion |,kwɒlɪfɪ'keɪʃən| *s* **(a)** *(formell)* behörighet; *(i allm)* merit; ~**s** kvalifikationer, meriter; **paper** ~**s** pappersmeriter; **what are his** ~**s?** vad har han för kvalifikationer/meriter?; **teaching** ~**s** undervisnings|erfarenhet/-vana **(b)** *(till påstående)* inskränkning, förbehåll
quali·fied |'kwɒlɪfaɪd| *adj* **(a)** *(med yrkesutbildning: läkare)* legitimerad; *(: ingenjör)* med examen, kompetent; *(lärare)* behörig; *(i allm)* utbildad; *(med lämpliga egenskaper)* lämpad, lämplig; **to be** ~ **for/to do sth** ha förutsättningar för/att göra ngt **(b)** *(beröm)* reserverad, med reservationer; **it was a** ~ **success** det var en begränsad framgång
quali·fi·er |'kwɒlɪˌfaɪər| *s (Språkv)* bestämningsord, attribut
quali·fy |'kwɒlɪfaɪ| **1** *vt* **(a)** *(person)* meritera, kvalificera, göra berättigad **(b)** *(påstående)* inskränka; *(teori)* modifiera **(c)** *(Språkv: ord)* bestämma **2** *vi (i allm)* vara berättigad, uppfylla kraven; *(handling)* kvalificera sig; *(Sport)* kvalificera sig; **to** ~ **as an engineer** ta ingenjörsexamen; **he hardly qualifies as a major dramatist** han kan knappast räknas till de stora dramatikerna; **to** ~ **for a job** vara behörig/kompetent för ett jobb
quali·fy·ing |'kwɒlɪfaɪɪŋ| *adj (Språkv)* attributivt, bestämmande; *(prov)* antagnings-; *(Sport)* kvalificerings-

quali·ta·tive |'kwɒlɪtətɪv| *adj* kvalitativ
qual·ity |'kwɒlɪtɪ| **1** *s* **(a)** *(hos vara etc)* kvalitet, beskaffenhet; **of good/high** ~ av god/hög kvalitet **(b)** *(hos person)* egenskap **2** *adj* kvalitets-; **poor** ~ **material** material av dålig kvalitet
qualm |kwɑːm| *s (vanl pl: för ngt okänt)* farhåga, farhågor; *(: mot att göra ngt)* betänkligheter, skrupler; **to have** ~**s about a new job** oroa sig för ett nytt jobb; **he has no** ~**s about stealing** han drar sig inte för att stjäla
quan·da·ry |'kwɒndərɪ| *s*: **to be in a** ~ **about sth** vara i bryderi angående ngt
quan·ti·ta·tive |'kwɒntɪtətɪv| *adj* kvantitativ
quan·tity |'kwɒntɪtɪ| *s (i allm)* kvantitet, mängd; *(Språkv)* kvantitet; **unknown** ~ *(Mat)* obekant storhet; *(bildl)* okänd faktor; ~ **surveyor** byggnads|kalkylator/-ingenjör
quan·tum |'kwɒntəm| *s (Fys)* kvant; *(i allm: eg, bildl)* kvantum; ~ **physics** kvantfysik; ~ **theory** kvantteori
quar·an·tine |'kwɒrəntiːn| **1** *s* karantän **2** *vt* sätta i karantän
quar·rel |'kwɒrəl| **1** *s (handling)* gräl, tvist; **to have a** ~ **with sb** gräla med ngn; **to pick a** ~ **(with sb)** mucka gräl *(med* ngn*)*; **I have no** ~ **with him** jag har inget otalt med honom, jag har inget emot honom; **I have no** ~ **with that** jag har inget att invända mot det **2** *vi* gräla, tvista; **they** ~**led about/over money** de grälade om pengar; **to** ~ **with sb** gräla med ngn; **you can't** ~ **with that** det kan du inte anmärka på/invända ngt mot
quar·rel·ling, *(Am)* **quar·rel·ing** |'kwɒrəlɪŋ| *s* grälande
quar·rel·some |'kwɒrəlsəm| *adj* grälsjuk
quar·ry[1] |'kwɒrɪ| *s (Jakt)* villebråd, (jakt)byte; *(bildl)* offer; **the hawk pounced on its** ~ höken slog ner på sitt byte
quar·ry[2] |'kwɒrɪ| **1** *s (eg)* stenbrott; *(bildl)* guldgruva **2** *vt (sten)* bryta
quart |kwɔːt| *s (rymdmått: Brit: 1,136 l)* quart; *(: Am: 0,946 l)* quart
quar·ter |'kwɔːtər| **1** *s* **(a)** *(i allm)* fjärdedel; **a** ~ **of** en kvarts, en fjärdedels; **a** ~ **of a mile** en kvarts mile; **a mile and a** ~ en och en kvarts mile; **a** ~ **of a century** ett kvartssekel; **to divide sth into** ~**s** dela ngt i fjärdedelar **(b)** *(Am: belopp)* 25 cent; *(mynt)* 25-centare **(c)** *(del av år)* kvartal; *(Am Skol/Univ: fjärdedels läsår)* termin; *(Sport: fjärdedels matchtid)* period; **to pay by the** ~ betala kvartalsvis **(d)** *(del av timme)*: **a** ~ **of an hour** kvart; **an hour and a** ~ en timme och en kvart; **it's a** ~ **to 3,** *(Am)* **it's a** ~ **of 3** klockan/hon är kvart i 3; **it's a** ~ **past 3,** *(Am)* **it's a** ~ **after 3** klockan/hon är kvart över 3 **(e)** *(i stad)* stadsdel, kvarter; **the Latin** ~ *(i Paris)* Quartier Latin **(f):** **from all** ~**s** från alla håll/sidor; **at close** ~**s** *(i allm)* nära intill; *(Mil)* i närstrid; **you won't get any help from that** ~ du får ingen hjälp från det hållet **(g):** ~**s** *(i allm)* bostad, logi; *(Mil)* förläggning, kvarter; **to live in cramped** ~**s** bo trångt **(h): to give the enemy no** ~ inte ge fienden ngn pardon/förskoning **2** *vt* **(a)** *(föremål)* dela i fyra delar; *(arbete)* dela på fyra **(b)** *(Mil)* inkvartera

quarter·back ['kwɔːtəˌbæk] s (i amerikansk fotboll) kvartsback

quarter-deck ['kwɔːtədek] s (Sjö) akterdäck

quarter·final ['kwɔːtəˌfaɪnl] s kvartsfinal

quar·ter·ly ['kwɔːtəlɪ] **1** adj kvartals-, (som kommer) en gång i kvartalet **2** adv kvartalsvis, en gång i kvartalet

quar·ter·master ['kwɔːtəˌmɑːstəʳ] s (Mil) kvartermästare, intendent

quar·tet [kwɔːˈtet] s (Mus, i allm) kvartett

quar·to ['kwɔːtəʊ] s (format) kvartsformat, kvarto; (bok) kvartband, kvarto(upplaga)

quartz ['kwɔːts] s kvarts; ~ **clock** kvartsur; ~ **crystal** kvartskristall

qua·sar ['kweɪzaː] s (Astron) kvasar

quash ['kwɒʃ] vt **(a)** (motstånd) slå ner, kuva **(b)** (förslag) förkasta; (Jur: dom) ogiltigförklara, annullera

quasi- ['kwɑːzɪ, 'kweɪzaɪ] prefix kvasi-, halv-; ~**-religious** kvasireligiös; ~**-revolutionary** adj, s kvasirevolutionär, förment revolutionär

qua·ver ['kweɪvəʳ] **1** s (i röst) skälvning, darrning; (Mus: spelsätt) tremulering; (Brit Mus: not) åttondelsnot **2** vi (röst) skälva, darra; (Mus) tremulera

quay [kiː] s kaj

quay·side ['kiːsaɪd] s kaj(område)

quea·sy ['kwiːzɪ] adj (-ier, -iest) (person) illamående; (mage) känslig, ömtålig; **to feel** ~ (fysiskt) känna sig illamående; (psykiskt) känna sig illa till mods

queen [kwiːn] s (monark) drottning; (Schack) dam, drottning; (Kortsp) dam; (Zool) drottning; ~ **bee** bidrottning; ~ **mother** drottningmoder

queer [kwɪəʳ] **1** adj (-er, -est) **(a)** (föremål, händelse, person) konstig, underlig, besynnerlig; **(b): to feel** ~ känna sig illamående, må konstigt **(c)** (vard: man) homosexuell **2** s (vard: man) homosexuell, fikus **3** vt: **to** ~ **sb's pitch** komma och förstöra allting för ngn

queer·ly ['kwɪəlɪ] adv konstigt, underligt

quell [kwel] vt (opposition) kuva, undertrycka; (känsla) undertrycka; (smärta) dämpa, stilla

quench [kwentʃ] vt (törst, eld) släcka; (känsla) undertrycka

queru·lous ['kwerʊləs] adj (person, röst) gnällig, knarrig

que·ry ['kwɪərɪ] **1** s (handling) fråga; (tecken) frågetecken; (bildl) fråga, tvivel; **this raises some queries about** ... detta väcker vissa tvivel om ... **2** vt (påstående) betvivla, ifrågasätta; (person) fråga (ut); **to** ~ **whether**... undra om ...

quest [kwest] s (eg, bildl) sökande, strävan (for efter); **in** ~ **of** på jakt efter

ques·tion ['kwestʃən] **1** s **(a)** (handling) fråga; **to ask sb a** ~, **to put a** ~ **to sb** ställa en fråga till ngn, fråga ngn om ngt; ~ **mark** frågetecken **(b)** (ämne etc) fråga, spörsmål; **a burning** ~ en brännande fråga; **it is an open** ~ **whether**... det är en öppen fråga om ...; **the** ~ **is,** ... frågan är, ...; **it is a** ~ **of whether**... det är en fråga om huruvida ...; **that is not the** ~ det är inte det saken gäller **(c)** (möjlighet): **there is no** ~ **of outside help** det finns inga utsikter till hjälp utifrån; **there can be no** ~ **of your resigning** det kan aldrig komma på fråga att du säger upp dig; **it's out of the** ~! kommer aldrig på fråga!; se äv **beg (d)** (tvivel etc): **beyond** ~, **past** ~ utom allt tvivel; **in** ~ ifrågasatt; **there is no** ~ **about it** det råder inget tvivel om det; **to bring** el **call sth/sb into** ~ ifrågasätta ngt/ngn **2** vt **(a)** (person: i allm) fråga; (misstänkt) förhöra **(b)** (påstående etc) ifrågasätta, tvivla på; **I** ~ **whether it is worthwhile** jag ifrågasätter om det lönar sig

ques·tion·able ['kwestʃənəbl] adj **(a)** (faktum

etc) tvivelaktig, oviss; (dom) diskutabel; **it is** ~ **whether**... det är diskutabelt om... **(b)** (neds: person, uppförande) tvivelaktig, skum

ques·tion·er ['kwestʃənəʳ] s (i allm) frågeställare; (Pol) interpellant

ques·tion·ing ['kwestʃənɪŋ] **1** adj (blick) frågande; (person) ifrågasättande **2** s (av misstänkt) förhör

ques·tion·naire [ˌkwestʃəˈnɛəʳ] s frågeformulär

queue [kjuː] **1** s (i sht Brit) kö; **to form a** ~ bilda kö; **to stand in a** ~ stå i kö; **to jump the** ~ smita före i kön **2** vi (Brit: äv: ~ **up**) stå i kö, köa

quib·ble ['kwɪbl] **1** s detaljanmärkning **2** vi (i allm) käbbla om/anmärka på småsaker; (för att slippa svara) slingra sig

quick [kwɪk] **1** adj (-er, -est) (bil, löpare) snabb; (handling, händelse) snabb, kvick, hastig; (rörelse) kvick, snabb; (person: i uppfattningen) kvick i huvudet, vaken; **to have a** ~ **temper** vara retlig, ha lätt för att bli arg; **the** ~ **est method** det snabbaste sättet; **a** ~ **reply** ett rappt svar; **be** ~ **about it!** raska på (med det)!; **to be** ~ **to act** handla snabbt, vara snar till handling; **to be** ~ **to take offence** vara lättstött; **to have a** ~ **one** (vard: i allm) ta en snabbis; (: i sht) ta sig ett glas i all hast; ~ **time** (Mil) rask marsch(takt) **2** s (under nagel etc) kött; (eg, bildl) ömt ställe; **to cut sb to the** ~ (bildl) såra ngn djupt **3** adv snabbt, kvickt; **as** ~ **as a flash/as lightning** blixtsnabbt

quick·en ['kwɪkən] **1** vt **(a)** (hastighet) öka; (handling) påskynda; **to** ~ **one's pace** öka takten **(b)** (åld, litt) stimulera, ge nytt liv åt **2** vi **(a)** (hastighet) öka; **the pace** ~**ed** takten ökade **(b)** (åld, litt) stimuleras, få nytt liv

quickie ['kwɪkɪ] s (vard: i allm) snabbis; (: i sht) ett glas i all hast

quick·lime ['kwɪklaɪm] s osläckt kalk

quick·ly ['kwɪklɪ] adv snabbt, kvickt, hastigt; **he talks too** ~ **for me to understand** han talar för snabbt/fort för att jag ska förstå

quick·ness ['kwɪknɪs] s snabbhet, kvickhet; ~ **of mind** intellektuell rörlighet

quick·sand ['kwɪksænd] s kvicksand

quick·silver ['kwɪkˌsɪlvəʳ] s kvicksilver

quick·step ['kwɪkstep] s (dans) snabb foxtrot, quickstep

quick-tempered [ˌkwɪk'tempəd] adj (person) häftig, hetlevrad

quick-witted [ˌkwɪk'wɪtɪd] adj (i allm) kvicktänkt; (som kan svara bra) slagfärdig

quid [kwɪd] s, pl lika (Brit vard) pund

qui·et ['kwaɪət] **1** adj (-er, -est) **(a)** (i allm) lugn, stilla; (person: som inte pratar mycket) tystlåten; (: till sättet) tillbakadragen, försynt; (: till humöret) lugn; (röst) lågmäld; (dag: på arbetet etc) lugn; (kväll, plats) lugn, stilla, fridsam; **be** ~! (var) tyst!; **to keep** ~ hålla tyst; **to keep sb** ~ hålla ngn tyst/lugn; **they paid him £100 to keep him** ~ de betalade honom 100 pund för att han skulle hålla tyst; **business is** ~ **at this time of year** (i affär etc) det är inte så mycket kunder så här års, det är lugnt så här års **(b)** (klädsel) diskret; (humor) stilla; (möte, måltid) stilla, i lugn och ro; **I'll have a** ~ **word with him** jag ska ta ett privat samtal med honom; **to lead a** ~ **life** leva ett stilla liv; **he managed to keep the whole thing** ~ han lyckades hålla hela saken hemlig; **we had a** ~ **wedding** vi gifte oss i tysthet **2** s stillhet, lugn; **peace and** ~ lugn och ro; **on the** ~ i hemlighet/smyg **3** vi = **quieten 1**

qui·et·en ['kwaɪətn] (i sht Brit) **1** vt (äv: ~ **down**) (person) lugna (ner); (skolklass etc) få tyst på **2** vi (äv: ~ **down**) (person: i allm) lugna (ner) sig; (motor etc) tystna

qui·et·ism ['kwaɪəˌtɪzəm] s (Rel) kvietism; (bildl)

passivitet

qui·et·ly |'kwaɪətlɪ| adv stilla, lugnt, diskret; **to be ~ dressed** vara diskret klädd; **our house is ~ situated in the hills** vårt hus är fridfullt beläget bland kullarna; **let's get married ~** låt oss ha ett enkelt bröllop; **he slipped off ~ to avoid being noticed** han slank iväg i all tysthet för att slippa uppmärksamhet

qui·et·ness |'kwaɪətnɪs| s **(a)** (hos person) lugn; (hos plats) stillhet, lugn, ro **(b)** (i röst) mildhet, lugn

quill |kwɪl| s (på fågel) vingpenna, fjäder; (på igelkott) tagg; (på piggsvin) pigg; (skrivredskap) gåspenna

quilt |kwɪlt| **1** s matelasserat sängtäcke; **continental ~** duntäcke; **patchwork ~** lapptäcke **2** vt vaddera, matelassera, vaddsticka

quilt·ed |'kwɪltɪd| adj (i allm) vadderad, matelasserad; **~ jacket** vadderad jacka

quin |kwɪn| s (Brit) = **quintuplet**

quince |kwɪns| s (frukt, träd) kvitten; **~ jelly** kvittengelé

qui·nine |kwɪ'niːn| s (Kem) kinin

quint |kwɪnt| s (Am) = **quintuplet**

quin·tes·sence |kwɪn'tɛsns| s kvintessens; **she's the ~ of beauty** hon är skönheten själv/personifierad

quin·tet |kwɪn'tet| s (Mus, i allm) kvintett

quin·tu·plet |kwɪn'tjuːplɪt| s femling

quip |kwɪp| s (rolig) kvickhet, vits; (elak) spydighet, gliring

quirk |kwɜːk| s (i uppförande etc) egendomlighet, besynnerlighet; **by some ~ of fate** genom en ödets nyck

quirky |'kwɜːkɪ| adj (-ier, -iest) (personlighet, uppförande) besynnerlig, nyckfull

quit |kwɪt| imperf, perf part **quit** el **quitted** **1** vt **(a)** (arbete) sluta (på); (handling) sluta (med), lägga av med (vard); **to ~ doing sth** sluta göra ngt; **~ doing that!** sluta/lägg av med det där! **(b)** (plats) lämna **2** vi (på arbetsplats) sluta; (i spel etc) ge upp, lägga av (vard); (från plats) gå, sticka (vard) **3** adj: **to be ~ of sth/sb** vara kvitt ngt/ngn

quite |kwaɪt| adv **(a)** alldeles, fullkomligt; **~ new** alldeles ny; **~ (so)!** (Brit) just det!, helt riktigt!; **that's ~ enough** det räcker utmärkt; **I can ~**

believe that... jag kan mycket väl tänka mig/ tro att ...; **not ~ as many as last time** inte fullt så många som förra gången; **I ~ understand** jag förstår precis; **that's not ~ right** det är inte helt riktigt **(b)** ganska, rätt, riktigt; **she's ~ pretty** hon är ganska/rätt söt; **it's ~ good/important** det är ganska bra/viktigt; **that's ~ a distance!** det är en rejäl sträcka!; **that's ~ a car!** det var ingen dålig bil!

quits |kwɪts| adv kvitt; **to be ~ with sb** vara kvitt med ngn; **now we're ~!** nu är vi kvitt!; **let's call it ~!** nu är vi kvitt!, nu slutar vi!

quiv·er[1] |'kwɪvəʳ| s (pil)koger

quiv·er[2] |'kwɪvəʳ| **1** s darrning, skälvning **2** vi (person, röst) darra, skälva

quix·ot·ic |kwɪk'sɒtɪk| adj (person) överspänt idealistisk; (plan) verklighetsfrämmande

quiz |kwɪz| **1** s (Radio, TV etc) frågesport(sprogram); (Am Skol) lappskrivning **2** vt (misstänkt etc) fråga ut, förhöra

quiz·master |'kwɪz,mɑːstəʳ| s frågesportsledare

quiz·zi·cal |'kwɪzɪkəl| adj (blick) retsam

quoit |kɔɪt| s (för spel) kastring; **~s** (spel) ringkastning

quor·um |'kwɔːrəm| s (på sammanträde) kvorum, beslutsmässigt antal; **to have a ~** (sammanträde) vara beslutsmässig

quo·ta |'kwəʊtə| s (i allm) kvot; **a fixed ~** en fast kvot

quo·ta·tion |kwəʊ'teɪʃən| s **(a)** (av yttrande etc) citat; **~ marks** citationstecken **(b)** (Handel: för framtida arbete/försäljning) prisuppgift, offert; (: på börsen) notering, kurs

quote |kwəʊt| **1** vt **(a)** (person, verk) citera; **to ~ sth/sb by heart** citera ngt/ngn utantill **(b)** (person: som referens) åberopa, uppge; (exempel) ge, nämna; **can you ~ me an example?** kan du ge mig ett exempel? **(c)** (Handel: pris) lämna, offerera **2** vi citera; **and I ~ ... och jag citerar ...** **3** s **(a)** (av yttrande etc) citat **(b)**: **~s** citationstecken; **in ~s** inom citationstecken

quoth |kwəʊθ| vi (åld) sade; **~ he/she/the witch** sade han/hon/häxan

quo·tid·ian |kwəʊ'tɪdɪən| adj (eg) daglig; (bildl) alldaglig

quo·tient |'kwəʊʃənt| s (Mat) kvot

R

R, r |ɑ:ʳ| *s (bokstav)* R, r; **the three R's** (= *reading, (w)riting and (a)rithmetic)* läsning, skrivning och räkning
rab·bi |'ræbaɪ| *s (judisk lärd)* rabbin; (: *i tilltal)* rabbi
rab·bit |'ræbɪt| **1** *s (Zool)* kanin; *(Am vard: äv)* hare; ~ **hole** kaninhål; ~ **hutch** kaninbur **2** *vi:* go ~ing jaga kaniner
♦ **rab·bit on** *vi* + *adv (vard)* gå 'på, tjata *(about* om)
rab·ble |'ræbl| *s* bråkig folkmassa; **the** ~ *(neds)* pöbeln, patrasket
rabble-rouser |'ræbl,raʊzəʳ| *s* uppviglare, bråkmakare
rabble-rousing |'ræbl,raʊzɪŋ| **1** *adj (person, tal)* uppviglande, demagogisk **2** *s* uppvigling, demagogi
rab·id |'ræbɪd| *adj (Med)* rabiessmittad; *(bildl)* rabiat, fanatisk
ra·bies |'reɪbi:z| *s (Med)* rabies
RAC *s förk f* **Royal Automobile Club** *(Brit: ung)* KAK
rac·coon |rə'ku:n| *s (Zool)* tvättbjörn; *(päls)* sjubb
race[1] |reɪs| **1** *s (tävling: för löpare, djur etc)* kapplöpning, lopp; (: *för bilar etc)* lopp; (: *i simning)* tävling; (: *i rodd)* kapprodd; (: *i segling)* kappsegling; *(efter varor etc)* rusning; ~s (= *horse-~s)* kapplöpning; **a day at the** ~s en dag på kapplöpningsbanan; **a** ~ **against time** en kapplöpning med tiden; **it was a** ~ **to finish it in time** vi fick kämpa för att få det klart i tid; **arms** ~ kapprustning; ~ **for power** maktkamp **2** *vt* **(a)** *(häst)* låta delta i kapplöpning **(b):to** ~ **sb** springa/köra *etc* ikapp med ngn **(c)** jaga 'på ngt; **to** ~ **a bill through the Commons** snabbbehandla ett lagförslag i underhuset **3** *vi* **(a)** *(person)* rusa, störta; **to** ~ **along** jaga fram; **to** ~ **in/across** *etc* rusa *el* störta in/över *etc* **(b)** *(puls)* slå fort, börja slå snabbare; *(motor)* rusa; **my brain** ~**d with ideas** mitt huvud var fullt av idéer **(c)** *(person)* springa/köra *etc* i en tävling
race[2] |reɪs| *s (Biol)* ras; *(etnisk)* folk|grupp/-slag; **the white** ~ den vita rasen; **a foreign** ~ ett främmande folkslag; **the human** ~ människosläktet
race·card |'reɪs,kɑ:d| *s* kapplöpningsprogram
race·course |'reɪskɔ:s| *s* kapplöpningsbana
race-go·er |'reɪs,gəʊəʳ| *s* en som går på hästkapplöpning; ~s kapplöpningspublik(en)
race·horse |'reɪshɔ:s| *s* kapplöpningshäst
rac·er |'reɪsəʳ| *s* **(a)** kapplöpningshäst **(b)** racer|bil/-båt/-cykel **(c)** *(person)* deltagare i lopp
race·track |'reɪstræk| *s (för hästar)* kapplöpningsbana; *(för bilar etc)* racerbana
ra·cial |'reɪʃəl| *adj* ras-
ra·cial·ism |'reɪʃəlɪzəm| *s* rasism
ra·cial·ist |'reɪʃəlɪst| **1** *adj* rasistisk **2** *s* rasist
rac·ing |'reɪsɪŋ| *s (häst)*kapplöpning; ~ **car** racerbil; ~ **cycle** racercykel; ~ **driver** racerförare; ~ **stables** kapplöpningsstall; ~ **yacht** kappseglare
rac·ism |'reɪsɪzəm| *s* rasism
rack[1] |ræk| **1** *s* **(a)** *(för skivor, pipor)* ställ; *(för tidskrifter, bagage, hattar)* hylla; *(för kläder)* klädstång **(b)** *(tortyrredskap)* sträckbäck **2** *vt* plåga; **to be** ~**ed by pain** plågas av smärta; **to** ~ **one's brains** bry sin hjärna; **to** ~ **one's tenants**

(Brit) skinna sina hyresgäster, ta ockerhyror
rack[2] |ræk| *s:* **to go to** ~ **and ruin** *(byggnad)* rasa ihop; *(företag)* gå åt pipan; *(person)* deka ner sig
rack-and-pinion |,rækənd'pɪnjən| *s (Tekn)* kuggstångsväxel; ~ **steering** kuggstångsstyrning
rack·et[1] |'rækɪt| *s (Sport)* racket
rack·et[2] |'rækɪt| *s* **(a)** *(ljud)* oväsen, stoj **(b)** *(vard: tvivelaktig verksamhet)* skoj, båg, bluff; (: *illegal verksamhet)* skumraskaffärer; **arms** ~ illegal vapenhandel; **drugs** ~ narkotikahandel; **what's your** ~? *(skämts)* vilken bransch är du i?, vad jobbar du med?
rack·et·eer |,rækɪ'tɪəʳ| *s (i sht Am)* gangster; **drugs** ~ narkotikabrottsling
rac·on·teur |,rækɒn'tɜːʳ| *s (god)* berättare
ra·coon |rə'ku:n| *s* = **raccoon**
rac·quet |'rækɪt| *s* = **racket**[1]
racy |'reɪsɪ| *adj (-ier, -iest) (stil)* livfull; *(historia)* mustig, vågad
ra·dar |'reɪdɑːʳ| *s* radar
ra·dial |'reɪdɪəl| **1** *adj* radial-; ~ **tyre** radialdäck **2** *s* radialdäck
radial-ply |'reɪdɪəl'plaɪ| *adj (i sht Am)* = **radial 1**
ra·di·ance |'reɪdɪəns| *s (eg)* strålglans; *(bildl):* **the** ~ **of her face** hennes (glädje)strålande ansikte
ra·di·ant |'reɪdɪənt| *adj (i allm)* strålande; *(Tekn: värme)* strålnings-; *(bildl: leende)* strålande; (: *ansikte)* glädjestrålande
ra·di·ate |'reɪdɪeɪt| **1** *vt (eg, bildl)* utstråla **2** *vi* stråla ut
ra·dia·tion |,reɪdɪ'eɪʃən| *s* **(a)** *(radioaktiv)* strålning, radioaktivitet; ~ **sickness** strål(nings)sjuka **(b)** *(av värme, ljus)* (ut)strålning
ra·dia·tor |'reɪdɪeɪtəʳ| *s* **(a)** *(i hus)* element, radiator **(b)** *(på bil)* kylare
radi·cal |'rædɪkəl| **1** *adj* **(a)** *(skillnad)* grundläggande, fundamental; *(förändring)* radikal, genomgripande **(b)** *(Pol)* radikal **2** *s* **(a)** *(Pol)* (vänster)radikal **(b)** *(Mat)* radikal, rot; *(Kem)* radikal
radi·cal·ism |'rædɪkəlɪzəm| *s (Pol)* radikalism; **the** ~ **of his views** det radikala i hans åsikter, hans radikala åsikter
radi·cal·ly |'rædɪkəlɪ| *adv (annorlunda)* radikalt; **to disagree with sb** ~ vara oense med ngn på fundamentala punkter
ra·dio |'reɪdɪəʊ| **1** *s (medium)* radio; *(föremål)* radio(apparat); **by** ~, **on the** ~, **over the** ~ på radio; ~ **announcer** *(manlig)* hallåman; *(kvinnlig)* hallåa; ~ **beacon** *(Flyg)* radiofyr; ~ **broadcast** radiosändning; ~ **frequency** våglängd; ~ **pro-gramme** radioprogram; ~ **station** radiostation; ~ **wave** radiovåg **2** *vi:* **to** ~ **to sb** radiotelegrafera/skicka radiomeddelande till ngn **3** *vt* radiotelegrafera, skicka via radio
radio·ac·tive |,reɪdɪəʊ'æktɪv| *adj* radioaktiv
radio·ac·tiv·ity |,reɪdɪəʊæk'tɪvɪtɪ| *s* radioaktivitet
radio-controlled |,reɪdɪəʊkən'trəʊld| *adj (bil)* radiostyrd
radio·gram |'reɪdɪəʊgræm| *s* **(a)** *(Brit vard: åld: möbel)* radiogrammofon **(b)** *(Med etc)* röntgenbild **(c)** *(Am)* radiomeddelande, radiogram
ra·di·og·raph |'reɪdɪəʊ,grɑːf| *s* röntgenbild
ra·di·og·ra·pher |,reɪdɪ'ɒgrəfəʳ| *s* röntgenassi-

330

stent
ra·di·og·ra·phy [ˌreɪdɪˈɒɡrəfɪ] s röntgenfotografering
ra·di·ol·ogy [ˌreɪdɪˈɒlədʒɪ] s radiologi, röntgenologi
radio·tele·phone [ˌreɪdɪəʊˈtelɪfəʊn] s radiotelefon
rad·ish [ˈrædɪʃ] s rädisa
ra·dium [ˈreɪdɪəm] s (Fys) radium
ra·dius [ˈreɪdɪəs] s, pl **radii** [ˌreɪdɪˌaɪ] el **-es** (Geom) radie; (Anat) strålben; **within a ~ of 50 km** inom en radie av 50 km
RAF s fork f Royal Air Force
raf·fia [ˈræfɪə] s (material) rafiabast
raf·fish [ˌræfɪʃ] adj (klädsel) utmanande, vulgär; (person) liderlig
raf·fle [ˈræfl] **1** s lotteri **2** vt (föremål) lotta ut/bort
raft [rɑːft] s flotte
raft·er [ˈrɑːftər] s taksparre
rag[1] [ræɡ] s **(a)** (för rengöring) trasa; **~s** (kläder) trasor; **to be in ~s** vara klädd i trasor; **to feel like a wet ~** (vard) känna sig som en urvriden trasa; **from ~s to riches** från armod till rikedom; **~ doll** trasdocka; **the ~ trade** (vard) konfektionsbranschen; se äv **red (b)** (vard: tidning) blaska
rag[2] [ræɡ] (i sht Brit) **1** s (i allm) skämt, upptåg; (Univ) karneval **2** vt reta, skoja med
raga·muf·fin [ˈræɡəˌmʌfɪn] s (barn) rännstensunge; (vuxen) slusk
rag-and-bone-man [ˌræɡəndˈbəʊnˌmæn] s (Brit) lump|samlare/-handlare
rag·bag [ˈræɡbæɡ] s (eg) lumpsäck; (bildl: neds) brokig samling, sammelsurium
rage [reɪdʒ] **1** s **(a)** (känsla) raseri, vrede; **to get into a ~ about sth** bli rasande för ngt; **to be in a ~** vara rasande **(b): the latest ~** sista skriket; **it's all the ~** det är högsta mode **2** vi **(a)** (person) vara rasande **(b)** (hav, eldsvåda, storm) rasa; (sjukdom) grassera
rag·ged [ˈræɡɪd] adj (kläder) trasig, sönderriven; (person) klädd i trasor, ovårdad; (kant) skrovlig, ojämn
rag·ing [ˈreɪdʒɪŋ] adj **(a)** (humör) rasande **(b)** (storm, vind) rasande **(c)** (epidemi) grasserande; (huvudvärk) brinnande
rag·lan [ˈræɡlən] s raglan(rock)
ra·gout [ˈræɡuː, (Am) ræˈɡuː] s (Matl) ragu
rag·time [ˈræɡtaɪm] s (Mus) ragtime
raid [reɪd] **1** s (Mil, bildl) räd, plötsligt anfall; (Polis) razzia; (av rövare etc) plundringståg; (mot bank) kupp **2** vt (Mil, bildl) göra en räd mot/i; (Polis) göra (en) razzia mot; (bank etc) plundra; **the boys ~ed the orchard** pojkarna plundrade fruktträdgården; **the police ~ed the club** polisen gjorde razzia mot klubben
raid·er [ˈreɪdər] s (Mil, bildl) deltagare i räd/anfall; (Flyg) attackflygplan; (Hist) kaparfartyg; (brottsling) kuppmakare
rail[1] [reɪl] s **(a)** (vid trappa) ledstång; (på terrass etc) räcke, staket; (Sjö) reling; **curtain ~** gardinstång; **towel ~** handduksstång **(b)** (Järnv) skena; **~s** räls, skenor, spår; **to go off the ~s** (tåg) spåra ur; (bildl: person) spåra ur; **to go by ~** åka tåg, ta tåget; **to send sth by ~** sända ngt med järnväg
♦ **rail in** vt + adv inhägna, sätta upp räcke omkring
♦ **rail off** vt + adv avspärra/avstänga med räcke
rail[2] [reɪl] vi (person) rasa (at mot), skälla (at på)
rail·ings [ˈreɪlɪŋz] spl räcke(n), (järn)staket
rail·lery [ˈreɪlərɪ] s (godmodig) drift, raljeri
rail·road [ˈreɪlrəʊd] **1** s (Am) = **railway 2** vt (bildl): **to ~ sb into doing sth** lura ngn att snabbt göra ngt, pressa ngn till att göra ngt; **to ~ a bill**

through Parliament forcera genom ett lagförslag i parlamentet
rail·way [ˈreɪlweɪ] s (Brit: transportmedel) järnväg; (: anläggning) (järnvägs)spår; **~ engine** lokomotiv; **~ line** (transportled) järnvägslinje; (anläggning) spår; **~ network** järnvägsnät; **~ station** järnvägsstation; **~ timetable** tågtidtabell
rail·way·man [ˈreɪlweɪmən] s (Brit) järnvägs-(tjänste)man
rain [reɪn] **1** s regn; **come ~ or shine** (eg) oavsett väder, hur vädret än blir; (bildl) i alla väder; **the ~s** regn|tiden/-perioden **2** vi regna; **it's ~ing cats and dogs** regnet står som spön i backen; **it never ~s but it pours** (ordspr) en olycka kommer sällan ensam; **to ~ down** (slag etc) hagla
rain·bow [ˈreɪnbəʊ] s regnbåge
rain·check [ˈreɪntʃek] s (Am) ersättningsbiljett för inregnad match etc; **I'll take a ~** (svar på erbjudande) kan jag få ha den/det till godo (till ett senare tillfälle)?
rain·coat [ˈreɪnkəʊt] s regn|rock/-kappa
rain·drop [ˈreɪndrɒp] s regndroppe
rain·fall [ˈreɪnfɔːl] s (vädertyp) regn; (mått) nederbörd, regnmängd
rain·proof [ˈreɪnpruːf] adj regn-/vatten|tät
rain·storm [ˈreɪnstɔːm] s häftigt regnväder
rain·water [ˈreɪnˌwɔːtər] s regnvatten
rainy [ˈreɪnɪ] adj (-ier, -iest) (klimat) regnig; (dag) regnig, regnväders-; **to save sth for a ~ day** spara ngt för framtiden/för sämre tider
raise [reɪz] **1** vt **(a)** (föremål: till upprätt ställning) resa (på/upp); (: till högre läge) höja, lyfta (upp); (arm/hand) sträcka/räcka upp; (vrak) bärga; (hatt) lyfta på; (flagga) hissa; (damm) röra upp; (bildl: embargo, belägring) häva; (: moral, humör) höja; (bröd) låta jäsa; (flagga, ridå) hissa; **to ~ one's eyebrows in disgust at sth** höja på ögonbrynen av avsmak för ngt; **to ~ one's eyes** lyfta blicken; **to ~ oneself up on one's elbows/to one's full height** resa sig upp på armbågarna/i sin fulla längd; **to ~ one's glass to sb/sth** höja sitt glas el skåla för ngn/ngt
(b) (byggnad) uppföra; (staty) resa
(c) (pris, lön skatt) höja; (produktion) höja, öka; (rekord) förbättra; (Kortsp: bud) höja; (röst: av ilska) höja
(d) (boskap) föda upp; (gröda) odla; (barn) uppfostra; **to ~ a family** underhålla och fostra barn
(e) (skratt) locka till, framkalla; (problem) vålla; (fråga) aktualisera; (tvivel, hopp) väcka; (rop) ge/häva upp; **to ~ the alarm** slå larm; **to ~ hell** röra upp himmel och jord, ställa till (med) ett jäkla liv (vard); **to ~ an objection** framföra en invändning; **to ~ a point with sb** ta upp en sak med ngn; **to ~ sb's hopes excessively** väcka ngns hopp i onödan
(f) (pengar: till välgörenhet) samla in; (: till sig själv) få ihop; (lån) ta upp; (armé) samla ihop, värva; **to ~ money on an estate** inteckna en egendom
(g) (Mat) upphöja; **to ~ sth to the power of 3** upphöja ngt till 3
2 s löneförhöjning
rai·sin [ˈreɪzən] s russin
rai·son d'être [ˌreɪzɔːnˈdeɪtrə] s raison d'être, existensberättigande
Raj [rɑːdʒ] s: **the ~** brittiska väldet i Indien
ra·ja(h) [ˈrɑːdʒə] s (Brit: i Indien) raja, furste
rake[1] [reɪk] **1** s (= **garden ~**) räfsa, kratta; (utan pinnar) raka, skrapa **2** vt **(a)** (sand, jord) kratta; (löv) räfsa; (i eld) raka; (bildl: minnet) leta i; **to ~ out a fire** släcka en brasa; **they ~d in a profit of £100** de håvade in en vinst på 100 pund **(b)** (äv:

~ through: *med blicken)* genomsöka, svepa över   **(c)** *(Mil)* bestryka, beskjuta

♦ **rake off** *vt + adv (vard: neds)* sno åt sig

♦ **rake up** *vt + adv (ämne)* dra upp (igen); *(minnen)* rota i

rake² |reɪk| *s (åld: man)* rumlare, rucklare

rak·ish |'reɪkɪʃ| *adj (person)* rumlande, utsvävande   **(b)**: **at a ~ angle** *(hatt)* käckt på svaj

ral·ly |'rælɪ| **1** *s*   **(a)** *(i allm)* möte, samling   **(b)** *(biltävling)* rally   **(c)** *(Tennis)* bollduell, lång boll   **(d)** *(Med, handel)* återhämtning   **2** *vt (Mil o bildl: trupper)* samla (ihop); *(kraft, tankar)* samla; **he rallied his men** *(bildl)* han eldade upp sina män   **3** *vi*   **(a)** *(soldater, demonstranter etc)* samlas, samla sig; **to ~ to the support of sb** komma till ngns hjälp   **(b)** *(Med: person)* (åter)-hämta sig; *(Handel: marknad)* återhämta sig, åter bli fast   **(c)** *(Sport: i bil)* köra rally; *(: Tennis)* spela en lång boll

♦ **ral·ly round** *vi + adv* ställa upp (till ngns stöd)

ral·ly·ing point |'rælɪŋ,pɔɪnt| *s* samlingspunkt

ram |ræm| **1** *s (Zool)* bagge, gumse; *(Astrol)* vädur; *(Mil)* murbräcka   **2** *vt*   **(a)** *(i allm)* pressa, stöta, trycka *(down* ner); *(jord etc)* packa/stampa till; **to ~ a hat down on one's head** trycka ner hatten över huvudet; **to ~ clothes into a case** trycka/pressa ner kläder i en resväska; **to ~ a nail into a wall** banka i en spik i en vägg; **they ~med their ideas down my throat** de försökte pressa på mig sin uppfattning; **he tried to ~ it into their heads that...** han försökte hamra in i skallen på dem att...   **(b)** *(Sjö, bildl)* ramma; **the car ~med the lamppost as it slid off the road** bilen rammade lyktstolpen när den gled av vägen; **to be ~med up against sth** vara uppklämd mot ngt

ram·ble |'ræmbl| **1** *s* strövtåg; **to go for a ~** ge sig ut på strövtåg   **2** *vi*   **(a)** *(eg)* ströva/vandra (omkring); **we spent a week rambling in the hills** vi tillbringade en vecka med att ströva/vandra i bergen   **(b)** *(bildl: person)* prata hit och dit; *(: tankar)* irra, vandra

ram·bler |'ræmblə'| *s*   **(a)** *(person)* vandrare   **(b)** *(Bot)* klätterros, klängros

ram·bling |'ræmblɪŋ| *adj (person)* kring-|vandrande/-irrande; *(tal, tankar)* osammanhängande, virrig; *(växt)* kläng-, klätter-; *(hus)* oregelbundet byggd; *(stad)* utspridd

rami·fi·ca·tion |,ræmɪfɪ'keɪʃən| *s (i allm)* förgrening; *(av företag)* avdelning, gren; *(av problem, situation)* oförutsebar följd, komplikation

rami·fy |'ræmɪfaɪ| *vi (träd)* förgrena sig, grena ut sig; *(system)* förgrena sig; *(problem)* grena ut sig, leda till oanade konsekvenser

ramp |ræmp| *s (i allm)* ramp; *(vid motorväg)* påfart(sväg) *el* avfart(sväg); *(Flyg)* flygplanstrappa; *(på bilverkstad)* billyft

ram·page |ræm'peɪdʒ, *(i sht Am)* 'ræmpeɪdʒ| **1** *s*: **to be/go on the ~** *(person)* härja, leva rövare; *(sjukdom etc)* härja, grassera   **2** *vi (person)* härja, rusa omkring i raseri

ram·pant |'ræmpənt| *adj*   **(a)** *(känsla)* ohejdad, otyglad, våldsam; *(sjukdom)* grasserande; *(växt)* alltför frodig; **crime is ~** brottsligheten stiger/håller på att ta överhanden   **(b)** *(Heraldik)*: **a lion ~** ett stegrande lejon, ett lejon som står på bakbenen

ram·part |'ræmpɑːt| *s (eg)* fästningsvall; *(bildl)* skydd, bålverk

ram·rod |'ræm,rɒd| *s (Mil)* laddstake; **stiff as a ~** stel som en pinne

ram·shack·le |'ræm,ʃækl| *adj (hus)* fallfärdig; *(bil)* skraltig; *(arbete)* vårdslös, hafsig

ran |ræn| *imperf av* **run**

ranch |rɑːntʃ, *(Am)* ræntʃ| *s (i Nordamerika)* ranch, farm

ranch·er |'rɑːntʃə', *(Am)* 'ræntʃə'| *s (ägare)* ranchägare; *(anställd)* rancharbetare

ran·cid |'rænsɪd| *adj (smör etc)* härsken

ran·cour, *(Am)* **ran·cor** |'ræŋkə'| *s* hätskhet, förbittring

ran·dom |'rændəm| **1** *adj (i allm)* slumpartad, gjord på måfå; *(kula)* förlupen; *(val)* slumpmässig; *(urval)* blandad; **~ number** *(Statistik)* slumptal; **~ sample** stickprov   **2** *s*: **at ~** på måfå

randy |'rændɪ| *adj (-ier, -iest) (vard)* kåt

rang |ræŋ| *imperf av* **ring²**

range |reɪndʒ| **1** *s*   **(a)** *(av föremål)* rad; **~ of mountains** bergskedja   **(b)** *(i sht Am Jordbr)* betesmark(er)   **(c)** *(Skytte)* skjutbana   **(d)** *(för inflytande etc)* område; *(för radiosändare etc)* räckvidd; *(för djurart, växt)* utbredningsområde; *(för löner, priser)* skala; *(Mus: för instrument, röst)* tonomfång; *(Handel: av varor)* urval, sortiment; **within ~ of vision/ hearing** inom synhåll/hörhåll; **the ~ of her mind** bredden av hennes (intellektuella) intressen; **the ~ of a book** ens ämne(sområde); **she has a wide ~ of interests** hon har breda intressen; **price ~** prisklass   **(e)** *(för kanon)* räckvidd; *(för flygplan)* aktionsradie; **a gun with a ~ of 5 km** en kanon med en räckvidd på 5 km; **at point-blank ~** på nära håll; **to be within ~** *(för vapen)* vara inom skotthåll; *(bildl)* vara inom räckhåll; **to be out of ~** *(för vapen)* vara utom skotthåll; *(bildl)* vara utom räckhåll   **(f)** *(= kitchen ~)* *(större)* spis   **2** *vt*   **(a)** *(föremål)* ställa (upp) i rad; **he ~d them along the wall** han ställde dem utefter väggen   **(b)** *(skog etc)* ströva/vandra igenom; *(hav)* segla på; **they ~d the countryside/the woods** de vandrade (omkring) i landskapet/skogarna   **3** *vi*   **(a)** *(bergskedja etc)* sträcka sig; *(bildl)* sträcka sig, spänna *(over* över); **research ranging over a wide field** forskning som sträcker sig över ett brett fält; **his mind ~s widely** hans kunskaper/intressen spänner över ett brett fält   **(b)** *(uppgift, värde)* variera, sträcka sig; **temperatures ~ from 5 to 30 degrees** temperaturen varierar mellan 5 och 30 grader   **(c)** *(person: i landskap etc)* vandra, ströva

range·finder |'reɪndʒ'faɪndə'| *s (Mil, Foto)* avståndsmätare

rang·er |'reɪndʒə'| *s*   **(a)** *(Brit)* seniorscout   **(b)** *(Brit)* kronojägare; *(Am)* skogvaktare   **(c)** *(Am Polis)* ridande polis   **(d)** *(Am Mil)* commandosoldat

rank¹ |ræŋk| **1** *s*   **(a)** *(Brit = taxi ~)* taxihållplats;   **(b)** *(i samhället)* klass, stånd; *(Mil)* grad; **officers of high ~** officerare med hög rang   **(c)** *(Mil)*: **the ~s** manskapet, de meniga; **the ~ and file** *(bildl)* de djupa leden; **to close ~s** *(Mil, bildl)* sluta leden; **to break ~(s)** falla ur ledet; **I've joined the ~s of the unemployed** jag har sällat mig till de arbetslösas led   **2** *vt (personer, prestationer)* rangordna; *(Sport)* ranka; **I ~ him 6th** jag rankar/sätter honom som sexa; **I ~ her among...** jag anser att hon är bland...; **he was ~ed as (being)...** han ansågs vara...   **3** *vi* ha rang *(as* som); ha en plats *(among* bland); **to ~ 4th** vara rankad som fyra; **to ~ above sb** *(i allm)* stå över ngn i rang; *(Mil)* stå över ngn i grad; **to ~ among...** höra till...

rank² |ræŋk| *adj*   **(a)** *(växt)* alltför frodig/tät; *(trädgård)* övervuxen, igenvuxen   **(b)** *(tobak etc)* stinkande, illa|luktande/-smakande   **(c)** *(förstärkande: lögn, förrädare, hyckleri etc)* ren

och skär, rena rama; ~ **injustice** grov orättvisa
rank·er |ræŋkəʳ| s *(Mil: soldat)* menig; *(: officer)*
långvägare, befäl som gått långa vägen
rank·ing |ræŋkıŋ| **1** *adj (i sht Am: mil)* högst i
grad *bland de närvarande; (i allm)* framstå-
ende **2** s rangordning; *(i sht Sport)* rankning; ~
list rankningslista
ran·kle |ræŋkl| vi *(kommentar etc)* ligga och gnaga
i sinnet; **to** ~ **with sb** värka i hjärtat på ngn; **it
still** ~**s** det gnager fortfarande i sinnet
ran·sack |rænsæk| vt *(skåp, rum etc)* genomsöka,
leta igenom; *(om soldater etc: hus, stad)* plundra
ran·som |rænsəm| **1** s lösensumma; **to hold sb to**
~ *(eg)* kräva en lösensumma för att frige ngn;
(bildl) utöva utpressning mot ngn **2** vt *(person)*
köpa fri (genom att betala lösensumma)
rant |rænt| vi *(i tal etc)* orera, bli högtravande/
svulstig; **to** ~ **at sb** skälla på ngn; **to** ~ **on about
sth** skälla och gorma om ngt
rap¹ |ræp| **1** s *(i allm)* rapp, smäll; *(på dörr)*
knackning; **there was a** ~ **at the door** det knack-
ade på dörren; **to take the** ~ **for sth** *(vard)* få
skulden för ngt; **to get a** ~ **on/over the knuckles**
(eg) få en smäll på fingrarna; *(bildl)* få en tillrät-
tavisning/skrapa **2** vt *(dörr etc)* knacka på; *(per-
son: eg)* smälla till; *(: bildl)* ge en skrapa; **to** ~ **sb's
knuckles** *(eg)* ge ngn ett rapp på fingrarna; *(bildl)*
ta ngn i örat **3** vi *(på dörr etc)* knacka
♦ **rap out** vt + adv *(order)* spotta fram; *(förbannel-
se)* utslunga
rap² |ræp| *(Am vard)* **1** vi snacka **2** s snack
ra·pa·cious |rəˈpeıʃəs| adj *(eg, bildl)* rovgirig
rape¹ |reıp| **1** s *(eg)* våldtäkt; *(bildl)* övervåld *(of
mot)* **2** vt *(person)* våldta; *(bildl: skog etc)* skövla
rape² |reıp| s *(Bot)* raps
rap·id |ˈræpıd| adj *(i allm)* snabb, hastig; *(resultat)*
snabb; *(sluttning)* brant
ra·pid·ity |rəˈpıdıtı| s snabbhet, hastighet
rap·id·ly |ˈræpıdlı| adv snabbt, hastigt
rap·ids |ˈræpıdz| spl fors
ra·pi·er |ˈreıpıəʳ| s *(stick)*värja; ~ **thrust** *(eg)* värj-
stöt; *(bildl)* vass replik
rap·ist |ˈreıpıst| s våldtäktsman
rap·port |ræˈpɔːʳ| s god kontakt
rap·proche·ment |ræˈprɒʃmãːŋ| s *(i sht Pol)* när-
mande
rapt |ræpt| adj *(uppmärksamhet)* spänd; *(person:
som i trans)* förhäxad, hänryckt; **to be** ~ **in con-
templation** vara försjunken i tankar
rap·ture |ˈræptʃəʳ| s hänryckning, förtjusning, ex-
tas; **to be in** ~**s over sth** vara överförtjust över
ngt
rap·tur·ous |ˈræptʃərəs| adj hänförd, begeistrad
rare |reəʳ| adj *(-er, -est)* **(a)** *(djur, bok, frimärke
etc)* sällsynt; *(händelse)* ovanlig; **in a moment of**
~ **generosity** i ett sällsynt ögonblick av genero-
sitet; **it is** ~ **to find that...** det är ovanligt att finna
att... **(b)** *(luft)* tunn **(c)** *(biff)* blodig, lätt stekt
rare·bit |ˈreəbıt| s se **Welsh**
rar·efied |ˈreərıfaıd| adj *(luft)* förtunnad; *(bildl: at-
mosfär etc)* förfinad
rare·ly |ˈreəlı| adv sällan
rar·ity |ˈreərıtı| s *(egenskap)* sällsynthet; *(föremål)*
raritet, sällsynthet
ras·cal |ˈrɑːskəl| s *(person: vuxen)* skojare, skurk;
(barn) rackare, lymmel
rash¹ |ræʃ| s *(Med)* utslag; *(bildl: av inbrott etc)*
epidemi, våg; **to come out in a** ~ få utslag
rash² |ræʃ| adj *(beslut)* överilad, förhastad; *(person)*
dumdristig, obetänksam
rash·er |ˈræʃəʳ| s: **a** ~ **of bacon** en (tunn) bacon-
skiva
rash·ly |ˈræʃlı| adv *(handla)* förhastat, obetänk-
samt
rasp |rɑːsp| **1** s **(a)** *(verktyg)* rasp **(b)** *(ljud)*

raspande (ljud), gnissel **2** vt **(a)** *(med rasp)*
raspa/fila av **(b)** *(med rösten: äv* ~ **out)** väsa
fram (med sträv röst)
rasp·berry |ˈrɑːzbərı| s *(frukt)* hallon; *(buske)* hal-
lonbuske; **to blow a** ~ *(vard: eg)* prutta förakt-
fullt med läpparna; *(: ung)* bua
rasp·ing |ˈrɑːspıŋ| adj *(röst, ljud)* skärande, skor-
rande
rat |ræt| **1** s *(Zool)* råtta; **you dirty** ~! *(vard)* din
råtta/skitstövel!; **to smell a** ~ *(bildl)* ana ugglor i
mossen, misstänka ngt; ~ **race** *(vard)* karriär-
jakt **2** vi: **to** ~ **on sb** *(vard: till polisen etc)* tjalla;
to ~ **on a deal** *(vard)* bryta en överenskommelse
ratch·et |ˈrætʃıt| s *(Tekn)* spärrhake; ~ **wheel**
spärrhjul
rate |reıt| **1** s **(a)** *(om fordon etc)* hastighet; *(om
verksamhet etc)* takt; **at a** ~ **of 60 kph** i en fart av
60 km/h; ~ **of growth** tillväxttakt; **at a steady** ~ i
stadig/jämn takt; **birth** ~ födelsetal, nativitet;
death ~ dödstal, dödlighet, mortalitet; **at this** ~
i/med den här takten; **at any** ~ i alla fall, i vilket
fall som helst **(b)** *(för tjänst)* pris, avgift, taxa;
the going ~ **for the job** det normala priset för
arbetet; **postage** ~**s** posttaxan; **letter** ~ brevpor-
to; **a** ~ **of £2 per hour** en taxa på 2 pund i
timmen **(c)** *(Handel: på lån etc)* räntesats, rän-
ta; *(: för valuta etc)* kurs; ~ **of exchange** växel-
kurs; **bank** ~ bankränta; **interest** ~ räntesats;
an interest ~ **of 5% per annum** en ränta på 5%
per år **(d)** *(Brit: vanl pl: ung)* kommunalskatt *(i
form av fastighetsskatt);* ~ **capping** (det) att sätta
tak för (fastighets)skatten, (kommunalt) skat-
tetak **2** vt **(a)** *(föremål)* värdera; *(person)* be-
döma, betygsätta; **he** ~**s wealth above
friendship** han sätter rikedom före vänskap; **to**
~ **sb/sth highly** värdera ngn/ngt högt; **to** ~**sb/sth
as sth** anse ngn/ngt vara ngt **(b)** *(Brit)*: **the
house is** ~**d at £84 per annum** huset är belagt
med 84 pund i fastighetsskatt per år **3** vi: **to** ~
as... räknas som...
rate·able |ˈreıtəbl| adj *(Brit: egendom)* be-
skattningsbar; ~ **value** taxeringsvärde
rate·payer |ˈreıtpeıəʳ| s *(Brit)* skattebetalare *(som
betalar kommunalskatt)*
ra·ther |ˈrɑːðəʳ| **1** adv **(a)** *(i uttryck för pre-
ferens)* hellre, helst; **I'll stay** ~ **than go alone** jag
stannar hellre än att åka ensam; **I'd** ~ **have this
one than that** jag tar hellre den här än den där;
would you ~ **stay here?** skulle du hellre (vilja)
stanna här?; **anything** ~ **than that!** *(skämts)* vad-
somhelst hellre än det!; **I'd** ~ **you didn't** jag såg
helst att du inte gjorde det **(b)** *(i uttryck för
grad/utsträckning)* ganska, rätt, tämligen; **a** ~
difficult task en ganska/tämligen svår uppgift; **I
feel** ~ **more happy today** jag känner mig lite
gladare idag; **that is** ~ **too dear** det är i dyraste
laget; **I** ~ **think he won't come** jag tror nästan att
han inte kommer; **we were** ~ **tired** vi var rätt
trötta; **he did** ~ **well in the exam** han klarade sig
ganska bra i provet; **she's** ~ **a dear** hon är riktigt
rar; **it's** ~ **a pity** det är lite synd **(c)** *(vid korrige-
ring)* snarare, rättare sagt; **an old car, or** ~, **a
banger** en gammal bil eller rättare sagt en skrot-
hög **2** interj *(Brit)* jo visst, utan tvekan; **would
you like some?** — ~! vill du ha lite/några? —
gärna!, om (jag vill)!
rati·fy |ˈrætıfaı| vt *(fördrag, överenskommelse)* ra-
tificera, stadfästa
rat·ing |ˈreıtıŋ| s **(a)** *(i allm)* uppskattning, vär-
dering; *(TV, Radio)* tittar-/lyssnar|siffror; *(för
hus)* taxering(svärde); *(för segelbåt)* mä-
tetal **(b)** *(Sjö: person)* matros; ~**s** manskap
ra·tio |ˈreıʃıəʊ| s förhållande, proportion; **in the** ~
of 2 to 1 i proportionen 2 till 1; **in inverse** ~ i
omvänd proportion

ra·tion |'ræʃən| **1** *s (av förnödenheter)* ranson, tilldelning; **to be on** ~ vara ransonerad; **to be on short** ~**s** vara satt på knapp ranson **2** *vt* ransonera; **to** ~ **sb** sätta ngn på ranson; **I'm** ~**ing myself to one cigarette a day** jag har gett mig själv en ranson på en cigarett om dagen; **to** ~ **sth to ...** *(viss mängd)* ransonera ngt till ...
♦ **ra·tion out** *vt* + *adv* ransonera/portionera ut
ra·tion·al |'ræʃənl| *adj (argument, förklaring)* förnuftig; *(metod)* rationell; *(person: mentalt)* vid sina sinnens fulla bruk; **the** ~ **thing to do would be to ...** det förnuftigaste vore att ...
ra·tion·ale |ræʃə'nɑːl| *s* logisk grund; **the** ~ **of/ behind sth** tanken bakom ngt
ra·tion·al·ity |,ræʃə'nælɪtɪ| *s (hos person)* förnuft(ighet); *(hos resonemang)* förnuftsmässighet
ra·tion·ali·za·tion |,ræʃnəlaɪ'zeɪʃən| *s (av industri etc)* rationalisering; *(av beteende)* efterrationalisering, bortförklaring
ra·tion·al·ize |'ræʃnəlaɪz| *vt (industri etc)* rationalisera; *(beteende)* förklara (bort)
ra·tion·al·ly |'ræʃnəlɪ| *adv (handla)* rationellt, förnuftigt; *(ordna ngt)* rationellt
ra·tion·ing |'ræʃnɪŋ| *s* ransonering
rat·tan |rə'tæn| *s (växt, material)* rotting; *(föremål)* spanskrör, spatserkäpp
rat-tat-tat |'rætə'tæt| **1** *s (på dörr)* knackning, knack-knack; *(av kulspruta)* knatter **2** *interj*: ~! *(på dörr)* knack-knack!; *(av kulspruta)* ra-ta-ta!
rat·tle |'rætl| **1** *s* **(a)** *(ljud: från kärra etc)* skrammel, slamrande; *(: av hagel, regn)* smattrande; *(från människa)* rossling **(b)** *(leksak)* skallra; *(instrument)* harskramla **2** *vt* **(a)** *(föremål)* skramla med; **the wind** ~**d the window** vinden fick fönstret att skallra **(b)** *(person)* göra nervös; **to get** ~**d** bli nervös **3** *vi (kärra)* skramla; *(tåg)* slamra; *(regn)* smattra
♦ **rat·tle off** *vt* + *adv* rabbla upp
♦ **rat·tle on** *vi* + *adv* pladdra 'på, babbla
rattle·snake |'rætlsneɪk| *s (Zool)* skallerorm
rat·tling |'rætlɪŋ| *adv (åld vard)* jätte-, toppen-
rat·ty |'rætɪ| *adj (-ier, iest) (Brit vard: person)* sur, grinig; *(Am vard: ställe)* sjaskig; *(: föremål)* sjaskig, eländig
rau·cous |'rɔːkəs| *adj (röst)* skrovlig, hes
raun·chy |'rɔːntʃɪ| *adj (Am vard: bok etc)* oanständig, snuskig; *(: person)* kåt,vällustig
rav·age |'rævɪdʒ| **1** *s* förödelse, ödeläggelse; **the** ~**s of time** tidens tand **2** *vt (i allm, äv bildl)* härja; *(land)* ödelägga; *(för att stjäla)* plundra
rave |reɪv| **1** *vi (av feber)* yra; *(av ilska)* rasa *(at, against* mot); *(om ngt bra)* tala med hänförelse/ begeistring *(about* om); **2** *s* hänförelse, förtjusning; ~ **review** översvallande recension
rav·el |'rævəl| *vt (garn etc)* trassla till
♦ **ravel out** **1** *vt* +*adv (rep etc)* fransa, dra trådar ur **2** *vi* + *adv* fransa sig, trassla upp sig
ra·ven |'reɪvn| *s (Zool)* korp; *(färg)* korpsvart
rav·en·ous |'rævənəs| *adj (person)* utsvulten, hungrig som en varg; *(aptit)* glupande; *(djur)* rovlysten
ra·vine |rə'viːn| *s* ravin, bergsklyfta
rav·ing |'reɪvɪŋ| **1** *adj*: **a** ~ **lunatic** en fullständigt galen person **2** *adv*: **you must be** ~ **mad!** du måste vara spritt språngande/fullständigt galen!
rav·ings |'reɪvɪŋz| *spl* fantasier, galenskaper
ra·vio·li |,rævɪ'əʊlɪ| *s (Matl)* ravioli
rav·ish·ing |'rævɪʃɪŋ| *adj (utsikt)* hänförande; *(kvinna)* mycket vacker, ursnygg *(vard); (skönhet)* förtrollande
raw |rɔː| **1** *adj* **(a)** *(mat)* rå; *(sprit)* oblandad; *(silke, bomull etc)* rå; *(skinn)* ogarvad; *(malm)* obearbetad; ~ **materials** råmaterial; **a** ~ **deal** en ojuste behandling **(b)** *(vind)* rå(kall); *(väder)*

ruggig, rå(kall) **(c)** *(sår)* öppen, oläkt **(d)** *(person)* grön, oerfaren **2** *s* **(a)** *(eg)* ömt ställe; **it got him on the** ~ *(Brit bildl)* jag träffade hans ömma punkt **(b): in the** ~ *(vard)* näck, naken; *(bildl: verkligheten etc)* osminkad, utan försköning
ray[1] |reɪ| *s (av ljus)* stråle; ~ **of light** ljusstråle; **a** ~ **of hope** *(bildl)* en strimma/gnista av hopp
ray[2] |reɪ| *s (fisk)* rocka
ray·on |'reɪɒn| *s (Textil)* rayon(silke)
raze |reɪz| *vt (äv:* ~ **to the ground)** jämna med marken
ra·zor |'reɪzəʳ| *s (elektrisk)* rakapparat; *(med blad)* rakhyvel; *(kniv)* rakkniv; ~ **blade** rakblad
razor-sharp |'reɪzə'ʃɑːp| *adj (egg)* rakbladsvass; *(intelligens)* knivskarp
R.C. *förk f* **Roman Catholic**
Rd *förk f* **road**
re |riː| *prep (Handel)* beträffande
re- |riː| *prefix* åter-, om-, re-
reach |riːtʃ| **1** *s* **(a)** *(avstånd)* räckhåll; *(persons)* räckvidd; **to be within (easy)** ~ vara inom räckhåll, (lätt) tillgänglig; **it's within (easy)** ~ **by bus** det är inom bekvämt avstånd med buss; **out of** ~ utom räckhåll **(b)** *(av flod)* sträcka; **the upper** ~**es of the Seine** Seines övre lopp **2** *vt* **(a)** *(hand, arm)* sträcka; **to** ~ **(out) a hand** sträcka ut en hand **(b)** *(föremål: till person)* räcka, skicka, ge; **please** ~ **me (down) that case** var snäll och lyft ner den där väskan åt mig **(c)** *(plats)* komma fram till; *(föremål)* nå, räcka till; **I've** ~**ed the end of the book** jag har nått slutet av boken; **to** ~ **home** komma hem; **when this news** ~**ed my ears** när denna nyhet nådde mina öron; **to** ~ **a compromise** nå/komma fram till en kompromiss; **production now** ~**es 3,400 megawatts** produktionen uppgår nu till 3 400 megawatt **(d)** *(person)* nå, få tag i; **to** ~ **sb by telephone** nå ngn per telefon **3** *vi* **(a): to** ~ **out (with one's hand) for sth** sträcka sig efter ngt; **to** ~ **down/over/up** *etc* sträcka sig ner/över/upp *etc* **(b)** *(landskap etc)* sträcka sig; *(rep etc)* räcka/nå fram; **as far as the eye can** ~ så långt ögat kan nå; **it won't** ~ den kommer inte att sträcka/nå fram; **it** ~**es to the sea** den sträcker sig/når fram till havet
reach-me-down |'riːtʃmɪdaʊn| = **hand-me-down**
re·act |riː'ækt| *vi (person, föremål)* reagera; **to** ~ **against** opponera sig/reagera mot; **to** ~ **on sth** *(Tekn)* reagera på ngt; **to** ~ **with sth** *(Kem)* reagera med ngt; **to** ~ **to sth** *(person etc)* reagera på ngt
re·ac·tion |riː'ækʃən| *s (i allm)* reaktion; ~ **against sth** opposition/reaktion mot ngt; **forces of** ~ *(Pol)* reaktionära krafter
re·ac·tion·ary |riː'ækʃənrɪ| **1** *adj* reaktionär **2** *s* reaktionär, bakåtsträvare
re·ac·tor |riː'æktəʳ| *s* (= *nuclear* ~) (kärn)reaktor
read |riːd| *(v: imperf, perf part* **read** |red|) **1** *vt* **(a)** *(bok)* läsa; *(brev etc: tyst)* läsa (igenom); *(: högt)* läsa upp/högt; *(Data: från minne)* läsa; **to** ~ **a report to a meeting** läsa upp/avge en rapport för ett möte; **to** ~ **a paper** hålla ett föredrag; **to** ~ **sth to oneself** läsa ngt för sig själv, läsa ngt tyst; **to** ~ **sth out** läsa upp ngt; **to** ~ **sth aloud** läsa ngt högt; **to** ~ **oneself to sleep** läsa sig till sömns; **take sth as read** *(bildl)* lita på ngt; **to take the minutes as read** |red| godkänna protokollet **(b)** *(text tecken)* läsa; *(mätare etc)* avläsa; **can you** ~ **that traffic sign from here?** kan du se/ läsa den där trafikskylten härifrån?; **can you** ~ **what it does stå på det där trafikmärket?**; **she can** ~ **music** hon kan läsa noter; **I cannot** ~ **your writing** jag kan inte läsa din handstil; **to** ~ **a meter** avläsa en mätare; **can you** ~ **the clock/ time?** kan du klockan?; **I read** |red| **£50 as £500** jag läste 500 pund i stället för 50 pund

(c) *(Univ: ämne)* läsa, studera; **to ~ Chemistry** läsa/studera kemi **(d)** *(dröm)* tyda; **to ~ sb's hand/palm** spå ngn i handen; **she can ~ me like a book** jag är som en (uppslagen) bok för henne; **to ~ sb's thoughts** läsa ngns tankar; **to ~ between the lines** läsa mellan raderna; **to ~ too much into sth** tolka in för mycket i ngt **2** *vi* **(a)** *(person: i allm)* läsa; *(: för ngn annan)* läsa (högt); **I read** |red| **about it/him in the newspaper** jag läste om det/honom i tidningen; **to ~ aloud/silently** läsa högt/tyst; **to ~ to sb** läsa (högt) för ngn **(b): the book ~s well** boken är lättläst **(c)** *(inskription)* lyda; *(mätare)* visa, stå på; **the thermometer ~s 100°** termometern visar på 100° **3** *s*: **to have a (good) ~** ha en (skön) lässtund; **it's a good ~** det är bra läsning
♦ **read back** *vt + adv (ngt dikterat)* läsa upp (igen)
♦ **read on** *vi + adv* fortsätta läsa
♦ **read out** *vt + adv (brev etc)* läsa upp
♦ **read over** *vt + adv (skrivningssvar etc)* läsa igenom
♦ **read through** *vt + adv (snabbt)* ögna igenom; *(noggrant)* läsa igenom, gå igenom
♦ **read up** **1** *vt + adv* läsa på om **2** *vi + adv* läsa på *(on* om)
read·able |'ri:dəbl| *adj (handstil)* läslig; *(bok etc)* läsvärd, läsbar
read·er |'ri:də'| *s* **(a)** *(i allm)* läsare; **he's a great ~** han läser mycket, han är en ivrig läsare **(b)** *(Brit Univ: ung)* docent, universitetslektor; *(Am Univ: ung)* assistent **(c)** *(på förlag)* lektör **(d)** *(bok)* läsebok
read·er·ship |'ri:dəʃɪp| *s* läsekrets
read·i·ly |'redɪlɪ| *adv (hjälpa ngn)* beredvilligt, gärna; *(göra ngt: i allm)* snabbt, med lätthet
readi·ness |'redɪnɪs| *s (att hjälpa ngn)* beredvillighet; *(att göra ngt: i allm)* snabbhet, raskhet; **~ of wit** slagfärdighet; **to be in ~** vara redo/färdig, stå i beredskap
read·ing |'ri:dɪŋ| *s* **(a)** *(läsning; ~* **is fun** det är roligt att läsa; **~ matter** lektyr; **~ room** läsesal **(b)** *(av dikt, faktum etc)* tolkning **(c)** *(på instrument)* avläst tal, utslag; **to take a ~** läsa av, göra en avläsning; **to give a true/false ~** visa rätt/fel **(d)** *(Pol: av lagförslag)* läsning, behandling **(e)** *(inför publik)* uppläsning, recitation
re·ad·just |ri:ə'dʒʌst| **1** *vt (i allm)* rätta till; *(kameralins, backspegel)* ställa in **2** *vi (person)* återanpassa sig
ready |'redɪ| **1** *adj (-ier, -iest)* **(a)** *(person)* färdig, klar, beredd; *(föremål)* färdig, klar; **~?, are you ~?** är du klar/färdig?; **she always has an excuse ~** hon har alltid en ursäkt att komma med; **~ for use** färdig att använda, i beredskap; **~ money** kontanta/lösa pengar; **to be ~ to do sth** vara beredd att göra ngt; **~ to serve** *(mat)* färdig att serveras; **to get/make sth ~** göra i ordning ngt; **~ reckoner** räknetabell **(b)** *(person: att hjälpa ngn)* villig; *(: att kritisera ngn)* snar, benägen **(c)** *(tunga)* kvick; **~ wit** slagfärdighet **(d): we were ~ to give up there and then** vi var beredda att ge upp med detsamma **2** *s* **(a): at the ~** *(Mil: vapen)* i färdigställning, skjutklar; *(verktyg etc)* redo, till hands **(b): the ~** *(vard)* kontanter
ready-made |,redɪ'meɪd| *adj (i allm)* färdiggjord; *(plagg)* färdigsydd; *(bildl: idé etc)* färdig(gjord); *(ursäkt)* uttänkt på förhand; *(idéer, åsikt)* förutfattad
ready-to-wear |,redɪtə'weə'| *adj* färdigsydd, konfektions-
re·affirm |'ri:əfɜ:m| *vt* på nytt intyga/betyga

re·agent |ri:'eɪdʒənt| *s (Kem)* reagens
real |rɪəl| **1** *adj (i allm)* verklig, riktig; *(guld etc)* äkta; **you're a ~ friend** du är en sann/verklig vän; *(iron)* du är just en fin vän; **the ~ thing** *(vard)* äkta vara, det rätta; **this is the ~ thing at last** *(om föremål etc)* äntligen har jag kommit på det rätta; *(om person)* äntligen har jag funnit den sanna kärleken; *se äv* **estate** **2** *adv (vard)* verkligen; **we had a ~ good time** vi hade en verkligen trevligt **3** *s*: **for ~** *(vard)* på riktigt
re·align |,ri:əlaɪn| *vt (hjul)* (åter) ställa in; *(styrkor)* omgruppera; *(bildl: sympatier, lojaliteter)* förändra
re·align·ment |,riə'laɪnmənt| *s (se* **realign)** inställning, justering; omgruppering; förändring
re·al·ism |'rɪəlɪzəm| *s* realism
re·al·ist |'rɪəlɪst| *s* realist
re·al·is·tic |rɪə'lɪstɪk| *adj (i allm)* realistisk
re·al·ity |rɪ'ælɪtɪ| *s (i allm)* i verklighet(en); **in ~** i verkligheten/realiteten; **the realities of war** krigets verklighet
re·al·iza·tion |,rɪəlaɪ'zeɪʃən| *s* **(a)** *(av projekt etc)* förverkligande **(b)** *(om faktum etc)* insikt, medvetande
re·al·ize |'rɪə,laɪz| *vt* **(a)** *(faktum)* inse, förstå, fatta; **to ~ why/how/what** förstå varför/hur/vad; **I ~ that...** jag inser att... **(b)** *(förhållande)* märka; **without realizing it** utan att märka det **(c)** *(projekt)* förverkliga; *(plan)* sätta i verket; **to ~ one's hopes/ambitions** förverkliga sina förhoppningar/ambitioner **(d)** *(Handel: tillgångar)* realisera, omsätta i pengar; *(: köpesumma)* inbringa; **to ~ shares** avyttra aktier; **the antiques ~d a good prize** antikviteterna inbringade ett bra pris
re·al·ly |'rɪəlɪ| *adv* **(a)** *(i uttryck för förvåning)*: **~?** verkligen?, jaså?; **~, whatever next!** verkligen, vad ska hända nästa gång! **(b)** *(med adj)* verkligt, riktigt; **a ~ good film** en verkligt bra film **(c)** *(med verb)* verkligen, faktiskt; **I don't ~ know** jag vet faktiskt inte; **you ~ must see it** du måste verkligen se den; **has he ~ gone?** har han verkligen gått?; **he doesn't ~ speak Chinese, does he?** inte talar han väl verkligen kinesiska?
realm |relm| *s (eg, Jur)* (konunga)rike; *(bildl)* område, värld; **in the ~s of fantasy** i fantasins värld
re·al·tor |'rɪəltɔ:'| *s (Am)* fastighetsmäklare
re·al·ty |'rɪəltɪ| *s (i sht Am)* fast egendom
ream |ri:m| *s (pappersmått)* ris; **~s** *(vard)* massor
reap |ri:p| *vt (säd etc)* skörda; *(skörd)* bärga; *(bildl)* skörda, få; **to ~ what one has sown** *(bildl)* skörda vad man sått
reap·er |'ri:pə| *s (maskin)* skördemaskin; *(person)* skördearbetare; **the R~** *(döden)* liemannen
re·appear |'ri:ə'pɪə'| *vi (person)* visa sig/dyka upp igen; *(företeelse)* åter framträda, återkomma
re·appear·ance |'ri:ə'pɪərəns| *s*: **his ~ surprised us** att han visade sig igen förvånade oss; **her sudden ~** hennes plötsliga återkomst; **he was puzzled by the ~ of the rash** han var förvånad över att utslagen kommit tillbaka
re·apply |,ri:ə'plaɪ| *vi* ansöka på nytt; **to ~ for sth** ansöka om ngt på nytt
re·apprais·al |'ri:ə'preɪzəl| *s* omvärdering, omprövning
rear[1] |rɪə'| **1** *adj (i allm)* bakre; *(på fordon)* bak- **2** *s (i allm: på hus etc)* baksida; *(vard: kroppsdel)* bak(del), ända; *(Mil)* eftertrupp; **in/at the ~** *(i allm)* på baksidan; **the bathroom is in the ~** badrummet ligger i bakre/inre delen av huset; **to bring up the ~** bilda eftertrupp; **~ admiral** *(Sjö)* konteramiral
rear[2] |rɪə'| **1** *vt* **(a)** *(boskap)* föda upp; *(gröda)* odla; *(barn)* uppfostra; **he was ~ed on a farm in**

Wales han växte upp på en bondgård i Wales **(b)** *(kroppsdel)* lyfta (på) **(c)** *(monument etc)* resa **2** *vi (i sht häst)* stegra sig
rear-end [ˌrɪərˈend] *vt (Am Motor)* köra på bakifrån; **he was** ~**ed** han blev påkörd bakifrån
rear·guard [ˈrɪəˌgɑːd] *s (Mil)* eftertrupp
re·arm [ˌriːˈɑːm] *vt, vi* upprusta
re·arma·ment [ˌriːˈɑːməmənt] *s* upprustning
rear·most [ˈrɪəməʊst] *adj* bakerst, längst bak
re·arrange [ˈriːəˈreɪndʒ] *vt (program etc)* arrangera/arbeta/ändra om; *(möbler etc)* flytta om
rear·view mir·ror [ˈrɪəvjuːˈmɪrəʳ] *s (Motor)* backspegel
rea·son [ˈriːzn] **1** *s* **(a)** *(för handling etc)* skäl, anledning, orsak; **the** ~ **for my departure** skälet till min avresa; **the** ~ **why...** anledningen till att...; **for this** ~ av denna orsak; **for no good** ~ utan någon vettig anledning; **for no** ~ **at all** helt utan anledning; **with good** ~ av goda skäl; **is there any** ~ **why he shouldn't stay?** finns det ngt skäl för att han inte skulle stanna?; **all the more** ~ **why you should not sell it** desto större anledning att inte sälja den; **we have** ~ **to believe that...** vi har skäl att tro att...; **by** ~ **of** på grund av **(b)** *(förmåga)* förnuft, förstånd; **only mankind has** ~ endast människan är utrustad med/har förnuft; **to lose one's** ~ förlora förståndet **(c)** *(i ranke, beslut etc)* förnuft, reson; **to listen to** ~ lyda förnuftets röst; **to bring sb to** ~ tala förnuft med ngn; **it stands to** ~ det är självklart; **within** ~ inom rimliga gränser **2** *vt* **(a): to** ~ **that...** resonera (som så) att... **(b): to** ~ **sb out of** *(handling)* övertala ngn att låta bli ngt; *(rädsla etc)* få ngn att komma över ngt; **to** ~ **sb into sth** övertala ngn att göra ngt **3** *vi* resonera, tänka förnuftigt; **to** ~ **with sb** resonera/diskutera med ngn; **there's no** ~ **with him** det går inte att resonera med honom
rea·son·able [ˈriːznəbl] *adj (uppförande)* förnuftig, rimlig; *(beslut)* förnuftig, förståndig; *(person)* resonabel, resonlig; *(pris)* rimlig, skälig; *(lön)* hyfsad, hygglig; **be** ~! var förnuftig (nu)!
rea·son·ably [ˈriːznəblɪ] *adv (handla)* förnuftigt; *(med adj)* någorlunda, tämligen; *(med verb)* rimligen; **a** ~ **accurate report** en någorlunda korrekt rapport; **you can't** ~ **expect that** det kan du rimligen inte vänta dig
rea·soned [ˈriːznd] *adj (argument)* genomtänkt; **well** ~ välgenomtänkt
rea·son·ing [ˈriːznɪŋ] *s* resonemang, tankegång; **the** ~ **behind sth** tanken/tankegången bakom ngt; **powers of** ~ tankeförmåga
re·as·sem·ble [ˌriːəˈsembl] **1** *vt (föremål)* sätta ihop igen; *(personer)* samla igen **2** *vi (personer)* åter samlas
re·as·sert [ˈriːəˈsɜːt] *vt (auktoritet)* åter hävda, återvinna
re·as·sess [ˈriːəˈses] *vt (situation etc)* göra en ny bedömning av, omvärdera; *(för skatt)* omtaxera
re·assur·ance [ˌriːəˈʃʊərəns] *s (i allm)* uppmuntran; *(om visst förhållande)* ny försäkran
re·assure [ˌriːəˈʃʊəʳ] *vt (person: i allm)* uppmuntra, inge ny tillförsikt; *(person: om visst förhållande)* på nytt försäkra
re·assur·ing [ˌriːəˈʃʊərɪŋ] *adj* lugnande, uppmuntrande
re·bate [ˈriːbeɪt] *s* återbetalning, återbäring
re·bel [ˈrebl] **1** *adj* rebell-, upprors-, rebellisk; **the** ~ **government** rebellregeringen **2** *s* rebell **3** [rɪˈbel] *vi (eg)* göra uppror; *(bildl)* protestera; **to** ~ **against sb/sth** göra uppror mot ngn/ngt
re·bel·lion [rɪˈbeljən] *s* uppror
re·bel·lious [rɪˈbeljəs] *adj (person, karaktär)* upprorisk; *(barn)* motspänstig, trotsig

re·birth [ˈriːˈbɜːθ] *s* pånyttfödelse
re·bound [ˈriːbaʊnd] **1** *s* studs; **to catch a ball on the** ~ ta en boll på studsen; **to do sth on the** ~ göra ngt som plåster på såren/i besvikelse över ngt annat **2** [rɪˈbaʊnd] *vi* studsa (tillbaka)
♦ **re·bound on** *vi + prep (bildl)* falla tillbaka på
re·buff [rɪˈbʌf] **1** *s* avsnäsning; **to meet with a** ~ bli avsnäst/avvisad **2** *vt (erbjudande)* avvisa
re·buke [rɪˈbjuːk] **1** *s* tillrättavisning, reprimand **2** *vt* tillrättavisa
re·bus [ˈriːbəs] *s* rebus, bildgåta
re·but [rɪˈbʌt] *vt (påstående etc)* motbevisa
re·but·tal [rɪˈbʌtl] *s (i allm)* motbevis; *(i tidning etc)* genmäle; *(av regeringstalesman etc)* dementi
re·cal·ci·trant [rɪˈkælsɪtrənt] *adj* motsträvig
re·call [rɪˈkɔːl] **1** *s (av person etc)* åter/tillbaka|kallande; *(till diplomat)* hemkallelseorder **(b)** *(egenskap)* minne; **to have total** ~ ha perfekt minne; **those days are gone beyond** ~ den tiden är oåterkalleligen borta **2** *vt* **(a)** *(person)* kalla tillbaka/hem; *(det förflutna)* återuppväcka; **I** ~**ed his attention to the task** jag fick honom att koncentrera sig på uppgiften igen **(b)** *(händelse)* erinra sig, minnas; **can you** ~ **his name?** kan du påminna dig hans namn?
re·cant [rɪˈkænt] **1** *vt (löfte)* svika; *(påstående)* ta tillbaka; *(tro)* avsvära sig **2** *vi* svika (ett löfte), ta tillbaka (ett påstående); avsvära sig sin tro
re·cap [ˈriːkæp] *(vard)* **1** *s* = **recapitulation** **2** *vi*, *vt* = **recapitulate**
re·ca·pitu·late [ˌriːkəˈpɪtjʊleɪt] *vt, vi* sammanfatta, rekapitulera
re·ca·pitu·la·tion [ˌriːkəˌpɪtjʊˈleɪʃən] *s* sammanfattning, rekapitulation
re·cap·ture [ˈriːˈkæptʃəʳ] *vt* **(a)** *(fånge etc)* tillfångata/gripa igen; *(stad)* återta, återerövra; *(lycka)* återfå **(b)** *(händelse)* erinra sig, dra sig till minnes
re·cast [ˈriːˈkɑːst] *imperf, perf part* **recast** *vt* **(a)** *(föremål: eg)* gjuta om; *(bildl)* arbeta om **(b)** *(Teat: pjäs)* ändra rollbesättningen i
re·cede [rɪˈsiːd] *vi (i allm)* dra sig tillbaka; *(tidvatten, översvämning)* dra sig tillbaka; *(berg, kustlinje etc)* försvinna i fjärran; *(fara)* minska; **he has a receding chin and a receding forehead** han har vek haka och börjar bli tunnhårig där fram
re·ceipt [rɪˈsiːt] *s* **(a)** *(händelse)* mottagande; **on** ~ **of...** vid mottagandet av... **(b)** *(dokument)* kvitto *(for på)* **(c)** *(pengar: vanl:* ~**s)** intäkter
re·ceive [rɪˈsiːv] *vt (i allm: brev, present etc)* ta emot, motta(ga), få; *(beröm)* få; *(gäster)* ta emot; *(sår)* få; *(om fordon etc: last)* klara, ta; *(TV-program)* få in; **to** ~ **stolen goods** begå häleri; ~**d with thanks** *(Handel: på kvitto)* (tacksamt) (e)mottagit; **to** ~ **sb into one's home** ta emot ngn i sitt hem; **the book was not well** ~**d** boken blev inte väl mottagen; **he** ~**d a wound in the leg** han blev sårad i benet
re·ceiv·er [rɪˈsiːvəʳ] *s (person: i allm)* mottagare; *(: av stöldgods)* hälare; *(Radio)* mottagare; *(Tele)* telefonlur; *(= official* ~*)* konkursförvaltare
re·cent [ˈriːsnt] *adj (händelse)* nyligen inträffad; *(nyhet)* färsk; *(bok)* nyutkommen; **a** ~ **event** en händelse som inträffat nyligen; **in** ~ **years** på senare år; **a** ~ **acquaintance** en ny bekantskap
re·cent·ly [ˈriːsntlɪ] *adv* nyligen; ~ **arrived** nyanländ; **as** ~ **as 1970** så sent som 1970; **until** ~ till helt nyligen
re·cep·ta·cle [rɪˈseptəkl] *s (frm)* kärl, behållare
re·cep·tion [rɪˈsepʃən] *s (i allm)* mottagande; *(av gäster)* mottagande; *(på hotell etc: äv:* ~ **desk)** reception; *(tillställning)* mottagning, *(Radio etc)* mottagning; **to get a warm** ~ få ett varmt mottagande/välkomnande; ~ **centre** *(för flyktingar*

etc) uppsamlingscentral; ~ **room** *(i hem)* vardagsrum; *(officiellt)* mottagningsrum

re·cep·tion·ist |rɪ'sepʃənɪst| *s (på hotell, kontor)* receptionist; *(på läkarmottagning)* mottagningssköterska

re·cep·tive |rɪ'septɪv| *adj* receptiv, mottaglig

re·cess |rɪ'ses, *(i sht Am)* 'riːses| *s* **(a)** *(om parlament, domstol etc)* uppehåll; *(Am Jur: i förhandlingar)* (kort) paus; *(Skol: i sht Am)* rast **(b)** *(Arkit)* alkov, nisch **(c)** *(i grotta etc)* vrå, undanskymt hörn; *(bildl):* **in the innermost ~es of her heart** i hennes hjärtas djupaste vrår, innerst inne

re·ces·sion |rɪ'seʃən| *s (Handel)* konjunktur|nedgång/-svacka

re·charge |'riː'tʃɑːdʒ| *vt (batteri)* ladda om/upp

re·cher·ché |rə'ʃeəʃeɪ| *adj (måltid)* (nästan alltför) utsökt/raffinerad; *(formulering: pos)* väl vald; *(: neg)* (lång)sökt

re·cid·i·vist |rɪ'sɪdɪvɪst| *s* återfallsförbrytare, recidivist

reci·pe |'resɪpɪ| *s (Matl o bildl)* recept; **a ~ for...** ett recept på...

re·cipi·ent |rɪ'sɪpɪənt| *s* mottagare

re·cip·ro·cal |rɪ'sɪprəkəl| *adj (överenskommelse, känsla)* ömsesidig; *(hjälp)* inbördes; *(Språkv)* reciprok; **a ~ favour** en gentjänst

re·cip·ro·cate |rɪ'sɪprəkeɪt| **1** *vt (känsla)* besvara; *(tjänst)* återgälda; **his affection was not ~d** hans känslor var obesvarade **2** *vi (efter erbjudande, komplimang)* svara; *(efter tjänst)* göra en gentjänst

re·cit·al |rɪ'saɪtl| *s* **(a)** *(Mus)* solistuppträdande; **a piano ~ of music by Chopin** en konsert med pianomusik av Chopin **(b)** *(av händelse)* (lång) redogörelse, berättelse; *(av dikter)* uppläsning, recitation

reci·ta·tion |ˌresɪ'teɪʃən| *s* **(a)** *(av dikt)* uppläsning, recitation; *(av problem etc)* uppräkning **(b)** *(text)* recitationsstycke

re·cite |rɪ'saɪt| **1** *vt (dikt)* läsa upp, recitera, deklamera; *(läxa)* rabbla upp; *(klagomål)* räkna upp **2** *vi* recitera, deklamera

reck·less |'reklɪs| *adj (person, handling)* vårdslös; *(löfte, beslut etc)* obetänksam; *(livsföring etc)* lättsinnig; **~ driving** vårdslöshet i trafik

reck·less·ly |'reklɪslɪ| *adv (köra)* vårdslöst, hänsynslöst; *(slösa, festa)* lättsinnigt, vilt

reck·on |'rekən| **1** *vt (kostnad, pris)* beräkna, räkna ut; **to ~ that...** förmoda/tro att...; **to ~ sb as (being)...,** **to ~ sb to be...** anse ngn vara...; **to ~ sb among...** räkna ngn till... **2** *vi (addera etc)* räkna; *(om händelse, förhållande etc)* förmoda, räkna med; **~ing from today** räknat från idag; **she'll come, I ~** hon kommer nog, skulle jag tro; **to ~ on sb/sth** *(i allm)* räkna med ngn/ngt; *(i nödsituation)* lita på ngn/ngt; **to ~ on doing sth** räkna med att göra ngt; **to ~ with sb** *(i allm)* räkna med ngn; *(med ovän etc)* göra upp räkningen med ngn; **he is sb to be ~ed with** han är ngn man måste räkna med; **to ~ without sb/sth** *(vard)* inte ta med ngn/ngt i beräkningen; **to ~ without doing sth** *(vard)* räkna med att inte behöva göra ngt

reck·on·ing |'rekɪŋ| *s (i allm)* beräkning; *(dokument)* räkenskap(er); *(åld: på hotell etc)* räkning; **day of ~** *(bildl)* räkenskapens dag; **to come into the ~** komma med i bilden; **to be out in one's ~** ha räknat fel; *se äv* **dead 1 b**

re·claim |rɪ'kleɪm| *vt* **(a)** *(utlånat föremål)* kräva tillbaka; *(kvarglömt föremål)* be att återfå/få tillbaka, hämta tillbaka **(b)** *(mark)* odla upp; *(: från havet)* återvinna; *(material)* återvinna **(c)** *(person: till levnadssätt etc)* förbättra, reformera; *(syndare)* omvända

rec·la·ma·tion |ˌreklə'meɪʃən| *s (av utlånat fö-*

remål) krav; *(av mark)* uppodling; *(: från havet)* återvinning; *(av material)* återvinning

re·cline |rɪ'klaɪn| *vi (person)* luta sig tillbaka, sitta tillbakalutad; *(stol)* ha ställbart ryggstöd

re·clin·er |rɪ'klaɪnəʳ| *s (Am)* vilstol

re·clin·ing |rɪ'klaɪnɪŋ| *adj:* **~ seat/chair** vilstol

re·cluse |rɪ'kluːs| *s* ensling, eremit

rec·og·ni·tion |ˌrekəg'nɪʃən| *s (i allm)* igenkännande; *(av prestation, person etc)* erkännande; *(Pol: diplomatiskt)* erkännande; **in ~ of** som ett erkännande av, som uppskattning av; **to change/change sth beyond ~** förändras/förändra ngt till oigenkännlighet

rec·og·niz·able |'rekəgnaɪzəbl| *adj (person)* igenkännlig; *(skillnad)* märkbar; **it is ~ as her** *(foto)* man kan se att det är hon

rec·og·nize |'rekəgnaɪz| *vt* **(a)** *(ansikte, person, föremål)* känna igen; **I ~d him by his walk** jag kände igen honom på gängen; **he was ~d by 2 policemen** han blev igenkänd av två poliser **(b)** *(prestation, person)* erkänna; *(Pol: diplomatiskt)* erkänna; **his efforts were ~d** hans ansträngningar fick ett erkännande; **we ~ that...** vi erkänner/medger att...; **we do not ~ the new left-wing government** *(Pol)* vi erkänner inte den nya vänsterregimen

rec·og·nized |'rekəgnaɪzd| *adj (expert etc)* erkänd; *(tecken, metod)* vedertagen; *(representant)* officiell(t erkänd)

re·coil |rɪ'kɔɪl| **1** *s (av vapen)* rekyl **2** *vi (person: plötsligt)* rygga tillbaka; *(: långsamt)* dra sig tillbaka; *(föremål)* studsa/åka tillbaka; *(skjutvapen)* rekylera; **to ~ from sth** *(eg)* rygga tillbaka för ngt; *(bildl)* dra sig för ngt

rec·ol·lect |ˌrekə'lekt| *vt* påminna sig, komma ihåg

rec·ol·lec·tion |ˌrekə'lekʃən| *s* minne; **to the best of my ~** så vitt jag kan påminna mig/minnas

rec·om·mend |ˌrekə'mend| *vt* **(a)** *(person, vara, handlingssätt)* rekommendera, föreslå; *(person: att handla på visst sätt)* råda; **to ~ sb to do sth** råda/rekommendera ngn att göra ngt; **not to be ~ed** *(handlingssätt)* inte att rekommendera; **she has been ~ed** man har rekommenderat henne **(b)** *(bildl)* tala för; **it has little to ~ it** det är inte mycket som talar för det

rec·om·men·da·tion |ˌrekəmen'deɪʃən| *s (för person, handlingssätt)* rekommendation; *(till person)* råd; **to do sth on sb's ~** göra ngt på ngns inrådan; **to write in ~ of sb** skriva och rekommendera ngn

rec·om·pense |'rekəmpens| **1** *s (för skada)* gottgörelse, ersättning, kompensation; *(för arbete)* ersättning, lön **2** *vt (person: för skada)* gottgöra, ersätta, kompensera; *(: för arbete)* ersätta; *(handling)* återgälda; **to ~ kindness with cruelty** löna gott med ont

rec·on·cile |'rekənsaɪl| *vt (person)* försona, förlika *(with* med); *(teori)* få att gå ihop *(with* med); **I can't ~ this with what you said before** det här stämmer inte med vad du sa tidigare; **they were ~d** de försonades/förlikades; **to become ~d to sth, to ~ oneself to sth** förlika sig med ngt

rec·on·cili·a·tion |ˌrekənsɪlɪ'eɪʃən| *s* försoning, förlikning; **to bring about a ~** åstadkomma försoning/förlikning

re·con·dite |'rekəndaɪt, reˌkɒndaɪt| *adj (ämne)* svårbegriplig, svårtillgänglig

re·con·di·tion |'riːkən'dɪʃən| *vt (motor, maskin)* renovera, reparera

re·con·nais·sance |rɪ'kɒnɪsəns| *s (Mil)* rekognoscering, spaning; **~ flight** rekognosceringsflygning

re·con·noi·tre, *(Am)* **re·con·noi·ter** |ˌrekə'nɔɪtəʳ| **1** *vt (Mil: terräng)* rekognoscera; *(bildl: situation etc)* sondera **2** *vi (Mil)* rekogno-

scera, spana; *(bildl)* sondera
re·con·sid·er |'riːkən'sɪdəʳ| **1** *vt (förslag)* ta under omprövning, tänka över en gång till *(vard)* **2** *vi*: **I asked her to** ~ jag bad henne tänka över saken en gång till
re·con·sid·era·tion |'riːkən,sɪdə'reɪʃən| *s* omprövning, förnyat övervägande
re·con·sti·tute |,riː'kɒnstɪtjuːt| *vt (händelseförlopp)* rekonstruera; *(torkad mat)* tillsätta vatten till; ~**ed milk powder** torrmjölk utblandad i vatten
re·con·struct |'riːkən'strʌkt| *vt (stad)* återuppbygga; *(byggnad)* bygga om; *(händelse, text etc)* rekonstruera
re·con·struc·tion |'riːkən'strʌkʃən| *s (av byggnad)* ombyggnad; *(av händelse)* rekonstruktion
rec·ord |'rekɔːd| **1** *s* **(a)** *(dokument: över föremål)* förteckning, register; *(: över händelser)* uppteckning, protokoll; *(Jur)* protokoll; **he told me off the** ~ han sa det till mig i förtroende; **he is on** ~ **as saying...** det är känt att han har sagt...; **she is on** ~ **as being...** hon är känd för att vara...; **it is on** ~ **that...** det finns dokumenterat att...; **there is no** ~ **of it** det finns inga bevis på det; **to keep a** ~ **of sth** föra register på/över ngt; **to place/put sth on** ~ föra ngt till protokollet; **police** ~**s** polisregister
(b) *(tidigare händelser)* förflutet; **his (past)** ~ hans förflutna; *(äv:* **criminal** ~) kriminellt förflutet; **to have a good safety** ~ ha en fin säkerhetsstatistik; **he has a clean** ~ han har ett fläckfritt förflutet; **he hasn't got a** ~ han har ingen kriminell belastning; **a good** ~ **of service** *(Mil)* fina vitsord i tjänsten; **he left behind a splendid** ~ **of achievements** han utförde en lång rad lysande bedrifter
(c) *(Sport etc)* rekord; **to beat/break a** ~ slå ett rekord; **to hold the** ~ **(for sth)** (inne)ha rekordet (i ngt); **to set a** ~ **(for sth)** sätta ett rekord (i ngt); ~ **holder** rekordinnehavare
(d) *(Mus)* (grammofon)skiva; ~ **library** skivsamling; ~ **player** skivspelare; ~ **token** *(Brit: presentkort)* skivcheck
(e) *(Data)* post
2 *adj* rekord-; **in** ~ **time** på rekordtid; **a** ~ **number of** ett rekordhögt antal
3 |rɪ'kɔːd| *vt* **(a)** *(föremål)* registrera, föra register över; *(händelse)* uppteckna; *(vid sammanträde etc)* föra till protokollet
(b) *(Mus etc)* spela in (på band/skiva)
record-breaking |'rekɔːd,breɪkɪŋ| *adj (lopp, försök)* rekord-; *(person, lag)* som slagit rekord
re·cord·er |rɪ'kɔːdəʳ| *s* **(a)** (= **tape** ~) bandspelare **(b)** *(Jur)* (brottmåls)domare *(vanl en advokat som tjänstgör som domare på deltid)* **(c)** *(Mus: instrument)* blockflöjt
re·cord·ing |rɪ'kɔːdɪŋ| *s (TV, Radio, Mus)* inspelning; ~ **studio** inspelningsstudio
re·count |rɪ'kaʊnt| *vt (historia)* berätta; *(händelse)* redogöra för
re·count |'riːkaʊnt| **1** *s (Pol)*: **a** ~ **of the votes** omräkning av rösterna **2** |,riː'kaʊnt| *vt* räkna om
re·coup |rɪ'kuːp| *vt (förlust)* ta igen; *(person)* gottgöra
re·course |rɪ'kɔːs, *(Am)* 'riːkɔːs| *s* tillflykt, utväg; **to have** ~ **to** ta sin tillflykt till; **your only** ~ **is...** din enda utväg är...
re·cov·er |rɪ'kʌvəʳ| **1** *vt (i allm)* återvinna; *(ägodelar)* återfå; *(Jur: skadestånd)* bli tilldömd, erhålla; *(balansen, fattningen)* återvinna; *(rösten)* få tillbaka; **to** ~ **one's senses** *(eg)* återfå medvetandet, komma till sans igen; *(bildl)* vara vid sina sinnens fulla bruk igen **2** *vi (person: efter olycka etc)* återhämta sig, repa sig; *(: efter sjukdom)* tillfriskna; *(: efter medvetslöshet)* komma

till sans, återfå medvetandet; *(: bildl: efter chock)* hämta sig; *(Handel: ekonomi, valuta)* återhämta sig; **I am/have** ~**ed now** jag är återställd nu
re·cover |,riː'kʌvəʳ| *vt (föremål: i allm)* åter täcka; *(möbel)* klä om
re·cov·ery |rɪ'kʌvərɪ| *s (av ägodel)* återvinnande, återfående; *(efter sjukdom)* tillfrisknande; *(Ekon)* återhämtning; **to make a** ~ *(Med)* tillfriskna; **the team made a** ~ **in the second half** laget kom tillbaka i andra halvlek
rec·rea·tion |,rekrɪ'eɪʃən| *s (aktivitet)* rekreation, fritidssysselsättning; *(Skol:)* rast; ~ **ground** *(i allm)* fritidsområde, idrottsplats; *(för barn)* lekplats
re·creation |,riːkrɪ'eɪʃən| *s (av händelse)* rekonstruktion; *(av historisk epok etc)* återskapande
rec·rea·tion·al |,rekrɪ'eɪʃənəl| *adj* fritids-, rekreations-; ~ **vehicle** *(Am)* camping|bil/-buss
re·crimi·na·tion |rɪ,krɪmɪ'neɪʃən| *s* motbeskyllning; *(Jur)* motanklagelse
re·cruit |rɪ'kruːt| **1** *s (Mil)* rekryt; *(på arbetsplats etc)* nykomling; *(i klubb etc)* ny medlem; **raw** ~ *(Mil, bildl)* nykomling, gröngöling **2** *vt (Mil o i allm)* rekrytera, värva
re·cruit·ment |rɪ'kruːtmənt| *s (Mil o i allm)* rekrytering, värvning
rec·tal |'rektəl| *adj (Anat)* ändtarms-, rektal
rec·tan·gle |'rek,tæŋgl| *s* rektangel
rec·tan·gu·lar |rek'tæŋgjʊləʳ| *adj (yta)* rektangulär; *(hörn, koordinater)* rätvinklig
rec·ti·fi·ca·tion |,rektɪfɪ'keɪʃən| *s (se rectify)* rättelse; korrigering; beriktigande; likriktning; omdestillering, rening
rec·ti·fi·er |'rektɪfaɪəʳ| *s (Elektr)* likriktare
rec·ti·fy |'rektɪfaɪ| *vt (fel)* rätta; *(uppförande)* korrigera; *(påstående)* beriktiga; *(Elektr)* likrikta; *(Kem)* destillera om, rena
rec·ti·lin·e·ar |,rektɪ'lɪnɪəʳ| *adj* rätlinjig, i rät linje
rec·ti·tude |'rektɪtjuːd| *s (hos person)* rättskaffenhet, redbarhet
rec·to |'rektəʊ| *s (Typogr: utanpå bok)* framsida; *(: inuti bok)* högersida
rec·tor |'rektəʳ| *s (Rel)* kyrkoherde; *(Univ etc)* rektor
rec·tum |'rektəm| *s (Anat)* ändtarm, rektum
re·cum·bent |rɪ'kʌmbənt| *adj (frm, Konst)* liggande, vilande
re·cu·per·ate |rɪ'kuːpəreɪt| **1** *vt (krafter)* återvinna; *(förluster)* hämta sig efter **2** *vi (efter sjukdom)* hämta sig, repa sig
re·cu·pera·tion |rɪ,kuːpə'reɪʃən| *s (Med etc)* återhämtning, tillfrisknande; *(efter förluster)* återhämtning
re·cu·pera·tive |rɪ'kuːpərətɪv| *adj (medicin, vila)* stärkande; *(kraft)* helande
re·cur |rɪ'kɜːʳ| *vi (i allm)* återkomma, komma tillbaka; *(fel)* upprepas; *(problem)* återkomma, uppstå igen
re·cur·rence |rɪ'kʌrəns| *s (i allm)* återkommande, upprepande; *(av händelse)* upprepning
re·cur·rent |rɪ'kʌrənt| *adj* återkommande
re·cur·ring |rɪ'kɜːrɪŋ| *adj (Mat: decimal)* periodisk
re·cy·cle |,riː'saɪkəl| *vt (material)* återanvända, återvinna
red |red| **1** *adj* (-**der**, -**dest**) *(i allm o Pol)* röd; **to be** ~ **in the face** *(av ilska/ansträngning)* vara röd i ansiktet; *(av blygsel etc)* rodna; **it is like a** ~ **rag to a bull to him** den är *(som)* ett rött skynke för honom; **the R**~ **Army** Röda armén; **the R**~ **Brigades** Röda brigaderna; **the R**~ **Cross** Röda korset; **the** ~ **carpet** röda mattan; **the R**~ **Crescent** Röda halvmånen; ~ **deer** kronhjort; ~ **flag** *(varning)* röd flagg(a); *(Pol)* röd fana; ~ **herring** falsk ledtråd, villospår; **R**~ **Indian** indian; ~

light *(Trafik)* rött ljus; **to go through the ~ light** köra mot rött ljus; **to see the ~ light** *(bildl)* inse faran; **~ light district** bordellkvarter; **~ meat** mörkt kött; **~ pepper** *(pulver)* rödpeppar, kajennpeppar; *(grönsak: stark)* rödpeppar; *(: mild)* röd paprika; **the R~ Sea** Röda havet; **~ tape** byråkratiska formaliteter **2** *s (färg)* rött, röd färg; *(Pol) (person)* röd; **he's afraid of ~s under the bed** *(vard)* han lider av kommunistskräck; **to be in the ~** *(Handel etc)* vara skuldsatt, stå på minus; **to see ~** *(bildl: av ilska)* se rött

red-blooded |'rɛd'blʌdɪd| *adj (person, uppförande)* strong, rejäl

red·breast |'redbrest| *s (fågel)* rödhake

red·brick |'rɛd,brɪk| *adj:* **~ universities** *(Brit)* nyare universitet *(grundade kring sekelskiftet i större landsortsstäder)*

red·cap |'rɛd,kæp| *s (Brit)* militärpolis; *(Am)* bärare, stadsbud

red·coat |,redeˈkəʊt| *s (åld: engelsk soldat)* rödrock

red·cur·rant |,red'kʌrənt| *s* röda vinbär(sbuske)

red·den |'redn| **1** *vt* färga röd **2** *vi* **(a)** *(himmel, löv)* färgas röd, rodna **(b)** *(person)* rodna

red·dish |'redɪʃ| *adj* rödaktig

re·deco·rate |,riːˈdekəreɪt| *vt (rum, hus)* måla och tapetsera om

re·deco·ra·tion |riː,dekəˈreɪʃən| *s (av rum/hus)* ommålning och omtapetsering

re·deem |rɪˈdiːm| *vt (Rel: syndare)* återlösa, frälsa; *(pantat föremål)* lösa ut; *(Handel: skuld, inteckning)* lösa in; *(löfte)* infria; *(brott)* gottgöra, sona; **his generosity ~s his other failings** hans generositet uppväger hans andra brister; **to ~ oneself** göra ngt som kompensation/gottgörelse

Re·deem·er |rɪˈdiːməʳ| *s (Rel):* **the ~** Förlossaren, Frälsaren

re·deem·ing |rɪˈdiːmɪŋ| *adj:* **~ feature** försonande drag

re·demp·tion |rɪˈdempʃən| *s (Rel)* återlösning, frälsning; *(av föremål, skuld, inteckning)* inlösen; *(av löfte)* infriande; *(av brott)* sonande

re·deploy |'riːdɪˈplɔɪ| *vt (arbetare)* omplacera; *(Mil: styrkor)* omgruppera

re·deploy·ment |'riːdɪˈplɔɪmənt| *s (av arbetare)* omplacering; *(Mil: av styrkor)* omgruppering

red-faced |,red'feɪst| *adj (av ansträngning etc)* röd i ansiktet; *(av skam etc)* rodnande; *(: bildl)* skamsen

red-haired |,red'heəd| *adj* rödhårig

red-handed |,red'hændɪd| *adj:* **to catch sb ~** ta ngn på bar gärning

red·head |'red,hed| *s* rödhårig person

red-hot |,red'hɒt| *adj (eldgaffel etc)* glödhet, rödglödgad; *(bildl: nyhet)* rykande aktuell; *(: person)* entusiastisk; *(: entusiasm)* glödande

re·did |riːˈdɪd| *imperf av* redo

re·di·rect |,riːdaɪˈrekt| *vt (brev)* eftersända

re·dis·trib·ution |,riːdɪstrɪˈbjuːʃən| *s* omfördelning

red-letter |,redˈletəʳ| *adj:* **~ day** *(bildl)* märkesdag, stor dag

red·neck |'rednek| *s (Am vard: neds: vit, fattig sydstatsbonde)* (bond)lurk

red·ness |'rednɪs| *s (i färgnyans)* rödhet; *(i ansikte)* rodnad

re·do |riːˈduː| *imperf* redid, *perf part* redone |riːˈdʌn| *vt (i allm)* göra om; *(rum)* måla och tapetsera om

redo·lent |'redəʊlənt| *adj:* **~ of** som luktar/doftar av; *(bildl)* som för tankarna till

re·dou·ble |riːˈdʌbl| *vt* fördubbla

re·doubt·able |rɪˈdaʊtəbl| *adj (ofta skämts)* fruktansvärd, skräckinjagande

re·dound |rɪˈdaʊnd| *vi:* **to ~ upon sb** komma ngn till del; **to ~ to sb's credit** lända ngn till heder

re·dress |rɪˈdres| **1** *s (ekonomisk)* gottgörelse;

(moralisk) upprättelse **2** *vt (orättvisa)* gottgöra, ställa till rätta; **to ~ the balance** återställa jämvikten

red·skin |'redskɪn| *s (åld)* rödskinn

re·duce |rɪˈdjuːs| **1** *vt* **(a)** *(i allm)* reducera, minska; *(foto etc)* förminska; *(pris, skatt, hastighet)* sänka, minska; *(Med: svullnad)* få att gå ned; *(: feber)* få/driva ner; **to ~ sth by half** minska ngt med hälften **(b)** *(person: till visst tillstånd)* försätta, bringa; *(föremål)* förvandla; **to ~ sth to ashes** lägga ngt i aska; **the blast ~d the building to rubble** explosionen förvandlade byggnaden till en grushög; **to ~ sb to despair** bringa ngn till förtvivlan; **to ~ sb to silence/tears** få ngn att tystna/gråta; **we were ~d to begging on the streets** vi var tvungna att tigga på gatorna; **~d to nothing** *(industri etc)* utplånad; *(person)* utfattig **(c)** *(Mil):* **to ~ sb to the ranks** degradera ngn till menig **2** *vi (vard: person)* banta

re·duced |rɪˈdjuːst| *adj* **(a)** *(i allm)* reducerad, minskad; *(foto)* förminskad; **~ by a half/a quarter** minskad med hälften/en fjärdedel; **at a ~ price** till nedsatt/reducerat pris; **greatly ~ prices** *(Handel)* kraftigt sänkta/nedsatta priser **(b):** **in ~ circumstances** i knappa omständigheter

re·duc·tion |rɪˈdʌkʃən| *s (i allm)* reduktion, minskning; *(av foto etc)* förminskning; *(av skatt)* sänkning; *(av pris)* nedsättning; **a 25% ~** 25% rabatt; **~ for cash** kassarabatt

re·dun·dan·cy |rɪˈdʌndənsɪ| *s (i allm)* överskott; *(i sht Brit)* arbetslöshet; *(Språkv etc)* redundans; **there have been 600 redundancies at the factory** 600 har blivit arbetslösa vid fabriken; **~ payment** *(Brit)* avgångsvederlag

re·dun·dant |rɪˈdʌndənt| *adj (i allm)* överflödig; *(Brit: arbetare)* friställd; *(Språkv etc)* redundant; **to be made ~** *(arbetare)* friställas, bli friställd

red·wood |'redwʊd| *s (träd)* sekvoja, redwood; *(virke)* redwood

reed |riːd| *s (Bot)* vasstrå; *(koll)* vass; *(poet)* rö; *(Mus: i träblåsinstrument)* rörblad; *(: i orgel)* tungpipa

reedy |'riːdɪ| *adj (-ier, -iest) (sjö)* vassbevuxen; *(röst, ljud)* pipig, gäll

reef[1] |riːf| *s (Geogr)* rev

reef[2] |riːf| **1** *s (av segel)* rev; **~ knot** råbandsknop **2** *vt (segel)* reva

reek |riːk| **1** *s* stank, stark lukt **2** *vi:* **to ~ of sth** stinka (av) ngt; **this ~s of treachery** *(bildl)* det här luktar förräderi (lång väg)

reel |riːl| **1** *s* **(a)** *(för tråd)* rulle, spole; *(för film, band)* rulle; **~ to ~ tape recorder** rullbandspelare; **a ~ of cotton/thread** en trådrulle; **a ~ of film** en filmrulle **(b)** *(Mus: dans)* reel **2** *vt* rulla/spola upp; **to ~ in a fish** spinna in en fisk **3** *vi (person: av slag)* vackla; *(: av berusning)* ragla; **his brain ~ed** det gick runt i huvudet på honom

♦ **reel off** *vt + adv (historia, lista)* rabbla upp

re·elect |,riːɪˈlekt| *vt* återvälja, välja om

re·election |,riːɪˈlekʃən| *s* återval, omval

re·enact |,riːɪˈnækt| *vt (Pol: lag)* åter anta; *(brott)* spela upp igen

re·entry |,riːˈentrɪ| *s (till land)* återinresa; *(Rymd)* återinträde; *(Jur)* förnyat besittningstagande

re·examine |'riːɪgˈzæmɪn| *vt (fakta)* undersöka på nytt; *(vittne)* förhöra på nytt

ref |ref| *s (Sport vard: förk f referee)* domare

re·fec·tory |rɪˈfektərɪ| *s (Skol, Univ)* matsal; *(i kloster)* refektorium

re·fer |rɪˈfɜː| **1** *vt (person: i allm))* hänvisa; *(patient)* remittera; *(ärende)* hänskjuta, remittera; **to ~ sth to sb** hänskjuta ngt till ngn; **to ~ a dispute to arbitration** låta en tvist gå till skiljedom; **to ~ sb to sth/sb** hänvisa ngn till ngt/

ngn **2** *vi:* **to** ~ **to** **(a)** *(bestämmelse)* gälla (för) **(b)** *(talare)* nämna, anspela på; **he is** ~**red to as an expert on karate** han beskrivs som expert på karate **(c)** *(för information etc)* gå till, se efter i; **please** ~ **to section 3** se sektion 3

ref·eree |ˌrefəˈriː| *s (Sport)* domare; *(i tvist)* skiljedomare; *(person: vid ansökan)* referens

ref·er·ence |ˈrefrəns| *s* **(a)** *(av person)* hänvisning; *(av patient)* remittering; *(av ärende)* hänskjutande, remittering **(b):** **with special** ~ **to** med särskilt avseende på; **with** ~ **to** *(i brev)* refererande till, med anledning av; **without** ~ **to any particular case** utan avseende på något särskilt fall **(c)** *(i text, tal)* anspelning, syftning; **to make** ~ **to sth/sb** anspela på ngt/ ngn **(d)** *(i bok)* hänvisning, referens; *(i brev)* referens; *(på karta)* koordinater; *(i lexikon etc)* uppslagsord; **to look up a** ~ slå upp en referens; ~ **book** referensverk, handbok; ~ **library** referensbibliotek; ~ **number** referensnummer **(e)** *(från arbete)* (tjänstgörings)betyg, referenser; *(person)* referens; **to take up sb's** ~**s** begära ngns referenser

ref·er·en·dum |ˌrefəˈrendəm| *s, pl* ~**s** *el* **referenda** |ˌrefəˈrendə| folkomröstning, referendum

re·fer·ral |rɪˈfɜːrəl| *s (i allm)* hänvisning; *(Med)* remiss; **I am here on** ~ **from Dr Brown** jag har en remiss (hit) från dr Brown

re·fill |ˈriːfɪl| **1** *s (handling)* påfyllning; *(till kulspetspenna)* patron; *(till blyertspenna)* stift **2** |ˌriːˈfɪl| *vt* fylla på (igen)

re·fine |rɪˈfaɪn| *vt (i allm)* förädla, rena; *(socker, olja)* raffinera; *(teknik)* förfina; *(stil)* förbättra, göra mer raffinerad; *(uppförande)* förbättra

♦ **re·fine (up)on** *vi* + *prep (plan)* förbättra; *(metod)* förfina

re·fined |rɪˈfaɪnd| *adj (i allm)* förädlad, renad; *(socker, olja)* raffinerad; *(kläder, uppförande, stil)* förfinad, elegant

re·fine·ment |rɪˈfaɪnmənt| *s (av socker, olja etc)* raffinering, rening; *(hos person)* förfining, elegans; *(hos apparat)* finess

re·fin·ery |rɪˈfaɪnərɪ| *s* raffinaderi

re·fit |ˈriːˌfɪt| **1** *s (av fartyg)* reparation, nyutrustning **2** |ˌriːˈfɪt| *vt (fartyg)* reparera, nyutrusta

re·flate |ˌriːˈfleɪt| *vt:* **to** ~ **the economy** åstadkomma en återhämtning (i ekonomin)

re·fla·tion |riːˈfleɪʃn| *s (Ekon)* återhämtning

re·fla·tion·ary |riːˈfleɪʃnərɪ| *adj (Ekon)* återhämtnings-

re·flect |rɪˈflekt| **1** *vt* **(a)** *(ljus)* reflektera, återkasta; *(bild)* reflektera, återspegla; *(bildl)* (av)spegla; **to** ~ **credit on sb** lända ngn till heder, vara hedrande för ngn **(b): to** ~ **that...** tänka att... **2** *vi* **(a)** *(person)* reflektera, tänka; **to** ~ **on sth** tänka/fundera på ngt, reflektera över ngt **(b): to** ~ **(up)on sb/sth** *(uppförande, handling)* ställa ngn/ngt i en ofördelaktig dager, återfalla på ngn/ngt

re·flec·tion |rɪˈflekʃən| *s* **(a)** *(av ljus etc)* reflexion, återkastning; *(i spegel etc)* (spegel)bild, återspegling **(b)** *(om förhållande etc)* reflexion, fundering; ~**s on...** tankar/reflexioner om...; **on** ~ vid närmare eftertanke **(c)** *(mot person, förhållande)* klander, kritik; **this is no** ~ **on your honesty** detta innebär inget ifrågasättande av din hederlighet; **to cast** ~**s on sth** dra ngt i tvivelsmål

re·flec·tive |rɪˈflektɪv| *adj (person)* reflekterande, tänkande

re·flec·tor |rɪˈflektər| *s* **(a)** *(i allm)* reflektor; *(Motor: äv: rear* ~*)* reflex **(b)** *(Astron)* spegelteleskop

re·flex |ˈriːfleks| **1** *adj* reflex-; ~ **angle** *(Geom)*

övertrubbig vinkel; ~ **camera** *(Foto)* spegelreflexkamera **2** *s (rörelse)* reflex; *(i spegel, vatten etc)* (spegel)bild, reflex

re·flex·ive |rɪˈfleksɪv| *adj (Språkv)* reflexiv

re·float |ˌriːˈfləʊt| *vt (fartyg)* få flott

re·form |rɪˈfɔːm| **1** *s* reform **2** *vt (organisation)* reformera, förbättra; *(person)* få att bättra sig **3** *vi (person)* bättra sig

ref·or·ma·tion |ˌrefəˈmeɪʃən| *s (i allm)* förbättring; **the R**~ *(Rel)* reformationen

re·form·er |rɪˈfɔːmər| *s (Pol etc)* reformivrare, reformator; *(Rel)* reformator

re·frac·tion |rɪˈfrækʃn| *s (av ljus)* refraktion, brytning

re·frac·tory |rɪˈfræktərɪ| *adj (person)* bångstyrig, motspänstig; *(sjukdom)* envis; *(Tekn: tegel)* eldfast; *(: material i allm)* värmebeständig

re·frain¹ |rɪˈfreɪn| *s (Mus)* refräng

re·frain² |rɪˈfreɪn| *vi:* **to** ~ **from sth** avhålla sig från ngt, låta bli ngt; **to** ~ **from doing sth** avhålla sig från att göra ngt

re·fresh |rɪˈfreʃ| *vt (om promenad, te etc: person)* pigga upp; *(om kall dryck: person)* svalka, läska; *(minne)* friska upp

re·fresh·er course |rɪˈfreʃəˌkɔːz| *s (för återinträde i yrkeslivet)* reaktiveringskurs

re·fresh·ing |rɪˈfreʃɪŋ| *adj (promenad)* uppfriskande, uppiggande; *(sömn)* vederkvickande; *(kall dryck)* läskande; *(förändring, inställning)* välgörande

re·fresh·ing·ly |rɪˈfreʃɪŋlɪ| *adv (bildl: enkel etc)* välgörande

re·fresh·ment |rɪˈfreʃmənt| *s (i allm)* uppfriskning; *(mat, dryck: vanl:* ~**s)** förfriskningar; ~ **room** *(Järnv: på station)* servering, byffé

re·frig·er·ate |rɪˈfrɪdʒəreɪt| *vt (i allm)* kyla ner; *(i frysbox etc)* frysa ner

re·frig·era·tion |rɪˌfrɪdʒəˈreɪʃən| *s (i allm)* avkylning; *(i frysbox etc)* nerfrysning

re·frig·era·tor |rɪˈfrɪdʒəreɪtər| *s (i sht Am)* kylskåp; *(större)* kylrum

re·fu·el |ˈriːˈfjuːəl| **1** *vt* tanka, fylla på bränsle i **2** *vi* tanka, fylla på bränsle

ref·uge |ˈrefjuːdʒ| *s (i allm)* tillflykt, skydd; *(för bergsklättrare)* övernattningsstuga; *(bildl)* tillflykt, fristad; **to take** ~ **in sth** *(eg)* söka skydd i ngt; *(bildl)* söka sin tillflykt i ngt

refu·gee |ˌrefjuˈdʒiː| *s* flykting; ~ **camp** flyktingläger

re·fund |ˈriːˌfʌnd| **1** *s* återbetalning; **I want a** ~ jag vill ha pengarna tillbaka **2** |rɪˈfʌnd| *vt* återbetala

re·fur·bish |ˌriːˈfɜːbɪʃ| *vt (i allm)* putsa/piffa upp; *(byggnad)* renovera

re·fus·al |rɪˈfjuːzəl| *s (på order)* vägran; *(på ansökan)* avslag; *(av erbjudande)* avböjande; *(av häst)* vägran; **a flat** ~ ett blankt nej; **to have first** ~ **on sth** ha förköpsrätt till ngt; **to offer first** ~ **to sb on sth** ge ngn första erbjudandet om ngt

ref·use¹ |ˈrefjuːs| *s* skräp, avfall, sopor; ~ **disposal** *(i allm)* avfallshantering; *(från hem)* sophämtning; ~ **dump** soptipp; ~ **disposal unit** avfallskvarn

re·fuse² |rɪˈfjuːz| **1** *vt (erbjudande)* avböja, säga nej till; *(ansökan)* avslå; *(manuskript)* refusera; *(förmån)* neka, vägra; **to** ~ **sb sth** förvägra/neka ngn ngt; **to** ~ **to do sth** vägra göra ngt; **the car** ~**d to start** bilen vägrade starta **2** *vi (person, häst)* vägra

refu·ta·tion |ˌrefjuˈteɪʃən| *s (av teori)* vederläggning; *(mot påstående)* motargument

re·fute |rɪˈfjuːt| *vt (teori)* vederlägga, motbevisa

re·gain |rɪˈgeɪn| *vt (balansen)* återfå, återvinna; *(medvetandet)* återfå; *(hälsa, självförtroende)* återvinna; **to** ~ **possession of sth** åter komma i

besittning av ngt
re·gal |'ri:gəl| *adj (hållning, person)* majestätisk; *(ämbete, pompa)* kunglig
re·gale |rɪ'geɪl| *vt (med mat, underhållning)* undfägna, traktera; **to ~ oneself on sth** *(mat)* kalasa på ngt; *(underhållning)* njuta av ngt
re·ga·lia |rɪ'geɪlɪə| *spl (kunglig)* regalier; *(ämbetsmans)* insignier
re·gard |rɪ'gɑːd| **1** *s* **(a)** *(relation)* avseende, hänseende; **in/with ~ to** med hänsyn till, i fråga om; **in this ~** i detta avseende **(b)** *(för person)* aktning; *(till ngns känslor etc)* hänsyn; **to have a high ~ for sb, to hold sb in high ~** hysa stor aktning för ngn; **to have no ~ for sb** hysa föga aktning för ngn; **out of ~ for sth** av hänsyn till ngt; **he shows little ~ for their feelings** han tar inte mycket hänsyn till deras känslor **(c)** *(i brev etc):* **~s** hälsningar; **kind ~s** hjärtliga/vänliga hälsningar; **~s to Peter, please give my ~s to Peter** hälsa Peter (från mig) **2** *vt* **(a)** *(i allm)* anse, betrakta; **to ~ sb highly** *(bildl)* hålla ngn högt; **to ~ sb with suspicion** *(bildl)* se på ngn med misstro; **we don't ~ it as necessary** vi anser det inte (vara) nödvändigt **(b)** *(om sak: person)* angå, röra; **as ~s...** beträffande..., i fråga om...
re·gard·ing |rɪ'gɑːdɪŋ| *prep* beträffande, angående
re·gard·less |rɪ'gɑːdlɪs| **1** *adj* utan hänsyn *(of* till); **buy it ~ of the cost** köp den vad den än kostar **2** *adv (vard)* trots allt, i alla fall; **press on ~!** kämpa på i alla fall!
re·gat·ta |rɪ'gætə| *s* regatta, kappsegling
re·gen·er·ate |rɪ'dʒenəreɪt| **1** *vt (entusiasm, känsla)* väcka till nytt liv, förnya; *(Biol)* regenerera **2** *vi (entusiasm, känsla)* pånyttfödas, förnyas; *(Biol)* regenereras
re·gen·era·tion |rɪ,dʒenə'reɪʃən| *s (av känsla)* pånyttfödelse; *(Biol)* regeneration
re·gent |'riːdʒənt| *s* **(a)** *(kunglig)* regent; *(icke kunglig)* riksföreståndare **(b)** *(Am Univ)* medlem av universitetsstyrelse
reg·gae |'regeɪ| *s (Mus)* reggae
ré·gime |reɪ'ʒiːm| *s* **(a)** *(Pol)* regim, regering **(b)** = **regimen**
regi·men |'redʒɪˌmen| *s (Med)* kur, diet, regim; *(Sport)* träningsprogram
regi·ment |'redʒɪmənt| **1** *s (Mil)* regemente **2** *vt (bildl)* köra med, hunsa
regi·men·tal |ˌredʒɪ'mentl| *adj (Mil)* regements-
regi·men·ta·tion |ˌredʒɪmen'teɪʃən| *s* hunsande, trakasserier
re·gion |'riːdʒən| *s (i land)* region, område; *(av kroppen)* trakt; **the ~ of the heart** hjärttrakten; **in the ~ of 40** omkring 40
re·gion·al |'riːdʒənl| *adj* regional, lokal, lokal-; **~ development** *(Admin)* regional utveckling
reg·is·ter |'redʒɪstəʳ| **1** *s* **(a)** *(lista: i allm)* register, förteckning; *(på hotell)* liggare, resandebok; *(bok)* liggare; **~ of voters** röstlängd; **parish ~** kyrkobok; **the ~ of births, marriages and deaths** *(ung)* kyrkobokföringen; **cash ~** kassaapparat **(b)** *(Mus)* register; *(Språkv)* register **2** *vt* **(a)** *(i lista: i allm)* föra/skriva in; *(födelse)* anmäla; *(person: vid flyttning)* mantalsskriva, kyrkobokföra; *(bil)* registrera; *(i sht Brit: brev)* rekommendera; *(Jur: protest)* inlägga; *(varumärke)* inregistrera **(b)** *(mätare)* visa; *(om person: känsla)* visa, uttrycka **(c)** *(om person: förhållande)* registrera, lägga på minnet **3** *vi* **(a)** *(person: på hotell)* skriva in sig; *(: till kurs)* anmäla sig; *(i sht Am: för att rösta)* registrera sig **(b)** *(nyhet)* uppfattas; **it hasn't ~ed with her** det har inte gått upp för henne
reg·is·tered |'redʒɪstəd| *adj (student)* registrerad/anmäld; *(bil)* registrerad; *(varumärke)* inregi-

strerad; **~ letter** *(i sht Brit)* rekommenderat brev, rek; **~ nurse** legitimerad sjuksköterska; **~ voter** person upptagen på röstlängden
reg·is·trar |ˌredʒɪs'trɑːʳ| *s (Folkbokföring, Univ)* registrator; *(Brit Med)* underläkare; **~'s office** lokalt folkbokföringskontor
reg·is·tra·tion |ˌredʒɪs'treɪʃən| *s (i allm)* registrering, inskrivning; *(av födelse etc)* anmälan; *(av bil)* registrering; *(av student)* registrering, inskrivning; *(Skol)* närvarokontroll; **what's the ~?** *(i sht Brit: om bil)* vad har den för registreringsnummer?; **~ number** *(i sht Brit: på bil)* registreringsnummer
reg·is·try |'redʒɪstrɪ| *s (äv:* **~ office:** *i allm)* inskrivningskontor; **they got married in a ~** de gifte sig borgerligt
re·gress |rɪ'gres| *vi (Psyk)* regrediera, gå tillbaka; *(bildl)* gå tillbaka
re·gres·sion |rɪ'greʃən| *s (Psyk)* regression; *(i allm)* tillbakagång, regression
re·gres·sive |rɪ'gresɪv| *adj (Psyk)* regressiv
re·gret |rɪ'gret| **1** *s* **(a)** *(över ngns död etc)* sorg; *(över ngt man gjort)* ånger; **much to my ~, to my great ~** till min stora sorg; **I have no ~s** jag ångrar ingenting; **I say it with ~** jag är ledsen över att behöva säga det **(b):** **~s** beklagande; **to send one's ~s for not being able to come** skriva/hälsa och beklaga att man inte kan komma; **he sent his ~s** *(äv)* han lämnade återbud **2** *vt (händelse)* vara ledsen över, beklaga; *(ngt man gjort)* ångra; **I ~ the error** jag beklagar felet; **I ~ that I cannot come to your party** *(frm)* jag måste tyvärr lämna återbud till er fest; **we ~ to inform you that...** vi måste tyvärr meddela att...
re·gret·ful |rɪ'gretfʊl| *adj* bedrövad
re·gret·ful·ly |rɪ'gretfəlɪ| *adv (tala etc)* bedrövat; *(satsadv)* tyvärr, beklagligtvis; **~ I must decline your invitation** jag måste tyvärr tacka nej till er inbjudan
re·gret·table |rɪ'gretəbl| *adj* beklaglig
re·gret·tably |rɪ'gretəblɪ| *adv (satsadv)* beklagligtvis, tråkigt nog
re·group |ˌriː'gruːp| **1** *vt* omgruppera **2** *vi* omgruppera sig
regu·lar |'regjʊləʳ| **1** *adj* **(a)** *(form)* regelbunden; *(yta)* jämn **(b)** *(puls, rytm)* jämn; *(liv)* regelbunden; *(anställning)* stadig; *(bussförbindelse)* reguljär, fast; **as ~ as clockwork** regelbunden som en klocka; **at ~ intervals** med jämna mellanrum **(c)** *(besökare)* regelbunden, stam-; *(Handel: pris, storlek)* normal-, vanlig; *(bensin)* regular **(d)** *(procedur)* korrekt, reguljär **(e)** *(Mil: armé)* stående, reguljär; *(: soldat)* yrkes-/stam|anställd **(f)** *(Språkv)* regelbunden **(g)** *(vard: förstärkande)* riktig; **a ~ bore** *(person)* en riktig tråkmåns **2** *s (i affär)* stamkund; *(på pub etc)* stamgäst; *(Mil)* stamanställd soldat; **one of the ~s at the club** en av stamgästerna på klubben
regu·lar·ity |ˌregjʊ'lærɪtɪ| *s* regelbundenhet, jämnhet
regu·lar·ize |'regjʊləraɪz| *vt (procedur)* reglera, standardisera
regu·lar·ly |'regjʊləlɪ| *adv* regelbundet; **he's ~ late** han kommer regelbundet/ofta för sent
regu·late |'regjʊleɪt| *vt (trafik)* reglera; *(vanor)* ordna, förbättra; *(Tekn: maskin etc)* ställa in
regu·la·tion |ˌregjʊ'leɪʃən| *s* **(a)** *(handling)* reglering, reglerande **(b)** *(dokument)* regel, föreskrift; **~s** reglemente, förordning; **~ dress** *(i sht Mil)* reglementsenlig klädsel
regu·la·tor |'regjʊleɪtəʳ| *s (Tekn)* regulator
re·gur·gi·tate |rɪ'gɜːdʒɪteɪt| *vt (eg)* stöta/kräkas upp igen; *(bildl: annans ord)* rapa upp
re·ha·bili·tate |ˌriːə'bɪlɪteɪt| *vt (sjuk)* rehabilitera;

(*brottsling*) återanpassa (till samhället); (*förorättad person etc*) återupprätta

re·ha·bili·ta·tion [ˈriːəˌbɪlɪˈteɪʃən] *s* (*se* **rehabilitate**) rehabilitering; återanpassning (till samhället); återupprättande, återupprättelse; ~ **centre** rehabiliteringscenter

re·hash [ˈriːhæʃ] **1** *s* (*av text: handling*) omstuvning; (*: resultat*) uppkok **2** [ˌriːˈhæʃ] *vt* (*text*) stuva om, göra ett uppkok på

re·hears·al [rɪˈhɜːsəl] *s* (*Mus, Teat*) repetition; **dress** ~ generalrepetition

re·hearse [rɪˈhɜːs] **1** *vt* (*Mus, Teat: stycke*) repetera; (*Teat: roll*) öva/studera in **2** *vi* (*Teat*) repetera; (*Mus*) repetera, öva

re·house [ˌriːˈhaʊz] *vt* (*person*) skaffa ny bostad (åt)

reign [reɪn] **1** *s* (*monarks*) regering(stid), välde; **in/under the** ~ **of Queen Elizabeth II** under Elisabeth II:s regering; ~ **of terror** skräckvälde **2** *vi* (*monark*) regera; (*världsmästare etc*) regera; (*bildl: skräck*) härska; (*: tystnad*) råda

re·im·burse [ˌriːɪmˈbɜːs] *vt* (*kostnad*) återbetala; (*person*) ersätta, gottgöra; **to** ~ **sb for sth** gottgöra ngn för ngt

rein [reɪn] *s* (*vanl pl:* ~**s**) (*för häst*) tygel, töm; (*för barn*) sele; **the** ~**s of government** (*bildl*) regeringsmakten; **to keep a tight** ~ **on sb** hålla ngn i strama tyglar; **to give sb free** ~ ge ngn fria tyglar

♦ **rein in** *vt* + *adv* (*häst*) hålla in

re·incar·na·tion [ˈriːɪnkɑːˈneɪʃən] *s* reinkarnation, återfödelse

rein·deer [ˈreɪndɪəʳ] *s* (*Zool*) ren

re·inforce [ˌriːɪnˈfɔːs] *vt* (*i allm*) förstärka; (*teori*) underbygga; ~**d concrete** armerad betong

re·inforce·ment [ˌriːɪnˈfɔːsmənt] *s* (**a**) (*handling*) förstärkning, förstärkande (**b**) (*Mil*): ~**s** förstärkningar

re·instate [ˈriːɪnˈsteɪt] *vt* (*person: i tjänst etc*) återinsätta; (*föremål: på sin plats*) återställa

re·instate·ment [ˈriːɪnˈsteɪtmənt] *s* (*av person*) återinsättande; (*av föremål*) återställande

re·issue [ˌriːˈɪʃuː, ˌriːˈsjuː] **1** *vt* (*frimärke*) ge ut nytryck av; (*bok, skiva*) ge ut igen/i ny utgåva **2** *s* (**a**) (*handling: av frimärke*) nytryckning; (*: av bok, skiva*) nyutgivning (**b**) (*frimärke*) nytryck; (*bok*) nyutgåva

re·it·er·ate [riːˈɪtəreɪt] *vt* upprepa (gång på gång); **I must** ~ **that...** jag måste upprepa att...

re·it·era·tion [riːˌɪtəˈreɪʃən] *s* upprepande, upprepning

re·ject [ˈriːdʒekt] **1** *s* (*föremål*) utskottsvara, defekt vara; (*person i allm*) utslagen; (*: Mil*) kronvrak **2** [rɪˈdʒekt] *vt* (*erbjudande*) avvisa; (*ansökan*) avslå; (*idé*) förkasta; (*friare*) försmå; (*manuskript*) refusera; (*dåliga varor etc*) kassera, inte godkänna; (*mat*) kasta/kräkas upp; (*Med: nytt organ*) stöta bort; **to feel** ~**ed** känna sig utstött/ratad

re·jec·tion [rɪˈdʒekʃən] *s* (*av erbjudande*) avvisande; (*på ansökan*) avslag; (*av idé*) förkastande; (*av manuskript*) refusering; (*av dåliga varor etc*) kasserande, kassering; (*Med: av nytt organ*) avstötning; **to meet with a** ~ bli avvisad, få avslag

re·joice [rɪˈdʒɔɪs] *vi* glädjas, fröjdas (*in/at* åt); **he** ~**s in the name of Marmaduke** (*skämts*) han bär det stolta namnet Marmaduke

re·joic·ings [rɪˈdʒɔɪsɪŋz] *spl* festligheter, jubel

re·join[1] [ˌriːˈdʒɔɪn] *vt* (**a**) (*grupp*) återförena sig med; (*föremål: åter gå med i*; (*armé*) åter gå in i (**b**) (*föremål*) åter sammanfoga

re·join[2] [rɪˈdʒɔɪn] *vi* (*i samtal*) genmäla, replikera

re·join·der [rɪˈdʒɔɪndəʳ] *s* (*i samtal*) genmäle, replik

re·ju·venate [rɪˈdʒuːvɪneɪt] *vt* föryngra

re·kindle [ˌriːˈkɪndl] *vt* (*eld*) tända på nytt; (*bildl:*

entusiasm, hat) upptända på nytt

re·lapse [rɪˈlæps] **1** *s* (*Med*) återfall, recidiv; (*i brott etc*) återfall **2** *vi* (*Med, i allm*) återfalla

re·late [rɪˈleɪt] **1** *vt* (**a**) (*historia*) berätta, relatera (**b**) (*fakta etc*) sätta i relation (*to* till, *with* med), relatera (*to* till) **2** *vi*: **to** ~ **to** (**a**) (*fakta etc*) stå i relation till, ha att göra med (**b**) (*person*) komma (bra) överens med, få kontakt med

re·lat·ed [rɪˈleɪtɪd] *adj* (**a**) (*ämnen*) som har samband (med varandra); **this murder is not** ~ **to the other** detta mord har inget samband med det andra (**b**) (*person*) besläktad/släkt (*to* med); **we are** ~ **but only distantly** vi är släkt, men bara på långt håll

re·lat·ing [rɪˈleɪtɪŋ] : ~ **to** *prep* angående, som gäller/har anknytning till

re·la·tion [rɪˈleɪʃən] *s* (**a**) (*om händelse*) berättelse, skildring (**b**) (*mellan händelser etc*) relation, samband, förhållande; (*mellan personer*) relation, förhållande; **the** ~ **between A and B** sambandet mellan A och B; **in** ~ **to** i relation till; **to bear little/no/a certain** ~ **to...** ha föga/inget/ett visst samband med... (**c**): ~**s** (*mellan personer*) förhållanden, relationer; **business** ~ affärsförbindelser; **good** ~**s** goda relationer; **international** ~ internationella relationer; **diplomatic** ~**s** diplomatiska förbindelser; *se äv* **public** 3 (**d**) (*person*) släkting; **what** ~ **is she to you?** hur är hon släkt med dig?

re·la·tion·ship [rɪˈleɪʃənʃɪp] *s* (**a**) (*i allm: mellan ämnen etc*) förhållande, samband, relation; (*: mellan personer*) förhållande, relationer (**b**) (*genetiskt etc*) släktskap

rela·tive [ˈrelətɪv] **1** *adj* (**a**) (*i allm*) relativ; **to live in** ~ **happiness** leva förhållandevis lyckligt; **supply is** ~ **to demand** tillgången står i relation till/beror på efterfrågan (**b**) (*faktum etc*) relevant; **this is not** ~ **to our discussion** detta har inte med saken att göra (**c**) (*Språkv*) relativ **2** *s* (*person*) släkting

rela·tive·ly [ˈrelətɪvlɪ] *adv* relativt, förhållandevis, jämförelsevis; ~ **speaking** relativt sett

rela·tiv·ity [ˌreləˈtɪvɪtɪ] *s* relativitet; **the theory of** ~ relativitetsteorin

re·lax [rɪˈlæks] **1** *vt* (*muskler*) låta slappna; (*person*) få att slappna av; (*grepp*) lossa (på); (*disciplin*) släppa efter på; **to** ~ **one's hold on sth** släppa taget om något **2** *vi* (**a**) (*grepp*) slappna; (*ansträngningar*) förslappas; **his face** ~**ed into a smile** hans ansikte mjuknade till ett leende (**b**) (*efter arbete*) koppla av; (*efter koncentration*) slappna av; (*efter känsloutbrott*) lugna ner sig; ~! ta det lugnt!, spänn av! (*vard*)

re·lax·ant [rɪˈlæksənt] *s* lugnande medel

re·laxa·tion [ˌriːlækˈseɪʃən] *s* (**a**) (*av grepp*) lossande; (*av muskel*) avslappning; (*av regler*) mildrande; (*av disciplin*) uppluckring (**b**) (*efter arbete etc*) avkoppling, förströelse

re·lax·ed [rɪˈlækst] *adj* (*muskel*) avslappnad; (*person, stämning*) avspänd; (*attityd: neg*) slapp

re·lay [ˈriːleɪ] **1** *s* (**a**) (*av arbetare*) arbetslag, skift; (*av hästar*) ombyte; **to work in** ~**s** arbeta i skift (**b**) (*Sport:* = ~ *race*) stafett(lopp); (*Radio, TV*) vidaresändning *vt* (*Radio, TV*) sända, överföra; (*meddelande*) vidarebefordra

re·lease [rɪˈliːs] **1** *s* (**a**) (*av grepp*) lossande, lösgörande; (*bildl: av spänning*) lättande (**b**) (*av fånge*) frigivande, frisläppande; (*bildl: från smärta*) befrielse (**c**) (*av gas*) utsläpp (**d**) (*av bok*) publicering; (*av skiva*) släppande; **the latest** ~**s** de senast utsläppta skivorna; **press** ~ pressrelease (**e**) (*Tekn, Foto*) utlösningsmekanism (**f**) (*Jur: av egendom/rättighet*) avstående **2** *vt* (**a**) (*grepp*) släppa; (*bildl: spän-

ning) lätta på **(b)** *(fånge)* släppa, frige **(c)** *(film, skiva)* släppa (ut); *(nyhet)* offentliggöra, släppa **(d)** *(Jur: egendom, rättighet)* avstå från **(e)** *(Tekn: hake etc)* frigöra, utlösa; *(Foto: slutare)* utlösa **(f)** *(handbroms)* lossa (på); *(pedal)* släppa upp

rel·egate |'rcligeit| *vt (person)* degradera; *(ärende)* hänskjuta, delegera; *(bildl: föremål, person)* förvisa; *(Sport: lag)* flytta ned

rel·ega·tion |‚rcli'geiʃən| *s (av person)* degradering; *(av ärende)* hänskjutande, delegering; *(bildl: av person/föremål)* förvisning; *(Sport: lag)* nedflyttning

re·lent |ri'lcnt| *vi* **(a)** *(i känslor)* mjukna, låta sig bevekas **(b)** *(i intensitet)* avta, minska

re·lent·less |ri'lcntlis| *adj* **(a)** *(grymhet etc)* obeveklig, obarmhärtig **(b)** *(arbete etc)* ihärdig

re·lent·less·ly |ri'lcntlisli| *adv* **(a)** *(tortera etc)* obevekligt, obarmhärtigt **(b)** *(arbeta)* ihärdigt

re·let |'ri:'lct| *vt* hyra ut i andra hand

rel·evance |'rcləvəns| *s* relevans

rel·evant |'rcləvənt| *adj (upplysning etc)* relevant; **that is hardly** ~ det hör knappast till saken

re·li·abil·ity |ri‚laiə'biliti| *s (se* **reliable)** tillförlitlighet, vederhäftighet; driftsäkerhet; pålitlighet

re·li·able |ri'laiəbl| *adj (rapport)* tillförlitlig, vederhäftig; *(maskin)* driftsäker; *(person)* pålitlig

re·li·ably |ri'laiəbli| *adv:* **I am** ~ **informed that...** jag har det från säker källa att...

re·li·ance |ri'laiəns| *s* tillit, förtröstan *(on* på); **to have/place** ~ **upon sth** sätta tillit till ngt

re·li·ant |ri'laiənt| *adj (person: till karaktären)* tillitsfull, förtröstansfull; **to be** ~ **on sth/sb** vara beroende av ngt/ngn

rel·ic |'rclik| *s (Rel)* relik; *(bildl)* kvarleva

re·lief |ri'li:f| *s* **(a)** *(från smärta)* lindring; *(bildl)* lättnad; **by way of light** ~ som avkoppling; **that's a** ~**!** det var skönt (att höra)!; **tax** ~ skattelättnad, skatteavdrag **(b)** *(till nödställd)* hjälp, bistånd; ~ **work** biståndsarbete **(c)** *(Mil)* undsättning; ~ **troops** undsättningstrupper **(d)** *(Konst, Geogr)* relief; **high/low** ~ hög-/lågrelief; **to throw sth into** ~ *(bildl)* ställa ngt i skarp dager; ~ **map** *(Geogr)* reliefkarta **(e)** *(för vaktstyrka)* avlösning; *(i arbete)* avlastning, hjälp; *(person)* avlösare, avbytare; ~ **bus** *(Brit)* extrabuss; ~ **secretary** sekreterarvikarie; ~ **road** *(Brit)* avlastningsväg

re·lieve |ri'li:v| *vt* **(a)** *(smärta)* lindra; *(person)* lugna; *(spänning, tristess)* lätta upp; **he was** ~**d** han var lättad; **I'm** ~**d to hear** that det var skönt att höra **(b):** **to** ~ **sb of sth** *(i allm)* befria ngn från ngt; **this** ~**s us of financial worries** detta gör att vi slipper penningbekymmer; **let me** ~ **you of your coat** låt mig ta din rock/kappa; **to** ~ **sb of his wallet** *(skämts)* sno/knycka/ta hand om ngns plånbok **(c)** *(Mil)* undsätta, befria **(d)** *(vakt)* avlösa **(e)** *(känslor)* ge utlopp för **(f):** **to** ~ **oneself** förrätta sina behov

re·li·gion |ri'lidʒən| *s (i allm)* religion; *(Skol)* religionskunskap; *(bildl):* **football is like a** ~ **with him** fotbollen är som en religion för honom

re·li·gious |ri'lidʒəs| *adj* **(a)** *(person)* religiös, gudfruktig; *(utbildning)* religiös; *(diskussion)* religions-, religiös **(b)** *(om arbetare etc)* samvetsgrann; **with** ~ **care** ytterst omsorgsfullt

re·li·gious·ly |ri'lidʒəsli| *adv* **(a)** *(leva)* religiöst **(b)** *(arbeta)* samvetsgrant, omsorgsfullt; *(handla)* plikttroget

re·lin·quish |ri'liŋkwiʃ| *vt (rätt)* avstå från; *(makt, ansvar)* lämna ifrån sig; *(tjänst)* avsäga sig; *(hopp)* ge upp; *(grepp)* släppa

rel·ish |'rcliʃ| **1** *s* **(a)** *(hos mat)* (god) smak;

pepper adds ~ **to any dish** peppar förhöjer smaken hos alla rätter **(b)** *(hos person)* entusiasm, aptit; **to appreciate sth with** ~ njuta av ngt; **to eat sth with** ~ äta ngt med god aptit; **to do sth with** ~ göra ngt med förtjusning; **to have no** ~ **for sth** inte njuta av ngt; **to have no** ~ **for anything** tycka att ingenting är roligt/njutbart **(c)** *(vid måltid: pickles etc)* (kryddstarkt) tillbehör **2** *vt (måltid etc)* njuta av; *(bildl: idé, tanke)* uppskatta

re·live |'ri:'liv| *vt (händelse)* återuppleva; **to** ~ **old memories** återuppleva gamla minnen

re·lo·cate |‚ri:ləu'keit| **1** *vt (fabrik)* omlokalisera; *(arbetare)* förflytta; *(befolkning)* (tvångs)förflytta **2** *vi (företag)* flytta

re·luc·tance |ri'lʌktəns| *s (känsla)* motvillighet, motvilja; *(sätt)* motsträvighet; **to show** ~ visa ovilja, vara motsträvig; **with** ~ motvilligt

re·luc·tant |ri'lʌktənt| *adj (person)* ovillig, motsträvig; *(löfte etc)* motvillig; **he was** ~ **to do it** han var ovillig att göra det; **I'm** ~ **to do it** jag gör det ogärna

re·luc·tant·ly |ri'lʌktəntli| *adv* motsträvigt, motvilligt

rely |ri'lai| *vi:* **to** ~ **on sb/sth** *(av fri vilja)* lita på ngn/ngt; *(av tvång)* vara beroende av ngn/ngt; **she had to** ~ **on her mother for babysitting** hon var beroende av sin mor som barnvakt; **you can't** ~ **on the trains** man kan inte lita på tågen

re·main |ri'mcin| *vi* **(a)** *(efter verksamhet etc)* återstå, finnas kvar; **only a few crumbs** ~**ed** bara några smulor fanns kvar; **it** ~**s to be seen whether...** det återstår att se om... **(b)** *(person)* stanna (kvar); **to** ~ **behind** stanna kvar (till sist); **we** ~**ed there 3 weeks** vi stannade där i 3 veckor; **it will** ~ **in my memory** det kommer att finnas kvar i mitt minne; **the fact** ~**s that...** faktum kvarstår att... **(c)** *(med adj)* förbli; **to** ~ **faithful to sb** förbli ngn trogen; **the problem** ~**s unsolved** problemet kvarstår/förblir olöst; **to** ~ **certain** *(faktum)* stå fast; *(person)* förbli säker; **I** ~, **yours faithfully** *(frm: i brev)* jag förblir er förbundne

re·main·der |ri'mcində'| **1** *s* återstod, rest; *(Mat)* rest; ~**s** *(av böcker)* restupplaga **2** *vt (restupplaga av bok)* realisera

re·main·ing |ri'mciniŋ| *adj (personer)* kvarvarande; *(föremål)* kvarvarande, återstående, som återstår; **the three** ~ **possibilities** de tre återstående/kvarvarande möjligheterna

re·mains |ri'mcinz| *spl (av människa)* kvarlevor, stoft; *(Arkeol: i allm)* lämningar; *(: av hus)* ruiner; *(av mat)* rester; *(i allm)* rester, återstoder

re·make |'ri:'mcik| *s (Film)* nyinspelning

re·mand |ri'mɑ:nd| *(Jur)* **1** *s:* **to be on** ~ vara kvarhållen/kvarhållas i häkte; ~ **home** *(Brit: ung)* ungdomshäkte **2** *vt (mål)* återförvisa; **to** ~ **sb in custody** skicka tillbaka ngn i häkte

re·mark |ri'mɑ:k| **1** *s* **(a)** yttrande, kommentar; **to let sth pass without** ~ låta ngt passera utan kommentar; **after some introductory** ~**s** efter några inledande anmärkningar; **to make/pass** ~**s about sb** *(ofta neds)* göra kommentarer om ngn **(b):** **worthy of** ~ värd att uppmärksammas, beaktansvärd **2** *vt* anmärka, säga **3** *vi:* **to** ~ **on sth** *(i allm)* kommentera ngt, yttra sig om ngt; *(fel)* anmärka på ngt

re·mark·able |ri'mɑ:kəbl| *adj (faktum)* anmärkningsvärd, märklig; *(förbättring)* beaktansvärd, remarkabel; *(syn)* märkvärdig; *(person)* märklig; *(prestation)* utomordentlig; **what's** ~ **about that?** vad är det för märkvärdigt med det?

re·mark·ably |ri'mɑ:kəbli| *adv* anmärkningsvärt, märkvärdigt; **to do** ~ **well** klara sig utomordentligt bra

re·mar·riage [ˌriːˈmærɪdʒ] s nytt giftermål
re·marry [ˌriːˈmærɪ] vi gifta om sig
re·medial [rɪˈmiːdɪəl] adj (a) (Med, i allm) läkande; ~ exercises sjukgymnastik (b) (Skol) stöd-; ~ class specialklass; ~ teacher speciallärare; ~ teaching stödundervisning
rem·edy [ˈremədɪ] 1 s (Med: konkr) läkemedel; (: abstr) bot; (i allm) botemedel; to be past/ beyond ~ (Med: sjukdom) vara obotlig; (: person) vara bortom all hjälp; (bildl) vara ohjälplig, inte vara något att göra åt 2 vt (Med: sjukdom) bota; (problem) råda bot på, avhjälpa
re·mem·ber [rɪˈmembər] 1 vt (i allm) komma ihåg, minnas; (aktivt) påminna sig, erinra sig; I ~ seeing it, I ~ having seen it jag minns att jag har sett den; she ~ed to do it hon kom ihåg att göra det; give me sth to ~ you by ge mig ngt som ett minne (av dig); ~ the waiter! glöm inte (dricks till) kyparen!; ~ that he carries a gun tänk på att han bär vapen; to ~ sb in one's prayers be för ngn; to ~ sb in one's will komma ihåg ngn i sitt testamente; ~ me to your wife and children! hälsa din fru och barnen! 2 vi komma ihåg, minnas; do you ~? minns du?; yes, I ~ ja, jag minns (det); I can't ~ jag minns inte; as far as I can ~ efter vad jag kan påminna mig/minnas
re·mem·brance [rɪˈmembrəns] s (abstr) minne, hågkomst; (föremål) minne(ssak); in ~ of till minne(t) av; R~ Day (Brit) åminnelsedagen för de stupade under världskrigen
re·mind [rɪˈmaɪnd] vt påminna, erinra; that ~s me of last time det påminner mig om förra gången; she ~s me of Anne hon påminner mig/erinrar om Anne; that ~s me! det var så sant!; thank you for ~ing me tack för att du påminde mig; to ~ sb to do sth påminna ngn att göra ngt
re·mind·er [rɪˈmaɪndər] s (a) (brev) påminnelse, kravbrev; (muntlig) påminnelse (b) (foto, föremål etc) påminnelse
remi·nisce [ˌremɪˈnɪs] vi prata gamla minnen, minnas gångna tider
remi·nis·cence [ˌremɪˈnɪsəns] s minne(n) från gångna tider; he is given to ~ han tycker om att prata gamla minnen
remi·nis·cent [ˌremɪˈnɪsənt] adj (a) (person, leende) drömmande (b): ~ of som påminner om, påminnande om; that bit is ~ of Rossini det partiet påminner om Rossini
re·miss [rɪˈmɪs] adj (person) slarvig, försumlig
re·mis·sion [rɪˈmɪʃən] s (Rel) (synda)förlåtelse; (av skuld) efterskänkning; (Jur) strafflindring; (av sjukdom) (tillfällig) förbättring
re·mit [rɪˈmɪt] vt (a) (Handel: betalning) remittera, översända (b) (ärende) remittera, hänskjuta (c) (Rel) förlåta; (skuld) efterskänka
re·mit·tance [rɪˈmɪtəns] s (Handel: handling) remittering, översändande; (: försändelse) remissa, penningförsändelse
re·mit·tent [rɪˈmɪtənt] adj (sjukdom) tidvis avtagande
rem·nant [ˈremnənt] s (i allm) lämning, rest, kvarleva; (av tyg) stuv(bit)
re·mon·strance [rɪˈmɒnstrəns] s protest, invändning
re·mon·strate [ˈremənstreɪt] vi: to ~ against sth protestera/invända mot ngt; to ~ with sb about sth protestera hos ngn mot ngt, bråka med ngn om ngt
re·morse [rɪˈmɔːs] s ånger, samvetskval; without ~ (person) samvetslös, obarmhärtig
re·morse·ful [rɪˈmɔːsfʊl] adj ångerfull
re·morse·less [rɪˈmɔːslɪs] adj (a) (person, handling) samvetslös, obarmhärtig (b) (utveckling, frammarsch) obeveklig
re·morse·less·ly [rɪˈmɔːslɪslɪ] adv (a) (handla)

samvetslöst, obarmhärtigt (b) (utvecklas) obevekligt
re·mote [rɪˈməʊt] adj (-er, -est) (a) (i allm) avlägsen; (om hus etc) avsides (belägen); (litt: om plats) fjärran; (släkting) avlägsen; (min) frånvarande; (person, sätt) högdragen; ~ control fjärrkontroll (b) (möjlighet) mycket liten; not the ~st chance inte minsta chans/möjlighet; I haven't the ~st idea jag har inte den blekaste aning
remote-controlled [rɪˈməʊtkənˈtrəʊld] adj, remote-control [rɪˈməʊtkənˈtrəʊl] adj (leksaksflyg etc) fjärrstyrd; (TV) med fjärrkontroll
re·mote·ly [rɪˈməʊtlɪ] adv (a) (belägen) avlägset, fjärran; (släkt) på långt håll (b) (intresserad etc) ytterst lite; it's not even ~ likely (that)... det är inte det minsta troligt (att)...
re·mount [ˌriːˈmaʊnt] vt (a) (häst) sitta upp på igen; (cykel) hoppa 'på igen (b) (foto etc) montera igen
re·mov·able [rɪˈmuːvəbl] adj (del) löstagbar; (fläck etc) borttagbar
re·mov·al [rɪˈmuːvəl] s (a) (i allm) avlägsnande; (av föremål) undanflyttande, borttagande; (Med: av tumör) borttagande, avlägsnande; (av hot, missnöje) undanröjande (b) (till ny bostad) flyttning; ~ van (Brit) flyttbil
re·move [rɪˈmuːv] 1 vt (föremål) flytta (undan), avlägsna; (fordon) forsla bort; (person) föra bort; (kläder) ta av; (make-up) ta bort; (Med: tumör etc) ta bort, avlägsna; (tvivel, hinder) undanröja; (fläck) ta bort; to ~ a child from school ta ett barn ur skolan 2 vi (person: till ny bostad) flytta
re·moved [rɪˈmuːvd] adj: far ~ from långt/fjärran ifrån; first cousin once ~d kusinbarn
re·mov·er [rɪˈmuːvər] s (a) (person) flyttkarl (b) (för nagellack etc) remover; hair ~ hårborttagningsmedel; stain ~ fläckurtagningsmedel
re·mu·ner·ate [rɪˈmjuːnəreɪt] vt (för arbete) ersätta, belöna
re·mu·nera·tion [rɪˌmjuːnəˈreɪʃn] s (för arbete) ersättning, lön
re·mu·nera·tive [rɪˈmjuːnərətɪv] adj (sysselsättning) lönande; (arbete) välbetald
re·nais·sance [rəˈneɪsəns, i sht Am] ˈrenəˌsɑːns] s (a) (mellan person i allm) renässans; the R~ renässansen; a ~ place ett renässanspalats
re·nal [ˈriːnl] adj (Anat) njur-
re·name [ˌriːˈneɪm] vt döpa om, ge nytt namn
rend [rend] imperf, perf part rent vt (litt) slita/riva (sönder); to ~ one's hair slita sitt hår; a cry rent the air (bildl) ett rop skar genom luften; a country rent by civil war ett land sönderslitet av inbördeskrig
ren·der [ˈrendər] vt (a) (med abstr substantiv: i allm) (över)lämna, ge; (svar) avge; (räkenskap) avlägga; (dom) avkunna; to ~ respect to sb visa respekt för ngn; to ~ help ge hjälp, hjälpa; to ~ a service göra en tjänst; to ~ thanks framföra tack, tacka; to account ~ed (Handel) enligt (lämnad) räkning (b) (med adj) göra; the view ~ed her speechless utsikten gjorde henne stum; this ~s it impossible for me to leave detta gör det omöjligt för mig att åka (c) (musikstycke) framföra, tolka; (roll) tolka, framställa; (text) återge, tolka, översätta (d) (Matl: fett: äv: ~ down) smälta (e) (Byggn: vägg) grovrappa
ren·der·ing [ˈrendərɪŋ] s (av text) översättning, tolkning; (av musikstycke) framförande, tolkning
ren·dez·vous [ˈrɒndɪvuː] 1 s (a) (mellan personer i allm) möte; (mellan älskare etc) rendezvous, träff; to have a ~ with sb ha ett rendezvous/en träff/ett möte med ngn (b) (plats) mötesplats, träffpunkt 2 vi mötas, träf-

fas; **to** ~ **with sb** möta/träffa ngn
ren·di·tion |ren'dıʃən| *s (Mus)* framförande,
tolkning
ren·egade |'renıgeıd| *s (i allm)* överlöpare, re-
negat; *(Rel)* avfälling
re·new |rı'njuː| *vt (i allm)* förnya; *(pass, tillstånd)*
förlänga, förnya; *(förråd)* förnya, byta ut; ~**ed
strength** friska krafter; **to** ~ **one's acquaintance
with sb** återknyta bekantskapen med ngn
re·new·able |rı'njuːəbl| *adj (lån etc)* som kan för-
längas; *(biljett etc)* som måste förnyas; **this
ticket is** ~ **after 12 months** denna biljett måste
förnyas efter 12 månader
re·new·al |rı'njuːəl| *s (i allm)* förnyande, förnyel-
se; *(av förhandlingar)* återupptagande; *(av pass,
tillstånd)* förlängning, förnyande; *(av förråd)* för-
nyelse, utbyte; **urban** ~ sanering av städer;
spiritual ~ andlig förnyelse
ren·net |'renıt| *s (Matl)* (kalv)löpe
re·nounce |rı'naons| *vt (rättighet)* avsäga sig, avstå
från; *(tro, åsikt)* avsvära sig; *(nöjen etc)* försaka;
to ~ **the world** dra sig tillbaka från världen
reno·vate |'renəoveıt| *vt (hus, möbler)* renovera
re·nown |rı'naon| *s* ryktbarhet, berömmelse
re·nowned |rı'naond| *adj* ryktbar, berömd
rent[1] |rent| **1** *s (för hus, lägenhet)* hyra; *(för mark)*
arrende; *(för bil etc)* hyra **2** *vt (av ngn: hus, rum,
bil etc)* hyra; *(till ngn: hus, rum)* hyra ut; **to** ~ **a flat
from sb** hyra en våning av ngn; **to** ~ **a house (out)
to sb** hyra ut ett hus till ngn
rent[2] |rent| *imperf, perf part of* **rend**
rent·al |'rentl| *s (för hus, TV, bil)* hyra; *(för mark)*
arrende
re·nun·cia·tion |rı,nʌnsı'eıʃən| *s (av rättighet, äm-
bete)* avsägelse; *(av tro, åsikt)* förnekande; *(av
nöje etc)* försakelse
re·open |,riː'əopən| **1** *vt (affär, teater)* öppna igen;
(diskussion) återuppta; **to** ~ **a case** *(Jur)* åter ta
upp ett mål; **to** ~ **old wounds** *(bildl)* riva upp
gamla sår **2** *vi (affär)* öppna igen
re·or·der |'riː'ɔːdəʳ| *vt, vi (Handel)* göra en ny be-
ställning på
re·or·gani·za·tion |'riː,ɔːgənaı'zeıʃən| *s (se* **reor-
ganize)** omorganisering, omorganisation; re-
konstruktion; omläggning; omflyttning
re·or·gan·ize |'riː'ɔːgənaız| *vt (i allm)* omorgani-
sera, organisera om; *(krisdrabbat företag)* re-
konstruera; *(liv)* lägga om; *(föremål)* flytta om
rep[1] |rep| *s (Handel: förk f* **representative)** repre-
sentant, säljare
rep[2] |rep| *s (Teat: förk f* **repertory)** repertoarteater
re·paid |riː'peıd| *imperf, perf part of* **repay**
re·pair[1] |rı'peəʳ| **1** *s (av bil etc)* reparation; *(av
kläder)* lagning; **to be** ~ **ing** *something* **/in a good state of**
~ vara i gott skick; **it is beyond** ~ den går inte att
laga; **under** ~ under reparation/lagning **2**
vt **(a)** *(bil etc)* reparera; *(kläder)* laga **(b)**
(bildl: fel) reparera, rätta till; *(orättvisa)* gottgö-
ra; *(glömska etc)* upprätthetsen för
upprättelse för
re·pair[2] |rı'peəʳ| *vi (litt)* bege sig; **we** ~**ed to the
pub** vi begav oss till puben
re·pair·able |rı'peərəbl| *adj* möjlig att reparera
re·pair·man |rı'peə,mæn| *s, pl* **-men** *(Am)* re-
paratör
repa·rable |'repərəbl| *adj (förlust)* möjlig att ersät-
ta; *(misstag)* möjlig att avhjälpa
repa·ra·tion |,repə'reıʃən| *s (för skada)* ersättning,
gottgörelse; **to make** ~ **for sth** ersätta/gottgöra
ngt; ~**s** (krigs)skadestånd
rep·ar·tee |,repɑː'tiː| *s (förmåga)* slagfärdighet;
(handling) kvickt svar; *(mellan personer)* kvick
replikväxling; **he is famous for his** ~ han är känd
för att vara snabb i repliken
re·pat·ri·ate |riː'pætrıeıt| *vt (krigsfånge, flykting)*
sända tillbaka till hemlandet, repatriera

re·pat·ria·tion |riː,pætrı'eıʃən| *s* återsändande till
hemlandet, repatriering
re·pay |riː'peı| *imperf, perf part* **repaid** *vt (pengar,
lån)* betala tillbaka; *(skuld)* betala; *(person)* be-
tala; *(vänlighet etc)* återgälda; **to** ~ **good for evil**
löna ont med gott; **how can I ever** ~ **you?** hur ska
jag någonsin kunna återgälda dig?; **it** ~**s study**
den lönar sig att studera
re·pay·able |riː'peıəbl| *adj* som ska betalas
tillbaka
re·pay·ment |riː'peımənt| *s (handling)* återbetal-
ning; *(pengar: för arbete etc)* lön, ersättning
re·peal |rı'piːl| **1** *s (av lag)* upphävande, avskaf-
fande **2** *vt (lag)* upphäva, avskaffa
re·peat |rı'piːt| **1** *vt (ord, handling)* upprepa, re-
petera; *(händelse)* uppleva/genomgå igen; **don't**
~ **it to anybody** för det inte vidare till någon; **this
offer cannot be** ~**ed** detta är ett engångserbju-
dande; **to** ~ **oneself** upprepa sig (själv); ~**ed
criticism** upprepad kritik; ~**ed failure** uppre-
pade misslyckanden; **in spite of** ~**ed reminders**
trots upprepade påminnelser **2** *s (i allm)*
upprepning; *(TV)* repris; **a** ~ **order** *(Handel)* för-
nyad beställning, efterbeställning
re·peat·ed·ly |rı'piːtıdlı| *adv* upprepade gånger,
gång på gång
re·peat·er |'rı'piːtəʳ| *s (vapen)* repetergevär;
(klocka) repeterur
re·pel |rı'pel| *vt* **(a)** *(anfall)* slå tillbaka; *(fiende)*
driva tillbaka; *(tanke)* slå undan; *(frestelse)* stå
emot **(b)** *(person)* verka frånstötande på
re·pel·lent |rı'pelənt| **1** *adj (utseende, uppföran-
de)* frånstötande, motbjudande; **water-** ~ vatten-
avstötande; **dirt-** ~ motståndskraftig mot
smuts **2** *s:* **insect** ~ insektsmedel
re·pent |rı'pent| *vi* ångra sig; **to** ~ **of sth** ångra ngt
re·pent·ance |rı'pentəns| *s* ånger *(for, of* över)
re·pent·ant |rı'pentənt| *adj* ångerfull, botfärdig
re·per·cus·sions |,riːpə'kʌʃnz| *spl (efter händelse)*
återverkningar, efterverkningar
rep·er·toire |'repətwɑːʳ| *s (eg, bildl)* repertoar
rep·er·tory |'repətərı| *s* **(a)** *(eg, bildl)* reper-
toar **(b)** *(äv:* ~ **theatre)** repertoarteater; **to
work in** ~ arbeta på en repertoarteater; ~ **com-
pany** ensemble vid repertoarteater
rep·eti·tion |,repı'tıʃən| *s (i allm)* upprepning, re-
petition; **there must be no** ~ **of this** detta får inte
upprepas
rep·eti·tious |,repı'tıʃəs| *adj,* **re·peti·tive**
|rı'petıtıv| *adj* enformig
re·place |rı'pleıs| *vt* **(a)** *(flyttat föremål)* sätta/
ställa/lägga tillbaka; *(telefonlur)* lägga på **(b)**
(förstört/försvunnet föremål) ersätta; *(person)* er-
sätta, träda i stället för; **to** ~ **sth by/with sth else**
ersätta ngt med ngt annat, byta ut ngt mot ngt
annat; **have you** ~**d your car yet?** har du bytt bil
än?; **nobody could ever** ~ **him in my heart** ingen
skulle någonsin kunna ta hans plats i mitt hjärta;
he asked to be ~**d** *(tillfälligt)* han bad att få en
ersättare/vikarie; *(definitivt)* han bad att få sluta
(för gott)
re·place·able |rı'pleısəbl| *adj* ersättlig, som går att
ersätta
re·place·ment |rı'pleısmənt| *s (handling)* återstäl-
lande, ersättande, utbyte; *(föremål: i allm)* er-
sättning; *(: till maskin etc)* reservdel; *(person)*
ersättare
re·play |'riːpleı| **1** *s (match)* omspel; **action** ~
(TV) repris (i slow motion) **2** |riː'pleı| *vt (match)*
spela om; *(filmsekvens)* spela upp igen
re·plen·ish |rı'plenıʃ| *vt (glas etc)* fylla på igen;
(förråd) fylla på, komplettera
re·plete |rı'pliːt| *adj (i allm)* proppfull *(with* av);
(person) proppmätt
rep·li·ca |'replıkə| *s (Konst, bildl)* kopia

re·ply |rɪ'plaɪ| **1** s (i allm) svar; (i diskussion: äv) replik; (i tidningsdebatt etc) genmäle; **in ~ to your letter...** som svar på ert brev...; **he nodded his head in ~** han nickade till svar; **there's no ~** (Tele) det är ingen som svarar; **~ coupon** svarskupong **2** vi (i allm) svara; (i diskussion: äv) replikera; (i debatt etc) genmäla; **to ~ to sb** svara ngn; **to ~ to a letter** svara på/besvara ett brev

re·port |rɪ'pɔːt| **1** s **(a)** (om händelse, situation) rapport, redogörelse; (Tidn, Radio, TV) reportage; **annual ~** (Handel) årsredovisning; **to give a ~ on sth** lämna en redogörelse för ngt **(b)** (obekräftat påstående) rykte; **there is a ~ that...** ryktet säger att...; **to know sb only by ~** bara ha hört talas om ngn **(c)** (från gevär etc) knall, smäll **(d)** (Skol) (termins)betyg **2** vt (nyhet etc) rapportera, meddela; (Press, TV: händelse) rapportera från/om; (olycka, brottsling) anmäla; **it is ~ed from Berlin that...** det meddelas/rapporteras från Berlin att...; **what have you to ~?** vad har du att rapportera?; **to ~ progress** avge rapport om läget; **I shall have to ~ this** jag blir tvungen att anmäla detta; **it is ~ed that...** det sägs/ryktas att; **~ed speech** (Språkv) indirekt anföring **3** vi **(a)** (i allm) rapportera; **to ~ on** avlägga rapport om **(b)** vara reporter; **he ~s for a local newspaper** han är reporter på en lokaltidning **(c):** **to ~ (to)** anmäla sig (till); **to ~ for work** komma till arbetet; **to ~ for duty** inställa sig till tjänstgöring; **to ~ sick** sjukanmäla sig ♦ **re·port back** vi + prep (komma tillbaka och) rapportera/avlägga rapport

re·port·age |ˌrepɔ'tɑːʒ| s (i tidning etc) reportage; (sätt att skriva) reportagestil

re·port·er |rɪ'pɔːtəʳ| s (Tidn, TV, Radio) reporter

re·pose |rɪ'pəʊz| (frm) **1** s (tillstånd) vila; (egenskap: hos plats etc) ro, lugn **2** vi (person: i allm) vila (sig); (avliden person) vila; (bildl: resonemang) vila/vara grundad (on på)

re·posi·tory |rɪ'pɒzɪtərɪ| s **(a)** (utrymme) förvaringsplats, förråd **(b)** (person) förtrogen

re·pos·sess |ˌriːpə'zes| vt (i sht ej fullt betald vara) återta

rep·re·hen·sible |ˌreprɪ'hensɪbl| adj klandervärd, förkastlig

rep·re·sent |ˌreprɪ'zent| vt **(a)** (om symbol, tecken: betydelse) stå för, representera **(b)** (om tavla: händelse etc) framställa, återge **(c)** (om person: annan person) representera, företräda **(d)** (frm: om person: förhållande, faktum) påpeka/framhålla; **to ~ sth to sb** framhålla ngt för ngn

rep·re·sen·ta·tion |ˌreprɪzen'teɪʃən| s (av händelse etc) framställning, återgivande; (Pol) representation; **to make ~s to sb** göra ngn föreställningar (frm), göra kritiska påpekanden till ngn; se äv proportional

rep·re·senta·tive |ˌreprɪ'zentətɪv| **1** adj (person, åsikt) representativ (of för); (föremål) representativ/typisk (of för) **2** s (i allm) representant; (Handel) representant, säljare; (Am Pol): **R~** medlem av representanthuset; **the House of R~s** (Am Pol) representanthuset

re·press |rɪ'pres| vt (känsla) undertrycka betvinga; (tårar) hålla tillbaka; (uppror) kuva, kväsa, undertrycka; (Psyk: idé) förtränga

re·press·ed |rɪ'prest| adj (känsla) undertryckt, förträngd; (barn) hämmad

re·pres·sion |rɪ'preʃən| s (av känsla) undertryckande, betvingande; (av uppror) undertryckande; (Psyk) förträngning

re·pres·sive |rɪ'presɪv| adj (Pol: system, åtgärd) repressiv

re·prieve |rɪ'priːv| **1** s (Jur) anstånd, uppskov; (i allm) frist/anstånd **2** vt (Jur) ge anstånd/ uppskov åt; (i allm) ge en frist/ge anstånd åt

rep·ri·mand |'reprɪmɑːnd| **1** s reprimand, skarp tillrättavisning **2** vt ge en reprimand, skarpt tillrättavisa

re·print |'riːprɪnt| **1** s ny-/om|tryck **2** |ˌriː'prɪnt| vt trycka om

re·pris·al |rɪ'praɪzəl| s (i krig) vedergällning; **to take ~s** (i allm) utöva repressalier

re·proach |rɪ'prəʊtʃ| **1** s förebråelse; **a look of ~** en förebrående blick; **above/beyond ~** oklanderlig; **that is a ~ to us all** vi måste alla ta på oss skulden för detta **2** vt: **to ~ sb for sth** förebrå ngn (för) ngt

re·proach·ful |rɪ'prəʊtʃfʊl| adj förebrående

rep·ro·bate |'reprəʊbeɪt| s (ofta skämts) förtappad syndare

re·pro·duce |ˌriːprə'djuːs| **1** vt (bild) reproducera; (ljud) återge **2** vi (Biol) fortplanta sig

re·pro·duc·tion |ˌriːprə'dʌkʃən| s **(a)** (handling) reproducerande, återgivande; (av ljud) återgivning; (av bild) reproduktion; **~ furniture** stilmöbler **(b)** (Biol) fortplantning

re·pro·duc·tive |ˌriːprə'dʌktɪv| adj (Biol) fortplantnings-

re·proof |rɪ'pruːf| s förebråelse, klander; **a look of ~** en förebrående blick; **conduct deserving of ~** klandervärt beteende

re·proof |'riː'pruːf| vt (plagg) impregnera om

re·prove |rɪ'pruːv| vt (i allm) förebrå, klandra; (barn) banna

rep·tile |'reptaɪl| s reptil, kräldjur

re·pub·lic |rɪ'pʌblɪk| s republik

re·pub·li·can |rɪ'pʌblɪkən| **1** adj republikansk; (Am Pol): **the R~ Party** det republikanska partiet **2** s republikan

re·pub·lish |'riː'pʌblɪʃ| vt (bok) ge ut i ny upplaga

re·pu·di·ate |rɪ'pjuːdɪeɪt| vt (anklagelse) tillbakavisa; (skuld) förneka; (överenskommelse) vägra att uppfylla; (vän) inte (vilja) kännas vid, förneka

re·pu·dia·tion |rɪˌpjuːdɪ'eɪʃən| s (se repudiate) tillbakavisande; förnekande; vägran att uppfylla; förnekande

re·pug·nance |rɪ'pʌgnəns| s motvilja, avsky; **he hurried away in ~** han skyndade iväg fylld av avsky

re·pug·nant |rɪ'pʌgnənt| adj (åsikt) motbjudande; (person) frånstötande, osympatisk; **she finds it ~ to...** hon tycker det är motbjudande att...

re·pulse |rɪ'pʌls| vt (anfall) slå tillbaka; (erbjudande) avvisa; (person) stöta bort

re·pul·sion |rɪ'pʌlʃən| s (känsla) motvilja, äckel

re·pul·sive |rɪ'pʌlsɪv| adj (syn etc) motbjudande, frånstötande

repu·table |'repjʊtəbl| adj (firma) ansedd; (person) aktad, ansedd

repu·ta·tion |ˌrepjʊ'teɪʃən| s (gott) rykte/anseende; **to have a bad ~** ha dåligt rykte/anseende; **he has a ~ for being troublesome** han har rykte om sig att vara besvärlig; **to live up to one's ~** leva upp till sitt rykte

re·pute |rɪ'pjuːt| **1** s gott rykte/anseende; **of good ~** välrenommerad; **I hold him in high ~** jag håller honom högt; **I know her only by ~** jag känner henne bara ryktesvägen **2** vt (vanl pass): **to be ~d** anses; **he is ~d to be very rich** han anses vara mycket rik

re·put·ed |rɪ'pjuːtɪd| adj förment, påstådd; **his ~ skill** hans påstådda skicklighet

re·put·ed·ly |rɪ'pjuːtɪdlɪ| adv: **~, he is a very good teacher** det anses allmänt/den allmänna meningen är att han är en mycket bra lärare

re·quest |rɪ'kwest| **1** s **(a)** (handling) anhållan, begäran; **a ~ for help** en bön om hjälp; **at sb's ~**

på ngns begäran, enligt ngns önskemål; **by popular** ~ på allmän begäran; **no parking by** ~ *(Brit: på skylt)* parkering undanbedes; ~ **(bus) stop** *(Brit)* busshållplats *där bussen stannar endast på anmodan*; ~ **programme** *(Radio)* önskeprogram **(b)** *(på vara)* efterfrågan; **to be in great** ~ *(om person/vara)* vara mycket eftersökt **2** *vt* anhålla om; **to** ~ **sb to do sth** uppmana/anmoda/be ngn att göra ngt

requi·em ['rekwɪem] *s (äv:* ~ **mass)** rekviem, själamässa

re·quire [rɪ'kwaɪə*r*] *vt* **(a)** *(enligt behov)* behöva, erfordra; **this** ~**s great care** det här kräver stor försiktighet; **if** ~**d** om det behövs, om så erfordras **(b)** *(enligt ngns vilja/krav)* begära, fordra; **to** ~ **sth of sb** begära/fordra ngt av ngn; **to** ~ **that sth be done** begära/fordra att ngt görs; **it is** ~**d by law** det krävs enligt lag(en)

re·quir·ed [rɪ'kwaɪəd] *adj (enligt behov)* erforderlig; *(enligt ngns vilja/krav):* ~ **courses** obligatoriska kurser; **in the** ~ **time** inom föreskriven tid

re·quire·ment [rɪ'kwaɪəmənt] *s* **(a)** *(som behövs)* behov; **this shop can supply all your** ~**s** denna butik kan tillgodose alla era behov **(b)** *(som krävs)* krav, fordringar; **to meet all the** ~**s for sth** uppfylla alla fordringar för ngt

requi·site ['rekwɪzɪt] *s* nödvändig sak; ~**s** förnödenheter; **toilet** ~**s** toalettartiklar; **travelling** ~**s** reseffekter

requi·si·tion [ˌrekwɪ'zɪʃən] **1** *s (Mil)* rekvisition, tvångsutskrivning; *(i allm)* rekvisition, anhållan **2** *vt (Mil)* rekvirera, tvångsutskriva; *(i allm)* rekvirera; *(vard)* lägga beslag på

re·quite [rɪ'kwaɪt] *vt* besvara, återgälda; **she did not** ~ **his love** hon besvarade inte hans kärlek

re·read ['riː'riːd] *vt (bok)* läsa 'om

re·route ['riː'ruːt] *vt (trafik)* dirigera om

re·scind [rɪ'sɪnd] *vt (lag, kontrakt)* upphäva; *(order)* dra/ta tillbaka

res·cue ['reskjuː] **1** *s (i allm)* räddning; **to come to sb's** ~ komma till ngns undsättning; **we carried out three** ~**s today** vi genomförde tre räddningsaktioner idag **2** *vt (i allm)* rädda; *(person: äv)* undsätta; **three men were** ~**d** tre män räddades; **to** ~ **sb from death/drowning** rädda ngn från döden/från att drunkna

res·cu·er ['reskjuə*r*] *s* räddare

re·search [rɪ'sɜːtʃ, *(i sht Am)* 'riːsɜːtʃ] **1** *s (vetenskaplig)* forskning; *(i allm)* undersökning; *(för bok, TV-program etc)* research, förundersökning; **to do** ~ forska; **our** ~ **shows that...** våra undersökningar visar att...; ~ **establishment** forsknings|inrättning/-institut; ~ **library** vetenskapligt bibliotek; ~ **work** forskning, vetenskapligt arbete; ~ **worker** forskare; *se äv* **market 1 b 2** *vt (ämne, problem)* undersöka, forska kring; **a well** ~**ed book** en bok baserad/som bygger på noggranna undersökningar **3** *vi* forska; **to** ~ **into sth** (vetenskapligt) undersöka ngt

re·search·er [rɪ'sɜːtʃə*r*, *(i sht Am)* 'riːsɜːtʃə*r*] *s* forskare

re·sell [ˌriː'sel] *imperf, perf part* **resold** *vt* återförsälja, sälja vidare

re·sem·blance [rɪ'zembləns] *s* likhet; **to bear a strong** ~ **to sb** vara mycket lik ngn, påminna starkt om ngn

re·sem·ble [rɪ'zembl] *vt* likna, vara lik, påminna om

re·sent [rɪ'zent] *vt* bli/vara stött *el* förnärmad över; **I don't** ~ **criticism** jag tar inte illa upp av kritik; **he** ~**s my being here** han tycker illa om att jag är här

re·sent·ful [rɪ'zentfʊl] *adj (person)* förbittrad, sur, stött; *(ton)* harmsen, stött; **to be/feel** ~ **of sb** hysa

agg till ngn

re·sent·ment [rɪ'zentmənt] *s* förtrytelse, förbittring *(about* över); agg, ovilja *(against* mot)

res·er·va·tion [ˌrezə'veɪʃən] *s* **(a)** *(Järnv)* platsbeställning; *(på hotell)* rumsbokning; **do you have a** ~, **sir?** har ni beställt rum?; **we have made** ~**s for our holiday** vi har beställt biljetter, hotellrum *etc* till vår semester **(b)** *(till påstående etc)* reservation, förbehåll; **I have** ~**s about his honesty** jag har mina tvivel angående hans ärlighet **(c)** *(Am)* (indian)reservat; *se äv* **central**

re·serve [rɪ'zɜːv] **1** *s* **(a)** *(av pengar)* reserv; *(av föremål)* reserv(förråd); **to have sth in** ~, **to keep sth in** ~ ha ngt i reserv; **there are untapped** ~**s of energy** det finns outnyttjade energikällor **(b)** **Federal R**~ USAs centralbank; ~ **bank** *(Am)* distriktsbank *inom Federal R*~ **(c)** *(Sport: person)* reserv; ~ **team** B-lag **(d)** *(Mil: trupp, befälsgrupp)* reserv; *(: person)* reservist, reservare *(vard)* **(e)** *(område)* reservat; **game** ~ viltreservat; **wildlife** ~ naturreservat **(f)** *(till påstående)* reservation, förbehåll; **without** ~ utan förbehåll, oförbehållsamt **(g)** *(egenskap)* förbehållsamhet, reserverad sätt **2** *vt* **(a)** *(bord, plats etc)* reservera; **to** ~ **one's strength** spara sina krafter **(b)** *(rättighet etc)* förbehålla sig; *(Jur: domslut)* uppskjuta; **I** ~ **judgement on this** *(bildl)* jag väntar med att uttala mig om detta

re·served [rɪ'zɜːvd] *adj* **(a)** *(bord, plats)* reserverad **(b)** *(person)* reserverad, tillbakadragen

re·serv·ist [rɪ'zɜːvɪst] *s (Mil)* reservist, reservare *(vard)*

res·er·voir ['rezəvwɑː*r*] *s (större)* damm, reservoar; *(mindre)* behållare

re·set ['riː'set] *imperf, perf part* **reset** *vt (klocka)* ställa om; *(Typogr)* sätta om; *(brutet ben)* lägga rätt; *(ädelsten)* infatta på nytt

re·set·tle [ˌriː'setl] *vt (flyktingar)* ordna ny bosättning åt; *(område)* bebygga igen

re·shuf·fle [riː'ʃʌfəl] *s (av kort)* omblandning; *(Pol etc)* ommöblering

re·side [rɪ'zaɪd] *vi (frm: i land)* vistas, uppehålla sig, bo; *(: i hus)* bo; **to** ~ **in/with** *(bildl: makt etc)* ligga hos

resi·dence ['rezɪdəns] *s* **(a)** *(abstr)* vistelse(tid); **to take up** ~ bosätta sig; **in** ~ *(monark)* hemma *(på slottet), (student)* hemma *(på campus)*; ~ **permit** uppehållstillstånd **(b)** *(konkr)* vistelse/bostads|ort; *(hus: i allm)* bostad; *(: för hög tjänsteman)* residens

resi·dent ['rezɪdənt] **1** *adj (person: i allm)* som bor på platsen; *(befolkning)* bofast; ~ **physician** läkare som bor på sjukhuset; ~ **tutor** privatlärare som bor i familjen; **to be** ~ **in a town** bo (permanent) i en stad **2** *s (i stad, land)* invånare; *(i kvarter)* boende, invånare; *(på hotell)* gäst

resi·den·tial [ˌrezɪ'denʃəl] *adj (område)* bostads-; *(förort)* villa-; *(arbete)* som kräver att man bor på arbetsplatsen; ~ **qualifications** *(i sht Brit: vid röstning: för väljare)* (krav på) att man skall rösta där man är (mantals)skriven; *(: för kandidat)* bostadsband

re·sid·ual [rɪ'zɪdjʊəl] *adj* överbliven, resterande

resi·due ['rezɪdjuː] *s (i allm)* återstod, rest; *(Jur)* behållning *(i dödsbo)*; *(Kem)* residuum

re·sign [rɪ'zaɪn] **1** *vt (ämbete)* avsäga sig, avgå från; *(Mil: tjänst)* ta avsked från; *(rättighet)* avstå från; **to** ~ **oneself to (doing) sth** foga/finna sig i (att göra) ngt **2** *vi (från arbete)* säga upp sig; *(från ämbete)* avgå; *(Mil: från tjänst)* ta avsked

res·ig·na·tion [ˌrezɪg'neɪʃən] *s* **(a)** *(handling)* avsägelse, avgång; *(dokument)* avskedsansökan; **to offer/hand in/submit/tender one's** ~ säga upp sig, lämna in sin avskedsansökan **(b)** *(sin-*

nesstämning) resignation
re·signed |rɪ'zaɪnd| *adj* resignerad; **he's becoming**
~ **to it** han börjar finna sig i det
re·sili·ence |rɪ'zɪlɪəns| *s (eg: hos material)* elasti-
citet; *(bildl: hos person: fysiskt)* snabb åter-
hämtningsförmåga; *(: psykiskt)* förmåga att
komma igen
re·sili·ent |rɪ'zɪlɪənt| *adj (eg: material)* elastisk;
(bildl: person: fysiskt) som har lätt att återhämta
sig; *(: psykiskt)* som har lätt att komma igen
res·in |'rezɪn| s kåda, harts
re·sist |rɪ'zɪst| **1** *vt (fiende)* göra motstånd mot;
(utveckling) motsätta sig, motarbeta; *(sjukdom)*
motstå, vara motståndskraftig mot; *(frestelse)*
motstå; **I couldn't** ~ **laughing** jag kunde inte låta
bli att skratta **2** *vi (i allm)* göra motstånd; **how
can I** ~? hur kan jag säga nej?
re·sist·ance |rɪ'zɪstəns| *s (i allm)* motstånd; *(Elektr)*
resistans, motstånd; *(Med)* motståndskraft, resi-
stens; *(Tekn)* motstånd; *(Pol)* motstånd(srörel-
se); **to offer** ~ göra motstånd; **to take the line of
least** ~ följa minsta motståndets lag
re·sist·ant |rɪ'zɪstənt| *adj (mot sjukdom)*
motståndskraftig; *(mot gift)* resistent; *(mot regn
etc)* beständig
re·sis·tor |rɪ'zɪstə'| s *(Elektr: apparat)* motstånd,
resistor
re·sold |ˌriː'səʊld| *imperf, perf part av* **resell**
re·sole |ˌriː'səʊl| *vt (skor)* halvsula
reso·lute |'rezəluːt| *adj* resolut, bestämd
reso·lute·ly |'rezəluːtlɪ| *adv* resolut, beslutsamt
reso·lu·tion |ˌrezə'luːʃən| s **(a)** *(egenskap)* be-
slutsamhet, fasthet, viljestyrka **(b)** *(till pro-
blem)* lösning **(c)** *(dokument)* resolution,
uttalande; **to put a** ~ **to a meeting** förelägga ett
möte en resolution; **to pass/carry/adopt a** ~ anta
en resolution **(d)** *(handling)* beslut, föresats;
New Year ~ nyårslöfte **(e)** *(Fys, Foto)* upplös-
ning(sförmåga); *(Kem)* upplösning; *(i allm)* sön-
derdelning
re·solve |rɪ'zɒlv| **1** s beslut, föresats; **to make a**
~ **to do sth** föresätta sig att göra ngt **2** *vt* **(a)**
(problem) lösa **(b)** *(om styrelse etc)* besluta; **to** ~
to do sth besluta sig för att göra ngt; **to** ~ **that...**
besluta att...; **it was** ~**d that...** man beslutade
att... **3** *vi:* **to** ~ **(up)on sth** bestämma sig för ngt
reso·nance |'rezənəns| s resonans
reso·nant |'rezənənt| *adj (röst)* resonansrik, klang-
full; *(plats)* ekande; **to be** ~ **with** genljuda av
re·sort |rɪ'zɔːt| **1** s **(a)** *(lösning på problem etc)*
tillflykt, utväg; **as a last** ~, **in the last** ~ som en
sista utväg **(b)** *(plats)* tillflyktsort, tillhåll;
health ~ kurort; **holiday** ~ semesterort; **seaside**
~ badort **2** *vi:* **to** ~ **to** tillgripa, ta till, ta
sin tillflykt till **(b)** *(på bar etc)* hålla till; **a café
where the rich used to** ~ ett kafé som de rika
brukade frekventera/besöka/hålla till på
re·sound |rɪ'zaʊnd| *vi (ljud)* eka; *(plats)* genljuda
(with av)
re·sound·ing |rɪ'zaʊndɪŋ| *adj (applåder)* rungande;
(seger, succé) dunder-; *(förlust)* brak-
re·source |rɪ'sɔːs, *(Am vanl)* 'riːsɔːs| s **(a)** *(pengar,
råvaror etc)* resurs, tillgång; *(egenskap)* begåv-
ning, påhittighet; **natural** ~s naturtillgångar; **he
is a man of** ~ han är påhittig; **to leave sb to his
own** ~ låta ngn roa sig bäst den kan **(b)** *(vid
problem)* utväg; **as a last** ~ som en sista utväg
re·source·ful |rɪ'sɔːsfʊl| *adj (person)* rådig, fyndig
re·spect |rɪ'spekt| **1** s **(a)** *(till persons känslor
etc)* hänsyn; **to have/show** ~ **for** ta/visa hänsyn
till; **to pay** ~ **to** ta hänsyn till **(b)** *(för äldre
person etc)* respekt, aktning, vördnad; *(för presta-
tion)* respekt, aktning; **to have/show** ~ **for** ha/
visa respekt för; **to hold sb in great** ~ hysa stor
aktning/respekt/vördnad för ngn; **to do sth out of**

~ göra ngt av respekt/aktning; **with (due)** ~ med
all respekt **(c):** ~s *(vördsamma)* hälsningar;
to pay one's ~s **to sb** *(frm: som hälsning)* betyga
ngn sin vördnad **(d)** avseende, hänseende; **in
some/all/many** ~s i vissa/alla/många avseenden
el hänseenden; **in this/one/no/** ~ i detta/ett/inget
avseende; **in** ~ **of** *(frm)* avseende; **with** ~ **to** *(frm)*
med avseende på, beträffande; **without** ~ **to**
utan avseende på **2** *vt (ngns känslor)* ta hänsyn
till, respektera; *(prestation, person)* respektera;
to ~ **sb's wishes** respektera ngns önskan/vilja
re·spect·abil·ity |rɪˌspektə'bɪlɪtɪ| s *(egenskap)*
anständighet, respektabilitet; *(position)* aktad
samhällsställning
re·spect·able |rɪ'spektəbl| *adj* **(a)** *(motiv etc)*
aktningsvärd, hederlig, respektabel; **for per-
fectly** ~ **reasons** av fullt respektabla skäl **(b)**
(i samhället) respektabel, aktad; *(till utseendet)*
proper, prydlig; **in** ~ **society** bland bättre/
anständigt folk **(c)** *(summa, mängd etc)* ansen-
lig; **at a** ~ **distance** på ganska långt avstånd **(d)**
(resultat) hygglig, hyfsad; **we made a** ~ **showing**
vi klarade oss hyfsat
re·spect·ably |rɪ'spektəblɪ| *adv* **(a)** *(uppföra sig)*
anständigt; *(klä sig)* propert, anständigt **(b)**
(klara sig etc) hyggligt
re·spect·ed |rɪ'spektɪd| *adj (person)* respekterad;
our ~ **leader** vår aktade/vördade ledare
re·spect·er |rɪ'spektə'| s: **to be no** ~ **of persons** inte
ta hänsyn till person, inte göra skillnad på
person
re·spect·ful |rɪ'spektfʊl| *adj* aktningsfull,
vördnadsfull; **to walk at a** ~ **distance** gå på
respektfullt avstånd
re·spect·ful·ly |rɪ'spektfəlɪ| *adv* aktningsfullt,
vördnadsfullt; **Yours** ~ *(i brev)* Vördsamt
re·spect·ing |rɪ'spektɪŋ| *prep* beträffande, av-
seende
re·spec·tive |rɪ'spektɪv| *adj* respektive; **we went
our** ~ **ways** vi gick var och en sin väg; **according
to their** ~ **abilities** enligt vars och ens förmåga
re·spec·tive·ly |rɪ'spektɪvlɪ| *adv* respektive; **in
Venice and Hong Kong,** ~ i Venedig respektive
Hong Kong
res·pira·tion |ˌrespɪ'reɪʃən| s andning
res·pira·tory |rɪ'spaɪrətərɪ| *adj (organ)* andnings-;
(sjukdom) på andningsapparaten
res·pite |'respaɪt, *(i sht Am)* 'respɪt| s *(i allm)* respit,
uppskov; *(med betalning)* anstånd; *(från smärta)*
andrum; *(Jur)* uppskov; **without** ~ oavbrutet,
utan uppehåll; **they gave us no** ~ de gav oss
ingen rast eller ro
re·splen·dent |rɪ'splendənt| *adj (klädsel)* glänsan-
de, skimrande
re·spond |rɪ'spɒnd| *vi (på fråga etc)* svara; **to** ~ **to a
suggestion by laughing** besvara/bemöta ett
förslag med ett skratt; **to** ~ **to kindness** vara
mottaglig för vänlighet; **to** ~ **to treatment** reage-
ra på/vara mottaglig för behandling
re·spond·ent |rɪ'spɒndənt| s *(Jur: i sht i skilsmäs-
sofall)* svarande
re·sponse |rɪ'spɒns| s **(a)** *(på fråga etc)* svar; **in** ~
to som svar på **(b)** *(på vänlighet etc)* gensvar,
respons; *(på händelse)* reaktion
re·spon·sibil·ity |rɪˌspɒnsə'bɪlɪtɪ| s **(a)** *(i allm)*
ansvar; **a position of great** ~ en mycket
ansvarsfull post; **sense of** ~ ansvarskänsla; **on
one's own** ~ på eget ansvar; **that's his** ~ det är
han ansvarig för; **to take** ~ **for sth/sb** ta an-
svar(et) för ngt/ngn **(b)** *(göromål)* plikt; **that's
his** ~ det är hans uppgift, det får/skall han göra
re·spon·sible |rɪ'spɒnsəbl| *adj* **(a)** *(för verksam-
het, händelse)* ansvarig; **to be** ~ **to sb (for sth)**
ansvara (för ngt) inför ngn; **to hold sb** ~ **for sth**
göra ngn ansvarig för ngt **(b)** *(till karaktären)*

ansvarskännande; **to act in a** ~ **fashion** handla ansvarsfullt **(c)** *(ställning, post)* ansvarsfull
re·spon·sibly |rɪ'spɒnsəblɪ| *adv (handla)* ansvarskännande, ansvarsfullt
re·spon·sive |rɪ'spɒnsɪv| *adj (i allm)* mottaglig; *(för kritik)* lyhörd; *(publik)* lättpåverkad, intresserad
rest[1] |rest| **1** *s* **(a)** *(tillstånd)* vila; *(period)* rast, vilopaus; **I need a** ~ jag behöver vila (upp) mig; **to have/take a** ~ vila sig, ta en vilopaus; **to come to** ~ *(föremål)* stanna; **to have a good night's** ~ sova gott en hel natt; **at** ~ *(maskin)* still, i viloläge; **he is at** ~ *(eg)* han vilar; *(eufem: död)* han har fått frid; **to set sb's mind at** ~ lugna ngn, stilla ngns farhågor; ~ **cure** vilokur; **day of** ~ vilodag; ~ **home** ålderdomshem; ~ **room** *(Am)* offentlig toalett; ~ **stop** *(Am)* parkering(sficka) vid landsväg **(b)** *(Mus: period)* paus; *(: tecken)* paustecken **(c)** *(för kamera, arm)* stöd
2 *vt* **(a)** *(häst etc)* låta vila; *(ögon)* vila; **to** ~ **one's men** låta sina män vila; **may God** ~ **his soul!** må han vila i frid!; **to** ~ **one's eyes/gaze on sth** vila blicken på ngt **(b)** *(stege, cykel)* luta, ställa *(against* mot); *(huvud)* luta *(on* mot) **(c):** **to** ~ **one's case** *(Jur)* avsluta sin plädering
3 *vi* **(a)** *(person)* vila (sig); *(jord)* vila, ligga i träda; **to let the argument** ~ avsluta diskussionen; **to let the matter** ~ låta saken bero; **may he** ~ **in peace** må han vila i frid; **to** ~ **with sb** *(beslut)* ligga hos ngn; *(öde)* vila i ngns händer; **it doesn't** ~ **with me** det kommer inte an på mig; **we shall never** ~ **until it is settled** vi får ingen ro förrän det är uppklarat; **and there the matter** ~**s** och därvid är det; ~ **assured that...** ni kan lita på/ vara förvissade om att... **(b): to** ~ **on sth** vila på ngt; **the roof** ~**s on columns** taket vilar på pelare; **her head** ~**ed on my shoulder** hennes huvud vilade mot min axel; **a heavy responsibility** ~**s on her** ett tungt ansvar vilar på henne; **the case** ~**s on the following facts** fallet baserar sig på följande fakta; **the case** ~**s on one testimony** fallet hänger på ett vittnesmål
rest[2] |rest| *s (i allm)* rest, återstod; **the** ~ *(föremål)* resten, återstoden; *(personer, djur)* de andra, resten; **the** ~ **of the soldiers** resten av soldaterna; **as for the** ~ vad de(t) övriga beträffar
res·tau·rant |'restərɔ̃:ŋ| *s* restaurang; ~ **car** *(Brit Järnv)* restaurangvagn
res·tau·ra·teur |ˌrestərə'tɜːʳ| *s* restauratör
rest·ful |'restfʊl| *adj* lugn, fridfull, rogivande
rest·ing-place |'restɪŋpleɪs| *s (eufem: grav)* vilorum
res·ti·tu·tion |ˌrestɪ'tjuːʃən| *s (av egendom)* återställande; *(för skada)* ersättning; **to make** ~ **(of sth to sb)** återställa/ersätta (ngt till ngn)
res·tive |'restɪv| *adj (person)* rastlös, oregerlig; *(häst)* istadig, bångstyrig
rest·less |'restlɪs| *adj (person)* rastlös, otålig; *(natt)* sömnlös; *(folkmassa)* orolig; **he's the** ~ **sort** han är den rastlösa typen
rest·less·ness |'restlɪsnɪs| *s (i allm)* rastlöshet, otålighet; *(på natten)* sömnlöshet
re·stock |'riː'stɒk| **1** *vt (förråd)* fylla på; **to** ~ **a lake with fish** nyinplantera fisk i en sjö **2** *vi:* **to** ~ **with sth** lägga upp ett nytt lager av ngt
res·to·ra·tion |ˌrestə'reɪʃən| *s* **(a)** *(av byggnad)* restaurering, renovering **(b)** *(av egendom)* återlämnande; *(av sedvänja)* återinförande; *(av ordningen)* återställande **(c)** *(av person: i ämbete)* återinsättande **(d): the R**~ *(Brit Hist)* restaurationen *av monarkin 1660*
re·store |rɪ'stɔːʳ| *vt* **(a)** *(byggnad)* restaurera **(b)** *(egendom)* återlämna; *(sedvänja)* återinföra; *(ordningen)* återställa; **his health was** ~**d** han återfick hälsan; **to** ~ **sth to sb** återlämna ngt till ngn; **to** ~ **the strength of the pound**

återupprätta/återställa pundets styrka **(c)** *(person: i ämbete)* återinsätta
re·stor·er |rɪ'stɔːrəʳ| *s (av konst)* konservator
re·strain |rɪ'streɪn| *vt (person)* lägga band på, tygla; *(känslor)* behärska, lägga band på; *(tårar)* hålla tillbaka; **to** ~ **sb from doing sth** hindra ngn från att göra ngt; **I managed to** ~ **my anger** jag lyckades tygla min ilska; **to** ~ **oneself** behärska sig
re·strain·ed |rɪ'streɪnd| *adj (person: till läggning)* behärskad, återhållsam; *(: i visst umgänge etc)* hämmad; *(stil)* återhållen
re·straint |rɪ'streɪnt| *s* **(a)** *(i allm)* inskränkning, hinder; **the** ~**s of life in a small town** de begränsade möjligheterna i en småstad; **a** ~ **on trade** inskränkning i handeln; **to speak without** ~ tala fritt/ohämmat **(b)** *(hos person: i känslor)* (själv)behärskning; *(: i beteende)* återhållsamhet
re·strict |rɪ'strɪkt| *vt* begränsa, inskränka; **to** ~ **oneself to sth** inskränka sig till ngt; **his output is** ~**ed to novels** hans produktion inskränker sig till romaner
re·strict·ed |rɪ'strɪktɪd| *adj (i allm)* begränsad; **food supplies are** ~ det råder livsmedelsrestriktioner; **he has rather a** ~ **outlook** han är ganska inskränkt; ~ **area** *(Mil)* förbjudet område; *(Brit Trafik)* hastighetsbegränsat område
re·stric·tion |rɪ'strɪkʃən| *s (i allm)* inskränkning, begränsning; *(Jur etc)* restriktion; **to place** ~**s on the sale of a drug** införa restriktioner på försäljningen av ett läkemedel
re·stric·tive |rɪ'strɪktɪv| *adj (inställning)* restriktiv; *(handling)* inskränkande, begränsande; ~ **practices** *(Handel)* konkurrensbegränsande metoder; ~ **relative clause** *(Språkv)* nödvändig/ restriktiv relativsats
re·sult |rɪ'zʌlt| **1** *s (i allm)* resultat; *(av viss handling)* följd; ~**s** *(Sport etc)* resultat; **as a** ~ till följd därav; **as a** ~ **of... till** följd av...; **the** ~ **is that...** resultatet/följden är att... **2** *vi* bli/vara resultatet ei följden *(from* av); **to** ~ **in** resultera i, leda till
re·sult·ant |rɪ'zʌltənt| *adj* härav/därav följande
re·sume |rɪ'zjuːm| **1** *vt* **(a)** *(verksamhet)* återuppta, fortsätta; *(egendom)* återta, ta tillbaka; **to** ~ **one's work** återuppta sitt arbete; **to** ~ **one's seat** sätta sig igen **(b)** *(vad som sagts)* sammanfatta **2** *vi (undervisning etc)* återupptas, fortsätta
ré·su·mé |'reɪzjuːmeɪ| *s* resumé, sammanfattning; *(i sht Am)* meritförteckning
re·sump·tion |rɪ'zʌmpʃən| *s (av verksamhet)* återupptagande; *(av egendom)* återtagande
re·sur·face |ˌriː'sɜːfɪs| **1** *vt (väg)* förse med ny beläggning **2** *vi (ubåt)* gå/komma upp till ytan; *(bildl)* dyka upp igen
re·sur·gence |rɪ'sɜːdʒəns| *s (av känslor etc)* återuppvaknande
re·sur·gent |rɪ'sɜːdʒənt| *adj* som dyker upp igen/ på nytt
res·ur·rec·tion |ˌrezə'rekʃən| *s (Rel)* återuppståndelse; *(bildl: av hopp etc)* återuppväckande; **the R**~ *(om Jesus)* Jesu uppståndelse (från de döda); *(om alla människor)* de dödas uppståndelse (på den yttersta dagen)
re·sus·ci·tate |rɪ'sʌsɪteɪt| *vt (person)* återuppliva, få liv i; *(idé)* återuppväcka, blåsa nytt liv i
re·tail |'riːteɪl| **1** *adj (Handel)* detalj-, minut-; ~ **price** detaljpris; ~ **trade** detaljhandel **2** *adv:* **to buy/sell sth** ~ köpa/sälja i minut **3** *vt* **(a)** *(Handel)* sälja i minut **(b)** |riː'teɪl| *(skvaller etc)* föra/berätta vidare **4** *vi (Handel: vara):* ~ **at** säljas i minut för
re·tail·er |'riːteɪləʳ| *s* detaljhandlare, återförsäl-

jare
re·tain |rɪ'teɪn| *vt* **(a)** *(föremål, balans)* behålla, hålla kvar; *(fakta etc)* behålla i minnet, komma ihåg; *(vattenmassor)* hålla tillbaka; **to** ~ **water** *(kropp, mark)* binda vatten; *(behållare etc)* vara tät **(b)** *(advokat)* engagera
re·tain·er |rɪ'teɪnə'| *s* **(a)** *(person)* trotjänare **(b)** *(penningsumma)* arvode
re·take |'riː,teɪk| **1** *s* *(Film)* omtagning **2** |riː'teɪk| *vt (i allm)* återta, ta tillbaka; *(Film)* ta om
re·tali·ate |rɪ'tælɪeɪt| *vi (i allm)* hämnas, ge igen; *(Mil)* vidta vedergällningsaktioner; *(Pol, Ekon)* använda repressalier; **to** ~ **by doing sth** hämnas/ge igen genom att göra ngt
re·talia·tion |rɪ,tælɪ'eɪʃən| *s* hämnd, vedergällning; **by way of** ~, **in** ~ som hämnd/vedergällning
re·talia·tory |rɪ'tælɪətərɪ| *adj* vedergällnings-, repressalie-
re·tard |rɪ'tɑːd| *vt (i allm)* försena, fördröja; *(tillväxt)* hämma
re·tard·ed |rɪ'tɑːdɪd| *adj (Med: äv: mentally ~)* utvecklingsstörd
retch |retʃ| *vi* ha kväljningar, kväljas
re·ten·tive |rɪ'tentɪv| *adj:* **a** ~ **memory** gott minne
re·think |,riː'θɪŋk| **1** *vt* ompröva, tänka över igen **2** *vi* tänka om
reti·cence |'retɪsəns| *s* (egenskap) tystlåtenhet, förtegenhet; **I felt some** ~ **about revealing my plans** jag kände mig ovillig att avslöja mina planer
reti·cent |'retɪsənt| *adj (person)* tystlåten, förtegen
reti·na |'retɪnə| *s (Anat)* näthinna, retina *(spec)*
reti·nue |'retɪnjuː| *s (till kung etc)* följe, svit
re·tire |rɪ'taɪə'| **1** *vt (anställd)* pensionera **2** *vi* **(a)** *(i allm)* dra sig tillbaka; **to** ~ **into oneself** sluta sig inom sig själv; **she** ~**d to her room** hon drog sig tillbaka till sitt rum; **they** ~**d early** de gick till sängs tidigt **(b)** *(från anställning: pga ålder)* gå i pension; *(: i allm)* avgå, ta avsked, sluta; **to** ~ **on a pension** få avsked med pension, gå i pension **(c)** *(Mil)* retirera; *(Sport)* dra sig ur, bryta
re·tired |rɪ'taɪəd| *adj* **(a)** *(person)* pensionerad **(b)** *(liv)* tillbakadragen; *(plats)* avskild, avsides
re·tiree |rɪ'taɪ'riː| *s (Am)* pensionär
re·tire·ment |rɪ'taɪəmənt| *s* **(a)** *(period)* pension, tid som pensionär; ~ **benefits** (ålders)pension **(b)** *(från anställning: pga ålder)* pensionering; **on his** ~ när han pensionerades/pensioneras; **early** ~ förtidspension(ering)
re·tir·ing |rɪ'taɪərɪŋ| *adj (person)* tillbakadragen, reserverad
re·tort¹ |rɪ'tɔːt| **1** *s* skarpt svar **2** *vt* svara skarpt, snäsa till svar
re·tort² |rɪ'tɔːt| *s (Kem)* retort
re·touch |riː'tʌtʃ| *vt (foto etc)* retuschera
re·trace |rɪ'treɪs| *vt (spår)* följa tillbaka; *(händelse etc)* gå igenom igen, tänka tillbaka på; **to** ~ **one's steps** gå samma väg tillbaka
re·tract |rɪ'trækt| **1** *vt (påstående)* ta tillbaka; *(om katt: klo)* dra in; *(Flyg: landningshjul)* fälla in **2** *vi (person)* ta tillbaka (vad man sagt); *(klo)* dras in; *(landningshjul)* fällas in
re·tract·able |rɪ'træktəbl| *adj (Tekn)* infällbar
re·train |'riː'treɪn| *vt (arbetare)* skola om, omskola
re·tread |'riː:tred| **1** *s* regummerat däck **2** |'riː:tred| *vt* regummera
re·treat |rɪ'triːt| **1** *s* **(a)** *(plats)* fristad, tillflyktsort; *(Rel etc)* retreat **(b)** *(Mil)* reträtt, återtåg; **to beat a hasty** ~ *(bildl)* hastigt slå till reträtt; **to sound/blow the** ~ blåsa till reträtt; **we made good our** ~ vi genomförde vår reträtt **2** *vi (Mil)* slå till reträtt, retirera; *(i allm)* dra sig

bakåt, retirera
re·trench |rɪ'trentʃ| **1** *vt (kostnader)* skära ned, reducera **2** *vi* göra besparingar, spara
re·trial |'riː'traɪəl| *s (Jur)* ny rättegång
ret·ri·bu·tion |,retrɪ'bjuːʃən| *s* straff, vedergällning
re·triev·al |rɪ'triːvəl| *s (av egendom)* återvinnande, återfående; *(av person, situation)* räddning; *(av information: i allm)* framtagning; *(: Data)* återvinning
re·trieve |rɪ'triːv| *vt* **(a)** *(egendom)* återfå, återvinna, hämta tillbaka; *(person i fara)* rädda; *(fel)* rätta till, reparera; **to** ~ **sth from the water** plocka upp ngt ur vattnet igen **(b)** *(information: i allm)* ta fram; *(: Data)* återvinna
re·triev·er |rɪ'triːvə'| *s (hundras)* retriever
retro- |'retrəʊ| *pref* tillbaka-, bakåt-
retro·ac·tive |,retrəʊ'æktɪv| *adj* retroaktiv
retro·grade |'retrəʊgreɪd| *adj (i allm)* tillbakagående; **a** ~ **step** *(bildl)* ett steg bakåt
retro·rock·et |'retrəʊ'rɒkɪt| *s (Rymd)* bromsraket
retro·spect |'retrəʊspekt| *s:* **in** ~ när man ser tillbaka, i efterhand
retro·spec·tive |,retrəʊ'spektɪv| *adj* **(a)** *(i allm)* tillbakablickande; *(utställning)* retrospektiv **(b)** *(löneförhöjning)* retroaktiv
re·turn |rɪ'tɜːn| **1** *s* **(a)** *(i allm)* åter|komst/-vändande, hemkomst; *(av sjukdom)* återfall; *(av symptom)* återkomst; **on my** ~ när jag kom/kommer hem *el* tillbaka; **by** ~ **of post** *(Brit)*, **by** ~ **mail** *(Am)* med vändande post; **many happy** ~**s (of the day)!** *(ung)* jag har den äran!; ~ **fare** pengar till returbiljetten/återresan; ~ **journey** återresa; ~ **match** *(Sport)* returmatch **(b)** *(av lånat föremål)* återlämnande; *(Handel: vara)* retur(gods); **on sale or** ~ *(Handel)* i kommission **(c)** *(Handel: på vara)* vinst, avkastning; **to bring in a good** ~/**good** ~**s** ge god vinst *el* avkastning **(d)** *(för prestation):* **in** ~ i gengäld, till tack; **in** ~ **for** i utbyte mot **(e):** **tax** ~ (själv)deklaration; **census** ~**s** befolkningsstatistik **(f)** *(Brit* = ~ **ticket)** returbiljett; *se äv* **day a**
2 *vt* **(a)** *(föremål: till ägaren)* lämna tillbaka, återlämna; *(: med post)* returnera, skicka tillbaka; *(föremål: på rätt plats)* sätta/ställa/lägga tillbaka; *(Handel: defekt vara)* returnera *(Mil: eldgivning)* besvara; *(Sport: boll)* returnera; *(vänlighet, besök)* återgälda; *(kärlek)* besvara; **to** ~ **a favour** göra en gentjänst; ~ **to sender** *(på brev)* retur avsändaren; **'No', he** ~**ed 'Nej'**, svarade han **(b)** *(Jur):* **to** ~ **a verdict** avkunna en dom **(c)** *(Brit Pol: parlamentsledamot)* välja; ~**ing officer** *(Brit)* valförrättare
3 *vi (i allm)* återvända, komma tillbaka; **to** ~ **home** återvända/komma hem; **to** ~ **to work** återgå till arbetet; **to** ~ **to school** börja skolan igen; **to** ~ **to a theme** återkomma till ett tema
re·turn·able |rɪ'tɜːnəbl| *adj (flaska)* retur-; **this bottle is not** ~ det här är en engångsflaska
re·union |rɪ'juːnjən| *s (abstr)* återförening; *(händelse)* möte, sammankomst; **family** ~ familjehögtid
re·unite |'riː:juː'naɪt| **1** *vt* återförena **2** *vi* återförenas
rev |rev| **1** *s (Motor: förk f* **revolution)** (motor)varv **2** *vt (motor)* rusa **3** *vi (äv:* ~ **up:** *motor)* rusa; *(: förare)* rusa motorn
Rev. *förk f* **Reverend** pastor
re·value |'riː'væljuː| *vt (valuta)* revalvera; *(egendom)* omvärdera
re·vamp |'riː'væmp| *vt (föremål, föreställning)* piffa/fräscha upp; *(metod)* modernisera
re·veal |rɪ'viːl| *vt (ngt hemligt)* avslöja, röja; *(ngt dolt)* visa; **his work** ~**s talent** hans arbete tyder på begåvning

re·veal·ing |rɪ'viːlɪŋ| adj (kommentar) avslöjande; (plagg) avslöjande, som visar mycket

re·veil·le |rɪ'væli, (Am) 'revəliː| s (Mil) revelj

rev·el |'revl| 1 vi (a) rumla, festa (om) (b): to ~ in sth/doing sth njuta av el hänge sig åt ngt/att göra ngt 2 spl: ~s festligheter

rev·ela·tion |ˌrevə'leɪʃən| s (a) (av hemlighet) avslöjande; (av okänt faktum) uppenbarande; what a ~! vilken överraskning! (b) (Rel) uppenbarelse; R~(s) (i Bibeln) Uppenbarelseboken

rev·el·ler |'revlə'| s (person) rumlare, festprisse

rev·el·ry |'revlrɪ| s rumlande, festande

re·venge |rɪ'vendʒ| 1 s (i allm) hämnd; (Sport) revansch; to get one's ~ (for sth) utkräva hämnd (för ngt); to take ~ on sb for sth hämnas på ngn för ngt 2 vt (brott, oförrätt, person) hämnas; (Sport: förlust) ta revansch för; to ~ oneself on sb hämnas på ngn; to be ~d on sb ta hämnd på ngn

rev·enue |'revənjuː| s (från fond, egendom etc) avkastning; (statens) statsinkomster; se äv inland, internal

re·ver·ber·ate |rɪ'vɜːbəreɪt| vi (ljud) eka, återkastas

re·ver·bera·tion |rɪˌvɜːbə'reɪʃən| s (a) (av ljud) eko, genljudande (b) (bildl): ~s efterdyningar

re·vere |rɪ'vɪə'| vt (person) vörda

rev·er·ence |'revərəns| 1 s vördnad; to hold in ~ vörda 2 vt vörda

rev·er·end |'revərənd| adj vördnadsvärd; (the) R~ James Brown pastor/kyrkoherde James Brown; R~ Mother (i kloster) moder, abbedissa; the Most R~ (titel för ärkebiskop), the Right R~ (titel för biskop) hans högvördighet; the Very R~ Paul Jones domprosten Paul Jones

rev·er·ent |'revərənt| adj vördnadsfull, vördsam

rev·erie |'revərɪ| s dagdröm, drömmeri; she fell into a ~ hon försjönk i drömmerier

re·ver·sal |rɪ'vɜːsəl| s (av opinion) omsvängning; (av ordning) omkastning; (Jur: av dom) upphävande

re·verse |rɪ'vɜːs| 1 adj (a) (ordning) omvänd; (riktning) motsatt; (sida) motsatt, bak-; in ~ order i omvänd ordning (b) (Motor: växel) back- 2 s (a): the ~ motsatsen; no, quite the ~! nej, tvärtom! (b) (på papper, tavla) baksida; (på tyg) avigsida; (på mynt) revers, baksida (c) (Motor) back(växel); to go/change into ~ lägga i backen (d) (i verksamhet) bakslag, motgång 3 vt (a) (ordning) vända på; (riktning) vända; (dom) ändra (på) (b) (Tele): to ~ the charges (Brit) låta mottagaren betala samtalet (c) (bil, tåg) backa 4 vi (Brit: med bil) backa

re·vers·ible |rɪ'vɜːsəbl| adj (regnkappa) vändbar; (procedur) reversibel

re·ver·sion |rɪ'vɜːʃən| s (till dålig vana etc) återgång; (till sämre tillstånd) tillbakagång

re·vert |rɪ'vɜːt| vi (till tidigare stadium) återgå; (till samtalsämne) återkomma; (Jur: ägodel) återgå; se äv type 1 a

re·view |rɪ'vjuː| 1 s (a) (av fakta) granskning, genomgång; (av situation) översikt, överblick; (Mil: av trupp) inspektion, mönstring (b) (Jur) omprövning, förnyad prövning (c) (av bok etc) recension; the play got good ~s pjäsen fick fina recensioner (d) (publikation) tidskrift 2 vt (a) (fakta) granska, gå igenom; (situation) överblicka; (Mil: trupp) inspektera, mönstra (b) (Jur) ompröva, ta upp till förnyad prövning (c) (bok etc) recensera

re·view·er |rɪ'vjuːə'| s (av bok etc) recensent

re·vile |rɪ'vaɪl| vt smäda, skymfa

re·vise |rɪ'vaɪz| 1 vt (a) (åsikt, beslut) revidera, ändra (b) (text) granska, omarbeta (c) (Skol: text, ämne) repetera 2 vi (Skol) repetera

re·vi·sion |rɪ'vɪʒən| s (a) (se revise) revidering, ändring; granskning, omarbetning; repetition (b) (bok etc) reviderad upplaga

re·vis·it |'riː'vɪzɪt| vt besöka igen/på nytt

re·vi·tal·ize |ˌriː'vaɪtəlaɪz| vt vitalisera, ge ny livskraft

re·viv·al |rɪ'vaɪvəl| s (a) (handling: om sedvänja) återupplivande, återinförande; (: om pjäs) återupptagande (b) (händelse: om sedvänja) återkomst; (: om person: efter sjukdom) återhämtning; (: efter svimning) uppvaknande; (: om rörelse, idé) renässans; (: om pjäs) nypremiär, repris; (: Rel) väckelse; ~ (meeting) väckelsemöte

re·vive |rɪ'vaɪv| 1 vt (person: eg) få liv i, återkalla till sans; (: bildl) liva upp; (sedvänja) blåsa nytt liv i, återinföra; (hopp, misstanke) förnya; (Teat: pjäs) ta upp igen, ha nypremiär på 2 vi (person: från svimning) komma till sans, kvickna till; (: från trötthet, chock) återhämta sig; (hopp, fruktan) förnyas; (affärer) återhämta sig, ta sig; (intresse, rörelse) återupplivas

revo·ca·tion |ˌrevə'keɪʃən| s (av tillstånd) indragning; (av lag) upphävande

re·voke |rɪ'vəʊk| 1 vt (tillstånd) dra in; (lag) upphäva; (order) dra tillbaka 2 vi (Kortsp) underlåta att bekänna färg

re·volt |rɪ'vəʊlt| 1 s revolt, uppror; to be in ~ vara i uppror; open ~ öppen revolt 2 vt (person) uppröra, väcka avsky/avsmak hos 3 vi (a) (mot ngn/ngt) revoltera, göra uppror (från ngt) avfalla (b): ~ at/against upproras över, känna avsky inför

re·volt·ing |rɪ'vəʊltɪŋ| adj (handling) upprörande; (syn) motbjudande, äcklig

revo·lu·tion |ˌrevə'luːʃən| s (a) (Pol, bildl) revolution (b) (Tekn: abstr) rotation; (: konkr) varv; (Astron) omlopp, kretslopp; 45 ~s per minute 45 varv i minuten

revo·lu·tion·ary |ˌrevə'luːʃnərɪ| 1 adj (Pol) revolutionär, omstörtande; (bildl: idé, upptäckt, metod) revolutionerande 2 s (Pol) revolutionär

revo·lu·tion·ize |ˌrevə'luːʃənaɪz| vt (verksamhet) revolutionera

re·volve |rɪ'vɒlv| 1 vt (föremål) snurra (på), rotera; (bildl: problem) grubbla över; I'm revolving it in my mind jag grubblar över det 2 vi (föremål) rotera, vrida sig; (planet) kretsa; to ~ around (eg, bildl) cirkla/kretsa runt

re·volv·er |rɪ'vɒlvə'| s revolver

re·volv·ing |rɪ'vɒlvɪŋ| adj (föremål) snurrande, roterande; (planet) kretsande; ~ chair snurrstol; ~ door svängdörr; ~ light blinkfyr; ~ stage vridscen

re·vue |rɪ'vjuː| s (Teat) revy

re·vul·sion |rɪ'vʌlʃən| s (känsla) avsmak, äckel

re·ward |rɪ'wɔːd| 1 s (i allm) belöning; (för hittegods) hittelön; as a ~ for som belöning för 2 vt (med medalj/leende etc) belöna

re·ward·ing |rɪ'wɔːdɪŋ| adj (sysselsättning) givande; (arbete) tacksam

re·wind |'riː'waɪnd| vt (band) spola tillbaka

re·wire |'riː'waɪə'| vt (hus) dra nya ledningar i

re·word |'riː'wɜːd| vt formulera om

re·write |'riː'raɪt| vt (text) skriva om

rhap·so·dy |'ræpsədɪ| s (Mus) rapsodi; (bildl) extas; to go into a ~ råka i extas

rheo·stat |'rɪəˌstæt| s (Elektr) reostat

rhe·sus |'riːsəs| s (äv: ~ monkey) rhesusapa; ~ factor (Med) rhesusfaktor, Rh-faktor

rheto·ric |'retərɪk| s retorik, vältalighet

rhe·tori·cal |rɪ'tɒrɪkəl| adj retorisk; ~ question retorisk fråga

rheu·mat·ic |ruː'mætɪk| adj reumatisk; ~ fever reumatisk feber

rheu·mat·ics |ruːˈmætɪks| *s (vard)* reumatism
rheu·ma·tism |ˈruːmətɪzəm| *s* reumatism
rheu·ma·toid |ˈruːmətɔɪd| *adj* reumatoid; ~ arthritis ledgångsreumatism
Rhine |raɪn| *s:* the ~ Rhen; ~ **wine** *(Am)* rhenvin
rhine·stone |ˈraɪnˌstəʊn| *s (bijouteri)* strass
rhino |ˈraɪnəʊ| *s förk f* **rhinoceros** noshörning
rhi·noc·er·os |raɪˈnɒsərəs| *s (Zool)* noshörning
Rhodes |rəʊdz| *s (ö)* Rhodos
rho·do·den·dron |ˌrəʊdəˈdendrən| *s (Bot)* rhododendron
Rhone |rəʊn| *s:* the R~ Rhône
rhom·bic |ˈrɒmbɪk| *adj (Geom)* rombisk
rhom·bus |ˈrɒmbəs| *s (Geom)* romb
rhu·barb |ˈruːbɑːb| *s (Bot)* rabarber
rhyme |raɪm| **1** *s* **(a)** *(mellan två ord)* rim; **with-out** ~ **or reason** *(bildl)* utan rim och reson **(b)** *(ord som rimmar)* rim(ord) **(c)** *(text)* rim, vers; **nursery** ~ barnramsa **2** *vi* rimma; **to** ~ **with** sth rimma på/med ngt
rhym·ing |ˈraɪmɪŋ| *adj (vers)* rimmad
rhythm |ˈrɪðm| *s* rytm
rhyth·mi·c(al) |ˈrɪðmɪk(əl)| *adj* rytmisk
rhyth·mi·cal·ly |ˈrɪðmɪkəlɪ| *adv* rytmiskt
rib |rɪb| **1** *s* **(a)** *(Anat)* revben; *(nötkött)* högrev; *(kalv-/lamm/kött)* rygg; ~**s of beef** högrev; ~ **of pork** revbensspjäll **(b)** *(i paraply)* spröt; *(i båt)* spant; *(i blad)* nerv; *(i stickad tröja)* ribba **2** *vt* reta(s med), skoja med **3** *vi* sticka resårstickning
rib·ald |ˈrɪbəld| *adj* skabrös, grovkornig
rib·al·dry |ˈrɪbəldrɪ| *s* skabrösa/grovkorniga skämt
rib·bon |ˈrɪbən| *s (i allm)* band; *(till orden)* ordensband; **to tear** sth **to** ~**s** *(eg)* riva ngt i trasor; *(bildl)* slita ngt i stycken; **typewriter** ~ färgband; ~ **development** *(i stad)* bebyggelse längs utfartsvägarna
rib·bing |ˈrɪbɪŋ| *s* resårstickning
rice |raɪs| *s (Bot, Matl)* ris; ~ **pudding** *(ung)* risgrynsgröt
rich |rɪtʃ| *adj (-er, -est) (i allm)* rik; *(jord)* bördig; *(mat)* fet, kraftig; *(färg)* varm, fyllig; **the** ~ de rika; **to be** ~ **in** sth vara rik på ngt; ~ **in calories** kaloririk; **to become/get/grow** ~(**er**) bli rik(are); **that's** ~! *(vard)* det var det löjligaste!
riches |ˈrɪtʃɪz| *spl* rikedom(ar)
rich·ly |ˈrɪtʃlɪ| *adv* **(a)** *(utsmyckad)* rikt, överdådigt; *(belönad)* rikt, rikligen **(b): to** ~ **de-serve** sth i rikt mått förtjäna/ha gjort sig förtjänt av ngt
rich·ness |ˈrɪtʃnɪs| *s (persons)* rikedom; *(hos jord)* bördighet; *(hos mat)* hög fett halt; *(hos färg)* värme; *(hos stoff, tyg)* tjocklek, fyllighet; *(hos smak)* fyllighet
Richter scale |ˈrɪktəˌskeɪl| *s (Geol)* Richterskala
rick[1] |rɪk| **1** *s (av muskel, nacke)* sträckning; *(av fot)* vrickning **2** *vt (muskel, nacke)* sträcka; *(fot)* vricka
rick[2] |rɪk| *s (av hö, halm)* stack
rick·ets |ˈrɪkɪts| *s (Med)* rakitis, engelska sjukan
rick·ety |ˈrɪkɪtɪ| *adj (stol, trappa)* skranglig, vinglig
rick·shaw |ˈrɪkʃɔː| *s* riksha, rickshaw
rico·chet |ˈrɪkəʃeɪ| **1** *s* rikoschett **2** *vi* rikoschettera *(off från)*
rid |rɪd| *imperf, perf part* **rid** *el* **ridded** *vt* **(a): to** ~ **sb/sth of** sth befria ngn/ngt från ngt; **to** ~ **oneself of** sb/sth göra sig kvitt ngn/ngt **(b): to be** ~ **of** sb/sth vara av med ngn/ngt, slippa ngn/ngt **(c): to get** ~ **of** *(snuva, tråkigt sällskap etc)* bli av med; *(föremål)* göra sig av med
rid·dance |ˈrɪdəns| *s:* **good** ~! *(vard)* skönt att bli av med det/honom *etc*!
rid·den |ˈrɪdn| *perf part av* **ride**
rid·dle[1] |ˈrɪdl| *s* gåta

rid·dle[2] |ˈrɪdl| **1** *s (redskap)* (grovt) såll, harpa **2** *vt* **(a)** *(jord, kol)* sålla, harpa **(b): to** ~ **with** *(kulor)* peppra med; ~**d with bullets** genomborrad av kulor; **to be** ~**d with holes** vara full av hål, vara som ett såll
ride |raɪd| *(v: imperf* **rode***, perf part* **ridden**) **1** *s* **(a)** *(på häst etc)* ritt; *(i bil)* åktur; *(på cykel)* cykeltur; **to go for a** ~ göra en ridtur/åktur/cykeltur; **it was a rough** ~ det var en besvärlig ritt/färd; **it's a 10 minute** ~ **on the bus** det tar 10 minuter med bussen; **he gave me a** ~ **into town** han gav mig skjuts in till stan; **to take sb for a** ~ *(eg)* ta med ngn på en åktur; *(bildl: på skoj)* driva med ngn; *(: på allvar)* lura ngn, föra ngn bakom ljuset **(b)** *(att rida på)* ridväg **2** *vt (häst)* rida (på); *(motorcykel)* köra; **to** ~ **a bicycle** cykla; **he rode his horse into town** han red in till stan (på sin häst); **can you** ~ **a bike?** kan du cykla?; **we rode 10 km yesterday** vi red/körde/cyklade 10 km igår; **to** ~ **sb hard** driva ngn hårt, köra (hårt) med ngn; **to** ~ **a good race** *(vid kapplöpning)* rida bra **3** *vi (på häst)* rida; *(med motorcykel)* köra; *(på cykel)* cykla; *(i bil, buss)* åka; **they rode off** de red iväg; **can you** ~? kan du rida?; **she** ~**s every day** hon (är ute och) rider varje dag; **to** ~ **on a bus/in a car/in a train** åka buss/bil/tåg; **he's riding high at the moment** han seglar i medvind för tillfället; **to** ~ **at anchor** *(fartyg)* rida för ankar; **to let things** ~ låta allt ha sin gilla gång
♦ **ride out** *vt + adv (storm: eg o bildl)* rida ut; *(svårighet)* klara sig igenom
♦ **ride up** *vi + adv (plagg)* glida upp
rid·er |ˈraɪdə| *s* **(a)** *(på häst)* ryttare, ryttarinna; *(på cykel)* cyklist; *(på motorcykel)* motorcyklist; **I'm not much of a** ~ jag är inget vidare på att rida **(b)** *(i dokument)* tillägg(sklausul); **with the** ~ **that...** med det tillägget att...; **I must add the** ~ **that...** jag måste tillägga att...
ridge |rɪdʒ| *s (på berg)* (bergs)rygg, (bergs)kam; *(på näsa)* näsrygg; *(på tak)* takås, taknock; *(Jordbr)* tilta; ~ **of high/low pressure** *(Meteorologi)* hög-/låg|trycksrygg
ridge·pole |ˈrɪdʒpəʊl| *s* horisontell tältstång
ridi·cule |ˈrɪdɪkjuːl| **1** *s* åtlöje; **to hold sb/sth up to** ~ göra ngn/ngt till åtlöje, förlöjliga ngn/ngt **2** *vt* förlöjliga, göra till ett åtlöje
ri·dicu·lous |rɪˈdɪkjʊləs| *adj (person, utseende)* löjlig, skrattretande; *(idé)* absurd; **to look** ~ se löjlig ut; **to make oneself (look)** ~ göra sig till ett åtlöje; **don't be** ~! var inte löjlig/fånig!
ri·dicu·lous·ly |rɪˈdɪkjʊləslɪ| *adv* **(a)** *(uppföra sig)* löjligt **(b)** *(med adj)* löjligt, absurt
rid·ing |ˈraɪdɪŋ| *s* ridning; ~ **breeches** ridbyxor; ~ **crop** ridpiska; ~ **habit** riddräkt; ~ **school** ridskola; ~ **whip** ridpiska
rife |raɪf| *adj (vanl om ngt negativt)* utbredd, mycket vanlig; *(stämning)* förhärskande; **to be** ~ **with** sth vara full av/vimla av ngt; **the streets are** ~ **with crime** brottsligheten är utbredd på gatorna
riff |rɪf| *s (Mus)* riff
rif·fle |rɪfl| *vt (bok etc)* bläddra igenom
riff·raff |ˈrɪfræf| *s* slödder, patrask
ri·fle[1] |ˈraɪfl| *s* gevär; ~ **range** *(Mil, på tivoli)* skjutbana
ri·fle[2] |ˈraɪfl| *vt (lägenhet, kassaskista)* plundra
♦ **ri·fle through** *vi + prep (lägenhet, byrålåda)* rota igenom
rift |rɪft| *s (eg, bildl)* spricka; *(i moln)* reva; **there has been a** ~ **between him and his wife** det har uppstått en klyfta mellan honom och hans fru
rig |rɪg| **1** *s* **(a)** *(Sjö)* rigg **(b)** *(= oil* ~*: till lands)* oljerigg, oljeborrtorn; *(: till sjöss)* oljeborrplattform **(c)** *(vard: kläder)* rigg, stass **2** *vt* **(a)** *(Sjö: fartyg)* rigga, tackla **(b)** *(i allm)*

manipulera, fixa; **to ~ an election** bedriva valfusk; **to ~ the market** *(Handel)* manipulera marknaden; **the competition was ~ged** tävlingen var uppgjord (på förhand)

♦ **rig out** *vt + adv (barn: för skolstart etc)* ekipera, skaffa kläder åt; *(person: för särskilt tillfälle)* styra ut

♦ **rig up** *vt + adv (vindskydd etc)* rigga upp; *(bildl: möte etc)* arrangera

rig·ging |'rɪgɪŋ| *s (Sjö)* rigg, riggning

right |raɪt| **1** *adj* **(a)** *(moraliskt)* rätt; **it is not ~ that...** det är inte rätt att...; **it's not ~!** det är inte rätt!; **it is/seems only ~ that...** det är inte mer än rätt att...; **it doesn't seem ~ that...** det är inte riktigt rätt att...; **would it be ~ for me to ask him?** *(enligt etikett)* skulle det vara passande/passa sig om jag frågade honom?; *(moraliskt)* vore det rätt av mig att fråga honom?; **I thought it ~ to...** jag tyckte jag borde...; **and quite ~ too!** (och) det var rätt åt honom/henne *etc*!

(b) *(i förhållande till situationen)* rätt; **to choose the ~ moment for sth/to do sth** välja rätt ögonblick för ngt/att göra ngt; **that's the ~ attitude!** så ska det låta!, det är rätta inställningen!; **to say the ~ thing** säga det rätta; **to do the ~ thing/to do what is ~** göra det rätta, göra det som anses rätt; **to know the ~ people** känna rätt människor, ha de rätta kontakterna; **to get on the ~ side of sb** *(bildl)* komma på god fot med ngn

(c) *(i förhållande till fakta)* rätt, riktig; **~ first time!** (du sa) rätt första gången!; **to get a question ~** svara rätt på en fråga; **let's get it ~ once and for all** låt oss klara upp det/reda ut det en gång för alla; **(yes), that's ~** ja, det är riktigt; **the ~ road/word/answer** rätt väg/ord/svar; **the ~ time** rätt tid; **what's the ~ time?** vad är en rättvis klocka?; **to put a clock ~** ställa en klocka; **to put a situation ~** ställa ngt till rätta; **to put a mistake ~** rätta till ett misstag

(d): to be ~ *(person)* ha rätt; **you're quite ~,** *(vard)* **you're dead ~** du har helt rätt; **you were ~ to come to me** du gjorde rätt som kom till mig

(e) *(om kondition, funktion)* **to be/feel as ~ as rain** må prima, vara pigg som en mört; **to be not quite ~ in the head/in the mind** inte vara riktigt klok; **to be in one's ~ mind** vara vid sina sinnens fulla bruk; **I don't feel quite ~** jag mår inte riktigt bra; **all's ~ with the world** allt står väl till i världen; **it will all come ~ in the end** allt kommer att ordna sig till slut; **my stereo still isn't ~** min stereo fungerar fortfarande inte

(f): all ~! *(vard: instämmande)* kör för det!, all right!, OK!; *(: otåligt)* nu räcker det!; **it's all ~** *(tröstande)* det är ingen fara; **it's all ~ for you!** det går an för dig!; **is it all ~ for me to go at 4?** kan jag gå klockan 4?, är det OK om jag går klockan 4?; **I'm/I feel all ~ now** jag mår fint nu

(g) *(sida)* höger; **I'd give my ~ arm to know...** jag skulle ge min högra hand för att få veta...; **~ wing** *(Sport: position)* högerkant, högerflygel; *(: person)* högerytter; **the ~ wing** *(Pol)* högerflygeln, högern; **~ winger** *(Sport)* högerytter; *(Pol)* högeranhängare

(h) *(Geom: vinkel)* rät; **at ~ angles to/with** i rät vinkel mot

(i) *(vard: förstärkande)* riktig; **a ~ idiot** en riktig idiot; **you're a ~ one to talk** *(iron)* och det ska du säga

2 *adv* **(a)** *(om tid)* just, direkt, precis; *(om plats)* precis, alldeles; **~ now** just nu; **I'll do it ~ now** jag ska göra det med detsamma/direkt; **~ away** med detsamma; **~ off** med en gång, direkt; **~ here** precis här; **he (just) went ~ on talking** han (bara) fortsatte prata; **~ behind/in front of sb** all- deles el precis bakom/framför ngn; **~ at**

the top/bottom of the page allra högst upp/längst ner på sidan; **~ before sb** just före ngn; **~ after sb/sth** direkt efter ngn/ngt; **~ in the middle (of)** precis i mitten (av); **it hit him ~ on the chest** den träffade honom rakt i bröstet; **~ at the end of sth** alldeles/precis i slutet av ngt

(b) *(omfattning)* alldeles, helt; **~ round the building** runt hela byggnaden; **to go ~ back to the beginning of sth** gå tillbaka ända till början av ngt; **to go ~ to the end of the road** köra ända tills vägen tar slut; **to push sth ~ in** trycka ngt ända in; **he read the book ~ through** han läste igenom hela boken

(c) *(i förhållande till fakta etc)* rätt, riktigt; **if I remember ~** om jag minns rätt; **to answer ~** svara rätt; **it's him all ~!** visst är det han!; **to understand sb ~** uppfatta ngn rätt, förstå vad ngn menar

(d) *(i förhållande till situationen)* rätt, riktigt; **to treat sb ~** behandla ngn riktigt; **you did ~ to do it** det var rätt av dig att göra det; **you did ~ to go** du gjorde rätt som gick

(e) *(om kondition, funktion)* bra, ordentligt, som det ska; **everything is going ~** allt går bra/som det ska; **I can't see ~ in these spectacles** jag kan inte se ordentligt med de här glasögonen

(f) *(riktning)* åt höger; **to turn ~** *(med bil etc)* svänga åt höger; *(till fots)* gå till höger; **~, left and centre** *(bildl)* till höger och vänster, överallt; **~ turn!** *(Mil)* höger om!; **Eyes ~!** *(Mil)* åt höger se!

(g) *(i titlar): se* **honourable** *resp* **reverend**

3 *interj* **(a): ~ you are!** *(vard)*, **~ oh!** *(Brit vard)* kör för det!, OK!; **~!** *(Am vard)* just det!, precis!; **(b): ~, who's next?** jaha, vems tur är det nu?; **~ then, let's begin!** bra, då börjar vi då!

4 *s* **(a)** *(moralisk)* rätt; **~ and wrong** rätt och orätt; **to be in the ~** ha rätt, ha rätten på sin sida; **to know ~ from wrong** kunna skilja mellan rätt och orätt; **two wrongs don't make a ~** det går inte att uppväga en oförrätt med en annan

(b) *(Jur etc)* rättighet, rätt; **to have a ~ to sth** ha rätt till ngt; **the ~ to be/say/do sth** rätten att vara/säga/göra ngt; **who gave you the ~ to...?** vem har gett dig rätt/rättighet att ...?; **what ~ have you got to...?** vilken rätt har du att...?; **you have no ~ to...** du har ingen rätt att...; **to own sth in one's own ~** äga ngt själv; **to be sth in one's own ~** vara ngt av egen kraft/genom egna meriter/i sig själv; **~ of way** *(Trafik)* förkörsrätt; *(över annans mark)* rätt att passera; **the path is a public ~ of way** stigen är allmän väg

(c): ~s rättigheter; **human ~s** de mänskliga rättigheterna; **women's ~s** kvinnans rättigheter; **film ~s** *(till en bok etc)* filmrättigheter; **by ~s...** rätteligen...; **to be (well) within one's ~s** ha rätten (helt) på sin sida

(d) *(riktning)* höger sida; *(Boxn)* höger; **to the ~ (of)** till höger (om); **on the ~ (of)** på höger sida (av); **on/to my ~** på min högra sida, till höger om mig; **the R~** *(Pol)* högern

(e): to set el put **sb/sth to ~s** få ngn att må bättre/ställa ngt till rätta

5 *vt (tavla)* rätta till, hänga rakt; *(fel, misstag)* rätta till; *(oförrätt)* gottgöra; *(bil)* räta upp; *(båt)* få på rätt köl; **to ~ oneself** *(person)* resa sig; **to ~ itself** *(fordon)* räta upp sig; *(situation)* rätta till sig, ordna sig

right-angled |'raɪt,æŋgld| *adj (Geom)* rätvinklig; *(kurva)* 90-graders

right·eous |'raɪtʃəs| *adj (person)* rättskaffens, rättfärdig; *(indignation)* rättmätig

right·ful |'raɪtfʊl| *adj (arvinge)* rättmätig; *(ägare)* rätt, rättmätig

right-hand |'raɪthænd| *adj* höger, höger-; **~ drive**

(Motor) högerstyrning; **his ~ man** (bildl: person) hans högra hand; **~ traffic** högertrafik
right-handed ['raɪt'hændɪd] adj (person) högerhänt; (slag) med högern, höger-; (föremål) för högerhänta
right-hander ['raɪt'hændəʳ] s (person) högerhänt person; (slag) högerslag
right·ly ['raɪtlɪ] adv **(a)** (minnas) riktigt, rätt; **I don't ~ know** jag vet inte riktigt; **if I remember ~ om** jag minns rätt **(b)** (anklagas, straffas) med rätta; **~ or wrongly** med rätt eller orätt, vare sig det är rätt eller fel
right-minded [ˌraɪt'maɪndɪd] adj (person) rättsinnad
right-wing ['raɪt,wɪŋ] adj (Pol) höger-, högervriden
rig·id ['rɪdʒɪd] adj (material) styv, stel; (disciplin) sträng; (person: till sinnet) omedgörlig, rigid; (åsikt) rigid; **to be ~ with fear** vara stel av skräck
ri·gid·ity [rɪ'dʒɪdɪtɪ] s (se rigid) styvhet, stelhet; stränghet; omedgörlighet, rigiditet
rig·id·ly ['rɪdʒɪdlɪ] adv (följa regler) strikt; (stå) stelt; **he remains ~ opposed to my ideas** han är fortfarande en orubblig motståndare till mina idéer
rig·ma·role ['rɪgmərəʊl] s (tal) svammel; (procedur) långgrannig historia
rig·or·ous ['rɪgərəs] adj (disciplin) rigorös, sträng; (klimat) hård, bister; (undersökning) rigorös, noggrann
rig·or·ous·ly ['rɪgərəslɪ] adv (upprätthålla disciplin) rigoröst, strängt; (undersöka) rigoröst, noggrant
rig·our, (Am) **rig·or** ['rɪgəʳ] s (i disciplin) hårdhet, stränghet; (i klimat) hårdhet, bisterhet; **~s** (i armé etc) hårda villkor, strapatser; (i vetenskap) stringens
rig-out ['rɪgaʊt] s (vard: kläder) rigg, stass
rile [raɪl] vt (vard) reta, irritera
rim [rɪm] s (på kopp etc) kant; (på hjul) fälg
rime [raɪm] s (litt) rimfrost
rim·less ['rɪmlɪs] adj (glasögon) utan bågar
rind [raɪnd] s (på melon, citron) skal; (på ost) kant, skalk; (på bacon) svål
ring[1] [rɪŋ] **1** s **(a)** (av metall etc) ring; (smycke) ring; **the ~s of a tree** ett träds årsringar; **Saturn's ~s** Saturnus ringar; **to run ~s round sb** (bildl) slå/besegra ngn hur lätt som helst; **~ binder** ringpärm; **~ finger** ringfinger; **~ road** (Brit) ringväg **(b)** (av personer) ring; (bildl: av brottslingar etc) liga; **they were sitting in a ~ de** satt i ring **(c)** (Boxning) ring; (i cirkus) manege **2** vt (plats) omringa; (ord etc på papper) ringa in; (fågel) ringmärka
ring[2] [rɪŋ] (v: imperf **rang**, perf part **rung**) **1** s **(a)** (från klocka) ringning, signal; (i röst) tonfall; **that has the ~ of truth about it** det låter rimligt **(b)** (Brit Tele): **to give sb a ~** ringa ngn, slå en signal till ngn **2** vt **(a)** (klocka) ringa i/med/på; **to ~ the front door bell** ringa 'på (vid) ytterdörren; **to ~ the bells in church** ringa med klockorna i kyrkan; **to ~ the changes** (med kyrkklockor) ringa alla växlingar; (bildl) variera konfekten; **to ~ a bell with sb** (bildl) säga ngn ngt, verka bekant för ngn **(b)** (Brit Tele): **to ~ sb (up)** ringa (upp) ngn, slå en signal till ngn **3** vi **(a)** (klocka) ringa; (person) ringa (på klocka); (ljud) klinga, ljuda; **my ears are ~ing** det ringer i öronen på mig; **to ~ for sb/sth** ringa efter ngn/ngt; **to ~ true/false** (bildl) låta sann/oriktig **(b)** (Brit Tele) ringa; **to ~ long distance** (Tele) ringa ett rikssamtal
♦ **ring back** vt + adv (Brit Tele) ringa tillbaka
♦ **ring off** vi + adv (Brit Tele) lägga på
♦ **ring out** vi + adv (klocka) ljuda, klinga; (skott) ljuda, smälla

♦ **ring up** vt + adv (person) ringa upp, slå en signal till
ring·er ['rɪŋə] s (i kyrka etc) ringare; (Am Sport) deltagare som tävlar under falska förutsättningar; **a (dead) ~ for sb** dubbelgångare till ngn
ring·ing ['rɪŋɪŋ] **1** adj (röst) klingande, ljudlig; **~ tone** (Tele) ringsignal; **in ~ tones** i översvallande ordalag **2** s (av klocka) ringning; (i öron) ringande
ring·leader ['rɪŋ,liːdəʳ] s (för uppror etc) ledare, anstiftare
ring·let ['rɪŋlɪt] s (av hår) lock
ring·master ['rɪŋ,mɑːstəʳ] s cirkusdirektör
ring·side ['rɪŋ,saɪd] s (Boxning) ringside; **to have a ~ seat** (bildl) sitta på första parkett
ring·worm ['rɪŋ,wɜːm] s (Med) revorm
rink [rɪŋk] s (för ishockey) rink; (för skridskoåkning) bana
rinse [rɪns] **1** s (handling) sköljning; (vätska: i allm) sköljmedel; (: för hår) toningsvätska; **mouth ~** munvatten; **to give one's hair a blue ~** tona håret blått **2** vt (kläder) skölja (ur); (disk) skölja (av)
♦ **rinse out** vt + adv (smuts) skölja bort; (kopp) skölja ur; (munnen) skölja
riot ['raɪət] **1** s **(a)** (i allm) upplopp; **to read sb the ~ act** (bildl vard) läsa lagen för ngn; **to run ~** härja vilt; **to put down a ~** slå ner ett upplopp; **police ~** kravallpolis **(b)** orgie (of av); **a ~ of colour** en orgie av färger **(c)** (vard): **the film is a ~** filmen är jätterolig; **she's a ~** hon är helfestlig **2** vi ställa till upplopp
ri·ot·er ['raɪətəʳ] s upprorsmakare, deltagare i upplopp
ri·ot·ous ['raɪətəs] adj (person, folkmassa) upprorisk; (möte) stormig, tumultartad; (fest) vild; (liv) utsvävande; (komedi) våldsamt rolig
ri·ot·ous·ly ['raɪətəslɪ] adv (i allm) våldsamt; **~ funny** våldsamt/hejdlöst rolig
rip [rɪp] **1** s (i tyg etc) reva, rispa **2** vt (tyg) riva sönder; **to ~ sth to pieces** riva ngt i bitar; **to ~ open** (brev) sprätta upp; (paket) slita upp; (sår) riva upp **3** vi rivas/slitas sönder; **to ~ along** (i bil) susa fram; **to let ~** sätta fart/fräs; **to let ~ at sb** (i vrede) ge sig åt ngn; **to let things ~** låta allt ha sin gång
♦ **rip off** vt + adv **(a)** (kläder etc) slita av; (omslagspapper etc) riva av **(b)** (person) skörta upp, lura; (vard: föremål) sno
♦ **rip up** vt + adv (papper) riva sönder
rip·cord ['rɪpkɔːd] s (på fallskärm) utlösningslina
ripe [raɪp] adj (eg, bildl) mogen; **to be ~ for sth** (bildl) vara mogen för ngt; **to live to a ~ old age** leva och ha hälsan; **until/when the time is ~** tills/när tiden är mogen el inne
rip·en ['raɪpən] **1** vt (frukt, ost) låta mogna **2** vi (frukt, ost) mogna
rip-off ['rɪpɒf] s (vard): **it's a ~!** (bildl vard: orimligt dyrt) det är rena stölden/rövarpriset!
ri·poste [rɪ'pɒst] s (i fäktning/replikväxling) ripost
rip·ple ['rɪpl] **1** s **(a)** (på vattenyta) krusning; (i sand) räffla **(b)** **a ~ of laughter** ett (svagt) porlande skratt; **a ~ of applause** en matt applåd **2** vt (vattenyta) krusa **3** vi (vattenyta) krusa sig; (vatten) porla; (sädesfält) bölja
rip-roaring ['rɪp'rɔːrɪŋ] adj (vard: fest) uppsluppen, vild; (framgång) hejdundrande
rise [raɪz] (v: imperf **rose**, perf part **risen** [rɪzn]) **1** s **(a)** (solens) uppgång; (tidvattnets) stigande; (av folkrörelse etc) framväxande; **the ~ and fall of the water** vattnets stigande och sjunkande; **his ~ to power was expected** det var väntat att han skulle komma till makten; **the ~ and fall of sb/sth** ngns/ngts uppgång och fall; **to get a ~ out of sb** (vard) (lyckas) reta ngn **(b)** (av pris, antal)

ökning; **I was given a** ~ *(Brit)* jag fick löneförhöj-ning **(c)** *(nivåskillnad)* stigning, backe; *(plats)* höjd **(d)** *(flods)* källa; **have its** ~ **in** *(flod)* rinna upp i; *(bildl)* ha sin upprinnelse i; **to give** ~ **to sth** ge upphov till ngt, föranleda ngt **2** *vi* **(a)** *(person: från stol etc)* resa sig (upp); *(: på morgonen)* stiga upp; **to** ~ **to one's feet** resa/ställa sig upp; **the House rose** *(Pol: frm)* kammaren avslutade förhandlingarna **(b)** *(so-len, månen)* gå/stiga upp; *(rök)* stiga; *(deg, bröd)* jäsa; *(bildl: humör)* stiga; **the plane rose to 4,000 metres** planet steg till 4 000 meter; **to** ~ **from the ranks** *(Mil)* stiga i graderna, avancera till officer; **to** ~ **from nothing** starta med två tomma händer; **to** ~ **to the surface** *(eg, bildl)* stiga/komma upp till ytan; **to** ~ **to the bait** *(eg, bildl)* nappa på kroken; **to** ~ **above sth** *(bildl)* sätta sig över ngt; **to** ~ **to a higher sum** *(köpare)* bjuda ett högre pris, gå upp i pris **(c)** *(terräng)* stiga **(d)** *(pris, temperatur)* stiga, gå upp; *(antal)* stiga, öka; *(vind)* tillta, öka; *(röst)* höjas

ris·er |'raɪzəʳ| *s*: **to be an early** ~ vara morgontidig av sig; **to be a late** ~ stiga upp sent om morgnarna

ris·ing |'raɪzɪŋ| **1** *adj* **(a)** *(antal)* ökande, stigan-de; *(priser)* stigande; *(ilska, oro, tvivel)* stigande, växande **(b)** *(sol, måne)* uppgående; *(bildl: per-son)* på uppåtgående, i karriären; *(tidvatten)* sti-gande; ~ **damp** *(i hus)* fukt (från marken) **(c)** *(terräng)* stigande **2** *s* *(Pol etc)* resning, uppror

risk |rɪsk| **1** *s* risk, fara; *(person)* risk; **fire/health/ security** ~ brand-/hälso-/säkerhets|risk; **to take a (great)** ~ ta en (stor) risk; **to run the** ~ **of...** löpa risk/riskera att...; **it's not worth the** ~ det är inte värt risken; **to be at** ~ stå på spel; **to put sth at** ~ riskera ngt, sätta ngt på spel; **at one's own** ~ på egen risk; **at the** ~ **of seeming stupid** med risk (för) att verka dum **2** *vt* (= *put at* ~) riskera, våga, sätta på spel; (= *run the* ~ *of*) riskera (att utsätta sig för); **I'll** ~ **it** jag tar risken; **to** ~ **losing/being caught** riskera att förlora/åka fast; **to** ~ **one's neck** *(eg)* riskera livet; *(bildl)* ta (stora) risker

risky |'rɪskɪ| *adj* (-ier, -iest) riskabel; ~ **business** *(vard)* riskabel sak/sysselsättning/bransch *etc*

ri·sot·to |rɪ'zɒtəʊ| *s (Matl)* risotto

ris·qué |'riːskeɪ| *adj (skämt)* vågad

ris·sole |'rɪsəʊl| *s (Matl)* krokett

rite |raɪt| *s* rit; **last** ~**s** sista smörjelsen

ritu·al |'rɪtjʊəl| **1** *adj* rituell; ~ **murder** ritual-mord **2** *s* ritual; **all the usual** ~ *(vard)* den gamla vanliga visan

ritzy |'rɪtsɪ| *adj* (-ier, -iest) *(vard)* flott, elegant

ri·val |'raɪvəl| **1** *adj* konkurrerande, rivaliseran-de **2** *s (i kärlek)* rival; *(i tävling)* medtävlare; *(i affärer)* konkurrent; **to be sb's closest** ~ vara ngns argaste konkurrent/medtävlare/rival **3** *vt* (kunna) tävla med/konkurrera med

ri·val·ry |'raɪvəlrɪ| *s (i kärlek etc)* rivalitet; *(i af-färer)* konkurrens

riv·er |'rɪvəʳ| *s (i allm)* flod; *(i Skandinavien)* älv; *(mindre)* å; *(bildl: av blod etc)* ström; **up/down** ~ uppströms/nedströms; **to sell sb down the** ~ *(vard)* förråda ngn

river·bank |'rɪvəbæŋk| *s* flod|strand/-bank

river·basin |'rɪvəˌbeɪsn| *s* flodbäcken

river·bed |'rɪvəbed| *s* flodbädd

river·side |'rɪvəsaɪd| *s* flodstrand; **by the** ~ vid floden/flodstranden; **a** ~ **inn** ett värdshus vid floden

riv·et |'rɪvɪt| **1** *s* nit **2** *vt* nita (fast); *(bildl: sin uppmärksamhet/blick)* fästa; *(: ngn annans uppmärksamhet)* dra till sig, fånga; **to be** ~**ed to sth** *(bildl: person)* sitta klistrad vid ngt

riv·et·ing |'rɪvɪtɪŋ| *adj (pjäs etc)* fängslande

Rivi·era |rɪvɪ'ɛərə| *s*: **the** ~ Rivieran

rivu·let |'rɪvjʊlɪt| *s* bäck, liten å

RN *s förk f* Royal Navy

roach[1] |rəʊtʃ| *s (fisk)* mört

roach[2] |rəʊtʃ| *s (vard: förk f* **cockroach***)* kacker-lacka; *(: narkotika)* (fimp av) marijuanacigarett

road |rəʊd| *s (eg)* väg, landsväg; *(bildl)* väg; **R~** *(i gatunamn)* -vägen, -gatan; **main** ~ huvudväg; **A~** *(Brit)* huvudväg; **B** ~ *(Brit)* mindre väg; **country** ~ *(mindre)* landsväg; **by** ~ med (last)bil; **across the** ~ tvärs över vägen; **somewhere along the** ~ *(bildl)* någon gång, någonstans på vägen; **to be off the** ~ *(bil)* vara på reparation *el* sönder; **he shouldn't be allowed on the** ~ han borde inte släppas ut på vägarna/i trafiken; **to be on the** ~ *(Teat)* vara på turné; *(handelsresande etc)* vara ute på resa; **to take to the** ~ ge sig ut på luffen; **to have one for the** ~ *(vard)* ta sig en färdknäpp; **to hold the** ~ **well** *(bil)* ha bra väghållning; ~ **accident** trafikolycka; ~ **haulage/transport** landsvägstransport; ~ **manager** *(Mus etc)* tur-némanager; ~ **metal** *(sten)* makadam; ~ **safety** trafiksäkerhet; ~ **sense** väg-/trafik|vett; ~ **show** turnésällskap; ~ **sign** vägmärke; ~ **works** vägarbete

road·bed |'rəʊdbed| *s* vägbank

road·block |'rəʊdblɒk| *s* vägspärr

road·hog |'rəʊdhɒg| *s (vard)* bildrulle

road·man |'rəʊdmæn| *s*, *pl* -men vägarbetare

road·map |'rəʊdmæp| *s* vägkarta

road·mender |'rəʊdˌmendəʳ| *s* vägarbetare

road·roller |'rəʊdˌrəʊləʳ| *s* vägvält, ångvält *(vard)*

road·side |'rəʊdsaɪd| *s* vägkant; **a** ~ **inn** ett värdshus vid vägen

road·sign |'rəʊdsaɪn| *s* vägmärke

road·sweeper |'rəʊdˌswiːpəʳ| *s (person)* gatsopare; *(maskin)* sopmaskin

road·way |'rəʊdweɪ| *s* körbana

road·work |'rəʊdwɜːk| *s (Sport)* löpträning

road·works |'rəʊdwɜːks| *spl* vägarbete

road·worthy |'rəʊdˌwɜːðɪ| *adj (bil etc)* trafikduglig

roam |rəʊm| **1** *vt (gator)* driva omkring på; *(landskap)* ströva omkring i; **to** ~ **the seas** flacka omkring på de sju haven **2** *vi (person: i naturen)* ströva; *(: från plats till plats)* flacka; *(tankar)* glida, vandra; **to** ~ **about** ströva/flacka omkring

roan |rəʊn| *s (häst)* skimmel

roar |rɔːʳ| **1** *s (från lejon etc)* vrål, rytande; *(från folkmassa)* vrål, tjut; *(från eld)* dån; *(av vind)* brus; **great** ~**s of laughter** rungande skrattsal-vor **2** *vi (lejon etc)* vråla, ryta; *(folkmassa)* vråla, tjuta; *(kanoner, åska)* mullra, dåna; **to** ~ **with laughter** gapskratta, tjuta av skratt; **the lorry** ~**ed past** lastbilen dundrade förbi

roar·ing |'rɔːrɪŋ| *adj (lejon)* vrålande, rytande; *(folkmassa)* vrålande, tjutande; **in front of a** ~ **fire** framför en dånande brasa; **it was a** ~ **suc-cess** det var en hejdundrande framgång; **to do a** ~ **trade** göra lysande affärer

roast |rəʊst| **1** *s (Matl)* stek **2** *adj (Matl)* stekt; ~ **beef** rostbiff; ~ **pork** fläskstek; ~ **potatoes** ugnstekt potatis **3** *vt (kött)* ugnsteka, steka på spett; *(kaffe, kastanjer)* rosta; **to** ~ **oneself in the sun** *(bildl)* steka sig i solen **4** *vi (kött)* stekas

rob |rɒb| *vt (person)* råna; *(bank: genom hot)* råna; *(: genom inbrott)* råna, plundra; *(åld)* röva; **to** ~ **sb of sth** *(juveler etc)* råna ngn på ngt; *(bildl: lycka etc)* beröva ngn ngt

rob·ber |'rɒbəʳ| *s* rånare; *(förr)* rövare

rob·bery |'rɒbərɪ| *s (mot person, bank)* rån; *(verksamhet)* röveri, plundring, rån; **it's daylight** ~**!** *(vard: om pris)* det är rena utpressningen

robe |rəʊb| *s* **(a)** bad-/morgon|rock; **bath** ~ bad-rock **(b)** *(Univ)* kappa; *(ofta* ~**s:** *domares)* äm-betsskrud; **Coronation** ~ kröningsdräkt

rob·in [ˈrɒbɪn] s *(rödbröstad fågel: Brit)* rödhake; *(Am)* vandringstrast

ro·bot [ˈrəʊbɒt] s *(i industri etc)* robot; ~ **pilot** autopilot

ro·bust [rəʊˈbʌst] *adj (person)* robust, kraftig; *(material)* robust, stark, stadig

rock[1] [rɒk] s **(a)** *(material)* sten, berg; **a house built on** ~ ett hus byggt på berggrund **(b)** *(föremål)* klippblock; *(Am: äv)* sten **(c)** *(Geogr)* klippa; *(bildl: person)* klippa; **the R**~ Gibraltar; **whisky on the** ~**s** whisky med is; **their marriage is on the** ~**s** *(bildl)* deras äktenskap håller på att spricka; ~ **climbing** *(Sport)* bergsbestigning; ~ **crystal** bergkristall; ~ **face** bergvägg; ~ **garden** stenparti; ~ **plant** stenpartiväxt; ~ **salt** bergsalt **(d)** *(sötsak: Brit)* ~, *(: Am)* ~ **candy** polkagris

rock[2] [rɒk] **1** s **(a)** *(i allm)* gungning, vaggande **(b)** *(Mus)* rock, rock'n'roll **2** *vt (lugnt)* vagga; *(våldsamt)* skaka, gunga; *(: bildl)* skaka, chocka **3** *vi (lugnt)* gunga, vagga; *(våldsamt: i allm)* skaka, gunga; *(: fordon)* kränga; **the train** ~**ed violently** tåget krängde våldsamt

rock-bottom [ˈrɒkˈbɒtəm] s absoluta botten; **to reach/touch** ~ *(pris)* nå absoluta botten; *(person)* nå botten; ~ **prices** absoluta bottenpriser

rock·er [ˈrɒkəʳ] s **(a)** *(detalj: på vagga, gungstol)* med(e); *(Am: möbel)* gungstol; **to be off one's** ~ *(vard)* vara vrickad/från vettet **(b)** *(person: vard: Brit)* skinnknutte; *(: Am)* rocksångare

rock·ery [ˈrɒkərɪ] s stenparti

rock·et [ˈrɒkɪt] **1** s **(a)** raket; ~ **base** raketbas; ~ **launcher** avfyringsramp **(b): to give sb a** ~ *(vard)* ge ngn en avhyvling **2** *vi* flyga som en raket/i raketfart; **to** ~ **to fame** snabbt bli berömd; **prices have** ~**ed** priserna har skjutit i höjden

rock·et·ry [ˈrɒkɪtrɪ] s raketteknik

rock·ing [ˈrɒkɪŋ] *adj* gung-; ~ **chair** gungstol; ~ **horse** gunghäst

rock'n'roll [ˈrɒknˈrəʊl] **1** s rock'n'roll **2** *vi* dansa/spela rock'n'roll

rocky[1] [ˈrɒkɪ] *adj (-ier, -iest) (mark)* stenig; *(område)* klippig; *(bildl)* stenhård

rocky[2] [ˈrɒkɪ] *adj (-ier, -iest) (person)* ostadig, vinglig; *(bildl: situation)* osäker; *(ekonomi, regering)* vacklande

ro·co·co [rəʊˈkəʊkəʊ] **1** *adj* rokoko- **2** s rokoko

rod [rɒd] s *(av trä)* käpp; *(av metall)* stång; *(Tekn)* vevstake; *(= fishing* ~*)* metspö; *(för bestraffning)* spö; **the** ~ *(Skol)* spö, ris; **curtain** ~ gardinstång

rode [rəʊd] *imperf av* **ride**

ro·dent [ˈrəʊdənt] s *(Zool)* gnagare

ro·deo [ˈrəʊdɪəʊ] s *(Am: uppvisning)* rodeo; *(: för märkning etc)* hopdrivning/uppsamling av boskap

roe[1] [rəʊ] s *(äv:* **hard** ~*)* (fisk)rom; **soft** ~ mjölke

roe[2] [rəʊ] s **(a)** *(äv:* ~ **deer)** rådjur **(b):** ~ **deer** *(hondjur)* hind

roe·buck [ˈrəʊbʌk] s råbock

rog·er [ˈrɒdʒəʳ] *interj (Tele)* uppfattat!

rogue [rəʊg] s *(i allm)* skurk, lymmel; *(skämts)* skälm, skojare; ~**'s gallery** förbrytaralbum

ro·guish [ˈrəʊgɪʃ] *adj (barn)* busig, odygdig; *(blick, leende)* skälmsk, spjuveraktig

role [rəʊl] s *(Teat)* roll; *(i allm)* roll, funktion; **supporting** ~ biroll; **to play a** ~ *(bildl)* spela en roll

roll [rəʊl] **1** s **(a)** *(av papper, film, tobak)* rulle; *(av tyg)* rulle, packe; *(av fett)* valk **(b)** *(Matl)* småfranska, fralla *(vard)*; **cheese** ~ ostfranska, ostfralla *(vard)* **(c)** *(med namn etc)* rulla, lista; **electoral** ~ röstlängd; **to have 500 pupils on** ~ ha 500 registrerade elever; **to call the** ~ förrätta/ha upprop; ~ **call** upprop **(d)** *(från kanoner/åska)* muller, dundrande; ~ **of drums** trumvirvel **(e)**

(i gång) rullande; *(fartygs)* rullning; **to walk with a** ~ gå med rullande gång **2** *vt* **(a)** *(boll, tunna, fordon etc på hjul, cigarett)* rulla; **to** ~ **a car to the side of the road** rulla en bil till kanten av vägen; **to** ~ **a stone downhill** rulla en sten nedför en backe; **to** ~ **one's eyes** rulla med ögonen; **to** ~ **one's r's** rulla på r-en **(b)** *(väg, gräsplan)* välta; *(deg)* kavla; *(metall)* valsa; ~**ed gold** gulddoublé **3** *vi* **(a)** *(i allm)* rulla; *(person, djur: avsiktligt)* rulla sig; **it** ~**ed under the chair** den rullade under stolen; **tears** ~**ed down her cheeks** tårarna rullade/strömmade nedför hennes kinder; **to** ~ **in luxury** vältra sig i lyx; **they're** ~**ing in money/in it** *(vard)* de rullar sig i pengar **(b)** *(åska)* mullra; *(trummor)* dundra, mullra **(c)** *(person: av berusning)* vingla; *(sjöman)* gå med rullande gång; *(fartyg)* rulla; *(Flyg)* rolla

♦ **roll about** *vi + adv (boll)* rulla omkring; *(person, djur: i allm)* rulla sig; *(: av smärta)* vrida sig; *(person: av skratt)* vrida sig

♦ **roll away** *vi + adv (boll, fordon)* rulla bort/iväg; *(moln)* dra bort

♦ **roll back** *vt + adv (matta)* rulla undan; *(Mil: fiende)* slå tillbaka

♦ **roll by** *vi + adv (fordon)* rulla/glida förbi; *(år)* gå

♦ **roll in** *vi + adv (pengar, brev)* strömma in; *(vågor)* rulla in; *(vard: person)* ramla in, komma inramlande

♦ **roll on** *vi + adv (tid)* gå (vidare); ~ **on Friday!** *(Brit vard)* åh, vad jag längtar till fredag!

♦ **roll out** *vt + adv (deg)* kavla ut; *(matta)* rulla ut

♦ **roll over** *vi + adv (föremål)* rulla runt; *(person, djur)* rulla runt, vända sig

♦ **roll up** **1** *vt + adv (ärmar)* kavla upp; *(sovsäck etc)* rulla ihop; **to** ~ **oneself up into a ball** rulla ihop sig till en boll **2** *vi + adv* **(a)** *(djur)* rulla ihop sig **(b)** *(bil)* glida/rulla fram *(to* till); *(vard: person)* dyka upp

roller [ˈrəʊləʳ] s **(a)** *(Tekn: i allm)* rulle; *(: i tryckpress)* vals; *(för deg)* brödkavel; *(för målning)* roller; *(Jordbr)* vält; *(= road*~*)* vägvält; *(på bord etc)* hjul; ~ **blind** *(Brit)* rullgardin; ~ **coaster** berg- och dalbana; ~ **skate** rullskridsko **(b)** *(i havet)* dyning

roll·ing [ˈrəʊlɪŋ] *adj (i allm)* rullande; *(landskap)* böljande; ~ **mill** valsverk; ~ **pin** brödkavel; ~ **stock** rullande materiel, vagnpark; ~ **stone** *(bildl)* rastlös person

Ro·man [ˈrəʊmən] **1** *adj* romersk, romar-; ~ **Catholic** *adj* (romersk-)katolsk; s (romersk) katolik; **the** ~ **Empire** romarriket; ~ **law** romersk rätt; ~ **numerals** romerska siffror **2** s *(person)* romare; **r**~ *(Typogr)* antikva

ro·mance [rəʊˈmæns] **1** s **(a)** *(mellan personer)* romans, kärlekshistoria; **a young girl waiting for** ~ en ung flicka som väntar på kärleken **(b)** *(stämning, känsla)* romantik; **the** ~ **of the sea** havets romantik **(c)** *(berättelse: om kärlek)* romantisk berättelse; *(: om äventyr)* äventyrsberättelse; *(: medeltida)* riddarroman; *(Mus)* romans

2 *adj (Språkv):* **R**~ romansk

Ro·man·esque [ˌrəʊməˈnesk] *adj (Arkit)* romansk, rundbåge-

Ro·ma·nia [rəʊˈmeɪnɪə] s, **Ro·ma·nian** [rəʊˈmeɪnɪən] *adj, s (i sht Am)* = **Rumania, Rumanian**

ro·man·tic [rəʊˈmæntɪk] **1** *adj (person, situation)* romantisk; *(person: äv)* orealistisk, överspänd; *(Litt, Konst)* romantisk **2** s *(person)* romantiker

ro·man·ti·cism [rəʊˈmæntɪsɪzəm] s *(riktning inom konst, musik, litteratur)* romantik(en)

ro·man·ti·cize [rəʊˈmæntɪsaɪz] *vt* romantisera-

Roma·ny [ˈrɒmənɪ] **1** *adj* zigensk, zigenar- **2** s

(person) zigenare; *(språk)* romani

Rome |rəʊm| *s* Rom; **when in** ~ **(do as the Romans do)** *(ordspr)* man får ta seden dit man kommer; ~ **was not built in a day** *(ordspr)* Rom byggdes inte på en dag; **all roads lead to** ~ *(ordspr)* alla vägar bär till Rom

romp |rɒmp| **1** *s* vild lek; **to have a** ~ stoja, leka vilt **2** *vi* stoja, leka vilt; **to** ~ **in the grass** tumla om i gräset; **she** ~**ed through the examination** provet gick som en dans för henne; **to** ~ **home** *(i kapplöpning)* vinna lekande lätt

romp·ers |'rɒmpəz| *spl (för barn)* sparkbyxor

roof |ru:f| **1** *s (på hus)* (ytter)tak; *(på bil)* tak; **the** ~ **of the mouth** *(Anat)* gommen; **to have a** ~ **over one's head** ha tak över huvudet; **to live under the same** ~ **as...** bo under samma tak som...; **to raise the** ~ *(i protest)* röra upp himmel och jord; *(av bifall)* få taket att lyfta sig; ~ **garden** tak|trädgård/-terrass; ~ **rack** *(på bil)* takräcke **2** *vt (äv:* ~ **in,** ~ **over)** lägga tak på; **he's** ~**ing the house with tiles** han lägger tegeltak på huset

roof·ing |'ru:fɪŋ| *s* takläggningsmaterial; ~ **felt** takpapp

rook[1] |rʊk| **1** *s (fågel)* råka **2** *vt (vard: person)* skinna, lura (av pengar)

rook[2] |rʊk| *s (Schack)* torn

rook·ery |'rʊkəri| *s (av råkor)* råkkoloni; *(i allm)* fågelkoloni

rookie |'rʊkɪ| *s (Mil vard)* gröngöling, färsking; *(Am Ishockey):* ~ **of the year** årets (mest framstående) nykomling/debutant

room |ru:m, rʊm| *s* **(a)** *(i hus)* rum; **double** ~ dubbelrum; **furnished** ~ möblerat rum; **ladies'** ~ dam|rum/-toalett; **men's** ~ herrtoalett; **they have always lived in** ~**s** de har alltid bott i hyresrum; ~ **and board** kost och logi, mat och husrum; ~ **service** rumsservice; ~ **temperature** rumstemperatur **(b)** *(abstr)* rum, plats; **is there** ~? finns det plats?; **I haven't got** ~ **to move** det är så trångt att jag inte kan röra mig; **is there** ~ **for this/me?** finns det plats för den här/mig?, få den här/jag plats?; **to make** ~ **for sb** göra plats för någon; **standing** ~ **only!** det finns bara ståplatser kvar! **(c)** *(bildl)* utrymme; **there is no** ~ **for doubt** det finns inget utrymme för tvivel; **there is** ~ **for improvement** det finns utrymme för förbättringar

room·er |'ru:məʳ| *s (Am)* hyresgäst (i hyresrum)

room·ette |ru:'met| *s (Am Järnv)* privat sovkupé

rooming-house |'ru:mɪŋ,haʊs| *s (Am)* hus med hyresrum

room·mate |'ru:m,meɪt| *s* rumskamrat; *(äv: i sht Am)* person man delar större bostad med

roomy |'ru:mɪ| *adj (-ier, -iest) (lägenhet, klädesplagg)* rymlig

roost |ru:st| **1** *s (för höna etc)* sittpinne; **to rule the** ~ *(bildl)* vara herre på täppan **2** *vi (fågel: rörelse)* sätta sig för natten; *(: befintlighet)* sitta (uppflugen) och sova; **to come home to** ~ *(bildl: ond gärning etc)* slå/falla tillbaka på en själv; **it's chickens coming home to** ~ synden straffar sig själv

roost·er |'ru:stəʳ| *s (i sht Am)* tupp

root[1] |ru:t| **1** *s (eg)* rot; *(bildl: äv)* upphov, grund; *(Språkv: av ord)* rot; *(Mat)* rot; **square** ~ *(Mat)* kvadratrot; **the** ~ **of the problem is that...** *(bildl)* orsaken till problemet är att...; **her** ~**s are in Wisconsin** hon har sina rötter i Wisconsin; **to put down one's** ~**s in a country** rota sig i ett land; **to take** ~ *(växt)* slå rot; *(idé)* få rotfäste; ~ **beer** *(Am)* läskedryck *smaksatt med örter och rötter* **2** *vt* **(a)** *(växt)* låta slå rot **(b)** *(bildl)* nagla fast; **to be** ~**ed to the spot** stå som fastnaglad/fastvuxen; **a deeply** ~**ed prejudice** en djupt rotad fördom **3** *vi (Bot)* slå rot, rota sig

♦ **root out**[1] *vt + adv (växt, sjukdom)* utrota

root[2] |ru:t| *vi (efter ngt)* rota, böka

♦ **root about** *vi + adv* rota omkring

♦ **root out**[2] *vt + adv (föremål)* leta/rota fram

root[3] |ru:t| *vi (Am vard):* ~ **for** heja på

root·less |'ru:tlɪs| *adj (person etc)* rotlös

rope |rəʊp| **1** *s (i allm)* rep, lina; **to give sb more** ~ *(bildl)* ge ngn friare tyglar; **to know/learn the** ~**s** kunna/lära sig knepen; **a** ~ **of pearls** (långt) pärlhalsband; ~ **ladder** repstege **2** *vt* binda (fast/ihop) med rep; **to** ~ **two things together** binda ihop två föremål med rep

rope·dancer |'rəʊp,dɑːnsəʳ| *s* lindansare

♦ **rope in** *vt + adv (vard: person: i planer etc)* dra in; *(: i aktiviteter)* få att hjälpa till

♦ **rope off** *vt + adv (plats)* spärra av med rep

ropy |'rəʊpɪ| *adj (-ier, -iest) (Brit vard: i kvalitet)* usel, värdelös; *(: i skick)* miserabel, skruttig

ro·sary |'rəʊzərɪ| *s (Rel)* radband; **to say the** ~ läsa sina böner

rose[1] |rəʊz| **1** *s* **(a)** *(Bot: blomma)* ros; *(: buske)* ros(en)buske; *(färg)* rosa, rosenrött; **to grow** ~**s** odla rosor; **life is not a bed of** ~**s** livet är inte (bara) en dans på rosor; **my life isn't all** ~**s** mitt liv är inte alltid så lätt; **the Wars of the R**~**s** *(Hist)* Rosornas krig; ~ **bush** ros(en)buske; ~ **garden** rosen|gård/-plantering; ~ **hip** nypon; ~ **window** rosettfönster **(b)** *(på vattenkanna/ dusch)* stril; *(Arkit: i tak etc)* rosett **2** *adj (=* ~*-coloured)* rosa, rosenröd

rose[2] |rəʊz| *imperf av* **rise**

rose·bed |'rəʊzbed| *s* rosenrabatt

rose·bud |'rəʊzbʌd| *s* rosenknopp

rose-coloured |'rəʊz,kʌləd| *adj (eg, bildl)* rosenröd; **to see sth through** ~ **glasses/spectacles** *(bildl)* se ngt i rosenrött

rose·mary |'rəʊzmərɪ| *s (krydda)* rosmarin

rose-pink |,rəʊz'pɪŋk| *adj* rosa

rose-red |,rəʊz'red| *adj* rosenröd

ro·sette |rəʊ'zet| *s (av band)* rosett, kokard; *(Arkit)* rosett

rose·water |'rəʊz,wɔːtəʳ| *s* rosenvatten

rose·wood |'rəʊzwʊd| *s* rosenträ

ros·in |'rɒzɪn| *s (för stråke etc)* harts

ros·ter |'rɒstəʳ| *s (Mil o i allm)* tjänstgöringslista

ros·trum |'rɒstrəm| *s (för talare)* talarstol; *(i allm: upphöjd del av ett golv)* podium; *(för dirigent)* pult

rosy |'rəʊzɪ| *adj (-ier, -iest) (ansikte)* rosig, rosenkindad; *(kind)* rosig, rödblommig; *(i allm o bildl)* rosenfärgad, rosenröd; *(framtid)* ljus

rot |rɒt| **1** *s* **(a)** *(eg)* röta; **wood affected by** ~ trä angripet av röta, trä som har börjat ruttna **(b)** *(bildl)* misslyckanden; **the** ~ **set in** saker och ting började gå snett; **to stop the** ~ hejda förfallet **(c)** *(vard)* struntprat, smörja; **oh** ~! *(i sht Brit)* sjutton också!; **what** ~! *(i sht Brit)* vilken smörja! **2** *vt* få att ruttna, förstöra **3** *vi (trä)* ruttna/murkna; **to** ~ **away** *(trä)* ruttna bort; **to** ~ **in jail** *(person)* ruttna bort i fängelse

rota |'rəʊtə| *s (i sht Brit)* arbetsschema

ro·ta·ry |'rəʊtərɪ| *adj (rörelse)* roterande; *(tryckpress)* rotations-; **R**~ **club** rotaryklubb

ro·tate |rəʊ'teɪt| **1** *vt (föremål)* rotera, snurra/ vrida på; *(personal)* låta rotera/cirkulera, låta byta arbetsplats; **to** ~ **crops** *(Jordbr)* bedriva växelbruk **2** *vi (föremål)* rotera; *(uppdrag)* rotera, gå runt, cirkulera

ro·ta·tion |rəʊ'teɪʃən| *s* **(a)** *(Tekn etc)* rotation; **3** ~**s a second** 3 varv i sekunden **(b)** *(Jordbr):* ~ **of crops** växelbruk **(c)** växelföljd; **in** ~ **i** tur och ordning; **orders are dealt with in strict** ~ order expedieras i strikt turordning; **the** ~ **of the seasons** årstidernas växlingar

rote |rəʊt| *s:* **to learn sth by** ~ lära sig ngt utantill

rot·gut |'rɒtgʌt| s (vard: billig sprit) rävgift

ro·tor |'rəʊtə'| s rotor

rot·ten |'rɒtn| adj **(a)** (kött) rutten, skämd; (trä) rutten, murken; (tand) trasig **(b)** (bildl: person, samhälle) rutten; (vard: idé, bok, föremål) värdelös, urusel; **what a ~ thing to do!** så ruttet att göra på det viset!; **it's a ~ novel** det är en erbarmligt dålig roman; **I feel ~** (fysiskt) jag mår visset; (moraliskt) jag känner mig rutten

ro·tund |rəʊ'tʌnd| adj (person) rund, knubbig

rou·ble, (i sht Am) **ru·ble** |'ruːbl| s (myntslag) rubel

rouge |ruːʒ| s (smink) rouge

rough |rʌf| **1** adj (-er, -est) **(a)** (yta) ojämn, skrovlig; (markyta, väg) ojämn, knagglig; (hy) strä; (hand) sträv, grov; (papper, tyg) grov; (kant) vass **(b)** (behandling) hård(hänt); (person, uppförande) ohyfsad; (röst) grov, sträv; (vin) sträv (i smaken); (mat, liv) primitiv, enkel; (Sjö) stormig, gropig; (väder) hård, svår; (lek, sport) våldsam; **it is ~ on her** det är hårda bud för henne; **to get ~** (Sjö) blåsa upp, bli grov sjö; **~ diamond** (eg) oslipad diamant; (bildl) rå men godhjärtad person; **to feel ~** (vard) må dåligt **(c)** (beräkning etc) ungefärlig; (plan etc) i grova drag; **~ copy** kladd; **~ draft** utkast; **~ guess** lös gissning; **~ idea** ungefärlig uppfattning; **~ translation** råöversättning **2** adv: **to cut up ~** (vard) ilskna till, börja gruffa; **to sleep ~** sova primitivt, (i sht) sova under bar himmel; **to play ~** (Sport) spela ojuste, ruffa **3** s **(a)** (person) buse, råskinn **(b): to take the ~ with the smooth** ta det onda med det goda **(c): in the ~** i grova drag **(d)** (Golf) ruff **4** vt: **to ~ it** leva primitivt

♦ **rough out** vt + adv (plan etc) skissera, göra utkast till

♦ **rough up** vt + adv (hår) rufsa till; **to ~ sb up** (vard) klå upp ngn

rough·age |'rʌfɪdʒ| s kostfibrer

rough-and-ready |,rʌfənd'redɪ| adj (metod, beräkning) grov, grovt tillyxad, snabb-; (utrustning) enkel, primitiv

rough-and-tumble |,rʌfən'tʌmbl| s slagsmål, bråk; **the ~ of life** livets hårda tag

rough·en |'rʌfn| **1** vt (se rough 1) göra grov/ojämn etc **2** vi bli grov/ojämn etc

rough-hewn |'rʌf'hjuːn| adj (sten, ansikte) grovhuggen

rough·house |'rʌfhaʊs| s (vard) råkurr, slagsmål

rough·ly |'rʌflɪ| adv **(a)** (behandla) hårt, omilt, hårdhänt; (uppträda) ohyfsat; (beräkna) grovt, ungefärligt **(b)** (vid beräkna antal etc) ungefär, cirka; **~ speaking** i runt tal, i stort sett; **I put it at ~ 250** jag uppskattar det till cirka 250

rough·neck |'rʌf,nek| s (Am vard: i allm) råskinn, buse; (: yrke) grovjobbare på oljeborrtorn

rough·ness |'rʌfnɪs| s **(a)** (hos yta) skrovlighet, ojämnhet; (hos hand) strävhet; (hos papper, tyg) grovhet **(b)** (i behandling) omildhet; (i röst) hårdhet, strävhet; (i liv/förhållande) primitivitet, enkelhet; **the ~ of the sea** den sträva sjögången, den gropiga sjön; **the ~ of his behaviour** det ohyfsade i hans uppförande, hans ohyfsade uppförande

rough·shod |'rʌfʃɒd| adv: **to ride ~ over sb** topprida/trampa ner ngn; **to ride ~ over a suggestion** förkasta ett förslag

rou·lette |ruː'let| s (spel) rulett

round |raʊnd| **1** adj **(a)** (till formen: som en boll) rund, klotrund; (: som ett mynt) rund, cirkelrund; (: som en tunna) rund, cylindrisk; (: person) rund, trind, knubbig; **~ robin** (Pol etc) protestbrev (i sht med underskrifterna i en cirkel); (Am) tävling där alla möter alla; **~ table** rundabordsdiskussion; **~ trip** (Am) tur och retur-resa; **the ~ trip** hela resan (inklusive återresan) **(b)** (om summa) jämn, rund, avrundad; (om beräknad summa) rund, ungefärlig; **in ~ figures** i runda tal

2 adv (rörelse) runt; (läge) runt(om), (runt)omkring; **the wheels go ~** hjulen snurrar runt; **there is a fence all ~** det är staket runtom; **~ here** här omkring; **the other way ~** åt/på andra hållet; **all year ~** året om, hela året; **to ask sb ~** bjuda hem ngn; **we were ~ at my sister's** vi var hemma hos min syster; **the long way ~** den långa vägen

3 prep **(a)** (befintlighet, riktning) runt; **~ the world** jorden runt; **~ the table** runt bordet; **all ~ the house** (inomhus) i hela huset; (utanför) runt hela huset; **it's just ~ the corner** det är alldeles runt/om hörnet; **to look ~ the shop** se sig omkring i affären; **~ the clock** dygnet runt; **wear it ~ your neck** ha den runt/om halsen **(b)** (Brit: vid tids-/måttsuttryck: äv: ~ about) omkring; **it costs ~ about £400** den kostar omkring 400 pund; **she arrived ~ 2 o'clock** hon kom vid tvåtiden

4 s **(a)** (föremål: i allm) (rund) skiva; (av bröd) skiva; (av kött) lårstycke; **~ of beef** (bröd med pålägg) oxköttssmörgås; (köttstycke) lårstycke av oxkött **(b)** (mjölkbuds) runda; (brevbärares) tur; **to do a paper ~** bära ut tidningar; **the doctor's on his ~s** doktorn går ronden/är på hembesök; **the story went the ~s** historien cirkulerade/gick runt; **the daily ~** (bildl) vardagsbestyren **(c)** (Boxning) rond; (Golf) runda; (i tävling) omgång; (Hästhoppning): **there have been 5 clear ~s** fem har ridit felfritt; **~ of talks** förhandlingsomgång; **the first ~ of the elections** första valomgången **(d)** (av drinkar) omgång; **it's my ~** det är min tur att bjuda; **~ (of ammunition)** skott; **~ of applause** applåd **5** vt **(a)** (läppar) runda; (hörn) runda av **(b)** (Sjö: udde) runda, gå/segla runt; (i bil etc) runda, köra/svänga runt

♦ **round down** vt + adv (summa, pris) runda av nedåt

♦ **round off** vt + adv **(a)** (aktivitet) avrunda, avsluta; **to ~ off the evening** avrunda kvällen **(b)** (hörn, kant, summa) runda av

♦ **round on** vi + prep: **to ~ on sb** ge sig på ngn, angripa ngn

♦ **round up** vt + adv **(a)** (boskap) driva ihop; (vänner etc) samla ihop; (brottslingar) gripa, göra razzia mot (och gripa) **(b)** (summa, pris) runda av uppåt

round·about |'raʊndəbaʊt| **1** adj (i allm) indirekt; **~ route/way** omväg; **in a ~ way** (bildl) på omvägar; **to speak in a ~ way** tala i förtäckta ordalag **2** s (Brit: på tivoli) karusell; (Brit Trafik) rondell

round·eyed |'raʊndaɪd| adj (av förvåning etc) storögd

round·house |'raʊndhaʊs| s (Järnv) lokstall med vändskiva

round·ly |'raʊndlɪ| adv (kritisera etc) öppet, utan omsvep; (besegra) grundligt

round·ness |'raʊndnɪs| s (i allm) rundhet; (hos person) rundhet, knubbighet, trindhet

round-shouldered |,raʊnd'ʃəʊldəd| adj kutryggig

round-the-clock |'raʊndðə'klɒk| adj dygnetrunt-, som pågår hela dygnet

round·up |'raʊndʌp| s (av boskap) hopdrivning; (mot brottslingar etc) razzia; (av nyheter etc) sammandrag, sammanfattning; **a ~ of the latest news** ett sammandrag av de senaste nyheterna

rouse |raʊz| vt (person) väcka; (känsla, intresse)

väcka; *(fantasi)* sätta i rörelse; **to ~ sb to action** få ngn att handla, få fart på ngn; **to ~ sb to fury** reta upp ngn; **to ~ oneself** rycka upp sig

rous·ing |'raʊzɪŋ| *adj (tal)* eldande; *(sång etc)* medryckande; *(bifall)* stormande

rout[1] |raʊt| **1** *s* förkrossande nederlag **2** *vt* driva på flykten

rout[2] |raʊt| *vi:* **~ about** rota, böka

♦ **rout out** *vt* + *adv (föremål)* rota/gräva fram; *(person)* driva ut; **to ~ sb out of bed** köra upp ngn ur sängen

route |ruːt, *(i sht Am)* raʊt| *s* rutt, färdväg; **the best ~ to London** bästa vägen till London; **to go by a new ~** åka en ny väg; **bus/air ~** buss-/flyg|linje; **shipping ~** trad

rou·tine |ruːˈtiːn| **1** *s (i allm)* rutin, vanlig arbetsgång; *(Teat: i sht dans)* nummer; **it's the same old ~** det är gammal slentrian **2** *adj* rutin-, rutinmässig; **~ inspection** rutininspektion

rove |raʊv| **1** *vt (skog etc)* ströva omkring i; *(gator)* driva omkring på **2** *vi* ströva/vandra (omkring); **his eye ~d over the room** hans blick vandrade runt i rummet

rov·er |'raʊvə'| *s (eg)* vandrare; *(bildl)* rastlös person

rov·ing |'raʊvɪŋ| *adj* kringvandrande, kringflackande; **to have a ~ commission** resa mycket i arbetet; **he has a ~ eye** *(eg)* han har en irrande blick; *(bildl)* han tittar efter alla flickor

row[1] |raʊ| *s (av föremål)* rad; *(på teater etc)* bänk; **in a ~** *(personer)* bredvid varandra; **in the front ~** *(i allm)* i första raden; *(Teat)* på första bänk; **for 5 days in a ~** 5 dagar i sträck/följd/rad; **~ house** *(Am)* radhus

row[2] |raʊ| **1** *s* rodd(tur); **to go for a ~** ta en roddtur; **it was a hard ~ to the shore** det var en hård/jobbig rodd till stranden **2** *vt (båt)* ro; **to ~ sb across a river** ro ngn över en flod **3** *vi (i båt)* ro; **we ~ed for the shore** vi rodde mot stranden

row[3] |raʊ| **1** *s* **(a)** *(ljud)* oväsen, liv; **to make a ~** föra oväsen/liv **(b)** *(mellan personer)* gräl, bråk; **to have a ~** gräla, bråka; **the ~ about wages** bråket/striden om lönerna **(c)** *(om fel etc)* bråk; **to kick up a ~,** **to make a ~** *(vard)* ställa till bråk, protestera (vilt) **(d): to get into a ~** få en utskällning **2** *vi* gräla, bråka; **they're always ~ing** de grälar/bråkar alltid

ro·wan |'raʊən| *s (äv: ~ tree)* rönn; *(äv: ~berry)* rönnbär

row·boat |'raʊ'baʊt| *s (Am)* roddbåt

row·dy |'raʊdɪ| **1** *adj* (**-ier, -iest**) *(person, möte)* bråkig **2** *s* bråkmakare, slagskämpe

row·dy·ism |'raʊdɪɪzəm| *s* busliv

row·er |'raʊə'| *s* roddare

row·ing |'raʊɪŋ| *s* rodd; **~ boat** roddbåt

row·lock |'rɒlək, raʊlɒk| *s (Brit)* årtull

roy·al |'rɔɪəl| **1** *adj* **(a)** *(i allm)* kunglig, kunga-; **the R~ Navy/Air Force** Flottan/Flygvapnet; **~ blue** kungsblått; **R~ Highness** kunglig höghet **(b)** *(mottagande etc)* kunglig, storartad; **to have a right ~ time** *(Brit)* roa sig kungligt **2** *s* kunglig person; **the ~s** de kungliga, kungligheterna

roy·al·ist |'rɔɪəlɪst| **1** *adj* rojalist-, rojalistisk **2** *s* rojalist

roy·al·ly |'rɔɪəlɪ| *adv (behandlas etc)* kungligt, furstligt

roy·al·ty |'rɔɪəltɪ| *s* **(a)** *(personer)* kungligheter; *(individ)* kunglig person; *(abstr)* kunglighet, kungavärdighet **(b)** *(för bok etc: äv:* **royalties)** royalty; **royalties on oil** royalties för oljeutvinning

rpm *förk (= revs per minute)* varv i minuten, rpm *(spec)*

RSVP *förk (= répondez s'il vous plait)* o.s.a.

Rt Hon *förk f* **Right Honourable** *se* **honourable**

rub |rʌb| **1** *s* **(a)** *(i allm)* gnidning; **to give sth a ~** gnida av ngt lite, putsa till ngt lite; **to give sb's back a ~** borsta ngn på ryggen **(b): the ~** stötestenen, problemet **2** *vt (i allm)* gnida; *(sko: mot huden etc)* skava; *(golv)* skrubba; *(silver etc)* putsa, polera; **to ~ one's hands together** gnugga händerna, gnida händerna mot varandra; **to ~ sb up the wrong way** *(bildl)* irritera ngn, stryka ngn mothårs **3** *vi:* **to ~ against sth, to ~ on sth** *(katt)* gnida sig mot ngt; *(dörr)* skava mot ngt

♦ **rub along** *vi* + *adv (vard)* hanka sig fram; **to ~ along together** komma ganska bra överens; **to ~ along with sb** komma ganska bra överens med ngn

♦ **rub down** *vt* + *adv* **(a)** *(i allm)* gnugga ren; *(häst)* rykta; **to ~ oneself down** frottera sig *(eg)* **(b)** *(dörr, vägg etc)* slipa av

♦ **rub in** *vt* + *adv (kräm, salva etc)* gnida in; **don't ~ it in!** *(vard)* tjata inte om det! du behöver inte påminna mig om det!

♦ **rub off** **1** *vt* + *prep (skrift)* sudda ut/bort; *(smuts etc)* gnida av **2** *vi* + *adv (eg: färg)* skrapas/nötas av; *(: mönster)* nötas/suddas ut; **to ~ off on sb** *(bildl: åsikter, kunskaper, beteende)* smitta av sig på ngn

♦ **rub out** *vt* + *adv (skrift)* sudda ut

♦ **rub up** *vt* + *adv (silver etc)* putsa upp

rub·ber[1] |'rʌbə'| *s (material)* gummi; *(i sht Brit: för skrift)* radergummi; *(i sht Am vard:* preventivmedel) kondom, gummi; **~s** *(i sht Am: skodon)* galoscher; **~ ball** gummiboll; **~ band** gummiband; **~ boots** gummistövlar; **~ dinghy** gummibåt; **~ industry** gummiindustri; **~ stamp** gummistämpel

rub·ber[2] |'rʌbə'| *s (Bridge etc)* robbert, spel

rub·ber·neck |'rʌbə‚nek| *(vard)* **1** *s* nyfiken person/turist **2** *vi* glo, stirra (åt alla håll)

rub·bery |'rʌbərɪ| *adj* gummi-, gummiliknande, seg som gummi

rub·bish |'rʌbɪʃ| *s* **(a)** *(från hushåll etc)* sopor, avfall; **~ dump** soptipp; **~ heap** sophög **(b)** *(bildl: vara)* skräp; *(: film etc)* smörja; *(: ngt sagt)* nonsens, strunt(prat); **he talks a lot of ~** han pratar en massa smörja

rub·bishy |'rʌbɪʃɪ| *adj (bildl: vara, film etc)* skräp-, strunt-

rub·ble |'rʌbl| *s (för vägbyggnad etc)* stenskärv, krossad sten; *(efter rasat hus etc)* spillror, grushög

rub·down |'rʌbdaʊn| *s (av yta)* avputsning, avslipning; *(av person)* avrivning, frottering

ru·bel·la |ruːˈbelə| *s (Med)* röda hund

ru·beo·la |ruːˈbiːələ| *s (Med)* mässling(en)

ru·bi·cund |'ruːbɪkɒnd| *adj (ansikte)* rödblommig

ru·ble |'ruːbəl| *s* = **rouble**

ruby |'ruːbɪ| **1** *s (ädelsten)* rubin; *(färg)* rubinrött **2** *adj (färg)* rubinröd

ruck |rʌk| *(äv: ~ up)* **1** *vt* skrynkla till **2** *vi* skrynklas till

ruck·sack |'rʌksæk| *s* ryggsäck

ruck·us |'rʌkəs| *s (i sht Am: vard)* bråk, ståhej

ruc·tion |'rʌkʃən| *s (vard)* bråk, gräl; **there will be ~s** det kommer att bli bråk

rud·der |'rʌdə'| *s (Sjö)* roder; *(Flyg)* sidroder

rud·dy[1] |'rʌdɪ| *adj* (**-ier, -iest**) *(hy)* rödblommig; *(himmel)* röd(aktig)

rud·dy[2] |'rʌdɪ| *adj* (**-ier, -iest**) *(Brit eufem f* **bloody)** förbaskad, jäkla

rude |ruːd| *adj* **(a)** *(person, uppförande)* oförskämd, ohyfsad; **to be ~ to sb** vara oförskämd/ohövlig mot ngn; **it's ~ to eat noisily** det är ohyfsat att smacka när man äter; **how ~!** så oförskämt! **(b)** *(skämt)* oanständig; *(ord)*

ful (c) *(upplevelse)* häftig, våldsam; **a** ~ **awakening** *(bildl)* ett smärtsamt uppvaknande (d): **to be in** ~ **health** vara vid bästa hälsa (e) *(folk, byggnad)* primitiv
rude·ly |'ru:dlɪ| *adv (uppföra sig)* oförskämt, ohyfsat; **he was** ~ **awakened** *(eg)* han blev brutalt väckt; *(bildl)* han fick ett smärtsamt uppvaknande
rude·ness |'ru:dnɪs| s *(hos person)* oförskämdhet, ohövlighet; *(i skämt)* oanständighet
ru·di·men·ta·ry |‚ru:dɪ'mentərɪ| *adj (Biol)* rudimentär, outvecklad; *(bildl: kunskap)* elementär
ru·di·ments |'ru:dɪmənts| *spl*: **the** ~ de första grunderna, grunddragen
rue·ful |'ru:fʊl| *adj (blick, leende etc)* bedrövad, nedslagen, ångerfull
ruff |rʌf| s *(på klädesplagg)* pipkrage; *(Zool)* halskrage, fjäderprydnad
ruf·fle |'rʌfl| 1 s *(till plagg)* krås, rysch 2 *vt (vattenyta)* krusa; *(hår)* rufsa till; *(fjädrar)* burra upp; *(person)* reta, förarga; **nothing** ~**s him** inget kan bringa honom ur fattningen
rug |rʌg| s *(till golv)* (liten) matta; *(för resa etc)* (res)pläd
rug·by |'rʌgbɪ| 1 s *(sport)* rugby; ~ **league** professionell rugby; ~ **union** amatörrugby
rug·ged |'rʌgɪd| *adj (terräng)* oländig; *(kust)* klippig, sönderskuren; *(ansikte)* fårad väderbiten; *(personlighet)* kärv, bister
rug·ger |'rʌgər| s *(vard)* = **rugby**
ruin |'ru:ɪn| 1 s (a) *(efter byggnad)* ruin; ~**s** ruiner; **to be in** ~**s** ligga i ruiner; **to fall into** ~ falla i ruiner (b) *(bildl)* ruin, undergång; *(moraliskt)* fördärv, förfall; **to bring sb to** ~ störta ngn i fördärvet; **it will be the** ~ **of him** det blir hans fördärv; ~ **stared us in the face** *(ekonomiskt)* vi stod på ruinens brant 2 *vt (stad, hälsa)* ödelägga, förstöra; *(ngns nöje, chanser)* fördärva, spoliera; *(person: ekonomiskt)* ruinera; **gambling** ~**ed him** han ruinerade sig på (hasard)spel; **he** ~**ed my new car** han förstörde min nya bil
ru·ina·tion |‚ru:ɪ'neɪʃən| s *(ekonomisk)* ruin; *(i allm)* fördärv, undergång
ru·in·ous |'ru:ɪnəs| *adj (krig)* förödande; *(pris, vara)* ruinerande
rule |ru:l| 1 s (a) *(ngt bestämt)* regel, bestämmelse; *(i spel, sport)* regel; ~**s** *(för förening)* stadgar; ~**s of the road** trafikreglerna; ~**s and regulations** regler och föreskrifter; **it's against the** ~**s** det är mot reglerna (b) *(som är brukligt)* regel, vana, norm; **as a** ~ i regel; **that's the** ~ så brukar det vara; **to make it a** ~ **to do sth** ta för vana att göra ngt; *se äv* **work 3 a** (c) *(härskares)* styre, herravälde; **under British** ~ under brittiskt styre (d) *(mätinstrument)* tumstock, måttstock 2 *vt* (a) *(över land etc: äv:* ~ **over**) regera (över), styra; *(bildl)* behärska (b) *(Jur)* förordna, stadga, bestämma; **to** ~ **that...** bestämma att... (c) *(papper)* linjera; ~**d paper** linjerat papper 3 *vi* (a) *(härskare)* regera (b) *(Jur)* meddela utslag; **to** ~ **against sth** *(Jur)* avslå ngt
♦ **rule out** *vt + adv (person, alternativ)* utesluta; **the age limit** ~**s him out** han faller för åldersstrecket
rul·er |'ru:lər| s (a) *(person)* härskare (b) *(föremål)* linjal
rul·ing |'ru:lɪŋ| 1 *adj (klass)* härskande, regerande; *(intresse)* dominerande; **her** ~ **passion** hennes stora passion; **the** ~ **classes** de härskande klasserna 2 s *(Jur)* avgörande, utslag; **to give a** ~ **on a dispute** fälla ett utslag i en tvist
rum[1] |rʌm| s *(dryck)* rom
rum[2] |rʌm| *adj (vard: person, händelse)* besynnerlig, konstig

Ru·ma·nia |ru:'meɪnɪə| s *(i sht Brit)* Rumänien
Ru·ma·nian |ru:'meɪnɪən| *(i sht Brit)* 1 *adj* rumänsk 2 s *(person)* rumän; *(språk)* rumänska
rum·ba |'rʌmbə| 1 s *(dans)* rumba 2 *vi* dansa rumba
rum·ble[1] |'rʌmbl| 1 s (a) *(från åska)* muller, dån; *(från trafik)* dån; *(från mage)* kurrande, knorrande (b) *(i tåg: i tvåsitsig bil: äv:* ~ **seat**) uppfällbart extra passagerarsäte 2 *vi (åska, kanoner)* mullra, dåna; *(mage)* kurra, knorra; **the train** ~**d past** tåget dundrade förbi
rum·ble[2] |'rʌmbl| *vt (Brit vard: person)* genomskåda
rum·bling |'rʌmblɪŋ| s *(ljud)* mullrande, dån; ~(**s**) *(om ngt/ngn)* rykten, prat; *(mot ngt/ngn)* knorrande; ~**s of discontent** missnöjesyttringar; **there's a** ~ **in my stomach** det kurrar i magen på mig
rum·bus·tious |rʌm'bʌstʃəs| *adj (i sht Brit: person, uppförande)* bullrande, stojande
ru·mi·nant |'ru:mɪnənt| s *(Zool)* idisslare
ru·mi·nate |'ru:mɪneɪt| *vi* (a) *(djur)* idissla (b) *(bildl: människa)* fundera, grubbla *(about/over/upon* på, över)
ru·mi·na·tion |‚ru:mɪ'neɪʃən| s *(djurs)* idisslande; *(människas)* grubblande, funderande; ~**s** grubblerier, funderingar
rum·mage |'rʌmɪdʒ| 1 *vt* leta/rota igenom 2 *vi* leta, snoka, rota; **to** ~ **through sth** snoka/leta igenom ngt; **he** ~**d about in his case for his lighter** han rotade efter sin tändare i portföljen
rum·my |'rʌmɪ| s *(kortspel)* rummy
ru·mour, *(Am)* **ru·mor** |'ru:mər| 1 s rykte; ~ **has it that...** enligt ryktet (så)..., det ryktas att... 2 *vt*: **it is** ~**ed that...** det ryktas att...
rump |rʌmp| s *(Anat: av häst etc)* bakdel, rumpa; *(vard: på människa)* bak, rumpa; *(Matl: ung)* tjock fransyska
rum·ple |'rʌmpl| *vt (kläder)* skrynkla till; *(hår)* rufsa till
rump·steak |'rʌmp'steɪk| s rumpstek
rum·pus |'rʌmpəs| s *(vard)* bråk, uppträde; **to kick up a** ~ ställa till bråk; ~ **room** *(Am: för lek, fester etc)* gillestuga
run |rʌn| (*v: imperf* **ran**, *perf part* **run**) 1 s (a) *(tävling)* lopp; *(i allm)* löptur, språngmarsch; **to go for a** ~ ge sig ut och springa; **she broke into a** ~ hon började springa; **at a** ~ i språngmarsch, springande; **to have a** ~ **before breakfast** springa en runda före frukost; **a prisoner on the** ~ en förrymd fånge; **to keep sb on the** ~ hålla ngn på språng/i gång; **we've got them on the** ~ **now** *(eg)* vi har drivit dem på flykten nu; *(bildl)* vi har övertaget nu; **to make a** ~ **for it** *(försöka rymma/klara sig genom att)* springa; **to give sb a** ~ **for their money** ge ngn valuta för pengarna; **to have the** ~ **of sb's house** ha fri tillgång till ngns hus
(b) *(i bil etc)* tur, tripp; *(bestämd färdväg)* rutt; **trial** ~ provtur; **it's a 3-hour** ~ **to London** *(med tåg, bil etc)* det är tre timmars resa till London; **let's go for a** ~ **down to the coast** låt oss köra en tur ner till kusten; **the Calais** ~ Calais-rutten
(c) *(av händelser, föremål)* följd, serie; *(Kortsp)* svit; *(Mus)* löpning; **to have a** ~ **of luck** ha en rad framgångar, ha turen med sig ett tag; **the common** ~ den vanliga sorten, det vanliga; **it stands out from the general** ~ **of books** den skiljer sig från den vanliga sortens böcker; **the play had a long** ~ pjäsen gick länge; **in the long** ~ i det långa loppet, på lång sikt; **in the short** ~ på kort sikt
(d) *(Handel)* stegrad efterfrågan, köp-/säljtryck; **there was a** ~ **on sugar** det blev rusning efter/kraftigt stegrad efterfrågan på socker; **a** ~ **on sterling** massförsäljning av engelska

pund; **a** ~ **on a bank** massuttag från en bank
(**e**) *(för djur)* inhägnad
(**f**) *(i strumpa)* (löp)maska
2 *vt* (**a**) *(lopp, sträcka)* springa; **the race is** ~ **over 4 km** loppet är på 4 km; **let things** ~ **their course** låta saker och ting ha sin gilla gång; **to** ~ **a horse** låta en häst delta i en kapplöpning
(**b**) *(person, bil etc)* köra; **to** ~ **sb into town** köra ngn in till stan; **to** ~ **a car into a lamppost** köra på en lyktstolpe med en bil; **to** ~ **errands** gå ärenden *(for* åt); **to** ~ **a red light** köra mot rött ljus
(**c**) *(företag)* sköta, driva; *(land)* styra; *(kurs)* leda, hålla; *(kampanj)* driva, genomföra; **she** ~**s everything** hon sköter allting; **to** ~ **a candidate** *(i sht Am)* ställa upp med en kandidat
(**d**) *(om person: maskin etc)* sköta; *(buss, tåg etc)* sätta/ha i trafik; **they ran an extra train** de satte in ett extratåg; **how many cars does your family** ~? hur många bilar har ni i er familj?
(**e**) *(i diverse uttryck)*: **to be** ~ **off one's feet** springa benen av sig; **to** ~ **it close/fine** vara sent ute, vara ute i sista sekunden; **to** ~ **a (high) temperature** ha (hög) feber; **to** ~ **a risk** *(frivilligt)* ta en risk; *(ofrivilligt)* löpa en risk
(**f**) *(med adv el prep)*: **to** ~ **after sb/sth** *(vard)* springa efter *el* jaga ngn/ngt; **to** ~ **one's eye over a letter** låta ögat löpa över ett brev, ögna igenom ett brev; **to** ~ **a fence (a)round a field** sätta upp ett staket runt en åker; **to** ~ **a pipe through a wall** dra ett rör genom en vägg; **to** ~ **one's fingers through sb's hair** leka med fingrarna i ngns hår; **to** ~ **a comb through one's hair** dra en kam genom håret
3 *vi* (**a**) *(i allm)* springa; *(av brådska: äv)* rusa; *(från fiende etc)* fly; **to** ~ **downstairs** springa en trappa ner, springa ner (på bottenvåningen); **to** ~ **for a bus** springa för att hinna med en buss; **to** ~ **to help sb** springa och hjälpa ngn; **we shall have to** ~ **for it** vi får lov att springa; **to** ~ **for office** *(Pol: i sht Am)* ställa upp i val; **a rumour ran through the town** ett rykte gick/löpte genom staden; **that tune keeps** ~**ning through my head** den där melodin har fastnat i huvudet på mig; **it** ~**s in the family** det ligger i släkten
(**b**) *(buss, tåg etc)* gå; **the train** ~**s between Glasgow and Edinburgh** tåget går mellan Glasgow och Edinburgh; **the bus** ~**s every 20 minutes** bussen går var tjugonde minut
(**c**) *(maskin etc)* gå; **the machine** ~**s by electricity** maskinen går på/drivs med elektricitet; **to leave the engine** ~**ning** låta motorn gå; **the car is not** ~**ning well** bilen går inte bra; **things did not** ~ **smoothly for them** *(bildl)* det gick inte så bra för dem
(**d**) *(om varaktighet)* vara, löpa, räcka; **the play ran for 2 years** pjäsen gick i 2 år; **the sentences will** ~ **concurrently** straffen kommer att löpa samtidigt; **the cost ran to hundreds of pounds** kostnaderna uppgick till hundratals pund; **my salary won't** ~ **to a car** min lön räcker inte till en bil
(**e**) *(vätska)* rinna, flyta; **the tears ran down her cheeks** tårarna rann nedför hennes kinder; **you left the tap** ~**ning** du lät kranen stå och rinna; **the river** ~**s into the sea** floden rinner ut i havet; **the milk ran all over the floor** mjölken rann/flöt ut över hela golvet; **his nose was** ~**ning** näsan rann på honom; **the colours have** ~ *(på papper)* färgerna har flutit ut; *(på tyg)* färgerna har fällt
(**f**) *(växt)* klättra; **the ivy** ~**s up the wall** murgrönan klättrar/växer på väggen; *se äv* **high 2, low**[1] **2, seed 1 a**
♦ **run about** *vi* + *adv* springa omkring

♦ **run across** *vi* + *prep (eg: väg etc)* springa över; *(bildl: person)* stöta på; *(: föremål)* stöta på, råka hitta
♦ **run along** *vi* + *adv* kila iväg; ~ **along and play!** kila iväg och lek!
♦ **run away** *vi* + *adv* (**a**) *(person: eg)* springa sin väg/bort; **to** ~ **away from home** rymma hemifrån (**b**) *(vatten)* rinna bort/undan
♦ **run away with** *vi* + *prep (pengar, juveler etc)* försvinna med, stjäla; *(person)* rymma med; **he let his imagination** ~ **away with him** *(bildl)* han lät sin fantasi skena iväg med honom; **don't** ~ **away with the idea that...** få nu inte för dig att..., inbilla dig nu inte att...
♦ **run back** *vi* + *adv (film etc)* spola, tillbaka
♦ **run down** **1** *vt* + *adv* (**a**) *(person: med bil etc)* köra på/över (**b**) *(produktion)* skära ned (**c**) *(person: med kommentar etc)* tala illa om, racka ner på **2** *vi* + *adv*: **to be** ~ **down** *(batteri)* vara slut/urladdad; *(person)* vara trött/nedgången
♦ **run in** *vt* + *adv* (**a**) *(Brit: ny bil etc)* köra in (**b**) *(vard: brottsling)* haffa, ta
♦ **run into** *vi* + *prep (eg: kollidera)* köra/ränna in i; *(bildl: person)* stöta på; *(: svårigheter)* råka/hamna i; **to** ~ **into debt** hamna i skuld, tvingas skuldsätta sig
♦ **run off** **1** *vt* + *adv (kopia)* göra, dra, trycka **2** *vi* + *adv* = ~ **away**
♦ **run off with** *vi* + *prep* = ~ **away with**
♦ **run on** *vi* + *adv* (**a**) *(vard: person)* prata 'på, mala (**b**) *(Typogr: mening etc)* skrivas/sättas i ett stycke *el* svit
♦ **run out** *vi* + *adv (tid, kontrakt etc)* gå ut; *(mat, pengar etc)* ta slut
♦ **run out of** *vi* + *prep (bensin etc)* få slut på; **we're** ~**ning out of time** vi börjar få ont om tid
♦ **run out on** *vi* + *prep (person)* överge
♦ **run over** **1** *vt* + *adv (text)* titta igenom (igen); *(händelseförlopp)* gå igenom igen, rekapitulera **2** *vi* + *adv (vatten etc)* rinna över **3** *vi* + *prep (med fordon: person, djur etc)* köra över
♦ **run through** *vi* + *prep* (**a**) *(förmögenhet)* göra slut på (**b**) *(text)* ögna igenom (**c**) *(Teat: pjäs)* spela igenom; *(instruktioner etc)* gå igenom, repetera
♦ **run up** *vt* + *adv* (**a**) *(skulder)* dra på sig (**b**) *(klädesplagg)* tråckla/sno ihop
♦ **run up against** *vi* + *prep (problem etc)* stöta på
run·away |'rʌnəweɪ| *adj (slav)* förrymd; *(djur)* förrymd, på rymmen *(vard)*; *(djur)* bortsprungen; *(häst: äv)* skenande; *(seger)* överlägsen; *(framgång)* enorm; ~ **inflation** skenande inflation; ~ **soldier** desertör
run·down |'rʌndaʊn| *s* (**a**) *(av produktion etc)* nedskärning (**b**) *(av händelser etc)* sammanfattning
run-down |'rʌndaʊn| *adj (ställe)* nedgången, förfallen; *(person)* slutkörd, nedgången
rune |ruːn| *s* (**a**) *(tecken)* runa (**b**) trollformel
rung[1] |rʌŋ| *s (på stege)* pinne; *(mellan stolsben)* tvärpinne
rung[2] |rʌŋ| *perf part av* **ring**
ru·nic |'ruːnɪk| *adj* run-
run·ner |'rʌnə[r]| *s* (**a**) *(Sport etc: person)* löpare; *(: häst/hund)* kapplöpnings|häst/-hund; *(i sht äld: person)* budbärare, bud (**b**) *(på släde etc)* med(e); *(på skridsko)* skena; *(Tekn)* glidskena (**c**) *(på golv)* gångmatta; *(på bord)* löpare
runner-up |'rʌnər'ʌp| *s (Sport etc)* tvåa; **to be** ~ komma på andra plats; **the runners-up were...** på andra resp tredje *etc* plats kom...
run·ning |'rʌnɪŋ| **1** *adj (person)* springande; *(vatten etc)* rinnande; *(kommentar etc)* fortlöpande, direkt-; ~ **battle** ständig strid; ~ **start** *(Sport, bildl)* flygande start; **for the sixth time** ~ **för**

sjätte gången i följd **2** s **(a)** *(av företag, maskin etc)* skötsel; **to be in the ~ for sth** vara med i konkurrensen om ngt; ~ **costs** driftskostnader **(b):** ~ **mate** *(eg, bildl)* parhäst; *(Am Pol)* medkandidat (till lägre post); **Bush was Reagan's ~ mate** Bush var Reagans vicepresidentkandidat **(c):** ~ **board** *(på äldre bil)* fotsteg

run·ny |'rʌnɪ| *adj* (-ier, -iest) *(Matl)* lös, tunn; *(näsa)* snorig; *(ögon)* rinnande

run-of-the-mill |ˌrʌnəvðə'mɪl| *adj (neds)* medelmåttig; *(neutralt)* vanlig, ordinär

run-through |'rʌn,θruː| s (snabb) repetition/genomgång

run·way |'rʌnweɪ| s *(Flyg)* start-/landnings|bana

ru·pee |ruː'piː| s *(indiskt myntslag)* rupie

rup·ture |'rʌptʃəʳ| **1** s *(i allm)* bristning; *(Med)* bråck; *(bildl)* brytning **2** vt *(i allm)* spräcka, spränga; *(muskel)* slita sönder; *(bildl: förhållande)* bryta, spräcka; ~**d blood vessel** brustet blodkärl

ru·ral |'ruərəl| *adj (scen, charm etc)* lantlig; ~ **dean** kontraktsprost; ~ **depopulation** flykten från landsbygden; ~ **life** livet på landet; ~ **population** landsbygdsbefolkning; ~ **postman** lantbrevbärare

ruse |ruːz| s knep, list

rush[1] |rʌʃ| s *(Bot)* tåg; *(i vissa artnamn: äv)* säv; ~ **matting** sävmatta

rush[2] |rʌʃ| **1** s **(a)** *(av människor)* rush, rusning, anstormning; **gold** ~ guldrush; **there was a** ~ **to/for the door** det blev rusning mot dörren; **it got lost in the** ~ den kom bort i hastigheten/brådskan; **we've had a** ~ **of orders** vi har haft en anstormning av beställningar; **(the)** ~ **hours** rusningstid(en); ~ **hour traffic** rusningstrafik **(b)** *(vid tidsbrist)* jäkt, brådska; **I'm in a** ~ jag har bråttom; **what's all the** ~ **about?** varför har du/ni etc så bråttom?; **is there any** ~ **for this?** är det bråttom med det här?; **we had a** ~ **to get it ready** vi fick skynda oss för att få det klart; ~ **order** brådskande order; ~ **job** brådskande arbete **(c): a** ~ **of air/wind** ett luft-/vind|drag; a ~ **of water** en ström/fors av vatten; **a** ~ **of steam** en ström av ånga

2 vt **(a)** *(person)* jäkta ('på), driva 'på; *(arbete)* forcera; **I hate being** ~**ed** jag avskyr när folk jäktar mig; **we were** ~**ed off our feet** vi sprang benen av oss; **he was** ~**ed (off) to hospital** han fördes i ilfart till sjukhus; **reinforcements were** ~**ed in** förstärkningar kastades in/fram **(b)** *(stad)* storma; *(person)* kasta sig över; **the crowd** ~**ed the barriers** folkmassan vällde över avspärrningarna

3 vi *(person)* rusa, störta, storma; *(bil etc)* susa (fram); **everyone** ~**ed to the windows** alla rusade fram till fönstren; **don't** ~! jäkta inte!, hetsa inte!; **don't** ~ **at it, take it slowly** jäkta inte med det, ta det lugnt; **to** ~ **upstairs/downstairs** rusa el störta upp/ner för trapporna; **I** ~**ed to her**

side jag störtade fram till henne; **I was** ~**ing to finish** it jag stressade för att få det klart

♦ **rush about, rush around** vi + adv sno/flänga omkring

♦ **rush at** vi + prep storma/störta fram mot; **he** ~**s his opponent** *(äv)* han kastade sig över sin motståndare

♦ **rush off** **1** vt + adv: **to** ~ **a letter off** snabbt få iväg ett brev **2** vi + adv rusa iväg

♦ **rush over** vi + adv *(till person)* rusa fram

♦ **rush through** **1** vt + adv *(Handel: beställning)* snabbehandla, snabbexpediera; *(: varor)* göra en snabbleverans av **2** vi + prep *(måltid)* slänga i sig; *(bok)* snabbläsa; *(arbete)* jäkta sig igenom; *(stad)* köra rakt igenom (utan att stanna)

♦ **rush up** vi + adv = **rush over**

rusk |rʌsk| s *(i sht för småbarn)* skorpa

rus·set |'rʌsɪt| **1** *adj (färg)* röd-/gul|brun **2** s *(färg)* röd-/gul|brunt

Rus·sia |'rʌʃə| s Ryssland

Rus·sian |'rʌʃən| **1** *adj* rysk; ~ **roulette** rysk rulett **2** s *(person)* ryss; *(språk)* ryska

Russo- |'rʌsəʊ| *adj (i sms)* rysk-

rust |rʌst| **1** s *(på metall, växt)* rost **2** vi *(metall)* rosta **3** vt *(metall)* få att rosta

rust-coloured |'rʌst,kʌləd| *adj* rostfärgad

rus·tic |'rʌstɪk| **1** *adj (scen, charm)* lantlig; *(person)* lantlig, simpel, bondsk; *(möbel)* primitiv, rustik **2** s *(person)* lantbo, bonde; *(: neds)* bondtölp

rus·tle |'rʌsl|s **1** s *(av papper)* prassel, prasslande; *(av grenar)* rassel, rasslande; *(av siden)* fras(ande); *(av vind)* sus(ande) **2** vt *(papper)* prassla med **3** vi *(papper)* prassla; *(grenar, löv)* rassla; *(siden, klänning)* frasa

rus·tle[2] |'rʌsl| vt *(Am: boskap)* stjäla

♦ **rus·tle up** vt + adv *(vard: föremål)* skaffa fram; *(: måltid etc)* fixa till

rus·tler |'rʌslə'| s *(Am)* boskapstjuv

rust·proof |'rʌst,pruːf| *adj* rost|fri/-beständig

rust-resist·ant |'rʌstrɪ'zɪstənt| *adj* rost|fri/-beständig

rusty |'rʌstɪ| *adj* (-ier, -iest) *(metallföremål)* rostig; *(klädesplagg)* urblekt; *(bildl: kunskap)* rostig; **my Greek is pretty** ~ min grekiska är ganska rostig; **to get/go** ~ *(person)* ligga av sig

rut[1] |rʌt| s *(eg)* hjulspår; *(bildl)* gamla hjulspår, slentrian; **to be in/get into a** ~ *(bildl)* ha fastnat/fastna i slentrian; **to get out of the** ~ *(bildl)* komma ur slentrianen/de gamla hjulspåren

rut[2] |rʌt| **1** s *(Zool: i sht hos hjortdjur)* brunst **2** vi vara brunstig

ru·ta·ba·ga |ˌruːtə'beɪgə| s *(Am)* kålrot

ruth·less |'ruːθlɪs| *adj (person, handling)* obarmhärtig, hänsynslös

rut·ting |'rʌtɪŋ| *adj (Zool: i sht om hjortdjur)* brunstig

rye |raɪ| s **(a)** *(sädesslag)* råg **(b)** *(Am: sprit):* ~ **(whiskey)** whisky (gjord på råg) **(c):** ~ **bread**, *(Am: äv)* ~ **rågbröd; hot pastrami on** ~ *(Am)* varm rågbrödssmörgås med pastrami

S

S, s |es| s (bokstav) S, s
S förk f **south** S
Sab·bath |'sæbəθ| s sabbat, vilodag; **to keep/break the** ~ helga/vanhelga vilodagen
sab·bati·cal |sə'bætıkəl| **1** adj (Rel, Univ) sabbats- **2** s sabbatsår, sabbatstermin
sa·ble |'seıbl| s (djur o päls) sobel
sabo·tage |'sæbətɑ:ʒ| **1** s sabotage; **an act of** ~ ett sabotage **2** vt (eg, bildl) sabotera
sabo·teur |,sæbə'tɜː'| s sabotör
sa·bre, (Am) **sa·ber** |'seıbə'| s sabel
sabre-rattling |'seıbə,rætlıŋ| s (bildl) sabelskrammel
sac·cha·rin |'sækərın| s sackarin
sac·cha·rine |'sækəri:n| adj (eg) socker-, sackarin-; (bildl) sockersöt, sliskig
sa·chet |'sæʃeı| s (med peppar, salt etc) (portions)påse/-paket; (med schampo etc) plastkudde; (med örter) luktpåse
sack¹ |sæk| **1** s **(a)** (i allm) säck; (Am: äv) (stor) papperspåse; ~ **dress** säckklänning; ~ **race** säcklöpning; **to hit the** ~ (vard) krypa till kojs **(b)** (vard: avsked): **to get the** ~ få sparken; **to give sb the** ~ ge ngn sparken, sparka ngn **2** vt (vard: avskeda) ge sparken, sparka
sack² |sæk| **1** s plundring **2** vt plundra
sack·cloth |'sækklɒθ| s (Textil) säckväv; **in** ~ **and ashes** (bildl) i säck och aska
sack·ing |'sækıŋ| s **(a)** (Textil) säckväv **(b)** (vard) avskedande
sac·ra·ment |'sækrəmənt| s (Rel) sakrament; **to receive the Holy S**~ ta nattvarden
sac·ra·men·tal |,sækrə'mentl| adj sakraments-, sakramental; ~ **wine** nattvardsvin
sa·cred |'seıkrıd| adj (plats, skrift) helig; (musik) sakral; **a** ~ **promise** (bildl) ett heligt löfte; **is nothing** ~? är ingenting heligt?; ~ **cow** (bildl vard) helig ko
sac·ri·fice |'sækrıfaıs| **1** s (Rel) offer; (bildl) uppoffring, offer; **to make** ~**s** (**for sb**) uppoffra sig (för ngn) **2** vt (Rel) offra; (bildl) uppoffra, offra (to/for för)
sac·ri·fi·cial |,sækrı'fıʃəl| adj offer-; a ~ lamb
sac·ri·lege |'sækrılıdʒ| s (eg, bildl) helgerån, vanhelgande
sac·ri·legious |,sækrı'lıdʒəs| adj (eg: person) som begår helgerån; (: handling) vanhelgande, som är ett helgerån; (bildl) pietetslös
sac·ris·ty |'sækrıstı| s sakristia
sac·ro·sanct |'sækrəʊsæŋkt| adj (eg, bildl) helig, okränkbar, sakrosankt
sad |sæd| adj (-der, -dest) **(a)** (person, leende) sorgsen, ledsen, vemodig; (dag, nyhet) sorglig, dyster; **a** ~ **business** en sorglig/tråkig historia; **how** ~! så sorgligt!; **he left his post a** ~**der and a wiser man** han slutade sin tjänst som en luttrad man **(b)** (dålig) sorglig, bedrövlig; **a** ~ **mistake** ett allvarligt misstag
sad·den |'sædn| vt (se sad a) göra sorgsen, ledsen etc
sad·dle |'sædl| **1** s (till häst, cykel) sadel; ~ **of lamb** (Matl) lammsadel **2** vt (häst: äv: ~ **up**) sadla; **to** ~ **sb with sth** (vard) lasta på ngn ngt; **to be** ~**d with sth/sb** få ngn/ngt på halsen
saddle·bag |'sædlbæg| s (på häst) sadelväska; (på

cykel: under sadeln) verktygsväska
sad·dler |'sædlə'| s sadelmakare
sad·ism |'seıdızəm| s sadism
sad·ist |'seıdıst| s sadist
sa·dis·tic |sə'dıstık| adj sadistisk
sad·ly |'sædlı| adv (le) sorgset, vemodigt; (satsadv) tråkigt nog, tyvärr; ~ **I must...** tråkigt nog/tyvärr måste jag...; **nurses are** ~ **lacking in the area** det råder skriande brist på sjuksköterskor i området; **he is** ~ **lacking in self-confidence** han lider av stor brist på självförtroende
sad·ness |'sædnıs| s (tillfällig) sorgsenhet, vemod; (ständig) tungsinthet, svårmod
s.a.e. förk f **stamped addressed envelope** se stamp **2b**
sa·fa·ri |sə'fɑːrı| s safari; **to be on** ~ vara på safari; ~ **park** safaripark
safe |seıf| **1** adj (**-r, -st**) **(a)** (utom fara: person) säker, trygg, i säkerhet; (: föremål) säker, i säkert förvar; ~ **and sound** välbehållen, oskadd; **to be** ~ **from** vara säker för, gå säker för **(b)** (inte farlig: föremål, metod) säker, ofarlig; (: hund etc) ofarlig; (: gömställe) säker; (: investering) riskfri; (gissning) försiktig; ~ **journey!** lycklig resa!; **in** ~ **hands** i säkra händer; **the** ~ **period** (Med) den säkra perioden; **just to be on the** ~ **side** bara för att vara på den säkra sidan; **better** ~ **than sorry** (ordspr: ung) bäst att ta det säkra för det osäkra; **it is** ~ **to say that...** man kan lugnt säga att... **2** s kassaskåp
safe-breaker |'seıf,breıkə'| s (Brit) kassaskåpstjuv
safe-conduct |,seıf'kɒndʌkt| s (tillstånd att passera) fri lejd; (dokument) pass, lejdebrev
safe-cracker |'seıf,krækə| s (Am) kassaskåpstjuv
safe-deposit |'seıfdı,pɒzıt| s kassavalv; (= ~ **box**) bankfack
safe·guard |'seıfgɑːd| **1** s skydd, garanti; **as a** ~ **against...** som ett skydd mot... **2** vt skydda, garantera
safe-keeping |'seıf'ki:pıŋ| s förvar; **in** ~ i förvar; **for** ~ till förvaring
safe·ly |'seıflı| adv **(a)** (utan fara) utan risk, tryggt; **you can** ~ **leave your door unlocked** man kan tryggt lämna dörren olåst; **I can** ~ **say...** jag kan tryggt säga... **(b)** (utan olyckshändelser) säkert, lyckligen; **he's** ~ **arrived** han är lyckligen framme
safe·ty |'seıftı| s (för person, föremål) säkerhet, trygghet; (hos maskin, metod) säkerhet, ofarlighet; **road** ~ trafiksäkerhet; ~ **first!** säkerheten framför allt!; **for** ~**'s sake** för säkerhets skull; ~ **belt** säkerhetsbälte, bilbälte; ~ **catch** (på vapen) säkring; ~ **curtain** (Teat) järnridå; ~ **margin** säkerhetsmarginal; ~ **match** säkerhetständsticka; ~ **measure** säkerhetsåtgärd; ~ **net** skyddsnät; ~ **pin** säkerhetsnål; ~ **valve** (eg, bildl) säkerhetsventil
saf·fron |'sæfrən| s (krydda) saffran; (färg) saffransgult
sag |sæg| vi (tak, bro) svikta, bågna; (gren) hänga/tyngas ner; (knän) svikta; (bröst, axlar) hänga; (rep) slackas; (tält) hänga ner; (bildl: humör, intresse etc) sjunka, dala
saga |'sɑːgə| s (fornnordisk) saga; (roman) släkt-/

samhälls|krönika; *(bildl)* fantastisk historia
sa·ga·cious [sə'geɪʃəs] *adj (person, kommentar)* klok, skarpsinning
sage¹ [seɪdʒ] **1** *adj* klok, vis **2** *s* vis man
sage² [seɪdʒ] *s (Bot)* salvia; ~ **green** grågrön *(färg)*
sage·brush ['seɪdʒbrʌʃ] *s (Am Bot: ung)* malört
Sag·it·ta·rius [ˌsædʒɪ'teərɪəs] *s (Astron, Astrol)* Skytten
sago ['seɪgəʊ] *s* sago(gryn)
said [sed] **1** *imperf, perf part av* **say 2** *adj (Jur)* sagd, nämnd
sail [seɪl] **1** *s* **(a)** *(på båt)* segel; *(på kvarn)* vinge; **to set** ~ hissa/sätta segel **(b)** *(resa: längre)* segling, seglats; *(: kortare)* segeltur **2** *vt* segla; **they** ~**ed the ship to Cadiz** de seglade fartyget till Cadiz; **to** ~ **the seas** segla på havet **3** *vi* **(a)** *(person, fartyg)* segla; **we** ~**ed into harbour** vi seglade i hamn; **to** ~ **round the world** segla jorden runt, resa jorden runt med båt; **to** ~ **close to the wind** *(bildl)* närma sig gränsen för det tillåtna **(b)** *(Sjö: fartyg)* segla, avgå; *(person)* avresa, segla; **we** ~ **for Australia soon** vi avreser/seglar snart till Australien **(c)** *(bildl):* **she** ~**ed into the room** hon seglade/svepte in i rummet; **the plate** ~**ed over my head** tallriken seglade/flög över huvudet på mig
♦ **sail through** *vt + adv (bildl)* segla igenom, gå rakt igenom; *(prov etc)* klara galant/lekande lätt
sail·boat ['seɪlbəʊt] *s (Am)* segelbåt
sail·ing ['seɪlɪŋ] *s (Sport)* segling; *(Sjö: från hamn)* avgång; **now it's all plain** ~ *(bildl)* nu går det lekande lätt; ~ **boat** *(Brit)* segelbåt; ~ **ship** segelfartyg; ~ **time** avgångstid
sail·or ['seɪlə^r] *s* sjöman; **to be a bad** ~ tåla sjön dåligt, ha lätt för att bli sjösjuk; ~ **suit** *(för barn)* sjömanskostym
saint [seɪnt, *(i namn)* sənt] *s* helgon; *(före namn):* **S**~ Sankt(a), (den) Helige/Heliga; **S**~**'s day** (helgons) namnsdag; **All** ~**s' Day** alla helgons dag; **S**~ **John** (evangelisten) Johannes; **they were married at S**~ **Mark's** de gifte sig i Saint Mark's(-kyrkan); **my mother was a** ~ *(bildl)* min mor var ett helgon
saint·ed ['seɪntɪd] *adj (eg)* helgonförklarad; *(bildl: om död)* salig; **my** ~ **mother** min salig mor
saint·ly ['seɪntlɪ] *adj (-ier, -iest)* helgonlik, from
sake¹ [seɪk] *s:* **for the** ~ **of sb/sth** för ngns/ngts skull; **for my** ~ för min skull; **for God's** ~**!**, **for heaven's** ~**!** för Guds skull!; **for your own** ~ för ditt eget bästa/din egen skull; **for old times'** ~ för gammal vänskaps skull, för gamla tider; **for the** ~ **of peace** för fredens skull
sa·ke², **sa·ké** ['sɑːkɪ] *s (risbrännvin)* saké
sal·able ['seɪləbl] *adj (Am)* = **saleable**
sa·la·cious [sə'leɪʃəs] *adj (bok etc)* erotiskt vågad, obscen; *(person)* liderlig
sal·ad ['sæləd] *s* **(a)** *(maträtt)* sallad; **fruit** ~ fruktsallad; ~ **dressing** sallads|dressing/-sås **(b)** *(grönsak)* sallad, sallat; **my** ~ **days** min gröna ungdom
sa·la·mi [sə'lɑːmɪ] *s (korv)* salami
sala·ried ['sælərɪd] *adj* med fast lön; ~ **person** tjänsteman; ~ **staff** tjänstemän
sala·ry ['sælərɪ] *s* (månads)lön; ~ **earner** löntagare med månadslön, tjänsteman; ~ **range** lönefält; ~ **scale** löneskala
sale [seɪl] *s* **(a)** *(i allm)* försäljning; **for** ~ till salu; **to put a house up for** ~ utbjuda ett hus till försäljning; **to be on** ~ säljas, finnas att köpa **(b)** *(till sänkt pris)* rea(lisation); *(till högstbjudande)* auktion; **in the** ~**(s)** på rea; **the January** ~**s** januarirean; ~**s clerk** *(Am)* affärsbiträde; ~**s force** *(i butik)* butikspersonal; *(resande etc)* försäljarkår; ~**s manager** försäljningschef; ~ **price** försäljningspris; ~**s tax** *(Am: ung)* om-

sättningsskatt; *se äv* **jumble**
sale·able ['seɪləbl] *adj* säljbar
sale·room ['seɪlrʊm] *s (Brit)* auktionslokal
sales·man ['seɪlzmən] *s, pl* -**men** *(i butik)* försäljare, expedit; *(resande)* försäljare, representant
sales·man·ship ['seɪlzmənʃɪp] *s* försäljningsteknik, försäljartalang
sales·room ['seɪlzrʊm] *s (i sht Am)* **(a)** *(i allm)* försäljningslokal; *(för bilar)* bilhall **(b)** = **sale-room**
sales·woman ['seɪlzwʊmən] *s, pl* -**women** *(i butik)* (kvinnlig) försäljare/expedit; *(resande)* (kvinnlig) försäljare/representant
sa·li·ent ['seɪlɪənt] *adj (vinkel)* utskjutande; *(bildl)* iögon(en)fallande, framträdande; **the** ~ **points of the article** de viktigaste punkterna i artikeln; **the most** ~ **feature** det mest framträdande draget
sa·line ['seɪlaɪn] *adj* salt-, salthaltig
sa·li·va [sə'laɪvə] *s* saliv
sali·vate ['sælɪveɪt] *vi* avsöndra saliv
sal·low¹ ['sæləʊ] *adj (hy)* gulblek
sal·low² ['sæləʊ] *s (Bot)* sälg
sal·ly forth [ˌsælɪ'fɔːθ] *vi + adv,* **sal·ly out** [ˌsælɪ'aʊt] *vi + adv (åld el skämts)* ge sig ut/iväg
salm·on ['sæmən] *s* lax; ~ **pink** laxrosa; ~ **steak** skiva (stekt) lax, laxkotlett
sa·lon ['sælɒn] *s (skönhets-, konst- etc)* salong
sa·loon [sə'luːn] *s* **(a)** *(Sjö)* salong **(b)** *(Brit: bil)* sedan **(c)** *(Am)* bar, krog; *(Brit: äv:* ~ **bar)** *fi-nare avdelning på pub*
sal·si·fy ['sælsɪfɪ] *s (Bot)* haverrot; *(Matl: äv:* **black** ~) svartrot
salt [sɔːlt] **1** *s* **(a)** salt; ~**s** *(vard)* luktsalt; *(Med)* bittersalt; **to take sth with a pinch of** ~ *(bildl)* ta ngt med en nypa salt; **to rub** ~ **into the wound** *(bildl)* strö salt i såret; **the** ~ **of the earth** *(bildl)* jordens salt; ~ **mine** saltgruva **(b)** *(vard):* **old** ~ sjöbjörn **2** *vt (krydda)* salta; *(konservera: äv:* ~**down)** salta in; *(bildl)* fiffla med, preparera; ~**ed herring** salt sill **3** *adj* salt; ~ **beef** salt kött; ~ **butter** saltat smör; ~ **pork** salt fläsk; ~ **water** saltvatten
salt·cellar ['sɔːltˌselə^r] *s* salt|kar/-ströare
salt·petre, *(Am)* **salt·peter** [ˌsɔːlt'piːtə] *s* salpeter
salt·shaker ['sɔːltˌʃeɪkə^r] *s (Am)* salt|kar/-ströare
salt·water ['sɔːltˌwɔːtə^r] *adj attr* saltvattens-
salty ['sɔːltɪ] *adj (vard etc)* salt; *(humor)* bitsk, skarp
sa·lu·bri·ous [sə'luːbrɪəs] *adj (eg: klimat)* hälsosam; *(bildl: i sht Brit: stadsdel, krog etc):* **not** ~ sjabbig, tvivelaktig
salu·tary ['sæljʊtərɪ] *adj (i allm)* hälsosam; *(erfarenhet)* nyttig
salu·ta·tion [ˌsæljʊ'teɪʃən] *s (med handen etc)* hälsning; *(i brev)* hälsningsfras
sa·lute [sə'luːt] **1** *s (Mil: handrörelse)* honnör; *(: skott)* salut; **to take the** ~ ta emot truppens hälsning **2** *vt (Mil)* göra honnör för; *(i allm)* hälsa, *(bildl: vid födelsedag etc)* hedra, hylla
sal·vage ['sælvɪdʒ] **1** *s* **(a)** *(av skepp)* bärgning; *(av föremål)* **operation** räddnings-/bärgnings|operation; ~ **vessel** bärgningsfartyg **(b)** *(föremål: från skepp)* bärgat gods; *(från brand)* räddade föremål **(c)** *(av skrot etc)* återanvändning; **to collect old newspapers for** ~ samla in papper, ha pappersinsamling **2** *vt (fartyg)* bärga; *(föremål)* rädda; *(skrot etc)* ta till vara *(för återanvändning); (bildl: idé etc)* rädda, ta till vara
sal·va·tion [sæl'veɪʃən] *s (Rel)* frälsning; *(bildl)* räddning
Sal·va·tion Army [sælˌveɪʃən'ɑːmɪ] *s:* **the** ~ Frälsningsarmén
Sal·va·tion·ist [sæl'veɪʃənɪst] *s* frälsningssoldat
salve [sælv] *vt:* **to** ~ **one's conscience** döva sitt

samvete

Sa·mari·tan [sə'mærɪtən] *s* samarit; **the** Good ~ den barmhärtige samariten; **the** ~**s** 'Samariterna' *hjälporganisation för människor med psykiska problem*

same [seɪm] **1** *pron fören* samma; **the** ~ **day** samma dag; ~ **day delivery** leverans på dagen; **in the** ~ **way** på samma sätt; **the** ~ **...as** samma... som; **at the** ~ **time** samtidigt; **to go the** ~ **way as sb** *(bildl neds)* gå samma väg som ngn **2** *pron själv*st: **the** ~ *(i allm)* detsamma, samma sak; **the film is the** ~ **as before** filmen är likadan som förut; **he left and I did the** ~ han gick, och jag gjorde detsamma/och det gjorde jag också; **do you still feel the** ~ **about me?** känner du fortfarande likadant för mig?; **it's all the** ~ **to me** det gör mig detsamma; **if it's all the** ~ **to you** om det inte gör dig ngt; **the** ~ **again** *(i bar)* en likadan (drink) till; **all/just the** ~ ändå, i alla fall; **and the** ~ **to you!** tack detsamma!; ~ **here!** samma här!, jag med!

same·ness ['seɪmnɪs] *s (i allm)* stor likhet, identitet; *(neg)* monotoni, enformighet

sam·ple ['sɑːmpl] **1** *s (i allm)* prov; *(Handel)* varuprov; *(Statistik)* sampel; *(av mat, vin)* smakprov; **to take a** ~ göra ett stickprov; **free** ~ gratisprov; **blood** ~ blodprov **2** *vt (mat, vin)* provsmaka, smaka (på); *(Statistik)* sampla

sam·pler ['sɑːmpləʳ] *s (Sömnad)* märkduk

sana·to·rium [ˌsænə'tɔːrɪəm] *s*, *pl* **sanatoria** [ˌsænə'tɔːrɪə] *el* ~**s** *(för kroniskt sjuka)* sanatorium, vårdhem; *(för tillfälligt sjuka)* konvalescenthem; *(Brit: på internatskola)* sjukavdelning

sanc·ti·fy ['sæŋktɪfaɪ] *vt* helga, heligförklara

sanc·ti·mo·ni·ous [ˌsæŋktɪ'məʊnɪəs] *adj* skenhelig, gudsnådelig

sanc·tion ['sæŋkʃən] **1** *s* **(a)** *(pos)* tillåtelse, godkännande **(b)** *(neg, i sht Pol)*: ~**s** sanktioner, straffåtgärder; **to impose economic** ~**s on/against** vidta ekonomiska sanktioner mot **2** *vt (i förväg)* godkänna, ge tillstånd till, sanktionera; *(i efterskott)* stadfästa, bekräfta, sanktionera

sanc·tity ['sæŋktɪtɪ] *s (hos person)* fromhet, helighet; *(hos löfte/plats)* okränkbarhet, helgd

sanc·tu·ary ['sæŋktjʊərɪ] *s (Rel)* helgedom, helig plats; *(bildl: för människor)* tillflyktsort, fristad, asyl; *(: för djur)* reservat; **to seek** ~ *(Pol)* söka asyl

sand [sænd] **1** *s* sand; ~**s** *(vid hav)* sandstrand; *(i öken)* sanddyner; ~ **dune** sanddyn **2** *vt* **(a)** *(väg)* sanda **(b)** *(äv:* ~ **down:** *trä etc)* sandpappra, slipa med sandpapper

san·dal ['sændl] *s* sandal

sand·bag ['sændbæg] **1** *s (för barrikad)* sandsäck; *(vapen)* sandpåse **2** *vt (plats)* barrikadera med sandsäckar; *(person: eg)* slå (ner) med sandpåse; *(: Am vard)* pressa, tvinga

sand·bank ['sændbæŋk] *s* sandbank

sand·blast ['sændblɑːst] *vt* sandblästra

sand·box ['sændbɒks] *s (Am: för barn)* sandlåda

sand·castle ['sænd͵kɑːsl] *s* sandslott

sand·dollar ['sænddɒləʳ] *s (Am Zool: platt sjöborre)* sanddollar

sand·er ['sændəʳ] *s* slipmaskin

sand·man ['sænd͵mæn] *s*: **the** ~ *(ung)* John Blund

sand·paper ['sænd͵peɪpəʳ] **1** *s* sandpapper **2** *vt* sandpappra, slipa med sandpapper

sand·pit ['sændpɪt] *s (Brit: för barn)* sandlåda

sand·stone ['sændstəʊn] *s* sandsten

sand·storm ['sændstɔːm] *s* sandstorm

sand·wich ['sænwɪdʒ, *(Am)* 'sændwɪtʃ] **1** *s* dubbelsmörgås, dubbel sandwich; **open** ~ smörgås; **toasted** ~ varm dubbelsmörgås; ~ **board** (sandwichmans) plakat; ~ **course** *(Brit)* studier med praktik; ~ **man** sandwichman **2** *vt (äv:* ~

in: *person, möte etc)* klämma in; **the house was** ~**ed between the railway line and the motorway** huset låg inklämt mellan järnvägen och motorvägen

sandy ['sændɪ] *adj (-ier, -iest) (i allm)* sandig, sand-; *(färg)* sandfärgad; *(: hår)* rödblond; **a** ~ **beach** en sandstrand

sane [seɪn] *adj (-r, -st) (person)* vid sina sinnens fulla bruk, klok; *(omdöme)* vettig, förnuftig

sang [sæŋ] *imperf av* **sing**

sangfroid [͵sɑːŋ'frwɑː] *s* självbehärskning, lugn, kalla nerver

san·gui·nary ['sæŋgwɪnərɪ] *adj (person)* blodtörstig; *(strid)* blodig

san·guine ['sæŋgwɪn] *adj (humör)* optimistisk, hoppfull, sangvinisk; *(hy)* rödblommig; *(litt)* blodröd

sani·ta·rium [͵sænɪ'teərɪəm] *s (Am)* = **sanatorium**

sani·tary ['sænɪtərɪ] *adj (i allm)* sanitär, hygienisk; ~ **inspector** hälsovårdsinspektör; ~ **measures** sanitära åtgärder; ~ **towel**, *(Am)* ~ **napkin** dam-/sanitets|binda

sani·ta·tion [͵sænɪ'teɪʃən] *s (i allm)* hygien; *(anläggningar)* sanitär utrustning, vatten och avlopp; **department of** ~ *(Am)* renhållningsverk; ~ **truck** *(Am)* sopbil

san·ity ['sænɪtɪ] *s (hos person)* förstånd, mental hälsa; *(i omdöme)* sunt förnuft, klokhet

sank [sæŋk] *perf part av* **sink**[1]

Santa Claus [͵sæntə'klɔːz] *s* jultomten

sap[1] [sæp] **1** *s (Bot)* sav; *(bildl)* livskraft; *(vard)* dumhuvud, fårskalle **2** *vt (eg)* tappa saven ur; *(bildl)* beröva livskraften, suga musten ur

sap[2] [sæp] **1** *s (Mil)* löpgrav, tunnel **2** *vt (Mil)* underminera; *(bildl)* undergräva, försvaga

sa·pi·ent ['seɪpɪənt] *adj (ofta iron)* klok, vis

sap·ling ['sæplɪŋ] *s (Bot)* ungt träd

sap·per ['sæpəʳ] *s* ingenjörssoldat

sap·phire ['sæfaɪəʳ] *s (sten)* safir; *(färg)* safirblått

sap·py ['sæpɪ] *adj (eg)* savfylld; *(Brit vard)* kraft-/liv|full; *(i sht Am: vard)* fånig, korkad

sar·casm ['sɑːkæzəm] *s* sarkasm

sar·cas·tic [sɑː'kæstɪk] *adj* sarkastisk

sar·copha·gus [sɑː'kɒfəgəs] *s*, *pl* **sarcophagi** [sɑː'kɒfəgaɪ] *el* ~**es** sarkofag

sar·dine [sɑː'diːn] *s* sardin; **to be packed in like** ~**s** stå/sitta som packade sillar

Sar·dinia [sɑː'dɪnɪə] *s* Sardinien

sar·don·ic [sɑː'dɒnɪk] *adj* sardonisk, ironisk, hånfull

sar·doni·cal·ly [sɑː'dɒnɪkəlɪ] *adv (se* **sardonic***)* sardoniskt etc

sash[1] [sæʃ] *s (på klänning)* löst hängande skärp, gehäng; *(på uniform)* gehäng

sash[2] [sæʃ] *s (= window* ~*)* fönster|ram/-båge; **window** ~ skjutfönster *som skjuts uppåt och nedåt*

sas·sy ['sæsɪ] *adj (i sht Am vard: uppträdande, klädsel)* fräck, vågad

sat [sæt] *imperf, perf part av* **sit**

Satan ['seɪtn] *s* Satan

sa·tan·ic [sə'tænɪk] *adj* satanisk

Sa·tan·ism ['seɪtə͵nɪzm] *s* djävulsdyrkan

satch·el ['sætʃəl] *s* skolväska, (liten) axelväska

sat·el·lite ['sætəlaɪt] *s (Astron)* satellit, måne; *(Rymd)* satellit; *(= * ~ *state)* satellitstat; ~ **town** satellitstad

sa·ti·ate ['seɪʃɪeɪt] *vt* mätta, tillfredsställa; **be** ~**ed with pleasure** ha fått (mer än) nog av nöjen

sa·tia·tion [͵seɪʃɪ'eɪʃən] *s* mättnad

sat·in ['sætɪn] **1** *s (tyg)* satäng, satin **2** *adj (blus etc)* satäng-; *(papper, yta)* glättad, satinerad

sat·ire ['sætaɪəʳ] *s* satir *(on över)*

sa·tiri·cal [sə'tɪrɪkəl] *adj* satirisk

sati·rist ['sætərɪst] *s (författare etc)* satiriker; *(tecknare)* karikatyrtecknare

sat·is·fac·tion [ˌsætɪs'fækʃən] s tillfredsställelse, belåtenhet; **it has not been proved to my** ~ det har inte tillfredsställande bevisats, jag har inte blivit övertygad; **has it been done to your** ~? har det varit till er belåtenhet?; **it gives me every** ~ **to...** det är med stor tillfredsställelse jag...
sat·is·fac·tory [ˌsætɪs'fæktərɪ] adj (i allm) tillfredsställande; (i betyg) godkänd
sat·is·fac·to·ri·ly [ˌsætɪs'fæktərəlɪ] adv på ett tillfredsställande sätt, ganska bra
sat·is·fy ['sætɪsfaɪ] vt (a) (person: i allm) tillfredsställa, göra nöjd; **he is never satisfied** han är aldrig nöjd/belåten (b) (person: om ngt) övertyga (of om); **to** ~ **sb that...** övertyga ngn om att... (c) (behov) tillfredsställa; (hunger) stilla; (törst) släcka; (villkor) uppfylla; (fordringsägare) gottgöra; **to** ~ **the requirements** motsvara fordringarna
sat·is·fy·ing ['sætɪsfaɪɪŋ] adj (resultat) tillfredsställande; (måltid) mättande
satu·rate ['sætʃəreɪt] vt (tyg, kaka) indränka; (Kem) mätta; (Handel: marknad) mätta; (Mil) bomba kraftigt; **to be** ~**d with** (bildl) vara fylld/fullproppad av
satu·ra·tion [ˌsætʃə'reɪʃən] s (tillstånd) mättnad; (handling) mättande; **to reach** ~ **point** (Kem) nå mättnadspunkten; (bildl) inte orka/klara mer
Sat·ur·day ['sætədɪ] s lördag; se äv **Tuesday**
Sat·urn ['sætɜːn] s (Astron, Myt) Saturnus
sa·tyr ['sætə'] s satyr
sauce [sɔːs] s (a) (Matl) sås (b) (vard) fräckhet, näsvishet
sauce-boat ['sɔːsbəʊt] s såsskål
sauce·pan ['sɔːspən] s kastrull
sau·cer ['sɔːsə'] s tefat; **flying** ~ flygande tefat
saucy ['sɔːsɪ] adj (-ier, -iest) (vard) uppnosig, näsvis; **a** ~ **hat** en fräck/tuff hatt
Sau·di ['saʊdɪ], **Sau·di Ara·bian** ['saʊdɪə'reɪbɪən] 1 adj saudiarabisk, saudisk 2 s saudiarab, saudier
Sau·di Ara·bia ['saʊdɪə'reɪbɪə] s Saudiarabien
sau·na ['sɔːnə] s bastu
saun·ter ['sɔːntə'] 1 s promenad; **to go for a** ~ **around the park** ta en promenad/gå en sväng i parken 2 vi promenera, flanera; **to** ~ **in** komma insläntrande; **to** ~ **up and down** spankulera/strosa fram och tillbaka
sau·sage ['sɒsɪdʒ] s korv; ~ **meat** korvsmet; ~ **roll** (Brit: ung) korvpirog smördegsbulle med korvfyllning
sau·té ['səʊteɪ] (Matl) 1 adj sauterad 2 s sauté 3 vt sautera, bryna
sav·age ['sævɪdʒ] 1 adj (a) (djur: inte tam) vild; (djur, person: till sättet) vild, vildsint; (anfall) våldsam (b) (folkslag) primitiv, ociviliserad; (sedvänja) ociviliserad, barbarisk 2 s vilde 3 vt (om hund etc) bita (svårt), lemlästa; (bildl) gå illa åt
sav·age·ly ['sævɪdʒlɪ] adv vilt, våldsamt
sa·van·na(h) [sə'vænə] s savann
save[1] [seɪv] 1 vt (a) (i allm) rädda (from från); (Rel) frälsa; **to** ~ **sb from falling** rädda ngn från att falla; **to** ~ **sb's life** rädda ngns liv; **I couldn't do it to** ~ **my life** (vard) jag skulle inte kunna göra det om det så gällde livet; **to** ~ **the situation/the day** rädda situationen; **to** ~ **one's (own) skin** (vard) rädda sitt eget skinn; **to** ~ **face** hålla skenet uppe, rädda ansiktet; **to** ~ **a building for posterity** bevara en byggnad för eftervärlden; **to** ~ **a goal** (Sport) rädda ett skott; **God** ~ **the Queen!** Gud bevare drottningen!
(b) (lägga undan: pengar: äv: ~ **up**) spara; (: mat, tidningar etc) spara; (: frimärken) samla (på), spara (på); **we've** ~**d you a piece of cake** vi har sparat en bit tårta åt dig; ~ **me a seat** håll en

plats åt mig; **to** ~ **sth till last** spara ngt till sist (c) (undvika att använda: pengar, tid) spara; (: krafter, bensin) spara (på); **it** ~**d us a lot of trouble** det besparade oss mycket besvär; **it will** ~ **me one hour** jag kommer att tjäna/vinna en timme på det; **to** ~ **one's strength for sth** spara sina krafter till ngt; **to** ~ **time...** för att vinna tid...; **that way you** ~ **£10** på det viset sparar/tjänar du 10 pund; ~ **your breath!** håll tyst! 2 vi (a) (lägga undan: äv: ~ **up**) spara (for till) (b) (undvika att använda): **to** ~ **on time** vinna tid; **to** ~ **on energy** spara (på) energi 3 s (Sport) räddning
save[2] [seɪv] prep (poet, åld) utom, så när som på
sav·ing ['seɪvɪŋ] 1 s (av pengar) besparing; (av tid) vinst; **a** ~ **of £100** en besparing/vinst på 100 pund; ~**s** besparingar, sparade pengar; **his life** ~**s** alla hans besparingar; **to make** ~**s** göra besparingar, spara; **to live on/off one's** ~**s** leva på sina besparingar; ~**s account** sparkonto; ~**s bank** sparbank 2 adj (i allm) räddande; ~ **grace** försonande drag
sav·iour, (Am) **sav·ior** ['seɪvjə'] s räddare, frälsare; **the S**~ (Rel) Frälsaren
sa·vour, (Am) **sa·vor** ['seɪvə'] 1 s smak; **to add** ~ **to sth** (eg) sätta smak på ngt; (bildl) krydda ngt; **it has lost its** ~ **for her** det har förlorat sin tjusning för henne 2 vt (smak, doft, upplevelse) njuta av
sa·voury, (Am) **sa·vory** ['seɪvərɪ] 1 adj (med god smak etc) välsmakande, väldoftande, aptitlig; (med stark smak) kryddad, salt; **it's not a very** ~ **district** (bildl) det är ingen särskilt respektabel stadsdel; **it's not a very** ~ **subject** det är inget vidare trevligt/angenämt samtalsämne 2 s (i sht Brit) (pikant) smårätt
sav·vy ['sævɪ] (i sht Am vard) 1 adj klipsk, klurig 2 s fattningsförmåga, vett 3 vt fatta, begripa
saw[1] [sɔː] (v: imperf **sawed**, perf part **sawed** el **sawn**) 1 s såg 2 vt såga; **to** ~ **sth off/up** såga av/upp ngt 3 vi såga; **to** ~ **through sth** såga igenom ngt
saw[2] [sɔː] imperf av **see**
saw[3] [sɔː] s talesätt, ordstäv
saw·dust ['sɔːdʌst] s sågspån
saw·horse ['sɔːhɔːs] s sågbock
saw·mill ['sɔːmɪl] s sågverk
sawn [sɔːn] perf part av **saw**[1]
sawn-off ['sɔːn,ɒf] adj: ~ **shotgun** avsågat hagelgevär
saxo·phone ['sæksəfəʊn] s saxofon
sax·opho·nist [ˌsæk'sɒfənɪst] s saxofonist
say [seɪ] (v: imperf, perf part **said**) 1 vt, vi (a) (person: i allm) säga; (i text etc) stå; **'Hello', he said** 'Hej', sa han; **he said (that) he'd do it** han sa att han skulle göra det; **he said to me that...** han sa till mig att...; **what did you** ~? vad sa du?; **my watch** ~**s 3 o'clock** min klocka visar på/är 3; **the rules** ~ **that...** det står i reglerna att..., reglerna säger att...; **to** ~ **mass** förrätta mässa; **to** ~ **a prayer** läsa en bön; **to** ~ **yes to a proposal** säga/tacka ja till ett förslag; **I wouldn't** ~ **no to ...** (vard) jag skulle inte tacka nej till...; **to** ~ **goodbye to sb** säga adjö till/ta farväl av ngn; **to** ~ **goodnight to sb** säga godnatt till ngn, önska ngn godnatt; **to** ~ **again** säga ngt (om) igen, upprepa ngt; ~ **after me** säg/upprepa efter mig; **to** ~ **to oneself** säga till/för sig själv; **I must** ~ **(that)...** jag måste säga (att)...; **I've nothing more to** ~ jag har inget att tillägga; **let's** ~ **no more about it** vi pratar/ordar inte mer om det; **she said (that) I was to give you this** hon sa att jag skulle ge dig detta; **I** ~ **(that) we should go** jag tycker (att) vi borde gå; **I'd rather not** ~ jag vill helst inte uttala mig om det

(b) *(i vissa fraser)*: **that is to ~ det** vill säga; **to ~ nothing of...** för att inte tala om...; **to ~ the least** minst sagt; **that's ~ing a lot** det vill inte säga lite, det säger en hel del; **she hasn't much/ has nothing to ~ for herself** *(som ursäkt)* hon har inte mycket/inget att säga till sitt försvar; *(i allm)* hon har inte mycket att säga/säger inte mycket; **that doesn't ~ much for him** det talar inte till hans fördel; **it goes without ~ing that...** det är självklart att...; **there's no ~ing what he'll do** ingen vet/kan säga vad han kommer att göra; **it's not for me to ~** det är inte min sak att bestämma; **what do/would you ~ to a walk?** vad säger du om en promenad?; **when all is said and done** när allt kommer omkring/till kritan

(c) *(i opersonliga uttryck)*: **it is said that..., they ~ that...** det sägs att..., man säger att...; **there is something/a lot to be said for it** det finns en del/mycket som talar för det; **it must be said that...** det måste sägas/påpekas att...; **he is said to be ill** det sägs att han är sjuk; **it is easier/ sooner said than done** det är lättare sagt än gjort

(d) *(i utrop)*: **~!** *(Am)*, **I ~!** *(Brit)* *(för att påkalla uppmärksamhet)* ursäkta *(mig)!*, hör ni/du!; *(överraskat)* oj *(då)!*, det må jag säga!; **I'll ~!** *(vard)* det vill jag lova!; **I should ~ it is/so!**, **you can ~ that again!** *(vard)* det vill jag mena!, det kan du skriva upp!; **you don't ~!** *(vard: ofta iron)* det menar du inte!; **you've said it!** *(vard)* där sa du ett sant ord!; **~ no more!** säg inte mer!, du behöver inte säga mer!

(e) *(antagande)*: **(let's) ~ it's worth £20** låt oss säga/anta att den är värd 20 pund; **shall we ~ Tuesday?** ska vi säga tisdag?; **will you take an offer of, ~ £50?** accepterar ni ett anbud på, låt oss säga/ska vi säga, 50 pund?

2 *s*: **to have one's ~** säga sitt, få ett ord med i laget; **to have a ~/no ~ in the matter** ha/inte ha ngt att säga till om i frågan

say·ing |'seɪɪŋ| *s* ordspråk; ordstäv; **as the ~ goes** som ordspråket säger

say-so |'seɪsəʊ| *s (vard: i allm)* påstående; *(: auktoritet)*: **on sb's ~** med ngns tillåtelse

scab |skæb| *s* **(a)** *(Med)* (sår)skorpa **(b)** *(vard: i allm)* oorganiserad arbetare; *(: vid strejk)* strejkbrytare, svartfot; **~ labour** oorganiserad arbetskraft

♦ **scaf·fold** |'skæfəld| *s (Byggn: äv: ~ing)* byggnadsställning; *(för avrättning)* schavott

scala·wag |'skælə,wæg| *s (i sht Am)* = **scallywag**

scald |skɔːld| **1** *s* skållsår **2** *vt (hand etc)* skålla; *(Matl)* (flaska etc) skölja i hett vatten

scald·ing |'skɔːldɪŋ| *adj (äv: ~ hot)* skållhet

scale[1] |skeɪl| **1** *s (på fisk, kräldjur)* fjäll; *(av rost, färg)* flaga; *(i gryta etc)* beläggning; *(av hud)* fjäll **2** *vt (fisk)* fjälla; *(yta)* skrapa ren från rost/beläggning

scale[2] |skeɪl| **1** *s* **(a)** *(på instrument etc)* skala; *(för avgifter)* tariff; **pay ~** lönetariff, löneskala; **on a ~ of 1 cm to 5 km** i skala 1:500000; **on a large/small ~** i stor/liten skala; **to draw sth to ~** göra en skalenlig ritning av ngt, rita ngt efter skala; **~ drawing** skalenlig ritning; **~ model** skalenlig modell **(b)** *(Mus)* skala **2** *vt (berg)* bestiga; *(bergsvägg)* klättra uppför; *(mur)* klättra över

♦ **scale down** *vt + adv (ritning)* minska skalan på, förminska; *(arbetsstyrka, produktion)* minska, skära ner på

scale[3] |skeɪl| *s (ofta pl: ~s, Am vanl sg) (instrument: äv: pair/set of ~s)* våg; *(Astron, Astrol)*: **the S ~s** Vågen; **he tips the ~s at 70 kilos** han väger 70 kilo; **to turn/tip the ~s** *(bildl)* fälla utslaget, vara tungan på vågen

scal·lion |'skæljən| *s* smålök

scal·lop |'skɒləp| **1** *s* **(a)** *(Zool)* pilgrimsmussla **(b)** *(Sömnad)* udd, uddkant **2** *vt* **(a)** *(Matl)* gratinera (i snäckform) **(b)** *(Sömnad)* skära till i uddar

scal·ly·wag |'skælɪ,wæg| *s*, **scala·wag** |'skæləwæg| *s (vard)* skojare, odåga

scalp |skælp| **1** *s (i allm)* hårbotten, huvudsvål; *(trofé)* skalp **2** *vt (person)* skalpera; *(Am vard: biljetter)* sälja svart

scal·pel |'skælpəl| *s (Med)* skalpell

scaly |'skeɪlɪ| *adj (-ier, -iest) (djur)* fjällig; *(yta)* flagig, flagande

scamp |skæmp| *s (i allm)* skojare, lymmel; *(barn)* rackarunge

scamp·er |'skæmpəʳ| *vi* kila, sno; **to ~ about** skutta/ sno omkring; **to ~ off** kuta/kila iväg

scan |skæn| **1** *vt* **(a)** *(noggrant)* granska; **the sailor ~ned the horizon** sjömannen spanade längs horisonten **(b)** *(hastigt: text)* titta/ögna igenom, skumma **(c)** *(med radar etc)* avsöka, svepa **(d)** *(poesi)* skandera **2** *vi (poesi)* vara möjlig/gå att skandera **3** *s (se 1) (handling)* granskning; snabb genomläsning; avsökning; *(Med)* undersökning; *(bild)* radarbild; **ultrasonic ~** ultraljudsundersökning

scan·dal |'skændl| *s (allmänt utbredd)* skandal, förargelse; *(tillstånd, företeelse)* skandal, skamfläck; *(prat)* skvaller; **there's a lot of ~ going round about her** det går mycket skvaller/många skandalhistorier om henne; **the latest ~** det senaste (skvallret), den senaste skandalen

scan·dal·ize |'skændəlaɪz| *vt* chockera, indignera

scandal·monger |'skændl,mʌŋgəʳ| *s* ryktesspridare, skvallerkäring

scan·dal·ous |'skændələs| *adj* skandalös, upprörande; **it's simply ~!** det är helt enkelt skandalöst/skamligt!

Scan·di·na·via |,skændɪ'neɪvɪə| *s (eg)* Skandinavien; *(inkluderande Finland)* Norden

Scan·di·na·vian |,skændɪ'neɪvɪən| **1** *adj (eg)* skandinavisk; *(inkluderande Finland)* nordisk **2** *s (eg)* skandinav; *(inkluderande Finland)* nordbo

scan·ner |'skænəʳ| *s (Radar)* (av)sökare; *(TV, Typogr, Med etc)* scanner

scant |skænt| *adj (-er, -est)* föga, ringa, knappt tilltagen; **he paid ~ attention to the teacher** han ägnade föga uppmärksamhet åt läraren

scanti·ly |'skæntɪlɪ| *adv*: **~ clad/dressed** (mycket) lätt klädd

scanty |'skæntɪ| *adj (-ier, -iest) (i allm)* knapp, ringa; *(måltid)* mager, torftig; *(baddräkt)* minimal

scape·goat |'skeɪpgəʊt| *s* syndabock

scar |skɑːʳ| **1** *s (Med)* ärr; *(bildl)* märke, repa, ärr; **it left a deep ~ on his mind** det lämnade ett djupt ärr hos honom/i hans själ **2** *vt (eg, bildl)* tillföga ärr; **he was ~red on the leg by the crocodile** krokodilen gav honom ett ärr på benet; **she was ~red by smallpox** hon var kopparrig, hon hade ärr efter smittkoppor; **a table ~red with age** bord märkt av tidens tand **3** *vi (sår)* bilda ärr; *(äv: ~ over: läkas)* ärra sig

scarce |skeəs| *adj (-r, -st) (resurser, mat)* knapp, otillräcklig; **fresh fruit is ~ in winter** färsk frukt är ovanligt/sällsynt på vintern; **money is ~** det är ont om pengar; **to grow/become ~** börja bli sällsynt; **to make oneself ~** *(bildl vard)* smita, dunsta

scarce·ly |'skeəslɪ| *adv (nätt och jämt)* knappt; *(inte gärna)* knappast; **you can ~ refuse** du kan knappast vägra; **~ anybody** knappt någon, nästan ingen; **~ ever** knappast någonsin; **I ~ know what to say** jag vet knappt vad jag ska säga

scar·city |'skeəsɪtɪ|, **scarce·ness** |'skeəsnɪs| *s (om livsmedel, pengar)* brist; *(om frimärke etc)* sällsynthet; **scarcity value** samlarvärde, raritetsvärde

scare ['skeə'] **1** s panik, skräck; **to cause a** ~ orsaka panik/oro; **to give sb a** ~ skrämma (upp)ngn; **bomb** ~ bombhot **2** vt skrämma; **to** ~ **sb to death, to** ~ **sb stiff** (vard) skrämma livet ur ngn; **to be** ~**d to death, to be** ~**d stiff** (vard) vara livrädd/vettskrämd; **to be** ~**d out of one's wits** (vard) vara vettskrämd
♦ **scare away, scare off** vt + adv (eg) skrämma bort; (bildl) avskräcka
scare·crow ['skeəkrəu] s (eg, bildl) fågelskrämma
scared [skeəd] adj (se äv scare 2) rädd
scare·monger ['skeə,mʌngə'] s (neds) panikspridare
scarf [skɑ:f] s, pl **scarves** [skɑ:vz] el **scarfs** (om halsen) halsduk; (om huvudet: äv: head ~) sjalett, scarf
scar·let ['skɑ:lɪt] **1** s scharlakan(srött) **2** adj scharlakansröd; ~ **fever** scharlakansfeber; ~ **woman** (åld, skämts) syndig kvinna
scarves [skɑ:vz] spl av scarf
scary ['skeərɪ] adj (-ier, -iest) (vard: film, plats) hemsk, otäck, kuslig; (: person) lättskrämd
scat [skæt] vi (vard) sticka (sin väg), pysa; ~! stick (iväg)!
scath·ing ['skeɪðɪŋ] adj (blick) skarp; (kritik) svidande, dräpande; **he was** ~ **about our trains** han framförde svidande kritik mot våra tåg
scat·ter ['skætə'] **1** vt **(a)** (i allm) strö/sprida (ut); **he** ~**s money around** han strör pengar omkring sig **(b)** (folkmassa, moln) skingra; **her relatives are** ~**ed about the world** hennes släktingar är spridda/skingrade över hela världen **2** vi (folkmassa, moln) skingras, skingra sig
scatter·brain ['skætəbreɪn] s (vard: person) virrpanna
scatter·brained ['skætəbreɪnd] adj, (vard äv) **scat·ty** ['skætɪ] adj virrig
scav·enge ['skævɪndʒ] vi (i allm) rota (for efter); (Zool) äta as, vara asätare; **hyenas live mainly by scavenging** hyenor lever huvudsakligen på as
scav·en·ger ['skævɪndʒə'] s (Zool) asätare; (person) en som rotar bland sopor etc för att hitta användbara saker; (i sht Brit: yrke) gatsopare, renhållningsarbetare
sce·nario [sɪ'nɑ:rɪəu] s (Teat, Film) scenario; (bildl) scenario, tänkt situation
scene [si:n] s **(a)** (Teat, Film, TV) scen; **indoor/outdoor** ~ inomhus-/utomhus|scen; ~**s of violence** våldsscener; **a bedroom** ~ en sängkammarscen; **the** ~ **is set in a castle** scenen utspelas på ett slott; **to set the** ~ **for sth** (bildl) bereda marken för ngt, förbereda ngt; **behind the** ~**s** (eg, bildl) bakom kulisserna; **the political** ~ **in Sweden** den politiska arenan i Sverige; **the social/economic** ~ **in Britain** den sociala/ekonomiska situationen i Storbritannien **(b)** (vard: bråk) scen, uppträde; **to make a** ~ ställa till en scen/ett uppträde **(c)** (plats) (skåde)-plats, scen; **at the** ~ **of the crime** på brottsplatsen; **she needs a change of** ~ hon behöver ett miljöombyte; **to appear/come on the** ~ (eg) uppenbara sig, anlända till platsen; (bildl) komma in i bilden; **it's not my** ~ (vard) det är inte min stil, det är inget jag håller på med **(d)** (syn) scen, bild; **the town was a** ~ **of utter destruction** staden erbjöd en anblick av fullständig förstörelse; **a painter of street** ~**s** målare av gatumotiv
scen·ery ['si:nərɪ] s (vackert) landskap, (vacker) natur; (Teat) sceneri, scenbild
sce·nic ['si:nɪk] adj (trakt etc) naturskön; (Teat) scenisk; ~ **postcard** vykort (med natursceneri); ~ **railway** miniatyrjärnväg (för turister); ~ **road**

vacker/naturskön väg
scent [sent] **1** s **(a)** (av parfym etc) doft; (vätska) parfym; ~ **bottle** parfymflaska **(b)** (Jakt: av djur) vittring, (vittrings)spår; (: hos hund) väderkorn; **to pick up the** ~ (eg, bildl) få upp vittringen/spåret; **to lose the** ~ tappa spåret; **to put/throw sb off the** ~ (bildl) leda ngn på villospår **2** vt **(a)** (ge doft åt) parfymera; **to** ~ **the air with flowers** fylla luften med blomdoft **(b)** (känna doft/lukt) vädra; **to** ~ **danger** (bildl) vädra fara, ana oråd
scep·tic, (Am) **skep·tic** ['skeptɪk] s skeptiker
scep·ti·cal, (Am) **skep·ti·cal** ['skeptɪkəl] adj skeptisk (of/about mot); **he's** ~ **about his chances** han tvivlar på sina chanser
scep·ti·cism, (Am) **skep·ti·cism** ['skeptɪsɪzəm] s (känsla) skepsis; (karaktärsdrag) skepsis; (Filos) skepticism
scep·tre, (Am) **scep·ter** ['septə'] s spira
sched·ule ['ʃedju:l, (Am) 'skedʒul] s **(a)** (för arrangemang etc) (tids)plan, tidsschema, program; (i sht Am: för tåg etc) tidtabell; (Am Skol) schema; **a busy** ~ ett späckat program; **the work is behind/ahead of** ~ arbetet ligger efter/före tidsplanen; **on** ~ (tåg) enligt tidtabellen; (arbete) enligt tidsplanen; **we are working to a very tight** ~ vi arbetar efter en mycket snäv/pressad tidsplan; **everything went according to** ~ allt gick som planerat **(b)** (över föremål etc) lista, förteckning; (över tull, skatt etc) tariff, tabell
sched·uled ['ʃedju:ld, (Am) 'skedʒuld] adj (datum, händelse) planerad; (tåg, buss) som går/ska gå enligt tidtabell(en); (flyg) reguljär; (uppehåll etc) planerad, enligt tidtabellen; **the meeting is** ~ **for 7.00/to begin at 7.00** mötet är planerat till kl. 7.00; **this building is** ~ **for demolition** denna byggnad ska rivas
sche·ma ['ski:mə], pl **-ta** ['ski:mətə] s plan, diagram
sche·mat·ic [skɪ'mætɪk] adj schematisk
scheme [ski:m] **1** s (i allm) plan; (hemlig) intrig, listig plan; ~ **of work** arbetsplan, schema; **colour** ~ färgskala; **pension** ~ pensionsförsäkring; **a profit-sharing** ~ ett program för vinstdelning; **it's not a bad** ~ (vard) det är ingen dum idé; **it's some crazy** ~ **of his** det är någon galen idé/något galet projekt han har **2** vi intrigera, smida ränker; **to** ~ **to do sth** i hemlighet planera att göra ngt
schem·ing ['ski:mɪŋ] **1** adj beräknande, listig **2** s intrigspel
schism ['sɪzəm, 'skɪzəm] s schism
schizo ['skɪtsəu] (vard) **1** adj schizofren **2** s schizofren (person)
schizo·phre·nia [,skɪtsəu'fri:njə] s (Med) schizofreni
schizo·phren·ic [,skɪtsəu'frenɪk] **1** adj schizofren **2** s schizofren (person)
schlemiel [ʃlə'mi:l] s (Am vard) klantskalle, kluns, olycksfågel
schlep [ʃlep] vt (Am vard) bära/släpa på
schlock [ʃlɒk] (Am vard) **1** adj billig, tarvlig **2** s billig smörja
schmaltz [ʃmɔ:lts, (Brit äv) ʃmælts] s (vard) äcklig sentimentalitet, sliskighet
schmaltzy ['ʃmɔ:ltsɪ, (Brit äv) ʃmæltsɪ] adj äcklig sentimental, siraps sött
schol·ar ['skɒlə'] s **(a)** (i sht inom humaniora) forskare, vetenskapsman; **a famous Dickens** ~ en berömd Dickensforskare **(b)** (Skol: som har stipendium) stipendiat; (: åld) student; **he's never been much of a** ~ han har aldrig haft något läshuvud
schol·ar·ly ['skɒlərlɪ] adj (person, verk) lärd
schol·ar·ship ['skɒləʃɪp] s (egenskap) lärdom, vetenskaplig noggrannhet; (verksamhet) humanis-

tisk forskning; *(pengar)* stipendium
scho·las·tic |skə'læstık| *adj* **(a)** *(Skol)* skol-, lärar-; **the** ~ **year** läsåret **(b)** *(Filos)* skolastisk; *(neds)* pedantisk
school[1] |sku:l| **1** *s (i allm)* skola; *(Univ: för äm-nesområde)* fakultet; *(: för ett ämne)* institution; *(Am äv)* universitet; *(konstriktning etc)* skola; **to be at** ~ *(i allm)* gå i skolan; *(en viss dag)* vara i skolan; **to go to** ~ *(i allm)* gå i skolan; *(en viss dag)* gå till skolan; **to leave** ~ sluta/gå ut skolan; ~ **of motoring** *(Brit)* kör-/bil|skola; **S**~ **of Languages** *(Univ: ung)* språkliga fakulteten, institutionen för moderna språk; **art** ~ *(i allm)* konstskola; *(Univ: ung)* konstvetenskaplig institution; **medical** ~ *(ung)* medicinsk fakultet; **law** ~ juridisk fakultet; **she went to medical/law** ~ hon började läsa medicin/juridik; ~ **of thought** sätt att tänka; **the Dutch** ~ den holländska skolan; **of the old** ~ *(bildl)* av den gamla skolan; ~ **age** skol-ålder; ~**bus** skolbuss; ~ **fees** skol-/terminsav-gift; ~ **holidays** skollov; **during** ~ **hours, in** ~ **time** under skoltid; ~ **report** skolbetyg; ~ **year** skolår; *se äv* **primary, secondary 2** *vt (djur)* dressera; *(röst)* skola; *(egenskap, förmåga)* öva upp; **to** ~ **sb to do sth** uppfostra ngn till att göra ngt; **to** ~ **sb/oneself in a technique** öva upp ngn/sig i en teknik
school[2] |sku:l| *s (av fisk)* stim
school·book |'sku:lbʊk| *s* skolbok
school·boy |'sku:lbɔı| *s* skolpojke; ~ **slang** skol-slang
school·child |'sku:lt∫aıld| *s, pl* **-children** skolbarn
school·days |'sku:ldeız| *spl (vissa dagar)* skol-dagar; *(tid i livet)* skoltid
school·girl |'sku:lgɜ:l| *s* skolflicka
school·ing |'sku:lıŋ| *s* (skol)utbildning; **compul-sory** ~ obligatorisk skolgång
school-leaver |'sku:l,li:və'| *s*: **the** ~**s** de som går ut/slutar skolan
school-leaving age |,sku:l'li:vıŋ,eıdʒ| *s* ålder då skolplikten upphör
school·marm |'sku:l,mɑ:m| *s (vard, skämts: äv bildl)* skolfröken
school·master |'sku:l,mɑ:stə'| *s* (skol)lärare
school·mate |'sku:l,meıt| *s* skolkamrat
school·mistress |'sku:l,mıstrıs| *s* lärarinna, (skol)fröken *(vard)*
school·room |'sku:lrʊm| *s* skolsal
school·teacher |'sku:l,ti:t∫ə'| *s* (skol)lärare
schoon·er |'sku:nə'| *s* **(a)** *(Sjö)* skonare **(b)** *(Brit)* stort sherryglas; *(Am)* stort ölglas
sci·ati·ca |saı'ætıkə| *s (Med)* ischias
sci·ence |'saıəns| *s (i allm)* vetenskap; *(Skol: ung)* naturkunskap; *(Univ)* naturvetenskap; **the natu-ral/social** ~**s** natur-/samhälls|vetenskaperna; **the** ~**s** *(Skol)* de naturvetenskapliga ämnena; **it's a real** ~ *(vard)* det är en hel vetenskap; **S**~ **Faculty** *(Univ)* naturvetenskaplig fakultet; ~ **fic-tion** science fiction; ~ **teacher** lärare i natur-kunskap
sci·en·tif·ic |,saıən'tıfık| *adj (i allm)* (natur)veten-skaplig; *(bildl)* metodisk, rationell
sci·en·tist |'saıəntıst| *s* (natur)vetenskapsman, forskare
sci-fi |'saı'faı| *s förk f* science fiction sf
Scil·ly Isles |'sılıaılz| *spl*: **the** ~ Scillyöarna
scim·i·tar |'sımıtə'| *s* kroksabel
scin·til·late |'sıntı,leıt| *vi (stjärnor, paljetter)* gnist-ra, blixtra
scin·til·lat·ing |'sıntıleıtıŋ| *adj (eg, bildl)* gnistran-de, blixtrande; *(konversation)* briljant
sci·on |'saıən| *s (Bot)* ympkvist; *(litt)* ättling
scis·sors |'sızəz| *spl, (Am äv)* **scis·sor** |'sızə'| *ssg* sax; **a pair of** ~ **scissors** en sax; **the scissors are el (Am) the scissor(s) is on the table** saxen

ligger på bordet
scle·ro·sis |sklı'rəʊsıs| *s (Med)* skleros; *se äv* **multiple**
scoff[1] |skɒf| *vi* hånskratta, håna; **to** ~ **at sb/sth** (hån)skratta åt ngn/ngt, håna ngn/ngt
scoff[2] |skɒf| *vt (vard)* glufsa i sig
scold |skəʊld| *vt* skälla på, skälla ut; **to** ~ **sb** *(äv)* ge ngn ovett/en utskällning
scold·ing |'skəʊldıŋ| *s* utskällning, skäll, ovett
scol·lop |'skɒləp| = **scallop**
scone |skɒn| *s (Matl)* scone
scoop |sku:p| **1** *s* **(a)** *(redskap för mjöl, glass, vatten etc)* skopa; *(mått)* skopa **(b)** *(Tidn)* scoop; **to pull off/make a** ~ göra ett scoop, vara först med en stor nyhet; *(Handel: vard)* klipp, stor vinst **2** *vt* **(a)** *(i allm)* ösa, skopa; *(sand etc)* skyffla; *(bildl)* skyffla, plocka **(b)** *(Handel: Tidn: konkurrent)* komma före, snuva; *(Tidn: ny-het)* göra ett scoop på
♦ **scoop out** *vt + adv (mjöl etc)* ösa upp; *(vatten: ur båt)* ösa (ur)
♦ **scoop up** *vt + adv (eg)* ösa/skyffla/skopa upp; *(bildl)* plocka upp/ihop, samla ihop
scoot |'sku:t| *vi* kila, kuta
scoot·er |'sku:tə'| *s (för barn)* sparkcykel; *(för vuxen)* skoter
scope |skəʊp| *s* **(a)** *(i allm)* omfattning, räckvidd; *(persons)* kompetens, förmåga; **it's beyond the** ~ **of a dictionary** det ligger utanför ramen för en ordbok; **it's beyond the** ~ **of my mind** det går över min horisont, det ligger utanför min fattningsförmåga **(b)** *(för aktivitet)* spelrum, utrymme; **the new job will give him plenty of** ~ **for...** det nya jobbet kommer att ge honom många tillfällen att...; **there is (plenty of/considerable/not much)** ~ **for...** det finns (en hel del/avsevärt/inte mycket) utrymme för...
scorch |skɔ:t∫| **1** *s (äv:* ~ **mark)** *(på hud: ringa)* bränn|skada/-sår; *(på tyg etc)* brännskada, svedd fläck **2** *vt (om eld: tyg etc)* bränna (hål på); *(: hår, gräs)* sveda; *(om solen: gräs)* bränna (upp)
scorch·er |'skɔ:t∫ə'| *s (vard)* stekhet dag
scorch·ing |'skɔ:t∫ıŋ| *adj (äv:* ~ **hot:** *dag)* stekhet; *(sol)* brännande, stekande; *(kritik)* svidande
score |skɔ:'| **1** *s* **(a)** *(Sport)* ställning; *(Am Skol)* resultat på prov; **the** ~ **stands at** *el* **is 2 all** ställningen är/det står 2-2; **to keep (the)** ~ *(Sport)* sköta räkningen, föra protokoll; **there's no** ~ **yet** *(Sport)* det har inte blivit något mål/några poäng än; **there was no** ~ **in the match** *(Sport)* det blev inga mål i matchen; **what's the** ~? *(Sport)* vad är ställningen, hur står det?; *(bildl vard)* hur är läget?; **to know the** ~ *(bildl vard)* veta vad som gäller; **to settle an old** ~ **with sb** göra upp räk-ningen med ngn **(b)**: **on that** ~ på den punkten, när det gäller den saken **(c)** *(i trä, papp etc)* skåra, repa, märke **(d)** *(Mus: för orkester etc)* partitur; *(: till film)* musik; **who wrote the** ~ **for Limelight?** vem skrev musiken till Rampljus? **(e)** *(mått)* tjog; ~**s of people** *(bildl)* massor av folk; ~**s of errors** tjogvis/massvis med fel
2 *vt* **(a)** *(mål)* göra; *(poäng)* ta; **to** ~ **75% in an exam** ha 75% rätt på ett prov; **to** ~ **a hit** *(Fäktning)* få in en träff/stöt; *(Skytte)* få in en (full)träff; **to** ~ **a hit with sb** *(bildl)* ha framgång/bli populär hos ngn; **to** ~ **a hit with sth** *(bildl)* ha framgång med ngt **(b)** *(läder, trä)* repa; *(papp)* skåra; *(bergsväg)* fåra, repa **(c)** *(musik: för pi-ano etc)* instrumentera, sätta; *(: för film)* skriva
3 *vi (Sport: i fotboll etc)* göra mål; *(: i tennis etc)* ta poäng; *(: = keep* ~) räkna, föra protokoll; *(i allm)* lyckas, göra succé; *(vard: Sex)* fixa en brud/kille; *(vard: narkotika)* fixa knark; **to** ~ **over sb**

(bildl) vinna över/överglänsa ngn
♦ **score off** *vt + adv (namn etc på lista)* stryka
score·board ['skɔːbɔːd] *s* poängtavla
score·card ['skɔːkɑːd] *s (Golf)* scorekort, protokoll; *(Cricket, Baseball)* program; *(Kortsp)* protokoll
scor·er ['skɔːrəʳ] *s (funktionär)* protokollförare; *(spelare)* målgörare, poängvinnare; **the top** ~ den bäste målgöraren/poängplockaren
scor·ing ['skɔːrɪŋ] *s (Sport)* (poäng)räkning; *(Fotboll)* målskytte
scorn ['skɔːn] **1** *s* förakt, hån; **to pour** ~ **on** ösa förakt över **2** *vt (föremål, person)* förakta, se ned på; *(råd, erbjudande)* försmå
scorn·ful ['skɔːnfʊl] *adj* föraktfull, hånfull; **to be** ~ **about** *sth* uttrycka sig föraktfullt om ngt
Scor·pio ['skɔːpɪəʊ] *s (Astron, Astrol)* Skorpionen
scor·pi·on ['skɔːpɪən] *s (Zool)* skorpion
Scot [skɒt] *s (person)* skotte
Scotch [skɒtʃ] **1** *adj (mest i fasta uttryck)* skotsk; ~ **broth** *(Matl)* grönsaks- och kornsoppa med kött; ~ **egg** *(Matl)* 'skotskt ägg' *kokt ägg inbakat i korvsmet;* ~ **tape** ® tejp; ~ **terrier** skotsk terrier, skotte **2** *s (sprit)* skotsk whisky, scotch
scotch [skɒtʃ] *vt (plan, försök)* sätta stopp för; *(rykte)* avliva, göra slut på
scot-free [,skɒt'friː] *adj:* **to get off** ~ *(från brott)* gå fri, slippa undan ostraffad; *(från olycka)* klara sig oskadd
Scot·land ['skɒtlənd] *s* Skottland
Scots [skɒts] *adj (vanl om person)* skotsk
Scots·man ['skɒtsmən] *s, pl* **-men** skotte
Scots·woman ['skɒtswʊmən] *s, pl* **-women** skotska
Scot·tish ['skɒtɪʃ] *adj* skotsk; ~ **terrier** skotsk terrier, skotte
scoun·drel ['skaʊndrəl] *s (i allm)* skurk, usling; *(skämts)* rackare
scour[1] ['skaʊəʳ] *vt (golv, vägg)* skura, skrubba; *(gryta)* gnugga/skrapa ren
scour[2] ['skaʊəʳ] *vt (terräng)* genomsöka, finkamma; *(hus)* leta igenom
scour·er ['skaʊərəʳ] *s (redskap)* skurkudde *nätboll för skurning;* *(pulver)* skurpulver
scourge [skɜːdʒ] **1** *s (bildl)* gissel, plågoris; **the** ~ **of war** krigets fasor/hemsökelser **2** *vt (bildl)* hemsöka
scout [skaʊt] **1** *s (Mil)* spanare, spejare; *(pojke: äv:* **boy** ~*)* (pojk)scout; *(Am: flicka: äv:* **girl** ~*)* (flick)scout; **talent** ~ talangscout **2** *vi:* **to** ~ **around for** *sth* spana/leta efter ngt, vara på jakt efter ngt
scout·ing ['skaʊtɪŋ] *s* scouting; **the** ~ **movement** scoutrörelsen
scout·master ['skaʊt,mɑːstəʳ] *s* scoutledare
scowl [skaʊl] **1** *s* bister uppsyn, rynkad panna **2** *vi* rynka ögonbrynen; **to** ~ **at** *sb* titta bistert på ngn
scrab·ble ['skræbl] **1** *vi:* **to** ~ **about** *el* **around for** *sth* rota/krafsa efter ngt **2** *s (spel):* **S~** ® Alfapet ®
scrag·gy ['skrægɪ] *adj* **(-ier, -iest)** *(nacke)* mager, skinntorr; *(djur)* mager, benig
scram [skræm] *vi (vard)* sticka (sin väg); ~! stick!
scram·ble ['skræmbl] **1** *vi* **(a)** *(i allm)* kravla, klättra; **she** ~**d over the wall** hon kravlade sig över muren; **they** ~**d for seats** de rusade för att ta platser; **the children** ~**d for the sweets** barnen kämpade för att få tag i/rafsa åt sig godiset; **20 people** ~**d for one job** 20 personer slogs om ett jobb **(b)** *(Sport: med motorcykel)* köra i terräng **2** *vt* **(a)** *(Matl: ägg)* göra äggröra på; ~**d eggs** äggröra **(b)** *(Tele: meddelande etc)* förvränga, omvandla **3** *s* **(a)** *(i allm)* rusning, kapplöpning *(for* efter*)* **(b)** *(Sport)* terrängkörning med motorcykel

scram·bler ['skræmbləʳ] *s (Tele)* talomvandlare, signalomvandlare
scrap[1] [skræp] **1** *s* **(a)** *(i allm)* bit, smula, stycke; **a** ~ **of conversation** en snutt/ett brottstycke av ett samtal; **we got a few** ~**s of news** vi fick några enstaka nyheter; **there is not a** ~ **of truth in it** det ligger inte en gnutta sanning i det; **not a** ~ **of proof/use** inte det minsta bevis/inte den ringaste nytta **(b):** ~**s** (mat)rester **(c)** *(metall etc)* skrot; **to sell a ship for** ~ sälja ett fartyg till skrot; ~ **dealer** skrothandlare; ~ **heap** skrothög; **to throw sb/sth on the** ~ **heap** *(bildl)* kasta ngn/ngt på sophögen; ~ **merchant** skrothandlare; ~ **paper** återvinningspapper, returpapper; ~ **value** skrotvärde; ~ **yard** skrotupplag **2** *vt (bil, fartyg)* skrota; *(projekt, plan)* spola, överge
scrap[2] [skræp] *(vard)* **1** *s* gruff, bråk; **to get into/have a** ~ **with** *sb* råka i slagsmål/gräl med ngn **2** *vi* gruffa, bråka *(with* med*)*
scrap·book ['skræpbʊk] *s* klippbok
scrape [skreɪp] **1** *s* **(a)** *(handling)* skrapning; *(ljud, märke)* skrapande (ljud); *(märke)* rispa; *(på hud)* skrapsår, skrubbsår **(b)** *(bildl)* knipa; **to get into/out of a** ~ råka i knipa/klara sig ur en knipa **2** *vt (i allm)* skrapa; **to** ~ **on/against** *sth* skrapa mot ngt; **to** ~ *sth* **along** *sth* skrapa med ngt längs/utmed ngt; **the lorry** ~**d the wall** lastbilen skrapade mot väggen; **to** ~ **one's boots** skrapa av skorna, skrapa av sig om fötterna; **to** ~ **one's plate clean** skrapa tallriken, äta upp ordentligt/allting; **to** ~ **a living** skrapa ihop till brödfödan, hanka sig fram; **we managed to** ~ **enough money together** vi lyckades skrapa ihop tillräckligt mycket pengar; **to** ~ **(up) an acquaintance with** *sb* (lyckas) bli bekant med ngn; **to** ~ **the bottom of the barrel** *(bildl)* tvingas ta bottenskrapet **3** *vi* skrapa, raspa; **to** ~ **against** *sth* skrapa emot ngt
♦ **scrape along** *vi + adv* hanka sig fram
♦ **scrape off** **1** *vt + adv (äv:* ~ **away)** skrapa av/bort **2** *vt + prep* skrapa av/bort från
♦ **scrape through** **1** *vi + adv* klara sig med nöd och näppe **2** *vi + prep (prov)* klara med nöd och näppe; *(smal passage)* ta sig igenom med nöd och näppe
scrap·er ['skreɪpəʳ] *s (verktyg)* skrapa; *(för skor)* fotskrapa
scrap·py[1] ['skræpɪ] *adj* **(-ier, -iest)** *(uppsats)* osammanhängande; *(kunskap)* fragmentarisk; *(utbildning)* planlös, splittrad; *(måltid)* hopplockad, gjord på rester
scrap·py[2] ['skræpɪ] *adj* **(-ier, -iest)** *(Am vard)* stridslysten, grälsjuk
scratch [skrætʃ] **1** *s* **(a)** *(märke: på hud)* skråma, riv-/klös/sår; *(: på yta)* repa, rispa; *(: på grammofonskiva)* repa, hack; **it's just a** ~ det är bara en skråma **(b)** *(ljud)* skrapning, skrapande (ljud); **(c): to start from** ~ *(bildl)* börja från början/scratch; **to be/come up to** ~ *(person)* vara/komma i (sin vanliga) form; *(match, föreställning)* nå upp till normal klass/nivå; **to bring/keep sth up to** ~ få/hålla ngt i gott skick *el* trim **(d)** *i sms:* ~ **meal** hopskrapad måltid (på rester); ~ **team** hopskrap (av reserver) **2** *vt* **(a)** *(i allm)* repa, rispa; *(med naglarna)* klösa, riva, *(grammofonskiva)* repa; **the lovers** ~**ed their names on the tree** det älskande paret ristade in sina namn i trädet; **he** ~**ed his hand on a rose bush** han rev sig i handen på en rosenbuske; **we've barely** ~**ed the surface of...** *(bildl)* vi har bara rört lite på ytan av... **(b)** *(mot klåda)* klia, riva; **he** ~**ed his head** *(äv bildl)* han kliade sig i huvudet; **you** ~ **my back and I'll** ~ **yours!** *(bildl: ung)* tjänster och gentjänster! *dvs hjälper du mig så hjälper jag dig* **(c)** *(möte etc)*

ställa in; *(namn på lista)* stryka
3 *vi (person, hund etc)* klia sig; *(höna)* (gå omkring och) krafsa/sprätta; *(penna)* raspa; *(kläder)* stickas, rivas; **the dog** ~**ed at the door** hunden krafsade på dörren
♦ **scratch out** *vt* + *adv (på lista)* stryka över; **to** ~ **sb's eyes out** klösa ut ögonen på ngn
scratch·pad |'skrætʃpæd| *s (Am)* anteckningsblock
scratchy |'skrætʃɪ| *adj* (-ier, -iest) *(tyg)* stickig, rivig; *(penna)* raspig
scrawl |skrɔːl| **1** *s* klotter; **I can't read her** ~ jag kan inte läsa hennes kråkfötter **2** *vt* klottra; **to** ~ **a message** rafsa ner ett meddelande
scrawny |'skrɔːnɪ| *adj* (-ier, -iest) *(nacke)* mager, skinntorr; *(djur)* mager, benig
scream |skriːm| **1** *s* skrik, skri, tjut; **there were** ~**s of laughter** det hördes tjut av skratt; **he let out a** ~ han skrek till, han hävde upp ett tjut; **it was a** ~ *(bildl vard)* det var vrålkul; **he's a** ~ *(bildl vard)* han är helfestlig **2** *vt (skällsord)* skrika, vråla; **the headlines** ~**ed (out) the news** rubrikerna skrek ut nyheten **3** *vi* skrika, tjuta; **to** ~ **at sb** skrika åt ngn; **to** ~ **(out) with pain** skrika (högt) av smärta; **to** ~ **for help** skrika/ropa på hjälp; **to** ~ **with laughter** tjuta av skratt
scree |'skriː| *s* stenras, stensluttning
screech |skriːtʃ| **1** *s (från broms)* gnissel; *(från däck)* tjutande; *(från uggla)* tjut; *(från person)* (gall)skrik, tjut **2** *vi (broms)* gnissla; *(däck)* tjuta; *(uggla)* tjuta; *(person)* (gall)skrika, tjuta
screeds |skriːdz| *spl (vard)* harang, långrandig utläggning
screen |skriːn| **1** *s* **(a)** *(i allm)* skärm; *(i rum)* (avdelnings)skärm; *(framför brasa)* brasskärm; *(bildl: av träd, rök)* ridå; ~ **door** dörr med myggnät **(b)** *(TV)* bildskärm, TV-ruta; *(Radar)* skärm; *(Film)* filmduk; **he writes for the** ~ han skriver för filmen; **the big** ~ filmen; **the small** ~ TV; **he is a star of the small** ~ han är TV-stjärna; ~ **actor** filmskådespelare; ~ **test** provfilmning; ~ **writer** filmförfattare **(c)** *(för mjöl, sand etc)* såll, sikt, harpa **2** *vt* **(a):** *(mot insyn etc)* avskärma, dölja; *(mot buller etc)* skydda; **the house is** ~**ed (from view) by trees** huset är skyddat (för insyn) av träd; **he** ~**ed his eyes (from the sun) with his hand** han skyddade sina ögon (för solen) med handen **(b)** *(film)* visa **(c)** *(mjöl, sand, kol etc)* sålla, sikta; *(bildl: person: ur säkerhetssynpunkt)* kontrollera, skaffa upplysningar om; *(: för sjukdom)* undersöka, testa: **she was** ~**ed for cancer**
♦ **screen out** *vt* + *adv (ljus, ljud)* stänga ute
screen·ing |'skriːnɪŋ| *s* **(a)** *(av film)* visning **(b)** *(medicinsk: äv:* **medical** ~) undersökning, testning; *(av säkerhetsskäl)* säkerhetskontroll
screen·play |'skriːnpleɪ| *s* filmmanus
screw |skruː| **1** *s* **(a)** *(att fästa med)* skruv; *(av boll)* skruv; **he's got a** ~ **loose** *(bildl vard)* han har en skruv lös; **to put the** ~**s on sb** *(bildl vard)* sätta tumskruvar/press på ngn **(b)** *(Sjö, Flyg)* propeller **(c)** *(vard: fångvaktare)* plit **(d)** *(Brit vard)* lön; **he gets a good** ~ han får bra betalt **(e)** *(vard!: samlag)* knull(!), ligg(!) **2** *vt* **(a)** *(i allm, boll)* skruva; **to** ~ **sth to the wall** skruva fast ngt i väggen; **to** ~ **sth down** skruva fast ngt; **to** ~ **sth (up) tight** dra/skruva åt ngt ordentligt; **to** ~ **money out of sb** *(vard)* pressa ngn på pengar; **to** ~ **one's head round** vrida på huvudet; **to have one's head** ~**ed on (the right way)** *(vard)* ha huvudet på skaft **(b)** *(vard!: ha samlag med)* knulla(!), pippa(!)
♦ **screw together 1** *vt* + *adv* skruva ihop **2** *vi* + *adv* gå att skruva ihop
♦ **screw up** *vi* + *adv (papper)* knyckla ihop; **to** ~ **up one's eyes** kisa med ögonen; **to** ~ **up one's face**

förvrida ansiktet; **to** ~ **up one's courage** *(bildl)* ta mod till sig; **he really** ~**ed it up this time!** *(bildl vard)* han har verkligen trasslat/ställt till det den här gången!
screw·ball |'skruːbɔːl| *s (Am: Baseball)* skruvboll; *(: vard: person)* knasboll
screw·driver |'skruːˌdraɪvəʳ| *s* **(a)** *(verktyg)* skruvmejsel **(b)** *(drink)* screwdriver *vodka o apelsinjuice*
screw-top(ped) |'skruːtɒp(t)| *adj (burk)* med skruvlock
screwy |'skruːɪ| *adj* (-ier, -iest) *(vard)* knasig, knäpp
scrib·ble |'skrɪbl| **1** *s* klotter; **I can't read his** ~ jag kan inte läsa hans klotter/kråkfötter **2** *vt (i allm)* klottra; *(brev)* kasta ner, rafsa ihop; **to** ~ **sth down** rafsa ner ngt **3** *vi* klottra
scribe |skraɪb| *s (Hist)* skrivare; *(Bibeln)* skriftlärd
scrim·mage |'skrɪmɪdʒ| *s (i allm)* tumult, slagsmål; *(Amerikansk fotboll)* spel *period då bollen är i spel*; *(Sport)* träningsmatch
scrimp |skrɪmp| *vi:* **to** ~ **and save** snåla och spara
script |skrɪpt| *s* **(a)** *(Film)* manus; *(TV, Radio)* manus(kript); *(Skol)* skriftligt svar *på prov* **(b)** *(sätt att skriva)* handstil; *(teckensystem)* skrift, alfabet; **in Arabic** ~ i arabisk skrift/med arabiska bokstäver
script·ed |'skrɪptɪd| *adj (Radio, TV etc)* med manuskript
Scrip·ture |'skrɪptʃəʳ| *s:* **the (Holy)** ~ den heliga skrift, Bibeln
script·writer |'skrɪptˌraɪtəʳ| *s (Film, TV, Radio)* manusförfattare
scroll |skrəʊl| **1** *s (av pergament)* skriftrulle; *(dekoration)* spiralornament, volut; *(på fiol)* snäcka **2** *vt (i allm)* rulla ihop; *(Data: text på bildskärm)* rulla
scro·tum |'skrəʊtəm| *s (Anat)* pung
scrounge |skraʊndʒ| *(vard)* **1** *s:* **to be on the** ~ **(for sth)** försöka tigga till sig ngt, snoka omkring efter ngt **2** *vt (utan lov)* sno (till sig); *(med lov)* tigga sig till, låna **3** *vi:* **to** ~ **on/off sb** snylta på ngn
scroung·er |'skraʊndʒəʳ| *s (vard)* snyltare
scrub[1] |skrʌb| **1** *s* **(a)** *(Bot)* busksnår, buskskog; *(vard: person)* (ynkling) knatte, puttefnask; *(Am: Sport: person)* reservlagsspelare **2** *adj (Bot)* dvärg-, busk-; *(i allm)* ynklig, obetydlig
scrub[2] |skrʌb| **1** *s* skrubbning, skurning; **to give sth a (good)** ~ skrubba ngt (ordentligt) **2** *vt* **(a)** *(golv, väggar)* skura, skrubba; *(händer etc)* skrubba; **to** ~ **sth clean** skura/skrubba ngt rent **(b)** *(vard: match)* ställa in; *(: projekt)* skippa, spola
♦ **scrub down** *vt* + *adv* skura av; **to** ~ **oneself down** skrubba av sig
♦ **scrub off 1** *vt* + *adv* skura/skrubba av **2** *vt* + *prep* skura/skrubba av från
♦ **scrub up** *vi* + *adv (läkare)* tvätta händerna (och armarna)
scrubbing-brush |'skrʌbɪŋˌbrʌʃ| *s* skurborste
scruff |skrʌf| *s* **(a): by the** ~ **of the neck** *(djur)* i nackskinnet; *(bildl: person)* i nackskinnet/kragen **(b)** *(vard: person)* slusk
scruffy |'skrʌfɪ| *adj* (-ier, -iest) *(person, kläder, utseende)* sjaskig, lortig, sluskig; *(hus)* sjaskig, ruffig
scrum |skrʌm| *s (Rugby)* klunga; ~ **half** *(: spelare)* klunghalv
scrump·tious |'skrʌmpʃəs| *adj (vard)* smaskig, läcker
scrunch |skrʌntʃ| **1** *vt* krossa **2** *vi* knastra, krasa
scru·ple |'skruːpl| **1** *s (vanl pl):* ~**s** skrupler, samvetsbetänkligheter; **to have no** ~**s about doing**

sth inte hysa några samvetsbetänkligheter/inte ha några skrupler när det gäller att göra ngt **2** *vt*: **not to** ~ **to do sth** inte dra sig för att göra ngt

scru·pu·lous ['skruːpjʊləs] *adj (i allm)* nogräknad, samvetsöm, ärlig; *(i arbete)* samvetsgrann, mycket noggrann

scru·pu·lous·ly ['skruːpjʊləslɪ] *adv* samvetsgrant, mycket noggrant; ~ **honest** skrupulöst hederlig; ~ **clean** *(lägenhet)* ytterst välstädad

scru·ti·nize ['skruːtɪnaɪz] *vt (i allm)* granska, noga undersöka; *(plan)* studera, noga gå igenom

scru·ti·ny ['skruːtɪnɪ] *s (i allm)* granskning, noggrann undersökning; *(av röstsedlar)* kontrollräkning; **under the** ~ **of sb** under ngns vakande öga, inför ngns granskande blick; **it does not stand up to** ~ den tål inte närmare granskning

scu·ba ['skuːbə] *s*: ~ **diving** sportdykning *med dykapparat*

scud [skʌd] **1** *s* vindil; regnby **2** *vi (moln etc)* ila, jaga; *(Sjö)* länsa

scuff [skʌf] *vt (skor, golv)* skava, nöta; **to** ~ **one's feet** släpa med fötterna

scuf·fle ['skʌfl] **1** *s* tumult, handgemäng **2** *vi* bråka, knuffas

scull [skʌl] *s*, **scul·ler** ['skʌlə'] *s* roddbåt *för två åror*

scul·lery ['skʌlərɪ] *s* diskrum

sculpt [skʌlpt] *vt, vi* skulptera

sculp·tor ['skʌlptə'] *s* skulptör

sculp·tress ['skʌlptrɪs] *s* skulptris, (kvinnlig) skulptör

sculp·ture ['skʌlptʃə'] **1** *s (föremål)* skulptur; *(konstart)* skulptur **2** *vt, vi* **(a)** modellera, forma **(b)** = **sculpt**

scum [skʌm] *s (på stillastående vatten)* hinna *av smuts etc*; *(vid syltkokning etc)* skum; *(bildl: person)* avskum, slödder; **the** ~ **of the earth** mänsklighetens avskum

scup·per ['skʌpə'] **1** *s (Sjö)* spygatt **2** *vt (Sjö: fartyg)* avsiktligt sänka; *(bildl: plan)* kullkasta

scur·ril·ous ['skʌrɪləs] *adj (skämt, kommentar)* plump; **to make a** ~ **attack on sb** göra ett plumpt/ kränkande angrepp mot ngn

scur·ry ['skʌrɪ] *vi* kila, rusa; **to** ~ **away/off** kila/ sticka iväg

scur·vy ['skɜːvɪ] *s (Med)* skörbjugg

scut·tle¹ ['skʌtl] *vt (fartyg)* borra i sank

scut·tle² ['skʌtl] *vi* kila, rusa; **to** ~ **away/off** kila/ rusa iväg

scythe [saɪð] **1** *s* lie **2** *vt* slå (med lie)

sea [siː] **1** *s* hav; *(i namn och vissa uttryck)* sjö; **by/beside the** ~ vid havet; **on the** ~ *(fartyg)* på havet; *(plats)* vid havet; **to go by** ~ åka båt, ta sjövägen; **to go to** ~ *(person)* gå till sjöss; **to put to** ~ *(sjöman)* ge sig ut på sjön; *(fartyg)* avsegla, löpa ut; **to spend 3 years at** ~ tillbringa 3 år till sjöss; **(out) at** ~ *(ute)* till havs; **to look out to** ~ *(person)* titta ut mot/över havet; *(hus)* vetta mot havet; **heavy** *el* **rough** ~(**s**) grov/kraftig sjö; **to be all at** ~ **(about/with sth)** *(bildl)* vara helt villrådig *(när det gäller ngt)*; **a** ~ **of faces** *(bildl)* ett hav av ansikten **2** *i sms* havs-, sjö-; ~ **air** havs-/ sjö|luft; ~ **anemone** havsanemon; ~ **bathing** salta bad, bad i havet; ~ **battle** sjöslag; ~ **bed** havsbotten; ~ **bird** sjöfågel; ~ **breeze** sjöbris; ~ **captain** sjökapten; ~ **change** *(litt)* fullständig förvandling; ~ **fish** saltvattensfisk; ~ **front** sjösida *av stad*; ~ **legs** *(bildl)* sjöben; **to find one's** ~ **legs** bli sjövan; ~ **level** havs|nivån/-ytan; ~ **lion** sjölejon; ~ **route** sjöled; ~ **transport** sjö-transport; ~ **power** sjömakt; ~ **urchin** sjöborre; ~ **wall** skyddsvall *mot havet*

sea·board ['siːbɔːd] *s (Am)* kust

sea·borne ['siːbɔːn] *adj* sjöburen

sea·faring ['siːˌfɛərɪŋ] *adj* sjöfarande

sea·food ['siːfuːd] *s* fisk och skaldjur

sea·fowl ['siːfaʊl] *s (koll)* sjöfågel

sea·going ['siːˌɡəʊɪŋ] *adj (person, folk)* sjöfarande; *(fartyg)* sjögående

sea·gull ['siːɡʌl] *s (Zool)* fiskmås

sea·horse ['siːhɔːs] *s (Zool)* sjöhäst

seal¹ [siːl] *s (Zool)* säl

seal² [siːl] **1** *s (mönster)* sigill; *(av lack, vax etc)* sigill; *(av bly)* plomb; *(redskap)* sigillstamp; *(på kuvert)* försegling; *(Tekn)* förslutning, tätning; *(av färg etc)* skyddande lager; **to set one's** ~ **to sth, to give the** *el* **one's** ~ **of approval to sth** *(bildl)* ge sitt uttalade/uttryckliga stöd åt ngt, ge ngt sitt godkännande; **to set the** ~ **on sb's fate** besegla någons öde; **that set the** ~ **on a perfect holiday** det var pricken över i på en perfekt semester **2** *vt* **(a)** *(kuvert)* försegla, klistra igen; *(dokument)* förse med sigill; *(burk)* tillsluta, försluta; *(läcka)* täta; *(Matl: kött)* sluta till porerna på; **my lips are** ~**ed** mina läppar är förseglade **(b)** *(öde)* besegla, avgöra; *(avtal)* besegla, bekräfta

♦ **seal in** *vt + adv (i paket)* slå in; *(i förpackning)* innesluta, hålla kvar

♦ **seal off** *vt + adv (rum)* sluta till, stänga (av); *(område)* spärra av

♦ **seal up** *vt + adv (paket)* slå in (ordentligt), försluta; *(burk)* tillsluta (hermetiskt); *(dörr)* täta

seal·ing wax ['siːlɪŋwæks] *s* sigillack

seal·skin ['siːlskɪn] *s* sälskinn

seam [siːm] *s* **(a)** *(Sömnad)* söm; *(vid svetsning)* fog; **to come apart at the** ~**s** spricka i sömmarna; **to be bursting at the** ~**s** *(klädesplagg)* gå upp i sömmarna; *(bildl vard)* vara fylld till bristningsgränsen **(b)** *(Geol)* flöts, skikt

sea·man ['siːmən] *s, pl* **-men** sjöman

sea·man·ship ['siːmənʃɪp] *s* sjömanskap

seam·stress ['semstrɪs] *s* sömmerska; **she's a good** ~ hon är bra på att sy

seamy ['siːmɪ] *adj (-ier, -iest)* *(vard)* otrevlig, otäck; **the** ~ **side of life** livets skuggsida, livets mindre trevliga sidor

sé·ance ['seɪɑːns] *s* seans

sea·plane ['siːpleɪn] *s* sjöflygplan

sea·port ['siːpɔːt] *s* hamnstad *vid havet*

sear [sɪə'] *vt* bränna, sveda

search [sɜːtʃ] **1** *s (i allm)* sökande, letande; *(Jur: av hus)* husrannsakan; *(Data)* sökning; **in** ~ **of** på jakt efter; **to make/conduct a** ~ **for sb** *(i allm)* göra efterspaningar efter ngn; *(efter ngn som gått vilse etc)* gå skallgång efter ngn; **to make/ conduct a** ~ **for sth** göra efterforskningar efter ngt, leta efter ngt; **to make/conduct a** ~ **of sth** genomsöka ngt; ~ **party** spaningspatrull; ~ **warrant** husrannsakningsorder **2** *vt* **(a)** *(i allm)* genomsöka, leta igenom; *(person)* kroppsvisitera; ~ **me!** *(bildl vard)* fråga inte mig!, inte vet jag! **(b)** *(dokument)* leta igenom, gå igenom; *(sitt samvete)* rannsaka; *(sitt minne)* leta i; **I** ~**ed his face for some sign of emotion** jag letade efter något tecken på sinnesrörelse i hans ansikte **3** *vi* leta, söka; **to** ~ **after** *el* **for sb** leta efter/efterspana ngn; **to** ~ **after/for sth** leta efter ngt; **to** ~ **through sth for sth** leta igenom ngt efter ngt

search·er ['sɜːtʃə'] *s* spanare, en som letar/söker

search·ing ['sɜːtʃɪŋ] *adj (blick)* forskande; *(fråga)* inträngande; *(undersökning)* noggrann, ingående

search·light ['sɜːtʃlaɪt] *s* strålkastare, sökarljus

sear·ing ['sɪərɪŋ] *adj (hetta)* brännande; *(smärta)* svidande

sea·scape ['siːskeɪp] *s (Konst)* marinmålning, havsbild

sea·shell ['siːʃel] *s* snäckskal

sea·shore ['siːʃɔː'] *s* havsstrand; **by/on the** ~ vid (havs)stranden

sea·sick ['siːsɪk] *adj* sjösjuk; **to get/be** ~ bli/vara sjösjuk

sea·sick·ness ['siːsɪknɪs] *s* sjösjuka

sea·side ['siːsaɪd] *s* kust; **we went to the** ~ **for the day** vi åkte till havet över dagen; **at the** ~ vid kusten/havet; ~ **holiday** bad(orts)semester; ~ **hotel** badortshotell; ~ **resort** badort; ~ **town** kuststad, badort

sea·son ['siːzn] **1** *s* (*i naturen*) årstid; (*för viss verksamhet*) säsong; **the rainy/dry** ~ regn-/torr|tiden; **strawberries are in/out of** ~ det är/är inte säsong för jordgubbar; **the Christmas** ~ julhelgen, jultiden; **S~'s Greetings** (*på kort*) God jul och gott nytt år; **the busy** ~ högsäsongen; **at the height of the** ~ mitt i högsäsongen; **the fishing/football** ~ fiske-/fotbolls|säsongen; **the open/closed** ~ (*för jakt o fiske*) lovlig/olovlig tid; **to be in** ~ (*Zool*) vara brunstig, löpa; ~ **ticket** (*Teat, etc*) abonnemang; (*Järnv etc*) periodkort, vecko-/månads-/kvartals/års|kort; ~ **ticket holder** (*Teat etc*) innehavare av abonnemang; (*Järnv etc*) innehavare av periodkort *etc* **2** *vt* **(a)** (*trä*) torka; (*person*) härda **(b)** (*Matl*) krydda

sea·son·able ['siːznəbl] *adj* (*väder*) passande för årstiden; (*i allm*) läglig, i rättan tid

sea·son·al ['siːzənl] *adj* (*arbete*) säsong-; (*växling*) säsongbetingad, årstidsbetingad

sea·soned ['siːznd] *adj* (*trä*) torkad; (*person: i allm*) härdad, luttrad; (*skådespelare, arbetare*) erfaren, med lång erfarenhet

sea·son·ing ['siːznɪŋ] *s* krydda, kryddning

seat [siːt] **1** *s* **(a)** (*möbel*) stol; (*i tåg, buss*) plats, säte; (*i bil*) säte; (*i flygplan*) säte, stol; (*på cykel*) sadel; (*för ryttare*) sits; **are there any** ~**s left?** finns det några platser kvar?; **to book a** ~ (*Järnv etc*) reservera en plats; (*Teat etc*) boka en biljett; **to take one's** ~ sätta sig på sin plats; **please take your** ~**s** var vänliga och inta era platser; **to take a** ~ sätta sig ner; **do take a** ~! varsågod och sitt/slå er ner!; **keep a** ~ **for me** håll en plats åt mig; ~ **belt** säkerhetsbälte **(b)** (*på stol*) sits; (*på person*) bak, ända; (*på byxor*) bak **(c)** (*Pol*) plats/mandat i underhuset; **to keep/lose one's** ~ behålla/förlora sitt mandat; **a majority of 5** ~**s** en majoritet på 5 mandat; **to take one's** ~ **in the (House of) Commons** inta sin plats i underhuset **(d)** (*för regering*) säte; (*för lärdom*) centrum, säte; (*för sjukdom*) sjukdomshärd; (*för eld*) brandplats; **they discovered the** ~ **of the trouble in the engine** de lyckades lokalisera/hitta felet i motorn **2** *vt* **(a)** (*person etc*) sätta, placera; **to be** ~**ed** sitta; **to remain** ~**ed** sitta kvar, förbli sittande **(b)** (*lokal*) rymma, ta, ha sittplats för

-seat·er ['siːtə'] *s i sms*: **a two**~ **car** en tvåsitsig bil; **a three**~ **(sofa)** en tresitssoffa

seat·ing ['siːtɪŋ] *s* sittplats(er); ~ **arrangements** bordsplacering; ~ **capacity** antal sittplatser; **a** ~ **capacity of 600** 600 sittplatser

sea·way ['siːweɪ] *s* (*på hav*) sjöväg; (*i inlandet*) segelled *för havsgående fartyg*

sea·weed ['siːwiːd] *s* sjögräs, havsväxter

sea·worthy ['siːˌwɜːðɪ] *adj* sjövärdig

sec [sek] *s förk f* **second**[2]; (*vard*): **wait a** ~ vänta ett ögonblick

seca·teurs [ˌsekəˈtɜːz] *spl* sekatör, trädgårdssax

se·cede [sɪˈsiːd] *vi* utträda (*from* ur)

se·ces·sion [sɪˈseʃən] *s* utträde, utbrytning (*from* ur)

se·clud·ed [sɪˈkluːdɪd] *adj* (*hus*) avskild, skyddad, undangömd; (*liv*) tillbakadragen

se·clu·sion [sɪˈkluːʒən] *s* isolering, avskildhet

sec·ond[1] ['sekənd] **1** *adj* andra; **he's a** ~ **Beethoven** han är en ny Beethoven; **she's been like a** ~ **mother to me** hon har varit som en andra mor

för mig; **give him a** ~ **chance** ge honom en chans till; **the** ~ **floor** (*Brit*) två trappor upp; (*Am*) en trappa upp; **in** ~ **gear** (*bil*) på tvåan; **to ask for a** ~ **opinion** (*i sht Med*) begära ett utlåtande av ytterligare en expert; ~ **cousin** syssling; ~ **person** (*Språkv*) andra person; **Charles the S**~ Charles/Karl den andre; **it's** ~ **nature to her** det faller sig helt naturligt för henne, det är hennes andra natur; **she's** ~ **to none** hon kan mäta sig med vem som helst; **to have** ~ **sight** vara klärvoajant/synsk; **to have** ~ **thoughts (about sth/about doing sth)** ångra *el* ändra sig (angående ngt/när det gäller att göra ngt); **on** ~ **thoughts** (*Brit*), **on** ~ **thought** (*Am*) vid närmare eftertanke... **2** *adv* **(a)** tvåa, på andra plats; **to come** ~ komma tvåa; **the** ~ **largest fish** den näst största fisken **(b)** (= ~**ly**) för det andra **3** *s* **(a)** (*Boxning*) sekond; (*i duell*) sekundant **(b)**: **in** ~ (*bil*) på tvåan; **to put a car in** ~ lägga i tvåan **(c)**: **he came a good** ~ han blev god tvåa; **he came a poor** ~ han kom tvåa, långt efter ettan **(d)**: ~**s** *spl* (*Handel*) sekunda varor, andra sortering **4** *vt* **(a)** (*förslag*) stödja, ansluta sig till; **I'll** ~ **that** (*vard*) jag stöder förslaget, det är jag med på **(b)** [sɪˈkɒnd] (*Brit: personal*) avdela, förflytta

sec·ond[2] ['sekənd] *s* (*tid*) sekund; (*Geogr, Mat*) sekund; **at that very** ~ i samma ögonblick/sekund; **just a** ~! ett ögonblick!; **it won't take a** ~ det tar bara ett ögonblick, det går snabbt; ~ **hand** ['sekəndhænd] sekundvisare

sec·ond·ary ['sekəndərɪ] *adj* (*i allm*) sekundär, underordnad; (*sjukdom*) följd-; ~ **education** utbildning över grundskolenivå; ~ **modern school** (*Brit: förr*) praktiskt inriktad sekundärskola; ~ **school** (*ung*) mellanstadie-, högstadie- o gymnasieskola

second-best [ˌsekəndˈbest] **1** *s*: **the** ~ det näst bästa **2** *adv* näst bäst; **to come off** ~ förlora, dra det kortaste strået

second-class [ˌsekəndˈklɑːs] **1** *adj* (*biljett, vagn, hotell*) andraklass-; (*produkt*) andra klassens, sekunda; ~ **mail** (*Brit: ung*) ekonomipost; (*Am: ung*) tidningspost, masskorsband; ~ **citizen** andra klassens medborgare **2** *adv*: **to send sth** ~ (*ung*) skicka något som ekonomipost (*Brit*) *el* tidningspost/masskorsband (*Am*); **to travel** ~ resa (i) andra klass

second-hand [ˌsekəndˈhænd] **1** *adj* (*bil, kläder*) begagnad; (*bok*) antikvarisk; (*information*) andrahands-; ~ **bookshop** antikvariat **2** *adv*: **to buy clothes** ~ köpa kläder begagnat/secondhand; **to buy books** ~ köpa böcker på antikvariat; **to hear sth** ~ höra ngt i andra hand

second-in-command [ˌsekəndɪnkəˈmɑːnd] *s*: **to be** ~ ha näst högsta befälet; **this is my** ~ det här är min närmaste man

sec·ond·ly ['sekəndlɪ] *adv* för det andra

second-rate [ˌsekəndˈreɪt] *adj* (*produkt*) av sämre kvalitet; (*person*) medioker, andra rangens

se·cre·cy ['siːkrəsɪ] *s* hemlighetsfullhet, tystlåtenhet, förtegenhet; **there is no** ~ **about their love affair** det är inget hemligt med deras kärlekshistoria; **there was an air of** ~ **about the project** det vilade något hemlighetsfullt över projektet; **in** ~ i hemlighet

se·cret ['siːkrɪt] **1** *adj* (*i allm*) hemlig; (*dörr, gång*) lönn-; **to keep sth** ~ **(from sb)** hemlighålla ngt (för ngn); ~ **agent** hemlig agent; **the** ~ **police** hemliga polisen; **the** ~ **service** underrättelsetjänsten **2** *s* hemlighet; **to keep a** ~ bevara en hemlighet; **to let sb into a** ~ berätta/avslöja en hemlighet för ngn; **to let sb into the** ~ inviga ngn i hemligheten; **to make no** ~ **of sth** inte göra någon hemlighet av ngt; **to do sth in** ~ göra ngt i hemlighet

sec·re·tar·ial [ˌsekrə'tɛərɪəl] adj sekreterar-

sec·re·tari·at [ˌsekrə'tɛərɪət] s (för internationell organisation, tävling mm) sekretariat; (för myndighet) kansli

sec·re·tary ['sekrətrɪ] s (i allm) sekreterare; (Pol) minister; S~ **of State** (Brit) minister; (Am) utrikesminister; S~ **of the Treasury Department** (Am) finansminister

sec·retary-general [ˌsekrətrɪ'dʒenərəl] s generalsekreterare

se·crete [sɪ'kriːt] vt (a) (Med) av-/ut|söndra (b) (person, föremål) gömma; **to** ~ **oneself** gömma sig

se·cre·tion [sɪ'kriːʃən] s (massa) sekret; (handling) av-/ut|söndring

se·cre·tive ['siːkrətɪv] adj (person) hemlighetsfull; **to be** ~ **about sth** vara förtegen om ngt

se·cret·ly ['siːkrətlɪ] adv i hemlighet; ~ **she's fond of him** innerst inne tycker hon om honom;; ~ **he thought that...** i sitt stilla sinne tänkte han att...

sect [sekt] s (Rel etc) sekt

sec·tar·ian [sek'tɛərɪən] adj sekteristisk

sec·tion ['sekʃən] s (a) (i allm) sektion, avdelning; (i stad) kvarter, distrikt; (i tidning) del, sidor; (i orkester) sektion; (i dokument) avsnitt, paragraf; (av väg) sträcka; (av möbel) del, sektion; (inom myndighet) avdelning, sektion (b) (med kniv etc el bildl) snitt; **vertical** ~ genomskärning

sec·tion·al ['sekʃənl] adj (a) (möbel) sektions-, isärtagbar (b) (intressen) grupp-, skrå- (c) (diagram) i genomskärning

sec·tor ['sektər] s sektor; se äv public 3

secu·lar ['sekjʊlər] adj (myndighet) världslig; (skola) sekulariserad; (musik, diktning) profan; (präst) sekular-, lekmanna-

se·cure [sɪ'kjʊər] 1 adj (-r, -st) (a) (knut) (ordentligt) åtdragen; (rep) (ordentligt) fastgjord; (dörr) (ordentligt) låst; (grepp) stadig, säker; **to make sth** ~ säkra, göra fast, låsa (b) (plats) säker, trygg; (föremål) i tryggt/säkert förvar; (anställning, framgång) säker; ~ **from/against sth** skyddad för/mot ngt (c) (person) trygg, lugn; **to feel** ~ **about sth** känna sig lugn beträffande ngt 2 vt (a) (föremål: med rep etc) säkra, göra fast; (dörr, fönster) stänga/låsa (ordentligt); (person, djur) binda (fast) (b) (i allm) göra säker (from/against för/mot); (framtid) trygga, säkerställa; (karriär) trygga, säkra; **to** ~ **oneself against** försäkra/skydda sig mot (c) (frm: arbete) (lyckas) skaffa; (: artist etc) (lyckas) engagera; **to** ~ **sth for sb** (lyckas) ordna ngt åt ngn

se·cu·rity [sɪ'kjʊərɪtɪ] 1 s (a) (i allm) trygghet; **job** ~ anställningstrygghet; se äv social 1 a (b) (mot attentat etc) säkerhetsåtgärder, bevakning; **for reasons of** ~ av säkerhetsskäl; ~ **forces** säkerhetsstyrkor; ~ **leak** läcka i säkerhetstjänsten; ~ **risk** (äv person) säkerhetsrisk; **top** ~ **building** välbevakad fastighet (c) (Ekon: för lån) säkerhet, borgen; **to lend money on** ~ låna ut pengar mot säkerhet/borgen (d) (Ekon): **securities** värdepapper; **government** ~ statsobligationer

se·dan [sɪ'dæn] s (Am: bil) sedan; (Hist) bärstol

se·date [sɪ'deɪt] 1 adj (-r, -st) (person) lugn, stillsam 2 vt (Med) ge lugnande medel till

se·da·tion [sɪ'deɪʃən] s (Med) behandling med lugnande medel

seda·tive ['sedətɪv] 1 adj lugnande 2 s (Med) (nerv)lugnande medel

sed·en·tary ['sedntərɪ] adj (liv, arbete) stillasittande

sedge [sedʒ] s (Bot) starr; **the** ~ **family** (familjen)

halvgräs; ~ **warbler** (Zool) sävsångare

sedi·ment ['sedɪmənt] s (i dryck etc) bottensats; (av kalk etc) avlagring; (Geol) sediment

se·di·tious [sə'dɪʃəs] adj (handling) upprorisk; (tal) uppviglande

se·duce [sɪ'djuːs] vt (sexuellt) förföra; (i allm) förleda; **to** ~ **sb into doing sth** förleda/locka ngn till att göra ngt

se·duc·tion [sɪ'dʌkʃən] s (sexuell handling) förförande; (abstrakt: i allm) lockelse, förförelse

se·duc·tive [sɪ'dʌktɪv] adj (person, leende, klädsel) förförisk; (erbjudande) lockande, frestande

see¹ [siː] imperf **saw**, perf part **seen** vt, vi (a) (förnimma med synen) se (på), titta på; **let me** ~, **let's** ~ (eg) får jag/vi se; (bildl) låt mig/oss se (nu); **we'll** ~ vi får se; **to** ~ **sb do/doing sth** se ngn göra ngt; **there was nobody to be** ~n ingen syntes till; **I can't** ~ **to read** jag ser inte att läsa; **now** ~ **here!** hör nu här!; **so I** ~ jag ser det; ~ **for yourself** se själv; **as you can** ~ som du ser/kan se; **I must be** ~ing **things** (vard) jag måste se i syne; **I** ~ **in the paper that...** jag ser i tidningen att...; **I** ~ **nothing wrong in it** jag ser inget fel i det; **I don't know what she** ~**s in him** jag vet inte vad hon ser hos honom; **(go and)** ~ **who's at the door** (gå och) titta efter vem det var som knackade/ringde på dörren; **this car has** ~**n better days** den här bilen har sett sina bästa dagar; **I never thought I'd** ~ **the day when...** jag trodde aldrig jag skulle (få) uppleva den dagen då...

(b) (person) träffa, hälsa 'på; **to go and** ~ **sb** gå och hälsa 'på ngn; **to** ~ **the dentist** gå till tandläkaren; **you should** ~ **the doctor about that cough** du borde gå till doktorn med den där hostan; ~ **you soon!** vi ses snart (igen)!; ~ **you later!**, **I'll be** ~ **ing you!** vi ses!; ~ **you next week** vi ses nästa vecka; **to be** ~**ing sb** sällskapa med ngn

(c) (förhållande etc) förstå, begripa, inse; (skämt) förstå, fatta; **I** ~! jag förstår!, jaså!; **I don't** ~ **el can't** ~ **why...** jag förstår/begriper/ fattar inte varför...; **as far as I can** ~ efter vad jag kan förstå; **the way I** ~ **it** som jag ser/uppfattar det

(d) (person: hem, över gatan etc) följa; **to** ~ **sb to the door** följa ngn till dörren; **to** ~ **sb out** följa ngn ut; **I'll** ~ **myself out** (vard) jag hittar ut själv; **to** ~ **sb home** följa ngn hem

(e) (kontrollera) se (till), se efter, kolla (vard); ~ **if...** se efter om...; ~ **that he has all he needs** se till att han har allt han behöver

(f) förestålla sig; **I can just** ~ **him as a teacher** jag kan se honom framför mig som lärare; **I can't** ~ **him winning** jag kan inte se hur han ska kunna vinna

♦ **see about** vi + prep (a) ta hand om, ordna: **will you** ~ **about the car as soon as possible?** (b) tänka/fundera på; **I'll have to** ~ **about that** måste tänka på saken

♦ **see in** vt + adv: **to** ~ **the New Year in** vaka in det nya året

♦ **see off** vt + adv (person) vinka av

♦ **see out** vt + adv överleva: **he won't** ~ **the night out**

♦ **see over** vi + prep inspektera, titta på

♦ **see through** 1 vt + adv (projekt) genomföra, föra i hamn; **we'll** ~ **him through** vi ska hjälpa honom/se till att han klarar sig 2 vt + prep: **to** ~ **sb through sth** hjälpa ngn över/genom ngt, göra så att ngn klarar sig genom ngt; **£5 should** ~ **me through the week** fem pund borde jag klara mig på resten av veckan 3 vi + prep (person) genomskåda

♦ **see to** vi + prep (i allm) se till, ta hand om; (bil etc) laga; **please** ~ **to it that...** var vänlig och se till att...

see[2] [si:] *s (Rel)* stift; **the Holy S**~ påvestolen
seed [si:d] **1** *s* **(a)** *(Bot: i allm)* frö; *(Jordbr)* säd, utsäde; *(i frukt)* kärna; *(bildl)* frö; **to go to** ~, **to run to** ~ *(växt)* gå i frö; *(bildl: person)* förfalla, råka i förfall; **to sow (the)** ~**s of doubt in sb's mind** så ett frö av tvivel hos ngn; ~ **corn** utsäde; ~ **merchant** fröhandlare; ~ **pearl** sandpärla; ~ **potato** sättpotatis **(b)** *(Sport)* seedad spelare; **she's the number two** ~ hon är seedad (som) tvåa **2** *vt* **(a)** *(gräsmatta etc)* så **(b)** *(frukt)* kärna ur **(c)** *(Sport)* seeda **3** *vi* gå i frö
seed·cake ['si:dkeɪk] *s (ung)* kumminkaka
seed·less ['si:dlɪs] *adj (russin etc)* kärnfri
seed·ling ['si:dlɪŋ] *s* (späd) planta
seedy ['si:dɪ] *adj* **(-ier, -iest)** *(vard: stadsdel, restaurang, utseende)* sjabbig, sjaskig, ruffig; *(: person: till hälsan)* krasslig, vissen
see·ing ['si:ɪŋ] *konj (äv:* ~ **that**) eftersom
seek [si:k] *imperf, perf part* **sought 1** *vt (mest frm el litt: i allm)* söka (efter); *(: lösning)* söka; *(: anställning)* söka; *(: berömmelse)* sträva efter; **to** ~ **shelter (from)** söka skydd (för/mot); **to** ~ **advice/help from sb** be ngn om råd/hjälp, söka råd/hjälp hos ngn **2** *vi* söka; **to** ~ **after, to** ~ **for** söka efter; **to** ~ **to do sth** försöka göra ngt
♦ **seek out** *vt + adv (person)* söka upp, ta kontakt med
seem [si:m] *vi* verka, förefalla, tyckas; **he** ~**s capable** han verkar (vara) duktig/duglig; **he** ~**ed to be in difficulty** han verkade ha problem; **I can't** ~ **to do it** jag tycks inte kunna göra det; **how did he** ~ **to you?** hur tyckte du han verkade?; **it** ~**s (that)...** det verkar (som om)...; **it** ~**s as though** det verkar som om...; **it** ~**s so, so it** ~**s** det verkar så; **what** ~**s to be the trouble?** *(i allm)* vad står på?; *(om bil etc)* vad är det för fel på den?; *(till patient)* vad har ni för besvär?; **there** ~**s to be a mistake** det tycks ha begåtts ett misstag; **it only** ~**s colder, but it's not really** det bara verkar/känns kallare, men det är inte det egentligen
seem·ing ['si:mɪŋ] *adj (i allm)* skenbar; **with** ~ **indifference** med låtsad likgiltighet
seem·ing·ly ['si:mɪŋlɪ] *adv* skenbart, till synes
seem·ly ['si:mlɪ] *adj* **(-ier, -iest)** *(frm: uppförande)* passande; *(: klädsel)* korrekt
seen [si:n] *perf part av* **see**[1]
seep [si:p] *vi* sippra; **to** ~ **through** läcka igenom; **to** ~ **away** sippra/sjunka undan
seer [sɪə'] *s* siare
seer·sucker ['sɪə,sʌkə'] *s* bäckebölja *strykfritt bomulls- el linne/tyg med veckade ränder*
see·saw ['si:sɔ:] **1** *s (lekredskap)* gungbräde; *(lek):* **to play** ~ gunga (på)gungbräde; *(bildl)* svängning, pendling **2** *vi* gunga (på) gungbräde; *(bildl)* pendla upp och ner/fram och tillbaka
seethe [si:ð] *vi (eg, bildl)* sjuda, koka; **to** ~/**be seething (with anger)** sjuda el koka (av ilska)
see-through ['si:,θru:] *adj (blus, gardin)* (halvt) genomskinlig
seg·ment ['segmənt] *s (i allm, Geom)* segment; *(av apelsin etc)* klyfta
seg·re·gate ['segrɪgeɪt] *vt (i allm)* (av)skilja, hålla åtskilda; *(raser)* segregera
seg·re·ga·tion [,segrɪ'geɪʃən] *s (i allm)* avskiljande, åtskiljande; *(av raser)* (ras)segregation
seis·mic ['saɪzmɪk] *adj* seismisk, jordbävnings-
seis·mo·graph ['saɪzmə,grɑ:f] *s* seismograf
seis·mol·ogy [saɪz'mɒlədʒɪ] *s* seismologi
seize [si:z] *vt (i allm)* gripa, hugga tag i; *(brottsling)* gripa; *(smuggelgods etc)* beslagta; *(egendom)* konfiskera; *(stad)* inta, erövra; **to** ~ **the opportunity** ta tillfället i akt; **to** ~ **sb's hand, to** ~ **sb by the hand** ta/fatta ngns hand; **to** ~ **hold of sth/sb** hugga tag i ngt/ngn; **to be** ~**d with fear/rage** gripas av skräck/ilska

♦ **seize (up)on** *vi + prep (chans)* ta, gripa; *(fel)* kasta sig över, slå ner på; *(idé)* nappa på, tända på
♦ **seize up** *vi + adv (motor)* skära
sei·zure ['si:ʒə'] *s* **(a)** *(av ägodelar)* beslagtagande, konfiskering; *(av stad etc)* erövring, intagande; *(av fartyg)* uppbringande **(b)** *(Med)* anfall, attack
sel·dom ['seldəm] *adv* sällan
se·lect [sɪ'lekt] **1** *vt* välja (ut); *(Sport: spelare till lag)* ta ut; ~**ed works** valda arbeten; ~**ed poems** dikter i urval **2** *adj (hotell, klubb)* exklusiv; *(publik)* utvald; **a** ~ **few** några få utvalda
se·lec·tion [sɪ'lekʃən] *s (handling: i allm)* val; *(: Sport)* uttagning; *(ngt/ngn som valts)* val; *(i affär)* urval, sortiment; ~**s from...** *(Mus, Litt)* valda verk ur/av...; ~ **committee** *(Pol)* valkommitté; *(Sport)* uttagningskommitté
se·lec·tive [sɪ'lektɪv] *adj* selektiv; **to be** ~ vara selektiv/kräsen
se·lec·tor [sɪ'lektə'] *s (Sport)* den som tar ut laget; *(Tekn: i allm)* väljarspak; *(på TV/tvättmaskin)* programväljare
self [self] *s, pl* **selves** [selvz] jag; **the** ~ jaget, den egna personen; **my better/true** ~ mitt bättre/sanna jag; **he puts his whole** ~ **into the job** han lägger ner hela sin själ på jobbet; **he's quite his old** ~ **again** han är sig själv/lik igen
self-absorbed [,selfəb'sɔ:bd] *adj* självupptagen
self-abuse [,selfə'bju:s] *s* självbefläckelse *(äld)*, onani
self-addressed [,selfə'drest] *adj:* ~ **envelope** adresserat svarskuvert
self-adhesive [,selfəd'hi:sɪv] *adj* självhäftande
self-assertion [,selfə'sɜ:ʃən] *s* självhävdelse
self-assured [,selfə'ʃʊəd] *adj* självsäker
self-centred, *(Am)* **self-centered** [,self'sentəd] *adj* egocentrisk, självupptagen
self-confessed [,selfkən'fest] *adj:* **he's a** ~ **alcoholic** han erkänner själv att han är alkoholist
self-confidence [self'kɒnfɪdəns] *s* självförtroende
self-conscious [,self'kɒnʃəs] *adj* generad, nervös
self-contained [,selfkən'teɪnd] *adj (lägenhet)* separat, 'riktig' *med egen ingång, toalett, kök etc*; *(person)* reserverad, självständig
self-control [,selfkən'trəʊl] *s* självbehärskning, självkontroll
self-defeating [,selfdɪ'fi:tɪŋ] *adj (åtgärd)* som är dömd att misslyckas; som leder till misslyckande
self-defence [,selfdɪ'fens] *s* självförsvar
self-determi·na·tion [,selfdɪ,tɜ:mɪ'neɪʃən] *s* självbestämmanderätt
self-discipline [self'dɪsɪplɪn] *s* självdisciplin
self-employed [,selfɪm'plɔɪd] *adj:* **to be** ~ vara egen företagare
self-esteem [,selfɪ'sti:m] *s* självaktning
self-evident [,self'evɪdənt] *adj* självklar, uppenbar
self-explana·tory [,selfɪks'plænətərɪ] *adj* lätt att begripa, självförklarande
self-govern·ing [,self'gʌvənɪŋ] *adj* självstyrande
self-help [,self'help] *s* självhjälp
self-import·ance [,selfɪm'pɔ:təns] *s* dryghet, viktighet
self-indulgent [,selfɪn'dʌldʒənt] *adj* njutningslysten; **he is too** ~ han unnar sig för mycket
self·ish ['selfɪʃ] *adj* självisk
self·less ['selflɪs] *adj* osjälvisk
self-pity [,self'pɪtɪ] *s* självömkan
self-portrait [,self'pɔ:trɪt] *s* självporträtt
self-possessed [,selfpə'zest] *adj* behärskad, fattad
self-preser·va·tion ['self,prezə'veɪʃən] *s* självbevarelse
self-raising [,self'reɪzɪŋ], *(Am)* **self-rising** [,self'raɪzɪŋ] *adj:* ~ **flour** mjöl med bakpulver i
self-reliant [,selfrɪ'laɪənt] *adj* självständig

self-respect [ˌselfrɪ'spekt] s självaktning
self-restraint [ˌselfrɪ'streɪnt] s (själv)behärskning
self-righteous [ˌself'raɪtʃəs] adj självgod
self-rising [ˌself'raɪzɪŋ] adj (Am) = self-raising
self-sacrifice [ˌself'sækrɪfaɪs] s självuppoffring
self-same ['selfseɪm] adj: the ~ just/precis samma
self-satisfied [ˌself'sætɪsfaɪd] adj självbelåten
self-service [ˌself'sɜːvɪs] adj (affär) självbetjänings-; (restaurang) självserverings-
self-styled ['selfstaɪld] adj självutnämnd, föregiven
self-sufficien·cy [ˌselfsə'fɪʃənsɪ] s (om land) självförsörjning
self-support·ing [ˌselfsə'pɔːtɪŋ] adj självförsörjande; she's ~ hon försörjer sig själv
self-taught [ˌself'tɔːt] adj självlärd
sell [sel] (v: imperf, perf part **sold**) 1 vt (i allm) sälja; to ~ sth for £1 sälja ngt för 1 pund; to ~ sth to sb sälja ngt till ngn; I was sold this in London jag köpte denna i London; to ~ sb down the river (bildl) förråda ngn; to ~ sb an idea (bildl) sälja en idé till ngn, få ngn med på en idé; to be sold on sb/sth (vard) vara såld el tänd på ngn/ngt; he doesn't ~ himself very well han gör ingen vidare reklam för sig själv 2 vi (vara) sälja, gå att sälja; these ~ at 15p each de här kostar 15 pence styck; this shampoo just isn't ~ing det här schampot säljer helt enkelt inte; to ~ like hot cakes gå åt som smör (i solsken) 3 s (i sht Am: vard): hard ~ aggressiv säljteknik; soft ~ mjuk och beräknande säljteknik
♦ **sell off** vt + adv (aktier) sälja av; (varor) sälja ut, slumpa bort
♦ **sell out** 1 vt + adv sälja slut; the tickets are all sold out biljetterna är slut(sålda); we're sold out of bread vi har sålt slut på bröd 2 vi + adv (Handel) sälja sin verksamhet; (bildl) svika/förråda sina ideal; they sold out to a bigger company (äv) de blev uppköpta av ett större företag
♦ **sell up** 1 vt + adv (egendom) sälja; (person) tvinga att sälja sina ägodelar (på exekutiv auktion) 2 vi + adv sälja allt man äger
sell·er ['selə'] s (för)säljare; (i sms) -handlare; ~'s market säljarens marknad
sell·ing ['selɪŋ] adj: försäljnings-; ~ point försäljningsargument; ~ price försäljningspris
sel·lo·tape ® ['seləʊteɪp] 1 s tejp 2 vt tejpa
sell-out ['selaʊt] s (a) (Teat): the play was a ~ pjäsen gick för utsålda hus; it was a ~ det var utsålt (b) (handling) förräderi, svek
sel·vage, sel·vedge ['selvɪdʒ] s (Sömnad) stad(kant)
selves [selvz] spl av self
se·man·tic [sɪ'mæntɪk] adj semantisk
se·man·tics [sɪ'mæntɪks] ssg semantik
sema·phore ['seməfɔː'] s (a) (system) semaforering (b) (Järnv) semafor
sem·blance ['sembləns] s sken; without a ~ of respect utan en tillstymmelse till respekt; to put on a ~ of gaiety ta på sig en glad min, anlägga en glad mask
se·men ['siːmən] s sperma
se·mes·ter [sɪ'mestə'] s (Am Univ) termin
semi ['semɪ] s (Brit vard) = semidetached house
semi- ['semɪ] prefix halv-
semi·breve ['semɪbriːv] s (Brit Mus) helnot
semi·cir·cle ['semɪˌsɜːkl] s halvcirkel
semi·cir·cu·lar [ˌsemɪ'sɜːkjʊlə'] adj halvcirkelformig
semi·colon [ˌsemɪ'kəʊlən] s semikolon
semi·con·duc·tor [ˌsemɪkən'dʌktə'] s (Fys) halvledare
semi·con·scious [ˌsemɪ'kɒnʃəs] adj halvt medvetslös

semi·de·tached [ˌsemɪdɪ'tætʃt] (i sht Brit) 1 adj: ~ house parhus 2 s parhus
semi·final [ˌsemɪ'faɪnl] s semifinal
semi·fi·nal·ist [ˌsemɪ'faɪnəlɪst] s semifinalist
semi·nal ['semɪnəl] adj (bildl) fruktbärande, idégivande; ~ writings skrifter som påverkat/lett utvecklingen
semi·nar ['semɪnɑː'] s (Univ: för studenter) seminarium, seminarieövning; (vetenskapligt etc) seminarium, symposium
semi·nary ['semɪnərɪ] s (för prästutbildning) (präst)seminarium
semi·of·fi·cial ['semɪə'fɪʃəl] adj halvofficiell
semi·precious ['semɪˌpreʃəs] adj: ~ stone halvädelsten
semi·qua·ver ['semɪˌkweɪvə'] s (Brit Mus) sextondelsnot
semi·skilled [ˌsemɪ'skɪld] adj: ~ worker (ung) arbetare med viss yrkesutbildning
Se·mite ['siːmaɪt] s semit
Se·mit·ic [sɪ'mɪtɪk] adj semitisk
semi·tone ['semɪˌtəʊn] s (Mus) halvton
semi·trail·er ['semiˌtreɪlə'] s påhängs|vagn/-släp, trailer
semo·li·na [ˌseməˈliːnə] s semolina(gryn), mannagryn
sen·ate ['senɪt] s (Pol) senat; (Univ) konsistorium, universitetsstyrelse
sena·tor ['senɪtə'] s (Pol) senator
send [send] imperf, perf part **sent** vt (a) (i allm) skicka, sända; (brev, telegram) skicka, sända; (boll, pil) skicka iväg; ~ word that... skicka bud att..., låta meddela att...; she ~s (you) her love hon hälsar (till dig); to ~ sb for sth skicka ngn efter ngt; to ~ sb to do sth skicka ngn att göra ngt; to ~ sb home skicka hem ngn; to ~ sb to prison sätta ngn i fängelse, ge ngn fängelse; to ~ sb to bed/school skicka ngn i säng/till skolan; to ~ sb to sleep få ngn att somna; the explosion sent a cloud of dust into the air explosionen fick ett moln av damm att stiga upp mot himlen; to ~ a shiver down sb's spine sända en rysning längs ngns ryggrad; to ~ sb/sth flying få ngn/ngt att fara iväg; se äv pack 3 a (b): to ~ sb mad göra ngn galen (av ilska)
♦ **send away** 1 vt + adv (person i allm) sända/skicka iväg; (: argt) köra bort 2 vi + adv: to ~ away for sth skicka efter ngt (på postorder)
♦ **send back** vt + adv skicka tillbaka
♦ **send down** vt + adv (i allm) skicka ner; (priser) driva ner; (Brit Univ) relegera
♦ **send for** vi + prep (a) (läkare, polis) tillkalla (b) (med post) skicka efter
♦ **send in** vt + adv (person) skicka in; (trupper) sätta in; (rapport, ansökan) skicka in; (avskedsansökan) lämna in
♦ **send off** 1 vt + adv (person) skicka iväg; (brev) avsända, skicka, posta; (föremål) skicka iväg; (Sport: spelare) visa ut, visa av banan/planen 2 vi + adv: to ~ off for sth skicka efter ngt
♦ **send on** vt + adv (brev) eftersända; (bagage etc i förväg) skicka i förväg; (: i efterhand) skicka (vidare)
♦ **send out** 1 vt + adv (a) (person: till annat land etc) skicka iväg; (: ut ur rum etc) köra ut (b) (inbjudningar, reklam) skicka ut (c) (ljus) sända ut; (värme) avge; (signal) sända 2 vi + adv: to ~ out for sth skicka bud efter ngt, ringa/beställa hem ngt
♦ **send round** vt + adv (ngn/ngt: till EN person) skicka över; (ngt: till många personer) skicka runt
♦ **send up** vt + adv (a) (person, bagage) sända/skicka upp; (raket) skicka upp; (dammoln) riva upp; (rökmoln) ge ifrån sig; (priser) pressa upp (b) (Brit vard: person, bok etc) parodiera, driva med (c) (vard: brottsling) sätta i fängelse)

sy in

send·er ['sendə^r] s (av brev etc) avsändare

send-off ['sendɒf] s avsked, farväl

send-up ['sendʌp] s (Brit: vard) parodi, drift

se·nile ['si:naɪl] adj senil

sen·ior ['si:nɪə^r] **1** adj **(a)** (till åldern) äldre; (i tjänsten) med fler tjänsteår, med längre anställning; ~ **citizen** (folk)pensionär; ~ **college** (Am) college som omfattar 3:e och 4:e åren; ~ **high school** (Am: ung) gymnasium; ~ **year** (Am Univ) sista året **(b)** (rang) högre, överordnad; **he is** ~ **to me in the firm** han är min överordnade i firman **2** s **(a)** (till åldern): **he is my** ~ **by 2 years/he is 2 years my** ~ han är två år äldre än jag **(b)** (Skol) elev i högsta årskursen; (Am Univ) fjärde-/sista|årsstudent **(c):** **S**~ (i sht Am: i namn) senior, den äldre

sen·ior·ity [,si:nɪ'ɒrɪtɪ] s anciennitet; **by** ~ efter tjänsteår

sen·sa·tion [sen'seɪʃən] s **(a)** (i allm) känsla, förnimmelse; (sinne) känsel **(b)** (händelse) sensation, uppståndelse; **to be a** ~ vara en sensation; **to cause a** ~ göra sensation, väcka uppståndelse/uppseende

sen·sa·tion·al [sen'seɪʃənl] adj (händelse) sensationell, uppseendeväckande; (tidningsartikel) sensations-, skandal-

sense [sens] **1** s **(a)** (syn, hörsel etc, äv bildl) sinne; **I lost all** ~ **of time** jag tappade alla begrepp om tiden; **a** ~ **of humour** sinne för humor; **he has no** ~ **of direction** han har inget lokalsinne; **a keen** ~ **of smell/hearing** skarp näsa/hörsel; **a sixth** ~ ett sjätte sinne

(b) (ngt man känner) känsla; ~ **of shame/guilt** skam-/skuld|känsla; ~ **of elation** känsla av upprymdhet

(c) (tankeförmåga) förnuft; **common** ~ sunt förnuft; **he should have had more** ~ **than to...** han borde ha begripit bättre än att...; **there is no** ~ **in** (doing) that det är ingen mening med (att göra) det; **he had the** ~ **to call the doctor** han var klok nog att ringa till doktorn; **to make sb see** ~, **to bring sb to his** ~**s** få ngn att ta sitt förnuft till fånga; **no-one in his right** ~**s would...** ingen som är vid sina sinnens fulla bruk skulle...; **to come to one's** ~**s** besinna sig; **to take leave of one's** ~**s** förlora förståndet

(d) (hos ord) betydelse; (i handling etc) mening; **it doesn't make** ~ det är obegripligt; **I can't make (any)** ~ **of this poem** jag förstår inte meningen i den här dikten; **there's no** ~ **in doing that** det är ingen mening med att göra det; **in one** ~ på ett sätt; **in a** ~ på sätt och vis; **in every** ~ **(of the word)** i alla (ordets) bemärkelser

2 vt ha på känn, märka, ana; **to** ~ **that all is not well** känna på sig att allt inte står rätt till

sense·less ['senslɪs] adj **(a)** (utan eftertanke) oförståndig, tanklös; (utan mening) meningslös **(b)** (Med) sanslös, medvetslös

sen·sibil·ities [,sensɪ'bɪlətɪz] spl känslor

sen·sible ['sensəbl] adj (person, handling) förståndig, klok, förnuftig; (kläder) förnuftig; **try to be** ~ **about it** försök att ta det förnuftigt

sen·sibly ['sensəblɪ] adv (i allm) förnuftigt, klokt; (klädd) förnuftigt, praktiskt

sen·si·tive ['sensɪtɪv] adj (person, kroppsdel) känslig; (Foto: papper) ljuskänslig; (instrument) känslig; (skinn) ömtålig, känslig; (fråga, ämne) känslig, ömtålig; (framförande) känslig, uttrycksfull; **to be** ~ **about sth** vara känslig för anspelningar på ngt; **to be** ~ **to sth** vara känslig för ngt

sen·si·tiv·ity [,sensɪ'tɪvɪtɪ] s (hos person) känslighet, sensitivitet; (hos nerv) känslighet

sen·si·tize ['sensɪtaɪz] vt (Foto) sensibilisera; (i

allm) göra känslig (to för)

sen·sual ['sensjʊəl] adj (i allm) sensuell, sinnlig; (neds) vällustig

sen·su·al·ity [,sensjʊ'ælɪtɪ] s (i allm) sensualitet, sinnlighet; (neds) vällustighet

sen·su·ous ['sensjʊəs] adj känslig, tilltalande för sinnena; ~ **delight** vällustigt sinnliga njutning; (neds) vällustig

sent [sent] imperf, perf part av **send**

sen·tence ['sentəns] **1** s **(a)** (Språkv) mening **(b)** (Jur) dom; **to pass** ~ **on sb** (eg, bildl) döma/avkunna dom över ngn; **death** ~ dödsdom; **life** ~ livstid(sdom); **under** ~ **of death** dödsdömd; **the judge gave him a 6-month** ~ domaren gav honom 6 månaders fängelse **2** vt döma; **to** ~ **sb to death/to 5 years (in prison)** döma ngn till döden/5 års fängelse; **he was** ~**d to 10 years** han fick 10 år

sen·ti·ment ['sentɪmənt] s **(a)** (av medlidande etc) känsla; (om ngt) åsikt, uppfattning; **the public** ~ den allmänna uppfattningen **(b)** (= sentimentality) sentimentalitet, känslosamhet

sen·ti·ment·al [,sentɪ'mentl] adj (person, film etc) sentimental, känslosam; (värde) affektions-, känslo-

sen·ti·men·tal·ity [,sentɪmen'tælɪtɪ] s sentimentalitet

sen·try ['sentrɪ] s vaktpost; **to be on** ~ **duty** gå vakt; ~ **box** vaktkur

sepa·rable ['sepərəbl] adj (åt)skiljbar

sepa·rate ['seprɪt] **1** adj (i allm) (åt)skild, separat; **I saw her on three** ~ **occasions** jag såg henne vid tre skilda tillfällen; **write it on a** ~ **sheet** skriv det på ett särskilt blad; **we sat at a** ~ **tables** vi satt vid olika bord; **it was discussed at a** ~ **meeting** det diskuterades vid ett särskilt möte; ~ **from** skild från **2** spl (blusar, kjolar etc) uddaplagg **3** ['sepəreɪt] vt (i allm) skilja (åt), dela; (mjölk) separera; **to** ~ **sth from sth else** skilja ngt från ngt annat; **to** ~ **an orange into quarters** dela en apelsin i fyra delar; **he is** ~**d from his wife, but not divorced** han har separerat från sin fru, men de är inte skilda **4** ['sepəreɪt] vi (föremål) dela sig; (personer) skiljas (åt); (makar) separera; (mjölk) skära sig

sepa·rate·ly ['seprɪtlɪ] adv separat, var för sig, åtskilt

sepa·ra·tion [,sepə'reɪʃən] s (i allm) (av)skiljande, separering; (mellan människor o bildl) skilsmässa, separation; (Jur) hemskillnad

sepa·ra·tist ['sepərətɪst] **1** adj separatistisk, separatist- **2** s separatist

se·pia ['si:pjə] s (färg) sepia(brunt)

Sep·tem·ber [sep'tembə^r] s september; se äv **July**

sep·tic ['septɪk] adj septisk, infekterad; ~ **tank** septisk tank, septiktank

sep·ti·cae·mia, (Am) **sep·ti·cemia** [,septɪ'si:mɪə] s (Med) blodförgiftning

sep·tua·gen·ar·ian [,septjʊədʒɪ'neərɪən] **1** s sjuttioåring, person i sjuttioårsåldern **2** adj sjuttioårig, i sjuttioårsåldern

sep·ul·chre, (Am) **sep·ul·cher** ['sepəlkə^r] s (poet) grav(kammare), grift

se·quel ['si:kwəl] s (film, bok: andra del) fortsättning (to på); (händelse) efterspel, resultat, följd; **it had a tragic** ~ den fick ett tragiskt efterspel

se·quence ['si:kwəns] s **(a)** ordning(sföljd) **(b)** (berättelser etc) serie, följd **(c)** (Film) sekvens

se·ques·ter [sɪ'kwestə^r] vt avskilja, isolera

se·ques·trate [sɪ'kwestreɪt] vt (Jur) belägga med kvarstad

se·ques·tra·tion [,sɪkwe'streɪʃən] s (Jur) kvarstad

se·quin ['si:kwɪn] s (på kläder) paljett; (Hist: mynt) sekin

Serbo-Croat ['sɜːbəʊ'krəʊæt] s *(språk)* serbokroatiska
Serbo-Croa·tian ['sɜːbəʊkrəʊ'eɪʃən] **1** *adj* serbokroatisk **2** s = **Serbo-Croat**
ser·enade [ˌserə'neɪd] **1** s serenad **2** vt sjunga/ spela en serenad för
se·ra·glio [se'rɑːlɪəʊ] s seralj, harem
se·rene [sə'riːn] *adj (person)* lugn; *(kväll)* stilla, rofylld; *(himmel)* klar
se·rene·ly [sə'riːnlɪ] *adv* lugnt, stilla
se·ren·ity [sɪ'renɪtɪ] s *(se* serene*)* lugn; stillhet; ro, rofylldhet; klarhet
serge [sɜːdʒ] s *(Textil)* cheviot
ser·geant ['sɑːdʒənt] s *(Mil: Brit)* sergeant; *(: Am: i armén)* furir; *(: Am: vid flyget)* korpral; *(polis)* polisassistent; ~ **major** fanjunkare
se·rial ['sɪərɪəl] **1** s *(TV etc)* serie; *(i tidning)* följetong **2** adj serie-; ~ **number** serienummer, tillverkningsnummer
se·rial·ize ['sɪərɪəlaɪz] vt *(TV, Radio)* sända som serie; *(i tidning)* publicera som följetong; **a** ~**d story** en följetong/serie
se·ries ['sɪəriːz] ssg, pl lika *(i allm)* serie, rad, följd; *(böcker, frimärken)* serie
se·ri·ous ['sɪərɪəs] adj **(a)** *(i allm)* allvarlig; *(person: till humöret)* allvarsam; *(: med allvarliga avsikter)* seriös; *(blick)* allvarlig; *(bok)* seriös; **to give sth** ~ **thought** tänka allvarligt på ngt, tänka över ngt ordentligt; **are you** ~ **(about it)?** menar du allvar (med det)?; **you can't be** ~! du kan inte mena allvar!, det kan inte vara allvar! **(b)** *(problem, sjukdom, skada etc)* allvarlig; **things are getting** ~ det börjar bli allvarligt/kritiskt
se·ri·ous·ly ['sɪərɪəslɪ] adv **(a)** *(se, tala etc)* allvarligt; **to take sth/sb** ~ ta ngt/ngn på allvar; ~ **(speaking),...** allvarligt talat,... **(b)** *(skadad)* allvarligt
se·ri·ous·ness ['sɪərɪəsnɪs] s *(i allm)* allvar; *(sinnesstämning)* allvarsamhet; **in all** ~ på fullt allvar
ser·mon ['sɜːmən] s *(eg)* predikan; *(bildl)* straffpredikan
ser·pent ['sɜːpənt] s *(poet)* orm
ser·pen·tine ['sɜːpəntaɪn] adj slingrande
ser·rat·ed [sɪ'reɪtɪd] adj *(kniv)* sågtandad; *(blad)* sågkantad
se·rum ['sɪərəm] s serum
serv·ant ['sɜːvənt] s *(i allm o bildl)* tjänare; *(manlig)* betjänt; *(kvinnlig: i allm)* tjänarinna; *(: yngre)* tjänsteflicka; ~**s** tjänstefolk; *se äv* **civil**
serve [sɜːv] **1** vt **(a)** *(arbetsgivare)* arbeta hos; *(Gud, fosterland)* tjäna **(b)** *(funktion)* fylla *(as som)*; **it** ~**s its purpose** den fyller sin funktion/ sitt ändamål; **it** ~**s my purpose** den fyller mitt behov; **it** ~**s you right** det är rätt åt dig **(c)** *(kund)* expediera; *(restauranggäst)* servera; *(mat, måltid)* servera; **to** ~ **sb (with sth)** förse ngn (med ngt); **are you being** ~**d?** *(i butik)* är det tillsagt?, har du/ni fått hjälp?; **the railway line** ~**s 6 towns** järnvägslinjen förbinder/trafikerar 6 städer **(d): to** ~ **an apprenticeship** fullgöra sin läro-/lärlings|tid; **to** ~ **a prison sentence** avtjäna ett fängelsestraff; **to** ~ **time (in prison)** sitta i fängelse, sitta inne **(e)** *(Jur):* **to** ~ **a summons on sb** delge ngn en stämning **(f)** *(Sport)* serva **2** vi **(a)** *(i allm)* tjäna, tjänstgöra; *(Mil)* tjänstgöra, ligga inne; *(i restaurang)* servera; *(i butik)* expediera; *(Sport)* serva; **to** ~ **on a committee/jury** sitta (med) i en kommitté/ jury **(b)** *(föremål)* fungera *(as/for som/till)*; **it** ~**s to keep my papers in order** den håller ordning på mina papper; **that** ~**s to explain how...** det förklarar hur... **3** s *(Sport)* serve
♦ **serve out** vt + adv *(mat)* portionera ut, servera
♦ **serve up** vt + adv servera, duka fram

serv·er ['sɜːvəʳ] s **(a)** *(Rel)* mässtjänare; *(Tennis)* servare; *(vid fest etc)* servitör, servitris; **he's a poor** ~ han är dålig på att serva, han har en svag serve **(b)** *(bestick)* uppläggnings|sked/-gaffel; *(att lägga mat på)* serveringsfat
ser·vice ['sɜːvɪs] **1** s **(a)** *(i allm)* tjänst, tjänstgöring; **to go into** ~ ta tjänst (i familj); **to be of** ~ **(to sb)** vara till hjälp/nytta för ngn; **at your** ~! till er tjänst!; **we are at your** ~ vi står till er tjänst; **to see active** ~ *(Mil)* strida, vara med i strid; **military** ~ militärtjänst(göring); **this old chair has seen a lot of** ~ den här gamla stolen har hängt med länge; **in the** ~ **of one's country** i fosterlandets tjänst **(b)** *(på restaurang etc)* service, betjäning; *(=* ~ **charge)** servis(avgift); dricks **(c)** *(i samhället)* service, tjänst; **medical** ~**s** sjukvård; **social** ~**s** sociala tjänster, sociala förmåner; **postal** ~**s** postväsende; **motorway** ~**s** rastställe vid motorväg; **the S**~**s** *(Mil)* försvaret, försvarsgrenarna; **the train** ~ **to London** järnvägsförbindelserna till London; **the number 13 bus** ~ busslinje 13; *se äv* **civil (d)** *(Rel)* gudstjänst; **memorial** ~ minnesgudstjänst, mässa; **to hold a** ~ hålla en gudstjänst/mässa **(e)** *(av bil etc)* översyn, service; **after-sales** ~ underhåll, service **(f)** *(porslin)* servis **(g)** *(Sport)* serve
2 vt *(bil etc)* lämna/ta in på service, serva
3 i sms: ~ **area** *(vid motorväg)* rastplats, rastanläggning; ~ **charge** *(på restaurang)* servis(avgift), dricks; *(i allm)* expeditionsavgift; ~ **flat** *(Brit)* lägenhet med viss betjäning; ~ **industry** servicenäring; ~ **road** tillfartsgata; ~ **station** servicestation, bensinstation
ser·vice·able ['sɜːvɪsəbl] adj *(klädesplagg)* slitstark, praktisk; *(verktyg)* användbar
ser·vice·man ['sɜːvɪsmən] s, pl -men militär
ser·vi·ette [ˌsɜːvɪ'et] s *(i sht Brit)* servett
ser·vile ['sɜːvaɪl] adj servil, krypande
ses·sion ['seʃən] s **(a)** *(i allm)* möte, sammanträde; *(Jur, Pol)* session; **to be in** ~ *(Jur, Pol)* sammanträda; **I had a long** ~ **with her** jag hade ett långt samtal med henne; **training** ~ träningspass; *se äv* **jam session (b)** *(Skol, Univ: hösttermin plus vårtermin)* läsår; *(: del av läsår)* termin
set [set] *(v: imperf, perf part* set*)* **1** s **(a)** *(föremål)* uppsättning, set; *(porslin)* servis; *(Mat)* mängd; ~ **theory** mängdlära; **a chess** ~ en uppsättning schackpjäser; **a complete** ~ **of encyclopaedias** ett komplett uppslagsverk, alla banden av ett uppslagsverk; ~ **of teeth** tandgarnityr; **I need one more to make up the complete** ~ jag behöver en till för att göra uppsättningen komplett; **only sold in** ~**s** säljs bara i (hela) set **(b)** *(Sport)* set **(c)** *(Elektr)* apparat; **a TV** ~ en TV(-apparat) **(d)** *(Teat, Film)* scenbild; dekor; **on the** ~ på inspelningsplatsen **(e)** *(av hår)* läggning **(f)** *(grupp: ofta neds)* klick, gäng, kotteri **2** adj **(a)** *(åsikt)* bestämd; *(leende)* stel, orörlig; *(anledning)* särskild; *(pris)* fast; *(tal etc)* standard-, vanlig; *(datum, tid)* bestämd, fastställd; *(Brit Skol: bok, ämne)* obligatorisk; ~ **lunch** dagens lunch/rätt; **to be** ~ **in one's ways/opinions** ha mycket bestämda vanor/åsikter; ~ **piece** *(Litt, Mus)* standardverk; *(Fotboll)* inövad kombination *vid fast situation;* **a** ~ **phrase** ett stående uttryck; **at a** ~ **time** vid en bestämd tidpunkt **(b): to be (dead)** ~ **on (doing) sth** vara fast besluten att göra ngt; **to be (dead)** ~ **against sth** vara helt emot ngt; **to be (dead)** ~ **against doing sth** vara fast besluten att inte göra ngt; **to be all** ~ **to do sth** vara färdig att göra ngt; **we were all** ~ **to...** vi skulle just...; **the scene was** ~ **for...**

(bildl) allt var klart för...

3 *vt* **(a)** *(i allm)* sätta, ställa; **to ~ a high value on** sätta högt värde på, värdesätta; **to ~ sth in order** ställa i ordning ngt; **a novel ~ in Rome** en roman som utspelar sig i Rom; **to ~ a poem to music** tonsätta en dikt; **to ~ a dog on sb** bussa en hund på ngn **(b)** *(göra i ordning etc: klocka)* ställa; *(: fälla)* sätta (ut), gillra; *(: hår)* lägga; *(: brutet ben)* lägga i rätt läge; *(: typer)* sätta; **to ~ the table** duka (bordet) **(c)** *(bestämma etc: datum, gräns)* sätta; *(: rekord)* sätta; *(: ädelsten)* infatta; *(: mode)* skapa; *(: kurs)* sätta; *(: färg)* fixera; **to ~ one's heart on sth** absolut vilja (ha) ngt, ställa in sig på ngt **(d)** *(uppgift etc)* tilldela, ge; **to ~ sb a task/ problem** ge ngn en uppgift/ett problem; **to ~ an exam in French** sätta ihop ett prov i franska **(e): to ~ sth going** sätta igång ngt; **it ~ me thinking** det fick mig att (börja) tänka; **to ~ sb to work** sätta ngn i arbete **4** *vi* **(a)** *(sol, måne)* gå ner **(b)** *(brutet ben)* växa ihop/komma i rätt läge; *(gelé)* stelna; *(cement, klister)* torka, hårdna; *(ansikte)* stelna (till) **(c): to ~ to work** sätta igång (att arbeta)

♦ **set about** *vi + prep* **(a)** *(uppgift)* ta itu med, gripa sig an med; **to ~ about doing sth** sätta igång (med) att göra ngt **(b)** *(vard)* anfalla, ge sig på: *he ~ about the dog with his stick*

♦ **set against** *vt + prep* **(a): to ~ sb against sb** sätta upp ngn mot ngn, skapa osämja mellan personer; **to ~ sb against sb/sth** hetsa ngn mot ngn/ngt **(b)** *(faktor)* väga mot, ställa mot

♦ **set apart** *vt + adv* *(eg, bildl)* skilja *(from* från); *(person: äv)* särbehandla; **a house ~ apart from the others** ett hus avskilt från de andra

♦ **set aside** *vt + adv* **(a)** *(bok etc)* lägga åt sidan; *(pengar)* lägga undan; *(tid)* sätta av; *(problem etc)* bortse från **(b)** *(erbjudande)* förkasta, avvisa; *(Jur: dokument)* ogiltigförklara

♦ **set back** *vt + adv* **(a)** *(klocka)* ställa tillbaka; *(person)* sätta stopp för, lägga hinder i vägen för **(b)** *(föremål)* flytta in/tillbaka; **the house is ~ back from the road** huset ligger en bit från vägen **(c)** *(vard)* kosta; **it ~ me back £900** den kostade mig 900 pund

♦ **set down** *vt + adv* **(a)** *(föremål)* sätta ner; *(Brit: passagerare)* släppa av **(b)** *(uppgift etc)* skriva ner/upp; **to ~ sth down in writing/on paper** skriva ner ngt, sätta ngt på pränt

♦ **set in** *vi + adv* börja (på allvar), sätta igång/in

♦ **set off** **1** *vt + adv* **(a)** *(bomb, tjuvlarm)* utlösa; *(mekanism)* sätta igång; **that ~ him off again** det fick honom att sätta igång igen **(b)** *(färg etc)* framhäva **2** *vi + adv* ge sig av; **they ~ off across the fields** de satte iväg/av över fälten; **to ~ off on a journey** ge sig ut på en resa

♦ **set out** **1** *vt + adv* *(varor)* ställa/lägga fram; *(bestick etc)* lägga ut; *(schackpjäser etc)* ställa upp; *(argument etc)* lägga fram, framföra **2** *vi + adv* ge sig av *(for/from* till/från); **to ~ out in search of sb/sth** ge sig ut för att leta efter ngn/ ngt; **he ~ out to do it before lunch** han föresatte sig att göra det före lunch; **the author ~s out to prove that...** författaren vill/försöker bevisa att...

♦ **set to** *vi + adv:* **to ~ to and do sth** *(i allm)* sätta igång och göra ngt; *(tungt arbete)* hugga i och göra ngt

♦ **set up** **1** *vt + adv* **(a)** *(i allm)* sätta upp; *(tält)* slå upp; *(läger)* slå; *(stolar etc)* ställa fram; *(staty)* resa **(b)** *(skola, företag)* starta, grunda; *(fond)* inrätta; *(kommitté)* tillsätta; *(rekord)* sätta; *(infektion)* starta; **to ~ up house** bosätta sig; **to ~ up**

shop *(Handel)* öppna/starta eget; **to ~ sb up in business** hjälpa ngn att etablera sig/starta eget företag; **to ~ oneself up as sth** ge sig ut för att vara ngt **2** *vi + adv:* **to ~ up (in business)** öppna/starta eget; **he set up as a baker** han öppnade eget bageri

♦ **set upon** *vi + prep* kasta sig över

set·back |'sctbæk| *s (i allm)* bakslag; *(Sport)* nederlag, förlust; *(i sjukdomsförlopp)* försämring

set·square |'sctskwɛəʳ| *s* vinkelhake *för ritare*

set·tee |sɛ'tiː| *s (mindre)* soffa

set·ter |'sctəʳ| *s (hund)* setter

set·ting |'sctɪŋ| *s* **(a)** *(i allm)* omgivning, inramning; *(för ädelsten)* infattning; **a novel with an exotic ~** en roman som utspelar sig i exotisk miljö **(b)** *(Mus: av dikt)* tonsättning **(c)** *(Tekn)* inställning **(d):** **~ lotion** läggningsvätska

set·tle |'sctl| **1** *vt* **(a)** *(föremål)* lägga till rätta; *(barn: i sängen)* lägga till rätta, stoppa om; **to ~ oneself, to get ~d** slå sig ner, sätta sig till rätta **(b)** *(datum, villkor etc)* fastställa, bestämma; *(skuld)* betala; *(affär)* göra upp; *(problem, konflikt)* klara upp, lösa; **to ~ a case/claim out of court** göra upp i godo, ingå förlikning; **that ~s it!** *(vard)* det avgör saken! **(c)** *(nerver)* lugna; *(damm)* få att lägga sig; *(tvivel)* skingra; **the weather will remain ~d** det vackra vädret består **(d)** *(land)* kolonisera **(e)** *(Jur):* **to ~ sth on sb** *(pengar, egendom)* överföra/överlåta ngt till ngn, förordna om ngt till ngn **2** *vi* **(a)** *(person)* slå sig ner, sätta sig till rätta; *(fågel)* sätta sig; *(sediment)* sjunka till botten; *(byggnad)* sätta sig; *(damm, snö)* lägga sig; *(väder, situation)* stabilisera sig; *(ilska, nervositet)* lägga sig; **I couldn't ~ to anything** *(Brit)* jag hade inte ro till någonting, jag kunde inte koncentrera mig på någonting; **to ~ on sth** bestämma sig för ngt **(b)** *(person: i land etc)* slå sig ner, bosätta sig; **to ~ into a house** komma i ordning i ett (nytt) hus; **to feel ~d** *(på en plats)* känna sig bofast/ hemma; *(på en arbetsplats)* finna sig väl till rätta **(c): to ~ with sb for the cost of sth** komma överens med ngn om priset på/för ngt; **to ~ out of court** *(Jur)* göra upp i godo, ingå förlikning

♦ **settle down** *vi + adv:* **we ~d down to watch TV** vi slog oss ner/till ro för att titta på TV; **~ down now, children** lugna ner er nu, barn; **he has ~d down a lot lately** han har lugnat ner sig betydligt på sista tiden; **you should ~ down and get married** du borde slå dig till ro och gifta dig; **to ~ down in a new job** finna sig till rätta på ett nytt jobb; **the situation ~d down** situationen stabiliserades

♦ **settle in** *vi + adv* *(på nytt jobb)* finna sig till rätta; *(i ny bostad)* komma i ordning

♦ **settle up** *vi + adv:* **to ~ up (with sb)** göra upp (med ngn)

set·tle·ment |'sctlmənt| *s* **(a)** *(i allm)* överenskommelse, uppgörelse; *(i konflikt)* förlikning; *(vid skilsmässa etc)* (överenskommet) underhåll **(b)** *(av skuld)* (slut)reglering **(c)** *(av nybyggare: handling)* kolonisering; *(: plats)* bosättning, koloni

set·tler |'sctləʳ| *s* nybyggare

set·to |sɛ'tuː| *s (vard)* bråk, gruff, gräl

set·up |'sctʌp| *s (vard)* ordning, hur saker och ting fungerar; **it's an odd ~ here** det är en märklig ordning här, det här är ett konstigt ställe

sev·en |'scvn| **1** *räkn* sju **2** *s* sjua; *se äv* **five**

sev·en·teen |,scvn'tiːn| *räkn* sjutton; *se äv* **five**

sev·en·teenth |,scvn'tiːnθ| **1** *räkn* sjuttonde **2** *s (i följd)* sjuttonde; *(Mat)* sjuttondel; *se äv* **fifth**

sev·enth |'scvnθ| **1** *räkn* sjunde **2** *s (i följd)* sjunde; *(Mat)* sjundedel; *se äv* **fifth**

sev·en·ti·eth |'scvntɪɪθ| **1** *räkn* sjuttionde **2** *s (i*

följd) sjuttionde; *(Mat)* sjuttiondel; *se äv* **fifth**
sev·en·ty ['sevntɪ] *räkn* sjuttio; *se äv* **fifty**
sev·er ['sevə'] *vt (i allm)* (av)skilja; *(med yxa)* hugga av; *(med kniv etc)* skära av; *(med ryck etc)* slita av, rycka av; *(bildl: kommunikationer etc)* avbryta
sev·er·al ['sevrəl] **1** *pron* fören o självst flera; ~ **times** flera/åtskilliga gånger; ~ **of them wore hats** flera/ett flertal av dem bar hatt **2** *adj (frm)* (där)skild, olika; **they went their ~ ways** *(eg)* de gick åt var sitt håll; *(bildl)* de gick skilda vägar
sev·er·ance ['sevərəns] *s (av kommunikationer etc)* avbrytande; ~ **pay** avgångsvederlag
se·vere [sɪ'vɪə'] *adj* (**-r, -st**) *(person)* sträng; *(kyla, vinter, klimat)* sträng, bister, hård; *(översvämning, torka)* allvarlig, svår; *(konkurrens, kritik)* skarp, hård; *(nederlag)* svår, kännbar; *(smärta)* svår, häftig
se·vere·ly [sɪ'vɪəlɪ] *adv (se äv* severe) *(behandla)* strängt; *(kritisera)* skarpt; **to leave sth ~ alone** akta sig noga för ngt; ~ **wounded/ill** allvarligt el svårt skadad/sjuk
se·ver·ity [sɪ'verɪtɪ] *s (se* severe) stränghet; bisterhet, hårdhet; skärpa, häftighet; **the ~ of the flooding** översvämningarnas omfattning; **the ~ of the problem** problemets storlek
sew [səʊ] *imperf* **sewed**, *perf part* **sewn** *el* **sewed** *vt, vi* sy; **to ~ a button on sth** sy i en knapp på ngt
♦ **sew up** *vt + adv (hål)* laga, sy ihop; *(sår)* sy ihop; *(fåll)* sy fast; **it's all ~n up** *(bildl vard)* allt är fixat, det är helt klart
sew·age ['sjuːɪdʒ] *s* avloppsvatten; ~ **disposal** avloppsrening; ~ **farm**, ~ **works** reningsverk
sew·er ['sjʊə'] *s* kloak, avlopps|rör/-trumma
sew·ing ['səʊɪŋ] *s (aktivitet)* sömnad; *(föremål under arbete)* handarbete; ~ **machine** symaskin
sewn [səʊn] *perf part av* sew
sex [seks] *s (Biol)* kön; *(i allm)* sex, erotik; **the opposite ~** det motsatta könet; **the battle between the ~es** könskampen; **to have ~ with sb** *(vard)* ha samlag med ngn, ligga med ngn; ~ **appeal** sex appeal; ~ **discrimination** könsdiskriminering; *(hos män)* manschauvinism; ~ **education** sexualundervisning; ~ **hormone** könshormon; ~ **maniac** sexgalning; ~ **organ** könsorgan; ~ **shop** sexshop
sexa·genar·ian [,seksədʒɪ'neərɪən] **1** *s* sextioåring, person i sextioårsåldern **2** *adj* sextioårig, i sextioårsåldern
sex·ism ['seksɪzəm] *s (i allm)* sexism, könsdiskriminering; *(hos män)* manschauvinism
sex·ist ['seksɪst] *adj (i allm)* könsdiskriminerande; *(mot kvinnor)* manschauvinistisk
sex·less ['sekslɪs] *adj* könlös
sex·tant ['sekstənt] *s (instrument)* sextant
sex·tet [seks'tet] *s (Mus)* sextett
sex·ton ['sekstən] *s* kyrkvaktmästare
sex·ual ['seksjʊəl] *adj (Biol)* köns-, sexual-; *(i allm)* sex-, sexual-; ~ **assault** våldtäktsförsök; ~ **intercourse** samlag, sexuellt umgänge
sexu·al·ity [,seksjʊ'ælɪtɪ] *s* sexualitet
sex·ual·ly ['seksjʊəlɪ] *adv* sexuellt; **she was ~ assaulted** hon utsattes för våldtäktsförsök
sexy ['seksɪ] *adj* (**-ier, -iest**) *(vard)* sexig
sh [ʃ] *interj* sch!, hysch!
shab·bi·ness ['ʃæbɪnɪs] *s (om utseende)* sjaskighet sluskighet; *(om uppförande)* ynklighet, tarvlighet
shab·by ['ʃæbɪ] *adj* (**-ier, -iest**) *(byggnad)* sjaskig, ruffig; *(person)* sjaskig, sluskig; *(uppförande)* tarvlig, ynklig; **a ~ trick** ett fult spratt/lumpet trick
shack [ʃæk] **1** *s (bostad)* timmerkoja, kåk; *(för redskap etc)* skjul **2** *vi:* **to ~ up with sb** *(vard)* flytta ihop med ngn, bo ihop med ngn
shade [ʃeɪd] **1** *s* **(a)** *(skuggig plats)* skugga; **in the ~** i skuggan; **to put sth in the ~** *(bildl)*

överglänsa/ta loven av ngt **(b)** *(på lampa)* skärm; *(= eye-~)* skärm; *(Am: = window ~)* rullgardin; ~s *(vard: för ögonen)* solglasögon **(c)** *(i färg)* nyans, skiftning; *(bildl)* nyans; **all ~s of opinion are represented** alla åsiktsriktningar är representerade **(d)** *(kvantitet)* aning, smula; **just a ~ more** bara en aning/gnutta till **2** *vt* skugga; **to ~ sth from the sun** skydda ngt för solen
♦ **shade in** *vt + adv (teckning)* skugga
shad·ing ['ʃeɪdɪŋ] *s (i färg)* schattering, skuggning
shad·ow ['ʃædəʊ] **1** *s (av person etc)* skugga; *(skuggig plats)* skugga; **in the ~** i skuggan; **without/beyond a ~ of doubt** utan skuggan av ett tvivel; **to cast a ~ over sth** *(eg)* kasta en skugga över ngt, skugga ngt; *(bildl)* fördystra ngt, kasta en skugga över ngt; **he is only a ~ of his former self** han är bara en skugga av sitt forna jag; **to wear oneself to a ~** slita ut sig fullständigt; **he's got ~s under his eyes** han har ringar under ögonen; **five o'clock ~** *(vard)* skäggstubb *som visar sig på eftermiddagen;* ~ **boxing** skuggboxning; ~ **cabinet** *(Pol)* skuggregering; **the ~ Foreign Secretary** *(Pol)* oppositionens utrikes|ministerkandidat/-talesman, utrikesministern i skuggregeringen **2** *vt (brottsling etc)* skugga; **I was ~ed all the way home** jag blev skuggad hela vägen hem
shad·owy ['ʃædəʊɪ] *adj (plats)* skuggig; *(figur)* skugglik, otydlig; *(Am: person)* skum, ohederlig; **a ~ character** en skum typ
shady ['ʃeɪdɪ] *adj* (**-ier, -iest**) *(plats)* skuggig; *(träd)* skuggande; *(bildl: person)* skum, suspekt; *(: affär)* skum, skumrask-
shaft [ʃɑːft] *s* **(a)** *(på spjut/pil/verktyg/golfklubba)* skaft; *(på kärra)* skakel; *(Tekn)* axel; **drive ~** *(Tekn)* drivaxel **(b)** *(i gruva)* schakt; *(för hiss/ventilering)* trumma; ~ **of light** ljusstrimma
shag [ʃæg] *s (tobak)* shag; *(hår)* ragg
shag·gy ['ʃægɪ] *adj* (**-ier, -iest**) lurvig, rufsig; ~ **dog story** *(bildl)* långrandig historia (utan poäng)
shah [ʃɑː] *s* shah
shake [ʃeɪk] *(v: imperf* **shook**, *perf part* **shaken**) **1** *s* skakning, ruskning; *(vard: = milk ~)* milkshake; **with a ~ of her head** med en skakning av huvudet; **to give a rug a good ~** skaka (av) en matta ordentligt; **he's no great ~s at swimming** *(vard)* han är inget vidare på att simma; **in two ~s** *(vard)* om ett ögonblick, på momangen **2** *vt* **(a)** *(i allm)* skaka/ruska (på); *(byggnad)* få att skaka, *(flaska)* skaka (på); **to ~ one's fist at sb** hötta med näven åt ngn; **to ~ hands (with sb)** skaka hand (med ngn); **to ~ one's head** ruska på huvudet **(b)** *(bildl: försvaga)* rubba, få att vackla; **nothing will ~ our resolve** inget kommer att rubba vårt beslutsamhet; **the minister's reputation was badly ~n** ministerns anseende fick sig en allvarlig knäck **(c)** *(bildl: göra orolig/upprörd)* skaka; *(ovana etc)* lägga av med; **the news shook me** nyheterna gjorde mig uppskakad; **he needs to be ~n out of his smugness** han behöver ruskas om litet för att bli av med sin självbelåtenhet **3** *vi (person, byggnad)* skaka, darra; *(röst)* darra, skälva; **to ~ with fear/cold** darra el skaka av rädsla/köld; **the walls shook at the sound** väggarna skakade/vibrerade av ljudet; **his voice shook** hans röst darrade, han darrade på rösten
♦ **shake off** *vt + adv* skaka av; *(bildl: förkylning etc)* bli kvitt/av med; *(ovana etc)* lägga av med; *(förföljare)* skaka av sig
♦ **shake out** *vt + adv (i allm)* skaka ur; *(filt, flagga)* skaka/veckla up
♦ **shake up** *vt + adv* **(a)** *(flaska)* skaka; *(vätska)* skaka om; *(kudde)* skaka upp **(b)** *(person: oroa)*

uppskaka **(c)** *(bildl: väcka etc)* rycka upp, ruska om

shak·en [ˈʃeɪkən] *perf part av* **shake**

shake-up [ˈʃeɪkʌp] *s (bildl: i regering etc)* ommöblering; *(vard: person):* **he needs a good** ~ han behöver ruskas om

shaki·ly [ˈʃeɪkɪlɪ] *adv (tala)* med darrande/skälvande röst; *(skriva)* darrhänt; *(gå)* med osäkra steg

shaky [ˈʃeɪkɪ] *adj* (-ier, -iest) *(möbel)* ostadig, ranglig; *(hand)* darrig; *(röst)* darrande, skälvande; *(bildl: hälsa)* svag, vacklande; *(: minne)* svag; **I feel a bit** ~ jag känner mig lite darrig/skraltig; **my Spanish is rather** ~ min spanska är ganska svag/skraltig

shale [ʃeɪl] *s* skiffer

shall [ʃæl] *vhj* **(a)** *(i 1. person: framtid o frågor):* **I** ~ **go tomorrow** jag åker i morgon; **no I** ~ **not**, *(Brit äv)* **no I shan't** nej det gör jag inte; ~ **we hear from you soon?** *(Brit)* får vi höra av dig snart?; ~ **we go now?** ska vi åka nu? **(b)** *(i befallningar o emfatiska uttryck):* **no-one** ~ **enter until the signal is given** ingen får gå in förrän signalen ges; **you** ~ **pay for this!** du ska/kommer att få sota för det här!

shal·lot [ʃəˈlɒt] *s (Bot)* schalottenlök

shal·low [ˈʃæləʊ] **1** *adj (vattendrag etc)* grund; *(Matl: form, fat)* med låga kanter; *(andning)* lätt; *(bildl: person, konversation)* ytlig **2** *spl*: ~**s** grunt vatten

shal·low·ness [ˈʃæləʊnɪs] *s (se* **shallow**) grundhet; flathet; lätthet; ytlighet

sham [ʃæm] **1** *adj (pärlor etc)* oäkta, imiterad; *(val)* sken-; *(känsla)* hycklad, falsk; ~ **battle** *(Mil, bildl)* skenfäktning **2** *s* **(a)** *(handling)* bluff, humbug, förställning **(b)** *(person)* bluff(makare), humbug **3** *vt* simulera, låtsas ha; **to** ~ **death** spela död; **to** ~ **illness** simulera, spela sjuk **4** *vi* låtsas (vara), spela, hyckla; **he's just** ~**ming** han simulerar bara

sham·bles [ˈʃæmblz] *ssg (i allm)* villervalla, röra; *(Hist)* slakthus; *(bildl)* blodbad; **the street was a** ~ det var en fullständig villervalla på gatan, det rådde fullständigt kaos på gatan; **the game was a** ~ det blev full kalabalik i matchen

shame [ʃeɪm] **1** *s* **(a)** *(känsla)* skam, skamsenhet; *(dåligt rykte)* skam, vanära, nesa; ~ **on you!** fy skäms!, du borde skämmas!; **to my eternal** ~ till min eviga/stora skam; **to bring** ~ **on sb** dra skam över ngn; **the** ~ **of it!** en sådan skam!; **he has no sense of** ~ han har ingen skam i kroppen/ skamkänsla; **to put sb to** ~ få ngn att känna sig underlägsen; **to put sth to** ~ ställa ngt i skuggan, få ngt att se mindre bra ut **(b): it would be a** ~ **to miss the film** det vore synd att missa filmen; **what a** ~! så synd! **2** *vt* skämma ut; **to** ~ **sb into doing sth** få ngn att göra ngt för skams skull

shame·faced [ˈʃeɪmfeɪst] *adj (full av skam)* skamsen; *(tillbakadragen)* blyg, försagd

shame·ful [ˈʃeɪmfʊl] *adj* skamlig

shame·ful·ly [ˈʃeɪmfəlɪ] *adv* skamligt

shame·less [ˈʃeɪmlɪs] *adj (neds)* skamlös

sham·my [ˈʃæmɪ] *s* sämskskinn

sham·poo [ʃæmˈpuː] **1** *s (medel)* schampo; *(behandling)* schamponering; **carpet** ~ mattschampo **2** *vt (hår)* schamponera, tvätta; *(matta)* tvätta *med mattschampo*

sham·rock [ˈʃæmrɒk] *s (Bot)* treklöver

shan·dy [ˈʃændɪ] *s (Brit)* öl blandat med lemonad

shang·hai [ʃæŋˈhaɪ] *vt* sjanghaja; **to** ~ **sb into doing sth** tvinga/lura ngn att göra ngt

shank [ʃæŋk] *s (Tekn)* skaft; *(på glas)* fot; *(Matl)* lägg; *(Anat)* skenben

shan't [ʃɑːnt] *(i sht Brit)* = **shall not**

shan·ty[1] [ˈʃæntɪ] *s (sång: äv:* **sea** ~) shanty

shan·ty[2] [ˈʃæntɪ] *s (hus)* skjul, kåk

shanty·town [ˈʃæntɪtaʊn] *s* kåkstad, slum

shape [ʃeɪp] **1** *s (i allm)* form; **his ears are a funny** ~ hans öron har en lustig form/ser lustiga ut; **it is rectangular in** ~ den är rektangulär till formen; **all** ~**s and sizes** alla former och storlekar; **I can't bear gardening in any** ~ **or form** jag avskyr trädgårdsarbete i alla dess former; **to take the** ~ **of sth** ta formen av ngt; **in the** ~ **of...** i form av...; **an idea of the** ~ **of things to come** en uppfattning om hur framtiden kommer att se ut; **to take** ~ ta form; **to lose its** ~ *(tröja etc)* tappa formen; **to be in good/poor** ~ *(person)* må bra/ dåligt, vara i god/dålig kondition; *(föremål)* vara i gott/dåligt skick; **to knock/hammer sth into** ~ hamra ngt till den rätta formen; **to knock/lick sth into** ~ *(bildl)* få ordning på ngt, få fason på ngt; **to get oneself into** ~ *(Sport)* komma i form; **to get out of** ~ *(Sport)* tappa formen; **a** ~ **loomed up out of the fog/darkness** en figur el skepnad trädde fram ur dimman/mörkret **2** *vt (eg, bildl)* forma; **heart·**~**d** hjärtformad **3** *vi (bildl):* **things are shaping (up) well** det artar sig bra; **he's shaping (up) nicely** han artar sig bra; **you'd better** ~ **up!** det är bäst du skärper dig!

shape·less [ˈʃeɪplɪs] *adj (utan form)* formlös; *(utan tilltalande form)* oformlig, klumpig

shape·ly [ˈʃeɪplɪ] *adj (föremål)* välformad; *(person)* välväxt; *(ben)* välsvarvad

share [ʃɛəʳ] **1** *s* **(a)** andel, del; **a** ~ **in the profits** en del av vinsten; **to have a** ~ **in sth** ha del i ngt; **to take a** ~ **in doing sth** delta aktivt i ngt; **fair** ~**s for all** rättvis fördelning till alla; **the minister came in for his** ~ **of the blame** ministern fick bära sin del av skulden; **to do one's (fair)** ~ göra sin del, dra sitt strå till stacken **(b)** *(Ekon)* aktie; ~ **index** aktieindex; ~ **price** aktiekurs **2** *vt* **(a)** *(äv:* ~ **out)**: dela ut *(among/between till)*, fördela *(among/between* bland/mellan) **(b)** *(ha tillsammans)* dela *(with* med); **to** ~ **the blame** ha del i skulden; **to** ~ **a car** dela bil, ha bil ihop; **to** ~ **a bottle of wine** dela en flaska vin; **to** ~ **a room** dela rum **(c)** *(ha samma)* dela; **to** ~ **sb's views** dela ngns åsikter; **to** ~ **several characteristics with** ha många gemenskaper gemensamma med **3** *vi* dela med sig; ~ **and** ~ **alike** dela broderligt; **to** ~ **in sth** vara med och dela på ngt, delta i ngt; **to** ~ **in the blame** ta på sig en del av skulden; **to** ~ **in sb's joy/sorrow** delta i *el* dela ngns glädje/sorg

share·cropper [ˈʃɛəˌkrɒpəʳ] *s (Am: ung)* arrendator *som betalar arrendet med en del av skörden*

share·holder [ˈʃɛəˌhəʊldəʳ] *s* aktieägare; **a meeting of the** ~**s** bolagsstämma

share-out [ˈʃɛəraʊt] *s* fördelning

shark [ʃɑːk] *s (Zool)* haj; *(vard)* svindlare, haj

sharp [ʃɑːp] **1** *adj* (-er, -est) **(a)** *(egg, kniv)* vass, skarp; *(nål, penna)* spetsig, vass; *(sväng, kurva)* skarp, tvär; *(ansiktsdrag)* skarp, skarpskuren **(b)** *(förändring)* plötslig; *(stopp)* tvär; *(lutning)* brant; *(höjning)* kraftig **(c)** *(skillnad, bild)* tydlig, klar **(d)** *(lukt, smak)* stark, skarp; *(smärta)* häftig; *(slag)* hård, kraftig; *(ton, röst)* genomträngande, gäll; *(vind, kyla)* bitande; *(humör)* tvär, häftig; *(kritik, ord)* skarp, hård; *(Am vard: manlig klädsel)* elegant; **to be** ~ **with sb** ta ngn i upptuktelse, skälla på ngn; **you look** ~ *(Am vard)* du ser elegant ut **(e)** *(hörsel, syn, intelligens)* skarp; *(person)* skarpsinnig, intelligent, skärpt; **he's as** ~ **as they come** det är inte många som är så skärpta/intelligenta som han; ~ **practice** *(neds)* fula knep, skumma affärer **(f)** *(Mus: i allm)* höjd en halv ton; *(: neg)* litet för hög; **C** ~ ciss

2 *adv* **(a)** *(om klockslag)* precis; **at 5 o'clock** ~ prick klockan 5, på slaget 5 **(b)** *(om handling)*

skarpt, tvärt; **to turn ~ left** svänga tvärt till vänster; **to stop ~** tvärstanna; **look ~**! *(Brit)* raska på! **(c)** *(Mus)* (litet) för högt

3 *s* **(a)** *(Mus: tecken)* kors, #-tecken; *(: ton)* ton med förtecknet #; *(: på piano)* svart tangent **(b)** *(vard)* skojare, falskspelare

sharp·en [ˈʃɑːpən] *vt* **(a)** *(kniv)* vässa, bryna; *(yxa, såg)* slipa; *(penna)* vässa **(b)** *(kontur)* göra skarpare; *(skillnad)* öka; *(kontrast)* göra klarare; *(konflikt)* skärpa; *(aptit)* stärka, reta; *(lust)* öka, stärka; *(smärta)* förvärra; **to ~ one's wits** skärpa sig, samla tankarna

sharp·en·er [ˈʃɑːpnəʳ] *s* *(för penna)* pennvässare; *(för kniv)* knivslipare

sharp·er [ˈʃɑːpəʳ] *s* skojare, falskspelare

sharp-eyed [ˌʃɑːpˈaɪd] *adj*, **sharp-sighted** [ˌʃɑːpˈsaɪtɪd] *adj* skarpögd

sharp-faced [ˌʃɑːpˈfeɪst] *adj* med vasst utseende

sharp-featured [ˌʃɑːpˈfiːtʃəd] *adj* med skarpskurna drag

sharp·ly [ˈʃɑːplɪ] *adv* **(a)** *(svänga)* tvärt; *(luta)* brant; *(stiga)* kraftigt; *(titta)* skarpt **(b)** *(avteckna sig)* skarpt, tydligt; *(kontrastera)* kraftigt **(c)** *(tala)* med skarp röst; *(kritisera)* skarpt

sharp·shooter [ˈʃɑːpˌʃuːtəʳ] *s* prickskytt

sharp-tempered [ˌʃɑːpˈtempəd] *adj* lättretad

sharp-witted [ˌʃɑːpˈwɪtɪd] *adj* skarpsinnig

shat·ter [ˈʃætəʳ] **1** *vt* *(flaska, fönsterruta)* krossa, slå sönder; *(hälsa, nerver)* bryta ner, förstöra; *(hopp, självförtroende)* krossa; *(karriär)* omintetgöra **2** *vi* *(flaska, fönsterruta)* splittras, gå sönder, krossas

shat·tered [ˈʃætəd] *adj* *(av sorg)* förkrossad, skakad; *(av förvåning)* omskakad, förbluffad; *(vard: av trötthet)* utpumpad, förbi

shat·ter·ing [ˈʃætərɪŋ] *adj* *(anfall, förlust)* förödande; *(nyheter, upplevelse)* (upp)skakande; **it was a ~ blow to his hopes** det var ett förödande slag för hans förhoppningar

shatter·proof [ˈʃætəpruːf] *adj* *(glas)* splitterfri

shave [ʃeɪv] **1** *s* rakning; **to have a ~** raka sig; **to have a close ~** *(bildl)* klara sig med nöd och näppe; **that was a close/narrow ~!** det var nära ögat! **2** *vt* *(person, ansikte, ben)* raka; *(trä)* hyvla; *(bildl)* snudda vid; **to ~ off one's beard** raka av sig skägget **3** *vi* *(person)* raka sig

shav·en [ˈʃeɪvn] *adj* rakad

shav·er [ˈʃeɪvəʳ] *s* (= electric ~) rakapparat

shav·ing [ˈʃeɪvɪŋ] *s* *(handling)* rakning; *(föremål)* spån; **~ brush** rakborste; **~ cream** rakkräm; **~ soap** raktvål

shawl [ʃɔːl] *s* sjal

she [ʃiː] **1** *pers pron* *(i allm)* hon; *(om land)* det; *(om bil)* den; *(om fartyg)* den, hon **2** *s*: **it's a ~** *(om djur)* det är en hona; *(om baby)* det är en flicka

sheaf [ʃiːf] *s, pl* **sheaves** [ʃiːvz] *(av säd)* kärve; *(av papper)* bunt

shear [ʃɪəʳ] *imperf* **sheared**, *perf part* **sheared** *el* **shorn** *vt* *(får)* klippa; **to be shorn of sth** *(bildl)* berövas/fråntas ngt, vara berövad ngt

♦ **shear off** *vi* + *adv* *(bult etc)* brytas av, gå av

♦ **shear through** *vt* + *prep* *(nät etc)* klippa hål i/genom

shears [ʃɪəz] *spl* *(för får)* ullsax; *(för häck)* häcksax; *(för metall)* plåtsax; **a pair of ~** *(i allm)* (större) sax

sheath [ʃiːθ] *pl* **sheaths** [ʃiːðz] *s* *(i allm)* hölje, fodral; *(för svärd, dolk)* slida; *(Bot)* slida; *(Zool)* täckvinge; *(preventivmedel)* kondom; **~ knife** slidkniv

sheaves [ʃiːvz] *pl av* **sheaf**

she·bang [ʃɪˈbæŋ] *s* *(vard: i sht Am)*: **the whole ~** hela klabbet/rasket

she-bear [ˈʃiːbɛəʳ] *s* björnhona

shed[1] [ʃed] *imperf, perf part* **shed** *vt* **(a)** *(fjädrar,*

horn, löv) fälla, tappa; *(skinn)* ömsa; *(kläder)* kasta av sig; *(lastbilslast)* tappa; *(ngt oönskat)* göra sig av med **(b)** *(blod)* utgjuta; *(tårar)* gjuta **(c)** *(ljus, värme)* sprida; **to ~ light on a mystery** kasta/sprida ljus över ett mysterium

shed[2] [ʃed] *s* *(i allm)* skjul, bod; *(för cykel, lok, boskap)* stall

she'd [ʃiːd] = **she had; she would**

sheen [ʃiːn] *s* glans, lyster

sheep [ʃiːp] *s, pl* lika får; **to make ~'s eyes at sb** *(bildl)* kasta smäktande blickar på ngn; **~ farm** fårfarm; **~ farmer** fårfarmare

sheep·dog [ˈʃiːpdɒg] *s* fårhund

sheep·ish [ˈʃiːpɪʃ] *s* fåraktig, förlägen

sheep·skin [ˈʃiːpskɪn] *s* fårskinn

sheer [ʃɪəʳ] *adj* (-er, -est) **(a)** *(galenskap, nödvändighet)* ren; *(slöseri)* fullständig, total; **the ~ impossibility of...** det helt omöjliga i att...; **by ~ chance/by a ~ accident** av en ren händelse/ genom en ren olyckshändelse **(b)** *(tyg)* skir, mycket tunn **(c)** *(klippa)* brant, lodrät

sheet [ʃiːt] *s* **(a)** *(av tyg)* lakan; *(av papper)* ark, blad; *(av metall)* plåt; *(av glas, plast)* skiva; *(av snö)* snötäcke; *(av is)* ishinna; *(av eld)* eldhav; **~ lightning** ytblixt(ar); **~ metal** plåt; **~ music** notblad, noter

sheet·ing [ˈʃiːtɪŋ] *s* lakansväv

sheik(h) [ʃeɪk, *(Am)* ʃiːk] *s* schejk

shelf [ʃelf] *s, pl* **shelves** [ʃelvz] **(a)** *(i allm)* hylla; **to be on the ~** *(bildl vard: om kvinna)* sitta på glasberget, vara ogift **(b)** *(på berg)* klipp|hylla/ -avsats; *(vid strand)* strandbank; **the continental ~** kontinentalsockeln

shell [ʃel] **1** *s* **(a)** *(på ägg/nöt etc)* skal; *(på sköldpadda)* skal, sköld; *(på snigel)* snäcka, hus; *(på mussla)* skal, snäckskal; *(runt ärta)* skida, balja; **to come out of one's ~** *(bildl)* krypa ur sitt skal **(b)** *(i byggnad)* stomme; *(i fartyg)* skrov **(c)** *(Mil: större)* granat; *(: mindre)* patron(hylsa) **(d)** *(Sport)* roddbåt **(e)** *(Matl)* krustad **2** *vt* **(a)** *(ärtor)* sprita; *(krabba)* ta ur skalet; *(räkor, nötter)* skala **(b)** *(Mil)* beskjuta med granater, bombardera

♦ **shell out** *(vard)* **1** *vt* + *adv* *(pengar)* punga ut med **2** *vi* + *adv* punga ut med pengar, pröjsa *(för för)*

she'll [ʃiːl] = **she will; she shall**

shel·lac [ʃəˈlæk] **1** *s* schellack **2** *vt* *(eg)* måla med schellack; *(Am vard)* klå upp ordentligt

shell·fire [ˈʃelfaɪəʳ] *s* granateld

shell·fish [ˈʃelfɪʃ] *s* skaldjur

shell·ing [ˈʃelɪŋ] *s* granatbeskjutning, bombardemang

shell·proof [ˈʃelpruːf] *adj* granat-/bomb|säker

shell-shock [ˈʃelʃɒk] *s* granatchock, krigsneuros

shell-shocked [ˈʃelʃɒkt] *adj* med krigsneuros

shel·ter [ˈʃeltəʳ] **1** *s* **(a)** *(abstrakt: i allm)* skydd; *(: mot vind)* lä; **to seek ~ (from)** söka skydd *(mot/undan)*; **to take ~ (from)** *(i allm)* ta skydd *(mot)*; *(Mil etc)* ta betäckning *(mot)* **(b)** *(byggnad: mot vind)* vindskydd; *(: mot regn)* regnskydd; **bus ~** väntkur; **air-raid ~** skyddsrum; **night ~** (natt)härbärge **2** *vt* **(a)** *(mot regn, vind, fara etc)* skydda *(from mot)* **(b)** *(husvill)* ge husrum/logi, ge tak över huvudet **2** *vi* *(i allm)* ta/söka skydd; *(mot beskjutning)* ta betäckning; **to ~ from the rain** söka skydd mot regnet

shel·tered [ˈʃeltəd] *adj* *(plats)* skyddad; **~ environment** skyddad miljö; **~ workshop** skyddad verkstad; **she has led a very ~ life** hon har haft en mycket skyddad tillvaro

shelve [ʃelv] *vt* *(böcker etc)* sätta/ställa (upp) på hyllan; *(bildl: planer etc)* skrinlägga, lägga på hyllan

shelves [ʃelvz] spl av shelf
shelv·ing [ˈʃelvɪŋ] s hyllor
she·nani·gan [ʃɪˈnænɪgən] s (vard) (a) (vanl pl) stoj och skämt (b) fiffel, lurendrejeri
shep·herd [ˈʃepəd] 1 s (fåra)herde; ~'s pie (Matl) köttpudding av köttfärs och potatismos; German ~ (Am) schäfer(hund) 2 vt valla; to ~ children across a road leda barn över en gata; to ~ sb in/out/around leda el fösa in/ut/runt ngn
shep·herd·ess [ˈʃepədɪs] s herdinna
sher·bet [ˈʃɜːbət] s (a) (pulver: ung) tomtebrus; (dryck: ung) lemonad (b) (i sht Am: glass) sorbet
sher·iff [ˈʃerɪf] s (i USA: ung: länspolischef) sheriff; (i England: ung: landshövding med representativa uppgifter) sheriff; (i Skottland: domare i lägre instans) sheriff
sher·ry [ˈʃerɪ] s sherry
she's [ʃiːz] = she is; she has
Shet·land [ˈʃetlənd] s (äv: the ~ Isles, the ~s) Shetlandsöarna; ~ pony shetlandsponny; ~ wool shetlandsull
shield [ʃiːld] 1 s (eg, Her) sköld; (bildl) skydd; (Tekn) skyddsplåt, kåpa 2 vt skydda (from mot/ för)
shift [ʃɪft] 1 s (a) (i allm) förändring; a ~ in the wind en vindkantring; a ~ in public opinion en opinions|svängning/-förändring; a ~ in emphasis away from... en förskjutning av tonvikten från... (b) (arbetspass) skift; (arbetslag) skift; ~ work skiftarbete; to work in ~s arbeta i skift (c) utväg; as a last ~ som en sista utväg; to make ~ with/without sth försöka klara sig med/utan ngt (d) (Am: äv: gear ~) växel(spak); stick ~ manuell växel(spak); (e) (på skrivmaskin) skift; ~ key skifttangent (f) (klädesplagg) rak klänning; (: hist) särk 2 vt (ställning) skifta, ändra, byta; (möbel etc) flytta; they ~ed all the correspondence in half a day de gjorde undan all korrespondensen på en halv dag; to ~ scenery (Teat) skifta scen; to ~ the blame on to sb skjuta skulden på ngn; come on, ~ yourself (vard) sätt fart nu, rör på påkarna 3 vi (a) (vind) kantra, vrida sig, slå om; (person) röra/vrida på sig; (last) förskjutas; he ~ed over to the bookcases han drog sig bort till bokhyllorna; that car's certainly ~ing (Brit vard) den där bilen går det verkligen undan för; to ~ into second gear (: bil) lägga i tvåan (b): to ~ for oneself klara sig själv
shifti·ly [ˈʃɪftɪlɪ] adv (i allm) förslaget, listigt; (neds) lömskt, opålitligt
shift·less [ˈʃɪftlɪs] adj (person: utan goda egenskaper) oduglig; (utan energi) lat
shifty [ˈʃɪftɪ] adj (-ier, -iest) (i allm) förslagen, listig; (neds) lömsk, opålitlig
Shi·ite [ˈʃiːaɪt] s shia-muslim, shiit
shik·sa [ˈʃɪksə] s (Jud: ofta neds) icke-judisk flicka
shil·ling [ˈʃɪlɪŋ] s shilling
shilly-shally [ˈʃɪlɪˌʃælɪ] vi vela, tveka
shim·mer [ˈʃɪmər] 1 s skimmer 2 vi skimra, glittra
shim·mer·ing [ˈʃɪmərɪŋ] adj skimrande, glittrande
shin [ʃɪn] 1 s sken-/smal|ben; (Matl) lägg 2 vi klättra; : to ~ up a tree (snabbt) klättra/fara upp i ett träd
shin·bone [ˈʃɪnbəʊn] s skenben
shin·dig [ˈʃɪndɪg] s, **shin·dy** [ˈʃɪndɪ] s (vard: ljud) oväsen; (: händelse) gruff, bråk; to kick up a ~ ställa till bråk
shine [ʃaɪn] (v: imperf, perf part shone) 1 s glans, sken; to give sth a ~ putsa ngt blankt/så att det glänser; to take the ~ off sth (eg) förstöra glansen på ngt; (bildl) förta glansen av ngt; come rain or ~ i ur och skur 2 vt (a) (skor, silver etc: imperf, perf part shone el ~d) putsa (b)

(ficklampa etc) lysa med; to ~ a light on sth rikta en ljusstråle mot ngt 3 vi (a) (i allm) lysa, skina; the sun is shining solen skiner; the metal shone in the sun metallen glänste/blänkte i solen; her face shone with happiness hennes ansikte strålade av lycka (b) (bildl: person) glänsa; to ~ at English glänsa i engelska, vara lysande i engelska
shin·er [ˈʃaɪnər] s (vard) blått öga
shin·gle [ˈʃɪŋgl] s (a) (på strand) klappersten, singel (b) (på tak) (tak)spån (c) (Am: vard) (namn)skylt; to hang out one's ~ öppna praktik
shin·gles [ˈʃɪŋglz] spl (Med) bältros
shin·ing [ˈʃaɪnɪŋ] adj (yta) glänsande, glittrande; (ansikte) glänsande, lysande; (ögon) glittrande, tindrande; a ~ light ett ljus; a ~ example ett lysande exempel/föredöme
shiny [ˈʃaɪnɪ] adj (-ier, -iest) blank, blänkande, glänsande
ship [ʃɪp] 1 s fartyg, skepp; on board ~ ombord; to abandon ~ överge fartyget; to jump ~ (sjöman) rymma; when my ~ comes home/comes in (bildl) när jag kommer på grön kvist; ~('s) biscuit skeppsskorpa; ~('s) chandler skeppshandlare; ~'s company (fartygs)besättning; ~'s papers skeppshandlingar 2 vt (a) (varor, passagerare) ta ombord; (åror) ta in; (vatten) ta in (b) (transportera: med fartyg) skeppa, skicka; (: i sht Am: till lands) skicka, sända; a new engine had to be ~ped out to them man var tvungen att skicka ut en ny motor till dem
ship·broker [ˈʃɪpˌbrəʊkər] s skeppsmäklare
ship·builder [ˈʃɪpˌbɪldər] s (person) skeppsbyggare; (företag) varv
ship·building [ˈʃɪpˌbɪldɪŋ] s skeppsbyggeri; the ~ industry varvsindustrin
ship·load [ˈʃɪpləʊd] s skeppslast
ship·mate [ˈʃɪpmeɪt] s skeppskamrat
ship·ment [ˈʃɪpmənt] s (handling) skeppning, transport; (kvantitet) sändning
ship·owner [ˈʃɪpˌəʊnər] s skeppsredare
ship·per [ˈʃɪpər] s befraktare, speditör
ship·ping [ˈʃɪpɪŋ] s (koll) fartyg; (näringsgren) sjöfart; (i sht Am: pris) fraktkostnad; a danger to ~ en fara för sjöfarten; ~ agent skeppsklarerare, speditör; ~ company (fartygsägare) rederi; (agentur) speditionsfirma; ~ line rederi; ~ lane farled
ship·shape [ˈʃɪpʃeɪp] adj (rum etc: äv: ~ and Bristol fashion [ˈbrɪstl]) i perfekt ordning
ship·wreck [ˈʃɪprek] 1 s skeppsbrott, förlisning 2 vt: to be ~ed lida skeppsbrott, förlisa
ship·yard [ˈʃɪpjɑːd] s (skepps)varv
shire [ˈʃaɪər, (i sms) -ʃɪə, -ʃə] s grevskap; ~ (horse) (kraftig arbetshäst) shirehäst
shirk [ʃɜːk] 1 vt (plikt) dra sig undan, smita från; (samtalsämne) undvika; to ~ school skolka (från skolan) 2 vi smita, skolka
shirk·er [ˈʃɜːkər] s smitare, skolkare
shirt [ʃɜːt] s (i allm) skjorta; (Sport) tröja; to put one's ~ on sth (bildl) satsa skjortan/sitt sista öre på ngt; keep your ~ on (vard) ta det lugnt, lugna ner dig
shirt·ing [ˈʃɜːtɪŋ] s skjorttyg
shirt·sleeve [ˈʃɜːtˌsliːv] s skjortärm; in one's ~s i skjortärmarna
shirty [ˈʃɜːtɪ] adj (-ier, -iest) (Brit: vard) sur, förbannad
shit [ʃɪt] (v: imperf, perf part shit, shitted el shat (vard!) 1 s (bildl) skit(!) 2 vt, vi skita(!) 3 interj skit (också)(!)
shiv·er[1] [ˈʃɪvər] 1 s (a) (av köld) darrning; (av skräck) rysning, darrning; it sent ~s down my spine det gav mig kalla kårar längs ryggraden; it gives me the ~s det får mig att rysa 2 vi (av

köld) huttra, darra; *(av skräck)* rysa, darra
shiv·er[2] [ˈʃɪvəʳ] **1** *s (av glas etc)* skärva **2** *vi* splittras, gå i (tusen) bitar
shiv·ery [ˈʃɪvərɪ] *adj* darrig; **he was ~ with excitement** han darrade av upphetsning
shoal [ʃəʊl] *s (av fisk)* stim
shock[1] [ʃɒk] **1** *s* **(a)** *(Elektr)* stöt; *(vid explosion etc)* stöt, stötvåg; *(vid kollision etc)* sammanstötning; **~ absorber** *(Motor)* stötdämpare; **~ wave** *(eg)* stötvåg; *(bildl)* chockvåg **(b)** *(psykisk)* chock, slag; **the ~ was too much for him** chocken var för mycket för honom; **it comes as a ~ to hear that...** det kommer som en chock för mig (att höra) att...; **to give sb a ~** ge ngn en chock, chocka ngn; **what a ~ you gave me!** vad du gjorde mig förskräckt!; **~ reaction** *(vard)* chockreaktion; **~ tactics** *(Mil etc)* överraskningstaktik **(c)** *(Med)* chock; **to be suffering from ~** vara chockskadad/i chocktillstånd; **~ therapy** chockterapi; **~ treatment** chockbehandling **2** *vt (överraska)* chocka, göra förskräckt;*(känslomässigt)*skaka,chocka;*(moraliskt)* chockera, stöta, uppröra; **easily ~ed** lättchockerad; **to ~ sb out of his complacency** skaka om någon så att han/hon blir mindre självbelåten **3** *vi* chockera: *the book is intended to ~*
shock[2] [ʃɒk] *s (av hår)* kalufs
shock·ing [ˈʃɒkɪŋ] *adj (brott etc)* förskräcklig, förfärlig; *(förhållande)* skandalös, upprörande; *(uppförande etc)* chockerande, anstötlig; *(i allm)* förskräcklig, hemsk; *(moraliskt)* chockerande, anstötlig
shock·proof [ˈʃɒkpruːf] *adj (klocka etc)* stötsäker
shod [ʃɒd] **1** *imperf, perf part av* **shoe 2** *adj* skodd; **well/badly ~** *(person)* med snygga/fula skor
shod·dy [ˈʃɒdɪ] *adj (-ier, -iest) (produkt)* skräp-, dålig; *(arbete)* usel
shoe [ʃuː] (*v: imperf, perf part* **shod**) **1** *s* sko; (= *horse ~*) sko; (= *brake ~: Motor)* bromsback; *(på tåg etc)* släpsko; **I wouldn't like to be in his ~s** jag skulle inte vilja vara i hans skor/kläder; **if the ~ fits, wear it** *(Am)* om du känner dig träffad så ta åt dig; **to shake/shiver in one's ~s** *(av skräck)* skaka i hela kroppen; *(av nervositet)* darra på manschetten; **to step into sb's ~s** efterträda ngn, axla ngns mantel; **~ leather** skoläder; **to wear out one's ~ leather** slita ut sina skosulor; **~ polish** skokräm; **~ repair** lagning av skor **2** *vt (häst)* sko
shoe·brush [ˈʃuːbrʌʃ] *s* skoborste
shoe·horn [ˈʃuːhɔːn] *s* skohorn
shoe·lace [ˈʃuːleɪs] *s* skosnöre
shoe·maker [ˈʃuːˌmeɪkəʳ] *s* skomakare
shoe·shine [ˈʃuːʃaɪn] *s* skoputs(ning); **~ man** skoputsare
shoe·shop [ˈʃuːʃɒp] *s* skoaffär
shoe·string [ˈʃuːstrɪŋ] *s (i sht Am)* skosnöre; **to do sth on a ~** *(bildl)* ha rum om pengar till att göra ngt; **to live on a ~** vara tvungen att vända på vartenda öre
shoe·tree [ˈʃuːtriː] *s* skoblock
shone [ʃɒn, *(Am)* ʃəʊn] *imperf, perf part av* **shine**
shoo [ʃuː] **1** *interj* schas! **2** *vt (äv: ~ away, ~ off)* schasa undan/bort
shook [ʃʊk] *imperf av* **shake**
shoot [ʃuːt] (*v: imperf, perf part* **shot**) **1** *s* **(a)** *(Bot)* skott **(b)** *(tävling)* skyttetävling; *(efter djur)* jakt(tur); *(plats)* jaktmark
2 *vt* **(a)** *(person)* skjuta; *(fånge)* arkebusera; *(djur)* skjuta, jaga; **he was shot in the leg** han blev skjuten i benet; **he shot the stag, but it managed to escape** han träffade kronhjortshannen, men den lyckades fly undan; **they ~ pheasants every year** de jagar fasan varje år; **you'll get shot if**

you do that *(bildl vard)* de slår ihjäl dig om du gör det! **(b)** *(skott, kula)* avfyra, skjuta; *(pil)* skjuta; **to ~ sth at sb/sth** avfyra ngt mot ngn/ngt; **to ~ a goal** *(Sport)* skjuta/göra mål; **to ~ dice/craps** *(Am vard)* spela tärning **(c)** *(blick)* kasta; **to ~ a smile at sb** ge någon ett snabbt/flyktigt leende; **to ~ a question at sb** fyra av en fråga mot ngn **(d)** *(Film)* spela in, filma; *(fotografi)* ta; *(person, föremål)* fotografera **(e)** *(passera)* fara snabbt utför/igenom; **to ~ the rapids** fara utför forsarna; **to ~ the traffic lights** köra mot rött (ljus) **(f)** *(vard: narkotika)* injicera
3 *vi* **(a):** **to ~ (at sb/sth)** *(med vapen)* skjuta (på *el* mot ngn/ngt); **to go ~ing** *(på djur)* (åka och) jaga; *(på tavla)* skjuta, öva sig i/tävla i skytte; **to ~ at the goal** *(Fotboll etc)* skjuta mot mål; **~!** *(vard)* ut med språket!, sätt igång att fråga! **(b)** *(person, djur)* rusa, störta; *(föremål)* fara; *(smärta)* ila; *(lågor)* slå upp; *(vatten)* spruta fram
◆ **shoot down** *vt + adv (flygplan)* skjuta ner; *(bildl: argument)* krossa, smula sönder; *(: person)* tillintetgöra
◆ **shoot out** **1** *vt + adv* **(a)** *(hand)* sträcka/slänga ut; **the house shot out flames** det slog upp lågor ur huset **(b):** **to ~ it out** göra upp med skjutvapen **2** *vi + adv (flammor)* slå upp; *(vatten)* spruta fram
◆ **shoot up** *vi + adv* **(a)** *(flammor)* slå upp; *(vatten)* spruta upp, fram; *(pris, raket)* skjuta/rusa i höjden; *(händer)* räckas upp, fara upp **(b)** *(person, växt)* ränna/skjuta i höjden
shoot·ing [ˈʃuːtɪŋ] **1** *s* **(a)** *(i allm)* skjutande, skjutning; *(strid)* skottlossning; **after the ~ of the ambassador** efter det att ambassadören blivit skjuten; **~ gallery** skjutbana; **~ incident** skottintermezzo; **~ match** skyttetävling; **the whole ~ match** *(vard)* hela rasket/köret, alltihop; **~ star** stjärn|skott/-fall **(b)** *(av djur)* jakt; **~ stick** sittkäpp **(c)** *(Film)* inspelning, filmning **2** *adj (smärta)* ilande
shoot-out [ˈʃuːtaʊt] *s* eldstrid
shop [ʃɒp] **1** *s* **(a)** *(för försäljning)* affär, butik; **to shut up ~** *(eg)* stänga (butiken); *(bildl)* slå igen butiken (för gott); **to talk ~** *(bildl)* prata jobb/om jobbet; **all over the ~** *(vard)* (utspridda) överallt; **~ assistant** affärsbiträde, expedit; **~ window** skyltfönster **(b)** *(för reparation el tillverkning)* verkstad; **~ floor** verkstadsgolv; **~ steward** fackligt ombud; *se äv* **closed 2** *vi* handla; **to go ~ping** ge sig ut och handla/shoppa; **to be ~ping for a good jumper** leta efter en bra jumper **3** *vt (vard: person)* tjalla på
◆ **shop around** *vi + adv (eg)* jämföra priser (i olika butiker); *(bildl)* väga olika alternativ
shop·girl [ˈʃɒpgɜːl] *s* butiksflicka, expedit
shop·keeper [ˈʃɒpˌkiːpəʳ] *s* butiksinnehavare
shop·lifter [ˈʃɒpˌlɪftəʳ] *s* snattare, butiksråtta
shop·lifting [ˈʃɒpˌlɪftɪŋ] *s* snatteri, butiksstöld(er)
shop·per [ˈʃɒpəʳ] *s* **(a)** person som är ute och handlar **(b)** = **~ bag**
shop·ping [ˈʃɒpɪŋ] *s (aktivitet)* inköp, shopping; *(varor)* inköp; **to go ~** gå och handla; **~ bag** *(Brit)* shoppingväska; *(Am)* pappers-/plast|kasse; **~ basket** (inköps)korg; **~ centre,** *(Am)* **~ center** affärscentrum, köpcenter
shop-soiled [ˈʃɒpsɔɪld] *adj* butiksskadad
shore[1] [ʃɔːʳ] *s (vattenbryn, badplats)* strand; *(gräns mellan land och hav)* kust; *(landkontur sedd från havet)* land, kust; **on ~** i land; **~ leave** *(Sjö)* landpermission
shore[2] [ʃɔːʳ] *vt:* **to ~ up** *(väg, tunnel)* stötta upp (taket i)
shorn [ʃɔːn] *perf part av* **shear**
short [ʃɔːt] **1** *adj (-er, -est)* **(a)** *(väg, tid, person)* kort; *(minne)* dålig; **the days are getting ~er**

dagarna blir kortare; **to be ~ in the leg** ha korta ben; **to win by a ~ head** *(Hästkapplöpning)* vinna med ett knappt huvud; **a ~ time ago** för en kort tid sedan; **that was ~ and sweet** det var kort men bra; **to make it ~ and sweet** *(i allm)* göra ngt i rask takt; *(i tal)* fatta sig kort; **to make ~ work of sb/sth** *(bildl)* göra processen kort med ngn/ngt; **~ cut** genväg; **~ list** lista över dem som är kvar i sista omgången; **~ story** novell; **in the ~ term** på kort sikt; **~ time** *(i krisföretag)* förkortad arbetstid

(b) otillräcklig, knapp; **I'm £3 ~** jag har 3 pund för litet; **to give ~ weight/~ measure to sb** väga/mäta snålt åt ngn; **gold is in ~ supply** det är ont om guld; **to be ~ of sth** ha ont om/brist på ngt; **we ran out of petrol ten miles ~ of home** bensinen tog slut när det var en och en halv mil kvar hem; **to run ~** börja ta slut/tryta; **to run ~ of sth** börja få brist på ngt; **we're running ~ of bread** brödet håller på att ta slut; **we never went ~ (of anything) as children** vi behövde aldrig lida brist (på någonting) som barn; **~ of breath** andfådd; **it's little ~ of madness** det är snudd på galenskap

(c) kortfattad; **~ and to the point** kort och koncis; **'Pat' is ~ for 'Patricia'** 'Pat' är en förkortning av 'Patricia'; **Rosemary is called 'Rose' for ~** Rosemary kallas 'Rose' kort och gott; **in ~** kort sagt; *se äv* **long**[1] 3, **cut 3 d**

(d) *(svar, sätt)* kort, brysk; **to have a ~ temper** ha ett hetsigt humör; *se äv* **shrift**

(e): ~ *(crust)* **pastry** mördeg(sbakverk)

2 *adv* **(a)** plötsligt, abrupt; **to stop ~, to pull up ~** tvärstanna; **to cut sth ~** avbryta ngt

(b): to come/fall ~ of inte nå upp till; **to sell sb ~** *(bildl)* underskatta/nedvärdera ngn

(c): ~ **of** utom, med undantag av; **~ of murder, I'll do anything** bortsett från mord gör jag vad som helst; **nothing ~ of a miracle can save him** inget utom ett mirakel kan rädda honom

3 *s* **(a)** *(Elektr:* = *short-circuit)* kortslutning

(b) *(vard: dryck)* (stark) drink

(c) *(Film: vard)* kortfilm

4 *vt, vi (Elektr:* = *short-circuit)* kortsluta(s)

short·age ['ʃɔːtɪdʒ] *s* brist, underskott; **the housing ~** bostadsbristen

short·bread ['ʃɔːtbred] *s* mördegskaka

short·cake ['ʃɔːtkeɪk] *s (kaka)* mördegskaka; *(efterrätt)* mördegstårta

short-change ['ʃɔːtˌtʃeɪndʒ] *vt:* **to ~ sb** *(eg)* ge ngn för litet växel; *(bildl vard)* lura ngn

short-circuit [ˌʃɔːtˈsɜːkɪt] *(Elektr)* **1** *s* kortslutning **2** *vt* kortsluta, åstadkomma kortslutning i **3** *vi* kortslutas; **the system has ~ed** det har blivit kortslutning i systemet

short·coming [ˌʃɔːtˈkʌmɪŋ] *s* brist, fel

short·en ['ʃɔːtn] **1** *vt (i allm)* förkorta; *(resa etc)* avkorta; *(kjol etc)* lägga upp **2** *vi (i allm)* förkortas; *(dagar)* bli kortare

short·en·ing ['ʃɔːtnɪŋ] *s* matfett

short·hand ['ʃɔːthænd] *s* stenografi; **to take ~ down in ~** stenografera ngt; **~ typist** stenograf och maskinskriverska

short-handed [ˌʃɔːtˈhændɪd] *adj* underbemannad

short-list ['ʃɔːtˌlɪst] *vt (platssökande)* ta med i slutomgången

short-lived ['ʃɔːtˈlɪvd] *adj (bildl)* kortlivad

short·ly ['ʃɔːtlɪ] *adv* **(a)** *(om tid)* strax; **they'll arrive ~** de kommer snart/inom kort; **~ before/after you came** strax innan/efter (det) att du kom; **~ before lunch** strax före lunch **(b)** *(med få ord)* kortfattat **(c)** *(irriterat)* kort, tvärt

shorts [ʃɔːts] *spl* shorts, kortbyxor; **a pair of ~** ett par shorts/kortbyxor

short-sighted [ˌʃɔːtˈsaɪtɪd] *adj (eg)* närsynt; *(bildl)*

kortsynt

short-staffed [ˌʃɔːtˈstɑːft] *adj* underbemannad

short-tempered [ˌʃɔːtˈtempəd] *adj* lättretad, häftig

short-term ['ʃɔːttɜːm] *adj (i allm)* kortsiktig; *(lån)* kortfristig; **~ memory** korttidsminne

short·wave ['ʃɔːtweɪv] **1** *adj (Radio)* kortvågs-**2** *s* kortvåg

shot [ʃɒt] **1** *s* **(a)** *(handling)* skott; **I heard a ~** jag hörde ett skott; **to take** *el* **fire a ~ at sb/sth** skjuta mot ngn/ngt; **he was off like a ~** *(bildl)* han stack/flög iväg som ett skott; *se äv* **moon, long**[1] **1 a (b)** *(föremål)* kula; **~ put** *(Sport)* kulstötning **(c)** *(person)* skytt; **he's a good/bad ~** han är en bra/dålig skytt; **big ~** *(vard)* pamp, höjdare **(d)** *(Fotboll etc)* skott; *(Tennis, Golf etc)* slag; **(good)** ~**!** snyggt (skott/slag)! **(e)** försök; **it's your ~** det är din tur; **to have a ~ at sth** göra ett försök med ngt; **a ~ in the dark** en chansning **(f)** *(vard: medicin)* injektion, spruta; *(: sprit)* glas; *(: narkotika)* spruta, sil; **a ~ of rum** ett glas rom; **the economy needs a ~ in the arm** *(bildl)* ekonomin behöver en injektion **(g)** *(Foto)* kort, foto, bild **2** *imperf, perf part av* **shoot; to get ~ of sb/sth** *(vard)* göra sig av med ngn/ngt

shot·gun ['ʃɒtɡʌn] *s* hagelgevär; **it was a ~ wedding** de var tvungna att gifta sig

should [ʃʊd] *vhj* **(a)** *(med konditional betydelse:* i *1. pers: i sht Brit)* skulle; **I ~ go if they asked** jag skulle gå om de frågade; **we ~ have liked to** vi skulle ha velat det; **I ~ think so** jag skulle tro det **(b)** *(som uttryck för plikt, lämplighet, önskvärdhet)* borde, bör, ska(ll); **all cars ~ carry lights** alla bilar bör ha strålkastare; **I ~ have been a doctor** jag borde ha blivit läkare; **you ~n't do that** du borde inte göra det **(c)** *(som uttryck för sannolikhet)* borde, bör; **he ~ pass the exam** han borde/bör klara provet; **they ~ have arrived by now** de borde/bör ha kommit fram vid det här laget; **this ~ be good** det här blir nog bra **(d)** *(som konjunktiv):* **who ~ I meet but my husband!** vem möter jag om inte min man!; **~ he phone, tell him that...** skulle han ringa så säg till honom att...

shoul·der ['ʃəʊldəʳ] **1** *s* **(a)** *(Anat)* axel, skuldra; *(på slaktdjur)* bog; **to carry sth over one's ~** bära ngt över axeln; **to cry on sb's ~** gråta ut mot ngns axel; **to look over one's ~** se sig om, titta bakåt; **to look over sb's ~** *(eg)* titta över axeln på ngn; *(bildl)* hänga över ngn; **~ bag** axelväska; **~ blade** *(Anat)* skulderblad; **~ strap** *(till väska)* axelrem; *(till damplagg)* axelband **(b)** *(på väg)* vägkant; *(på berg)* bergsutsprång; *se äv* **hard 1 a 2** *vt* **(a)** *(bildl: ansvar etc)* axla **(b): to ~ one's way through a crowd** knuffa sig fram genom en folkmassa

shoulder-length ['ʃəʊldəˌleŋθ] *adj* axellång

shouldn't ['ʃʊdnt] = **should not**

shout [ʃaʊt] **1** *s* skrik, rop; **~s of protest/laughter** skrik av protest/skratt; **to give sb a ~** *(vard)* ropa till ngn **2** *vt* ropa: *he* **~ed** *my name* **3** *vi (av smärta etc)* tjuta, skrika; *(tala högt)* skrika, ropa, ryta; **to ~ for help** ropa/skrika på hjälp

♦ **shout at** *vi* + *prep* skrika åt

♦ **shout down** *vt* + *adv* överrösta, bua ut

shout·ing ['ʃaʊtɪŋ] *s* skrik, rop

shove [ʃʌv] **1** *s* knuff, puff, stöt; **to give sb a ~** knuffa (till) ngn; **to give a car a ~** skjuta 'på en bil **2** *vt* knuffa, stöta, skjuta; **to ~ sb in/out** knuffa in/ut ngn; **to ~ sth aside** skjuta ngt åt sidan; **he ~d his hands into his pockets** han körde (ner) händerna i fickorna **3** *vi* knuffa(s); **he ~d past me** han knuffade sig förbi mig; **stop shoving!** *(vard)* sluta knuffas!

♦ **shove off** *vi* + *adv (vard)* sticka (iväg); ~ **off!** stick din väg!, dra åt skogen!

♦ **shove over, shove up** *vi* + *adv* flytta/maka på sig

shov·el ['ʃʌvl] **1** *s* skyffel, skovel **2** *vt (i allm)* skyffla; *(snö)* skotta; **he was** ~**ling food into his mouth** *(vard)* han skyfflade in mat i munnen

show [ʃəʊ] *(v: imperf* **showed**, *perf part* **shown) 1** *s* **(a)** *(av förhållande)* uppvisning; ~ **of strength** styrkedemonstration; ~ **of hands** handupp- räckning

(b) *(av föremål)* utställning; **agricultural** ~ lantbruksutställning; **to be on** ~ visas, vara utställd; **the garden is a splendid** ~ trädgården är en praktfull syn; *se äv* **horse, motor**

(c) *(Teater etc)* föreställning, show; **to go to a** ~ gå på teater/kabaret *etc*; **on with the** ~**!** *(bildl)* fortsätt!; **good** ~**!** *(vard, ngt åld)* bravo!; **to put up a good/poor** ~ *(vard)* göra bra/dåligt ifrån sig; **it's a poor** ~ *(vard)* det är illa; ~ **business,** ~ **biz** *(vard)* nöjesbranschen, showbusiness, showbiz; ~ **jumping** *(med häst)* hoppning; *se äv* **steal**

(d) yttre sken; **it's just for** ~ det är bara för syns skull; **he made a great** ~ **of it** han gjorde stor affär av det; **with a** ~ **of emotion** med låtsade känslor; **to make a** ~ **of resistance** låtsas göra motstånd

(e) *(bildl)* organisation; **this is my** ~ *(vard)* det är jag som sköter det här

2 *vt* **(a)** visa (fram); **he** ~**ed me his new car** han visade mig sin nya bil; **to** ~ **a film at Cannes** visa en film i Cannes; **white shoes soon** ~ **the dirt** smuts syns fort på vita skor; **don't** ~ **your face here again** visa dig inte här en gång till; **to** ~ **one's hand/one's cards** *(eg)* visa sina kort; *(bildl)* lägga korten på bordet; **he had nothing to** ~ **for his trouble** han hade inget för sitt besvär; **I'll** ~ **him!** *(vard)* jag ska visa honom!

(b) visa (på); **the speedometer** ~**s a speed of...** hastighetsmätaren visar en hastighet av...; **as** ~**n in the illustration** som illustrationen visar; **the motorways are** ~**n in black** motorvägarna är markerade med svart; **to** ~ **a profit/loss** *(Handel)* uppvisa vinst/förlust

(c) *(demonstrera)* visa: *he* ~*ed me how to do it*

(d) *(avslöja)* visa; **to** ~ **intelligence/fear** visa el röja sin intelligens/rädsla; **her face** ~**ed her happiness** hennes ansikte avspeglade hennes lycka; **the choice of dishes** ~**s excellent taste** valet av rätter tyder på en utsökt smak; **this** ~**s him to be a coward** detta avslöjar/visar att han är feg

(e) *(till rätt plats)* visa; **to** ~ **sb the way** visa ngn vägen; **to** ~ **sb to his seat** visa ngn till hans plats; **to** ~ **sb to the door** *(eg)* följa ngn till dörren; *(bildl)* visa ngn på porten; **to** ~ **sb round/over a house** visa runt ngn i ett hus; **to** ~ **sb in** visa in ngn; **to** ~ **sb out** följa ngn ut

3 *vi* **(a)** synas; **it doesn't** ~ det syns inte; **fear** ~**ed on her face** man kunde se skräcken i hennes ansikte; **don't worry, it won't** ~ oroa dig inte, det kommer inte att synas

(b) *(film)* visas, gå; **there's a horror film** ~**ing at the Odeon** det går/de visar en skräckfilm på Odeon

(c) *(framtiden etc)* utvisa; **time will** ~ **if...** tiden får utvisa om...; **it just goes to** ~ **that...** det visar bara att...

♦ **show off 1** *vt* + *adv* visa upp, briljera med; **the dress** ~**ed off her figure** klänningen framhävde hennes figur **2** *vi* + *adv* briljera, glänsa, visa sig på styva linan

♦ **show up 1** *vt* + *adv* **(a)** *(person)* visa/följa upp; ~ **him up!** visa upp honom!, låt honom komma upp! **(b)** *(bedragare, ngt dolt)* avslöja;

he was ~**n up as an imposter** han avslöjades som bedragare; **the bright lighting** ~**ed up her scars** det skarpa ljuset avslöjade hennes ärr **(c)** *(vard)* genera, få att skämmas; **please don't** ~ **me up!** låt mig inte behöva skämmas! **2** *vi* + *adv* **(a)** framträda, synas (tydligt) **(b)** *(vard: oväntat)* visa sig, dyka upp

show·case ['ʃəʊkeɪs] *s* monter

show·down ['ʃəʊdaʊn] *s* avgörande, uppgörelse; **to have a** ~ **with sb** ha en uppgörelse med ngn

show·er ['ʃaʊə^r] **1** *s* **(a)** *(regn, hagel)* skur; *(snö)* snöby, kort snöfall **(b)** *(bildl: pilar, stenar, slag)* skur **(c)** *(=* ~ *bath)* dusch; **to have/take a** ~ ta en dusch, duscha; ~ **cap** duschmössa **(d)** *(i sht Am)* fest, bjudning *med presenter till festföremå- let;* **bridal** ~ *(ung)* lysningsmottagning **2** *vt* *(bildl)* överösa; **they** ~**ed gifts (up)on the queen** de överöste drottningen med gåvor; **he was** ~**ed with invitations** han överhopades av inbjudning- ar **3** *vi (= take a* ~*)* duscha

shower·proof ['ʃaʊəpruːf] *adj (plagg)* vattentät, vattenavstötande

show·ery ['ʃaʊərɪ] *adj* regnig; **it will be** ~ det kommer att bli regnskurar

show·girl ['ʃəʊgɜːl] *s* balettflicka

show·ground ['ʃəʊgraʊnd] *s* marknads-/cirkus- |plats

show·ing ['ʃəʊɪŋ] *s (i allm)* visning, föreställning; **a good** ~ en bra prestation

show·man ['ʃəʊmən] *s, pl* **-men** cirkus-/teater- direktör, showman; *(bildl)* skådespelare: *he's a real* ~

show·man·ship ['ʃəʊmənʃɪp] *s (bildl)* skådespelar- talang, sinne för PR

shown [ʃəʊn] *perf part av* **show**

show-off ['ʃəʊɒf] *s (vard)* skrytmåns; **don't be such a** ~**!** försök inte briljera!

show·piece ['ʃəʊpiːs] *s* huvudattraktion, topp- nummer; **the** ~ **of the exhibition is...** utställning- ens höjdpunkt/huvudattraktion är...

show·place ['ʃəʊpleɪs] *s* turistattraktion, sevärd plats

show·room ['ʃəʊrʊm] *s (för bilar, möbler etc)* utställningslokal *med försäljning*

show·stopper ['ʃəʊstɒpə^r] *s (vard: eg)* succénum- mer; *(: bildl)* succé

showy ['ʃəʊɪ] *adj* (**-ier, -iest**) *(plagg)* prålig; *(sätt)* skrytsam

shrank [ʃræŋk] *imperf av* **shrink**

shrap·nel ['ʃræpnl] *s (projektil)* granatkartesch; *(fragment)* granatsplitter

shred [ʃred] **1** *s (av tyg etc)* remsa, strimla; **a** ~ **of paper** en papperslapp; **you haven't got a** ~ **of evidence** du har inte en tillstymmelse till bevis; **in** ~**s** *(eg)* i trasor; *(bildl)* raserad; **to tear sth to** ~**s** *(eg, bildl)* riva ngt i stycken **2** *vt (papper, tyg)* klippa/riva i remsor; *(vitkål, morötter etc)* strim- la, riva

shred·der ['ʃredə^r] *s (för grönsaker)* grovt rivjärn; *(för papper)* dokumentförstörare

shrew [ʃruː] *s (Zool)* näbbmus; *(bildl neds)* argbig- ga, ragata

shrewd [ʃruːd] *adj* (**-er, -est**) *(person: pos)* skarpsin- nig; *(: neg)* slug, smart; **I have a** ~ **idea that...** jag har en stark känsla av att...

shrewd·ly ['ʃruːdlɪ] *adv (se* **shrewd**) skarpsinnigt; slugt, smart; **he looked at me** ~ han såg slugt på mig

shrewd·ness ['ʃruːdnɪs] *s (se* **shrewd**) skarpsin- nighet; slughet, smartness

shriek [ʃriːk] **1** *s* skri, skrik, tjut; **a** ~ **of pain** ett skrik/skri av smärta; ~**s of laughter** tjut av skratt **2** *vi* (gall)skrika, tjuta; **to** ~ **with laughter** tjuta av skratt

shrift [ʃrɪft] *s:* **to give sb short** ~ *(bildl)* göra

processen kort med ngn
shrill [ʃrɪl] *adj (ljud, röst)* gäll
shrimp [ʃrɪmp] *s (Zool)* (liten)räka; *(bildl neds)* puttefnask, plutt
shrine [ʃraɪn] *s (Rel: för relik)* relikskrin; *(: grav)* helgongrav; *(: plats)* helgedom, helig plats; *(bildl)* tempel
shrink[1] [ʃrɪŋk] *imperf* **shrank,** *perf part* **shrunk** 1 *vt* krympa 2 *vi* **(a)** *(plagg)* krympa; *(person)* krympa, sjunka/skrumpna ihop; **to ~ in the wash** krympa i tvätten **(b)** *(äv:* ~ **away,** ~ **back)** rygga tillbaka; **to ~ from doing sth** dra sig för att göra ngt
shrink[2] [ʃrɪŋk] *s* = **head-shrinker**
shrink·age [ˈʃrɪŋkɪdʒ] *s (i allm)* krympning; *(bildl)* minskning; *(Handel)* svinn; **to allow for** ~ ta till med krympmån
shriv·el [ˈʃrɪvl] *(äv:* ~ **up)** 1 *vt (växt etc)* få att skrumpna/förtorka; *(skinn)* göra rynkig 2 *vi (växt etc)* skrumpna, torka ut; *(skinn)* bli rynkig; **to have a** ~**led skin** ha rynkig hud
shroud [ʃraʊd] 1 *s (eg)* (lik)svepning; *(bildl)* slöja 2 *vt (bildl):* ~**ed in mystery** höljd i dunkel
Shrove Tues·day [ˌʃrəʊvˈtjuːzdɪ] *s* fettisdagen
shrub [ʃrʌb] *s* buske
shrub·bery [ˈʃrʌbərɪ] *s* buskage
shrug [ʃrʌg] 1 *s* axelryckning 2 *vt:* **to** ~ **(one's shoulders)** rycka på axlarna
♦ **shrug off** *vt + adv* avfärda med en axelryckning, strunta i; **he just** ~**ged it off** han bara struntade i det
shrunk [ʃrʌŋk] *perf part av* **shrink**
shrunk·en [ˈʃrʌŋkən] *adj (kropp etc)* insjunken
shucks [ʃʌks] *(Am vard)* 1 *interj* tusan!, sablar! 2 *spl:* **it isn't worth** ~ den är värdelös
shud·der [ˈʃʌdəʳ] 1 *s (hos person)* rysning, skälvning; *(hos maskin)* skakning; **to give a** ~ *(person)* rysa till; *(maskin)* skaka till 2 *vi (person: av skräck etc)* rysa; *(: av köld)* huttra; *(maskin)* skaka (till); **the car** ~**ed to a halt** bilen stannade med ett ryck; **I** ~ **to think** *(bildl)* jag ryser när jag tänker på det
shuf·fle [ˈʃʌfl] 1 *s* **(a)** *(i allm)* hasande; **to walk with a** ~ gå med släpande steg **(b)** *(kortsp)* blanda korten; *(bildl: av personer)* omflyttning; ~ **in the cabinet** ommöblering i regeringen 2 *vt* **(a)** *(fötter)* släpa/hasa med **(b)** *(spelkort)* blanda; *(papper)* flytta (hit och dit); **he** ~**ed the papers together** han skyfflade/föste ihop papperna 3 *vi* hasa, lunka, gå med släpande steg; **to** ~ **about** lunka/sjava omkring; **to** ~ **in/out** *etc* lunka in/ut *etc*
shun [ʃʌn] *vt* **(a)** *(person)* undvika **(b)** *(arbete)* dra sig undan, hålla sig undan från **(c)** *(publicitet)* fly, sky
shunt [ʃʌnt] *vt (Järnv: tåg)* växla; *(: vagn)* rangera; *(bildl: person)* skyffla, fösa; *(: i allm)* skjuta/lägga åt sidan
shunt·ing yard [ˈʃʌntɪŋˌjɑːd] *s (Järnv)* rangerbangård
shush [ʃʊʃ] 1 *interj* sch!, hyssj! 2 *vt (vard)* hyssja åt 3 *vi* hyssja
shut [ʃʌt] *imperf, perf part* **shut** 1 *vt (i allm)* stänga; *(bok)* slå igen; *(väg)* stänga av; **I** ~ **my finger in the door** jag klämde fingret i dörren; ~ **your mouth!** *(vard)* håll mun/käften!; **to** ~ **one's eyes** blunda, sluta ögonen 2 *vi (bank, butik etc)* stänga; *(dörr)* stängas, slå igen; **the window won't** ~ fönstret går inte att stänga
♦ **shut away** *vt + adv (person, djur)* stänga in; *(föremål)* låsa in
♦ **shut down** 1 *vt + adv (lock etc)* stänga; *(fabrik)* lägga ned, slå igen 2 *vi + adv (butik etc)* stänga (för gott), slå igen
♦ **shut in** *vt + adv* stänga in

♦ **shut off** *vt + adv* **(a)** *(vatten, ström, maskin)* stänga av **(b)** *(samhälle, person)* isolera; **to be** ~ **off from the rest of the world** vara avstängd från yttervärlden
♦ **shut out** *vt + adv* stänga ute; **I was** ~ **out** jag var/blev utestängd; **the high wall** ~**s out the view of the factory** den höga muren skymmer/döljer fabriken
♦ **shut up** 1 *vt + adv* **(a)** *(hus)* bomma igen; *(butik)* stänga, slå igen **(b)** *(person)* spärra in; *(djur)* stänga in **(c)** *(vard: person)* få tyst på, få att hålla tyst 2 *vi + adv (vard: person)* hålla tyst/mun; ~ **up!** håll klaffen!
shut·down [ˈʃʌtdaʊn] *s (av fabrik etc)* nedläggning
shut-in [ˌʃʌtˈɪn] *adj* instängd
shut·ter [ˈʃʌtəʳ] *s (för fönster)* fönsterlucka; *(Foto)* slutare
shut·tered [ˈʃʌtəd] *adj* **(a)** försedd med fönsterluckor **(b)** med stängda fönsterluckor
shut·tle [ˈʃʌtl] 1 *s (i vävstol)* skyttel, skottspole; *(Trafik)* pendel|buss/-tåg *etc*; *(Sport:* = **shuttlecock)** badmintonboll; ~ **service** pendelförbindelse; *se äv* **space** 1 a 2 *vt (person)* skicka/köra fram och tillbaka 3 *vi (buss etc)* gå i skytteltrafik; *(person)* fara (fram och tillbaka) som en skottspole
shuttle·cock [ˈʃʌtlkɒk] *s (Sport)* badmintonboll
shy [ʃaɪ] 1 *adj* **(-er, -est)** *(person)* blyg; *(djur)* skygg; **don't be** ~ **of asking** var inte rädd för att fråga; **to fight** ~ **of sth/of doing sth** försöka undvika ngt/att göra ngt 2 *vi (häst)* skygga *(at* för); **to** ~ **away from sth/from doing sth** dra sig för ngt/för att göra ngt
shy·ly [ˈʃaɪlɪ] *adv* blygt, skyggt
shy·ness [ˈʃaɪnɪs] *s* blyghet
shy·ster [ˈʃaɪstəʳ] *s (Am vard)* skojare, *(i sht)* brännvinsadvokat
Sia·mese [ˌsaɪəˈmiːz] *adj* siamesisk; ~ **cat** siameskatt; ~ **twins** siamesiska tvillingar
Si·beria [saɪˈbɪərɪə] *s* Sibirien
Si·berian [saɪˈbɪərɪən] 1 *adj* sibirisk 2 *s* sibirier
sibi·lant [ˈsɪbɪlənt] 1 *adj (ljud)* väsande, susande 2 *s (Språkv)* väsljud
sib·ling [ˈsɪblɪŋ] *s (Fackspr)* syskon; *(om hundar o katter)* kullsyskon
Si·cil·ian [sɪˈsɪlɪən] 1 *adj* siciliansk 2 *s* sicilianare
Sici·ly [ˈsɪsɪlɪ] *s* Sicilien
sick [sɪk] 1 *adj* **(-er, -est)** **(a)** *(i allm)* sjuk; **to be (off)** ~ vara sjuk(ledig); ~ **benefit** sjukersättning; ~ **leave** sjukledighet; **to be on** ~ **list** vara sjuklista; **to be on the** ~ **list** vara sjuk|ledig/-skriven; ~ **pay** sjuklön **(b)** ilamående; **to be** ~ *(känsla)* må illa; *(handling)* kräkas, spy; **I was** ~ **three times** jag kräktes tre gånger; **to feel** ~ känna sig illamående, må illa **(c)** *(bildl: fantasi)* pervers, förvriden; *(: humor)* sjuk; **to be** ~ **(and tired) of sth/sb,** **to be** ~ **to death of sth/sb** vara utled på ngt/ngn; **I got** ~ **of waiting** jag tröttnade på att vänta; **to feel** ~ **at heart** vara förtvivlad; **you make me** ~! jag mår illa bara jag ser/tänker på dig 2 *spl:* **I was** ~ ~ **de sjuka**
♦ **sick up** *vt + adv (vard)* kräkas upp
sick·bay [ˈsɪkbeɪ] *s (Sjö)* sjukhytt, fartygslasarett; *(Skol etc)* läkarmottagning
sick·bed [ˈsɪkbed] *s* sjuk|bädd/-säng
sick·en [ˈsɪkn] 1 *vt (eg)* göra illamående; *(bildl)* fylla med avsky/äckel; **it** ~**s me to think that...** jag blir sjuk när jag tänker på att... 2 *vi (eg)* bli sjuk, insjukna; **he** ~**ed at the sight of blood** han blev illamående vid åsynen av blod; **to be** ~**ing for sth** insjukna i ngt; **she's** ~**ing for flu** hon håller på att få influensa **(b):** **to** ~ **of sth** tröttna/ledsna på ngt

sick·en·ing ['sıknıŋ] adj äcklig, kväljande, vidrig; (bildl) fruktansvärd; (vard) beklämmande, gräslig

sick·le ['sıkl] s skära

sick·ly ['sıklı] adj (-ier, -iest) (person) sjuklig; (växt) sjuk; (leende) matt; (hy) blek, glåmig; (smak, lukt) äcklig, kväljande

sick·ness ['sıknıs] s (i allm) sjukdom; (i sms ofta) -sjuka; travel/sea/air ~ res-/sjö-/flyg|sjuka; a wave of ~ en våg av illamående; ~ benefit sjukersättning

sick·room ['sıkrum] s sjukrum

side [saıd] 1 s (a) (kroppsdel) sida; a ~ of bacon/beef en halv gris/ko; at/by sb's ~ vid ngns sida; she sat at my left-hand ~ hon satt på min vänstra sida; by the ~ of me bredvid mig; ~ by ~ sida vid sida, bredvid varandra
(b) (på kvadrat etc) sida; (på papper) kant; (på hus) sida, knut; (på båt) sida, reling; (på berg) sida, sluttning; (av sjö) strand, kant; (av väg) kant, sida; try the entry round the ~ of the house försök med ingången runt hörnet/knuten
(c) (yta) sida; (på papper, grammofonskiva, smörgås) sida; (bildl) sida, aspekt; to hear both ~s of the question höra båda sidorna i frågan
(d) (riktning etc) sida; from all ~s/from every ~ från alla håll; on all ~s på alla sidor; from ~ to ~ från sida till sida; to move to one ~ flytta sig åt (ena) sidan; to take sb on one ~ ta ngn avsides; to put sth to/on one ~ (for sb) (i butik) lägga undan ngt (åt ngn); on the/his father's ~ på faderns sida, på fädernet; on the/her mother's ~ på moderns sida, på mödernet; to be on the wrong/right ~ of 40 vara på fel/rätt sida om (de) 40; to be on the wrong ~ of sb komma på kant med ngn; to get on the right ~ of sb stå på god fot med ngn; to be on the safe ~... för att vara på den säkra sidan...; to look on the bright ~ se det från den ljusa sidan; it's a bit on the large ~ den är i största laget; to make a bit (of money) on the ~ (vard) tjäna lite (pengar) vid sidan om, knäcka extra
(e) (Brit Sport) lag; (Pol) sida; to have age/justice etc on one's ~ ha åldern/rätten etc på sin sida; to pick/choose ~s välja lag; to take ~s (with sb) ta parti (för ngn), ta (ngns) parti; to let the ~ down (Sport, bildl) svika laget/gänget
2 vi: to ~ with sb ta parti för ngn, ta ngns parti
3 i sms sido-; ~ dish (Matl) tillbehör; ~ door, ~ entrance sidodörr; ~ effect biverkning; ~ issue underordnad fråga; ~ order (Am: på restaurang) extrarätt, tillbehör; ~ plate (i sht Brit) assiett; ~ road sidoväg, småväg; ~ street sidogata; ~ view bild från sidan

side·board ['saɪdbɔːd] s (låg) byffé, sideboard

side·boards ['saɪdbɔːdz] spl, (Am) **side·burns** ['saɪdbɜːnz] spl polisonger

side·car ['saɪdkɑːʳ] s sidvagn

-sided ['saɪdɪd] adj (i sms) -sidig

side·kick ['saɪdkɪk] s (vard: i sht Am) kompis, polare, medhjälpare

side·light ['saɪdlaɪt] s (i allm) sidoljus, ljus från sidan; (på hus) sidofönster; (Sjö) sidolanterna; (Brit: på bil) positionsljus; (bildl) belysande exempel

side·line ['saɪdlaɪn] s (a) (Sport) sidlinje (b) (Handel) extra/kompletterande verksamhet; it's just a ~ det är bara en bisyssla

side·long ['saɪdlɒŋ] 1 adv (riktning) snett, åt sidan; (befintlighet) snett, på sidan 2 adj (riktad åt sidan) sido-; (lutande) sned; she gave a ~ glance hon sneglade åt sidan

side-saddle ['saɪd,sædl] 1 s damsadel 2 adv i damsadel: to ride ~

side·show ['saɪdʃəʊ] s (på tivoli) stånd; (i allm)

mindre attraktion

side-splitting ['saɪd,splɪtɪŋ] adj (vard: skämt etc) hejdlöst rolig; (: skratt) hejdlös

side-step ['saɪdstep] 1 vt (eg: sak, person) väja för genom att ta ett steg åt sidan; (bildl: problem) kringgå, undvika; (: person) förbigå 2 vi (Boxn) sidsteppa; (i allm) ta ett steg åt sidan

side·track ['saɪdtræk] vt (person) distrahera, leda in på ett sidospår; I got ~ed and forgot it jag blev distraherad och glömde bort det; he got ~ed onto the topic of... han kom bort från ämnet och började prata om...

side·walk ['saɪdwɔːk] s (Am) trottoar

side·ways ['saɪdweɪz] 1 adj åt sidan, sido- 2 adv (riktning till) åt sidan; (riktning från) från sidan; (sätt: riktning) i sidled; (: befintlighet) på sidan; crabs move ~ krabbor förflyttar sig i sidled; she sat ~ across the chair hon satt tvärsöver stolen; it goes/fits in ~ den går in/ska sättas in på tvären el från sidan

sid·ing ['saɪdɪŋ] s (Järnv) sidospår, stickspår

si·dle ['saɪdl] vi: to ~ up (to sb) komma framsmygande (till ngn); to ~ in/out smyga sig in/ut

siege [siːdʒ] s belägring; to lay ~ to belägra

si·en·na [sɪ'enə] s (jord) sienajord; (färg) siena, brungul el rödbrun

si·es·ta [sɪ'estə] s siesta; to have a ~ ta siesta, vila/sova middag

sieve [sɪv] 1 s (för kol, socker, mjöl, grus etc) såll, sikt; (för vätska) sil; I've got a memory like a ~ jag har ett riktigt hönsminne 2 vt sålla, sikta, sila

sift [sɪft] vt (mjöl, jord etc) sålla (socker: på kaka etc) strö; (papper, föremål etc) noggrant leta igenom; (bevis, argument etc) noggrant granska/pröva; to ~ out sålla bort ngt

sigh [saɪ] 1 s (av person) suck; (av vind) pust, fläkt; to heave a ~ of relief dra en suck av lättnad 2 vi (person) sucka; (vind) susa; to ~ over (ngt förlorat) sörja; to ~ for (ngt önskat) sukta/tråna efter

sigh·ing ['saɪɪŋ] s (persons) suckande; (vindens) sus(ande); stop your ~! sluta sucka!

sight [saɪt] 1 s (a) (förmåga att se) syn; to have good/poor (eye) ~ ha god/dålig syn, se bra/dåligt; second ~ förmåga att se in i framtiden; he has second ~ han är synsk
(b) (handlingen att se) anblick, åsyn; at first ~ vid första anblicken; love at first ~ kärlek vid första ögonkastet; to shoot on ~ skjuta så fort man ser ngn; I know her by ~ jag känner henne till utseendet; to buy sth ~ unseen köpa ngt obesett; to be within ~ vara inom synhåll; we are in/within ~ of the sea vi har havet inom synhåll; to catch ~ of sth/sb få syn på ngt/ngn; out of ~ ur sikte/utom synhåll; out of ~, out of mind (ordspr) ur syn, ur sinn (ordspr); to keep out of sb's ~ hålla sig undan ngn; get out of my ~! försvinn ur min åsyn!; to lose ~ of sb/sth tappa ngn/ngt ur sikte; to lose ~ of sth (bildl) glömma bort ngt; to hate the ~ of sb/sth avsky blotta åsynen av ngn/ngt
(c) (plats etc) sevärdhet; (ngt man ser) syn; to see/visit the ~s of Rome se/besöka Roms sevärdheter; it's not a pretty ~ det är ingen vacker syn; a ~ for sore eyes (ngt vackert etc) en fröjd för ögat; (ngt efterlängtat) en välkommen syn
(d) (på skjutvapen: ofta pl) sikte; in one's ~s på kornet; to set one's ~s on sth/on doing sth sikta på ngt/på att göra ngt; to set one's ~s too high (bildl) sikta för högt
(e) (vard): a ~ better mycket bättre; it is not finished by a long ~ den är inte färdig på långt när; he's a ~ too clever han är alldeles för smart
2 vt (Sjö: land) sikta, få i sikte; (fågel etc) få syn på, observera; the wanted man has been ~ed in

Leeds den efterlyste mannen har iakttagits/setts i Leeds
sight·ed |'saɪtɪd| adj seende; (i sms) -synt
sight·ing |'saɪtɪŋ| s iakttagelse
sight-read |'saɪtriːd| vt, vi (Mus) spela/sjunga (direkt) från bladet
sight-reading |'saɪt,riːdɪŋ| s (Mus) förmåga att spela/sjunga (direkt) från bladet
sight·seeing |'saɪt,siːɪŋ| s sightseeing; **to go ~** gå/åka på sightseeing, titta på sevärdheter
sight·seer |'saɪt,siːəʳ| s turist, person på sightseeing
sign |saɪn| **1** s **(a)** (med handen etc) tecken, gest; **to make a ~ to sb** göra ett tecken till ngn; **to make the ~ of the Cross** göra korstecknet; **~ language** teckenspråk
(b) (indikation) tecken (of på); **as a ~ of sth** som/till ett tecken på ngt; **it's a sure ~** det är ett säkert tecken; **it's a ~ of the times** det är ett tidens tecken; **it's a good/bad ~** det är ett gott/dåligt tecken; **at the first/slightest ~ of sth** vid första/minsta tecken på ngt; **to show no ~ of doing sth** inte visa några tecken på att göra ngt; **there was no ~ of him anywhere** det fanns inte spår av honom någonstans; **there was no ~ of life in the village** det fanns inte ett livstecken i byn
(c) (vid väg, på affär, dörr etc) skylt; **road ~** trafik-/väg|märke, (väg)skylt
(d) (symbol) tecken (for för); **~ of the Zodiac** stjärntecken; **plus/minus ~** plus-/minus|tecken **2** vt **(a)** (brev) underteckna; (kontrakt) underteckna, skriva under/'på; (tavla etc) signera; **to ~ one's name** underteckna, skriva under; **he couldn't ~ his own name** han kunde inte skriva sitt eget namn; **she ~s herself B. Smith** hon tecknar sig B. Smith
(b) (Sport: spelare) skriva kontrakt med **3** vi **(a)** (på kontrakt, brev etc) skriva under, skriva sin namnteckning; **to ~ for sth** kvittera ut ngt; **to ~ for a club** (Sport) skriva på för en klubb
(b) (med händerna etc) signalera; **to ~ to sb to do sth** göra tecken åt ngn att göra ngt
♦ **sign away** vt + adv (rättigheter etc) skriftligen avstå ifrån/frånträda
♦ **sign in** **1** vt + adv (i register etc) skriva in; (på arbetsplats) skriva in som gäst **2** vi + adv (i register etc) skriva in sig; (på klubb etc) stämpla in, anlända
♦ **sign off** vi + adv (Radio, TV) sluta sändningarna (för dagen)
♦ **sign on** **1** vt + adv (Mil) värva, skriva kontrakt med; (Sjö) mönstra på; (arbetare) anställa; (skådespelare) engagera **2** vi + adv (Mil) ta värvning; (Sjö) ta hyra, mönstra på; (på arbetsförmedling) anmäla sig; (på arbetsplats) ta anställning, börja arbeta; (på teater) ta engagemang, skriva kontrakt; **to ~ on for a course** anmäla sig till en kurs
♦ **sign out** vi + adv (på hotell etc) avresa, checka ut; (på arbetsplats) stämpla ut
♦ **sign over** vt + adv (rättigheter etc) skriva över, överlåta (skriftligen)
♦ **sign up** **1** vt + adv (Mil, Sport) värva, skriva kontrakt med **2** vi + adv (Mil) ta värvning; (till kurs) anmäla sig
sig·nal¹ |'sɪgnl| **1** s (i allm, Radio, TV) signal; **hand ~** (Trafik) tecken (med handen); **traffic ~s** trafik-|signal/-ljus; **railway ~s** järnvägssignal; **engaged ~** (Brit Tele) upptagetton; **~ box** (Järnv) ställverk **2** vt **(a)** (meddelande) signalera; **to ~ a left/right hand turn** (Trafik) ge tecken för vänster-/höger|sväng; **to ~ sb on/through** vinka fram/igenom ngn **(b)** betyda, innebära: **this ~led the end of the war** **3** vi (Trafik) göra teck-

en; **to ~ for help** vinka på hjälp; **to ~ to sb to do sth** signalera/ge tecken åt ngn att göra ngt; **to ~ (to sb) that...** signalera/ge tecken (åt ngn) att...
sig·nal² |'sɪgnl| adj (frm) märklig, uppseendeväckande
signal·man |'sɪgnlmən| s, pl **-men** (Järnv) ställverksskötare
sig·na·tory |'sɪgnətərɪ| s undertecknare
sig·na·ture |'sɪgnətʃəʳ| s **(a)** (på brev, kontrakt) namnteckning; (på tavla etc) signatur; **to put one's ~ to sth** sätta sitt namn under ngt; **~ tune** signaturmelodi **(b)** (Mus): **(key)~** förtecken; **time ~** taktbeteckning
sign·board |'saɪnbɔːd| s skylt
sig·net ring |'sɪgnɪt,rɪŋ| s signetring
sig·nifi·cance |sɪg'nɪfɪkəns| s betydelse; **it is of great ~** det är av stor vikt/betydelse; (Fackspr) signifikans
sig·nifi·cant |sɪg'nɪfɪkənt| adj (förbättring, summa) betydande; (framsteg) viktig, betydelsefull; (leende) menande, talande; (Fackspr) signifikant; **it is ~ that...** det är signifikativt att...; **it's a ~ fact that...** det är ett talande faktum att...; se äv **other 5**
sig·nifi·cant·ly |sɪg'nɪfɪkəntlɪ| adv (öka, förbättras) betydligt; (le) menande; (satsadv): **~, most teenage delinquents come from troubled homes** det är signifikativt att de flesta ungdomsbrottslingar kommer från hem med problem
sig·ni·fy |'sɪgnɪfaɪ| **1** vt **(a)** (fras etc) betyda; (händelse etc) förebåda, betyda; (förhållande) vara ett tecken på **(b)** (åsikt etc) tillkännage, visa **2** vi (vard): **it doesn't ~** det spelar ingen roll
sign·post |'saɪnpəʊst| **1** s vägvisare, skylt **2** vt (väg) skylta
si·lage |'saɪlɪdʒ| s (Jordbr) ensilage
si·lence |'saɪləns| **1** s tystnad; **to be reduced to ~** bli nedtystad; **~!** tystnad!; **in (dead/complete) ~** under (fullständig) tystnad; **there was ~** det rådde tystnad, det blev tyst; **to pass over sth in ~** förbigå ngt med tystnad **2** vt (person) tysta ned, få tyst(på); (samvete) tysta, döva; (Tekn: ljud) dämpa
si·lenc·er |'saɪlənsəʳ| s (på bil, pistol) ljuddämpare
si·lent |'saɪlənt| adj (i allm) tyst; (person: till sättet) tystlåten; (Språkv: bokstav) stum; (förebråelse) stum, tyst; **~ film** stumfilm; **the ~ majority** den tysta majoriteten; **to fall ~** tystna; **to keep/remain ~** hålla tyst, tiga; **~ partner** (Am) = **sleeping partner**
si·lent·ly |'saɪləntlɪ| adv (be) tyst (för sig själv); (vandra etc) under tystnad
Si·lesia |saɪ'liːzjə| s Schlesien
sil·hou·ette |,sɪluː'et| **1** s (skuggbild) silhuett; (form) profil **2** vt: **to be ~d against sth** avteckna sig mot ngt
sili·ca |'sɪlɪkə| s (Kem) kiseldioxid
sili·con |'sɪlɪkən| s kisel; **~ chip** (Data) kiselbricka, chip
sili·cone |'sɪlɪkəʊn| s (Kem) silikon
sili·co·sis |,sɪlɪ'kəʊsɪs| s (Med) silikos
silk |sɪlk| s silke, siden; **a ~ blouse** en sidenblus; **~ stockings** silkesstrumpor; **the ~ industry** sidenindustrin
silk·en |'sɪlkən| adj (yta) silkeslen; (plagg) av silke
silk·screen |'sɪlkskriːn| s: **~ printing** silk screen, screentryck
silk·worm |'sɪlkwɜːm| s (Zool) silkesmask
silky |'sɪlkɪ| adj (-ier, -iest) (för känseln) silkeslen; (att se på) sidenglänsande; (bildl: röst, sätt etc) silkeslen, mild
sill |sɪl| s (= window ~) fönsterbräde; (i bil) tröskel
sil·li·ness |'sɪlɪnɪs| s dumhet
sil·ly |'sɪlɪ| **1** adj (-ier, -iest) (inte intelligent) dum,

enfaldig; (inte förnuftig) tokig, dum; **to feel** ~ känna sig löjlig/fånig/dum **2** s (vard) dumbom, dummer; **stop it,** ~**!** sluta, din dummer!
silo ['saɪləʊ] s **(a)** (Jordbr) silo **(b)** (Mil: för robot) silo
silt [sɪlt] s bottenslam
◆ **silt up** vt + adv, vi + adv slamma igen
sil·ver ['sɪlvəʳ] **1** s (metall) silver; (bestick, fat etc av silver) (bords)silver; (knivar, gafflar etc i allm) silver, bestick; (pengar) silvermynt; ~ **birch** (vårt)björk; ~ **coin** silvermynt; ~ **foil** silverfolie, metallfolie; ~ **jubilee** 25-årsjubileum; ~ **paper** stanniolpapper; ~ **wedding** silverbröllop **2** adj (material) silver-, av silver; (färg) silverfärgad
sil·ver·fish ['sɪlvəˌfɪʃ] s (insekt) silverfisk
silver-plate [ˌsɪlvə'pleɪt] s (material, föremål) nysilver, pläter
silver-plated [ˌsɪlvə'pleɪtɪd] adj försilvrad, nysilver-, pläterad
silver·smith ['sɪlvəsmɪθ] s silversmed
silver·ware ['sɪlvəwɛəʳ] s silver(saker), (i sht) bordssilver
sil·very ['sɪlvərɪ] adj (hår, måne etc) silver|färgad/-glänsande; (röst, ton) silver|ren/-klar
simi·lar ['sɪmɪləʳ] adj lik (to sth/sb ngt/ngn), liknande; **it looks** ~ **to the one I have** den är lik den jag har; **we'd like a Volvo or something** ~ vi skulle vilja ha en Volvo eller något liknande; **we've had** ~ **problems** vi har haft liknande problem; ~ **in size** ungefär lika stor; **they are** ~ **in looks** de är lika till utseendet; **the cars are so** ~ **that...** bilarna är så lika att...
simi·lar·ity [ˌsɪmɪ'lærɪtɪ] s likhet
simi·lar·ly ['sɪmɪlərɪ] adv på liknande sätt, likadant; ~ **designed/worded** konstruerad/uttryckt på liknande sätt; ~ **disappointed** lika besviken; **and** ~**,...** och på liknande sätt...
simi·le ['sɪmɪlɪ] s (Språkv) jämförelse; **the use of** ~ bruket av jämförelser
sim·mer ['sɪməʳ] **1** vt låta sjuda/småkoka **2** vi (eg) sjuda, småkoka, puttra; (bildl: av ilska) sjuda; (: av spänning) bubbla
◆ **simmer down** vi + adv (bildl vard) lugna ner sig
sim·per ['sɪmpəʳ] **1** s tillgjort leende **2** vi le tillgjort
sim·per·ing ['sɪmpərɪŋ] adj (leende) tillgjord; (person) flinande
sim·ple ['sɪmpl] adj (-r, -st) **(a)** (problem, uppgift) lätt, enkel; (konstruktion) enkel, okomplicerad; **it's as** ~ **as ABC** det är jättelätt; ~ **interest** enkel ränta **(b)** (orsak, sanning) enkel **(c)** (person, måltid) enkel, anspråkslös; **a** ~ **worker** en (vanlig) enkel jobbare **(d)** (person: osofistikerad) naiv, godtrogen
simple-minded [ˌsɪmpl'maɪndɪd] adj **(a)** godtrogen, naiv **(b)** trögtänkt **(c)** svagsint
sim·ple·ton ['sɪmpltən] s dumbon; **he's a real** ~ han är väldigt enfaldig
sim·plic·ity [sɪm'plɪsɪtɪ] s enkelhet; **for the sake of** ~ för enkelhets skull; **the** ~ **of country life** lantlivets enkelhet/anspråkslöshet; **childlike** ~ barnslig naivitet/godtrogenhet; **it is** ~ **itself** (vard) det är jättelätt
sim·plifi·ca·tion [ˌsɪmplɪfɪ'keɪʃən] s förenkling
sim·pli·fy ['sɪmplɪfaɪ] vt förenkla
simp·ly ['sɪmplɪ] adv (förklara etc) på ett enkelt sätt; (leva) enkelt; **a** ~ **furnished room** ett enkelt/anspråkslöst möblerat rum; **I** ~ **said that...** jag sa bara att..., jag sa helt enkelt att...; **you** ~ **must come!** du måste komma helt enkelt!
simu·late ['sɪmjʊleɪt] vt (sjukdom) simulera; (känslor) hyckla; (flygning etc) simulera; (färg, form, ljud etc) (efter)likna, föreställa
simu·la·tion [ˌsɪmjʊ'leɪʃən] s simulering

simu·lat·or ['sɪmjʊleɪtəʳ] s (apparat) simulator; (person) simulant
sim·ul·cast ['sɪməlˌkɑːst, (Am) 'saɪməlˌkɑːst] **1** s samsändning mellan radio och TV **2** vi samsända
sim·ul·ta·neity [ˌsɪməltə'niːɪtɪ, (Am) 'saɪməltə'niːɪtɪ] s samtidighet
sim·ul·ta·neous [ˌsɪməl'teɪnɪəs, (Am) 'saɪməl'teɪnɪəs] adj (i allm) samtidig; (Fackspr) simultan
sim·ul·ta·neous·ly [ˌsɪməl'teɪnɪəslɪ, (Am) 'saɪməl'teɪnɪəslɪ] adv samtidigt (with med)
sin [sɪn] **1** s synd; ~ **of commission** verksynd, syndig handling; ~ **of omission** underlåtenhetssynd; **mortal** ~ dödssynd; **it would be a** ~ **to do that** (Rel) det vore en synd/syndigt att göra det; (bildl) det vore brottsligt att göra det **2** vi synda, begå en synd
Si·nai ['saɪnaɪ] s: **Mount** ~ (berget) Sinai
since [sɪns] **1** adv sedan dess; **ever** ~ alltsedan dess; **not long** ~ för inte så länge sedan **2** prep sedan; ~ **his arrival** sedan hans ankomst, sedan han kom (fram); ~ **9 o'clock** sedan klockan 9; ~ **Monday** sedan i måndags; (ever) ~ **then/that...** (ända) sen dess... **3** konj **(a)** (tid) sedan; **(ever)** ~ **I arrived** (ända) sedan jag kom (fram) **(b)** (orsak) eftersom; ~ **you can't come** eftersom du inte kan komma
sin·cere [sɪn'sɪəʳ] adj uppriktig
sin·cere·ly [sɪn'sɪəlɪ] adv uppriktigt; **I** ~ **hope that...** jag hoppas verkligen att...; **Yours** ~, (Am äv) **S**~ (i brevslut) (med) vänliga hälsningar
sin·cer·ity [sɪn'serɪtɪ] s uppriktighet; **in all** ~,... uppriktigt sagt,...
sine [saɪn] s (Mat) sinus
si·necure ['saɪnɪkjʊəʳ] s sinekur
sin·ew ['sɪnjuː] s sena; ~**s** (äv) muskler; (bildl) styrka; **shipbuilding, the** ~**s of the Scottish economy** varvsindustrin, ryggraden i den skotska ekonomin
sin·ewy ['sɪnjʊɪ] adj (arm, kött) senig; (person) kraftig, muskulös; (bildl: språk etc) kraftfull
sin·ful ['sɪnfʊl] adj (person, handling) syndig; (bildl: slöseri etc) upprörande, oförsvarlig
sing [sɪŋ] imperf **sang**, perf part **sung 1** vt (sång, ton) sjunga; **to** ~ **a child to sleep** sjunga ett barn till sömns **2** vi (person, fågel) sjunga; (tekittel) vissla; (pil, kula) susa, vina; **my ears were** ~**ing** det susade/ringde i mina öron
◆ **sing out** vi + adv sjunga ut, säga ifrån
singe [sɪndʒ] vt (hår) sveda; (tyg) bränna (hål på)
sing·er ['sɪŋəʳ] s sångare; sångerska; **he's a fine** ~ han sjunger bra
sing·ing ['sɪŋɪŋ] **1** adj (person, fågel) sjungande **2** s (människas, fågels) sång, sjungande; (från tekittel) visslande; (i öron) susande, ringande; **the** ~ **of the birds** fåglarnas sång; **his** ~ **gets on my nerves** hans sjungande går på nerverna; ~ **lesson** sånglektion
sin·gle ['sɪŋgl] **1** adj **(a)** (antal) enda; **only on one** ~ **occasion** bara vid ett enda tillfälle; **not a** ~ **one was left** inte en enda var kvar; **every** ~ **day** varenda dag; **a** ~ **tree in a garden** ett ensamt träd i en trädgård **(b)** (ej dubbel etc) enkel; (Brit: biljett) enkel; ~ **bed/room** enkel|säng/-rum; **in** ~ **file** i gåsmarsch; ~ **spacing** (vid maskinskrivning) enkelt radavstånd; ~ **track** (Järnv) enkelspår **(c)** (civilstånd) ogift, ensamstående; ~ **parent** ensamstående förälder **(d):** ~ **cream** kaffegrädde **2** s **(a):** ~**s** (Tennis etc) singel **(b)** (Brit Järnv) enkelbiljett **(c)** (gramofonskiva) singel
◆ **single out** vt + adv (person) välja ut; (företeelse, faktum etc) framhålla
single-breasted ['sɪŋglˌbrestɪd] adj (kavaj etc) en-

single-decker kelknäppt

single-decker [,sɪŋgl'dekəʳ] s (Brit vard) envåningsbuss

single-handed [,sɪŋgl'hændɪd] 1 adj (a) (person) med (bara) en hand; (redskap) enhands- (b) (resa, försök) på egen hand; ~ voyage ensamsegling 2 adv på egen hand, ensam

single-minded [,sɪŋgl'maɪndɪd] adj (person, ambition etc) målmedveten

sin·gle·ness ['sɪŋglnɪs] s: ~ of purpose målmedvetenhet

single-seater [,sɪŋgl'si:təʳ] adj: ~ aeroplane ensitsigt flygplan

sin·glet ['sɪŋglɪt] s (i sht Brit: underplagg) (ärmlös) undertröja; (: Sport) (ärmlös) tröja

sin·gly ['sɪŋglɪ] adv (arbeta) ensam, på egen hand; (anlända) en och en, var för sig

sing·song ['sɪŋsɒŋ] 1 adj (röst) (entonigt) sjungande 2 s (i sht Brit) sångstund

sin·gu·lar ['sɪŋgjʊləʳ] 1 adj (a) (Språkv) singular-, i singular(is) (b) (sätt, idé) egendomlig, besynnerlig (c) (egenskap) sällsynt, enastående; (händelse) unik, ovanlig 2 s singular(is), singularform; in the ~ i singular(is)

sin·gu·lar·ly ['sɪŋgjʊləlɪ] adv märkvärdigt, egendomligt

Sin·ha·lese [,sɪnhə'li:z] 1 adj singalesisk, från Sri Lanka 2 s (person) singales; (språk) singalesiska

sin·is·ter ['sɪnɪstəʳ] adj (figur) hotfull, lömsk; (blick) elak, lömsk; (tecken) olycksbådande

sink[1] [sɪŋk] imperf **sank**, perf part **sunk** 1 vt (a) (fartyg etc) sänka, skjuta/borra i sank; (bildl: projekt) skjuta i sank; to be sunk (vard) vara förlorad; to be sunk in thought vara försjunken i tankar; to be sunk in despair vara gripen av förtvivlan; let's ~ our differences låt oss glömma våra meningsskiljaktigheter (b) (gruvschakt) gräva, ta upp; (brunn) gräva, borra; (grund) lägga; (påle, rör) gräva ner; to ~ money into an enterprise plöja ner/investera pengar i ett företag 2 vi (föremål: i vatten, lera etc) sjunka; (fartyg) sjunka, gå till botten; (vatten etc) sjunka; (solen etc) sjunka, gå ned; to ~ into a chair sjunka ner i en fåtölj; to ~ to one's knees sjunka (ned) på knä; to ~ into thought försjunka i tankar; to ~ into sleep i sömn; to ~ into despair gripas av förtvivlan; he's ~ing fast (döende) slutet nalkas hastigt (för honom); he was left to ~ or swim (bildl) han fick klara sig bäst han kunde; it's ~ or swim det må bära eller brista; the shares/share prices have sunk to 3 dollars aktiekursen har sjunkit till 3 dollar

♦ **sink in** vi + adv (eg: i lera etc) sjunka ner; (: i matta etc) sugas upp/in; (bildl: idé, kunskap) få fäste, sjunka in; it hasn't sunk in yet hon/han etc har inte fattat det än

sink[2] [sɪŋk] s diskho, vask; ~ unit diskbänk

sink·ing ['sɪŋkɪŋ] 1 s sjunkande, sänkande; the ~ of the Titanic Titanics undergång; ~ fund amorteringsfond 2 adj: a ~ feeling en sugande känsla i magen; to have a ~ feeling that... ha en obehaglig känsla av att...; with ~ heart med sjunkande mod

sin·ner ['sɪnəʳ] s syndare

Sinn Fein ['ʃɪn'feɪn] s (irländsk frihetsrörelse) Sinn Fein

Sino- ['saɪnəʊ] i sms kinesisk-

sinu·ous ['sɪnjʊəs] adj (rörelse) slingrande; (väg) krokig, slingrande

si·nus ['saɪnəs] s (Anat: i allm) hålighet; (: i ansiktet) bihåla

si·nusi·tis [,saɪnə'saɪtɪs] s (Med) bihåleinflammation, sinuit

Sioux [su:] s, pl lika [su:z] sioux(indian)

sip [sɪp] 1 s smutt 2 vt smutta/läppja på 3 vi smutta/läppja på (at på)

si·phon ['saɪfən] 1 s (för bensin etc) hävert; (med sodavatten) sifon 2 vt (äv: ~ off, ~ out) suga upp/ut; ~ off (bildl: trafik) leda undan; (: pengar) hålla/lägga undan

sir [sɜ:ʳ] s (a) (i tilltal till äldre el överordnad man) sir, herrn; (till lärare) magistern; (till kung) Ers Majestät; yes, ~ (hövligt) ja sir/herrn; (Mil) ja, kapten etc; yes, ~! (vard) javisst!; (Dear) S~ (inledningsfras efter adressen i brev) översätts ej (b) (titel för 'knight' o 'baronet': sätts före förnamnet): S~ Winston (Churchill) Sir Winston Churchill; I spoke to S~ Winston jag talade med Sir Winston Churchill

si·ren ['saɪərən] s (a) (Myt, bildl) siren (b) (på ambulans etc) siren; air-raid ~ flyglarmssiren

sir·loin ['sɜ:lɔɪn] s (Matl) ländstycke; ~ steak (ung) entrecote

sirrah ['sɪrə] s (åld: iron) gunstig herrn

sir·ree [sə'ri:] interj (Am vard): yes/no ~! jajamän/ nej minsann!

sis [sɪs] s (vard: tilltal) syrran

si·sal ['saɪsəl] s (Bot) sisalhampa; (material) sisal

sis·sy ['sɪsɪ] s (vard) vekling, feminin man

sis·ter ['sɪstəʳ] s (a) (släkting) syster; (bildl) syster, medsyster; ~ nation systernation; ~ organisation systerorganisation; ~ ship systerfartyg; se äv **brother** (b) (Med) syster, avdelningssköterska (c) (Rel) syster

sister-in-law ['sɪstərɪnlɔ:] s svägerska

sis·ter·ly ['sɪstəlɪ] adj systerlig

sit [sɪt] imperf, perf part **sat** 1 vi (a) (befintlighet: person) sitta; (: föremål) stå, ligga; (riktning: äv: ~ down) sätta sig (ner); he sat by the window han satt vid fönstret; the book ~s on the shelf boken står på hyllan; to ~ still/straight sitta still/med rak rygg; to ~ tight (eg) sitta kvar/still; (bildl) avvakta, ligga lågt; to be ~ting pretty (bildl vard) ha det väl förspänt, ha det bra; to ~ on a committee sitta med i en kommitté; to ~ for a painter/a portrait sitta modell åt en målare/för ett porträtt; to ~ for an examination gå upp i en examen/tentamen; to ~ for Bristol West etc (Pol) representera Bristol West etc i parlamentet; to ~ over one's work/homework sitta med sitt arbete/sin läxa (b) (parlamentet) sammanträda; (kommitté etc) arbeta: the committee sat for 10 months (c) (fågel, insekt: befintlighet) sitta; (: riktning) sätta sig; (fågel: på ägg) ruva, ligga på ägg (d) (kläder) sitta, passa; ~ well passa bra (e) (passa barn) sitta barnvakt 2 vt (a) (person) sätta, placera (b) (examen, tentamen) gå upp i

♦ **sit about, sit around** vi + adv sitta och hänga

♦ **sit back** vi + adv (i stol) luta sig bakåt; (bildl) sitta med armarna i kors

♦ **sit down** 1 vi + adv (riktning) sätta sig (ned), slå sig ned; (befintlighet) sitta (ned); to ~ down to supper etc sätta sig till bords (för att äta kvällsmat etc); to be ~ting down sitta (ned) 2 vt + adv: to ~ sb down sätta ngn (ned)

♦ **sit in** vi + adv (a) (på sammanträde, lektion etc) sitta med (och lyssna) (b): to ~ in for sb vikariera för ngn (c) (protestera) sittstrejka

♦ **sit on** vi + prep (bildl vard) (a) (nyhet, information) hålla tyst med, hålla inne med; (ansökan etc) ligga på, förhala (b) (skolklass etc) hålla ordning på; (person) platta till, trycka ner

♦ **sit out** vt + adv (dans) sitta över; (föreställning) sitta igenom

♦ **sit up** 1 vi + adv (a) (i säng etc: riktning) sätta sig upp; (: befintlighet) sitta upp; (i stol/skolbänk: riktning) sätta sig rakt/ordentligt; (: befintlighet) sitta rakt/ordentligt; to make sb ~ up (and take

notice) *(bildl)* få ngn att vakna/spetsa öronen **(b)** *(på kvällen)* sitta uppe; *(hos sjuk person)* vaka **2** *vt + adv (barn)* ta upp (i knät); *(åldring)* resa upp (till sittande)
sit·com [ˈsɪtkɒm] *s (vard: Radio, TV)* komediserie
sit-down [ˈsɪtdaʊn] *adj (måltid)* sittande; ~ **strike** sittstrejk
site [saɪt] **1** *s (i allm)* plats; building ~ byggarbetsplats; **camp(ing)** ~ campingplats; **the** ~ **of the battle** platsen för slaget **2** *vt (byggnad, tält etc)* placera; **a badly** ~d **building** en illa belägen byggnad
sit-in [ˈsɪtɪn] *s (vard: i offentlig byggnad)* ockupation, sittstrejk
sit·ter [ˈsɪtəʳ] *s (åt konstnär)* modell; (= baby~) barnvakt
sit·ting [ˈsɪtɪŋ] *s (Pol etc)* session, sammanträde, sittning; *(i matsal)* lag, omgång; *(för porträtt)* sittning; **I read the entire book in/at one** ~ jag läste hela boken i ett sträck, jag sträckläste hela boken; ~ **duck** *(bildl)* lätt offer/byte; ~ **member** *(Pol)* sittande (parlaments)ledamot; ~ **room** *(i sht Brit)* vardagsrum
situ·ate [ˈsɪtjʊeɪt] *vt (byggnad, bebyggelse)* placera, lägga
situ·ated [ˈsɪtjʊeɪtɪd] *adj (byggnad)* belägen; **the bank is** ~ **in the High Street** banken ligger på High Street; **how are you** ~ **for money?** *(bildl)* hur har du det med pengar?
situa·tion [ˌsɪtjʊˈeɪʃən] *s (byggnads etc)* läge; *(bildl: persons, företags etc)* situation, läge, belägenhet; *(anställning)* plats; **to save the** ~ rädda situationen; **S~s vacant** *(rubrik)* Lediga platser; ~ **comedy** *(TV, Radio)* komediserie
six [sɪks] **1** *räkn* sex **2** *s* sexa; **to be (all) at** ~**es and sevens** *(bildl: person)* vara alldeles virrig; *(: föremål)* vara i en enda röra; **it's** ~ **of one and half a dozen of the other** *(bildl)* det är hugget som stucket, det gå på ett ut; *se äv* **five**
six-shooter [ˈsɪksˌʃuːtəʳ] *s (revolver med magasin för sex kulor)* sexskjutare
six·teen [ˌsɪksˈtiːn] *räkn* sexton; *se äv* **five**
six·teenth [ˌsɪksˈtiːnθ] **1** *räkn* sextonde **2** *s (i följd)* sextonde; *(Mat)* sextondel; *se äv* **fifth**
sixth [sɪksθ] **1** *räkn* sjätte **2** *s (i följd)* sjätte; *(Mat)* sjättedel; **the lower** ~ *(Brit: Skol: ung)* näst sista klassen i gymnasiet; **the upper** ~ *(Brit Skol: ung)* avgångsklassen i gymnasiet; ~ **form** *(Brit Skol)* gymnasiet; *se äv* **fifth**
six·ti·eth [ˈsɪkstɪɪθ] **1** *räkn* sextionde **2** *s (i följd)* sextionde; *(Mat)* sextiondel; *se äv* **fifth**
six·ty [ˈsɪkstɪ] *räkn* sextio; *se äv* **fifty**
siz·able [ˈsaɪzəbl] *adj* = **sizeable**
size[1] [saɪz] *s (i allm)* storlek; *(för plagg)* storlek, nummer, mått; **he's about your** ~ han är ungefär lika lång/stor som du; **what** ~ **is their house?** hur stort är deras hus?; **the card is about the** ~ **of a matchbox** kortet är ungefär så stort som en tändsticksask; **what waist** ~ **are you?** vad har du för midjemått?; **what neck** ~ **are you?** vad har du för kragnummer?; **what** ~ **shoes do you take?** vad har/drar du för nummer el storlek i skor?; **this coat is two** ~**s too small** den här rocken är två nummer för liten; **to cut sth to** ~ skära/ klippa/såga till ngt i rätt storlek; **to cut sb down to** ~ *(bildl vard)* ta ner ngn på jorden; **that's about the** ~ **of it** *(bildl vard)* ungefär så ligger det till
♦ **size up** *vt + adv (person)*: **to** ~ **sb up** se vad ngn går för; *(problem, situation)* bedöma
size[2] [saɪz] **1** *s (för papper etc)* lim(vatten) **2** *vt* behandla med limvatten, limma
size·able [ˈsaɪzəbl] *adj (ganska stor)* ansenlig; **a** ~ **sum of money** en ansenlig summa pengar
-sized [saɪzd] *adj (i sms)* av... storlek, -stor; **a medium-**~ **house** ett mellanstort hus; **a fair-**~ **gar-**

den en ganska stor trädgård
siz·zle [ˈsɪzl] *vi (i stekpanna, på het platta)* fräsa
siz·zler [ˈsɪzləʳ] *s (vard)* stekhet dag
skate[1] [skeɪt] *s (fisk)* rocka
skate[2] [skeɪt] **1** *s (med skena)* skridskor; *(med hjul)* rullskridskor; **to get one's** ~ **on** *(bildl vard)* sätta fart **2** *vi* åka skridskor/rullskridskor; **to** ~ **on thin ice** *(bildl)* vara ute på hal is
♦ **skate over, skate around** *vi + prep (problem etc)* glida förbi, undvika
skate·board [ˈskeɪtbɔːd] *s* skateboard, rullbräda
skat·ing [ˈskeɪtɪŋ] **1** *s* skridsko-/rullskridsko|åkning **2** *adj* skridsko-/rullskridsko-; ~ **rink** skridsko-/rullskridsko|bana
ske·dad·dle [skɪˈdædl] *vi (vard)* sticka iväg, sjappa
skeet [skiːt] *s (Sport)* skeet, lerduveskytte
skel·eton [ˈskelɪtn] *s (eg)* skelett; *(bildl)* skelett, stomme; **he looks like a walking** ~ han ser ut som ett benrangel; ~ **in the cupboard** *(bildl)* 'skelett i garderoben', obehaglig hemlighet; ~ **key** huvudnyckel; ~ **staff** minimistyrka
skep·tic [ˈskeptɪk] *adj, s (Am)* = **sceptic**
sketch [sketʃ] **1** *s* **(a)** *(teckning)* skiss; *(bildl: till plan etc)* utkast, skiss **(b)** *(Teat)* sketch **2** *vt (teckna)* skissa, skissera; *(bildl: plan etc)* skissa, skissera, göra ett utkast till
♦ **sketch in** *vt + adv (detaljer)* fylla i
sketch·book [ˈsketʃbʊk] *s*, **sketch·pad** [ˈsketʃpæd] *s* skissblock
sketchy [ˈsketʃɪ] *adj (-ier, -iest) (i allm)* skissartad; *(plan, program)* preliminär; *(karta)* översiktlig; *(kunskap)* ytlig
skew·er [ˈskjuəʳ] **1** *s* steknål, stekspett **2** *vt* fästa med steknål, trä upp på grillspett
skew-whiff [ˈskjuːwɪf] *adj (vard)* på sned
ski [skiː] **1** *s* skida; ~ **boot** skidpjäxa; ~ **instructor** skidlärare; ~ **jump** *(sportgren)* backhoppning; *(anläggning)* hoppbacke; ~ **lift** skidlift; ~ **pants**, ~ **trousers** skidbyxor; ~ **pole** *(Am)* skidstav; ~ **resort** vintersportort; ~ **run** skidbacke; ~ **stick** *(Brit)* skidstav; ~ **tow** släplift **2** *vi* åka skidor; **to go** ~**ing** åka skidor
skid [skɪd] **1** *s* sladd(ning); **to correct a** ~ häva en sladd; ~ **marks** bromsspår, spår efter en sladd; ~ **lid** *(Brit vard: hjälm)* störtkruka; ~ **pan** *(Brit)* halkbana; ~ **row** *(Am vard)* slumkvarter **2** *vi (fordon)* sladda, kana; *(person, föremål)* kana, glida
ski·er [ˈskiːəʳ] *s* skidåkare
skiff [skɪf] *s* eka, jolle
ski·ing [ˈskiːɪŋ] *s* skidåkning
skil·ful, *(Am)* **skill·ful** [ˈskɪlfʊl] *adj* skicklig
skil·ful·ly, *(Am)* **skill·ful·ly** [ˈskɪlfəlɪ] *adv* skickligt
skill [skɪl] *s* **(a)** förmåga, färdighet, skicklighet; **reading** ~**s** läsförmåga; **he did it with great** ~ han gjorde det mycket skickligt **(b)** teknik; **it takes a certain** ~ **to do it** det krävs en speciell teknik för att göra det
skilled [skɪld] *adj* **(a)** *(person)* skicklig; *(yrkes|man|-kvinna)* yrkesskicklig, rutinerad **(b)** *(arbete)* kvalificerad **(c)** *(handgrepp etc)* skicklig
skil·let [ˈskɪlɪt] *s (i sht Am)* stekpanna; *(i sht Brit)* kastrull
skim [skɪm] **1** *vt* **(a)** *(mjölk, soppa)* skumma; **to** ~ **the cream off (the milk)** *(eg)* skumma av grädden (från mjölken); *(bildl)* skumma grädden, ta det bästa; ~**(med) milk** skummjölk **(b)** *(yta)* stryka/glida över; **the swans** ~**med the surface** svanarna strök över vattenytan; **he** ~**med flat stones across the water** han kastade smörgås **2** *vi*: **to** ~ **across/along the ground** stryka *el* glida längs marken; **to** ~ **through a book** ögna igenom/ skumma en bok

skimp [skɪmp] **1** vt (material, beröm) snåla med, spara in på; (arbete) slarva med **2** vi spara, leva snålt; **to** ~ **on fabric/food** snåla med tyg/mat
skimpy ['skɪmpɪ] adj (-ier, -iest) (plagg) trång, snålt tilltagen; (måltid) torftig; (bidrag etc) snål, snålt tilltagen
skin [skɪn] **1** s (på människa) hud, skinn; (på djur) skinn; (på frukt, grönsak) skal; (på korv) skinn; (på färg, sås etc) hinna, skinn; **to have a thick/thin** ~ (bildl) vara tjockhudad/ömskinnad; **by the** ~ **of one's teeth** (bildl) med nöd och näppe; **to save one's** ~ (bildl) rädda skinnet; **to be** ~ **and bone** (bildl) vara bara skinn och ben; **to get under sb's** ~ (bildl) gå ngn på nerverna; **to have sb under one's** ~ (bildl) vara besatt av ngn; **it's no** ~ **off my nose** (bildl vard) det rör mig inte i ryggen; **it would be no** ~ **off her nose** det skulle inte skada henne; ~ **colour** hudfärg; ~ **disease** hudsjukdom; ~ **diving** sportdykning; ~ **flick** (vard) porrfilm; ~ **graft** (operation) hudtransplantation; (flyttad hud) hudtransplantat **2** vt (djur) flå; (frukt, grönsak) skala; **to** ~ **one's knee/elbow** skrapa sig på knät/armbågen; **I'll** ~ **him alive!** (bildl vard) jag ska flå honom levande!; **to keep one's eyes** ~**ned for sth** (bildl vard) hålla korpgluggarna öppna efter ngt
skin-deep [ˌskɪn'diːp] adj (sår) ytlig; (bildl: vänlighet etc) ytlig
skin·flint ['skɪnflɪnt] s snåljåp
skin·ful ['skɪnfʊl] s (vard): **to have a** ~ få litet för mycket att dricka
skin·head ['skɪnhed] s (Brit vard) skinhead
skin·ny ['skɪnɪ] adj (-ier, -iest) (person) mager, spinkig
skinny-dip ['skɪnɪdɪp] vi (vard) bada naken/näck
skint [skɪnt] adj (Brit vard) barskrapad, pank
skin-tight ['skɪn،taɪt] adj åtsittande, tajt
skip¹ [skɪp] **1** s hopp, skutt **2** vi (i allm) hoppa, skutta; (med rep) hoppa rep; **to** ~ **in/out** kila in/ut; **to** ~ **off** (bildl) sticka iväg; **to** ~ **over sth** (bildl) hoppa 'över ngt, skippa ngt (vard); **to** ~ **from one thing to another** hoppa från en sak till en annan **3** vt (bildl: måltid, sida) hoppa över, skippa (vard); **to** ~ **school/a lesson** skolka från skolan/en lektion; **let's** ~ **it!** (vard) strunt i det!
skip² [skɪp] s (i sht Brit) avfallscontainer
skip·per ['skɪpə'] s (Sjö) skeppare; (Flyg) kapten; (Sport: spelare) lagkapten; (: ledare) lagledare
skip·ping ['skɪpɪŋ] s rephoppning; **to play** ~ hoppa rep; ~ **rope** hopprep
skir·mish ['skɜːmɪʃ] **1** s skärmytsling **2** vi drabba samman (with med)
skirt [skɜːt] **1** s (plagg) kjol; (del av rock etc) skört; **a piece of** ~ (bildl vard) lite kjoltyg, fruntimmer **2** vt (äv: ~ **around**) (eg) gå/löpa runt: the road ~s the town; (bildl) kringgå, undvika: the minister ~ed the main question
skirt·ing (board) ['skɜːtɪŋ(،bɔːd)] s (Brit) fotlist
skit [skɪt] s (Teat) satirisk sketch
skit·tish ['skɪtɪʃ] adj (häst) skygg, nervös; (person) sprallig, oberäknelig
skit·tle ['skɪtl] s (i sht Brit) kägla; ~**s** kägelspel; **to play** ~**s** spela kägel; **not all beer and** ~**s** (Brit) ingen dans på rosor
skive [skaɪv] vi (Brit vard) smita från arbete etc
skiv·vy ['skɪvɪ] s (Brit vard: neds) piga
skul·dug·gery, (Am) **skull·dug·gery** [skʌl'dʌgərɪ] s (vard) skurkstreck, skumraskaffärer
skulk [skʌlk] vi (i allm) smyga (omkring); (från arbete) smita, skolka
skull [skʌl] s skalle, kranium; ~ **and crossbones** dödskalle med korslagda benknotor
skull·cap ['skʌlkæp] s (mössa) kalott
skunk [skʌŋk] s (Zool) skunk; (vard): **you** ~! ditt kräk, din fähund
sky [skaɪ] s himmel; **blue sky/skies** blå himmel; **under the open** ~ under bar himmel; **high up in the** ~ högt uppe i luften; **to praise sb to the skies** höja ngn till skyarna; **the** ~**'s the limit** det finns ingen gräns uppåt
sky-blue [ˌskaɪ'bluː] **1** adj himmelsblå **2** s himmelsblått
sky-high [ˌskaɪ'haɪ] adv skyhögt; **to blow sth** ~ spränga ngt i luften; **to blow a theory** ~ rasera en teori fullständigt; **prices have gone** ~ priserna har rusat i höjden
Sky·lab ['skaɪlæb] s (USA:s rymdlaboratorium) Skylab
sky·lark ['skaɪlɑːk] **1** s (Zool) (sång)lärka **2** vi (bildl vard) leka, skoja
sky·light ['skaɪlaɪt] s takfönster
sky·line ['skaɪlaɪn] s (i allm) horisont; (stads) silhuett
sky·rocket ['skaɪˌrɒkɪt] vi (vard: priser etc) skjuta i höjden
sky·scraper ['skaɪˌskreɪpə'] s skyskrapa
sky·writing ['skaɪˌraɪtɪŋ] s (från flygplan) rökskrift på himlen
slab [slæb] s (av sten, betong etc) platta; (av kaka etc) tjock skiva; (av choklad) kaka; (i sht Brit: vard) obduktions-/operationsbord
slack¹ [slæk] **1** adj (-er, -est) **(a)** (rep) slak, (Sjö: lina) slack; (knut) lös; (grepp) lös, slapp **(b)** (arbete, disciplin) slapp; (person) slö, slapp **(c)** (Handel: marknad) trög; ~ **period** dödperiod; ~ **season** lågsäsong; **business is** ~ affärerna går trögt **2** s **(a)** (på rep etc) den lösa/slaka delen; **to take up the** ~ (på rep etc) sträcka **(b)** (Handel) dödperiod **2** vi (vard) slappa, slöa
slack² [slæk] s (Gruv) kolstybb
slack·en ['slækn] **1** vt (äv: ~ **off**: rep) lossa på, släppa efter på; (: grepp, mutter) lossa; (tyglar) lätta på; **to** ~ **speed/one's pace** slå av på farten/takten **2** vi (äv: ~ **off**: rep) slakna; (: grepp) slappna; (: mutter) lossna; (: storm) avta; (fart, handel) avta, minska; (: person) slöa till
slac·ker ['slækə'] s (vard: person) latmask, skolkare
slack·ness ['slæknəs] s (se **slack¹**) slakhet; slapphet; löshet; slöhet; tröghet
slacks [slæks] spl slacks, (fritids)långbyxor
slag [slæg] s **(a)** (Gruv) slagg; ~ **heap** slagghög **(b)** (Brit vard neds: kvinna) slampa, hagga
slain [sleɪn] **1** perf part av **slay** **2** spl: **the** ~ de stupade
slake [sleɪk] vt (törst, kalk) släcka
sla·lom ['slɑːləm] s slalom; **giant** ~ storslalom
slam [slæm] **1** s **(a)** (i dörr etc) smäll, skräll **(b)** (Kortsp) slam **2** vt (dörr etc) slå/smälla igen; (boll etc) drämma till; **to** ~ **sth shut** stänga ngt med en smäll; **to** ~ **sth (down) on the table** dänga/smälla ngt i bordet; **to** ~ **on the brakes** tvärbromsa, ställa sig på bromsen **3** vi (dörr etc) slå(s) igen
slam-bang [ˌslæm'bæŋ] adv (i sht Am: vard) = **slapbang**
slan·der ['slɑːndə'] **1** s förtal **2** vt förtala, baktala
slan·der·ous ['slɑːndərəs] adj (artikel etc) ärerörig
slang [slæŋ] **1** s (Språkv) slang **2** vt (vard) skälla på; ~**ing match** munhuggning, gräl
slangy ['slæŋɪ] adj (-ier, -iest) (vard: ord) slangbetonad, slang-; (text) full av slang
slant [slɑːnt] **1** s (i allm) lutning; (bildl) infallsvinkel, synvinkel; **the path rose in a steep** ~ stigen sluttade brant uppför **2** vt (eg: ofta pass) luta; **to** ~ **a report** (bildl) vinkla en rapport **3** vi luta, slutta
slant·ing ['slɑːntɪŋ] adj (tak) sluttande; (handstil)

lutande; *(streck)* sned
slant·wise [ˈslɑːntwaɪz] *adj (i allm)* på sned(den); *(stege etc)* lutad
slap [slæp] **1** *s (i allm)* slag, smäll; ~ **in the face** *(eg)* örfil; *(bildl)* slag i ansiktet; ~ **on the back** *(eg, bildl)* dunk i ryggen **2** *adv (vard):* **he ran** ~ **into the lamppost** han sprang rakt/rätt på lyktstolpen; **she fell** ~ **into the water** hon föll pladask/huvudstupa i vattnet **3** *vt* **(a)** *(i allm)* smälla, slå; *(barn)* ge en smäll/dask; **to** ~ **sb on the back** dunka ngn i ryggen; **to** ~ **sb down** *(bildl: motstånd etc)* slå ner/stoppa ngn **(b):** **he** ~**ped the book on the table** han dängde boken i bordet; **to** ~ **a coat of paint on sth** slänga på ett lager färg på ngt
slap·bang [ˌslæpˈbæŋ] *adv (i sht Brit: vard)* rakt, handlöst
slap·dash [ˈslæpdæʃ] *adj (arbete)* slarvig, hafsig
slap-happy [ˈslæpˌhæpɪ] *adj (av glädje)* sprallig, uppsluppen; *(av slag)* groggy
slap·shot [ˈslæpˌʃɒt] *s (Ishockey)* slagskott
slap·stick [ˈslæpstɪk] *s (äv:* ~ **comedy)** slapstick, fars
slap-up [ˈslæpʌp] *adj (Brit vard: måltid)* flott, överdådig
slash [slæʃ] **1** *s* **(a)** *(med kniv etc)* hugg; *(med piska)* slag **(b)** *(i tyg, skinn etc)* skåra, hack; *(i plagg)* slits **(c)** *(Typogr)* snedstreck **2** *vt (med kniv etc: i allm)* hacka, hugga, skära; *(med piska, käpp etc)* piska, slå; *(bildl: pris)* sänka kraftigt; *(: lön, kostnad)* skära ned; *(: text)* korta ner; *(: i sht Am: person)* kritisera våldsamt, göra ner; **to** ~ **a painting** skära sönder en tavla; **to** ~ **sb's face** skära ngn i ansiktet
slat [slæt] *s (i persienn, hylla etc)* spjäla
slate [sleɪt] **1** *s (material)* skiffer; *(på tak)* takskiffer; *(Skol)* griffeltavla; **to wipe the** ~ **clean** *(bildl)* dra ett streck över det förflutna; **to put sth on the** ~ *(vard)* ta ngt på krita **2** *adj* skiffer- **3** *vt* **(a)** *(tak)* täcka med skiffer **(b)** *(i sht Brit vard)* göra ner, kritisera **(c)** *(i sht Am)* sätta upp som kandidat, nominera
slate-blue [ˌsleɪtˈbluː] *adj* skifferblå, gråblå
slate-grey [ˌsleɪtˈɡreɪ] *adj* gråblå
slat·ing [ˈsleɪtɪŋ] *s (i sht Brit vard)* nedgörande kritik
slat·tern [ˈslætən] *s* slampa
slaugh·ter [ˈslɔːtəʳ] **1** *s (av djur)* slakt; *(på personer)* blodbad, massaker; **the** ~ **on the roads** trafikdöden **2** *vt (djur)* slakta; *(enstaka person)* hugga ner; *(flera personer)* massakrera, anställa blodbad på; *(bildl: i spel etc)* krossa
slaughter·house [ˈslɔːtəhaʊs] *s* slakteri
Slav [slɑːv] **1** *s (folkgrupp)* slav **2** *adj* slavisk
slave [sleɪv] **1** *s (i allm)* slav; *(förr i Norden)* träl; **to be a** ~ **to sth** *(bildl)* vara slav under ngt; ~ **driver** *(eg)* slavuppsyningsman; *(bildl)* slavdrivare; ~ **labour** *(eg, bildl)* slavarbete; ~ **trade** slavhandel **2** *vi* slava, träla; **to** ~ **(away) at sth/at doing sth** slava *(på)* med ngt, slita och slava med ngt
slav·er¹ [ˈsleɪvəʳ] *s (person)* slavhandlare; *(fartyg)* slavskepp
slav·er² [ˈslævəʳ] **1** *s* dregel **2** *vi* dregla
slav·ery [ˈsleɪvərɪ] *s* slaveri
Slav·ic [ˈslɑːvɪk] = **Slavonic**
slav·ish [ˈsleɪvɪʃ] *adj (efterapning)* slavisk; *(person)* underdånig
slav·ish·ly [ˈsleɪvɪʃlɪ] *adv (kopiera)* slaviskt; *(lyda)* slaviskt, underdånigt
Sla·von·ic [sləˈvɒnɪk] **1** *adj* slavisk **2** *s* slaviska språk
slay [sleɪ] *imperf* **slew**, *perf part* **slain** *vt (poet)* dräpa, slå ihjäl
slea·zy [ˈsliːzɪ] *adj (bar etc)* sjaskig, ruffig; *(person)* sjaskig, sjabbig
sled [sled] *(i sht Am)*, **sledge** [sledʒ] *(i sht Brit)* **1** *s*

(för barn) kälke; *(för vuxna o last)* kälke, släde **2** *vt (last)* köra på kälke/i släde **3** *vi* åka släde/kälke
sledge·hammer [ˈsledʒˌhæməʳ] *s* slägga
sleek [sliːk] **1** *adj (-er, -est) (hår, päls)* blank, glänsande; *(person)* slätkammad, prydlig; *(person: neg)* hal **2** *vt:* **to** ~ **one's hair down** släta till håret
sleep [sliːp] *(v: imperf, perf part* **slept) 1** *s* sömn; **deep** ~, **sound** ~ djup sömn; **to have a good night's** ~ få sova ut ordentligt; **I didn't get any** ~ **last night** jag sov inte en blund i natt; **to drop off to** ~, **to go to** ~ somna (in); **to go to** ~ *(om fot, arm etc)* somna, domna; **to put sb to** ~ *(patient)* söva; *(djur: eufem)* avliva; **to send sb to** ~ *(bildl)* tråka ut ngn, få ngn att somna; **I shan't lose any** ~ **over it** jag kommer inte att ligga sömnlös för det **2** *vt:* **the boat** ~**s 6** båten har 6 sovplatser; **we can** ~ **4** vi kan ta emot 4 nattgäster **3** *vi* sova; **to** ~ **(overnight) at sb's house** sova över hos ngn; **to** ~ **like a log/top** sova som en stock; **to** ~ **lightly** sova lätt; **he was** ~**ing soundly/deeply** han sov djupt/hårt; **he slept right through the alarm clock** han sov så hårt att han inte hörde väckarklockan; **to** ~ **on it** *(bildl)* sova på saken; **to** ~ **with sb** *(eufem)* ligga med ngn
♦ **sleep around** *vi + adv (vard)* hoppa i säng med många olika
♦ **sleep in** *vi + adv* **(a)** *(i allm)* ha sovmorgon **(b)** *(tjänstefolk etc)* bo på arbetsplatsen
♦ **sleep off** *vt + adv:* **to** ~ **it off** sova ruset av sig; **to** ~ **off a big meal** smälta en kraftig måltid under sömnen
sleep·er [ˈsliːpəʳ] *s* **(a)** *(person):* **to be a heavy/light** ~ sova tungt/lätt **(b)** *(Järnv: vagn)* sovvagn; *(Brit Järnv: i rälsen)* sliper, syll
sleepi·ly [ˈsliːpɪlɪ] *adv* sömnigt
sleep·ing [ˈsliːpɪŋ] **1** *adj* sovande; **the S**~ **Beauty** Törnrosa; ~ **partner** *(Brit Handel)* passiv delägare **2** *s* sovande, sömn; ~ **bag** *(för camping)* sovsäck; *(för baby)* sovpåse; ~ **car** *(Järnv)* sovvagn; ~ **pill** sömntablett; ~ **quarters** sovplats; ~ **sickness** sömnsjuka
sleep·less [ˈsliːplɪs] *adj (person, natt)* sömnlös
sleep·walk·er [ˈsliːpˌwɔːkəʳ] *s* sömngångare
sleepy [ˈsliːpɪ] *adj (-ier, -iest) (person: röst, ort)* sömnig; **to be/feel** ~ *(person)* vara/känna sig sömnig
sleet [sliːt] **1** *s (nederbörd)* snöblandat regn, underkylt regn; *(Am: på väg etc)* isgata **2** *vi:* **it was** ~**ing** det kom snöblandat regn, det snöslaskade
sleeve [sliːv] *s (på plagg)* ärm; *(på skiva)* skivfodral; **to have sth up one's** ~ *(bildl)* ha ngt i bakfickan; **to roll up one's** ~**s** *(eg, bildl)* kavla upp skjortärmarna; **to laugh up one's** ~ skratta i mjugg; *se äv* **heart b**
sleeve·less [ˈsliːvlɪs] *adj (plagg)* ärmlös
sleigh [sleɪ] *s* släde, kälke
sleight [slaɪt] *s:* ~ **of hand** *(eg)* fingerfärdighet; *(bildl)* knep, trick
slen·der [ˈslendəʳ] *adj (person)* slank, smal; *(midja)* smärt, smal; *(nacke, hand)* smal; *(bildl: resurser, majoritet)* knapp; *(: chans, hopp)* skral, liten
slept [slept] *imperf, perf part av* **sleep**
sleuth [sluːθ] *s (skämts: person)* deckare, spårhund
slew [sluː] *imperf av* **slay**
slice [slaɪs] **1** *s* **(a)** *(av bröd, kött, korv etc)* skiva; **a** ~ **of bread and butter** en smörgås; **a** ~ **of the profits** en andel av vinsten; **a** ~ **of life** *(bildl)* ett stycke av verkligheten **(b)** *(redskap)* tårtspade; fiskspade; stekspade **(c)** *(Sport)* sidskruv; slice **2** *vt (bröd, kött, korv etc)* skiva, skära i skivor; *(Sport: boll)* slå med sidskruv, skruva, 'slica' *(vard)*
♦ **slice off** *vt + adv* skära av

◆ **slice through** *vi* + *prep* skära av/igenom

◆ **slice up** *vt* + *adv (citron etc)* skiva; *(brödlimpa)* skära upp; *(stek)* skära

slic·er ['slaɪsəʳ] *s (köksredskap)* skärmaskin; **cheese** ~ osthyvel

slick [slɪk] **1** *adj (i allm)* hal, slipprig; *(ofta neds: förklaring, ursäkt)* lättköpt, fyndig; *(: person)* smart, hal, driven **2** *s (= oil* ~*)* oljefläck; *(Am vard)* (elegant) vecko- *el* månads|tidning **3** *vt* släta till; **to** ~ **up** *(Am vard)* snygga till, piffa upp

slick·er ['slɪkəʳ] *s (Am vard: plagg)* regnkappa; *(: person)* skojare; *se äv* **city**

slide [slaɪd] *(v: imperf, perf part* slid*)* **1** *s (i allm)* glidning; *(lekredskap)* rutschkana; *(på is)* (is)kana; *(= land* ~*)* jordskred; *(för hår)* hårspänne; *(Mus: på trombon)* drag; *(= microscope* ~*)* objektglas; *(Foto)* dia(bild); **the** ~ **in share prices** nedgången i aktiekurserna; ~ **projector** *(Foto)* diaprojektor; ~ **rule** *(Mat)* räknesticka; ~ **show** diabildsvisning **2** *vi (i allm)* glida; *(person: in i rum etc)* slinka; *(: nedför backe etc)* kana, rutscha; **to** ~ **into place** glida på plats; **to** ~ **down the banisters** åka ned på ledstången; **to let things** ~ *(bildl)* strunta i allt **3** *vt* skjuta; **he slid the case across the counter** han sköt etuiet över disken

slid·ing ['slaɪdɪŋ] *adj (i allm)* glidande; *(dörr)* skjut-; *(säte)* skjutbar; ~ **roof** *(i bil)* soltak; ~ **scale** glidande/rörlig skala

slight [slaɪt] **1** *adj (-er, -est)* **(a)** *(figur)* spenslig, smärt; *(person, konstruktion)* bräcklig, klen **(b)** *(i allm)* obetydlig, liten; *(förkylning)* lätt, lindrig; *(smärta)* svag; **a** ~ **improvement** en liten förbättring; **there's not the** ~**est possibility of that happening** det finns inte minsta möjlighet att det ska hända; **not in the** ~**est** inte på minsta sätt, inte alls **2** *s* förolämpning, skymf **3** *vt (uttala sig negativt om etc)* ringakta, uttrycka sitt förakt för; *(inte bry sig om)* (förolämpa genom att) nonchalera/ignorera

slight·ing ['slaɪtɪŋ] *adj* ringaktande, nedlåtande

slight·ly ['slaɪtlɪ] *adv* **(a)** *(i allm)* något, en smula; ~ **ill** lätt sjuk; ~ **better** något bättre **(b):** ~ **built** *(person)* klent/spensligt byggd

slim [slɪm] **1** *adj (-mer, -mest)* **(a)** *(figur, person)* smal, smärt; *(bokvolym)* tunn; ~ **fitting shirt** slimmad/figursydd/insydd skjorta **(b)** *(bildl: resurser)* knapp; *(: bevis)* svag; **his chances are pretty** ~ hans chanser är ganska små **2** *vi* banta

slime [slaɪm] *s (på sjöbotten etc)* slam, dy; *(på fisk, snigel etc)* slem; *(vard: föremål)* ngt äckligt; *(: person)* äcklig typ, äckel

slim·ming ['slɪmɪŋ] **1** *s* bantning **2** *adj* bantnings-

slimy ['slaɪmɪ] *adj (-ier, -iest) (sjö etc)* dyig; *(snigel etc)* slemmig; *(bildl: person)* hal, slemmig, inställsam

sling [slɪŋ] *(v: imperf, perf part* slung*)* **1** *s (vapen)* slunga; *(leksak)* slang|bella/-båge; *(Med)* bindel; **to have one's arm in a** ~ ha armen i band **2** *vt* slänga, kasta; **to** ~ **sth over/across one's shoulder** hänga ngt över axeln

◆ **sling out** *vt* + *adv (vard: skräp)* slänga, kasta; *(: person)* kasta ut

sling·back ['slɪŋbæk] *s*: ~ **shoes** skor med (öppen häl och) hälrem, slingbacks

sling·shot ['slɪŋˌʃɒt] *s (Am)* slang|bella/-båge

slink [slɪŋk] *imperf, perf part* slunk *vi*: **to** ~ **away, to** ~ **off** slinka/smyga iväg

slinky ['slɪŋkɪ] *adj (-ier, -iest) (vard: klänning)* åtsmitande; *(: rörelse)* kattaktig, smygande

slip [slɪp] **1** *s* **(a)** *(i allm)* glidning, halkning; **he had a nasty** ~ **on the ice** han halkade illa på isen; **to give sb the** ~ smita/slinka undan ngn; ~ **road** *(Brit: vid motorväg)* påfartsväg; avfartsväg **(b)**

misstag; **a** ~ **of the pen/tongue** skrivfel/felsägning **(c)** *(plagg)* under|klänning/-kjol; *(till kudde)* örngott, kuddvar **(d)** *(av paper etc)* remsa, lapp; **a** ~ **of paper** en papperslapp **(e)** *(planta)* stickling; **a** ~ **of a boy/girl** en (liten) pojkvasker/ flickunge **2** *vt* **(a)** sticka, stoppa, smyga; **to** ~ **sth into one's pocket** smyga ner/stoppa ngt i fickan; **to** ~ **a coin into a slot** stoppa ett mynt i ett myntinkast; **to** ~ **sb a fiver** sticka till ngn en fempunds-/ femdollar|sedel; **to** ~ **an arm round sb's waist** lägga armen om ngns midja; **to** ~ **on a jumper** dra på sig en jumper; **to** ~ **sth into a document** smyga in ngt i ett dokument; **to** ~ **a disc** få diskbråck; **he has a** ~**ped disc** han har diskbråck **(b)** undkomma, smita från; **he** ~**ped the police escort** han smet från polisbevakningen; **the dog** ~**ped its collar** hunden slank ur sitt halsband; **it** ~**ped my memory** det föll mig ur minnet; **it** ~**ped my attention** det undgick min uppmärksamhet **3** *vi* **(a)** *(glida)* halka, slinta; **I** ~**ped** jag halkade; **my foot** ~**ped** jag halkade med foten; **the knife** ~**ped** kniven slant; **it** ~**ped from her hand** den halkade/gled ur handen på henne; **it** ~**ped out that...** det sipprade/kom ut att...; **he let (it) that...** han lät undfalla sig att...; **to let a chance** ~ **by** låta ett tillfälle glida in ur händerna; **you're** ~**ping** *(bildl vard)* du håller på att tappa stilen **(b)** *(röra sig snabbt)* slinka, smyga, glida; **to** ~ **into/out of a house** slinka *el* smyga in i/ut ur ett hus; **to** ~ **away/off** slinka *el* smyga iväg; **to** ~ **out to the shop** kila iväg till affären; **I'll just** ~ **into something more comfortable** jag ska bara dra på mig litet bekvämare kläder; **the years have** ~**ped by** åren har gått; **a few mistakes had** ~**ped into the report** några misstag hade smugit sig in i rapporten

◆ **slip up** *vi (vard)* göra en tabbe, göra bort sig

slip·knot ['slɪpnɒt] *s* löpknut

slip-on ['slɪpɒn] *adj (om plagg)* som kan dras på; *(om skor)* utan snörning

slip·over ['slɪpˌəʊvəʳ] *s (plagg)* slipover

slip·per ['slɪpəʳ] *s* toffel

slip·pery ['slɪpərɪ] *adj (i allm)* hal, glatt; *(bildl neds: person)* hal, opålitlig

slips [slɪps] *spl*: **the** ~ *(Brit: Teat)* översta radens sida; *(: Cricket)* området till höger bakom grindvakten

slip·shod ['slɪpʃɒd] *adj (arbete)* slarvig, hafsig; *(person)* ovårdad, slafsig

slip·stream ['slɪpstriːm] *s (Flyg)* jetström, propellerström; *(efter bil)* luftdrag

slip-up ['slɪpʌp] *s (vard)* tabbe, fel

slip·way ['slɪpweɪ] *s (Sjö)* slip

slit [slɪt] *(v: imperf, perf part* slit*)* **1** *s (i tyg etc)* reva, snitt; *(i plank etc)* springa; *(i plagg)* sprund **2** *vt (i allm)* skära/spratta upp

slith·er ['slɪðəʳ] *vi (orm etc)* slingra sig (fram); *(person)* kana, hasa (sig fram); **to** ~ **about on ice** halka omkring på is

sliv·er ['slɪvəʳ] *s (av glas etc)* flisa; *(av trä)* sticka, spån; *(av ost etc)* tunn skiva

slob [slɒb] *s (vard)* tölp, slafsig typ

slob·ber ['slɒbəʳ] *vi* **(a)** dregla **(b)** tala gråtmilt

slog [slɒg] **1** *s (arbete)* slit, knog; **it's a hard** ~ **to the top** det är en hård/mödosam vandring till toppen **2** *vt (boll, motståndare)* drämma till **3** *vi* **(a)** *(arbeta)* slita, knoga; **to** ~ **away at sth** slita/kämpa med ngt **(b)** *(vandra etc)* knega, traska mödosamt; **we** ~**ged on for 8 kilometres** vi knegade/kämpade vidare i 8 kilometer

slo·gan ['sləʊɡən] *s* slogan, paroll
sloop [slu:p] *s (enmastat segelfartyg)* slup
slop [slɒp] **1** *s se* **slops**; ~ **bucket** slaskhink **2** *vi (äv:* ~ **over)** skalpa/skvimpa (över); **the water was ~ping about in the bucket** vattnet skvalpade i spannen **3** *vt* spilla ut; **she ~ped the soup into the bowls** hon slevade upp soppan i skålarna
slope [sləʊp] **1** *s (i allm)* lutning; *(på berg)* sluttning; **the car got stuck on a** ~ bilen fastnade i en backe **2** *vi (i allm)* luta; **the garden ~s down to the stream** trädgården sluttar ner mot ån
◆ **slope off** *vi* + *adv (vard)* smita, dunsta
slop·ing ['sləʊpɪŋ] *adj (tak, stig)* sluttande; *(handstil)* lutande
slop·pi·ly ['slɒpɪlɪ] *adv* **(a)** *(skriva etc)* hafsigt; **to dress** ~ klä sig slarvigt/slafsigt **(b)** *(uppföra sig)* sentimentalt
slop·py ['slɒpɪ] *adj* (**-ier, -iest**) **(a)** *(mat)* blaskig, vattnig; *(väg)* sörjig **(b)** *(arbete)* hafsig, slarvig; *(kläder, utseende)* slafsig, slarvig; ~ **Joe** *(plagg)* säckig tröja **(c)** *(film, sång etc)* sentimental, känslodrypande; *(uppförande)* pjollrig, sentimental
slops [slɒps] *spl* **(a)** *(för sjuka)* flytande föda; *(för grisar)* skulor, grismat **(b)** *(smutsvatten)* diskvatten; *(i tekanna)* teblad; *(bildl: smaklös mat)* diskvatten
slosh [slɒʃ] *(vard)* **1** *vt* **(a)** *(vätska)* hälla, skvätta; **to** ~ **some water over sth** blaska lite vatten på ngt **(b)** *(person)* klippa till **2** *vi (vätska)* skvalpa; *(person)* plaska, klafsa; **to** ~ **about in the puddles** klafsa omkring i pölarna
sloshed [slɒʃt] *adj (vard: berusad)* på lyran; **to get** ~ dricka sig full
slot [slɒt] **1** *s* **(a)** *(smalt hål)* springa; *(: i automat)* myntkast; *(: i dörr etc)* brevinkast **(b)** *(fördjupning)* spår, skåra **(c)** *(bildl: i program)* pass, tid; *(Radio, TV)* sändningstid; **there is a** ~ **for you between 9 and 10** det finns en tid åt dig mellan 9 och 10; **the 6 o'clock** ~ *(Radio, TV)* sändningstiden mellan 6 och 7; ~ **machine** *(i allm)* (myntautomat; *(för spel)* spelautomat, enarmad bandit; ~ **meter** gas-/el|mätare med myntinkast **2** *vt* *(föremål)* göra en springa/skåra i **(b)** *(mynt etc)* stoppa i; *(bildl: programpunkt)* pressa in, få in; **I ~ted another 10 pence into the machine** jag stoppade 10 pence till i automaten; **he couldn't** ~ **in any maths during spring term** han kunde inte få in någon matte under vårterminen **3** *vi (i spår el skåra)* glida/ passa in
sloth [sləʊθ, *Am äv)* slɒθ] *s* **(a)** *(egenskap)* lättja, slöhet **(b)** *(Zool)* sengångare
sloth·ful ['sləʊθfʊl, *(Am äv)* slɒθfʊl] *adj* lat, lättjefull
slouch [slaʊtʃ] *vi* gå/stå/sitta med hopsjunken hållning; **she** ~ **into the classroom** hon lommade in i klassrummet; **they were** ~**ing along the street** de strök omkring/hängde på gatan; **he was** ~**ing in the armchair** han satt och hängde i fåtöljen; ~ **hat** slokhatt
slough¹ [slaʊ] *s* **(a)** *(Brit: eg)* träsk; *(: bildl)* träsk, moras **(b)** [slu:] *(Am)* vattensamling *(på präricn)*; marskland *(på stillahavskusten)*; sidokanal i deltaområde
slough² [slʌf] **1** *s* ömsat ormskinn **2** *vt (skinn etc)* ömsa, kasta av; *(bildl: äv:* ~ **off**) göra sig av med
slov·en·ly ['slʌvnlɪ] *adj (person, arbete)* slarvig, hafsig; *(utseende)* ovårdad, slarvig, sjabbig
slow [sləʊ] **1** *adj* (**-er, -est**) **(a)** *(i allm)* långsam; **this car is ~er than my old one** den här bilen är långsammare än min gamla; **he's a ~ worker** han arbetar långsamt; **to be** ~ **to do sth** vara sen att göra ngt; **to be** ~ **to anger** inte bli arg så lätt **(b)** *(klocka)* efter; **my watch is 20 minutes** ~ min

klocka går 20 minuter efter **(c)** *(person)* trögtänkt, långsam; **he was** ~ **to understand/notice that...** det tog lång tid för honom att fatta att.../ lägga märke till att...; **he's a bit** ~ **at maths** han har lite svårt för matte **(d)** *(person, plats)* tråkig; *(film, bok)* långtråkig; **life here is** ~ här är tråkigt, här händer inte mycket; **the game is very** ~ matchen är mycket händelsefattig; **business is** ~ *(Handel)* affärerna går trögt **(e)** *(väg, löparbana etc)* långsam; **the** ~ **lane of a motorway** långsamma filen på en motorväg; **bake for two hours in a** ~ **oven** grädda/stek i två timmar i svag ugnsvärme; ~ **motion** *(Film, TV)* slow motion **2** *adv* **(-er, -est)** långsamt, sakta; **to go** ~ *(i bil etc)* köra långsamt/sakta; *(på arbetsplats)* maska; **(go)** ~ *(på skylt)* kör sakta **3** *vt (äv:* ~ **down,** ~ **up:** *person, utveckling)* bromsa upp; *(motor)* sakta ner; **that car ~s up the traffic** den där bilen bromsar upp trafiken **4** *vi (äv:* ~ **down,** ~ **up:** *i allm)* sänka farten, sakta ned; *(: bil)* sakta in; **production has ~ed to almost nothing** produktionen har sjunkit till nästan noll
slow-acting ['sləʊ,æktɪŋ] *adj (medicin, gift)* långsamt verkande
slow·coach ['sləʊkəʊtʃ] *s (vard)* slöfock, sölkorv
slow·down ['sləʊdaʊn] *s (i allm)* uppbromsning, nedgång; *(Am)* maskningsaktion
slow·ly ['sləʊlɪ] *adv* långsamt, sakta; ~ **but surely** sakta men säkert
slow·ness ['sləʊnɪs] *s (se* **slow** 1a, c, d) långsamhet; tröghet; tråkighet
slow-witted [,sləʊ'wɪtɪd] *adj* trögtänkt
slow·worm ['sləʊwɜ:m] *s (Zool)* ormslå, kopparorm
sludge [slʌdʒ] *s (i allm)* dy, slam; *(från reningsverk)* rötslam
slug [slʌɡ] **1** *s* **(a)** *(Zool)* (skallös) snigel **(b)** *(till gevär)* kula; *(till automat)* pollett; *(: illegal)* falskt mynt **(c)** *(i sht Am vard)* smäll, råsop **(d): a** ~ **of whisky** *(vard)* en slurk whisky **2** *vt (i sht Am vard)* drämma till
slug·ger ['slʌɡə'] *s (Sport: i sht Am vard)* slår hårt, slugger
slug·gish ['slʌɡɪʃ] *adj (person)* slö, lat; *(flod)* trögflytande; *(bil)* slö; *(marknad)* trög; *(puls)* långsam
sluice [slu:s] **1** *s (=* ~**gate)** dammlucka; *(=* ~**way)** ränna **2** *vt:* **to** ~ **sth down/out** spola av ngt
slum [slʌm] **1** *s (vanl pl: område)* slum; *(hus)* slumfastighet; **to live in the** ~**s** bo i slummen; ~ **clearance (programme)** sanerings(sprogram) **2** *vi:* **to go** ~**ming** *(vard)* turista i slummen; **to** ~ **it** *(vard)* leva fattigt
slum·ber ['slʌmbə'] **1** *s (äv:* ~**s)** slummer **2** *vi* slumra
slump [slʌmp] **1** *s (i allm)* nedgång, fall; *(ekonomisk)* depression, lågkonjunktur; **the** ~ **in the price of copper** prisfallet på koppar **2** *vi* **(a)** *(pris)* gå ned/sjunka kraftigt, rasa; *(produktion)* gå ned/sjunka kraftigt; *(bildl: laganda, stridsvilja)* sjunka **(b)** *(person):* **to** ~ **into a chair** sjunka ihop i en fåtölj; **he was ~ed over the wheel** han hade sjunkit ihop över ratten
slung [slʌŋ] *imperf, perf part av* **sling**
slunk [slʌŋk] *imperf, perf part av* **slink**
slur [slɜ:ʳ] **1** *s* **(a)** *(kommentar)* nedsättande uttalande, skymf; **to cast a** ~ **on sb** svärta ner ngn; **a** ~ **on sb's reputation** en fläck på ngns goda rykte **(b)** *(Mus)* legatobåge **2** *vt (ord)* uttala sluddrigt/otydligt; *(Mus: i framförande)* sjunga/ spela legato; *(: i notskrift)* förbinda med legatobåge
slurp [slɜ:p] *(vard)* **1** *vt (dryck)* sörpla i sig; *(mat)*

smaska i sig 2 *vi* sörpla, smaska, smacka
slurred [slɜ:d] *adj (tal)* sluddrig
slush [slʌʃ] *s (smältande snö)* snösörja, slask; *(blöt jord)* gyttja, lera; *(vard: dålig litteratur etc)* sentimental smörja; ~ **fund** *(i sht Am)* mutfond
slushy ['slʌʃı] *adj* (-ier, -iest) *(snö, jord)* sörjig; *(vard: litteratur etc)* sentimental, känslodrypande
slut [slʌt] *s (omoralisk kvinna)* slampa; *(ovårdad kvinna)* slarva, subba *(vard)*
sly [slaı] 1 *adj* (-ier, -iest) *(knep, person)* listig, slug; *(person, uppförande)* hemlighetsfull; *(person, blick)* skälmsk, spjuveraktig 2 *s*: **on the** ~ i smyg; **to drink on the** ~ smygsupa, skåpsupa
sly·ly ['slaılı] *adv (se* sly*)* slugt; hemlighetsfullt; skälmskt
smack[1] [smæk] 1 *s (eg, bildl)* svag smak, bismak 2 *vi*: **to** ~ **of** *(eg)* smaka; *(bildl)* ha en anstrykning av, lukta
smack[2] [smæk] 1 *s (slag)* smäll, dask, klatsch; *(med läpparna)* smällkyss; *(ljud: av slag)* smäll, klatsch; *(: av läppar)* smack(ning); **to give a child a** ~ ge ett barn en dask 2 *vt (slå: barn)* smälla/daska till; **she** ~**ed the child's bottom** hon gav barnet smisk på stjärten; **to** ~ **one's lips** *(eg)* smacka med läpparna; *(bildl: i förväntan)* slicka sig om munnen 3 *adv (vard)* rakt, rätt; **it fell** ~ **in the middle of the floor** den föll precis mitt på golvet; **she ran** ~ **into the door** hon sprang rakt/rätt på dörren
smack[3] [smæk] *s (Sjö)* (fiske)smack
smack·er ['smækəʳ] *s (vard: kyss)* smällkyss; *(: pengar)* pund, dollar: *he won 50* ~s
small [smɔ:l] 1 *adj* (-er, -est) *(i allm)* liten; *(person: äv)* kort; *(lön)* låg; *(lager, tillgång)* liten; *(midja)* smal; *(måltid)* lätt; *(bokstav)* liten; *(text)* finstilt; *(röst)* låg; *(ökning, förbättring)* liten, obetydlig; **when we were** ~ när vi var små; **this house makes the other one look** ~ det här huset får det andra att verka litet; **the** ~**est possible number of books** minsta möjliga antal böcker; **to have a** ~ **appetite** vara liten i maten; **to feel** ~ *(bildl)* känna sig liten/förkrossad; **a** ~ **problem** ett litet problem; **to have** ~ **hope of success** ha små utsikter till framgång; **to have** ~ **cause/reason to do sth** inte ha ngn anledning att göra ngt; **to start in a** ~ **way** börja i liten skala; **a** ~ **businessman** småföretagare, innehavare av mindre rörelse; ~ **ad** *(Brit)* småannons; ~ **arms** handeldvapen; ~ **beer** *(Brit: bildl)* småpotatis; ~ **change** småpengar, växel; **the** ~ **hours** småtimmarna; ~ **potatoes** *(Am: bildl)* småpotatis; **the** ~ **screen** TV(-mediet); ~ **talk** småprat 2 *s*: **the** ~ **of the back** korsryggen; ~s *(Brit vard)* underkläder 3 *adv*: **to cut sth up** ~ skära ngt i småbitar
small·holding ['smɔ:l,həʊldıŋ] *s* småbruk
small·ish ['smɔ:lıʃ] *adj* ganska liten; **a bit** ~ i minsta laget
small-minded [,smɔ:l'maındıd] *adj (alltför noggrann)* småaktig; *(intolerant)* trångsynt
small·ness ['smɔ:lnıs] *s (i allm)* litenhet
small·pox ['smɔ:lpɒks] *s (Med)* smittkoppor
small-scale ['smɔ:lskeıl] *adj (karta, modell)* i liten skala; *(projekt)* småskalig, i liten skala
small-time ['smɔ:ltaım] *adj (vard)* obetydlig, dussin-; **a** ~ **thief** en småtjuv
small-town ['smɔ:ltaʊn] *adj (eg)* småstads-; *(bildl)* inskränkt
smarmy ['smɑ:mı] *adj* (-ier, -iest) *(vard)* inställsam, sliskig
smart [smɑ:t] 1 *adj* (-er, -est) **(a)** *(kläder, person, hotell)* elegant, flott; ~ **people** fint folk; ~ **circles** fashionabla kretsar; **that's a** ~ **car** det var en flott bil **(b)** *(person, elev)* intelligent, skarpt; *(tjuv)* durkdriven, smart; **he was too** ~

for me han var för smart för mig; **that was pretty** ~ **of you** *(pos)* det var riktigt fiffigt/smart av dig; *(iron)* det var duktigt (av dig); ~ **work by the police led to...** skickligt arbete av polisen ledde till... **(c)** *(slag)* hård, skarp; *(takt)* snabb, rask; **look** ~! raska på!; **look** ~ **about it!** låt det gå undan! 2 *vi* **(a)** *(slag etc)* svida; **my eyes are** ~**ing** det svider i mina ögon **(b)** *(bildl)* plågas; **she's still** ~**ing from his remarks** hans kommentarer svider fortfarande i skinnet på henne; **to** ~ **under an insult** plågas av en förolämpning
smart-aleck ['smɑ:t,ælık] *s (vard)* viktigpetter, besserwisser
smart·en ['smɑ:tn] 1 *vt (äv:* ~ **up**) snygga/piffa upp; **to** ~ **up one's ideas** *(vard)* rycka upp sig, ta sig i kragen 2 *vi (äv:* ~ **up**) snygga till sig, piffa upp sig
smart·ly ['smɑ:tlı] *adv* **(a)** *(klä sig)* elegant, flott **(b)** *(svara)* fyndigt, kvickt **(c)** *(gå)* raskt, snabbt; *(slå)* hårt
smart·ness ['smɑ:tnıs] *s* **(a)** *(i utseende)* prydlighet, elegans **(b)** *(hos elev)* intelligens, vakenhet; *(hos svar)* fyndighet, kvickhet; *(hos brottsling etc)* smarthet, smartness
smash [smæʃ] 1 *s (ljud)* krasch, brak; *(med bilar etc)* krock; *(med flygplan)* krasch; *(Tennis etc)* smash; **he died in a car** ~ han dog i en bilolycka 2 *vt (apparat)* slå sönder; *(glas)* krossa; *(bil)* kvadda; *(motståndare: bildl)* krossa, tillintetgöra; *(hopp)* grusa; *(Sport: rekord)* slå med god marginal; *(Tennis etc)* smasha; **he** ~**ed it against the wall** han drämde/dängde den i väggen; **we will** ~ **this crime ring** vi ska spränga den här ligan 3 *vi (glas)* krossas, gå sönder; *(Tennis etc)* smasha; **the car** ~**ed into the wall** bilen kraschade/smällde in i väggen
♦ **smash down** *vt + adv (dörr)* slå in
♦ **smash in** *vt + adv (dörr)* slå in; *(fönster)* krossa; **to** ~ **sb's face in** *(vard)* slå in tänderna på ngn, slå ngn på käften
♦ **smash up** *vt + adv (bil)* kvadda; *(vard: inredning, möbler etc)* slå sönder; *(: person)* slå sönder och samman
smash-and-grab [,smæʃən'græb] *adj*: ~ **raid/robbery** inbrott i skyltfönster
smash-hit [,smæʃ'hıt] *s (i allm)* dundersuccé; *(melodi)* jätte-hit
smash·ing ['smæʃıŋ] *adj (i sht Brit vard)* toppen(-), alla tiders; *(: flicka)* jättesnygg; *(: present)* jättefin; **we had a** ~ **time** vi hade det underbart, vi hade jättekul
smat·ter·ing ['smætərıŋ] *s*: **to have a** ~ **of sth** ha ett hum om ngt; **I have a** ~ **of Greek** jag kan lite grekiska
smear [smıəʳ] 1 *s (eg)* (fett)fläck; *(bildl)* smutskastning; *(Med:* = ~ *test)* utstryksprov; *(: i sht)* cellprov, cytologprov, smearprov *(spec)*; ~ **campaign** smutskastningskampanj 2 *vt* **(a)** smeta, kladda; **to** ~ **one's face with blood** smeta ner sig i ansiktet med blod **(b)** *(tryck)* sudda till **(c)** *(bildl)* svärta ner, smutskasta 3 *vi (färg, bläck)* smeta, kladda
smell [smel] *(v: imperf, perf part* **smelled** *el* **smelt**) 1 *s* **(a)** *(äv:* **sense of** ~) luktsinne; **to have a keen sense of** ~ ha ett skarpt luktsinne **(b)** lukt; **it has a nice** ~ den har en angenäm lukt/doft; **there's a strong** ~ **of gas here** det är en kraftig gaslukt här 2 *vt* känna lukten av, lukta; **I** ~ **gas** det luktar gas; **she smelt the rose** hon luktade på rosen; **to** ~ **danger** *(bildl)* ana oråd; **to** ~ **a rat** *(bildl)* ana ugglor i mossen 3 *vi (avge lukt)* lukta; *(dra in lukt)* lukta *(at på)*; **your feet** ~ dina fötter luktar illa; **my fingers** ~ **of garlic** jag luktar vitlök om fingrarna; **it** ~s **like chicken** det luktar som kyckling; **it** ~s **good** det luktar gott; **it**

~s damp in here det luktar fukt här inne
♦ **smell out** vt + adv **(a)** (hund: villebråd) spåra/
vädra upp **(b)**: **your feet ~ the room out!** dina
fötter förpestar hela rummet!
smell·ing ['smelɪŋ] s: **~ salts** luktsalt
smelly ['smelɪ] adj (-ier, -iest) (vard) illaluktande,
stinkande
smelt[1] [smelt] imperf, perf part av **smell**
smelt[2] [smelt] vt (malm) smälta
smelt[3] [smelt] s (Zool) nors
smile [smaɪl] **1** s leende; **... she said with a ~ ...** sa
hon (med ett) leende, **... sa hon och log; with a ~
on one's lips** med ett leende på läpparna; **to be all
~s** le med hela ansiktet; **to give sb a ~** le mot
ngn; **to wipe the ~ off sb's face** (vard) se till att
ngn slutar flina **2** vi le; **to ~ at sb** le mot/åt ngn;
to ~ at sth le åt ngt; **to keep smiling** se glad ut;
fortune ~d on him lyckan log mot honom **3** vt:
he ~d his appreciation han log uppskattande
smil·ing ['smaɪlɪŋ] adj (eg, bildl) leende
smirk [smɜːk] **1** s självbelåtet leende, flin **2** vi
le självbelåtet, flina
smite [smaɪt] imperf **smote**, perf part **smitten** vt
(åld: eg) slå; (: bildl) förgöra; se äv **smitten**
smith [smɪθ] s smed
smith·er·eens [ˌsmɪðə'riːnz] spl: **to smash sth to ~**
slå ngt i tusen bitar/i småbitar
smithy ['smɪðɪ] s smedja
smit·ten ['smɪtn] **1** perf part av **smite** **2** adj: **~
with sb** störtkär/betagen i ngn; **~ with flu** drab-
bad av influensa; **~ with remorse** gripen av sam-
vetskval/ånger
smock [smɒk] s (arbetsklädsel) skyddsrock;
(damplagg) utanpåskjorta, tunik
smock·ing ['smɒkɪŋ] s smock(söm)
smog [smɒg] s smog
smoke [sməʊk] **1** s **(a)** rök; **there's no ~ with-
out fire** ingen rök utan eld; **to go up in ~** (eg, bildl)
gå upp i rök; **~ bomb** rökbomb; **~ screen** (Mil,
bildl) rökridå; **~ signal** röksignal **(b)** (på ci-
garett etc) rök, bloss; **to have a ~** ta ett bloss; **~
shop** (Am) tobaksaffär **2** vt **(a)** (tobak)
röka **(b)** (skinka, fisk) röka **3** vi **(a)**
(skorsten, eld) ryka; (spis) ryka in **(b)** (person)
röka; **do you ~?** röker du?
♦ **smoke out** vt + adv (insekter etc) röka ut
smoked [sməʊkt] adj (skinka, fisk) rökt; **~ glass**
sotat glas
smoke·less ['sməʊklɪs] adj (bränsle) som inte av-
ger rökgaser; (stadsdel etc) rökgasfri
smoker ['sməʊkə^r] s (person) rökare; (Järnv) rök-
kupé; **he's a heavy ~** han är storrökare; **~'s
cough** rökhosta
smoke·stack ['sməʊkˌstæk] s (på industri, fartyg)
skorsten; (Am: på lok) skorsten
smok·ing ['sməʊkɪŋ] **1** adj (person) rökande;
(skorsten, eld) rykande **2** s rökning, rökande; **no
~** (skylt) rökning förbjuden; **she's given up ~**
hon har slutat röka; **~ compartment** (Järnv) rök-
kupé; **~ car** (Am: Järnv) rökvagn; **~ jacket** rö-
krock
smoky ['sməʊkɪ] adj (-ier, -iest) (skorsten, eld) ry-
kande; (spis) osande; (rum, luft) rökig; (tak) ned-
rökt, sotig; (ögon, ädelsten) rökfärgad; (skinka)
rökt, röksmakande
smol·der ['sməʊldə^r] vi (Am) = **smoulder**
smooch [smuːtʃ] **1** s (Brit vard: melodi) tryck-
are **2** vi (vard: kela) pussas, kramas; (: Brit)
dansa en tryckare
smooth [smuːð] **1** adj (-er, -est) **(a)** (väg, yta)
slät, jämn; (hud) len, slät; (havsyta) stilla,
lugn **(b)** (deg) slät, jämn **(c)** (landning, start)
mjuk; (gång) jämn **(d)** (resa, flyttning)
smidig **(e)** (röst, cigarettrök, whisky) len,
mild **(f)** (neds: person) hal, insmickrande **2**

vt **(a)** (äv: ~ **down:** hår etc) rätta till, släta till;
to ~ the way for sb (bildl) bereda väg/jämna
vägen för ngn **(b)** (trä) slipa; **to ~ away
wrinkles** släta ut rynkor
♦ **smooth out** vt + adv (tyg, veck) släta till; (bildl:
problem) reda ut
♦ **smooth over** vt + adv: **to ~ things over** (bildl)
släta över/reda ut problemen
smooth·ly ['smuːðlɪ] adv (se **smooth**) slätt, jämnt;
mjukt; smidigt; halt, insmickrande; **everything
went ~** allt gick som smort
smooth·ness ['smuːðnɪs] s (se **smooth**) släthet,
jämnhet; stillhet; smidighet; lenhet, mildhet
smooth-running [ˌsmuːð'rʌnɪŋ] adj (motor etc)
som går jämnt, spinnande
smor·gas·bord ['smɔːgəsˌbɔːd] s smörgåsbord
smote [sməʊt] perf part av **smite**
smoth·er ['smʌðə^r] vt **(a)** (person, eld, gäspning,
snyftning) kväva **(b)** (täcka) överösa, överhölja
(in med); **fruit ~ed in cream** frukt täckt av
grädde
smoul·der, (Am) **smol·der** ['sməʊldə^r] vi (eg)
pyra, glöda; (bildl: ögon, blick) glöda; **~ing anger**
pyrande vrede
smudge [smʌdʒ] **1** s (smuts)fläck **2** vt (papper)
fläcka/smutsa ned; (tryck) göra suddig; (läppstift)
gnida/kladda ut; (färg) kladda till; **her face was
~d with tears** hennes ansikte var strimmigt av
tårar **3** vi (bläck) kladda; (färg) smeta; (bildl) bli
suddig
smug [smʌg] adj (-ger, -gest) (person, leende)
självbelåten
smug·gle ['smʌgl] vt (eg, bildl) smuggla; **to ~ goods
in/out** smuggla in/ut varor; **to ~ sth past/through
Customs** smuggla ngt genom tullen
smug·gler ['smʌglə^r] s smugglare
smug·gling ['smʌglɪŋ] s smuggling
smug·ly ['smʌglɪ] adv självbelåtet
smut [smʌt] s (av sot etc) sot-/smuts|fläck;
(växtsjukdom) rost; (bildl) oanständigheter,
snusk; **to talk ~** vara ful i mun
smut·ty ['smʌtɪ] adj (-ier, -iest) (ansikte) smutsig,
sotig; (film, sång, skämt) oanständig, snuskig
snack [snæk] s matbit, mellanmål; **to have a ~** äta
ngt lätt, slänga i sig en bit mat; **~ bar** snackbar,
smörgåsbar
sna·fu [snæ'fuː] (Am vard: förk = situation normal:
all fucked up) **1** adj hopplöst tilltrasslad, åt sko-
gen **2** s hopplös röra, kaos
snag [snæg] s (ngt avbrutet) trädstubbe,
grenstump; tandstump; (på tröja etc) uppriven
tråd, maska; (i tyg) reva; (bildl) hake, oväntad
svårighet; **what's the ~?** vad är det som hänger
upp sig?; **to run into/hit a ~** stöta på oväntade
svårigheter
snail [sneɪl] s (med skal) snigel, snäcka (spec); **at a
~'s pace** i snigelfart
snake [sneɪk] s orm; **a ~ in the grass** (bildl) en orm i
paradiset, en falsk vän; **~ charmer** ormtjusare;
~s and ladders (Brit) 'ormar och stegar' ett tär-
ningsspel med en spelplan där man kan få göra
genvägar ('ladders') o omvägar ('snakes')
snake·bite ['sneɪkbaɪt] s ormbett
snake·skin ['sneɪkskɪn] s ormskinn
snap [snæp] **1** s (ljud: av lås, fingrar) knäpp; (: av
ngt som bryts) knäck, smäll; (äv: ~ **fastener:** av
kläder etc) tryckknapp, knäppe; (Foto) kort, foto;
(Brit: för barn) enkelt kortspel; **cold ~** (vard)
köldknäpp; **the dog made a ~ at the biscuit**
hunden nafsade efter kexet **2** adj (i allm)
plötslig, snabb; **~ decision** snabbt beslut **3**
vt **(a)** (penna etc) bryta av **(b)**: **to ~ one's
fingers** knäppa med fingrarna; **to ~ one's fingers
at sb/sth** (bildl) strunta i ngn/ngt, visa förakt för
ngn/ngt **(c)** (lås etc) knäppa (igen); **to ~ a box**

shut smälla igen en ask **(d)** *(säga irriterat)* snäsa; **'be quiet!' she** ~**ped** 'tyst!' snäste/fräste hon **(e)** *(Foto)* knäppa, ta ett kort av **4** *vi* **(a)** *(gren)* knäckas, gå av; *(gummiband)* gå av **(b)** *(piska)* smälla **(c)** *(lås)* knäppa, klicka; **it** ~**ped shut** den slog igen med en liten smäll, den stängdes med ett knäpp; **to** ~ **into place** hoppa i rätt läge **(d)** *(hund)* nafsa, hugga *(at efter)*
◆ **snap off** *vt + adv* bryta av; **to** ~ **sb's head off** *(bildl)* snäsa av ngn
◆ **snap out** *vt + adv (order, fråga)* spotta fram **2** *vi + adv:* ~ **out of it!** *(vard)* ryck upp dig!
◆ **snap up** *vt + adv:* **to** ~ **up a bargain** *(bildl)* snappa åt sig ett fynd
snap·dragon ['snæp₁drægən] *s (Bot)* lejongap
snap·per ['snæpə'] *s (Am vard: på kläder etc)* tryckknapp
snap·pish ['snæpɪʃ] *adj (: person)* snäsig
snap·py ['snæpɪ] *adj (-ier, -iest) (vard: konversation)* kvick; *(: person)* pigg, vaken; *(: kläder)* smart, fräsig; **make it** ~! raska på, låt det gå undan
snap·shot ['snæpʃɒt] *s (Foto)* kort, foto
snare [sneə'] **1** *s (eg)* snara; *(bildl)* fälla, fara **2** *vt (eg)* snara, fånga i snara; *(bildl)* snärja
snarl[1] [snɑːl] **1** *s* morrande **2** *vi* morra *(at åt)*
snarl[2] [snɑːl] **1** *s (i garn etc)* härva, trassel **2** *vt (äv:* ~ **up:** *garn)* trassla till; *(: trafik)* köra ihop, stoppa upp; *(: plan)* trassla till
snarl-up ['snɑːlʌp] *s (i allm)* trassel, röra; *(i trafiken)* trafikkaos
snatch [snætʃ] **1** *s* **(a): to make a** ~ **at sth** hugga/gripa efter sth **(b)** *(vard: av pengar, juveler etc)* stöld; *(: av person)* kidnappning **(c)** *(i allm)* bit, brottstycke; ~**es of (a) conversation** brottstycken av (ett) samtal; **to sleep in** ~**es** sova korta perioder **2** *vt (i allm)* rycka till sig; **to** ~ **a meal** få sig en bit mat; **to** ~ **some sleep** ta sig en tupplur; **to** ~ **a kiss** stjäla sig till en kyss; **to** ~ **a knife out of sb's hand** rycka en kniv ur ngns hand **3** *vi (av mat etc)* hugga för sig; **to** ~ **at sth** *(eg, bildl)* gripa efter
◆ **snatch away** *vt + adv* rycka undan; **to** ~ **sth away from sb** rycka ifrån ngn ngt
◆ **snatch up** *vt + adv* slita till sig, nappa åt sig
snaz·zy ['snæzɪ] *adj (vard: kläder)* flott, fräsig
sneak [sniːk] **1** *vt* smyga, smussla; **to** ~ **sth out of a place** smussla ut ngt från ett ställe; **to** ~ **a look at sth** titta i smyg på ngt; **he** ~**ed a quick cigarette** han smög sig till ett snabbt bloss **2** *vi* **(a): to** ~ **in/out** smyga (sig) in/ut; **to** ~ **away** *el* **off** smyga/smita iväg; **to** ~ **off with sth** smita iväg med ngt **(b): to** ~ **on sb** *(vard)* skvallra på ngn **3** *vi (vard)* skvallerbytta; ~ **preview** *(av film)* förhandsvisning; ~ **thief** 'smygtjuv' *som går in i olåsta rum och tar vad han får tag i*
sneak·ers ['sniːkəz] *spl (i sht Am)* gymnastikskor
sneak·ing ['sniːkɪŋ] *adj (åsikt)* hemlig, outtalad; *(känsla)* smygande, dunkel; **to have a** ~ **dislike of sb** ha en outtalad/hemlig aversion mot ngn; **to have a** ~ **feeling that...** ha en smygande/svag känsla att...
sneaky ['sniːkɪ] *adj (-ier, -iest) (vard: person, handling)* lömsk, ojust
sneer [snɪə'] **1** *s (ansiktsuttryck)* hånleende; *(kommentar)* gliring, pik **2** *vi* hånle *(at åt)*; **to** ~ **at sb/sth** *(äv)* håna ngn/ngt
sneeze [sniːz] **1** *s* nysning **2** *vi* nysa; **an offer not to be** ~**d at** ett erbjudande som inte är att förakta
snick·er ['snɪkə] *vi (i sht Brit: häst)* gnägga; *(Am: person)* fnissa, flina
snide [snaɪd] *adj (vard: kommentar)* spydig
sniff [snɪf] **1** *s (av luft)* andetag; *(av doft)* sniff; **have a** ~ **of the perfume!** andas in (lukten av) parfymen!; **a** ~ **of contempt** en fnysning av

förakt **2** *vt (doft, luft)* andas/dra in genom näsan; *(föremål)* sniffa/snusa/lukta på; *(thinner etc)* sniffa **3** *vi (hund)* vädra; *(person)* sniffa, dra in luft genom näsan; *(: av förkylning)* snörvla; **to** ~ **at sth** *(person)* lukta på ngt; *(hund)* lukta/nosa på ngt; **don't** ~! snörvla inte!
◆ **sniff out** *vt + adv (eg, bildl)* nosa reda på
snif·fle ['snɪfl] = **snuffle**
snif·ter ['snɪftə'] *s (glas)* konjakskupa; *(vard: dryck)* smutt
snig·ger ['snɪgə'] **1** *s* fniss, flin **2** *vi* fnissa, flina *(at åt)*
snip [snɪp] **1** *s (handling)* klipp; *(föremål)* (avklippt) bit; *(vard: billig vara)* fynd, kap, klipp **2** *vt* klippa av; **to** ~ **sth off** klippa av ngt
snipe [snaɪp] **1** *s (fågel)* (enkel)beckasin **2** *vt:* **to** ~ **at sb** *(eg)* skjuta ngn ur bakhåll; *(bildl)* idka krypskytte mot ngn
snip·er ['snaɪpə'] *s* krypskytt
snip·pet ['snɪpɪt] *s (av papper, tyg etc)* bit, remsa; *(av information, samtal etc)* lösryckt bit, fragment
snitch [snɪtʃ] *vi (vard)* skvallra *(on på)*
sniv·el ['snɪvl] *vi (med rinnande näsa)* snörvla, snora; *(klagande)* gnälla, jämra sig
sniv·el·ling ['snɪvlɪŋ] *adj (med rinnande näsa)* snörvlande; *(klagande)* gnällig
snob [snɒb] *s* snobb; ~ **appeal/value** statusvärde; **an intellectual** ~ en intellektuell snobb
snob·bery ['snɒbərɪ] *s* snobberi, högfärd
snob·bish ['snɒbɪʃ] *adj* snobbig, högfärdig
snook [snuːk] *s (bildl vard):* **to cock a** ~ **at sb** räcka lång näsa åt ngn
snook·er ['snuːkə'] **1** *s (slags biljard)* snooker **2** *vt:* **to be properly** ~**ed** *(bildl vard)* vara i en besvärlig situation, sitta i klistret
snoop [snuːp] **1** *s:* **to have a** ~ **round** snoka omkring **2** *vi (äv:* ~ **about,** ~ **around)** snoka (omkring); **don't** ~ **into my private life!** lägg dig inte i mitt privatliv!
snoop·er ['snuːpə'] *s (vard)* snok, spion
snoopy ['snuːpɪ] **1** *adj (vard)* nyfiken **2** *s:* **S**~ *(seriefigur)* Snobben
snooty ['snuːtɪ] *adj (-ier, -iest) (vard)* snorkig, mallig
snooze [snuːz] **1** *s* (tupp)lur; **to have a** ~ ta sig en (tupp)lur **2** *vi* sova, ta sig en (tupp)lur
snore [snɔː'] **1** *s* snarkning **2** *vi* snarka
snor·kel ['snɔːkl] *s* snorkel
snort [snɔːt] **1** *s (ljud)* fnysning, frustning; *(vard: dryck)* hutt **2** *vi (häst)* frusta; *(person)* fnysa
snort·er ['snɔːtə'] *s (Brit vard)* **(a)** *(i allm)* toppengrej, enorm grej; **a real** ~ **of a problem** en svår nöt att knäcka **(b)** *(dryck)* hutt
snot [snɒt] *s (vard)* snor
snot·ty ['snɒtɪ] *adj (-ier, -iest) (vard: eg)* snorig; *(: bildl)* snorkig, mallig
snout [snaʊt] *s (på djur)* tryne, nos
snow [snəʊ] **1** *s* **(a)** *(i allm)* snö; *(nederbörd)* snöfall; ~ **blindness** *(Med)* snöblindhet; ~ **report** rapport om snösituationen; ~ **tyre** vinterdäck **(b)** *(bildl: på TV)* snö, brus **(c)** *(vard)* kokain *el* heroin **2** *vt:* **to be** ~**ed in/up** *(by etc)* vara isolerad av snön; **to be** ~**ed under with work** *(bildl vard)* vara överlupen med arbete; **he really** ~**ed her** *(Am vard)* han lyckades verkligen imponera på henne **3** *vi* snöa
snow·ball ['snəʊbɔːl] **1** *s* snöboll **2** *vi (bildl)* växa lavinartat
snow·bound ['snəʊbaʊnd] *adj (by etc)* isolerad av snön
snow-capped ['snəʊkæpt] *adj (bergstopp)* snö/täckt/-klädd
snow-covered ['snəʊ₁kʌvəd] *adj (fält etc)* snötäckt
snow·drift ['snəʊdrɪft] *s* snödriva

snow·drop ['snəʊdrɒp] s (Bot) snödroppe

snow·fall ['snəʊfɔːl] s (väder) snöfall; (neder-bördsmängd) snömängd

snow·flake ['snəʊfleɪk] s snöflinga

snow·man ['snəʊmæn] s, pl -men snögubbe; the abominable ~ snömannen

snow·plough, (Am) **snow·plow** ['snəʊplaʊ] s snöplog

snow·shoe ['snəʊʃuː] s snösko

snow·storm ['snəʊstɔːm] s snöstorm, snööväder

snow-white [,snəʊ'waɪt] adj vit som snö, snövit

snowy ['snəʊɪ] adj (-ier, -iest) (klimat) snöig; (landskap) snöig, snötäckt; (hår, lakan) vit som snö

snub [snʌb] 1 s avsnoppning, avspisning 2 vt (person) snäsa/snoppa av, sätta på plats

snub-nosed ['snʌbnəʊzd] adj trubbnäst

snuff[1] [snʌf] s snus; **to take** ~ snusa

snuff[2] [snʌf] vt (ljus) snoppa; **to** ~ **out** (ljus) släcka; **to** ~ **it** (Brit vard: dö) kola

snuff·box ['snʌfbɒks] s snusdosa

snuf·fle ['snʌfl] 1 s snörvling; **I have a slight** ~ jag är lite täppt i näsan 2 vi snörvla

snug [snʌg] adj (-er, -est) (rum) ombonad, trivsam; (kläder) åtsittande; **to be** ~ **in bed** ha det varmt och skönt i sängen; **this jacket is a** ~ **fit** den här jackan passar precis

snug·gle ['snʌgl] vi göra det bekvämt för sig; **to** ~ **down in bed** krypa ner i sängen; **to** ~ **up to sb** smyga sig intill ngn, krypa upp hos ngn

snug·ly ['snʌglɪ] adv skönt, behagligt; **it fits** ~ (klädesplagg) den sitter som gjuten

so [səʊ] 1 adv **(a)** så, i så hög grad; ~ **quickly** så snabbt; **it is** ~ **big that...** den är så stor att...; **she's not** ~ **intelligent as him** hon är inte så intelligent som han; **I wish you weren't** ~ **clum-sy** jag önskar att du inte var så klumpig; **I love you** ~ jag älskar dig så; **I'm** ~ **worried** jag är så orolig; **I've got** ~ **much to do** jag har så mycket att göra; **thank you** ~ **much** tack så väldigt mycket
(b) så, på det sättet, på så sätt; **if** ~ i så fall; **he likes things just** ~ han vill att allt ska vara perfekt ordnat; ~ **do I** det gör jag också; **he's wrong and** ~ **are you** han har fel och det har du också; **and** ~ **forth/and** ~ **on** och så vidare; ~ **it is!/**~ **it does!** ja, det är det!/ja, det gör den!; **it** ~ **happens that...** det råkar vara på det sättet att...; **I hope** ~ jag hoppas det; **I thought** ~ det var (väl) det jag trodde; **or** ~ **he says** det säger han i alla fall; ~ **to speak** så att säga, som man säger; **I told you** ~ jag sa ju det, det var det jag sa; ~ **saying** he walked away med de orden gick han sin väg; **to do** ~ göra det; **go ahead and do** ~! (i vredesmod) gör du det bara!
(c) (i diverse fraser): **she didn't** ~ **much as send me a birthday card** hon inte så mycket som skickade mig ett födelsedagskort; **I haven't** ~ **much as a penny** jag har inte så mycket som en penny (ens); ~ **much for her promises!** så mycket var hennes löften värda!; **ten or** ~ ungefär tio; **ten or** ~ **people** tio människor eller där omkring/något sådant; ~ **long!** (vard) hej så länge!
(d) (i frågor, utrop) så; ~ **you're Spanish?** så du är från Spanien!; ~ **that's the reason!** så det är orsaken!; ~ **(what)?** (vard) än sen (då)?
(e) (förklarande) så, därför; **he started yelling at me,** ~ **I left** han började skrika åt mig, så jag gav mig iväg; **she knew he was in a bad mood,** ~ **decided not to disturb him** hon visste att han var på dåligt humör och beslöt sig därför att inte störa honom
2 konj **(a)** (i uttr f syfte): ~ (vard), ~ **as to,** ~ **that** för att; **we hurried** ~ **as not to be late** vi

skyndade oss för att inte komma för sent; **they adjourned the meeting** ~ **that they could discuss the matter** de ajournerade mötet för att kunna diskutera saken; **he bought a new car** ~ **he could impress his girlfriend** (vard) han köpte en ny bil för att imponera på sin flickvän
(b) (i uttr f resultat): ~ **that** så att; **he stood** ~ **that he faced west** han stod så att han hade ansiktet mot väster

soak [səʊk] 1 vt **(a)** (tvätt) lägga i blöt; **to** ~ **sth in a liquid** dränka in ngt i en vätska; **to get** ~**ed (to the skin), to be** ~**ed through** bli genomblöt/blöt in på bara kroppen **(b)** (vard: kund) skinna, skörta upp 2 vi **(a)** (kläder etc) ligga i blöt; **to leave sth to** ~ lägga ngt i blöt **(b): to** ~ **through** tränga igenom 3 s (handling) blötläggning; (vard: person) suput
♦ **soak in** vi + adv sugas/tränga in
♦ **soak up** vt + adv (eg, bildl) suga upp, suga åt sig
soak·ing (wet) ['səʊkɪŋ('wet)] adj (person, föremål) genomblöt

so-and-so ['səʊənsəʊ] s (ej namngiven person) den och den; (neds) typ, drummel, jäkel; **Mrs** ~ fru den och den, fru N.N.

soap [səʊp] 1 s (ämne) tvål; **a cake of** ~ en tvål; **soft** ~ (eg) såpa; (bildl vard) smicker; ~ **bubble** såpbubbla; ~ **opera** (Radio, TV) tvålopera; ~ **powder** tvålflingor 2 vt tvåla in

soap·box ['səʊpbɒks] s (eg) tvållåda; (bildl) improviserad talarstol

soap·flakes ['səʊpfleɪks] spl tvålflingor

soap·suds ['səʊpsʌdz] spl tvållödder

soapy ['səʊpɪ] adj (-ier, -iest) (täckt av tvål) tvålig; (lik tvål) tvålaktig; (bildl vard: person) inställsam, oljig; (: film etc) sentimental

soar [sɔː] vi **(a)** (fågel, flygplan: uppåt) stiga; (: på hög höjd) sväva (högt uppe) **(b)** (bildl: byggnad) torna upp sig; (: pris) rusa i höjden; (ambition, förhoppning) stegras; (moral, humör) stiga

soar·ing ['sɔːrɪŋ] adj (flykt) mycket hög; (bildl: byggnad) skyhög; (: pris) skyhög, ständigt stigande; (förhoppningar) högtflygande; ~ **imagination** livlig fantasi

sob [sɒb] 1 s snyftning; ~ **sister** (vard) hjärte-spaltsredaktör; ~ **story** (vard) tårdrypande historia 2 vi snyfta 3 vt: **to** ~ **out** snyfta fram; **to** ~ **one's heart out** snyfta så att hjärtat kan brista

so·ber ['səʊbə'] 1 adj **(a)** (inte berusad) nykter; (som inte missbrukar sprit) måttlig; **to be as** ~ **as a judge, to be stone-cold** ~ (vard) vara spik nykter **(b)** (person, omdöme, åsikt, uttalande) nykter, sansad, måttfull; (färg) sober, dämpad 2 vt (eg, bildl: äv ~ **up**) få att nyktra till 3 vi (eg, bildl: äv ~ **up**) nyktra till; **her mother's rebuke had a** ~**ing effect on her** hennes mors tillrättavisning hade en dämpande/lugnande effekt på henne

so·ber·ly ['səʊbəlɪ] adv (tala) nyktert, sansat; (klä sig) sobert, diskret

so·bri·ety [səʊ'braɪətɪ] s **(a)** (i fråga om sprit) nykterhet; måttlighet **(b)** (i allm) nykterhet, måttfullhet, sans

so·bri·quet ['səʊbrɪˌkeɪ] s (neg) öknamn; (pos) smeknamn

Soc. förk f society; socialist

so-called [,səʊ'kɔːld] adj (oftast neds) s.k., så kallad; **all these** ~ **journalists** alla dessa så kallade journalister

soc·cer ['sɒkə'] s fotboll

so·cia·ble ['səʊʃəbl] adj (person) sällskaplig; (arrangemang) social; **I don't feel very** ~ jag känner mig inte särskilt sällskaplig; **I'll have one drink, just to be** ~ jag tar en drink, bara för sällskaps skull

so·cial ['səʊʃəl] 1 adj **(a)** (i allm) social(-), sam-

hällelig; *(djur)* samhällsbyggande; ~ **anthro-pology** socialantropologi; ~ **class** samhällsklass; ~ **climber** streber; S~ **Democrat** socialdemokrat; S~ **Democratic** socialdemo-kratisk; **the** S~ **Democratic Party** det social-demokratiska partiet; ~ **psychology** socialpsykologi; ~ **science** samhällsvetenska-p(en); ~ **security** *(Brit)* socialförsäkring; *(Am)* (statlig) pensionsförsäkring; **to be on** ~ **security** ha socialbidrag; **the** ~ **services** *(Brit)* social-tjänsten; *(Am)* samhällets service; ~ **structure** samhällsstruktur; ~ **welfare** socialvård; ~ **work** socialarbete; ~ **worker** socialarbeta-re **(b)** sällskaps-, umgänges-; ~ **club** (sällskaps)klubb; ~ **column** *(Tidn)* familjenytt; ~ **drinking** sällskapsdrickande; ~ **disease** *(eufem)* könssjukdom; ~ **evening** (kvälls)samkväm; ~ **function** tillställning, bjud-ning; ~ **gathering** samkväm; ~ **life** umgänges-liv; **a** ~ **outcast** en som är utstött ur samhället **(c)** *(person)* sällskaplig 2 *s* samkväm, tillställning
so·cial·ism ['səʊʃəlɪzəm] *s* socialism
so·cial·ist ['səʊʃəlɪst] 1 *adj (eg)* socialistisk; *(äv)* socialdemokratisk 2 *s (eg)* socialist; *(äv)* social-demokrat
so·cial·ite ['səʊʃəlaɪt] *s* prominent person i sällskapslivet; *(man äv)* societetslejon
so·ciali·za·tion [,səʊʃəlaɪ'zeɪʃən] *s (av företag)* förstatligande, socialisering, nationalisering; *(av barn)* socialisation
so·cial·ize ['səʊʃəlaɪz] 1 *vt (företag)* förstatliga, socialisera, nationalisera; *(Psyk: barn)* socialise-ra, göra till samhällsvarelse 2 *vi* umgås *(with med)*, delta i sällskapslivet
so·cial·ly ['səʊʃəlɪ] *adv (umgås etc)* privat, i sällskapslivet; *(acceptabel etc)* socialt
so·ci·ety [sə'saɪətɪ] 1 *s* **(a)** samhälle; **he was a danger to** ~ han var en samhällsfara **(b)** sällskap; **I enjoyed his** ~ jag trivdes i hans sällskap **(c)** (= *high* ~) societet(en), finare kretsar; ~ **gossip** societetsskvaller; ~ **column** societets-/skvallerspalt; ~ **party** socie-tetstillställning; ~ **wedding** societetsbröl-lop **(d)** förening, sällskap; **the Glasgow film** ~ Glasgows film|klubb/-studio; **learned** ~ lärt/ vetenskapligt samfund, vetenskapssamfund
so·cio·eco·nom·ic [,səʊsɪəʊ,iːkə'nɒmɪk] *adj* so-cioekonomisk
so·cio·logi·cal [,səʊsɪə'lɒdʒɪkəl] *adj* sociologisk
so·ci·olo·gist [,səʊsɪ'ɒlədʒɪst] *s* sociolog
so·ci·ol·ogy [,səʊsɪ'ɒlədʒɪ] *s* sociologi
sock[1] [sɒk] *s (plagg)* socka, strumpa; **to pull one's** ~**s up** ta sig i kragen
sock[2] [sɒk] *(vard)* 1 *s* slag, smäll; **to give sb a** ~ **on the jaw** ge ngn ett slag på käften/en snyting 2 *vt (person)* klippa/slå till
sock·et ['sɒkɪt] *s (i allm)* håla, hålighet; *(Anat)* ledskål; **eye** ~ ögonhåla; **lamp** ~ lamp|fattning/ -sockel; **wall** ~ *(Elektr)* vägguttag; ~ **wrench** hylsnyckel
sod[1] [sɒd] *s (yta)* gräsmatta; *(lösgrävd bit)* gräs-torva
sod[2] [sɒd] *s (Brit vard: neds)* jäkel, typ, knöl; (: *skämts)* rackare; **you lazy** ~! din late fan
soda ['səʊdə] *s* **(a)** *(Kem)* soda; **baking** ~, **bicar-bonate of** ~ bikarbonat; **caustic** ~ kaustik soda; **washing** ~ kristallsoda **(b)** *(dryck)* soda(vat-ten); ~ **siphon** sifon; ~ **water** sodavatten **(c)** *(Am:* = ~*pop)* läsk; ~ **fountain** *(Am)* glass-/ läsk|bar
sod·den ['sɒdn] *adj* genomblöt, dyblöt
so·dium ['səʊdɪəm] *s (Kem)* natrium; ~ **chloride** natriumklorid, koksalt; ~ **lamp** natriumlampa
sodo·my ['sɒdəmɪ] *s* sodomi

sofa ['səʊfə] *s* soffa
soft [sɒft] *adj (-er, -est)* **(a)** *(i allm)* mjuk; *(neds: muskler)* sladdrig, slapp; ~ **currency** mjuk-valuta; ~ **fruit** bär; ~ **furnishings** *spl* inred-ningstextilier; ~ **goods** *(Handel)* textilvaror; ~ **landing** mjuklandning; ~ **toy** *(leksak)* kram-djur **(b)** *(hår, hud, tyg)* len, mjuk **(c)** *(ljud, musik, färg)* dämpad, mjuk; *(kontur)* mjuk; *(vind)* mild; *(steg)* lätt, tyst; ~ **pedal** *(Mus)* vänster-pedal, pianopedal; *se äv* sell 3 **(d)** *(behandling, straff)* mild, lindrig; **you're too** ~ **with him** du är för släpphänt mot honom **(e)** *(arbete, liv)* lindrig, lätt; **he has a** ~ **time of it** han har det lätt; **a** ~ **touch** *(vard)* en lättlurad person, ett lätt offer **(f)** *(vard: person)* snurrig, knäpp; **he's** ~ **(in the head)** han är snurrig (i skallen); **to be** ~ **on** sb vara galen/förtjust i ngn; **to have a** ~ **spot for** sb vara svag för ngn; **he's** ~ **on communism** han är (orealistiskt) positiv mot kommunis-men **(g):** ~ **drugs** lätt narkotika; ~ **drink** *(icke alkoholhaltig dryck)* läsk, saft *etc*; ~ **pornography** mjukporr **(h)** *(Språkv: konsonant)* mjuk
soft·ball ['sɒft,bɔːl] *s (slags baseball)* softball
soft-boiled ['sɒft,bɔɪld] *adj (ägg)* löskokt
sof·ten ['sɒfn] 1 *vt (i allm)* göra mjuk, mjuka upp; *(vatten)* avhärda; *(ljus, ljud)* dämpa; *(färg)* göra mattare; *(chock)* mildra; *(person: bildl)* mjuka upp, beveka 2 *vi* mjukna, vekna, mildras; **her heart** ~**ed** hennes hjärta veknade
sof·ten·er ['sɒfnəʳ] *s* mjukmedel
soft-hearted [,sɒft'hɑːtɪd] *adj (person)* godhjärtad
softie ['sɒftɪ] *s* = **softy**
soft·ly ['sɒftlɪ] *adv (i allm)* mjukt, tyst; *(le, tala)* milt
soft·ness ['sɒftnɪs] *s (i allm)* mjukhet; *(hos person)* mildhet, vekhet
soft-pedal [,sɒft'pedl] *vt (bildl: faktum, problem)* tona ner
soft-spoken ['sɒft,spəʊkən] *adj* älskvärd, mild; **to be** ~ tala med mild röst
soft·ware ['sɒftweəʳ] *s (Data)* mjuk-/program|vara
soft·wood ['sɒft,wʊd] *s (gran, furu etc)* mjukt trä-(slag)
softy, softie ['sɒftɪ] *s (svag person)* ynkrygg, vek-ling; *(lättlurad person)* dummerjöns, nolla
sog·gy ['sɒgɪ] *adj (-ier, -iest) (i allm)* genomblöt; *(mark)* blöt, klafsig; *(bröd)* degig, kladdig
soil[1] [sɔɪl] *s (eg)* jord, mylla; *(bildl)* mark, botten; **rich** ~ bördig jordmån; **on British** ~ på brittisk mark/jord; **the** ~ *(bildl)* myllan; **a man of the** ~ *(litt)* en torvans son
soil[2] [sɔɪl] 1 *s (i allm)* smuts; *(från hus)* av-loppsvatten; *(från djur)* gödsel 2 *vt (eg)* smutsa ner; *(bildl: rykte, ära)* besudla, fläcka
soiled [sɔɪld] *adj* smutsig
so·journ ['sɒdʒɜːn] *s (litt)* vistelse
sol·ace ['sɒlɪs] *s* 1 *s* tröst, lindring 2 *vt* trösta
so·lar ['səʊləʳ] *adj* sol-; ~ **plexus** *(Anat)* solarplexus
so·lar·ium [səʊ'leərɪəm] *s, pl* **solaria** [səʊ'leərɪə] *el* ~**s** solarium
sold [səʊld] *imperf, perf part av* sell
sol·der ['səʊldəʳ, *(Am)* 'sɒdəʳ] 1 *s* lödmetall 2 *vt (eg)* löda; *(bildl)* sammansvetsa; ~**ing iron** *(verktyg)* lödkolv
sol·dier ['səʊldʒəʳ] 1 *s* soldat; *(bildl)* kämpe; **old** ~ gammal soldat, veteran; **to play at** ~**s** leka soldater/krig 2 *vi* vara soldat; **to** ~ **on** kämpa 'på
sol·dier·ly ['səʊldʒəlɪ] *adj* soldatmässig
sole[1] [səʊl] 1 *s (på fot/sko)* sula 2 *vt (sko)* sula (om)
sole[2] [səʊl] *s (fisk)* (sjö)tunga
sole[3] [səʊl] *adj* **(a)** enda; **the** ~ **reason was...** enda anledningen var... **(b)** exklusiv, ensam-; ~ **right** ensamrätt; *se äv* agent
sol·ecism ['sɒləsɪzəm] *s (i språk)* grammatiskt fel;

(i uppförande) etikettsbrott
sole·ly ['səʊllɪ] adv **(a)** ensam; **we hold you ~ responsible** vi anser dig ensam ansvarig **(b)** bara, endast; **I write ~ for pleasure** jag skriver bara för nöjes skull
sol·emn ['sɒləm] adj (löfte, musik, tillfälle) högtidlig; (varning, person) allvarlig
sol·em·nize ['sɒləmnaɪz] vt (vigsel) förrätta; (bröllop, högtid) fira
sol·emn·ly ['sɒləmlɪ] adv högtidligt, allvarligt
so·lic·it [sə'lɪsɪt] **1** vt (person) (enträget) be, hemställa hos; (stöd, pengar etc) (enträget) be om, hemställa om; **to ~ sb's custom** försöka värva ngn som kund **2** vi (prostituerad) antasta folk, bjuda ut sig
so·lici·tor [sə'lɪsɪtəʳ] s (Jur: Brit) advokat som inte uppträder inför högre domstol, juridiskt ombud, affärsjurist; (:Am) stadsjurist; (Am: i allm) dörrknackare; S~ **General** (Brit: ung) biträdande justitiekansler; (Am) biträdande justitieminister; **no ~s** (Am: på skylt) dörrförsäljning förbjuden
so·lici·tous [sə'lɪsɪtəs] adj: **~ (about/for)** orolig el bekymrad (för); **~ to please** ivrig/angelägen att vara till lags
so·lici·tude [sə'lɪsɪtjuːd] s oro, ängslan; **your ~ about my health** din omsorg om min hälsa
sol·id ['sɒlɪd] **1** adj **(a)** (ämne) fast; (vätska) i fast form; **to be frozen ~** vara stelfrusen; **~ fuel** fast bränsle **(b)** (guld, silver, trä) massiv, solid; (linje) obruten; (måltid) stadig, bastant; **we waited 2 ~ hours** vi väntade två hela timmar; **a man of ~ build** en kraftigt byggd man; **the street was packed ~ with people** gatan var fullproppad med folk; **~ geometry** rymdgeometri **(c)** (hus, bro) stadig, stabil; (person) pålitlig, rejäl; (firma) solid; **he's a good ~ worker** han är en pålitlig arbetare **(d)** (resonemang) hållbar; **he's got a ~ common sense** han har ett rejält mått sunt förnuft **(e)** (opinion) enhällig; (majoritet) kompakt; **the constituency is ~ for Labour** valkretsen ger kompakt stöd åt Labour **2** s **(a)** (Fys) fast kropp **(b)** (Geom) kropp, solid figur **(c)** (vanl pl: mat) fast föda
soli·dar·ity [ˌsɒlɪ'dærɪtɪ] s solidaritet
so·lidi·fy [sə'lɪdɪfaɪ] vi (vätska etc) övergå till fast form, stelna; (bildl: opinion etc) ta form
sol·id·ly ['sɒlɪdlɪ] adv: **to vote ~ for sb** ge kompakt stöd åt ngn i en omröstning; **a ~-built house** ett välbyggt/solitt/gediget hus; **to work ~** arbeta oavbrutet
solid-state ['sɒlɪd'steɪt] adj (Elektr) halvledar-; **~ physics** fasta tillståndets fysik; **~ radio** transistorradio
soli·dus ['sɒlɪdəs] s (Typogr) snedstreck
so·lilo·quy [sə'lɪləkwɪ] s monolog
soli·taire [ˌsɒlɪ'tɛəʳ] s (spel: med bräde) solitär; (: med kort: i sht Am) patiens; (diamant) solitär
soli·tary ['sɒlɪtərɪ] adj (person, liv) ensam; (plats) enslig; (exempel etc) enda; **not a ~ one** inte en enda; se äv confinement
soli·tude ['sɒlɪtjuːd] s (persons) ensamhet; (trakts) enslighet, ödslighet
solo ['səʊləʊ] **1** s, pl **~s** (Mus) solo; **a tenor ~** ett tenorsolo **2** adj solo-, ensam-; **~ flight** soloflygning; **passage for ~ violin** parti för soloviolin **3** adv solo, ensam; **to fly ~** flyga solo
so·lo·ist ['səʊləʊɪst] s solist
Solomon ['sɒləmən] s (i Bibeln) Salomo
sol·stice ['sɒlstɪs] s solstånd; **summer/winter ~** sommar-/vinter|solstånd
sol·uble ['sɒljʊbl] adj (ämne) löslig; (problem) lösbar, möjlig att lösa
so·lu·tion [sə'luːʃən] s **(a)** (av problem etc) lösning **(b)** (Kem) lösning

solve [sɒlv] vt (problem) lösa; (brott) klara upp
sol·ven·cy ['sɒlvənsɪ] s (Handel) solvens
sol·vent ['sɒlvənt] **1** adj **(a)** (Kem) lösande, lösnings- **(b)** (Handel) solvent **2** s (Kem) lösningsmedel; **~ abuse** missbruk av lösningsmedel, sniffning
So·ma·li [səʊ'mɑːlɪ] **1** adj somalisk **2** s (person) somalier; (språk) somali
som·bre, (Am) **som·ber** ['sɒmbəʳ] adj (person, musik) dyster; (färg) dyster, mörk; **it's a ~ prospect** det är dystra framtidsutsikter
som·brero [sɒm'brɛərəʊ] s (hatt) sombrero
some [sʌm, (obet) səm] **1** pron fören **(a)** (med pl s: mindre kvantitet) några, en del; **if you have ~ queries** om ni har några frågor; **do you have ~ biscuits?** har du lite/några kex?; **have ~ more nuts** ta några nötter till, ta litet fler nötter **(b)** (med oräknebara s) lite(t), en del; **will you have ~ tea?** vill du ha lite(t) te?; **all I have left is ~ chocolate** allt jag har kvar är lite(t) choklad; **~ people** en del människor **(c)** (urval) en del, vissa, somliga; **~ people hate fish** en del människor avskyr fisk; **~ people say that...** vissa människor säger att..., det finns de som säger att...; **in ~ ways** på sätt och vis **(d)** (ngt obestämt, vagt) någon, något; **at ~ place in Sweden** någonstans i Sverige; **in ~ form or other** på ett eller annat sätt, på något sätt; **~ politician or other** en eller annan politiker, någon politiker; **~ other time** en/någon annan gång; **~ day** en dag, någon gång; **~ day next week** någon gång nästa vecka **(e)** (större kvantitet etc) åtskillig, en hel del; **~ distance away** en bra bit bort; **~ days ago** för flera dagar sen; **after ~ time** efter en stund/ett bra tag **(f)** (vard) jätte-, toppen-; **that's ~ fish!** det var verkligen en rejäl fisk!; **it was ~ party!** det var en riktigt fest, det!; **you're ~ help!** (iron) du är just en fin hjälp!
2 pron självst **(a)** (= ~ people) några, en del; (bestämda människor) somliga, en del; **~ went this way and ~ that** några gick åt det här hållet och (några) andra åt det där; **~ of them are crazy** en del av dem är galna
(b) (med syftning på pl s: mindre kvantitet) några (stycken), en del; **~ (of them) have been sold** några en del (av dem) har sålts; **do take ~** ta (nu) några, varsågod och ta några; **would you like ~?** får det lov att vara några?
(c) (med syftning på oräknebara s) lite(t), en del; (urval, del) lite(t), en smula; **could I have ~ of that cheese?** skulle jag kunna få litet av den där osten?; **have ~ more cheese** ta litet mer ost; **have ~!** varsågod (och ta litet)!; **I've got ~** jag har litet/en del; **I've read ~ of the book** jag har läst en bit en del av boken; **~ of what he said was true** en del av det han sa var sant
3 adv ungefär, omkring: **~ 20 people** tre
-some [sʌm] s (i sms: ung) -grupp; **three~** grupp på tre
some·body ['sʌmbədɪ] **1** pron självst någon; **there's ~ coming** någon kommer, det är någon som kommer; **~ knocked at the door** någon knackade på dörren; **~ else** någon annan; **we need ~ Italian** vi behöver ngn som är italienare; **~ told me** någon sa det till mig; **~ or other** någon (,vem det nu var) **2** s betydelsefull person; **to be ~** vara någon
some·how ['sʌmhaʊ] adv **(a)** på något sätt, på ett eller annat sätt; **it must be done ~ or other** det måste göras på ett eller annat sätt **(b)** av någon anledning, hur det nu kan komma sig; **~ (or other) I didn't get on with her** av någon anledning kom jag inte så väl överens med henne

some·one [ˈsʌmwʌn] *pron självst* = **somebody**
some·place [ˈsʌmpleɪs] *adv (Am)* = **somewhere** a
som·er·sault [ˈsʌməsɔːlt] **1** *s (på matta etc)* kullerbytta; *(i luften)* volt, saltomortal; **to turn a** ~ slå en kullerbytta/volt **2** *vi* slå en kullerbytta/ volt, volta
some·thing [ˈsʌmθɪŋ] **1** *pron självst* **(a)** något, någonting; ~ **nice** något trevligt; ~ **else** något annat; ~ **or other** något(,vad det nu är); **there's** ~ **the matter** det är något som är på tok; **did you say** ~? sa du något?; **there's** ~ **odd here** det är något skumt här; **there's** ~ **in what you say** det ligger något i vad du säger; **will you have** ~ **to drink?** vill du ha något att dricka?; **he's called John** ~ han heter John någonting; **I hope to see** ~ **of you** jag hoppas jag får tillfälle att träffa dig; **give her** ~ **for herself** ge henne något litet/litet dricks **(b)** *(vard: = ~ special/unusual)* något; **I think you may have** ~ **there** jag tror att du kanske har kommit på något bra där; **that's really** ~! det var verkligen något!
2 *adv* **(a)** *(i måttsangivelser)* något, litet; ~ **over 200** något/litet över 200 **(b)** *(i viss utsträckning):* **it's** ~ **of a problem** det är något av ett problem; **it's** ~ **like a rose** den påminner om en ros **(c)** *(vard: förstärkande):* **the weather was** ~ **shocking** vädret var alldeles gräsligt
3 *s:* **she has a certain** ~ hon har något visst
some·time [ˈsʌmtaɪm] **1** *adv* någon gång; ~ **before tomorrow** någon gång före morgondagen; ~ **next year** någon gång nästa år; ~ **soon** någon gång snart; **I'll finish it** ~ jag ska (nog) bli klar med den någon gång; ~ **or (an)other it will have to be done** någon gång (förr eller senare) måste det göras **2** *adj* förra, före detta; **the** ~ **mayor** förre borgmästaren; **he is a** ~ **mayor** han är före detta borgmästare
some·times [ˈsʌmtaɪmz] *adv* ibland
some·what [ˈsʌmwɒt] *adv* något, tämligen; **he suffers** ~ **from asthma** han lider något/en smula av astma; **he was more than** ~ **surprised** han var inte så lite förvånad; **we are** ~ **worried** vi är lite oroliga
some·where [ˈsʌmwɛəʳ] *adv* **(a)** *(i rummet)* någonstans; ~ **else** någon annanstans; **I lost it** ~ jag blev av med den någonstans; ~ **in Wales** någonstans i Wales; ~ **or other in Scotland** någonstans i Skottland (, jag vet inte var); **to get** ~ *(bildl)* komma någonvart (i livet) **(b)** *(vid måttsangivelser etc):* **he paid** ~ **about £12** han betalade ungefär 12 pund; **he's** ~ **in his fifties** han är mellan 50 och 60 (år)
som·nam·bu·list [sɒmˈnæmbjʊlɪst] *s* sömngångare
som·no·lent [ˈsɒmnələnt] *adj (person)* sömnig; *(föreställning etc)* sövande
son [sʌn] *s* son; *(i tilltal)* (min) pojke; ~ **of a bitch,** *pl* ~**s of bitches** *(vard: i sht Am)* jävel, jävla typ; ~ **of a gun** *(skämts: i sht Am)* skojare, rackare
so·nar [ˈsəʊnɑːʳ] *s* ekolod
so·na·ta [səˈnɑːtə] *s (Mus)* sonat
song [sɒŋ] *s (i allm)* sång; *(komposition)* sång, visa; *(fågel-)* sång; **to burst into** ~ brista ut i sång; **give us a** ~! sjung en sång för oss!; **to make a great** ~ **and dance about sth** *(bildl)* göra stor affär av ngt; **I got it for a** ~ *(bildl)* jag fick den för en spottstyver; ~ **book** sångbok, visbok; ~ **cycle** sångcykel
song·bird [ˈsɒŋbɜːd] *s* sångfågel
song·writer [ˈsɒŋˌraɪtəʳ] *s* låtskrivare
son·ic [ˈsɒnɪk] *adj* ljud-; **the** ~ **barrier** ljudvallen; ~ **boom** *(Flyg)* ljudbang; ~ **depth finder** ekolod
son-in-law [ˈsʌnɪnlɔː] *s* svärson, måg
son·net [ˈsɒnɪt] *s* sonett
son·ny [ˈsʌnɪ] *s (vard: i tilltal)* min gosse/pojke; *(nedlåtande)* gosse lilla
so·nor·ity [səˈnɒrɪtɪ] *s* sonoritet, klangfullhet

so·no·rous [ˈsɒnərəs] *adj (klockklang)* fyllig, välljudande; *(röst)* välljudande, sonor; *(högtidstal)* högtravande
soon [suːn] *adv* **(a)** snart, strax; **come back** ~ kom snart igen; ~ **afterwards** strax därefter; **it will** ~ **be summer** det blir snart sommar **(b)** tidigt, snabbt; **how** ~ **can you be ready?** hur snabbt/tidigt kan du vara klar?; **Friday is too** ~ fredag är för tidigt; **it's too** ~ **to tell** det är för tidigt att uttala sig; **we were none too** ~ **getting home** vi kom inte hem ett ögonblick för tidigt **(c)** *(med* **as**)**: as** ~ **as possible** så fort/snart som möjligt; **I'll do it as** ~ **as I can** jag ska göra det så fort jag kan; **as** ~ **as it was finished** så snart den var klar **(d)** *(i uttryck för preferens):* **I would just as** ~ **stay at home** jag skulle lika gärna stanna hemma; **I would as** ~ **he didn't know** jag skulle helst vilja att han inte visste (om det); *se äv* **sooner**
soon·er [ˈsuːnəʳ] *adv* **(a)** *(om tid)* förr, tidigare; ~ **or later** förr eller senare; **the** ~ **the better** ju förr desto bättre; **no** ~ **had we left than...** vi hade knappt hunnit gå förrän...; **no** ~ **said than done** sagt och gjort **(b)** *(i uttryck för preferens)* hellre, snarare; **I had** ~ **not do it, I would** ~ **not do it** jag skulle helst inte göra det, jag skulle helst slippa göra det; **I'd** ~ **die!** *(vard)* jag skulle hellre dö!; ~ **you than me!** *(vard)* bara jag slipper!
soot [sʊt] *s* sot
soothe [suːð] *vt (person)* lugna, *(barn)* trösta; *(smärta)* lindra
sooth·ing [ˈsuːðɪŋ] *adj (röst)* lugnande; *(medicin)* lindrande
sooth·say·er [ˈsuːθˌseɪəʳ] *s (åld)* siare, sierska
sooty [ˈsʊtɪ] *adj* (-**ier**, -**iest**) *(med sot)* sotig; *(färg)* sotsvart
sop [sɒp] *s (eg):* ~**s** uppblött/doppat bröd; *(bildl)* muta, tröst; **as a** ~ **to his pride** för att inte såra hans stolthet, som plåster på såren
♦ **sop up** *vt + adv* torka upp, suga upp
so·phis·ti·cat·ed [səˈfɪstɪkeɪtɪd] *adj (person, smak)* sofistikerad, förfinad; *(kläder)* sofistikerad, raffinerad; *(apparat)* sofistikerad, komplicerad, sinnrik; *(film, bok)* sofistikerad, avancerad, subtil; *(resonemang, plan)* spetsfundig, subtil
so·phis·ti·ca·tion [səˌfɪstɪˈkeɪʃən] *s (se* **sophisticated***)* förfining; raffinemang; sinnrikhet; subtilitet; spetsfundighet
sopo·rif·ic [ˌsɒpəˈrɪfɪk] **1** *adj (drog)* sömngivande, sömn-; *(röst)* sövande **2** *s* sömnmedel
sop·ping [ˈsɒpɪŋ] *adj: (äv:* ~ **wet)** genomblöt
sop·py [ˈsɒpɪ] *adj (eg)* genomblöt; *(bildl vard: dum)* tramsig, fånig; *(: sentimental)* känslosam, blödig
so·pra·no [səˈprɑːnəʊ] **1** *s, pl* -**s** *(Mus)* sopran **2** *adj* sopran-
sor·bet [ˈsɔːbɪt, *(i sht Brit)* ˈsɔːbeɪ] *s* sorbet, vattenglass
sor·cer·er [ˈsɔːsərəʳ] *s* trollkarl, svartkonstnär; **the** ~**'s apprentice** trollkarlens lärling
sor·cery [ˈsɔːsərɪ] *s* trolldom, svartkonst
sor·did [ˈsɔːdɪd] *adj (plats, rum etc)* eländig, smutsig; *(motiv)* lumpen, tarvlig
sore [sɔː] **1** *adj* (-**er**, -**est**) **(a)** *(Med)* öm; **I'm** ~ **all over** jag är öm i hela kroppen; **to have a** ~ **throat** ha ont i halsen; **my eyes are** ~, **I have** ~ **eyes** jag har ont i ögonen, det svider i ögonen **(b)** *(bildl)* öm, känslig; **it's a** ~ **point** det är en öm punkt, det är ett ömtåligt/känsligt kapitel; **don't get** ~! *(vard)* bli inte sur/arg! **2** *s* ömt/infekterat ställe; **to open old** ~**s** *(bildl)* riva upp gamla sår
sore·ly [ˈsɔːlɪ] *adv (efterlängtad, saknad)* mycket, högt; *(behövlig)* i högsta grad; **I am** ~ **tempted** jag är mycket/allvarligt frestad; **he has been** ~ **tried** han har blivit hårt prövad

sor·ghum ['sɔːgəm] *s (Bot)* durra, hirs
so·ror·ity [sə'rɒrɪtɪ] *s (Am Univ)* kvinnlig studentförening
sor·rel[1] ['sɒrəl] *s (Bot: = common ~)* ängssyra; (: = *wood ~*) harsyra
sor·rel[2] ['sɒrəl] **1** *s (färg)* rödbrunt; *(häst)* fux **2** *adj* rödbrun
sor·row ['sɒrəʊ] *s (vid ngns död)* sorg; *(i allm)* bedrövelse, sorg; **to express ~** uttrycka sin sorg; **her ~ at the death of the dog** hennes sorg över hundens död; **more in ~ than in anger** mera av sorg/bedrövelse än av vrede
sor·row·ful ['sɒrəʊfʊl] *adj* sorgsen, bedrövad
sor·ry ['sɒrɪ] *adj* (-ier, -iest) **(a)** ledsen, bedrövad; **I'm ~ to hear that...** det var tråkigt att höra att...; **I'm ~ to tell you that...** jag måste tyvärr meddela att...; **I'm ~ I cannot come** jag är ledsen att jag inte kan komma; **it was a failure, I'm ~ to say** det var ett misslyckande, tyvärr; **I can't say I'm ~ that...** jag vill inte påstå att jag är ledsen för att... **(b)** *(i ursäkt etc)*: **~! förlåt!; awfully ~!, so ~!, very ~!** förlåt mig (så mycket)!, jag är hemskt ledsen!; **to say ~ (to sb)** be (ngn) om ursäkt; **to be ~ about doing sth** beklaga att man gjort ngt; **to be ~ to have to do sth** vara ledsen att behöva göra ngt **(c)** *(ömkande)*: **to be/feel ~ for sb** tycka synd om ngn; **I feel ~ for the child** jag tycker synd om barnet; **to be/feel ~ for oneself** tycka synd om sig själv **(d)** *(tillstånd, syn)* sorglig, ynklig, bedrövlig; *(ursäkt)* klen, dålig; **it was a ~ tale** det var en jämmerlig/sorglig historia
sort [sɔːt] **1** *s* **(a)** *(i allm)* sort, slag; **what ~ do you want?** vilken sort vill du ha?; **I know his ~** jag vet hur såna som han är; **books of all ~s** böcker av alla slag; **he's a painter of a ~, he's a painter of ~s** *(neds)* han är någon sorts målarkludd; **something of the ~** någonting i den vägen; **it's tea of a ~** *(vanl neds)* det ska föreställa te; **I shall do nothing of the ~!** det kommer jag absolut inte att göra!, kommer aldrig på fråga!; **it takes all ~s (to make a world)** alla kan inte vara lika
(b): **~ of: what ~ of car?** vad för slags bil?; **what ~ of man is he?** *(neutralt)* vilken sorts man/människa är han?; *(neds)* vad är han för en människa?; **he's not the~ of man to say that** han är inte den sorten/typen som skulle säga så; **all ~s of dogs** alla slags hundar; **he's some ~ of painter** han är någon sorts målare; **it's a ~ of dance** det är något slags dans; **and all that ~ of thing** och allt sådant där; **that's the ~ of person I am** sådan är jag, jag bara är sådan; **it's ~ of awkward** *(vard)* det är litet pinsamt; **aren't you pleased? — ~ of** *(vard)* är du inte glad? — jo, på sätt och vis; **I ~ of thought that...** *(vard)* jag trodde nästan att...
(c) *(person)*: **he's a good ~** han är en bra människa; **he's an odd ~** han är en lustig/konstig typ
(d): **out of ~s** *(fysiskt)* krasslig, vissen; *(psykiskt)* på dåligt humör, irriterad
2 *vt* sortera; **to ~ the good apples from the bad ones** skilja de friska äpplena från de dåliga
♦ **sort out** *vt + adv* **(a)** = **sort 2 (b)** *(problem, situation)* reda ut; *(rum, papper)* ordna upp; **we've got it ~ed out now** vi har fått ordning på det nu; **to ~ oneself out** få ordning på sig själv **(c)**: **to ~ sb out** *(Brit vard)* ge ngn på huden; **I'll ~ him out!** jag ska nog lära honom!
sor·tie ['sɔːtɪ] *s (Flyg)* flygning, bombraid; *(Mil)* utfall; *(bildl)* utflykt; **a ~ into town** en utflykt till stan
SOS [ˌesəʊ'es] *s (eg)* SOS; *(bildl)* nödrop; *(Radio)* personligt telegram

so-so ['səʊsəʊ] *(vard)* **1** *adv* sådär, hyfsat **2** *adj* sådär, hyfsad
sot [sɒt] *s* fyllbult
sot·to voce ['sɒtəʊ 'vəʊtʃɪ] *adv* med dämpad/låg röst
souf·flé[2] ['suːfleɪ] *s (Matl)* sufflé
sought [sɔːt] *s imperf, perf av* seek
sought-after ['sɔːtɑːftəʳ] *adj (vara)* eftersökt; *(område)* attraktiv
soul [səʊl] *s* **(a)** *(Rel, Filos)* själ; **All S~s' Day** alla helgons dag; **God rest his ~** Gud vare hans själ nådig **(b)** *(inre väsen)* själ; **he has a ~ above such things** han står över sådant; **she loved him with all her ~** hon älskade honom av hela sitt hjärta; **the music lacks ~** musiken saknar känsla; **~ mate** själsfrände **(c)** *(bildl: person)* själ; **3,000 ~s** tretusen själar; **the poor ~ had nowhere to sleep** den stackaren/stackars saten hade ingenstans att sova; **without seeing a ~** utan att se en kotte; **not a living ~** inte en levande själ **(d)**: **he's the ~ of discretion/honour** han är diskretionen/ärligheten själv *el* personifierad **(e)** *(Mus, svart kultur i USA)* soul; **~ brother** *(vard)* svart broder; **~ food** *(vard)* 'slavmat', enkel sydstatskost; **~ music** soulmusik; **~ sister** *(vard)* svart syster
soul-destroy·ing ['səʊldɪ'strɔɪɪŋ] *adj* *(bildl)* själsdödande
soul·ful ['səʊlfʊl] *adj* själfull
soul-searching ['səʊlˌsɜːtʃɪŋ] *s* självrannsakan
sound[1] [saʊnd] **1** *adj* (-er, -est) **(a)** *(hälsa)* god; *(person)* sund, frisk; *(virke)* frisk; *(bro)* solid, säker; *(företag)* solid, sund; **to be of ~ mind** vara vid sina sinnens fulla bruk; **as ~ as a bell** *(person)* frisk som en nötkärna; *(föremål)* i perfekt skick **(b)** *(argument)* hållbar, giltig; *(åsikt)* vettig, välgrundad; *(råd)* klok, god; **he's ~ on government policy** han har goda insikter i regeringspolitiken; **he's a very ~ man** han är en mycket pålitlig man **(c)** *(undersökning)* grundlig; **a ~ thrashing** ett ordentligt kok stryk **(d)** *(sömn)* djup **2** *adv*: **to be ~ asleep** sova djupt
sound[2] [saʊnd] **1** *s* ljud; *(rockgrupps, inspelningsstudios)* sound; **the speed of ~** ljudhastigheten, ljudets hastighet; **within ~ of** inom hörhåll av; **to the ~ of the national anthem** medan man spelade/till nationalsången; **the ~ of breaking glass** ljudet av glas som krossas; **not a ~ was to be heard** inte ett ljud hördes; **consonant ~s** konsonantljud; **I don't like the ~ of it** *(bildl)* jag tycker inte det låter bra; **the ~ barrier** ljudvallen; **~ effect** ljudeffekt; **~ engineer** ljud|ingenjör/-tekniker; **~ wave** *(Fys)* ljudvåg
2 *vt* **(a)** *(trumpet etc)* blåsa i; *(klocka)* ringa i; **~ your horn!** *(Motor)* ge signal!, tuta!; **to ~ the retreat** *(Mil)* blåsa till reträtt; **to ~ the alarm** slå larm; **to ~ a note of warning** *(bildl)* ge en varningssignal, höja en varningens röst **(b)** *(ljud)* uttala; **~ your 'r's more** uttala dina 'r' tydligare **(c)** *(Med)*: **to ~ sb's chest** lyssna på ngns lungor
3 *vi* **(a)** *(avge ljud: trumpet, siren)* ljuda; *(:klocka)* klinga, ringa; **a cannon ~ed a long way off** en kanon hördes långt borta **(b)** *(avge en viss typ av ljud)* låta; **it ~s hollow** den låter ihålig; **he ~s Italian to me** jag tycker det låter som om han var italienare; **it ~s like French** det låter som franska; **that ~s like them arriving now** det låter som om de nu är på väg; **he ~ed angry** han lät arg **(c)** *(förefalla)* verka, låta; **that ~s very odd** det verkar/låter konstigt; **how does it ~ to you?** hur tycker du det låter/verkar?, vad tycker du?; **that ~s like a good idea** det verkar vara en god idé; **she ~s like a nice girl** hon låter/verkar

trevlig, hon verkar vara en trevlig flicka; **it** ~**s as if she won't be coming** det verkar/låter som om hon inte kommer

♦ **sound off** vi + adv (vard: om oförrätter etc) (högljutt) klaga, protestera, säga ifrån; (: om bedrifter) skryta, orera

sound³ [saʊnd] vt (Naut) loda, pejla; (Med) undersöka med sond; (bildl) sondera; **to** ~ **sb out about sth** känna ngn på pulsen angående ngt

sound⁴ [saʊnd] s (Geogr) sund

sound·ing ['saʊndɪŋ] s (Sjö) lodning, pejling; (i allm) sondering; ~ **board** (Mus) resonans|botten/-låda; (bildl: för spridande av idéer) språkrör; (: för prövande av idéer) testinstans, försökskanin

sound·less ['saʊndlɪs] adj ljudlös

sound·ly ['saʊndlɪ] adv (bygga) stabilt; (argumentera) väl, sunt; (investera) sunt, klokt; (undersöka) grundligt; **to beat sb** ~ **klå** upp ngn ordentligt; **to sleep** ~ sova djupt/gott

sound·ness ['saʊndnɪs] s (persons) sundhet; (fordons, byggnads) god kondition; (företags) soliditet; (arguments) hållbarhet, giltighet

sound·proof ['saʊndpruːf] **1** adj ljudisolerad, ljudtät **2** vt ljudisolera

sound·track ['saʊndtræk] s (Film) ljudspår, soundtrack; (på skiva) filmmusik

soup [suːp] s (äv) soppa; **vegetable** ~ grönsakssoppa; **to be in the** ~ (vard) sitta i klistret; ~ **kitchen** soppkök; ~ **plate** sopptallrik; ~ **spoon** soppsked

soup·çon ['suːpsɔːŋ] s (Matl) gnutta, aning: a ~ of salt

souped-up ['suːptʌp] adj (vard: bil etc) trimmad

sour ['saʊə'] adj (-er, -est) **(a)** (frukt) sur, syrlig; (vin) sur; (jord) sur; **whisky** ~ (i sht Am: drink) whisky med citronjuice och is, whisky sour **(b)** (mjölk) sur, surnad; (lukt) unken; **to go/turn** ~ (mjölk) surna; **to go/turn** ~ **(on sb)** (bildl: plan etc) misslyckas/gå snett (för ngn); **to go/turn** ~ **(on sth)** (bildl: person) tappa tron/bli besviken (på ngt); ~ **cream** (ung) gräddfil; ~ **grapes** (bildl) surt, sa räven (ordspr) **(c)** (bildl: person) sur, butter; **to feel** ~ **about sth** känna sig sur för ngt

source [sɔːs] s (till flod) källa; (bildl) källa; **the** ~ **of the trouble** upphovet/upprinnelsen till bråket; ~ **of energy** energikälla; **what is the** ~ **of this information?** från vilken källa kommer den här informationen?; **from a reliable** ~ från tillförlitligt håll; **at** ~ (Brit), **at the** ~ (Am) vid källan

sour·dough ['saʊə,dəʊ] s (Am: Matl) surdeg; (: person) (Alaska-/Canada)veteran

sour·ly ['saʊəlɪ] adv (bildl) surt, buttert

sour·ness ['saʊənɪs] s (hos frukt etc) surhet, syrlighet; (hos person) surhet, butterhet

sour·puss ['saʊə,pʊs] s (vard) surpuppa

souse [saʊs] vt (Matl: i allm) marinera; (: sill) koka in; (i vatten etc) doppa, dränka, lägga; (med vatten etc) dränka in, ösa/hälla över; (vard) berusa; ~**d** (vard) berusad, på lyran; **he** ~**d himself with water** han hällde vatten över sig

south [saʊθ] **1** s söder, syd; **in the** ~ **of England** i södra England; **to the** ~ **of** söder om; **the S**~ (i USA) Södern, Sydstaterna; **the wind is in the** ~/**from the** ~ vinden kommer från söder; **the S**~ **of France** Sydfrankrike, södra Frankrike **2** adj södra, syd-, sydlig; ~ **wind** sydlig vind, sunnan(vind) **3** adv söderut, mot söder; ~ **of the border** söder om gränsen; **to travel** ~ resa söderut; **this house faces** ~ det här huset vetter åt söder; **to sail due** ~ (Sjö) segla rakt söderut/sydvart **4** (i sms): **S**~ **Africa** Sydafrika; **S**~ **African** adj sydafrikansk; s (vanl vit) sydafrikan; **S**~ **America** Sydamerika; **S**~ **American** adj sydamerikansk; s sydamerikan; **the S**~ **Atlantic** Sydatlanten; **the S**~ **Pole** sydpolen; **the S**~ **Sea Islands** Söderhavsöarna; **the S**~ **seas** Söderhavet

south·bound ['saʊθbaʊnd] adj (trafik) sydgående; (fartyg) med destination söderut

south·east [,saʊθ'iːst] **1** s sydost, sydöst; **the** ~ **of Sweden** sydöstra Sverige **2** adj (vind) sydostlig; ~ **Sweden** sydöstra Sverige; **S**~ **Asia** Sydostasien **3** adv (befintlighet) i/åt sydost; (riktning) åt sydost

south·eastern [,saʊθ'iːstən] adj = southeast 2

south·er·ly ['sʌðəlɪ] **1** adj (i allm) sydlig, mot söder; (vind) sydlig, från söder **2** s (vind) sydlig vind, sunnan(vind)

south·ern ['sʌðən] adj (vind) sydlig, syd-; **the** ~ **hemisphere** södra halvklotet; **S**~ **Africa** södra Afrika; **S**~ **Europe** Sydeuropa; **in** ~ **Spain** i södra Spanien, i Sydspanien

south·ern·er ['sʌðənə'] s (äv: **S**~: i allm) person från södra delen av landet; (i USA) sydstatsbo

south·paw ['saʊθ,pɔː] s (Boxn) southpaw, vänsterhandsboxare; (vard) vänsterhänt person

south·ward ['saʊθwəd] **1** adj sydlig **2** adv söderut, mot/åt söder

south·west [,saʊθ'west] **1** s sydväst **2** adj (vind) sydvästlig; ~ **Finland** sydvästra Finland **3** adv (befintlighet) i/åt sydväst; (riktning) åt sydväst

south·wester [,saʊθ'westə'] s sydvästlig vind; (i sht Am: plagg) sydväst

south·western [,saʊθ'westən] adj = southwest 2

sou·venir [,suːvə'nɪə'] s souvenir, minne(ssak)

sou'·wester [saʊ'westə'] s (Sjö: vind) sydväst; (i sht Brit: plagg) sydväst

sov·er·eign ['sɒvrɪn] **1** adj **(a)** (makt) högsta; **with** ~ **contempt** (bildl) med suveränt förakt; **a** ~ **remedy** ett ofelbart botemedel **(b)** (stat) suverän; (härskare) enväldig **2** s (monark) suverän; (mynt: guldpund) sovereign

sov·er·eign·ty ['sɒvrəntɪ] s (ledares) suveränitet, överhöghet; (stats) självständighet

so·vi·et ['saʊvɪət] **1** s sovjet, arbetarråd; **the Supreme S**~ Högsta Sovjet **2** adj: **S**~ sovjetisk, sovjet-; **S**~ **Russia**, **the S**~ **Union** Sovjet-(unionen)

sow¹ [saʊ] imperf sowed, perf part sown vt (frön) så; (åker) beså; **to** ~ **doubt in sb's mind** (bildl) tvivel hos ngn

sow² [saʊ] s (Zool) so, sugga

sow·er ['saʊə'] s (person) såningsman (åld: maskin) så(nings)maskin

sow·ing ['saʊɪŋ] s sådd

sown [saʊn] perf part av **sow**¹

soya ['sɔɪə], (Am) **soy** [sɔɪ] s soja(böna); ~ **bean** sojaböna; ~ **flour** sojamjöl; ~ **sauce** soja(sås)

soz·zled ['sɒzld] adj (vard: person) full; **to get** ~ bli/supa sig full

spa [spɑː] s (plats) brunnsort; (brunn) hälsobrunn

space [speɪs] **1** s **(a)** (Astron) rymden; (Fys etc) rymd; **outer** ~ yttre rymden; **the rocket vanished into** ~ raketen försvann ut i rymden; **to stare into** ~ stirra ut i tomma rymden; **the** ~ **age** rymdåldern; ~ **capsule** rymdkapsel; ~ **flight** rymdfärd; ~ **platform** rymdplattform; ~ **probe** rymdsond; ~ **programme** rymdprogram; ~ **shuttle** rymdfärja; ~ **station** rymdstation **(b)** (i allm) plats, utrymme; **to clear a** ~ **for sth** göra plats för ngt; **to take up a lot of** ~ ta en massa plats; **to buy** ~ **in a newspaper** köpa annonsplats i en tidning; **parking** ~ parkeringsplats, plats att parkera; **air** ~ luftrum **(c)** (mellan föremål, ord etc) tomrum, lucka, mellanrum; **blank** ~ (i text) mellanrum, mellanslag; **to leave a** ~ **for sth** lämna plats för ngt; **answer in the** ~ **provided** svara på därför avsett utrymme; **in confined** ~s i trånga utrymmen/lokaler; **I couldn't see a** ~ **for my car** jag kunde inte hitta någon parkeringsplats; (**wide**) **open** ~s öppna vidder; ~ **bar** (*på skrivmaskin*) mellanslagstangent (**d**) (*tid*) tidsrymd; **in a short** ~ **of time** inom en kort tidsrymd, inom kort; (**with**)**in the** ~ **of an hour/three generations** inom (loppet av) en timme/tre generationer; **for the** ~ **of a fortnight** under fjorton dagar(s tid); **after a** ~ **of two hours** efter två timmar, när två timmar förflutit **2** *vt* (*äv:* ~ **out**) placera med mellanrum, sprida; ~**ed out** (*vard: i sht Am*) påtänd

space·craft ['speɪskrɑːft] *s* rymdfarkost, rymdskepp

space·man ['speɪsmən] *s, pl* -**men** astronaut

space·ship ['speɪsʃɪp] *s* rymdskepp

space·suit ['speɪssuːt] *s* rymddräkt

space·walk ['speɪswɔːk] *s* rymdpromenad

spac·ing ['speɪsɪŋ] *s* (*Typogr: av tecken*) placering; (: *mellan tecken*) mellanslag; (: *mellan rader*) radavstånd

spa·cious ['speɪʃəs] *adj* (*rum*) rymlig, spatiös; (*park*) stor, vidsträckt

spade[1] [speɪd] *s* (*verktyg*) spade; **to call a** ~ **a** ~ nämna saker vid deras rätta namn

spade[2] [speɪd] *s* (*Kortsp*) spader(kort); ~**s** spader; **the three of** ~**s** spader tre, spadertrean; **to play** ~**s** spela spader; **to play a** ~ spela en spader

spade·work ['speɪdwɜːk] *s* (*bildl*) grovarbete, förarbete

spa·ghet·ti [spə'getɪ] *s* spagetti; ~ **western** (*westernfilm gjord i Italien*) spagettiwestern

Spain [speɪn] *s* Spanien

span[1] [spæn] **1** *s* (*i bro, byggnad*) spann, valv; (*abstr*) spännvidd, omfång; (*tid*) tid(srymd); (*mått*) avståndet mellan tumme och lillfinger *ca 9 tum*; (= *wing* ~) vingbredd; **the average** ~ **of life** genomsnittslivslängden; **for a brief** ~ för/under en kort tid **2** *vt* (*bro: över flod etc*) spänna/gå över; (*bildl*) sträcka sig över

span[2] [spæn] *imperf av* **spin**

Span·iard ['spænjəd] *s* spanjor

span·iel ['spænjəl] *s* (*hund*) spaniel

Span·ish ['spænɪʃ] **1** *adj* spansk **2** *s* (*språk*) spanska; **the** ~ *spl* spanjorerna

spank [spæŋk] *vt* (*barn*) ge smisk/smäll

spank·ing[1] ['spæŋkɪŋ] *s* smisk/smäll

spank·ing[2] ['spæŋkɪŋ] **1** *adj* (*takt*) rask; (*vind*) frisk **2** *adv* (*vard*) väldigt; ~ **new** splitterny

span·ner ['spænəʳ] *s* (*i sht Brit*) skruvnyckel; **to throw a** ~ **in the works** (*Brit vard*) sätta en käpp i hjulet

spar[1] [spɑːʳ] *s* (*Sjö*) bom, spira

spar[2] [spɑːʳ] *vi* (*Boxn*) sparra; (*i allm*) munhuggas; ~**ring partner** (*Boxn*) sparringpartner; (*bildl*) diskussionspartner

spar[3] [spɑːʳ] *s* (*Miner*) spat

spare [speəʳ] **1** *adj* (**a**) (*i allm*) extra, över, reserv-; **a** ~ **pencil** en extra penna; **I've got two** ~ **tickets** jag har två biljetter över; **there are two going** ~ två biljetter över; **to go** ~ (*Brit vard*) bli vannsinnig, gå upp i limningen; ~ **cash** extra kontanter, pengar i reserv; ~ **part** reservdel; ~ **room** gästrum; ~ **time** fritid; ~ **tyre** reservdäck; ~ **wheel** reservhjul (**b**) (*person*) mager, smal **2** *s* (= ~ **part**) reservdel; (= ~ **tyre**) reservdäck **3** *vt* (**a**) spara på, hushålla med; **she** ~**d no effort in helping me** hon skydde ingen möda för att hjälpa mig; **to** ~ **no expense** inte sky några kostnader (**b**) avvara, undvara; **can you** ~ **this for a moment?** kan du undvara den här ett ögonblick?; **can you** ~ **the time?** har du tid?; **can you** ~ **me 5 minutes?** har du tid med mig i fem minuter?; **to** ~ **a thought for** ägna en tanke åt (**c**): **to** ~ över; **I have enough and to** ~ jag

har så det räcker och blir över; **there is none to** ~ det finns inget över/till övers; **with three minutes to** ~ med tre minuters marginal (**d**) (*fånge etc*) skona; **the fire** ~**d nothing** branden skonade ingenting; **to** ~ **sb's feelings** skona ngns känslor (**e**) bespara; **to** ~ **sb the trouble of doing sth** bespara ngn besväret att göra ngt; ~ **me the details** förskona mig från detaljerna

spare·rib [,speə'rɪb] *s* (*Matl: Am:* ~**s**) revbensspjäll

spar·ing ['speərɪŋ] *adj* (*pos*) måttlig, sparsam; (*neg*) snål, njugg; **his** ~ **use of colour** hans sparsamma användning av färger; **to be** ~ **of praise** vara snål med beröm

spar·ing·ly ['speərɪŋlɪ] *adv* (*se* **sparing**) måttligt, sparsamt; snålt; **we used water** ~ vi använde väldigt lite vatten

spark [spɑːk] **1** *s* (*från eld, Elektr*) gnista; (*bildl*) gnutta, spår; **not a** ~ **of interest** inte ett spår av intresse; **bright** ~ (*Brit vard: ofta iron*) ljushuvud; ~ **plug** (*Am*) tändstift **2** *vt* (*äv:* ~ **off**) (*bildl*) utlösa, vara den tändande gnistan till; ~**ing plug** (*Brit*) tändstift **3** *vi* gnistra, spruta gnistor

spar·kle ['spɑːkl] **1** *s* (*diamants, stjärnas*) gnistrande, glittrande, glans; (*vins*) bubblande; (*bildl: konversations*) livlighet, spiritualitet **2** *vi* (*diamant, stjärna etc*) gnistra, glittra; (*vin*) moussera, bubbla; **the conversation** ~**d** konversationen bubblade/sprudlade

spar·kler ['spɑːkləʳ] *s* tomtebloss; (*vard*) diamant, juvel

spar·kling ['spɑːklɪŋ] *adj* (*diamant, glas*) gnistrande, glittrande; (*vin*) mousserande; (*person, konversation*) sprudlande

sparks [spɑːks] *s* (*Sjö vard: telegrafist*) gnist

spar·row ['spærəʊ] *s* sparv, sparvfink (*spec*)

sparse [spɑːs] *adj* (-**r**, -**st**) (*vegetation, befolkning*) gles; (*möblering*) sparsam

sparse·ly ['spɑːslɪ] *adv* (*befolkad*) glest; (*möblerad*) sparsamt

spar·tan ['spɑːtən] *adj* (*bildl*) spartansk

spasm ['spæzəm] *s* (*Med*) spasm, kramp; (*bildl*) ryck; **a** ~ **of coughing** ett hostanfall; **to work in** ~**s** arbeta ryckvis

spas·mod·ic [spæz'mɒdɪk] *adj* (*Med*) spasmodisk, krampaktig; (*bildl*) sporadisk, ryckvis

spas·modi·cal·ly [spæz'mɒdɪkəlɪ] *adv* ryckvis, sporadiskt

spas·tic ['spæstɪk] **1** *adj* (*Med*) spastisk **2** *s* (*Med*) spastiker

spat[1] [spæt] *s, vanl pl:* ~**s** damasker

spat[2] [spæt] *imperf, perf part av* **spit**

spate [speɪt] *s* (*bildl*) ström, (*stört*)flod; **to be in** ~ (*flod*) ha högt vattenstånd

spa·tial ['speɪʃəl] *adj* (*i allm*) rumslig, rums-; ~ **extent** utsträckning; ~ **geometry** rymdgeometri

spat·ter ['spætəʳ] *vt* (*lera, färg*) stänka; (*person, golv*) stänka ner, stänka på; **a dress** ~**ed with mud** en klänning nedstänkt med lera

spatu·la ['spætjʊlə] *s* (*Med*) spatel; (*köksredskap*) stekspade; (*konstnärs*) palettkniv

spawn [spɔːn] **1** *s* (*från fisk*) rom; (*från groda*) ägg; (*på svamp*) mycel, svamptråd **2** *vi* (*fisk*) leka, lägga rom; (*groda*) lägga ägg **3** *vt* (*neds*) producera/ge upphov till (*massor av*)

S.P.C.A. *förk f* **Society for the Prevention of Cruelty to Animals** Djurskyddsföreningen

speak [spiːk] *imperf* **spoke**, *perf part* **spoken 1** *vt* (*språk*) tala; (*ord*) säga, yttra; (*replik*) säga; **he** ~**s Italian** han talar italienska; **to** ~ **the truth** säga sanningen, tala sanning; **to** ~ **one's mind** säga vad man tycker **2** *vi* (**a**) (*i allm*) tala; **to** ~ **to sb** tala med ngn; **to** ~ **in a whisper** tala viskande, viska; **they don't** ~ **to each other** de talar inte med varandra; **I'll** ~ **to him** (*i allm*) jag ska tala med honom; *(tillrättavisa)* jag ska säga 'till honom/tala allvar med honom; **he's very well spoken of** man talar mycket väl om honom; ~**ing of holidays...** på tal om semester...; **it's nothing to** ~ **of** det är inget att tala om; **he has no money to** ~ **of** han har inga pengar att tala om; **so to** ~ så att säga; **roughly** ~**ing** i stort sett; ~**ing as a student,...** i egenskap av student,... **(b)** *(vid högtid)* hålla tal, tala; *(på konferens etc)* tala; **he spoke on Greek myths** han talade/föreläste om grekiska myter **(c)** *(i telefon):* ~**ing!** ja, det är jag!; **this is Peter** ~**ing** det här är Peter; **who is that** ~**ing?** vem är det jag talar med?

♦ **speak for** *vi* + *prep* **(a):** **to** ~ **for sb** tala för ngn/å ngns vägnar; ~ **for yourself!** tala för dig själv!; **let her** ~ **for herself** låt henne själv säga vad hon tycker **(b):** **to** ~ **for itself** *(faktum etc)* tala för sig själv **(c):** **that's already been spoken for** den är redan tingad

♦ **speak out** *vi* + *adv* *(bildl: med sina åsikter etc)* sjunga ut, säga rent ut; **to** ~ **out against sth** *(öppet)* ta avstånd från ngt

speak up *vi* + *adv* *(eg)* höja rösten, tala högre; **don't be afraid to** ~ **up** *(bildl)* var inte rädd för att säga din mening; **to** ~ **up for sb** tala för ngn/försvara ngn

speak·er ['spiːkəʳ] *s* **(a)** *(i allm)* talare; **the last** ~ föregående talare; **he's a good/poor** ~ han är en god/dålig talare **(b)** *(av visst språk)* -talande; **English** ~**s** engelsktalande (personer); **are you a Welsh** ~? talar du walesiska? **(c)** (= *loud-*~) högtalare **(d)** *(Pol: i församling)* talman

speak·ing ['spiːkɪŋ] **1** *adj* talande, tal-; **Italian-**~ **people** italiensktalande (människor); **we are on** ~ **terms again** vi talar med varandra igen; **we are not on** ~ **terms** *(av ovänskap)* vi talar inte med varandra; *(i allm)* vi känner inte varandra; **the** ~ **clock** *(Brit)* Fröken Ur; ~ **tube** talrör **2** *s (i allm)* talande, tal-; **the art of public** ~ konsten att tala offentligt

spear [spɪəʳ] **1** *s (vapen)* spjut; *(för fiske)* ljuster **2** *vt (i allm)* spetsa; *(fisk)* ljustra

spear·head ['spɪəhed] **1** *s (Mil)* förtrupp; *(bildl)* spjutspets **2** *vt* gå i spetsen för

spear·mint ['spɪəmɪnt] *s (Bot)* grönmynta; ~ **chewing gum** minttuggummi

spec [spek] *s (Handel vard: förk f* **speculation**) spekulation; **to buy sth on** ~ köpa ngt i spekulationssyfte; **I went along on** ~ jag gick dit på vinst och förlust

spe·cial ['speʃəl] **1** *adj* **(a)** *(bestämd)* speciell, särskild; **have you any** ~ **date in mind?** har du ngt särskilt datum i tankarna?; **I've no-one** ~ **in mind** jag tänker inte på någon speciell/särskild **(b)** *(ovanlig)* speciell, särskild, extra; ~ **offer** *(Handel)* special-/extra|erbjudande; **she's my** ~ **friend** hon och jag är mycket goda vänner; **this is a** ~ **day for me** det här är en särskild dag för mig; **you're extra** ~ *(vard)* det är något särskilt med dig; **to expect** ~ **treatment** vänta sig särbehandling/speciell behandling; ~ **feature** *(Tidn)* specialartikel; **my** ~ **chair** min favoritstol; min egen stol; **nothing** ~ ingenting särskilt; **what's so** ~ **about that?** vad är det för märkvärdigt med det?; ~ **agent** (hemlig) agent; **(the)** **S**~ **Branch** *(Brit)* säkerhetspolisen; ~ **constable** *(Brit ung)* tillfälligt anställd polis; ~ **correspondent** speciell medarbetare/korrespondent; ~ **delivery** *(Post)* expressutdelning; ~ **investigator** särskild utredare **2** *s (Järnv)* extratåg; *(TV, Radio)* specialprogram; *(Tidn)* specialnummer; **the chef's** ~ kockens special(are); **today's** ~ dagens rätt

spe·cial·ist ['speʃəlɪst] **1** *s* specialist, fackman; **heart** ~ *(Med)* hjärtspecialist **2** *adj* special-,

fack-

spe·ci·al·ity [ˌspeʃɪˈælɪtɪ], *(Am)* **spe·cial·ty** ['speʃltɪ] *s (område)* specialområde, specialitet; *(produkt etc)* specialitet; **to make a** ~ **of sth** göra ngt till sin specialitet

spe·ciali·za·tion [ˌspeʃəlaɪˈzeɪʃən] *s* specialisering

spe·cial·ize ['speʃəlaɪz] *vi* specialisera sig *(in på)*

spe·cial·ly ['speʃəlɪ] *adv (för visst ändamål)* särskilt, speciellt, enkom; *(i hög grad)* särskilt, speciellt; **he chose the card** ~ **for me** han valde kortet särskilt/enkom för mig; **we asked for it** ~ vi bad särskilt om den

spe·cial·ty ['speʃltɪ] *s (Am)* = **speciality**

spe·cies ['spiːʃiːz] *s, pl lika (Biol)* art; *(vard)* sort, typ; **the human** ~ människosläktet

spe·cif·ic [spəˈsɪfɪk] *adj* **(a)** *(instruktion)* noggrann; *(procedur)* särskild, speciell; *(exempel)* specifik; *(angivelse)* exakt; *(syfte)* speciell; **can you be more** ~? kan du vara mer specifik/exakt? **(b)** *(Biol, Fys, Kem, Med)* specifik; ~ **gravity** specifik vikt, densitet

spe·cifi·cal·ly [spəˈsɪfɪkəlɪ] *adv (varna etc)* uttryckligen, särskilt; *(för visst ändamål)* särskilt, speciellt

speci·fi·ca·tion [ˌspesɪfɪˈkeɪʃən] *s (handling)* specificering; ~**s** *(dokument)* specifikation

spe·cifics [spəˈsɪfɪks] *spl* detaljer

speci·fy ['spesɪfaɪ] *vt* specificera, ange; **in the order specified** i angiven ordning; **unless otherwise specified** om inte annat angetts

speci·men ['spesɪmɪn] *s (typiskt föremål)* exemplar, specimen; *(av urin, blod, produkt)* prov; **he's an odd** ~ *(vard)* han är en udda figur; ~ **copy** provexemplar; ~ **signature** namnteckningsprov

spe·cious ['spiːʃəs] *adj (argument etc)* bestickande, skenbart riktig; *(utseende)* skenfager, bedräglig

speck [spek] *s (av smuts etc)* fläck, prick; *(av damm)* korn; *(bildl)* gnutta, uns; **just a** ~ **on the horizon** bara en prick vid horisonten

speck·led ['spekld] *adj* spräcklig, prickig

specs [speks] *spl (vard)* glasögon, brillor

spec·ta·cle ['spektəkl] *s* **(a)** spektakel, syn; **to make a** ~ **of oneself** göra sig till (allmänt) åtlöje **(b):** ~**s** glasögon; **to see everything through rose-coloured** ~**s** se allt genom rosafärgade glasögon; ~ **case** glasögonfodral

spec·ta·cled ['spektəkld] *adj* glasögonprydd, med glasögon

spec·tacu·lar [spekˈtækjʊləʳ] **1** *adj (framgång)* stor, enastående; *(utsikt)* imponerande, praktfull **2** *s (TV: med många stora artister etc)* galaföreställning; *(Film)* stjärnfilm, storfilm

spec·ta·tor [spekˈteɪtəʳ] *s* åskådare; ~ **sport** publiksport

spec·tre, *(Am)* **spec·ter** ['spektəʳ] *s (eg, bildl)* spöke

spec·trum ['spektrəm] *s, pl* **spectra** ['spektrə] *(Fys)* spektrum; *(bildl)* spektrum, skala; ~ **analysis** spektralanalys; **the whole** ~ **of emotion** hela känsloskalan

specu·late ['spekjʊleɪt] *vi (i allm)* spekulera *(on, about* över); *(Handel)* spekulera *(in* i)

specu·la·tion [ˌspekjʊˈleɪʃən] *s (i allm)* spekulation, spekulering, fundering; *(Handel)* spekulation; **it is the subject of much** ~ de är föremål för mycket spekulation

specu·la·tive ['spekjʊlətɪv] *adj (i allm)* spekulativ, teoretisk; *(Handel)* spekulations-, på spekulation

specu·la·tor ['spekjʊleɪtəʳ] *s (Handel)* spekulant, jobbare

sped [sped] *imperf, perf part av* **speed**

speech [spiːtʃ] *s* **(a)** *(förmåga)* talförmåga, tal(et); *(sätt att tala)* tal; **to lose the power of** ~ förlora talförmågan; **better in** ~ **than in writing** bättre i tal än i skrift; **freedom of** ~, **free** ~

yttrandefrihet; ~ **impediment** talsvårighet; ~ **therapy** talterapi; ~ **therapist** logoped **(b)** *(i visst område/grupp)* språk; **children's** ~ barns språk **(c)** *(vid högtid)* tal, anförande; **to make a** ~ hålla tal/ett anförande; ~ **day** *(Brit ung)* avslutning(sdag) **(d)** *(Språkv)*: **direct/indirect** ~ direkt/indirekt tal
speech·less ['spiːtʃlɪs] *adj (person)* mållös, stum, förstummad; *(skräck etc)* outsäglig; **everybody was** ~ alla var förstummade
speed [spiːd] **1** *s* **(a)** *(mått)* hastighet, fart; *(sätt)* snabbhet, skyndsamhet; **with all possible** ~ med största möjliga skyndsamhet; **at** ~ snabbt, i hög fart; **at full** ~, **at top** ~ i full fart; **at a** ~ **of 70 km/h** i en hastighet av 70 km/h; **the** ~ **of light/sound** ljusets/ljudets hastighet; **what** ~ **were you doing?** *(Motor)* hur fort körde du?; **to pick up/gather** ~ öka farten; **shorthand/typing** ~**s** snabbhet i stenografi/maskinskrivning; ~ **cop** *(vard: polis)* trafiksnut; ~ **limit** hastighetsbegränsning; **a 50 km/h** ~ **limit** en hastighetsbegränsning på 50 km/h; ~ **merchant** *(vard)* fartdåre; ~ **trap** hastighetskontroll **(b)** *(Tekn)* växel; **a three-** ~ **bicycle** en treväxlad cykel; **a five-**~ **gearbox** en femväxlad (växel)låda **(c)** *(Foto: om slutare)* hastighet; *(: om film)* ljuskänslighet, ASA-tal **(d)** *(vard: narkotika: slags amfetamin)* uppåttjack **2** *vi* **(a)** *(imperf, perf part* sped) *(person)* ila, rusa, hasta; **to** ~ **along/off** *etc (person)* ila el rusa iväg/bort *etc*; *(bil)* rusa el susa el fara iväg/bort *etc*; **the years sped by** åren ilade förbi **(b)** *(imperf, perf part* speeded) *(bil)* köra för fort, överskrida fartgränsen
◆ **speed up** *imperf, perf part* speeded up **1** *vt + adv* sätta fart på **2** *vi + adv (bil, person)* öka farten, sätta full fart
speed·boat ['spiːdbəʊt] *s* racerbåt
speedi·ly ['spiːdɪlɪ] *adv* snabbt, kvickt
speed·ing ['spiːdɪŋ]*s* fortkörning
speed·om·eter [spɪˈdɒmɪtər] *s* hastighetsmätare
speed·way ['spiːdweɪ] *s (Sport)* speedway; *(: bana)* speedwaybana
speed·well ['spiːdwel] *s (Bot)* veronika, ärenpris
speedy ['spiːdɪ] *adj (-ier, -iest) (i allm)* snabb; *(tillfrisknande)* snar
spell[1] [spel] *s (ramsa)* trollformel; *(handling etc: eg, bildl)* förtrollning; **to cast a** ~ **over sb, to put sb under a** ~ *(eg, bildl)* förtrolla ngn; **to break the** ~ *(eg, bildl)* bryta förtrollningen
spell[2] [spel] *imperf, perf part* spelled *el* spelt *vt* **(a)** *(ord)* stava; **how do you** ~ **your name?** hur stavar du ditt namn?; **d-o-g** ~**s 'dog'** d-o-g blir/säger 'dog' **(b)** *(bildl)* innebära, betyda; **it** ~**s disaster for us** det innebär/betyder katastrof för oss
◆ **spell out** *vt + adv (bildl)*: **to** ~ **out sth for sb** förklara ngt för ngn bokstav för bokstav/in i minsta detalj
spell[3] [spel] **1** *s (kort)* period; **for a** ~ ett tag, en kort period; **cold** ~ köldperiod; **a** ~ **of duty** ett arbets|pass/-skift; **they're going through a bad** ~ de har en svår tid/period **2** *vt (i sht Am)* avlösa; **to** ~ **sb at the wheel** avlösa ngn vid ratten
spell·binder ['spel,baɪndər] *s (person)* fängslande talare; **the book/film was a** ~ boken/filmen var verkligen fängslande
spell·bound ['spelbaʊnd] *adj* trollbunden; **to hold sb** ~ hålla ngn trollbunden
spell·ing ['spelɪŋ] *s (i allm)* stavning; *(skolämne)* rättstavning; ~ **mistake** stavfel
spelt [spelt] *imperf, perf part* av spell[2]
spend [spend] *imperf, perf part* spent *vt* **(a)** *(pengar)* göra av med, lägga ut, spendera; *(krafter)* använda, lägga ned; *(tid)* lägga ned, offra; **time well spent** väl använd tid **(b)** *(tidsrymd)*

tillbringa; **he** ~**s his time sleeping** han tillbringar sin tid med att sova; **we spent two days in New York** vi var i New York i två dar
spend·er ['spendər] *s*: **he's a big** ~ han är en riktig slösare
spend·ing ['spendɪŋ] *s* utgifter; **government** ~ statens utgifter; ~ **money** fickpengar; ~ **power** köpkraft
spend·thrift ['spendθrɪft] **1** *adj* slösaktig **2** *s* slösare
spent [spent] **1** *imperf, perf part* av **spend** **2** *adj (tillgång)* förbrukad, slut; *(patron)* använd; *(person)* utmattad, förbi; **he's a** ~ **force** han är en förbrukad kraft
sperm [spɜːm] *s (vätska)* sperma, sädesvätska; *(cell)* spermie, sädescell; ~ **bank** spermabank; ~ **whale** spermacetival, kaskelot
spew [spjuː] **1** *vi* spy **2** *vt (äv:* ~**out:** *eg, bildl)* spy upp/ut
sphere [sfɪər] *s (eg)* sfär, klot; *(bildl)* sfär, område; **in the** ~ **of politics** inom den politiska sfären; **his** ~ **of interest** hans intresse|område/-sfär; ~ **of activity** verksamhetsområde; **in the social** ~ i umgängeslivet; **that's outside my** ~ *(uppgift)* det ligger utanför mitt ansvarsområde; *(kunskap)* det ligger utanför mitt gebit
spheri·cal ['sferɪkəl] *adj (kropp)* sfärisk, klotformig; *(yta)* sfärisk
sphinc·ter ['sfɪŋktər] *s (Anat)* ring-/slut|muskel
sphinx [sfɪŋks] *s (eg, bildl)* sfinx
spice [spaɪs] **1** *s (Matl)* krydda *i sht torkad orientalisk;* *(: koll)* kryddor; *(bildl)* krydda; **mixed** ~**(s)** blandade kryddor, kryddblandning; **the details add** ~ **to the story** detaljerna ger krydda åt historien; **variety is the** ~ **of life** omväxling är livets krydda **2** *vt (Matl, bildl)* krydda; **a highly** ~**d account** en mycket kryddad redogörelse
spic(k)-and-span [ˌspɪkənˈspæn] *adj (rum)* i perfekt ordning, skinande ren; *(person)* mycket prydlig
spicy ['spaɪsɪ] *adj (-ier, -iest) (Matl)* kryddad, kryddstark; *(bildl: historia)* kryddad, mustig, pikant
spi·der ['spaɪdər] *s* spindel; ~**'s web** spindel|nät/-väv
spi·dery ['spaɪdərɪ] *adj (handstil)* spretig
spiel [ʃpiːl] *s (i sht Am: vard: politikers, försäljares)* svada
spike [spaɪk] **1** *s* **(a)** *(i allm)* spets, tagg; *(på sko)* brodd; *(Tekn)* grov spik; ~**s** *(Sport)* spikskor **(b)** *(Bot)* ax **2** *vt (i allm)* förse med spetsar/taggar; *(sko)* brodda; *(Tekn)* spika fast; *(vard: dryck)* spetsa; **to** ~ **sb's guns** *(bildl)* sätta stopp för ngns planer, sätta en käpp i hjulet för ngn
spiky ['spaɪkɪ] *adj (-ier, -iest) (buske)* taggig; *(gräs)* spetsig, vass; *(murkrön)* full av spetsar; *(Brit vard bildl: person)* snarstucken
spill [spɪl] *imperf, perf part* spilled *el* spilt **1** *vt (i allm)* spilla (ut), (råka) hälla ut; *(blod)* utgjuta; *(Matl: person)* kasta (av); **the lorry** ~**ed its load onto the road** lastbilen tappade sin last på vägen; **to** ~ **the beans** *(vard)* prata bredvid mun **2** *vi (person)* spilla; *(mjölk etc)* rinna ut/över, spillas ut
◆ **spill out** **1** *vt + adv (föremål)* stjälpa/strö ut; *(bildl: berättelse)* haspla ur sig **2** *vi + adv* strömma, välla; **the audience spilt out of the cinema** publiken vällde/strömmade ut ur biografen
◆ **spill over** *vi + adv (vätska)* rinna över *(into* i); *(folkmassa)* sprida sig
spin [spɪn] *(v: imperf* spun *el* span, *perf part* spun) **1** *s* **(a)** *(i allm)* snurrning, snurrande; **to give sth a long/short** ~ *(i tvättmaskin)* centrifugera ngt länge/en kort tid; **to be in a flat** ~

(vard) veta varken ut eller in **(b)** *(på boll)* skruv; **to put a** ~ **on the ball** sätta skruv på bollen **(c)** *(Flyg)* spinn; *(Motor)* sladd, spinn; **to go into a** ~ *(Flyg)* råka i spinn **(d)** *(i bil)*: **to go for a** ~ ta en liten åktur, åka en sväng **2** vt **(a)** *(bomull, ull etc)* spinna **(b)** *(hjul etc)* snurra, sätta snurr på; **to** ~ **a top** leka med en snurra; **to** ~ **a coin** singla slant; *se äv* **yarn 3** vi **(a)** *(person: bomull, ull etc)* spinna **(b)** *(hjul)* snurra; *(flygplan)* råka i spinn; **the car spun along the motorway** bilen susade fram längs motorvägen; **to** ~ **round** *(person)* snurra runt; **to** ~ **round and round** snurra runt, runt; **the car spun out of control** bilen sladdade så att föraren tappade herraväldet över den; **to send sb/sth** ~**ning** få ngn/ngt att fara omkull, slå ikull ngn/ngt; **it makes my head** ~ den får det att gå runt i huvudet på mig

♦ **spin out** vt + adv *(vard: föredrag, besök)* dra ut på, tänja ut; *(: pengar, förråd)* få att räcka länge
spin·ach ['spɪnɪdʒ, *(Am)* 'spɪnɪtʃ] s spenat
spi·nal ['spaɪnl] adj ryggrads-; ~ **anaesthetic** ryggmärgsbedövning; ~ **column** ryggrad; ~ **cord** ryggmärg
spin·dle ['spɪndl] s *(Textil)* slända; *(Tekn)* spindel, axel
spin·dly ['spɪndlɪ] adj *(-ier, -iest)* *(växt, ben)* spinkig; *(person)* lång och smal; *(stol)* skranglig
spin-dry ['spɪnˌdraɪ] vt *(tvätt)* centrifugera
spin-dryer ['spɪnˌdraɪəʳ] s *(för tvätt)* centrifug
spine [spaɪn] s *(Anat)* ryggrad; *(Zool: på fisk, igelkott etc)* tagg; *(Bot)* tagg; *(på bok)* rygg; *(på berg)* bergs|rygg/-kam
spine-chiller ['spaɪnˌtʃɪləʳ] s *(bok, film)* rysare
spine·less ['spaɪnlɪs] adj *(eg)* ryggradslös; *(bildl)* utan ryggrad, karaktärslös
spin·et ['spɪnɪt] s *(Mus: Hist)* spinett; *(: Am: akustisk)* minipiano; *(: elektrisk)* elorgel
spin·na·ker ['spɪnəkəʳ] s *(Sjö)* spinnaker
spin·ner ['spɪnəʳ] s *(person)* spinnare; spinnerska; *(maskin)* spinnmaskin; *(Sport)* skruvboll, skruvad boll; *(Fiske)* spinnare; *(vard: för tvätt)* centrifug
spin·ney ['spɪnɪ] s *(i sht Brit)* skogsdunge, skogssnår
spin·ning ['spɪnɪŋ] s *(i allm)* spinnande; *(Fiske)* spinnfiske; ~ **jenny** *(Hist)* spinnmaskin; ~ **top** *(leksak)* snurra; ~ **wheel** *(redskap)* spinnrock
spin-off ['spɪnɒf] s biprodukt, spin-off
spin·ster ['spɪnstəʳ] s *(i allm)* gammal ungmö/ fröken; *(Jur)* ogift kvinna
spiny ['spaɪnɪ] adj *(-ier, -iest)* *(Bot, Zool)* taggig; *(bildl: problem)* kvistig, knepig
spi·ral ['spaɪərəl] **1** adj *(i allm)* spiralformig, spiral-; ~ **staircase** spiraltrappa **2** s spiral; **the inflationary** ~ inflationsspiralen **3** vi *(i allm)* gå/röra sig i en spiral; *(priser)* stiga ständigt; **to** ~ **up** *(rök)* stiga uppåt i en spiral; **to** ~ **down** *(flygplan)* cirkla nedåt (i en spiral)
spire ['spaɪəʳ] s *(torn)*spira
spir·it ['spɪrɪt] s **(a)** ande, vilja; **the** ~ **is willing but the flesh is weak** anden är villig men köttet är svagt; **I'll be with you in** ~ jag kommer att vara hos dig i tankarna **(b)** *(övernaturlig varelse)* ande, spöke; **evil** ~ ond ande; **the Holy S** ~ den Helige Ande **(c)** *(person)* kraft, ande; **a leading** ~ en ledande kraft **(d)** *(egenskap: vid fara)* mod; *(: i allm)* kraft, energi; **they lack** ~ de saknar energi/vitalitet **(e)** *(attityd)* stämning, anda; **community** ~, **public** ~ samhällsanda; **a** ~ **of optimism** en optimistisk anda; **to enter into the** ~ **of a party** låta sig dras med i stämningen på en fest; **to take sth in the right/wrong** ~ ta ngt på rätt/fel sätt; **that's the** ~! *(vard)* så ska det låta!, det är rätt inställning! **(f)** *(avsikt)* anda;

the ~ **of the law** lagens anda; **it depends on the** ~ **in which it is done** det beror på i vilken anda det görs **(g)**: ~**s** humör, lynne; **high** ~**s** gott/glatt humör; **in low** ~**s** *(i allm)* på dåligt humör, nere; *(av sorg)* nedslagen, nedstämd; **we kept our** ~**s up by singing** vi höll humöret uppe genom att sjunga; **my** ~**s rose somewhat** jag blev på litet bättre humör, jag blev litet bättre till mods **(h)**: ~**s** *(Kem)* sprit, alkohol; ~**s of turpentine** terpentinolja; **methylated** ~**s** denaturerad sprit; **white** ~ lacknafta; **I keep off** ~**s** jag låter bli spriten; ~ **lamp** spritlampa; ~ **level** *(verktyg)* vattenpass
♦ **spirit away**, **spirit off** vt + adv *(person, föremål)* snabbt föra bort, smussla iväg
spir·it·ed ['spɪrɪtɪd] adj *(person: inför fara)* modig; *(person, anfall etc: i allm)* kraftfull; *(karaktär)* livlig, livfull; *(häst)* yster, eldig; **he gave a** ~ **performance** *(Mus)* han gav ett inspirerat framförande
spir·it·less ['spɪrɪtlɪs] adj *(utan energi, vitalitet)* trög, kraftlös; *(utan själsstyrka)* svag (i anden); *(pessimistisk)* modfälld; *(framförande)* oinspirerad
spir·itu·al ['spɪrɪtjʊəl] **1** adj *(i allm)* andlig, själslig; *(Rel)* religiös, andlig; ~ **life** andligt liv, själsliv; ~ **songs** andliga sånger **2** s *(Mus = Negro* ~*)* (negro) spiritual
spir·itu·al·ism ['spɪrɪtjʊəlɪzəm] s *(i allm)* spiritism; *(Filos)* spiritualism
spir·itu·al·ist ['spɪrɪtjʊəlɪst] s *(i allm)* spiritist; *(Filos)* spiritualist
spir·itu·al·ity [ˌspɪrɪtjʊˈælɪtɪ] s andlighet
spir·itu·al·ly ['spɪrɪtjʊəlɪ] adv andligen, själsligen, i anden
spit¹ [spɪt] s *(Matl)* stekspett; *(Geogr)* landtunga
spit² [spɪt] *(v: imperf, perf part* **spat**) **1** s spott; ~ **and polish** *(vard: handling)* polering; *(Mil etc: tillstånd)* puts, prydlighet; **to be the dead** ~ **of sb** *(vard: i sht Brit)* vara ngn upp i dagen **2** vt *(blod etc)* spotta (ut) **3** vi *(person: eg, bildl)* spotta *(on/at* på); *(katt)* fräsa; **it is** ~**ting with rain** det småregnar/stänker litet
♦ **spit out** vt + adv *(person: saliv etc)* spotta ut; *(: replik)* spotta fram, fräsa; *(om eld: gnistor)* spruta; *(om stekpanna: fett)* stänka; ~ **it out!** *(vard)* ut med språket!
spite [spaɪt] **1** s **(a)** elakhet, illvilja; **to do sth from/out of** ~ göra något av elakhet *el* illvilja **(b)**: **to have a** ~ **against sb** hysa agg/illvilja mot ngn, ha ett horn i sidan till ngn; **in** ~ **of** trots; **in** ~ **of the fact that** trots att; **in** ~ **of herself** mot sin vilja, motvilligt **2** vt reta, visa sin illvilja mot
spite·ful ['spaɪtfʊl] adj illvillig, elak
spite·ful·ly ['spaɪtfəlɪ] adv illvilligt, elakt
spit·fire ['spɪtˌfaɪəʳ] s *(person)* spyfluga, giftblåsa
spit·ting ['spɪtɪŋ] **1** s: ~ **prohibited** *(på skylt)* förbjudet att spotta (på golvet) **2** adj: **to be the** ~ **image of sb** vara ngn upp i dagen
spit·tle ['spɪtl] s spott
spit·toon [spɪˈtuːn] s spottkopp
splash [splæʃ] **1** s *(i allm)* plaskande, plask; *(ljud)* plask, plums; *(av lera, färg, ljus)* stänk, fläck; **to make a** ~ *(bildl)* väcka uppseende, tilldra sig mycket uppmärksamhet **2** vt *(vatten, färg)* stänka, skvätta; **to** ~ **sb with water** stänka vatten på ngn, stänka ned ngn med vatten; **to** ~ **paint on the floor** stänka färg på golvet; **the story was** ~**ed across the front page** *(vard)* historien var stort uppslagen på första sidan **3** vi *(vätska, lera)* stänka, skvätta; *(person: äv* ~ **about)** plaska *(omkring)*; **to** ~ **across a stream** plumsa över en å
♦ **splash down** vi + adv *(Rymd)* landa i havet

◆ **splash out** vi + adv (i sht Brit vard) slå på stort
splash·down ['splæʃdaʊn] s (Rymd) landning i
havet
splashy ['splæʃɪ] adj (bildl vard) vräkig, prålig
splat |splæt] s (ljud) smack
splat·ter ['splætəʳ] **1** vt (person, föremål) stänka
ned; (vätska) stänka **2** vi (vätska) stänka, plaska
spleen |spliːn] s (Anat) mjälte; (bildl) dåligt humör;
to vent one's ~ on sb/sth (bildl) låta sin ilska gå ut
över ngn/ngt, ösa (sin) galla över ngn/ngt; **to vent
one's spleen at sth** visa sin ilska över ngt
splen·did ['splendɪd] adj (i allm) lysande, ståtlig,
praktfull; (vard: idé) utmärkt, lysande; **we had a
~ time in London** vi hade det jättebra/underbart
i London; **that's ~!** det är utmärkt!
splen·did·ly ['splendɪdlɪ] adv: **everything went ~**
allt gick perfekt/som smort
splen·dour, (Am) **splen·dor** ['splendəʳ] s prakt,
glans
sple·net·ic |splɪ'netɪk] adj (person) grinig, retlig
splice [splaɪs] vt (rep) splitsa; (film, magnetband)
skarva; **to get ~d** (vard: gifta sig) gänga sig
splint |splɪnt] s (Med) spjäla, skena; **to put sb's arm
in ~s** spjäla/spjälka ngns arm
splin·ter ['splɪntəʳ] **1** s (av trä, glas, ben) flisa; (av
glas: äv) skärva; (av trä: äv) sticka; **to get a ~ in**
one's finger få en sticka i fingret; **~ group** (Pol
etc) utbrytargrupp **2** vt (eg, bildl) splittra **3** vi
(eg) splittras, flisas sönder; (bildl: parti etc)
splittras
split |splɪt] (v: imperf, perf part **split**) **1** adj: **~
infinitive** 'kluven infinitiv' med ngt inskjutet mel-
lan 'to' o infinitiven; **~ personality** personlig-
hetsklyvning; **~ second** bråkdelen av en sekund;
~ ticket (Am Pol) splittrad röst på kandidater ur
olika partier
2 s **(a)** (i mur, trä etc) spricka; (i tyg)
reva **(b)** (bildl: i parti etc) splittring, spricka;
there is a ~ in the Liberal party det har uppstått
en spricka i det liberala partiet **(c): to do the
~s** gå ned i spagat **(d)** (Matl: glass): **banana ~**
banana split
3 vt (trä, atom) klyva; (sten) splittra;
(tyg) dela (på mitten); (söm) sprätta upp; **to ~ sth
open** skära/riva upp ngt; **she ~ his head open** hon
spräckte skallen på honom; **to ~ hairs** (bildl)
ägna sig åt hårklyverier; **to ~ an infinitive**
(Språkv) 'klyva en infinitiv', sätta ngt mellan
to och infinitiven; **to ~ one's sides laughing**
(bildl) skratta så att man håller på att spricka
(b) (arbete) dela; (bildl: parti etc) dela, splittra;
to ~ sth into three parts dela ngt i tre delar; **to
~ the vote** el (Am) **ticket** (Pol) splittra rösterna
på kandidater från olika partier; **to ~ the profit five
ways** dela vinsten på fem; **to ~ the difference**
(bildl) mötas på halva vägen
4 vi **(a)** (trä, sten, tyg, söm) spricka; (hårstrå)
klyvas; (bildl: parti) splittras; **to ~ open** spricka,
brista; **my head is ~ting** det sprängvärker i
huvudet på mig, jag har en brinnande huvud-
värk **(b)** (i två delar) delas; **the Church is ~
over this issue** kyrkan är delad i denna frå-
ga **(c)** (vard) skvallra (on på)
◆ **split off** **1** vt + adv (eg) avskilja, hugga/skära
etc av; (bildl) avskilja **2** vi + adv (eg) avskiljas,
lossna; (bildl) avskiljas, lösgöra sig från
◆ **split up** **1** vt + adv (sten) krossa, splittra; (trä)
klyva; (pengar) dela; (parti) splittra; (folkmassa)
skingra; (innehåll) dela upp **2** vi + adv (sten)
spricka; (bräda) klyva sig, klyvas; (skepp) kros-
sas; (folkmassa) skingras; (par) skiljas (åt), se-
parera
split-level ['splɪt,levl] adj (hus) med förskjutna vå-
ningsplan; **~ cooker** (i sht Brit) spis med separat
ugn

split·ting ['splɪtɪŋ] adj: **a ~ headache** en brin-
nande/sprängande huvudvärk
splodge [splɒdʒ], **splotch** [splɒtʃ] s (i allm) fläck;
(av bläck) plump
splurge [splɜːdʒ] **1** s utsvävning **2** vi slösa,
spendera, strö pengar omkring sig
splut·ter ['splʌtəʳ] **1** vi (person: i talet) stamma,
snubbla på orden; (person: saliv etc) spotta; (eld)
fräsa, spruta gnistor; (fett) stänka; (motor) hosta,
hacka; **to ~ with indignation** vara så upprörd att
man snubblar på orden **2** vt (ord) stamma/spot-
ta fram; **she ~ed her neighbour with crumbs
when she sneezed** hon överöste sin granne med
smulor när hon nös
spoil [spɔɪl] (v: imperf, perf part **spoiled** el **spoilt**) **1**
s (äv: **~s**) byte, rov; **~s of war** krigsbyte; **the ~s
system** (Am Pol) 'spoilsystemet', systemet med
politiska tjänstetillsättningar **2** vt **(a)** (i allm)
förstöra, fördärva; (utsikt: äv) skämma; **to ~ sb's
fun** fördärva nöjet för ngn, göra slut på det
roliga för ngn; **to ~ one's appetite** fördärva ap-
titen **(b)** (barn etc) skämma bort **3** vi **(a)**
(mat) bli förstörd, bli skämd **(b): to be ~ing for
a fight** vara stridslysten/sugen på slagsmål
spoil·er ['spɔɪləʳ] s (på bil/flygplan) spoiler
spoil·sport ['spɔɪlspɔːt] s (vard) glädjedödare
spoilt [spɔɪlt] **1** imperf, perf part av **spoil** **2** adj
(barn) bortskämd; (måltid) förstörd
spoke[1] [spəʊk] s (på hjul) eker; (på stege) stegpinne;
to put a ~ in sb's wheel sätta en käpp i hjulet för
ngn
spoke[2] [spəʊk] imperf av **speak**
spo·ken ['spəʊkən] perf part av **speak**
spokes·man ['spəʊksmən] s, pl **-men** talesman
sponge [spʌndʒ] **1** s (i allm) (tvätt)svamp; (Matl:
äv: **~ cake**) sockerkaka; (vard: person) fylltratt;
to throw in the ~ (Boxning, bildl) kasta in handdu-
ken; **~ bag** (Brit) necessär; **~ cake** socker-
kaka **2** vt tvätta/torka med svamp; **to ~ a stain
off** torka bort en fläck med en svamp **3** vi snyl-
ta, parasitera; **to ~ off/on sb** snylta på ngn
◆ **sponge down** vt + adv (vägg, person) tvätta (av)
med svamp
spong·er ['spʌndʒəʳ] s (vard) snyltgäst
spon·gy ['spʌndʒɪ] adj (-ier, -iest) (i allm) svampak-
tig; (bröd) svampig; (mark) sumpig
spon·sor ['spɒnsəʳ] **1** s (för lån) garant; (för ny
medlem) fadder; (Radio, TV, Sport etc) sponsor,
finansiär; (för projekt: äv) initiativtagare; (Pol)
förslagsställare; (för barn) fadder, gudföräl-
der **2** vt (lån, låntagare) vara garant för; (ny
medlem) gå i god för; (radioprogram, sporteve-
nemang, idrottsman) sponsra, finansiera; (projekt)
stå bakom; (barn) vara fadder/gudfvälder åt; **I
~ed him at 3p a mile** (vid välgörenhetsmarsch) jag
skänkte 3 pence för varje mile han gick
spon·sor·ship ['spɒnsəʃɪp] s (i allm) stöd; (Radio,
TV, Sport) sponsorskap; (för barn) fadderskap
spon·ta·neity [,spɒntə'neɪətɪ] s spontanitet, impul-
sivitet
spon·ta·neous [spɒn'teɪnɪəs] adj spontan; **~ com-
bustion** själv|antändning/-förbränning
spon·ta·neous·ly [spɒn'teɪnɪəslɪ] adv spontant
spoof [spuːf] s (vard) parodi, drift
spook [spuːk] s (vard) spöke
spooky ['spuːkɪ] adj (-ier, -iest) (vard) spöklik, kus-
lig
spool [spuːl] s (för tråd) spole; (Foto) filmrulle;
(Am: med tråd) trådrulle
spoon [spuːn] **1** s sked; **to be born with a silver ~
in one's mouth** (bildl) vara född med silversked i
munnen **2** vt ösa (med sked), sleva; **to ~ sth
into a plate** ösa/sleva upp ngt på en tallrik
spoon·bill ['spuːnbɪl] s (Zool) skedstork
spoon·er·ism ['spuːnərɪzəm] s felsägning genom

omkastning av bokstäver i ord (t ex 'you have tasted two worms' i st f 'you have wasted two terms')
spoon-feed ['spuːnfiːd] *imperf, perf part* **spoon-fed** ['spuːnfed] *vt (eg)* mata med sked; *(bildl)* servera på fat
spoon·ful ['spuːnfʊl] *s (mått)* sked; **a ~ of salt** en sked salt
spoor [spʊəʳ] *s (efter djur)* spår
spo·rad·ic [spəˈrædɪk] *adj (i allm)* sporadisk; *(sjukdomsfall etc)* enstaka, spridd; **~ gunfire** sporadisk skottlossning
spo·radi·cal·ly [spəˈrædɪkəlɪ] *adv* sporadiskt
spore [spɔːʳ] *s (Bot)* spor
spor·ran ['spɒrən] *s (Skottl)* skinnpung *buren till kilt*
sport [spɔːt] **1** *s* **(a)** sport, idrott; **athletic ~s** friidrott; **to be good at ~** vara bra på sport/i idrott; **~s** *(koll)* sport; *(arrangemang)* idrottstävling, sportevenemang; **~s car** sportbil; **~s ground** idrottsplats, sportarena; **~s jacket** uddakavaj *för fritidsbruk* **(b)** skämt, skoj; **to say sth in ~** säga ngt på skoj/skämt **(c)** *(vard: person)* hygglig prick, bra kompis; **she's a good ~** hon är hygglig/bussig; **be a ~!** var hygglig/bussig! **2** *vt (plagg)* bära, ståta med; **she came in ~ing a blue suit** hon kom in iförd en blå dräkt; **he ~ed two black eyes** han hade/kunde uppvisa två blåtiror
sport·ing ['spɔːtɪŋ] *adj (i allm)* sportande; *(person)* sportig, sportälskande; *(evenemang, intresse)* sport-; *(hund)* jakt-; **there's a ~ chance that...** det finns en sportslig chans att...
sports·cast ['spɔːtsˌkɑːst] *s (Am: TV, Radio)* sportsändning
sports·man ['spɔːtsmən] *s, pl* **-men** *(som sportar)* idrottsman; *(som jagar/fiskar etc)* friluftsmänniska; *(som uppför sig sportsligt)* renhårig/juste person
sports·man·like ['spɔːtsmənlaɪk] *adj* sportsmannamässig
sports·man·ship ['spɔːtsmənʃɪp] *s* sportsmannaanda
sports·wear ['spɔːtswɛəʳ] *s* sportkläder, fritidskläder
sports·woman ['spɔːtsˌwʊmən] *s, pl* **-women** *(som sportar)* idrottskvinna; *(som jagar/fiskar etc)* friluftskvinna
sporty ['spɔːtɪ] *adj (-ier, -iest) (vard: person)* sportig; *(: plagg)* prålig, skrikig
spot [spɒt] **1** *s* **(a)** *(av smuts etc)* (liten)fläck; *(på tärning etc)* prick; *(bildl: på rykte, namn)* fläck; **a cloth with blue ~s** ett tyg med blå prickar; **~s of blood/grease** fläckar av blod/fett; **to knock ~s off sb** *(bildl vard)* sopa golvet med ngn; **to have ~s before one's eyes** se prickar framför ögonen; **~ remover** fläckborttagningsmedel **(b)** *(Med etc)* finne; **to break/come out in ~s** få finnar **(c)** *(i rummet)* plats, ställe; **a pleasant ~** ett trevligt ställe; **a tender ~ on the arm** ett ömt ställe på armen; **the reporter was on the ~** reportern var på platsen; **the firemen were on the ~ in 3 minutes** brandsoldaterna var på plats/framme på 3 minuter; **an on-the-~ broadcast** en utsändning från platsen/fältet; **to do sth on the ~** göra ngt på fläcken; **~ check** stickprov(skontroll); **beauty ~** naturskön plats; **an accident black ~** *(i allm)* ett olycksställe; *(Trafik)* trafikfälla; **night ~** nattklubb **(d)** *(Brit vard: liten mängd: i allm)* smula, *(: av dryck etc)* skvätt, droppe; **just a ~, thanks** bara en smula/ett par droppar, tack; **we had a ~ of rain yesterday** vi fick några droppar regn igår; **a ~ of bother** lite trassel/besvär; **we're in a ~ of trouble** vi har lite problem

(e) *(bildl: karaktärsdrag)* punkt, sida; **weak ~** svag sida, svaghet
(f) *(svårighet)***: to be in a (tight) ~** ligga illa till, vara illa ute; *(ha ont om pengar)* sitta trångt; **to put sb in a ~** *el* **on the ~** sätta ngn i knipa/på det hala
(g) *(Radio, Teat, TV: i föreställning)* inslag; *(Radio, TV: reklam)* reklam|snutt/-inslag
(h) *(vard:* = **spotlight)** spotlight, strålkastare **2** *vt (med bläck etc)* sätta prickar på **(b)** *(med ögonen)* få syn på, upptäcka; *(talang, fynd)* upptäcka; **he can ~ a winner** han känner igen en vinnare (i förväg)
spot-check ['spɒtˌtʃek] *vt* ta stickprov på, göra stickprovsundersökning av
spot·less ['spɒtlɪs] *adj (person, hus)* skinande ren; *(kläder)* fläckfri; *(bildl: rykte)* fläckfri, obefläckad
spot·less·ly ['spɒtlɪslɪ] *adv:* **~ clean** helt/oklanderligt ren
spot·light ['spɒtlaɪt] *s (Teat etc: föremål)* spotlight, strålkastare; *(: sken)* strålkastarljus; *(Motor)* sökarljus; **in the ~** *(eg)* i strålkastarljuset; *(bildl)* i rampljuset; **to turn the ~ on sb/sth** *(bildl)* dra fram ngn/ngt i rampljuset, rikta uppmärksamheten mot ngn/ngt
spot·ted ['spɒtɪd] *adj (tyg)* prickig; *(djur)* fläckig; *(av lera etc)* ned|fläckad/-stänkt
spot·ty ['spɒtɪ] *adj (-ier, -iest) (vard: bok etc)* ojämn; *(: ansikte, person)* finnig
spouse [spaʊz] *s (Jur)* äkta make/maka
spout [spaʊt] **1** *s (på tekanna etc)* pip; *(på hus)* stuprör; *(av vatten etc)* häftig stråle; *(Meteorologi: nederbörd)* skyfall *(: tornado)* skydrag; **my holiday's up the ~** *(vard)* min semester har gått åt pipan **2** *vi (vatten)* spruta (ut); *(rök)* spy ut; *(vard: poesi etc)* haspla ur sig **3** *vi (vatten etc)* spruta ut; *(bildl: person)* orera
sprain [spreɪn] **1** *s* vrickning, stukning **2** *vt* vricka, stuka; **to ~ one's wrist** vricka/stuka handleden
sprang [spræŋ] *imperf av* **spring**
sprat [spræt] *s (Zool)* skarpsill, brissling
sprawl [sprɔːl] **1** *s (hos person)* vräkig ställning; *(hos städer)* ohämmad tillväxt, utbredda förorter; **a ~ of buildings** ett gytter av byggnader **2** *vi (person: befintlighet: i stol/säng etc)* sitta/ligga och vräka sig; *(: på golv)* ligga raklång; *(: rörelse)* falla raklång/huvudstupa; *(växt, stad)* breda ut sig; *(handstil)* spreta; **to send sb ~ing** slå ngn till marken/i golvet
sprawl·ing ['sprɔːlɪŋ] *adj (person)* slängig; *(handstil)* spretig; *(stad)* snabbt växande
spray[1] [spreɪ] **1** *s* **(a)** *(från vägbana/vågor)* stänk; *(ur slang etc)* dusch, stråle; *(från sprejflaska)* dusch **(b)** *(vätska)* sprej; *(föremål)* sprejflaska, *(Med)* inhalator, halssprej; **hair ~** hårsprej; **insect ~** insektssprej; **~ paint** sprejfärg **2** *vt (i allm)* spreja, spruta; *(med gift)* bespruta; *(med färg)* sprutmåla; **to ~ sth/sb with water** spruta vatten på ngt/ngn; **to ~ sth with bullets** skjuta en skur av kulor mot ngt; **~ gun** *(för färg)* sprutpistol
spray[2] [spreɪ] *s (dekoration)* kvist, liten bukett
spray·er ['spreɪəʳ] *s (person)* sprutmålare; *(apparat)* sprejflaska, spruta
spread [spred] *(v: imperf, perf part* **spread)** **1** *s* **(a)** *(handling)* spridning, spridande, utbredning; **the ~ of nuclear weapons** kärnvapenspridningen **(b)** *(mått: om valv)* omfång, vidd; *(: om vingar)* vingbredd; *(: mellan poängtal etc)* spännvidd; **middle-age ~** *(vard)* gubbmage, gumfläsk **(c)** *(vard) (fest)*måltid **(d)** *(på säng)* överkast **(e)** *(till smörgås)* bredbart pålägg; **cheese ~** mjukost, smältost **(f)** *(Tidn)* uppslag; **a full-page ~** en helsida

2 *vt* **(a)** *(äv:* ~ **out)** *(stjärt, vingar)* breda ut; *(fingrar)* spreta med; **to** ~ **a map out on the table** breda ut en karta på bordet; **to** ~ **one's wings** *(eg)* breda ut vingarna; *(bildl)* pröva vingarna; **she lay** ~ **out on the floor** hon låg på golvet med armar och ben utsträckta **(b)** *(smör etc)* bre(da); **to** ~ **cream on one's face** smörja in ansiktet med kräm **(c)** *(fördela: äv:* ~ **out)** sprida (ut); **our resources are thinly** ~ våra resurser är mycket splittrade/utspridda; **repayments will be** ~ **over 18 months** amorteringarna sprids ut över 18 månader **(d)** *(sjukdom, rykte, kunskap, glädje)* sprida; **to** ~ **the news** sprida nyheten **3** *vi* **(a)** *(rykte, nyhet, ogräs)* sprida sig; *(översvämning)* breda ut sig; **to** ~ **to sth** sprida sig till ngt; **the meeting** ~ **into the early hours** mötet drog ut till småtimmarna; **the project will** ~ **over three years** projektet kommer att sträcka sig över tre år **(b): margarine** ~**s better than butter** margarin är lättare att bre(da) än smör
♦ **spread out** **1** *vt* + *adv (i allm)* breda/sprida ut **2** *vi* + *adv (landskap)* breda ut sig; *(personer)* sprida ut sig
spread-eagled [ˌspred'iːɡld] *adj (person)* med utbredda armar och ben
spree [spriː] *s* fest, festande; **drinking** ~ krogrunda; **to be on a** ~ vara ute och rumla; **to go on a spending** ~ sätta sprätt på pengar
sprig [sprɪɡ] *s* (liten) kvist
spright·ly ['spraɪtlɪ] *adj* (**-ier, -iest**) *(person)* pigg, livlig
spring [sprɪŋ] (*v: imperf* **sprang**, *perf part* **sprung**) **1** *s* **(a)** *(med vatten)* källa; **a hot** ~ en varm källa **(b)** *(årstid)* vår; **in** ~, **in the** ~ på våren; ~ **is in the air** det är vår i luften; ~ **day** vårdag; ~ **onion** smålök *med blast;* ~ **chicken** gödkyckling; **he's no** ~ **chicken** *(bildl)* han är ingen duvunge **(c)** *(rörelse)* språng, hopp; **in one** ~ med ett (enda) språng; ~ **tide** springflod **(d)** *(Tekn: i allm)* fjäder; *(i madrass)* resår; ~**s** *(Motor)* fjädring; ~ **mattress** resårmadrass; ~ **binder** gaffelpärm **(e)** *(egenskap)* svikt, fjädring; **to walk with a** ~ **in one's step** gå med svikt i steget, gå med spänstiga steg
  2 *vt* **(a)** *(mur etc)* hoppa över **(b)** *(fälla)* utlösa; *(lås)* få att flyga upp/öppna sig; **to** ~ **a leak** *(båt, rör)* springa läck; **to** ~ **a surprise on sb** *(bildl)* överraska ngn; **to** ~ **a question on sb** överrumpla ngn med en fråga
  3 *vi* **(a)** *(person: uppåt)* hoppa; *(: uppåt el framåt)* rusa, fara, hoppa; **she sprang into the boat** hon hoppade i båten; **the elastic sprang back** gummibandet flög tillbaka; **the door sprang open** dörren flög upp; **where on earth did you** ~ **from?** var i hela världen kom du (uppdykande) ifrån?; **to** ~ **into the air** hoppa/fara upp i luften; **to** ~ **into action** omedelbart skrida till handling; **to** ~ **to sb's help** rusa till ngns hjälp; **to** ~ **to one's feet** fara/flyga upp; **to** ~ **to mind** *(minnen etc)* dyka upp (i tankarna) **(b)** *(vatten)* rinna/flöda; spruta fram; *(flod)* rinna upp; *(rykte)* ha sin upprinnelse; **a man sprung from the people** en man ur folkets djup
♦ **spring up** *vi* + *adv (person: ur stol etc)* flyga/fara upp; *(växt)* skjuta upp, komma fram; *(byggnad)* skjuta upp, skjuta i höjden; *(vind, storm)* blåsa upp; *(tvivel)* dyka upp *(i tankarna)* *(vänskap)* uppstå
spring·board ['sprɪŋbɔːd] *s (för simhopp)* trampolin; *(Gymnastik o bildl)* språngbräda
spring-cleaning [ˌsprɪŋ'kliːnɪŋ] *s* vårstädning
spring-like ['sprɪŋlaɪk] *adj* vårlik
spring-time ['sprɪŋtaɪm] *s (eg, bildl)* vår
springy ['sprɪŋɪ] *adj* (**-ier, -iest**) *(madrass, golv, mark)* fjädrande
sprin·kle ['sprɪŋkl] *vt (salt)* strö; *(vatten)* stänka; **to**

~ **sth with water** stänka vatten på ngt; **hair** ~**ed with grey** hår med stänk av grått; **the grass was** ~**d with daisies** gräsmattan var översållad av tusenskönor; **they are** ~**d about here and there** *(hus, affärer)* de ligger utspridda/utplacerade här och där
sprin·kler ['sprɪŋklə^r] *s (för gräsmatta)* vattenspridare, sprinkler; *(för tvätt)* stänkflaska; *(mot brand)* sprinkler; *(för socker etc)* ströare
sprin·kling ['sprɪŋklɪŋ] *s (av vatten)* stänk; *(av socker etc)* en smula, en aning; *(bildl: av humor, förnuft)* en smula, en gnutta; *(av personer)* fåtal; **there was a** ~ **of young people** där fanns ett litet inslag av unga människor
sprint [sprɪnt] **1** *s (sportgren)* sprinterlopp; *(Sport o i allm)* rush, spurt **2** *vi (Sport)* löpa i sprinterlopp; *(i allm)* rusa, springa i full fart; **he** ~**ed for the bus** han sprang för att hinna till bussen
sprint·er ['sprɪntə^r] *s (Sport)* sprinter(löpare)
sprite [spraɪt] *s (kvinnligt väsen)* älva; *(manligt väsen)* alf
sprout [spraʊt] **1** *s (från lök, frö etc)* skott, grodd; *(Matl)* grodd; ~**s** *(äv:* **Brussels** ~**s)** brysselkål **2** *vt (om växt: knoppar, skott etc)* få; *(om person: frö, lök)* få att gro; *(: mustasch)* anlägga, lägga sig till med; **to** ~ **horns** få horn; **to** ~ **new leaves** få nya blad **3** *vi (frö)* gro; *(växt)* spira, skjuta upp; *(person)* skjuta i höjden; **skyscrapers are** ~**ing up** skyskrapor skjuter i höjden
spruce[1] *s (Bot)* gran
spruce[2] [spruːs] *adj (klädsel)* prydlig, elegant
♦ **spruce up** *vt* + *adv (klädsel)* snygga till, piffa upp; *(rum)* piffa upp; **all** ~**d up** väldigt uppsnofsad
sprung [sprʌŋ] **1** *perf part av* **spring** **2** *adj (madrass etc)* resår-;
spry [spraɪ] *adj (i sht om gammal person)* pigg och rask
spud [spʌd] *s* **(a)** *(redskap)* ogrässpade **(b)** *(vard: potatis)* plugg
spun [spʌn] **1** *imperf, perf part av* **spin** **2** *adj* spunnen; ~ **glass** glasfiber; ~ **gold** guldtråd; ~ **silk** *(silke från avfallsprodukter)* schappesilke, spun silk; ~ **sugar** spunnet socker, sockervadd
spunk [spʌŋk] *s (vard):* **she's got plenty of** ~ det är verkligen fart på/ruter i henne; **he's got no** ~ han har ingen stake
spur [spɜː^r] **1** *s (eg, bildl)* sporre; *(Geogr)* utlöpare; **to win one's** ~**s** *(bildl)* vinna sina sporrar; **on the** ~ **of the moment** *(svara etc)* på rak arm, oförberett; *(bestämma ngt)* av en plötslig ingivelse, plötsligt **2** *vt:* **to** ~ **on** *(eg, bildl)* sporra, driva på; **to** ~ **sb on to do sth** driva på ngn att göra ngt
spu·ri·ous ['spjʊərɪəs] *adj (dokument, mynt)* förfalskad, falsk; *(information)* falsk; *(känsloyttring)* falsk, oäkta
spurn [spɜːn] *vt (erbjudande, person)* (föraktfullt) avvisa
spurt [spɜːt] **1** *s* **(a)** *(av vätska, ånga)* stråle; ~ **of flame** eldslåga *(som slår ut)* **(b)** *(Sport, bildl)* spurt, slutspurt; **to put in/on a** ~ sätta in en spurt **2** *vi* **(a)** *(vätska)* spruta (ut); *(ånga)* rusa (ut); *(låga)* slå ut **(b)** *(Sport, bildl)* spurta
sput·nik ['spʊtnɪk] *s (Rymd)* sputnik
sput·ter ['spʌtə^r] **1** *s (i allm)* spottande; *(i tal)* stammande **2** *vi (person: i talet)* stamma, snubbla på orden; *(: saliv etc)* spotta; *(motor)* hacka
spu·tum ['spjuːtəm] *s (Med)* upphostning, slem
spy [spaɪ] **1** *s* spion; **industrial** ~ industrispion **2** *vt (person, föremål etc)* få syn på **3** *vi* spionera; **to** ~ **on sb** spionera på ngn; **to** ~ **for sb** spionera för ngn; **to** ~ **into sb else's affairs** snoka i ngn annans affärer
♦ **spy out** *vt* + *adv (väg etc)* leta/snoka upp; **to** ~

spyglass out the land utforska/rekognoscera terrängen
spy·glass ['spaɪglɑːs] *s* liten tubkikare
spy·ing ['spaɪɪŋ] *s* spioneri
Sq (*i adress*) *förk f* **square 1 b**
sq (*Mat*) *förk f* **square 2 c**
squab·ble ['skwɒbl] **1** *s* käbbel **2** *vi* käbbla, kivas (*over/about* om)
squab·bling ['skwɒblɪŋ] *s* käbbel
squad [skwɒd] *s* (*Mil*) grupp; (*poliser*) patrull; (*arbetare*) lag, grupp; (*Sport*) trupp; **flying** ~ (*poliser*) flygande patrull, specialgrupp; ~ **car** (*i sht Am*) polisbil
squad·ron ['skwɒdrən] *s* (*Mil: inom flyget*) division; (: *inom flottan*) eskader; (: *inom kavalleriet*) skvadron
squal·id ['skwɒlɪd] *adj* (*hus*) ruffig, snuskig, eländig; (*motiv*) lumpen, tarvlig
squall [skwɔːl] **1** *s* (*Meteorologi*) stormby, snö-/regn|by; (*ljud*) skrik, vrål **2** *vi* skrika, tjuta
squal·or ['skwɒlə\(^r\)] *s* snusk, smuts, elände
squan·der ['skwɒndə\(^r\)] *vt* (*pengar, tid*) slösa/ödsla bort
square [skwɛə\(^r\)] **1** *s* (**a**) (*Geom*) kvadrat; (*på papper, schackbräde etc*) ruta; (*av papper etc*) fyrkant, fyrkantig bit; **to cut into** ~s klippa/skära i fyrkanter *el* fyrkantiga bitar; **they were back to** ~ **one** (*bildl*) de var tillbaka där de började, de fick börja om från början; ~ **dance** (*Am: folklig dans*) square dance; ~ **sail** råsegel
(**b**) (*i stad*) torg, plats; (: *Am*) kvarter; **the town** ~ stadens torg
(**c**) (*Mat*) kvadrat; **16 is the** ~ **of 4** 16 är kvadraten på 4
(**d**) (*verktyg*) vinkelhake, vinkel; **on the** ~ (*eg*) i vinkel, vinkelrätt; (*bildl*) ärlig(t), rättfram(t)
(**e**) (*vard: pers*) mossig typ; **he's a real** ~ han är verkligen insnöad
2 *adj* (**a**) (*i allm*) kvadratisk, fyrkantig; **to be a** ~ **peg in a round hole** (*bildl: person*) inte alls passa in
(**b**) (*hörn*) rätvinklig; (*axlar*) bred; (*haka*) markerad, kraftfull; ~ **bracket** hakparentes
(**c**) (*Mat*) kvadrat-; **a** ~ **kilometre** en kvadratkilometer; **a kilometre** ~ en kilometer i fyrkant; ~ **root** kvadratrot
(**d**): **a** ~ **meal** ett ordentligt/rejält mål mat
(**e**) (*person, avtal*) ärlig, renhårig; **to give sb a** ~ **deal** behandla ngn rättvist/juste; **I'll be** ~ **with you** jag ska vara hygglig/ärlig mot dig
(**f**) (*bokföring*) balanserad; (*konto*) reglerad; **to get one's accounts** ~ reglera sitt konto; **to get** ~ **with sb** (*eg, bildl*) göra upp med ngn; **now we're all** ~ nu är vi kvitt; **pay me a pound and we'll call it** ~ betala mig ett pund så säger vi att vi är kvitt; (*Sport*): **all** ~ lika, på lika poäng
(**g**) (*vard: person, idé*) insnöad, mossig
3 *adv* rakt, rätt; ~ **in the middle** rakt/precis i mitten; **to look sb** ~ **in the eye** se ngn rakt i ögonen
4 *vt* (**a**) (*i allm*) göra kvadratisk; (*trä*) kanthugga; (*papper*) ruta; **to** ~ **one's shoulders** räta på axlarna
(**b**) (*konto, skuld*) reglera; (*bokföring*) balansera; (*företeelser, fakta etc*) få att gå ihop; **can you** ~ **it with your conscience?** kan du göra det med gott samvete?; **I'll** ~ **it with him** (*vard*) jag ska få honom att gå med på det
(**c**) (*Mat*) upphöja till två, kvadrera; **2** ~**d is 4** två (upphöjt) i kvadrat är fyra
5 *vi* passa ihop (*with* med); **your account doesn't** ~ **with the facts** din berättelse stämmer inte med fakta

♦ **square off** *vt* + *adv* (*papper*) dela in i rutor, ruta; (*trä*) kanthugga; (*hörn*) hugga/skära av
♦ **square up** *vi* + *adv* (**a**) (*Boxning, bildl*) göra sig

beredd att slåss; **to** ~ **up to sb/sth** göra sig beredd att möta ngn/ngt (**b**) (*skuld*) betala; **to** ~ **up with sb** göra upp med ngn
square·ly ['skwɛəlɪ] *adv* (**a**) (*i allm*) vinkelrätt, rakt; **to face sth** ~ se ngt rakt i ögonen (**b**) (*handla*) ärligt, renhårigt; **to deal** ~ **with sb** behandla ngn öppet och ärligt
squash¹ [skwɒʃ] **1** *s* (**a**) (*ljud*) duns, plask; (*av folk*) trängsel; **it was a bit of a** ~ det var lite trångt (**b**) (*Brit: dryck*) saft; **orange** ~ apelsinsaft **2** *vt* (**a**) (*i allm*) klämma/mosa/pressa sönder, mosa; **to** ~ **sth in** pressa in/ner ngt; **can you** ~ **2 more in (the car)?** kan du klämma in 2 (personer) till (i bilen)?; **to be** ~**ed together** (*personer*) vara ihop|klämda/-trängda (**b**) (*bildl: idé*) sätta stopp för; (: *dröm*) krossa; (: *person*) platta till **3** *vi*: **to** ~ **in** (*person*) klämma sig in; **to** ~ **up** (*personer*) tränga ihop sig
squash² [skwɒʃ] *s* (*grönsak*) squash
squash³ [skwɒʃ] *s* (*Sport*) squash
squat [skwɒt] **1** *adj* (**-ter, -test**) (*person*) satt, kort och tjock; (*byggnad etc*) låg och bred **2** *vi* (**a**) (*äv*: ~ **down**: *befintlighet*) sitta på huk; (: *riktning*) sätta sig på huk; (*vard*) sitta (**b**): **to** ~ **in a house/on sb's land** ockupera ett hus/bosätta sig på annans mark **3** *s* (**a**) (*i allm*) hukande ställning (**b**) (*vard*) ockuperat hus
squat·ter ['skwɒtə\(^r\)] *s* (*i hus*) husockupant; (*på annans mark*) person som bosatt sig utan tillstånd
squaw [skwɔː] *s* (*indiankvinna*) squaw
squawk [skwɔːk] **1** *s* (*från fågel etc*) skrik, skriande; (*vard: från människa*) klago|låt/-skri **2** *vi* (*fågel etc*) skrika, skria; (*vard: person*) klaga/protestera (högljutt)
squeak [skwiːk] **1** *s* (*från gångjärn, hjul etc*) gnissel; (*från sång*) knarrande; (*från mus*) pip; **it was a narrow/near** ~ det var nära ögat **2** *vi* (*gångjärn, hjul*) gnissla; (*säng*) knarra; (*mus*) pipa; (*vard: till polisen*) tjalla; **to** ~ **through** (*i sht Am*) klara sig med nöd och näppe
squeaky ['skwiːkɪ] *adj* (**-ier, -iest**) (*dörr*) gnisslig; (*säng*) knarrig, knarrande
squeal [skwiːl] **1** *s* skri, skriande **2** *vi* (*person*) skria, skrika i högan sky; (*djur*) skria, skrika; (*däck*) skrika; (*vard: till polisen*) tjalla (*to* för)
squeam·ish ['skwiːmɪʃ] *adj* (*vid åsynen av blod etc*) (som lätt blir) illamående; (*mot oanständigheter etc*) känslig, pryd; (*med mat etc*) kräsen; **don't be so** ~ var inte så kinkig
squee·gee [ˌskwiː'dʒiː] *s* fönsterskrapa
squeeze [skwiːz] **1** *s* (**a**) (*i allm*) kramning, tryckning; **to give sb's hand a little** ~ trycka/krama ngns hand lätt; **it was a tight** ~ to get **through** det var knappt man kunde tränga sig fram; **we're in a tight** ~ (*vard*) vi är i en besvärlig knipa (**b**) (*av folk*) trängsel (**c**) (*av citron etc*) några droppar **2** *vt* (*i allm*) krama, klämma; (*tvättsvamp*) krama ur; (*citron*) krama ur, pressa; (*hand*) trycka; **to** ~ **the juice out of a lemon** krama saften ur en citron; **to** ~ **clothes into a case** pressa ner kläder i en väska; **can you** ~ **two more in?** kan du klämma in/pressa in två till? **3** *vi* tränga sig; **to** ~ **in** tränga sig in; **to** ~ **through a hole** tränga/klämma sig genom ett hål
squelch [skweltʃ] **1** *vt* (*förslag, opposition*) krossa; (*person*) tysta ner, snäsa av **2** *vi* (*person: i lera etc*) klafsa; **to** ~ **through the mud** klafsa fram genom leran
squib [skwɪb] *s* (**a**) (*fyrverkeripjäs*) svärmare; **it was a damp** ~ (*bildl*) det föll platt till marken (**b**) (*skrift*) (humoristisk) inlaga/pamflett
squid [skwɪd] *s* (*Zool*) (tioarmad) bläckfisk
squint [skwɪnt] **1** *s* (*Med*) vindögdhet, skelögdhet; (*vard*) titt; **he has a slight** ~ han vindar/skelar en aning; **let's have a** ~ (*vard*) låt oss ta en

titt 2 *vi (Med)* vinda, skela; to ~ at sth *(med halvslutna ögon)* kisa mot ngt; *(snabbt)* kasta en blick på ngt; he ~ed in the sunlight han kisade i solljuset
squire ['skwaɪəʳ] *s (i sht förr)* godsägare; *(Hist)* väpnare; *(Brit vard: i tilltal)* herrn
squirm [skwɜ:m] *vi (i grepp el av obehag)* vrida sig, skruva på sig; *(bildl)* våndas
squir·rel ['skwɪrəl] *s* ekorre
squirt [skwɜ:t] 1 *s* tunn stråle; *(vard: man)* viktigpetter; *(: barn)* puttefnask, snorvalp 2 *vt (vatten etc)* spruta *(at* på); *(person, bil: med vatten etc)* spruta på 3 *vi:* to ~ out/in *(vatten)* spruta ut/in
Sr *förk f* **senior** s:r
St (a) *förk f* **saint** St (b) *förk f* **Street** *(i gatunamn)*
stab [stæb] 1 *s* (a) *(med kniv)* stick, stöt, hugg; *(av smärta)* hugg, sting (b): to have a ~ at sth göra ett försök (med ngt) 2 *vt (person)* sticka (ned); *(dolk)* sticka, köra *(into* i); to ~ sb in the back *(bildl)* ge ngn en dolkstöt i ryggen
stab·bing ['stæbɪŋ] 1 *s (brott)* knivhuggning 2 *adj (smärta)* stickande, skarp
sta·bil·ity [stə'bɪlɪtɪ] *s (i allm)* stabilitet; *(om stege etc: äv)* stadighet; *(om person: äv)* fasthet
sta·bi·lize ['steɪbəlaɪz] 1 *vt* stabilisera 2 *vi* stabiliseras
sta·bi·li·zer ['steɪbəlaɪzəʳ] *s (Sjö, Flyg)* stabilisator
sta·ble[1] ['steɪbl] *adj (-er, -est) (stege etc)* stabil, stadig; *(ekonomi)* stabil; *(förhållande)* stabil, varaktig; *(person: psykiskt)* stabil, i god balans; *(: till sättet)* orubblig, målmedveten
sta·ble[2] ['steɪbl] 1 *s (hus)* stall(byggnad); *(grupp hästar)* stall; *(bildl: grupp människor)* stall 2 *vt* stalla, sätta i stall
stac·ca·to [stə'kɑ:təʊ] 1 *adj* staccato- 2 *adv* staccato
stack [stæk] 1 *s (av böcker, tallrikar)* trave; *(av papper)* hög; *(av bräder)* stapel; *(av hö)* stack; *(i bibliotek: ofta:* ~s) magasin; I have ~s of work to do jag har massor av arbete att göra 2 *vt (böcker, tallrikar, stolar)* trava; *(papper)* lägga i (prydlig) hög; *(bräder)* stapla; the cards are ~ed against us vi har alla odds mot oss
sta·dium ['steɪdɪəm] *s (Sport)* stadion; *(Med)* stadium
staff [stɑ:f] 1 *s* (a) *(personer)* personal; *(Mil)* stab; the administrative ~ den administrativa personalen; the teaching ~ lärarkåren; to be on the ~ vara anställd, höra till personalen; ~ nurse *(Brit)* nyexaminerad sjuksköterska (b) *(föremål)* stav; *(Rel):* pastoral ~ biskopsstav, kräkla; *(till flagga)* (flagg)stång; *(till redskap)* skaft (c) *(Mus:* pl **staves** [steɪvz]) notsystem 2 *vt* anställa personal till, bemanna; to be well ~ed ha gott om personal
stag [stæg] *s (Zool)* hjorthanne, *(i sht)* kronhjortshanne; *(bildl: på bjudning)* ensam man; *(Brit: Handel)* börsspekulant; ~ **magazine** herrtidning; ~ **party** *(i allm)* herrbjudning; *(före bröllop)* svensexa
stage [steɪdʒ] 1 *s* (a) *(Teat)* scen; *(i allm)* plattform; the ~ *(Teat: branschen)* scenen, teatern; ~ **direction** scenanvisning; to go on ~ träda in på scenen; to go on the ~ börja vid teatern; ~ **door** sceningång; ~ **fright** rampfeber; to get ~ **fright** få rampfeber; ~ **manager** *(Teat)* inspicient; *(TV)* studioman; ~ **whisper** *(bildl)* teaterviskning (b) *(i utveckling)* stadium, skede; *(på resa)* etapp; *(på raket)* steg; in ~s i etapper; in/by easy ~s i korta etapper, lite i taget; at this ~ in the negotiations i det här skedet av förhandlingarna 2 *vt (pjäs)* sätta upp, uppföra; *(olycka)* iscensätta; *(uppträde)* ställa till; to ~ a comeback göra comeback

stage·coach ['steɪdʒkəʊtʃ] *s* diligens
stag·er ['steɪdʒəʳ] *s:* old ~ veteran
stage·hand ['steɪdʒhænd] *s* scenarbetare
stage·struck ['steɪdʒstrʌk] *adj* teaterbiten
stag·ger ['stægəʳ] 1 *vt* (a) *(om nyhet etc: person)* förbluffa; *(om olycka: person)* skaka, chocka (b) *(semestrar etc)* sprida; *(föremål)* placera i sicksack 2 *vi (person: av trötthet, slag etc)* vackla; *(: av berusning)* ragla; he ~ed to the door han stapplade till dörren
stag·gered ['stægəd] *adj* (a) *(person: av nyhet)* förbluffad; *(: av olycka etc)* skakad (b) *(semestrar etc)* spridd; *(föremål)* placerad i sicksack
stag·nant ['stægnənt] *adj (vatten)* stillastående, unken; *(bildl: marknad)* stagnerande, trög; *(liv)* slö, stillastående
stag·nate ['stægneɪt] *vi (vatten)* stå stilla; stanna upp; *(bildl: marknad)* stagnera; *(person)* stagnera, förslöas
stag·na·tion [stæg'neɪʃən] *s (eg, bildl)* stagnation, stillastående
stagy ['steɪdʒɪ] *adj (-ier, -iest) (röst, uppförande)* teatralisk, konstlad
staid [steɪd] *adj (-er, -est) (person, uppförande)* stadgad, lugn, tråkig
stain [steɪn] 1 *s (av smuts etc)* fläck; *(Kem)* färgämne; *(för trä)* bets; *(bildl)* fläck 2 *vt (med smuts etc)* fläcka/smutsa ned; *(föremål)* färga; *(trä)* betsa; *(bildl)* besudla, befläcka; ~ed glass färgat glas 3 *vi (vätska)* sätta fläckar; *(tyg)* färga av sig
stain·less ['steɪnlɪs] *adj (stål)* rostfri
stair [steəʳ] *s (ett steg)* trappsteg; *(flera steg: vanl:* ~s) trappa; a flight of ~s en trappa; below ~s *(Brit åld)* hos tjänstefolket
stair·case ['steəkeɪs] *s* trappa
stair·well ['steəwel] *s* trapphus
stake [steɪk] 1 *s* (a) *(i allm)* påle, stolpe; *(stöd för växt)* käpp (b) *(för avrättning)* påle; to be burnt at the ~ brännas på bål (c) *(vid vad)* insats; the issue at ~ det som frågan gäller; to be at ~ stå på spel; to have a ~ in sth ha del/andel i ngt 2 *vt* (a) *(planta etc)* stödja med käpp; *(område: äv:* ~ out/off) staka ut; to ~ a claim (to sth) göra anspråk på ngt (b) *(pengar etc)* satsa *(on* på); *(i sht Am Ekon: företag)* finansiera, stödja; to ~ one's reputation on sth satsa sitt anseende på ngt
stal·ac·tite ['stæləktaɪt] *s* stalaktit, hängande droppsten
stal·ag·mite ['stæləgmaɪt] *s* stalagmit, stående droppsten
stale [steɪl] *adj (-r, -st) (bröd)* gammal, torr; *(öl)* avslagen; *(luft)* unken; *(nyhet)* gammal, avslagen; *(skämt)* sliten; I'm getting ~ jag börjar bli sliten/tappa stilen
stale·mate ['steɪlmeɪt] *s (Schack)* patt(ställning); *(bildl)* dödläge; to reach ~ *(bildl)* hamna i ett dödläge
stalk[1] [stɔ:k] 1 *vt (villebråd, offer)* smyga sig på, spåra; *(litt: om sjukdom etc)* *(långsamt)* sprida sig i; the plague ~ed the city pesten spred sig i staden 2 *vi (person)* skrida fram, gå med stolta steg; she ~ed out of the room hon stegade ut ur rummet
stalk[2] [stɔ:k] *s (Bot)* stjälk, skaft; *(Motor:* = *control* ~) (manöver)spak
stall [stɔ:l] 1 *s* (a) *(för häst etc)* spilta, bås; *(på marknad)* stånd (b) *(Brit Teat):* the ~s parkett 2 *vt (bil)* få tjuvstopp med; *(flygplan)* få överstegring med 3 *vi* (a) *(bil)* tjuvstoppa; *(flygplan)* överstegras (b) *(bildl: person)* slingra sig, försöka vinna tid; stop ~ing! kom inte med fler undanflykter nu!
stall·holder ['stɔ:l,həʊldəʳ] *s (Brit)* torghandlare

stal·lion ['stæljən] s hingst
stal·wart ['stɔːlwət] **1** adj (person: fysiskt) stor
och stark; (: till karaktären) trogen: ~ support-
ers; (övertygelse) fast **2** s trogen anhängare
sta·men ['stɛɪmen] s (Bot) ståndare
stami·na ['stæmɪnə] s (mot påfrestningar) uthållig-
het; (mot sjukdom etc) motståndskraft
stam·mer ['stæməʳ] **1** s stamning, stammande;
he has a bad ~ han stammar kraftigt **2** vi stam-
ma **3** vt stamma fram
stamp |stæmp| **1** s **(a)** (= postage ~) frimärke;
(från affär etc) rabattmärke; **book of** ~**s** fri-
märkshäfte **(b)** (verktyg: för papper etc) stäm-
pel; (: för metall) stamp; (på frimärke, dokument)
stämpel(avtryck); **it bears the** ~ **of genius** (bildl)
det bär snillets prägel **(c)** (med fot)
stamp(ning), stampande **2** vt **(a): to** ~ **one's
foot** stampa med foten; **to** ~ **the ground** stampa i
marken **(b)** (brev: med frimärke) frankera, sät-
ta frimärke på; ~**ed addressed envelope** (förk
s.a.e.) frankerat svarskuvert; **the letter is insuf-
ficiently** ~**ed** brevet är otillräckligt fran-
kerat **(c)** (brev, dokument: med stämpel)
stämpla; (mönster) trycka; **they** ~**ed my
passport at the frontier** de stämplade mitt pass
vid gränsen **3** vi (av ilska etc) stampa; (gå)
trampa, klampa (off/out iväg/ut); **he** ~**s about the
house** han klampar omkring i huset; **ouch, you**
~**ed on my foot!** aj, du trampade mig på foten!
◆ **stamp out** vt + adv (eg): **he** ~**ed out the fire** han
stampade på elden så att den slocknade; (bildl:
brott) få ett slut på; (: sjukdom) utrota; (: opposi-
tion) krossa
stam·pede [stæm'piːd] **1** s (om boskap) panikar-
tad flykt; (bildl: om människor) rusning; **there
was a sudden** ~ **for the door** plötsligt rusade alla
mot dörren **2** vt (boskap) försätta i panik; **to** ~
sb into doing sth hetsa ngn till att göra ngt **3** vi
(boskap) fly i panik; (bildl: människor) rusa
stance |stæns| s (sätt att stå) ställning; (bildl)
inställning; **to take up a** ~ (bildl) ta ställning (on
till)
stanch |stɑːntʃ| vt = **staunch**[2]
stand [stænd] (v: imperf, perf part **stood**) **1** s **(a)**
(eg: där man står) plats; (bildl) inställning; **to take
one's** ~ inta sin plats, ta plats, ställa sig; **to take a**
~ **on an issue** ta ställning till/i en fråga
(b) (Mil) försvar; (bildl) motstånd; **to make a**
~ **against sth** inta en fast hållning mot ngt
(c) (för taxibilar) hållplats, station
(d) (Teat: under turné) framträdande; se äv
one-night
(e) (i affär) disk, bord; (i allm) hållare, ställ;
hat ~ hatthängare; **music** ~ notställ
(f) (på marknad) stånd; (för orkester etc) es-
trad; (för publik) läktare
(g) (Am Jur) vittnesbås; **to take the** ~ avlägga
vittnesmål
2 vt **(a)** (föremål) ställa/resa (upp); **to** ~ **sth
against a wall** luta/resa ngt mot en vägg
(b): to ~ **one's ground against** (fiende) hålla
stånd mot
(c) (tryck, hetta etc) stå ut med, tåla; (utgift)
klara (av); **it won't** ~ **serious examination** den tål
inte närmare granskning; **the company will have
to** ~ **the loss** företaget måste stå för förlusten; **I
can't** ~ **him** (vard) jag tål honom inte, jag står
inte ut med honom; **I can't** ~ **waiting for people**
jag avskyr att (behöva) vänta på folk; se äv
chance 1 c, stead
(d) (vard): **to** ~ **sb a drink** bjuda ngn på en
drink
3 vi **(a)** (i allm: befintlighet) stå; (: riktning)
ställa sig upp; **he could hardly** ~ han kunde
knappt stå på benen; **he left the others** ~**ing**

(bildl) han lämnade de andra långt bakom sig; **to**
~ **on one's own two feet** (bildl) stå på egna ben;
they kept us ~**ing about/around for ages** de lät
oss stå i evigheter; **he stood over me while I did it**
han stod/hängde över mig medan jag gjorde det
(b) (under en viss tid) stå; (permanent: hus)
ligga; (: träd) stå: the house/tree ~s in the field; **let
the coffee** ~ **for a while** låt kaffet stå och dra ett
tag
(c) (vid höjdangivelse) vara; **the tower** ~**s 50m
high** tornet är 50 m högt
(d) (erbjudande, argument) kvarstå; (beslut)
stå fast; **my objection still** ~**s** min invändning
kvarstår; **the theory** ~**s or falls on this** teorin
står och faller med detta
(e) (bildl) stå, ligga till (with hos); **I never
know where I** ~ **with him** jag vet aldrig vad han
tycker om mig; **I'd like to know where I** ~ jag
skulle vilja veta var jag står; **as things** ~ som
läget är; **he** ~**s to gain a great deal by it** han har
en chans att vinna en hel del på det; **she** ~**s in
need of a friend** hon är i behov av/behöver en
vän; **we must** ~ **together** vi måste hålla ihop;
nothing ~**s between us** ingenting skiljer oss;
sales are currently ~**ing at 2 million** försäljning-
en står för närvarande på 2 miljoner
(f) (i sht Brit Pol): **to** ~ **as a candidate** ställa
upp som kandidat; **to** ~ **for parliament** kandide-
ra till parlamentet, ställa upp i parlamentsvalet
◆ **stand aside** vi + prep (eg) stiga åt sidan, gå ur
vägen; (bildl) träda tillbaka
◆ **stand back** vi + prep (person: eg) dra sig bakåt,
gå ur vägen; (: bildl) dra sig undan, hålla sig
passiv; (hus): **to** ~ **back from the road** ligga en bit
från vägen
◆ **stand by** **1** vi + adv (utan att ingripa) stå vid
sidan om, stå och se på; (för att eventuellt ingripa)
vara beredd, ligga i beredskap; ~ **by for further
news!** avvakta vidare nyheter! **2** vi + prep (per-
son) stödja; (löfte) stå fast vid; **to** ~ **by sb** (äv) stå
vid ngns sida; **we** ~ **by what we said** vi står fast
vid det vi sagt
◆ **stand down** vi + adv (från post) träda tillbaka;
(Jur) stiga ned från vittnesbåset
◆ **stand for** vi + prep **(a)** (person: princip etc)
representera, stå för; (förkortning) stå för, be-
tyda **(b)** (person: uppförande etc) finna sig i,
tåla; **I won't** ~ **for that** jag finner mig inte i
det; (person: löfte, erbjudande) stå för, stå
fast vid
◆ **stand in** vi + adv vikariera, vara stand-in; **to** ~
in for sb vara stand-in för ngn, hoppa in i ngns
ställe
◆ **stand out** vi + adv **(a)** (mönster, föremål) av-
teckna sig, framträda (against mot); (person) ut-
märka sig; **that** ~**s out a mile!** det syns på långt
håll!; **to** ~ **out in relief** avteckna sig i relief **(b)**
(person) hålla ut; **to** ~ **out against sth** hålla stånd
mot ngt; **to** ~ **out for sth** hålla ut för ngt, hålla fast
vid ngt
◆ **stand up** **1** vi + adv (i allm: befintlighet) stå
upp; (: riktning) ställa sig upp; **to** ~ **up for sb**
försvara ngn; **to** ~ **up for oneself** tala för sin
egen sak, försvara sig; **to** ~ **up to sb** sätta sig
emot ngn; **it** ~**s up to hard wear** den håller/tål att
slita på **2** vt + adv (vard): **to** ~ **sb up** inte komma
till ett avtalat möte med ngn, strunta i/glömma
ett möte med ngn
stand·ard ['stændəd] **1** s **(a)** (flagga) standar,
fana **(b)** (vedertaget mått) standardmått, li-
kare; (bildl) norm, standard; **the gold** ~ (Ekon)
guldmyntfoten; **to be below** ~ (resultat etc) vara
under det normala; **to set a good** ~ etablera en
hög standard **(c)** (moralisk: ofta pl) norm; **to
apply a double** ~ ha dubbelmoral **(d)** (verkligt

mått) nivå; ~ **of living** levnadsstandard; **at first-year university** ~ på akademisk nybörjarnivå; **of (a) high/low** ~ av hög/låg standard (e) *(föremål)* hållare, fot; ~ **lamp** *(Brit)* golvlampa 2 *adj* normal(-), standard-; **to become** ~ bli det normala, bli standard; ~ **deviation** *(Statistik)* standardavvikelse; ~ **English** *s* standardengelska, riksspråk; ~ **gauge** *(Järnv)* normal spårvidd; ~ **model** standardmodell

stand·ardi·za·tion [ˌstændədaɪˈzeɪʃən] *s (av storlekar etc)* standardisering; *(av stavning)* normalisering

stand·ard·ize [ˈstændədaɪz] *vt (storlekar, utförande)* standardisera; *(stavning)* normalisera

stand-by [ˈstændbaɪ] *s* (a) *(person)* reserv, ersättare; *(föremål)* reserv, ersättning; **to be on** ~ stå i beredskap; ~ **passenger/ticket** *(Flyg)* standby-|passagerare/-biljett

stand-in [ˈstændɪn] *s (i allm)* ersättare, vikarie; *(Film)* stand-in

stand·ing [ˈstændɪŋ] 1 *adj* (a) *(föremål)* (upprätt)stående; *(biljett)* ståplats-; *(Sport: start)* stående; ~ **room** ståplats; ~ **ovation** stående ovationer (b) *(bildl: armé)* stående; *(: kommitté)* ständig, permanent; *(: skämt)* stående; ~ **order** *(Brit Handel)* stående betalningsorder/betalningsuppdrag 2 *s* (a) *(i samhället)* ställning, position; *(bland andra människor)* anseende; **the relative** ~ **of these problems** den inbördes ordningen av dessa problem; **what is his** ~ **locally/på orten?** vad anser man om honom lokalt/på orten? (b) *(om tid)* varaktighet; **of 6 months'** ~ 6 månader gammal; **of long** ~ *(föremål etc)* gammal; *(förhållande)* långvarig

stand-offish [ˌstændˈɒfɪʃ] *adj (person)* högdragen, avvisande

stand·pipe [ˈstændpaɪp] *s (Tekn)* ståndrör

stand·point [ˈstændpɔɪnt] *s* ståndpunkt, synpunkt; **from that** ~ ur den synvinkeln

stand·still [ˈstændstɪl] *s* stopp, stillestånd; **to bring a car to a** ~ stanna/få stopp på en bil; **to be at a** ~ *(fordon)* stå still; *(produktion)* ligga nere; **to come to a** ~ *(fordon)* stanna; *(produktion)* stanna upp, avbrytas

stand-up [ˈstændʌp] *adj (krage etc)* uppstående; *(måltid)* på stående fot; ~ **comedian** monologartist, komiker; ~ **fight** *(eg)* regelrätt slagsmål; *(bildl)* ordentligt bråk

stank [stæŋk] *imperf av* **stink**

stan·za [ˈstænzə] *s* strof

sta·ple[1] [ˈsteɪpl] 1 *s (för papper etc)* häftklammer; *(för taggtråd, ledning etc)* märla 2 *vt (papper)* häfta *(together* ihop); *(taggtråd, ledning)* fästa med märla

sta·ple[2] [ˈsteɪpl] 1 *adj (vara)* stapel-; *(föda)* huvud-; *(samtalsämne)* stående 2 *s (Handel)* stapelvara; *(i hushåll)* basvara; *(i diet)* basföda

sta·pler [ˈsteɪpləʳ] *s,* **sta·pling ma·chine** [ˈsteɪplɪŋməˌʃiːn] *s* häftapparat

star [staːʳ] 1 *s* (a) *(Astron etc)* stjärna; **the S~s and Stripes** *(USAs flagga)* stjärnbaneret; **you can thank your lucky ~s that...** du kan tacka din lyckliga stjärna att...; **to see ~s** *(bildl)* se stjärnor (b) *(person)* stjärna; **our** ~ **pupil** vår bästa elev; ~ **attraction** huvudattraktion; ~ **player** stjärnspelare; ~ **turn** glans-/bravur|nummer 2 *vt (om person: föremål)* pryda/märka med stjärna *el* stjärnor; *(om film: skådespelare)* presentera (i huvudrollen); **a film** ~**ring Greta Garbo** en film med Greta Garbo i huvudrollen 3 *vi (skådespelare)* spela huvudrollen, uppträda i stjärnroll

star·board [ˈstaːbəd] *s (Sjö)* styrbord; **on the** ~ **side** på styrbordssidan

starch [staːtʃ] 1 *s (för kläder)* stärkelse; *(i föda)*

stärkelse, kolhydrater 2 *vt (skjorta etc)* stärka

starched [staːtʃt] *adj (plagg)* stärkt; *(bildl: person)* stel, formell

starchy [ˈstaːtʃɪ] *adj (-ier, -iest) (mat)* full av kolhydrater; *(bildl: person)* stel, formell

star·crossed [ˈstaːkrɒst] *adj (litt)* olycklig, förföljd av ödet

star·dom [ˈstaːdəm] *s (position)* berömmelse; *(krets)* kändisvärlden

stare [steəʳ] 1 *s (stirrande)* blick; **to give sb a** ~ stirra på ngn 2 *vt:* **to** ~ **sb in the face** stirra ngn stint i ögonen; **it's staring you in the face** den är mitt framför näsan på dig; **the truth** ~**ed him in the face** sanningen grinade honom i ansiktet; **to** ~ **sb down** tvinga ngn att slå ner ögonen 3 *vi* stirra/glo *(at* på); **it's rude to** ~ det är oartigt/fult att glo

star·fish [ˈstaːfɪʃ] *s (Zool)* sjöstjärna

star·gazing [ˈstaːˌɡeɪzɪŋ] *s (vard: vetenskap)* astronomi; *(: vidskepelse)* astrologi; *(bildl)* dagdrömmeri

stark [staːk] 1 *adj (-er, -est) (kontur)* skarp; *(rum)* naken, bar, kal; *(galenskap etc)* ren, fullständig; **the** ~ **reality** den bistra verkligheten 2 *adv* fullständigt, alldeles; ~ **(staring) mad** spritt (språngande) galen; ~ **naked** spritt naken

stark·ers [ˈstaːkəz] *adj pred (vard)* spritt (språngande) naken

star·let [ˈstaːlɪt] *s (Film)* ung blivande stjärna, starlet

star·light [ˈstaːlaɪt] *s* stjärnljus; **by** ~ i stjärnljus

star·ling [ˈstaːlɪŋ] *s (Zool)* stare

star·lit [ˈstaːlɪt] *adj (i allm)* stjärnbelyst; *(natt)* stjärnklar

star·ry [ˈstaːrɪ] *adj (-ier, -iest) (himmel)* stjärnbeströdd; *(natt)* stjärnklar; *(ögon)* tindrande

starry-eyed [ˌstaːrɪˈaɪd] *adj (person: orealistisk)* full av drömmar; *(: lättlurad)* blåögd; **go (all)** ~ bli stjärnögd, få ngt glansigt i blicken

star-spangled [ˈstaːˌspæŋld] *adj* stjärnbeströdd; **the S~ Banner** *(USAs nationalsång)* Stjärnbaneret

star-studded [ˈstaːˌstʌdɪd] *adj (Film etc)* stjärnspäckad

start [staːt] 1 *s* (a) *(i allm)* start, början; *(på resa)* avfärd, start; *(Sport: händelse, plats)* start; **at the** ~ i början; **from the** ~ från början; **for a** ~ till att börja med, för det första; **to get off to a good/flying** ~ få en fin/flygande start; **to make an early** ~ *(på resa)* komma iväg/starta tidigt; *(med uppgift)* komma igång tidigt; **to make a fresh/new** ~ **(in life)** börja om från början (b) *(framför andra)* försprång; **to give sb a 5 minute** ~ ge ngn 5 minuters försprång (c) *(av rädsla etc)* ryck; **she gave a** ~ hon ryckte till; **to give sb a** ~ få ngn att rycka/hoppa till 2 *vt* (a) *(aktivitet)* börja, påbörja; *(projekt, resa)* påbörja; **to** ~ **a new job** börja på ett nytt jobb; **to** ~ **doing sth/to do sth** börja göra ngt; **he** ~**ed life as a labourer** han började (sin bana) som grovarbetare (b) *(samtal, förhandlingar)* påbörja, inleda; *(rykte)* sätta igång; **to** ~ **a fire** *(person)* tända (en) eld; *(föremål)* orsaka en brand; **you** ~**ed it!** det var du som började!; **don't** ~ **him on that!** få honom inte att börja prata om det! (c) *(firma, tidning)* grunda, starta (d) *(bil, motor)* starta

3 *vi* (a) *(i allm)* börja, starta; *(bil, motor)* starta; *(brand)* uppstå; *(person: på resa)* starta, ge sig av; ~**ing from Tuesday** från och med tisdag; **to** ~ **on a task** börja med en uppgift; **to** ~ **at the beginning** börja från början; **what shall we** ~ **(off) with?** vad ska vi börja med?; **to** ~ **(off) with...** *(i text)* till att börja med..., för det första...; *(i tiden)* i början, till att börja med,

först; he ~ed (off) by saying... han började med att säga... (b) (av rädsla) rycka/spritta/hoppa till; his eyes were ~ing out of his head hans ögon var på väg att tränga ur sina hålor
♦ **start back** vi + adv: to ~ back (for) vända tillbaka (till)
♦ **start off** 1 vt + adv (bråk etc) sätta igång, starta; to ~ sb off on sth (historia, missnöje etc) få ngn att börja tjata/orera om ngt; (projekt) hjälpa ngn på traven med ngt 2 vi + adv (person) åka, ge sig av; (tåg) avgå; (fartyg) avsegla
♦ **start out** vi + adv (på resa) ge sig iväg/av; (i yrkeslivet) inleda sin karriär; we ~ed out to... från början hade vi tänkt...
♦ **start over** vi + adv (Am) börja om från början
♦ **start up** 1 vt + adv (bil, motor) starta 2 vi + adv (motor, förare) starta; (musik) börja
start·er ['stɑːtəʳ] s (a) (Sport: funktionär) starter; (: tävlande) startande (b) (Motor: apparat) startmotor; (: reglage) startknapp (c) (Brit vard: Matl) entrérätt, liten förrätt; for ~s (eg) till förrätt; (bildl) för det första, till att börja med
start·ing ['stɑːtɪŋ] adj start-, begynnelse-; ~ block startblock; ~ point (eg, bildl) startpunkt; ~ post startstolpe
star·tle ['stɑːtl] vt få att hoppa/spritta till, skrämma
star·tling ['stɑːtlɪŋ] adj (nyhet, upptäckt, likhet etc) häpnadsväckande, förbluffande; (klädsel etc) uppseendeväckande
star·va·tion [stɑː'veɪʃən] s svält; ~ diet (straff) svältkost; (för bantning) svältkur; ~ wages svältlöner
starve [stɑːv] 1 vt låta svälta; to ~ sb to death låta ngn svälta ihjäl; to ~ oneself svälta sig (själv); to be ~d of affection (bildl) lida brist på ömhet 2 vi (vara utan mat) svälta, hungra; (dö av matbrist) svälta ihjäl; I'm starving! (vard) jag är utsvulten!, jag dör av hunger!
starv·ing ['stɑːvɪŋ] adj svältande
stash [stæʃ] 1 s (plats) gömställe; (vapen, narkotika etc) undangömt/hemligt förråd 2 vt (vard): to ~ sth away stoppa undan ngt
state [steɪt] 1 s (a) (i allm) tillstånd; (föremåls) skick, kondition; ~ of emergency undantagstillstånd; ~ of mind sinnestillstånd; ~ of war krigstillstånd; to be in a bad ~ (person) må dåligt, vara i dålig form; he's not in a (fit) ~ to do it han är inte i sådant tillstånd att han kan göra det; he arrived home in a shocking ~ han kom hem i ett förskräckligt tillstånd; the ~ of the art (inom vetenskap) forskningsläget, kunskapsnivån; (inom teknologi) senaste utvecklingsdiet (b): he was in quite a ~ han var alldeles till sig; now don't get into a ~ about it hetsa nu inte upp dig för det (c) (i samhället) rang, ställning, stånd (d) (vid ceremoni etc) ståt, prakt; ~ apartment representationsvåning; ~ coach galavagn; to lie in ~ ligga på lit de parade (e) (Pol: nation) stat; (del av nation) delstat; the S~ staten; the S~s (USA) Staterna; ~ control statskontroll; ~ education statlig utbildning; ~ secret (eg, bildl) statshemlighet; ~ school statlig skola; ~ visit statsbesök; se äv department, secretary
2 vt (namn, adress etc) ange, uppge; (förhållande) förklara, upplysa om; (fall, problem) redogöra för, framlägga; as ~d above som anges ovan; cheques must ~ the amount clearly beloppet måste anges tydligt på checken
state·craft ['steɪt,krɑːft] s stats(manna)konst
stat·ed ['steɪtɪd] adj angiven, uppgiven; within ~ limits inom vissa/fastlagda gränser
state·hood ['steɪthʊd] s (för nation) status som självständig stat; (för del av nation) status som

delstat
state·less ['steɪtlɪs] adj (person) statslös
state·ly ['steɪtlɪ] adj (-ier, -iest) (person) ståtlig, värdig; (musik) pompös, värdig; ~ home herresäte
state·ment ['steɪtmənt] s (om situation etc) uttalande, redogörelse; (Ekon: = ~ of account) kontoutdrag; to make a ~ (Jur: jurist) göra en sakframställning; (: vittne) göra en utsaga
state-of-the-art ['steɪtəfðɪ'ɑːt] adj: a ~ computer det senaste i datorväg
state·room ['steɪtrʊm] s (Sjö) privat hytt; (Järnv) privat sovkupé; (i sht Brit: i herresäte, palats) paradrum
states·man ['steɪtsmən] s, pl -men statsman
states·man·ship ['steɪtsmənʃɪp] s stats(manna)konst; that showed true ~ det visade på verkliga statsmannaegenskaper
stat·ic ['stætɪk] 1 adj (i allm) stillastående, statisk; (Fys) statisk; ~ electricity statisk elektricitet 2 s (Radio) atmosfäriska störningar, brus
sta·tion ['steɪʃən] 1 s (a) (för buss, tåg) station; (för poliser, brandkår) station; ~ master (Järnv) stationsinspektor, stins; ~ wagon (i sht Am) herrgårdsvagn, kombi (b) (Radio) station (c) (Mil) post; action ~s! klart för strid! (d) (Austral) fårfarm (e) (i samhället) (samhälls)ställning, stånd; to marry above/below one's ~ gifta sig över/under sitt stånd 2 vt (Mil: regemente) stationera, förlägga; (: soldat) postera; (bildl: person) placera, ställa på post
sta·tion·ary ['steɪʃənərɪ] adj (som inte rör sig) orörlig, stillastående; (som inte kan röra sig) fast, stationär; to remain ~ (person, fordon) stå still
sta·tion·er ['steɪʃənəʳ] s (person) pappershandlare; (affär: äv: ~'s) pappershandel
sta·tion·ery ['steɪʃənərɪ] s kontorsmaterial, pappersvaror, (i sht) brevpapper; on company ~ på firmans brevpapper
sta·tis·tic [stə'tɪstɪk] s (i statistik) siffra
sta·tis·ti·cal [stə'tɪstɪkəl] adj statistisk
sta·tis·ti·cal·ly [stə'tɪstɪkəlɪ] adv statistiskt (sett), ur statistisk synvinkel
stat·is·ti·cian [,stætɪs'tɪʃən] s statistiker
sta·tis·tics [stə'tɪstɪks] s (sg: ämne) statistik: ~ is an interesting subject; (pl: uppgifter) statistik, siffror: the ~ are surprising; se äv **vital**
statue ['stætjuː] s staty
statu·esque [,stætjʊ'esk] adj (i sht om kvinna) ståtlig
statu·ette [,stætjʊ'et] s statyett
stat·ure ['stætʃəʳ] s (a) (eg: persons) kroppslängd; to be of short ~ vara kort till växten (b) (bildl: persons) format; a man of ~ (äv) en stor man
sta·tus ['steɪtəs] s (persons) ställning, position; (: = high ~) status, prestige; (Jur) status, giltighet; marital ~ civilstånd; ~ quo [kwəʊ] status quo; symbol statussymbol
stat·ute ['stætjuːt] s (för stat) lag; (för stiftelse etc) reglemente, stadga; ~ book författningssamling, lagbok; it is in the ~ book det står i lagen; ~ mile (frm) engelsk mil
statu·tory ['stætjʊtərɪ] adj (rättighet etc) lagstadgad
staunch¹ [stɔːntʃ] adj (-er, -est) (vän, supporter) trogen, trofast
staunch² [stɔːntʃ] vt (blodflöde) stoppa, stilla
stave [steɪv] s (Mus) notsystem; (i tunna) stav
♦ **stave in** vt + adv (imperf, perf part stove in) (plåt på fartyg, bil etc) tryckas in
♦ **stave off** vt + adv (imperf, perf part staved off) (anfall) avvärja; (hunger) stilla (tillfälligt); (sjukdom) hålla tillbaka (tillfälligt)
staves [steɪvz] spl av staff 1c

stay¹ [steɪ] **1** s **(a)** (i allm) uppehåll, vistelse; **a short** ~ **in hospital** en kort sjukhusvistelse; **will it be a long** ~? ska du/han etc stanna länge?; **a** ~ **of 10 days** en tio dagar lång vistelse **(b)** (Jur): ~ **of execution** uppskov med verkställigheten **2** vi **(a)** (i allm) stanna (kvar); (på hotell) bo; (hos bekant) bo (tillfälligt); **to** ~ **the night** stanna över natten; **you** ~ **right there** stanna där du är; **how long can you** ~? hur länge kan du stanna?; **to** ~ **with friends** bo hos vänner; **video recorders are here to** ~ videobandspelare har kommit för att stanna **(b)** (med adj) fortsätta vara, förbli; **if it** ~s **fine** om det fortsätter vara fint (väder); se äv put 1 a **3** vt (litt: utveckling etc) hejda; (lopp etc) klara, genomföra; **to** ~ **the course** (löpare etc) löpa loppet till slut; (bildl) hålla ut (till slutet)
◆ **stay away** vi + adv hålla sig borta/undan (from från); **to** ~ **away from the pub** låta bli att gå på puben
◆ **stay behind** vi + adv stanna kvar
◆ **stay in** vi + adv stanna inne/hemma
◆ **stay on** vi + adv stanna kvar; **he** ~ed **on as manager** han stannade kvar/fortsatte som direktör
◆ **stay out** vi + adv (i allm) stanna ute; (strejkande) fortsätta strejka; **you** ~ **out of this!** håll dig utanför detta!, lägg dig inte i det här!
◆ **stay over** vi + adv stanna över (natten), ligga över
◆ **stay up** vi + adv (byxor) sitta uppe; (tält) stå kvar; (person) sitta uppe
stay² [steɪ] s (rep etc) stag; (av trä etc) stötta; (bildl) stöd; ~s (plagg) korsett
stay-at-home ['steɪəthəum] s stugsittare
stay·er ['steɪəʳ] s (Sport etc) uthållig löpare; (bildl) en som inte ger tappt/upp så lätt
stay·ing pow·er ['steɪŋpauəʳ] s uthållighet
STD (Brit Tele: förk = subscriber trunk dialling) automatkoppling
stead [sted] s: **to stand sb in good** ~ vara till god nytta för ngn, komma ngn väl till pass; **in sb's** ~ i ngns ställe
stead·fast ['stedfəst] adj (person) ståndaktig, trogen; (blick) stadig, orubblig; **to be** ~ **in adversity** vara orubblig trots motgångar
stead·fast·ly ['stedfəstlɪ] adv (försvara ngt) ståndaktigt, troget; (titta) stadigt, orubbligt
steadi·ly ['stedɪlɪ] adv (förbättras, växa) i stadig takt; (titta) med stadig blick; (tala) med stadig röst; (regna) ihållande, utan uppehåll; **it gets** ~ **worse** det blir stadigt värre, det blir värre och värre; **to work** ~ arbeta i stadig takt/träget
steadi·ness ['stedɪnɪs] s (i röst, blick) stadighet, fasthet; (i förändring) jämnhet; (hos person) pålitlighet
steady ['stedɪ] **1** adj (-ier, -iest) (stege, bord) stadig; (röst, blick) fast, stadig; (temperatur, ökning) jämn, stadig; (personlighet) lugn, stabil, stadig; (pojk-/flick|vän) stadig; ~ **demand** ständig efterfrågan; **a** ~ **job** ett fast jobb; **to have a** ~ **hand** vara stadig på handen; **we were going at a** ~ **70 km/h** vi höll 70 km/h **2** adv: ~! lugn!, ta det lugnt!; **they are going** ~ (vard) de har sällskap, de kilar stadigt **3** s (vard) stadigt sällskap, pojk-/flick|vän **4** vt (föremål) stödja, göra stadig; (nervös person) lugna; (rucklare, bohem etc) få att stadga sig; **she smokes to** ~ **her nerves** hon röker för att lugna nerverna; **to have a** ~ **ing influence on sb** han ett lugnande/stadgande inflytande på ngn **5** vi (föremål) stabiliseras; (nervös person) lugna (ner) sig; (rucklare, bohem etc) stadga sig
steak [steɪk] s (av oxkött) biff; (av annat kött) (kött)skiva; (i paj etc) oxkött; **gammon** ~

skinkstek; ~ **and kidney pie** kött- och njurpaj
steak·house ['steɪkhaus] s (restaurang) stekhus
steal [stiːl] (imperf **stole**, perf part **stolen**) **1** vt (eg, bildl) stjäla; (kyss) stjäla, stjäla sig till; **to** ~ **a glance at sb** kasta en förstulen blick på ngn; **to** ~ **the show** (eg, bildl) stjäla föreställningen/showen **2** vi **(a)** (tjuv) stjäla **(b)** (person: i allm) smyga (sig), slinka; **to** ~ **away/off** smyga el slinka undan/iväg; **to** ~ **up on sb** smyga sig på ngn
stealth [stelθ] s: **by** ~ (göra ngt) i smyg; (åstadkomma ngt) på smygvägar; **to walk with great** ~ gå/smyga mycket försiktigt
stealthy ['stelθɪ] adj (-ier, -iest) (fotsteg) smygande; (blick) förstulen
steam [stiːm] **1** s ånga; **to get up** ~ (eg, bildl) få upp ångan; **to let off** ~ (bildl) få utlopp för sin ilska; **under one's own** ~ (bildl) för egen maskin; **to run out of** ~ (bildl) tappa orken; **she/the project ran out of** ~ luften gick ur henne/projektet; ~ **engine** (maskin) ångmaskin; (Järnv) ånglok; ~ **iron** ångstrykjärn; ~ **whistle** ångvissla **2** vt (Matl) ångkoka **3** vi ånga; **the bowl was** ~ing det ångade om skålen; **the ship** ~ed **into harbour** fartyget ångade in i hamnen
◆ **steam up** vi + adv (fönster) imma igen
steam·boat ['stiːmbəut] s ångbåt
steam·boiler ['stiːm,bɔɪləʳ] s ångpanna
steam·er ['stiːməʳ] s (Sjö) ångare; (Matl) ångkokare
steam·roller ['stiːm,rəuləʳ] **1** s ångvält **2** vt (bildl: motstånd etc) krossa, gå fram som en ångvält över; **to** ~ **a bill through Parliament** driva igenom ett lagförslag i parlamentet utan hänsyn till oppositionen
steam·ship ['stiːmʃɪp] s ångfartyg
steam·shovel ['stiːm,ʃʌvl] s (i sht Am) grävmaskin
steamy ['stiːmɪ] adj (-ier, -iest) (rum) ångande, fullt av ånga; (fönster) immig; (bildl: filmscen etc) erotisk, het
steed [stiːd] s (åld, litt) springare
steel [stiːl] **1** s stål; **nerves of** ~ (bildl) nerver av stål; ~ **band** (Mus) steelband, bensinfatsorkester; ~ **blue** stålblå; ~ **guitar** (Mus) steel guitar, hawaiigitarr; ~ **industry** stålindustri; ~ **mill** stålverk; ~ **wool** stålull **2** vt: **to** ~ **one's heart** stålsätta sig; **to** ~ **oneself for sth** stålsätta sig inför ngt
steel·works ['stiːl,wɜːks] s stålverk
steely ['stiːlɪ] adj (-ier, -iest) (beslutsamhet) obeveklig; (blick) hård; ~ **blue eyes** stålblå ögon
steel·yard ['stiːljɑːd] s (redskap) besman, handvåg
steep¹ [stiːp] adj (-er, -est) **(a)** (backe, klippa, stigning) brant; (höjning, sänkning) kraftig, väldsam; **a** ~ **slope** en brant sluttning **(b)** (bildl vard: pris, krav) orimlig; **it's a bit** ~ **that you've got to do it yourself** (Brit vard) det är väl magstarkt att du måste göra det själv
steep² [stiːp] **1** vt (tvätt etc) lägga i blöt; (te etc) låta stå och dra; ~ed **in ignorance** nersjunken i okunnighet; **a town** ~ed **in history** en stad genomsyrad av historia **2** vi (te etc) stå och dra
stee·ple ['stiːpl] s (på kyrka) kyrktorn; (i allm) tornspira
steeple·chase ['stiːpltʃeɪs] s (Sport: med hästar) steeplechase; (med människor) hinderlöpning
steeple·jack ['stiːpldʒæk] s reparatör av kyrktorn/skorstenar etc
steer¹ [stɪəʳ] **1** vt (bil etc) styra; (fartyg) styra, manövrera; (person) leda, föra, lotsa; (samtal) styra, leda; **I** ~ed **her across to the bar** jag förde/lotsade henne över till baren **2** vi (i bil, fartyg) styra; **to** ~ **for sth** styra mot ngt; **to** ~ **clear of sb/sth** (bildl) undvika ngn/ngt
steer² [stɪəʳ] s stut, kastrerad ungtjur
steer·ing ['stɪərɪŋ] adj styr-; ~ **column** rattstång

~ **committee** beredningsutskott; ~ **wheel** ratt
stel·lar ['stelə^r] adj stjärn-, stellar- (spec)
stem[1] [stem] **1** s (på buske) stam; (på planta) stjälk; (på blad) skaft; (på glas) (hög) fot; (på pipa) skaft; (i ord) stam **2** vi: to ~ **from** sth stamma från ngt
stem[2] [stem] vt stoppa, stämma; **to** ~ **the tide of events** hejda händelseutvecklingen; **to** ~ **the flow of blood** hejda/hämma blodflödet
stench [stentʃ] s stank
sten·cil ['stensl] **1** s (för maskinskrivning etc) stencil; (mall) schablon **2** vt (med stencilapparat) stencilera; (med schablon) schablonera, rita/texta med schablon
ste·nog·ra·pher [ste'nɒgrəfə^r] s stenograf
ste·nog·ra·phy [ste'nɒgrəfɪ] s stenografi
sten·to·rian [sten'tɔːrɪən] adj (röst) stentors-
step [step] **1** s **(a)** (rörelse i gång/dans) steg; (ljud) (fot)steg; **it's quite a** ~ **to the village** det är en rejäl bit till byn; **to be in** ~ **(with)** (eg, bildl) vara i takt (med); **to watch one's** ~ (eg) se upp (var/hur man går); **to watch one's** ~ **with sb** (bildl) se upp med ngn, vara försiktig tillsammans med ngn **(b)** (bildl) steg; (: mot problem) åtgärd; **it's a great** ~ **forward** det är ett stort steg framåt; **a** ~ **in the right direction** ett steg i rätt riktning; **to take** ~**s to solve a problem** vidta åtgärder/sina mått och steg för att lösa ett problem; ~ **by** ~ steg för steg **(c)** (till hus) trappsteg, trappa; (i fordon) fotsteg; (bildl: i skala) steg; ~**s** (i allm) trappa; (utanför hus) (ytter)trappa; (bärbar) trappstege; **folding** ~**s, pair of** ~**s** trappstege **2** vi stiga, kliva; **to** ~ **aside** stiga åt sidan; **to** ~ **inside** stiga in/på; ~ **this way!** var så god, den här vägen!; **to** ~ **over sth** kliva över ngt; **to** ~ **on sth** trampa på ngt; ~ **on it!** (vard) sätt (lite) fart! gasen i botten!
♦ **step back** vi + adv (eg) stiga/gå bakåt; (bildl) träda tillbaka, dra sig ur
♦ **step down 1** vt + adv gradvis minska **2** vi + adv (bildl) dra sig tillbaka; **to** ~ **down in favour of sb** träda tillbaka till ngns förmån
♦ **step forward** vi + adv (eg) stiga/gå framåt; (bildl) träda fram, anmäla sig som frivillig
♦ **step in** vi + adv (eg) stiga in; (bildl) ingripa, blanda sig i
♦ **step out** vi + adv (eg) ta ut stegen, gå raskare; (bildl) vara ute och roa sig
♦ **step up** vt + adv (produktion) öka; (säkerhet) förbättra, höja; (kampanj) intensifiera
step·brother ['step,brʌðə^r] s styvbror
step·child ['steptʃaɪld] s, pl -**children** styvbarn
step·daughter ['step,dɔːtə^r] s styvdotter
step·father ['step,fɑːðə^r] s styvfar
step·ladder ['step,lædə^r] s trappstege
step·mother ['step,mʌðə^r] s styvmor
steppe [step] s (äv: ~**s**) stäpp
step·ping stone ['stepɪŋstəʊn] s (i vatten) klivsten; (i gräsmatta) (sten)platta; (bildl) språngbräda, steg på vägen
step·sister ['step,sɪstə^r] s styvsyster
step·son ['stepsʌn] s styvson
ste·reo ['sterɪəʊ] **1** adj stereo- **2** s (apparat) stereo(anläggning); (ljud) stereo; **in** ~ i stereo; ~ **recording** stereoinspelning
ste·reo·phon·ic [,sterɪə'fɒnɪk] adj (ljud) stereofonisk, stereo-
ste·reo·type ['sterɪətaɪp] **1** s stereotyp **2** vt: ~**d** stereotyp; ~**d ideas** idéer stöpta i samma form
ster·ile ['steraɪl, (Am) 'sterɪl] adj (person, djur) steril, ofruktsam; (instrument etc) steril; (bildl: idé etc) ofruktbar, resultatlös
ste·ril·ity [ste'rɪlɪtɪ] s (hos person, djur) sterilitet, ofruktsamhet; (hos instrument) sterilitet; (bildl) ofruktbarhet, resultatlöshet

steri·li·za·tion [,sterɪlaɪ'zeɪʃən] s (av person, djur) sterilisering; (av instrument) sterilisering
steri·lize ['sterɪlaɪz] vt (person, djur) sterilisera; (instrument) sterilisera
ster·ling ['stɜːlɪŋ] **1** s sterling, engelsk valuta; **pound** ~ engelska pund; ~ **traveller's cheques** resecheckar i engelska pund; ~ **area** sterlingområdet länder vars valuta är knuten till det engelska pundet **2** adj (om silver) gedigen, äkta; (om kvalitet) topp-, av högsta klass
stern[1] [stɜːn] adj (-**er, -est**) (lärare) sträng; (röst) barsk; (min) bister; (disciplin, straff) hård; **a** ~ **warning** en sträng förmaning
stern[2] [stɜːn] s (Sjö) akter, akterspegel
stern·ly ['stɜːnlɪ] adv (förmana) strängt; (säga) barskt; (titta) bistert; (straffa) hårt
ster·num ['stɜːnəm] s (Anat) bröstben
ster·oid ['sterɔɪd] s steroid
stetho·scope ['steθəskəʊp] s stetoskop
stet·son ['stetsən] s stetsonhatt, cowboyhatt
ste·vedore ['stiːvɪdɔː^r] s stuvare, hamnarbetare
stew [stjuː] **1** s (Matl) gryta, ragu; (bildl: **to be in a** ~ vara upphetsad, hetsa upp sig **2** vt (kött, grönsaker) (låta) sjuda, långkoka; (frukt) koka kompott på; ~**ed beef** köttgryta **3** vi (kött, grönsaker) sjuda; (te) dra för länge; **let her** ~ **in her own juice** låt henne ta konsekvenserna av sitt handlande, som man bäddar får man ligga (ordspr)
stew·ard ['stjuːəd] s (på gods) inspektor, förvaltare; (på restaurang) hovmästare; (Sjö, Flyg) steward; (= **shop** ~) fackligt ombud, fackombud
stew·ard·ess ['stjuədes] s (Flyg) flygvärdinna; (Sjö) steward
stew·ing ['stjuːɪŋ] s: ~ **steak,** ~ **beef** grytbitar, kalopskött
stick [stɪk] (v: imperf, perf part **stuck**) **1** s **(a)** (av trä: i allm) pinne; (: från träd) kvist; (= **walking** ~) käpp; (för (is)hockey) klubba; (bildl: vard) tråkmåns, torris; **to wield the big** ~ (bildl) visa sin makt, använda maktspråk; **to be in a cleft** ~ vara i ett dilemma; **to live in the** ~**s** (vard) bo på vischan; ~ **insect** vandrande pinne **(b)** (stycke: i allm) bit; (: av selleri) stjälk; (av dynamit) dynamitgubbe
2 vt **(a)** (med klister etc) klistra, limma, sätta fast; **to** ~ **two things together** klistra/limma ihop två saker; **he was** ~**ing stamps into his album** han satte in frimärken i sitt album; **she stuck the envelope down** hon klistrade igen kuvertet **(b)** (hand, käpp, kniv) köra, sticka; **he stuck his head through the window** han stack in/ut huvudet genom fönstret; ~ **pin** (Am) kravattnål **(c)** (vard: föremål i allm) lägga, ställa, sätta, stoppa; ~ **it in your case** stoppa den i din väska **(d)** (vard: person, jobb, klimat etc) stå ut med **(e): to be stuck** (i allm) ha fastnat, sitta fast; (bil) ha kört fast; **(bildl vard: person)** ha kört fast; **to be stuck with sb/sth** (vard) få ngn/ngt på halsen; **to get stuck into sth** (vard) komma igång med ngt; **I'm stuck at home all day** (vard) jag är tvungen att vara hemma hela dagen; **he's never stuck for an answer** (vard) han är aldrig svarslös
3 vi (klibbigt föremål) fastna, klibba fast; (spetsigt föremål) fastna; (dörr etc) fastna, kärva; **it stuck to the wall** den fastnade på väggen; **the name seems to have stuck** (vard) namnet verkar ha fastnat; **he stuck to his story** han höll fast vid sin historia; **to** ~ **to one's word** stå fast vid sitt ord; **it stuck in my mind** det fastnade i minnet; **we'll all stick by you** (eg) vi stannar hos dig allihop; (bildl) vi stöder dig allihop; **I'll** ~ **with the job for another few months** jag stannar kvar på jobbet ett par månader till; **she will** ~ **at nothing to get what she wants** hon skyr inga

medel för att få vad hon vill; **just** ~ **at it and I'm sure you'll manage it** ligg bara i så är jag säker på att du klarar det
♦ **stick around** vi + adv (vard) bli/stanna kvar
♦ **stick on** vt + adv (frimärke etc) klistra/sätta på
♦ **stick out** 1 vt + adv (tunga) sticka/räcka ut; (ben) sticka/sträcka ut; **to** ~ **it out** (vard) härda ut, hålla ut 2 vi + adv **(a)** (eg) sticka/skjuta/stå ut; (bildl) vara påfallande/iögonfallande; **one of them stuck out as being much cleverer** en av dem var påtagligt mer begåvad; **to** ~ **out like a sore thumb** synas/märkas på långt håll **(b)**: **to** ~ **out for sth** hålla fast vid sitt krav på ngt
♦ **stick together** vi + adv (bildl) hålla ihop
♦ **stick up** 1 vt + adv (: hand) räcka upp; (vard: person, bank) råna; ~ **'em up!** upp med händerna! 2 vi + adv (i allm) sticka/stå upp; (hår) stå på ända; **to** ~ **up for sb** (vard) försvara ngn, ta ngn i försvar
stick·er ['stɪkəʳ] s (av papper etc: med pris etc) etikett, prislapp; (: med reklam etc) dekal, klistermärke; (person) ihärdig/uthållig person; (vard: problem) hård nöt
sticki·ness ['stɪkɪnɪs] s (eg) klibbighet, kladdighet; (bildl: i situation) kinkighet; (: hos person) ovillighet
stick·ing plas·ter ['stɪkɪŋˌplɑːstəʳ] s häftplåster
stick-in-the-mud ['stɪkɪnðəmʌd] s (vard) stofil, trögmåns
stickle·back ['stɪklbæk] s (Zool) spigg
stick·ler ['stɪkləʳ] s pedant; **to be a** ~ **for sth** vara kinkig/noga med ngt
stick-on ['stɪkɒn] adj självhäftande, gummerad
stick-up ['stɪkʌp] s (vard) rån(kupp)
sticky ['stɪkɪ] adj (-ier, -iest) (fingrar, lera) klibbig, kladdig; (etikett) självhäftande; (vard. situation) kinkig, besvärlig; (: person) ovillig; **he'll come to a** ~ **end** (vard) det kommer att gå illa för honom
stiff [stɪf] adj (-er, -est) **(a)** (kartong, läder) styv; (led) stel; (dörr) trög; (lera) fast, hård; (borste) hård **(b)** (bildl: klättring, prov) svår; (: bris) styv, kraftig; (: motstånd) kraftig; (: konkurrens) hård; (: pris) hutlös, saftig; (: drink) stark, stadig; (: uppträdande) stel, formell; **that's a bit** ~! (vard) det är 'väl magstarkt
stiff·en ['stɪfn] 1 vt (med stärkelse) stärka; (motstånd) skärpa 2 vi (person) stelna till
stiff·ly ['stɪflɪ] adv (gå) stelt; (le, buga sig) stelt, avmätt
stiff-necked ['stɪfnɛkt] adj (bildl) styvnackad
stiff·ness ['stɪfnɪs] s (se stiff) styvhet; stelhet; tröghet; fasthet; hårdhet
sti·fle ['staɪfl] 1 vt (eg, bildl) kväva; **to** ~ **a yawn** kväva en gäspning; **to** ~ **the opposition** undertrycka/kväva motståndet 2 vi (person) kvävas; **I'm stifling** jag kvävs/kan inte andas
sti·fling ['staɪflɪŋ] adj kvävande; **it's** ~ **in here** det är kvävande (hett) härinne
stig·ma ['stɪgmə] s skamfläck
stig·ma·tize ['stɪgməˌtaɪz] vt (bildl) brännmärka
stile [staɪl] s (över staket) stätta
sti·let·to [stɪˈlɛtəʊ] s (kniv) stilett; (vard) sko med stilettklack; ~ **heel** stilettklack
still [stɪl] 1 adj (-er, -est) **(a)** (utan rörelse) stilla; (ljudlös) tyst, stilla; **to stand** ~ stå stilla; **keep** ~! stå/sitt still!, håll dig still!; ~ **waters run deep** (ordspr) i de lugnaste vattnen går de största fiskarna; ~ **life** (Konst) stilleben **(b)** (dryck) inte kolsyrad 2 s **(a)** stillhet; **in the** ~ **of the night** i nattens tystnad/stillhet **(b)** (Film) stillbild (ur film) 3 adv (om tid) fortfarande, ännu; (vid kontrast) ändå; (vid tillägg) ytterligare, ännu; (vid jämförelse) ännu; **it's** ~ **raining** det regnar fortfarande; ~, **it was worth it** det var ändå värt det; **there's** ~ **another reason** det finns ytterligare/

ännu en orsak; **that's** ~ **better/better** ~ det är ännu bättre
still² [stɪl] s (apparat) destillationsapparat; (anläggning) bränneri
still·birth ['stɪlbɜːθ] s (händelse) dödfödsel; (barn) dödfött barn
still-born ['stɪlbɔːn] adj (eg, bildl) dödfödd
still·ness ['stɪlnɪs] s (avsaknad av rörelse) stillhet; (avsaknad av ljud) tystnad, stillhet
stilt [stɪlt] s stylta
stilt·ed ['stɪltɪd] adj (stil) uppstyltad
stimu·lant ['stɪmjʊlənt] s stimulerande medel
stimu·late ['stɪmjʊleɪt] vt (eg, bildl) stimulera; **to** ~ **sb to do sth** stimulera ngn (till) att göra ngt
stimu·lat·ing ['stɪmjʊleɪtɪŋ] adj (promenad) uppiggande; (bok) stimulerande
stimu·la·tion [ˌstɪmjʊˈleɪʃən] s stimulering
stimu·lus ['stɪmjʊləs] s, pl **stimuli** ['stɪmjʊlaɪ] (i allm) stimulans; (Psyk) stimulus
sting [stɪŋ] (v: imperf, perf part **stung**) 1 s **(a)** (på insekt) gadd; (på växt) brännhår **(b)** (handling) stick, sting; (känsla) stickande, sveda; (bildl) udd; **to take the** ~ **out of sth** (bildl) bryta udden av ngt **(c)** (Am vard) (noggrant iscensatt) svindel, 'blåsning' 2 vt **(a)** (om insekt) sticka; (om nässla, manet) bränna; (om jod, vind) få att svida; (bildl: om samvete) plåga; (om kritik) svida; (om kommentar) såra; **the wind stung his face** vinden sved i ansiktet på honom; **he was stung into action** han drevs till handling **(b)** (vard): **they stung me for £4** de klädde mig på 4 pund 3 vi (insekt) stickas; (växt, manet) brännas; (sår, jod) svida; **my eyes** ~ det svider i mina ögon
stin·gi·ness ['stɪndʒɪnɪs] s snålhet, knusslighet
sting·ray ['stɪŋreɪ] s (Zool) stingrocka
stin·gy ['stɪndʒɪ] adj (-ier, -iest) (person) snål, knusslig; (måltid etc) njugg, snålt tilltagen
stink [stɪŋk] (v: imperf **stank**, perf part **stunk**) 1 s stank; **to raise a** ~ (bildl vard) ställa till rabalder/skandal; ~ **bomb** stinkbomb 2 vi stinka, lukta illa; **it** ~**s in here** det stinker/luktar avskyvärt här; **to** ~ **of sth** lukta ngt; **the book** ~**s** (bildl vard) det är en urusel bok; **the idea** ~**s** det är en idiotisk idé 3 vt: **to** ~ **the place out** (vard) förpesta stället
stink·er ['stɪŋkəʳ] s (vard: person) stinkdjur, äckelpotta; (: problem) hård nöt att knäcka, hopplös uppgift
stint [stɪnt] 1 s: **to do one's** ~ göra sitt, göra sin andel; **to do a** ~ **(as...)** jobba ett tag (som...) 2 vt snåla/knussla med, spara på; **he did not** ~ **his praises** han snålade inte på berömmet; **don't** ~ **yourself!** var inte snål mot dig själv! unna dig lite! 3 vi snåla, spara; **he did not** ~ **on praise** han snålade inte på beröm
sti·pend ['staɪpɛnd] s (i sht till präst) fast lön/arvode
stip·ple ['stɪpl] vt (Konst) pricka, punktera
stipu·late ['stɪpjʊleɪt] vt stipulera
stipu·la·tion [ˌstɪpjʊˈleɪʃən] s (handling) stipulering; (i avtal etc) villkor
stir [stɜːʳ] 1 s **(a)** omrörning; **to give sth a** ~ röra om ngt **(b)** (bildl) uppståndelse, liv och rörelse; **to cause a** ~ orsaka uppståndelse 2 vt **(a)** (vätska etc) röra (om) i **(b)** (föremål) röra, sätta i rörelse; **a breeze** ~**red the leaves** en bris satte löven i rörelse **(c)** (bildl: känslor, intresse) väcka (till liv); (: fantasi) sätta igång; **to** ~ **sb to do sth** få/egga ngn att göra ngt; ~ **yourself/your stumps** (vard) rör på dig/på påkarna 3 vi (person, föremål) röra sig; **he never** ~**red from the spot** han rörde sig inte ur fläcken; **is he** ~**ring yet?** är han på benen än?
♦ **stir up** vt + adv (känslor, minnen) väcka till liv; (bråk) ställa till; (revolt) anstifta, starta; **he's always trying to** ~ **things up** han försöker alltid

ställa till bråk
stir·ring |'stɜ:rɪŋ| *adj (tal, musik)* upphetsande, eldande
stir·rup |'stɪrəp| *s* stigbygel
stitch |stɪtʃ| **1** *s* **(a)** *(Sömnad, Med)* stygn; *(Stickning)* maska; **a ~ in time saves nine** *(ordspr)* bättre stämma i bäcken än i ån; **she hadn't a ~ on** hon hade inte en tråd på kroppen **(b)** *(smärta)* håll; **we were in ~es** *(vard)* vi vred oss av skratt **2** *vt (Sömnad: plagg)* sy; *(: knapp etc)* sy fast; *(Med)* sy (ihop); **to ~ up a hem** sy upp en fåll; **to ~ up a wound** sy ihop ett sår
stoat |stəʊt| *s (Zool)* hermelin (i sommardräkt)
stock |stɒk| **1** *s* **(a)** *(av varor etc)* lager, förråd; *(Handel)* lager; **to be out of ~** *(om vara)* vara slut(såld); *(om person)* ha sålt slut; **we are out of ~ of umbrellas** vi har slut på paraplyer; **to have sth in ~** ha ngt i lager; **to take ~ (of sth)** *(eg)* göra inventering (av ngt); *(bildl)* bedöma/granska (ngt); **we ought to stop and take ~** vi borde stanna upp och skaffa oss en överblick; **~ example** standardexempel; **~ phrase** stående uttryck; **~ sizes** standardstorlekar **(b)** *(Jordbr: = live~)* boskap, kreatursbesättning; **~ farm** boskapsfarm **(c)** *(Matl)* buljong; **~ cube** buljongtärning **(d)** *(Järnv: = rolling ~)* (rullande) materiel **(e)** *(Ekon: i företag)* aktiekapital; *(: på börsen)* aktier, värdepapper; **~s and shares** börspapper; **government ~** statsobligationer; **the S~ Exchange** börsen; **~ market** aktiemarknad **(f)** *(för person)* härstamning; **he comes from farming ~** han är av bondesläkt; **to be of good ~** vara av god härkomst **(g)** *(av trä)* stock, trädstam; *(på gevär)* stock; *(på varv)* stapelbädd; **to be on the ~s** *(fartyg)* vara under byggnad; *(bildl: roman etc)* vara under arbete; *se äv* lock² 1 a **(h): the ~s** *(Hist: straffredskap)* stock **(i)** *(Bot)* lövkoja
2 *vt (Handel: vara)* lagerföra, ha på lager; *(: butik)* fylla/förse med varor; *(frys, skafferi)* fylla; **a well-~ed shop** en välsorterad affär; **a well-~ed library** ett välförsett bibliotek
♦ **stock up** *vi* + *adv:* **to ~ up (on)** förnya lagret (av)
stock·ade |stɒ'keɪd| *s* palissade
stock·broker |'stɒk,brəʊkə'| *s* börsmäklare, fondmäklare; *jfr* **stockjobber**
stock·car |'stɒk,kɑ:'| *s (Sport: bil)* stock-car, förstärkt standardvagn; *(Am Järnv)* kreatursvagn; **~ racing** stock-car, skrotbilstävling
stock·fish |'stɒk,fɪʃ| *s* stockfisk, torkad fisk
stock·holder |'stɒk,həʊldə'| *s* aktieägare
stock·ing |'stɒkɪŋ| *s* strumpa; **a pair of ~s** ett par strumpor; **in (one's) ~ feet** i strumplästen
stock-in-trade |,stɒkɪn'treɪd| *s (för yrke etc)* utrustning, redskap, arbetsverktyg; *(bildl)*: **silly jokes/fancy meals are her ~** dumma skämt/flott mat är hennes stil
stock·ist |'stɒkɪst| *s (Brit)* återförsäljare
stock·jobber |'stɒk,dʒɒbə'| *s (Brit)* börshandlare *som förmedlar affärer mellan mäklare (numera utan skillnad till 'stockbrocker'); (Am: ofta neds)* börsspekulant
stock·man |'stɒkmən| *s, pl* **-men** *(Jordbr: anställd)* boskapsskötare; *(: ägare)* boskapsuppfödare
stock·pile |'stɒkpaɪl| **1** *s* (förråd, reserv(lager) **2** *vt (i allm)* lagra, lägga upp förråd av; *(konsumtionsvaror etc)* hamstra
stock·room |'stɒkrʊm| *s* lager(lokal)
stock-still |,stɒk'stɪl| *adv:* **to be/stand ~** vara/stå alldeles stilla
stock·taking |'stɒk,teɪkɪŋ| *s (Brit Handel)* inventering; *(: bildl: av situation etc)* överblick
stocky |'stɒkɪ| *adj (-ier, -iest) (person)* undersätsig, satt
stock·yard |'stɒkjɑ:d| *s* boskapsinhägnad

stodge |stɒdʒ| *s (vard: mat)* bukfylla, tung mat
stodgy |'stɒdʒɪ| *adj (-ier, -iest) (mat)* tung, mäktig; *(bildl: bok)* tråkig, svårsmält; *(: dag)* långtråkig, trist; *(: person)* tråkig, stel
sto·gy, sto·gey |'stəʊgɪ| *s (Am)* smal (billig) cigarr
sto·ic |'stəʊɪk| *s* stoiker
stoi·cal |'stəʊɪkəl| *adj* stoisk
stoi·cism |'stəʊɪsɪzəm| *s* stoicism
stoke |stəʊk| *vt (panna etc)* elda i; *(eld)* sköta; **~ up** *(panna etc)* lägga ved/kol *etc* i; *(eld)* lägga ved/kol *etc* på
stok·er |'stəʊkə'| *s (Sjö, Järnv)* eldare
stole¹ |stəʊl| *s (Rel)* stola; *(av mink etc)* (päls)stola
stole² |stəʊl| *imperf av* **steal**
stol·en |'stəʊlən| *perf part av* **steal**
stol·id |'stɒlɪd| *adj (person)* slö, trög; *(beslutsamhet)* oberörd, envis
stom·ach |'stʌmək| **1** *s (Anat)* magsäck; *(i allm)* mage; **he was lying on his ~** han låg på magen; **they have no ~ for the fight** *(bildl)* de har ingen lust att slåss; **~ ache** ont i magen, magknip; **~ pump** magpump **2** *vt (bildl vard)* tåla, finna sig i
stomp |stɒmp| **1** *s (Mus)* stomp **2** *vi* klampa
stone |stəʊn| **1** *s* **(a)** *(material, föremål)* sten; *(= gem~)* ädelsten; *(Med)* gallsten, njursten; **the S~ Age** stenåldern; **within a ~'s throw of...** ett stenkast från...; **to leave no ~ unturned** inte lämna något ogjort, pröva alla medel **(b)** *(i plommon, körsbär etc)* kärna **(c)** *(Brit: viktenhet: 6,36 kg):* **he weighs 12 ~(s)** han väger 76 kg **2** *adj* sten- **3** *vt (person)* stena; *(frukt)* kärna (ur)
stone·breaker |'stəʊn,breɪkə'| *s* stenhuggare
stoned |stəʊnd| *adj (vard: av sprit)* packad; *(: av knark)* påtänd, hög
stone-dead |,stəʊn'ded| *adj* stendöd
stone-deaf |,stəʊn'def| *adj* stendöv
stone·mason |'stəʊn,meɪsn| *s* stenhuggare
stone·wall |,stəʊn'wɔ:l| *vi (Cricket: om slagman)* spela defensivt; *(Pol: i parlament etc)* maratontala, obstruera; *(i allm)* svara undvikande, göra motstånd
stone·ware |'stəʊnweə'| *s* stengods
stone·work |'stəʊnwɜ:k| *s (i väggar etc)* murverk; *(utsmyckning)* stenhuggeriarbete
stony |'stəʊnɪ| *adj (-ier, -iest) (väg, strand)* stenig; *(bildl: blick)* stenhård; *(: tystnad)* isande
stony-broke |'stəʊnɪ'brəʊk| *adj (Brit: vard)* luspank
stood |stʊd| *imperf, perf part av* **stand**
stooge |stu:dʒ| *s (i allm)* underhuggare, springpojke *(bildl); (i komikerpar)* dum/löjlig figur, skottavla
stool |stu:l| *s* **(a)** *(möbel: i allm)* pall; *(i bar)* barstol; *(åld)* nattstol, toalett; **to fall between two ~s** *(bildl)* sätta sig mellan två stolar **(b)** *(Med)* avföring
stool pi·geon |'stu:l,pɪdʒn| *s (eg, bildl)* lockfågel; *(vard)* tjallare
stoop |stu:p| **1** *s (i allm)* lutning, böjning; **to walk with a ~** gå framåtlutad; **to have a slight ~** vara lite kutryggig **2** *vi* **(a)** *(äv: ~ down: tillfälligt)* böja sig ner; *(: permanent)* vara nedböjd/kutryggig **(b)** *(bildl)* förnedra sig; **to ~ to sth/doing sth** nedlåta *el* sänka sig till ngt/till att göra ngt; **I wouldn't ~ so low!** jag skulle aldrig sänka mig så djupt!
stop |stɒp| **1** *s* **(a)** *(i allm)* stopp; **to be at a ~** stå stilla; **to come to a ~** stanna; **to put a ~ to sth** sätta stopp för ngt **(b)** *(i arbete)* uppehåll, paus; *(i resa: kort)* uppehåll, rast; *(: över natten)* övernattning; *(Flyg)* mellanlandning; **a 20 minute ~ for coffee** en 20 minuters rast för kaffe; **without a ~** *utan* uppehåll **(c)** *(för buss etc)* hållplats **(d)** *(i sht Brit Typogr: vanl:* **full ~)** punkt **(e)** *(Mus)* (orgel)stämma; **to pull out all the ~s** *(bildl)* göra allt man förmår, sätta till alla

klutar **(f)** *(Språkv)* klusil
2 *vt* **(a)** *(hål: äv:* ~ **up)** täppa till, stoppa igen; *(läcka)* täta; *(blodflöde)* stoppa, hämma; *(tand)* laga, fylla **(b)** *(bil)* stoppa, stanna; *(trafik, person)* stoppa, hejda; *(slag)* parera; **to** ~ **a bullet** *(vard)* träffas av en kula; ~ **thief!** ta fast tjuven! **(c)** *(rykte, missförhållande)* få ett slut på; *(process, aktivitet)* avbryta; *(produktion: permanent)* lägga ner **(d)** *(framtida problem)* förhindra; **to** ~ **sb (from) doing sth** hindra ngn *(från)* att göra ngt; **to** ~ **sth (from) happening** förhindra att ngt händer; **can't you** ~ **him?** kan du inte stoppa honom?; **to** ~ **oneself** hejda sig **(e): to** ~ **doing sth** sluta göra ngt, upphöra med ngt; **I'm trying to** ~ **smoking** jag håller på att försöka sluta röka; ~ **it!** sluta!; **I just can't** ~ **it** jag kan helt enkelt inte låta bli **(f)** *(utbetalning)* stoppa; *(lön)* hålla inne; *(betalningar)* inställa; *(check)* spärra; **to** ~ **a pound from sb's wages** hålla inne/dra ett pund från ngns lön
3 *vi* **(a)** *(fordon, maskin, klocka, person)* stanna; *(regn, musik)* sluta, upphöra; *(talare)* sluta; ~! stopp!; ~ **dead** tvärstanna; **without** ~**ping** utan uppehåll; **without** ~**ping for breath** utan att hämta andan; **to** ~ **at nothing (to achieve sth)** inte sky några medel *(för att uppnå ngt)* **(b)** *(Brit vard):* **to** ~ **at a friend's place** bo hos en vän; **I'll** ~ **with my aunt** jag ska bo hos min faster/moster; **I'm not** ~**ping** jag ska inte stanna
♦ **stop away** *vi* + *adv (Brit vard):* **to** ~ **away from sth** stanna hemma från ngt
♦ **stop behind** *vi* + *adv* stanna kvar
♦ **stop by** **1** *vt* + *prep (besöka)* titta in hos **2** *vi* + *adv (göra ett besök)* titta in *(at hos)*
♦ **stop in** *vi* + *adv (Brit vard)* stanna inne/hemma
♦ **stop off** *vi* + *adv* stanna till *(at vid)*
♦ **stop over** *vi* + *adv (under resa)* göra uppehåll
♦ **stop up** *vt* + *adv* täppa till, stoppa igen
stop·cock ['stɒpkɒk] *s (på rör)* kran
stop·gap ['stɒpgæp] *s (i allm)* tillfällig åtgärd/lösning; *(person)* tillfällig ersättare
stop-go [ˌstɒp'gəʊ] *adj (Brit Ekon):* ~ **policies** snabbt växlande (ekonomisk) politik
stop·over ['stɒpəʊvə'] *s (Flyg)* uppehåll
stop·page ['stɒpɪdʒ] *s (i rör etc)* stopp; *(i arbete)* avbrott; *(i produktionen)* driftstörning; *(under konflikt)* arbetsnedläggelse; *(Brit: från lön)* avdrag
stop·per ['stɒpə'] *s (till flaska etc)* propp, kork; **to put a** ~/**the** ~**s on sth** *(Brit)* sätta stopp för ngt
stop-press ['stɒppres] *s* pressläggningsnyhet, senaste nytt
stop·watch ['stɒpwɒtʃ] *s* stoppur, tidtagarur
stor·age ['stɔ:rɪdʒ] *s (handling)* lagring, magasinering; *(plats)* lagerutrymme; *(Data)* lagring; **to put sth into** ~ magasinera ngt; **the cupboards provide ample** ~ skåpen rymmer mycket; ~ **space** förråds/-lager|utrymme
store [stɔ:'] **1** *s* **(a)** *(i allm)* lager, förråd; *(av kunskap etc)* fond; *(Brit:* ~ **house,** ~**room)** magasin, lagerbyggnad; ~**s** *(i sht Am, Mil: mat)* förnödenheter, proviant; *(i sht Mil: föremål)* utrustning, förråd; **to put one's furniture in(to)** ~ magasinera sina möbler; **what is in** ~ **for sb** vad som väntar ngn; **what the future has in** ~ **for sb** vad framtiden har i beredskap för ngn; **to set great/little** ~ **by sth** lägga stor/liten vikt vid ngt **(b)** *(i sht Am)* affär, butik; *(= department* ~) varuhus **2** *vt (äv:* ~ **away: mat etc)** lagra, lägga upp ett lager av; *(: möbler)* magasinera; *(cykel, kläder)* förvara; *(bildl: kunskaper)* samla; *(Data)* lagra (i minne)
♦ **store up** *vt* + *adv* lagra, lägga på lager; *(bildl: frågor etc)* spara
store·house ['stɔ:haʊs] *s* magasin, lagerbyggnad;

(bildl: för kunskap etc) rik källa, guldgruva
store·keeper ['stɔ:ˌki:pə'] *s (i sht Am)* butiksinnehavare
store·room ['stɔ:rʊm] *s (i allm)* förrådsrum; *(i butik etc)* lagerlokal
sto·rey, *(Am)* **sto·ry** ['stɔ:rɪ] *s (i hus)* våningsplan, våning; **a 9-**~ **building** ett niovåningshus
stork [stɔ:k] *s (Zool)* stork
storm [stɔ:m] **1** *s* **(a)** *(Meteorologi)* storm, oväder; *(: med åska)* åskväder; *(bildl)* uppståndelse, storm; **a** ~ **of applause** en storm av bifall; **a** ~ **of abuse** en skur av ovett; **a** ~ **in a teacup** *(bildl)* en storm i ett vattenglas; ~ **centre** *(eg)* ovädrs-/storm|centrum; *(bildl)* oroshärd; ~ **cloud** ovädersmoln; ~ **porch** *(ung)* glasveranda; ~ **troops** *spl (Mil)* stormtrupper; ~ **window** ytterfönster **(b)** *(Mil):* **to take a town by** ~ storma en stad; **the play took Paris by** ~ *(bildl)* pjäsen tog Paris med storm **2** *vt (Mil)* storma **3** *vi:* **she** ~**ed out** hon rusade ut; **he came** ~**ing into my office** han kom instormande på mitt kontor
stormy ['stɔ:mɪ] *adj* **(-ier, -iest)** *(i allm)* stormig; *(dag äv)* ovädrs-; *(bildl: möte etc)* stormig
story[1] ['stɔ:rɪ] *s (i allm)* historia, berättelse; *(Litt)* saga, sägen; *(Tidn: text)* artikel; *(: stoff)* nyhet; *(= funny* ~) anekdot, historia; *(i film, bok etc)* handling; *(osanning)* påhitt; **that's not the whole** ~ det är inte hela sanningen; **it's the same old** ~ det är samma visa; **but that's another** ~ men det är en annan historia; **it's a long** ~ det är en lång historia; **that's the** ~ **of my life!** *(vard)* så går det alltid för mig!; **to tell stories** narras, tala osanning
story[2] ['stɔ:rɪ] *s (Am)* = **storey**
story·book ['stɔ:rɪbʊk] *s* sagobok
story·teller ['stɔ:rɪˌtelə'] *s* sagoberättare
stout [staʊt] **1** *adj* **(-er, -est)** *(käpp, rep)* kraftig, stark; *(sko)* robust; *(person: fysiskt)* kraftig, tjock; *(: psykiskt)* ståndaktig, modig; **with** ~ **hearts** modigt **2** *s (dryck: ung)* starkporter
stout-hearted [ˌstaʊt'hɑ:tɪd] *adj* modig, ståndaktig
stove[1] [stəʊv] *s (för matlagning)* spis; *(för uppvärmning)* kamin
stove[2] [stəʊv] *imperf, perf part av* **stave**
stow [stəʊ] **1** *vt (i allm)* stuva (in), packa (ner); *(Sjö: last)* stuva; *(äv:* ~ **away)** stuva/lägga/gömma undan **2** *vi:* **to** ~ **away** *(på båt, flygplan)* gömma sig ombord *(som fripassagerare)*
stow·away ['stəʊəweɪ] *s* fripassagerare
strad·dle ['strædl] **1** *vi* stå/sitta bredbent, skreva med benen **2** *vt (om person: bäck etc)* grensla, stå grensle över; *(: häst, stol etc)* sitta grensle över; *(om stad: flod etc)* ligga på båda sidor om; *(Am vard: bildl: om person: fråga)* inte ta ställning till
strafe [strɑ:f, streɪf] *vt (Mil)* beskjuta från luften; *(vard)* bestraffa hårt
strag·gle [strægl] *vi (person)* komma bort från de andra, sacka efter; *(byggnader)* ligga spridda/utslängda; *(grenar)* breda ut sig, spreta; **her hair** ~**s over her face** hennes hår hänger i stripor över ansiktet
strag·gler ['stræglə'] *s (person)* eftersläntrare
strag·gling ['stræglɪŋ] *adj (bebyggelse)* spridd; *(träd, buske)* spretig
straight [streɪt] **1** *adj* **(-er, -est)** **(a)** *(linje, väg, stolsrygg, hår)* rak; **the picture isn't** ~ tavlan hänger inte rakt; **I couldn't keep a** ~ **face/keep my face** ~ *(bildl)* jag kunde inte hålla mig för skratt
(b) *(resa etc)* direkt; **we had ten** ~ **wins** vi vann tio gånger i sträck, vi hade tio segrar i rad **(c)** *(person)* ärlig, rättskaffens; *(svar)* uppriktig, ärlig; **I'll be** ~ **with you** jag ska vara upprik-

tig mot dig; **he's** ~ **as a nail** han är ärligheten själv
(d) *(val, beslut)* enkel, okomplicerad; *(sprit)* ren, oblandad; *(Teat: roll, pjäs)* realistisk; **to drink one's whisky** ~ dricka sin whisky ren
(e) *(vard: person: i åsikter)* konventionell, 'torr'; *(: till sexuell läggning)* heterosexuell; *(: drogbruk)* knarkfri, som inte knarkar; **to go** ~ *(bildl)* leva hederligt, sköta sig
(f): to be (all) ~ *(konkr)* ha (fått) allt i ordning; *(abstr)* ha (fått) allt klart för sig; **it's all** ~ **now** *(konkr)* allt är i ordning nu; *(abstr)* allt är uppklarat nu; **let's get this** ~ låt oss reda ut det här; **to put things/matters** ~ reda ut/klargöra situationen; **he soon put me** ~ han förklarade snart situationen för mig
2 *adv* **(a)** *(gå)* rakt; *(sitta, stå)* rakt, med rak rygg; **it's** ~ **across the road from us** det ligger tvärs över gatan från oss; ~ **ahead,** ~ **on** rakt fram; **to shoot** ~ pricka rätt
(b) *(åka)* direkt; **I went** ~ **home** jag åkte/gick direkt hem; **to come** ~ **to the point** komma direkt till saken
(c) *(om tid)* omedelbart, direkt; ~ **away** omedelbart, genast; ~ **off** *(genast)* direkt; *(oförberett)* på rak arm; **she just went** ~ **off** hon bara gick
(d) *(äv:* ~ **out:** *säga)* rent ut, utan omsvep
3 *s* *(Sport)* raksträcka, raka *(vard)*; *(i poker)* straight, stege *(vard)*; *(vard: person)* torris, konventionell typ; **to cut on the** ~ *(tyg)* skära *el* klippa i tygets längdriktning/trådrakt; **to keep to the** ~ **and narrow** vandra den smala vägen
straight·away [ˌstreɪtəˈweɪ] *adv* genast, med detsamma
straight·en [ˈstreɪtn] **1** *vt (ngt böjt: äv:* ~ **out)** räta ut; *(duk)* släta till; *(slips, tavla)* rätta till; *(rum etc: äv:* ~ **up)** städa upp i, ordna till; *(bildl: problem: äv:* ~ **out)** reda upp/ut **2** *vi (väg etc: äv:* ~ **out)** bli rakare; *(person: äv:* ~ **(oneself) up)** rycka upp sig
straight-faced [ˌstreɪtˈfeɪst] *adj* med orörligt ansikte; **he was completely** ~ han rörde inte en min, han var helt allvarlig
straight·forward [ˌstreɪtˈfɔːwəd] *adj (person, svar)* ärlig, rättfram; *(förklaring, uppgift)* enkel
strain¹ [streɪn] **1** *s* **(a)** *(i allm)* spänning; *(Tekn)* påfrestning, belastning **(b)** *(bildl)* påfrestning; **mental** ~ psykisk/mental påfrestning, stress; **to put a great** ~ **on sb/sth** utsätta ngn/ngt för hårda påfrestningar **(c)** *(Med:* = *muscle* ~*)* sträckning; *(: på ögon/hjärta)* ansträngning **(d):** ~**s** *(Mus)* toner **2** *vt* **(a)** *(i allm)* sträcka, spänna, tänja (ut) **(b)** *(= put* ~ *on: bro, bjälke etc)* belasta, utsätta för påfrestningar; *(: resurser etc)* utnyttja till det yttersta; *(: tålamod)* fresta, pröva; *(Med: muskel)* sträcka; *(: ögon)* anstränga; **to** ~ **every nerve to do sth** göra sitt yttersta för att göra ngt; **to** ~ **one's ears (to hear sth)** spetsa öronen (för att höra ngt) **(c)** *(Tekn)* sila, filtrera; *(Matl)* sila **3** *vi:* **to** ~ **at sth** streta och dra i ngt; **he** ~**ed against the bonds that held him** *(eg, bildl)* han stretade emot de band som band honom
strain² [streɪn] *s (om människor)* ätt, familj; *(om djur)* ras; *(egenskap)* släktdrag; **a** ~ **of madness in the family** ett inslag av galenskap i familjen
strained [streɪnd] *adj (muskel)* sträckt; *(leende, röst)* spänd, ansträngd, tvungen; *(förhållande)* spänd
strain·er [ˈstreɪnəʳ] *s (Matl)* sil; *(Tekn)* sil, filter
strait [streɪt] *s* **(a)** *(Geogr: ofta:* ~**s)** sund; **the S~(s) of Gibraltar** Gibraltar sund **(b)** *(bildl)* trångmål, knipa; **to be in dire** ~**s** vara illa ute, vara i knipa

strait·ened [ˈstreɪtnd] *adj:* **in** ~ **circumstances** *(frm)* i knappa omständigheter
strait·jacket [ˈstreɪtˌdʒækɪt] *s* tvångströja
strait-laced [ˌstreɪtˈleɪst] *adj* pryd, puritansk
strand¹ [strænd] *s (i allm)* tråd, fiber; *(av hår)* slinga
strand² [strænd] *s (poet o i namn)* strand
strand·ed [ˈstrændɪd] *adj:* **to be (left)** ~ *(eg)* ha strandat; *(bildl)* vara strandsatt; **to leave sb** ~ *(bildl)* lämna ngn i sticket, överge ngn
strange [streɪndʒ] *adj (-r, -st) (plats, land, ansikte)* främmande, okänd; *(historia, uppförande)* märklig, egendomlig, konstig; *(arbete, uppgift)* ovan; **it is** ~ **that...** det är egendomligt att...; **I felt rather** ~ **at first** jag kände mig ganska konstig till mods först; **the work is** ~ **to him** han är ovan vid arbetet
strange·ly [ˈstreɪndʒlɪ] *adv (uppföra sig, klä sig)* egendomligt; ~ **(enough), I've never met him before** märkligt/konstigt nog har jag aldrig träffat honom förr
strange·ness [ˈstreɪndʒnɪs] *s:* **the** ~ **of the place frightened him** att platsen kändes (så) främmande skrämde honom; **the** ~ **of the story** historiens egendomlighet, den egendomliga historien
stran·ger [ˈstreɪndʒəʳ] *s* främling, okänd person; **don't talk to** ~**s!** tala inte med främmande människor!; **he's a** ~ **to me** han är obekant för mig; **I'm a** ~ **here** jag är främling här; **he's a** ~ **to London** han känner inte till London
stran·gle [ˈstræŋgl] *vt* strypa
strangle·hold [ˈstræŋglhəʊld] *s (Sport)* strupgrepp; **to have a** ~ **on sb/sth** *(bildl)* hålla ngn/ngt i ett järngrepp
stran·gler [ˈstræŋgləʳ] *s* strypare
stran·gling [ˈstræŋglɪŋ] *s (dödsorsak)* strypning; *(brott)* strypmord
stran·gu·la·tion [ˌstræŋgjʊˈleɪʃən] *s* strypning
strap [stræp] **1** *s (i allm)* rem; *(till armbandsur)* rem, armband; *(i buss etc)* stropp; *(= shoulder* ~*)* axelrem; **the** ~ *(bestraffning)* prygel **2** *vt* **(a): to** ~ **sth on/down** spänna på/fast ngt (med rem- (mar)); **to** ~ **sb/oneself in** spänna fast ngn/sig (med säkerhetsbälte) **(b)** *(Med: äv:* ~ **up)** fästa ihop med häftplåster
strap-hanger [ˈstræpˌhæŋəʳ] *s (på buss, tunnelbana)* ståpassagerare, person som pendlar i rusningstid
strap·less [ˈstræplɪs] *adj (klänning, behå)* utan axelband
strap·ping [ˈstræpɪŋ] *adj (person)* stor och kraftig
stra·ta [ˈstrɑːtə] *spl av* **stratum**
strata·gem [ˈstrætɪdʒəm] *s* krigslist
stra·tegic [strəˈtiːdʒɪk] *adj* strategisk
strat·egy [ˈstrætɪdʒɪ] *s (tillvägagångssätt)* strategi, taktik; *(ingen pl: krigskonst)* strategi
strati·fied [ˈstrætɪfaɪd] *adj (Geol)* skiktad, lagrad; *(bildl: samhälle)* skiktad, stratifierad
strato·sphere [ˈstrætəʊsfɪəʳ] *s* stratosfär
stra·tum [ˈstrɑːtəm] *s, pl* **strata** [ˈstrɑːtə] *(eg, bildl)* skikt, lager; ~ **of society** samhällsskikt
straw [strɔː] *s (av gräs/säd)* strå, halmstrå; *(koll)* halm; *(att dricka ur)* sugrör; **it's the last** ~**!** det är droppen!; **I wouldn't give a** ~ **for that** *(bildl)* det ger jag inte ett ruttet lingon för; **to catch/grasp at a** ~ *(bildl)* gripa efter ett halmstrå; ~ **hat** halmhatt; ~ **man** *(eg)* halmdocka; *(bildl: i sht Am)* galjonsfigur, skyltdocka
straw·berry [ˈstrɔːbərɪ] *s* jordgubbe; **wild** ~ smultron
straw-coloured [ˈstrɔːˌkʌləd] *adj* halmfärgad
stray [streɪ] **1** *adj (hund, katt)* bortsprungen, herrelös; *(boskap)* förrymd, kringdrivande; *(kula)* förlupen; *(kommentarer)* spridd; *(kund)* strö-, enstaka; **a few** ~ **cars** några enstaka bilar **2** *s* bortsprunget djur **3** *vi (i allm)* vandra omkring;

(från stig, hem etc) förirra sig, gå vilse; (talare) avvika från ämnet; (tankar) glida (över på ngt annat)

streak [striːk] **1** s (av färg etc) strimma, streck; (Miner) streck; (bildl: av galenskap etc) drag, inslag; (: av tur) period; **to have ~s in one's hair** ha (ljusa) slingor i håret; **like a ~ of lightning** (bildl) som en oljad blixt; **he had a cruel ~ (in him)** det fanns ett drag av grymhet hos honom **2** vt (i allm) göra randig/strimmig; (hår) göra slingor i; **~ed with tears** strimmig av tårar **3** vi (person) rusa, (bil) susa; (vard) streaka, springa naken över offentlig plats

streak·er [ˈstriːkər] s streakare, person som springer naken över offentlig plats

streaky [ˈstriːkɪ] adj; **~ bacon** (Brit) randig/strimmig bacon

stream [striːm] **1** s (av vatten: i allm) ström, vattendrag; (: mindre) bäck; (: större) å; (av vätska, gas) ström, flöde, stråle; (bildl: av människor, bilar, ord) ström, flod; (Brit Skol) nivågrupp; **with/against the ~** med/mot strömmen; **an unbroken ~ of cars** en obruten ström av bilar; **the B ~** (Brit Skol) nivågrupp B; **to come on ~** (oljekälla) börja producera i jämn ström **2** vt **(a)** (vatten etc) spruta; **his face ~ed blood** det forsade blod från hans ansikte **(b)** (Brit Skol: elever) nivågruppera **3** vi (vätska) strömma, flöda; (bildl: bilar, människor) strömma; **her eyes were ~ing** tårarna rann ur ögonen på henne; **her cheeks were ~ing with tears** tårarna strömmade utför kinderna på henne; **the cars kept ~ing past** bilarna strömmade förbi

stream·er [ˈstriːmər] s (av tyg etc) vimpel; (av papper) serpentin; (Tidn) helsidesrubrik

stream·line [ˈstriːmlaɪn] vt (eg) strömlinjeforma; (bildl) strömlinjeforma, rationalisera

stream·lined [ˈstriːmlaɪnd] adj (eg) strömlinjeformad; (bildl) strömlinjeformad, rationaliserad

street [striːt] s gata; **the back ~s** bakgatorna; **he lives in el (Am) on the High Street** han bor på High street; **to be on the ~s** (sakna bostad) stå på gatan, vara hemlös; (vara prostituerad) gå på gatan; **it's right up my ~** (bildl) det passar mig perfekt; **to be ~s ahead of sb** (vard) ligga mil före ngn; **~ arab** gatpojke; **~ cleaner** gatsopare, renhållningsarbetare; **~ door** ytterdörr; **~ lamp** gatlykta; **~ lighting** gatubelysning; **~ market** (gatu)marknad; **~ musician** gatumusikant; **~ plan** stadskarta; **~ theatre** gatuteater

street·car [ˈstriːtkɑːr] s (Am) spårvagn

street·walker [ˈstriːtˌwɔːkər] s (prostituerad) gatflicka

strength [streŋθ] s **(a)** (i allm) styrka; (hos person) styrka, kraft; (hos material) styrka, hållfasthet; **you'll soon get your ~ back** du får snart tillbaka dina krafter; **~ of character/mind** karaktärsstyrka/andlig styrka; **on the ~ of...** med stöd av..., i kraft av...; **to go from ~ to ~** gå från klarhet till klarhet, bara gå uppåt/framåt **(b)** (Mil etc) styrka, numerär; **to be at full ~** vara fulltalig, vara full styrka; **to be below ~** vara underbemannad, inte vara full styrka; **they came in ~** det kom många/massor av dem

strength·en [ˈstreŋθən] **1** vt (person) stärka, styrka; (muskler) stärka; (byggnad) stärka, förstärka; (ekonomi) stärka; (beslutsamhet) styrka **2** vi (ekonomi, valuta) bli starkare; (vind) bli starkare, växa i styrka; (beslutsamhet) styrkas

strenu·ous [ˈstrenjuəs] adj (arbete etc) ansträngande; (motstånd) ihärdig; (person) energisk

stress [stres] **1** s **(a)** (i allm) tryck, påfrestning; (Tekn) spänning, tryck, belastning; (Psyk) stress; **to be under ~** vara pressad/stressad; **in times of ~** när man är stressad; **the ~es and strains of**

modern life det moderna livets påfrestningar **(b)** (Språkv) betoning, tryck; (bildl) tonvikt, vikt, eftertryck; **to lay great ~ on sth** kraftigt betona/framhålla ngt, lägga stor vikt vid ngt **2** vt (Språkv) betona, lägga tonvikten på; (bildl) framhålla, betona, understryka

stressed [strest] adj (Språkv) betonad, tryckstark

stress·ful [ˈstresfʊl] adj (arbete) stressande

stretch [stretʃ] **1** s **(a)** (egenskap) elasticitet, töjbarhet; (handling) sträckning, töjning; **to have a ~** (person) sträcka på sig; **to be at full ~** (person: eg) sträcka sig så högt man kan; (: bildl) arbeta för fullt; **by no ~ of the imagination** hur man än anstränger fantasin; **~ marks** (efter graviditet) graviditetsstrimmor, striae spec) **(b)** (del av väg, flod etc) sträcka; (del av landskap etc) trakt; (om tid) period, tid; **a beautiful ~ of countryside** ett stycke vacker natur; **for a long ~ it runs between...** den går en lång sträcka mellan...; **for 3 days at a ~** 3 dagar i rad **2** vt **(a)** (gummiband etc) dra ut, tänja ut; (rep etc) spänna; (tröja) töja ut; (lakan) sträcka; (filt) bre ut; **to ~ one's legs** sträcka på benen; **to ~ oneself** sträcka på sig **(b)** (resurser) tänja på; (måltid) dra ut på **(c)** (betydelse) tänja på, bredda; (sanning) tumma på; (lag) tänja på; **to ~ a point** hårdra en tolkning/ett argument **(d)** (idrottsman, student etc) låta arbeta hårt, köra med; **he ~ed me to my limits** han fick mig att anstränga mig till mitt yttersta **3** vi (person: efter sömn etc) sträcka på sig; (: för att nå ngt) sträcka sig; (material) gå att töja ut/sträcka; (plagg) töja (ut) sig; (landskap) breda ut sig; **to ~ (to)** (landskap etc) sträcka sig (till); (makt etc) sträcka sig (till); (pengar, mat) räcka (till)

♦ **stretch out** **1** vt + adv (arm, ben) sträcka ut; (rep) sträcka, spänna; (nät, filt) bre ut; (bildl: diskussion) förlänga, dra ut på **2** vi + adv (person: för att nå ngt) sträcka sig; (: lägga sig) sträcka ut sig; (landskap) bre ut sig; **a life of poverty ~ed outbefore him** han såg ett liv i fattigdom framför sig

stretch·er [ˈstretʃər] s (Med) bår

strew [struː] vt (imperf **strewed**, perf part **strewed** el **strewn** [struːn]) vt (papper, sand, halm) strö (ut); (mark, bord etc) beströ; **to ~ one's belongings about the room** strö sina tillhörigheter omkring sig i rummet

strick·en [ˈstrɪkən] **1** (åld) perf part av **strike 2** adj (i allm) olycksdrabbad; (blick, röst) bedrövad; (fartyg etc) skadad; **she was ~ with remorse** hon var full av ånger

strict [strɪkt] adj (-er, -est) **(a)** (person) sträng **(b)** (order) sträng; (regel, disciplin) hård, rigorös **(c)** (betydelse) exakt, strikt; (diskretion) absolut, strikt; **in the ~ sense of the word** i ordets strikta/egentliga bemärkelse; **in ~ confidence** i största förtroende

strict·ly [ˈstrɪktlɪ] adv **(a)** (uppfostra etc) strängt; **she was ~ brought up** hon blev/är strängt uppfostrad **(b)** (förbjudet) strängt; **it is ~ forbidden to do that** det är strängt förbjudet att göra det **(c)**: **~ speaking** strängt talat; **that is ~ between ourselves...** det här stannar oss emellan...

strict·ness [ˈstrɪktnɪs] s (i uppfostran etc) stränghet; (i betydelse etc) exakthet

stric·ture [ˈstrɪktʃər] s **(a)** (vanl pl): **~s** kritik **(b)** (Med) förträngning

stride [straɪd] (v: imperf **strode**, perf part **stridden** [ˈstrɪdn]) **1** s (långt) steg, kliv; **to get into one's ~** (bildl) komma igång (ordentligt); **to take sth in one's ~** (bildl) inte tappa fattningen, inte låta ngt bringa en ur fattningen **2** vi stega, kliva, gå

med långa steg; **to ~ over sth** kliva över ngt
stri·dent ['straɪdənt] *adj (ljud)* genomträngande;
(röst) gäll; *(protest)* högröstad
strife [straɪf] *s* missämja, stridighet; **industrial ~**
arbetsmarknadskonflikter; **political ~** politiska
stridigheter
strike [straɪk] *(v: imperf, perf part* **struck) 1**
s **(a)** *(på arbetsplats)* strejk; **to go on ~** gå (ut) i
strejk, strejka; **~ fund** strejkkassa; **~ notice**
strejkvarsel; **~ pay** strejkunderstöd
  (b) *(av olja, guld)* fynd; **to make a ~** göra ett
fynd; *(bildl)* göra succé
  (c) *(Baseball)* godkänt kast *som slagmannen
missar; (Bowling)* strike
  (d) *(Mil: i sht Flyg)* angrepp, räd
  2 *vt* **(a)** *(i allm)* slå; *(sträng)* slå an; *(om projektil: mål)* träffa; **he struck the ball** han slog till
bollen; **the bullet struck the wall** kulan slog in i
väggen; **the stone struck him on the forehead**
stenen träffade honom i pannan; **the president
was struck by two bullets** presidenten träffades
av två kulor; **the clock struck the hour** klockan
slog jämn timme; **to be struck by lightning** träffas av blixten
  (b) *(oavsiktligt: om bil etc: lyktstolpe etc)* törna/
köra emot; *(: om person: dörr etc)* törna/stöta
emot; *(: svårigheter)* stöta på; *(om olyckor etc:
person)* drabba; **he struck his head on the corner
of the table** han slog huvudet i bordskanten; **a
ghastly sight struck our eyes** en otäck syn mötte
våra ögon; **disaster struck us** en katastrof drabbade oss
  (c) *(mynt)* prägla; *(överenskommelse)* nå, komma fram till; **to ~ a light/match** stryka eld på *el*
tända en tändsticka; **to ~ sparks from sth** *(eg,
bildl)* få det att slå gnistor om ngt; **to ~ an
attitude** inta en attityd/pose; **to ~ a balance**
(bildl) uppnå (en) balans; **to ~ a bargain** komma
överens, nå en uppgörelse; **to be struck dumb** bli
förstummad; **to ~ terror into sb's heart** fylla
någon med skräck
  (d) *(om idé, tanke etc)* slå; **the thought/it ~s
me that...** tanken/det slår mig att...; **it ~s me as
being most unlikely** det förefaller mig högst
otroligt; **how did it ~ you?** vad tyckte du om det?;
I'm not much struck (with him) jag är inte
särskilt förtjust (i honom)
  (e) *(guld, olja)* hitta, träffa på; **he struck it rich**
han kom plötsligt på grön kvist, han blev
plötsligt rik
  (f) *(perf part äv:* **stricken)** *(på lista, ur protokoll)* stryka; **his name was struck from/off the
list** hans namn ströks från listan
  3 *vi* **(a)** *(Mil etc)* anfalla, slå till; *(sjukdom,
olycka)* slå till; **now is the time to ~** nu är rätta
tiden att slå till; **this ~s at our very existence**
detta hotar själva vår existens; *se äv* **home 3, iron
1**
  (b) *(klocka)* slå
  (c) *(arbetare)* strejka; **they struck for higher
wages** de strejkade för högre löner
  (d): to ~ on an idea komma på en idé
♦ **strike back** *vi + adv (Mil, bildl)* slå tillbaka
♦ **strike down** *vt + adv (om sjukdom: person)* drabba; *(person: till marken)* slå ner; **he was struck
down in his prime** han rycktes bort i sina bästa år
♦ **strike off** *vt + adv (namn: från lista)* stryka;
(läkare) fråntа legitimationen
♦ **strike out 1** *vt + adv (text)* stryka/kryssa
över **2** *vi + adv* **(a)** *(med handen etc):* **to ~ out
(at)** måtta ett slag (mot) **(b)** *(i allm)* sätta/sticka
iväg *(for* mot); **he leapt off the boat and struck
out for the shore** han hoppade från båten och
simmade i full fart mot land; **to ~ out on one's
own** *(bildl: i allm)* gå sin egen väg; *(: i affärer)*

öppna eget
♦ **strike up 1** *vt + adv* **(a)** *(bekantskap, samtal)*
inleda **(b)** *(melodi)* ta upp **2** *vi + adv (orkester)*
spela upp
strike·breaker ['straɪkˌbreɪkə'] *s* strejkbrytare
strik·er ['straɪkə'] *s (vid strejk)* strejkande; *(Sport)*
forward, anfallsspelare
strik·ing ['straɪkɪŋ] *adj (kvinna)* frappant, tilldragande; *(skönhet)* slående; *(skillnad, likhet, exempel)* slående, markant; **it is ~ that...** det är
påfallande att...
strik·ing·ly ['straɪkɪŋlɪ] *adv* påfallande
string [strɪŋ] *(v: imperf, perf part* **strung) 1** *s* **(a)**
(i allm) snöre; *(till marionett)* tråd; **piece of ~**
snöre, snörstump; **to pull the ~s** hålla i trådarna;
to pull ~s använda sitt inflytande; **with no ~s
attached** utan villkor/förbehåll; **~ bean**
(Am) skärböna **(b)** *(Mus)* sträng; *(Sport)* sträng;
the ~s *(Mus: i symfoniorkester)* stråkinstrumenten, stråkarna; **~ instruments** *(i allm)* stränginstrument; **~ quartet** stråkkvartett **(c)** *(av
pärlor etc)* halsband; *(av lök)* lökfläta; *(bildl: av
bilar, människor)* rad; *(av ord)* ramsa; *(av händelser)* följd, kedja; *(Språkv, Data: av tecken/ord)*
sträng **2** *vt (pärlor etc)* trä (upp) (på snöre/
tråd); *(instrument, racket)* stränga; **he can't even
~ two sentences together** han kan inte ens sätta
ihop två meningar
♦ **string along 1** *vt + adv (vard)* lura med falska
föreSpeglingar (för att vinna tid) **2** *vi + adv:* **to
~ along with sb** *(vard)* hänga med ngn
♦ **string out** *vt + adv:* **to be strung out behind
sb/along sth** vara utspridd bakom ngn/längs ngt
stringed [strɪŋd] *adj (instrument)* sträng-, strängad
strin·gen·cy ['strɪndʒənsɪ] *s (i åtgärd etc)* stränghet, skärpa; *(i prov etc)* noggrannhet; *(Ekon)* åtstramning; *(i resonemang)* stringens
strin·gent ['strɪndʒənt] *adj (åtgärd)* sträng, drastisk; *(prov)* noggrann; *(Ekon)* kärv, stram; *(resonemang)* stringent; **~ rules** stränga regler
strip [strɪp] **1** *s (i allm)* remsa; *(av mark)* remsa,
stycke; *(av metall)* remsa, list; *(Flyg)* landningsbana; *(Sport: vard)* (klubb)dräkt; **~ cartoon** *(Brit)*
tecknad serie; **~ light** lysrör; **~ mining** *(Gruv: i
sht Am)* dagbrytning **2** *vt* **(a)** *(person)* klä av;
(säng) riva av sängkläderna från; *(vägg)* skrapa
(av/ren); *(bärbuske)* plocka ren; **to ~ sb/sth of sth**
plundra ngn/ngt på ngt, beröva ngn/ngt
ngt; **(b)** *(Tekn: motor)* demontera, plocka isär;
(: kugghjul) förstöra, slita ner **3** *vi (person: hos
läkare etc)* klä av sig; *(: på scen)* strippa, dansa
striptease; **to ~ to the waist** klä av sig på
överkroppen
stripe [straɪp] *s (i allm)* rand; *(mönster)* randning;
(på uniform) streck
striped [straɪpt] *adj* randig
strip·per ['strɪpə'] *s (vard)* strippa, stripteasedansös
strip·tease ['strɪptiːz] *s* striptease
strive [straɪv] *imperf* **strove,** *perf part* **striven**
['strɪvn] *vi* sträva; **to ~ after/for sth** sträva efter
ngt; **to ~ to do sth** anstränga sig för att göra ngt
strode [strəʊd] *perf part av* **stride**
stroke [strəʊk] **1** *s* **(a)** *(med hand, hammare etc)*
slag; *(med svärd)* hugg; **at a ~/at one ~** *(eg)* med
ett enda slag; *(bildl)* i ett slag, med ens **(b)** *(öm,
kärleksfull etc)* smekning, strykning **(c)** *(Cricket, Golf, Tennis)* slag; *(Rodd)* (år)tag; *(Simning:
rörelse)* (sim)tag; *(: bröstsim, fjärilsim etc)* simsätt; **he hasn't done a ~ of work** han har inte
gjort ett handtag; **~ of genius** snilleblixt; **~ of
luck** lyckträff; **what a ~ of luck!** vilken
tur! **(d)** *(från klocka)* slag; **on the ~ of 12** på
slaget 12 **(e)** *(Tekn)* kolvslag; **two-~ engine**
tvåtaktsmotor **(f)** *(Med)* slag(anfall), stroke;

have a ~ få ett slaganfall **(g)** *(med penna)* penndrag; *(med pensel)* penseldrag **2** *vt (katt, ngns hår)* smeka, stryka med handen över

stroll [strəʊl] **1** *s* promenad; **to go for a** ~, **to have/take a** ~ ta en promenad **2** *vi (i allm)* promenera; *(i stad)* flanera; *(på landet)* ströva

stroll·er [ˈstrəʊlə'] *s (Am: för barn)* sittvagn

strong [strɒŋ] **1** *adj* **(-er, -est)** *(i allm)* stark; *(fysik)* stark, kraftig; *(karaktär)* fast; *(tänder)* bra; *(bord)* stadig, kraftig; *(sko)* kraftig; *(tyg)* stark; *(magnet, vind, ström)* stark, kraftig; *(inflytande)* stor; *(land, valuta)* stark, stabil; *(argument, bevis, kandidat)* stark, övertygande; *(tro, övertygelse)* fast, bestämd; *(protest, stöd)* kraftig, stark; *(anhängare)* varm; *(ljus, lukt)* stark, skarp; *(likhet)* stor, markant; *(sannolikhet)* stor; *(dialekt)* kraftig; **to have a** ~ **stomach** *(bildl)* tåla mycket; ~ **language** *(svordomar)* grovt språk; *(kritiska åsikter)* fräna formuleringar; **he's not very** ~ **on grammar** han är inte särskilt stark i/bra på grammatik; **geography was never my** ~ **point** geografi har aldrig varit min starka sida; **they are 20** ~ de är 20 man (starka); **there's a** ~ **possibility that…** det är mycket möjligt att… **2** *adv:* **still going** ~ still going strong

strong-arm [ˈstrɒŋɑːm] *adj (metoder etc)* våldsstrong·**box** [ˈstrɒŋbɒks] *s (mindre)* kassaskrin; *(större)* kassaskåp

strong·hold [ˈstrɒŋhəʊld] *s (eg)* fäste, borg, fort; *(bildl)* fäste, högborg; **a** ~ **of Communism** kommunismens högborg; **the last** ~ **of sth** ngts sista fäste

strong·ly [ˈstrɒŋlɪ] *adv (byggd: person)* kraftigt; *(: hus)* stabilt; *(frestad, påverkad)* starkt; *(protestera)* kraftigt, livligt, på det bestämdaste; *(tro)* absolut; *(misstänka)* starkt; *(likna)* i hög grad; **a** ~ **worded letter** ett brev i skarpa ordalag

strong·room [ˈstrɒŋrʊm] *s* kassa-/bank\valv

strong-willed [ˈstrɒŋˈwɪld] *adj* viljestark, bestämd (av sig)

stron·tium [ˈstrɒntɪəm] *s (Kem)* strontium

strove [strəʊv] *perf part av* **strive**

struck [strʌk] *imperf, perf part av* **strike**

struc·tur·al [ˈstrʌktʃərəl] *adj (i allm)* strukturell; *(Tekn)* konstruktions-, byggnads-; ~ **engineering** byggnadsteknik; ~ **linguistics** strukturalistisk lingvistik, strukturalism

struc·tur·al·ism [ˈstrʌktʃərəˌlɪzəm] *s* strukturalism

struc·ture [ˈstrʌktʃə'] **1** *s (abstr)* struktur, uppbyggnad; *(konkr)* byggnad, konstruktion **2** *vt (uppsats, idéer)* organisera, strukturera

strug·gle [ˈstrʌgl] **1** *s* strid, kamp; *(bildl: ansträngning)* kamp; **to put up a** ~ göra motstånd; **the** ~ **for survival** kampen för att överleva **2** *vi* strida, kämpa; **to** ~ **to get sth ready** kämpa för att få ngt klart; **to** ~ **with language/a problem** brottas med språket/med ett problem; **to** ~ **to one's feet** resa sig mödosamt

strum [strʌm] *vt (gitarr etc)* knäppa på

strum·pet [ˈstrʌmpɪt] *s (åld, skämts)* sköka, slinka

strung [strʌŋ] *imperf, perf part av* **string**; *se äv* **highly**

strut[1] [strʌt] *vi* svassa, gå och kråma sig; **to** ~ **into a room** komma invassande i ett rum

strut[2] [strʌt] *s (Tekn)* stötta, stag

strych·nine [ˈstrɪkniːn] *s (Kem)* stryknin

stub [stʌb] **1** *s (av ljus, penna etc)* stump; *(av cigarett)* fimp; *(av träd)* stubbe; *(i checkhäfte etc)* talong, stam **2** *vt:* **to** ~ **one's toe (on sth)** stöta tån (mot ngt); **to** ~ **out a cigarette** fimpa en cigarett

stub·ble [ˈstʌbl] *s (av säd etc)* stubb; *(i ansiktet)* skäggstubb

stub·born [ˈstʌbən] *adj (i allm)* envis halsstarrig;

(barn) trilsk; *(motstånd)* hårdnackad; *(bildl: problem etc)* besvärlig

stub·born·ness [ˈstʌbənnɪs] *s* envishet, halsstarrighet

stuc·co [ˈstʌkəʊ] *s (material)* stuck; *(dekoration)* stuckatur

stuck [stʌk] *imperf, perf part av* **stick**

stuck-up [ˌstʌkˈʌp] *adj (vard)* mallig, uppblåst

stud[1] [stʌd] **1** *s (slags spik)* stift; *(på sportsko)* dobb; *(i krage)* kragknapp; *(i skjorta)* skjortknapp; *(i bildäck)* dubb **2** *vt (eg)* pryda/ besätta med stift; *(bildl)* översålla, späcka; ~**ded tyres** dubbdäck

stud[2] [stʌd] *s (hästar)* avelsbesättning; *(= ~ farm)* stuteri; *(= ~ horse)* avelshingst

stu·dent [ˈstjuːdənt] *s (Skol)* elev; *(Univ)* student, studerande; **a law/medical** ~ en juridik-/medicin\studerande; **a** ~ **of nuclear physics/literary history** *(äv)* en forskare i kärnfysik/litteraturhistoria; ~ **driver** *(Am Motor)* person som håller på att ta körkort; ~ **teacher** lärarkandidat; ~**s' union** *(organisation)* studentkår; *(byggnad)* kårhus

stud·ied [ˈstʌdɪd] *adj (lugn, enkelhet)* utstuderad; *(förolämpning)* medveten; *(pose, stil)* utstuderad, tillgjord

stu·dio [ˈstjuːdɪəʊ] *s (TV, Film etc)* studio; *(konstnärs)* ateljé; ~ **flat**, ~ **apartment** enrumslägenhet, etta

stu·di·ous [ˈstjuːdɪəs] *adj (person)* flitig (i sina studier); *(uppmärksamhet)* noggrann, minutiös

study [ˈstʌdɪ] **1** *s (i allm)* studier; *(av text, bevis etc)* studium, genomgång; *(bok)* studie, undersökning, *(Konst, Foto)* studie; *(rum)* arbetsrum; **to make a** ~ **of sth** studera/undersöka ngt; **his face was a** ~ *(bildl)* du skulle sett hans min **2** *vt (i allm)* studera, undersöka; *(som student)* studera, läsa; *(bevis)* granska **3** *vi (i allm)* studera; **she's** ~**ing to be a doctor** hon studerar/ läser till läkare; **to** ~ **for an exam** läsa/studera till ett prov

stuff [stʌf] **1** *s* **(a)** *(i allm)* material, ämne; *(bildl)* sak(er); **what's this red** ~? vad är det här röda för något?; **there is some good** ~ **in that book** det finns en del bra saker i den där boken; **do you call this** ~ **beer?** kallar du det här öl?; **I can't read his** ~ jag kan inte läsa det han skriver **(b)** *(vard: bagage, utrustning)* grejor, prylar; **he leaves his** ~ **scattered about** han låter sina grejor ligga framme (och skräpa) **(c)** *(i text, tal)* dumheter, struntprat, smörja; **all that** ~ **about her marrying** allt det där struntpratet om att hon ska gifta sig **(d): to do one's** ~ *(vard)* göra det som förväntas av en; **he certainly knows his** ~ *(vard)* han kan verkligen sin sak **2** *vt (behållare)* stoppa/proppa full; *(kudde, leksak)* stoppa; *(föremål: i väska etc)* stoppa/köra ner; *(Matl: fågel etc)* fylla, färsera; *(djur)* stoppa upp; **he** ~**ed it into his pocket** han körde/stack ner den i fickan; **my nose is** ~**ed up** jag är täppt i näsan; **get** ~**ed!** *(vard)* dra åt skogen!; **to** ~ **oneself (with food)** proppa i sig (mat)

stuff·ing [ˈstʌfɪŋ] *s (i kudde etc)* stoppning; *(Matl)* fyllning

stuffy [ˈstʌfɪ] *adj* **(-ier, -iest)** **(a)** *(rum, luft)* instängd, kvav **(b)** *(person)* inskränkt, gammalmodig

stul·ti·fy [ˈstʌltɪfaɪ] *vt (person, sinne)* förslöa, försoffa; *(ansträngning)* förlöjliga, motverka

stum·ble [ˈstʌmbl] *vi (i allm)* snubbla, snava; *(i talet)* staka sig, snubbla över orden; **to** ~ **against sth** snubbla mot ngt; **to** ~ **on/across sb** *(bildl)* råka stöta på ngn; **to** ~ **on/across sth** råka stöta på el hitta ngt

stum·bling [ˈstʌmblɪŋ] *s* snubbling, snubblande; ~

block stötesten, hinder
stump [stʌmp] **1** s *(penna, svans etc)* stump; *(av träd)* stubbe; *(Cricket)* grindpinne; ~s *(vard: ben)* påkar **2** *vt (eg)* stympa, hugga av; *(Cricket: slagman)* slå ut; *(bildl)* förbrylla; **to be** ~**ed for an answer** inte veta vad man ska svara, vara svarslös **3** *vi (gå)* klampa, stövla; *(i sht Am)* hålla valtal
♦ **stump up 1** *vt + adv (vard: pengar)* punga ut med, hosta upp **2** *vi + adv (vard)* pröjsa, betala
stun [stʌn] *vt (om slag: person)* bedöva; *(om nyhet etc: person)* slå med häpnad, chocka; **I was** ~**ned by the beautyof the countryside** jag var som bedövad av landskapets skönhet
stung [stʌŋ] *imperf, perf part av* **sting**
stunk [stʌŋk] *perf part av* **stink**
stun·ning ['stʌnɪŋ] *adj (slag)* bedövande; *(nyhet etc)* förbluffande; *(skönhet)* fantastisk; *(vard: klänning, kvinna etc)* ursnygg
stunt[1] [stʌnt] *vt (träd)* hämma i växten; *(barn)* hämma i utvecklingen
stunt[2] [stʌnt] s *(i film etc)* (farligt) trick; *(Handel)* jippo, reklamtrick; **it's just a** ~ **to get your money** det är bara ett trick för att komma åt dina pengar
stunt·ed ['stʌntɪd] *adj (träd)* förkrympt, dvärg-
stunt·man ['stʌnt,mæn] s, *pl* -**men** stuntman
stu·pefac·tion [,stju:pɪ'fækʃən] s *(av slag etc)* bedövning; *(av nyhet etc)* häpnad, förundran
stu·pefy ['stju:pɪfaɪ] *vt (om trötthet, alkohol)* bedöva, göra omtöcknad; *(om nyhet etc)* förundra, slå med häpnad
stu·pen·dous [stju:'pendəs] *adj (vard)* otrolig, enorm, förbluffande
stu·pid ['stju:pɪd] **1** *adj (person: ointelligent)* dum, obegåvad; *(: oklok)* dum; *(handling)* dum, oövertänkt; *(bok etc)* dum, tråkig; **that was** ~ **of you, that was a** ~ **thing to do** det var dumt av dig (att göra så) **2** s: ~! dummer!, dumbom!
stu·pid·ity [stju:'pɪdɪtɪ] s dumhet, dårskap
stu·por ['stju:pə[r]] s *(eg)* dvala, medvetslöshet; *(bildl)* slöhet, omtöckning
stur·di·ness ['stɜ:dɪnɪs] s *(eg)* robusthet; *(bildl)* fasthet, orubblighet
stur·dy ['stɜ:dɪ] *adj (-ier, -iest) (person, båt, material)* robust, kraftig; *(träd)* härdig; *(bildl: supporter)* ståndaktig; *(motstånd)* orubblig
stur·geon ['stɜ:dʒən] s *(fisk)* stör
stut·ter ['stʌtə[r]] **1** s stamning; **he has a bad** ~ han stammar kraftigt **2** *vt (ord)* stamma fram **3** *vi* stamma
stut·ter·er ['stʌtərə[r]] s stammare
sty [staɪ] s *(eg, bildl)* (svin)stia
sty(e) [staɪ] s *(Med)* vagel
style [staɪl] s *(i allm)* stil; *(Konst)* stil, stilart; **the latest** ~s **in hats** senaste hattmodet; **a coat in the same** ~ en rock av samma modell; **she has** ~ hon har stil; **to live in** ~ leva ståndsmässigt/flott
sty·li ['staɪlaɪ] *pl av* **stylus**
styl·ish ['staɪlɪʃ] *adj* flott, elegant, modern
styl·ist ['staɪlɪst] s *(skribent etc)* stilist; *(Sport)* tekniker; *(Mode)* modeskapare; **hair** ~ *(finare)* hårfrisör(ska)
sty·lis·tic [staɪ'lɪstɪk] *adj* stilistisk, stil-
sty·lis·tics [staɪ'lɪstɪks] *ssg* stilistik
styl·ized ['staɪlaɪzd] *adj* stiliserad
sty·lus ['staɪləs] s, *pl* **styli** ['staɪlaɪ] *el* -**es** *(till grammofon)* nål; *(skrivverktyg)* skrivstift
sty·mie ['staɪmɪ] *vt (plan etc)* hindra, stoppa; **to be** ~**d** sitta illa till
styp·tic ['stɪptɪk] *adj* blodstillande
suave [swɑ:v] *adj* älskvärd, förbindlig
sub [sʌb] **1** s *förk f* **submarine; subscription; substitute 2** *vi förk f* **substitute**
sub- [sʌb] *prefix* under-, sub-

sub·al·tern ['sʌbltən, *(Am)* sə'bɔ:ltən] s *(i allm)* underordnad (tjänsteman); *(Mil)* subaltern
sub-clause ['sʌb,klɔːz] s *förk f* **subordinate clause**
sub·com·mit·tee ['sʌbkə,mɪtɪ] s *(i parlament)* underutskott; *(i allm)* underkommitté
sub·con·scious [,sʌb'kɒnʃəs] **1** *adj* undermedveten **2** s: **the** ~ det undermedvetna
sub·con·scious·ly [,sʌb'kɒnʃəslɪ] *adv* undermedvetet
sub·con·ti·nent [,sʌb'kɒntɪnənt] s subkontinent; **the Indian** ~ den indiska subkontinenten
sub·con·tract [,sʌbkən'trækt] *vt (arbete)* lägga ut (på underleverantörer)
sub·con·trac·tor [,sʌbkən'træktə[r]] s underleverantör
sub·cu·ta·neous [,sʌbkju:'teɪnɪəs] *adj (injektion)* subkutan
sub·di·vide [,sʌbdɪ'vaɪd] *vt (lägenhet etc)* dela upp i mindre enheter; *(Am: tomt)* stycka
sub·di·vi·sion ['sʌbdɪ,vɪʒən] s underavdelning
sub·due [səb'dju:] *vt (fiende)* underkuva, besegra; *(stojande barn etc)* dämpa, lugna ner; *(känslor)* undertrycka, tygla
sub·dued [səb'dju:d] *adj (person)* behärskad, dämpad; *(röst)* dämpad, lågmäld; *(färg)* diskret; *(belysning)* dämpad; **he's very** ~ **these days** han är väldigt dämpad nuförtiden
sub·edi·tor [,sʌb'edɪtə[r]] s *(Tidn)* redaktör, textredigerare
sub·hu·man [,sʌb'hju:mən] *adj (djur etc)* lägre stående; *(behandling etc)* omänsklig
sub·ject ['sʌbdʒɪkt] **1** s **(a)** *(Pol: i land)* medborgare; *(: under kung)* undersåte **(b)** *(Språkv)* subjekt **(c)** *(i samtal)* (samtals)ämne; *(Skol)* ämne; *(för tavla)* motiv; ~ **matter** ämne; **while we're on the** ~ **of money...** när vi ändå är inne på/talar om pengar... **2** *adj* **(a)** *(nation)* underlydande; ~ **state** lydstat **(b): to be** ~ **to** *(person: lagar etc)* lyda under etc, vara underkastad; *(: sjukdom)* ha anlag för/lätt att få; *(: hån)* vara utsatt för; **northbound trains are** ~ **to delays** det kan uppstå förseningar på norrgående linjer; **these prices are** ~ **to change without notice** priserna kan ändras utan föregående meddelande; ..., ~ **to confirmation in writing** ..., vilket skall bekräftas skriftligen **3** [səb'dʒekt] *vt*: **to** ~ **sb to sth** *(i allm)* utsätta ngn för ngt; **to** ~ **sb to a test** låta ngn genomgå ett prov
sub·jec·tion [səb'dʒekʃən] s *(om stat)*: ~ **(to)** beroendeställning (i förhållande till); **to hold a people in** ~ behärska/styra över ett folk
sub·jec·tive [səb'dʒektɪv] *adj* subjektiv
sub·jec·tive·ly [səb'dʒektɪvlɪ] *adv* subjektivt; *(satsadv)* subjektivt sett
sub ju·di·ce [,sʌb'dʒu:dɪsɪ] *adj pred (rättsfall)* uppe till behandling i rätten
sub·ju·gate ['sʌbdʒʊgeɪt] *vt (land, folk)* underkuva
sub·junc·tive [səb'dʒʌŋktɪv] **1** *adj* konjunktiv- **2** s konjunktiv; **in the** ~ i konjunktiv
sub·let [,sʌb'let] *(v: imperf, perf part* **sublet)** **1** *vt*, *vi* hyra ut i andra hand; *(i sht Am vard)* hyra (ngns lägenhet) i andra hand **2** s ['sʌb,let] s *(Am vard)* (våning/fastighet hyrd med) andrahandskontrakt
sub·lieu·ten·ant [,sʌblef'tenənt] s *(Brit Mil: i flottan)* löjtnant
sub·li·mate ['sʌblɪmeɪt] *vt (Psyk)* sublimera
sub·lime [sə'blaɪm] **1** *adj (skönhet)* sublim; *(prestation)* storslagen; *(iron: fräckhet)* häpnadsväckande; *(: likgiltighet)* upphöjd **2** s: **the** ~ det sublima
sub·limi·nal [,sʌb'lɪmɪnl] *adj (Psyk)* undermedveten, subliminal
sub-machine-gun [,sʌbmə'ʃi:ŋgʌn] s kulsprutepistol, kpist

sub·ma·rine ['sʌbməriːn] s ubåt
sub·merge [səb'mɜːdʒ] **1** vt (om föremål: i vätska) sänka ner, doppa; (om flod etc: område) översvämma, sätta under vatten **2** vi (ubåt etc) dyka
sub·mer·sion [səb'mɜːʃən] s (av föremål) nedsänkning, dopp; (av mark) översvämning
sub·mis·sion [səb'mɪʃən] s **(a)** (under härskare etc) underkastelse; (attityd) undergivenhet **(b)** (dokument) ansökan, förslag
sub·mis·sive [səb'mɪsɪv] adj undergiven, ödmjuk
sub·mit [səb'mɪt] **1** vt (förslag, ansökan) lämna in; (plan) presentera; (rapport) avge; I ~ that... jag tillåter mig/skulle vilja påstå att... **2** vi ge efter, ge upp; **to** ~ **to sth** böja sig/ge efter för ngt
sub·nor·mal [,sʌb'nɔːməl] adj (i allm) under det normala; **mentally** ~ underbegåvad, förståndshandikappad
sub·or·di·nate [sə'bɔːdɪnɪt] **1** adj (i allm) underordnad; (anställd) underlydande; **to be** ~ **in rank to sb** ha lägre rang än ngn; **to be** ~ **to sb** vara underordnad ngn, lyda under ngn; ~ **clause** (Språkv) underordnad sats, bisats **2** s (person) underordnad, underlydande **3** [sə'bɔːdɪneɪt] vt underordna (to under), låta komma i andra hand; **subordinating conjunction** underordnande konjunktion
sub·or·di·na·tion [sə'bɔːdɪ'neɪʃən] s underordning
sub·orn [sʌ'bɔːn] vt (i allm) muta, besticka; (Jur) tubba till mened
sub·poe·na [səb'piːnə] **1** s (Jur) stämning **2** vt stämma inför rätta
sub·scribe [səb'skraɪb] vi (tidning) prenumerera (to på); (till insamling) skänka (to till); **to** ~ **to a view/theory** skriva under på el stödja en åsikt/teori
sub·scrib·er [səb'skraɪbə'] s (på tidning) prenumerant; (Tele) telefonabonnent; (till insamling etc) bidragsgivare; (av idé, åsikt) anhängare; (Handel: av aktier) tecknare
sub·scrip·tion [səb'skrɪpʃən] s (avtal: för tidning) prenumeration (to på); (: för biljetter) abonnemang (for på); (avgift: för tidning) prenumerationsavgift; (: för biljetter) abonnemangspris; (: i förening) medlemsavgift
sub·se·quent ['sʌbsɪkwənt] adj efterföljande, påföljande, senare; ~ **to** efter
sub·se·quent·ly ['sʌbsɪkwəntlɪ] adv sedan, senare
sub·ser·vi·ent [səb'sɜːvɪənt] adj (person) underdånig, servil (to mot); (handling) nyttig, gagnelig (to för)
sub·side [səb'saɪd] vi (i allm) avta, minska; (översvämning) sjunka undan, dra sig tillbaka; (mark) sjunka, sätta sig; (vind) avta, lägga sig; (ilska) avta; (skratt) tystna; (vard: person) sjunka ner
sub·sid·ence [səb'saɪdəns] s (av mark) sjunkande, sättning; (av vind) avtagande
sub·sidi·ary [səb'sɪdɪərɪ] **1** adj (i allm) underordnad; (intresse) sido-; (roll) bi-; (Univ: ämne) andra-; (företag) dotter- **2** s (Univ) andraämne; (Handel) dotterföretag
sub·si·dize ['sʌbsɪdaɪz] vt subventionera, ge (stats)understöd till
sub·si·dy ['sʌbsɪdɪ] s subvention, (stats)understöd
sub·sist [səb'sɪst] vi (över)leva, klara sig (on på)
sub·sist·ence [səb'sɪstəns] s uppehälle, levebröd; ~ **here is almost impossible** det är nästan omöjligt att livnära sig här; ~ **allowance** traktamente; ~ **farming** husbehovsodling; ~ **level** existensminimum
sub·stance ['sʌbstəns] s (konkr) ämne, material, massa, substans; (abstr: i tal etc) huvudinnehåll, kontentan; **his speech lacked** ~ hans tal saknade substans/verkligt innehåll; **a woman of** ~ en

välbärgad kvinna
sub·stand·ard [,sʌb'stændəd] adj (i allm) undermålig; (Handel: varor) sekunda; (språk) ovårdad, obildad
sub·stan·tial [səb'stænʃəl] adj **(a)** (hus, bord) stabil, gedigen; (måltid) bastant, stadig; (firma) solid; (person) välbärgad **(b)** (förbättring, höjning) avsevärd, betydande; (vinst, penningsumma) ansenlig, stor **(c)** (bevis, skillnad) påtaglig, konkret
sub·stan·tial·ly [səb'stænʃəlɪ] adv (förbättrad etc) avsevärt, väsentligt; (annorlunda) på avgörande punkter; (överens) i allt väsentligt
sub·stan·ti·ate [səb'stænʃɪeɪt] vt (påstående) bekräfta, styrka
sub·stan·tive ['sʌbstəntɪv] **1** adj **(a)** (egenskap) essentiell; (existens) verklig, självständig; (argument, skäl) övertygande; (grund, basis) solid **(b)** (Språkv) substantivisk **2** s (Språkv) substantiv
sub·sti·tute ['sʌbstɪtjuːt] **1** s (person: i allm) ställföreträdare, ersättare; (: på arbete) vikarie; (: Sport) avbytare; (ämne) ersättning(smedel), surrogat; **there is no** ~ **for...** det finns inget som kan ersätta... **2** vt sätta i stället (for för); **I** ~**d yoghurt for sour cream** jag ersatte gräddfil med yoghurt, jag tog yoghurt i stället för gräddfil **3** vi vikariera (for för)
sub·sti·tu·tion [,sʌbstɪ'tjuːʃən] s utbyte; **the** ~ **of margarine for butter** bytet av smör mot margarin
sub·sume [səb'sjuːm] vt inordna, sammanfatta (under under, in/into i)
sub·ter·fuge ['sʌbtəfjuːdʒ] s undanflykt(er), svepskäl; **to achieve one's ends by** ~ uppnå sina mål på smygvägar
sub·ter·ra·nean [,sʌbtə'reɪnɪən] adj underjordisk
sub·ti·tle ['sʌb,taɪtl] (Film) **1** s (vanl: ~s) text **2** vt texta
sub·tle ['sʌtl] adj **(a)** (skillnad) subtil, hårfin; (ironi) fin; (doft) svag, diskret; (humor) underfundig **(b)** (person, intelligens) skarp, vaken, skarpsinnig **(c)** (plan) förslagen, lömsk
sub·tle·ty ['sʌtltɪ] s (se subtle) **(a)** subtilitet, hårfin distinktion; svaghet; underfundighet **(b)** vakenhet, skarpsinne **(c)** förslagenhet, lömskhet
sub·tly ['sʌtlɪ] adv (dofta) svagt; (skämta) underfundigt; (intrigera) lömskt
sub·to·tal [,sʌb'təʊtl] s delsumma
sub·tract [səb'trækt] vt subtrahera, minska; **to** ~ **5 from 9** minska 5 med 9, dra 5 från 9
sub·trac·tion [səb'trækʃən] s subtraktion
sub·urb ['sʌbɜːb] s förort, förstad, ytterområde
sub·ur·ban [sə'bɜːbən] adj förorts-, förstads-; ~ **trains** pendeltåg, lokaltåg
sub·ur·ban·ite [sə'bɜːbə,naɪt] s förortsbo
sub·ur·bia [sə'bɜːbɪə] s (platser) förorterna, (personer) förortsborna; (abstr) förortslivet
sub·ver·sion [səb'vɜːʃən] s omstörtning
sub·ver·sive [səb'vɜːsɪv] **1** adj (samhälls)omstörtande **2** s samhällsomstörtare
sub·way ['sʌbweɪ] s (Brit) (gång)tunnel; (Am) tunnelbana
sub-zero [,sʌb'zɪərəʊ] adj under noll; ~ **temperatures** temperaturer under noll
suc·ceed [sək'siːd] **1** vi **(a)** (person) lyckas, ha framgång; (plan etc) lyckas; (verksamhet) lyckas, gå bra; ~ **in life** lyckas/ha framgång (här) i livet; **to** ~ **in doing sth** lyckas göra ngt; **to** ~ **in spoiling sth** (iron) lyckas förstöra ngt **(b)** : **to** ~ **to** (ämbete) ärva, överta **2** vt (regent etc) efterträda, komma efter; **to** ~ **sb in a post** efterträda ngn på en post
suc·ceed·ing [sək'siːdɪŋ] adj: **each** ~ **year** varje år

som gick/kommer; **three** ~ **Sundays** tre sön-
dagar i rad, tre på varandra följande söndagar;
~ **generations** generation efter generation
suc·cess [sək'ses] s (i livet) framgång, lycka; (Teat
etc) succé; **he was a great** ~ han hade stor fram-
gång; **the play was a** ~ pjäsen var en succé/gjor-
de succé; **she had no** ~ hon hade ingen
framgång, hon lyckades inte; **he tried without** ~
han försökte utan framgång; **to make a** ~ **of sth**
lyckas (mycket) bra med ngt; **to meet with** ~ ha
framgång
suc·cess·ful [sək'sesfʊl] adj (person: i livet) fram-
gångsrik; (: i verksamhet) framgångsrik, lycko-
sam; (försök, plan) lyckad, framgångsrik; (pjäs)
succé(-), framgångsrik; **to be** ~ **in doing sth**
lyckas göra ngt
suc·ces·sion [sək'seʃən] s **(a)** (av personer, hän-
delser etc) följd, rad; **in** ~ i följd/rad; **the** ~ **of the
seasons** årstidernas växlingar **(b)** (till tron etc)
succession, tronföljd
suc·ces·sive [sək'sesɪv] adj på varandra följande;
it rained on 3 ~ **days** det regnade 3 dagar i följd
suc·ces·sive·ly [sək'sesɪvlɪ] adv (en i taget) i följd,
efter varandra; (kontinuerligt) undan för undan,
successivt
suc·ces·sor [sək'sesər] s efterträdare
suc·cinct [sək'sɪŋkt] adj koncis, kortfattad
suc·cour, (Am) **suc·cor** ['sʌkər] **1** s (hjälp: ur svå-
righet) bistånd; (: ur fara) undsättning **2** vt (hjäl-
pa: ur svårighet) bistå; (: ur fara) undsätta
suc·cu·lent ['sʌkjʊlənt] **1** adj (frukt, köttbit) saf-
tig **2** s (Bot) suckulent
suc·cumb [sə'kʌm] vi (frestelse) ge efter/falla (to
för); (sjukdom) duka under (to för)
such [sʌtʃ] **1** pron fören o självst sådan, dylik
(frm); ~ **a book** en sådan bok; ~ **books** sådana/
den sortens böcker; **books** ~ **as these** böcker
som dessa; **there's no** ~ **thing** något sådant finns/
existerar inte; **there's no** ~ **thing as a unicorn**
det finns inga enhörningar; ~ **a man as you** en
sådan man som du; ~ **writers as Updike, writers**
~ **as Updike** sådana författare som Updike; **I
was in** ~ **a hurry** jag hade så bråttom; **in** ~ **cases**
i sådana fall; ~ **is not the case** (frm) så är icke
fallet; **some** ~ **idea** någonting ditåt/i den vägen;
~ **is life** sånt är livet; **as** ~ som sådan; **this is my
car** ~ **as it is** det här är min bil, sådan den nu
är **2** adv så; ~ **good food** så god mat; ~ **a clever
girl** en så duktig flicka; **it's** ~ **a long time now** det
är så längesedan nu
such-and-such ['sʌtʃənsʌtʃ] adj någon viss; **we
were to meet in** ~ **a place** vi skulle träffas på nåt
ställe
such·like ['sʌtʃlaɪk] **1** pron fören sådan, liknande;
sheep and ~ **animals** får och liknande djur **2**
pron självst sådan, liknande, dylik; **buses and
lorries and** ~ bussar, lastbilar och dylikt
suck [sʌk] **1** vt (karamell, napp, pipa, tumme) suga
på; (dryck) suga i sig; (luft) insupa; (om pump:
vatten, luft etc) suga **2** vi (i allm) suga (on/at på);
(spädbarn på bröst) dia
♦ **suck down** vt + adv (om ström, lera: person etc)
dra ner
♦ **suck in** vt + adv (om maskin: luft etc) suga in; **to**
~ **one's cheeks in** dra in kinderna
♦ **suck up 1** vt + adv (damm, vätska etc) suga
upp **2** vi + adv (vard): **to** ~ **up to sb** fjäska för
ngn
suck·er ['sʌkər] s **(a)** (= rubber ~) sugkopp;
(Zool: i allm) sugorgan; (: på bläckfisk) sug|skål/
-vårta; (: på fisk) sugskiva **(b)** (vard: person)
lättlurad stackare; **he's a** ~ **for a pretty girl** han
är svag för vackra flickor **(c)** (Am: sötsak)
slickepinne; **all day** ~ jätteslickepinne
suck·le ['sʌkl] vt (spädbarn) amma; (djurunge) ge

di, dia
suck·ling ['sʌklɪŋ] s (människa) dibarn; (djur) di-
ande unge
su·crose ['su:krəʊz] s (Kem) rörsocker, sackaros
suc·tion ['sʌkʃən] s (handling) sugning; (kraft)
sugkraft, sug; ~ **pump** sugpump
Su·dan [su:'dɑ:n, (i sht Am) su:'dæn] s: **(the)** ~
Sudan
Su·da·nese [ˌsu:də'ni:z] **1** adj sudanesisk **2** s
sudanes
sud·den ['sʌdn] adj (i allm) plötslig; (rörelse) häf-
tig; (död) bråd; **that's rather** ~ (förvånat) det kom
(då) oväntat; **all of a** ~ plötsligt; ~ **death** (Sport)
sudden death
sud·den·ly ['sʌdnlɪ] adv plötsligt, med ens
sud·den·ness ['sʌdnnɪs] s (i allm) plötslighet; **the** ~
of their marriage deras plötsliga/brådstörtade
giftermål
suds [sʌdz] spl (på vattenyta) tvållödder; (vätska)
tvålvatten
sue [su:] **1** vt (Jur) stämma; **to** ~ **sb for damages**
begära skadestånd av ngn **2** vi (Jur: i allm) in-
leda process, processa; (: mot person/företag)
väcka åtal; **to** ~ **for divorce** begära skilsmässa
suede [sweɪd] s (skinn) mocka; ~ **jacket/gloves**
mocka|jacka/-handskar
suet ['sʊɪt] s (Matl) njurtalg
Suez ['su:ɪz] s: **the** ~ **Canal** Suezkanalen
suf·fer ['sʌfər] **1** vt **(a)** (smärta) ha, genomlida;
(orätt) lida; (svårighet) utstå, drabbas av; (för-
ändring) genomgå; (nedgång, förlust) drabbas
av **(b)** (fräckhet) tåla, finna sig i; **she doesn't** ~
fools gladly hon har inget tålamod med dum-
bommar **2** vi (i allm) lida; (fysiskt) lida, plågas,
ha ont; (bildl) bli lidande, lida avbräck; (: arbete)
bli lidande; (: hälsa) ta skada; (: stad) drabbas
hårt; (: regemente) lida (stora) förluster; **to** ~
from an illness lida av en sjukdom; **to** ~ **from the
effects of a fall** lida av sviterna efter ett fall; **the
house is** ~**ing from neglect** huset är illa under-
hållet; **to** ~ **for one's sins** lida för sina synders
skull; **you'll** ~ **for it!** det ska du få sota för!
suf·fer·able ['sʌfərəbəl] adj dräglig, uthärdlig
suf·fer·ance ['sʌfərəns] s: **on** ~ på nåder
suf·fer·er ['sʌfərər] s (i allm) lidande/drabbad
(person); (Med): ~ **from...** person som lider av...
suf·fer·ing ['sʌfərɪŋ] s lidande
suf·fice [sə'faɪs] (frm) **1** vi räcka (till), vara
nog **2** vi: **to say...** vare det nog sagt att...
suf·fi·cien·cy [sə'fɪʃənsɪ] s (abstr) tillräcklighet;
(konkr) tillräcklig mängd
suf·fi·cient [sə'fɪʃənt] adj tillräcklig (for för); ~
money tillräckligt mycket/med pengar; ~ **to eat**
tillräckligt att äta; **thank you, that's** ~ tack, det
räcker
suf·fi·cient·ly [sə'fɪʃəntlɪ] adv tillräckligt, nog
suf·fix ['sʌfɪks] s (Språkv) suffix, ändelse
suf·fo·cate ['sʌfəkeɪt] **1** vt (eg, bildl) kväva **2** vi
(eg, bildl) kvävas; (av ilska) storkna
suf·fo·ca·ting ['sʌfəkeɪtɪŋ] adj (rök) kvävande;
(hetta, atmosfär) kvav
suf·fo·ca·tion [ˌsʌfə'keɪʃən] s kvävning
suf·frage ['sʌfrɪdʒ] s (rättighet) rösträtt; (handling)
röstning; **female/universal** ~ kvinnlig/allmän
rösträtt
suf·fra·gette [ˌsʌfrə'dʒet] s suffragett, kvinnlig
rösträttskämpe
suf·fuse [sə'fju:z] vt (vanl pass: med ljus, färg) över-
gjuta; (: ansikte: med glädje) fylla; **the room was**
~**d with light** rummet badade i ljus
sug·ar ['ʃʊgər] **1** s (eg) socker; (bildl: i tilltal) söt-
nos; ~ **basin** (Brit) sockerskål; ~ **beet** socker-
beta; ~ **bowl** sockerskål; ~ **candy** (Brit)
kandisocker, (Am) sötsaker, godis; ~ **cane** soc-
kerrör; ~ **daddy** (vard) äldre rik älskare; ~ **loaf**

sockertopp; ~ **maple** sockerlönn; ~ **plantation** sockerplantage; ~ **refinery** socker|bruk/-raffinaderi **2** vt (i allm) sockra; **to** ~ **the pill** (bildl) göra ngt lättare att svälja

sugar-coated [ˈʃʊgəˌkəʊtɪd] adj (sötsak) dragerad

sug·ared [ˈʃʊgəd] adj: ~ **almonds** dragerade mandlar

sug·ary [ˈʃʊgərɪ] adj (smak) söt, sockrig; (kaffe etc) för söt; (bildl: musik) sötsliskig; (: person) inställsam

sug·gest [səˈdʒest] vt **(a)** (plan, kandidat etc) föreslå; (idé) framkasta; (botemedel) rekommendera **(b)** (stämning, minne) påminna om, väcka associationer till; (förhållande) tyda på; **what does this music** ~ **to you?** vad får den här musiken dig att tänka på?; **his behaviour** ~**s that...** hans uppförande tyder på/vittnar om att...; **this** ~**s that...** detta tyder på att...; **what are you trying to** ~? vad är det du försöker antyda?; **nothing** ~**s itself** jag/vi etc kommer inte på någonting

sug·gest·ible [səˈdʒestɪbl] adj (person) lättpåverkad

sug·ges·tion [səˈdʒestʃən] s **(a)** (i allm) förslag; **if I may make/offer a** ~ om jag får komma med ett förslag; **my** ~ **is that...** mitt förslag är att... **(b)** antydan; **there was no** ~ **of anything like that** det fanns ingen antydan om något sådant; **with just a** ~ **of garlic** med en liten gnutta vitlök

sug·ges·tive [səˈdʒestɪv] adj (föreläsning etc) tankeväckande; (yttrande, gest) tvetydig, oanständig; **to be** ~ **of sth** leda tankarna till ngt

sui·cid·al [ˌsʊɪˈsaɪdl] adj (tendens, tankar) självmords-; (person) benägen för självmord, som går i självmordstankar; (bildl: handling) vansinnig; **it would be** ~ **to...** det vare rena självmordet att...

sui·cide [ˈsʊɪsaɪd] s **(a)** (handling: eg, bildl) självmord; **to commit** ~ begå självmord **(b)** (person) självmördare

suit [suːt] s **(a)** (i allm) dräkt; (för man) kostym; (för kvinna) dräkt; ~ **of armour** rustning **(b)** (Jur) mål, process; **to bring a** ~ **against sb** öppna process mot ngn **(c)** (Kortsp) färg; **to follow** ~ (eg) bekänna/följa färg; (bildl) följa exemplet **2** vt **(a)** anpassa (to till/efter); **to** ~ **one's style to one's audience** anpassa sin stil till publiken; **to be** ~**ed to sth** passa för/till ngt; **they are well** ~**ed (to each other)** de passar bra ihop/för varandra **(b)** (om kläder, tid, arbete) passa; **come when it** ~**s you** kom när det passar (dig); **that** ~**s me fine** det passar (mig) fint **(c): you can't** ~ **everybody** man kan inte göra/vara alla till lags; ~ **yourself whether you do it or not** du får själv bestämma om du ska göra det eller inte; ~ **yourself!** gör som du vill!

suit·abil·ity [ˌsuːtəˈbɪlɪtɪ] s lämplighet

suit·able [ˈsuːtəbl] adj (i allm) passande, lämplig; (klädsel: för visst sällskap) passande; (: för viss väderlek) lämplig; **the most** ~ **man for the job** den man som passar bäst/som är mest lämplig för jobbet; **the film is not** ~ **for children** filmen är olämplig för barn

suit·ably [ˈsuːtəblɪ] adv (klädd etc) lämpligt, passande; **he was** ~ **grateful** han visade en klädsam tacksamhet; **she thanked us** ~ hon tackade oss som hon borde

suit·case [ˈsuːtˌkeɪs] s resväska

suite [swiːt] s (möbler: i allm) möblemang; (: soffa + fåtölj(er)) soffgrupp; (hotellrum etc) svit; (Mus) svit; (personer) svit, följe; **bedroom** ~ sovrumsmöbel

suit·ed [ˈsuːtɪd] adj (i allm) lämplig, passande; **it is** ~ **to this audience** den är anpassad till den här publiken

suit·or [ˈsuːtəʳ] s (Jur) kärande; (ngt åld) friare

sul·fa, sul·fate etc (Am) = sulpha, sulphate etc

sulk [sʌlk] **1** vi tjura, vara sur **2** s: **to have (a fit of) the** ~**s** bli/vara sur, tjura

sulky [ˈsʌlkɪ] adj (-ier, -iest) sur, tjurig, trumpen

sul·len [ˈsʌlən] adj (person, min) surmulen, butter; (röst) vresig; (humör) dyster; (himmel) mörk; (färg) grådaskig, murrig

sul·ly [ˈsʌlɪ] vt (poet) besudla

sul·pha, (Am) sul·fa [ˈsʌlfə] adj (Med) sulfa-

sul·phate, (Am) sul·fate [ˈsʌlfeɪt] s (Kem) sulfat; **copper** ~ kopparsulfat

sul·phide, (Am) sul·fide [ˈsʌlfaɪd] s (Kem) sulfid

sul·phur, (Am) sul·fur [ˈsʌlfəʳ] s (Kem) svavel

sul·phu·ric, (Am) sul·fu·ric [sʌlˈfjʊərɪk] adj: ~ **acid** (Kem) svavelsyra

sul·phur·ous, (Am) sul·fur·ous [ˈsʌlfərəs] adj (Kem) svavelhaltig, svavel-

sul·tan [ˈsʌltən] s (person) sultan

sul·tana [sʌlˈtɑːnə] s (frukt) sultanarussin; (person) sultaninna

sul·try [ˈsʌltrɪ] adj (väder) kvav, tryckande; (kvinna) sensuell, het

sum [sʌm] s (i allm) summa; (Skol) räkne|tal/-uppgift; (pengar) summa, belopp; **lump** ~ klumpsumma; ~ **total, total** ~ totalsumma; **that was the** ~ **(total) of his achievements** det var allt han hade åstadkommit

♦ **sum up 1** vt + adv (i allm) summera, addera ihop; (resonemang etc) sammanfatta; (situation) bilda sig en uppfattning om; **he** ~**med up the situation quickly** han bedömde situationen snabbt **2** vi + adv göra en sammanfattning; **to** ~ **up...** sammanfattningsvis...

sum·ma·rize [ˈsʌməraɪz] vt sammanfatta, göra en resumé av

sum·mary [ˈsʌmərɪ] **1** s sammanfattning, resumé **2** adj (rättegång, behandling) summarisk; (genomläsning) snabb; (rapport) kortfattad

sum·mer [ˈsʌməʳ] **1** s sommar; **in (the)** ~ på sommaren; **in the** ~ **of 1985** sommaren 1985; **a girl of 17** ~**s** en flicka på 17 vårar; **a** ~**'s day** en sommardag; ~ **camp** barnkoloni; ~ **clothing** sommarkläder; ~ **holidays** (sommar)semester; ~ **time** (Brit: förskjuten tid) sommartid **2** vi tillbringa sommaren

summer·house [ˈsʌməhaʊs] s sommar|ställe/-stuga

summer·time [ˈsʌmətaɪm] s (årstid) sommar

sum·mery [ˈsʌmərɪ] adj sommarlik

summing-up [ˌsʌmɪŋˈʌp] s (Jur) sammanfattning (av mål)

sum·mit [ˈsʌmɪt] s (på berg etc) topp, spets; (bildl) höjdpunkt; (Pol: äv: ~ **conference**) toppmöte

sum·mon [ˈsʌmən] vt (underlydande) kalla på, tillkalla; (möte, ledamöter) sammankalla; (hjälp, läkare) tillkalla; (Jur) stämma (in), kalla; **to** ~ **up all one's strength/courage** uppbåda all sin styrka/allt sitt mod

sum·mons [ˈsʌmənz] **1** s (i allm) kallelse; (Jur) stämning; **to serve a** ~ **on sb** (Jur) delge ngn stämning **2** vt (jur) stämma (in), kalla

sump [sʌmp] s (Brit Motor) olje|tråg/-sump

sump·tu·ous [ˈsʌmptjʊəs] adj (palats, kläder) praktfull; (måltid) överdådig, storslagen

sun [sʌn] **1** s sol; **to be out in the** ~ vara ute i solen; **to take the** ~ sola sig; **the** ~ **is shining** solen skiner; **the** ~ **is in my eyes** jag har solen i ögonen; **everything under the** ~ allt mellan himmel och jord; **there's nothing new under the** ~ (ordspr) intet är nytt under solen **2** vt: **to** ~ **oneself** sola (sig)

sun·baked [ˈsʌnˌbeɪkt] adj (mark) förbränd, förtorkad; (vard: strand etc) solstekt

sun·bathe [ˈsʌnbeɪð] vi solbada

sun·beam ['sʌnbiːm] s solstråle

sun·bed ['sʌnbed] s (apparat) solarium

sun·blind ['sʌnblaɪnd] s (i sht Brit: i fönster) jalusi; (: utanför fönster) markis

sun·bonnet ['sʌnbɒnɪt] s (i sht för barn) solhatt

sun·burn ['sʌnbɜːn] s (färg) solbränna; (skada) solsveda

sun·burnt ['sʌnbɜːnt] adj (med brun hudfärg) solbränd, brunbränd; (med sveda) bränd/svedd av solen

sun·dae ['sʌndeɪ] s (Matl) glasscoupe med frukt, nötter, grädde etc, sundae

Sun·day ['sʌndɪ] s söndag; **in one's ~ best** (klädd) i sina bästa kläder; **~ school** söndagsskola; se äv **Tuesday**

sun·deck ['sʌndek] s (Sjö) soldäck; (på hus) solaltan, soldäck

sun·der ['sʌndəʳ] vt (åld, litt) söndra

sun·dial ['sʌndaɪəl] s solur

sun·down ['sʌndaʊn] s solnedgång

sun·downer ['sʌnˌdaʊnəʳ] s (Brit vard) kvällsdrink

sun-drenched ['sʌndrentʃt] adj (strand etc) soldränkt

sun·dry ['sʌndrɪ] **1** adj (föremål) diverse, flera; (tidpunkter) flera; **all and ~** alla och envar **2** spl **sundries** (Handel: utgifter, artiklar) diverse

sun·flower ['sʌnˌflaʊəʳ] s (Bot) solros

sung [sʌŋ] perf part av **sing**

sun·glasses ['sʌnˌglɑːsɪz] spl solglasögon

sun·helmet ['sʌnˌhelmɪt] s tropikhjälm

sunk [sʌŋk] perf part av **sink**

sunk·en ['sʌŋkən] adj (fartyg) sjunken; (badkar, rum) nedsänkt; (ögon, kinder) insjunken

sun·lamp ['sʌnlæmp] s sollampa

sun·less ['sʌnlɪs] adj (eg) sollös, utan solljus, mörk; (bildl) dyster

sun·light ['sʌnlaɪt] s solljus; **in the ~** i solljuset/solen

sun·lit ['sʌnlɪt] adj solbelyst, solig

sun·ny ['sʌnɪ] adj (-ier, -iest) **(a)** (rum etc) solig, solbelyst; (dag) solig; **it is ~** det är soligt, solen skiner; **Nice is sunnier than Manchester** Nice har mer sol än Manchester **(b)** (bildl: person) solig, gladlynt; (: leende, humör) solig, glad

sunny-side up ['sʌnɪsaɪd'ʌp] adj (ägg) stekt bara på ena sidan

sun·rise ['sʌnraɪs] s soluppgång; **at ~** vid soluppgången

sun·roof ['sʌnruːf] s (på hustak) solaltan; (på bil) soltak

sun·set ['sʌnset] s solnedgång; **at ~** vid solnedgången

sun·shade ['sʌnʃeɪd] s (bärbar) parasoll; (över skyltfönster) markis

sun·shine ['sʌnʃaɪn] s solsken; **hours of ~** (Meteorologi) soltimmar; **~ roof** (på bil) soltak

sun·spot ['sʌnspɒt] s (Astron) solfläck; (vard) soligt ställe

sun·stroke ['sʌnstrəʊk] s solsting

sun·tan ['sʌntæn] s solbränna

sun-tanned ['sʌntænd] adj sol-/brun|bränd

sun·trap ['sʌntræp] s solig plats, soligt hörn

sun·up ['sʌnʌp] s (Am) soluppgång

sup [sʌp] **1** vi (dryck) smutta på **2** vt (på dryck) smutta; (åld: på mat) supera

su·per ['suːpəʳ] **1** adj (i sht Brit vard) toppen, jättefin; **we had a ~ time** vi hade det jätte|roligt/-skönt **2** s förk f **superintendent**

super- ['suːpəʳ] prefix över-, super-

supera·bun·dance [ˌsuːpərə'bʌndəns] s överflöd, överskott

su·perb [suːˈpɜːb] adj (i allm) underbar, fantastisk; (skicklighet) enastående; (väder) strålande,
härlig

super·charged ['suːpətʃɑːdʒd] adj (Tekn) förkomprimerad; (bildl: person) full av energi; (: atmosfär) laddad

super·char·ger ['suːpəˌtʃɑːdʒəʳ] s (Tekn) (laddnings)kompressor

super·cili·ous [ˌsuːpə'sɪlɪəs] adj (person) högdragen, överlägsen

super·duper ['suːpə'duːpəʳ] adj (vard) toppen, underbar

super·ego [ˌsuːpər'iːgəʊ] s (Psyk) överjag

super·fi·cial [ˌsuːpə'fɪʃəl] adj (eg, bildl) ytlig

super·fi·ci·al·ity ['suːpəˌfɪʃɪ'ælɪtɪ] s (eg, bildl) ytlighet

super·fi·cial·ly [ˌsuːpə'fɪʃəlɪ] adv (eg) på ytan; (bildl) ytligt sett, på ytan

super·flu·ous [sʊ'pɜːfluəs] adj överflödig; **~ (body)hair** generande hårväxt

super·hu·man [ˌsuːpə'hjuːmən] adj övermänsklig

super·im·pose [ˌsuːpərɪm'pəʊz] vt (i allm) lägga (över); (Foto) kopiera in

super·in·ten·dent [ˌsuːpərɪn'tendənt] s (i allm) uppsyningsman, intendent; (för sjukhus, fängelse) direktör; (Skol) inspektör; (polis) (biträdande) kommissarie; (Am) fastighetsskötare

su·peri·or [sʊ'pɪərɪəʳ] **1** adj (i jämförelser) (mycket) bättre (to än), överlägsen; (i rang): **~ to** överordnad, över; (styrka, intelligens) överlägsen; (person: till sättet) dryg, överlägsen; (Handel: varor, kvalitet) förstklassig; **~ number** (Typogr) potenssiffra **2** s (i rang) överordnad; **she is my ~** (äv) hon är mig överlägsen, hon är bättre än jag; **Mother S~** (Rel) abbedissa

su·peri·or·ity [sʊˌpɪərɪ'ɒrɪtɪ] s (i allm) överlägsenhet; **~ in rank** högre ställning

super·la·tive [sʊ'pɜːlətɪv] **1** adj (kvalitet, prestation etc) ypperlig, enastående; (Språkv) super-lativ; **a ~ adjective** ett adjektiv i superlativ **2** s (Språkv) superlativ; **to talk in ~s** tala i superlativer/i översvallande ordalag

super·man ['suːpəmæn] s, pl **-men** övermänniska; **S~** (seriefigur) Stålmannen

super·mar·ket ['suːpəˌmɑːkɪt] s snabbköp

super·natu·ral [ˌsuːpə'nætʃərəl] **1** adj övernaturlig **2** s: **the ~** det övernaturliga

super·nu·mer·ary [ˌsuːpə'njuːmərərɪ] adj (i allm) övertalig, överflödig; (personal) reserv-, extra(-)

super·pow·er ['suːpəˌpaʊəʳ] s (Pol) supermakt

super·sede [ˌsuːpə'siːd] vt (modell) ersätta, komma i stället för; (metod) slå ut; (person) efterträda

super·son·ic [ˌsuːpə'sɒnɪk] adj (Flyg) överljuds-

super·star ['suːpəˌstɑːʳ] s (Teat etc) superstjärna, storstjärna

super·sti·tion [ˌsuːpə'stɪʃən] s vidskepelse, skrock

super·sti·tious [ˌsuːpə'stɪʃəs] adj vidskeplig, skrockfull

super·struc·ture ['suːpəˌstrʌktʃəʳ] s (Tekn, bildl) överbyggnad

super·tank·er ['suːpəˌtæŋkəʳ] s (Sjö) supertanker

super·tax ['suːpəˌtæks] s (Brit: på höga inkomster) tilläggsskatt

super·vise ['suːpəvaɪz] vt (arbetare, arbete) övervaka, ha tillsyn över; (student) handleda; (barn) ha uppsikt över

super·vi·sion [ˌsuːpə'vɪʒən] s (av arbete) tillsyn, kontroll; (av student) handledning; **under her ~** under hennes överinseende

super·vi·sor ['suːpəvaɪzəʳ] s (i allm) tillsyningsman; (på arbetsplats) arbetsledare, förman; (Brit Univ) handledare; (Am Skol) institutionsföreståndare

super·vi·sory ['suːpəvaɪzərɪ] adj övervakande, tillsyns-

su·pine ['suːpaɪn, (Am) suː'paɪn] adj (eg) (liggande) på rygg; (bildl) slö, lat

sup·per ['sʌpəʳ] s (i allm) kvällsmat; (finare) supé; **to have** ~ (i allm) äta kvällsmat; (finare) supera

sup·plant [sə'plɑ:nt] vt (person) tränga undan, manövrera ut; (föremål, teknik) ersätta

sup·ple ['sʌpl] adj (-er, -est) (fysiskt) mjuk, smidig; (psykiskt: pos) smidig, följsam; (: neg) medgörlig, undfallande

sup·plement ['sʌplɪmənt] 1 s (pengar) tillägg; (Tidn) bilaga, supplement 2 ['sʌplɪment] vt (inkomst) dryga ut; (text) göra tillägg i, komplettera

sup·plemen·ta·ry [,sʌplɪ'mentərɪ] adj (i allm) tilläggs-; (volym) supplement-

sup·pli·cant ['sʌplɪkənt] s supplikant, person som anhåller/ber om ngt

sup·pli·cate ['sʌplɪkeɪt] vt, vi be, bönfalla

sup·pli·ca·tion [,sʌplɪ'keɪʃən] s (ödmjuk) bön (for sth om ngt)

sup·pli·er [sə'plaɪəʳ] s (Handel) leverantör

sup·ply [sə'plaɪ] 1 s (a) (handling) leverans; (föremål) lager, förråd; (abstr) tillgång; **the electricity/water** ~ el-/vatten|leveranserna; ~ **and demand** tillgång och efterfrågan; **new cars are in short** ~ det är ont om nya bilar; **supplies** (mat) förnödenheter; (Mil) proviant; **office supplies** kontors|artiklar/-materiel; **medical supplies** medicinska förnödenheter (b) (på arbetsplats) vikarie; ~ **teacher** lärarvikarie 2 vt (a) (varor, material) tillhandahålla; (: Handel) leverera; (information) ge, lämna; **to** ~ **sb with sth** (i allm) förse ngn med ngt; (: Handel) leverera ngt till ngn; **to** ~ **sb with information** ge ngn information, skaffa information åt ngn; **to** ~ **an expedition** (Mil etc) utrusta en expedition, förse en expedition med utrustning (b) (behov) täcka, tillgodose

sup·port [sə'pɔ:t] 1 s (a) (föremål) stöd, stötta; (abstr) stöd (b) (moraliskt) stöd; (ekonomiskt) stöd, understöd; (för förslag) stöd, bifall; **she was a great** ~ **to me** hon var ett stort stöd för mig; **to speak in** ~ **of a candidate** tala för en kandidat; **to lean on sb for** ~ stödja sig på ngn, lita på att få stöd från ngn; **our** ~ **comes from the workers** vårt stöd kommer från arbetarna 2 vt (a) (fysiskt: person, föremål) stödja, stötta; (: tak etc) bära upp; (: last etc) bära (b) (person: ekonomiskt) försörja, underhålla; (: känslomässigt) stöt ta, stödja; (projekt, förslag) stödja, backa upp; (Sport: lag) hålla på, heja på; (teori) stödja; **to** ~ **oneself** försörja sig

sup·port·er [sə'pɔ:təʳ] s (Pol) anhängare; (Sport) anhängare, supporter; **he is a** ~ **of the proposal** han stöder förslaget

sup·port·ing [sə'pɔ:tɪŋ] adj (Teat): ~ **role** biroll; (Film): ~ **programme** förspel

sup·pose [sə'pəʊz] vt (a) (aktivt inta en ståndpunkt) anta, ponera; **let us** ~ **that...** (låt oss) anta att..., ponera att...; **but just** ~ **he's right...** men tänk om han har rätt...; **always supposing (that) he comes** under förutsättning att han kommer; ~/**supposing it rains, what shall we do?** om det skulle regna, vad gör vi då? (b) (ha en åsikt) förmoda, tro, anta; **I** ~ **she'll come** jag förmodar/ skulle tro att hon kommer; **I don't** ~ **she'll come** jag skulle inte tro att hon kommer; **I** ~ **she won't come** jag skulle tro att hon inte kommer; **I** ~ **so/not** jag tror det/jag tror inte det; **you'll accept, I** ~? ni tackar ja, förmodar jag?; **I don't** ~ **you could lend me a pound?, I** ~ **you couldn't lend me a pound?** du kan möjligen inte låna mig ett pund?; **he's** ~d **to be an expert** han ska/sägs vara expert (c) (i uttryck för avsikt etc): **he is** ~d **to do it** han ska göra det, det är meningen att han ska göra det; **you're not** ~d **to do that** så/det får du inte göra (d) (i imperativ): ~ **you do it now?** hur skulle det vara om du gjorde det nu? (e)

(om villkor etc) förutsätta; **that** ~s **unlimited resources** det förutsätter/då måste man förutsätta att vi har obegränsade resurser

sup·posed [sə'pəʊzd] adj förmodad, förment

sup·pos·ed·ly [sə'pəʊzɪdlɪ] adv: ~ **he's very experienced** han lär vara mycket erfaren

sup·pos·ing [sə'pəʊzɪŋ] konj om, ifall; jfr suppose a

sup·po·si·tion [,sʌpə'zɪʃən] s antagande, förmodan

sup·posi·tory [sə'pɒzɪtərɪ] s (Med) stolpiller, suppositorium

sup·press [sə'pres] v (känsla) undertrycka; (gäspning) kväva; (leende) hålla tillbaka; (nyhet) hemlighålla; (publikation) dra in, förbjuda; (Psyk) förtränga

sup·pres·sion [sə'preʃən] s (av känsla etc) undertryckande; (av nyhet) hemlighållande; (av publikation) indragning; (Psyk) förträngning

sup·pu·rate ['sʌpjʊreɪt] vi (Med) vara sig

supra·na·tion·al [,su:prə'næʃənl] adj överstatlig, övernationell

su·prema·cy [sʊ'preməsɪ] s (Pol) överhöghet; (i allm) ledarställning

su·preme [sʊ'pri:m] adj (makt) högst, suverän; (i allm) enastående, enorm, suverän; **with** ~ **indifference** med suverän likgiltighet; **to make the** ~ **sacrifice** offra livet; **the S**~ **Being** den Högste, Gud; ~ **commander** överbefälhavare; **the S**~ **Court** (Am) högsta domstolen; **the S**~ **Soviet** Högsta Sovjet; **to reign** ~ (bildl) dominera, vara suverän

su·preme·ly [sʊ'pri:mlɪ] adv (omedveten, likgiltig) suverän; (lycklig) ytterst; (självsäker) i högsta grad

sur·charge ['sɜ:tʃɑ:dʒ] s (i allm) tilläggsavgift; (Post) lösen

sure [ʃʊəʳ] 1 adj (-r, -st) (a) (hand, fotfäste) stadig; (bevis, metod) säker (b) (faktum) säker; (person) säker, förvissad; **it's** ~ **to rain** det kommer säkert att (börja) regna; **I'm** ~ **it's going to rain** jag är säker på att det kommer att (börja) regna; **to be** ~ **of sth** (bra plats etc) vara säker på att få; (faktum etc) vara säker på/förvissad om; **be/make** ~ **you do it right** se till att du gör rätt; **I think I locked up, but I'll just make** ~ jag tror jag låste, men jag ska se efter för säkerhets skull; **you knc v for** ~? är du helt säker?; **I'm** ~ **I don't know/I don't know, I'm** ~ jag har då ingen aning, jag vet rakt inte; **he's a** ~ **thing for president** han blir säkert president 2 adv: **is that OK?** — ~! är det OK? — visst!/javisst!; **that** ~ **is pretty, that's** ~ **pretty** (Am) den där är verkligen söt; ~ **enough** sannerligen, mycket riktigt; **as** ~ **as fate** så säkert som amen i kyrkan; **that's the truth, as** ~ **as I'm standing here** det är sant, så sant som jag står här

sure-fire ['ʃʊə,faɪəʳ] adj (vard) bombsäker

sure-footed [,ʃʊə'fʊtɪd] adj säker på foten

sure·ly ['ʃʊəlɪ] adv (a) (i påstående) säkert; **he'll** ~ **fall** han kommer säkert att ramla; **slowly but** ~ sakta men säkert (b) (i fråga) väl, nog, visst; ~ **I've met you before?** nog/visst har jag träffat dig förut?; ~ **you don't mean that!** det menar du väl ändå inte!

sure·ness ['ʃʊənɪs] s (i steg etc) säkerhet; (om faktum) säkerhet, visshet

sure·ty ['ʃʊərətɪ] s (föremål etc) säkerhet, borgen; (person) borgensman; **to go/stand** ~ **for sb** gå i borgen för ngn

surf [sɜ:f] 1 s bränning(ar) 2 vi (Sport) surfa

sur·face ['sɜ:fɪs] 1 s (eg, bildl) yta; (på väg) beläggning; **on the** ~ **it seems that...** (bildl) ytligt sett verkar det som om...; **we've only scratched the** ~ (bildl) vi har bara skrapat lite på ytan; ~ **vessel** (Mil, Sjö) ytfartyg; ~ **area** yta, ytstorlek; ~ **mail** ytpost; ~ **tension** ytspänning; ~ **water**

ytvatten **2** *vt (väg)* belägga **3** *vi (ubåt etc)* komma upp till ytan; *(bildl: person)*: **he ~s in London occasionally** han dyker upp i London ibland

surface-to-air |'sɜːfɪstʊ'ɛəʳ| *adj*: ~ **missile** luftvärnsrobot

surf·board |'sɜːf,bɔːd| *s (Sport)* surfingbräda

sur·feit |'sɜːfɪt| *s (om mat)* omåttlighet, övermått

surf·er |'sɜːfəʳ| *s* surfare

surf·ing |'sɜːfɪŋ| *s, (Brit äv)* **surf·riding** |'sɜːf,raɪdɪŋ| *s (Sport)* surfing; **to go ~** (vara ute och) surfa

surge |sɜːdʒ| **1** *s (i hav)* svallvåg; *(: koll)* bränningar, vågsvall; *(bildl)* våg; **power** ~ *(Elektr)* strömsprång, kraftig ökning av strömstyrkan; **~ of people** en våg av människor; **a sudden ~ of sympathy** en plötslig våg av sympati **2** *vi (vatten: i hav)* svalla, bölja, *(: över land etc)* forsa, strömma; *(folkhop)* välla; **the blood ~d to her cheeks** hon blev blodröd om kinderna

sur·geon |'sɜːdʒən| *s* kirurg

sur·gery |'sɜːdʒərɪ| *s (vetenskap)* kirurgi; *(behandling)* operation; *(Brit: läkares, tandläkares)* mottagning(srum)

sur·gi·cal |'sɜːdʒɪkəl| *adj* kirurgisk; ~ **spirit** desinfektionssprit

sur·ly |'sɜːlɪ| *adj (-ier, -iest) (person, svar, min)* butter, sur, vresig

sur·mise |sɜː'maɪz| **1** *s* gissning, antagande **2** *vt* gissa, förmoda; **I ~d as much** det var det jag trodde, jag hade gissat det

sur·mount |sɜː'maʊnt| *vt (svårighet)* övervinna; *(hinder)* ta sig över

sur·mount·able |sɜː'maʊntəbl| *adj (svårighet)* övervinnlig, som kan övervinnas; *(hinder)* överstiglig

sur·name |'sɜːneɪm| *s* efternamn

sur·pass |sɜː'pɑːs| *vt (förväntningar, person)* överträffa; *(förmåga)* övergå; **to ~ oneself** överträffa sig själv

sur·plice |'sɜːplɪs| *s (Rel)* mässkjorta

sur·plus |'sɜːpləs| **1** *s* överskott *(of* på/av); **there will be some ~** det blir lite över; *(Handel)* behållning **2** *adj* överskotts-; **it is ~ to my requirements** det överstiger mina behov; ~ **stock** överskottslager

sur·prise |sə'praɪz| **1** *s (känsla)* överraskning, förvåning; *(oväntad händelse)* överraskning; **a look of** ~ en förvånad blick; **much to my** ~, **to my great** ~ till min stora förvåning; **to take sb by** ~ överrumpla ngn; ~ **visit** oväntat besök; ~ **attack** överraskande anfall **2** *vt* överraska, förvåna; **to ~ sb in the act** ta ngn på bar gärning; **I should not be ~d if...** det skulle inte förvåna mig om...

sur·pris·ing |sə'praɪzɪŋ| *adj (händelse)* överraskande; *(förhållande)* förvånansvärd

sur·pris·ing·ly |sə'praɪzɪŋlɪ| *adv (med adj)* förvånansvärt; *(satsadv)*: ~, **he agreed** överraskande nog höll han med

sur·re·al |sə'rɪəl| *adj (upplevelse etc)* surrealistisk

sur·re·al·ism |sə'rɪəlɪzəm| *s (Konst)* surrealism

sur·re·al·is·tic |sə,rɪə'lɪstɪk| *adj (Konst)* surrealistisk

sur·ren·der |sə'rendəʳ| **1** *s (Mil)* kapitulation; *(av föremål etc)* överlämnande **2** *vt (Mil: vapen)* överlämna; *(: fångar)* utlämna; *(mark)* avträda; *(krav, rättighet)* avstå från; *(försäkringsbrev)* återköpa **3** *vi* kapitulera *(to* för), överlämna sig *(to* till); **I ~!** jag ger mig!

sur·rep·ti·tious |,sʌrəp'tɪʃəs| *adj (handling)* hemlig, smyg-; *(blick)* förstulen, i smyg

sur·round |sə'raʊnd| **1** *s (till tavla etc)* infattning **2** *vt (person)* omringa, omge; *(hus)* omge; **you are ~ed!** ni är omringade!; ~**ed by strangers** omgiven av främlingar; **a town ~ed**

by hills en stad omgiven av kullar/berg

sur·round·ing |sə'raʊndɪŋ| *adj* kringliggande, omgivande; **in the** ~ **hills** i de omgivande kullarna/bergen

sur·round·ings |sə'raʊndɪŋz| *spl (plats)* omgivningar, miljö; *(abstr)* miljö

sur·tax |'sɜːtæks| *s* tilläggsskatt

sur·veil·lance |sɜː'veɪləns| *s* bevakning, uppsikt; **to be under** ~ stå under övervakning

sur·vey |'sɜːveɪ| **1** *s (av föremål: i allm)* granskning, inspektion; *(av hus)* besiktning; *(av förhållande)* undersökning; *(av ämnesområde etc)* översikt, genomgång; **he gave a general ~ of the situation** han gav en allmän översikt av situationen **2** |sə'veɪ| *vt (landskap, folkmassa)* se ut över; *(föremål)* granska, inspektera, mönstra; *(hus)* besiktiga; *(förhållande)* undersöka; **the book ~s events up to 1972** boken ger en översikt av händelserna fram till 1972

sur·vey·ing |sə'veɪɪŋ| *s* besiktning

sur·vey·or |sə'veɪəʳ| *s* **(a)** *(Brit: av hus etc)* besiktningsman, inspektör **(b)** *(av mark)* lantmätare

sur·viv·al |sə'vaɪvəl| *s* **(a)** *(abstr)* överlevnad; **his chances of** ~ hans chanser att överleva; **the ~ of the fittest** de bäst lämpades/anpassades överlevnad **(b)** *(sedvänja etc)* kvarleva

sur·vive |sə'vaɪv| **1** *vt (kyla, olycka etc)* överleva; *(sina barn etc)* överleva, leva längre än; *(om föremål: eldsvåda etc)* klara sig i, förbli oskadd i; *(bildl: svårighet)* överleva, klara sig igenom **2** *vi (person, djur)* överleva; *(byggnad etc)* finnas kvar; *(sedvänja)* leva kvar, fortleva; *(bildl: i jobb etc)* överleva, klara sig

sur·vi·vor |sə'vaɪvəʳ| *s (person: efter olycka etc)* överlevande; *(: efter anhörigs död)* efterlevande; *(: bildl)* person som klarar sig i alla väder

sus·cep·ti·bil·ity |sə,septə'bɪlɪtɪ| *s (för sjukdom)* känslighet, mottaglighet; *(för smicker)* mottaglighet

sus·cep·ti·ble |sə'septəbl| *adj (för sjukdom)* känslig, mottaglig *(to* för); *(för smicker)* mottaglig *(to* för); **to be ~ of proof/change** *(frm)* kunna bevisas/ändras

sus·pect |'sʌspekt| **1** *adj (person)* misstänkt; *(bevis)* tvivelaktig, suspekt **2** *s (person)* misstänkt **3** |sʌ'spekt| *vt (person)* misstänka *(of* för); *(motiv etc)* misstro, tvivla på; *(brott)* misstänka, ana; **I ~ that...** jag misstänker att...; **a case of** ~**ed measles** ett misstänkt fall av mässling; **to ~ sb of a crime** misstänka ngn för ett brott; **I ~ him of being the author** jag misstänker att han är författaren; **he ~s nothing** han anar/misstänker ingenting; **I ~ed as much** jag anade det

sus·pend |sə'spend| *vt* **(a)** *(lampa etc)* hänga (upp) **(b)** *(tjänsteman)* suspendera, avstänga; *(tillstånd etc)* tillfälligt häva; ~**ed sentence** *(Jur)* villkorlig dom

sus·pend·er |sə'spendəʳ| *s* strumpeband; ~**s** *(Am)* hängslen; ~ **belt** strump(ebands)hållare

sus·pense |sə'spens| *s (i film etc)* spänning; **to keep sb in** ~ hålla ngn i spänning/ovisshet

sus·pen·sion |sə'spenʃən| *s* **(a)** *(Tekn)* upphängning; *(Kem)* suspension, uppslamning; ~ **bridge** hängbro **(b)** *(av tillstånd)* tillfällig indragning; *(av tjänsteman)* suspendering, suspension

sus·pi·cion |sə'spɪʃən| *s* **(a)** *(tanke)* misstanke; *(inställning)* misstro, misstänksamhet; **I have my ~s** jag har mina aningar/misstankar; **my ~ is that...** jag misstänker att...; **to be under** ~ vara misstänkt **(b)** *(liten mängd)* aning, antydan; **~ of garlic** en aning/smula vitlök

sus·pi·cious |sə'spɪʃəs| *adj (som har misstankar)* misstänksam, misstrogen *(of* mot); *(som ger* *misstankar)* misstänkt, suspekt; **that made him** ~ det gjorde honom misstänksam

sus·pi·cious·ly [səˈspɪʃəslɪ] *adv (titta)* misstänksamt, misstroget; *(bete sig)* misstänkt; *(likna)* betänkligt; **it looks ~ like measles to me** jag tycker det är misstänkt likt mässlingen

sus·tain [səˈsteɪn] *vt* **(a)** *(belastning)* tåla, hålla för; *(liv)* upprätthålla; *(person)* hålla vid liv; *(Mus: not)* hålla ut; *(spel)* hålla uppe; *(samtal)* hålla igång; **objection** ~ed *(Am Jur)* protesten godkännes **(b)** *(skada)* lida, ådraga sig; *(Mil: förluster)* lida; **to** ~ **heavy losses** lida kraftiga förluster

sus·tained [səˈsteɪnd] *adj (applåd)* ihållande; *(ansträngning)* ihärdig; *(flit)* outtröttlig; *(resonemang)* sammanhängande

sus·te·nance [ˈsʌstɪnəns] *s (i föda)* näring; **means of** ~ inkomstkälla

su·ture [ˈsuːtʃəʳ] *s (Med)* sutur, söm

swab [swɒb] **1** *s* **(a)** *(Med: för rengöring)* tampong(pinne); *(: för provtagning)* vaddpensel; *(: prov)* sekretprov **(b)** *(städredskap: med skaft)* svabb; *(: utan skaft)* skurtrasa **2** *vt (golv, båtdäck)* svabba, torka, ~ **down** svabba/torka av

swag [swæg] *s (vard)* tjuvgods

swag·ger [ˈswægəʳ] **1** *s* stoltserande (gång); **to walk with a** ~ stoltsera, kråma sig **2** *vi* svassa, (gå och) stoltsera

swal·low¹ [ˈswɒləʊ] **1** *s* klunk **2** *vt (eg, bildl)* svälja; *(ilska etc)* kväva, hålla tillbaka; *(historia, påstående)* svälja, tro på; **to** ~ **one's pride** svälja sin stolthet; **to** ~ **one's words** *(eg)* tala otydligt, svälja en del ord; *(bildl: be om ursäkt)* ta tillbaka vad man sagt; *(: inte säga ngt)* hålla tand för tunga; **to** ~ **the bait** *(bildl)* nappa på kroken **3** *vi* svälja; **to** ~ **hard** *(eg)* svälja hårt; *(bildl)* bita samman tänderna, svälja hårt

♦ **swallow up** *vt + adv (eg)* svälja, äta upp; *(bildl: besparingar etc)* sluka; **they were soon** ~**ed up in the darkness** de uppslukades snart av mörkret; **I wished the ground would open and** ~ **me up** jag önskade att jag kunde sjunka genom jorden

swal·low² [ˈswɒləʊ] *s (fågel)* svala; ~ **dive** *(Brit)* svanhopp

swam [swæm] *imperf av* swim

swamp [swɒmp] **1** *s* träsk, kärr **2** *vt* **(a)** *(mark)* översvämma, sätta under vatten; *(båt)* vattenfylla **(b)** *(Handel: marknad)* översvämma; *(bildl: plats)* översvämma, överfylla; *(person: med presenter, brev etc)* överösa; **they have been** ~**ed with applications** de drunknar i ansökningar

swampy [ˈswɒmpɪ] *adj (mark)* sumpig, sank, träskartad

swan [swɒn] **1** *s* svan **2** *vi (vard)*: **to** ~ **around** segla/sväva omkring; **to** ~ **off to New York** sticka iväg till New York

swank [swæŋk] *(vard)* **1** *s* **(a)** snobberi, skryt; **he does it for** ~ han gör det för att skryta **(b)** *(person)* skrytmåns, viktigpetter **2** *vi* snobba, göra sig viktig, pösa; **to** ~ **about sth** skryta om ngt

swanky [ˈswæŋkɪ] *adj (-ier, -iest) (vard: person)* mallig, viktig; *(: bil etc)* vräkig, flott

swan·song [ˈswɒnsɒŋ] *s* svanesång

swap [swɒp] **1** *s (i allm)* byte; *(transaktion)* bytesaffär **2** *vt (föremål, jobb)* byta; **to** ~ **sth for sth else** byta (bort) ngt mot ngt annat; **to** ~ **places with sb** byta plats med ngn **3** *vi* byta

swarm¹ [swɔːm] **1** *s (av insekter)* svärm; *(bildl: av turister etc)* myller, skock, hord **2** *vi (bin)* svärma; *(bildl: folk)* myllra, svärma; **Stratford is** ~**ing with...** Stratford vimlar av...; **they** ~**ed in** de vällde in

swarm² [swɔːm] *vi*: **to** ~ **up a tree/rope** klättra uppför ett träd/rep

swarthy [ˈswɔːðɪ] *adj (-ier, -iest) (person, utseende)* svartmuskig, mörkhyad

swash·buck·ling [ˈswɒʃˌbʌklɪŋ] *adj (sjörövare)* äventyrlig, djärv; *(film)* full av äventyr; *(person: i allm)* skroderande, skrävlande

swas·ti·ka [ˈswɒstɪkə] *s* hakkors, svastika

swat [swɒt] **1** *s (handling)* smäll; *(föremål)* flugsmälla **2** *vt (fluga)* smälla

swath [swɔːθ] *s, pl* **swaths** [swɔːðz] = **swathe¹**

swathe¹ [sweɪð] *s (av hö etc)* sträng; **to cut a** ~ **through** slå ihål skära en gata rakt igenom ngt

swathe² [sweɪð] *vt (med bandage: bruten lem)* binda om; *(sår)* förbinda; *(med sjal etc)* svepa om/in

sway [sweɪ] **1** *s* **(a)** *(rörelse)* svängning, gungning; **the gentle** ~ **of the boat** båtens stilla gungande/guppande **(b)** *(över rike, person)* makt, inflytande; **to hold** ~ **over sb** ha inflytande på ngn; **to hold** ~ **over an organisation** ha makten i/styra en organisation **2** *vt* **(a)** *(föremål)* svänga, gunga, sätta i svängning/gungning **(b)** *(person, publik)* påverka, få att svänga; **these factors finally** ~**ed me** dessa faktorer fick mig slutligen att svänga/byta åsikt **3** *vi (blomma)* vaja; *(person: eg o bildl)* vackla; *(bro)* svaja, gunga; **the train** ~**ed from side to side** tåget krängde från sidatill sida

swear [sweəʳ] *imperf* **swore**, *perf part* **sworn 1** *vt (ed, trohet)* svära; **I** ~ **it!** jag svär (på det)!; **I** ~ **(that) I did not steal it** jag svär att jag inte stal den; **to** ~ **to do sth** svära på att göra ngt; **I could have sworn that it was Louise** jag kunde ha svurit på att det var Louise; **to** ~ **sb to secrecy** låta ngn avlägga tystnadslöfte; *se äv* **sworn 2** *vi* **(a)** *(högtidligt)* svära, avlägga ed *(to på)*; **to** ~ **on the Bible** svära (med handen) på Bibeln; **I think so, but I can't** ~ **to it** jag tror det men jag kan inte svära på det **(b)** *(använda svordomar)* svära; **to** ~ **like a trooper** svära som en borstbindare

♦ **swear by** *vi + prep (vard)* hålla på, tro blint på

♦ **swear in** *vt + adv (vittne)* låta avlägga ed; *(president)* låta avlägga ämbetsed

swear·word [ˈsweə͜wɜːd] *s* svordom, svärord

sweat [swet] **1** *s (vätska)* svett; *(tillstånd)* svettning; *(vard: arbete)* slitgöra; **by the** ~ **of one's brow** i sitt anletes svett; **to get in/get into a** ~ **about sth** (kall)svettas för ngt; **no** ~! *(vard: i sht Am)* inga problem!, ingen fara! **2** *vt* svettas ut; **to** ~ **blood** *(bildl)* svettas blod, slita som ett djur; **to** ~ **it out** hålla/härda ut **3** *vi* svettas; **to** ~ **over sth** *(bildl)* svettas över/slita med ngt

sweat·band [ˈswetˌbænd] *s (i hatt)* svettrem; *(Sport: i håret)* pannband; *(: runt armen)* svettband

sweat·ed [ˈswetɪd] *adj*: ~ **labour** underbetalt arbete; **that's** ~ **labour** det är rena slavarbetet

sweat·er [ˈswetəʳ] *s (ylle)* tröja, sweater

sweat·shirt [ˈswetʃɜːt] *s* träningströja, sweatshirt

sweat·shop [ˈswetʃɒp] *s* fabrik med svältlöner (och dålig miljö)

sweat·suit [ˈswetsuːt] *s (i sht Am)* träningsoverall

sweaty [ˈswetɪ] *adj (-ier, -iest) (person, arbete)* svettig

Swede [swiːd] *s* svensk

swede [swiːd] *s (Brit: grönsak)* kålrot

Swe·den [ˈswiːdn] *s* Sverige

Swe·dish [ˈswiːdɪʃ] **1** *adj* svensk; ~ **turnip** kålrot **2** *s (språk)* svenska

sweep [swiːp] **1** *s* **(a)** *(i allm)* (ren)sopning; *(av skorsten)* sotning; **the floor needs a** ~ golvet behöver sopas (av); **the chimney needs a** ~ skorstenen behöver sotas **(b)** *(= chimney* ~) sotare **(c)** *(med arm, borste etc)* svepande rörelse, svep **(d)** *(i väg/flod etc)* krök, sväng; **a wide** ~ **of country** ett vidsträckt landskap **(e)** *(Brit vard) förk f* **sweepstake**

2 *vt* **(a)** *(golv)* sopa; *(skorsten)* sota; *(damm)* sopa upp; *(snö)* sopa undan; **to** ~ **(out) a room** sopa *(rent i)* ett rum; **to** ~ **sth under the carpet** *(bildl)* sopa ngt under mattan; **to** ~ **for mines** svepa efter minor, minsvepa; **to** ~ **the board** *(bildl)* ta hem allt, vinna allt **(b)** *(om ljusstråle: terräng etc)* svepa över; *(om vågor: strand etc)* skölja över; *(om sjukdom: land)* härja, fara fram över; *(om blick: landskap etc)* glida/svepa över **(c)** *(föremål)* sopa/svepa undan; **a wave swept him overboard** en våg spolade honom överbord; **he swept her off her feet** *(bildl)* han tog henne med storm, hon blev alldeles betagen av honom

3 *vi* **(a)** *(med borste: se* **2** *a)* sopa; sota **(b)** *(förflytta sig: i allm)* svepa; *(: i bil etc)* susa; *(storm)* dra fram; **she swept indignantly out of the room** hon svepte/seglade indignerat ut ur rummet **(c)** *(väg, flod etc)* gå i en båge; **the mountains** ~ **right down to the sea** bergen sträcker sig ända ner till havet

◆ **sweep aside** *vt + adv (eg: person)* svepa undan, fösa åt sidan; *(bildl: invändningar etc)* vifta undan
◆ **sweep up 1** *vt + adv (föremål)* skrapa ihop; *(barn)* plocka/lyfta upp **2** *vi + adv* sopa upp
sweep·er ['swi:pəʳ] *s (person)* sopare; *(maskin: för gator)* sopmaskin; *(: för mattor)* mattsopare; *(i fotboll)* libero
sweep·ing ['swi:pɪŋ] *adj (gest)* svepande; *(uttalande)* svepande, generaliserande; *(förändring)* omfattande, genomgripande
sweep·stake ['swi:psteɪk] *s, (äv: i sht Am)*: ~**s** *spl (hästkapplöpning)* sweepstake; *(slags lotteri där vinsten utgörs av spelarnas insatser)* sweepstake(lotteri)
sweet [swi:t] **1** *adj (-er, -est)* **(a)** *(smak)* söt; **this coffee is too** ~ det här kaffet är för sött; **to have a** ~ **tooth** vara en gottegris, gilla sötsaker; ~ **and sour** *(Matl)* sötsur, i sötsur sås; ~ **chestnut** äkta kastanj; ~ **corn** sockermajs; ~ **pea** luktärt; ~ **potato** sötpotatis **(b)** *(doft)* frisk, fräsch, mild; *(andedräkt)* god, frisk; *(ton)* ljuv, vacker; *(bildl: hämnd)* ljuv; ~ **water** sötvatten **(c)** *(person: till sättet)* rar, vänlig; *(barn, kattunge: till utseendet)* söt, gullig, näpen; *(föremål, stuga etc)* söt, näpen; **that's very** ~ **of you** det var väldigt rart av dig; **what a** ~ **little dress!** vilken söt liten klänning!; **he carried on in his own** ~ **way** *(iron)* han gjorde precis som han brukar **2** *s* **(a)** *(Brit)* karamell, godsak; ~**s** godis, snask **(b)** *(Brit Matl)* efterrätt, dessert
sweet·bread ['swi:tbred] *s (ofta pl)*: ~**s** *(kalv)bräss*
sweet·en ['swi:tn] *vt (te etc)* lägga socker i, söta; *(bildl: humör)* blidka, mildra; *(: person: äv:* ~ **up)** blidka, göra på gott humör
sweet·en·er ['swi:tnəʳ] *s (eg)* sötningsmedel; *(vard bildl)* muta
sweet·en·ing ['swi:tnɪŋ] *s* sötningsmedel
sweet·heart ['swi:t,hɑ:t] *s (i tilltal)* älskling, sötnos; *(om person)* käresta; **yes,** ~ ja, älskling
sweet·ie ['swi:tɪ] *s (vard: person: i tilltal)* älskling, sötnos; *(: föremål)* godis, snask
sweet·ly ['swi:tlɪ] *adv (sjunga)* vackert; *(le)* sött, vänligt
sweet·meat ['swi:t,mi:t] *s (i allm)* sötsak, söt efterrätt; *(åld)* sött bakverk
sweet·ness ['swi:tnɪs] *s (hos smak)* söthet, sötma; *(hos doft)* vällukt, mildhet, friskhet; *(hos ton)* välljud; *(hos person)* vänlighet; **now all is** ~ **and light** nu allt är frid och fröjd
sweet·shop ['swi:tʃɒp] *s (i sht Brit)* godisbutik
sweet-smelling ['swi:t'smelɪŋ] *adj* väldoftande
swell [swel] *(v: imperf* **swelled,** *perf part* **swollen) 1** *s* **(a)** *(i allm)* svällande, uppsvällning; *(Sjö)* dyning **(b)** *(vard: åld)* snobb, högdjur **2**

adj (Am vard) toppen(bra), strålande **3** *vi (fot etc: äv:* ~ **up)** svullna (upp), svälla; *(segel: äv:* ~ **out)** svälla; *(flod)* stiga, svälla; *(bildl: storlek)* växa; *(: antal)* öka, stiga; **to** ~ **with pride** pösa av stolthet; **the cheers** ~**ed to a roar** bifallsropen steg till ett vrål **4** *vt (antal)* öka; *se äv* **swollen**
swell-headed [,swel'hedɪd] *adj (vard: person)* uppblåst
swell·ing ['swelɪŋ] *s (Med)* svullnad, bula
swel·ter ['weltəʳ] *vi* förgås av värme
swel·ter·ing ['sweltərɪŋ] *adj (värme)* tryckande, olidlig; *(dag)* stekhet
swept [swept] *imperf, perf part av* **sweep**
swept·back ['swept,bæk] *adj* · *(flygplansvinge)* bakåtriktad; *(hår)* bakåtkammad
swerve [swɜ:v] **1** *s (i bil etc)* gir, sväng åt sidan **2** *vi (i bil etc)* gira, svänga åt sidan; **to** ~ **to the right** svänga/gira åt höger
swift [swɪft] **1** *adj (-er, -est) (rörelse)* snabb, kvick; *(löpare)* snabb; *(hand)* flink **2** *s (fågel)* tornseglare, tornsvala
swift-footed [,swɪft'futɪd] *adj* snabbfotad
swift·ly ['swɪftlɪ] *adv* snabbt
swift·ness ['swɪftnɪs] *s* snabbhet
swig [swɪg] *(vard)* **1** *s* slurk; **he took a** ~ **at his flask** han tog en klunk/slurk ur sin plunta **2** *vt (öl etc)* bälga i sig
swill [swɪl] **1** *s (för svin)* svinmat, skulor; *(neds: mat)* svinmat; *(: dryck)* lank **2** *vt* **(a)** *(rengöra; äv:* ~ **out)** skölja/spola ur *el* av **(b)** *(öl etc)* bälga i sig
swim [swɪm] *(v: imperf* **swam,** *perf part* **swum) 1** *s* **(a)** simtur, bad; **it's a long** ~ **back to the shore** det är långt att simma tillbaka till stranden; **to go for a** ~, **to have a** ~ (gå/åka och) bada **(b)** *(vard)*: **to be in the** ~ hänga med, vara med i svängen **2** *vt (flod etc)* simma över; **to** ~ **the crawl** crawla, simma crawl; **she can't** ~ **a stroke** hon kan inte ta ett simtag **3** *vi* simma; **to go** ~**ming** (gå/åka och) bada; **he had to** ~ **for it** han var tvungen att simma i land/rädda sig simmande; **my head is** ~**ming** *(bildl)* det går runt i huvudet på mig; **the meat was** ~**ming in gravy** köttet simmade i sås
swim·mer ['swɪməʳ] *s* simmare
swim·ming ['swɪmɪŋ] *s* simning; ~ **baths** *(Brit)* sim|bad/-hall; ~ **costume** baddräkt; ~ **pool** simbassäng, swimmingpool; ~ **trunks** badbyxor
swim·ming·ly ['swɪmɪŋlɪ] *adv*: **go** ~ gå som smort
swim·suit ['swɪmsu:t] *s* baddräkt
swin·dle ['swɪndl] **1** *s* svindel, bedrägeri, bluff **2** *vt* bedra, lura; **to** ~ **sb out of sth** lura av ngn ngt, lura ngn på ngt
swin·dler ['swɪndləʳ] *s* svindlare, bedragare
swine [swaɪn] *s pl lika, Brit bildl: äv:* -**s** *(eg, bildl)* svin; **you** ~! ditt svin!
swing [swɪŋ] *(v: imperf, perf part* **swung) 1** *s* **(a)** *(rörelse)* sväng(ning); *(Golf)* swing; **he took a** ~ **at me** han måttade ett slag mot mig; ~ **bridge** svängbro; ~ **door** svängdörr **(b)** *(bildl: i röstetal etc)* omsvängning; **a sudden** ~ **in opinion** en plötslig opinionssvängning; **a** ~ **to the left** en vridning mot vänster **(c)** *(lekredskap)* gunga; **let's have a** ~ kom så gungar vi (lite grand)!; **it's** ~**s and roundabouts** *(bildl)* man får ta igen på gungorna vad man förlorar på karusellen **(d)** *(Mus)* rytm; **a tune that goes with a** ~ en låt som det svänger om; **to get into the** ~ **of things** komma in i det hela; **in full** ~ i full fart; ~ **music** swing(musik)

2 *vt* **(a)** *(föremål: fram och tillbaka)* svänga, sätta i svängning; *(hängmatta etc)* gunga (på); *(armar, ben)* svänga/svänga med; **to** ~ **the lead** *(bildl vard)* simulera, spela sjuk **(b)** *(föremål, vapen, redskap: i en riktning)* rikta; **he swung the**

door open han svängde upp dörren; **he swung the case up onto his shoulder** han slängde upp lådan på axeln; **he swung himself over the wall** han svingade sig över muren; **she swung the car round** hon svängde (hastigt) runt bilen **(c)** *(opinion)* påverka; *(beslut)* avgöra; **she managed to** ~ **it so that we could all go** *(vard)* hon lyckades fixa/ordna det så vi kunde gå allihop; **what swung it for me was...** det som avgjorde saken för mig var att... **3** *vi* **(a)** *(fram och tillbaka: pendel, fönster)* svänga; *(: gunga, hängmatta)* gunga; *(: armar, ben)* dingla; *(flagga)* vaja; **he'll** ~ **for it** *(vard)* det kommer han att bli hängd för **(b)** *(person: med yxa, racket etc)* svinga, slå; *(med: bil)* svänga; *(bildl: opinion)* svänga; **the door swung open** dörren svängde/slogs upp; **he swung round** han svängde runt; **the car swung into the square** bilen svängde in på torget; **to** ~ **into action** sätta fart, komma igång
swinge·ing ['swɪndʒɪŋ] *adj (i sht Brit: straff)* svidande; *(: skattehöjning)* kraftig, skyhög
swing·er ['swɪŋəʳ] *s (vard: person)* hålligångare
swing·ing ['swɪŋɪŋ] *adj (eg)* svängande, gungande; *(vard: party etc)* hålligång-
swin·ish ['swaɪnɪʃ] *adj (person, beteende)* svinaktig
swipe [swaɪp] **1** *s:* **to take a** ~ **at sb** *(träffa)* klippa till ngn; *(försöka träffa)* måtta ett slag mot ngn **2** *vt* **(a)** *(boll etc)* drämma/klippa till; **he** ~**d the ball into the net** han drämde (in) bollen i nät **3** *vi:* **to** ~ **at sb/sth** *(träffa)* klippa ed drämma till ngn/ngt; *(försöka träffa)* måtta ett slag mot ngn/ngt
swirl [swɜːl] **1** *s (rörelse)* virvlande; *(av damm etc)* virvel; *(av grädde)* klick; **the** ~ **of the dancers' skirts** de dansandes virvlande kjolar **2** *vi (vatten, dimma etc)* virvla; *(person)* virvla, snurra runt
swish [swɪʃ] **1** *s (av piska)* vinande; *(av kjol)* frasande; *(av löv)* prassel; *(av vatten)* skvalp **2** *adj (vard: i sht Brit)* flott, tjusig **3** *vt (piska)* snärta till med; *(kjol)* svänga med; *(svans)* vifta med **4** *vi (piska)* vina, svischa; *(kjol)* frasa; *(löv)* prassla; *(vatten)* skvalpa; **the bullet** ~**ed past** kulan susade/ven förbi
Swiss [swɪs] **1** *adj* schweizisk; ~ **cheese** schweizerost; ~ **roll** rulltårta **2** *s, pl lika* **(a)** schweizare **(b)** *(vard)* schweizerost
switch [swɪtʃ] **1** *s* **(a)** *(Elektr etc)* strömbrytare, knapp **(b)** *(Järnv)* växel **(c)** *(= riding* ~*)* spö **(d)** *(i metod etc)* omställning; *(i åsikt etc)* ändring, omsvängning; *(av föremål etc)* ombyte; **a rapid** ~ **of plan** en snabb ändring av planerna **2** *vt* **(a)** *(jobb)* byta; *(planer)* ändra; **she** ~**d the conversation to safer subjects** hon ledde in konversationen på säkrare samtalsämnen; **to** ~ **allegiance** to gå över till att stödja **(b)** *(föremål: mot varandra)* byta; *(: i rummet: äv:* ~ **round,** ~ **over)** flytta (omkring); **I** ~**ed hats with him** jag bytte hatt med honom **(c)** *(Elektr)* koppla, slå om; ~ **the heater to 'high', would you?** vill du sätta elementet på 'hög'?; **he** ~**ed the TV to another channel** han slog över TV-n på en annan kanal **(d)** *(Järnv)* växla (över) **3** *vi (äv:* ~ **over:** *i allm)* byta (to till); *(: TV)* byta kanal, slå över till en annan kanal; *(äv:* ~ **round,** ~ **over:** *i rummet)* byta (plats); **he** ~**ed to another topic** han bytte samtalsämne; **we** ~**ed (over) to gas heating** vi gick över till gasvärme
♦ **switch off 1** *vt + adv (Elektr: ström)* bryta; *(: kontakt, apparat)* slå/knäppa/stänga av; *(: ljus)* släcka; *(i bil: tändning)* slå ifrån **2** *vi + adv (TV etc)* stänga/slå av; *(: bildl vard)* stänga av (uppmärksamheten); **I just** ~ **off when he starts to drone** jag stänger bara av när han börjar mala

♦ **switch on** *vt + adv (Elektr: ström)* slå på; *(: kontakt, apparat)* slå/knäppa/sätta på; *(ljus)* tända; *(i bil: tändning)* slå på/till
switch·back ['swɪtʃˌbæk] *s* väg/spår med hårnålskurvor; *(i sht Brit: på tivoli)* berg-och-dalbana
switch·blade ['swɪtʃˌbleɪd] *s (i sht Am)* stilett
switch·board ['swɪtʃˌbɔːd] *s (Tele)* (telefon)växel
Swit·zer·land ['swɪtsələnd] *s* Schweiz
swiv·el ['swɪvl] **1** *s (Tekn, Sjö)* svivel, lekare **2** *vi (äv:* ~ **round)** svänga runt
swol·len ['swəʊlən] **1** *perf part av* **swell 2** *adj (fot etc)* svullen; *(bildl: person, stil)* uppblåst; *(flod)* överfull, med högt vattenstånd; **her eyes were** ~ **(with tears)** hennes ögon var svullna (av gråt); **it'll give him a** ~ **head** *(bildl)* det kommer att stiga honom åt huvudet
swoon [swuːn] *(åld)* **1** *s* svimning(sanfall); **she fell into a** ~ hon svimmade (av) **2** *vi* svimma (av), dåna
swoop [swuːp] **1** *s (av fågel)* nedslag; *(av polis)* razzia, räd *(on* mot); **at one fell** ~ i ett svep/slag **2** *vi (fågel: äv:* ~ **down)** slå ner; *(polis):* **to** ~ **(on)** slå till (mot); **the plane** ~**ed low over the village** planet anföll byn från låg höjd
swop [swɒp] = **swap**
sword [sɔːd] *s (i allm)* svärd; *(= straight* ~*)* värja; ~ **dance** svärdsdans; **at** ~**'s point** med kniven på strupen
sword·fish ['sɔːdfɪʃ] *s* svärdfisk
swords·man ['sɔːdzmən] *s (Mil)* soldat (med svärd); *(i allm)* skicklig fäktare
swords·man·ship ['sɔːdzmənˌʃɪp] *s* fäkt|konst/-skicklighet
swore [swɔːʳ] *imperf av* **swear**
sworn [swɔːn] **1** *perf part av* **swear 2** *adj (fiende)* svuren; *(jury)* edsvuren; *(vittnesmål)* beedigad
swot [swɒt] *vt, vi (vard)* plugga; **to** ~ **up (on) one's maths** plugga matte; **to** ~ **for an exam** examens/-tentamens|läsa
swum [swʌm] *perf part av* **swim**
swung [swʌŋ] *imperf, perf part av* **swing**
syca·more ['sɪkəmɔːʳ] *s (träd: i England)* sykomorlönn, tysk lönn; *(: i USA)* platan; *(: vid Medelhavet)* mullbärsfikonträd
syco·phant ['sɪkəfənt] *s* lismare, smickrare
syl·lab·ic [sɪˈlæbɪk] *adj (Språkv: konsonant)* stavelsebildande; *(: i allm)* stavelse-
syl·la·ble ['sɪləbl] *s* stavelse
syl·la·bus ['sɪləbəs] *s (Skol, Univ)* kursplan, studieplan
syl·lo·gism ['sɪlədʒɪzəm] *s* syllogism, slutledning
sylph [sɪlf] *s (Myt, bildl)* sylfid
sylph·like ['sɪlfˌlaɪk] *adj (kvinna, figur)* gracil, sylfidisk
sym·bol ['sɪmbəl] *s* symbol, tecken
sym·bol·ic [sɪmˈbɒlɪk] *adj* symbolisk *(of* för)
sym·bol·ism ['sɪmbəlɪzəm] *s (i allm)* symbolik; *(Litt, Konst: riktning)* symbolism
sym·bol·ize ['sɪmbəlaɪz] *vt* symbolisera
sym·met·ri·cal [sɪˈmetrɪkəl] *adj* symmetrisk
sym·me·try ['sɪmɪtrɪ] *s* symmetri
sym·pa·thet·ic [ˌsɪmpəˈθetɪk] *adj* **(a)** *(person, ord)* förstående, deltagande; **they were** ~ **but could not help** de var deltagande men kunde inte hjälpa till; **to be** ~ **to a cause** vara välvilligt inställd till ett projekt **(b)** *(Med: nervsystem)* sympatisk
sym·pa·theti·cal·ly [ˌsɪmpəˈθetɪkəlɪ] *adv (le, tala)* förstående, deltagande
sym·pa·thize ['sɪmpəθaɪz] *vi* **(a)** *(känna: för sörjande etc)* hysa medkänsla/medlidande med; *(: för idé/person)* sympatisera med, förstå, känna för; **I** ~ **with what you say, but...** jag hyser förståelse för vad du säger, men... **(b)** *(visa känslor: för sörjande)* kondolera, uttrycka sitt del-

tagande; (: i allm) uttrycka sin sympati
sym·pa·thiz·er ['sımpəθaızəʳ] s sympatisör (with till); (Pol) sympatisör (with till), anhängare (with av/till)
sym·pa·thy ['sımpəθı] s (a) (för sörjande etc) medkänsla, medlidande; **you have my deepest** ~/**sympathies** du har min djupaste medkänsla; **you won't get any** ~ **from me!** vänta dig inget medlidande från mig!; **letter of** ~ kondoleansbrev (b) (för idé, person) sympati, förståelse (with/for för); (mellan personer) sympati, välvilja; **I am in** ~ **with your suggestions** jag är välvillig till era förslag; **to strike in** ~ **with sb** sympatistrejka med ngn
sym·phon·ic [sım'fɒnık] adj symfonisk
sym·pho·ny ['sımfənı] s symfoni
sym·po·sium [sım'pəʊzıəm] s, pl **symposia** [sım'pəʊzıə] symposium
symp·tom ['sımptəm] s symp(p)tom (of på)
symp·to·mat·ic [‚sımptə'mætık] adj: ~ (of) sym(p)tomatisk (of för)
syna·gogue ['sınəgɒg] s synagoga
sync(h) [sıŋk] s (vard) synkning, synkronisering; **out of** ~ (eg) inte synkroniserad; (bildl: personer): **we're out of** ~ det funkar inte mellan oss
syn·chro·mesh [‚sıŋkrəʊ'meʃ] s (Motor) synkroniserad växellåda
syn·chro·nize ['sıŋkrənaız] vt (klockor, ljud med bild) synkronisera; (rörelser) samordna
syn·co·pate ['sıŋkə‚peıt] vt (Mus, Språkv) synkopera
syn·di·cal·ism ['sındıkə‚lızəm] s syndikalism
syn·di·cate ['sındıkıt] 1 s (Handel) syndikat; (Tidn) presstjänst, syndikat 2 ['sındıkeıt] vt (Tidn) publicera i flera tidningar
syn·drome ['sındrəʊm] s (Med, bildl) syndrom
syn·od ['sınəd] s synod, kyrkomöte
syno·nym ['sınənım] s synonym
syn·ony·mous [sı'nɒnıməs] adj synonym, liktydig

(with med)
syn·op·sis [sı'nɒpsıs] s, pl **synopses** [sı'nɒpsi:z] synopsis, sammanfattning
syn·op·tic [sı'nɒptık] adj översiktlig, översikts-
syn·tac·tic [sın'tæktık] adj (Språkv) syntaktisk
syn·tax ['sıntæks] s (Språkv) syntax
syn·the·sis ['sınθəsıs] s, pl **syntheses** ['sınθəsi:z] syntes
syn·the·size ['sınθəsaız] vt (Kem) framställa på syntetisk väg, syntetisera
syn·the·siz·er ['sınθə‚saızəʳ] s (Mus) synthesizer, synt(h)
syn·thet·ic [sın'θetık] 1 adj (i allm) syntetisk; (fiber) syntet-, konst- 2 s (vanl pl): ~s konst-/ syntetfibrer
syphi·lis ['sıfılıs] s (Med) syfilis
sy·phon ['saıfən] = **siphon**
Syria ['sırıə] s Syrien
Syr·ian ['sırıən] 1 adj syrisk 2 s syrier
sy·ringe ['sırındʒ, (i sht Am) sı'rındʒ] 1 s (injektions)spruta 2 vt (Med: sår etc) spola
syr·up ['sırəp] s (för inläggning) sockerlag; (Med) sirap; (Matl: trögflytande) sirap
syr·upy ['sırəpı] adj (eg) sirapsliknande, siraps-; (bildl) sötsliskig
sys·tem ['sıstəm] s (i allm) system; (arbetssätt) metod, ordning; the **S**~ systemet, det etablerade samhället; **railway** ~ järnvägsnät; **postal** ~ postväsen; **the digestive** ~ matsmältnings|apparaten/-systemet; **the respiratory** ~ andningsapparaten; **it was quite a shock to the** ~ det var en ganska omtumlande upplevelse; **to get sth out of one's** ~ (bildl) komma över ngt; ~**s analyst** (Data) systemerare
sys·tem·at·ic [‚sıstə'mætık] adj systematisk, metodisk
sys·tem·ati·cal·ly [‚sıstə'mætıkəlı] adv systematiskt, metodiskt
sys·tema·tize ['sıstəmə‚taız] vt systematisera

T

T, t [tiː] *s (bokstav)* T, t; **it fits you to a T** den passar perfekt/på pricken; *se äv* **T-shirt, T-junction**
ta [tɑː] *interj (Brit vard)* tack!
tab [tæb] *s* (a) *förk f* **tabulator** (b) *(med namn)* namnlapp, etikett; *(för upphängning)* hank; **to keep ~s on sb/sth** *(vard)* hålla koll på ngn/ngt, hålla ngn/ngt under uppsikt
tab·by [tæbɪ] *s (äv: ~ cat)* strimmig katt, tabby
tab·er·nac·le [ˈtæbənækl] *s (Jud)* tabernakel, tempel; *(i allm)* (tält)kyrka; *(i kyrka)* sakramentsskåp
ta·ble [ˈteɪbl] **1** *s* (a) *(möbel)* bord; **to clear the ~** duka av; **to lay/set the ~** duka; **they were at ~** de satt till bords, de satt och åt; **it's impolite to blow your nose at ~** det är oartigt att snyta sig vid matbordet; **to drink sb under the ~** dricka ngn under bordet; **to turn the ~s on sb** vända situationen till sin egen fördel; **the entire ~ was in fits of laughter** alla vid bordet vred sig av skratt; **~ lamp** bordslampa; **~ manners** *spl* bordsskick; **~ talk** bordssamtal; **~ tennis** bordtennis; **~ wine** bordsvin (b) *(skrivna uppgifter)* lista, tabell; **time ~** tidtabell; **~ of contents** innehållsförteckning; **the periodic ~** *(Kem)* periodiska systemet; **multiplication ~s** multiplikationstabellen; **league ~** *(Sport)* serietabell (c) *(Geogr)* platå (d) *(Geol)* lager; **water ~** grundvattennivå **2** *vt (Brit: motion)* lägga fram; *(Am: motion, förslag)* bordlägga
tab·leau [ˈtæbləʊ] *s, pl* **-x** *el* **-s** [ˈtæbləʊz] *(Konst, Teat)* tablå, scen
table·cloth [ˈteɪblklɒθ] *s* duk
table d'hôte [ˌtɑːblˈdəʊt] *s* table d'hôte, dagens meny
table·land [ˈteɪblænd] *s* högplatå
table·spoon [ˈteɪblspuːn] *s (bestick)* uppläggningssked; *(mått; äv:* **~ful**) matsked
tab·let [ˈtæblɪt] *s (Med)* tablett; *(tvål)* bit; *(choklad)* kaka; *(sten)* tavla
tab·loid [ˈtæblɔɪd] *s (format)* tabloid; *(tidning)* sensationstidning, kvällstidning
ta·boo [təˈbuː] *adj, s* tabu
tabu·late [ˈtæbjʊleɪt] *vt* tabulera, ställa upp i tabellform
tabu·la·tor [ˈtæbjʊleɪtəʳ] *s* tabulator
ta·chom·eter [tæˈkɒmɪtəʳ] *s* varvräknare
tac·it [ˈtæsɪt] *adj (ej uttalad)* underförstådd; *(tyst)* stum, stillatigande
taci·turn [ˈtæsɪtɜːn] *adj* tystlåten
tack [tæk] **1** *s* (a) *(Snickeri)* nubb, stift; **carpet ~** mattspik; **to get down to brass ~s** komma till saken (b) *(Sjö)* hals; **be on the port ~** ligga för babords halsar; **to change ~** *(bildl)* ändra taktik; **to be on the wrong/right ~** vara inne på fel/rätt spår; **to try a different ~** försöka på ett annat sätt (c) *(Sömnad)* tråckelstygn **2** *vt* (a) *(Snickeri)* spika fast (b) *(Sömnad)* tråckla; **to ~ sth on to the end of a letter/book** lägga till ngt i slutet av ett brev/en bok **3** *vi (Sjö: göra manöver)* stagvända; *(: under längre tid)* kryssa
tack·le [ˈtækl] **1** *s* (a) *(för lyft)* talja; **block and ~** talja och block (b) *(för sport etc)* utrustning (c) *(Sport)* tackling **2** *vt (Sport)* tackla; *(tjuv)* ta fast; *(bildl: person)* konfrontera; *(: problem)* tackla, ta sig an

tacky [ˈtækɪ] *adj (-ier, -iest) (färg, lim)* klibbig; *(Am: restaurang)* sjabbig, ruffig; *(: person)* tarvlig, smaklös
tact [tækt] *s* takt, finkänslighet
tact·ful [ˈtæktfʊl] *adj* taktfull, finkänslig
tac·tic [ˈtæktɪk] *s* (a) taktiskt grepp, knep (b): **~s** *(koll)* taktik; **delaying ~** förhalningstaktik
tac·ti·cal [ˈtæktɪkəl] *adj* taktisk
tac·tile [ˈtæktaɪl] *adj* känsel-, som upplevs med känseln
tact·less [ˈtæktlɪs] *adj* taktlös, odiplomatisk
tad·pole [ˈtædpəʊl] *s* grodyngel
taf·fe·ta [ˈtæfɪtə] *s* taft
taf·fy [ˈtæfɪ] *(Am)* = **toffee**
tag [tæg] **1** *s* (a) *(av papper, tyg etc)* etikett, märke; **name ~** namnlapp; **price ~** prislapp (b) *(lek):* **to play ~** leka tafatt/kull **2** *vi:* **to ~ along** hänga med; **the child ~s along behind me** barnet följer mig i hälarna; **to ~ after sb** hänga efter ngn **3** *vt (med etikett etc)* märka
tail [teɪl] **1** *s (på däggdjur, komet)* svans; *(på fisk, fågel)* stjärt; *(på flygplan)* stjärtparti; *(av kö)* slut; *(på skjorta)* skört; *(på mynt)* baksida, klave; **~s** *(plagg)* frack; **~ end** slut; **to put a ~ on sb** skugga ngn; **to turn ~** *(i vrede)* vända på klacken; *(av rädsla)* ta till flykten; **he went off with his ~ between his legs** *(bildl)* han gick (därifrån) med svansen mellan benen **2** *vt:* **to ~ sb** följa efter ngn, skugga ngn
♦ **tail away, tail off** *vi + adv* avta, försvagas; **his voice ~ed away** hans röst dog bort
tail·back [ˈteɪlbæk] *s (Brit)* bilkö *efter olycka ed*
tail·gate [ˈteɪlgeɪt] **1** *s (Motor: i sht Am)* baklucka, baklåm **2** *vi (Am vard)* köra för nära (framförvarande fordon)
tai·lor [ˈteɪləʳ] **1** *s* skräddare; **~'s (shop)** skrädderi **2** *vt (plagg)* skräddarsy, måttsy; *(bildl)* skräddarsy
tailor-made [ˈteɪləmeɪd] *adj (äv bildl)* skräddarsydd
tail·plane [ˈteɪlpleɪn] *s (Flyg)* stabilisator
tail·spin [ˈteɪlspɪn] *s (Flyg)* spinn
tail·wind [ˈteɪlwɪnd] *s* medvind
taint [teɪnt] **1** *s (eg)* smitta; sjukdomsanlag; *(bildl)* skamfläck **2** *vt (bildl)* befläcka, besudla
Tai·wan [ˌtaɪˈwɑːn] *s* Taiwan
take [teɪk] *(v: imperf* **took**, *perf part* **taken**) **1** *vt* (a) *(ifrån ngt/ngn)* ta; *(från pris):* **~ off** dra av; *(från summa):* **~ from** dra ifrån
(b) *(ta tag i)* ta, hålla; **let me ~ your case/coat** låt mig ta väskan/rocken; **to ~ sb's arm** ta ngns arm
(c) *(från ett ställe till ett annat)* ta (med/med sig); *(transportera)* ta med, köra; *(: person äv)* skjutsa; *(till fortskaffningsmedel)* ta, färdas med: **~ a bus/a taxi;** *(välja väg)* ta; *(om väg)* leda, föra: *the A74* **~s** *you right the way to Carlisle;* **I'll ~ you to the station** jag kan köra/skjutsa dig till stationen; **I'll ~ the dog for a walk** jag tar ut hunden på en promenad
(d) *(person: på bio, restaurang etc)* bjuda; **he took me to the theatre and then to dinner** han bjöd mig på teatern och sedan på middag; **I'll ~ you** jag bjuder
(e) *(gåva etc)* ta emot, acceptera; *(nyhet, slag)*

438

ta: *he took the news very well; (hus, lägenhet)* hyra: *we took a cottage in the Lakes for two weeks; (vara)* köpa, ta: *I'll take it; (tidning)* prenumerera på: *we ~ the Guardian; (pris)* ta, vinna; **she took the job** hon tog jobbet; **he didn't ~ my advice** han lydde inte mitt råd; **Eton ~s a few pupils on scholarships** Eton tar emot ett litet antal elever på stipendier; **please ~ a seat** varsågod och sitt; **is this seat ~n?** är den här platsen upptagen?; **it's £50 — ~ it or leave it!** 50 pund — det är mitt sista bud!; **I won't ~ no for an answer** det är ingen idé att du säger nej; **you must ~ us as you find us** du får ta oss som vi är

(**f**) *(om utrymme)* rymma; *(om åtgång: i allm)* krävas, gå åt; *(: tid)* ta; *(: klädstorlek)* ha, dra; *(Språkv)* styra; *(om vikt)* hålla för; **the shelves won't ~ all my books** alla mina böcker får inte plats i bokhyllan; **our car only ~s 4** vår bil tar bara fyra passagerare; **what size shoes do you ~?** vilket skonummer har/drar ni?; **'mit' in German ~s the dative** 'mit' styr dativ i tyska; **it won't ~ long** det tar inte lång tid; **that will ~ some explaining** det kräver en förklaring; **she's got what it ~s** hon har vad som krävs

(**g**) *(byte, person)* fånga, ta; *(vard: sexuellt)* ta; **to ~ sb prisoner** ta ngn till fånga

(**h**) *(möte)* leda: *the meeting was ~n by Mrs Brown; (kurs: leda)* undervisa på: *the professor is taking the course himself; (kurs: studera)* ta, läsa: *I take Russian this year; (prov)* ta

(**i**) *(namn, adress)* skriva upp, notera; *(diktamen)* ta: *the secretary took a letter; (mått)* ta; *(anteckningar)* göra; **have you ~n your temperature?** har du tagit febern?

(**j**) *(förstå)* ta, tro, tolka ngt som: *~ it as a compliment; (exempel)* ta: *~ D H Lawrence, for example;* **how old do you ~ him to be?** hur gammal tror du han är?; **I took him for a doctor** jag trodde han var läkare; **may I ~ it that...** ska jag tolka det som att...

(**k**) *(klimat, buller etc)* stå ut med, klara; *(alkohol)* tåla; **I can't ~ any more!** jag står inte ut längre!, jag orkar inte mer!

(**l**) *(mat, dryck)* dricka, äta, inta: *we'll ~ coffee in the library, James; (medicin)* ta; **not to be ~n internally** *(påskrift på medicin)* ej för invärtes bruk

(**m**) *(hinder, person)* ta, klara (av) *(kurva)* ta

(**n**): **to be ~n with sb** vara förtjust/betagen i ngn

(**o**) *(som 'tomt' verb, se äv huvudordet)*: **to ~ a photograph** ta ett foto/kort; **to ~ a bath** ta ett bad/bada; **to ~ a shower** duscha; **~ your time!** ta den tid du behöver!, ingen brådska!; **it took me by surprise** jag blev fullständigt överraskad

2 *vi (fungera)* ta; **this dye won't ~ on manmade fibres** den här färgen tar inte på syntetfibrer; **did the injection ~?** tog sprutan?, hade sprutan någon verkan?

3 *s* (**a**) *(Film)* tagning

(**b**) *(Jakt)* byte; *(Fiske)* fångst; *(vard: i sht Am: vid rån etc)* byte

(**c**) *(i sht Am: = takings)* intäkter; **to be on the ~** *(Am vard)* ta mutor

♦ **take after** *vi + prep* likna, brås på

♦ **take along** *vt + adv (person, föremål)* ta med (sig)

♦ **take apart** *vt + adv (klocka, maskin etc)* skruva sönder, plocka isär

♦ **take aside** *vt + adv (person)* ta avsides

♦ **take away** **1** *vt + adv* (**a**) *(subtrahera)* dra ifrån; *~* **9 away from 12** dra 9 ifrån 12 (**b**) *(person)* föra bort; *(rättighet)* avskaffa, dra in; *(föremål)* ta undan; **we took our son away on holiday with us** vi tog med vår son på semester; **they are taking their daughter away from the**

school de tänker ta sin dotter ur skolan (**c**) *(Brit: mat)* ta hem; **pizzas to ~ away** pizza för avhämtning **2** *vi + adv*: **to ~ away from sth** förta intrycket av ngt

♦ **take back** *vt + adv* (**a**) ta tillbaka (**b**) *(defekt vara)* gå tillbaka med; *(biblioteksbok)* lämna tillbaka; *(person)* följa/köra/skjutsa hem (**c**) *(i tiden)* förflytta: *to ~ sb back to his childhood*

♦ **take down** *vt + adv* (**a**) *(i allm)* ta ner, plocka ner (**b**) *(konstruktion)* demontera; *(byggnad)* riva (**c**) *(brev: vid diktamen)* ta; *(anteckningar)* göra/föra; *(adress)* skriva upp; **to ~ down the minutes** föra protokoll

♦ **take in** *vt + adv* (**a**) *(i allm)* ta in, hämta in; *~* **in the harvest** bärga skörden (**b**) *(inackordering)* ta(emot); *(barn)* ta hand om (**c**) *(pengar)* få in; *(tvätt)* ta emot (**d**) *(kjol)* ta in, sy in (**e**) *(föreläsning)* täcka, behandla; **we took in Florence on the way** vi tog/tittade på Florens på vägen (**f**) *(Film, ämne)* förstå, smälta; *(situation)* förstå, fatta; *(intryck)* registrera; *(omgivningar, utseende)* lägga märke till; **he took the situation in at a glance** han uppfattade omedelbart situationen (**g**) *(offer)* lura, bedra; **to be ~n in by appearances** låta skenet bedra

♦ **take off** **1** *vt + adv* (**a**) *(kläder)* ta/klä av; *(lock)* ta/lyfta av; *(arm, ben)* amputera; *(tåg)* dra in; *(rätt på matsedel)* stryka; **he took off his hat and said good morning** han lyfte på hatten och sa godmorgon (**b**) *(från pris)* dra av; **she took 50 pence off** hon drog av 50 pence (**c**) *(person, föremål)* föra (bort), ta (med); **she was ~n off to hospital** hon fördes till sjukhus; **to ~ oneself off** ge sig iväg (**d**) *(imitera)* härma, parodiera **2** *vt + prep* (**a**) *(i allm)* ta (av/bort) från; *(vc)* **off sb** *(Brit)* ta ifrån ngn ngt; **to ~ sb off a job** förflytta ngn från ett jobb/uppdrag; **to ~ sb off a case** ta ifrån ngn ett fall (**b**) *(från pris, nota)* dra av från **3** *vi + adv (passagerare)* avresa, åka; *(flygplan)* lyfta; *(höjdhoppare)* göra avstamp/upphopp

♦ **take on** **1** *vt + adv* (**a**) *(arbete, ansvar)* åta sig, ta på sig; *(utmaning)* anta; **to ~ sb on** utmana ngn; **she's ~n on more than she bargained for** hon visste inte vad hon gav sig in på (**b**) *(arbetare)* anställa; *(last, passagerare)* ta ombord; *(sätt, later)* lägga sig till med; *(min)* anta, få; **her face took on a wistful expression** hon fick ett trånande uttryck i ansiktet **2** *vi + adv* (**a**) *(vard: person)* ta illa vid sig, bli arg (**b**) *(sång, mode)* slå (igenom), bli populär

♦ **take out** *vt + adv* (**a**) *(i allm)* ta/bära/föra ut; **he took the dog out for a walk** han gick ut med hunden; **he took her out to lunch** han bjöd ut henne på lunch (**b**) *(ur ficka)* ta upp; *(ur låda)* ta upp, ta fram (**c**) *(tand)* dra ut; *(mandlarna, tonsillerna)* ta; *(blindtarmen)* operera; *(fläck)* ta bort; *(patent)* ta; *(försäkring)* ta (ut) (**d**): **to ~ sth out of himself** få någon att glömma sina bekymmer; **it's ~s it out of you** det suger musten ur en; **don't ~ it out on me!** låt det inte gå ut över mig!

♦ **take over** **1** *vt + adv* (**a**) *(firma)* överta; **to ~ over sb's job** få/ta ngns jobb/arbetsuppgifter (**b**) *(företag)* köpa: *Standard Oil took over Getty Oil; (bildl)*: **the tourists have ~n over Florence** turisterna har tagit över Florens **2** *vi + adv (diktator, parti)* ta över, ta makten; **to ~ over (from sb)** ta över/vid (efter ngn)

♦ **take to** *vi + prep* (**a**) *(person)* fatta tycke för, bli fäst vid; *(plats)* börja trivas med, (börja) gilla; **she didn't ~ kindly to the suggestion** hon tyckte illa om förslaget (**b**) *(vana)*: **to ~ to sth/to doing sth** börja med ngt; **he took to drugs** han började med knark; **he took to drink** han började med/tog till flaskan, han började dricka; **she took to tell-**

ing everyone that... hon sa till alla att... **(c)** (rymma) ta sin tillflykt till: he took to the woods; **to ~ to one's bed** stanna i sängen, stanna till sängs ♦ **take up** 1 vt + adv **(a)** (i allm) ta/lyfta upp; (golv) bryta upp; (heltäckningsmatta) riva upp; (väg) gräva upp; (klänning) lägga upp **(b)** (person) föra/leda upp; (föremål) ta/bära upp **(c)** (verksamhet) återuppta **(d)** (om tid) ta (i anspråk): that ~s up the whole day; (om rum) ta: it ~s up a lot of space; he's very ~n up with his work/with her han är väldigt upptagen av sitt arbete/med henne **(e)** (om vätskor) suga/ta upp **(f)** (fråga, ärende) ta upp **(g)** (hobby, sport) börja (med); (yrke, karriär) börja **(h)** (erbjudande, utmaning) anta, acceptera; I'll ~ you up on your offer jag antar ert erbjudande **(i)** (fråga, fall, person) ägna sig åt, ta sig an 2 vi + adv: to ~ up with sb börja umgås med ngn; to ~ up with bad company hamna i dåligt sällskap

take·away ['teɪkəweɪ] s (Brit: äv: ~ restaurant) restaurang med mat för avhämtning; ~ food mat för avhämtning

take-home pay ['teɪkhəum,peɪ] s lön efter skatt, nettolön

tak·en ['teɪkən] 1 perf part av take 2 adj: ~ with förtjust i

take·off ['teɪkɒf] s **(a)** (Flyg) start **(b)** (imitation) parodi, karikatyr

take·out ['teɪkaut] s (Am) = takeaway

take·over ['teɪk,əuvə'] s köp, övertagande; ~ bid försök/anbud att överta aktiemajoriteten

tak·ing ['teɪkɪŋ] 1 adj tilldragande 2 s: it's yours for the ~ det är bara att ta för sig

tak·ings ['teɪkɪŋz] spl intäkter

talc [tælk] s, **tal·cum (pow·der)** ['tælkəm(,paudə')] s talk(puder)

tale [teɪl] s (för barn etc) saga, berättelse; (undanflykt) historia; to tell ~s skvallra

tal·ent ['tælənt] s (egenskap) begåvning, talang; (person) begåvning; local ~ traktens förmågor; (vard) snygga brudar/killar; ~ scout talangscout

tal·ent·ed ['tæləntɪd] adj begåvad, talangfull

tal·is·man ['tælɪzmən] s talisman, amulett

talk [tɔːk] 1 s (i allm) samtal, pratstund; (inför publik) föredrag (on om); ~s spl överläggningar; it's just ~ det är bara prat; she's the ~ of the town hela stan pratar om henne; there is (some) ~ of... man har talat om att..., man har diskuterat att...; to give a ~ hålla ett föredrag, tala; to have a ~ with sb ha ett samtal med ngn 2 vi prata, tala; now you're ~ing! det låter bättre!, så ska det låta!; to ~ through one's hat prata i nattmössan, prata strunt; he doesn't know what he's ~ing about han vet inte vad han talar om; ~ to oneself prata för sig själv 3 vt (ett språk) tala, prata; they were ~ing Arabic de talade arabiska; to ~ business prata affärer; to ~ nonsense prata strunt; to ~ sb into/out of doing sth övertala ngn att göra/inte göra ngt se äv shop 1 a ♦ **talk down** 1 vi + adv: to ~ down to sb tala nedlåtande till ngn 2 vt + adv (flygplan) dirigera ner via radio ♦ **talk over** vt + adv prata igenom, diskutera

talka·tive ['tɔːkətɪv] adj pratsam

talked-of ['tɔːktɒv] adj omtalad; a much ~ event en mycket omtalad händelse

talk·er ['tɔːkə'] s (neds) pratmakare; to be a good ~ vara en god konversatör

talk·ing ['tɔːkɪŋ] 1 adj talande, som kan prata: a ~ bird 2 s prat; she does all the ~ det är hon som för ordet; ~ point samtalsämne

talking-to ['tɔːkɪŋ,tuː] s utskällning; I gave him a good ~ jag gav honom en rejäl utskällning

tall [tɔːl] adj (-er, -est) (byggnad, träd) hög; (person)

lång; (historia) fantastisk, otrolig; that's a ~ order! det är mycket begärt!; a ~ story en rövarhistoria; ~ drink (Am) lång drink

tall·boy ['tɔːlbɔɪ] s byrå med höga ben

tal·low ['tæləu] s talg

tal·ly ['tælɪ] 1 s (Ekon) (sammanräknad) ställning; (Sport) (poäng)ställning; what's the ~ for this month's spending? hur mycket uppgår månadens utgifter till?; to keep a ~ of sth hålla reda på/hålla räkning på ngt 2 vi (historier, räkenskaper) stämma (överens)

tal·on ['tælən] s (på fågel) klo

tam·bou·rine [,tæmbə'riːn] s tamburin

tame [teɪm] 1 adj (-er, -est) (djur) tam; (person) tam, menlös, tam (bildl); (föreställning) trist, tråkig, tam 2 vt (djur) tämja; (person) kuva; (känslor) lägga band på

tam·per ['tæmpə'] vi: ~ with (apparat) mixtra med, fingra på; (dokument) fiffla med, ändra i

tam·pon ['tæmpən] s tampong

tan [tæn] 1 s (på person) solbränna; (färg) brunt, barkbrunt; to get a ~ bli solbränd 2 adj brun, barkbrun 3 vi (person) bli brun(bränd); I don't ~ very easily jag blir inte så lätt solbränd 4 vt (person, hy) göra brunbränd, ge solbränna; (läder) garva; to ~ sb's hide (vard) ge någon på huden

tan·dem ['tændəm] 1 s (cykel) tandemcykel 2 adv (äv: in ~) i tandem, i rad; (bildl) i par

tang [tæŋ] s (i allm) stark (kvardröjande) smak; (bildl) anstrykning: the ~ of fresh mint; the salty ~ of sea air havsluftens sälta

tan·gent ['tændʒənt] s (Geom) tangent; to go off at a ~ (bildl) (plötsligt) avvika från ämnet

tan·ge·rine [,tændʒə'riːn] s (frukt) tangerin

tan·gible ['tændʒəbl] adj (skillnad) påtaglig; (bevis) konkret; (tillgång) materiell; ~ assets realtillgångar

tan·gle ['tæŋgl] 1 s **(a)** (eg: i allm) röra, virrvarr; (: garn) härva; her hair is in a ~ hennes hår är alldeles tillrufsat **(b)** (bildl) trassel, röra, oreda; I'm in a ~ with the accounts jag har trassel med bokföringen 2 vt (äv: ~ up) trassla till 3 vi trassla till sig; to ~ with sb (bildl vard) bråka/gräla med ngn

tan·go ['tæŋgəu] 1 s, pl tangos tango 2 vi dansa tango

tank [tæŋk] 1 s **(a)** (för bensin, vatten) tank, behållare; (för fisk) akvarium **(b)** (Mil) stridsvagn, tank ♦ **tank up** (Brit) 1 vt + adv (bil) fylla tanken på 2 vi + adv tanka fullt

tank·ard ['tæŋkəd] s sejdel, stop

tanked-up [,tæŋkt'ʌp] adj (vard): to get ~ supa sig full; to be ~ vara full

tank·er ['tæŋkə'] s (Sjö) tankfartyg, tanker; (bil) tankbil; (Järnv) tankvagn

tanned [tænd] adj solbränd

tan·ner ['tænə'] s (hantverkare) garvare

tan·nin ['tænɪn] s tannin, garvsyra

tan·noy® ['tænɔɪ] s (Brit) högtalaranläggning på offentlig plats

tan·ta·lize ['tæntəlaɪz] vt: to ~ sb with sth (locka med ngt oåtkomligt) fresta ngn med ngt, få ngn att sukta efter ngt

tan·ta·liz·ing ['tæntəlaɪzɪŋ] adj frestande/lockande (men oåtkomlig); it's ~ to think that... det är frustrerande att tänka på att...

tan·ta·mount ['tæntəmaunt] adj: ~ to liktydig med, detsamma som; this is ~ to a refusal detta innebär att han/hon etc vägrar

tan·trum ['tæntrəm] s raserianfall, vredesutbrott; the toddler threw a ~ det lilla barnet började tjuta av ilska

tap[1] [tæp] 1 s (i sht Brit: för vatten, gas) kran; **on** ~

(öl) på fat; *(bildl)* till hands, på lager   **2** *vt (tunna)* tappa ur; öppna; *(telefon)* avlyssna; *(tillgångar)* utnyttja; *(naturtillgångar)* exploatera

tap² |tæp| **1** *s* lätt knackning; **there was a ~ on the door** det knackade på dörren; ~ **dancing** stepp- *(dans)*   **2** *vt* knacka *(på/i/med)*; **I ~ped him on the shoulder** jag klappade honom *(lätt)* på axeln; **to ~ one's fingers** trumma *(otåligt)* med fingrarna   **3** *vi* knacka; **he ~ped on the table several times** han knackade i bordet flera gånger

tape |teɪp| **1** *s (klisterremsa)* tejp; *(till bandspelare)* band, tejp *(vard)*; *(Sport)* målsnöre; *(Textil)* band; **on ~** *(inspelad)* på band; ~ **deck** kassettdäck; ~ **measure** måttband; ~ **recorder** bandspelare; ~ **recording** bandinspelning; *se äv* **red 1**   **2** *vt (med bandspelare)* spela in på band, banda; *(med tejp: äv:* ~ **up)** tejpa ihop, slå in; **I've got him ~d** *(vard)* jag vet vad han går för; **I've got it taped** jag har fått kläm på det

ta·per |'teɪpəˈ| **1** *s (ljus)* smalt vaxljus; *(ljuständare)* vaxspira   **2** *vi (äv:* ~ **off)** smalna av

tape-record |'teɪprɪˌkɔːd| *vt* spela in (på band), banda

ta·per·ing |'teɪpərɪŋ| *adj* avsmalnande, spetsig

tap·es·try |'tæpɪstrɪ| *s* gobeläng, bildvävnad

tape·worm |'teɪpwɜːm| *s* binnikemask, bandmask

tapio·ca |ˌtæpɪˈəʊkə| *s* tapioka

tap·pet |'tæpɪt| *s (Tekn)* lyftarm; *(Motor)* ventillyftare

tar |tɑːˈ| **1** *s* tjära; **low/middle ~ cigarettes** cigaretter med låg/måttlig tjärhalt   **2** *vt (tak)* tjära; *(väg)* asfaltera; **they're ~red with the same brush** *(bildl)* de är av samma skrot och korn

ta·ran·tu·la |təˈræntjʊlə| *s (spindel)* tarantel

tar·di·ness |'tɑːdɪnəs| *s (om person)* långsamhet; *(om händelse)* sent inträffande

tar·dy |'tɑːdɪ| *adj (person)* långsam, trög; *(händelse)* senkommen

tare |teəˈ| *s (Handel: om emballage)* tara, emballagevikt; *(om fordon)* egenvikt

tar·get |'tɑːgɪt| *s (i allm)* mål, riktmärke; *(Mil)* angreppspunkt; *(Skytte)* måltavla; *(bildl)* skottavla; **the ~s for production in 1980** planerad produktion/produktionsmål för 1980; **to be on ~** *(projekt)* hålla tidsplanen; ~ **area** målområde; ~ **language** målspråk

tar·iff |'tærɪf| *s (vid import)* tull, tull|taxa/-tariff; *(för hotell)* pris, taxa

tar·mac® |'tɑːmæk| **1** *s (massa o beläggning)* grov asfalt; *(Flyg)* platta, startbana   **2** *vt (imperf, perf part* ~**ked)** asfaltera

tar·nish |'tɑːnɪʃ| **1** *vt (metall)* missfärga, göra matt; *(bildl)* skamfila, vanära   **2** *vi* bli missfärgad, mista sin glans

ta·rot |'tærəʊ| *s:* ~ **card** tarokkort

tar·pau·lin |tɑːˈpɔːlɪn| *s* presenning

tar·ra·gon |'tærəgən| *s (Bot)* dragon(ört)

tar·ry |'tærɪ| *vi (åld, litt)* dröja (kvar)

tart¹ |tɑːt| *adj (frukt, smak)* syrlig, sur; *(bildl: kommentar)* sur, besk, frän

tart² |tɑːt| *s* **(a)** *(bakverk: större)* mördegstårta; *(: mindre)* mördegsbakelse   **(b)** *(neds: prostituerad)* fnask

♦ **tart up** *vt* + *adv (vard)* piffa upp; **to ~ oneself up**, **to get ~ed up** piffa till sig

tar·tan |'tɑːtən| **1** *s* skotskrutigt tyg, tartan   **2** *adj* skotskrutig

tar·tar |'tɑːtəˈ| *s* **(a)** *(på tänder)* tandsten   **(b)** *(åld: Kem)* vinsten *(åld)*, kaliumvätetartrat *(spec)*; **cream of ~** *(: Matl)* renad vinsten

Tar·tar |'tɑːtəˈ| *s (folkslag)* tatar; **t~** *(bildl)* tyrann; *(: kvinna)* ragata; **t~ sauce** *(Matl)* tartarsås

task |tɑːsk| *s* uppgift, uppdrag; **to take sb to ~** *(for sth)* kritisera ngn (för ngt), läxa upp ngn (för ngt); ~ **force** *(Mil)* specialtrupp; *(i allm)*

(särskild) arbetsgrupp

task·master |'tɑːskˌmɑːstəˈ| *s:* **he's a hard ~** han ställer höga krav

tas·sel |'tæsəl| *s* tofs

taste |teɪst| **1** *s* **(a)** *(egenskap)* smak; *(förmåga)* smak(sinne); **the soup had an odd ~** soppan hade en egendomlig (bi)smak; **may I have a ~?** kan jag få smaka?; ~ **bud** smaklök; *se äv* acquired   **(b)** *(förkärlek)* smak; **to acquire a ~ for** sth få smak för/på ngt; **it's not to my ~** det är inte i min smak   **(c)** *(omdöme)*: **good ~** god smak; **to be in bad/poor ~** vara smaklös/taktlös/ofin; **to be in good ~** vara smakfull/taktfull   **2** *vt* **(a)** *(prova)* (prov)smaka; **just ~ this!** smaka på det här!   **(b)** *(förnimma smak)* känna smaken av; **I can hardly ~ the garlic in this** jag känner knappt att det här smakar vitlök   **(c)** *(bildl: uppleva)* smaka ('på); känna ('på); **when he first ~ed power** när han först fick känna maktens sötma   **3** *vi:* **to ~ of sth** smaka ngt; **this drink ~s of gin** den här drinken smakar gin; **it ~s good** det smakar gott

taste·ful |'teɪstfʊl| *adj* smakfull

taste·less |'teɪstlɪs| *adj (Matl)* smaklös, utan smak; *(bildl: inredning)* smaklös; *(: skämt)* osmaklig, taktlös

tasty |'teɪstɪ| *adj (-ier, -iest)* välsmakande

tat |tæt| *s se* **tit²**

tat·tered |'tætəd| *adj* söndersliten, fransig

tat·ters |'tætəz| *spl* trasor, paltor; **in ~** söndersliten

tat·tle |'tætl| *vi* skvallra

tat·tler |'tætləˈ| *s* skvallerbytta *(vard)*

tat·too¹ |təˈtuː| *s (Mil: signal)* tapto; *(: uppvisning)* parad: **the Edinburgh ~**; **to beat a ~ with one's fingers** trumma *(otåligt)* med fingrarna

tat·too² |təˈtuː| **1** *s* tatuering   **2** *vt* tatuera

tat·ty |'tætɪ| *adj (-ier, -iest) (vard: i sht Brit)* sjabbig, sjaskig

taught |tɔːt| *imperf, perf part av* **teach**

taunt |tɔːnt| **1** *s* gliring, glåpord   **2** *vt:* **to ~ sb (with sth)** reta/håna ngn (för ngt)

taut |tɔːt| *adj (-er, -est) (eg)* spänd; *(bildl)* nervös, spänd; *(: om stil)* stram, kortfattad

tau·to·logi·cal |ˌtɔːtəˈlɒdʒɪkəl| *adj* tautologisk

tau·tol·ogy |tɔːˈtɒlədʒɪ| *s* tautologi

tav·ern |'tævən| *s* värdshus

taw·dry |'tɔːdrɪ| *adj (-ier, -iest)* prålig

taw·ny |'tɔːnɪ| *adj (-ier, -iest)* gulbrun, gyllenbrun; ~ **port** *(portvin)* tawny

tax |tæks| **1** *s* skatt; **to put a ~ on sth** beskatta ngt; **the ~ on petrol** skatten på bensin; ~ **avoidance** skatteplanering, (lagligt) undvikande av att betala skatt; ~ **collector** skatteuppbördsman, skattmas *(vard)*; ~ **evader** skattesmitare, skatteskolkare; ~ **evasion** skatteflykt; ~ **haven** skatteparadis; ~ **inspector** taxeringsintendent; ~ **rebate** skatteåterbäring; ~ **relief** skattelättnad; ~ **return** självdeklaration, deklarationsblankett; ~ **system** skattesystem; *se äv* **income**, **capital 2 c, value-added tax**   **2** *vt* **(a)** *(eg: person)* beskatta **(b)** *(bildl: tillgångar)* anstränga; *(tålamod)* fresta, sätta på prov   **(c)** *(bildl):* **to ~ sb with sth** anklaga ngn för ngt

taxa·tion |tækˈseɪʃən| *s* beskattning; **system of ~** skattesystem

tax-free |ˌtæksˈfriː| *adj* skattefri

taxi |'tæksɪ| **1** *s* taxi; ~ **driver** taxichaufför; ~ **rank** *(Brit)*, ~ **stand** *(Am)* taxistation   **2** *vi (Flyg)* taxa

taxi·der·mist |'tæksɪdɜːmɪst| *s* konservator, uppstoppare

taxi·meter |'tæksɪˌmiːtəˈ| *s* taxameter

tax·man |'tæksmæn| *s* taxeringsintendent,

skattmas *(vard)*
tax·payer ['tæks,peɪəʳ] s skattebetalare
TB *(förkf tuberculosis)* tbc
T-bone (steak) ['tiːbəʊn('steɪk)] s T-benstek
tea [tiː] **1** s **(a)** *(dryck)* te; **a pot of** ~ en kanna te;
~ **with lemon** te med citron; **it's just my cup of** ~
(bildl) det är min stil, det är precis vad jag gil-
lar **(b)** *(måltid: på eftermiddagen)* (eftermid-
dags)te; *(: på kvällen)* kvällsmat **2** *(i sms)* ~ **bag**
tepåse; ~ **break** *(i sht Brit)* tepaus, terast; ~
caddy teburk; ~ **cart** *(Am)* = ~ **trolley;** ~ **chest**
telåda, trälår; ~ **cloth** *(Brit: för torkning)*
kökshandduk; *(: att lägga på bricka)* teduk; ~
cosy tehuv; ~ **leaf** teblad; ~ **party** tebjudning; ~
service, ~ **set** teservis; ~ **strainer** tesil; ~ **towel**
(Brit) kökshandduk; ~ **tray** tebricka; ~ **trolley**
(Brit) tevagn
tea·cake ['tiːkeɪk] s tekaka
teach [tiːtʃ] *imperf, perf part* **taught** **1** *vt (person)*
lära, undervisa; *(ämne)* lära ut, undervisa i; **to** ~
sb sth/(how) to do sth lära ngn ngt/att göra ngt;
she ~**es cookery to 14-year olds** hon undervisar
14-åringar i matlagning; **they are taught Latin at
school** de läser latin i skolan; **to** ~ **sb a lesson**
(bildl) ge ngn en läxa; **I'll** ~ **you to leave the gas
on!** jag ska lära dig att lämna gasen på! **2** *vi*
undervisa, arbeta som lärare; **his wife** ~**es in
our school** hans fru är lärare på vår skola; **she's
been** ~**ing for 20 years** hon har varit lärare i 20
år
teach·er ['tiːtʃəʳ] s lärare; **French** ~ fransklärare;
~ **training college** lärarhögskola
teach·ing ['tiːtʃɪŋ] s *(i allm)* undervisning; *(vanl pl)*
lära, läror: *the* ~*s of Karl Marx;* ~ **hospital** *(Brit)*
undervisningssjukhus; ~ **staff** lärarkår
tea·cup ['tiːkʌp] s tekopp; **a storm in a** ~ en storm i
ett vattenglas
teak [tiːk] s *(träslag)* teak
team [tiːm] **1** s *(i allm)* lag, grupp, gäng; *(Sport)*
lag; *(hästar)* spann; **away** ~ bortalag; ~ **game**
lagsport; ~ **spirit** laganda **2** *vi:* **to** ~ **up (with)**
slå sig ihop (med)
team·ster ['tiːmstəʳ] s *(Am)* långtradarchaufför;
T~**s (Union)** *(Am)* transportarbetarförbundet
team·work ['tiːmwɜːk] s lagarbete
tea·pot ['tiːpɒt] s tekanna
tear[1] [tɛəʳ] *(v: imperf* tore, *perf part* torn) **1** s reva,
rispa: *your shirt has a* ~ **in it** **2** *vt (tyg, papper)*
riva/slita sönder; **to** ~ **a hole in** riva hål på; **to** ~
to pieces/to bits *(tyg, papper)* riva/slita i stycken,
riva i tusen bitar; **the tiger tore its prey to pieces**
(bildl) tigern slet sitt offer i stycken; **the critics
tore his play to pieces** *(bildl)* kritikerna gjorde
hackmat av hans pjäs; **to** ~ **open** *(brev, paket)*
slita/riva upp; **to be torn between alternatives**
slitas mellan olika alternativ; **a nation torn
(apart) by war** en nation splittrad av krig **3**
vi **(a)** rivas sönder; **to** ~ **at sth** *(omslagspapper)*
riva (och slita) i; **to** ~ **at sb** *(person)* riva, klösa;
(: angripa) ge sig på **(b)** rusa, flänga; **to** ~
along/out/down rusa iväg/ut/ner
♦ **tear away** *vt + adv (eg)* slita/riva loss; *(bildl)*
slita lös; **to** ~ **oneself away (from sth)** slita sig
(loss) (från ngt)
♦ **tear down** *vt + adv (flagga, draperi etc)* riva/slita
ner; *(byggnad)* riva
♦ **tear off** **1** *vt + adv* riva av, slita loss **2** *vt +
prep* riva av, slita loss **3** *vi + adv (vard)* rusa
iväg
♦ **tear out** *vt + adv (boksida etc)* riva ur; *(planta)*
slita upp
♦ **tear up** *vt + adv* **(a)** *(papper)* riva sönder;
(bildl: kontrakt) riva (upp) **(b)** *(planta)* slita upp
tear[2] [tɪəʳ] s tår; **to burst into** ~s brista i gråt; **to be
in** ~s gråta; **a child in** ~s ett gråtande barn; ~

gas tårgas
tear·away ['tɛərəweɪ] s *(vard)* bråkmakare
tear·drop ['tɪədrɒp] s tår
tear·ful ['tɪəfʊl] *adj (person)* gråtfärdig; *(uttryck)*
tårfylld; *(historia)* sorglig, sorgesam
tear-jerker ['tɪə,dʒɜːkəʳ] s *(vard)* snyftare, tårdry-
pande film/bok *etc*
tea·room ['tiːrʊm] s tesalong, teservering
tease [tiːz] **1** s *(i allm)* retsticka; *(i sexuell bemär-
kelse)* person som flörtar **2** *vt* reta, retas med
♦ **tease out** *vt + adv (trassligt hår)* reda/kamma ut;
(ull) karda; *(bildl: upplysningar)* locka ur
teas·er ['tiːzəʳ] s *(person):* **she's just a teaser, she
isn't really in love with you** hon leker bara med
dig, hon är inte kär i dig på riktigt; *(vard: pro-
blem)* hård nöt
tea·spoon ['tiːspuːn] s tesked
teat [tiːt] s *(på djur)* spene; *(Brit: på flaska)* napp
tea·time ['tiːtaɪm] s tedags
tech·ni·cal ['teknɪkəl] *adj (process)* teknisk; *(språk)*
fack-; ~ **college/school** yrkesinriktat gym-
nasium/yrkesskola; ~ **offence** *(Jur)* formell för-
seelse; ~ **term** fackterm
tech·ni·cal·ity [,teknɪ'kælɪtɪ] s teknisk detalj, for-
malitet: *I don't understand all the technicalities*
tech·ni·cal·ly ['teknɪkəlɪ] *adv (eg)* tekniskt (sett); *(i
teorin)* teoretiskt (sett); **technically, he's a stu-
dent** formellt sett är han student
tech·ni·cian [tek'nɪʃən] s tekniker
tech·nique [tek'niːk] s *(i allm)* teknik, metod; *(fär-
dighet)* skicklighet, teknik
tech·no·logi·cal [,teknə'lɒdʒɪkəl] *adj* teknologisk
tech·nol·ogy [tek'nɒlədʒɪ] s teknologi
ted·dy (bear) ['tedɪ(,bɛəʳ)] s nalle(björn), teddy-
björn
te·di·ous ['tiːdɪəs] *adj* (lång)tråkig, långsam
te·di·ous·ness ['tiːdɪəsnɪs], s, **te·dium** ['tiːdjəm] s
långtråkighet
tee [tiː] s *(Golf: plats)* utslagsplats, tee; *(: bollhål-
lare)* peg; *(Am fotboll)* bollstöd
♦ **tee off** *vi + adv (Golf)* slå ut; *(bildl)* börja
teem [tiːm] *vi* **(a): to** ~ **(with)** *(insekter, fisk)* vim-
la, krylla (av) **(b): it's** ~**ing (with rain)** det/
regnet vräker ner
teen·age ['tiːneɪdʒ] *adj* tonårs-
teen·ager ['tiːn,eɪdʒəʳ] s tonåring
teens [tiːnz] *spl* tonåren; **he is still in his** ~ han är
fortfarande i tonåren
teeny [tiːnɪ] *adj (fam, barnspr)* (pytte)liten
teeny·bopper ['tiːnɪ,bɒpəʳ] s *(vard)* poptjej, pop-
kille *i lägre tonåren*
tee-shirt ['tiːʃɜːt] s = **T-shirt**
tee·ter ['tiːtəʳ] *vi (i allm)* vackla, vingla; **to** ~ **on the
edge of a nervous breakdown** *(bildl)* vara på
gränsen till ett nervöst sammanbrott
teeth [tiːθ] *pl av* **tooth**
teethe [tiːð] *vi* få tänder
teeth·ing ['tiːðɪŋ] s tandsprickning; ~ **ring**
bitring; ~ **troubles** *(bildl)* barnsjukdomar, initi-
alsvårigheter
tee·to·tal ['tiː'təʊtl] *adj* nykterhets-; **he became
completely** ~ han slutade helt att dricka
tee·to·tal·ler, *(Am)* **tee·to·tal·er** ['tiː'təʊtləʳ] s
(hel)nykterist, absolutist
tele·cast ['telɪkaːst] *(v: imperf, perf part* **tele-
cast)** **1** s TV-sändning **2** *vt* sända i TV
tele·com·muni·ca·tions ['telɪkə,mjuːnɪ'keɪʃnz] *spl*
telekommunikationer
tele·gram ['telɪgræm] s telegram
tele·graph ['telɪgraːf] **1** s *(meddelande)* tele-
gram; *(apparat)* telegraf; ~ **pole,** ~ **post** te-
lefonstolpe; ~ **wire** telefontråd **2** *vt*
telegrafera
tele·path·ic [,telɪ'pæθɪk] *adj* telepatisk
te·lepa·thy [tɪ'lepəθɪ] s telepati, tankeöverföring

tele·phone ['telɪfəʊn] **1** s telefon; **to be on the** ~ *(i samtal)* tala/sitta i telefon; *(abonnera)* ha telefon; ~ **box** telefonkiosk; ~ **book** telefonkatalog; ~ **booth** = ~ **box;** ~ **call** telefonsamtal; ~ **directory** telefonkatalog; ~ **exchange** telefonstation, telefonväxel; ~ **kiosk** = ~ **box;** ~ **number** telefonnummer; ~ **operator** *(Am)* telefonist **2** *vt* ringa/telefonera (till) **3** *vi* ringa, telefonera

te·lepho·nist [tɪ'lefənɪst] s *(Brit)* (växel)telefonist

tele·photo ['telɪ,fəʊtəʊ] *adj:* ~ **lens** teleobjektiv

tele·print·er ['telɪ,prɪntə'] s *(Brit)* teleprinter

tele·prompt·er® ['telɪ,prɒmptə'] s teleprompter

tele·scope ['telɪskəʊp] **1** s teleskop **2** *vi* skjutas/tryckas ihop, vara hoptryckbar

♦ **telescope** **out** *vi* + *adv* expandera, vara utdragbar

tele·scop·ic [,telɪs'kɒpɪk] *adj* **(a)** teleskopisk; ~ **lens** teleobjektiv; ~ **sight** kikarsikte **(b)** hopfällbar: ~ *umbrella;* ~ **aerial** teleskopantenn

tele·type ['telɪtaɪp] s *(Am: äv:* ~ **machine)** = **tele·printer**

tele·type·writ·er ['telɪ'taɪpraɪtə'] s *(Am)* = **tele·printer**

tele·vise ['telɪvaɪz] *vt* sända i TV

tele·vi·sion ['telɪ,vɪʒən] s *(i allm)* TV, television(en); *(apparat)* TV, TV-apparat; ~ **set** TV, TV-apparat; **to watch** ~ titta på TV; **on** ~ på TV; ~ **programme,** *(Am)* ~ **program** TV-program; ~ **personality** TV-kändis; ~ **screen** TV-ruta, bildruta

tel·ex ['teleks] **1** s telex **2** *vt, vi* telexa

tell [tel] *imperf, perf part* **told 1** *vt* **(a)** *(saga)* berätta; *(sanningen)* säga; *(hemlighet)* avslöja; **to** ~ **sb sth** säga ngt till ngn, berätta ngt för ngn; **to** ~ **sb that...** tala om för ngn att...; **to** ~ **sb whether/how/why** *etc* tala om för ngn om/hur/varför *etc;* **to** ~ **sb about sth** berätta ngt för ngn; **I have been told that...** jag har hört att...; **I am glad to** ~ **you that...** *(frm)* jag har glädjen att kunna meddela att...; **I cannot** ~ **you how pleased I am** ni kan inte ana hur glad jag är; **(I)** ~ **you what...** vet du vad...; **I told you so! didn't I** ~ **you so?** det var ju det jag sa!; ..., **I can** ~ **you** ..., det kan jag lova dig; **let me** ~ **you** det ska jag säga dig; **you're** ~**ing me!** *(vard)* det vet jag väl!; **don't** ~ **me you can't do it!** kom inte och säg att du inte kan göra det!; ~ **me another!** *(vard)* kom med något annat!; **to** ~ **the future/sb's fortune** spå om framtiden/spå ngn

(b) *(beordra):* **to** ~ **sb to do sth** säga åt ngn att göra ngt; **do as you are told!** gör som du har blivit tillsagd!; **he won't be told** det är ingen idé att säga åt honom (han lyder ändå inte)

(c) *(signalera)* visa; **a sign told us which way to go** en skylt visade oss vilket håll vi skulle gå **(d)** *(uppfatta)* se, avgöra; **to** ~ **the difference between A and B** skilja mellan/på A och B; **to** ~ **right from wrong** skilja rätt från orätt; **I couldn't** ~ **them apart** jag kunde inte se vem som var vem *(personer)/*vilken som var vilken *(föremål);* **you can** ~ **a horse's age by its teeth** man kan se hur gammal en häst är på tänderna; **to** ~ **(the) time** kunna klockan

(e): 400 all told 400 allt som allt

2 *vi* **(a)** berätta *(of* om); *(vard: hemligheter):* **to** ~ **(on)** skvallra (på); **more than words can** ~ mer än vad som kan uttryckas med ord; **that would be** ~**ing!** det vore att skvallra **(b)** *(veta)* **I can't** ~ jag har ingen aning; **who can** ~? vem vet?; **there is no** ~**ing** det är omöjligt att veta; **you never can** ~ man kan aldrig veta **(c)** *(ha effekt)* ge utslag; **experience always** ~**s in the end** erfarenhet ger alltid utslag till slut; **to** ~ **against sb** tala emot ngn; **the strain is beginning to** ~ **on him** pressen börjar märkas på

honom, det börjar synas att han är pressad

♦ **tell off** *vt* + *adv:* **to** ~ **sb off (for sth/for doing sth)** ge ngn en utskällning/på pälsen (för ngt)

tell·er ['telə'] s **(a)** *(av historia)* berättare **(b)** *(i bank)* kassör; *(vid val)* rösträknare; **automated** ~ *(Am)* bankomat

tell·ing ['telɪŋ] *adj (slag)* kraftig; *(kommentar)* dräpande; *(siffror)* talande

telling-off ['telɪŋ'ɒf] s: **to give sb a** ~ ge ngn en uppsträckning/på pälsen

tell·tale ['telteɪl] **1** *adj* avslöjande, skvallrande **2** s *(person)* skvallerbytta; *(Tekn)* kontrollinstrument

tel·ly ['telɪ] s *(Brit vard)* TV

te·mer·ity [tɪ'merɪtɪ] s *(pos)* djärvhet; *(neg)* dumdristighet; **he had the** ~ **to...** han var djärv/dumdristig nog att...

temp [temp] **1** s *(Brit: förk f* **temporary)** kontorsvikarie **2** *vi (Brit)* ta tillfälliga (kontors)-jobb

tem·per ['tempə'] **1** s *(stadigvarande)* temperament, sinnelag; *(tillfälligt)* humör; **to be in a** ~ vara på dåligt humör; **to be in a good/bad** ~ vara på gott/dåligt humör; **to keep one's** ~ bibehålla sitt lugn; **to lose one's** ~ tappa humöret/besinningen; **in a fit of** ~ i ett vredesutbrott; **to fly into a** ~ fatta humör, brusa upp; **mind your** ~!, ~, ~! tappa inte humöret!, besinna dig/er! **2** *vt (känsla)* mildra, dämpa; *(metall)* härda

tem·pera·ment ['tempərəmənt] s temperament, sinnelag, läggning

tem·pera·men·tal [,tempərə'mentl] *adj* **(a)** *(person, maskin)* temperamentsfull, nyckfull **(b)** *(egenskap)* naturlig, medfödd

tem·per·ance ['tempərəns] s *(i allm)* måttlighet; *(rörelse)* (hel)nykterhet; ~ **hotel** nykterhetshotell

tem·per·ate ['tempərɪt] *adj (i allm)* måttlig; *(klimat)* tempererad

tem·pera·ture ['temprɪtʃə'] s *(i allm)* temperatur; *(Med)* feber; **she has a** ~ hon har feber

tem·pered ['tempəd] *adj* **(a)** *(suffix: med temperament av angivet slag):* **quick-**~ hetlevrad; **hot-**~ hetsig **(b)** *(Mus)* tempererad

tem·pest ['tempɪst] s *(poet)* storm, oväder

tem·pes·tu·ous [tem'pestjʊəs] *adj (eg, bildl)* stormig, våldsam

tem·plate, *(Am äv)* **tem·plet** ['templɪt] s *(Tekn)* schablon, mall

tem·ple[1] ['templ] s *(Rel: i allm)* tempel; *(: mormon-)* mormonkyrka; *(: Am Jud)* synagoga

tem·ple[2] ['templ] s *(Anat)* tinning

tem·po ['tempəʊ] s *(Mus: pl* **tempi** ['tempi:] *el* ~**s)** tempo; *(i allm: pl* ~**s)** tempo, fart

tem·po·ral ['tempərəl] *adj (Språkv)* temporal-, tids-; *(Rel)* världslig, timlig

tem·po·rari·ly ['tempərərɪlɪ] *(Am)* ,tempə'rærəlɪ] *adv* temporärt, tillfälligt, för tillfället

tem·po·rary ['tempərərɪ] *adj (i allm)* tillfällig, temporär; *(byggnad)* provisorisk; *(tjänsteman)* tillförordnad

tempt [tempt] *vt (person)* fresta, locka; *(bildl: ödet)* utmana; **to be** ~**ed to do sth** vara frestad att göra ngt; **can I** ~ **you to another cake** får jag fresta med en kaka till

temp·ta·tion [temp'teɪʃən] s frestelse, lockelse; **there is always a** ~ **to...** man frestas lätt att...; **I couldn't resist the** ~ jag kunde inte motstå frestelsen

tempt·ing ['temptɪŋ] *adj (erbjudande)* frestande; *(idé)* lockande; *(mat)* aptitretande

tempt·ress ['temptrɪs] s fresterska, förförerska

ten [ten] **1** *räkn* tio **2** s tia, tiotal; ~**s of thousands** tiotusentals; **the upper** ~ grädden, societeten; **to one he'll be late** *(vard)* jag håller tio

mot ett att han kommer för sent; **they're** ~ **a penny** *(neds)* det går tretton på dussinet av dem; *se äv* **five**
ten·able ['tenəbl] *adj (argument)* hållbar; *(åsikt)* försvarbar
te·na·cious [tɪ'neɪʃəs] *adj (i allm)* fasthållande; *(grepp)* fast; *(minne)* gott; *(karaktär)* orubblig, seg; *(lera)* seg, klibbig, kladdig
te·nac·ity [tɪ'næsɪtɪ] *s (se* **tenacious)** fasthållande; fasthet; orubblighet; seghet
ten·an·cy ['tenənsɪ] *s* förhyrning, arrende; *(tid)* hyrestid, arrendetid
ten·ant ['tenənt] *s (av lägenhet)* hyresgäst; *(av lantbruk etc)* arrendator
tend[1] [tend] *vi* tendera, ha en benägenhet; **to** ~ **to do sth** ha en benägenhet att göra ngt; **I** ~ **to agree with her** jag är benägen att hålla med henne; **that** ~**s to be the case** det brukar vara fallet; **my wife** ~**s towards the opposite view** min fru lutar åt den motsatta uppfattningen
tend[2] [tend] *vt (äv:* ~ **to:** *sjuka etc)* vårda, ta hand om; *(djur)* sköta; *(maskin)* passa
ten·den·cy ['tendənsɪ] *s* tendens; **to have a** ~ **to...** ha en tendens att..., ha en benägenhet att...
ten·den·tious [ten'denʃəs] *adj* tendentiös
ten·der[1] ['tendə[r]] *s (Järnv: kolvagn till lok)* tender
ten·der[2] ['tendə[r]] **1** *s* **(a)** *(Handel)* anbud, offert; **to make a** ~ **(for), to put in a** ~ **(for)** lämna in anbud (på); **to put work out to** ~ lägga ut arbete på entreprenad **(b):** **legal** ~ lagligt betalningsmedel **2** *vt (avskedsansökan)* inlämna; *(betalning)* erlägga; *(tjänster)* erbjuda **3** *vi (Handel):* **to** ~ **(for)** lämna in anbud (på)
ten·der[3] ['tendə[r]] *adj* **(a)** *(person)* öm(sint), mild, kärleksfull; **to bid sb a** ~ **farewell** ta ett ömt farväl av ngn **(b)** *(kroppsdel)* öm, ömmande; *(bildl: ämne)* ömtålig; ~ **to the touch** öm vid beröring **(c)** *(växt, ålder)* späd **(d)** *(kött)* mör
tender-hearted [,tendə'hɑːtɪd] *adj* godhjärtad, vek
ten·der·loin ['tendəlɔɪn] *s (Matl)* ox-/fläsk|filé
ten·der·ly ['tendəlɪ] *adv* ömt: *he kissed her* ~
ten·der·ness ['tendənɪs] *s (se* **tender)** ömhet; ömtålighet
ten·don ['tendən] *s* sena
ten·dril ['tendrɪl] *s (Bot)* ranka, klänge
ten·ement ['tenɪmənt] *s (byggnad: vanl förslummad)* hyreskasern; *(Brit äv: bostad)* hyresrum, hyreslägenhet; ~ **block,** ~ **house** hyreskasern
ten·et ['tenət] *s* grundsats, trossats
ten·ner ['tenə[r]] *s (belopp: Brit)* 10 pund; *(: Am)* 10 dollar; *(sedel: Brit)* tiopundssedel; *(: Am)* tiodollarsedel
ten·nis ['tenɪs] *s* tennis; ~ **ball** *s* tennisboll; ~ **court** tennisbana; ~ **elbow** *(Med)* tennisarm; ~ **racket** tennisracket
ten·or ['tenə[r]] **1** *adj* tenor- **2** *s* **(a)** *(Mus: person, röst)* tenor **(b)** *(om tal)* innehåll, innebörd; *(om liv)* förlopp, utveckling
tense[1] [tens] *s (Språkv)* tempus
tense[2] [tens] **1** *adj (-er, -est) (muskel, trumskinn)* spänd, sträckt; *(person, stämning)* spänd, nervös **2** *vt (muskel)* spänna
tense·ly ['tenslɪ] *adv* nervöst
ten·sion ['tenʃən] *s (eg, bildl)* spänning
tent [tent] *s* tält; ~ **peg** *(Brit),* ~ **stake** *(Am)* tältpinne
ten·ta·cle ['tentəkl] *s* tentakel, känselspröt
ten·ta·tive ['tentətɪv] *adj (arrangemang, formulering)* preliminär, försöks-; *(person)* tveksam, tvehågsen
tenter·hooks ['tentəhʊks] *spl:* **to be on** ~ sitta som på nålar; **to keep sb on** ~ hålla ngn på sträckbänken/halster

tenth [tenθ] **1** *räkn* tionde **2** *s* tiondeld; *se äv* **fifth**
tenu·ous ['tenjʊəs] *adj (eg)* tunn, smal; *(bildl)* tunn, svag, torftig
ten·ure ['tenjʊə[r]] *s (av mark)* besittningsrätt; *(av ämbete)* ämbetstid; *(i sht Am: arbete)* fast anställning
tep·id ['tepɪd] *adj (eg, bildl)* ljum(men)
term [tɜːm] **1** *s* **(a)** *(tid: i allm)* period, tid; *(: i skola)* termin; **in the short/long** ~ på kort/lång sikt; **during his** ~ **of office** under hans ämbetsperiod; **in the spring/summer** ~ på vår-/sommar|terminen; *se äv* **half** 2 **(b)** *(uttryck: äv Mat)* term; **technical** ~ fackterm; **to tell sb sth in no uncertain** ~**s** säga till någon i mycket klara ordalag; **in general** ~**s** i allmänna ordalag; **in** ~**s of...**, vad beträffar..., i fråga om..., när det gäller...; **in** ~**s of production 1984 was a good year but in** ~**s of cost it wasn't** vad beträffar produktionen var 1984 ett bra år men inte i fråga om kostnader **(c):** ~**s** villkor; ~**s of employment** anställningsvillkor; ~**s of reference** *(för utredning)* direktiv; **on one's own** ~**s** på ens/sina egna villkor; **to come to** ~**s with a situation** finna sig i/acceptera en situation; **to come to** ~**s with a person** komma överens med en person; **reduced** ~**s for pensioners** nedsatt pris för pensionärer; **not on any** ~**s** på inga villkor **(d):** ~**s** *(relation):* **to be on good** ~**s with sb** stå på god fot med ngn; **to be on bad** ~**s with sb** vara ovän med ngn; **we are not on speaking** ~**s** vi talar inte med varandra 2 *vt* kalla, benämna
ter·mi·nal ['tɜːmɪnl] **1** *adj (stadium)* slut-, änd-; *(sjukdom)* dödlig; *(patient)* döende **2** *s* **(a)** *(Elektr)* pol; *(Data)* terminal **(b)** *(för buss, tåg)* änd-/slut|station; *(byggnad)* terminal
ter·mi·nate ['tɜːmɪneɪt] **1** *vt (möte)* avsluta; *(graviditet)* avbryta; *(kontrakt, avtal)* säga upp; **to** ~ **a pregnancy** göra abort **2** *vi (kontrakt, avtal)* upphöra, gå ut; **the bus** ~**s here** *(vid slutstation)* bussen går inte längre
ter·mi·na·tion [,tɜːmɪ'neɪʃən] *s se* **terminate** avslutning; avbrytande; uppsägning; upphörande
ter·mi·nol·ogy [,tɜːmɪ'nɒlədʒɪ] *s* terminologi
ter·mi·nus ['tɜːmɪnəs] *s, pl* **termini** ['tɜːmɪnaɪ] *el* **-es** *(för buss)* änd-/slut|station; *(för tåg)* ändstation, terminal
ter·mite ['tɜːmaɪt] *s* termit
term-time ['tɜːmtaɪm] *s (Skol)* terminstid; **in** ~ under terminstid
ter·race ['terəs] *s* **(a)** *(eg)* avsats, terrass; *(utanför hus)* uteplats, terrass; *(på tak)* (tak)terrass **(b)** *(byggnader)* husrad; *(ofta i gatunamn):* **Porchester T**~ **(c): the** ~**s** *(Sport: plats)* ståplatsläktare; *(: personer)* ståplatspublik
ter·raced ['terɪst] *adj (sluttning, trädgård)* terrasserad; i terrasser; ~ **house** radhus
ter·racot·ta ['terə'kɒtə] *s* terrakotta
ter·rain [te'reɪn] *s* terräng
ter·res·trial [tɪ'restrɪəl] *adj (i allm)* jordisk; *(djur)* land-, landlevande
ter·ri·ble ['terəbl] *adj* fruktansvärd, hemsk, förfärlig; **to be** ~ **at sth** att vara urdålig/värdelös på ngt
ter·ri·bly ['terəblɪ] *adv (eg)* förskräckligt, fasansfullt; *(förstärkande)* hemskt, fruktansvärt, förskräckligt; **it's** ~ **good** den är hemskt/väldigt bra
ter·ri·er ['terɪə[r]] *s (hund)* terrier
ter·rif·ic [tə'rɪfɪk] *adj (bok, idé etc)* jättebra, toppen; *(nyhet)* fantastisk; *(fart, hetta, höjd)* enorm; *(olycka etc)* förskräcklig, förfärlig
ter·ri·fy ['terɪfaɪ] *vt* skrämma, förfära; **I'm terrified of it** jag är livrädd för det

ter·ri·fy·ing ['tɛrɪfaɪɪŋ] *adj* skrämmande
ter·ri·to·rial [ˌtɛrɪ'tɔːrɪəl] *adj* territoriell, territorial-; **the T~ Army** *(brittiska)* territorialarmén; **~ waters** territorialvatten
ter·ri·to·ry ['tɛrɪtərɪ] *s* territorium
ter·ror ['tɛrəʳ] *s (känsla)* skräck, fruktan; *(person, hund etc)* skräck; *(Pol)* terror, skräckvälde; **to live in ~ of sth** leva i skräck för ngt; **she's a ~ on the roads** hon är livsfarlig på vägarna; **you little ~!** din lilla odåga/busunge!
ter·ror·ism ['tɛrərɪzəm] *s* terrorism
ter·ror·ist ['tɛrərɪst] **1** *adj* terrorist- **2** *s* terrorist
ter·ror·ize ['tɛrəraɪz] *vt* terrorisera
terror-stricken ['tɛrəˌstrɪkən] *adj* skräckslagen, förlamad av skräck
ter·ry ['tɛrɪ] *s (äv: ~ cloth)* frotté; **~ towel** frottéhandduk
terse [tɜːs] *adj* (-er, -est) koncis, kort, kärnfull
ter·tiary ['tɜːʃərɪ] *adj* tertiär, i tredje hand; **~ education** *(Brit: ung)* yrkesinriktad högskola
tes·sel·la·ted ['tɛsɪleɪtɪd] *adj* mosaik-
test [tɛst] **1** *s (i allm)* test, prov; *(Univ)* tentamen; *(Skol)* prov, skrivning; **driving ~** körkortsprov; **to take a ~** genomgå ett prov/ett test; **we have a weekly French ~** vi har ett prov i franska varje vecka; **to do ~s on the food** ta prover på maten; **to put sth to the ~** sätta ngt på prov; **it has stood the ~ of time** den/det har stått sig genom tiderna/har motstått tidens tand; **(nuclear) ~ ban** provstopp; **~ card** *(TV)* testbild; **~ case** *(Jur)* prejudicerande fall; **~ flight** *(Flyg)* prov-/test|flygning; **~ match** *(Cricket)* testmatch, landskamp; **~ paper** *(Kem)* reagenspapper; **~ pilot** prov-/test|flygare; **~ tube** provrör
2 *vt (i allm)* prova, pröva; *(syn, hörsel etc)* undersöka; *(ny produkt)* testa; **to have one's eyes/ears ~ed** undersöka synen/hörseln; **to ~ sb's patience** pröva ngns tålamod; **to ~ sb in mathematics** pröva ngn i matematik; **they ~ed him for hepatitis** de undersökte honom för att se om han hade gulsot
3 *vi (se 2)* prova, pröva; undersöka; testa; **they are testing for oil** de provborrar efter olja; **~ing, ~ing, one, two...** *(Tele)* jag testar, ett, två...
tes·ta·ment ['tɛstəmənt] *s* **(a):** **last will and ~** testamente **(b): the Old/New T~** Gamla/Nya testamentet
tes·ti·cle ['tɛstɪkl] *s* testikel
tes·ti·fy ['tɛstɪfaɪ] *vi (Jur)* vittna; **to ~ that...** vittna att...; **to ~ to sth** *(Jur, (bildl)* intyga, betyga; **his Rolls-Royce testifies to his rich life-style** hans Rolls-Royce vittnar om hans flotta livsstil
tes·ti·mo·nial [ˌtɛstɪ'məʊnɪəl] *s* **(a)** skriftligt intyg, rekommendationsbrev **(b)** *(present)* hedersgåva, minnesgåva
tes·ti·mo·ny ['tɛstɪmənɪ] *s (Jur)* vittnesmål; *(bildl)* bevis, tecken
test·ing ['tɛstɪŋ] *adj* besvärlig; **this has been a ~ time** detta har varit en prövningarnas tid
test·ing ground ['tɛstɪŋˌɡraʊnd] *s (eg)* testbana, experimentalfält; *(bildl):* **the athletics match in Stockholm is seen as a ~ for the Olympics** friidrottstävlingarna i Stockholm ses som en styrkemätare inför OS
tes·ty ['tɛstɪ] *adj* (-ier, -iest) *(person)* retlig, lättirriterad; *(kommentar)* irriterad
teta·nus ['tɛtənəs] *s* stelkramp, tetanus
tetchy ['tɛtʃɪ] *adj* (-ier, -iest) grinig, retlig
tête-à-tête ['teɪtɑː'teɪt] *s* tätätät, möte på tu man hand
teth·er ['tɛðəʳ] **1** *s* tjuder; **to be at the end of one's ~** *(bildl)* inte orka längre, ha uttömt alla krafter/ möjligheter **2** *vt* tjudra
Teu·ton·ic [tjʊ'tɒnɪk] *adj (nationalkaraktär)* tysk, germansk
Tex·an ['tɛksən] **1** *adj* Texas-, från Texas **2** *s* Texasbo
Tex·as ['tɛksəs] *s* Texas
text [tɛkst] *s (i allm)* text; *(Skol)* skolbok, lärobok; *(Rel)* (bibel)text
text·book ['tɛkstbʊk] *s* skolbok, lärobok; **~ example** *(bildl)* skolexempel
tex·tile ['tɛkstaɪl] **1** *adj* textil- **2:** **~s** *spl* textilier
tex·tu·al ['tɛkstjʊəl] *adj* text-; **~ error** fel i texten
tex·ture ['tɛkstʃəʳ] *s* struktur, textur
Thai [taɪ] **1** *adj* thailändsk, thai- **2** *s (person)* thailändare; *(språk)* thai, siamesiska
Thai·land ['taɪlænd] *s* Thailand
tha·lido·mide [θə'lɪdəʊmaɪd] *s (Kem)* talidomid; *(Läkem)* neurosedyn; **~ child/baby** neurosedynbarn
Thames [tɛmz] *s:* **the ~** Themsen
than [ðæn, *(obet)* ðən] *konj* **(a)** än; **I have more ~ you** jag har mer än du; **nobody is more sorry ~ I (am)** ingen kan beklaga det mer än jag; **more often ~ not** för det mesta, vanligtvis; **the car went faster ~ we had expected** bilen gick fortare än vi hade trott; **it is better to phone ~ to write** det är bättre att ringa än att skriva; **more/less ~ 90** mer/mindre än 90; **more ~ once** mer än en gång **(b): no sooner... ~** knappt... förrän: *no sooner had I got home ~ the telephone rang*
thank [θæŋk] **1** *vt:* **to ~ sb (for sth)** tacka ngn (för ngt); **~ you (very much)** tack (så mycket); **no ~ you** *(i allm)* nej tack; *(iron)* jag betackar mig; **to say a special '~ you' to sb** framföra ett särskilt tack till ngn; **to have only oneself to ~ for sth** bara ha sig själv att skylla; **I have John to ~ for that** *(i allm)* jag har John att tacka för det; *(iron)* det är Johns fel; **~ heavens/goodness/God (for that)!** tack gode Gud (för det)!, gudskelov (för det)! **2: ~s** *spl* tack; *(vard interj):* **~s!** tack (så mycket)!, tack ska du ha!; **(very) many ~s** tack så (väldigt) mycket; **please give him my ~s** tacka honom från mig, hälsa honom och tacka; **that's all the ~ I get!** det är allt jag får som tack?, ska det vara tacken?; **~s be to God** *(Rel)* Herren vare tack (och lov)! **3: ~s to** *prep* tack vare, på grund av; **~s to his knowledge of French, he got the job** på grund av sina kunskaper i franska fick han jobbet; **~s to you...** *(pos)* tack vare dig (så)...; *(iron)* på grund av dig (så)...; **it's all ~s to...** det är helt och hållet tack vare...; **it was small/no ~s to you** det var verkligen inte din förtjänst
thank·ful ['θæŋkfʊl] *adj* tacksam; **let us be ~ that it's over** låt oss vara tacksamma att det är över
thank·ful·ly ['θæŋkfəlɪ] *adv* som tur är/var
thank·less ['θæŋklɪs] *adj (person, uppgift)* otacksam
thanks·giving ['θæŋksˌɡɪvɪŋ, *(Am)* ˌθæŋks'ɡɪvɪŋ] *s* tacksägelse; **T~ (Day)** *(Am)* tacksägelsedagen
that [ðæt, *(obet)* ðət] **1** *dem pron fören (pl those)* den där, det där; **~ one over there** den där borta; **I only met her ~ once** jag träffade henne bara den (enda) gången; **what about ~ cheque?** hur blir det med den där checken?; **~ wretched dog!** förbaskade hund!, den där förbaskade hunden!; **~ son of yours** pojken din, din pojke
2 *dem pron självst (pl those)* det (där); **who/what is ~?** vem/vad är det där?; **~'s Joe/my house** det (där) är Joe/mitt hus; **I prefer this to ~** jag föredrar den här framför den där; **it must have cost more than ~** den måste ha kostat mer än det/så; **~'s true** det är sant, det stämmer; **~ is (to say),...** det vill säga,...; **~'s ~!** så var det med det!; **you can't go, and ~'s ~!** du får inte gå, och därmed basta!; **~'s odd!** det var konstigt!; **after ~** efter det, sen; **at ~** då; **at ~ he walked out of the door** då gick han ut genom dörren; **with ~**

med det, därmed; **she swore at him, and with** ~ **she went into the kitchen** hon svor åt honom och med det gick hon ut i köket; **...**, **at** ~**...** till på köpet; **...**, **and it was broken at** ~ **...** och till på köpet var den trasig; **do it like** ~ gör(det) på det viset; **if it comes to** ~ när det kommer till kritan; **how do you like** ~? *(iron)* vad säger du om det?

3 *adv* så (pass); **nobody can get** ~ **big a salary** ingen kan ha så hög lön; **it was only about** ~ **big** den var bara så där stor; **it isn't** ~ **big** *(vard)* så (förskräckligt) stor är den inte; **cheer up!** **it isn't** ~ **bad** upp med hakan! så illa är det inte; **he was** ~ **angry** *(vard)* så (himla) arg var han

4 *rel pron* (*i allm*) som; (*om tid*) när, då; **the film** ~/**which won the first prize** filmen som vann första pris; **the man** ~/**who came here** mannen som kom hit; **the book** ~ **I read** boken (som) jag läste; **the houses** (~) **I painted** husen (som) jag målade; **all** (~) **I have** allt jag har; **the year** (~) **we went to Spain** året (då/när/som) vi åkte till Spanien; **the day** (~) **we went to the market** den dagen (när/som) vi gick till marknaden; **the house** (~) **we're speaking of** huset (som) vi talar om; **not** ~ **I know of** inte vad jag vet

5 *konj* att; **he said** ~**...** han sa att...; **I believe** (~) **he exists** jag tror (att) han finns; ~ **he should behave like this!** att han kan uppföra sig på det här sättet!; **oh** ~ **I could...** ack, om jag kunde...; **...**, **not** ~ **I want to, of course** ..., inte för att jag vill, naturligtvis; *se äv* **would f, so 2 b, in 1 l**

thatch |θætʃ| **1** *s (på tak)* (tak)halm, vass **2** *vt (tak)* täcka med halm/vass *etc*

thatched |θætʃt| *adj* med halmtak *etc: a* ~ *roof/ cottage*

thaw |θɔː| **1** *s (eg)* tö, töväder; *(bildl i sht Pol)* töväder **2** *vt (äv:* ~ **out**) tina (upp) **3** *vi (Meteorologi)* töa; *(tår, mat: äv* ~ **out**) tina (upp); *(bildl: person, relation)* tina upp; **it is** ~**ing** det töar, det är tö(väder)

the |(bet) ðiː, (obet: före kons) ðə, (: före vok ði| **best art** **(a):** ~ **dog** hunden; ~ **table** bordet; ~ **big dog** den stora hunden; ~ **small table** det lilla bordet; ~ **new pens** de nya pennorna; **I haven't** ~ **time/money** jag har inte tid/råd; **do you know** ~ **Smiths?** känner du Smiths/familjen Smith?; **to play** ~ **piano/violin** spela piano/fiol; **all** ~ **people** alla; **all** ~ **books** alla böckerna; **it was** ~ **year we went to Greece** det var det året vi åkte till Grekland; **translated from** ~ **Italian** översatt från italienska; **she was** ~ **elder** *(av två)* hon var äldst **(b)** *(betecknande en klass):* ~ **young** de unga; ~ **rich and** ~ **poor** de rika och de fattiga; **within the realms of** ~ **possible** inom det möjligas gränser; **it is the age of** ~ **computer...** det är datorernas tidsålder **(c)** *(distributivt):* **25 miles to** ~ **gallon** 25 miles per gallon *dvs ca 1,1 l per mil (Brit) el 0,95 l per mil (Am)*; **you get 1700 lire to** ~ **dollar** man får 1700 lire för en dollar; **you get about 8 apples to** ~ **kilo** det går ungefär 8 äpplen på ett kilo; **eggs are usually sold by** ~ **dozen** ägg säljs vanligtvis per dussin; **paid by** ~ **hour** avlönad per timme, med timlön **(d)** *(betonat):* **is that** THE **Richard Burton?** är det där den store/kände Richard Burton?; **he's** THE **man for the job** han är rätte mannen för jobbet **(e)** *(i titlar):* **Richard** ~ **Second** Rikard den andre; **Ivan** ~ **Terrible** Ivan den förskräcklige **2** *adv:* ~ **more he works the more he earns** ju mer han arbetar desto mer tjänar han; **she looks all** ~ **better for it** hon ser ut att må/ha mått bra av det; **(all)** ~ **more so because ...** särskilt som...; ~ **sooner** ~ **better** ju förr desto bättre

thea·tre, *(Am)* **thea·ter** |'θɪətəʳ| *s* teater; *(bildl)* skådeplats; **operating** ~ operationssal; ~ **of war** krigsskådeplats

theatre·goer, *(Am)* **theater·goer** |'θɪətə,gəʊəʳ| *s* teaterbesökare; ~**s** teaterpublik

the·at·ri·cal |θɪ'ætrɪkəl| *adj (eg)* teater-; *(bildl)* teatralisk

thee |ðiː| *pron (åld, poet)* dig

theft |θeft| *s* stöld

their |ðeəʳ| *poss pron* fören deras, sin *(refl)*; **it is** ~ **car** det är deras bil; **they love** ~ **dog** de älskar sin hund

theirs |ðeəz| *poss pron* självst deras, sin *(refl)*; **the car is** ~ bilen är deras; **we took our books and they took** ~ vi tog våra böcker och de tog sina

them |ðem, (obet) ðəm| **1** *pers pron (obj, efter prep)* dem; *(i sht som predikatsfyllnad)* de; *(syftande på 'someone' 'anyone' etc)* honom, henne, dem; **I saw** ~ jag såg dem; **we came with** ~ vi kom med dem; **you are better than** ~ ni är bättre än de; **it's** ~ *(vard)* det är de, det är dom *(vard)*; **if anyone phones tell** ~ **I'll phone back later** om någon ringer så säg (till honom/dem) att jag ringer tillbaka senare **2** *refl pron* sig; **they took the books with** ~ de tog böckerna med sig **3** *dem pron* fören *(ej standardspråk: = those)* dom där: *three of* ~ *oranges*

the·ma·tic |θɪ'mætɪk| *adj* tematisk

theme |θiːm| *s (i allm)* tema, ämne; *(Mus)* tema, ledmotiv; ~ **tune/song** *(TV)* signaturmelodi; *(Film)* tema; **the** ~ **tune of M.A.S.H.** ledmotivet i M.A.S.H.

them·selves |ðəm'selvz| **1** *refl pron* sig; *(emfatiskt)* själva; *(efter prep)* sig (själva); **they hurt** ~ de gjorde illa sig; **they painted their house** ~ de målade huset själva; **they share the profit between** ~ de delar vinsten mellan sig; *se äv* **oneself** **2** *pers pron* de, dem; **everybody knew it except** ~ alla visste det utom de (själva); **the house is owned jointly between their parents and** ~ huset ägs gemensamt av deras föräldrar och dem

then |ðen| **1** *adv* **(a)** *(vid den tiden)* då, på den tiden; **it was** ~ **that... det** var då som...; **before/since** ~ innan/sedan dess; **from** ~ **on** därefter, från och med då; **by** ~ då, vid det laget; ~ **and there** på fläcken, omedelbart **(b)** *(efteråt)* sedan; **what happened** ~? vad hände sedan?; **and** ~ **what?** och vad ska hända sedan?; *se äv* **now 1 a** **(c)** *(i så fall)* då; **what do you want me to do** ~? vad vill du att jag ska göra då?; **well** ~, **let's begin** nå, låt oss börja då; **and/but** ~ **again** men då andra`sidan; **I like it, but** ~ **I'm biased** jag gillar den, men jag är förstås partisk; **...and** ~ **of course there's the family to consider** ...och så måste man förstås tänka på familjen **2** *adj* dåvarande; **the** ~ **king** den dåvarande kungen

thence |ðens| *adv (Litt, frm: riktning)* därifrån; *(: orsak)* därav, därför

theo·lo·gian |θɪə'ləʊdʒɪən| *s* teolog

theo·logi·cal |θɪə'lɒdʒɪkəl| *adj* teologisk, teologi-

the·ol·ogy |θɪ'ɒlədʒɪ| *s* teologi

theo·rem |'θɪərəm| *s (Mat)* teorem

theo·reti·c(al) |θɪə'retɪk(əl)| *adj* teoretisk

theo·reti·cal·ly |θɪə'retɪkəlɪ| *adv* teoretiskt, i teorin

theo·rize |'θɪəraɪz| *vi* teoretisera *(about* om/över*)*

theo·ry |'θɪərɪ| *s* teori, lära; **in** ~ i teorin, teoretiskt sett

thera·peu·tic |,θerə'pjuːtɪk| *adj* terapeutisk

thera·pist |'θerəpɪst| *s* terapeut

thera·py |'θerəpɪ| *s* terapi; *(äv: i sht Am)* psykoterapi

there |ðeəʳ| **1** *adv* **(a)** *(befintlighet)* där: *he was there*; *(riktning)* dit: *she walked there*; *(bildl)* där: *I*

agree there; **to go** ~ **and back** åka dit/fram och
tillbaka; **back/down/over/in** ~ *etc* där borta/
nere/borta/inne *etc*; **the TV is through** ~ **in the
other room** TV-n är där inne i det andra rummet;
to be all ~ *(vard)* vara helt närvarande; **John
doesn't seem to be all** ~ John verkar vara lite
frånvarande; **look out** ~! se upp där!; **you** ~!
ni/du där!; ~**'s the bus** där/nu kommer bussen; ~
he is! där är han!; ~ **we differ** där/på den
punkten har vi olika uppfattning; ~ **you are
wrong** där har du fel; ~ **you go!** *(Am: vid ser-
vering)* var så god!; ~ **you go again** nu gör du det
igen; ~ **you are!** där ser du!
  (b) *(formellt subjekt)*: ~ **is,** ~ **are** det finns; ~
were 10 of them det fanns tio stycken, de var tio
stycken; ~ **will be 8 people for dinner tonight** det
blir åtta personer till middag ikväll; ~ **was
laughter at this** det skrattades/man skrattade åt
detta; ~ **is no wine left** det finns/är inget vin
kvar; ~ **might be room for another suitcase** det
kanske får plats en resväska till; ~ **might be
time for another drink** vi kanske har tid med en
drink till
  2 *interj*: ~! sådär!; ~, ~ *(tröstande)* såja, såja
there·about(s) [ˈðɛərəbaʊt(s)] *adv*: ... **or** ~
(plats)... eller däromkring; *(siffer- o måttsangivel-
ser: äv)* ungefär, omkring; **in Brighton or** ~ i
Brighton eller trakten däromkring; **9 o'clock or**
~ omkring kl 9
there·after [ˌðɛəˈrɑːftəʳ] *adv* därefter
there·by [ˌðɛəˈbaɪ] *adv* därigenom
there·fore [ˈðɛəfɔːʳ] *adv* därför, följaktligen; **it
isn't** ~ **any better** det följer inte därav att den är
bättre
there's [ðɛəz] = **there is; there has**
there·upon [ˌðɛərʌˈpɒn] *adv (tid)* därpå; *(litt: om
detta)* härom, därom
ther·mal [ˈθɜːməl] *adj (strömmar, kraftverk)* värme-;
(källa) varm; *(underkläder)* termo-
ther·mo·dy·nam·ics [ˌθɜːməʊdaɪˈnæmɪks] *s* ter-
modynamik
ther·mom·eter [θəˈmɒmɪtəʳ] *s* termometer
ther·mo·nu·clear [ˌθɜːməʊˈnjuːklɪəʳ] *adj* termonu-
kleär; ~ **bomb** vätebomb
ther·mos [ˈθɜːməs] *s (äv:* ~ **bottle** *el (Brit)* ~ **flask)**
termos(flaska)
ther·mo·stat [ˈθɜːməstæt] *s* termostat
the·sau·rus [θɪˈsɔːrəs] *s* synonymordbok, tesaurus
these [ðiːz] *(pl av* **this) 1** *dem pron* fören de här,
dessa; ~ **boys** de här pojkarna, dessa pojkar; ~
ones over here de här/dessa (härborta); *(vard):* ~
last weeks, *(Am vanl)* **(over)** ~ **last few weeks** de
senaste veckorna; **how are you getting on** ~
days? hur går det för dig/hur har du det nuför-
tiden? **2** *dem pron självst* de här; **what are** ~?
vad är det här?; ~ **are my friends/my books** det
här är mina vänner/mina böcker; **I prefer** ~ **to
those** jag föredrar de här framför de där
the·sis [ˈθiːsɪs] *s, pl* **theses** [ˈθiːsiːz] *(teori)* sats, tes;
(skrift) avhandling
they [ðeɪ] *pers pron* de; *(folk i allmänhet: äv)* man;
(syftande på 'someone', 'anyone' etc) han/hon; ~
live in Denver de bor i Denver; ~ **say that the
weather will get better next week** de säger att
vädret ska bli bättre nästa vecka; ~ **say that she
left him** det sägs/man säger att hon övergav
honom; **someone called** — ~ **wanted to talk to
you** någon ringde — han/hon ville tala med dig
they'd [ðeɪd] = **they would; they had**
they'll [ðeɪl] = **they will, they shall**
they're [ðeəʳ] = **they are**
they've [ðeɪv] = **they have**
thick [θɪk] **1** *adj* **(-er, -est) (a)** *(i allm)* tjock;
(färg, honung etc) tjock, trögflytande; *(dimma,
rök, vegetation)* tät; *(streck)* bred; *(accent)* kraf-

tig; *(röst)* grötig; **the air was** ~ **with petrol fumes**
luften var full av bensinångor; **the leaves were**
~ **on the ground** det var fullt med löv på marken;
they're ~ **as thieves** de är som ler och långhalm,
de är mycket goda vänner **(b)** *(vard)* dum, kor-
kad, trög(tänkt); **he's as** ~ **as two short planks**
(vard) han är dum som ett spån **2** *adv*: **to spread
sth** ~ bre tjockt med ngt; **to cut sth** ~ skära
tjocka skivor av ngt; ~ **and fast** slag i slag; **to lay
it on (a bit)** ~ *(bildl)* bre på/ta i lite väl mycket **3**
s: **in the** ~ **of battle** mitt uppe i striden; **he likes to
be in the** ~ **of things** han gillar att vara i händel-
sernas centrum; **through** ~ **and thin** i vått och
torrt, i alla väder
thick·en [ˈθɪkən] **1** *vt (i allm)* göra tjockare; *(sop-
pa, sås)* reda **2** *vi* tjockna, bli tjockare; *(vegeta-
tion)* tätna, bli tätare; **the plot** ~**s** intrigen blir allt
mer invecklad
thick·en·ing [ˈθɪkənɪŋ] *s (för soppa, sås)* redning
thick·et [ˈθɪkɪt] *s* snår, buskage
thick·headed [ˌθɪkˈhɛdɪd] *adj* *(ointelligent)*
tjockskallig; *(envis)* tjurskallig
thick·ly [ˈθɪklɪ] *adv (i allm)* tjockt; **the snow fell** ~
snön föll ymnigt/tätt; **Naples is a** ~ **populated
city** Neapel är en tätbefolkad stad
thick·ness [ˈθɪknɪs] *s (i allm)* tjocklek, grovlek; *(av
dimma etc)* täthet
thick·set [ˌθɪkˈsɛt] *adj (person)* satt, undersätsig;
(drag) grov
thick·skinned [ˌθɪkˈskɪnd] *adj (bildl)* hårdhudad
thief [θiːf] *s, pl* **thieves** [θiːvz] tjuv; **stop** ~! ta fast
tjuven
thieve [θiːv] **1** *vi* stjäla, vara tjuv(aktig) **2** *vt
(vard)* stjäla, sno
thiev·ing [ˈθiːvɪŋ] **1** *adj* tjuvaktig **2** *s* tjuveri
thigh [θaɪ] *s (kroppsdel)* lår
thim·ble [ˈθɪmbl] *s* fingerborg
thin [θɪn] **1** *adj* **(-ner, -nest) (a)** *(i allm)* tunn;
(person, djur) mager, smal; *(färg, honung)* tunn,
tunnflytande; *(linje)* smal, tunn; *(skörd)* mager;
(folkhop) gles, fåtalig; *(bildl)* klen, tunn; **he's as** ~
as a rake han är mager som en skrika; **to vanish
into** ~ **air** gå upp i rök; **doctors are** ~ **on the
ground at the moment** det är ont om läkare för
tillfället **2** *adv*: **to spread sth** ~ bre tunt med
ngt; **to cut sth** ~ skära tunna skivor av ngt **3** *vt
(äv:* ~ **down:** *färg, sås)* späda (ut); *(äv:* ~ **out:** *träd,
växter)* gallra; *(: hår)* tunna ur **4** *vi (äv:* ~ **out:**
folkhop) tunnas ut; *(hår)* bli tunnare; *(vegetation)*
glesna; *(dimma)* lätta **5** *s*: **through thick and** ~
se **thick 3**
thine [ðaɪn] *poss pron,* självst *el. före vok (åld, poet)*
din, ditt, dina
thing [θɪŋ] *s* **(a)** *(konkret)* sak, föremål, ting; **get
your** ~**s** hämta dina tillhörigheter/saker/grejor
(vard); **tennis** ~**s** tennis|utrustning/-grejor
(vard); **take off your** ~**s and make yourself at
home!** ta av dig och känn dig som hemma!; **a** ~ **of
beauty** något vackert, ett vackert föremål; ~**s of
value** värdesaker
  (b) *(vard: person)*: **you poor** ~! stackars du/
dig!; **poor (old)** ~! stackars krake; **I say, old** ~
hördu, gamle vän
  (c) *(abstrakt)* sak; **the main** ~ **is to...** det
viktigaste/bästa är att...; **the first** ~ **to do is to**
call the police det första man ska göra är att
ringa till polisen; **the only** ~ **to do** det enda man
kan göra; **for one** ~ för att bara nämna en sak;
what with one ~ **and another I haven't had time
to do it yet** jag har haft så mycket att göra att jag
inte har hunnit med det än; **if it's not one** ~ **it's
the other** är det inte det ena så är det det andra;
neither one ~ **nor the other** varken det ena eller
det andra; **I'll write that letter first** ~ **tomorrow
morning** jag ska skriva det där brevet det första

jag/du gör/med detsamma i morgon (bitti); **last ~ (at night)** det sista jag/du *etc* gör (på kvällen); **it's a good ~ that he left** det är bra att han har åkt; **it was a close ~, it was a near ~** det var nära (ögat); **it's the very ~!, it's just the ~** det är precis det rätta, den/det gör susen; **the ~ is... saken är den att...; it's just one of those ~s (that happen)** det är sådant som händer; **what a ~ to say!** så fräckt (sagt)!; **how are ~s with you?** hur står det till med dig?; **~s are going badly** det går dåligt; **~s aren't what they used to be** det är inte som förr; **not a ~** inte ett dugg, ingenting; **he knows a ~ or two** han vet en hel del; **to make a mess of ~s** ställa till oreda; **to do one's own ~** *(vard)* göra vad man vill; **you did the right ~** du gjorde det (enda) rätta; **to make a (big) ~ out of sth** *(vard)* göra en stor affär av ngt
(d) *(mode)*: **the latest ~ in hats** det sista/sista skriket när det gäller hattar
(e) *(vard)*: **to have a ~ about sth** *(gilla)* vara galen i ngt; *(ogilla)* avsky ngt
thingu·ma·bob |'θɪŋəmɪbɒb| *s (vard)*, **thingama·jig** |'θɪŋəmɪdʒɪg| *s (vard)*, **thingum·my** |'θɪŋəmɪ| *s (vard: föremål)* grej, grunka; *(: person)* människa, figur; **I saw ~ downtown today** jag såg vad-är-det-nu han/hon-heter i stan idag
think |θɪŋk| *(v: imperf, perf part* **thought)** **1** *vi* tänka; **to act without ~ing** handla utan att tänka sig för; **~ before you reply** tänk efter innan du svarar; **~ again!** tänk lite till!; **just ~!** tänk (bara)!; **to ~ twice before doing sth** tänka sig för två gånger innan man gör ngt; **I can't ~ straight with all this noise** jag kan inte tänka med allt buller runtomkring; **to ~ for oneself** tänka själv **2** *vt* **(a)** tänka, föreställa sig; **I can't ~ what he can want** jag kan inte föreställa mig vad han vill; **did you ~ to bring a corkscrew?** tänkte du på att ta med (en) korkskruv?; **I thought/I'd thought I might go swimming** jag funderar på att gå och bada, jag tänkte eventuellt gå och bada; **~ what you've done** du kan tänka dig vad du har ställt till med; **~ what we could do** tänk vad vi skulle kunna göra; **to ~ evil thoughts** tänka onda tankar
(b) *(hålla för sannolikt)* tro; *(hysa en åsikt/ värdering)* tycka, anse; **we all thought him a fool** vi tyckte/trodde alla att han var dum/en dumbom; **I ~ (that) you're wrong** jag tror/tycker du har fel; **what do you ~?** vad tror/tycker/anser du?; **I don't ~ it can be done** jag tror inte det går (att göra); **who'd have thought it possible?** vem hade kunnat tro att det var möjligt?; **I ~ so** jag tror det; **I thought as much** just vad jag trodde; **I don't ~ it likely** jag håller det inte för troligt; **anyone would ~ she was dying** man skulle kunna tro att hon höll på att dö; **what do you ~ you're doing?** vad håller du/ni på med?; **I ~ (that) she is beautiful** jag tycker hon är vacker; **what do you ~ I should do?** vad tycker du jag ska göra? **I should ~ so too!** jo, det vill jag lova!
3 *s (vard)*: **to have a ~** du kan ta sig en funderare på ngt; **you've got another ~ coming** du blir tvungen att tänka om
♦ **think about** *vi + prep (minnas)* tänka på; *(överväga)* tänka på, tänka över
♦ **think of** *vi + prep* **(a)** *(minnas)* komma ihåg, tänka på; **you can't ~ of everything** man kan inte tänka på allt; **I'll be ~ing of you** jag kommer att tänka på dig **(b)** *(överväga)* tänka på; *(värdera)* 'tycka om; **I thought of going to Spain** jag funderar/funderade på att åka till Spanien; **to ~ of other people's feelings** ta hänsyn till andra människors känslor; **~ of the expense** tänk på vad det kostar; **to ~ highly of sb** uppskatta ngn mycket, beundra ngn; **what do you ~ of him/it?**

vad tycker du om honom/det?; **I didn't ~ much of the play** jag tyckte inte pjäsen var något vidare; **I told him what I thought of him** jag sa åt honom vad jag tyckte om honom
♦ **think out** *vt + adv (plan)* arbeta ut; *(lösning)* tänka ut; **this wants ~ing out** detta måste jag/du *etc* tänka igenom
♦ **think over** *vt + adv* tänka över
♦ **think through** *vt + adv* tänka igenom
♦ **think up** *vt + adv (idé, lösning)* komma på
think·able |'θɪŋkəbl| *adj* tänkbar
think·er |'θɪŋkə'| *s* tänkare
think·ing |'θɪŋkɪŋ| **1** *adj* tänkande **2** *s (eg)* tänkande; *(åsikter)* tänkesätt; **do some serious ~** tänka *(efter)* ordentligt; **to my (way of) ~** enligt mitt sätt att se det; *se äv* **wishful**
thin·ly |'θɪnlɪ| *adv (breda)* tunt; *(skära)* i tunna skivor; *(klä sig)* tunt, lätt
thin-skinned |'θɪn'skɪnd| *adj (bildl)* ömhudad
third |θɜːd| **1** *räkn* tredje; **~ time lucky!** tredje gången gillt!; **~ degree** *(hårt förhör, tortyr, äv bildl)* tredje graden; **~ party** tredje man; **~-party insurance** ansvarsförsäkring, trafikförsäkring; **the T~ World** tredje världen; **T~ World countries** länder i tredje världen **2** *s* tredjedel; *se äv* **fifth**
third-class |'θɜːd'klɑːs| *adj (eg)* tredjeklass-; *(bildl: dålig)* tredje klassens; **~ mail** *(Am)* trycksaker
third-degree |'θɜːd'dɡriː| *adj (brännskador)* tredje gradens
third·ly |'θɜːdlɪ| *adv* för det tredje
third-rate |'θɜːd'reɪt| *adj (dålig)* tredje klassens
thirst |θɜːst| **1** *s* törst; **~ for knowledge** kunskapstörst **2** *vi*: **to ~ for** *(bildl)* törsta/längta efter
thirsty |'θɜːstɪ| *adj (-ier, -iest) (om person, djur)* törstig; *(skämts: om arbete etc)* som man blir törstig av
thir·teen |'θɜː'tiːn| *räkn* tretton; *se äv* **five**
thir·teenth |'θɜː'tiːnθ| **1** *räkn* trettonde **2** *s* tretton(de)del; *se äv* **fifth**
thir·ti·eth |'θɜːtɪɪθ| **1** *räkn* trettionde **2** *s* trettion(de)del
thir·ty |'θɜːtɪ| *räkn* trettio; *se äv* **fifty**
this |ðɪs| **1** *dem pron fören (pl* **these) (a)** den/det här, denna/denne/detta; **~ man** den här mannen, denne man; **~ woman/book** den här kvinnan/ boken, denna kvinna/bok; **~ table** det här bordet, detta bord; **~ one here** den/det här; **~ time** den här gången; **~ time next week** vid den här tiden nästa vecka; **~ way, please!** varsågod, den här vägen!; **you can do it ~ way** man kan göra (det) så här *(vard: berättande)* **(b): I met ~ guy yesterday, who...** jag träffade en kille i går som...
2 *dem pron självst (pl* **these)** den/det här; denne/denna/detta; **who/what is ~?** vem/vad är detta *el* det här?; **~ is Mr Brown** *(presentation)* det här är Mr Brown; *(i telefon)* detta är Mr Brown; **I prefer ~ to that** jag föredrar den/det här framför den/det där; **~ is Friday** idag är det fredag; **~ is where I live** här bor jag; **do it like ~** gör så här; **it was like ~...** det var så här...; **what's all ~ I hear about you leaving Sweden?** är det sant vad som sägs (om) att du ska lämna Sverige?; **what with ~ and that I was busy all week** än det ena, än det andra höll mig sysselsatt hela veckan; **they sat talking of ~ and that** de satt och pratade om ditt och datt
3 *dem adv*: **~ far** så här långt; **~ high** så här högt; **I can tell you ~ much...** så mycket kan jag tala om för dig att...
this·tle |'θɪsl| *s* tistel
thong |θɒŋ| *s (i allm)* läderrem; *(på piska)* pisksnärt

thor·ax |'θɔ:ræks| s bröstkorg, torax

thorn |θɔ:n| s törne, tagg; **to be a ~ in sb's side** el **flesh** (bildl) vara en påle i köttet/en nagel i ögat för ngn

thorny |'θɔ:nɪ| adj (-ier, -iest) (eg) törnig, taggig; (bildl: väg) törnbeströdd; (: problem) kvistig, besvärlig

thor·ough |'θʌrə| adj (inte ytlig) grundlig, omsorgsfull; (total) komplett, fullständig; **to have a ~ knowledge of a subject** ha ingående kännedom om ett ämne

thorough·bred |'θʌrəbred| **1** adj (häst) fullblods-, rasren **2** s (eg, bildl) fullblod

thorough·fare |'θʌrəfɛəʳ| s genomfart(sgata); **no ~** genomfart förbjuden

thorough·going |'θʌrə,gəʊɪŋ| adj (person) grundlig, samvetsgrann; (undersökning) genomgripande

thor·ough·ly |'θʌrəlɪ| adv (se thorough) grundligt, omsorgsfullt; **he has a ~ bad influence** han har ett alltigenom dåligt inflytande

thor·ough·ness |'θʌrənɪs| s grundlighet

those |ðəʊz| (pl av that) **1** dem pron fören de där; **~ ones over there** de där borta **2** dem pron självst de, de där, det där; **~ of you who...** de av er som...; **I prefer these to ~** jag föredrar de här framför de där; **~ are my shoes** det/de där är mina skor; **~ are my feelings on the matter** detta är min åsikt i saken

thou |ðaʊ| pron (åld, poet) du

though |ðəʊ| **1** konj fast(än), trots att; **~ it was raining** fast det regnade; **even ~** trots att; **strange ~ it may appear** även om det kan verka konstigt; **young ~ she is...** fast(än) hon är ung..., hon är ung men...; se äv **as g 2** adv ändå; **it's not so easy, ~** men det är inte så lätt, det är inte så lätt ändå

thought |θɔ:t| **1** imperf, perf part av **think 2** s (i allm) tanke; (system) tänkande; **ancient Greek ~** den klassiska grekiska tankevärlden; **what are your ~s on it?** vad anser/tycker du om det?; **to be lost/deep in ~** vara försjunken i tankar; **after much ~** efter moget övervägande; **on second ~s** vid närmare eftertanke; **I've just had a ~** jag fick just en idé; **that's a ~!** det var en god idé!; **the very ~ of sth** blotta tanken på ngt; **to collect one's ~s** samla sina tankar; **my ~s were elsewhere** mina tankar var någon annanstans; **with no ~ for oneself** utan att tänka på sig själv; **it's the ~ that counts** det är (den goda) tanken som räknas

thought·ful |'θɔ:tfʊl| adj (fundersam) tankfull; (vänlig) omtänksam, hänsynsfull

thought·ful·ly |'θɔ:tfəlɪ| adv (se thoughtful) tankfullt; omtänksamt

thought·less |'θɔ:tlɪs| adj (utan att tänka) tanklös, obetänksam; (utan omtanke) tanklös, hänsynslös; **~ of the consequences** utan en tanke på följderna

thought-out |,θɔ:t'aʊt| adj uttänkt, genomtänkt: a well ~ plan

thought-provok·ing |'θɔ:tprə,vəʊkɪŋ| adj tankeväckande

thou·sand |'θaʊzənd| **1** räkn tusen **2** s tusen, tusental; **one/two/five ~** ett/två/fem tusen; **a ~ and one/two** ett tusen ett/två; **they sell them by the ~** de säljer tusentals av dem; **in their ~s** i tusental; **~s of...** tusentals

thou·sandth |'θaʊzəntθ| **1** räkn tusende **2** s tusendel

thrash |θræʃ| **1** vt (eg) prygla, klå upp, slå; (Sport) besegra, slå; **get ~ed by 5 to 0** få stryk med 5-0 **2** vi (äv: ~ **about, ~ around**) slå vilt omkring sig; **to ~ about in bed** kasta sig av och an i sängen; **the dog ~ed about in the water** hunden plaskade (vilt) i vattnet

♦ thrash out vt + adv (problem) tröska igenom, prata igenom; (fråga) stöta och blöta

thrash·ing |'θræʃɪŋ| s: **to give sb a ~** (eg) klå upp ngn, prygla ngn; (Sport) (grundligt) besegra ngn, slå ngn

thread |θred| **1** s **(a)** (Sömnad etc) tråd; **a needle and ~** nål och tråd; **cotton/nylon ~** bomulls-/nylon|tråd; **to hang by a ~** (bildl) hänga på ett hår; **to lose the ~** (of what one is saying) tappa tråden (i vad man säger); **to pick up the ~ again** (bildl) ta upp tråden igen **(b)** (på skruv) gänga **(c)** tunn stråle, strimma; **a ~ of light** en ljusstrimma **2** vt trä(da); **to ~ a needle** trä en nål; **to ~ beads** trä (upp) pärlor; **to ~ one's way through a crowd** bana sig väg genom en folkmassa

thread·bare |'θredbɛəʳ| adj (eg) (lugg)sliten, nött; (bildl: argument) sliten, torftig

threat |θret| s hot, hotelse; **to be a ~ to sb/sth** utgöra ett hot mot ngn/ngt; **under ~ of** hotad av; **~ of extinction** utrotningshot

threat·en |'θretn| vt hota; **to ~ sb with sth** hota ngn med ngt

threat·en·ing |'θretnɪŋ| adj (moln etc) hotande; (blick, brev) hotfull

three |θri:| **1** räkn tre **2** s trea; **the best of ~** (Sport) bäst av tre; se äv **five**

three-D |,θri:'di:| (äv: **3-D**) **1** adj (äv: threedimensional) 3-D, tredimensionell **2** s: **in ~** tredimensionell, i 3-D

three-legged |,θri:'legɪd| adj (pall) trebent; **~ race** (lek) trebenslöpning

three-piece |'θri:pi:s| adj tredelad; **~ suit** kostym med väst; **~ suite** soffgrupp

three-ply |'θri:plaɪ| adj (plywood) tredubbel; (garn) tretrådig

three-point turn |,θri:pɔɪnt'tɜ:n| s (Motor) vändning i tre steg

three-quarter |,θri:'kwɔ:tə| adj trekvarts-; **~ length** trekvartslängd

three-quarters |,θri:'kwɔ:təz| adv trekvarts-; **~ full** trekvartsfull

three·some |'θri:səm| s trio, tremannagrupp; (Golf) tremansgolf

three-wheeler |,θri:'wi:ləʳ| s trehjuling

thresh |θreʃ| vt tröska

thresh·ing ma·chine |'θreʃɪŋmə,ʃi:n| s tröskverk, tröska

thresh·old |'θreʃhəʊld| s (eg, bildl) tröskel; **to be on the ~ of** (bildl) stå på tröskeln till, stå vid början av

threw |θru:| imperf av **throw**

thrift |θrɪft| s, **thrifti·ness** |'θrɪftɪnɪs| s sparsamhet

thrifty |'θrɪftɪ| adj sparsam, ekonomisk

thrill |θrɪl| **1** s rysning, ilning; **it gave me a great ~ to...** det gav mig en rejäl kick att... **2** vt få att rysa (av välbehag/spänning), hänföra; **I was ~ed to get your letter** jag blev jätteglad över ditt brev **3** vi: **to ~ at/to sth** rysa av välbehag åt ngt; **she ~ed to the touch of her lover** hon rös/genomfors av en ilning när hennes älskare rörde vid henne

thrill·er |'θrɪləʳ| s rysare, thriller

thrill·ing |'θrɪlɪŋ| adj (bok, pjäs) spännande, rafflande; (nyhet) spännande, rolig

thrive |θraɪv| vi (växt, djur) trivas, må bra, frodas; (bildl) blomstra; **to ~ on sth** må bra av ngt; **business is thriving** affärerna går strålande

thriv·ing |'θraɪvɪŋ| adj (företag) blomstrande, framgångsrik

throat |θrəʊt| s strupe, hals; **to grab sb by the ~** ta struptag på ngn; **to clear one's ~** klara strupen, harkla sig; **to have a sore ~** ha ont i halsen

throaty |'θrəʊtɪ| adj (-ier, -iest) (röst) hes, sträv

throb [θrɒb] **1** s *(av hjärta)* slag, bultande, bankande; *(av maskin)* dunk(ande) **2** vi *(hjärta)* slå, bulta, banka; *(maskin)* dunka; **a** ~**bing pain** en bultande smärta; **my head is** ~**bing terribly** det dunkar fruktansvärt i huvudet på mig; ~**bing with life** *(bildl)* pulserande/vibrerande av liv

throes [θrəuz] *spl* vånda, smärtor; ~ **of death** dödskamp; **to be in the** ~ **of doing sth** *(bildl)* stå mitt uppe i ngt besvärligt

throm·bo·sis [θrɒm'bəusɪs] s blodpropp, trombos; **coronary** ~ *(Med)* blodpropp i en kransartär; *(vard)* hjärtinfarkt

throne [θrəun] s tron; **to ascend to the** ~ komma på tronen; **the heir to the** ~ tronarvingen

throng [θrɒŋ] **1** s trängsel, folkvimmel **2** vt trängas på, fylla till trängsel: *they* ~*ed the market* **3** vi trängas, skockas

throt·tle ['θrɒtl] **1** s *(reglage)* gaspedal; *(ventil)* spjäll; **hand** ~ handgas; **to give an engine full** ~ ge en motor full gas **2** vt *(person)* strypa **3** vi: **to** ~ **back/down** lätta på gasen

through [θru:] **1** prep **(a)** *(rum)* (i)genom; **to look** ~ **a telescope** titta genom/i ett teleskop; **to walk** ~ **the woods** gå genom skogen; **he shot her** ~ **the head** han sköt henne i huvudet; **to go** ~ **sb's pockets/belongings/papers** gå igenom ngns fickor/tillhörigheter/papper **(b)** *(tid)* genom; **all/right** ~ **the night** hela natten, natten igenom; **(from)** Monday ~ Friday *(Am)* (från) måndag till och med fredag; **to go** ~ **a bad period** ha det besvärligt; **to go** ~ **a good period** ha det bra; **to be halfway** ~ **a book** vara halvvägs genom en bok **(c)** *(medel)* genom, på grund av; ~ **lack of resources** på grund av bristande resurser; **he got the job** ~ **friends** han fick jobbet genom vänner; **it was** ~ **you that we were late** det var ditt fel att vi kom för sent **2** adv **(a)** *(rum)* igenom; **does this train go** ~ **to London?** går det här tåget direkt till London?; **the nail went right** ~ spiken gick rakt igenom; **wet** ~ genomblöt; **he is** ~ **to the finals of the competition** han har gått vidare till finalen i tävlingen; **the wood has rotted** ~ träet är genomruttet; **to put sb** ~ *(Tele)* koppla ngn; **You're** ~! *(Tele)* Det är klart *(varsågod)!*; **get** ~ komma fram **(b)** *(tid)* igenom; **the party lasted right** ~ **until morning** festen fortsatte ända till morgonen; **I read the book right** ~ jag läste igenom hela boken **(c):** ~ **and** ~ helt och hållet **3** adj **(a)** *(attr: väg, trafik)* genomfarts-; *(: tåg)* direkt-; **no** ~ **road** *(skylt)* genomfart förbjuden **(b)** *(pred: person)* klar, färdig; **we'll be** ~ **at 7** vi är klara klockan sju; **I'm** ~ **with my girlfriend** det är slut mellan mig och min flickvän; **I'm not** ~ **with you yet** jag är inte färdig med dig än; **I'm** ~ **with this** jag är trött på det här; **you're** ~ **as a pianist** du är slut som pianist

through·out [θru'aut] **1** prep **(a)** *(rum)* genom hela, över hela; ~ **the country** över hela landet **(b)** *(tid)* under hela, genom hela; ~ **last winter** genom hela förra vintern; ~ **the year** året om, hela året **2** adv **(a)** *(rum)* helt igenom, helt och hållet; **the house is carpeted** ~ huset har heltäckningsmattor överallt **(b)** *(tid)* rakt igenom, hela tiden; **the film was boring** ~ filmen var tråkig från början till slut

through·put ['θru:put] s *(i allm)* produktion, kapacitet; *(Data)* systemkapacitet

throw [θrəu] *(v: imperf* threw, *perf part* thrown) **1** s *(i allm)* kast; *(med tärning)* tärningskast; *(brottning)* kast; *se äv* stone **2** vt *(i allm)* kasta, slänga; *(tärning)* kasta, slå; *(ryttare)* kasta av; *(bro)* bygga, slå; *(i brottning)* kasta; *(skinn)* ömsa; *(kontakt)* slå om; *(keramik)* dreja; *(bildl: blick)* kasta; *(bildl: förvirra)* bringa ur fattningen; **to** ~ **a**

ball 200 metres kasta en boll 200 meter; **to** ~ **a coat round one's shoulders** kasta en kappa över axlarna; **he was thrown from his horse** han kastades av sin häst; **to** ~ **a party** ställa till med fest; **to** ~ **open** *(dörr, fönster)* slå upp; *(hus)* öppna portarna till, öppna för allmänheten; *(tävling)* öppna, göra öppen; **to** ~ **oneself off a cliff/into a river** *etc* kasta sig (ner) från en klippa/i en flod *etc*; **to** ~ **oneself at sb** *(anfalla)* kasta sig över ngn; *(bildl)* kasta sig i armarna på ngn, lägga an på ngn; **to** ~ **oneself into one's work** ge sig för sitt arbete med liv och lust; **to** ~ **oneself at sb's feet** kasta sig för ngns fötter; **to** ~ **oneself on sb's mercy** överlämna sig åt ngn på nåd och onåd; *se äv* light 1 b

◆ **throw about, throw around** vt + adv *(skräp etc)* slänga omkring sig; **to** ~ **money about** strö pengar omkring sig; **to** ~ **one's weight about** *(vard)* uppträda stöddigt, spela boss

◆ **throw away** vt + adv *(skräp)* slänga, kasta bort; *(tillfälle)* missa, kasta bort; **you're just** ~**ing your money away** du kastar bort dina pengar

◆ **throw back** vt + adv **(a)** *(boll)* kasta tillbaka **(b)** *(huvud)* kasta bakåt; **to be** ~**n back on sth** *(bildl)* vara/bli hänvisad till ngt

◆ **throw in** vt + adv *(Sport: boll)* kasta in, göra inkast; *(vid köp)* låta följa med på köpet; *(replik)* inflika, nämna i förbigående

◆ **throw off** vt + adv *(kläder)* kasta av sig; *(ngt oönskat)* göra sig av med; *(förföljare)* skaka av sig; **to** ~ **sb off the trail** leda någon på villospår

◆ **throw out** vt + adv **(a)** *(skräp)* kasta, slänga; *(person)* kasta ut, slänga ut **(b)** *(idé)* framkasta, framlägga

◆ **throw over** vt + adv *(person)* överge, ge på båten

◆ **throw together** vt + adv *(måltid)* sno ihop, tota till; *(bagage)* rafsa ihop; *(personer)* föra samman

◆ **throw up** **1** vt + adv *(boll etc)* kasta upp; **she threw up her hands in horror** hon slog ut med armarna av skräck **2** vi + adv *(vard)* kräkas

throw·away ['θrəuə‚weɪ] **1** adj *(i sht Brit: kommentar)* oövertänkt, i förbigående; *(förpackning etc)* engångs- **2** s *(Am)* reklamlapp *som delas ut på gatan*

throw·back ['θrəubæk] s *(Biol)* atavism; *(bildl)* återgång, bakslag; **to be a** ~ **to** gå tillbaka på; **his red hair is a** ~ **to his grandfather** hans röda hår är ett arv från hans farfar

throw-in ['θrəuɪn] s *(Fotboll)* inkast

thrown [θrəun] *perf part av* **throw**

thru [θru:] *(Am)* = **through**

thrush¹ [θrʌʃ] s *(fågel)* trast

thrush² [θrʌʃ] s *(Med)* torsk

thrust [θrʌst] *(v: imperf, perf part* thrust) **1** s knuff, stöt; *(Flyg, Rymd)* drivkraft; *(Mil)* framstöt **2** vt *(i allm)* knuffa, stöta, trycka, köra; **he** ~ **his hands in his pockets** han körde händerna i fickorna; **he** ~ **a book into my hands** han tryckte en bok i händerna på mig; **she** ~ **her head out of the window** hon stack ut huvudet genom fönstret; **to** ~ **oneself upon sb** *(bildl)* tränga sig på ngn; **they** ~ **the job on me** *(bildl)* prackade/tvingade på mig jobbet; **I** ~ **my way through the crowd** jag trängde mig fram genom folkhopen; **to** ~ **sb/sth aside** knuffa undan ngn/ngt; *(bildl)* skjuta ngt åt sidan

thud [θʌd] **1** s duns **2** vi dunsa; **to** ~ **to the ground** falla till marken med en duns; **to** ~ **against the wall** dunsa mot väggen, träffa väggen med en duns

thug [θʌg] s bandit, gangster

thumb [θʌm] **1** s tumme; **to be under sb's** ~ *(bildl)* gå i ngns ledband; **to give sb/sth the** ~s **up/down** göra tummen upp/ner för ngn/ngt **2**

vt: **to ~ a lift/a ride** lifta, få lift; **to ~ one's nose at sb/sth** räcka lång näsa åt ngn/ngt; *(bildl)* ge blanka katten i ngn/ngt; **a well-~ed book** en tummad/ välanvänd bok **3** *vi*: **to ~ through a book/magazine** bläddra igenom en bok/tidskrift

thumb·nail ['θʌmneɪl] *s* tumnagel; **~ sketch** *(teckning)* miniatyrskiss; *(skildring)* snabbskiss, skildring i korta drag

thumb·tack ['θʌmtæk] *s (Am)* häftstift

thump [θʌmp] **1** *s (i allm)* dunk, slag; *(ljud)* duns; **it came down with a ~** den ramlade med en duns/smäll **2** *vt* banka, dunka; **he ~ed the table with his fist** han slog näven i bordet; **ouch! I ~ed my head on the corner of the door** aj!, jag slog huvudet i dörrkanten; **he ~ed the box down on my desk** han ställde ner lådan med en smäll på mitt skrivbord **3** *vi (i allm)* bulta, banka, slå; *(gå)* klampa, stampa; *(hjärta)* bulta, banka

thump·ing ['θʌmpɪŋ] **1** *adj* bultande: **a ~ headache** **(b)** *(vard)* jättestor; **it was a ~ success** det var en hejdundrande succé **2** *adv (vard)* jätte-; **it's a ~ great book** det är en jättetjock bok, det är en riktig tegelsten

thun·der ['θʌndə'] **1** *s (Meteorologi)* åska; *(av hovar, trafik etc)* dån, muller; **with a face like ~** mörk som ett åskmoln i ansiktet **2** *vi (Meteorologi)* åska; *(bildl)*: **the guns ~ed in the distance** kanonerna mullrade i fjärran; **the train ~ed by** tåget dånade förbi; **to ~ at sb** skrika på ngn, dundra mot ngn

thunder·bolt ['θʌndəbəʊlt] *s* blixt, åskvigg

thun·der·ous ['θʌndərəs] *adj (applåd)* rungande, dånande

thunder·storm ['θʌndəstɔ:m] *s* åskväder

thunder·struck ['θʌndəstrʌk] *adj (bildl)* som träffad av blixten, förstummad

thun·dery ['θʌndərɪ] *adj* åsk-, åsktung

Thurs·day ['θɜ:zdɪ] *s* torsdag; *se äv* **Tuesday**

thus [ðʌs] *adv (på detta sätt)* sålunda, så här; *(därför)* således, följaktligen, alltså; **~ far** hittills, än så länge

thwart [θwɔ:t] *vt (person)* motarbeta, hindra; *(plan etc)* gäcka, korsa

thy [ðaɪ] *poss pron fören* din, ditt, dina

thyme [taɪm] *s* timjan

thy·roid ['θaɪrɔɪd] *s (äv: ~ gland)* sköldkörtel

thy·self [ðaɪ'self] *refl o pers pron (åld, poet)* dig (själv); du (själv); *jfr* **yourself**

ti·ara [tɪ'ɑːrə] *s* tiara, diadem

Ti·bet [tɪ'bet] *s* Tibet

Ti·bet·an [tɪ'betən] **1** *adj* tibetansk **2** *s (person)* tibetan; *(språk)* tibetanska

tibia ['tɪbɪə] *s (Anat)* skenben

tic [tɪk] *s (Med)* tic; **a nervous ~** *(enstaka)* en nervös ryckning; *(återkommande)* nervösa ryckningar

tick[1] [tɪk] **1** *s* **(a)** *(ljud)* tickande **(b)** *(Brit vard: tid)* ögonblick; **I shan't be a ~** det tar bara ett ögonblick **(c)** *(märke)* bock, kråka; **to put a ~ against sth** bocka/pricka av ngt **2** *vt* **(a)** *(rätt svar)* markera; *(äv: ~ off: namn på lista etc)* pricka för, bocka av **3** *vi (klocka, taxameter)* ticka; **I can't understand what makes him ~** *(vard)* jag förstår inte vad som driver honom/hur han är funtad; **what makes you ~?** *(vard)* vad är det som driver dig

♦ **tick off** *vt + adv* **(a)** *(vard: Brit)* skälla ut; *(: Am)* göra förargad **(b)** *se* **tick 2 a**

♦ **tick over** *vi + adv (Motor)* gå på tomgång; *(bildl)* gå sin gilla gång

tick[2] [tɪk] *s (Zool)* fästing

tick[3] [tɪk] *s (Brit vard)*: **to buy sth on ~** köpa ngt på krita/kredit

tick·er ['tɪkə'] *s* **(a)** *(vard: klocka)* dinka **(b)** *(vard: hjärtat)* pumpen **(c)**: **~ tape** telegraf-/ teleprinter|remsa; **a ~ tape welcome** ett

storslaget mottagande *med kastande av konfetti*

tick·et ['tɪkɪt] **1** *s (i allm)* biljett; *(Handel)* prislapp; *(Am Pol)* kandidatlista; **library ~** lånekort; **lottery ~** lott(sedel); **to get a (parking) ~** få(parkerings)böter; **return ~**, *(Am)* **round-trip ~** returbiljett; **by ~ only** endast mot uppvisande av biljett; **that's the ~!** *(vard)* så ska det låta! det är modellen!; **~ agency** *(Teat etc)* biljettagentur, förköpsställe; **~ collector** *(Järnv)* spärrvakt, konduktör; **~ holder** resande/gäst/besökare med biljett; **~ holders** *(äv)* de som har biljett; **~ inspector** biljettkontrollör; **~ office** biljett|kontor/-lucka **2** *vt (varor)* förse med prislapp; *(resande)* skriva ut biljett åt; *(felparkerare)* skriva ut parkeringsbot åt; **~ed passengers only** endast för passagerare med biljett; **he was ~ed yesterday** han fick en parkeringslapp igår

tick·ing ['tɪkɪŋ] *s* **(a)** *(ljud)* tickande **(b)** *(Textil)* kuddvarstyg

ticking-off [ˌtɪkɪŋ'ɒf] *s (Brit vard)*: **to give sb a ~** ge någon en utskällning/en skrapa

tick·le ['tɪkl] **1** *vt (i allm)* kittla, killa; *(bildl)* roa, tilltala; **it ~d me to think that...** det roade mig att tänka på att...; **I ~d her pride by...** jag kittlade hennes fåfänga genom att...; **it ~d his fancy** det tilltalade hans fantasi; **to be ~d pink** *(vard)* bli överförtjust **2** *vi* kittla, klia; **my nose ~s** det kittlar i näsan på mig; **it ~s** det kittlar; **I ~ very easily** jag är väldigt kittlig **3** *s*: **to give sb a ~** kittla ngn

tick·lish ['tɪklɪʃ] *adj*, **tick·ly** ['tɪklɪ] *adj (vard) (person)* kittlig; *(hosta)* ret-; *(filt)* som kittlas; *(bildl: person)* lättretad; *(: situation, problem)* delikat, kinkig

tid·al ['taɪdl] *adj* tidvattens-; **~ wave** *(normal)* tidvattensvåg; *(naturkatashof)* flodvåg, jättevåg; *(bildl)* (flod)våg; **a ~ wave of enthusiasm swept over the country** en våg av entusiasm svepte fram genom landet

tid·bit *(Am) se* **titbit**

tid·dler ['tɪdlə'] *s (fisk)* spigg; *(barn)* småtting

tid·dly ['tɪdlɪ] *adj (-ier, -iest) (vard: i sht Brit: berusad)* lummig, på lyran; *(: liten)* pytteliten

tiddly·winks ['tɪdlɪwɪŋks] *ssg* loppspel

tide [taɪd] **1** *s* **(a)** tidvatten, ebb och flod; *(bildl)* strömning, tendens; **high ~** högvatten, flod; **low ~** lågvatten, ebb; **the ~ has turned** *(eg)* tidvattnet har vänt; *(bildl)* vinden har vänt; **the ~ of events** händelseutvecklingen; **to go with/swim against the ~** *(bildl)* följa med/gå mot strömmen; **time and ~ wait for no man** *(ordspr)* tiden går sin gilla gång **(b)** *(åld)* tid; **Christmas~** juletid **2** *vt*: **to ~ sb over/through** *(bildl)* hålla ngn flytande

tide·mark ['taɪdmɑːk] *s* vattenståndsmärke

ti·di·ly ['taɪdɪlɪ] *adv (se tidy)* prydligt; ordentligt; snyggt

ti·di·ness ['taɪdɪnɪs] *s (se tidy)* prydlighet; ordning; snygghet

tid·ings ['taɪdɪŋz] *spl (åld)* nyheter, tidender

tidy ['taɪdɪ] **1** *adj (-ier, -iest) (rum etc)* prydlig, ordentlig, välstädad; *(teckning, arbete etc)* ordentlig, noggrann; *(person)* välvårdad, prydlig, snygg; **he has a ~ mind** han tänker klart/redigt; **a ~ sum** *(vard)* en nätt summa **2** *vt (äv: ~ up: rum)* städa, snygga till (i); *(: hår)* snygga till, ordna till **3** *s* förvarings|korg/-låda

♦ **tidy away** *vt + adv* städa undan

♦ **tidy out** *vt + adv (rum, låda)* städa(ur), snygga till (i)

♦ **tidy up** **1** *vi + adv* städa; **~ up after yourself** städa/plocka upp efter dig **2** *vt + adv* = **tidy 2**

tie [taɪ] **1** *s* **(a)** *(i sht Brit: plagg)* slips; **black/white ~** svart/vit fluga; **the dress for the party is black/white ~** det blir smoking/frack på festen; *se äv* **bow**[1] **(b)** *(band)* knytband; *(bildl: pos)*

band, länk; *(: neg)* påhäng, black om foten; ~**s of friendship** vänskapsband; **family** ~**s** familjeband **(c)** *(Sport etc)* oavgjord match, oavgjort resultat; **the race ended in a** ~ det blev dött lopp; **there was a** ~ **in the voting** omröstningen slutade oavgjort; **Cup** ~ *(Sport)* cupmatch 2 *vt* **(a)** *(i allm)* knyta, binda; *(äv:* ~ **up**: *skosnören, knut)* knyta; *(paket)* slå in med snören, knyta igen; *(djur)* binda; *(föremål)* binda ihop, binda fast; *(bildl)* binda; **she's** ~**d to home** *(bildl)* hon är bunden till hemmet; **his hands are** ~**d** *(bildl)* det finns inget han kan göra, hans händer är bundna 3 *vi (Sport etc)* spela oavgjort, nå ett oavgjort resultat; **to** ~ **for second place** komma på delad andra plats
◆ **tie back** *vt + adv (hår)* binda upp; *(gardiner)* fästa upp
◆ **tie down** *vt + adv (eg)* binda fast, surra; *(bildl)*: **to** ~ **sb down to sth** binda ngn vid ngt; **to be** ~**d down** vara bunden
◆ **tie in** 1 *vt + adv*: **to** ~ **in (with)** *(aktivitet)* samordna, kombinera (med); *(resultat)* få att stämma (överens) (med) 2 *vi + adv*: **to** ~ **in with** stämma (överens) med
◆ **tie on** *vt + adv* knyta på, binda fast
◆ **tie up** 1 *vt + adv (paket)* binda om, knyta igen, slå in *med snören; (tidningar)* bunta ihop; *(person, häst)* binda; *(båt)* förtöja; *(bildl: kapital)* låsa, binda (upp); *(: avtal, affär)* avsluta, föra i hamn; *(: händelser)* förbinda, finna ett samband mellan; **to be** ~**d up (with sth)** vara upptagen (med ngt); **to be** ~**d up with sb** sitta i sammanträde med ngn; **the traffic was** ~**d up by the accident** trafiken stoppades upp av olyckan 2 *vi + adv (Sjö)* förtöja, lägga till
tie-break(er) ['taɪbreɪk(əʳ)] *s (Sport)* tie-break
tie-dye ['taɪdaɪ] *vt* göra knytbatik på
tie-in ['taɪɪn] *s* anknytning, samband
tie-on [taɪ'ɒn] *adj* som går att knyta på
tie-pin ['taɪpɪn] *s* kråsnål
tier [tɪəʳ] *s* rad, lager; *(Teat)* rad; **to arrange in** ~**s** ordna trappstegvis
tie-up ['taɪʌp] *s* samband; *(Am äv)* stillestånd, stopp
tiff [tɪf] *s* gruff, gräl; **lover's** ~ kärleksgnabb
ti·ger ['taɪgəʳ] *s (eg)* tiger; *(äv)* puma, jaguar, leopard *m fl; (bildl)* hårding
tight [taɪt] 1 *adj* **(a)** *(lina)* spänd; *(kjol)* snäv, åtsittande; *(byxor)* åtsittande, tajt; *(sko)* trång; *(skruv, lock)* hårt åtdragen/åtskruvad; *(passage)* trång, smal; *(kontroll, disciplin)* hård, strikt; *(vard: person)* snål; **he's very** ~ **with his money**; **it's a** ~ **fit** det/den passar precis/nätt och jämt; **to keep** ~ **hold of sth** hålla hårt fast i ngt; **to be in a** ~ **spot** *(bildl)* ligga illa till, vara i knipa; **space/money is a bit** ~ *(bildl)* det är lite ont om plats/pengar **(b)** *(vard: berusad)* full, packad 2 *adv (hålla)* hårt, fast; **to be packed** ~ *(väska)* vara hårt packad; *(personer)* vara tätt sammanpackade; **screw the nut up** ~! dra åt muttern hårt!; **pull the door** ~! stäng dörren ordentligt!; **to hold sb** ~ hålla (om) någon hårt; **hold** ~! håll i er!, håll i ordentligt!; **to sit** ~ sitta still/kvar; **to sleep** ~ sova gott
tight·en ['taɪtn] 1 *vt (äv:* ~ **up**: *rep etc)* spänna, sträcka; *(mutter)* dra åt; *(lock)* skruva åt; *(livrem)* dra åt; *(sko)* snöra åt; *(regler)* skärpa 2 *vi (äv:* ~ **up**: *rep etc)* spännas; *(grepp)* hårdna
◆ **tighten up** 1 *vt + adv* **(a)** = **tighten 1** **(b)**: **to** ~ **up on sth** hålla strängare på ngt, hålla efter ngt bättre 2 *vi + adv* = **tighten 2**
tight-fisted [,taɪt'fɪstɪd] *adj (person)* snål, gniden
tight-lipped [,taɪt'lɪpt] *adj (arg)* med hopknipna läppar, sträng; *(tyst)* tystlåten, förtegen
tight·ly ['taɪtlɪ] *adv* = **tight 2**

tight·ness ['taɪtnɪs] *s (se* **tight**) spändhet, snävhet *etc;* **the** ~ **of the shoes** det att skorna sitter (så) trångt; **the** ~ **of the lid** det att locket sitter så hårt; **the** ~ **of the discipline** den stränga disciplinen; **I can feel a** ~ **in my chest** det trycker över bröstet
tight·rope ['taɪtrəʊp] *s* (spänd)lina; ~ **walker** lindansare; **to walk a** ~ *(bildl)* gå balansgång
tights [taɪts] *spl (damplagg: i sht Brit)* strumpbyxor; *(för dans)* trikåer
ti·gress ['taɪgrɪs] *s* tigrinna, tigerhona
til·de ['tɪldɪ] *s (Typogr)* tilde, krok
tile [taɪl] 1 *s (byggnadsmaterial: på tak)* tegel(panna); *(: på golv)* kakel; *(: på vägg)* kakel, tegel; *(i spel)* bricka; **to have a night on the** ~**s** *(vard)* svira, slå runt 2 *vt (tak)* belägga/täcka med tegel; *(golv, vägg)* klä med kakel
tiled [taɪld] *adj (vägg, golv)* kakelklädd; ~ **roof** tegeltak
till[1] [tɪl] *vt (Jordbr: mark)* odla, bruka
till[2] [tɪl] = **until**
till[3] [tɪl] *s* kassa|låda/-apparat, kassa
till·er ['tɪləʳ] *s (Sjö)* rorkult
tilt [tɪlt] 1 *s* **(a)** lutning, sluttning; **at a** ~ *(i allm)* på sned; *(hatt)* på svaj **(b)**: **(at) full** ~ i full fart, med full kraft 2 *vt* luta, vicka på; **he** ~**ed his chair back** han gungade bakåt på stolen 3 *vi* luta, slutta; **to** ~ **to one side** luta åt ena sidan; **he** ~**ed back in his chair** han lutade sig bakåt i stolen
tim·ber ['tɪmbəʳ] *s* timmer, virke; ~! fallande träd!; ~ **line** trädgräns
tim·bered ['tɪmbəd] *adj* timrad
tim·bre ['tæmbrə, 'tɪmbəʳ] *s* timbre, klangfärg
time [taɪm] 1 *s* **(a)** *(i allm)* tid; ~ **and space** tid och rum; **how** ~ **flies!** vad tiden går!; **only** ~ **will tell** det får framtiden utvisa; ~ **is on our side** vi har tiden på vår sida; **to have (the)** ~ **(to do sth)** ha tid (att göra ngt); **to find the** ~ **for reading** hinna med att läsa; **I've no** ~ **for them** jag har inte tid med dem; *(föraktfullt)* jag vill inte spilla min tid på dem; **he lost no** ~ **in doing it** han lät ingen tid gå förlorad; **it takes** ~ **to...** det tar tid att...; **to take one's** ~ ta det lugnt; ~ **is money** *(ordspr)* tid är pengar; **he did it in his own** ~ *(utan jäkt)* han gjorde det i sin egen takt; *(utanför arbetstiden)* han gjorde det på sin fritid; **my** ~ **is my own** jag rår över min egen tid; *se äv* **spare 1 a, tide**
(b) *(tidsrymd)* tid; **a long** ~ länge, lång tid; **a long** ~ **ago** för länge sedan; **a short** ~ **after** strax därefter, en kort stund senare; **for a** ~ ett tag, en tid; **have you been here all this** ~? har du varit här hela tiden?; **for the** ~ **being** för tillfället, tills vidare; **in no** ~ snabbt, på nolltid; **in a week's** ~ om en vecka
(c) *(tidpunkt)* ögonblick, tid; **any** ~ när som helst; **any** ~ **now** vilket ögonblick som helst; **at that** ~ vid den tidpunkten; **at the present** ~ för närvarande; **at this** ~ **of the year** så här års; **(by) this** ~ **next year** vid den här tiden nästa år; **by the** ~ **he arrived** när han (väl) kom fram; **at the same** ~ samtidigt; *(bildl)* samtidigt, men ändå; **at** ~**s** ibland; **at all** ~**s** alltid; **from** ~ **to** ~ ibland; **now is the** ~ **to go to...** nu är det den rätta tiden att åka till...; **the** ~ **has come to go home** det har blivit dags att åka hem; **this is no** ~ **for jokes** detta är inget tillfälle för skämt; **this is neither the** ~ **nor the place to discuss it** detta är inte rätta tiden eller platsen att diskutera det
(d) *(på klocka)* tid; *(Brit: på pub:* = *closing* ~*)* stängningsdags; **what** ~ **do you make it?** hur mycket är din/er klocka?; **have you got the (right)** ~? har du/ni rätt tid?, vet du/ni hur mycket klockan är?; **what's the** ~? hur mycket är

klockan?; **Greenwich mean** ~ Greenwichtid; **on** ~ **i** (rätt) tid; **to arrive** (**just**) **in** ~ **for dinner** komma (precis) lagom till middagen; **it's** ~ **for the news** det är dags för nyheterna; **we're running 30 minutes behind/ahead of** ~ vi ligger 30 minuter efter/före (tidtabellen); **about** ~ **too!** det var verkligen på tiden!; **it's about** ~ **you had a haircut** det är på tiden att du går och klipper dig; *se äv* **opening 2 b, closing**
(e) *(period)* tid; **in modern** ~**s/our own** ~(**s**) i modern tid, i nutiden, i vår egen tid; **in Elizabethan** ~s på den elisabetanska tiden; **in/before/during my** ~ på/före/under min tid; ~**s were hard** tiderna var hårda, det var hårda tider; **in** ~**s to come** i framtiden; **to be ahead of one's** ~/**behind the** ~s vara före/efter sin tid
(f) *(upplevelse)*: **to have a good** ~ ha roligt, ha det trevligt; **to have a bad** ~ ha (det) tråkigt; **to have a rough** ~ (**of it**) ha det besvärligt
(g) *(tillfälle)* gång; **three** ~**s** tre gånger; **this** ~ den här gången; **next** ~ nästa gång; **the last** ~ I **did it** förra gången jag gjorde det; ~ **after** ~, ~ **and again** om och om igen, gång efter gång; **many's the** ~ I **have...** jag har många gånger...; ~ I **remember the** ~ **he came here** jag minns (den gången) när han kom hit; **for weeks at a** ~ *(jakande)* flera veckor i sträck; *(nekande)* på flera veckor; **to carry 3 boxes at a** ~ bära 3 lådor i taget
(h) *(Mus, Mil)* takt; **to play/march in** ~/**out of** ~ spela/marschera i takt/otakt; *se äv* **beat 2 a, mark 2 g**
(i) *(Mat)*: **four** ~**s three is twelve** fyra gånger tre är tolv; **three** ~**s as fast** (**as sth**)/**faster** (**than sth**) tre gånger så fort (som ngt)
2 *vt* **(a)** *(välja tid)* bestämma tid för, avpassa/förlägga (i tiden), tajma *(vard)*; **to** ~ **sth perfectly** välja exakt rätt tid för; **the bomb was** ~**d to explode 5 minutes later** bomben var inställd för att explodera fem minuter senare
(b) *(med stoppur etc)* ta tiden på
3 *i sms*: ~ **bomb** tidsinställd bomb; ~ **card,** ~ **sheet** tidkort, tidsuppgift; ~ **exposure** *(Foto)* lång exponering; ~ **limit** tidsbegränsning, tidsgräns; **to set a** ~ **limit** bestämma en tidsbegränsning; ~ **switch** tidströmställare, timer
time-and-motion [ˌtaɪmənˈməʊʃən] *adj*: ~ **expert** tidsstudieman
time-consuming [ˈtaɪmkənˌsjuːmɪŋ] *adj* tids|krävande/-ödande
time-honoured, *(Am)* **time-honored** [ˈtaɪmˌɒnəd] *adj* hävdvunnen, traditionell
time-keeper [ˈtaɪmˌkiːpə] *s* *(Sport)* tidtagare; *(på arbetsplats)* tidkontrollör; *(föremål)* klocka
time-lag [ˈtaɪmlæg] *s* tid, (tids)fördröjning; **there was a five-second** ~ det dröjde fem sekunder
time-less [ˈtaɪmlɪs] *adj* tidlös
time-ly [ˈtaɪmlɪ] *adj* i rätt(an) tid, läglig
time-out [ˈtaɪmˈaʊt] *s* (*i sht Am*) paus; *(Sport)* spelavbrott; *(Basketboll, Ishockey)* time-out
time-piece [ˈtaɪmpiːs] *s* *(åld, Tekn)* ur, kronometer
tim-er [ˈtaɪmə] *s* *(Sport)* tidtagarur; *(Tekn)* utlösare, timer; **egg** ~ äggklocka
time-saving [ˈtaɪmˌseɪvɪŋ] *adj* tidsbesparande
time-table [ˈtaɪmˌteɪbl] *s* *(för tåg etc)* tidtabell; *(för person)* program
tim-id [ˈtɪmɪd] *adj* försagd, blyg
ti-mid-ity [tɪˈmɪdɪtɪ] *s* försagdhet, blyghet
tim-id-ly [ˈtɪmɪdlɪ] *adv* blygt, försagt
tim-ing [ˈtaɪmɪŋ] *s* val av tidpunkt, timing
tim-or-ous [ˈtɪmərəs] *adj* räddhågsen, försagd
tim-pa-ni [ˈtɪmpənɪ] *spl* *(Mus)* pukor; **play the** ~ spela puka
tin [tɪn] **1** *s* **(a)** *(metall)* tenn; ~ **mine** tenngruva; ~ **soldier** tennsoldat; ~ **whistle** *(Mus)* lek-

saksflöjt **(b)** *(Brit: behållare)* konservburk, plåtburk; ~ **can** konservburk **2** *vt (Brit: livsmedel)* konservera; *(kopparkärl)* förtenna
tin-der [ˈtɪndə] *s* fnöske
tin-foil [ˈtɪnfɔɪl] *s (av tenn)* stanniol; *(av aluminium)* aluminiumfolie
tinge [tɪndʒ] **1** *s (färg)* dragning, skiftning, nyans; *(bildl)* lätt känsla, anstrykning **2** *vt (vanl pass)*: ~**d with...** *(färg)* med en skiftning i...; *(bildl)* färgad av...
tin-gle [ˈtɪŋgl] **1** *s* stickande, svidande; *(av spänning)* rysning, ilning **2** *vi* sticka, svida; **to** ~ **with excitement** darra av spänning
tink-er [ˈtɪŋkə] **1** *s* kittelflickare **2** *vi* (*äv*: ~ **about**) pilla, mixtra (*with* med)
tin-kle [ˈtɪŋkl] **1** *s* *(av klocka)* pinglande; *(Brit vard)* telefonsignal; *(av is)* klirr; *(av metall)* skrammel; **give me a** ~ *some time (Brit vard)* slå en signal någon gång **2** *vi (klocka)* pingla, klinga; *(is)* klirra; *(metall)* skramla; *(Brit vard)* kissa
tin-kling [ˈtɪŋklɪŋ] **1** *adj (se* **tinkle 2)** pinglande; klirrande; skramlande **2** *s* = **tinkle 1**
tinned [tɪnd] *adj (Brit)* konserverad, på burk
tin-ny [ˈtɪnɪ] *adj* (**-ier, -iest**) *(ljud)* metallisk, tunn; *(smak)* plåt-; *(bil, maskin)* klen, dålig, värdelös
tin-open-er [ˈtɪnˌəʊpnə] *s (Brit)* konservöppnare
tin-plate [ˈtɪnpleɪt] *s* bleckplåt
tin-sel [ˈtɪnsəl] *s (äv bildl)* glitter
tint [tɪnt] **1** *s (i allm)* färgtön, nyans; *(för hår)* toningsvätska **2** *vt (hår)* tona
tin-tack [ˈtɪntæk] *s* nubb, stift
tiny [ˈtaɪnɪ] *adj* (**-ier, -iest**) (mycket) liten, pytteliten, späd
tip[1] [tɪp] *s (på berg)* topp; *(på penna, finger)* spets; *(på pinne)* ända; *(på cigarett)* (filter)munstycke; **the** ~ **of one's nose** nästippen; **the** ~ **of one's toes** tåspetsarna; **to have sth on the** ~ **of one's tongue** *(bildl)* ha ngt på tungan; **the** ~ **of the iceberg** *(bildl)* toppen av isberget; *se äv* **filter-tipped**
tip[2] [tɪp] **1** *s* **(a)** *(pengar)* dricks **(b)** *(information)* tips, vink; (*: vid vadslagning)* (stall)tips; **to give sb a** ~ ge ngn ett tips/råd **2** *vt* **(a)** *(kypare)* ge dricks; **how much should I** ~ **him?** hur mycket ska jag ge honom i dricks? **(b)** *(vinnare)* tippa, gissa; **he** ~**ed Labour to win** han förutspådde att Labour skulle vinna; **he is being** ~**ped for the job** man tippar att han ska få jobbet
♦ **tip off** *vt + adv* ge ett tips; **the police were** ~**ed off** polisen hade fått ett tips
tip[3] [tɪp] **1** *s (Brit)* tipp, avstjälpningsplats **2** *vt* (*i allm*) tippa, stjälpa, välta; **to** ~ **one's hat** lyfta på hatten; **to** ~ **away the dishwater** hälla ut diskvattnet; **to** ~ **back a chair** luta en stol bakåt; **he** ~**ped out the contents of the box** han stjälpte ut lådans innehåll; **to** ~ **over a glass of wine** (råka) stjälpa/välta omkull ett vinglas; **to** ~ **the balance** avgöra saken, bli tungan på vågen **3** *vi* **(a)** *(yta etc)* luta, slutta; *(äv:* ~ **over)** välta, vippa (omkull) **(b)** *(Brit: sopor)* tippa; **no** ~**ping** *(skylt)* avstjälpning förbjuden
♦ **tip up** **1** *vt + adv (bord, stol)* fälla ihop; *(framsäte i bil)* fälla framåt **2** *vi + adv (i allm)* välta; *(båt)* kapsejsa
tip-off [ˈtɪpɒf] *s* tips, varning
tipped [tɪpt] *adj (Brit: cigarett)* med filtermunstycke
tip-ple [ˈtɪpl] *(vard)* **1** *s* spritdryck; **what's your** ~? vad dricker du?, vad vill du ha? **2** *vi* småsupa
tip-pler [ˈtɪplə] *s (vard)* fyllbult, småsupare
tip-ster [ˈtɪpstə] *s (professionell)* tipsare
tip-sy [ˈtɪpsɪ] *adj* (**-ier, -iest**) lätt berusad, vinglig
tip-toe [ˈtɪptəʊ] **1** *s*: **to walk on** ~ gå på tå **2** *vi* gå på tåspetsarna, tassa, smyga

tip·top [ˌtɪp'tɒp] *adj* perfekt, topp-
ti·rade [taɪ'reɪd] *s* tirad, harang
tire[1] ['taɪəʳ] **1** *vt* trötta (ut) **2** *vi* tröttna; **to ~ of sb/sth** tröttna på, bli trött på ◆ **tire out** *vt* + *adv* trötta ut
tire[2] ['taɪəʳ] *s (Am)* = tyre
tired ['taɪəd] *adj* **(a)** *(person)* trött; **to be/feel ~** vara/känna sig trött; **to look ~** se trött ut; **to be ~ of sb/sth** vara trött på ngn/ngt; **to get/grow ~ of sth** börja tröttna på ngt **(b)** *(bildl: fras)* utsliten; **a ~-looking old hat** en sliten gammal hatt
tired·ness ['taɪədnɪs] *s* trötthet
tire·less ['taɪəlɪs] *adj* outtröttlig
tire·some ['taɪəsəm] *adj (arbete)* tröttsam, långtråkig; *(person)* tråkig, tröttsam, besvärlig; *(situation)* besvärlig, irriterande
tir·ing ['taɪərɪŋ] *adj* tröttsam, tröttande
tis·sue ['tɪʃuː] *s* **(a)** *(i allm)* tunt, mjukt papper; **face ~** ansiktsservett; **toilet ~** toalettpapper; **~ paper** silkespapper **(b)** *(Anat)* vävnad **(c)** *(bildl):* **a ~ of lies** en väv/härva av lögner
tit[1] [tɪt] *s (fågel)* mes; **blue ~** blåmes; **great ~** talgoxe
tit[2] [tɪt] *s:* **~ for tat** lika för lika; **give ~ for tat** ge igen
tit[3] [tɪt] *s (vard)* bröstvårta; *(vanl pl: ~s)* bröst, pattar(!)
ti·tan ['taɪtən] *s (bildl: stor, stark person)* jätte
ti·ta·nium [tɪ'teɪnɪəm] *s (Kem)* titan
tit·bit ['tɪtbɪt] *s, (i sht Am)* **tid·bit** ['tɪdbɪt] *s (eg, bildl)* godbit
tit·il·late ['tɪtɪleɪt] *vt (eg, bildl)* kittla, reta
ti·tle ['taɪtl] *s* **(a)** *(på bok etc)* titel; **~ page** titelsida; **~ role** *(Teat)* titelroll **(b)** *(Sport)* (mästerskaps) titel; **to hold a ~** hålla en titel; **~ holder** *(Sport)* titel|hållare/-innehavare **(c)** *(adel)* titel **(d)** *(Jur):* **~ (to)** rätt (till); **~ deed** *(Law)* äganderättshandling
ti·tled ['taɪtld] *adj (person)* adlig
tit·mouse ['tɪtmaʊs] *pl* **-mice** = tit[1]
tit·ter ['tɪtəʳ] **1** *s* fniss, fnitter **2** *vi* fnissa, fnittra
tittle-tattle ['tɪtltætl] *(vard)* **1** *s* skvaller, sladder **2** *vi* skvallra, sladdra
tiz·zy ['tɪzɪ], *s (vard):* **to be in/get into a ~ (about sth)** få stora skälvan (för ngt)
T-junction [ˌtiː'dʒʌŋkʃən] *s (om väg)* T-korsning; *(om rör)* T-förgrening
to [tuː] **1** *prep* **(a)** *(riktning)* till; **to go ~ Paris** åka till Paris; **to go ~ school by car** åka bil till skolan; **I went ~ school in Leeds** jag gick i skolan i Leeds; **to go ~ the doctor's** gå till doktorn; **the road ~ Alaska** vägen till Alaska; **have you ever been ~ India?** har du varit i Indien någon gång?; **move sth ~ the left** flytta ngt till vänster; **he wrote a letter ~ his wife** han skrev ett brev till sin hustru
　(b) *(befintlighet)* till, mot; **he stood with his back ~ the wall** han stod med ryggen mot väggen; **at right angles ~ that** vinkelrät mot det; **the door is ~ the left (of the window)** dörren är till vänster (om fönstret)
　(c) *(utsträckning)* till; **from here ~ London** härifrån till London; **to count ~ 10** räkna till tio; **correct ~ 3 decimal places** korrekt till tre decimaler; **from 40 ~ 50 people** fyrtio till femtio personer; **~ some extent** i viss utsträckning, till en del; **to be wet ~ the skin** vara blöt in på bara kroppen
　(d) *(tid)* i; **it's a quarter ~ 5** hon är kvart i fem
　(e) *(uttryckande indirekt objekt)* till, åt; **to give sth ~ sb** ge något till/åt ngn; **it belongs ~ me** den tillhör mig; **the man I sold it ~/~ whom I sold it** *(frm)* mannen jag sålde den till; **they were kind ~ me** de var snälla mot mig; **we had it all ~**

ourselves vi hade den helt för oss själva; **a solution ~ the problem** en lösning på problemet; **the book was dedicated ~ his wife** boken var dedicerad till/tillägnad hans hustru; **a monument ~ the fallen** ett monument över de stupade; **to drink ~ sb** skåla för ngn
　(f) *(jämförelse, relation)* mot, per, på; **superior ~ the others** överlägsen de andra; **that's nothing ~ what is to come/has been** det är inget mot vad som kommer/har varit; **30 miles ~ the gallon** 30 miles per gallon *dvs (Brit)* ca 0,9 *l/mil, (Am)* ca 0,8 *l/mil*; **8 apples ~ the kilo** åtta äpplen på kilot/per kilo
　(g) om; **what do you say ~ this?** vad säger du om detta?; **that's all there is ~ it** det är allt, det är hela saken
　(h) enligt; **~ my way of thinking** enligt/efter mitt sätt att se det; **~ the best of my recollection/understanding** såvitt jag kan minnas/förstå; **the best of my ability** efter (min) bästa förmåga; **we danced ~ the music of the live band** vi dansade till musiken från orkestern
　(i) *(ändamål, resultat):* **to tear sth ~ pieces** slita ngt i stycken; **to come ~ sb's aid** komma till ngns hjälp; **to sentence sb ~ death** döma ngn till döden; **~ my great surprise** till min stora förvåning
　2 *med verb* **(a)** *(infinitiv)* att; *(efter ett annat verb)* övers vanl ej; **~ sing** att sjunga; **to want ~ do sth** vilja göra ngt; **to try ~ do sth** försöka göra ngt; **to start ~ cry** börja gråta
　(b) *(ändamål, resultat)* för att; **he did it ~ help you** han gjorde det för att hjälpa dig; **he came ~ see you** han kom hit för att träffa dig; **I went ~ see him** jag åkte och hälsade på honom
　(c) *(utan verb):* **I don't want ~** jag vill inte; **you ought ~** du borde göra det
　(d) *(motsvarande relativ sats)* att, som; **I have things ~ do** jag har saker att göra/uträtta; **he's not the sort ~ do that** han är inte den typen som skulle göra det/ngt sådant; **now is the time ~ do it** nu är rätta tiden att göra det; **he has a lot ~ lose** han har mycket att förlora
　(e) *(efter adj etc):* **ready ~ go** färdig att gå; **that's hard ~ believe** det är svårt att tro; **the first ~ go** den första som går/får gå; **too old ~ play tennis** för gammal för att spela tennis; **he's young ~ be a grandfather** han är ung för att vara morfar/farfar
　3 *adv* **(a):** **to push the door ~** skjuta igen dörren **(b):** **to come ~** komma till medvetande, vakna upp **(c):** **~ and fro** fram och tillbaka
toad [təʊd] *s* padda
toad-in-the-hole ['təʊdɪnðə'həʊl] *s (Brit Matl)* inbakad korv/köttfärs
toad·stool ['təʊdstuːl] *s* giftsvamp
toady ['təʊdɪ] *(neds)* **1** *s* smilfink, smickrare **2** *vi:* **to ~ to sb** krypa/fjäska för ngn, ställa sig in hos ngn
toast [təʊst] **1** *s* **(a)** *(bröd)* rostat bröd; **a piece of ~** en skiva rostat bröd **(b)** skål; **to propose/drink a ~ to sb** föreslå en skål för ngn/skåla för ngn; **to be the ~ of the town/nation** *(bildl)* vara firad av hela stan/landet **2** *vt* **(a)** *(bröd)* rosta **(b)** *(person)* skåla för
toast·er ['təʊstəʳ] *s* brödrost
toast·master ['təʊstmɑːstəʳ] *s* toastmaster
toast-rack ['təʊstræk] *s* ställ för rostat bröd
to·bac·co [tə'bækəʊ] *s* tobak; **pipe ~** piptobak; **~ pouch** tobakspung
to·bac·co·nist [tə'bækənɪst] *s* tobakshandlare; **~'s (shop)** tobaksaffär
to-be [tə'biː] *adj* blivande, kommande; **her husband ~** hennes blivande man
to·bog·gan [tə'bɒgən] **1** *s* kälke **2** *vi* åka kälke

to·day |tə'deɪ| *adv* idag; *(bildl äv)* nu för tiden; **a fortnight** ~ *(Brit)* idag om fjorton dagar; **what day is it** ~? vad är det för dag idag?; **what date is it** ~? vilket datum är det idag?; ~ **is the 4th of March** idag är det den fjärde mars; ~**'s paper** dagens tidning

tod·dle |'tɒdl| *vi (barn)* tulta; *(vard: vuxen)* traska, knalla, sticka; **he** ~**d off** han stack iväg

tod·dler |'tɒdlə^r| *s* litet barn, knatte *ca 1-2½ år*

tod·dy |'tɒdɪ| *s:* **hot** ~ whiskytoddy

to-do |tə'duː| *s (vard)* bråk, ståhej

toe |təʊ| **1** *s* tå; **big/little** ~ stortå/lilltå; **to keep sb on his** ~**s** *(bildl)* se till att ngn är på alerten **2** *vt:* **to** ~ **the line** *(bildl)* inordna sig i ledet

toe·cap |'təʊkæp| *s* tåhätta

toe·nail |'təʊneɪl| *s* tånagel

tof·fee |'tɒfɪ|, *(Am)* **taf·fy** |'tæfɪ| *s* knäck, kola; **he can't sing for** ~ *(vard)* han kan inte sjunga för fem öre; ~ **apple** äppelklubba

to·geth·er |tə'geðə^r| *adv* **(a)** *(arbeta, leva)* tillsammans, ihop; *(limma etc)* ihop; *(föra)* samman; ~ **with** tillsammans med; **let's do it all** ~ låt oss göra det allihop tillsammans; **they are thirteen all** ~ de är sammanlagt tretton stycken; **we're in this** ~ vi sitter i samma båt; **to put a meal** ~ svänga ihop lite mat **(b)** samtidigt: *the two bombs went off* ~; i sträck: *it rained for three days* ~

to·geth·er·ness |tə'geðənɪs| *s* samhörighet; ~ **is bliss!** det är underbart att vara tillsammans!

tog·gle |'tɒgl| *s (på duffel)* avlång knapp, pinne; ~ **switch** vippströmbrytare

togs |tɒgz| *spl (vard)* kläder

toil |tɔɪl| **1** *s* arbete, slit, knog **2** *vi* arbeta hårt, slita, knoga; **to** ~ **away at sth** kämpa på med ngt; **to** ~ **up a hill** knega upp för en backe

toi·let |'tɔɪlɪt| *s* **(a)** toalett(stol), wc(stol); **to go to the** ~ gå på toaletten; ~ **paper** toalettpapper; ~ **roll** toalettrulle; ~ **training** potträning **(b)** *(tvättning, påklädning etc)* toalett; **she was at her** ~ **when I came in** hon höll på att göra toalett när jag kom in; ~ **bag** necessär; ~ **water** eau-de-toilette

toi·let·ries |'tɔɪlɪtrɪz| *spl* toalettsaker

to·ing and fro·ing |'tuːɪŋən'frəʊɪŋ| *s:* **after much** ~ efter många om och men

to·ken |'təʊkən| **1** *s* **(a)** *(till affär)* presentkort, gåvocheck; *(till buss)* pollett; *(för spel)* marker **(b)** *(symbol)* tecken, bevis; **a** ~ **of their respect** ett bevis på deras vördnad/uppskattning **by the same** ~ av samma anledning **2** *(adj) (betalning, strejk)* symbolisk; *(motstånd, bifall)* halvhjärtad

told |təʊld| *imperf, perf part av* **tell**

tol·er·able |'tɒlərəbl| *adj (hetta, smärta)* dräglig, uthärdlig; *(film, mat)* hyfsad, skaplig, acceptabel

tol·er·ably |'tɒlərəblɪ| *adv:* ~ **good** hyfsad, skaplig

tol·er·ance |'tɒlərəns| *s* **(a)** *(mot smärta)* tolerans, motståndskraft, tålighet; *(mot åsikter)* tolerans, fördragsamhet **(b)** *(Tekn, Med)* tolerans

tol·er·ant |'tɒlərənt| *adj (mot smärta)* tålig, motståndskraftig; *(mot åsikter)* fördragsam, tolerant

tol·er·ate |'tɒləreɪt| *vt (hetta, smärta)* tåla, stå ut med; *(åsikter)* tolerera, fördra

tol·era·tion |,tɒlə'reɪʃən| *s* = **tolerance a**

toll¹ |təʊl| *s* **(a)** *(på väg, bro)* avgift, tull **(b)** *(bildl)* tribut, förluster; **the** ~ **on the roads** antalet trafikoffer; **the severe winter has taken its** ~ **on the crops** den hårda vintern har gått hårt fram med skörden; ~ **road/bridge** avgiftsbelagd väg/bro

toll² |təʊl| **1** *vt, vi (klocka)* ringa, klämta, slå **2** *s* (själa)ringning, klämtning

toll-free |'təʊl,friː| *(Am Tele)* **1** *adj* avgiftsfri, gratis **2** *adv* avgiftsfritt, gratis

tom |tɒm| *s (äv:* ~ **cat)** hankatt

Tom |tɒm| *s:* **any** ~**, Dick or Harry** vem som helst, kreti och pleti

to·ma·to |tə'mɑːtəʊ, *(Am)* tə'meɪtəʊ| *s, pl* **-es** tomat

tomb |tuːm| *s (i allm)* grav; *(rum)* gravvalv; *(sten)* grav|vård/-sten

tom·bo·la |tɒm'bəʊlə| *s* tombola

tom·boy |'tɒmbɔɪ| *s* pojkflicka

tomb·stone |'tuːmstəʊn| *s* grav|sten/-vård

tome |təʊm| *s (bok)* lunta

tom·fool·ery |tɒm'fuːlərɪ| *s* tokigheter, skoj, trams

tom·my gun |'tɒmɪ,gʌn| *s* kulsprutepistol, k-pist

to·mor·row |tə'mɒrəʊ| *adv* i morgon; **tomorrow's meeting** mötet i morgon; ~ **morning** i morgon bitti; ~ **is Sunday** i morgon är det söndag; **the day after** ~ i övermorgon; ~ **is another day** *(bildl)* i morgon är också en dag

tom-tom |'tɒmtɒm| *s (sorts trumma)* tom-tom

ton |tʌn| *s (i allm)* ton; *(exaktare viktmått: Brit)* 2240 pund = 1016 kg; *(: Am)* 2000 pund = 907 kg; *(= metric* ~*)* 1000 kg; *(Sjö)* registerton = 100 kubikfot = 2,83 m³; **this cargo weighs 1,000** ~**s** den här lasten väger 1000 ton; **a 3-**~ **lorry** en tretons lastbil; **this suitcase weighs a** ~ *(vard)* den här väskan väger ett ton; ~**s of sth** mängder av ngt; **(to come down on sb) like a** ~ **of bricks** (ge sig på ngn) med all kraft, med plötsligt ursinne

tone |təʊn| **1** *s* **(a)** *(om röst)* ton, tonfall; *(om musikinstrument)* ton, klang; **dialling** ~ *(Brit Tele)*, **dial** ~ *(Am Tele)* kopplingston; **to praise sb in ringing** ~**s** *(bildl)* höja ngn till skyarna; **they were whispering in low** ~**s** de viskade med låg röst **(b)** *(färg)* ton, nyans **(c)** *(stämning)* atmosfär, stil, anda **(d)** *(Med)* (muskel)tonus; *(allm)* (god) kondition, form **2** *vi (äv:* ~ **in:** *färger)* gå ton i ton, gå bra ihop

♦ **tone down** *vt* + *adv (färg)* dämpa, tona ner; *(instrument)* stämma ner; *(bildl: språk)* tona ner, dämpa

♦ **tone up** *vt* + *adv (instrument)* stämma upp; *(muskler)* stärka

tone-deaf |,təʊn'def| *adj* tondöv

tongs |tɒŋz| *spl* tång; **curling** ~ locktång; **a pair of** ~ en tång

tongue |tʌŋ| *s (Anat)* tunga; *(språk)* tunga, tungomål, språk; *(på sko)* tunga, plös; *(på klocka)* kläpp; ~ **of flame** eldtunga; **mother** ~ modersmål; **have you lost your** ~? har du tappat målföret?; **hold your** ~! håll mun!, tig!; **to put out one's** ~ **(at sb)** räcka ut tungan (åt ngn); ~ **in cheek** *(bildl)* med glimten i ögat, inte på fullt allvar

tongue-tied |'tʌŋtaɪd| *adj:* **to be** ~ ha tunghäfta

tongue-twist·er |'tʌŋ,twɪstə^r| *s* tungvrickare

ton·ic |'tɒnɪk| *s (Med)* stärkande medicin; *(bildl)* ngt stärkande/uppfriskande, medicin; **skin** ~ ansiktsvatten; ~ **(water)** tonic

to·night |tə'naɪt| *adv* ikväll; i natt; **I'll see you** ~ vi ses ikväll; ~**'s TV programmes** kvällens TV-program

ton·nage |'tʌnɪdʒ| *s (Sjö)* tonnage

ton·sil |'tɒnsl| *s (hals)*mandel, tonsill; **to have one's** ~**s out** operera mandlarna

ton·sil·li·tis |,tɒnsɪ'laɪtɪs| *s* halsfluss

too |tuː| *adv* **(a)** för, alltför; **it's** ~ **kind (of you)** det är alltför snällt (av dig); **it's** ~ **heavy for me to lift** den är för tung för mig att lyfta; **it's** ~ **good to be true** det är för bra för att vara sant; *se äv* **many, much 1 d (b)** också, med, dessutom; **me** ~ jag med; **she** ~ hon också; **I speak French and Japanese** ~ jag talar dessutom/även franska och japanska; **not only that, he's blind** ~! inte bara det, han är blind dessutom/också!

took [tʊk] *imperf av* take

tool [tu:l] *s* **(a)** verktyg, redskap; **(set of)** ~s verktyg(suppsättning); **pen and paper are the** ~s **of his trade** penna och papper är hans verktyg **(b)** *(bildl: person)* verktyg, instrument; **he was a mere** ~ **in their hands** han var bara ett redskap i deras händer

tool·bag ['tu:lbæg] *s* verktygsväska

tool·box ['tu:lbɒks] *s* verktygslåda

tool·kit ['tu:lkɪt] *s* verktygs|låda/-uppsättning

tool·shed ['tu:lʃed] *s* redskapsbod

toot [tu:t] **1** *vt* tuta; *(i trumpet)* blåsa **2** *s (i bil)* tutning, signal; *(i trumpet, horn)* stöt, signal

tooth [tu:θ] *s, pl* teeth *(äv på kam, såg)* tand; **to clean one's teeth** borsta tänderna; **to cut one's teeth** *(eg)* få tänder; *(bildl)* pröva sina vingar; **to have a** ~ **out** dra ut en tand; **to have a sweet** ~ tycka om sötsaker, vara en gott(e)gris *(vard)*; **long in the** ~ *(vard)* gammal; **he is fed up to the (back) teeth with sb/sth** *(vard)* ngn/ngt står honom upp i halsen; **to get one's teeth into sth** *(bildl)* sätta tänderna i ngt; **armed to the teeth** beväpnad till tänderna; **to fight** ~ **and nail** kämpa med näbbar och klor; **it sets my teeth on edge** det får mig att rysa; *(bildl)* det driver mig till vansinne; **by the skin of one's teeth** med nöd och näppe; **in the teeth of great opposition** trots kraftigt motstånd; *se äv* false, wisdom

tooth·ache ['tu:θeɪk] *s* tandvärk; **to have** ~ ha tandvärk/ont i en tand

tooth·brush ['tu:θbrʌʃ] *s* tandborste

tooth·less ['tu:θlɪs] *adj (eg, bildl)* tandlös

tooth·paste ['tu:θpeɪst] *s* tandkräm

tooth·pick ['tu:θpɪk] *s* tandpetare

toothy ['tu:θɪ] *adj (-ier, -iest) (vard)* med stora/ utstående tänder; **she's a bit** ~ hon har rätt stora tänder; **to give sb a** ~ **smile** ge ngn ett stort leende

toot·sy[1] , **toots** [tu:ts] *s (Am vard)* sötnos

toot·sy[2] , **toot·sie** ['tutsɪ] *s (barnspråk: fot)* fossing

top[1] [tɒp] **1** *s* **(a)** *(högsta punkt)* topp, övre del; **at the** ~ **of the hill** på toppen av kullen; **at the** ~ **of the stairs** (högst) uppe i trappan; **at the** ~ **of the page** överst på sidan; ~ **of the pops** etta på topplistan; **he is at the** ~ **of his class** han är bäst i klassen; **Liverpool is at the** ~ **of the league** Liverpool leder serien; **we searched the house from** ~ **to bottom** vi sökte igenom huset från källaren till vinden; **from** ~ **to toe** från topp till tå; **on** ~ ovanpå; **thin on** ~ *(vard)* tunnhårig på skulten; **to reach the** ~ *(bildl)* nå toppen; **the men at the** ~ *(bildl)* gubbarna i toppen **(b)** *(yta)* översida, yta; **the** ~ **of the table needs wiping** bordsskivan behöver torkas av; **oil comes to the** ~ olja lägger sig på ytan **(c)** *(lock: på burk)* lock; *(: på flaska)* kapsyl; *(: på penna)* hatt **(d)** *(övre del)* topp; *(: på buss)* övervåning; **seats on the** ~! det finns plats där uppe!; **the** ~ **of the milk** grädden på mjölken; **at the** ~ **of the street** längst upp på gatan **(e)** *(klädesplagg: i allm)* blus, T-tröja; *(på pyjamas)* jacka, tröja; *(på bikini)* överdel; *(på soldräkt)* topp **(f)** *(i kök) (köks)bänk; (i labb)* (arbets)bänk **(g)** *(Motor)* högsta växel **(h)** *(tillägg):* **on** ~ ovanpå, dessutom; **on** ~ **of (all) that** till råga på allt, till på köpet; **it's just one thing on** ~ **of another** det är den ena besvärligheten/olyckan efter den andra **(i)** *(i fraser):* **to be/feel on** ~ **of the world** *(vard)* sväva på moln, vara i sjunde himlen; **to get on** ~ **of sth** *(vard)* få bukt med ngt; **to be/get on** ~ **of things** *(vard)* behärska situationen; **this is getting on** ~ **of me** *(vard)* det här tar knäcken på

mig; **to come out on** ~ vinna till slut; **he said it off the** ~ **of his head** *(vard)* han drog bara till med det; **at the** ~ **of one's voice** högljutt, för full hals; *se äv* blow[2] **1 c**

2 *adj* **(a)** *(högsta: hylla, låda)* översta; *(pris)* högsta, topp-; **at** ~ **speed** i högsta fart; **in** ~ **gear** *(Brit)* på högsta växeln; ~ **hat** hög hatt **(b)** *(rang)* högsta, topp-; **the** ~ **men in the party** toppfigurerna/de ledande männen i partiet; **a** ~ **job** ett toppjobb; **she's** ~ **dog at work** *(vard)* hon är boss på jobbet **(c)** *(kvalitet)* hög, högsta, bäst, topp-; **to get** ~ **marks** få högsta/höga betyg; **to come** ~ **of the class** vara bäst i klassen; **he came** ~ **in maths** han var bäst/nummer ett i matte; **the** ~ **twenty** *(Mus)* tjugo-i-topp-listan; **to be on** ~ **form** *(vard)* vara i toppform; **a** ~ **surgeon** en stjärnkirurg **(d)** *(ordning)* sista, högsta, översta; **the** ~ **coat** *(of paint)* det sista/översta lagret (färg); **the** ~ **class at school** sista/högsta klassen i skolan

3 *vt* **(a)** *(i allm)* sätta topp *etc* på, täcka; **a cake** ~ped **with cream** en kaka garnerad med grädde; **a church** ~ped **by a steeple** en kyrka (krönt) med ett klocktorn; **and to** ~ **it all...** *(bildl)* och till råga på allt...; **to** ~ **the bill** *(Teat)* vara huvudattraktion **(b)** *(summa, antal etc)* överskrida, vara högre än; *(bildl)* överträffa; **profits** ~ped **£5,000 last year** vinsten överskred 5000 pund i fjol **(c)** *(grönsaker, bär)* ta av stjälken/skaftet på

♦ **top up** *vt* + *adv* fylla på; **to** ~ **sb's glass up** fylla på i ngns glas; **to** ~ **up a battery** fylla på vätska i ett batteri

top[2] [tɒp] *s (leksak)* snurra

to·paz ['təʊpæz] *s* topas

top·coat ['tɒpkəʊt] *s* överrock

top·flight ['tɒpflaɪt] *adj (vard)* topp-, i toppklass

top·heavy [,tɒp'hevɪ] *adj* övertung, ostadig

top·ic ['tɒpɪk] *s* (samtals)ämne

topi·cal ['tɒpɪkəl] *adj* aktuell; **a highly** ~ **question** en mycket aktuell fråga

top·less ['tɒplɪs] *adj (om kvinna)* topless, med bara bröst; *(om plagg)* utan överdel

top·level ['tɒp,levl] *adj* på högsta nivå

top·most ['tɒpməʊst] *adj* överst, högst

top·notch ['tɒp'nɒtʃ] *adj (vard)* i toppklass, jättefin

to·pog·ra·phy [tə'pɒɡrəfɪ] *s* topografi

top·per ['tɒpə'] *s (vard)* hög hatt

top·ping ['tɒpɪŋ] *s (Matl)* garnering, översta lager

top·ple ['tɒpl] **1** *vt* välta; *(bildl: regering)* störta **2** *vi* välta (över ända)

♦ **top·ple over** *vi* + *adv* ramla ikull; **he** ~d **over a cliff** han ramlade utför ett stup

top·ranking ['tɒp'ræŋkɪŋ] *adj (Mil)* av hög rang; *(i allm)* topp-, stjärn-

top·secret ['tɒp'si:krɪt] *adj* topphemlig, hemligstämplad

top·soil ['tɒpsɔɪl] *s* matjord(sskikt)

topsy·turvy ['tɒpsɪ'tɜ:vɪ] **1** *adv* upp och ner, huller om buller **2** *adj* uppochnervänd, rörig

top·up ['tɒpʌp] *s (Brit: vard)* påfyllning

torch [tɔ:tʃ] *s (brinnande)* fackla; *(Brit: elektrisk)* ficklampa; *(Am)* blåslampa; **to carry a** ~ **for somebody** *(bildl)* vara olyckligt kär i ngn

torch·light ['tɔ:tʃlaɪt] *s* fackelsken; ~ **procession** fackeltåg

tore [tɔ:'] *imperf av* tear[2]

tor·ment ['tɔ:mənt] **1** *s* plåga, pina; **to be in** ~ lida kval **2** *vt* [tɔ:'ment] *vt* plåga, pina; **she was** ~**ed by doubts** hon anfäktades/plågades av tvivel

tor·men·tor [tɔ:'mentə'] *s* plågoande

torn [tɔ:n] *perf part av* tear[2]

tor·na·do [tɔ:'neɪdəʊ] *s, pl* -**es** tornado, tromb; *(bildl)* storm

tor·pe·do [tɔ:'pi:dəʊ] **1** *s, pl* -**es** *(eg)* torped; *(vard)* lejd gangster, torped; ~ **boat** torpedbåt 2 *vt* (eg, bildl) torpedera

tor·pid ['tɔːpɪd] adj *(person)* slö, lat; *(djur)* stel, i dvala

tor·por ['tɔːpəʳ] s *(om djur)* dvala; *(om person)* slöhetstillstånd, apati

tor·rent ['tɒrənt] s *(eg, bildl)* störtflod, ström; **the rain came down/fell in** ~s regnet vräkte ner, regnet föll i strida strömmar

tor·ren·tial [tɒ'rɛnʃəl] adj *(fors)* strid, brusande; *(bildl)* våldsam, häftig; ~ **rain** skyfall

tor·rid ['tɒrɪd] adj *(väder)* het, torr; *(känsla)* het, svallande

tor·so ['tɔːsəʊ] s *(Anat)* bål, torso; *(Konst)* torso

tor·toise ['tɔːtəs] s (land)sköldpadda

tortoise·shell ['tɔːtəsʃɛl] s **(a)** sköldpaddskal; *(material)* sköldpadd **(b)** sköldpaddsfärgad katt

tor·tu·ous ['tɔːtjʊəs] adj *(eg)* slingrande, krokig; *(bildl)* invecklad, krånglig

tor·ture ['tɔːtʃəʳ] **1** s tortyr; **instruments of** ~ tortyrredskap; **it was sheer** ~! *(bildl)* det var rena tortyren! **2** *vt (eg)* tortera; *(bildl)* plåga, pina

tor·tur·er ['tɔːtʃərəʳ] s torterare; *(bildl)* plågoande

Tory ['tɔːrɪ] **1** adj *(Brit Pol)* tory-, höger-, konservativ **2** s *(Brit Pol)* tory, högerman, konservativ

toss [tɒs] **1** s **(a)** *(i allm)* kast; a ~ **of the head** ett kast med huvudet, en knyck på nacken; **to take a** ~ bli kastad (från hästryggen) **(b)** *(med mynt)* slantsingling; **to argue the** ~ *(vard)* fortsätta att diskutera (ett redan fattat beslut) **2** *vt (i allm)* kasta, slunga; **the boat was** ~ed **by the waves** båten slungades hit och dit av vågorna; **the horse** ~ed **its head** hästen kastade med huvudet; **to** ~ **sth to sb**, **to toss sb sth** kasta ngt till ngn; **to** ~ **a pancake** vända en pannkaka i luften; **to** ~ **a salad** vända/blanda en sallad; **to** ~ **a coin** singla slant; **I'll** ~ **you for it** vi kan singla slant om det **3** *vi* **(a)** *(äv:* ~ **about,** ~ **around:** *båt)* kastas runt/ omkring; **to** ~ **(in one's sleep), to** ~ **and turn** vända och vrida sig (i sömnen) **(b)** *(äv:* ~ **up)** singla slant

toss-up ['tɒsʌp] s slantsingling; **it's a** ~ *(ovisst)* det är inte gott att veta; *(lika bra)* det är hugget som stucket

tot[1] [tɒt] s **(a)** *(barn)* unge: a tiny ~ **(b)** *(dryck)* litet glas, hutt; a ~ **of rum** en skvätt rom

tot[2] **up** [,tɒt'ʌp] *vt + adv* lägga ihop, addera

to·tal ['təʊtl] **1** adj total, fullständig, hel-; **the** ~ **losses amount to...** den totala förlusten uppgår till...; ~ **failure** fullständigt misslyckande **2** s summa; **grand** ~ slutsumma; **in** ~ sammanlagt **3** *vi (äv:* ~ **up)** uppgå till **4** *vt* **(a)** *(i allm)* addera, summera, lägga ihop **(b)** *(Am vard: bil)* totalkvadda

to·tali·tar·ian [,təʊtælɪ'tɛərɪən] adj totalitär

to·tal·ity [təʊ'tælɪtɪ] s helhet, totalitet

to·tal·ly ['təʊtəlɪ] adv totalt, fullständigt, helt

tote[1] ['təʊt] s *(vard: totalisator)* toto

tote[2] [təʊt] **1** *vt (vard)* släpa, bära; **to** ~ **a gun** bära skjutvapen **2** s last; ~ **bag** shoppingväska

to·tem pole ['təʊtəm,pəʊl] s totempåle

tot·ter ['tɒtəʳ] *vi (person)* stappla, vackla; *(föremål)* vackla, svikta

touch [tʌtʃ] **1** s **(a)** *(sinne)* känsel; *(handling)* beröring, snuddning; **it is rough to the** ~ den känns sträv; **by** ~ med känseln; **the** ~ **of her hand** beröringen av hennes hand; **he's a soft** ~ *(vard)* han är lätt att klämma på ett lån

(b) *(stil)* anslag, grepp; **a pianist with a delicate** ~ en pianist med lätt anslag; **the personal** ~ en personlig touche; **it has a** ~ **of genius** den visar en mästares hand; **to lose one's** ~ *(bildl)* tappa stilen/greppet; **to put the finishing** ~es **to**

sth lägga sista handen vid ngt

(c) *(liten kvantitet)* smula, antydan, spår; a ~ **of irony** ett stänk av ironi; **to have a** ~ **of flu** ha en släng av influensa

(d) kontakt; **I'll be in** ~ jag hör av mig; **you can get in** ~ **with me here** du kan nå mig här; **to keep in/lose** ~ **with sb** hålla/förlora kontakten med ngn; **to be out of** ~ **with events** inte hänga med i vad som händer

(e) *(Fotboll):* **the ball is in** ~ bollen är död/ utanför sidlinjen

2 *vt* **(a)** *(i allm)* röra (vid), beröra, snudda; **she** ~ed **his arm** hon rörde vid hans arm; **his hair** ~es **his shoulders** hans hår går till axlarna; ~ **wood!** (peppar, peppar,) ta i trä!; **to** ~ **sb for £5** *(vard: låna)* vigga 5 pund av ngn

(b) *(i nekande satser):* **I never** ~ **gin** jag dricker aldrig gin; **you haven't** ~ed **your cheese** du har inte smakat på/rört vid osten; **if you admit nothing, they can't** ~ **you** *(bildl)* om du inte erkänner något, kan de aldrig komma åt dig

(c) *(påverka känslor)* röra, gripa; **I am** ~ed **by your offer** jag är rörd av ert erbjudande; **she was** ~ed **by his gift** hon blev gripen av hans gåva; **it** ~es **all our lives** det berör allas våra liv

(d) *(jämförelse)* jämföra sig med, gå upp mot; **nobody can** ~ **them for quality** ingen kan mäta sig med dem när det gäller kvalitet; **no artist in the country can** ~ **him** ingen konstnär i landet går upp mot honom

3 *vi* röra vid/vidröra varandra; **our hands** ~ed våra händer snuddade vid varandra; **our farms** ~ våra gårdar gränsar till varandra; **do not** ~ *(skylt)* får ej vidröras

♦ **touch down 1** *vt + adv (Rugby, Am Fotboll)* marksätta: *he* ~ed *the ball down* **2** *vi + adv (Flyg)* landa

♦ **touch off** *vi + adv (gräl etc)* sätta igång

♦ **touch on** *vi + prep:* **to** ~ **on a subject** beröra ett ämne flyktigt

♦ **touch up** *vt + adv* **(a)** *(förbättra)* piffa upp/ till **(b)** *(Brit vard: sexuellt)* tafsa på, försöka hetsa upp

touch-and-go [,tʌtʃən'gəʊ] s: **it was** ~ det hängde på ett hår; **it's** ~ **whether...** det är osäkert om...

touch·down ['tʌtʃdaʊn] s *(Flyg)* landning(sögonblick); *(Rugby, Am Fotboll)* försök

touched [tʌtʃt] adj *(vard)* rubbad, tokig

touch·ing ['tʌtʃɪŋ] adj rörande, gripande

touch·line ['tʌtʃlaɪn] s *(Sport)* sidlinje

touch·stone ['tʌtʃstəʊn] s *(bildl)* prövosten

touch-type ['tʌtʃtaɪp] *vi* skriva maskin utan att titta på tangenterna

touchy ['tʌtʃɪ] adj lättstött; **he's** ~ **about his weight** han är känslig när det gäller vikten

tough [tʌf] **1** adj *(-er, -est)* **(a)** *(material)* slitstark; *(Kött)* seg; **as** ~ **as old boots** seg som en gammal skosula **(b)** *(person: fysiskt)* härdad, stark; *(: psykiskt)* uthållig, seg **(c)** *(person, motstånd)* envis, oböjlig; ~ **opposition** orubbligt motstånd; **to get** ~ **with sb** ta i med hårdhandskarna mot ngn **(d)** *(uppgift etc)* svår; a ~ **problem** ett besvärligt problem; a ~ **jobb** ett slitigt jobb; **conditions are** ~ förhållandena är svåra **(e)** *(person: våldsam)* hård, rå, tuff; **he's a** ~ **customer** *(vard)* han är en härding **(f):** ~ **luck!** *(vard)* vilken osis/otur!; **but it was** ~ **on the others** men det var synd om de andra **2** s *(vard: person)* buse, rå typ

tough·en ['tʌfn] *vt (äv:* ~ **up:** *material)* göra starkare; *(: person)* härda

tough·ness ['tʌfnɪs] s hårdhet, seghet *etc, se* **tough**

tou·pée ['tuːpeɪ] s tupé

tour ['tʊəʳ] **1** s **(a)** *(i allm)* tur, (rund)resa; ~ **of inspection** inspektionsresa; **a world** ~ en jordenruntresa; ~ **operator** *(Brit)* researrangör; *se äv* **package** **(b)** *(i byggnad)* rundvandring, besök; **conducted** ~ sällskapsresa (med guide); **guided** ~ *(i byggnad etc)* guidad rundvandring, visning **(c)** *(Teat, Mus etc)* turné; **to go on** ~ åka ut på turné **2** *vt (i allm)* resa runt i; *(Teat, Mus etc)* turnera i **3** *vi:* **to go** ~**ing** åka ut och resa; a ~**ing company** *(Teat)* ett resande/turnerande teatersällskap

tour·ism ['tʊərizəm] *s* turism
tour·ist ['tʊərɪst] *s* turist; ~ **agency**, ~ **bureau** turistbyrå; ~ **class** turistklass; ~ **office** turistbyrå; **the** ~ **trade** turist|branschen/ -näringen
tour·na·ment ['tʊənəmənt] *s* turnering, tävling
tour·ni·quet ['tʊənɪkeɪ] *s (Med)* tryckförband
tou·sled ['taʊzld] *adj* rufsig
tout [taʊt] **1** *s (för hotell etc)* kundvärvare; *(vid kapplöpningsbana)* säljare av stalltips; (= *ticket* ~) svartabörshaj **2** *vi:* **to** ~ **for business** värva kunder
tow [təʊ] **1** *s:* **to give sb a** ~ *(Trafik)* bogsera ngn; **in** ~ *(Am)*, **on** ~ *(Brit)* på släp; (: *på skylt)* under bogsering; ~ **truck** *(Am)* bärgningsbil; **he arrived with a friend in** ~ *(vard)* han kom med en vän i släptåg **2** *vt (båt, bil)* bogsera; *(husvagn)* dra; **to** ~ **a car away** bogsera bort en bil
to·ward(s) [tə'wɔːd(z)] *prep* **(a)** *(riktning)* mot; **we walked** ~ **the sea** vi gick mot havet; **the government is moving** ~ **disaster** regeringen går mot en katastrof **(b)** *(tid)* framemot; ~ **evening** mot kvällen **(c)** *(attityd)* mot, gentemot; **to feel friendly** ~ **sb** vara vänligt inställd till ngn **(d)** *(ändamål)* för, till; **half my salary goes** ~ **paying the rent** halva min lön går åt till (att betala) hyran
tow·el ['taʊəl] *s* handduk; **to throw in the** ~ *(bildl)* kasta in handduken, ge upp; ~ **rail** handdukstång
tow·el·ling ['taʊəlɪŋ] *s* frotté
tow·er ['taʊə'] **1** *s (i allm)* torn; *(hus)* höghus; *(Hist)* borg, fästning; **the T~ of London** Towern (i London); **a** ~ **of strength** *(bildl)* en klippa, en stöttepelare; ~ **block** *(Brit)* höghus **2** *vi* torna upp sig; **to** ~ **above/over sb** höja sig över ngn
tow·er·ing ['taʊərɪŋ] *adj* hög, mäktig, som tornar upp sig; **in a** ~ **rage** rasande, fly förbannad
town [taʊn] *s* stad; **to live in a** ~ bo i en stad/i stan; **to be out of** ~ vara bortrest; **to go into** ~ åka (in) till stan; **to go out on the** ~ gå ut och roa sig (på stan); **to go to** ~ **on sth** *(bildl vard)* hämningslöst ägna sig åt ngt, satsa allt på ngt; ~ **centre** stadskärna, centrum; ~ **clerk** *ung* stadsjurist; ~ **council** kommunfullmäktige; ~ **hall** stadshus; ~ **house** hus/bostad i staden; *(Am äv: hustyp)* radhus; ~ **life** stadsliv; ~ **planning** stadsplanering; *se äv* **paint 2, talk 1**
towns·people ['taʊnz,piːpl] *spl* stadsbor
tow·path ['təʊpɑːθ] *s* dragväg *vid kanal*
tow·rope ['təʊrəʊp] *s* bogserlina
tox·ic ['tɒksɪk] *adj* giftig
tox·in ['tɒksɪn] *s* toxin, giftämne
toy [tɔɪ] *s* leksak; *(i sms)* leksaks-; ~ **poodle** dvärgpudel; ~ **soldier** tennsoldat
♦ **toy with** *vi* + *prep (föremål, mat, känslor, tanke etc)* leka med
toy·box ['tɔɪbɒks] *s* leksakslår
toy·shop ['tɔɪʃɒp] *s* leksaksaffär
trace [treɪs] **1** *s (märken etc)* spår; **to vanish without** ~ försvinna spårlöst; **I've lost all** ~ **of my relations** jag har förlorat alla spår av mina släktingar; *(liten mängd)* spår, rest; **the blood test revealed** ~**s of poison** blodprovet uppvisade spår av gift; ~ **element** spårämne **2** *vt* **(a)** *(följa spår)* spåra, finna **(b)** *(på papper etc)*

teckna, skissa; *(med kalkerpapper)* kalkera
♦ **trace back** *vt* + *adv* föra/leda tillbaka; **to** ~ **a rumour back to its source** ta reda på hur ett rykte har uppkommit
tra·chea [trə'kiːə] *s (Anat)* luftstrupe
trac·ing pa·per ['treɪsɪŋ ,peɪpə'] *s* kalkerpapper
track [træk] **1** *s* **(a)** *(i allm)* spår; *(av människa)* fotspår; *(av djur)* spår, fotavtryck; *(av bil)* hjulspår; **to be on sb's** ~ vara ngn på spåren; **to follow in sb's** ~**s** *(bildl)* följa i ngns fotspår; **to keep** ~ **of** *(i allm: person, sak)* hålla reda på; *(bildl: person)* hålla kontakt med; *(: händelser)* hänga/ följa med i; **to lose** ~ **of what sb is saying** tappa tråden i vad ngn säger; **to make** ~**s** *(vard)* sticka (iväg) **(b)** *(att gå på)* stig; *(att köra på)* (liten) grus-/jord|väg; *(för komet)* bana; **off the beaten** ~ *(eg)* avlägset, långt från allfarvägen; *(bildl)* inte i de gamla vanliga hjulspåren; **to be on the right/wrong** ~ *(bildl)* vara på rätt/fel spår; **to throw sb off the** ~ *(bildl)* leda någon på villovägar; **he has a one-~ mind** *(vard)* han har bara en sak i huvudet **(c)** *(Sport)* bana; **race** ~ löparbana; ~ **events** löpartävlingar; ~ **meeting**, *(Am)* ~ **meet** friidrottstävling; **to have a good** ~ **record** *(bildl)* ha goda meriter, ha gjort bra ifrån sig **(d)** *(Järnv)* spår, räls; **on the right/wrong side of the** ~**s** *(Am vard)* i rik/fattig miljö *dvs i* rätt/fel del av staden **(e)** *(på grammofonskiva etc)* spår **2** *vt* spåra
♦ **track down** *vt* + *adv* spåra upp
track-and-field ['trækənd'fiːld] *adj* friidrotts-; ~ **sports** friidrott
track·er dog ['trækə,dɒg] *s* spårhund
track·ing sta·tion ['trækɪŋ,steɪʃn] *s (Rymd)* markstation
track·suit ['træksuːt] *s* träningsoverall
tract[1] [trækt] *s* **(a)** *(i allm)* område; ~**s of desert** ökenvidder **(b)** *(Anat):* **respiratory** ~ andningsapparaten
tract[2] [trækt] *s* religiös/politisk småskrift, traktat
trac·table ['træktəbl] *adj (person)* medgörlig, foglig
trac·tion ['trækʃən] *s* dragning; **steam** ~ ångdrift; **to be in** ~ *(Med)* ligga i sträck
trac·tor ['træktə'] *s (Jordbr etc)* traktor; *(till långtradare)* dragbil; *(Flyg)* plan med dragpropeller
trade [treɪd] **1** *s* **(a)** *(i allm)* handel, affärer; **the cotton** ~ bomullsbranschen; **to do** ~ **with sb** handla/bedriva handel med ngn; **foreign** ~ utrikeshandel; **to do a good/brisk/roaring** ~ göra lysande affärer, ha stor omsättning; **Board of T~** *(Brit: förr)* handelsdepartementet; **Department of T~ and Industry** *(Brit)* handelspartementet **(b)** yrke, hantverk; **a butcher by** ~ slaktare till yrket/professionen; **to sell to the** ~ sälja till återförsäljare/en gros; ~ **agreement** handelsöverenskommelse; ~ **deficit** handelsunderskott; **T~ Descriptions Act** *(ung)* konsumentskyddslag; ~ **discount** handelsrabatt; ~ **name** varunamn, varumärke; ~ **paper** branschtidning; ~ **price** inköpspris; ~ **secret** yrkeshemlighet; ~ **union** *se* **trades union 2** *vt* byta; **he** ~**d his tennis racquet for a football** han bytte sin tennisracket mot en fotboll **3** *vi:* **to** ~ **(in sth with sb)** handla (med ngt/ngn), bedriva handel
♦ **trade in** *vt* + *adv* lämna i byte
trade-in ['treɪdɪn] *s* inbytes|bil/-apparat *etc*; ~ **price**, ~ **value** bytesvärde
trade·mark ['treɪdmɑːk] *s (eg)* varumärke; *(bildl)* varumärke, signatur
trad·er ['treɪdə'] *s* köpman
trades·man ['treɪdzmən] *s, pl* **-men** *(med butik)* detaljhandlare; *(som levererar vid dörren)* varubud; **tradesmen's entrance** köksingång

trade(s) un·ion [ˌtreɪd(z)'juːnjən] **1** s fackförening, fack **2** *(i sms):* **trade-union** fackförenings-; **trade-union official** fackföreningsfunktionär
Trades Un·ion Con·gress [ˌtreɪdzˌjuːnjən'kɒŋgres] *s (Brit: förk* **TUC**) Landsorganisationen (LO)
trade(s) un·ion·ism [ˌtreɪd(z)'juːnjənɪzəm] s fackföreningsrörelse
trade(s) un·ion·ist [ˌtreɪd(z)'juːnjənɪst] s *(aktiv)* fackföreningsmedlem
trade wind ['treɪdwɪnd] s passad(vind)
trad·ing ['treɪdɪŋ] *adj* handels-; ~ **estate** *(Brit)* industriområde; ~ **post** *(i vildmark etc)* handelsstation; ~ **stamp** rabattmärke
tra·di·tion [trə'dɪʃən] s tradition
tra·di·tion·al [trə'dɪʃənl] *adj* traditionell
tra·di·tion·al·ly [trə'dɪʃnəlɪ] *adv* enligt traditionen
traf·fic ['træfɪk] *(v: imperf, perf part* ~**ked**) **1** s **(a)** *(i allm)* trafik; **road** ~ biltrafik; **air** ~ flygtrafik; **rail** ~ tågtrafik; **the** ~ **is heavy during the rush hour** trafiken är tät i rusningstiden; **closed to heavy** ~ avstängd för tunga fordon; ~ **circle** *(Am)* rondell; ~ **island** refug; ~ **jam** trafikstockning; ~ **lights** trafikljus; ~ **offence** trafikförseelse; ~ **warden** *(Brit)* parkeringsvakt **(b)** *(Handel)* handel; **drug** ~ narkotikahandel; **2** *vi:* **to** ~ **(in)** *(i allm)* driva handel med; *(illegalt)* driva olaga handel med
traf·fick·er ['træfɪkə'] s: **drug** ~ narkotikalangare
trag·edy ['trædʒɪdɪ] s tragedi; **it is a** ~ **that...** det är en tragedi att...
trag·ic ['trædʒɪk] *adj* tragisk
tragi·cal·ly ['trædʒɪkəlɪ] *adv* tragiskt/sorgligt nog
tragi·com·edy ['trædʒɪˈkɒmɪdɪ] s tragikomedi
trail [treɪl] **1** s **(a)** *(av rök)* slinga, strimma; *(av blod)* spår; **the hurricane left a** ~ **of destruction** orkanen lämnade förödelse i sina spår **(b)** *(efter djur)* spår; **to be on sb's** ~ vara ngn på spåren **(c)** *(väg: större)* uppkörda spår, grusväg; *(: mindre)* stig, led **2** *vt* **(a)** *(föremål)* släpa *(efter sig)*; **don't** ~ **mud into the house** dra inte in lera i huset **(b)** *(djur)* spåra, förfölja; *(person)* skugga **3** *vi* **(a)** *(föremål)* släpa **(b)** *(djur, person)* släpa sig fram
♦ **trail away, trail off** *vi + adv (i allm)* sakta försvinna; *(röst)* dö bort
trail·er ['treɪlə'] s **(a)** *(Motor)* släpvagn, trailer; *(Am)* husvagn; ~ **truck** *(Am)* långtradare *med släp* **(b)** *(Film)* trailer
train [treɪn] **1** s **(a)** *(Järnv)* tåg; **to travel by** ~ åka tåg; **to take the 3.00** ~ ta tretåget; **through** ~ direkttåg; **to change** ~**s** byta tåg; ~ **set** leksakståg; *se äv* **freight, goods (b)** *(av människor)* följe, svans; *(av kameler)* karavan **(c)**: ~ **of events** händelsekedja; ~ **of thought** tankebana; **the earthquake brought great suffering in its** ~ jordbävningen gav upphov till stort lidande **(d)** *(på klänning)* släp **2** *vt* **(a)** *(Skol)* utbilda; *(barn)* uppfostra; *(Mil)* exercera, drilla; *(Sport)* träna; *(djur)* dressera; *(röst, minne)* öva (upp), träna (upp); **to** ~ **sb to do sth** lära ngn att göra ngt **(b)** *(vapen, kikare)* rikta *(on* mot) **3** *vi* **(a)** *(för ett yrke)* utbilda sig; **to** ~ **as** *el* **to be a lawyer** utbilda sig/studera till advokat; **where did you** ~? var utbildade du dig? **(b)** *(Sport)* träna *(for* för)
trained [treɪnd] *adj (lärare)* utexaminerad; *(arbetare)* van, utbildad; *(djur)* dresserad; **to be** ~**ed for sth** vara utbildad till ngt; **a (fully-)**~ **nurse** en utexaminerad sjuksköterska
trainee [treɪ'niː] s praktikant, lärling; **management** ~ *(i företag)* chefsaspirant; ~ **teacher** lärarkandidat
train·er ['treɪnə'] s *(Sport)* tränare; *(av djur)* dressör; ~**s** (= *training shoes)* träningsskor

train·ing ['treɪnɪŋ] s *(för yrke)* utbildning; *(Mil)* exercis; *(Sport)* träning; *(av djur)* dressyr; **to be in** ~ *(aktivitet)* ligga i träning; *(resultat)* vara i god form; **to be out of** ~ vara otränad; ~ **camp** träningsläger; ~ **college** lärarhögskola; ~ **course** kurs, utbildning; ~ **shoes** träningsskor
train-spotting ['treɪnˌspɒtɪŋ] s: **to go** ~ räkna tåg *som hobby*
traipse [treɪps] **1** *vi (vard)* traska, släpa sig (fram); **to** ~ **in** komma instövlande **2** s lång/mödosam väg att gå
trait [treɪt] s (karaktärs)drag, egenskap
trai·tor ['treɪtə'] s förrädare *(to* mot); **to turn** ~ bli förrädare
tra·jec·tory [trə'dʒektərɪ] s *(Rymd etc)* bana
tram [træm] s, **tramcar** ['træmkɑː'] s *(Brit)* spårvagn
tram·lines ['træmlaɪnz] *spl* **(a)** spårvagnsspår **(b)** *(Tennis):* **the** ~ korridoren
tramp [træmp] **1** s **(a)** *(ljud)* tramp(ande) **(b)** *(vandring)* fotvandring: **to go for a** ~ **in the hills (c)** *(person)* luffare; **she's a** ~ *(i sht Am vard: neds)* hon är en slampa **2** *vt:* **to** ~ **the streets** vandra/traska på gatorna; *(på natten)* gå brandvakt **3** *vi (i allm)* trampa, klampa; *(vandra)* ströva; **the soldiers** ~**ed past** soldaterna trampade förbi; **he** ~**ed up to the door** han stegade fram till dörren
tram·ple ['træmpl] *vt* trampa ner; *(bildl)* förtrampa
♦ **tram·ple on** *vi + prep* trampa på; **to** ~ **on sb's feelings** *(bildl)* leka med ngns känslor
tram·po·line ['træmpəlɪn] s studsmatta
trance [trɑːns] s trans; **to go into a** ~ *(eg, bildl)* falla i trans
tran·quil ['træŋkwɪl] *adj* stilla, lugn
tran·quil·lity, *(Am)* **tran·quil·ity** [træŋ'kwɪlɪtɪ] s stillhet, ro
tran·quil·lizer, *(Am)* **tran·quil·izer** ['træŋkwɪlaɪzə'] s *(Med)* lugnande medel
trans- [trænz] *prefix* över-, bortom
trans·act [træn'zækt] *vt (affärer)* bedriva; *(förhandlingar)* föra; *(avtal)* göra upp
trans·ac·tion [træn'zækʃən] s affär, transaktion; **cash** ~s kontantaffärer
trans·at·lan·tic [ˌtrænzət'læntɪk] *adj* transatlantisk, atlant-
trans·cend [træn'send] *vt (i allm)* övergå, överskrida; *(vara bättre än)* överglänsa
trans·cend·ent [træn'sendənt] *adj (i allm)* utomordentlig, överlägsen; *(Filos)* transcendent
tran·scen·den·tal [ˌtrænsen'dentl] *adj (Filos)* transcendental; *(i allm)* upphöjd, sublim; ~ **meditation** transcendental meditation
tran·scribe [træn'skraɪb] *vt (i allm)* skriva ut; *(Radio)* spela in; *(Mus, Språkv, Data)* transkribera
tran·scrip·tion [træn'skrɪpʃən] s *(handling: i allm)* utskrivning; *(: Mus, Språkv)* transkribering; *(: Data)* överföring *(föremål:* i allm) utskrift; *(: Radio)* inspelning; *(: Mus, Språkv)* transkription; *(: Data)* överföring
trans·fer ['trænsfə'] **1** s **(a)** *(i allm)* förflyttning, omplacering; *(av pengar)* transfer, överföring; *(på buss)* övergång; ~ **fee** *(Sport)* transfer-/övergångs|summa; **by bank** ~ med banköverföring **(b)** *(bild)* överföringsbild, gnuggis **2** [træns'fɜː'] *vt:* **to** ~ **(from/to) (a)** *(person)* förflytta, omplacera *(från/till)*; *(Handel)* överföra *(från/till)*; *(Sport)* sälja; **to** ~ **money from one account to another** överföra pengar från ett konto till ett annat **(b)** *(äganderätt)* överföra *(från/till)*; **the house was** ~**red to my name** huset skrevs över i mitt namn **(c)** *(Brit Tele):* **to make a** ~**red charge call** ringa ett samtal som mottagaren betalar **3** *vi (i allm)* flytta; **she** ~**red from Italian to French** *(Univ)* hon gick|

har gått över från italienska till franska

trans·fer·able [træns'fɜːrəbl] *adj* överlåtbar, överflyttbar; **not** ~ får ej överlåtas

trans·fig·ure [træns'fɪgəʳ] *vt* förvandla; **her face was** ~**d with joy** hennes ansikte var förklarat/ strålade av glädje

trans·fix [træns'fɪks] *vt* genomborra; **he stood** ~**ed with fear** *(bildl)* han stod (som) fastnaglad/ förstenad av skräck

trans·form [træns'fɔːm] *vt* förvandla

trans·for·ma·tion [ˌtrænsfə'meɪʃən] *s (i allm)* förvandling; *(Språkv, Mat)* transformation

trans·form·er [træns'fɔːməʳ] *s (Elektr)* transformator

trans·fu·sion [træns'fjuːʒən] *s (eg)* transfusion; *(bildl)* överföring; **to give sb a blood** ~ ge någon en blodtransfusion

trans·gress [træns'gres] *vt (gräns)* överskrida; *(regel)* överträda; *(avtal)* bryta mot

tran·si·ent ['trænzɪənt] **1** *adj* övergående, tillfällig **2** *s (Am: på hotell etc)* korttidsgäst; *(: i industri etc)* tillfälligt anställd (arbetare)

tran·sis·tor [træn'zɪstəʳ] *s (Elektr)* transistor; ~ **(radio)** transistor(radio)

tran·sis·tor·ized [træn'zɪstəraɪzd] *adj* transistoriserad

trans·it ['trænzɪt] *s (i allm)* genomresa; *(Handel)* transport; *(förändring)* övergång; **in** ~ under transport(en); *(Flyg):* **passengers in** ~ transitpassagerare; ~ **camp** genomgångsläger; ~ **visa** transitvisum

tran·si·tion [træn'zɪʃən] *s* övergång; ~ **period** övergångsperiod

tran·si·tive ['trænzɪtɪv] *adj* transitiv

tran·si·tory ['trænzɪtərɪ] *adj (känsla)* övergående; *(rikedom)* förgänglig

trans·late [trænz'leɪt] **1** *vt* översätta *(from/into från/till)* **2** *vi* kunna översättas; **poetry does not** ~ **easily** poesi är inte lätt att översätta

trans·la·tion [trænz'leɪʃən] *s* översättning

trans·la·tor [trænz'leɪtəʳ] *s* översättare

trans·lu·cent [trænz'luːsnt] *adj* halvgenomskinlig

trans·mis·sion [trænz'mɪʃən] *s* **(a)** *(Radio etc)* utsändning, överföring **(b)** *(Motor)* kraftöverföring; ~ **(case)** växellåda; ~ **belt** drivrem; ~ **shaft** kardanaxel

trans·mit [trænz'mɪt] *vt (sjukdom)* sprida, överföra; *(Radio, TV: program)* sända; *(meddelande)* vidarebefordra

trans·mit·ter [trænz'mɪtəʳ] *s (Radio, TV, Tele)* sändare

trans·mute [trænz'mjuːt] *vt:* **to** ~ **(into)** förvandla (till)

tran·som ['trænsəm] *s (över dörr)* dörrpost; *(i fönster)* spröjs

trans·par·en·cy [træns'pærənsɪ] *s (Brit)* diabild; *(Am)* stordiabild, overheadbild

trans·par·ent [træns'pærənt] *adj* genomskinlig; **a** ~ **lie** *(bildl)* en genomskinlig lögn

tran·spire [træns'paɪəʳ] *vi* **(a)** *(Bot, Med)* utdunsta, avsöndra, transpirera **(b)** *(bildl)* läcka ut, komma fram; **it finally** ~**d that... det visade sig till slut att... (c)** *(vard)* inträffa, hända

trans·plant [træns'plɑːnt] **1** *vt (i allm)* plantera om; *(Med)* transplantera **2** ['trænsplɑːnt] *s (Med):* **to have a heart** ~ genomgå en hjärttransplantation

trans·port ['trænspɔːt] **1** *s* **(a)** *(gen)* transport, förflyttning; **public** ~ allmänna kommunikationer, kollektivtrafik; ~ **café** *(Brit)* långtradarkafé; **I haven't got any** ~ jag har ingen bil/inget sätt att ta mig dit **(b)** *(bildl: av glädje)* trans, hänryckning; *(: av ilska)* utbrott **2** [træn'spɔːt] *vt* **(a)** transportera, forsla; *(Hist)* deportera **(b)** *(bildl):* **to be** ~**ed** vara hänryckt; **to be**

~**ed with joy** vara utom sig av glädje

trans·por·ta·tion [ˌtrænspɔː'teɪʃən] *s* **(a)** *(i allm)* transport, förflyttning; *(i sht Am)* transportmedel, bil **(b)** *(Hist)* deportation, förvisning

trans·pose [træns'pəʊz] *vt* **(a)** *(ord etc)* flytta om **(b)** *(Mus)* transponera

trans·ship [træns'ʃɪp] *vt* lasta om

trans·verse ['trænzvɜːs] *adj* tvär-, tvärgående

trans·ves·tite [trænz'vestaɪt] *s* transvestit

trap [træp] **1** *s* **(a)** *(eg, bildl)* fälla; *(av rep)* snara; **it's a** ~! det är en fälla!; **to set a** ~ **(for sb)** gillra en fälla (för ngn); **he was caught in his own** ~ han gick i sin egen fälla **(b)** *(vard)* mun, käft; **shut your** ~! håll klaffen **(c)** *(tvåhjulig)* vagn, kärra **2** *vt* **(a)** snara, fånga; *(bildl)* snärja; **to** ~ **sb into saying sth** lura ngn att säga ngt **(b)** stänga in; **the miners are** ~**ped** gruvarbetarna är instängda; **to** ~ **one's finger** få fingret i kläm

trap·door ['træpdɔːʳ] *s* fallucka, lucka i golvet

tra·peze [trə'piːz] *s* trapets; ~ **artist** trapetskonstnär

trap·per ['træpəʳ] *s* pälsjägare, trapper

trap·pings ['træpɪŋz] *spl* yttre tecken, ståt, grannlåt; *the* ~ *of success*

Trap·pist ['træpɪst] **1** *adj (Rel)* trappist- **2** *s (munk)* trappist

trash [træʃ] *s* **(a)** *(eg, bildl)* skräp, smörja; *(Am)* avfall, sopor; **the book is** ~ boken är rena smörjan; ~ **can** *(Am)* soptunna **(b)** *(neds: personer)* slödder; **white** ~ *(Am)* fattiga vita

trashy ['træʃɪ] *adj* skräp-, strunt-

trau·ma ['trɔːmə] *s (Psyk, Med)* trauma

trau·mat·ic [trɔː'mætɪk] *adj* traumatisk

trav·el ['trævl] **1** *s* resande, att resa; *(Tekn)* rörelse, gång; ~ **agency** resebyrå; ~ **agent** resebyråman; ~ **brochure** resebroschyr; ~ **sickness** åksjuka; **on one's** ~**s** ute på resa; **during my** ~**s** under mina resor; **on your** ~**s** *(skämts)* under dina vandringar, på din expedition **2** *vi* **(a)** *(person mm)* resa, färdas; **we shall be** ~**ling in France** vi ska resa runt i Frankrike; **to** ~ **by car** färdas med bil; **they have** ~**led a lot** de har rest mycket, de är beresta; **to** ~ **light** resa med lite bagage; **this wine doesn't** ~ **well** det här vinet tål inte transport så bra **(b)** *(föremål mm)* röra sig, förflytta sig; **it** ~**s at 600 mph** den går med 1000 km/tim; **light** ~**s at a speed of...** ljuset rör sig med en hastighet av...; **news** ~**s fast** nyheter sprider sig snabbt; **he was travelling too fast** han körde för fort **(c)** *(Tekn)* löpa, fortplanta sig; **it** ~**s along this wire** den fortplantar sig genom den här tråden **(d)** *(Handel)* resa, vara handelsresande; **he** ~ **in soap** han är resande i tvål **3** *vt (väg)* köra, resa; *(sträcka)* köra, färdas; **this is a much** ~**led road** det här är en livligt trafikerad väg

trav·el·ler, *(Am)* **trav·el·er** ['trævləʳ] *s (i allm)* resenär, resande; *(Handel)* (handels)resande

trav·el·ling, *(Am)* **trav·el·ing** ['trævlɪŋ] **1** *adj (i allm)* resande, rese-; *(cirkus)* kringresande; ~ **salesman** handelsresande **2** *s* resande, att resa; *(i sms)* rese-; ~ **clock** reseur; ~ **expenses** resekostnader

trav·elogue ['trævəlɒg] *s (bok, film, föredrag)* reseskildring

trav·erse ['trævəs] *vt* korsa

trav·es·ty ['trævɪstɪ] *s* travesti, parodi

trawl [trɔːl] **1** *s* trål; ~ **line** långrev **2** *vi* tråla

trawl·er ['trɔːləʳ] *s* trålare

tray [treɪ] *s (i allm)* bricka; *(på kontor)* brevkorg

treach·er·ous ['tretʃərəs] *adj (person, handling)* svekfull, falsk; *(bildl: farlig)* förrädisk, bedräglig

treach·ery ['tretʃərɪ] *s* förräderi

trea·cle ['triːkl] *s (Brit)* sirap; *(Am: bildl)* sirapslent

tal
tread [tred] (v: imperf **trod,** perf part **trodden**) **1** s **(a)** steg, gång; with **(a) heavy** ~ med tunga steg **(b)** (på trappa) (trapp)steg; (på bildäck) mönster **2** vt (i allm) trampa; (stig) trampa upp; (väg) följa; (vin) trampa; **to** ~ **water** trampa vatten; **he trod his cigarette end into the mud** han trampade ner fimpen i leran **3** vi gå, stiga, trampa; **to** ~ **on** trampa på; **to** ~ **on sb's toes** (bildl) trampa ngn på tårna; **we must** ~ **very carefully in this matter** vi måste gå varligt fram med detta
trea·dle ['tredl] s trampa, pedal
tread·mill ['tredmɪl] s (eg) trampkvarn; (bildl) ekorrhjul
trea·son ['triːzn] s förräderi; **high** ~ högförräderi
treas·ure ['treʒə'] **1** s (i allm) skatt; (koll) skatter; (värdefullt föremål) klenod; (bildl: person) skatt, pärla; ~ **house** (eg, bildl) skattkammare; ~ **trove** (eg) skatt(fynd); (bildl) guldgruva **2** vt (minnas) (tacksamt) bevara i minnet; (uppskatta) värdera, sätta högt värde på
treas·ur·er ['treʒərə'] s (i förening) skattmästare, kassör; (tjänsteman) kamrer
treas·ury ['treʒərɪ] s **(a): the T**~ (Brit), **the T**~ **Department** (Am) finansdepartementet **(b)** (bildl) guldgruva
treat [triːt] **1** s (händelse) något extra, glädje, njutning; (föremål) present, gåva; **it's always a** ~ **for us to see you** det är alltid en stor glädje för oss att träffa er; **birthday** ~ födelsedags|kalas/-utflykt/-present; **to give sb a** ~ ge ngn något|ting extra; **to have a** ~ **in store** ha en överraskning i beredskap; **this is my** ~ jag står för det här, jag bjuder; se äv **trick 1 a 2** vt **(a)** (person, föremål, sjukdom) behandla; **to** ~ **sb as if he were a child** behandla ngn som om han var ett barn; **to** ~ **sb for a broken leg** behandla ngn för ett brutet ben **(b)** (abstr) betrakta, anse; **to** ~ **sth as a joke** ta ngt som ett skämt **(c)** (ge/köpa åt ngn): **to** ~ **sb (to)** bjuda ngn (på); **I'm** ~**ing you** jag bjuder (dig); **he** ~**ed himself to another drink** han tog sig/kostade på sig en drink till **3** vi: **to** ~ **of sth** avhandla, behandla ngt
trea·tise ['triːtɪz] s avhandling
treat·ment ['triːtmənt] s (av person, föremål) behandling; **to give sb preferential** ~ ge ngn särbehandling/mildare behandling; **our** ~ **of foreigners** vårt sätt att bemöta/behandla utlänningar; **to have** ~ **for sth** (Med) få behandling för ngt
trea·ty ['triːtɪ] s (Pol) fördrag, avtal
tre·ble ['trebl] **1** adj (i allm) tredubbel, tre gånger så mycket; (Mus: röst, instrument) sopran-, diskant-; (Radio) diskant-; ~ **chance** (Brit Fotboll) poängtips **2** s (Mus, Radio) diskant; ~ **clef** diskantklav **3** vt tredubbla **4** vi tredubblas
tree [triː] **1** s **(a)** (Bot) träd; **to be at the top of the** ~ (bildl) ha nått toppen; ~ **house** trädhydda; ~ **trunk** trädstam **(b)** (för skor) block; se äv **family**
tree-lined ['triːlaɪnd] adj trädkantad
tree·top ['triːtɒp] s trädtopp
trek [trek] (v: imperf, perf part **trekked**) **1** s (i allm) vandring, resa; (vard) lång väg; (Mil) marsch **2** vi (i allm) fotvandra; (vard) traska; (Mil) marschera
trel·lis ['trelɪs] s spaljé
trem·ble ['trembl] **1** s darrning, skakning; **to be all of a** ~ darra i hela kroppen **2** vi darra (with av); **to** ~ **at the thought of sth** darra/skälva vid tanken på
tre·men·dous [trə'mendəs] adj (i allm) oerhörd, enorm; (vard) fantastisk, underbar
tre·men·dous·ly [trə'mendəslɪ] adv oerhört,

enormt
trem·or ['tremə'] s skälvning, darrning; **the horror film sent** ~**s down my spine** skräckfilmen gav mig rysningar/kalla kårar utefter ryggraden; **earth** ~ jordskalv
tremu·lous ['tremjʊləs] adj darrande, skälvande; **a** ~ **reply** ett blygt svar
trench [trentʃ] s (i allm) dike; (Mil) skyttegrav; ~ **coat** trenchcoat
trench·ant ['trentʃənt] adj skarp, bitande
trend [trend] s (i allm) trend, tendens, utveckling; (Mode) trend, mode; **to set the** ~ (i allm) ange tonen; (Mode) skapa/diktera modet; **a** ~ **towards (doing) sth/away from (doing) sth** en utveckling mot (att göra) ngt/från (att göra) ngt
trendy ['trendɪ] adj (-ier, -iest) (vard) inne, modern
trepi·da·tion [ˌtrepɪ'deɪʃən] s bävan, fruktan
tres·pass ['trespəs] **1** vi (i allm) inkräkta, göra intrång; (Bibeln) synda; **no** ~**ing** (skylt) tillträde förbjudet **2** s (på mark) intrång; (i allm) förbrytelse; **forgive us our** ~**es** (Bibeln) förlåt oss våra skulder
tres·pass·er ['trespəsə'] s inkräktare; **T**~**s will be prosecuted** (skylt) tillträde vid vite förbjudet
tres·tle ['tresl] s (trä)bock; ~ **table** bordsskiva på bockar
tri- [traɪ] pref tre-
tri·al ['traɪəl] s **(a)** (Jur) rättegång; ~ **by jury** rättegång inför jury; **to be on** ~ **(for a crime)** stå inför rätta (för ett brott); **to bring sb to** ~ **(for a crime)** dra ngn inför domstol (för ett brott); **to go on** ~, **to stand** ~ åtalas, dras inför rätta **(b)** (av produkt, person) prov, test; **a** ~ **of strength** styrkeprov, styrkemätning; **by** ~ **and error** genom trial and error, genom att pröva sig fram; **to be on** ~ vara under utprovning, testas; **to give sb a** ~ (för anställning) låta ngn provtjänstgöra, anställa ngn på försök; ~ **flight** prov-/test|flygning; ~ **offer** introduktionserbjudande; ~ **period** försöksperiod; ~ **run** provkörning; (bildl) försöksperiod **(c)** (bildl) prövning, umbärande; **it was a great** ~ det var en verklig prövning; **the child is a great** ~ **to them** barnet är en riktig påfrestning för dem; **the** ~**s and tribulations of parenthood** föräldraskapets plågor och vedermödor **(d)** (Sport) försök(somgång)
tri·an·gle ['traɪæŋgl] s triangel
tri·an·gu·lar [traɪ'æŋgjʊlə'] adj triangulär, trekantig
trib·al ['traɪbəl] adj stam-
tribe [traɪb] s (eg) stam; (bildl) klan, släkt; (bildl, neds): **my uncle brought the whole** ~ **with him** min farbror/morbror tog med sig hela tjocka släkten
tribes·man ['traɪbzmən] s, pl -men stammedlem, stamfrände
tribu·la·tion [ˌtrɪbjʊ'leɪʃən] s (frm) vedermöda, elände
tri·bu·nal [traɪ'bjuːnl] s domstol, tribunal; ~ **of inquiry** (Brit) undersökningskommission; **rent** ~ hyresnämnd; **Industrial T**~ arbetsdomstol
trib·une ['trɪbjuːn] s talarstol, tribun
tribu·tary ['trɪbjʊtərɪ] s (Geogr) biflod
trib·ute ['trɪbjuːt] s (eg) tribut, skatt; (bildl) tribut, hyllning; **to pay** ~ **to sb/sth** ge ett erkännande åt ngn/ngt; **floral** ~ (i allm) blomsterhyllning; (vid begravning) blomstergärd
trice [traɪs] s: **in a** ~ i en handvändning
trick [trɪk] **1** s **(a)** (på skämt) spratt; (för att luras) knep, list; (att underhålla) trick, (troll)konst; **to play a** ~ **on sb** spela ngn ett spratt; **dirty/mean** ~ fult spratt/trick; **there must be a** ~ **in it** det måste finnas en hake någonstans; **he's up to his old** ~**s again** han är i farten igen; **there's a** ~ **to opening this door** man

måste använda ett knep för att öppna den här dörren; ~ **or treat!** *(Am: skämtsamt hot från barn som tigger godis vid Halloween)* godis, annars busar vi!; **unless my eyes are playing me ~s** om inte mina ögon bedrar mig; **that should do the ~** *(vard)* det kommer att göra susen; **he doesn't miss a ~** *(vard)* inget undgår honom; ~ **photography** trickfotografering; ~ **question** kuggfråga **(b)** *(sätt)* egenhet, vana; **to have a ~ of doing sth** ha en benägenhet att göra ngt **(c)** *(Kortsp)* trick, stick **2** *vt* lura; **I've been ~ed!** jag har blivit lurad; **to ~ sb into doing sth** lura ngn att göra ngt; **to ~ sb out of sth** lura ifrån ngn ngt

trick·ery ['trɪkərɪ] *s* knep, bluff

trick·le ['trɪkl] **1** *s* *(eg)* droppande, rännil; *(bildl)* långsam ström; **there was a ~ of people** det droppade in lite folk (då och då) **2** *vi* *(eg)* droppa, sippra, rinna långsamt; *(bildl)* strömma långsamt; **people kept trickling in** det kom in lite folk då och då **3** *vt* *(eg: sirap etc)* droppa

tricky ['trɪkɪ] *adj* (-ier, -iest) *(person)* besvärlig, knepig; *(situation etc)* kritisk, krånglig; *(problem)* svårknäckt, besvärlig

tri·col·our, *(Am)* **tri·col·or** ['trɪkələ^r] *s* *(flagga)* trikolor

tri·cy·cle ['traɪsɪkl] *s* trehjuling

tried [traɪd] **1** *imperf, perf part av* **try 2** *adj*: ~ **and tested** beprövad

tri·er ['traɪə^r] *s* en som alltid gör sitt bästa

tri·fle ['traɪfl] *s* **(a)** *(ngt oviktigt)* struntsak, bagatell; **he worries about ~s** han oroar sig över småsaker **(b): a ~** en smula, litet grand; **it's a ~ difficult** det är en aning svårt **(c)** *(Brit Matl)* 'trifle' dessert av sockerkaka, frukt, sherry, vaniljsås och grädde

♦ **trifle with** *vi + prep* leka med; **he's not a person to be ~d with** han är inte att leka med; **to ~ with a girl's affections** leka med en flickas känslor

tri·fling ['traɪflɪŋ] *adj* *(penningsumma, fel)* obetydlig, ringa; *(kommentar)* ytlig, tanklös

trig·ger ['trɪgə^r] **1** *s* avtryckare; **to pull the ~** trycka av **2** *vt*: **to ~ off** utlösa

trigger-happy ['trɪgə͵hæpɪ] *adj* skjutglad

trigo·nom·etry [͵trɪgə'nɒmɪtrɪ] *s* trigonometri

tril·by ['trɪlbɪ] *s* *(i sht Brit)* mjuk filthatt, trilbyhatt

trill [trɪl] **1** *s* *(ljud: i allm)* drill; *(: Språkv)* vibrant **2** *vi* drilla **3** *vt*: **to ~ one's r's** rulla på r-en

tril·ogy ['trɪlədʒɪ] *s* trilogi

trim [trɪm] **1** *adj* (-mer, -mest) *(hus, trädgård)* välskött; *(kläder)* snygg, prydlig, välvårdad; **a ~ figure** en nätt figur **2** *s* **(a)** *(tillstånd)* trim, skick; **in good ~** *(bil)* i gott skick; *(person)* i god form; **to keep in (good) ~** *(bil)* hålla i gott skick/i stånd; *(person)* hålla sig i form/trim **(b)** *(om hår)* putsning, klippning; **to give one's hair a ~** putsa håret **(c)** *(dekoration)*: **a coat with a fur ~** en pälsbrämad rock; **a red car with a gold ~** en röd bil med guldfärgade lister/detaljer/dekorationer **3** *vt* **(a)** *(hår etc)* klippa, jämna till; *(hund)* trimma; *(veke)* putsa **(b)** *(i allm)* dekorera; *(julgran)* klä

trim·ming ['trɪmɪŋ] *s* garnering, utsmyckning; **~s** *(prydnad)* utsmyckings-/extra|detaljer; *(efter klippning etc)* rens, bortklippta kanter, avklippt hår *etc*; **turkey with all the ~s** kalkon med alla tillbehör

trini·ty ['trɪnɪtɪ] *s* trefald; **the T~** *(Rel)* treenigheten; **T~ Sunday** trefaldighetssöndagen

trin·ket ['trɪŋkɪt] *s* *(smycke)* billigt/litet smycke; **~s** *(prydnadssaker)* bjäfs, kuriosa

trio ['triːəʊ] *s* trio

trip [trɪp] **1** *s* **(a)** *(längre)* resa; *(kortare)* utflykt, tripp; **I've made two ~s to the shop already** jag

har redan gått/åkt till affären två gånger **(b)** *(vard: narkotikarus)* tripp **2** *vi (fastna med foten)* snubbla, snava; *(bildl)* begå ett misstag/felsteg; *(gå med lätta steg)* trippa; **to ~ along, to go ~ping along** dansa/trippa fram **3** *vt* = ~ **up 1**

♦ **trip over 1** *vi + adv* snubbla omkull **2** *vi + prep* snubbla över

♦ **trip up 1** *vt + adv* sätta krokben för **2** *vi + adv (eg)* snubbla; *(bildl)* göra en tabbe

tri·par·tite [͵traɪ'pɑːtaɪt] *adj (i tre delar)* tredelad; *(med tre parter)* treparts-

tripe [traɪp] *s* **(a)** *(Matl)* komage **(b)** *(vard)* smörja

tri·ple ['trɪpl] **1** *adj* tredubbel, trippel-; ~ **the distance** tre gånger så långt; ~ **jump** trestegshopp **2** *vt* tredubbla **3** *vi* tredubblas

tri·plet ['trɪplɪt] *s* *(syskon)* trilling

trip·li·cate ['trɪplɪkɪt] *s*: **in ~** i tre exemplar

tri·pod ['traɪpɒd] *s* *(för kamera etc)* stativ

tri·pos ['traɪpɒs] *s* *(vid univ i Cambridge)* slutexamen i 'honours degree'; *se* **honour 1b**

trip·tych ['trɪptɪk] *s* triptyk

trip·wire ['trɪpwaɪə^r] *s* *(Mil)* snubbeltråd

trite [traɪt] *adj* banal, trivial

tri·umph ['traɪəmf] **1** *s* *(känsla)* segerglädje, triumf; *(seger)* triumf *(over över)*; **a new ~ for industry** en ny triumf/framgång för industrin; **it is a ~ of man over nature** det är människans seger över naturen; **in ~** i segerjubel **2** *vi* segra, triumfera; **to ~ over** besegra, triumfera över

tri·um·phal [traɪ'ʌmfəl] *adj* triumf-, seger-

tri·um·phant [traɪ'ʌmfənt] *adj (om lag etc)* vinnande, triumferande; *(om supporter)* jublande, segerrusig

tri·um·phant·ly [traɪ'ʌmfəntlɪ] *adv (se* triumphant) triumferande; jublande

trivia ['trɪvɪə] *spl* struntsaker, bagateller; *(Am äv: ssg)* frågesport

triv·ial ['trɪvɪəl] *adj (misstag)* obetydlig, bagatellartad; *(lön, gåva)* futtig; *(kommentar)* ytlig, trivial, banal

trivi·al·ity [͵trɪvɪ'ælɪtɪ] *s (abstr)* trivialitet, ytlighet, banalitet; **the trivialities of daily life** vardagsrutinerna; **it's a ~** det är en struntsak

trivi·al·ize ['trɪvɪəlaɪz] *vt* banalisera, förringa

trod [trɒd] *imperf av* **tread**

trod·den ['trɒdn] *perf part av* **tread**

tro·glo·dyte ['trɒglə͵daɪt] *s (eg)* grottmänniska, troglodyt *(litt)*; *(bildl)* enstöring

troi·ka ['trɔɪkə] *s (eg, bildl)* trojka

Tro·jan ['trəʊdʒən] **1** *adj* trojansk; ~ **Horse** *(Myt, bildl)* trojansk häst **2** *s* trojan; **to work like a ~** *(vard)* jobba som en slav

troll [trəʊl] *s (Myt)* troll

trol·ley ['trɒlɪ] *s (i allm)* kärra; *(Brit: på station)* bagagekärra; *(Brit: i affär)* varu-/kundvagn; *(i hem)* tevagn, rullbord; *(Järnv)* dressin; ~ **car** *(Am)* spårvagn

trol·ley·bus ['trɒlɪbʌs] *s* trådbuss

trom·bone [trɒm'bəʊn] *s* trombon, dragbasun

trom·bon·ist [trɒm'bəʊnɪst] *s* trombonist, basunist

troop [truːp] **1** *s (människor)* skara, grupp, hop; *(djur)* skock, flock; *(Mil)* trupp; ~**s** *(Mil)* trupper, soldater; ~ **carrier** trupptransport|plan/-fartyg; ~ **ship** trupptransportfartyg **2** *vi (gå)*: **to ~ in** traska/myllra in; **to ~ off** troppa av, ge sig av **3** *vt*: **to ~ the colour** *(Mil)* göra parad för fanan

troop·er ['truːpə^r] *s (Mil)* menig soldat, *(i sht)* kavallerist; *(Am: policeman)* (ridande) polis; **to swear like a ~** svära som en borstbindare

tro·phy ['trəʊfɪ] *s (Sport)* trofé, pris; *(Jakt, bildl)* trofé, byte

trop·ic ['trɒpɪk] *s* vändkrets, tropik; **the ~s** tropikerna; **the T~ of Cancer/Capricorn** Kräftans/

Stenbockens vändkrets

tropi·cal ['trɒpɪkəl] *adj* tropisk

trot [trɒt] **1** *s* **(a)** *(Ridning)* trav; *(om person)* trav, lunk; **to break into a** ~ *(häst)* falla i trav; *(person)* börja springa; **to go for a** ~ rida en tur; **on the** ~ *(vard)* i sträck/följd; **to keep sb on the** ~ *(vard)* hålla ngn sysselsatt/i gång; **to be on the** ~ *(vard)* vara i farten **(b): the** ~s *(vard)* diarré **2** *vi (Ridning)* trava; *(person)* trava, lunka; **she** ~ted **down to the shop** hon kilade ner till affären

♦ **trot out** *vt* + *adv (ursäkt)* komma dragande med, köra med; *(fakta)* rabbla upp, briljera med

trot·ter ['trɒtə^r] *s* **(a)** travhäst, travare **(b): pig's** ~s *(Matl)* grisfötter

trou·ble ['trʌbl] **1** *s* **(a)** *(mentalt)* oro, bekymmer **(b)** *(svårigheter)* besvär, trassel, krångel; *(osämja)* bråk; **to have** ~ **doing sth** ha besvär med att göra ngt, tycka ngt är svårt; **to be in** ~ *(i allm)* ha problem, vara i knipa; *(med polisen)* vara i klammeri med rättvisan; **to get into** ~ **(with sb)** hamna i bråk (med ngn); **to get sb into** ~ *(i allm)* sätta ngn i knipa, ställa till besvär för ngn; *(vard)* göra ngn med barn; **to help sb out of** ~ rädda ngn ur knipan; **what's the** ~? vad står på?, hur är det fatt?; **the** ~ **is...** problemet är...; **engine** ~ motorkrångel; **heart/back** ~ *(Med)* hjärt-/ryggbesvär; **don't go looking for** ~ utmana inte ödet, ställ inte till bråk; **there'll be** ~ **if she finds out** det kommer att bli bråk om hon får reda på det; **to tell sb one's** ~s berätta sina bekymmer/sorger för ngn; ~ **spot** *(i sht Pol)* oroshärd **(c)** *(ansträngning)* besvär; **it's no** ~ det är inget besvär; **it's not worth the** ~ det är inte värt besväret; **to go to (all) the** ~ **of doing sth** göra sig stort besvär för att göra ngt; **to take the** ~ **to do sth** göra sig besväret att göra ngt
2 *vt* **(a)** *(tankar)* oroa, bekymra; *(smärta)* plåga, besvära **(b)** *(person)* ställa till besvär/trassel/bråk; **I'm sorry to** ~ **you** förlåt att jag ställer till besvär; **I shan't** ~ **you with all the details** jag ska inte plåga dig med alla detaljer; **to** ~ **oneself to do sth** göra sig besvär med att göra ngt
3 *vi*: **to** ~ **to do sth** göra sig besväret att göra ngt

trou·bled ['trʌbld] *adj (person, uttryck)* plågad, orolig, bekymrad; *(period etc)* orolig; ~ **water** upprört vatten

trouble-free ['trʌbl,fri:] *adj (liv)* bekymmersfri; *(demonstration, arbetsplats)* lugn, utan bråk; *(bil, resa etc)* problemfri

trouble·maker ['trʌbl,meɪkə^r] *s* bråkstake, bråkmakare, oroselement

trouble·shooter ['trʌbl,ʃu:tə^r] *s (i sht Am: Tekn)* felsökare, reparatör; *(: Pol)* medlare

trou·ble·some ['trʌblsəm] *adj (person, problem)* besvärlig; *(huvudvärk etc)* plågsam

trough [trɒf] *s* **(a)** *(för mat)* tråg, ho **(b)** *(mellan vågor)* vågdal; *(på kurva)* dal; *(Meteorologi)* lågtryck(sområde)

troupe [tru:p] *s* skådespelar-/cirkus|trupp

trou·ser ['traʊzə^r] *i sms* byx-; ~ **suit** *(Brit)* byxdress

trou·sers ['traʊzəz] *spl (i sht Brit)* byxor, byxa; **short/long** ~ kortbyxor/långbyxor; **a pair of** ~ ett par byxor

trous·seau ['tru:səʊ] *s (kläder)* brudutstyrsel; *(linne etc)* brudkista

trout [traʊt] *s, pl lika* forell; ~ **fishing** forellfiske

trow·el ['traʊəl] *s (för murning)* murslev; *(för plantering etc)* planterings-/trädgårds|spade

Troy [trɔɪ] *s (Hist)* Troja; **Helen of** ~ Sköna Helena

tru·ant ['truːənt] *s (Skol)* skolkare; **to play** ~ skolka

truce [tru:s] *s (Mil)* vapenvila; *(bildl)* frist, andrum;

---

to call a ~ *(Mil, bildl)* lägga ner vapnen

truck[1] [trʌk] *s (föremål)* handelsvaror; *(verksamhet)* (bytes)handel; *(Am: äv)* grönsaker; ~ **farm** handelsträdgård, grönsaksodling; **to have no** ~ **with sb** inte ha något att göra med ngn

truck[2] [trʌk] *s* **(a)** *(Brit järnv)* (öppen) godsvagn **(b)** *(i sht Am)* lastbil; ~ **stop** *(Am)* långtradarkafé; *se äv* **trailer** **(c)** *(mindre)* handkärra, transportvagn

truck·driver ['trʌk,draɪvə^r] *s (i sht Am)* lastbilschaufför

truck·er ['trʌkə^r] *s (Am)* långtradarchaufför, lastbilschaufför

truck·ing ['trʌkɪŋ] *s (Am)* lastbilstransport; **the** ~ **business** åkeribranschen

truck·load ['trʌkləʊd] *s* bil|last/-lass

trucu·lent ['trʌkjʊlənt] *adj (attityd, person)* aggressiv, stridslysten

trudge [trʌdʒ] *vi* traska, lunka; **he** ~d **through the snow** han pulsade genom snön

true [tru:] **1** *adj* **(a)** *(i allm)* sann; *(beskrivning)* korrekt; *(porträtt)* lik; **to come** ~ bli verklighet; **the same holds** ~ **of/for...** det samma gäller för; **too** ~! det är *(tyvärr)* alltför sant!; ~ **but...** visserligen, men...; *se äv* **ring**[2] **3 a** **(b)** *(känsla, diamant etc)* äkta; ~ **love** sann kärlek; **to behave like a** ~ **Englishman** uppföra sig som en äkta/sann engelsman; **in the** ~ **sense of the word** i ordets rätta bemärkelse **(c)** *(Tekn)* rät; *(hylla)* vågrät **(d)** *(vän)* trogen, trofast; **to be** ~ **to sb/sth** vara trogen mot ngn/ngt; **to be** ~ **to one's word** stå vid/hålla sitt ord; ~ **to life** naturtrogen; **to run** ~ **to type** vara sin vana trogen **2** *s*: **to be out of** ~ *(Tekn)* vara vind, sned

truf·fle ['trʌfl] *s (svamp, sötsak)* tryffel

tru·ism ['tru:ɪzəm] *s* truism

tru·ly ['tru:lɪ] *adv* **(a)** *(tacka)* uppriktigt; *(tro)* fullt och fast; **yours** ~ *(i brev)* högaktningsfullt **(b)** *(förstärkande)* verkligen, riktigt **(c)** *(tjäna, älska)* troget, trofast

trump [trʌmp] **1** *s (Kortsp)* trumf; **hearts are** ~s hjärter är trumf; **no** ~s sang; **to turn up** ~s *(bildl)* ha tur; **he was holding all the** ~s han satt med alla trumfen (på hand); ~ **card** *(eg, bildl)* trumfkort; **to play one's** ~ **card** *(bildl)* spela ut sitt trumfkort **2** *vt* **(a)** *(Kortsp)* trumfa över; *(bildl)* övertrumfa **(b): to** ~ **up** *(anklagelse, ursäkt)* hitta på, sno ihop

trumped-up [,trʌmpt'ʌp] *adj (anklagelse)* falsk; *(ursäkt)* påhittad

trum·pet ['trʌmpɪt] **1** *s* trumpet **2** *vt* trumpeta ut **3** *vi (med trumpet)* spela trumpet; *(bildl)* trumpeta; *(elefant)* trumpeta

trum·pet·er ['trʌmpɪtə^r] *s* trumpetare

trun·cate [trʌŋ'keɪt] *vt (eg)* skära/klippa av; *(rapport etc)* korta ner; *(Data)* trunkera

trun·cat·ed [trʌŋ'keɪtɪd] *adj* avkortad

trun·cheon ['trʌntʃən] *s* batong

trun·dle ['trʌndl] **1** *vt (tung vagn etc)* (mödosamt) skjuta/rulla **2** *vi (tung vagn etc)* rulla

trunk [trʌŋk] *s* **(a)** *(på träd)* stam; *(på människa)* bål, torso; ~ **call** *(Brit Tele)* rikssamtal; **to make a** ~ **call** ringa riks; ~ **road** *(Brit)* huvudväg **(b)** *(på elefant)* snabel **(c)** *(större resväska)* koffert, trunk **(d)** *(Am: i bil)* bagage|utrymme/-lucka

trunks [trʌŋks] *spl*: **swimming/bathing** ~s badbyxor

truss [trʌs] **1** *vt (äv:* ~ **up)** bunta/binda ihop **2** *s (i allm)* bunt, knippa; *(Med)* bråckband

trust [trʌst] **1** *s* **(a)** *(känsla)* förtroende *(in för)*; **to put one's** ~ **in sb/sth** sätta sin tillit till ngn/ngt; **to be in a position of** ~ ha en betrodd/ansvarsfull ställning **(b)** *(av barn, föremål)* vård; *(av kapital, rörelse)* förvaltning; **to leave sth in sb's** ~ lämna ngt i någons vård **(c)** *(Jur, Ekon)* förval-

tat kapital, fond, stiftelse; **his grandmother left him £5000 in** ~ han fick ärva 5000 pund i bundna medel av sin farmor/mormor; ~ **fund** bundet kapital; *se äv* **national** (**d**) *(Handel: äv:* ~ **company**) förvaltningsbolag, trust; *(Am: olaglig)* trust, kartell **2** *vt* (**a**) lita på, ha förtroende för; **to** ~ **sb with sth** anförtro ngn ngt; **I wouldn't** ~ **him an inch** jag litar inte ett dugg på honom; ~ **you to make a mistake!** *(vard)* typiskt dig att göra ett misstag! (**b**) hoppas; **I** ~ **that all will go well** jag hoppas (verkligen) att allt går väl **3** *vi:* **to** ~ **in** *(på Gud)* förtrösta; *(på turen)* lita
trust·buster ['trʌst‚bʌstə'] *s (Am vard)* trust-/kartell|jägare
trust·ed ['trʌstɪd] *adj (vän etc)* som man litar på
trus·tee [trʌs'tiː] *s (Jur)* förvaltare, förmyndare; *(Handel)* styrelsemedlem
trust·ful ['trʌstfʊl] *adj*, **trust·ing** ['trʌstɪŋ] *adj* förtroende-/tillits|full
trust·worthy ['trʌst‚wɜːðɪ] *adj (person)* pålitlig, trovärdig; *(källa)* tillförlitlig
trusty ['trʌstɪ] *adj* (-**ier**, -**iest**) *(tjänare etc)* trogen
truth [truːθ] *s* sanning; **to tell the** ~ tala sanning; **to tell (you) the** ~, ~ **to tell** om sanningen ska fram/sanningen att säga; **the** ~ **of the matter is that…** det är faktiskt så att…; **the** ~ **hurts** sanningen svider i skinnet
truth·ful ['truːθfʊl] *adj (beskrivning)* sanningsenlig, korrekt; *(person)* sannfärdig
truth·ful·ly ['truːθfəlɪ] *adv ((svara etc)* ärligt; *(satsadv)* uppriktigt/ärligt sagt; ~, **I don't know** ärligt sagt, det vet jag inte
try [traɪ] **1** *s* (**a**) *(i allm)* försök; **to give sth a** ~/**to have a** ~ *(at sth)* göra ett försök (med ngt); **it's worth a** ~ det är värt ett försök (**b**) *(Rugby)* försök **2** *vt* (**a**) *(vanl + infin):* **to** ~ **to do sth** försöka göra ngt; **to** ~ **one's (very) best/one's (very) hardest** göra sitt (allra) bästa (**b**) pröva, prova; **why not** ~ **him for the job?** varför inte pröva honom på jobbet?; ~ **pressing that button** pröva med att trycka på den där knappen (**c**) *(tålamod)* pröva, sätta på prov; *(ögon)* anstränga, fresta; **to** ~ **one's hand at sth** försöka sig på/pröva på ngt; *se äv* **tried, trying** (**d**) *(Jur)* anklaga, ställa inför rätta **3** *vi* försöka; **to** ~ **and do sth** försöka göra ngt
♦ **try for** *vi* + *prep (jobb)* försöka få; *(rekord)* försöka slå; *(toppen)* försöka nå
♦ **try on** *vt* + *adv (kläder)* prova (**b**) *(bildl):* **to** ~ **it on (with sb)** försöka lura ngn; **don't** ~ **it on with me!** försök inte med mig!
♦ **try out** *vt* + *adv (idé)* prova; *(metod, bil)* (ut)prova; *(anställd)* låta arbeta på prov
try·ing ['traɪɪŋ] *adj (situation)* påfrestande, tröttande; *(person)* besvärlig, prövande
try·out ['traɪaʊt] *s* test, prov
tsar [zɑː'] *s* = **czar**
tset·se fly ['tsetsɪflaɪ] *s* tsetsefluga
T-shirt ['tiːʃɜːt] *s* T-tröja, T-shirt
T-square ['tiːskwɛə'] *s* vinkellinjal
tub [tʌb] *s (i allm)* balja, tunna; *(för blommor)* stor kruka; *(för glass)* bägare; (= *bath* ~) badkar
tuba ['tjuːbə] *s* tuba
tub·by ['tʌbɪ] *adj* (-**ier**, -**iest**) *(vard)* knubbig
tube [tjuːb] *s* (**a**) *(av metall, betong etc)* rör; *(av gummi etc)* slang; *(behållare)* tub; *(Anat)* rör, kanal (**b**) *(Am vard)* TV; **to watch the** ~ titta på TV (**c**) *(i London)* tunnelbana; ~ **station** tunnelbanestation
tube·less ['tjuːblɪs] *adj (däck)* slanglös
tu·ber ['tjuːbə'] *s (Bot)* rotknöl
tu·ber·cu·lo·sis [tjʊ‚bɜːkjʊ'ləʊsɪs] *s* tuberkulos
tub·ing ['tjuːbɪŋ] *s (av metall)* rör; *(av gummi)* slang; **a piece of** ~ en bit rör/slang
tubu·lar ['tjuːbjʊlə'] *adj* rörformig; ~ **metal fur-**

niture stålrörsmöbler
TUC *s förk för* **Trades Union Congress** (brittiska) LO
tuck [tʌk] **1** *s* (**a**) *(sömnad)* veck, slag; **to take a** ~ **in sth** sy/ta in ngt (**b**) *(Brit vard/Skol)* godis; ~ **shop** gottbod **2** *vt* stoppa/sticka
♦ **tuck away** *vt* + *adv* stoppa/gömma undan; **she has her money safely** ~**ed away** hon har sina pengar säkert undangömda
♦ **tuck in 1** *vt* + *adv (skjorta etc)* stoppa in/ner; *(barn)* stoppa om, stoppa i säng **2** *vi* + *adv (vard: i sht Brit: äta)* stoppa i sig
♦ **tuck into** *vi* + *prep (vard: mat)* hugga in på
♦ **tuck up** *vt* + *adv (ärm)* kavla upp; *(kjol)* lägga upp; *(barn)* stoppa om, stoppa i säng
Tues·day ['tjuːzdɪ] *s* tisdag; **the date today is** ~ **23rd March** dagens datum är tisdagen den 23:e mars; **on** ~ *(förfluten tid)* i tisdags; *(framtid)* på tisdag; **on** ~**s**, *(Am)* ~**s** (på) tisdagar; **every** ~ varje tisdag; **every other** ~ varannan tisdag; **last** ~ förra tisdagen, i tisdags; **next** ~ nästa tisdag, på tisdag; **the** ~ **next** nästa tisdag; **the following** ~ tisdagen därpå; **the** ~ **before last/after next** förra tisdagen/nästa tisdag; **a week/fortnight on** ~**s**, ~ **week/fortnight** tisdag om en vecka/(om) fjorton dagar; ~ **morning/lunchtime/afternoon/evening/night** tisdag morgon/middag/eftermiddag/kväll/kväll; **the** ~**'s film** *(TV)* tisdagsfilmen; ~**'s newspaper** tisdagstidningen; *se äv* **Shrove Tuesday**
tuft [tʌft] *s (av hår)* tofs; *(av gräs)* tuva; **a** ~ **of feathers** en fjäderbuske
tug [tʌg] **1** *s* (**a**) *(i allm)* ryck; **to give sth a (good)** ~ dra till ordentligt i ngt (**b**) *(Sjö)* bogserbåt **2** *vt (i allm)* rycka/slita/dra i; *(Sjö)* bogsera **3** *vi* rycka/slita/dra *(at* i)
tug·boat ['tʌgbəʊt] *s* bogserbåt
tug-of-war [‚tʌgəv'wɔː'] *s (Sport, bildl)* dragkamp
tui·tion [tjʊ'ɪʃən] *s* undervisning; **to pay** ~ betala för undervisning, betala terminsavgift
tu·lip ['tjuːlɪp] *s* tulpan
tulle [tjuːl] *s (Textil)* tyll
tum·ble ['tʌmbl] **1** *s (olyckshändelse)* fall; *(Gymnastik)* kullerbytta, volt; *(av kläder, böcker)* röra; **to have a** ~, **to take a** ~ falla, störta; ~ **drier** torktumlare; *se äv* **rough-and-tumble 2** *vi* (**a**) *(av olyckshändelse)* ramla, falla; **to** ~ **downstairs/down a mountain** falla nedför trappan/störta ner från ett berg (**b**) *(i brådska)* störta, stupa, tumla; **the children** ~**d out of the car** barnen tumlade ut ur bilen (**c**) *(Gymnastik)* slå kullerbyttor/volter (**d**) *(vard):* **to** ~ **to sth** komma underfund med/haja ngt
tumble-down ['tʌmbldaʊn] *adj* fallfärdig
tum·bler ['tʌmblə'] *s (glas)* dricksglas, tumlare; *(i lås)* tillhållare
tum·my ['tʌmɪ] *s (vard)* mage
tu·mour, *(Am)* **tu·mor** ['tjuːmə'] *s* tumör
tu·mult ['tjuːmʌlt] *s* tumult, upplopp; **to be in a** ~ vara förvirrad/i uppror
tu·mul·tu·ous [tjuː'mʌltjʊəs] *adj* tumultartad
tuna ['tjuːnə] *s (zful:* ~ **fish)** tonfisk
tune [tjuːn] **1** *s (Mus)* melodi; **in/out of** ~ rätt/falskt; **in** ~ **with sth** *(bildl)* i takt/samklang med ngt; **to change one's** ~ *(bildl)* ändra ton; **to the** ~ **of several hundred pounds** *(bildl)* till ett belopp av flera hundra pund **2** *vt (Mus)* stämma; *(bilmotor: äv:* ~ **up)** finjustera **3** *vi (Mus: äv:* ~ **up)** stämma (instrumenten)
♦ **tune in** *vi* + *adv (Radio, TV)* ställa in *(to på)*; ~ **in tonight** titta/lyssna ikväll; **to be** ~**d in** *(bildl)* vara medveten
tune·ful ['tjuːnfʊl] *adj* melodiös, välljudande
tune·less ['tjuːnlɪs] *adj* omelodisk, klanglös
tun·er ['tjuːnə'] *s* (**a**) *(Radio)* tuner, mottaga-

re **(b)** *(person)* pianostämmare

tung·sten |'tʌŋstən| *s* volfram

tu·nic |'tju:nɪk| *s (i allm)* tunika; *(Brit: för polis/militär)* uniformsjacka

tun·ing |'tju:nɪŋ| *s (av musikinstrument)* stämning; *(av radio)* inställning; ~ **fork** stämgaffel

Tu·ni·sia |tju:'nɪzɪə, *(Am)* tju:'ni:ʒə| *s* Tunisien

Tu·ni·sian |tju:'nɪzɪən, *(Am)* tju:'ni:ʒən| **1** *adj* tunisisk **2** *s* tunisier

tun·nel |'tʌnl| **1** *s* tunnel **2** *vt* gräva/spränga en tunnel genom; he ~led his way out han tog sig ut genom att gräva en tunnel **3** *vi* gräva/spränga en tunnel

tun·ny |'tʌnɪ| *s* = **tuna**

tup·pence |'tʌpəns| *s (Brit vard)* = **twopence**

tur·ban |'tɜ:bən| *s* turban

tur·bine |'tɜ:baɪn| *s* turbin

tur·bo·jet |'tɜ:bəʊ'dʒet| *s (motor)* turbojetmotor; *(flygplan)* turbojetplan

tur·bo·prop |'tɜ:bəʊ'prɒp| *s (motor)* turbopropmotor; *(flygplan)* turbopropplan

tur·bot |'tɜ:bət| *s* piggvar

tur·bu·lence |'tɜ:bjʊləns| *s (i allm)* oro, våldsamhet; *(om luft)* turbulens

tur·bu·lent |'tɜ:bjʊlənt| *adj (folkhop)* orolig, upprorisk; *(känsla)* upprörd; *(ström)* turbulent

tu·reen |tə'ri:n| *s* terrin, soppskål

turd |tɜ:d| *s (vard!)* skitkorv; *(: person)* skit

turf |tɜ:f| **1** *s* gräs(torva); *(Am vard)* gängs territorium/kvarter; **the** T~ *(Hästsport: eg)* kapplöpningsbanan; *(: bildl)* hästsporten; ~ **accountant** bookmaker, vadhållningsagent **2** *vt (äv: ~ over)* täcka med grästorvor

♦ **turf out** *vt + adv (vard)* kasta/sparka ut

tur·gid |'tɜ:dʒɪd| *adj (i allm)* uppsvälld; *(språk)* svulstig

Turk |tɜ:k| *s* turk

tur·key[1] |'tɜ:kɪ| *s* kalkon; **cold** ~ *(knarkarslang)* snabbavvänjning från knark; **talk** ~ *(Am vard)* tala allvar, diskutera praktiska frågor

Tur·key[2] |'tɜ:kɪ| *s* Turkiet

Turk·ish |'tɜ:kɪʃ| **1** *adj* turkisk; ~ **bath** turk(iskt bad); ~ **delight** *(godsak)* marmelad täckt med pudersocker el choklad **2** *s (språk)* turkiska

tur·mer·ic |'tɜ:mərɪk| *s* gurkmeja

tur·moil |'tɜ:mɔɪl| *s* kaos, villervalla; **to be in** ~ vara omtumlad/förvirrad

turn |tɜ:n| **1** *s* **(a)** *(av ratt etc)* vridning; *(med bil)* vändning; **he gave the handle a** ~ hon vred om handtaget; **done to a** ~ *(Matl)* perfekt tillagad

(b) *(på väg etc)* sväng, kurva, krök; **take the second** ~ **to the left** ta andra avtagsvägen till vänster; **no left** ~ *(skylt)* vänstersväng förbjuden; **to do a left** ~ *(med bil)* svänga till vänster, göra en vänstersväng; **a road full of twists and** ~**s** en väldigt krokig väg; **to take a** ~ **in the park** ta en sväng/tur i parken; **at the** ~ **of the year/century** vid års-/sekelskiftet; **at every** ~ *(bildl)* överallt, jämt och ständigt; **the milk is on the** ~ mjölken är på gränsen (till att bli sur); **things took a new** ~ *(bildl)* saken tog en ny vändning; **then things took a** ~ **for the better** *(bildl)* sen vände sig allt till det bättre; **an odd** ~ **of mind** ett konstigt sätt att se saker och ting; ~ **of phrase** vändning, uttryck; **he has a nice** ~ **of phrase** han uttrycker sig väl

(c) *(Med)* anfall; **the news gave me quite a** ~ *(vard)* nyheten gjorde mig alldeles förskräckt

(d) *(om ordningsföljd)* tur; **by** ~**s** i tur och ordning; **they went hot and cold by** ~**s** hon blev ömsom het, ömsom kall, hon blev het och kall om vartannat; **to take** ~**s at doing sth, to take it in** ~**(s) to do sth** turas om att göra ngt; **to take one's** ~ göra ngt när det är ens tur; **to wait one's** ~ vänta tills blir ens tur; **it's my** ~ det är min

tur; **to miss one's** ~ missa sin tur (i kön); **your** ~ **will come** en dag blir det din tur; **they spoke in** ~ de talade i tur och ordning; **to take** ~ **and** ~ **about** ta i tur och ordning; **to take** ~**s at the wheel** turas om vid ratten; **to take a** ~ **at the wheel** *(Bil)* köra ett tag; *(Sjö)* styra ett tag; **to speak out of** ~ *(eg)* tala när det inte är ens tur; *(bildl)* säga ngt opassande

(e) *(Teat)* nummer; **to do a comedy** ~ göra ett komedinummer

(f) *(handling)* tjänst; **to do sb a good/bad** ~ göra ngn en tjänst/otjänst; **his good** ~ **for the day** dagens goda gärning (för honom); **one good** ~ **deserves another** *(ordspr)* den ena tjänsten är den andra värd

2 *vt* **(a)** *(handtag etc)* vrida (på); *(ratt etc)* snurra (på); ~ **the key in the lock** vrid om nyckeln i låset; **the engine** ~**s the wheel** motorn får hjulet att snurra

(b) *(äv:* ~ **over:** *skiva, madrass, stek)* vända; **to** ~ **the page** vända på bladet, bläddra till nästa sida; **to** ~ **one's ankle** vricka foten; **it** ~**s my stomach** det får det att vända sig i magen på mig

(c) *(bil)* svänga; *(kikare)* rikta; **she** ~**ed the picture to the wall** hon vände tavlan mot väggen; **to** ~ **one's attention to sth** rikta sin uppmärksamhet mot ngt; **the fireman** ~**ed the hose on the building** brandmannen riktade slangen mot byggnaden; **to** ~ **a gun on sb** sikta på ngn med skjutvapen; **to** ~ **one's back on sb/sth** *(eg)* vända ryggen mot ngt/ngn; **to** ~ **one's back on sb** *(bildl)* vända ngn ryggen; **to** ~ **one's back on sb** blunda för ngt; **as soon as his back is** ~**ed** så fort han vänder ryggen till; **to** ~ **sb's head** förvrida huvudet på ngn; **without** ~**ing a hair** utan att röra en min; **to** ~ **the other cheek** vända andra kinden till; **he** ~**ed his hand to cookery** han slog sig på matlagning; **to** ~ **the tables** *(bildl)* förändra situationen, kasta om rollerna; **they** ~**ed him against us** de satte upp honom mot oss

(d) *(passera)* svänga runt; **the car** ~**ed the corner** bilen svängde runt hörnet; **to have** ~**ed the corner** *(bildl)* ha nått en vändpunkt, ha kommit över det värsta; **he's** ~**ed 50** han har fyllt 50; **it's** ~**ed four o'clock** klockan/hon har blivit fyra

(e) *(förändring)* göra, förvandla; **to** ~ **sb/sth into sth** förvandla ngn/ngt till ngt; **to** ~ **iron into gold** förvandla järn till guld; **to** ~ **a play into a film** göra en film av en teaterpjäs; **it** ~**ed him into a bitter man** det gjorde honom till en bitter man; **the shock** ~**ed her hair white** chocken gjorde henne vithårig; **the heat has** ~**ed the milk** värmen har fått mjölken att surna

(f) *(trä, metall)* svarva; **to** ~ **wood on a lathe** svarva trä; **a well-**~**ed phrase** en välformulerad fras; **a well-**~**ed ankle** en välsvarvad vrist

3 *vi* **(a)** *(hjul)* snurra; *(skruv, nyckel etc)* gå runt, gå att vrida; *(person)* vända (sig) om; **the TV** ~**ed on a stand** TV n (satt på ett stativ och) var vridbar; **my head is** ~**ing** *(bildl)* det går runt i huvudet/skallen på mig; **everything** ~**s on his decision** *(bildl)* allt hänger på hans beslut; **to** ~ **and go back** vända och gå tillbaka; **to** ~ **left** *(i bil)* svänga till vänster, ta av till vänster; **the car** ~**ed into a lane** bilen svängde in i en gränd; **the tide is** ~**ing** *(bildl)* trenden/utvecklingen håller på att vända; **to wait for the weather to** ~ vänta på att vädret ska om/bli bättre; **to** ~ **to port/starboard** *(Sjö)* gira babord/styrbord; **he** ~**ed to me and smiled** han vände sig mot mig och log; **to** ~ **to sb for help** be någon om hjälp, söka hjälp hos ngn; **she has no one to** ~ **to** hon har ingen att vända sig till/gå till; **he** ~**ed to politics** han slog sig på/började med politik; **he** ~**ed to drink** han började dricka; **I don't know which way to** ~

(vard) jag vet varken ut eller in; **the conversation** ~**ed to religion** samtalet kom in på religion; **to** ~ **against sb** vända sig mot ngn, bli sur på ngn **(b)** *(förändring)* förvandlas, bli; **to** ~ **into sth** förvandlas/bli till ngt; **the milk has** ~**ed** mjölken har surnat; **to** ~ **red** *(person)* rodna; *(löv)* bli röd; **to** ~ **nasty** *(börja)* bli otrevlig; **he** ~**ed into a cynic** han blev cynisk/en cyniker; **they** ~**ed communist** de blev kommunister; **a singer** ~**ed songwriter** en sångare som blivit låtskrivare

♦ **turn aside** *vi + adv* vända sig bort *(from* från*)*
♦ **turn away** 1 *vt + adv* **(a)** *(blick, huvud)* vrida undan; *(pistol)* sluta peka med, ta undan **(b)** *(person)* avvisa, visa bort; *(erbjudande)* avslå, avböja 2 *vi + adv* vända sig bort *(from* från*)*
♦ **turn back** 1 *vt + adv* **(a)** *(sängkläder)* vika tillbaka **(b)** *(person)* skicka tillbaka, avvisa; *(fordon)* återsända **(c)** *(klocka)* vrida tillbaka; **to** ~ **back the clock 20 years** *(bildl)* vrida tillbaka klockan 20 år 2 *vi + adv* **(a)** *(på resa etc)* vända tillbaka **(b)** *(i bok)* gå/bläddra tillbaka
♦ **turn down** *vt + adv* **(a)** *(sängkläder, krage)* vika ner; *(hörnet på en boksida)* vika **(b)** *(ljudvolym, värme etc)* vrida ner **(c)** *(erbjudande)* avböja; *(ansökan)* avslå; *(kandidat)* inte anta; **he was** ~**ed down** han blev inte antagen
♦ **turn in** 1 *vt + adv* *(ansökan)* lämna in; *(utrustning)* lämna tillbaka/in; **to** ~ **sb in to the police** överlämna ngn till polisen, ange ngn för polisen 2 *vi + adv* **(a)** *(med bil)* svänga in **(b)** *(vard)* gå till kojs, törna in
♦ **turn off** 1 *vt + adv* **(a)** *(apparat, kran)* stänga av; *(ljus)* släcka **(b)** *(vard: person)* stöta, beröra illa, få att tappa intresset; *(: sexuellt)* få att tappa lusten 2 *vi + adv* **(a)** *(person, fordon)* svänga **(b)** *(apparat)* stängas av
♦ **turn on** 1 *vt + adv* **(a)** *(apparat)* sätta på; *(ljus)* tända; *(kran, radio)* vrida på **(b)** *(vard: person)* få intresserad; *(sexuellt)* få att tända; **this sort of music** ~**s me on** jag tänder på sån här musik 2 *vi + adv (apparat)* sättas på
♦ **turn out** 1 *vt + adv* **(a)** *(gas etc)* stänga av; *(ljus)* släcka **(b)** *(varor)* producera; **to be well** ~**ed out** *(bildl)* vara elegant utstyrd/klädd **(c)** *(ficka)* vända ut-och-in på, tömma; *(kaka)* stjälpa upp **(d)** *(rum)* röja ur **(e)** *(person)* kasta ut **(f)** *(polis, militär)* kalla ut, kalla till platsen 2 *vi + adv* **(a)** *(för tjänstgöring, hos polisen etc)* inställa sig; **to** ~ **out for a meeting** komma på ett möte **(b)** *(om resultat etc)* visa sig (bli/vara); **how did the cake** ~ **out?** hur blev kakan?; **it** ~**ed out that...** det visade sig att
♦ **turn over** 1 *vt + adv* **(a)** *(boksida)* vända *(på)*; *(patient, madrass, kort)* vända *(på)*; **to** ~ **over an idea in one's mind** *(bildl)* vända och vrida på en idé **(b)** *(föremål)* överlämna, lämna in; *(person)* överlämna 2 *vi + adv* **(a)** *(liggande person)* vända sig om; *(bil)* slå/rulla runt; *(motor)* gå på tomgång; **my stomach** ~**ed over** det vände sig i magen på mig **(b)** *(vid läsning)* vända på bladet, bläddra; **please** ~ **over** *(förk PTO)* var god vänd (vgv)
♦ **turn round** 1 *vt + adv* vrida; *(fordon, fartyg)* vända (tillbaka); **she** ~**ed her head round** hon vred på huvudet; ~ **the chair round the other way** vänd *(runt)* stolen åt andra hållet 2 *vi + adv* **(a)** *(person, fordon)* vända (om) **(b)** *(person, föremål)* snurra, rotera; **to** ~ **round and round** snurra runt, runt
♦ **turn up** 1 *vt + adv* **(a)** *(krage, ärm)* vika upp; **to** ~ **up one's nose at sth** rynka på näsan åt ngt **(b)** *(värme, radio etc)* vrida upp **(c)** *(fakta, fornfynd)* gräva fram, hitta 2 *vi + adv* **(a)** *(person etc)*dyka upp; **something will** ~ **up** något kommer att dyka upp; **we waited but she didn't**

~ **up** vi väntade men hon dök aldrig upp **(b)** *(spets)* peka uppåt; **his nose** ~**s up** *(bildl)* han har näsan i vädret
turn·about ['tɜːnəbaʊt] *s*, **turn·around** ['tɜːnəraʊnd] *s (eg)* vändning; *(bildl)* helomvändning, omsvängning
turn·coat ['tɜːnkəʊt] *s* överlöpare; **he's a** ~ han vänder kappan efter vinden
turn·ing ['tɜːnɪŋ] *s (väg)* avtagsväg; *(i väg)* sväng, kurva; **the first** ~ **on the right** första avtagsvägen till höger; ~ **point** *(bildl)* vändpunkt
tur·nip ['tɜːnɪp] *s* rova; **Swedish** ~ kålrot
turn·key ['tɜːnkɪ] *s (åld)* fångvaktare
turn·off ['tɜːnɒf] *s* avtagsväg
turn·out ['tɜːnaʊt] *s* **(a)** *(av folk)* uppslutning, publiktillströmning, deltagande; **there was a poor** ~ det var dålig uppslutning *etc* **(b)** *(av rum)* urröjning, storstädning; **she gave the room a good** ~ hon städade upp ordentligt i rummet
turn·over ['tɜːn‚əʊvə'] *s* **(a)** *(Handel)* omsättning; **a** ~ **of £6,000 a week** en omsättning på 6000 pund i veckan; **there is a rapid** ~ **in staff** det är stor omsättning på personal **(b)** *(Matl)* liten fruktpaj
turn·pike ['tɜːnpaɪk] *s (förr)* väg-/tull|bom; *(Am: äv:* ~ **road)** avgiftsbelagd motorväg
turn-round ['tɜːnraʊnd] *s (Sjö)* (tid i hamn för) lossning och lastning av gods; *(Handel)* leveranstid
turn·stile ['tɜːnstaɪl] *s* vändkors
turn·table ['tɜːn‚teɪbl] *s (på grammofon)* skivtallrik; *(Järnv)* vändskiva; ~ **ladder** *(på brandbil)* vridbar stege
turn-up ['tɜːnʌp] *s* **(a)** *(i sht Brit: på byxor)* slag **(b)** *(vard)* överraskning; **that was a** ~ **for the book** *(vard)* det var verkligen en sensation
tur·pen·tine ['tɜːpəntaɪn] *s (vard förk:* **turps** [tɜːps]*)* terpentin; ~ **substitute** förtunning
tur·quoise ['tɜːkwɔɪz] 1 *s (sten o färg)* turkos 2 *adj* turkos(färgad)
tur·ret ['tʌrɪt] *s (på slott)* (litet) torn; *(på stridsvagn)* torn; *(på krigsfartyg)* stridstorn
tur·tle ['tɜːtl] *s (Brit)* (havs)sköldpadda; *(Am)* sköldpadda; **to turn** ~ *(båt)* kapsejsa; ~ **soup** sköldpaddsoppa
turtle·dove ['tɜːtldʌv] *s* turturduva
turtle·neck ['tɜːtlnek] *s (krage)* polokrage; *(tröja)* polotröja
tusk [tʌsk] *s (på elefant, valross etc)* bete
tus·sle ['tʌsl] 1 *s* kamp, strid; **to have a** ~ **with** *(äv bildl)* ha en dust med 2 *vi:* **to** ~ **(with sb for sth)** kämpa/slåss (med ngn om ngt)
tus·sock ['tʌsək] *s (gräs)*tuva
tut [tʌt] *(äv:* ~-~*)* 1 *interj* oj, äsch 2 *vi* smacka ogillande/förargat
tu·telage ['tjuːtəlɪdʒ] *s* **(a)** förmynderskap; **to be in** ~ stå under förmyndare **(b)** *(undervisning)* handledning
tu·tor ['tjuːtə'] 1 *s (Univ)* handledare, tutor; *(Skol)* privatlärare 2 *vt:* **to** ~ **sb in Latin** ge ngn privatlektioner i latin
tu·to·rial [tjuː'tɔːrɪəl] *s (Univ)* möte med handledare, handledning
tux·edo [tʌk'siːdəʊ] *s (Am)* smoking
TV ['tiː'viː] *s (förk f television)* TV
twad·dle ['twɒdl] *s* svammel
twang [twæŋ] 1 *s (av sträng)* ton(er); *(hos röst)* nasalton; **to speak with a** ~ tala i näsan 2 *vt, vi (Mus)* spela, knäppa (på); **to** ~ **(on) the banjo**
tweak [twiːk] 1 *s* ryck, nyp; **to give sb's nose/ear a** ~ nypa ngn i näsan/dra ngn i örat 2 *vt* vrida, rycka, nypa
twee [twiː] *adj (Brit vard)* tillgjord, sockersöt
tweed [twiːd] *s (Textil)* tweed; ~**s** tweedkostym
tweet [twiːt] *vi (om fågel)* kvittra, pipa

tweet·er |'twiːtə^r| *s* diskanthögtalare

twee·zers |'twiːzəz| *spl* pincett; **a pair of** ~ en pincett

twelfth |twelfθ| **1** *räkn* tolfte; **T**~ **Night** trettondagsafton **2** *s* tolftedel; *se äv* **fifth**

twelve |twelv| **1** *räkn* tolv **2** *s* tolva; *se äv* **five**

twen·ti·eth |'twentɪɪθ| **1** *räkn* tjugonde **2** *s* tjugon(de)del; *se äv* **fifth**

twen·ty |'twentɪ| **1** *räkn* tjugo **2** *s* tjugo, tjugotal; *se äv* **five**

twerp |twɜːp| *s (vard)* tönt, dumskalle

twice |twaɪs| *adv* två gånger; ~ **as much/many** två gånger så mycket/många; ~ **a week** två gånger i veckan; **she is** ~ **your age** hon är dubbelt så gammal som du; **A is** ~ **as big as B** A är dubbelt så stor som B; **to do sth** ~ göra ngt två gånger

twid·dle |'twɪdl| *vt, vi* sno (med), snurra (på); **to** ~ **one's thumbs** *(bildl)* rulla tummarna

twig[1] |twɪg| *s* kvist

twig[2] |twɪg| *(Brit: vard)* **1** *vt (skämt, situation)* fatta, begripa **2** *vi* fatta galoppen

twi·light |'twaɪlaɪt| *s (på kvällen)* skymning; *(mindre vanl: på morgonen)* gryning; *(bildl):* **the** ~ **of the Roman Empire** Romarrikets sista dagar; **in the** ~ **of his life** mot slutet av hans liv; **at** ~ *(på kvällen)* i skymningen; *(mindre vanl: på morgonen)* i gryningen; **in the** ~ i halvmörkret

twill |twɪl| *s (Textil)* tvills, twill

twin |twɪn| **1** *adj* tvilling-; ~ **beds** två enkelsängar; ~ **town** *(Brit)* vänort **2** *s (om person)* tvilling, tvilling|bror/-syster; *(om föremål)* motstycke; **identical** ~**s** enäggstvillingar **3** *vt* para ihop; **the town with which Wigan is** ~**ned** *(Brit)* Wigan's vänort

twin-carburettor |'twɪn,kɑːbjʊ'retə^r| *adj (om motor)* med dubbla förgasare

twine |twaɪn| **1** *s* garn, *kraftigt* snöre, (tvinnad) tråd **2** *vt (ihop)* tvinna, fläta; *(runt ngt)* vira, sno; **to** ~ **one's arms round sb** linda armarna runt någon **3** *vi (slingerväxt etc)* slingra sig

twin-engined |,twɪn'endʒɪnd| *adj* tvåmotorig

twinge |twɪndʒ| *s (av smärta)* styng, hugg; **a** ~ **of regret/sadness** ett anfall av ånger/ett hugg av vemod; **I've been having** ~**s of conscience** jag har haft samvetskval

twin·kle |'twɪŋkl| **1** *s* tindrande, blänk; **he had a** ~ **in his eye** han hade en glimt i ögat **2** *vi (om ljus, stjärnor)* blinka, tindra; *(om ögon)* tindra, glittra

twin·kling |'twɪŋklɪŋ| *s:* **in the** ~ **of an eye** på ett ögonblick, vips

twin-set |'twɪnset| *s (Brit)* jumperset

twirl |twɜːl| **1** *s (i allm)* snurrning, svängning; *(av person)* piruett; *(i skrift)* snirkel, sväng; *(på mustasch)* uppåtvriden spets **2** *vt (i allm)* snurra/ svänga (runt); *(mustasch)* sno **3** *vi* snurra, virvla

twist |twɪst| **1** *s* **(a)** *(av tråd etc)* garn, snodd; *(av tobak)* tobaksfläta; *(för karameller etc)* vridet pappersomslag; *(av citron)* (vriden) strimma citronskal **(b)** *(handling)* vridning; **to give sth a** ~ **vrida på ngt; to give one's ankle a** ~ *(Med)* stuka/vricka foten; **with a quick** ~ **of the wrist** med en snabb handledsrörelse **(c)** *(i väg)* krök, sväng; *(bildl: i historia)* oväntad vändning; **a road full of** ~**s and turns** en väldigt krokig väg; **the plot has an unexpected** ~ intrigen har en oväntad poäng; **a strange** ~ **of fate** en märklig ödets nyck; **to drive sb round the** ~ *(vard)* driva ngn till vansinne **(d):** **the** ~ *(dans)* twist; **to do the** ~ twista **(e)** *(Sport)* skruv
2 *vt (förändra: plåt, ansikte)* förvrida; *(: historia)* förvränga; *(lock, handtag)* vrida på; *(hår, snodd)* snurra, tvinna; *(ngt runt ngt)* linda; *(boll)* skruva; **his face was** ~**ed with pain** hans ansikte

förvreds av smärta; **to** ~ **one's wrist** *(Med)* stuka handleden/handen; **to** ~ **one's neck** vrida nacken ur led; **to** ~ **sb's arm** *(bildl)* övertala ngn **3** *vi* **(a)** *(i allm)* slingra/vrida sig; *(om rök)* ringla sig; *(om boll)* skruva sig; **the rope got** ~**ed round the pole** repet snodde sig runt stolpen; **the road** ~**ed and turned** vägen slingrade sig fram **(b)** *(dansa)* twista

♦ **twist off** *vt + adv (lock etc)* skruva av

twist·ed |'twɪstɪd| *adj (rep)* tvinnad, flätad; *(fot, hand)* stukad, vrickad; *(bildl: fantasi)* snedvriden

twist·er |'twɪstə^r| *s (Brit vard: person)* svindlare; *(Sport)* skruvad boll; *(Am Meteorologi)* tornado, tromb

twit |twɪt| *s (i sht Brit: vard)* dumbom; **stupid** ~! idiot!, fårskalle!

twitch |twɪtʃ| **1** *s* ryckning; **to give sth a** ~ rycka till i ngt **2** *vi* rycka (till); **her hands** ~**ed** det ryckte till i hennes händer; **the rabbit's ears** ~**ed** kaninen klippte med öronen

twit·ter |'twɪtə^r| **1** *s (fågelläte)* kvitter; **to be all of a** ~, **to be in a** ~ *(vard)* vara alldeles till sig **2** *vi (om fågel)* kvittra; *(om person)* tjattra, babbla på

twit·tery |'twɪtərɪ| *adj* skärrad, nervös

two |tuː| **1** *räkn* två; **the** ~ **boys** de två/båda pojkarna **2** *s* tvåa; **to break sth in** ~ bryta itu ngt, bryta ngt i två bitar; ~ **by** ~ två och två; **in** ~**s** två och två, parvis; **to arrive in** ~**s and threes** anlända i små klungor/två eller tre åt gången; **to put** ~ **and** ~ **together** *(bildl)* lägga ihop två och två; **that makes** ~ **of us** det är likadant med mig, samma här

two-bit |'tuːbɪt| *adj (Am vard)* värdelös, strunt-

two-door |,tuː'dɔː^r| *adj (bil)* tvådörrars

two-edged |,tuː'edʒd| *adj (eg, bildl)* tveeggad

two-faced |,tuː'feɪst| *adj (bildl)* falsk, hycklande

two·fold |'tuːfəʊld| **1** *adv* dubbelt (så mycket) **2** *adj (mängd)* dubbel; *(antal)* tvådelad

two-legged |,tuː'legɪd| *adj* tvåbent

two-party |'tuː,pɑːtɪ| *adj:* ~ **system** tvåpartisystem

two·pence |'tʌpəns| *s (Brit)* två pence; *(: mynt)* tvåpencemynt

two-phase |'tuːfeɪz| *adj (Elektr)* tvåfas-

two-piece |'tuːpiːs| **1** *adj (i allm)* tvådelad; ~ **suit** *(för herre)* kostym (utan väst); *(för dam)* dräkt **2** *s* = **suit**

two-ply |'tuːplaɪ| *adj (om garn)* tvåtrådig; *(om plywood)* tråskikts-

two-seater |,tuː'siːtə^r| *s* tvåsitsig bil; tvåsitsigt flygplan

two·some |'tuːsəm| *s (i allm)* par; *(Golf)* tvåspel; **to go out in a** ~ gå ut på tumanhand

two-step |'tuːstep| *s (dans)* twostep

two-storey |,tuː'stɔːrɪ| *adj* tvåvånings-

two-stroke |'tuːstrəʊk| **1** *s (motor)* tvåtaktare **2** *adj* tvåtakts-

two-time |,tuː'taɪm| *vt (vard)* vara otrogen mot, bedra

two-tone |'tuːtəʊn| *adj (skor etc)* tvåfärgad, i två färgtoner

two-way |'tuːweɪ| *adj* tvåvägs-; ~ **radio** kombinerad sändare och mottagare; ~ **traffic** dubbelriktad trafik

two-wheeler |,tuː'wiːlə^r| *s* tvåhjuling

ty·coon |taɪ'kuːn| *s* pamp, magnat; **oil** ~ oljemagnat

tym·pa·ni |'tɪmpənɪ| *spl* = **timpani**

tym·pa·num |'tɪmpənəm| *s* **(a)** *(Anat)* trumhinna; *(: äv)* mellanöra **(b)** *(Arkit)* bågfält, tympanon

type |taɪp| **1** *s* **(a)** *(person, föremål)* (ur)typ, representant; **to revert to** ~ *(Biol)* återvända till ursprungstyp; *(bildl: vanl neds)* visa sin rätta

natur; *se äv* **true 1 d** **(b)** *(grupptillhörighet)* typ, sort, slag; **what** ~ **of car is it?** vilket slags bil är det?; **what** ~ **do you want?** vilken sort vill du ha?; **what** ~ **of person is he?** vilken typ av människa är han?; **he's not my** ~ han är inte min typ; **it's my** ~ **of film** det är den sortens filmer jag gillar; **I know the** ~ **of thing you mean** jag vet vad du menar; *(vard: person)* typ, figur; **a pleasant** ~ en trevlig typ/prick **(c)** *(Typogr: en bokstav)* typ; *(: kollektivt)* stilsort; **to set** ~ sätta; **in large/small** ~ med stor/fin stil; **in bold/italic** ~ med halvfet/ kursiverad stil **2** *vt* **(a)** skriva på maskin **(b)** *(sjukdom etc)* typbestämma; *(blodprov)* bestämma blodgruppen på **3** *vi* skriva maskin
♦ **type out** *vt + adv* skriva ut (på maskin)
♦ **type up** *vt + adv* skriva ut/rent (på maskin)
type-cast ['taɪpkɑːst] *imperf, perf part* **type-cast** *vt*: **to** ~ **an actor** alltid låta en skådespelare spela roller av samma typ; **he is** ~ **as a villain** han får alltid spela skurk
type·face ['taɪpfeɪs] *s (Typogr)* typsnitt
type·script ['taɪpskrɪpt] *s* maskinskrivet manuskript
type·set ['taɪpset] *vt (Typogr)* sätta
type·set·ter ['taɪpˌsetə'] *s (person)* sättare; *(maskin)* sättmaskin
type·writ·er ['taɪpraɪtə'] *s* skrivmaskin
type·writ·ten ['taɪprɪtn] *adj* maskinskriven
ty·phoid ['taɪfɔɪd] *s (äv:* ~ **fever)** tyfus
ty·phoon [taɪ'fuːn] *s* tyfon

ty·phus ['taɪfəs] *s* fläcktyfus
typi·cal ['tɪpɪkəl] *adj* typisk, representativ; **a** ~ **Canadian winter** en normal kanadensisk vinter; **the** ~ **Spaniard** en typisk spanjor, genomsnittsspanjoren; **(isn't that just)** ~**!** (är det inte) typiskt!; **that's** ~ **of her!** typiskt henne!
typi·cal·ly ['tɪpɪkəlɪ] *adv (i enlighet med typen)* typiskt, typiskt nog; *(i normalfallet)* oftast; ~ **Swedish** typiskt svensk(t); ~, **he arrived home late** typiskt nog kom han hem sent; ~, **a chair has four legs** en stol har oftast fyra ben
typi·fy ['tɪpɪfaɪ] *vt* vara ett typiskt exempel på, representera
typ·ing ['taɪpɪŋ] *s* maskinskrivning
typ·ist ['taɪpɪst] *s (i allm)* maskinskrivare; *(kvinnlig)* maskinskriverska; *se äv* **shorthand**
typo ['taɪpəʊ] *s (vard)* tryckfel
ty·pog·ra·pher [taɪ'pɒgrəfə'] *s* typograf
ty·po·graphi·c(al) [ˌtaɪpə'græfɪk(əl)] *adj* typografisk, tryck-
ty·pog·ra·phy [taɪ'pɒgrəfɪ] *s* typografi
ty·ran·ni·c(al) [tɪ'rænɪk(əl)] *adj* tyrannisk
tyr·an·ny ['tɪrənɪ] *s* tyranni
ty·rant ['taɪərənt] *s* tyrann
tyre, *(Am)* **tire** ['taɪə'] *s (på bil etc)* däck, ring; **spare** ~ reservdäck; **to have a burst/flat** ~ få/ha punktering; ~ **gauge** ringtrycksmätare; ~ **lever** ringjärn; ~ **pressure** ringtryck
Tyrol [tɪ'rəʊl] *s*: **the** ~ Tyrolen
tzar [zɒː'] *s* = **czar**

U

U, u |juː| s *(bokstav)* U, u *(Brit: film)* barntillåten; *(: förk f* **upper-class**) överklass-
ubiqui·tous |juːˈbɪkwɪtəs| *adj* allestädes närvarande; **the custom is** ~ **in southern India** seden är allmänt utbredd/förekommande i södra Indien
U-boat |ˈjuːbəʊt| s tysk ubåt
ud·der |ˈʌdər| s juver
UFO |ˌjuːefˈəʊ| s *förk för* **unidentified flying object** oidentifierat flygande föremål, UFO
Ugan·da |juːˈgændə| s Uganda
Ugan·dan |juːˈgændən| **1** *adj* ugandisk **2** s ugandier
ugh |ɜːh, ʊx, *(Am)* ʌg| *interj* usch!, fy!
ug·li·ness |ˈʌglɪnɪs| s *(se* **ugly**) fulhet; otäckhet; otrevlighet; elakhet; gräslighet
ugly |ˈʌglɪ| *adj* (**-ier, -iest**) **(a)** *(till utseendet)* ful; **to be as** ~ **as sin** vara ful som stryk; **the** ~ **duckling** den fula ankungen **(b)** *(sår, situation)* otäck; *(humör)* otrevlig, besvärlig; *(rykte)* elak; *(brott)* gräslig; **an** ~ **customer** *(vard)* en otrevlig typ
UHF *förk f* **ultra-high frequency** UHF
U.K. *förk f* **United Kingdom**
Ukraine |juːˈkreɪn| s Ukraina
ul·cer |ˈʌlsər| s rötsår; (**gastric/stomach**) ~ magsår
Ul·ster |ˈʌlstər| s Ulster, Nordirland *(vard)*
ul·ster |ˈʌlstər| s *(överrock)* ulster
ul·te·ri·or |ʌlˈtɪərɪər| *adj (tid)* senare; *(rum)* avlägsnare; ~ **motive** bakomliggande/dolt motiv
ul·ti·mate |ˈʌltɪmɪt| **1** *adj* **(a)** *(till)* slutgiltig, slutlig **(b)** största, högsta; **the** ~ **insult** den värsta förolämpning man kan tänka sig; **the** ~ **deterrent** *(Mil)* det slutgiltiga avskräckningsvapnet **(c)** grundläggande, yttersta **2** s höjdpunkt, slutmål; **the** ~ **in luxury** höjden av lyx
ul·ti·mate·ly |ˈʌltɪmɪtlɪ| *adv* till sist/slut, i sista hand; ~ **I hope to go to college** längre fram hoppas jag kunna börja på universitetet
ul·ti·ma·tum |ˌʌltɪˈmeɪtəm| s, *pl* ~**s** *el* **ultimata** |ˌʌltɪˈmeɪtə| *(Pol, bildl)* ultimatum
ultra- |ˈʌltrə| *prefix* ultra-, topp-
ultra·ma·rine |ˌʌltrəməˈriːn| **1** s *(färg)* ultramarin(blått) **2** *adj* ultramarin(färgad)
ultra·son·ic |ˌʌltrəˈsɒnɪk| *adj* ultraljuds-
ultra·vio·let |ˌʌltrəˈvaɪələt| *adj* ultraviolett; ~ **lamp** kvartslampa
Ulysses |ˈjuːlɪˌsiːz, juːˈlɪsiːz| s *(Myt etc)* Odysseus
um·ber |ˈʌmˈbər| **1** s *(färg)* umbra **2** *adj* umbrabrun
um·bili·cal |ʌmˈbɪlɪkəl| *adj*: ~ **cord** navelsträng
um·brage |ˈʌmbrɪdʒ| s: **to take** ~ **(at sth)** bli sårad/kränkt (av ngt)
um·brel·la |ʌmˈbrelə| s paraply; **beach** ~ parasoll; **under the** ~ **of sth/sb** *(bildl)* under ngts/ngns beskydd; ~ **organisation** paraplyorganisation
um·pire |ˈʌmpaɪər| **1** s *(Cricket, Baseboll, Tennis mm)* domare **2** *vi (Cricket, Baseboll, Tennis mm)* döma, vara domare *(at* i)
ump·teen |ˈʌmptiːn| *adj (vard)* femtielva; ~ **times** massor av gånger
ump·teenth |ˈʌmptiːnθ| *adj (vard)* femtielfte
UN *förk f* **United Nations** FN
un... |ʌn| *prefix (med s, adj, adv)* inte, o-; *(med v)* av-; *m fl uttryck för motsatt handling*

un·abashed |ˌʌnəˈbæʃt| *adj* ogenerad
un·abat·ed |ˌʌnəˈbeɪtɪd| *adj* oförminskad; **the storm continued** ~ stormen fortsatte med oförminskad styrka
un·able |ˌʌnˈeɪbl| *adj*: **to be** ~ **to do sth** inte kunna göra ngt, vara oförmögen att göra ngt
un·abridged |ˌʌnəˈbrɪdʒd| *adj (i allm)* oförkortad; *(bok)* oavkortad
un·ac·cep·table |ˌʌnəkˈseptəbl| *adj* oacceptabel, icke godtagbar
un·ac·com·pa·nied |ˌʌnəˈkʌmpənɪd| *adj (person)* ensam, utan sällskap; *(bagage)* polletterad; *(Mus)* utan ackompanjemang, solo(-)
un·ac·count·able |ˌʌnəˈkaʊntəbl| *adj* oförklarlig
un·ac·count·ed for |ˌʌnəˈkaʊntɪdfɔːr| *adj (händelse)* oförklarlig; *(i bokföring etc)* oredovisad; **two passengers are** ~ två passagerare saknas
un·ac·cus·tomed |ˌʌnəˈkʌstəmd| *adj* **(a): to be** ~ **to sth** vara ovan vid; **I'm** ~ **to being shouted at** jag är inte van vid att man skriker åt mig! **(b): with** ~ **zeal** med ovanlig entusiasm
un·ac·quaint·ed |ˌʌnəˈkweɪntɪd| *adj*: **to be** ~ **with** vara obekant med, inte känna till
un·af·fect·ed |ˌʌnəˈfektɪd| *adj* **(a)** *(inte tillgjord)* naturlig, okonstlad **(b)** *(inte påverkad)* oberörd
un·afraid |ˌʌnəˈfreɪd| *adj* orädd; ~ **of** inte rädd för
un·aid·ed |ˌʌnˈeɪdɪd| **1** *adv* utan hjälp, alldeles själv **2** *adj*: **he did it by his own** ~ **efforts** han gjorde det helt på egen hand
un·al·ter·able |ʌnˈɒltərəbl| *adj* som inte går att ändra (på), fast
un·al·tered |ˌʌnˈɒltəd| *adj* oförändrad
un·am·bi·tious |ˌʌnæmˈbɪʃəs| *adj (person)* utan ärelystnad/ambitioner; *(konstnärligt verk etc)* opretentiös
unani·mous |juːˈnænɪməs| *adj (beslut)* enhällig; *(personer)* enig
unani·mous·ly |juːˈnænɪməslɪ| *adv* enhälligt
un·an·swer·able |ʌnˈɑːnsərəbl| *adj (fråga)* obesvarbar; *(argument)* obestridlig
un·an·swered |ˌʌnˈɑːnsəd| *adj* obesvarad
un·ap·pe·tiz·ing |ˌʌnˈæpɪtaɪzɪŋ| *adj* oaptitlig; *(bildl)* inte tilltalande
un·ap·proach·able |ˌʌnəˈprəʊtʃəbl| *adj (person)* reserverad; *(plats)* otillgänglig
un·armed |ˌʌnˈɑːmd| *adj (person)* obeväpnad; ~ **combat** *(Mil)* handgemäng
un·ashamed |ˌʌnəˈʃeɪmd| *adj* utan skamkänsla; *(utmanande)* skamlös; **she was quite** ~ **about it** hon skämdes inte alls för det, det gjorde henne ingenting
un·asked |ˌʌnˈɑːskt| *adj* **(a)** *(gäst)* objuden; *(hjälpare etc)* oombedd; **she arrived for dinner** ~ hon kom till middagen utan att vara bjuden; **she did it** ~ hon gjorde det oombedd **(b):** ~ **for** *(råd)* som ingen bett om
un·as·sist·ed |ˌʌnəˈsɪstɪd| *adj, adv* utan hjälp, på egen hand
un·as·sum·ing |ˌʌnəˈsjuːmɪŋ| *adj* anspråkslös, försynt
un·at·tached |ˌʌnəˈtætʃt| *adj (föremål)* lös; *(person: till grupp)* inte ansluten, oberoende; *(: till person)* inte gift/förlovad *etc,* som inte har sällskap
un·at·tend·ed |ˌʌnəˈtendɪd| *adj (barn)* utan tillsyn; *(bagage, bil)* utan uppsikt; *(hållplats)* obemannad

un·at·trac·tive [‚ʌnə'træktɪv] *adj (person)* charmlös, osympatisk; *(plats)* föga tilltalande; *(erbjudande)* inte särskilt lockande

un·author·ized [‚ʌn'ɔ:θəraɪzd] *adj* obehörig

un·avail·able [‚ʌnə'veɪləbl] *adj (person)* oanträffbar; *(föremål)* inte tillgänglig

un·avoid·able [‚ʌnə'vɔɪdəbl] *adj* oundviklig

un·avoid·ably [‚ʌnə'vɔɪdəblɪ] *adv*: I was ~ detained jag fick förhinder

un·aware [‚ʌnə'wɛə'] *adj* omedveten, ovetande; to be ~ of sth/that... inte veta ngt/att ...

unawares [‚ʌnə'wɛəz] *adv*: to catch/take sb ~ överrumpla ngn

un·bal·anced [‚ʌn'bælənst] *adj (i allm)* obalanserad; *(fördelning)* ojämn; *(diet)* inte balanserad; *(person)* obalanserad, överspänd

un·bear·able [ʌn'bɛərəbl] *adj* outhärdlig; *(person)* odräglig

un·bear·ably [ʌn'bɛərəblɪ] *adv* outhärdligt; it's ~ hot det är så varmt att man storknar

un·beat·able [‚ʌn'bi:təbl] *adj* oslagbar, oöverträffbar

un·beat·en [‚ʌn'bi:tn] *adj (lag etc)* obesegrad; *(rekord)* oöverträffad

un·be·com·ing [‚ʌnbɪ'kʌmɪŋ] *adj (skämt, uppförande)* opassande; *(kläder)* missklädsam

un·be·known(st) [‚ʌnbɪ'nəʊn(st)] *adv*: ~ to me utan min vetskap, mig ovetande

un·be·liev·able [‚ʌnbɪ'li:vəbl] *adj* otrolig

un·be·liev·ably [‚ʌnbɪ'li:vəblɪ] *adv* otroligt

un·bend [‚ʌn'bend] *imperf, perf part* unbent **1** *vt* räta ut **2** *vi (bildl: person)* slappna av, tina upp

un·bend·ing [‚ʌn'bendɪŋ] *adj (bildl)* omedgörlig, hårdnackad

un·bent [‚ʌn'bent] *imperf, perf part av* unbend

un·bias(s)ed [‚ʌn'baɪəst] *adj (undersökning)* opartisk, objektiv; *(åsikt)* fördomsfri

un·bolt [‚ʌn'bəʊlt] *vt (dörr)* regla upp; to leave a door ~ed lämna en dörr olåst

un·born [‚ʌn'bɔ:n] *adj* ofödd

un·bound·ed [‚ʌn'baʊndɪd] *adj (i allm)* obegränsad; *(känsla)* ohämmad

un·break·able [‚ʌn'breɪkəbl] *adj* okrossbar

un·bri·dled [‚ʌn'braɪdld] *adj (bildl)* otyglad; she has an ~ tongue hon kan inte hålla tungan i styr

un·bro·ken [‚ʌn'brəʊkən] *adj* **(a)** *(sigill)* obruten; *(föremål)* hel, oskadd **(b)** *(sömn, tystnad etc)* obruten **(c)** *(rekord)* oöverträffad **(d)** *(häst)* otämjd, inte inriden; his spirit remained ~ han behöll sin gnista/entusiasm

un·buck·le [‚ʌn'bʌkl] *vt* knäppa upp

un·bur·den [ʌn'bɜ:dn] *vt*: to ~ oneself/one's conscience to sb lätta sitt hjärta för ngn

un·business·like [ʌn'bɪznəslaɪk] *adj* föga affärsmässig

un·but·ton [‚ʌn'bʌtn] *vt* knäppa upp

uncalled-for [ʌn'kɔ:ldfɔ:'] *adj (i allm)* omotiverad, opåkallad; *(kommentar)* taktlös, oförskämd

un·can·ni·ly [ʌn'kænɪlɪ] *adv* märkvärdigt, förunderligt

un·can·ny [ʌn'kænɪ] *adj (-ier, -iest) (ljud etc)* spöklik, hemsk, kuslig; *(förmåga, förhållande)* märkvärdig, förunderlig

uncared-for [‚ʌn'kɛədfɔ:'] *adj* vanvårdad, försummad

un·ceas·ing [ʌn'si:sɪŋ] *adj (verksamhet)* oavbruten, oförtruten; *(känsla)* aldrig sinande

un·ceas·ing·ly [ʌn'si:sɪŋlɪ] *adv* oavbrutet, utan avbrott

un·cer·emo·ni·ous ['ʌn‚serɪ'məʊnɪəs] *adj* brysk

un·cer·emo·ni·ous·ly ['ʌn‚serɪ'məʊnɪəslɪ] *adv* utan några större åthävor, bryskt

un·cer·tain [ʌn'sɜ:tn] *adj (person, resultat)* osäker, inte säker; *(väder)* ostadig; *(humör)* nyckfull; *(åsikt)* obestämd; I am ~ what he means jag vet

inte riktigt vad han menar; his aim is ~ hans syfte är oklart; in no ~ terms utan att skräda orden, i klara ordalag

un·cer·tain·ty [ʌn'sɜ:tntɪ] *s (känsla)* osäkerhet, oklarhet; *(faktor)*: the ~s of sth det osäkra i ngt; barring any ~ om inget oförutsett inträffar

un·chal·lenged [‚ʌn'tʃælɪndʒd] *adj (ledare)* obestridd; *(rekord)* ohotad; *(påstående)* oemotsagd; *(Jur)* ojävad; the plan went ~ planen föranledde inga protester

un·changed [‚ʌn'tʃeɪndʒd] *adj* oförändrad

un·chang·ing [ʌn'tʃeɪndʒɪŋ] *adj* oföränderlig

un·chari·table [ʌn'tʃærɪtəbl] *adj (kommentar, kritik)* hård, obarmhärtig

un·chart·ed [‚ʌn'tʃɑ:tɪd] *adj* inte kartlagd, outforskad

un·checked [‚ʌn'tʃekt] *adj* **(a)** *(spridning)* ohämmad; *(ilska)* otyglad **(b)** *(uppgift)* okontrollerad

un·chris·tian [‚ʌn'krɪstjən] *adj* okristlig, obarmhärtig

un·civi·lized [‚ʌn'sɪvɪlaɪzd] *adj (eg, bildl)* ociviliserad, barbarisk

un·claimed [‚ʌn'kleɪmd] *adj (i allm)* som ingen gjort anspråk på; *(post etc)* ej avhämtad

un·clas·si·fied [‚ʌn'klæsɪfaɪd] *adj* **(a)** *(resultat)* oklassificerad, osorterad **(b)** *(dokument, information)* icke hemligstämplad

un·cle ['ʌŋkl] *s (mors bror eller svåger)* morbror; *(fars bror eller svåger)* farbror; *(tilltal i allm)* farbror; U~ Sam Onkel Sam; U~ Tom Onkel Tom

un·clean [‚ʌn'kli:n] *adj (vanl bildl)* oren

un·clear [‚ʌn'klɪə'] *adj* oklar; I'm ~ about ... jag är oklar över ...

un·cloud·ed [‚ʌn'klaʊdɪd] *adj* molnfri; *(bildl)* utan orosmoln, bekymmers|fri/-lös

un·coil [‚ʌn'kɔɪl] **1** *vt* rulla ut **2** *vi (orm)* rulla ut sig; *(fjäder)* räta ut sig

un·combed [‚ʌn'kəʊmd] *adj* okammad

un·com·fort·able [ʌn'kʌmfətəbl] *adj* **(a)** *(fysiskt)* obekväm; I feel ~ in this jacket den här jackan är inte skön **(b)** *(psykiskt)* obehaglig; I feel ~ in front of the class jag känner mig besvärad/generad inför klassen; to make life ~ for sb *(eufem)* göra livet surt för ngn

un·com·fort·ably [ʌn'kʌmfətəblɪ] *adv (se äv uncomfortable)* **(a)** *(fysiskt)*: ~ hot obehagligt varmt/hett; ~ dressed obekvämt klädd **(b)** *(psykiskt)* oroligt; generat; obehagligt

un·com·mit·ted [‚ʌnkə'mɪtɪd] *adj (land)* alliansfri, neutral; *(person)* opartisk, som inte tagit ställning

un·com·mon [ʌn'kɒmən] *adj* ovanlig, sällsynt

un·com·mu·ni·ca·tive [‚ʌnkə'mju:nɪkətɪv] *adj* tystlåten, sluten

un·com·plain·ing·ly [‚ʌnkəm'pleɪnɪŋlɪ] *adv* utan att beklaga sig

un·com·pli·cat·ed [ʌn'kɒmplɪkeɪtɪd] *adj* okomplicerad

un·com·pli·men·ta·ry ['ʌn‚kɒmplɪ'mentərɪ] *adj* inte särskilt smickrande, kritisk

un·com·pro·mis·ing [ʌn'kɒmprəmaɪzɪŋ] *adj (inställning)* kompromisslös, obeveklig; *(entusiasm)* orubblig

un·con·cealed [‚ʌnkən'si:ld] *adj* ohöljd, öppen

un·con·cerned [‚ʌnkən'sɜ:nd] *adj* obekymrad *(about* om*)*, likgiltig *(about* för*)*

un·con·di·tion·al [‚ʌnkən'dɪʃənl] *adj* ovillkorlig, villkorslös

un·con·di·tion·al·ly [‚ʌnkən'dɪʃnəlɪ] *adv* villkorslöst, utan villkor

un·con·firmed [‚ʌnkən'fɜ:md] *adj* obekräftad

un·con·gen·ial [‚ʌnkən'dʒi:nɪəl] *adj (plats)* olämplig, som inte passar; *(person)* osympatisk

un·con·nect·ed [‚ʌnkə'nektɪd] *adj* **(a)** *(händelser)* utan samband **(b)** *(tankar etc)* osammanhängande

un·con·scious [ʌnˈkɒnʃəs] **1** *adj* **(a)** *(Med)* medvetslös; **to fall** ~ förlora medvetandet **(b)** *(utan insikt om ngt)* omedveten; **to be** ~ **of sth** inte vara medveten om, inte veta **(c)** *(utan avsikt)* omedveten; *(Psyk)* undermedveten **2** *s (Psyk)*: **the** ~ det undermedvetna

un·con·scious·ly [ʌnˈkɒnʃəslɪ] *adv se* **unconscious** 1 b, c omedvetet; oavsiktligt; **she** ~ **called me by my maiden name** hon använde mitt flicknamn utan att tänka på det; **to be** ~ **rude** vara ohövlig utan avsikt

un·con·sti·tu·tion·al [ˈʌnˌkɒnstɪˈtjuːʃənl] *adj* författningsstridig, mot grundlagen

un·con·test·ed [ˌʌnkənˈtestɪd] *adj* **(i allm)** oomstridd; ~ **election** val med bara en kandidat

un·con·trol·lable [ˌʌnkənˈtrəʊləbl] *adj* **(i allm)** okontrollerbar; *(brand, epidemi)* våldsam; *(drift)* oemotståndlig

un·con·trolled [ˌʌnkənˈtrəʊld] *adj (i allm)* okontrollerad; *(barn)* som uppför sig ouppfostrat; *(skratt, gråt)* hejdlös

un·con·ven·tional [ˌʌnkənˈvenʃənl] *adj* okonventionell, originell

un·con·vinced [ˌʌnkənˈvɪnst] *adj*: **to be** ~ inte vara övertygad; **I remain** ~ jag är fortfarande inte övertygad

un·con·vinc·ing [ˌʌnkənˈvɪnsɪŋ] *adj* inte övertygande; **his argument was rather** ~ hans argument var inte särskilt övertygande

un·cooked [ˌʌnˈkʊkt] *adj* inte färdigkokt

un·cork [ˌʌnˈkɔːk] *vt (flaska)* korka upp, dra korken ur

un·cor·robo·rat·ed [ˌʌnkəˈrɒbəreɪtɪd] *adj* obestyrkt

un·couth [ʌnˈkuːθ] *adj* ohyfsad, klumpig

un·cov·er [ʌnˈkʌvəʳ] *vt* **(a)** *(eg: i allm)* avtäcka, blottlägga; *(huvud)* blotta; *(brunn etc)* ta av locket från **(b)** *(bildl)* avslöja, uppdaga

un·criti·cal [ˌʌnˈkrɪtɪkəl] *adj* okritisk

unc·tion [ˈʌŋkʃən] *s*: **extreme** ~ *(Rel)* sista smörjelsen

un·cul·ti·vat·ed [ˌʌnˈkʌltɪveɪtɪd] *adj (mark)* ouppodlad; *(sinne)* oövad, outvecklad; *(person)* okultiverad, obildad

un·cul·tured [ˌʌnˈkʌltʃəd] *adj* okultiverad, obildad

un·curl [ˌʌnˈkɜːl] *vt* räta ut

un·dam·aged [ˌʌnˈdæmɪdʒd] *adj* oskadad, intakt

un·dat·ed [ˌʌnˈdeɪtɪd] *adj* odaterad

un·daunt·ed [ˌʌnˈdɔːntɪd] *adj* oförfärad; ~ **by his failure** ... utan att låta sig nedslås av sitt misslyckande ...

un·de·cid·ed [ˌʌndɪˈsaɪdɪd] *adj (fråga)* inte avgjord; *(person)* obeslutsam; *(match)* oavgjord; **we are still** ~ **whether to go** vi har fortfarande inte bestämt (oss för) om vi ska åka/gå eller inte

un·de·feat·ed [ˌʌndɪˈfiːtɪd] *adj* obesegrad

un·de·fend·ed [ˌʌndɪˈfendɪd] *adj (stad)* försvarslös; *(Sport)* obevakad; *(Jur: käromål)* som inte bestrids; *(brottmål)* utan försvar(sadvokat)

un·de·fined [ˌʌndɪˈfaɪnd] *adj (idé)* oklar; *(känsla)* vag, obestämd

un·de·liv·ered [ˌʌndɪˈlɪvəd] *adj (post)*: **if** ~ i händelse av obeställbarhet

un·de·mon·stra·tive [ˌʌndɪˈmɒnstrətɪv] *adj* reserverad, som ogärna visar sina känslor

un·de·ni·able [ˌʌndɪˈnaɪəbl] *adj* obestridlig; **her talent is** ~ hennes begåvning går inte att förneka

un·de·ni·ably [ˌʌndɪˈnaɪəblɪ] *adv* onekligen; **her baking is** ~ **good** hon är verkligen mycket bra på att baka

un·der [ˈʌndəʳ] **1** *adv* **(a)** *(position)* under, nedanför; *(riktning)* (in)under; *(bildl)* medvetslös;

the diver went ~ again dykaren försvann under vattenytan igen **(b)** *(mått)* (där)under; **girls of 14 and** ~ flickor på 14 år eller lägre/mindre **2** *prep* **(a)** *(position)* under, nedanför **(b)** *(mått)* under; ~ **two hours** mindre än/under två timmar; ~ **£5** under 5 pund **(c)** *(bildl)* under; **the matter** ~ **discussion** frågan som diskuteras; **to study** ~ **sb** studera för ngn; **to be born** ~ **Aries** vara född i Väduren(s tecken); ~ **the Romans** under romarna, under det romerska väldet; ~ **a false name** under falskt namn; **he has 30 workers** ~ **him** han har 30 arbetare under sig **(d)** *(Handel, Jur etc)* enligt, i enlighet med; ~ **the contract** enligt kontraktet

under- *prefix* **(a)** *(i rang)* under-, biträdande; *(mått)*: **an under-15 child** ett barn under 15 **(b)** *(otillräckligt)* under-

under·achiev·er [ˈʌndərəˈtʃiːvəʳ] *s (Skol)* lågpresterande elev

under·arm [ˈʌndərɑːm] *adj (Sport)* underarms-

under·carriage [ˈʌndəˌkærɪdʒ] *s (Flyg)* landningsställ

under·charge [ˌʌndəˈtʃɑːdʒ] *vt* ta för lite betalt av; **I was** ~**ed by 20p** jag fick betala 20 pence för lite

under·clothes [ˈʌndəkləʊðz] *spl* underkläder

under·coat [ˈʌndəkəʊt] *s (Målning)* mellanstrykning, grundning

under·cover [ˈʌndəˌkʌvəʳ] *adj (agent etc)* hemlig

under·cur·rent [ˈʌndəˌkʌrənt] *s (äv bildl)* underström

under·cut [ˌʌndəˈkʌt] *imperf, perf part* **undercut** *vt* sälja till lägre pris än, bjuda under

under·de·vel·oped [ˌʌndədɪˈveləpt] *adj (i allm)* underutvecklad; *(Foto)* underframkallad

under·dog [ˈʌndədɒg] *s* **a** *(i match, slagsmål etc)*: **the** ~ den svagare, den som ligger under; **he was the** ~ han var underlägsen **(b)** *(i samhället)*: **the** ~**s** de förtryckta

under·done [ˌʌndəˈdʌn] *adj (Matl: oavsiktligt)* inte färdig/kokt/-stekt; *(: avsiktligt)* lättstekt, blodig

under·es·ti·mate [ˌʌndərˈestɪmeɪt] *vt (avstånd, kostnad)* underskatta; *(person)* underskatta, undervärdera

under·ex·po·sed [ˌʌndərɪkˈspəʊzd] *adj (Foto)* underexponerad

under·fed [ˌʌndəˈfed] *adj* undernärd

under·floor heat·ing [ˈʌndəflɔːˈhiːtɪŋ] *s* golvuppvärmning

under·foot [ˌʌndəˈfʊt] *adv (i allm)* under fötterna; **it is wet** ~ det är blött på marken; **to trample** ~ *(eg)* trampa ner; *(bildl)* trampa ner, förtrycka

under·go [ˌʌndəˈgəʊ] *imperf* **underwent**, *perf part* **undergone** [ˌʌndəˈgɒn] *vt* genomgå & igenom, underkasta sig

under·gradu·ate [ˌʌndəˈgrædjʊət] *s (äv:* **undergrad**) student *på grundnivån;* ~ **courses** kurser på grundutbildningsnivå

under·ground [ˈʌndəgraʊnd] **1** *adj (eg)* underjordisk; *(bildl)* underjordisk, hemlig; ~ **railway** tunnelbana; **the** ~ **Press** undergroundpressen **2** [ˌʌndəˈgraʊnd] *adv* under jorden; **2 kms** ~ 2 km under marken; **to go** ~ *(bildl)* gå under jorden **3** *s (Brit: Järnv)* tunnelbana; *(Mil, Pol)* underjordisk motståndsrörelse; *(Konst, Litt)* avantgarde, 'underground'

under·growth [ˈʌndəgrəʊθ] *s* undervegetation

under·hand [ˌʌndəˈhænd] *adj* lömsk, slug; **to use** ~ **methods** mygla

under·in·sured [ˌʌndərɪnˈʃʊəd] *adj* för lågt försäkrad

under·lie [ˌʌndəˈlaɪ] *imperf* **underlay** [ˌʌndəˈleɪ], *perf part* **underlain** [ˌʌndəˈleɪn] *vt (eg)* ligga under; *(bildl)* ligga bakom

under·line [ˌʌndəˈlaɪn] *vt (eg)* stryka under; *(bildl)*

understryka
under·ling [ˈʌndəlɪŋ] s *(neds)* underhuggare
under·lying [ˌʌndəˈlaɪɪŋ] *adj (orsak)* bakomliggande; *(princip)* grundläggande
under·men·tioned [ˌʌndəˈmenʃnd] *adj* nedannämnd; **the ~ persons** nedannämnda personer
under·mine [ˌʌndəˈmaɪn] *vt (eg, bildl)* undergräva, underminera
under·neath [ˌʌndəˈniːθ] **1** *prep* under, nedanför **2** *adv* under, på undersidan **3** *s* undersida, underdel
under·nour·ished [ˌʌndəˈnʌrɪʃt] *adj* undernärd
under·paid [ˌʌndəˈpeɪd] *adj* underbetald
under·pants [ˈʌndəpænts] *spl* kalsonger
under·pass [ˈʌndəpɑːs] s *(för bilar)* vägtunnel; *(för fotgängare)* gångtunnel
under·pin [ˌʌndəˈpɪn] *vt (byggnad etc)* stötta; *(bildl)* stödja, underbygga
under·popu·lat·ed [ˌʌndəˈpɒpjʊleɪtɪd] *adj* underbefolkad
under·priced [ˌʌndəˈpraɪst] *adj*: **to be ~** vara åsatt ett för lågt pris, vara för billig
under·privi·leged [ˌʌndəˈprɪvɪlɪdʒd] *adj* underprivilegierad, missgynnad; **the ~** de underprivilegierade, de sämre/sämst lottade
under·rate [ˌʌndəˈreɪt] *vt* underskatta
under·sec·re·tary [ˌʌndəˈsekrətərɪ] s **(a)** *(Am Pol: ung)* statssekreterare **(b)** *(Brit Pol)*: **parliamentary ~** *(ung)* biträdande departementschef; **permanent ~** *(ung)* expeditionschef; **~ of state** *(ung)* statssekreterare
under·sell [ˈʌndəˈsel] *imperf, perf part* **undersold** *vt (konkurrent)* sälja billigare än; *(vara)* marknadsföra måttligt/dåligt
under·shirt [ˈʌndəʃɜːt] s *(i sht Am)* undertröja
under·side [ˈʌndəsaɪd] s undersida
under·signed [ˈʌndəsaɪnd] *adj (frm)* undertecknad; **we the ~** undertecknade
under·sized [ˌʌndəˈsaɪzd] *adj (person)* under medellängd; *(djur)* för liten
under·skirt [ˈʌndəskɜːt] s *(Brit)* underkjol
under·sold [ˌʌndəˈsəʊld] *imperf, perf part av* **undersell**
under·staffed [ˌʌndəˈstɑːft] *adj (i allm)* underbemannad; **an ~ office** ett kontor med för lite personal
under·stand [ˌʌndəˈstænd] *imperf, perf part* **understood** *vt* **1** *vt* **(a)** *(i allm)* förstå, begripa, inse; **I don't ~ why...** jag förstår/fattar inte varför ...; **she ~s children** hon förstår sig på barn; **we ~ one another** vi förstår varandra **(b)** *(sakförhållande)* uppfatta, tro; **I understood I was to be paid** jag fattade det så att jag skulle få betalt; **I ~ you have been absent** du/ni har tydligen varit frånvarande/borta **2** *vi* **(a)** förstå; **I quite ~** jag förstår precis **(b)**: **she was, I ~, a Catholic** hon var, om jag förstått saken rätt, katolik; *se äv* **understood**
under·stand·able [ˌʌndəˈstændəbl] *adj* förståelig, begriplig
under·stand·ing [ˌʌndəˈstændɪŋ] **1** *adj* förstående **2** s **(a)** *(egenskap)* klokhet, gott omdöme; *(i viss fråga)* tolkning *(of* av), uppfattning *(of* om); **his ~ of these problems** hans tolkning av/uppfattning om dessa problem; **it was my ~ that...** jag trodde att ... **(b)** *(känsla)* förståelse, medkänsla **(c)** *(avtal: i sht mellan privatpersoner)* överenskommelse; **to come to an ~ with sb** komma överens med ngn; **on the ~ that he pays ...** på villkor(et) att han betalar ...
under·state [ˌʌndəˈsteɪt] *vt* underskatta, förringa
under·state·ment [ˌʌndəˈsteɪtmənt] s underdrift, understatement
under·stood [ˌʌndəˈstʊd] **1** *imperf, perf part av* **understand** [ˌʌndəˈstænd] *adj* **(a)** förstådd; **to make**

oneself ~ göra sig förstådd; **I wish it to be ~ that** ... jag vill göra klart att ... **(b)** överenskommen; **it was ~ between them that...** de var överens om att ... **(c)**: **it's ~ that ...** man tror att ...; **he let it be ~ that he was leaving** han lät förstå att han tänkte gå/åka; **she is ~ to be ill** hon antas vara sjuk **(d)** *(Språkv)* underförstådd
under·study [ˈʌndəstʌdɪ] **1** s *(Teat)* ersättare, reserv **2** *vt (Teat: roll)* öva in som reserv; *(: skådespelare)* vara ersättare åt
under·take [ˌʌndəˈteɪk] *imperf* **undertook** *perf part* **undertaken** [ˌʌndəˈteɪkən] *vt (uppgift)* åta sig; *(ansvar)* påta sig; *(resa etc)* påbörja; **to ~ to do sth** lova/garantera att göra ngt
under·tak·er [ˈʌndəˌteɪkəʳ] s *(i sht Brit)* begravningsentreprenör; *(Am: äv)* entreprenör
under·tak·ing [ˌʌndəˈteɪkɪŋ] s **(a)** *(i handling)* uppgift, företag **(b)** *(i ord)* löfte, åtagande; **to give an ~ that...** ge ett löfte/lova att ...
under·tone [ˈʌndətəʊn] s **(a)** *(eg)*: **in an ~** med dämpad röst **(b)** *(bildl)* underton
under·took [ˌʌndəˈtʊk] *imperf av* **undertake**
under·tow [ˈʌndətəʊ] s bak-/underström
under·value [ˌʌndəˈvæljuː] *vt (Handel)* undervärdera; *(bildl)* underskatta
under·wa·ter [ˈʌndəˈwɔːtəʳ] **1** *adj* undervattens- **2** *adv* under vattnet
under·wear [ˈʌndəwɛəʳ] s underkläder
under·weight [ˌʌndəˈweɪt] *adj* underviktig, som väger för litet
under·went [ˌʌndəˈwent] *imperf av* **undergo**
under·world [ˈʌndəwɜːld] s: **the ~** *(i samhälle)* undre världen, förbrytarvärlden; *(Myt)* dödsriket, underjorden
under·write [ˈʌndəraɪt] *imperf* **underwrote**, *perf part* **underwritten** *vt (Handel: lån)* skriva på; *(: projekt)* åta sig att finansiera; *(: förlust)* åta sig att betala; *(: aktier)* teckna sig för; *(fartyg etc)* försäkra, *(bildl)* skriva under (på)
under·writ·er [ˈʌndəˌraɪtəʳ] s försäkringsgivare
under·writ·ten [ˈʌndəˌrɪtn] *perf part av* **underwrite**
under·wrote [ˈʌndərəʊt] *imperf av* **underwrite**
un·de·served [ˌʌndɪˈzɜːvd] *adj (om ngt positivt)* oförtjänt; *(om ngt negativt)* oförskyllt
un·de·serv·ing [ˌʌndɪˈzɜːvɪŋ] *adj* ovärdig; **to be ~ of sth** inte vara värd ngt; **he is ~ of your sympathy** han är inte värd din medkänsla
un·de·sir·able [ˌʌndɪˈzaɪərəbl] **1** *adj (i allm)* icke önskvärd; *(gäst)* ovälkommen; *(uppförande)* olämplig **2** s icke önskvärd person
un·de·vel·oped [ˌʌndɪˈveləpt] *adj (i allm)* outvecklad; *(mark)* obebyggd; *(naturtillgång)* oexploaterad, outnyttjad
un·did [ˌʌnˈdɪd] *imperf av* **undo**
un·dies [ˈʌndɪz] *spl (vard)* (dam)underkläder
un·dig·ni·fied [ʌnˈdɪgnɪfaɪd] *adj* föga värdig; **he's very ~** han är inte alls fin av sig; **an ~ way of sitting** ett opassande sätt att sitta
un·di·lut·ed [ˌʌndaɪˈluːtɪd] *adj (eg)* outspädd; *(bildl)* oförfalskad
un·dip·lo·matic [ˌʌndɪpləˈmætɪk] *adj* odiplomatisk
un·dis·cern·ing [ˌʌndɪˈsɜːnɪŋ] *adj* omdömeslös, okritisk
un·dis·ci·plined [ʌnˈdɪsɪplɪnd] *adj* odisciplinerad
un·dis·cov·ered [ˌʌndɪsˈkʌvəd] *adj* oupptäckt
un·dis·crimi·nat·ing [ˌʌndɪsˈkrɪmɪneɪtɪŋ] *adj* urskiljningslös
un·dis·mayed [ˌʌndɪsˈmeɪd] *adj* oförskräckt, oberörd
un·dis·tin·guished [ˌʌndɪsˈtɪŋgwɪʃt] *adj* slätstruken, ointressant
un·dis·turbed [ˌʌndɪsˈtɜːbd] *adj* **(a)** *(person)* ostörd; *(föremål)* orörd, på sin plats **(b)** *(person)* lugn, orubbad

un·di·vid·ed [ˌʌndɪˈvaɪdɪd] *adj* odelad; **I want your** ~ **attention** jag vill ha er odelade uppmärksamhet

undo [ʌnˈduː] *imperf* **undid**, *perf part* **undone** *vt* **(a)** *(knapp)* knäppa upp; *(knut)* knyta upp; *(paket)* öppna; *(stickning)* repa upp; *(dörr)* regla upp **(b)** *(missgärning)* göra ogjord; *(ngt bra)* rasera, göra om intet **(c)** *(person)* störta i fördärvet

un·do·ing [ʌnˈduːɪŋ] *s* fördärv, undergång; **it was (to) his** ~ **that...** det blev hans undergång/fall att...

un·done [ʌnˈdʌn] **1** *perf part av* **undo 2** *adj* **(a)** *(se* **undo** a) uppknäppt; uppknuten; öppnad; upprepad; uppreglad; **to come** ~ *(knäppning etc)* gå upp **(b)** *(uppgift)* ogjord, som ska göras; **to leave sth** ~ lämna ngt ogjort, försumma ngt **(c)** *(person)* tillintetgjord, störtad i fördärvet

un·doubt·ed [ʌnˈdaʊtɪd] *adj* obestridlig, avgjord

un·doubt·ed·ly [ʌnˈdaʊtɪdlɪ] *adv* otvivelaktigt, avgjort

un·dreamed-of [ʌnˈdriːmdɒv] *adj*, **un·dreamt-of** [ʌnˈdremtɒv] *adj* oanad, ofattbar, som man inte kunnat drömma om

un·dress [ʌnˈdres] **1** *vt* klä av **2** *vi (äv:* **get** ~**ed)** klä av sig

un·drink·able [ʌnˈdrɪŋkəbl] *adj* odrickbar

un·due [ʌnˈdjuː] *adj (iver, noggrannhet etc)* överdriven; *(uppförande)* opassande

un·du·la·ting [ˈʌndjʊleɪtɪŋ] *adj* böljande, som går i vågor

un·du·ly [ʌnˈdjuːlɪ] *adv* överdrivet

un·earned [ʌnˈɜːnd] *adj* oförtjänt; ~ **income** arbetsfri inkomst

un·earth [ʌnˈɜːθ] *vt (eg)* gräva fram/upp ur jorden; *(bildl)* gräva/få fram, avslöja

un·earth·ly [ʌnˈɜːθlɪ] *adj (neg)* kuslig, ryslig; *(pos)* himmelsk, överjordisk; **at an** ~ **hour** *(vard)* vid en okristlig tid (på dygnet), okristligt sent/tidigt

un·easi·ly [ʌnˈiːzɪlɪ] *adv (balansera)* osäkert, ostadigt; *(sova)* oroligt; *(le)* generat

un·easy [ʌnˈiːzɪ] *adj (sömn, person)* orolig; *(fred)* osäker; *(leende)* generad

un·eat·en [ʌnˈiːtn] *adj* inte uppäten; **she left the steak** ~ hon lämnade steken orörd

un·eco·nom·ic [ˈʌnˌiːkəˈnɒmɪk] *adj* oekonomisk, olönsam

un·eco·nomi·cal [ˈʌnˌiːkəˈnɒmɪkl] *adj* slösaktig, oekonomisk

un·edu·cat·ed [ʌnˈedjʊkeɪtɪd] *adj* obildad

un·emo·tion·al [ˌʌnɪˈməʊʃənl] *adj (person)* känslolös, kall; *(redogörelse)* nykter

un·em·ployed [ˌʌnɪmˈplɔɪd] **1** *adj* arbetslös **2** *spl:* **the** ~ de arbetslösa

un·em·ploy·ment [ˌʌnɪmˈplɔɪmənt] *s* arbetslöshet; ~ **benefit** *(Brit),* ~ **compensation** *(Am)* arbetslöshetsunderstöd

un·end·ing [ʌnˈendɪŋ] *adj* oändlig; *(vard)* evig

un·en·dur·able [ˌʌnɪnˈdjʊərəbl] *adj* outhärdlig

un·en·ter·pris·ing [ˌʌnˈentəpraɪzɪŋ] *adj* oföretagsam

un·en·thu·si·as·tic [ˈʌnɪnˌθjuːzɪˈæstɪk] *adj* kallsinnig

un·en·vi·able [ʌnˈenvɪəbl] *adj* föga avundsvärd

un·equal [ʌnˈiːkwəl] *adj (mått)* olika; *(värde)* inte jämlik/jämställd; *(tävling)* ojämn; **to be** ~ **to a task** inte vara vuxen en uppgift

un·equalled, *(Am)* **un·equaled** [ʌnˈiːkwəld] *adj* utan motstycke, makalös, oöverträffad

un·equivo·cal [ˌʌnɪˈkwɪvəkəl] *adj* otvetydig, klar

un·equivo·cal·ly [ˌʌnɪˈkwɪvəkəlɪ] *adv* otvetydigt, klart

un·err·ing [ˌʌnˈɜːrɪŋ] *adj* ofelbar, osviklig

un·err·ing·ly [ˌʌnˈɜːrɪŋlɪ] *adv* ofelbart, säkert

UNESCO [juːˈneskəʊ] *(s förk (= United Nations Educational, Scientific and Cultural Organization)* UNESCO

un·ethi·cal [ˌʌnˈeθɪkəl] *adj (affärsmetod)* omoralisk; *(läkares, forskares handlingssätt)* oetisk

un·even [ˌʌnˈiːvən] *adj (eg, bildl)* ojämn

un·even·ly [ˌʌnˈiːvənlɪ] *adv* ojämnt

un·event·ful [ˌʌnɪˈventfʊl] *adj* händelse|lös/-fattig

un·ex·cep·tion·able [ˌʌnɪkˈsepʃnəbl] *adj (uppförande)* oklanderlig

un·ex·cep·tion·al [ˌʌnɪkˈsepʃənl] *adj (händelse)* inte ovanlig; *(person)* (ganska) vanlig/normal, alldaglig

un·ex·cit·ing [ˌʌnɪkˈsaɪtɪŋ] *adj* (ganska) tråkig, föga upphetsande; **an** ~ **day** en dag utan större sensationer

un·ex·pec·ted [ˌʌnɪksˈpektɪd] *adj* oväntad

un·ex·pect·ed·ly [ˌʌnɪksˈpektɪdlɪ] *adv* oväntat; ~ **late** senare än väntat

un·ex·plained [ˌʌnɪksˈpleɪnd] *adj* oförklarad, utan förklaring

un·ex·posed [ˌʌnɪksˈpəʊzd] *adj (Foto)* oexponerad

un·ex·pressed [ˌʌnɪksˈprest] *adj* outtalad

un·fail·ing [ʌnˈfeɪlɪŋ] *adj (botemedel: äv bildl)* ofelbar; *(mod)* aldrig sviktande; *(entusiasm)* aldrig sinande; *(precision)* osviklig; *(stöd)* ständig, outtröttlig

un·fail·ing·ly [ʌnˈfeɪlɪŋlɪ] *adv* ofelbart, osvikligt

un·fair [ˌʌnˈfeər] *adj* **(-er, -est)** orättvis; ~ **competition** illojal konkurrens; **to be** ~ **to sb** vara orättvis mot ngn

un·fair·ly [ˌʌnˈfeəlɪ] *adv* orättvist

un·faith·ful [ʌnˈfeɪθfʊl] *adj (man, hustru)* otrogen; *(vän, tjänare)* trolös; *(översättning)* inte trogen

un·fa·mil·iar [ˌʌnfəˈmɪljər] *adj (miljö)* främmande, okänd; *(faktum)* obekant; *(erfarenhet)* ovan; **to be** ~ **with sth** vara dåligt insatt i ngt

un·fash·ion·able [ˌʌnˈfæʃnəbl] *adj (i allm)* omodern, inte inne; *(bostadsområde)* inte fashionabel

un·fas·ten [ˌʌnˈfɑːsn] *vt (knapp)* knäppa upp; *(knut)* knyta/lösa upp; *(grind)* låsa upp, öppna

un·fa·vour·able, *(Am)* **un·fa·vor·able** [ˌʌnˈfeɪvərəbl] *adj (intryck)* oförlig, ogynnsam, ofördelaktig; *(omständighet)* ogynnsam; **their reaction to my plan was** ~ de reagerade negativt på min plan

un·fa·vour·ably, *(Am)* **un·fa·vor·ably** [ˌʌnˈfeɪvərəblɪ] *adv* ofördelaktigt; **the headmaster looked** ~ **on my escapade** *(frm)* rektorn såg allvarligt på min eskapad; **she spoke rather** ~ **of you** hon uttalade sig ganska negativt om dig

un·feel·ing [ʌnˈfiːlɪŋ] *adj (person)* känslokall; ~ **to sth** okänslig för ngt

un·fin·ished [ʌnˈfɪnɪʃt] *adj (i allm)* oavslutad; *(affär)* inte avslutad; *(symfoni etc)* ofullbordad; *(brev, bok etc)* inte färdigskriven

un·fit [ʌnˈfɪt] *adj* **(a)** *(i allm)* olämplig; *(person äv)* oförmögen; ~ **for human consumption** otjänlig som människoföda; **the road is** ~ **for lorries** vägen håller inte för lastbilar; **he's** ~ **to be a teacher** han passar inte som lärare **(b)** *(person)* sjuk; *(Sport)* skadad; ~ **(for military service)** inte vapenför

un·flat·ter·ing [ˌʌnˈflætərɪŋ] *adj* föga smickrande, inte särskilt smickrande

un·fold [ʌnˈfəʊld] **1** *vt (i allm)* vika ut/upp; *(karta)* veckla ut; *(vingar, armar)* breda ut; *(bildl: plan)* utveckla, avslöja **2** *vi (blomma)* öppna sig; *(landskap)* breda ut sig; *(bildl: historia)* rullas upp, avslöjas

un·fore·seen [ˌʌnfɔːˈsiːn] *adj* oförutsedd

un·for·get·table [ˌʌnfəˈgetəbl] *adj* oförglömlig

un·for·giv·able [ˌʌnfəˈgɪvəbl] *adj* oförlåtlig

un·formed [ˌʌnˈfɔːmd] *adj (idé)* outvecklad; *(karaktär)* omogen; *(material)* formlös

un·for·tu·nate [ʌnˈfɔːtʃnɪt] **1** adj (person) olycksdrabbad, otursförföljd; **the ~ Miss Connor** den stackars (olycksförföljda) Miss Connor; **to be ~ ha otur; to be ~ in love** ha otur i kärlek; **an ~ accident** en beklaglig olycka; **an ~ choice** ett olyckligt val; **it is most ~ that he left** det är verkligen beklagligt/tråkigt att han gick/ åkte **2** s stackare
un·for·tu·nate·ly [ʌnˈfɔːtʃnɪtlɪ] adv tyvärr, olyckligtvis; **an ~ worded letter** ett olyckligt formulerat brev
un·found·ed [ˌʌnˈfaʊndɪd] adj ogrundad, obefogad
un·friend·ly [ˌʌnˈfrendlɪ] adj (-ier, -iest) ovänlig; **the natives were ~** infödingarna var fientligt sinnade
un·ful·filled [ˌʌnfʊlˈfɪld] adj (profetia) ouppfylld, inte uppfylld; (person) otillfredsställd; **she felt ~** hon kände sig inte tillfredsställd med sin tillvaro
un·furl [ʌnˈfɜːl] vt (flagga, segel) veckla ut
un·fur·nished [ˌʌnˈfɜːnɪʃt] adj omöblerad
un·gain·ly [ʌnˈɡeɪnlɪ] adj (i allm) klumpig; (person, rörelse) ovig
un·god·ly [ʌnˈɡɒdlɪ] adj (eg) ogudaktig, gudlös; (vard) förfärlig; **at an ~ hour** vid en okristlig tid (på dygnet), okristligt tidigt/sent
un·gra·cious [ˌʌnˈɡreɪʃəs] adj ohövlig
un·gram·mati·cal [ˌʌnɡrəˈmætɪkəl] adj ogrammatisk
un·grate·ful [ʌnˈɡreɪtfʊl] adj otacksam
un·guard·ed [ˌʌnˈɡɑːdɪd] adj **(a)** (Mil etc) obevakad **(b)** (bildl: kommentar) tanklös, oförsiktig; **in an ~ moment** he let slip his secret i ett obevakat ögonblick avslöjade han sin hemlighet
un·hap·pi·ly [ʌnˈhæpɪlɪ] adv **(a)** (sättsadv) olyckligt: **to be ~ married (b)** (satsadv) olyckligtvis, tyvärr: **~ I won't be able to come**
un·hap·pi·ness [ʌnˈhæpɪnɪs] s olycka, brist på lycka; **his behaviour is a source of ~ to his parents** hans uppförande är en källa till sorg för hans föräldrar
un·hap·py [ʌnˈhæpɪ] adj (-ier, -iest) (i allm) olycklig; **to feel ~ in a place** vantrivas på ett ställe; **they are ~ with the decision** de är missnöjda med beslutet; **I feel ~ about her doing it** jag är inte glad åt att hon gör det; **an ~ habit** en olycklig vana
un·harmed [ˌʌnˈhɑːmd] adj (person) oskadd; (föremål) oskadad
un·healthy [ʌnˈhelθɪ] adj (-ier, -iest) (person) sjuklig, klen; (klimat, plats) ohälsosam; (vana) osund; (inflytande) skadlig, dålig
unheard-of [ˌʌnˈhɜːdɒv] adj (eg) tidigare okänd, aldrig förr skådad; (pos) enastående, oerhörd; (neg) förfärlig
un·heed·ed [ˌʌnˈhiːdɪd] adj obeaktad; **the warning went ~** varningen beaktades inte
un·help·ful [ˌʌnˈhelpfʊl] adj (person) föga hjälpsam, ovillig att hjälpa; (råd) till föga/ingen hjälp
un·hesi·tat·ing [ʌnˈhezɪteɪtɪŋ] adj (stöd) oförbehållsam; (svar) tveklös, prompt
un·hesi·tat·ing·ly [ʌnˈhezɪteɪtɪŋlɪ] adv utan att tveka
un·hinge [ʌnˈhɪndʒ] vt (dörr) lyfta av; (bildl: person) göra förvirrad/rubbad; (: planer) rubba
un·hook [ˌʌnˈhʊk] vt (från krok) häkta av, lyfta ner; (klänning) knäppa upp; (grind) öppna
unhoped-for [ʌnˈhəʊptfɔːˈ] adj oväntad, som man inte vågat hoppas på
un·hur·ried [ˌʌnˈhʌrɪd] adj (person, liv, måltid) lugn; (takt) maklig; **~ reflection** eftertanke i lugn och ro
un·hurt [ʌnˈhɜːt] adj oskadd
un·hy·gien·ic [ˌʌnhaɪˈdʒiːnɪk] adj ohygienisk
uni·corn [ˈjuːnɪkɔːn] s (Myt) enhörning

un·iden·ti·fied [ˌʌnaɪˈdentɪfaɪd] adj oidentifierad; **~ flying object** (förk: UFO) oidentifierat flygande föremål
uni·fi·ca·tion [ˌjuːnɪfɪˈkeɪʃən] s enande, sammanslagning
uni·form [ˈjuːnɪfɔːm] **1** adj (storlek) lika; (färg) enhetlig; (föremål) likformig; (hastighet) konstant; (neg) enformig **2** s uniform; **in ~** i uniform; **out of ~** civilklädd
uni·form·ity [ˌjuːnɪˈfɔːmɪtɪ] s (se uniform 1) likhet; enhetlighet; likformighet; konstans; enformighet
uni·form·ly [ˈjuːnɪfɔːmlɪ] adv (se uniform 1) lika; enhetligt; likformigt; konstant; enformigt
uni·fy [ˈjuːnɪfaɪ] vt (människor, delar) förena; (system) göra likformigt, likrikta
uni·lat·er·al [ˈjuːnɪˈlætərəl] adj unilateral, ensidig
un·im·agi·nable [ˌʌnɪˈmædʒɪnəbl] adj ofattbar
un·im·agi·na·tive [ˌʌnɪˈmædʒɪnətɪv] adj fantasilös
un·im·paired [ˌʌnɪmˈpɛəd] adj (syn) oförsvagad, oskadd; (styrka) oförminskad; (kvalitet) oförsämrad, opåverkad
un·im·peach·able [ˌʌnɪmˈpiːtʃəbl] adj (i allm) oantastlig; (rykte) oförvitlig; (uppförande) oklanderlig
un·im·por·tant [ˌʌnɪmˈpɔːtənt] adj (detalj) oviktig; (fel) betydelselös; (person) obetydlig, inte viktig
un·im·pressed [ˌʌnɪmˈprest] adj (i allm) inte imponerad; **he remained ~** han förblev opåverkad, han lät sig inte påverkas; **I was ~ by his excuse** hans ursäkt övertygade mig inte
un·in·hab·it·ed [ˌʌnɪnˈhæbɪtɪd] adj obebodd
un·in·hib·it·ed [ˌʌnɪnˈhɪbɪtɪd] adj (person) ohämmad; (uppförande) hämningslös
un·ini·ti·at·ed [ˌʌnɪˈnɪʃɪeɪtɪd] **1** adj oinitierad, inte invigd **2** spl: **the ~** de oinvigda
un·in·jured [ˌʌnˈɪndʒəd] adj oskadd, oskadad
un·in·spired [ˌʌnɪnˈspaɪəd] adj oinspirerad
un·in·tel·li·gent [ˌʌnɪnˈtelɪdʒənt] adj ointelligent, obegåvad
un·in·tel·li·gible [ˌʌnɪnˈtelɪdʒɪbl] adj obegriplig
un·in·tend·ed [ˌʌnɪnˈtendɪd] adj, **un·in·ten·tion·al** [ˌʌnɪnˈtenʃənl] adj oavsiktlig
un·in·ten·tion·al·ly [ˌʌnɪnˈtenʃnəlɪ] adv oavsiktligt; **he can be ~ cruel** han kan vara grym utan att mena det
un·in·ter·est·ed [ʌnˈɪntrɪstɪd] adj ointresserad
un·in·ter·est·ing [ʌnˈɪntrɪstɪŋ] adj ointressant
un·in·ter·rupt·ed [ˈʌnˌɪntəˈrʌptɪd] adj oavbruten
un·in·vit·ed [ˌʌnɪnˈvaɪtɪd] adj (person) objuden, obedd; **his ~ opinion** hans åsikt som ingen hade bett om
un·in·vit·ing [ˌʌnɪnˈvaɪtɪŋ] adj föga/inte inbjudande, föga/inte tilltalande
un·ion [ˈjuːnjən] s **(a)** (i allm) förening, sammanslutning, förbund; (Pol) union; **the U~** (Am) Förenta staterna; **in the ~** (Am) i nationen; **the U~ of Soviet Socialist Republics** Sovjetunionen; **the U~ Jack** (Storbritanniens flagga) Union Jack; **student ~** studentkår **(b)** (= trade ~) fackförening; **join the ~** gå med i facket; **national ~** fackförbund; **~ card** fackföreningens|bok/-kort; **National U~ of Mineworkers** (Brit) Gruvarbetareförbundet
un·ion·ist [ˈjuːnjənɪst] s = trade(s) unionist
un·ion·ize [ˈjuːnjənaɪz] vt organisera fackligt
unique [juːˈniːk] adj (eg) unik; (vard) enastående, märklig
unique·ly [juːˈniːklɪ] adv enastående, unikt
unique·ness [juːˈniːknɪs] s: **the ~ in this** det unika/ enastående med detta
uni·sex [ˈjuːnɪseks] adj unisex-
uni·son [ˈjuːnɪzn] s: **in ~** (Mus) unisont; (bildl): **to act in ~** handla i samförstånd
unit [ˈjuːnɪt] s **(a)** (i allm) enhet; **~ trust** (Brit

Ekon) investeringsbolag **(b)** *(av personer)* grupp, avdelning; *(Mil)* förband **(c)** *(i hus)* inredningsdetalj; **kitchen** ~ köksenhet; **sink** ~ diskbänk(senhet); **she bought some** ~**s for the bedroom** hon köpte en del möbler till sovrummet **(d)** *(mått)* enhet **(e)** *(Mat)* ental
unite |juːˈnaɪt| **1** *vt (föremål)* förena, förbinda, sätta ihop; *(personer)* förena; *(Pol)* ena **2** *vi* förena sig, slå sig samman
unit·ed |juːˈnaɪtɪd| *adj (i allm)* förenad; *(ansträngning)* gemensam; *(aktion)* samlad; **a** ~ **family** en familj med stark sammanhållning; **the U**~ **Kingdom** *(eg)* Förenade kungariket *Storbritannien och Nordirland*; *(mindre exakt)* Storbritannien; **the U**~ **Nations (Organization)** *s* Förenta nationerna; **the U**~ **States (of America)** *s* Förenta staterna
unity |ˈjuːnɪtɪ| *s (i allm)* enhet; *(mellan parter)* enighet, enhet; **in** ~ i harmoni/endräkt
Univ. *förk f* **university**
uni·ver·sal |ˌjuːnɪˈvɜːsəl| *adj (i allm)* allmän, universell, allmänt förekommande; **a** ~ **language** ett universellt språk; ~ **joint** *(Tekn)* universalkoppling, kardanknut
uni·ver·sal·ly |ˌjuːnɪˈvɜːsəlɪ| *adv* allmänt
uni·verse |ˈjuːnɪvɜːs| *s* universum, värld
uni·ver·sity |ˌjuːnɪˈvɜːsɪtɪ| *s* universitet; **to be at/go to** ~ *(Brit)* läsa vid universitet; **to be at the/go to the** ~ *(Am)* läsa vid universitet
un·just |ˌʌnˈdʒʌst| *adj (i allm)* orättvis; *(kritik)* obefogad
un·jus·ti·fi·able |ʌnˈdʒʌstɪfaɪəbl| *adj* oförsvarlig, oursäktlig
un·jus·ti·fi·ably |ʌnˈdʒʌstɪfaɪəblɪ| *adv* oförsvarligt, oursäktligt
un·jus·ti·fied |ˌʌnˈdʒʌstɪfaɪd| *adj* obefogad, omotiverad
un·just·ly |ˌʌnˈdʒʌstlɪ| *adv* orättvist
un·kempt |ˌʌnˈkempt| *adj (person)* ovårdad; *(hår)* rufsig, okammad
un·kind |ʌnˈkaɪnd| *adj (-er, -est) (i allm)* ovänlig; *(öde, väder)* hård; *(behandling)* omild
un·kind·ly |ʌnˈkaɪndlɪ| *adv (se* **unkind***)* ovänligt; hårt; omilt; **don't take it** ~ **if...** ta inte illa upp om...
un·kind·ness |ʌnˈkaɪndnɪs| *s (se* **unkind***)* ovänlighet; hårdhet; omildhet
un·know·ing |ˌʌnˈnəʊɪŋ| *adj* ovetande; **he was an** ~ **accomplice** han var medbrottsling utan att veta om det
un·know·ing·ly |ˌʌnˈnəʊɪŋlɪ| *adv* utan att veta om det
un·known |ˌʌnˈnəʊn| **1** *adj* okänd; ~ **quantity** okänd faktor; **the U**~ **Soldier/Warrior** den okände soldaten; **to be** ~ **to sb** vara obekant för ngn; **it's** ~ **to me** det är mig obekant; **it's** ~ **for her to get to work on time** det händer aldrig att hon kommer till jobbet i tid **2** *adv*: ~ **to me** utan att jag visste om det **3** *s (Mat)* obekant; *(bildl)* obekant faktor; **the** ~ *(Rymd etc)* det okända; **the U**~ *(person)* den Okände
un·lady·like |ˌʌnˈleɪdɪlaɪk| *adj (flicka)* ouppfostrad; *(uppförande)* som inte anstår en dam
un·law·ful |ˌʌnˈlɔːfʊl| *adj (i allm)* olaglig, olovlig; *(kärlek)* otillåten, förbjuden
un·lead·ed |ˌʌnˈledɪd| *adj (Am: bensin)* blyfri
un·less |ənˈles| *konj* om inte, med mindre än att
un·like |ˌʌnˈlaɪk| **1** *adj* olik; **his new car is quite** ~ **mine** hans nya bil är inte alls lik min **2** *prep* olikt, i olikhet med; **it's quite** ~ **him** det är verkligen olikt honom; **I,** ~ **others, always pay my rent in time** till skillnad från (vissa) andra, betalar jag alltid hyran i tid
un·like·li·hood |ʌnˈlaɪklɪhʊd| *s,* **un·like·li·ness** |ʌnˈlaɪklɪnɪs| *s* osannolikhet, orimlighet

un·like·ly |ʌnˈlaɪklɪ| *adj (-ier, -iest) (resultat)* osannolik, orimlig; **in the** ~ **event of his accepting** om det osannolika skulle inträffa att han tackar ja; **that's** ~ **to happen** det är osannolikt att det inträffar; **it is** ~ **that she will come, she is** ~ **to come** det är inte troligt att hon kommer
un·lim·it·ed |ʌnˈlɪmɪtɪd| *adj (i allm)* obegränsad; *(makt)* oinskränkt
un·lined |ˌʌnˈlaɪnd| *adj (kjol, rock)* ofodrad; *(papper)* olinjerad; *(ansikte)* utan rynkor/fåror
un·list·ed |ˌʌnˈlɪstɪd| *adj (i allm)* ej upptagen på lista; *(Am: telefonnummer)* hemlig
un·lit |ˌʌnˈlɪt| *adj (lampa)* släckt; *(rum)* mörk; *(väg)* mörk, oupplyst
un·load |ˌʌnˈləʊd| **1** *vt* **(a)** *(bil, last)* lasta av; *(fartyg, last)* lossa; *(vapen)* ta ut patronen ur **(b)** *(vard)* lasta över; **she** ~**ed her problems on me** hon lastade över sina problem på mig **2** *vi (fartyg)* lossas; *(bil)* lastas av
un·lock |ˌʌnˈlɒk| *vt* låsa upp; **she left the door** ~**ed** hon lämnade dörren olåst
un·loose |ˌʌnˈluːs| *vt,* **un·loos·en** |ˌʌnˈluːsn| *vt (knut)* knyta upp; *(kedjor)* lossa; *(hår)* lösa (upp)
un·lov·able |ʌnˈlʌvəbl| *adj* inte särskilt tilldragande, svår att tycka om
un·lucki·ly |ʌnˈlʌkɪlɪ| *adv* olyckligtvis; ~ **for her** olyckligt/tråkigt nog för henne
un·lucky |ʌnˈlʌkɪ| *adj (-ier, -iest) (person)* som har otur; *(händelse)* olycksdiger; *(beslut)* olycklig; *(nummer, dag)* oturs-; **how** ~ **for you!** en sådan otur för dig!; **to be** ~ **in love** ha otur i kärlek; **to be** ~ *(person)* ha otur; **it's** ~ **to walk under ladders** det betyder otur att gå under en stege
un·man·age·able |ʌnˈmænɪdʒəbl| *adj (verktyg, paket)* otymplig, ohanterlig; *(djur)* ostyrig; *(person)* omöjlig att få bukt med; *(situation)* svårhanterlig
un·man·ner·ly |ʌnˈmænəlɪ| *adj (frm)* ouppfostrad, ohyfsad; **it's** ~ **to speak with your mouth full** det är inte fint att prata med mat i munnen
un·marked |ˌʌnˈmɑːkt| *adj (i allm)* omärkt, utan märke; *(skoluppsats etc)* orättad; **an** ~ **police car** en civil polisbil; **the tablecloth was** ~ **by the wine** det blev inga fläckar på duken av vinet
un·mar·ried |ˌʌnˈmærɪd| *adj* ogift
un·mask |ˌʌnˈmɑːsk| *vt* demaskera; *(bildl)* avslöja
un·matched |ˌʌnˈmætʃt| *adj* oöverträffad, makalös; **she is** ~ **for beauty** ingen kan mäta sig med henne i skönhet, ingen är så vacker som hon
un·men·tion·able |ʌnˈmenʃnəbl| **1** *adj (ämne)* opassande, som inte får nämnas; *(brott)* obeskrivlig, ohygglig **2** *spl*: ~**s** *(skämts: underkläder)* onämnbara
un·mer·ci·ful |ʌnˈmɜːsɪfʊl| *adj* obarmhärtig, skoningslös
un·mind·ful |ʌnˈmaɪndfʊl| *adj*: **to be** ~ **of sth** *(frm)* inte ge akt på/vara uppmärksam på ngt
un·mis·tak(e)·able |ˌʌnmɪsˈteɪkəbl| *adj* omisskännlig; **she is** ~ **in that hat** det går inte att ta fel på henne i den där hatten; **his anger was** ~ det gick inte att ta miste på hans ilska
un·mis·tak(e)·ably |ˌʌnmɪsˈteɪkəblɪ| *adv* utan tvivel; **it's** ~ **her** det är utan tvivel hon; **his meaning was** ~ **clear** det var helt klart vad han menade
un·miti·gat·ed |ʌnˈmɪtɪɡeɪtɪd| *adj (brott)* utan förmildrande omständigheter; *(brottsling, lögnare)* förhärdad; *(ilska)* oförminskad; *(skandal)* ren; *(katastrof)* total
un·mo·tiv·at·ed |ˌʌnˈməʊtɪveɪtɪd| *adj (i allm)* omotiverad; **he was a very** ~ **worker** han arbetade mycket håglöst; **his bravery was** ~ **by personal ambition** hans hjältemod föranleddes inte av personlig ärelystnad
un·moved |ˌʌnˈmuːvd| *adj (person)* oberörd, kall; *(föremål)* orörd
un·named |ˌʌnˈneɪmd| *adj (utan namn)* namnlös;

(med hemligt namn) anonym, inte namngiven
un·natu·ral [ʌn'nætʃrəl] *adj (i allm)* onaturlig; *(lust, brott)* pervers
un·nec·es·sari·ly [ʌn'nesɪsərɪlɪ, (Am) ˌʌnnesɪ'særɪlɪ] *adv* i onödan; **to do/say sth ~** göra/ säga ngt i onödan; **her father is ~ strict** hennes pappa är strängare än vad som är nödvändigt
un·nec·es·sary [ʌn'nesɪsərɪ] *adj* onödig; **it was ~ to bring more food** det var överflödigt att ta med mera mat
un·nerve [ˌʌn'nɜːv] *vt* skrämma, göra nervös; **we were ~d by that incident** vi tappade modet efter den händelsen
un·no·ticed [ˌʌn'nəʊtɪst] *adj* obemärkt; **to go/pass ~** *(misstag)* passera opåtalad; *(nyhet)* inte uppmärksammas
un·ob·jec·tion·able [ˌʌnəb'dʒekʃnəbl] *adj (uppfö- rande)* oklanderlig; **they found it ~** de hade inget att invända emot det
un·ob·serv·ant [ˌʌnəb'zɜːvənt] *adj* ouppmärksam; **to be ~ of** inte lägga märke till
un·ob·served [ˌʌnəb'zɜːvd] *adj (rymma)* ouppäckt, utan att upptäckas; *(passera)* oförmärkt, osedd, utan att märkas
un·ob·struct·ed [ˌʌnəb'strʌktɪd] *adj (väg, sikt)* fri
un·ob·tain·able [ˌʌnəb'teɪnəbl] *adj (vara)* oanskaffbar, oöverkomlig; *(mål)* ouppnåelig
un·ob·tru·sive [ˌʌnəb'truːsɪv] *adj (person)* försynt, inte påträngande; *(färg, byggnad)* diskret
un·oc·cu·pied [ʌn'ɒkjʊpaɪd] *adj (sittplats, lägen- het)* ledig; *(hus)* tom; *(person)* sysslolös; *(Mil)* inte ockuperad
un·of·fi·cial [ˌʌnə'fɪʃəl] *adj* inofficiell; **it is ~ as yet** det är ännu inte officiellt; **~ strike** vild strejk
un·of·fi·cial·ly [ˌʌnə'fɪʃəlɪ] *adv* inofficiellt; **they're ~ engaged** de är hemligt förlovade
un·opened [ˌʌn'əʊpənd] *adj* oöppnad
un·op·posed [ˌʌnə'pəʊzd] *adj (i allm)* obehindrad, utan motstånd; *(idé)* obestridd; *(vid val)* utan motkandidat; **they entered the building ~** de tog sig in i byggnaden utan att möta motstånd
un·or·gan·ized [ˌʌn'ɔːgənaɪzd] *adj* **(a)** *(verksam- het)* desorganiserad, dåligt planerad **(b)** *(anställd)* inte fackligt ansluten, oorganiserad
un·ortho·dox [ˌʌn'ɔːθədɒks] *adj* oortodox, okon- ventionell
un·pack [ˌʌn'pæk] **1** *vt (väska, föremål)* packa upp **2** *vi* packa upp
un·paid [ˌʌn'peɪd] *adj* obetald; **~ holiday** ledighet utan lön
un·par·al·leled [ʌn'pærəleld] *adj* enastående, utan motstycke
un·par·don·able [ʌn'pɑːdnəbl] *adj* oförlåtlig, our- säktlig
un·pat·ri·ot·ic ['ʌnˌpætrɪ'ɒtɪk] *adj* opatriotisk
un·per·turbed [ˌʌnpə'tɜːbd] *adj* oberörd
un·pick [ˌʌn'pɪk] *vt (söm)* sprätta upp; *(stygn)* ta upp/bort
un·pin [ˌʌn'pɪn] *vt (hår, skjorta)* ta bort nålarna från; *(anslag)* ta ner
un·pleas·ant [ʌn'pleznt] *adj (person, situation)* otrevlig; *(smak)* obehaglig
un·pleas·ant·ly [ʌn'plezntlɪ] *adv (lukta etc)* obehagligt; *(bete sig etc)* på ett otrevligt sätt
un·pleas·ant·ness [ʌn'plezntnɪs] *s (känsla)* obehag; *(attityd)* otrevligt sätt; *(mellan personer)* misshälligheter, bråk
un·plug [ˌʌn'plʌg] *vt (apparat)* dra ur sladden till
un·pol·lut·ed [ˌʌnpə'luːtɪd] *adj* ren, inte förorenad
un·popu·lar [ˌʌn'pɒpjʊlərˈ] *adj* impopulär; **it is ~ with the miners** det är impopulärt/illa omtyckt bland gruvarbetarna; **to make oneself ~** göra sig impopulär
un·prec·edent·ed [ʌn'presɪdəntɪd] *adj (framgång)* exempellös, makalös; *(höjning)* aldrig tidigare

skådad; **it is ~ for him to ...** det har aldrig tidigare hänt att han ...
un·pre·dict·able [ˌʌnprɪ'dɪktəbl] *adj (resultat)* oförutsägbar; *(person)* oberäknelig; *(väder)* nyckfull
un·pre·ju·diced [ʌn'predʒʊdɪst] *adj (person)* för- domsfri; *(omdöme)* opartisk
un·pre·pared [ˌʌnprɪ'pɛəd] *adj* oförberedd; **it caught me ~** det överraskade mig fullständigt; **he was ~ for that** han var inte beredd på det
un·pre·pos·sess·ing ['ʌnˌpriːpə'zesɪŋ] *adj (person)* osympatisk
un·pre·ten·tious [ˌʌnprɪ'tenʃəs] *adj (person, hus, måltid)* anspråkslös, opretentiös; **she's totally ~** hon är kolossalt anspråkslös
un·prin·ci·pled [ʌn'prɪnsɪpld] *adj* principlös, sam- vetslös
un·pro·duc·tive [ˌʌnprə'dʌktɪv] *adj* improduktiv, ofruktbar
un·prof·it·able [ˌʌn'prɒfɪtəbl] *adj (ekonomiskt)* olönsam, inte vinstgivande; *(bildl)* ofruktbar
un·pro·nounce·able [ˌʌnprə'naʊnsəbl] *adj* outtal- bar, omöjlig att uttala
un·pro·tect·ed [ˌʌnprə'tektɪd] *adj* oskyddad
un·pro·voked [ˌʌnprə'vəʊkt] *adj* oprovocerad, utan anledning
un·pub·lished [ˌʌn'pʌblɪʃt] *adj* opublicerad
un·pun·ished [ˌʌn'pʌnɪʃt] *adj* ostraffad; **to go ~** gå fri
un·quali·fied [ˌʌn'kwɒlɪfaɪd] *adj* **(a)** *(i allm)* okva- lificerad; *(lärare)* obehörig, inte meriterad; **I am ~ to judge in this** jag är inte kapabel att döma i detta fall **(b)** *(beröm)* oförbehållsam, oreser- verad; *(förnekande)* absolut, total; **an ~ yes** ett obetingat ja
un·ques·tion·able [ʌn'kwestʃənəbl] *adj* obestrid- lig, odiskutabel
un·ques·tion·ably [ʌn'kwestʃənəblɪ] *adv* obestrid- ligen, utan minsta tvekan
un·rav·el [ʌn'rævəl] **1** *vt (stickning)* repa upp; *(garnhärva etc)* reda ut; *(bildl: härva)* reda ut/upp; *(: mysterium)* lösa **2** *vi (stickning)* repa upp sig; *(härva: äv bildl)* reda upp sig
un·read·able [ˌʌn'riːdəbl] *adj (handstil)* oläslig; *(ro- man etc)* oläslig, oläsbar
un·real [ˌʌn'rɪəl] *adj* overklig
un·re·al·is·tic [ˌʌnrɪə'lɪstɪk] *adj* orealistisk
un·re·al·ity [ˌʌnrɪ'ælɪtɪ] *s* overklighet
un·rea·son·able [ʌn'riːznəbl] *adj (person)* oreson- lig, omedgörlig; *(pris etc)* orimlig, oskälig; **he was most ~ about the house** han var helt oreson- lig när det gällde huset
un·rec·og·niz·able [ˌʌn'rekəgnaɪzəbl] *adj* oigen- kännlig
un·rec·og·nized [ˌʌn'rekəgnaɪzd] *adj (talang)* inte upptäckt; *(Pol: regim)* inte erkänd; **he walked along the road ~ by passers-by** han gick längs gatan utan att bli igenkänd av de förbipas- serande
un·re·cord·ed [ˌʌnrɪ'kɔːdɪd] *adj (händelse)* inte upptecknad/registerad; *(musik)* inte inspelad
un·re·fined [ˌʌnrɪ'faɪnd] *adj (i allm)* inte förädlad; *(olja)* oraffinerad; *(person, sätt)* ohyfsad, okul- tiverad; **~ sugar** råsocker
un·re·hearsed [ˌʌnrɪ'hɜːst] *adj (Teat)* orepeterad; *(händelse)* oförberedd
un·re·lat·ed [ˌʌnrɪ'leɪtɪd] *adj (biologiskt)* obesläk- tad; *(bildl)*: **to be ~ to sth** inte ha ngt samband med ngt, vara obesläktad med ngt
un·re·lent·ing [ˌʌnrɪ'lentɪŋ] *adj (person, anfall)* hän- synslös, obeveklig; *(vilja)* oböjlig; *(regn, hetta)* ihållande; *(aktivitet)* oavbruten, ständig
un·re·li·able [ˌʌnrɪ'laɪəbl] *adj (i allm)* opålitlig; *(in- formation)* ovederhäftig, otillförlitlig
un·re·lieved [ˌʌnrɪ'liːvd] *adj (i allm)* utan lindring;

(monotoni etc) utan ljuspunkter; ~ **by** utan att lättas upp av; **her** ~ **anguish** hennes ständiga vånda

un·re·mit·ting [ˌʌnrɪ'mɪtɪŋ] *adj (aktivitet)* outtröttlig; *(omtanke)* ständig

un·re·peat·able [ˌʌnrɪ'piːtəbl] *adj (erbjudande)* som aldrig kommer att kunna upprepas, unik; *(ord)* som inte kan återges

un·re·pent·ant [ˌʌnrɪ'pentənt] *adj* obotfärdig

un·rep·re·senta·tive [ˌʌnreprɪ'zentətɪv] *adj* inte representativ

un·re·quit·ed [ˌʌnrɪ'kwaɪtɪd] *adj (kärlek)* obesvarad

un·re·served [ˌʌnrɪ'zɜːvd] *adj* **(a)** *(person)* oförbehållsam, öppen **(b)** *(stöd)* oreserverad **(c)** *(plats)* inte reserverad

un·rest [ʌn'rest] *s (Pol)* oro

un·re·strained [ˌʌnrɪ'streɪnd] *adj (glädje)* ohämmad; *(våld)* hämningslös; *(person)* obehärskad

un·re·strict·ed [ˌʌnrɪ'strɪktɪd] *adj (makt)* oinskränkt; *(tid)* obegränsad; ~ **speed** fri fart; ~ **road** väg med fri fart

un·re·ward·ed [ˌʌnrɪ'wɔːdɪd] *adj* obelönad; **to go** ~ inte få någon belöning

un·re·ward·ing [ˌʌnrɪ'wɔːdɪŋ] *adj (i allm)* föga givande, otacksam; *(ekonomiskt)* som inte lönar sig, som ger dålig utdelning

un·ripe [ʌn'raɪp] *adj* omogen

un·ri·valled [ʌn'raɪvəld] *adj* oöverträffad, som saknar motstycke

un·roll [ʌn'rəʊl] **1** *vt (matta)* rulla ut; *(bandage)* rulla upp **2** *vi (matta)* rulla ut sig; *(bandage)* rulla upp sig

un·ruf·fled [ʌn'rʌfld] *adj (person)* oberörd; *(yta)* slät, orörd; *(vattenyta)* stilla

un·ru·ly [ʌn'ruːlɪ] *adj* (-**ier**, -**iest**) *(barn)* ostyrig; *(folkhop)* upprorisk, vild; *(hårlock)* bångstyrig, besvärlig

un·safe [ʌn'seɪf] *adj (i allm)* osäker, farlig; *(metod)* opålitlig, riskabel; ~ **to drink/eat** farlig att dricka/förtära; **to feel** ~ känna sig osäker

un·said [ʌn'sed] *adj*: **consider it** ~ jag tar tillbaka det jag sa; **much was left** ~ mycket lämnades osagt

un·sale·able, *(Am)* **un·sal·able** [ʌn'seɪləbl] *adj* osäljbar

un·sat·is·fac·tory ['ʌnˌsætɪs'fæktərɪ] *adj (i allm)* otillfredsställande; *(person)* otillräcklig

un·sat·is·fied [ʌn'sætɪsfaɪd] *adj (i allm)* otillfredsställd; *(nyfikenhet)* inte stillad; *(efter måltid)* inte mätt; *(av förklaring)* inte övertygad

un·sat·is·fy·ing [ʌn'sætɪsfaɪɪŋ] *adj* otillfredsställande

un·sa·voury, *(Am)* **un·sa·vory** [ʌn'seɪvərɪ] *adj (i allm)* smaklös, oaptitlig; *(handling)* motbjudande, vidrig; *(person)* skum, tvivelaktig

un·scathed [ʌn'skeɪðd] *adj* oskadd, helskinnad

un·sci·en·tif·ic ['ʌnˌsaɪən'tɪfɪk] *adj* ovetenskaplig

un·screw [ʌn'skruː] **1** *vt* skruva av/loss **2** *vi* skruvas av/loss; **does this lid** ~? går det här locket att skruva av?

un·scru·pu·lous [ʌn'skruːpjʊləs] *adj (person, metod)* samvetslös, skrupelfri

un·seem·ly [ʌn'siːmlɪ] *adj* opassande

un·seen [ʌn'siːn] **1** *adj (i allm)* osedd; *(fara)* osynlig, dold; **she managed to get out of the house** ~ hon lyckades ta sig ut ur huset utan att bli sedd; ~ **translation** *(Skol)* översättning av okänd text **2** *s (Skol)* översättning av okänd text

un·self·ish [ʌn'selfɪʃ] *adj* osjälvisk

un·ser·vice·able [ʌn'sɜːvɪsəbl] *adj* oanvändbar

un·set·tle [ʌn'setl] *vt (i allm)* störa, rubba, bringa i obalans; *(person)* förvirra, göra osäker

un·set·tled [ʌn'setld] *adj* **(a)** *(period)* orolig; *(väder)* ostadig; *(marknad)* instabil; *(person)*

vacklande, obeslutsam; **to feel** ~ känna sig ur balans **(b)** *(fråga)* inte avgjord; *(fall)* inte uppklarad; *(liv)* kringflackande

un·set·tling [ʌn'setlɪŋ] *adj (nyhet)* uppskakande, oroande

un·shake·able [ˌʌn'ʃeɪkəbl] *adj* orubblig

un·shak·en [ˌʌn'ʃeɪkən] *adj (beslutsamhet)* orubbad, orubblig; *(person)* oberörd

un·shrink·able [ˌʌn'ʃrɪŋkəbl] *adj* krympfri

un·sight·ly [ʌn'saɪtlɪ] *adj (vårta etc)* vanprydande; *(byggnad)* anskrämlig

un·skilled [ʌn'skɪld] *adj (i allm)* oerfaren, outbildad; ~ **labour** *(personer)* outbildad arbetskraft; *(sysselsättning)* grovarbete, tempoarbete; ~ **worker** arbetare utan yrkesutbildning

un·so·ciable [ˌʌn'səʊʃəbl] *adj (person)* osällskaplig, avvisande

un·so·cial [ˌʌn'səʊʃəl] *adj*: ~ **hours** obekväm arbetstid

un·sold [ˌʌn'səʊld] *adj* osåld

un·so·lic·it·ed [ˌʌnsə'lɪsɪtɪd] *adj (råd)* som ingen bett om; *(bidrag till tidning)* ej beställd

un·solved [ˌʌn'sɒlvd] *adj* olöst

un·so·phis·ti·cat·ed [ˌʌnsə'fɪstɪkeɪtɪd] *adj (person: pos)* okonstlad, naturlig; *(: neg)* naiv, osofistikerad; *(maskin)* enkel, okomplicerad

un·sound [ʌn'saʊnd] *adj (person)* sjuk, inte frisk; *(golv)* murken; *(resonemang)* ohållbar, felaktig; **of** ~ **mind** *(Jur)* otillräknelig, sinnesförvirrad

un·spar·ing [ʌn'speərɪŋ] *adj (beröm, hjälp)* frikostig; *(energi)* outtröttlig; *(kritik)* skoningslös

un·speak·able [ʌn'spiːkəbl] *adj (eg)* outsäglig, obeskrivlig; *(bildl)* fruktansvärd, avskyvärd

un·speak·ably [ʌn'spiːkəblɪ] *adv* obeskrivligt, fruktansvärt

un·speci·fied [ʌn'spesɪfaɪd] *adj* inte (närmare) angiven, ospecificerad; ~ **persons** inte namngivna personer

un·spoiled [ʌn'spɔɪld] *adj*, **un·spoilt** [ʌn'spɔɪlt] *adj (i allm)* oförstörd, ofördärvad; *(barn)* inte bortskämd

un·spo·ken [ʌn'spəʊkən] *adj (tanke)* outtalad; *(bifall)* tyst

un·sta·ble [ʌn'steɪbl] *adj (i allm)* ostadig, instabil; *(hjärtslag)* ojämn; *(Kem, Fys)* instabil, obeständig; *(Psyk)* labil

un·steady [ʌn'stedɪ] *adj* ostadig, instabil; **to be** ~ **on one's feet** vara ostadig på benen

un·stint·ed [ʌn'stɪntɪd] *adj*, **un·stint·ing** [ʌn'stɪntɪŋ] *adj (beröm)* frikostig; *(stöd)* oreserverad; **to be** ~ **in one's praise** inte spara på lovorden

un·stressed [ʌn'strest] *adj* obetonad

un·stuck [ʌn'stʌk] *adj*: **to come** ~ *(eg)* lossna; *(vard: plan)* gå i stöpet; *(person)* råka illa ut, få det motigt

un·sub·stan·ti·at·ed [ˌʌnsəb'stænʃɪeɪtɪd] *adj (rykte)* obekräftad; *(beskyllning)* ogrundad

un·suc·cess·ful [ˌʌnsək'sesfʊl] *adj (försök, person mm)* misslyckad; *(ansökan)* utan framgång; *(förhandling)* resultatlös; *(äktenskap)* olycklig; **to be** ~ misslyckas; **he is** ~ **with women** han har ingen framgång hos kvinnor

un·suc·cess·ful·ly [ˌʌnsək'sesfʊlɪ] *adv* utan framgång

un·suit·able [ʌn'suːtəbl] *adj* olämplig; **he's** ~ **for the post** han är olämplig för tjänsten

un·suit·ed [ʌn'suːtɪd] *adj (i allm)* olämplig *(for to* för); ~ **to the needs of the handicapped** inte anpassad till de handikappades behov; **they are** ~ **to each other** de passar inte för varandra

un·sup·port·ed [ˌʌnsə'pɔːtɪd] *adj (påstående)* ogrundad; *(teori)* utan stöd, ohållbar

un·sure [ʌn'ʃʊər] *adj (person, metod)* osäker;

(framtid) otrygg, oviss; **to be** ~ **of oneself** vara osäker på sig själv

un·sur·passed [ˌʌnsəˈpɑːst] *adj* oöverträffad

un·sus·pect·ed [ˌʌnsəsˈpɛktɪd] *adj (händelse)* oväntad, oanad; *(person)* inte misstänkt

un·sus·pect·ing [ˌʌnsəsˈpɛktɪŋ] *adj* godtrogen, intet ont anande

un·sweet·ened [ˌʌnˈswiːtnd] *adj* osötad

un·swerving [ʌnˈswɜːvɪŋ] *adv* orubblig

un·sym·pa·thet·ic [ˈʌnˌsɪmpəˈθetɪk] *adj* **(a)** oförstående, avvisande; **I'm not** ~ **to your request** jag är inte negativt inställd till er begäran **(b)** *(ovanl)* osympatisk, motbjudande

un·sys·tem·at·ic [ˈʌnˌsɪstɪˈmætɪk] *adj* osystematisk

un·tan·gle [ˌʌnˈtæŋgl] *vt (härva: äv bildl)* reda ut

un·tapped [ˌʌnˈtæpt] *adj (bildl: resurser, talang)* outnyttjad

un·teach·able [ˌʌnˈtiːtʃəbl] *adj (person)* obildbar; *(kunskap)* som inte kan läras ut

un·ten·able [ˌʌnˈtenəbl] *adj* ohållbar

un·test·ed [ˌʌnˈtestɪd] *adj* oprövad, inte testad

un·think·able [ʌnˈθɪŋkəbl] *adj* otänkbar

un·ti·di·ly [ʌnˈtaɪdɪlɪ] *adv* slarvigt, hafsigt

un·ti·di·ness [ʌnˈtaɪdɪnɪs] *adj (i allm)* slarv; *(om person)* ovårdat utseende; **I can't bear the** ~ **of the house** jag står inte ut med att huset är så ostädat

un·ti·dy [ʌnˈtaɪdɪ] *adj (-ier, -iest) (utseende)* slarvig, ovårdad; *(rum)* ostädad; *(skrift)* slarvig, hafsig, vårdslös

un·tie [ʌnˈtaɪ] *vt (knut etc)* knyta upp; *(händer, person)* lossa, släppa loss; *(bildl)* lösa

un·til [ənˈtɪl] **1** *prep (i jakande uttr)* (ända) till; *(i nekande uttr)* förrän; ~ **now I've always lived at home** hittills har jag alltid bott hemma; **he won't be back** ~ **tomorrow** han kommer inte tillbaka förrän i morgon; ~ **then I'd never met him** innan dess hade jag aldrig träffat honom; **from morning** ~ **night** från morgon till kväll **2** *konj (i jakande uttr)* (ända) till/tills; *(i nekande uttr)* förrän; **wait** ~ **I get back** vänta tills jag kommer tillbaka; **he did nothing** ~ **I told him** han gjorde ingenting förrän jag sa till honom

un·time·ly [ʌnˈtaɪmlɪ] *adj (död)* förtidig; *(tidpunkt)* oläglig; *(kommentar)* olämplig

un·tir·ing [ʌnˈtaɪərɪŋ] *adj* outtröttlig, oförtröttlig, oförtruten

un·told [ˌʌnˈtəʊld] *adj (lidande)* outsäglig; *(rikedom)* omätlig; *(antal)* oräknelig, otalig; *(historia)* som inte berättats

un·touch·able [ʌnˈtʌtʃəbl] *s (i Indien): kastlös)* oberörbar

un·touched [ˌʌnˈtʌtʃt] *adj* **(a)** *(föremål)* orörd; **she left her breakfast** ~ hon rörde inte vid frukosten; **a product** ~ **by human hand** en produkt som inte vidrörts av människohänder **(b)** *(person: fysiskt)* oskadd; *(: psykiskt)* opåverkad

un·to·ward [ˌʌntəˈwɔːd, *(Am)* ʌnˈtɔːd] *adj (händelse)* olycklig, pinsam; *(omständighet)* ogynnsam; *(känsla, uppförande)* opassande

un·trained [ˌʌnˈtreɪnd] *adj (i yrke)* outbildad, inte utbildad; *(Sport)* otränad; **to the** ~ **ear/eye** för en ovan lyssnare/betraktare

un·trans·lat·able [ˌʌntrænzˈleɪtəbl] *adj* oöversättlig

un·tried [ˌʌnˈtraɪd] *adj (metod, person)* oprövad; *(Jur: person)* orannsakad; *(: fall)* obehandlad

un·trou·bled [ˌʌnˈtrʌbld] *adj* lugn, oberörd

un·true [ˌʌnˈtruː] *adj* **(a)** *(påstående)* osann, falsk **(b)** *(person)* trolös, falsk, otrogen; **he was** ~ **to his wife** han var otrogen mot sin fru

un·trust·wor·thy [ʌnˈtrʌstˌwɜːðɪ] *adj (person)* opålitlig; *(information)* otillförlitlig

un·truth [ʌnˈtruːθ] *s, pl* ~**truths** [ʌnˈtruːðz] osan-

ning

un·truth·ful [ʌnˈtruːθfʊl] *adj (påstående)* osann; *(person)* lögnaktig

un·us·able [ˌʌnˈjuːzəbl] *adj* oanvändbar

un·used[1] [ʌnˈjuːzd] *adj (aldrig använd)* oanvänd, ny; *(för tillfället inte använd)* som inte används, outnyttjad

un·used[2] [ʌnˈjuːst] *adj:* **to be** ~ **to sth** vara ovan vid ngt; **I'm** ~ **to cooking** jag är inte van vid att laga mat

un·usual [ʌnˈjuːʒʊəl] *adj* ovanlig; **it's** ~ **for her to be early** det är ovanligt att hon kommer för tidigt; **it's** ~ **for it to rain in the Sahara** det är sällsynt att det regnar i Sahara; **he has an** ~ **talent for singing** han har en osedvanlig sångbegåvning

un·usu·al·ly [ʌnˈjuːʒʊəlɪ] *adv* ovanligt; **an** ~ **awkward matter** en ovanligt/ytterst pinsam historia

un·var·ied [ʌnˈvɛərɪd] *adj* enformig, utan variation

un·var·nished [ˌʌnˈvɑːnɪʃt] *adj (trä)* ofernissad, olackad; *(bildl: sanning, redogörelse)* osminkad

un·veil [ʌnˈveɪl] *vt (staty)* avtäcka; *(bildl)* avslöja, blotta

un·want·ed [ˌʌnˈwɒntɪd] *adj* oönskad, som man inte vill ha; ~ **clothing** avlagda/gamla kläder; ~ **hair** generande hårväxt

un·war·rant·ed [ˌʌnˈwɒrəntɪd] *adj (kritik)* obefogad; *(handling)* oförsvarlig, otillåten

un·wary [ʌnˈwɛərɪ] *adj* oförsiktig; **the** ~ **de(n) som** inte är på sin vakt

un·wa·ver·ing [ʌnˈweɪvərɪŋ] *adj (bildl)* orubblig

un·wel·come [ʌnˈwelkəm] *adj* ovälkommen

un·well [ˌʌnˈwel] *adj* sjuk, dålig, krasslig

un·whole·some [ˌʌnˈhəʊlsəm] *adj (klimat)* ohälsosam; *(vana)* osund; *(mat)* onyttig

un·wieldy [ʌnˈwiːldɪ] *adj (verktyg)* klumpig; *(stort föremål)* otymplig, ohanterlig

un·will·ing [ʌnˈwɪlɪŋ] *adj* ovillig, motvillig; **an** ~ **witness** ett ovilligt/motsträvigt vittne; **to be** ~ **to do sth** vara ovillig att göra ngt, ogärna göra något

un·will·ing·ly [ˌʌnˈwɪlɪŋlɪ] *adv* motvilligt

un·wind [ˌʌnˈwaɪnd] *imperf, perf part* **unwound 1** *vt* nysta/rulla/vira av **2** *vi (eg)* nystas/rullas upp; *(bildl vard)* slappna av, gå ner i varv

un·wise [ˌʌnˈwaɪz] *adj* oklok

un·wit·ting [ʌnˈwɪtɪŋ] *adj (förolämpning)* oavsiktlig; *(person: offer)* omedveten, ovetande

un·wit·ting·ly [ʌnˈwɪtɪŋlɪ] *adv (utan att vilja)* oavsiktligt; *(utan att veta)* ovetande, aningslöst

un·work·able [ˌʌnˈwɜːkəbl] *adj (idé)* ogenomförbar

un·world·ly [ˌʌnˈwɜːldlɪ] *adj* ovärldslig

un·wor·thy [ʌnˈwɜːðɪ] *adj* ovärdig; **to be** ~ **to do sth** inte vara värdig att göra ngt

un·wound [ˌʌnˈwaʊnd] *imperf, perf part av* **unwind**

un·wrap [ˌʌnˈræp] *vt (paket)* öppna, packa upp

un·writ·ten [ˌʌnˈrɪtn] *adj* oskriven; ~ **law** oskriven lag

un·zip [ˌʌnˈzɪp] *vt (klädesplagg)* dra ner blixtlåset på; *(väska)* öppna (blixtlåset på)

up [ʌp] **1** *adv* **(a)** *(befintlighet, riktning)* upp, uppe; **what are you doing** ~ **there?** vad gör in där uppe?; **hang the painting a bit higher** ~ häng tavlan lite högre upp; **to stop halfway** ~ stanna halvvägs upp; **to throw sth** ~ **in the air** kasta upp ngt i luften; ~ **in the sky/mountains** uppe i luften/bergen; **my office is 5 floors** ~ mitt kontor ligger 5 trappor upp; **this side** ~ denna sida upp; **the sun is** ~ solen har gått upp; **the road is** ~ vägen är uppgrävd; **to be** ~ **among/with the leaders** vara på toppen; ~ **with Leeds United!** heja Leeds United!; ~ **the Republic!** leve Repu-

bliken!; **to walk ~ and down** gå fram och tillba-
ka; **to bounce ~ and down** studsa upp och ner;
he's been ~ and down all evening han har
sprungit upp och ner hela kvällen; **she's still a bit
~ and down** hon mår fortfarande inte riktigt bra
   (b) *(hus)* färdigbyggd; *(tält)* uppe, rest; *(tavla)*
uppe, uppsatt
   (c) *(ur sängen)*: **to be ~** vara uppe; **to be ~ and
about again** vara på benen igen
   (d) *(pris etc)*: **potatoes are ~ again** potatisen
har gått upp igen; **the temperature is ~ by 5°**
temperaturen har gått upp 5°
   (e) *(Sport)*: **Liverpool are three goals ~** Liver-
pool leder med tre mål
   (f) *(tid etc)* slut; **the lease is ~ on the 10th**
hyreskontraktet går ut den 10:e; **when the week
was ~** när veckan hade gått/var över; **time is ~**
tiden är ute; **it's all ~ with her** *(vard)* det är ute
med henne
   (g) *(mått)*: **from £2 ~** från 2 pund och uppåt
   (h) *(väderstreck)*: upp; **to go ~ to Aberdeen**
åka upp till Aberdeen; **to be/go ~ north** vara
uppe i norr/åka norrut; *(om viktigare städer)*: **to
go ~ to London** åka in till London; **he's ~ for the
day** han är inne i stan/London över dagen; **she's
~ from the country** hon har kommit in (till stan)
från landet; *(om Oxford o Cambridge)*: **he goes ~
to Oxford next year** han börjar (läsa) i Oxford
nästa år
   (i) *(om kunskap)*: **he's well ~ in/on British
politics** han är väl insatt i brittisk politik
   (j) *(vard)*: **what's ~?** vad står på?; vad är det
som har hänt?; **what's ~ with him?** vad har hänt
med honom?; **there's something ~ with him** det
har hänt honom ngt; **there's something ~ with
the TV** det är något fel på TVn
   (k): **~ to** *(avgränsning)* till, tills; **~ to now**
(fram) till(s) nu; **~ to here** hitupp, så här högt; **~
to £10** upp till 10 pund; **~ to date** aktuell, modern
   (l): **be ~ to** *(vard)* hålla på med, ha för sig;
what are you ~ to? vad håller ni på med?, vad
tänker ni göra?; **he's ~ to something** han har
något i kikaren
   (m): **~ to** *(om kvalitet, förmåga)* i nivå/klass
med; **to be ~ to a task** vara vuxen en uppgift; **I
don't feel ~ to going out** jag känner mig inte bra
nog att gå ut; **the book isn't ~ to much** *(vard)*
boken är inget vidare
   (n): **~ to**: **it's ~ to you to decide** det får du
bestämma; **it's ~ to you** det är upp till dig (själv),
det ankommer på dig
   (o): **to be ~ against opposition** stöta på
motstånd; **he's really ~ against it** han ligger
verkligen illa till
  2 *prep (riktning)* uppför; *(befintlighet)* uppe
på/i; **to go ~ the hill** gå uppför backen; **to live ~
the hill** bo uppe på kullen; **a pearl got stuck ~ her
nose** en pärla fastnade uppe/inne i näsan på hen-
ne; **to sail ~ the river** segla uppför floden; **to be
~ a tree** sitta/vara uppe i ett träd; **further ~ the
page** längre upp på sidan; **halfway ~ the stairs**
halvvägs uppför trappan; **he went off ~ the road**
han for iväg bortåt vägen; **to travel ~ and down
the country** resa runt i hela landet
  3 *s*: **~s and downs** *(i allm)* bättre och sämre
perioder; *(i karriär etc)* med- och motgångar
  4 *adj*: **the ~ train** *(Brit)* tåget till London,
Londontåget
  5 *vi (vard)*: **to ~ and do sth** hoppa/flyga upp
och göra ngt
up-and-coming |'ʌpən,kʌmıŋ| *adj* lovande
up-and-down |,ʌpən'daʊn| *adj (rörelse)* upp och
ner; *(landskap)* backig; *(yta)* ojämn; *(bildl)* ojämn
up·braid |ʌp'breıd| *vt* förebrå, klandra
up·bring·ing |'ʌp,brıŋıŋ| *s* uppfostran

up·coming |'ʌpkʌmıŋ| *adj (Am: händelse, evene-
mang)* kommande
up·country |,ʌp'kʌntrı| *adv (bo, resa)* inåt landet
up·date |ʌp'deıt| *vt* uppdatera, modernisera
up·grade |'ʌpgreıd| **1** *s* **(a)** *(Am)* uppförs-
backe **(b)**: **to be on the ~** *(bildl)* vara på uppåt-
gående **2** |ʌp'greıd| *vt (person)* befordra;
(tjänst) ändra till högre nivå; *(i allm)* förbättra
up·heav·al |ʌp'hi:vəl| *s (bildl)* omvälvning, kaos
up·held |ʌp'held| *imperf, perf part av* **uphold**
up·hill |,ʌp'hıl| **1** *adj*: **to go ~** *(väg)* gå uppåt;
(person) gå uppåt, gå i uppförsbacke; *(bil)* köra i
uppförsbacke **2** *adj* uppförs-, stigande; *(bildl)*
besvärlig, mödosam; **it's ~ all the way** *(eg)* det är
uppförsbacke hela vägen; *(bildl)* det går tungt/
trögt hela tiden
up·hold |ʌp'həʊld| *imperf, perf part* **upheld** *vt*
(ordning) upprätthålla; *(rykte)* vidmakthålla;
(uppförande) försvara; *(beslut)* stödja, ställa sig
bakom; *(Jur)* godkänna, gilla
up·hol·stery |ʌp'həʊlstərı| *s (på möbel)* stoppning,
klädsel; *(yrke)* tapetserareryrket
up·keep |'ʌpki:p| *s (verksamhet)* skötsel, under-
håll; *(kostnad)* underhållskostnader
up·lift |'ʌplıft| **1** *s* **(a)** *(i allm)* höjande; *(bildl
vard)* uppmuntran **(b)** *(Geol)* landhöjning **2**
|ʌp'lıft| *vt (bildl)*: **her letter ~ed me** hennes brev
piggade upp mig/verkade upplyftande på mig;
they felt ~ed by the hymn psalmen verkade
uppbyggande på dem
up·market |ʌp'mɑːkıt| *adj (Brit)* dyr, flott, snobb-
upon |ə'pɒn| *prep* = **on**
up·per |'ʌpə'| **1** *adj* **(a)** *(konkret)* övre,
över- **(b)** *(abstrakt)* högre; **the ~ classes**
överklassen; **the ~ crust** *(vard)* grädda,
överklassen **2** *s* **(a)**: **~s** *(på sko)* ovanläder; **to
be on one's ~s** vara utfattig **(b)** *(vard)* stimule-
rande medel, uppåttjack *(slang)*
upper-case |'ʌpəkeıs| *adj*: **~ letter** stor
(tryck)bokstav, versal
upper-class |,ʌpə'klɑːs| *adj* överklass-; **he's ~** han
tillhör överklassen
upper·most |'ʌpəməʊst| *adj (allra)* överst/högst/
främst; **it was ~ in my mind** det var det jag
främst hade i tankarna, det var det jag tänkte på
mest
up·pish |'ʌpıʃ| *adj (Brit vard)*, **up·pi·ty** |'ʌpıtı| *adj*
(vard) dryg, fisförnäm; **to get ~** vara snorkig
up·right |'ʌpraıt| **1** *adj* **(a)** *(eg: stolpe etc)*
upprätt; *(: hållning)* rak; **he has a very ~ posture**
(äv) han är mycket rak i ryggen; **~ piano** pi-
ano **(b)** *(bildl)* rakryggad, hederlig **2** *adv*
upprätt, rakt upp **3** *s* **(a)** stolpe **(b)** piano
up·ris·ing |'ʌp,raızıŋ| *s* uppror, resning
up·roar |'ʌprɔː'| *s (tillstånd)* tumult; *(ljud)* larm,
oväsen; **the whole place was in ~** hela stället var
i uppror
up·roari·ous |ʌp'rɔːrıəs| *adj (fest)* vild, stojig; *(väl-
komnande)* överväldigande; *(applåd)* stormande;
(skratt) skallande; *(vard: historia, film)* störtkul,
hejdlöst *(rolig)*
up·root |ʌp'ru:t| *vt (äv bildl)* dra upp med rötterna
up·sa·dai·sy, **up·sy·dai·sy** |'ʌpsə,deızı| *interj (när
man lyfter ngn)* åhej!; *(när ngn snubblar)* hoppsan!
up·set |ʌp'set| *(v: imperf, perf part* **upset)** **1**
vt **(a)** *(föremål)* välta (omkull); *(båt)* få att
kantra **(b)** *(person)* göra upprörd; **his death ~
her** hans död gjorde henne uppriven; **the crude
joke ~ her** det grova skämtet gjorde henne
upprörd/sårade henne; **the mistake ~ her**
misstaget irriterade/förargade henne **(c)**
(plan, organisation) störa, rubba **(d)**: **the food ~
my stomach** jag blev illamående av maten; **gar-
lic ~s me** jag får ont i magen/mår illa av vitlök
  2 *adj* **(a)** *(person: av sorg)* uppriven, ledsen;

(: av kommentar) stött, sårad; *(: över uppförande)* irriterad, förargad; **to get** ~ bli stött *etc* **(b)** *(mage)* orolig; **I have an** ~ **stomach** jag har ont i magen/mår illa
3 [ˈʌpset] *s* **(a)** *(i allm)* störning, rubbning; *(psykologiskt)* chock; *(vard)* bråk; *(Sport)* skräll **(b): stomach** ~ magbesvär
up·set·ting [ʌpˈsetɪŋ] *adj (avsked)* sorglig, ledsam, uppskakande; *(grovt skämt)* sårande, stötande, upprörande; *(misstag, uppförande)* irriterande, förarglig
up·shot [ˈʌpʃɒt] *s* resultat, utgång
up·side down [ˌʌpsaɪdˈdaʊn] **1** *adv* upp och ned; **to turn sth** ~ *(i allm)* vända upp och ned på ngt; *(begrepp etc)* ställa på huvudet **2** *adj* uppochnedvänd; **the room was** ~ rummet var uppochnedvänt/tillstökat
up·stairs [ˈʌpˈstɛəz] **1** *adv (befintlighet)* på övervåningen, en trappa upp, där uppe; *(riktning)* uppför trappan, upp; **to kick sb** ~ *(bildl vard: skenbart befordra för att bli av med)* sparka ngn snett uppåt **2** *s* övervåning
up·stand·ing [ˌʌpˈstændɪŋ] *adj (person: fysiskt)* välbyggd, stilig; *(: moraliskt)* rakryggad, hederlig
up·start [ˈʌpstɑːt] *s* uppkomling
up·stream [ˈʌpstriːm] *adv (befintlighet)* uppströms, uppåt floden; *(riktning: äv)* uppför floden; **about 3 miles** ~ **from Windsor** ungefär en halvmil uppåt floden från Windsor *(räknat)*
up·surge [ˈʌpsɜːdʒ] *s (bildl)* våg; **a great** ~ **of interest** ett starkt ökat intresse, en våg av intresse
up·sy·dai·sy = upsadaisy
up·take [ˈʌpteɪk] *s (i allm)* upptagande, upptagning; **the** ~ **of the body** kroppens förmåga att ta upp *(t ex näringsämnen)*; **to be quick/slow on the** ~ *(vard)* ha lätt/svårt för att fatta
up·tight [ˈʌpˈtaɪt] *adj (vard: stel)* tillknäppt; *(: nervös)* irriterad, skärrad
up-to-date [ˈʌptədeɪt] *adj (uppgift)* aktuell, up-to-date; *(kläder)* modern; *se äv* **up 1 k**
up·town [ˈʌpˈtaʊn] *(Am)* **1** *adj (i allm)* belägen i *el* i riktning mot norra delen av stan/bostadsområdena (i förorten); *(i New York: buss, tåg etc)* norrgående (på Manhattan) **2** *adv* i *el* mot norra delen av stan/bostadsområdena (i förorten)
up·turn [ˈʌptɜːn] *s (bildl: pos)* förbättring, uppsving; *(: neg)* omstörtning
up·turned [ˈʌpˈtɜːnd] *adj (låda etc)* uppochnedvänd; ~ **nose** uppnäsa
up·ward [ˈʌpwəd] **1** *adj (i allm)* uppåtriktad; *(tendens)* stigande **2** *adv (äv:* ~**s) (a)** uppåt **(b)** *(med måttt):* **from the age of 13** ~**s** från 13 års ålder och uppåt; ~**s of 500** över 500
ura·nium [jʊˈreɪnɪəm] *s* uran
Ura·nus [ˈjʊərənəs, jʊəˈreɪnəs] *s (Myt)* Uranos; *(Astron)* Uranus
ur·ban [ˈɜːbən] *adj* stads-
ur·bane [ɜːˈbeɪn] *adj* världsvan, urban, elegant
ur·bani·zation [ˌɜːbənaɪˈzeɪʃən] *s* urbanisering
ur·chin [ˈɜːtʃɪn] *s* rackarunge, gatunge
urge [ɜːdʒ] **1** *s* begär, drift; **to feel an** ~ **to do sth** känna stor lust att göra ngt **2** *vt* **(a)** försöka övertala, be enträget; **to** ~ **sb to do sth** uppmana/be/tillråda ngn att göra ngt **(b)** *(åtgärd)* yrka på, enträget rekommendera; **to** ~ **sth on/upon sb** framhålla/understryka ngt för ngn
♦ **urge on** *vt + adv (eg, bildl)* driva/mana på, sporra
ur·gen·cy [ˈɜːdʒənsɪ] *s (i allm)* brådskande natur, allvar, vikt; *(i röst)* enträgenhet; **don't worry, there's no** ~ det är ingen brådska, det är inget överhängande; **it is a matter of** ~ det är ett brådskande ärende
ur·gent [ˈɜːdʒənt] *adj* **(a)** *(meddelande)* brådskande; *(behov)* trängande; *(ärende)* angelägen **(b)** *(bön)* enträgen

ur·gent·ly [ˈɜːdʒəntlɪ] *adv* **(a): he** ~ **needs help** han är i trängande behov av hjälp **(b)** *(be)* enträget
uri·nal [ˈjʊərɪnl, *(Brit: äv)* jʊˈraɪnəl] *s (byggnad)* pissoar, urinoar; *(kärl)* uringlas
uri·nate [ˈjʊərɪneɪt] *vi* urinera
urine [ˈjʊərɪn] *s* urin
urn [ɜːn] *s* **(a)** urna **(b)** *(äv:* **tea** ~) *(stor)* tekokare; *(äv:* **coffee** ~) *(stor)* kaffebryggare
us [ʌs] *pers pron* **(a)** *(obj, efter prep)* oss; *(i sht som predikatsfyllnad)* vi; **give it to** ~ ge den till oss; **she's older than** ~ hon är äldre än vi; **it's** ~ *(vard)* det är vi; **both of** ~ vi/oss båda; **both of** ~ **would like to come** vi skulle vilja komma båda två; ~ **Scots/English** *etc (vard)* vi skottar/engelsmän *etc* **(b)** *(vard)* mig; **give** ~ **a kiss!** ge mig en puss!
USA [ˈjuːesˈeɪ], **US** [ˈjuːˈes] *s förk f* **United States of America** USA
us·able [ˈjuːzəbl] *adj* användbar, brukbar
us·age [ˈjuːzɪdʒ] *s* **(a)** *(hos folk)* sed, vedertaget bruk **(b)** *(Språkv)* språkbruk **(c)** *(av föremål)* användning, behandling
use [juːs] **1** *s* **(a)** användning; **directions for** ~ *(överskrift)* bruksanvisning; **for the** ~ **of the blind** för blinda, att användas av blinda; **for** ~ **in case of emergency** för nödsituationer, att användas vid nödsituationer; **ready for** ~ klar att använda; **to be in** ~/**out of** ~ användas/inte användas; **to be in daily** ~ användas dagligen; **no longer in** ~ ur bruk; **to go/fall out of** ~ komma ur bruk
(b): to make ~ **of sth** göra bruk av/använda ngt; **to put sth to good** ~ använda ngt väl; **be put to good** ~ komma till god användning
(c) *(användningssätt):* **to learn the** ~ **of sth** lära sig använda ngt; **to find a** ~ **for sth** hitta på något sätt att använda ngt; **to have no further** ~ **for sth** inte ha någon mer användning för ngt
(d) nytta; **to be of** ~ vara till nytta; **it's (of) no** ~ *(handling)* det gör ingen nytta; *(föremål)* det går inte att använda; **it's no** ~ **discussing it further** det är ingen idé att diskutera det vidare; **what's the** ~ **of all this?** vad tjänar allt detta till?; **she's no** ~ **as a teacher** hon är värdelös som lärare
(e) *(rätt att använda ngt)* tillgång; *(förmåga att använda ngt):* **to lose the** ~ **of one leg** förlora rörelseförmågan i ett ben, inte kunna röra ena benet
2 [juːz] *vt* **(a)** *(i allm)* använda; ~ **only in emergencies** *(på skylt etc)* får användas endast i nödsituationer; **to** ~ **sth as a hammer** använda ngt som hammare; **what's this** ~**d for?** vad har man den här till?; **this room could** ~ **some paint** *(vard)* det skulle inte skada med lite målarfärg i det här rummet
(b) *(tillfälle, inflytande)* utnyttja
(c) *(bensin, förnödenhet)* förbruka; **have you** ~**d all the string?** har du gjort av med/använt allt snöret?
(d) *(åld: person)* behandla
3 *vhj, endast i imperf:* ~**d** [juːst]: **he** ~**d to...** han brukade...; **I** ~**d to live there** jag bodde där förr; **things aren't what they** ~**d to be** det är inte som det var förr, annat var det förr i tiden; **I** ~**d not/didn't use to drink so much** jag drack inte så mycket förr, jag brukade inte dricka så mycket
♦ **use up** *vt + adv* använda, förbruka; **the ink is all** ~**d up** bläcket är helt slut; **she felt all** ~**d up** hon kände sig helt slut(körd)/utpumpad
used[1] [juːzd] *adj (bil)* begagnad; *(kläder)* begagnad, secondhand
used[2] [juːst] *adj:* **to be** ~ **to sth** vara van vid ngt; **to be** ~ **to doing sth** vara van vid att göra ngt, bruka

göra ngt; **to get** ~ **to sth** vänja sig vid ngt, bli van vid ngt

use·ful [ˈjuːsfʊl] *adj* **(a)** *(verktyg, idé)* användbar; *(person, diskussion)* nyttig; **it is very** ~ **to be able to drive** det är väldigt praktiskt att kunna köra bil; **to make oneself** ~ göra (lite) nytta, hjälpa till; **to come in** ~ komma till nytta, komma väl till pass **(b)** *(vard: person, prestation)* hyfsad, skaplig

use·less [ˈjuːslɪs] *adj* **(a)** *(person)* oduglig; *(medicin etc)* värdelös, verkningslös; *(apparat)* obrukbar, oanvändbar; *(idé)* oanvändbar; **he's** ~ **as a forward** han är värdelös som forward **(b)** *(handling)* lönlös, meningslös

user [ˈjuːzəʳ] *s* *(av förnödenhet)* förbrukare, konsument; *(Data)* användare; *(av narkotika)* missbrukare; **telephone** ~ telefonabonnent; **library** ~ låntagare

ush·er [ˈʌʃəʳ] **1** *s* *(på bio, teater)* vaktmästare, platsanvisare; *(Jur)* rättstjänare; *(vid ceremoni)* marskalk, ceremonimästare **2** *vt:* **to** ~ **sb in** föra/visa in ngn; **it** ~**ed in a new era** *(bildl)* det inledde en ny epok

ush·er·ette [ˌʌʃəˈrɛt] *s* *(på bio, teater)* kvinnlig vaktmästare/platsanvisare

USSR *s förk f* **Union of Soviet Socialist Republics: the** ~ Sovjet(unionen)

usu·al [ˈjuːʒʊəl] **1** *adj* vanlig, bruklig; **as** ~ som vanligt; **more than** ~ mer än vanligt; **come at the** ~ **time** kom vid samma tid som vanligt; **as is** ~ **on these occasions** som brukligt är vid dessa tillfällen; **marrying young is the** ~ **thing nowadays** att gifta sig ung är det vanliga nuförtiden; **it's not** ~ **for her to be late** hon brukar inte komma försent **2** *s:* **the** ~ **please!** *(vard: om dryck)* kan jag få samma som vanligt, tack!

usu·al·ly [ˈjuːʒʊəlɪ] *adv* vanligtvis; **what do you** ~ **do?** vad brukar du göra?, vad gör du i vanliga fall?; **to be more than** ~ **careful** vara försiktigare än vanligt

usurp [juːˈzɜːp] *vt (makt)* tillskansa sig; *(land)* lägga beslag på

usu·rer [ˈjuːʒʊrəʳ] *s* ockrare

usu·ry [ˈjuːʒʊrɪ] *s* ocker

uten·sil [juːˈtɛnsl] *s* redskap; **writing** ~**s** skrivdon; **kitchen** ~**s** husgeråd

uter·us [ˈjuːtərəs] *s (Anat)* livmoder

utili·tar·ian [ˌjuːtɪlɪˈtɛərɪən] *adj (i allm)* nyttoinriktad, nytto-; *(möbel etc)* ändamålsenlig, praktisk

util·ity [juːˈtɪlɪtɪ] *s (abstr)* nytta, användbarhet; *(företag)* samhällsnyttigt företag, kommunalt verk; *(service)* samhällsservice; **utilities** *(ofta: i sht Am)* (gas), el och vatten; ~ **vehicle** nyttofordon *(för diverse ändamål)*; ~ **room** ekonomiutrymme

uti·li·za·tion [ˌjuːtɪlaɪˈzeɪʃən] *s* tillvaratagande, utnyttjande

uti·lize [ˈjuːtɪlaɪz] *vt* utnyttja, ta till vara, använda

ut·most [ˈʌtməʊst] **1** *adj* **(a)** *(bildl)* yttersta, största; **of the** ~ **importance** av yttersta vikt **(b)** *(eg)* yttersta, bortersta **2** *s:* **to do one's** ~ **(to do sth)** göra sitt yttersta (för att göra ngt); **to the** ~ **of one's ability** efter allra bästa förmåga

Uto·pia [juːˈtəʊpɪə] *s (boktitel)* Utopia; *(samhälle)* idealstat; *(idé, dröm: äv:* **u**~*)* utopi

Uto·pian [juːˈtəʊpɪən] *adj (äv:* **u**~*)* utopisk

ut·ter[1] [ˈʌtəʳ] *adj (i allm)* fullständig, fullkomlig; *(galenskap)* ren; *(tystnad)* total

ut·ter[2] [ˈʌtəʳ] *vt (suck)* ge ifrån sig; *(hotelse)* uttala; *(ord)* säga, yttra; **she never** ~**ed a word** hon sa aldrig ett ord, hon beklagade sig aldrig

ut·ter·ance [ˈʌtərəns] *s* yttrande

ut·ter·ly [ˈʌtəlɪ] *adv (se* utter[1]*)* fullständigt; rent, totalt; **he's** ~ **mad** han är helgalen

utter·most [ˈʌtəməʊst] *adj =* utmost

U-turn [ˈjuːtɜːn] *s (eg)* U-sväng; *(bildl)* kovändning, helomvändning; **no U-turn** *(skylt)* U-sväng förbjuden

V

V, v |viː| s (a) (bokstav) V, v (b) förk f versus
vac |væk| s (Brit vard: förk f **vacation**) (skol)lov; **long** ~ sommarlov
va·can·cy |'veɪkənsɪ| s (a) (abstrakt) tomhet; (konkret) tomrum; **with an expression of** ~ **on one's face** med uttryckslöst ansikte, med tomt stirrande blick (b) (i sht pl: på hotell) rum att hyra; **no vacancies** (på skylt) fullbelagt; **have you any vacancies?** har ni några lediga rum? (c) (på arbetsplats) ledig plats, vakans
va·cant |'veɪkənt| adj (a) (stol, hotellrum, toalett) ledig; (byggnad) tom; (tomt) obebyggd; (jobb) ledig; **is this seat** ~? är den här platsen ledig? (b) (blick, uttryck) tom
va·cate |və'keɪt| vt (frm: hus, rum) utrymma; (: sittplats, jobb) lämna
va·ca·tion |və'keɪʃən, (Am) veɪ'keɪʃən| s (Skol) ferier, lov; (i sht Am) semester; **on** ~ på semester; **to take a** ~ ta semester; **long** ~ (Univ) sommarlov
va·ca·tion·er |veɪ'keɪʃənəʳ| s (Am) semesterfirare
vac·ci·nate |'væksɪneɪt| vt vaccinera
vac·ci·na·tion |,væksɪ'neɪʃən| s vaccinering, vaccination
vac·cine |'væksiːn| s vaccin
vac·il·late |'væsɪleɪt| vi tveka, vackla; **to** ~ **between hope and fear** kastas mellan hopp och fruktan
vacu·ous |'vækjʊəs| adj (blick) tom; (kommentar) enfaldig; (påstående, kommentar) meningslös, enfaldig
vacuum |'vækjʊəm| 1 s vakuum; (bildl) tomrum, vakuum; ~ **cleaner** dammsugare; ~ **flask** (Brit) termos; ~ **pump** vakuumpump 2 vt, vi (vard) dammsuga
vacuum-packed |'vækjʊəm,pækt| adj vakuumförpackad
vaga·bond |'vægəbɒnd| s vagabond
va·gary |'veɪgərɪ, (i sht Am) və'geərɪ| s nyck, infall; **the vagaries of taste/love** smakens/kärlekens nyckfulla växlingar
va·gina |və'dʒaɪnə| s (Anat) slida, vagina
va·grant |'veɪgrənt| s lösdrivare, luffare
vague |veɪg| adj (-r, -st) (a) (beskrivning, idé) vag, oklar; (minne) svag, dunkel; **the** ~ **outline of a ship** den otydliga/suddiga konturen av ett fartyg; **he made some** ~ **promises** han gav några vaga löften; **with a** ~ **expression/look** med uttryckslös min (b) (person: avsiktligt) undvikande, svävande; (: oavsiktligt) tankspridd, frånvarande
vague·ly |'veɪglɪ| adv (se vague) vagt; svagt; svävande; tankspritt **I** ~ **remember seeing it** jag har ett svagt minne av att ha sett den; **a picture** ~ **resembling another** en tavla som påminner en smula om en annan
vague·ness |'veɪgnɪs| s (a) vaghet, oklarhet (b): **the** ~ **of his answer** hans otydliga/undvikande svar (c): **her increasing** ~ hennes tilltagande tankspriddhet
vain |veɪn| adj (a) (hopp) fåfäng; **in** ~ förgäves, fåfängt; **all our efforts were in** ~ alla våra ansträngningar var förgäves (b) (-er, -est) (person) fåfäng, högfärdig
vain·ly |'veɪnlɪ| adv (a) (försöka) förgäves (b)

(uppföra sig) fåfängt, högfärdigt
val·ance |'væləns| s (på sängöverkast) volang; (på gardin) kappa
vale |veɪl| s (poet) dal, däld
val·edic·tion |,vælɪ'dɪkʃən| s (handling) avsked(stagande); (tal etc) avskedsord
val·en·tine |'væləntaɪn| s (föremål) valentin|kort/ -gåva som skickas på Valentindagen den 14 februari; (person) fäst|man/-mö, vän; **Be my V~** (text på valentinkort) ung vill du vara min vän
val·et |'væleɪ, 'vælɪt| s betjänt
val·iant |'væljənt| adj tapper, hjältemodig
val·iant·ly |'væljəntlɪ| adv tapper, hjältemodig
val·id |'vælɪd| adj (ursäkt, skäl) giltig; (krav, invändning) berättigad; (argument) välgrundad; (biljett, pass etc) giltig; **a ticket** ~ **for 3 months** en biljett som gäller i 3 månader
vali·date |'vælɪdeɪt| vt (kontrakt) godkänna, göra giltig; (beslut) stadfästa; (krav, påstående) intyga/visa det berättigade i
va·lid·ity |və'lɪdɪtɪ| s giltighet
va·lise |və'liːz| s liten resväska
val·ley |'vælɪ| s dal
val·our, (Am) **val·or** |'vælər| s (frm) tapperhet
valu·able |'væljʊəbl| 1 adj värdefull, dyrbar; **a** ~ **contribution** ett värdefullt bidrag; **a** ~ **friend** en uppskattad/värderad vän; **your** ~ **time** er dyrbara tid 2: ~**s** spl värde|saker/-föremål
valu·ation |,væljʊ'eɪʃən| s (uppskattning av pris/ värde) värdering; (om person) uppfattning om ngns förmåga/duglighet
value |'væljuː| 1 s (a) (i allm) värde; (på sedel) valör; **sentimental** ~ affektionsvärde; **of no** ~ utan värde, utan värde; **diamonds to the** ~ **of...** diamanter till ett värde av...; **what's the value of gold today?** vad står guldet i idag?; **to be of** ~ **sb** (nytta) betyda (mycket) för ngn; (känslomässigt) vara värd mycket för ngn; **to be of little** ~ **sb** (nytta) inte vara till någon nytta/glädje för ngn; (känslomässigt) inte ha något särskilt värde för ngn; **this dress is good** ~ **(for money)** den här klänningen är ett bra köp; **they give you good** ~ de ger en/mycket för pengarna; **to attach no** ~ **sth** inte fästa någon större vikt vid ngt; **to set a high** ~ **on sth** sätta stort värde på ngt, lägga stor vikt vid ngt; ~ **judgment** värdeomdöme (b) (moraliska etc): ~**s** värderingar, normer 2 vt (föremål) värdera; (person, förhållande) sätta värde på; **it is** ~**d at £8** den är värderad till 8 pund; **he doesn't** ~ **his life** han värdesätter inte sitt liv
value-added tax |'væljʊ,ædɪd'tæks| s (Brit: förk VAT) mervärdesskatt
val·ued |'væljuːd| adj (person) (högt) värderad
value·less |'væljʊlɪs| adj värdelös
valve |vælv| s (Tekn) ventil, klaff; (Anat) klaff; (Mus) ventil; (Radio, TV) rör
vamp |væmp| (åld vard) 1 s vamp 2 vt vampa 3 vi spela vamp
vam·pire |'væmpaɪəʳ| s (Myt) vampyr; ~ **bat** (Zool) vampyr
van |væn| s (Motor) skåpbil; (Järnv: i sht Brit) täckt godsvagn; **moving** ~ flytt|bil/-buss; **guard's** ~ (i sht Brit) konduktörskupé
van·dal |'vændəl| s vandal
van·dal·ism |'vændəlɪzəm| s vandalism

482

van·dal·ize |'vændəlaız| vt vandalisera

vane |veın| s (= weather ~) vindflöjel; (på propeller) blad

van·guard |'vænga:d| s (Mil) förtrupp; (bildl) avantgarde; **the** ~ (bildl) främsta ledet; **to be in the** ~ **of progress** gå i spetsen för utvecklingen

va·nil·la |və'nılə| s vanilj; ~ **ice cream** vaniljglass; ~ **flavouring** vaniljsmak

van·ish |'vænıʃ| vi försvinna; ~ **into thin air** gå upp i rök

van·ish·ing |'vænıʃıŋ| adj: ~ **point** (bildl) gräns; **my patience had reached** ~ **point** mitt tålamod var på upphällningen; ~ **trick** borttrollningsnummer

van·ity |'vænıtı| s (om person) fåfänga; (om verksamhet/handling) fåfänglighet, meningslöshet; ~ **case** sminkväska; **V**~ **Fair** (roman av Thackeray) Fåfängans marknad; ~ **table** (i sht Am) sminkbord; ~ **plate** (Am: Motor) personlig registreringsskylt med egna initialer etc

van·quish |'væŋkwıʃ| vt (poet) övervinna, besegra

van·tage |'va:ntıdʒ| s: ~ **point** fördelaktig utkiksplats; **from our modern** ~ **point** ur vårt moderna perspektiv

vap·id |'væpıd| adj (tal) andefattig, platt; (person) intetsägande, tråkig, livlös

va·pori·za·tion |ˌveıpəraı'zeıʃən| s avdunstning, förångning

va·por·ize |'veıpəraız| **1** vt förånga **2** vi avdunsta, förångas

va·pour, (Am) **va·por** |'veıpə'| s ånga; ~ **trail** (Flyg) kondensstrimma

vari·abil·ity |ˌveərıə'bılıtı| s föränderlighet; **the** ~ **of the wind** vindens växlingar; **the** ~ **of the quality** variationen i kvalitet

vari·able |'veərıəbl| **1** adj (i allm) varierande; (vindar) växlande; (väder) ostadig; (humör) ombytlig; (Tekn) reglerbar **2** s variabel

vari·ance |'veərıəns| s: **to be at** ~ (åsikter) gå isär, strida mot varandra; (personer) vara oense; **to be at** ~ **with** (åsikter) strida mot; (uppgifter) gå stick i stäv mot; motsäga; (person) vara oense med

vari·ant |'veərıənt| s variant

vari·ation |ˌveərı'eıʃən| s (i allm) variation, förändring; (Mus) variation; ~**s on a theme of Haydn** variationer över ett tema av Haydn

vari·cose |'værıkəos| adj: ~ **vein** (Med) åderbråck

var·ied |'veərıd| adj (i allm) omväxlande, varierande; (kost) varierad

varie·gat·ed |'veərıgeıtıd| adj (i sht om blomma el blad) spräcklig, fläckig

vari·ety |və'raıətı| s **(a)** (i vetenskaplig systematik) varietet (spec); (: Zool: äv) ras; (: Bot: äv) sort; (i allm: av varor etc) sort; **a new** ~ **of canned soup** en ny sorts burksoppa **(b)** mängd, mångfald; **in a wide/large** ~ **of colours** i mängder av olika färger; **for a** ~ **of reasons** av flera olika skäl; **for** ~ som omväxling; **to introduce more** ~ **into the diet** införa mer omväxling i kosthållet **(c)** (Teat) varieté, revy; ~ **artist** varietéartist; ~ **show** (Teat) varieté, revy; (TV: ung) underhållningsprogram

vari·ous |'veərıəs| adj **(a)** olika, diverse; **he has** ~ **hobbies** han har flera (olika) hobbies; **we went our** ~ **ways** vi gick var och en åt sitt håll; **at** ~ **times** vid olika tidpunkter **(b)** åtskilliga; **for** ~ **reasons** av diverse (olika) skäl

vari·ous·ly |'veərıəslı| adv omväxlande

var·nish |'va:nıʃ| **1** s (på trä) fernissa, lack; (i sht Brit: på naglar) lack; (bildl) polityr, fernissa, fasad **2** vt (trä) fernissa, lacka; (naglar) måla

var·sity |'va:sıtı| s **(a)** (i sht Brit vard) universitet **(b)** (Am: Sport) universitets el skolas A-lag; **the football** ~ fotbollslaget (amerikansk fotboll)

vary |'veərı| **1** vt ändra, variera **2** vi (bli annorlunda) variera (with/according to med/alltefter); (väder) skifta; (vara annorlunda) skilja sig, vara olik; **to** ~ **from (the norm)** avvika från (det normala); **to** ~ **in size** variera i storlek; **it varies** det varierar, det är olika; **it varies from 2 to 10** det varierar/ligger mellan 2 och 10; **they** ~ **in price** de varierar i pris

vary·ing |'veərııŋ| adj varierande, olika

vase |va:z, (Am vanl) veıs|| s vas

vas·ec·to·my |væ'sektəmı| s (Med: sterilisering av man) vasektomi

vas·eline ® |'væsıli:n| s vaselin

vast |va:st| adj (-er, -est) (yta) vidsträckt; (bildl: mycket stor) väldig, oerhörd, enorm

vast·ly |'va:stlı| adv oerhört, väldigt; **his work has improved** ~ hans arbete har förbättrats oerhört mycket; **this wine is** ~ **superior to that one** det här vinet är vida överlägset det där

vast·ness |'va:stnıs| s vidsträckthet, väldighet; **the** ~ **of the costs** de oerhörda kostnaderna; **the** ~ **of outer space** den yttre rymdens oändlighet

vat |væt| s (för vin) fat; (för färgning) kar

VAT |'vi:eı'ti:, væt| Brit: förk f **value-added tax** moms; ~ **refund** momsåterbäring

Vati·can |'vætıkən| s: **the** ~ Vatikanen

vau·de·ville |'vəodəvıl| s (i sht Am) varieté(föreställning)

vault[1] |vɔ:lt| s (Arkit) valv; (för vin: i sht på slott) källare; (i bank) kassavalv; (grav) gravvalv

vault[2] |vɔ:lt| **1** vt hoppa/svinga sig över **2** vi (i allm) hoppa, svinga sig; (Sport) hoppa stav

vault·ed |'vɔ:ltıd| adj (tak) valv-; (rum) med valvtak, välvt

vaunt·ed |'vɔ:ntıd| adj (i sht: much-~) omskruten, omtalad

V.D. |ˌvi:'di:| förk för **venereal disease** (Med) VS

veal |vi:l| s kalvkött; ~ **cutlet** kalvkotlett

veer |vıə'| vi (fartyg) gira; (bil) svänga; (vind) ändra riktning, vrida; (bildl) svänga; **his speech** ~**ed from one topic to another** i sitt tal kom han in på än det ena, än det andra ämnet; **public opinion has** ~**ed to the left** den allmänna opinionen har svängt åt vänster

veg·eta·ble |'vedʒıtəbl| s **(a)** (i allm) grönsak; **the** ~ **kingdom** växtriket; ~ **diet** vegetarisk diet, grönsaksdiet; ~ **garden** köksträdgård; ~ **oil** vegetabilisk olja; **mixed** ~ **salad** grönsakssallad; ~ **soup** grönsakssoppa **(b)** (vard: person) slö person, kolli

veg·etar·ian |ˌvedʒı'teərıən| **1** adj vegetarisk **2** s vegetarian

veg·etari·an·ism |ˌvedʒı'teərıənızəm| s vegetarianism

veg·etate |'vedʒıteıt| vi (Bot) växa, vegetera; (person) föra ett passivt/monotont liv

veg·eta·tion |ˌvedʒı'teıʃən| s vegetation, växtlighet

ve·he·mence |'vi:ıməns| s (om känsla) häftighet, styrka; (om person) iver, glöd

ve·he·ment |'vi:ımənt| adj (kamp, motstånd) häftig, våldsam; (tal) lidelsefull; (person) ivrig, hetsig

ve·he·ment·ly |'vi:ıməntlı| adv (attackera) häftigt, våldsamt; (tala) lidelsefullt, ivrigt; **she is** ~ **in favour of the new bridge** hon är en ivrig anhängare av den nya bron

ve·hi·cle |'vi:ıkl| s **(a)** (i allm) fordon; (Rymd) farkost **(b)** (bildl) medium, språkrör

veil |veıl| **1** s (i allm) slöja; (på hatt) flor; (på nunnedräkt etc) dok; **a** ~ **of mist** en dimslöja, dimslöjor; **to take the** ~ (Rel) bli nunna, ta doket; **to draw a** ~ **over sth** (bildl) dra en slöja över ngt; **under a** ~ **of secrecy** (bildl) i hemlighet; **under the** ~ **of sth** (bildl) med ngt som täckmantel **2** vt beslöja; **the town was** ~**ed by mist** staden var insvept/dold i dimma

veiled [veɪld] *adj (hot)* dold; *(antydning)* förstucken, förtäckt; **thinly-~ dislike** illa dold motvilja; **with ~ irony** med förtäckt ironi
vein [veɪn] *s (Anat)* ven, blodåder; *(i blad)* nerv; *(i insektsvinge)* ribba; *(i trä)* ådra; *(i marmor)* strimma; *(Gruv)* malmåder; *(bildl)* drag; **there is a ~ of cruelty in her character** det finns ett drag av grymhet i hennes karaktär; **in the same ~** i samma stil; **in a melancholy ~** på melankoliskt humör, melankolisk(t)
Vel·cro® [ˈvelkrəʊ] *s* kardborrband
vel·lum [ˈveləm] *s (av skinn)* veläng(pergament); *(av papper)* veläng(papper) *fint brevpapper*
ve·loc·ity [vɪˈlɒsɪti] *s* hastighet
vel·vet [ˈvelvɪt] **1** *s* sammet **2** *adj (eg)* sammets-, av sammet; *(bildl)* sammetsmjuk; **~ gloves** *(bildl)* silkesvantar
vel·vet·een [ˈvelvɪtiːn] *s* velvetin, bomullssammet
vel·vety [ˈvelvɪti] *adj* sammetsmjuk, sammetslen
ve·nal [ˈviːnl] *adj (person)* korrumperad, mutbar, som kan köpas; **~ actions/practices** bestickning, tagande/givande av mutor
ven·det·ta [venˈdetə] *s* vendetta, blodshämnd; **to carry on a ~ against sb** ligga i fejd med ngn
vend·ing ma·chine [ˈvendɪŋ məˈʃiːn] *s (för choklad, cigarretter etc)* automat
ven·dor [ˈvendɔːʳ] *s (i allm)* gatuförsäljare; *(Jur)* säljare
ve·neer [vəˈnɪəʳ] *s (eg)* fanér; *(bildl)* tunt skal, mask; **with a ~ of culture** *(bildl)* med en tunn kulturfernissa
ven·er·able [ˈvenərəbl] *adj (i allm)* vördnadsvärd, ärevördig; **the ~** *(titel)* högvördige
ven·er·ate [ˈvenəreɪt] *vt* vörda
ven·era·tion [ˌvenəˈreɪʃən] *s* vördnad; **to hold in ~** vörda
ve·nereal [vɪˈnɪərɪəl] *adj:* **~ disease** *(förk* **V.D.**) venerisk sjukdom, könssjukdom
Ve·netian [vəˈniːʃn] *adj* **(a)** *(Geogr)* venetiansk **(b):** **~ blind** persienn
venge·ance [ˈvendʒəns] *s* hämnd; **she swore ~** hon svor att hämnas; **to take ~ on sb** utkräva hämnd på ngn; **with a ~** *(vard)* så det förslår/förslog
venge·ful [ˈvendʒfʊl] *adj* hämndlysten
ve·nial [ˈviːnɪəl] *adj (synd)* förlåtlig; *(fel)* ursäktlig, som kan förlåtas
Ven·ice [ˈvenɪs] *s* Venedig
veni·son [ˈvenɪsən] *s* rådjurs-/hjort|kött
ven·om [ˈvenəm] *s (eg)* gift; *(bildl)* giftighet, bitterhet
ven·om·ous [ˈvenəməs] *adj (eg, bildl)* giftig
vent [vent] **1** *s (i allm)* lufthål, ventilationsspringa; *(Zool)* kloaköppning; **to give ~ to one's feelings** *(bildl)* ge utlopp för sina känslor **2** *vt* ventilera, lufta; **to ~ one's anger** ge utlopp för sin ilska; **to ~ one's anger on sb** låta sin ilska gå ut över ngn, ösa sin ilska över ngn
ven·ti·late [ˈventɪleɪt] *vt (rum)* ventilera, vädra; *(fråga, problem)* ventilera, dryfta
ven·ti·la·tion [ˌventɪˈleɪʃən] *s* ventilation; **~ shaft** *(i gruva)* luftschakt; *(i hus)* lufttrumma
ven·ti·la·tor [ˈventɪleɪtəʳ] *s (i kök)* ventil, fläkt; *(Med:* = *lung* ~) lungventilator
ven·trilo·quist [venˈtrɪləkwɪst] *s* buktalare
ven·ture [ˈventʃəʳ] **1** *s* vågspel, företag; **a bold ~** ett djärvt initiativ; **business ~** affärssatsning; **a new ~ in publishing** en ny förlagssatsning; **capital** riskvilligt kapital **2** *vt (pengar)* satsa; *(rykte)* sätta på spel, riskera; *(liv)* våga, riskera; *(åsikt)* (våga) framföra; *(gissning)* våga sig på; **they ~d everything** de satsade allt; **if I may ~ an opinion** om jag får (vara djärv nog att) framföra min åsikt; **nothing ~d, nothing gained** den intet vågar han intet vinner, friskt vågat är hälften vunnet **3** *vi* **(a): to ~ on sth** ge sig in på ngt; **to**

~ on a journey ge sig ut på en resa; **to ~ out (of doors)** våga sig ut; **to ~ in/inside** våga sig in **(b): to ~ to do sth** våga göra ngt; **I'm afraid I must ~ to disagree with you** jag är rädd att jag måste anmäla en avvikande åsikt; **I ~ to write to you** jag tar mig friheten att skriva till er
venue [ˈvenjuː] *s (i allm)* (mötes)plats; *(Jur)* jurisdiktionsort; **the ~ for the next match** spelplats för nästa match
Ven·us [ˈviːnəs] *s (Astron, Myt)* Venus
ve·ra·cious [vəˈreɪʃəs] *adj* sanningsenlig
ve·rac·ity [vəˈræsɪti] *s (frm: om person)* sannfärdighet, trovärdighet; *(: om påstående)* sanningshalt, trovärdighet
ve·ran·da(h) [vəˈrændə] *s* veranda
verb [vɜːb] *s* verb
ver·bal [ˈvɜːbəl] *adj* **(a)** *(överenskommelse)* muntlig **(b)** *(översättning)* ordagrann **(c)** *(Språkv)* verbal(-), verb-; *(begåvning)* verbal; **it's only a ~ difference** det är bara en skillnad i ord
ver·bal·ly [ˈvɜːbəlɪ] *adv (se äv* **verbal)** muntligt; ordagrant; verbalt
ver·ba·tim [vɜːˈbeɪtɪm] **1** *adj* ordagrann **2** *adv* ord för ord, ordagrant
ver·bi·age [ˈvɜːbɪdʒ] *s* mångordighet, jargong
ver·bose [vɜːˈbəʊs] *adj* mångordig, svamlig
ver·dict [ˈvɜːdɪkt] *s (Jur)* jurys utslag; *(bildl)* dom, omdöme, utlåtande; **a ~ of guilty/not guilty** ett utslag som lyder skyldig/icke skyldig; **his ~ on the wine was unfavourable** hans omdöme om vinet var negativt; **the general/popular ~** det allmänna omdömet
verge [vɜːdʒ] **1** *s (i allm)* kant, rand; *(Brit)* vägren, dikeskant; *(bildl)* gräns, brant; **to be on the ~ of disaster/ruin** stå på gränsen till katastrof/stå på ruinens brant; **she was on the ~ of tears/laughter** hon var gråtfärdig/hon höll på att brista ut i skratt; **we were on the ~ of leaving** vi skulle just gå; **I was on the ~ of saying it** det var på vippen att jag sa det, jag hade det på tungan **2** *vi:* **to ~ on/upon** luta åt, gränsa till; **red, verging on brown** rött, som stöter i brunt
ver·ger [ˈvɜːdʒəʳ] *s* kyrkvaktmästare
veri·fi·able [ˈverɪfaɪəbl] *adj* kontrollerbar, verifierbar
veri·fi·ca·tion [ˌverɪfɪˈkeɪʃən] *s (handling)* bekräftande, verifiering, kontroll; *(dokument etc)* bekräftelse, verifikation, bevis
veri·fy [ˈverɪfaɪ] *vt (händelse etc)* bekräfta, bevisa; *(om person: uttala sig om ngt)* bekräfta, bestyrka; *(: undersöka ngt)* verifiera, kontrollera, förvissa sig om
veri·table [ˈverɪtəbl] *adj* verklig, ren, veritabel
ver·mi·cel·li [ˌvɜːmɪˈselɪ] *s (Matl)* vermiceller
ver·mil·ion [vəˈmɪljən] *adj* cinnoberröd, orangeröd
ver·min [ˈvɜːmɪn] *s (mindre)* ohyra; *(större)* skadedjur; *(bildl: neds: personer)* pack, drägg
ver·mouth [ˈvɜːməθ, *(Am)* vəˈmuːθ] *s* vermouth, vermut
ver·nacu·lar [vəˈnækjʊləʳ] **1** *adj (dikt etc)* på folkspråket, inhemsk **2** *s (i land)* (inhemskt) språk; *(i region)* dialekt; *(inom yrke)* jargong, fackspråk
ver·sa·tile [ˈvɜːsətaɪl] *adj (person)* mångsidig, mångkunnig; *(intellekt)* rörlig; *(material)* med många användningsområden, mångsidig
ver·sa·til·ity [ˌvɜːsəˈtɪlɪti] *s (se äv* **versatile)** mångsidighet; rörlighet
verse [vɜːs] *s* **(a)** *(i allm)* vers, strof; *(Bibel)* vers; *(Metrik)* versrad **(b)** *ingen pl* vers, poesi
versed [vɜːst] *adj:* **to be well ~ in** vara väl bevandrad i/förtrogen med
ver·sion [ˈvɜːʃən, *(i sht Am)* ˈvɜːʒən] *s (i allm)* version; *(bok)* översättning, version; *(bil)* modell,

version; *(beskrivning)* version, framställning; **according to his** ~ enligt hans version

ver·sus ['vɜːsəs] *prep (förk* v *el* vs*) (Sport)* mot; *(Jur)* kontra, mot; *(i allm)* i motsats till, jämfört med

ver·te·bra ['vɜːtɪbrə] *s, pl* **vertebrae** ['vɜːtibriː] ryggkota

ver·te·brate ['vɜːtɪbrət] **1** *adj* ryggrads-; **2** *s* ryggradsdjur

ver·tex ['vɜːteks] *s, pl* **vertices** ['vɜːtɪsiːz] *(i allm)* spets, topp; *(Mat)* spets, hörn; *(Anat)* hjässa

ver·ti·cal ['vɜːtɪkəl] *adj* lodrät, vertikal

ver·ti·cal·ly ['vɜːtɪkəlɪ] *adv* lodrätt, vertikalt

ver·ti·go ['vɜːtɪɡəʊ] *s* yrsel, svindel

verve [vɜːv] *s* livfullhet, energi, schvung

very ['verɪ] **1** *adv* **(a)** *(i allm)* mycket, synnerligen; *(i nekande sats)* särskilt, (så) värst; **she feels** ~ **much better** hon mår väldigt mycket bättre; **he is** ~ **good with children** han har mycket god hand med barn; **are you tired?...(Yes),** ~ är du trött? ... Ja, det är jag verkligen; **he's so** ~ **poor** han är så kolossalt fattig; **I was** ~, ~ **cross indeed!** jag var verkligen mycket, mycket arg!; **you're not being** ~ **helpful** du är inte till särskilt stor hjälp; **I didn't like it** ~ **much** jag tyckte inte så värst mycket om det; **he** ~ **nearly missed the bus** det var ytterst nära att han missade bussen; ~ **well, sir** javisst sir/herrn!; ~ **well, do as you wish, but don't come to me for help** för all del/OK då, gör som du vill, men kom inte och be mig om hjälp; ~ **high frequency** *(Radio: förk:* **VHF)** VHF **(b): the** ~ **first/last** den allra första/sista; **the** ~ **best** det allra/absolut bästa; **6 months at the** ~ **most/least** allra högst/minst ett halvår; **by 7 o'clock at the** ~ **latest/earliest** allra senast/ tidigast klockan 7; **the** ~ **same hat** precis samma hatt; **it's my** ~ **own** det är alldeles mitt eget; **my** ~ **own puppy** min alldeles egna hundvalp **2** *adj* **(a)** (precis) samma; **that** ~ **day** just den dagen; **his** ~ **words** hans egna ord; **he's the** ~ **man we want** han är just den man vi söker **(b)** blotta, själva; **the** ~ **thought (of it) alarms me** blotta tanken (på det) oroar mig; **the** ~ **idea!** en sådan idé! **(c): at the** ~ **top** högst uppe i toppen; **at the** ~ **bottom** allra längst ner; **at the** ~ **beginning** redan/alldeles i början; **at the** ~ **end** alldeles i slutet

ves·pers ['vespəz] *spl* vesper, aftonsång

ves·sel ['vesl] *s (för vätska)* kärl; *(Sjö)* fartyg; *(Anat)* kärl; *(i Bibeln, bildl)* käril; *se äv* **blood 2**

vest[1] [vest] *s (Brit)* undertröja; *(Am)* väst; ~ **pocket** *(Am)* västficka

vest[2] [vest] *vt*: **to** ~ **sb with sth** förse ngn med ngt, förläna ngt åt ngn; **to** ~ **rights/authority in sb** ge ngn rättigheter/myndighet

vest·ed ['vestɪd] *adj (Jur)* lagstadgad; ~ **interest** *(Handel:* aktieplaceringar *etc)* intresse; *(bildl)* eget/privat intresse; **he has a** ~ **interest in it** det ligger i hans (personliga) intresse

ves·ti·bule ['vestɪbjuːl] *s (frm)* vestibul, hall

ves·tige ['vestɪdʒ] *s* spår; **not a** ~ **of truth** inte ett uns av sanning; **not a** ~ **of it remains** inte ett spår av den återstår

vest·ment ['vestmənt] *s (i allm)* (ämbets)dräkt; *(prästs)* skrud, mässhake

vest-pocket ['vest,pɒkɪt] *adj (Am)* i västficksformat, miniatyr-; ~ **TV** miniatyr-TV

ves·try ['vestrɪ] *s (förvaringsrum)* sakristia; *(möteslokal)* kyrk-/församlingssal

vet [vet] **1** *s (förk f* **veterinary surgeon)** veterinär **2** *vt (patient, sjukt djur)* undersöka (och behandla); *(ansökan, sökande)* bedöma, (ut)värdera; **he was** ~**ted by Security before he got the job** säkerhetstjänsten gjorde en undersökning av/kollade honom innan han fick jobbet

vet·er·an ['vetərən] **1** *adj* (gammal och) erfaren; ~ **car** veteranbil; ~ **soldier** veteran **2** *s (i allm)* veteran; *(Am)* en som varit ute i krig; **war** ~ krigsveteran

vet·eri·nar·ian [,vetərɪ'neərɪən] *s (Am)* veterinär

vet·eri·nary ['vetərɪnərɪ] *adj* veterinär-; ~ **surgeon** *(Brit)* veterinär

veto ['viːtəʊ] **1** *s, pl* **-es** veto; **power/right of** ~ vetorätt; **to use/exercise one's** ~ använda sin vetorätt; **to put a** ~ **on sth** inlägga veto mot ngt **2** *vt (eg)* inlägga sitt veto mot; *(vard)* förbjuda; **the president** ~**ed it** presidenten inlade sitt veto mot det

vex [veks] *vt (flugor, ljud etc)* irritera, plåga; *(person, händelse)* förarga; *(problem)* förbrylla

vexa·tion [vek'seɪʃən] *s (känsla)* irritation, förtret, ilska; *(företeelse)* förtretlighet, irritationsmoment

vexa·tious [vek'seɪʃəs] *adj,* **vex·ing** ['veksɪŋ] *adj (flugor, ljud etc)* irriterande, plågsam; *(händelse)* förarglig, som gör en arg

vexed [vekst] *adj* **(a)** *(person: av händelse)* irriterad, förargad, arg; **to get** ~ **(with sb about sth)** bli arg/irriterad på ngn för ngt **(b)** *(person: av problem)* förbryllad **(c)** *(fråga)* omstridd, omtvistad

VHF [,viːeɪtʃ'ef] *förk* (= *very high frequency)* VHF

via ['vaɪə] *prep (plats, kommunikationsmedel)* via; *(kanal, öppning, person)* genom

vi·abil·ity [,vaɪə'bɪlɪtɪ] *s (om idé)* genomförbarhet; *(om ägg, frö etc)* livsduglighet

vi·able ['vaɪəbl] *adj (idé)* genomförbar; *(ägg, frö etc)* livsduglig

via·duct ['vaɪədʌkt] *s* viadukt

vibes [vaɪbz] *s* **(a)** *sg (Mus: vard)* vibrafon **(b)** *pl (vard)* vibrationer, stämning; **this house has good** ~ det här huset är mysigt

vi·brant ['vaɪbrənt] *adj (toner)* vibrerande, dallrande; *(färger)* lysande; *(person)* livfull; *(stad etc)* sjudande/pulserande (av liv)

vi·brate [vaɪ'breɪt] *vi (i allm)* vibrera, darra, skaka; *(ljud)* (gen)ljuda

vi·bra·tion [vaɪ'breɪʃən] *s* **(a)** *(eg)* vibration, darrning, skakning **(b)** *(bildl vard: vanl:* ~**s)** vibrationer, stämning, utstrålning

vic·ar ['vɪkə[r]] *s (i anglikanska kyrkan)* kyrkoherde; *(i katolska kyrkan)* ställföreträdare

vic·ar·age ['vɪkərɪdʒ] *s* prästgård

vi·cari·ous [vɪ'keərɪəs] *adj* ställföreträdande; **to get** ~ **pleasure out of sth** få ut glädje av ngn annans lycka/glädje

vice[1] [vaɪs] *s* last, synd; **alcohol can become a** ~ alkohol kan bli en last; **the pony has no** ~**s** ponnyn har inga olater/har lugnt humör; ~ **squad** sedlighetsrotel

vice[2], *(Am vanl)* **vise** [vaɪs] *s (Tekn)* skruvstäd

vice-chairman [,vaɪs'tʃeəmən] *s, pl* **-men** vice ordförande

vice-chan·cel·lor [,vaɪs'tʃɑːnsələ[r]] *s (Univ)* rektor

vice-presi·dent [,vaɪs'prezɪdənt] *s (Pol)* vicepresident; *(i styrelse)* vice ordförande

vice·roy ['vaɪsrɔɪ] *s* vicekonung

vice ver·sa [,vaɪs'vɜːsə] *adv* vice versa

vi·cin·ity [vɪ'sɪnɪtɪ] *s* närhet, grannskap; ... **and other towns in the** ~ ... och andra städer i trakten

vi·cious ['vɪʃəs] *adj (kritik)* illvillig, elak; *(anfall, slag)* våldsam, brutal; *(vana)* dålig; *(liv)* lastbar, utsvävande; *(djur, person)* vildsint, folklisken; ~ **tongues** elaka tungor; **a** ~-**looking knife** en kniv som ser farlig ut; **a** ~ **circle/spiral** en ond cirkel

vi·cious·ly ['vɪʃəslɪ] *adv* våldsamt, brutalt

vi·cis·si·tudes [vɪ'sɪsɪtjuːdz] *spl* förändringar, växlingar; **the** ~ **of life** livets (alla) skiften

vic·tim ['vɪktɪm] *s* offer; **to be the** ~ **of** vara offer för, vara utsatt för; **to fall** ~ **to** *(bildl)* falla offer

vic·timi·za·tion [ˌvɪktɪmaɪˈzeɪʃən] s orättvis bestraffning, förföljelse

vic·tim·ize [ˈvɪktɪmaɪz] vt göra till syndabock, diskriminera; **to be ~d** (äv) bli trakasserad

vic·tor [ˈvɪktəʳ] s segrare

Vic·to·rian [vɪkˈtɔːrɪən] **1** s viktorian **2** adj (eg, bildl) viktoriansk; **the ~ age** den viktorianska tiden ⅛37–1901

vic·to·ri·ous [vɪkˈtɔːrɪəs] adj segrande, segerrik

vic·to·ry [ˈvɪktərɪ] s seger

vict·uals [ˈvɪtlz] spl livsmedel, proviant

video [ˈvɪdɪəʊ] s (Tekn) video; (vard: apparat el inspelning) video; (Am vard: åld) TV; **~ cassette** videokassett; **~ recorder** videobandspelare; **~ recording** videoinspelning

video·tape [ˈvɪdɪəʊteɪp] **1** s videoband **2** vt spela in på video, banda

vie [vaɪ] vi: **to ~** (**with sb**) **for sth** (bildl) tävla/slåss (med ngn) om ngt

Vi·en·na [vɪˈenə] s Wien

Vi·et·nam [ˌvjetˈnæm, (i sht Am) ˌvjetˈnɑːm] s Vietnam

Vi·et·nam·ese [ˌvjetnəˈmiːz] **1** adj vietnamesisk **2** s (person) vietnames; (Språk) vietnamesiska

view [vjuː] **1** s (**a**) (förhållande) sikt, synhåll, sikte; (ngt man ser) syn, utsikt, vy; **we'll get a better ~ form here** vi kommer att se bättre härifrån; **he blocks my ~** han skymmer sikten för mig; **a splendid ~ of the river** en strålande utsikt över floden; **50 ~s of Venice** 50 vyer/ bilder från Venedig; **to be in/within ~** vara inom synhåll/i sikte; **to be in/within ~ of sth** kunna se ngt; **to come into/within ~** komma inom synhåll, bli synlig; **hidden from ~** dold; **in full ~ of the crowd** i folkmassans åsyn, mitt framför ögonen på folkmassan; **to be on ~** visas

  (**b**) (bildl) åsikt, uppfattning; **in my ~** enligt min uppfattning; **to take/hold the ~ that...** vara av/hysa (den) åsikten att...; **to take a dim/poor ~ of sth** ogilla ngt, inte gilla ngt; **to take an overall ~ of the situation** se situationen i dess helhet; **to take the long ~** se saken i ett långt perspektiv, se ngt på (lång) sikt; **in ~ of this, with this in ~** med tanke på detta; **to have in ~** ha tänkt sig, tänka sig; **with a ~ to doing sth** i avsikt att göra ngt

  2 vt (hus) se, titta på; (Jur) besiktiga; (situation, problem) se, betrakta; **~ TV** titta på TV; **how does the government ~ it?** hur ser regeringen på saken?

view·er [ˈvjuːəʳ] s (**a**) (TV-)tittare (**b**) (för diabilder, smalfilm) bildbetraktare

view·finder [ˈvjuːfaɪndəʳ] s (Foto) sökare

view·point [ˈvjuːpɔɪnt] s (eg) utsiktspunkt; (bildl) synpunkt, synvinkel

vig·il [ˈvɪdʒɪl] s vaka; **to keep ~** vaka

vigi·lance [ˈvɪdʒɪləns] s vaksamhet; **~ committee** (Am) medborgargarde

vigi·lant [ˈvɪdʒɪlənt] adj vaksam

vigi·lan·te [ˌvɪdʒɪˈlæntɪ] s (Am) medlem av medborgargarde

vig·or·ous [ˈvɪgərəs] adj (i allm) kraftfull, kraftig; (person: äv) spänstig; (promenad, övning) ansträngande

vig·our, (Am) **vig·or** [ˈvɪgəʳ] s (i allm) kraft-(fullhet), styrka; (om person: äv) spänst, vigör

vile [vaɪl] adj (brott: person) avskyvärd, vidrig; (vana) simpel, dålig; (humör) urusel; (lukt, mat) äcklig

vili·fy [ˈvɪlɪfaɪ] vt förtala, skymfa

vil·la [ˈvɪlə] s (på landet, utomlands) större elegant hus, villa; (Brit: äv) förortsvilla, parhus

vil·lage [ˈvɪlɪdʒ] s by; **the ~ schoolteacher** byskolläraren; **the ~ pub** byns pub

vil·lag·er [ˈvɪlɪdʒəʳ] s bybo

vil·lain [ˈvɪlən] s (vard, Film, Teat) bov, skurk; (skämts) rackare; **the ~ of the piece is the vicar** boven i dramat är kyrkoherden

vil·lain·ous [ˈvɪlənəs] adj (person) skurkaktig; (brott) nedrig, avskyvärd

vil·lainy [ˈvɪlənɪ] s (i sht poet) skurkaktighet; **acts of ~** skurkstreck, illdåd

vim [vɪm] s (vard) kraft, fart; **to be full of ~** vara i högform

vin·di·cate [ˈvɪndɪkeɪt] vt (handlingssätt, beslut) rättfärdiga, försvara; (påstående) bekräfta; (person) fria från anklagelse

vin·di·ca·tion [ˌvɪndɪˈkeɪʃən] s (se äv **vindicate**) försvar; rättfärdigande; bekräftelse; (för anklagad) upprättelse; **in ~ of** till försvar för

vin·dic·tive [vɪnˈdɪktɪv] adj hämndlysten, oförsonlig; **to feel ~ towards sb** känna hämndlystnad mot ngn

vin·dic·tive·ly [vɪnˈdɪktɪvlɪ] adv hämndgirigt, som hämnd

vine [vaɪn] s (som ger druvor) vin|ranka/-stock; (i allm) kläng-/klätterväxt

vin·egar [ˈvɪnɪgəʳ] s ättika; (= **wine ~**) vinäger

vine-growing [ˈvaɪnˌgrəʊɪŋ] adj: **~ region** vinodlingsregion

vine·yard [ˈvɪnjəd] s vinodling, vingård

vin·tage [ˈvɪntɪdʒ] s (vin) årgång; (druvor) skörd; (årstid) vinbärgningstid; **the 1970 ~** 1970 års vin(skörd); **~ wine** vin av god årgång, årgångsvin; **~car** veteranbil; **it has been a ~ year for plays** det har varit ett fint teaterår

vi·nyl [ˈvaɪnɪl] s vinyl

vio·la [vɪˈəʊlə] s (Mus) altfiol, viola

vio·late [ˈvaɪəleɪt] vt (lag) överträda, bryta mot; (kontrakt) bryta; (gräns, rättighet) kränka; (kyrka) vanhelga, skända; (kvinna) våldföra sig på, våldta

vio·la·tion [ˌvaɪəˈleɪʃən] s (se **violate**) överträdelse, brott; (kontrakts)brott; kränkning; skändning; våldförande, våldtäkt; **a ~ of his privacy** ett intrång i hans privatliv

vio·lence [ˈvaɪələns] s (abstr) våldsamhet, häftighet: the ~ of the sea; (konkr) våld, våldsamheter; **to resort to ~** ta till våld; **an act of ~** en våldshandling; **crimes of ~** våldsbrott; **robbery with ~** (Jur) grovt rån; **to do ~ to sth** (bildl: sanning) göra våld på/förvanska ngt; (: miljö) göra våld på/förstöra ngt

vio·lent [ˈvaɪələnt] adj (person, oväder, slag) våldsam; (smärta) häftig, svår; (färg) skrikig, bjärt; **to die a ~ death** få en våldsam död; **a ~ temper** ett häftigt humör; **to use ~ language** skälla; **to take a ~ dislike to sb/sth** fatta stark motvilja mot ngn/ngt; **by ~ means** med våldsmetoder

vio·lent·ly [ˈvaɪələntlɪ] adv (se **violent**) våldsamt; häftigt; bjärt

vio·let [ˈvaɪəlɪt] **1** s (Bot) viol; (färg) violett **2** adj violett

vio·lin [ˌvaɪəˈlɪn] s fiol, violin; **to play the first ~** spela första fiol; **~ case** fiollåda; **~ concerto** violinkonsert; **~ player** violinist, fiolspelare

vio·lin·ist [ˌvaɪəˈlɪnɪst] s violinist

VIP [ˌviːaɪˈpiː] förk (= **very important person**) VIP, höjdare

vi·per [ˈvaɪpəʳ] s (eg) huggorm; (bildl) orm

vir·gin [ˈvɜːdʒɪn] **1** s jungfru, oskuld; **the Blessed V~** den heliga jungfrun **2** adj (person) ren, som är oskuld; (skog, jord) jungfrulig, orörd; **~ speech** jungfrutal; **~ voyage** jungfruresa

vir·gin·ity [vɜːˈdʒɪnɪtɪ] s oskuld, jungfrudom

vir·ile [ˈvɪraɪl] adj (i allm) manlig, viril, kraftfull; (sexuellt) potent

vi·ril·ity [vɪˈrɪlɪtɪ] s (i allm) manlighet, virilitet;

(sexuellt) potens

vir·tual ['vɜ:tjʊəl] adj verklig, egentlig; **he's the ~ star of the show** han är den verkliga stjärnan i föreställningen; **it was a ~ failure** det var egentligen ett misslyckande

vir·tu·al·ly ['vɜ:tjʊəlɪ] adv praktiskt taget, så gott som; **it is ~ impossible to do anything** det är nästan (helt) omöjligt att göra ngt

vir·tue ['vɜ:tju:] s (hos person) dygd; (hos idé etc) fördel; **the plan has the ~ of simplicity/of being simple** planen har den fördelen att den är enkel; **I see no ~ in (doing) that** jag ser ingen mening med (att göra) det; **to make a ~ of necessity** göra en dygd av nödvändigheten; **by ~ of** i kraft av

vir·tu·os·ity [ˌvɜ:tjʊ'ɒsɪtɪ] s virtuositet

vir·tuo·so [ˌvɜ:tjʊ'əʊzəʊ] s virtuos; **a ~ performance** en virtuos föreställning

vir·tu·ous ['vɜ:tjʊəs] adj (person) rättskaffens, dygdig; (kvinna) ärbar, sedesam

viru·lent ['vɪrʊlənt] adj (virus) mycket smittsam; (sjukdom) häftig; (gift) farlig; (bildl: anfall) hätsk; (: kommentar) giftig, elak

vi·rus ['vaɪərəs] s virus

visa ['vi:zə] s visum

vis-à-vis ['vi:zəvi:] prep (riktning) mot, gentemot, visavi; (jämförelse) i jämförelse med, visavi

vis·count ['vaɪkaʊnt] s (eng adelstitel: närmast över baron) viscount

vis·cous ['vɪskəs] adj trögflytande, klibbig

vise [vaɪs] s (Am) = vice²

vis·ibil·ity [ˌvɪzɪ'bɪlɪtɪ] s (Meteorologi etc) sikt; **in good ~** fullt synlig

vis·ible ['vɪzəbl] adj (a) (föremål) synlig (b) (skillnad) uppenbar, märkbar

vis·ibly ['vɪzəblɪ] adv märkbart

vi·sion ['vɪʒən] s (a) syn(förmåga); **to have normal ~** ha normal syn; **field of ~** synfält (b) (i allm) vision, fantasi, (inre) syn; (Rel) uppenbarelse; **a man of ~** en klarsynt man, en man med visioner; **a ~ of the future** en framtidsvision; **I had ~s of her lying dead...** jag såg framför mig hur hon låg död...

vi·sion·ary ['vɪʒənərɪ] **1** s (pos) visionär; (neg) drömmare, fantast **2** adj (person) visionär, med förmåga att se in i framtiden; (plan) ogenomförbar, orealistisk; (scen) fantasi-, dröm-, visionär

vis·it ['vɪzɪt] **1** s (i allm) besök; (mer formell) visit; **to go on/make a ~ to** (person) besöka, hälsa 'på; (plats) besöka; **to pay sb a ~, to pay a ~ to sb** besöka ngn, avlägga ett besök/en visit hos ngn, hälsa 'på ngn; **on a private/official ~** på privat/officiellt besök **2** vt (a) (bege sig till: person) hälsa 'på, besöka; (: mer formellt) avlägga visit hos; (museum skola etc) besöka; (plats) besöka, åka till (b) (bo hos: person) hälsa 'på, besöka, vara på besök hos; (bo i: stad, land) besöka, vara i **3** vi (a) gå/vara på besök (b): **to ~ with sb** (Am vard) prata/ha en pratstund med ngn

vis·it·ing ['vɪzɪtɪŋ] adj (i allm) besökande, gästande; (talare, professor etc) gäst-; **the ~ team** (Sport) bortalaget; **~ card** visitkort; **~ hours** besökstid

visi·tor ['vɪzɪtəʳ] s (på sjukhus, utställning) besökande, besökare; (i hem, på hotell etc) gäst; **summer ~** sommargäst; **we're having ~s** vi ska ha/har främmande; **~s' book** (på hotell) liggare, resandebok; (i hem, på museum) gästbok

vi·sor ['vaɪzəʳ] s (på hjälm) visir; (på mössa) skärm; (i bil) solskydd

vis·ta ['vɪstə] s (eg) utsikt, vy genom allé, pelargång etc; (bildl) perspektiv, minnesbild; **new ~s** nya perspektiv; **she remembered her childhood as an endless ~ of sunny days** hon mindes sin barndom som en enda lång följd av soliga dagar

vis·ual ['vɪzjʊəl] adj (förmåga, minne) syn-; **a ~ image** en bild; **the ~ arts** bildkonsten; **~ aids**

(Skol) visuella hjälpmedel; **the pilot made ~ contact with the airstrip** piloten fick landningsbanan i sikte

visu·al·ize ['vɪzjʊəlaɪz] vt föreställa sig

visu·al·ly ['vɪzjʊəlɪ] adv (handikappad) **(a)** syn- **(b)**: **~ the film was OK, but...** bildmässigt var filmen OK, men...

vi·tal ['vaɪtl] adj **(a)** (eg) livsviktig; (bildl) (livs)viktig, absolut nödvändig; (misstag) fatal, ödesdiger; **of ~ importance to sb/sth** av högsta/avgörande betydelse för ngn/ngt; **~ organs/parts** livsviktiga el vitala organ; **at the ~ moment** i det avgörande ögonblicket; **~ statistics** (eg) befolkningsstatistik; (vard: kvinnas) (byst-, midje- och höft)mått **(b)** (person) vital; (sätt) livfull

vi·tal·ity [vaɪ'tælɪtɪ] s (hos person) vitalitet; (hos föreställning) liv

vi·tal·ize ['vaɪtəlaɪz] vt vitalisera, liva upp

vi·tal·ly ['vaɪtəlɪ] adv: **~ important** absolut nödvändig, av avgörande vikt; **~ urgent** livsviktig

vita·min ['vɪtəmɪn, (Am) 'vaɪtəmɪn] s vitamin; **with added ~s** vitaminberikad; **~ tablet** vitamintablett

vi·ti·ate ['vɪʃɪˌeɪt] vt förstöra, förvanska

vit·re·ous ['vɪtrɪəs] adj glasartad; **~ enamel** emalj

vit·ri·ol·ic [ˌvɪtrɪ'ɒlɪk] adj (eg) frätande, vitriol-; (bildl: angrepp) fräna, skarp; (: kommentar) giftig

vi·tu·pera·tion [vɪˌtju:pə'reɪʃən] s utskällning, smädande

viva ['vaɪvə] s (äv: **~ voce** ['vəʊsɪ]) (Brit Univ) munta, muntlig examen

vi·va·cious [vɪ'veɪʃəs] adj livlig, pigg

vi·vac·ity [vɪ'væsɪtɪ] s livlighet, livfullhet

viv·id ['vɪvɪd] adj (beskrivning) levande, livfull; (personlighet) livfull, pigg; (minne) klar, tydlig; (färg) klar, lysande; (fantasi) livlig

viv·id·ly ['vɪvɪdlɪ] adv (beskriva) livfullt; (minnas) tydligt

viv·id·ness ['vɪvɪdnɪs] s (om beskrivning) livfullhet; (hos minne) klarhet, skärpa; (hos färg) klarhet; **the ~ of the shocked him** slipsens färggrannhet chockade honom

vivi·sec·tion [ˌvɪvɪ'sekʃən] s vivisektion

vix·en ['vɪksn] s (Zool) rävhona; (neds) ragata, satkäring

viz. [vɪz] adv (förk = videlicet) nämligen

V-neck ['vi:nek] s (på kläder) V-ringning

vo·cabu·lary [vəʊ'kæbjʊlərɪ] s (språks, persons) ordförråd; (vokabulär: (ämnesområdes) vokabulär; (lista) ordlista

vo·cal ['vəʊkəl] adj **(a)**: **~ cords** stämband; **~ music** vokalmusik; **~ organs** talorgan; **~ part** sångstämma **(b)** (bildl: protest) högljudd, högröstad; **they are beginning to get ~** de har börjat göra sig hörda

vo·cal·ist ['vəʊkəlɪst] s vokalist, sångare/sångerska

vo·ca·tion [vəʊ'keɪʃən] s **(a)** kallelse, fallenhet; **he has no ~ for the army** han har ingen fallenhet för det militära **(b)** kall: **nursing is a ~** **(c)** yrke, sysselsättning; **his main ~ is writing** hans huvudsakliga sysselsättning är att skriva

vo·ca·tion·al [vəʊ'keɪʃənl] adj yrkes-; **~ guidance** yrkesvägledning; **~ school** yrkesskola; **~ training** yrkesutbildning

voca·tive ['vɒkətɪv] s (Språkv) vokativ

vo·cif·er·ous [vəʊ'sɪfərəs] adj (krav) högröstad; (folkhop) skränande

vod·ka ['vɒdkə] s vodka

vogue [vəʊg] s mode; **there is a ~ for...** det är modernt med/att...; **to be in ~/to be the ~** vara modern; **~ word** modeord

voice [vɔɪs] **1** s **(a)** röst; **to lose one's ~** tappa rösten; **in a loud/soft ~** med hög/låg röst; **at the**

top of one's ~ för full hals; **with one** ~ enhälligt; **he has no** ~ han har ingen talan; **to give** ~ **to** *(frm)* ge uttryck för **(b)**: **active/passive** ~ *(Språkv)* aktiv/passiv form **2** *vt (känsla)* uttrycka, ge uttryck åt; *(åsikt)* uttala

voiced [vɔɪst] *adj (Språkv)* tonande

voice·less ['vɔɪslɪs] *adj (Språkv)* tonlös

void [vɔɪd] **1** *adj (i allm)* tom; *(Jur)* ogiltig; ~ **of interest** utan/i avsaknad av intresse; **to make/ render a contract** ~ göra ett kontrakt ogiltigt; *se äv* **null** **2** *s (äv bildl)* tomrum; **the** ~ (tomma) rymden

vola·tile ['vɒlətaɪl] *adj (Kem)* flyktig; *(bildl: situation)* labil, känslig; *(: person)* labil, ombytlig

vol·can·ic [vɒl'kænɪk] *adj* vulkanisk

vol·ca·no [vɒl'keɪnəʊ] *s, pl* -es vulkan

vole [vəʊl] *s (Zool)* sork

vo·li·tion [və'lɪʃən] *s*: **of one's own** ~ *(frm)* av egen vilja

vol·ley ['vɒlɪ] *s* **(a)** *(av skott)* salva; *(av stenar)* skur; *(av skällsord)* skur, störtsjö **(b)** *(Sport)* volley, volleyslag

volley·ball ['vɒlɪbɔ:l] *s* volleyboll

volt [vəʊlt] *s (Elektr)* volt

volt·age ['vəʊltɪdʒ] *s (Elektr)* spänning

volte-face ['vɒlt'fɑ:s] *s (bildl)* helomvändning, kovändning

vol·uble ['vɒljʊbl] *adj (person)* talför, pratsjuk; *(tal)* mångordig, omständlig

vol·ubly ['vɒljʊblɪ] *adv* mångordigt, omständligt

vol·ume ['vɒlju:m] *s* **(a)** *(bok)* volym, del, band; *(av tidskrift)* årgång **(b)** *(Geom, rymdmått)* volym; *(produktion, försäljning etc)* volym, omfång; *(ljud)* volym, styrka **(c)**: ~**s** massor, mängder; ~**s of smoke** rökmassor, stora rökmoln; **to write** ~**s** skriva en massa; **his expression spoke** ~**s** hans (ansikts)uttryck talade sitt tydliga språk; **it speaks** ~**s for his charm** det säger (verkligen) något om hans charm

vo·lu·mi·nous [və'lu:mɪnəs] *adj (i allm)* stor, omfattande, voluminös; *(klädesplagg)* mycket rymlig/ vid; *(bok)* (alltför) lång, tjock; *(författare)* (alltför) produktiv

vol·un·tari·ly ['vɒləntərɪlɪ, *(Am)* ˌvɒlən'tærɪlɪ] *adv* självmant, frivilligt

vol·un·tary ['vɒləntərɪ] *adj* frivillig; ~ **worker** frivillig

vol·un·teer [ˌvɒlən'tɪər] **1** *s* frivillig; **any** ~**s?** några frivilliga? **2** *vt (hjälp)* erbjuda (frivilligt); *(upplysningar)* lämna (frivilligt), meddela; *(kommentar)* komma med **3** *vi* anmäla sig frivilligt, anmäla sig som frivillig; **to** ~ **to do sth** erbjuda sig självmant att göra ngt **4** *i sms* frivillig(-)

vo·lup·tu·ous [və'lʌptjʊəs] *adj (person)* sinnlig, vällustig; *(figur)* yppig; *(känsla)* härlig, överdådig

vom·it ['vɒmɪt] **1** *s* spyor **2** *vi* kräkas, spy **3** *vt (äv:* ~ **up)** *(mat)* spy/kräkas/kasta upp; *(blod etc)* spy, kräkas; *(bildl: rök)* spy ut

vom·it·ing ['vɒmɪtɪŋ] *s* kräkning(sanfall)

vo·ra·cious [və'reɪʃəs] *adj (eg, bildl)* glupsk; **a** ~ **appetite** en glupande/omättlig aptit

vor·tex ['vɔ:teks] *s, pl* **vortices** ['vɔ:tɪsi:z] *(i vatten)* virvelström, malström; *(i luft)* virvelvind, cy-

klon; *(bildl)* häxkittel, häxdans

vote [vəʊt] **1** *s (procedur)* (om)röstning, votering; *(vid val: enstaka)* röst; **to call a** ~ **of confidence/no confidence** begära förtroende-/misstroende|votum; **to propose a** ~ **of thanks to...** föreslå att ett tack framförs till...; **to put sth to the** ~/**to take a** ~ **on sth** rösta *el* votera om ngt; **to win many** ~**s** få många röster; **to count the** ~**s** räkna rösterna; **as the 1931/Labour** ~ **showed** som 1931 års/ Labours valresultat visade; **the Black** ~ de svartas röster; **when women got the** ~ när kvinnorna fick rösträtt; **to cast one's** ~ avge sin röst, rösta **2** *vt*: **to** ~ **a bill through parliament** rösta igenom ett lagförslag i parlamentet; **to** ~ **a sum for defence** bevilja ett anslag till försvaret; **he was** ~**d secretary** han valdes till sekreterare; **to** ~ **a proposal down** rösta ner ett förslag; **we** ~**d it a failure** *(vard)* vi ansåg att det var misslyckat/ att det var ett misslyckande **3** *vi* rösta; **to** ~ **on sth** rösta/votera om ngt; **to** ~ **for sb** rösta på ngn; **to** ~ **Labour/Conservative** rösta på Labour/de konservativa; **to** ~ **to do sth** rösta för/besluta att man ska göra ngt; **to** ~ **against/in favour of sth** rösta mot/för ngt; **I** ~ **we turn back** *(vard bildl)* jag röstar för/tycker att vi vänder

vot·er ['vəʊtər] *s (vid val)* väljare; *(vid votering)* röstande

vot·ing ['vəʊtɪŋ] *s* röstning, votering, omröstning; ~ **booth** valbås; ~ **paper,** ~ **slip** röstsedel, valsedel

vo·tive ['vəʊtɪv] *adj (Rel)* votiv-, offer-

vouch [vaʊtʃ] *vi*: **to** ~ **for sth** gå i god för/garantera ngt; **to** ~ **for sb** gå i god för ngn

vouch·er ['vaʊtʃər] *s (i allm)* kupong, voucher; *(Brit)* rabattkupong; *(Jur)* kvitto, attest; **gift** ~ presentkort; **hotel** ~ hotellkupong; **luncheon** ~ lunchkupong; **travel** ~ rabattbiljett

vouch·safe [ˌvaʊtʃ'seɪf] *vt* gå med på, bevilja

vow [vaʊ] **1** *s* högtidligt löfte; **to take/make a** ~ avlägga ett löfte; **to break one's** ~ bryta sitt löfte; **to take one's** ~**s** *(Rel)* avlägga klosterlöfte; **a** ~ **of poverty/chastity** *(Rel)* fattigdomslöfte/ kyskhetslöfte **2** *vt (i allm)* lova, svära; **to** ~ **to do sth** svära att göra ngt; **to** ~ **revenge** svära/ lova att hämnas; **to** ~ **that...** *(åld)* bedyra att...

vow·el ['vaʊəl] *s* vokal; ~ **sound** vokalljud

voy·age ['vɔɪɪdʒ] *s* resa *i sht* till sjöss *el i luften*

voy·ag·er ['vɔɪədʒər] *s (på fartyg)* passagerare, resande; *(förr: på fartyg)* sjöfarare; *(: i ballong etc)* luftseglare

vs *förk f* **versus**

vul·can·ize ['vʌlkənaɪz] *vt* vulkanisera, vulka

vul·gar ['vʌlgər] *adj* **(a)** *(person, smak)* vulgär, simpel; *(uppförande)* ohyfsad, inte fin; *(skämt)* rå, oanständig **(b)** *(språk)* folk-; ~ **Latin** vulgärlatin **(c)** *(Mat):* ~ **fraction** allmänt bråk

vul·gar·ity [vʌl'gærɪtɪ] *s (se* **vulgar a)** vulgaritet; brist på hyfs; oanständighet, råhet

vul·ner·abil·ity [ˌvʌlnərə'bɪlɪtɪ] *s* sårbarhet

vul·ner·able ['vʌlnərəbl] *adj (i allm)* sårbar; *(person: för sjukdom, kritik)* känslig; *(stad, position)* sårbar, utsatt; **his** ~ **spot** hans svaga punkt

vul·ture ['vʌltʃər] *s (Zool, bildl)* gam

W

W, w |'dʌbljʊ| s (bokstav) W, w
W förk f west V
wad |wɒd| s (bomull) tuss; (tuggummi) klump; (to-bak) buss; (papper, sedlar) bunt
wad·ding |'wɒdɪŋ| s (i förpackning) stoppning, packmaterial; (i kläder) vaddering, stoppning
wad·dle |'wɒdl| vi vagga fram (som en anka); **to ~ in** komma inrultande
wade |weɪd| vi vada; **to ~ ashore** vada i land; **to ~ into sb** (bildl) hoppa 'på ngn, ge sig 'på ngn; **he ~d in and helped us** (bildl) han högg i och hjälpte oss; **to ~ through a book** kämpa sig/plöja igenom en bok
wad·er |'weɪdə'| s (fågel) vadare; (plagg) sjöstövel
wa·fer |'weɪfə'| s (Matl) rån; (Rel) oblat; (Data Elektronik) kretskort
wafer-thin |ˌweɪfə'θɪn| adj lövtunn
waf·fle[1] |'wɒfl| s (Matl) våffla; **~ iron** våffeljärn
waf·fle[2] |'wɒfl| **1** s (vard) svammel **2** vi (vard: äv: ~ **on**) svamla, babbla
waft |wɑːft| **1** vt (om vind) föra, bära **2** vi bäras (av vinden), sväva
wag[1] |wæg| **1** s viftning **2** vt vifta på/med; **the dog ~ged its tail** hunden viftade på svansen; **the man ~ged his finger at me** mannen hötte med fingret åt mig; **to ~ one's tongue** (bildl) sladdra, skvallra **3** vi vifta; **that'll set the tongues ~ging** (bildl) det kommer att sätta fart på skvallret
wag[2] |wæg| s (person) skämtare, spjuver
wage |weɪdʒ| **1** s (vanl: ~**s**) lön i sht till arbetare; **minimum ~** minimilön; **~ earner** (i allm) löntagare; (äv) familjeförsörjare; **~ freeze** lönestopp; **~ negotiations** avtals-/löne|förhandlingar; **~ packet** avlöningskuvert **2** vt (strid) utkämpa; (krig) föra; (kampanj) driva
wa·ger |'weɪdʒə'| **1** s (handling) vad; (penningsumma) insats; **I'd lay a ~ that the Tories win/on the Tories winning** jag kan slå vad om att Tories vinner **2** vt slå vad om; **to ~ £2 on a horse** satsa 2 pund på en häst; **to ~ (£5) that...** slå vad om (5 pund) att...
wag·gle |'wægl| **1** s (med svans) viftning; (med höfterna) vickning, vickande **2** vt (svans) vifta med/på; (finger) hötta med; (höfter) vicka med/på
wag·gon (Brit), **wag·on** |'wægən| s (i allm) (last)vagn; (Brit Järnv) (öppen) godsvagn; (leksak) vagn, kärra; (Motor) varubil; (Am Motor) stationsvagn, kombi; **tea ~** (Am) tevagn; (Brit) ambulerande servering; **to be on the ~** (vard) ha slutat dricka, ha blivit nykterist
wag·tail |'wægteɪl| s (Zool) ärla, (i sht) sädesärla
waif |weɪf| s (person) föräldra-/hem|löst barn; (djur) herrelöst/bortsprunget djur
wail |weɪl| **1** s (barns) skrik; (sörjandes) klagorop; (katts, sirens) tjut; (vinds) vinande **2** vi (barn) skrika; (sörjande) gråta, jämra sig; (katt, siren) tjuta; (vind) vina; (vard: person) gnälla, klaga
wail·ing |'weɪlɪŋ| s (se wail 2) tjutande, klagande; skrikande; jämrande; **the W~ Wall** Klagomuren i Jerusalem
waist |weɪst| s (Anat o på kläder) midja; (bildl) smalt mittparti
waist·band |'weɪstbænd| s kjol-/byx|linning
waist·coat |'weɪskəʊt| s (Brit) väst

waist-deep |ˌweɪst'diːp| adv upp till midjan: **we stood ~ in water**
waist·ed |'weɪstɪd| adj (plagg) med markerad midja; **a high-~ dress** en klänning med hög midjelinje
waist·line |'weɪstlaɪn| s (på person) midja; (på plagg) midjelinje
wait |weɪt| **1** s väntan (for på); **we had a long ~** vi fick vänta länge; **to lie in ~ (for sb)** (eg) ligga i bakhåll (för ngn); (bildl) lurpassa (på ngn) **2** vt (a) (tur) vänta på, avvakta; **~ your turn!** vänta på din tur! **(b)** (Am: middag etc) vänta med; **to ~ table** (Am) servera, arbeta som servitör/servitris **3** vi (a) vänta (for på); **to ~ for sb to do sth** vänta på att ngn ska göra ngt; **~ a moment!** (eg) vänta ett ögonblick/ett tag!; (bildl: hotfullt eller frågande) stopp ett tag!; **just ~!** vänta bara!; **we'll have to ~ and see!** vi får vänta och se!; **~ till you're older** vänta tills du blir äldre; **to keep sb ~ing** låta ngn vänta; **repairs while you ~** (skylt) lagning medan ni väntar; **I can't ~ to see his face** det ska bli roligt att se hans min; **I can hardly ~!** (ofta ironiskt) jag kan knappt bärga mig! **(b):** **to ~ on sb** passa upp på/servera ngn; **to ~ at table** servera; **to ~ on sb hand and foot** passa upp på ngn med allting, vara ngns slav (bildl)
♦ **wait behind** vi + adv stanna kvar
♦ **wait in** vi + adv stanna kvar och vänta
♦ **wait up** vi + adv sitta uppe och vänta
wait·er |'weɪtə'| s servitör, kypare; **~!** vaktmästarn!
wait·ing |'weɪtɪŋ| s väntande, väntan; **no ~** (Brit Trafik: skylt) stoppförbud; **to play a ~ game** avvakta; **~ list** väntelista, kölista; **~ room** (hos läkare etc) väntrum; (på station) väntsal
wait·ress |'weɪtrɪs| s servitris
waive |weɪv| vt (regel) frångå, inte tillämpa; (rättighet) avstå (från)
waiv·er |'weɪvə'| s (Jur) avstående (of från); **tuition ~** (Am Univ) befrielse från terminsavgift
wake[1] |weɪk| s (Sjö) kölvatten; **in the ~ of sb** (bildl) i ngns kölvatten/släptåg; **with her husband in her ~** med sin man i släptåg
wake[2] |weɪk| s likvaka
wake[3] |weɪk| imperf **woke** el (åld) ~**d**, perf part **woken** el (åld) ~**d 1** vt (äv: ~ **up**) väcka (upp); (bildl) väcka, få att vakna; **to ~ sb up to sth** (bildl) väcka ngn till medvetande om ngt, öppna ögonen på ngn för ngt; **to ~ one's ideas up** (vard) sätta fart på tankeverksamheten **2** vi (äv: ~ **up)** vakna (upp); **~ up!** (äv bildl) vakna!; **to ~ up to sth** (bildl) få upp ögonen för ngt
wake·ful |'weɪkfʊl| adj (oförmögen att sova) sömnlös; (alert) vaken, vaksam; **to be ~ to the possibility that...** vara uppmärksam på möjligheten att...
wak·en |'weɪkən| vt, vi = **wake**[3]
wak·ing |'weɪkɪŋ| adj: **one's ~ hours** ens vakna timmar
Wales |weɪlz| s Wales; **the Prince of ~** (titel för brittiske kronprinsen) prinsen av Wales
walk |wɔːk| **1** s **(a)** (kortare) promenad; (längre) fotvandring; (tävling) gångtävling; (demonstration) marsch; **to go for a ~** ta en

promenad, gå ut och gå; **it's only a 10-minute** ~ **from here** det är bara 10 minuters gångväg/ promenad härifrån; **there's a nice** ~ **by the river** det finns en fin promenadväg utefter floden **(b)** gång, sätt att gå; **he slowed to a** ~ han saktade farten och började gå; **he slowed the horse to a** ~ han saktade farten till skritt; **he has an odd sort of** ~ han går på ett underligt sätt **(c)** *(väg)* promenad, gångväg **(d):** ~ **of life** samhällsklass, yrkesgrupp

2 *vt* **(a)** *(vägsträcka: i allm)* gå, promenera; *(: längre)* vandra; **we** ~**ed 40 kilometres yesterday** vi gick/vandrade 40 kilometer igår; *(plats)* gå på, vandra i/igenom; **to** ~ **the streets** *(i allm)* driva omkring på gatorna; *(prostituerad)* gå på gatan; **to** ~ **it** gå till fots, traska **(b)** *(hund)* gå ut med; *(häst)* leda i skritt; rida i skritt; *(person)* leda; **to** ~ **sb home** följa ngn hem; **to** ~ **sb into the ground/off his feet** trötta ut ngn

3 *vi (i allm)* gå (till fots); *(för nöjes skull: kortare sträcka)* promenera; *(: längre sträcka)* fotvandra; **to** ~ **in one's sleep** gå i sömnen; **can your little boy** ~ **yet?** kan er lilla pojke gå än?; ~ **a little with me** kom med mig på en liten promenad; **we had to** ~ vi blev tvungna att gå (till fots); **to** ~ **home** gå hem (till fots); **we were out** ~**ing in the hills** vi var ute och promenerade/ vandrade bland kullarna/i bergen; **to** ~ **into sth** *(eg)* gå 'på ngt, stöta till ngt; *(bildl: fälla, trick etc)* gå 'på ngt; **he walked right into it** han gick rakt i fällan

♦ **walk about, walk around** *vi + adv* promenera omkring

♦ **walk away** *vi + adv (eg)* gå sin väg; *(bildl)* komma undan: **he** ~**ed away from the crash unharmed;** **to** ~ **away with sth** *(vard)* stjäla; *(bildl)* kapa åt sig

♦ **walk in** *vi + adv* stiga in/på

♦ **walk off 1** *vi + adv* gå sin väg, gå iväg; **to** ~ **off with sth** *(vard: avsiktligt)* stjäla; *(: oavsiktligt)* (råka) få med sig; *(bildl)* kapa åt sig **2** *vt + adv (vikt)* gå av sig, motionera bort

♦ **walk on** *vi + adv* gå vidare, gå 'på

♦ **walk out** *vi + adv (i allm)* gå ut *(of* ur); *(facklig aktion)* (gå ut) i strejk; **to** ~ **out with sb** *(åld)* gå ut med ngn, sällskapa med ngn; **to** ~ **out on sb** lämna ngn i sticket; **he just** ~**ed out on his wife** han har just övergett sin fru

♦ **walk over** *vi + prep (Sport)* vinna en promenadseger över; **to** ~ **all over sb** hunsa ngn, sätta sig på ngn

♦ **walk up** *vi + adv* gå fram *(to* till); ~ **up!** *(på marknad)* stig fram!, kom närmare!

walk·about ['wɔːkə,baʊt] *s (offentlig persons)* rundvandring bland allmänheten

walk·er ['wɔːkəʳ] *s* **(a)** *(person)* (fot)vandrare; **she's a fast** ~ hon går fort **(b)** *(= baby-~)* gåstol

walkie-talkie ['wɔːkɪ'tɔːkɪ] *s* walkie-talkie

walk-in ['wɔːkɪn] *adj (garderob, skafferi etc)* som man kan gå in i

walk·ing ['wɔːkɪŋ] **1** *s (i allm)* gående, promenader; **we did a lot of** ~ vi gick mycket, vi var mycket ute och gick; **a** ~ **holiday** en vandringssemester; ~ **shoes** promenadskor; ~ **stick** promenadkäpp; **it's within** ~ **distance** det är inom gångavstånd **2** *adj* gående, vandrande; **he's a** ~ **encyclopaedia** han är en levande uppslagsbok; **the** ~ **wounded** skadade som kan gå själva

walk-on ['wɔːkɒn] **1** *adj (Teat)* statist- **2** *s (äv:* ~ **part)** *(Teat)* statistroll

walk·out ['wɔːkaʊt] *s (facklig aktion)* strejk; *(Pol)* uttåg i protest

walk·over ['wɔːk,əʊvəʳ] *s (Sport: vid match)* pro-

menadseger; *(: utan match)* walkover; *(bildl)* enkel match

walk·way ['wɔːk,weɪ] *s* gångbro

wall [wɔːl] *s (i byggnad)* vägg; *(utomhus)* mur; *(av jord)* vall; *(Anat)* vägg; **mountain** ~ bergvägg; **it drives me up the** ~ *(vard)* det driver mig till vansinne; **to go to the** ~ *(bildl: firma)* gå i konkurs; *(: person)* duka under; ~ **bars** *(Sport)* ribbstol; ~ **clock** väggklocka; ~ **hanging** gobeläng, bonad

♦ **wall in** *vt + adv* omge med en mur

♦ **wall off** *vt + adv (inomhus)* avskilja med vägg; *(utomhus)* avgränsa med mur

♦ **wall up** *vt + adv (dörr etc)* mura igen

wal·la·by ['wɒləbɪ] *s (Zool: liten känguru)* wallaby

walled [wɔːld] *adj (stad, trädgård)* muromgärdad

wal·let ['wɒlɪt] *s* plånbok

wall-eyed ['wɔːlaɪd] *adj* skelögd; *(äv)* med utstående ögon/stirrande blick

wall·flower ['wɔːl,flaʊəʳ] *s (Bot)* gyllenlack, lackviol; *(bildl)* panelhöna

wal·lop ['wɒləp] *(vard)* **1** *s (slag)* råsop, smäll; *(ljud)* duns, smäll **2** *vt (person)* klå upp; *(person, föremål)* klappa/smälla till

wal·lop·ing ['wɒləpɪŋ] *(vard)* **1** *s* stryk, smörj **2** *adj (äv:* ~ **great)** enorm, väldig

wal·low ['wɒləʊ] *vi* vältra sig; **to** ~ **in misery/luxury** *(bildl)* vältra el vräka sig i olycka/lyx

wall·paper ['wɔːl,peɪpəʳ] *s* tapet(er)

Wall Street ['wɔːl,striːt] *s (bank- o börsgata i New York: bildl)* den amerikanska storfinansen

wall-to-wall [,wɔːltə'wɔːl] *adj (matta)* heltäckande

wal·nut ['wɔːlnʌt] **1** *s (nöt)* valnöt; *(trä)* valnöt(strä) *(träd)* valnötsträd **2** *adj* valnöts-, i valnöt

wal·rus ['wɔːlrəs] *s (Zool)* valross

waltz [wɔːlts] **1** *s* vals **2** *vi* dansa vals, valsa

wan [wɒn] *adj* (sjukligt) blek; **a** ~ **smile** ett matt leende

wand [wɒnd] *s (= magic* ~**)** troll|stav/-spö; *(marskalks etc)* ämbetsstav

wan·der ['wɒndəʳ] **1** *s* vandring(stur) **2** *vi (i allm)* vandra, ströva; *(åt fel håll)* förirra sig; **she** ~**ed over to us** hon gick/kom fram till oss; **her attention began to** ~ hennes tankar började vandra; **his eyes** ~**ed back and forth** hans blick irrade hit och dit; **don't go** ~**ing off** irra inte iväg; **to** ~ **from/off the point** komma ifrån ämnet; **to let one's mind** ~ låta tankarna vandra fritt **3** *vt* vandra omkring i/på; **to** ~ **the world** vandra/resa runt i världen

wan·der·er ['wɒndərəʳ] *s* vandringsman, vandrare; ~**s** *(pl)* nomader

wan·der·ing ['wɒndərɪŋ] **1** *adj (i allm)* (kring)-vandrande; *(stam)* nomadisk, nomad-; *(ögon)* flackande; *(tankar)* okoncentrerade; *(stig, flod)* slingrande **2** *s:* ~**s** *pl (pos)* vandringar, resor; *(neg)* kringflackande

wan·der·lust ['wɒndəlʌst] *s* vandringslust, reslust

wane [weɪn] **1** *vi (månen)* vara i avtagande/ nedan; *(bildl)* avta, minska, gå tillbaka **2** *s:* **to be on the** ~ *(bildl)* vara på tillbakagång/i avtagande; **the moon is on the** ~ månen är i nedan

wan·gle ['wæŋgl] *(vard)* **1** *s* fiffel, mygel **2** *vt (anställning, biljett)* fixa, mygla till sig; *(siffror)* fiffla med; **he** ~**d his way in** han myglade sig in

wan·gler ['wæŋgləʳ] *s (vard)* fifflare, tricksare

wan·gling ['wæŋglɪŋ] *s (vard)* mygel, fiffel

wan·ly ['wɒnlɪ] *adv* blekt; **she smiled** ~ **at him** hon log svagt mot honom

want [wɒnt] **1** *s* **(a)** brist *(of* på), (av)saknad *(of* av); **for** ~ **of sth** i brist på ngt; **for** ~ **of anything better to do** i brist på ngt bättre att göra; **it wasn't for** ~ **of trying that he...** han försökte verkligen, men...

(b) nöd, armod; **to be in** ~ lida nöd
(c) behov; **to be in** ~ **of sth** behöva ngt; **my** ~**s are few** jag har små behov; **it fills a long-felt** ~ den fyller ett länge känt behov
2 vt **(a)** vilja (ha), önska; **do you** ~ **a drink?** vill du ha något att dricka?; **did you** ~ **something?** ville du något?; **to** ~ **to do sth** vilja göra ngt; **to** ~ **sb to do sth** vilja att ngn gör ngt; **I** ~ **you to come here** jag vill att du ska komma/kommer hit; **she** ~**s £500 for the car** hon vill ha 500 pund för bilen; **I don't** ~ **you interfering!** jag vill inte att du ska lägga/lägger dig i (det här!); **you're** ~**ed on the phone** det är någon som söker dig/vill tala med dig i telefon; **he is** ~**ed for murder** han efterspanas för mord; **I don't** ~ **to** jag vill inte
(b) behöva; (egenskap) sakna; **my hair** ~**s cutting** jag behöver klippa mig; **the car** ~**s washing** bilen behöver tvättas; **you** ~ **to be more careful** du behöver/måste vara försiktigare; **you** ~ **to see a doctor** du behöver gå till doktorn; **he** ~**s talent** han saknar talang/begåvning; **that's the last thing I** ~! (vard) det var det sista jag ville (skulle hända)!; **that's all we** ~**ed!** (vard) det var just snyggt, precis vad vi behövde (iron); **it only** ~**ed the parents to come in...** det fattades bara att föräldrarna kom in...
3 vi **(a)** vilja, önska; **do as you** ~ gör som du vill
(b) lida nöd; **to** ~ **for** lida brist på; **they** ~ **for nothing** de saknar ingenting; **I shall not** ~ (Bibeln) mig skall intet fattas
want·ing ['wɒntɪŋ] adj (egenskap etc) som fattas; **there is something** ~ det är något som fattas; **to be** ~ **in** sakna, brista i; **he is** ~**ing in confidence** han brister i självförtroende; **he was tried and found** ~ han prövades och befanns otillräcklig
wan·ton ['wɒntən] adj (kvinna) lättfärdig; (tanke, leende) liderlig; (förstörelse) meningslös; (slarv, försumlighet) ansvarslös
war [wɔːʳ] **1** s krig; (bildl) kamp, krig (on/against mot); **the cold** ~ det kalla kriget; **the Great W**~ första världskriget; **the period between the** ~**s** mellankrigstiden; **to be at** ~ **(with)** ligga i krig (med); **to go to** ~ **(against/with)** börja krig (med); **to make** ~ **(on)** föra krig (mot); ~ **of words** ordstrid; ~ **of nerves** nervkrig; **to have been in the** ~**s** (bildl, skämts) vara illa tilltufsad; ~ **baby** krigsbarn; ~ **bride** krigsbrud; ~ **crime** krigsförbrytelse; ~ **cry** stridsrop; ~ **dance** krigsdans; ~ **game** (Mil) krigsspel; ~ **memorial** krigsmonument; ~ **paint** krigsmålning; ~ **widow** krigsänka; ~ **wound** krigsskada; ~ **zone** krigszon **2** vi: **to** ~ **(with)** föra krig (mot), kriga (mot)
war·ble ['wɔːbl] **1** s (fågels) drill, kvitter **2** vt, vi (fågel, person) drilla, kvittra, sjunga
war·bler ['wɔːbləʳ] s (fågel) sångare
ward [wɔːd] s **(a)** (person, äv: ~ **of court**) myndling; **she had been his** ~ hon hade stått under hans förmynderskap **(b)** (Pol) distrikt **(c)** (på sjukhus: rum) sal; (: flera rum) (vård)avdelning; **W**~ **7** avdelning 7
♦ **ward off** vt + adv (anfall, slag) avvärja; (fara) hålla borta
-ward suffix se **-ward(s)**
war·den ['wɔːdn] s (i allm) föreståndare, uppsyningsman; (Am) fängelsedirektör; (Brit Univ) rektor; **traffic** ~ trafikvakt, parkeringsvakt
war·der ['wɔːdəʳ] s (Brit) fångvaktare
war·dress ['wɔːdrɪs] s (Brit) fångvakterska, kvinnlig fångvaktare
ward·robe ['wɔːdrəʊb] s (möbel) klädskåp; (rum: = built-in ~) garderob, klädkammare; (kläder) garderob
ward·room ['wɔːdrʊm] s (Sjö Mil) officersmäss

-ward(s) [wəd(z)] adj, adv suffix mot; **town**~ mot staden
ware·house ['weəhaʊs] s (för lagring) magasin, lagerlokal
wares [weəz] spl varor
war·fare ['wɔːfeəʳ] s (i allm) krig, krigföring; (teknik) stridsmetoder; **chemical/germ** ~ kemisk/bakteriologisk krigföring; **trench** ~ skyttegravskrig
war·head ['wɔːhed] s stridsspets
war·horse ['wɔːhɔːs] s (bildl) (gammal) veteran, (gammal) kämpe
wari·ly ['weərɪlɪ] adv försiktigt, varsamt
wari·ness ['weərɪnɪs] s försiktighet, varsamhet
war·like ['wɔːlaɪk] adj (stat, tal) krigisk, stridslysten
warm [wɔːm] **1** adj (-er, -est) **(a)** (i allm) varm; **I'm** ~, **I feel** ~ jag är varm; **my feet are** ~ jag är varm om fötterna; **it's** ~ **today** det är varmt idag; **a** ~ **winter** en mild vinter; **it's** ~ **work** det är ett svettigt arbete; **come and get** ~ kom och värm dig; **to keep oneself** ~ hålla sig varm; **this coffee is only** ~ det här kaffet är bara ljummet; **am I getting** ~? (bildl: i lek) börjar det brännas?; ~ **front** (Meteorologi) varmfront **(b)** (bildl: tack, hjärta, person) varm; (: hälsning, välkomnande) hjärtlig **2** vt (i allm) värma (upp); (mat) värma; **to** ~ **oneself by the fire** värma sig framför brasan; **it** ~**ed my heart** (bildl) det värmde mitt hjärta **3** vi (i allm) bli varm; **he** ~**ed to his subject** han gick upp i sitt ämne; **I** ~**ed to him** jag började tycka bättre om honom; **my heart** ~**ed to him** jag kände sympati för honom
♦ **warm up** **1** vt + adv (i allm) värma upp; (motor: äv) varmköra; (bildl: fest) sätta fart på; (: publik) tända, värma upp **2** vi + adv (person) bli varm; (Sport etc) värma upp (sig); (bildl: fest, match) komma igång
warm-blooded ['wɔːm,blʌdɪd] adj (eg, bildl) varmblodig
warm-hearted [,wɔːm'hɑːtɪd] adj varmhjärtad
warm·ly ['wɔːmlɪ] adv (klädd) varmt; (bildl: le) varmt; (: tacka, hälsa) hjärtligt
war·monger ['wɔː,mʌŋgəʳ] s krigshetsare
war·monger·ing ['wɔː,mʌŋgərɪŋ] s krigshets, vapenskrammel
warmth [wɔːmθ] s (eg) värme; (bildl: i leende, röst) värme; (: i hälsning) hjärtlighet
warm-up ['wɔːmʌp] s (Sport) uppvärmning
warn [wɔːn] vt varna (of/about för); **we** ~**ed him of the danger** vi varnade honom för faran; **did you** ~ **him that...?** varnade du honom att...?; **we** ~**ed them that we would be late** vi förvarnade dem om att vi skulle bli sena; **to** ~ **sb not to do sth/against doing sth** avråda ngn från att göra ngt; **you have been** ~**ed!** jag har varnat dig!
♦ **warn off** vt + adv el prep: **to** ~ **sb off** uppmana ngn att hålla sig undan; **to** ~ **sb off doing sth** uppmana ngn att låta bli att göra ngt
warn·ing ['wɔːnɪŋ] s (i allm) varning; (förhandssked) förvarning (of om); **to give sb a** ~ ge ngn en varning; **to give sb due** ~ (för)varna ngn i god tid; **without (any)** ~ utan förvarning; **let this be a** ~ **to you!** låt detta bli en varning!, ta detta som ett varnande exempel; ~ **light** varnings|ljus/-lampa; ~ **shot** varningsskott
warp [wɔːp] **1** s (Textil) varp; (om trä) skevhet, vridning; (bildl) skevhet, förvridenhet **2** vt (trä) göra skev, få att slå sig; (bildl) förvrida, snedvrida **3** vi (trä) bli skev, slå sig
war·path ['wɔːpɑːθ] s: **to be on the** ~ (bildl) vara på krigsstigen
warped [wɔːpt] adj (trä) skev, vind; (bildl: humor, karaktär) snedvriden; (: rapport) förvanskad
war·rant ['wɒrənt] **1** s (Jur) fullmakt, tillstånd;

(moralisk) rätt; **search** ~ order om husundersökning; **there is a** ~ **out for his arrest** häktningsorder har utfärdats för honom; **she has no** ~ **for saying so** hon har ingen rätt att säga så; ~ **officer** *s (Mil: ung)* förvaltare *(grad mellan officer o underofficer)* **2** *vt* **(a)** *(i allm)* motivera, berättiga; **nothing** ~**s such an assumption** ingenting motiverar/berättigar ett sådant antagande **(b)** *(Handel)* garantera, gå i god för

war·rant·ed ['wɒrəntɪd] *adj (handling, kommentar)* berättigad, motiverad; *(Handel: vara)* garanterad, försedd med garanti

war·ran·ty ['wɒrəntɪ] *s (Handel)* garanti; **it's under** ~ garantin gäller fortfarande

war·ren ['wɒrən] *s (= rabbit* ~*)* kanin|bo; *(bildl: hus)* hyreskasern; *(: gator)* gytter

war·ring ['wɔːrɪŋ] *adj (länder, grupper)* stridande, krigande; *(intresse)* (mot)stridig, oförenlig

war·ri·or ['wɒrɪər] *s* krigare

War·saw ['wɔːsɔː] *s* Warszawa

war·ship ['wɔːʃɪp] *s* krigs-/örlogs|fartyg

wart [wɔːt] *s* vårta

wart·hog ['wɔːthɒg] *s (Zool)* vårtsvin

war·time [wɔːtaɪm] *s* krigstid; **in** ~ i krigstid; ~ **rationing** ransonering i krigstid

wary ['wɛərɪ] *adj (-ier, -iest)* försiktig *(of med)*, vaksam *(of mot)*; **to be** ~ **about/of doing sth** akta sig för att göra ngt

was [wɒz] *imperfekt av* be

wash [wɒʃ] **1** *s* **(a)** *(handling)* tvätt, tvättning; **I'll just have a** ~ jag ska bara tvätta (av) mig; **that jumper needs a** ~ den där jumpern behöver tvättas; **to give sth a** ~ tvätta av ngt; **your jeans are in the** ~ dina jeans är i tvätten; **it'll all come out in the** ~ *(bildl)* det kommer att ordna sig till slut; ~ **leather** sämskskinn **(b)** *(från fartyg)* svallvåg; *(efter fartyg)* kölvatten **(c)** *(Konst)*: ~ **drawing** lavering

2 *vt* **(a)** *(händer, kläder, bil)* tvätta; *(porslin etc)* diska; *(golv)* tvätta, torka; *(ögon)* badda; **to** ~ **one's hands** tvätta (sig om) händerna; **to** ~ **one's hair** tvätta håret; **he** ~**es his hands of it** *(bildl)* han tvår sina händer **(b)** *om (vågor: strand etc)* skölja/klucka mot; *(: klippor)* skölja över; *(: föremål)* skölja/spola bort; **an island** ~**ed by a blue sea** en ö kringfluten av ett blått hav; **it was** ~**ed ashore** den sköljdes i land; **he was** ~**ed overboard** han spolades över bord

3 *vi* **(a)** *(person: sig själv)* tvätta sig; *(person: porslin etc)* diska; *(föremål, material)* tåla att tvättas; **I'll** ~ **if you wipe** jag kan diska om du torkar; **man-made fabrics usually** ~ **well** syntettyger tål ofta tvätt bra; **that excuse won't** ~! *(vard)* den ursäkten håller inte! **(b)** *(vågor)* skölja, forsa

♦ **wash away** *vt + adv (eg)* skölja/spola bort; *(bildl: synder etc)* utplåna, tvätta bort

♦ **wash down** *vt + adv (bil)* tvätta/spola av; *(mat)* skölja ner

♦ **wash off** **1** *vt + adv (fläck, smuts)* tvätta bort **2** *vi + adv (fläck, smuts)* gå att tvätta bort, gå bort i tvätten

♦ **wash out** **1** *vt + adv (fläck)* tvätta bort; *(pensel)* tvätta; *(flaska)* skölja ur; *(bildl: match)*: **to be** ~**ed out** regna inne **2** *vi + adv (fläck)* gå att tvätta bort, gå bort i tvätten

♦ **wash up** **1** *vt + adv (Brit: porslin etc)* diska; *(vågor: föremål)* skölja/spola upp **2** *vi + adv (Brit: porslin etc)* diska; *(Am: sig själv)* tvätta sig

wash·able ['wɒʃəbl] *adj* tvättbar

wash·basin ['wɒʃˌbeɪsn] *s*, **wash·bowl** ['wɒʃbəʊl] *s* handfat, tvättställ

wash·cloth ['wɒʃklɒθ] *s (Am)* tvättlapp

wash·day ['wɒʃdeɪ] *s* tvättdag

washed-out [ˌwɒʃt'aʊt] *adj (vard: person)* utpumpad, slut

wash·er ['wɒʃər] *s* **(a)** *(Tekn)* packning **(b)** *(för kläder)* trättmaskin; *(= dish*~*)* diskmaskin

wash·ing ['wɒʃɪŋ] *s (handling)* tvätt(ning), sköljning; *(smutsiga kläder)* (smuts)tvätt; *(kläder på tork)* tvätt; **the** ~**'s on the line** tvätten hänger på strecket; ~ **line** klädstreck; ~ **machine** tvättmaskin; ~ **powder** *(Brit)* tvättmedel

washing-up [ˌwɒʃɪŋ'ʌp] *s (handling)* disk, diskning; *(porslin etc)* disk; **I'll do the** ~ jag diskar, jag sköter disken; ~ **bowl** *(Brit)* diskbalja; ~ **liquid** *(Brit)* diskmedel

wash-out ['wɒʃaʊt] *s (på väg)* bortspolad del, ras; *(vard: Sport)* bortregnad match; *(: plan, fest)* fiasko; *(: person)* nolla

wash·room ['wɒʃrʊm] *s* tvättrum; *(Am: eufem)* toalett

wasn't ['wɒznt] = **was not**

wasp [wɒsp] *s (Zool)* geting; ~ **waist** *(bildl)* getingmidja

WASP [wɒsp] *förk (= white Anglo-Saxon Protestant) (Am)* vit protestant av anglo-saxisk härkomst *(den inflytelserikaste folkgruppen i USA)*

wasp·ish ['wɒspɪʃ] *adj (karaktär)* argsint; *(kommentar)* giftig

wasp·waisted ['wɒspˌweɪstɪd] *adj* med getingmidja

wast·age ['weɪstɪdʒ] *s* **(a)** *(handling)* slöseri; *(resultat)* spill, bortfall **(b)**: **natural** ~ *(i ett företag)* naturlig avgång

waste [weɪst] **1** *adj* **(a)** *(i allm)* avfalls-; ~ **heat** spillvärme **(b)** *(mark)* öde; **to lay** ~ ödelägga

2 *s* **(a)** *(handling)* slöseri, misshushållning; **it's a** ~ **of time/money** det är slöseri med tid/pengar, det är bortkastad tid/bortkastade pengar; **to go to** ~ *(i allm)* gå till spillo; *(mat)* förfaras **(b)** *(föremål)* avfall, sopor; **industrial** ~ industriavfall; **cotton** ~ trassel; **metal** ~ metallskrot; **nuclear** ~ radioaktivt avfall, atomsopor *(vard)*; ~ **disposal** *(Brit)* avfallshantering; ~ **disposal unit** avfallskvarn; ~ **matter** *(från industri)* avfall; *(från kroppen)* avföring o/el urin; ~ **pipe** avloppsrör; ~ **product** avfallsprodukt **(c)** *(mark, område)* ödemark; ~ **of snow** snövidd

3 *vt* **(a)** *(i allm)* slösa (bort), kasta bort; **you're wasting your breath** du talar för döva öron; **all your efforts were** ~**d** alla dina ansträngningar var bortkastade; **you're wasting your time talking to him** det är bortkastad tid att prata med honom; **you didn't** ~ **much time getting here** du lät ingen tid gå förlorad på vägen hit; **he's** ~**d in that job** han är överkvalificerad för det där jobbet; **sarcasm is** ~**d on him** sarkasm biter inte på honom **(b)** *(land)* ödelägga; *(person)* göra utmärglad; *(Am vard: person)* döda

4 *vi (mat)* förfaras; ~ **not, want not** *(ordspr)* den som spar han har

♦ **waste away** *vi + adv (person)* tyna bort; **you're not exactly wasting away!** *(iron)* du ser inte direkt utmärglad ut!

waste·ful ['weɪstfʊl] *adj (person)* slösaktig *(with/of med)*; *(process)* oekonomisk

waste·land ['weɪstˌlænd] *s* ödejord, ödemark

waste·paper ['weɪstˌpeɪpər] *s* pappersavfall; ~ **basket** papperskorg

wast·er ['weɪstər] *s (person)* slösare

watch[1] [wɒtʃ] *s (armbands)|klocka/-ur*, fickur

watch[2] [wɒtʃ] **1** *s* **(a)** *vakt, utkik, uppsikt*; **to be on the** ~ **(for)** se upp (med), vara på sin vakt *(mot)*; **to keep** ~ *(over)* hålla vakt/vakа (över); **to keep a close** ~ **on sb/sth** hålla noggrann uppsikt över ngn/ngt; **to keep** ~ **for sb/sth** hålla utkik efter ngn/ngt

(b) *(arbetspass)* vakt(pass); **who is on the first** ~? vem har första vakten?; *(person: i allm)* vakt;

(: Sjö) utkik, vakt; *(: Mil)* vaktpost; **to be on** ~ gå vakt; **officer of the** ~ *(Sjö)* vakthavande officer
2 *vt* **(a)** *(ta hand om: mat, barn)* passa, titta till, hålla ett öga på; *(: intressen)* bevaka
(b) *(iaktta: i allm)* 'titta på, 'se på; *(: noggrant)* övervaka; *(om polis: misstänkt)* hålla under uppsikt, ha ögonen på; *(TV)* titta på; *(TV-program)* se, titta på; **we are** ~**ing the case** vi följer fallet (noggrant); **to** ~ **sb do(ing) sth** se 'på när ngn gör ngt; **he** ~**ed her walk(ing) towards him** han iakttog henne medan hon gick mot honom; **you can't do that!** — **just you** ~ **(me)!** så kan du inte göra! — det kan jag visst!/titta bara!; **a new actor to be** ~**ed** en ny skådespelare värd att hålla ögonen på
(c) *(se upp med)* vara försiktig med, ge akt på; ~ **your language!** välj dina ord!; ~ **where you put your feet** se upp var du sätter fötterna, gå försiktigt; ~ **it!** *(i allm)* se upp!; *(hotfullt)* passa dig!; ~ **your head** akta huvudet; **we shall have to** ~ **our spending** vi får se upp med/hålla ett öga på utgifterna; *se äv* **step 1 a**
(d) *(tillfälle, chans)* utnyttja; **he** ~**ed his chance and slipped out** han tog tillfället i akt och smet ut
3 *vi (i allm)* titta, se 'på; *(vid sjukbädd)* vaka; **there are policemen** ~**ing everywhere** det står poliser på vakt överallt; **to** ~ **for sb/sth** hålla utkik efter ngn/ngt; vänta på ngn/ngt
♦ **watch out** *vi + adv* hålla utkik *(for* efter), vara uppmärksam *(for* på); ~ **out!** *(i allm)* se upp!; *(hotfullt)* akta dig!
♦ **watch over** *vi + prep* vaka över, ha uppsikt över
watch·dog ['wɒtʃdɒg] *s (eg)* vakthund; *(bildl)* väktare
watch·er ['wɒtʃəʳ] *s (i allm)* åskådare, en som tittar ('på); *(vid sjuksäng)* en som vakar, vak(ande)
watch·ful ['wɒtʃfʊl] *adj* vaksam; ~ **against** vaksam/på sin vakt mot; ~ **for** uppmärksam på
watch·ful·ness ['wɒtʃfʊlnɪs] *s* vaksamhet
watch·maker ['wɒtʃˌmeɪkəʳ] *s (hantverkare)* urmakare; *(fabrikant)* klocktillverkare
watch·man ['wɒtʃmən] *s, pl* **-men** väktare, vakt
watch·strap ['wɒtʃstræp] *s* klockarmband
watch·tower ['wɒtʃˌtaʊəʳ] *s* vakttorn
watch·word ['wɒtʃwɜːd] *s (Mil etc)* lösenord; *(motto)* paroll, slagord
wa·ter ['wɔːtəʳ] **1** *s* **(a)** *(ämne)* vatten; **fresh/ salt** ~ söt-/saltvatten; **to drink/take the** ~**s** dricka brunn; **the High Street is under** ~ High Street står under vatten; **to spend money like** ~ strö pengar omkring sig; **a lot of** ~ **has flowed under the bridge since then** *(bildl)* det har runnit mycket vatten under broarna sen dess; **that theory won't hold** ~ den teorin kommer inte att hålla; ~ **bed** vattensäng; ~ **biscuit** smörgåskex; ~ **bottle** *(att dricka ur)* vattenflaska; *(att ha i sängen)* varmvattensflaska; ~ **closet** *(frm)* vattenklosett, toalett; ~ **polo** vattenpolo; ~ **power** vattenkraft; ~ **softener** avhärdningsmedel (för vatten); ~ **table** grundvattennivå **(b)** *(sjö, hav etc)* (far)-vatten; **the** ~**'s edge** vattenbrynet; **the** ~**s of the Amazon** Amazonfloden; **British** ~**s** brittiska farvatten **(c)** *(urin)*: **to pass** ~ kasta vatten; **to hold one's** ~ hålla urinen **(d)** *(Med)*: ~ **on the brain** vattenskalle; ~ **on the knee** vatten i knät; **her** ~**s broke** *(vid förlossning)* vattnet gick **2** *vt (växt, häst)* vattna; *(vin)* spä med vatten **3** *vi (öga)* tåras; *(mun)* vattna sig; **my mouth** ~**ed** det vattnades i munnen på mig **4** *adj*: **first** ~ *(diamant)* av högsta kvalitet; *(i allm)* av finaste/värsta slag
♦ **water down** *vt + adv (eg)* spä ut; *(bildl)* mildra, göra urvattnad
water·borne ['wɔːtəbɔːn] *adj (smitta)* som över-

förs med vatten; *(handel)* som sker sjövägen; *(trupp)* sjöburen
water·colour, *(Am)* **water·color** ['wɔːtəˌkʌləʳ] *s (färg)* vattenfärg, akvarellfärg; *(tavla)* akvarell
water·cooled ['wɔːtəkuːld] *adj* vattenkyld
water·course ['wɔːtəkɔːs] *s (naturlig)* vattendrag, vattenfåra, ström(fåra)
water·cress ['wɔːtəkres] *s* vattenkrasse
water·fall ['wɔːtəfɔːl] *s* vattenfall
water·front ['wɔːtəfrʌnt] *s (i stad)* hamnkvarter, hamn; **we drove along the** ~ vi körde utefter vattnet; ~ **cottage** stuga med sjötomt
wa·ter·ing can ['wɔːtərɪŋˌkæn] *s* vattenkanna
water·lily ['wɔːtəˌlɪlɪ] *s* näckros
water·line ['wɔːtəlaɪn] *s* vattenlinje
water·logged ['wɔːtəlɒgd] *s (mark)* vattensjuk, sur
water·mark ['wɔːtəmɑːk] *s (i papper)* vattenmärke, vattenstämpel; *(på kaj etc)* vattenståndsmärke
water·melon ['wɔːtəˌmelən] *s* vattenmelon
water·proof ['wɔːtəpruːf] **1** *adj* vattentät **2** *s* regnkappa, regnplagg; ~**s** regnkläder **3** *vt (i allm)* göra vattentät; *(tyg)* impregnera
water·shed ['wɔːtəʃed] *s (Geogr, bildl)* vattendelare
water·side ['wɔːtəsaɪd] **1** *s* strand **2** *adj* strand-, vid stranden
water·skiing ['wɔːtəˌskiːɪŋ] *s* vattenskidåkning
water·tight ['wɔːtətaɪt] *adj (behållare)* (vatten)tät; *(bildl: plan etc)* vattentät, hållbar
water·tower ['wɔːtəˌtaʊə] *s* vattentorn
water·way ['wɔːtəweɪ] *s* vattenväg, vattenled
water·wheel ['wɔːtəwiːl] *s* vattenhjul
water·wings ['wɔːtəwɪŋz] *spl* simdyna
water·works ['wɔːtəwɜːks] *spl* vattenverk; **to turn on the** ~ *(bildl vard)* ta till lipen; **to have trouble with one's** ~ *(bildl)* ha problem med urinen, ha urinvägsproblem
wa·tery ['wɔːtərɪ] *adj (soppa)* vattnig, tunn; *(te)* svag; *(färg)* vattnig, blek; *(öga)* vattnig, tårfylld; **a** ~ **grave** *(litt)* en grav i vågorna
watt [wɒt] *s* watt
watt·age ['wɒtɪdʒ] *s* wattal; **what** ~ **is that bulb?** hur många watt är den där lampan på?
wave [weɪv] **1** *s* **(a)** *(av vatten o bildl)* våg; **heat** ~ värmebölja; **the new** ~ *(Film, Mus)* den nya vågen **(b)** *(i hår)* våg; **her hair has a natural** ~ hon har naturligt fall **(c)** *(Fys, Radio)* våg **(d)** *(handrörelse)* vinkning; **with a** ~ **of his hand** med en vinkning **2** *vt* **(a)** *(flagga)* vifta med; *(käpp)* höta med, svänga med; *(näsduk, hand)* vinka med; **to** ~ **one's hand** vinka (med handen); **he** ~**d the ticket under my nose** han viftade med biljetten framför näsan på mig; **to** ~ **sb goodbye, to** ~ **goodbye to sb** vinka adjö/farväl till ngn; **she** ~**d a greeting to the crowd** hon vinkade till folkmassan; **he** ~**d us over to his table** han vinkade åt oss att komma över till hans bord **(b)** *(hår)* våga, ondulera **3** *vi* **(a)** *(person)* vinka, vifta med armarna; **to** ~ **to/at sb** vinka till ngn **(b)** *(flagga)* fladdra, vaja; *(grenar)* vaja; *(sädesfält)* bölja **(c)** *(hår)* våga sig
♦ **wave about, wave around** *vt + adv (föremål, arm)* vifta med
♦ **wave aside, wave away** *vt + adv (person)* vinka avsides/åt sidan; *(bildl: invändning etc)* vifta bort, avfärda
♦ **wave on** *vt + adv (om polis: trafikant)* vinka fram
wave·band ['weɪvbænd] *s (Radio)* våglängdsområde
wave·length ['weɪvleŋθ] *s (Radio, bildl)* våglängd; **we're not on the same** ~ *(bildl)* vi är inte på samma våglängd
wa·ver ['weɪvəʳ] *vi (låga)* fladdra, flämta; *(mätarnål)* darra; *(röst)* skälva; *(bildl: person)* vackla,

tveka; (: *mod*) vackla; (: *hopp*) svikta; **he's begin-
ning to** ~ han börjar vackla/svikta/tveka
wavy |'wcɪvɪ] *adj* (**-ier, -iest**) (*hår*) vågig; (*stig*)
slingrande; ~ **line** våglinje
wax[1] |wæks] **1** *s* (*i allm*) vax; (= *bees* ~) bivax; (=
ear ~) öronvax; (*för skidor*) valla; (= *sealing* ~)
(sigill)lack; ~ **figure** vaxdocka **2** *vt* (*bil*) vaxa;
(*möbel*) polera; (*golv*) bona; (*skidor*) valla
wax[2] |wæks] *vi* (*i sht om månen*) växa, tillta; (*åld*) bli;
to ~ **enthusiastic** bli entusiastisk
wax(ed) pa·per |'wæks(t)'peɪpə'] *s* vaxpapper,
smörgåspapper
wax·en |'wæksən] *adj* (*föremål*) vax-, av vax; (*per-
son*) vaxblek, gulblek
wax·work |'wækswɜːk] *s* vaxfigur
wax·works |'wækswɜːks] *ssg el spl* vaxkabinett
waxy |'wæksɪ] *adj* (**-ier, -iest**) (*konsistens*) vaxartad,
vaxliknande, mjuk; (*hy*) vaxblek, gulblek
way |weɪ] **1** *s* **(a)** (*konkret*) väg, gång, stig; (*ofta
i gatunamn*): *19 Poplar W*~; **across/over the** ~
tvärsöver vägen, på andra sidan vägen
(b) (*rutt*) väg; **to ask one's** ~ **to the station**
fråga efter vägen till stationen; **which is the** ~ **to
the station?** hur går/kör man för att komma till
stationen?; **we came a back** ~ vi tog oss hit på
smågvägar, vi kom inte stora vägen; **she went by**
~ **of Birmingham** hon åkte via Birmingham; **to
go the wrong** ~ ta fel väg; **to lose one's** ~ gå/köra
vilse; **where is the** ~ **in/out?** var går man in/ut?;
on the ~ **out** på vägen ut; **to find one's** ~ **into a
building** hitta in i en byggnad; **I'll find my own** ~
out jag hittar själv ut; **to find a** ~ **out of a problem**
hitta en utväg ur ett problem; **to take the easy** ~
out välja den enklaste utvägen; **on the** ~ **(here)**
på vägen (hit); **there's another baby on the** ~ ett
barn till är på väg; **he's on his** ~ han är på väg,
han kommer (snart); **you pass it on your** ~ **home**
ni kör/går förbi det på hemvägen; **he's on the** ~
to becoming an alcoholic han är på väg att bli
alkoholist; **all the** ~ **(here/home)** hela vägen (hit/
hem); **I'm with you all the** ~ jag står helt och
hållet på din sida; **to make one's** ~ **home** ta sig
hem; **I know my** ~ **about town** jag hittar i stan; **to
lead the** ~ (*eg*) gå före, gå först; (*bildl*) gå i första
ledet, ta initiativet; **I don't want to take you out of
your** ~ jag vill inte att du ska behöva gå/köra en
omväg; **the village is rather out of the** ~ byn
ligger ganska avsides; **that's nothing out of the
** ~ **these days** det är inget ovanligt nuförtiden; **to
go out of one's** ~ **to help sb** verkligen anstränga
sig för att hjälpa ngn; **to see one's** ~ **(clear) to
helping sb** tro att man kan hjälpa ngn; **to go one's
own** ~ (*bildl*) gå sin egen väg; **to make one's** ~ **in
the world** slå sig fram i världen; **he worked his** ~
up in the company han arbetade sig upp i firman;
the company isn't paying its ~ företaget betalar
inte för sig; **he put me in the** ~ **of some good
contracts** han hjälpte mig till några fina kontrakt
(c) (*passage*) väg; **to bar/block the** ~ spärra
vägen; **to be/get in the** ~ vara/ställa sig i vägen;
to be/get in sb's ~ vara/ställa sig i vägen för ngn;
to stand in sb's ~ (*äv bildl*) stå i vägen för ngn; **to
give** ~ (*Brit Motor*) lämna företräde; **to stand in
the** ~ **of progress** stå i vägen för/hindra
utvecklingen; **to be out of the** ~ vara ur vägen; **to
get out of the** ~ flytta sig; **to get out of sb's** ~
flytta sig för ngn; **to keep out of sb's** ~ hålla sig
undan(från) ngn; **to move sth out of the** ~ flytta
undan ngt, flytta ngt ur vägen; **as soon as I've got
this essay out of the** ~ så snart jag har gjort
undan/klarat av den här uppsatsen; **keep those
matches out of his** ~ håll de där tändstickorna
borta från honom; **to push/elbow one's** ~
through the crowd tränga/armbåga sig fram ge-
nom folkmassan; **he crawled/limped his** ~ **to the**

gate han kröp/linkade fram till grinden; **she
hacked her** ~ **through the bushes** hon högg sig
fram genom buskarna; **to make** ~ **(for sb/sth)**
(*eg*) lämna/göra plats (för ngn/ngt); (*bildl*) lämna/
bereda plats (för ngn/ngt); **to leave the** ~ **open
for further talks** lämna dörren öppen för nya
förhandlingar
(d) (*riktning*) håll, väg; **face the other** ~ vänd
dig åt andra hållet; **come this** ~ kom hit/häråt,
kom den här vägen; **which** ~ **did it go?** åt vilket
håll gick/försvann den?; **which** ~ **do we go from
here?** (åt) vilket håll ska vi gå/köra nu?; **every-
thing is going my** ~ (*bildl*) allt går vägen för mig;
this ~ **and that** hit och dit; **are you going my** ~?
ska du åt mitt håll?; **down our** ~ i våra trakter;
put it the right ~ **up** sätt det med rätt sida upp/på
rätt ledd; **to look the other** ~ (*bildl*) blunda; **to
split sth three** ~**s** dela ngt på tre
(e) (*avstånd, rörelse*) väg; **a long** ~ lång väg;
it's a long ~ **away** det är långt borta; **a little** ~
along the road en liten bit på vägen; **he'll go a
long** ~ (*bildl*) han kommer att gå långt; **we've
come a long** ~ **since those days** vi har nått långt
sen dess; **it should go a long** ~ **towards con-
vincing him** det borde bidra starkt till att över-
tyga honom; **to be/get under** ~ vara/sätta i gång;
the job is now well under ~ arbetet har nu
kommit i gång ordentligt
(f) (*metod*) sätt, vis; **the British** ~ **of life** den
brittiska livsstilen; ~**s and means** sätt, metoder;
we'll find a ~ **of doing it** vi ska nog komma på
något sätt att göra det; **the only** ~ **of doing it** det
enda sättet att göra det; **there are no two** ~**s
about it** det är inte tu tal om saken; **he has his own**
~ **of doing it** han gör det på sitt eget vis; **I'll do it
(in) my own** ~ jag gör det på mitt eget vis;
they've had it all their own ~ **too long** de har fått
sin vilja fram alldeles för länge; **to get one's own**
~ få sin vilja igenom; **I will help in every** ~
possible jag kommer att hjälpa till så mycket det
går; **he helped in a small** ~ han hjälpte till litet
grand; **in no** ~, **not in any** ~ på intet sätt; **no** ~!
(*vard*) aldrig i livet!; **do it this** ~ gör så här/på det
här viset; **in this** ~ på detta sätt; **it was this** ~...
det var så här...; **(in) one** ~ **or another** på ett eller
annat sätt; **in a** ~, **in some** ~**s** på sätt och vis; **in
many** ~**s** på många sätt; **to my** ~ **of thinking**
enligt mitt sätt att se det; **either** ~ **I can't help
you** i vilket fall som helst så kan jag inte hjälpa
dig; **to go on in the same old** ~ köra vidare i
samma gamla hjulspår; **the** ~ **things are** så som
sakerna står, som läget är; **that's just the** ~
things are det är bara så; **in the ordinary** ~ **(of
things)** i vanliga fall
(g) (*egenskap*) sätt; **the** ~**s of the Spaniards**
spanjorernas sedvänjor; **he has his little** ~**s** han
har sina små egenheter; **he has a** ~ **with people**
han kan ta folk; **he has a** ~ **with him** han har ett
vinnande sätt
(h) (*tillstånd*): **things are in a bad** ~ det står
illa till; **he's in a bad** ~ (*fysiskt*) han mår inte bra,
han är inte frisk; (*psykiskt*) han har problem; **to
be in the family** ~ (*vard*) vänta barn
(i) (*med 'by'*): **by the** ~... förresten...; **this is
only by the** ~ detta bara sagt i förbigående; **oh,
and by the** ~... ja, och förresten...; **by** ~ **of a
warning** som (en) varning; **she's by** ~ **of being an
artist** hon är något av en konstnär
2 *adv* (*vard*): **it happened** ~ **back** det hände för
länge sedan; ~ **back in 1900** (så tidigt som) år
1900; **it's** ~ **out in Nevada** det ligger ända borta i
Nevada; **he was** ~ **out in his estimate** han mis-
sade grovt i sin bedömning
way·bill |'weɪbɪl] *s* (*för gods*) fraktsedel
way·farer |'weɪˌfɛərə'] *s* (*åld*) vägfarare, vand-

ringsman
way·lay |weɪˈleɪ| *imperf, perf part* **waylaid**, *vt (person)* lurpassa på, hejda
way-out |ˈweɪˈaʊt| *adj (vard)* fantastisk, extrem, häftig *(vard)*
way·side |ˈweɪsaɪd| *s* vägkant, vägren; **to fall by the** ~ *(bildl)* ge upp, falla ifrån; ~ **flowers** blommor som växer på vägrenen; ~ **café** kafé/kafeteria vid vägen; ~ **stall** (försäljnings)stånd vid vägkanten
way·ward |ˈweɪwəd| *adj (person, uppförande)* egensinnig, nyckfull
W.C. *s (Brit) förk f* **water closet** wc
we |wiː| *pers pron* vi
weak |wiːk| *adj (-er, -est) (person)* vek, svag, matt; *(syn, muskel)* svag; *(mage, hjärta)* dålig; *(te, kaffe)* svag; *(konstruktion, material)* klen, svag; *(argument)* svag; *(ursäkt)* klen; *(röst)* svag, matt; *(ljud)* svag; *(karaktär)* svag; *(haka)* vek; **her French is** ~, **she is** ~ **at French** hon är svag/dålig i franska; **to go** ~ **at the knees** *(av upphetsning)* darra i knäna, bli svag i knäna; *(bildl)* bli knäsvag
weak·en |ˈwiːkən| **1** *vt* försvaga; **to** ~ **one's grip** släppa efter; **this fact** ~**s your case** detta faktum minskar dina chanser/försämrar din ställning **2** *vi (i allm)* försvagas; *(grepp)* mjukna; *(inflytande)* avta; *(person: ge efter)* mjukna, vekna; **we must not** ~ **now** vi får inte mattas nu
weak-kneed |ˈwiːkˈniːd| *adj (bildl)* vek, eftergiven, feg
weak·ling |ˈwiːklɪŋ| *s* vekling
weak·ly |ˈwiːklɪ| **1** *adj (barn)* svag, klen **2** *adv (i allm)* svagt, matt; **he** ~ **gave in** han var svag och gav med sig
weak·ness |ˈwiːknɪs| *s* svaghet, matthet; **chocolate is one of my** ~**es** choklad är en av mina svagheter; **to have a** ~ **for sth** vara svag för ngt
weak-willed |ˈwiːkˈwɪld| *adj* viljelös
weal |wiːl| *s (på hud)* märke *efter slag*
wealth |welθ| *s (eg)* rikedom, förmögenhet; *(bildl)* rikedom, överflöd *(of på)*; **a man of considerable** ~ en mycket rik man
wealthy |ˈwelθɪ| *adj (-ier, -iest)* rik, förmögen
wean |wiːn| *vt (barn)* avvänja; **to** ~ **sb (away) from sth** *(bildl)* vänja ngn av med ngt
weap·on |ˈwepən| *s* vapen
weap·on·ry |ˈwepənrɪ| *s koll* vapen
wear |weə^r| *(v: imperf* **wore**, *perf part* **worn**) **1** *s* **(a)** användning, bruk; **for everyday** ~ för vardagsbruk; **I've had a lot of** ~ **out of this jacket** jag har haft den här jackan/kavajen mycket **(b)** nötning, slitage, förslitning; ~ **and tear** slitage; **hard** ~ hårt slitage; **the** ~ **on the engine** slitaget på motorn; **she looks the worse for** ~ hon ser sliten ut **(c)** kläder; **children's** ~ barnkläder; **summer** ~ sommarkläder **2** *vt* **(a)** *(kläder, glasögon, halsband)* bära, ha (på sig); *(ansiktsuttryck, skägg)* ha; *(smink)* använda; **she wore her blue dress** hon hade sin blå klänning på sig; **I have nothing to** ~ **to the dinner** jag har inget att ha på mig till middagen; **to** ~ **one's hair long** ha långt hår; **he wore a big smile** han log brett/med hela ansiktet, han hade ett stort leende på läpparna **(b)** *(i allm)* slita, nöta; **to** ~ **a path across the lawn** trampa upp en stig över gräsmattan; **to** ~ **a hole in sth** slita hål på något; **the rocks had been worn smooth** stenarna/klipporna hade slipats jämna **(c)** *(Brit vard: påstående)* tro på, gå 'på; *(förslag)* gå med på **3** *vi* **(a)** tåla slitage, hålla; **that theory has worn well** den där teorin har stått sig bra; **she has worn well** hon är väl bibehållen **(b)** slitas/nötas, bli sliten/nött; **the edges have worn smooth** hörnen har slipats av; **that excuse is** ~**ing a bit thin** den ursäkten börjar bli lite sliten

♦ **wear away** **1** *vt + adv* nöta/slipa bort **2** *vi + adv* nötas/slipas bort
♦ **wear down** **1** *vt + adv (däck)* slita ut; *(klack)* slita ner; *(bildl: motstånd)* bryta ner **2** *vi + adv (däck, klack)* slitas (ner)
♦ **wear off** *vi + adv (färg)* nötas av; *(bildl: smärta, förtjusning)* gå över
♦ **wear on** *vi + adv (kväll, år etc)* framskrida; **as the evening wore on** allteftersom kvällen fortskred/gick; **the meeting wore on** mötet fortsatte i det oändliga
♦ **wear out** **1** *vt + adv (kläder, föremål)* slita ut; *(bildl: person)* trötta ut; **to be worn out** *(kläder, föremål)* vara utsliten; *(bildl: person)* vara utmattad/utpumpad **2** *vi + adv* slitas ut
♦ **wear through** **1** *vt + adv* nöta hål på **2** *vi + adv* nötas hål på
wear·able |ˈweərəbl| *adj (plagg)* användbar; **this is not** ~ den här kan man inte ha
wea·ri·ly |ˈwɪərɪlɪ| *adv (utan kraft)* trött; *(utan entusiasm)* missmodigt, kraftlöst
wea·ri·ness |ˈwɪərɪnɪs| *s (eg)* trötthet; *(bildl)* missmod, leda
wea·ri·some |ˈwɪərɪsəm| *adj (i allm)* tröttsam, tråkig; *(person äv)* odräglig, besvärlig
wea·ry |ˈwɪərɪ| **1** *adj (-ier, -iest) (person: fysiskt)* trött, uttröttad; *(: psykiskt)* missmodig, kraftlös; *(dag, väntan)* tröttande; **to be** ~ **of sb/sth** vara trött/utled på ngn/ngt; **five** ~ **kilometres** fem mödosamma kilometer **2** *vt* trötta (ut) **3** *vi:* **to** ~ **of sb/sth** tröttna på ngn/ngt
wea·sel |ˈwiːzl| **1** *s* vessla **2** *vi:* ~ **out** *(Am vard)* slingra sig undan
weath·er |ˈweðə^r| **1** *s* väder, väderlek; **have you heard the** ~ **for tomorrow?** har du hört vädret för i morgon?; ~ **permitting** om vädret tillåter; **in this** ~ i det här vädret; **what's the** ~ **like?** vad är det för väder?; **it gets left outside in all** ~**s** den får stå ute i alla väder; **to be under the** ~ *(bildl)* vara (lite) hängig/krasslig; **to make heavy** ~ **of sth** göra mycket väsen av/göra en stor affär av ngt; ~ **bureau** vädertjänst; ~ **chart** väderkarta; ~ **forecast** väder|prognos/-rapport; ~ **ship** väderskepp; ~ **station** meteorologisk station **2** *vt:* **to** ~ **the storm** *(fartyg, äv bildl)* rida ut stormen **3** *vi (sten)* vittra; *(trä)* nötas/slipas av väder och vind
weather-beaten |ˈweðəˌbiːtn| *adj (i allm)* väderbiten; *(plats)* vindpinad
weather·cock |ˈweðəkɒk| *s* vindflöjel; **he's a** ~ han vänder kappan efter vinden
weath·ered |ˈweðəd| *adj (ansikte)* väderbiten; *(klippor)* (sönder)vittrade; *(trä)* slipad av väder och vind
weather·man |ˈweðəmæn| *s, pl* **-men** *(vard)* meteorolog
weather·proof |ˈweðəpruːf| *adj (kläder)* som står emot väder och vind
weave |wiːv| *(v: imperf* **wove**, *perf part* **woven**) **1** *s* väv(mönster), bindning *(spec)* **2** *vt (tyg)* väva; *(krans)* binda; *(korg)* fläta; *(spindelnät)* spinna; **he wove these details into the story** han vävde/flätade in dessa detaljer i historien; **he wove a story round these experiences** han spann ihop en historia runt dessa upplevelser **3** *vi (eg)* väva; *(bildl: imperf, perf part* ~**d)** slingra sig; **to** ~ **in and out among the traffic** slingra sig fram genom trafiken
weav·er |ˈwiːvə^r| *s* vävare, väverska
weav·ing |ˈwiːvɪŋ| *s* vävning, vävnad
web |web| *s* spindel|väv/-nät; *(mellan tår)* simhud; *(bildl)* väv, härva; **a** ~ **of lies**
webbed |webd| *adj (Zool)* (försedd) med simhud; ~ **feet** simfötter
web·bing |ˈwebɪŋ| *s* sadelgjord

web-toed [‚web'təʊd] *adj* (försedd) med simfötter
wed [wed] **1** *vt* (*litt*) gifta sig med, äkta (*frm*) **2**
vi gifta sig
we'd [wi:d] = **we would; we had**
wed·ded ['wedɪd] *adj* (*eg*) gift (*to* med); (*bildl*) in-
timt förenad (*to* med); ~ **couple/husband/wife**
äkta par/man/maka; ~ **bliss** äktenskaplig lycka;
~ **life** äktenskap(lig samlevnad); **to be** ~**ded to**
one's job vara gift med jobbet; **to be** ~**ded to an**
idea vara helt fast(låst) vid en tanke
wed·ding ['wedɪŋ] *s* (*fest*) bröllop; (*ceremoni*) vig-
sel(akt); **silver/diamond** ~ silver-/diamant|bröl-
lop; **to have a church** ~ ha kyrkbröllop, gifta sig i
kyrkan; ~ **anniversary** bröllopsdag; ~ **band** (*i*
sht Am) vigselring; ~ **breakfast** (*frm*) bröl-
lopslunch; ~ **cake** bröllopstårta; ~ **day** bröl-
lopsdag, dag för bröllop; ~ **dress** brudklänning;
~ **present** bröllopspresent; ~ **ring** vigselring
wedge [wedʒ] **1** *s* (*av trä, metall*) kil; (*av tårta, ost*
etc) (trekantig) bit; **it's the thin end of the** ~
(*bildl*) det är bara början; **to drive a** ~ **between**
two people (*bildl*) slå in en kil/skapa missämja
mellan två människor **2** *vt* kila (fast); **to** ~ **a**
door open ställa upp en dörr med en kil; **it's** ~**d**
den sitter fast/har fastnat; **the car was** ~**d be-**
tween two lorries bilen var inklämd/fastklämd
mellan två lastbilar; **to** ~ **another book in** pressa
in en bok till
wedge-shaped ['wedʒʃeɪpt] *adj* kilformad
Wednes·day ['wenzdeɪ] *s* onsdag; *se äv* **Tuesday**
wee¹ [wi:] *adj* (**-er, -est**) (*i sht Skottl*) (mycket) liten;
a ~ **bit** (*vard*) en liten smula; **I'm a** ~ **bit worried**
(*vard*) jag är en aning orolig; **the** ~ **hours** (*Am*)
småtimmarna
wee² [wi:] = **weewee**
weed [wi:d] **1** *s* (*eg*) ogräs; (*Brit vard*) liten, spin-
kig person **2** *vi* (*rabatt*) rensa **3** *vi* rensa ogräs
♦ **weed out** *vt* + *adv* (*bildl*) gallra ut
weed-killer ['wi:dkɪlə^r] *s* ogräsmedel
weedy ['wi:dɪ] *adj* (**-ier, -iest**) (*eg*) igenväxt med/
full av ogräs; (*Brit vard: person*) oansenlig
week [wi:k] *s* vecka; **two weeks' holiday** två veck-
ors semester; **Tuesday** ~**, a** ~ **on Tuesday** på
tisdag om en vecka, på tisdag åtta dagar; **a** ~
(**ago**) **last Tuesday** i tisdags (för) en vecka sedan;
yesterday ~ igår för en vecka sedan; ~ **in,** ~ **out**
vecka ut och vecka in; **to knock sb into the**
middle of next ~ (*vard*) klappa till ngn ordentligt
week·day ['wi:kdeɪ] *s* vardag
week·end [‚wi:k'end] *s* (vecko)helg, veckoslut,
weekend; **a long** ~ en lång weekend; ~ **case**
weekendväska; ~ **cottage** stuga *där man är på*
helgerna, (mindre) fritidshus; ~ **return** vecko-
slutsbiljett; ~ **visit** besök över helgen
week·ly ['wi:klɪ] **1** *adj* vecko-; **the** ~ **shopping**
veckoinköpen, inköpen för veckan; **a** ~**visit** ett
besök varje vecka/i veckan **2** *adv* en gång i
veckan; **£15** ~ 15 pund i veckan **3** *s* veckotid-
ning
weep [wi:p] (*v: imperf, perf part* **wept**) **1** *vt* (*tårar*)
gråta, fälla; *she wept bitter tears* **2** *vi* (*i allm*)
gråta; (*Med: sår etc*) vätska sig; **to** ~ **with/for joy**
gråta av glädje; **to** ~ **for sb** gråta över ngn **3** *s*
gråtanfall; **to have a good** ~ gråta ut
weep·ing ['wi:pɪŋ] *s* gråt(ande); ~ **willow** (*Bot*) tår-
pil
wee·wee ['wi:wi:] (*vard*) **1** *s* kiss; **to do a** ~
kissa **2** *vi* kissa
weft [weft] *s* (*i väv*) väft, inslag
weigh [weɪ] **1** *vt* **(a)** (*eg*) väga **(b)** (*bildl*) över-
väga; **to** ~ **one's words** väga sina ord; **to** ~ **sth in**
one's mind överväga ngt; **to** ~ **the pros and cons**
väga för- och nackdelarna **2** *vi* **(a)** (*eg*) väga;
the scales ~ **light** vågen visar för lite; **it** ~**s 4**
kilos den väger 4 kilo **(b)** (*bildl: oroa*): **to** ~ **on**

sb tynga/plåga ngn; (*: vara viktig*): **to** ~ **with sb**
väga tungt hos ngn; **it** ~**s on her mind** det tynger
hennes sinne; **that didn't** ~ **with him** det betydde
inget för honom
♦ **weigh down** *vt* + *adv* tynga/pressa ner; **she was**
~**ed down with parcels** hon dignade under pa-
ket; **to be** ~**ed down with sorrows** vara tyngd av
sorger
♦ **weigh in** *vi* + *adv* (*Sport*) vägas in; (*vard: i diskus-*
sion, slagsmål) hoppa in
♦ **weigh out** *vt* + *adv* (*varor*) väga upp
♦ **weigh up** *vt* + *adv* (*alternativ*) väga mot var-
andra; (*situation*) bedöma
weigh·bridge ['weɪbrɪdʒ] *s* fordonsvåg
weigh·ing ma·chine ['weɪŋmə‚ʃiːn] *s* personvåg
(med myntinkast)
weight [weɪt] **1** *s* **(a)** (*abstrakt*) tyngd; (*mått*)
vikt; **will this chair take my** ~? håller den här
stolen för mig?; **the** ~ **of the snow broke the**
branches snöns tyngd knäckte grenarna; **tell me**
the ~ **of the cake** tala om hur mycket kakan
väger; **the grocer gave me short** ~ speceri-
handlarn vägde snålt åt mig; ~**s and measures**
mått och vikt; **it is worth its** ~ **in gold** den är värd
sin vikt i guld; **to put on/lose** ~ gå upp/ner i vikt;
what's your ~? hur mycket väger du?
 (b) (*föremål: till våg*) vikt; (*: till klocka*) lod; (*: i*
allm) tungt föremål; **she mustn't lift heavy** ~**s**
hon får inte lyfta tungt/tunga bördor; ~ **training**
skivstångsträning
 (c) (*bildl: oro etc*) tyngd, börda; (*: viktighet*)
vikt, betydelse; **these are arguments of some** ~
detta är ganska tungt vägande argument; **that's**
a ~ **off my mind** en sten föll från mitt bröst; **they**
won by sheer ~ **of numbers** de vann på sin
numerära överlägsenhet; **to chuck/throw one's**
~ **about** (*vard*) göra sig märkvärdig; **he doesn't**
pull his ~ han gör inte sin del av jobbet, han tar
inte sin del av ansvaret
 2 *vt* (*eg*) tynga, förse med tyngd; (*bildl*) tillrät-
talägga, manipulera; **the contest is** ~**ed in his**
favour tävlingen gynnar honom
weight·less ['weɪtlɪs] *adj* tyngdlös
weight·less·ness ['weɪtlɪsnɪs] *s* tyngdlöshet
weight·lifting ['weɪtlɪftɪŋ] *s* tyngdlyftning
weighty ['weɪtɪ] *adj* (**-ier, -iest**) (*bildl*) viktig, be-
tydelsefull
weir [wɪə^r] *s* fördämning
weird [wɪəd] *adj* (**-er, -est**) (*eg*) kuslig, mystisk;
(*vard*) konstig, egendomlig
weir·do ['wɪədəʊ] *s* (*vard*) konstig typ, kuf
welch [welʃ] *vi* = **welsh**
wel·come ['welkəm] **1** *adj* välkommen; **to make**
sb ~ få ngn att känna sig välkommen; **you're** ~
(*som svar på tack*) ingen orsak, det var så lite så;
you're ~ **to try** du får gärna försöka; **it's a** ~
change det är en välkommen förändrig **2** *s* väl-
komnande, mottagande; **to bid sb** ~ hälsa ngn
välkommen; **the crowd gave him an enthusiastic**
~ folkmassan gav honom ett entusiastiskt mot-
tagande; **what sort of a** ~ **will this product get?**
hur kommer den här produkten att tas emot? **3**
interj välkommen!; ~ **to our house** välkommen
hem till oss; ~ **home!** välkommen hem! **4** *vt*
(*person*) välkomna, hälsa välkommen; (*bildl:*
förslag etc) välkomna; **we** ~ **this step** vi hälsar
detta steg med glädje
wel·com·ing ['welkəmɪŋ] *adj* välkomnande
weld [weld] **1** *vt* svetsa **2** *s* svetsfog
weld·er ['weldə^r] *s* svetsare
weld·ing ['weldɪŋ] *s* svetsning; **we don't do** ~ vi
utför inga svetsarbeten; ~ **torch** svetsbrännare
wel·fare ['welfeə^r] *s* **(a)** (*i allm*) välfärd, väl; **I'm**
only concerned for your ~ jag tänker bara på
ditt eget bästa/väl **(b)** (*organiserad hjälp*) soci-

alarbete, socialtjänst; **the man from the** ~ mannen från socialbyrån/socialen *(vard)*; **he's living on** ~ *(i sht Am)* han lever på socialbidrag; **industrial** ~ arbetarskydd; ~ **centre** socialvårdsbyrå; ~ **state** välfärdsstat

well[1] |wel| **1** *s (med vatten)* brunn; *(: åld, litt)* källa; *(med olja)* (olje)källa; *(för trappa)* trapphus; *(för hiss)* hisschakt; *(Brit: i rättssal)* parkett *platsen framför domaren* **2** *vi* välla; **to** ~ **out** välla ut/fram; **to** ~ **up** välla upp

well[2] |wel| *(komp* **better,** *superl* **best) 1** *adv* **(a)** *(i allm)* väl, bra, gott; **she dances (very)** ~ hon dansar *(mycket)* bra; **he did** ~ **in the exam** han klarade sig bra/fint på provet; **the company is doing** ~ det går bra för företaget; **he did it as** ~ **as he could** han gjorde så gott han kunde; **she did** ~ **to...** det var klokt (gjort) av henne att...; **mother and child are doing** ~ mor och barn mår bra; **he likes to eat** ~ han tycker om att äta gott; ~ **done!** bra gjort!

(b) *(fördelaktigt)* väl; **to speak** ~ **of** tala väl om; **to think** ~ **of** tänka väl om, ha höga tankar om; **she married** ~ hon gjorde ett gott parti; **you would do** ~ **to remember that...** du skulle göra klokt i att minnas att...; **to be** ~ **in with sb** ligga bra till hos någon; **I might/may as** ~ jag kan/kunde lika gärna...

(c) *(ordentligt, betydligt)* väl, gott och väl; ~ **within the limit** klart inom gränsen; **it was** ~ **worth it** det var väl värt det; **shake** ~ **before use** omskakas väl före användandet; **I am** ~ **aware of that** jag är väl medveten om det; **she loved him too** ~ hon älskade honom för mycket/för högt; ~ **and truly** rejält, ordentligt; ~ **over a thousand** en bra bit över tusen; **all/only too** ~ alltför väl; **he's** ~ **away** *(vard)* han är i gasen

(d) *(möjligen, med fog)* (mycket) väl; **I may** ~ **be a bit late** jag kanske kommer lite sent; **he may** ~ **refuse** han kan mycket väl vägra; **she cried, as** ~ **she might** hon grät, vilket hon hade god anledning till; **you may** ~ **ask!** det kan man verkligen fråga sig!; **I couldn't very** ~ **leave** jag kunde inte gärna gå/åka därifrån

(e): as ~ dessutom, också; **Peter as** ~ **as John** Peter såväl som John, både Peter och John; **she sings as** ~ **as playing the piano** hon både sjunger och spelar piano

2 *adj* **(a)** *(till hälsan)* frisk, bra; **get** ~ **soon!** krya på dig!; **aren't you feeling** ~? mår du inte bra?

(b) *(i allm)* bra; **all is not** ~ **with him** allt står inte väl till med honom; **that's all very** ~, **but...** det är gott och väl, men...; **it would be as** ~ **to ask** det vore lika bra/bäst att fråga; **it's just as** ~ **we ask** det är lika bra vi frågar

3 *interj* ja, jo, tja, nå; ~, **as I was saying...** jo, som jag sa...; ~, **I don't know** tja, jag vet inte; ~ **there you are** jamen där ser du; ~, **that's possible, but...** ja, det är möjligt, men...; ~ **John, can you answer the question?** nå John, kan du svara på frågan?; ~ **I never!** nej, det var det värsta!; ~, ~! jojo!, jaså minsann

well- |wel-| *prefix (vanl)* väl-
we'll |wiːl| = **we will; we shall**
well-balanced |ˌwelˈbælənst| *adj (person)* sansad, välbalanserad; *(kost)* allsidig
well-behaved |ˌwelbɪˈheɪvd| *adj (person)* väluppfostrad; *(skämts: bil etc)* som sköter sig ordentligt
well-being |ˌwelˈbiːɪŋ| *s* välbefinnande
well-born |ˌwelˈbɔːn| *adj* av fin familj, *(i sht)* adlig
well-bred |ˌwelˈbred| *adj (person)* väluppfostrad; *(djur)* av god ras
well-built |ˌwelˈbɪlt| *adj (hus, person)* välbyggd
well-chosen |ˌwelˈtʃəʊzn| *adj* väl vald, välvald

well-connect·ed |ˌwelkəˈnektɪd| *adj* med goda kontakter
well-defined |ˌweldɪˈfaɪnd| *adj (i allm)* väl definierad; *(kontur)* skarp
well-developed |ˌweldɪˈveləpt| *adj* välutvecklad
well-disposed |ˌweldɪˈspəʊzd| *adj* välvilligt inställd *(to/towards* mot)
well-done |ˌwelˈdʌn| *adj (Matl)* genomstekt, genomkokt
well-dressed |ˌwelˈdrest| *adj* välklädd
well-founded |ˌwelˈfaʊndɪd| *adj (rykte etc)* välgrundad
well-informed |ˌwelɪnˈfɔːmd| *adj (om ngt speciellt)* välinformerad, välunderrättad; *(i allm)* kunnig
wel·ling·ton |ˈwelɪŋtən| *s (Brit: äv:* ~ **boot)** gummistövel
well-intentioned |ˌwelɪnˈtenʃənd| *adj (handling)* välment; *(person)* välmenande
well-kept |ˌwelˈkept| *adj (trädgård etc)* välskött; *(hemlighet)* noggrant bevarad
well-known |ˌwelˈnəʊn| *adj* välkänd, välbekant
well-meaning |ˌwelˈmiːnɪŋ| *adj (handling)* välment; *(person)* välmenande
well-nigh |ˈwelnaɪ| *adv* nära nog, nästan: ~ **impossible**
well-off |ˌwelˈɒf| **1** *adj* välbärgad, som har det bra ställt **2** *spl:* **the** ~ de välbärgade, de som har det bra ställt
well-preserved |ˌwelprɪˈzɜːvd| *adj (person)* väl bibehållen
well-read |ˌwelˈred| *adj (person)* beläst
well-spoken |ˌwelˈspəʊkən| *adj (person)* som talar fint, kultiverad; *(ord)* välvald; *(inlägg i diskussion)* väl framförd
well-stocked |ˌwelˈstɒkt| *adj (affär)* välsorterad; *(skafferi)* välfylld
well-thought-of |ˌwelˈθɔːtɒv| *adj* väl ansedd, omtyckt
well-timed |ˌwelˈtaɪmd| *adj (ankomst)* läglig, i rätta ögonblicket; *(kommentar)* påpasslig
well-to-do |ˌweltəˈduː| *adj* välbärgad, som har det gott ställt
well-wisher |ˈwelˌwɪʃəʳ| *s (i allm)* vän, sympatisör; *(vid ceremoni etc)* person som framför välgångsönskningar
Welsh |welʃ| **1** *adj* walesisk; ~ **rarebit/rabbit** varm smörgås med ost **2** *s (språk)* walesiska; **the** ~ *(folk)* walesarna
welsh |welʃ| *vi (vard)* smita/sticka (utan att betala)
Welsh·man |ˈwelʃmən| *s, pl* **-men** walesare
welt |welt| *s (på sko)* rand; *(på huden)* strimma *efter slag*
wel·ter·weight |ˈweltəweɪt| *s (Sport: viktklass)* weltervikt; *(: person)* welterviktare
wench |wentʃ| *s (åld, skämts)* flicka, jänta
wend |wend| *vt:* **to** ~ **one's way home** *(åld, skämts)* styra sina steg hemåt
Wen·dy house |ˈwendɪhaʊs| *s (Brit)* lekstuga
went |went| *imperf av* **go**
wept |wept| *imperf, perf part av* **weep**
were |wɜːʳ| **(a)** *imperf av* **be (b)** *(imperf konjunktiv av* **be)** vore; **if I** ~ **you** om jag vore (som) du
we're |wɪəʳ| = **we are**
weren't |wɜːnt| = **were not**
were·wolf |ˈwɪəwʊlf| *s, pl* **-wolves** varulv
west |west| **1** *s* väst, väster; **the wind is coming from the** ~ vinden kommer från väst(er); **(to the)** ~ **of** väster om; **in the** ~ **of the country** i väster, i västra delen av landet; **the W**~ *(Pol)* väst, västvärlden; *(i USA)* Västern, de västra staterna **2** *adj (i allm)* västra, väst-; *(vind)* västlig; **the W**~ **Country** sydvästra England **3** *adv (resa)* västerut; *(peka)* åt väster; ~ **of** väster om; **go** ~ *(bildl vard: misslyckas)* gå åt skogen;

(: *dö*) kila runt hörnet, ta ner skylten **4** *i sms:*
W~ German *adj* västtysk; *s* västtysk; **W~ Ger-**
many Västtyskland; **W~ Indian** *adj* västindisk; *s*
västindier; **the W~ Indies** *spl* Västindien
west-bound ['west‚baʊnd] *adj* (*trafik, körbana*)
västgående, i västlig riktning
west·er·ly ['westəlɪ] **1** *adj* (*i allm*) västlig, mot
väster; (*vind*) västlig, från väster **2** *s* (*vind*) väs-
tan, västlig vind, västvind
west·ern ['westən] **1** *adj* västlig, väst-, västra;
W~ (*Pol*) väst-, i väst; **the W~ countries** (*Pol*)
västländerna; **the W~ world** (*Pol*) västvärlden;
the W~ powers (*Pol*) västmakterna **2** *s* (*film*)
västern, vildavästernfilm
west·erni·za·tion [‚westənaɪ'zeɪʃən] *s* införande av
västerländska seder och värderingar
west·ern·ized ['westənaɪzd] *adj* västinfluerad
west·ward ['westwəd] **1** *adj* västlig **2** *adv* (*äv:*
~s) västerut, åt väster
wet [wet] **1** *adj* (-**er**, -**est**) (**a**) (*i allm*) blöt, våt; **to**
get one's feet ~ bli blöt om fötterna; ~ **paint** (*i*
allm) färg som inte torkat; (*på skylt*) nymålat; ~
behind the ears (*bildl*) inte torr bakom öronen; **in**
~ **clothes** med blöta/fuktiga kläder; **to be** ~
through/~ to the skin vara genomblöt, vara blöt
in på bara kroppen; ~ **dream** erotisk dröm **(b)**
(*väder*) regnig; **it was too** ~ **for a picnic** det var
för blött/regnigt för att ha picknick; **a** ~ **climate**
ett fuktigt klimat **(c)** (*vard: person*) mjäkig **2**
s (**a**) (*i allm*) fukt, väta; (*väder*) regn: *don't go out*
in the ~ **(b)** (*Brit Pol: vard*) moderat tory med-
lem av det konservativa partiets vänsterflygel; (*Am*
vard) förbudsmotståndare **3** *vt* fukta, väta; **to**
~ **the bed/one's pants** kissa i sängen/byxorna; **to**
~ **oneself** kissa ner sig
wet·back ['wetbæk] *s* (*Am neds*) (illegalt in-
vandrad) mexikanare
wet-nurse ['wetnɜ:s] *s* amma
wet·suit ['wetsu:t] *s* (*Sport*) våtdräkt
wet·ting ['wetɪŋ] *s*: **to get a** ~ bli genomblöt
we've [wi:v] = **we have**
whack [wæk] *s* (**a**) slag, smäll; **to give sb/sth a** ~
smälla till ngn/ngt **(b)** (*försök*): **to have a** ~ (**at**
sth) göra ett försök (med ngt) **(c)** (*vard*) (an)-
del: *did you get your* ~?
whale [weɪl] *s* (*Zool*) val; **to have a** ~ **of a time** (*vard*)
ha jätteroligt
whale·bone ['weɪlbəʊn] *s* (*Zool*) bard; (*i korsett*)
(val)fiskben
whal·er ['weɪlə'] *s* (*person*) valfångare; (*fartyg*) val-
fångstfartyg
wharf [wɔ:f] *s, pl* **wharfs** *el* **wharves** [wɔ:vz] (*av*
sten) kaj; (*av trä*) båtbrygga
what [wɒt] **1** *interrog pron* (**a**) *fören* vilken, vil-
ket, vad; ~ **record do you want?** vilken skiva vill
du ha?; ~ **time is it?** hur mycket är klockan?; ~
day is it today? vilken dag är det idag?; ~ **sort**
of... vilken sorts...; ~ **good would that do?** vad
skulle det göra för nytta?
  (b) *självst* vad; ~? va? hur sa?; ~ **are you**
reading? vad är det du läser?; ~ **do 3 and 5 make?**
vad är 3 plus 5?; ~'**s he called?** vad heter han?;
~'**s the weather like?** hurdant är vädret?; ~ **do**
you want now? vad vill du nu?; ~ **are you doing**
that for? varför gör du det/så?; ~'**s that food for?**
vad har man det där verktyget till?; ~?! va(d)
(säger du)?!; ~?! **you sold it!** va(d)! sålde du
den!/har du sålt den!; ~ **about doing that?** vad
sägs om att göra det?; ~ **about a drink?** hur
skulle det vara med en drink?; **yes,** ~ **about him?**
ja, vad är det med honom?; ~'**s that to you?** vad
har du med det att göra?; **I spoke to (that man),**
~'**s his name** jag pratade med (den där mannen)
vad det nu är han heter
  2 *rel pron* (**a**) *fören* vilken, vilket, vilka; **buy**

~ **food you want** köp vilken mat du vill; ~ **little I**
had det lilla jag hade
  (b) *självst* vad, vilken, vilka; ~ **I want is a cup**
of tea vad jag vill ha är en kopp te; ~ **with one**
thing and another, I completely forgot it och det
ena med det andra gjorde att jag helt glömde
bort det; **and** ~'**s more...** och vad mera är ..., och
dessutom...; **he knows** ~'**s** ~ (*vard*) han vet vad
som gäller; **to give sb** ~ **for** (*vard*) ge ngn så han
tiger, ge ngn på tafsen
  3 *utropspron* så, vad, vilken; ~ **a nuisance!** så
dumt! så synd!; ~ **luck!** vilken tur!; ~ **an ugly**
picture! vilken ful tavla!; ~ **a fool I was!** en sån
idiot jag var!
what-d'you-call- ['wɒtdjʊ'kɔ:l-] *prefix*: ~ **him/her/**
it vad är det han/hon/den/det heter (nu igen)
what·ev·er [wɒt'evə'] **1** *rel pron* (**a**) *fören* (*i*
jakande sats) vilket/vilken/vilka ... än; (*i nekande*
sats) över huvud taget, som helst; ~ **reasons you**
may have vad du än har för skäl/anledning; **noth-**
ing ~ inget alls/som helst; **it's no use** ~ det
tjänar överhuvudtaget ingenting till **(b)**
självst vad, vad ... än; **he does** ~ **he wants** han gör
precis som han vill/vad som faller honom in;
choose ~ **you want** välj precis vad du vill ha; **I**
want it ~ **it costs** jag vill ha den vad den än
kostar; ~ **happens** vad som än händer; **or** ~
they're called eller vad de nu kallas **2** *interrog*
pron (*vard*) (**a**) *fören*: ~ **reason can he have?** vad
kan han ha för (rimlig) anledning?; ~ **good can**
come of that? vad i all världen ska det tjäna till?;
~ **help will that be?** vad skulle det bli för
hjälp? **(b)** *självst* vad (i hela världen); ~ **made**
him do that? vad i hela världen fick honom att
göra det?; ~ **do you mean?** vad i fridens namn
menar du/ni?
what·so·ev·er [‚wɒtsəʊ'evə'] *pron* (*i nekande*
uttryck) = **whatever:** *nothing* ~, *it's no use* ~
wheat [wi:t] *s* vete
wheat·en ['wi:tn] *adj* vete-, av vete
wheat·germ ['wi:tdʒɜ:m] *s* vetegrodd
wheat·meal ['wi:tmi:l] *s* vetemjöl
whee·dle ['wi:dl] *vt* lirka med; **to** ~ **sb into doing**
sth övertala ngn att göra ngt; **to** ~ **sth out of sb**
(*hemlighet*) lirka/locka ur ngn ngt; (*föremål*) lura
av ngn ngt
wheel [wi:l] **1** *s* (*i allm*) hjul; (*att styra med*) ratt;
(*Sjö*) ratt; **will you take the** ~? kan du köra ett
tag?; **to be at the** ~ (*Sjö, bildl*) stå vid rodret; **the**
~ **of fortune** lyckans hjul **2** *vt* (*kärra*) köra,
skjuta; (*cykel*) leda; (*rullstol*) köra; **we** ~**ed it**
over to the window vi rullade bort den till
fönstret **3** *vi* (*i allm*) svänga/snurra (runt); (*få-*
gel) kretsa (runt); **to** ~ **left** (*Mil*) göra vänster om;
to ~ **round** (*person*) snurra runt
wheel·bar·row ['wi:l‚bærəʊ] *s* skottkärra
wheel·base ['wi:lbeɪs] *s* hjulbas
wheel·chair ['wi:ltʃeə'] *s* rullstol
-wheeled [wi:ld] *adj suffix* -hjulig: *four-*~
-wheeler ['wi:lə'] *s* (*i sms*) -hjuling: *three-*~
wheeler-dealer ['wi:lə‚di:lə'] *s* (*vard: i sht Am*)
skrupellös person, fifflare, fixare
wheel·ing ['wi:lɪŋ] *s*: ~ **and dealing** fiffel, mygel
wheeze [wi:z] *vi* väsa, rossla, andas med ett vä-
sande/pipande ljud
whelk [welk] *s* (*Zool*) valthornssnäcka
whelp [welp] *s* (*hund*) valp; (*varg, tiger m fl*) unge;
(*person: neds*) pojkvasker, snorvalp
when [wen] **1** *adv* (**a**) (*interrog*) när?; ~ **did it**
happen? när hände det?; **I know** ~ **it happened**
jag vet när det hände; **since** ~ **do you like Indian**
food? när började du tycka om indisk mat?; **say**
~! (*vid servering av dryck*) säg stopp! **(b)** (*rel*)
då, när; **that was the day** ~... det var den dagen
då/när...; **during the time** ~ **she lived abroad**

under den tid (då) hon bodde utomlands **2** *konj* **(a)** *(samtidighet)* när, då; ~ **I was young** när/då jag var ung; **do it** ~ **you have time** gör det när du har tid; **be careful** ~ **you cross the road/**~ **crossing the road** var försiktig när du går över gatan; *(even)* ~ *(även)* när; **I wouldn't walk** ~ **I could get the bus** jag skulle inte gå om/när jag kunde ta bussen **(b)** *(tidpunkt)* då, när; **that's** ~ **the train arrives** det är då tåget kommer; **she told me about** ~ **she was in Milan** hon berättade om när hon var i Milano

whence |wens| *adv (poet)* varifrån

when·ever |wen'evə^r| *adv* **(a)** *(rel)* när ... än, närhelst; **I'm ready** ~ **you are** jag är redo så fort du är det; **come** ~ **you like** kom när(helst) du vill; ~ **I ask him** när jag än frågar honom; **I go** ~ **I can** jag går så ofta jag kan; ~ **you see one of those, stop** så fort du ser en sådan så stanna; **tomorrow or** ~ i morgon eller när det nu blir **(b)** *(i frågor)* när i all världen/i hela friden; ~ **did I say that?** när i all världen sa jag det?

where |weə^r| **1** *adv* **(a)** *(interrog: befintlighet)* var?; *(: riktning)* vart?; ~ **am I?** var är jag?; ~ **are you going (to)?** vart är du på väg?; ~ **have you come from?** varifrån kommer du/har du kommit? **(b)** *(rel: plats)* där; *(: tid)* då, när; **the house** ~ **I was born** huset där jag föddes; **the town** ~ **we're going** staden (som) vi ska till; **the point in the story** ~ det ställe i berättelsen då/när/där... **2** *konj* **(a)** *(befintlighet)* där; *(riktning)* vart; *(möjlighet)* där; **stay** ~ **you are** stanna där ni är; **go** ~ **you like** gå vart du vill; ~ **possible** där det är möjligt **(b)** *(platsen som)* här, där; *(riktning)* hit, dit; **so that's** ~ **my shoes were!** så det var där mina skor var!; **that's** ~ **we're going** det är dit vi ska/är på väg; **I walked past** ~ **he was standing** jag gick förbi platsen där han stod; **this is** ~ **we found it** det var här vi hittade den; **that's** ~ **we got to in the last lesson** det var hit vi kom förra lektionen; **that's just** ~ **you're wrong!** det är just där du har fel!

where·abouts |ˌweərə'baʊts| **1** *adv* var (någonstans) (ungefär) **2** |'weərəbaʊts| *s sg el spl*: ... **the** ~ **of the escaped prisoner/stolen goods** ... var den förrymde fången/stöldgodset befinner sig

where·as |weər'æz| *konj (i allm)* medan ... (däremot), under den att; *(Jur)* alldenstund, eftersom

where·by |weə'baɪ| *adv* varigenom, med vars hjälp

where·fore |'weəfɔː^r| **1** *adv (åld, frm)* och därför, varför *(frm)* **2** *s se* why 3

where·upon |ˌweərə'pɒn| *adv* varpå

wher·ever |weər'evə^r| *adv* **(a)** *(rel: befintlighet)* var ... än, varhelst; *(: riktning)* vart ... än, varthelst; ~ **he is** var han än är/befinner sig; ~ **you go I'll go too** dit du går, går jag också; ~ **they went they were cheered** vart de än åkte hurrade man för dem; **in Pittsburgh, Baltimore, or** ~ i Pittsburgh, Baltimore eller var det nu var/är **(b)** *(interrog: befintlighet)* var i hela världen?; *(: riktning)* vart i hela världen?; ~ **did he put it?** var kan han ha lagt/ställt den?

where·with·al |'weəwɪðɔːl| *s*: **the** ~ **(to do sth)** medel, (praktiska/ekonomiska) möjligheter (att göra ngt)

whet |wet| *vt (verktyg)* slipa, bryna, vässa; *(aptit, nyfikenhet)* reta

wheth·er |'weðə^r| *konj* om; **I can't decide** ~ **to go or stay** jag vet inte om jag ska gå eller stanna; **I am not certain** ~ **he'll come (or not)** jag är osäker på om han kommer (eller inte); ~ **they come or not** vare sig de kommer eller ej

whet·stone |'wetstəʊn| *s* bryne, brynsten

whew |hwuː, hwjuː| *interj (av lättnad)* puh!; *(av*

irritation) usch!

whey |weɪ| *s* vassla

which |wɪtʃ| **1** *interrog pron fören o självst* vilken, vilket, vilka; *(i indirekt frågesats)* vilken, vilket, vilka; ~ **one do you want?** vilken vill du ha?; ~ **books?** vilka böcker?; **I don't know** ~ **tie he wants** jag vet inte vilken slips han vill ha; ~ **way did she go?** vilken väg/åt vilket håll gick han?; ~ **do you want?** vilken/vilket/vilka vill du ha?; **I can't tell** ~ **is** ~ jag kan inte se vilket som är vilket/vem som är vem **2** *rel pron* **(a)** *fören* vilket, vilken; ... **in** ~ **case** there's no point in you staying ... och i så fall är det ingen idé att du stannar; **by** ~ **time** och vid det laget; **during** ~ **time** och under den tiden, under vilken tid **(b)** *självst (syftande på s)* som; *(syftande på sats)* vilket; *(: efter prep)* vilket, vilken, vilka; **the dog** ~ **bit me** hunden som bet mig; **the meeting** ~ **we attended** mötet (som) vi var med på; **it rained hard,** ~ **upset her** det regnade kraftigt, vilket irriterade henne; **the hotel at** ~ we stayed hotellet som vi bodde på, hotellet där vi bodde; **from** ~ **we deduce that** ... av vilket vi drar slutsatsen att ...

which·ever |wɪtʃ'evə^r| *rel pron fören o självst (vilken som helst)* vilken ... än; *(just den)* den (som); **you can choose** ~ **system you want** du kan välja vilket system du vill; ~ **system you have** vilket system man än har; **I'll have** ~ **one you don't want** jag tar den (som) du inte vill ha; ~ **of the methods you choose** vilken av metoderna du än väljer; **choose** ~ **you like** välj den (som) du tycker om

whiff |wɪf| *s (i allm)* vindpust; *(övergående luktsensation)* lukt, stank; *(till lungorna)* andetag, inandning; **to catch a** ~ **of sth** känna doften av ngt

Whig |wɪg| *s (Hist)* whig, liberal

while |waɪl| **1** *s* **(a)** *(kortare)* stund, slag; *(längre)* tag, tid; **after a** ~ efter en stund/efter en tid; **I lived there for a** ~ jag bodde där en tid/ett tag; **for a** ~ **I thought she might agree** ett slag/för ett ögonblick trodde jag att hon skulle gå med på det; **she'll be here in a** ~ hon kommer om en stund; **it will be a good** ~ **before he gets here** det kommer att dröja ett bra tag innan han kommer hit; **a little** ~ **ago** för en liten stund sedan; **all the** ~ hela tiden; **once in a** ~ *(någon gång)* ibland **(b)**: **we'll make it worth your** ~ vi ska se till att det lönar sig för dig/att det blir mödan värt

2 *konj* **(a)** *(samtidighet)* medan, under det att; *(tidsrymd)* så länge (som); ~ **this was happening** medan detta hände; **she fell asleep** ~ **reading** hon somnade medan hon läste; **it won't happen** ~ **I'm here** det kommer inte att ske så länge jag är här **(b)** *(motsats, kontrast)* även om, samtidigt som, medan; ~ **not brilliant, his work is acceptable** även om det inte är lysande så är hans arbete (i alla fall) acceptabelt; ~ **I admit it is awkward...** samtidigt som jag erkänner att det är pinsamt...; **I enjoy sport,** ~ **he prefers reading** jag gillar sport, medan han föredrar att läsa

♦ **while away** *vt + adv (tid)* fördriva

whilst |waɪlst| *konj* = while 2

whim |wɪm| *s* nyck, infall; **a passing** ~ en tillfällig idé; **as the** ~ **takes me** som det faller mig in

whim·per |'wɪmpə^r| **1** *s (hunds)* gny, gnäll; *(persons)* gnäll, kvidande **2** *vi (hund)* gny, gnälla; *(person)* gnälla, kvida

whim·si·cal |'wɪmzɪkəl| *adj (historia)* fantastisk, besynnerlig; *(person: neg)* oberäknelig, nyckfull; *(: pos)* lekfull

whine |waɪn| **1** *s (hunds)* gnäll(ande); *(persons)*

jämmer, gnäll(ande); *(kulas)* vinande **2** *vi (hund)* gnälla; *(person)* jämra sig, gnälla; *(kula)* vina; *(bildl vard)* gnälla, klaga; **don't come whining to me about it** kom inte till mig och gnäll om det

whin·ny ['wɪnɪ] **1** *s (hästs)* (lågt) gnägg; *(persons)* gnägg, gnäggning **2** *vi (häst)* gnägga (lågt); *(person)* gnägga, småskratta

whip [wɪp] **1** *s* **(a)** *(redskap)* piska; **to have the ~ hand over sb** ha övertaget/makt över ngn **(b)** *(Pol: person)* inpiskare; *(: brev)* kallelse till votering; **three-line ~** kallelse till viktig votering **(c)** *(Matl: ung)* mousse *dessert av vispade äggvitor el vispgrädde* **2** *vt* **(a)** *(häst etc)* piska; *(barn)* ge stryk; *(vard: motståndare)* spöa, klå, besegra; *(Matl: grädde etc)* vispa **(b)** *(vard: förflytta snabbt)* slita, rycka; **he ~ped the book off the table** han ryckte undan boken från bordet; **she ~ the purse away from me** hon slet (till sig) portmonnän från mig; **they ~ped her into hospital** de förde henne illa kvickt till sjukhus **3** *vi* rusa, kila; **he ~ed inside** han kilade in; **he ~ed across the street** han rusade över gatan; **the car ~ped round the corner** bilen susade/for runt hörnet i full fart; **she ~ped round when she heard me** hon snurrade blixtsnabbt runt när hon fick se mig

♦ **whip up** *vt + adv (vard: måltid)* slänga ihop, fixa(till); *(: känslor)* hetsa upp, piska upp; *(: intresse)* bygga upp, väcka

whip·cord ['wɪpkɔːd] *s* pisksnärt

whip·lash ['wɪplæʃ] *s (eg)* pisksnärt; *(Med: äv: ~ injury)* pisknärtsskada, whiplash(skada/-syndrom) *(spec)*

whip·per·snap·per ['wɪpəsnæpəʳ] *s (äv: young ~)* *(åld)* viktigpetter, pojkspoling

whip·pet ['wɪpɪt] *s (hundras)* whippet

whip·ping ['wɪpɪŋ] *s (i allm)* piskning; **a ~** (ett kok) stryk; **~ boy** syndabock; **~ cream** *(ovispad)* vispgrädde

whip-round ['wɪpraʊnd] *s (vard, i sht Brit: till present)* insamling

whirl [wɜːl] **1** *s (i allm)* virvel; *(av damm)* virvlan-de) moln; *(av grädde)* klick; **the ~s of the dancers** dansarnas virvlande; **my head is in a ~** det går runt i huvudet på mig; **the social ~** sällskapsli-vets virvlar; **to give it a ~** *(vard)* göra ett försök, ge det en chans **2** *vt (äv: ~ round)* *(person)* snurra (runt); *(löv etc)* virvla runt med; *(bildl: transportera)* fara/susa iväg med; **he ~ed us off to the theatre** han susade iväg med oss till tea-tern **3** *vi (äv: ~ round: hjul)* snurra (runt); *(: löv, damm, vatten etc)* virvla (runt/omkring); *(bildl: röra sig snabbt)* susa, rusa; **the dancers ~ed past us** dansarna virvlade förbi oss; **my head was ~ing** det gick runt i huvudet på mig

whirl·pool ['wɜːlpuːl] *s (i allm)* strömvirvel

whirl·wind ['wɜːlwɪnd] **1** *s* virvelvind **2** *i sms* blixtsnabb, blixt-; **~ romance** blixtförälskelse

whirr [wɜːʳ] **1** *s (av insekt)* surr(ande); *(av ma-skin)* surrande, vinande **2** *vi (insekt)* surra; *(ma-skin)* surra (på)

whisk [wɪsk] **1** *s (föremål: i allm)* viska, liten borste; *(: för flugor)* flugviska, flugsmälla; *(: Matl)* visp; *(rörelse)* viftning, svep **2** *vt (i allm)* vifta med/på; *(förflytta)* föra/kora etc snabbt; *(ägg, grädde)* vispa (upp); **the horse ~ed the flies away with its tail** hästen viftade undan flugorna med svansen; **the waiter ~ed the dishes away** ky-paren plockade snabbt bort tallrikarna; **they ~ed him off to a meeting** de drog snabbt med honom till ett möte

whisk·er ['wɪskəʳ] *s (på djur)* morrhår; **~s** *(på per-son)* polisonger

whis·ky, (Am, Irl) whis·key ['wɪskɪ] *s* whisky

whis·per ['wɪspəʳ] **1** *s (i allm)* viskning; *(av löv etc)* sus; **to speak in a ~** tala i viskande ton, viska **2** *vt* viska; **to ~ sth to sb** viska ngt till ngn **3** *vi (i allm)* viska; *(löv etc)* susa; **to ~ to sb** viska till ngn

whis·per·ing ['wɪspərɪŋ] *s (i allm)* viskande; *(av löv)* sus; **~ campaign** visknings-/ryktes|kam-panj; **~ gallery** viskgalleri

whist [wɪst] *s (kortspel)* whist

whis·tle ['wɪsl] **1** *s (ljud: av vind)* visslande, vi-nande; *(: från människa)* vissling; *(av visselpipa)* visselsignal; *(föremål: i allm)* visselpipa; *(: på fa-brik, båt)* vissla; **the referee blew his ~** domaren blåste i visselpipan **2** *vt*: **to ~ a tune** vissla en melodi **3** *vi (person)* vissla; *(vind)* vissla, vina; *(Sport)* blåsa (i visselpipan); **to ~ at a girl** vissla efter en flicka; **to ~ to a dog** vissla på en hund; **he ~d for a taxi** han visslade efter en taxi; **the referee ~d for a foul** domaren blåste (av) för ruff; **the bullet ~d past my ear** kulan ven/vissla-de förbi örat på mig

whistle-stop ['wɪslstɒp] *s (Am)* liten, obetydlig järnvägsstation/stad; **~ tour** *(Am Pol)* valturné *med korta uppehåll*; *(bildl)* snabb turné, en rad blixtvisiter

whit [wɪt] *s*: **not a ~** inte ett dugg; **not a ~ of truth** inte ett uns sanning

Whit [wɪt] *s*: **~ Monday** annandag pingst; **~ Sun-day** pingstdagen

white [waɪt] **1** *adj (i allm)* vit; *(ras)* vit; *(ansikte: av rädsla)* vit, blek; **a ~ man/woman** en vit man/kvinna; **to be as ~ as a sheet** vara vit som ett lakan **2** *s (färg)* vitt; *(person)* vit; *(i ägg)* vita; *(i öga)* vita; *(Tennis)*: **~s** vita kläder **3** *i sms*: **a ~ Christmas** en vit jul; **~ coffee** *(Brit)* kaffe med mjölk/grädde; **~ elephant** *(vard: föremål)* onödig ägodel, dyrbart lyxföremål; **~ frost** rimfrost; **~ goods** vitvaror; **~ horses** *(på vågor)* vita gäss; **the W~ House** Vita huset; **~ lie** vit lögn; **~ meat** ljust kött; **~ paper** *(Pol)* vitbok; **~ pepper** vitpep-par; **~ sauce** vit sås; **W~ Russia** Vitryssland; **~ spirit** lacknafta; **~ tie** *(eg)* vit rosett; *(dräkt)* frack; **~ water** fors, skummande vatten; **~ wed-ding** bröllop i vitt; **~ wine** vitt vin

white·bait ['waɪtbeɪt] *s* småsill

white-caps ['waɪtkæps] *spl (på vågor)* vita gäss

white-collar ['waɪt,kɒləʳ] *adj (arbetare)* man-schett-, skrivbords-

white·fish ['waɪt,fɪʃ] *s, pl lika el* **-es** **(a)** *(Zool)* sik **(b)** *(Handel)* fisk med vitt kött

white-haired [,waɪt'heəd] *adj* vithårig

White·hall ['waɪt'hɔːl] *s (bildl. brittiska regeringen)* Whitehall, regeringen

white-hot [,waɪt'hɒt] *adj* vitglödgad

white·ness ['waɪtnɪs] *s (i allm)* vithet; *(om person)* blekhet

whit·en·ing ['waɪtnɪŋ] *s* kritpulver

white·wash ['waɪtwɒʃ] **1** *s* limfärg, kalkfärg **2** *vt* vitmena, vitkalka; *(bildl: person)* rentvå; *(: misstag)* släta över, skyla över

whith·er ['wɪðəʳ] *adv (poet)* varthän, vart

whit·ing ['waɪtɪŋ] *s (fisk)* vitling

whit·ish ['waɪtɪʃ] *adj* vitaktig, vit-

whit·low ['wɪtləʊ] *s (Med)* nagelböld

Whit·sun ['wɪtsən] *s* pingst

whit·tle ['wɪtl] *vt* tälja (till)

♦ **whittle away** *vt + adv (bildl)* gradvis minska; **our savings have been ~d away** våra besparing-ar har ätits upp

♦ **whittle down** *vt + adv (bildl)* skära ned

whiz(z) [wɪz] **1** *vi (förflytta sig snabbt)* susa, svi-scha; *(låta)* vina, susa; **cars were ~ing past** bilar susade förbi **2** *s*: **~ kid** *(vard)* underbarn, fe-nomen

WHO *s förk för* **World Health Organization** WHO

who [huː] **1** *interrog pron* vem, vilka; *(subj i indirekt frågesats)* vem/vilka som; ~ **is it?** vem är det?; ~ **are they?** vilka är de?; **I know** ~ **it was** jag vet vem det var; **I know** ~ **wrote that poem** jag vet vem som skrev den dikten; ~ **are you looking for?** vem letar ni efter?; ~ **does she think she is?** *(vard)* vem tror hon (att) hon är?; **you'll soon find out** ~'s ~ du kommer snart att få reda på vem som är vem; ~ **should it be but Neil!** vem var det om inte Neil! **2** *rel pron* som, vilken *(frm)*, vilka *(frm)*; **my cousin** ~ **lives in New York** min kusin som bor i New York; **those** ~ **can swim** de som kan simma

who'd [huːd] = **who would; who had**

who·dun·(n)it [huːˈdʌnɪt] *s (vard: bok, pjäs etc)* deckare

who·ever [huːˈevəʳ] **1** *rel pron* självst vem som än, var och en som; ~ **wishes may come** alla som vill får komma; ~ **said that was an idiot** vem som än sa det är en idiot; **it won't be easy,** ~ **does it** det blir inte lätt, vem som än ska göra det **2** *interrog pron* självst *(vard)* vem i all världen; ~ **told you that?** vem i all världen har sagt det?

whole [həʊl] **1** *adj* **(a)** *(komplett, fullständig)* hel; **have you read the** ~ **book?** har du läst hela boken?; ~ **villages were destroyed** hela byar förstördes; **she bought the** ~ **lot** hon köpte alltihop/hela rasket *(vard)*; **it's a** ~ **lot better** det är mycket/betydligt bättre; **a** ~ **lot of people** en hel massa folk; **the** ~ **world** hela världen; ~ **note** *(Am Mus)* helnot; ~ **number** *(Mat)* heltal; ~ **milk** helmjölk, oskummad mjölk; **is that the** ~ **truth?** är det hela sanningen?; **but the** ~ **purpose was to...** men syftet med alltihop var att... **(b)** *(oskadad, odelad)* hel; **not a glass was** ~ inte ett glas var helt; **he came back** ~ han kom tillbaka helskinnad **2** *s* helhet; **the** ~ **of** hela; **nearly the** ~ **of our production** nästan hela vår produktion; **as a** ~ i sin helhet; **on the** ~ på det hela taget, i stort sett

whole·hearted [ˌhəʊlˈhɑːtɪd] *adj* helhjärtad

whole·meal [ˈhəʊlmiːl] *adj (Brit)* fullkornsmjöl, osiktat mjöl

whole·sale [ˈhəʊlseɪl] **1** *adj (handel, pris)* parti-, grossist-; *(bildl: i stor skala)* mass-; *(: utan åtskillnad)* urskiljningslös **2** *adv (handel)* i parti, en gros; *(bildl)* i stor skala; utan åtskillnad

whole·sal·er [ˈhəʊlˌseɪləʳ] *s* grossist

whole·some [ˈhəʊlsəm] *adj (klimat)* hälsosam, sund; *(mat)* nyttig; *(person)* frisk; *(bok, film)* sund, uppbygglig

who'll [huːl] = **who will**

whol·ly [ˈhəʊlɪ] *adv* helt (och hållet), fullständigt

whom [huːm] *objektsform av* **who:** *frm o efter prep* **1** *interrog pron* vem; ~ **did you see?** vem såg du?; **from** ~ **did you receive it?** av vem fick du det? **2** *rel pron* som, vilken, vilka; **the lady with** ~ **I was talking** damen (som) jag talade med, damen med vilken jag talade; **three policemen, none of** ~ **wore a helmet** tre poliser, varav/av vilka ingen bar hjälm

whoop [huːp] **1** *s* (glädje)tjut, rop **2** *vi (i allm)* tjuta, ropa, hojta; *(vid hostanfall)* kikna

whoop·ing cough [ˈhuːpɪŋkɒf] *s* kikhosta

whoops [wʊps] *interj* hoppsan!

whoosh [wʊʃ] *s* väsande, sus; **it came out with a** ~ det for/flög ut

whop·per [ˈwɒpəʳ] *s (vard: föremål)* bjässe, jätte; *(: påstående)* (grov) lögn

whop·ping [ˈwɒpɪŋ] *adj (vard: äv:* ~ **great)** jätte-, jättestor

whore [hɔːʳ] *s (neds)* hora

whorl [wɜːl] *s (i snäcka)* vindling; *(i fingeravtryck)* virvel

who's [huːz] = **who is; who has**

whose [huːz] **1** *interrog pron fören o självst* vems, vilkas; ~ **is this?** vems är den här?; ~ **fault was it?** vems/vilkas fel var det? **2** *rel pron* vars, vilkens, vilkets, vilkas; **those** ~ **passports have expired** de vars/vilkas pass har gått ut; **a house** ~ **windows are broken** *(ej frm)* ett hus med trasiga fönster

who've [huːv] = **who have**

why [waɪ] **1** *adv* **(a)** *(interrog)* varför; ~ **is he always late?** varför kommer han alltid för sent?; ~ **not?** varför inte? **(b)** *(rel)* varför, därför; **there's no reason** ~ **she shouldn't** det finns ingen anledning varför hon inte skulle göra det; **so that's** ~ **he did it!** så det var därför han gjorde det!; **the reason** ~ **I left** anledningen till att jag åkte **2** *interj* men, nej men, ja men; ~, **what's the matter?** men vad är det?; ~, **it's you!** nej men är det du!; ~, **it's quite easy!** (ja) men det är lätt! **3** *s:* **the** ~**s and (the) wherefores** orsakerna

wick [wɪk] *s (i ljus, lampa)* veke

wick·ed [ˈwɪkɪd] *adj (person, handling: moraliskt)* ond, ondskefull, syndig; *(barn)* elak, stygg; *(leende)* skälmaktig, retsam; *(vapen)* hemsk, farlig; *(lukt)* vidrig; *(väder)* usel, hemsk; *(humör)* usel, urdålig; *(vard: i allm)* hemsk; **that was a** ~ **thing to do** det var skändligt att göra så; **he has a** ~ **sense of humour** *(neg)* han har ett elakt skämtlynne; *(pos)* han kan vara förbaskat rolig med sin vassa humor; **it's a** ~ **shame** det är synd och skam; **it's a** ~ **waste of money** *(vard)* det är ett hemskt slöseri

wick·ed·ness [ˈwɪkɪdnɪs] *s (se* **wicked)** ondska; elakhet; skälmaktighet; hemskhet; vidrighet

wick·er [ˈwɪkəʳ] *adj* korg-

wicker·work [ˌwɪkəwɜːk] *s* korgarbete; ~ **furniture** korgmöbler

wick·et [ˈwɪkɪt] *s (Cricket: föremål)* grind; *(i staket)* (liten) grind; *(i vägg)* (liten) dörr; *(i bank etc)* lucka; **a sticky** ~ *(bildl)* en besvärlig situation; ~ **keeper** *(Cricket)* grindvakt

wide [waɪd] **1** *adj (väg, flod etc)* bred; *(slätt)* vidsträckt; *(lucka)* stor; *(kjol, byxben)* vid; *(bildl: skillnad)* stor; *(: urval)* bred, rik; **it is 3 metres** ~ den är 3 meter bred; **his** ~ **knowledge of the subject** hans omfattande kunskaper i ämnet; **the whole** ~ **world** hela vida världen; ~ **coverage** *(av nyheter)* bred bevakning **2** *adv* **(a):** ~ **apart** vitt åtskild, långt ifrån varandra; ~ **awake** klarvaken; **to be** ~ **open** vara vidöppen; **open** ~! *(hos tandläkaren)* gapa stort!; **to be** ~ **open to criticism/attack** vara lätt att kritisera **(b)** *(skjuta, sikta):* ~ **(of)** bredvid, utanför

-wide [waɪd] *adj suffix* -omfattande, som omfattar hela; **country**~, **nation**~ landsomfattande

wide-angle [ˈwaɪdˌæŋgl] *adj:* ~ **lense** *(Foto)* vidvinkelobjektiv

wide-awake [ˌwaɪdəˈweɪk] *adj (eg)* klarvaken; *(bildl)* vaken, på alerten, skärpt

wide-eyed [ˌwaɪdˈaɪd] *adj* storögd

wide·ly [ˈwaɪdlɪ] *adv (resa)* vitt omkring; *(läsa)* mycket; **the book is** ~ **read** boken läses mycket/allmänt; **he is** ~ **read** han är beläst; **she is** ~ **travelled** hon är (vitt)berest; **it is** ~ **believed that...** man tror allmänt att...; ~ **differing** vitt skild

wid·en [ˈwaɪdn] **1** *vt (väg etc)* bredda; *(öppning)* (ut)vidga; *(bildl: vyer etc)* vidga **2** *vi (äv:* ~ **out)** (ut)vidgas, bli bredare

wide-ranging [ˌwaɪdˈreɪndʒɪŋ] *adj* vittomfattande

wide·spread [ˈwaɪdspred] *adj* vitt/allmänt utbredd; **there is** ~ **fear that...** man fruktar allmänt att...

wid·ow [ˈwɪdəʊ] *s* änka; **golf** ~ golfänka; **to be left a** ~ bli änka

wid·owed ['wɪdəʊd] *adj*: **her ~ mother** hennes mor, som är änka; **she was ~ at an early age** hon blev änka i unga år

wid·ow·er ['wɪdəʊə^r] *s* änkling, änkeman

width [wɪdθ] *s* **(a)** *(eg)* bredd; *(bildl: kunskaper etc)* bredd, vidd **(b)** *(tyglängd)* våd

width·ways ['wɪdθweɪz], **width·wise** ['wɪdθwaɪz] *adv* på bredden

wield [wiːld] *vt (svärd)* svinga; *(verktyg)* sköta, hantera; *(penna)* föra; *(makt, inflytande)* utöva

wife [waɪf] *s*, *pl* **wives** fru, hustru *(frm)*, maka *(frm)*; **the ~** *(vard)* frugan, min fru

wife·ly ['waɪflɪ] *adj* hustrulig, hustru-

wig [wɪg] *s* peruk

wig·gle ['wɪgl] **1** *s* vridning, vickning; **give it a ~** vicka/vrid lite på den; **she walks with a ~** hon vickar på höfterna när hon går **2** *vt* vicka/vrida på *el* med; **to ~ one's toes** vicka med tårna **3** *vi* vicka, vrida sig

wig·gly ['wɪglɪ] *adj (i allm)* slingrande; **~ line** våglinje

wig·wam ['wɪgwæm] *s (indianhydda)* vigvam, wigwam

wild [waɪld] **1** *adj* **(a)** *(blomma, djur)* vild; *(landskap)* vild, ödslig; **to grow ~** växa vilt; **the W~ West** Vilda västern; *se äv* **oats** **(b)** *(väder)* stormig; **~ weather** *(äv)* oväder; **~ storm** våldsamt oväder **(c)** *(barn)* vild, bråkig; *(utseende)* vild, oordnad; *(hår)* rufsig; **to lead a ~ life** föra ett stormigt/vilt liv; **to run ~** *(barn)* lämnas vind för våg **(d)** *(vard: av ilska)* ursinnig, rasande; *(: av glädje)* till sig, vild; **to be ~ with joy** bli/vara vild *el* tokig av glädje; **it makes me ~** det gör mig ursinnig/vansinnig; **to be ~ about sb/sth** vara galen i ngn/ngt **(e)** *(plan)* vild; *(löfte)* överdriven; *(anklagelse)* befängd, orimlig; *(gissning)* vild, lös; *(variation)* stor; **it's a ~ exaggeration** det är en orimlig överdrift; **you've let your imagination run ~** du har låtit fantasin skena iväg (med dig) **2** *s*: **the ~** vildmarken; **to live out in the ~s** *(skämts)* bo bortom all ära och redlighet

wild·cat ['waɪldkæt] *s (Zool)* vildkatt; *(bildl)* vildkatt(a); **~ strike** vild strejk

wil·der·ness ['wɪldənɪs] *s (eg)* vildmark, ödemark; *(bildl)* öken; **their garden is a ~** deras trädgård är helt igenvuxen; **a ~ of snow and ice** ödsliga vidder av snö och is; **a voice (crying) in the ~** *(bildl)* en ropandes röst i öknen

wild·fire ['waɪldfaɪə^r] *s*: **to spread like ~** sprida sig som en löpeld

wild·goose ['waɪldguːs] *s*: **~ chase** *(bildl)* hopplöst företag

wild·life ['waɪldlaɪf] *s* vilda djur (och växter); **his interest in ~** hans naturintresse; **~ sanctuary/preserve** naturreservat, naturskyddsområde

wild·ly ['waɪldlɪ] *adv (i allm)* vilt; *(lova)* runt; *(överdriva)* kraftigt; *(gissa)* vilt; *(variera)* stort; **~ enthusiastic** vilt entusiastisk; **~ happy** till sig/vild av lycka; **her heart was beating ~** hennes hjärta slog/bultade våldsamt; **the children ran about ~** barnen sprang vilt omkring/sprang omkring vind för våg

wild·ness ['waɪldnɪs] *s se* **wild 1 a, b, c, e** vildhet; våldsamhet; överdrift; orimlighet

wiles [waɪlz] *spl* list, knep; **feminine ~** kvinnlig list

wil·ful, *(Am)* **will·ful** ['wɪlfʊl] *adj (person)* egensinnig, självsvåldig; *(handling: i allm)* avsiktlig; *(: skadegörelse)* uppsåtlig; *(: mord)* överlagd

wil·ful·ly, *(Am)* **will·ful·ly** ['wɪlfəlɪ] *adv (mot andras vilja)* egensinnigt, självsvåldigt; *(med vilja: i allm)* avsiktligt, med flit; *(: mörda)* med beått mod

will¹ [wɪl] *imperf* **would** *vhj modalt (se äv* **would)** **(a)** *(framtid)* kommer att, ska *el pres av*

huvudverb; **I ~ finish it tomorrow** jag ska göra/gör det klart i morgon; **I ~ have finished it by tomorrow** jag kommer att ha det klart i morgon; **you won't lose it, ~ you?** du slarvar väl inte bort den, är du snäll?; **no, I won't** nej, det ska jag inte göra **(b)** *(i gissning)* är nog; **that ~ be John** det är nog John som kommer; **he ~/he'll be there by now** han är nog där nu **(c)** *(i befallning)*: **~ you be quiet!** kan ni vara tysta!; *(i anhållan)* **~ you help me?** skulle du kunna hjälpa mig?; *(i erbjudande)*: **~ you have a cup of tea?** får det lov att vara en kopp te?; **won't you come with us?** kan du inte följa med oss? **(d)** *(uttryck för vilja)*, vill, tänker; **I will not/won't put up with it!** jag tänker inte acceptera det!; **do what you ~!** gör som du vill!; **say what you ~** säga vad man vill **(e)** *(uttryck för vana)* kan, brukar; *(uttryck för förmåga)* kan; **he ~ sit there for hours** han kan/brukar sitta där i timmar; **he ~ talk when I want to read** han pratar alltid när jag vill läsa; **the car ~ cruise at 100 mph** bilen har en marschfart på 160 km/h; **accidents ~ happen** en olycka händer så lätt; **boys ~ be boys** pojkar är pojkar

will² [wɪl] **1** *s* **(a)** vilja; **Thy ~ be done** ske Din vilja; **if that is your ~** *(frm)* om ni så önskar; **to have a ~ of one's own** ha sin egen vilja; **to do sth of one's own free ~** göra ngt av egen fri vilja/frivilligt; **the ~ to live** livs/viljan/-lusten; **the ~ to win** segerviljan; **against sb's ~** mot ngns vilja; **at ~** efter behag, när man vill; **he could do it at ~** han kunde göra det när han ville; **to work with a ~** arbeta med liv och lust; **with the best ~ in the world** med bästa vilja i världen; **where there's a ~ there's a way** man kan om man vill, om bara viljan finns går allting; *se äv* **ill 1 b** **(b)** *(dokument)* testamente; **to make a ~** skriva ett testamente **2** *vt* **(a)** önska, vilja; **God has ~ed it** så det är Guds vilja **(b)** förmå (med en viljeansträngning); **he ~ed himself to stay awake** han tvingade sig att vara vaken **(c)** testamentera; **to ~ sth to sb** testamentera ngt till ngn

will·ful, will·ful·ly *(Am)* = **wilful, wilfully**

will·ing ['wɪlɪŋ] *adj* **(a)** *(som vill hjälpa till)* villig, hjälpsam; **a ~ boy** en tjänstvillig pojke; **there were plenty of ~ hands** det fanns många villiga händer/många som ville hjälpa till **(b)** *(som vill ngt i allm)*: **to be ~ to do sth** vara villig att göra ngt; **..., ~ ...,** om Gud vill

will·ing·ly ['wɪlɪŋlɪ] *adv* gärna, med nöje

will·ing·ness ['wɪlɪŋnɪs] *s* beredvillighet, tjänstvillighet

will-o'-the-wisp [ˌwɪləðə'wɪsp] *s (eg)* irrbloss; *(bildl)* irrbloss, bländverk

wil·low ['wɪləʊ] *s (äv: ~ tree)* (Bot) pil, vide; **~ pattern** *(mönster)* tårpilsmotiv

wil·lowy ['wɪləʊɪ] *adj (person)* smärt, slank, vidjesmal

will·power ['wɪlˌpaʊə^r] *s* viljestyrka

willy-nilly ['wɪlɪ'nɪlɪ] *adv* med eller mot sin vilja; **we'll have to accept it ~** vi blir tvungna att acceptera det vare sig vi vill eller inte

wilt¹ [wɪlt] *vi (blomma)* vissna, sloka; *(bildl)* mattas, svikta

wilt² [wɪlt] *(åld)* 2 *pers sg av* **will**¹; **if thou ~** om du vill

wily ['waɪlɪ] *adj (-ier, -iest)* listig, knipslug

win [wɪn] *(v: imperf, perf part* **won)** **1** *s (Sport)* seger; **their fifth ~ in a row** deras femte raka seger **2** *vt (tävling)* vinna, segra i; *(seger)* vinna, ta hem; *(pris)* vinna, erövra; *(sympati, vänskap)* vinna, tillvinna sig; *(kontrakt, order)* ta hem, få; **to ~ sb's favour/heart** vinna ngns ynnest/hjärta; **that drawing won him first prize** han vann första pris med den teckningen **3** *vi* vinna, segra; **OK, you ~** *(vard)* OK, du vinner/jag ger mig

◆ **win back** *vt + adv* (vandringspris) återerövra; *(vän)* vinna tillbaka

◆ **win out** *vi + adv (vanl bildl)* segra till slut, ta hem spelet

◆ **win over, win round** *vt + adv*: **to** ~ **sb over** vinna ngn för sin sak; **her speech won everybody over** hennes tal övertygade alla

◆ **win through** *vi + adv (eg, bildl)* (lyckas) ta sig igenom

wince |wɪns| **1** *s* ryck(ning); **he gave a** ~ **at the mispronunciation of his name** han ryckte/hoppade till när han hörde sitt namn uttalas fel **2** *vi* rygga/rycka till; **without wincing** utan att darra, utan att blinka

winch |wɪntʃ| **1** *s* vinsch **2** *vt* vinscha (upp)

wind[1] |wɪnd| **1** *s* **(a)** *(i allm)* vind; *(väderlekstyp)* blåst; **into/against the** ~ i motvind, mot vinden; **there's something in the** ~ *(bildl)* det är något i görningen; **to get** ~ **of sth** *(bildl)* få nys om ngt; **to take the** ~ **out of sb's sails** förekomma ngn, ta loven av ngn **(b)** *(Med)* väderspänning, gaser i magen; **to break** ~ släppa väder; **to bring up** ~ *(baby)* rapa **(c)** *(till lungorna)* andning, anda; **to lose one's** ~ tappa andan; **to get one's** ~ **back** hämta andan; **to be short of** ~ vara andfådd; **to get/have the** ~ **up** *(vard)* bli/vara orolig **(d)** *(Mus)*: **the** ~**(s)** blåsarna, blåsinstrumenten; ~ **instrument** blåsinstrument **2** *vt*: **to** ~ **sb** *(med slag)* få någon att tappa luften; *(av ansträngning)* göra ngn andfådd

wind[2] |waɪnd| *imperf, perf part* **wound** **1** *vt* **(a)** *(bandage)* linda; *(halsduk)* vira; *(garn)* nysta; *(tråd)* snurra, spola **(b)** *(klocka, leksak)* dra upp **2** *vi (äv:* ~ **one's way)** slingra sig (fram)

◆ **wind down** *vt + adv (bilruta)* rulla/veva ner; *(bildl: produktion)* dra/trappa ner

◆ **wind in** *vt + adv (lina etc)* ta hem, hämta in

◆ **wind on** *vt + adv (film)* dra fram

◆ **wind up** **1** *vt + adv (bilruta)* rulla/veva upp; *(klocka, leksak)* dra upp; *(möte, debatt)* avsluta, runda av; *(företag)* avveckla; **to** ~ **sb up** *(bildl vard)* hetsa upp ngn **2** *vi + adv (möte)* sluta, avslutas; *(vard: person)* hamna (till slut), sluta; **we wound up in Rome** vi hamnade till slut i Rom

wind·bag |'wɪndbæg| *s (vard: person)* pratmakare

wind·break |'wɪndbreɪk| *s* vindskydd

wind·breaker |'wɪnd‚breɪkəʳ| *s (Am)*, **windcheater** |'wɪnd‚tʃi:təʳ| *s (Brit)* vindtygsjacka

wind·er |'waɪndəʳ| *s (till större klocka)* nyckel; *(på armbandsur)* uppdragskrona

wind·fall |'wɪndfɔ:l| *s (eg)* fallfrukt; *(bildl)* skänk från ovan, glad överraskning

wind·ing |'waɪndɪŋ| *adj (väg etc)* slingrande, krokig; ~ **sheet** *(för död person)* svepning

wind·lass |'wɪndləs| *s* vinsch

wind·less |'wɪndlɪs| *adj* vindstilla

wind·mill |'wɪndmɪl| *s* väderkvarn

win·dow |'wɪndəʊ| *s (i allm)* fönster; *(i bil)* ruta; *(i affär)* skyltfönster; *(på post, bank etc)* lucka; *(på kuvert)* fönster; **to look out of the** ~ titta ut genom fönstret; ~ **box** *(för blommor)* fönsterlåda; ~ **cleaner** fönsterputsare; ~ **display** skyltning; ~ **dressing** *(eg)* fönsterskyltning; *(bildl)* fasad, propaganda; ~ **ledge** fönsterbleck; ~ **seat** *(i hem)* fönsterbänk; *(i buss etc)* fönsterplats

window-shopping |'wɪndəʊ‚ʃɒpɪŋ| *s*: **to go** ~ titta i skyltfönster, fönstershoppa

window-sill |'wɪndəʊsɪl| *s* fönsterbräde

wind·pipe |'wɪndpaɪp| *s (Anat)* luftstrupe

wind·screen |'wɪndskri:n|, *(Am)* **wind·shield** |'wɪndʃi:ld| *s (på bil)* vindruta; ~ **wiper** vindrutetorkare

wind·sock |'wɪndsɒk| *s (Meteorologi)* vindstrut

wind·swept |'wɪndswept| *adj (plats)* vindpinad;

(hår) tillrufsad av vinden

windy |'wɪndɪ| *adj (-ier, -iest)* **(a)** *(väder, dag, plats)* blåsig **(b)** *(vard: i sht Brit)* nervös *(about för)*

wine |waɪn| **1** *s* vin; **red** ~ rödvin, rött vin; **sparkling** ~ mousserande vin; **white** ~ vitt vin; **French** ~**s** franska viner; ~ **cellar** vinkällare; ~ **list** vinlista; ~ **merchant** vinhandlare; ~ **vinegar** vinättika, vinäger; ~ **waiter** vinkypare **2** *vt*: **to** ~ **and dine sb** bjuda ngn på en flott middag

wine·glass |'waɪnglɑ:s| *s* vinglas

win·ery |'waɪnərɪ| *s (i sht Am)* vinodling

wing |wɪŋ| *s (på fågel, flygplan)* vinge; *(Brit: på bil)* flygel, stänkskärm; *(Arkit)* flygel; *(på fåtölj)* öronlapp; *(Sport, position)* ytterkant, flygel; *(: spelare)* ytter; *(Pol, Mil)* flygel; *(Flyg: Brit)* flottilj; *(: Am)* eskader; **he has left** ~ **sympathies** *(Pol)* han har vänstersympatier; **to take sb under one's** ~ ta någon under sina vingars skugga/i sitt beskydd; ~**s** *(Teat)* (sido)kulisser; ~ **commander** *(Brit Flyg)* överstelöjtnant; ~ **mirror** *(på bil)* backspegel *på framskärmen*; ~ **nut** vingmutter

wing·er |'wɪŋəʳ| *s (Sport)* ytter

wing·span |'wɪŋspæn| *s*, **wing·spread** |'wɪŋspred| *s* vingbredd

wink |wɪŋk| **1** *s* blink, blinkning; **to give sb a** ~ blinka åt ngn; **to have 40** ~**s** ta en tupplur; **I didn't sleep a** ~ jag sov inte en blund **2** *vi (person)* blinka *(at till)*; *(ljus)* blinka; **to** ~ **at sth** *(bildl)* blunda för ngt

win·kle |'wɪŋkl| *(i sht Brit)* **1** *s* strandsnäcka **2** *vt*: **to** ~ **a secret out of sb** tvinga/pressa ur någon en hemlighet

win·ner |'wɪnəʳ| *s (person: i allm)* vinnare; *(: i tävling)* segrare; *(framgångsrik person)* vinnartyp; **the show is a** ~ föreställningen är en stor succé; **that idea is a** ~ det är en jättebra idé!

win·ning |'wɪnɪŋ| **1** *adj* **(a)** *(i allm)* vinnande, segrande; *(slag, skott)* avgörande; ~ **post** *(på kapplöpningsbana)* målstolpe **(b)** *(leende, sätt)* vinnande, charmfull **2**: ~**s** *spl (pengar)* vinst(er)

win·ter |'wɪntəʳ| **1** *s* vinter; **in** ~ på vintern; **the** ~ **of 1981** vintern 1981 **2** *adj* vinter-; ~ **sports** vintersporter

win·ter·ize |'wɪntəraɪz| *vt (i sht Am: bil)* vinterrusta; *(: hus)* vinterbona

winter·time |'wɪntətaɪm| *s* vinter; **in** ~ på vintern

win·try, win·tery |'wɪntrɪ| *adj (eg)* vintrig, vinterlig, vinter-; *(bildl: leende etc)* kall, isig, frostig

wipe |waɪp| **1** *s* avtorkning; **to give sth a** ~ torka av ngt **2** *vt (i allm)* torka (av); *(på svarta tavlan)* sudda (ut); **to** ~ **one's eyes** torka tårarna; **to** ~ **ones nose** torka sig om näsan, snyta sig; **to** ~ **one's feet/shoes** torka av (sig om) fötterna/skorna; **to** ~ **one's bottom** torka sig i stjärten; **to** ~ **sth dry** torka ngt (så att det blir torrt); **to** ~ **the floor with sb** *(vard: besegra)* sopa golvet med ngn

◆ **wipe away** *vt + adv* torka bort

◆ **wipe off** *vt + adv (i allm)* torka bort; *(på svarta tavlan)* sudda ut

◆ **wipe out** *vt + adv* **(a)** *(text)* sudda ut; *(minne)* utplåna; *(skuld)* dra ett streck över **(b)** *(stad)* utplåna; *(folkgrupp)* förinta, utrota; *(Sport: motståndare)* krossa

◆ **wipe up** **1** *vt + adv (ngt utspillt)* torka upp; *(disk)* torka **2** *vi + adv* torka (disk)

wip·er |'waɪpəʳ| *s* (vindrute)torkare

wire |'waɪəʳ| **1** *s* **(a)** *(metall)tråd, ståltråd; *(till elapparat)* sladd; *(Elektr)* ledning; **barbed** ~ taggtråd; **to get one's** ~**s crossed** *(vard)* få kortslutning, missförstå ngt; ~ **cutters** avbitartång; ~ **netting** ståltrådsnät, nätstängsel **(b)** *(Tele: åld)* telegram **2** *vt* **(a)** *(Elektr: hus)* dra (in) ledningar i **(b)** *(Tele)* telegrafera till **(c)**:

to ~ **sth together** binda ihop ngt med ståltråd
wire·less |'waɪəlɪs| s (äv: ~ **set**) (Brit åld) radio-
(apparat); **by** ~ per radio
wire-pulling |'waɪə,pʊlɪŋ| s (vard) intrigerande,
mygel
wire-tapping |'waɪə,tæpɪŋ| s telefonavlyssning
wir·ing |'waɪərɪŋ| s (Elektr) ledningar; ~ **diagram**
kopplingsschema
wiry |'waɪərɪ| adj (-ier, -iest) (person) senig, seg;
(hår) stripig
wis·dom |'wɪzdəm| s vishet, visdom, klokhet; **I
doubt the** ~ **of your action** jag betvivlar det
kloka i ditt handlingssätt; ~ **tooth** visdomstand
wise |waɪz| adj (-r, -st) vis, klok, förståndig; **a** ~
decision ett klokt/förståndigt beslut; **the Three
W**~ **Men** de tre vise männen; **to be** ~ **after the
event** vara efterklok; **he explained his plan, but
I'm none the** ~**r** han förklarade sin plan, men jag
är inte klokare för det; **nobody will be any the** ~**r**
ingen kommer att märka något; **to get** ~ **to sb/sth**
(vard) bli klok på ngn/ngt, komma underfund
med ngn/ngt; **to put sb** ~ **to sth** (vard) göra ngt
klart för ngn, öppna ngns ögon för ngt; ~ **guy**
(vard) besserwisser, stöddig typ
-wise |waɪz| adv suffix -mässigt, när det gäller...;
health~ hälsomässigt; **insurance**~ när det gäl-
ler försäkringar
wise·crack |'waɪzkræk| s (vard) (spydig) kvickhet,
skämtsam kommentar
wise·ly |'waɪzlɪ| adv (handla) klokt, förståndigt;
(nicka, säga ngt) förnumstigt; (satsadv) klokt nog:
he ~ **refused to answer**
wish |wɪʃ| 1 s (a) (i allm) önskan; (uttalad
önskan) önskemål; **I have a** ~ **to go to Venice** jag
har en önskan att åka till Venedig; **it has long
been my** ~ **to go** jag har länge velat åka; **ac-
cording to her** ~**es** enligt hennes önskemål; **to
go against sb's** ~**es** handla mot ngns vilja/öns-
kemål; **you shall have your** ~ du ska få din öns-
kan uppfylld; **to make a** ~ önska ngt (b):
(with) best ~**es** (med) bästa hälsningar; **best** ~**es
for a happy birthday** hjärtliga gratulationer/
lyckönskningar på födelsedagen 2 vt (a) (be-
stämt) vilja; (artigt) skulle vilja; **to** ~ **sb to do sth**
vilja att ngn ska göra/gör ngt; **I** ~ **you to go** jag
vill att du går; **I** ~ **to leave now** jag skulle vilja gå
nu; **I** ~ **to be alone** jag vill/skulle vilja vara
ensam (b) önska; **I** ~ **I was rich** jag önskar att
jag var rik; **I** ~ **I could be there!** jag önskar (att)
jag kunde vara där!, om jag bara kunde vara
där!; **to** ~ **sth on sb** önska ngn ngt (ont), vilja
pracka 'på ngn ngt (c) tillönska; **to** ~ **sb good
luck/a happy Christmas** önska ngn lycka till/(en)
god jul 3 vi: **to** ~ **for sth** önska (sig) ngt; **she has
everything she could** ~ **for** hon har allt hon kan
önska sig
wish·bone |'wɪʃbəʊn| s (från kyckling etc) 'önske-
ben', gaffelben
wish·ful |'wɪʃfʊl| adj längtansfull, längtande; ~
thinking önsketänkande
wishy-washy |'wɪʃɪ,wɒʃɪ| adj (vard: kaffe, soppa)
blaskig, tunn; (: färg) blek, vattnig; (: person)
svag, mesig; (: resonemang) svamlig, (: idé) tunn,
urvattnad
wisp |wɪsp| s (i allm) knippa, bunt; (av hö) hötapp;
(av hår) hår|test/-tott; (av rök, moln) slinga
wist·ful |'wɪstfʊl| adj (person) längtande, trånsjuk;
(leende) längtansfull
wist·ful·ly |'wɪstfəlɪ| adv längtansfullt, trånsjukt
wit |wɪt| s (a) vett, förstånd; **I am at my** ~**s' end**
jag vet varken ut eller in; **to have keep one's** ~**s
about one** hålla huvudet kallt; **to live by one's** ~**s**
leva på sitt klipska förstånd; **to be frightened/
scared out of one's** ~**s** bli skrämd från vet-
tet (b) (i bok, pjäs, konversation) kvickhet, spi-

ritualitet (c) (person) spirituell person
witch |wɪtʃ| s häxa, trollpacka; ~ **doctor** medicin-
man, trollkarl
witch·craft |'wɪtʃkrɑːft| s (eg) häxkonster,
trolldom; (bildl) trollmakt, magisk kraft
witch-hunt |'wɪtʃ,hʌnt| s (Hist) häxjakt; (Pol) häx-
jakt, klappjakt
with |wɪð, wɪθ| prep (a) (tillsammans etc) med; (i
ngns hem) hos; **I was** ~ **him** jag var (tillsammans)
med honom; **I'll be** ~ **you in a minute** jag kom-
mer strax; **she stayed** ~ **friends** hon bodde hos
vänner; **he had no money** ~ **him** han hade inga
pengar med sig; **she mixed the sugar** ~ **the eggs**
hon blandade sockret med äggen
(b) (beskrivande) med; **the fellow** ~ **the big
beard** killen med det stora skägget
(c) (sätt, medel) med; (orsak) av; **to cut wood**
~ **a knife** skära/tälja i trä med en kniv; **to walk** ~
a walking stick gå med käpp; **she replied** ~ **a
scowl** hon svarade med bister uppsyn; **the hills
are white** ~ **snow** kullarna/bergen är vita av snö;
to shake ~ **fear** skaka av rädsla
(d) (avseende) med; **the trouble** ~ **Harry** pro-
blemet med Harry; **you must be patient** ~ **her** du
måste ha tålamod med henne; **she's good** ~
children hon har god hand med barn; **how are
things** ~ **you?** (vard) hur står det till med dig?
hur har du det?; **it varies** ~ **the time of year** det
växlar med årstiden
(e) trots: ~ **all his faults I still like him**
(f) (samtycke) med; **to agree** ~ **sb** hålla med
ngn; **are you** ~ **us?** håller du 'med oss/på 'oss?
(g) (vard: förståelse) med; **I am not** ~ **you** jag
är/hänger inte med, jag förstår inte
(h): **to be** ~ **it** (vard: vara modern) hänga med,
vara inne; (: vara alert) vara vaken/på alerten/
med på noterna
with·al |wɪ'ðɔːl| (åld) 1 adv dessutom 2 prep
efterställt med
with·draw |wɪð'drɔː| imperf **-drew**, perf part
-drawn 1 vt (föremål) dra tillbaka; (pengar: från
konto) lyfta, ta ut; (trupper) dra tillbaka; (ambas-
sadör) hemkalla; (tillstånd) dra in; (ansökan) ta
tillbaka, (hjälp) dra in; (påstående, anklagelse) ta
tillbaka 2 vi (person) dra sig bakåt, flytta sig;
(trupper) retirera, dra sig tillbaka; (person, lag
etc: från tävling) dra sig ur; **to** ~ **into oneself** sluta
sig inom sig själv
with·draw·al |wɪð'drɔːəl| s (se **withdraw** 1) tillba-
kadragande; uttag; hemkallande; indragande;
tillbakatagande; ~ **symptoms** (Med) absti-
nenssymptom
with·drawn |wɪð'drɔːn| 1 perf part av
withdraw 2 adj (person, sätt) tillbakadragen
with·drew |wɪð'druː| imperf av **withdraw**
with·er |'wɪðə'| 1 vt (växt) få att vissna/
skrumpna; (bildl: person) tillintetgöra 2 vi
(växt: äv: ~ **away**, ~ **up**) vissna, förtorka;
(kroppsdel) förtvina; (bildl: äv: ~ **away**: hopp)
sjunka, försvinna; (: kärlek) tyna bort; (: skön-
het) vissna (bort)
with·ered |'wɪðəd| adj (växt, bildl) förvissnad; (hy)
förtorkad; (kroppsdel) förtvinad; se äv **wither**
with·er·ing |'wɪðərɪŋ| adj (hetta) brännande; (bildl:
tonfall, blick) förintande, tillintetgörande
with·hold |wɪð'həʊld| imperf, perf part **-held** vt (san-
ning, nyhet) undanhålla; (lön, hyra) hålla inne;
(tillstånd) vägra ge, neka
with·in |wɪð'ɪn| 1 prep inom; **a voice** ~ **me said...**
en röst inom mig sa...; **we were** ~ **100 metres of
the summit** vi var mindre än 100 meter från
toppen; **to be** ~ **the law** hålla sig inom lagen(s
råmärken); **to live** ~ **one's income** leva efter sina
tillgångar; ~ **a year of her death** inom ett år
efter hennes död 2 adv (åld) inne, inuti; **car for**

sale — apply ~ *(anslag)* bil till salu — upplysningar lämnas i affären

with·out [wɪð'aʊt] *prep (i allm)* utan; *(med -ingform)* utan att; *(åld)* utanför; **a jar** ~ **a lid** en burk utan lock; **he is** ~ **friends** han står utan/saknar vänner; **she sat for an hour** ~ **speaking** hon satt i en timme utan att säga ett ord; ~ **the city** *(åld)* utanför staden; **from** ~ *(åld)* utifrån; **times** ~ **number** oräkneliga/otaliga gånger

with·stand [wɪð'stænd] *imperf, perf part* **withstood** *vt (anfall)* stå emot; *(person: kyla)* uthärda; *(: frestelse)* motstå; *(om föremål: kyla, slitage)* tåla

wit·ness ['wɪtnɪs] **1** *s* **(a)** *(person: i allm)* (ögon)vittne; *(: vid rättegång)* vittne; *(: av dokument)* bevittnare; ~ **for the prosecution/defence** åklagarens/försvarets vittne; **to call sb as a** ~ kalla in ngn som vittne; ~ **box**, *(Am)* ~ **stand** vittnesbås **(b)** *(vittnes berättelse)* vittnesbörd, vittnesmål; **to give** ~ **for/against sb** vittna för/mot ngn; **to bear** ~ **to sth** *(eg, bildl)* vittna om ngt; *(bildl äv)* bära vittnesbörd om ngt **2** *vt* **(a)** *(se)* bevittna, iaktta, uppleva **(b)** *(skriva under)* bevittna **(c)** *(ta under övervägande)* se, tänka på; ~ **what happened when...** tänk på/se vad som hände när... **3** *vi (lämna vittnesmål)* vittna; **to** ~ **to sth** vittna om ngt, intyga/försäkra ngt

wit·ti·cism ['wɪtɪsɪzəm] *s* kvickhet, kvick formulering

wit·ty ['wɪtɪ] *adj* (-**ier**, -**iest**) kvick, spirituell

wives [waɪvz] *pl av* **wife**

wiz·ard ['wɪzəd] *s* **(a)** trollkarl **(b)** *(vard)* fenomen, geni

wiz·ened ['wɪznd] *adj (person)* förtorkad; *(frukt)* skrumpen

wk *förk f* **week**

wob·ble ['wɒbl] **1** *s* gungning, svängning, darrning; **this chair has a** ~ den här stolen vickar/står inte jämnt **2** *vi (dansare)* gunga, svänga; *(cyklist)* vingla; *(bord)* vicka; *(röst)* darra; *(hjul)* skeva

wob·bly ['wɒblɪ] *adj* (-**ier**, -**iest**) *(bord)* ostadig, vinglig; *(hand, röst)* ostadig, darrig; *(hjul)* skev; *(gelé)* dallrande; **I feel a bit** ~ jag känner mig lite darrig/svag

woe [wəʊ] *s (poet, skämts)* ve, bedrövelse, sorg; ~ **is me!** ve mig!; ~ **betide him who...** ve den som..., Gud nåde den som...; **a tale of** ~ en tragisk historia

woe·ful ['wəʊfʊl] *adj (person)* bedrövad, sorgsen; *(syn, plats)* sorglig, dyster; *(okunnighet)* bedrövlig, sorglig

wog [wɒg] *s (Brit vard: neds: arab)* svartskalle; *(: kines etc)* guling

woke [wəʊk] *imperf, perf part av* **wake**

wolf [wʊlf] **1** *s, pl* **wolves** [wʊlvz] **(a)** *(Zool)* varg, ulv *(åld)*; **a** ~ **in sheep's clothing** en ulv i fårakläder; **to keep the** ~ **from the door** hålla nöden från dörren; **to cry** ~ ge falskt alarm; ~ **cub** *(Zool, Scouting)* vargunge; ~ **whistle** gillande vissling **(b)** *(bildl vard)* kvinnojägare **2** *vt (äv:* ~ **down)** glufsa i sig, sluka

wolf·ish ['wʊlfɪʃ] *adj (i allm)* varg-, vargliknande; *(aptit)* glupande

wolfs·bane ['wʊlfsˌbeɪn] *s (Bot)* stormhatt

wol·ver·ine ['wʊlvəˌriːn] *s (Zool)* järv

wom·an ['wʊmən] **1** *s, pl* **women** ['wɪmɪn] kvinna; *(i generell betyd)* kvinnan, kvinnorna; **old** ~ (gammal) gumma; **young** ~ ung dam; ~ **is very different from man** kvinnan är mycket olik mannen; **I have a** ~ **who comes in to do the cleaning** jag har en dam som städar åt mig; **a** ~ **of the world** en världsvan kvinna, en dam av värld; **the** ~ **in his life** kvinnan i hans liv; ~'s **page** *(Tidn)* dam-/kvinno|sida; **women's lib** *(vard)* kvinnokampen; **women's libber** *(vard)* kvin-

nosakskvinna **2** *i sms (i allm)* kvinnlig: ~ **doctor**, ~ **friend**

wom·an·ish ['wʊmənɪʃ] *adj (neds)* fruntimmersaktig

wom·an·iz·er ['wʊmənaɪzə'] *s* kvinno|jägare/-tjusare

wom·an·ly ['wʊmənlɪ] *adj* kvinnlig

womb [wuːm] *s (Anat)* livmoder, sköte; *(bildl)* sköte

wom·en ['wɪmɪn] *pl av* **woman**

women·folk ['wɪmɪnfəʊk] *spl* kvinnfolk, kvinnor

won [wʌn] *imperf, perf part av* **win**

won·der ['wʌndə'] **1** *s* **(a)** *(känsla)* (för)undran, häpnad; **in** ~ i häpnad/förundran **(b)** *(händelse, föremål)* under(verk); ~s **of science** vetenskapens underverk; **the Seven W**~s **of the World** världens sju underverk; **it is no/little/small** ~ **that he left** det är inte konstigt att han gick; **the** ~ **of it was that...** det fantastiska var att...; **to do/work** ~s göra/utföra underverk; **no** ~! det är inte att undra på! **2** *vt (fråga sig)* undra; **I was** ~**ing when you'd phone** jag undrade just när du skulle ringa **3** *vi* **(a)** *(över ngt obekant)* undra; **it set me** ~**ing** det fick mig att undra; **I was** ~**ing if you could...** jag undrar om du skulle kunna...; **does she know about it?** — **I** ~ vet hon om det? — det undrar jag/—det tror jag inte **(b)** *(över ngt oväntat)* bli förvånad; **I** ~ **that she didn't tell you** det förvånar mig att hon inte berättade det för dig; **I** ~ **at her reluctance** jag är förvånad över hennes ovillighet

won·der·ful ['wʌndəfʊl] *adj* underbar

won·der·ing ['wʌndərɪŋ] *adj (frågande)* undrande; *(förvånad)* förundrad

wonder·land ['wʌndəˌlænd] *s* sagoland; **Alice in W**~ *(boktitel)* Alice i Underlandet

won·ky ['wɒŋkɪ] *adj* (-**ier**, -**iest**) *(Brit vard: bord)* skraltig, ostadig; *(: person)* darrig, ostadig; **the TV has gone** ~ TV-n har pajat

won't [wəʊnt] = **will not**

woo [wuː] *vt (eg: åld)* uppvakta, fria till; *(bildl: grupp människor)* fria till, ställa sig in hos; **to** ~ **fame** sträva efter berömmelse

wood [wʊd] *s* **(a)** *(material: i allm)* trä; *(: råvara)* virke; *(: att elda med)* ved; **touch** ~!, *(Am)* **knock on** ~! ta i trä!; ~ **alcohol** träsprit; ~ **floor** trägolv; ~ **pulp** pappersmassa; **drawn from the** ~ *(öl, vin)* tappad från fat **(b)** *(äv:* ~s: *mindre)* skog; **we're not out of the** ~ **yet** *(bildl)* vi är inte ur knipan/i säkerhet än; **he can't see the** ~ **for the trees** han ser inte skogen för bara träd; ~ **anemone** vitsippa; ~ **pigeon** skogsduva **(c)** *(Golf)* trä(klubba); *(i kägelspel)* klot

wood·bine ['wʊdbaɪn] *s (Bot)* vildkaprifol; *(: Am äv)* vildvin

wood·carving ['wʊdˌkɑːvɪŋ] *s (konst)* träsnideri; *(föremål)* träskulptur

wood·chuck ['wʊdtʃʌk] *s (Zool)* skogsmurmeldjur

wood·cock ['wʊdkɒk] *s (Zool)* morkulla

wood·cut ['wʊdkʌt] *s* träsnitt

wood·cut·ter ['wʊdˌkʌtə'] *s (i sht i sagor)* skogshuggare

wood·ed ['wʊdɪd] *adj (i allm)* skogbevuxen; *(land)* skogrik

wood·en ['wʊdn] *adj* **(a)** *(eg)* trä-, av trä **(b)** *(bildl: ansikte)* uttryckslös; *(rörelse)* stel, klumpig; *(personlighet)* träaktig, torr

wood·land ['wʊdlənd] *s* skogs|bygd/-mark; *(i sms)* skogs-: ~ **flowers**; ~ **scenery** skogslandskap

wood·man ['wʊdmən] *s* = **woodsman**

wood·pecker ['wʊdˌpekə'] *s (Zool)* hackspett; **black** ~ spillkråka; **green** ~ gröngöling

wood·shed ['wʊdʃed] *s* vedbod

woods·man ['wʊdzmən] *s, pl* -**men** *(som arbetar i skogen)* skogsarbetare; *(som bor i skogen)* skogsbo

wood·wind ['wʊdwɪnd] s: the ~ (Brit), the ~s (Am) träblåsarna, träblåsinstrumenten; ~ **instrument** träblåsinstrument

wood·work ['wʊdwɜ:k] s (a) (hantverk) snickeri; (Skol) träslöjd (b) (i hus) snickerier, trästomme

wood·worm ['wʊdwɜ:ᵣm] s (Zool) trämask

woof¹ [wu:f] s (Textil: trådar i värv) inslag, väft; (: tyg) väv

woof² [wʊf] **1** s (hunds) vov(ning) **2** vi (hund) säga vov, skälla **3** interj ~, ~! vov, vov!

wool [wʊl] s (råmaterial) ull; (i kläder) ylle; knitting ~ ullgarn; **ball of** ~ ullgarnsnystan; **all** ~, **pure** ~ helylle; ~ **dress** ylleklänning; ~ **trade** ullhandel; **to pull the** ~ **over sb's eyes** (vard) föra ngn bakom ljuset

wool·gather·ing ['wʊl,gæðərɪŋ] (bildl) **1** s själsfrånvaro, tankspriddhet **2** pres part: **to be** ~ vara försjunken i drömmar/tankspridd

wool·len, (Am) **wool·en** ['wʊlən] **1** adj (klänning, tyg) ylle-; (industri, handel, garn) ull- **2**: ~s spl (plagg) (stickade) yllekläder; (tyg) ylle

wool·ly, (Am) **wooly** ['wʊlɪ] **1** adj (-ier, -iest) (kläder) ylle-; (föremål, djur) ullig, dunig; (bildl: idé) vag, oklar; (: resonemang) luddig **2** s (stickat) ylleplagg, stickad tröja

wool·sack ['wʊlsæk] s: the ~ (Brit Pol) 'ullsäcken', talmansstolen i överhuset

woozy ['wu:zɪ] adj (-ier, -iest) (vard) yr, snurrig, lätt illamående

word [wɜ:d] **1** s (a) (i allm) ord; (Skol) glosa; **it's too funny for** ~s den är så rolig att det inte går att beskriva i ord; **in the** ~s **of Shakespeare** som Shakespeare säger/sade; ~s (till melodi) text; ~ **for** ~ ord för ord; **silly isn't the** ~ **for it** dum är inte rätta ordet; ~s **fail me!** jag saknar ord!, det var det värsta!; **in a** ~ med ett ord (sagt); **in so many** ~s med just de orden; **the last** ~ **in luxury** det lyxigaste man kan tänka sig; ~ **game** (lek) ordgåta; ~ **order** ordföljd; ~ **processing** ordbehandling; ~ **processor** ordbehandlare, ordbehandlingsmaskin

(b) (yttrande) ord; **let me give you a** ~ **of warning** låt mig säga dig ett varningens ord; **by** ~ **of mouth** genom hörsägen; **to take sb at his** ~ ta ngn på orden; **to have a** ~ **with sb** tala/prata med ngn; **to put in a (good)** ~ **for sb** lägga ett gott ord för ngn; **without a** ~ utan ett ord; **don't say/breathe a** ~ **about it** säg inte ett knyst om det, andas inte om det; **to have** ~s **with sb** gräla med ngn

(c) (meddelande, nyhet): **is there any** ~ **from Peter yet?** har ni hört något från Peter än?; **he sent** ~ **he was ill** han lät meddela att han var sjuk; **the** ~ **has gone round that...** det ryktas att...; **to bring** ~ **of sth to sb** komma med bud om ngt till ngn; **to leave** ~ **(with sb/for sb) that...** lämna ett meddelande (till ngn) att...

(d) (löfte) (heders)ord; **he is a man of his** ~ han står vid sitt ord; **to be as good as one's** ~, **to keep one's** ~ hålla vad man lovat, stå vid sitt ord; **to break one's** ~ inte hålla ord, bryta sitt löfte; **to give sb one's** ~ **(that ...)** ge sitt (heders)ord (på att...); **I take your** ~ **for it** jag tror dig på ditt ord, jag litar på dig

(e) (Mil) order, befallning; **to give the** ~ **to do sth** ge order om att ngt ska göras

(f) (Rel): **the W~** Guds ord

2 vt (dokument, yttrande) formulera

word-blind ['wɜ:d,blaɪnd] adj ordblind

word·ing ['wɜ:dɪŋ] s formulering, ordalydelse

word-perfect [,wɜ:d'pɜ:fɪkt] adj (Brit) perfekt i minsta detalj; **to be** ~ (person) kunna ngt perfekt utantill

word·play ['wɜ:dpleɪ] s ordlek, vits

wordy ['wɜ:dɪ] adj (-ier, -iest) (uppsats) mångordig; (tal) lång|randig/-tråkig

wore [wɔ:ᵣ] imperf av **wear**

work [wɜ:k] **1** s (a) (end sg: i allm) arbete, jobb (vard); ~ **has begun on the new dam** arbetet med den nya dammen har börjat; **it's hard** ~ det är arbetsamt/ansträngande; **to be at** ~ **(on sth)** arbeta (på/med ngt); **it's all in a day's** ~ det ingår i vardagsrutinen; **to get on with one's** ~ fortsätta arbeta; **to set to** ~, **to start** ~ sätta igång (att arbeta); **to make short/quick** ~ **of sb** göra processen kort med ngn; **to make short/quick** ~ **of sth** klara av ngt i en handvändning; ~ **force** arbetsstyrka

(b) (end sg: anställning) arbete, jobb; **I commute to** ~ jag pendlar till arbetet/jobbet; **to be looking for** ~ leta efter jobb; **to be out of** ~ inte ha ngt jobb, vara arbetslös; **to put/throw sb out of** ~ göra ngn arbetslös; **I'm off** ~ **for a week** jag är ledig från jobbet en vecka

(c) (produkt) verk; **it is all my own** ~ det är mitt eget verk, jag har gjort det (alldeles) själv; **it is the** ~ **of vandals** det är vandalers verk; **show me your** ~ (Konst, Litt etc) visa mig vad du gjort/dina arbeten; **good** ~s goda gärningar; ~ **of art** konstverk; ~ **of reference** referensverk; **the** ~s **of Dickens** Dickens verk

(d): ~s (Tekn) mekanism, verk

(e): ~s (Mil) befästningsverk

(f): ~s (Brit: byggnad) fabrik, verk; **gas** ~s gasverk; ~s **outing** personalutflykt

(g) (vard): **the** ~s hela klabbet/baletten; **to give sb the** ~s skälla ut ngn efter noter

2 vt (a) (person) få/tvinga att arbeta; **to** ~ **oneself to death** arbeta ihjäl sig; **he** ~s **his students too hard** han driver sina studenter för hårt

(b) (om människa: maskin) sköta; (om kraft: maskin) driva; **can you** ~ **it?** kan du sköta den?; **it is** ~**ed by electricity** den går på elektricitet

(c) (resultat) åstadkomma; **the medicine** ~**ed wonders** medicinen gjorde underverk; **this** ~**ed a great change in him** detta gjorde honom mycket förändrad; **they** ~**ed it so that she could come** (vard) de ordnade så att hon kunde komma; **he** ~**ed his passage to Australia** han arbetade sig över till Australien (på en båt); **she** ~**ed her way through college** hon försörjde sig själv under (hela) sin collegetid

(d) (Sömnad: duk) brodera; (: kofta) sticka

(e) (forma: metall) bearbeta; (: deg) arbeta, knåda

(f) (gruva) exploatera, bearbeta; (mark) bruka; (jordbruk) driva

(g) (flytta långsamt): **to** ~ **one's way** arbeta/bana sig fram; **to** ~ **one's way through a book** kämpa sig igenom en bok; **to** ~ **one's hands free** försiktigt lösgöra sina händer; **to** ~ **one's way up to the top of a company** arbeta sig upp till toppen i ett företag; **to** ~ **oneself into a rage** hetsa upp sig (till raseri)

3 vi (a) (person: i allm) arbeta, jobba (vard); **she** ~s **in a bakery** hon arbetar/jobbar på ett bageri; **he** ~s **for a publisher** han arbetar på ett förlag; **she** ~**ed at her maths homework** hon arbetade på/med sin matteläxa; **to** ~ **towards/for sth** arbeta för (att uppnå) ngt; **to** ~ **hard** arbeta hårt; **to** ~ **to rule** (Brit) maska genom att följa alla regler till punkt och pricka

(b) (maskin) fungera; (bil) gå; (plan) fungera; (medicin, förtrollning) verka; **to get sth** ~**ing** få igång ngt, få ngt att fungera; **to** ~ ~s **off the mains** (elapparat) den är nätansluten

(c) (mun, ansikte) darra; **the corners of her mouth** ~**ed** det ryckte i mungiporna på henne

(d) (flytta (sig) långsamt): **to** ~ **loose** lossna; **to**

~ **round to a question** så småningom komma till en fråga

♦ **work in** 1 *vt* + *adv (citat etc)* infoga 2 *vi* + *adv* passa (in); **that'll** ~ **in quite well** det passar fint

♦ **work off** *vt* + *adv (skuld)* arbeta av; *(fett)* arbeta bort; *(energi)* göra sig av med; **to** ~ **off one's bad temper on sb** avreagera sig på ngn, låta sitt dåliga humör gå ut över ngn

♦ **work on** *vi* + *prep* (a) *(bil etc)* arbeta med; *(uppsats etc)* arbeta på; **he's** ~**ing on the car** han håller på med bilen (b) **we've no clues to** ~ **on** vi har inga ledtrådar att arbeta efter; **we're** ~**ing on the principle that...** vi arbetar efter principen att... (c): **he hasn't agreed yet but I'm** ~**ing on him** han har inte sagt ja än, men jag håller på och bearbetar/försöker övertala honom

♦ **work out** 1 *vt* + *adv* (a) *(problem)* lösa; *(kostnad)* räkna fram/ut; **things will** ~ **themselves out** det kommer att ordna upp sig (b) *(plan)* utarbeta, arbeta fram (c) *(gruva)* uttömma 2 *vi* + *adv* (a) *(problem etc)* gå att lösa (b) *(kostnad etc)* uppgå till; **the cost** ~**ed out at £5** kostnaden blev 5 pund (c) *(plan, äktenskap etc)* fungera (d) *(Sport)* träna

♦ **work up** *vt* + *adv* (a) *(företag)* arbeta upp; *(förtroende)* bygga upp; **he** ~**ed his way up from being an office junior** han arbetade sig upp från att ha varit kontorsbiträde; **to** ~ **up an appetite** skaffa sig aptit (b) *(känslor)* egga/hetsa upp; **don't get all** ~**ed up!** hetsa inte upp dig!

♦ **work up to** *vi* + *prep* leda till

work·able |'wɜ:kəbl| *adj (metod)* användbar; *(plan)* genomförbar; *(mark)* brukbar; *(gruva)* exploateringsbar

worka·day ['wɜ:kədeɪ] *adj (i allm)* vardags-, vardaglig; *(liv)* trist

worka·hol·ic [ˌwɜ:kə'hɒlɪk] *s (vard)* arbetsnarkoman

work·bench ['wɜ:kbentʃ] *s* arbetsbänk

work·er ['wɜ:kə'] *s (i allm)* arbetare; **research** ~ forskare, en som arbetar med forskning; **social** ~ socialarbetare; **she's a real** ~ hon arbetar (verkligen) hårt

work·ing ['wɜ:kɪŋ] 1 *adj* (a) *(som arbetar)* arbetande; *(: för lön)* yrkes-/förvärvs|arbetande; **the** ~ **class** arbetarklassen; ~ **partner** *(Handel)* aktiv delägare (b) *(för arbete)* arbets-; ~ **capital** *(Handel)* rörelsekapital; ~ **hours** arbetstid; ~ **party** *(Brit)* arbetsgrupp; ~ **chairman** arbetande styrelseordförande (c) *(hypotes, modell)* arbets-; *(plan)* preliminär, provisorisk; **a** ~ **majority** *(Pol)* en regeringsduglig majoritet; **in** ~ **order** funktionsduglig, i gott skick; **he has a** ~ **knowledge of electronics** han har användbara kunskaper i elektronik 2 *s* (a) *(i allm)* arbete (b): ~**s** funktionssätt; **the** ~**s of his mind** hur hans hjärna fungerar, hur han tänker (c): ~**s** *(i gruva)* gruvgångar

working-class [ˌwɜ:kɪŋ'klɑ:s] *adj* arbetarklass-, arbetar-; **to be** ~ tillhöra/komma från arbetarklassen

work·load ['wɜ:kləʊd] *s* arbetsbörda

work·man ['wɜ:kmən] *s, pl* -**men** arbetare, hantverkare

work·man·like ['wɜ:kmənlaɪk] *adj (person)* (yrkes)skicklig, kunnig; *(arbete)* gedigen; *(metod, inställning)* yrkesmässig

work·man·ship ['wɜ:kmənʃɪp] *s* yrkesskicklighet; **a superb piece of** ~ ett utsökt arbete

work·out ['wɜ:kaʊt] *s (Sport)* träning(spass)

work·shop ['wɜ:kʃɒp] *s (rum)* verkstad; *(grupp människor)* arbetsgrupp, seminarium, workshop

work·shy ['wɜ:kʃaɪ] *adj* arbetsskygg

work-to-rule [ˌwɜ:ktə'ru:l] *s (Brit)* organiserad maskning *(se* **work** 3 a)

world [wɜ:ld] *s* (a) *(i allm)* värld; **in the** ~ i världen; **all over the** ~ över hela världen; **to be on top of the** ~ vara på topphumör/strålande humör; **it's a small** ~! (vad) världen är liten!; **it's not the end of the** ~! *(vard)* det är ingen katastrof; **to live in a** ~ **of one's own** leva i sin egen värld; **the W**~ **Bank** Världsbanken; ~ **champion** världsmästare; **W**~ **Fair** världsutställning; **W**~ **Cup** *(Fotboll)* världsmästerskap; *(Skidåkning)* världscup; ~ **War One/Two** första/andra världskriget (b) *(särskild del eller grupp)* värld; **The New/Old/Third W**~ nya/gamla/tredje världen; **the business** ~ affärsvärlden; **the animal** ~ djurens värld (c) *(samhälle)* värld; **the whole** ~ **mourns their deaths** hela världen sörjer dem; **he has come/gone down in the** ~ det har gått utför med honom; **he has gone up/risen in the** ~ det har gått väl för honom (d) *(jordelivet)* värld(en); **to be alone in the** ~ stå ensam i världen; **to come into the** ~ komma till världen; **to have the best of both** ~**s** ha det bästa av två världar; **it's out of this** ~ *(vard)* det är inte av denna världen, det är underbart; **he's not long for this** ~ *(döende)* han har inte långt kvar (e) *(emfatiska uttryck etc)*: **I wouldn't do it for the** ~ jag skulle inte göra det för allt guld i världen, jag skulle aldrig göra det; **what in the** ~...? vad i hela världen...?; **to think the** ~ **of sb** tycka väldigt mycket om ngn, tycka ngn är underbar; **there's a** ~ **of difference between...** det är en himmelsvid skillnad mellan...; **they're** ~**s apart** de är fullständigt olika; **she looked for all the** ~ **as if she was dead** det såg precis ut som om hon var död; **the** ~**'s worst cook** världens sämsta kock

world-famous [ˌwɜ:ld'feɪməs] *adj* världsberömd

world·ly ['wɜ:ldlɪ] *adj* (-**ier**, -**iest**) världslig; ~ **wisdom** världserfarenhet

worldly-wise [ˌwɜ:ldlɪ'waɪz] *adj* världserfaren

world-wide ['wɜ:ldwaɪd] 1 *adj* världsomfattande 2 *adv* över hela världen

worm [wɜ:m] 1 *s (Zool)* mask; *(Med)* inälvsmask; *(person: neds)* kryp, ynkrygg; **to have** ~**s** *(Med)* ha mask; **even a** ~ **will turn** *(ordspr: ung)* det finns gränser för vad man står ut med 2 *vt* (a): ~ **one's way through a crowd** slingra sig fram genom en folkmassa; **to** ~ **one's way into a group/into sb's confidence** nästla sig in i en grupp/i ngns förtroende (b): **to** ~ **a secret out of sb** lirka ur ngn en hemlighet

worm·wood ['wɜ:mwʊd] *s (Bot)* malört

worn [wɔ:n] 1 *perf part av* **wear** 2 *adj (matta, däck)* sliten; *(person)* (trött och) sliten

worn-out [ˌwɔ:n,aʊt] *adj (föremål)* utsliten; *(person)* uttröttad, utsliten

wor·ried ['wʌrɪd] *adj (person, blick etc)* orolig; **to be** ~ **about sth** vara orolig/bekymrad över ngt; **to be** ~ **sick** *(vard)* vara/bli sjuk av oro

wor·rier ['wʌrɪə'] *s (person)* en som alltid oroar sig

wor·ry ['wʌrɪ] 1 *s* bekymmer; **that's the least of my worries** det är vad jag är minst orolig för; **it's a great** ~ **to us all** det är ett stort bekymmer/en stor källa till oro för oss alla 2 *vt* (a) oroa, bekymra; **that doesn't** ~ **me in the least** det bekymrar mig inte det minsta; **to** ~ **oneself sick (about/over sth)** oroa sig väldigt (över ngt) (b) besvära, störa; **to** ~ **sb with sth** besvära ngn med ngt (c) *(byte)* hugga, sätta tänderna i 3 *vi* oroa sig/vara orolig *(about* över); **don't** ~ **about it!** bry dig inte om det!, det gör inget!

wor·ry·ing ['wʌrɪɪŋ] *adj* plågsam, bekymmersam

worse [wɜ:s] *(se äv* **bad**) 1 *adj komp av* **bad** sämre,

värre; **A is ~ than B** A är sämre än B; **it's ~ than ever** det är värre/sämre än någonsin; **it could have been ~**! det kunde ha varit värre; **to be the ~ for drink** *(vard)* vara berusad; **he is none the ~ for it** han mår inte sämre för det, han tog inte skada av det; **to get ~**, **to grow ~** *(i allm)* bli värre; *(patient)* bli sämre; **I don't think any the ~ of you** jag tycker inte sämre om dig (för det); **~ luck!** oturligt nog **2** *adv komp av* **badly** sämre, värre; **she behaves ~ than ever** hon uppför sig värre/sämre än någonsin; **you might do ~ than (to) marry him** du kunde få sämre man än honom; **he is now ~ off than before** han har det sämre ställt nu än förut **3** *s* värre saker; **a change for the ~** en förändring till det sämre; **and there is ~ to come** och värre blir det
wors·en ['wɜːsn] **1** *vt* försämra, förvärra **2** *vi* bli sämre/värre
wor·ship ['wɜːʃɪp] **1** *s* **(a)** *(av Gud)* tillbedjan, dyrkan; *(av person)* dyrkan; *(i kyrka etc)* gudstjänst; **place of ~** gudstjänstlokal **(b)** *(Brit: i titlar)*: **Your W~** *(till domare)* herr/fru domare; *(till borgmästare)* herr/fru borgmästare **2** *vt* tillbe, dyrka; **she ~s her children** *(bildl)* hon avgudar sina barn **3** *vi (Rel)* tillbedja Gud, förrätta andakt; **he ~s every Sunday** han går i kyrkan varje söndag
wor·ship·per ['wɜːʃɪpəʳ] *s (som går i kyrkan)* gudstjänstdeltagare; *(som tillber ngn/ngt)* -dyrkare; **~ of the sun** soldyrkare
worst [wɜːst] **1** *adj superl av* **bad** sämst, värst; **the ~ film of the three** den sämsta av de tre filmerna **2** *adv superl av* **badly** sämst, värst **3** *s*: **the ~ den/det/de värsta**, den/det/de sämsta; **when the crisis was at its ~** när krisen var som värst; **at (the) ~** i värsta/sämsta fall; **that's the ~ of being a teacher** det är det sämsta med att vara lärare; **that's the ~ of it** det är det värsta (av alltihop); **the ~ of it is that...** det värsta (av alltihop) är att...; **if the ~ comes to the ~** om det värsta skulle inträffa; **we're over/past the ~ of it now** det värsta är över nu; **do your ~!** gå på bara!, ta i så mycket du vill!
wor·sted ['wʊstɪd] *s (Textil)* kamgarn(styg)
worth [wɜːθ] **1** *adj* **(a)** *(som har ett visst värde)* värd; **it's ~ £10** det är värd 10 pund; **how much is he ~?** hur mycket är han värd, hur mycket pengar har han?; **it's ~ a great deal to me** den har stort värde för mig; **I tell you this for what it's ~** jag berättar detta, om det nu kan ha något värde/vara av ngn betydelse; **to run for all one is ~** springa för allt man är värd/för glatta livet **(b)** *(som förtjänar ngt)* värd; **the exhibition is ~ a visit** utställningen är värd ett besök; **it's ~ mentioning that...** det förtjänar att nämnas att...; **that's ~ knowing** det är bra att veta; **it's not ~ it** det är inte värt det; **it's not ~ the trouble** det är inte värt besväret; *se äv* **while 1 b 2** *s* värde; **10 pounds' ~ of books** böcker till ett värde av 10 pund; **20 pence ~ of sweets** godis för 20 pence; **he had no chance to show his true ~** han fick ingen chans att visa vad han går för; *se äv* **money**
worth·less ['wɜːθlɪs] *adj (i allm)* värdelös; *(person)* dålig; **a ~ individual** en usel individ/person
worth·while ['wɜːθ'waɪl] *adj (i allm)* som är värd att göra; *(ändamål)*god; *(bok)* givande; **to be ~** vara värd besväret; *se äv* **while 1 b**
wor·thy ['wɜːðɪ] **1** *adj (-ier, -iest)* **(a)** *(vinnare, motståndare)* värdig; *(motiv)* god, bra; **my ~ opponent** min högt ärade motståndare **(b):** **~ of** värd, värdig; **~ of respect** värd respekt; **that was not ~ of you** det var inte värdigt dig; **~ of praise** berömvärd **2** *s (skämts)* storman, pamp
would [wʊd] *imperf av* **will** *vhj modalt* **(a)** *(i*

villkorskonstruktioner) skulle; **if you asked him he ~ do it** om du bad honom skulle han göra det; **if you had asked him he ~ have done it** om du hade bett honom skulle han ha gjort det; **you ~ think so** det skulle man kunna tro **(b)** *(i indirekt anföring)* skulle; **I said I ~ do it** jag sa att jag skulle göra det **(c)** *(emfatiskt)*: **you ~ be the one to forget** det är klart att just du skulle glömma; **you ~ say that!** typiskt dig att säga det; **it ~ have to snow** givetvis skulle det snöa **(d)** *(för att uttrycka envishet)*: **she ~n't behave** hon ville absolut inte uppföra sig ordentligt; **I told her not to but she ~ do it** jag sa åt henne att låta bli men hon skulle absolut göra det **(e)** *(för att uttrycka osäkerhet)*: **what ~ this be?** vad kan det här vara?; **it ~ seem so** det kan verka så **(f)** *(för att uttrycka önskan)* vill; **what ~ you have me do?** vad vill du jag ska göra?; **~ (that) it were not so!** *(åld, poet)* om det ändå inte vore så!; **~ (that) it were true!** om det ändå ville vara sant! **(g)** *(i frågor)*: **~ you close the window, please** vill du/ skulle du vilja vara snäll och stänga fönstret?; **~ you care for some tea?** skulle du/ni vilja ha lite te?, skulle det smaka med en kopp te? **(h)** *(vana)* brukade; **he ~ talk for hours** han kunde hålla på och prata i timmar
would-be ['wʊdbiː] *adj (vanl neds)* påstådd, så kallad; **a ~ poet** en som utger sig för att vara/tror sig vara poet
wouldn't ['wʊdnt] = **would not**
wound¹ [wuːnd] **1** *s* sår **2** *vt (eg, bildl)* såra; **to ~ sb's feelings** såra ngns känslor
wound² [waʊnd] *imperf, perf part av* **wind²**
wound·ed ['wuːndɪd] **1** *adj (eg, bildl)* sårad; **~ pride/vanity** sårad stolthet/fåfänga **2** *spl*: **the ~** *(i krig etc)* de sårade
wove [wəʊv] *imperf av* **weave**
wo·ven ['wəʊvən] *perf part av* **weave**
wow¹ [waʊ] *interj (vard)* oj!, åh!
wow² [waʊ] *s (i grammofon/bandspelare)* svaj
wran·gle ['ræŋgl] **1** *s* gräl, bråk **2** *vi* gräla/ bråka *(about/over om)*
wran·gler ['ræŋgləʳ] **(a)** bråkmakare **(b)** *(Am)* cowboy **(c)** *(Brit Univ: i Cambridge)* student med högt betyg i matematik
wrap [ræp] **1** *s* sjal, resfilt; **to keep under ~s** *(bildl)* hålla hemlig **2** *vt (sjal)* vira, svepa, *(bandage)* linda; *(vara)* förpacka, *(äv: ~ up: paket)* slå in; *(: person)* linda/vira/svepa in; **to ~ one's arms around sb** slå armarna om ngn; **the scheme is ~ped in secrecy** planen omges av hemlighetsmakeri
♦ **wrap up 1** *vt + adv* **(a)** *(eg)* slå/linda/vira/ svepa in; *(bildl: avsikt etc)* dölja, linda in **(b)** *(vard: affär)* avsluta, ordna **(c): to be ~ped up in sb/sth** vara fördjupad i/helt gå upp i ngn/ ngt **2** *vi + adv* **(a)** klä/pälsa på sig ordentligt **(b)** *(vard):* **~ up!** håll klaffen!
wrap·per ['ræpəʳ] *s (i allm)* omslag; *(Post)* (tidnings)banderoll; **book ~** (skydds)omslag; **sweet ~** karamellpapper
wrap·ping ['ræpɪŋ] *s* omslag, emballage; **~ paper** omslagspapper
wrath [rɒθ, *(Am)* ræθ] *s (poet)* vrede
wreak [riːk] *vt (frm, litt: hämnd)* utkräva, *(: vrede)* utgjuta; *(: förödelse)* sprida, vålla; **to ~ havoc on** *(i allm)* förstöra; *(tåg, byggnad)* vandalisera, förstöra; *(fiende)* åsamka stora förluster
wreath [riːθ] *s, pl* **wreaths** [riːðz, riːθs] *(av blommor etc)* krans, girland; *(av rök)* slinga, virvel
wreathe [riːð] *vt (med blommor)* smycka, bekransa; *(med dimma/rök)* insvepa, hölja; **her face was ~d in smiles** hon log med hela ansiktet
wreck [rek] **1** *s* **(a)** *(fartygs)* skeppsbrott; *(i allm)* ödeläggelse, fördärvande; *(bildl: av hopp)*

grusande; (: av plan) kullkastande **(b)** (fartyg)
vrak; (Jur) vrakgods; (bildl: bil) bilvrak, rishög;
(person) vrak; **I'm a ~**, **I feel a ~** jag känner mig
som ett vrak **2** vt **(a)** (fartyg) segla på grund;
(flygplan) krascha (med); (bil) kvadda; (möbler,
maskin) förstöra, demolera; (hus) ödelägga; **to be
~ed** (Naut) förlisa, lida skeppsbrott **(b)** (pla-
ner) kullkasta; (hälsa, äktenskap) ödelägga,
förstöra
wreck·age ['rekɪdʒ] s (av fartyg) vrak(delar); (av
bil) bilvrak, (delar av) krockad bil; (bildl) ruiner,
spillror
wreck·er ['rekəʳ] s (Sjö: Hist) vrakplundrare; (Sjö)
vrakbärgare; (Am: av hus) rivningsarbetare;
(: av bilar) bilskrotare; (: bil) bärgningsbil
wren [ren] s (Zool) gärdsmyg
wrench [rentʃ] **1** s **(a)** ryck, kraftig vridning;
(Med: av led) vrickning, stukning, sträckning; (av
muskel) sträckning; **to give sth a ~** rycka till i
ngt, vrida till (på) ngt; **she gave her shoulder a
nasty ~** hon stukade axeln illa **(b)** (verktyg:
Brit) skiftnyckel; (: Am) skruvnyckel, skiftnyc-
kel **(c)** (bildl) smärta, sorg; **it was a ~ to leave
her** det var svårt att lämna henne **2** vt **(a)**
rycka, slita; **he ~ed the bottle from her** han slet
ifrån henne flaskan; **she ~ed the pistol out of my
hands** hon vred pistolen ur händerna på mig; **to
~ a door open** rycka/slita upp en dörr **(b)** (Med)
vricka, stuka, sträcka
wres·tle ['resl] **1** s (eg) brottning(smatch); (bildl)
kamp; **to have a ~ with sb** brottas med ngn **2**
vi **(a)** brottas **(b)** (bildl) brottas, kämpa
wres·tler ['resləʳ] s (Sport) brottare
wres·tling ['reslɪŋ] s (Sport) brottning; **~ match**
brottningsmatch
wretch [retʃ] s (medömkande) stackare; (neds)
usling; (skämts) rackare, skojare
wretch·ed ['retʃɪd] adj **(a)** (hus) eländig; (situa-
tion) usel, bedrövlig; (person) förtvivlad,
olycklig; **the ~ children** de arma barnen; **I feel ~**
(vard: fysiskt) jag mår dåligt; (: psykiskt) jag kän-
ner mig usel **(b)** (väder) usel, bedrövlig; (poesi)
erbarmlig; **what ~ luck!** (vard) vilken ruskig
otur!; **where's that ~ dog!** (vard) var är den
förbaskade hunden!
wrig·gle ['rɪgl] **1** vt vrida/skruva på; **to ~ one's
toes** vicka på tårna; **to ~ one's ears** vifta med
öronen; **to ~ one's way through sth** åla sig
igenom något **2** vi (äv: ~ about/around) (i allm)
vrida sig; (orm) slingra sig; (mask) vrida sig;
(fisk) sprattla; (person: av obehag) skruva/vrida
på sig; **to ~ along** (orm) slingra sig fram; (mask)
krypa; **to ~ free** vrida sig loss; **to ~ through a
hole** åla sig igenom ett hål; **to ~ out of a difficulty**
slingra sig ur en svårighet
wrig·gly ['rɪglɪ] adj (-ier, -iest) (orm, mask) krälan-
de; (fisk) sprattlande; (barn) som aldrig kan sitta
still
wring [rɪŋ] imperf, perf part **wrung** **1** vt **(a)** (äv:
out) (trasa, kläder) vrida ur **(b)** vrida (om); **I'll
~ your neck** (vard) jag vrider nacken av dig!; **she
wrung my hand** hon kramade/tryckte min hand;
to ~ one's hands (i förtvivlan) vrida händer-
na **(c)**: **to ~ sth out of sb** pressa ur ngn ngt **2**
s: **to give clothes a ~** vrida ur kläder
wring·er ['rɪŋəʳ] s (för tvätt) vridmaskin
wring·ing ['rɪŋɪŋ] adv: **~ wet** dyblöt, genomsur
wrin·kle ['rɪŋkl] **1** s **(a)** (i hy) rynka; (i papper)
veck **(b)** (vard) knep, påhitt **2** vt (tyg)
skrynkla (till), rynka; (hy) göra rynkig; (näsa)
rynka på **3** vi (tyg etc) skrynkla till sig, bli
skrynklig; (hy) bli rynkig; **my stockings keep
wrinkling** mina strumpor korvar sig hela tiden
wrin·kled ['rɪŋkld] adj (tyg) skrynklig, rynkig;
(papper) skrynklig; (hy) rynkig, fårad; (näsa)

rynkad; (yta) veckad
wrin·kly ['rɪŋklɪ] adj (tyg) skrynklig, rynkad; (pap-
per) skrynklig; (yta) veckig; (strumpor) korvig
wrist [rɪst] s (på hand) handled; (på skjorta etc)
manschett; (på handske) krage
wrist·band ['rɪstbænd] s (för armbandsur) klock-
armband, (på ärm) resår
wrist·watch ['rɪstwɒtʃ] s armbands|ur/-klocka
writ [rɪt] s (Jur: i olika sammanhang) skrivelse,
(skriftligt) beslut; (: spec) (skriftligt) åläggande,
stämning; **to issue a ~ against sb** utfärda stäm-
ning mot ngn; **to serve a ~ on sb** delge ngn
stämning
write [raɪt] imperf **wrote**, perf part **written** **1** vt (i
allm) skriva; (check, recept) skriva (ut); **she
wrote that she'd arrive soon** hon skrev att hon
snart skulle komma; **to ~ sb a letter** skriva ett
brev till ngn; **he's just written another novel** han
har just skrivit en ny roman; **how is his name
written?** hur stavas hans namn?; **she wrote three
pages** hon skrev tre sidor; **his guilt was written
all over his face** hans min avslöjade att han var
skyldig **2** vi (i allm) skriva; **please ~ in ink** var
vänlig skriv med bläck; **to ~ to sb** skriva till
någon; **that's nothing to ~ home about** det är
inget att hänga i julgran/att hurra för; **I'll ~ for
the catalogue** jag ska skicka efter katalogen; **to
~ for a paper** skriva för/i en tidning
♦ **write away** vi + adv: **to ~ away for sth** skicka
efter/beställa ngt
♦ **write back** vi + adv svara, skriva tillbaka
♦ **write down** vt + adv skriva upp/ner
♦ **write in** **1** vt + adv (rättelse etc) föra/skriva
in **2** vi + adv (till firma, TV-program etc) skriva;
to ~ in for sth skicka efter ngt
♦ **write off** **1** vt + adv (skulder etc) avskriva;
(plan) ge upp hoppet om; (vard: person) avfär-
da **2** vi + adv = **write away**
♦ **write out** vt + adv **(a)** (uppsats, namn etc) skri-
va ut **(b)** (check, recept) skriva ut
♦ **write up** vt + adv (fakta etc) skriva upp/ner;
(experiment) skriva rapport om, beskriva; (rap-
port) skriva ihop; **she wrote the play up in the
New York Times** hon recenserade pjäsen i New
York Times
write-off ['raɪtɒf] s **(a)**: **the car was a ~** (vard)
bilen var skrotfärdig/bara skrot **(b)** (Handel)
avskrivning
writ·er ['raɪtəʳ] s (i allm) författare; (yrke) författa-
re, skribent; **to be a good/poor ~** skriva bra/
dåligt; **~'s cramp** (Med) skrivkramp
write-up ['raɪtʌp] s (i allm) rapport; (av teaterpjäs,
bok etc) (fin) recension
writhe [raɪð] vi (av smärta) vrida sig; (generat)
skruva på sig
writ·ing ['raɪtɪŋ] s **(a)** (i allm) skrivande, att skri-
va: **~ is his hobby**; (konst) skrift; **to put sth in ~**
skriva ner ngt, formulera ngt i skrift; **a reply in
~** ett skriftligt svar; **can I have that in ~** kan jag
få skriftligt på det; **~ desk** skrivbord; **~ paper**
skrivpapper **(b)** handstil; **in sb's own ~** (ej på
maskin) skrivet för hand; (ej av ngn annan) som
ngn har skrivit själv **(c)** (ngt skrivet) skrift;
Aubrey's biographical ~s Aubreys biografiska
skrifter/verk; **this is a good piece of ~** det här är
utmärkt skrivet/ett fint arbete; **the ~ on the wall**
(bildl) skriften på väggen; **he saw the ~ on the
wall** han såg de varnande förebuden
writ·ten ['rɪtn] **1** perf part av **write** **2** adj (löfte,
prov) skriftlig; **~ language** skriftspråk
wrong [rɒŋ] **1** adj **(a)** (moraliskt) fel, orätt; **it's
~ to steal, stealing is ~** det är orätt att stjäla; **you
were ~ to do that** det var fel av dig att göra det;
what's ~ with a drink now and again? vad är det
för fel med att ta en drink då och då?

(b) *(svar)* fel; *(beslut)* felaktig; **to be** ~ ha fel; **the clock is** ~ **by 10 minutes** klockan går 10 minuter fel; **I was** ~ **in thinking that...** jag hade fel när jag trodde att...

(c) *(opassande, inte önskad)* fel; **it's the** ~ **one** det är fel; **it's the** ~ **time to visit her** det är inte rätt tillfälle att besöka henne; **I'm in the** ~ **place** jag har hamnat på fel ställe; **to say/do the** ~ **thing** göra bort sig; **you have the** ~ **number** *(Tele)* ni har fått fel nummer

(d) *(på fel sätt)*: **something is** ~ något är på tok; **is anything/something** ~? är det något som är galet?; **what's** ~ **with you?** vad är det för fel på/med dig?; **what's** ~? vad står på?; **there's nothing** ~ **with her** det är inget fel på henne; **there is something** ~ **with my lights** det är något fel på mina strålkastare; **to be** ~ **in the head** *(vard)* vara knäpp i skallen

2 *adv* **(a)** *(i allm)* fel, på fel sätt; **you're doing it all** ~ du gör alltihop fel/på fel sätt; **you did** ~ **to do it** det var fel av dig att göra det; **he got the answer** ~ han svarade fel; **don't get me** ~ *(vard)* missuppfatta mig inte **(b)**: **to go** ~ *(på väg)* ta fel, köra fel; *(i uträkning)* göra fel; *(moraliskt)* spåra ur, komma på villovägar; *(plan)* slå slint, misslyckas; **something went** ~ **with the gears** det blev något fel på växlarna/växellådan; **you can't go** ~ *(i allm)* du kan inte misslyckas; *(på*

väg) du kan inte komma fel

3 *s (i allm)* orätt; **to do sb a** ~ göra orätt mot ngn, göra ngn orätt; **to be in the** ~ ha fel; **to put sb in the** ~ lägga skulden på ngn; **two** ~s **don't make a right** *(ordspr)* en andra orätt tar inte bort den första; **he can do no** ~ han är ofelbar

4 *vt*: **to** ~ **sb** vara orättvis mot ngn, göra ngn orätt

wrong·doer [ˈrɒŋˈduːəʳ] *s (mot moralen)* syndare; *(mot lagen)* lagbrytare

wrong·ful [ˈrɒŋfʊl] *adj (anklagelse etc)* orättvis; *(avskedande etc)* olaglig

wrong-headed [ˌrɒŋˈhedɪd] *adj (idé)* befängd; *(person)* tjurskallig

wrong·ly [ˈrɒŋlɪ] *adv (anklagad)* orättvist; *(tro)* felaktigt; *(svara)* fel

wrote [rəʊt] *imperf av* **write**

wrought [rɔːt] **1** *(åld, poet)* imperf, perf part av **work** **2** *adj (metall)* arbetad, hamrad; ~ **iron** smidesjärn

wrought-iron [ˌrɔːtˈaɪən] *adj* smidesjärns-, av smidesjärn

wrought-up [ˌrɔːtˈʌp] *adj*: **to be** ~ vara uppjagad/nervös

wrung [rʌŋ] *imperf, perf part av* **wring**

wry [raɪ] *adj (leende, kommentar)* ironisk, spydig; **to make a** ~ **face** göra en ful grimas

wt. *förk f* **weight**

XYZ

X, x |eks| s *(bokstav)* X, x; *(okänd faktor)* x; *(okänd person)* X; **if you have** ~ **dollars a year** om du har X dollar om året; ~ **marks the spot** kryss utmärker platsen; ~ **number of** *(vard)* massor av
X-certificate |ˌeksə'tıfıkət| *adj (film: Brit: under 18 år)* barnförbjuden
Xer·ox® |'zıərɒks| **1** s (foto)kopia **2** vt (foto)kopiera
Xmas |'eksməs, 'krısməs| s *förk f* **Christmas**
X-rated |ˌeks'reıtıd| *adj (film: Am: under 18 år)* barnförbjuden
X-ray |'eks'reı| **1** s *(stråle)* röntgenstrålning; *(foto)* röntgen; **to have an** ~ röntgas **2** vt röntga
xy·lo·phone |'zaıləfəun| s xylofon

Y, y |waı| s *(bokstav)* Y, y; *(okänd faktor)* y
yacht |jɒt| s yacht, (stor) segelbåt; ~ **club** segelsällskap
yacht·ing |'jɒtıŋ| s segling
yachts·man |'jɒtsmən| s, *pl* -men seglare
yachts·woman |'jɒtswumən| s, *pl* -women (kvinnlig) seglare
yak |jæk| s *(Zool)* jak
yam |jæm| s *(Bot)* jamsrot; *(i södra USA)* sötpotatis
yank |jæŋk| **1** s ryck **2** vt rycka i, dra i; **to** ~ **a nail out** dra ut en spik
Yank |jæŋk|, **Yan·kee** |'jæŋkı| *(vard)* **1** s yankee, jänkare **2** *adj (ibl neds)* yankee-, amerikansk
yap |jæp| **1** s *(liten hunds)* gläfsande **2** vi *(liten hund)* gläfsa
yard[1] |jɑːd| s *(mått = 91,44 cm)* yard
yard[2] |jɑːd| s *(inhägnad)* gård; *(Am)* trädgård; *(upplagsplats)* gård; **timber** ~ brädgård
yard·arm |'jɑːdɑːm| s *(Sjö)* rånock
yard·stick |'jɑːdstık| s *(bildl)* måttstock
yarn |jɑːn| s **(a)** *(ull- etc)* garn **(b)** *(berättelse)* skepparhistoria; **to spin sb a** ~ ljuga ihop en historia
yash·mak |'jæʃmæk| s *(muslimsk)* ansiktsslöja
yawn |jɔːn| **1** s gäspning **2** vi gäspa
yawn·ing |'jɔːnıŋ| *adj (avgrund)* gapande
yd. *förk f* **yard(s)**
ye |jiː| *(åld)* **1** *pron* = **you** *(pl)* **2** *art* = **the**
yea |jeı| *(åld)* **1** *adv* ja **2** s: **the** ~s **and the nays** ja- och nejröster
yeah |jɛə| *adv (vard)* = **yes**
year |jıəʳ| s **(a)** *(i allm)* år; **all (the)** ~ **round** hela året; ~ **in,** ~ **out** år ut och år in, år efter år; **3 times a** ~ **3** gånger om året; **in the** ~ **1869** år 1869; **last** ~ förra året; **next** ~ nästa år; **the next** ~ påföljande år, året efter; **he got 10** ~s *(fängelse)* han fick 10 år; **it takes** ~s det tar år(atal); **she's 3** ~s **old** hon är 3 år gammal; **it's taken** ~s **off her** hon ser flera år yngre ut **(b)** *(Skol, Univ)* år; **he's in the second** ~ han går andra året **(c)** *(av vin)* årgång **(d):** **old/young for one's** ~s gammal/ung för sin ålder; **from her earliest** ~s från späd ålder
year·book |'jıəbuk| s årsbok
year·ly |'jıəlı| **1** *adj (händelse, publikation)* årlig **2** *adv* per år, om året
yearn |jɜːn| vi längta *(for* efter); **to** ~ **to do sth** längta efter att göra ngt
yearn·ing |'jɜːnıŋ| **1** *adj (önskan, blick etc)* längtansfull **2** s längtan *(for* efter)
yearn·ing·ly |'jɜːnıŋlı| *adv* längtansfullt
yeast |jiːst| s jäst
yell |jel| **1** s tjut, skrik; **to give a** ~, **to let out a** ~ ge till ett tjut/skrik; **a** ~ **of laughter** ett skrik av skratt **2** vt *(order, namn)* skrika ut **3** vi skrika, tjuta
yel·low |'jeləu| **1** *adj* **(-er, -est)** *(färg)* gul; *(bildl)* feg; **to go/turn** ~ bli feg, skraj **2** s gult **3** vi gulna
yel·low·ish |'jeləuıʃ| *adj* gulaktig
yelp |jelp| **1** s *(hunds)* gläfs, skall; *(persons)* tjut, skrik **2** vi *(hund)* gläfsa, skälla; *(person)* tjuta, skrika
yen[1] |jen| s *(myntslag)* yen
yen[2] |jen| s *(vard):* **to have a** ~ **to do sth** längta starkt efter att göra ngt
yeo·man |'jəumən| s, *pl* -men *(Brit Hist)* (små)bonde; **Y**~ **of the Guard** *(i sht i Towern)* vakt
yes |jes| **1** *adv (i allm)* ja; *(svar på nekande fråga)* jo; ~? ja?; **to say** ~ **(to)** säga ja (till); ~ **man** jasägare **2** s ja
yes·ter·day |'jestədeı| *adv* igår; ~ **morning/ evening** igår morse/kväll; **the day before** ~ i förrgår
yet |jet| **1** *adv* **(a)** *(hittills)* än, ännu; **not** ~ inte än; **he hasn't come** ~ han har inte kommit än; **don't go (just)** ~ gå inte än; **this is his best film** ~ detta är hans hittills bästa film; **as** ~ än så länge, hittills **(b)** *(fortfarande)* ännu; **he may come** ~ han kan fortfarande komma; **that question is** ~ **to be decided** den frågan återstår att avgöra **(c)** *(i sht med komp)* ännu; ~ **again** återigen; ~ **another** ännu en; ~ **more** ännu mer **2** *konj* ändå, likväl; **and** ~ och ändå
yeti |'jetı| s snöman
yew |juː| s *(äv:* ~ **tree)** *(Bot)* idegran
Yid·dish |'jıdıʃ| **1** *adj* jiddisch- **2** s *(språk)* jiddisch
yield |jiːld| **1** s *(i allm)* avkastning; *(av vete etc)* skörd; *(olje-)* produktion; *(Ekon)* utdelning, ränta; **a** ~ **of 5%** en utdelning på 5% **2** vt **(a)** *(skörd)* ge; *(olja, guld, malm)* frambringa, producera; *(Ekon)* ge i avkastning; *(resultat, information)* ge **(b)** *(äv:* ~ **up:** *ordet etc)* ge, överlämna; *(argument etc)* överge; **to** ~ **the floor to sb** ge ordet åt ngn **3** vi *(för övertalning, påtryckningar)* ge efter *(to* för); *(is, gren)* ge vika; *(Am Motor)* lämna företräde; **to** ~ **to temptation** falla för frestelsen; **we shall never** ~ vi ger oss aldrig
yip·pee |jı'piː| *interj (vard)* hurra!
yo·del |'jəudl| **1** vi joddla **2** s joddling
yoga |'jəugə| s yoga
yo·ghurt |'jəugət| s yoghurt
yoke |jəuk| **1** s **(a)** *(eg, bildl)* ok; *(av oxar)* spann **(b)** *(på blus etc)* besparing, ok **2** vt **(a)** *(äv:* ~ **together:** oxar) oka ihop **(b)** *(för plog etc:* oxe) spänna *(to* för)
yo·kel |'jəukəl| s tölp, lantis
yolk |jəuk| s äggula
yon·der |'jɒndəʳ| *adv:* **(over)** ~ där borta

York·shire pud·ding [ˈjɔːkʃɪəˌpʊdɪŋ] s *(Brit Matl: ugnspannkaksliknande tillbehör till rostbiff)* yorkshirepudding

you [juː] *pers pron* **(a)** *(sg: subj)* du, ni *(frm)*; *(: obj)* dig, er *(frm)*; **if I was/were** ~ om jag var du; **that dress just isn't** ~ de där kläderna passar dig bara inte; ~ **fool!** din idiot!; ~ **there!** du där! **(b)** *(pl: subj)* ni; *(: obj)* er; **all of** ~, ~ **all** ni/er alla **(c)** *(opers: subj)* man; *(: obj)* en; *(: obj: reflexivt)* sig; **when** ~ **look around** ~ när man ser sig omkring; ~ **never can tell!** man kan aldrig veta!; ~ **can't do that!** så kan/får man inte göra!; **that's lawyers for** ~! det kan man kalla advokater det!; **it's hard to know if people like** ~ det är svårt att veta om folk gillar en; ~ **can't always have your passport on** ~ man kan inte alltid ha passet på sig

you'd [juːd] = **you would; you had**
you'll [juːl] = **you will; you shall**
young [jʌŋ] **1** *adj* **(-er, -est)** ung; a ~ **man/lady** en ung man/kvinna; **they have a** ~ **family** de har småbarn; **the** ~**er son** den yngre sonen; **you're only** ~ **once** man är bara ung en gång; **the night is** ~ kvällen har bara börjat **2** *spl (djurs)* ungar; **the** ~ ungdomen
young·ster [ˈjʌŋstəʳ] s barnunge
your [jɔːʳ] *poss pron* **fören (a)** *(sg)* din, ditt, dina; *(frm)* er, ert, era **(b)** *(pl)* er, ert, era **(c)** *(opers)* ens; *(: refl)* sin; **at some airports you have to put** ~ **own luggage on the plane** på vissa flygplatser är man tvungen att själv lyfta in sitt bagage i planet
you're [jʊəʳ] = **you are**
yours [jɔːz] *poss pron* självst *(sg)* din, ditt, dina; *(frm)* er, ert, era; *(pl)* er, ert, era; **is this book** ~? är den här boken din/er?; **that dog of** ~! den där hunden du/ni har!; ~ **sincerely** *(i privatbrev)* din tillgivne; *(i affärsbrev)* med bästa hälsningar; ~

faithfully *(i brev)* högaktningsfullt; ~ **truly** *(i brev)* högaktningsfullt; *(vard: jag/mig)* undertecknad; **what's** ~? *(vard)* vad vill du dricka?
your·self [jəˈself] *pl* **your·selves** [jəˈselvz] **1** *refl pron* **(a)** *(sg)* dig, er *(frm)*; *(pl)* er; *(emfatiskt: sg)* själv; *(: pl)* själva; *(efter prep)* dig/er (själv(a)); **did you hurt** ~? gjorde du/ni illa dig/er?; **you'll have to do it** ~ du/ni måste göra det själv(a); **look at** ~ **in the mirror!** se dig (själv) i spegeln!; **all by** ~ alldeles själv; **you're not** ~ **these days** du är inte ditt vanliga jag för närvarande **(b)** *(opers)* sig; **it doesn't do to take** ~ **tooseriously** det duger inte att ta sig själv på för stort allvar; *se äv* **oneself 2** *pers pron (sg)* du, dig, ni *(frm)*, er *(frm)*; *(pl)* ni, er; **no one but** ~ **could have done it** ingen utom du/ni kunde ha gjort det; **could I have a word with your wife and** ~? kan jag få tala med din/er fru och dig/er?
youth [juːθ] s **(a)** *(period)* ungdom; **in my** ~ i min ungdom **(b)** ~**s** [juːðz]) pojke, ung man **(c)** *spl (unga människor)* ungdom; **the** ~ **of today** ungdomen av i dag, dagens ungdom; ~ **hostel** vandrarhem
youth·ful [ˈjuːθfʊl] *adj* ung(domlig)
youth·ful·ness [ˈjuːθfʊlnɪs] s ungdomlighet
you've [juːv] = **you have**
yowl [jaʊl] **1** s *(persons)* tjut; *(hunds)* tjut, ylande; *(katts)* jamande **2** *vi (person)* tjuta; *(hund)* yla; *(katt)* jama
yo-yo [ˈjəʊjəʊ] s jojo
Yu·go·slav [ˌjuːgəʊˈslɑːv] **1** *adj* jugoslavisk **2** s jugoslav
Yu·go·sla·via [ˌjuːgəʊˈslɑːvɪə] s Jugoslavien
yuk [jʌk] *interj (i sht Am vard)* usch!, äckligt!
Yule·tide [ˈjuːltaɪd] s juletid
yum·my [ˈjʌmɪ] *adj* **(-ier, -iest)** *(vard)* läcker, smarrig

---

Z, z [zed, *(Am)* ziː] s *(bokstav)* Z, z
Zam·bia [ˈzæmbɪə] s Zambia
Zam·bian [ˈzæmbɪən] **1** *adj* zambisk **2** s zambier
zany [ˈzeɪnɪ] *adj* **(-ier, -iest)** komisk, absurd
zeal [ziːl] s iver *(for* efter)
zeal·ot [ˈzelət] s nitisk person
zeal·ous [ˈzeləs] *adj* ivrig, nitisk
zeb·ra [ˈziːbrə, *(Brit äv)* ˈzebrə] s sebra; ~ **crossing** *(Brit)* övergångsställe *för fotgängare*
zen·ith [ˈzenɪθ] s *(Astron)* zenit; *(bildl)* höjdpunkt
zeph·yr [ˈzefəʳ] s sefyr, västanvind
zep·pe·lin [ˈzeplɪn] s zeppelinare
zero [ˈzɪərəʊ] s noll; *(vard: i sht Am)* inget alls; **5° below** ~ 5 minusgrader; ~ **gravity** tyngdlöshet; ~ **population growth** nolltillväxt av befolkningen; ~ **hour** *(Mil)* klockan K; *(bildl)* avgörande ögonblick; ~ **interest** *(vard)* inget intresse alls
zest [zest] s *(entusiasm)* iver, lust; *(stimulans)* spänning, krydda; **his** ~ **for life** hans livslust; **it would add a bit of** ~ **to life** det skulle sätta (extra) krydda på tillvaron
zig·zag [ˈzɪgzæg] **1** s sicksacklinje; ~ **pattern** sicksackmönster **2** *vi* gå i sicksack
zinc [zɪŋk] s zink
Zi·on·ism [ˈzaɪənɪzəm] s sionism
Zi·on·ist [ˈzaɪənɪst] **1** *adj* sionistisk **2** s sionist
zilch [zɪltʃ] s *(Am vard)* ingenting
zip [zɪp] **1** s **(a)** *(äv:* ~ **fastener)** blixtlås **(b)** *(energi)* fart, kläm **2** *vt:* **to** ~ **sb/sth up** dra igen blixtlåset på ngn/ngt; ~**ped pockets** *(med blixtlås)* blixtlåsfickor; *(stängda)* fickor med

blixtlåsen igendragna 3 *vi:* **to** ~ **past/along** kila/rusa iväg/bort
zip (code) [zɪp (kəʊd)] s *(Am)* postnummer
zip·per [ˈzɪpəʳ] s = **zip 1 a**
zith·er [ˈzɪðəʳ] s *(Mus)* cittra
zo·di·ac [ˈzəʊdɪæk] s *(Astron)* zodiak; **the signs of the** ~ djurkretsens/zodiakens tecken
zom·bie [ˈzɒmbɪ] s *(bildl: neds)* levande död, spöke; *(eg: med boning i död kropp)* zombi(e)
zone [zəʊn] **1** s zon; **(parking)** meter avgiftsbelagt parkeringsområde; **danger** ~ riskzon **2** *vt* indela i zoner
zon·ing [ˈzəʊnɪŋ] s *(Admin)* stadsplanering
zonked [zɒŋkt] *adj (vard: av arbete)* totalt slut, utmattad; *(: av sprit, narkotika)* halvt medvetslös
zoo [zuː] s zoo
zoo·logi·cal [ˌzəʊəˈlɒdʒɪkəl] *adj* zoologisk; ~ **gardens** djurpark
zo·olo·gist [zəʊˈɒlədʒɪst] s zoolog
zo·ol·ogy [zəʊˈɒlədʒɪ] s zoologi
zoom [zuːm] **1** s *(ljud)* brummande, surrande **(b)** *(Foto: äv:* ~ **lens)** zoom|objektiv/-lins **2** *vi* **(a)** *(på cykel etc)* susa fram; *(flygplan)* stiga brant; *(bildl: priser)* skjuta i höjden; **he** ~**ed past at 120 mph** han susade förbi i nästan 200 km/h **(b)** *(Foto, Film):* **to** ~ **in (on sb/sth)** zooma in ngn/ngt
zuc·chi·ni [zuːˈkiːnɪ] s, *pl lika (Am)* squash, zucchini
Zulu [ˈzuːluː] **1** *adj* zulu- **2** s *(person)* zulu; *(språk)* zulu(språket)
Zü·rich [ˈzjʊərɪk] s Zürich

FONETISKA TECKEN/PHONETIC SYMBOLS

Vokaler/Vowels

Tecken/ Symbol	Beskrivning/Description	Exempel/ Examples	Närmaste svenska motsvarighet/ Closest Swedish equivalent
iː	lång, sluten, främre/ long, closed, front	heel, bead	pil
ɪ	kort, nästan sluten, främre/ short, almost closed, front	hit, pity	vitt
e	kort, halvsluten, främre/ short, half-closed, front	set, tent	sett
ɛ	kort, halvöppen, främre (endast i diftongen ɛə)/ short, half-open, front (only in diphthong ɛə)		relä
æ	kort, nästan öppen, främre/ short, almost closed, front	apple, bat	kärra
a	kort, öppen, främre (endast i diftongerna aɪ och aʊ)/ short, open, front (only in diphthongs aɪ and aʊ)		hatt
ɑː	lång, öppen, bakre/ long, open, back	after, car, calm	stad
ʌ	kort, öppen, central, a-liknande/ short, open, central	fun, cousin	—
ə	obetonad, neutral/ unstressed, neutral	over, above	pojke
ɜː	lång, central, ö-liknande/ long, central	urn, fern, work	—
ɒ	kort, öppen, bakre/ short, open, back	wash, pot	potta
ɔː	lång, halvöppen, bakre/ long, half-open, back	born, call	får
ʊ	kort, nästan sluten, bakre/ short, almost closed, back	full, book	bodde
uː	lång, sluten, bakre/ long, closed, back	boon, lewd	bok

Diphthongs

All English diphthongs are falling, i.e. stressed on the first element. The elements correspond roughly to those given in the vowel table.

Diftonger

Alla engelska diftonger är fallande, dvs har tonvikten på sitt första led. De ingående ljuden har i stort sett de värden som anges i vokaltabellen.

Tecken/Symbol	Exempel/Examples	Närmaste svenska motsvarighet/Closest Swedish equivalent
ɪə	beer, tier	lie
ɛə	tear, fair, there	reläer
eɪ	date, plaice, day	fejd
aɪ	life, buy, cry	haj
aʊ	owl, foul, now	aula
əʊ	low, no	—
ɔɪ	boil, boy, oily	pojke
ʊə	poor, tour	oerhörd